ISBN 978-0-364-12643-1
PIBN 10681412

Handbuch

zu den

Neuteſtamentlichen Apokryphen

in Verbindung mit Fachgelehrten

herausgegeben von

Edgar Hennecke

Tübingen
Verlag von J. C. B. Mohr (Paul Siebeck)
1904

Druck von H. Laupp jr in Tübingen.

Verzeichnis der Mitarbeiter.

D. Paul Drews, Professor der Theologie in Gießen: Apostellehre (Didache).

Lic. Dr. Gerhard Ficker, Professor der Theologie in Halle: Petrusakten.

Dr. Johannes Flemming, Oberbibliothekar in Bonn: Neutestamentliches aus dem Koran; Himmelfahrt Jesajas.

Dr. Johannes Geffcken, Professor am Wilhelms-Gymnasium in Hamburg: Christliche Sibyllinen.

Lic. Dr. Edgar Hennecke, Pastor in Betheln (Hannover): Zur Haupteinleitung; Einl. zu den Evangelien, Briefen, Lehrschreiben und Predigten, Apostelgeschichten; Versprengte Herrnworte, Aegypterevangelium, Bruchstücke gnostischer und verwandter Evangelien, Einl. zu den Kindheitsevangelien, sonstige Kindheitslegenden; Matthiasüberlieferungen, Missionspredigt des Petrus; Johannes- und Andreasakten.

Lic. Rudolf Knopf, Privatdocent der Theologie in Marburg: Clemensbrief, Laodicenerbrief.

D. Dr. Gustav Krüger, Professor der Theologie in Gießen: Briefe des Ignatius und Polykarp.

D. Arnold Meyer, Professor der Theologie in Zürich: Hebräerevangelium, Ebionitenevangelium, Jesus im Talmud, Einl. zu den Kindheitsevangelien, Protevangelium des Jakobus, Kindheitserzählung des Thomas.

Lic. Dr. Erwin Preuschen, Gymnasialoberlehrer in Darmstadt: Thomasakten.

Dr. Richard Raabe in Friedenau: Thomasakten.

Lic. Ernst Rolffs, Pastor in Osnabrück: Paulusakten.

Dr. Georg Schimmelpfeng, Gymnasialoberlehrer in Hildesheim: Johannes- und Andreasakten.

D. Dr. Hans von Schubert, Professor der Theologie und Konsistorialrat in Kiel: sogen. zweiter Clemensbrief.

Lic. Alfred Stülcken, Pastor in Lübeck: Petrusevangelium, Pilatusakten, Abgarsage.

Dr. Heinrich Veil, Direktor am protestantischen Gymnasium in Straßburg i. E.: Barnabasbrief.

Lic. Dr. Heinrich Weinel, Professor der Theologie in Jena: Offenbarung des Petrus, Hirt des Hermas, 5. und 6. Esra.

Vorwort.

Nach Jahresfrist reiht sich nunmehr dem Textbande ‚Neutestamentliche Apokryphen‘ das daselbst S. V angekündigte „Handbuch" mit den näheren Literaturangaben, Nachweisen für die Ausführungen in den Einleitungen und Erläuterungen der Uebersetzung an. Die Einteilung ist die dort gegebene. Die Hinzunahme zweier wichtiger Partien zu dem Abschnitt Evangelien wird manchem Wunsche entgegenkommen. Im übrigen sind nur spärlich weitere einschlägige Texte hier und da in den Anmerkungen beigebracht (f. das Schlußverzeichnis). Von einer Aufnahme der Pseudoclementinen (Homilien und Recognitionen) oder doch einer Inhaltsangabe und Besprechung des sich mit diesem Titel verknüpfenden literar- und dogmengeschichtlichen Problems ist Abstand genommen, nicht nur weil die zeitliche Ansetzung gegenwärtig noch lebhaften Schwankungen unterliegt, sondern weil für das Problem selbst erst aus einer genaueren Einzelinterpretation und Uebersetzung beider Recensionen, die sich nicht von heute auf morgen herstellen ließ, Aufschluß zu erhoffen ist. Es besteht aber die Aussicht, eine solche Interpretation und Uebersetzung noch einmal nachbringen zu können. Auch aus der ältesten martyrologischen Literatur, deren äußerlicher Zusammenhang mit einem Teil der bereits veröffentlichten Texte auf der Hand liegt, dürften noch die wichtigsten Proben zu bieten und vielleicht auch weitere‚ Kirchenordnungen heranzuziehen sein.

Freilich komplicirt sich damit die Frage der Anordnung und Verteilung des an sich recht bunten und verschiedenwertigen Stoffes weiterhin, und es wird darauf ankommen, ob nicht der für die bisherige Zusammenstellung gewählte Haupttitel in seiner Anwendung auf einzelne Stücke in steigendem Maße Bedenken begegnet. Gemeinsam ist dieser Literatur, auch den jüngeren Teilen, der vulgäre, vorwiegend auf innergemeindliche Benutzung gerichtete Charakter und die Nachwirkung urchristlicher Empfindung und Ausdrucksweise, gemeinsam die engere oder losere Beziehung auf das Neue Testament, sei es nun, daß wir in ihnen Bestandteile des kanonsgeschichtlichen Verlaufes selber zu erblicken haben, oder daß sie nur in formeller Hinsicht Analogien bieten, oder daß sie die dort niedergelegten Vorstellungen durch ihre Ansätze und Fortbildungen rückwärts beleuchten, oder endlich das dort aufbewahrte historische Material an ihrem Teile, wenn auch häufig genug mit fragwürdigen Mitteln, erweitern. Derartige Merkmale der vereint dargebotenen Literatur sind in der S. 5* f. des Uebersetzungsbandes gegebenen Definition zusammengefaßt, ohne daß sie, wie ich ausdrücklich gestehe, von dem Obertitel in allen Beziehungen gedeckt würden. Vielleicht wäre eine Doppelformulirung — etwa: Außerkanonische und apokryphe Schriften Neuen Testa-

ments — als genauere empfunden. Doch will beachtet sein, daß, um dem All=
gemeinverständnis entgegenzukommen, a p o k r y p h in dem Durchschnittsinne ge=
nommen ist, wie er den Kennern der L u t h e r bibel vertraut sein muß. Auch
K a u t ß ch hat sich für sein doppelbändiges Sammelwerk im Grunde dieser (bei
Luther allerdings nur für die alttestamentliche Gruppe verwendeten) Bezeichnung
angeschlossen, indem er noch die anders orientirte der „Pseudepigraphen" bei=
fügte. Vielleicht führt aber nun gerade diese mehrseitige Verwendung des Be=
griffs dazu, das damit gesetzte Problem angesichts der reicheren Stoffmenge neu
zu beleben und also zu vertiefen (vgl. vorläufig den hierunter gegebenen Exkurs
zum altkirchlichen Gebrauch des Begriffs apokryph).

Die Schwierigkeit des Problems geht auch daraus hervor, daß die Ein=
ordnung der neutestamentlichen Apokryphen in die Darstellungen der altchristlichen
Literaturgeschichte oder des Urchristentums in verschiedener Umgrenzung vollzogen
wird. Eben um der vorherrschenden Beziehung auf das Neue Testament willen
gebot es sich, den Wert oder Unwert der einzelnen Stücke im Verhältnis zu ein=
ander oder zu den neutestamentlichen Urkunden gelegentlich kräftig zu betonen.
Eine absichtsvolle Aufreihung des Stoffes unter dem — sonst nicht außer Acht
gelassenen — religionsgeschichtlichen Gesichtspunkt, welche Prof. J. C. M a t t h e s
(Teyler's Theologisch Tijdschrift 1904, S. 265) im Auge zu haben scheint, wäre
dem vielleicht aus dem Wege gegangen, aber es fragt sich, ob damit einer Näher=
bestimmung der zunächst doch in einem engeren zeitgeschichtlichen Rahmen vor=
handenen Zusammenhänge, Gegensätze und Aufschichtungen gedient wäre. Was
E. v. D o b s c h ü ß in seinem einen vortrefflichen Einblick in den gegenwärtigen
Forschungsbetrieb gewährenden und mit guten methodischen Winken ausgestatteten
Büchlein ‚Probleme des apostolischen Zeitalters‘ (Leipz. 1904) S. 116 ff. zu
Gunsten einer Betonung des eigentümlich Christlichen im Urchristentum sowie
des Urchristlichen in seiner Besonderheit gegenüber dem Kirchlich=katholischen be=
merkt, verdient Beherzigung. —

Für die Ausführung dieses Bandes ist zu beachten, daß eine äußere Gleich=
mäßigkeit der Behandlung hier naturgemäß noch weniger wie dort möglich war,
da es vom derzeitigen Stande der Bekanntschaft mit den einzelnen Stoffen ab=
hängt, wie weit sie einer Erläuterung bedurften (eine Andeutung s. z. B. auf
S. 285). Das Kapitel Apostelgeschichten nimmt begreiflicherweise auch hier wiederum
den breitesten Raum ein, und in ihm überwiegen die Petrusakten diesmal er=
heblich. In den letzten Nummern dieses Kap. mußten Doppelanmerkungen ge=
geben werden, weil jeder der Bearbeiter von seinem Standpunkte aus zu ihnen
etwas zu sagen hatte. Wiederholungen sind hier nach Kräften vermieden worden,
Retraktationen gegenüber dem Uebersetzungsbande in vereinzelten Fällen (Apokr.
S. 149 unten; 364 sub e; 386 Z. 10 f.; 480 Vorbemerkung) im Laufe der Arbeit
nicht zu umgehen gewesen.

Der Kleindruck mußte gewählt werden, um das Princip der Druckunter=
scheidung im Textbande zu wahren und das Handbuch zugleich nicht zu sehr an=
schwellen zu lassen. Die wenigen mitgeteilten Texte sind in Schwabacher Typen
gegeben (wie in den Anmerkungen des Uebersetzungsbandes), Hinzufügungen des
Herausgebers in [ ] gesetzt.

Es kostete große Mühe, in meiner ländlichen Abgeschlossenheit eines so ausgedehnten Büchermaterials habhaft zu werden. Doch werden namhafte Lücken, wie ich hoffe, kaum zu bemerken sein. Außer der Göttinger Universitätsbibliothek, die reichlich spendete, vermochten die königlichen Bibliotheken von Berlin, München, Leipzig, Hannover, auch Bonn und Halle, auszuhelfen. Das S. 8 verzeichnete Buch von L o r s b a ch war selbst in Marburg, wo es erschienen ist, nicht erhältlich; ebensowenig irgendwo die S. 9 angeführte Dissertation von J. P o n s. Daß ich H a r n a c k s Abhandlung über ‚Einige Worte Jesu, die nicht in den kanonischen Evangelien stehen' (in den Sitzungsber. der Berl. Akad. d. Wiss. V, 1904) bis zu letzter Stunde nicht mehr erreichen konnte, war mir als Specialbearbeiter der betreffenden Nummer bedauerlich; ich muß also den in dieser Beziehung glücklicheren Leser bitten, die Ergänzung vorzunehmen.

E. H.

Exkurs zum altkirchlichen Gebrauch des Begriffs apokryph.

Es ist wohl nicht ganz zufällig, daß gerade von katholischer Seite die Titelwahl nachdrücklich beanstandet worden ist. B e l s e r findet (Literarische Rundschau für das katholische Deutschland 1904, 1. Juni, Nr. 6) meine Berufung auf Hieronymus „wenig zutreffend, da tatsächlich die Anwendung des Wortes apokryph in dem Sinne außerkanonisch durch Hieronymus in keiner Weise zu allgemeiner Anerkennung durchgedrungen ist". Demgegenüber muß ich für das Abendland auf das Gelasianische Dekret und für das Morgenland auf das Verzeichnis der 60 kanonischen Bücher verweisen. Aber ich will das Recht des Einwurfs aus anderen Gründen nicht bestreiten. Doch war ich der Meinung, daß gerade durch meine Apokr. S. 3* ff. gegebene Darlegung Mißverständnissen der Auffassung vorgebeugt werden würde. Die Sache ist wichtig genug. Ich füge daher den hierunter S. 1 f. und S. 2 unten gegebenen Beweisstellen für die Wandlungen der Anwendung des Begriffs a p o k r y p h noch einige weitere bei.

Eine gründliche Besprechung mit vielen Belegen findet man bei Z a h n, Gesch. des Kanons, I 127 ff.; Stellensammlungen für das griechische Wort im Lexikon des Amerikaners S o p h o c l e s, für das lateinische im Thesaurus linguae latinae II 1, col. 242 sq. (beide übrigens nicht vollständig). Die hochschätzende Fassung des Begriffs (im gnostischen Sinne) findet sich auch in den Ausdrücken Acta Thomae 39 ed. Bonnet (1903) p. 156 14 f. p. 157 2. c. 47 p. 163 21. c. 50 p. 166 13. c. 78 p. 193 5. c. 80 p. 196 10. Theodoret berichtet haer. fab. comp. IV 10 (MPG LXXXIII 429) von den Audianern, daß sie sich rühmen, uneingeschränkt Sündenvergebung austeilen zu können: Διχῇ γὰρ τὰς ἱερὰς βίβλους μετὰ τῶν νόθων διελόντες (διαφερόντως γὰρ ταύτας νομίζουσιν ἀ π ο κ ρ ύ φ ο υ ς κ α ὶ μ υ σ τ ι κ ὰ ς) καὶ στιχηδὸν ἔνθεν καὶ ἔνθεν τεθεικότες, διαβαίνειν ἕκαστον μεταξὺ τούτων κελεύουσι καὶ τὰ πλημμεληθέντα ὁμολογεῖν κτλ. (es dürften Schriften wie die Petrusakten in Frage kommen). Hierher darf man auch die eigentümliche häretische Verwendung des Spruches Mt. 24 26 („siehe er ist in der Wüste") zur Verwendung geheimer apokrypher Wahrheiten rechnen nach dem Zeugnisse des Origenes (comm. in Matth. X 46, dazu Zahn S. 134) und Augustin (ctr. Faustum XIII 18, CESL XXV 393 sq.). Epiphanius haer. 51, 3 verrät zugleich die gegensätzliche Fassung, wenn er sagt, es wäre allenfalls begreiflich, wenn die Aloger von den johanneischen Schriften die Apokalypse verwürfen: ἐλέγομεν ἄν, μή πη ἄρα κατὰ ἀκριβολογίαν τοῦτο ποιοῦνται, ἀπόκρυφον μὴ δεχόμενοι διὰ τὰ ἐν τῇ Ἀποκαλύψει βαθέως καὶ σκοτεινῶς εἰρημένα. Die Sache, aber nicht der gleiche Aus-

druck zur Bezeichnung der Sache, findet sich auf jüdischer Seite schon Dan. 12₄.
4. Esr. 12 ₃₆. 14 ₄₅ f., also mit Bezug auf apokalyptische Schriften; vgl.
die Begründung bei Zahn S. 124: „Weil die Verfasser ihre Schriften unter den ehr=
würdigsten Namen der grauen Vorzeit ausgehen ließen, hatten sie das Bedürfnis,
den Widerspruch zwischen ihrem Anspruch auf höchstes Altertum und ihrem ver=
späteten Erscheinen zu erklären.“

Bei Origenes finden wir nun für diese und verwandte Schriften
(Kautzsch§, ‚Pseudepigraphen‘) den Ausdruck „Apokryphen“, und er ist der spezi=
fische für sie durch die Jahrhunderte geblieben; doch treten in dem antimani=
chäischen Kampfe gegen Ende des 4. Jahrhunderts unter demselben Titel
neben jene noch andere von den Manichäern usw. verwandte Schriftstücke, auch
neutestamentliche, vor allem die apokryphen Apostelgeschichten.

Als Belege hierfür sind (zu den hierunter S. 1 f. gegebenen) anzuführen:
Orig. epist. ad Afric. 9 (MPG XI 65) erwähnt zu der Geschichte von der Susanna
noch die von der Zersägung Jesajas und sagt c. 13 inbezug auf Tobit und Judith,
daß sie allerdings bei den (paläſtinenſiſchen) Juden nicht in Gebrauch wären: οὐδὲ
γάρ ἔχουσιν αὐτὰ ἐν ἀποκρύφοις ἑβραϊστί, ὡς ἀπ’ αὐτῶν μαθόντες ἐγνώκαμεν. Er be=
richtet in Gen. MPG XII 136 zur Geschichte Josephs: καὶ ἔδωκεν αὐτῷ τὴν Ἀσενὲθ
θυγατέρα Πετεφρῆ ἱερέως Ἡλιουπόλεως αὐτῷ γυναῖκα und gibt dazu die Annahme,
daß dieser Potiphar von dem anderen verschieden sei, während die Hebräer ἐξ ἀπο=
κρύφου (durch eine Geheimkunde außerhalb der Schrift) λέγουσι τὸν αὐτὸν εἶναι, καὶ
δεσπότην καὶ πενθερὸν γενέσθαι usw. [das christliche griechische ‚Buch‘ vom Gebet
der Aseneth‘ gab Batiffol, Studia patristica I 1889 heraus und wies es dem 5. Jahrh.
zu; vgl. Theol. Literaturblatt 1891, Sp. 236 f.]; ebenda p. 101 wird unter der Be=
zeichnung „apokryph“ auf eine Lesart zu 1. Mof. 4 ₈ Bezug genommen; in Matth.
comm. X 18 und 28 wird aus Anlaß von Mt. 23 ₃₅ des Martyriums Jesajas ge=
dacht und an erſterer Stelle wegen der Angabe vom Tode des Zacharias noch eine
Schrift „unter Apokryphen“ (entgegengesetzt: ἐν τοῖς κοινοῖς καὶ δεδημοσιευμένοις
βιβλίοις, andere Fälle ſolcher Gegenüberſtellung ſ. bei Zahn S. 131 f. A.) vermutet,
an der zweiten noch auf Fiktionen gnoſtiſcher Sekten verwieſen (ähnlich Priscillian
tract. 1 ed. Schepß p. 23 ₁₁), c. 117 zu dem Citat Mt. 27 ₉ ein Irrtum oder eine
Namensverſetzung oder aber eine geheime Jeremiaſchrift angenommen, wie 1. Kor.
2 ₉ auch aus einem Eliabuche entſtamme und die Angabe 2. Tim. 3 ₈ durch ein ge=
heimes Buch mit der Ueberſchrift ‚Jannes und Mambres‘ [vgl. c. 28 und Decretum
Gelaſianum] zu belegen ſei. Aehnliche Angaben bei Hieronymus epiſt. 36, 5. 77,
der auf ſeine Abhängigkeit von Origenes hin unterſucht werden müßte; epiſt. 78, 18.
24 erwähnt er die Leptogenesis, ctr. Vigilantium 6 MPL XXIII 360 das 4. Esrabuch;
ſ. noch epiſt. 96, 20. Ein altteſtam. Dictum, ohne deſſen Urſprung zu kennen, er=
wähnt Augustin quaest. hept. 4, 42 MPL XXXIV 738. Vgl. auch Epiphanius haer.
26, 5 (hierunter S. 94). Im Anſchluß an Athanaſius wäre Rufin zu nennen (ſ.
Zahn II 244). (Einen rein lokalen Gebrauch verrät Commodian apol. ₈₃₀.) Ferner
kommt Origenes in cant. cant. prolog. MPG XIII aus Anlaß von 1. Kön. 5 ₁₂ auf
Oden Salomos zu sprechen und bemerkt, derartiges finde ſich nicht in den Lektionen
der Kirche, ſondern ſei teils vom hl. Geiſt entfernt, teils ſei vieles davon vorhan=
den in den ſogen. Apokryphen, vielfach verderbt und gegen den Glauben, vgl. An=
führungen daraus im N. T. [folgt der Satz bei Harnack I S. 5; gemeint ſind
Stellen wie die hierüber aus comm. in Matth. X 117 angeführten; vgl. auch Am=
broſiaſter über 1. Kor. 2 ₉]. Sodann erwähnt Orig. comm. in Matth. XVII 35 MPG
XIII 1593 zu Mt. 22 ₂₉ τοὺς ἀποκρύφους .. λόγους, ἔνθα δοκεῖ σαφέστερον τὰ περὶ τῆς
μακαρίας γεγράφθαι ζωῆς ἀλλ’ οὐκ .. ὁμολογούμενον πρᾶγμα παρὰ τοῖς πεπιστευκόσιν.
Von Wichtigkeit iſt, daß er anderswo in demſelben Kommentar als Vorſichtsmaß=
regel empfiehlt, ut nec omnia secreta quae feruntur in nomine sanctorum susci=
piamus propter Judaeos qui forte ad destructionem veritatis scripturarum
nostrarum quaedam finxerunt confirmantes falsa dogmata, nec omnia abi=
ciamus quae pertinent ad demonstrationem scripturarum nostrarum z. B. das

Herrnwort von den guten Wechslern (Zahn S. 129 A. 2). Dazu vgl. oben epist. ad Afric. 13 und etwa die Angabe des Epiphanius haer. 30, 3, daß sich in den Schatzkammern der Juden zu Tiberias eine hebräische Uebertragung des Johannesevangeliums befinde καὶ ἐναποκεῖσθαι ἐν ἀποκρύφοις. Vgl. auch Schürer in RE I 23₂₉f.

Sowohl der Gegensatz zur Synagoge als der Anschluß an einen dort üblichen Gebrauch lieferte dem Origenes die Anwendung des Begriffs (Fiktionen unter alttestamentlichen und verwandten Titeln) und auch die nähere Fassung (vom Kreise der kanonischen Schriften ausgeschlossen). Er hat ihn aber noch nicht auf fingirte Schriften mit neutestamentlichen Titeln bezogen und auch nicht seiner dreifachen Klassificirung autoritativer Schriften einverleibt, sondern für die unterste Klasse sich noch anderer Ausdrücke bedient. Zahn meint (S. 135): „Daß die Kirchenlehrer vor Origenes keinen andern Begriff von dem Apokryphen und von seinem Gegenteil gehabt haben, versteht sich eigentlich von selbst, da dieser Begriff der ursprüngliche ist und nicht angenommen werden kann, daß Irenäus und seine Zeitgenossen moderner gedacht haben als Origenes". Diesen Schluß kann ich nicht für zutreffend halten. Welche Fassung strenggenommen die ältere war, kann vielleicht überhaupt nicht entschieden werden. Genug, daß sie beide vorhanden waren, die eine gnostisch und antignostisch bedingt, also auf dem heidnisch syntretistischen Boden erwachsen, die andere im Anschluß an den jüdischen Gebrauch entstanden, jene mehr den Inhalt berücksichtigend, diese auf das Verhältnis zu den heiligen Schriften (Alten Testaments) zugeschnitten.

Seit dem 4. Jahrhundert konflagrirten beide Fassungen im Gebrauche der Kirchenlehrer. Doch ist der Accent, der auf das Wort fiel, bei der Stärke des Gegensatzes gegen die außerkirchlichen Gruppen und der Erweiterung der Anwendung auf neutestamentliche Fiktionen, die ernstere Schwierigkeiten ergaben, bei Augustin u. a. im ganzen eher verschärft (über eine Erweichung bei Hieronymus s. o.). Es tritt nun auch der Gesichtspunkt der literarischen Fälschung (ketzerischer Eintragungen usw.) stärker in den Vordergrund und wird sogar zur Erklärung des Wortes mitverwandt („dunkler Ursprung"; der Begriff „pseudepigraph" — vorher bei Polyb., Dion. Hal., Plut., cf. Stephanus, Thesaurus s. v. — z. B. bei Amphilochius s. Apokr. S. 351, Hieron. prol. comm. in Jer., t. IV, p. 834 f. Zöckler, Hieronymus, S. 358 A. 1). Mit Bezug auf die bei den Manichäern u. a. gebrauchten apokryphen Apostelgeschichten und ähnliche Bücher verwenden es Epiph. haer. 63, 2. 47, 1. Philaster de haer. 88 (im Anschluß an alttestam. Fiktionen, vgl. Augustin de civ. dei XV 23 f. hierunter S. 1 f.). Aug. act. c. Fel. II 6. ctr. advers. leg. et proph. I 39. c. Adimant. 17, 2. ctr. Faust. XI 2. XXII 79. (epist. 237, 2. 3. tract. in Jo. 124, 2.) Turrib. epist. ad Id. et Cepon. 3. 5. Leo epist. ad Turrib. 15. Gregor v. Tours l. de mirac. Andr., prolog., auch Theodoret haer. fab. comp. III 4; Prosper epit. chron. 919 (Mon. Germ. hist. Auct. ant. IX Chron. min. I p. 444) von den Manichäern: de novo testamento ea accipiunt quae putant apocryphis consonare. Von Evangelien (im Gegensatz zu den 4) Hieron. prolog. IV evang. (Preuschen, Analecta, S. 171). Aug. ctr. adv. leg. et proph. II 4, 14 MPL XLII 647; von einem Kindheitsevangelium: Hieron. ctr. Helvid. 10. Roswitha (hierunter S. 512 f.). In Anbetracht der übrigen Fälle ist diese Verwendung eine recht seltene zu nennen. Wie will man nun angesichts dieser begriffsgeschichtlichen Darlegung eine Teilung der sonstigen Evangelien in außerkanonische und apokryphe vollziehen? Zu welcher Klasse gehört z. B. das Petrusevangelium?

Abkürzungen.

AG. = Apostelgeschichte. KG. = Kirchengeschichte.

Fabricius = J. A. Fabricius, Codex apocryphus Novi Testamenti, I. II Hamb.
1703, ²1719; III 1719, ²1743.
Jones = J. Jones, A new and full method of settling the canonical authority of
the N. T., I. II London 1726. III 1727.
Ea = Evangelia apocrypha ed. Tischendorf, 2. Ausg. 1876.
Aa = Acta apostolorum apocrypha I (ed. Lipsius 1891). II 1 ; 2 (ed. Bonnet 1898; 1903).
PA = Patrum apostolicorum opera ed. O. v. Gebhardt, A. Harnack, Th. Zahn I
(1875, 2. Aufl. 1876/77). II (1876). III (1877).
Pa = Patrum apost. op., von denselben (kleinere Ansg.; 3. Aufl. 1900).
pa = Die apostolischen Väter, herausgeg. von F. X. Funk (kleine Ausg.; Tüb.=
Leipz. 1901). Funk PA² I. II = die große Ausg. Tubingae 1901.
N. T. e. c. = Novum Testamentum extra canonem receptum ed. A. Hilgenfeld,
4 Teile 1866; 2. Aufl. 1876—1884.
James I. II = M. R. James, Apocrypha anecdota I. II (TSt II 3, 1893; V 1, 1897).
Lipsius = R. A. Lipsius, Die apokryphen Apostelgeschichten und Apostellegenden I
(1883). II 1 (1887). 2 (1884); Ergh. = Ergänzungsheft (1890).
Zahn, G. K. = Th. Zahn, Geschichte des neutestam. Kanons I (1888. 1889). II (1890.
1892).
Harnack = A. Harnack, Geschichte der altchristl. Literatur bis Eusebius I (1893).
II 1 (Chronologie) (1897). 2 (1904).
Krüger = G. Krüger, Geschichte der altchristl. Literatur in den ersten drei Jahr=
hunderten (1895, mit Nachtrag von 1898).
Ehrhard = A. Ehrhard, Die altchristl. Literatur und ihre Erforschung von 1884—
1900, I Die vornicänische Lit., Freiburg i. B. 1900.
Bardenhewer I = O. Bardenhewer, Gesch. der altchristl. Lit. I, 1902.

CSEL   = Corpus scriptorum ecclesiasticorum latinorum, Vindobonae.
DchrB   = Dictionary of Christian Biography von Smith & Wace.
GgA   = Göttingische gelehrte Anzeigen.
JdTh   = Jahrbücher für deutsche Theologie.
JprTh   = Jahrbücher für protestantische Theologie.
JthSt   = Journal of theol. Studies.
MPG   = Patrologia Graeca ed. Migne.
MPL   = Patrologia Latina ed. Migne.
NJdTh   = Nene Jahrbücher für deutsche Theologie.
NkZ   = Neue kirchliche Zeitschrift.
RE   = Realencyklopädie für protest. Theologie und Kirche (3. Aufl., falls nichts
            anderes bemerkt).
SBA   = Sitzungsberichte der Berliner Akademie.
ThJB   = Theologischer Jahresbericht.
ThLZ   = Theologische Literaturzeitung.
ThStK   = Theologische Studien und Kritiken.
TSt   = Texts and Studies, Contributions to bibl. and patr. literature.
TU   = Texte und Untersuchungen zur Gesch. der altchristl. Literatur.
ZKG   = Zeitschrift für Kirchengeschichte.
ZkWL   =   "   für kirchl. Wissenschaft und Leben.
ZlThK   =   "   für lutherische Theologie und Kirche.
ZnW   =   "   für die neutestam. Wissenschaft.
ZThK   =   "   für Theologie und Kirche.
ZwTh   =   "   für wissenschaftliche Theologie.

Inhalt.

Berichtigungen und Nachträge zum Handbuch.

Seite 2 Zeile 14 ff. Zum Gebrauch alttestamentlicher Apokryphen usw. bei den Meletianern vgl. noch den arianischen Pf.=Chrysostomus in Matth. (Böhmer, ZwTh 1903 S. 361 ff., bef. 372 ff.) — Z. 15 vor Als add.: (In der 2. Aufl., 1904, gibt Zahn eine kritische Neuausgabe des Briefes.) — Z. 21 v. u. statt 176 f.: 147 f. — Z. 4 v. u. noch einzufügen: Leo epist. 15, 15. Basilius sermo de ascet. discipl. (Opp. ed. Garnier II 212): τὰ ἐνδιάθετα βιβλία ἀναγινώσκειν, ἀποκρύφοις ὅλως μὴ ἐντυγχάνειν — Seite 9 Z. 9 K. F. Vorberg veröffentlichte Stuttg. 1842/47 Hellas und Rom; Vorhalle d. klaff. Altert. in e. organ. Ausw. aus d. Meisterwerken — Z. 18 f. Ueber M. Nicolas († 1886) vgl. noch E. Lachenmann in RE XIV 32—34 — Z. 7 v. u. hinzuzufügen: Apocryphal gospels. The apocryphal and legendary life of Christ. Notes, scripture references, prolegomena, indices. By J. de Quincy Doonehoo, New=York 1903; auch vorher Ullmann in dem S. 534 citirten Bande — Seite 11 (oben) Viereevangelienkanon: Harnack hat in einem zu Rom gehaltenen Vortrage die These gebildet, „daß die vier Evangelien zusammengestellt wurden, um sie in eines zu verarbeiten, daß aber dann rasch Verhältnisse eintraten, welche eine solche einheit= liche Verarbeitung unratsam machten und hemmten" (Reden und Aufsätze II 240) — Z. 15 v. u. hinter 6 3 add.: 1. Clem. 13, 1; vgl. Justin apol. 14. Bei Athenagoras suppl. 32 (ed. Schwartz p. 43 16 f. sagt das Wort (der Logos): Wenn einer zum zweiten Male abküßt, weil ihm gefallen hat . . . . (vgl. Otto z. St.; Resch, Agrapha TU V 4, 1889, S. 376) — Z. 8 v. u. in der Klammer add.: MPG III 1000 cf. 1009 f. — Z. 7 v. u. statt hl. Schrift („Theologie") l.: Theologie — Z. 8 v. u. add.: V. Hugo hat, wie ich einer hinterlassenen Randnotiz von der Hand des Sanitäts= rats Dr. Paul Niemeyer entnehme, im Roman Quatrevingttreize unter der Ueber= schrift Le Massacre de Saint-Barthélemy eine reizende Kinder=Idylle gegeben: Drei Kleine machen sich über ein kostbares Mf. des apokryphen Evangeliums Bar= tholomäi her, um es zu zerreißen und zu vernichten. — Seite 12 ‚Papias und seine Quellen' besprach G. Goetz (Sitzungsber. d. philof.=hist. Klasse d. k. bayr. Akad. d. Wiss. 1903, S. 267—320) — ‚Ueber den Tod der Söhne Zebedäi' handelte jüngst E. Schwartz: Abhdlgn. der Gött. Gesellsch. d. Wiss. VII 5 (1904) — Ueber ältere Ansichten hinsichtlich der beiden Philippus vgl. Fr. Sieffert in RE XV 331. 335 f. — (unten) Zu den Nachrichten über einzelne Apostel — zu strom. III 6 füge hinzu: ‚52 — vgl. noch Clem. Aler. strom. III 4, 26 (Euseb. KG. III 29, 3) f. Apokr. S. 167: daß Nikolaus nur ein Weib gehabt und ihre Töchter wie der Sohn unverheiratet geblieben wären — Seite 13 Z. 1 ff. Vgl. die Notiz von E. Nestle, Marcus colobodactylus, in ZnW 1903 S. 347 — Eine ähnliche Auswahl wie die Apokr. S. 9 ff. gegebene f. bei O. Pfleiderer, Urchristentum II 2 169 f. A. Chiappelli, Nuove pagine sul christianesimo antico, Florenz 1902, p. 31 f. A. 1. Ropes liefert eine erneute Besprechung der ‚Agrapha' in seinem Art. des Dictionary of the Bible ed. Hastings, Extra volume (1904); daselbst auch Art. ‚Apocryphal Gospels' von Tasker; ‚Diatessaron' von Stenning; ‚Hebrews, Gospel' von Menzies. — Seite 15 Nr. 8 Ende add.: Vgl. Hippol. in Dan. IV 37 ed. Bonwetsch I 284 12 — Nr. 9 Ende add.: Sachlich darf man an die Verbindung Mt. 3 11 und 4 17 erinnern (J. Boehmer, Neutest. Parallelen und Verwandte aus altchristl. Lit. Für Bibel= freunde, Stuttg. 1903, S. 8 [Das Büchlein liefert außerkanonische Parallelen zu neutest. Stellen, ohne wissenschaftlichen Ansprüchen gerecht zu werden]) — Seite 16 Nr. 13 vgl. Röm. 15 1; entgegengesetzt: „Der Stärkere verfolgt den Schwächeren" (Athenag. suppl. 34 cf. Hesiod opp. V. 277 f.) — Nr. 14 Z. 3 st. wir l.: wie. —

Seite 17 Mitte Nachdem inzwischen der Fund von B. P. Grenfell and A. S. Hunt, New Sayings of Jesus and fragment of a lost gospel from Oxyrhynchus

(London 1904; zugleich im IV. Bande der Oxyrhynchus Papyri, Nr. 654 f.) veröffentlicht ist, sei der — ärger als im früheren Falle verderbte — Text (die Zeilen
sind am Ende abgebrochen) mit den Ergänzungen der Herausgeber in Uebersetzung
gegeben:

Dies (sind) die Worte, we<lche
spricht Jesus der lebendige <Herr (?) zu Kephas (?)
und Thomas und sagte: <Wer auch
immer diese Worte <hört, wird den Tod
5 nicht schmecken. — <Es spricht Jesus:
Nicht aufhören soll wer su<cht..., bis er
findet und wenn er gefunden <wird er staunen und im Staunen herrschen un<d im Herrschen ausru-
hen. — Es spricht J<esus:.... wer sind,
10 die uns ziehen <ins Reich, wenn
das Reich im Him<mel ist? ....
Das Geflügel des Him<mels und von Tieren
was unter der Erde is<t oder auf der Erde und
die Fische des Mee<res, die (sind es), welche zie-
15 hen euch, und das Re<ich der Himmel
ist unter (in) euch <und wer sich selbst
erkennt, wird dieses fin<den. Strebt also (?)
euch zu erkennen <so werdet ihr wissen, daß Söhne
ihr seid des Vaters des <allmächtigen (?)
20 werdet euch erkennen < .....
und ihr seid.. < ... Es spricht Jesus:
Nicht zögern wird ein Me<nsch....
.. zu fragen. < ....
.. über den Ort de<s Reiches. Ihr sollt wis-
25 sen, daß sein werden viele E<rste Letzte und
die Letzten Erste und < .....
.. Es spricht Jesus. — <Alles, was nicht vor
deinem Angesicht und <was verborgen ist
vor dir wird offenbart wer<den dir. Denn nicht ist
30 verborgen, was nicht offen<bar werden soll,
und begraben, was n<icht erweckt werden soll.
Es befragen ihn s<eine Jünger und
<sa>gen: Wie sollen wir fa<sten und wie ..
.... und wie < .....
35 ... und was sollen wir beobach<ten ...
.... — Es spricht Jesus: < ....
.... tut nicht < ....
... der Wahrheit < .....
.... verbor<gen ....
40 ... selig ist < .....
...... ist < .....
. . . .

Z. 1—3 Ueber den Eingang vgl. meine Bemerkungen in: Kirchliche Gegenwart
Gemeindeblatt für Hannover 1904 Nr. 18. Heinrici, der den Fund in ThLZ
1904 Nr. 15 vorläufig angezeigt hat, will ihn im Januarheft der ThStK 1905
ausführlicher behandeln; A. Deißmann, Zur Text-Rekonstruktion der neuesten
Jesusworte aus Oxyrhynchos (Allgem. Ztg., Beil. Nr. 162, 18. Juli 1904), bringt Konjekturen, die ein völlig anderes Bild ergeben. — Z. 3—5 vgl. Joh. 8 52. Mc. 9 1 u. Par. —
Nr. 1 Z. 5—9 f. den Spruch des Hebräerevang., Apokr. S. 21 Nr. 18 — Nr. 2
Z. 9—21; z. B. 16 vgl. Lk. 17 21; Naassener bei Hippol. ref. V 7 ed. Gotting.
p. 140 92 f. — Nr. 3 Z. 21—27; zu Z. 26 f. vgl. Mc. 10 31 u. Par. — Nr. 4 Z. 27

—31 vgl. Mt. 10 26 u. Par.; Z. 31 als Hinzufügung charakteristisch, vgl. das zweite Spruchglied Apokr. S. 10 28 ff. (rechts) — Nr. 5 Z. 32 ff.; (Z. 32 Andeutung des Wechselgesprächs oder noch zum Vorhergehenden gehörig?) vgl. Mt. 6 16 ff.

Den Bruchstücken sind von den Herausgebern noch weitere „eines verloren gegangenen Evangeliums" angeschlossen (s. Apokr. S. VI A. 1), von 8 Papyrus=sätzen, deren Schrift nicht nach 250 fallen soll. Das recht lückenhafte Material scheint zu Anfang eines größeren zusammenhängenden Stückes recht scharfsinnig er=gänzt. Nach einem Satze des Inhalts Mt. 6 25 a: Lk. 12 22 b heißt es:

```
      . . . Viel bes-
     ser seid ihr als die Li-
     lien, welche wach-
10   sen, ohne zu spinnen . .
     Wenn ihr ein Kleid habt,
     was entbehrt auch
     ihr? Wer möchte wohl zusetzen
     eurer Lebens-
15   länge? Er selbst wird geben
     euch eure Klei-
     dung. Es sprechen zu
     ihm seine Jünger:
     Wann wirst du uns offen-
20   bar sein und wann
     werden wir dich sehen? Er spricht:
     Wenn ihr entkleidet sein und
     euch nicht schämen werdet
             . . . . . . . . .
```

Z. 7 f. vgl. Mt. 6 25 (30): Lk. 21 28 (28) — Z. 8—10 vgl. Mt. 6 28 b: Lk. 12 27 a — Z. 11 f. vgl. Mt. 6 28 a — Z. 13—15 vgl. Mt. 6 27: Lk. 12 25 — Z. 15—17 vgl. 2. Kor. 5 1 ff. — Z. 17—21 vgl. Joh. 14 22. 1. Joh. 3 2 — Z. 22 f. vgl. Aegypter=evang. s. Apokr. S. 23 7. Diese Berührung macht es allerdings wahrscheinlich, daß wir in diesen Fragmenten Stücke des Aegypterevangeliums vor uns haben. An einer anderen Stelle scheint ein Satz wie Lk. 11 52 gestanden zu haben.

Seite 18 zu 3) Reitzenstein, Poimandres, S. 240 f. führt „die Vorstellung, daß Gott mitten in die Welt hineintritt", auf „hellenistische Theologie". Er liefert zu dem μεϑύοντας aus der Predigt des Propheten im Poimandres Belege; bezeichnet es S. 241 f. im allgemeinen als gefährlich, in diesen Sprüchen das johanneische Sprache suchen zu wollen, wo es sich um Allgemeingut der hellenistischen Mystik handle, und sieht S. 239 f. in dem Spruch Nr. 4 pantheistischen Mystizismus [vgl. Seite 19] und zwar ägyptischer Herkunft wirklich vorliegen. Er liest ὅπου ἐὰν ὦσιν δύο, οὐκ εἰσιν ἄϑεοι, καὶ ὅπου εἷς ἐστιν μόνος αὐτῷ, ἐγώ εἰμι κτλ. — Seite 20 zu c Nr. 1 O. Pfleiderer, Urchristentum II 2 169 denkt an Röm. 14 14. 23: „übri=gens kommt ‚Uebertreter des Gesetzes' nur bei Paulus und Jakobus vor; die Echtheit des Spruches ist also fraglich". Doch darf immerhin auf Mt. 15 3 verwiesen werden — Seite 39 resp. Apokr. S. 22 Z. 20 v. u. Karpokratianer lesen Spencer und Lommatzsch, desgl. Harnack II 1, S. 297, während das überlie=ferte Harpokratianer von Lipsius (Die Quellen der ältest. Ketzergesch. S. 86 Anm.) und Kötschau (Ausg. der Berliner Akad.), auch Zscharnack (Der Dienst der Frau S. 169 A. 1) vertreten wird — Seite 47 ff. [Zur Lit. vgl. noch R. T. Herford, Christianity in Talmud and Midrash, London 1903, p. 35 ff.] — Seite 52 Z. 10 st. Leo I.: Gregor — Seite 94 zu 7. Evangelium der Eva. Reitzenstein, Poi=mandres, S. 242 bemerkt: „Die Vision selbst scheint verkürzt vorzuliegen; wir er=fahren nicht, was das seltsame Paar tut" . . .; „das Paar selbst wird der ägyptisch=theologischen Literatur angehören". R. verweist auf einen Vorgang bei Zosimos, der in seinen Visionen die Hermetische Literatur nachbildet, in die ja auch die ägyptische Gebetsformel σὺ γὰρ ἐγὼ καὶ ἐγὼ σύ überging (vgl. S. 142), und sieht sich auch durch die Vorstellung von dem συλλέγειν ἑαυτόν an Worte des Hermes erinnert — Seite 95 Z. 17 v. u. Vgl. auch F. Spitta, Das Magnifikat, ein Psalm der Maria und nicht der Elisabeth, in den Theol. Abhandlungen für H. J. Holtzmann, Tüb. 1902 — [Seite 106 Z. 7 f. v. u.: f. noch Berendts, Die handschriftliche Ueberlieferung der Zacharias- und Johannes-Apokryphen, in TU N. F. XI 3, 1904 —] Seite 165 ff. [vgl. weiterhin J. Goldziher, Neutestamentliche Elemente in der Traditionslitt. des Islam, Oriens christianus II 390 ff.] — Seite 178 Z. 15 l. Christinnen — Seite 186 [Zu dem Citat c. 46, 2 vgl. 1. Kor. 6 17] — Seite 205 Z. 11 l. Poimandres (über den Namen vgl. Reitzenstein, Poimandres, S. 8. 114 f.) — Seite 224 Z. 12 st. pend. l.: pond. — Seite 243 f. Apokr. S. 170 4. 12 f. vgl. 169 Z. 8 f.) Belfer in der Lit. Rundschau für das kath. Deutschland 1904, Sp. 172, findet die Mitteilung „wenigstens hinsichtlich des Petrus durch Apg. 12 17 bezeugt, da mit ἕτερος τόπος unter allen Umständen nur ein Ort außerhalb Palästinas gemeint sein kann". Die Auslegung ist aber durchaus individuell (vgl. z. B. K. Linde in ZnW 1904, S. 202), und die parallele Notiz findet sich nicht in den „Paulus"-, sondern in den Petrusakten. Seine Angabe über den „sog. Reisebericht" der Paulusakten hätte B. näher präcisiren sollen — Seite 244 f. Reitzenstein a. a. O. 47 f. A. 1 stellt fest, daß die Sprache der Petruspredigt, zumal in Nr. 3, beständig an die hermetischen Schriften erinnern, und druckt S. 74 A. 1 den Text des Fragments mit seinen Konjekturen ab, findet auch im Hinblick auf Kol. 2 8. 16, „daß diese jüdische Mystik sich mit der ‚Hermetischen' eng berührt" — Seite 245 Z. 11 ff. Vgl. die Einschränkungen zufolge der Gestirnbeobachtung im Elxaibuch (Hippol. ref. IX 16) — Z. 3 v. u. st. bekräftigen l.: beseitigen — [Seite 257 Z. 18 ff. v. u. Gut bemerkt O. Pfleiderer, Urchristentum² II 569: „gesetzt, die Urschrift der ‚Zwei Wege' sei jüdisch gewesen, so wäre daraus nur zu erkennen, daß schon das hellenistische Judentum sich der spezifisch jüdischen Schranken in einem Grade entledigt und zu einer Reinheit und Weite der sittlichen Lehrweise erhoben hatte, welche der christlichen zum Verwechseln ähnlich war. Ist hingegen die Urschrift christlich gewesen, so bestätigt sie nur, was wir auch aus Hermas und Jakobus wissen, daß im katholischen Christentum die Grundlage des Hellenismus immer nachgewirkt und teilweise überwiegend durchgeschlagen hat" — Seite 328 Z. 12 Die Zersägung Jesajas abgebildet auf einem altchristlichen Goldglas f. Pér.té, l'Archéologie chrét., p. 353 —] — Seite 354 Z. 1 zu fide l. noch ei — Seite 356 Z. 29 st. Pil. l.: Phil. — Seite 357 Z. 24 v. u. Leusiboram: Leosiboram nach Priscillian tract. I p. 11 19 ed. Schepß durch Hiob 38 39 LXX (θηρεύσεις δὲ λέουσι βορὰν κτλ.) zu erklären. Vgl. übrigens zu den Anführungen bei Hieronymus (außer ep. 75, 3 noch adv. Vigil. 6 und comm. in Isai. 17 c. 64) C. Schmidt in TU VIII 1 f. S. 562 — Seite 359 Z. 12 ‚Miszellen zu den Paulusakten' mit Rücksicht auf die Neuveröffentlichung C. Schmidts liefert C. Clemen in ZnW 1904, S. 228—247 — Seite 364 Z. 8 v. u. l. Barsabas Justus (ohne Komma) — Seite 367 ,Der getaufte Löwe' (Bemerkungen zu Tert. bapt. 17 und Hieron. de vir. ill. 7) wird gegen Apokr. S. 358 f. von G. Krüger in ZnW 1904, S. 163—166, aufrecht zu erhalten versucht und in einem jüngst veröffentlichten (äthiopisch erhaltenen) Apokryphon unter dem Titel ,The Epistle of Pelagia' ein Beleg dafür gefunden (ebda. S. 261—263) [das Beispiel einer redenden Löwin liefern auch die Akten der Xanthippe und Polyxena ed. James c. 30] — Seite 368 Harnack hält ThLZ 1904, Sp. 323, auch angesichts der koptischen Fragmente eine wenigstens kurze Erwähnung der spanischen Reise des Paulus in den Akten nicht für ausgeschlossen — Seite 377 Z. 7 v. u. l. Gutschmid — Seite 378 Z. 16 f. v. u. l. Thamyris — Seite 393 (Mitte) l. Frz. st. Frtz. — Seite 412 Z. 14 v. u. l.: Charakter der Reden Pauli — Seite 428 Die Anm. Z. 6 f. ist zu tilgen — Seite 452 Für die in c. 22 angedeutete Stellung der Jungfrauen ist vielleicht der bisher nicht genügend erklärte Ausdruck heranzuziehen, den Epiphanius haer. 67 c. 8, Oehler I d p. 568 von den Hierakiten gebraucht: ... συνεισάκτους γυναῖκας, ἃς εἰώθαν φιλοτιμεῖσθαι ἔχειν εἰς ὑπηρεσίαν — Seite 457 Z. 9 ff. Die Wiedergabe von Justin dial. 70 ist mißverständlich. Justin will nur sagen, daß die Mysten des Mithras Dan. 2 34 nachgeahmt hätten — Seite 509 Z. 14 f. v. u. (Selbstentmannung) vgl. noch Pf.=Cyprian de sing. cler. 33 — Seite 543 Z. 8 f. v. u. (Tod der Söhne Zebedäi) vgl. die oben S. XIII citirte Abhandlung von Schwartz — Seite 548 Z. 10 v. u. εὖγε vgl. Lt. 19 17 — Seite 562 f. [Zur Lit. der Thomasakten vgl. noch W. R. Philipps, The connection of St. Thomas the Apostle with India (Ind. Antiq. 1903, 1, p. 1—15); A. Mancini, Per la critica dègli Acta apocrypha Thomae (Atti d. R. Acad. d. Scienzi di Torino Bd. 39, 11 a, p. 743—758)] — Die Fragmente des Sinaipalimpsestes sind jetzt von Mrs. Lewis herausgegeben Horae Semiticae III 199 ff., übersetzt IV 223 ff.

Verbesserungen zum Uebersetzungsbande.

Apokr. S. III Z. 15 add.: Laodicenerbrief — S. XII Z. 27 st. 1883 l.1888/89 — S. 4* (Mitte) und 546 (s. v.) l. Claromontanus — S. 6 (Mitte) Zu dem Fall Petrus=evang. 25: Namen der Frau und Söhne des Onesiphorus zu 2. Tim. 4 19 aus den Paulus= und Theklaakten — S. 45 Z. 14 v. u. das Fragezeichen zu tilgen — S. 46 Z. 17 v. u. zu 10 add.: Paulusakten Korintherbrief 3 5 — S. 56 Z. 31 Die 2 am Rande zu Z. 26 hinaufzu=rücken — S. 105 Z. 29 l. meiner — S. 132 Z. 28 st. Reisige l. Beisitzer — S. 137 Z. 32 am Rande 3 einzufügen — S. 168 Z. 25 l. Name — S. 174 Z. 44 „in der Gefangenschaft" vielmehr gewöhnliche Typen — S. 175 Z. 38 st. zuletzt l. zuerst — S. 228 Z. 23 f. Der Satz „Die ... angegeben" zu tilgen — S. 229 Z. 14 f. „und meine ... gegeben" zu tilgen — S. 275 Z. 11 add. 6 am Rande — S. 283 Z. 27 add. 6 am Rande — S. 285 Z. 39 die 3 am Rande vielmehr zu Z. 38 — S. 304 Z. 23 l. Bethlehem — S. 314 Z. 29 st. des l. der — S. 332 Z. 22 Randzahl 255 zu Z. 23 — S. 349 Z. 19 zu „vergl." add. 2. Kor. 12 12 — S. 356 Z. 21 st. 73 l. 71 — S. 370 Z. 44 st. Thekla l. Theoklia — S. 373 Z. 31 st.: Ich komme ganz von Sinnen l.: Ich werde mich scheren — S. 391 Z. 1 (vergl. den Anhang) zu tilgen — S. 409 Z. 26 f. st. blätterte im Buch l.: rollte es zu — Z. 31 f. st. auf das menschliche Fleisch bezogen zu werden l.: es dem menschlichen Fleische (der Allgemeinheit der Menschen) nahe zu dringen — S. 411 Z. 27 st. Pulte l. Säule — S. 413 unten (Bibelstellen) vor 33 einzufügen: 26 vgl. Röm. 4 17 — S. 428 Z. 33 st. 97 Anfang l. 96 Ende — S. 430 Z. 2 st. (so auch V) hinter „hätten" l. (so V) hinter „Tagen" — S. 437 Z. 14 st. des Herrn l. Gottes — Z. 21 f. st. Gewalt über seine Hände zu halten l.: etwas in seinen Händen zu halten — S. 445 Z. 31 st. Gottes Wort l.: (Gottes) Worten — S. 449 Z. 24 Böses add.: und nichts Gutes — S. 464 Z. 8 v. o. st. 1 2 l. 1 1 — S. 471 Z. 27 l. (Apostel) — Z. 36 l. daß — S. 472 Z. 4 l. (Antlitz) — S. 478 Z. 1 st. XII l. XXV — S. 483 9 l. Myrtenzweige — 18 ff. l.: Damit sie durch seinen Anblick erleuchtet werden Und ewig bei ihm seien zu jener ewigen Freude Und bei jener Hochzeit seien, Zu der sich die Vornehmen versammeln, Und bei dem Mahle weilen, Dessen die Ewigen gewürdigt werden, Und königliche Ge=wänder anziehen Und glänzende Kleider anlegen Und (damit sie) beide in Freude und Jauchzen seien Und den Vater des Alls preisen . . . — S. 507 32 f. l.: Denn auch wir selbst sind, wenn wir nicht die Last der Gebote tragen, nicht würdig . . . . — S. 537 33. 34 [ ] zu tilgen; 35 l.: ich nicht angefüllt (befriedigt) — S. 550 sub Licht st. 57 l. 27; add. 61. 392 — S. 551 vor Sabbat l. Sabaoth 341 (diese Zahl unter Sabbat zu tilgen) — S. 552 st. Theone l. Theonoe.

Haupteinleitung.

(Herausgeber.)

§ 1. Apokryph und kanonisch.

Vgl. Kautzsch, Die Apokryphen und Pseudepigraphen des A. T.s I (1900), S. XI ff.; (Movers-) Kaulen, Art. Apokryphen im Kath. Kirchenlexikon ed. Wetzer u. Welte ² I (1882), Sp. 1036—1048; Jülicher, Art. Apokryphen in d. Realencykl. d. klass. Altertumswissenschaft ed. Pauly-Wissowa I (1894), Sp. 2838—2841; dazu die Einleitungen in das N. T., Geschichten des neutest. Kanons, altchristlichen Literaturgeschichten u. a. — Die Stoffaufzählungen in Artikeln verschiedener Lexika liefern in der Regel — so auch R. Hofmann in RE I (1896), S. 653—670 — eine Aufreihung älterer und jüngerer Apokryphen nach dem seit Fabricius hergebrachten Schema.

(1.) „Apokryphe" und „deuterokanonische" Schriften N. T.s bei altlutherischen Dogmatikern vgl. H. Schmid, Die Dogmatik der ev.-luth. Kirche, ⁶ S. 57 f. (Ueber die entsprechende Schätzung auf katholischer Seite Jülicher, Einl. in das N. T., 1901, S. 439.) Durch die „apokryphen und verworfenen Bücher des N. T.s" wird Joh. Gerhard 1) an den unermeßlichen Haß des Teufels gegen die heiligen Schriften, 2) an die einzige Vorsehung Gottes in der Erhaltung des neutest. Kanons (langes Leben des Johannes!), 3) an den frommen Eifer des Urchristentums und seine gläubige Sorgfalt in der Unterscheidung und Ausscheidung der fraglichen Bücher erinnert (loci theol. II ed. Tub. 1763, p. 248 f.).

(2.) Erwähnungen bei Origenes s. E. Schürer, RE I 622 f. (findet S. 623, „daß der ursprüngliche [?] Sinn, welchen wir bei Origenes so scharf und konsequent festgehalten sehen, schon in der Zeit vor Origenes nicht mehr [?] im allgemeinen Bewußtsein gelebt hat). Es ist zuzugeben, daß der Sinn der frühesten patristischen Verwendungen des Begriffs nicht unzweideutig ist. Doch darf behauptet werden, daß dieser im Sinne positiver Wertschätzung gemeint ist an den Stellen Clem. Alex. str. I 15, 69 (geheime Bücher des Zoroaster); „Apokryphon" des Joh. s. Apokr. S. 43 (wenn das wirklich urspr. Titel war); Irenäus adv. haer. I 20, 2 (das Geheime des Urgrundes, mit Beziehung auf Lk. 19 ⁴²); Hippol. ref. VII 20 p. 356 (apokr. Worte des Herrn durch Matthias); Μωυσέως ἱερὰ βίβλος ἀπό-κρυφος κτλ. bei Dieterich, Abraxas S. 155, — während die gegenteilige (kirchliche) Anwendung bei Irenäus adv. haer. I 20, 1 (neben νόθα) und Tertull. de resurr. 63 (an doketische Schriften gedacht) vorliegt, die Hegesipp betreffende Stelle Eus. h. e. IV 22, 9 („von Häretikern gebildet") aber undeutlich bleibt (nur alt- oder auch neutestamentliche Apokryphen gemeint? geht der Ausdruck αἱρετικῶν auf Hegesipp selbst zurück?). Tertull. de pudic. 10. 20 (über den Hirten des Hermas, cf. de orat. 16) scheint sich dem bei Origenes nachweisbaren Sinne zu nähern, desgl. de anima 2, wo er alttest. Pseudepigraphen im Auge gehabt haben wird, wie Constit. apost. VI 16; Athan., 39. Festbrief; Priscillian tractatus ed. Schepß; Augustin de civ. dei XV 23 — hier neben Apostelapokryphen, vgl. Verz. der 60 Bücher, Stichometrie des

Handbuch zu den Neutestamentl. Apokryphen.   1

Nikephorus —; an dieser Stelle stellt Aug. die Theorie vom dunklen Ursprung auf, wogegen Karlstadt (bei Credner, Zur Gesch. des Kanons, S. 347. 364) sich einfach an die hieronymianische Unterscheidung des Kanonischen und Nichtkanoni= schen hält. Belege der scharfen Verurteilung alt= und neutestamentlicher Pseudepi= graphen s. bei Zöckler, Hieronymus, S. 358 ff. — Textbruchstück des 39. Fest= briefes von Athanasius, griech. bei Zahn G. K. II (203 ff.) 210—212; Preuschen, Analecta S. 144—146; durch ein größeres Fragment aus einer Pariser koptischen Hf. vorne und hinten erweitert: C. Schmidt, Der Oster= festbrief des Athanasius vom J. 367, Nachr. d. Gött. Gesellsch. d. Wiss., philol.= hist. Kl. 1898, 2, S. (168—203) 177—184. Als Gegner des Briefschreibers erscheinen die Meletianer (vgl. H. Achelis, Meletius von Lykopolis, in RE XII 558 ff.) neben den Arianern. Zahn, Grundriß S. 58 A. 2, wiederholt die von Crum besorgte Uebersetzung des später bekannt gewordenen Schlußstückes, worin aus= drücklich erwähnt wird, „daß die Häretiker, speciell aber die elenden Meletianer auf die Bücher, die man apokryph nennt, stolz seien.“ Als solche sind vorher (hinter dem griech. Fragm.) Henoch=, Jesaja=, und Mosesbücher genannt, als „Mythen“ und „Anfänge von Aufruhren“ und, weil nutzlos, für die Kirche abzulehnen; „denn selbst wenn man ein nützliches Wort in ihnen findet, dennoch ist es gut, ihnen nicht zu glauben“. Von besonderem Interesse ist noch und von den Forschern verschieden gedeutet, was der Kopte bei dem griechischen Διδαχὴ καλουμένη τῶν ἀποστόλων liest: „Diskalike (sic) der Apostel — ich meine nicht die, von der gesagt wird, daß sie das Deu= teronomium tadelt —“. Syr.: „die sog. Didaskalia der Apostel“, also die syr. Didasl. (Apokr. S. 194 ff.) zu verstehen. Ueber die Zusatznotiz des Kopten haben außer Schmidt (a. a. O.), der seine Position aus Anlaß eines Aufsatzes von Zahn (Atha= nasius und der Bibelkanon, in der Festschrift f. Prinzregent Luitpold 1901, I S. 1—36) präcisirte (Nachr. d. Gött. Gesellsch. 1901, 3, S. 326—349), noch A. Jacoby, Ein bisher unbeachteter apokrypher Bericht über die Taufe Jesu usw. (Straßb. 1902), und (gegen diesen) Baumstark im Oriens Christianus II 1902, S. 462 gehandelt. Im Zusammenhang mit dieser Stelle des Festbriefes steht schließlich der noch nicht völlig aufgeklärte Satz Rufins († 410), wonach zu den neutestamentlichen Schriften außer dem ‚Hirten des Hermas‘ ‚die zwei Wege‘ oder (? vel) ‚das Urteil des Petrus‘ zu rechnen seien (expos. symb. 38; vgl. Zahn G.K. II 243. Harnack I 28 f. Schmidt, Nachr. 1898, S. 197 ff. 1901, S. 347 A. 1). — Faksimile des Schriftenverzeichnisses im Cod. Claramontanus bei Vigouroux, Dictionnaire de la Bible II 1899, als Beigabe zu col. 176 f — Der Schriftenkanon der römischen Synode von 382 bei Zahn, Grundriß S. 82 f., nach Turner, JthSt I 1900, p. 556 ff.; dazu Zahn, S. 72: „Wenn man in Rom beschlossen hatte, daß die Kirche solche Schriften [Laodicenerbrief, apokr. Apostelgeschichten, Hermas] zu meiden habe, so war damit zunächst die gottesdienstliche Verwendung und die Berufung auf solche Schriften als Auktoritäten gemeint, woneben private Lesung unverwehrt blieb. Es bestand kein allzu schroffer Gegensatz zwischen einem Priscillian, welcher auf diese Schriften das Gebot Jesu Jo. 5 ₃₉ anwandte ([ed. Schepß] p. 47 ₂₅; 51 ₁₃), und einem Philaster (haer. 88), welcher sagte, sie müßten gelesen werden, nur nicht von allen und nicht im Gemeindegottesdienst, sondern von den Gereiften, welche mit Kritik zu lesen verstehen (cf. Priscillian p. 56, 6). Auch das macht keinen großen Unterschied, daß Philaster entschieden behauptete (haer. 88. 89), Priscillian (p. 46 ₂₂ ff.; 51 ₂₀—₅₂; 56 ₁₆—₂₇) aber nur als möglich zugab, daß diese Schriften hier und da von Häretikern gefälscht worden seien.“ Auf derartige aus kirchenpädago= gischen Rücksichten getroffene Entscheidungen und Unterscheidungen stößt man, wie vormals schon im Kanon Muratori, noch bei Kyrill v. Jerus. catech. IV 35 f. Hieron. ep. 107 (an Laeta), 12. Augustin ep. 64, 3. Concil. Carthag. III 47 (v. J. 397, desgl. vorher 393 zu Hippo). Syrische ‚Lehre der Apostel‘ ed. Cureton, Ancient Syr. documents 1864, p. 27 (Nr. 10). ‚Lehre des Simon Kephas‘ (ebenda p. 40). Canones apost. 85 (auf dem Trullanum 692 in der Hauptsache bestätigt). Statuta eccl. antiqua (um 500), can. 16. Concil. Bracarense (I., v. J. 563), can. 17 usw.

(3.) Ueber den Anhang der armeniſchen Bibel von 1805 ſ. Gelzer in RE II 68 f.; ferner (Harnack I S. XXXIII f.) Zahn, Ueber einige armeniſche Ver- zeichniſſe kanoniſcher und apokrypher Bücher, Forſchungen V 1893, S. 109—157 und die hier S. 109 A. 1 erwähnte Sammelpublikation Die Apokryphen (Pſeudepigra- phen) bei den Armeniern: Tl. II. Dormitio Joannis ed. Katergian 1877; Tl. III. Die 7. Viſion Daniels, Wien 1892. Hierher gehört wohl auch Daſhian, Die Lehre der Apoſtel, Das apokryphe Buch der Kanones, Der Brief des Jakobus an Quadratus und das Kanones des Thaddäus, Wien 1896 [armeniſch: Münchener Hofbibliothek]. Vgl. noch Preuſchens Bericht über den von Daſhian 1895 ver- öffentlichten ,Catalog der armeniſchen Hſſ. in der Mechithariſten-Bibliothek zu Wien‘ (ThLZ 1897 Nr. 12) und das 1894 von Conybeare unter andern Mitteilungen aus armeniſchen Hſſ. veröffentlichte Kanonsverzeichnis des cod. Paris. 12 (Anc. fonds armén.) von Varban Varbapet aus d. Jahre 1276, welches hinter den neuteſta- mentlichen Büchern mehrere jüngere außerkanoniſche namhaft macht, darunter 5 des Clemens und „5, welche ich (?) ſchrieb, die Predigt des Apoſtels Petrus" (vgl. dar- über Harnacks Bericht ThLZ 1894 Nr. 23). Ein Verzeichnis jüngerer altteſta- mentlicher Apokryphen, welche die Mechithariſten veröffentlichten, ſ. bei James in TSt V 1, 1897, p. 158—165. Eine kleine Sammlung neuteſtamentlicher Apokryphen (Kindheitsgeſch. und Pilatusſchriften ſowie die Maria Betreffendes) ed. Mechitar. Venedig 1898, 8° erwähnt Bardenhewer I 370. — Bibelhſſ. mit Anti- legomena ſind z. B.: griechiſche cod. Sinaiticus (א), 4. Jahrh., mit Barna- bas, ... (Didache? — anders v. Gebhardt in RE II 740 —) und Hermas; cod. Alex. (A), zweite Hälfte des 5. Jahrh., mit den 2 Clemensbriefen (und den Pſalmen Salomos); cod. Hieroſol. in Konſtantinopel, v. J. 1056, mit ... Barna- bas, den 2 Clemensbriefen, Didache, Pſ.-Ignatianen; ſyriſche cod. Cantabrig. add. 1700, v. J. 1170, mit den zwei Clemensbriefen zwiſchen den katholiſchen und pauliniſchen, ſogar mit Perikopeneinteilung. Euthalius gab ſeiner Ausgabe der Schriften des Apoſtolos das Martyrium des Paulus (in jüngerer Bearbeitung) bei (v. Soden, Die Schriften des N. T.s I, S. 657 f.). — Ignatius taucht in Kanonsverzeichniſſen erſt ſpät auf (Verz. der 60 kan. Bücher; Stichometrie des Ni- keph.). In den mitgeteilten Verſen des Theodorus Studita bereitet das ἐκφλογίζων Schwierigkeit; Wünſch teilte Krüger mit (Gießen, 8. IX. 1903): „φλογίζειν heißt auch ,mit Feuer vertilgen‘, ſo kann ἐκφλογίζειν heißen ,mit Feuer gänzlich vertilgen‘. In dieſem Sinne ſcheint es Theophyl. Sim. Epiſt. 9 gebraucht, wo es mit ἀπαιθαλόω parallel ſteht". — Ueber das Vorkommen des Laodicener- briefs in gedruckten alten deutſchen Bibeln vor und nach 1500 vgl. Neſtle in RE III 65 37, 72 42; über 3. und 4. Esra wie 3. Makk. vgl. 77 38, auch die Vor- rede der gen. Wittenberger Ausgabe von 1682, worin die Ueberſetzung dieſer Bücher trotz Luthers abfälligem Urteil mit ähnlichen Gründen gerechtfertigt wird, mit denen Fabricius 1703 ſeinen Cod. apocr. N.T. einleitete, und feſtgeſtellt wird, daß Luther Ueberſetzung in die deutſche Sprache jedem freigelaſſen habe. „Dem ſie nicht gelieben, der ſchlage ſie vorbey."

(4.) Ueber die Benutzung außerkanoniſcher Bücher A. T.s im N. T. und das Verhältnis jener zum nachweisbaren — ſchwankenden — Umfange der LXX vgl. K. Budde, Der Kanon des Alten Teſtaments, Gießen 1900, S. 73 ff.; außer- kanoniſche Sprüche altteſtamentlicher (jüdiſcher) oder chriſtlicher Bücher ſ. bei Har- nack I 849—851. II 1, S. 560 f. (dazu etwa Did. 4 8. Ps. Cypr., de singularitate cleric. 43. Syr. Didaskalia, lat. ed. Hauler p. 28 cf. 29; 52).

(5.) Text des ſogen. Kanon Muratori bei Preuſchen, Analecta, S. 129—135; Zahn, Grundriß, S. 75—77 (vgl. ,Kanon Muratori‘ RE IX 796—806); Lietzmann, Kl. Texte I (Bonn 1902). — Ueber Luthers Standpunkt in der Beurtei- lung des neuteſt. Kanons vgl. P. Gennrich, Der Kampf um die Schrift in der deutſch- ev. Kirche des 19. Jahrh., Berlin 1898, S. 4 ff.; E. Rolffs, Die Bibel im evange- liſchen Glauben und in der prot. Theologie (Preuß. Jahrbücher 1900 Sept., S. 421 ff.); D. Scheel, Luthers Stellung zur heil. Schrift, Tüb. 1902. — Das Unzureichende des testimonium spiritus sancti mit Rücksicht auf den vorliegenden Zusammenhang betonen Jones I (1726), p. 61 ff.; Zahn, Die bleibende Bedeutung des neutest. Kanons für die Kirche (1898), S. 51. 53.

§ 2. Die urchristliche und apokryphe Literatur im Zeitalter ihrer Entstehung.

(1). Zur Bekanntschaft des Heidentums mit christlichen Schriftwerken vgl. Preuschen bei Harnack I 865 ff. (Das Christentum bei heidnischen Schriftstellern); Harnack, Die Mission u. Ausbr. d. Chr. S. 157 f. u. ö.

(2.) Das Verdienst, die Einsicht in den Entwicklungsgang der altchristlichen Literatur durch kräftige Herausstellung der „christlichen Urliteratur" gefördert zu haben, gebührt F. Overbeck (Ueber die Anfänge der patrist. Lit., in Sybels Historischer Ztschr. N. F. XII, 1882, S. 417—472); im Anschluß daran vgl. Krüger S. IX ff. und Ehrhard S. 593 ff., dessen Aussonderung der neutestamentlichen Schriftengruppe aus der umgebenden und unmittelbar nachfolgenden Literatur aus historischen Erwägungen aber nicht mehr zu halten ist, wenn auch anderseits die Bestreitung jeder Sonderbehandlung des N. T.s in literarhistorischer und sonstiger Absicht (G. Krüger, Das Dogma vom N. T., Gießen 1896; W. Wrede, Ueber Aufgabe und Methode der sogen. neutestamentlichen Theologie, Gött. 1897) gerechtfertigten Bedenken begegnet (Heinrici, RE. V 360: „In dieser Richtung muß die Theologie die Fühlung mit dem kirchlichen Leben aufgeben und sich als Religionswissenschaft, die sich folgerecht nicht auf die Erforschung des Christentums einschränken darf, neu begründen".)

Harnack, Das Wesen des Christentums (16 Vorlesungen), Leipzig 1900, S. 125 f. „möchte drei Stufen unterscheiden, in denen das Griechische auf die christliche Religion eingewirkt hat, und dazu eine Vorstufe". Letztere „liegt in den Ursprüngen des Evangeliums und ist geradezu eine Bedingung seiner Entstehung gewesen...... Doch kann man nicht sagen, daß in den ältesten christlichen Schriften, geschweige im Evangelium, ein griechisches Element in irgend erheblichem Maße zu finden ist.... Die erste Stufe eines wirklichen Einströmens bestimmter griechischer Gedanken und griechischen Lebens ist auf die Zeit um das Jahr 130 anzusetzen" (griechische Religionsphilosophie), eine zweite um 220/30 (Mysterien, griechische Civilisation; vgl. auch Apokr. S. V f.), eine dritte wieder hundert Jahre später.

(4.) Die Frage der religionsgeschichtlichen Behandlung neutestamentlicher und kirchenhistorischer Probleme der Anfangszeit ist neuerdings lebhafter diskutirt, in konservativerem Sinne von Harnack a. a. O. und Heinrici (Theologie und Religionswissenschaft [Vortrag], Lpz. 1902), in mehr fortschreitender Richtung von Jülicher (Rektoratsrede Marbg. 1901, s. Apokr. S. 21* A. 3); vgl. die ‚Forschungen zur Religion und Literatur des A. und N. T.s', herausgegeben von Bousset und Gunkel (Gött., seit 1903).

(5.) Ueber jüdische Beeinflussung des ältesten Christentums vgl. Wrede, Ueber Aufgabe usw. 1897, S. 76 f.; A. Titins, Die vulgäre Anschauung von der Seligkeit im Urchristentum. Ihre Entwicklung bis zum Uebergang in katholische Formen, Tüb. 1900, S. 248 f.; Wernle, Die Anfänge unserer Religion, Tüb. 1901, S. 243. 272 ff.

(6.) Ueber die Himmelfahrt der Seele zu Gott, Seelenreise ins Jenseits, Seelenabstieg und -aufstieg vgl. A. Dieterich, Eine Mithrasliturgie, Leipz. 1903, S. 157 ff. In dieser Liturgie spielt das Schweigen eine bedeutsame Rolle, vgl. Ignatius.

Ueber Taurobolium vgl. F. Cumont, Die Mysterien des Mithra (übersetzt von Gehrich), Leipz. 1903, S. 136 ff. Zu den allgemeinen religionsgeschichtlichen Analogien ließe sich noch der Brudername (Harnack, Die Mission usw., S. 289 ff.) ziehen, der wenigstens bei den Mithrasverehrern wie bei den Priestern des Serapeums zu Memphis gleichzeitig auftaucht.

(9). Mosheim behauptete (De caussis suppositorum librorum inter Christianos saeculi primi et secundi diss. hist.-ecclesiastica Mai 1725, in J. L. Moshemii Dissertationum ad historiam ecclesiast. pertinentium vol. I ² Altona=Flensbg. 1743, p. 217 ff.), daß Fälschungen nicht vor dem Auftreten der Philosophie innerhalb des Christentums stattgefunden hätten. Harnack hat in einer genialen Einleitung feiner ,Gesch. der altchriftl. Litt.' I, S. XXI—LXI (Grundzüge der Ueberlieferungsgeschichte der vornicänischen Litteratur in älterer Zeit) das Verschwinden zahlreicher Bestandteile der altchriftlichen Lit. mit beabsichtigter Zurückdrängung oder Beseitigung durch die Kirche erklärt, was Ehrhard S. 599 f. eingeschränkt wissen will. Bezüglich neutestamentlicher „Fälschungen" vgl. A. Meyer, Theol. Wissenschaft und kirchliche Bedürfnisse, Tüb.=Leipz. 1903, S. 12 ff. — Von späteren Namenbeilegungen erwähne ich: Phinees (Pinehas) der Reiche Lk. 16₁₉ (vgl. Harnack, TU. XIII 1, S. 75—78; Harris im Expositor, März 1900, p. 175 ff.), — Berenike die Blutflüssige Mt. 9 (— Veronica=Legende, vgl. v. Dobschütz, Christusbilder, TU N. F. III 1899, S. 203 ff.); in den pseudoclementinischen Homilien trägt die Tochter des kananäischen Weibes diesen Namen, während dieses selbst (Mc. 7₂₆, stammte nach den alten syrischen Texten aus Emesa, f. Nestle in ThLZ 1903, Sp. 46) Justa heißt (hom. III 73. IV 1; cf. 6 II 19), — Geschwister Jesu: 4 Brüder (Mc. 6₃) und die Schwestern Assia und Lydia (hist. Josephi 2, Ea 123; die bohairische Relation bei F. Robinson, TSt IV 2, p. 131 hat statt Assia Lysia; anders bei Hippolytos von Theben ed. Diekamp; 3 Töchter f. Ph. Meyer bei Lipsius Ergh. S. 26), — Frau des Philippus und Herodes Antipas: Ποliά (Anecdota Graeco-Byz. I p. 3), — Frau des Pilatus Procla (Briefwechsel des Pil. und Herodes ed. James, TSt V 1 p. 65 ff.; Ps.-Dexter, chron. bei Fabricius III 726: Claudia Procula; Klopftock erdichtete Portia, — Magd bei der Verleugnung: Ballila (Zahn G. R. II 830 A. 1), — die beiden Schächer am Kreuz Dismas (Dimas) und Gestas oder Joathan und Chammatha oder Titus und Dumachus (vgl. Harris im Expositor, März 1900, p. 161 ff. 304—308; mit den beiden letzten Namen sind sie im arab. Kindheitsevangelium c. 23 Ea p. 193 in die Kindheitsgeschichte proleptisch hineinverflochten); — Longinus heißt sowohl der Hauptmann am Kreuz (Petrusevang.: Petronius; wieder anders Ps.-Dexter vgl. Fabricius III 726) wie der Soldat, der ihn mit der Lanze stach (vgl. C. Kröner, Die Longinuslegende, ihre Entstehung und Ausbreitung in der franz. Lit., Münster 1899), — Emmausjünger: Ammaon et Cleopas (Ambrosius, vgl. Nestle in RE III 25 f.). — Die Geschichte von den Ablegern der Apostel wurde später ebenfalls genau ausgeführt, z. T. Tochter des Philippus: Hermione (vgl. Zahn, Forschungen VI 171 Anm.).

§ 3. Geschichte der Erforschung; Ausgaben.

Jacobus Faber Stapulensis, Dionysii celestis hierarchia etc. Ignatii undecim epistolae. Polycarpi epistola una. Paris 1498 (öfter wiederholt, vgl. Funk PA ² II p. XVI); S. Pauli epistolae XIV ex Vulgata… cum commentariis…. accedit ad calcem Linus episcopus de passione Petri et Pauli ex graeco in latinum conversa. Paris 1512 bei H. Stephanus, fol. (Neudrucke 1515/16, vgl. Lipsius Aa I p. XIV); Liber trium virorum et trium spiritualium virginum etc. Paris 1513 (enthält ältere lat. Version des Hirten des Hermas, vgl. Funk PA ² I p. CXLIII. Friedrich Nausea, Anonymi Philalethi Eusebiani in vitas miracula passionesque Apostolorum Rhapsodiae. Köln bei Quentel 1531 (Lipsius I 129; über N. vgl. Kaweran in RE XIII 669 ff.). Wolfgang Lazius, Abdiae Babyloniae primi episcopi ab Apostolis constituti, de historia certaminis Apostolici, libri decem, Julio Africano interprete (mit Anschluß von Geschichten des Ap. Matthias und Marcus, des Clemens, Cyprian und Apollinaris usw.). Paris 1566. 8° (mit einer Vorrede des Joh. Faber an der Sordonne); die gleiche Ausg. 1560 und 1571; über diese und drei Kölner Ausgaben in 12° vgl. Lipsius I 133 f. Die erste Ausg. des W. Lazius erschien in

Basel bei Oporinus 1551 [1552] fol. (Lipsius I 129 f.). Uebersetzungen vgl Lipsius I 134 A. 1. Auch in den nordischen Sprachkreis haben Teile der Sammlung von Apostelleben Eingang gefunden: C. R. U n g e r , Postula Sögur, Legendariske for-taellinger om Apostlernes Liv deres kamp for Kristendommens udbredelse samt deres martyrdød. Christiania 1874 (nach Kopenhagener u. a. Hff., die zumeist der 2. Hälfte des 12. Jahrh. entstammen; der Stoff ist nach den Personen geordnet). [Ueber die ganze Sammlung f. Lipsius I 117—178; der Name des Abbias, angeb= lichen Apostelschülers und Bischofs von Babylon, hängt tatsächlich nur an e i n e m Stücke der Sammlung, der passio SS. Simonis et Judae, und ist von da irrtümlich auf die ganze Sammlung ausgedehnt.]

(Joh. H e r o l d ,) Orthodoxographa Theologiae sacrosanctae ac syncerioris fidei Doctores numero LXXVI etc. Basel 1555 fol. (Bischof Thietreych von Worms gewidmet und als Lektüre für die Verwalter des Kirchenamts in der gefahrvollen Zeit gedacht).

(Jo. Jac. G r y n a e u s ,) Monumenta S. Patrum orthodoxographa etc. Basel (1569) fol. (enthält Werke von 85 Kirchenlehrern).

R. Laur. d e l a B a r r e , Historia christiana veterum Patrum etc. Paris 1583 fol. (enthält u. a. einen Wiederabdruck des Pf.=Abbias).

Auch die Bibliotheca Patrum der versch. Ausgaben hat die bis dahin ver= öffentlichten Stücke aufgenommen.

Mich. N e a n d e r , Apocrypha: hoc est, narrationes de Christo, Maria, Jo-sepho, cognatione & familia Christi, extra biblia: apud veteres tamen Graecos scriptores, Patres, Historicos & Philologos reperta (inserto etiam Proteuangelio Ja-cobi Graece, in Oriente nuper reperto, necdum edito hactenus) ex Oraculorum ac Sibyllarum uocibus, gentium etiam testimoniis, denique multorum ueterum auto-rum Libris descripta, exposita & edita Graecolatine. Basel Febr. 1564. 8⁰, p. 321 ff. eines Sammelbandes, der vorn betitelt ist: Catechesis Martini Lutheri parva, Graeco-latina, postremum recognita, den Alumnen der Ilfelder Schule gewidmet. [Der= artige Katechismusbearbeitungen zu Schulzwecken findet man im 16. Jahrhundert auch sonst; vgl. K n o k e , ThLZ 1902, Sp. 505 f.] Der mittlere Teil (von N. feinem Onkel D. Basilius Faber von Sorau gewidmet) enthält Sentenzen oder Väterex= cerpte zur christlichen Lehre und Ethik (p. 193—317). Die Widmung der Apocrypha an Herrn Syphard von Promnitz (bei Sorau) ist am 10. April 1563 in Ilfeld ge= schrieben [Exemplar der Gött. Bibl.]. Die 3. Aufl. der Catechesis Basel 1567 (2. der Apocrypha) enthielt zum ersten Male die Prochorusakten, von Grynaeus (f. o.) wie= derholt (Lipsius I 355 f.). Bild N e a n d e r s (1525—1595) im Jahresbericht über die kgl. Klosterschule zu Ilfeld Ostern 1902/03 („Autotypie nach einem im Kommif= sionszimmer des Klosters befindlichen Oelgemälde auf Holz").

Eine elende Nachahmung des Neanderschen Buches sind die Apocrypha, pa-raenetica, philologica. Publico juventutis literariae bono edita Interprete M. Ni-colao G l a s e r o [in Verden † 1651], Thuringo, Waltershusano. Hamb. 1614. kl. 8⁰ (71 Seiten, mit einer schwülstigen Widmung an den Bischof Herzog Philipp Sigismund vom 1. Okt. 1613).

Vordem gab der lutherische asketische Schriftsteller Stephan P r a e t o r i u s , Prediger in Salzwedel, den Laodicenerbrief unter Beifügung dürftiger Nachrichten über einzelne Apostel (nach Abbias, den Rekognitionen und Viucenz von Beauvais; abgedruckt bei Fabricius I/II, p. 928 ff.) und christlicher Sätze aus den Testam. der Patriarchen lateinisch und mit eigener deutscher Uebersetzung heraus: Pauli Apo-stoli ad Laodicenses epistola, Latine & Germanice edita, studio & opera Stephani Praetorii. Adjecta sunt fragmenta Apostolorum et Patriarcharum Testamenta, pro lectori non injucunda futura. Hamburgi 1595. 4⁰ [Exemplar der K. Bibl. in Han= nover; das Ganze nur wenige Blätter]. Die spez. Vorrede zu den Sätzen aus Test. patr. ist v. 20. Juni 1594 datirt. Angehängt ist ein Brief des Rostocker David Chytraeus an den Autor. Nach der lat. Vorrede läge eigentlich kein Grund vor, den Laodicenerbrief zu beanstanden, wenn er auch kurz sei. Ob er von Paulus selbst verfaßt sei oder nicht, wird offen gelassen. Die ganze Veröffentlichung dient nicht eigentlich wissenschaftlichen Zwecken.

Die Ausgaben von C o t e l e r i u s (1672) und Ittig (1699) verzeichnet Funk PA² I p. II f. [Zu den hier p. IV f. aufgeführten Uebersetzungen der P. A. ist noch zu nennen: Novi Testamenti A p o c r y p h a oder: Etlicher Lehr-Jünger des Herrn und Apostolischen Männer S e n d - B r i e f e, die vor Alters bey der ersten Kirchen in vielen Gemeinden mit Nutzen gelesen, Und denen Canonischen Schriften mit angehänget worden. Anitzo zum gemeinen Nutzen nach des Seel. Hn. Gottfr. Arnolds genauerer Verdeutschung aus dem Grunde, dargelegt, Auch in Capitel und Verse abgetheilet, und im Format eingerichtet, daß solche Reitzens Uebersetzung des Neuen Testaments können beygefüget werden. Büdingen 1723. (Vorangestellt ist der Laodicenerbrief.)] Als Appendix seiner Diss. de Haeresiarchis aevi apostolici et apostolico proximi (Lips. 1690) veröffentlichte I t t i g 1696 eine diss. (I) de Pseudepigraphis Christi, Virginis Mariae et Apostolorum. Ueber W. C a v e vgl. Buddensieg in RE. III 767 f.; eine deutsche Uebersetzung seiner Antiquitates apostolicae, zum Teil nach Abdias gearbeitet, erschien 1696 zu Leipzig bei Thomas Fritsch, 4°. S o n s t i g e L i t. des beginnenden Zeitraums bei Thilo, Cod. apocr. N. T. I (1832) p. XIII f. Von R. S i m o n s Werken kommt hier namentlich inbetracht Nouvelles observations sur le texte et les versions du N. T., Paris 1695.

J. E. G r a b e, Spicilegium SS. Patrum ut et haereticorum seculi p. Chr. n. I.—III, Oxford I 1698. II² 1714.

H e l m s t e d t e r Dissertationen: C h ü d e n, Pseudo-Novum Testamentum 1699; W e d d e r k a m p, Historia seculi primi fabulis variorum maculata 1700; K n o r r, De libris et epistolis coelo et inferno delatis 1704.

J. A. F a b r i c i u s, Cod. apocryphus Novi Testamenti collectus, castigatus testimoniisque, censuris & animadversionibus illustratus I (II) Hamb. 1703.² 1719. II. 8° enthält in Bd. I apokr. Kindheitsevangelien, Nikodemusevangelium mit den Pilatusbriefen und dem Lentulusbrief, einen Abschnitt über Schriften und Sprüche Jesu und Notizen und Fragmente apokrypher Evangelien, Bd. II p. 387 ff. (an I angeschlossen Acta, Epistolae, Apocalypses aliaque scripta Apostolis falso inscripta, nämlich den Abbiastext, Briefe der Maria, des Paulus u. a., und Dodecas apocalypseon apocrypharum; Bd. III(¹ 1743) die Aposteln zugeschriebenen Kirchenliturgien und mancherlei Nachträge, schließlich auch den Hirten des Hermas. [Ueber Joh. Albert Fabricius vgl. B a e h r in Allg. Encyklop. der Wissenschaften u. Kste., herausgeg. von Ersch und Gruber XL 2 (1844), S. 66—75.]

J o n e s, A new and full method of settling the canonical authority of the New Testament, 3 Bände. London I. II 1726. III 1727 [Gött. Bibl.] (2. Aufl. Oxford 1798 und 1827). Bd. I enthält gründliche Untersuchungen bezüglich des im Titel angezeigten Problems und p. 179 ff. die damals nur bruchstückweise oder dem Titel nach bekannten apokryphen Stücke in alphabetischer Reihenfolge, Bd. II die erhaltenen vollständigen Stücke, ebenfalls mit Auseinandersetzungen über Inhalt und Ueberlieferung, endlich Bd. III A general Dissertation, or Proof, concerning the Canonical Authority of the Four Gospels (mit Einschluß der AG.). [Ueber Jones vgl. Dictionary of national biography ed. S. L e e XXX, London 1892, p. 121 f.; 122: „Jones is said to have projected another volume ‚on the apostolical fathers‘; more probably he meant to apply his method of determining canonicity to the remaining books of the N. T.“]

M o s h e i m, Vindiciae antiq. Christ. discipl. adv. Tolandi Nazarenum, ² Hamb. 1722.

Die heilige Schrift Altes und Neues Testaments, nach dem Grund-Text aufs neue übersehen und übersetzet: nebst einiger Erklärung des buchstäblichen Sinnes, wie auch der fürnehmsten Fürbildern und Weissagungen von Christo aus seinem Reich und zugleich einiger Lehren die auf den Zustand der Kirchen in unsern letzten

Zeiten gerichtet sind; Welchem allem noch untermängt eine Erklärung die den innern Zustand des geistlichen Lebens oder die Wege und Wirkungen Gottes in der Seelen zu deren Reinigung, Erleuchtung und Vereinigung Jhesum, zu erkennen gibt .... Berlenburg.... 1726. — Bd. III. IV: Teil 7, oder des N. T.'s 3. Tl. .... S. 417: Nebst der buchstäblichen und geheimen Erklärung. Welchem noch die 2 Bücher, der Weisheit und Jesus Sirachs, nebst einem Anhang weiser Sprüche aus den Zeiten Neuen T.s mit kurzen Anmerckungen beygefüget sind. Verlenburg 1739; p. 569 „Anhang weiser Sprüche aus den Zeiten N. T.s". Auch in Jesus Sirachs und selbst den Sprüchen Sal.s manche geistreiche Einfälle und alltägliche Lebensweisheit. So sei wohl auch diese Hinzufügung hinter Jesus Sirach begründet „anstatt reiche= rer Anmerckungen, die bey den 2 vorhergehenden Büchern der Weißheit unterblieben sind. Und wenn es angehet, daß man Arnds Informatorium biblicum mag vornen an die Bibel drucken, oder ein Gesangbuch hinten anhängen, und was dergleichen mehr ist; so wird ja auch wol angehen, daß man aus Veranlaffung der weisen Sprüche Salomons, der Weißheit und Sirachs, noch einen Anhang von weisen Sprüchen beyfüge zwischen die canonischen und apocryphischen Bücher: nämlich 1) die Sprüche Xysti oder Sexti" (p. 570 ff.). Augustin verstand darunter auch erst den Römischen Bischof. „Daß er aber gleich den andern hernach anderst geredet, und einen Pythagorischen Philosophum daraus machen wollen; das hat man aus Noth und einem sonderbaren Interesse gethan. Weil nämlich die Pelagianer etwas aus diesen Sprüchen anzogen, jene aber nicht wol darauf antworten konnten; so wollten sie lieber diese Sprüche verdächtig machen, als etwas wider ihre einmal ge= thane Erklärung bekennen". 2) Das hl. Nili Capita Paraenetica oder Erinnerungs= Puncte (579). 3) Prüffstein der Nachfolger Gottes und des Heylandes Jesu Christi, in anmuthigen Sprüchen, aus geistreicher Lehrer Schrifften, auch eigener Erfahrung zur besonderen Erbauung zusammengetragen durch eine Seele welche Jesum lieb hat. In zwey Teile. — Der Verlenburgischen Bibel Achter und Letzter Theil, be= stehend in einem Zusatz von Apocryphischen Schrifften des A. und N. T.s. Verlen= burg 1742; enthält die übrigen alttest. Apokryphen, darunter Zusatz zum Buch Esther, 3. und 4. Esra, 1.—4. Makk.. Enoch, Test. XII Patr., den 151. Psalm [kurz, David preist sein Leben; steht in mehreren griechischen Bibelhandschr. (Harnack I 851). cf. Athan., ep. ad Marcell. 25], Pf. Salomos, Ergänzung der jüdischen Historie der Schrift, Josephi Gedächtnis=Büchlein, Brief Christi an Abgar, Apocryphische Sprüche Christi (p. 415 f., im ganzen 18), Ev. Jacobi, Nicodemi, Laodicenerbrief, Barn., 1. u. 2. Clem., Polyc., Jgn., Hermas.

J. F. Klenker [† 1827; vgl. Arnold, RE X. 564—566], Ueber die Apokry= phen des N. T.s, oder über den Ursprung, Inhalt und Zweck der mancherlei, auf die evangelische Geschichte und Lehre mehr oder weniger Beziehung habenden, theils unzuverläffigen, theils absichtlich erdichteten Schriften, in Vergleichung mit denjenigen Urkunden des Christenthums, deren apostolischer Ursprung und Zweck aus innern und äußern Gründen erweislich ist. (III. Abtlg. von ‚Ausführliche Untersuchung der Gründe für die Aechtheit und Glaubwürdigkeit der schriftlichen Urkunden des Christenthums' Bd. V) Hamburg 1798 (p. V ff. Vorrede v. 1. Juli 1795 mit Nach= schrift vom 15. Okt. 1797).

A. Birch, Auctuarium codicis apocryphi N. T. Fabriciani I Havniae 1804. — Noch bescheidener ist der in demfelben Jahre zu Hadamar herausgekommene lat. Textabdruck apokrypher Evangelien von C. C. L. Schmid (Corpus omnium vete= rum apocryphorum extra biblia I), der in der Vorrede auf seine Anmerkungen und Vergleichungen im Repert. f. die Lit. der Bibel, der Religions=Philosophie, Kirchen= und Dogmengesch. I Heft 2 verweist. G. W. Lorsbach, Neue Beiträge zu den Apokryphen des Neuen Testaments (Marburg 1807) [mir nicht zugänglich].

Nach dem Vorgange von K. Imm. Nitzsch (Wittenb. 1808) und F. J. Arens (Gött. 1835, Preisaufgabe) lieferte Tischendorf eine Abhandlung De evange= liorum apocryphorum origine et usu (Preisschrift), Hagae comitum 1851.

Codex apocryphus Novi Testamenti. The uncanonical Gospels and other writings, referring to the first ages of Christianity; in the original languages: collected together from the editions of Fabricius, Thilo, and others; by the Rev. Dr. Giles, Late Fellow of C. C. C. Oxford, 2 Bde. London 1852, 8° (Printed at the author's private press) [Leipziger Univerſitätsbibl.; das Buch ent= hält keine Bereicherung des bis dahin Veröffentlichten].

Ueberſetzungen oder Bearbeitungen der apokr. Kindheitsevangelien (im An= ſchluß an Thilo und ſpäter Tiſchendorf) lieferten Bartholmä (Heft 1, Dinkels= bühl 1832); Vorberg 1841 (ſ. Apokr. S. 25* A. 5; gibt S. 722 ff. eine ſynop= tiſche Tabelle der ſechs von ihm überſetzten Kindheitsevangelien); Lützelberger, Das Protevangelium Jacobi, zwei Evangelien der Kindheit Jeſu und die Akten des Pilatus, Nürnbg. 1842; G. Brunet, Les évangiles apocryphes traduits et annotés d'après l'édition de Thilo, Paris 1849. ² 1863; R. Clemens, Die geheimgehaltenen oder ſogen. apokr. Evangelien, 5 Tle., Stuttg. 1850. 12°: R. Hofmann 1851 (ſ. Apokr. S. 25*); Jos. Pons de Négrépelisse, Recherches sur les Apocryphes du N. T. Thèse hist. et crit., Montauban 1850. 8°. — C. J. Ellicott, Diss. on apocr. Gospels (Cambridge Essays 1856); Peltzer (kath.), Hiſtoriſche und dogmenhiſt. Elemente in den apokr. Kindheitsevangelien (Diſſ.), Würzb. 1864; Michel Nicolas, Études sur les évang. apocryphes, Paris 1866 (befaßt ſich auch mit den ſonſtigen apokryphen Evangelien und klaſſificirt den Stoff unter den Ti= teln des Jüdiſchen, Antijüdiſchen und Orthodoxen) [über N. als bibliſchen Kritiker vgl. Edm. Stapfer in den Études de théol. et de l'hist. publiées par MM. les professeurs de la faculté de théol. protestante de Paris etc. Paris 1901, p. 153 ff., ſ. ThLZ 1903, Sp. 3]; B. Harris Cowper, The apocryphal Gospels and other documents relating to the history of Christ. Translated from the originals. London 1867. ⁴1874; O. Schade, Narrationes de vita et conversatione B. M. V. et de pueritia et adolescentia Salvatoris, Halis 1870. Jos. Variot (kath., gegen Nicolas), Les Évangiles apocryphes Histoire littéraire Forme primitive Transformations, Paris 1878; R. Reinſch, Die Pſeudo=Evangelien von Jeſu und Marias Kindheit in der romaniſchen und germaniſchen Lit., Halle 1879; A. Tappehorn (kath.), Außerbibl. Nachrichten oder die Apokryphen über die Geburt, Kindheit und das Lebensende Jeſu und Mariä, Paderb. u. Münſter 1885; däniſche Ueberſetzung von Gregerſen, Odenſe 1886; Ch. Bost, Les Évang. apocr. de l'enfance de Jésus-Christ avec une introduction sur les récits de Matthieu et de Luc (Thèse), Montauban 1894; J. Hoyer, Die apokryphiſchen Evangelien, auch ein Beweis für die Glaubwürdigkeit der kanoniſchen (Programme der Oberrealſch. in Halberſtadt 1898/99, Ueberſetzung des arab. Kindheitsevangeliums in Auswahl mit Anmerkungen mehr praktiſch=pädagogiſcher Natur, ohne Anſpruch auf Wiſſenſchaftlichkeit). B. Pick, Extracanonical life of Christ, London 1903.

Inhalt des Sammelbandes von A. Menzies (1897), zum Teil nach den Veröffentlichungen von James (1893): Petrusevangelium, Tatians Diateſſaron, Offenbarung des Petrus, des Paulus, der hl. Jungfrau, Sedrachs, Teſtament Ab= rahams, Akten der Xanthippe und Polyxena, Erzählung des Zoſimus, Apol. des Ariſtides, die 2 Clemensbriefe, aus Origenes' Kommentar über das Johannes= (Buch I—X) und Matthäusevangelium (B. I. II. X—XIV).

A.
Evangelien.

Zur Einleitung.
(E. Hennecke.)

(1.) Evangelium ist „die mündliche Verkündigung des durch Jesus ver=
kündigten und verwirklichten Heilsrates Gottes" (Zahn, Einl. in das N. T. II 162
cf. 165 f.; sieht eine solche auch in Mc. 1₁, die Anfangsworte als vorgesetzter Titel
gefaßt, S. 221 f.). Die Marcioniten dachten bei den Paulusstellen Röm. 2₁₆, Gal.
1₆₋₈ an ein Buch mit Paulus als Verf. (S. 171). — Berufungen auf ‚das Evan=
gelium" (des Mt.) s. Didache 8,2. 11,3. 15,3f. Basilides schrieb 24 Bücher über „das
Ev." (s. Apokr. S. 41). Aristides apol. 2: ἐκ τοῦ παρ᾽ αὐτοῖς καλουμένου εὐαγγελίου (nach dem syrischen Text). Der Plural bei Justin apol. 66: ἐν τοῖς γενο-
μένοις ὑπ᾽ αὐτῶν ἀπομνημονεύμασιν (von Zahn G. K. I 471 u. ö. als „Erinne=
rungen" gefaßt), ἃ καλεῖται εὐαγγέλια (! Ist dieser Zusatz vielleicht Glossem?). Da=
neben einfache Berufung auf Herrnworte oder =rede, z. B. Did. 9,5. Zunächst allein=
stehend die Bezeichnung γέγραπται (im Evang.) Barn. 4,14; γραφὴ λέγει 2. Clem. 2,4.
Hieronymus zu Jes. 44,29 bemerkt, daß der Heiland nullum volumen doctrinae suae proprium dereliquit, weil, wie aus den Wiederholungen gleicher Sätze
hervorgehe, quae in mentibus hominum sunt vel legendi negligentia vel audiendi
contemptu et oblivione deleta viva voce (! — der Begriff bei Papias, s. Apokr.
S. 4, und Irenäus adv. haer. —) innoventur, quae non sint scripta calamo et atra-
mento, sed spiritu et verbo dei (der Satz bei Harnack I 5). Zur Zeit des Hiero=
nymus gab es nicht nur ältere gnostische Schriften, die auf den Namen des
Herrn verfaßt waren (s. VI; dazu Constit. apost. VI 16,2): s. u. zu Briefe
(Einl.). — 1 Thess. 4₁₅₋₁₇ wird man nicht (mit Ropes, Die Sprüche Jesu S. 153 f.)
als Herrnwort fassen dürfen, denn es setzt eine Reflexion der Nachlebenden über
die Wiederkunft und deren begleitende Umstände voraus, die so noch nicht in einer
Zukunftsankündigung Jesu enthalten sein konnte. Auch nach Zahn (Einl. II 169)
verbürgt der Wortlaut „kein wörtliches Zitat, wohl aber einen bewußten Anschluß
an überlieferte Worte Jesu" (nimmt an, daß die Entlehnung auch 5₁₋₅ mit um=
fasse!). Bezüglich des Umfanges des in den kanonischen Evangelien niedergelegten
Stoffes erklärte Origenes zu Joh. 21₂₅, daß diese Stelle nicht von der Menge,
sondern von der Bedeutsamkeit des Stoffes zu verstehen sei (Fabricius I 321 s.
A. cf. III 517 ff., der ähnlich überschwengliche Ausdrücke beibringt). Dazu vgl. die
Stelle Orig. in cant. cant. prolog. bei Harnack I 5. — Alte Textgestalten des Va=
terunsers s. Apokr. S. 191, 536. Zu den erheblicheren Differenzen zwischen
den Synoptikern und Joh. gehört vor allem diejenige hinsichtlich des Todestages
Jesu (15. oder 14. Nisan; vgl. H. Achelis, Ein Versuch, den Karfreitag zu datieren,
Nachr. der K. Ges. der Wiss. zu Göttingen, philol.=hist. Kl. 1902 Heft 5).

(2.) E. Preuſchen, Antilegomena, S. 95—101 gibt ein tabellariſches Ver=
zeichnis von Evangelienſtellen aus Hebr.=Evang., Pſeudoclementinen (vgl. S. 80 ff.),
Matthäus=Evang., Juſtin (vgl. S. 21 ff. [E. Lippelt, Quae fuerint Justini Mart.
Ἀπομνημονεύειν quaque ratione cum forma evangeliorum syro-latina cohaeserint,
Diff. Halle 1901, ſucht zu beweiſen, daß J. ſich einer Evangelienharmonie bedient
habe]); S. 38 ff. Celſus und die Evangelien. Bezüglich des zeitlichen Nacheinan=
der der vier Evangelien treten unter den deutſchen Forſchern insbeſondere Zahn
(Einl. in das N. T. II 1899, S. 322 ff.) und Hilgenfeld für die Priorität des
Mt. vor Mc. ein; jener faßt die dem Papias überkommene Nachricht von dem
ἑρμηνεύειν der λόγια (des Mt.!) „von mündlicher Dolmetſchung ... in den Ver=
ſammlungen griechiſch redender oder ſprachlich gemiſchter Gemeinden" (S. 256) und
ſieht in dem griech. Mt. „die reife Frucht" dieſes Dolmetſchens (258), muß aber be=
kennen, daß der Stil des Mt. weniger hebraiſirend iſt als der des Mc. (299). Ueber
W. Soltau's Theſe von einem Protomatthäus (Unſere Evangelien, ihre Quellen
und ihr Quellenwert, Leipz. 1901) vgl. Bouſſet ThLZ 1903, Sp. 168. Das Joh.=
Ev. wird von Zahn unter der Vorausſetzung, daß es noch von Joh. († um 100)
ſelbſt abgefaßt iſt, mit den Briefen um 80—90 angeſetzt, während Harnack für
den Presbyter Joh. als Verf. den Zeitraum von ca. 80—ca. 110 offenläßt (II 1,
St. 719). Da in dieſem Evangelium mündliche, vielleicht auch ſchriftliche, Tradi=
tionen des Lieblingsjüngers verarbeitet ſind, und dieſe Verarbeitung noch in leben=
digem Zuſammenhange mit denſelben ſteht, liegt es am nächſten, an die Abfaſſung
nicht lange nach ſeinem Tode „von Freunden" (ſ. Apokr. S. 22*) zu deuten. Si=
chere Benutzung der joh. Schriften iſt erſt einige Decennien ſpäter nachweisbar.
Das Vorhandengeweſenſein einer eigentlichen Logienquelle iſt beſtritten; auder=
ſeits hat A. Reſch einen Rekonstruktionsverſuch des vermeintlichen (hebräiſchen)
Urevangeliums unter Einſchluß der von ihm vordem geſammelten außerkanoniſchen
Evangelienfragmente unternommen, indem er mit B. Weiß in den Logia bei Pa=
pias auch Geſchichtserzählung eindegriffen ſieht (Die Logia Jeſu. Nach dem grie=
chiſchen und hebräiſchen Text wiederhergeſtellt, Leipz. 1898; die Schrift hat zur
Vorausſetzung — abgeſehen von den ‚Agrapha' TU V 4, Lpz. 1889 — Außercano=
niſche Paralleltexte zu den Evangelien, TU X: 1. Textkritiſche und quellenkrit. Grund=
legungen, 1893; 2. Paralleltexte zu Mt. und Mc., 1894; 3. zu Lk., 1895; 4. zu Joh.,
1896; 5. Das Kindheitsevangelium, nach Lk. und Mt. unter Herbeiziehung der au=
ßercan. Paralleltexte quellenkritiſch unterſucht, 1897). Außerdem gab Reſch in
den ‚Theol. Studien für B. Weiß' (Gött. 1897) einen Rechenſchaftsbericht über ſeine
Veröffentlichungen unter Ankündigung ſeiner Abſicht, noch die kan. Evangelienpa=
rallelen innerhalb der apoſtoliſchen Lehrſchriften zu geben. Ueber Logia ſ. ebenda
Titius S. 284 ff. Hauptſtellen für den Begriff: λόγια τοῦ κυρίου Acta Pauli 1 (nicht
iſolirt, ſondern von ihrer Fixirung im Evangelium und im Zuſammenhange mit
den geſchichtlichen Berichten deſſelben verſtanden). Domini sermones Iren. adv.
haer. III. IV. λόγοι τοῦ κυρίου AG. 20 ₃₅, 1 Tim. 6 ₃. 1 Theſſ. 4 ₁₅.
τὰ λόγια τοῦ θεοῦ (alſo auch Sätze des A. T., AG. 7 ₃₈. Röm. 3 ₂) Hebr. 5 ₁₂ (cf.
6 ₁). 1 Petr. 4 ₁₁ Did. 3, 8. 1 Clem. 19, 1. 53,1. 62, 3. Act. Pauli 6. Act. Petri 5 p. 50 ₂₄
(Dei sermones); λόγος τοῦ θεοῦ Offb. 1 ₉ (vgl. Lk. 1 ₂; τὰ περὶ τοῦ Ἰησοῦ AG. 18 ₂₅
cf. 23 ₁₁. 28 ₃₁) Weitere Belege bei H. Koch, Pſeudo=Dionyſius Areopagita (Mainz
1900), S. 39; der Ausdruck alternirt bei Dion. Areop. mit „Theologie" — ſo auch
im Neuplatonismus — und mit ἱερὸς λόγος für die heil. Schrift (S. 47. 38); vgl.
den Bartholomäuſpruch aus Dionyſ. Areop. 1. de myst. theol. 1 (Reſch, Agrapha,
S. 437 Apokr. 64): Die hl. Schrift („Theologie") iſt umfangreich und ganz gering
und das Evangelium breit (vgl. Eph. 3 ₁₈) und groß und wiederum knapp. Entſprechend
der Ausführung des Orig. zu Lk. 1 ₁ ff. haben Hieronymus (comm. in Mt., prol.)
und andere ein Bartholomäusevangelium erwähnt, das aber ſonſt in
der Luft ſchwebt.

(3.) Orig. zu Lk. 1 ₁ f. (und danach Ambroſius) ſ. bei Zahn G. K. II 622
—627. Zum N. T. und Evang. Marcions ſ. Zahn G. K. I 585—718. II 409

—529; dazu E h r h a r d S. 195 f. Nach P. C. S e n s e (Evangiles canoniques et apocryphes [résumé d'après le manuscrit anglais de l'auteur par S. Reinach], Rev. de l'hist. des religions, mai-juin 1903, p. 372—383) soll das Lk.-Evang. aus einem marcionitischen Evangelium und apokryphen Evangelien entstanden sein! — Zum gegenwärtigen Stande der Forschung über Tatians Diatessaron vgl. E h r h a r d S. 238—242 [richtig zu stellen S. 240 A. 2 betr. d. englischen Uebersetzungen von H i l l und von H o g g, daß nicht letztere nach den arab. Hss. angefertigt, sondern erstere durch G r a y danach verglichen ist]. Z a h n, Grundriß der Gesch. des neu- test. Kanons (1901), S. 44 A. 1; von besonderer Wichtigkeit ist die Frage des Textverhältnisses zu den alten syrischen Bibelübersetzungen, insbesondere dem 1892 von Agnes S. L e w i s wiedergefundenen S y r. s i n a i t i c u s d e r E v a n g e l i e n (ed. 1894, englisch 1896/97, deutsch von Merx 1897; Burkitt hat eine Neuausgabe dieser Texte versprochen), während die syrische Vulgata N. T.s (die von den ka- tholischen Briefen nur Jak., 1 Joh., 1 Petr. enthielt; seit dem 10. Jht. Peschitta gen.) erst dem 4. Jahrhundert anzugehören scheint (B u r k i t t, S. Ephraim's quo- tations from the Gospel 1901; vgl. v. D o b s c h ü t z, ThLZ 1902 Nr. 1).

(4.) Die P a p i a s f r a g m e n t e neu gesammelt von F u n k PA² I 346—375 (außerdem f. P r e u s c h e n, Antilegomena S. 61 unter 15, S. 63 unter 19. 20); TU V 2 (1888), S. 165—184 von d e B o o r mitgeteilte Fragmente, die eine spä- tere Datirung des Papias (frühestens um 140) veranlaßt haben (H a r n a c k: zwi- schen 140 oder 145—160). Zur neueren Forschung über das Fragment zu den Evan- gelien vgl. E h r h a r d S. 112—114. C o r ß e n (Die Presbyter des Irenäus, ZnW 1901, S. 202 ff.) nimmt an, daß erst die Nachfolger der Presbyter Pa- pias' Gewährsleute seien. Der Vorschlag einfacher Tilgung der Worte οἱ τοῦ κυ- ρίου μαθηταί (bei Aristion und Joh.-Presb.) geht von M o m m s e n aus (ebenda S. 156 ff.), was C o r ß e n (ebenda 1902, S. 242 ff.) wiederum bestreitet; die Mo- tivirung, warum Papias „auf die Mitteilungen der beiden so großes Gewicht legte, daß er sie den Aposteln unmittelbar anreihte", sei durch die Bezeichnung „Herrn- schüler' „mehr als ausreichend gegeben" (S. 244). Damit ist die Bezeichnung selber aber noch nicht vollgenügend erklärt; denn wenn auch der Standpunkt des Papias ein sehr unkritischer war, verlangt doch der kritische Leser zu wissen, wie er zu dieser Beilegung einer so außerordentlichen Bezeichnung für zwei Personen, die ihm immerhin zeitlich nicht sehr fern gestanden haben, gekommen sei.

P h i l i p p u s in Hierapolis vgl. Z a h n, Forschungen VI, 1900, S. 158 ff. (die spärlichen biblischen Stellen werden außerordentlich gepreßt, um individuelle Züge herauszubekommen); Z. hält eine persönliche Berührung des Papias mit Phi- lippus offen und sieht in Ph. von Hierapolis den Ph. der AG. — vgl. A p o k r. S. 40 unter 3 —, während C o r ß e n (Die Töchter des Philippus, ZnW 1901, S 289—299) sich für seine Ansicht, daß der Apostel Ph. gemeint sei, auf den Be- richt des Polykrates von Ephesus hält und geneigt ist, bereits den Papias (auf Grund von Euseb. h. e. III 39,9) als Vertreter dieser Ansicht hinzustellen; dagegen hätten die Montanisten (vgl. den Antimontanisten Euseb. h. e. V. 17,2—4) die beiden Ph. zusammengeworfen. C. findet, „daß die Töchter des Evangelisten unter Steigerung ihres Ruhmes und weiterer Ausschmückung ihrer Bedeutung als Töchter des Apostels in die nachapostolische Zeit versetzt sind" (S. 296). — Ueber das greu- liche Ende des Judas a. a. O. S. 153 ff.

(5.) Zu den von C l e m. v. A l e x. bezeugten kirchlichen Sondernachrichten über die Apostel gehört außer den angeführten vor allem die Geschichte vom ge- retteten Jüngling (A p o k r. S. 429), ferner das erbauliche Gespräch des Petrus mit seiner Frau (1 Kor. 9 s) bei deren Heimgange (strom. VII 11, wiederholt von Euseb. h. e. III 30, 2; vgl. die Nachricht strom. III 6 cf. Euseb. a. a. O. § 1, daß Petrus wie Philippus Kinder gehabt und dieser seine Töchter verheiratet habe; auch des Paulus wird hier mit Rücksicht auf Phil. 4 s in gleichem Sinne gedacht) und die Mitteilung paed. II 1, 16, daß Matthäus (Matthias? vgl. unten zu VI a 2) Vegetarier gewesen (über einfache Lebensweise des Petrus vgl. Gregor v. Naz. orat.

14, 4. Clem. recogn. VII 6). — Ueber Marcus vgl. den monarchianiſchen Prolog
zu d. Evang. (Corßen, TU XV 1, S. 10): Denique amputasse sibi post fidem
pollicem dicitur, ut sacerdotio reprobus haberetur (dazu H a r n a c k, Die Miſſion
uſw. S. 32 A. 2). — H e g e ſi p p s Bericht über die Enkel des Herrnbruders Judas
vor Domitian bei Euſeb. h. e. III 20. — Die Geſchichte von der Ehebrecherin
(Joh. 7 53—8 11) gibt, in verkürzter Form, auch die ſyriſche Didaskalia (c. 7 p. 31,
lat. p. 35 f.). — Ueber C o n y b e a r e s Fund des Mc.ſchluſſes (Mc. 16 9—20) mit
der Ueberſchrift „vom Presbyter Ariſton" in einer armeniſchen Hſ. v. J. 989 (1893)
ſ. Ehrhard S. 115 f. Z a h n, Forſchgn. VI 219 f.; Einl. in das N. T. II 226 ff.
Der Mc.ſchluß war außer Jrenäus dem Tatian (Diateſſ.), nach Zahn vielleicht
ſchon Juſtin bekannt.

(6.) Ueber den Echtheitscharakter der ſynoptiſchen Jeſusreden äußert ſich tref=
fend J ü l i ch e r, Einl. in das N. T. (1901), S. 294.

I.

Verſprengte Herrnworte.

(E. Heunecke.)

Lit.: Ueber Sammlungen ſolcher Sprüche ſeit G r a b e (1698) ſ. Ropes, Die
Sprüche Jeſu, die in den kan. Evangelien nicht überliefert ſind Eine kritiſche Be=
arbeitung des von D. Alfred R e ſ ch [Agrapha, TU V 4, 1889] geſammelten Ma=
terials (TU XIV 2, 1896), S. 2 f. Außerdem ſ. Jones I 513 ff.; die Berlenburgiſche
Bibel VIII (1742), S. 415 f. (ſ. o. S. 8); neuerdings cf. E. N e ſ t l e, Novi Testamenti
Gr. supplementum (1896), p. 89—92; B. J a c k s o n, Twenty-five Agrapha or extra-
canonical Sayings of our Lord, London 1900; E. P r e u ſ ch e n, Antilegomena,
S. 44 ff.

R e ſ ch (ſ. o. S. 11) benützte das von ihm mit großem Fleiß geſammelte außer=
kanoniſche Textmaterial zur Rekonſtruktion eines Urevangeliums (1898); Z a h n hat
in verſchiedenen Fällen die Vermutungen über die Zugehörigkeit des einen oder an=
dern Spruches zu dieſer oder jener altchriſtlichen (apokryphen) Schrift geäußert.
H. St. C h a m b e r l a i n (Worte Chriſti, München 1901) „hat ſich die Aufgabe ge=
ſtellt, aus den Evangelien und aus den ‚ungeſchriebenen Herrnworten‘ die Worte
Chriſti, losgelöſt aus dem Rahmen der geſchichtlichen Erzählung, zuſammenzuſtellen,
aus denen die rein menſchliche Stimme des Erlöſers den Hörern aller Zeiten und
Zonen unmittelbar entgegentönt" (G. Krüger in der ‚Chriſtl. Welt‘ 1901 Nr. 51).

a) Einzelſprüche.

1.

(Ropes S. 136 f. Z a h n, Einl. II 168 f.) Von Paulus zu Milet in ſeiner Ab=
ſchiedsrede angeführt, wo er auf ſeinen Selbſtunterhalt und die Pflicht der Unter=
ſtützung der Schwachen verweiſt. „Der einfache Sinn des ſchönen Wortes macht
keine Erläuterung nötig". (Constit, apost. IV 3: ἐπεὶ καὶ ὁ κύριος μακάριον εἶπεν
εἶναι τὸν διδόντα ἤπερ τὸν λαμβάνοντα.) 1 Clem. 2, 1: ἥδιον διδόντες ἢ λαμβάνοντες.
Did. 1, 5: μακάριος ὁ διδοὺς κατὰ τὴν ἐντολήν (auf das Vorhergegangene bezüglich).
Anſichten des Chryſoſtomus und Dekumenius zu AG. 20 35 und Anklänge bei Plu=
tarch und Seneca ſ. F a b r i c i u s I 323 f. Anm.

2.

(R. S. 141—143.) Außerordentlich häufig citirt. R e ſ ch, Agrapha S. 116
—127, gibt 1) das Logion in vollſtändiger Faſſung, a. nach pauliniſchem Typus
(add.: τὰ μὲν ἀποδοκιμάζοντες, τὸ δὲ καλὸν κατέχοντες Clem. Alex. I 28, 177 — cf.
1 Theſſ. 5 21 f. —), b. nach nicht pauliniſchen Ueberſetzungstypen (Erklärung des

Begriffs Münze; ſpäte Citate); 2) in eingliedriger Faſſung (Apelles, Didaskalia,
Pſ.-Clementinen, Caſſian); 3) in ausdrücklicher Verbindung mit 1 Theſſ. 5 21 f.; 4)
Kontexte, Exegeſen, Bezugnahmen auf das Logion (cf. 1). Die Hinzunahme des
an Paulus anklingenden Doppelſatzes erſcheint plauſibel; die Ausdrücke bei Jeſ. 7 15
LXX lauten anders. Die Anwendung der Kirchenſchriftſteller war die mannigfal-
tigſte. „Iſt es ja doch die Pflicht der Kritik, welche der Herr ſeiner gläubigen Gemeinde durch dieſes Logion empfohlen hat" (Reſch S. 239).

3.

(R. S. 137—140.) Unter den zahlreichen Anführungen iſt diejenige Juſtins
(dial. 47 p. 267 A) beſonders bemerkenswert, weil er ſtatt des ſonſt meiſt anzutref-
fenden εὑρω im Vorderſatz καταλάβω hat und weil er überhaupt der einzige iſt, der
das Logion auf Jeſus Chriſtus zurückführt; andere ſetzen es ausdrücklich in Verbindung mit Hef. 33 16—20. Daß der derzeitige letzte Zuſtand des Chriſten für die
göttliche Gerichtsbeurteilung ausſchlaggebend iſt, drücken auch Did. 16, 2; Barn. 4, 9
mit anderen Worten aus. Jones (I 537 ff.) faud den Spruch im Munde Chriſti
nicht ganz abſurd (cf. Joh. 5 27—30. Lk. 19 11—27, war aber der Meinung, daß ein
Späterer bei Juſtin erſt die Zurückführung des Wortes bei Hef. auf Jeſus vorgenommen hätte. Auch Zahn (G. K. I 550—552) ſieht darin kein Wort Jeſu. „Die
ſentenziöſe Zuſammenfaſſung jener drei ausgeführten, aber für die Kirche ſehr
wichtigen prophetiſchen Rede ſcheint früh zum Sprichwort geworden zu ſein. Daß
Juſtin ſie für einen Ausſpruch Jeſu hielt und ansgab, iſt um ſo verzeihlicher, als
für ihn der bei Ezechiel redende Weltrichter eben Chriſtus war, und manche der
Weisſagungen Chriſti von ſeiner Wiederkunft ſich nahe genug mit jenem
Spruch berührte". J. van den Gheyn, S. J., Note sur un Agraphon, Byzant.
Zeitſchr. III (1894), S. 150 f. vervollſtändigt die Citatenliſte aus vier Hſſ. der Vita
de S. Joannice, wo es ausdrücklich heißt: φησὶν ὁ θεὸς διὰ τοῦ προφήτου (Auvray,
Paris 1891, hat Hef. 7 3. 8. 21 30. 24 14 zur Vergleichung angeführt, während Reſch,
Agrapha S. 112 ff. 227 ff. 290 ff. auf Hef. 18 30. 33 20 verwies).

4.

(R. S. 140.) Der erſte Satz von Clemens Alex., der zweite auch von Origenes bezeugt (τὰ ἐπίγεια — τὰ ἐπουράνια Joh. 3 12). Der Spruch iſt eine Parallele
zu Mt. 6 33 (ζητεῖτε und αἰτεῖτε könnten beide auf שׁאל zurückgehen) und aus dem
Kontexte 6 31 ff. cf. 19 verſtändlich.

5.

(R. S. 151 f.) Wie der zweigliedrige Satz überliefert iſt, ſcheint er in ſich
widerſprechend. Der Syr. Cureton. hat daher hinter dem „und" ein „nicht", was
in den lateiniſchen Parallelüberſetzungen (cf. Leo I. bei Reſch, Agrapha S. 271 f.)
fehlt. Mit dem οὐ wäre der Gedanke klar gegenſätzlich zum Ausdruck gebracht (vgl.
zum zweiten Gliede Mt. 23 11 ὁ δὲ μείζων ὑμῶν ἔσται ὑμῶν διάκονος, was aber 20 26 f.
entſpricht, alſo in den Codices, die das Logion bieten, mit V. 28 dieſem vorangeht).
Reſch, der auch das zweite Glied negativ einleiten möchte, faßt ſchon das erſtere
ohne Not imperativiſch. Das Herrnwort beruht auf der Erfahrung des natürlichen
menſchlichen Emporſtrebens vom Geringeren zum Größeren (erſtes Satzglied). Der
Erfolg davon iſt, wie die angeſchloſſene Gaſtmahlsparabel (cf. Lk. 14 8—10) lehrt,
der umgekehrte (zweites Satzglied). Daß dieſer Erfolg bereits in dem ζητεῖτε
einbefaßt wird, iſt eine logiſche Ungenauigkeit, die dem Spruch etwas Rätſelhaftes
verleiht. Ropes überſetzt daher das καὶ mit „in der Tat aber".

6.

(R. S. 94—96. Zahn G. K. II 736—742.) Ropes bemerkt nicht, das, was
bei Clem. Alex. vorhergeht, Citat aus Barn. 6, 5. 8—10 iſt. Der vorher genannte
„andere Prophet" iſt Moſes (2. Moſ. 33 1. 3. 3. Moſ. 20 24). In Barn. 6, 10 interpungirt Funk PA. [2] I p. 54 24 f. λέγει γὰρ ὁ προφήτης παραβολὴν κυρίου · τίς νοήσει
κτλ. (vgl. die Ueberſetzung Apokr. S. 155). Dann würde der Prophet wiederum
Moſes und auf dieſelbe Stelle Bezug genommen ſein. Im anderen Falle kann man
aber auch nicht gut einen anderen als altteſt. Propheten (Spr. Sal. 1 6?) darunter

verfichen, denn das Gegenteil würde bei Clemens deutlicher zum Ausdruck gebracht fein, und wenn es allerdings vor dem Logion heißt: οὐ γάρ φϑονῶν, φησί, παρήγγειλεν ὁ κύριος ἔν τινι εὐαγγελίῳ, fo kann das φησί auch nicht mit ἔν τινι εὐαγγ. zusammengenommen werden (Z a h n 737: „heißt es in einem gewissen Evangelium"), sondern nur befagen wollen, daß fich der Sinn des obigen Prophetenworts mit der zwar beschränkenden, aber doch weitherzigen (οὐ γ. φϑονῶν) Aussage des Herrn (Clem. hom. XIX 20: unfres Herrn und Meisters) in einem Evangelium deckt; Z a h n vermutet in feiner gründlichen Auseinanderfetzung darunter das Ebionitenevangelium (Evang. der Zwölfe). Sonftige Citate des Spruches bei R e f ch S. 103 f. 282. In dem Testamentum dom. n. Jesu Christi ed. R a h m a n i (1899) p. 21 erklärt fich Jesus zum Aufschluß auf die Fragen der Jünger bereit; c. 18: feine vollkommenen Arbeiter vermöchten feine Worte zu erkennen und zu unterscheiden. My-steria enim mea iis communicantur qui sunt mei, et cum quibus laetabor et exultabo una cum Patre meo, quique, quando soluti erunt ex vita, ad me venient. Das Heilige fei von den Unheiligen zurückzuhalten.

7.

(R. S. 96 f.) Juftin. dial. 35 p. 253 B: ἔσονται σχίσματα καὶ αἱρέσεις. Syr. Didask. c. 23 p. 99: Es werden Härefien und Spaltungen entstehen. R e f ch nimmt an, daß Paulus (1 Kor. 11 18 f.) das Logion gelaunt und daß deffen ursprünglicher Standort im Zusammenhange mit Mt. 24 11 f. zu fuchen fei (Agrapha S. 174 f. 177. cf. 282). Z a h n (G. K. I 545 f.) vergleicht Mt. 7 15—23. 24 4 f. 11 f. 24 und bringt Belege dafür bei, daß die kirchl. Auslegung den Weissagungen Jesu Begriffe wie αἱρέσεις einflocht.

8.

(R. S. 43 f.) Syr. Didaskalia, lat. ed. Hauler p. 75: nam id dictum est: Ecce facio prima sicut novissima et novissima sicut prima (Mt. 20 16 wird direkt angeschlossen und weiterhin durch Et: Jef. 43 18 f. und Jer. 3 16). Barn. 6, 13 bloß: ἰδού ποιῶ τὰ ἔσχατα ὡς τὰ πρῶτα.

9.

(R. S. 122.) Aus der Stelle, wo Origenes (in Jer. hom. XX 3, lateinisch erhalten) die Worte las, scheint ihm nicht deutlich hervorgegangen zu fein, ob der Heiland wirklich felbft die Worte gesprochen. R e f ch (Agrapha S. 142) führt als kanonische Parallelen an Lk. 12 49. 3 16. Mc. 9 49. 12 34 (οὐ μακρὰν εἶ ἀπὸ τῆς βασιλείας τ. ϑ.). Vielleicht ftanden fie in einer Apokalypse (R o p e s); Z a h n G. K. II 639 A. vermutet Petrusprebigt oder Paulusakten). Der Umstand, daß Didymus (zu ps. 88) die Worte gleichlautend (griechisch, add. δὲ beim zweiten Satze) bezeugt, erschwert die bequeme Vermutung, daß ein ursprüngliches πατρός in πυρός frühzeitig verkehrt fei.

10.

(R. S. 35.) Orig. comm. in Mt. XIII 2. Außer Mt. 25 35 f., deffen Weiterführung im Sinn einer ausdrücklichen Selbstaussage Jefu der Spruch darftellt, wäre (für das ἠσϑένουν) vor allem Hebr. 4 15. Mt. 8 17 (Jef. 53 4) und 1 Kor. 9 22 zu vergleichen (R e f ch, Agrapha S. 244).

11.

(R. S. 56 f.) Der an fich plaufibeln Konjektur ἐπεϑύμησον für ἐπεϑύμησα, die dem Spruch einen ganz anderen (geläufigeren und auch in den Zusammenhang bei Jren. gut passenden) Sinn geben würde, widerspricht die Uebereinstimmung der griechischen und altlateinischen Version des Jrenäus an der Stelle (I 20, 2). So haben wir alfo ein Vorwurfswort im Munde Jefu ähnlich Mt. 23 37: Lc. 13 34. Vorausfetzung wäre, daß kurz vorher (in dem Evangelium, dem der Spruch entnommen fein könnte) ein Anhänger des Herrn ein diefem zufagendes Wort des Glaubens oder der Anerkennung feiner Perfon geäußert hätte.

12.

(R. S. 122 f.) Excerpt. Theod. 2. Ursprung dunkel, Sinn recht allgemein.

13.

(R. S. 123 f.) Apost. Kirchenordnung c. 26: Johannes spricht sich gegen die Diakonie von Frauen beim Abendmahl (vgl. H. Achelis in RE. IV 617 47. 619 13) unter Berufung auf die Nichtzulassung Jesu bei der Einsetzung aus. Dagegen heißt es in den Philippusakten c. 94 Aa II 2, p. 36 30, Mariamne — Schwester des Philippus!? — bereite das Brot und das Salz bei der Brotbrechung, während Martha der Menge diente und sich heftig abmühte; beide Schwestern versehen also wirklichen Altardienst der Diakonen, Reminiscenz an Lk. 10 38 ff.; über das Zusammenvorkommen beider Schwestern vgl. Z a h n , Forsch. VI 24 f. A. 3. Martha gibt obiges Verbot nun Maria schuld, denn Jesus sah sie lächeln. Maria sagte (nach der durch A r e n d z e n veröffentlichten syrischen Version, vgl. N e s t l e in ThLZ 1902, Sp. 1): „Ich habe nicht eigentlich (griech.: οὐκέτι, lat. ed. H a u l e r , Didasc. apost. fragmenta 1900, p. 99: non quia — las also οὐχ ὅτι —, äth. cf. Hauler p. 98: non ideo risi, quod) gelacht, <sondern ich erinnerte mich der Worte unseres Herrn und freute mich; ihr wißt ja,> er uns vorher sagte (griech. προέλεγε γὰρ ἡμῖν), als er lehrte": (folgt der Spruch). Der Sinn ist durch diesen vollständigeren Text deutlich: Maria freut sich auch in dem Verzicht auf den Mitdienst (vgl. ihre Charakteristik Lk. 10 38 ff.), weil der Herr dem Schwachen Rettung durch das Starke zugesagt (vgl. insbesondere 2 Kor. 12 9 f.). Ob das Herrnwort eigens von dem Kompilator der Apost. KO. gebildet oder Entlehnung dieses Wortes aus einer anderen Quelle (Aegypterevangelium?) anzunehmen ist, kann nicht festgestellt werden.

14.

Petrusakten c. 10 p. 58 6 (A p o k r. S. 403): Qui mecum sunt, non me intellexerunt. Zur Erläuterung und Begründung f. unten G. F i c k e r (XXIV) zu der Stelle. Der Hinweis des Marcellus auf das Herrnwort vorher wir auf die Tatsache des Unglaubens des Petrus auf den Wassern erfolgt einfach, um diesen zur Milde und Wiederannahme des Abgefallenen geneigt zu machen. „Daß dies ein Wort Jesu und zwar eine Klage über seine Jünger sein soll, zeigt der Zusammenhang, namentlich das Folgende" (Z a h n G. K. II 852 A. 3, der aber an eine Mitteilung durch Paulus — cf. p. 57 18 f. — denkt). C. S c h m i d t (Die alten Petrusakten S. 87) sieht in dem audivi „eine gezierte Form eines Büchercitates".

15.

Petrusakten c. 38 Aa I p. 94 13 f. (A p o k r. S. 421). Näheres f. unten bei G. F i c k e r zu der Stelle. Sie bildet die Quelle für die bei R. S. 103 angeführte Wiederholung bei Ps. Linus (Aa I p. 17 14 f.). Die Acta Phil., die sich auch sonst von den Petrusakten abhängig zeigen, haben den Spruch c. 140 in folgender Gestalt (dreifache Rec. bei Bonnet Aa II 2, p. 74 f.):

Ἐὰν μὴ ποιήσητε ὑμῶν τὰ κάτω εἰς τὰ ἄνω καὶ τὰ ἀριστερὰ εἰς τὰ δεξιά, οὐ μὴ εἰσέλθητε εἰς τὴν βασιλείαν μου.	Ἐὰν μὴ ποιήσητε τὰ ἀριστερὰ δεξιὰ καὶ τὰ ἄτιμα λογίζεσθε ἔντιμα, οὐ δυνήσεσθε εἰσελθεῖν εἰς τὴν βασιλείαν τῶν οὐρανῶν.	Ἐὰν μὴ στρέψητε τὰ κάτω εἰς τὰ ἄνω καὶ τὰ ἄνω εἰς τὰ κάτω καὶ τὰ δεξιὰ εἰς τὰ ἀριστερὰ καὶ τὰ ἀριστερὰ εἰς τὰ δεξιά, οὐ μὴ εἰσέλθ. εἰς τ. βασ. τοῦ θεοῦ.

Bei der mittleren Vision (ἄτιμα — ἔντιμα) wird man an den Spruch b des Aegypter-Evangeliums (A p o k r. S. 23) erinnert, mit dem der vorliegende die größte Aehnlichkeit hat, so daß die Annahme, er sei jenem Ev. entnommen, in der Tat die größte Wahrscheinlichkeit hat. Hippolyt sagt im Danielkommentar IV 39 (ed. Bonwetsch p. 288 9): ἔδει γὰρ ἐπὶ τῇ παρουσίᾳ τοῦ κυρίου τὰ ἄνω κάτω γενέσθαι, ἵνα καὶ τὰ κάτω ἄνω ἐλθεῖν δυνηθῇ. Das Christentum predigt die Umkehrung aller Werte. R e s c h , Agrapha S. 417 findet, da also „das Logion nach seinem ursprünglichen Sinn von der Wiedergeburt" handle, das ὑμῶν in der linksstehenden Textform der Philippusakten unentbehrlich und sieht diese deshalb als die beste an. Aber alle übrigen Formen stehen dagegen.

16.

Durch A. Meyers Freundlichkeit wurde ich auf The Expository Times ed. J. Hastings XI 11, Edinb. 1900, p. 507 verwiesen (Prof. Baentſch in Jena hatte die Güte, mir den betr. Band der Zeitſchrift leihweiſe zuzuſtellen; was The Secret of the Presence bedeutet — wiederum eine Zeitſchrift? — vermag ich nicht feſtzuſtellen). Hier findet ſich

An Agraphon.

The Secret of the Presence.

There is in Northern India a spacious city, built by a Mogul emperor, for his own glory, Futtypore Sikri. It is absolutely deserted now by man. Over a vast gateway in the silent walls is carved an Arabic inscription, which purports to preserve, strange to say, an ἄγραφον, an extrascriptural utterance of our blessed Lord's: ‚Jesus, on whom be peace, hath said, This world is but a bridge; pass over; but build not thy dwelling there'. — H. C. G. Moule.

Daß die Inſchrift arabiſch aufgezeichnet iſt, könnte die Vermutung, daß ſich in den indiſchen Religionsbüchern eine Parallele zu dem ſchönen Spruche finden mag, vermindern. Sachlich kommt er mit Phil. 3 20 (vgl. das Diktum R. S. 32). Kol. 3 1 f. 1 Joh. 2 15—17. Mt. 6 33 überein (jenſeitige Wohnungen Joh. 14 2. Lk. 16 9). Vgl. Hermas sim. I; Brief an Diognet 5, 9.

b) Spruchſammlung von Behneſa.

Nach den vorläufigen Nachrichten, die die Tageszeitungen über ein neugefundenes Papyrusfragment mit Herrnſprüchen bringen (ſ. Apokr. S. VI A. 1), ſcheint es nicht, als ob dieſes mit dem vorliegenden direkt zuſammengehörte. Aber auch in dem neuen Fragment beginnt jeder Spruch mit „Jeſus ſagt"! Die Thatſache, daß einer derſelben mit II Nr. 18 zweite Hälfte (Apokr. S. 21) übereinſtimmen ſoll, während andere kanoniſch lauten, legt es nahe, anzunehmen, daß das Hebräerevangelium zur Anfertigung der Excerptenſammlung mitbenutzt wurde (von Batiffol, Rev. biblique 1897, p. 501 ff., bereits für die Quelle des Papyrus von Behneſa angeſehn). Daß es ſich um eine ſolche und nicht um ein neues Evangelium handelt, wird durch den Wortlaut der Einleitung nicht widerlegt, welche erklärt, das Folgende beſteht aus den „Worten, welche Jeſus, der lebendige Gott, ſpricht zu zweien ſeiner Jünger". Eine nähere Angabe darüber, welche beiden Jünger hier gemeint ſind, würde für die Frage der Entſtehung der Spruchſammlung von Wichtigkeit ſein; daß Jeſus der lebendige Gott genannt wird, erinnert an ſeine Benennung in den apokryphen Apoſtelakten. Weiteres zu ſagen, iſt unmöglich, ehe nicht der höchſt intereſſante Fund in genauer Publikation vorliegt.

Die reichliche Lit. über das Papyrusblatt von Behneſa ſ. bei Ehrhard S. 124 ff. (konnte im folgenden nur teilweiſe benutzt werden; hinzuzufügen wäre A. Meyer, Evang. Gemeindeblatt f. Rheinld. u. Weſtf. 1897, Nr. 30; Bruce, Disciple-Logia, Expositor XLIII Juli; Aubert, Les nouveaux Logia de Jésus, Liberté chrét. 1898, 5, col. 103—115; Christie, The New World, Boſton VI, Sept. 1897, p. 576 ff.). —

Vor dem Eintritt in eine kurze Erläuterung der Sprüche iſt feſtzuſtellen: 1) „Gemeinſam iſt ihnen die altertümliche Form des Aufbaues (Parallelismus der Glieder, Fehlen einer helleniſchen Periodiſirung und der dazu dienenden Partikeln) und die paraboliſche Art" (Heinrici, ThLZ 1897, Sp. 453); 2) neben einer bemerkbaren Anlehnung an die urſprüngliche (ſynoptiſche) Ueberlieferung des Wortinhaltes der Evangelien (die im Falle 1 eine wörtliche iſt) iſt eine Berührung mit der johanneiſchen Art unverkennbar; doch hat das joh. Evangelium im ganzen ſich mehr von der älteſten Ueberlieferungsweiſe entfernt als das Evangelium, dem die vorliegenden Herrnworte entlehnt ſein mögen (Harnack); 3) von gnoſtiſchem Inhalt iſt in dieſen nichts zu ſpüren; was man im Falle 4 davon zu entdecken glaubte, dürfte unrichtiger Auslegung entſtammen. Eher verdient der Nachweis T a y l o r s (The Oxyrh. Logia and the apocr. Gospels, Oxford 1899). von mehrfachen Berüh=rungen mit der Thomaserzählung (ſ. A p o k r. S. 70 38. 37 c. 8, 1 mit Nr. 3 und S. 71 17 mit Nr. 4) Beachtung. — „Jedenfalls lag das Bedürfnis ſolcher die wich=tigſten Weiſungen Jeſu buchenden Sammlungen in den Lebensbedingungen der ur=chriſtlichen Gemeindebildung" (H e i n r i c i a. a. O. 454; beurteilt Sp. 455 „die Sprüche als den Reſt einer ſelbſtändig angelegten Sammlung, als einen eigenarti=gen Sproß der Evangelienliteratur"); das ſtereotype λέγει Ἰησοῦς faßt H. (ThLZ 1898, Sp. 229) analog „der altteſtamentlichen Einführungsformel der prophetiſchen Gottesſprüche". Man berief ſich auf Herrnworte, ehe man geſchriebene Evangelien anführte (ſ. A p o k r. S. 7*). Das Schwergewicht dieſer urchriſtlichen Praxis mag auch noch, nachdem jene ſich feſter durchgeſetzt, nachgewirkt und zur Anſtellung einer Excerptenſammlung aufgefordert haben. Somit wäre für den eigentlichen Urſprung der Sammlung das ganze Jahrhundert ſeit ca. 140 offenzuhalten. Vielleicht liefert auch in dieſer Beziehung der oben erwähnte neue Fund weitere Aufſchlüſſe. Originell iſt die Auffaſſung von H. A. Redpath (Expositor Sept. 1897, p. 228), daß die Sammlung einem apokryphen Evangelium entſtamme „claiming to give a sort of p r o c è s v e r b a l of the indictment or evidence used at the trial of Christ be=fore the Jewish authorities" (cf. Lf. 20 20. Mt. 26 59 ſ. u. Par.). —

1. Rückſeite: Z. 17—20. — Der Text dieſer zweiten Spruchhälfte ſtimmt zu Lf. 6 42 bis auf die Stellung des ἐκβαλεῖν (vgl. Mt. 7 5), das bei Lf. am Ende ſteht.

2. Z. 21—27. — Herrnworte mit Wenn uſw. vgl. Mt. 18 3 u. Par. Joh. 3 3. 5; A p o k r. S. 10 Nr. 15. Die doppelgliedrigen Seligpreiſungen Mt. 5 3 ff. darf man heranziehen. Sie haben einen Doppelſatz mit entſprechenden Gliedern (Vorder= und Nachſatz). Zum Inhalt des Nachſatzes im erſten Falle (d a s R e i c h G o t t e s f i n d e n) vgl. Mt. 13 44. 46. 6 33, im zweiten (d e n V a t e r ſ e h e n) Mt. 5 8. cf. Joh. 1 18. 6 46. 14 7. 9. 1 Joh. 3 2. 3 Joh. 11. Größere Schwierigkeiten bereiten die Vorderſätze, deren erſter (ἐὰν μὴ νηστεύσητε τὸν κόσμον — zur Recht=fertigung des Akkuſativs vgl. Heinrici, ThLZ 1898, Sp. 229) nur allegoriſch ver=ſtanden werden kann, zu erläutern durch Vergleichung mit Jeſ. 58 4 ff.; Barn. 3; 2 Clem. 6, 3 ff.; Hermas, sim. I; Acta Pauli 5 (A p o k r. S. 369 36) vgl. Lf. 14 33); Valentinfragment ſ. A p o k r. S. 142 A. 1. Der Gegenſatz zwiſchen Welt und V a t e r kommt zum Ausdruck 1 Joh. 2 15 f. Jene Faſſung zwingt dazu, auch das erſte Glied (d e n S a b b a t ſ e i e r t) allegoriſch zu nehmen (vgl. Hebr. 4 9. Juſtin dial. 12 u. ö.). Andernfalls müßte man den Urſprung des Spruches in judenchriſt=lichen Kreiſen ſuchen (wie Z a h n, Theol. Literaturblatt 1897, Sp. 430 f., der von hier aus den Urſprung der ganzen Spruchſammlung feſtlegen will).

3. Z. 27—37. — Der elegiſche Klang des Spruches ruft die Erinnerung an Stellen wie Mc. 4 12 u. Par. Mt. 23 37; Lf. 13 34. 19 42. Joh. 1 5. 10 f. 1 Kor. 2 8 wach; vgl. A p o k r. S. 10 Nr. 14 (S. 9 Nr. 11). „Das Wort iſt einerſeits aus der Perſpektive des Auferſtandenen geſagt (ἔστην, ὤφθην, εὗρον), andererſeits verſetzt das Präſens πονεῖ in die Stimmung des wirkenden Jeſus. Die beiden Glieder ſtehen zu einander wie der Prolog des Joh. zu ſeiner Geſchichtserzählung" (H e i n=r i c i, ThLZ 1897, Sp. 451; ebenda Sp. 452 weitere Einzelbelege, denen noch ὡς μεϑύοντες Ariſtides apol. 16 am Ende ed. Hennecke S. 42 2 — vgl. Hiob 12 25! — hinzugefügt werden könnte).

Mit dem Schlußworte dieſes (? eines anderen?) Spruches am Anfange der anderen Blattſeite iſt nichts anzufangen. Der Raum für ein neues Logion iſt zu klein; C r o s s ergänzt im Anſchluß an Nr. 3 (der Rückſeite): καὶ οὐ βλέπ|ουσιν, πτω=χοὶ καὶ οὐκ| οἴδασιν τ ὴ ν π τ ω χ ε ί α ν (Expositor Sept. 1897, p. 259).

4. Vorderſeite: Z. 18—25. — Dieſer im Vordergliede ſtark verſtümmelte Spruch bietet der Erklärung die größten Schwierigkeiten. Die erſten Herausgeber (Grenfell und Hunt) haben die Möglichkeit der Leſung von Buchſtaben an den Fehlſtellen paläographiſch erörtert (p. 13 f.). Dieſe Erörterung iſt als Baſis für

jeden Erklärungsverfuch zu nehmen.   Hiernach wird an Stelle des von ihnen
lin. 24 (3. 19) gebotenen θεοι ein αθεοι wahrfcheinlich, welches auch die meiften
Ausleger mit verfchiedener Interpretirung und Einreihung in den durchaus lücken=
haften Zufammenhang übernommen haben.   Das nicht ganz fichere εγειρον lin. 27
(3. 22) wird nicht bloß von H a r n a ck (Ueber die jüngft entdeckten Sprüche Jefu,
Freibg. i. B. 1897) durch ein εξαρον vermutungsweife erfetzt, fondern auch durch
M. F a u l h a b e r (bei Scholz, Zu den Logia Jefu, Theol. Quartalfchr. 1900, S. 15
A. 1) mitfamt εξαρον beftritten und ein εκπεμψον oder dergl. (Scholz: εκτέμνων)
dafür vermutet.   Die Frage ift, wie viele Satzglieder in der Lücke begraben find.
H e i n r i c i meint (ThLZ 1897, Sp. 452): „Da nun die zweite Hälfte des Herrn=
fpruchs aus zwei parallelen Gliedern befteht, dürfte dies auch bei der erften der
Fall gewefen fein."   Der auch fonft in den Sprüchen (z. B. Nr. 2) zu beobachtende
regelmäßige Aufbau und Parallelismus der Glieder könnte in der Tat für diefe
Auffaffung fprechen, wenn nicht in der Zeile vor αθεοι der Raum für den Schluß
des Vorderfatzes mitfamt einem Nachfatzprädikat zu knapp würde.   Eine
äußerft erwünfchte Handhabe für die Erklärung bietet eine kurze Satzfolge aus dem
Kommentar des Ephraem zu Tatians Diateffaron (vgl. Ropes, Die Sprüche Jefu,
S. 48): Ubi unus est, ibi et ego sum . . . . . (Et) ubi duo sunt, ibi et ego ero
. . . . (Et) quando tres sumus . . . .   Freilich beftreitet R o p e s, „daß Ephraem diefe
Erweiterung von Mt. 18 20 in feiner Handfchrift von Tatian las" (gegen J. A.
Robinson, f. ebenda A. 2, und Z a h n, Theol. Lit.blatt a. a. O.).   Soviel ift aber
nun ficher, daß der vorliegende Herrnfpruch und das (erfte) Diktum bei Ephraem
fich gegenfeitig ftützen, denn diefes ift in jenem wörtlich enthalten.   Stellt jener (mit
den übrigen Sprüchen) ein Excerpt aus einem Evangelium dar, fo müßte auch
Tatian fich deffelben bedient und alfo Mt. 18 20 durch Vorfetzung wenigftens jenes
Spruchteiles erweitert haben.   Dies muß auch gefchehen fein, wenn der Spruch im
Verhältnis zu den übrigen der Sammlung vordem ein ifoliertes Dafein führte.
Unwahrfcheinlich gemacht wird durch die Aufeinanderfolge bei Ephraem die fonft
glänzende (vgl. C l e m e n in ‚Chriftl. Welt' 1897, Sp. 704) Konjektur von Blaß:
οπου εαν ωσιν <β, ουκ> ε<ισι>ν αθεοι (ergänzt am Anfg. von lin. 26 — 3. 21 —
ein λέγω, Clemen: αυτῷ).   Ferner erfcheint es mir durch den bei Ephr. gebotenen
Zufammenhang mit Mt. 18 20 nicht recht annehmbar, den zwar vollftändig erhalten,
aber wegen der vorhergehenden Lücken doch feinem Sinne nach dunklen Doppelfatz
lin. 27—30 (3. 22—25) im Sinne der — rein naturhaften — Ubiquität Chrifti
(Gegenwart i n Stein und Holz) zu faffen (Z a h n, H e i n r i c i), wofür an die
gnoftifchen Stellen A p o k r. S. 38 sub 3 („Ich wurde in dem All, in einem jeden")
und S. 422 22 erinnert ift (S. 453 29 und A. 1 gehören nicht hierher; nach
den Naaffenern — vgl. Hippol., ref. V 7 p. 138 38 ff. ed. Gotting. — wurden die
Steine als befeelt gedacht, da fie wüchfen).   Das εγω ειμι μετ' αυτου lin. 26 f.
(3. 21 f.) weift vielmehr auf die Gegenwart Chrifti den troft= und hilfsbedürf=
tigen Menfchen (μετα c. genit. Mt. 9 15. 17 7. Joh. 13 33. 14 9. 16 4 von der irdifchen
Gegenwart Jefu) auch in den Schlußgliedern; vgl. Ephraem: Sicut in omnibus
indigentiis gregi suo Christus consulit, ita et vitam solitariam agentes in hac
tristi conditione consolatus est dicens: Ubi unus est, ibi et ego sum, ne quisquam
ex solitariis contristaretur, quia ipse est gaudium nostrum et ipse nobiscum est.
H a r n a ck und T a y l o r (p. 40 f. 51 f.) weifen die pantheiftifche Auffaffung denn
auch mit Recht ab; fie würde dem im ganzen gut fynoptifchen Tenor der übrigen
Sprüche (mit johanneifchen Anklängen) nicht entfprechen.   Taylor erinnert an die
bei Clem. Aler. strom. III 10, 68 bezeugte enkratitifche Auslegung von Mt. 18 20
(vgl. Z a h n, Sp. 429), die aber auch durch den vorliegenden Spruch nicht gedeckt
wird; H a r n a ck lieft: οπου εαν ωσιν (nämlich die Jünger), <ουκ> ε<ισι>ν αθεοι,
και <ωσπερ εις> εστιν μονος, <ου>τω εγω ειμι μετ' αυτου lin. 26 f. und verfteht das Folgende
von der groben und einfamen Arbeit des Tages (vgl. Pred. Sal. 10 9), wogegen
H e i n r i c i (ThLZ 1897, Sp. 456) bemerkt, daß das folgende εκει einen lokalen
Bezug haben müffe.   „Daher bleibt es wohl finngemäßer, in der erften Hälfte des

2*

Spruchs eine Verheißung [cf. Joh. 14 ₁₃], in der zweiten einen Hinweis auf den Weg der Erfüllung zu finden. Das Ganze ist eine vergröberte Analogie für ‚Suchet, so werdet ihr finden‘ (Mt. 7 ₇).“ Solange das ἔγειρον vor τὸν λίθον nicht völlig sicher steht, wird es schwer halten, auch für den zweiten Doppelsatz eine allseitig einleuchtende Deutung zu finden. Hab. 2 ₁₉ (m. W. sonst noch nicht verwertet) findet sich ein ἐξεγέρθητι vor τῷ λίθῳ (von LXX irrtümlich durch καὶ getrennt), aber dem entspricht wieder nicht das σχίσον unseres Spruches. Es ist hier an Götzenbilder gedacht (vgl. Weish. Sal. 14 ₂₁; Apokr. S. 170 ₂₃), und damit in Einklang stehend könnte die vorherige Betonung des Alleinseins des Gläubigen (lin. 25 — Z. 20 — εἴ που εἷς ἐστιν μόνος wohl die wahrscheinlichste Konjektur) unter Gottlosen (d. h. Nichtchristen, vgl. Eph. 2 ₁₂) gefunden werden.

5. Z. 25—30. — Die vorwiegende Anlehnung an den lukanischen Wortlaut tritt in dem sonst singulären zweiten Teile des Spruches hervor (Arzt vgl. Lk. 4 ₂₃). „Man hat den Eindruck, daß in dem neuen Herrnspruch die Erfahrung formulirt ist, welche Jesus dazu veranlaßte, das Verhalten der Nazarener zu ihm durch jenes Bildwort nicht ohne Ironie zu kennzeichnen. Vgl. Mc. 6 ₅. Arzt und Prophet aber wurden in derselben Person oft genug verehrt“ (Heinrici, ThLZ 1897, Sp. 453, der hier „eine ursprüngliche Formulirung“, ohne Reflexion auf Lk. 4 ₂₃ entstanden, annimmt).

6. Z. 31—36. — Die ersten Herausgeber erinnern zugleich an Mt. 7 ₂₄ f. und die Bezeugung des ᾠκοδομημένη durch die syrischen Versionen und Tatian (p. 15); „fallen“ von der Stadt vgl. Offb. 11 ₁₃. 16 ₁₈ f. Taylor (p. 62) sieht in der Stadt die Kirche (vgl. Pf.-Clem. hom. III 67). Clemen (D. christl. Welt 1897, Sp. 703) gedenkt „einer auch sonst erhaltenen Recension dieses Spruches“ (Mt. 5 ₁₄), nämlich bei Resch, Außerkan. Paralleltexte 2, 1894, S. 68 f.

7. Z. 36. — Hoffnungslos verstümmelt.

c) Gespräche.

1.

(Ropes S. 124 ff.) Cod. D. zu Lk. 6 ₄ (Faksimile bei Vigouroux, Dictionnaire de la Bible I 1895, Taf. (11) hinter col. 1767 f.). Der Spruch hat durchaus synoptisches Gepräge (Resch, Agrapha, S. 189) und paßt auch sachlich zu den Aussagen Jesu über den Sabbat in den Evangelien. Krankenheilungen (Mt. 12 ₉ ff. u. Par., Lk. 13 ₁₀ ff. 14 ₁ ff., Joh. 5. 9) verrichtete Jesus am Sabbat und ließ sonstige Notwerke zu (Mt. 12 ₁ ff.), was ihm den Haß der jüdischen Gesetzesbeobachter eindrachte (Mt. 12 ₁₄ u. Par., Lk. 13 ₁₄, Joh. 5 ₁₆. ₁₈. ₇ ₂₃). Anderseits verrät Mt. 24 ₂₀, daß Jesus in seiner Weise die pietätvolle Beobachtung des Sabbatgebotes achtete (vgl. im allgemeinen Mt. 5 ₁₇; der 2. Spruch der Sammlung von Behnesa — f. dort — kann nicht hierhergezogen werden). Der vorliegende Spruch verrät in der Hauptsache die freie Stellung des Heilandes zur Sabbatfrage, läßt aber in seinem zweiten Teile als seine Meinung erkennen, daß, wo die innere Freiheit im Anschluß an seine Lehre noch nicht gewonnen ist, er sich auf die Seite der Gesetzesbeobachtung an diesem Punkte stellt. Ropes betont (S. 125), daß der Nachdruck auf dem zweiten Satzteil (μὲν–δὲ) ruht, und findet die Erzählung „völlig farblos“, ohne dabei die Möglichkeit, daß das Wort von Jesus stammt, zu leugnen (S. 126).

2. 3.
f. u. zu XVI c. 4, 5. 5, 2—4.

4.

(R. S. 109 ff.) Text aus Irenäus adv. haer. V. 33, 3 f. nach Funk, PA² I 346—348; hier zu § 2 die talmudischen Belege, sonstige bei Zahn, Forschgn. VI, S. 152 f. (dazu Thomaserzählung c. 12, f. Apokr. S. 71; Lukians Schilderung der Fruchtbarkeit im Elysium aus der ‚Wahren Geschichte‘ II 13). Irenäus fährt nach Schluß der Schilderung (Apokr. S. 11 ₈₋₁₉ .... untertan sein) zunächst § 4 fort: Ταῦτα δὲ καὶ Παπίας ὁ Ἰωάννου μὲν ἀκουστής κτλ. ἐγγράφως ἐπιμαρτυρεῖ, nämlich im IV. Buch ſeines Werkes. Et adiecit dicens: Haec autem credibilia sunt credentibus. Im Munde Jeſu würde dieſer Zuſatz matt und nichtsſagend klingen (vgl. Corßen, ZnW 1901, der ihn S. 205 auf Johannes bezieht; doch dieſer tritt gar nicht ſonderlich hervor); er iſt am natürlichſten als Ausſage des Papias zu faſſen, der hier die Ausſage der Presbyter- und Johannesſchüler (Irenäus un=mittelbar vor dem Fragment: quemadmodum presbyteri meminerunt qui Joannem discipulum Domini viderunt, audisse se ab eo quemadmodum de temporibus illis docebat Dominus et dicebat: Venient dies etc.) zu der ſeinen machte — was ihm aber das ungünſtige Urteil des Euſebius (h. e. III 39, 11 ff.) eintrug — und aus andern Anzeichen gewiß unzweideutig erkennen ließ, daß ſie auf dieſe Gewährs=männer zurückging. Et Juda, inquit, proditore non credente etc. Die Herrnant=wort: Videbunt qui venient in illa erinnert ſtark an Apot. Baruch 28 3 (Die Apokr. u. Pſeudepigr. des A. T.s ed. Kautzſch II 422: „Da antwortete ich und ſprach: ‚Gut iſt's, wenn jemand es erlebt und ſchaut; beſſer aber als dies iſt es, wenn er's nicht erreicht, damit er nicht falle") und verſtärkt die Anſicht, daß die Schilderung des Fragments von der Fruchtbarkeit im Jenſeits der freilich viel kürzeren der Apot. Baruch 29 5 (a. a. O. 423) tatſächlich entſpreche und aus ihr durch Ausſpin=nung gewonnen ſei, wie durch jene Uebereinſtimmung es wahrſcheinlicher wird, daß Irenäus wirklich die urſprünglichere Form dieſes Zwiegeſprächs bewahrt hat. Denn wenn Hippolyt, Danielkomm. IV 60 ed. Bonwetſch p. 338, das Zwiegeſpräch in der Form bietet: .... καταπλαγείς ὁ Ἰούδας ἐπὶ τοῖς λεγομένοις ἔφη · καὶ τίς ἄρα ὄψεται ταῦτα; ὁ δὲ κύριος ἔφη · Ταῦτα ὄψονται οἱ ἄξιοι γενόμενοι, ſo darf der Umſtand, daß hier die Ausſagen in direkter Redeform eingeleitet werden (vgl. Funk p. 349 zu 5; Corßen a. a. O. 205 A. 1; auch Zahn S. 128 A. 2), m. E. nicht über deren geringere Urſprünglichkeit hinwegtäuſchen. Hippolyt hat die Herrnantwort bei Irenäus zum Gegenſtand der Judasfrage gemacht und dann eine ziemlich farb=loſe Antwort beigefügt (wie auch die vorherige Zuſammenfaſſung der Jenſeitsſchil=derung recht matt iſt), während die Antwort bei Irenäus keineswegs der Tiefe und Prägnanz (Ropes S. 111) entbehrt. Denn es kommt doch die Ueberzeugung von der Nähe des Endreichs darin kräftig zum Ausdruck.

5.

Lit. und Anſichten bei Ehrhard S. 123 f. Bardenhewer I 378 f. Die Leſung am Anfange (ſ. Apokr. S. 9) hat Bickell 1892 verbeſſert (ſ. Neſtle, Novi Test. Supplementum, Lips. 1896, p. 67) und vorne (Z. 25) ... πρὸ τοῦ με μεταλ- ergänzt. (Vgl. Lk. 22 15: πρὸ τοῦ με παθεῖν.) Anders Reſch (TU X 2, 1894, S. 28—34). Zu der Formel κατὰ τὸ γραφέν (Z. 27 f.) vgl. Zahn, G. K. II 787.

II.
Hebräerevangelium.
(A. Meyer.)

Lit.: I. Zuſammenſtellung der Fragmente und Zeugniſſe: Grabe, Spicilegium ss. Patrum 1698 p. S. 15—31. (Fabricius 1703, ² 1719, I S. 346. 351 ff.). Kleuker (ſ. u.) S. 146—148. De Wette, Einleitung (ſ. u.) § 64. 65. Credner, Beiträge (ſ. u.) I S. 380—408. J. Kirchhofer, Quellen=ſammlung zur Geſch. d. ntlichen Kanons 1742, S. 448—457 (—460). Anger, Synopsis evangelica 1852. Hilgenfeld, N. T. e. c. 1866 ³ 84. fasc. IV, S. 5—38. Westcott, Canon of the N. T. 1875, S. 510 (einige Zeugniſſe). Nicholson (ſ. u.) Zeugniſſe S. 1—27; Fragmente 28—77 (143—162) in engl. Ueberſetzung. Handmann (ſ. u.) Zeugniſſe S. 26—65, Fragmente 66—103. Zahn, G.K. II S. 686—704. Harnack, I S. 6—10. Neſtle, N¹ T¹ Supplementum 1896, S. 76 —81. Preuſchen, Antilegomena 1901, S. 3—8; Ueberſetzung S. 106—110. Abhandlungen: R. Simon, Histoire crit. du N. T. 1689 c. 7. 8. (Da=

zu M a i, Examen historiae criticae 6. 7. F a b r i c i u s, a. a. O. Mill, Prolegomena in N. T. § 45—49. M i ch a e l i s, Einleitung in b. N. T. 1750 ⁴ 1788 II § 138 S. 1004—1043. S t r o th, Fragmente des Ev. nach d. Hebr. aus Justin d. M. (Eichhorn's Repertorium f. bibl. Literatur 1777, I S. 1—59). L e f f i n g, Neue Hypothese über die Evangelisten als bloß menschliche Geschichtschreiber betrachtet (1778) Theol. Nachlaß 1784, S. 45—72 (Werke, Hempel 17. 12—134). Vergl. dazu C. Schwartz: G. E. Lessing als Theologe S. 183 ff., Erich Schmidt Lessing ² II 320. P a u l u s, exeg. krit. Abhandlungen 1784, No. I 1—35. Vergl. Theol. Konservatorium, Th. I 1822, S. 52—72. E i ch h o r n, Einleitung ins N. T. I 1805, § 2—9 S. 6—38 ² 1820, S. 7—43. Ch. F. W e b e r, Neue Untersuchung über Alter u. Ansehn des Hebr. E. 1806. Vorher schon: Beiträge zur Geschichte des n.t. Kanons 1791. J. E. C. S ch m i d t, Entwurf einer bestimmten Unterscheidung verschieb. verloren gegang. Evangelien, Henke's Magazin IV, 576. F. C. T. E m m e r i ch, de evang. sec. Hebraeos Aegyptios et Justini 1807. H u g, Einl. in d. Schriften des N. T. 1804, § 8—12 ⁴ 1847, II S. 15—55. D. F. S ch m i tz, de evangeliis quae ante canonica in usu ecclesiae christ. fuisse dicuntur 1812. G i e f e l e r, Historisch-krit. Versuch über die Entstehung und frühesten Schicksale der schrift. Evangelien 1818, S. 9—11. O l s h a u s e n, Die Echtheit der vier kanon. Evangelien erwiesen 1823, S. 40-90. Nachweis der Echtheit sämtlicher ntlichen Schriften 1832, S. 35. D e W e t t e, Lehrbuch d. hist.-kritischen Einl. in d. Bibel A. u. N. T.s II 1826, S. 79—86. C r e d n e r, Beiträge zur Einl. in die biblischen Schriften 1832 I. Die Ev. der Petriner u. Judenschriften S. 379—414; Einleit. 1836, S. 89 f. S ch n e ck e n b u r g e r, Ueber den Ursprung des ersten Ev. 1834, S. 105—171. S ch w e g l e r, Anzeige von: De Wette's Einleitung ins N. T. ⁴ 1842 in Zeller's Jahrbüch. 1843 III 550—563; Nachapost olisches Zeitalter I S. 197—216. 237—241. R e u ß, Gesch. der Schriften des N. T. 1842 ⁵ 1874 § 183 f. S. 197 f. E b r a r d, Wissenschaftl. Kritik der Evangelien 1842, S. 933—946 ³ 1868, S. 979—1004. T h i e r s ch, Versuch zur Herstellung des histor. Standpunktes für d. Kritik der n.t.lichen Schriften 1845, S. 185—202. 224—230. B l e e k, Beiträge zur Evangelienkritik 1846, S. 60—71. F. Ch r. B a u r, Kritische Untersuchungen über die Ev. 1847, S. 571—582. F. F r a n ck, Ueber b. Ev. der Hebräer, Th. Stud. u. Krit. 1848 II S. 369—422; vergl.: Studien für d. württemb. Geistlichk. 1846 I S. 61 ff. D e l i t z s ch, Die Entstehung des Mt. Ev., ZlTh 1850, S. 456—494. Neue Untersuchungen über d. Entstehung der kan. Ev. I 1853, S. 17 ff. (Nachtrag ZlTh 1856, S. 75 ff.). Des Ap. Paulus Römerbrief ins Hebr. übers. 1870, S. 16 ff. E w a l b, Ursprung u. Wesen der Ev. 6. Jahrb. der bibl. Wissenschaften VI 1854, S. 36 bis 42. H i l g e n f e l d, Die Ev. Frage, ThJB 1857, S. 381 f. Die Evangelien nach ihrer Entsteh. u. geschichtl. Bedeut. 1854, S. 43 f., 117. V o l k m a r, Die Religion Jesu 1857, S. 406. F. Ch r. B a u r, Christentum u. christl. Kirche ² 1860, S. 25. R. A n g e r (Synopsis evangelica 1852, p. XII—XVI 270 f. 275). Ratio qua loci V. T¹ in No. laudantur, 3 Universitäts-Programme 1861/62 def. III. H. H o l t z m a n n, Die synoptischen Ev. 1863, S. 267. H i l g e n f e l d, Das Ev. d. Hebräer, ZwTh 1863 IV, S. 345—385. S t r a u ß, Leben Jesu für d. Volk ² 1864, S. 49 f. Stereotyp-Ausg. 1895, S. 62. W e i z s ä ck e r, Untersuch. über die ev. Geschichte 1864, S. 223 f. V o l k m a r, Ursprung unserer Evangelien 1866, S. 123. M. N i c o l a s, Études sur les Évangiles apocr. 1866, S. 23 ff. H i l g e n f e l d, Das Mt.-Ev. aufs neue unters., ZwTh 1867 III S. 303 ff., IV S. 366 ff., 1868 I S. 22 ff. Einleitung ins N. T. 1875, S. 452—457 u. ö. B l e e k-M a n g o l d, Einl. ³ 1875, § (40—43) 44—46 ⁴ 1886, S. (111—128) 128—135. J. V a r i o t, Les Ev. apocryphes 1878, S. 331 ff. E. B. N i ch o l s o n, The Gospel acc. to the Hebrews its fragments translated and annotated with a crit. analysis of the crit. a. ext. evidence relating to it, 1879; hierüber H i l g e n f e l d, Das Hebr. Ev. in England, ZwTh 1884, S. 188—194. H o l t z m a n n, Lehrb. der hist. krit. Einl. in d. N. T. 1885 ³ 1892, S. 487—489. B. W e i ß, Lehrb. d. Einl. in d. N. T. 1886 § 45, 5, S. 495 f. ³ 474—476. D. G l a, Die Originalsprache des Mt.-Ev. 1887, S. 101—121. J. C h r z a s z c z, De ev. sec.

Hebraeos. Jnaug.-Diff. 1888. Die apokr. Evangelien, insbef. d. Ev. sec. Hebr.
1. T. 1888 Gymnaf.-Progr. v. Gleiwitz. R. Handmann, Das Hebräerevange=
lium. Ein Beitr. zur Krit. und Gesch. des hebr. Mt. TU V 3, 1888; dazu: Hil=
genfeld, Das Hebr.-Ev. u. fein neuester Bearbeiter ZwTh 1889, S. 280—302;
und Nösgen, Das Hebr.-Ev. und fein neuester Bearbeiter ZfWL 1889, 499—
519. 561—578. Zahn, G.K. II 1892, S. 642—723. Harnack, I 1893, S. 6 bis
10, 205 f. Jülicher, Einl. in d. N. T. 1894, S. 191. 236 u. ö. Ropes, Die
Sprüche Jefu die in den kanon. Ev. nicht überliefert find TU XIV, 2, 1896, Exkurs
S. 77—92. Robinson, Three notes on the Gospel to the Hebrews. Expositor
1897 März, S. 194—200. Krüger, § 16 S. 23. Nachtr. S. 12. Harnack, II
1897, S. 625—651. S. Fries, Det fjärdt Evangeliet och Hebreerevangeliet. Stock=
holm 1898. B. Jackson, Twenty-five Agrapha 1900 No. 13. 15. 17. 19. 20. 21.
Ehrhard, S. 139 f. Bardenhewer, I S. 379—383. Zu Fragment 13:
Nestle zur Philologia sacra. Ev. Kirchenbl. f. Württemberg 1895, N. 26 S. 295.
Philologica sacra S. 21. ZnW 1902, S. 167. (Dagegen: Robinson, Exp. 1897,
I S. 199. Dalman, Worte Jefu II 1898, I S. 45). Zahn, Der zerriffene
Tempelvorhang, NkZ 1902 H. 10, S. 729—756; Resch, Agrapha S. 322—342. —
 Die Geschichte der Kritik ist am ausführlichsten und zugleich übersichtlich
von Handmann erzählt: hier ist nur das Wichtigste hervorzuheben und das
Neueste nachzutragen. Es war Lessing, der, auf Grund der Zusammenstellungen
von Grabe, das Hebr.-Ev. zum Angelpunkt der Kritik gemacht hat, indem er in
ihm das für die Hebräer bestimmte Urevangelium der zwölf Apostel gefunden zu
haben glaubte, das dann Matthäus ins Griechische übertragen habe. Für die Lö=
sung der Evangelienfrage hat zuerst Eichhorn diesen Gedanken Lessings ver=
wendet; jedoch hat er nur das Hebr.-Evangelium am nächsten von allen Evange=
lien an das verlorene Urevangelium heranrücken wollen. Die Tübinger Schule,
vertreten vorab durch Schwegler, hat unter dem Namen des Hebr.-Ev. das von
ihr geforderte streng judenchristliche Evangelium, das am Anfang der Entwickelung
stehen sollte, verborgen geglaubt; sie hat aber die Gestalt des Hebr.-Ev. nicht näher
zu bestimmen gewagt und lieber von einem Stamm, einem sich entwickelnden
Literaturzweig der Hebräer-Evangelien gesprochen, wie schon Credner einen
'petrinischen Schriftenkreis' vorausgesetzt hatte. Hilgenfeld wagte es, die von
ihm hergestellte bestimmte Gestalt als die hebräische und griechische, noch echt ju=
denchristliche Urschrift des Mt.-Evangeliums zu bezeichnen.
 Auf der anderen Seite hat man, unserem griechischen Matthäus zu lieb, die
Ursprünglichkeit des Hebr.-Ev. angefochten; fo schon de Wette und nach ihm Bleek,
man sah in ihm nur eine oft ungeschickte hebräische Bearbeitung des kirchlichen
Matthäus voll apokrypher und abenteuerlicher Zusätze, eine Abwandlung des Mat=
thäusevangeliums in dem beschränkten Sinn des Judenchristentums (Weizsäcker).
 Aber die Tradition von einem hebräisch geschriebenen Matthäus, die sich
zuerst bei Papias um 130 findet, und der Wunsch, hiervon noch etwas mit eignen
Augen zu sehen, hat wie im Altertum auch in der neueren Wissenschaft viele be=
stimmt, das Hebr.-Ev. irgendwie mit jenem geheimnisvollen Anfang aller Evan=
gelien in Beziehung zu setzen, wobei man doch auch wieder die Echtheit unseres
ersten Evangeliums irgendwie wahren möchte. Thiersch, Ebrard und der
Katholik Gla sehen, wie verschiedene Formen des Hebr.-Ev. vom hebräischen Ur=
Matthäus ausgehen und immer weiter von ihm abirren. Der Engländer Nichol=
son läßt den Apostel einfach beide schreiben, unser griechisches und das hebräische
Evangelium. Zahn findet in unserem kanonischen eine getreue Uebersetzung und
im Hebr.-Ev. eine Weiterbildung des Urmatthäus.
 Den wirklichen Apostel Matthäus glaubt dagegen Handmann nicht mehr
erreichen zu können; er will auch dem Papias wegen der hebräischen Spruchsamm=
lung keinen Glauben schenken; aber die von der Kritik so lange gesuchte aramäische
Quelle, die unser Mt. außer Mc. noch benutzt hat, soll im Hebr.-Ev. vorliegen.
Harnack, als deffen Schüler sich Handmann in feiner Untersuchung bekennt, hofft

wenigstens, daß die Behauptung nicht mehr wiederholt wird, dem H.=E. lägen ein oder mehrere kanonische Evangelien zu Grunde. Auch nach E h r h a r d ist das H.= E. von den kanonischen Evangelien durchaus unabhängig. Hienach wäre sogar Mc. ausgeschlossen. Unsere Darlegung in der Einleitung konnte sich diesen Sätzen leider nicht anschließen, die erst dann Anwendung finden können, wenn auch die Konsequenzen, die sich für die Auffassung der andern Evangelien ergeben, besprochen und einleuchtend gemacht sind.

Die ältere Forschung wurde beständig durch die Rücksichtnahme auf das Ebioniten=Evangelium des Epiphanius, sowie durch den bei Origenes und Hiero= nymus auftauchenden Namen Zwölfapostelevangelium verwirrt. Diese verschieden= artigen Fragmente und Namen, dazu noch der aramäische Urmatthäus und unser griechischer Matthäus, ließen an jene beständig wechselnde Gestalt der judenchrist= lichen Evangelien denken, die für die Forschung so unbequem, für die Konstruktion so bequem war. Eine reinliche Scheidung zwischen Hebräer= und Ebioniten=Evan= gelium hat Hilgenfeld durchgeführt, und seitdem hat man diese Scheidung mit Recht festgehalten. Daß der Name der Zwölf=Apostel nicht zu dem Hebräer=Ev. gehöre, hatte schon Nicholson gezeigt. H a n d m a n n wies einleuchtend nach, daß er beim Ebioniten=Evangelium seine rechte Stelle habe.

Während endlich H i l g e n f e l d, H a n d m a n n und H a r n a c k eine grie= chische Uebersetzung des H.=E. schon vor Hieronymus annehmen, wird diese von Z a h n energisch geleugnet.

Nach der Meinung des Schweden S. F r i e s ist das Hebräerevangelium im wesentlichen ins Johannes=Evangelium aufgenommen worden, was sich nur darum behaupten läßt, weil wir vom Hebräerevangelium so wenig wissen. Was wir aber davon haben, spricht entschieden dagegen. Dagegen kann natürlich das Hebr.= Ev. von Joh. ebenfalls benutzt sein.

Die R e i h e n f o l g e der Fragmente ist die von Z a h n befolgte. Es wer= den zunächst die Stellen, die mit Mt. in Beziehung stehen, nach der Reihenfolge, die Mt. angibt, dann die Stellen dargeboten, für die sich keine solche Beziehung findet. Die Fragmente der ersten Art kommen dadurch wahrscheinlich in ihre ur= sprüngliche Reihenfolge, die anderen waren irgendwie dazwischen angeordnet. Da Zahn noch mehr für das Hebr.=Ev. in Anspruch nimmt als wir tun können, so ist seine Zählung eine andere.

Zahn zählt als I. Fragment Mt. 1 und 2. Der Taufgeschichte wie überhaupt der ursprünglichen judenchristlichen Anschauung entspricht eine Geschichte der wun= derbaren Geburt nicht; es gab allerdings späterhin auch Judenchristen, Nazaräer, die die wunderbare Geburt anerkannten; und wie unser Mt. ein Geschlechtsregister, das über Joseph geht, mit der Erzählung von der Jungfrauengeburt zu vereinen weiß, so k ö n n t e auch dem Hebr.=Ev. eine solche Vorgeschichte hinzugefügt worden sein. Solange aber bestimmte Zeugnisse fehlen, wird man das Näherliegende, daß keine solche Geschichte darin enthalten war, anzunehmen haben.

Als solche bestimmte Zeugnisse führt Zahn nun freilich zunächst scheinbar überzeugend das Bethlehem Juda an, das Hieronymus im Hebr.=Ev. statt Beth= lehem Judäas Mt. 2 5 gefunden, und die beiden alttestamentlichen Citate, die ebenso im Hebr.=Ev. wie Mt. 2 15 und 23 gestanden haben sollen. Hieronymus vermutet allerdings im Kommentar zu Mt. 2 6, daß Mt. ursprünglich Bethlehem Ju= dä und nicht Judäa geschrieben habe, wie im „Hebräischen selbst" zu lesen sei. Dies braucht nun aber durchaus nicht das Hebräerevangelium zu sein; vielmehr ist es bei einem Citat aus dem A. T., um das es sich hier handelt, das Natürliche, an= zunehmen, daß damit eben das A. T. gemeint sei: Matthäus hat wahrscheinlich, sagt Hieronymus, sein Original genauer citirt, als wir jetzt bei ihm lesen. Aller= dings steht nun Micha 5 1 nicht Bethlehem Juda sondern Ephrata, aber gleich da= rauf folgt: unter den Fürsten Judas.

Die beiden Citate in Mt. 2 15. 23 führt Hieronymus de viris industribus 3 nun allerdings an einer Stelle an, an der er das Hebr.=Ev. ausdrücklich erwähnt.

Im ganzen Zuſammenhang redet er aber vom Evangeliſten Matthäus und will aus dem Hebr.-Ev. nur beweiſen, daß der Evangeliſt, wie man in dieſem hebräiſchen Original ſeiner Schrift ſehen könne, immer nach dem hebräiſchen Wortlaute des A. T. citire. So ſei es (alſo auch, darf man vielleicht hinzuſetzen) mit jenen beiden Stellen: 'Aus Aegypten habe ich meinen Sohn gerufen' und 'Er ſoll Nazarenus heißen'. Dies letztere kann eine Folgerung ſein, die nur auf unſeren Mt. paßt. Ein ſtrikter Beweis läßt ſich alſo aus dieſer Stelle nicht führen, zumal es ſchwer ſein dürfte, zu ſagen, wie die zweite Stelle im hebräiſchen Original des Hebr.-Ev. und im A. T. gelautet habe. Der Beweis, daß das Hebr.-Ev. die Vorgeſchichte des Mt. gehabt habe, ſteht alſo noch aus. Aber ſelbſt wenn dieſe Citate ſich auch im Hebr.-Ev. fänden, ſo wäre damit für die übrige Vorgeſchichte noch nichts erreicht.

Anmerkungen (vgl. Zahn 688 ff.; Handmann 66 ff.).

1 a.

Hieron. contra Pelagium III 2.

Siehe] Dieſe Interjektion wird im A. T. zumeiſt in der Anrede gebraucht, im N. T. dagegen häufig in volkstümlicher Erzählung. Hier hat aber vielleicht wie Mt. 12 46 das 'ſiehe' eingewirkt, das in der Anrede Mc. 3 32. 34 (nicht in der Erzählung des Mc. 3 31) vorkommt; am liebſten möchte man dies 'ſiehe' am Anfang der folgenden Anrede ſehen. Des Herrn] in der Erzählung von Jeſus nicht bei Mt. und Mc., wohl aber bei Lk. verrät jedenfalls eine ſpätere Stufe der Redeweiſe.

Die Mutter und die Brüder Jeſu nehmen nach Mc. und daher auch bei Mt. und Lk. eine verſtändnisloſe Haltung Jeſus gegenüber ein, ſie führen das Fremdartige in ihm auf einen Dämon zurück und wollen ihn aus der Oeffentlichkeit entfernen Mc. 3 21. 31. Nach Joh. 7 5 glauben ſeine Brüder an ihn, wollen ihn aber gerade deshalb in die Oeffentlichkeit drängen 3. 4. Wie nun die Ausdrucksweiſe im Hebr.-Ev. aus Mt. ſtammen könnte (ſ. o.), ſo könnte die Aufforderung der Brüder Joh. 7 3, Jeſus ſoll nach Judäa gehen, unſerer oder einer verwandten Stelle im Hebr.-Ev. nachgebildet ſein, zumal dann beiderſeits eine ablehnende Antwort erfolgt, die dann doch nicht verhindert, daß das Geforderte geſchieht. Nur iſt im Hebr.-Ev. ein Eingehen Jeſu auf die Gedanken der Seinen zu bemerken, das ſein ſpäteres Heraufgehen verſtändlich macht; bei Joh. iſt die ſchroffe Ablehnung ebenſo hart wie ſein ſpäteres Handeln ſeiner Antwort widerſpricht. Dieſem Verhältnis zwiſchen Jeſus und den Seinen, wie es Hebr.-Ev. zu Anfang andeutet, entſpricht dann das Verhältnis zwiſchen Jeſus und Jakobus am Schluß.

Johannes der Täufer] Auch dieſe Angabe des Titels in der Taufgeſchichte entſpricht kaum dem urſprünglichen Sprachgebrauch. Erſt in ſeiner ſpäteren Geſchichte, wo eine Verwechſelung möglich wäre, benutzt ihn Mc. (6 24 f.) 8 28; anders 1 4 n. r. L. Hingegen iſt der Ausdruck: er tauft zur Vergebung der Sünden der älteſten Darſtellung nachgebildet, wie ſie ſich Mc. 1 4, Lk. 3 3 findet: Joh. verkündigte eine Taufe der Buße zur Vergebung der Sünde. Dieſe Wendung iſt bei Mt. verloren gegangen, wenn ſie auch noch nachwirkt 3 2. 6.

Die Antwort Jeſu nimmt dasſelbe Problem in Angriff, wie Mt. 3 14. 15. Wie konnte Jeſus ſich taufen laſſen, da die Taufe deutlich zur Sündenvergebung beſtimmt iſt? War er denn ein Sünder? Mt. hat deshalb dieſe Beſtimmung nicht zum Ausdruck gebracht; es blieb alſo nur die Unterordnung übrig, in die Jeſus dem Täufer gegenüber geriet. Dieſem Anſtoß gibt Johannes der Täufer ſelbſt Ausdruck, und Jeſus löſt die Schwierigkeit mit der Mitteilung, es gehöre zu Gottes Plan und ſeiner Aufgabe, jeden gerechten Religionsgebrauch zu erfüllen. Dieſe Löſung iſt etwas äußerlich und geht um die eigentliche Schwierigkeit herum. Unſer Verf. hat die Schwierigkeit nicht verwiſcht: er läßt es dabei, daß Jeſus zur Taufe der Sündenvergebung gehen ſollte und ging. Andererſeits iſt er auf Grund ſeiner chriſtlichen Geſamtanſchauung und der altteſtamentlichen Weiſſagung (vgl. Jeſ. 53 9) davon überzeugt, daß Jeſus „von keiner Sünde wußte" (vgl. 2 Kor. 5 21). Der Ausweg, den er weiſt, iſt nun durchaus dieſer hohen Anſchauung von Jeſu reiner Gestalt würdig: Wenn auch Jesus sich keiner Sünde bewußt war und auch in Wirklichkeit „kein Unrecht getan" hat, so war es doch seiner Demut erlaubt und entsprechend zu sagen: „Wer kann merken, wie oft er fehlet. Verzeihe mir auch die verborgenen Fehler". Mit a. W.: „es kann Unwissenheit sein, wenn ich mir keiner Schuld bewußt bin; daher will ich mich dieser Gelegenheit zur Sündenvergebung nicht weigern."

So würdig nun auch diese Lösung ist, so gehört sie doch, eben weil sie sich auf den Weg der Reflexion begibt, nicht in die älteste Zeit der Evangelienbildung: Mc. und Lk. haben die Schwierigkeit offenbar noch gar nicht empfunden, gerade das Judenchristentum konnte die Sache so auffassen, daß der Sohn Davids in der Taufe jenen offenen Born wider die Sünde gefunden habe, den Sacharja dem Hause Davids in Aussicht gestellt hatte (13 1), daß die Zeugung zum Gottessohn ihn erst zum Sündlosen neugeboren habe, wie dasselbe den Christen geschah. Credner Beiträge I S. 401.

Nach Handmann S. 67f. (anders Zahn S. 689) will der zweite Satz der Antwort Jesu besagen, daß eben dies sein Urteil im ersten Satz wohl eine wenn auch unbewußte Sünde, eine Irrtumssünde wie 3. Mos. 5 18 Hebr. 9 7 sein könne, was dann also in dem Worte: „Unwissenheit" stecken soll. Diese mögliche Sünde habe Jesus dann durch die Taufe abwaschen wollen. Die angeführten Stellen zeigen neben andern, daß 'Unwissenheit' diesen Sinn haben kann. Dann hätte also der Verf. Jesum noch etwas beulen lassen, was möglicherweise eine halbe Sünde sein konnte, damit er ihn dann zur Taufe gehen lassen konnte, und er konnte für sich und seine Leser dazu bauen, daß es in Wirklichkeit doch keine Sünde war. Schlimmer Pf.-Cyprian ed. Rigaltius 139: in diesem Buch (praedicatio Pauli f. u.) findet man auch, daß Christus sich gegen alle Schriften eigner Sünde beschuldigt. Das wäre dann allerdings die schlimmste Verlegenheitsauskunft und ein rechter Kniff gewesen. Der Eindruck, daß er doch so gedacht habe, entsteht aus den Worten: e b e n d i e s. Denkt man aber ans Aramäische, so geht der entsprechende Ausdruck nicht über die oben dargelegte Auffassung: „wenn nicht das, was ich gesagt habe (aus) Unwissenheit (gesagt) ist" hinaus. (Zur Stelle aus Pf.-Cypr. f. S. 27 u. Apokr. S. 169 A. 1.)

Es muß nun im weiteren berichtet sein, daß Jesus, um der angegebenen Möglichkeit willen, doch zur Taufe gegangen sei, und daß die Taufe vollzogen wurde.

b.

Hieronymus bringt im Kommentar zu Jesaja XI, 1 zuerst den Satz: 'es wird über ihn herabkommen die ganze Quelle heiligen Geistes' als im Hebr.-Ev. stehend zur Erklärung der Jesajastelle bei, im besonderen, um zu zeigen, daß der Geist nicht wie zum Teil wie bei andern Heiligen, sondern in seiner ganzen Fülle über Christus gekommen sei. Dabei setzt er die Aussage der Rede des Propheten entsprechend ins Futurum. Etwas später bringt er die ganze Stelle aus dem Hebr.-Ev. nach. Hier. hat also richtig erkannt, daß die Ausdrucksweise dieses Evangeliums auf die Jesajastelle zurückgeht, namentlich also das 'er ruhte auf ihm', was Joh. 1, 32. 33 in 'er blieb auf ihm' abgeschwächt ist. Aber nicht nur diese Ausdrucksweise, sondern die ganze Vorstellung von der Geistestaufe des Messias stammt daher.

v o n d e m W a s s e r] wie Mt. 3 16, wogegen Mc. 1 10 aus dem W.; h e r - a u f s t i e g: stieg herab. Die beiden kommen einander entgegen. Aus der ersten Anführung bei Hier. sieht man, daß 'G a n z' zu 'Quelle' gehört. Das Bild von der Q u e l l e ist gewählt, weil auch dieser Akt eine Taufe sein soll, die zur Wassertaufe hinzukommt.

Der h e i l i g e Geist in der Taufgeschichte noch nicht bei Mc. und Mt., dagegen Lk. 3 22 und häufig im damaligen Judentum als Organ der Inspiration. Die Vorstellung von einem besonders existirenden Geiste Gottes gehört im Judentum und also auch im Hebr.-Ev. zu den Mitteln, mit denen man die Erhabenheit Gottes wahren will; sein Verkehr mit der endlichen Kreatur und überhaupt bestimmte Akte, die an menschliche Tätigkeit erinnern, werden auf göttliche Hypo-

ſtaſen übertragen wie das Wort, die Weisheit oder den Geiſt Gottes. Hierbei
vollzieht ſich eine Art von Perſonifikation, die aber für das damalige Denken über=
haupt unumgänglich iſt und keine tiefgehenden Folgen hat. So redet hier auch
der hl. Geiſt an Stelle Gottes, etwa wie die bath-kol, die göttliche Stimme, die ein=
zelnen göttlichen Offenbarungen vermittelt. Es liegt auf dieſem Gebiete auch kein Be=
dürfnis vor, ſolchen Trägern göttlicher Selbſtbetätigung eine beſtimmte Geſtalt zu
verleihen; ſo daß das Fehlen der Taube wohl nicht auf einem Weglaſſen, ſondern
dem Feſthalten der urſprünglichen Darſtellung beruht (ſ. Apokr. S. 15).

Daß der Sohn des Geiſtes kein metaphyſiſches Verhältnis, ſondern nur
die Verwandtſchaft Jeſu zum Geiſte bedeutet, folgt ſchon aus der näheren Beſtim=
mung: 'Erſtgeborner', die auf weitere Geiſtesſöhne hinweiſt; das werden nach
dem Zuſammenhang vor allem die Propheten ſein. Solche Leute alſo ſind Kinder
des Geiſtes, wie man von Kindern der Weisheit, des Friedens, der Bosheit ſpricht[1].
Die Propheten ſind aber keine dauernden Geiſtesträger, weil in ihnen noch 'etwas
von Sünde erfunden' wurde (Fragm. 6). Jeſus aber, der Sündloſe, der nun auch
durch die Taufe von allen etwa möglichen unbewußten Sünden gereinigt iſt, kann
dem Geiſte dauernde Wohnung gewähren. Eben dadurch wird nun Jeſus zum
Meſſias, der nach der Verheißung ewig regieren ſoll (Jeſ. 9 7), dementſprechend,
daß der Geiſt ewig auf ihm ruht.

Im Evangelium der Ebioniten (ſ. Apokr. S. 27 Z. 15) wird an dieſer Stelle
wie auch ſonſt öfters in der chriſtlichen Tradition des 2. Jahrhunderts (vgl. Apokr.
S. 322 Z. 6 und hierunter S. 46) noch eine Lichterſcheinung berichtet. In der
fälſchlich dem Cyprian von Karthago zugeſchriebenen Schrift eines afrikaniſchen Bi=
ſchofs, der um das Jahr 250 ſchrieb, wird ein Apocryphum mit dem Titel Predigt
des Paulus erwähnt, welches die Erwägungen, die der Taufe Jeſu voransgingen,
ebenſo ſchildert, wie das Hebr.=Ev., dann aber auch die im Eb.=Ev. geſchilderte
Lichterſcheinung. Man kann daraus folgern, daß auch im Hebr.=Ev. davon die
Rede war; doch kann ſie der Verf. der Predigt Pauli auch ſonſt woher aus der
Tradition aufgenommen haben.

2 a.

Origenes teilt dieſe Stelle zweimal mit, das einemal vollſtändig in den Ho=
milien zu Joh. t. II 6 bei Erwähnung der irdiſchen Mutter Jeſu, das anderemal
etwas verkürzt in den Homilien zu Jeremia h. XV 4, wo der Prophet fragt, warum
ihn ſeine Mutter geboren. Den Anfang bringt Hieronymus dreimal in ſeinen Pro=
phetenkommentaren, jedesmal mit der Bemerkung, daß hier Jeſus ſelbſt rede. Der
Wortlaut bei Origenes iſt uns griechiſch erhalten, alſo wohl nach jener früheren
Ueberſetzung, die wir als wahrſcheinlich annehmen mußten.

Die Verſetzung Jeſu auf den Berg Thabor kann man mit der Verſuchungs=
oder mit der Verklärungsgeſchichte zuſammenbringen. Der Thabor wird von der
Tradition für den einen, wie für den andern Vorgang in Anſpruch genommen.
Entſcheidend iſt aber wohl das Argument Zahns, daß Jeſus die Verklärung ſeinen
Jüngern nicht zu erzählen brauchte, da drei ſeiner Jünger dabei waren und über=
haupt dieſer ganze Vorgang eine Demonſtration vor den Jüngern zur Feſtigung
ihres Glaubens an das prophetiſche Wort ſein ſollte (2. Petr. 1 19). Die Verſu=
chung aber hatte Jeſus allein zu beſtehen, und man kann überhaupt an einen Be=
richt darüber nur denken, wenn man annimmt, daß Jeſus den Vorgang erzählt
habe (vgl. Zahn II 690 ff.). Dagegen ſcheint freilich zu ſprechen, daß Jeſus da=
mals keine Jünger ſich hatte; denn um eine Erzählung ſofort nach dem Vor=
gang handelt es ſich; aber es iſt ja nicht nötig, daß er gerade nur Jüngern davon
erzählt hat. Man hat etwa anzunehmen, daß er plötzlich verſchwunden und dann
wieder zur Stelle war, oder daß er plötzlich geiſtesabweſend erſchien; jedenfalls

---

[1] Vgl. die ähnliche Ausdrucksweiſe im Talmud Berachoth 17 b par.: An
jedem Tage ergeht eine Himmelsſtimme vom Berge Horeb und ſagt: Die
ganze Welt wird um meines Sohnes Chanina willen ernährt.

fragte man ihn nun: Was ist mit Dir vorgegangen? Darauf folgte dann die Ant=
wort: Soeben...

meine Mutter, der h[l. Geist] dies ist nur die Folgerung aus dem
oben festgestellten Sohnesverhältnis, das, weil aramäisch rucha weiblich ist, not=
wendig auf den Geist als Mutter führt; dadurch wird das Metaphorische dieses
Verhältnisses nicht aufgehoben.

Daß der Geist ihn ergreift und davonträgt ist die plastischere Pa=
rallele dazu, daß der Geist Jesum in die Wüste treibt Mc. 1 12 oder daß Jesus
vom Geist in die Wüste davongetrieben wird. Andererseits ist wieder bei Mt. Lk.
der Teufel derjenige, der Jesum auf den hohen Berg trägt. Der Zweck ist beides=
mal wohl derselbe, der der Versuchung: aber der Geist Gottes hat dabei die Er=
wartung, daß der Sohn sich bewähren wird, der Teufel die Hoffnung, daß er fallen
soll. Aehnlich ist die Versuchung Davids, die nach 2. Sam. 24 1 Gott zugeschrieben
ist, in 1. Chron. 22 (21) 1 auf Satan übertragen.

Das Ergreifen bei einem der Haare ist der Schilderung Hes. 7 3
und im Drachen zu Babel V. 35 entlehnt. Bei Ezechiel ist übrigens an den Wind
als den Träger gedacht. Aber Geist und Wind sind im Semitischen eins, und so
hat auch der Verf. des Hebr.=Ev. Wind und Geist wohl noch in eines gedacht,
insofern ihm der Geist das Hauchen Gottes ist. Statt der Haarlocke, bei der die
jüdischen Propheten ergriffen werden, wird Jesu hier bei einem seiner Haare an=
gefaßt. Damit soll offenbar ausgedrückt werden, daß Jesus nicht erst gezogen zu
werden brauchte; er folgte dem Flug des Geistes kraft inneren Triebes wie von
selbst, so daß nur eine ganz leise Führung wie an einem Härlein genügt.

Der große Berg Thabor ist der sehr hohe Berg Mt. 3 7; durch seine iso=
lirte Lage und seine Form eignet sich der Thabor sehr zu einem Wunderberg (wie
der Brocken oder der Kyffhäuser) trotz der römischen Festung, die doch erst darauf
kam, als sein Sagenruhm schon fest stand, denn die christliche Sage knüpft doch wohl an
ältere jüdische an. Es bedarf wohl nicht der feinen Konjektur von Zahn, daß
Thabor, wohl auch Tabor geschrieben, aus (tura) tab ram sehr hoher (Berg) ent=
standen sei.

b.

Die Petersburger Kleinhandschrift der Evangelien Nr. 566 bemerkt zu Mt. 4 5:
Das Jüdische (Exemplar) hat nicht: in die heilige Stadt sondern: in Je=
rusalem. Der Name Jerusalem auch Lk. 4 9, im Hebr.=Ev. entspricht er
vielleicht der auch sonst beobachteten Korrektur des Ausdruckes, wenn es nicht ein=
fach der natürliche Ausdruck ist, demgegenüber „heilige Stadt" etwas gesucht
Feierliches hat. Wichtiger wäre, wenn man der kurzen Mitteilung mit Hilgenfeld
entnehmen dürfte, daß der Geist Jesum nicht nach Jerusalem entführt, sondern in
Jerusalem ergriffen hat, um ihn auf die Tempelzinne zu stellen. Doch ist dazu be=
sonders zumal bei einer Uebersetzung die Notiz zu knapp.

3.

Hieronymus schreibt im Kommentar zu Mt. 6 11: „Im Ev., das nach den
„Hebräern" genannt wird, habe ich anstatt übergenügendes Brot (supersubstantialis:
dies die lateinische Uebersetzung des griechischen epiusios) gefunden: Mahar, was
„morgig" bedeutet, so daß der Sinn wäre: unser morgiges Brot, d. i. unser
zukünftiges gib uns heute." Vgl. neuerdings Anecdota Maredsolana III 2 S. 262.

Das griechische epiusios Mt. 6 11 Lk. 11 3 ist nach der direkten Versicherung
des Origenes keine dem Sprachgebrauch bekannte Bildung. Es ist also eine Neu=
bildung, die irgend einem aramäischen Wort der Sprache Jesu gerecht werden
soll. Um das einfache „morgen, morgig" brauchte man sich solche Mühe nicht zu
geben vgl. Mt. 6 34, wo einfach „der (Tag) morgen" steht. Auch wäre eine Bildung
epiusios von epiusa AG. 16 11 = „der kommende Tag" sehr gewagt. Dagegen ist
es sehr begreiflich, daß man nach der Analogie von „periusios reichlich" „epiusios
was zur (epi) Existenz (usia) gehört" volkstümlich gebildet hat; wie etwa die

deutſche Sprache „armſelig, glückſelig" nach der Analogie von „trübſelig, mühſelig"
bildete, obwohl ein Hauptwort wie „Trübſal, Mühſal" dort fehlt (vgl. Weizſäcker,
Unterſuchungen zur ev. Geſchichte², S. 260 Aum. 2). Das entſprechende altteſtament=
liche Wort iſt alſo Sprüche 30₈ (Luther: mein beſchieden Teil Speiſe) „das Brot
das meinem Bedürfnis entſpricht" zu ſuchen. Im Judentum betete man: Gib jedem
was er zu ſeinem Unterhalt nötig hat. Dem entſpricht das aramäiſche Wort mı-
ſath. — Folglich iſt das „mahar morgig" des Hebr.=Ev. nicht das urſprüngliche,
ſondern ein Ueberſetzungsverſuch vom Griechiſchen aus und noch dazu ein verfehlter.
Es bleibt doch trotz aller Verteidigungen dieſer Ueberſetzung ein Widerſpruch gegen
Chriſti Wort Mt. 6₃₄, auch ſchon gegen das fromme jüdiſche Gefühl, das da ſpricht:
Es ſuche ein jeder, was er für den Taggebrauch nötig hat. Wer für den Tag zu
eſſen hat und ſpricht: „Was werde ich eſſen", der iſt ein Kleingläubiger ‚Mechilta 47 b.'
Davon abgeſehen ergiebt die Wendung: „Gieb uns heute, was wir morgen brauchen"
doch immer eine Diſſonanz, ſowohl für das ſprachliche wie für das religiöſe Ge=
fühl; beide verlangen vielmehr: „Gieb uns heute, was wir heute brauchen, und
morgen das, was morgen not tut."

4.

Hieronymus im Kommentar zu Mt. 12₁₃: (Im Hebr.=Ev.) wird jener Menſch,
der die vertrocknete Hand hat, als Maurer bezeichnet, der mit folgenden Worten
um Hilfe bittet: „Ein M. u. ſ. ſ." Jeſus wird dadurch von dem Vorwurf entlaſtet,
etwa leichtfertig den Sabbat verletzt zu haben; der Wert ehrlicher Handwerksarbeit
war aber auch von den Schriftgelehrten anerkannt, und wenn Jeſus den Mann
nicht vor Schimpf und Schande bewahrt hätte, ſo hätte er das höchſte Verbrechen
begangen, eines jüdiſchen Mitbruders Geiſt betrübt zu haben. Bei Mc. 3₄ geht
Jeſus energiſch gegen die Laurer vor, die auf eine Sabbatverletzung warten, und
ſetzt ihnen den heiligen Drang ſeiner Liebe entgegen, die auch der Sabbat nicht
hemmen darf. In ſolcher Situation bedarf es wahrlich nicht erſt genauen Aufklä=
rung über die ſoziale Stellung des Kranken; der Hinweis Mt. 12₁₂ darauf, daß
der Menſch mehr wert ſei wie ein Schaf, dem man doch am Sabbat hilft, macht
ebenfalls jede Erörterung darüber, was für ein Menſch es gerade iſt, überflüſſig.
Hier iſt jedenfalls im Hebr.=Ev. ein Rückfall ins Judaiſtiſche feſtzuſtellen und daher
an Urſprünglichkeit nicht zu denken.
Ferner iſt wichtig, daß hier offenbar Mc.=Stoff übernommen iſt, daß man
alſo (wenn man nicht das Hebr.=Ev. zur Quelle des Mc. machen will, was un=
möglich iſt) eine Abhängigkeit von Urmarcus, Mc. oder Mt. ꝛngeben muß.

5.

Codex 566: Das Jüdiſche: Sohn des Jōannes vgl. Fragm. 7. Aus der grie=
chiſchen Ueberſetzung des Hebr.=Ev. mag dieſe umſtändlichere und üblichere Wieder=
gabe des hebräiſchen Namens Jochanan ins Joh.=Ev. übergegangen ſein. Joh. 1₄₂
las man vielfach und Joh. 21₁₅—₁₇ meiſtens Sohn des Jōannes oder Jōanes. Die
Namensform Mt. 16₁₇ [Bar] Jona (bar iſt aramäiſch „Sohn" und hat alſo auch
im Hebr.=Ev. geſtanden) braucht aber durchaus nicht falſch zu ſein. Die Endung
a iſt jedenfalls aramäiſch; das ocha kann im galiläiſchen Volksmund zuſammen=
gezogen ſein; das einfache n iſt auch vielfach in Handſchriften bei dem vollen Namen
üblich (ſ. o.) Hingegen erklärt ſich die Form im griechiſchen Hebr.=Ev. ſehr gut
durch Anlehnung an das übliche. Im Original wird wohl Jochanan geſtanden
haben, da Origenes Fragm. 7 ebenfalls Joanna ſchreibt, und das iſt die bekannte
Pedanterie des Hebr.=Ev.
Da der Codex ſeine Mitteilung zu Mt. 16₁₇ macht und auch die Form der
Anrede bezeugt, ſo ſteht feſt, daß das Hebr.=Ev. nicht nur das Meſſiasbekenntnis
des Petrus, ſondern auch das anerkennende Wort Jeſu über Petrus enthalten hat.
Damit iſt aber die enge Verwandtſchaft des Hebr.=Ev. mit Mt. und zugleich ſeine
relativ ſpäte Abfaſſungszeit dargetan.

6.

Die ganze Stelle bei Hieronymus gegen Pelagius III 2. Das Wort über die Propheten „nach dem siebenmal siebenzigmal" griechisch im Codex 566 zu Mt. 18 22. Lk. 17 4 steht ein knappes Herrenwort, das gebietet, dem reumütigen Bruder siebenmal am Tage zu vergeben. Mt. 18 21 ist dies in eine Frage des Petrus umgewandelt: soll ich meinem Bruder bis zu siebenmal vergeben?, worauf dann Jesus siebenmal siebenzigfache Vergebung fordert. Das Hebr.=Ev. gibt zuerst ein Herrnwort ähnlich dem von Lk. berichteten, das im besonderen auch die siebenfache Vergebung a n e i n e m T a g e festhält. Statt der „Umkehr" und „Reue" wird „Genugtuung" gefordert, die freilich eben in reumütigem Bekenntnis und Bitten um Verzeihung bestehn wird. Ueberdies wird noch ausgedrückt, daß es einerlei ist, worin die Verfehlung besteht; denn das „in einem Wort" wird wie oft im Hebräischen (und Aramäischen) nichts anderes bedeuten als „in irgend einer Sache". So auch in der Grundlage von Jak. 3 2, während der griechische Verf. von Jak. schon ans „Wort" denken mag.

Dann folgt eine Frage des Simon, die der bei Mt. entspricht, nur daß auch hier das „am Tage" beibehalten ist, mit der entsprechenden Antwort des Herrn, die also nun auch auf einen Tag zu beziehen ist, so übertrieben das klingt.

Kann man die Form bei Mt als eine Weiterbildung des Herrenworts bei Lk. ansehn, so die im Hebr.=Ev. als eine Vereinigung beider und somit als die späteste von allen.

Die Nachsicht gegen den Bruder wird schließlich durch einen Hinweis auf die Propheten begründet, den das Hebr.=Ev. allein hat. Auch diese waren keine Heiligen: deshalb konnte ja auch, wie wir gesehen, der hl. Geist nicht dauernd auf ihnen ruhen. Die Sünde der Propheten bestand übrigens auch nicht etwa nur in Wortsünden; ihr prophetisches Wort war vielmehr jedenfalls der Sünde entnommen; auch hier ist wohl „Wort von Sünde" als „etwas Sündiges" zu fassen. Diese Begründung ist der bei Hiob 15 15 nachgebildet, wo darauf hingewiesen wird, daß auch die Engel und Heiligen vor Gott nicht tadelfrei sind. Jesus hat statt dessen daran erinnert, daß auch wir selbst, von denen Vergebung gefordert wird, Vergebung bedürfen Mt. 18 23—35 und fünfte Bitte des Vaterunsers vgl. Mt. 6 14 15. Demgegenüber erscheint die Begründung durch das Hebr.=Ev. etwas weit hergeholt.

Simon heißt hier wie Fragm. 7 „sein Jünger"; s. darüber dort.

7.

Origenes, dem es auffiel, daß das Gespräch Jesu mit dem Reichen bei Mc. Lk. und Mt. verschiedenartig berichtet sei, fand es bequem, daß im Hebr.=Ev. von zwei Reichen die Rede war, die Jesum angegangen hätten. Den Inhalt des Gesprächs mit dem einen der beiden Reichen teilt er dann mit, diese Mitteilung ist im griechischen Wortlaut verloren (nicht so der ganze Zusammenhang seiner Darlegungen) und nur in der alten lateinischen Uebersetzung erhalten. (Delarue III 671.)

Im Hebr.=Ev. sind die beiden Reichen wohl kaum deshalb eingeführt, um andere Evangelien miteinander auszugleichen. Selbst wenn ihm mehrere Texte vorlagen, hätte es nicht diesen Ausweg gewählt, sondern vielmehr selbständige Entscheidung über den ihm genehmen Wortlaut getroffen. Vielmehr handelt es sich um die Neigung zu Verdoppelungen, die wir auch Mt. 8 23; 20 30 beobachten. Was Jesus mit dem andern Reichen gesprochen, läßt sich nicht feststellen. Man könnte daran denken, daß diesem Gespräch das Wort über den Gebrauch des Wortes „G u t" zugeteilt gewesen wäre, sei es in der ursprünglichen Form wie bei Mc. oder in der verschleiernden des Mt. Dagegen spricht jedoch, daß die Frage mit dem Worte „gut" in der Form des Mt., auf die dann Jesu Bemerkung über Gott den allein Guten erfolgt, auch in unserem Stück steht. Es scheint vielmehr, daß die Erörterung über das Gute im Hebr.=Ev., nach dem ihr schon bei Mt. die Pointe: Jesus will nicht „gut" genannt sein, abgebrochen ist, ganz in Wegfall gekommen ist. Das Hebr.=Ev. bringt statt: „das ewige Leben ererben" den einfachen alttesta=

mentlichen Ausdruck „l e b e n" (wie Paulus Gal. 3₁₂), der urſprünglich „irdiſchen Lebensgenuß", ſpäter auch das „ewige Leben" mit bedeutete. In der Anrede M e n ſ ch kann ein Hinweis darauf liegen, daß eine allgemeine Forderung, die ſich an jeden Menſchen richtet, ausgeſprochen wird; vgl. Micha 6₈. Die Mehrzahl „Geſetze", die im Text ſteht, wohl durch „Propheten" veranlaßt, entſpricht weder dem allgemeinen Sprachgebrauch, noch dem des Hebr.=Ev (ſ. u.). Die anderen Evangelien zählen ſtatt deſſen die Gebote der zweiten Tafel auf, Mt. fügt 19₁₀ noch das höchſte Gebot, das der Bruderliebe hinzu. Wie Origenes daran Anſtoß nahm, daß der Reiche auch dies ſchwerſte Gebot erfüllt haben wollte und Jeſus ihm dies zugeſtand, ſo hat auch das Hebr.=Ev. nicht zugeben wollen, daß Jeſus den Ruhm des Reichen, Geſetz und Propheten erfüllt zu haben, anerkannte, in dem eben jenes Gebot als das höchſte enthalten iſt. Ehe es Jeſus aber dieſen Proteſt ausſprechen läßt, erledigt es zunächſt den Reſt der Unterhaltung, wie ihn Mc. und nach ihm Mt. tut, und läßt Jeſum zuerſt die Aufforderung zum Verkaufen und zur Nachfolge ausſprechen, obwohl man zuvor die notwendige Korrektur jenes Rühmens erwarten ſollte. Aber der Verf. hat bei der Aufforderung zur Nachfolge die Forderung, alles zu verlaufen und den Erlös den Armen zu geben, als die Hauptſache angeſehen, als eine Probe, wodurch Jeſus feſtſtellen will, ob er wirklich jenes Liebesgebot und damit das ganze Geſetz erfüllt habe oder erfüllen wolle. Urſprünglich freilich hat Jeſus den reichen Jüngling l i e b g e w o n n e n und darum zum Nachfolger im höchſten Sinne begehrt, wozu das Verkaufen allerdings die notwendige Vorbedingung war; der Gedanke, die Liebe des Reichen zu den Armen zu erproben, liegt der Forderung Jeſu recht fern. Mt. hat den Gedanken einer Vollkommenheit der Jünger Chriſti gegenüber der bloßen Geſetzeserfüllung hereingetragen, das Hebr.=Ev. kennt eine höhere Vollkommenheit als die rechte Erfüllung von Geſetz und Propheten. Aber es faßt das Geſetz in der Vertiefung, die ihm Jeſus gegeben hat, und macht davon ſehr glücklich Anwendung aufs tägliche Leben. Andererſeits denkt es dabei vorzugsweiſe an Juden, an die Söhne Abrahams, wie die Quelle des Lk. (ſ. A p o k r. S. 15).

Die Ausdrucksweiſe „den Kopf kratzen", „gekleidet in Schmutz", „ſterben vor Hunger" „nichts kommt aus deinem Hauſe an ſie" iſt übertreibend und derb, dabei aber anſchaulich, eine rechte Probe volkstümlicher Beredſamkeit.

Dieſer Neigung, anſchaulich und beſtimmt zu erzählen, entſpringt es auch, wenn hier ſtatt der Jünger im beſonderen Simon angeredet wird. So wird im Joh.=Ev. das Wort Mc. 14₄ beſtimmt dem Judas zugewieſen. Simon ſitzt neben dem Herrn, wohl zu Tiſche, wie im Joh.=Ev. der Jünger, den Jeſus lieb hat; ebendort wird Petrus, dieſem Jünger zulieb, weiter von Jeſus abgerückt. Im Hebr.=Ev. aber iſt Simon das Haupt der Jünger (Fragm. 14 b), ſoweit ſie nicht Brüder des Herrn ſind. Wie aber Jakobus ſein Bruder iſt (14 a), ſo iſt Simon ſein Jünger vorzugsweiſe.

Die ganze Scene, die von Mc. „auf den Weg" verlegt iſt, ſcheint hier als Gaſtmahlsgeſpräch behandelt zu ſein, das etwa am Tiſche der Reichen ſtattfand.

8.

Papſt Damaſus hätte gern gewußt, was der Ruf „Hoſianna" oder ,wie er in ſeiner Bibel las, „Oſanna dem Sohne Davids" Mt. 21₉ eigentlich bedeute. Er ſelbſt verſtand kein hebräiſch, und die griechiſchen und lateiniſchen Ausleger befriedigten ihn nicht. Darum frug er im Jahre 383 bei ſeiner Autorität für bibliſche Philologie, den beſten Kenner des Hebräiſchen, Hieronymus an, was denn bei den „Hebräern" ſtehe. Vielleicht wollte er die echt hebräiſche Form des Wortes Oſanna ſamt Ueberſetzung wiſſen; dann konnte er das übrige ſchon verſtehn — oder er wollte wiſſen, welches der hebräiſche Wortlaut und der Sinn von Pſalm 118₂₅ war, ſo daß er daraus auf die Bedeutung von Oſanna auch in jenem Volksruf ſchließen konnte — denn Hieronymus behandelt dieſe Stelle in ſeiner Antwort — oder er dachte, was er als Verehrer des Hieronymus wohl konnte, an das Evangelium „bei den

Hebräern" und wollte wissen, was da stehe, er hoffte dann, daß dies wie eine Art Original den Schlüssel zur Lösung enthielt. Dafür spricht der Schluß der Antwort, die ihm der Kirchenvater gibt: So und so lauten die verschiedenen Berichte der Evangelien, so verhält es sich mit der alttestamentlichen Grundlage in Psalm 118₂₅; „schließlich" — so endet seine Darlegung — Matthäus, der das Ev. in hebräischer Sprache verfaßt hat, hat so geschrieben: „Osanna barrama" d. i. Osanna in der Höhe. Daß das Hebr.-Ev. das Original des Mt. sei, war ja eine Vermutung oder Behauptung, mit der Hieronymus gern spielte, und hier redet er so bestimmt, als habe er den hebräischen Wortlaut des Mt. gelesen. So Anger und Zahn S. 651, Handmann freilich meint, es könne trotzdem eine von Hier. bloß ausgesprochene Vermutung sein, Mt. habe ursprünglich so geschrieben (S. 55).

Gegen eine Bezugnahme auf das Hebr.-Ev. durch Hieronymus spricht folgendes: Vorab ist barrama kein Aramäisch, sondern altes biblisches Hebräisch, aber es könnte als Citat aus Ps. 118 im Wortlaut aufgenommen sein, wie auch Osanna zwar schon eher aramäisch klingt, aber wohl als gekürzte Form eines hebräischen Wortes gemeint ist (s. u.). Zweitens ist dies Osanna barrama doch nicht das Aequivalent für „Osanna dem Sohne Davids", aber es könnte nun eben für diesen Ausdruck das alttestamentliche „Hosianna in der Höhe" eingesetzt sein. Dagegen spricht nun endlich, daß der alttestamentliche Ruf ebenfalls hernach bei Mt. steht. Zahn nimmt daher an, es sei diese Anführung bei Hieronymus „bloßer Prunt" und im Hebr.-Ev. habe neben O. barrama auch „Osanna dem Sohne Davids" gestanden. Gegenüber Handmanns oben mitgeteilter Ansicht, Hieronymus habe auf den ursprünglichen Wortlaut des Mt. nur geraten, meint Zahn: Hieronymus verdiene überhaupt nicht mehr gelesen zu werden, wenn es sich so verhielte. Man sieht nicht ein, warum solches Prunken den Kirchenvater, den Zahn so manches „Schwindels" geziehen hat, lesenswerter machen sollte.

Vielleicht hat aber Hier. dennoch das Hebr.-Ev. gemeint, trotz Handmann, und doch diesmal schlichte Wahrheit berichtet, trotz Zahn. Wenn das Hebr.-Ev. sich bemühte, die alttestamentlichen Citate wortgetreu nach dem A. T. mitzuteilen, so konnte es den nicht biblischen Ruf des Volkes durch den biblischen ersetzen, wodurch dann zweimal, zu Anfang und zu Ende des Jubelliedes, das „Hosianna in der Höhe" Osanna barrama eintrat, oder es konnte den ersten Ruf überhaupt streichen. Ja, der Hebräer war geradezu gezwungen, an dem Ruf: Osanna dem Sohne Davids, den die Griechen überliefert hatten, Kritik zu üben, da das hebräische Hosianna „Hilf doch" griechisch den Akkusativ verlangt. Dachte er aber ans Aramäische, so hieß das na uns, und „dem Sohne Davids" war erst recht überflüssig; die Griechen haben aber offenbar das Osanna wie einen bloßen Heilruf gefaßt im Sinne von „Heil dem Davidssohn" vgl. Dalman, die Worte Jesu I S. 180.

9.

Nach Hieronymus, Komm. zu Mt. 23₃₅. Barachias oder Berechja ist der Vater des Propheten Sacharja oder Zacharias (Sach. 1₁). Aber nicht dieser Prophet, sondern ein Zacharias, Sohn des Jojada, ist nach 2 Chron. 24₂₀₋₂₂ von Joas ermordet worden. Dies ist der letzte im A. T. erwähnte Justizmord in Jerusalem, da die Chronik im hebräischen Kanon am Schlusse steht. Daher hat der bibelkundige und korrekte Hebräer diesen Irrtum ausgemerzt und das biblisch Richtige eingesetzt. Damit mag er in der Tat das richtige getroffen haben; für das Alter seiner Leistung ist damit aber nichts bewiesen. Eine alte Randbemerkung zu Mt. 23₃₅ hat die Schwierigkeit in der Weise gelöst, daß sie dem Vater des ermordeten Zacharias beide Namen Barachias und Jodane, Jodae (für Jojada) gab (Zahn S. 695).

10.

Ueber diese Form des Gleichnisses von den Pfunden berichtet Eusebius in der Theophanie. Während uns diese Schrift als ganze nur in syrischer Uebersetzung erhalten blieb, ist uns das betreffende Stück auch in der griechischen Ursprache aufbewahrt (s. A. Mai, Nova Patrum bibliotheca IV 1, 155. Eusebius nahm Anstoß

daran, daß ein ſo hartes Verdikt, wie das Mt. 25 30 ausgeſprochene über den Knecht
gekommen sein ſollte, der nur nichts erworben, aber doch auch nichts Böſes getan
hatte. Darum gefällt ihm das Gleichnis beſſer in der Form des Hebräerevange=
liums, wo nur ein Knecht die Habe mehrt, einer sein Pfund verbirgt und ein dritter
das Anvertraute verpraßt. Auf ſolch einen dritten würde dies harte Urteil eher
paſſen, meint er; da aber Mt. einen ſolchen Knecht nicht in dieſem Gleichnis hat,
wohl aber einen ähnlichen Mt. 24 49, der mit ‚den Trunkenen gegeſſen und getrunken
hat', ſo will er mit kühnem Sprung das am Schluſſe des Gleichniſſes von den Pfun=
den stehende Urteil auf den Knecht in jenem früheren Gleichnis von den zweierlei
Knechten beziehen.

Hieraus möchte hervorgehen, daß in der Tat der dritte Knecht des Gleich=
niſſes, das das Hebr.=Ev. bot, seinem Gesinnungsgenoſſen ziemlich ähnlich geſchildert
war und vielleicht aus jenem entstanden ist; war doch hüben und drüben von dem
zurückkehrenden Herrn, von Lohn und Strafe, von dem Setzen über viele Güter die Rede.

Allerdings ist die Anordnung des Hebr.=Ev. mannigfaltiger als die bei Mt.,
und ſo möchte man das farbenreichere gern für das urſprünglichere halten. Aber
es kommt auf den Zweck des Gleichniſſes an, und dieſer ist ausgeſprochen in dem
Satz Mt. 25 29: wer da hat, dem wird gegeben (und zwar nach dem Maße, in dem
er hat: je größer die Treue, um ſo reicher der Lohn); wer nicht hat, dem wird
noch genommen, was er hat: in dies Schema paßt ein Knecht, der auch noch durch=
dringt, was er hatte, nicht. Das Motiv zur Veränderung des Gleichniſſes hat uns
aber Euſebius mit aller Deutlichkeit angegeben. Dem Verf. erschien ebenſo wie
ſpäter dem Kirchenvater die Behandlung eines bloß Untätigen zu hart, während
hierin gerade die Spitze des Gleichniſſes liegt: Wer da weiß Gutes zu tun und tut
es nicht, dem ist es Sünde.

Wenn in den Büchern der indiſchen Jaina=Sekte ein Gleichnis von der Form
des Hebr.=Ev. vorkommt, ſo zeigt dort der Zuſammenhang, daß die Tendenz dieſes
Gleichniſſes eine andere ist: dort handelt es ſich um Menſchen, die geben, nichts
geben und nehmen. Wie die Bettelmönche Indiens zur Empfehlung ihrer Lehre
und Praxis ein ſolches Gleichnis ſchufen, ſo kann man ſolch freie Schöpfung min=
deſtens auch Jeſus zutrauen, wo er ſeinen Gedanken Ausdruck geben wollte. Vgl.
A. Meyer, Jeſu Mutterſprache S. 138 f.

11.

Der ſorgfältige Verf. hat das zweimal erwähnte (Mt. 26 70. 72) Verleugnen auch
bei der dritten Verleugnung nicht weglaſſen wollen.

Daß das Citat Mt. 27 9 im Hebr.=Ev. geſtanden habe, ſagt Hieronymus an
der oben angeführten Stelle (ſ. S. 24 f.), wo er von den Citaten des Mt. redet, weder
direkt noch indirekt. Allerdings brachten ihm Nazaräer eine apokryphe Jeremia=
ſchrift, die das bei Jeremia fehlende (in Wirklichkeit aus einer Vermiſchung von
Sach. 11 12. 13 mit Erinnerungen aus Jeremia Kap. 18 und 32 ſtammende) Citat
wörtlich enthielt und alſo erfunden war, um jene Citation zu rechtfertigen oder
auszunutzen. Das genügt aber noch nicht, um zu beweiſen, daß es nun auch im
Hebr.=Ev. ſtand; vielmehr haben wir bemerkt, wie dies im Gegenteil darauf aus=
geht, Fehler der Griechen aus dem A. T. zu verbeſſern.

12.

Der Name des Mörders wird in unſern Bibelhandſchriften und von den Kir=
chenvätern Barabbas geſchrieben. Das würde Sohn des Abba bedeuten, wobei
Abba Eigenname oder Titel ‘Vater' (vgl. Mt. 23 9) sein kann. Man kann aber aus
dem Namen auch ein doppeltes r heraushören und an den ‘Sohn eines Rabban,
eines großen Lehrers' denken. Das ſcheint das Hebräer=Ev. getan zu haben. Es
hat freilich nicht einfach ſtatt Barabba: Barrabban geſetzt; denn Hieronymus be=
richtet im Komm. zu Mt. 27 16 ausdrücklich, daß es den Namen mit ‘Sohn ihres
Lehrers' interpretire. Es hat also den Mann Barabba genannt — was natür=
lich in einem Zug, aber mit dem alef (dem spiritus lenis) vor abba geſchrieben

wurde — und hinzugefügt: das ist: barrabban Sohn des Meisters. Dies barrabban hat Hieronymus dann seinerseits mit Sohn ihres Meisters wiedergegeben. Das ist zwar nicht richtig; das an war mit 'unser' zu übersetzen; 'ihr Lehrer' würde rabbon lauten. Doch hat er diese Uebersetzung von barrabban auch in seinem biblischen Namenbuch vorgebracht. (Onomastikon 60,26 zu Mt.: Barrabban, der Sohn ihres Meisters, ist syrisch, nicht hebräisch.)

Da der Name bei Mt. nur, und zwar fünfmal, im Akkusativ vorkommt, so lautet er auch dort stets Barabban, hat also die gleiche Endung wie im Hebr.-Ev. Daraus hat man vielfach geschlossen, das Hebr.-Ev. habe den griechischen Mt. falsch verstanden. Wenn nun auch wahrscheinlich das Hebr.-Ev. unsern Mt. oder ein ähnliches Werk kennt (Apokr. S. 18), so darf man doch dem Verf. nicht zutrauen, daß er einen bekannten aramäischen Namen nicht gekannt hätte; und gerade, wenn er griechisch gekonnt hat, mußte er ihn auch aus dem Akkusativ heraus erkennen.

Daß dieser Barabba auch Jesus geheißen habe, wie eine Ueberlieferung lautet, hat im Hebr.-Ev. wohl nicht gestanden, da es Hier. sonst erwähnen mußte.

<h3 style="text-align:center">13.</h3>

Hieron. zu Mt. 27₅₁ und im Brief an Hedibia (120,8). Nestle vermutete eine Verwechselung von parokhet 'Vorhang' mit kaphtor, das zwar mit denselben Zeichen geschrieben wird, aber nach gewöhnlicher Auffassung nicht Oberschwelle, sondern Knauf bedeutet (vgl. Dalman, W. J. I, S. 45). Den Anlaß zur Einführung der Oberschwelle bot Jes. 6₄, wo die Oberschwellen des Tempels erbeben.. Auch Hieronymus in einem Briefe an Papst Damasus, und er wohl nicht zuerst, hat bei Auslegung dieser Prophetenstelle an das Erdbeben zur Zeit der Kreuzigung gedacht (Zahn S. 700). Ein Einstürzen der Oberschwelle würde freilich besser zu einem Erdbeben passen als ein Zerreißen des Vorhangs, wenn es bei solchem Anlaß überhaupt „mit natürlichen Dingen" zuginge. — Die neueste Behandlung dieser Stellen durch Zahn, der noch einen Bericht des Josephus über das selbständige Aufgehn einer schweren Tempeltür hinzunimmt (MkZ S. 729), ist zu phantastisch, um ernstlich in Betracht zu kommen. Nestle macht neuerdings ZnW 1902, S. 167 f. darauf aufmerksam, daß die Bedeutung von kaphtor nicht feststeht; früher übersetzte man es auch mit superliminare. Ferner verweist er auf Protev. Jac. 24, 3 (s. Apokr. S. 63 Z. 15), wo nach Fa die φατνώματα, das Getäfel (Zeph. 2₁₄ LXX = kaphtor) zerreißt. Siehe aber das zu dieser Stelle Gesagte.

<h3 style="text-align:center">14.</h3>

Es folgen zwei eigenartige Auferstehungsberichte, die für die Entwicklung dieser Erzählungen und der darin waltenden Gedanken sehr belehrend sind.

a. Den selbständigsten Bericht enthält das Fragment, das auch im Hebr.-Ev. die erste Stelle eingenommen haben muß, da es die erste Erscheinung nach der Auferstehung erzählt. Zunächst erlaubt es uns einige Rückschlüsse auf die vorhergehende Erzählung. Jesus ist hiernach in einem Leintuch (sindon) ins Grab gelegt worden, wie Mt. 27₅₉. Am Grabe war eine Wache, zu der auch ein Diener des Hohenpriesters gehörte. Darauf führte schon Mt. 27₆₆; im Petr.-Ev. werden die Hohenpriester ausdrücklich erwähnt. Aber nach Mt. 28₁₁ waren die Hohenpriester bei der Auferstehung nicht zugegen, daher ein Diener angezeigt erschien. Dann war, wie im Petr.-Ev., die Auferstehung selbst geschildert, was die biblischen Evangelien vermeiden, und zwar geschieht sie vor den Augen der Feinde, zu ihrer Ueberführung: eben deshalb müssen auch die Hohenpriester am Grab vertreten sein. Da sie aber nicht selbst dabei waren, bedarf es eines Beweises; diesen übersendet ihnen Jesus handgreiflich durch die Leinwand, die zeigen soll, daß der Leichnam nicht gestohlen ist. Eine ähnliche Rolle spielen den Jüngern gegenüber die Tücher Joh. 20₅. Noch weiter zurück läßt uns die Erscheinung an Jakobus und ihr Verlauf schließen. Jakobus, der Bruder des Herrn, hat auch am Passahmahle teilgenommen und mit den Jüngern aus dem Kelch, den der Herr ihnen reichte, getrunken. Denn die überlieferte Lesart 'Kelch des Herrn' ist festzuhalten. Der Grieche Sophronius schreibt freilich: 'Da der Herr den Kelch getrunken' aber doch wohl nur, um Jakobus vom Kelche auszuschließen. Nach der Ueberlieferung hat doch der Herr gar nicht vom Kelche getrunken, und diesen Ausdruck auf Christi Tod zu deuten ist gesucht (Zahn S. 701) Diesem innigen Verkehr Jesu und seines Bruders entspricht es, daß Jakobus so lange kein Brot essen will, bis er seinen Bruder wiedersieht, ein Gelübde, das einerseits jüdischem Brauche durchaus entspricht, andrerseits wie eine Antwort aussieht auf Jesu Wort, er werde nicht mehr trinken vom Gewächs des Weinstocks, bis er ihn trinken werde in seines Vaters Reich Mt. 26 29. Jedenfalls hat Jesus auch nach dem Hebr.-Ev. seine A u f e r s t e h u n g vorausgesagt.

Die Toten heißen die S c h l a f e n d e n auch im Auferstehungsbericht des Mt. 27 52 wie bei Paulus die christlichen Toten 1 Theff. 4 13, 1 Kor. 15 20; zu grunde liegt der gleiche jüdische Sprachgebrauch vgl. Dan. 12 2. Sonst aber ist der stehende Ausdruck für die Auferstehung Jesu 'Aufstehen von den Toten', wobei an das Totenreich gedacht ist. Der Ausdruck des Hebr.-Ev. legt vielmehr die Vorstellung nahe, daß der Herr nach seinem Tode 'in der Erde', also im Grabe geschlafen habe. Demgemäß ist auch der Ausdruck 'aufgestanden' zu verstehn.

Der Herr e r s c h e i n t zunächst seinen Feinden 'zu einem Zeugnis wider sie', dann sofort als Bruder dem B r u d e r, eine stärkste Hervorhebung der Familienbeziehung. Dabei ist das Hebr.-Ev. so plastisch, daß es sogar den Auferstandenen vom Grab bis zum Orte des Jakobus g e h e n läßt. Bei solcher Anschaulichkeit würde es erwähnt sein, wenn dieser Gang eine lange Wanderung gewesen wäre; oder vielmehr, wenn Jesus so einfach vom Grabe zu Jakobus hingehen kann, so ist dieser noch in Jerusalem zu suchen, und dort hat also die erste Erscheinung stattgefunden.

Der Passus, den Hieron. übergeht, wird gesagt haben, wie der Herr bei Jakobus eintrat, und wie sich Jakobus benahm. Auch Jakobus ist nicht allein, doch gilt der Besuch nur ihm, nicht wie bei Petrus auch den Genossen; vielleicht sind die Mutter und die übrigen Brüder zugegen. Vielleicht war auch wie Lk. 24 42 von einem anfänglichen Zweifel die Rede. Hier aber hat der Befehl des Herrn, Brot herbeizubringen, nicht den Zweck, seine Körperlichkeit zu beweisen, sondern Jakobus anzukündigen, daß er jetzt mit Fug und Recht sein Gelübde als erledigt betrachten dürfe. Die Wirklichkeit der Auferstehung wird also für die Verehrer des Jakobus dadurch bewiesen, daß dieser G e r e c h t e trotz seines Gelübdes wieder gegessen hat; das hätte er nicht getan, wenn ihn nicht der Herr selbst von seiner Auferstehung überzeugt hätte. Diese stand ihnen also fest wie ein Gelübde des Jakobus, was bei dessen bekannter 'Gerechtigkeit' das Allerzuverlässigste war, was sie kannten. Die Erscheinung Jesu an Jakobus wird auch von Paulus 1 Kor. 15 7 bezeugt. Bei ihm ist sie freilich nicht die erste. Aber wer hat die Reihenfolge von Erscheinungen an verschiedenem Ort mit der Uhr kontrollirt? Die einen werden dem Petrus, die andern dem Jakobus die erste zugesprochen haben; Paulus steht dem Petrus näher und folgt der 'petrinischen' Tradition.

Das S e g n e n u n d B r e c h e n des Brots wie Lk. 24 30, N e h m e n u n d G e b e n wie Joh. 21 13 und wie beim Abendmahl und früheren gemeinsamen Mahlzeiten, als Erkennungszeichen. Dies öfters wiederkehrende Motiv nimmt verschiedene Gestalten an, es ist bloßes Erkennungszeichen, es beweist die Körperlichkeit, es löst ein Gelübde: alles aber weist darauhin, daß die Jünger Jesu bei den gemeinsamen Mahlzeiten beim Brodbrechen und Segnen sich des Herrn erinnert haben und diese Erinnerung den Weg zu den Erscheinungen gebahnt hat.

Der M e n s c h e n s o h n, der von den Toten aufsteht, ist derselbe, der überantwortet wird, leiden und sterben muß Mt. 16 21 u. ö., jene geheimnisvolle Gestalt, die einst auch mit den Wolken des Himmels erscheinen soll, das Rätsel der Person Jesu, das älteste symbolum apostolicum. Seine Auflösung gehört nicht hieher.

b. Ignatius schreibt an die Christen zu Smyrna 3, 1 f. (A p o k r. S. 129 Z. 13): Ich weiß und glaube, daß er auch nach der Auferstehung im Fleische ist; folgen die

3 *

unter 14b angegebenen Worte, doch ohne Erwähnung des Petrus selbst. Hieronymus bespricht die Briefe des Ignatins, zuletzt auch den an die Smyrnäer und den
an Polykarp und fährt dann fort: in diesem (im Brief an Polykarp; statt an die
Smyrnäer) bringt er auch ein Zeugnis aus dem Ev., das neulich von mir übersetzt
wurde, über die Person Christi, indem er sagt: Ich . . . (de viris inlustribus 16).
Hier. erwähnt vor 'denen, die um Petrus waren' noch Petrus selbst. An anderer
Stelle (im Kommentar zu Jef. XVIII in der Vorrede) gebraucht er mit Hinweis
auf das Hebr.-Ev. der Nazaräer den Ausdruck: 'unkörperlicher Dämon'. Derselbe
Ausdruck stand, wie Origenes bezeugt, in einer unechten Petrusschrift: (Predigt oder)
Lehre des Petrus, die in der ersten Hälfte des 2. Jahrh. entstanden ist. Beide
Schriften können aus der mündlichen Tradition geschöpft haben; gegenseitige Ab=
hängigkeit ist nicht wahrscheinlich, da die Lehre Petri (wenn sie mit der Predigt
Petri eins ist) dem Judentum so fremd gegenüber=, wie das Hebr.-Ev. ihm nahesteht.

Ganz sicher sind für das Hebr.-Ev. nur die Worte 'ich bin kein körperloser
Dämon' bezeugt; doch muß Ignatius das, was er erzählt, aus einem Ev. haben,
da er sich sonst nicht so leicht mit Lk. in Widerspruch gesetzt hätte, der gerade er=
zählt, daß auch hernach noch die Jünger gezweifelt haben. Es wird also wohl der
ganze Wortlaut aus dem Hebr.-Ev. stammen.

Daß Petrus nicht zugegen war, etwa weil er eine Sondererscheinung hatte,
wie Lk. 24 34 gelegentlich und von Paulus 1 Kor. 15 5 ausdrücklich berichtet wird,
könnte man daraus schließen, daß bei Ignatius nur die um Petrus erwähnt
werden. Aber darin wird Petrus eingeschlossen sein, und Hier. nennt ihn noch aus=
drücklich. Jakobus und die ihm den Tisch herzubrachten, sind die Familie Jesu, die
um Petrus bilden den Kreis der Apostel. Von Jakobus ist er zu jenem Kreis herüber=
gegangen; hier ist ihm ebenfalls Zweifel begegnet wie Lk. 24 36. Sie meinten, es
handle sich um einen Dämon sched, der nicht nur in Menschen oder Tieren hanst,
sondern auch frei umherschweift; freilich sehnt er sich immer nach einer Behausung,
weil er eben körperlos ist. Der Ausdruck ist etwas derber als der bei Lk. 24 39
'Geist', der wohl in edlerer Sprache dasselbe sagen will; doch kann damit auch der
spukhaft erscheinende Geist des Toten gemeint sein.

Der Schluß, der das Vorhandensein nicht nur von Fleisch und Bein Lk. 24 39,
sondern sogar von Fleisch und Blut feststellt, entspricht zwar der Sprache des
Ignatius und könnte also von ihm herstammen; aber 'Fleisch und Blut' für die
körperliche Wesenhaftigkeit des Menschen ist eben so gut jüdisch, daß der Ausdruck
auch im Hebr.-Ev. gestanden haben kann; ja nur dort, wo Fleisch und Blut wie
ein Ausdruck für Körper gebraucht wird, kann man ohne Anstoß sagen: Fleisch
und Blut anfassen!

Es folgen nun Fragmente, die nicht an bestimmten Stellen des Hebr.-Ev.
untergebracht werden können, zumeist einzelne Herrnworte.

15.

Hieronymus zu Hef. 18 7. Den 'Geist betrüben' heißt in der Sprache des
Evangeliums nichts anderes als 'jemanden betrüben', ebenso wie die Betrübten 'ge=
deugten Geistes' 'arm am Geiste' Jes. 57 15 Mt. 5 3 sind, man erfreut des Menschen
Herz Pf. 104 15 und erquickt feine Seele Pf. 23 3; die Sprache gibt in ihrem Streben
nach Bestimmtheit zugleich den Sitz der Empfindung an. Wie den Geist eines Men=
schen kann man auch den Geist Gottes betrüben, auch sofern er in den Menschen
eingegangen ist Eph. 4 30. Als passende Parallelen führt Zahn Mt. 5 21—26 (vom
Mordgeist) und noch treffender 18 6. 7 an; die 'schlimmste Sünde' kann allerdings
nicht besser umschrieben werden als dort geschieht.

16.

Führt Hieronymus zu Eph. 5 4 an als Beispiel der Lustigkeit, die sich nicht
ziemt. 'In Liebe sehn' heißt ins Aramäische zurückübersetzt: 'mit Liebe anschaun'
es handelt sich also um die Liebe des Ansehenden. Jesus verbietet eine Fröhlichkeit

wie die des reichen Mannes, die den Lazarus vor der Türe darben läßt, die nicht mit den Traurigen trauert. Dies iſt eine Perle des Hebr.-Ev.

17.

In der ſchon erwähnten ‚Theophanie‘ (ſ. S. 32) führt Euſebius zur Erklä=rung von Mt. 10 ₃₄ f. (von dem Streit, den Jeſus ins Haus bringt) ein Herrnwort aus dem Hebr.-Ev. an, das er für echt hält. Er ſagt nämlich nach der ſyriſchen Ueberſetzung IV 13: den Grund der Trennungen zwiſchen den Perſonen aus dem Hauſe hat Jeſus gelehrt, wie wir es in einem Evangelium gefunden haben, das bei den Juden(chriſten) in hebräiſcher Sprache exiſtirt, wo er ſagt: Ich werde . . . Bald darauf bringt er den Spruch noch einmal ohne ein beſtimmtes Pronomen vor dem erſten ‚Rechten‘. Die Rechten, im Syriſchen die ‘Schönen’ werden die=jenigen ſein, die im Reiche Gottes zur Seite Chriſti ſitzen dürfen; er kann ſich ſeine Tiſchnachbarn nicht frei answählen, ſondern nur ſolche, die ihm ſein Vater gegeben hat, vgl. Mt. 20 ₂₃: ‘welchen es bereitet iſt von meinem Vater’. Vgl. noch Joh. 17 ₆. ₉.

18.

Clemens von Alexandrien führt als Parallelen zu Platos Theätet und zu den apokryphen Ueberlieferungen des Matthias, die das Erſtaunen als den Anfang der Erkenntnis preiſen, eine Stelle aus dem Hebr.-Ev. an, die der zweiten Hälfte von 18 entſpricht (stromata II 9, 45). Später V 14, 97 führt er diesmal als gleich=artige Parallele zu einem Satz aus Platos Timäus den ganzen oder gebotenen Spruch an. Nun iſt offenbar dieſer vollere Satz nicht erſt von ihm geſchaffen, ſon=dern ihm anderweit dargeboten: außerdem bietet er den notwendigen Anfang zu dem kürzeren Satz im II. Buch. Denn darum handelt es ſich zu zeigen, wie man durch Nichtruhen doch zur Ruhe kommt, indem das nichtruhende Suchen eben die Ruhe ſtufenweis finden lehrt. Alſo wird wohl der ganze Zuſammenhang aus dem Hebr.-Ev. ſtammen. Dort hat es wohl als Aequivalent für Mt. 7 ₇ f. geſtanden.

Daß Clemens bei ſeiner doppelten Anführung zwiſchen ‘ſtaunen’ und ſich ‘ent=ſetzen’, zwiſchen ‘ruhen’ und ‘ausruhen’ wechſelt, braucht nicht von freihändiger Ueber=ſetzung, deren Original Zahn finden möchte, herzuſtammen; es kann gedächtnismäßiges Schwanken ſein. Vgl. noch den neuen Fund S. 17 Mitte.

Der Anfang geht von Mt. 7 ₇ und ähnlichen allgemeinen Sätzen (vgl. Lk. 15 ₄. ₈) aus: Wer ſucht, hat nicht eher Ruhe, bis daß er findet . . Wenn er aber endlich findet, ſo iſts etwas ganz anderes und Größeres als was er ſuchte, ſo daß er dar=über in Staunen und Schreck gerät. Wenn er ſich jedoch von ſolchem Staunen erholt hat, ſo fühlt er ſich königlich beglückt und hat nun endlich Frieden gefunden.

19.

Euſebius berichtet in der Kirchengeſchichte III 39, 17, daß Papias unter an=derem eine Geſchichte von einem Weibe erzählt, die vor dem Herrn wegen vieler Sünden verleumdet wurde; dieſe Geſchichte enthalte auch das Hebr.-Ev. Die Geſchichte von der Ehebrecherin Joh. 7 ₅₃—8 ₁₁, die urſprünglich nicht zum Joh.-Ev. gehörte und von anders woher dorthin gekommen ſein muß, kann ſehr wohl aus dem Hebr.-Ev. ſtammen. Freilich ſind nicht ‘viele Sünden’ von ihr berichtet, und man kann auch nicht ſagen, daß ſie vor dem Herrn verläſtert wurde, vielmehr, daß ſie mit Recht verklagt ward, ſteht da. Nun kann freilich im Hebr.-Ev. und bei Pa=pias die Geſchichte anders gelautet haben; aber die Pointe hätte doch eigentlich Euſebius mit ſeiner Angabe ſchlecht ausgedrückt. Andrerſeits paßt das Geſagte auch auf die große Sünderin, Lk. 7 ₃₆—₅₀. Dort ſind die ‘vielen Sünden’ geradezu erwähnt (₄₇), und die ‘Verläſterung vor dem Herrn’ kann in den Worten des Pha=riſäers, die doch vor Jeſus offenbar waren, V. ₃₉ gefunden werden. Dann wäre ſie aber im Hebr.-Ev. und bei Papias in einer Form erzählt, die von Lk. ſo weit abwich, daß ſie Euſebius für eine eigene Geſchichte hielt und deshalb erwähnens=wert fand. Da aber die ‘große Sünderin’ eine Heimatſtätte in einem uns und dem Euſebius bekannten Ev. (bei Lk.) hat, hingegen die ‘Ehebrecherin’ ohne das Hebr.-

Ev. (und Papias) heimatlos dasteht, so ist es geratener, ihr die hier gebotene Hei=
matsstätte zuzuweisen. Doch erschien es nicht geraten, den Text von Joh. 7 ₅₃—8 ₁₁,
so wie ihn etwa v. Soden glaubt feststellen zu können, in den Text des Hebr.=Ev.
einzurücken, da selbst v. Sodens Rekonstruktion für Joh. noch zweifelhaft ist, für
das Hebr.=Ev. und Papias ein Text gar nicht überliefert ist.

Jedenfalls ist die Barmherzigkeit Jesu, der sich der von anderen verstoßenen
'Sünder' freundlich annahm, auch im Hebr.=Ev. gepriesen worden. Dadurch hat es
mit den drei andern gleichartigen Evangelien einen großen Vorzug vor dem Joh.=
Ev., das diesen Zug fast ganz unterdrückt hat.

III.

Aegypterevangelium.

(E. Heunecke.)

Literatur: Hilgenfeld N. T. e. c. ² IV 42—48. Ropes, Sprüche Jesu
S. 129—132. Harnack I 12—14 (Tatbestand der Ueberlieferung). II 612—622:
sieht die erhaltene asketische Spruchreihe bei Clem. Alex. als singulär an im Ver=
hältnis zum übrigen Stoff (620) und gesteht jener Stelle den Enkratismus zu, nur
über das Maß könne man streiten: „So weit entfernt sie sich von dem gemein Kirch=
lichen nicht, daß man ihr für die Zeit, in der sie entstanden ist, einen häretischen
Charakter beilegen müßte" (615); als terminus ad quem der Entstehung wird c. 130
angenommen. Zahn, G.K. II 628 ff. betont vorwiegend den häretischen Gebrauch
und apokryphen Charakter des Aeg.=Ev. und setzt als Zeitpunkt seiner Entstehung
c. 150 an; übrigens stellt er die Zugehörigkeit der Evangeliencitate des sogen.
2. Clemensbriefes in Frage, worin ihm Resch (ZkWL 1888, S. 232 ff. Agrapha
1889, S. 316—319. 384—387) vorangegangen war. Man wird Ehrhard S. 137
zugeben müssen, daß konsequenterweise alle bei 2. Clem. auftauchenden Evangelien=
citate, selbst die wörtlich zu den kanonischen stimmenden, dem Aeg.=Ev. entlehnt sein
müßten. Günstiger als andere (in erster Linie C. Schmidt in GgA 1900 Nr. 6;
ferner Zahn NkZ 1900, S. 361 ff.; Wernle in ThLZ 1901, S. 74 f.) urteilt
Ehrhard S. 138 f. über den Versuch von A. Jacoby (Ein neues Evangelienfrag=
ment Straßb. 1900), einzelne sehr trümmerhafte koptische Fragmente, nämlich VI a 2
(s. Apokr. S. 37 f.) dem Aeg.=Ev. zuzuweisen. Die Sprüche von Behnesa sind ins=
besondere von Harnack auf das Aeg.=Ev. zurückgeführt. Ueber andere vermeint=
liche Spuren des Aeg.=Ev. vgl. Deißmann ThLZ 1901, Sp. 72. 92 f. G. Wo=
dermin hat über das Aeg.=Ev. (Religionsgeschichtliche Studien 1896, S. 96—103)
die These aufgestellt, es sei wahrscheinlich, daß „dasselbe aus orphisch beeinflußten
Kreisen hervorgegangen sei." Man wird sich auf jeden Fall vor allzu zugespitzter
Exegese eines geringen erhaltenen Fragments zugunsten irgendwelcher Einreihung
in ein größeres Ganzes zu hüten haben. Wie einst Schneckenburger (Ueber
das Evangelium der Aegyptier. Ein historisch=kritischer Versuch, Bern 1834) mit
seiner Ansicht, das Aeg.=Ev. sei ein Produkt der asketisch spekulativen Ebionitensekte
Aegyptens, die ihre Vorläufer im Essäismus und der alexandrinischen Theosophie
habe (Hinweise auf die Clementinischen Homilien), genauer aber als Redaktion des
populär verfaßten (nazaräischen) Hebräerevangeliums im Geiste dieses Ebionitis=
mus zu bezeichnen (in den er sogar den Inhalt des sogen. 2. Clemensbriefes —
damals noch Fragment — überleitet), keine Nachfolge gefunden hat, so dürfte es
auch der Hypothese Völters (Petrusevangelium oder Aegypterevangelium? Tü=
bingen 1893) ergehen, der das Aeg.=Ev. als Bearbeitung des älteren Petrusevange=
liums faßt, wobei es immer noch ein Petrusevangelium hätte sein wollen, und auch
im 2. Clemensbrief das Petrusevangelium benutzt sein läßt (vgl. v. Schuberts

Besprechung in ThLZ 1893, Sp. 501 ff.). An dem bloßen Umstande, daß beide Evangelien in der ganzen altchristlichen Literatur nirgends neben einander genannt werden, rechtfertigt sich diese Vermutung nicht und findet auch keine Stütze an Zahns gleichzeitiger Behauptung (Das Evangelium des Petrus S. 74), daß wenigstens der erhaltene Spruch (des Aeg.-Ev.) im Petr.-Ev. enthalten war (s. Apokr. S. 28), was nur aus der angeblichen diversen Ueberlieferung desselben Spruches (s. darüber unten) erschlossen wird.

Erläuterung der Spruchreihe. Clem. Alex. strom. III 6, 45. 9, 63. 66. 13, 92; excerpt. ex. Theodot. 6, 7. 2 Clem. ad Cor. 12, 2. (Auch Photius bibl. cod. 126 sah die Evangeliencitate bei 2. Clem. als außerkanonisch an.) — a ist bei Clem. Alex. strom. III 9, die erste Wechselrede daraus (ohne die einleitende Angabe des Anlasses zu der Frage) außerdem noch III 6 und excerpt. 67 bezeugt. Clemens handelt im angeführten Buch von der verschiedenen Stellung der Christengemeinschaften zur Ehe oder zu der Frage des geschlechtlichen Verkehrs.

III 6 tut er der Benutzung jener Wechselrede bei den Enkratiten Erwähnung, was mit 1. Joh. 2 18 f. und der richtigen Auslegung der Rede zu bestreiten sei. Denn nicht das sei daraus zu entnehmen, daß dies Leben schlecht und die Schöpfung übel sei, sondern es komme darin einfach die natürliche Folge zwischen Entstehen und Vergehen zum Ausdruck.

III 9 lehrt er dann zu der Stelle zurück und drückt seine Meinung aus, daß sie dem Aeg.-Ev. entstamme. „Denn sie (die Enkratiten) behaupten, daß der Heiland selbst gesagt (folgt c)“. Daraus ergibt sich zunächst, daß er unsern Spruch (a) in der enkratitischen Schrift, die ihm vorlag, nicht mit einer Quellenangabe versehen vorfand, sondern aus dem Vorkommen des anderen (c) schloß, daß auch jener dem Aeg.-Ev. entstamme. Entweder war also c in der enkr. Schrift mit der Quellenangabe versehen, und Clemens erschloß dann aus der Aehnlichkeit des Inhalts die gleiche Herkunft von a, oder jener (c) fand sich gleichfalls ohne Quellenangabe vor, aber Clemens wußte anderweitig, vielleicht von einer früheren Lektüre des Aeg.-Ev. her, daß er letzterem zugehöre. Auf alle Fälle ergibt sich aus dem Zusammenhange nichts über die ursprüngliche Stellung des Spruches (c) im Aeg.-Ev. Hilgenfeld und Harnack wollen ihn unmittelbar an die erste Wechselrede anschließen. Mit ebenso großem Rechte könnte man annehmen, daß er der Wechselrede vorhergegangen sei oder an einer beliebigen andern Stelle des Aeg.-Ev. stand; zum Zweifel an seiner Zugehörigkeit zum Aeg.-Ev. überhaupt (Zahn G.K. II 634 A. 4) liegt jedoch kein Grund vor.

Bald darauf wiederholt Clem. die schon III 6 angeführte Wechselrede mit der Absicht, der enkratitischen Deutung der Stelle ausführlicher entgegenzutreten. Es ist mit Recht betont worden, daß zu dieser eingehenden Auslegung und wiederholten Rücksichtnahme auf das Aeg.-Ev. kein Grund zu erfinden ist, wenn ihm nicht die angeführten Stellen oder die ganze Schrift als beachtenswerte Instanz galten, so wenig er auch deren sich sonst bedient. Er holt zugleich den Anlaß zu der Salomefrage nach, den die enkratitische Schrift aus dem Aeg.-Ev. ebenfalls geboten haben muß, und vervollständigt, nachdem er seine Auslegung der Wechselrede gegeben hat, die letztere mit einer weiteren Wechselrede (von der Pflanze). Das dort ausgesprochene ἕως läßt die Zwischeneinfügung von c eben untunlich erscheinen.

Die Form der ersten Wechselrede erscheint an dieser zweiten Stelle abgestumpft. Es ist keine Frage, daß der Satz vom Herrschen des Todes (vgl. βασιλεύειν ἄχρι 1 Kor. 15 26 f.) den ursprünglichen Wortlaut enthält. Er ist der mehr charakteristische und wird zudem durch die Stelle excerpt. 67 in der Hauptsache bestätigt. Auch die Versetzung der direkten Anrede (2. Pers. Plur.) in die 3. Person (freilich auch excerpt. 67) enthält eine Abschwächung. Zahn hat seine umgekehrte Annahme S. 632 A. 1, daß Clem. gerade hier dem Aeg.-Ev. folge, nicht zu begründen vermocht. Seine Unterscheidung einer reineren Version, der Clem. folge, von einer getrübteren der Enkratiten ist unnötig und erschwert das Problem, geschweige denn, daß sich demzufolge (vgl. Zahn, Das

Evang. des Petrus S. 74) als ursprünglicher Standort das Petrusevangelium ergäbe.

Die Auslegung erfolgt in engem Zusammenhange mit der voraufgehenden von c. Das Weibliche ist für Clem. die Begierde, deren Werke Geburt und (darauffolgende) Zerstörung sind. Dem Entstehen und Vergehen, das aus der Begierde entspringt, ist Jesus gekommen ein Ende zu setzen, zur Herbeiführung einer „endgültigen Scheidung und Wiederherstellung der Auswahl, wodurch die mit der Welt vermengten Wesen ihrer Verwandtschaft zugeteilt werden." Das ist gnostisch gedacht; das ἦλθον wird nicht auf das abgeschlossene Lebenswerk Jesu, sondern auf einen bis zum Ende dauernden Prozeß innerhalb der Menschheit bezogen. (Eine andere Verwertung von Mt. 5 17 f. im Evang. der Zwölfe Frgt. 4.) Indem die Sünde nun als Seelentod nach Röm. 5 12 bezeichnet wird, läuft die erste Antwort des Herrn lediglich darauf hinaus, daß es gälte, die Begierde von ihrer Herrschaft abzusetzen. Uebrigens sei das Weib (Eva) mit ihrem Gebären sowohl Ursache des Todes wie des Lebens (1 Mos. 3 20), sofern sie weitere Menschen zur Entscheidung zwischen Gerechtigkeit und Ungerechtigkeit gebiert, womit Phil. 1 20 b—24 zusammengebracht wird! — Wenn dieser Auslegung vor der enkratitischen der Vorzug zu geben ist, dann messe man auch sonst überall der künstlichen Interpretation vor der einfacheren den Vorrang bei! Als einfachste Auslegung, zumal von c, ergibt sich die enkratitische, daß Geburt und somit die Ehe überhaupt aufzuhören haben.

Ob der nun folgende Doppelsatz von der Pflanze am Ende von a der eigenen Lektüre des Aeg.-Ev. durch Clem., wie Zahn S. 632 A. 1 unter leichter Aenderung der Interpunktion bei Clem. zu zeigen versuchte, oder jener enkratitischen Schrift, die er vor Augen hatte, seine Einfügung in die Beweisführung verdankt, trägt für den Sinn nichts aus, da die ganze Stelle des Aeg.-Ev. enkratitische Tendenz verrät. Auf die Ehe bezieht er sich sicher (gegen Wobbermin, der S. 98 f. mit Resch eine vegetarische Speiseregel darin erblickt und darin eine Hauptstütze seiner These von dem Ursprung des Aeg.-Ev. in orphischen Kreisen findet, ohne den lückenlosen Anschluß dieses Satzes an die vorhergehende Wechselrede zu beachten). Die enkratitische Auffassung der bitteren Pflanze würde nach den Andeutungen des Clemens darin liegen, daß die Kindererziehung und Abhaltung von den notwendigen Berufsgeschäften ein Haupthindernis der Ehe bildet (womit freilich Paulus 1 Kor. 7 übertrumpft war), während Clemens in der Ueberzeugung, daß das Aeg.-Ev. die Ehe nicht verbiete — vielleicht ein Beweis, daß diese asketische Spruchreihe darin singular war —, die zu meidende „bittere Pflanze" (vgl. den Baum der Bitterkeit Petrusakten c. 10) in der Auffassung der Ehe als gesetzlichen Joches und Wollustdienstes findet, was ihrem wahren Zwecke entgegen sei und den Menschen zum Vieh mache (Ps. 49 13. 21), ein Vorwurf, der seitens der Gegner gegen jede Ehe erhoben wurde (vgl. III 17).

b. Nach III 13 behauptete Julius Cassian, der Anführer der Doketen, der περὶ ἐγκρατείας ἢ περὶ εὐνουχίας schrieb, daß die natürliche geschlechtliche Unterschiedenheit der Körper kein Grund sei zur Billigung der Ehe. Denn wenn diese Einrichtung von Gott wäre, lägen nicht ausdrückliche Aussprüche gegen den ehelichen Umgang vor (Mt. 19 12? Jes. 56 3). Es muß vielmehr geistige Selbstentmannung aus Vorsatz eintreten, und darum wäre es auch absurd, vom Heiland zu fordern, daß er uns körperlich hätte umbilden (!) und dadurch vom Zusammenhang des Geschlechtlichen befreien sollen. Ebenso argumentierte Tatian. In diesem Sinne führt Cassian nun den Satz b aus dem Aeg.-Ev. als neuen maßgebenden Ausspruch Christi an. Unter dem Anzug der Scham verstand er wohl den Körper; denn er dachte, wie Clemens bemerkt, über die Beschaffenheit der Seele platonisch. Diese war ihm von Anbeginn göttlich; erst die Begierde brachte ihre Verweichlichung (Verweiblichung; die durch Clem. entlehnte Gleichung weiblich = Begierde! s. o.) zuwege und somit ihre Herabkunft zum Entstehen und Vergehen. Die Leiber aber bezeichnete er als Röcke von Fell (M. Nicolas, Études 1866, p. 123 vergleicht Philo). Die Schöpfung (der Leiber mit ihrem Geschlechtsunterschiede, also

mit Begierden) war ihm durch Betrug zuſtandegekommen (2 Kor. 11 ₃). Während
er alſo als echter Miſogyn, was an Begierde ihm entgegentrat, dem Weiblichen zu=
wies, wird er das Männliche im vorliegenden Spruche des Aeg.=Ev. irgendwie mit
dem Seeliſchen koordinirt haben (vgl. Pſ.=Clem. hom. III 27. 22) ſo daß der Sinn
darauf hinausläuft, daß die Vereinigung von beiden, dem Seeliſchen und dem Leib=
lichen, dem Männlichen und dem Weiblichen, ein ſittliches Temperament ergibt, in
welchem das erſtere prävalirt und das letztere damit unwirkſam macht (ſo deutet
auch M. Nicolas p. 122). Doch war dieſe moraliſche Tendenz mit ſeinem meta=
phyſiſchen Syſtem hiernach eng verquickt.

Es bedeutet wohl mehr als bloße Analogie, wenn man für dieſe Ausführung
nach ihren zwei Seiten auf die Darſtellung über die N a a ſ ſ e n e r bei Hippolyt
verweiſt (vgl. deren Uebereinſtimmungen mit unſerer Spruchreihe A p o k r. S. 22).
Nach ihrem Miſchſyſtem iſt die Seele Urſache alles Gewordenen und bedeutet Adonis,
der von Aphrodite und den unterirdiſchen weiblichen Gottheiten geliebt wird, die
Seele, ebenſo der von Selene geliebte Endymion, während die Entmannung des Attis
durch die ihn gleichfalls liebende Göttermutter die Attraktion der männlichen Seelen=
kraft an das weibliche Prinzip darſtellt (V 7 p. 138). Daß dergleichen Ideen auch
über der aufbehaltenen Spruchreihe des Aeg.=Ev. ſchwebten und man mit einer rein
moraliſchen Deutung nach Art des 2. Clem. nicht auskommt, hat Wobbermin a. a. O.
100 ſ. A. 1 gegen Zahn mit Recht geltend gemacht. Aber auch des Clem. Alex.
Deutung zu dem Citate des Caſſian befriedigt nicht. Er koordinirt zwar wiederum
das Weibliche mit der Begierde und zugleich das Männliche mit dem Zorn (genau
ſo wie die Apoſt. Kirchenordnung 7 ſ. die Sätze der Didache 3, 2 ſ.!) und läßt auf
jene Scham, auf dieſen die Reue folgen. Entledigte man ſich der Finſternis
der erſteren (des Anzuges der Scham) und ließe dieſe vereint (τὰ δύο ἕν) auf ſich
wirken, ſo käme zugleich eine Einigung von Geiſt und Seele gemäß dem Gehor=
ſam gegen das „Wort" zuſtande, — eine Deutung, die an Künſtlichkeit wiederum
alle anderen überbietet und für die Auslegung der Stelle nicht ernſthaft in Frage
kommt. (G. E ſ ſ e r im Katholik 1898 I, S. 143 hat für die Deutung des Spruchs
auf die pythagoreiſche Syſtoichienlehre verwieſen.)

Der Ausſpruch nach Caſſian ſtimmt im ganzen zu der Form bei 2 Clem. 12, 2
(gegen Z a h n , G.K. II 637), nur daß das erſte Glied (vom Anzug der Scham)
dort fehlt und dafür (als drittes) das Auswendige und Inwendige beigefügt iſt.
Bei Caſſian wird der Gegenſtand der Frage nicht näher angegeben, ſondern auf
ihre vorigen Fragen verwieſen, während bei 2 Clem. der Herr von jemand (natür=
lich Salome, von Z a h n , G.K. II 638 ohne Grund beanſtandet) gefragt wird, wann
ſein Reich käme (vgl. Lk. 17 ₂₀, auch V. 21 ἐντός). Z a h n ſchlägt S. 634 A. 3
γενήσεται ſtatt γνωσθήσεται vor. Es ſcheint in der Tat, als ließen ſich beide An=
gaben ſo leichter vereinigen. Die Salome hätte vorher die Verhältniſſe des — künf=
tigen — Reiches erfragt, während ſie nun ſich beſtimmt nach deſſen Kommen er=
kundigt. Tatſächlich liegt aber doch die Frage nach dem Kommen des Reiches ſchon
im Anfange von a ausgedrückt (A p o k r. S. 22), woraus ſie 2. Clem., der das
Aeg.=Ev. ſelbſt vor Augen hatte, nachholte. Das γνωσθήσεται im Referate des Caſ=
ſian wird darauf abzielen, daß Salome nun erfahren wollte, wann die ihr zuteil
gewordenen Aufſchlüſſe (a) zur allgemeinen Kenntnis der Menſchheit gelangten, wo=
rauf der Herr deren vorherige Heiligung in enkratitiſchem Sinne fordert (b). Es
iſt demnach ſehr wohl möglich, daß d ſich an a unmittelbar anſchloß, und dies um
ſo mehr, wenn wir anzunehmen haben, daß die III 6 und 9 benutzte enkratitiſche
Schrift ſchon diejenige Caſſians war. Was man von der Deutung Caſſians abzu=
ziehen hat, um das Wortverſtändnis der Spruchreihe im Aeg.=Ev. zu gewinnen, iſt
nicht auszumachen, da wir ſonſt nichts etwa Gleichartiges aus ihm beſitzen und die
Zugehörigkeit alles Uebrigen, was man ihm zugerechnet hat, unſicher bleibt. —

Eine intereſſante Frage bliebe noch, ob die ſonſtigen E v a n g e l i e n c i t a t e
d e r N a a ſ ſ e n e r ſ c h r i f t bei Hippolyt (eine etwas knappe Sammlung bei P r e u =
ſ c h e n , Antilegomena S. 11 ſ.) nicht etwa auch dem Aeg.=Ev. zuzurechnen ſind. Es

tauchen dort nicht bloß synoptische, sondern auch johanneische Sprüche auf, jene wie diese teilweise frei citirt oder in eigentümlicher Mischung mehrerer Schriftstellen. Da eine solche auch bei den johanneischen Citaten zu beobachten ist, ist kaum anzunehmen, daß hier eine Citatenreihe aus dem Aeg.-Ev. vorliegt; der Verf. der Schrift hat es aber gleichfalls gekannt und wie die kanonischen Evangelien frei benutzt.

IV.
Ebionitenevangelium (Evangelium der 12 Apostel).
(A. Meyer.)

Die Literatur ist im wesentlichen schon beim Hebräer-Evangelium angegeben. Dort ist auch über die Verhandlungen berichtet, die zu einer Unterscheidung des Eb.-Ev. vom Hebr.-Ev. geführt haben. Die Fragmente und Mitteilungen der Alten sind vom Hebr.-Ev. gesondert zusammengestellt von J. A. Fabricius, I p. 346—349 vgl. 339b—341. II 532 f. vgl. 527 f. J. F. Klenter, Ueber die Apokr. d. N. T. 1798, 158—165. de Wette, Einl. (1826) S. 82—84. Credner, Beiträge I 1832, S. 334—336. Kirchhofer, Quellensammlung 1842, S. (456) 457—460. Anger, Synopsis 1852. Ab. Hilgenfeld, N. T. e. c. IV p. 33 f. Th. Zahn, G.K. II S. 725 f. A. Harnack, I S. 205—209. Eb. Nestle, N. T'. suppl. p. 75 f. E. Preuschen, Antilegomena S. 9—11 (Uebersetzung S. 110—112). Besonders besprochen ist das Eb.-Ev. von: Credner, Beiträge I 332—347. Hilgenfeld, a. a. O. p. 32 und Annotationes 35—38. Zahn, a. a. O. S. 724—742. Harnack, II S. 625—631, I 383—386.

Ein von J. R. Harris 1900 herausgegebenes Ev. der 12 Apostel (vgl. Nestle in ThLZ 1900, S. 557) gehört erst der nachkonstantinischen Zeit an, will aber auch aus dem Hebräischen übersetzt sein. [Dagegen spricht, was der Herausgeber p. 16 f. mit Bezug auf die allgemeine Berührung mit dem sog. Testamentum domini nostri J. Chr. schon bemerkt hat.]

Daß das Eb.-Ev. von seinen Verehrern auch Hebr.-Ev. genannt wurde, berichtet Epiphanius. Was sie damit meinten, ist vorne gesagt; man braucht nach dem dort Ausgeführten nicht an eine Verwechselung durch Epiphanius zu denken. So erklärt es sich auch am besten, daß Hieronymus umgekehrt einmal (gegen Pelag. III, 2) das eigentliche H.-E. 'Ev. nach den Aposteln' nennt. Hier liegt wirklich eine Verwechselung des Hieronymus vor, die aber sehr leicht verständlich ist, wenn das Eb.-Ev. auch den Namen Hebräer-Evangelium führt.

Wie das wahre Hebräer-Evangelium wollte das Eb.-Ev. auch der echte Matthäus sein. Aber es kann noch nicht einmal das Matthäus-Evangelium sein, das nach Irenaeus I 26, 2, III 11 7 die Ebioniten benutzten und das er für den kanonischen und also auch echten Mt. oder dessen hebräisches Original hält. Denn, welche Form des Mt.-Ev. das auch gewesen sein mag, so haben sicher die Ebioniten des Irenäus, die das Gesetz treulich hielten, nicht ein Ev. benutzt, in dem die Opfer verworfen wurden (vgl. Harnack II 630 f.).

Das Fehlen einer Kindheitsgeschichte ist bezeugt durch Epiphanius haer. 30, 14: (die Ebioniten) schneiden zuerst die Geschlechtsregister bei Matthäus weg und beginnen dann den Anfang zu machen, wie oben gesagt, indem sie schreiben: „Es geschah, heißt es, in den Tagen des Herodes . . .“. Oben d. h. haer. 30, 13 hatte Epiph. schon kurz angegeben: Der Anfang des bei ihnen gebrauchten Evangeliums lautet: Es geschah . . .

Dies Fehlen einer Kindheitsgeschichte ist freilich nur unserm Mt. und Lk. gegenüber ein Wegschneiden; im übrigen ist es in der evangelischen Erzählung und Literatur das Ursprüngliche, wie Mc. und noch Joh. zeigt (vgl. die entsprechenden Ausführungen zum Hebr.-Ev.). Die Erzählung begann alſo wie bei Mc. und Joh. mit der Verkündigung des Täufers, von deſſen Herkunft nur nebenbei ein Gerücht erwähnt wird, Jeſus wird gar als bisher ganz unbekannter Mann angeführt.

1.

Daß Fragment 1 den Anfang bildete, bezeugt Epiph. zweimal ausdrücklich. Darauf führt auch die Analogie der Erzählung in den älteren Evangelien und die doppelte Zeitangabe. Den zweiten Abſatz von 2, der allerdings die direkte Fortſetzung von 1 bildet, gibt Epiph. im unmittelbaren Anſchluß an den erſten, ſo daß er die beiden Abſchnitte wohl in dieſer Reihenfolge vorgefunden haben wird. Der erſte Abſchnitt iſt daher ein Einſchub in die überlieferte Erzählungsform, der ſofort, nachdem die erſte Perſon des Dramas bekannt gemacht war, nun auch die zweite und Hauptperſon einführt oder vielmehr die 12 Apoſtel, die in ſeiner Begleitung ſind. In dieſen, die das wahre Iſrael bilden und heranbilden ſollen, ſetzt ſich Jeſus auf Erden fort, und dieſe wieder haben ihre Lehre in „ihrem" Evangelium niedergelegt, das alſo Jeſus in der ebionitiſchen Gemeinde wohnt. Dieſe gewaltſame Einführung der Perſon Jeſu in dem Bericht von Johannes hat ihre Parallele im Joh.-Ev., wo gleichfalls die Rede vom Logos den urſprünglichen Anfang der ev. Erzählung umrankt und hier nun gar zurückdrängt, ſo daß umgekehrt die Erwähnung des Johannes wie ein Einſchub ausſieht.

Der Faden von 1 wird im zweiten Abſchnitt von 2 wieder aufgenommen; die Unterbrechung iſt ſichtlich nur wegen der Einführung Jeſu und der Zwölfe erfolgt; alſo iſt zwiſchen 1 und 2 kaum etwas ausgefallen.

Hinter 2 könnte eine Predigt des Täufers geſtanden haben, dann folgte 3. Folglich hat uns Epiphanius den erſten Abſchnitt des Eb.-Ev., der den Täufer, Jeſum und die Zwölfe einführt und die Taufe Jeſu erzählt, ziemlich vollſtändig überliefert.

1. Epiphan. haer. 30, 13 und bis 'Jordanfluß' nochmals 30, 14. Der chronologiſche Anfang iſt nach dem altteſtamentlichen Chronikſtil 1. Kön. 11 26; Jeſ. 7 1 und dem Vorbild des Lk. 1 5, 3 1. 2, der auch das erſte Datum hergegeben hat, geformt. Es ſoll das weltliche und geiſtliche Regiment im Judentum angegeben werden. Richtig iſt nur die Angabe über K a i p h a s , die nicht ohne weiteres aus Lk. ſtammt, der Hannas und Kaiphas nennt; ſie iſt vielmehr dorther und aus der evangeliſchen Erzählung erſchloſſen. Die Angabe über H e r o d e s den K ö n i g J u d ä a s iſt hingegen aus Lk. 1 5 entlehnt. Dort gibt ſie richtig die Zeit der Geburt des Täufers und Chriſti an, hier ſoll ſie fälſchlich die Zeit ihrer Wirkſamkeit beſtimmen. Es iſt alſo der König Herodes, der wirklich auch über Judäa regierte, und der Vierfürſt von Galiläa, Herodes Antipas, in eine Geſtalt zuſammengeſchloſſen, die wie im Petrus-Ev. als der weltliche Repräſentant des Judentums überhaupt erſcheint. — Kaiphas iſt im erſten etwas flüchtigeren Citat weggelaſſen.

e i n e r , J o h a n n e s m i t N a m e n ſo im zweiten Citat; im erſten nur: J o h a n n e s . Das Ev. iſt für Leute beſtimmt, die noch nichts von der hl. Geſchichte, ja von dem großen Propheten des Judentums gehört haben. Sogleich darauf: 2 'ein Mann, namens Jeſus'. Vgl. darüber A p o k r. S. 24.

Die 'T a u f e d e r B u ß e' erſcheint zuerſt und in den Evangelien nur Mc. 1 4 Lk. 3 3, wo Johannes eine T. d. B. predigt; die Verbindung mit 'taufen' hat auch AG. 19 4. Dort wird ſie ebenſo wie hier dadurch entſtanden ſein, daß man das 'taufend', das bei Mc. vorhergeht, mit dieſen Worten als dem Objekt verbunden hat, wie wohl auch der 'Jordanfluß' aus Mc. 1 5 (vgl. Mt. 3 6) ſtammt.

Die Ausdrücke: es begab ſich (oder 'es trat auf') ἐγένετο, es kam, mit Namen Johannes deuten auf Joh. oder die Quelle evangeliſcher Erzählung, die auch Joh. 1 6 gedraucht hat, vielleicht das Hebr.-Ev.; die Abſtammung des Täufers von prieſterlichem Geſchlecht iſt dem Verf. nicht ſehr wichtig (A p o k r. S. 25). Daß hier die Abſtammung von Zacharias und Eliſabeth, worüber doch Lk. eine ganze Erzählung zu bieten weiß, als bloßes Gerücht verzeichnet werden kann, zeigt aufs neue, daß die

Vorgeschichte des Lk. noch auf lange hinaus ohne allgemeine Anerkennung blieb.

2 a.

Epiph. 30, 13. Ein Mann mit Namen Jesus] zeigt nicht nur, daß eine Vorgeschichte fehlte (f. o), sondern auch, daß auf die Herkunft und Geburt keinerlei Wert gelegt wird. Was Jesus diesen Christen bedeutet, ist er durch die Verbindung mit dem himmlischen Christus. Die 'ungefähr dreißig Jahre' aus Lk. 3 23.

Wenn es auffällt, daß die Apostelwahl, also auch die Scene am See vor die Taufe verlegt wird, entgegen den älteren Evangelien, in eine Zeit, wo nach den Ebioniten Jesus noch nichts ist und bedeutet, so erklärt alles der Zweck der Berufung: 'zum Zeugnis für Israel'. Diese Zwölf sollen alles von Anfang mit erleben, namentlich auch die Taufe und Berufung Jesu zum Sohne Gottes. Der Ausdruck ist aus Lk. (6 13 AG. 1 2) auch ins Joh.=Ev. (6 70) übergegangen.

Jesu Reise nach Kapernaum, wo er in das Haus des Simon eintritt, nachdem er am See etliche Jünger berufen hat, findet sich in gleicher Anordnung nur bei Mc. 1 21. 29. 16—20. Bei Mc. und Lk. 4 38 auch 'das Haus des Simon'. Der Beiname wird nicht auf Jesus zurückgeführt, auch ist der 'hebräische' Name Kephas diesen 'Hebräern' unbekannt.

Hier, wo Jesus zum erstenmal redend eingeführt wird, empfahl sich der feierliche Ausdruck 'er tat seinen Mund auf' nach Mt. 5 2.

Das Vorbeigehen am See betonen in anderen Wendungen auch Mc. 1 16, Mt. 4 18. Das Wort λίμνη für See gebraucht nur Lk. 5 1, und See von Tiberias sagt nur Joh. Aber die Benennung λίμνη von Tiberias war wohl überhaupt in der griechischen Welt die geläufigere (vgl. Joseph. bell. jud. III 57, IV 456) anstatt der einheimischen Meer von Galiläa oder Gennesaret.

Vorangestellt werden die Söhne Zebedäi. Sollte eine Verwechselung mit dem Herrnbruder Jakobus vorliegen, der die höchste Autorität der Ebioniten war? Möglich ist dies auf gnostischem Boden wohl, da auch sonst unter den verschiedenen Jakobus des N. T. Verwirrung entstanden ist.

Uebergangen sind Philippus, Bartholomäus, Thomas und Jakobus Alphäi, während Matthäus absichtlich zurückgestellt ist. Daß Verf. zwölf nennen wollte, ist durch den Schluß der Rede Jesu gesichert. Vielleicht hat nur Epiphanius oder einer seiner Abschreiber sich die Mühe der Aufzählung türzen wollen oder ist versehentlich von Andreas auf Jakobus Alphäi abgeirrt (Hilgenfeld).

Thaddäus aram. Thaddai ist sonst nur bei Mc. 3 18 gesichert, während Mt. 10 3 hier auch Lebbäus gelesen wird und Lk. 6 16 hier den Judas Jalobi anführt.

Simon den Eiferer wie Lk. 6 15; diese griechische Uebersetzung des aramäischen Kananaios Mc. 3 18, Mt. 10 4 spricht nicht gerade für 'hebräische' Herkunft des Ev., ebensowenig Judas Iskariotes, nach Mt. 10 4 gräcifirt für das Hebräische isch-karioth (Mc. 3 19, Lk. 6 16).

Der Zöllner Matthäus wird nach Mt. 9 9 in eins gesetzt mit dem Zöllner Levi, den Jesus nach Mc. Lk. vom Zoll berief. Auch diese Berufung wird also schon als vor der Taufe geschehen vorausgesetzt. Hier zugleich ein sehr deutlicher Wink auf den vorgeschobenen Verfasser des Ev., wie ihn gerade untergeschobene Schriften liebten. Vgl. Joh. 21 24.

will ich] vgl. Mc. 3 13: welche er wollte. Die Benennung Apostel setzen Mt. 10 2 und Lk. 6 13 dem Verzeichnis voran, Lk. führt den Namen auf Jesus zurück, ähnlich unser Verf.

Zum Zeugnis für Israel] die zwölf Apostel also mit Beziehung auf die zwölf Stämme wie Mt. 19 28. Mt. 10 18 ist das Zeugnisleiden der Christen erwähnt; mehr im Sinne unserer Stelle AG. 1 8; doch erst hier von der Rolle des zuschauenden Zeugen (f. o).

2 b.

Es begab ſich, daß Johannes taufte] wörtlich: es ward Joh. taufend aus Mc. 1 ₄, nach der Lesart ohne den Artikel vor 'taufend', die an un= ſerer Stelle ihre älteſte Bezeugung hat (ſ. S. 25).

Daß Phariſäer zur Taufe kamen, ſteht auch Mt. 3 ₇ trotz Mt. 21 ₃₂, Lk. 7 ₃₀. Hier ſteht auch noch, daß ſie wirklich getauft wurden. Die Ebioniten als die wahren Juden legten vielleicht Wert auf dieſe Anerkennung der Johannestaufe durch die jüdiſchen Autoritäten. Jeruſalem als Subjekt Mt. 3 ₅ (vgl. Zahn 732), das ganze Judäa ebenda und Mc. 1 ₅.

Die Kleidung und Speiſe des Täufers im Anſchluß an Mt. 3 ₄ („Speiſe" ſtatt „Nahrung"). Der vegetabiliſche Honig ſteht voran, dann erſt daran angeknüpft der Erſatz für die läſtigen „Heuſchrecken". Es ſchmeckte nämlich jener Honig nach Oelkräpfeln, wie ſie bei uns zu Faſtnacht beliebt ſind. Die Wahl dieſes Vergleichs war nahegelegt nicht nur durch den Gleichklang akris-enkris ſondern auch durch den Geſchmack des Manna, der 4 Moſ. 11 ₈ faſt ebenſo bezeichnet wird; dazu kommt noch, daß an anderer Stelle der Geſchmack des Manna mit dem von „Kräpfeln in Honig" verglichen wird 2. Moſ. 16 ₃₁. Dieſe Beziehung auf den Honig, der ſoeben im Eb.=Ev. erwähnt war, und die nahe Verwandtſchaft beider alttestamentlicher Stellen hat Epiphanius verleitet, gleich darauf auch „Kräpfel in Honig" für das Eb.=Ev. vorauszuſetzen.

Wenn auf dieſe Geſchmacksverwirrung nun eine Rede des Täufers folgte, ſo mag ſie einen Vortrag über den Nutzen der vegetariſchen Lebensweiſe und der Waſchungen enthalten haben. Epiphanius leitet in der Tat das folgende Fragment ein: Und nachdem er (der Verf. des Evang.) vieles geſagt hat, fährt er fort. Doch kann damit im weſentlichen der Inhalt von ₂ gemeint ſein, da Epiph. ₃ mit dieſen Worten direkt an ₁ anknüpft.

3.

Die Anknüpfung der Taufe Jeſu an das Vorhergehende nach Lk. 3 ₂₁, der ſchon vorher vom „Volke" geredet hatte. Dann kommt Jeſus und wird getauft (nach Mc. 1 ₉) und zwar ohne Zögern und Widerrede des Täufers, wie ſie Mt. 3 ₁₄ bringt, dafür hat ſich der Verf. einen viel weiter gehenden Gedanken des Täufers für nachher aufgeſpart; doch ſtammt „von dem Waſſer" aus Mt. 3 ₁₆, und ebenſo wie dort tut ſich der Himmel tatſächlich, nicht nur im Geſicht (Mc. 1 ₁₀) auf, und dann ſieht Jeſus den Geiſt. Dieſer heißt wie bei Lk. 3 ₂₂ und im Hebr.=Ev. nach jüdiſcher und chriſtlicher Kirchenſprache „der heilige" (die Basler Ausgabe des Epiph. 1544 hat „Geiſt Gottes" wie bei Mt.; Petavius gibt beides); dorther auch die Geſtalt. Eigentümlich iſt dem Eb.=Ev., daß nicht der Geiſt, ſondern die Taube herabkommt, und daß nun dieſe gar in Jeſum hineingeht, während bei Mc. die entſprechende Präpoſition nur „auf" bedeuten ſoll, wie Mt. Lk. richtig verſtehen.

Das erleichternde „geſchah" (vgl. Lk. 3 ₂₂. Mc. 1 ₁₁) fehlt in der Handſchrift von Venedig, wie es auch bei Mc. nicht ſicher überliefert iſt.

Die erſte Stimme gilt Jeſu ſelbſt nach Mc. 1 ₁₁. Lk. 3 ₂₂; die dritte ähnlich lautende wendet ſich an den verwundernd fragenden Johannes mit Benutzung von Mt. 3 ₁₇. Auch das Joh.=Ev. hat das Taufwunder als ein Zeichen für den Täufer verwendet (1 ₃₂—₃₄).

Eine zweite Stimme iſt auch noch an Jeſus gerichtet. Sie ſoll ihm die ſo= eben erfolgte Annahme zum Gottesſohn mitteilen und zwar auf Grund des vorher bezeugten Wohlgefallens (ſ. Apokr. S. 26) wie bei Juſtin dial. 88, 20; 103, 19. Sie ſtammt aus Lk., wo ihr Wortlaut namentlich im Occident vielfach geleſen wurde, ſo bei D, in den alten lateiniſchen Ueberſetzungen a b c ff² l. Auguſtin lieſt ſo im Streit mit dem Manichäer Fauſtus, der ebenfalls in dieſer Form citirt; er ſpricht von jüngeren griechiſchen Handſchriften mit dieſem Wortlaut und will ihnen nicht jeden Glauben verſagen, ja anderwärts citirt er ſelbſt ohne weiteres ſo. Es ſollen dann eben beide Formen des Worts damals geſprochen ſein, gerade wie bei unſeren Ebioniten.

Im Orient treten außer Justin auch Clemens von Aler. und Methodius von Olympus († um 310) für diese Lesart ein (vgl. Zahn I, 542 A 1).

Und alsbald] entspricht der Sprache des Mc., die auch auf Mt. abgefärbt hat. Das „große Licht" erinnert sprachlich an Jes. 9₁ eine Stelle, die Mt. 4₁₆ Verwendung gefunden hat, das „umleuchten" findet sich zweimal bei Lf. (2₉,AG.26₁₃). Der Inhalt aber ist unseren Evangelien fremd, doch ist er in der altchristlichen Tradition auch sonst bezeugt. Sehr wahrscheinlich war eine Feuererscheinung bei der Taufe schon im Hebr.=Ev. erzählt (s. S. 27). Tatian hat die Erzählung, daß während der Taufe ein Feuer auf dem Jordan entbrannt sei, in seine Evangelienharmonie aufgenommen. Von dort her kennt sie der syrische Kirchenvater Ephrem, der öfters darauf zurückkommt, und die Taufliturgie der Severianer. Dasselbe berichtet Justin, dial. 88, 8. Sie ist auch in die alte lateinische Uebersetzung der Evangelien einge= drungen, so in cod. Germanensis u. Vercellensis. Hier im Verc. findet sich derselbe Ausdruck wie im Eb.=Ev. „ein großes Licht leuchtet rings umher", allerdings noch „vom Wasser her" und ohne das Objekt „den Ort". Die Vorstellung, daß ein Licht über dem Wasser erstrahlt, findet sich zuerst in der Schrift „Predigt des Pau= lus", die wahrscheinlich das Hebr.=Ev. benutzt hat. Auch die christliche Si= bylle hat sich der Vorstellung bemächtigt: um die Mitte des 3. Jahrh. haben, wie eine afrikanische Schrift de rebaptismate berichtet, Ketzer bei ihrer Taufe ein Feuer über dem Wasser erscheinen lassen.

Zu grunde liegt zunächst die Weissagung des Johannes von der Feuertaufe des Größeren, die mit der Geistestaufe verbunden ist, weiterhin aber wohl auch der Gedanke an das Aufleuchten der Herrlichkeit des Gottessohns, der jetzt eben geboren wird, ja der nach gnostischer Anschauung eben jetzt von der Lichtwelt auf die Erde kommt: Siehe dein Licht kommt, und die Herrlichkeit des Herrn geht auf über dir. Jes. 60₁.

Der Erzähler greift nun wieder zurück, auf Jesum selbst, den der Täufer schein= bar jetzt erst bemerkt, obwohl er ihn selbst vorhin getauft hat. Aber jetzt erst nach solchen Zeichen, fällt er dem Täufer auf, und er fragt ihn, wer er sei. Das ‚Herr‘, das die Handschrift in Venedig wegläßt, ist bei alledem nur erst ehrfurchtsvolle An= rede, wie das aramäische mar. Die Auskunft gibt nun Gott selbst in der dritten Stimme (s. o.).

Die Bitte des Täufers ist eine Verstärkung des Ausrufs bei Mt. 3₁₄: ‚Ich hätte Not von dir getauft zu werden‘ Jesus hindert ihn beim Bitten und Nie= derfallen, während bei Mt. der Täufer Jesum hindern will, daß er sich taufen lasse. Ebenso wird das ‚Laß‘, das bei Mt. bedeutet: ‚Laß es für jetzt geschehen‘ hier in dem Sinne gebraucht: Laß es so gut sein, daß du mich getauft hast und ich dich nicht taufe; dann schleppt noch das weitere Mt.=Wort nach: es muß jeder gerechte Brauch erfüllt werden (s. Apokr. S. 26.)

4.

Mit Beziehung auf und im Gegensatz zu Mt. 5₁₇ s. Apokr. S. 26. Ven. gebraucht die 3. Person; aber auch von da aus müßte man auf ein Herrnwort mit der 1. Per= son schließen. Verf. versucht hier das Wortspiel der prophetischen Strafrede nach= zuahmen, wie er sich im Ausdruck an Jes. 9₁₁. ₁₆. ₂₀; 10₄ anlehnt; der Zorn läßt nicht ab, bis daß er ausbricht und sich Genüge schafft. Dies hat sich an den Ju= den erfüllt, die nicht zu opfern abließen, bis Jerusalem und die Opferstätte zerstört wurde.

5.

Der Anfang des Fragments ist noch in die Darstellung des Epiph. verwoben; es scheint aber nach Lk. 8₂₀ gebildet zu sein. Ebenso ist die Einleitung zu dem Herrnwort selbst nicht mitgeteilt. Die Handbewegung zwischen den beiden Worten nach Mt. 12₄₉. Bei der Antwort Jesu schwankt die Ueberlieferung des Wortlauts und darum auch die Satzabteilung und Auslegung. Ven. setzt nämlich an dieser Stelle nochmals ‚Brüder‘. Die Basler= und Petavius=Ausgabe oder ihre Quellen lassen das zweite ‚Brüder‘ fort, offenbar, weil es überflüssig erschien. Ursprünglich wird aber statt Brüder ἀδελφοί wohl Schwestern ἀδελφαί (vgl. Mt. 12 50 Mc. 3 35) dagestanden haben, das nur wegen des männlichen Relativs verändert ist (Zahn). Damit wird auch die gesuchte Einteilung und Uebersetzung unnötig: diese da sind meine Brüder und meine Mutter; meine Brüder sind, die da tun . . ., die freilich Einteilung und Sinn der Worte bei Mc., Mt. wiedergeben. Dort weist der erste Satz auf die Jünger hin, die da vor ihm sitzen; der zweite gibt die allgemeine Regel an. Lk. hingegen scheint nur diese allgemeine Aussage aufzunehmen. Der Ebionit, der sich ganz wie Lk. ausdrückt, meint aber doch mit seinem 'diese' die anwesenden Jünger, da er die hinweisende Handbewegung aus Mt. beibehält: diese vor mir Sitzenden sind es, welche und weil sie den Willen tun. Das Eb.=Ev. hat schließlich noch 'den Willen' in die Mehrzahl gesetzt, wobei es vielleicht an Einzelgebote des Gesetzes denkt.

6.

Die Jüngerfrage nach Mt. 26 17, die Antwort die Verkehrung von Lk. 22 15, in Form einer Frage, die mit 'nein' zu beantworten ist (Blaß, nt. Gramm. § 75 2). Die direkte Verneinung der Lk.-Stelle wird durch den Zusatz 'Fleisch' vermieden; sonst also mag der Herr immerhin nach dem Passah verlangt haben; aber als er dies sagte, hat er doch nicht an Fleischessen gedacht! Davon haben freilich die Jünger nichts gesagt; denn man konnte 'das Passah' in ihrer Frage auf das Passahlamm beziehen. In der Gegenfrage Jesu soll aber 'dieses Passah' Zeitbestimmung sein: an diesem Passahfest. Der Akkusativ steht als Zeitbestimmung freilich meist auf die Frage wie lang? Doch finden sich wohl auch Uebergänge zu einer Benutzung bei der Frage wann? Blaß § 34 7. 8. Zur Not könnte man auch übersetzen: dieses Passahmahl in Gestalt von Fleisch zu essen. Daß ein solch eingeklemmtes Wort grammatisch Not macht, ist ja selbstverständlich. —

Zahn II 736—741 möchte auch noch ein von Clemens Alex. 'aus einem Evangelium' angeführtes Herrnwort samt seiner Einkleidung auf das Eb.=Ev. zurückführen. Bei Clem. Alex. strom. V 63 (vgl. Ps.=Clem. hom. XIX, 20) heißt es 'nicht aus Neid nämlich, sagt er, hat der Herr geboten, in einem gewissen Evangelium: mein Geheimnis gehört mir und den Söhnen meines Hauses' (Apokr. S. 9 Nr. 6). Andere ziehen es zum Aeg.=Evangelium. — Eine andere Zuweisung an das vorliegende Evangelium f. Apokr. S. 36 unter 2, da dort gleichfalls die Apostel in der Mehrzahl die Redenden sind. Die Reste sind aber zu gering, um ein sichere Entscheidung fällen zu können. Die Anlehnung an Paulus S. 37 Z. 13 ff. = 1. Kor. 15 25 f. 55, die Verwandtschaft mit dem Joh.=Ev. Z. 20 ff. 23 f. S. 38, Z. 2 f. entsprechen wenig dem Geist unseres Eb.=Evangeliums. Ich möchte lieber an eine der Petrusapokalypse und dem Petrusevangelium verwandte Schrift denken (vgl.: wir Jünger, auf dem Berge).

Jesus, Jesu Jünger und das Evangelium im Talmud und verwandten jüdischen Schriften.

(A. Meyer.)

Literatur: Die Quellen sind im Text genannt. Der hebräische Text der auf Jesus bezüglichen Stellen in der älteren jüdischen Literatur ist vortrefflich zusammengestellt von G. Dalman im Anhang zu Laidle, Jesus Christus im Talmud (f. u.) Hier ist der uncensirte Text dargeboten, während die gewöhnlichen Talmudausgaben an unserer Stelle mehrfach verstümmelt sind. Nach Dalmans Text sind die hier gebotenen Uebersetzungen zumeist angefertigt. In der englischen Ausgabe hat Dalman den mitgeteilten Stellen eine englische Uebersetzung hinzugefügt, die gleich-

falls beachtet ist. Außerdem sind benutzt: Der hebräische Text der Mischna. Berlin
J. Lewent 1832—1834. Tosefta, herausgeg. von M. S. Zuckermandel, Pasewalk
1880. Pal. Talmud, Krotoschin 1866 und Bulgärausgaben des Bab. Talmud.
Verglichen sind die Uebersetzungen von A. Wünsche zum bab. Talmud,
Leipzig 1886—1889 und von M. Schwab, Paris zum jeruf. Talmud 1871—1889.
Mehrfach sind erwähnt die Toledoth Jeschu, spätere legendenhafte Darstellungen
des Lebens Jesu aus jüdischer Feder.

Von Toledoth-Drucken seien erwähnt: Wagenseil, ספר תלדות ישו (Buch
der Geschichte Jesu) in Tela ignea Satanae Altorf 1681. J. J. Huldreich,
ס׳ ת׳ ישו הנוצרי (B. d. Gesch. Jesu v. Nazareth) hebr. lat. Leiden 1705. E. Bischoff,
Ein jüdisch-deutsches Leben Jesu. Leipzig 1895. Gershom Bader: Chelkath
M'chokek, Jerusalem 1880 ² Krakau (kennt drei Handschriften). Sämtliche Drucke
und eine große Anzahl Handschriften sind zusammengestellt in S. Krauß, Das
Leben Jesu nach jüdischen Quellen. Berlin 1902. Klassificirung der Texte S. 27—37
v. E. Bischoff. Abdruck von Handschriften (mit deutscher Uebersetzung) S. 38—149.
Eine deutsche Uebersetzung auch bei: R. Clemens, Die geheimgeh. oder apokr. Evang.
V. Stuttgart 1850. — Inbetracht kommende Werke allgemein polemischen Inhalts sind
u. a.: Raymundus Martini (Predigermönch in Catalonien, 13. Jahrh.):
Pugio Fidei hrsgeg. v. Bened. Carpzov, Leipzig 1687. Rabbi Schimeon b. Duran
1361—1444 קשת ומגן (Bogen und Schild). R. Lipmann: Nizzachon bei Wagenseil. J. C. Wagenseil, Tela ignea Satanae, Altorf 1674, Confutatio libri
Toldos Jesu. J. A. Eisenmenger, Entdecktes Judentum 1700 Bd. I nameut-
lich S. 228—263: Ob im Talmud unseres Heilands Meldung geschehe? Franz Delitzsch, Ernste Fragen an die Gebildeten jüdischer Nation. Leipzig 1888. — Bib-
liographische Werke: J. Wolf, Bibliotheca Hebraea II, Hamburg 1721. (979—
981). Ugolinus, Thesaurus Antiqu. sacr. Venedig 1744. Zunz, die gottesdienstl.
Vorträge der Juden, 2. Aufl., Frankfurt 1892. W. Bacher, Agada der palästin.
Amoräer 1892—99. — Wörterbücher, Horae: J. Buxtorf, Lexicon Chaldaicum,
Talmudicum et Rabbinicum, Basel 1639. C. Schöttgen, Horae Hebraicae et Tal-
mudicae II de Messia. Dresden u. Leipzig 1742. J. E. Löwy, Kritisch-talmudisches
Lexicon. Wien 1863. J. Levy, Chald. Wörterbuch über die Targumim und einen
großen Teil d. rabb. Schrifttums 1867—1868. J. Levy, Neuhebräisches und Chal-
däisches Wörterbuch. Leipzig 1876. 1889. Hamburger Real-Encyklopädie für
Bibel und Talmud. Abt. II 1883. Artikel 'Elieser den Hyrkanos' u. a.
S. Krauß, Griechische u. lateinische Lehnwörter in Talmud, Midrasch u. Targum
1898—1899. — Ueber Jesus im Talmud: R. M. Meelführer, Jesus in Talmude.
Diss. philologica I. II. Altorf 1699. A. C. Werner, Jesus in Talmude. Stade
1731. R. von der Alm, Die Urteile heidnischer und jüdischer Schriftsteller der
4 ersten christl. Jahrh. über Jesus und die ersten Christen, Leipzig 1864. G. Rösch,
Die Jesusmythen des Judentums: ThStK 1873, S. 77—115, vgl. 1878, S. 516—521.
Lippe, Das Ev. Matth. vor dem Forum der Bibel und des Talmud, Jassy 1889.
H. Laible, Jesus Christus im Talmud. Mit einem Anhange: die talmudischen
Texte mitgeteilt von G. Dalman 2. Aufl. (Anast. Neudruck. Leipzig 1900 (1891).
Beste Sammlung des Materials, ausführliche aber unkritische Besprechung. Ueber
Dalman f. o. Wertvolle Anmerkungen von Dalman und H. Strack. Engl. Ueber-
setzung Jesus Christ in the Talmud translated by A. W. Streane, Cambridge
1893. L. Couard, Jüdische Sagen über das Leben Jesu. NkZ 1901, 164—176.
(Unselbständig.) S. Krauß, Das Leben Jesu n. jüd. Quellen (f. o.) S. 181—194. —
Ben Stada, den Pandera: D. F. Strauß, Athenäum f. Wiff. Kunst u. Leben
1839, 15—30. F. Nitzsch, Ueber eine Reihe talmudischer u. patristischer Täuschun-
gen, welche sich an den mißverstandenen Spottnamen ברדים' knüpft. ThStK 1840.
S. 115—120 (Παρθενος = Πάνθηρ). F. Hitzig, Ben Pandera u. Ben Stada ZwTh
1865, S. 344—347 (Stada = Wer da). G. Rösch, ThStK 1873, S. 77 f. (Stada = ἐπι-
στάτης). A. Fürst, Origenes wider Celsus, Saat auf Hoffnung 1877, S. 41—52.
P. Cassel, Aus Literatur und Geschichte. Berlin und Leipzig 1885, S. 323—347

Karikaturnamen. (Panthera „Unzuchtstier"; Stara = Stern) vgl. Mischle Sindbad 3. Aufl. S. 216. J. Levy, Neuhebr. Wb. unter ב und פ. S. Krauß, Lehn= wörter II unter ב und פ, wo auch Literaturangaben (P. von πόρνος; Stada vgl. Σωτάδεια). — Ueber Maria Magdalena: Winer, Bibl. Realwörterb. II 3. Aufl. 57. J. Derenbourg, Essais p. 471. N. 1. Lagarde, Mitteilungen III. 257—260. (Auch im N. T. die Haarflechterin! recht leichthin geschrieben; dagegen:) Dalman, Gramm. des jüd. pal. Aram S. 141. A. 7. — Ueber Bileam=Jesus: W. Bacher, Agada der pal. Amoräer I. 24. Geiger, Jüd. Zeitschr. 1868, S. 31. 305. Perles, Monatsschr. f. Gesch. u. Wiss. d. Judent. 1872. 266 f. Zur rabbin. Sprach= und Sagenkunde 1873. S. 16. J. Levy, Chald. Wb. Artikel Bileam. Löwy, Krit. talm. Lexicon: Art. Ahitofel. Th. Zahn, G.K. II 2, S. 674. — R. Elieser: Deren= bourg 357 ff. Hamburger, Realencl. Artikel Elieser, Laible S. 56—62. Th. Zahn, a. a. O. 674 f. — Der Philosoph und das Evangelium: Fr. Delitzsch, ZlTh, Neue Untersuchungen S. 22, 1856. S. 77. Güdemann, Religionsgesch. Studien. Leipzig 1876. S. 67—97: Die Logia des Mt. als Gegenstand einer talmudischen Sa= tire. A. Neubauer, Studia bibl. Oxoniensia 1885. S. 57 f. Nicholson, The Gospel accord. to the Hebrews 1879. S. 145 ff. Hilgenfeld, N. T. e. c. IV S. 15 —21. Laible S. 62 ff. Zahn a. a. O. 675—679. — Der 'Menschensohn' im Talmud: Dalman, Worte Jesu. 1898, S. 202. Vgl. die dort A. 4 angeführte Literatur.

Wie hat sich das Bild Jesu in den Augen der jüdischen Schrift= gelehrten gestaltet, die Jesus so vielfach angegriffen und so strenge gescholten hat, die seinen Untergang gesucht und mit herbeigeführt haben? Was hielt man von seinen Wundern, was von seiner Lehre? Wie stellten sich die Rabbinen zu dem Bilde, das die Christen von Jesus zeichneten? Wie dachten sie über die Judenchristen, die doch treue Juden sein wollten?

Ablehnung und Verfolgung des Meisters und der Jünger sind nur die Außen= seite dieser ihrer Anschauung; es ist hier unsere Aufgabe, diese selbst kurz zu kenn= zeichnen; dabei ist hauptsächlich der Talmud, der große Sprechsaal der nachchrist= lichen Rabbinen zu befragen; vorher aber schon erheben sich jüdische Stimmen, die uns auf das dort zu Hörende vorbereiten.

Zu Jesu Lebzeiten hat man die Wunder Jesu nicht geleugnet, aber man führte sie zurück auf Beelzebul, den obersten der Teufel Mc. 3 22; denn die Schriftgelehrten konnten den nicht anerkennen, der die Schriftgelehrten nicht aufsuchte, sondern die Zöllner und Sünder und mit ihnen aß, der den Sabbat brach und den Unterschied von rein und unrein aufhob. Nach seinem Tode war ihnen, wie einer aus ihrer Schule, Paulus, bezeugt, der gekreuzigte Messias ein Aergernis. Daß das Grab Christi leer gewesen, haben die Juden zu Zeiten des Mt.=Ev. nicht bestritten; aber sie meinten, die Jünger hätten den Leichnam gestohlen Mt. 28 15. Damals waren sie mit dem Scheltwort Beelzebul („Herr der Wohnung") für den „Hausherrn" der Christen wie für. seine Hausgenossen schnell bei der Hand Mt. 10 25. Sobald die Lehre von der wunderbaren Geburt bei den Juden bekannt wurde, hatte man sie gegen die jüdische Anklage auf Ehebruch der Maria zu verteidigen, wie bei Mt. mehrfach geschieht; ebenso war die Herkunft aus Galiläa und Nazareth in Schutz zu nehmen Mt. 2 23; 4 15. Das Joh.=Ev. zu Beginn des 2. Jahrhunderts hallt wieder von jüdischen Anklagen gegen die Lehre und Person Jesu wie gegen das Christus= bild der Gemeinde; Wohlwollende fragen: was kann aus Nazareth gutes kommen? Joh. 1 46; andere sagen: aus Galiläa steht kein Prophet auf 7 52 und kommt nicht der Messias 7 41 f. Oder sie schelten ihn einen Samariter, der von Teufel besessen sei 8 48, einen Volksverführer 7 12. Eine harte Rede war ihnen namentlich die christ= liche Lehre von dem Fleisch und Blut Christi im Abendmahl 6 52. 60; daß Christus vom Himmel herabgekommen 6 41 und dahin aufgefahren sein sollte 7 33, da sie doch seinen Vater und Mutter noch nennen konnten 6 42; vor allem war ihnen die Lehre von der Gottheit Christi ein Greuel 10 33—36. In der ersten Hälfte des Jahrh. klagt

Justin namentlich darüber, daß die Juden den Heiden so viel Schlechtes von Christus
und den Christen erzählen: „Daß der Name Jesu geschmäht und gelästert wird in
der ganzen Welt, daran sind die Hohenpriester und Lehrer der Juden schuld", dial.
c. Tryphone 117. Die Juden verbreiten, daß Christus jene Greueltaten gelehrt habe,
welche die Heiden den Christen zuschreiben c. 108. Die Rabbinen ermahnten dabei die
Juden, sich mit den Christen überhaupt in kein Gespräch einzulassen c. 112. Daß in der
Tat die Juden bei den Heiden gern Schlechtes von Christus erzählten, bezeugt uns
der heidnische Schriftsteller Celsus um 180 in seinem 'wahren Wort', das wir aus
der Widerlegung durch Origenes kennen. Hier sehen wir zugleich, wie viel und wie
Eigenartiges man schon von Jesus zu berichten wußte. Celsus läßt einen Juden
auftreten, der Jesus vorwirft: er habe die Geburt aus der Jungfrau erdichtet; in
Wirklichkeit sei er in einem jüdischen Dorf geboren, von einer dürftigen Tagelöhnerin
des Orts. Von ihrem Gatten, der seines Zeichens ein Zimmermann war, sei sie
verstoßen, nachdem sie als Ehebrecherin überführt war. Ausgewiesen von ihrem
Mann und ehrlos umherirrend erzeugte sie in dem Dunkelheit den Jesus (Orig. gg.
Celf. I 28) und zwar von einem gewissen Soldaten Panthera I 32. Dieser Jesus
habe dann aus Armut in Aegypten um Tagelohn arbeiten müssen und habe dort
einige Zauberkräfte kennen gelernt, mit denen die Aegypter zu prahlen pflegen;
so sei er wieder zurückgekehrt, indem er sich auf die Zauberkräfte Großes einbildete
und sich deshalb als Gott ausgab (I 28).

Zu der Rede von dem gestohlenen Leichnam der Jünger kam später, als die
Christen dagegen den großen Stein oder die eigene Verlegenheit der Jünger beim
leeren Grabe geltend machten, bei den Juden noch die spöttische Behauptung, der
Gärtner hätte den Leichnam fortgeschafft, damit die Menge der Hinzukommenden
nicht·seinen Salat niederträte. Wenigstens citirt Tertullian um 195 die Juden
wegen dieses unnützen Wortes vor das jüngste Gericht (de spectac. 30).

Dies die Stellung, die das Judentum in der Zeit, da der Talmud zu ent=
stehen begann, Christus und dem Christentum gegenüber einnahm, soweit sich diese
Stellung unabhängig vom Talmud kennzeichnen läßt. Wollen wir hierfür nun Be=
stätigung und Erläuterung im talmudischen Schrifttum selbst suchen und wollen
wir die weitere Entwicklung der jüdischen Anschauung von Jesus in den verschie=
denen Schichten dieser Literatur verfolgen, so erscheint es zunächst am richtigsten,
geschichtlich vorzugehn. Zuerst wäre die Mischna zu befragen, die älteste außerbib=
lische Aufzeichnung des jüdischen Rechts, die auf Grund älterer Ueberlieferung am
Ende des 2. Jahrh. nach Christus (durch R. Juda den Heiligen) zusammengestellt
ist. Viel Ausbeute läßt sich aber von vornherein nicht von einer Sammlung er=
warten, die im wesentlichen Rechtsentscheidungen zusammentragen will. Etwas mehr
Ausbeute ist in der Ergänzung zur Mischna, der Tosefta zu erwarten, die obwohl
später verfaßt, doch zuweilen älteres Material verarbeitet. Reichhaltiger, aber frei=
lich auch viel später (Mitte des 4. Jahrh.) ist die erste Erläuterung der Mischna,
der palästinensische Talmud, der die Anschauung der Gelehrtenschule zu Tiberias in
Galiläa wiedergibt, und noch ergiebiger ist die umfangreichste Gesamtschöpfung
und der eigentliche Normalkodex des Judentums, der babylonische Talmud, der aber
erst im 5. und 6. Jahrh. und außerdem fern von der Heimat Jesu, in Babylon, zu=
sammengestellt ist. Von den Midraschim, den erbaulichen Erläuterungen zum A. T.,
wie sie die jüdischen Gelehrten des frühen Mittelalters im Anschluß an die Syna=
gogenvorträge sammelten, kommt für uns namentlich der Midrasch zum Prediger
Salomonis (Kohelet) inbetracht; auch sonst hat man in der erbaulichen jüdischen
Literatur jener Zeit Umschau zu halten, und auch die Mitteilungen oder Auslegungen
der großen jüdischen Kommentatoren zu Bibel und Talmud sind zu berücksichtigen.
Dabei ist aber jedenfalls darauf zu achten — und das macht auch die Aufzeichnungen
späterer Zeit einigermaßen wertvoll, daß die jüdische Ueberlieferung, wie sie einer=
seits beständig am Umbilden, Ausgestalten und Zusetzen ist, andererseits doch auch
recht altes Gut zähe festhält; ist doch häufig der Name der älteren Autorität, auf
die man sich stützt, oder die Zeit, aus der die Ueberlieferung stammt, mehr oder we=

niger genau angegeben. Diese Mischung von Altem und Jungem macht freilich auch wieder die zeitliche Ordnung unsicher Dazu kommt noch die andere Schwierigkeit, daß Jesus vielfach unter andern Namen und unter Verhüllungen angeführt wird, deren Umfang nicht von vornherein festzustellen ist, so daß man nicht immer weiß, ob man es wirklich mit Jesus zu tun hat. Vielmehr ist es eine Hauptaufgabe für jede Untersuchung dieses Gegenstands, hier sehr vorsichtig vorzugehn und alles das auszuscheiden, was jüngere oder ältere Erklärer erst auf Jesum gedeutet haben; vor allem auch schon im Talmud selbst zu verfolgen, wie ganz fremdartige Erzählungen mehr und mehr mit Jesus in Verbindung gebracht werden. Diese Entwicklung, in der Angliederung, Umbildung, Kombination und Ausspinnung einen ganzen Roman Jesu und seiner Mutter zu stande bringen, ist ja mit dem Talmud nicht zu Ende gekommen, hat sich vielmehr schon im frühen Mittelalter noch lebhafter fortgesetzt und hat sich in den verschiedenen Formen der Toledoth Jeschu niedergeschlagen, deren Stoffe schon um 830 Agobard von Lyon kannte, und die dann durchs Mittel= alter hindurch bis in die Neuzeit in immer neuen Gestalten auftauchten, eine Ausge= burt niedrigen Fanatismus, häßlicher Schmähsucht und gemeiner Phantasie. Es empfiehlt sich, den Stoff in Gruppen zu scheiden, und der Entwicklung jeder einzelnen nachzugehn und namentlich ihre ursprüngliche Bedeutung festzustellen.

Bei der Vereinigung andersartiger Typen mit der karikirten Gestalt Jesu können wir die Talmudgelehrten gleichsam beobachten und zugleich das Willkürliche ihres Verfahrens und ihre eigene Unsicherheit feststellen, wenn wir uns eine im bab. Talmud zweimal vorkommende Zusammenstellung von Ansichten über die Herkunft Jesu ansehn, der hier freilich nicht mit Namen genannt, ohne Zweifel aber gemeint ist:

1.

bab. Schabbath 104 b. Sanhedrin 67 a.

Ben Stada, das ist Ben Pandera Es sprach R. Chisda: Ehegatte war Stada, Buhle Pandera. (Nach andern:) Ehegatte war Paphos ben Juda, seine Mutter hieß Stada. (Aber) seine Mutter war (ja doch) Mirjam die Haarkräuslerin (m'gaddla) für Frauen? (Deswegen hieß sie doch Stada,) wie man zu Pumbeditha sagt: Gebuhlt hat diese (s'tath da) von ihrem Gatten weg.

Ausgegangen wird hier von der feststehenden Bezeichnung ben Pandera. Fest steht ferner, daß Pandera der natürliche Vater Jesu, der Buhle von Jesu Mutter ist (s. u.). Unklar aber ist man über den Namen der Mutter und den ihres recht= lichen Gatten. Die Mutter soll Stada heißen, was einige aber nur als Beinamen zu Mirjam fassen wollen; R. Chisda (das Haupt der Akademie zu Sora in Ba= bylon 290—300? † 309) hält aber Stada für den Namen des rechtlichen Vaters, während andere diesen Paphos ben Juda nennen.

Eine richtige Erinnerung liegt ja nun jedenfalls in dem Namen Mirjam = Maria vor; die Haarkräuslerin (m'gaddla) scheint durch den Beinamen der Maria Magdalena veranlaßt. Diese war freilich eine Jüngerin, nicht die Mutter Jesu, und ihr Beiname bedeutet vielmehr herstammend aus Magdala, einem Orte am galiläi= schen See. Aber Maria m'gabdla ist nun keineswegs zuerst durch Mißverstand von Maria Magdalena veranlaßt, vielmehr ist dieser Name ursprünglich zu ganz an= derem Zweck geschaffen, nämlich um ein Wortspiel und eine recht tragische Verwech= selungsgeschichte zu ermöglichen:

2.

bab. Chagiga 4 b: Wenn R. Joseph au den Spruch kam (Sprüche Sal. 13, 23:) 'Und mancher wird hingerafft ohne Recht', so kam ihn das Weinen an; er sprach: Sollte denn einer dahingehen, ohne daß seine Zeit gekommen ist? Allerdings, wie diese Geschichte mit R. Bibi bar Abaje zeigt: Es befand sich (einmal) bei ihm der Todes= engel; dieser sprach zu seinem Boten: Geh, bring mir Mirjam die Flechterin (m'gaddla) von Frauenhaaren. Er ging hin und brachte ihm Mirjam die Erzieherin (m'gaddla) von Kindern. Der (Todesengel) sprach zu ihm: Ich hatte dir doch gesagt: Mirjam die Flechterin von Frauenhaaren. Der Bote sagte: So will ich sie wieder zurückbringen.

4 *

Der Todesengel aber sagte: Da du sie nun einmal gebracht haft, so sei sie unter der Zahl (der Toten). Wie ging es mit ihr zu? Sie nahm einen brennenden Spahn in die Hand, als sie den Ofen auskehrte; er fiel ihr auf den Fuß und verbrannte sie. Ihr Geschick war es, daß sie hierher gebracht wurde. R. Bibi bar Abaje sagte zum Todesengel: Habt ihr denn Macht, so zu handeln? Der Todesengel sagte: Steht nicht geschrieben: Mancher wird hingerafft ohne Recht?

Diese Erzählung, die zunächst auf R. Joseph (bar Chia, das Haupt der Akademie zu Pumbeditha, geboren 259 in Schili in Babylon † 325) und dessen Autorität zurückgeht, ist die jüdische Bearbeitung eines weitverbreiteten Motivs, das unter den Griechen Lulian und Plutarch, unter den Christen Leo der Gr. (dial. IV) wiedergegeben haben; daß nämlich auch der Tod Verwechselungen begehen kann, sei es daß der Name oder der Wohnort des Abzuholenden ihn täuscht. Die jüdische Erzählung benutzt den häufigen Frauennamen und zwei verschiedene aber in ihrer abgekürzten Form gleichlautende Beschäftigungen, um eine solche Verwechselung nahe zu legen. Die Aehnlichkeit, die außerdem mit dem Beinamen Magdalene entsteht, hat später erst bei den Autoritäten des babylonischen Talmuds und zwar jedenfalls nach der Zeit R. Josefs, also etwa im 4.—5. Jahrh., die Beziehung auf Jesus hervorgerufen. Damit war freilich eine ganz unmögliche Chronologie geschaffen: R. Bibi, der wie R. Josef im 4. Jahrh. wirkte, sollte noch erlebt haben, wie Maria Magdalena als Mutter Jesu zum Tode gefordert wurde und trotzdem am Leben blieb. Die älteren Fabulisten kümmern sich um solche Ungeheuerlichkeiten der Zeitberechnung nicht; die mittelalterliche Auslegung sucht, so gut es geht, um die Schwierigkeit herumzukommen, indem sie nun den Todesengel R. Bibi die Geschichte von der Maria erzählen läßt (Tosaphot zu Chagiga 4b nach En Jakob; Dalman, Texte S. 6* engl. 31*): Dies geschah zur Zeit des zweiten Tempels; sie war die Mutter des N. N. (Jesu) wie im Traktat Schabbat (104 b) steht. Die Angabe: zur Zeit des zweiten Tempels ist dabei lediglich aus der Beziehung auf Jesus gefolgert. Der Kommentar zu Schabbat 104 b (s. u. 1) berichtet, daß Rabbenu Tam (R. Jakob ben Meir in Frankreich) den Ben Stada aus chronologischen Gründen nicht mit Jesus dem Nazarener gleichsetzen wolle; so müsse man entweder annehmen, daß der Todesengel dem R. Bibi die ältere Geschichte erzählt oder daß es zwei Haarkräuslerinnen des Namens Mirjam gegeben habe. Die Haarkräuslerin als Mutter Jesu ist seit der Zeit des babyl. Talmuds eine feststehende Figur der jüdischen Ueberlieferung, die auch in die Toledoth Aufnahme gefunden hat (Ausgabe Wagenseil und Huldreich s. u. d. Literaturangaben).

Zwei andere Marien sind nicht einmal im Talmud mit der Mutter Jesu in eins gesetzt. Die eine ist Mirjam die Tochter von (Eli) Ale Bezalim (Zwiebelblatt), der wir in der Hölle begegnen (Ale Bezalim ist wohl Spottname für Eli Bezaleel):

3.

pal. Chagiga 77 b. (pal. Sanhedrin 23 c.)

(Von zwei Frommen starb der eine vor seinem Freunde. Der Ueberlebende war darüber gekränkt, daß man seinem Freunde nur die notdürftigste Totentrauer widmete, während dem Tode eines Einnehmersohnes alle Arbeit ruhte.) Nach einiger Zeit sah der Ueberlebende den gestorbenen Freund sich in einem wohl angelegten Garten mit Wasserquellen ergehen; aber den Sohn Maon's sah er, wie er an einem Wasserstrom die Zunge herausstreckte, ohne trinken zu können. Er sah auch Mirjam, die Tochter von (Eli) Ale-Bezalim — [R. Lazarus ben Jose sagt:] sie war aufgehängt an den Enden der Brüste. [R. Jose ben Chanania (Vizepräsident unter Gamaliel um 100 n. Chr.) sagt: Der Zapfen des Höllentors] ⟨das Höllentor⟩ haftete in ihrem Ohr — Er frug: warum geht es ihr so? Er (der Freund?) antwortete: Weil sie fastete und es bekannt machte. [Andere sagen, weil sie einen Tag fastete und sich zwei Tage Wohlleben anrechnete] Er frug: wie lange wird sie so hängen? Er antwortete: bis Simeon ben Schetach kommt. Dann wird man (die Tür) aus ihrem Ohr fortnehmen und in sein Ohr befestigen.

Der hier (nicht in der Parallelstelle) genannte R. Elieser den Jofe ist der Galiläer, der in der Mitte des 2. Jahrhunderts dergleichen erbauliche Sachen sammelte, vortrug und aufzeichnete. Das Aufhängen an den Brüsten scheint darauf zu führen, daß sie Unzucht getrieben haben soll. Das Hauptmotiv des gegenwärtigen Berichts scheint aber doch das Höllentor im Ohr zu sein: das muß ursprünglich bedeuten, daß sie mit dem Ohr gesündigt, also nicht gehorsam war oder auf Verbotenes gehorcht hat. Ihr Nachfolger Simon den Schetach soll dafür gestraft werden, daß er von Hexen gehört hat und sie nicht gleich ausrottete; ſo galt vielleicht auch Mirjam zuerst als Hexe. Durch die Erwähnung Simons, der Bruder der Königin Alexandra Salome (76—67 v. Chr.) gewesen sein und etwa 90 oder 80 v. Chr. gewirkt haben soll, wird ihre Lebenszeit in das zweite Jahrh. vor Christus verlegt. Irgend eine Beziehung zu Jesus ist dabei nirgendwo zu entdecken. Hingegen läßt sich diesmal die Herkunft der hier verwandten Vorstellung wohl angeben. Ganz denselben Kummer und denselben Trost wie dieser jüdische Fromme erlebt der ägyptische Zauberer Setme Kamuas in den demotischen Kamuas-Romanen aus der Zeit Christi (ed. Griffith 1900). Setme hörte die Stimme einer Totenklage: ein reicher Mann ward mit allem Pomp begraben; dann ward ein Armer in einer Matte bestattet, und niemand ging mit (S. 45). In der Unterwelt zeigte ihm dann Si-Osiris, wie der Arme mit allem Pomp des Reichen ausgestattet ist, während sich in dessen Auge das Höllentor bewegt.

Noch früher, nämlich in die Zeit, da der griechisch-syrische König Antiochus Epiphanes in Jerusalem eindrang und den Tempel plünderte (170 v. Chr.), ist eine andere Maria-Mirjam aus dem Priestergeschlechte Bilga anzusetzen, um derentwillen ihr Geschlecht fortan im Tempeldienst zurückgesetzt und an die (minder ehrenvolle) Südseite des Tempels verwiesen wurde.

4.

pal. Sukka 55 d.	bab. Sukka 56 b.
(Die Priesterordnung) Bilga hat für immer ihren Teil an der Südseite, wegen Mirjam, der Tochter Bilga's, welche (vom Judentum) abfiel und einen Soldaten (oder: Feldherren στρατιώτης) von der griechischen Regierung heiratete, und sie ging hinein und schlug (oder: stampfte) auf die Oberfläche des Altars und sprach zu ihm: Wolf, Wolf (λύκος), du hast das Vermögen Israels zu grund gerichtet und ihnen doch nicht beigestanden in der Stunde der Not.	Unsere Rabbinen haben überliefert: Mirjam, die Tochter Bilga's hat Gesetz und Ordnung gewechselt und einen Feldherrn von der griechischen Regierung geheiratet. Als die Griechen in den Tempel eindrangen, stampfte sie mit ihren Sandalen auf den Altar und sprach: Wolf, Wolf, wie lange wirst du das Vermögen Israels zu grund richten und ihnen doch nicht beistehen in der Not? Als die Gelehrten das hörten, nahmen sie ihren Ring und verstopften ihr ihre Fenster.

Der Name ihres Gatten wird nicht genannt; aber er wird als στρατιώτης (Soldat) bezeichnet. Auch jener Panthera, der dem Celsus als Verführer der Maria und als Vater Jesu bezeichnet wurde, war ein στρατιώτης. Wie bei Celsus wird auch an der unter 1 angeführten Stelle des bab. Talmuds Pandera als der buhlerische Vater Jesu genannt, und Pandera ist ſo sehr die bekannte Bezeichnung Jesu, daß hierdurch der Staba erläutert und der Name Jesu fortgelassen wird. Denn schon in der Tosefta und im pal. Talmud heißt Jesus mehrfach Jesus den Pandera (im Midrasch Koh. r. bar Pandera) oder (in der Tosefta) Pantere. In den Toledoth ist die jüdische Ueberlieferung mit der christlichen von Joseph als dem rechtmäßigen Gemahl der Maria ſo verbunden, daß ein Joseph den Pandera entweder als der rechtmäßige oder der buhlerische Gatte der Maria erscheint. Die byzantinischen Schriftsteller Johannes Damascenus (8. Jahrh.) und Epiphanius Monachus (10. Jahrh.) haben diese Figur denn auch, um sie dem Judentum zu entwinden, in der Familie Jesu untergebracht. Joh. Damascenus teilt sie der Familie der Maria, Epiphanius der Josephs zu (vgl. Krauß S. 185).

Man hat vielfach versucht, den Namen Panthera oder Pandera symbolisch oder als Entstellung zu erklären. Am glaublichsten ist noch die Annahme von Nitzsch, daß er eine Verkehrung von parthenos (Jungfrau) darstelle; viel wahr=scheinlicher aber ist, daß einfach eine Persönlichkeit mit Namen Πάνδαρος, Πάνθηρος oder „Panther" (gr. Πάνθηρ, aramaisirt panthera) gemeint ist, einem Namen, der auch sonst vorkommt. Da läge es nahe, an jenen griechischen Soldaten, den Verführer oder Gatten der obengenannten Mirjam aus dem Hanse Bilga zu denken, der dann freilich, wo die Tradition das Richtige vorträgt, verloren oder zufällig nicht erwähnt, hingegen in einer andern durch die Feindschaft gegen das Christentum verwirrten Tradition erhalten geblieben wäre. Aber nachdem wir einmal auf die ägyptische Märchenwelt hingewiesen sind, wird auch für ‘Pantere’ hier die Lösung zu suchen sein. Pa-neter-a heißt der ‘große Gott’. So wird unter anderem Osiris genannt, und Si=Osiri, Sohn des O., wäre ein Ben=Pantera [1].

Von dem Namen Stada hat man zur Zeit des bab. Talmud und früher schon nicht mehr gewußt, ob es ein männlicher oder weiblicher sei. Die ältere Auffassung scheint die von R. Chisda (nach 250) vertretene zu sein, daß es ein Mannsname ist; die jüngere, die an die Mutter Jesu deutt, wird hierin wohl ebenso willkürlich sein wie mit ihrer Benennung des Vaters (s. u.), sie ist auch sichtlich in Verlegenheit gegen=über dem überlieferten Namen Maria und kann sich nur mit einer schlechten Worter=klärung helfen, die aus der Gelehrtenschule zu Pumbeditha (in Babylon) stammt: hier kann man zugleich deutlich sehen, wie gewaltsam oder wie wenig sorgfältig das ganze Verfahren ist. Auch die Aussprache des Namens hat wahrscheinlich ge=wechselt; durch die Auslegung s'tath da ist für jene Zeit die Aussprache Stada ge=sichert; aber pal. Sanhedrin 25 cd liest man in der ersten Silbe ein ō, was auf die Aussprache Sotada, d. h. auf den griechischen Namen Σωτάδης (Sotades) führt. Pal. Jebamoth hat als 3. Konsonanten ein r, so daß man stara oder sotera lesen kann. Dies sotera hat man mit σωτήρ (sotēr) Heiland in Verbindung gebracht, wo dann freilich das den nicht paßt; in stara hat man gr. ἀστήρ (aster) perf. stara Stern wiederfinden wollen und an einen Sternensohn gedacht, wie Juden Jesum gewiß nicht genannt haben werden, von der sprachlichen Gewaltsamkeit ganz ab=gesehen. Am besten bleibt man bei Sotades stehen, einem Namen, der gerade auch für Aegypten (s. u.) bezeugt ist, wo er sich wahrscheinlich an ägyptische Set=Namen anlehnt. Vielleicht aber ist dieser Name nichts als ein griechischer Ersatz für den Priestertitel Setme, Setne (griech. vielleicht Σεθῶν Herodot II 141?), den der Vater des obengenannten Si=Osiri namens Kamuas führt. Von dem Sohne eines Stada oder Sotades wird nun gelegentlich Folgendes berichtet:

5.

Tosefta Schabbath XII.	Pal. Schabbath 13 d.	Bab. Schabbath 104 b.
Wer (am Sabbat) auf seinem Fleische Einritzungen macht, ist nach R. Elieser schuldig, nach den Gelehrten frei. R. Elieser sprach zu ihnen: Hat nicht der Ben Stada nur so (seine ganze Kunst) gelernt? Sie sprachen zu ihm: Wegen Eines Nar=ren sollen wir alle Vernünf=tigen zu Schaden bringen?	Wer (am Sabbat) auf der Haut Einschnitte macht in Form von Schriftzeichen, der ist schuldig; wer aber (nur) auf der Hant Schriftzüge zeichnet, ist frei. (Aber,) er=wiederte ihnen R. Elieser, hat nicht Ben Stada nur auf diese Weise Zau=bereien aus Aegypten ge=bracht? Man erwiederte ihm: Wegen Eines Narren sollen wir wie viele Ver=nünftige zu Schaden brin=gen?	Es ist (außerhalb der Mischna) gelehrt worden R. Elieser sprach zu den Gelehrten: Hat nicht der Ben Stada Zauberei von Egypten vermittelst Ein=ritzung an seinem Fleisch gebracht? Man erwiderte ihm: Ein Narr war er, und man bringt keinen Beweis von einem Narren bei.

[1] Was mit der אכסנדריא des Ben Pandera, zu der Haman hinaufsteigen

Von seinem Schicksal hören wir:

6.

pal. Sanhedrin 25 cd. **(Jebamoth 15 d.)**	**bab. Sanhedrin 67 a.**

<table>
<tr>
<td>

Wie verfährt man mit (dem Verführer zum Götzendienst?), um ihn zu überlisten? Man läßt zwei Zeugen ihm auflauern, im inneren Raume, und läßt ihn im äußeren Raume sitzen und zündet ihm die Lampe an, so daß sie ihn sehen und seine Stimme hören können. So ⟨nämlich⟩ verfuhr man mit Ben Sotada ⟨Stara, Sotera⟩ in Lydda und ließ zwei Gelehrtenschüler ihm auflauern, und sie brachten ihn in das Richthaus und steinigten ihn.

</td>
<td>

Allen übrigen in der Thora (verzeichneten) Todsünden läßt man nicht (zum Zweck der Ueberführung) auflauern, außer dem Verführer zum Götzendienst. Wie verfährt man mit ihm? Man zündet ihm die Lampe an im inneren Raum und läßt [für ihn] Zeugen im äußeren Raum sitzen, so daß sie ihn sehen und seine Stimme hören können, während er sie nicht sieht, und jener (den er verführen wollte) spricht zu ihm: Sage mir (noch einmal) unter vier Augen, was du (vorhin) gesagt hast. ⟨Wenn⟩ er (es) ihm (nun) gesagt hat, ⟨so⟩ spricht er zu ihm: (dem Verführer) Wie sollten wir unsern Gott ⟨Vater⟩ im Himmel lassen und fremden Göttern dienen? Bereut er (nun, so ist es) gut. Wenn er aber sagt: Es ist recht und gut so für uns, so führen ihn die Zeugen, die draußen zuhören, ins Richthaus und steinigen ihn. So verfuhr man (auch) mit Ben Stada in Lydda und hängte ihn (dann) am Vorabend des Passah.

</td>
</tr>
</table>

R. Elieser (um 100—130 n. Chr.) will das Einritzen oder Aufzeichnen von schriftähnlichen Zeichen auf der Haut für den Sabbat verbieten, da das Beispiel der Ben-Stada zeige, daß es doch ein sehr gewichtiges Schreiben sei. Die anderen Gelehrten halten aber das Verfahren des Ben-Stada für viel zu absonderlich, als daß man daraus eine allgemeine Regel ableiten dürfe. Dieser Ben-Stada kam aus Aegypten, und sein Zauber beruhte auf der Wunderkraft der Tätowirung. Solches Einritzen ist entweder Rest eines Blutopfers, wie 3 Mos. 19 28; 1 Kön. 18 28, oder wenn bestimmte Zeichen dargestellt werden, bedeutet es wie das Aufmalen solcher Zeichen, daß man sich einer Gottheit weiht und sich unter ihren Schutz stellt. So sagt Paulus, er trage die Stigmata (Male) Christi an seinem Leibe Gal. 6 17 und sei dadurch gefeit. Allgemein üblich war die Tätowirung bei den heidnischen Syrern (Lukian de dea Syria 59). In Aegypten stand der Flüchtling, der die Stigmata eines Gottes trug, unter dessen Schutz und Eigentum (Herodot II 113). So konnte man auch hoffen, damit eines Gottes wunderbare Hilfe zu erlangen. Ist dieser den Stada (?) mit dem Sotada in 6 eine Person und historisch, so ist er, da er von einem jüdischen Gericht überführt wird, ein Jude. Jüdische Zauberer gab es damals überall (vgl. AG. 13 6—12); außergewöhnlich war nur seine Methode. Den Rabbinen war diese nicht nur ein Greuel, sondern auch etwas Unerhörtes, sie kannten nur dies eine Beispiel und fürchteten so leicht keine Wiederholung. Umsomehr könnte es sich um eine geschichtliche Erinnerung handeln aus einer Zeit, die vielleicht nicht allzuweit zurücklag.

Darauf führt nun auch die andere Stelle, die die Ueberführung und Bestrafung dieses Zauberers — wenn, wie angenommen, beidemal dieselbe Person gemeint ist — als Beispiel hinstellt, wie man einem Verführer aufzulauern und ihn zu bestrafen habe. Die Ueberführung geschah durch zwei Gelehrtenschüler, die Be-

will, als er (Targum II zu Esther 7 9) gehängt werden soll, gemeint ist (ϲϲέδρα Tribüne; so Lebrecht, Hammazkir IX, 1869, S. 146. P. Cassel a. a. O. Anh. S 66. Laible-Strack-Dalman S. 17* 84. Dagegen Levy, Wörterbuch ü. d. Targ. verbessert: Alexandria), ist dunkel.

ftrafung durch Steinigung (worauf dann wohl Henkung folgte); beides fand ftatt zu Lydda. Dieser Ort, einige Meilen füdöftlich von Joppe auf der Straße nach Jerusalem gelegen (vergl. AG. 9 ₃₂ ff.), war nach der Zerftörung von Jerusalem wie Jamnia Sitz einer Gelehrtenfchule, die namentlich am Anfang des 2. Jahrh blühte. R. Eliefer wirkte ebendort Chagiga 3 b. Ben Sotada erfcheint hier nicht als Zauberer, fondern als Verführer zum Götzendienft; beides fchließt fich indes nicht aus, ja die Tätowirung war ihrem Wefen nach Götzendienft, wenn das auch dem einzelnen nicht bewußt zu fein brauchte.

Daß mit dem Zauberer und Verführer Jefus gemeint foll, wie der bab. Talmud annimmt, ift in den älteren Quellen nirgends angedeutet [1]; auch weiß der ältere Talmud nichts davon, daß Jefus durch Tätowirung Wunder gewirkt, noch daß er zum Götzendienft verführt habe. Wenn aber der bab. Talmud (unter 6) mit= teilt, daß man ihn am Vorabend des Paffah gehenkt habe, fo ift dabei an den Todestag Jefu gedacht, wie ihn das Joh.=Ev. vorausfetzt, vergl. Sanhedrin 43 a f. u.; aber wir wiffen ja ohnehin aus 1, daß der bab. Talmud Ben Stada und Ben Pandera gleichfetzt. Hingegen zeigt die jüdifche Behauptung bei Celfus (Orig. gg. Celf. I 28), daß Jefus als Tagelöhner in Aegypten gewefen fei, dort ägyptifche Zauberkünfte gelernt habe und dann in Befitz diefer Kräfte zurückge= kommen fei, wie es kam, daß diefer Ben Stada mit Ben Pandera zufammenfließen und auf Jefum gedeutet werden konnte. Celfus weiß von dem Namen Stada noch nichts; der ägyptifche Aufenthalt Jefu bei ihm ift aus der Zauberei überhaupt, die in Aegypten befonders blühte, oder aus Mt. erfchloffen. Anders läge die Sache, wenn Sotades und Panetera demfelben ägyptifchen Märchen entftammten (f. S. 54). In der weiteren jüdifchen Literatur ift der Ben Stada hinter Ben Pandera verfchwunden. Im Jahre 1240 wurde in Paris gegen die Juden verhandelt, weil fie Jefum für den unehelichen Sohn der Maria und des Ben(!)=Stada erklärten. Krauß S. 14. In den uns vorliegenden Tholedoth kommt aber der Name nicht vor.

Vielleicht ift es bemerkenswert, daß nach muhammedanifchem Glauben der Kampf Jefu mit dem Antichrift vor Lydda ausgekämpft werden foll, wie nach chrift= licher Ueberlieferung der drachentötende Ritter Georg aus Lydda ftammt. Doch ift hier wahrfcheinlicher an Umdeutung eines alten Drachenmythus zu denken, der in der Lokalfage der dortigen Gegend eine Rolle gefpielt haben mag.

Man könnte für die Beziehung des Ben Stada auf Jefus anführen, daß diefer Zauberer immer nur mit dem Namen feines Vaters genannt und fein eigener Name, wie es fcheint, forgfältig verfchwiegen wird. Aber fonft fcheut fich doch weder der pal. noch der bab. Talmud, den Namen Jefu zu nennen. Ferner kommen, abgefehen von dem mit Bar zufammengefetzten Namen wie Bartimäus, Bartholo= mäus auch reichlich Benennungen mit Ben vor. Man fagt nicht nur den Sira, wo allerdings gerade Jefus zu ergänzen ift, fondern auch den Katin (Mifchna Joma) den Kamzar (edda) den Affai, den Soma (Chagiga 14 b). Diefe Bezeichnung tritt ein, wenn der Vatername charakteriftifcher ift als der eigene. So heißt ben Affai mit eigenem Namen Simon, ebenfo wie der etwa gleichzeitige Simon ben Nannos.

Der rechtmäßige Gatte der Maria=Stada wird in der Stelle Paphos ben Juda genannt. Was es urfprünglich für eine Bewandtnis mit ihm hatte, fieht man aus folgender Klugheitsregel, die R. Meir (um 130—160) Ehemännern vorzutragen pflegte:

7.

bab. Gittin 90 a. Tofefta Sota V:)

Es ift (außerhalb der Mifchna) gelehrt worden: R. Meïr pflegte zu fagen: Wie es (mancherlei) Gefchmack in bezug auf Speifen gibt, fo gibt es auch (mancherlei) Gefchmack in bezug auf Weiber. Es gibt manch einen, dem fällt eine Fliege in den Becher: er fchwenkt fie heraus und trinkt ihn (doch) nicht. Das war die Weife des

---

[1] Rabbenu Tam (R. Jakob ben Meir) beftreitet im Mittelalter aus chrono= logifchen Gründen die Identität von Ben Stada mit Jefus von Nazareth; f. S. 52.

Paphos ben Juda, der vor seinem Weibe (die Tür) verschloß und dann fortging. Es gibt (auch) manch einen, dem. fällt eine Fliege in den Becher, und er schwenkt ihn (rein) und trinkt ihn. So ist die Weise jedes (vernünftigen) Menschen, wo (die Frau) mit ihren Brüdern und Verwandten redet, und er läßt es zu. Endlich gibt es (wohl auch) manch einen, dem fällt eine Fliege in die Schüssel, er fangt sie auf und ißt die Schüssel (weiter). So ist die Weise eines schlechten Menschen, der sein Weib ausgehen sieht, das Haupt entblößt und auf der Straße spinnend, ihre Kleider beiderseits geschlitzt und sich vor den Leuten badend.

Das Weib des Paphos wird hier so wenig getadelt, wie das an zweiter Stelle genannte, das mit Brüdern und Verwandten redet. Bei der Fliege, die in den Becher fällt und dann entweder entfernt oder nicht entfernt wird, ist der Vergleichungspunkt nur darin zu suchen, daß der Mann sich vor Verführung seines Weibes wahrt oder nicht wahrt. Im zweiten Fall geschieht dies dadurch, daß der Mann nur Verkehr mit Brüdern und Verwandten in anständigen Grenzen zuläßt. Paphos tat aber noch mehr, er schloß die Türe zu, wenn er fortging: er war allzu vorsichtig, gerade wie jener, der den Becher trotz der Entfernung der Fliege doch nicht trinkt. Daß er sich ihrer enthalten habe, liegt in dem 'und ging fort' also nicht. Für sich, nach ihrem Charakter kommt die Frau überhaupt nicht inbetracht, und zu irgend einer Beziehung auf Maria, auf die außereheliche Erzeugung Jesu liegt durchaus kein Grund vor. Weil aber Paphos allerdings einen (törichten) Verdacht auf sein Weib hatte, hat man später das Weib für verdächtig, dann für schuldig gehalten und schließlich mit der bekannten schuldigen Maria, der Haarkräuslerin, gleichgesetzt. So auch der Kommentator Raschi (R. Salomon ben Isaak † 1105) z. St.: P. b. J. war der Gatte der Mirjam, der Haarflechterin für Frauen. Wenn er aus seinem Hause auf die Straße ging, verschloß er die Türe vor ihr, damit sie mit keinem Menschen spräche, und das war ein recht unpassendes Verfahren; denn infolgedessen trat Feindschaft zwischen ihnen ein, und sie ward ihm ungetreu. In den Toledoth (Typus Huldreich) ist demgemäß auch Paphos b. Juda der rechtmäßige Gatte der Mirjam.

Hat sich so herausgestellt, daß alle die u. 1 im bab. Talmud genannten Personen ursprünglich keine Beziehung zu Jesus hatten, so läßt sich auch nachweisen, daß in einer Erzählung dieses Talmuds, wo der Name Jesu von Nazareth ausdrücklich genannt ist, diese Benennung erst auf späterer Bestimmung eines zuvor unbestimmten Gelehrtenschülers beruht.

8.

bab. Sanhedrin 107 b.	bab. Sota 47 a.	pal Chagiga 77 d.
Unsere Rabbinen haben gelehrt: Beständig soll die Linke fortstoßen und die Rechte (wieder) heranziehen; nicht wie Elisa, der den Gehasi mit beiden Händen fortstieß, und nicht wie R. Josua ben Perachja, der Jesus ⟨den Nazarener⟩ mit beiden Händen fortstieß. Gehasi: vgl. 2. Kön. 5 23. 26. 27; R. Josua ben Perachja, wie so? Als König Jannai unsre Rabbinen töten ließ, ging R. Josua b. P. [und Jesus] nach Alexandria in Aegypten: Als Friede geworden war, sandte ihm	Unsere Rabbinen haben gelehrt: Beständig . . . . . Elisa 2. Kön. 5 23. 26. 27; Als König Jannai unsre Rabbinen töten ließ, verbarg den Simeon Schetach seine Schwester; R. Josua ben Perachja ging und floh nach Alexandria in Aegypten.	Die Einwohner von Jerusalem wünschten den Juda ben Tabai als Nasi in Jerusalem einzusetzen. Aber er floh und ging nach Alexandria. Da schrieben die zu Jerusalem: Aus Jerusalem der großen an Alexandrien die kleine. Wie lange wohnt mein Verlobter bei euch, und ich muß sitzen und um ihn trauern? Als er nun Alexandria verließ und sich auf ein Schiff begab, sprach er: Was fehlte der Debora, der Herrin des Hauses, die uns bei sich aufgenommen hatte? Es ant-

Simeon ben Schetach Bot-
schaft: Von mir [Jerusalem]
der heiligen Stadt an dich
Alexandria in Aegypten [mei-
ner Schwester]! mein Gatte
weilt in dir, ich aber sitze
vereinsamt. Da machte er
(R. J. b. P.) sich auf und
kam in ein gewisses Hospiz,
wo man ihm große Ehre
antat. Er sprach: Wie schön
ist diese Herberge (aksanja
ξενία)! Er <Jesus> sprach
zu ihm: Rabbi, sie hat (doch)
schmale Augen! (nämlich die
Wirtin, gleichfalls: aksanja)
Er sprach zu ihm: Du Bösewicht, beschäftigst du dich
mit so etwas? Er ließ 400
(Leute mit) Trompeten aus-
gehn und tat ihn in den
Bann. Oftmals erschien er
(wieder) vor ihm und bat
ihn (wieder) aufzunehmen;
aber er beachtete es nicht.
Eines Tages war (R. Jo-
sua) gerade dabei, das 'Höre
Israel' (5. Mos. 6 4) zu lesen,
da kam (Jesus) in der Hoffnung, er möchte ihn annehmen. (R. Josua) gab ihm
mit der Hand ein Zeichen,
(ihn beim Hersagen) nicht
zu stören). Da meinte er,
er habe ihn gänz verstoßen,
ging hin, richtete einen Zie-
gelstein auf und fiel vor ihm
nieder. (R. Josua) sprach:
Bekehre dich! (Jesus) antwortete: So bin ich von dir
unterwiesen: Jeder der (selbst)
sündigt und (auch) die Masse
sündigen macht, hat es nicht
mehr in der Hand, Buße zu
thun.
Und es sprach der (be-
treffende) Herr (von dem die
Ueberlieferung stammt): Jesus <der Nazarener> hat
gezaubert und (damit) Israel
(zum Götzendienst) verführt
und verlockt.

Als Friede geworden war,
sandte S. b. Sch. . . . . . .

Daraus schloß (R. J. b.
P.) daß Friede geworden
war . . . . sie gelangten in
jenes Hospiz . . . .
man stand vor ihm auf in
seiner Ehrerbietung, man
that ihm große Ehre an.
Da saß er und hub an zu
rühmen: Wie gefällig ist
diese Herberge! Er sprach
zu ihm . . .

Jeden Tag erschien er vor
ihm; aber er nahm ihn nicht
an.

wortete einer seiner Schüler:
Ihre Sehkraft war gebro-
chen! (R. Juda) sprach zu
ihm: Du hast dich zwiefach
vergangen: erstens, daß du
mich verdächtigt hast, und
dann, daß du sie betrachtet
hast. Was habe ich davon
gesagt, daß sie eine Schönheit sei? Ich habe nur an
Thaten gedacht. Und er ward
zornig über ihn und ging
davon.

Josua ben Perachja, eine der ältesten rabbinischen Autoritäten, gilt als älterer
Zeitgenosse des unter 3 und auch hier genannten Simon b. Schetach, der ein Bruder
der Königin Salome gewesen sein soll, die ihn nach der Parallelstelle Sota 47 a

vor ihrem Gatten Alexander Jannai verbarg. Der Kampf dieses Königs mit den Pharisäern ist historisch; daß Simon b. Schetach von der Königin verborgen wurde, wird auch sonst erwähnt. Die ganze Erzählung beruht also auf richtigen Erinne=rungen aus der Zeit um 100 v. Christus. Schon daraus folgt, daß Jesus hier keinen Platz hat. So hat denn auch die Parallelstelle selbst im bab. Talmud Sota 47a den Namen Jesus nicht (wie in der ersten Stelle in der eigentlichen Erzählung die Handschriften wegen des Namens Jesus auseinandergehen), läßt vielmehr nur einen ungenannten Schüler auftreten. Der pal. Talmud nennt statt des Josua den etwas jüngeren Jehuda ben Tabai und weiß auch nur von 'einem seiner Schüler'. Uebrigens sagt die erste Stelle ausdrücklich, woher die Deutung auf Jesus stammt. Eine der Autoritäten des bab. Talmud, die diese Geschichte überliefert hat, fügt hinzu: das war Jesus; denn der hat gezaubert und Israel damit verführt; das=selbe was nach Sanhedrin 43a und der Ueberlieferung, auf die dort verwiesen wird, der Herold vor Jesus 40 Tage lang ausrief (s. u. 14). Es ist also diese Ueberlieferung, aus der man jene Erzählung von Josua b. P. bereichert hat.

In den Toledoth (Typus Huldreich) ist Josua ben Perachja als Lehrer Jesu beidehalten, auch in anderen Toledoth=Formen taucht er hier und da in der Ge=schichte Jesu auf (s. Krauß S. 6. 8. 33. 36.)

Nicht im Talmud, aber in den Toledoth (Ms. Straßburg, Wien, Jemen; Krauß S. 52, 90, 122) wird ein Ereignis mit Jesus in Verbindung gebracht, wobei ein frecher Knabe als Bastard und zugleich als Sohn einer menstruirenden Frau erkannt wird. Der talmudische Bericht, auf den die Toledoth zurückgehen, lautet folgendermaßen:

9.

Kalla 18b. [Von einem Unverschämten sagt R. Elieser (ben Hyrkanus): (er ist) ein Bastard, R. Josua (ben Chananja): Sohn einer Menstruirenden, R. Akiba: ein Bastard und Sohn einer Menstruirenden]. Einstmals saßen Aelteste [am Thore]; da gingen vor ihnen zwei Knaben vorüber, der eine mit bedecktem <entblößtem>, der andere mit entblößtem <bedecktem> Haupte. Von dem, dessen Haupt entblößt war, sprach R. Elieser: ein Bastard, R. Josua sagte: Sohn einer Menstruirenden, R. Akiba sagte: ein Bastard und Sohn einer Menstruirenden. Sie sprachen zu Akiba: Wie hat dein Herz dich vermocht, über die Worte deiner Genossen hinauszugehen? Er sprach zu ihnen: Ich will es beweisen. Er ging zur Mutter des Knaben und sah <fand> sie, wie sie saß und Hülsenfrüchte auf der Straße verkaufte. Er sprach zu ihr: Meine Tochter, wenn du mir etwas sagst, wonach ich dich frage, <siehe> so bringe ich dich ins ewige Leben. Sie sprach zu ihm: Schwöre mir! Da schwur R. Akiba mit seinen Lippen und machte es ungiltig in seinem Herzen. (Dann) sprach er zu ihr: Dieser dein Sohn, welcher Art ist er? Sie sprach zu ihm: Als ich ins Brautgemach geführt ward, hatte ich meine Regel, und mein Ehegatte hielt sich von mir ferne; da ging mein Brautführer zu mir ein, und so bekam ich diesen Sohn. So ward der Knabe (zugleich) als Bastard und als Sohn einer Menstruirenden befunden. Sie sprachen: Groß ist R. Akiba, welcher seine Lehrer beschämt <des Irrtums überführt>. Zur selben Stunde sprachen sie: Gepriesen sei der Herr, der Gott Israels, der sein Geheimnis dem R. Akiba ben Joseph offenbart.

Die ganze erbauliche Geschichte ist offenbar nur erzählt und erfunden, um die rabbinische Anschauung, daß ein Bastard oder ein in der Monatsregel erzeugter Sohn ein besonders frecher werden müsse — von einem Knaben verlangte die jü=dische Sitte, daß er mit bedecktem Haupt und gesenktem Angesichte an Aelteren vor=beigehe —, zu belegen, und dann, um wiedermal die etwas vorwitzige aber doch stets das Richtige treffende Klugheit des jungen Akiba (um 130) zu veranschaulichen, wie die Schlußwendung deutlich zeigt. An Jesus hat nicht einmal der bab. Tal=mud gedacht; er hätte ihn zu erwähnen kaum versäumt. Es ist späterer jüdischer Fabelei, die jeden Schmutz bei Jesus abzuladen sich freute, und dem Eifer christ=licher Gelehrten, die schon im Talmud soviel Christenhaß als möglich finden wollen, vorbehalten geblieben, auch bei dieſer Erzählung an Jeſus zu denken.

Noch weniger iſt dies angezeigt bei einer Miſchnaſtelle, die manche (ſo Derenbourg; auch Laible S. 31, vergl. jedoch Dalman S. 93) auf Jeſus beziehen wollen:

10.

Miſchna Jebamoth IV, 13: Es ſprach R. Simeon ben Aſſaj (um 130): Ich habe eine Rolle mit Genealogien in Jeruſalem gefunden; darin war geſchrieben: Der und der Mann iſt ein Baſtard von der (Ehe)frau eines Mannes.

Es iſt eine unbewieſene Behauptung, daß ſchon im Talmud und gar in der Miſchna Jeſus mit bloßem: ,der und der Mann‘ genügend gekennzeichnet oder auch nur angedeutet ſei. Der Zuſammenhang zeigt vielmehr, daß es ſich an dieſer Stelle nur um ein Beiſpiel handelt, bei dem der Perſonenname gleichgiltig iſt. Von einer „Freude“ des R. Schimᵉon b. A., die uneheliche Geburt Jeſu hier urkundlich beſtätigt zu finden, iſt hier gar keine Rede. Jebam IV, 14 wird gefragt: Wer iſt ein Baſtard? R. Akiba ſagt: Alles was aus einer wegen zu naher Verwandtſchaft verbotenen Ehe ſtammt. R. Joſua mildert das: nur wenn man dabei vor Gericht des Todes ſchuldig wird. Zur Feſtſtellung des Sprachgebrauchs führt R. Simeon b. A. die obige Ausdrucksweiſe einer alten Genealogie an.

Man hat auch gemeint, daß an einigen Stellen in der jüdiſchen Literatur Jeſus unter dem Namen Bileam verſteckt ſei. Beſonders deutlich ſcheint das manchen (z. B. Levi Chald. Wb., I 236 vergl. Krauß 267; dagegen äußert ſich M. Friedländer, Der Antichriſt 1901 S. 190 f.) an folgender Stelle:

11.

bab. Sanhedrin 106 b. Es ſprach irgend ein Ketzer zu R. Chanina: Haſt du vielleicht gehört, wie alt Bileam geworden iſt? Er antwortete: Geſchrieben ſteht darüber nichts; aber da geſchrieben ſteht (Pſ. 55 24): Die Männer der Blutſchulden und des Trugs bringen es nicht zur Hälfte ihrer Tage, ſo iſt er entweder 33 oder 34 Jahre alt geworden. (Der Ketzer) antwortete: Du haſt recht geantwortet; ich ſah ſelbſt eine Tafel Bileams, darin geſchrieben ſtand: 33 Jahre war Bileam der Lahme, als ihn der Räuber (? λῃστής) Pinehas tötete.

Jeſus iſt in der Tat etwa ſo alt geworden, obwohl im N. T. nur die Angabe etwa ‘30 Jahre alt’ (Lk. 3 23) und ‘noch nicht fünfzig’ (Joh. 8 57) vorkommt. Die Zahl 33 iſt aber doch hier ganz einfach errechnet, und das Exempel wird uns noch dazu vorgemacht. Des Menſchen Leben währet 70 Jahre, die Hälfte iſt 35, weniger als das iſt 34 oder 33 Jahre. Ganz dasſelbe wird ſpäter nach R. Jochanan für Doeg und Ahitofel behauptet, die mehrfach mit Bileam als Hauptſünder zuſammengenannt werden (ſ. u. 12). Uebrigens beruft ſich der „Ketzer“ auf eine apokryphe Bileam-Schrift (der Ketzer iſt nicht notwendig ein Chriſt; eine ſolche Berufung auf ein Apokryphum kann ſchon allein Ketzerei ſein); auch hier iſt unter Bileam ganz deutlich der bibliſche genannt; denn nach Sanhedrin 105 a war Bileam an einem Fuße lahm, nach 4. Moſ. 23 3: Er ging mit verrenktem Fuß. Auf den hiſtoriſchen Bileam deutet auch die Erwähnung ſeines Mörders Pinehas. Darau ändert auch nichts das unerklärte Wort listaʾah, das, wenn es Räuber (oder Philiſter) bedeutete, auf Pilatus ebenſowenig paßt, wie auf Pinehas.

Ebenſo iſt der altteſtamentliche Bileam gemeint, wenn es in der Miſchna heißt:

12.

Miſchna Sanhedrin X, 2: 3 Könige und 4 Privatleute haben keinen Teil an der zukünftigen Welt: 3 Könige: Jerobeam, Ahab, Manaſſe; ... 4 Privatleute: Bileam, Doeg, Ahitofel, Gehaſi.

Bileam iſt hier doch ebenſo zu nehmen wie die drei Edlen und die drei Verräter, die bab. Berakhot 18 a (ſ. u.) durchaus in ihrer hiſtoriſchen Umgebung genannt werden. Allerdings iſt Bileam kein Jude, aber Doeg iſt es auch nicht, ſondern gehört dem verfluchten Edom an. In dieſen drei ‘Privatleuten’ Jünger Jeſu zu ſehen, iſt reine Willkür. Anders liegt die Sache bei der rabbiniſchen

Auslegung der Weissagung Bileams. Hier scheint es in der Tat, als ob Bileam auf das Auftreten Jesu hingewiesen haben solle. Die Rabbinen haben nämlich die Worte 4. Mos. 23 ₁₀: Nicht ein Mensch ist Gott, daß er lüge,
        Noch ein Menschenkind, daß ihn etwas gereue;
        Sollte er etwas ankündigen und nicht ausführen?
u. a. auch in dieser Weise abgetrennt und interpretirt

(Einer sagt:) „Nicht ein Mensch, Gott bin ich", der lügt;
        „Ein Menschensohn", es wird ihn gereuen
        Er wird etwas ankündigen und nicht ausführen.
So heißt es:

13.

pal. Taanith 65 b. Es spricht R. Abbahu (aus Cäsarea; ein Freund und Kenner älterer Auslegung im 2. Jahrh.) Wenn zu dir ein Mensch spricht: „Gott bin ich", so lügt er, „ein Menschensohn bin ich", so wird er es am Ende bereuen, „ich werde aufsteigen zum Himmel", der spricht es und kann es nicht ausführen.

Ausführlicher ist die Auslegung, die das Sammelwerk Jalkut Schimeoni (aus dem 13. Jahrh.) aus dem Midrasch Jelamdenu (zwischen 4. und 9. Jahrh.) aufgenommen hat:

13 a.

Jalkut Schimeoni zu 4. Mos. 23 ₇ (nach Midrasch Jelamdenu.) (Zu Sprüche Sal. 27 ₁₄: Der seinen Freund mit lauter Stimme lobt.) Wie laut war Bileams Stimme? R. Jochanan sagte: Sechzig Meilen (reichte die Stimme Bileams). R. Josua ben Levi sagte: Siebenzig Völker hörten die Stimme Bileams. R. Elieser hak-Kappar sagt: Es legte Gott Kraft in seine Stimme, und so reichte er von einem Ende der Welt zum andern, dieweil er ausschaute und sah die Völker, die der Sonne und dem Mond und den Sternen und dem Holz und dem Stein dienten; und er schaute und sah, daß ein Mensch, eines Weibes Sohn, in Zukunft auftreten sollte, der da versuchte, sich selbst zum Gott zu machen und alle Welt verführen sollte. Er legte also Kraft in seine Stimme, daß ihn alle Völker der Welt hörten. Und so sprach er: Sehet zu, daß ihr nicht in die Irre geht hinter jenem Menschen her, von dem es heißt: Gott (ist) nicht ein Mensch, daß er lüge; und wenn er sagt, er sei ein Gott, so ist er ein Lügner und er steht im Begriff, in die Irre zu gehen und zu sagen, daß er hingeht und kommen wird zu bestimmter Zeit; von ihm gilt, er sagts und tut es nicht. Siehe, was geschrieben steht: er hub an seinen Spruch und sagte: Wehe, wer wird leben, wenn er (sich zum) Gott setzt. (4. Mos. 24 ₂₃ eigentl.: Wer wird leben, wenn Gott solches setzt d. h. verhängt.) Bileam wollte sagen: Weh wer wird leben von dem Volke, welches auf jenen Mann hört, der sich selbst zum Gott macht.

Vgl. zur Ausnutzung von 4. Mos. 24 ₂₃ noch: bab. Sanhedrin 106 a: „Wehe dem der lebt vom Setzen (sim) Gottes". Es spricht Resch Lakisch: Weh dem, der sich am Leben erhält vom Namen (sem) Gottes. R. Jochanan hat gesagt: Weh dem Volk, das zu jener Zeit gefunden wird, wo der Heilige seinen Kindern Erlösung schafft (also nach der richtigen Deutung der Buchstaben auf sim „Walten' Gottes). Wer wagt es, sein Kleid zwischen einen Löwen und eine Löwin zu werfen, zur Zeit, wenn sie sich begatten?

Die Gestalt, die in der Jalkut-Stelle gezeichnet wird, könnte wohl der historische Christus oder der Christus der Kirche sein sollen. Es kann damit aber auch eine Erscheinung wie Simon Magus oder der Antichrist gemeint sein, der „Weltverführer", durch den der „Abfall" kommt, der sich erhebt über alles was Gott heißt und sich selbst als Gott hinstellt, voll Zeichen und Wundern der Lüge für die Verlorenen, die der Lüge glauben; der dann hinweggerafft wird (vergl. 2. Thess. 2 ₃₋₁₂ wo es auch V. ₃ heißt: Niemand lasse sich auf irgend eine Weise betrügen).

Das Wort 4. Mos. 24 ₂₃ und seine Deutung durch Resch Lakisch hat der berühmte jüdische Ausleger Raschi auf Bileam selbst bezogen, der sich selbst Leben verschaffte (d. h. Leben, Ansehen, Ehre verschaffte) mit dem Namen Gottes (indem er sich Gott nannte), indem er sich selbst zu Gott machte. Andere (nehmen eine allgemeine Deutung an): Weh den Menschenkindern, welche sich Leben verschaffen und ergötzen in dieser Welt und das Joch des Gesetzes vom Halse nehmen und sich mästen. — An Christus und eine Selbsterweckung vom Tode (man könnte dabei an die Verheißungen samaritanischer Goëten wie Menander erinnern) haben diese Ausleger und wohl auch Resch Lakisch nicht gedacht.

Am deutlichsten scheint R. Abbahu auf Jesus zu zielen, indem er die Bezeichnung 'Menschensohn' aus 4. Mos. 23₁₉ aufnimmt und mit 'Gott' in Parallele setzt. Er könnte dies direkt aus dem Munde von Christen haben (Dalman, Worte Jesu S. 203); doch kann er den Ausdruck auch an Dan. 7₁₃ geschöpft haben, wo freilich das aramäische barnasch steht. So klar wie Dalman deutt, ist die Stelle doch nicht: Warum soll es ein Unrecht und zu bereuen sein, wenn Jesus sich 'Menschensohn' nennt, zumal wenn R. Abbahn dabei nicht an Dan. 7₁₃ gedacht hätte. Die Jalkuterklärung gibt 'Menschensohn' offenbar mit: 'ein Mensch, Sohn eines Weibes' wieder und stellt dies natürlich in Gegensatz zum Gottsein.

Indes ist die Erklärung, die R. Abbahn gibt, die einzige der beigebrachten Talmudstellen, die man mit Recht als verhüllte Anspielung auf Christus betrachten kann. Dies umsomehr, als auch der Jude bei Celsus sagt, Jesus habe sich zum Gott gemacht; von hier aus wird es auch nahe gelegt, die Stelle aus Jelambenu auf Christus zu beziehen.

Der Vorwurf, der in den vorhergehenden Stellen auftaucht, einer habe sich selbst zum Gott gemacht, ist sonst nicht gegen Jesus erhoben worden. Die nachfolgenden Stellen, in denen nunmehr ausdrücklich von Jesus die Rede ist, werden uns in Verbindung mit dem, was wir aus dem Umdeutungen der babylonischen Gelehrten entnehmen konnten, zeigen, was man zur Zeit des babylonischen Talmuds und seiner Autoritäten für Vorwürfe gegen Jesus erhob und welches Urteil man infolgedessen über ihn gefällt hat. Dies, nicht so sehr eine wirkliche Kunde über das Leben Jesu, ist die wertvolle Erkenntnis, um derentwillen solche Stellen unsere Aufmerksamkeit erfordern.

14.
bab. Sanhedrin 43 a.

Vor (dem Verurteilten) ging der Herold einher (wenn er zur Steinigung geführt wurde), eher aber nicht. Es ist aber doch gelehrt worden: Am Vorabend des Passah <am Vorabend des Sabbats und am Vorabend des Passah> hängten sie Jesus <den Nazarener>, und der Herold ging vor ihm her 40 Tage und (rief): <Jesus der Nazarener> geht hin, daß er gesteinigt werde, weil er Zauberei getrieben und Israel verführt und verlockt hat. Jeder der einen Reinigungsgrund für ihn weiß, soll kommen und ihn mitteilen; aber sie fanden keinen Reinigungsgrund für ihn und so hängten sie ihn am Vorabend des Passah (am Vorabend des Sabbats und am Vorabend des Passahs). Ulla hat gesagt: Kann man ihn <Jesus den Nazarener> überhaupt zu denen rechnen, für die sich eine freisprechende Wendung erwarten ließ? Er war doch ein Verführer, und (selbst) der Barmherzige hat gesagt (5. Mos. 13₈): Du sollst ihn nicht verschonen noch ihn verbergen. (Allerdings), aber bei Jesus liegt die Sache insofern anders, als er der Regierung nahe stand.

Unsere Rabbinen haben gelehrt: Fünf Schüler hatte Jesus: Matthai, Naki, Nezer, Buni und Toda. Als sie den Matthai brachten, sprach er zu ihnen: Soll Matthai getötet werden? es steht doch geschrieben (Ps. 42, 3): Ich (Matthai = wann?) werde kommen und Gottes Angesicht sehen. Sie antworteten: Ja doch, Matthai soll getötet werden, denn es steht geschrieben (Ps. 41 ₆): Mathai (= wann) wird sterben und sein Name vergehen. Sie brachten den Naki: Er sprach zu ihnen: Soll Naki getötet werden; es steht doch geschrieben (2. Mos. 23 ₇): Den Naki (= unschuldigen) und gerechten sollst du nicht töten. Ja doch (hieß es), Naki soll getötet werden, denn es steht geschrieben (Ps. 10, 8): Im Geheimen soll Naki getötet werden (= mordet er den unschuldigen). Sie brachten den Nezer: Er sprach: Soll Nezer getötet werden? es steht doch geschrieben (Jes. 11 ₁): Und Nezer (ein Schößling) wird von seinen Wurzeln sproßten. Sie sprachen zu ihm: Ja doch, Nezer soll getötet werden; denn es steht geschrieben (Jes. 14 19): Und du wirst aus deinem Grabe geworfen, wie ein verachteter Nezer (Schößling). Sie brachten den Buni. Er sprach: Soll Buni getötet werden? es steht doch geschrieben (2. Mos. 4 22): Buni (b'ni mein Sohn) mein Erstgeborener, Israel. Sie sprachen zu ihm: Ja doch, Buni soll getötet werden, denn es steht geschrieben (2. Mos. 4 23): Siehe, ich töte deinen Bun(i) (deinen Sohn), deinen Erstgeborenen. Sie brachten den Toda. Er sprach: Soll Toda sterben? Es steht doch geschrieben (Pf. 100 1): Ein Psalm für Toda (zum Danken): Sie sprachen zu ihm: Er soll getötet werden, denn es steht geschrieben (Pf. 50 23): Wer Toda (Dank) opfert, der preiset mich [1].

Die Notiz, Jesus sei am Vorabend des Passah gehenkt worden, ist uns schon unter 6 aus Sanhedrin 67 a vorgekommen; diese Stelle war abhängig von der pal. Sanh. 25 cd. par. verzeichneten Tradition, wo von den Stada die Rede ist. Der bab. Talmud bezog dies auf Jesum und benutzte eine Kunde, die letztlich wohl aus dem Joh.-Ev. stammt, um den genaueren Termin festzustellen. Der Ausruf des Herolds, der auch Sanhedr. 107 b als zusammenfassendes Urteil über Jesu Verhalten im Munde einer älteren Autorität vorkommt (f. u. 8), wird im letzten Grunde auf das Urteil R. Eliefer's über Ben Stada (f. u. 5) zurückgehen, das auf Jesus übertragen wurde. Für den bab. Talmud also ist Jesus Zauberer, der Israel durch Zauberei verführt hat. Damit wird seine Wundertätigkeit anerkannt und noch nicht einmal auf Beelzebul (denn man kann auch im Namen Gottes zaubern), sondern eher auf einen Mißbrauch des Gottesnamens zurückgeführt.

Um dies recht deutlich festzustellen, ward erzählt, vierzig Tage habe man nach einem Reinigungszeugen gesucht und keinen gefunden. Die vierzig Tage sind die bekannte runde Zahl, die schon im A. T. und auch im Leben Jesu eine Rolle spielt. Dies Verfahren ist späteren Rabbinen selbst allzuunwahrscheinlich vorgekommen: R. Ulla dachte an Rücksichtnahme auf die Regierung, der Jesus nahe gestanden haben sollte.

Man wird diesen Ausdruck im Talmud zunächst auf die römische Regierung zu beziehen haben. Bekanntlich hat die spätere christliche Auffassung dem Pilatus ein sehr freundliches Verhalten Jesus gegenüber zugeschrieben, so daß zuletzt Pilatus gar ein christlicher Heiliger ward, während die Hauptschuld an Jesu Hinrichtung den Juden zufiel. Andrerseits hat man — und das wird hier noch eher in Betracht kommen — den Kaiser Tiberius sehr aufgebracht wider Pilatus und die Juden sein lassen, daß sie Jesum ungerechter Weise getötet hatten; so mag sich bei den Juden die Meinung gebildet haben, daß die römische Regierung wirklich auf Jesu Seite stand und zwar dann natürlich nicht wegen seiner Unschuld, sondern aus Parteilichkeit und persönlichen Rücksichten. Aber die spätere jüdische Darstellung des Lebens Jesu weist für die Deutung dieses Ausdrucks nach einer ganz anderen Richtung; die Toledoth kennen eine jüdische Königin Helene, die aus der einzigen Königin der Juden Alexandra Salome (f. o.) und der zum Judentum übergetretenen Königin von Adiabene Helena zusammengeflossen und durch Vermischung mit Helena, der Mutter des Kaisers Constantin, zur Christenfreundin geworden sein wird. Diese soll Jesus in der Tat zunächst durch seine Zaubereien für sich gewonnen haben, bis er später auch von ihr entlarvt wurde. Vielleicht haben wir hier die älteste Spur dieser Legendenbildung, deren Entstehung uns im übrigen nicht mehr ganz durchsichtig ist [2].

---

[1] Hierzu ist neuerdings zu vergleichen das Bruchstück einer aramäischen Fassung der Toledoth Jeschu, in der Rumpelkammer der Synagoge zu Kairo gefunden von Schechter in Oxford, abgedruckt bei Krauß S. 143 f., besprochen von Bischoff ebda. S. 36:
Man kam zu] Toda. Er sprach zu ihm (lies: ihnen): So spricht David: Ein Psalm [für Toda; sie sprachen zu ihm] usw.
[2] Daß man an Jesu Abstammung an Davids Hause gedacht hätte, ist nicht wahrscheinlich.

Das ist um so wahrscheinlicher, als die nunmehr im Talmud erzählte Hin=
richtung der Jünger Jesu alsbald auch in den Toledoth nachklingt, nur daß die
hier genannten Namen und die damit verbundenen Schriftstellen dort von dem Zau=
berer Jesus für sich in Anspruch genommen werden, dagegen hat das Fragment aus
Kairo die ältere Fassung. Der bab. Talmud ist wie dies der Meinung, daß mit
Jesus fünf Schüler ergriffen und hingerichtet wurden.

Es ist möglich, daß die mit ihren Namen verbundenen Wortspiele schon ohne
Rücksicht auf Jünger Jesu nur mit Beziehung auf vorhandene jüdische Personen=
namen gebildet sind; daß man sie dann, weil Matthai jedenfalls ein Jünger Jesu
war, auf Christen bezog, so können auch umgekehrt Namen von Judenchristen, die
den Rabbinen bekannt waren, zu den Wortspielen Anlaß gegeben haben. Auch in
diesem Falle kann man nicht verlangen, daß wir diese Namen noch als Namen von
Christen nachweisen können. Matthai = Matthäus wird ja wohl der Apostel und
Evangelist sein sollen; bei Naki kann man an Nikodemus denken, dessen jüdischer
Name wörtlich so gelautet haben könnte; auf Lukas zu raten ist jedenfalls bloße
Spielerei, Buni soll nach einigen auch Nikodemus sein; nach bab. Taanith 20 a gab
es einen reichen Juden, Buni, mit dessen griechischen Namen Nikodemus ge=
heißen, der den Festpilgern Wasser verschaffte, auf dessen Gebet Gott Regen und
Sonnenschein sandte: freilich zeigt eben diese Geschichte, daß der Talmud ihn als
frommen Juden und nicht als Christen kannte; in Nezer vermutet man Anspielung
auf die Bezeichnung Nazarener; Toda soll Thaddai = Thaddaeus sein. Wie man
sieht, sind die Beziehungen nicht alle einleuchtend, es bleibt doch möglich, daß
ursprünglich bekannte jüdische Namen zu den Wortspielen Anlaß gegeben haben und
daß die Beziehung aufs Christentum erst später hereingetragen wurde.

Sehr viel wertvoller ist für uns eine traditionelle Schriftanwendung, die der
bab. Talmud zweimal mitteilt:

15.

bab. Sanhedrin 103 a.	bab. Berakhot 18 a.
R. Chisda hat im Namen des R. Jeremia bar Abba gesagt: Was heißt das, was geschrieben steht (Pf. 91 10): Kein Unheil wird dir widerfahren und keine Plage zu deiner Hütte sich nahen? .... 'Kein Unheil wird dir begegnen' d. h. nicht werden böse Träume und lüsterne Gedanken dich schrecken ,und keine Plage wird zu deiner Hütte sich nahen!' d. h. du wirst keinen Sohn oder Schüler haben, der seine Speise öffentlich verbrennt, wie Jesus der Nazarener.	Als unsre Rabbinen sich vom Hause Rab Chisdas verabschiedeten — einige sagen vom Hause des Samuel ben Nach= mani — sprachen sie zu ihm (Pf. 144 14): 'Unsere Fürsten (oder nach rabbinischer Deutung: unsere Gelehrten s. Dalmau, vgl. Uebersetzung S. 35*) beladen' Rab und Samuel — einige sagen R. Jochanan und R. Elieser — (erklären dies Wort verschie= den); der eine sagt: Unsere Fürsten im Gesetz und beladen mit Gesetzeserfüllun= gen; der andere sagt: Unsere Fürsten im Gesetz und in Gesetzeserfüllungen und beladen mit Züchtigungen (Jes. 53 8). 'Kein Bruch' d. h. nicht sei unsre Ge= sellschaft, wie die Gesellschaft Sauls, von dem Doëg der Edomiter ausging. 'Und kein Ausgang' d. h. nicht sei unsre Gesellschaft wie die Gesellschaft Davids, von dem Ahitophel ausging. 'Und kein Geschrei' nicht sei unsre Gesellschaft wie die Gesellschaft des Elisa, von dem Ge= hasi ausging. 'Auf unsern Gassen' d. h. daß wir keinen Sohn oder Schüler haben, der seine Speise öffentlich verbrennt wie <Jesus> der Nazarener.

Die Tradition geht zunächst auf R. Chisda oder seine Zeit, also auf die zweite Hälfte des dritten Jahrhunderts zurück. Die sprüchwörtliche Redensart: „Jesus hat seine (zu kochende) Speise öffentlich verbrannt" muß aber viel älter sein, hat sie doch auch R. Chisda schon empfangen. Das Tadelnde in dieser Redensart, die nach den Wörterbüchern Ketzerei und Götzendienst andeutet (Laible S. 50), muß in der Hervorhebung der Oeffentlichkeit liegen, denn sie wird bei Gelegenheit des Wortes „in den Gassen" erwähnt. Ferner muß darin ein Abfall, eine Verleugnung enthalten sein, wie die parallelen Namen zeigen. Endlich sagt die Redensart selbst: Jesus hat das, womit man ihn genährt hatte, was ihn hätte weiter ernähren sollen, verbrannt oder auch nur andrennen lassen, so daß jedermann es sah oder den Geruch spürte. Also wird der Vorwurf wohl besagen: Jesus hat die rabbinische Lehre, mit der er aufgezogen war, die er hätte pflegen, die ihm hätte zum Leben helfen sollen, verdorben, unbrauchbar gemacht oder angegriffen und geschmäht, und das vor aller Augen, so daß sie in üblen Geruch bei allen kam. Diese Charakteristik trifft wörtlich zu und stellt also die beste Erinnerung des bab. Talmud an Jesus dar. Die Rabbinen haben ihm seine Auflösung und Schmähung der pharisäischen Schriftgelehrsamkeit nicht vergessen und Jesum darob auch in die Hölle versetzt.

16.

bab. Gittin 56 b 57 a.

Onkelos, Sohn des Kalonikos, Schwestersohn des Titus, wollte Proselyt (des Judentums) werden. Er ging hin und ließ den Titus durch Beschwörung (aus der Unterwelt) heraufkommen. Er sprach zu ihm: Wer ist angesehen in jener Welt? (Titus) antwortete: Israel! — Soll man sich ihnen also anschließen? Er antwortete: Ihrer Worte (Gebote) sind viel, und du vermagst sie nicht zu halten; gehe hin und befehde sie in dieser Welt, und du wirst zum Haupte werden. Denn es steht geschrieben: (Klagel. 1 5): Ihre Widersacher sind zum Haupte geworden d. h. jeder der Israel bedrängt, wird zum Haupte gemacht. Er frug: Worin besteht dieses Mannes (= dein) Gericht? Er antwortete: In dem was er (= ich) selbst für sich bestimmt hat: Jeden Tag sammelt man seine Asche und richtet ihn, und sie verbrennen ihn und verstreuen (seine Asche) auf sieben Meere (vgl. 56 b: Als Titus starb, befahl er den Seinen, sie sollten ihn verbrennen und seine Asche auf sieben Meere verstreuen, damit ihn der Judengott nicht finden und richten könne). Er ging hin und ließ den Bileam durch Beschwörung heraufkommen. Er frug ihn: Wer ist in jener Welt angesehen? Er antwortete: Israel. — Soll man sich ihnen also anschließen? Er antwortete: Nicht suche ihr Heil und ihr Bestes alle Tage! Er frug: Worin besteht dieses Mannes (dein) Gericht? Er antwortete: In siedendem Samenerguß (weil er Israel zur Unzucht verführt hat). Er ging hin und ließ Jesus durch Beschwörung heraufkommen. Er frug ihn: Wer ist in jener Welt angesehen? Er antwortete: Israel! — Soll man sich ihnen anschließen? (Jesus) antwortete: Ihr Bestes suche und ihr Unheil suche nicht. Jeder der sie anrührt, ist wie der, der seinen Augapfel anrührt! Er frug: Worin besteht dieses Mannes (dein) Gericht? Er antwortete: In siedendem Kot, denn der Herr (Rab Acha bar Ulla?) hat gesagt: Jeder der die Worte der Gelehrten verspottet, wird gerichtet in siedendem Kot (vgl. Erubin 21 b im Namen des Rab Acha bar Ulla: Aus Pred. 12 12 folgt: wer über die Worte der Gelehrten spottet, wird durch siedenden Kot gerichtet).

Komm und siehe, was für ein Unterschied ist zwischen den Abtrünnigen Israels und den Propheten der Weltvölker!

Hier haben wir eine treffliche Bestätigung unserer obigen Auslegung; wir lernen weiter noch, daß man ihm immer noch den israelitischen Patriotismus zutraute, den auch der abtrünnige Jude nicht verleugnet. Bileam und Titus raten, das Judentum zu befehden, Jesus tritt auch in der Hölle noch für die Ehre seines Volkes ein. So hat in Wirklichkeit der große Gesetzesbekämpfer Paulus „verbannt" sein wollen von Christus weg um des Heiles seines Volkes willen.

Der siebende Kot ist nicht erst von Juden für Jesus erfunden, auch nicht erst aus Pred. 12₁₂ (viel Lesen ermüdet den Leib)[1] oder Pf. 40₃ (Erubin 19 a) erschlossen worden, sondern ist ein Strafmittel, das in der Hölle der griechischen Mystiker (so in Aristophanes' Fröschen, Lulians wahrer Geschichte II 30) und in der frühchristlichen Petrusapokalypse sowie in späteren christlichen Apokalypsen öfter wiederkehrt. Die Kunst, mit Beschwörungen die Unterwelt zu befragen, wird allerdings auch im A. T., aber auch bei den Griechen durch Odysseus und sehr ausgiebig durch die Zauberer des ägyptischen Märchens ausgeübt: Er sprach eine geschriebene Beschwörungsformel über den Toten, er ließ ihn auferstehen; er sprach eine Formel über ihn, er ließ ihn alles erzählen, was mit ihm geschehen war (Griffith S. 27).

Von Jesus selbst sind auch die älteren Autoritäten, von denen eine zuverlässige Tradition in größerem Umfang im Talmud aufgenommen ist, zu weit (etwa 100 Jahre und darüber) entfernt, als daß sie historische Kunde, die mehr als einen allgemeinen Eindruck wiedergibt, vermitteln könnten. Wohl aber werden sie mit Judenchristen zusammengekommen sein, und so können sie uns von dieser ältesten Form des Christentums und so mittelbar auch von Jesus vielleicht noch einige Kunde geben. In der Tat werden solche Berührungen von einigen der früheren Rabbinen, nämlich aus der Zeit R. Eliesers und R. Ismaels (100—130), ja noch von R. Josua ben Levi (um 250) berichtet. Ja, wir lernen durch die Rabbinen noch einen Judenchristen persönlich nach Namen, Aufenthalt, Tätigkeit und Auffassung Christi und des Christentums kennen, Jakob von Kephar-Sekhanja oder KepharSamma. Das erste, was von ihm berichtet wird, ist seine Heiltätigkeit. Er ist, wie auch die Juden ihm zutrauen, imstande, einen Schlangenbiß auf den Namen Jesu den Pandera, d. h. in seinem Sinne und Geist und unter Nennung seines Namens zu heilen.

17.

Pal. Schabath 14 b. (Ab. zara 40 d.) Tosefta Chullin II 23).	Bab. Aboda zara 27 b.	Kohelet rabba zu (Pred. Sal.) 1 ₈.
Ein Vorkommnis mit R. Elieser, dem Sohne Damas, den eine Schlange biß, und es kam Jakob von KepharSamma, ihn im Sinne Jesu <ben> Pandera zu heilen <er sprach zu ihm: ich gebiete dir im Namen Jesu ben Pandera>; aber R. Ismael ließ es nicht zu Er sprach zu ihm: Ich bringe Beweise bei, daß er mich heilen darf. Aber er hatte noch nicht Zeit gefunden, seine Beweise beizubringen, da starb der Sohn Damas. Da sprach R. Ismael: Heil dir, Sohn Damas, daß du in Frieden aus der Welt gegangen bist, ohne den Zaun, den die Gelehrten aufgerichtet haben, zu durchbre-	Ein Vorkommnis mit Ben Dama dem Schwestersohn des R. Ismael, den eine Schlange biß, und es kam <ein Ketzer> Jakob von <Kephar> Sekhanja ihn zu heilen; aber R. Ismael ließ es nicht zu. Er (Ben Dama) sprach zu R. Ismael: Mein Bruder laß es zu, daß ich von ihm geheilt werde; ich bringe Beweis bei aus dem Gesetze, daß es ihm erlaubt ist. Aber er hatte noch nicht Zeit gefunden, seine Worte zu vollenden, da ging seine Seele (von ihm) aus, und er starb. Es rief R. Ismael über ihn aus: Heil dir, Sohn Damas, daß dein	... Kephar Schekhanja, um ihn im Sinne von Jesus ben Pandera zu heilen. Darüber freute sich R. Ismael und sprach ......

[1] Eine Erörterung hierüber auch in den mittelalterlichen Tosafot s. Dalman vgl. Uebersetzung S. 39*.

chen; denn es steht ge-
schrieben: Pred. Sal. 10 8:
Und wer den Zaun durch-
bricht, den beißt die Schlange.
Aber hat ihn nicht eine
Schlange gebissen? Aber (der
Vers will sagen:) Daß ihn
nicht eine Schlange für die
zukünftige Welt beißt. Und
was hätte er anführen können? (3. Mof. 18 5:) daß
der Mensch es tue und
darin lebe.

Leib rein geblieben ist und
deine Seele in Reinheit ausgegangen ist und hast die
Worte der Gelehrten nicht
übertreten; denn sie haben
gesagt (Pred. Sal. 10 8):
Und wer den Zaun durch-
bricht, den beißt die Schlange.

Es hätte ihn noch eine
Schlange gebissen.

Wie man sieht, ist es von vornherein nichts Ungewöhnliches, daß ein Jude sich durch einen Christen auf den Namen Jesu heilen läßt, auch sind die Rabbinen geteilter Meinung, ob man es verbieten soll. Der Neffe, R. Elieser den Dama glaubt es aus der Schrift als erlaubt beweisen zu können. R. Jsmael meint, es liege darin eine seelengefährliche Befleckung, schlimmer als ein Schlangenbiß. Aber vielleicht handelt es sich für ihn um das Erlaubt= oder Verbotensein von Beschwörungen überhaupt, nicht bloß der im Namen Jesu. Auf jeden Fall liegt hier ein gegne= risches Zeugnis für die Geschichtlichkeit der frühchristlichen Heiltätigkeit vor, die freilich hier schon in Gefahr ist, auf eine bloße Beschwörung herabzusinken, insofern auf den Glauben des zu Heilenden überhaupt nicht Bedacht genommen wird.

Vielleicht nur eine Dublette ist die Erzählung von Josua ben Levi, die also ins 3. Jahrh. zu setzen wäre; an die Person dieses erzählungsfrohen Lehrers knüpften sich überhaupt viele derartige Geschichten (Zunz S. 148). Hier geschieht die Hei= lung wirklich und zwar im Sinne Jesu, aber sie wird hier direkt Beschwörung ge= nannt und geschieht nach Koh. r. durch Hersagen von Bibelversen wie etwa 2. Mof. 15 26. Es könnte dies eine Vermischung zweier verschiedener Methoden in praxi oder in der Erzählung sein. Die ältere Quelle hat freilich: nach dem Wort des N.N. Auch hier könnte wie in der vorhergehenden Stelle, das Verbotene in der Be= schwörung als solcher und nicht gerade in der Heranziehung des Namens Jesu liegen.

18.

Pal. Schabbath 14 d. Pal. Aboda zara
40 d.

Der Enkel (des R. Josua ben Levi)
hatte sich verschluckt; es kam ein Mensch
<einer> und besprach ihn im Namen
Jesu <ben> Pandera, und er bekam
wieder Luft. Als er herausging, sprach
er (= R. Josua) zu ihm: Welche ‚formel haft du über ihn gebraucht? <Was
haft du über ihn gesprochen?> Er antwortete: nach dem Wort eines gewissen.
Er (R. Josua) erwiederte ihm <erwie-
derte>: Es wäre ihm besser, daß <Wie
(gut) wäre es ihm, wenn> er tot wäre
und (hätte) so (etwas) nicht (erlebt). Und es
geschah ihm so (der Enkel starb), „wie ein
eilfertiges Wort, das ausgeht von einem
Herrscher" (Pred. Sal. 10 5).

Kohelet rabba zu (Pred. Sal). 10 5.

Der Enkel des Josua ben Levi hatte
sich verschluckt; er ging und holte einen
von den Leuten des Bar-Pandera,
um das Verschluckte wieder herauszubringen.

Er (R. Josua) sprach zu ihm:
Was haft du über ihn gesprochen? Er
antwortete: Den und den Vers, einen
nach dem andern (?)[1]. (R. Josua) erwiederte: Es wäre ihm besser, wenn er ihn
begraben hätte, als daß er einen solchen
Vers über ihn gesprochen. Und es geschah
ihm so „wie ein eilfertiges Wort, das
ausgeht von einem Herrscher".

[1] Dalman S. 38*: nach Weise eines gewissen Menschen (?).

5*

Auf die gesetzliche Art des Christentums, wie es das Judenchristentum jenes Jakob im Anfang des 2. Jahrhunderts vertritt, läßt folgendes Erlebnis R. Eliesers einen Blick tun:

19.

bab. Aboda fara 16 b 17 a.	Kohelet rabba zu (Pred. Sal.) 1 8.	Tosefta Chullin II, 24.

Unsere Rabbinen haben gelehrt: Als R. Elieser <der Große> auf (den Verdacht der) Ketzerei (hin) ergriffen wurde, führten sie ihn zum Richtplatz (gradus), um (ihn) zu richten. Der Statthalter (ἡγεμών) sprach zu ihm: Ein Greis wie du beschäftigt sich mit diesen nichtigen Dingen? Er sprach zu ihm: Getreu (waltet) über mir der Richter. Da der Statthalter glaubte, daß er das in Bezug auf ihn sage — er hatte es aber nur in Bezug auf seinen Vater im Himmel gesagt —, so sprach er zu ihm: Da ich dir zuverlässig erscheine, so bist du entlassen (dimissus) und freigesprochen. Als er nach Haus gegangen war, kamen seine Schüler zu ihm, um ihn zu trösten, aber er nahm ihren Trost nicht an. Es sprach zu ihm R. Akiba: Rabbi, erlaube mir, dir ein Wort zu sagen von dem, was du mich gelehrt hast. Er sprach zu ihm: Rede! Sprach (R. Akiba) zu ihm: Rabbi, vielleicht, daß Ketzerei an dich gekommen ist, und es war dir wohlgefällig, und zur Strafe dafür bist du auf Ketzerei hin ergriffen worden. (R. Elieser) antwortete: Akiba, du erinnerst mich: einmal ging ich auf der oberen Straße von Sepphoris und fand einen von den Schülern Jesu des Nazareners: Jakob von Kephar-Sekhanja war sein Name. Er sprach zu mir: Es steht geschrieben in eurem Gesetz (5. Mos. 23 19): Du sollst nicht Buhlerlohn (in das Haus deines Gottes) bringen. Darf man aber davon einen Abort für den Hohenpriester errichten? Darauf erwiederte ich ihm nichts. Er sprach zu mir: So hat mich Jesus der Nazarener belehrt (Micha 1 7): Vom Buhlerlohn ist es genommen, zum Buhlerlohn solls wieder kommen; vom Ort des Schmutzes kommts, zum Ort des

Eine Geschichte, die R. Elieser wiederfuhr, der wegen Ketzerei ergriffen wurde; der Statthalter nahm ihn und brachte ihn aufs Tribunal (βῆμα), um ihn zu richten. Er sprach zu ihm: ein so bedeutender Mann wie du beschäftigt sich mit diesen unbedeutenden Dingen? Er sprach zu ihm: Getren (waltet) über mir der Richter. (Der Statthalter) glaubte, daß er dies seinetwegen sagte; er aber hatte es nur im Gedanken an den Himmel gesagt. Nachdem ich dir so zuverlässig erschienen bin, so bin ich auch zu vertrauensvoller Meinung geneigt und will sagen: Es ist möglich (oder Frage): Ist es möglich, daß diese (eure) Sitzungen sich versehentlich in so unbedeutende Dinge verloren haben; du bist entlassen (dimissus) und frei. Als R. Elieser vom Tribunal entlassen war, grämte er sich darüber, daß er [unter dem Gesichtspunkt der Ketzerei] wegen Ketzerei ergriffen war. Es kamen seine Schüler zu ihm, um ihn zu trösten, aber er nahms nicht an. Es kam R. Akiba zu ihm und sprach zu ihm: Rabbi, vielleicht hat einer von den Ketzern vor dir etwas gesprochen, und es war dir angenehm. Er sprach zu ihm: Beim Himmel! Du erinnerst mich. Einmal ging ich die Straße (strada) von Sepphoris hinauf; da kam ein Mann zu mir, Jakob von Kephar Sekhanja war sein Name, und sagte mir ein Wort im Namen Jesu ben Pandera, und dies Wort gefiel mir; es lautete so: Geschrieben steht in eurem Gesetz (5. Mos. 23 19): Du sollst nicht den Lohn einer Buhlerin noch den Preis eines Hundes (in das Haus deines Gottes) bringen. Was ists also mit diesem? Ich antwortete: Sie sind gebunden (verboten). Er sprach zu mir: Sie sind verboten

Jesu ben Pantere

Schmutzes fromm's <kehrts zurück>. Dieses Wort gefiel mir, und deshalb bin auf Ketzerei hin ergriffen worden, und (mit Recht; denn) ich habe übertreten, was im Gesetz geschrieben steht (Sprüche Sal. 5 8): 'Laß deinen Weg ferne von ihr sein' d. h. von der Ketzerei 'und nahe dich nicht der Tür ihres Hauses' d. h. der Obrigkeit¹.

als Opfer, aber nicht zur Vernichtung. Ich frug: Was soll denn mit ihnen geschehen. Er sprach: Man kann daraus Bäder und Aborte errichten. Ich sprach zu ihm: Du hast wohl geredet; es war mir die Vorschrift (die solchen Beifall verbietet) im Augenblick nicht gegenwärtig. Als er sah, daß ich seinen Worten zustimmte, sprach er zu mir: Also sprach Ben Pandera: Vom Unrat kommen sie herein, zum Unrat gehen sie heraus, wie gesagt ist (Micha 1 7): Von Buhlerlohn ist's genommen, zum Buhlerlohn soll's wieder kommen; sie sollen Aborte für das Publikum (daraus) errichten. Das gefiel mir, und deswegen bin ich im Verdacht der Ketzerei verhaftet und nicht nur das; ich habe auch übertreten, was im Gesetz geschrieben steht (Spr. Sal. 5 8): Laß deinen Weg fern von ihr sein... das ist die Ketzerei... Und an den Folgen soll R. Elieser gestorben sein.

R. Elieser muß, vielleicht zur Zeit, da er wegen Rechthaberei und Widerspenstigkeit von den Rabbinen in den Bann getan war, einmal bei der römischen Behörde in Verdacht gekommen sein, ein Christ zu sein. Die Christenverfolgung unter Trajan (98—117) erstreckte sich auch über Syrien und Palästina; in Jerusalem soll 107 Symeon gekreuzigt sein. Das Kränkende für R. Elieser lag nicht so sehr in der Verhaftung, als in der bloßen Vermutung, er könne ein Christ sein. Nach der Regel: womit einer gesündigt, damit wird er gestraft, brachte sein Schüler, der berühmte R. Akiba, das Geständnis aus ihm heraus, daß er einmal an dem Ausspruch eines Christen Gefallen gehabt habe. Auf der oberen Straße zu Sepphoris, der Stadt auf dem Berge nahe Nazareth, hatte ihm jener Jakob ein Problem aus dem bei den Rabbinen so beliebten Kapitel 'rein und unrein' vorgelegt, das R. Elieser nicht sofort lösen konnte, wofür Jakob aber eine Lösung wußte, die er auf Jesus zurückführte und die R. Elieser gefiel. Sie war allerdings auch ganz im Geist der Rabbinen, wie das ganze Thema: Buhlerlohn darf sonst nicht als Opfergabe in den Tempel kommen; aber ein Abort für den Hohepriester (wenn er im Tempel zu wohnen hatte) darf daraus bezahlt werden.

Jesus hat in der Tat einmal derbwitzig vom Abort 'dem Reinigungsort' geredet, der alle Speisen reinigt: daraus, daß nichts, was auf den Abort kommt, levitisch unrein ist, hatte er gefolgert, daß es auch nicht vorher, wenn es in den Menschen eingeht, unrein sein kann (Mc. 7 19). Dies ist eine Frage, die fürs praktische Leben von höchster Bedeutung war: was Jakob hier vordringt, ist eine rabbinische Subtilität ohne praktisches Interesse für das Volk: es ist nicht wahrschein-

---

¹ Im Fragment von Kairo: Es antwortete Elieser dem Hegemon. Und er sprach zu Josua ben Perachja: Ich fand] einen von den Jüngern Jesu. Er sprach zu mir: [So belehr]te mich Jesus der frevler: Vom Hurenlohn sollst du nicht [herein] bringen, um einen A]bort zu machen (s. Bischoff bei Krauß S. 36).

lich, daß Jesus darauf eingegangen ist. Das hindert aber nicht, daß ein Wort wie Jakob es mitteilt, als Herrnwort bei den Judenchristen jener Zeit umging und, im Kampfe mit den Rabbinen, als Trumpf verwendet wurde; es mag sich dies „Herrnwort" wie so oft, auf Grund des echten Wortes gebildet haben.

Sehr bezeichnend ist der Vorgang aber für das damalige Judenchristentum in der nächsten Heimat Jesu. Man sieht, wie jüdisch gesetzlich es geworden war und wie es die christliche Freiheit nur in kleinlichen Kunstgriffen auszuüben verstand; aber trotzdem waren sie durch den Namen Jesu, der sich wider die Rabbinen empört hatte, von den übrigen Juden wie durch eine tiefe Kluft geschieden.

Uebrigens scheint es auch unter den damaligen Christen unlautere Gestalten gegeben zu haben, die dem ‚Evangelium' wahrlich keinen guten Namen bei den Juden machen konnten.

20.
Schabbath 116 a b.

Imma Salome, das Weib des R. Eliefer, Schwester des Rabban Gamaliel hatte in ihrer Nachbarschaft einen gewissen Philosophen (Bischof?), der in dem Rufe stand, daß er keine Bestechung annehme. Sie wollte sich über ihn lustig machen; sie brachte ihm (daher) eine goldene Lampe, trat vor ihn hin und sprach zu ihm: Ich möchte, daß man mir Anteil gebe am weiblichen Familiengut. Der Philosoph sagte ihnen: so teilet! Sie erwiederte: Es steht nun aber <oder: im Gesetz> geschrieben: Wo ein Sohn ist, soll die Tochter nicht erben. Er sprach: Vom Tage, da ihr aus eurem Lande in die Fremde gingt, ist das Gesetz Mosis aufgehoben und das Evange-lium gegeben, und darin steht geschrieben: Der Sohn und die Tochter sollen zusammen erben. Am folgenden Morgen brachte er (Rabban Gamaliel) ihm einen lybischen Esel. Er (der Philosoph) sprach zu ihnen: Ich habe (jetzt auch) das Ende des Evangeliums eingesehen, und darin steht geschrieben: Ich Evangelium bin nicht gekommen, vom Gesetze Mosis wegzutun, sondern hinzuzutun [zum Gesetze Mosis] bin ich gekommen, und (im Gesetze) steht geschrieben: Wo ein Sohn ist, soll die Tochter nicht erben. Sie sprach zu ihm: Laß doch dein Licht leuchten gleich der Lampe! Er (Rabban Gamaliel) aber sprach: Gekommen ist der Esel und hat auf die Lampe getreten.

Der „Philosoph" ist kein Jude, da er von „eurem Land" redet, sondern ein Heidenchrist und wohl in der „Fremde" außerhalb Palästinas. Er ist nicht als Richter zu deuten, da er nicht eingreift, sondern nur eine theoretische Entscheidung gibt. Er ist vielmehr ein Ratgeber in Gewissenssachen; wahrscheinlich ist statt Philosoph vielmehr ‚Episkop(a) Bischof' zu lesen. Da es sich nicht um einen Juden-christen handelt, so ist bei dem Evangelium nicht an das Hebr.-Ev. zu deuten; es wird überhaupt kein Evangelium gegeben haben, worin der Satz: ‚Sohn und Tochter sollen zusammen erben' steht; es müßte denn vom gleichmäßigen Ererben des Gottesreiches in einer christlichen Schrift etwas gestanden haben. Aber der Bischof ist ja überhaupt nicht zuverlässig; der goldene Leuchter hat ihn mehr lesen lassen als geschrieben stand. So sagt er auch nur zu seiner Entschuldigung, daß der Spruch von der Erfüllung des Gesetzes am Ende des Evangeliums stehe. Dies Wort ist eine Uebertragung dessen, was Jesus Mt. 5 17 von sich sagt, auf das ‚Evange-lium' als das neue Gesetz.

R. Eliefer ist wieder der berühmte, den wir schon vorhin zu seinem Unglück und zu seiner bitteren Betrübnis mit Christen verkehren sahen, seine Gattin und sein Schwa-ger Gamaliel II, das Haupt des Judentums zu seiner Zeit (etwa 90—110) geben sich alle Mühe, keinen Gefallen am Evangelium zu finden. Als ihr Wohnsitz ist wohl Jamnia zu deuten, eine Stadt an der Küste Palästinas, die wohl die Juden als die ihre ansahn (Philo leg. ad Cajum § 30), die aber von Haus aus eine heid-nische also „fremde" war. Ihre Absicht ist die Absicht dieser Erzählung ist nicht nur, den christlichen Bischof lächerlich zu machen, sondern auch das Evangelium. So nannte R. Jochanan das Evangelium: 'awon-gillajon Freveltafel, R. Meir: awen-gillajon Unglückstafel'; 'awon-gillajon ist auch an unserer Stelle statt Evangelion geschrieben. So finden sich auch in ihren Aussagen vor dem Bischof zwei Karikaturen von Evangelienworten: Imma Salome sagt: Laß doch dein Licht leuchten gleich dem Leuchter, mit Anspielung auf Mt. 5₁₅ f. Besonders boshaft aber ist Rabban Gamaliel, denn er macht aus dem Scheffel, hebr.: chomer, der nach Jesus nicht über die Lampe kommen soll, einen Esel chamor, der auf das Licht tritt.

Derartige Verzerrung und Verkehrung der evangelischen Erzählung, die man nicht lesen wollte und zu lesen verbot, ist neben dem vielfach übernommenen talmudischen Stoff auch der Hauptinhalt der späteren Toledoth, wie sie seit dem frühesten bis zum spätesten Mittelalter von Juden verfaßt und gelesen wurden.

Fassen wir zusammen, was der Talmud und die verwandte jüdische Literatur über Jesus sagt, so ist zunächst festzustellen, daß die Mischna nichts von ihm erwähnt. Das ist bei einem Rechtskodex wohl erklärlich, aber doch bemerkenswert, zumal da die Autoritäten der Mischna nachweislich mit dem Christentum in Berührung gekommen sind. In deren Augen ist, nach der Tosefta und dem pal. Talmud, das Christentum eine Kunst wunderbarer Heilung, die u. a. auch Beschwörung, aber jedenfalls nicht Zauberei genannt wird, und eine ketzerische Auslegung des Gesetzes. Demgemäß ist auch den späteren Rabbinen noch Jesus ein Wundertäter und einer, der die Lehre der Rabbinen öffentlich herabgesetzt und verspottet hat.

Ganz anders wird die Auffassung, wo das Judentum mit dem Heidenchristentum in Berührung kommt; es ist nur natürlich, daß es dann das Gegenbild des heidenchristlichen θεὸς καὶ σωτήρ (Gott und Heiland) und des Jungfrauensohnes wird. So kommt es, daß die Auffassung, wie sie Celsus und wie sie der babylon. Talmud wiedergiebt, sich ungefähr entsprechen. Aus dem Wundertäter wird der heidnische Zauberer, der mit dem Staba in eins gesetzt wird; Christus wird der, der sich selbst zum Gott macht; er ist der Bastardsohn der Maria. Daß die Christen unterdeß auch Maria Magdalena fälschlich zur großen Sünderin gemacht hatten, war auch verhängnisvoll für das Bild der Maria Mgabbla, die nunmehr zum Sammelpunkt aller verdächtigen Frauenspersonen im Talmud wurde.

Im ganzen muß man billigerweise sagen, daß Jesus im Talmud nichts anderes ist, als das, natürlich durch den jüdischen Widerwillen verzerrte, Spiegelbild der juden- oder heidenchristlichen Christusbilder der Kirche. Daß sich das Judentum mit besonderem Haß oder Eifer der Gestalt Christi angenommen hätte, läßt sich nicht einmal sagen; man merkt deutlich die Nachwirkung des rabbinischen Prinzips, sich möglichst der Beschäftigung mit ketzerischen Menschen, Büchern und Gedanken zu enthalten. Die Toledoth sind nur in den niederen Kreisen des Judentums beliebt gewesen.

Ein Gewinn für die Kenntnis der Geschichte Jesus ist vom Talmud nicht zu erhoffen, und auch der rätselhafte Name Panthera, der so früh und so sicher auftritt, und sich sowohl in der älteren wie in der jüngeren Strömung der jüdischen Darstellung findet, so daß ihn sogar die christlichen Schriftsteller irgendwie in der Verwandtschaft Jesu unterbringen müssen, hat seine romanhafte Herkunft verraten. Da die viel älteren Quellen des Lk.-Ev., die Genealogien bei Mt. und Lk., die älter sind als diese, da auch die Juden zur Zeit des Joh.-Ev. (nach 6₄₂) als den wirklichen Vater Jesu nur Joseph leugnen, da der Vorwurf der unehelichen Geburt überhaupt erst als Gegenbild der Behauptung der jungfräulichen Geburt auftritt, so ist nicht daran zu denken, daß das Judentum uns etwa den wahren Namen von Jesu Vater erhalten hätte, zumal da der Jude bei Celsus selbst bezeugt, Jesus sei irgendwo außerhalb des öffentlichen Lebens gezeugt und in der Dunkelheit geboren; wie hätten da die Juden den Vater Jesu überhaupt feststellen können!

Ein wirklicher Gewinn ist die Bekanntschaft, die wir mit Jakob von Kephar Sekhanja machen; wir lernen hier das spätere Judenchristentum in scharfer Beleuchtung und in seiner ganzen Eigenart kennen.

V.

Petrusevangelium.

(A. Stülcken).

Ausgaben: Erste, z. T. noch fehlerhafte Ausgabe von U. Bouriant, Mémoires publiés par les membres de la mission archéologique française au Caire, T. IX fasc. 1. Paris, Sept. 1892, S. 137—147. — Erste deutsche Ausgabe: A. Harnack, SBA 1892, erweitert und mit einer ausführlichen Abhandlung versehen: TU IX 2, Lpz. 1893. ²1893. — Genaue Wiedergabe der Handschrift: A. Lods in Mémoires etc. (s. o.), T. IX fasc. 3. Paris 1893, (Heliogravüre) und O. v. Gebhardt, Das Evang. und die Apok. des Petrus . . . im Lichtdruck. Lpz. 1893. — Uebersichtliche synoptische Tabelle (Septuaginta, PE und die 4 kan. Ev.): H. v. Schubert, Das Petrusevangelium, Berl. 1893 (Ergänzungsheft zu dem größeren Werk, s. u.). — Text bezw. Uebersetzung auch in den meisten der folgenden Abhandlungen; außerdem in E. Nestle, Novi Testamenti gr. supplementum, Lpz. 1896, S. 68—72; E. Preuschen, Antilegomena, Gießen 1901, S. 14—18 und 114—118; E. Klostermann in „Kleine Texte für theol. Vorlesungen, hrsg. von H. Lietzmann: Apocrypha I‘. Bonn 1903.

Lit.: A. Harnack, s. o.; dazu ThLZ 1894, Sp. 9 ff. Gesch. d. altchr. Lit. II 1 (s. Register). — Th. Zahn, Das Evgl. des Petrus, Erl. u Lpz. 1893. (Abdruck aus NkZ 1893, 2 u. 3); J. Kunze, D. neuaufgef. Bruchstück des sog. PE, Lpz. 1893, und NJdTh II S. 583 ff. III S. 58 ff.; H. v. Soden, ZThK III 1893, S. 52—92; K. Manchot, ProtKZtg 1893 Nr. 6—9; D. Völter, Petrusevang. oder Aegypterevangelium? Tüb. 1893; H. v. Schubert, Die Komposition des pseudopetr. Evangelienfrgm., Berl. 1893; Ehrhard S. 127 ff.; Stods, NkZ XIII, 4. S. 276 —314). — A. Lods, L'évangile et l'apoc. de Pierre, Paris 1893. — J. A. Robinson und M. Rh. James, The Gospel according to Peter etc. ², Lond. 1892. — Dazu eine Fülle von Artikeln in Literaturzeitungen und Zeitschriften. —

Die Ueberlieferung. Eine direkte Erwähnung des PE findet sich bei Serapion von Antiochien (190/1—211/2; Euf. h. e. VI 12), Origenes (in Mt. X 17), Eusebius (h. e. III 3, 2. 25, 26), Hieronymus (de vir. ill. 1), Theodoret (haer. fab. comp. II 2) und Gelasius, Decr. de libris rec. — Eusebius berichtet nur, daß das nach Petrus genannte Evangelium unecht und von keinem kirchlichen Schriftsteller als Autorität benutzt sei; Hieronymus und das Decretum Gelasii begnügen sich, wohl nur auf Grund der Angaben des Eusebius, mit der bloßen Verwerfung; Theodoret bringt nichts als die sehr zweifelhafte Notiz, daß die Nazaräer das ‚Evangelium nach Petrus' in Gebrauch hatten. Wertvoller sind die Nachrichten des Serapion und des Origenes. Der letztere sagt a. a. O.: „Die Brüder Jesu sollen nach einigen, die sich damit auf eine Ueberlieferung des sogenannten Evangeliums nach Petrus oder des Buches des Jakobus stützen, Söhne Josephs von einer ersten Frau sein, die vor Maria mit ihm zusammenlebte". Aus dem Bestreben, Jesus als einzigen Sohn der Maria hinzustellen, darf man schließen, daß dies Evangelium auch die Erzählung von der Jungfrauengeburt enthielt. — Von Serapion hat eine besondere Schrift über das PE, ein Sendschreiben an die Gemeinde zu Rhossus, dem Eusebius noch vorgelegen, der — nach einer nur den Worten des Serapion selber entnommenen Einleitung — a. a. O. § 3—6 die folgende Stelle daraus mitteilt[1]: 3. „Denn wir, liebe Brüder, nehmen Petrus sowohl wie die übrigen Apostel auf wie Christum; das aber, was unter ihrem Namen gefälscht ist, lehnen wir als Sachverständige ab, da wir wissen, daß wir derartiges nicht überkommen haben. 4. Ich nämlich lebte, als ich bei euch war, in der Vorstellung, daß die Gesamtheit am rechten Glauben hänge, und sagte, ohne daß von ihnen unter dem Namen des Pe-

---

[1] Vgl. Zahn, G.K. II S. 744 ff. J. Kunze NJdTh II S. 603 f. III S. 58 ff. — Zur Erläuterung außerdem vor allem Zahn, G.K. 1 S. 177 ff. Harnack I, S. 11, TU IX 2 S. 4 f.

truß vorgelegte Evangelium durchzugehen: 'Wenn dies allein es iſt, was euch an=
ſcheinend Mißmut bereitet, ſo ſoll es geleſen werden'. Jetzt aber, da ich aus dem,
was man mir mitgeteilt hat, erfahren habe, daß es eine Ketzerei war, in der ſich
ihr Sinn verſteckte, will ich mich beeilen, wieder zu euch zu kommen; erwartet mich
daher, liebe Brüder, in Bälde. — 5. Wir aber [1], liebe Brüder, da wir begriffen, zu
welcher Sekte Marcianus gehörte, — und wie er ſich ſelbſt widerſprach, nicht wiſ=
ſend, was er redete, werdet ihr erfahren aus dem, was ich an euch ſchrieb — 6. wir
konnten uns nämlich von anderen, die eben dies Evangelium in Gebrauch haben,
d. h. von den Nachfolgern derer, die es einführten, die wir Doketen nennen (denn
die meiſten Gedanken gehören der Lehre jener Leute an) — von ihnen konnten wir's
entleihen und durchgehen und finden, daß das Meiſte der rechten Lehre des Hei=
lands entſpricht, einiges aber (an Geboten) hinzugefügt iſt, was wir auch für euch
unten angeſchloſſen haben". Das Verſtändnis dieſer Ausführungen iſt
nicht in allen Punkten geſichert. Aber feſt ſteht jedenfalls, daß das PE dem Se=
rapion bei ſeinem erſten Beſuch in Rhoſſus noch nicht bekannt war; daß ein Teil
der Gemeinde unter Führung eines Marcianus ihm in einer gewiſſen Verſtimmung,
die doch wohl auf vorangegangene Mißhelligkeiten in der Gemeinde deutet, das Pe=
truſevangelium vorlegte; daß er in gutem Zutrauen, aber etwas voreilig, die Lek=
türe des Buches geſtattete; daß er dann ſpäter, als er von der häretiſchen Neigung
jener Gemeindeglieder hörte, ſich das Buch von Doketen verſchaffte, doketiſche Züge
und Zuſätze zu den Geboten des Herrn (alſo wohl Enkratitiſches) darin fand und
nun ſeine Zuſtimmung zurückzog. Zweifel dagegen herrſcht vor allem darüber, ob
mit den § 4 erwähnten Worten des Serapion ("ſo ſoll es geleſen werden") die Pri=
vatlektüre des PE freigegeben (Z a h n) oder der gottesdienſtliche Gebrauch deſſelben
(K u n z e) oder deſſen Fortſetzung (H a r n a ck, v. S o d e n u. a.) angeordnet ſei.
Zu der Auffaſſung Z a h n s ſcheint vor allem die Form des Entſcheides: ἀναγινωσ-
κέσθω nicht zu paſſen; das bedeutet doch nicht nur eine Erlaubnis, ſondern eine Art
biſchöflicher Verfügung; daß aber eine ſolche die Privatlektüre des PE gewiſſermaßen
zur Pflicht machte, wird man nicht für wahrſcheinlich halten können. Auch Sera=
pions Entſchuldigung wäre weniger gewunden ausgefallen, wenn es ſich nicht um
eine für den Biſchof höchſt peinliche, für die Gemeinde höchſt wichtige Frage, um
eine Gemeindeſache gehandelt hätte. — Andererſeits wird man ſich kaum vorſtellen
können, daß, wie H a r n a ck meint, das PE ſchon eine Zeit lang im Gebrauch der
Gemeinde geweſen ſei, dort aber kurz vorher Anſtoß erregt habe und dann von Se=
rapion zuerſt in ſeiner Geltung beſtätigt, ſpäter verworfen ſei. Denn bei ſolcher
Sachlage wäre es undenkbar, daß die Gegner des PE ſich des Biſchofs apodiktiſche
Entſcheidung hätten gefallen laſſen, ohne ihre Gegengründe vorzubringen. Dogma=
tiſche Bedenken, wie Serapion ſie nachher hatte, können unmöglich ſchon bei ſeiner
Anweſenheit laut geworden ſein (vgl. § 4). Die beſte Löſung ſcheint danach
die von K u n z e angedeutete zu ſein: das PE iſt erſt kurz vor dem Beſuch des Se=
rapion, wohl durch Marcianus, nach Rhoſſus gebracht; ein erſter Verſuch, es in
den Gemeindegottesdienſt einzuführen, iſt auf den — wohl nicht durch dogmatiſchen
Anſtoß, ſondern etwa durch konſervatives Feſthalten an der bisherigen Gewohnheit
veranlaßten — Widerſtand eines Teiles der Gemeinde geſtoßen; die Anrufung des
Biſchofs hat dann, da ihn ein flüchtiger Einblick befriedigte, den erwähnten Erfolg
gehabt. — Ueberzeugt man ſich von der Richtigkeit dieſer Auffaſſung, oder jeden=
falls von der Unrichtigkeit der von H a r n a ck vorgebrachten, ſo fällt damit das
einzige Zeugnis, aus dem man bisher ſchloß, daß das PE von irgend einer Ge=
meinde der Großkirche als Leſeſchrift im Gottesdienſte benutzt ſei. Vielmehr weiſt
uns § 6 des Schreibens des Serapion in häretiſche Kreiſe: Serapion hat das ihm
bis dahin unbekannte Buch bei antiochieniſchen Doketen gefunden und zugleich ver=
nommen, daß dieſe ihr Evangelium ſchon von anderen überkommen haben (Z a h n,

---

[1] Der Text iſt im Folgenden nicht ganz geſichert. Da aber für die vorlie=
gende Frage wenig darauf ankommt, gebe ich ihn ohne Varianten.

S. 74, deutt an die antiochenische Schule Valentins, aus der Cassian es in die neue Sekte der Doketen und Enkratiten eingeführt habe; mehr als Vermutung ist das freilich nicht).

Daß Serapion selber und seine nähere Umgebung in Syrien das aller Wahrscheinlichkeit nach in Syrien entstandene PE nicht kannte, ist jedenfalls ein Beweis dafür, daß von einer weiten Verbreitung und einer fast kanonischen Geltung des PE gegen Ende des zweiten Jhdts. nicht geredet werden darf. Daß er es nur bei Doketen fand, macht auch eine Entstehung in doketischen oder verwandten Kreisen mindestens wahrscheinlich, zumal wenn man daneben hält, daß er es mit ziemlicher Bestimmtheit nur etwa eine Generation zurückdatirt. Daß er endlich das Meiste „der rechten Lehre des Heilands" entsprechend findet, deutet — wenn es nicht nur zur Entschuldigung seines anfänglichen Irrtums vorgebracht wird — darauf hin, daß es sich um einen gemäßigten, nicht mit starken Farben aufgetragenen Doketismus handelt.

Das ist das Ergebnis, auf das uns die Tradition in ihrem ersten einwandfreien Zeugnis für die Existenz eines PE führt.

Der Inhalt und Charakter des wiederaufgefundenen Stückes rechtfertigt diese Tradition. Das Wesentlichste darüber ist bereits Apokr. S. 28 f. bemerkt. Daß das PE jünger ist als unsere vier kanonischen Evangelien, ergibt sich schon bei einer bloßen Nebeneinanderstellung der einzelnen Erzählungen[1]: überall ist die Form im PE die am weitesten ausgebildete bezw. verbildete; wenn z. B. schon Matthäus und Johannes der Figur des Pilatus etwas mehr Sympathie entgegenbringen als Marcus, so wird hier Pilatus ganz entlastet; der Antijudaismus des Johannes wird von PE bei weitem übertrumpft; Nebenfiguren wie Joseph von Arimathia werden in den Vordergrund geschoben, die Worte des Schächers vergröbert, die apologetische Erzählung von der Grabeswache noch apologetischer gemacht; der Moment der Auferstehung, von den übrigen Evangelisten übergangen, von Matthäus zuerst scheu angedeutet, wird mit breiten Pinselstrichen ausgemalt. Dazu kommt die gesteigerte Lust am Wunderbaren: der Stein des Grabes rollt von selber fort; der Auferstandene und seine Begleiter haben riesengroße Gestalten, das Kreuz wandelt und redet: alles Dinge, die, auch wenn man den nicht ganz einwandfreien Ausführungen Stocks' folgend einen Einfluß jüdisch-rabbinischer Literatur annimmt, zweifellos gegenüber den evangelischen Berichten das Sekundäre geben. Zum Ueberfluß beweist endlich, neben dem Sprachgebrauch (ἡ κυριακή = der Sonntag!), die vollkommene Gleichgiltigkeit gegen die konkreten Geschichtsangaben, gegen Orts- und Personennamen (vgl. Apokr. S. 28), die Unklarheit in der Schilderung der Situationen usw., aufs deutlichste, wie fern der Verfasser den Ereignissen steht. (Die einzelnen Belege hierfür s. in den Bemerkungen zu den einzelnen Versen.)

Daß aber sämtliche Evangelien, auch das vierte, nicht nur zeitlich vorangegangen sind, sondern daß sie selber dem Verfasser vorgelegen haben und von ihm benutzt sind, wird seit v. Schuberts Nachweisen fast allseitig zugestanden. (Die Aufstellungen v. Sodens und Manchots sind dadurch wohl endgiltig abgetan.) Abgesehen von wörtlichen Entlehnungen ist schon die Sprache, die aus dem Sprachgut aller vier Evangelisten gemischt ist, ein Beweis dafür (z. B. in der zweifellos aus Mc. geflossenen Erzählung von den Frauen am Grabe 55 f. johanneische Ausdrücke, 59 lukanisches Gut u. s. w.). Diese Erscheinung wäre unerklärlich, wenn dem Verfasser nicht die aufgezeichneten Evangelien, sondern nur ihre Traditionskreise bekannt wären. Dieselbe Mischung zeigt sich in der Auswahl des Stoffes: Da ist 10 ff. in einen an Johannes angelehnten Aufriß 13 die Rede des reuigen Schächers nach Lt. eingefügt und die johanneische Erzählung vom Brechen der Beine damit zusammengeschweißt; an die matthäische Geschichte von der Grabeswache wird ohne den

---

[1] Vgl. vor allem A. Sabatier, L'évangile de Pierre et les évangiles canoniques. Paris 1893.

von Matthäus vorgenommenen Ausgleich der Bericht des Mc. von den Franen am Grabe angeschlossen u. dgl. m.

Allerdings ist der Verfasser kein Abschreiber; er durfte es auch nicht sein; denn er schrieb ja nicht eine Evangelienharmonie, sondern ein neues Evangelium, in dem Petrus selber über das Leben Jesu berichtet: Dann mußte aber dies Evangelium auf der einen Seite mit den älteren Evangelien Hand in Hand gehen, auf der andern sich durch Ergänzungen, A b w e i ch u n g e n und Korrekturen von ihnen abheben und dadurch seine Existenzberechtigung nachweisen. Aber weiter, auch abgesehen von dieser Nötigung zur Selbständigkeit, muß der Verfasser, wenn er überhaupt ein solches Werk unternahm, mit der Darstellung der übrigen Evangelien nicht ganz zufrieden gewesen sein; sie entsprachen augenscheinlich nicht der Sachlage, wie er sie ansah, und nicht den Bedürfnissen, für die er oder seine Umgebung sie brauchte. Darum ist er an die Arbeit gegangen; so erscheint es nur natürlich, daß er die Anschauungen und Interessen (das Wort „Tendenz" wird man besser vermeiden) seiner Gegenwart hineinspielen läßt in die Zeit, von der er unter dem Namen des Petrus berichtet: So haben, neben der Freude an der Ausmalung und sagenhaften Bereicherung der Stoffe und neben der absichtsvollen Selbständigkeit gegenüber den Evangelien, auch eben diese Bedürfnisse seiner Zeit oder Umgebung zu Aenderungen, Auslassungen, Umdeutungen und Steigerungen seiner Vorlagen geführt, wie wiederum namentlich v. S ch u b e r t nachgewiesen hat. (Ueber diese Interessen f. A p o k r. S. 29 und unten in den Bemerkungen zu den einzelnen Versen.)

Das alles sind nicht mühselig konstruirte Erklärungsversuche für einen anders leichter erklärbaren Tatbestand, sondern Erwägungen, die sich von selber an die Hand geben. Die Frage kann nur sein, ob dem Verfasser außer den vier Evangelien und außer dem, was er zweifellos aus seinem Eigenen hinzugetan hat, noch a n d e r e s M a t e r i a l zu Gebote stand, und, wenn das der Fall ist, ob es auf eigene Ueberlieferung oder auf andere schriftliche Quellen zurückgeht. Im ersten Falle steigt natürlich der Wert des PE, und seine Entstehung muß zurückverlegt werden in eine Zeit, „wo der Strom der Ueberlieferung noch frei flutete"; aber auch im zweiten Falle könnte uns wertvolles Gut hier erhalten sein, nur daß freilich das Urteil darüber erschwert ist, solange man den Charakter und die Vertrauenswürdigkeit der betreffenden Quelle nicht kennt.

Spuren eigener Ueberlieferung glaubt namentlich H a r n a ck, der für 1—5. 28—56 eine Erklärung wie die oben gegebene für zulässig und ausreichend zu halten scheint (II S. 654), in 6—27. 57 ff. neben dem aus bloßen „Reminiscenzen" beigebrachten Stoff der kanonischen Evangelien zu finden. Dahin gehören nach ihm vor allem einzelne Züge der Leidensgeschichte, die er „in ihrer Kürze und Einfachheit höchst wertvoll" nennt, und die Schilderung des Verhaltens der Jünger nach Jesu Tode. (Dagegen kann H a r n a ck für seine These nicht den Schluß des Fragments anführen, da er nach ihm nicht aus Ueberlieferung, sondern aus der Marcusquelle stammt.) Jene Schilderung klingt allerdings unwahrscheinlich, und wenn sie sich auch ohne Schwierigkeit teils aus der Sachlage, teils aus Anklängen in den Evangelien ableiten läßt (f. u. zu der Stelle), so ist doch die Annahme, daß dem Verfasser hier ein uns unbekannter Bericht vorgelegen hat, wenn auch nicht nötig, so doch nicht kurzer Hand abzuweisen. Ob aber, auch wenn man sich für diese Annahme entscheiden zu müssen glaubt, an „eigene gute Ueberlieferung" oder an eine schriftliche Vorlage zu denken sei, deren Wert für uns unburchschaubar wäre, muß vorläufig eine offene Frage bleiben. — Die Leidensgeschichte aber zeichnet sich, abgesehen von dem doketischen Vers 10 vgl. 19 und dem noch näher zu erörternden Vers 6 f. vor der der kanonischen Evangelien wesentlich durch ihre Dürftigkeit aus und hat doch aus allen vier Evangelien Elemente übernommen und unklar mit einauder und mit eigenen wertlosen Zutaten vermischt. Besondere Tradition wird man doch im Ernst weder in 14 noch 16, noch in 18. 22. 23 finden wollen! Höchstens kann man es als möglich ansehen, daß die Weissagungen des A. T. den unverkennbaren Einfluß, den sie auf diese Erzählung gehabt haben, bereits vor der Zeit des Verfassers geübt haben mögen; daß es sich also insofern hier z. T. schon um überkommenes Gut handeln mag, — nur daß dies nicht einer Ueberlieferung, sondern einer Kon= struktion seinen Ursprung verdanken würde. In welcher Form aber dem Verfasser dies Material zugeflossen sei, mündlich oder schriftlich, würde dabei gleichfalls dunkel bleiben.

Etwas festeren Boden für diese Quellenfrage gewinnen wir aber m. E. durch den vielerörterten Vers 6 f. des Fragments: Sie aber nahmen den Herrn und stießen ihn im Lauf und sprachen: 'Laßt uns schleifen den Sohn Gottes, da wir ihn in unsere Gewalt be= kommen haben'. Und sie bekleideten ihn mit Purpur und setz= ten ihn auf einen Richterstuhl und sprachen: 'Richte gerecht, du König von Israel'." — Dieser unkanonische Zug geht unverkennbar auf ein Mißverständnis von Joh. 19 13 zurück, wo man in dem Satze: ὁ οὖν Πειλᾶτος ... ἤγαγεν ἔξω τὸν Ἰησοῦν καὶ ἐκάθισεν ἐπὶ βήματος das ἐκάθισεν transitiv auffaßte (Harnack S. 63 f. verteidigt diese Auffassung als die ursprüngliche); der Verfasser des PE könnte daraus die geschilderte Situation abgeleitet haben. — Aber das Problem komplicirt sich durch einen Vergleich unserer Stelle mit Justin apol. I 35 (Corp. apol. ed. J. C. Th. Otto, I. S. 90).

PE	Justin.
ἔλεγον · σύρωμεν τὸν υἱὸν τοῦ θεοῦ ἐξουσίαν αὐτοῦ ἐσχηκότες .... καὶ ἐκά- θισαν αὐτὸν ἐπὶ καθέδραν κρίσεως λέγοντες δικαίως κρῖνε, βασιλεῦ τοῦ Ἰσραήλ.	καὶ γάρ, ὡς εἶπεν ὁ προφήτης, διασύ- ροντες αὐτὸν ἐκάθισαν ἐπὶ βήματος καὶ εἶπον · κρῖνον ἡμῖν.

Daß zwischen den beiden Stellen eine Verwandtschaft besteht, ist unleugbar; es fragt sich nur, welcher Art sie ist: ist Justin von PE abhängig? oder PE von Justin? oder beide von einer gemeinsamen Quelle? Alle diese Möglichkeiten sind zur Lösung herangezogen worden. — Zunächst wird aus Justin klar, daß zur wei= teren Ausbildung der aus Joh. 19 13 geflossenen Vorstellung auch der Weissagungs= beweis beigetragen hat. Denn Justin greift deutlich zurück auf das Citat Jes. 58 2, das er wenige Zeilen vorher in auffälliger Verbindung mit Jes. 65 2 gebracht hat, und aus dem die Aufforderung „Richte gerecht" bezw. „Richte uns" abgeleitet zu sein scheint. Dort heißt es: (LXX) αἰτοῦσί με νῦν κρίσιν δικαίαν. Aber gerade das charakteristische δικαίαν, das unser Fragment in seinem δικαίως aufgenommen hat, hat Justin sowohl im Citat wie in der Anwendung ausgelassen. Sollte Justin, wenn er PE hier benutzte und dessen Erzählung wiedergeben wollte, dazu die alt= testamentliche Parallele, auf die er hinweist, selbst gefunden und trotzdem das dort wie hier enthaltene δικαίαν bezw. δικαίως getilgt haben? Man wird das kaum für glaublich halten können. — Weiter heißt es in der zugrunde liegenden Johannes= stelle: ἐκάθισεν ἐπὶ βήματος; PE sagt dafür ἐκάθισαν αὐτὸν ἐπὶ καθέδραν κρίσεως; Justin: ἐκάθισαν ἐπὶ βήματος: sollte Justin das zweifellos ursprünglichere βήματος erst nachträglich in seine abgeänderte Vorlage hineingebessert haben? oder soll es Zufall sein, daß er den Ausdruck von PE durch den der johanneischen Grundstelle ersetzt hat? — Endlich das σύρωμεν bezw. διασύροντες. σύρειν ist nur in der Bedeutung „schlei= fen" zu belegen und ist vom Verfasser des PE auch zweifellos so verstanden (vgl. vorher: sie stießen ihn im Lauf); διασύρειν dagegen heißt sowohl „schleifen" wie „verspotten", und das letztere ist augenscheinlich der Sinn bei Justin. Mit Recht ist darauf aufmerksam gemacht, daß diese Bedeutung auch im PE für die folgende Verspottungsszene passender wäre als die des „Schleifens". Auch Harnack gibt es zu und schlägt (S. 63) sogar vor, entgegen allen Belegen, das σύρειν im PE mit „verspotten" zu übersetzen. Kann man sich von dem Rechte dazu nicht überzeugen, so bleibt kaum etwas anderes übrig als die Annahme: der Verfasser habe ein δια= σύρειν, wie Justin es dietet, vor sich gehabt, dieses, wie es möglich war, in der fal= schen Bedeutung „Schleifen" verstanden und nach seiner Eigenart (vgl. v. Schu=

bert S. 17) das Kompositum durch das Simplex erfeßt, eben dadurch aber den
Fehler unheilbar gemacht. Dafür fpricht auch, was bisher überfehen ift, das
vorhergehende ὦθουν αὐτὸν τρέχοντες: man hat fich über die Unklarheit der Situation
befchwert, da es völlig undeutlich bleibe, ob diefe Szene im Gerichtsgebäude oder
auf dem Weg zum Richtplaße oder auf dem Richtplaße felber (auf dem man fich
10 befindet) fpielt. Mir fcheint, der Verfaffer ift zu diefer Verwirrung verführt eben
durch ein von ihm als „Schleifen“ aufgefaßtes διασύρειν, für das er fich die Situation, die er in feinen Vorlagen nicht faud, durch das 'fie ftießen ihn im Lauf' zu
fchaffen fuchte. Der Wortlaut des PE, für fich betrachtet, weift alfo fchon auf irgend
eine andere, wahrfcheinlich fchriftliche Quelle hin, die ungefähr daffelbe bot wie Juftin. Ift aber διασύρειν vermutlich das Urfprüngliche: follte Juftin den Verfaffer des PE
in genialer Weife durchfchaut und wiederum den Wortlaut von deffen Vorlage aufs
glücklichfte wiederhergeftellt haben? — Nach alledem ift m. E. eine Abhängigkeit
des Juftin vom Petrusevangelium an diefer Stelle direkt ausgefchloffen. Eher ließe
fich der umgekehrte Fall deuten: PE 6 f. könnte aus dem Juftin gefloffen fein. Dagegen fpricht aber, daß PE, ohne fich auf die Jefajaftelle 58 2 zu beziehen, das bei
Juftin fehlende δικαίαν richtig aufgenommen hat. Läßt man danach auch die Benußung des Juftin durch das PE fallen, fo bleibt nur die Annahme einer gemeinfamen Quelle übrig. Harris[1] hat als folche eine Sammlung von
„Testimonia“ gegen die Juden vermutet, in der alttestamentliche Weiffagungen mit
ihren neutestamentlichen Erfüllungen zufammengeftellt gewefen wären, ein Buch,
das der fpäteren antijüdifchen Polemik zu Grunde lag, etwa (nach Harnack TU I 3
1883) der Dialog des Jafon und Papiscus. Da es fich um eine Erzählung handelt,
die ihre Geftalt unter Mitwirkung des Weiffagungsbeweifes erhalten hat, und da
Juftin, wie erwähnt, das Citat Jef. 58 2 mit 65 2 eigentümlich verbindet, fo hat
der Gedanke etwas Beftechendes. Freilich läßt er fich durch nichts weiter begründen. — Dagegen hat v. Schubert[2] darauf aufmerkfam gemacht, daß Juftin
felbft wenige Zeilen nach der erwähnten Stelle fchreibt (apol. I 35): „Daß dies fo
gefchehen ift, könnt ihr aus den Pilatusakten erfahren“. Von dem Grundfaß aus,
daß apokryphe Züge, die einer folchen Verweifung vorangehen, zunächft aus der
namhaft gemachten Quelle abzuleiten find, poftulirt er als gemeinfame Vorlage für
PE und Juftin alte Acta Pilati, die Grundfchrift der fpäteren umfangreichen Pilatusliteratur. Durch den Nachweis, daß in eben diefer Pilatusliteratur verftreut
fich überall Anklänge an das PE finden, die durch bloße Einwirkung des PE
fchwerlich erklärt werden können, und daß die Figur des Pilatus frühzeitig in Verbindung mit dem Petruslegendenkreis getreten ift, hat er feine Pofition erheblich
verftärkt. Daß es Acta Pilati im 2. Jahrh. überhaupt gegeben habe, wird allerdings
von Lipfius, Harnack u. a. beftritten. Aber die Frage bedarf zum minde-
ften einer neuen Unterfuchung (vgl. Apokr. S. 75). — Endlich fei nur noch angedeutet, daß — wenn Harnack darin Recht hätte, daß PE zwar den unechten Mar-
cusfchluß benußte, aber ihn noch in feinem urfprünglichen Zufammenhange las —
auch die Schrift, der diefer Mc.fchluß entnommen ift, als Quelle für den Verfaffer
des PE in betracht kommen könnte (alfo etwa die Diegefen des Arifton). — Ein
abfchließendes Urteil darüber, welche von diefen Möglichkeiten Wirklichkeit gewefen
fei, wird fich nicht fällen laffen.

Wie viel PE diefer feiner Quelle entnommen hat, ob nur diefe eine Stelle
oder auch fonftige Eigentümlichkeiten (z. B. einiges aus der Leidensgefchichte oder
25 ff.?), läßt fich bei unferer mangelhaften Kenntnis diefer Quellen nicht ausmachen. Zuweit geht wohl v. Schubert, wenn er auf die Rechnung des Verfaffers von PE faft nur die Unklarheiten und Unrichtigkeiten fchiebt und fchon die

---

[1] Ich entnehme die Notiz aus J. A. Robinsons Auffaß in The New
World, Dez. 1894, Bofton, S. 702.
[2] Vgl. auch Kunze S. 34; Holßmann, Hift. Zeitfchr. N. F. XXXVI.
S. 305.

ganze Zusammenarbeitung der vier Evangelien der Vorlage zuschreibt. Aber über das non liquet ist hier vorläufig nicht hinauszukommen.

Das Urteil über den Charakter der Arbeit bleibt natürlich dasselbe, auch wenn wir für dieses oder jenes Stück die Verantwortung einem Vorgänger des PE zurechnen müßten. Das Petrusevangelium hält sich zwar in seinen Erfindungen (z. B. hinsichtlich der Auferstehung) immerhin auf einer etwas höheren Linie als die meisten späteren apokryphen Schriften, aber es gehört seiner ganzen Haltung nach doch in ihre Reihe, wenn man es auch an den Anfang derselben rücken mag. Es ist bezeichnend, daß selbst Harnack auf die Frage „Wie ist die Entstehung einer solchen Darstellung deulbar in einer Zeit, wo unsere 4 Evangelien schon existirten?" in ThLZ 1894 Sp. 16 erwidert: „Gewiß ist die leichteste, vielleicht die einzig mögliche Antwort die, daß wir den Verfasser in einem Kreise zu suchen haben, der von der großen Kirche seitab stand, wenn er sich auch dogmatisch nicht durchgreifend von ihr unterschied", und ganz ähnlich in TU IX 2 ² S. 37: „Aus diesem Dilemma ist nur dann ein gewisser Ausweg möglich, wenn sich nachweisen ließe, daß das Petrus-Evangelium von vornherein für eine außerkirchliche christliche Partei geschrieben ist, die sich an die Ueberlieferungen und Ordnungen der großen Kirche nicht gebunden fühlte." (Aehnlich Lods S. 73.) Auf diese „leichteste, vielleicht einzig mögliche" Antwort, die zudem mit dem Zeugnis der Tradition (Serapion) aufs beste übereinstimmt, wird man doch nur auf Grund der gewichtigsten Beweismittel verzichten können.

Die einzige Gegeninstanz aber, die Harnack anzuführen weiß, ist die angebliche Benutzung[1] per Justin. Die meisten der S. 38 f. aufgezählten Vergleichungen sind freilich — auch abgesehen von der Möglichkeit, daß auch hier die erwähnte gemeinsame Quelle vorliegt, — nicht schlagend. So läßt sich Apol. I 40 ungezwungen mit Zahn u. a. aus AG. 4 ₂₇, wo gleichfalls auf Ps. 2 verwiesen ist, ableiten. Auf die Stellen Apol. I 50 (Dial. 106), Dial. 108 wagt Harnack selber ebensowenig wie auf Dial. 103 einen Nachdruck zu legen. Auch der Titel „König" für den Tetrarchen Herodes (Dial. 103) beweist nichts (vgl. Mc. 6 ₁₄. ₂₂ ff. u. Parallelen). Ueber Apol. I 35 ist oben schon ausführlich geredet. So bleiben nur noch Dial. 106 u. 97: An der erstgenannten Stelle, auf die Harnack neben Apol. I 35 am meisten Gewicht legt, sagt Justin: „Wenn es aber heißt, daß er den Petrus, einen der Apostel, umgenannt habe, und wenn geschrieben steht in feinen Erinnerungen (ἐν τοῖς ἀπομνημονεύμασιν αὐτοῦ), daß auch dies geschehen sei, nachdem er auch zwei andere Brüder, die Söhne des Zebedäus, umgenannt habe in Boanerges, d. h. Donnersöhne" usw. Wie der überlieferte Text lautet, kann das αὐτοῦ, auf das hier alles ankommt, nur auf Petrus bezogen sein. Da die betreffenden Angaben sich Mc. 3 ₁₆ f. finden, so hat man hier die angebliche Petrusmemoiren in unserem Marcusevangelium gesucht, wozu Papias (Frgm. II 15, pa S. 129) das volle Recht gibt. Bei dieser keineswegs künstlichen Deutung könnte man sich Harnack (ebenso übrigens Lods S. 59 f.) gegenüber durchaus beruhigen. Aber man wird einen Schritt weiter gehen müssen: Schon vor Auffindung des PE ist die Richtigkeit des Textes bezweifelt; denn der Ausdruck τὰ ἀπομνημονεύματα αὐτοῦ wäre bei Justin ganz singulär, wie namentlich Robinson (The New World Dez. 1894, S. 695 f.) nachgewiesen hat. Wo Justin von den Apostelerinnerungen spricht, bezieht er das Wort niemals auf eine einzelne Evangelienschrift: 5mal schreibt er: τὰ ἀπομνημονεύματα τῶν ἀποστόλων αὐτοῦ; 3mal: τὰ ἀπομν. τῶν ἀποστόλων; 4mal (nachdem die ausführlichere Bezeichnung vorangegangen ist) nur τὰ ἀπομνημονεύματα. Da nun Justin uns nur in Einer Handschrift[2] vorliegt, so hat man allen Grund, bei einer so auffälligen Notiz den sonstigen Sprachgebrauch zu Rate zu ziehen und danach eine Textverderbnis (αὐτῶν statt αὐτοῦ, oder

---

[1] In der Aufzählung der angeblichen Benutzungen folge ich im wesentlichen dem Gange bei Harnack S. 37 ff.

[2] Der betr. Einwand von Lods S. 59 wird dadurch hinfällig.

τὰ ἀπομν. τῶν ἀποστόλων αὐτοῦ, oder Streichung des αὐτοῦ) anzunehmen. Danach bleibt nur die Stelle Dial. 97, wo Juſtin mit PE den Ausdruck λαχμός gemein hat. Aber auf dieſes Eine Wort wird niemand die Abhängigkeit Juſtins von PE gründen wollen, ſelbſt wenn es ſich nicht ſchon durch Joh. 19 ₂₄ nahelegte.

Fällt aber, vollends durch das S. 76 f. Erwähnte, das Zeugnis des Juſtin, ſo hindert nichts, das PE dahin zu ſtellen, wo das Zeugnis des Serapion und, nach der obigen Darlegung, der Inhalt des Fragments ſelber ihm ſeinen Platz anweiſen: **Es wird in den Kreiſen eines gemäßigten Doketismus, der ſich vielleicht mit enkratitiſchen Neigungen verband, um die Mitte des zweiten Jhdts. in Syrien, wo es zuerſt auftaucht und nachgewirkt hat, entſtanden ſein.**

Die ſpäteren Benutzungen ſind ziemlich zweifellos nur in der Didaskalia, der Grundſchrift der Apoſtoliſchen Konſtitutionen (ſ. Harnack S. 40 ff.). Didask. V 19 blickt wohl auf B. 1 u. 2 des vorliegenden Fragments. Daß man danach ein gewiſſes Recht hat, in ſonſtigen abweichenden Zügen der Leidensgeſchichte, wie die Didaskalia ſie bietet, gleichfalls eine Nachwirkung des PE zu vermuten, iſt zuzugeben. Leider iſt aber die Ausbeute recht gering; denn die allein in Betracht kommenden Stellen V 14 f. 17 ſind ſo ſehr mit „Fabeleien des Berfaſſers“ durchſetzt, daß man ſeine Borlage nicht mehr erkennt. — Eine ganz andere Frage aber iſt es, (trotz Reſch, Agrapha S. 319 ff.), ob man berechtigt iſt, nun ſämtliche apokryphen Evangeliencitate oder =anſpielungen der Didaskalia Einem beſonderen Didaskalia=Evangelium zuzuſchreiben und dieſes ohne weiteres mit dem Petrusevangelium zu identificiren[1]. Wieviel von dieſem Sondergute[2] auf das PE zurückzuführen iſt, läßt ſich darum auch nicht mit annähernder Beſtimmtheit ſagen; am meiſten Wahrſcheinlichkeit hat Harnacks Ausführungen darüber noch die, daß die wohl im 2. Jhdt. in das Johannes=Evangelium eingeſchobene Perikope von der Ehebrecherin (Joh. 7 ₅₃ — 8 ₁₁), — die ſich im Orient nur in der Didaskalia II 24 (auch im lat. Beronenſer Fragment derſelben, ed. E. Hauler, Lpz. 1900, S. 35) findet, — dem PE entſtammt[3]. Wenn Euſebius (h. e. III 39, 17, vgl. pa S. 129 f.) ſie bei Papias und im Hebräerevangelium las, ſo mag ſie ſowohl dort wie hier geſtanden haben, möglicherweiſe auch aus dem Hebr.=Ev. ins PE aufgenommen ſein.

Ueber das Gebiet der Möglichkeiten kommen wir auch in Bezug auf die ſonſtigen von verſchiedenen Forſchern namhaft gemachten Benutzungen nicht hinaus. Nach den Berührungen zwiſchen den außerkanoniſchen Citaten der Didaskalia und Clemens von Alexandrien wäre es nicht ausgeſchloſſen, daß auch der letztere das PE kannte. Die Spuren des PE, die Murray (nach Harnack S. 60) im Matthäus=Kommentar des Origenes finden will, ſind bis auf die Parallele zu ₁ ziemlich undeutlich. Dagegen hängt wohl der Zuſatz zu Mc. 16 ₄ im Codex Bobbienſis (Harnack S. 57) mit PE ₃₆ und ₄₀ zuſammen. Zweifellos iſt die nahe Verwandtſchaft von PE ₂₅ mit einem Zuſatz zu Lk. 23 ₄₈, den zwei ſyriſche und

---

[1] Bollends gar wegen einer außerkanoniſchen Stelle, die ebenſo wie in der Didaskalia auch in der Didache ſich findet (I 3 „und ihr werdet keinen Feind haben“) auch die geſamten Beſonderheiten der Evangeliencitate in der Didache auf das PE zurückzuführen (Harnack S. 58 f.), iſt geradezu ein Mißbrauch des Rechtes zu Hypotheſen. — Derſelbe Vorwurf vager Kombinationen trifft die Annahme einer Benutzung des PE im Barnabasbrief (Bölter, Hilgenfeld), 2. Clemensbrief (Bölter), bei Ignatius und Papias (Harnack).

[2] Es handelt ſich, nach Harnack, um Folgendes: 1) Was du nicht willſt daß man dir thue, das füge auch keinem andern zu. 2) Bergebet, ſo wird euch vergeben werden; gebet, ſo wird euch gegeben werden. 3) Wehe denen, die da haben und heuchleriſch ſich geben laſſen. 4) Es werden Selten und Spaltungen ſein (vgl. Apokr. S. 9). 5) Werdet bewährte Wechsler (vgl. Apokr. S. 9). 6) Die Liebe deckt eine Menge von Sünden zu. 7) Die Stimme bei der Taufe: „Du biſt mein Sohn, heute habe ich dich gezeugt“. 8) Die Erzählung von der Ehebrecherin Joh. 8.

[3] Im Zuſammenhang damit möchte Harnack auch den Zuſatz des Cod. D zu Lk. 6 ₄ (ſ. Apokr. S. 11 sub c 1) dem PE zuweiſen.

eine lateinische Handschrift (Harnack S. 58) und vermutlich schon Tatian bieten
und der auch sonst, vor allem auf syrischem Boden (Doctrina Addai; Ephraem), begegnet. Doch ist es nicht unmöglich, daß der betreffende Zusatz schon vom Verfasser des PE im Lukas-Evangelium gelesen wurde (s. u. zu der Stelle). — Dafür,
daß Lactanz (die Stellen bei Kunze, NJbTh III S. 96 f.) und Kyrill von Jerusalem das PE kannten, spricht manches (zu den bei Harnack S. 59 f. angeführten
Stellen aus Kyrill kommt noch Historia eccl. et myst. c. 12: συρόμενος ἤγετο εἰς
τὸ σταυρωθῆναι). Ziemlich unsicher ist dagegen wieder die Benutzung bei Ps.-Igna-
tius ad Trall. 9 („vor Sonnenuntergang wurde er begraben" — „als der Herrntag
dämmerte, stand er auf von den Toten"). — Ausdrücklich genannt wird das PE
an keiner dieser Stellen.

Ob endlich der Text des Fragments der unveränderte des 2. Jhdts.
ist, ist eine bisher wenig erörterte Frage. Völter hat umfangreiche Ausschei-
dungen vornehmen wollen (3—5a. 11—13. 21—24. 36. 37b. 39—42. 52—54. 56b)[1], mit
wenig Glück. Auch Manchots Versuch einer Quellenscheidung[2] ist entschieden
mißlungen. Jedes derartige Unternehmen ist bei dem heutigen Stand unseres
Wissens um das PE aussichtslos.

Bemerkungen[3].

1: Die Situation ist jedenfalls die von Mt. 27 24 f. Nach dem im Anfang
stehenden δέ ist es wahrscheinlich, daß vorher nur von Pilatus, noch nicht von den
Juden die Rede war; das Wort „Sein Blut komme über uns und unsere Kinder"
wird also zum mindesten nicht zwischen der Händewaschung des Pilatus und PE 1
berichtet sein. Danach scheint auch die Parallele in der Didaskalia V 19 in ihrem
Hauptteil auf die Mt.stelle zurückzugehen: „Der heidnische Richter wusch
sich die Hände und sprach: Ich bin unschuldig am Blute dieses
Gerechten! Sehet ihr zu! — Israel aber schrie: Sein Blut
komme über uns und unsere Kinder"; während der Fortgang allerdings
von PE beeinflußt ist: „und der König Herodes befahl, ihn zu kreuzigen" (vgl. 2). —

Die Situation von Mt. 27 ist aber in PE dadurch verschoben, daß hier
Herodes und die Juden die eigentlichen Richter sind (gegen Wabnitz, Revue de
théologie 1893, S. 289 ff.): das apologetische Interesse, das in der heidenchristlichen
und heidnischen Umgebung zugleich ein antijüdisches ist, läßt den Verf. hier und
im Folgenden von Pilatus und den Römern überhaupt fast alle Schuld nehmen
und die Verantwortung den Juden allein aufbürden: Der römische Statthalter
selber muß Jesu Unschuld bezeugen. Die Weiterbildung der Erzählung nach dieser
Richtung hin über die Ansätze bei Mt. hinaus lag im 2. Jhdt. gewissermaßen in
der Luft (vgl. Apokr. S. 74).

und da sie sich nicht waschen wollten: cod.: x . . . βουληθέντων,
nach dem Zusammenhange, vielleicht auch nach einer Stelle bei Origenes (comm.
ser. in Mt. 124), hat man zu ergänzen: καὶ μὴ β. (Zahn: καὶ τινων; Wabnitz:
καίτοι). Pilatus verläßt jedenfalls den Gerichtssaal; er scheint dort auch nur eine
Art Ehrenpräsident gewesen zu sein. Denn 2 er (Tetrarch, hier) König (vgl.
Mc. 6 14 ff.) Herodes ist es, der den Befehl zur Hinrichtung gibt unter Hinweis auf
einen früheren, also im vorhergehenden wohl erwähnten Befehl. Wie die Richter sind
auch die ausführenden Häscher zweifellos Juden (vgl. 5).

den Herrn zu ergreifen: cod.: παρ . . . μφθῆναι; vermutlich = παρα-

---

[1] Er sieht in dem Fragment das Bruchstück eines zum Aegypterevangelium
erweiterten Petrusevangeliums!

[2] 28—49. 56 u. einzelnes in 50—55 soll ein „Evangelium des Paulus" sein,
älter als unsere Evangelien!

[3] Im Folgenden sind vor allem die Bemerkungen Harnacks, v. Schuberts und Zahns verwertet.

λημφθῆναι (Manchot: παραπεμφθῆναι, geleiten, bei Justin vom Sündenbock ge=
braucht vgl. 3. Mos. 16 21).

3–5. Die Bitte des Joseph um den Leib des Herrn (nach Völter Ein=
schub, dann freilich an dieser Stelle erst recht unbegreiflich) ist noch vor die Ver=
spottungsscene gerückt, vermutlich, weil dem Verf. daran liegt, die Zeit zwischen Jesu
Tode und dem Sonnenuntergang möglichst frei zu halten, damit an der rechtzeitigen
Bestattung Jesu kein Zweifel bleiben kann (s. u.). — 3. Joseph (der Zusatz „von
Arimathia" fehlt wie alle genaueren Ortsangaben) wird zum Freund des Pilatus,
ein Zug, der sich zweifellos nur auf Grund der vorliegenden Erzählung gebildet
hat; zugleich wird dadurch Pilatus noch näher an den Herrn herangerückt. —
4. Pilatus hat also mit der ganzen Hinrichtung so wenig zu tun, daß er nicht einmal
über den Leichnam verfügen kann. — 5 Zur Anrede des Herodes an Pilatus vgl.
Lf. 23 12. — Die Antwort des Herodes dient wiederum dem Nachweis, daß Jesus
vor Sonnenuntergang begraben sein müsse; den Juden selber wird das Streben
danach zugeschoben, vgl. Joh. 19 31 und Josephus bell. Jud. IV 5, 2 (bei Zahn
S. 28). Vielleicht steht dies „chronologische" Interesse des Verfassers in irgend
einem Zusammenhange mit der christlichen Osterfeier und der Berechnung der „drei
Tage im Grabe", um die sich z. B. auch Didaskalia V 14 u. Aphraates (TU III,
1888, hom. XII § 5) bemühen.

am Tage vor den süßen Broten: doch wohl, wie im Johannes=
evangelium, am 14. Nisan. — 6 f. Der Ort der Handlung ist nicht klar. Wahr=
scheinlich meint der Verf., daß sie den Herrn nach Golgatha (der Name wird nicht
erwähnt) schleppen und erst dort verspotten; s. im übrigen oben S. 76 f. — Die
Einzelheiten der Verspottungsscene sind aus allen Evangelien zusammengetragen
und zwar wohl unter Vermengung der Verspottung vor dem hohen Rat (Mc. Mt.)
mit derjenigen im Richthaus.

10 ff. Der Verf. schließt sich im Gange an Joh. an. Aber 10 der Ausdruck
κακοῦργοι ist specifisch lukanisch.

Er aber blieb stumm: Vielleicht hat Jes. 53 7 eingewirkt. Der Aus=
druck könnte allenfalls von Jesu Selbstbeherrschung im Leiden verstanden werden
(Harnack vergleicht Martyrium Polycarpi 8, pa S. 119), ist aber hier jedenfalls do=
ketisch zu deuten. Denn ein Verfasser, der die vier Evangelien mit ihren Kreuzes=
worten vor sich hatte, der insonderheit bei Lukas, dem er gleich darauf folgt, an
eben dieser Stelle ein Wort des Herrn fand („Vater, vergib ihnen, denn sie wissen
nicht, was sie tun"), kann diesen Zug des schmerzlosen Schweigens nicht harmlos,
sondern nur mit Absicht, also wohl im Interesse einer bestimmten christologischen
Anschauung hineinkorrigirt haben. Die Dehnbarkeit des Ausdrucks — wenn sie
nicht für den Dienst der Propaganda berechnet ist — weist freilich auf einen ver=
hältnismäßig milden Doketismus hin. — 11. Die Inschrift setzen natürlich die
Juden selber; eben deswegen tritt für „König der Juden" „König von Israel"
ein, vgl. die gleiche Anrede im Munde der Hohenpriester und Schriftgelehrten Mc. 15 32.
12. Vgl. Justin, Dial. 97, oben S 79. — 13. Die Rede des Schächers nach Lf.,
aber nach jeder Richtung hin vergröbert: an die Juden statt an Jesus wendet er
sich und preist Jesus in heidenchristlicher Weise als „Heiland der Menschen". —
14. Das Schenkelzerbrechen, nur Joh. 19 31 ff. erwähnt als Maßregel zur Beschleuni=
gung des Sterbens, von der nur Jesus verschont bleibt, wird hier als eine Wohl=
tat angesehen und diese von den Juden aus Zorn dem gläubigen Schächer ver=
weigert. Die Worte auf Jesus zu beziehen (Harnack u. a.), wird im Zusammen=
hange laum möglich sein. Allerdings bleibt es eine Gedankenlosigkeit, wenn der
Verf., dem so viel an der Bestattung vor Sonnenuntergang liegt, die Juden hier
absichtlich das Ende hinausschieben läßt.

15. Im folgenden sind vor allem Lf. und Mc. benutzt. — Es war aber
Mittag: gegen Joh. 19 14 übereinstimmend mit der synoptischen Tradition. — Die
Verfinsterung wird hier und vollends in 18, wohl unter dem Einfluß der öfter be=
nutzten Weissagungen Amos 8 9 f. Jer. 15 9. Jes. 59 10, bis zur vollen Finsternis

gesteigert: die Juden deuten schon an Sonnenuntergang; ihr einziger Schrecken ist freilich der über die etwaige Gesetzesverletzung, vergl. aber 25 — Sie haben ein Schriftwort: Die Wiederholung des Schriftcitats ist vielleicht durch eine Randglosse veranlaßt. Duhm (bei Harnack S. 64) schlägt sogar, aber wohl mit Unrecht, vor, 15 b—17 als Einschub zu streichen, um den Zusammenhang zwischen 15 a u. 18 herzustellen. 16: Galle mit Essig: Mt. und Mc. berichten von einer zweimaligen Tränkung, zuerst vor der Kreuzigung (Mc. 15 23: gewürzter Wein; Mt. 27 34 Wein mit Galle gemischt), und dann nach dem Ruf: Eli, Eli usw. (Mc. 15 36. Mt. 27 48: mit Essig); Lk. und Joh. kennen nur diese zweite Tränkung, die bei Joh. veranlaßt ist durch das Wort des Herrn: Mich dürstet. Dies letzte Wort hat der Verfasser getilgt, den Angstruf der Verlassenheit aber nachgestellt, beides wohl im Zusammenhang mit seiner doketischen Neigung. Die Zusammensetzung des Tranks scheint aus einer Verbindung von Mt. 27 34 mit 27 48 erschlossen zu sein, wie sie an der Hand von Ps. 69 22 nahe genug lag, und wie sie vielleicht schon zur Zeit der Abfassung des PE auch in den Text des kanonischen Mt. 27 34 eingedrungen war und sich ebenso im Barnabasbrief (7, 3. 5 pa S. 17) und bei Jrenäus und Tertullian findet. Von hier mit Wölter auf Abhängigkeit des Barnabasbriefes von PE zu schließen, ist ein kühnes Unterfangen. — Wodurch sich der Verfasser diese Tränkung veranlaßt deukt, ist nicht ganz deutlich. — Im Zusammenhange sollte man allerdings nach 15 eine Maßregel zur Beschleunigung des Todes und nach 17 eine neue Grausamkeit der Juden erwarten. Möglich, daß darum Zahn (S. 31) Recht hat, wenn er, nach der Bedeutung des Wortes χολή an einigen Stellen der LXX, hier an einen Gifttrank denkt. Daun ist es allerdings eine „Vollendung ihrer Sünden", wie der — aus johanneischem Sprachmaterial zusammengesetzte — V. 17 es nennt.

18. Jedenfalls soll der Eindruck der vollkommenen Finsternis gesteigert werden (s. o. zu 15). Neben den erwähnten Weissagungen könnte vielleicht das zu 5 angeführte chronologische Interesse des Verfassers mitgesprochen haben, um durch Anrechnung dieser 3 Stunden als einer wirtlichen Nacht die 3 Tage Grabesruhe herauszubekommen (vgl. die Didaskalia a. a. O.). — Der Text ist in der Handschrift verderbt; cod.: περιήρχοντο δὲ πολλοὶ μετὰ λύχνων νομίζοντες ὅτι νύξ ἐστιν ἐπέσαντο · καὶ κτλ. Das Wort ἐπέσαντο ist im Codex selber über einer Rasur geschrieben. Die Zahl der Verbesserungsvorschläge ist Legion. Zum Teil hat man sich mit der Einfügung eines καὶ vor ἐπέσαντο (Harnack), oder mit der Konjektur ἐπέσαν τε (Robinson) begnügt; freilich bleibt die Verbalform anstößig. Andere wollen ein καὶ einschieben, aber daneben das Wort ἐπέσαντο ändern, z. B. in ἔπαισαν (Hilgenfeld), ἔπταισαν (Hoffmann), μὴ πέσοιντο (Bennett), πταίοντες (Lejay), ἀνεπέσαντο (Lods); πεσοῦνται (abhängig von ὅτι, Harnack). Andere schieben das καὶ vor νομίζοντες ein und lesen am Ende ἐξέίσαντο, ἀνεπαύσαντο (v. Gebhardt), ἀνέπεσαν. τότε (v. Schubert). Wieder andere suchen in ἐστιν ἐπέσαντο, zusammengenommen, ein von ὅτι abhängiges Verbum: ὅτι νύξ ἐστιν (αἰσία) Hilgenfeld, oder: ὅτι νὺξ ἐνεπέσατο (v. Gebhardt früher) oder ὅτι νὺξ ἐνέπεσεν · τότε . . (Lundborg). Ganz befriedigend ist keine dieser Lösungen. Möglicherweise sind mehrere Worte ausgefallen. — Zur Sache vergleicht Harnack Pf. Cyprian de monte Sina et Sion 8: inludentes prostrati in faciem iacuerunt.

19. Der Herr bricht sein Schweigen: „Meine Kraft! Kraft! du hast mich verlassen!" Der Verf. gibt also das Wort in einer Abänderung wieder, die, ebenso wie die veränderte Stellung im Gang der Erzählung (s. oben zu 16), nur als bewußte Korrektur im christologischen Interesse verstanden werden kann. Aus der Frage ist eine objektive Aussage geworden (doch vgl. Nestle bei Harnack S 66), und das „Eli" ist (sei es in andrer Deutung des אל oder in Ableitung von einem חיל) durch δύναμις ersetzt. Der Jesus, der da stumm blieb wie einer, der keinen Schmerz empfindet, bricht sein Schweigen erst im Augenblick des Todes, und nicht mit einem Wort, das auf seelisches Leiden hinweist, sondern mit der Aussage, daß ihn eben die Kraft verlassen hat, die ihm sein schmerzloses Schweigen ermöglichte. Es wird also an seine gottentstammte Kraft

gedacht ſein, etwa an den „oberen Chriſtus", an die Kraft, der er, wie man aus Lk. 1 ₃₅ herausleſen mochte, von Mutterleib an ſeine Göttlichkeit verdankte, und die als das πνεῦμα (Lk. a. a. O.) ſein Lebenselement war. So mochte der Verf. die entſprechenden Ausſagen der kanon. Evangelien (vgl. Mt 27 ₅₀ ; Joh. 19 ₃₀ : er gab ſeinen Geiſt auf; Lk. 23 ₄₆ : Vater, in deine Hände befehle ich meinen Geiſt) deuten. — ward er aufgenommen : Ausſagen, die die Vorſtellung einer Himmelfahrt vom Kreuze aus auszudrücken ſcheinen, begegnen öfter in der altchriſtlichen Literatur. Auch hier kann das Wort harmlos gewählt ſein, aus der heiligen Scheu heraus, vom κύριος ein Sterben auszuſagen. Wahrſcheinlich liegen aber auch darin, wie zweifellos im Hauptteil des Verſes, gnoſtiſch-doketiſche Einflüſſe vor; aber freilich, wie der Fortgang z. B. 24 beweiſt, in milder und vielleicht abſichtlich verhüllter Geſtalt, ſodaß man kaum die Einzelheiten einer Chriſtologie des Verfaſſers daraus ableiten kann. Nicht einmal darüber kann man in dieſen Worten eine Entſcheidung ſuchen, ob das, was „aufgenommen" wird, eben die δύναμις iſt oder ein drittes Element neben ihr und dem Leibe uſw. Immerhin legt ſich der Vergleich mit der valentinianiſchen Gnoſis (Zahn S. 35) oder den Doketen des Hippolyt (v. Schubert S. 46) nahe, ohne daß man den Verf. auf einen dieſer Standpunkte feſtnageln könnte. Reiches Material darüber legt jetzt Stocks, NkZ XIV 7, S. 515 ff. vor.

21. Die beſtimmte Ausſage, daß der Herr mit Nägeln durch die Hände ans Kreuz geheftet war, findet ſich nur noch im Bericht über ſeine Erſcheinung vor Thomas, Joh. 20 ₂₀ ff. — Der Geſtorbene iſt noch immer (vgl. 24) ὁ κύριος : wieder ein Beweis, daß kein ſtrikter Doketismus vorliegt. Dasſelbe ergibt ſich aus der eigenartigen Begründung des Erdbebens, das, echt legendenhaft, auf die Berührung der Erde mit dem Leib des Herrn zurückgeführt und dadurch ins Zauberhafte gezogen wird. — Die Freude 23 bezieht ſich auf ihre Beſorgnis von 15 : das Geſetz iſt nicht verletzt; dabei bleibt aber der innere Schrecken, den das Erdbeben erregt hat, und der dann 25 zum Ausdruck kommt. Dazwiſchen iſt wenig paſſend die Beſtattung eingefügt, vielleicht weil der Verf. nach dem zu 3—5 u. 18 Bemerkten ſie nicht früh genug erzählen kann. — 23 Zu der eigenartigen Begründung vgl. Joh. 11 ₄₅. — 24. Vgl. zu 21. — Das Waſchen fehlt in den Evangelien; Joh. berichtet hier die Salbung durch Nikodemus, während bei Mt. eine Salbung ganz fehlt und bei Mc. und Lk. am Oſtermorgen durch die Frauen beabſichtigt iſt. — Daß das Grab dem Joſeph gehörte, berichtet nur noch Mt., während Joh. 19 ₄₁ f., mit ſeiner andersartigen Motivirung der Wahl gerade dieſes Grabes, es auszuſchließen ſcheint. Den Garten wieder erwähnt nur Joh. Wenn aber PE für das Grab den Namen Joſephsgarten kennt, ſo kann das, wenn nicht Erfindung, nur eine Zurücktragung aus der Zeit des Verf. ſein, in der der Joſephsgarten „eine bekannte Lokalität" ſein mochte.

25. Der Eindruck des Sterbens Jeſu auf den Hauptmann und die Wache (bei Lk. auch auf das Volk), 21 nur flüchtig ausgebeutet, wird hier nachgebracht, aber, da die Wache unter dem Kreuze fehlt, natürlich auf die Juden bezogen, aus deren Mund ein ſolches Eingeſtändnis für die Apologetik beſonderen Wert haben mußte. Dazu war am gelegenſten die Bemerkung Lk. 23 ₄₈. Die Klagenden ſind — in einer Anſammlung von Ausdrücken, die den Mangel an wirklicher Kenntnis verrät — „die Juden, Aelteſte und Prieſter". Der ihnen in den Mund gelegte Weheruf findet ſich im urſprünglichen Lukastext nicht; aber wahrſcheinlich ſchon bei Tatian, ſicher bei 2 ſyriſche und eine lateiniſche Handſchrift (Cod. ſyr. Cureton u. Harris u. Sangermanensis 1) kennen dieſen oder einen ganz ähnlichen Zuſatz (ſ. o. S. 79 f.). Es iſt möglich, daß er aus PE in Lk. eingedrungen iſt, nicht ausgeſchloſſen aber auch, daß PE bereits einen ſo erweiterten Lk.text vorfand (vgl. Zahn S. 46 f.). — In 26 f. wird demgegenüber das Bild der Jünger um Petrus (der hier als Ich hervortritt) gezeichnet : eine Schilderung, die ſich ſo in den kanoniſchen Evangelien nicht findet, aber dort Anknüpfungspunkte genug hat, von denen aus der Verf. dies Bild gewinnen konnte, wenn nicht ſeine Sonderquelle (ſ. oben S. 77) es ihm darbot : Die (übrigens ſelbſtverſtändliche) Trauer : Lk. 24 ₁₇ ff. Joh. 16 ₂₀ ff. Joh. 20 ₁₁. Mc. 16 ₁₀ ;

6 *

die Furcht und ängstliche Zurückgezogenheit: Mc. 14 50 u. Par. Joh. 19 38. 20 19. 26; zum Verdacht, sie wollten den Tempel zerstören: vgl. die Anschuldigungen gegen Jesus und Stephanus, wobei das Verbrennen sich dem Verf. im Rückblick auf das Jahr 70 nahelegen mochte; das Fasten: Mc. 2 20 u. Par.

27 in Trauer und Weinen: fo wörtlich Mc. 16 10, im unechten Mc.schluß, den der Verf. also gekannt zu haben scheint, wenn auch (Harnack) möglicherweise noch in seinem ursprünglichen Zusammenhang (?). — Bis zum Sabbat: der Sabbat bricht freilich schon an eben diesem Freitag Abend an. Der Verf. hat also jedenfalls sehr flüchtig gearbeitet. Man könnte nach 58 versucht sein, an den nächstfolgenden Sabbat zu denken (Robinson), doch müßte dann der Ausdruck wohl anders gewählt sein. Wahrscheinlicher ist (Harnack), daß er die ganze Zeit seit der Gefangennehmung, also von Donnerstag Abend an[1], im Auge hat. Sehr ansprechend ist auch v. Schuberts Vermutung, daß er an die Fastensitte seiner Zeit gedacht und darüber den Zusammenhang vergessen hat. —

28. Von jetzt an folgt der Verf. dem Mt. in der Einschiebung der Erzählung von der Grabeswache. Zur Motivirung wird 25 wieder aufgenommen, freilich so, daß diesmal die Oberen dem Volke entgegengesetzt werden. Das Volk ist auf Jesu Seite getreten, schlägt sich (wie Lk. 23 48) an die Brust und erkennt (wie der Hauptmann Lk. 23 47) Jesu Gerechtigkeit und Frömmigkeit an, sodaß „Schriftgelehrte, Pharisäer und Aelteste" (f. zu 25) 29 aus Furcht vor der Volksstimmung sich bei Pilatus um die Grabeswache bemühen. 30. Damit wir sein Grab.... bewachen: cod.: φυλάξω, Robinson: φυλάξωσιν; richtiger wohl nach 33 u. 38: φυλάξωμεν. Die Begründung: damit nicht etwa seine Jünger usw. stimmt wörtlich mit Mt. überein. — Daß die Wache gerade auf 3 Tage erbeten wird, ist ohne die bei Mt. 27 63 gegebene Begründung ganz unverständlich: einer der stärksten Beweise, daß der Verf. mit längst vorhandenem, seinem Leserkreise durchaus bekanntem Material arbeitet.

31 Der ʽHauptmann der Grabeswache hat einen Namen bekommen: Petronius; die spätere Legende nennt ihn Longinus. Diese — in einem Fragment, das die Namen Jesus, Golgatha usw. nicht nennt — auffällige Genauigkeit im Detail weist nicht auf Tradition, sondern auf das Bestreben, den Mangel an Tradition durch scheinbar intime Kenntnis zu verdecken: der Hauptmann, der nachher selber Zeuge der Auferstehung wird, muß auch schon im apologetischen Interesse möglichst genau bezeichnet werden. Der Name ist wohl in Anklang an „Petrus" gewählt. — Nen ist, daß auch Aelteste und Schriftgelehrte an der Wache teilnehmen: der Verf. gewinnt so einen umso größeren Kreis von einwandfreien Zeugen. — Auch die weitere Erzählung 32—34 ist apologetisch darauf angelegt, durch Häufung der Schwierigkeiten und Ansammlung von Zeugen nicht nur in maiorem Dei gloriam das Wunder zu vergrößern, sondern auch noch über Mt. hinaus alle Gedanken an einen Jüngerbetrug u. dgl. von vornherein auszuschließen. — 32 mit dem Hauptmann: cod. κατὰ τοῦ κ.

35—49. Noch immer liegt vorwiegend Mt. zu grunde, aber sein Bericht wird nach allen Seiten hin gesteigert und ansgemalt und der Vorgang der Auferstehung selbst dargestellt, nicht ohne Kraft und Eindrücklichkeit, aber doch in einer Weise, die die sagenhafte Ausspinnung deutlich erkennen läßt.

35: Der Herrntag = ἡ κυριακή (Mt. μία σαββάτων) ist für den Verf. schon term. technicus (vgl. 50), wie er sich zuerst Offb. 1 10, Didache 14, 1 (pa S. 7) und bei Ignatius (ad Magn. 9. pa S. 89) findet. — Der ungeschickte Ausdruck ἀνὰ δύο δύο wäre nach Zahn eine Mischung aus griechischem und hebräischem Sprachgebrauch. Ein Schlafen der Wächter soll durch diese Bemerkung vollends ausgeschlossen werden. — 36. Bei Mt. erscheint bei der Auferstehung nur ein Engel, ebenso bei Mc.

---

[1] Nach der Didaskalia, die ja das PE benutzt hat, ist (V 17) Jesus sogar schon am Dienstag Abend gefangen genommen; doch wird diese Passahberechnung kaum auf eine Quelle zurückgehn.

im offnen Grabe; dort aber bei Lk. und Joh. zwei Engel; der Verf. harmonifirt und
nimmt die zwei Jünglinge hier vorweg, den einen läßt er später (44) erscheinen und, wie
Mc., zu den Franen reden (55). — Bezeichnend ift, daß für das Grab die Ausdrücke
der Synoptiker (Mc., Mt., Lk.: μνημεῖον, Mt. τάφος, Mc., Lk. μνῆμα) mit einander wechseln.
— 37. Das Mirakelhafte ift gefteigert: der Stein, den nach Mt. der Engel fortwälzt,
weicht von felber (cod. ἐπεχώρησε, beffer ἀπεχώρησε). S t o d s S. 301 f. vergleicht
1. Kor. 10₄ und viele rabbinifche Parallelen. — 38. Für den Auferftehungsakt felber
werden alle Zeugen aufgeboten: wenn noch einmal betont wird, daß auch die Aelte=
ften zugegen waren, fo verrät der Verf. damit, daß er fich feines Widerfpruchs gegen
die Tradition bewußt ift. — 39. Das felbfttätig nachfolgende und redende Kreuz hat
wiederum viele Parallelen in der apokryphifchen und der rabbinifchen (der Stab
des Mofes) Literatur (vgl. v. S c h u b e r t S. 103 f.; S t o d s S. 307 ff.). Wenn
der Auferftandene von den Engeln geftützt wird, fo mag damit angedeutet fein, daß
er noch ohne „feine Kraft" ift, die ihn im Sterben verließ (Z a h n). Dagegen ver=
mutet S t o d s, daß das Kreuz die Seele Jefu symbolifire, die mit dem Leib gen
Himmel geht, um von der δύναμις wieder mit ihm vereinigt zu werden. In den
beiden Männern fieht N e ft l e Mofes und Elias, v. S c h u b e r t u. a. wohl mit
mehr Recht Gabriel und Michael. — 40. D e r v o n i h n e n G e l e i t e t e cod.
χειρατωτουμένου, richtig χειραγωγουμένου. — Um die Wucht des Eindrucks zu verftärken,
müffen die Geftalten ins Ungeheure wachfen. Die Legende liebt folche Ausmalungen,
vgl. die Elkefaiten, aber auch Hermas fim. IX 6, 1 (Apokr. S. 277); Passio Perpetuae 10, 8 (Acta martyrum sel. ed. O. v. Gebhardt, Berl. 1902, S. 77) und öfter.
(Jüdifche Vorftellungen von der Riefengröße Adams f. S t o d s S. 304 ff.). —
41. H a ft d u d e n E n t f c h l a f e n e n gepredigt? cod. κοινωμένοις, beffer κοιμω-
μένοις. Vorausgefetzt ift alfo eine „Höllenfahrt" wie 1. Petr. 3₁₉. 4₆. H i l g e n -
f e l d s Anfchauung, die Lesart des cod. fei beizubehalten und unter Verbindung
mit dem Anfang von 42 fei zu überfetzen: Haft du den Entweihten und den Gehor=
famen gepredigt?, bedarf kaum einer Widerlegung. — 42 ὑπακοή = die Antwort,
ift fonft in diefer Bedeutung nicht zu belegen. — Das „Ja" (cod. τιναι, richtig ἔτι
ναί oder τὸ ναί) erfolgt nicht vom Herrn, fondern vom Kreuze; zu vergleichen find
die zahlreichen Kreuzesfpekulationen in der gnoftifchen und fpäteren kirchlichen er=
baulichen Literatur, wie v. S c h u b e r t S. 100 u. 103 f. fie zufammenftellt, f. o. zu 39.
— 44 f. oben zu 39.

45. Da die Oberen felber bei der Wache zugegen waren, muß die Meldung
an Pilatus ergehen. — Das Bekenntnis des Hauptmanns unter dem Kreuz, deffen
lukanifche Faffung der Verf. 28 für die Stimmung des Volkes verwertete, wird hier
in der Mt. (und Mc.)=Recenfion dem Hauptmann der Grabeswache und feinen Leu=
ten (auch den jüdifchen Oberen?) in den Mund gelegt. — 46. Pilatus felber erkennt
durch feine Worte Jefus als Sohn Gottes an: die — hier durchaus gerechtfertigte
—.Beteuerung feiner Unfchuld von Mt. 27₂₄ lehrt mit umfo größerer Wucht wieder.
— 48 Die Begründung der Bitte wird in ihrer fchwerfälligen Konftruktion erft er=
klärlich, wenn man Joh. 11₅₀ als das ftiliftifche Vorbild daneben hält. — Die Hei=
den, Statthalter wie Hauptmann und Soldaten, und die Juden famt der richtenden
Obrigkeit find überwunden! Höher konnte die Apologetik nicht fteigen! —

50-57 Die Erzählung von den Frauen am Grabe. Der Verf. geht zu Mc. 16
₁—₈ über, doch wird einzelnes auch den andern Evangelien entnommen (vgl. oben
S. 74). — Der Verf. hat aber den Uebergang nicht zu verdecken gewußt. Während
Mt., dem er bisher gefolgt ift, mit Rückficht auf die Grabeswache den Ausgleich
dadurch herftellt, daß er die Franen nur zum Befehen des Grabes kommen läßt,
läßt der Verf. mit Mc. (und Lk.) fie mit der Abficht hingehen, den Leib des Herrn
zu falben, obgleich fie doch mit ganz Jerufalem jedenfalls von der Wache und der
Verfiegelung des Grabes wiffen und dadurch nur noch mehr eingefchüchtert fein
müßten! Vielleicht hat er felber die Schwierigkeit gefühlt und eben deshalb ihr Vor=
haben fo unbeftimmt bezeichnet. — a n d e n S t e r b e n d e n u n d d e n e n, d i e
i h n e n l i e b f i n d: Fräukel u. a. wollen das „und" ftreichen; wenn es ur=

sprünglich ist, so dürfte v. Schubert Recht haben, der den Ausdruck aus den beiden Erzählungen Mc. 14 8 u. Par. und Lk. 7 46 f. abstrahirt sein läßt. — 54. denn groß war der Stein vgl. Mc. 16 4; die unpassende Einflickung des Zwischensatzes in die Rede der Frauen spricht besonders deutlich für die literarische Abhängigkeit von Mc.

55. da sie hinkamen: cod : ἀπελθοῦσαι, besser ἐπελθοῦσαι (Kunze). — 56. Er ist dorthin gegangen, von dannen er gesandt war: johanneischer Ausdruck statt des konkreten synoptischen: „er geht vor euch her nach Galiläa": es wird im Zweifel gelassen, ob der Ort, von wo er gesandt war, Galiläa sei oder der Himmel; verstanden werden soll natürlich das letztere. — 57. Nach der Meinung des Verf. haben die Frauen augenscheinlich (vgl. 59) den Jüngern nichts berichtet, vgl. Mc. 16 8. — Von einer Erscheinung des Herrn am Ostermorgen wie überhaupt am Ostertage ist wie bei Mc. keine Rede (auch bei Mt. ist sie augenscheinlich eingeflickt). Es kommt dann freilich das Unding heraus, daß die Feinde Jesu um seine Auferstehung wissen, ja ihn selber als Auferstandenen gesehen haben, während seine Jünger noch in Trauer sitzen müssen.

58—60. Der Schluß des Fragments bildet augenscheinlich die Einleitung zu einer ersten Erscheinung des Herrn. Zeit und Ort ist wieder nicht ganz deutlich. — 58. Durch ἦν δὲ wird in der Regel Gleichzeitigkeit mit dem Vorhergehenden gesetzt. Dann müßte hier nach Meinung des Verf. der Ostertag schon der letzte Tag des Passah gewesen sein, das doch erst am Freitag begonnen hat; er müßte sich also das Fest als zweitägig gedacht haben, vielleicht verleitet durch die christliche Charfreitags-Osterfeier (so Zahn, Kunze u. a.). Aber so gering man sein Wissen auch einschätzen mag: bei einem Verf., der das Alte Testament in Händen hat, der in Syrien schreibt und dessen antijüdische Polemik doch gewiß auf einen Prozentsatz von Juden in seiner Umgebung hinweist, ist von vornherein eine derartige Unkenntnis weniger wahrscheinlich als ein Verstoß gegen den Sprachgebrauch. Eine Erscheinung Jesu am Ostertage kann man überdies auch bei der Annahme jenes Irrtums nicht herausrechnen, da die Zeit zur Rückkehr und zum Fischzug noch freibleiben muß. Aus den weiter geltend gemachten Schwierigkeiten, daß der Abend des 21. Nisan, das Festende, wiederum einen Sabbat einleitete, daß die Heimkehr also erst am folgenden Abend möglich war, daß sie etwa vier Tage dauerte, der Fischzug also frühestens etwa 14 Tage nach Ostern stattfinden konnte — aus diesen Schwierigkeiten mag man entnehmen, daß der Verf. für diese Zeitangaben keine brauchbare Quelle benutzt, daß es sich um bloße Flickverse beim Uebergang von einer Vorlage zur andern handelt, und daß er nachlässig arbeitet, aber nicht, daß er bei dem letzten Tag der süßen Brote 58 nicht an den 21./22. Nisan gedacht haben könne. — Das letztere ist vielmehr entschieden das Wahrscheinlichere. Vielleicht hat der Verf., der nachher 60 sich an Joh. 21 anlehnen zu wollen scheint, eben aus Joh. (dessen jerusalemische Erscheinungen er wohl auf Grund von Mc. 16 7. Mt. 28 7 streicht) für die Rückkehr der Jünger das Festende erschlossen, da ja durch Joh. 20 26 ihre Anwesenheit in Jerusalem noch eine Woche nach dem Ostertag bezeugt war. — 59. die zwölf Jünger: jedenfalls eine Flüchtigkeit des Verf., dem die Zwölfzahl der Apostel geläufig war; Mt. 28 16 ist korrekter. — Weinten und waren voll Betrübnis vgl. Mc. 16 10, im unechten Mc.-Schluß. — Der Schluß des Verses trägt lukanisches Gepräge. — Angaben über die Heimatsgegend usw. fehlen; von den Entfernungen hat der Verf. wohl keine Vorstellung.

60. Simon Petrus bezeugt sich hier als Verfasser. — ans Meer: daß es der See Tiberias sei, wird wieder nicht gesagt. Nur wer die kanonischen Berichte kannte, vermochte sich bei diesen geschichtslosen Erzählungen etwas Bestimmtes zu denken. — Das Fragment bricht mitten im Satze ab: Levi, der Sohn des Alphäus, den der Herr (vom Zoll hinweg berief?). Ueber das Folgende kann man mit Sicherheit nur sagen, daß bei Gelegenheit eines Fischzuges, den Simon Petrus als der Führende mit mehreren andern (mit wie vielen?) unternimmt, die erste Erscheinung des Herrn stattfindet. Daß die Liste der Teilnehmer mit Levi ge-

schlossen haben müsse, wird auch durch den Singular καὶ ἦν κτλ. nicht bewiesen (vgl. z. B. Mt. 27 56. 61).

Harnack nun hat vermutet, daß hier der echte, uns verlorene Marcusschluß benutzt sei; seine Gründe (S. 33) sind 1) der Zusammenhang: wenn der Verf. zweifellos von 50—57 den Mc. zu grunde gelegt hat, so ist es wahrscheinlich, daß er ihm auch weiterhin folgt; 2) der vorzügliche Inhalt dieses Stückes, den wir erschließen können: die erste Erscheinung des Herrn soll vor Petrus und zwar in Galiläa geschehen, vgl. 1. Kor. 15 5. Mc. 16 7, auch Lf. 24 34; 3) der dem Mc. eigentümliche Ausdruck „Levi, der Sohn des Alphäus" (Mc. 2 14).

Nun ist allerdings zweifellos, daß unser Mc. ursprünglich nicht mit 16 8 hat geschlossen werden sollen. Auch Zahn, so energisch er bestreitet, daß eine Fortsetzung jemals existirt habe, erkennt an (G. K. II 929), daß 16 8 „ein fast unerträglicher Buchschluß" sei, und daß das Evangelium unvollendet abbreche. Gewiß ist ferner, daß nach Mc. 16 7 keine Erscheinung mehr in Jerusalem, sondern nur eine solche in Galiläa erzählt werden konnte, und zwar so, daß Petrus dabei eine besondere Rolle spielte. So würde also das, was PE im folgenden vermuten läßt, zu dem mutmaßlichen Inhalt des gleichfalls zu vermutenden Mc.-Schlusses wohl passen. — Aber zunächst ist es nach 27. 59, vgl. Mc. 16 10 sehr wahrscheinlich, daß dem Verf. bereits der unechte Mc.-Schluß, und dann natürlich nicht auch der echte, vorlag. Aber selbst wenn man das bestreitet, oder mit Harnack annimmt, daß er Mc. 16 9 ff. noch im ursprünglichen Zusammenhange las, ist damit für die Benutzung des echten Schlusses wenig gewonnen. Denn wenn dieser durch keine einzige Handschrift hat erhalten werden können und keinem einzigen christlichen Schriftsteller bekannt geworden ist, so muß — man es exiftirt hat — seine Loslösung in sehr früher Zeit, am wahrscheinlichsten schon im Originalexemplar des Mc., stattgefunden haben. Jedenfalls hat schon Tatian, vielleicht gar Justin (Zahn G. K. I 515 f.) den unechten Schluß Mc. 16 9 ff. benutzt. Das einzige Auskunftsmittel wäre eine sehr erheblich viel frühere Datirung des PE. Aber bei der Frühzeitigkeit der Abtrennung des Marcusschlusses wäre selbst ein Hinaufgehen bis etwa 110[1] kaum ausreichend. Ueberdies könnte man sich dazu angesichts der sonstigen gewichtigen Beweise für eine spätere Entstehung nur auf Grund durchschlagender Argumente entschließen. Dahin kann man Harnacks Gründe nicht rechnen; denn wenn der Verf. bis 57 den Mc. benutzt hat, so folgt daraus für das Folgende ebensowenig, wie aus der Benutzung des Mt. in 28—49 für 50 ff. Es hätte nichts Verwunderliches, wenn er, der in die Erzählung von den Frauen am Grabe schon lukanisches und johanneisches Material einträgt, nun zu einem der andern Evangelisten überginge, wobei er dann die Bezeichnung Levis als Sohn des Alphäus wiederum aus Mc. 2 14 eingetragen haben könnte. In der Tat wird jeder, der Vers 60 lieft, unwillkürlich zunächst an das Nachtragskapitel Joh. 21 deuten, wo ein Fischzug von 7 Jüngern gleichfalls unter der Führung des Petrus und die Erscheinung des Herrn und die Einsetzung des Petrus ins Hirtenamt erzählt wird: eine ungemein passende Krönung für ein Petrusevangelium! Freilich werden Joh. 21 Petrus, Thomas, Nathanael, die Zebedäussöhne und zwei andere Apostel genannt, hier nur Petrus, Andreas und Levi = Matthäus[2], aber es ist wahrscheinlich, daß im PE noch die Namen anderer folgten, und wenn es zunächst auffällig scheinen mag, daß der Verf. gerade diejenigen genannt haben sollte, die bei Joh. namenlos bleiben, so erklärt sich doch

---

[1] Weiter zurückzugehen verbietet schon das Verhältnis zum Johannesevangelium.
[2] Daß Levi mit dem Apostel Matthäus identificirt ist, nach Mt. 9 9 vgl. Mc. 2 14, ist fast selbstverständlich; andere als Apostel wird Pseudopetrus schwerlich bei der ersten Erscheinung anwesend sein lassen. Zudem bedenke man, wie gerade im Mt.-Evangelium Petrus in den Vordergrund gerückt wird. v. Schubert wird gegen Harnack Recht haben, wenn er S. 151 meint, „daß für die Wahl des Levi als Augenzeugen bereits seine Eigenschaft als Evangelist Matthäus in Betracht kam"; übrigens vgl. zur Zusammenstellung der drei Namen in der apokryphischen Literatur Lipsius I S. 550 ff. [Anderseits viel früher Herakleon f. Apokr. S. 356.]

gerade dies am leichtesten: Was Johannes nicht wußte, weiß natürlich dieser „Pe=
trus"; wollte er aber die von jenem gelassene Lücke ausfüllen, so bot sich der Name
des Andreas von selbst dar, und Matthäus mochte aus der S. 87 Anm. 2 ange=
gebenen Rücksicht hinzugenommen werden. Ueberdies haben vielleicht die ersten Er=
zählungen von der Berufung der Jünger am See (Mc. 1 16. 2 13 f. Mt. 4 18. 9 9)
dem Verf. vorgeschwebt. Jedenfalls ist alles fast lückenlos erklärt, wenn man mit
v. Schubert annimmt, der Verf. habe die Andeutungen Mc. 16 7, die seinem
petrinischen Interesse entgegenkamen, in Joh. 21 am besten erfüllt gesehen, danach
die jerusalemischen Erscheinungen ausgelassen und sich für das in seinem Mc.=Exem=
plar Fehlende (oder dort im Widerspruch mit 16 7 Ersetzte) an Joh. 21 gehalten.
Es ist gewiß möglich, daß er damit einen guten Griff getan hat und daß Joh. 21
tatsächlich eine Ueberarbeitung des Stoffes ist, der am Schluffe des Mc.=Evangeliums
erzählt werden sollte und vielleicht erzählt wurde. Aber das ist eine Frage, die
zunächst mit dem PE nichts zu tun hat und von ihm aus nicht entschieden werden
kann. — Liegt aber Joh. 21 vor, so wird man für das Folgende einen ähnlichen
Inhalt wie dort annehmen dürfen, vielleicht unter Zurückstellung des „Jüngers, den
der Herr lieb hatte", und mit Steigerung der Rolle des Petrus. Der Rückblick auf
dessen Verleugnung mag mit dieser selbst gefehlt haben (?), aber seine Einsetzung
ins Hirtenamt wird die Spitze des Ganzen gewesen sein. Aber das sind freilich
nicht zu beweisende Vermutungen.

VI.
Gnostische und verwandte Evangelien.
(E. Heunecke.)

Lit.: Harnack, TU VII 2, S. 60 f. 86. C. Schmidt, TU VIII 1 f.,
S. 434—469. Liechtenhan, Die Offenb. im Gnosticismus (1901) S. 43 ff. 69 ff.;
Die pseudepigraphe Litt. der Gnostiker, ZnW III (1902), S. (222 ff.) 227—237. Wrede,
Das Messiasgeheimnis in den Evangelien (Gött. 1901), S. 242 ff.
(1.) Wie auch in viel späterer katholischer Zeit noch Evangelium und Evan=
gelienapokalypse in Nachfolge der bei den Gnostikern beliebten Schriftenfälschung bei
einander lagen, beweist The Gospel of the Twelve Apostles together with the Apocalypses of each one of them ed. from the Syriac ms. J. R. Harris, Cambridge 1900.
(3.) Ueber den Schriftengebrauch der Manichäer, der dem gnostischen in vieler
Beziehung ähnlich ist, vgl. F. Trechsel, Ueber den Kanon, die Kritik und Exegese
der Manichäer, Bern 1832; Keßler, Art. Mani, Manichäer, RE XII (193 ff.)
218 ff.; A. Bruckner, Faustus von Mileve Ein Beitrag zur Gesch. des abend=
ländischen Manichäismus, Basel 1901, S. 19 ff. Die bei den Manichäern und Pris=
cillianisten (vgl. über diese Möller=v. Schubert, Lehrbuch der KG² I 535 ff.) in Ge=
brauch befindliche Schrift Memoria apostolorum (cf. Orosius commonito-
rium de erroribus Priscillianarum et Origenistarum, CSEL XVIII 154; Turribius
ep. ad Idac. et Cepon. 5) mit Lehrüberlieferungen Jesu ist aller Wahrscheinlichkeit
nach manichäischen Ursprungs (Lipsius I 74 f. A. 1; von Keßler a. a. O. freilich
nicht erwähnt). C. Schmidt, Die alten Petrusakten S. 58 A. 1, möchte ihr das
Citat bei Augustin (Apokr. S. 36 sub 1) zuweisen. Eine Berufung auf das
Gleichnis Mt. 13 3 ff. findet sich auch bei den Naassenern (Hippol. V 8 p. 160). —
Die Vermutung bezüglich der Großen und Kleinen Fragen Marias —
nicht der Herrnmutter — geht auf Harnack zurück TU VII 2, S. 107 ff.; vgl. Zahn,
G.K. II 764, ist aber von Liechtenhan (ZwTh 1901, S. 236 ff.) bestritten worden. —
Veröffentlichungen der Fragen des Bartholomäus f. Ehrhard S. 166 f.

a. Evangelienbruchſtücke ohne Titel.

1. Aus einer marcionitiſchen (?) Schrift.

Vgl. H a r n a ck I 24 Nr. 17. Z a h n, G.K. II 432—436; Z. ſieht in dem ad-
versarius, den Auguſtin bekämpft, keinen Manichäer. „Nur einer verwandten Rich=
tung hat er angehört". Der adv. citirt auch die von Marcion ausgeſchiedenen Teile
des Evang. und beruft ſich daneben auf apokryphe Zeugniſſe aus
den Andreas= und Johannesakten (A p o k r. S. 352. 424 A. 1) ſowie auf das vor=
liegende apokryphe Herrnwort. Von einem römiſchen Mann, den er auch mit Na=
men nennt, bekennt er gelernt zu haben. An einen Abendländer iſt ſicherlich zu
deuten; ob bereits an einen älteren, etwa an den von Tertullian de praescr. 30
neben Hermogenes genannten Nigibius? C. S ch m i d t s Vermutung von der Zu=
gehörigkeit dieſes Herrnworts zur Memoria apostolorum (ſ. o.) könnte dadurch ge=
ſtützt erſcheinen, daß auch die Manichäer gegen die altteſt. Propheten eine ſtark ab=
weiſende Stellung einnahmen.

2. Koptiſches Evangelienfragment (Straßburger Papyrus).

In der Zuweiſung der Fragmente an das ſogen. Ebionitenevangelium ſtim=
men C. S ch m i d t GgA 1900 Nr. 6 und Z a h n, NkZ 1900, S. 361—370 überein,
erſterer äußert ſich jedoch mit Vorſicht, im Hinblick auf die pauliniſchen Anklänge
im erſten Fragment ſowie die chriſtologiſchen Anſchauungen im Verhältnis zu denen
der gnoſtiſchen Ebioniten (S. 502; vgl. oben M e y e r S. 47). Einen Nachtrag zu
Schmidts gründlicher Beſprechung ſeines Buches lieferte A. J a c o b y. Zum Straß=
burger Evangelienfragment (Sphinx VI 3, S. 132—142), wo er (S. 142) äußert, die
freien Erzählungen, die koptiſch erhalten ſind (z. B. bei F. Robinson, TSt IV 2, das
am einfachſten anzuführen war), entſtammten wohl einem weiter verbreiteten und
gebrauchten apokryphen Evangelium. Das kommt mir ſehr fragwürdig vor. — Die
f o l g e n d e n Anmerkungen ſind ſämtlich der angeführten Abhandlung C.
Schmidts entnommen. Zum Geſpräch Jeſu mit dem Vater vgl. den Naaſſenerhym=
nus (A p o k r. S. 18*). Wo Jeſus in derartiger Literatur etwas Beſonderes zu
offenbaren hat, geſchieht es in der Regel auf dem Berge (Kopt. 6 Z. 8).

Kopt. 5 recto Z. 1—3. Nach Schmidt S. 487 „wäre das Ganze auf die Jünger
Jeſu zu beziehen, doch könnte man unter dem ‘er' auch Jeſus ſelbſt verſtehen —, natür=
lich fällt dann die vorgeſchlagene Ergänzung ‘Gaſtfreundſchaft' fort —, der durch ſeine
Jünger und Gläubigen, welche ſeine Frucht bilden, geprieſen wird. Dieſer Gedanke
läge am nächſten. Eine befriedigende Erklärung iſt leider unmöglich". — Z. 5—7
„der Beter in unſerm Fragment fühlt ſich ebenſowie der Chriſtus in Joh. 17 als
der von ſeinem Vater Verherrlichte und Verklärte" (489). — Z. 9 „διάδημα oder
σκῆπτρον, beides paßt gut zu dem Ausdruck βασιλείας, doch kommt dieſe Verbindung
im N. T. nicht vor (vgl. ῥάβδος τῆς βασιλείας Hebr. 1 8, Pſ. 45 7), im A. T. διάδημα
βασιλείας Jeſ. 62 8 und σκῆπτρα βασιλείας Sap. S. 10 14" (S. 489). — Z. 11. „Der
Uebergang zum Plural iſt auffällig, daher die Beziehung nicht ganz klar" (490 A. 1).
— Z. 10—13. „Am liebſten würde man das Ganze auf Chriſtus beziehen in An=
lehnung an die johanneiſchen Gedanken, daß die Welt ihn nicht erkannt habe, aber
in gleicher Weiſe hat die Welt auch die Seinigen nicht erkannt" (490). Für den
erſteren Fall vgl. den Jeſusſpruch A p o k r. S. 10 Nr. 14.

verso Z. 4—8. „Schon die unvermittelte abrupte Verknüpfung der drei ſyn=
optiſchen Sprüche verrät die Hand eines Kompilators, der nicht Geſchichte im
Sinne der Evangeliſten ſchreiben will, ſondern die Tatſachen als gegeben voraus=
ſetzt, daher auch ſie nur ſoweit benutzt, als ſie für den allgemeinen Gang der Lebens=
geſchichte Jeſu notwendig ſind" (499). — Z. 11—13. C. Schmidt verzichtet hier „auf
eine Ergänzung, da der allgemeine Sinn der Frage der Jünger aus der Antwort Jeſu
hervorgeht" (492). Spiegelberg=Jacoby haben: <Tadle uns nicht, o Sohn>
Gottes. Was <iſt denn unſer Ende? Jeſus aber> antwortete und ſprach <zu
uns>.

Kopt. 6 recto Z. 2. „Es handelt ſich alſo um die Kraft der Jünger und das Myſterium des Apoſtolates, mit denen Jeſus ſie ausrüſten will, nachdem er ihnen vorher ſeine eigene δόξα ſichtbar offenbart hat. Scheinbar hat er die Jünger aufgefordert, mit ihm an einen beſtimmten Ort zu gehen, wo er dieſe Jnition vor= nehmen will. Dieſe Züge muten uns ganz gnoſtiſch an" (495).

verso Z. 1—4. „Damit iſt der erſte Akt der Verheißung, welche die Offen= barung der Herrlichkeit betraf, in Erfüllung gegangen, Jeſus hat die Jünger, deren Augen bis dahin gehalten waren, die wundervolle Herrlichkeit ſeiner göttlichen Ge= ſtalt erſchauen laſſen. Ob es ſich, wie in der Verklärungsſcene, um das Schauen Jeſu in der μεταμόρφωσις handelt oder um eine magiſche Verſetzung der Jünger in die himmliſchen Sphären und das Schauen des Erhöhten, iſt nicht ganz klar; auf letzteres deutet der Umſtand, daß von 'allen Orten' geredet wird, welche die Augen der Jünger erblicken, anderes ſpricht wieder für eine einfache Verklärung. Jn jeder Beziehung aber haben wir apokryphe, an gnoſtiſche Züge erinnernde Zutaten vor uns" (496). — Z. 5 f. „Die ganze Scene iſt offenſichtlich durch Züge aus der Ver= klärungsſcene bereichert; es ſcheint in den folgenden Worten beſchrieben zu ſein, daß die Kleider reſp. die Geſichter der Jünger wie das Licht der Sonne leuchteten" (496).

3. Koptiſcher Evangelienbericht aus Akhmim.

Harnack, Ein jüngſt entdeckter Auferſtehungsbericht (Theol. Studien für B. Weiß, Gött. 1897, S. 5), ſetzt den Bericht frühestens um 150, ſpäteſtens um 180 an.

b. Gnoſtiſche Evangelien und Evangelienapokalypſen.

1. Thomasevangelium.

Vgl. Zahn I 746 f. II 768—773. Harnack II 593—595. Ehrhard S. 141 f. Zum Spruchcitat W. Möller, Geſch. der Kosmologie (1860), S. 206 f.

Zu Anfang des Spruches fühlt man ſich an c. 5,3 der Thomaserzählung er= innert (Worte des Jeſuskindes an Joſeph, die ſchwerlich eine gnoſtiſche Beziehung verraten). Den Naaſſenern diente der Spruch zum Beleg für „das Himmel= reich im Menſchen" oder „die ſowohl verborgene offenbare ſelige Natur des Gewordenen, Werdenden und Zukünftigen", jenen Dämmerzuſtand, der der Rückkehr des konkret gewordenen Urmenſchen zu ſich ſelber, d. h. in das rein Pneumatiſche, vorhergeht. Dieſem Zuſtand entſprach die Lebensperiode zwiſchen dem 7. und 14. Lebensjahre „als die Entwicklungszeit des vernünftigen Bewußtſeins"; ſie „führt zugleich bis zur beginnenden Pubertät. Man könnte alſo hier den Gedanken finden, daß die Offenbarung des Urmenſchen im weiteſten Sinne überall da ſchon ſtatt= findet, wo im Zuſammenhang mit dem Heranreifen in geſchlechtlicher Beziehung die geiſtige Natur des Menſchen frei zu werden beginnt, daß alſo das Auftreten des vernünftigen Menſchen an ſich ſchon eine Offenbarung des Urmenſchen ſei. Jndeſſen iſt das erſt die nur objektive Offenbarung, die an ſich dem Menſchen ſelbſt noch nicht als Offenbarung zum Bewußtſein kommt" (Möller). Jm valentiniani= ſchen Syſtem läßt ſich kaum ein beſtimmter Aeon bezeichnen, auf welchen als den 14. dieſer Gedankengang ſich zuſpitzte; nach dem Buch vom großen Λόγος κατὰ μυ= στήριον (ed. C. Schmidt TU VIII 1 f., S. 221) befindet ſich im 14. Aeon der zweite große unſichtbare Gott und der große freundliche (χρηστός) Gott. Den 13. Aeon erwähnt die Piſtis=Sophia (Liechtenhan, Die Offb. S. 132). Hippolyt ſieht in dem Spruch eine Entlehnung aus Hippokrates: ein ſiebenjähriger Knabe iſt die Hälfte des Vaters, wodurch die Naaſſener, die die uranfängliche Natur aller Dinge in einen uranfänglichen Samen ſetzten, auf die angegebene Zeitbeſtimmung gekommen ſein ſollen.

2. Matthiasevangelium.

Außer Origenes bezeugen, vermutlich in Abhängigkeit von ihm, noch Euſeb. h. e. III 25, 6 und das Verzeichnis der 60 kan. Bücher die Exiſtenz eines Matthias=

evangeliums, im Abendlande das Decretum Gelas., woraus Z a h n G.K. II 751 A. 1 ſchließt, daß es auch bei Innocenz v. Rom (S. 245) gemeint ſei. (Erhalten iſt nichts, doch hat Z a h n (S. 753 ff.) zu beweiſen verſucht, daß, was bei Clem. v. Alex. an Matthiasüberlieferungen erhalten iſt, auf das Matthiasevangelium zurückzuführen ſei (vgl. zu XIX). Zudem deſtillirt er aus Clem. Alex. str. IV 6, 35, wo einige Sätze der Zakchäusperikope Lk. 19₁ ff. frei wiedergegeben ſind und von Zakchäus be= hauptet wird, daß einige an ſeiner Stelle Matthias nennen, einen apokryphen Pa= rallelbericht zur Lk.verſion, der von dieſer (und AG 1₂₃ ff.) abhängig ſei (S. 752 f. 758). Zum Beweiſe muß auch desſelben Clemens Schrift quis div. salv. 13 dienen, wo neben Zakchäus Matthäus (!) als Reiche und Zöllner und Wirte Jeſu genannt werden. Hier und anderswo (Piſtis=Sophia über einige Apoſtel als Verfaſſer von Evangelien — ſ. A p o k r. S. 35 —; Clem. v. Alex. paed. II 16 Mt. als Vegetarianer; strom. IV 9 — ſ. A p o k r. S. 356 —) ſei nämlich ſtatt Matthäus Matthias zu leſen — Matthias wird freilich, wie ich ſehe, auch in einem Fragment der ſpäten Apoc. Bartholom. (Tiſchendorf, Apoc. apocr. XXVI) als vordem reich hingeſtellt —, während andere Fälle vielmehr zeigen, daß der ſeltenere Name in den geläufigeren verſchrieben worden iſt (zwei Beiſpiele bei Zahn S. 753 A. 1; dazu Akten des An= dreas und Matthias vgl. Bonnet Aa II 1, p. XXI gegen Lipſius I 546 A. 1). Mit Bezug auf Clem. Alex. q. div. salv. 13 erſcheint es jedoch (bloß mit Rückſicht auf str. IV 6, 35) nicht notwendig, dieſe Verſchreibung anzunehmen, da ſich die Stelle ausreichend aus Mt. 9₉ f. erklärt; eher könnte man meinen, daß an der anderen Stelle ein umgekehrter Irrtum vorgefallen ſei. Vgl. auch H a r n a c k II 597 f. An= derſeits ließe ſich für Zahns Hypotheſe einer apokryphen Evangelienverſion vielleicht noch auf die nicht weit davon (str. IV 6 gg. Ende) gegebenen Parallelbezeugungen zu Mt. 5₁₀ f.: Lk. 6₂₂ verweiſen, die auf τινες τῶν μετατιθέντων τὰ εὐαγγέλια (Gnoſtiker?) zurückgehen. — Die Darſtellung Hippolyts VII 20 p. 356 (vgl. W. Möller, Geſch. der Kosmologie S. 344 f.) kann nicht, auch wenn das Matthiasevang. gnoſtiſchen Inhalt hatte, dieſem, ſondern muß wegen des rein philoſophiſchen (ariſtoteliſchen) Inhalts einer baſilidianiſchen Schrift (unter dem Titel des Matthias?) entnommen ſein (H a r n a c k I 17. 157. L i e c h t e n h a n, Die Offenbarung S. 107).

3. Philippusevangelium.

Der Zuſammenhang der Anführung bei Clem. Alex. str. III 4, 25 und dem eigentlichen Sinne des erhaltenen Fragments aus dem Ph.=Ev. beſtätigt, was auch aus anderen Gründen (cf. Piſtis=Sophia) wahrſcheinlich iſt, daß als deſſen Ver= faſſer der Apoſtel und nicht der Evangeliſt Ph. galt. (Gegen Z a h n s Verſuch, den entgegengeſetzten Beweis zu führen und ſpeziell die bei Clem. Alex. a. a. O. vor= liegende Verſion des Herrnworts Lk. 9₅₉ f. auf den Evangeliſten Ph. und deſſen angebliches Evangelium zurückzuführen (G.K. II 761—768; vgl. Forſchungen VI 24—27), hat H a r n a c k (I 14 f. II 592 f.; vgl. TU VII 2, S. 106) das gerechtfertigte Be= denken geltend gemacht, daß die Einreihung ſynoptiſchen Spruchmaterials in das nach dem Wortlaute des erhaltenen Fragments doch durchaus gnoſtiſch gehaltene Evangelium ſehr fraglich iſt. Selbſt der Umſtand, daß in den Philippusakten nicht nur auf die benachbarte Stelle Lk. 9₆₂ (Aa II 2, p. 66 c. 135), ſondern, wie man hinzufügen könnte, c. 127 (p. 56) auf Lk. 9₅₄ Bezug genommen wird, fällt dem= gegenüber kaum ins Gewicht. — Ueber die altkirchlichen Traditionen bezüglich der beiden Philippus und ihrer Töchter ſ. oben S. 12.   Das Citat des Epiphanius aus dem Ph.=Ev. wird von Dindorf (Ausg. des Epiph. II 54₁₁) und Preuſchen, An= tilegomena S. 13, zu früh geſchloſſen. Man könnte ſogar geneigt ſein, das dort unmittelbar Folgende über E l i a s als dem Ph.=Ev. entſtammend anzuſehen, wenn es nicht vielmehr einem Apokryphon (Apok.? Himmelfahrt?) des Elias entſtammt (Harnack I 167): Als (Elias) aufgenommen wurde, ward er wiederum in die Welt herabgeworfen. Denn es kam ein weiblicher Dämon und hielt ihn an und ſprach zu ihm: Wohin gehſt du? Denn ich habe Kinder von dir, und du kannſt nicht hinauf= gehen und deine Kinder ſo dalaſſen. Und er ſpricht: Woher haſt du Kinder von mir?

ich lebte ja in Keuschheit. (Der Dämon gibt dann den ekelhaften Ursprung dieser Kinder an.) Ueber magische Wirkung der Paßworte beim Seelenauf=
stieg vgl. Liechtenhan, Die Offenb. S. 139 f. — Der Archon (Judengott?) begün=
stigt die Ausbreitung des Menschengeschlechts und der damit gesetzten unvollkommenen Triebe; Wurzeln vgl. Apokr. S. 450 16. 454 41 f. — Epiphanius h. 26, 10 (p. 49 f.) berichtet von denselben Gnostikern: τὴν δὲ ψυχὴν ἐν τῷ ἐξέρχεσθαι ἐντεῦθεν διαβαίνειν διὰ τῶν ἀρχόντων τούτων, μὴ δύνασθαι δὲ διαπερᾶσαι, εἰ μή τι ἂν τῆς γνώσεως ταύτης, μᾶλλον δὲ τῆς καταγνώσεως, ἐν πληρώματι γένηται καὶ ἐμφορηθεῖσα διαδράσεις τῶν ἀρχόντων καὶ τῶν ἐξουσιῶν τὰς χεῖρας. εἶναι δὲ δρακοντοειδῆ τὸν ἄρχοντα τὸν κατέχοντα τὸν κόσμον τοῦτον καὶ καταπίνοντα μὲν τὰς ψυχὰς τὰς μὴ ἐν γνώσει ὑπαρχούσας καὶ διὰ τῆς κέρκου πάλιν ἐπιστρέφοντα εἰς τὸν κόσμον, ἐνταῦθα εἰς χοίρους καὶ εἰς ἄλλα ζῶα, καὶ πάλιν διὰ τῶν αὐτῶν ἀναφερομένας. εἰ δέ τις, φασίν, ἐν τῇ γνώσει γένηται ταύτῃ, καὶ συλλέξει ἑαυτὸν ἐκ τοῦ κόσμου διὰ τῶν ἐμμηνίων καὶ διὰ τῆς ῥύσεως τῆς ἐπι-
θυμίας, μηκέτι ἐνταῦθα κατέχεσθαι αὐτόν, ἀλλὰ ὑπερβαίνειν τοὺς προειρημένους ἄρχοντας.
Liechtenhan bezieht das Citat aus dem Ph.=Ev. auf die dieser Beschreibung entspre=
chende scheußliche Abendmahlsfeier jener Gnostiker (ZwTh 1901, S. 241). — Die Glieder (der Ausdruck nicht bei Joh. 11 52) sind die in der Welt vereinzelt auf=
tretenden Geistesmenschen (Pneumatiker). Dementsprechend ist auch der Ausdruck von dem Sammeln, d. h. Herausreißen aus der Verbindung mit dem Niederen, echt gnostisch. In dem großen Preisgebete an das erste Mysterium bei C. Schmidt, TU VIII 1 f., S. 176 ff., welches nach der Zahl der Aeonen in Absätze eingeteilt ist, wiederholt sich am Schluß derselben immer der Satz: „Rette alle meine Glieder, welche seit der Erschaffung der Welt in allen Archonten usw. zerstreut sind, und sammle sie alle ein und nimm sie in das Licht auf“. — Von den Kindern wird der gleiche Prozeß (durch Vermittlung der Seele) vorausgesetzt; ihre niederen We-
sensbestandteile gilt es durch völlige Umkehrung zu vernichten (ἀνατρέψαι — so der von Dindorf I p. VII ff. gerühmte cod. V; andere Lesart ἀναλκύσαι, das liefe aber auf Identität mit dem vorhergehenden ἀναλαβεῖν — klassisch bei Xenophon von Schif-
fen im Kriegszustande gebraucht — hinaus; auch ein etwa zu konjicirendes ἀνα-
στρέψαι würde zu matt sein. — — Eine Zweiteilung der Seele in eine höhere und niedere findet sich in einem von Harnack übersetzten altchristlichen Fragment aus den Oxyrh. Papyri (SBA 1898, S. 516): . . ., so wäre der Tod nichts anderes für Gott als Strafe, was unmöglich ist. Diese (Lehren) werden bei der niederen Seele leeres Geschwätz genannt. Die höhere Seele aber erkennt das ihr Eigene: der Ungerechte und der nicht Ungerechte sind in dem Gewahrsam (der Unterwelt) gleich und dem Ge-
(richt) . . .

4. Basilidesevangelium.

Nach Harnack I 161. II 536 f. war das Evangelium „wahrscheinlich von B. selbst redigirt“. Liechtenhan, Die Offenb. S. 19: „es scheint einfach eine Zusammenstellung von Herrnsprüchen, die großenteils mit unseren Evangelien übereinstimmt. Daß er es selbst nach seinem Namen genannt habe, ist unwahrschein-
lich; das haben entweder seine Schüler oder seine Gegner getan“. Hilgenfeld, Ketzergesch. des Urchrist. S. 201 erklärte das Evang. für dem Lk. verwandt. Krüger S. 44 hielt es für möglich, daß die Nachricht des Origenes überhaupt wichtig sei. Am eingehendsten ist Zahn: Basilides und die kirchliche Bibel (G. K. I 763—774); seiner Zuweisung der Perikope Joh. 9 1—3 an das Evangelium (auf Grund der Ba-
silidesfragmente bei Clem. Alex. str. IV 12, 81—83), der Krüger RE II 432 beitritt, muß man jedoch mit dem Bedenken begegnen, daß es fraglich ist, ob B. bei diesen Ausführungen überhaupt einen vorhandenen „ev. Text“ (S. 767) benützte. Auch die Beweisführung S. 768 f. bezüglich der Stelle Mt. 19 11 f. erscheint mir nicht absolut untrüglich; denn 1) ist es keineswegs ausgeschlossen, daß der bezüg-
liche Passus (wie das Folgende) auf Isidors Ethika zurückgeht (φασι!), und 2) ist die antiasketische Umdeutung, die die basilidianische Schrift den dreifach gegliederten Worten Jesu gab, ebensowohl auf Grund des kanonischen Textes bei Mt. verständ=

lich wie des unkanonisch lautenden der betr. Schrift felber, bei der man also die
Freiheit abkürzender Wiedergabe immerhin in Rechnung ziehen muß. Ihr Verfasser
wollte die Ehelosigkeit bekämpfen, indem er im Anschluß an alle drei Glieder des
Textes die Minderwertigkeit ihrer Motive aufdeckte; es liegt also kein Anlaß vor,
aus dem bloßen Umstande, daß das dritte nicht schon vorher citirt wird, zu ver=
muten, daß der Verf. „geradezu gegen diesen Bestandteil des kanonischen Textes po=
lemifirt". Daß trotzdem eine Entlehnung der ganzen (dreifach gegliederten) Stelle
aus dem Bafilidesevangelium möglich ist, soll darum nicht bestritten werden.

5. Evangelium der Wahrheit.

Liechtenhan, Die Offenb. S. 69 f. sieht darin, nach Maßgabe der Nach=
richt des Iren. (I 7, 3. III 2, 2), daß die Valentinianer „in der Verkündigung Jefu
verschiedenwertige Bestandteile unterschieden, Worte, die vom Soter stammen, solche
von der 'Mutter' und solche vom Demiurgen", eine Sammelstätte der (echten) Worte
des Soter, während es nach Zahn dem Verfasser nahe lag, „die in verschiedenen
Schriften, welche als Ganzes nicht zusagen mochten, zerstreuten apokryphen Ueber=
lieferungen zu sammeln und wohl auch solche evangelische Stücke, welche der münd=
lichen Geheimtradition der Schule angehörten, damit zu verbinden und beides in
einem besonderen Buche zusammenzustellen" (G.K. I 750, in dem instruktiven Ab=
schnitt über den Schriftgebrauch in der Schule Valentins S. 718 ff.). J. Kreyen=
bühl, Das Evangelium der Wahrheit Neue Lösung der johanneischen Frage (Berlin
1900), findet durch diesen von Irenäus bezeugten apokryphen Evangeliumtitel fogar
das johanneische Evangelium als gnostisches Apokryphon des Menander von An=
tiochia bezeichnet (vgl. die Besprechung von Holtzmann, ThLZ 1902 Nr. 1)!

6. Judasevangelium.

Das Syntagma Hippolyts, in welchem sich auch ein Bericht über die Kainiten
fand (Harnack, TU VII 2, S. 105), ist verloren. Epiphanius u. a. (vgl. Krüger,
RE IX 701 f.) haben sich seiner bedient und Angaben über Irenäus hinaus sowie
zum Teil dessen ursprünglichen Wortlaut erhalten. Hiernach sei Kain ἐκ τῆς ἰσχυ-
ροτέρας δυνάμεως gewesen καὶ τῆς ἄνωθεν αὐθεντίας (Iren.: a superiore principalitate),
Abel ἐκ τῆς ἀσθενεστέρας δυνάμεως, und deren Bruderstreit ein Abbild dessen, was
durch Christi Kreuzigung vollendet wurde und in dem libertinistischen Verhalten
dieser Gnostiker zum Austrag kommt. Judas hatte von allen Aposteln allein diese
Erkenntnis und konnte also die himmlischen Mysterien offenbaren; darum steht er
ihnen bewundernswert und groß da, und es sei ihm Dank zu sagen. Die Kräfte
am Himmel suchten nämlich das Leiden zu verhindern, weil sonst die Menschen das
Leben empfangen würden; nach andern wird Christus selbst als böse bezeichnet, der
die Wahrheit hätte verkehren wollen: „deshalb — so lautet ihre Aussage — hat
er ihn verraten, sintemal er das schon Gelehrte auflösen wollte". Außer dem hier
behandelten συνταγμάτιον (Irenäus: confictionem) haben sie noch andere conscrip=
tiones (Iren.), nach Epiphanius nämlich ein Büchlein (βιβλίον) vorgebracht, wo=
rin der Engel, der Mofes mit Blindheit geschlagen, und die Engel, die Kore und
seinen Anhang verborgen und (in die obere Welt) versetzt haben sollen, erwähnt
waren, sowie ein Ἀναβατικὸν Παύλου (aus Anlaß von 2 Kor. 12; vgl. die
jüngere, katholische Apok. des Paulus Apokr.: S. 356, dazu Harnack I 788. Ehr=
hard S. 149 f.). M. Nicolas, Études sur les évangiles apocr., p. 176 f. vermutete,
daß das Jud.=Evang. „hauptsächlich einen Bericht vom Leiden und den Umständen,
welche diesem vorhergegangen waren, enthielt". — Es scheint mir manches dafür
zu sprechen, in den Gegnern des Judasbriefes statt der Karpokratianer (Holtz=
mann; vgl. schon Clem. Aler. strom. III 2: ἐπὶ τούτων .. καὶ τῶν ὁμοίων αἱρέσεων
κτλ., citirt als prophetische Aussage Jud. 8—16) oder der Gnostikergruppe der neueren
koptisch=gnostischen Quellen (Harnack II 466) die Kainiten oder Vorläufer
von ihnen bekämpft zu sehen (vgl. def. 11; Leugnung Christi 4 cf. 8 κυριό-
τητα δὲ ἀθετοῦσιν, — δόξας δὲ βλασφημοῦσιν cf. Iren. adv. h. I 31, 2). Als posteriore

Schrift gibt sich, wie 2. Petr., auch der Judasbrief (vgl. 17; Jülicher, Einl. S. 181). Man halte daneben, daß unter Domitian bereits erwachsene Enkel des Herrnbruders Judas, angeblichen Verfassers dieses Briefes, auftreten (Hegesipp bei Euseb. h. e. III 20)! F. Spittas Einwurf, daß in dem Briefe nicht theoretische, sondern praktische Libertiner auftreten sollen (Der zweite Brief des Pt. und der Brief des Judas. Eine gesch. Untersuchung, Halle 1885, S. 505; vgl. auch Kühl in Meyers Kommentar XII, 6. Aufl., 1897, S. 293), verfängt gegenüber diesen Darlegungen nichts.

7. Evangelium der Eva.

Die Mitteilung des Epiphanius (haer. 26, 2) über das Evang. der Vollendung ist aus Hippolyts Syntagma genommen (Harnack I 24), aber Philaster, der auf diese Vermutung führt, erwähnt das evangelium consummationis ohne weitere Angabe und schließt die „törichten Visionen" ohne Nennung des Evaevangeliums unmittelbar an (de haer. 33). Daraus könnte man schließen entweder, daß er die dazwischenstehenden Mitteilungen über das Evang. der Eva in seiner Vorlage zwar gleichfalls las, sie aber, weil er beide Evangelien für identisch hielt und um abzukürzen, fortließ, oder daß er sie nicht las, und erst Epiphanius, der dann auch das Citat liefert, beides mit seinen Mitteln ergänzte, indem er das Urteil über die törichten Visionen nun auf das Evangelium der Eva bezog. Dabei bleibt immer noch zu beachten, daß der Wortlaut des Epiph. beim Uebergang vom einen zum andern Evangelium ἄλλοι δὲ οὐκ αἰσχύνονται λέγοντες εὐαγγέλιον Εὔας nicht dazu zwingt, zwei verschiedene Evangelien anzunehmen, wenn auch die Charakterisirung (s. Apokr. S. 42) solches naheliegend erscheinen läßt. Doch ist dieselbe, zumal im ersteren Falle, zu undeutlich und allgemein gehalten, als daß man für oder wider die eine oder andere Möglichkeit Gewisses behaupten könnte. Lipsius (Zur Quellenkritik des Epiph. S. 107) hielt dafür, daß auch das Citat aus der gemeinsamen Quelle entlehnt sei. Auf den Grundgedanken der naassenischen Spekulation (Hippol. V 6, p. 132): „Den Anfang der Vollendung bildet die Erkenntnis des Menschen, die Erkenntnis Gottes aber (ist) abgeschlossene Vollendung" hat Harnack verwiesen (I 167 f. vgl. II 539) und es für möglich gehalten, daß dem Evangelium der Eva, dessen Benutzung in der Pistis-Sophia er übrigens annimmt (vgl. II 539), das Fragment Apokr. S. 42 A. 1 noch anzuschließen sei, „da das Fragment im Tone zum vorigen sich fügt" (166); das ist möglich, aber nicht auszumachen, denn das mit den Worten Διὸ καὶ ἐν ἀποκρύφοις ἀναγινώσκοντες ὅτι eingeleitete Citat folgt erst nach längerer Zwischenausführung und erinnert auffallend an Offb. Joh. 22 2. (6), woher es freilich Epiphanius um jenes Ausdrucks willen nicht entlehnt haben kann. (Holz des Lebens cf. b. Ophiten Orig. gg. Cels. VI 27.) Da es sachlich zugleich auf 1 Mos. 2 9. 3 92 paßt, könnte es in der Tat einem Evang. der Eva angehört haben. Uebrigens erscheint Eva in einer koptischen Moses-Adam-Apokalypse (SBA 1891, S. 1045) „(selbst) geschmückt mit dem Schmucke des Geistes". — Wer der Sprechende ist, ist in beiden Fällen unklar (Zahn G.K. II 762 A. 3 hält Eva dafür); die Annahme, daß in Nr. 1 die Person ein und dieselbe und nur nach Art leucianischer Schilderung (Johannesakten) in verschiedener Größe dargestellt sei, ist aber wohl ausgeschlossen. Der Offenbarungsempfänger ist der Geistesmensch, für den es darauf ankommt, den besten Teil des Urmenschen zu seiner eigenen Mehrung zu sammeln (stoischer Pantheismus).

8. Sammelwerk.

In der ‘Sophia Jesu Christi' vermutet Harnack zu Schmidts Veröffentlichung SBA 1896, S. 846 f. ein Werk Valentins.

VII.
Kindheitsevangelien.

Zur Einleitung.
(E. Hennecke.)

Lit.: vgl. Apokr. S. 23*—25* und oben S. 8 f.

(2.) Die Luther stellen finden sich in der Volksausgabe in acht Bänden (Bd. V) (Berlin 1898) S. 194. 177 f.; hier spricht sich Luther auch gegen den Ab= druck solcher Schriften und noch kräftiger gegen ihren Verfasser aus. Die Stelle aus den Tischreden f. bei Fabricius III 418. Nachweise über den Gebrauch und die Uebersetzungen der Kindheitsevangelien während des Mittelalters bei Reinsch (oben S. 9). — Als Beispiel einer ägyptischen Lokalsage mag die TU XIII 1 b, S. 29 von Iselin aus dem 5. Jahrhundert mitgeteilte dienen: Schnudi stößt in der Wüste auf einen Leichnam, der auferweckt wird und sich als gewesenen Glasarbeiter bekennt, der zur Zeit des Erlösers gelebt habe. Denn es sei zu ihnen (in die Landschaft Akhmim) „ein Bericht gelangt von den Vorübergehenden, daß ein Weib nach Aschmunein hereingekommen ist, an ihrem Busen ein kleines Kind, und so oft jenes Kind zu jemand sprach, ging es in Erfüllung und erwies sich als richtig, und man hat uns berichtet, daß es die Toten auferweckte, die Gelähmten aufstehen machte, die Ohren der Tauben öffnete, den Stummen reden ließ und die Augen der Blinden öffnete." — Verarbeitungen von Scenen des Protevangeliums wie der Thomaserzählung finden sich in den Quaestiones Bartholomaei (Anecdota Graeco-Byzantina I p. 13. 12 cf. X) und anderswo (ebenda p. 59. 68 cf. XXVI); zu c. 2 der Thomaserz. f. u. die Auswahl aus dem Koran. — Im 16. und 17. Jahrh. wurde die Frage nach der Lücke in den ersten 30 Jahren des Lebens Jesu eifrig diskutirt (vergl. Fabricius III 408 ff.). — Sehr treffende Bemerkungen zum Unterschied der Wunderberichte der kanonischen Evangelien von denen der apokryphen Evangelien sind aus einer Straßburger Diff. von Hippol. Campredon (1855) abgedruckt bei Migne, Dict. des Apocr. II p. 233 ff.

(3.) Zur Frage nach Sinn und Zusammensetzung der kanonischen Kind= heitsgeschichten vergl. die verschiedenen neutest. Kommentare; eine Uebersicht der neueren Ansichten bei A. Hilgenfeld, Die Geburts= und Kindheitsgeschichte Jesu Lk. 1₅—2₅₂ (ZwTh 1901, S. 177—235). Den judenchristlichen Charakter des lukanischen Berichts hat H. Usener, Geburt und Kindheit Christi ZnW IV S. 1 —21, erwiesen. Eine besondere Diskussion hat sich über die Frage der Zuwei= sung des Magnificat Lk. 1₄₆—₅₅ auf eine Anregung Harnacks hin erhoben (H. A. Köstlin ZnW III 1902, S. 142—145). — A. Resch, Das Kindheitsevangelium nach Lukas und Matthäus unter Herbeiziehung der außerkanonischen Paralleltexte TU X 5, 1897. L. Conrady, Die Quelle der kanonischen Kindheitsgeschichten, Gött. 1900.

Ueber die Verwerfung der Geburtsgeschichte durch Faustus vgl. Bruck= ner, Faustus von Mileve, Basel 1901, S. 58 f.

(4.) Näheres über das System des Gnostikers Justin f. bei Krüger RE IX 640 f. — Die Psalmstelle 85₁₁ war schon bei der vorhergehenden Fragestellung er= wähnt. Harnack TU VII 2, 1891, S. 20 sieht in der Legende einen Beleg der Herm. sim. V vorliegenden adoptianischen Christologie. „Die Vorstellung, daß Christus und der h. Geist Brüder seien, kommt auch noch in späterer Zeit vor, doch . . . nur als Vorwurf, den grübelnde Dogmatiker wider ihre Gegner erhoben haben. Daß unserem Verfasser die Legende in einer Evangelienschrift (Kindheitsgeschichte) über= liefert war, ergiebt sich auch aus dem Folgenden, wo lediglich Stellen aus dem Evange= lium angeführt werden, nachdem die Legende selbst eine ganz unpassende gnostische Auslegung erfahren hat"; vergl. S. 29 f. Zahn, G.K. II 764 f. A. 3, ist geneigt,

die Legende ebenso wie die „phantastische Ausdeutung von Lk. 1 17 in erzählender
Form p. 12 f." als Bestandteil der Γέννα Μαρίας anzusehen.

Einleitung zu den Kindheitsevangelien.
(A. Meyer.)

Warum man zunächst keine Kindheitsgeschichten schrieb.
Die Geburt und die Kindheit Jesu waren nicht das erste, womit sich die mündlichen
und schriftliche Berichte über den Messias Jesus beschäftigten. Die Worte des Herrn,
nach denen man zu leben hatte, nach denen man einst gerichtet werden sollte, dann
der Beweis, daß Jesus wirklich der Messias und Heiland war, trotz und gerade
wegen des Todes, also der Bericht von seinem Auferstehen, der Weise seines Sterbens,
seinen Zeichen und Wundern während seiner Wirksamkeit bildeten zunächst den In=
halt evangelischer Verkündigung und schriftstellerischer Aufzeichnung. Den Anfang be=
zeichnete die Predigt des Täufers, die auf den kommenden Messias hinwies, und
die Taufe Jesu, bei der er mit dem Geiste gesalbt und damit zum Messiasamte,
zum Sohne Gottes erwählt und berufen wurde. Der noch nicht mit solchem Geiste
gesalbte Jesus von Nazareth hatte für diesen ältesten Standpunkt noch keine Be=
deutung. Er war geboren vom Weibe wie jeder andere Mensch und wie jeder Jude
unter das Gesetz getan, wie Paulus auf Grund der damaligen Auslegung von
Jes. 9 6 anführte (Gal. 4 4).

Aber jene Denkweise, die bei der Urgemeinde auf das öffentliche Auftreten,
bei Paulus fast nur auf Tod und Auferstehung Jesu ihre Aufmerksamkeit richtete,
enthielt doch Gesichtspunkte, von denen aus man mehr und mehr auch die Geburt
und Herkunft Jesu ins Auge fassen mußte. Wenn Jesus durch den 'Geist' zum
Messias berufen und durch die Auferstehung auch eingesetzt war, so mußte er nach
dem 'Fleisch', seiner irdischen Abstammung nach, Davids Sohn sein (Röm. 1 3) und
er mußte aus Bethlehem stammen (Joh. 7 42); beides wurde von den Juden bestritten
(Joh. 7 41), beides war also vor Freund und Feind zu erweisen.

Geschlechtsregister. Das erste war das wichtigere. Zunächst suchte
man nach Geschlechtsregistern Jesu. Derartige Genealogien waren ja von jeher im
Judentum zum Beweis echter Abstammung sehr beliebt gewesen und mehrfach auch
in die heilige Geschichte aufgenommen; sie wurden noch damals von vornehmen und
priesterlichen Geschlechtern geführt. Gewiß war man bei ihrer Durchführung, oder
wenn eine Neubeschaffung nötig wurde, vielfach auf Vermutung angewiesen. Daß
auch bei den Geschlechtsregistern Jesu (Mt. 1 Lk. 3), der aus einer wenig hervorragenden
Handwerkerfamilie stammte, dergleichen vorgekommen sein wird, folgt schon daraus,
daß man schließlich zwei Stammbäume beidrachte und daß der Stammbaum bei
Mt. gewaltsam in eine schematische Gliederung von 3 mal 14 Namen gebracht ist. Die
Stammbäume gehen beide auf Joseph, setzen also voraus, daß Joseph der Vater
Jesu sei; sie sind erst später durch leichte Aenderung mit der wunderbaren Geburt
in Einklang gesetzt (Mt. 1 16 Lk. 3 23). Aber man tat sich doch nicht damit genug, daß
Prophetische Zeugen. Aber man tat sich doch nicht damit genug, daß
man äußerlich die Abstammung Jesu aus dem Samen Davids nachwies. Wie einst
die Propheten auf den kommenden Messias hingewiesen, lange vor seiner Geburt,
so galt es zu zeigen, wie auch bei seiner Geburt Engel vom Himmel und Propheten
voll heiligen Geistes seine zukünftige Bedeutung geweissagt und die Erfüllung aller
Weissagung über den Davidssohn in ihm vorausgesagt hatten: daß er den Thron
seines Vaters David einnehmen, ein Horn des Heils zur Rettung Israels von seinen
Feinden sein werde, dessen Gottesdienst und freie Religionsübung hinfort nicht
mehr gestört werde, daß Gott seine Ehre und allen Frommen Friede auf Erden werden
solle — das Thema von Jes. 9 in seiner vollen Entfaltung (Lk. 1 32f. 68—70 2 14. 29—32).

Bethlehem. Und wie aus Davids Stamm, so mußte er in Davids Stadt geboren werden. Die Ueberlieferung: Jesus von Nazareth weist freilich auf das Städtchen Galiläas als seine Heimat, und die Gegner benutzten das (Joh. 1 46; 7 41. 52); dem gegenüber zeigte man entweder, bei welcher Gelegenheit seine Eltern von Nazareth vorübergehend nach Bethlehem gekommen waren, oder was sie umgelehrt von Bethlehem nach Nazareth geführt hatte (Lk. 2 4 Mt. 2 23).

Herkunft Jesu aus der frommen Gemeinde der Armen. Eins der beliebtesten Argumente gegen das Messiastum Jesu war die Behauptung, daß Jesus ein Meschummad, ein Abtrünniger vom Gesetz und der Religion Israels sei, daß er den Tempel Gottes zerbrechen und einen neuen Kult an Stelle des jüdischen Tempelgottesdienstes habe setzen wollen. So galt es nun zeigen, daß Jesus aus den Kreisen der Gerechten und Frommen, der Stillen im Lande, die auf den Trost Israels warteten, hervorgegangen sei, daß im Tempel sein Vorläufer angekündigt, er selbst von der intimsten Tempelgemeinde in ihren ältesten Vertretern freudig begrüßt und als der Prüfstein des wahren Israels anerkannt sei, ja daß es ihn schon als Knaben zum Tempel und seinem Lehrhaus gezogen und er dort seines Vaters Wohnstätte gefunden habe (Lk. 1 6 2 22—52). Aehnliche Motive hatten schon ähnliche Züge in die Geburtsgeschichte Buddhas eingefügt; vielleicht hat man hier und dort an schon vorhandene uralte Erzählungen angeknüpft.

Es blied freilich dabei, daß das Christentum allermeist bei den Armen und Geringen Eingang fand, daß Jesus der Heiland einer von Tyrannen und Reichen gedrückten Bevölkerung wurde. Auch diese Bestimmung fand man schon bei seiner Geburt angedeutet. Er sollte die Tyrannen vom Stuhl stürzen, die Reichen leer ausgehen lassen, die Hungrigen mit Gütern füllen; war er doch selbst, Christus der Herr, in einem Stall oder in einer Höhle geboren und in eine Krippe gelegt worden. Alle diese Motive haben in der judenchristlichen Quelle des Lk. Aufnahme gefunden (1 46—55 2 7. 11f.). Auch hier werden wir unwillkürlich an die ländliche Umgebung des unter Hirten erzogenen Krischna erinnert.

Heidenchristliches Aegypten. Je reicher und gehobener die Christusvorstellung ward, um so mehr hob sich auch die Bedeutung des Christuskindes, namentlich seitdem es hinausgetragen wurde in die weite Welt. In Aegypten legte man Wert darauf, daß der Sohn Gottes schon als Kind in Aegypten gewesen sei, was man aus dem A. T. zu erweisen verstand (Mt. 2 15). Dort erzählte man auch, wie das Kind Gottes auf Erden, alsbald nach seiner Geburt, von dem feindlichen Tyrannen verfolgt wurde, wie er um seinetwillen alle kleinen Kinder in der Umgebung tötete, wie das Kind in der Fremde gerettet wurde (2 16). Da fand man uralte Weissagung erfüllt von dem Drachen, der dem neugeborenen Himmelskind nach dem Leben steht, so daß es geflüchtet werden muß (Offb. Joh. 12). So hatte man vor Jahrhunderten im fernen Osten erzählt von dem Tyrannen Kamza, der nur auf des Krischna-Kindes Geburt wartet, um es umzubringen, und der getäuscht alle Knaben von ungewöhnlicher Größe töten läßt.

Magier. Eine Erzählung mußte jüdischen und heidnischen Christen gleich wert sein: daß Magier aus dem Morgenland dem neugeborenen König der Juden Verehrung und Geschenke dargebracht hatten. Dessen hatten sich ja schon Psalmensänger und Propheten gefreut, daß die Könige von Meroe und Saba Israel Geschenke bringen würden: nun war es an Jesus in Erfüllung gegangen; deß durften sich die Judenchristen sowohl als Anhänger Jesu wie des Judentums freuen. Aber auch die Heiden konnten stolz darauf sein, daß heidnische Fremdlinge Jesum zuerst aus weiter Ferne erkannt und aufgesucht hatten, während der jüdische König ihm nach dem Leben stand und jüdische Schriftgelehrte ihn trotz der Schriften nicht suchten noch fanden. In dem Zug der Magier gewann man ein Gegenstück gegen den pomphaften Zug, den der Perserkönig Tiridates damals unternahm, um Nero seine Verehrung zu bezeugen, begleitet von Magiern, von denen der Kaiser die Magie zu erlernen hoffte (A. Dieterich, ZnW III 1902, S. 1—14). So hat man die Magier, die zu Christus kamen, früh als Perser, als Schüler Zaruthstras gefaßt: ihre orien-

talische Herkunft deuteten die Künstler durch die phrygische Mütze an; zu Königen
sind sie erst später unter dem Einfluß jener Psalmstelle geworden.

Wunderbare Geburt. Auf heidnischem Boden ist jedenfalls der Glaube
an das größte der Kindheitswunder, an die jungfräuliche Geburt aufgekommen. Denn
das Judentum hat die Jesajastelle (7 14), die nach dem Grundtext von einer 'jungen
Frau' redet, niemals auf jungfräuliche Geburt bezogen; wohl aber konnten Heiden=
christen die Uebersetzung der LXX so verstehn. Ihnen kam dabei, nach ihrem eigenen
Geständnis, der Glaube des Heidentums an irdische Göttersöhne zur Hilfe; auch
entsprach der Gedanke von jeher heidnischem Empfinden: nicht allein im fernen In=
dien, wo der Buddha unter dem Jubel der Himmlischen von der jungfräulichen
Maja Dewi ohne irdischen Vater geboren sein sollte — wenigstens ist die ursprüng=
liche Legende bald so verstanden worden —, sondern auch in Aegypten, da wo er uns
zuerst als christlicher begegnet; noch heute meldet uns z. B. ein Denkstein zu Theben,
wie Tehuti, der Götterbote zur noch jungfräulichen Königin Mautmes gesandt wurde,
um ihr anzuzeigen, daß sie von Ra Amun einen Sohn gebären werde, Amenophis,
den Sohn Gottes (Furrer, Vorträge über das Leben Jesu Christi S. 37). In=
dem aber das Christentum die Empfängnis durch den heiligen Geist bewirkt sah,
war der Vorgang doch wieder über alle heidnische Analogie erhoben. Es war aber
dieser Glaube an die Geburt durch den Geist die heidenchristliche Umbildung der
jüdisch=christlichen Anschauungsweise, wonach Jesus ein Geistgeborener und der
hl. Geist seine Mutter war: nach jüdischer Erwartung und judenchristlichem Glauben
wird der Davidssohn durch die Salbung mit dem Geist zum Christus erhoben, zum
Gottessohn gezeugt; die Heidenchristen faßten diesen Vorgang konkreter: durch die
Geistes=Geburt ist Jesus Christus schon ins Leben getreten.

Zum erstenmal begegnet uns diese Vorstellung in der Vorgeschichte des Mt.,
dessen Geschlechtsregister ursprünglich, wie die syrische Handschrift vom Sinai noch
bezeugt, eine Zeugung Jesu durch Joseph voraussetzt; die Vorgeschichte kann also
auch nicht von Anfang an bei Mt. gestanden haben. Heidenchristliche Hände haben
den Gedanken dann auch in die Vorgeschichte des Lk. eingetragen.

Jüdische und heidnische Verdächtigungen. Dies Geheimnis,
das so sehr heidenchristlichem Denken entgegenkam, bot nun freilich auch heidnischem
Spott und mehr noch jüdischem Eifer bequemen Anlaß zu übler Nachrede. Das
Johannesevangelium hat es noch mit Juden zu tun, die sich daran stoßen, daß
der Messias wohlbekannte ganz gewöhnliche Eltern gehabt (6 42) und nicht aus Beth=
lehem und aus Davids Samen stamme (7 42). Als das Christentum hierauf mit der
Verkündigung von der wunderbaren Geburt zu Bethlehem zu antworten pflegte
(Ignatius, Justinus) und die Christen, wie Justin gegenüber Tryphon, auf die heid=
nischen Götterfabeln von der Vermischung von Göttern mit Menschentöchtern hin=
wiesen, war gerade diese Parallele für die Juden ein Anlaß, das eine mit dem an=
dern abzuweisen und zu verspotten. Noch später nahmen die Juden gerade die
Behauptung, daß Maria ohne Mitwirkung Josephs empfangen habe, zu der Schmä=
hung, Jesus sei allerdings außerehlich, aber von einem Menschen erzeugt worden.
Auf solche Deutung der wunderbaren Geburt muß schon Mt. 1 19 eingehen; der
Verdacht Josephs ist eben der Verdacht auch wohlgesinnter Juden. Später nannte
man auch den Namen und Stand des Verführers, den Soldaten Panthera (Panther).
Entnommen ist der Name wohl aus der ägyptischen Volkssage: pa-neter-a heißt
'der Große Gott' und 'Sohn des Panthera', wie Jesus von den Juden nunmehr
beständig genannt wird (neben Ben Stada), wird wohl ursprünglich einen ägyptischen
Göttersohn, etwa einen Si=Osiris bezeichnen. Aber für das Judentum enthielt der
Name Panthera zugleich auch eine boshafte Umdeutung des griechischen Wortes für
Jungfrau (parthenos). Maria, erzählten sie, sei wegen ihrer Untreue von ihrem recht=
mäßigem Gatten, dem Zimmermann, vor die Tür gesetzt worden. Die Heiden ließen
sich solche Dinge von den Juden gerne berichten und spotteten wie über ihre eigenen
Göttersagen, so noch mehr über das niedrige und ärmliche Weib, das sich Gott zum
Umgang ausgesucht (so Celsus bei Origenes; vgl. oben S. 49—51. 54).

Gnostische Kindheitserzählungen. Dazu kam noch eine weit ge=
fährlichere Bewegung im Christentum selbst. Es handelt sich um jene Neigung, die
göttliche Würde, die übermenschliche und wunderbare Art Christi auf das leb=
hafteste zu betonen und die wirkliche Menschheit Jesu mehr und mehr in den Hin=
tergrund treten zu lassen. Das konnte dahin führen, daß der Erlöser, der Gottheit
und Menschheit verbinden sollte, ganz von der Menschheit losgerissen, daß er als
reines Himmelswesen unter den Menschen betrachtet wurde und ein Mensch
nur zu sein schien. Diese Konsequenz haben die Gnostiker vollzogen; mit diesen
hatte die Kirche um die echte Menschheit Jesu zu kämpfen. Dieser Kampf mußte
u. a. ein Kampf um die irdische Mutter Christi sein, da der Vater um der wunder=
baren Geburt willen ausgeschieden war. Die Gnostiker konnten, wenn auch nicht
den Menschen Jesus, so doch den himmlischen Christus ganz der irdischen Geburt
und damit seiner Mutter entziehen. Das war im Grunde keine Neuerung, sondern
eine Weiterbildung der ältesten Auffassung, wonach der Geist bei der Taufe Jesum
erst zum Christus gemacht hatte. Für diesen Standpunkt hatte die Geburt und
Kindheit Jesu kaum Interesse. Deshalb haben spätere gnostische Evangelien wie
das nach den 12 Aposteln ebensowenig eine Kindheitsgeschichte wie Marcus. Oder
die Gnostiker konnten in späterer Zeit, gerade unter Benutzung der wunderbaren
Geburt, den Eingang Christi in die Welt nur als einen Durchgang durch Maria
ansehen, so daß er von ihrer menschlichen Art nichts annahm. Dabei brauchte Maria
selbst keine Einbuße zu leiden, vielmehr konnte man aus ihr ein rechtes Wunder=
bild machen, wie es eben für jenen wunderbaren Durchgang nötig war. Man konnte
auch die Kindheit Jesu etwa in Anknüpfung an die Geschichte vom 12jährigen Jesus
so wunderbar gestalten, daß sie gerade für seine übermenschliche Art Zeugnis ab=
legte. Beides drängte ganz von selbst zur Schaffung neuer Evangelien. Wie Maria
zu ihrem wunderbaren Wesen kam, das wird in dem gnostischen Buch Genna
Marias (Geburt der Maria) gestanden haben, das aus der Mitte des 2. Jahr=
hunderts stammt. Auch sonst haben die Gnostiker phantasievolle, kindliche und auch
kindische Volkserzählungen benutzt, um daran ihre Spekulationen anzuknüpfen, so
z. B. in ihrem Thomasevangelium, das die Kindheitszeit Jesu von Jahr zu Jahr
erzählte. Doch haben sie auch die Vorgeschichte des Lk. hierzu herangezogen, wie
man an dem Hauptwerk der Valentinianer, der Pistis=Sophia sieht. Dort berichtet
Christus, er habe in dem Leib des Johannes, da er im Schoße seiner Mutter Eli=
sabeth ward, eine Kraft, die er vom guten Mittelgott Jao bekommen, und die Seele
des Elias zusammengebunden und ihn so zu seinem Vorläufer bereitet. Auch soll
Christus selbst jener Engel Gabriel gewesen sein, der Maria begrüßte: damals ging
er in sie ein und begann in ihr aufzusprossen. Die Begegnung der Maria mit Eli=
sabeth wird ebenso ausgenutzt, wie die Jesu und Johannis bei der Taufe. Ueber=
haupt hat sich der Gnosticismus der Gestalt der Maria mit höchstem Eifer bemäch=
tigt und ihr eine Vorgeschichte und Bedeutung gegeben, die die Kirche zur Nach=
ahmung geradezu zwang.

Kirchliche Antwort. Es war naturgemäß, daß man in kirchlichen
Kreisen sich ebenfalls mit der Geburt Jesu, mit der Gestalt der Maria und der
Kindheit Jesu beschäftigte und das Mittel volkstümlicher Erzählung nun gleichfalls
benutzte, um korrekte Anschauungen zu verbreiten. Der Neigung, die Gottheit Christi
mehr und mehr zu betonen, der Verherrlichung der Maria und der Freude am
Wunderbaren wollte man nicht wehren; wohl aber galt es, die Verunglimpfungen,
die Juden und Heiden über die jungfräuliche Mutter ergehen ließen, zurückzuweisen
und zum anderen ihre menschliche Gestalt so rein und geistig zu zeichnen, daß nie=
mand daran Anstoß nehmen konnte, wenn dieser Mutterschoß und diese Brüste den
wunderbaren Körper Jesu genährt und ihm Fleisch und Blut gegeben haben sollten.
In diesem Geiste ist die 'Geschichte des Jakobus', das sog. 'Protevangelium'
geschrieben. Wie sie ihre Aufgabe angefaßt hat und ihr gerecht geworden ist, muß
hier im Zusammenhang nochmals gewürdigt werden; es gilt zu zeigen, wie diese
Schrift nicht durch den horror vacui und die Lust am Fabuliren, sondern durch eine

7 *

Art bitterer Notwendigkeit hervorgerufen wurde. Zunächst forderten die jüdischen und heidnischen Verläumdungen gebieterisch Antwort. Dann erheischten zwei ganz entgegengesetzte Strömungen in der Christenheit Abwehr und Entscheidung. Es gab noch Judenchristen genug, die Joseph für den Vater Jesu und solche eheliche Geburt für würdiger hielten, als daß Maria 'von dem lebendigen Gott sollte empfangen haben'. Umgekehrt leugneten übergeistige Erkenntnisfreunde, daß Christus irgend etwas von der Maria angenommen habe: er sei wohl in ihr, aber nicht aus ihr entstanden oder er sei wie Wasser durch einen Kanal durch sie hindurch gegangen (Valentinianer). Marcion strich in seinem Lk.-Ev. das Wort Mutter oder freute sich daran, daß Jesus seine Mutter verleugne.

Hier galt es die richtige Mitte einzuhalten, um der höheren Herkunft Christi sowohl wie seiner echten Menschheit gerecht zu werden. Aber dieser Ausgleich war auch in der Kirche nicht gleich gefunden. Die Keuschheit und jungfräuliche Art der Maria mußte unbedingt festgehalten werden, damit sie das reine Gefäß der überweltlichen Gottheit sein konnte. Die Konsequenz schien nun zu fordern, daß dies reine Gefäß auch rein blieb, damit die Reinheit als wesentlich und nicht als zufällig erschien. Aber dem standen zwei Ueberlieferungen entgegen, die vorderhand noch in Geltung waren. Erstlich wies man in Jerusalem mit Stolz auf den Herrnbruder Jakobus hin, das erste Haupt der ersten Gemeinde: folglich hatte Maria nachher eheliche Söhne empfangen und geboren. Dies zu leugnen, ging gegen alle Tradition; Jakobus hätte schon selbst kommen müssen und dagegen Zeugnis ablegen. Noch selbstverständlicher erschien es, daß Maria mit der Geburt Jesu ihre Jungfrauschaft verloren, daß sie nunmehr „Kindbetterin" geworden: 'Selig sind die Brüste, die du gesogen', so rief auch die Kirche. Die Sache hatte auch theologische Bedeutung: denn damit war ja die wirklich menschliche Geburt festgestellt, der himmlische Gast hatte irdisches Fleisch von der menschlichen Mutter angenommen: das Gegenteil behauptete ja eben der Gnosticismus. In diesem Sinn hat am Anfang des folgenden Jahrhunderts Tertullian die Gegner bekämpft; so dachten die meisten um jene Zeit auch nach dem Zeugnis des weitgereisten Clemens von Alexandrien. Hier hätte man Hebammen zur Stelle haben müssen, die die Maria alsbald nach der Geburt untersucht hätten. So schwer es schien, die 'Reinheit' der Maria nach vornehin auszudehnen, so war es fast zu leicht, es nach rückwärts zu tun, man mußte ja gut wie nichts über die Herkunft und das Vorleben der Maria und hatte es doch um so notwendiger zu wissen, da Juden und Heiden über die 'gewiß unschöne' Bäuerin spotteten, die um Lohn spinnen mußte. Hier war eine dankbare Aufgabe für die fromme Phantasie, oder wie man damals die Sache auffaßte, für rückwärts gewandte Prophetie.

D a v i d s s o h n. Noch eine untergeordnete Schwierigkeit war durch die Lehre von der jungfräulichen Geburt geschaffen. Man hatte von jeher die Davidssohnschaft Jesu, die zu seinem Messiastum gehörte, durch den Stammbaum Josephs erwiesen, der in zweifacher Form vorlag, was freilich einschließt, daß Joseph Jesu Vater war, wie auch bei Mt. und Lk. ursprünglich zu lesen war. Nunmehr schwebte diese Beziehung in der Luft. Hier hat man schon früh (so Justin) den Ausweg ergriffen, Maria zur Davidstochter zu machen. Aber auch dafür fehlte es an einem anschaulichen Bericht, den es erst zu schaffen galt.

A u s f ü h r u n g. Allen diesen Schwierigkeiten und Aufgaben ist der Verf. des P r o t e v. Jacobi kühnlich entgegengetreten im Vertrauen auf die Gabe und Weisheit Gottes, so gut wie die Evangelisten vor ihm, manche Klippe hat er, vielleicht unbewußt, aber mit um so sicherererem Takt vermieden, und er hat die Feder niedergelegt mit dem Bewußtsein, daß er seinen Zweck bestens erreicht habe. Wir müssen ihm darin Recht geben, und jedenfalls hat ihm die Geschichte der Kirche Recht gegeben, denn wenn sie ihn auch nicht zu den kanonischen Schriftstellern zuzählte — an diese Ehre hat er so wenig wie irgend einer der Evangelisten vor ihm gedacht —, so ist sie ihm doch vielfach gefolgt, und seine Anschauungen haben sich, oft erst nach langer Frist, siegreich Bahn gebrochen (vgl. Apokr. S. 49 f.).

Kindheitsgeschichte des Thomas. Erst sehr viel später hat man sich auch darauf eingelassen, die Wunder des Knaben Jesu in kirchlichen Kreisen zu verbreiten, indem man das gnostische Thomasevangelium auszog und überarbeitete. Die Ueberzeugung, daß Jesus seine göttliche Natur erst nach der Taufe in Wundern und Zeichen offenbart habe — eine Nachwirkung der ältesten Auffassung, wonach Jesus erst bei der Taufe zum Christus gesalbt ist —, stand doch zu fest, so daß jene Geschichten für kirchliche Ohren lange etwas fremdartiges behalten mußten. Man hatte sich sogar daran gewöhnt, den Mangel von Wundern in jener Zeit des Lebens Jesu für die kirchliche Lehre auszunutzen: wie die Wunder der Lehrzeit für die Gottheit, so zeugte die stille Zeit in Nazareth für seine wahre Menschheit; auch durfte der Teufel nicht zu früh merken, daß sein Gegner schon geboren und wo er zu finden war. Die Abneigung gegen ein Thomasevangelium wurde aber hauptsächlich dadurch wach erhalten, daß man seit Kyrillus von Jerusalem darin ein Machwerk der verhaßten Manichäer, besonders des manichäischen Apostels Thomas sah.

Schließlich siegte dann doch auch hier die Wundersucht. Zwar ist der Thomasgeschichte bei den Griechen nie die Ehre widerfahren, die man der Geschichte des Jakobus angetan hat: man hat ihr vielmehr die Würde eines Evangeliums und einer Apostelschrift, auf die es von Haus aus Anspruch machte, genommen; aber Epiphanius freute sich doch daran, daß Christus schon vor der Taufe Wunder getan habe, den Ketzern zum Trotz; und Georgios Synkellos macht es nicht viel aus, auch die Kindheitswunder anzunehmen, da Christus doch so viele Wunder getan, daß man sie nicht alle aufschreiben könne. So hat die Thomasschrift dennoch ihren Weg gemacht und hat sich in Gemeinschaft mit der Jakobusgeschichte den Orient, wo man die ursprüngliche Verwandtschaft spürte, sowohl wie das Abendland, wo man ihnen den Eingang wehren wollte, in weitem Umfang erobert.

Aegyptische Legende. Auf der Reise gesellte sich noch ein dritter Gast hinzu, den wir heute nicht mehr in seiner ursprünglichen Gestalt und Sonderexistenz vor uns haben, der aber deutlich seine ägyptische Herkunft verrät. Gemeint ist die Quelle, der das sog. arabische Kindheitsevangelium die Wunder des Jesuskindes in Aegypten entnommen hat. Auch Pseudo-Matthäus hat vielleicht Reste davon bewahrt; arabische Handschriften enthalten eine besondere Geschichte der Flucht der Gottesmutter und St. Josephs nach Aegypten, die man dem Theophilus von Alexandrien zuschrieb. Es war offenbar eine Zusammenstellung dortiger Lokalsagen, von denen eine sich z. B. an einem Maulbeerfeigenbaum zu Matarije, bei dem Jesus eine Quelle geschaffen und der nach späterer Erzählung sich geöffnet und die Madonna mit dem Kinde vor Räubern verborgen haben soll, anschloß; eine andere knüpfte sich an einen Garten voll Balsamstauden, von denen die älteste durch Jesu Schweiß, die spätere in Kraft jener Quelle entstanden sein sollen. Ferner die Legende von dem Umsturz der Götterbilder hat gleichfalls eine Sonderexistenz geführt, sie begegnet uns weiterhin nicht nur bei Pseudo-Matthäus noch, sondern auch bei Kirchenvätern wie Eusebius, Athanasius und Sozomenus, die den Vorgang nach Hermopolis verlegen; sie ist auch in einem eigenen Büchlein koptischer Sprache ausführlich behandelt. Maria und Joseph sind hier offenbar an Stelle ägyptischer Naturgottheiten wie etwa Isis und Horus getreten, die irgendwie andere Götter gestürzt haben. Auch das von Lukian und Apuleius verwendete Märchen von dem in einen Esel verwandelten Menschen, das vielleicht in den ägyptischen tierköpfigen Menschengestalten seinen Ursprung hatte, hat hier eine Stelle gefunden. Weitere Angaben über dies nicht mehr vorhandene Evangelium zu machen, ist bedenklich; doch dürfte die Vorliebe für die Windeln und das Waschwasser Jesu, sowie die genaue Kunde über allerhand Spuckgestalten des Volksglaubens, über den Dämon in Gestalt eines tollen Hundes oder eines Jünglings, über die Gefährlichkeit der Kreuzwege, der Gräber und des nächtlichen Ausgehens, über den incubus, der das Weib beim Baden überfällt, schon in der Quelle vorhanden gewesen sein, die damit als Erzeugnis derben ägyptischen Volksglaubens sich erweise.

Syrien. Die syrische Kirche hat früh eine wortgetreue Uebersetzung der Geschichte des Jakobus bekommen, die uns in doppelter Gestalt vorliegt: die eine davon, die stark verkürzt ist, liegt uns z. T. in einer Handschrift des 5/6. Jahrhunderts vor. Später hat man die Erzählung von der Geburt der Maria zugleich mit der von ihrem Tode und ihre Himmelfahrt abgeschrieben, wie wir an zwei andern neuerdings bekannten Handschriften sehn. Im siebenten Jahrhundert benutzte der syrische Bischof Jakob von Edessa eine Schrift 'Geburt der Maria', die wohl mit der Jakobusschrift identisch ist: denn von Bischof Jakob hat wieder zu Beginn des 13. Jahrhunderts Salomon von Bassora in seinem Sammelwerk 'die Biene' eine Reihe von Geschichten entlehnt, die dem Protevangelium angehören.

Auch eine Form des kirchlich gemodelten Thomasevangeliums ist ins Syrische übertragen worden; sie ist nah verwandt mit der, die uns zuerst bei den Lateinern begegnet.

Das (sog. arabische) Kindheitsevangelium. Endlich ist der gesamte Stoff von Marien-, Geburts- und Kindheitsgeschichten, mit Einschluß der ägyptischen sowie der biblischen, wahrscheinlich von einem Syrer, in ein Evangelium der Kindheit zusammengetragen worden. So weit wir die Arbeitsweise des Verf. verfolgen können, ist er nirgends selbständig; er erwähnt selbst zwei seiner Vorlagen: 'das Evangelium der Kindheit' und das 'vollkommene Evangelium', Titel, die wir nicht mit Sicherheit unterbringen können. Er hat seine Quellen teils ausgezogen und ist dabei etwas flüchtig verfahren, anderes hat er ausschmückend und übertreibend hinzugefügt; vielleicht stammen die beständigen Hinweise und Beziehungen auf die spätere Lebensgeschichte Jesu von ihm. Was er hinter der ägyptischen Episode von Wundern in Bethlehem erzählt, sieht aus wie eine Nachbildung oder Nebenform der vorhergehenden Erzählungen. Syrische Christen haben diese Schrift mitgenommen bis nach Indien, und es ist wahrscheinlich dies Evangelium, das 1599 zu Goa verdammt wurde. Auch in der „Biene" scheint es benutzt zu sein.

Arabisches Sprachgebiet. Aus dem Syrischen ist die Schrift ins Arabische übertragen, so daß sie nicht nur arabisch redenden, namentlich ägyptischen Christen, sondern auch den Muhammedanern bekannt werden konnte.

Muhammedaner. Jedenfalls hat Muhammed, sei es aus solchen Schriften, sei es aus dem Volksmund oder von christlichen Lehrern eine ganze Reihe dieser Kindheits- und Mariengeschichten kennen gelernt; er hat sie gläubig angenommen und in seinen Koran aufgenommen. Die muhammedanischen Ausleger des Korans wie Galâl-ad-dîn waren daher ebenfalls angewiesen, sich um diesen Stoff zu kümmern. Abu Mohammed Abd-Allah, genannt Kissai, hat in seiner Biographie der Patriarchen und Propheten den gesammten Stoff in reichlicher Ausschmückung den Muslim zur Erbauung vorgelegt. Es konnte nicht fehlen, daß bald von Muhammed selbst ähnliche, noch adenteuerlichere Geschichten erzählt wurden.

Auf ägyptischem Boden wucherten die geschilderten Ortssagen auf dem Schlamm uralten Aberglaubens kräftig weiter. Erbauungsschriften wie die uns bekannten oder ihnen ähnliche, uns unbekannte sorgten für ihre Verbreitung, Erhaltung und Vermehrung; wunderglänbige Bischöfe und traumselige Mönche pflegten sie und wußten Belege örtlicher Beziehungen und neue Mirakel herbeizuschaffen; kirchliche Festtage feierten die einzelnen Vorkommnisse vom Einzug Marias bis zur Belebung der Spatzen aus Lehm.

Solche Festtage erzeugten wiederum die Nachfrage nach alten und neuen Legenden, die zur Feier des Tages vorgelesen werden konnten. Ein Beispiel hiefür bietet die uns erhaltene 'Geschichte Josephs des Zimmermanns', die zur Vorlesung am 20. Juli, dem Todestag Josephs, bestimmt war. Der arabische Text dieser Schrift stammt aus Aegypten, sie liegt uns aber auch in der ägyptischen Landessprache, in Dialekten des Koptischen vor. Von Aegypten ist das Buch mitsamt dem Feste zu den Glaubensgenossen der Aegypter — den syrischen Monophysiten, die wie sie nur eine, die göttliche Natur in Christo anerkannten — herübergewandert. Das Alter der Handschrift führt in das späte Mittelalter vom 11. bis

16., ja bis ins 17. Jahrhundert; der Festgebrauch wird uns noch für das Jahr 1522 bezeugt.

Die Schrift ist nach ihrem Inhalt und ihrer Anschauungsweise viel älter. Sie erzählt auf Grund älterer Schriften von der Art des Protevangeliums, auch der Thomaslegende, das Leben Josephs. Joseph ist Priester, war schon einmal verheiratet; Maria wird ihm als zweite Gattin bestimmt. Jesus wird in der Höhle geboren, reist an der Brust der Mutter nach Aegypten, Salome geht als Magd mit. Da das Weben am Vorhang fehlt, so hat vielleicht der Verf. nicht das Protevangelium, sondern eine Quelle desselben benutzt (s. Giul. Apokr. S. 51). Im übrigen ist der Verf. bemüht, Widersprüche auszugleichen und Aufklärungen zu geben; dabei ist es nicht ohne starke Geschichtsfehler abgegangen. Viel wichtiger als das Leben Josephs ist ihm aber dessen Tod; ausführlich geht er auf die Schrecken des Sterbens, der Todesfurcht und des Todes selbst ein: der Tod selbst und furchtbare Todesdämonen treten auf und werden von Christus zurückgewiesen. Christus erzählt selbst diesen ganzen Verlauf des Sterbens, und so ist der deutliche Zweck der Schrift, Christum als Retter auch in Todesnot und überhaupt die rechte christliche Sterbekunst anzuempfehlen. Das bezeugt auch die zweite Einleitung, die von der Seligkeit und vom jüngsten Gericht redet. Wir haben hier also eine Parallele zu jener Verbindung von Geburts= und Todesgeschichte, die wir in der syrischen Behandlung des Marienlebens festgestellt haben, nur daß hier ein praktischer Zweck der beherrschende geworden ist und von einer Verherrlichung Josephs nichts zu spüren ist. Ihm gehts „wie allen Menschen", und sein Hauptverdienst ist, daß er „keine fremde Mühe umsonst nahm."

Im Abendlande strebt gleichfalls die Entwickelung von der Geburts =und Kindheitsgeschichte Jesu hinweg; hier ist aber das volle Marienleben das Ziel, und der Zweck die Verherrlichung der jungfräulichen Gottesmutter und zugleich die Empfehlung des jungfräulichen Lebens überhaupt. So ist es gekommen, daß Jakobus, der zunächst ausgewiesene, auch hier einen weitreichenden, bis heute fortwirkenden Einfluß ausgeübt hat. So benutzte Zeno von Verona († 380) seine Schrift, um Maria als Vorbild der Jungfräulichkeit anzupreisen; Prudentius († 413) verwendete sie poetisch; außerdem wird sie von einem arianisch gesinnten, vielleicht gotischen Erklärer des Mt. als eine nicht unglaubwürdige und nicht unvernünftige angeführt. Eine lateinische Uebersetzung ist uns freilich weder für damals noch überhaupt bezeugt; wohl aber war zu Rom um das Jahr 400 noch eine ähnliche Schrift: 'von der Geburt des Heilandes und der Maria oder von der Hebamme' bekannt. Um dieselbe Zeit kannte man daselbst auch Thomasevangelien; eine später überschriebene Handschrift aus dem 5/6. Jahrhundert enthält schon eine lateinische Wiedergabe eines solchen; ein um jene Zeit erwähntes 'Buch von der Kindheit des Heilandes' wird damit verwandt sein.

Aber unter dem Einfluß des Hieronymus, der namentlich auch gegen die Hebammenscene der Jakobusgeschichte sowie gegen die ganze derartige Literatur einen berechtigten Abscheu hegte, wurden alle derartigen Schriften von den römischen Bischöfen Damasus, Innocenz und Gelasius zurückgewiesen und verdammt, das sogenannte Dekret des Gelasius zählt sie unter den verbotenen auf.

Waren nun auch die genannten Bücher außer Kurs gesetzt, so doch nicht ihr Inhalt und das kirchliche Interesse an der Jungfrauschaft und Herrlichkeit der Maria. Man sah bald ein, daß man der verpönten Literatur, die von den Ketzern eifrig verbreitet wurde, nur begegnen konnte, wenn man ähnliches an ihre Stelle setzte. Man behandelte also den Stoff, wie man ihn u. a. in Schriften der Manichäer unter dem Namen des Leucius oder Seleucus bearbeitet fand, mehr im katholischen Sinne und benutzte gerade die Autorität des Hieronymus dazu, um die neugeschaffenen Darstellungen in Empfehlung zu bringen. Hieronymus hatte mehrfach von einem hebräischen Ur=Matthäus gesprochen, den er auch übersetzt habe (s. Apokr. S. 12), man wußte ferner, daß er auf Bitten der Bischöfe Chromatius von Aquileja und Heliodorus von Altinum und trotz seiner Bedenken u. a. den

Tobias „ein in chaldäischer Sprache geschriebenes Buch" ins Lateinische übersetzt habe. So ließ man nun diese Bischöfe den Kirchenvater auch um Uebersetzung des hebräischen Matthäus angehn, der nun die Kindheitsgeschichte geschrieben haben sollte; Hieronymus sei darauf eingegangen, „um den Trug der Ketzerei aufzudecken".

Der so eingeführte Mt. (Pf.=Matthäus) verarbeitete den gesamten überlieferten Stoff von der Geburt der Maria bis zum 12jährigen Jesus, auch die Reise nach Aegypten, doch nicht die in Aegypten selbst geschehenen Wunder; die Wirksamkeit des Waschwassers und der Windeln und der ganze Dämonenspuck ist hier verschwunden, dafür treten hier zum erstenmal nach Jes. 1 s Ochs und Esel bei der Krippe ein, wie sie die christliche Kunst seit dem vierten Jahrhundert darzustellen gewohnt war. Geblieben ist noch die erste Ehe des Joseph, der doch Hieronymus längst den Garaus gemacht hatte, indem er statt der Brüder Jesu Vettern einführte. Deutlich tritt die Absicht hervor, Maria als 'Königin der Jungfraun' zu verherrlichen, ihre Gespielinnen werden zu Zeugen ihrer Reinheit, Maria selbst macht sich als Kind schon eine klösterliche Lebensregel und gibt eine Theorie und biblische Begründung der Keuschheit, nachdem sie einen Eheantrag zurückgewiesen hat.

Die frühere Ehe Josephs und die Benutzung des Thomasevangeliums machten doch auch diese katholische Arbeit wieder verdächtig: man versuchte sie durch eine kürzere 'Geschichte von der Geburt der Maria' zu ersetzen, in der nun auch die hl. Anna wegen ihrer anfänglichen Kinderlosigkeit eine biblische Rechtfertigung erhielt und die Braut Maria des größeren Anstands wegen aus dem Hause Josephs zu ihren Eltern nach Nazareth verwiesen wurde. Weggelassen wurde alles das, als „zu weitläufig und für einige auch langweilig", was ohnehin in den kanonischen Evangelien stand. Ursprünglich wollte diese Geschichte nämlich durchaus nicht irgendwie mit den biblischen Evangelien in eine Linie treten und vermied jeden Versuch, sich etwa als der Ur=Matthäus einzuschmuggeln. Trotzdem hat man dann später diese viel korrektere Darstellung wiederum mit jenem Briefwechsel der Bischöfe und des Hieronymus geschmückt; es ergab sich dabei aber der Mißstand, daß der Kirchenvater in seiner vorgeblichen Antwort von der Kindheit des Erlösers sprach, während hier nur von der Geburt der Maria die Rede war. So schrieb man eine zweite Antwort des Hieronymus, die nur von der Geburt der Maria sprach, zur ersten hinzu. Zugleich salvirte der zweite Fälscher sein Gewissen, indem er die Behauptung, daß der Inhalt von Matthäus stamme, dem Verfasser der Vorrede, also der ersten, anheimstellte und, wie er erkläre, daß das Nachfolgende zweifelhaft sei, so wolle er auch nicht behaupten, es sei offenbar falsch.

Mit solchen Künsten mußte man zu Zeiten diesen verdächtigen Stoff, den man doch nicht lassen konnte, zu retten versuchen. Im 9. Jahrh. hielt aber Bischof Fulbert von Chartres den Briefwechsel für echt, und die Herausgeber nahmen ihn später mit samt der Geschichte von der Geburt der Maria in des Hieronymus Werke auf. Da man die 'Geburt der Maria' für Matthäus in Anspruch nahm, so wurde nun die ältere Schrift namenlos; sie wurde nun in richtiger Erinnerung an die älteste Schrift dieser Art wiederum dem Jakobus zugedacht; die zweite Hälfte schrieb man auch wohl unter dem Namen des Thomas ab. So waren denn wieder alle die verpönten Schriften und Namen in den Händen kirchlicher Leser. Eine Zeit lang bewahren die Prediger, wie Alcuin zu Karls des Großen Zeit, noch eine vorsichtige Zurückhaltung und warnen vor leichtgläubigem Gebrauch dieser Schriften. Das hinderte aber nicht, daß ihr Inhalt immer wieder gelesen, abgeschrieben und vorgetragen wurde, so daß er mehr und mehr Allgemeingut des Volkes ward, namentlich seitdem ihn Jakobus de Voragine (1298) in seine 'goldene Legende' aufgenommen hatte, die zu allen Völkern und Zungen verbreitet wurde und viel mehr als die Bibel die Phantasie der Christenheit beherrschte. —

Zu Beginn der Reformation war die hl. Anna eine der beliebtesten Heiligen, und mit dem Rufe: Hilf liebe S. Anna, ich will ein Mönch werden, weihte sich Luther dem Kloster. Das Officium zu Ehren des hl. Joachim wurde freilich durch

Pius V. aus dem römischen Brevier entfernt, aber Gregor XV. schuf ihm ein neues (1622). Ebenso hat Pins V. das Fest der Darstellung Mariä im Tempel abgeschafft; aber Sixtus V. hat ihm wieder zu Ehren verholfen (Mariä Opferung 21. Nov.).

In seinen Tischreden hat sich Luther später sehr kräftig wider die Kindheits= fabeln vernehmen lassen; in der Folge sind die Protestanten in der Schätzung und Sammlung der wiederauftauchenden altchristlichen Kindheitsschriften eifriger ge= wesen als die Katholiken.

Die kirchliche Kunst. Für die Beliebtheit des Stoffs legt namentlich die Kunst beredtes Zeugnis ab. Die Dichtkunst hat den Gegenstand früh und gern ergriffen. Aus dem Altertum ist Prudentius schon erwähnt; im frühen Mittelalter besingt die Nonne Roswitha die Geburt und den löblichen Wandel der Maria auf die Autorität des Jakobus hin: in deutscher Zunge haben Wernher von Tegernsee und Bruder Philipp das Leben der hl. Jungfrau Maria und Christi erzählt; auch volkstümliche Dichter haben die Kindheit und das Leben des Heilandes in schlichter und treuherziger Weise behandelt. Dasselbe Thema behandelt auch die bil= dende Kunst und zwar sowohl die altchristliche — hier ist die Darstellung der Magierscene die älteste (vgl. de Waal in Röm. Quartalschr. I 173 ff., Hen= ucde, Altchristl. Malerei, S. 64 ff., 135 f., 228 ff.) — wie die der Renaissance. Auf einer Elfenbeinbüchse, die sich früher in Werden befand, wird Maria von einem Engel die Stufe des Tempels heraufgeführt, während daneben ein Priester mit einem Buche steht; auf einer Marmorplatte in der Provence erscheint die betende Maria mit der Unterschrift im barbarischen Latein: Maria virgo minester de tem= pulo Gerosale: Maria als Dienerin des Tempels zu Jerusalem. Die Verkündi= gungscene wird in den beiden Formen dargestellt, die Jakobus bietet: einigemal kniet Maria mit dem Krug am Quell oder läßt den Krug am Seil in einen Brunnen, in der Regel aber hält sie einen Streifen Purpurwolle oder den Spinn= rocken in der Hand, so schon in den Mosaiken, die unter Sixtus III. (um 435) in S. Maria Maggiore in Rom ausgeführt wurden. Das Gottesurteil durch das Prü= fungswasser erprobt Maria nach einer Darstellung auf einem bischöflichen Stuhle zu Ravenna (6. Jahrh.) in Gegenwart Josephs, indem sie zugleich den jungfräulichen Schleier festhält. Ebenda sehen wir Maria auf einem Esel, der von einem Engel (?) am Zaume gehalten wird; sie hat den rechten Arm um Josephs Nacken gelegt, der nebenher schreitet. Wie sie absteigt und Joseph ihr den Fuß mit der rechten Hand stützt, schildert eine Elfenbeinarbeit in Minden. Die Geburt Jesu in der Höhle wird auch da, wo Maria die Magier im Stalle empfängt, dadurch angedeutet, daß sie auf einem Felsstück sitzt. Obwohl es dem Sinne der Kirche wenig entsprach, daß Maria auch nur nach der Geburt Hebammen gebraucht hätte, und namentlich auch jedes Wasser für unnötig erklärt wird, so sehen wir doch auf den Bilder= werken die Hebamme bei solchem Dienst. In den Katakomben des h. Valentin (7. Jahrh.) liest man dabei auch den Namen Salome. Die Heilung der verbrannten Hand ist u. a. auf dem Bischofstuhl zu Ravenna dargestellt.

Die ganze Geschichte von Joachim und Anna ließ Leo III. († 816) in der Basilica von S. Paul malen, und seitdem bilden ihre Schicksale wie das Leben der hl. Jungfrau ein ständiges Thema der heiligen Malerei. Den ganzen Erzählungs= kreis haben u. a. der ältere Florentiner Taddeo Gaddi in S. Croce in Florenz und der Kölner Meister des Marienlebens gemalt, am sinnigsten hat ihn Albrecht Dürer in seinen Holzschnitten wiedergegeben. Noch Sandro Botticelli weiß den Stall an eine Felsenhöhle anzulehnen. Die Vermählung der Maria, Raphaels Jugendwerk, ihr Tempelgang, Tizians strahlendes Meisterwerk, und die Wochenstube der hl. Anna, die Andrea del Sarto in der Annunziata in Florenz schildert, sind weltbekannt.

Protevangelium des Jakobus.

(A. Meyer.)

Ausgaben und Uebersetzungen. Schon seit dem 16. Jahrhundert sehr häufig abgedruckt:

a) griechischer Text in den Werken (f. o.) von M. Neander (p. 340 —392 f., griech. und lat.), J. J. Grynaeus, J. A. Fabricius (I p. 66 —125), J. Jones (II), A. Birch (p. 197—242), J. C. Thilo (p. 163—272); Carl Ab. Sudow, Protevangelium Jacobi ex manuscr. Venetiano, Vratisl. 1841; Tischendorf (p. 1—50), Bern. P. Grenfell An Alexandrian erotic fragment and other Greek papyri, Oxford 1896, p. 13—17.

b) syrischer Text: W. Wright, Contributions to the apocryphal literature of the New Test.: London 1865 S. 3—7 des syr. Textes und Journal of Sacr. Lit. 1865 Jan. Apr. Sachau, Verzeichnis der syrischen Handschriften in Berlin 2. Band S. 676 (ein Auszug). A. Smith Lewis, Studia Sinaitica Nr. XI Apo crypha Syriaca. The Protevangelium Jacobi and Transitus Mariae etc. London und Cambridge S. 1—22 des syrischen Textes 1902. Endlich ein später syrischer Text (13. Jahrh.) bei Budge.

c) Armenische Bearbeitung (vgl. Vetter, Lit. Rundschau 1901 S. 258 f.) Fred. C. Conybeare, Protevangelium Jacobi. From an Armenian Manuscript in the Library of the Mechitarists in Venice. American Journal of Theol. I 424—442.

d) Uebersetzungen. Lateinisch: Guil. Postellus, hrsgeg. von Theodor Bibliander, Protevangelion sive de natalibus Jesu Christi. Basileae 1552. Argentorati 1570. ¹24—50 und Joa. Heroldus, Orthodoxographa 1555 fol. wiederholt neben dem griechischen Text von Grynaeus, Fabricius, Thilo und als Variante benutzt von Birch, Tischendorf. — Slavisch c. 17—25. A. Pypin (G. Kuschelem-Besborodko, Denkmäler der alten russischen Literatur. 3. Liefrg.) Petersburg 1862 S. 76—80 (cod. 435. Mus. Rumjanzow saec. XV fol. 190—199). vgl. ferner Harnack I 909 f. — Deutsch in den Werken (f. o. S. 9) von Bartholmä (S. 9—23), R. J. Borberg (S. 19—56), E. J. Lützelberger, R. Clemens (II S. 5—88) (R. Hofmann); F. A. v. Lehner, Die Marienverehrung in den ersten Jahrhunderten, Stuttgart 1881 (2. Aufl. 1886), S. 223—236. Englisch: Außer Wright (f. o., S. 1—5) und Lewis (f. o., S. 1—12): Cowper p. 1—26. Französisch: G. Brunet.

Mitteilungen und Abhandlungen. Bibliander p. 13—23 Censura et judicium de Protevangelio divi Jacobi; J. H. Kleuker, Ueber die Apokr. des N. T. (Hambg. 1798), S. 192—204; Thilo p. XLV—LXXIII; sowie in den Werken (f. o. S. 9) J. Pons (1850); R. Hofmann (1851); A. Hilgenfeld, Krit. Untersuchungen (1850), S. 154; ZwTh 1865, S. 339 f., 1867, S. 87; Histor. krit. Einl. in das N. T. 152; Tischendorf, Ev. apocr. p. XII—XXII; De evang. apocr. origine et usu (Hagae Com. 1851); Wann wurden unsere Evangelien verfaßt? (⁴Lpz. 1880) S. 77—83; M. Nicolas (1866) p. 197 ff.; Bost (1894) p. 28—48; E. C. Richardson, Bibliographical Synopsis (1887) p. 96 f.; Zahn, G.K. I 914 f. II 774—780. Harnack I 19—21 II 598—603. G. Krüger § 16,6 S. 36; Nachtr. S. 13; Ehrhard S. 142—144. Bardenhewer I 403—407. L. Conrady, Das Protev. Jak. in neuer Beleuchtung, ThStK LXII (1889), 728 —784; Die Quelle der kanonischen Kindheitsgeschichten, Göttingen 1900. A. Berendts, Studien über Zacharias-Apokryphen und Zacharias-Legenden. Leipzig 1895, dazu C. Weyman, Hist. Jahrb. 17, (1896) 170 f. — Anal. Bolland. 16 (1897) 92 f. J. V. Jagic, Kritische Bemerkungen z. slav. Uebersetzung zweier apokryphen Erzählungen 1898 (russisch) vgl. Byz. Zeitschrift 8 (1899) S. 568 f..

Text. Handschriften: 35 griechische. [Fa Neander Grynäus] 12 Paris.: 897, 979, 987, 1173, 1173 A. 1174 (Ti: M, s. XII), 1176 (Ti: N, s. XIII) 1190 (Ti: L, ao.

1567), 1215 (Ti: D, ao. 1068), 1454 (Ti: C, s. X), 1468 (Ti: E, s. XI), 1586. 2 Par.
C o i s l. 121, 152 (Ti: K, s. IX c. 6, 3 —12, 2). 6 V a t i c. 455 (Ti: Fᵇ, s. XI; es fehlt
c. 12--19), 654 (Ti: G, s. XII), 859, 1572, 1631, 2048. 4 V e n e t. M a r c. II 42 (Ti:
A, s. X), 363 (Ti: B jünger als A) XI, 200 (Ti: H, s. XV), VII, 40 (Ti: Q, s XVI
c. 17—24, 3). 2 M e d i o l a n. Ambros. A 63 (Ti: O, s. XI) C 92 (Ti: P jünger als
O) T a u r i n. 78 B I 21. 3 V i n d o b: theol. 123 (Ti: J, s. XIV.) hist. 61, 126.
D r e s d e n.: A 187 (Ti: R). L e s b. 13. Bodl MPG Th. g., I s. V/VI (c. 7, 2—10, 1);
Laud. 68. Syr. Br. Mus. Add., 14, 484 fol.10 ₂ sq. (c. 17, 1 fin sq.) s. V—VI. Syr.
L e w i s. Palimpſeſt s. V—VI. Syr. H a r r i s geſchr. 1857. Syr. B u d g e moderne
Kopie eines Mſ. s. XIII. S a c h a u II 676. (A r m e n. Venet. Mechitariſt.) A r a b
Eaˀ181—209; ar. Thilo. [L a t.: Pſeudo=Mt. Eaˀ 51—112. De Nat. Mariae Eaˀ 113—121].

Der (griechiſche) T e x t iſt in zahlreichen Handſchriften überliefert. Tiſchen=
dorf hat ihrer 17 benützt, außerdem den von Neander mitgeteilten (Fᵃ) und die
Ueberſetzung Poſtels. Allerdings bieten einige von ihnen nicht den ganzen Text,
von den übrigen lagen Tiſchendorf nur 7 in vollſtändiger Kollation vor. Die Ver=
ſchiedenheit der Lesarten iſt recht groß. Einen ſichern Stammbaum der Handſchriften
kann man zur Zeit kaum aufſtellen. Doch heben ſich zwei Gruppen etwas deutlicher
hervor AHE : BILR. So muß man meiſt nach innern Gründen entſcheiden: am
eheſten laſſen ſich viele erleichternde Zuſätze und Angleichungen an den Wortlaut
von Mc., Lk., Joh. ausſcheiden. Ehrhard zählt noch 16 bisher unbenutzte Hand=
ſchriften auf. Die von Tiſchendorf benutzten ſind alle nicht älter als das 10. Jahr=
hundert; nur ein Fragment (K) ſoll aus dem 9. ſtammen. Man konnte alſo zweifeln,
ob wir wirklich den alten Text noch haben. Neuerdings iſt nun durch Grenfell ein
Fragment auf 8 Blättern Pergament vom kleinſten Format aufgefunden, das man
dem 5. bis 6. Jahrh. zuſchreibt. Der hier gebotene, nachläſſig niedergeſchriebene
Text, der übrigens nicht beſſer iſt als der ſpätere, zeigt nun, daß man um 600
nicht viel anderes las, als die Byzantiner vom 10.—16. Jahrhundert.

Dasſelbe bezeugen auch die ſy r i ſch e n Ueberſetzungen. Bis vor kurzem
war nur ein Fragment (von 17, 1 am Ende bis Schluß) gleichfalls aus dem 5. bis
6. Jahrh. bekannt. Dies zeigte zwar meiſt auch den Text der Griechen. An einigen
Stellen aber iſt hier der Bericht viel knapper, ſo bei den Lichterſcheinungen in der
Höhle und bei dem Stillſtand in der Natur: der Lobpreis der Salome fehlt ganz.
Da nichts Notwendiges fehlt, ſo könnte man fragen, ob nicht dieſer knappere Text
der urſprünglichere wäre, den die ſpäteren Griechen breit ausgeführt hätten, na=
mentlich mit bezug auf die beiden Lichterſcheinungen. Aber jene Naturſchilderung
iſt ſo charakteriſtiſch, daß man ſie ungern miſſen möchte.

Neuerdings können wir hierüber aber ſicherer urteilen, da uns ein viel voll=
ſtändigeres Material vorliegt. Mrs. Lewis veröffentlichte in den Studia Sinaitica
Bd. XI einen vollſtändigen ſyriſchen Text eines Marienlebens, der mit dem Prot=
evangelium beginnt und dann mit dem ſog. Transitus Mariae fortfährt. Die Ueber=
ſchrift lautet demnach: Buch der Geſchichte der Mutter Gottes Maria vom Tage
ihrer Geburt bis zum Tage ihres Hingangs von der Welt. Das Protevangelium
wird eingeführt mit dem Untertitel: 1. Buch von ihren Eltern und von der An=
kündigung durch den Engel. Die wertvollſte Unterlage ihrer Ausgabe bildet die
untere Schrift eines Palimpſeſts, das ſie 1895 in Suez erwarb. Die jüngere Schrift
(arabiſch) ſtammt dem alten 9.—10. Jahrh., die ältere ſchreibt Mrs. Lewis, ſoweit
ſie das Protev. betrifft, dem 5—6. Jahrh. zu.

Judes beginnt ihr Text erſt mit Protev. c. 9 Ende: der Herr wird dich be=
wahren. Zur Ergänzung konnte ſie jedoch eine Handſchrift benützen, die J. R.
Harris aus Meſopotamien mitgebracht hatte. Wenn ſie auch erſt 1857 angefertigt
war, ſo beruht ſie doch auf beſter Ueberlieferung, da der Text faſt wörtlich mit dem
Lewis'ſchen übereinſtimmt; beide Texte decken ſich im weſentlichen auch mit dem von
Wright gebotenen, der ſich nunmehr als Auszug darſtellt.

Eine weitere Beſtätigung für die Einheitlichkeit des ſyriſchen Textes bietet
ein Auszug, den Sachau im Verzeichnis der Berliner ſyr. Handſchriften mitteilt.

Einen weiteren Beweis für die Güte der Lewis-Harris'schen Texte bringt die genauere Erforschung anderer alter Handschriften des Transitus Mariae (Sin. Palimps. Nr. 30 Syr. Arab. Palimps. Nr. 588 und 514), wodurch indirekt auch ihre Ueberlieferung des Protev. empfohlen wird.

Zu gleicher Zeit veröffentlicht Budge 'eine Reihe syrischer Texte' desselben Inhalts, moderne Kopien von Handschriften des 13. Jahrh. (L e w i s, St. sin. XI p. X) Diese waren mir nicht zugänglich. Fest steht ohnehin:

1) Die syrische Ueberlieferung hat mit großer Einheitlichkeit eine einheitliche Textform bewahrt.

2) Diese ist Uebersetzung aus dem griechischen (f_0 ist z. B. 1, 4 ἔδωκεν ἑαυτόν wörtlich wiedergegeben; 2, 4 ist δαφνίδιον übernommen.

3) Die syr. Textform stimmt mit keiner griech. Handschrift völlig überein; am meisten noch mit F^a.

4) Sie zeigt manche Eigentümlichkeit. Einige davon beruhen auf Schreib- und Uebersetzungsfehlern. So sagen die Syrer Jonachir statt Joachim, ebenso wie Salomon von Baffora, im syrischen eine leicht verständliche Verschreibung wie Dina statt Anna bei Salomon. Das bemerkenswerte „Sieb" der Elisabeth 12, 2 (Lewis, Harris, Sachau) beruht auf einer Verschreibung im griechischen, und zwar ist κόκκινον (BDF^b JKR, ἔριον G om. AH Post. F^a) wohl das ursprüngliche, κόσκινον die Verschreibung gegen Mrs. Lewis p. XIII; ? Nestle ZnW 1902 S. 86). Ebenso hat der Syrer oder seine Vorlage 2, 4 Ende τὴν μήτραν Σάρρας in τὴν μητέρα verlesen. Anders steht es mit 14, 2, wo Lew. liest: sie wird d i r einen Sohn gebären. Dies ist offenbar Anpassung an die altsyrische Lesung von Mt. 1 21. Im ganzen bezengt also die syrische Uebersetzung das relative Alter unseres Textes e i n s c h l i e ß l i c h d e r Z a c h a r i a s g e s c h i c h t e.

Die a r m e n i s c h e Uebersetzung ist zu sehr Umschreibung, so daß sie nur hier und da für die Textherstellung zu gebrauchen ist.

Viel mehr kommen die griechischen Kirchenväter in Betracht, die wie der sog. Euftathius, Germanus, Georg von Nikomedien, der Mönch Jakobus das Buch ganz oder teilweise ausschreiben.

Um die Herstellung des Textes haben sich Fabricius, Thilo und Tischendorf besonders verdient gemacht; unter den Uebersetzungen seien die von Borberg und v. Lehner hervorgehoben; erklärende Anmerkungen haben Fabricius, Thilo und Hof- mann geliefert; wichtige Abhandlungen über das Protevangelium stammen von Hilgenfeld, Berendts, Conrady.

Für die Komposition ist noch zu beachten Zahn, Retractationes NkZ 1903, S. 19—22.

Anmerkungen.

1 1. I n d e n G e s c h i c h t e n] der 12 St. J. Der Eingang hat schon im Altertum Schwierigkeiten gemacht. Euftathius läßt die „Geschichten" fallen und sagt: in den 12 Stämmen, Georg von Nikomedien erklärt den gegebenen Text durch: in den Geschlechtsregistern, Syr. läßt die Wendung ganz weg und beginnt: Es war ein Mann mit Namen Jonachir, der sehr reich war ἦν ἀνήρ τις οὗ τὸ ὄνομα Ἰ. ὃς ἦν πλούσιος σφόδρα. Pf.-Mt. beginnt: In jenen Tagen war ein Mann mit Namen J., Conrady verweist auf das hebr. toledoth, das Geschlechter und Geschlechtsre- gifter heißen könne. Fabricius schlug vor statt ἱστορίαις: ὑστεραίοις 'in den Ueber- bleibfeln' zu lesen. Neander weist hin auf das Zwölfftämmeregister 1, 3 und Thilo erklärt, hier seien die Aussagen: Unter den 12 Stämmen lebte J., wie das Ge- schlechtsregister sagt, verbunden. Nach dem griechischen Ausdruck soll aber wohl das 'sehr reich' Prädikat sein, und von J. wird geredet, als ob er schon bekannt wäre. Verf. will also den Eindruck erwecken, als schreibe er aus den 'Geschichten der 12 Stämme' ab. Statt zu sagen: In den 'Geschichten' steht geschrieben: J. war sehr reich, drückt er sich kürzer aus und sagt etwa nach unserer Redensweise: In den 'Geschichten' erscheint J. als sehr reicher Mann. Da übrigens Syr. diese An-

fangswendung nicht hat, so besteht die Möglichkeit, daß sie nicht vom Schriftsteller
herrührt, sondern eine ursprüngliche Randglosse zwischen zwei Spalten des ersten
Blattes ist, die zu 1, 3 gehörte, wo jemand zu der Bemerkung: 'er forschte nach' die
Erklärung hinzuschrieb: in den Geschichten der 12 Stämme Israel. Joachim] die
griechische Form Jōakīm lat. Joachim (Judith 4 8 u. ö. in der griech. Bibel) entspricht
den beiden verschiedenen hebräischen Namen Jojakim und Jojachin. Eine Neigung,
hebräische Namen auf im endigen zu lassen nach Analogie der Pluralendung und
so den Namen einen echten hebräischen Anstrich zu geben, läßt sich bei unserm Verf.
auch sonst feststellen; denn er sagt Rubim 1, 2. Andererseits sagt er wie die LXX
Abirōu nach Analogie von Aaron. [In einem sahidischen Fragment bei F. Robinson,
TSt IV 2 p. 5 B. 17 ist der frühere Name des Vaters Kleopas; vgl. in einem andern Fragment ebendort p. 183 und die Bemerkung von R. p. 188 zur ersten Stelle.]
— Daß nichts von J.s oder Annas davidischer Herkunft gesagt ist, wurde in der
Einleitung gewürdigt. Pf.=Mt.: aus dem Stamme Juda 1, 1; beide aus Davids
Haus 1, 2. — Was ich zuviel gebe] Handschr. Eust. Geo. erklären περιουσία
durch περρισσεία. Die Vorstellung ist nicht, daß J. für das Volk Opfer bringt oder
die Opfer des Volks aus seinen Mitteln bestreitet, sondern es handelt sich um ein
einfaches Geschenk an das Volk, gerade wie es sich 4, 1 um Geschenke an die Priester
und das Volk und außerdem um eine Opfergabe an Gott handelt; das Opfer des
Volkes wäre ja auch Gott geweiht. Das zweite Glied (Syr.: und das Geld (moneta),
welches ich schuldig bin vom Gesetze her) bezieht sich auf das Sündopfer J.'s. J.
ist gerecht gegen Gott, die Kirche und sein Volk. So hat auch Pf.=Mt. die Sache
aufgefaßt. Er gab den Religiosen zwei Teile und den (seinen, ihren?) Dienern
einen Teil. Und weiter: er machte drei Teile, einen für die Armen, einen für die
Diener Gottes, einen für sich und sein Haus vgl. de nat. M. 1, 2. — 2. der
große Tag des Herrn] Welcher Tag gemeint ist, weiß der Verf. wohl selber
nicht, so wenig wie 2, 2. An den ersten oder letzten Tag einer Festwoche joma
rabba Joh. 7 37 deult er nicht, da er sonst das betreffende Fest angeben würde.
Man kann freilich, wenn man will, das Erlebnis des Joachim auf den ersten, den
Trauertag der Anna auf den letzten Tag eines Festes legen. Der große Versöhnungstag, der größte Tag (Philo II 296), ist wenigstens 2, 2 ausdrücklich ausgeschlossen.
Außerdem gibt es im Judentum nicht einen bestimmten Tag, wo man seine Opfer
und Geschenke darbringt. Der Ausdruck wird aus LXX Jes. 1 13 stammen. — trat
entgegen] ἔστη in dieser Bedeutung wie 11, 2 Joh. 20 19 26. — Rubim] cf. 6, 3;
Eust. 'Ρούβιν, Fᵇ = LXX 'Ρούβην. Da η damals schon wie î gesprochen wurde, so
war der Uebergang von Ruben in Rubîn von selbst gegeben; der Uebergang zu
Rubim (testam. XII Patr. 'Ρούβημ) ist oben zu Joachim 1, 2 besprochen. Syr.: Rubel
in Anlehnung an die —êl-Namen. — Dieser Rubim könnte ein Priester sein, da er
hier Anordnungen zu treffen hat und J. sich gleich fügt; Pf.=Mt.: Tempelschreiber.
Nach Nat. M. ist es der Hohepriester Isaschar. Von 'einem aus dem Stamme
Ruben' steht nichts da. Allerdings frohlockt später Anna gerade gegenüber den
'Söhnen Rubens'. Aber daß dieser Ruben Söhne haben soll, folgt wohl aus seinen
Worten: man nimmt daher wohl besser an, daß er einer der Opfernden ist, der gerade,
weil er viele Söhne hat, den Kinderlosen zurückdrängt. Daß Ruben der älteste
unter den 12 Söhnen Jakobs ist, mag wohl die Wahl des Namens herbeigeführt
haben. Uebrigens handelt es sich hier nicht darum, daß J. nicht opfern solle, wie
Pf.=Mt. und Nat. M. die Sache darstellen und auch einige Handschriften lesen, son-
dern um den Vortritt, auf den er sonst durch Alter, Reichtum und Frömmigkeit
Anspruch gehabt hätte. Geringschätzung wegen Kinderlosigkeit entspricht allerdings
jüdischer Anschauung. Erst die philosophirende Anschauung der Weisheit Salomonis eifert dagegen. Die späte Geburt eines Kindes deutet vielfach im A. und
N. T., im ägyptischen sowohl wie im deutschen Märchen auf ein Wunderkind hin.
'Sie hätten so gerne ein Kind gehabt und bekamen immer keins' sagt das deutsche
Märchen; Setme Kamuas und Me-weseḥt haben kein Kind, und ihre Herzen waren
darob bekümmert, heißt es im Märchen von des Si-Osiris Geburt (Griffith S. 42);

im A. T. heißt es so vor der Geburt Isaals, Simsons und Samuels; im N. T. bei Johannes d. T. Die altchristliche Theorie hierüber spricht Joh. 1 13 aus: Die Kinder der Gnade sollen nicht durch menschlichen Willen oder aus Fleischesluft, sondern aus Gott geboren sein. Ebenso sagt Nat. M. 3, 1 der Engel: Wenn Gott einer Frau den Mutterleib verschließt, so tut er es, um ihn um so wunderbarer wieder zu öffnen, und damit erkannt werde, daß das Kind, welches dann geboren wird, nicht der Lust, sondern göttlichem Geschenk zu verdanken sei. Es ist dies das= selbe Prinzip, das in seiner Steigerung die jungfräuliche Geburt forderte. Darum faßt Nat. M. 3, 3 die späte Geburt der Maria als Vorbild der jungfräulichen Ge= burt Christi auf. Der Ausdruck ist derselbe wie 1. Mof. 15 8 LXX. — 3 g i n g h i n w e g] CO Syr. Armen. in sein Haus. Aber es wird ja gerade gesagt, daß er sich schämte, zu seinem Weibe zu gehn. — Z w ö l f s t ä m m e r e g i s t e r] Syr. übersetzt: er sprach zu den 12 Stämmen Israels; ebenso erklärt Fabricius. Dagegen wendet Thilo mit Recht ein, daß J., der nicht einmal zu seinem Weibe zu gehn wagt, nicht unter die „zwölf Stämme" gehn werde. Vielmehr haben wir mit Postel an ein öffentliches Geschlechtsregister zu denken, das wohl das nämliche wie die 'Geschichten der 12 Stämme' ist; es muß darin, wie in der Chronik der Könige gestanden haben, wer 'gerecht' war und wer gottlos. Das Resultat seiner Forschung ist demgemäß, daß er nicht gerecht ist. — N a c h k o m m e n s c h a f t e r = w e c k e n] wörtlich Samen aufrichten wie 1. Mof. 38 8 LXX. Vgl. 1. Mof. 4 25. — Abra= ham ist ihm ohne Register gegenwärtig. Der Gedanke an ihn erweckt in ihm nicht die Hoffnung auf eine günstige Wendung; er wird erst recht traurig. Er wagt sich nicht mit dem gerechten Patriarchen gleichzustellen. Eustath. und der Armenier lassen freilich hernach J. im Gebet gerade auf Abraham verweisen, nach Analogie von 2, 4. — 4 E r z e i g t e s i c h s e i n e m W e i b e n i c h t] ist sehr zart: um sich nicht zu schämen und sie nicht zu beschämen; auch dachte er nicht an eigenmächtige Versuche. — ging in die Wüste] Die Wüste ist auch hier wie in der Bibel oft die gras= bestandene Trift, wo die Schafe weiden. Armen. und die späteren Nachahmungen lassen J. dort bei der Herde und ihren Hirten seine Visionen erleben; so hat auch Dürer die Scene gezeichnet. Hier geht er von den Hirten weg, noch weiter hinauf ins Gebirge (vgl. 4, 1), wie sich das gehört. Der Gang in die Wüste und vierzig= tägiges Fasten sind ständige Züge in der hl. Geschichte, so bei Moses, Elias, Chri= stus; von Daniel erzählen es die Kirchenväter. — h e r a b s t e i g e n z u S p e i s e u n d T r a n k] d. h. dorthin, wo es zu essen gibt, z. B. bei seinen Hirten. Syr.: nicht will ich essen oder trinken. — d e r H e r r m e i n G o t t] Nach dem Hebräi= schen sollte 'Gott' zu 'Herr' nur zugesetzt sein, wenn ein Suffix oder ein Genetiv folgt, da Jahve nicht mit einem Suffix oder Genetiv (außer etwa Jahve Zebaoth) verbunden wird. So zumeist auch hier. Doch finden sich Ausnahmen, wofür die ausnahmsweise in 1. Mof. 2 vorkommende Verbindung das Vorbild gegeben haben mag. Uebrigens gehen die Handschriften hierin sehr auseinander. — d a s G e b e t S p c i s e u n d T r a n k] Dieser schöne Gedanke erinnert an Jer. 15 16: Dein Wort ist meine Speise, Henoch 41, 7: Ihr Preisen ist ihnen (den Gestirnen) Ruhe, und namentlich an Joh. 4 34: Meine Speise ist die, daß ich tue den Willen meines Vaters. Pf. 42 4: Meine Tränen sind meine Speise, hat eine andre Bedeutung.

2 1. Der Name der A n n a ist von ihrem alttestamentlichen Vorbild in 1. Sam. 1 hergenommen. Wie diese ist sie auch eine religiöse Dichterin. — ein K l a g e l i e d k l a g e n, ein T r a u e r l i e d t r a u e r n] ist gut griechisch (θρηνεῖν ἀοιδήν) vgl. Ilias 24, 722 und in der LXX 2. Sam. 1 17; vgl. LXX 1 Mof. 50 10 Sach. 12 10. Das Folgende ist eine Andeutung für Form und Inhalt des nicht ganz mitgeteilten Gedichts. — W i t w e n s c h a f t] Darnach scheint sie nicht zu wissen, wo ihr Mann hingegangen und was aus ihm geworden ist. — 2 Die M a g d J u d i t h] (Verf. hat vielleicht Juthin geschrieben, die Handschriften haben Juth, Juthi, Juthin, Juthin= Syr.: Junathim) erinnert von ferne an die Magd der Judith, wie Anna an ihre trauernde Herrin, die nach der Trauer einen Kopfschmuck anlegt. — d i e S e e l e b e u g e n] aus der LXX z. B. 3 Mof. 16 31; 23 27. 32 soviel wie kasteien

und namentlich faſten, eig. die Lebensregung niederhalten, hebr. inna neſeš, ähnlich im Syr. u. Neuhebr. — nicht erlaudt zu trauern] Nach Pſ. 118 24 ſoll man am Tag des Herrn fröhlich ſein, dies als Gebot gefaßt ergad das jüdiſche Verbot des Faſtens an Feſttagen vgl. Judith 8 6. Die 'Faſtenrolle', eine aramäiſche Schrift aus Chriſti Zeit, zählt alle Feſttage auf, an denen man nicht faſten darf. Der- ſelbe Gebrauch auch bei den Chriſten; vgl. Tertull. de cor. mil. 3. — Dienſt- herrin] Die Magd diente alſo früher irgendwo um Lohn und bekam als Zugabe ein Kopfband. Sie macht ſich aufdringlich mit Zurechtweiſung, Anbieten von Ge- ſchenken, Unterwürfigkeit und Schmeichelei. — hat ein königliches Gepräge] ſo auch Syr., CJRPoſt. beziehen das auf Anna: du haſt . . . — з das tue ich nie] Im griech. der ſog. gnomiſche Aoriſt, der in der Form der Vergangen- heit die allgemeine Regel ausſpricht; in ſpäter Gräcität ſelten. Syr.: Eine ſolche Sünde habe ich nicht gethan, ſiehe, der Herr . . — ein Schelm] A Syr.: wurde es dir argliſtiger Weiſe gegeben. Anna meint, es habe jemand die Magd durch ein geſchenktes Band verführen wollen. — da du nicht auf meine Stimme hören willſt] bieten die meiſten Handſchriften; es fehlt nur AD Syr. und könnte eine naheliegende Ergänzung ſein, daher von Ti ausgelaſſen. Eine ſpätere Ergänzung iſt jedenfalls: was ſoll ich dir noch größeres anwünſchen. Die Magd wird jetzt frech; ſie gleicht jetzt dem andern Weib Ellanas 1. Sam. 1 6. — 4 A hat geglaubt, das Herabſteigen in den Garten begründen zu ſollen und teilt daher die Gedanken und den Plan der Anna mit. Anna muß ihrer Magd ſeufzend Recht geben: ſo kommt der Gegenſatz zu ſtande, daß die Trauernde Feſtkleider anlegen muß. Die Worte ähnlich wie 1. Sam. 1 6 und Judith 10 3. — in den Garten] wie Suſanna (Suſ. v. 7). Wie J. an Abraham, ſo deutl Anna an Sarah, aber ſie mit unmittelbarer Beziehung. — 3 1 Das Erblicken des Sperlings- neſtes iſt vortrefflich erklärt durch das Aufſchauen der Betenden zum Himmel. Die Sperlinge ſind natürlich wegen ihrer großen Fruchtbarkeit gewählt, zugleich aber auch wegen ihrer Minderwertigkeit, die auch Jeſus hervorhebt. — Lorbeer- baum] δαφνηδαία-η(ι)δέα iſt eine ſonſt unbekannte Nebenform von δαφνίς, δάφνη, das einige Handſchriften einſetzen.

Das Klagelied hat in ſeiner Eintönigkeit und mit ſeiner beſcheidenen Kunſt etwas rührendes. Es beſteht aus einer vierzeiligen Eingangsſtrophe und 4 gleichgebauten dreizeiligen Strophen mit einem gleichlautenden Refrain: vor Dir Herr! oder am Schluß 'und lobet Dich, Herr'. Aber auch die Eingangsſtrophe ſchließt mit „Herr". Der Rückgang dis auf den Tag der Geburt und der Erzeugung oder auf die Art der Erzeuger kommt in der orientaliſchen Klage öfters vor, vgl. Hiob 3 1—12. — ein Fluch] für 'etwas Verfluchtes' wie 5. Moſ. 21 23 (Gal. 3 13) — vom Tempel des Herrn] Die prägnante Ausdrucksweiſe: weghöhnen aus dem Tempel - dieſer Sinn iſt als der inhaltreichere und anſchaulichere dem auch möglichen: 'verhöhnt von dem Tempel des Herrn aus' vorzuziehen — hat einige Handſchr. zu Erleichterungen veranlaßt: 'herausgeworfen aus dem Tempel' oder 'verhöhnt in dem Tempel'. — Von einer Verhöhnung der anweſenden Gattin war nicht die Rede; ſie war aber in der Zurückweiſung des Gatten mitenthalten. — Der Parallelismus iſt ſorgfältig durchgeführt: Vögel des Himmels: Tiere der Erde; Waſſer: Laud: 'mich geſchmäht' im Eingang: 'loben dich' am Schluß. Die unver- nünftigen Tiere, die manche Handſchriften noch hinzufügen, ſind überflüſſig und ſtören den Parallelismus. — 3 Daß die Waſſer fruchtbar ſind, haben ver- ſchiedene Hdſchr. erklären zu müſſen geglaubt. Sie haben daher die Wogen, die in ihrer Ruhe und ihrem Schäumen Gott preiſen, oder die Fiſche angebracht oder beides kombinirt. Daraus iſt dann bei den Herausgebern, nicht in den Hand- ſchriften ein neuer Vers geworden: Weh mir, wem bin gleich geworden? nicht den Wogen des Meeres; denn die ſich glättenden und aufſchäumenden Wogen und die Fiſche darin preiſen dich. Nach der Vorſtellung unſeres Dichters aber ſind Erde und Waſſer ſelbſt zeugungskräftig wie 1. Moſ. 1 12. 20.

4 1. Engel des Herru] ſo ſtändig im Proteu. Die Verbindung bezeichnet

ursprünglich die sichtbare Erscheinung Gottes selbst oder soll sie vielmehr ersetzen. Uebernommen.ist sie von Lk., dem auch das Verbum ἐπέστη 'trat hin' eigentümlich ist. Auch die Griechen verwenden dies Zeitwort bei Göttererscheinungen. Daß Jak. hier Lk. folgt, zeigt das Folgende, vgl. Lk. 1 13. 31. Doch wirken auch die alttestamentlichen Erzählungen von der Verheißung Simsons und Samuels Ri 13; 1. Sam. 1 mit. — Dein Same] hier vom Weibe wie 1. Mos. 3 15; 4 25. L scheint aber doch daran Anstoß genommen zu haben und setzt: Das aus dir Geborene. — in der ganzen Welt] in Erinnerung an den Segen über Abrahams Samen, der sich in Maria zu erfüllen beginnt. — So wahr der Herr lebt] vgl. Ri. 8 19; Ruth 3 13 LXX u. ö.; während in der hier verwendeten Samuel-Geschichte Hanna sagt: so wahr deine Seele (Elis, des Hohenpriesters) lebt. Die biblische Hanna gelobt auch das Kind erst, nachdem es geboren ist, da sie keine so sichere Verheißung hat. Noch gewaltsamer wird hier der männliche 'Liturg' in einen weiblichen übersetzt. Das Gelübde der Anna wird auch im Koran erwähnt Sure 3 3: Gedenke des Gebets der Frau Amrams (so heißt dort Joachim); o Herr ich gelobe dir die Frucht meines Leibes; sie sei dir geweiht; nimm sie von mir an, du allsehender und allwissender. — Boten] nicht Engel, wie Conrady mit Recht betont; denn 1) sagt Jak. sonst immer 'Engel des Herrn', 2) tritt immer nur ein Engel auf, 3) ist das Kommen des Mannes ein irdischer Vorgang, den kein Engel zu melden braucht, 4) ist es natürlich, daß J. jetzt endlich etwas von sich hören läßt, zumal er nicht weiß, daß Anna auch schon eine Erscheinung gehabt hat, 5) reden diese 'Engel' selbst von einem 'Engel des Herrn'. — Anzuerkennen ist, daß unser Verf. uns die Vision des Joachim nicht zweimal erzählt, sondern sich mit dem Bericht der Boten begnügt; oder setzt Z. 37 die Erzählung wieder ein? — mit seinen Herden] Vielleicht nur mit den versprochenen Opfertieren und Geschenken, so Armen. — wird empfangen] B und Epiph. haer. 79,5 Syr.? (nicht Armen.) haben das Perfekt. Hiermit soll aber nach Epiphanius, wie dieser ausdrücklich hervorhebt, nicht gesagt sein, daß Anna jungfräulich empfangen habe; es werde nur durch die Verheißung das Zukünftige schon als sicher vorweggenommen. Später taucht die Behauptung auf, daß Maria 'frei von aller Schuld' erzeugt sei. Mit dieser 'unbefleckten Empfängnis' der Maria wird aber nicht die wunderbare Geburt behauptet, die von der Kirche immer energisch zurückgewiesen worden ist. Die Worte im Perfekt hörte auch der Aegypter Setme-Kamuas im Traum; aber da hat in der Tat Konzeption schon stattgefunden (Griffith S. 43). Manoah will dem Engel selbst opfern, was dieser abweist; ähnliches erzählt Ps.-Mt. 3, 2. Hier wandelt sich die Opferfreudigkeit in die schon bekannte Bereitwilligkeit J.'s, Gott und den Menschen Gaben zu spenden. — 2 Anna an der Tür] wartend und dann am Halse des Mannes jubelnd ist eine der schönsten Gestalten der apokryphischen Literatur. Ps.-Mt. macht aus der Tür des Hauses die 'goldene Pforte' Jerusalems (vgl. Tappehorn, Außerbiblische Nachrichten S. 22 A. 1), wo Anna wohnend gedacht wird; nat. M. läßt beide Gatten auf des Engels Geheiß sich in Jerusalem treffen; Ps.-Mt. malt überdies das Warten der Anna weiter aus. Eustath. ist peinlich genug, zuerst im Tempel besorgen zu lassen, wogegen 5, 1. — die Witwe ist nicht mehr Witwe] Der Ton ist derselbe wie Hos. 1 10, 2 1, 2 23, die Worte klingen an Jes. 54 1 (6). Auch das Nun weiß ich hat alttestamentlichen Klang s. Jos. 22 31; 1. Kön. 17 24; vor allem Ri. 17 13: Nun weiß ich, daß der Herr mir wird wohl tun. — Die Ruhe jener Nacht enthält wohl eine überaus zarte Andeutung für die Zeit der Empfängnis. Dieses Haus wurde in Sepphoris gezeigt. — 5 1. Wenn Gott mir gnädig ist] Wie das Folgende zeigt, führt Joachim und der Verf. die Kinderlosigkeit in der Tat auf Verschuldung zurück; daher heißt es nachher, daß Gott alle seine Sünden weggenommen hat. J. muß also ein Zeichen haben, daß sein Fasten ihm Sündenvergebung verschafft. Dies erhält er durch das Stirnband des Priesters] Neander dachte fälschlich an die Lostteine Urim und Tummim. Es handelt sich aber um das goldene Stirnblatt des Hohenpriesters, auf dem die Worte eingegraben waren: Heilig dem Herrn

2. Mof. 28 ₈₆ f. heißt es davon: daß Aaron trage die Verfehlung am Heiligen, das die Kinder Israels heiligen in allen Gaben ihrer Heiligung, und es soll allewege an feiner Stirn fein, daß es fie wohlgefällig vor dem Herrn mache. Es foll alfo das Stirnband die Defekte der Opfergaben ausgleichen und das Volk immerdar troß folcher Mängel vor Gott angenehm machen. Aus dem vieldeutigen Wortlaut des Textes hatte man fich die Vorstellung gebildet, daß man an dem Stirnband, das die Sünden trägt, die noch ungefühnte Sünde erkennen könne; jedenfalls denkt unfer Verf. fo. Er macht übrigens keinen fichern Unterschied zwischen dem Hohen= priefter und dem Priefter und fetzt meist einfach Priefter, wie hier (die Handschriften gehen auch hier fehr auseinander). Die fpäteren Chriften scheinen anzunehmen, daß das Goldblech Abzeichen jedes Priefters war; fie fchreiben es auch dem prieft er= lichen Jakobus (Epiphanius) und Johannes (Polykrates v. Ephefus bei Eusebius) zu. — Der Armenier berichtet von einer Engelsbotschaft an den Hohenpriefter, die ihn bestimmen foll, J.s Opfer nunmehr anzunehmen. Als das Opfer im 6. Monat dargebracht wird, erweifen fich die Ticre als tadellos, das letzte Lamm aber ver= gießt Milch ftatt Blut, wie nach der Legende der enthauptete Paulus.

   5 2 im neunten Monate] fo auch Pf.=Mt. 4. Etliche Abschreiber fan= den die natürliche Zeit nicht erwähnenswert und fchrieben lieber im achten, im fiebenten Monat; fo auch Armen. — Die Freude an der Geburt eines Mädchens entspricht nicht der allgemeinen Auffaffung; deshalb läßt Syr., ebenfo Pf.=Mt., Nat. M. die Frage und die Freude der Anna fort. Aber die Griechen bezeugen beides einstimmig, der Koran läßt Anna allerdings die Minderwertigkeit eines Mädchens feststellen: Als fie niedergekommen war, fprach fie: O mein Herr, fiehe, ein Mäd= chen habe ich geboren. Gott wußte freilich [ohnedies], was fie geboren hatte [und hatte feine Abficht dabei]; aber ein Mädchen ift nicht gleich wie ein Knabe. Ich habe fie Maria genannt und gebe fie und ihre Nachkommen in deinen Schutz gegen den leidigen Satan. Armen. läßt die Amme die tröstenden Worte fprechen: Es ift ein Mädchen, aber lieblich und fauber anzufehen. Ift demnach diefe Unterhaltung als urfprünglich zu betrachten, fo ift fie auch wohl begründet. Oden 4, 1 war noch in Zweifel gelaffen, ob dies Kind der Verheißung männlich oder weiblich fein werde. Die Entscheidung muß doch ausdrücklich gebracht werden. Die Freude der Maria ift ein Zeichen ihres hoffnungsvollen Vertrauens an die Verheißung. Darum freut fie fich über das, was andere mißstimmen würde, abgefehen davon, daß fie über= haupt froh ift, 'Samen' zu haben. Ihr Lobpreis erinnert an das Magnificat Lk.1 ₄₆. — **legte es nieder]** BDE meinen: fich felbft; vgl. aber 6, 3. — **wufch fich Anna]** als die 14 Tage der Reinigung um waren (bei einem Knaben 7 Tage, vgl. Lk. 2 ₂₂). Die Abschreiber geben peinlich genau an, was abzuwaschen war. Armen. bezieht das Abwaschen aufs Kind. — **Maria]** Die Abschreiber möchten gerne eine Begründung für diefen Namen haben; er foll darauf hindeuten, daß fie nicht verwelken (μαραίνω) wird.

   6 1. Das Folgende, die Frühreife im Gehen und die Jungfrauen, verwenden die Nachahmer erst bei der Tempelscene. Anna wollte das Kind nur ftehen laffen, das Gehen ift wider ihren Plan, denn der erste Gang foll zum Tempel fein. Ein anderes Kind würde nach der Methode der Anna freilich das Laufen wieder ver= lernen. — **fieben Schritte]** Armen.: Das Kind ging 3 Schritte voran und dann zur Mutter zurück. Die fieben Schritte find übrigens ein altes Motiv: Alsbald nach der Geburt tat das Bodhisatta fieben Schritte nach Norden (Hardy, Buddha, Leipzig 1903, S. 111). Von Si=Ofiris heißt es nur: als das Kind im erften Jahr war, hätte man gemeint, es wäre im zweiten und u. f. f. (Griffith S. 44). — **einen heiligen Raum]** ein 'Heiligtum im Schlafgemach'; 6, 3 'Heiligtum des Schlafg.'; ebendort 'Schlafgemach des Heiligt.' wird von Armen. umfchrieben: die Hebamme ließ das Kind wafchen und brachte es in die obere Kammer mit Ehren. Die klösterliche Absperrung beginnt alfo fchon nach einem halben Jahr; keine (levitifch) unreine Speife foll durch das Kind 'hindurchgehen'; dabei ift der jüdifche auch von Mc. bezeugte und erklärte (7 ₂) Ausdruck 'gemein' angewendet und der jüdische Ton auch äußerlich in dem 'alles nicht' statt nichts festgehalten. Auch die aufwartenden Jungfrauen müssen unbefleckt sein. Alles das, um vor Juden die Herkunft Christi als eine vollständig 'reine' hinzustellen. — f o r g t e n f ü r Z e r f t r e u u n g] Das διαπλάνων ist durch BCF*F JRPost, auch A (ἐπλάνων) wohlbezeugt. D 'fie dienten ihm' διηκόνουν, und E 'fie hoben es in die Höhe' ἐμετεώρησαν versuchen nur eine Erklärung. Postellus überfetzt wörtlich seducebant 'fie führten es weg' oder 'verführten es'. Fabr. schlägt vor διέπλυνον fie wuschen es. Conrady bringt hier eine ganz brauchbare Lösung durchs Hebräische: Der Neberfetzer las wa-ttiššiuhâ 'fie betörten es' statt wa-ttissâuhâ 'fie trugen es' (S. 239). Indessen bedarf es dessen nicht; wir haben hier offenbar eine spätgriechische Bedeutungswandlung von διαπλανᾶν und πλανᾶν vor uns, die aus dem 'verführen, ablenten, zerstreuen' ein: 'unterhalten' gemacht hat vgl. lat. devertere und divertere, franz. divertir, das urspr. die Bedeutung 'wegführen' hatte. Den Beweis bringt 7, 2 cod. L: Die fackeltragende Jungfrau sollen sein πρὸς πλάνην zu seiner Zerstreuung und Ablenkung, damit es nicht zurückblickt, und Syr. zu unserer Stelle: fie erheiterten es'. — 2 D a s G e b u r t s t a g s f e s t , das die Juden nicht feierten, ist an Stelle des Entwöhnungsfestes getreten, das 1. B. Abraham 1. Mof. 21 8 zeigt. Hier wird nun gerade betont, daß Anna ihm nachher noch die Bruft gab (vielleicht zum letzten Mal) und daß fie sich dessen in ihrem Liede besonders rühmt. Damit wäre dann die benutzte Quelle mißverstanden, da eine Beziehung auf die Muttermilch deutlich vorhanden ist. Aber 'das Fest' hat noch eine andere Quelle. Auch Si·Ofiris, den gleichfalls seine Mutter nährt, wird auf eine ἑορτή vor Pharao gebracht, damit er vor allen Ehre einlegen solle (Griffith S. 44). Zum Feste werden alle kirchlichen Honoratioren geladen, die die Handschriften verschieden aufzählen, z. T. durch neutestam. Aufzählungen beeinflußt. Syr., der vergessen hat zu sagen: J. brachte das Kind den Priestern, fährt nach dem Segen der Priester (einen gepriesenen Namen bei allen Geschlechtern und Völkern) fort: und als fie es darbrachten den Oberpriestern; diese Lesart ist entstanden aus dem Plural 'fie brachten', der auf J. und A. ging; so Cod. A zu Z. 28. — G o t t d e r H ö h e n] Die 'Höhen' sind wohl die Himmelsmächte in der Höhe Röm. 8 39 und also für die Heerscharen = Zebaoth eingefetzt, was auch Pf.·Mt. 5 dietet. — d e m ä u ß e r f t e n S e g e n] Der Zusatz ist nicht, wie meist geschieht (Post. Vorberg): 'der kein Ende hat' sondern 'der keine Nachfolge (διαδοχήν) hat' zu übersetzen; Apotr. S. 56 fetze die Verszahl 5 Zeilen höher!

Das Lied der Anna, wie das der Sarah 1. Mof. 21 6 f., das hier anklingt und das der Hanna, dem es der Situation nach, aber nicht dem Wortlaut nach entspricht. — Das Lied der Anna ist eben genau für diese Situation geschaffen, das der Hanna anders woher eingefügt. — Aehnlich wiederum die Worte der Elisabeth, wo Wortlaut und Sachlage vorbildlich waren, und wie das Magnificat der Maria oder der Elisabeth, mit dem es sich im Eingang berührt. — h e i m g e f u c h t] vgl. Lf. 1 68 dort ohne Objekt und Lf. 1 25 dreingesehen 1 48 dreingeschaut. — F r u c h t d e r G e r e c h t i g k e i t] Tischendorf liest mit EFaKL und Jacobus monachus 'feiner Gerechtigkeit', ein Ausdruck der sich biblisch nicht belegen läßt. Hingegen haben Syr. ABCDFb JR Post 'der Gerechtigkeit', das Jef. 32 17; Am 6 12 (Spr. 11 30 der Gerechten) Jak. 3 18 vorkommt und hier soviel wie 'gerechtes Gewächs' sagen will. Ein solcher Lobpreis der Maria entspricht am besten der Abficht des Buchs. Von dieser Frucht handelte den einfaltig vielgestaltig.] μονοούσιος einheitlich in ihrer Art und doch πολυπλάσιος vielgestaltig in ihren Erscheinungsformen ist diese gerechte Frucht, nämlich durch und durch voll Gerechtigkeit, die sich in vielen Tugenden offenbart. Vo f t will diese Wendung als unverständlich übergehn, so wohl auch C Syr. Die Lesart πολυπλούσιος 'vielfach reich' ergibt nicht den schönen Gegensatz. — D e n S ö h n e n R u b e n s] f. 1, 1. — d i e n t e] zu Tische wie Mc. 1 13.

7 1. Es wird jetzt das Gespräch der beiden Ehegatten Elkana und Hanna 1 Sam. 1 21—23 verwertet. — z u u n s f e n d e] der knappe Ausdruck wird von den Handschriften mehrfach umgangen und in '(von uns) abstehe' oder '(fein Angesicht) ab

wende' verwandelt. Das jedenfalls im Text festzuhaltende 'sende' kann man er=
gänzen durch 'seinen Zorn' Jes. 10 6 vgl. Judith 9 9 (Fabr.). Einfacher aber ist es,
das Verb ohne Ergänzung zu lassen im Sinne von: Das Kind holen lassen envoyer
chercher; dann ist die Gabe keine freiwillige und darum keine willkommene mehr.
Die Uebersetzung will das δεσπότης wiedergeben, hier wie 8, 1 (11, 2), wo es sich um sein
Machtgebot handelt; daher in der Uebersetzung 'der Allmächtige'. — 2 Die Ge=
schichte Josephs' nennt gleichfalls das dritte Jahr. Die späteren Marienlegenden
legen das 3. Jahr mit der Entwöhnung zusammen: das eine nehmen sie aus Prot.,
das andere aus 1 Sam 1 23 f. Der Syrer Salomon von Bassora nennt Entwöh=
nung und zweites Jahr. Armen. überspringt das Gespräch und läßt J. nach drei
Jahren sagen: Jetzt ist die Zeit erfüllt. Beide haben vorher das Geburtstagsfest
durch eine Darbringung im Tempel, wie sie Lk. von Christus erzählt, ersetzt. —
Die F a c k e l n der Jungfrauen haben, wie L richtig erklärt, den Zweck, den Sinn
des Kindes von Gedanken an das Elternhaus abzulenken. Der griechische Aus=
druck für 'je eine Fackel' ἀνὰ λαμπάδα ist eine eigentümlich spätgriechische Verbin=
dung, die hier noch 8, 3 (Ti) ἀνὰ ῥάβδον vgl. Mt. 20 9 ἀνὰ δηνάριον je einen Groschen
vorkommt. Den Uebergang dazu bildet die häufigere Verbindung von ἀνά mit einem
Zahlwort ἀνὰ δύο zu zweien. — E r h o b e n h a t] die sichere Verheißung durch Hinweis
auf Gottes Ratschluß ausgedrückt. — D u r c h d i c h] gibt die griechische Verbindung
ἐπὶ σοί nur unvollkommen wieder. Maria wird als die Vorbedingung und Grund=
lage für die Offenbarung des Erlösers hingestellt. E r l ö s u n g] λύτρον eig. Löse=
geld; doch wird wie beim Vb. diese besondere Bedeutung im späteren Griechisch
nicht immer festgehalten. — 3. d r i t t e S t u f e d e s A l t a r s . Nach ursprüng=
licher Bestimmung sollte der Brandopfer=Altar überhaupt keine Stufen haben. Doch ist
diese Bestimmung später veraltet. Der von Hesekiel entworfene Altar hatte einen
dreifachen Untersatz; der oberste sollte als Umgang dienen Hes. 43 13—17. Auch im
späteren Tempel stieg der Altar in Terrassen von je 10 Ellen bis zu 30 Ellen Höhe
auf; man gelangte mittelst eines schrägen Aufgangs nach oben. Fünfzehn Stufen
nicht des Altars, sondern solche die zum Altar führen, zunächst zum östlichen Vorhof
der Israeliten, finden sich bei Josephus bell. jud. 5 5. 3 und im Talmud für den
Tempel des Herodes, der hier freilich nicht in Betracht käme. Von 15 Stufen reden
auch die späteren Legenden. In Nat. Mar. werden diese 15 Stufen mit den 15
Stufenpsalmen (Ps. 120—134) in Verbindung gebracht. Darauf weist noch der
Kirchenname 'Maria ad gradus'. Die Späteren, denen Tizian folgt, lassen Maria diese
hohen Stufen schnell hinauf steigen, eine Steigerung der 7 Schritte im Protev. Dies
selbst weiß an unserer Stelle nur davon, daß der Priester sie auf den dritten Ab=
satz, also wohl auf den obersten setzte, was freilich im Judentum eine Unmög=
lichkeit wäre. Hiermit ist wohl die Tradition verwandt, wonach die Juden dem
Priester Zacharias getötet haben, weil er Maria später an den Ort der Jungfrauen
stellte. — Der Tempelgang der Maria ist durch das Protevangelium in der
griechischen Kirche ein sehr beliebter Gegenstand geworden und hat früh auch zu
einem Fest des Tempelganges geführt. Das Unmögliche der Sache kam nicht zum
Bewußtsein, zumal Epiphanius ancorat. 60 versicherte, Erstgeborene pflege man
dem Tempel zu weihen und bis zum reifen Alter dort zu erziehen, was von Sa=
muel und Maria aus erschlossen sein wird. Zur Verteidigung führt man das
weibliche Nasiräat, die Weihung auch der weiblichen Erstgeburt 2 Mos. 13 2 und
die an der Stiftshütte dienenden Weiber 2 Mos. 38 9 sowie 2 Makk. 3 19, endlich Hanna
am Tempel Lk. 2 37 an. Vgl. die Katholiken Sepp=Haneberg und Peltzer, die noch
Jeptha und die ('namensverwandte') Iphigenie heranziehen. — T a n z e n zu
Gottes Ehre war auch in Israel Sitte Ps. 149 3, auch bei Jungfrauen Ri. 21 21
Ps. 68 26. Es wird hier gebraucht, um die Anmut der Maria anschaulich zu machen.
Darum auch nicht: Gott goß Gnade, sondern: Anmut über sie aus. — d a s g a n z e
H a u s I s r a e l g e w a n n s i e l i e b] wie David 1 Sam. 18 16. 28. Aber auch
Samuel war angenehm vor Gott und Menschen 1 Sam. 2 26 vgl. Lk. 2 52, wo auch
Eltern und ihr Kind auftreten. Nur geht das Jesuskind mit den Eltern, die über=

geiftige Maria trennt fich von ihnen, ohne fich nach ihnen umzufehen. Jefu Eltern
fuchen ihn mit Schmerzen, wenn er im Tempel ift, ihre Eltern freuen fich, daß fie
gerne von ihnen geht. Armen. fühlt das Mißverhältnis und läßt Maria Heimweh
nach ihren Eltern empfinden. — 8 1. Gott der Allmächtige] Ti hat τὸν δεσπότην
θεὸν das nur durch F·K geftützt ift, als den eigenartigften Ausdruck unter vielem
Dargebotenen feftgehalten. — zu ihnen] Ti lieft 'rückwärts' wofür ABC; alle
andern, auch Syr. und Grenfell's Fragment (Gr) bieten 'zu ihnen', was auch viel=
fagender ift. — wie eine pickende Taube], wie eine Taube, die fich nährt.
Der Ausdruck hat noch nicht feine Würdigung gefunden. Der Zufatz νεμομένη 'wei=
dend' fagt deutlich, daß die Nahrungsaufnahme den Vergleichungspunkt bildet, d. h.
fie nahm fo wenig Nahrung zu fich, wie ein Vögelchen, und das Wenige brachte
ein Engel. Engelbrot Pf. 78₂₅, Engelfpeife Weish. 16₂₀ beidemal das Manna.
Koran Sure 3,37: So oft Zacharias zu ihr auf die Kammer kam, fand er Speife bei
ihr. Er fragte fie: Maria woher haft Du das? Sie antwortete: Von Gott; denn
Gott fpeift, wen er will und rechnet es nicht vor. Weiter wird erzählt, daß die
Engel das Los darüber warfen, wer von ihnen die Sorge für Maria übernehmen
follte. — 2. zwölf Jahre] dafür Fᵇ 14 Jahre, fo auch Pf.=Mt. und Nat. M.
wogegen hift. Jof. 12 Jahre beidehält. Es wirken hier die körperlichen Verhältniffe
in den verfchiedenen Landfchaften mit, die Abendländer bevorzugen die höhere Zahl.
Statt der Verunreinigung durch die Menftruation erwähnt Nat. M. das
Gebot der Priefter an die Jungfrauen, zu heiraten, was Maria zu tun fich weigert
wegen ihres Gelübdes. Armen., der das 15. Jahr anfetzt, fragt mit Recht, warum
denn Maria nicht zu ihren Eltern gehe, und läßt fie daher geftorben fein. Als
Grund ihrer Verweifung aus dem Tempel deutet er an, Maria fei allmählich
mannbar geworden. — Hohenpriefter] Hier, wo· der Gegenfatz zu den Prieftern
zum Ausdruck kommt, ift Hohenpriefter gefchützt durch ADEJLR Poft. Gr. Einige
Handfchriften und Gr. in der Anrede fetzen hier fchon Zacharias ein. Armen. er=
zählt die Einfetzung des Zacharias und fein Verftummen (wie bei Lk.). — Du
fteh ft] στῆθι ftelle dich FᵃJLR ift Erleichterung, würde aber das nachfolgende εἰσελθε
fchon vorwegnehmen. ἕστηκας 'du ftehft' auch Gr.: es bezeichnet die Amtsftellung
des Hohenpriefters; fo von den Leviten 2 Chron. 30₁₆, von den Tempelfängern
1. Chron. 6₁₇ f.; 2. Chron. 29₁₁ hier auch 'vor Jhm', wie K Gr. an unferer Stelle
fchreiben. — in das Heiligtum] läßt Ti fort mit BC Gr.; dafür auch Syr.
es könnte in der Tat Ausfüllung fein. — bir] laffen AEJR fort; aber auch Gr.
Syr. zeugen dafür. — zwölf Glöckchen] die fonft unbekannte Zufammenfetzung
δωδεκακώδωρα foll das Oberkleid des Hohenpriefters (L ἱεροπρεπὲς ἱμάτιον das zum
heiligen Gebrauch beftimmte Gewand) bezeichnen, mit dem er einmal im Jahre
ins Allerheiligfte gehen durfte. Es war am untern Saume mit goldenen Schellen
(κώδωνες) befetzt. Nach der Zachariasfage in der Γέννα Μαρίας (f. Apokr. S. 46)
entdeckte Z., als er ohne dies Kleid und feinen Schellenklang ins Heiligtum eintrat,
die wahre Natur des jüdifchen Gottes. Die Zahl der Schellen ift im A. T. nicht
angegeben; nach den Rabbinen waren es 72, nach Clem. Aler. ftrom. V, 241 Sylb.
waren es 360. Die Zahl 12, die auch Juftin angibt (dial. 42), ift wahrfcheinlich
herbeigeführt durch den Gedanken an das Bruftfchild des Hohenpriefters mit feinen
12 Steinen. Juftin deutet fie auf die 12 Apoftel. — Zacharias] Durch diefe
Namensnennung verbindet fich die Zacharias= mit der Marienlegende, fei es, daß
die beiläufige Erwähnung hier die fpätere Einfügung der 'Johannesgruppe' ver=
anlaßt hat, fei es daß der Name erft von dem Redaktor eingefetzt wurde. Aber
die chriftliche Legende, die keine hiftorifche Kunde, fondern nur eine Tradition hatte,
wie die im Anfang des Lk.=Ev. niedergelegte, mußte fich fowiefo an den Namen
des dort genannten Priefters Zacharias halten, der ihr bald zu dem 'Priefter' wurde,
wie denn auch Γέννα Μαρίας, Origenes, Auguftin, Ambrofius unabhängig vom
Protev. den Vater des Täufers für den Hohenpriefter der Zeit hielten. Daher ift
anzunehmen, daß auch im urfprünglichen Jakobusbuch Zacharias fchon als Hoher=
priefter gilt und der Name hier urfprünglich ift. Armen. nennt feinen Vorgänger

Eleaſar und weiß von deſſen Tod und der Wahl des Zacharias zu berichten. Für
'alle bei W i t w e r' treten außer EFᵃ die 3 älteſten Zeugen Euſt. Syr. Gr. ein; troß=
dem ſcheint 'alle' eine naheliegende Ergänzung zu ſein. Die drei anderen Le=
genden laſſen die Bedingung der Witwerſchaft fallen, obwohl zwei von ihnen an
der früheren Ehe Joſephs feſthalten'; nur Nat. M. hat ſie ganz geſtrichen, weil ſie
nicht mehr kirchlich in Geltung ſtand. Hiſt. Joſ. 4: zwölf Greiſe, Pſ.=Mt. 8: alle
Heiratsfähigen von Juda; Nat. M. 7: alle Heiratsfähigen vom Hanſe Davids. —
Die S t a b probe iſt eine Umwandlung des Gottesurteils, das zu Gunſten Aarons
erging 4. Moſ. 17; die Frage nach dem Urſprung dieſes und anderer Arten des
Staborakels (vgl. Heſ. 21 ₂₆ Hoſ. 4 ₁₂) geht uns daher hier nichts an; neu iſt die
Erſcheinung der Taube (ſ. u.). Erſt Nat. M. findet eine Beziehung auf Jeſ. 11 ₁
heraus. — W e i b] J Poſt. ſeßen vorſichtigerweiſe hinzu: zur Bewahrung; D
noch genauer: zur Bewahrung der Jungfrau. — Bei der Frage, in welcher Eigen=
ſchaft Joſeph die Maria heimführen ſollte, muß man nicht ſo ſehr nach einem
klaren Rechtsverhältnis ſuchen; denn wir bewegen uns hier ja nicht auf einem
ſichern Rechtsboden, da ein chriſtliches Recht erſt im Entſtehen war und im übrigen
für die Beurteilung des Verhältniſſes jüdiſches, griechiſches und römiſches Rechts=
bewußtſein zur Anwendung kommen konnte und, ſo ſehr man ſich bemühte, ſich in
altteſtamentliches jüdiſches Rechtsbewußtſein hineinzudenken, doch dazu die nötigen
Kenntniſſe und die Gewöhnung fehlte; vor allem aber verlangte dies eigentümliche
Verhältnis ganz offenbar eine ganz neue eigene Beurteilung. Zu Auguſtins Zeiten
hatte man freilich eine ſichere Formel gefunden, ſo ſicher, daß man nun die Ehe
zwiſchen Joſeph und Maria als vorbildlich für andere Ehen empfehlen konnte:
Auguſtin de conſenſu evang. l. 2. c. 1.: durch das Beiſpiel der Jungfrau und
Joſephs wird gläubigen Ehegatten ans Herz gelegt, daß die Ehe beſtehe und auch
ſo genannt werden könne, wenn auch nach gemeinſamem Beſchluß Enthaltſamkeit
geübt werde. Ein ganz ſicherer Geſichtspunkt war für die ganze Darſtellung der
Abſichten und der Haltung von ſeiten der Prieſter und Joſephs da gegeben, wo
wie bei Auguſtin, Pſ.=Mt. 8,1 und Nat. M. 7,2 Maria von vornherein erklärt
hatte, ſie wolle von einem Manne nichts wiſſen. Da war von vornherein an eine
ſolche enthaltſame Ehe gedacht. Es handelt ſich da nur noch um die Frage, ob
Maria gleich vom Tempel weg als Joſephs Frau verlobt waren, oder ob ſie nun erſt
verlobt waren. Dieſe Frage war aber dadurch entſchieden, daß es Mt. 1 ₂₀ hieß:
Fürchte dich nicht, Maria, dein Gemahl, oder: als dein Gemahl zu dir zu nehmen,
was jedenfalls ſo verſtanden wurde, daß die Heimführung in die Ehe noch be=
vorſtand (ſo in der Vulgata Mt. 1 ₁₈: nachdem ſeine Mutter Maria Joſeph
verlobt worden war; Pſ.=Mt. 11 und noch deutlicher Nat. M. 10, 2). So be=
richtet denn Nat. M. 8 vom Verlobungsfeſt und von Zurichtungen zur Ehe. In
dieſe Verlobungszeit konnte man dann auch die Arbeit des Spinnens paſſend verlegen.
— Ebenſo klar war das Verhältnis für den Standpunkt der kanoniſchen Mt.
und Lk., inſofern dort Joſeph und Maria mehrere Kinder haben, und Jeſus der
erſtgeborene Sohn vor andern Söhnen der Maria war Mt. 1 ₂₅, Lk. 2 ₇. Auch hier
bleibt nur die Frage übrig, ob Joſeph zur Zeit der Empfängnis und wiederum zur
Zeit der Geburt Jeſu und bei der Jungfräulichkeit der Maria ſich als Ehemann
wußte. Es beſteht hier bekanntlich Streit über die Auslegung der obigen Stelle,
insbeſondere der Worte μνηστεύεσθαι hier und bei Lk. Da nun aber Mt. 1 ₁₉ Jo=
ſeph ihr Mann, V. 20, 24 Maria ſein Weib genannt wird, ebenſo Lk. 2 ₅ das Wort
von der Ehefrau gebraucht wird, die Joſeph ſo aufſchreiben laſſen will, ſo iſt an
ein rechtliches = eheliches Verhältnis zu denken, bei dem nur noch nicht 'zuſammen=
gekommen' war, obwohl man zuſammenkommen wollte, Mt. 1 ₁₈, ſo daß Maria
noch Jungfrau iſt Lk. 1 ₂₈ und daher V. 34 ſagen kann: ich 'weiß' von keinem
Manne, vgl. Conrady S. 9. 41. Die Frage V. 34, der dieſe Behauptung zu
Grunde liegt, iſt natürlich in der Meinung geſtellt (die ſich auch als richtig erweiſt),
die Empfängnis ſolle alsbald, unmittelbar nach der Verheißung ſtattfinden. Dieſe
Auffaſſung fand alſo die 'Jakobusgeſchichte' vor; ihr erwuchs nun die Aufgabe, die

dauernde Jungfräulichkeit der Maria in dies Verhältnis einzuführen. Der Verf.
brauchte dabei nur den von Mt. Lk. angegebenen Zustand vor dem 'Zusammen=
kommen' dauernd festzuhalten. Er läßt also den Ausdruck 'Weib' zunächst bestehen:
als Weib hat er sie sich erlost 19, 1, als sein Weib sollen die Priester sie ihm über=
geben 8, 2 Z. 33. So meinten es nicht nur Joseph und die Priester, s o n d e r n a u ch
d e r E n g e l G o t t e s. Das muß auch so bleiben, denn Jesus soll unter dem
Schutze einer geordneten Ehe geboren werden. Dabei wird von Jak. kein Unter=
schied von Verlöbnis und Ehe gemacht. Andererseits wird nun aber der Ausdruck
der Diskussion unterworfen: was hier Joseph sich und was die Hebamme fragt, ist die
Diskussion der damaligen Kirche mit. sich selbst. Wir sehen hier unmittelbar in die
Gedankenarbeit der Kirche, in ihr Ringen um Klarheit über dies Problem hinein.
Eigentlich meinte Joseph, kann ich doch nicht sagen, sie sei mein Weib, denn dazu
gehört, wie er deutlich genug hinzufügt, eheliche Gemeinschaft γάμοι 15, 2. 4 oder
wenigstens die Möglichkeit und der Wille dazu 19, 1; wenn sie mein Weib wäre,
müßte sie von mir und nicht vom heiligen Geiste empfangen haben. Er schämt sich
also, sie vor der Behörde sein Weib zu nennen; sie ist eher ein Mittelding zwischen
Weib und Tochter; denn nach Gottes Wille, den die Priester, er und Maria ver=
standen und anerkannt haben, soll er sie als Jungfrau bewahren; darum wird ja
auch ein Witwer erwählt. Wie eigentümlich dieses Verhältnis ist, fühlt der Verf.
wohl; er fürchtet, daß es zum Spott für die Kinder Israel sein wird; aber man
muß eben hier Gottes Ratschluß anerkennen. — Der Unterschied von einem späteren
Standpunkt ist der, daß Jak. noch bei dem Gedanken an eine Ehe, die die eheliche
Gemeinschaft von vornherein ausschließt, selbst bei Maria stutzig wird und noch
damit zu ringen hat, daß man noch überlegt, ob man Maria nicht lieber in ein
töchterliches Verhältnis zu Joseph stellen soll, und daß die dauernde Jungfräulich=
keit der Maria nicht von vornherein feststeht, von ihr selbst schon beschlossen ist,
sondern daß sie erst ad hoc durch ein göttliches Orakel angeordnet wird. Der Ge=
danke ist noch nicht so selbstverständlich, sondern steht in seiner ganzen Frische wie
ein göttliches Geheimnis da. Eine andere Lösung der Sache schlägt Tertullian vor,
der Weib im Sinne des Geschlechts faßt de virg. velandis 6. — Eust. nimmt
keinen Anstand, an u. St. zur Heirat πρός γάμον hinzuzufügen, während Gregor von
Nazianz Maria ein der Heirat unkundiges Weib nennt. — d i e P o s a u n e d e s
H e r r n] Es ist die Posaune, mit der z. B. das große Halljahr eingeblasen
wurde 3. Mos. 25 9. a l s b a l d] von Ti mit BCR Post. ausgelassen; dagegen AD
EF*KL Syr. Gr. Apokr. Z. 29 ist Ti's Verszahl ausgefallen; daher im Handb. 8,2 statt
8,3 citirt wird. 9 1. J o s e p h wird unvermittelt eingeführt, was vielleicht aus der all=
gemeinen Bekanntschaft durch die Evangelien, auch bei den Gegnern zu er=
klären ist. Geschickt wird sein Eifer in der Erfüllung seiner religiösen Pflichten
veranschaulicht: er läuft mitten aus seiner Arbeit fort. — Daß J o s e p h W i t=
w e r war, ist die herrschende Anschauung bis auf Hieronymus gewesen. Sie
taucht zuerst im Petr.=Ev. auf, s. Apokr. S. 28, dann in unserem Buch; dorther kennt sie
Origenes, der ihr zuzustimmen geneigt ist. Epiphanius vertritt sie zwei Jahrhun=
derte später in selbständiger Weise, indem er sich auf die Tradition der Juden
beruft (haer. 78, 7 f.), Gregor von Nyssa in der angeführten Weihnachtsrede, Chry=
sostomus und im Abendland Hilarius um 380. Als aber Helvidius um 380 wie
vor ihm die sog. Antidikomarianiten (Widersacher der Maria), namentlich wegen der
Brüder Jesu behauptete, Maria habe später mit Joseph ehelich gelebt, brachte Hie=
ronymus die Ansicht auf, die Brüder Jesu seien seine Vettern, Söhne der anderen
Maria, der Schwester der Jungfrau, gewesen. Diese Lösung ist von da ab die
herrschende geblieben und erfreut sich trotz gründlicher Widerlegung durch Zahn
(Forschungen VI 2) bei Katholiken und manchen Protestanten (z. B. Endemann
NKZ 1900 S. 833—865) großer Beliebtheit. — g i n g i n d e n T e m p e l] wie Moses
mit den Stäben der Stammeshäupter. Er läßt es in die Nacht dort. Da aber der
Stab J.s nicht zu ergrünen braucht und die dramatische Spannung Einheit der
Zeit verlangt, so ist hier nur Zeit für ein Gebet gelassen. Ps.=Mt. hat freilich die

Nacht wieder eingeſchoben und Nat. Mar. den Stab erblühen laſſen. Nach Pſ.-Mt. will Joſeph ſeinen Stab nicht wiedernehmen, und niemand kümmert ſich um den Greis; nach Nat. M. hat er ſeinen Stab gar nicht abgegeben. Erſt ein neues Orakel bringt darüber Aufklärung. — erſchien an ihnen] Ti: war. Aber es handelt ſich nicht darum, daß an ihnen ſchon ein Zeichen entſtanden ſein ſollte, wie beim Stabe Aarons, es ſoll erſt erſcheinen, wenn er die Stäbe zurückgibt. 'erſcheinen' iſt geſchützt durch Gr. Syr. die Gruppe BJR, AD. — eine Taube] erſcheint wie bei Chriſtus, wie dort fliegt ſie aufs Haupt des Erwählten. Hier kommt ſie aus dem Stabe, da anders das Staborakel keinen Sinn hätte, während die Taube Chriſti vom Himmel kommt (ebenſo nat. M.). Die Unnatur ſtammt aus der Vermiſchung zweier Wunder, von denen jedes ſachentſprechend erzählt war. Auch hat die Taube ihre Bedeutung gewechſelt: bei Chriſtus iſt ſie der heilige Geiſt, hier bedeu-tet ſie die Maria vgl. 8, 1. — 2 ein alter Mann] Je älter Joſeph iſt, deſto beſſer paßt er für ſeinen Zweck. Epiphanius weiß näheres darüber. Nach haer. 51, 10 war er etwa 80 Jahr; haer. 78, 10 weiß er genauer, daß Joſeph bei der Rückkehr aus Egypten 84 Jahre alt war und noch 8 Jahre lebte. Hist. Jos. er-zählt, daß er mit 90 Jahren Maria übernommen und im ganzen 111 Jahre lebte, womit er wahrſcheinlich den altteſtamentlichen Joſeph, der nach jüdiſcher Berech-nung 110 Jahre alt wurde, überdieten ſoll. Die Erwähnung der Söhne hat Pſ.-Mt. auf den Gedanken gebracht, daß J. einen von ihnen für Maria in Ausſicht nehmen könnte, was natürlich vom Hohenprieſter vereitelt wird. Statt ver-ſchlungen haben CL Gr. die merkwürdige Lesart χατεποντισθησαν 'ſie ertranken'. Die Gruppe BIR und DFª gibt 'und verſchlang ſie', was aus 4 Moſ. 16 ₃₂ ſtammt. Die Erwähnung der Rotte Korah iſt hier zufällig; denn ſie iſt auch im A. T. in Verbindung mit dem Stabwunder (kurz vorher) genannt. — 3 Joſeph wird von Maria entfernt 1) um den Gedanken an eheliche Verbindung noch ferner zu rücken, 2) da-mit Raum für die folgende Scene und die Reiſe zu Eliſabeth geſchaffen wird, 3) damit bei der Verkündigung Joſeph nicht dabei iſt, was auch den Kirchenvätern nicht paſſend erſcheint, 4) damit die Scene Mt. 1 ₁₈, Protev. 13, 1 möglich wird. Freilich wird dabei der Zweck der Uebergabe an J. 'zur Behütung' ganz vergeſſen.

10 1 Vorhang. Es gab zwei Pracht-Vorhänge am Tempel, der eine hing vor dem Heiligtum, der andre vor dem Allerheiligſten. Der letztere war von be-ſonderer Bedeutung, da nur der Hohenprieſter einmal im Jahr durch ihn ins Aller-heiligſte eingehen durfte. Nach dem Talmud wurden jährlich zwei angefertigt (der Vorhang war doppelt), und 300 Prieſter waren erforderlich, ihn unterzutauchen (Riehm, Hwb. ² 1643). Daß Jungfrauen daran gearbeitet hätten, ſchließt unſer Ver-faſſer aus 2 Moſ. 35 ₂₅. ₂₆: Weiber, die geſchickt waren, die wirkten mit ihren Hän-den und brachten ihre Arbeit. Für die ſpätjüdiſche Zeit war dies das Vorrecht beſtimmter Prieſterklaſſen. Das Vorrecht des Stammes David iſt eigne Erfindung. — Die ſieben Jungfrauen paſſen zu den ſieben Stoffen. Maria iſt alſo über-zählig, umſomehr als ſie hernach zwei Stoffe bekommt. Urſprünglich war wohl Maria eine der ſieben und bekam nur den Purpur (vgl. 11, 1 am Schluß). Da unſer Erzähler Maria unterdeß zum Eheweib des Joſeph gemacht hat, verfallen die Boten nicht ohne weiteres darauf, Maria als Jungfrau in Anſpruch zu nehmen, und der Prieſter muß erſt an ſie gedenken. — Daß Maria aus dem Stamme Davids war, iſt zuvor nicht erwähnt (ſiehe darüber die Einleitung). Doch war es ſeit Juſtin die Meinung der Kirchenväter. Den in der Einleitung angegebenen Grund, damit auch Jeſus, der doch nicht Joſephs Sohn iſt, aus Davids Samen ſei, gibt Auguſtin ausdrücklich an contra Fauſtum XXIII. Sein manichäiſcher Gegner behauptete, daß Maria aus dem Stamme Levi ſei, offenbar mit Rückſicht auf die im Altertum vielbeachtete Stelle Lk. 1 ₃₆, wo die Frau des Prieſters Zacharias die Verwandte der Maria heißt. Andere freuten ſich darüber, daß Chriſtus aus dem königlichen und dem prieſterlichen Hauſe ſtamme, wobei man ebenfalls Joſeph ausſchalten und Maria aus beiden Häuſern ableiten konnte. — 2. Einige der angegebenen Stoffe werden auch vom A. T. und von Joſephus für

den Vorhang angegeben, nämlich roter und blauer Purpur, Scharlach und Baum=
wolle, für den inneren Vorhang nennt Josephus auch noch das Gold (vgl. 2. Mos.
26 31; 35 25. 2. Chron. 3 14, Joseph bell. jud. V 5, 4. 5). Hier kommt es darauf an,
dem Vorhang alle Pracht der Zeit anzudichten und die Siebenzahl zu erreichen. —
B e r g f l a c h s ἀμίαντος Amiant oder Federalaun ist der weiße, zarte und seidenartig
schimmernde Asbest, der mit Flachsfäden zusammen versponnen werden kann, worauf
man den Flachs verbrennt. — B a u m w o l l e] βύσσος . Byssus ist, wo ein kostbarer
Stoff gemeint ist, nicht Leinen, sondern Baumwolle, die damals wie heute in Palästina
und namentlich in Aegypten gezogen wurde. — S e i d e] σηρικόν wohl schon Hef. 16 10.
13, im N. T. Offb. 18 12 erwähnt, kam seit Alexander dem Großen am Mittelmeer
in den Handel, blieb aber immer ein Stoff von höchster Kostbarkeit. — P u r p u r =
b l a u] ὑάκινθος Hyacinth: mit dem violetten Saft der Purpurschnecke m u r e x ge=
färbte Stoffe wie Baumwolle, Wolle, Leinen; vielfach bei heiligen Gewändern im
israelitischen Kultus verwendet aber nicht so kostbar wie der e c h t e P u r p u r
πορφύρα von roter Farbe, aus der purpura-Schnecke gewonnen, das Abzeichen königs=
licher Würde, den deshalb Maria erhält. — S c h a r l a c h] κόκκος, κόκκινος Kar=
mesin von arabisch 'kermes' aus den Eiern und Körpern der Kermesschildlaus (un=
echte Cochenille), im Kultus Sinnbild des Lebens. — Ueber den eingeklammerten
Satz, der von Zacharias und Samuel handelt, s. A p o k r. S. 48 f. — S a m u e l: hinter
dem vielleicht Simeon (vgl. 24, 4) steckt, ist als Hoherpriester ebenso unhistorisch wie
Zacharias. Daß hernach nur der Scharlach erwähnt wird; ist ebenfalls in der
Einl. erklärt. — 11 1. Maria, schöpfend am Brunnen, und die spinnende Maria: diese
beiden anregenden Motive haben ihre Wirkung auf die künstlerische Phantasie nicht
verfehlt, s. die Einleitung zu den Kindheits=Evangelien S. 105. Das erste, von der
Bibel durch die Situation außerhalb des Hauses und die 'Stimme' abweichende, ist
früher verlassen worden, als das zweite; später ist die lesende und meditirende Maria
an Stelle dieser beiden lebensfrischen Bilder getreten. — Beim W a s s e r k r u g
der Jungfrau Maria braucht man nicht an den der Rebekka 1 Mos. 24 15 zu denken,
die zwar auch 'Jungfrau' ist und 'vom Manne nichts weiß', aber ganz anderes er=
lebt und sich anders benimmt. Diese von Lk. unabhängig gezeichnete Situation,
die aus der Hauptquelle stammt und Maria bei ihrer alltäglichen Arbeit zeichnet,
knüpft vielmehr an die Volksvorstellungen an, wonach Mädchen beim Gang zu einer
(heiligen) Quelle wunderbare Dinge erleben, auch wohl ihren Zukünftigen im Wasser
sehen. Vergl. das deutsche und schottische Märchen vom Froschkönig. Der e n g =
l i s c h e G r u ß] wird der 'Stimme', nicht dem 'Engel des Herrn' zugeschrieben; doch
ist die 'Stimme' für unsern Verf. schon der unsichtbar redende Engel, der erst in
der Stille des Hauses sich offenbart. In der Zauberwelt, aus der das Motiv
stammt, ist die Stimme wohl die des Geistes, der im Brunnen wohnt. — G e b e n e d e i t e
u n t e r d e n W e i b e r n ist bei Lk. nur 1 42 echt; doch findet es sich schon früh auch
in der hier benutzten Stelle 1 28, so bei Tert. de virg. vel. 6 und bei Eusebius demonstr.
evang. 329 und so häufig bei abendländischen (D Δ it. vg.) und alexandrinischen
(ACPesch) Zeugen. Im Protev., das diese Einfügung zuerst bezeugt, mag es auf
schriftstellerischer Absicht (V. 42 ist später nur angedeutet) oder auf einer Verwechse=
lung durchs Gedächtnis beruhen. HK haben auf Grund ihres Lk.Textes den Zusatz
weggelassen. L fügt wie Andreas von Kreta zu Lk. 1 28 noch: und gesegnet ist die
Frucht deines Leibes aus 1 42 hinzu — Die Verwirrung der Maria erklärt sich hier
aus der Stimme des Unsichtbaren. Ihr Umherschauen, w o h e r die Stimme
k o m m e, ersetzt Lk. 1 29, wo Maria 'verwirrt' ist und überlegt, von welcher Be=
deutung dieser Gruß sei. Nat. M. ist freilich überzeugt, daß Maria schon so an
Engelserscheinungen gewöhnt war, daß die Verwirrung nur aus dem Inhalt der
Rede stamme. Nach dem Koran Sure 19 legte Maria gerade den Schleier ab; sie
berief sich dem schönen Manne gegenüber auf Gott. 2 wird nun die zweite, be=
ruhigende Rede des Engels Lk. 1 30 f. benutzt, um die Rede des erscheinenden Engels
im Hause zu gestalten: D u w i r s t a u s s e i n e m W o r t e m p f a n g e n] Das
Wort ist hier die schaffende Rede des G e b i e t e r s ü b e r a l l e s, die aus dem

Nichts ins Daſein ruft und hat mit dem johanneiſchen 'Wort' nichts zu tun; dies 'Wort' müßte hier (vergl. Demonſtr. de Christo et Antichr. 45) als Objekt der Empfängnis dargeſtellt ſein. Auch die ſpätere Vorſtellung, daß Maria durchs Ohr und zwar gerade durch gläubige Aufnahme des Engelsworts empfing (Hofmann 77 ff.) liegt hier erſt im Keime vor. — Der Z w e i f e l der Maria iſt herausgeleſen aus Lk. 1 34, woran ſich auch ihre Worte anlehnen. Auch Chryſoſtomus hom. in Matth. IV, Montfaucon Tom. VII, 54 behauptet, es ſei ihr 'etwas Menſchliches zugeſtoßen'. Nat. M. 9, 4 verſichert allerdings, daß Maria nicht ungläubig, ſondern nur wißbegierig frug. An einem Zweifel der Maria hat die Kirche jedoch lange keinen Anſtoß genommen. Daher kann ihr auch das heidniſche Mißverſtändnis der wunderbaren Zeugung in den Sinn gelegt werden, wobei doch der Ausdruck: 'v o n d e m l e b e n d i g e n G o t t' den Abſcheu der Chriſten und Juden vor ſolcher Vorſtellung wiedergibt. Die Wendung: 'w i e j e d e s W e i b g e b i e r t' deutet zunächſt nur an, daß Maria nicht wie jedes Weib infolge geſchlechtlicher Vermiſchung gebiert; aber für den Verf. hängt damit auch eine eigene Geburtsform zuſammen; nicht nur die phyſiſche Zeugung, ſondern auch die natürlichen Vorgänge bei der gewöhnlichen Geburt wiederſprechen, wie ſpäter Zeno von Verona dartut, dem Weſen des Heiligen, das geboren werden ſoll, aber auch dem Weſen d e r Heiligen, aus der es geboren wird. Denn die Form der Frage drückt doch ſchon die Empfindung aus, daß Maria ſelbſt zu 'rein' iſt, um derartiges durchzumachen (ſ. A p o k r. S. 49). Deutlicher ſpricht ſich die beginnende Marienverehrung bann in Nat. M. 9 aus: Maria ſoll nicht fürchten, daß ihre Keuſchheit irgendwie verletzt werden ſolle: ſie werde auch bei Geburt und Ernährung des Kindes immer Jungfrau bleiben. — K r a f t d e s H e r r n : S o h n d e s H ö c h ſ t e n] gedächtnismäßige Vertauſchung des Wortlauts bei Lk. 1 35 durch Einfluß von Lk. 1 32; durch enge Anlehnung an ein ſchon geprägtes Wort wird der Vorwurf der Chriſtenfeinde um ſo kräftiger zurückgewieſen: wir Chriſten haben nie anders über die übernatürliche Geburt gelehrt. — Die Späteren z. B. Nat. M. 9, ferner Kirchenväter wie Auguſtinus und Gregor d. Gr. haben in der Antwort des Engels das Ueberſchatten betont: Gott ſchafft gleichſam einen kühlenden Schatten, der alle Brunſt fleiſchlicher Luſt auch bei Maria fern hält. Dieſe Exegeſe mißdeutet die lukaniſche Redeweiſe, die in ihrer poetiſchen Zartheit vielmehr die befruchtende Wirkſamkeit des h. Geiſtes andeuten will, wie Juſtin apol. I 33 5. 6 richtig umſchreibt. Auf welcher Seite ſteht das Proteo.? Das N i c h t a l ſ o leugnet, daß Maria von Gott empfangen hat, wie jedes Weib vom Mann empfängt. Folglich findet er im Lk.-Wort behauptet, daß Gott nicht geſchlechtlich, ſondern 'd y n a m i ſ ch', durch ſein Wort und ſeine Allmacht die Befruchtung bewirkt hat. Dieſe ſoll natürlich einen phyſiſchen Effekt haben; rein geiſtig iſt der Vorgang alſo nicht; vielleicht hat er um ſolche Gedanken, die auf einen 'rein geiſtigen Chriſtus' führen möchten, auszuſchließen, den heiligen Geiſt weggelaſſen. — d a s v o n d i r g e b o r e n w i r d. Das 'von dir' iſt bei Lk., der den Embryo meint, nicht urſprünglich, findet ſich aber ſchon bei Juſtin. Es iſt zunächſt aus dem Sprachgefühl ergänzt, dann aber aus dogmatiſchen Gründen betont und verteidigt worden (ſo im Dialog gegen die Marcioniten und von Ephräm), um die echtmenſchliche Herkunft Chriſti feſtzuhalten (ſ. A p o k r. S. 49). Ob es hier echt iſt, läßt ſich nicht ſicher entſcheiden. Außer den Gruppe BJRPoſt treten noch EFa dafür ein, ebenſo Syr. (nach Peſch.?); die Betonung der 1. Perſon in der Frage ſcheint dafür zu ſprechen. — Die Verbindung von Mt. 1 21 mit Lk. 1 31, das ſich hier in Lk. 1 35 eindrängt, (ſ. o.) hat auch Juſtin ap. I 33 vollzogen. Eine ſolche Verbindung war nahegelegt durch das jedesmalige 'nennen'; Amts- und Perſonennamen Chriſti wurden gewiß öfter ſo zuſammengeſtellt. Eine Bekanntſchaft Juſtins mit Proteo., die Zahn hier finden will, iſt daraus nicht zu folgern (vergl. Conrady ThStK 77; Harnack II 602 Anm. 1). Vergl. Koran Sure 3: Die Engel ſprachen: O Maria, Gott verkündigt dir das von ihm kommende Wort; ſein Name wird ſein: Meſſias Jeſus, Sohn Marias. Herrlich wird er ſein in dieſer und in jener Welt und zu denen gehören, die Gott nahe ſtehn. — v o r i h m] ein bedeutſamer Zuſatz: Menſchen ſollen

sie nicht Magd nennen, eher 'Herrin', was sie Nat. M. 9,4 verschämt andeutet: Ich
bin nicht wert, Herrin zu heißen, wie man sie also damals schon nannte.

12 1. Das Magnificat verkürzt im Munde des Priesters und in eigentümlicher
Umdeutung. Daß der Verf. es als Spruch der Maria, nicht der Elisabeth vorfand,
geht wohl aus 12, 2 hervor. Er hat es ihr dann abgenommen, um ihre Bescheidenheit
zu mehren; andere sollen sie also loben. Um so eher konnte aus: 'meine Seele erhebet
den Herrn' das umgekehrte: 'der Herr hat deinen Namen erhoben'
werden. Das 'alle Geschlechter' hat der Verf. auf alle Lebensstadien und
Altersstufen bezogen, so daß es sich gleich durch den Priester, dann durch Elisabeth, am auffallendsten durch die erste Altersstufe, den Embryo erfüllt; vergl. das
'segnen' bei allen dreien. 2 Die Wendung: voller Freude (wörtl. Freude genommen habend) für die Stimmung der Maria nach der Engelbotschaft gebraucht
auch Justin dial. 100. Daraus darf aber sowenig wie aus der zu 11, 3 erwähnten
Berührung geschlossen werden, Justin habe das Protev. benutzt, denn man sieht
deutlich, wie Justin zu seiner Ausdrucksweise gekommen ist: Eva, sagt er, 'vernahm'
(oder 'empfing') das Wort von der Schlange her und gebar (aus dieser Empfängnis)
Ungehorsam und Tod', Maria aber 'nahm Glaubensgehorsam und Freude (an sich)'
.. und durch sie wurde der geboren, .. Hier im Protev. liegt dagegen eine schlichte
wohl volkstümliche Ausdrucksweise vor, die begründen soll, warum Maria sich auf
den Weg machte. Daß Maria klopfte, wird angeführt, um den Zeitpunkt zu
fixiren, wann das Kind hüpfte. Da schon 'grüßte' es — nicht seinen Herrn, sondern dessen Mutter. — Der Scharlach, den Elisabeth spinnt, ist nicht für den
Tempelvorhang bestimmt, da sie weder Davidstochter noch Jungfrau ist. Syr: Sieb; f. o.
S. 108. Das Nicht gedenken der Maria ist recht unwahrscheinlich und könnte ein Einschub sein. Darauf könnte auch der Name Gabriel deuten, der vorher nicht erwähnt ist. Aber zu verstehen ist die Angabe doch, die die große Bescheidenheit der
Jungfrau ausdrücken soll. Uebrigens stellt sich Maria auch 13, 3 merkwürdig un-
wissend. Daß an wirkliches 'vergessen' zu denken ist, zeigt der Gebrauch des gleichen
Ausdrucks 13, 2. Das 'alle Geschlechter mich segnen' ist oben erklärt. Daher auch nicht 'der Erde'. Ebenso wie 12, 1 die Hinreise der Maria durch ihre
Freude begründet wird, so hier ihre Heimkehr durch ihre Furcht. Maria verbirgt sich wie Elisabeth Lk. 1 24. Das Alter von sechzehn Jahren für die
Zeit der Schwangerschaft liegt allzuweit von den zwölf Jahren ab, die für die Zeit
ihrer Entlassung angegeben wird 8, 2. Joseph wäre allzulang für einen Hüter weg-
gewesen. Daher die Handschriften mildern Fᵃ 14. CFᵇ 15 (Fᵇ zu 8, 2: 14) und die
Geschichte Josephs ausgleichend eingreift. Vergl. zu dieser Differenz Apokr. S. 51.

13 1. Auf die Freudenszene die peinliche Auseinandersetzung! Verf. folgt
nunmehr der Erzählung des Mt. 1 18 ff. Der sechste Monat ist geeigneter als der
dritte (Nat. M. u. Gesch. Jos.) und dehnt die Abwesenheit Josephs nicht so lange
aus, wie die 9 Monate des Pf.-Mt. — warf sich zur Erde] Die Gruppe AEH
und BDJ setzen in verschiedener Art hinzu 'Sack', was aus 13, 2 Anfang genommen
ist. — Joseph nimmt das an, was seiner Braut nach jüdischer Verleumdung in der
Tat durch Panthera widerfahren sein soll. Solche Verleumdungen will das Protev.
wie wohl schon Mt. zurückweisen. Seine Scham ist so groß, daß er sie nicht einmal
Gott vorzutragen wagt. — Nach jüdischer Legende, auf die Paulus 2 Kor. 11 3 anspielt, hat der Teufel Eva geschlechtlich verführt. Hier erfahren wir noch, daß
Adam die Eva allein ließ, weil die Stunde des Lobpreises gekommen; daß nur der Mann zur bestimmten Stunde Gott zu loben hat, ist gut
jüdisch gedacht. Vgl. auch 1. Tim. 2 14. — 2. von dem Sack] In der Regel ist der
Sack das grobe Tuch, das als Trauergewand um die Lenden geschlungen wird (z. B.
1 Mos. 37 34), natürlich dient er auch als Unterlage für den, der auf der Erde sitzt,
wie 2 Sam. 21 10; doch vergl. Jes. 58 5. — Nach dem Selbstgespräch und dem Selbst-
gericht das Zwiegespräch und das Verhör Marias mit Erinnerungen an 7, 2. 3. —
3. Daß Maria nicht weiß, 'woher ihr das gekommen ist', ist schier unglaub-
lich. Die Meinung wird aber sein: sie kann keine natürliche Ursache nennen, genauer:

ſie hat keinen Mann „erkannt" vgl. das γινώσκω Lk. 1 ₃₄. Sehr geſchickt iſt jeden=
falls hier, wie oben 12, 2 und nachher 15, 4. 16, 1, daß der Verf. Maria und Joſeph
ſchweigen läßt, um ſich nicht das Folgende zu verderben. Der Muhammedaner
Kiſſai läßt Maria noch geſchickter, aber allzugewandt antworten: Gott hat hier
etwas Aehnliches getan wie bei der Schöpfung Adams.

14 1. Das Geſetz gebietet nicht direkt, daß der betrogene Ehegatte oder Ver=
lobte die Verführte vor Gericht ſtelle Mt. 1 ₁₉; aber es entſpricht dem Geiſt des
Geſetzes 5 Moſ. 22 ₁₃ ff.; ‘ſtreitet' hat auch Syr. (gegen die Gruppe BJRPos. und
Fᵃ ‘ſchuldig'). — von den Engeln] Dieſelbe Möglichkeit erwähnen die Jung=
frauen, die bei Maria weilten Pſ.=Mt. 10, 1. Dem jüdiſchen und chriſtlichen Alter=
tum erſchien dergleichen durchaus nicht ausgeſchloſſen, ja eine wirkliche Gefahr für
unbewachte Jungfrauen. Die Stelle 1 Moſ. 6 ₂₋₄ ließ alte mythologiſche Vorſtel=
lungen an den göttlichen Urſprung der Helden und Königsgeſchlechter fortwirken;
namentlich das jüdiſche Buch Henoch trug viel zur Ausgeſtaltung dieſer Anſchau=
ungen bei. Nach einer ebendort mitgeteilten (106 ₆) Apokalypſe vermutete ſchon Lamech,
daß ſein Sohn Noah nicht von ihm herſtamme. Paulus warnt die korinthiſchen Frauen,
nicht unverhüllt zu beten 1. Kor. 11 ₁₀ ‘um der Engel willen'. Der Verf. will auch dieſe
Möglichkeit, die wunderbare Geburt Jeſu herabzudrücken, abſchneiden. Die Spä=
teren wie z. B. Photius können ſich nicht mehr denken, daß Joſeph im Ernſt irgend=
wie an Mariens Tugend gezweifelt habe. — Die Ausdrücke ‘unſchuldig Blut
überliefern' vergl. Mt. 27 ₄, ‘Todesgericht' vergl. Lk. 24 ₂₀ erinnern an
das entgegengeſetzte Verfahren der Juden Jeſus gegenüber. — Die Nacht iſt durch
den Traum des Mt. nahegelegt, die Geſch. Joſephs 6 läßt ihn freilich am hellen
Mittag einſchlafen.

15 1. Hannas ſoll vielleicht der ſpätere Hoheprieſter ſein, vgl. auch Erz. d.
Thom. 3, wo der Sohn des H. erwähnt wird. — Die Verſammlung ſoll wohl
eine religiöſe in der Synagoge ſein, wo es fromme Pflicht war zu erſcheinen, ſo
daß der Schriftgelehrte Anlaß hat, ſich nach Fehlenden zu erkundigen. Das grie=
chiſche Wort synodos bedeutet freilich nur das Zuſammenkommen überhaupt, und
ein tägliches Zuſammenkommen in der Synagoge iſt nicht gewöhnlich; aber es kann
ja gerade ein Sabbat oder Feſttag geweſen ſein: man kann aber auch an das ‚Lehr=
haus' denken. das Beilager erſtohlen] den Ausdruck die ‘Hochzeit (sing.)
ſtehlen' braucht der Dichter Theokrit 22, 151 von dem, der den Vater des Mädchens
zum Schaden des früheren Verlobten für ſich umſtimmt. Hier (wo der Plur. gebraucht
iſt,) iſt wie in den Zuſammenſetzungen gamoklopein, gamoklopia (Orac. Sib.) die
heimliche unerlaubte Beiwohnung gemeint. Die Vorausſetzung, von der auch Han=
nas ausgeht, iſt zunächſt, daß Joſeph die Maria als Jungfrau bewahren ſollte, vgl.
hernach: ‘gib die Jungfrau zurück' und die Ausführungen zu 8, 2. Allerdings ſchwebt
die Möglichkeit vor, daß er ſie öffentlich als ſein Eheweib nehmen und ſich den
Segen Gottes dazu anwünſchen laſſen kann, allerdings nur in den Augen
derjenigen, die Gottes Plan über Maria nicht kennen. — 3. vgl. 13, 2, die Lob=
geſänge mit AEH; CDFᵃ Syr., wovon jedoch einige den Singular ſetzen,
der wohl durch das nachfolgende vor ihm veranlaßt iſt; die Gruppe BJRPost.
hat dafür ‘ſeine Geheimniſſe'. Der Zuſatz ‘ihre' DFᵃ Syr.? oder ‘vor ihnen' EH
iſt ſprachliche Erleichterung. In der Tat könnten die Lobgeſänge der Engel gemeint
ſein, wahrſcheinlicher iſt aber, da die Engel nicht genannt ſind, die Lobgeſänge im
Heiligtum, zu denen Maria ‘vor Gott' tanzte. — 4. Bei der erſten Ausſage des
Joſef hat uns E eine alte chriſtliche Schwurformel aufbewahrt: ‘So wahr Gott
lebt und ſein Chriſtus und der Zeuge ſeiner Wahrheit'. — haſt dein Haupt
nicht gebeugt unter die gewaltige Hand] Dabei iſt wohl an einen
feierlichen Segensſpruch gedacht, wie er nach Ruth 4 ₁₁ f.; Tob. 7 ₁₃ im Judentum
üblich war; ein ſolcher Segen bezog ſich naturgemäß vor allem auf die Nachkom=
menſchaft. Für unſeren Verf. kommt jedenfalls auch der chriſtliche Brauch in Be=
tracht, wonach die Ehe dem Biſchof angezeigt (Ignat. ad Polyc. 5, 2), von der Ge=
meinde gutgeheißen und von ihrer Fürbitte begleitet ſein ſollte (ſiehe namentlich

Tertull. ad. ux. II 9, de monog. 11, de pudic. 4), wozu sich bald priesterliche Seg=
nung gesellte. — Die Ausdrucksweise ist der von 1 Petr. 5 ₆ sehr ähnlich; beide
Schriftsteller könnten aus der liturgischen Sprache geschöpft haben; der Sinn
beider Stellen ist so verschieden, daß man an Abhängigkeit nicht zu denken braucht.
— Das Schweigen Josephs, das auch Syr. bezeugt, hat BJLRPost auffallend gefun=
den und daher unterdrückt. Aber eine Berufung auf den Traum würde, wenn sie
geglaubt worden wäre, die ganze folgende Probe unmöglich gemacht haben (s. zu 13, 3).

16 1. Der Priester verlangt nicht Herausgabe der Maria, die nach seiner Auf=
fassung ja nicht mehr **Jungfrau** ist, sondern Wiederherstellung und Wiederer=
stattung des anvertrauten Gutes, der reinen Jungfrau. Das ist also eine allerdings
sehr ernstgemeinte rethorische Forderung, wie das Vare, redde legiones! weshalb
auch Joseph nur mit Weinen antworten kann. — Das Gottesurteil des **Prüfungs=
wassers** (Protev. ὕδωρ ἐλέγξεως; die Ueberf. der LXX: ὕδωρ ἐλεγμοῦ; Philo de
leg. spec. II 310: ποτὸς ἐλέγχου; hebr.: das bittre Fluchwasser) ist 4 Mos. 5 ₁₁₋₃₁
angeordnet. Das Wasser war heiliges Wasser aus dem Tempel, vermischt mit Erde
vom Tempelboden: die von dem Weibe selbst bekräftigten und vom Priester auf ein
Blatt geschriebenen Verwünschungen wurden in dies Wasser hinein abgewaschen. Die
Voraussetzung ist die, daß diese Verwünschungen, wenn das Weib schuldig ist, von
selbst wirken werden und zwar sollen sie Schwinden der (rechten) Hüfte und An=
schwellen des Unterleibs bis zum Busen, nach Josephus antiqu. III, 11 ₆ Wassersucht
hervordringen, also den Sitz weiblicher Fruchtbarkeit zerstören. Es wird also nicht
nur ein Orakel über die Schuld, sondern zugleich auch die Strafe darüber provo=
cirt. — Unser Verf. benutzt diese Ordnung, um die Reinheit Josephs und der Maria
auch öffentlich und zwar gerade auch für das Rechtsgefühl der Juden überzeugend
nachzuweisen. Er hat als nicht wichtig für seinen Zweck das dafür verordnete
Speisopfer weggelassen, andererseits den Gang ins Gebirge hinzugefügt. Das Ge=
birge ist für ihn die Einsamkeit, wo Gottes Wunder geschehen (s. 1, 4. 4, 1). Die Spä=
teren haben die Einheit des Orts und der Zeit gewahrt und dramatischer gestaltet,
indem sie die beiden siebenmal um den Altar gehen ließen. — Die wichtigste Aen=
derung der alttestamentlichen Bestimmung gegenüber ist die, daß auch der Mann
Joseph trinken muß (einige Handschriften lassen sogar Maria ganz aus dem Spiel).
Denn obgleich nach dem Talmud (Sota 5 a) auch Männer das Prüfungswasser zu
trinken bekamen, so ist doch jedenfalls nach jüdischer Auffassung das Gottesurteil
ein Mittel, wodurch der beleidigte Teil die Schuld des Gatten der göttlichen Be=
strafung auslieferte: hier erscheint es als ein Inquisitionsmittel der Behörde bei=
den Ehegatten gegenüber. Das war es freilich, worauf der Verf. hinauswollte.
— Subjekt zu 'wird **offenbaren**' kann das Prüfungswasser sein, nach 16, 3 ist
es aber der Herr. BHEL setzen dieses Subjekt auch ein und lassen den Genetiv
'des Herrn' fort; AG dagegen lassen den 'Herrn' ganz verschwinden. Für den Ge=
netiv CFᵃR Post Syr. — 3. '**richte auch ich euch nicht**' klingt an Jesu Wort:
verurteile auch ich dich nicht Joh. 8 ₁₁. Selbst wenn eine Erinnerung an dies Wort
vorläge, was nicht notwendig anzunehmen ist, so wäre damit noch nicht Rückgang
aufs Joh.=Ev. erwiesen, da bekanntlich die Geschichte von der Ehebrecherin ursprüng=
lich nicht dazu gehörte.

17 1. Die Erwähnung des **Königs** hat einzelne verleitet, Herodes hinzuzu=
setzen; ferner ist unter dem Einfluß des Lt.=Ev. aus 'König' 'Kaiser' geworden. Syr.
läßt jeden Namen bei 'König' fort. — Aufgeschrieben sollen nur werden **alle,
die in Bethlehem Judäas** wohnen. Die Meinung ist wohl, daß dabei die
Nachkommenschaft Davids festgestellt werden soll, die in Bethlehem wohnend ge=
dacht wird. Als Davidssproß käme auch Joseph in Betracht vgl. Lk. 2 ₄, obwohl
dies im Protev. nicht erwähnt ist und obwohl Joseph nicht in Bethlehem wohnt. Die
Erwähnung von Judäa könnte an die Begründung der Reise durch Justin erinnern:
Joseph war aus Bethlehem; denn dem Geschlecht nach war er von dem Stamme Juda,
der jenes Land bewohnte. Justin läßt dementsprechend die Schätzung sich auf Ju=
däa erstrecken. Nach den später folgenden Wegangaben könnte Joseph noch im Gau

von Bethlehem wohnen und nur zur Distriktshauptstadt reisen. Die hier herrschende Unklarheit und der Mangel jeder Aufklärung zeigt deutlich, daß Verf. hier vieles als bekannt voraussetzt, daß er die Widersprüche zwischen Mt. und Lt. über den Wohnort nicht auflösen will, daß es ihm vielmehr nur um seinen apologetischen Zweck zu tun ist. — Die Abschreiber haben in verschiedener Weise zu helfen versucht: F⁰ schreibt wie Justin 'in Judäa', AC wie Lt. 'alle Welt', D in Jerusalem; es kam aber diese Schatzung auch nach Bethlehem in Judäa, C es wurde Joseph gezwungen, aus Nazareth nach Bethlehem zu gehen. Pf.-Mt. gibt genaue Rechenschaft: Joseph stammt von Bethlehem, und Maria ist Davidstochter. Ueber das Selbstgespräch Josephs siehe zu 8, 2. — Wenn 'der Tag des Herrn' so persönlich handelnd eingeführt wird, daß er 'es machen' kann, so kann er auch wollen, und man wird mit ACFᵃ Syr. (WrLw) gegen die Gruppe BJLRPost und H (wie der Herr will) lesen: wie er will. — 2 sein Sohn zog] Die bekannte Neigung, unbenannte Personen zu benennen, hat sich auch dieses Sohnes angenommen; Fᵃ Pos. nennen ihn Simon (nach Mt. 13 ₅₅ Mc. 6 ₃ wohl als den jüngsten (nach Mc.), was DELR in Samuel verwandeln, wohl um den 'Vetter' Jesu, als der Simon doch später nach Hieronymus galt, vom Stiefbruder Samuel zu unterscheiden. Andere denken zunächst an den Verf. der Schrift selbst und schreiben Jakobus (B: ich, Jakobus) und Simon BJ oder Symeon Fᵇ. Vielleicht haben einige wie Fabricius bei Joseph an Joses den Sohn Josephs gedacht. Verschieden ist auch die Anordnung: Man ließ Samuel-Simon nachfolgen, und vorne einen 'andern' Sohn ziehen, oder diesen nachfolgen und Joseph ganz verschwinden (so auch Syr.Wr.) wohl deshalb, weil er sich ja nachher nach Maria umdreht und also nicht wohl 'folgen' kann. Syr. Lw. gibt: und es zog sein Sohn, und es ging Josef und seine Söhne. So ist auch ἀκολουθεῖν in unserer Uebers. frei mit 'nebenhergehen' wiedergegeben. — auf drei Meilen] Wenn nachher 17, 3 die Hälfte des Wegs innerhalb der letzten drei Meilen liegt, so kann die ganze Strecke nicht einmal sechs Meilen gewesen sein; dann wohnte Joseph in der Tat in der Umgegend Bethlehems. Oder es müßte halbwegs von dem Punkte, der drei Meilen von B. liegt, gerechnet sein, was freilich sehr nachlässig ausgedrückt wäre. — Beim Lachen der Maria kann man an Sarah denken, die da lachte, als sie den Erben der Verheißung geboren hatte. — Rebekka 1 Mos. 25 ₂₂ hatte wirklich zwei Kinder und mit ihnen zwei Völker in ihrem Schoße, Maria sieht sie nur sich scheiden durch den, den sie im Schoße trägt. Dasselbe weissagt Symeon Lt. 2 ₂₃ der Maria von dem Jesuskinde, und zwar wird auch an der Lt.-Stelle der Zwiespalt in Maria hineingelegt, freilich ein seelischer Zwiespalt, den sie selbst durchzumachen hat. Bei Jak. trägt Maria den, der die Spaltung bringt, physisch im Mutterleib, fühlt aber doch infolgedessen Schmerz und Lust. So ist er in der Tat ein Schwert, das ihre Gedanken scheidet. Es scheint hier eine der ältesten Ausdeutung und Benutzung der schwierigen Lt.-Stelle vorzuliegen, die die Kirchenväter, sicher richtiger als die Modernen, auf einen Zweifel der Maria bezogen haben, und richtiger auch als das Protev., da sie das Fut. zum Recht kommen lassen. Der Zweck der ganzen Episode ist offenbar, die 'Wehen der Maria' als ganz eigenartige, nicht physische, sondern geistige hinzustellen, vgl. Hofmann S. 101 f. und auch so zu zeigen, daß sie 'nicht gebiert, wie jedes Weib gebiert'. Die zwei Völker sind übrigens nicht einfach, wie Pf.-Mt. und neuerdings Harnack II, 599 A. 4 deuten, Juden und Heiden, sondern die Ungläubigen und Gläubigen. Pf.-Mt. legt seine Deutung einem 'schönen Knaben' in den Mund, der dem mangelnden Verständnis Josephs und der Leser zurechtweisend zu Hilfe kommt. 3. halbwegs] s. zu 17, 1 und zu 18, 1. — Zu beachten ist im Griechischen die Form κατάγαγε, die aus einer Vermischung der Aorist- mit der Präsens-Form entstanden ist.

18 1. Die Geburt in der Höhle] In der Angabe des Geburtsortes ist die Selbständigkeit des Protev. gegenüber Lt. am auffallendsten. Lt. sagt nichts von einer Höhle, und wenn Stall und Krippe auch in einer Höhle möglich ist, so verlegt Jak. die Krippe hernach 22, 2 anderswohin. Ist nun die Höhle auch sonst bezeugt, so zeigt sich die Eigenart unserer Schrift in der Energie, mit welcher die Stätte der

Geburt gar aus Bethlehem heraus verlegt wird, auf den halben Weg, in öde, menschenverlassene Gegend. Der Zweck ist klar: fern von Menschen und ohne menschliche Hilfe soll sich die Geburt vollziehen, und am dunkelsten Ort soll das Licht allein aus göttlicher Macht leuchten. — Die Geburt in der Höhle kennt bereits Justin dial. 78. Er sucht sie einerseits als im A. T. geweissagt darzutun, indem er Jes. 33 16 LXX 'er wird wohnen in hoher Höhle starken Felsens' anzieht, andererseits sucht er diese Kunde mit der Darstellung des Lt. von einer Geburt in Bethlehem und von der Krippe auszugleichen. So läßt er Christum erst in Bethlehem geboren sein und korrigirt das im Laufe seines Satzes dahin, daß in Bethlehem kein Platz war, weshalb Joseph in einer Höhle nahe beim Dorf einkehrte, so daß Maria dort Christum gebar und in eine Krippe legte. Nach Origenes gg. Celsus I 51 wurde die Höhle in Bethlehem gezeigt, nach Hieronymus (im Briefe an Paulinus 58,3) wurden von Hadrians Zeiten an 180 Jahre lang dort ein heidnischer Kult, die Trauer um den Tod des Adonis, begangen. Zu Constantins Zeit erhob sich dort eine Kirche (Euseb. de vita Const. 3, 41. 43, vgl. demonstr. 7, 2. 15). Noch heute wird die Geburtshöhle auf dem Osthügel Bethlehems gezeigt; neun Stufen führen zu einer Kalksteingrotte hinab, die jetzt zur Kapelle erweitert ist. — Die Geburt in der Höhle ist denn gar in eine Evangelienübersetzung übergegangen; in die armenische, vgl. Preuschen, ZnW III, 359 f. Daß hier 'Haus' mit 'Höhle' wechselt, zeigt, wie geläufig den Armeniern die Höhle als 'Haus' war, vgl. Xenoph. anab. IV 5, 25 und Förster ZnW IV 186 f. — Da Mt. (und nach ihm Justin) in Verbindung mit der Geburtsgeschichte das Grab der Rahel bei Bethlehem erwähnt und die Stelle Jer. 31 15 anzieht, so lag es nahe, die Geburtshöhle, die nach dem Protev. ebenfalls dicht bei Bethlehem liegen soll, und das Grab Rahels in Beziehung zu setzen; so liegt denn nach der 'Geschichte Josephs' c. 7 die Höhle ganz nahe beim Grab der Rahel. — Daß man die Höhle nach Bethlehem selbst verlegte, war durch die kanonischen Evangelien geradezu gefordert; die Höhle draußen ist also älter, darum aber noch nicht historisch, wir leunen ja die Gründe für ihre Einsamkeit. Die Höhle selbst aber kann laum freie Erfindung sein. Justin verweist darauf, daß der Konkurrent Christi, Mithras, 'aus dem Felsen geboren' sei und daß der Ort, wo die Weihung der neuen Anhänger stattfand, von ihm Höhle genannt werde. dial. 70; 78. Hermes wird von der Maia in einer Höhle des arkadischen Kyllenegebirges geboren. Jon wird in einer Höhle von Apollon erzeugt und von der Mutter dort ausgesetzt. Wichtiger als solche einzelne Analogien ist der Hinweis auf den allgemein verbreiteten Höhlenkult, der ja gerade auch für jene Gegend bezeugt ist. Im einzelnen darf vielleicht darauf hingewiesen werden, daß Mithras der Licht- und Sonnengott ist und das Licht und die lichte Wolke in der Höhle damit in Verbindung gebracht werden können, doch wird man in solchem Zusammentreffen nur eine Richtlinie zu sehen haben, die auf die Herkunft dieser und anderer Züge aus der Kindheitsgeschichte hinweist. Andererseits neigt gerade die Gegend von Bethlehem zur Höhlenbildung; wenn das Elternpaar im Ausspann keinen Platz fand, war Unterkunft in einer Höhle für jene Gegend nichts Seltsames, vgl. Förster a. a. O. — Daß die H e d a m m e hebräisch sein soll, wird zwar durch 19, 1 bestätigt, ist aber an dieser Stelle wohl erst später dorther eingeschoben. Ἑβραῖαν ADEF^ R Syr. Lw. gegen BJLPost: CF GH Syr. Wr. — Ueder die Bision des Joseph und das 'ich' s. Apokr. S. 51. Syr. Wr. kürzt ab: Ich sah jedes Ding erstarrt, und plötzlich war jedes Ding befreit usw. 'Ich ging nicht umher', das durch ACEN bezeugt ist, fehlt bei den übrigen Zeugen Ti.s auch bei Syr Lw. und ist daher zweifelhaft. Das nächstfolgende nach Ti. aus AEJHL und Syr. Lw. ('Luft' hinter 'Himmelsgewölbe'). — das H i m m e l s g e w ö l b e, nicht der 'Pol', der fich nicht bewegt: τὸ τοῦ πόλου ξύμπαντος ἡμισφαίριον Alexis bei Athenäus 2 p 60 A; mit allen Gestirnen Eur. Or. 1685. — Die S c h a f e 'gingen nicht voran'. Ti. ist nur durch die Gruppe BJLRPost geschützt und fehlt auch bei Syr Lw., ebenso 'mit dem Stabe' (des Hirten). — a u f e i n m a l g i n g a l l e s w i e d e r s e i n e n n a t ü r - l i c h e n L a u f. So übersetzt schon der Syr. (Lw. und Wr.): plötzlich war jedes Ding

(von ſeiner Bezauberung) befreit und lief in ſeiner Ordnung. Die ſeltene Aus=
drucksweiſe ὑπὸ ϑήξιν hier vielleicht ὑπὸ ϑήξει AEJ wurde vielfach verkannt, ver=
leſen oder weggelaſſen. Demgemäß fehlt der Satz bei BFª; Thilo nahm in den
Text ὑπὸ ἐκπληξιν alles ſtand unter ſtarrem Entſetzen' nach C auf. Poſt. las das
richtige, überſetzte aber sed omnia sub momento ab ipso cursu erant impulsa.
Nach Thilo iſt der Sinn der richtigen Lesart: alles ſei in jenem Augenblick in ſei=
nem Lauf gehindert geweſen. — 19 1. Statt 'ſiehe' leſen mehrere Handſchriften, auch
Syr., 'ich ſah', das durch das 'ich ſah' in 18 erzeugt iſt. Dies erſte W e i b heißt
nach Pſ.=Mt. Zelomi, Zelemi, Zahel, Zael. — Hier iſt h e b r ä i ſ c h e Hebamme
allgemein bezeugt und wegen der folgenden Frage notwendig. Der Ruhm der h e =
b r ä i ſ c h e n Hebamme iſt durch 2 Moſ. 1 15—21 begründet; daher die altertüm=
liche Bezeichnung. — Die fragende Hebamme iſt die Menſchheit, die ſich belehren
laſſen will, wie Salome hernach die ſkeptiſche. Das 'Komm und ſiehe' erinnert an
Joh. 1 39: 'kommt und ſehet' was natürlich keine Abhängigkeit bedingt. — Die Ge=
burt Chriſti wird beſchrieben, wie ein Sonnenaufgang: erſt l i c h t e W o l k e,
dann L i c h t g l a n z, dann die Sonne ſelbſt. — Das ü b e r ſ c h a t t e n iſt hier ſo
wenig zu betonen wie 11, 2. Das zeigt ſchon die l i c h t e W o l k e. Im A. T. erſcheint
die Herrlichkeit Gottes in einer Wolke 2 Moſ. 16 10 u. ö., und 'der Menſch' kommt
mit den Wolken des Himmels Dan. 7 13, im N. T. nimmt eine Wolke den verſchwin=
denden Herrn auf AG 1 9, der ſo auch wiederkommen ſoll. Denſelben Ausdruck
aber bringt Mt. 17 5, Mc. 9 7, wo wiederum Gott ſpricht, um ſich zu Chriſtus
als dem Sohn zu bekennen. Unſer Verf. hat nur eine allgemeine Vorſtellung von
der Bedeutung dieſer Wolke: ſie kündet das nahe Heil an. Die Worte der Heb=
ammen, die dies bezeugen, ſind eine Nachbildung der Symeonsworte Lk. 2 30. 32;
auch Lk. 19 9, wo der Heiland ſich ſelbſt einem Sohn Iſraels ankündigt, klingt an.
Die zweite Lichterſcheinung haben LR fallen gelaſſen. Syr. W. läßt alles zwiſchen
dem Erſcheinen der Lichtwolke und dem Erſcheinen des Knaben fort; CFᵇ den zweiten
Ausruf der Hebamme. — Das Licht, das menſchliche Augen nicht e r t r a g e n, kündigt
die Ankunft des Göttlichen auf Erden an; daß er die Bruſt der Mutter annimmt,
bezeugt ſofort auch ſeine echte Menſchheit. — Mit S a l o m e könnte die Jüngerin
Jeſu Mc. 15 40; 16 1 gemeint ſein, die nach Mt. 27 56 Mutter der Söhne Zebedäi
und alſo auch die zudringliche Bittſtellerin von Mt. 20 20 zu ſein ſcheint. Als neu=
gierige Frageſtellerin führt das Aeg.=Ev. (ſ. A p o k r. S. 23) Salome namentlich ein.
Jedoch iſt die Herkunft dieſer Salome kaum zweifelhaft: ſie iſt eine Umwandlung
der S e m e l e, der Mutter, nach andern der Amme des in der Höhle geborenen
Dionyſosknaben. Uebrigens iſt hier Salome keine Hebamme (vgl.: 'die Hebamme
ſagte zu Salome'). Vielmehr iſt ſie Pflegerin der Armen 20, 2, und ſie tritt hier
auf mit der Abſicht, der Wöchnerin Maria beizuſtehen. Erſt Pſ.=Mt. macht ſie
wieder zur Hebamme, was ſich behufs ſachkundiger Unterſuchung empfahl. Der
Mitteilung der Hebamme haben AFᵇH; BJPoſt das semper virgo zugeſetzt: 'ſie
bleibt Jungfrau'. Die ſkeptiſche Antwort der Salome und ihre entſprechende Hand=
lungsweiſe haben einige Handſchriften nach den Worten des Thomas Joh. 20 27 ge=
ſtaltet, GH: wenn ich meine Hand, DFᵇ meine Finger nicht in ſie ſtecke. Hingegen
ſtimmen dieſe Zeugen außer G mit der Gruppe BJLRPoſt. und Fª in der Wendung:
'w e n n i c h i h r e B e ſ c h a f f e n h e i t n i c h t u n t e r ſ u c h e' überein. AE Syr.
wenn ich nicht ſehe (Syr. Lw. mit meinen Augen) C mich nicht überzeuge
κατανοήσω.

20 1 Das l e g e d i c h z u r e c h t (σχημάτισον), das wohl euphemiſtiſch ge=
braucht iſt (vgl. Thilo z. St.), wird von der Gruppe BJLRPoſt durch 'richte dich
auf' ἀνάκλινον. σ. erklärt. Für: kein kleiner Kampf ſteht dir bevor, viel=
leicht richtiger: kein kleiner Kampf iſt um dich entbrannt περίκειται περὶ
σοῦ. Dann bezeichnet der Verf. die Streitfrage ſeiner Zeit und den Anlaß zu ſeiner
Schrift. Um die Perſon und Art der Maria, beſonders um die Art ihres Gebärens
iſt ein heftiger Kampf entbrannt. Die Lesart 'ſteht dir bevor' ἐπίκειται, περίκειταί
σοι wäre dann eine Erleichterung der unſrigen. GH; DFᵇ; C erzählen den Eingriff

entsprechend ihrer Leseweise der Ankündigung (DF^b : in ihre Natur φύσις; ähnlich Post.). BJLR; F^a haben ἐσημειώσατο u n t e r f u ch t e d i e A n z e i ch e n. Syr. (Lw und es ging hinein Salome = GH) und näherte sich und sah, daß sie eine Jung= frau war: Zusatz des Uebersetzers. AE: und S., nunmehr überzeugt, schrie; Wink an den Leser! 2 S. beruft sich auf den Titel, den auch Jesus dem Zakchäus Lk. 19 ₉ und der kontrakten Frau Lk. 13 ₁₆ zugute kommen läßt. Ebenso wie Zakchäus er= wähnt sie ihre Wohltaten gegen die Armen. — g i b m i ch d e n A r m e n w i e d e r nach AEH; B. Dieser Text ist vielfach mißverstanden, aus πένῃ ist γονεῦσιν 'Eltern' geworden (bei F^a; LPost; Syr. Lw); andere helfen sich so gut es geht: gib mir meine Hand, meine Gesundheit wieder. 4. Das erste Wunder des Jesuskindes, das wenigstens die Art Jesu nicht widerspricht. Andere, auch der Koran wissen von einer sofort offenbarten Lehrweisheit zu erzählen. — g e r e ch t f e r t i g t wie der Zöllner Lk. 18 ₁₄; hier tritt wie beim Gichtbrüchigen der tatsächliche Erweis der Sündenvergebung hinzu. Das Verbot an S a l o m e, n i ch t s z u v e r k ü n d i = g e n, entspricht den späteren Verboten Jesu in ähnlichen Fällen; aber hier ist es nötig geworden, weil sonst das Forschen in Jerusalem c. 21 unnötig gewesen wäre. Daher der Zusatz b i s d a ß d e r K n a b e n a ch J e r u f a l e m k o m m t Pf.= Mt., der diese Vorsicht nicht verstand, findet das Gegenteil natürlich und läßt Sa= lome das Wunder überall erzählen. Nach Jerusalem soll das Kind ziehen, der Dar= stellung im Tempel Lk. 2 ₂₂ wegen, die also als bekannt vorausgesetzt wird. — Zeno von Verona läßt dieses Erlebnis der Hebamme widerfahren (hom. VI). Auch das arabische Kindh.=Ev. hat statt zweier Frauen nur eine, die nicht als Hebamme bezeichnet wird, nur als erfahrene alte Frau. Sie ist schon von Haus aus leidend und zwar nicht nur an der Hand, sondern überhaupt gichtbrüchig. Als Lohn für ihre gute Absicht begehrt sie Heilung, und diese wird ihr durch Anfassen des Kindes. Bei Pf.=Mt. genügt es, wenn Salome die Fraußen der Windeln anfaßt.

21 1 n a ch J u d ä a] will Joseph ziehn, in Ausführung des Plans von 20, 4. Judäa ist also Jerusalem, wo Herodes wohnt 21, 4. Bethlehem aber, obwohl es B. Judäas heißt, soll demnach nicht zu Judäa gehören, also den Namen nur von der Nachbarschaft tragen. Das kann kein Jude geschrieben haben. Die Korrektur 'aus Judäa' (oder von Judäa?) GH oder 'in Judäa' D ist nur Notbehelf. Die Geschichte von den Magiern schließt sich eng an Mt. an, und die Handschriften machen die Aehnlichkeit noch größer. Auch hier sind es weder drei noch Könige. Die M a g i e r läßt F^b nach alter Auslegung aus dem Lande Mithras, aus Persien kommen. Herodes setzt sich sofort auch mit den Magiern in Verbindung. Die Michästelle (die D F^b dringen) selbst fehlt, da Protev. überhaupt nicht citirt. Hingegen möchte Verf. statt der Zeit lieber den wunderbaren Glanz des Sterns durch die Magier beschreiben lassen, der schon dem Ignatius in die Augen stach : „Ein Stern erglänzte am Himmel heller als alle Sterne, und sein Licht war unaus= sprechlich, und Befremden erregte die neue Erscheinung. Die übrigen Sterne alle mit der Sonne und um dem Monde umstanden den Stern im Chore; er aber überstrahlte fie mit feinem Lichte alle" (Eph. 19, 2). Indem Protev. hier Anschluß an die Angabe des Lk. über Stall und Krippe sucht, bewährt es doch seine Selbständigkeit ebenso wie seine Geschicklichkeit durch die Begründung des Ortswechsels. Pf.=Mt. weiß nur zu sagen: Am dritten Tag begab sich die holdselige Maria aus der Höhle in einen Stall. Aehnlich Theophyl. zu Mt. 2. Die herrschende spätere Tradition hat dagegen Höhle und Stall kombinirt.

Damit hat der Verf. den Punkt erreicht, wo er seine Vorgeschichte in die der verbreiteten Evangelien ausmünden laffen kann. Was nun folgt von 22 3 an ist auf jeden Fall ein Anhang über das Schicksal des Täufers und seiner Familie in jener Verfolgung, die wahrscheinlich aus anderer Feder stammt und auch erst später hinzugefügt ist; vgl. A p o k r. S. 49. Aufklärend für die Entwicklung der Z a ch a= r i a s l e g e n d e hat namentlich die Abhandlung von B e r e n d t s (1895) gewirkt. Der Prophet Sacharja (griech. Zacharias) ist ein Sohn des Berechja: über

fein Ende ift im A. T. nichts überliefert. Nach 2. Chron. 24 20—22 hat König Joas
von Judäa den Priefter Sacharja, Sohn des Jojada, 'im Hofe am Hanfe des Herrn'
fteinigen laffen; im Sterben verkündigte der Gefteinigte die Rache des Herrn. Diefe
Rache hat fich nach den Rabbinen bei der Zerftörung Jerufalems durch Nebukad=
nezar erfüllt: das geronnene Blut auf dem nacften Felfen zuckte und war noch
nicht zufrieden, als ihm 80 000 Priefter gefchlachtet waren (f. Taanith 21 b 22 a). Im
N. T. wird Mt. 23 35 den Juden Rache für alles vergoffene Blut in Ausficht ge=
ftellt 'von Abel bis auf das Blut Zacharias, des Sohnes Barachias, welchen ihr
getötet habt zwifchen dem Tempel und Altar'. Es wird hier alfo eine Verwechfe=
lung zwifchen den beiden Zacharias vorliegen. Das Hebräer=Evangelium las da=
rum hier: Sohn des Jojada. Die Erwähnung ift vielleicht veranlaßt durch eine
jüdifche Apofalypfe (nach der parallelen Stelle bei Lf. 11 51. 49 war es die 'Weisheit
Gottes'). Manche deuten an einen Zacharias, den Sohn Baruchs, den die Juden,
nach Jofephus, kurz vor der Zerftörung Jerufalems im Jahre 70 ungerechter Weife
getötet haben. Die Chriften haben nun zumeift in dem ermordeten Zacharias den
Vater des Täufers gefehen und den Grund, warum er ermordet fei, verfchieden be=
ftimmt. Die ältefte uns bekannte Auffaffung ftammt aus den gnoftifchen Kreifen,
von den fog. Sethianern, und ift recht abftrus: Zacharias fei dahinter gekommen, daß
die Juden einen Mann in Geftalt eines Efels verehrten; deshalb fei er verftummt;
als er fpäter das Erlebte mitgeteilt, habe man ihn getötet; fo ftand in der 'Genna
Marias' in einem Zufammenhang, der dem Inhalt des Protevangeliums verwandt war.
Auch die zweite Auffaffung, die, welche Origenes vorträgt, fteht im Dienfte der Ma=
rienfage: Zacharias habe die Maria, nachdem fie geboren hatte, an den Platz der
Jungfrauen im Tempelraum geftellt. Darum fei er dort erfchlagen worden. Die
dritte ift die, die wir jetzt im Protevangelium finden: fie war urfprünglich
jüdifche Sage, der tyrannifche Herodes ift dem tyrannifchen Joas nachgebildet;
aus der jüdifchen Sage ftammt auch das geronnene Blut. Hier ift alfo die Be=
ziehung auf die Marienfage erft fünftlich hergeftellt. Ihre chriftliche Geftalt hat fie
zunächft wahrfcheinlich in einer apofryphen Schrift, die von Zacharias handelte, an=
genommen: hier war das Schickfal des jungen Johannes noch ausführlicher mit=
geteilt. In einer Redaktion, die für die Eingliederung in eine Chronif zurecht
gemacht ift, hat fie Berendts in flavifchen Handfchriften wiedergefunden.
Auch die im Protevangelium mitgeteilte Form hat ihren Weg in eine Chronif
gefunden, die um das Jahr 500 griechifch verfaßt ift und nur noch in barbarifchem
Latein vorliegt (der fog. Barbarus latinus ed. Mommfen in Mon. Germ. Auct. antiq.
t. IX). — 3 Berg Gottes. Dem Berg foll dadurch feine Pflicht nahegelegt werden,
den Kindern Gottes willig zu fein. Aehnlich redet Baruch einen Adler an (Apof. Ba=
ruch) 77 20). Der Berg öffnet fich wie die Ceder, die den verfolgten Jefaja aufnahm,
und der Feigenbaum, der Maria und das Jefusfind vor den Räubern birgt. So etwas
ftammt natürlich aus alten Volksmärchen (vgl. L. Radermacher, Das Jenfeits
im Mythos der Hellenen 1903). Zu 'war durchfcheinend' ergänzen viele Ab=
fchreiber fälfchlich, 'der Berg' als Subjeft (Syr. D: im? Berg); F^A D fehen den Engel
als das Leuchtende an, worauf das 'denn' zu führen fcheint; dann würde das 'durch'
bedeuten: auf ihrem Weg durch den Berg. Aber die nächfte Bedeutung bleibt 'hin=
durchfchimmern'; und der Engel war's, der dies ermöglichte. Auch ift ja die Mei=
nung nicht die, daß fie durch den Berg gehen, fondern im Berge bleiben, wie es in
der flav. Recenfion (aus derfelben Quelle) heißt: der Engel richtete ihnen einen
Zufluchtsort in V 3. Es wird weiter erzählt, wie der Engel Brot und Waffer
aus dem Berge hervorfommen ließ. Im 9. Monat wird Johannes entwöhnt und
erhält Honig von einem Palmbaum in der Wüfte VII; im 13. befommt Elifabeth
den Befehl weiterzuziehen VIII; im 5. Jahre wird Johannes dem Engel Uriel über=
geben und mit einem Kleid von Kameelshaaren umgeben, das nicht zerreißt IX 1. 2.
Auch nach Chryfoftomus (hom. 37, 3 in Mt. u. an a. St.) hat er fein ganzes erftes
Lebensalter in der Wüfte verbracht, nach Auguftin mindeftens vom 7. Jahre an. Die
6 Jahre vorher brachte er (nach einem koptifchen Synaxar) unter der Obhut feiner

Mutter im Gebirge zu, bis zu deren Tode. Cedrenus und Epiphanius Monachus lassen Elisabeth in jener Höhle nach 40 Tagen sterben (vgl. Berendts S. 67 f.). Eine besondere Tradition, die schon dem arianischen Autor des opus imperf. in einem Apokryphon vorlag, hat sich auch um die Taufe des kleinen Johannes ge= kümmert, s. Berendts S. 68 ff.

23 1. Zacharias ist offenbar nicht nur Priester, sondern Hoherpriester, vgl. 24, 1. 2 wie 8, 2. 2. König werden] Johannes stammte also auch aus Bethlehem und konnte der von den Magiern gesuchte sein. Nach dem russischen Hagiographen Demetrios von Rostow rief Herodes schon bei der Kunde von Johannes' Geburt: Was soll aus dem Kindlein werden? Lk. 1 66 (Berendts S. 100 A. 1). 3 Ich bin ein Märtyrer, Zeuge Gottes (μάρτυς θεοῦ) AEH; Fᵃ Fᵇ; LR Bar= barus. Daraus wurde bei BJPost. Syr. Zeuge ist Gott. Hierzu zog man das Fol= gende als Inhaltssatz: daß du (oder er) Blut vergießest (vergießt HL) Syr. An= dere schufen frei einen solchen Satz: daß ich nicht weiß, wo er (mein Sohn Post.) ist BJ. — wenn du mein Blut vergießt AER (Fᵃ Fᵇ C). Hieraus machten einige ben Inhaltssatz für das Vorhergehende (s. o.), andre den Anfang eines neuen Satzes: und wenn du Fᵇ oder auch CD oder: ihr Fᵃ oder selbständig: du (ihr Slav.) vergießt (zwar B Post.) (oder: habe? du zwar Eust.) nun mein Blut J; Barbarus. — Meinen Geist aber (denn meinen Geist AEPost.) (ohne 'aber' CFᵃH) nimmt Gott (der Allmächtige δεσπότης AEFᵇ) auf BEJLR; D; Syr. Barbarus (Slav.: der Herr im Himmel) Eust. — an dem Vorraum des Tempels. Fᵃ Post. Slav. ziehen diese Ortsangabe zur folgenden Handlung des Erschlagens; aber in der Rede des Zacharias steigert es den Ausdruck der Entrüstung. — τὰ πρόθυρα ist nach Gellius 16, 5 ein freier Platz vor der Türe des Hauses, durch den man von der Straße ins Gebäude gelangt, also nicht Vortür. Vielmehr hat man da= mit wohl 2. Chron. 24 22 im Hofe am Hause des Herrn wiedergeben wollen. Da= mit soll dasselbe gesagt sein, wie Mt. 23 35 zwischen 'Tempel und Altar'. In den Handschriften wie in der späteren Tradition finden sich vielfache Vermischungen zwischen beiden Ausdrücken, auf die auch die Unklarheit über den Ort und Unbe= kanntschaft mit den Verhältnissen im jüdischen Tempel und der Gedanke an christ= liche Kirchen miteingewirkt hat. Fᵃ Bei der Vorhalle des Tempels und des Al= tars. Syr. Lw. übersetzt richtig 'beim Ausgang der Türen des Tempels, wofür Syr. Wr. ebenso wie Barbarus die Morgendämmerung bringt. Eusi. sagt 'zwischen dem Altar', das Menologium des Kaisers Basilius 'inmitten des Altars', Cedrenus 'in= wendig vom Altar', wobei der Altar wie eine Wand vorgestellt ist wie in der griechi= schen Kirche, Berendts S. 85 A. In der russischen Recension Pypins wird Z. er= schlagen 'vor den Türen des Altars' (Berendts S. 74 A. 1). Slav. läßt Z., nachdem man 'in der Vorhalle' oder 'vor den Türen des Tempel' auf ihn 'losge= schlagen', nach dem Altar kriechen. In den Biographien der Propheten, die dem Epiphanius fälschlich zugeschrieben werden, heißt es 'dicht am Altar'. — Die christ= lichen Wallfahrer zur Zeit des Hieronymus sehen die Blutspuren zwischen den Ru= inen des Tempels und des Altars oder den Torwegen, die mit Wald bestanden sind. Hier. im Komm. z. St. — um die Morgendämmerung] so auch Syr. Wr. (Syr. Lw: ohne daß es ein Mensch wußte) Barbarus; Eust. (FᵃPost. lesen statt διά= φαυμα διάφραγμα 'Zwischenwand' hebr. 'asara Sir 50 11 ?. Sicher ist diese Auffassung die ältere, wenn sie auch im Protev. nicht ursprünglich wäre, denn sie hängt mit der Bezeichnung 'zwischen Tempel und Altar' zusammen.

24 1. Im folgenden ist die Darstellung beherrscht durch Lk. 1 21, wo der Priester Zacharias im Tempel verzieht (vgl. 24, 2), weil er das Gesicht hat und das Volk draußen wartet und sich wundert. Wie Zacharias ein Hoherpriester geworden ist, so treten an Stelle des Volkes (das Slav. beibehält) die Priester. Diese hätten nun eigentlich 'im Vorraum des Tempels' sein dürfen, ja zum Teil zum Morgenopfer sein müssen, während andererseits die Häscher kaum dorthin gelassen worden wären. Je= denfalls wäre ihr Eindringen und der Mord von den Priestern bemerkt worden, die beim Vorhof schliefen. Das Vorbild von Lk. 1 21 und der Ausdruck 'Heiligtum'

24, 2, das Getäfel in der Decke legt nun den Gedanken nahe, daß Z. im Tempel=
haus war, wohin nur der dienſttuende Prieſter gehen durfte. Dem widerſpricht aber
der Vorraum, und da die ganze jüdiſche und chriſtliche Tradition die Blutſpuren
vor dem Tempel ſucht, da nach dem A. T. die Bluttat 'im Hofe' geſchehen iſt und
man zur Zeit des Hieronymus auch die Mt.=Stelle noch richtig verſtand, ſo iſt
daran feſtzuhalten, daß der Verf. dieſes Stückes wenigſtens in der Ortsfrage klar
war und das Folgende ſich dicht vor dem Tempel abſpielen ließ. Der Hoheprieſter
hatte ein tägliches Speisopfer darzubringen; bei dieſer Funktion, die er freilich meiſt
nicht ſelbſt ausübte, mag er hier gedacht ſein; nach Analogie von A. 1 ſchwebt
wohl eher der Gedanke an das tägliche Räucheropfer vor, das den Höhepunkt des
Morgengottesdienſtes bildete. Beim Heraustreten ſprach der dienſttuende Prieſter
den Segen über das Volk. Das Zuſammenwirken des Hohenprieſters mit den übri=
gen Prieſtern, wie ſie den H ö c h ſ t e n p r e i ſ e n, und ſeinen Segen beſchreibt
Sir. 50 6—21. Slav. läßt den einen erſt infolge jener S t i m m e hineingehen.
Syr. und Slav. konſtatiren ſofort b e i m g e r o n n e n e n B l u t, daß es wie Stein
war. — d a s G e t ä f e l a n d e r D e c k e w e h k l a g t e, und die Prieſter z e r r i ſ ſ e n
(i h r e K l e i d e r), wie beim Tode Jeſu nach Mt. der Vorhang des Tempels zerriß
und nach Hebr.=Ev. die Oberſchwelle des Tempels zerſprang. N e ſ t l e ZnW 1902,
S. 167 f. will freilich im Anſchluß an F=Poſt. das αὐτοί in αὐτά verwandeln oder
mit D weglaſſen. Dann wäre das Getäfel zerſprungen, wie nach Mt. der Vorhang
zerriß. Da φαντώματα Zeph. 2 14 gleich kaphthor gebraucht wird, ſo hätten wir damit
eine Parallele zur Ueberſchwelle superliminare im Hebr.=Ev. (Apokr. S. 20 Z. 32)
und durch parokhet einen Uebergang zum 'Vorhang' bei Mt. Indeſſen bezieht
ſchon Euſtathios das Zerreißen auf die Kleider; ebenſo der Syrer. Zu beachten iſt
ferner das Medium: περιεσχίσαντο, wogegen Mt. 27 51 das Paſſiv ἐσχίσθη ſteht;
auch die Präpoſition περι paßt beſſer auf die umgebenden Kleider. Wenn C
διά ſetzt, ſo kann er das, weil er 'Kleider' hinzuſetzt. Die Beziehung auf 'das Getäfel'
iſt alſo zu zweifelhaft, um Schlüſſe daraus zu ziehen für den Wortlaut des Hebr.=Ev.,
für die Bekanntſchaft (des Protev.) mit dem Hebr.=Ev. und die „Urſprache des
Protev." (N e ſ t l e S. 168 A. 2.) — a l l e S t ä m m e t r a u e r t e n] Der Ausdruck
iſt wahrſcheinlich gewählt in Erinnerung an die Worte des altteſtamentl. Propheten
Zacharias (Sach. 12 11—14).

4. Simeon Lk. 2 25 iſt erſt hier zum Prieſter geworden; c. 10 am E. war Samuel
als Erſatzmann des verſtummten Zacharias genannt. Urſprünglich war dies wohl
derſelbe Simeon; nur um eine zweite Perſon zu gewinnen, hat man Samuel daraus
gemacht, ebenſo wie Joſephs Sohn Simeon=Samuel heißt.

**25. Schluß der Grundſchrift. Ueder Jakobus ſ. Apokr. S. 48.
49. 53.** Die vorgegebenen Verfaſſer derartiger Schriften müſſen ſich natürlich im
Text ſelbſt nennen, wenn die Schrift unter ihrem Namen gehen ſoll, am liebſten
gleich zu Anfang, wie Thomas, Ananias, Joſeph von Arimathia. — i n J e r u ſ a=
l e m iſt mit dem Satz von der Verfolgung zu verbinden, wie ſich gleich nachher
zeigt, und wie ſchon Syr. getan hat; denn das 'aber' von EF=R iſt den übrigen
Zeugen gegenüber nicht zu halten; wozu wäre auch die Flucht in die Wüſte erzählt,
wenn die Schrift in Jeruſalem geſchrieben wäre. Vielmehr ſoll ihm der Aufenthalt
in der Wüſte Zeit zum Niederſchreiben gegeben haben. So war es auch bei einem ge=
wiſſen Gregorios, der eine bisher noch unedirte (äthiopiſche) Apokalypſe in einer
Höhle verfaßte. Als Jakobus zurückkehren durfte, ſchrieb er den dankenden Schluß.
— H e r o d e s kann doch wohl nur der in dieſer Schrift erwähnte Herodes ſein,
zumal ſein Tod in der Kindheitsgeſchichte des Mt. ausdrücklich erwähnt iſt. Un=
ruhen gab es damals genug; doch kommt es auf deren Geſchichtlichkeit gar nicht
an, ſondern darauf, daß die nächſte Gelegenheit ergriffen wird, wo Unruhen ent=
ſtehen können, die den Jakobus in die Einſamkeit trieben. Um ſo zuverläſſiger
iſt der Bericht. Die Schrift iſt alſo geſchrieben, als Jeſus noch ein zartes Kind=
lein war: in der Tat ein Protevangelion.

VII b.
Kindheitserzählung des Thomas.
(A. Meyer.)

Literatur. Ausgaben: Cotelerius in den Notae ad Constitutiones apostol. VI 17 Tom. I. S. 348 (Paris Nat. N. 239 s. XV Fragment). Fabricius I S. 159 — 167. Jones(ius), A New and Full Method 1722 ² 1798. J. A. Mingarelli, Nuova raccolta d'opusculi scientifici e filologici. Tom XII 1764 S. 73—155. Thilo S. 277—315. Tischendorf Ea² 140—180. (Nestle S. 73. Preuschen S. 18. 118.) Syr.: W. Wright, Contributions to the Apocr. Literature of the N. T. 1865. syr. 11—16. (Armenisch: Armen. Apokryphen 1898: Schrift der Kindheit Christi.) (Ueber slavische Versionen: Bonwetsch bei Harnack I 910)

Neuere Uebersetzungen: lat. Cotelerius, (Fabricius,) Mingarelli, Thilo. Englisch: (des Syrers: Wright S. 6—11.) Jones. Cowper, The Apocr. Gospels ³ 1874 S. 128—169, 448—456. Deutsch: Borberg S. 57—84. (R. Hofmann.) Clemens II S. 59—88. Französisch: Brunet, Les évangiles apocryphes 1849.

Abhandlungen: R. Simon, Nouvelles observations sur le texte du N.T. p.5. Histoire crit. du N. T. p. 194. Fabricius I S. 128—158. H. Sike, Vorrede zu: Evang. Infantiae arab. et lat. 1697. Thilo § 8 LXXIII—XCI. Mingarelli S. 85 ff. Tischendorf² XXXVI—XLVIII. Zahn I 515, 539, 802, II 768 —780. Harnack I 15—17 II 593—595. Chr. Bost, Les Ev. apocr. 1894, S. 49 —64. Krüger S. 35. M. A. Potter, The Legendary Story of Christ's Childhood, New World 1899, S. 645—659. F. Ehrhard S. 141 f. Bardenhewer I S. 401—403. L. Conrady: Das Thomasevangelium. Ein wissenschaftlicher krit. Versuch, ThStK 1903 III 377—459.

Ueber indische Einflüsse vgl. u. a: Aug. Chr. Georgii: Alphabet. tibetan. Romae 1762 S. 33 ff. Gurupujakaumudi: Festgabe für A. Weber 1896, S. 116—119 (E. Kuhn) vgl. dazu v. Dobschütz ThLZ 1896 S. 442—446. G. A. van den Bergh van Eisinga, Indische invloeden op oude christelijke verhalen 1901. S. 95—98. Potter a. a O. S. 651. Conrady a. a. O. S. 404.

Der Text des ursprünglichen Thomas-Evangeliums ist nur in dem Citat Hippolyt. philos V 7. p. 140, 89 erhalten (s. Apokr. S. 40). Ferner wird er ungefähr wiedergegeben sein in dem Bericht des Irenäus über die Fabeln der Marcosier Iren. I 20. Der Text der Kindheitsgeschichte des Thomas' ist überliefert: I. griechisch a) in einer längeren Recension A.

Diese liegt vollständig vor nur in drei Handschriften:

1. XV. Jahrhundert, Papier in S. Salvator in Bologna, bei Tischendorf Bonon., in unseren Anm. Bol., herausgegeben von J. A. Mingarelli 1764.

2. XVI. Jahrh. Papier in der königl. Bibliothek zu Dresden A 187, veröffentlicht durch Thilo, neu verglichen durch Tischendorf (Dresd.) Beide Handschriften können aber nur für einen Zeugen gelten, da trotz kleiner Abweichungen (Bol. ist etwas flüchtiger als Dresd.) wörtlich übereinstimmen, auch in falschen und sinnlosen Buchstabenreihen. In uns. Anmerk. DB.

3. Eine dritte selbständige Handschrift Nr. 37 des Vatopädi-Klosters auf dem Athos hat Lipsius im Ergänzungsheft zu den Apokr.Apostelgesch. S. 24 vorläufig beschrieben. Sie ist aber noch nicht veröffentlicht oder benutzt worden. Sie hat Kap. 6 einen stark erweiterten Text, der sich vielfach mit dem Lateiner berührt. Außerdem existirt

4. auf der Pariser National-Bibliothek unter Nr. 239 ein Fragment, das bis zu c. 7 (der ersten Schulgeschichte) reicht, auf die noch der Anfang der Färbergeschichte folgt. Dies Fragment gab die erste Kunde über den griechischen Text,

ſchon der Kritiker R. Simon und der Lexikograph Du Cange kannten es. Cotelerius gab es in den Anmerkungen zu den Apoſtoliſchen Konſtitutionen VI, 17 heraus, Fabricius und Jones haben es wiederholt, Thilo hat es neu verglichen. Der Pariſer hat manche Zuſätze und Eigenheiten, die auch ſonſt bezeugt ſind, gegen Ende wird er freier und kürzer. XV. Jahrh., 3 Seiten.

5. Selbſtändig war auch eine Handſchrift, die ſich noch 1687 auf der Kaiſerl. Bibliothek zu Wien befand, die aber ſpäter abhanden gekommen iſt. Lambecius teilte im Bibliotheksbericht den Anfang mit, dorther ſtammen die Mitteilungen in den Ausgaben Tiſchendorfs. Sie enthielt übrigens auch nur einen verſtümmelten Text

b) eine kürzere Rezenſion B iſt vertreten durch
eine Handſchrift, die Tiſchendorf auf dem Sinai abgeſchrieben und nachher veröffentlicht hat. XIV., XV. Jahrh., Papier.

· Dieſe Handſchriften ſind alſo ſämtlich ſehr jung und bieten dazu nur ein ſehr lückenhaftes Bild der durch ſie vertretenen Ueberlieferung.

Eine Vorſtellung von einer älteren Textform, die ohne Zweifel dem urſprünglichen Evangelium viel näher ſtand, können wir daher nur auf Grund der Ueberſetzungen gewinnen.

Hier iſt zunächſt die
II. ſyriſche zu nennen. Die eine z. Z. bekannte Handſchrift im Brit. Muf. ſtammt aus dem VI. Jahrh. und iſt von W. Wright ſamt engliſcher Ueberſetzung veröffentlicht. Der Text gehört zur Rec. A, ſteht dem Paris. etwas näher als DB und iſt viel kürzer als die Griechen. Dieſe Kürze iſt aber ſichtlich wie beim Protevangelium Jakobus durch Abkürzung eines längeren Textes entſtanden, die hie und da Unverſtändlichkeit erzeugt. Mit dem lateiniſchen Zeugen ſtimmt er bei größter Verſchiedenheit in Sinn und Wortlaut aufs merkwürdigſte überein, ſo daß ſich intereſſante Probleme für die Textkritik ergeben. In der Regel hat der Lateiner ſtatt des Unverſtändlichen beim Syrer einen lesbaren Text, der aber wohl zurecht gemacht iſt. Die Güte des Syrers (Syr.) wird bezeugt durch das Wiener Palimpſeſt gleichen Alters, das zu den

III. lateiniſchen Zeugen gehört.
1. Der Wiener Palimpſeſt iſt von Tiſchendorf in der Kaiſerl. Bibliothek entdeckt, aber nur an einzelnen Stellen geleſen und nicht nach der Nummer bezeichnet; ſonſt wäre er wahrſcheinlich der hervorragendſte Textzeuge. Doch laſſen die wenigen Mitteilungen Tiſchendorfs erkennen einmal, daß die griechiſche Recenſion A einen älteren Text bietet, als etwa Pſ.=Mt. (f. u.) oder Lat. Thomas; was nicht ausſchließt, daß häufig dieſe beiden aus A fallen Gelaſſenes feſtgehalten haben, wie Syr. zeigt — dann, daß der Syr. in ſeinen Sonderbarkeiten eine gute Ueberlieferung bewahrt hat.

2. Der ſog. lateiniſche Thomas (Lat. Thomas) will eigentlich mehr geben als der Grieche, nämlich auch noch die ägyptiſche Reiſe; erſt mit einem neuen Abſatz geht er zu „Thomas" über, zu dem er ſich auch am Schluſſe bekennt, was die übrigen Lateiner lieber vermeiden. Obwohl dem Griechen A ziemlich naheſtehend und ihn oft Satz für Satz deckend, geht er doch ſeine eigenen Wege, teils eigener Reflexion, teils guter Tradition folgend.

3. Ihm ſieht wieder recht nahe die zweite Hälfte eines Pſeudo=Matthäus (Pſ.=Mt.), wie ſie eine Pariſer Handſchrift Nr. 1652 XV. Jahrh. bietet (Tiſchendorf D). Auch Thilo verweiſt öfters auf ſie.

Ferner ſtehn dagegen die übrigen Handſchriften von Pſ.=Mt., eine vatikaniſche (A), der Tiſchendorf bei Pſ.=Mt. folgt, eine florentiniſche (B), eine Pariſer 5559 A XIV. Jahrh. (C), die aber ebenfalls befragt werden müſſen.

Endlich kommt
IV. das arabiſche Kindheits=Evangelium in Betracht, das zwar ſchon zweite Ueberſetzung iſt, die Reihenfolge umſtellt und manches ſelbſtändig auf=

faßt und ausdrückt, aber doch weite Strecken mit dem Griechen A Hand in Hand
geht.

Anmerkungen.

Das gnostische Werk nannte sich Evangelium; so bezeichneten auch die
Manichäer ihre Thomasschrift. Um 500 hat man ein Thomasevangelium, wie die
Stichometrie bei Nikephorus und die Synopsis bei Athanasius zeigen, unter die be=
strittenen Schriften gezählt. Die spätere Gestalt heißt bei den Byzantinern 'Paidika'
'Kinder(geschichten)' oder 'Kindheitswunder'. Die Handschriften geben: 'Kindheits=
geschichten des Herrn', 'Berichte über die Kindheitsgeschichten des Herrn', 'Beschrei=
bung vom Kindheitswandel des Herrn', 'Abhandlung von der Kindheit Jesu'. Nach
c. 1 will die Schrift behandeln 'die Kindheits= und Großtaten' oder 'die Kindheits=
großtaten des Herrn', und dem entspricht der Titel im Pariser Fragment. Als
Verfasser gilt zunächst der Apostel Thomas; denn Origenes nennt seinen
Namen neben Matthias, Eusebius zwischen Petrus und Matthias; auch die Ma=
nichäer wollten eine Apostelschrift besitzen. So lat. Thomas c. 4. Später ließ
man entweder den Aposteltitel einfach weg (so die Ueberschrift des Lat.) oder
nannte ihn den 'Israeliten' (so in der Sinai-Handschrift des kürzeren Textes)
oder den israelitischen Philosophen (so DB). Unter 'Philosoph' hat man nach
kirchlichem Sprachgebrauch einen Mann von exemplarischer Frömmigkeit und
strengster Lebensweise zu verstehn, der also jedenfalls auf Glaubwürdigkeit Anspruch
machen kann. So betrachtete man die christlichen Mönche, für die Zeit Jesu kämen in
Israel die Essener in Betracht. Jedoch ist im Geiste unserer Erzählung mehr an
einen Kenner der Astronomie und Physik zu denken, wie Jesus deren etliche zu Je=
rusalem im Tempel übertrumpft hat (nach dem arab. Kindh.=Ev. 51. 52). Siehe
Apokr. S. 65.

1. Die lateinische Uebersetzung, soweit sie außerhalb des Pf.=Mt. vor=
kommt, bringt nach dem Hinweis auf den ägyptischen Aufenthalt (s. o.) eine neue
Einleitung, mit der erst die eigentliche Thomasschrift beginnt. Sie verlegt das
folgende nach Nazaret, ebenso B. Beim Syr. fehlt c. 1. — der Israelit als
einheimischer ist im stande, den draußen wohnenden Heiden zuverlässige Kunde über
das in Palästina Geschehene zu geben.

2 fünfjährig] so die meisten. Doch im arab. Kindh.=Ev. siebenjährig, bei
Pf.=Mt. vierjährig. — Der Regen fehlt bei DB, doch erwähnen ihn Vind. Par.
sowie B und Lat. Im Orient sind in der Tat kleinere Bäche, an denen ein Kind
in dieser Weise spielen kann, nur infolge starken Regengusses möglich Das Wasser
läuft dann über die Wege und bringt in dessen Furchen und Vertiefungen ein, so
daß sich schon von selbst Teiche und Kanäle bilden. — Zu 'rein' setzen Par. Vind.
Syr. B (nicht Lat.) noch hinzu 'und tauglich'. Der Knabe waltet hier mit seinem
Machtwort über dem Schlamm, wie der Schöpfer über dem Chaos, was die Gno=
stiker wohl benutzt haben werden. Hier sollte nun sofort der Zerstörer der Teiche
kommen, wie bei B und Pf.=Mt. in der Tat geschieht. Aber man hat die Spatzen=
geschichte, die mit der Reinigung des Schlammwassers sonst nichts zu tun hat,
wegen des feuchten Lehms hier eingefügt und hatte dadurch den Vorteil, daß man
dem Zerstörer ein Motiv, den Eifer für das Sabbatgebot, geben konnte. Pf.=Mt.
der auch diese Darstellung aufgenommen hat, bringt es so zu zwei Zerstörern. Ur=
sprünglich war es wohl einfach der Neid, der den Sohn des Teufels antrieb, die
Werke Gottes am Chaos zu zerstören, wie es bei Pf.=Mt deutlich ausgesprochen ist.

2 Jesus gebraucht den Lehm wie der Schöpfer den Erdenkloß, um Körper
von Lebewesen daraus zu bilden. Die Ausdrucksweise von Vind. Par. 'aus der feuchten
Materie hob er empor' paßt noch besser für gnostische Spekulationen. Nach dem
arab. Kindheitsev. 36 machen auch Knaben Tierfiguren aus Lehm. Jesus aber ver=
spricht, die Seinen gehen und stehen zu lassen, was sie auch tun. Sodann auch
Spatzen, die fliegen und fressen können; die Sperlingsgeschichte folgt dann 46 noch
einmal in der gewöhnlichen Form. Uebrigens entspricht eine solche Geschichte ganz

dem Geſchmack der ägyptiſchen Märchenerzählung: Ne-neferka-Ptah macht aus Wachs ein mit Ruderern bemanntes Boot. Er ſpricht ein Zauberwort und macht ſie lebendig; er gibt ihnen Odem und läßt ſie auf See fahren. — Jeſus wird ſofort als erhaben über den S a b b a t eingeführt; ſein Schaffen ruht am Sabbat ſo wenig wie das Gottes Joh. 5 ₁₇. — 3 Lat. läßt mehrere Knaben zu Joſeph laufen, das arab. Kindh.=Ev. nennt hier (46) ſchon den 'Sohn des Hanan'. Am Schluß haben Syr. Lat. Pſ.=Mt. 'was am Sabbat nicht erlaubt iſt (zu tun)', ähnlich B nach 2, 4 und Mt. 12 ₂. — 4 Joſeph ſteht überall auf dem Niveau der übrigen Juden und hat kein Verſtändnis für die höhere Art des Sohnes. Sie iſt ihm „ein Kreuz". — Jeſus l l a t ſ ch t in die Hände, auch nach dem arabiſchen Kindheitsevangelium 46; nach Lat. öffnet er ſeine Hände, ſo daß die Sperlinge entfliegen können; Nach Paris. Syr. B gebietet er den Vögeln, noch ſeiner zu gedenken; nach Lat. verſpricht er ihnen, daß ſie niemand töten ſoll. Die Vögel loben nach Lat. Gott den Allmächtigen. — 5 Die Anzeige an die Oberſten auch Pſ.=Mt., zu einem Zeugnis über ſie. Es iſt mög= lich, daß bei den 12 Vögeln, die in alle Welt fliegen, an die Apoſtel gedacht iſt: doch iſt die Geſchichte gewiß ein uraltes Märchen, das auch in Indien vorkommen ſoll. Das plötzliche Erſcheinen ſo vieler Vögel zur Zeit, wenn die Winterwaſſer ſich verlaufen, mag den Anlaß dazu gegeben haben, wie das Erblühen, das im Frühling über Nacht geſchieht, die blühende Hecke im 'Dornröschen' erzeugt haben mag. — Von den Chriſten hat auch Muhammed die Legende kennen gelernt und in den Koran aufgenommen: Sure 3, 48: „Ich will euch aus Thon die Geſtalt eines Vogels machen und ihn anblaſen, und er ſoll mit Gottes Willen ein lebender Vogel werden." Sure 5, 119: „O Jeſus, Sohn der Maria, du ſchufſt mit meinem Willen die Geſtalt eines Vogels aus Thon: du blieſeſt ihn an und mit meinem Willen ward er ein wirklicher Vogel." Deshalb mußten die zum Chriſtentum über= tretenden Sarazenen dieſes 'Kindergeſchwätz Mohameds' abſchwören. Auch die Toledoth Jeſchu, die jüdiſche Läſterſchrift des Mittelalters, erwähnt dies Wunder als eine der Zaubereien Jeſu.

3 1 d e r S o h n H a n n a s' d e s S ch r i f t g e l e h r t e n] So allgemein, nur Lat. redet von einem Phariſäer, erwähnt aber hernach deſſen Eltern. Der Name und Staub erinnert an den eifernden Schriftgelehrten Hannas im Protevan= gelium 15, 1, das der Verf. wohl kennt (Zahn). — d e i J o ſ e p h] Urſprüng= lich handelt es ſich um einen Knaben, der mit Jeſus bei dem Teichegraben ſpielte. So noch B. Erſt nach Einfügung der Sperlingsgeſchichte entſtand die Lesart: mit Joſeph, ſo auch Pſ.=Mt.: der mit Joſeph gekommen war. Aber auch noch Syr. Lat. und das arab. Kindh.=Ev. haben 'bei Jeſus'. Im Wortlaut von A merkt man auch noch nichts von dem Zorn der Knaben über den verletzten Sabbat ſo wenig wie Pſ.=Mt. 28. — 2 Die Strafe gleicht der Sünde, der Knabe v e r d o r r t wie der Zweig, den er trug. Statt deſſen hat arab. Kindh.=Ev.: Dein Leben verſiegt wie das Waſſer. — 3 Dies läßt es wie A mit dem V e r d o r r e n genug ſein, die übrigen laſſen ihn unter dem Einfluß von c. 4 ſterben und die Eltern den toten Knaben wegtragen. Syr. läßt die Eltern fort. Par. läßt dann Jeſum den verdorrten Knaben wieder heilen, er läßt ihm nur ein ſchlaffes Glied als Denkzettel. Nach Pſ.=Mt. hat Jeſus den erſten Zerſtörer der Teiche (ſ. o.) ſeiner Mutter Maria zu Gefallen nach einem Fußtritt wieder auferweckt. — 4 1 Ein abſcheuliches Zeichen von Rachſucht. Man war bemüht, es zu mildern, dadurch daß man den andern Knaben abſichtlich ſündigen ließ. B: der Knabe warf einen Stein; Pſ.=Mt.: er warf ſich laufend auf Jeſu Schulter, um ihn zu verſpotten oder zu ſchädigen. — Da Joſeph im vorigen c. bei Jeſus war, ſo geht Jeſus vielleicht deshalb mit Joſeph zurück, Spuren davon noch bei Lat. und dem arab. Kindh.=Ev. (abends); nach Pſ.=Mt. wird der ge= fährliche Knabe von einer förmlichen Schutzwache, an der Hand des Vaters und die Mutter dabei, nach Hauſe gebracht 29. — Das Strafwort lautet nach dem Lat.: So vollende deinen Weg, und nach dem arab. Kindh.=Ev.: Wie du mich umwarfſt, ſo ſollſt auch du fallen. — 2 Lat.: Unſere Knaben ſind unſinnig (aus Angſt vor Jeſus). — 5 1 B hat 5, 1 nur angedeutet, vielleicht weil ihm der überlieferte Text unverſtändlich

war. Denn die Antwort Jesu lautet in den verschiedenen Darstellungen recht ver=
schieden und z. T. recht unverständlich. DB Lat. Thomas: daß diese Worte nicht
meine, sondern deine sind. Par.: nicht deine sind. Lat. Thomas fährt fort: sie aber
mögen zusehen in ihrer Weisheit (Vatic.) oder: sie mögen ihre Unweisheit sehen (D)
Was Syr. bietet, hat sowohl im griechischen (hier ist ein Wechsel 'dein' gr. sä und
'weise' gr. söfá eingetreten) wie im lateinischen Thomas, vor allem im lateinischen
Pf.=Mt.: Kein Sohn ist weise . . . seine Stütze. Man würde Syr. für einen Ver=
derb dieses Textes halten, wenn nicht das Wiener Palimpfest den Anfang ebenso
böte: Wenn die Worte (meines Vaters) nicht weise wären. Tischendorf² S. XLV.
echte Kinder] Syr. wörtlich: Kinder der Bettkammer. Mit Hilfe von Pf.=Mt.
kann man in Syr. den Sinn finden: Ich will die väterliche Autorität anerkennen,
um nicht zu leugnen, daß er Kinder erziehen könne; schaden kann mir dein Tadel
ja doch nicht, da er nicht rechte Kinder, sondern nur die üblen trifft! Vielleicht
aber steckt hinter Syr. ein älterer Wortlaut, in dem Jesus ausspricht, ihn würde
solch ein Tadel nicht getroffen haben, wenn er ein 'Sohn der Bettkammer' wäre,
aus Josephs Ehe stammte. — 2 Statt 'ward ein Wunder' könnte man auch
übersetzen 'und es entstand ein Wnuder' wie Par.: sie wunderten sich. Hierzu könnte
man auch den Plural ziehn, den DB wie Par. im folgenden bieten und der jetzt
in den Singular korrigirt werden muß: Als er (Joseph) sah . . . Nach B setzte sich
Joseph zu diesem Akt auf einen Stuhl. Pf.=Mt. hat in lächerlicher Weise Jesum
vor dem Ohrzupfen zu bewahren gesucht; nach ihm hebt Jesus den toten Knaben
am Ohr empor, und redet mit ihm, wie ein Vater mit seinem Sohn, worauf dieser
wieder lebend wird. — 3 Die Antwort Jesu ist auch hier sehr unsicher und in
starker Korruption überliefert. Am kürzesten ist B: Es ist genug für dich. Lat.: Es
ist genug für dich, mich zu sehn und mich nicht anzurühren. Syr.: daß du mir
befiehlst und mich (willig) findest. Par. deult an die Gegner: daß sie nicht finden.
Der ursprüngliche Sinn mag sein: Joseph hat nach Jesu Ohr gegriffen, es gesucht
und nicht gefunden, da Jesu Körper nach den Gnostikern durchlässig ist, sodaß
Johannes mit seiner Hand hineingreifen konnte. — in deiner Macht] wörtlich:
dein bin ich. Das zweite: dein bin ich läßt Par. weg. Bei Syr. fehlt auch das
erste und der Zwischensatz. Den ursprünglichen Sinn gidt sehr wahrscheinlich Lat.
wieder, wobei das 'geschaffen' auffällt.

6 B begnügt sich mit diesem einen Lehrer, der Grieche A hat drei, ebenso Lat.:
außer Zacchäus noch den schlagenden und den freundlichen Lehrer. Das arab.
Kindh.=Ev. lennt nur noch den zweiten, schlagenden Lehrer, der dritte ist unter den
Schriftgelehrten des Tempels verschwunden. Pf.=Mt. bringt einen Verkehr zwischen
Zacchäus und seinem Kollegen (Levi) zu stande und vermischt beider Situation und
Worte, bringt aber hernach doch noch die beiden anderen Lehrer nach. Auch Syr.
läßt schon den ersten Lehrer schlagen und doch hernach die beiden andern Lehrer
bestehen. Den Kern der Erzählung haben schon die gnostischen Marcosier gekannt.
Der Bericht des Irenäus lautet: Sie nehmen noch jene leichtfertige Erfindung hinzu,
als ob der Herr, da er ein Knabe war und die Buchstaben lernte und der Lehrer
ihm, wie üblich sagte: Sprich Alpha, geantwortet habe: Alpha. Und als der
Lehrer ihm dann weiter befohlen habe, 'Beta' zu sagen, so habe der Herr geant=
wort: Sage mir zuvor, was das Alpha ist, und dann will ich dir sagen, was das
Beta ist. Und das legen sie so aus, als ob er allein das Unerkennbare gewußt
habe, was er dann an dem Typus des Alpha klargemacht habe. — Die Uebersetzung
des Syr. weicht ganz entschieden von der griechischen Darstellung ab, berührt sich
aber trotz großer Verschiedenheit in eigentümlicher Weise mit den Lateinern, sowohl
mit Lat. Thomas als mit Pf.=Mt. Namentlich in der hier schwer verständlichen
Darlegung Jesu, der allerdings eine Typologie oder Beschreibung des Alpha fehlt,
sind fortwährend merkwürdige Beziehungen zwischen Syr. und Lat. bei völliger
Verschiedenheit des Sinnes und häufig auch der Worte festzustellen, so daß Syr. auf
wirkliche alte Tradition zurückgehen mag. Zuweilen lockt der Versuch, einen älteren
Wortlaut, aus dem beide entstanden sind, herzustellen; jedoch läßt sich zumeist nur die

Verwandtſchaft feſtſtellen; es iſt daher oben Syr. mit Varianten aus dem Lat. ge=
geben, ſo daß ſie zuſammen allenfalls auf den urſprünglichen Sinn hinweiſen mögen.
Ganz verzweifelt ſteht es um den Text der Typologie des Alpha bei dem Griechen A
und dem Lat. Thomas; doch ſcheinen die klareren Parallelen nur Verſuche der Er=
klärung zu ſein. Hier kann man nur vermutungsweiſe einen brauchbaren Sinn
herausleſen; auf keinen Fall darf man aber, wie Mingarelli und Hofmann, die
Dreieinigkeit hineinleſen wollen. Wichtiger iſt, daß, wie in der Einleitung bemerkt,
der Götterknabe, der klüger iſt als ſein Lehrer, ſchon bei den Indern vorkommt.
Auch das ägyptiſche Märchen kennt ihn: Als das Kind Si=Oſiris heranwuchs,
wurde es in die Schule (?) geſchickt. Er nahm es auf mit dem Schriftge=
lehrten, der ihn unterrichten ſollte. Das Kind begann zu ſprechen . . . (folgt eine
Parallele zum 12jähr. Jeſus im Tempel). — 1 Zacchäus veranlaßt den Unterricht, was
Joſeph und Jeſus nach Syr. Lat. zu Hinweiſen auf Jeſu andere Art veranlaſſen
(ſ. u.). Nach Pſ.=Mt. ſchlägt Z. nur den Lehrer Levi vor und will ſelbſt nicht
unterrichten. Zum Kern der Geſchichte gehören nur die Buchſtaben, die auch
im orientaliſchen Unterricht meiſt den ganzen Stoff des Volksunterrichts ausmachen.
Als weiteren Bildungsſtoff empfiehlt der Lehrer bei Pſ.=Mt. 'die Aufſätze der Ael=
teſten und die jüdiſche Lehre'. Dazu kommt Anſtandsunterricht, der in zwei Punkten
beſteht: die Aelteren zu ehren und die Altersgenoſſen zu lieben. Solchen Unterricht
hat der Jesusknabe allerdings ſehr nötig. Pſ.=Mt. macht aus den Aelteren Aelteſte
der jüdiſchen Gemeinde; B will ihm das Segnen angewöhnen und das Fluchen ab=
gewöhnen nach 4, 2. — Der Grieche A ſetzt hier das griechiſche Alphabet als
ſelbſtverſtändlich voraus, c. 14 ſoll zuerſt griechiſch, dann hebräiſch unterrichtet
werden. Aber Paris. und die übrigen Darſtellungen deuten alle an das He=
bräiſche, wie ſich das für Nazaret auch gehört. — Die Unterrichtsmethode iſt zu=
meiſt die, daß der Lehrer alle Buchſtaben hinſchreibt und dann einzeln die Namen
ſagt, die der Knabe nachzuſprechen hat. Nach der älteſten Darſtellung (bei den
Marcoſiern und im arab. Kindh.=Ev.) gehorcht Jeſus auch dem Alef und ſpricht
es nach; dann aber erwartet er weitere Aufklärung wegen der Bedeutung dieſes
Buchſtabens und weigert ſich alſo das Beth nachzuſprechen. Das iſt DB dahin
verdorben, daß der Lehrer der Reihe nach alle Buchſtaben herſagt; dann erhebt
Jeſus ſeinen Einſpruch, der Lat. ſorgt dafür, daß Jeſus nach dieſem Einſpruch doch
zeigt, daß er alle Buchſtaben kennt. Pſ.=Mt. läßt Jeſum ſchon bei Alef wieder=
ſpenſtig ſein. Der Grieche B läßt ihn das Alef zweimal nachſprechen, dann beginnt
der Knabe unmotivirt vom Beth zu reden und ſagt dann das ganze hebr. Alphabet
her, das noch gar nicht vorgeſagt iſt. Par. läßt ihn auch noch die Propheten er=
klären, womit ſchon zur dritten Schulgeſchichte hinübergeſtritten iſt. — Jeſus ſtellt
nunmehr an den Lehrer beſtimmte Fragen über das Weſen des Buchſtabens A,
die dieſer nicht beantworten kann. So auch Pſ.=Mt. in betreff aller Buchſtaben.
Dasſelbe Zeitwort wird nachher 19, 2 mit der Nebenbedeutung des Abführens,
Verſtummenmachens gebraucht. Lat. überſetzt, als wenn ſtatt apoſtomizein viel=
mehr apoſtomatizein 'genau aufzählen' daſtände, und es iſt zweifelhaft, ob der Lehrer
Vatic.) oder Jeſus (Paris.) dies tut. Was Jeſus wiſſen will, erfährt man aus
dem Folgenden. — Nach den Marcoſiern zeigte Jeſus an dem Sinnbild, das die
Figur des A darbietet, das 'Unerkannte'. Auch die Rabbinen wußten ſpäter aus
der Form der Buchſtaben verborgene Weisheit zu ſchöpfen, und ſolche Weisheit iſt
der Hauptinhalt der jüdiſchen Kabbala (Geheimüberlieferung). Man kann aus
den Buchſtaben ſehn: wie alles ſich zum Ganzen webt,

eins in dem andern fühlt und lebt;

wie Himmelskräfte auf= und niederſteigen

und ſich die goldnen Eimer reichen.

Es ſcheint indeſſen mir faſt, daß die älteſte Thomas=Ev. die Ausdeutung des Jeſus=
knaben ſelbſt mitgeteilt hat, oder, was viel wahrſcheinlicher iſt, dieſe Ausdeutung
war zu gnoſtiſch, ſo daß man ſie ganz hat fallen laſſen. Syr. Par. wiſſen von
ſolcher Ausdeutung nichts; was die andern geben, ſind einfache Beſchreibungen der

Linienführung, die sich im arab. Kindheits=Evangelium auf alle Buchstaben beziehn und auch bei den übrigen Zeugen recht allgemein gehalten sind und wenig überein= stimmen. Nur die an sich beiderseits sehr korrumpirten Texte von DB und Lat. (Vatic. Paris.) stehn in erkennbarem Zusammenhang, der aber die Erklärung eher verwirrt als erleichtert. Ich versuche zu lesen:

griechisch: πῶς ἔχει κάνονας   lat.: quomodo habet duos versiculos
      καὶ μεσοχαρακτῆρα[ς]   medio grassando
      οὓς ὅρα ξύνους
      διαβαίνοντα[ς]   permanendo
      συναγομένους   comminando
      ὑφουμένους   disponéndo (ὑπονόμους)
      χορεύοντας   donando (χορηγοῦντας)
      πάλιν περιφέροντας   variando
      τριήσμους   triplex disploide (τρὶς ἡμίσει) com-
                               miscendo
      ὁμογενεῖς   similia
      ὑπάρχοντας
      ζυγοστάτους   geminando
      ἰσομέτρους   pariter omnia ἴσως ἑτέρους
      κάνονας ἔχει τὸ ᾱ   communia (κοινούς) habet a.

Hiervon ist B ein Auszug, Pf.=Mt. ein Deutungsversuch. Wie es der Grieche giebt, wird es auf das griechische A passen sollen, ursprünglich wird es aufs he= bräische א gemünzt sein, das zwei Häckchen, einen durchgehenden Mittelstrich, der beiden Teilen gemeinsam ist (ſo wohl ursprünglich), und Linien die ſich zuſammen= ſchließen, auf= und niederſchweben, beſitzt und ſymmetriſch aufgebaut iſt. — Die Allegorie ſelbſt, die hernach bewundert wird, fehlt leider. Die Armenier haben es verſtanden, aus ihrem erſten Buchſtaben die Dreieinigkeit herauszuleſen: denn nach Chardin, Perſiſche Reiſe (erſchien 1811), erklärt Jeſus dies Zeichen ſo: ⴑ iſt gebildet von drei ſenkrechten Linien, die auf einer durchgehenden Linie ſtehn, um uns zu lehren, daß der Anfang aller Dinge ein Weſen in drei Perſonen iſt. Kiſſai hat Jeſus für jeden Buchſtaben einen Spruch aus dem Koran, der mit dieſem Buch= ſtaben anfängt, in den Mund gelegt. Aehnlich lautet von ſelbſt jeder Buchſtabe, den der Buddha ſpricht, wie ein entſprechendes Wort indiſcher Weisheit (ſ. am Schluß).

    7 Dieſer Wortſchwall iſt nur erträglich, wenn wirklich zuvor gnoſtiſcher Tief= ſinn entwickelt war. Syr. B haben nur beſcheidene Reſte dieſer Rede, die auch bei den Lateinern wiederkehrt. Nach Pf.=Mt. deutt Levi doch auch an einen Zauberer (magus), woraus Lat. Thomas einen Lehrer (magister) macht. Par. bricht mit einem dürftigen Bericht ab und geht zu der Färbergeſchichte über (ſ. u.).

    8 Die Tröſtung des Zacchäus kennen die Lateiner nicht, wohl aber das Lachen Jeſu. Den Anfang ſeiner Rede bietet DB ſicher in verderbter Geſtalt: nun ſoll Frucht tragen das Deine (Plur.), denn ſowohl Syr. wie Pf.=Mt. bieten: die Un= fruchtbaren. Alſo iſt ſtatt sa zu leſen sapra 'das Faule' oder nach Pf.=Mt. Syr. steira das Unfruchtbare, beſſer wohl noch steiroi 'die Unfruchtbaren'. Das Folgende hat johanneiſchen Klang vgl. Joh. 3 31, 8 23, 9 39, 5 36, 8 28. 29; obwohl durch Lat. geſchützt iſt es doch wohl Erſatz für einen älteren Text, den Syr. Pf.=Mt. andeuten. Das 'ich ſoll verfluchen' iſt durch das Folgende geſchützt. Urſprünglich aber war wahr= ſcheinlich der Gegenſatz von nach 'oben rufen' nicht katarasomai, ſondern kataras- somai (Präſ. ich ſtürze herab) wie DB noch ſchreiben. 2 Dieſe Wiederherſtellung, die nicht gerade gut motivirt erſcheint, iſt die Parallele zu der Wiederherſtellung des zweiten Lehrers nach dem Tode des dritten.

    9 Der Söller iſt ein kleiner Aufbau auf dem flachen Dache vgl. AG. 1 13, 9 37. 39, 20 8 (von lat. solarium, das hier auch Pf.=Mt. bietet). Nach Pf.=Mt. iſt es wieder Sabbat. DB katēbē Jeſus ſtieg herab, wofür Thilo katēstē 'blieb ſtehen' leſen will. Syr. Lat., das arab. Kindh.=Ev. haben 'blieb'. 2 Eine Antwort Jeſu auf die Anklage wird nur von Lat. D Syr. berichtet. Pf.=Mt. leugnet ſie direkt; Vatic.

Lat. überſetzt nur die Worte unſeres DB. Trotzdem weiſt das: ʼjene aberʼ auf ein Wort Jeſu hin. 3 Das H e r a b ſ p r i n g e n iſt nur ein eiliges Herabſteigen, alle Ueberſetzer geben: ſtieg herab. Am Hanſe führt auch von außen eine Treppe zum Dache herauf. Im (griechiſchen) Namen Z e n o n von Zeus meinte man das Zeit= wort zēn ʼlebenʼ zu hören. Der Name war in Aegypten, namentlich auch bei Juden häufig, H a m b u r g e r RE II S. 832 ff. Conrady S. 403 — ʼdu h a ſ t n i c h t h e r a b g e w o r f e n, ſondern a u f e r w e c k tʼ fehlt in allen Ueberſetzungen, paßt auch nicht zum eigentlichen Sinn der Erzählung, die anfänglich wohl nur eine Antwort des Toten haben wollte. B weiß, daß wirtlich ein anderer Knabe ihn herabſtieß, das arab. Kindh.=Ev. läßt ihn auch den Miſſetäter bezeichnen. Kiſfai beſchreibt, wie ein Knabe auf dem andern ritt und ihn mit einem Fußtritt tötete. Jeſus wird vor dem Richter der Tat beſchuldigt. Der Tote bezeichnet den Schul= digen, der dann ſelbſt tot hinſtürzt.

10 Dies Wunder fehlt im Syr. und in Handſchriften des Pſ.=Mt., findet ſich aber bei den übrigen Zeugen ziemlich gleichlautend. Nur geht aus dieſen hervor, daß der Jüngling urſprünglich nicht tot, ſondern nur verletzt war. Die Begrün= dung ſeines Todes durch Blutverluſt iſt auch im Griechen B angegeben.

11 In das 5. Jahr ſind die Spielgeſchichten c. 2. 9 geſetzt, ſowie das erſte Lernen; vom ſechſten Jahr wird der Knabe zur Hausarbeit herangezogen (c. 11, 12, 13, 16). Der Syrer findet das ſiebente paſſender. Das Gedränge findet nach Lat. am Brunnen ſtatt, und zwar ſind es Knaben, wie es ſcheint, die ſogar ab= ſichtlich an den Krug ſtoßen, nach dem Schema von c. 4. 9. Der Krug zerbricht übrigens ſchon vor der Füllung, ſo daß nun Jeſus ſtatt deſſen das Kleid am Brunnen füllt. Daraus hat das arab. Kindh.=Ev. das größere Wunder gemacht, daß er das Waſſer, das ſchon im Krug war, wieder im Tuche zu faſſen weiß, während ſich Pſ.=Mt. nur verſichert, daß eben ſoviel Waſſer im Tuch wie vorher im Krug war. Das Tuch wird auch von den Griechen mit dem lateiniſchen Namen pallium ʼOberleibʼ genannt, der Araber nennt es ein Schweißtuch. Im florent. Codex (B) von Pſ.=Mt. iſt Jeſus übrigens des Krugzerbrechens ganz entlaſtet, das ʼMädchenʼ iſt ſchuld. Im deutſchen Gedicht wird darnach ſinnig erzählt: „Wie Jeſus einem Kinde ſein Krüglein wieder ganz gemacht". Dies Wunder iſt für die Mutter be= ſtimmt, das folgende gilt dem Vater, dann kommt der Bruder, und zuletzt die Nachbarin.

12 1 Statt des e i n e n Weizenkorns ſäet Jeſus nach Lat. eine Hand voll, nach dem Syrer ein Sea, alſo ein Dreißigſtel des nachhergenannten Kor, 2 Jeſus erntet 100 Kor. Kor heißt das größte Trockenmaß, das etwa 4 Hektoliter faßt (vgl. Lk. 16 7, Luther: Malter); Pſ.=Mt. hat nur 3 Kor, Lat. Thomas 100 Maß, was etwa das= ſelbe ſagen ſoll. Nach dem Lat. nimmt ſich Joſeph nur ein Maß mit ʼzum Preiſe Jeſuʼ. — Das ganze iſt eine Vorwegnahme der wunderbaren Speiſung Mt. 14 14 ff. Es iſt ganz paſſend, daß der Knabe, der mit dem Vater aufs Feld geht, zwei Jahre älter iſt, als der für ſeine Mutter Waſſer holt. Doch bezieht Pſ.=Mt. dieſe An= gabe auf die folgende Geſchichte. Der andere Grieche und das arab. Kindh.=Ev. lennen das Wunder nicht.

13 Daß Joſeph als Zimmermann P f l ü g e u n d J o c h e fertigte, weiß auch Juſtin. Es gab in der Tat für ihn kaum andere Betätigung, wenn er nicht Bau= handwerker war; denn Stühle, Tiſche und Betten waren in ſeinen Kreiſen ein Luxus, Demgemäß iſt es hier ein r e i c h e r Mann, der das Bett beſtellt, und Joſeph be= nimmt ſich bei der Arbeit noch undeholfen. Pſ.=Mt. hat das ganz verkannt, indem er gerade auch Anfertigung von Betten zum Handwerk Jeſu zählt. Das arab. Kindh.= Evang. behauptet ſogar, Joſeph ſei überhaupt nicht ſehr geſchickt geweſen, und ſo ſei Jeſus immer mit ihm gegangen, um einzurenken, was Joſeph verdorben. Pſ.=Mt. ſchiebt die Ungeſchicklichkeit lieber auf den Lehrjungen, in der florent. Handſchrift iſtʼs gar ein anderer Baumeiſter, dem Jeſus hilft. Auch das ʼin jener Zeitʼ bei un= ſerem Griechen iſt eine ungeſchickte Milderung, während Syr. Lat. mit ʼnurʼ den richtigen Gedanken hervorheben. Es handelt ſich um einen krabbatos, ein tragbares

Bett, wie es auch im N. T. vorkommt. Es soll nach Syr. Ps.-Mt. sechs Ellen lang sein. Ein kanōn, ein gerades Brett oder Holz ist kürzer als das, was man wörtlich: das 'wechselbare' nennt; damit wird wohl das Gegenüber gemeint sein, und der Genetiv ist der der Vergleichung. Die Worte 'kürzer seiend', die durch alle Nebenzeugen und durch den Zusammenhang gefordert werden, sind bei DB verloren. Nach Ps.-Mt. muß man weiter ergänzen: <und da Joseph> nicht wußte. Dies 'Joseph' ist aber in DB ans Ende des Satzes gekommen, wo es hinter Vater nicht nötig ist (vgl. 12, 1). Lat. hat das andere Holz vergessen, wodurch die schöne Plastik des Aneinanderlegens fortfällt. Denn das hat zunächst zu geschehn und kann auch von Joseph geleistet werden. Nach Ps.-Mt. und dem Griechen B hat Joseph die beiden Hölzer mit den diesseitigen Enden aneinander zu legen, nach unserem A soll er wie es scheint die beiden Mitten zusammenlegen. Dann aber müßte nachher nicht nur er, sondern auch Joseph am kurzen Holz ziehen. Darum wird man besser übersetzen: von der Mitte an, auf der einen Hälfte, laß sie gleich sein. Nach Syr., dem Griechen B, den Lateinern hat Jesus dann noch zu Joseph gesagt: Führe nun aus, was du vorhast. In der arab. Kindh.-Geschichte wird aus dem Bett ein Thron, den der König von Jerusalem bestellt und an dem Joseph zwei Jahre lange im Schloß zu arbeiten hat. Nachher ist der Thron beiderseits zu kurz und muß von Jesus auseinandergezogen werden. Die Erzählung existirt auch als persische Volkslegende. Joseph und Jesus ziehen ein Cedernbrett auseinander, das zu kurz geraten ist. Dem Kuß der Mutter vorhin entspricht hier der Lobpreis des Vaters. Mit dieser Erzählung schließt der Grieche B.

14 Vgl. hierōn und zu 15 c. 6—8. Die Zacchäusgeschichte ist hier wiederholt, da eine andere Form der Erzählung aus dem einen Lehrer, der nachher so demütig wird, zwei gemacht hatte, die sich entgegengesetzt benehmen. — Nach A ist es der reife Verstand und das reife Alter des Knaben, womit Verf. die nochmalige Einführung eines Lehrers rechtfertigt. Ps.-Mt. bietet in ungeschickter Weise das ganze Volk und seine Oberen auf. Im arab. Kindh.-Ev. ist der zweite Lehrer gelehrter als der zuvor erwähnte Zacchäus. Weil dieser Lehrer dem Knaben schon mehr zutraut, so will er ihn erst die Muttersprache d. i. für den Standpunkt von A das Griechische, dann das fremde Hebräisch lesen lehren. Lat. hat daraus den Verlangen Josephs gemacht, sein Sohn soll zuerst die heidnischen, dann die hebräischen Buchstaben lernen; das unheilige ist das niedere und leichtere. Sein Benehmen stimmt nicht ganz mit der Furcht, die er vor Jesus hegt, sie gehört vielmehr dem dritten Lehrer, bei dem sie in der Tat ebenfalls erwähnt wird. Lat. sagt statt dessen, er habe bei seinen Geistesgaben gern unterrichtet; dies scheint herausgelesen zu sein aus dem griechischen Worte, das DB ἐπετήχευεν schreiben, das aber wohl mit den Herausgebern ἐπετήδευεν: 'etwas mit Eifer traktiren' zu verwandeln ist. — 2 Der Lehrer stürzt ohnmächtig zusammen, aber er stirbt nicht und wird hernach 15, 4 auch nur geheilt. Anders bei Ps.-Mt. und im arab. Kindh.-Ev., wo vor dem Tode noch die Hand verdorrt. — 3 Die Befürchtung Josephs, der Knabe möchte zuviel Schaden stiften, ist bei Ps.-Mt. in die Besorgnis verwandelt, er möge selbst von den Geschädigten getötet werden, worauf ihn Maria tröstet.

15 Damit noch ein dritter Lehrer möglich ist, wird dieser vom Griechen und und Lat. als naher Freund Josephs eingeführt, der es nun einmal mit Güte versuchen will. Ps.-Mt. sieht keinen andern Rat als wieder die Juden ins Feld zu führen, zumal da die Eltern doch überzeugt sind, daß Jesus von Gott her alles weiß. Lat. hat statt: 'das Knäblein ging gern' (der Lehrer) hatte ihn mit Janchzen'. 2 Das Folgende ist der Scene in der Synagoge zu Nazaret, wie sie Lukas 4 16 ff. schildert, nachgebildet. Dorther stammt das Buch, die Holdseligkeit der Worte, auch die freie Darlegung, die unabhängig vom Buche geschieht. Auch im Th.-E. soll man wohl annehmen, daß der freie Vortrag im hl. Geist irgendwie sich auf das Buch bezog, das wohl eben eine Gesetzes-Rolle war. Das 'Auftun des Mundes' zur Ankündigung feierlicher Rede findet sich nach alttestl. Vorbild auch bei Mt. und in AG.

3 Joſeph fürchtet nach Dresd. — Bol. iſt unvollſtändig —, auch dieſer Lehrer wäre unkundig ἄπειρος und wiſſe nicht, wie man mit Jeſus umgehn müſſe. Tiſchendorf ſchlägt, geſtützt auf 8, 2 und Pſ.=Mt an unſerer Stelle, vor, ſtatt deſſen ἀνάπηρος 'er möge ſchon ein Krüppel ſein' zu leſen. — Der neue Lehrer hat aber die richtige Pädagogik dieſem Knaben gegenüber gefunden, ihn nicht lehren zu wollen, ſondern ihm ſtaunend zuzuhören und ihn zu bewundern. Nach Lat. bittet er ihn ſogar noch fortzufahren, nach Pſ.=Mt. fällt er zur Erde, um ihn anzubeten, ein Gegenſtück zu dem ohnmächtig niederfallenden Kollegen c. 14. Die Rede des Lehrers iſt ein ſchwacher Nachklang der Exklamation c. 7.

Die Färbergeſchichte folgt im Pariſer Fragment des griechiſchen Thomas auf eine Schulgeſchichte, die eine Zuſammenziehung der drei Lehrer=Anekdoten iſt. Sie hat alſo hier Platz zu finden. Da nur der Anfang im Paris. enthalten iſt, ſo mußte ſie aus dem arab. Kindh.=Ev. c. 37 ergänzt werden, wobei die Eigentümlich= keiten dieſes Evangeliums: 'der Herr Jeſus' 'Sohn der Maria' der Name 'Salem' zurückzuſtellen waren. Für Tücher gebraucht der Paris. ein ſpätgriechiſches Wort tzocha 'ein aus Fäden und tieriſcher Wolle gewebtes Tuch' bedeutet. Die Stücke ſind g r a u , d. h. ſie haben noch keine Farbe und ſollen ſie erſt bekommen, Der I n d i g o wurde im Altertum als Deckfarbe beim Malen benützt; in unſerer Erzählung kann er nicht wohl urſprünglich ſein. Das Wunder wird gleichfalls im perſiſchen Volksmärchen erzählt. Ja, Chriſtus ſoll ſogar deshalb der beſondere Schutzheilige der perſiſchen Färber ſein. Kiſſai läßt Maria für Jeſus ein Handwerk ſuchen und ihn zu einem Färber bringen, der dem neuen Lehrling genaue Anwei= ſung gibt; Jeſus aber wirft Farben und Tücher 'alles in einen Topf'. —

16 Geſchah nach Pſ.=Mt. im Krautgarten; nachher erſcheinen auch die Eltern und ſehen die t o t e S c h l a n g e , von der übrigens der Syr. nichts weiß. Das arabiſche Kindh.=Ev. kennt außerdem noch eine andere Geſchichte, in der Jeſus einen von der Schlange gebiſſenen Knaben heilt; die Schlange muß nämlich das Gift wieder auffangen, worauf ſie verflucht wird und ſtirbt. Jeſus wird dabei als König unter den Knaben eingeführt.

17 Die M u t t e r , das A n r ü h r e n , der Z u r u f und der A u s r u f des V o l k e s erinnert an den Jüngling zu Nain Lk. 7 15—17. Das K i n d l e i n , das G e t ü m m e l , der Z u r u f und das Gebot, das Kind zu n ä h r e n , ſtammen aus der Geſchichte von Jairi Töchterlein. Aus Lat. erfährt man, daß es ſich um Muttermilch handelt; darum richtet ſich das Kind auch nicht auf (trotz Lat.), ſondern es ſchaut nur freundlich lächelnd auf, wie nach einem geſunden Schlaf. — Eine ähnliche Geſchichte wird auch von B zu Pſ.=Mt. erzählt. A und D haben dagegen eine Erzählung, die offenbar die Wunderkraft des Namens Joſeph den Gläubigen empfehlen ſoll. Es ſtirbt nämlich ein reicher Mann dieſes Namens, und der Vater Jeſu wird von dem Sohne angewieſen, ihm ſein Kopftuch aufs Geſicht des Toten zu legen, worauf dieſer ſofort aufwacht. — Pſ.=Mt., BD und Lat. Thomas benützten die Geſchichte vom erweckten Kind zur Ehrung der Maria, indem ſie nämlich die Unterredung, die der Grieche am Schluß ſeines Berichts, alſo beim zwölfjährigen Jeſus im Tempel, bringt, auch ihrerſeits an den Schluß des Ganzen, d. h. für ſie hinter die Erweckungsgeſchichte ſtellen.

18 Bringt zur Auferweckung eines Kindes die eines Erwachſenen, wie Lukas den Jüngling zu Nain zu Jairi Töchterlein. Die Geſchichte ſteht nur beim Griechen; doch haben Pſ.=Mt. B D Lat. Thomas die Worte des Volkes noch der vorigen Ge= ſchichte hinzugefügt. Damit wird die Wundertätigkeit des Mannes an die der Kind= heit angeknüpft.

19 Nach Lk. mit bezeichnenden Aenderungen. Jeſus geht zuerſt mit den Eltern, lehrt dann aber n a c h J e r u ſ a l e m z u r ü c k. DB haben zweimal: er h ö r t e , und zum erſten ſetzen ſie 'das G e ſ e t z' hinzu. Das Geſetz iſt ein Zuſatz zu Lk., den man nicht ſtreichen ſollte. Das zweite 'hörte' iſt dem Schreiber durch Erinnerung entſtanden. Zum Hören und Fragen iſt hier noch das Dociren über 'Geſetz und Propheten' gekommen, ein Zug den man dann allgemein feſtgehalten

hat. Das Verb ἀποστομίζειν gew. abstumpfen bed. hier den Mund verstopfen vgl. zu 6, 3. — Die H a u p t s t ü c k e sind die Paraschen, die Lehrstücke des Gesetzes; die Worte der Propheten heißen auch sonst Parabeln S p r u c h r e d e n hebr. meschalim 4. Mos. 23 7. 18. 24 8 und ö., so auch im Buche Henoch c. 39. Der Vater Joseph wird nicht genannt, weder von Maria noch nachher von den Schrift= gelehrten. Diese reden Maria ähnlich an, wie früher Elisabeth. Lk. 1 42. Statt A l t e r wie Luther übersetzt hat, würde man richtiger 'Leibeslänge' sagen.

Uebrigens ist auch diese Erzählung nicht ohne Analogie in der Sagenge= schichte: Das Kind Si=Osiris begann zu sprechen mit den Schriftgelehrten des Hauses des Lebens in <dem Tempel Ptahs; alle die ihn hörten> gerieten in Ver= wunderung über ihn (Griffith S. 44) — Und als der Knabe Si=Osiris z w ö l f Jahre alt geworden war, gab es in ganz Memphis keinen Gelehrten, der es ihm im Lesen von Formeln gleichtat (S. 50).

I n d i s c h e n E i n f l u ß auf die Kindheitsgeschichten des Thomas hat schon A. A. G e o r g i u s 1762 angedeutet, wenn er „Xaca, die Gottheit der Tibetaner" mit Manes gleichsetzt und dann zum Beweis Thomae evangelium aut De infantia Sal= vatoris, das ja die Manichäer gehabt haben sollen, heranzieht. Hierauf macht Ming= arelli aufmerksam, wie er denn eben durch diese Bemerkung zur Herausgabe der Schrift veranlaßt worden ist. Die tibetanische Sage von Gesser=Chan erzählt in der Tat eine ganze Reihe von Jugendstreichen dieses Gottmenschen, vgl. S c h o t t, Abh. der Berl. Ak. der Wiss. 1851 S. 263—295. Neuerdings sind mit anderen Mitteln Kuhn und van den Bergh van Eisinga für indische Beziehungen eingetreten, während v. Dob= schütz und Conrady Bedenken äußern. Die angeführten Vishnu-Puranas findet man in Works of H. H. Wilson ed. by Fitzedward Hall IV. V. Lond. 1868. Die Buddhalegende bei K e r n, der Buddhismus und seine Geschichte. Uebersetzt von H. Jacobi I 41 f. Dort heißt es: „Als der Knabe das Alter erreicht hatte, um Unterricht zu empfangen, wurde er mit großem Pomp zur Schule gebracht. Der Glanz, der von ihm aus= strahlte, war so überwältigend, daß der Lehrer, Viçvâmitra genannt, beim Herein= treten des jungen Boddhisattva vorne überstürzt. Ein Engel richtet ihn wieder auf. Die Proben, welche der Knabe von seiner Schreibkunde ablegte, waren so unge= wöhnlich, daß der Lehrer, welcher, wie es häufig mit Leuten von seinem Beruf der Fall ist, nicht von Anmaßung frei zu sprechen war, in vollem Erstaunen ausrief: Dieser ist größer als alle Götter. Er ist unvergleichlich, ohne Gleichen in der Welt. Später bei den Leseübungen verleugnete sich die Wundermacht des B. ebensowenig, denn wenn beispielsweise die Schüler sagten: A, so hörte man A nityah sarava= samskarah: unbeständig ist jeder Eindruck". Und so das Alphabet durch. Potter macht auf den Krischnaknaben aufmerksam, der die geronnene Milch der Hirten stiehlt und in dessen Mund die Mutter staunend die ganze Welt und Krischna dar= innen thronend schaut.

Vor Drucklegung konnte noch hie und da auf C o n r a d y Bezug genommen werden. Auf der richtigen Spur ist er mit dem Hinweis auf das Aegyptische und den Götterknaben Hor-pa-chrat (Harpokrates), den kleinen Hor (402). Er übertrifft aber die Unmöglichkeiten seines Versuchs über das Protevangelium, wenn er sich nach sorgfältiger Vergleichung der verschiedenen Relationen eine Grundschrift kon= struirt und diese dem Verfasser des Protev. zuschreibt, der sich hier als Zwilling (Thomas) des Jakobus ansgäbe (S. 407), und dann in wilde mythologische und astrologische Ausdeutung hineingerät. Richtig ist aber wieder die Thomasschrift als Mittel aufgefaßt, die volle leibliche Erscheinung eines Gottes auf Erden an= schaulich zu machen.

VII c. Sonstige Legenden.

Vgl. Apokr. S. 46 f.; dazu oben S. 95 f.

VIII.
Pilatusakten.
(A. Stülcken.)

Ausgaben: Die spätere Pilatusliteratur überhaupt: C. Tischendorf, Ea p. 210—486. Der Brief an Claudius bezw. Tiberius: ebendort p. 413—416 (lat.); C. Tischendorf, Acta apost. apocr., Lips. 1851, p. 16—18 und R. A. Lipsius, Aa I S. 196 f. (griech.); griech. und lat., mit den Parallelen aus Tertullian: Harnack II. f. u.

Lit.: Prolegomena bei Tischendorf; R. A. Lipsius, Die Pilatusakten, 2. Ausg. Kiel 1886; Apokr. Apostelgesch. usw. II 1. S. 364 ff. — E. v. Dobschütz, ZnW III 1902, S. 89—114; Th. Mommsen, ZnW III 1902, S. 198—205. — Im Zusammenhange mit der Frage des Petrus-Evangeliums: H. v. Schubert, Die Composition des pf.-petr. Ev.-Fragm., Berlin 1893, S. 175 ff.; GgA 1899, S. 574 ff.; J. Kunze, Das neuaufgefundene Bruchst. des sog. PE, Lpz. 1893, S. 34 ff. u. NJbTh III S. 92 ff.; Wabnitz, Revue de théologie 1893, p. 356 ff. — A. Harnack I S. 21 ff. II S. 603 ff. Krüger S. 36. Ehrhard S. 144 ff.

Die uns erhaltene Pilatusliteratur, im wesentlichen in Tischendorfs Ausgabe der Evangelia apocrypha a. a. O. gesammelt, trägt fast durchweg die Merkmale späterer Zeit an sich. Das gilt in erster Linie von den Acta bezw. Gesta Pilati, dem ersten Teile des im Mittelalter so hochgeschätzten sog. Evangelium Nicodemi, die uns in verschiedenen Recensionen vorliegen. Vor allem seit Lipsius' Untersuchungen kann kein Zweifel mehr darüber sein, daß selbst die älteste dieser Recensionen kaum vor dem Jahre 425 [1] entstanden ist. Die ganz allgemeinen Andeutungen Mommsens, daß voreusebianische Zeit nicht ausgeschlossen sei, vermögen, soweit die vorliegenden Schriften selber in Betracht kommen, die Lipsius'schen Beweise nicht zu erschüttern. Die Untersuchungen über diese jüngeren Pilatusakten, die jetzt von v. Dobschütz im Interesse einer Neuausgabe wieder aufgenommen sind, gehören danach in den Rahmen dieser Bemerkungen nicht mehr hinein.

Da indessen Epiphanius haer. 50, 1 Acta Pilati kennt, so muß man eine ältere Grundschrift vor 376 annehmen; diese enthielt, wie sich aus dem Verhältnis der verschiedenen, z. T. stark voneinander abweichenden (gegen Mommsen S. 198) Bearbeitung erschließen läßt, nach Lipsius (S. 11) jedenfalls die (9 oder) 11 ersten Kapitel (einschließlich der vorangestellten offiziellen Datierung) mit folgendem Inhalte: Anklage und Vorführung Jesu, Verhör der Zeugen, die u. a. die eheliche Geburt Jesu und seine Wunder bestätigen (es treten auf: der Gichtbrüchige, mit dem Kranken Joh. 5 5 ff. zusammengeworfen, der Blindgeborene, ein Gelähmter, ein Aussätziger, die blutflüssige Vernike; andere bestätigen die Dämonenaustreibungen und die Auferweckung des Lazarus), darauf Urteil (c. 9), Kreuzigung und Tod Jesu (c. 10—11): für Prozeßakten ein nicht unpassender Schluß. Der Rest des ersten Teiles, bis c. 16, mit dem Bericht über die Auferstehung und dem Verhör des Joseph von Arimathia und dreier Zeugen der galiläischen Himmelfahrt Jesu könnte allenfalls auch noch der Grundschrift angehört haben; wahrscheinlicher ist er, wie v. Dobschütz (a. a. O. S. 109) vermutet, von dem Bearbeiter von 425 hinzugefügt, ebenso wie der zweite Teil, der sog. Descensus ad inferos, der, auf alter Grundlage ruhend, mit poetischer Kraft den Bericht der beiden auferstandenen Symeonsöhne Leucius und Charinus über die von ihnen miterlebte Höllenfahrt Jesu bringt. — Die in dem eben erwähnten Umfange vorauszusetzende Grundschrift war wohl —

---

[1] So wird die verwirrte Angabe des Prologes meist gedeutet. Mommsen S. 198 zieht 440 vor.

trotz der Angabe des Redaktors von 425, daß er aus einem hebräischen Original
schöpfe — griechisch (Lipsius S. 8, Harnack I S. 22).

Wie hoch aber haben wir mit ihr über Epiphanius hinaufzugehen? Da wir
über den Grad der Ueberarbeitung nicht unterrichtet sind und darum aus einzelnen
Wendungen (z. B. in der Datirung am Anfang und in den römischen Titulaturen)
keine weittragenden Schlüsse ziehen können, so ist ein abschließendes Urteil schwierig.
Auch wenn sich in alter Zeit die Existenz von Pilatusschriften nachweisen lassen
sollte (s. u.), so wäre man doch über Art und Maß ihres Zusammenhanges mit den
uns erhaltenen Akten selbst dann noch lediglich auf Vermutungen angewiesen. —
Als entscheidende Instanz für die Beantwortung der Frage wird meistens das
Schweigen des Eusebius angesehen: während er die heidnischen Pilatusakten aus der
Zeit Maximins erwähnt (h. e. I 9. IX 5. 7), deutet er mit keinem Worte an, daß er
etwas von der Existenz christlicher Pilatusakten weiß, obgleich sein Stoff II 2
(u. 7) geradezu dazu herausforderte. Denn was Kunze (NJbdTh III S. 95)
anführt, um Eusebius' Bekanntschaft damit zu erweisen, ist gänzlich unzulänglich [1].
Es ist m. E. ein unwiderleglicher Schluß: Eusebius hat christliche Pilatusakten nicht
gekannt. Das ist noch kein voller Beweis dafür, daß jene Grundschrift noch nicht
vorhanden gewesen, sondern erst zwischen der Abfassung der Kirchengeschichte des Eusebius und Epiphanius, und dann vermutlich als Widerlegung jenes heidnischen
Machwerks geschrieben sein könne. Aber es muß allerdings ein ungünstiges Vorurteil erwecken: Ueber Epiphanius hinauf finden sich keine auch nur
einigermaßen deutliche Spuren der vorliegenden Akten oder ihrer Grundlage.
Von hier aus führt keine Brücke der Tradition zur älteren Zeit.

Auf der anderen Seite aber haben wir tatsächlich im 2. Jahrh. einen Hinweis auf Pilatusakten bei Justin in seiner (ersten) Apologie. Im Zusammenhange des Weissagungsbeweises spricht er c. 35 auch von den Vorgängen beim
Tode Jesu, von der Verspottung, Kreuzigung und Verlosung der Kleider, und fährt
dann fort: „Und daß dies geschehen ist, könnt ihr erfahren aus den unter Pontius
Pilatus aufgenommenen Akten". c. 48 beruft er sich zum Beweise, daß Jesus in
Erfüllung von Jes. 35 4–6 Wunder getan hat, auf dieselbe Quelle: „und daß er
dies getan hat, könnt ihr aus den unter Pontius Pilatus aufgenommenen Akten
erfahren". (Die Handschrift bietet allerdings statt ἄκτων: αὐτῷ; da J. aber deutlich
auf ein vorliegendes Beweisinstrument hinweist, so ist die Konjektur ἄκτων unumgänglich). Wenn Justin endlich c. 38, wieder bei Gelegenheit der Verspottung des
Gekreuzigten und nach Anführung z. T. derselben alttest. Stellen wie c. 35, fortfährt:
„dies alles geschah dem Christus von den Juden, wie ihr erfahren könnt", so wird
er auch hier an dieselbe Urkunde gedacht haben.

Was hat es mit diesen „Akten" auf sich? was für eine Schrift soll
es sein? hat Justin sie selber vor Augen gehabt? oder kannte er sie von
Hörensagen? oder hat er sie lediglich vorausgesetzt? Diese Fragen müssen
hier, ohne die ungehörige Verquickung mit den andersartigen Aussagen des Tertullian, lediglich auf Grund des Justin entschieden werden. Denn Tertullian redet von
einem Bericht des Pilatus an den Kaiser, Justin von Prozeßakten, die er nach der
Formulirung des Titels (wie übrigens auch die Acta Pilati des 4./5. Jahrh.) nicht
von Pilatus selber verfaßt deukt. In diesen Akten setzt Justin nach c. 35 u. 38 einen
Bericht über den Vollzug der Kreuzigung, die Hohnreden der Juden und die Verlosung der Kleider, nach c. 48 auch die Erwähnung der Wunder Jesu voraus.

Tischendorf hat denn hier die uns überlieferten PA bezeugt gefunden
(ebenso leider auch R. Hofmann in RE I S. 659): das ist sowohl durch die
Sprache wie durch den ganzen schriftstellerischen Charakter jener Akten wie endlich
dadurch ausgeschlossen, daß manche von Justins Angaben sich in ihnen überhaupt

---

[1] Daß Euseb. Tertullian apol. 5 mit 21 kombinirte, ist eine so einfache Sache
daß man sie nicht erst künstlich in Zweifel ziehen sollte.

nicht finden. L i p ſ i u s (a. a. O. S. 14 ff.) vertritt im Gegenſatz dazu nach dem
Vorgang von G i e ſ e l e r u. a. die Anſchauung, daß Juſtin „das Vorhandenſein
offizieller Akten über den Prozeß Jeſu im römiſchen Archiv einfach vorausſetze".
Derſelben Meinung hat ſich H a r n a c k (II S. 603 ff.) und nach ihm andere (E h r=
h a r d , v. D o b ſ c h ü tz) angeſchloſſen. Endlich ſind im Zuſammenhange mit der
Frage des Petrus=Evangeliums neuerdings wieder v. S c h u b e r t , K u n z e , Wab=
nitz und L u n d b o r g unabhängig von einander zu dem Ergebnis gekommen, daß
Juſtin doch auf eine ihm vorliegende Schrift anſpiele, die mit den ſpäteren PA
verwandt, vermutlich deren Grundſchrift ſei.

L i p ſ i u s begründet ſeine Hypotheſe — außer durch den Nachweis, daß die
erhaltenen PA nicht alle von Juſtin angegebenen Züge mitteilen — eigentlich nur
1) durch die Bemerkung, daß Juſtin ſeine Angaben über den Inhalt der PA faſt
lediglich den ſynoptiſchen Evangelien entlehne, die er mit altteſtamentlichen Stellen
kombinire; „höchſtens könnte man hier (c. 38) noch an die Benutzung eines von Juſtin
neben unſern Synoptikern gebrauchten unkanoniſchen Evangeliums denken, welches
aber ſicherlich mit unſern Pilatusakten nicht das Geringſte gemein hatte" (S. 15):
Der letzte Satz enthält hier lediglich eine unbewieſene und unbeweisbare Behaup=
tung. Aber die ganze Begründung iſt nicht ſtichhaltig, ſolange nicht die Unmög=
lichkeit dargetan iſt, daß derartiges ſynoptiſches Material auch in Pilatusakten ent=
halten geweſen ſein könne. 2) Der zweite L i p ſ i u s ſche Grund (S. 18 f.) beſteht in dem
Hinweis darauf, daß Juſtin an einer andern Stelle, c. 34, mit denſelben Worten
δύναϑε μαϑεῖν auf die Tabellen der Schätzung unter Quirinius verweiſt: da er
dieſe ſicher nicht ſelbſt geſehen, ſondern ihre Exiſtenz im Archiv einfach vorausge=
ſetzt habe, ſo „falle zugleich auch der Beweis, daß er die angeblichen offiziellen
Prozeßakten in den Händen gehabt habe". Es iſt zuzugeben, daß damit die Mög=
lichkeit, daß Juſtin eine bloße Vermutung wiedergibt, erwieſen iſt; aber Möglich=
keiten ſind keine Gewißheiten, ja nicht einmal immer Wahrſcheinlichkeiten, und im vor=
liegenden Falle darf man doch nicht den Unterſchied überſehen, daß Juſtin bei den
Schätzungsliſten nur ihr Vorhandenſein, bei den PA aber zugleich einen beſtimmten,
keineswegs durch die Sachlage ſelber gegebenen Inhalt vorausſetzt (ſ. u.). — H a r =
n a c k (a. a. O. S. 610 f.) fügt zu dieſen Gründen noch die allgemeine Erwägung
hinzu, daß Juſtin aus der angeblichen Schrift „nichts ſchöpft und ſie nicht näher
charakteriſirt (obgleich ſie, wenn er ſie kannte, von fundamentaler Bedeutung für
ihn hätte ſein müſſen)". Er ſelber citire nur aus den Propheten und den Evan=
gelien; biete er in dieſem Zuſammenhange etwas Außerkanoniſches, ſo ſei das auf
ein unkanoniſches Evangelium oder auf den ſtilus Juſtini zurückzuführen (ſ. o.). Von der
letzten durch nichts begründeten Bemerkung abgeſehen haben H a r n a c k s Bedenken
allerdings erhebliches Gewicht. Es iſt wahr, die Hinweiſe Juſtins auf eine Ur=
kunde von ſo eminenter Bedeutung für die Apologie ſind ſo ſpärlich und halten
ſich dabei ſo ſehr an verhältnismäßig unwichtige Einzelheiten, daß es ſchwer fällt,
chriſtenfreundliche Pilatusakten in ſeiner Hand zu denken.

Dieſe letztere Annahme wird jedoch von denjenigen aufrechterhalten, die, wie
oben bemerkt, vom Petrusevangelium aus die Pilatusfrage wieder angeſchnitten
haben. Dabei ſpielt jener außerkanoniſche Zug, von deſſen Beurteilung durch
H a r n a c k eben die Rede war, eine große Rolle: wie oben (S. 76 f.) dargelegt, be=
rührt ſich Petrusevangelium V. 6 f. aufs engſte mit Juſtin c. 35 (man ſchleift bezw.
verſpottet Jeſus, ſetzt ihn auf einen Richtſtuhl und fordert ihn zum Richten auf).
Es iſt a. a. O. auch darauf hingewieſen, welche Gründe gegen die Benutzung des
PE durch Juſtin, oder des Juſtin durch PE ſprechen, und daß die Annahme einer
gemeinſchaftlichen Quelle die zureichendſte Löſung zu ſein ſcheint. Nun beruft aber
gerade in dieſem Zuſammenhange Juſtin ſich auf die Pilatusakten: es war keines=
wegs eine „abenteuerliche Annahme", ſondern eine ſehr naheliegende Vermutung,
daß eben dieſe PA die Quelle für Juſtin, alſo auch für das Petrusevangelium ſeien.
Fügt man dazu die ungemein günſtige Zeichnung der Geſtalt des Pilatus in PE
und die mannigfachen Berührungen der ſpäteren Pilatusſchriften unter einander

und mit dem Petrusevangelium, wie sie namentlich v. S ch u b e r t (S. 187 ff. Anm.
vgl. oben S. 77) zusammengestellt hat, so war es allerdings eine sehr beachtens=
werte Hypothese, vor PE und Justin Pilatusakten zu setzen, die irgendwie die Grund=
lage der weiteren Pilatusliteratur gebildet hätten. — Aber freilich hängt diese
ganze Konstruktion an einem seidenen Faden: es kommt schlechthin alles darauf an,
1) ob man das Verhältnis von PE 6 f. zu Justin c. 35 richtig gedeutet, d. h. mit
Recht eine gemeinsame Quelle angenommen hat; 2) ob man ein Recht hat, diese
gemeinsame Quelle mit Bestimmtheit in den von Justin genannten Pilatusakten
wiederzuerkennen. Namentlich der zweite Punkt ist, so sehr seine Möglichkeit zuzu=
geben ist, doch nicht zu beweisen.

Nun kommt allerdings hinzu, daß Justin mit so auffälliger Sicherheit den
Prozeßakten Jesu die Erwähnung seiner Wunder zuweist (c. 48). Das war doch
durchaus nichts Selbstverständliches oder auch nur Naheliegendes. Welche Rolle
sollten diese Wunder in dem Prozeß gespielt haben, da doch die Evangelien völlig
davon schweigen? Wer wird es wahrscheinlich finden, daß Justin, wie H a r n a ck
will, einfach voraussetze, „daß die ganze Geschichte Christi (nicht nur die Leidens=
geschichte) im Detail auch in Akten des Pilatus enthalten sei!" Eine solche, in Wirk=
lichkeit abenteuerliche Idee wird man Justin im Ernst nicht zutrauen dürfen. Nach
seiner Meinung müssen vielmehr die Wunder Jesu innerhalb der Gerichtsverhand=
lung eine Bedeutung gehabt haben: so treten ja in der Tat in den erhaltenen Pi=
latusakten die von Jesus Geheilten als Entlastungszeugen für ihn auf. Man mag
über diese späteren Akten denken, wie man will; man mag selbst annehmen, sie
hätten sich in dieser Hinsicht die Andeutungen des Justin selber zum Programm
genommen: aber man wird nicht leugnen können, daß Justin eine ganz ähnliche
Vorstellung gehabt haben muß. Woher hatte er sie, wenn er nur aus den Evan=
gelien schöpfte? War es nur seine eigene Phantasie: wie konnte er dann wagen,
in einer Apologie an den Kaiser sich nicht nur auf archivalische Urkunden, sondern
auf den bestimmten Inhalt dieser Urkunden zu berufen, den er ohne jeden Anhalts=
punkt ersonnen hatte? Nein! es gibt nur die andere Möglichkeit: Er muß sehr be=
stimmte Gründe dafür gehabt haben, in den betr. Akten die Erzählung von Wundern
Jesu anzunehmen; d. h. er muß über den Inhalt der angeblichen Pilatusakten eine
seiner Ansicht nach zuverlässige Kunde gehabt haben. Dieser Schluß ist m. E. un=
ausweichlich.

Freilich ist damit nicht so viel erreicht, wie es scheinen könnte. Das oben
erwähnte Bedenken, daß Justin diese Akten so auffällig wenig und gerade nicht an
den entscheidendsten Punkten benutzt, ist nicht entkräftet. Daß er diese Urkunde selber
in Händen gehabt hätte, wird zwar, vor allem im Blick auf die erwähnte Parallele
im Petrusevangelium, nicht ausgeschlossen, aber auch nicht eben wahrscheinlich sein.
Aber auf der andern Seite darf nun erst recht der entgegengesetzten Hypothese:
daß er ohne irgendwelche Kenntnis lediglich die Existenz der Akten in Rom vor=
ausgesetzt habe, die Wahrscheinlichkeit abgesprochen werden. So empfiehlt sich zur
Lösung die dritte Möglichkeit: Justin hat von solchen Akten — freilich wiederum
nicht nur, wie H a r n a ck zuläßt (S. 610): von ihrer Existenz, sondern auch von
ihrem Inhalt — gehört, und zwar so bestimmt oder von so autoritativer Seite,
daß er es wagen durfte, die Prozeßakten selber als Zeugen für sich anzurufen. —
Damit ist die ganze Frage freilich noch mehr ins Dunkle gerückt. Denn sofort er=
hebt sich bei seinen uns völlig undeutlichen Gewährsmännern dasselbe Problem:
welchen Wert haben ihre Aussagen? Zweifellos ist H a r n a ck (S. 610) zuzugeben,
daß zunächst „nicht die Existenz solcher Akten bezeugt ist, sondern nur die Tatsache,
daß ein Christ oder mehrere an das Vorhandensein derselben glaubte" — freilich
muß man sofort wieder hinzusetzen: auch an einen bestimmten Inhalt derselben
glaubte. Eben deshalb ist es bedenklich, mit H a r n a ck (S. 611) das Ergebnis,
daß die Existenz nicht sicher bezeugt ist, so zu verschieben, daß daraus eine sichere
Bezeugung der Nichtexistenz der Akten zu werden scheint. Denn was für Justin

bemerkt wurde, gilt auch für seine etwaigen Gewährsmänner: wer lediglich die auf uns gekommenen, kanonischen oder außerkanonischen evangel. Berichte lautere und Prozeßakten lediglich voraussetzte, konnte kaum auf die Vermutung geraten, daß sie von Wundern Jesu berichteten. Auch hier eröffnen sich wieder zweierlei Möglichkeiten: entweder den Männern, denen Justin seine Kenntnis verdankt, lag eine solche Schrift vor und sie haben ihm aus eigenem Wissen von ihrem Inhalt erzählt — diese Möglichkeit wird man trotz des Mangels an ausdrücklicher Ueberlieferung ernstlich im Auge behalten müssen, und damit bleibt auch die Möglichkeit jener an das Petrusevangelium angeknüpften Hypothese von einer alten Grundschrift der Pilatusakten, deren Stoff im 4. Jhdt. zur Widerlegung der heidnischen Akten wiederaufgenommen, aber erweitert wäre (v. Schubert a. a. O. S. 183) — oder man hat sich in christlichen Kreisen zum mindesten von solchen Akten und ihrem Inhalte etwas erzählt, vielleicht, wenn man diesen bequemen, aber völlig unkontrollirbaren Weg gehen will, im Anschluß an irgendwelche außerkanonischen Evangelien, immerhin aber mit solcher Bestimmtheit, daß Justin mit gutem Glauben darauf hinweisen konnte.

Das Resultat der bisherigen Untersuchung ist also: Die späteren PA führen uns nicht über die Mitte des 4. Jhdts. hinauf. Die einzige Erwähnung in der älteren Literatur, bei Justin, beweist, daß er von solchen Akten und von ihrem Inhalte Kunde hatte, macht es wahrscheinlich, daß diese Akten wirklich vorhanden waren, schließt aber doch nicht aus, daß man sich in christlichen Kreisen nur davon erzählte. Existirten sie wirklich, so ist anzunehmen, daß sie irgendwie auf die spätere Pilatusliteratur eingewirkt haben.

Aber mit der Frage der Pilatusakten ist noch nicht die ganze Pilatusfrage erledigt. Auch die spätere Literatur enthält neben den „Akten" eine ganze Reihe anderer Schriftstücke, die dem gleichen Thema gewidmet sind: Briefe oder Berichte des Pilatus selber an den Kaiser (Epistola P. P.; Anaphora Pilati in 2 Recensionen), Erzählungen über seine Verurteilung und seine Hinrichtung (Paradosis Pilati, Mors Pilati, Vindicta Salvatoris; Tischendorf Ea S. 433 ff.). Diese Stücke gehören freilich sämtlich einer späteren Zeit an. Einen älteren Eindruck macht indessen der im Uebersetzungsbande wiedergegebene Brief des Pilatus an Claudius (Tiberius), der sich an mehreren Stellen findet: griechisch in den Acta Petri et Pauli 40—42, lateinisch in der lat. Uebersetzung derselben Akten, am Schlusse der lateinischen Recension der Acta Pilati II (Desc. ad inferos) c. 13 bezw. 29, und in der unechten Recapitulatio am Schlusse des 5. Buches des Pseudo-Hegesipp über den jüdischen Krieg (vgl. Harnack, I S. 22).

Auf einen solchen Bericht des Pilatus an Tiberius spielt nun Tertullian im Apologeticum c. 21 vgl. c. 5 an. Er geht aus von den Verheißungen des Judenvolks, daß heute in seiner Zerstreuung die Strafe für seinen Abfall trägt. Als künftiger Lehrer und Leiter des Menschengeschlechtes war ihnen Gottes Sohn verheißen. Der ist Gottes Logos, aus Gott hervorgegangen wie der Strahl aus der Sonne, wie Licht am Licht entzündet usw. Dieser Strahl Gottes ging, den Weissagungen gemäß, in eine Jungfrau ein: so entstand der Gottmensch Christus. Die Juden wußten durch die Propheten, daß Christus kommen müsse; aber sie haben seine erste und zweite Ankunft nicht zu unterscheiden verstanden und ihn für einen bloßen Menschen, wegen seiner Wundermacht aber für einen Magier gehalten, „da er durch sein bloßes Wort die Dämonen austrieb, Blinde wieder sehend, Aussätzige rein, Gelähmte wieder kräftig machte, ja Tote durch sein Wort ins Leben zurückrief, die Elemente selber sich dienstbar machte, indem er Stürme bändigte und auf Wogen einherging und so zeigte, daß er Gottes Wort, d. h. Logos sei" usw. Ueber seine Lehre aber und seine Gunst beim Volke erbittert überlieferten die Oberen der Juden ihn dem Pilatus und erpreßten sich von diesem das Kreuzigungsurteil, ein Vorgehen, das er selber prophezeit hatte. Aber auch im Sterben zeigte er seine Macht: freiwillig gab er den Geist auf, und in demselben Augenblick wurde es Finsternis zur Mittagszeit, nach profaner Meinung eine gewöhnliche

Sonnenfinsternis; „und doch könnt ihr jenes Weltereignis in euren Archiven regi=
strirt finden". Dann nahmen die Juden ihn vom Kreuz, begruben ihn und stellten,
mit Rücksicht auf seine Weissagung von seiner Auferstehung am dritten Tage, eine
große Wächterschar auf, um seinen Jüngern einen Diebstahl seines Leichnams un=
möglich zu machen. Aber am dritten Tag geschah ein Erdbeben, der Stein war
abgewälzt, die Wache von Schrecken aufgelöst — nichts fand sich im Grabe als die
Tücher des Begrabenen. Dennoch verbreiteten die Oberen des Volkes, er sei von
den Jüngern gestohlen. Er zeigte sich auch nicht der großen Masse, um den Glauben
nicht zu leicht zu machen; aber mit einigen Jüngern blieb er noch 40 Tage in Ga=
liläa und lehrte sie, was sie lehren sollten. Nachdem er sie zum Predigtamt für
die ganze Erde eingesetzt hatte, wurde er, von einer Wolke umgeben, in den Himmel
aufgenommen. „Dies alles berichtete über Christus Pilatus, im Gewissen selber
schon Christ, dem damaligen Kaiser Tiberius".

So Tertullian. Die ausführliche Wiedergabe seiner Ausführungen war zum
Vergleiche mit unserm Briefe unumgänglich; denn wenn man, wie H a r n a ck II
S. 605 ff. im Kolumnendruck es mußte, neben die Worte des Briefs nur die frap=
panten Anklänge aus Tert. stellt, so ergibt sich leicht ein falsches Bild von dem
Grade der Uebereinstimmung und Abweichung.

Was darf man nun aus Tert. selber schließen? Zunächst nach den Schluß=
worten dies, daß er einen Bericht des Pilatus an Tiberius kennt oder voraussetzt;
sodann, daß dieser Bericht seiner Meinung nach wenigstens die Hauptsachen dessen
enthielt, was er selber vorher erwähnt hat. Sicher aber ist andererseits auch, daß
er, auch wenn er ein Schriftstück vor sich hatte, eigene theologische Reflexionen
und Reminiscenzen aus den Evangelien mitverwertet hat. — Aber handelt es sich
überhaupt um ein den Tert. vorliegendes Schriftstück? H a r n a ck II S. 607 ff.
leugnet es. Soweit dabei der bestimmte, oder wiedergegebene Pilatusbrief in Frage
steht, sind H.s Gründe unten zu prüfen. Der Kernpunkt des Problems wird davon
nicht berührt: haben wir nach Tert.s eigenen Angaben auf eine s c h r i f t l i c h e
Q u e l l e irgendwelcher Art zu schließen o d e r n i c h t? H a r n a ck meint: „was
wir von Tertullian lernen, ist nur, daß er Pilatus für einen Christen im Innern
hielt und voraussetzte, er habe an Tiberius in christusfreundlichem Sinn, ähnlich
wie die Evangelien, berichtet. Diese Voraussetzung ist immerhin auffallend . . . .
und verlangt eine Erklärung, zumal um des bestimmten ‚ea omnia' willen." Damit
ist zugegeben, daß ohne eine solche Erklärung das Urteil anders ansfallen müßte.
Harnack gibt als diese Erklärung den Hinweis auf Justins Angaben, dessen auf=
merksamer Leser Tert. gewesen sei: auch bei Justin würden Heilungswunder und
Leidensgeschichte Jesu in den Pilatusakten vorausgesetzt. „Von hier also hat Tert.
den Glauben gewonnen, daß Pilatus an den Kaiser berichtet habe." Nur schade,
daß Justin von Prozeßakten unter Pontius Pilatus spricht und nicht von einem
Bericht des Pilatus selber an Tiberius. Dies beides darf man doch nicht ohne
weiteres mit einander vermengen, und gerade wer ein a u f m e r k s a m e r Leser der
Apologie war, konnte daraus nicht wie Tertullian auf einen Pilatus=Bericht schließen
(vgl. namentlich v. S c h u b e r t, GgA a. a. O. S. 577 f.). Wie sonderbar zudem,
daß Tert. gerade diejenigen Züge der Leidensgeschichte, die ihm aus Justin als
sicherster Bestandteil der Pilatusakten erscheinen mußten, die einzigen, von denen er
bestimmten Grund hatte, sie in diesen Akten bezw. dem Bericht vorauszusetzen, über=
haupt nicht erwähnt: Justin verweist auf den Spott, den die Juden mit ihm trieben,
da sie ihn auf den Richtstuhl setzten, auf die Mißhandlungen des Verurteilten, auf
den Moment der Kreuzigung, das Ausbreiten und das Durchbohren der Hände
und Füße, auf die Verlosung der Kleider und auf die Verhöhnung des am Kreuze
Hängenden durch die Juden. Wer seine Kenntnis von Pilatusschriften nur aus
Justin schöpfte, brauchte wohl nicht jede dieser Einzelheiten, aber er mußte einiges,
zum mindesten die Tatsache der Mißhandlungen usw., benutzen. Tertullian dietet
von alledem schlechterdings gar nichts. Er erzählt, daß die Juden sich das
Kreuzigungsurteil ertrotzten, und fährt, ohne die Kreuzigung selber und alle Ver=

fpottungen auch nur anzudeuten, damit fort, daß der Herr im Sterben noch Wun=
der getan habe, wie die Sonnenfinsternis; dann haben ihn die Juden vom Krenz
genommen und begraben. Und dann foll Tertullian, — der zudem noch von der
Grabeswache, Auferstehung und Himmelfahrt redet, die wiederum Justin hier nicht
anführt — den Mut gehabt haben, am Schlusse seiner Erzählung durch ein „e a
omnia ... nuntiavit" das ἅτινα πάντα aus Justin c. 38 (wo Justin die Pilatus=
akten nicht einmal ausdrücklich nennt) wiederzugeben, obgleich er ganz etwas an=
deres berichtet hat? Also, wenn wir zusammenfassen, Tert. las etwas über Prozeß=
akten und machte daraus einen Bericht des Pilatus? Er hatte bestimmte Angaben
des Justin über den Inhalt dieser Urkunde und schob sie einfach beiseite und erfann
den Inhalt fich felber? Ich frage: was hat denn nun eigentlich Tert. aus Justin
entnommen? So gut wie nichts; nicht einmal das „Pilatus et ipse iam pro sua
conscientia Christianus" war ihm von dort aus an die Hand gegeben. Die ganze
Verbindung der Aussagen des Tert. mit denen des Justin ist entschieden aufzu=
geben.

Damit ist freilich noch nicht erwiesen, daß Tert. eine andere schriftliche Quelle
gehabt hat. H a r n a c k bringt dagegen folgende Gründe vor: 1) Tert. beruft fich
nicht auf eine Schrift, also hat er den Bericht wohl nur vorausgesetzt: ein Argu=
ment, das für fich allein niemand überzeugen wird; 2) Hätte Tert. ein Aktenstück
vor fich gehabt, fo hätte er es bestimmt bezeichnet und hätte zudem feinen Inhalt
bestimmt herausgehoben aus dem, was er den Evangelien oder feiner Dogmatik
entnahm: Hier liegt allerdings ein erheblicheres Bedenken vor. Aber man darf
dem Tertullian keine Vorschriften darüber machen, wie er feine Urkunden benutzt
haben foll, und aus feinem Verfahren in c. 5 des Apologeticum fofort eine „Ge=
wohnheit" zu machen, geht doch nicht an. Zumal wenn er diesen Brief in einem
größeren Zusammenhange las, der felber nicht mehr „Urkunde" war, also im Rah=
men einer Erzählung, fo konnte er fich ihm leicht mehr als ein — gewiß glaub=
würdiger — Teil der Erzählung denn als ein eigentliches Aktenstück darstellen, und
dann hätte die Art, wie er ihn verwertet, nichts Unbegreifliches mehr.

Die Tatfache aber, daß Tertullian wirklich einen folchen Rahmen kannte, ist
durch die Angaben in Apol. c. 5 ficher zu belegen, deren Zusammengehörigkeit mit
c. 21 schon von Eusebius (h. e. II 2) erkannt ist und auch von H a r n a c k nicht
geleugnet wird. Tertullian erzählt hier: Tiberius habe einen Bericht über Christus
aus Syrien und Palästina erhalten und ihn dem Senate vorgelegt, dabei aber durch
fein ausgesprochenes Urteil zu Gunsten des Christentums und der Versetzung Christi
unter die Götter die Entscheidung schon vorweggenommen. Der Senat habe, weil
er die Angelegenheit nicht zuerst felber habe prüfen können, ablehnend geantwortet;
der Kaiser aber fei bei feiner Meinung geblieben und habe Anklagen gegen die
Christen verboten. — Reicht es demgegenüber aus, wenn H a r n a c k II. S. 604
meint, Tertullian habe in Apol. c. 5 „ganz allgemein die Annahme ausgesprochen,
Tiberius habe über Christus einen Bericht aus Palästina empfangen"? Die ganze
ausführliche Erzählung, die damit verbunden ist, weist doch auf mehr als eine bloße
„Annahme" Tertullians. Die überwiegende Wahrscheinlichkeit spricht dafür, daß
er hier etwas Schriftliches vor fich hatte. Nimmt man nun aber noch hinzu, daß
er auch von dem Inhalte jenes in die Erzählung eingestellten „Berichtes" nach
Apol. 21 etwas wußte, daß er die Christenfreundschaft des Pilatus erwähnt, und
daß dies alles, auf das auch H a r n a c k eine Erklärung fordert, aus Justin auf
keine Art erklärt werden kann, fo wird es fast zur Gewißheit erhoben, daß zur Zeit
d e s T e r t u l l i a n e i n e S c h r i f t in Umlauf und ihm in Händen war, die
einen Brief des Pilatus an Tiberius enthielt, aber darüber hinaus den Kaiser felber
für das Christentum in Beschlag nahm (vgl. v. S c h u b e r t, GgA a. a. O.
S. 577).

Diefe ganze Erzählung ist uns freilich verloren. Aber es wäre durchaus
denkbar, daß das für einen christlichen Lefer wichtigste Stück daraus anderweitig
erhalten wäre. Dafür bietet fich aus der ganzen Pilatusliteratur von felber der

erwähnte Brief an Claudius an, der in den Acta Petri et Pauli zur Beglaubigung der Lehre der Apostel hervorgeholt und vor Nero verlesen wird. Es ist Harnacks Verdienst, die enge Verwandtschaft zwischen diesem Briefe und Tertullian endgültig bewiesen zu haben. Die Frage ist nur: wer von beiden ist die Quelle für den andern? Die verbreitetste Annahme sprach sich bisher für die Priorität des Briefes aus (so auch Lipsius S. 17 f., 19 und Harnack I S. 22); Harnack II S. 607 ff. hat dagegen das Verhältnis gerade umgekehrt: Das Pilatusschreiben sei etwa zur Zeit des Maximinus Daza als Gegenstück gegen die heidnischen Pilatusakten entstanden; der Verfasser habe wohl in Tertullians griechischem Apologeticum c. 21 das Referat eines Schreibens des Pilatus an den Kaiser erkennen und dasselbe danach rekonstruiren zu dürfen geglaubt. Außer den Gründen, die nach H.s Meinung überhaupt gegen die Benutzung einer schriftlichen Vorlage bei Tert. sprechen, bringt er eigentlich nur vor, 1) Tert. habe die im Briefe so ausführlich nach Matth. erzählte Geschichte von Pilatus und den Grabeswächtern nicht weglassen können — derselbe Tert. hat freilich nach Harnack von seiner Quelle Justin so ausführlich erörterten Verspottungen und Mißhandlungen weggelassen, obgleich sie als Beleg für die Verblendung der Juden so gut in seinen Zusammenhang paßten! Und daß umgekehrt der Verf. des Briefes die Himmelfahrtsgeschichte aus Tert. wegließ, die doch durch ihn für den Bericht des Pil. so gut bezeugt schien, findet H. sehr natürlich! (s. dazu unten). — Weiter: 2) der Verfasser eines Briefes des Pilatus an den Kaiser habe nicht so formlos und so phantasielos und so dürftig berichten können, wenn er nicht einen besonderen Anlaß, wie ihn Apol. 21 bot, dazu hatte. Aber eben diese Dürftigkeit und Formlosigkeit ist Harnack in I S. 22 noch nicht aufgefallen oder von ihm als Schlichtheit und Zurückhaltung, als ein Merkmal hohen Alters angesehen. Noch jetzt erkennt er (S. 607) an, daß „die große Einfachheit des Briefes auf eine alte Zeit weisen könnte"! Erklärt sich das wirklich genügend durch die Abhängigkeit von Tertullian? sind denn dessen Ausführungen schlicht und einfach? Vergleicht man nicht nur diejenigen Partien, in denen Tert. auffällige Parallelen bietet, sondern seine ganzen Ausführungen, und zieht man nicht nur die Uebereinstimmungen, sondern auch die Abweichungen in Betracht, so kann das Urteil m. E. nicht anders als zu Gunsten des Briefes ausfallen. Der Verf. soll nach Harnack die dogmatischen Ausführungen für Tert.s Eigentum gehalten und weggelassen haben: das sagt sich leicht! aber man lese das Kapitel bei Tertullian: ist da nicht alles mit Dogmatik durchsetzt? Und alles, auch die historischen Notizen, trägt echt Tertullianisches Gepräge: aus diesen Worten diesen Brief zusammenzustellen, Tertullians pathetische Rhetorik in diese einfache Form umzugießen, wäre eine schlechthin erstaunliche Leistung, vor der jeder, der heute, mit genauer Kenntnis der Art des 2. Jahrh. ausgerüstet, das gleiche Unternehmen versuchte, kapituliren müßte; geradezu raffinirt müßte der Verfasser gearbeitet haben: ist es ihm doch sogar gelungen, noch Harnack I S. 22 zu täuschen, der erklärt, es sei sehr wahrscheinlich, daß eben dieser Brief Tertullian vorgelegen habe; nichts im Inhalte spreche dagegen. Ich halte diesen Grund, die Einfachheit und Zurückhaltung des Briefes in dem, was er sagt und wie er es sagt, gegenüber der charaktervollen Eigenart der Tertullianischen Theologie und seines Stiles schon allein für so völlig ausschlaggebend, daß er eine weitere Erörterung der Frage fast unnötig macht. Zur Verstärkung mag sie indessen noch angefügt werden:

Die Briefeinleitung ist nach Harnack kümmerlich, aber vorsichtig gefaßt, aus Tertullians Worten konstruirt. Das erste mag nach unsern Begriffen richtig sein. Aber soll es wirklich aus Tertullians Worten herausgenommen sein, wenn der Verf. z. B. an einer Stelle, zu der Harnack das Tertullianische „Der Strahl Gottes ging in eine Jungfrau ein" vergleicht, von den Verheißungen spricht, daß Gott seinen Heiligen vom Himmel her senden werde durch eine Jungfrau? Daß Christus gerade hier, wo Tertullian seine Logoslehre entwickelt, in altertümlicher Weise als der Heilige Gottes bezeichnet wird, ist auch von Harnack I S. 22 zu Gunsten des Briefes gedeutet. Aber daß dieser überhaupt auf jedes Eingehen auf christologische Probleme verzichtet, daß er über Jesu göttliches Wesen so garnichts sagt, wäre bei einem Mann des 4. Jhdts., dem Tert. hier so treffliche Anknüpfungs= punkte gab, undenkbar. — Ist es weiter wahrscheinlicher, daß jemand, der bei Tert. etwas davon las, daß die Oberen des Volkes durch Jesu Lehre erbittert wurden, diese Lehre einfach überging, oder daß Tert. als Kenner der Evangelien sie von sich aus hinzufügte? Ist es wahrscheinlich, daß man sich die Bemerkung über Jesu Sterben vor dem Brechen der Beine und über die Sonnenfinsternis entgehen ließ, die doch Tert. bot? Auch das Erdbeben, das Fortwälzen des Steines, den Schrecken der Wächter sollte der Verf. getilgt haben, während doch gerade nach ihm Pilatus von den Wächtern unterrichtet ist und also um so eher davon schreiben kann? Daß endlich der 40tägige Verkehr mit den Jüngern in Galiläa und die Himmelfahrts= geschichte entfernt und „dafür nach Matthäus die Pilatus=Wächter=Geschichte breit wiedergegeben ist", findet Harnack sehr verständlich. Ich nicht. Denn gerade unmittelbar auf die Erzählung von der Himmelfahrt folgt bei Tert. jene Bemer= kung: dies alles berichtete über Christus Pilatus dem Kaiser Tiberius. Wer das las und dabei noch die Angabe, daß Pilatus im Herzen schon Christ gewesen sei, der konnte kaum anders, als ihm auch die Kenntnis und den Bericht der Himmel= fahrt zuzuschreiben. Auch die Bemerkung, daß die Soldaten trotz der Bestechung durch die Oberen nicht schwiegen, sondern die Auferstehung bezeugten, weist nicht in eine spätere Zeit: wer Pilatus über Christus schreiben ließ, konnte im 2. Jhdt. so wenig wie im 4. an der Wächtererzählung vorübergehen und mußte sie so um= biegen, daß Pilatus von der Auferstehung Kunde erhielt. Dagegen hat es keinerlei Schwierigkeit, umgekehrt bei der Priorität des Briefes anzunehmen, daß Tert., dem der unkanonische Schluß ohnehin auffällig sein konnte, auch hier wie sonst in das Fahrwasser der Evangelien geraten ist und den Bericht über Jesu Leben, den er in diesem Kapitel kurz gegeben hat, zum Abschluß hat bringen wollen durch die Er= zählung von der Himmelfahrt. Da er überhaupt nicht wörtlich citirt hat, konnte er gleichwohl, bei Kenntnis unseres Briefes, unter alles Vorangehende in Bausch und Bogen sein „ea omnia" setzen. —

Man soll natürlich nicht leugnen, daß, wie bei allen ähnlichen literarischen Problemen, sich auch dies und jenes für die entgegengesetzte Anschauung geltend machen läßt, z. B. nach der Aufzählung der Wunder Jesu der Zusatz: und wie er viele Wunder tat; in der Anklage: daß er gegen ihr Gesetz handle; bei der Verurteilung: daß er gegeißelt wurde. Das alles ließe sich wohl als Erweiterung der Tertullianischen Erzählung deuten, ist aber — auch abgesehen von der Mög= lichkeit nachträglicher Einschiebungen — so unsicher und gegenüber den Gegenin= stanzen so harmlos, daß das bisherige Ergebnis dadurch nicht erschüttert werden kann: Der Eindruck des Briefes, wenn man ihn für sich allein betrachtet, vollends die Vergleichung mit Tertullian in der allgemeinen Haltung, endlich die meisten Einzelheiten sprechen dafür, daß die schriftliche Quelle, die wir nach den obigen Ausführungen für Tert. voraussetzen, eben dieser Brief gewesen ist. Daß die griechische Recension die ursprünglichere ist, ist allgemein anerkannt. Fraglich ist, ob wir noch in allen Einzelheiten den Text des 2. Jhdts. haben (vgl. Harnack I S. 22). Dahin könnten einige der eben besprochenen Ueberschüsse über Tertullian hinaus allenfalls gehören; sie würden in genauer Parallele stehen z. B. mit dem Zusatz des lateinischen Textes zum griechischen: daß Jesus „siccis pedibus" auf dem Meere gewandelt habe. Aber es ist herzlich wenig, was man auf diese Art ausscheiden kann. Der Schlußsatz, den Harnack auf Gegnerschaft gegen die heidnischen Pilatusakten zurückführt, kann sehr wohl auch der ältesten Gestalt an= gehört haben; denn er spricht nicht von Verleumdungen schlechthin, sondern von Verleumdungen der Juden; daß dieser Protest im 2. Jhdt. angebracht war, wird man nicht in Abrede stellen können.

Die Zeit der Erfindung dieses Briefes läßt sich nicht genauer bestimmen. Lipsius hat ihn in einer komplicirten, von Harnack wohl mit Recht in ihrer Grundlage angefochtenen Untersuchung (Pilatus=Akten S. 18, Quellen der römischen

Petrus=Sage, bef. S. 13—17. 84.) zusammen mit der angeblichen ebionitischen Grund=
schrift der Petrus= und Paulus=Akten auf „längere Zeit vor der Mitte des 2. Jhdts."
angesetzt, lediglich weil die Adresse überall den Namen Claudius statt Tiberius
trägt. Aber man wird darin jedenfalls nur eine nachträgliche Aenderung sehen
können, die dem Verf. der Acta Petri et Pauli zur Last geschrieben werden muß,
zumal da der Brief, wenn man das Zeugnis Tertullians anerkennt, ursprünglich
in anderem Zusammenhange gestanden hat und also in jene Akten nur hinüberge=
nommen ist. Vor 197 — das ist das einzige, was sich zur Zeit sagen läßt. An=
gespielt wird auf ihn wohl in der syrischen Predigt des Simon Kephas in Rom,
wo Petrus sich darauf beruft, daß er dasselbe predige, was Pilatus an Kaiser und
Senat berichtet habe.

Bemerkungen zur Uebersetzung.

S. 76, 3. 1. C l a u d i u s : so in allen Recensionen. L i p s i u s nimmt darum,
wie erwähnt, an, daß der Brief schon den „älteren Petrusakten" angehört habe, die
„den Apostel ebenso wie den Magier Simon unter der Regierung des Claudius nach
Rom brachten": von dieser Zeitbestimmung sei bewußt oder unbewußt die Brief=
adresse beeinflußt. Der einzige sichere Schluß ist indessen, daß alle auf uns ge=
kommenen Recensionen die gleiche Grundlage mit dem Namen des Claudius ge=
habt haben, nicht aber, daß diese Grundlage auch die Urgestalt des Briefes dar=
stellt. Was zu der Aenderung des Kaisernamens geführt haben mag, — vielleicht
etwas ähnliches, wie Lipsius es andeutet, — ist ebenso unsicher, wie es sicher ist,
daß ein Verfasser, der den Pilatus bald (3. 2) nach den Ereignissen berichten ließ,
schon aus den Evangelien nur Tiberius als Adressaten nennen konnte; dazu stimmt
das Zeugnis des Tertullian. — 3. 2 a u f d e c k t e = ἐγύμνωσα; andere ἐγύμνασα,
= „mitbetrieb, beförderte"(?); lat.: probavi; Konjektur ἔγνωσα. — 3. 2—4: der
Lateiner hat die beiden ersten Sätze zu einem einzigen verschmolzen, wie er auch
den ganzen Abschnitt 3. 4—14 in einer einzigen Periode bietet. Der lateinische
Text ist sachlich korrekter, da er deutlicher alles bis zur Gerichtsverhandlung hin
als Vorgeschichte kennzeichnet. Vermutlich ist das auch die Absicht des Ueberar=
beiters gewesen. — 3. 3 a u s N e i d : die Erklärung folgt 3. 12; vgl. Mc. 15 10.
— 3. 5 d e r H e i l i g e G o t t e s f. o. S. 150. — 3. 6 i h r K ö n i g usw.:
Durch die Zwischenbemerkung soll augenscheinlich die „Judenlüge" nach Joh. 19 12
Lk. 23 2 entkräftet und der Verdacht des Majestätsverbrechens von Jesus genommen
werden; auch das weist in alte Zeit.

3. 9 ff. Hier ist die Verwandtschaft mit Tertullian am auffälligsten, nur daß
er die Dämonenaustreibung voranstellt. Aehnliche Wunderaufzählungen finden sich
jedoch in der altchristlichen Literatur häufig (gesammelt bei E. H e n n e c k e , Altchr.
Malerei usw. Lpz. 1896, S. 179 Anm. 1—3. Dazu noch der Brief Abgars an Jesus,
in dem gleichfalls das Reden der Stummen und das Hören der Tauben ausgelassen
ist, vgl. H a r n a c k II S. 607 Anm. 1). H e n n e c k e deutet wohl mit Recht auf
ein „Resumé der Heilandstätigkeit Jesu", das aus Mt. 11 5 u. ä. zu allgemeinerer
Bekundung der Machtgröße Jesu erweitert ist, also etwa ein „Kerygma", der Art
nach ähnlich denjenigen, auf die H a r n a c k RE I S. 750 (Apost. Symbolum) hin=
weist. — 3. 9 und 10 fügt Tert. ein, daß das Wunder durch Jesu bloßes Wort
geschah. — 3. 11. Der Lateiner hat den Zusatz „trocknen Fußes". — 3. 14. Der
Vorwurf des Magiertums spielt in den apokryphen Apostelgeschichten immer eine
große Rolle. Wenn nach Justin Jesu Wunder vor Gericht behandelt wurden, so
ist es allerdings möglich, daß auch dort an eine Anklage auf Zauberei nach Mt. 12 24
gedacht ist (doch vgl. oben S. 146). —

3. 15 f. Die Exekution ist also den Juden überlassen, wie man Lk. 23 25 und
Joh. 19 16 anlegen konnte, und wie z. B. das Petrusevangelium es mit voller
Deutlichkeit erzählt. — 3. 16. Kreuzigung und Tod ist auffällig kurz behandelt,
noch kürzer als bei Tertullian; daß er die Vorlage bildet, ist darum auch hier un=
wahrscheinlich. — 3. 17 ff. Die Wächtergeschichte nach Matthäus, übrigens keines=

wegs beſonders „breit wiebergegeben", wenn man bebenkt, daß der Verfaſſer eben
die „Trugreden der Juden" widerlegen will. Daß und warum Tertullian hier ab=
weicht, ſ. o. S. 151. — Z. 20 f. Dieſe Umbiegung der Matthäuserzählung war not=
wenbig, wenn man Pilatns berichten laſſen wollte. — Z. 22. j e n e n. Der griechiſche
Text bietet κἀκεῖνοι: „Denn auch jene (kann nur als Gegenſatz gegen das Zeugnis
der Jünger gemeint ſein, obgleich davon nicht gerebet iſt) haben bezeugt, daß ſie
(ihn) haben auferſtehen ſehen uſw." Ich ſchlage nach dem Lateiner (illum) die
Lesart κἀκεῖνον vor; ſo erhält das ἀναστάντα erſt ſein Subjekt und der ganze Satz
eine ſchärfere Faſſung: Die Juden haben die Sache nur noch ſchlimmer für ſich ge=
macht; aus der Einen für ſie gefährlichen Ausſage der Solbaten ſind nun zwei ge=
worben: ſie bezeugen jetzt nicht nur, daß jener auferſtanden iſt, ſondern auch, daß
die Juden den Vertuſchungsverſuch gemacht haben; ihr Unrecht wird baburch um
ſo ſtärker ins Licht gerückt. — Ueber die Himmelfahrtserzählung ſ. o. S. 151. —
Z. 23. v o r d e i n e M a j e ſ t ä t τῷ κράτει σου: fehlt im Lateiner und könnte
ſpäterer Znſatz ſein. — Z. 24. Ueber die Spitze gegen die Juden ſ. o. S. 151. In
bem Schlußſatze vor allem erweiſt ſich Pilatus eben als pro sua conscientia Christianus.

<hr />

IX.
Abgarſage.
(A. Stülcken.)

Ausgaben: Die Ausgaben der Kirchengeſchichte des Euſebius, dazu E. S c h w a r t z
ZnW IV 1903, S. 61—66. E. N e ſ t l e , Novi Test. gr. supplementum, Lpz. 1896,
S. 93 f. — D o c t r i n a A d d a i (im folgenden = DA): ſyriſch in G. P h i l l i p s ,
The Doctrine of Addai the Apostle (mit engl. Ueberſetzung) Lnd. 1876; armeniſch
(franz.) in V. L a n g l o i s , Collection des historiens anciens et modernes de
l'Arménie, I p. 314 ff. 1867 und A l i ſ h a n , Laboubnia, lettre d'Abgar, Ven. 1868.
— Zuſammenſtellung der verſchiebenen Formen des Brieftextes und Textgeſchichte:
E. v. D o b ſ c h ü tz, ZwTh 1900, 3. S. 422—486. —
Literatur: R. A. L i p ſ i u s , Die edeſſeniſche Abgarſage, Brnſchw. 1880;
JprTh 1881, S. 187 ff. 1882 S. 190 ff.; Die apokr. Apoſtelgeſch. uſw. II 2 S. 178 ff.
Brnſchw. 1884 und Ergh. S. 105 ff. 1890. — Th. Z a h n , GgA 1877, S. 161 ff.
Forſchungen z. G.K. I S. 350 ff. Erl. 1881; G.K. I 1 S. 369 ff. — K. E. A. M a t t h e s ,
Die edeſſeniſche Abgarſage. Lpz. 1882. — L. J. T i x é r o n t , Les origines de l'église
d'Édesse. Paris 1888. — R. D u v a l , Histoire politique, religieuse et littéraire
d'Édesse. Journal Asiatique Sér. VIII tom. 18. 19. Paris 1891/2 (beſ. S. 201 ff.,
234. ff.); Anciennes littératures chrétiennes. II. La littérature syriaque, S. 103 ff.
Paris 1899. — E. v. D o b ſ c h ü tz, ſ. o. und: Chriſtusbilber, TU N.F. III S. 102 ff.
Belege S. 158 ff., Beilagen S. 130 ff. — H a r n a c k I S. 533—540. — K r ü g e r
S. 228 f. und Nachtr. 1898 S. 30 f. — A. E h r h a r d I, S. 117 ff. Freibg. 1900. —
Zur edeſſeniſchen Chronologie: A. v. G u t ſ c h m i d , Mémoires de l'académie imp.
de St.-Pétersbourg, Sér. VII. XXXV. 1887, S. 1 ff.

Jn der Beurteilung des Briefwechſels Chriſti mit Abgar und der ange=
knüpften Erzählung iſt eine weitgehende Uebereinſtimmung erzielt.

Zunächſt iſt, trotz der vereinzelten Verteibigungsverſuche von C u r e t o n ,
P h i l l i p s und einigen neueren katholiſchen Gelehrten, an der U n e c h t h e i t des
Berichtes kein Zweifel. Wenn Abgar in ſeinem Briefe Mt. 11 5 benutzt, und wenn
Jeſus Joh. 20 29 vorwegnimmt, ſo iſt ſchon bamit das Urteil geſprochen; denn die
nachfolgende Erzählung iſt ſo eng mit dem Briefwechſel verknüpft, daß man jene
nicht ohne dieſen halten kann (gegen J. E p h r a e m II R a h m a n i , Acta Guriae
et Shamonae, Prolegomena XV ff., Rom 1899).

Der legendarische Charakter der Ueberlieferung wird zudem durch die Tat=
sachen der Geschichte bestätigt. Danach ist das Bestehen einer christlichen Gemeinde
zu Edessa nicht vor dem Ausgange des 2. Jahrhunderts nachweisbar. Der erste
christliche König ist Abgar IX Bar Manu, der nach den Untersuchungen von Gut=
schmid's 179—214 bezw. 216 regierte, der Freund des Gnostikers Bardesanes und
des Julius Africanus. Unter ihm fand im Jahre 201 die große Ueberschwemmung
statt, von der die edessenische Stadtchronik einen Bericht aufbewahrt hat, dessen Be=
merkung, daß auch „das Heiligtum der christlichen Kirche" zerstört sei, beweist, daß
sie noch aus heidnischer Hand stammt (L. Hallier, TU IX 1, Lpz. 1892 S. 84 ff.
86). Wenn auch nicht gewiß, so doch wahrscheinlich ist es, daß damals auch der
König noch nicht zum Christentum übergetreten war. Die erste Erwähnung eines
organisirten Kirchenwesens in der Landschaft Osrhoene findet sich um dieselbe Zeit:
im römisch=kleinasiatischen Osterstreit fanden hier bereits Synoden statt. Dadurch
würden wir bis etwa 170 für das Entstehen einer edessenischen Gemeinde hinauf=
geführt; freilich wird sie erst durch den Uebertritt des Fürsten größere Bedeutung
gewonnen haben. Endlich weist auf dieselbe Entstehungszeit die Tatsache hin,
daß die in die Legenden verwobene geschichtliche Erinnerung den ersten (bezw.
dritten, f. u.) Bischof von Edessa, Palut, einen Schüler des Abbai=Thaddäus, von
Serapion von Antiochien ordinirt sein läßt und seinen zweiten Nachfolger Bar=
schamja in die Zeit der decianischen Verfolgung setzt. Das sind historische Daten,
durch die der apostolische Ursprung der edessenischen Kirche und damit die Abgar=
erzählung unwiderlegbar ins Gebiet der Sage verwiesen wird.

Zugleich ist damit der erste Anhalt für die Ermittelung der Entstehungs=
zeit der Legende gegeben: Sie kann nicht vor der Konsolidirung der christlichen
Gemeinde von Edessa, nicht vor der Bekehrung des ersten christlichen Königs ent=
standen sein. Aber weiter muß sie in eine Zeit hinabgerückt werden, in der das
Andenken an das frühere Heidentum und die bedeutsame Zeit der Annahme des
Christentums weit genug zurücklag, um die Versetzung der Christianisirung Edessas
in die Zeit Jesu und seiner Apostel unanstößig zu machen. So wird man auf die
zweite Hälfte oder das letzte Drittel des 3. Jhdts. geführt. Die Grenze nach unten
gibt Eusebius mit seiner Benutzung der Legende in der Kirchengeschichte. — Die
Annahme von v. Gutschmid und Lipsius, die Sage müsse noch unter Abgar
selber, d. h. bis 216, entstanden sein, ist aus den eben angegebenen Gründen kaum
zu halten. Der Haupteinwand: daß nach der Ueberführung der Gebeine des hl.
Thomas nach Edessa im Jahre 232 eine derartige Legende statt an den unberühmten
Abbai=Thaddäus vielmehr an den Apostel Thomas hätte angeknüpft werden müssen,
hält nicht Stich, wenn der Name Abbai mit der Kirchengründung historisch un=
lösbar verknüpft war. Eher könnte man umgekehrt schließen, daß die Zurück=
führung der Sendung des Abbai auf Judas=Thomas eben jenes Ereignis des
Jahres 232 voraussetze. Jedenfalls scheint die Zeit des ersten christlichen Königs
für die Erfindung einer Legende, die das Christentum Edessas um ca. 170 Jahre
zurückdatirt, am wenigsten geeignet. Man wird daher bei dem oben gegebenen
Ansatze bleiben dürfen.

Das Motiv der Erfindung ist natürlich in dem Bestreben zu suchen, die
edessenische Kirche an die Apostel zu knüpfen und ihr selber damit etwas von apo=
stolischem Ansehen und den Ruf apostolischer Tradition zu verleihen. Man ver=
setzte also den Missionar Abbai, — der wohl ebenso wie sein Nachfolger Aggai
(s. Doctr. Addai) eine historische Persönlichkeit aus dem 2. Jhdt. ist, wenn auch
kaum schon Bischof von Edessa — in den weiteren Kreis der namenlosen 70 Jünger
des Herrn. Aber der Name Abbai reichte dabei nicht aus; er mußte von einem
bekannten Apostel gesandt sein; ja, noch besser war es, wenn Jesus selber der
mittelbare Gründer der Gemeinde von Edessa wurde; zu dem Zweck brachte man
den damaligen König Abgar V Ukkama, den uns die Geschichte freilich in ziemlich
zweifelhaftem Lichte zeigt, in Verbindung mit dem Herrn und übertrug auf seine
Zeit, was sich um 200 in Edessa zugetragen hatte. So etwa werden wir uns die

Entstehung der Legende zu erklären haben: sie enthält den Briefwechsel Christi nicht als Hauptsache, sondern als Begründung der christlichen Autorität Edessas, d. h. sie bietet „Acta Edessena".

Wie aber sahen diese Akten in ihrer ältesten Form aus? Eusebius will sie aus dem königlichen Archiv zu Edessa entnommen und die Briefe samt der Erzählung wortgetreu aus dem syrischen Original übersetzt haben. Daß sie aber wirklich dem Archiv entstammen, ist bei ihrem sagenhaften Charakter ausgeschlossen; vermutlich trugen sie eine beglaubigende Notiz (wie die Doctrina Addai) am Schluß, die Eusebius Anlaß gab, mit der vorzüglichen Herkunft seines Materials zu prunken und unberechtigter Weise sich selbst ein Verdienst an der Auffindung zuzuschreiben. E. Schwartz (ZnW S. 65 f.) schließt daraus, daß auch die Angabe, er habe aus dem Syrischen übertragen, falsch sei: „er kann nur haben sagen wollen, daß er die Briefe einer Schrift entnahm, die aus dem Archiv zu stammen und aus dem Syrischen übersetzt zu sein vorgab. Er hat sicherlich den Text nicht aus dem Syrischen übersetzt"; des weiteren vermutet Schwartz, daß nicht nur das dem Eusebius vorliegende Exemplar, sondern schon das Original griechisch war und nur zu seiner Selbstbeglaubigung sich eine wortgetreue Uebersetzung aus dem Syrischen nannte. Daß diese Annahme möglich ist, ist nicht zu bestreiten, freilich noch schwerer zu beweisen. Denn die von Schwartz angeführten Gründe: dem Euf. sei die Nachahmung des neutestamentlichen Stils nicht zuzutrauen, sowie: er hätte als Uebersetzer die durch die Interpolationen hervorgerufenen Anstöße ohne Mühe beseitigt, wie denn überhaupt diese Interpolationen (s. u. S. 162 und 164) nur auf dem Boden eines griechischen Textes gewachsen sein könnten — diese Gründe sind doch zu allgemein, um durchschlagend zu sein. Mir scheint z. B. die Tatsache, daß Thaddäus in den Kreis der Siebenzig versetzt ist statt mit dem Apostel Mt. 10₃ identificirt zu werden, nur dadurch erklärt werden zu können, daß eben ein syrischer Text mit dem Namen Addai vorlag. Auch das ungriechische ἐν τόπῳ Ἱεροσολύμων im Briefe Abgars, und manche besonders schwerfällige und umständliche Redeweise (z. B. in § 14, 15, 18) machen den Eindruck einer Uebersetzung. Mir scheint darum die Annahme eines syrischen Originals immerhin nicht unwahrscheinlich. Etwas anderes ist es, ob Eusebius selber der Uebersetzer gewesen sei. Ich gestehe, daß mir diese Annahme durch Schwartz zweifelhaft geworden ist.

Daß in der Vorlage des Eusebius den Briefen eine geschichtliche Einleitung vorangestellt war (so Lipsius, Tixéront, Zahn), ist, da ein historischer Teil folgt, wahrscheinlich; was Eusebius selber zur Einführung gibt, ließ sich freilich ohne Ausnahme aus dem folgenden Aktenstücke erschließen. — Den Schluß bildet bei Eusebius ein Bericht über Vorbereitungen zu einer Predigt des Thaddäus vor der ganzen Einwohnerschaft Edessas. Lipsius (Abgarsage S. 26; anders Ergh. S. 106 f.) vertrat die Anschauung, daß die Vorlage selber nicht weiter reichte. Aber es ist kaum denkbar, daß die Legende, die doch den Ursprung des Christentums in Edessa erzählen wollte, sich mit der Hindeutung auf die am folgenden Tag beabsichtigte öffentliche Predigt begnügt haben sollte, statt diese Predigt und ihren Erfolg wirklich zu berichten (Tixéront, S. 87 ff.). Zudem redet Eusebius II 1,7, wo er noch einmal auf die Wirksamkeit des Thaddäus in Edessa zurückblickt und sich wieder auf die Geschichte der Alten beruft, so, daß er von der Bekehrung nicht nur des Hofes, sondern der ganzen Bevölkerung genauere Kunde gehabt zu haben scheint. Seine Urkunde hat also wohl weiter gereicht als er sie mitteilt. Dann können aber auch die Worte: „Es geschah dies im 340. Jahre", die ohnehin in engem Zusammenhange mit den eigenen Schlußworten des Eusebius stehen, sich in seiner Vorlage nicht an dieser Stelle befunden haben. Eusebius setzt also ein Schriftstück voraus, das über das von ihm Uebersetzte hinaus 1) vielleicht eine Einleitung, 2) jedenfalls eine Fortsetzung mit dem Bericht über die Wirksamkeit des Thaddäus, 3) wahrscheinlich an einer andern Stelle, vermutlich am Eingang oder am Schluß, eine ähnliche Datirung bot.

Eine Schrift aber, auf die diese Merkmale zutreffen, besitzen wir in der syrischen

Doctrina Addai[1]. Zahn (GgA 1877 und Forschungen I f. o.) hat denn auch die Behauptung aufgestellt, die DA, wie sie uns vorliegt, sei selber die von Eusebius benutzte Urkunde. Er hat darin freilich wenig Zustimmung gefunden, und da er selber in G.K. I S. 373 sich wesentlich zurückhaltender äußert, so darf man wohl annehmen, daß auch er der Gegenansicht jetzt mehr Berechtigung zuer= kennt: daß nämlich die DA eine mehr oder minder starke Ueberarbeitung des ur= sprünglichen Textes darstelle. Ein Vergleich der DA mit Eusebius er= gibt das folgende: 1) DA bietet allerdings eine Einleitung, durch die der Brief Abgars an Jesus motivirt wird. Abgar hat seine Mitteilungen über Jesu Wunder= tätigkeit danach durch eine Gesandtschaft erhalten, die er vorher in Staatsange= legenheiten an den römischen Statthalter nach Eleutheropolis geschickt hat, und an der der „Archivar" Hannan gleichfalls beteiligt war. Da Abgar nun mit Rücksicht auf die Römer nicht selbst nach Jerusalem reisen kann, so sendet er den Archivar Hannan. Mittwoch den 12. Nisan trifft er in Jerusalem ein. Die vorangehende Datirung nennt das Jahr 343 = 32 unserer Zeitrechnung; doch ist durch die ar= menische Uebersetzung das Jahr 340 = 29 auch für die DA wohl als das Ur= sprüngliche gesichert (f. u. zu der Stelle). Von einer Krankheit Abgars ist hier noch keine Rede. Damit steht wohl in Zusammenhang die spätere Erwähnung des Bildes Christi, das in der Legende meistens nicht zu der Krankheit, sondern zu der Sehnsucht Abgars nach Jesu persönlicher Bekanntschaft in Beziehung gesetzt wird. — Daß Eusebius diese Einleitung gekannt, aber als unwesentlich beiseite gelassen habe (Zahn), ist sehr unwahrscheinlich: mit keinem Wort verrät er seine Kenntnis dieser auffälligen Angaben; er redet nur von allgemeinen Gerüchten, die dem Ab= gar zu Ohren kamen; er begründet den Brief nur mit A.s Krankheit; er läßt sich den wichtigen Termin, b. 12. Nisan der Leidenswoche, entgehen; er macht den „Ar= chivar" (tabularius) zu einem bloßen Eilboten (tabellarius): Es wird aber in einer Legende jedem Unbefangenen das Natürlichere scheinen, daß ein Eilbote, weil es sich um eine Gesandtschaft an Christus handelt, nachträglich zum Archivar be= fördert ist als umgekehrt. Auch die aquitanische Pilgerin von 388 (bei Dobschütz TU N.F. III S. 168* 169*) kennt den Ananias noch als bloßen cursor. Da= nach wird man diese Einleitung der DA in ihren Hauptpunkten für eine spätere Zutat halten dürfen. — 2) In dem Stücke, das Eusebius wortgetreu zu bieten behauptet, stimmt er im ganzen mit DA überein. Die Zahl der bedeut= samen Varianten[2] ist gering. a) Im Briefe Abgars enthält DA fünf kleine Zusätze, deren Auslassung durch Eusebius ebenso unerklärlich wäre, wie die nachträgliche Bereicherung des Textes begreiflich ist. b) Der Brief Christi, nach Eusebius wohl von ihm selbst, nach DA nach seinen Worten von Hannan aufgeschrieben, enthält als wichtigste Abweichung am Schluße den Zusatz: „Deine Stadt soll gesegnet sein, und kein Feind soll wieder Herr über sie werden in Ewigkeit". Nach Zahn, der in gekünstelter Deutung von I 13, 5 den Eusebius überhaupt aus dem Original nur excerpirend übersetzen läßt (Forsch. I S. 366, 355 f. vgl. unten S. 160), hätte Eusebius diesen Briefschluß fortgelassen, weil er Anstoß daran nahm, daß Jesus eine Verheißung gegeben haben sollte, die durch die Ein= verleibung Edessas in das römische Reich 216 Lügen gestraft war. Aber Eusebius versichert (§ 5 und 22), wortgetreu, Wort für Wort seine Vorlage wiederzugeben. Wenn er an andern Stellen (II 10,6 und vielleicht IV 16,9) seine Quellen verge= waltigt hat, so hat er doch an eben diesen Stellen durch ein ὧδέ πως (II 10,2 und IV 16,7) sein Gewissen zu entlasten gesucht. Bietet er hier diese Einschränkung nicht, so besteht das Vorurteil zu Recht, daß er seine Quelle wirklich in allem wesentlichen

---

[1] ed. Phillips, f. o., im folgenden als DA citirt. — Die armenische Ueber= setzung, die wohl schon dem 5. Jhdt. entstammt, ist, bis auf einige Veränderungen zu Gunsten der armenischen Kirche, getreu. Dagegen kommt Moses von Choren nach A. Carrières Untersuchungen nicht mehr in Betracht.

[2] Vgl. dazu im einzelnen unten die Bemerkungen zur Uebersetzung.

gewiffenhaft wiedergibt, d. h. in diefem Falle, daß feine Urkunde die Verheißung
der Uneinnehmbarkeit Edeffas noch nicht enthielt. Sie ftcht überdies auch im Text
der DA völlig unvermittelt. Da der Brief Jefu ohnehin mit einer Bezugnahme auf
die Umgebung Abgars fchloß, fo ift die Ausdehnung des ihm verheißenen Segens
auf die Seinen und auf feine Stadt durchaus begreiflich, zumal wenn fie etwa in
die bewegten Jahre der Perferkriege zwifchen 337 und 363 fiele (vgl. Lipfius
II 2 S. 186). Um 388 hat dann die aquitanifche Pilgerin (a. a. O. S. 170*, 168*)
den Zufatz, den man in ihrem Heimatlande nicht kanute, in Edeffa fchon vorge=
funden; damals waren auch die Briefe fchon am Stadttor angebracht, wovon Eu=
febius nichts zu wiffen fcheint: im Lanfe des 4. Jhdts. müßte alfo die Erweite=
rung entftanden fein; auch beim Comes Darins, in feinem Brief an Auguftin, war
fie bekannt (Dobfchütz S. 174*). Daß Ephräm fie bereits las, hat Zahn nicht
nachgewiefen (Forfch. I S. 360 f.; vgl. Lipfius II 2 S. 183 f., v. Dobfchütz
a. a. O. S. 165* f.). — Daß diefer Brief Jefu nach Eufebius, abweichend
von DA, als von Jefus felbft gefchrieben galt (befonders § 3), ift, wie Zahn zu=
gegeben werden muß, eine harmlofe Differenz: ein unbeftimmter Ausdruck in den
(m. E. urfprünglichen) Briefüberfchriften mag beide Deutungen zugelaffen haben. —
c) In der den Briefen angefchloffenen Erzählung bietet zu=
nächft DA über Eufebius hinaus einen Ueberfchuß durch die Angabe, Hannan,
der auch Hofmaler gewefen fei, habe das Bildnis des Herrn mit auserlefenen
Farben gemalt und Abgar habe es in einem feiner Paläfte aufgeftellt. Die Be=
dentung diefer Notiz ift wohl vielfach überfchätzt, da man hier die Anfänge der
Bildlegende vor fich zu haben glaubte, die von Euagrius und den griech. Thad=
däusakten an den Hauptinhalt der griechifchen Abgarfage gebildet hat. v. Dob=
fchütz weift indeffen in feiner gründlichen Unterfuchung über die Chriftusbilder
nach (a. a. O. S. 116), daß man die Erzählung der DA „kaum als Vorläufer der
Bilderlegende bezeichnen" dürfe. Jedenfalls fpielt das Bild in DA eine auffällig
unbedeutende Rolle; nur das könnte man fchließen, daß der Verf. ein folches Bild
im Königspalaft zu feiner Zeit vorfand. Ift diefe Vermutung richtig, fo muß aller=
dings wiederum die DA jünger fein als der Bericht der aquitanifchen Pilgerin, die
in der Aufzählung aller Sehenswürdigkeiten Edeffas von einem Chriftusbilde nichts
weiß. — In der weiteren Erzählung über Ankunft und Wirkfamkeit des Thaddäus=
Abbai find wiederum die Abweichungen gering; zwei= bezw. dreimal hat Eufebius
ein Plus gegenüber DA: in § 12, § 13 a. E., § 21. In allen drei Fällen dürfte
er das Urfprünglichere bieten. Dagegen zeichnet fich DA vor Eufebius vor allem
durch mehrere erweiternde Zufätze aus (in § 11. 16. 20), deren Auslaffung bei Eu=
febius kaum verftändlich wäre, deren Einfügung aber bei dem Streben aller Le=
gende nach Vollftändigkeit und Genauigkeit, bezw. bei der Leichtigkeit, mit der do=
xologifch geartete Formeln fich einfchieben, durchaus begreiflich ift. Endlich ver=
fichert bei Eufebius § 20 Thaddäus, er wolle jetzt fchweigen und erft vor der
Bürgerverfammlung reden; er gibt darauf auch nur in ganz kurzem Ueberblick den
Inhalt feiner Predigt an. In DA dagegen erklärt er von vorne herein emphatifch:
„Ich will hierüber nicht fchweigen", und hält nun tatfächlich eine längere An=
fprache an den Hof (Phillips S. 8— 16), die durch den, bei Eufebius den Ab=
fchluß bildenden, Befehl Abgars, ihm Gold und Silber zu geben, feltfam genug
unterbrochen wird; jedenfalls fteht das, was Thaddäus auf diefen Befehl Abgars
im weiteren antwortet, nicht im geringften Zufammenhange mehr mit diefer Ver=
anlaffung. In diefem Fall ift es alfo vollends zweifellos, daß Eufebius einen ur=
fprünglicheren Text bewahrt hat; zur Tilgung jenes „nicht" lag für ihn, der den
Thaddäus ja doch, wenn auch noch fo kurz, fprechen läßt, felbft dann kein Grund
vor, wenn er den ganzen Reft der Anfprache auslaffen wollte.
Das Ergebnis diefer Vergleichung ift alfo, daß DA zwar im allgemeinen mit
der Urkunde des Eufebius übereinftimmt, dabei aber Zufätze und Aenderungen
enthält, von denen die meiften es mindeftens wahrfcheinlich, die letzte es fchlechthin
gewiß macht, daß der Text der DA jünger ift als Eufebius (vgl. E. Schwartz,

ZnW IV S. 64).

3) Danach wird man auch an die von Eusebius nicht gebotenen Teile mit dem Urteil herantreten müssen, daß sie vielleicht wertvolles Gut, aber in einer mehr oder minder starken Bearbeitung enthalten.

Zunächst hat die ganze erwähnte Ansprache des Thabbäus-Abbai an den Hof einfach auszuscheiden. Das folgt schon aus der oben angegebenen Aenderung „Ich will hierüber nicht schweigen"; denn diese kann ihren Grund nur darin haben, daß der spätere Bearbeiter in der Tat den Apostel noch etwas reden lassen wollte, was der ursprüngliche Text nicht bot. Verstärkt wird dieser Verdacht dadurch, daß DA zwar an der Euf. § 20 entsprechenden Stelle das Verlangen des Apostels nach einer Versammlung aller Edessener hat stehen lassen, an der Stelle aber, wo Euf. (§ 21) den betr. Befehl Abgars wiedergibt, davon schweigt und endlich nach der Ansprache (S. 17) Abgar felber den Abdai um die Predigt vor dem Volk bitten läßt, als hätte dieser sie nie gefordert (vgl. S. 165). Aber auch dem Inhalte nach ist dieses Stück, das im wesentlichen die Erzählung von der wunderbaren Kreuzesauffindung durch Protonike, die Gemahlin des Claudius, bietet, im höchsten Grade verdächtig. Denn trotz Zahns Bestreitung (Forsch. I S. 370 ff.) ist diese Sage von Protonike die Nachbildung der Helenasage: zum Beweise genügt schon allein die Tatsache, daß hier (Phillips S. 15) der Bau der Grabeskirche (326) vorausgesetzt wird. Wie Zahn (a. a. O. S. 372) das leugnen kann, ist mir unverständlich. Dann aber ist die Sage von der Auffindung der drei Kreuze durch Helena das Ursprünglichere. Mit der Behauptung Kyrills von Jerusalem (347), daß die ganze Welt bereits von Stücken des hl. Kreuzes erfüllt sei, läßt sich das Bestehen einer Kreuzeslegende vor 326 gewiß nicht belegen (Zahn S. 373); denn daß ein Zeitraum von 21 Jahren nicht ausreichen könnte, um diese, felbstverständlich übertreibende, zu rechtfertigen, müßte erst bewiesen werden. Wenn endlich Zahn darauf aufmerksam macht, daß doch die Helenasage erst 395 bei Ambrosius bestimmt auftritt, so ist damit nichts zu Gunsten der Priorität der Protonikesage bewiesen, sondern nur ein für sie ungünstiger Anhaltspunkt zu ihrer Datierung gegeben. Nur darf man natürlich nicht die Entstehungszeit einer Legende mit ihrer ersten Erwähnung gleichsetzen. — Scheidet auch dieses Stück aus, so werden die Bedenken gegen das übrige verstärkt. DA berichtet weiter von der Predigt des Abdai vor der Bürgergemeinde Edessas sehr ausführlich (Phillips S. 18—30) und schließt daran den Bericht über die Bekehrung Edessas, die Organisation der Gemeinde, den brieflichen Verkehr Abgars mit Narses von Assyrien; gibt seinen Briefwechsel mit Tiberius wörtlich wieder, erzählt von der Abschiedsrede, dem Tod und der Bestattung des Abddai, von der Wirksamkeit und dem Zeugentod seines Nachfolgers Aggai. Den Schluß bildet eine chronologische Notiz über die Ordination des Palut, und die Beglaubigung der ganzen Akten und ihrer Einverleibung in das Archiv durch den Archivar Hannan. — Der ganze Bericht sticht allerdings durch seine schlichte Würde und vornehme Zurückhaltung vorteilhaft von manchen parallelen Stücken in andern „Apostelgeschichten" ab. Dennoch kann er dem Eusebius so nicht vorgelegen haben. Den Beweis dafür hat wiederum Tixéront (S. 102 ff.) mit großer Gründlichkeit geführt. Vor allem müssen die nahen Berührungen mit den apokryphen nachnicänischen Akten des Scharbil und des Barschamja und mit der syrischen Doctrina Petri Bedenken erwecken; es handelt sich dabei keineswegs nur um die chronologischen Unmöglichkeiten, die sich an die Ordination des Palut geheftet haben, und um die Gleichheit des Personenmaterials, die Zahn (Forsch. I S. 375) aus einer Abhängigkeit jener Akten von DA ableitet, sondern vor allem um eine ganze Reihe von Uebereinstimmungen im Wortlaut und in der Theologie (Tixéront S. 107 ff.). Diese Theologie wiederum setzt durch ihre starke Betonung der Gottheit und Ewigkeit Christi und durch die ganze Fragestellung mit dem steten Entgegensetzen von Gottheit und Kreatürlichkeit die arianischen Streitigkeiten voraus. Die Anführung einer Stelle wird genügen (Phillips S. 26 f.): „Fliehet daher vor den Dingen, die gemacht und geschaffen sind, wie ich euch gefagt habe, daß ſie nur dem Namen nach Götter heißen, wiewohl ſie nicht Götter ſind nach ihrem Weſen; und nahet euch zu dem, der ſeinem Weſen nach Gott iſt von Ewigkeit und immerdar, und iſt nicht gemacht, wie eure Götzen, und auch nicht eine Kreatur und eine Kunſtſchöpfung wie die Bilder, deren ihr euch rühmt. Denn obwohl er dieſen Leib annahm, war er Gott mit ſeinem Vater uſw.". T i x é - r o n t wird recht haben, wenn er hier die Formeln des 4. Jhdts. (οὐσία, κτίσμα, ποίημα, ἐξ οὐκ ὄντων) wiederfindet. Dieſe Rede des Abdai hat alſo mindeſtens eine beträchtliche Ueberarbeitung erfahren. Wie viel urſprünglich iſt, läßt ſich nicht feſt= ſtellen. — Ueber die Bekehrung der Edeſſener und die erſte Organiſation wird Eu= ſebius jedenfalls etwas vorgefunden haben: auch in die Abſchiedsrede des Abdai und die Erzählung über ſein Lebensende macht im ganzen einen vertrauenerweckenden Eindruck, wenn man auch im einzelnen hie und da Spuren ſpäterer Zeit entdecken mag. Die Nachrichten endlich über die Perſönlichkeit und das Schickſal des Aggai, — dem auf Befehl eines abtrünnigen Sohnes Abgars die Beine zerſchlagen werden, weil er ſich weigert, als früherer Hofgoldſchmied dem neuen König ein Diadem an= zufertigen, — ſind im allgemeinen ſo nüchtern, daß man ſie wohl dem Berichte erſter Hand zuweiſen darf. Die Angaben über den Bibelkanon (Diateſſaron S. 34; indirekter Ausſchluß aller katholiſchen Briefe und der Apokalypſe S. 44) dürften gleichfalls dem alten Gut zuzurechnen ſein, wenn ſie auch noch gegen Ende des 4. Jhdts. keineswegs unerklärlich wären. Spätere Zutat aber, in Ausſpinnung der Worte Abgars im euſebianiſchen Text I 13,16 ſcheint mitſamt der anſchließenden Erzählung der Briefwechſel mit Tiberius zu ſein, der durch die Erwähnung des ſpaniſchen Krieges ſich auf die Kreuzauffindungslegende (P h i l l i p s S. 10) zurück= bezieht (vgl. u. S. 163). Ebenſo muß es zweifelhaft bleiben, ob die Vorlage des Euſebius ſchon die erwähnten chronologiſchen Notizen über die Ordination des Palut enthielt. Es heißt DA (P h i l l i p s S. 50): „Und weil er (Aggai) durch das Zerbrechen ſeiner Beine plötzlich und raſch ſtarb, konnte er Palut nicht die Handauflegung erteilen. Palut ſelbſt ging nach Antiochien und empfing die Or= dination von Serapion, dem Biſchof von Antiochien. Serapion, Biſchof von An= tiochien, empfing ſelber auch die Handauflegung von Zephyrinus, Biſchof der Stadt Rom, in der Succeſſion der Handauflegung von Simon Kephas, die er von un= ſerem Herrn empfing, der dort Biſchof von Rom war 25 Jahre, in den Tagen des Kaiſers, der dort 13 Jahre regierte". Hier begegnet uns alſo ſchon die Sage vom 25jährigen Epiſkopat des Petrus in Rom. Palut, der 2. Nachfolger des „Apoſtels" Abdai, ſoll ordinirt ſein von Serapion, deſſen Epiſkopat von 191/2 bis 211/2 läuft, und dieſer wieder ſoll von Zephyrin, der 7 bis 8 Jahre nach ihm Biſchof wurde, ins Amt eingeſetzt ſein! Richtig wird daran ſein, daß Palut von Serapion ordi= nirt iſt. Aber ob man dieſen ganzen chronologiſchen Unſinn ſchon in der 2. Hälfte des 3. Jhdts. für möglich halten darf? Die Herbeiziehung von Rom kann kaum einen andern Zweck haben als den, Edeſſa in Verbindung mit Rom ſtatt mit dem antiocheniſchen Patriarchat zu bringen. Man wird dabei an die nicäniſche Be= kenntnistreue der Edeſſener, die gegen Antiochien zum Abendland ſtanden, denken dürfen. — Endlich die Beglaubigung am Schluſſe. Sie lautet in DA: „Und wie es Brauch iſt im Reiche König Abgars und in allen Reichen, daß alles, was der König befiehlt, und alles, was ihm vorgetragen wird, aufgeſchrieben und den Akten einverleibt wird, ſo hat auch Labubua, der Sohn Sermaks, des Sohnes des Ab= ſchadar, der Sekretär des Königs, dieſe Sachen von dem Apoſtel Abdai von Anfang bis zu Ende aufgeſchrieben. Auch hat Hannan, der Archivar, des Königs Geheim= ſchreiber, ſeine Beglaubigung darunter geſetzt und den Akten der Schriftſtücke der Könige einverleibt, wo die Anordnungen und Geſetze niedergelegt und die Kon= trakte über Käufe und Verkäufe mit Sorgfalt, ohne jede Fahrläſſigkeit, aufbewahrt werden". Dieſe Formel iſt, wie N e ſ t l e (ThLZ 1876, S. 644 ff.) nachweiſt, den Unterſchriften wirklicher Aktenſtücke nachgebildet. Vergleicht man damit, was Eu= ſebius in ſeiner Einleitung I 13,5 über die Zugehörigkeit ſeiner Urkunde zum edeſ= ſeniſchen Archiv ſagt, ſo wird man ſich der Einſicht kaum verſchließen können, daß er diese Schlußformel der DA kannte und daß seine Bemerkungen sich darauf allein stützen.

Das Schlußurteil über die ganze DA lautet danach: Die Urkunde, die dem Eusebius vorlag, ist uns hier in erweiterter und veränderter Gestalt erhalten; der Umfang des ursprünglichen Werkes läßt sich nicht mehr genau feststellen. Die heutige DA entstammt jedenfalls der nacheusebianischen Zeit. Da sie jünger zu sein scheint als der Bericht der aquitanischen Pilgerin (ca. 388 f. o.), und da sie die Helenasage bereits voraussetzt, da aber auf der andern Seite das Diatessaron noch in Geltung befindlich zu deuten ist, das unter Rabulas (412—435) aus der edessenischen Kirche entfernt wurde, so wird man auf die Jahre um 400 geführt. Unsere sicherste, aber nicht vollständige Quelle für die „Acta Edessena" bleibt danach Eusebius, wenn auch natürlich nicht ausgeschlossen ist, daß der jüngere Text hie und da das Richtigere erhalten hat.

Ueber die weitere Ausbildung der Legende vgl. v. Dobschütz, Christusbilder.

Bemerkungen zur Uebersetzung.

S. 77, unten: Unter dem von Eusebius erwähnten Archiv kann nach seinen Angaben nicht das Kirchen=, sondern nur das Staatsarchiv von Edessa verstanden sein. — Die Bemerkung, daß Edessa damals noch von Königen beherrscht wurde, kann sich trotz Zahn (Forsch. I S. 353) ungezwungen nur auf die Zeit beziehen, in der das Erzählte sich zutrug bezw. die Urkunde im Archiv niedergelegt wurde, nicht auf die Zeit, wo man sie dem Archiv entnahm. — S. 78, Z. 1 f.; Obgleich Euf. den Anschein zu erwecken sucht, als seien die Briefe eben für seine Zwecke aus dem Archiv entlehnt, wird er seine Angaben nur aus der eben erörterten Schlußformel haben. — Zahn will unter den ἀρχεῖα nicht das Archiv, sondern die darin enthaltenen Urkunden verstehen; er macht daraus im Handumdrehen die Eine Urkunde, von der Eusebius spricht, und schließt nun, Eusebius gestehe hier selber zu, „daß er aus der Urkunde die beiden Briefe herausnehme und wörtlich übersetze" (a. a. O. S. 355); auf der folgenden Seite (S. 356) wird daraus vollends: Eusebius habe nach dem Wortlaut seiner Einführung des Briefes Abgars aus der syrischen Urkunde, die ihm vorlag, nur einzelnes excerpirt! Mit Recht nennt Lipsius (II 2 S. 179) diese Auslegung „eine Interpretation, die an Gewaltsamkeit ihres Gleichen sucht". Selbst wenn ἀρχεῖα mit „Urkunden" übersetzen will, kann man es nur so deuten, daß Euf. aus den vielen Aktenstücken des Archivs dieses eine herausnehme, dies aber wörtlich mitteile.

Z. 3 Fürst: Eusebius gibt Abgar den Titel Toparch; DA: König. — Z. 4 Eilbote: Die spätere Sagengestalt erhebt den Ananias (DA: Hannan) zum Archivar (f. o. S. 156).

Z. 5 Ukkama d. i. der Schwarze. Der Beiname fehlt im griechischen Eusebiustext, wird aber außer von dem DA auch von der syrischen und lateinischen Uebersetzung des Euf. und von einer kürzlich in Ephesus gefundenen Inschrift bezeugt. Das οὐχ ἅμα, das eine Handschrift aufbewahrt, zeigt, daß man das Wort nicht verstand und wohl deshalb tilgte. — Heiland, DA: Arzt. — Z. 8: wie man sich erzählt = ὡς γὰρ λόγος: DA, mit der hier Rufin übereinstimmt, hat statt dessen: durch dein Wort heilst du usw. Die Aenderung lag verhältnismäßig nahe, vgl. oben S. 152. — Z. 9: DA fügt aus dem Evangelientext an: Tau be machst du hörend. — Z. 10: Die Aufzählung der Heilungen (nach Mt. 11₅, Lc. 7₂₂ vgl. dazu oben S. 152) wird durch Benutzung des bei Lk. vorhergehenden Verses ergänzt. — Z. 14 dich zu mir zu bemühen: DA fügt an: der ich dich anbete. Ebenso Z. 15 hinter heilen DA: wie ich an dich glaube, Z. 16 hinter murren: und dich verfolgen und dich sogar zu kreuzigen suchen und Z. 17: um in Ruhe darin zu wohnen: so harmlose Erweiterungen, daß man sich schlechterdings nicht vorstellen kann, warum Eusebius sie hätte tilgen sollen, wenn er sie vorfand. Wenn Zahn (a. a. O. S. 359) ihn „die entbehrlichen Worte der Kürze halber" beseitigen läßt, so ist dies

Streben nach Kürze bei Euf. gerade in dieſem Zuſammenhange, wo er ſich doch auf ſeinen Fund ſo außerordentlich viel zu gute tut und außerdem die Wörtlichkeit ſeiner Wiedergabe ſo ſtark hervorhebt, durch nichts zu beweiſen.

3. 18: Mehrere Handſchriften bieten zwiſchen den beiden Briefen einen über=leitenden Satz (§ 9), der nicht nur in den beſten Codices, ſondern auch in der ſy=riſchen Ueberſetzung des Euſebius fehlt und danach entſchieden zu ſtreichen iſt. — Aus der Ueberſchrift des Briefes Jeſu will Zahn (S. 365) entnehmen, daß auch nach Euſebius die Antwort Jeſu mündlich und nur von Ananias aufgezeichnet ſei. Nach Euf. I 13,3 indeſſen („er würdigt ihn eines eigenen Briefes“) iſt dieſe Erklärung unwahrſcheinlich. Euſebius ſelbſt ſcheint ſeine Vorlage ſo verſtanden zu haben, daß Jeſus eigenhändig ſchrieb. Daß er ſich darin irrte, iſt natürlich nicht ganz ausge=ſchloſſen, aber noch weniger zu beweiſen.

3. 20: Selig biſt du, daß du an mich glaubteſt: ſo die zuver=läſſigſten Handſchriften, Rufin und DA; andere, gleichfalls gute Codices, die ſy=riſche Ueberſetzung und die epheſiniſche Inſchrift bieten: ſelig der, der an mich glaubte. Der erſte Text iſt im Brief der ſachentſprechende, freilich auch der glattere. Da man aber den Brief Jeſu als Talisman benützte, iſt die Aende=rung in die allgemeinere Form, die jeden ſeiner Beſitzer einſchließt, leicht erklärlich. — 3. 21. Ein beſtimmtes Schriftcitat liegt nicht vor, zu vergleichen iſt Jeſ. 6₉ und 52₁₅, Joh. 20₂₉. — 3. 22. In DA fehlen die Worte und leben. — 3. 23 f. ſo iſt es nötig, daß ich uſw.: DA, die ja ausdrücklich die Ankunft des Boten auf den 12. Niſan der Leidenswoche ſetzt, hat hier ſo geändert: ſo iſt das, um deswillen ich geſandt bin, jetzt vollendet, und ich ſtehe im Begriff, hinaufzugehen zu meinem Vater, der mich geſandt hat. — 3. 27 lautet in DA: damit er das Leiden heile, das du haſt, und dir Geſundheit wiedergebe; und alle die Deinigen wird er bekehren zum ewigen Leben. Deine Stadt ſoll geſegnet ſein, und kein Feind ſoll wieder über ſie Herr werden in Ewigkeit. Die Erweiterung im erſten Teile iſt ebenſo harmlos und ebenſo erklärlich wie die oben zu 3. 14 ff. genannten. Der Schlußſatz mit der Verheißung, der ohnehin ohne jede Uebergangspartikel angehängt iſt, iſt als ſpäterer Zuſatz zu betrachten (ſ. o. S. 156 f.).

3. 28: Hier ſchaltet DA die Erzählung von dem Bilde Chriſti ein, das Ananias gemalt haben ſoll (ſ. o. S. 157).

3. 29. Judas=Thomas: ſeine Gebeine befanden ſich ſeit 232 in Edeſſa. Vielleicht war das der Grund, weshalb man ihn zum mittelbaren Apoſtel Edeſſas machte. — 3. 30. Thaddäus: Der Name Abbai iſt zweifellos hiſtoriſch; Euſebius hat ihn ſeinen griechiſchen Leſern durch den bekannteren Namen Thaddäus näher zu bringen verſucht. So erklärt es ſich auch, daß man im ſyriſchen Original nicht an eine Gleichſetzung mit dem Apoſtel denken konnte, ſondern ſich mit einem der 70 bezw. (DA) 72 Jünger begnügte, deren Namenloſigkeit die Unterbringung des Abbai in ihrem Kreiſe ermöglichte. — 3. 31: DA nennt den Tobias einen pa=läſtinenſiſchen Juden; vermutlich ſoll durch dieſen Zuſatz erklärt werden, woher die Bekanntſchaft des Paläſtinenſers Abbai mit Tobias ſtammt. — 3. 31 f. DA: In der ganzen Stadt hörte man von ihm, und einer der Edlen Abgars, mit Namen Abdus, Abdus' Sohn, einer von den Beiſitzern in Abgars Rat (ſo Duval), kam und ſprach mit Bezug auf Abdai: Siehe, ein Bote iſt gekommen und wohnt hier, der, von dem Jeſus dir ſagen ließ: Ich ſende einen meiner Jünger zu dir. Die Uebertragung der Mitteilung auf eine beſtimmte Perſönlichkeit entſpricht ganz dem „horror vacui der Legende“. Auch die ungeſchickte Wiederaufnahme des erſten „von ihm“ durch das ſpätere „mit Bezug auf Abdai“ ſcheint darauf hinzudeuten, daß hier eine Erweiterung des urſprüng=lichen Textes vorliegt. Die Anführung der Worte aus dem Briefe Jeſu iſt eine handgreifliche Dublette zu 3. 36—38. — 3. 33—34 fehlt in DA; es heißt dort ſo=fort nach den Worten des Abdus: Und als Abgar dieſe Worte hörte und die

mächtigen Taten, die Abbai tat, und die wunderbaren Heilungen,
die er bewirkte usw.   Der Zusammenhang an dieser Stelle ist ohnehin auch schon
bei Eusebius auffällig: Z. 31 f. ist dem Abgar die Anwesenheit des Apostels Jesu,
entsprechend seiner Verheißung, mitgeteilt; daran müßte sich unmittelbar Z. 38 an=
schließen.   Aber dazwischen ist eine zweite Motivirung eingeschoben: Thaddäus ver=
richtet Wunderheilungen, und diese sind es, die Abgar selber auf die Vermutung
dringen, daß dies der verheißene Bote Jesu sei.   Es sind also zwei Motivirungen
und ein zweifacher Hinweis auf den Brief Jesu.   Vermutlich hat hier der ursprüng=
liche Text vor Eusebius eine Erweiterung (Z. 33—35) erfahren [1]· DA enthält zwar den
Zwischensatz von den Wundern des Abbai nicht, begründet aber dennoch das Verhalten
Abgars außer mit jener bestimmten Nachricht durch die Kunde von diesen
Wundern, und läßt ihn gleichfalls noch einmal denselben Schluß ziehen, den sein
Vertrauter ihm vorgetragen hat.   Auch hier liegt also die Doppelmotivirung und
die Wiederholung des Versprechens Jesu vor.   Dann aber wird das Auslassen
jenes Satzes Z. 33—34 in DA kaum auf eine bessere Textrecension zurückgehn, son=
dern eine Erleichterung sein, da man Anstoß daran nahm, daß Abgar mit der
Nachricht, die er erhält, schlechterdings nichts anfängt. — Z. 39: ἀνήρ τις δυνάστης.
Wie der Zusammenhang jetzt lautet, kann man nur an einen „Mann von beson=
derer Macht“ denken.   Ansprechend ist die Vermutung von Schwartz, daß zu
übersetzen sei: „ein vornehmer Mann“: von dem Brief und Versprechen Jesu sei
nur Abgar selber und Thaddäus unterrichtet; Abgar wolle seine Hoffnungen nicht
verraten und begründe daher seine Einladung nur mit der Vornehmheit des Mannes,
den er bei Hofe zu sehen wünscht.   Dann muß natürlich auch Z. 42 f. damit du
ihn heilest und in Kraft gestrichen werden.   Diese Belastung mit Konjekturen
ist Schwartz' Vermutungen doch nicht günstig. — Z. 40 DA fügt an: eine gute
Hoffnung auf Genesung hat sich durch ihn für mich gefunden.   Unter
Auslassung von Z. 41—44 fährt DA dann sogleich fort (Z. 45): Tobias machte
sich am folgenden Tage früh auf und nahm den Apostel Abbai mit
und brachte ihn hinauf zu Abgar, da Abbai selber wußte, daß er durch
Gottes Macht zu ihm gesandt sei.   Eusebius' Text mit dem Gespräch zwischen
Tobias und Thaddäus Z. 41—44 macht gerade in seiner Umständlichkeit und Breite
einen vertrauenerweckenden Eindruck.   Wie er aus dem Text von DA seine Erzäh=
lung sollte gewonnen haben, wäre schwer erklärlich.   Dagegen lag es für DA nahe,
jenes Gespräch, das im wesentlichen nur das Vorangegangene wiederholt, als über=
flüssig zu beseitigen und nur sein Sondergut in der Nähe unterzubringen: so wird
aus Z. 42 f. damit du ihn heilest der Zusatz zu Abgars Worten Z. 40 entstan=
den sein, während Z. 43 f. da ich ja in Kraft zu ihm gesandt bin un=
geschickt genug in die Erzählung Z. 46 eingeflickt wird. — Z. 43. Eusebius bietet in
Kraft δυνάμει; Schwartz vermutet darin den Rest einer Glosse ἐν δυνάμει θεοῦ,
wie auch DA hier von „Gottes Macht“ redet.
Den Satz Z. 45 f. will Schwartz a. a. O. S. 62 streichen, doch scheint die
angebliche Störung des Zusammenhanges nicht so ernst, um ein solches Radikal=
mittel zu fordern. — S. 79, Z. 5 f.: Rufin und DA haben statt des Fragesatzes
einen Aussagesatz. — Man beachte, wie hier und im folgenden immer wieder auf
den Brief Jesu zurückgegriffen wird, z. B. Z. 14 f. 19 f. — Z. 8: DA: weil du
von Anfang an geglaubt hast, als Gegensatz zu dem gegenwärtigen und zu=
künftigen Glauben Z. 9 f. — Z. 13: DA: aber weil das Reich der Römer
gehört, wurde ich gehindert durch den Friedensvertrag, der von mir
mit unserm Herrn, dem Kaiser Tiberius, geschlossen wurde wie von
meinen Vorfahren.   Die einfache Aussage bei Eusebius ist von der DA unge=

---

[1] So jetzt auch Schwartz, ZnW IV S. 61 f., der vor allem noch darauf
hinweist, daß die sofort einsetzende Wundertätigkeit des Th. den Aufbau der Er=
zählung empfindlich stört. — Mit Schwartz ist vielleicht auch die Heranziehung
der Verheißung Jesu in Z. 32—33 zu streichen.

schickt schon in der Einleitung gebracht: wegen der Römerherrschaft habe Abgar nicht nach Jerusalem reisen können, um Jesus zu sehen. Vielleicht wird der Satz eben deshalb hier etwas abgewandelt durch die Bezugnahme auf den Friedensvertrag, auf den auch der zweifelhafte Briefwechsel mit Tiberius anspielt: in beidem wird man die Hand des Ueberarbeiters zu sehen haben, der sich hier auch dadurch verrät, daß er neben der einfachen Berufung auf die Römerherrschaft und die Furcht vor einer Grenzverletzung noch den Hinweis auf den Vertrag bringt und also wieder doppelt motivirt. — Z. 15. zum Vater: DA fügt an: und sitzt bei ihm in Herrlichkeit, bei dem er war von Ewigkeit: ein leicht begreiflicher formelhafter Zusatz, schwerlich aus dem ursprünglichen Text von Eusebius getilgt, wie Zahn (Forsch. I S. 376) will. — Z. 16: Deswegen, DA: Weil du so glaubst. — Z. 17 in seinem Namen, DA: im Namen dessen, an den du glaubst. — DA In dem Augenblick, wo er die Hand auf ihn legte. Hier könnte Euf. geglättet haben. — Z. 18 das er hatte, DA das er lange Zeit gehabt hatte. Den Hinweis auf die langwierige Krankheit Abgars hat DA ja in der Einleitung unterdrückt, wo Eusebius davon spricht. Die spätere Legende, bei Moses von Choren, weiß, daß Abgar sich sein Leiden etwa 7 Jahre zuvor im Perserkriege zugezogen hat. Procop nennt als Krankheit bestimmt das Podagra (wohl infolge einer Verwechslung mit der Krankheit des Abbus); spätere wissen von schwarzem Aussatz (wegen des Beinamens Uffama = der Schwarze) oder von Aussatz schlechthin (Matthes a. a. O. S. 4—11). — Z. 19 nach: gehört hatte fährt DA fort: was er tat und heilte, daß so auch Abbai selbst, ohne Arznei irgendwelcher Art, heilte im Namen Jesu. Der Zusammenhang scheint bei Euf., mit dem Gegensatz von Gerücht und Tatbeweis, besser als in DA. Auch die Worte im Namen Jesu wird man als — nahe liegenden — Zusatz betrachten dürfen. — Z. 21 nicht ihn allein fehlt in DA. — Z. 22 ihm zu Füßen niederfiel, DA: brachte ihm seine Füße nahe, jedenfalls mit Beziehung auf seine Krankheit; beides könnte auf ein und denselben Ausdruck im Original zurückgehen. — Z. 23 DA berichtet ausdrücklich, daß Abbai die Hand auf die Füße des Abbus legte, und fügt an: und er hatte das Podagra nicht wieder. — Z. 23—25 sind in diesem Zusammenhange, da die Audienz sich im folgenden fortsetzt, schlechterdings unpassend und müssen beseitigt werden (so auch Schwartz a. a. O. S. 63). Das hat schon DA empfunden, die das „Predigen" streicht, durch die Beibehaltung der Heilungen aber verrät, daß ihre Lesart auch hier nicht auf besserer Ueberlieferung, sondern auf Emendation beruht. — Z. 25 f. DA Jetzt weiß jedermann, daß du durch die Kraft Christi diese wunderbaren Taten tust, und siehe, wir wundern uns über deine Werke. Die Ersetzung des Gottesnamens durch den Christi und die Einfügung des Gegenstandes der Bewunderung dürfte auf Reflexion beruhen. — Z. 28 DA: von seiner herrlichen Kraft und von jenen Wundern, die er, wie wir hörten, getan hat, und die du gesehen hast mit deinen übrigen Gefährten. Das letzte wird Zusatz sein: gegenüber dem bloßen Wissen aus Hörensagen soll der Apostel ausdrücklich als Augenzeuge charakterisirt werden. Der Hinweis auf die Wunder dagegen ist im Zusammenhange gut verständlich und könnte ursprünglich sein. — Z. 30 Da ich usw.: ἐπειδή so außer andern zwei der besten Handschriften. Dann muß χηρύττειν emphatisch von der öffentlichen Missionspredigt verstanden werden (vgl. Mt. 10 27 Lk. 12 3), die Thaddäus sich vorzubehalten wünscht. Andere Codices, Rufinus und der Syrer bieten: ἐπεὶ δὲ = da ich aber zur Predigt gesandt bin, so rufe usw. DA hat ich will nicht schweigen; denn deswegen bin ich hierher gesandt, um zu reden und einen jeden, der wie du zu glauben bereit ist, zu lehren. Die gewaltsame Aenderung (vgl. oben S. 157 f.) weist DA vermutlich auf die Seite der ersten Zeugen. Schwartz (a. a. O. S. 63 und in seiner Eusebiusausgabe) bevorzugt die zweite Lesart. Sie ist zweifellos die glattere, aber eben das macht sie etwas verdächtig. Da man bei

11*

ihr außerdem eine Motivirung für die Weigerung des Thaddäus völlig vermißt und das betonte v o r i ḥ n e n in Z. 31 dann seines Gegensatzes entbehrt, so scheint mir der oben in der Uebersetzung wiedergegebene Wortlaut den Vorzug zu verdienen. — Z. 31 f. DA: d a m i t i ch i n i ḥ n e n s ä e n k a n n d a s W o r t d e s L e b e n s , d u r ch d i e P r e d i g t , d i e i ch v o r e u ch p r e d i g e n w i l l ü b e r d a s K o m = m e n J e s u usw. Die Versetzung des Wortes „predigen" unmittelbar vor die Angabe des Inhalts dieser Predigt ist wohl Absicht. — Z. 32—40: ü b e r d a s K o m m e n J e s u bis a u f f u ḥ r z u s e i n e m V a t e r ist nach S ch w a r tz (a. a. O. S. 63 f. und in seiner Eusebiusausgabe) „voreusebianischer Zusatz, der dann ebenfalls Zusätze erhalten hat". Man wird ihm darin beistimmen können. — Z. 33 DA schiebt aus der Aufforderung Abgars ein: u n d ü b e r s e i n e h e r r l i ch e K r a f t . — ü b e r s e i n e S e n d u n g usw.: der umständliche Ausdruck ist in DA geglättet = u n d ü b e r d e n , d e r i ḥ n g e s a n d t h a t , w o z u u n d w i e e r i ḥ n s a n d t e ; zugleich wird damit auch Gott der Vater als Gegenstand der Predigt namhaft gemacht. Im einzelnen schiebt DA hier und im folgenden aus= schmückende Beiworte ein. — Z. 34 DA: G e ḥ e i m n i s s e s e i n e s K o m m e n s , d i e usw., wohl Hindeutung auf das Mysterium seiner Geburt. — Z. 35 u n d i n w e l ch e r K r a f t e r d i e s t a t : von DA übergangen. — Z. 35 ff. s e i n e n e u e V e r k ü n d i g u n g usw.; DA: d i e Z u v e r l ä s s i g k e i t s e i n e r V e r k ü n d i = g u n g ; w i e u n d w o ḏ n e r s i ch s e l b s t e r n i e d r i g t e u n d d e m ü t i g t e s e i n e e r ḥ a b e n e G o t t ḥ e i t d u r ch d e n L e i d , d e n e r a n n a ḥ m . Bei Eusebius' Neigung zur Eleganz ist kaum zu vermuten, daß er diesen klareren Text so umständlich wiedergegeben hätte. Es wird also Ueberarbeitung der DA sein, zugleich dogmatische Korrektur: die Erniedrigung wird möglichst deutlich schon auf die Menschwerdung bezogen. Sie verrät sich darin wie oben zu Z. 34 vielleicht ein Einfluß der Kämpfe des 4. Jhdts. — Z. 37: a b l e g t e ἀπέθετο; die Lesart ἀπέθανε stört den Zusammenhang. — Z. 38 vgl. Eph. 2₁₄. — Z. 39 DA: u n d g a b L e = b e n d e n T o t e n d u r ch s e i n e e i g e n e E r m o r d u n g : ein Ausdruck, an dem Eusebius, wenn er ihn vorfand, sicher keinen Anstoß zu nehmen brauchte; der also erst nach ihm in den Text gekommen ist, wohl unter dem Einfluß der beliebten Formeln der irenäisch-athanasianischen Rekapitulationslehre. — Z. 39 a u f e r = w e ck t e u n d a l l e i n usw. Die Ueberlieferung des Textes ist an dieser Stelle ziemlich wirr. Der in der Uebersetzung bevorzugte Wortlaut findet sich, außer in Handschriften, in der syrischen Uebersetzung, bei Rufinus und ebenso in DA. Eine ganze Reihe anderer Handschriften lesen statt ἀνήγειρε κτλ.: ἀνήγαγεν νεκρούς· κ α τ α β ὰ ς γὰρ μόνος συνέγειρεν πολλούς, εἶϑ᾽ οὕτως ἀνέβη πρὸς τὸν πατέρα αὐτοῦ. Diese zweite Lesart ist entschieden nüchterner und mehr stilisirt. An sich wäre es zwar möglich, daß ein ursprüngliches ἀνήγαγεν νεκρούς in das näherliegende ἀνήγειρεν ver= schrieben und dann das folgende συνέγειρε getilgt und der ganze Satz deswegen zu= sammengezogen wäre. Auf der andern Seite aber wird die durch die besten Zeugen vertretene Ueberlieferung durch die Fortführung der seit Z. 32 innegehaltenen Satz= konstruktion (bloße Aneinanderreihung der Einzelheiten durch καί) empfohlen. Eine Veränderung mochte nahegelegt werden durch die Erwägung, daß das Hinabsteigen schon Z. 38 berichtet, daher hier nur durch das Participium aufzunehmen sei; aus Pedanterie mochte man außerdem zwischen diesem Hinabsteigen und dem „Hinauf= fahren mit vielen" die Erwähnung der Auferweckung vermissen, deshalb das συνέ= γειρε einschieben und zum Ausgleich vorher ἀνήγαγεν lesen. Aber wie dem auch sei, jedenfalls verdient der oben wiedergegebene Wortlaut den Vorzug[1]. — Zum Gedanken vgl. Eph. 4₈₋₁₀ und die apokryphen Legenden über die Höllenfahrt Christi wie Evangelium Nicodemi II (Descensus ad inferos). — Z. 40 DA fügt an: m i t d e m e r w a r v o n E w i g k e i t i n e i n e r e r ḥ a b e n e n G o t t ḥ e i t . Der Zusatz ist ebenso zu beurteilen wie zu Z. 15.

---

[1] S ch w a r tz hat ihn nun auch in den Text seiner Eusebiusausgabe aufge= nommen.

3. 41 f. Der Befehl zur Einberufung der Bürgerschaft fehlt in DA, da hier der Apostel zunächst noch eine Ansprache an den Hof (die Erzählung von der Kreuzesauffindung) hält (Phillips S. 9—16). Erst nach derselben spricht (S. 17) Abgar selber den Wunsch aus, Abdai möge vor der ganzen Stadt predigen, und ordnet am nächsten Tag durch Abbus die Aussendung eines Herolds zur Ankündigung jener Versammlung an; vgl. darüber oben S. 158. — 3. 44 vgl. Mt. 10₉ f., worauf sich der Apostel in DA ausdrücklich beruft; Mt. 19₂₇ und Parallelen. — 3. 46 im Jahre 340 der mit dem 1. Okt. 312 v. Chr. beginnenden seleucidischen Aera, also im Jahre 28/29 unserer Zeitrechnung, das bis auf Eusebius als das Todesjahr Jesu galt. Von Eusebius an setzt man gemeinhin, unter der Annahme der dreijährigen Wirksamkeit Jesu, seinen Tod in den Nisan des Jahres 32; dem entspricht die von der DA in der Einleitung gegebene Jahreszahl 343; dieselbe ist also nacheusebianisch. Doch läßt die armenische Uebersetzung vermuten, daß auch DA ursprünglich „340" las. — Diese Jahresangabe hat Eusebius — wie schon die Verkettung mit dem Folgenden beweist und wie es vollends deutlich wird, wenn man sich überzeugt, daß seine Vorlage noch weiter lief — aus anderm Zusammenhange hiehergerückt. Er wird sie am Schlusse (oder am Anfange) der Handschrift gefunden haben.

Daß diese weiter reichte, ist oben dargelegt (s. S. 155). Sie wird vermutlich noch von der öffentlichen Predigt, der Einrichtung der edessenischen Gemeinde und dem Tode des Apostels, möglicherweise auch noch von seinem Nachfolger Aggai berichtet haben und mit der oben (S. 159) besprochenen Beglaubigung durch den königlichen Archivar abgeschlossen haben.

Neuteftamentliches aus dem Koran.

(J. Flemming.)

Nach muslimischer Anschauung ist Christus ein Vorläufer Muhammeds, des letzten und größten Propheten, und so kann es uns nicht wunder nehmen, wenn wir in dem heiligen Buche der Muhammedaner, dem Koran, nicht wenig Stellen finden, die sich mit Christus und seinem Werte beschäftigen. Neben ihm treten nur noch Maria, Zacharias und Johannes der Täufer auf; die Apostel werden nur einigemal kurz erwähnt, namhaft wird keiner von ihnen gemacht. Alles aber was Muhammed über diese neutestamentlichen Persönlichkeiten zu berichten weiß, ist sehr trüber Quelle geflossen, und die Worte, die er ihnen in den Mund legt, hat er meistens nach seinen eigenen Zwecken gemodelt. Immerhin wird es den Lesern der neutestamentlichen Apokryphen nicht uninteressant sein, zu erfahren, welche Gestalt die wohlbekannten Berichte schließlich im Korau angenommen haben.

Von der einschlägigen Literatur seien erwähnt außer den Angaben bei Ropes, Sprüche Jesu S. 12 f. A. 3: C. F. Gerock, Christologie des Korau. Hamburg 1839. J. M. Arnold, Der Islam. Gütersloh 1878. H. Grimme, Mohammed (bes. Teil II). Münster 1892—95. Th. P. Hughes, Dictionary of the Islam. 2. Ed. London 1896. Dazu die Werke über Muhammeds Leben von Weil, Sprenger und Mnir. Koranübersetzungen von Rückert (Frankfurt 1888) und Palmer (Oxford 1880).

Maria[1].

Sure 3, 31 Als das Weib Imrans[2] sprach: Herr, ich habe dir gelobt, was in

---

[1] Weiteres über Maria findet sich in den Berichten über Jesus, besonders in der Ankündigung und in der Erzählung seiner Geburt.

[2] Nach dem Koran und muhammedanischer Tradition heißen die Eltern Marias Imran und Hanna.

meinem Mutterleibe ist, als dir geweiht, so nimm (es) an von mir; denn du bist ja der Hörende, der Wissende. Als sie es nun gebar, sprach sie: Herr, ich habe es geboren, ein Weibliches — Gott aber wußte wohl, was sie geboren hatte, und nicht gleicht Männliches dem Weiblichen — und ich habe es Maria genannt, und ich suche bei dir Zuflucht für sie und für ihre Nachkommenschaft vor Satan, dem gesteinigten. 32 Da nahm ihr Herr sie an mit schöner Annahme und ließ sie wachsen in schönem Wachstum; und Zacharias nahm sie zu sich. So oft nun Zacharias zu ihr eintrat in das Heiligtum, fand er bei ihr Speise. Da sprach er: O Maria, woher hast du dieses? Sie sprach: Das ist von Gott, Gott versorgt, wen er will, ohne Anrechnung.

Johannes der Täufer.

1.

Sure 3, 33 Daselbst rief Zacharias seinen Herrn an und sprach: Herr, gib mir von dir aus eine gute Nachkommenschaft, du bist der Erhörer des Gebets. Da riefen die Engel ihm zu, während er stand, betend im Heiligtum: 34 Siehe, Gott verkündet dir den Johannes, als den Zeugen eines Wortes von Gott (Jesus), einen Herrn, einen Asketen und einen Propheten aus der Zahl der Guten. 35 Er sprach: Herr, wie soll mir ein Knabe werden, denn schon hat das Alter mich erreicht, und mein Weib ist unfruchtbar? Er sprach: Also tut Gott, was er will. 36 Er sprach: Herr, gib mir ein Zeichen! Er sprach: Dein Zeichen sei, daß du nicht redest mit den Menschen drei Tage lang als nur durch Zeichen, und gedenke viel deines Herrn und preise (ihn) abends und morgens.

2.

Sure 19, 1 Geschichte von der Erbarmung deines Herrn gegen seinen Knecht Zacharias, 2 da er seinen Herrn anrief mit heimlichem Rufe. 3 Er sprach: Mein Herr, sieh, mein Gebein ist schwach geworden, und mein Haupt glänzt im Silberhaar, 4 doch im Gebet zu dir, Herr, war ich nie unglücklich. 5 Allein ich fürchte die Sippe nach mir, und mein Weib ist unfruchtbar; so gib mir denn von dir aus einen Stellvertreter, 6 der sei mein Erbe und Erbe im Stamme Jakobs, und mach ihn, Herr, (dir) wohlgefällig. 7 O Zacharias, wir verkünden dir einen Knaben, des Name Johannes sein soll. 8 Nicht schufen wir zuvor ihm einen Namensvetter. 9 Er sprach: Herr, wie soll mir ein Knabe werden, da mein Weib unfruchtbar und ich zu hohen Jahren schon gekommen bin und altersschwach? 10 Er sprach: Also spricht dein Herr: das ist für mich ein Leichtes, ich habe dich zuvor geschaffen, da du nichts warst. 11 Sprach er: Mein Herr, gib mir ein Zeichen! Er sprach: Dein Zeichen sei, daß du nicht redest mit den Menschen drei volle Nächte (Tage) durch. 12 Da ging er zu seinem Volke aus dem Heiligtum und bedeutete ihnen: Preiset Gott morgens und abends. 13 O Johannes, nimm das Buch mit Kraft! und wir haben ihm als Knaben Weisheit gegeben 14 und Güte von uns aus und Reinheit, und er war gottesfürchtig und liebevoll gegen seine Eltern und war kein widerspenstiger Gewaltmensch. 15 Friede über ihm am Tage, da er geboren ward, am Tage, da er stirbt, und am Tage, da er auferweckt werden wird zum Leben.

3.

Sure 21, 89 Und Zacharias als er rief zu seinem Herrn: Herr, laß mich nicht einzig bleiben, du bist der Beste der Erben. 90 Und wir erhörten ihn und gaben ihm Johannes und wir machten sein Weib ihm recht; sie waren schnell zum Guten und beteten zu uns in Liebe und Furcht und waren uns unterwürfig.

4.

Sure 6, 89 Und Zacharias und Johannes, Jesus und Elias, alle gehören zu den Guten.

Jesus.

a) Ankündigung seiner Geburt.

1.

Sure 3, 37 Und als die Engel sagten: O Maria, Gott hat dich erwählt und

dich rein gemacht und hat dich erwählt über die Frauen der Welt. 38 O Maria, sei gehorsam deinem Herrn und bete an und neige dich mit den sich Neigenden. 39 Das ist
eine von den Kunden des Verborgenen, was wir dir (Muhammed) eröffnen, denn du
warst nicht bei ihnen, als sie ihre (Los-)Pfeile warfen, wer von ihnen Maria annehmen solle, und du warst nicht bei ihnen, als sie (darum) stritten. 40 Als die Engel
sagten: Gott schickt dir die frohe Botschaft eines Wortes von sich, sein Name (soll sein)
der Messias, Jesus, Sohn Marias, geehrt in dieser Welt und in der andern und von
den (Gott) Nahestehenden. 41 Er wird reden zu den Menschen in der Wiege und im
reifen Alter, und gehört zu den Guten. 42 Sie sprach: Herr, wie soll ein Sohn mir
werden, hat mich doch nie ein Mann berührt? Er sprach: So schafft Gott, was er will:
wenn er ein Ding beschlossen hat, sagt er nur zu ihm: Sei so ist es. 43 Und er wird ihn
die Schrift und die Weisheit lehren, Gesetz und Evangelium, als Abgesandten an die
Kinder Israels.

2.

Sure 19, 16 Gedenke auch im Buche Marias, als sie wegging von ihrer Familie
nach einem Ort im Osten, 17 und sie nahm einen Schleier, (sich) vor ihnen (zu verbergen). Da sandten wir zu ihr unfern Geist, und er erschien ihr als ein wohlgestal-
teter Mann. 18 Sie sprach: Ich nehme meine Zuflucht vor dir zum Erbarmer, wenn du
gottesfürchtig bist. 19 Er sprach: Ich bin nur ein Bote deines Herrn, um dir einen reinen
Knaben zu schenken. 20 Sie sprach: Wie soll mir ein Sohn werden, da mich kein Mann
berührt hat, und ich nie Sünderin war? 21 Er sprach: Also spricht dein Herr: Das ist
für mich ein Leichtes, und wir wollen ihn zum Zeichen machen für die Menschen und
zur Barmherzigkeit von uns aus, das ist beschloß'ne Sache.

b) Geburt Jesu.

1.

Sure 19, 22 Und sie empfing ihn und entwich mit ihm an einen fernen Ort.
23 Da überkamen sie die Wehen am Stamme der Palme. Sie rief: O wär' ich doch
zuvor gestorben und wär' vergessen und verschollen! 24 Da rief es zu ihr von unten
her: Sei nicht traurig, der Herr hat zu deinen Füßen ein Bächlein geschaffen, 25 und
schüttle nach dir zu den Stamm der Palme, so wird er frische Datteln auf dich fallen
lassen. 26 Iß, trink und fasse frischen Mut, und wenn du einen von den Menschen
siehst, 27 so sprich: Ich habe dem Erbarmer ein Fasten gelobt, darum rede ich heut' mit
niemand. 28 Sie brachte ihn nun zu ihrem Volke, ihn tragend, da sagten sie: O Maria,
du kommst mit einer wunderbaren Sache! 29 O Schwester Aarons, dein Vater war ja
doch kein Bösewicht, und deine Mutter keine Sünderin. 30 Sie deutete auf ihn, da
sagten sie: Wie sollen wir mit einem reden, der ein Knabe in der Wiege ist? 31 Da
sprach er: Ich bin Gottes Knecht, er hat mir das Buch gegeben und zum Propheten
mich gemacht. 32 Er hat mich zu einem Gesegneten gemacht, wo ich auch sei, und hat
mir aufgetragen Gebet und Almosen, so lange ich lebe, 33 und Ehrfurcht gegen meine
Mutter und hat mich nicht gemacht zu einem elenden Gewaltmenschen. 34 Friede über
mir am Tag, da ich geboren wurde, am Tage, da ich sterbe, und am Tage, da ich werde
auferweckt werden zum Leben. 35 Dieser ist Jesus, Marias Sohn, nach dem Wort der
Wahrheit, an dem sie zweifeln. 36 Nicht kommt es Gott bei, sich einen Sohn zu
nehmen, Preis ihm! Wenn er ein Ding beschlossen hat, sagt er nur zu ihm: Sei! so
ist es.

2.

Sure 23, 52 Und wir machten den Sohn Marias und seine Mutter zu einem
Zeichen und gaben ihnen Unterkunft auf einem Hügel, der Sicherheit und eine
Quelle bot.

c) Wundertaten Jesu.

1.

Sure 3, 43 (Jesus spricht:) Ich bringe euch ein Zeichen von eurem Herrn, daß ich aus Ton (etwas) schaffe wie die Gestalt eines Vogels, dann blase ich es an, so wird es ein Vogel nach Gottes Willen[1]. Und ich werde heilen die Blinden und Aussätzigen, und ich werde zum Leben auferwecken die Toten nach Gottes Willen, und ich werde euch sagen, was ihr essen sollt und was ihr aufbewahren sollt in euren Häusern. Fürwahr hierin wird ein Zeichen für euch sein, wenn ihr Gläubige seid.

2.

Sure 5, 109 Als Gott sprach: O Jesu, Sohn Marias, gedenke meiner Wohltat an dir und an deiner Mutter, als ich dich stärkte mit dem Geist der Heiligkeit, so daß du zu den Menschen in der Wiege sprachst und als Erwachsener. 110 Und wie ich dich lehrte die Schrift, die Weisheit, das Gesetz und das Evangelium, und wie du schufst aus Ton (ein Ding) wie die Gestalt eines Vogels nach meinem Willen[1], und es anbliesest, so daß es ein Vogel ward nach meinem Willen, und wie du heiltest die Blinden und Aussätzigen nach meinem Willen, und hervorgehen ließest die Toten nach meinem Willen, und wie ich die Söhne Israels von dir abwehrte, als du zu ihnen kamst mit deutlichen Zeugnissen, und die Leugner unter ihnen sagten: Das ist nichts als offenbares Blendwerk. 111 Und wie ich den Jüngern eröffnete: Glaubet an mich und an meinen Abgesandten. Sie sprachen: Wir glauben, sei Zeuge, daß wir Gottergebene sind. 112 Wie da die Jünger sprachen: O Jesus, Sohn Marias, vermag dein Herr einen Tisch[2] für uns herabzulassen vom Himmel? Er sagte: Fürchtet Gott, wenn ihr Gläubige seid! 113 Sie sprachen: Wir wünschen davon zu essen, auf daß unsere Herzen Ruhe haben, und wir wissen, daß du uns die Wahrheit gesagt hast, und daß wir des Zeugen sind. 114 Da sprach Jesus, der Sohn Marias: O Gott, unser Herr, laß uns herab einen Tisch vom Himmel, daß er uns ein Fest sei, für den ersten von uns und für den letzten von uns, und ein Zeichen von dir, und versorge uns, du bist ja der beste der Versorger. 115 Sprach Gott: Ich will ihn niedersenden zu euch; wer aber dann von euch noch leugnet, den werde ich strafen mit einer Strafe, mit der ich sonst keinen strafe aus den Welten.

d) Wirksamkeit Jesu, seine Sendung und sein Zeugnis.

1.

Sure 57, 26 Wir sandten Noah und Abraham und gründeten unter ihrer Nachkommenschaft Prophetentum und Schrift. Und einige von ihnen waren recht geleitet, viele aber waren Uebeltäter. 27 Dann ließen wir auf ihren Spuren unsere Abgesandten folgen, wir ließen folgen Jesus, den Sohn der Maria, und gaben ihm das Evangelium und legten in die Herzen derer, die ihm anhingen, Güte und Milde — und Mönchtum, das sie aufbrachten, wir schrieben ihnen nur vor, Gottes Wohlgefallen zu suchen, doch sie beobachteten es nicht mit rechter Sorgfalt. Wir gaben denen von ihnen, die glaubten, ihren Lohn, doch viele von ihnen waren Uebeltäter.

2.

Sure 5, 50 Und wir ließen ihren (der Propheten) Spuren Jesum, Marias Sohn, folgen, bestätigend was er vor sich hatte vom Gesetz; und wir brachten ihm das Evangelium, darin ist Leitung und Licht, bestätigend, was er vor sich hatte vom Gesetz, und Leitung und Ermahnung für die Gottesfürchtigen. 51 Und das Volk des Evangeliums mag Entscheidung treffen nach dem, was Gott darin offenbart hat, die aber nicht entscheiden nach dem, was Gott offenbart hat, das sind die Uebeltäter.

3.

Sure 2, 81 Dem Moses gaben wir die Schrift und ließen nach ihm folgen die Gesandten und gaben Jesu, dem Sohne Marias, die Beweise (seiner Sendung) und stärkten ihn mit dem Geiste der Heiligkeit. Habt ihr nicht, so oft ein Abgesandter mit

---

[1] [Vgl. Kindheitsgeschichte des Herrn von Thomas c. 2.]
[2] Geht auf das Abendmahl, vielleicht auch auf die Speisung der 5000.

dem, was eure Seele nicht begehrte, zu euch kam, stolz getan? die einen beschuldigt ihr der Lüge, die andern tötet ihr.

4.

Sure 2, 254 Diesen Gesandten haben wir Vorzüge verliehen, dem einen mehr als dem andern — zu ihnen gehört der, mit dem Gott redete, und einige von ihnen hat er zu Würden erhoben — und wir haben Jesu, dem Sohne der Maria, die Beweise gegeben und ihn gestärkt mit dem Geiste der Heiligkeit. Und wenn Gott gewollt hätte, so würden die, welche nach ihnen kamen, nicht (dagegen) gestritten haben, nachdem die Beweise zu ihnen gekommen waren. Aber sie widersprachen, und einige von ihnen waren gläubig und andere ungläubig; wenn aber Gott gewollt hätte, so hätten sie nicht (dagegen) gestritten; indessen Gott tut, was er will.

5.

Sure 61, 6 Und wie Jesus, der Sohn Marias, sprach: Kinder Israels, ich bin der Abgesandte Gottes an euch, bestätigend was vom heiligen Gesetze mir vorliegt und verkündend einen Abgesandten, der nach mir kommen wird, mit Namen Achmed. Als er (Achmed d. i. Muhammed) aber mit den Beweisen zu ihnen kam, sprachen sie: Das ist offenbares Blendwerk.

6.

Sure 3, 44 (Jesus spricht:) Daß ich bestätige, was vom Gesetz mir vorliegt, und um euch manches zu erlauben, das euch verboten war. Ich kam zu euch mit einem Zeichen von eurem Herrn; so fürchtet Gott und gehorchet mir. Siehe, Gott ist mein Herr und euer Herr, ihm dienet, das ist der gerade Weg. 45 Als aber Jesus bei ihnen die Verleugnung gewahr ward, sprach er: Wer sind meine Helfer zu Gott? Die Apostel sprachen: Wir sind Gottes Helfer, wir glauben an Gott, bezeuge uns, daß wir Gottergebene sind.

7.

Sure 61, 14 Ihr, die ihr glaubt, seid Helfer Gottes, so wie Jesus, Marias Sohn, zu den Aposteln sagte: Wer ist mein Helfer zu Gott? (und) die Apostel sprachen: Wir sind die Helfer Gottes. Da glaubte ein Teil der Kinder Israels, und der andere Teil blieb ungläubig. Wir aber stärkten diejenigen, welche glaubten, gegen ihre Feinde; so gingen sie als Sieger aus.

8.

Sure 43, 63 Als Jesus mit den Beweisen kam, sprach er: Ich komme zu euch mit Weisheit, um euch manches zu erklären, worüber ihr uneinig seid; so fürchtet denn Gott und gehorchet mir. 64 Fürwahr, Gott ist mein Herr und euer Herr, darum dienet ihm, das ist der grade Weg.

9.

Sure 5, 76 Die sind ungläubig, welche sagen: Gott ist der Messias, Marias Sohn. Aber der Messias sprach: Ihr Kinder Israels, dienet Gott, meinem Herrn und eurem Herrn! Siehe wer Gott einen Genossen gibt, dem hat Gott das Paradies versagt, seine Wohnung ist das Feuer, und die Ungerechten werden keine Helfer finden. 77 Die sind ungläubig, welche sprechen: Gott ist der Dritte von dreien. Es gibt keinen Gott außer Einen Gott, und wenn sie nicht abstehen von dem, was sie sprechen, so wird schmerzhafte Strafe die Ungläubigen unter ihnen treffen. 78 Werden sie sich nicht bekehren zu Gott und ihn um Vergebung bitten? Denn Gott ist versöhnlich und gnädig. 79 Der Messias, Marias Sohn, ist nichts als ein Gesandter, dem schon voraus gingen Gesandte, und seine Mutter ist eine wahrhaftige; sie aßen beide Speise. Sieh, wie wir ihnen die Zeichen erklären, dann sieh, wie sie sich abwenden.

10.

Sure 4, 169 Der Messias, Jesus, Marias Sohn, ist nur ein Gesandter Gottes und sein (Gottes) Wort, das er in Maria hineinsenkte, und ein Geist von ihm. Glaubet an Gott und an seine Gesandten und sagt nicht: Drei (sind's). Laßt ab davon. Gott ist nur Ein Gott, ihm sei Preis! (fern sei), daß er einen Sohn haben sollte.

11.

Sure 5, 116 Als Gott sprach: Jesus, Sohn Marias, haſt du den Menschen gesagt: Nehmt mich und meine Mutter zu zwei Göttern neben Gott? Er sprach: Mir kommt nicht bei, zu sagen, wozu ich kein Recht habe. Wenn ich's gesagt hätte, so wüßteſt du's. Du weißt, was in meiner Seele ist, aber ich weiß nicht, was in deiner Seele ist, du bist ja der Kenner der Geheimnisse. 117 Nichts sagte ich ihnen, außer was du mir befohlen hast: Dienet Gott, meinem Herrn und eurem Herrn. Und ich war Zeuge über sie, solange ich unter ihnen weilte, als du mich aber hinwegnahmst, warst du der Wächter über sie, denn du bist Zeuge von jedem Ding. 118 Wenn du sie strafst, so sind sie deine Knechte, und wenn du ihnen verzeihst, so bist du der Mächtige und Weise.

e) Jesu Tod.

1.

Sure 4, 156 (Die Juden sprachen:) Getötet haben wir den Messias, Jesum, den Sohn Marias, den Gesandten Gottes — und sie haben ihn doch nicht getötet und gekreuzigt, sondern ein Scheinbild schwebte ihnen vor. Und fürwahr, die welche über ihn streiten, sind im Zweifel über ihn, sie haben keine Kenntnis von ihm, sondern sie folgen der Meinung. Sie haben ihn aber in Wahrheit nicht getötet, sondern Gott hat ihn zu sich erhoben, denn Gott ist stark und weise. 157 Und keinen von den Schrift- besitzern gibts, der an ihn nicht glaubte vor seinem Tode, am Tage der Auferstehung aber wird er gegen sie ein Zeuge sein.

2.

Sure 3, 47 Und sie (die Juden) planten und Gott plante, aber Gott ist der beste Plänemacher. 48 Als Gott sprach: O Jesus, sieh, ich will dich hinwegnehmen und will dich zu mir erhöhen und will dich rein machen von denen, die verleugnen, und will die, welche dir folgen, über die setzen, welche verleugnen, bis zum Tag der Auf- erstehung. Dann ist eure Rückkehr zu mir, da werde ich entscheiden zwischen euch in dem, worin ihr uneinig seid. 49 Die verleugneten, die will ich strafen mit harter Strafe in dieser und in jener Welt, und keinen Helfer werden sie haben. 50 Die aber glaubten und das Gute taten, den wird er ihren Lohn gewähren, denn Gott liebt nicht die Ungerechten.

Apostel[1].

Sure 36, 12 Halte ihnen im Gleichnis vor die Leute jener Stadt, als die Ge- sandten zu ihnen kamen, 13 als wir zwei zu ihnen sandten, und sie die beiden für Lügner erklärten, und wir verstärkten sie durch einen dritten, und sie sprachen: fürwahr,

---

[1] Die Erzählung hat auf den ersten Blick gar nichts Christliches an sich, möglicherweise liegt ihr aber eine Apostelsage zu Grunde, aus der sie dann ziem- lich willkürlich zurechtgestutzt ist. Nach syr.-christlicher Tradition ist Antiochia folgen- dermaßen belehrt worden: Petrus und Johannes erhielten den Auftrag, dort das Evangelium zu predigen, sie haben aber keinen Erfolg, sondern werden ver- spottet. Da trifft sie Paulus und rät ihnen zu einer List. Er gibt sich als Heiden aus und fordert von den Aposteln ein Wunderzeichen. Jene heilen einen Blinden, Paulus auch: da erweckt Petrus einen Toten, und Paulus erklärt sich für über- wunden und beredet dann die Uebrigen leicht, sich taufen zu lassen. Diese Erzäh- lung ist aus den Homilien des Jakob v. Serug, und sie wird v. Hub. Grimme (Mohammed Teil II S. 97. Münster 1895) mit unserer Geschichte in Zusammenhang gebracht. Nach Baidâwî heißen die drei in der Sure auftretenden Gesandten Johan- nes, Jonas und Petrus.

wir ſind zu euch geſandt. 14 Sie ſprachen: Ihr ſeid nur Sterbliche wie wir, auch hat
der Allerbarmer gar nichts herabgeſandt, ihr ſeid nichts als Lügner. 15 Sie ſprachen:
Unſer Herr weiß, wir ſind Geſandte an euch; 16 uns liegt nur ob das Ausrichten der
klaren Botſchaft. 17 Jene ſprachen: Wir erblicken ein ſchlimmes Vorzeichen in euch,
wenn ihr nicht aufhört, werden wir euch ſteinigen, und fürwahr, von uns aus ſoll euch
ſchmerzhafte Strafe treffen. 18 Sie ſprachen: Euer Zeichen iſt an euch, ja, wenn ihr
euch mahnen ließet! ihr aber ſeid ausſchweifende Leute. 19 Da kam vom äußerſten
Ende der Stadt ein Mann her im Lauf, der ſprach: Ihr Leute, folgt den Gottgeſandten! 20. Folgt ihnen, die nicht Lohn fordern, ſie ſind wohlgeleitet. 21 Was iſt
mir? ſollte ich dem nicht dienen, der mich erſchaffen hat, und zu dem ihr zurückkehren
müßt? 22 Sollte ich neben ihm Götter annehmen? Wenn der Allerbarmer mir ſcha-
den wollte, ſo würde ihre Fürſprache mir gar nichts nützen, noch würden ſie mich retten
können. 23 Fürwahr, dann wäre ich in offenbarem Irrtum. 24 Ich glaube an euren
Herrn, o hört mich! 25 Da ward zu ihm geſagt: Geh ein ins Paradies! Er ſprach:
O, daß mein Volk doch wüßte, 26 wie mir mein Herr verziehen und mich den Hoch-
geehrten zugeſellt hat. 27 Wir ſandten darnach ſeinem Volke kein Heer vom Himmel
und wünſchten auch keines herabzuſenden. 28 Es war nur Ein Schrei und ſie waren
erloſchen.

B.
Briefe.

Zur Einleitung.
(E. Heunecke.)

(1.) Ueber den Unterschied der nachapostolischen von der apostolischen Brief-
literatur äußerte sich Kleuker, Ueber die Apokryphen des N. T.s (1798), S. 419 f.:
„Um solche Briefe schreiben zu können, als die Apostel zum Teil hinterlassen hatten,
dazu hatte man weder die innere Stütze jenes πνευμα oder erleuchtenden und
belebenden Geistes, noch die äußern Antriebe. Man stand nicht in demselben
psychologischen und moralischen Verhältnisse zu jener großen Sache." — Empfeh-
lungsbriefe (mit eigentümlicher Umdeutung) 2. Kor. 3 1—3. — Reisen,
brieflicher und literarischer Austausch bei Harnack, Die Mission S. 268 ff.
— Derselbe, SBA 1902 I, S. 507—545: Der Brief des Ptolemäus an die Flora,
eine religiöse Kritik am Pentateuch im 2. Jhdt.

(2.) Zahns Versuch der Begründung für eine momentane Entstehung der
kirchlichen Sammlung der Paulusbriefe zwischen 70—120 (G.K. I 797. 829 ff.)
scheitert schon an der Tatsache, daß bei den ältesten erreichbaren Zeugen eine ver-
schiedenfache Anordnung der einzelnen Briefe (vgl. Zahn, Grundriß der Gesch.
des neutest. Kanons S. 49 mit dem Muratorianum) zu erkennen ist; vgl. auch G.K.
II 997 ff.: Die Gegner und Verteidiger der Kanonicität des Philemonbriefs im
4. Jht.

Die beiden (von Knopf) mitgeteilten antiken Briefe hat auch v. Wilamowitz
in seinem Griech. Lesebuch (Text II 398; Erltrgn. II 263) abgedruckt.

Vielleicht hat Kol. 4 16 dem Marcion Anlaß gegeben, den ohne Adresse um-
laufenden Brief des Paulus „an die Epheser" zum Laodicenerbrief zu machen.
(Jülicher, Einl. 109). Gregor I. hat den erhaltenen Laod.brief abgewiesen, Eras-
mus († 1536) über ihn ein Urteil abgegeben, das volle Empfindung des Unterschiedes von der paulinischen Redeweise und Geistestiefe verrät (Kunze, Glaubensregel
usw. S. 305 f. 537; 517 A. 2). Die humanistische Fiktion eines Briefwechsels zwischen Paulus und den Ephesern auf Grund von AG. 20 18. 35 von Joachim Ca-
merarius (Lips. 1551) s. bei Fabricius III 685 ff.

Briefwechsel zwischen Paulus und Seneca abgedruckt bei Fabricius (II)
p. 880 ff. Vgl. Greppo, Notes historiques, biographiques, archéologiques et litté-
raires concernant les premiers siècles chrétiens, Lyon 1841 (Nr. 3). Zahn G.K.
II 612—621. Harnack I 763—765 (sonstige Lit.) 865. Peter (s. Apokr. S. 80 A. 1)
S. 175. Bardenhewer I 467—471. — Die jüngeren Pilatusschriften (Briefwechsel
mit Herodes usw.) in den meisten Ausgaben der apokr. Schriften und deren Uebersetzungen abgedruckt. Vgl. Harnack I 23 f. Ehrhard S. 144 A. 4; über den Lentulusbrief speciell die von Schürer, ThLZ 1901, Sp. 144 angegebenen Aufsätze;

v. Dobſchütz, Chriſtusbilder, TU N. F. III (1899), S. 308** ff.; vgl. ZwTh 1899, S. 458: „daß wir es hier mit einem der abendländiſchen Erbauungsliteratur des 13. Jahrhunderts angehörenden, ſpäter erſt vom Humanismus aufgenommenen und umgeprägten Stücke zu tun haben, deſſen große Beliebtheit in humaniſtiſchen wie mönchiſchen Kreiſen aus der erſtaunlich großen Zahl von Abſchriften hervorgeht, die uns aus dem 15.—16. Jahrhundert erhalten ſind. Die weite Verbreitung bezeugt aber auch eine ganze Anzahl von Ueberſetzungen in verſchiedenen abendländiſchen Sprachen". — Ueber den (bei Jeruſalem) vom Himmel gefallenen Brief Chriſti vgl. Fabricius p. 307 ff. Röhricht, ZKG XI, 1890, S. 436 ff. 619. Zahn, Stizzen aus dem Leben der alten Kirche ² (1898), S. 163. 352. Ehrhard S. 119 A. 9. Vassiliev, Anecdota Graeco-Byzantina I (1893), p. XII ff. 23—28. 28—32 (Epistola de die dominica); der fränkiſche Ketzer Aldebert zur Zeit des Bonifatius (Hauck, KG. Deutſchlands I 508 ff.) rühmte ſich im Beſitze eines ſolchen (Monum. Moguntina ed. Ph. Jaffé 1866, p. 142 f.). — Auguſtin de consensu evangelist. I 9 f.: Man behauptete, Schriften von Chriſtus zu haben, in denen ſeine Wunder= fertigkeit beſchrieben war, die aber tatſächlich unchriſtlichen, ja polizeiwidrigen In= halt hatten; ſo Schriften des Petrus und Paulus in Briefform unter ſeinem und der Apoſtel Namen, die wert ſeien, von Leſeſchülern verlacht zu werden. Aug. er= klärt die Erdichtung daraus, daß man jene beiden Apoſtel mit Chriſtus häufig ge= malt ſah und in Rom ihren gemeinſamen Todestag feierte [ſ. Hennecke, Altchriſtl. Malerei, S. 82 ſ. 241 ſ.]. „Kein Wunder, daß ſich die Fälſcher von den Malern täuſchen ließen!" Falſche Schreiben des Ignatius und der Maria bei Fabricius (II) 833 ff. Funk, PA ² II 214 ff.; vgl Movers-Kaulen im Kath. Kirchenlexikon 2. Aufl. I (1882), Sp. 1082.

(Vgl. Batiffol, Art. Épitres apocryphes, in Vigouroux' Dictionnaire de la Bible II, 1899, col. 1898—1901.)

X.
Clemens an die Korinther.

(R. Knopf.)

a) Clemens und das Alte Teſtament.

Die Beziehungen unſeres Briefes auf das A. T. nehmen, ſchon äußerlich be= trachtet, einen ſo breiten Raum wie in keiner andern altchriſtlichen Schrift ein. Der Verfaſſer des Briefes zeigt eine große Vertrautheit mit dem Inhalt und der Sprache des griechiſchen A. T., der Septuaginta, in all ihren Teilen. Beſonders treten in den direkten Citaten neben dem Gebrauch von Pſalmen und Jeſaja die Anführungen aus Hiob und dem Spruchbuche hervor. Sehr bemerkenswert iſt weiter bei 1. Clem. die ausgiebige Heranziehung alttestamentlicher Beiſpiele. Namentlich im erſten Teile des Briefes treffen wir auf lange Reihen ſorgfältig gewählter und geordneter Beiſpiele (vgl. c. 4; 9—11; 16—18). Die Vertrautheit des Verfaſſers mit dem alttestamentlichen Stoffe zeigt ſich auch noch darin, daß er bei ſeinen Er= zählungen und Beiſpielen öfters Züge bringt, die über den Erzählungsſtoff des hl. Buches hinausgehen, mithin apokrypher Art ſind (vgl. z. B. 7, 6; 11, 2 und die An= merkungen zu dieſen Stellen): die mancherlei Ausſchmückungen, die ſpätere jüdiſche, beſonders helleniſtiſche Erbauungstendenz am Erzählungsſtoffe des A. T. vorge= nommen hat, ſind dem Verfaſſer unſeres Briefes nicht fremd geblieben. Ein weiterer Beweis für die Vertrautheit des 1. Clem. mit der Septuaginta liegt darin, daß ab= geſehen von den ausdrücklichen Citaten und von den Beiſpielen ſein ganzer Stil von Anklängen und Erinnerungen an alttestamentliche Stellen und den Sprachgebrauch der griechischen Bibel durchzogen ist. — Fast auf jeder Seite des Briefes tritt uns also eine ausgiebige Benutzung des A. T. entgegen. Die Methode, nach der 1. Clem. das hl. Buch verwendet, ist die schlichte, moralistisch=paränetische. Die Citate und die Beispiele werden nicht allegorisch um= und ausgedeutet, sondern sie wirken in ihrem einfachen Wortlaute. Daß aber auch die höhere pneumatische Auslegung des A. T., wie sie z. B. in klassischer Form im Barnabasbriefe vorliegt, dem Verfasser nicht ganz fremd ist, beweist 12, 7 (vgl. die Anmerkung dazu).

Die große Vertrautheit unseres Verfassers mit der Septuaginta legt noch eine Frage nahe: muß man nicht annehmen, daß der Schreiber des Briefes ein geborener Jude, ein Hellenist, gewesen sei? (So neuestens wieder: Nestle, ZnW I 178 ff; Stahl, Patristische Untersuchungen, 1901, S. 90 f.) Zur Lösung dieser Frage kann man nicht einzelne Stellen des Briefes heranziehen. Nirgends im Briefe findet sich eine Einzel= aussage oder =anschauung, aus der die jüdische Abstammung des Verfassers zu fol= gern wäre. Wenn in 4, 8 steht „unser Vater Jakob" oder in 31, 2 „unser Vater Abraham" (vgl. auch 60, 4 und 62, 2), so geht daraus noch keineswegs hervor, daß der Schreiber des Briefes ein geborener Jude gewesen sein müßte: Die frommen gottgefälligen Erzväter sind auch von andern altchristlichen Schriftstellern, die sicher Heidenchristen waren, im geistlichen Sinne als „Väter" der Christen bezeichnet wor= den. Die Kernfrage ist einzig diese: ist es möglich, daß ein geborener Heide je eine solche Vertrautheit mit dem A. T. erlangen konnte, wie wir sie bei 1. Clem. sehen? Und diese Frage kann man bejahend beantworten. Der Mann, der den Brief ge= schrieben hat, war wohl durch Jahrzehnte ein Glied der Christengemeinde, gehörte mit zu denen, die „von Jugend an bis zum Greisenalter ohne Fehl unter uns wandelten" (63, 3). Die alten Christen haben sich eifrig mit dem heiligen Buche ab= gegeben, dessen Besitz in ihren Augen „einer der einleuchtendsten und empfehlend= sten Vorzüge der neuen Religion" gewesen ist, sie haben es, wenn es ihnen zugäng= lich war, privat vorgenommen, es wurde in den Gemeindeversammlungen verlesen; seine Ausdrücke und Wendungen sind sicher auch in die gewöhnliche alltägliche Sprache der Christen eingedrungen. Hinsichtlich der Benutzung des A. T. für die religiöse und moralische Erbauung hat sich sehr bald eine Tradition in der Aus= wahl der Citate und Beispiele gebildet. Einem Manne, der 30—40 Jahre der Ge= meinde angehört, sich in ihr als Prediger ausgezeichnet hatte, können wir die ge= naue Bekanntschaft, die unser Brief mit dem A. T. zeigt, wohl zutrauen, auch wenn er nicht von Kindheit auf die Septuaginta gelaunt hatte. (Ueber 1. Clem. und das A. T. vgl. Wrede, Untersuchungen zum 1. Klemensbriefe 1891, S. 58—111.)

b) Clemens und das Neue Testament.

Neben das Gotteswort des A. T. tritt als zweite, gleichgestellte Autorität noch nicht ein geschriebenes N. T., sondern der „Herr", d. h. Christus. Aussprüche Jesu werden an zwei Stellen des Briefes angeführt (vgl. 13, 2 und 46, 8). Sie sind ebenso heilig wie die Gottesworte des A. T.

Doch wenn auch der Kanon des A. T. als Sammlung noch nicht existirte, so waren immerhin die einzelnen neutestamentlichen Schriften zum größten Teile bereits vorhanden und dem Verfasser unseres Briefes bekannt. Nicht sicher ist, ob 1. Clem. bereits unsere Synoptiker gelesen habe. Hat er sie, wie wahrscheinlich ist, gekannt, so ist der Gebrauch, den er 13, 2 und 46, 8 von ihnen macht, ein sehr freier. Aus einzelnen Anklängen an das Johannesevangelium läßt sich nicht be= weisen, daß dieses dem Verfasser vorgelegen habe. Sicher waren aber dem Autor die Paulusbriefe vertraut. 47, 1 citirt er ausdrücklich 1. Kor., und Kenntnis des Römerbriefs läßt sich aus verschiedenen Stellen des Schreibens nachweisen. Kennt= nis anderer Paulusbriefe muß man freilich mehr voraussetzen, als daß man sie beweisen kann, und sehr zweifelhafter Art sind die Anspielungen auf gewisse Stellen von Kol., Eph. und den Pastoralbriefen. Sehr wahrscheinlich ist es, daß unser Verfasser 1. Petr. gekannt habe. Daß an einer Stelle des Schreibens (in c. 36) Hebr. wörtlich, wenn schon schweigend citirt wird, daß aber auch an andern Stellen

(vgl. beſonders die cc. 10—12) Entlehnungen und Nachahmungen des Hebr. vor=
liegen, hat bereits das kirchliche Altertum erkannt (vgl. Euſeb. KG. III 38, 1). Be=
kanntſchaft des Verf. mit den übrigen Schriften des N T. (AG., Jak., Jud., 2. Petr.,
1.—3. Joh., Offenb.) läßt ſich nicht nachweiſen.

c) Anmerkungen.

Abkürzungen: A = cod. Alex. (Apokr. S. 84); C = cod. Constantinopol.
(Apokr. S. 84); L der Lateiner (Apokr. S. 84 A. 2); S der Syrer (Apokr.
S. 84 A. 1).

Lit.: Die Ausgaben der Patres apostolici; R. Knopf, Der erſte Clemens=
brief, unterſucht und herausgegeben, TU N. F. V 1, Leipz. 1899.

Der Typus der Zuſchrift iſt der nämliche wie in den Paulusbriefen und
im 1. Petr. — Die Chriſten bezeichnen ſich ſelber als Beiſaſſen, weil ſie ſich in den
Städten, die ſie bewohnen, und überhaupt in der Welt, nicht als eigentliche Bürger
fühlen, ſondern als Fremde, die nur zeitweilig und vorübergehend auf Erden weilen,
deren eigentliches Bürgerrecht und deren wahre Heimat aber im Himmel iſt, vgl.
neben unſerer Stelle 1. Petr. 1 1, 17, 2 11, Hebr. 11 13, 2. Clem. 5, 5, Hermas ſim.
I 1, Brief an Diognet 5, 5.

1 1: Die Fährlichkeiten und Drangſale ſind die Leiden, die der
römiſchen Gemeinde aus der domitianiſchen Chriſtenverfolgung erwuchſen. —
ἀδελφοί hinter περιστάσεις, das nur von A geboten wird, hat wegzufallen. — ge=
ſchädigt worden iſt; ſo mit LS, die in ihren Vorlagen βλαφθῆναι laſen. A
und C haben βλασφημηθῆναι. Die Lesart von LS iſt die ſchwerere, die andere iſt
des Harmoniſmus verdächtig, vgl. Röm. 2 24, Jak. 2 7, Offb. 13 6, 16 9.
3 : Gleich hier am Eingange des Briefes mögen ein kurzes Wort über die Ge=
meindeverfaſſung, die der Brief vorausſetzt, ſtehen (vgl. darüber die treff=
lichen Ausführungen von Wrede, Unterſuchungen zum Erſten Klemensbriefe, 1891,
S. 7 ff., daſelbſt auch S. 8 Anm. 2 die einſchlägige Literatur). Die Entſcheidung
über die Frage hängt an wenigen, nicht immer deutlichen Stellen des Briefes.

1. Clem. kennt ohne Zweifel bereits ein Amt in der Gemeinde, das ſind die
Epiſkopen (Biſchöfe), die 42, 4 ff., vgl. auch 44, 1 erwähnt werden. Ueber die
Art ihrer Beſtellung erfahren wir in 44, 3, daß ſie auf Vorſchlag erprobter Männer
von der ganzen Gemeinde gewählt werden, über ihre Befugniſſe, daß ſie die Opfer
des Biſchofsamtes darzubringen haben (44, 4), d. h. daß ſie (wie auch aus dem
Zuſammenhange, in dem c. 44 erſcheint, zu ſchließen iſt) gewiſſe kultiſche Funktionen,
in erſter Linie die Abendmahlsfeier, vorzunehmen haben. Daneben müſſen ſie auch
noch andere Befugniſſe gehabt haben (Verwaltung der Geldangelegenheiten, ein
Aufſichtsrecht über die Gemeindeglieder, die Armenpflege), aber darüber hören wir
im Briefe nichts. Neben den Epiſkopen ſtehen die Diakonen (42, 4 f.), ſie ſind
die Gehilfen der Epiſkopen. Die Epiſkopen (und vielleicht auch die Diakonen mit
eingeſchloſſen) bezeichnet 1. Clem. mit einem andern Namen als Presbyter
(Aelteſte). Das geht klar aus der Art hervor, wie in 42, 4 f.; 44, 1 und 3—5;
47, 6, bald von den Epiſkopen und ihrem Amte, bald von den Presbytern und
ihrer Einſetzung und Befugnis geſprochen wird. Nun hat aber weiter 1. Clem.
noch einen andern Gebrauch des Wortes „Presbyter", wonach Presbyter nicht Amts=
bezeichnung iſt, ſondern wonach es eine viel weitere Klaſſe in der Gemeinde umfaßt,
die Aelteren in der Gemeinde (und damit die Bewährten, die Angeſehenen, die Träger
der Ueberlieferung) gegenüber den Jüngeren, den νέοι. Dieſer weitere Gebrauch des
Namens Presbyter liegt klar in c. 1,3 und 21,6 (vgl. auch 3, 3) vor, wo unter den Ael=
teſten einfach die ältere Schichte der Gemeindeglieder gegenüber der jüngeren zu verſtehen
iſt. So hat der Name Presbyter in 1. Clem. eine doppelte Bedeutung, er iſt einmal Amts=
bezeichnung (= Epiſkopen und vielleicht auch Diakonen), er iſt ſodann aber auch einfach
Bezeichnung der älteren Leute in der Gemeinde überhaupt. — An der Spitze der
Gemeinde ſtehen aber nicht nur die gewählten Epiſkopen (und Diakonen), die
„Presbyter" im engeren Sinne, ſondern auch noch andere Leute, die Eigenſchaften

besitzen und Tätigkeiten ausüben, durch die man sich Ansehen und Führerstellung in der Gemeinde erwirbt. Dabei haben wir sicher in erster Linie an die Propheten und Lehrer der Gemeinde zu denken, daneben auch vielleicht noch an berufsmäßige Asketen und andere angesehene Leute (vgl. die Art, wie z. B. 48, 5 f. das Ansehen solcher Leute vorausgesetzt wird). Alle diese Männer sind durch den besonderen Besitz des Geistes ausgezeichnet und dadurch über die Menge der Gemeindeglieder hinausgehoben. Sie bilden mit den Amtsträgern zusammen eine formlose Gruppe, die „Führenden", vgl. 1, 3 und 21, 6. Dieser selben Gruppe unter gleichem Namen begegnen wir auch im Hebräerbrief 13 7. 17. 24. Naturgemäß setzt sich das Kollegium der Führenden aus Angehörigen der älteren Gemeindegeschichte, aus den Presbytern im weitern Sinne zusammen. — So ergibt sich also für 1. Clem. folgende Gliederung in der Gemeinde: Es stehen einander einmal gegenüber die beiden Schichten der Aelteren und der Jüngeren in der Gemeinde. Aus der Zahl der Aelteren bildet sich, zum Teil durch Wahl, zum Teil durch Hervortreten des Einzelnen infolge von charismatischer Begabung eine Gruppe von „Führenden", die ἡγούμενοι (oder προηγούμενοι). Die Gewählten in dieser Gruppe sind die Amtsträger", die Episkopen (und Diakonen), denen im specifischen Sinne der Name „Presbyter", „Aelteste" eignet.

2 1: an dem, was euch Christus für eure Pilgerreise darbot, so mit CSL (τοῖς ἐφοδίοις τοῦ Χριστοῦ) gegen A (τοῖς ἐφοδίοις τοῦ θεοῦ). An der Ursprünglichkeit unserer Lesart kann angesichts der überwiegenden Bezeugung nicht gezweifelt werden. Lightfoot ist (in der Anmerkung z. St.) für τοῦ θεοῦ eingetreten, aber er kannte L noch nicht. Er faßt ἐφόδιον ebenso wie Harnack PA z. St. als viaticum dei, als das, was Gott den Christen als Lebensgüter für ihre Pilgerreise mitgibt. Beide Ausgaben interpungiren hinter ἀρχούμενοι. Bei der Lesart τοῦ Χριστοῦ muß man ἐφόδια in übertragener Bedeutung fassen: geistliche Zehrmittel, religiöse Güter. Zu interpungiren ist (mit Hilgenfeld N. T. e. c. und Funk pa erst hinter προσέχοντες, wie schon der Parallelismus der Participialbestimmungen verlangt (vor τοῖς ἐφοδίοις 2 Paare von Participien, nachher noch ein Paar). So fällt auch die Schwierigkeit weg, die sich sonst bei der Beziehung des Akkusativs τοὺς λόγους αὐτοῦ einstellt. Bei der gewählten Lesart und Interpunktion ist die Stelle und ihr Zusammenhang so zu erklären: demütig waret ihr, ohne euch zu überheben, ihr ordnetet euch lieber unter, als daß ihr andern befahlt, gabt lieber von eurem irdischen Gute, als daß ihr nach seiner Vergrößerung strebtet. Denn es lag euch ja nichts an äußerem Besitze: Christus gab euch ein Zehrgeld anderer Art: an dem ließet ihr euch genügen und nahmt es in acht. Seine Worte nahmt ihr zu Herzen usw. So gefaßt, gibt die Stelle eine feine Pointe: mit τοῖς ἐφοδίοις τοῦ Χριστοῦ wird die Betrachtung vom Irdisch-materiellen weg auf das höhere Gebiet des geistigen und religiösen Lebens gelenkt, und es wird gezeigt, worin eben der Korinther beglückende Reichtum bestand. ἐφόδιον in übertragener Bedeutung (geistliches Zehrmittel) kommt öfters vor, vgl. Knopf S. 90 f., überhaupt S. 85—93. — **4: Die Bezeichnung Bruderschaft** für die Christenheit findet sich auch 1. Petr. 2 17, 5 9, Polyk. an die Phil. 10 und öfter. — **mit barmherziger Gesinnung und Gewissenhaftigkeit**; dies ist die von ALS bezeugte Lesart: μετ' ἐλέους καὶ συνειδήσεως, wogegen C mit seinem δέους statt ἐλέους nicht aufkommen kann. Wir müssen ἐλέους fassen als „barmherzige, freundliche Gesinnung gegen den Nächsten" (vgl. auch Zahn, GgA vom 8. Nov. 1876), und der Hinweis darauf war bei dem Zwiste der Korinther nicht unangebracht. συνείδησις kann man wiedergeben durch „gutes Gewissen" (so bereits die altlateinische Uebersetzung). Aber wir müßten dann eigentlich ἀγαθῆς bei συνειδήσεως erwarten, und deswegen und im Hinblick auf den Gebrauch des Wortes in 34, 7 ist es besser, συνείδησις als „Gewissenhaftigkeit" zu erklären (Lightfoot z. St.). — **8 Schluß**: vgl. Spr. 7 3. —

3 1: Fülle; πλατυσμός ist LXX = Uebersetzung des hebräischen מֶרְחָב (2. Sam. 22 20, Pf. 118 5) und bedeutet eigentlich „freier, weiter Raum", entgegengesetzt ist θλίψις, στενοχωρία. — **3 1** Das Citat ist sehr frei nach LXX gegeben

(5. Mof. 32 13—15). — 4 Wir lefen mit AS πόρρω ἄπεστιν; CL haben, mehr mit LXX, ἀπέστη (oder L vielleicht ἀφέστηκεν).

----

4 1 Gott ein Opfer mit AS (τῷ θεῷ; CL lefen mit LXX τῷ κυρίῳ). — 3 und fein Antlitz ward finfter; im Texte fteht hier und im folgenden Verfe συνέπεσεν τὸ πρόσωπον, ein Bild, wofür wir im Deutfchen keine entfprechende Form der Wiedergabe haben. Im folgenden: Nicht wahr, wenn du in rechter Weife ufw. haben die LXX den dunklen Grundtext offenbar nicht verftanden und falfch überfetzt. Sie fcheinen das Vergehen Kains darin gefehen zu haben, daß er zwar das Opfer in richtiger Form darbrachte, aber den beffern Teil der Opfergabe für fich behielt und Gott den fchlechteren gab. Im hebr. Urtext ift gar kein befonderer Grund dafür angegeben, warum Gott Kains Opfer verfchmähte. — 10 Richter; fo mit A (κριτήν), während CSL mit LXX ἄρχοντα lefen. Gleich dahinter lefen CS (auch mit LXX) καί, während AL ἤ haben. Die Abweichung des Clemenstextes von LXX ift wohl aus Einfluß der anklingenden Stelle Lk. 12 14 zu erklären. — 11 In der Stelle 4. Mof. 12 14 f., auf die hier angefpielt wird, ift nur erzählt, daß Mirjam aus dem Lager ausgefchloffen wurde. — 12 Mofes wird an verfchiedenen Stellen des A. T. „Diener Gottes" genannt, vgl. 2. Mof. 4 10, 14 31; 4. Mof. 12 7 f., Jof. 8 31. 33. Clem. gebraucht auch c. 43, 1; 51, 3 und 5; 53, 5 diefelbe Bezeichnung.

5 1 der jüngften Vergangenheit... unferes Gefchlechts; über die Bedeutung diefer Ausdrücke für die chronologifche Fixierung des Briefes, vgl. Apokr. S. 87. — 4 Ablegen der Zeugenfchaft ift hier und 5, 7 vom Blutmartyrium zu verftehen. Im Griechifchen heißt es beidemal μαρτυρήσας. Wir haben hier die ältefte Stelle der Tradition, die vom Martyrium der beiden großen Apoftel fpricht, und die die beiden Apoftel mit der römifchen Gemeinde in Verbindung bringt. Von den Fährlichkeiten, die Petrus überftand, wiffen wir fonft nichts, über die Gefahren, die Paulus überwand, vgl. 2. Kor. 11 23—27, 32 f., dann die verfchiedenen Stellen der AG, die von Verfolgung und Flucht, Gefangennehmung, Züchtigung und Steinigung (14 19) des Apoftels berichten. — 5 zeigte; gemeint ift: er zeigte, lehrte durch fein Vorbild, durch die Art, wie er Eiferfucht und Anfeindung ertrug, den Weg zum Kampfpreife der Geduld. Diefer Gedanke ift im Texte etwas kurz ausgedrückt. Die Differenz der griechifchen Textzeugen an der Stelle (ἔδειξεν oder ὑπέδειξεν) macht für den Sinn und für die deutfche Wiedergabe nichts aus, L hat ostendit, S fcheint ὑπέσχεν gelefen zu haben. — 6 wir interpungiren hinter ἔλαβεν und lefen δικαιοσύνην (5, 7) wie AL, CS hingegen lefen δικαιοσύνης und ziehen auf diefe Weife das Wort noch zum Vorhergehenden, indem fie es mit κλέος zufammennehmen. — 7 bis zum äußerften Weften ift er vorgedrungen; eine berühmte und wichtige Stelle, die bei Entfcheidung der Frage nach der zweiten Gefangenfchaft Pauli fehr fchwer ins Gewicht fällt. Unter dem „äußerften Weften" kann der Römer kaum etwas anderes als Spanien verftanden haben. Und daß Paulus nach Spanien gekommen fei, fagt auch ein anonymes Kanonsverzeichnis des 2. Jhrh., das fogenannte Muratorianifche Fragment (Z. 35 ff.: Lukas fchreibe in der Apoftelgefchichte dem Theophilus nur das auf, wovon er Augenzeuge gewefen fei; deswegen fehlten auch das Martyrium des Petrus und die Reife des Paulus, der von der Stadt nach Spanien reifte; vgl. Apokr. S. 347). Dies find die beiden einzigen Stellen der Tradition, die direkt von einer Reife des Paulus nach Spanien berichten (vgl. über die Frage nach der zweiten Gefangenfchaft Pauli: Harnack II 238 ff., Zahn, Einleitung I 437 ff., Jülicher, Einleitung 3 30 f.; dazu noch Apokr. S. 365 f.) Unter den Machthabern (ἡγούμενοι) find wohl die römifchen Beamten zu verftehen, vor

denen Paulus öfters zu erscheinen hatte. Einige Worte weiter setzen LS zu κόσμου: τούτου hinzu, wohl mit Unrecht. Dieselben beiden Zeugen lesen auch statt ἐπορεύθη (AC): ἐπήρθη (er ward emporgehoben), vgl. AG 1 9.

6 1 v i e l f a c h e S c h m a c h u n d Q u a l, so nach der Lesart von L, der hier das Richtige erhalten zu haben scheint: πολλὰς αἰκίας καὶ βασάνους; ACS haben πολλαῖς αἰκίαις καὶ βασάνοις, was, wenn richtig, natürlich mit ὑπόδειγμα ἐγένοντο zu verbinden wäre. — 2 a l s D a n a i d e n u n d D i r l e n; eine sehr schwierige Stelle, an der aber, bei der Einstimmigkeit der vier Textzeugen, nicht conjicirt werden kann. Wir müssen annehmen (vgl. Harnack, Lightfoot, Funk z. St.), daß jene Märtyrerinnen der neronischen Verfolgung die Qualen der Danaiden und der Dirke zu erleiden hatten. Dabei können wir uns die Aussage, jene Frauen hätten als Dirken ge= litten, leicht erklären: Dirke ward von den Brüdern Amphion und Zethos, die für ihre Mutter Antiope Rache nahmen, mit den Haaren an einen Stier gebunden („farnesischer Stier") und von dem rasenden Tiere zu Tode geschleift. So mag man in der neronischen Verfolgung auch Christinen in der Arena hingerichtet haben. Wie aber jene Frauen die Qualen der Danaustöchter erlitten haben sollen, die in der Unterwelt mit Sieben Wasser ins durchlöcherte Faß trugen, können wir uns nicht vorstellen und müssen also diesen Ausdruck unerklärt lassen. — Daß derlei theatralische Hinrichtungen, nach Erzählungen der Mythologie ausgedacht, vorkamen, wissen wir noch aus andern Quellstellen, vgl. F r i e d l ä n d e r: Sittengeschichte Roms B. II 6. Aufl. S. 408 f. Gerade Nero liebte solche scenischen Darstellungen, mit Hinrichtungen verknüpft, sehr (vgl. c. 12 in Suetons Nero), und ausdrücklich sagt Tacitus (Annalen 15, 44), man hätte mit den Christen, die hingerichtet wurden, Spottschauspiele (ludibria) angestellt, und erwähnt einige dieser ludibria, wie auch Sulpicius Severns chron. II, 29 von der Verfolgung unter Nero berichtet, man hätte für die Christen neue Todesarten ausgedacht. — 4 Bei den' g r o ß e n S t ä d t e n, die durch Eifersucht und Streit zerstört wurden, hat der Verf. sicher in erster Linie an Jerusalem gedacht; Jerusalems Zerstörung durch Titus (August 70) war für ihn ein zeitgenössisches Ereignis.

7 1 S c h r a n k e n; σκάμμα ist der Platz, den man ringsum durch einen auf= geworfenen Graben (das bedeutet σκάμμα eigentlich) umgrenzt und als Arena her= richtet. — 4 s e i n e m V a t e r; so mit LS (τῷ πατρὶ αὐτοῦ), während A τῷ θεῷ καὶ πατρὶ αὐτοῦ, C τῷ πατρὶ αὐτοῦ τῷ θεῷ hat. — d i e G n a d e d e r B u ß e haben AC (μετανοίας χάριν), während LS einfach μετάνοιαν übersetzen. — 6 Die Erzäh= lung über Noah in 1. Mos. 7 weiß nichts davon, daß N o a h a l s B u ß= p r e d i g e r unter seinen Zeitgenossen aufgetreten sei. Aber die spätere religiöse Ueberlieferung des Judentums kennt diesen Zug wohl, vgl. Henoch bei Syncellus, Chron. p. 47 (Dindorf), Josephus, Altertümer I, 3, 1; Hennecke, Altchristliche Malerei und altkirchliche Litt. S. 207 A. 7. Von der Predigt Noahs wird in un= serm Briefe nochmals 9, 5 gesprochen. Das Citat (Hes. 33 11 LXX) ist ziemlich frei ge= geben. — 8 2 m i l d e n U r t e i l s s p r u c h; im Texte steht γνώμην ἀγαθήν, was auch heißen kann: ein gutes Mahnwort. — 3 Die Anführung stammt wohl aus einem apokryphen, uns nicht mehr erhaltenen heiligen Buche, vgl. die Anmerkungen der Erklärer z. St. (auch Z a h n, Forschungen VI 311 A.: aus einem apokryphen Ezechiel). — S p r i c h; dies setzt die Accentuierung εἰπόν voraus; L übersetzt so, hin= gegen hat C εἶπον (ich sprach), A ist unbestimmt, S hat εἶπον. — 4 u n d r e i= n i g e t e u c h; so mit A, während CSL mit LXX das καὶ weglassen. — u n d l a ß t u n s m i t e i n a n d e r r e c h t e n; LS lassen das καὶ am Anfange dieses Satzes weg. Die Ueberetzung „rechten" setzt als Text διελεγχθῶμεν voraus, was von L bezeugt wird, A hat (δι)ελεγχθῶμεν, woraus dann διαλεγχθῶμεν (US), „wir wollen uns unterreden", wurde. — 5 d i e e r usw., nach der Lesart ἣν ἐστήριξεν, die sich freilich nur auf L stützt (die anderen lassen ἣν aus). βουλόμενος wird auf diese Weise absolutes Particip, wie solche sich auch 11, 1; 13, 1; 35, 2 (wo ὑποπίπτοντα zu lesen ist); 59, 3 finden, vgl. K n o p f S. 48. —

9 3 E n o c h (vgl. 1 Mos. 5 24) ist eine sehr beliebte heilige Figur in der re=

ligiöfen Ueberlieferung des Judentums und des frühen Chriftentums. Eine der bedeutendften fpätjüdifchen Apokalypfen trägt feinen Namen. Ueber Noahs Pre= digt vgl. die Anmerkung zu 7, 6.

10 1 A b r a h a m wird nirgends im A. T. ausdrücklich „Freund Gottes" ge= nannt. Doch fcheint ihm diefer Titel fchon in vorchriftlicher Zeit von den Juden gegeben zu fein, vgl. Buch der Jubiläen, 19, 9: er (Abraham) ward als gläubig erfunden und wurde als Freund Gottes auf die himmlifchen Tafeln gefchrieben. Stellen im A. T., an die diefe Bezeichnung anknüpft, find Jef. 41 8, 2. Chr. 20 7 (vgl. H e n n e c k e, Altchriftl. Malerei 212 A. 6; H a r n a c k, Die Miffion S. 302). — 7 z u d e m B e r g e, den . . . nach der Lesart πρὸς τὸ ὄρος δ . . .; A hat πρός, C εἰς, S ἐπί, L (in) ift zweifelhaft. τὸ ὄρος δ . . . hat L (montem quem), während ACS, wohl unter Einfluß von LXX 1. Mof. 22 2, ἐν τῶν ὄρεων ὦν . . . haben.

11 2 Das Beifpiel von Lots Weib, das der Verfaffer hier bringt, ift wieder= um über den altteftamentlichen Erzählungsftoff hinaus erweitert. Daß Lots Weib an Gottes Urteil zweifelte, kann man aus der Erzählung der Genefis herauslefen, daß fie aber mit ihrem Gatten eins war, fteht nicht da. Wohl aber paßt diefer Zug zu der paränetifchen Verwertung des Beifpieles im Zufammenhang des ganzen Briefes: die korinthifche Gemeinde war ftreitfüchtig und uneins. Clem. wird indes die Erweiterung kaum felbft vorgenommen haben. Das widerfpricht feiner fonft zu belegenden Art.

12 Die R a h a b erfcheint auch an andern Stellen der chriftlichen Paränefe als Mufterbeifpiel (Hebr. 11 31, Jak. 2 25) und ift Mt. 1 5 fogar in den Stamm= baum Jefu eingefügt worden. Clem. gibt die Erzählung (Jof. 2), auch im Dia= loge, recht frei wieder. — 1 Die Hure Rahab, fo mit A (Ῥαὰβ ἡ πόρνη) und Clem. Alex., der anfcheinend in feinem Clementexte ebenfo las. Hingegen haben CSL Ῥαὰβ ἡ ἐπιλεγομένη πόρνη. Der Einfchub ift offenbar aus dem Bedenken ent= ftanden, die gefeierte Perfon, die, wie erwähnt, öfters in der altchriftlichen Literatur rühmend genannt wird, direkt als πόρνη zu bezeichnen vgl. Hebr. 11 31, wo der Codex ℵ ebenfalls ἡ ἐπιλεγομένη πόρνη hat. — 6 d e i n H a u s, fo mit CL στέγος σου; A hat τοτοεγος σου, S überfetzt, als hätte er τὸ τέγος τοῦ στέγους σου gelefen. — 7 U n d f i e g a b e n i h r d a z u n o c h e i n Z e i c h e n; fo werden mit L i g h t f o o t und F u n k die Worte: και προσέθεντο αὐτῇ δοῦναι σημεῖον zu faffen fein, gegen H a r n a c k, der die Ueberfetzung vertritt: und fie trugen ihr außerdem noch auf, fie folle ein Zeichen geben. — Die Deutung des roten Seils auf das Blut Chrifti ift ein Beifpiel höherer, pneumatifcher Auslegung, an der der Brief fonft arm ift. Spätere Schriftfteller folgen dem 1. Clem. in der Ausdeutung diefes Zuges. —

13 2 Die Herrnworte, die hier angeführt werden, finden fich nirgends in un= fern Evangelien wörtlich genau, doch laffen fich verfchiedene Parallelen aus Mt. und Lk. anführen, vgl. Mt. 7 1 f., Lk. 6 36. 38, auch Mt. 5 7, 6 14, Lk. 6 31. Der Ver= faffer hat entweder fein Citat aus einem verlorenen apokryphen Evangelium ge= fchöpft oder er kombinirt nach dem Gedächtniffe verfchiedene Sprüche aus den Syn= optikern.

14 3 g e g e n e i n a n d e r; mit CSL; A hat αὐτοῖς, wobei unficher ift, ob man es reflexiv überfetzen darf, man könnte auch überfetzen: gegen fie, d. h. gegen die vorerwähnten Führer des Streites. Aber die Mahnung, gegen diefe milde zu fein, ift hier ganz unangebracht. Clemens mahnt die Gemeinde, milde und verföhn= lich gegeneinander zu fein und nicht hartnäckig zu ftreiten. — 5 i c h f u c h t e ufw., unfere Lesart ift die von AC gebotene: ἐξεζήτησα τὸν τόπον αὐτοῦ καὶ οὐχ εὗρον; LS haben nach LXX ἐξεζήτησα αὐτὸν καὶ οὐχ εὑρέθη ὁ τόπος αὐτοῦ (ich fuchte ihn und nicht ward feine Stätte gefunden). — N a c h k o m m e n f c h a f t; die Ueberfetzung ift bereits Erklärung. Im Texte fteht ἐγκατάλειμμα, was wörtlich „Ueberbleibfel" bedeutet. — 15 5 Das bedeutende Homöoteleuton τὰ χείλη τὰ δόλια hat arge Verwirrung bei ACL (und Clem. Alex.) angerichtet; fie alle laffen die Worte τὰ λαλοῦντα . . . bis τὰ δόλια aus und beffern dann mannigfach an dem verftümmelten Texte herum.

Nur S hat hier den richtigen Text erhalten. — unsere Lippen sind in un=
serer Gewalt; τὰ χείλη ἡμῶν παρ᾽ ἡμῖν ἐστίν mit A und Clem. Alex., CS
haben παρ᾽ ἡμῶν, L ist unsicher.

16 1 Daß Christus „das Szepter der göttlichen Majestät" genannt wird, ist
eine etwas auffällige und ungewöhnliche Metapher; Hebr. 1 8 ist keine genaue Pa=
rallele. Gemeint ist, daß Gott durch Christus seine Herrschaft ausübe, eine be=
kannte Aussage. — 3 ff. Das bekannte Jesajakapitel, eine Charfreitagslektion,
wird in der altchristlichen Literatur sehr oft, ganz oder teilweise oder nur in An=
spielungen citiert und auf den leidenden Messias gedeutet. Clemens citirt natür=
lich nach LXX, die vom Grundtexte oft recht bedeutend abweicht. — 3 sein
Antlitz war abgewandt, d. h. er verbirgt und verhüllt es, weil er sich
schämt, und weil er verachtet ist. So scheint die LXX den Sinn des Satzes aufzu=
fassen. — 6 Sünden ... Missetaten, so mit AL (ἁμαρτίας ... ἀνομίας),
CS haben umgekehrt ἀνομίας ... ἁμαρτίας. — 7 In der Erniedrigung;
AC, während LS: in seiner Erniedrigung übersetzen. Der Gedanke des Satzes soll
sagen: dadurch daß er sich erniedrigte, ist sein hartes Los geändert, aufgehoben
worden, vgl. Phil. 2 8 f. — 15 Ich aber; mit AS (ἐγὼ δέ), während CL das
δέ auslassen. — 16 Murmeln und Kopfschütteln sind Zeichen des Spottes, vgl.
auch Mt. 27 39.

17 1 die in Ziegen= und Schafsfelle Gekleideten sind die Propheten,
zum Ausdrucke vgl. Hebr. 11 37 und dann LXX 1. Kön. 19 13. 19, 2. Kön. 2 8. 13. 14,
LXX übersetzt das hebr. אַדֶּרֶת an diesen Stellen mit μηλωτή. — 2 Freund
Gottes; vgl. das zu 10, 1 Bemerkte. — 3 Im Citate lesen wir mit CS Clem.
Alex. δέ hinter ἐγώ und mit AC Clem. Alex. auch vor ἄμεμπτος. — 5 in Sei=
nem Hause, d. h. in Gottes Hanse, da Clemens in LXX las:... ὃ θεράπων μου Μωϋ-
σῆς ἐν ὅλῳ τῷ οἴκῳ μου πιστός ἐστιν (4. Mos. 12 7). — als ihm aus dem Dorn=
strauche die Weisung gegeben ward: ἐκ τῆς βάτου mit L und Clem.
Alex.; S hat ἐπὶ τῆς βάτου, C ἐπὶ τοῦ τῆς βάτου, A ist unsicher (ἐπί wird Harmo=
nismus sein, vgl. Lk. 20 37, Mc. 12 26). — 6 Das Citat stammt aus unbekannter
Quelle.

18 1 Von ihm sprach Gott; nach der Lesart ἐφ᾽ οὗ κτλ. (Clem. Alex.
und L); ACS haben πρὸς ὃν κτλ., „zu ihm". — mit ewigem Erbarmen; so
mit ACL (ἐλέει); hingegen haben Clem. Alex. und S ἐλαίῳ, „mit ewigem Dele". —
12 mit einem königlichen Geiste; durch diese Uebersetzung kommt man
der Bedeutung, die πνεῦμα ἡγεμονικόν hier nach der LXX hat, am nächsten, nament=
lich wenn man den Grundtext mit beachtet, der an der Stelle (Ps. 51 14) רוּחַ נְדִיבָה hat.
Spätere christliche Auslegung hat ἡγεμονικόν in tiefer philosophischem Sinne ge=
faßt: der führende Geist, der Geist, der das Urprinzip von Sein und Leben ist, der
heilige Geist. Vielleicht hat schon Clem. den Ausdruck so verstanden. — 15 Mund
... Lippen; mit A, während LS umgekehrte Stellung haben: „Lippen ...
Mund", und so auch LXX (τὰ χείλη, τὸ στόμα); C fehlt an der Stelle. —

19 1 Das ... bescheidene Wesen; es ist nicht ganz sicher, ob τὸ ὑποδεές so
zu übersetzen ist. Die andere Möglichkeit ist die, τὸ ὑποδεές als (freiwillig getragene)
Armut und Dürftigkeit zu fassen. — so großer und so heiliger Männer
nach der Lesart τῶν τοσούτων καὶ τοιούτων AL; CS haben τῶν τοιούτων καὶ τοσούτων.
— denen Zeugnis gegeben ward; nach der Lesart μεμαρτυρημένων CL;
AS schieben davor noch ein οὕτως ein. — 2 Wörtlich heißt es: da wir also so
vieler und herrlicher Taten teilhaftig geworden sind; unsere Glosse ist zugleich Er=
klärung des Ausdruckes. —c. 20 steht einzig da in der uns erhaltenen ältesten christlichen
Literatur. Einen so begeisterten Preis der Schöpfung und ihrer Ordnung, Zweck=
mäßigkeit und Schönheit finden wir sonst nirgends. Von den höchsten und erhaben=
sten Naturerscheinungen, den kreisenden Himmeln, der Sonne, dem Monde und den
Chören der Sterne steigt die Betrachtung hinunter bis zum Kleinen und Kleinsten,
den Quellen und den Tierlein, und findet überall Frieden, Harmonie nach Gottes
Willen. Die alte Christenheit war sonst nicht geneigt, der Natur liebevolle Aufmerk=

ſamkeit zu ſchenken, ſie hatte die Auffaſſung, daß die Welt ſchlecht ſei, dem Teufel und den Dämonen, dem Tode und der Vergänglichkeit verfallen, eine Anſchauung, die wir auch bei Paulus finden (vgl. z. B. Röm. 8 20—22) — entgegengeſetzte Züge ſ. bei H e n n e ck e, Altchriſtliche Malerei und altkirchl. Lit. S. 253 f., 289 — und die von einem Teil der ausgehenden Antike geteilt wird: die Platoniker betonten ſtark die Vergänglichkeit und Nichtigkeit der Materie und der Welt. Hingegen vertraten andere Richtungen der antiken Philoſophie die Anſchauung, daß die Welt gut und vernünftig und wohlgeordnet ſei (Anſicht der Stoiker von der göttlichen διοίκησις). An ſolche Anſchauungen der zeitgenöſſiſchen Popularphiloſophie knüpft Clem. hier an. Daneben wirkt auch noch das Vorbild der Pſalmen, die ja öfters Naturſchilderungen bringen und den ſtarken, allgewaltigen Schöpfergott preiſen. Aber die unmittelbare Anknüpfung für Clem. war doch die Popularphiloſophie, vgl. W e r n l e, Die Anfänge unſerer Religion 1901, S. 309 f. — 5 Ich halte feſt an der von der Textüberlieferung einmütig bezeugten Lesart κρίματα. Die Konjektur κλίματα iſt leicht und naheliegend, aber ganz unnötig. κρίματα kann man faſſen als „Ordnungen, Satzungen" (Lightfoot vergleicht 2. Chron. 4 7, 30 16). Der ſonſt belegten Bedeutung von κρίματα aber entſpricht die Ueberſetzung „Gerichte, Urteilsſprüche" mehr. Wir haben genug paralleles Material, das uns den Ausdruck erklären hilft. In der Unterwelt, deren Eingang im fernen Weſten liegt, ſind große, geräumige Plätze, an denen die Seelen der Frommen und die Seelen der Frevler bis zum jüngſten Gerichte aufbewahrt werden. Aber ſchon nach dem Tode eines jeden ergeht ein vorläufiges Gericht über ſeine Seele, und die Seelen der Guten werden anderswo und in anderer Art aufbewahrt als die der Gottloſen (vgl. Henoch 22, auch 4. Esra 7 75 ff., wo freilich die Gottloſen nicht in Ruhekammern eingehen, ſondern unſtät umherſchweifen). An die Urteilsſprüche, die dieſe Scheidung in der Welt der abgeſchiedenen Seelen vornehmen, hat an unſerer Stelle der Verfaſſer gedacht (vgl. auch 50, 3 f. und die Anmerkung dazu). Aber auch Urteilsſprüche, die eine unmittelbare ſchwere Qual verfügen, werden in der Unterwelt verhängt. Die antiken Vorſtellungen von Irions ſchwingendem Rade und des Siſyphos rollendem Felſen, von den Qualen des Tantalos muß Clemens gekannt haben. Auch die apokalyptiſche Ueberlieferung erzählte von der Verurteilung des in der Unterwelt, im Abgrunde gefeſſelten Satans und ſeiner Helfer, der gefallenen Engel. — Wollen wir die Ausdrücke an unſerer Stelle teilen, dann wird unter den geheimnisvollen Gerichten des Abgrunds (ἀβύσσου) die Verurteilung des Satans und ſeiner Helfer zu verſtehen ſein, während wir bei den unſagbaren Gerichten der Totenwelt (νερτέρων) wohl an die Urteilsſprüche zu denken haben, die über die verſchiedene Aufbewahrung der Seelen an den Orten der Verſtorbenen entſcheiden. Zum Schluſſe noch eine Vermutung. Iren. III, 3, 3 ſagt, im 1. Clem. werde auch die Ueberlieferung von Gott gelehrt, der, neben andern Machttaten, dem Teufel und ſeinen Engeln das Feuer bereitet habe (qui ignem praeparaverit diabolo et angelis ejus). Nun wird davon nirgends im Briefe ausdrücklich erzählt. Aber ſollte Irenäus bei ſeiner Ausſage nicht unſere Stelle im Sinne gehabt haben? Das iſt ſehr leicht möglich, um nicht zu ſagen wahrſcheinlich. Es kann ja an der Irenäusſtelle ein Gedächtnisfehler vorliegen, aber ihre Angabe kann ſehr wohl auf der Erinnerung an die Worte ἀβύσσου ἀνεξιχνίαστα καὶ νερτέρων ἀνεκδιήγητα κρίματα beruhen. — 6 a n d e m O r t i h r e r S a m m l u n g; vgl. 1. Moſ. 1 9; die dem Meere ringsum vorgelegten Riegel werden Hiob 38 10 erwähnt. Ueber Stellen, an denen von der Bändigung und Einſchließung des Meeres durch Gott geſprochen wird, vgl. G u n k e l, Schöpfung und Chaos 1895, S. 91 ff. — 8 ὠκεανὸς ἀνθρώποις ἀ π έ ρ α τ ο ς iſt zu leſen mit ACL Clem. Alex., Dionyſ. Alex., Didymus gegen Orig. und S (ἀπέραντος). Nach dem bekannten antiken Weltbilde wird die Erdſcheibe von dem „tiefſtrömenden Okeanos" umfloſſen, der den menſchlichen Schiffern die Schiffahrt verwehrt". Man glaubte, daß das Weltmeer wie das Nordmeer in einer gewiſſen Entfernung von der Küſte für Schiffe undurchdringlich würde (F r i e d l ä n d e r, Sittengeſch. Roms II 6 S. 98, U ck e r t, Geogr.

b. Griech. u. Röm. III, 1, 85). Wenn man aber über den Okeanos hinauskäme, so würde man, nach einigen antiken Ueberlieferungen, zu neuen Welten (Erdteilen) gelangen, die jenseits des Okeanos liegen. Jenseits des Okeanos lag z. B. die berühmte Insel Atlantis, von der Plato im Timäus (p. 21 A—25 D) und im Kritias (p. 108 E—121 C) berichtet: Aegyptische Priester hätten dem Solon erzählt, jenseits der Herkulessäulen hätte in alter Zeit eine Insel gelegen, Atlantis, größer als Asien und Libyen zusammen, sie sei aber infolge eines Erdbebens versunken. — Clemens schließt sich auch hier unbefangen an antike Ueberlieferungen an. Spätere Kirchenväter (Tertullian, um 200, ist für uns der erste) verwerfen die Annahme von Welten jenseits des Okeanos, und auch L liest an unserer Stelle statt οἱ μετ᾽ αὐτὸν κόσμοι einfach et omnis orbis terrarum. Photius (Bibl. 126) tadelt den Clemens ausdrücklich, daß er Welten jenseits des Okeanos annehme. — 10 Die festgesetzten Ordnungen der Winde, ἀνέμων σταθμοί, vgl. Hiob 28 25: ἐποίησεν δὲ ἀνέμων σταθμὸν καὶ ὑδάτων μέτρα, wo das Wort σταθμός indes „Gewicht" bedeutet. (Gott hat das den Menschen geheimnisvolle Gewicht der Winde geschaffen und kennt es, vgl. auch 4. Esra 4 5: „Nun, so wäge mir das Gewicht des Feuers oder miß mir das Maß des Windes".) Clem. scheint das Wort in anderer Bedeutung zu fassen, als „Standort" oder überhaupt als „festgesetzte Ordnung". Daß die Winde feste Ordnung und Standplätze haben, ist auch ein Gedanke der Apokalyptik, vgl. z. B. in Henoch 76 die Vorstellung von den 12 Himmelstoren, je 3 nach jeder Himmelsrichtung, aus denen die verschiedenen Arten der Winde hervorkommen. — halten ihre Zusammenkünfte; Clem. denkt dabei wohl an das geordnete, einmütige Zusammenwohnen kleiner Tiere, wie der Bienen und Ameisen. Es ist aber auch möglich den Ausdruck „Zusammenkünfte" (συνελεύσεις) von der Begattung zu verstehen. — 12 durch den ihm . . . ; δι᾽ οὗ αὐτῷ mit L gegen ACS, die einfach ᾧ haben, vgl. Knopf S. 54.

21 1 uns zur Verdammnis; εἰς κρίμα ἡμῖν mit LS gegen A, der εἰς κρίμα πᾶσιν ἡμῖν hat, einen Text, den auch das sinnlose κρίματα σὺν ἡμῖν in C voraussetzt. — 3 Laßt uns bedenken; εἰδῶμεν mit L gegen ACS, die ἴδωμεν haben. — 6 Die Interpunktion und Satzabteilung der Stelle ist nach ACS gegeben. L und Clem. Alex. haben eine andere Interpungirung. — 8 Unsere Kinder; mit LS und Clem. Alex.; AC haben τὰ τέκνα ὑμῶν.

22 1 Sinn: Der Glaube an Christus sichert alle jene herrlichen Errungenschaften eines schönen, friedlichen Gemeindelebens, die im vorhergehenden Kapitel geschildert wurden. Denn er selbst, Christus, ruft uns ja mahnend zu Gottesfurcht, Gerechtigkeit, Aufrichtigkeit usw. — 7 Bedrängnissen; mit L und Clem. Alex. (θλίψεων), AS setzen αὐτοῦ hinzu. — des Sünders AC; L und Clem. Alex. haben mit LXX den Plural: τῶν ἁμαρτωλῶν. — aber die . . . hoffen, mit AL Clem. Alex. (τοὺς δὲ ἐλπίζοντας); CS mit LXX τὸν δὲ ἐλπίζοντα.

23 2 sich aufblähen; ἐνδάλλεσθαι bedeutet hier sich etwas einbilden, sich dünken, vgl. die Anmerkungen von Harnack, Lightfoot und Funk z. St. Die Bedeutung, die Bryennios in der Anmerkung z. St. dem Worte hier geben will (= ἰλιγγιᾶν, ἐνδοιάζειν, gleichbedeutend mit διψυχεῖν) paßt zwar besser in den Zusammenhang, läßt sich aber lexikographisch nicht rechtfertigen. — 3 f. Das Citat stammt aus einer uns unbekannten Quelle, aus irgend einem heiligen Buche, über das wir höchstens Vermutungen anstellen können. 2. Clem. 11, 2 f. bringt dasselbe Citat und zwar noch etwas ausführlicher. Die Zweifler, die 1. Clem. an dieser Stelle im Auge hat, sind jene, die an der Wiederkunft des Herrn zweifeln, in den folgenden Kapiteln wendet er sich gegen die, welche an der mit der Wiederkunft Christi eng verknüpften Auferstehung zweifeln. — Zweifel an der Wiederkunft des in der ältesten Christenheit ungeduldig erwarteten Herrn mußten sich einstellen, als der Ersehnte von Jahr zu Jahr nicht kam. Zur Zeit unseres Briefes wartete die Christenheit bereits 60 Jahre. Der Glaube an die unmittelbar bevorstehende Wiederkunft des Herrn ist noch im ganzen 2. Jhrh. lebendig gewesen. Im hellenischen Osten machte ihm die wissenschaftliche Theologie der großen Alexandriner (Clemens, Ori-

genes und ihrer Schüler) im 3. Jhrh. ein Ende, im lateiniſchen Weſten erhielt er
ſich noch weit länger.

24 ₅ Der Anfang des Satzes iſt aus dem Säemannsgleichnis genommen;
Mc. 4 ₃.

25 Die Erwähnung des P h ö n i x mythus darf uns nicht wundern. Die
Geſchichte von dem wunderbaren Vogel, ſeiner langen Lebensdauer, ſeiner Einzig=
artigkeit, ſeiner Fortpflanzung war im Altertume allgemein bekannt. Aus Aegypten
ſcheint die Geſchichte zu den Griechen und Römern gekommen zu ſein. Auch die
Juden der helleniſtiſchen Zeit kannten und benützten den Mythus. Unſer Autor iſt
der erſte chriſtliche Schriftſteller, der ihn anwendet, aber nach ihm haben noch
manche Kirchenväter ſich ohne Zaudern die Geſchichte angeeignet, — 2 ſeines
Lebens; mit LS; AC laſſen τοῦ βίου weg. — 3 e n t ſ t e h t (γεννᾶται); mit AL,
während CS ἐγγενᾶται (entſteht darin) haben. — Heliupolis (Sonnenſtadt) iſt die
berühmte Stadt On in Aegypten.

26 ₂ Das Citat kann hergenommen ſein aus Pſ. 28 ₇, es kann aber auch
Anführung aus einem Apokryphon ſein. Das angeſchloſſene Citat: Ich legte uſw.
iſt entweder eine gedächtnismäßige Kombination von Pſ. 3 ₆ und 23 ₄ oder allen=
falls auch ein Citat aus einer uns unbekannten Quelle. — i c h e r w a c h t e;
AL gegen CS, die καὶ ἐξηγέρθην haben.

27 ₅ D e n n w a n n e r w i l l; ὅτι ὅτε θέλει mit L (quia cum), während
ACS ὅτι auslaſſen. Das ὅτι ſcheint durch den Zuſammenhang gefordert, ſein Weg=
fall war des gleich darauf folgenden ὅτε wegen ſehr leicht möglich. — 7 S p r a c h e
. . . R e d e; mit A (λόγοι . . λαλιαί), während LS (mit LXX) die umgekehrte Wort=
ſtellung haben.

28 ₁ Die Satzteilung zwiſchen dieſem und dem vorhergehenden Satze iſt in
C und L falſch. — v o r d e m n a h e n d e n G e r i c h t e; mit LS; während AC
Plural ἀπὸ τῶν μελλόντων κριμάτων haben. — 2 d e r a u s ſ e i n e m D i e n ſ t e
g e f l o h e n i ſ t; wörtlich: der von ihm deſertirt iſt (τινα τῶν αὐτομολούντων ἀπ' αὐ=
τοῦ). — d i e S c h r i f t; im Griechiſchen ſteht hier τὸ γραφεῖον, und damit ſind wir
auf einen beſtimmten Teil der Schrift gewieſen. τὰ γραφεῖα ſind die ſogenannten
Hagiographen, nach alter Einteilung der dritte und letzte Teil des A. T. Sie um=
faſſen im hebräiſchen A. T. Pſalmen, Spr. Sal., Hiob, Hoheſl., Ruth, Klagel. Jer.,
Prediger, Eſther, Daniel, Esra, Neh., Chronik. γραφεῖα oder ἁγιόγραφα iſt Ueber=
ſetzung des hebr. כְּתוּבִים. — 3 Das Citat iſt ſehr frei gegeben und weicht ſtark
von LXX ab. —

29 ₂ n a c h d e r Z a h l d e r E n g e l G o t t e s; ſo mit LXX, die hier dem
Hebräiſchen gegenüber den richtigen Text hat. Dem Ausdrucke liegt die Vorſtellung
zugrunde, die ſich auch an andern Orten nachweiſen läßt, daß die einzelnen Völker
beſondere Engel als unſichtbare Herrſcher zugeteilt erhalten haben. — Iſrael hat
ſich Gott ſelber vorbehalten, hat es keinem Engel zugewieſen. Unter „Iſrael“ und
dem „Volke Jakob“ des Textes verſteht der chriſtliche Verfaſſer natürlich das wahre
Iſrael, die Chriſten. — 3 Das Citat iſt entweder aus verſchiedenen Stellen
kombinirt oder es ſtammt aus einem verlorenen apokryphen Buche (vgl. die in der
Ueberſetzung angemerkten Stellen).

30 ₁ e i n h e i l t g e r T e i l; ἁγία μερίς mit LS, C hat ἁγία μέρη, A ἁγίου
μερίς. — 3 n i c h t d u r c h W o r t e; mit CL, wo AS καί davor ſetzen. — 4 f.
Das Citat iſt faſt wörtlich gegeben, aber die LXX weicht hier ſehr ſtark vom He=
bräiſchen ab. — 7 u n ſ e r n g e r e c h t e n V ä t e r n; damit ſind die Patri=
archen und überhaupt die großen Geſtalten der altteſtamentlichen heiligen Geſchichte
gemeint. Die Chriſten als das wahre Iſrael, ſehen ſich als die wahren Nachkom=
men jener heiligen Männer an. —

31 ₃ Daß Iſaak ſich gern und willig darbringen ließ, berichtet die Erzäh=
lung in 1. Moſ. 22 ₁₋₁₃ nicht. 1. Clem. hat indeſſen den Zug nicht frei erfunden,
ſondern ihn aus jüdiſcher Tradition übernommen, wie Parallelen aus Rabbinen
und Joſephus, Altertümer I 14, 4 beweiſen. — 32 ₁ v o n J h m; natürlich: von Gott,

während ein par Worte weiter (v. 2) von ihm = „von Jakob" ist. An der zweiten Stelle haben übrigens AC fälschlich ἐξ αὐτῶν statt ἐξ αὐτοῦ (LS). — 2 Als vorzüglichste Stämme werden aufgezählt der Priesterstamm Levi und der Königsstamm Juda. Zwischen beiden wird als Mittelglied Jesus erwähnt, dem Fleische nach von Juda abstammend, aber doch auch wieder als Hohepriester (36, 1; 61, 3; 64) den Leviten nahestehend. — 3 Alle; greift wieder zurück auf die Beispiele in c. 31.

33 1 Was sollen wir nun tun; mit AS (τί οὖν ποιήσωμεν) gegen CL τί οὖν ἐροῦμεν, was durch Einfluß von Rm. 6 1 entstand. — 3 Hier liegt, wie schon c. 20 1 ff., das auch aus dem A. T. bekannte antike Weltbild vor. Die Erde ist über Wasser fest gegründet und ringsum von Wasser umgeben. Ueber die Erde sind die einzelnen Himmel gewölbt, auf denen sich die Himmelskörper bewegen. — 4 Man kann den Text auch so übersetzen: Zu dem allem hinzu hat er .... das Vorzüglichste und Größte, den Menschen, geschaffen. — κατὰ διάνοιαν, was AC vor ἄνθρωπον einschieben, hat wegzufallen. — 7 Laßt uns beachten; ἴδωμεν mit allen Autoritäten. Die an sich leichte Conjectur der meisten Herausgeber εἴδωμεν ist unnötig. — 8 mit all unserer Kraft...., CS setzen vor diesen Satz ein καί. — 34 4 an ihn; ἐπ' αὐτῷ; es ist möglich, aber wenig wahrscheinlich, daß dies ἐπ' αὐτῷ nicht Gott bezeichnen soll, sondern sich auf das ὁ μισθός des vorhergehenden Satzes zurückbezieht und dieses wieder aufnimmt. — 7 Hier schlägt der Prediger sehr stark durch. 1. Clem. spricht hier so, als ob er vor der zum Gottesdienste versammelten Gemeinde stünde. Die Stelle setzt auch voraus, daß der Verfasser annimmt, der Brief werde zu Korinth in der Gemeindeversammlung verlesen werden. — τῇ συνειδήσει übersetzt man am besten mit „andächtig", es bedeutet wörtlich „mit Gewissenhaftigkeit", vgl. denselben Gebrauch des Wortes in 2, 4. — 8 Nach der ganz glaubwürdigen Aussage des Origenes (in Matth. XXVII, 9) stammt dies Citat, das auch Paulus 1. Kor. 2 9 bringt, aus der uns verloren gegangenen Eliasapokalypse. Der Text des Citates in 1. Clem. schwankt an einigen Stellen: ὅσα lesen AC, & Clem. Alex. und L; κύριος haben CLS, A läßt es aus, Clem. Alex. hat ὁ θεός; ὑπομένουσιν haben AL, ἀγαπῶσιν CS Clem. Alex. — 35 2 Dies kennen wir schon jetzt; an dieser Stelle haben die Uebersetzungen den richtigen Text erhalten. καὶ ταῦτα ὑποπίπτοντα ὑπὸ τὴν διάνοιαν ἡμῶν ist zu lesen, A hat statt ὑποπίπτοντα: ὑπέπιπτεν πάντα, C ὑποπίπτει πάντα, vgl. Knopf, S. 67. — 4 derer..., die ausharren; τῶν ὑπομενόντων mit CL (der Ausdruck nimmt das τοῖς ὑπομένουσιν in 35, 3 wieder auf); A fügt αὐτὸν hinzu, S καὶ ἀγαπώντων. — 5 Ruhmsucht; φιλοδοξίαν ist vielleicht mit L zu lesen (inhumilitatem). Doch ist diese Lesart keineswegs sicher, A hat φιλοξενίαν, CS haben ἀφιλοξενίαν, vgl. Knopf, S. 69.

36 2 schauen wir; ἀτενίζομεν mit CL; ἀτενίσωμεν A, und auch S hat einen Konjunktiv oder das Fut. ἀτενίσωμεν. — in's Licht; mit LS Clem. Alex. (εἰς τὸ φῶς); A hat εἰς τὸ θαυμαστὸν αὐτοῦ φῶς, C εἰς τὸ θαυμαστὸν φῶς. Der Zusatz in AC stammt wohl aus 1. Petr. 2 9. —

37 2 wie gehorsam; mit A (der wohl εὐείκτως liest), auch S wird so gelesen haben. C gibt ἐκτικῶς (eig. „gewohnheitsmäßig"), L versagt an der Stelle. — 3 vom Könige; Wir würden erwarten „vom Kaiser". Aber in der gewöhnlichen griechischen Verkehrssprache wurde damals der imperator (αὐτοκράτωρ) sehr oft als βασιλεύς bezeichnet (1. Petr. 2, 17, Aristid. apol. 1 u. a. m.). — 4 In dem Worte von den Großen und Kleinen scheint eine bekannte Redensart vorzuliegen, vgl. Sophokles, Ajas 158 f. und Plato leg. X p. 902 E. — Der Ausdruck „eine gewisse Mischung" könnte aus Euripides Fragm. Aeol. 2 herrühren, wo von Mischung (ἀλλ' ἔστι τις σύγκρασις κτλ.) und gegenseitigem Helfen der Armen und Reichen die Rede ist. — wechselseitiges Brauchen; ἐν ἀλλήλοις χρῆσις wage ich mit L (aliud alio opus est) zu lesen; ACS haben ἐν τούτοις χρῆσις. — 5 Zu diesem Beispiele vgl. 1. Kor. 12 12. Das Motiv muß sehr alt sein, vgl. die Fabel, die Menenius Agrippa der Plebs erzählte, als sie auf den heiligen Berg gezogen war. — 38 1 in dessen Gabe; nämlich in der Gabe des Nächsten, was im Griech. nicht deutlich hervortritt. Sinn: Jeder soll den Nächsten ehren und sich ihm unter-

ordnen, wie es in der dem Nächsten von Gott verliehenen Gnadengabe begründet
ist. — 2 nicht nur durch Worte mit L Clem. Alex., ACS laffen μόνον weg.
— 3 aus welchem Grabe und welcher Finsternis; vgl. Pf. 139₁₄ f.:
ich danke dir darüber, daß ich wunderbarlich gemacht bin. . . . Es war dir mein
Gebein nicht verhohlen, da ich im Verborgenen gemacht ward, da ich gebildet ward
unten in der Erde.

---

40 und 41 Die beiden Kapitel find merkwürdig wegen des Tones, in dem
hier vom alttestamentlichen Kult= und Opferwesen gesprochen wird. Die altchrist=
lichen Schriften sprechen nur selten vom jüdischen Kulte. Die Frage, wie der jü=
dische Kult zu beurteilen sei, war für sie kein leichtes Problem: war der Kult von
Gott angeordnet, oder war er von ihm nur zugelaffen, war er ein Engel= oder gar
ein Dämonendienst? — Clemens spricht hier mit großer Hochachtung vom jüdischen
Kultwesen. Er findet, daß es unmittelbar Gottes Ordnung ist, die im jüdischen
Kult ausgeprägt ist. Doch weitere Bedeutung hat natürlich für ihn, den Christen,
das alttestamentliche Opfer= und Priesterwesen nicht. c. 40 f. stehen parallel zu
c. 20: es liegt dem Verfasser vor allem nur daran, an seinen Beispielen die bis
ins Kleinste und Einzelne gehende Ordnung infolge des göttlichen Willens zu zeigen.
c. 20 nimmt er die Beispiele aus dem Naturleben, c. 40 f. aus der alttestamentlichen
Kultusordnung. Der Parallelismus in den Hauptbegriffen beider Stellen ist ein
weitgehender. Es ist nicht begründet, aus cc. 40 f. den Schluß zu ziehen, der Kul=
tus sei das Feld gewesen, auf dem in Korinth die Presbyter und ihre Gegner an=
einander gerieten. Wohl aber ist dies sicher: die Gemeindebeamten, d. h. die Epi=
stopen und Diakonen, haben im gemeinsamen Kultus eine führende Stellung inne.
Zur Ordnung des Kultus gehört es, daß Presbyter da sind. — 2 die Opfer
und den Tempeldienst; mit SL gegen AC, die hinter λειτουργίας noch ein ἐπι=
τελεῖσθαι καί einschieben. — 5 gegeben; fo mit CSL (δέδοται) gegen A (δέδε=
ται). — 41 2 Clemens zählt die hauptfächlichsten Opferarten auf, die das A. T.
vorschreibt: 1. das Brandopfer (θυσία ἐνδελεχισμοῦ, תָּמִיד), das beständig und täg=
lich darzubringen ist. Neben diesem Brandopfer nennt er 2. noch drei Arten von
freiwilligen und besonderen Opfern: a) die Gelübdeopfer (θυσία εὐχῶν, נְדָרִים, vgl.
über sie z. B. 4. Mof. 6₁₃ ff.); b) das Sündopfer (θυσία περὶ ἁμαρτίας, חַטָּאת, vgl.
z. B. 3. Mof. 4₃ ff., 9₂ ff. u. ö.); c) das Schuldopfer (θυσία περὶ πλημμελείας,
אָשָׁם, vgl. z. B. 3. Mof. 14₁₃₋₁₇, ₂₄₋₂₈).
42 1 Unfern Aposteln; mit L οἱ ἀπόστολοι ἡμῶν; ACS haben ἡμῖν.
3 Vgl. die sehr ähnliche Ausführung Iren. adv. haer. III 1, 1; zu ἐξῆλθον auch
Kerygma des Petrus, Aristides apol. 2, Justin apol. I 39, 45, 49 usw. — 4 „tauf=
ten die dem Willen Gottes Gehorsamen", diese Worte stehen nur in L, ACS
laffen sie aus. Sie paffen sehr gut in den Zusammenhang, das αὐτῶν des nächsten
Satzgliedes scheint sie zu fordern, obwohl man es auch auf ἀπόστολοι beziehen könnte.
Die betreffenden Worte (καὶ τοὺς ὑπακούοντας τῇ βουλήσει τοῦ θεοῦ βαπτίζοντες) konn=
ten wegen Homöoteleuton leicht ausfallen. — Sehr beachtenswert an der Stelle ist
der Nachdruck, der auf den Zusammenhang der Epistopen und Diakonen mit den
Aposteln gelegt wird. Die Linie Gott=Christus=Apostel=Epistopen und Diakonen
enthält im Keime die später für das Bischofsamt konsequent und folgenreich aus=
gebildete Lehre von der apostolischen Succession. Ueber die Frage nach der Ge=
meindeverfassung, die 1. Clem. voraussetzt, vgl. das oben zu 1, 3 Bemerkte.
43 Sinn des Kapitels im Zusammenhange ist dies: Es ist ja gar nicht ver=
wunderlich, daß Christi Apostel die Epistopen und Diakonen einsetzten. Schon im
A. T. war doch hinsichtlich des Amtes eine genaue Ordnung gegeben; nur Levis
Stamm war mit dem Priesteramte bekleidet, und durch ein Wunder wurde diesem
Stamme, als die 12 Stämme untereinander stritten, welcher von ihnen Priester=

stamm werden solle, seine Würde übertragen. Aehnlich haben auch die Apostel, da sie vorher wußten, daß des Amtes wegen Streit entstehen werde, eine feste Ord= nung darüber gegeben. — Die Erzählung des Kapitels ist ziemlich frei nach 4. Mos. 17 gebracht; 1. Clem. lehrt sehr stark die Initiative des Moses hervor, die alttesta= mentliche Erzählung führt alles Einzelne direkt auf Gottes Auftrag zurück. — 43 1 Dieselbe ehrende Bezeichnung des Moses vgl. schon c. 17, 5. — 2 Die nahm er usw.; eine Ausschmückung der alttestamentlichen Erzählung, die nichts davon be= richtet, daß Moses die Stäbe zusammengebunden und mit den Ringen der Stammes= häuptlinge gesiegelt habe. Auch das 42, 3 Berichtete findet sich nicht in der Er= zählung 4. Mos. 17. Clemens indessen dürfte auch hier kaum diese Züge frei er= funden haben, wahrscheinlich entnahm er sie, wie wir schon in andern ähnlichen Fällen feststellen konnten, einer Tradition. — 5 die Siegel; LS lassen diese Worte aus. — 6 des Wahren und Einen; so mit L (τοῦ ἀληθινοῦ καὶ μόνου); C setzt κυρίου hinzu, S θεοῦ, A fehlt. (Harnack, TU XX 3, S. 72 ff. hält die Doxologie für späteren Zusatz.)

44 2 Befehl; mit A (ἐπινομήν) und L (legem); C hat ἐπιδομήν, S ἐπὶ δοκιμήν oder ἐπὶ δοκιμῇ. — 4 Bei den „Opfern des Bischofsamtes“ haben wir vor allem an die Lob= und Bitt=Gebete zu denken, die die Episkopen in der Gemeindeversamm= lung und besonders bei der Feier der Eucharistie Gott darbringen. — 5 in Ehren verwalteten; τετιμημένης. Der Ausdruck ist etwas schwierig, kann aber angesichts der Bezeugung nicht geändert werden. —

45 1 Seid usw.; ἔστε als Imperativ ist mit CL zu lesen; S hat ἔστε als Indikativ und läßt dann im Folgenden μή vor ἀνηκόντων aus. — 4 abscheu= licher; μιαρόν mit CL, während AS μιαρῶ haben. — 6 Was sollen wir . . . sagen; εἴπωμεν muß man lesen; S hat εἶπω, A εἴπομεν, L dicimus, C εἴποιμεν; zu den folgenden Beispielen vgl. Dan. 6 16 f. und 3 19 ff.

46 2 Das Citat findet sich in keiner uns bekannten Quelle (vgl. übrigens sog. Apost. KO. 12, 2), stammt also wohl aus einem verloren gegangenen heiligen Buche. — 7 des Herrn Jesus; mit L (Domini Jhesu), A hat Ἰησοῦ τοῦ κυ= ρίου ἡμῶν, CS haben τοῦ κυρίου ἡμῶν Ἰησοῦ Χριστοῦ. — 8 Clem. citirt hier ent= weder, ungenau und mischend, Stellen unserer kanonischen Evangelien oder er nimmt die Anführung aus einem apokryphen Evangelium, vgl. auch die Citate 13, 2. — als daß er einen meiner Auserwählten verkehre; ἢ ἕνα τῶν ἐκλεκτῶν μου διαστρέψαι mit Clem. Alex. LS, AC haben: ἢ ἕνα τῶν μικρῶν μου σκανδαλίσαι. —

47 2 Wie schreibt er...; so mit L τίνα τρόπον (quemadmodum) gegen ACS, die τί πρῶτον lesen, das neben dem gleich folgenden ἐν ἀρχῇ τοῦ εὐαγγελίου pleo= nastisch ist. — Clemens verweist die Korinther auf den Brief des Apostels, der be= reits genötigt war, ihnen ihre Spaltungen zu verweisen. Gemeint ist 1. Kor. 1—4, jene Kapitel, in denen Paulus den Korinthern ihre Parteiungen vorwirft. Weil diese Kapitel die ersten des Briefes sind, bezeichnet sie Clemens mit den Worten: am Anfange seiner Verkündigung (ἐν ἀρχῇ τοῦ εὐαγγελίου). — 7 die Anders= gesinnten (ἑτεροκλινεῖς ὑπάρχοντας ἀφ’ ἡμῶν) sind in erster Linie die Heiden, vielleicht auch die Juden.

48 1 und heiligen; καὶ ἁγνήν LS Clem. Alex., während AC das καὶ aus= lassen. — 2 Die Stelle wird von Clem. Alex. strom. VI 8, 64 irrtümlich als von Barnabas herrührend citirt. „Beide Briefe waren also vielleicht schon räum= lich in einer Handschrift vereinigt“ (Harnack I 60). — 5 Die Stelle zählt Charis= men (Gnadengaben) auf: Glauben (erscheint auch 1. Kor. 12 9 unter den Charis= men), Fähigkeit, Erkenntnis auszusprechen (1. Kor. 12 8), Gabe der Unterscheidung (1. Kor. 12 10), heiligen Wandel (der wohl hauptsächlich in Enthaltsamkeit bestand, vgl. auch 38, 2). Sinn der Stelle ist: hat jemand von Gott eine besondere Gabe empfangen, so soll er sie nicht zu eigenem Vorteile ausnutzen, indem er sein eigenes Ansehen damit erhöht, sondern soll sich ihrer zur gemeinsamen Erbauung und Förderung bedienen. —

49 Die Stelle ist abhängig von 1. Kor. 13. Der Verfasser hatte 47, 1 die

ſtreitende Gemeinde ermahnt, den Brief des Apoſtels zur Hand zu nehmen, hier befolgt er den Rat ſelber und lehnt ſich in ſeinen Mahnungen an Paulus an. — 5 Liebe deckt der Sünden Menge; derſelbe Spruch kommt noch 1. Petr. 4 8 vor (vgl. auch Jak. 5 20 und Apokr. S. 7 A. 5). Daß es ein Citat aus Spr. 10 12 ſei, iſt ſehr zweifelhaft. Eher mag es eine Sentenz aus einem verlorenen Apokryphon ſein; ſein urſprünglicher Sinn ſcheint geweſen zu ſein, das Almoſengeben zu empfehlen, denn Liebe iſt hier = Barmherzigkeit. — 6 der Herr, der die Chriſten angenommen hat, iſt Gott, nicht Chriſtus. Im Griechiſchen ſteht δεσπότης, nicht κύριος. — 50 3 f. Der Ort der Frommen, an dem die in Liebe Vollendeten aller Geſchlechter verſammelt ſind, ſind die Kammern der Toten im Hades. Vgl. zu dieſer Vorſtellung 4. Esra 7 78—80 und 88—99. Dort wird erzählt, daß nach dem Tode eines Gerechten ſeine Seele zu den Kammern der Toten wandere und dort, von Engeln bewacht, in die Ruhe eingehe zu ſiebenfacher Freude, während die Seelen der Gottloſen unter ſtändigem Seufzen und Trauern umherſchweifen müſſen in ſiebenfältiger Pein. Am jüngſten Tage erfolgt dann das endgiltige Urteil: dann empfangen die Gerechten die ihnen bereitete Herrlichkeit und leuchten wie die Sonne, während die Gottloſen in die ewige Pein wandern. — Dieſe Vorſtellung der Hadeskammern liegt auch hier vor, wie beſonders aus dem Citate 50, 4 hervorgeht, wo von Kammern geſprochen wird, und zugleich von der Auferweckung aus den Gräbern die Rede iſt. Dieſe Verbindung iſt vom Verfaſſer ſelber erſt dadurch geſchaffen, daß er zwei Citate kombinirte (vgl. Jeſ. 26 20 und Heſ. 37 12). Folglich muß er die oben dargelegte Vorſtellung gekannt und geteilt haben. Er hat alſo die Anſchauung, daß die Seelen der von Anbeginn an verſtorbenen Frommen an einem ihnen angewieſenen Orte aufbewahrt werden (das iſt der „Ort der Frommen"), dann wenn das Chriſtusreich ſichtbar wird, werden auch ſie aus ihrem verborgenen Orte hervorgeholt und erſcheinen, um die ihnen bereitete Herrlichkeit zu genießen. (Chriſtusreich, βασιλεία τοῦ Χριστοῦ 50, 3 leſen AL Clem. Aler., CS haben das geläufigere βασιλεία τοῦ θεοῦ.) —

511 einiger hinterliſtiger Nachſtellungen des Widerſachers wegen: διά τινας παρεμπτώσεις τοῦ ἀντικειμένου mit Clem. Aler. (διά τάς παρ. τ. ἀντ.) und L propter quasdam incursiones contrarii); ACS haben διά τινος τοῦ ἀντικειμένου. Der Widerſacher iſt natürlich der Satan.

52 3 deiner Bedrängnis; θλίψεώς σου mit A Clem. Aler. (LXX א c.a ART), während SL σου auslaſſen (LXX B א*). C verſagt an der Stelle.

53—55 Vgl. zu dieſen cc. Harnack, TU XX 3, S. 76 ff. — 53 Die Geſchichte von Moſes, die der Verf. hier bringt, ſoll dartun, daß dieſer große und ausgezeichnete Mann ſich nicht über ſein Volk erhob, und durch deſſen Vernichtung ſein eigenes Geſchlecht in die Höhe bringen wollte, ſondern daß er für ſein Volk eintrat und lieber mit ihm untergehen als überlebend Israels Vernichtung ſehen wollte. In ähnlicher Weiſe müſſen auch diejenigen Römer die Gemeinde lieben, bereit ſein, für ſie zu leiden. — 2 Steig uſw.: ſo mit SL; AC ſchieben davor die Anrede: Moſes, Moſes ein. — Gußbilder (χωνεύματα) mit AC; SL haben καὶ χώνευμα, „und ein Gußbild".

541 unter euch; AS; CL haben ἐν ἡμῖν. — 2 Die Weiſung, die hier an die Führer des Streites gegeben wird, iſt eigentümlich. Der Verf. verlangt von ihnen, ſie möchten aus der Gemeinde auswandern. Das iſt bei normalen Verhältniſſen eine ungewöhnliche Forderung, denn ſie ſchließt ja doch in ſich, daß jene Leute zu Korinth ihren Beruf und ihr Gewerbe aufgaben und ſich an einem andern Orte aufs neue eine Exiſtenz ſchufen. Die Forderung wird uns vielleicht verſtändlicher, wenn wir annehmen, daß der Römer ſich die Führer des Zwiſtes als Wanderpropheten und Wanderlehrer dachte, die in der alten Chriſtenheit keine ſeltene Erſcheinung waren. Dieſe Leute konnten von Gemeinde zu Gemeinde ziehen, wurden überall aufgenommen und die Gemeinde, in die ſie kamen, und in der ſie vorübergehend oder dauernd blieben, hatte die Pflicht, ſie zu erhalten. Wenn 1. Clem. ſolche Leute im Auge hatte, dann wird uns der Inhalt ſeines Vorſchlages ver-

ständlicher. — 55 Es ist bemerkenswert, daß Clem. es nicht verschmäht, auch Beispiele
aus der heidnischen Geschichte zu bringen. Hieraus spricht einmal eine gewisse Hu=
manität, die Tugend und Opferfreudigkeit auch außerhalb der Gemeinde anerkennt,
und dann vielleicht der Stolz des Römers; denn gerade die römische Geschichte
liefert verschiedene Beispiele von Selbstaufopferung zu Gunsten der gemeinsamen
Wohlfahrt. An Curtius, die Decier und andere Römer mag der Verfasser in erster
Linie gedacht haben, dann vielleicht auch an Beispiele aus der nichtrömischen Ge=
schichte (Kodros, Bulis, Sperthias u. a.). „Pestzeiten" (λοιμικοῦ τινος ἐνστάντος και-
ροῦ) ist sehr spezieller Ausdruck, gemeint sind überhaupt Zeiten eines großen, öffent=
lichen Unglücks. — durch ihr Blut; vgl. 4 Makk. 6 29. — Viele sind aus
ihrer Heimat usw.; Beispiele solchen Tuns sind der Römer Scipio Africanus
und der Spartaner Lykurgos. — 2 unter uns; einige Ausleger sind der Meinung,
daß diese Worte bedeuten: unter uns Römern der Gegenwart. Man denkt dann
an Erweise von Hingebung, Aufopferung, die in der Zeit Neros, des dann folgen=
den Bürgerkrieges und etwa unter Domitian gegeben wurden, vgl. z. B. auch die
Worte, die Tacitus hist. I 3 von der Zeit des Bürgerkrieges gebraucht: Dennoch
war die Zeit nicht so bar an Tugenden, daß sie nicht auch herrliche Beispiele ge=
liefert hätte: Mütter begleiteten ihre flüchtigen Söhne, Gattinnen folgten ihren
Männern in die Verbannung usw. Aber von dem, was Clem. hier erwähnt, kennt
die römische Geschichte doch keine Beispiele, und wir tun daher besser, „unter uns"
= „unter uns Christen" zu fassen. Es war eine christliche Liebespflicht, Sklaven
und Gefangene loszukaufen, vgl. z. B. Hermas mand. VIII, 10 „aus Zwangslage
loszukaufen die Knechte Gottes" oder sim. I, 8 „statt Aecker kauft euch bedrängte
Seelen, soweit dies einer vermag", ferner Const. apost. V, 1, wo es u. a. heißt:
„wenn einer imstande ist, seinen ganzen Lebensunterhalt hinzugeben und sie (ge=
fangene Heilige) aus dem Gefängnisse zu erretten, der wird selig sein und ein Freund
Christi". Bei der hohen Schätzung dieses Liebeswerkes in der alten Christenheit
mögen manche Christen sich selbst verkauft haben, um andere loszukaufen. Und
auch das andere, was der Text erwähnt, muß vorgekommen sein: manche, die zu
arm waren, um Almosen zu geben und fremde Not zu lindern, verkauften sich in
die Sklaverei, damit sie mit dem empfangenen Kaufpreise andere sättigen konnten.
Grade in der römischen Gemeinde war die Liebestätigkeit eine große und ausge=
dehnte, vgl. Jgn., Röm. (Zuschrift) und dann Dionysius von Korinth bei Euseb.,
KG IV 23, 10.

    56 1 So wird nämlich usw.; Sinn dieses Satzes ist: Wenn wir vor
Gott und vor der Gemeinde (das sind „die Heiligen") für jene Uebertreter beten,
so wird das ihnen nützen, und sie werden infolge dieser Fürbitte ein gnädiges Ur=
teil bei Gott finden, natürlich wenn sie Buße tun. — 13 Frieden haben
wird; εἰρηνεύσει mit AC, während LS εἰρηνεύσει haben. „Deiner Hütte" im selben
Satze mit AL, während CS σου auslassen. —

    57 3 die allherrliche Weisheit; ἡ πανάρετος σοφία wird das Buch
der Sprüche öfters genannt (vgl. Euseb., KG IV 22, 9: nicht nur dieser — näm=
Hegesipp — sondern auch Jrenäus und der ganze Chor der Alten nannten die
Sprüche Salomos die „allherrliche Weisheit"), auch die Bezeichnung „die Weis=
heit" kommt in altchristlichen Schriften vor, vgl. z. B. 58, 1. — Von 57, 7 bis 63
Schluß fehlt der Haupttextzeuge A, in dem hier ein ganzes Blatt verloren gegangen ist.
— 58 2 Die Worte „der Glaube und die Hoffnung der Erwählten" sind Apposi=
tion zu der vorhergehenden trinitarischen Formel. —

    59 1 Zu beachten ist das hohe pneumatische Bewußtsein, das aus dieser
Stelle spricht: Gott selbst redet in dem Briefe der Römer, vgl. 63, 2 „was wir
euch durch den heiligen Geist geschrieben haben". — Die Kapitel 59, 2—61, 3 ent=
halten das römische Gemeindegebet; für uns eine äußerst wertvolle Ur=
kunde, da wir uns nur aus ganz kümmerlichen Resten ein Bild der ältesten christ=
lichen Liturgie machen können. Davon abgesehen ist das Gebet auch an sich sehr
schön, durch würdevolle und doch herzliche und innige Haltung der Frömmigkeit

ausgezeichnet. Preis des mächtigen und erhabenen Gottes wechselt ab mit Bitte um Hilfe in irdischer Not und um Sündenvergebung, mit Fürbitte für alle Menschen, insonderheit noch für den Kaiser und die Obrigkeit. Genauer betrachtet, gestaltet sich der Aufbau des Gebetes f_0: Das Ganze zerfällt in 3 Teile, von denen jeder wieder gegliedert ist. Der Anfang des Gebetes ist nicht erhalten, der Verfasser hat sich einen eigenen Uebergang vom Vorhergehenden gemacht, aber schon in 59, 2 finden sich Sätze, die durch ihren liturgischen Stil verraten, daß sie bereits zum Gebete gehören. Der erste Teil umfaßt 59, 3—4; 59, 3 enthält in Parallelsätzen den Preis Gottes, 59, 4 enthält Bittgebet, und zwar fast ausschließlich um irdische Güter. Der zweite Teil umfaßt 60, 1—3, setzt wieder ein mit dem Preis Gottes (60, 1 bis „auf dich vertrauen") um sodann ebenfalls ins Bittgebet überzugehen (60, 1 Schluß—60, 3), das um Sündenvergebung, um Frieden und um Schutz in der Verfolgung fleht. 60, 4 beginnt der letzte Teil: 60, 4 bittet um Frieden und Eintracht für alle Menschen, 61, 1 und 2 bringt eine Fürbitte für die „Herrscher" (d. h. den Kaiser und die Obrigkeit). 61, 3 endlich schließt das ganze Gebet mit feierlicher Preis= und Dankformel. Genauere Darstellung mit Nachweisungen von Entlehnungen aus dem A. T. und Berührungen mit jüdischen Gebeten, besonders den 18 Benediktionen, liefert E. von der Goltz, Das Gebet in der ältesten Christenheit 1901, S. 192 f., der das Kirchengebet aber nicht geradezu mit dem der römischen Gemeinde identificiren möchte. — 3 Zu den Ausdrücken, die Clem. hier gebraucht, vgl. der Reihe nach Jes. 57 15, 13 11, Pf. 33 10, Hiob 5 11, 1. Sam. 2 7 (Lk. 1 53); 5. Mof. 32 39 (1. Sam. 2 6, 2. Kön. 5 7) 4. Mof. 16 22, 27 16, Dan. 3 31, (Sirach 16 19 f.), Jud. 9 11. — Höchsten in der Höhe, Heiligen im Hei= ligtume ruhend; ἐν ὑψίστοις und ἐν ἁγίοις sind wohl als Neutra zu faßen und dann in der angegebenen Weise zu übersetzen. Die Ausdrücke können an sich auch als Maskulina genommen werden, sind dann aber auf die Engel zu beziehen. — der tötet und erhält und Leben schafft; mit LS, C läßt „und erhält" (καὶ σώζοντα) aus. — Der hineinspäht in die Unterwelt, vgl. schon 20, 5 und das dazu Bemerkte — 4 Anfang: vgl. Pf. 119 114, auch Jud. 9 11. — unsere Ge= fangenen; gemeint sind vor allem die um ihres Glaubens willen im Gefängnis oder in der Verbannung, in den Bergwerken Schmachtenden, dann vielleicht auch Gefangene, die von Kriegsfeinden an den Reichsgrenzen oder von Räubern weg= geschleppt waren. — Zu 61 Schluß vgl. 1. Kön. 8 60, 2. Kön. 19 19, Hef. 36 23; Pf. 79 13, 95 7, 100 3. — 60 1 Anfang: Die Aussage bedeutet, Gott habe durch die Erscheinungen, durch das Walten der Naturkräfte den Menschen das Wesen und die Zusammensetzung der Welt offenbart; eine verwandte Aussage macht Paulus Röm. 1 20. — Barmherziger und Gnädiger: vgl. Joel 2 13 (Sirach 2 11, 2. Chron. 30 9). — 2 f. Zu den Ausdrücken vgl. Pf. 40 3, 119 133; 1. Kön. 9 4, 5. Mof. 12 25, 28, 13 18, 21 9; Pf. 67 2, 80 4, 8, 20, 4. Mof. 6 25 f.; 1. Mof. 50 20, Jer. 21 10, 24 6, Am. 9 4; 5. Mof. 30 9; Jes. 51 16, 2. Mof. 6 1, 5. Mof. 4 34, 5 15; Jer. 39 21; Hef. 20 33 f. — 4 vgl. Pf. 115 18, 147 9. — 61 1 f. Die Für= bitte für den Kaiser und die Obrigkeit ist sehr beachtenswert. Wir wissen, daß dem alten Christentume die Anschauung keineswegs fremd gewesen ist, das Römerreich sei das Reich des Satans, und der Kaiser und und die Obrigkeit seien die Werkzeuge des Teufels und der Dämonen (vgl. die Stimmung gegen die Machthaber, die allenthalben aus der Apokalypse weht). Den= noch hat man offiziell, wie unser Gebet lehrt, für Herrscher und Obrigkeit gebetet, eine Tatsache, die uns auch noch aus einer Reihe von andern Stellen klar wird, vgl. 1. Tim. 2 1 f., Polyk. an die Philipp. 12, 3 und oft in den Prozeßakten der Märtyrer, z. B. Akten des Apollonius 6, des Cyprian 1, 2, Euseb KG VII, 11, 8 (Akten des Dionysius von Alexandrien), vgl. auch VII, 1 (Brief des Dionysius) u. a. m. Darin, daß die Christen für die Obrigkeit beten, liegt einmal eine positive Würdi= gung der Frieden, Gesetz und Ordnung erhaltenden Tätigkeit des römischen Staates, (vgl. Röm. 13 1—7, Tit. 3 1, 1. Petr. 2 13 f.). Sodann ist dies Gebet der Christen die apologetische Antwort, die sie auf die Anschuldigung geben, als haßten sie das

Menschengeschlecht, und die sie der Forderung entgegensetzen, den göttlich verehrten Kaisern zu opfern. Gebete sind die Opfer der Christen, und ihre Opfer an den Kaiser sind Gebete für den Kaiser (vgl. die Akten des Apollonius 8). Endlich ist die seine Beziehung nicht zu übersehen, die unser Gebet aufweist, indem es fleht, die Kaiser möchten gerecht, Gott gehorsam und ihm wohlgefällig wandeln. Damit betet die Gemeinde zugleich für sich selbst und umschreibt nochmals in seiner Weise die schon vorher gebrachte Bitte: rette uns vor denen, die uns ungerecht hassen. Wenn die Obrigkeit Gott wohlgefällig wandelt, wird sie die Christen nicht verfolgen. — Vorangegangen sind auch hier in der Sitte, für Kaiser und Obrigkeit zu beten, die Juden: in den Synagogen der Juden tat man Fürbitte für den Kaiser und im Tempel zu Jerusalem wurden zur Zeit der ersten Kaiser täglich zwei Lämmer und ein Stier „für den Kaiser und das römische Volk" geopfert. — 2 was gut und wohlgefällig vor dir ist, vgl. 5. Mos. 12 25. 28, 13 18.

———————

62 1 für die, welche fromm und gerecht ein tugendhaftes Leben führen wollen; τοῖς θέλουσιν ἐνάρετον βίον εὐσεβῶς καὶ δικαίως διευθύνειν mit L und S (der freilich nicht ganz genau diesen Text gelesen zu haben scheint) gegen C, der εἰς ἐνάρετον βίον (was natürlich mit dem vorhergehenden τῶν ὠφελιμωτάτων zusammenzunehmen ist) τοῖς θέλουσιν εὐσεβῶς usw. liest. — 3 ansehnliche; ἐλλογίμοις mit S; C hat ἐλλογιμωτάτοις, L probatis (δοκίμοις).

———————

XI.
Briefe des Ignatius und Polykarp.
(G. Krüger.)

a) Briefe des Ignatius.

Die besten neueren Ausgaben sind die von Th. Zahn (PA, Leipzig 1876 mit Kommentar; Textausgabe Pa, 3. Aufl. 1900), F. X. Funk (pa, Tübingen 1881, 2. Aufl. 1901 mit Kommentar; Textausgabe 1901), J. B. Lightfoot (London 1885), 2. Aufl. 1889 mit Kommentar; Textausgabe 1890; dem Uebersetzer stand nur die 1. Auflage zur Verfügung) und A. Hilgenfeld (Berlin 1902). Ein Vergleich dieser Ausgaben zeigt, daß der Text trotz aller kritischen Versuche nicht überall als gesichert gelten kann. In den nachstehenden Anmerkungen sind die für die Uebersetzung wichtigen Abweichungen als solche gekennzeichnet. G¹ bedeutet den gedruckten griechischen Text der 7 Briefe (die mit ihrem Anfangsbuchstaben bezeichnet sind), G² den Text des Interpolators, L die lateinische, S die syrische, A die armenische Uebersetzung.

Aus der neuen Literatur verdienen, außer den bei Besprechung der Echtheitsfrage hervorzuhebenden Schriften, folgende Arbeiten Erwähnung: R. T. Smith, Artikel Ignatius im DchrB 3. Wd., London 1882, 209—222, E. v. d. Goltz, Ign. v. Ant. als Christ und Theologe, TU XII 3, Leipz. 1894, und A. Stahl, Patristische Untersuchungen, Erlang. u. Leipz. 1901, S. 109—222. Beachtenswerte Winke zum Verständnis des Römerbriefes enthält die Abhandlung von A. Harnack, Das Zeugnis des Ignatius über das Ansehen der römischen Gemeinde, SBA 1896, 111—131.

Bezüglich der interpolirten Briefe, die uns hier als solche nicht interessiren, genüge die Notiz, daß schon J. Ussher (Dissertatio de Ignatio et Polycarpo 1644) erwiesen hat, daß zwischen ihnen und den sog. Apostolischen Konstitutionen eine Verwandtschaft besteht, die nur aus der Annahme eines gemeinsamen Bearbeiters erklärt werden kann. Ob dieser Bearbeiter Semiarianer (Z a h n , H a r n a c k , A. A m e l u n g k, Untersuchungen über Ps.-Ignatius in ZwTh 42, 1899, 508—581) oder Apollinarist (F u n k , Die apostol. Konstitutionen, Rottenb. 1891, u. ö., zuletzt in Revue d'Hist. ecclés. 1, 1900, 61—65) war, ist unentschieden geblieben.

Echtheitsfrage. Die Echtheit der 7 Briefe hatte schon der Anglikaner J. P e a r s o n (Vindiciae Epistolarum S. Ignatii. Cantabr. 1672, Oxon. 1852) gegen den Reformirten J. D a l l a e u s (De scriptis quae sub Dionysii Areopagitae et Ignatii Antiochensis nominibus circumferuntur libri II, Genev. 1666) zu verteidigen. Im 19. Jahrhundert machte, nachdem R. R o t h e (Die Anfänge der christlichen Kirche usw. 1. Bd., Wittenb. 1837, 713—784) lebhaft für die Echtheit eingetreten war, ihre Bestreitung durch F. C h r. B a u r (Ueber den Ursprung des Episkopates, Tüb. 1838, S. 148—185; Die ignatianischen Briefe usw., Tüb. 1848), A. H i l g e n = f e l d (Die Apostolischen Väter, Halle 1853, S. 185—204) u. a. großen Eindruck. Jahrzehnte lang war man geneigt und ist es gelegentlich heute noch, demjenigen, der die Briefe für echt hält, den Ehrentitel eines wissenschaftlichen oder kritischen Theologen abzusprechen. Indessen ist durch Z a h n (Ign. von Ant., Gotha 1873), F u n k (Die Echtheit der ign. Briefe, Tüb. 1883), L i g h t f o o t (Ausgabe), J. R é v i l l e (Études sur les origines de l'épiscopat, Par. 1891), A. E h r h a r d S. 86—100 u. a. der Nachweis der Echtheit erschöpfend erbracht worden, und der Widerspruch von A. H a u s r a t h (Die Kirchenväter des 2. Jahrh., in Kleine Schriften religionsgesch. Inhalts, Leipz. 1882, S. 28 ff.), H. L ü d e m a n n (Referate im ThJB), W. C. van M a n e n (Handleiding voor de Oudchristelijke Letterkunde, Leiden 1900), A. Hil= genfeld (Ausgabe) u. a. kann dagegen nicht aufkommen. Der Versuch von Bunsen, (Ignatius von Antiochien und seine Zeit, Hamb. 1847), dem A. Ritschl (Die Ent= stehung der altkatholischen Kirche, 1. Aufl., Bonn 1850, S. 577—589) und R. A. L i p s i u s (ZhTh XXVI, 1856, S. 3—160) Gefolgschaft leisteten, die verkürzte syrische Fassung als die allein echte zu behaupten, stellt lediglich eine Episode der Kritik dar. Nicht anders ist über die Versuche von E. R e n a n (Les Évangiles, Par. 1877, p. XV—XXXV), der nur den Römerbrief für echt hielt, von D. V o e l t e r (Die ign. Briefe auf ihren Ursprung untersucht, Tüb. 1892), der die kleinasiatischen Briefe als von Peregrinus Proteus (s. u.) verfaßt und erst später unter dem Namen des Ignatius vertrieben ansieht, während er den Römerbrief als das Werk eines Fäl= schers betrachtet, und E. B r u s t o n (Ignace d'Antioche, Par. 1897; s. dagegen A. Stahl, Ignatianische Untersuchungen, Greifsw. 1899), dem die kleinasiatischen Briefe für echt, der Römerbrief aber für unecht gilt, zu urteilen. A. Harnack, der früher (vgl. die Zeit des Ignatius von Ant. usw., Leipz. 1878) zwar für die Echt= heit der Briefe eintrat, ihre Abfassung aber erst in die Zeit um 140 setzte, hat sich neuerdings (II 1 1897, S. 381—406) dahin ausgesprochen, daß die Briefe in den letzten Jahren Trajans (110—117) oder in den ersten Hadrians (117—125) verfaßt seien. O. P f l e i d e r e r, der sich in der ersten Bearbeitung seines Werkes über das Urchristentum, seine Schriften und Lehren (Berlin 1887, S. 823—835) mit Entschie= denheit für die Unechtheit der Briefe ausgesprochen hatte, hat sich in der zweiten Auflage (ebb. 1902, Bd. 2, S. 226—256) zur Annahme der Echtheit belehrt, indem er bezüglich der Zeitbestimmung den Ansatz auf ca. 130 für den wahrscheinlichsten erklärt.

Bei der Wichtigkeit der Frage ist eine etwas eingehendere kritische Erörterung auch an diesem Orte nicht wohl zu umgehen. D i e g e g e n d i e E c h t h e i t der Briefe erhobenen Bedenken lassen sich in drei Punkten zusammenfassen: 1) Die in den Briefen vorausgesetzte Situation, die Planmäßigkeit ihrer Abfassung und ihre ganze schriftstellerische Art lassen sie als das Erzeugnis eines Fälschers er= scheinen; 2) die in den Briefen vorausgesetzte Verfassung und 3) die in ihnen be= bekämpften Ketzereien sind zum mindesten zur Zeit Trajans (98—117) undenkbar. Als Zweck der Fälschung wird die Absicht angegeben, den Wert des monarchischen

Episkopates (s. o.) den kleinasiatischen Gemeinden anzupreisen, als Zeit der Fälschung am liebsten die zweite Hälfte des zweiten Jahrhunderts, d. h. die Epoche, in welcher der katholische Amtsbegriff sich überall durchzusetzen beginnt. Der Brief Polykarps an die Philipper (c. 13, 2) erscheint unter solchen Umständen als ein Begleitschreiben zur Erleichterung der Einführung der Falsifikate.

Dem ersten Argument läßt sich durch den Hinweis darauf begegnen, daß die Situation keine größeren Unwahrscheinlichkeiten bietet als sie uns in der beglaubigten Geschichte oft genug entgegentreten, daß die angebliche Planmäßigkeit der Abfassung sich eben aus der Situation erklärt, daß die schriftstellerische Art bei einem Fälscher viel unverständlicher wäre als bei dem von der Ueberlieferung behaupteten Verfasser, und daß zahllose konkrete Einzelzüge den Gedanken an eine Fälschung fast unvollziehbar erscheinen lassen. Der Gedanke, daß man Schriftstücke von so ausgeprägter Eigenart am Schreibtische erfindet, um dann selbst in der Versenkung der Geschichte spurlos zu verschwinden, kann nur im Gehirn eines Stubengelehrten entspringen. Mit welch raffinirter Geschicklichkeit müßte der Mann gearbeitet haben, der dem Geistträger Ignatius den Biedermann Polykarp gegenüber oder zur Seite stellte, ohne sich jemals aus Stil und Gewohnheiten des Einen in die des Anderen zu verlieren. Wer in unseren Briefen ein Zerrbild des Martyriums sieht, mag Lukians von Samosata berühmte Satire über Peregrinus Proteus lesen. Hier findet er was er sucht. Will er sehen, wie man fälscht, so nehme er die interpolirten Briefe des Ignatius, von denen eingangs die Rede war. Jedenfalls aber ist dieses ganze Argument, auch abgesehen von der fast leichtfertigen Art, mit der es gelegentlich begründet worden ist, völlig subjektiv, und wenn auch der Verfasser dieser Zeilen mit Rothe demjenigen, der bei unbefangener Lesung der Briefe nicht den unmittelbaren Eindruck der Echtheit erhält, „die Fähigkeit einer sicheren Apperception schriftstellerischer Individualitäten" nicht zutrauen möchte, so ist er sich doch bewußt, eben hiermit ein individuelles Urteil abzugeben, das niemand zu unterschreiben verpflichtet ist.

Dem zweiten und dritten Argument läßt sich die Beweiskraft nicht ohne weiteres absprechen. Indessen ist zu erwägen, daß unsere Kenntnis der Entwickelung sowohl der Verfassung wie der Lehre im nachapostolischen Zeitalter viel zu lückenhaft und unsicher ist, als daß unausweichliche Schlüsse daraus gezogen werden könnten, und daß darum das Urteil über die Entwickelung richtiger von der Urkunde hergeleitet wird als umgekehrt. Auch enthalten die Briefe unzweifelhaft Altertümliches, das schon um 150 kaum noch denkbar ist. Insbesondere fehlen der für die kleinasiatischen Gemeinden vorausgesetzten Kirchenverfassung die dogmatischen Attribute völlig, die für den ausgebildeten katholischen Amtsbegriff bezeichnend sind. Judaisten aber und Doketen hat es in der Christenheit von Anfang an gegeben, und es gehört die ganze Hartnäckigkeit eines Gelehrten dazu, aus der völlig allgemein gehaltenen Schilderung auf eine bestimmte Zeit schließen zu wollen, etwa gar die spätere Entwickelung der Gnosis darin vorausgesetzt zu finden. Nach vieljähriger Beschäftigung mit den Briefen, die alle Stadien des Zweifels und der Zuversicht durchlaufen hat, ist es mir wenigstens sicher geworden, daß sowohl die in den Briefen vorausgesetzten Gemeindeverhältnisse als auch die darin bekämpften christologischen Irrungen in den ersten Jahrzehnten des 2. Jahrhunderts auf kleinasiatischem Boden sehr wohl möglich, ja zu dieser Zeit besser als später verständlich sind.

Es ist aber nicht zu verkennen, daß eine zu frühe Ansetzung der Briefe noch durch eine andere Schwierigkeit gedrückt wird. Sind die Briefe, wie es das für das Martyrium des Bischofs überlieferte Datum (s. Apokr. S. 113) verlangen würde, noch vor 110 abgefaßt, so muß der Brief Polykarps an die Philipper um die gleiche Zeit geschrieben sein. Dem steht, wenn Polykarp 155 starb, nichts Entscheidendes entgegen. Starb er aber erst 165 und ward er um 80 geboren (s. über diese Fragen unten S. 201), so müßte man sich den Bischof der Smyrnäer und Verfasser jenes Briefes als noch nicht 30jährigen Mann vorstellen, wozu man sich schwerlich wird entschließen wollen. Nun bleibt aber zu bedenken, daß das traditionelle Datum völlig unſicher iſt und der Abfaſſung der Briefe um 10 oder 20 Jahre ſpäter von hier aus nichts im Wege fieht. Unter dieſen Umſtänden wird man mit dem gelehrteſten Ausleger der Briefe, dem Engländer Lightfoot (Ausgabe II, 469), ſagen dürfen: „Nimmt man einen Augenblick an, daß die Briefe eine ſpätere Zeit verraten, als ſie die Chronologie des antiochenischen Episkopates für Ignatius anſetzt, ſo iſt doch nicht die Echtheit der Briefe, ſondern die Richtigkeit der Chrono= logie aufzugeben." — Im folgenden die Briefe in Abkürzung: E., M., T., R., Ph., S., P. Ferner: Li = Lightfoot, Hi = Hilgenfeld, Za = Zahn, Fu = Funk.

Erläuterungen.

Epheſer.

Zu der Zuſchrift vgl. den Eingang des pauliniſchen Epheſerbriefes, der dem Verfaſſer vorgeſchwebt hat. — Theophorus. θεοφόροι ſolche, die bei Pro= zeſſionen (c. 9, 2) oder ſonſt (vgl. Lukian, Lucius c. 37) mit Götterbildern herum= zogen. Hier auf Gott bezogen und Doppelname wie AG. 13 9: „Saulus, der auch Paulus heißt." — Größe und Fülle. Offenbar liegen Ign. die Klänge von Eph. 1 19 (τὸ ὑπερβάλλον μέγεθος τῆς δυνάμεως αὐτοῦ) und 1 23 (τὸ πλήρωμα τοῦ τὰ πάντα ἐν πᾶσιν πληρουμένου) im Ohr. Der Ueberſetzer hat keine Veranlaſſung, hier deutlicher zu ſein als der Autor. — Ich folge dann Li, der ſtatt des in GL über= lieferten εἰς δόξαν παράμονον ἡνωμένην καὶ ἐκλελεγμένην ἡνωμένῃ καὶ ἐκλελεγμένῃ lieſt, was auch SA nahegelegt und auch Hi aufgenommen iſt. Jedenfalls iſt ἄτρεπτον zu δόξα zu ziehen. — Trotz des fehlenden Artikels kann das Leiden nur auf das Leiden Chriſti gedeutet werden. Vgl. Ph. 3, 3. — ἐκκλησία iſt ſtets mit „Kirche", nicht mit Gemeinde, wofür Ignatius πλῆθος gebraucht, wiederzugeben. — in Jeſu Chriſto und in unſträflicher Freude. Vgl. M. 7, 1, wo es heißt: in der unſträflichen Freude, das iſt Jeſus Chriſtus.

Bezeichnender Weiſe beginnt das Schreiben mit mehreren nicht durchgeführten Sätzen. In 1 1 mag dem Schreiber δοξάζω (T. 1, 2) oder ὑπερδοξάζω (P. 1, 1) im Sinne gelegen haben. Hi ergänzt δοξάζω Ἰησοῦν Χριστὸν θεόν (nach Analogie von S. 1, 1) und nimmt dieſe Worte in den Text auf. Aber damit wird dem Ign. ſein Anakoluth genommen. Manche Ausleger (auch Za) ſuchen nach dem Vorgang eines Scholions in der lateiniſchen Ueberſetzung bei Namen ein Wortſpiel zwiſchen ἔφεσις (Wunſch) und Ἐφέσιοι (etwa: wunſchwert). Möglich und beſonders mit Rückſicht auf den Relativſatz verführeriſch. Aber Ign. braucht R. 10, 1, S. 13, P. 8, 3 ent= ſprechende Phraſen ohne ſolche Nebenbedeutung. Auch an den Chriſtennamen hat man gedacht, doch im Hinblick auf 1, 2 ſchwerlich mit Recht. Der Wechſel zwiſchen Singular und Plural iſt hart, aber, Diktat vorausgeſetzt, verſtändlich. — nach natürlichem Recht. Vgl. T. 1, 1. — Die anſcheinend nächſtliegende Beziehung von Gottes Blut auf den Tod Chriſti iſt vielleicht doch nicht richtig und die Beziehung auf den Genuß von Gottes Blut im Abendmahl vorzuziehen. — συγγενι= κὸν ἔργον iſt nicht brüderlich: das eurer ganzen Art entſprechende. Gemeint iſt das Verfahren der Epheſier dem Ign. gegenüder. — 3 Da ich nun uſw. Zum Ver= ſtändnis vgl. die ähnliche, aber deutlichere Wendung T. 1, 1 (Ende). — 2 1 Daß Ign. an dieſer und noch drei anderen Stellen (M. 2) oder die Diakonen überhaupt (Ph. 4; S. 12, 2) und nur ſie als ſeine Mitknechte bezeichnet, was nicht nur ein beſonders nahes, ſondern ein gleichartiges Verhältnis vorauszuſetzen ſcheint, hat die Erklärer gelegentlich zu der Annahme veranlaßt, Ign. ſei ſelbſt nicht Biſchof, ſondern Diakon geweſen (ſo noch änletzt Bruſton, allerdings nur für den Ign. der kleinaſiatiſchen Briefe.) Indeſſen ſpricht die ganze Haltung der Briefe als Mahnſchreiben gegen ihre Abfaſſung durch einen Diakonen.

3 1 als wäre ich etwas: nämlich etwa wie Petrus und Paulus oder ein anderer Apoſtel, vgl. R. 4, 3. — Namen: nämlich Chriſti. Vgl. 7, 1; Ph. 10, 1. — 2 Sinn. Das griechiſche γνώμη iſt an dieſer Stelle beſonders ſchwer wiederzu=

geben. An den meisten Stellen (vgl. R. 8, 3; Ph. inscr.; Ph. 3, 3 u. a.; vor allem
Verbindungen wie R. 7, 1; Ph. 1, 2; P. 1, 1) ist Sinn oder Gesinnung die gegebene
Bedeutung. Stahl S. 195 möchte den religiösen Begriff des göttlichen Ratschlusses
oder Willens (wofür Ign. aber sonst θέλημα gebraucht) einsetzen, während mir der
Nachdruck auf der ethischen Uebereinstimmung zu ruhen scheint. Beachte das „mit=
laufen" hier und 4, 1 (wo übrigens γνώμη an und für sich wie P. 4, 1 und 5, 2 =
gutheißen ist). — Enden (der Erde; so L). Der übertreibende, durch Pf. 65 (64) 19
veranlaßte Ausdruck ist Ign. geläufig (vgl. R. 6, 1). — 4 2 lobsinget. Im
Griechischen ist natürlich ᾄδητε, nicht ᾄδετε (so Za nach G) zu lesen.

  5 2 Altars. Gemeint ist der Altarplatz, so auch T. 7, 2; das Wort bild=
lich zu fassen, so daß es die Kirche bedeute, Li (ähnlich Za), ist schon wegen der
folgenden, bestimmt auf die Abendmahlsgemeinschaft deutenden Worte unmöglich.
Ebensowenig darf man freilich aus unseren Stellen schließen wollen, daß an den
christlichen Versammlungsstätten ein regelrechter „Altar" errichtet gewesen sei. Vgl.
noch M. 7, 2; R. 2, 2; Ph. 4. — 6 1 schweigen. Vgl. 15, 1 und Ph. 1, 1.
  2 höret ihr mehr usw. So nach der Textänderung von Li (und Hi):
ἀλλ' οὐδὲ ἀκούετέ τινος πλέον ἢ περὶ (statt des überlieferten εἴπερ) Ἰησοῦ Χριστοῦ λα=
λοῦντος ἐν ἀληθείᾳ. Man darf nach dem Zusammenhang vermuten, daß von der
richtigen Predigt von Christus, nicht von diesem selbst als Prediger die Rede ist. —
7 1 Namen. Vgl. oben 3, 1. Wie die Antithesen im zweiten Teile des Kapitels
zeigen, denkt Ign. schon hier an doketische Irrlehrer. Vgl. die Einleitung. — als
vor schwer Heilbaren. So muß das ὄντας δυσθεραπεύτους des Textes über=
setzt werden. Die Uebersetzung: „denn ihr Biß heilt schwer" (so Klein, wohl nach
Li's Umschreibung: „they are like mad dogs, whose bite is hard to heal") ist frei=
lich dem Sinne nach (vgl. das „ihr müßt euch hüten") verführerisch. G² umschreibt:
ἀνίατα γὰρ νοσοῦσιν. Li vergleicht Soph. Aias 609: δυσθεράπευτος Αἴας ... θείᾳ
μανίᾳ ξύναυλος. — 8 1 für euch Epheser. Hinter ἁγνίζομαι fügen Za und Ju
hier und T. 13, 3 ὑπὲρ ein, während Hi ὑφ' liest, Li bloß das überlieferte ὑμῶν. Hi
ἁγνίζωμαι. — 9 1 von dort her: nämlich von Ephesus. — durchgekommen:
durch Smyrna. — Hebemaschine Jesu Christi, d. h. des Kreuzes.
Aehnlich heißt es bei Irenäus (fragm. 28 ed. Stieren p. 842) in Anlehnung an die
Stelle 2. Kön. 6 6: es handele sich hier um ein Sinnbild der Hinaufführung der
Seelen zur Höhe durch das Holz, an dem er gelitten hat, der die Seelen, die seinem
Aufstieg folgen, hinaufzuführen vermag. [Vgl. auch Andreasakten, Apofr. S. 470 41,
(μηχάνημα σωτηρίας Aa II 55). Ein Hausbau mit Hebemaschine ist auf einem Stein
des Lateranmuseums Saal X Nr. 676 dargestellt.] — 2 Reisegefährten. Ver=
mutlich schwebt dem Verfasser hier das Bild einer Prozession vor.

  10 1 es ist Hoffnung: ἔστιν γὰρ ἐν αὐτοῖς ἐλπὶς μετανοίας. Dieselben
Worte finden sich im 8. Gleichnisse des Hirten des Hermas (7, 2), wo es vom Engel
heißt: καὶ ἔτι, φησίν, ἐστὶν ἐν αὐτοῖς ἐλπὶς μετανοίας. Da die Briefe sonst keine Spur
einer Kenntnis des Hirten verraten, so muß diese allerdings auffallende Ueberein=
stimmung auf Zufall beruhen. — 3 wer hätte usw. Ich fasse die Worte mit Za
als Zwischensatz, halte aber seine Aenderung von τίς πλέον ἀδικηθῇ .. ἀποστερηθῇ
.. ἀθετηθῇ (so LS, G undeutlich) in ἀδικηθείς usw. für unnötig. So auch Hi συνή=
νεσαν (συνήνεσαν) mit GL. Za συνῄεσαν nach G² und A.

  12 1 verurteilt. Vgl. R. 4, 3. — 3 Durchgang. Li: „Sie hatten früher
Paulus begleitet und begleiteten nun Ignatius auf seinem Weg „zum Martyrium".
Man muß das griechische πάρ-οδος noch strenger nehmen als es die Uebersetzung
zuläßt: denn weder Paulus noch Ignatius waren durch Ephesus, sondern nur daran
vorbeigekommen. — in einem ganzen Briefe. Das griechische ἐν πάσῃ ἐπι=
στολῇ verlangt zwar ohne Frage die Uebersetzung: in jedem Briefe. Aber die Be=
ziehung allein auf den Epheserbrief des Paulus ist doch so deutlich, daß man ent=
weder eine Ungenauigkeit im Ausdruck oder einen Fehler in der Textüberlieferung
anzunehmen gezwungen ist.

  15 2 Schweigen. Vgl. 6, 1 und Ph. 1, 1. — 3 er in uns. Za und Hi

fügen nach G $\bar{\eta}$ ein, ſchwerlich mit Recht.

16 1 **T e m p e l ſ ch ä n d e r.** Zu dieſer Stelle ſind die Stellen 1. Kor. 3 10 und 6 9 f. zu vergleichen und von hier aus der Ausdruck οἰκοφθόρος zu erklären. Gemeint ſind, die den Tempel ihrer Herzen und Leiber als Gottes Haus (vgl. oben 9, 1) wiſſentlich und willentlich zu Grunde richten. Li findet in den nachfolgenden Worten: „Wenn ſchon — ſchändeten" mit Grund eine Anſpielung auf die Erzählung in 4. Moſ. 25 1—9. — **D a r u m l i e ß.** Daß an dieſer Stelle neben dem ſynoptiſchen der Bericht des 4. Evangeliums durchklinge, iſt nicht zu erweiſen. Vgl. Anm. zu R. 7, 2. 3 und Ph. 7, 1. — **18** 2 **L e i d e n:** gemeint iſt das Todesleiden; die Auslegung des **C o t e l e r i u s:** διὰ τὸ παθεῖν αὐτὸν τοῦτο scil. τὸν βαπτισμόν (vgl. Tertull. Jud. 8: baptizato enim Christo, id est sanctificante aquas in suo baptismate) iſt falſch. „Der Tod Chriſti gab dem Taufwaſſer ſeine reinigende Wirkung. Die Taufe war nur die Einleitung dieſes heiligen Prozeſſes" (Li). Gut verweiſt Za auf Luthers „Chriſt, unſer Herr, zum Jordan kam". — **19** 1 **G o t t e s S t i l l e.** Vgl. 15, 2. — 2 **E i n S t e r n** uſw. Die glänzende Schilderung des Erſcheinung des Sternes ruht auf apokrypher Ueberlieferung. Im ſog. Protevangelium des Jakobus 21 heißt es ähnlich (**A p o k r.** S. 62): „Wir haben einen ganz großen Stern geſehen, welcher zwiſchen dieſen Sternen ſchien, und er verdunkelte ſie, ſo daß die Sterne nicht ſchienen." Clemens von Alexandrien ſchreibt in den Excerpta Theodoti 74 an einer mit der unſrigen auffallend verwandten Stelle: „Ein fremder und neuer Stern leuchtete auf, der die alte Sternordnung auflöſte" uſw. Noch phantaſtiſcher heißt es in der ſog. ‚Schatzhöhle‘: „Zwei Jahre vor der Geburt Chriſti erſchien der Stern den Magiern; ſie erblickten nämlich den Stern am Himmelsfirmament, das in einem Lichte erglänzte, welches heller leuchtete als alle Sterne, und mitten inne eine Jungfrau mit einem Kinde, und eine Krone war auf ſeinem Haupte" uſw.

20 1 **W i l l e.** Nur Gottes Wille kann hier und an den entſprechenden Stellen R. 1, 1 und S. 11, 1 gemeint ſein. Vgl. auch P. 8, 1. Za verweiſt mit Recht auf Paulus Röm. 2 18 und 1. Kor. 16 12. — Ich leſe: ἀποκαλύφῃ τι . οἱ κατ’ ἄνδρα κτλ. nach Za’s anſprechender Vermutung. Dem überlieferten und von den übrigen Herausgebern beidehaltenen ἀποκαλύφῃ . ὅτι οἱ κτλ. vermag ich keinen Sinn abzugewinnen. — **21** 1 **L ö ſ e g e l d.** So auch S. 10, 2; P. 2, 3 u. 6, 1. — 2 **d e r G e r i n g ſ t e.** Dieſe Selbſtausſage auch T. 13, 1; R. 9, 2; S. 11, 1. Die Schlußſätze der Briefe ſind vielfach gleichartig gebildet.

Magneſier.

1 1 Vgl. den Eingang von E. und T. 1, 2. Auch an dieſer Stelle iſt an die Liebeserweiſungen der Gemeinde dem Ign. gegüber gedacht. — **d e f i n g e i ch.** Das überlieferte ᾔδω mit Za in ἰδών zu verwandeln liegt kein Grund vor. Der Satz bleibt unvollendet, wovon die Ausgaben keine Notiz nehmen.

· **4 h e i ß e n** Ich ſtoße mich an dem καλοῦσιν des Textes nicht, wie Li, der nach Za (Ign. 302) λαλοῦσιν leſen möchte. — **5** 2 Ich faſſe die Worte **d e n n w i e** uſw. bis zum Schluß des Kapitels als Zwiſchenſatz und nehme an, daß der unterbrochene Satz nicht fortgeführt, ſondern c. 6 ein neuer Satz begonnen wird, der zu dem Gedanken von c. 2 zurückführt. — **6** 2 κατὰ ὁμοήθειαν θεοῦ iſt wörtlich nicht zu überſetzen. L: eandem consuetudinem dei accipientes. Das iſt wörtlich, aber im Deutſchen unmöglich. Li’s „in moral conformity with God" Li iſt auch nur eine Umſchreibung. Ich habe ein anderes Bild gewählt. Vgl. die Anmerkung zu P. 1, 3. — **B i l d u n d L e h r e.** Daß dem Schreider bei dieſem verunglückten Bilde das τύπος διδαχῆς Röm. 6 17 dunkel vorſchwebte, darf nicht verwundern. — **7** 1 **u n ſ t r ä f l i ch e n F r e u d e.** Vgl. zu E. Ueberſchrift. — Auch an dieſer Stelle iſt die Annahme literariſcher Abhängigkeit vom 4. Evangelium nicht erforderlich.

8 2. **W o r t.** Der in GL überlieferte Text: λόγος ἀΐδιος οὐκ ἀπὸ σιγῆς προελθὼν (ewiges Wort, nicht aus Schweigen hervorgegangen) muß hinter der bei A und Severns von Antiochien (6. Jh.) bewahrten Faſſung: λόγος ἀπὸ σιγῆς προελθὼν als der beſſer beglaubigten und dem Zuſammenhange angemeſſeneren zurücktreten (ſo

Li, Za, Fu, während Hi für die erweiterte Lesart eintritt). Ob die Worte a u s
S ch w e i g e n h e r v o r g e g a n g e n sich auf die Menschwerdung beziehen (während
Severns sie auf die ewige Zeugung des Wortes deutet) ist mir nicht so sicher, wie den
an erster Stelle genannten Herausgebern. Daß Gott erst mit der Menschwerdung
des Wortes sein Schweigen gebrochen habe, kann man in des Ign. Sinne jeden=
falls nicht sagen, wie seine Worte über die Wirksamkeit der Propheten beweisen.
Ich fasse diesen Satz mit Fu als Frage. Die voranstehenden Ermahnungen sind
freilich nur dann verständlich, wenn die judaisirende Gruppe in der Gemeinde eine
gewisse Bedeutung besaß.

13 1 Die Aenderung des κατευοδωθῆτε der Ueberlieferung in κατευδωθῇ (so
Za) ist überflüssig. — 2 Die Worte n a ch d e m F l e i s ch e fehlen in A (G) und stören
das Gleichmaß des Satzes. Dennoch scheint es mir gewagt, sie mit Li einzu=
klammern. Sie dahin zu pressen, daß sie „die Unterordnung des Sohnes ausdrück=
lich auf seine menschliche Natur beschränken würden" (so Li nach R o t h e 754),
heißt dogmatische Erwägungen, die dem Ign. fernliegen, in den Text eintragen. —
Die Worte u n d d e m G e i s t e fehlen in A (G²). Li hat sie, doch ohne ausreichende
Gründe, gestrichen. — Ich fasse diese Worte mit Za als Zwischensatz, da der Final=
satz am Schlusse nicht wohl mit ihnen, sondern besser mit den vorangehenden in
Verbindung gebracht wird. — 15 D i e E p h e s e r. Vgl. E. 1 und 2.

Trallianer.

n a ch a p o s t o l i s ch e r W e i s e. Natürlich nicht = wie ein Apostel, was
Ign. in c. 3 ausdrücklich ablehnt, sondern = nach der Art, wie es auch die Apostel
in den Zuschriften ihrer Briefe taten.

1 1. v o n N a t u r e u ch e i g n e n d e n. Vgl. E. 1, 1. — 2 1 n a ch M e n=
s ch e n w e i s e. Die Lesart κατ᾿ ἀνθρώπους ist besser beglaubigt als κατ᾿ ἄνθρωπον. —
3 D i a k o n e n. Der Zusammenhang zeigt, daß dem Ign. die Stelle 1. Kor. 4 1 vor=
schwebte: „als Christi Diener und Haushalter über Gottes Geheimnisse". Vgl. auch
Polyk., Phil. 5. — 3 3 I ch s ch ä t z e. Diese Stelle ist im griechischen Text hoff=
nungslos verderbt. Za's Vermutung, der Fu folgt, wonach οὐκ εἰς τοῦτο φήθην,
ἵνα zu lesen ist, mag dem Ursprünglichen am nächsten kommen. Li's Lesart: ἀλλ᾿
οὐχ ἱκανὸν ἑαυτὸν εἰς τοῦτο φήθην, entfernt sich sehr weit von der Ueberlieferung,
ohne größere Vorteile für das Verständnis zu bieten. Hi liest: ἀγαπῶντας ὡς οὐ φειδο=
μαι ἑαυτοῦ. πότερον δυνάμενος γράφειν ὑπὲρ τούτου εἰς τοῦτο φήθην, was sich zwar eng
an G anschließt, aber nur wenigstens keinen Sinn zu haben scheint. Hinter διατάσσωμαι
setzt Hi ein Fragezeichen. Unsere Uebersetzung gibt nur dem Sinne nach wieder,
was Ign. geschrieben haben mag. — b e f e h l e n d ü r f t e: διατάσσομαι G, δια=
τάσσωμαι L. L ist in diesem Falle keine Autorität. Wenn wirklich διατάσσομαι in
der Vorlage stand, wie Za will, so war's eben ein Schreibfehler.

4 1 N a m e n g e b e n. Wörtlich: die (zu) mir etwas sagen. Za richtig:
supplenda sunt nomina adultoria laudesque nimiae. — 4 2 N e i d. Das Folgende
(Fürst dieser Welt) zeigt, daß wohl nur „Satans" ergänzt werden kann. Vgl. aber
auch R. 5, 3. — 5 2 f e h l t. Wortspiel mit λείπειν und λείπεσθαι. — 6 1 n e h m t
χρῆσθαι (ASL) ist χρῆσθαι (G) trotz Za und Hi vorzuziehen; ebenso ἀπέχεσθε dem
ἀπέχεσθαι. — 7 1 G o t t e. θεοῦ fehlt in A, Li klammert es ein, und es ist, trotz=
dem der Gott Jesus Christus dem Ign. an sich geläufig ist, an unserer Stelle
störend. — 2 A l t a r s. Vgl. zu E. 5, 2. — 8 1 s ch a f f e t e u ch u m. Li
ändert (nach C o t e l i e r) das gut beglaubigte (GLSA) und sinngemäße ἀνακτίσασθε
unnötig in ἀνακτήσασθε. — 8 2 i n G o t t. Ob mit GL ἐν θεῷ oder mit Sacr.
Parall. ἔνθεον zu lesen ist, bleibt zweifelhaft. — 9 2 n a ch d e s s e n B i l d e. Die
beste, wenn auch nicht ganz befriedigende Herstellung des hier verderbten Textes
bietet Za's Lesart: οὔ καὶ κατὰ τὸ ὁμοίωμα (wenn nicht οὔ κατὰ τὸ ὁμοίωμα καὶ vor=
zuziehen sein sollte). Fu liest: ὃς καὶ κτλ., aber ohne Interpunktion, was zwar
einen möglichen, aber unbefriedigenden Sinn ergibt, während Li's κατὰ τὸ ὁμοίωμα
ὃς καὶ (nach G) sinnlos ist. Hi: κατὰ τὸ ὁμοίωμα ὡς καὶ κτλ. Aber dann wird

das Gewicht von ὁμοίωμα ſtark abgeſchwächt. — Li macht richtig darauf aufmerkſam, daß dieſen Worten die Erinnerung an 1. Kor. 15 12 ff. beſonders 15 zu Grunde liegt. **11 1 ſogleich.** So, wenn Li's anſprechende Lesart παραυτά (vgl. das παρ-αυτίκα von G² und den Sacr. Par.) ſtatt des παρ' αὐτά von G richtig iſt. **12 2 Vaters Jeſu Chriſti.** Li nach G² (und A): εἰς τιμὴν πατρὸς καὶ εἰς τιμὴν Ἰησοῦ Χριστοῦ. Unnötig. Zu und Hi trennen Ἰησοῦ Χριστοῦ von πατρός wohl mehr nach deutſchem als nach griechiſchem Sprachgefühl. — **3 anliegt.** Li (nach Bunſen) unnötig οὗπερ ἔγκειμαι. Hi: οὗ παράκειμαι. Ich folge Za und Zu, die nach G und L περίκειμαι leſen. **13 2 Gottes.** So nach Vergleich von S. 8, 1 zu ergänzen. — **3 ihr.** εὑρεθείητε mit GL. Li ändert unnötig εὑρεθείημεν.

Römer.

im Gebiete der Römer. Die Konjektur von Za: ἐν τύπῳ χωρίου Ῥω-μαίων iſt unbegreiflich und von keinem anderen Herausgeber angenommen worden. Ign. ſchreibt pleonaſtiſch. Ob er nur die Stadt oder auch deren näheren Umkreis meint, ſteht dahin. Ueber wen die Gemeinde den Vorſitz führt, iſt nicht geſagt. Von einem verfaſſungsmäßigen Vorrang der römiſchen Gemeinde vor den anderen kann in ſo früher Zeit nicht die Rede ſein. Wohl aber iſt es verſtändlich, wenn Ign., dem die höchſten Prädikate ſtets willkommen ſind, grade dieſer Gemeinde einen Ehrenvorrang zuerkennt. Um mehr als eine Verbeugung vor der tatſächlichen Führerſchaft der Gemeinde, zumal in der Liebestätigkeit, handelt es ſich ohnehin nicht. Ob Ign. die Worte προκαθημένη τῆς ἀγάπης ſchon vorſchwebten, als er die Worte προκάθηται κτλ. ſchrieb, wie Harnack will, ſo daß alſo das προκά-θηται eben durch ἀγάπης beſtimmt würde, iſt mir ſehr zweifelhaft. — **gott-würdig.** Da die nachſtehenden Wörter im Griechiſchen alle gleich gebildet ſind, ſo iſt es unſtatthaft, wie der Lateiner tut, zwiſchen dign a deo und dign e casta uſw. zu wechſeln. — **heiligwürdig** iſt freilich kein Deutſch, aber ἀξιάγνος iſt auch kein Griechiſch. ἀξιεπίτευκτος wird mit **glückwürdig** vielleicht am ſicherſten wie-dergegeben. Hi lieſt ἀξιεπίτακτος, was durch das digne ordinata von L nahege-legt iſt. — **Liebe.** Es liegt keine Möglichkeit vor, ἀγάπη an dieſer Stelle mit „Liebesbund" zu überſetzen, was freilich eine nicht unweſentliche Erleichterung be-deuten würde. Gemeint iſt Roms hervorragende Rolle in werktätiger Liebe. **1 1 Dieweil ich.** Auch dieſes Schreiben beginnt mit anakoluthiſchen Sätzen, was in den Ausgaben nicht deutlich wird. — **gottwürdiges Antlitz.** Mit Hi ἀξιοθέατα nach dem Metaphraſten (und vielleicht L) zu leſen, liegt kein Grund vor. — **begrüßen.** Hi lieſt ſtatt des überlieferten ἀσπάσασθαι ἀσπάσεσθαι, wodurch die textliche Schwierigkeit glücklich gehoben wird. — **Wille.** Ueber die Ergänzung ſ. die Anmerkung zu S. 20, 1. — **2 1 ſo (werde) ich Gottes Wort (ſein).** Der Text iſt hier möglicherweiſe verderbt. Ich leſe wie die Meiſten: ἐγὼ λόγος θεοῦ und πάλιν ἔσομαι φωνή. Za: λόγος γενήσομαι θεοῦ und π. ἔ. ἠχώ. Ich halte für wahr-ſcheinlich, daß das θεοῦ bei λόγος nicht urſprünglich iſt, wie es ſich denn auch bei einigen Autoritäten nicht findet. In den Worten λόγος und φωνή liegt ohne jeden Zuſatz der von Ign. beabſichtigte Gegenſatz zwiſchen göttlichem und menſchlichem Wort (ſ. auch Li's Anmerkung zu der Stelle, die dieſen Gedanken gut verdeutlicht). Ueber das Bild ſelbſt darf man mit dem Schreiber nicht rechten. — **3 1 Mißgunſt er-zeigt.** Die Entſcheidung zwiſchen ἐβασκάνετε οὐδενί und οὐδένα iſt nicht leicht. Za zieht die letztere Lesart und zwar im Sinne von „beſchreien" (fascinare) vor. Aber Ign. fürchtet, wie das Bisherige zeigt, den Neid der Römer, und inwiefern ſie ihn ſollen „beſchreien" können, iſt nicht deutlich. — **3 Sache der Ueberredung.** Ign. drückt den von Paulus 1. Kor. 2 4 („Und mein Wort und meine Predigt war nicht in vernünftigen Reden menſchlicher Weisheit, ſondern in Beweiſung des Geiſtes und der Kraft") klaſſiſch formulirten Gedanken nach ſeiner Weiſe geſchraubt aus, um ihm dann im Nebenſatze noch eine ſehr wirkungsvolle Steigerung zu geben. Hi lieſt ſtatt Χριστιανισμός nach L Χριστιανός, wodurch die Pointe verloren geht oder wenigſtens abgeſchwächt wird.

4 2 schwer falle. βαρύς τινι γένωμαι. So die Meisten. Hi nach L βαρύς τινι εὑρεθῶ. — 5 1. Leoparden. Dieses drastische Bild haben die Bestreiter der Echtheit dem Ign. besonders verübelt, in dessen Munde es doch so natürlich klingt. — Wohltaten. Gemeint sind wohl die Trinkgelder, die die zum Besuch des Ign. herbeigekommenen Christen der Wachtmannschaft zustecken mußten, die dann, wie das zu geschehen pflegt, ihr Entgegenkommen durch verdoppelte Bärbeißigkeit vor sich selbst und anderen zu bemänteln suchte. — 2 Wollenden. Es muß un-zweifelhaft mit Za und Li (nach LG³) ἑκόντα gelesen werden. Fu und Hi folgen Eusebius und G lesen ἄκοντα. Das heißt dem Satze die Spitze abbrechen. — 3 Zerschneidungen, Zerteilungen. Es ist wahrscheinlich, daß diese Worte, die Eusebius und L nicht lesen (Hi hat sie gestrichen), Glosse sind.
6 2 gönnt. Ich lese mit Za, Li, Fu G² (und G, denn χαρήσησθε sagt das-selbe) χαρίσησθε. Hi zieht nach L χωρίσητε vor. — und trügt ihn nicht durch Irdisches. Diese Worte fehlen in G. — Die Herausgeber schwanken zwischen ἐξαπατήσητε (Za, Fu), κολακεύσητε (Li), κηλήσητε (Hi). — 7 2 (Welt)lebe. Nur so kann ἔρως gedeutet werden. — Feuer, das nach Irdischem ledet. So nach der von den meisten Herausgebern befolgten Lesart G: φιλόϋλον. Hi vermutet φηλοῦν τι (?). — lebendiges Wasser. Auch an dieser Stelle (vgl. die Anmerkung zu S. 17, 1). ist die Annahme einer Benutzung des 4. Evangeliums nicht erforderlich, da die Be-zugnahme auf die alttestamentliche Stelle viel näher liegt. Vgl. aber die folgende Anm. und die zu Ph. 7, 1. — 3 Gottes Brot. Hier ist die Bezugnahme auf das 4. Evangelium naheliegend.

Philadelphier.

bleibende. Die Lesart παράμονος ist dem durch L geforderten leichteren ἄμωμος, was Hi in den Text setzt, vorzuziehen. — find. Der Schreiber vergißt, daß er die Kirche angeredet hatte. Aehnlich P. 6, 1.
1 1 Von diesem Bischof. Im Grundtext wird noch deutlicher, daß Ign. von der Zuschrift ohne Absatz in das eigentliche Schreiben hinübergleitet. — 2 2 scheinbar. Die Ergänzung nach P. 3, 1, wo οἱ δοκοῦντες ἀξιόπιστοι geschrieben ist. — Gottesläufer. Das Bild soll an die Wettläufe im Stadion er-innern. Vgl. die Gedanken von 2. Tim. 4 7; Gal. 5 7. P. 7, 2 kehrt der Aus-druck mit etwas veränderter Schattierung wieder. — haben sie keine Stätte. So mit Za und Hi (nach LA), während Li und Fu das ἕξουσιν von G vorziehen. — 3 2 auf daß. Das allein beglaubigte ἵνα läßt keine andere Uebersetzung zu.
7 1 von wannen er kommt. An dieser Stelle scheint mir die Annahme einer Bekanntschaft mit dem 4. Evangelium unausweichlich. Immerhin wäre die Frage zu erwägen, ob das Wort vom Evangelisten selbst geprägt oder von ihm aufgenommen ist. Im letzteren Falle brauchte auch an unserer Stelle keine lite-rarische Abhängigkeit vorzuliegen; s. auch zu Ph. 9, 1 (Tür). — Ich schrie. ἐκραύγασα μεταξὺ ὤν, ἐλάλουν μεγάλῃ φωνῇ (Li, Fu) dürfte die richtige Lesart sein. Za liest: ἐκραύγασα, μεταξὺ ὤν ἐλάλουν, μεγάλῃ φωνῇ. — 2 als wisse ich. ὥσπερ εἰδότα mit Za und Hi gegen das von GL überlieferte ὡς προειδότα, das Li und Fu beibehalten. — 8 2 Urkunden. Der alte Streit zwischen den Herausgebern, ob ἀρχεῖα oder ἀρχαῖα zu lesen sei, ist immer noch nicht zu Grabe getragen. Hi hält an ἀρχαῖα fest. An der ersten Stelle ließe sich ἀρχαῖα in der Tat rechtfertigen: denn ohne Zweifel denken die Gegner an die alttestamentlichen Urkunden, denen sie allein Beweiskraft zusprechen und zu denen sie die evangelische Ueberlieferung in Gegensatz stellen. Insofern übersetzt L richtig: si non in veteribus invenio, in evan-gelio non credo. Aber wie schon dieser Uebersetzung ἀρχεῖα zugrunde gelegen haben kann — denn auch dieses Wort könnte mit in veteribus wiedergegeben werden —, so scheint L an der zweiten Stelle mit seiner Uebersetzung: mihi autem principium est Jesus Christus eher ἀρχεῖα vorauszusetzen. Uebrigens weiß niemand, ob Ign., als er die Worte diktirte, sich des feinen Unterschiedes bewußt gewesen ist. Za's Argumentation zu Gunsten der von ihm konstruirten, leider auch von Fu ange-

nommenen Lesart: ... ἐν τοῖς ἀρχείοις εὕρω, ἐν τῷ εὐαγγελίῳ (Appofition!), οὐ πι-
στεύω (abfolut!) ift dunkel. Nimmt man an unferer Ueberfetzung Anftoß, fo bleibt
nur die verlockende Beziehung auf die übrigens einzig daftehende Stelle Mc. 1 15
übrig, und man hat zu überfetzen: „Wenn ich's in den Urkunden (d. h. im Alten
Teftament) nicht finde, fo glaube ich nicht an das Evangelium". Unfere Ueber=
fetzung gibt aber den Sinn klar wieder. Vgl. 5, 1. — 9 1 Türe. Auch hier kann
man an Entlehnung aus dem 4. Evangelium denken, obwohl die Bezeichnung
Chrifti als der Türe zum Vater gewiß auch unabhängig davon in Umlauf war.
11 2 durch Burrhus, der wohl nicht nur der Ueberbringer, fondern auch
der Schreiber des Briefes war.

Smyrnaeer.

3 1 Und als er. Aus welcher Quelle die hier citierten Worte ftammen,
ift unbekannt. Offenbar handelt es fich um eine evangelifche Erzählung, in der
das Lk. 24 36 ff. Berichtete weiter ausgefchmückt war, und zwar umfaßt das Citat
nicht nur die Worte Jefu, fondern reicht von „und als er" mindeftens bis „rührten
fie ihn an und wurden gläubig". Wahrfcheinlich find aber die erften Worte von
3, 3 noch mit einzurechnen, da auch hier die Redeweife nicht die des Ign. ift. Die
Worte ἀσώματον δαιμόνιον (incorporale daemonium) ftanden nach Hieronymus im
fog. Hebräer=Evangelium, während Origenes fie in der ‚Lehre des Petrus‘ (Petri
doctrina) gelefen haben will. Nur die erftere Schrift könnte bei der Faffung der
Worte im Texte des Ign. als Quelle in Betracht kommen. Bei der gänzlichen Un=
ficherheit der Ueberlieferung ift aber Beftimmtes darüber nicht zu fagen. Vgl. oben
S. 35 f. — 2 innig verbunden. Ich nehme an dem κραθέντες der Ueberliefe=
rung keinen Anftoß, obwohl das aus L erfchloffene und von Hi in den Text auf=
genommene κρατηθέντες richtig fein kann.
5 1 Weiffagungen. Vgl. Ph. 8, 2. 9, 2.
6 2 Liebesmahl. Schon an diefer Stelle ἀγάπη mit Liebesmahl zu überfetzen,
ift durch die Ausführungen in c. 7, 1 und 8, 2 nahegelegt. Die Beziehung auf die
chriftliche Liebe im allgemeinen würde, wenn unfere Stelle ifoliert ftünde, nicht aus=
gefchloffen fein. — 10 2 Glaube. Ich habe auch an diefer Stelle wörtlich über=
fetzt, da kein Grund zu der Annahme vorhanden ift, Ign. habe πίστις hier in an=
derem Sinne verftanden als fonft. Und warum foll ihm nicht Jefus Chriftus, der
vollkommene Inbegriff deffen, was ihm teuer und heilig ift, auch der vollkommene
Glaube fein?
11 2 Gottgefandten. Ob diefe Lesart richtig ift, fcheint mir im Hin=
blick auf P. 7, 2 συμβούλιον θεοπρεπέστατον zweifelhaft. L lieft an unferer Stelle
deovenerabilem. — Stärke. Dem griechifchen Ausdruck hier und bei dem folgen=
den σωμάτιον (fo Za, Li; Fu und Hi ziehen σωματεῖον vor) gerecht zu werden, ift
nicht leicht. σωμάτιον würde wohl treffender mit „Körperfchaft" wiedergegeben, was
indeffen die getragene Rede nicht verträgt. Von σωμάτιον und σωματεῖον gilt das
Gleiche, was Ph. 8, 2 zu ἀρχεῖα und ἀρχαῖα bemerkt wurde: Ign. ift fich der Trag=
weite fchwerlich bewußt gewefen, die neuere Erklärer dem Unterfchiede geben möchten.
12 1 durch Burrhus. S. die Anmerkung zu Ph. 11, 2. — 13 1 Witwen.
Das griechifche Wort χήρα, mannlos, wird mit „Witwe" nicht genau wiedergegeben.
In den chriftlichen Gemeinden hat man, wie auch die fog. Paftoralbriefe zeigen,
das Wort frühzeitig für die ledigen Frauen und Mädchen verwendet, die ihre Kräfte
dem Dienft am Nächften widmeten. Vgl. auch die Anmerkung zu P. 4, 1. —
2 Diefe Alke ift vermutlich diefelbe Perfon, deren die Smyrnäer im „Marty=
rium des Polykarp" (17, 2) gedenken.

Polykarp.

Polykarp. Zur Perfönlichkeit vgl. die Einleitung zu Pol.'s Brief an die
Philipper.

1 3 Art. Vgl. die Anmerkung zu M. 6, 2. Auch an unserer Stelle ist ὁμο-
ήθεια nicht wörtlich wiederzugeben.
2 3 Preis. Za liest τὸ θέμα ἀφθαρσίας ζωή αἰώνιος, was keinen Sinn gibt
und durch die Ueberlieferung nicht unterstützt wird. Ob man ἀφθαρσία καὶ ζωή
αἰώνιος (so Li und Fu nach G) oder ἀφθαρσία, ζωή αἰώνιος (so Hi nach L) vorzieht,
ist gleichgültig. — 4 1 Witwen. Hier sind nicht die hülfespendenden, sondern
hülfsbedürftigen ledigen weiblichen Glieder der Gemeinde gemeint. — Gutheißen.
γνώμη. Vgl. die Anmerkung zu E. 3, 2; s. auch c. 5, 2. — wie du es ja
auch nicht tust. Ign. liebt solche Einschränkungen. Aus diesem Grunde
ziehe ich die Lesart ὅπερ οὐδὲ πράσσεις. εὐστάθει (so Za, Li, Fu nach G) der durch
L geforderten und von Hi aufgenommenen ὅπερ δὲ πράσσεις, εὐσταθές (was immer
aber du tust, sei fest [Neutrum]) vor. Auch ist grade die Aufforderung: εὐστάθει
dem Zusammenhange durchaus angemessen. — 5 2 Ehre des Fleisches des
Herrn. Denn auch Jesus trat nicht in die Ehe. — die Ehe. Hi, L folgend,
streicht diese Worte ohne zureichenden Grund.
6 1 Beachte den für den Schreiber charakteristischen Wechsel der Anrede. Ign.
vergißt, daß er an Pol. schreibt und spricht zu der Gemeinde. Eine besondere
Schwierigkeit liegt nicht vor, und es ist darum nicht nötig, einer angeblich vorhandenen dadurch zu entgehen, daß man mit Harnack (Patristische Miscellen II.
TU N. F. V, Leipz. 1900, S. 80—86) annimmt, Ignatius wende sich im 6. Kap. an
den Klerus (nicht die Gemeinde) von Smyrna. — Haushalter, Beisitzer
und Diener. Durch diese bildlichen Bezeichnungen werden die Geschäftskreise
der christlichen Gemeindebeamten sehr deutlich und treffend gegen einander abgegrenzt: das Haushalten, geistlich wie leiblich (um mit Ign. zu reden), kommt dem
Bischof zu, Beisitzer sind die Presbyter, die die Ratsversammlung Gottes (M. 6, 1;
Tr. 3, 1) bilden, Diener die Diakonen, sofern sie alle Handreichungen, geistliche wie
leibliche, leisten. — 2 Einlagen (δεπόσιτα) — Spargeld (ἄκκεπτα). Von den den
Soldaten zugebilligten Geldgeschenken (donativa) wurde nur die eine Hälfte bar ausge-
zahlt, die andere in eine Sparbank gelegt, die auch freiwillige Einzahlungen annahm (deposita). Am Schluß der Dienstzeit erhielt der Soldat sein Spargeld (ac-
cepta) zurück.
7 2 würdigen. Ich lese καταξιοῦσθαι (mit Za); Li und Fu καταξιῶσαι,
Hi καταξιοῦσθε. — 3 Wahrheitseifer. σύντονον τῆς ἀληθείας ist die allein
mögliche Lesart. Das σύντομον von L, dem Hi folgt, muß auf einem Schreibfehler
der Vorlage beruhen, der wiederum sich aus der Erinnerung an M. 14, 1 erklären
mag.
8 1 (Gottes) Wille. An dieser Stelle könnte man über die Ergänzung
zweifelhaft sein (vgl. die Anmerkung zu E. 20, 1). Aber an einen kaiserlichen
Befehl zu denken, scheint mir dennoch unmöglich. Die anderen Stellen reden
zu deutlich dafür, daß dem Ign. „Wille" schlechtweg nur Gottes Wille ist und daß
ihm auch hier ein — selbstverständlich vorliegender — obrigkeitlicher Befehl als
göttliche Fügung erscheint. — vorderen Kirchen. Nämlich Gemeinden in auf
dem Wege nach Antiochien landeinwärts liegenden Städten.

b) Brief Polykarps an die Philipper.

Bezüglich der Ausgaben gelten die entsprechenden Bemerkungen zu den ignatianischen Briefen, mit denen der Polykarpbrief zusammengestellt wird. Der Text
macht geringere Schwierigkeiten als der der Ignatianen. Rückübersetzungen der
nur lateinisch erhaltenen Abschnitte versuchten Zahn (dem Funk fast durchgehends
folgt) und Lightfoot (dessen Wiedergabe an einzelnen Stellen den Urtext richtiger wiedergeben mag als die Zahn'sche, im allgemeinen aber zu frei ist). Nach-
stehend bedeutet G den griechischen Text (Cod. Vatic.), L den Lateiner. Auch die
Literatur fällt zumeist mit der bei Ignatius angegebenen zusammen. Hervorzuheben sind daraus die vorzüglichen Prolegomena in der Lightfoot'schen Aus-

gabe. Außerdem, und abgesehen von den bei Besprechung der Echtheitsfrage noch zu nennenden Schriften, sind zu vergleichen: G. S a l m o n, Artikel Polykarp im Dchr B IV, London 1887, p. 423—431; E. E g l i, Zum Todesjahr des Polykarp, in ZwTh XXVII, 1884, S. 216—219 (vgl. auch XXXIV, 1891, S. 96—102); T. R a n d e l l, The Date of St. Polycarp's martyrdom, in Studia Biblica et Ecclesiastica I, Oxford 1885, p. 175—207; C. H. T u r n e r, The day and year of St. Polycarp's martyrdom, in Stud. Bibl. etc. II, 1890, p. 105—155; Th. Z a h n, Zur Biographie des Polycarpus und Irenäus, in Forschungen zur Geschichte des neutest. Kanons usw. IV, Erlangen und Leipzig 1891, S. 249—279 (283); A. H a r n a c k, Patriftische Miscellen III. Zu Polykarp ad Phil. 11. TU N. F. V 3, Leipzig 1900, S. 86—93. — Das Todesjahr Polykarps ist seit der Arbeit von W a d d i n g t o n (Vie du Rhéteur Aelius Aristide in den Mémoires de l'Institut, Académie des Inscriptions etc. XXVI 1867, 203 ff.) Gegenstand eindringendfter Unterfuchung gewesen. Weitaus die meiften Gelehrten glaubten dem Ergebnis Waddingtons, der den 23. Februar 155 als Datum feftgeftellt zu haben meinte, beipflichten zu follen. Am gründlichften wurde die Frage von L i g h t f o o t (I, 629—702) erörtert. Dem Widerspruch, der niemals ganz verftummt war, ift durch L. S c h m i d (Die Lebensgeschichte des Rhetors Ariftides, im Rhein. Mufeum XLVIII, 1893, S. 53—72) neue Nahrung zugeführt worden, und neuerdings tritt H i l g e n f e l d (f. feine Ausgabe) wieder mit Entschiedenheit für das überlieferte Datum ein, indem er den 26. März 165 als Todestag behauptet. Von neueren Arbeiten vgl. die Erörterung in H a r n a c k s Chronologie S. 334—356 und in Z a h n s Forschungen zur Gesch. d. neuteftam. Kanons VI, 1900, S. 94—109, fowie den Anffatz von P. C o r ß e n, Das Todesjahr Polykarps, in ZnW III, 1902, 61—82. Auf die Einzelheiten der verwickelten chronologischen Frage kann hier nicht eingegangen werden. Doch mag die Bemerkung nicht unterbleiben, daß die Berechnung auf 155 mit der Annahme, daß Aniket 154 römifcher Bifchof geworden fei, fteht und fällt (f. A p o k r. S. 134). Diefe Annahme ift aber keineswegs als gefichert zu betrachten.

Echtheits- und Integritätsfrage. In der Einleitung ift bereits darauf hingewiefen worden, daß der Polykarpbrief mit den Briefen des Ignatius durch fo genaue Hinweife verbunden ift, daß er mit diefen fteht und fällt. Die Anfpielungen auf die Perfon, die Reife und die Briefe des Ignatius find es vornehmlich oder ausfchließlich, welche denjenigen Kritikern, die fich die ignatianifchen Briefe nur als Produkt eines Fälfchers erklären können, auch unferen Brief verdächtig machen. Umgekehrt erwachfen demjenigen, der fich von der Echtheit der ignatianifchen Briefe überzeugt hat, aus jenen Stellen nicht nur keine Schwierigkeiten, fondern fie dienen ihm zur willkommenen Beftätigung feiner Anficht. Eine folche wird er auch in der gänzlichen Verfchiedenheit unferes Briefes von den ignatianifchen nach Stil und Haltung finden. In diefer Beziehung kann auf das zurückverwiefen werden, was S. 192 bereits ausgeführt worden ift. Es kommt hinzu, daß die Annahme der Fälfchung die andere zur notwendigen Folge hat, daß entweder bereits dem Irenäus der gefälfchte Brief vorgelegen hat oder unfer Brief erft nach Irenäus auf deffen Angabe hin gefälfcht worden ift. Erfteres fcheitert an der Unmöglichkeit, daß Irenäus, dem Polykarp fo gut bekannt gewefen ift, die Fälfchung nicht durchfchaut haben follte, letzteres daran, daß auch die ignatianifchen Briefe, wenn fie gefälfcht fein follten, doch nicht nach Irenäus gefälfcht fein können (f. A p o k r. S. 112 f.). Sieht man von der Verquickung mit der Ignatiusfrage ab, fo bleiben ftichhaltige Gründe zur Verwerfung der Echtheit unferes Briefes angefichts feines völlig harmlofen Inhaltes nicht übrig. Mit einem gewiffen Schein hat man auf die Stelle c. 7, 1 verwiefen, wo Polykarp denjenigen, der Auferftehung und Gericht leugnet, einen Erftgeborenen Satans nennt. Nach Irenäus (gegen die Ketzereien III, 3, 4) tat nämlich Polykarp diefen Ausfpruch dem Gnoftiker Marcion gegenüder bei Gelegenheit einer perfönlichen Begegnung, wie meiftens angenommen wird, in Rom. Daraus ohne weiteres zu fchließen, daß auch an unferer Stelle Marcion gemeint fei, was freilich bei Annahme der für unferen Brief überlieferten Zeit unmöglich fein würde, ift angesichts der ganz allgemein gehaltenen Beschuldigung mehr als gewagt; es ist viel wahrscheinlicher, daß Polykarp einen von ihm geprägten Lieblingsausdruck gelegentlich auch dem Erzketzer gegenüber anwandte. Auch aus der fast überreichlichen Benutzung besonders apostolischer Schriftstücke (s. Apokr. S. 134), kann ein Bedenken nicht abgeleitet werden, wenn man sich die in der Einleitung gekennzeichnete Geistesart des Verfassers gegenwärtig hält. Wirkliche Schwierigkeit macht lediglich die Bezeichnung einer, dem Anschein nach aus dem Epheferbrief entnommenen Stelle (c. 12, 1) als „heiliger Schrift". Es ist indessen sehr wohl möglich, daß Polykarp, dem natürlich nur die Epheferstelle vorschwebte, annahm, daß das zweite Wort ebenso wie das erste, im Epheferbrief citierte aus dem Alten Testament stammte, zumal der Zusammenhang darauf hinweist, daß er nur auf dieses sich berufen wollte. — Angesichts der Widersprüche, in die eine Unechtheitserklärung des ganzen Briefes zu führen scheint, hat man mehrfach zu dem Auskunftsmittel gegriffen, wenigstens diejenigen Stellen, in denen des Ignatius gedacht wird, durch Annahme einer Interpolation zu entfernen. So schon im 17. Jahrhundert Dallaeus in der S. 191 angeführten Schrift, in neuerer Zeit A. Ritschl (Die Entstehung der altkatholischen Kirche, 2. Aufl., Bonn 1857, 584—600), G. Volkmar (Polycarpi Smyrnaei Epistula genuina, Zürich 1885; vgl. den Aufsatz: Neueres über den Polykarpbrief und die Ignatiusfrage, in Theol. Zeitschr. aus der Schweiz III, 1886, 99—111) und A. Hilgenfeld (Der Brief des Polykarpus an die Philipper, in ZwTh XXIX, 1886, S. 180 —206; vgl. auch seine Ausgabe). Indessen scheitert jede Interpolationshypothese 1) daran, daß der Stil des Verfassers des Briefes eben auch an den angezweifelten Stellen deutlich erkennbar ist, und 2) an der auch an diesen Stellen nachweisbaren Benutzung des Clemensbriefes. Ist die Benutzung dieses Briefes, und nur dieses neben den apostolischen, an sich schon ein starkes Argument für die Echtheit, so ist der Gedanke, daß auch der Interpolator eben diesen Brief zur Erhöhung der Portraitähnlichkeit herangezogen haben sollte, fast unvollziehbar (vgl. die Bemerkungen von A. Harnack, ThLZ 1886, Sp. 54 f.).

Erläuterungen.

Die Berührungen mit dem Clemensbrief sind nur da angemerkt, wo es nachweisbar oder wahrscheinlich ist, daß dem Verfasser die betreffende Stelle wirklich vorschwebte. Ungefähre Reminiscenzen, die freilich auch zur Charakterisirung des Abhängigkeitsverhältnisses gehören, mußten unbeachtet bleiben. Eine fast vollständige Liste bei Lightfoot, S. Clement of Rome I, London 1890, 149—152.

Kirche; s. die Anmerkung zu Ign., Eph. inscr. An unserer Stelle kann man auch Gemeinde einsetzen, doch dürfte „Kirche" die Stimmung Polykarps richtiger wiedergeben.

1 1 Abbilder. Gemeint sind, wie sich aus c. 9, 1 ergibt, Ignatius und seine Genossen, die demnach auf dem Transport nach Rom Philippi berührt haben. — Beladenen. ἐνειλημένους mit Li und Fu. Za's Vermutung ἐνειλιγμένους unnötig.

3 1 aufgefordert. προσπεχαλέσασθε mit Li und Fu nach L. Za: προεπιλαχτίσασθε. — 4 2 lieb zu haben. Im Griechischen στέργειν, während gleich darauf ἀγαπᾶν gebraucht ist. — 3 Witwen. Vgl. die Anmerkung zu Ign., Smyrn. 13, 1.

5 3 Jünglinge. Griechisch: νεώτεροι. An eine Identität mit den vorher genannten Diakonen ist nicht zu denken. — untertan den Presbytern und Diakonen. Daß an dieser Stelle (wie im ganzen Brief) eines Bischofs zu Philippi nicht gedacht wird, ist nur verständlich, wenn es dort keinen Bischof im Sinne einer vor Presbytern und Diakonen ausgezeichneten Stellung gab. Daß das Amt der Episkopen als solches in Philippi nicht unbekannt war, zeigt der Eingang des paulinischen Philipperbriefes.

7 1 Denn ein jeglicher. Die folgenden Sätze sind ein Wiederhall der ignatianischen Auslassungen über die Häretiker in polykarpischer Stimmung. — Erstgeborener Satans. S. o. S. 201 a. Ende.

9 1 G e d u l d z u ü b e n. Euſebius (KG III, 36, 14) lieſt ἀσκεῖν πᾶσαν ὑπο-
μονήν, während G ὑπομένειν π. ὑ. hat, was Fu (nicht aber Za und Li) vielleicht
mit Recht in den Text eingeſetzt hat. — h a t t e t. εἴδατε mit Li und Fu (nach G
ἴδατε); εἴδετε Za (nach Euſeb). — Z o ſ i m u s u n d R u f u s. Ueber dieſe Begleiter des Ignatius, deren dieſer 'ſelbſt nicht gedenkt, iſt nichts weiter bekannt. —
a n d e r e n a u s e u r e r M i t t e. Daß auch die philippiſche Gemeinde ihre Märtyrer hatte, kann aus Paulus Phil. 1 28—30 geſchloſſen werden. — 2 d i e ſ e a l l e.
Polykarp ſetzt auch von Iguatins und ſeinen Genoſſen voraus, daß ſie das Martyrium bereits erlitten haben, obwohl er beſtimmte Nachricht darüber noch nicht beſitzt (vgl. c. 13, Schlußſatz). — 10 1 e i n e r d e m a n d e r e n. Mit Recht zieht Li
Röm. 12 10 heran und überſetzt: τῇ ἐπιεικείᾳ τοῦ κυρίου ἀλλήλους προηγούμενοι (ſo
auch Fu), während Za die Stelle mit: ἐπιείκειαν κυρίου ἀλλήλοις ἐπιχορηγοῦντες
wiedergibt. — 2 K ö n n t i h r G u t e s t u n. In Erinnerung an Sprüche 3 28
(δυνατοῦ σου ὄντος εὖ ποιεῖν) ziehe ich vor, mit Li δυνατοὶ ὄντες εὖ ποιεῖν zu leſen.
Za (und Fu): ὡς δύνασθε εὖ ποιεῖν.

11 1 v e r k a n n t h a t. Der Zuſammenhang zeigt, daß Valens ſich eines Ver-
gehens ſchuldig gemacht hat, bei dem die Geldſucht (φιλαργυρία) im Spiele war. —
Mit Li iſt ὑμᾶς zu leſen, das in der Wiedergabe von Za (und Fu) überſehen iſt. —
2 g e r i c h t e t. Das Li'ſche κριθήσεται iſt dem λογισθήσεται von Za (und Fu) vorzuziehen. — 3 a m A n f a n g ſ e i n e s E v a n g e l i u m s. In L heißt es: qui
estis in principio epistolae eius. Dieſer Text iſt ſinnlos, da man ihn auf die Ueberſchrift oder den Eingang des pauliniſchen Philipperbriefes nicht beziehen kann. H a r-
n a c k s Vorſchlag (a. a. O. S. 92) zu leſen: qui estis laudati in principio epistulae
eius (nämlich des Theſſalonicherbriefes; ſ. die nächſte Anmerkung) liegt nicht ſo nahe
wie die Erinnerung an 1 Clem. 47, 2: τίνα τρόπον ὑμῖν ἐν ἀρχῇ τοῦ εὐαγγελίου ἔγρα-
ψεν. Setzt man in L ſtatt epistulae evangelii, ſo verſchwindet die Schwierigkeit,
und die Stelle fügt ſich dem ganzen Zuſammenhang vortrefflich ein. — i n a l l e n
K i r c h e n. Die Erinnerung an 2. Theſſ. 1 4 iſt zweifellos. Das „allen" findet in
dem nachfolgenden Relativſatze, dem es nachdrücklich vorgreift, ſeine Erklärung.
Es iſt deshalb nicht nötig, den Text zu ändern, mit H a r n a c k (ſ. die vorſtehende
Anm.) zu leſen: de vobis etenim gloriatur omnibus in ecclesiis und zu überſetzen:
Rühmt er ſich doch eurer aller in den Kirchen uſw. In dem nach Polykarps Worten
angeblich im Theſſalonicherbriefe den Philippern gezollten Lobe findet H a r n a c k
den Grund zu ſeiner in der vorſtehenden Anmerkung erwähnten Konjektur. Mir
iſt wahrſcheinlicher, daß Polykarp das den Theſſalonichern an der ihm vorſchweben-
den Stelle geſpendete Lob ohne Arg auch auf die Philipper überträgt.

12 1 a n d i e ſ e n S t e l l e n. Dadurch, daß Za (und Fu, nicht aber Li) das
ταύτας vor ταῖς γραφαῖς (L: his scripturis) wegläßt, wird der Sinn nicht unerheb-
lich verändert. Polykarp bezieht ſich ausdrücklich auf die beiden folgenden Schrift-
ſtellen, die er beide im Alten Teſtament ſucht (ſ. dazu oben S. 202 Z. 8). — 2 L i n-
d i g k e i t mansuetudo (L) iſt mit ἐπιείκεια (ſo Li), nicht πραότης (ſo Za und Fu)
wiederzugeben.

13 1 w i e a u c h I g n a t i u s. Eine derartige Aufforderung findet ſich in des
Ignatius Brief an Polykarp nicht. Es macht aber angeſichts von Ign. Pol. 8, 1
keine Schwierigkeit anzunehmen, daß Polykarp die hier erhaltene Aufforderung mit
der von den Philippern ihm zugegangenen zuſammengeworfen hat. — 2 u n s.
Nämlich Polykarp und den Smyrnäern. — a n d e r e. Hieraus iſt zu ſchließen, daß
dem Polykarp bereits aus anderen Gemeinden Schreiben des Ignatius zugegangen
waren, was bei lebhaftem Verkehr in erregter Zeit nichts Unwahrſcheinliches hat. —
Vgl. die Anmerkung zu c. 9, 2.

14 C r e s c e n s. Der Brief ward alſo diktirt. Vgl. Ign. Philad. 11, 2,
Smyrn. 12, 1. — ſ t e t s. L: in praesenti. Za (Fu): εἰς τὸ παρόν; Li: ἄρτι.

XII.
Laodicenerbrief.

(R. Knopf.)

[Lit.: f. Apokr. S. 140; Ehrhard S. 122. W. Schulz, ZwTh 1899,
S. 36—39 (span. Hff.).]

Anmerkungen.

5 Diejenigen, die von mir (herkommen); qui sunt ex me, wört=
lich: die aus mir sind. Der Apostel bezeichnet öfters die von ihm Bekehrten als
seine Kinder, vgl. z. B. Gal. 4 19, 1 Kor 4 15. Es ist unnötig, mit Berufung auf
Phil. 1 12 quae statt qui zu lesen. Im folgenden kann man zu deservientes et facientes einfach sint ergänzen, dann gibt der Satz immerhin einen Sinn, obwohl
ja freilich auch ein tieferes Textverderbnis vorliegen kann. Endlich ist am Schlusse
operum quae (nicht operumque) salutis zu lesen, was wörtlich genaue Uebersetzung
von ἔργων τῶν τῆς σωτηρίας zu sein scheint.

9 Die Uebersetzung gibt den Text wieder: et id ipsum . . faciet misericordiam
suam (Anger), Lightfoots Korrektur (der misericordia sua liest) ist unnötig. Id
ipsum ist = τὸ αὐτό und ist adverbial zu fassen.

13 Im übrigen; die ältesten und besten Handschriften haben einfach quod
est. Doch wie schon Anger gesehen hat, ist reliquum zu ergänzen, denn Phil. 3 1
liegt zu Grunde.

17 Fehlt in wichtigen Textzeugen und ist als sicher unecht wegzulassen. Er
lautet in den Handschriften, die ihn bieten: salutate omnes fratres in osculo sancto
(vgl. 1 Thess. 5 26).

C.

Lehrschreiben und Predigten.

Zur Einleitung.

(E. Hennecke.)

Zu dem Predigtfragment des Valentin aus Clem. Alex. strom. IV 13, 89 (Apokr. S. 142 A. 1) vgl. ein platonisches Dictum mit ähnlichem Wortlaut, aber entgegengesetztem Sinn aus Ps.-Justin cohort. 23 (cf. Otto, Corp. apologet. I zu der Stelle): Ἐπείπερ γεγένησθε, ἀθάνατοι μὲν οὐκ ἔστε οὐδ' ἄλυτοι τὸ παράπαν οὔτε μὲν δὴ λυθήσεσθέ γε οὔτε τεύξεσθε θανάτου μοίρας, τῆς ἐμῆς βουλήσεως, μείζονος ἔτι δεσμοῦ καὶ ἰσχυροτέρου, λαχόντες Vgl. Dieterich, Abraxas, S. 134 A. 2 (Parallele aus Poimander). Norden, Die antike Kunstprosa II 546.

(Zu 2.) Serapion von Thmuis als Citator des Barnabasbriefes (5, 5) ist durch Wobbermin TU. N. F. II 3 b S. 21 bekannt geworden: ὁ γὰρ τιμιώτατος Βαρνάβας ὁ ἀπόστολος, ἐπικληθεὶς υἱὸς παρακλήσεως [AG. 4 36], ἐν τῇ ἐπιστολῇ αὐτοῦ τῷ υἱῷ αὐτοῦ, φησίν, ἔλεγεν ποιήσωμεν κατ' ἄνθρωπον εἰκόνα ἡμετέραν καὶ καθ' ὁμοίωσιν. Sonstige Citate aus Barn. bei Harnack I 59—62; S. 62 die Anspielung auf ein Barnabaswort bei Gregor v. Naz. or. 43, 32 (dunkle Reminiszenz an Barn. c. 7, 11? Auch Resch, Agrapha S. 441 ist der Ansicht, daß „dessen Wortlaut, auf die Spötter bezüglich, schwerlich herauszuschälen ist").

Den schon bei Grabe aus einem cod. Bodl. Baroco. 39 angeführten Spruch des Apostels Barnabas (Nestle, Novi Testamenti gr. supplem. 1896, p. 73. Resch, Agrapha S. 437 Apokryphon 63) von dem Sieger in schlechten Wettkämpfen auf das sonst bezeugte angebliche Barnabasevangelium (Harnack I 18) zurückzuführen, liegt kein begründeter Anhalt vor. Wer weiß, ob ein solches überhaupt existirte. Ein muhammedanisches Barnabasevangelium f. bei Fabricius III 375 ff.; cf. 366 ff. E. M. Axon im JthSt 1902, p. 436—441.

Ueber die Sentenzen des Sextus vgl. Preuschen bei Harnack I 765 ff. Ehrhard S. 426 f.

Ueber den Spruch bei Origenes vom Fasten für die Armen (f. Apokr. S. 142 A. 2) vgl. v. Dobschütz, Das Kerygma Petri TU XI 1 (1893), S. 84 ff. — über den vorhergehenden aus Oekumenius ebenda S. 122 f. —, auch Seeberg in Zahns Forschungen zur Gesch. des neutest. Kanons V (1893), S. 219; hat Origenes aber nicht vielmehr einen der Sextussprüche vor Augen gehabt? cf. Sexti Sententiarum ed. Gildemeister (1873) Nr. 267: Pro reficiendo paupere etiam ieiunare bonum est.

XIII.

Barnabasbrief.

(H. Veil.)

Eine vollständige Uebersicht über die sehr umfängliche Literatur zum Barna=
basbrief zu geben tut nicht not. Man findet sie in den neueren Ausgaben, die
für ein eingehenderes Studium ohnehin unumgänglich sind, die bis 1878: in Geb=
hardt=Harnacks PA I 2² 1878 p. XL—XLIV, die neuere in F. X. Funks
PA² 1901 I p. XX—XXXII; vgl. auch A. Harnack I S. 58 ff. II S. 410—428,
436 f., RE II S. 410—413 und A. Ehrhard S. 81—86. Ebensowenig sollen die
nachfolgenden Bemerkungen die Prolegomena und Kommentare der genannten treff=
lichen Ausgaben ersetzen, sie wollen nur Ergänzungen oder Berichtigungen dazu geben.
Integrität des Briefes. Zu den schon früher, insbesondere von D. Schen=
kel und K. Heydecke unternommenen Versuchen, die Einheitlichkeit des Barna=
basbriefes in Frage zu stellen und größere Interpolationen oder Ueberarbeitungen
des Briefes nachzuweisen, worüber O. v. Gebhardt und A. Harnack in den
Prolegomena ihrer Ausgabe PA I 2² 1878 S. LXI—LXIV zu vergleichen, sind 1888
die neueren, nicht glücklicheren, von D. Völter, im J. f. protest. Theol. XIV
S. 106—144, und von Joh. Weiß, Der Barnabasbrief kritisch untersucht, gekom=
men, welche sich gegenseitig aufheben. — Vgl. darüber A. van Veldhuizen, De
Brief van Barnabas, Groningen 1901 S. 65—95. Mir hat sich, wie Apokr. S. 148
schon angedeutet worden ist, als Ergebnis einer eindringenden Untersuchung des
Gedankenganges des Briefes im ganzen seine Unversehrtheit und Ein=
heitlichkeit herausgestellt. In den wenigen Fällen, wo ich wie 1,6; 8,2; 9,6;
16,4 das Eindringen ursprünglicher Randbemerkungen in den Text angenommen
habe, stützt sich eine solche Annahme nicht nur auf logische Bedenken, sondern jedes=
mal auch auf den Befund der Handschriften oder der alten lateinischen Uebersetzung.
Für die Abfassung des Briefes durch den Apostel Barnabas selbst scheinen in den
letzten Jahrzehnten nur noch einzelne katholische Theologen eingetreten zu sein, vgl.
darüber X. F. Funk, Kirchengeschichtliche Abhandlungen und Untersuchungen II
1899 S. 77—85.
Ueber das Verhältnis des Briefes zum Paulinismus ebenso
wie über seine Beziehungen zum Matthäusevangelium und seine theo=
logischen wie zeitlichen Berührungen mit dem Johannesevangelium,
vgl. die immer noch maßgebende Abhandlung von H. Holtzmann, Barnabas
und Johannes, ZwTh XIV 1871, S. 326 ff. Loman, Theol. Tijdschrift 1882
S. 461, leugnet die Bekanntschaft des B. mit den Briefen des Paulus; Steck, Ga=
laterbrief 1888, S. 310 ff. hält sie für wahrscheinlich. Was sodann H. Holtzmann
in seinem Lehrbuch der Neutestamentlichen Theologie II S. 290 ff. über das Ver=
hältnis des Hebräerbriefes zum Alexandrinismus ausführt, gilt in wesentlichen
Punkten auch vom Barnabasbrief. Namentlich wird, wie bei Philo im He=
bräerbrief, auch hier als der im A. T. Redende durchweg Gott selbst gedacht, be=
ziehungsweise der Sohn (z. B. 5, 13. 14; 6, 1; 7, 3—5). Und auch bei ihm findet
sich oft jene unbestimmte Citationsweise, die den biblischen Schriftsteller ganz hinter
dem ihn inspirirenden göttlichen Subjekt zurücktreten und jeden beliebigen Schrift=
satz als direkten Gottesspruch gelten läßt (eingeleitet oft durch ein bloßes λέγει scil.
ὁ θεός). Auch bei ihm entspricht endlich jener auf die Spitze getriebenen Inspira=
tionstheorie als Korrelat eine durchaus schulmäßig und konsequent geübte Alle=
gorese, „die Kunst an Israels Geschichte und gesetzlichen Einrichtungen die Ge=
heimnisse des Glaubens zu ergründen und zu erklären, den Sinn des Geistes hinter
den Buchstaben zu entdecken". Ueber die besondern Berührungen des Barnabas=
briefes mit dem Hebräerbrief vgl. van Veldhuizen a. a. O. S. 74 f. 104 ff.

Und wenn neuerdings auf Tertullians (de pudic. 20) Zeugnis hin die Autorſchaft des Apoſtels Barnabas für den Hebräerbrief anſtatt für den unſern in Anſpruch genommen wird, ſo bleibt doch eine ſo merkwürdige Geiſtesverwandtſchaft zwiſchen den Verfaſſern beider Schriftwerke beſtehen (vgl. z. B. 4, 10 mit Hebr. 10₂₅; 5,1 mit Hebr. 12₂₄; 5, 6 mit Hebr. 2₁₄; 6,18. 19 mit Hebr. 2₈; 8, 1 ſ. mit Hebr. 9₁₃. ₁₉; 8, 7 mit Hebr. 4₂; 14, 4 mit Hebr. 3₅; 15, 3 ſ. mit Hebr. 4₄; 15, 6. 7 mit Hebr. 4₉. ₁₀ 16, 8 9 mit Hebr. 10₁₉—₂₃), daß man geneigt ſein kann, ſich das Verhältnis des Verfaſſers unſers Briefes zu dem Autor des Hebräerbriefes als das des Schülers zu ſeinem Meiſter vorzuſtellen und ſomit, wenn der Hebräerbrief wirklich ein Werk des Barnabas ſein ſollte, unſern Brief der Schule des Barnabas zuzuweiſen. Bemerkenswert aber iſt, daß, wenn dem Verf. des Hebräerbriefes die jüdiſche Religion als ein noch unbefriedigender Verſuch Gott nahe zu kommen erſcheint, der Verf. des Barnabasbriefes ſie für einen vollkommenen Irrweg erklärt (2, 9; 3, 6; 4, 6; 8, 7; 9, 4; 10, 9. 12; 14; 16) und überall in einem harten, verächtlichen, ja feindſeligen Tone von den Juden ſpricht. Vgl. zu 7, 3.

Was die Frage anlangt, welche Evangelien unſer Verf. benutzt habe, ſo gewinnt man aus der Tatſache, daß er wie das Petrusevangelium und wie Juſtinus (und wohl auch Johannes vgl. Joh. 19₁₆ f.) Jeſum im Unterſchied von den Synoptikern durch die Juden ſelbſt kreuzigen läßt (vgl. 5, 11. 12; 6, 5; 7, 5. 9), die Möglichkeit, an die Benutzung eines verlorengegangenen Seitengängers des Matthäus durch B. zu denken.

Ueber die Frage, ob Juſtinus den Barnabasbrief gekannt und benutzt habe, beſteht unter den Forſchern noch keine Uebereinſtimmung. Während A. Hilgenfeld in ſeiner Ausgabe des Briefes (N. T. e. c. II, 1877 p. XXII sq. und p. 110), F. X. Funk wenigſtens in der 1. Ausgabe der PA I 1881 p. I (viel weniger beſtimmt in der 2. Ausgabe von 1901 p. XXI), Güdemann, Religionsgeſchichtliche Studien 1876 S. 106 u. a. ſie bejahen, haben O. Braunsberger, Der Apoſtel Barnabas 1876, S. 148 und A. Harnack (PA I² 1878 p. XLV vgl. Altchriſtl. Liter. I 1894 S. 58 f., II, 1897 S. 410 ff.) beſtritten, daß die zahlreichen Stellen bei Juſtinus beſonders in ſeinem Dialogus c. Tryph. (z. B. in den cc. a) 42, b) 40, c) 28, d) 29, e) 90, 91, 111, f) 94 vgl. Apol. 1, 60, g) 131, h) 81), welche überraſchende Anklänge an Stellen aus dem Barnabasbrief (vgl. a) 5, 9 und 7, 2, b) 7, 7. 8, c) 9,5. 6, d) 10, 12, e) 12, 2—5, f) 12, 6, g) 12, 8. 9, h) 15, 4) enthalten, eine Benutzung des B. durch Juſtinus beweiſen, da ſie gleichzeitig bedeutſame Abweichungen von B. aufzeigen. Mir erſcheinen die letztern nur als Anzeichen dafür, daß Juſtinus ein ſelbſtändiger, origineller Kopf und Schriftſteller geweſen iſt, der, was er von andern übernommen hat, eigentümlich verarbeitet und für ſeine beſonderen Abſichten verwendet hat; und ſolange es nicht gelingt, für ſeine merkwürdigen Parallelſtellen zu B. eine anderweitige Herkunft wahrſcheinlich zu machen, ſcheint es mir, falls man nicht auf das Verſtändnis des geiſtigen und literariſchen Zuſammenhangs zwiſchen Juſtin und ſeinen Vorläufern verzichten will, geboten, ebenſo ſeine Bekanntſchaft mit dem Barnabasbrief anzunehmen, wie ich ſchon früher (Juſtinus Rechtfertigung des Chriſtentums 1894, S. XIV) bei ihm eine Kenntnis der Apologie des Ariſtides vorausſetzen zu müſſen geglaubt habe [vgl. hierzu Hennecke in ThLZ 1895, Sp. 396]. Wie dieſe m. E. als Vorarbeit für Juſtins weit umfaſſendere, kühnere und ſyſtematiſchere Apologie anzuſehen iſt, ſo darf m. E. der Barnabasbrief als eine von ihm benutzte Vorarbeit für ſeine weit ausführlichere, gründlichere, man möchte ſagen wiſſenſchaftlichere Auseinanderſetzung mit dem Judentum, wie er ſie in ſeinem Dialog unternommen, betrachtet werden.

Zweck des Briefes. Nach der herkömmlichen Auffaſſung beſteht der vornehmſte Zweck des Barnabasbriefes darin, unter ſeinen Leſern den Einfluß judaiſtiſch geſinnter Chriſten, die den Zuſammenhang mit dem jüdiſchen Religions- und Geſetzesweſen erhalten ſehen wollten und darum dem jüdiſchen Opfer- und Tempeldienſt, dem Faſten, der Beſchneidung, den Speiſegeboten, der Sabbatfeier uſw. auch für die chriſtliche Gemeinde noch Bedeutung und Wert zuschrieben, zu brechen, und ihnen wie es Paulus den Galatern gegenüber getan, die wesentliche Neuheit der christlichen Religion zum klaren Bewußtsein zu bringen (vgl. z. B. Hefele, das Sendschreiben des Apostels Barnabas 1840, S. 135 f. Lipsius in Schenkels Bibellexikon 1869 I S. 365. Aber schon Weizsäcker (Zur Kritik des Barnabasbriefes 1863 S. 5, S. 15, S. 17 u. sonst) hat zugeben müssen, daß als Gegenstand der Polemik das eigentümlich Jüdische so stark hervortritt, daß der Brief als ebensogut gegen Juden gerichtet angesehen werden könne; habe er doch im Gang und der Art des Streites auffallende Aehnlichkeit mit der großen antijüdischen Streitschrift des Märtyrers Justin und wende er sich doch an vielen Stellen nicht gegen judenchristliche Forderungen oder Bedenklichkeiten, sondern geradezu gegen die Juden selbst, wie z. B., wenn er c. 5 und sonst den jüdischen Einwendungen gegen den Kreuzestod Jesu und gegen den christlichen Glauben an seine Gottheit entgegentrete.

Noch deutlicher hat A. Hausrath (Neutest. Zeitgeschichte ² IV S. 343) und dann A. Harnack II S. 413 ff.) die Tatsache hervortreten lassen, daß es sich in unserm Briefe um eine grundsätzliche Auseinandersetzung nicht sowohl mit einer judaistischen Richtung innerhalb der damaligen Christenheit, als vielmehr mit dem Judentum selbst handelt. Harnack meint freilich, dieser „radikale Versuch, Christentum und Judentum völlig auseinander zu reißen und jenem allein den Bund und das A. T. zuzusprechen", sei hervorgerufen worden nicht etwa durch wirkliche jüdische oder auch judenchristliche Versuchungen, die an die Empfänger des Briefes herangetreten wären, sondern nur durch die Gefahr, welche allenfalls für unerfahrene und ungewarnte Christen aus der Beschäftigung mit der den Juden und Christen gemeinsamen Heilsurkunde des A. T. zur Zeit des beginnenden Gnosticismus erwachsen konnte, die Gefahr das A. T. wörtlich, d. h in jüdischem Sinne zu verstehen und damit in jüdische oder wenigstens judenchristliche Auffassungen zurückzufallen. In völliger Trennung des Wortsinnes des A. T., für den er den Teufel verantwortlich mache, vom geistlichen, d. h. wirklichen Sinn, glaube der Verf. des Briefes den Schlüssel gefunden zu haben, der alle Türen öffnet, und den Hebel, der alle Schwierigkeiten wegräumt, also das unfehlbare Mittel, um jüdische Bestreiter der christlichen Wahrheit und Verfechter des Judentums gebührend zurückzuweisen.

Indem aber Harnack wiederholt betont, daß der Verfasser bei seiner Polemik gegen das Judentum keine wirklichen und lebendigen Gegner, weder judenchristliche noch jüdische, vor Augen gehabt habe, da die Auseinandersetzung mit den wirklichen Judaisten völlig hinter seiner Zeit liege und die wirklichen Juden, zu seiner Zeit gottverlassen und elend dastehend, dem Christentum nicht mehr gefährlich gewesen seien, läßt seine geistvolle Ausführung m. E. die Angabe einer causa sufficiens für die Entstehung unserer Schrift vermissen und läßt zugleich, worauf auch schon A. Schlatter, die Tage Trajans und Hadrians 1897 S. 64 ff., mit vollem Recht aufmerksam gemacht hat, die Anhaltspunkte unberücksichtigt, welche der Brief selbst für die Annahme einer aktuellen Veranlassung und eines aus der Not der Zeit erwachsenen Zweckes darbietet (vgl. besonders 2, 1. 10; 4, 1—6. 9—14; 16, 3—4; 21, 4). Die von Harnack angenommene Religionsgefahr allein dürfte unserm Verfasser nicht so dringend und beunruhigend vorgekommen sein, daß sie ihm den nächtlichen Schlaf raubte (vgl. 21, 7) und ihn zu dem Ausruf veranlaßte: das vollendete Aergernis ist nahe herbeigekommen (vgl. 4, 3). Wie weit man sich neuerdings unter dem Einfluß der besprochenen Ausführungen Harnacks von der Erkenntnis der eigentlichen Veranlassung und des Zweckes unseres Briefes entfernt hat, beweist P. Ladeuze l'épitre de Barnabé Louvain 1900, der S. 4 folgendermaßen sich äußert: On a souvent écrit qu'il voulait empêcher ses lecteurs de retomber sous le joug de la Loi. Mais rien, dans sa lettre, ne laisse soupçonner que ses fidèles eussent été exposés à un péril conoret de cette nature ... Bref, nous trouvons dans l'Épitre les paisibles spéculations du catéchète, et non les cris d'alarme du pasteur.

Was die Adreſſaten unſers Briefes betrifft, ſo berechtigt uns nichts, darunter, wie dies zuerſt Origenes gg. Celſus I 63 getan, und G. Krüger
S. 14 noch tut, die ganze damalige Chriſtenheit zu verſtehen und den Brief als
einen katholiſchen zu bezeichnen. Der Brief iſt vielmehr an eine oder vielleicht auch
mehrere chriſtliche Gemeinden gerichtet, wo der Verf. als Lehrer gewirkt hatte und
alſo perſönlich bekanut war. Die Frage, w o die Adreſſaten zu ſuchen ſind,·hängt
jedenfalls enge mit der Frage, wo des Verfaſſers Heimat war, zuſammen. Charakter und Geſchichte des Briefes haben längſt die Vermutung nahe gelegt, daß ſie
in Aegypten und zwar in Alexandria geweſen ſein möge. Nachdem ich früher (vgl.
Apokr. S. 149) die Frage noch offen gelaſſen habe, ob ſie vielleicht in Syrien oder
Paläſtina zu ſuchen ſei, bin ich durch eine genauere kritiſche Unterſuchung der Stelle
9,6 zu der ſicheren Ueberzeugung gelangt, daß der Brief in Aegypten und wohl
auch für ägyptiſche Chriſten geſchrieben worden iſt. Dieſe waren jedenfalls
ihrer Mehrzahl nach Heidenchriſten. Denn nur für ſolche paßt im eigentlichen Sinn die Warnung, keine Nachtreter (ἐπήλυτοι oder προσήλυτοι 3, 6)
des Judentums zu werden. Sie müſſen zur Zeit, als der Brief geſchrieben
wurde, niedergeſchlagen geweſen ſein, der Brief ſoll ſie aufrichten; ſie ſcheinen
der Geduld, der Langmut und Selbſtbeherrſchung, der Feſtigkeit und des Zuſammen-
haltes ebenſo bedurft zu haben wie der Warnung vor jüdiſcher Verführung und der Vergewiſſerung, daß die geoffenbarte und wahre Religion nie und
nimmer mit jüdiſchem Opfer- und Tempeldienſt und jüdiſcher Geſetzlichkeit zuſammen-
fallen, daß nur von einem geiſtigen Tempel die Rede ſein könne. Das alles
erklärt ſich, zumal da nirgends eine Hindeutung auf Bedrängniſſe durch
die heidniſche Obrigkeit zu finden iſt, vollkommen aus der Situation, in welche die
Chriſten des Oſtens durch die von uns angenommene, in die erſten Jahre Hadrians
fallende, zeitweilige jüdiſche Reaktion verſetzt waren (vgl. zu 4, 3—5 16,1—6).

Zur Ueberſetzung.

Den nachfolgenden Bemerkungen zu einzelnen Stellen des Barnabasbriefes
ſei die Notiz vorausgeſchickt, daß ich in textkritiſcher Hinſicht nur meine Abweichungen
von der Textgeſtaltung v. Gebhardts und A. Harnacks, ſofern ſie von Belang ſind,
angeben werde, ſowie daß mit S der Text des Codex Sinaiticus, mit C der des
Codex Constantinopolitanus, mit G der Text der den älteren Ausgaben zu Grunde
gelegten unvollſtändigen Handſchriften, mit L der des alten lateiniſchen Ueberſetzers
(vgl. PA I 2 p. XXIV ff.) bezeichnet ſind.

Zu 1 2 Forderungen Gottes — ſo habe ich überall δικαιώματα τοῦ θεοῦ
wiedergegeben, weil das der Grundbedeutung des Wortes δικαίωμα (abgeleitet von
δικαιόω für recht halten, fordern) und ſeinem Gebrauch in LXX entſpricht, wo
es ſynonym mit πρόσταγμα und ἐντολή gebraucht wird. Grimm im Lexicon Novi
Test. erklärt es mit id quod decretum est, ut vim juris habeat alſo mit Rechts-
gebot, rechtlich feſtgeſtellte Forderung. Dieſe Bedeutung trifft überall zu,
wo Barnabas das Wort gebraucht vgl. 2, 1; 4, 11; 10, 2. 11; 16, 9; 21, 1. Für
meine Wiedergabe war der bekannte Spruch Mich. 6 8 „Es iſt dir geſagt
Menſch, was gut iſt und was der Herr von dir fordert" (vgl. 5. Moſ. 10 12)
entſcheidend. Sicherlich unrichtig iſt die Erklärung von Müller: Rechttaten
oder Tugenden Gottes; aber auch das Wort im Sinn von Heilsratſchluß
zu nehmen, wie Harnack und Funk es auffaſſen, ſcheint mir nicht angemeſſen. —
Geiſtesleben: πνεύματα. Zu der wörtlichen Ueberſetzung: über eure ſeligen
und herrlichen Geiſter (Riggenbach) kann ich mich nicht entſchließen, da ſie m.
E. zu einer irrtümlichen Auffaſſung des Sinnes verführen muß. Gemeint ſind die
verſchiedenen erfreulichen und erhebenden Aeußerungen des Gottesgeiſtes, der χάρις
τῆς δωρεᾶς πνευματικῆς (modern: der religiöſen Begeiſterung) in den Angeredeten
vgl. 1. Kor. 12 und 1. Joh. 4 1—3. — in ſolchem Maße eingepflanzt οὕτως
ἔμφυτον leſe ich mit L und Hilgenfeld und Funk ſtatt des harten οὗ τὸ ἔμφυτον bei
Gebh. und Harnack.

6 betrachte ich nach dem Vorgang von D. Völter in JprTh XIV S. 111 f. als eine alte, nicht zum Text gehörige Randglosse eines finnigen Lefers, der, vielleicht in Erinnerung an den Satz des Jguatins Eph. 14: daß Glaube und Liebe der Anfang und das Ende des Lebens feien, aus dem Inhalt von 1, 4 die erbauliche Nutzanwendung zog und sich auf dem Raube notirte: τρία οὖν δόγματα κυρίου: ζωῆς ἐλπὶς ἀρχὴ καὶ τέλος πίστεως ἡμῶν (wodurch er als Grundlage und Kern des christlichen Glaubens die Hoffnung des ewigen Lebens bezeichnen wollte) καὶ δικαιοσύνη κρίσεως ἀρχὴ καὶ τέλος (womit er als die Bedingung einer zuversichtlichen Hoffnung des ewigen Lebens die Erfüllung der δικαιώματα τοῦ θεοῦ angeben wollte), ἀγάπη εὐφροσύνης καὶ ἀγαλλιάσεως ἔργων δικαιοσύνης μαρτυρία (womit er eine in Werken betätigte Nächstenliebe, wie fie der Brieffchreiber und feine Lefer bekunden, als Erweis der Gerechtigkeit bezeichnete). Diefe Randglosse geriet frühe in den Text des Barnabasbriefes, schon S hat fie, wenn auch in entstellter, kaum verständlicher Form, L hat nur ihren Anfang: tres sunt ergo constitutiones domini: vitae spes initium et consummatio, C allein bietet fie fast fehlerlos. Kann schon diefer handschriftliche Befund die Vermutung einer Verwirrung des ursprünglichen Barnabastextes durch das Eindringen eines fremden, von den alten Abschreibern nicht recht verstandenen Elementes nahelegen, fo wird diefe Vermutung zur Gewißheit erhoben durch die Prüfung des ganzen Gedankenzusammenhanges von 1, 5—7. Denn diefe ergibt, daß der zwischen 1, 5 und 1, 7 bestehende klare und richtige Zusammenhang durch 1, 6 vollkommen zerrissen und gestört wird, fo daß die Erklärer, welche 1, 6 als zum Barnabastexte gehörig ansahen, die verzweifeltsten und zugleich erfolglosesten Anstrengungen machen mußten, das γάρ, womit 1, 7 eingeleitet wird, sich zurechtzulegen, während es bei der Annahme, daß 1, 6 nicht in den Text gehört, keinerlei Schwierigkeit bereitet (da es erklärt, von welcherlei Art die in 1, 5 in Aussicht gestellten Erkenntnisse sind). Dazu kommt, daß Satz 1, 6 selbst auch dadurch sich als ein erratischer Block, den ein feltfames Ungefähr in diefen Zufammenhang geschoben, erweist, daß er im ganzen nachfolgenden Briefe gar keine weitere Ausführung oder Anknüpfung findet, wodurch der Lefer, der in ihm ein Specimen der vom Verf. in 1, 5 verfprochenen Erkenntnis oder Gnofis zu erblicken geneigt ist, fchwer enttäuscht werden muß.

Zu 7 vgl. Justin apol. I 12: „Und fo werden wir ja überhaupt in allem, was er uns gelehrt hat, dadurch bestärkt, daß immer das, was er zuvor als künftig geschehend vorausgefagt hat, tatfächlich auch geschieht. Denn das eben ist Gottes Weife, daß er die Dinge, ehe fie geschehen, ankündigt und daß fie tatfächlich fo geschehen, wie fie vorausgefagt find. c. 52 Da wir nun den Beweis geliefert haben, daß, was tatfächlich eingetroffen ist, alles fchon, bevor es eintraf, durch die Propheten vorausgefagt worden war, fo muß man inbezug auf ähnliche, aber noch nicht eingetroffene Weiſſagungen der Zuverficht fein, daß fie jedenfalls in Erfüllung gehen werden."

3 4 deine Gewänder werden zeitig zum Vorschein kommen τὰ ἱμάτιά σου ταχέως ἀνατελεῖ. L vestimenta tua cito orientur. Auch andere altchristliche Schriftsteller wie z. B. Justin dial. 15, Tertull. de resurr. 27 weifen diefe rätfelhafte Entstellung der richtigen Ueberfetzung der LXX τὰ ἱμάτιά 2c. auf, das auch in den Text des S hineinkorrigirt ist. Was fich nur die alten Väter darunter gedacht haben mögen? Ich stelle mir ihren Gedankengang etwa folgendermaßen vor: Wenn du dich der Niedrigen und Notleidenden anzunehmen entfchließeft, dann wirft du ihnen fchon in der Frühe deine Hilfe und fobald als möglich deine perfönliche Gegenwart zu empfinden geben, wie die Sonne uns fchon am Morgen ihr Licht und ihre Schönheit fühlen läßt.

6 damit wir nicht als Nachtreter an ihrem Gefetze

ſch eitern. Ob mit S ἐπήλυτοι, dem ich den Vorzug gebe, oder mit C und L προσήλυτοι geleſen wird, könnte faſt gleichgültig erſcheinen, da Heſychius ἐπήλυτος mit προσήλυτος erklärt und beides der Etymologie nach einen Zugezogenen oder Bei= getretenen, advena, bedeutet. Indeſſen iſt doch zu bemerken, daß bei den Kir= chenſchriftſtellern προσήλυτοι zur ſtehenden Bezeichnung für die vom Heidentum zur jüdiſchen Gottesverehrung Uebergetretenen (Luther: Judengenoſſen) geworden iſt, während ἐπήλυτοι (im N. T. nie gebraucht) ſich noch die urſprüngliche allgemeinere Bedeutung bewahrt zu haben ſcheint. Ebendarum braucht es hier nicht richtige jü= diſche Proſelyten zu bedeuten, ſondern kann ſolche bezeichnen, die als Chriſten ſich jüdiſchen Religionsanſchauungen nähern, alſo Nachtreter des Judentums.

Das Rätſel des 4. Kapitels.

1) 4 1—2 Wovor und vor wem haben ſich die Adreſſaten zu hüten? — Bei dem großen Nachdruck, mit dem 2, 9—10 und 3, 6 die Warnung vor jüdiſchem Irrtume und vor dem Anſchluß an jüdiſche Geſetzlichkeit ausgeſprochen wird, kann die unmittelbar damit zuſammenhängende Aufforderung ἐκζητεῖν τὰ δυνάμενα ἡμᾶς σώζειν m. E. nicht anders verſtanden werden als in dem Sinn: ausfindig zu machen, was davor d. h. vor der Gefahr, als Nachtreter jüdiſcher Geſetzlichkeit zu ſcheitern oder, wie es 4, 13 heißt, vom Reiche des Herrn weggeſtoßen zu wer= den, bewahren kann; und ſie darf nicht in dem allgemeinen Sinne genommen werden, als ob es ſich hier um die Feſtſtellung unſrer ſittlichen Pflichten oder des Weges der Gerechtigkeit überhaupt handelte, der ja erſt c. 18 f. beſchrieben wird. Das ergibt ſich auch aus dem Hinweis auf die Notwendigkeit, über die gegen= wärtige Zeitlage ſich klar zu werden, welche denen die Gefahr am Judentum zu ſcheitern zu enthalten ſcheint; und das ergibt ſich vor allem aus dem geſamten In= halt der nachfolgenden Ausführungen in den cc. 4—16, die alle ſich zur Aufgabe ſetzen, die Erkenntniſſe ausfindig zu machen und klar zu ſtellen, welche die Leſer vor jener Gefahr, jüdiſchem Irrtum anheimzufallen, bewahren können. Und ſo gewiß der Irrtum der jetzigen Zeit, den die Leſer haſſen ſollen, derſelbe iſt wie der, vor dem 2, 9—10 gewarnt wird, d. h. der jüdiſche, der in dem Wahn beſtand, als ſei dem Judentum und jüdiſchem Religions= und Geſetzeweſen ein neuer Aufſchwung und ſchließlich der Sieg über die Welt beſchieden, ſo gewiß ſind unter den ἔργα τῆς ἀνομίας den Werken der Geſetzloſigkeit oder Gottloſigkeit, von denen ſich die Leſer ferne halten ſollen, um nicht von ihnen erfaßt oder angeſteckt zu werden, die Gottes Willen und dem neuen Geſetz unſeres Herrn Jeſus Chriſtus (2, 6) zuwiderlaufenden religiöſen Bräuche, Auffaſſungen und Beſtrebungen der Ju= den, unter den Sündern und Frevlern, mit denen die Leſer nicht eines Weges gehen ſollen, die hartnäckigſten Gegner des Chriſtentums, die Juden, gemeint (vgl. 12, 10, wo ganz zweifellos unter dem Irrtum der Sünder der Juden ver= ſtanden iſt.) Schon Weizſäcker a. a. O. S. 8 und Lipſius a. a. O. S. 364 iſt es aufgefallen, daß unſer Verfaſſer es liebt, in ſeiner Polemik gegen jüdiſches Weſen auf die Juden Ausdrücke zu übertragen, mit denen dieſe gewöhnt waren, Heiden und heidniſches Weſen zu bezeichnen. Mir ſcheint, daß in den harten Ausdrücken wie ἁμαρτωλοί, πονηροί, ἄνομοι, ταλαίπωροι, συναγωγὴ πονηρευομένων u. a., die der Verf. von den Juden gebraucht, und in der ganzen harten Beurteilung ihrer Religionsauffaſſung ſich ſeine Angſt und Beſorgnis vor einer von ihrer Seite zu befürchtenden gefährlichen Beeinfluſſung ſeiner Leſer ebenſo deutlich abſpiegelt, wie in ſeiner des öfteren (vgl. 1, 4. 8; 4, 6. 9; 6, 5) hervortreten= den auffallenden Befliſſenheit, ſeinen Leſern gegenüber nicht ſowohl ſeine Autorität als Lehrer als vielmehr ſeine brüderliche Liebe und Hingebung geltend zu machen.

2) 4 3 Worin beſteht das vollendete Aergernis, das nahe ge= kommen iſt? — Das vollendete Aergernis, das, wie Henoch ſagt, aufge= zeichnet worden iſt, iſt nahe herbeigekommen. Dies und nicht etwa: „Wie Henoch ſagt, iſt das vollendete Aergernis, wovon geſchrieben ſteht, nahe herbeige= kommen" bedeuten, wie Hilgenfeld a. a. O. S. 77 richtig erkannt hat, die Worte:

τὸ τέλειον σκάνδαλον ἤγγικε περὶ οὗ γέγραπται, ὡς Ἑνὼχ λέγει.   In dem pro=
phetischen Abriß der Weltgeschichte nämlich, den das Buch Henoch cc. 85—90 gibt,
erscheint die Herde Gottes (Israel) zuletzt 70 heidnischen Hirten oder Regenten
preisgegeben, deren Herrschaft in 4 Perioden oder Weltalter mit je 23, 12, 23, 12
Hirten zerfällt. Was nun diese Hirten den ihnen übergebenen Schafen über Gebühr
Böses antun, wird von einem Beauftragten Gottes (vermutlich dem Erzengel
Michael) genau aufgeschrieben und gebucht. Denn Gott spricht zu ihm 89 61 f.:
Gib acht und sieh auf alles, was die Hirten an diesen Schafen tun
werden ... Jede Ueberschreitung und Vernichtung, die durch die
Hirten angerichtet werden wird, schreib auf. Nach Vollendung jedes Welt=
alters wird das von dem himmlischen Schreiber über die Regierung der Hirten
geführte Buch dem Herrn der Schafe vorgelegt, von diesem gelesen und versiegelt
(vgl. 89 70 f. 76 f.; 90 14. 17). Am schlimmsten ist die Regierung der letzten 12 Hirten
im 4. Weltalter. Als der Engel das darüber geführte Buch dem Herrn der Schafe
vorlegt, nimmt dieser (90 18) seinen Zornstab in die Hand und schlägt damit die
Erde, so daß sie zerbricht, übergibt die Hirten verdienter Strafe und richtet selbst
für die noch übrig gebliebenen Schafe und alle Guten der Erde ein neues, herr=
liches Reich ein. Vgl. G. Beer in: Kautzsch, Die Apokryphen und Pseudepigr. des
A. T. 1900 II, S. 294—298.   Wie sich unser Verf. all die Einzelheiten dieser
jüdischen Henochapokalypse in christlichem Sinne zurechtgelegt haben mag, muß da=
hingestellt bleiben; höchst wahrscheinlich hat er es mit derselben Kühnheit und Frei=
heit getan, die er in der Ausdeutung des A. T. und seiner Verwendung für seine
Zwecke bekundet. Sicher aber scheint es mir zu sein, daß ihm die soeben im Aus=
zug mitgeteilten Stellen aus Henoch vor Augen schwebten, als er 4, 3 niederschrieb,
und daß er unter dem τέλειον σκάνδαλον jene letzte und ärgste Ungebühr und Aus=
schreitung verstand, die in dem vierten Weltalter und unter dem Regiment der
letzten 12 Hirten nach Henoch sich ereignen sollte. Ebenso sicher dürfte sein, daß
unser Verf. unter einem σκάνδαλον (wörtl. Fallstrick) oder Aergernis nach dem
allgemein feststehenden biblischen und christlichen Sprachgebrauch nur eine solche
Ungebühr oder Ausschreitung verstehen konnte, die für christliche Ge=
müter ein Anlaß werden konnte, in Irrtum und Schuld zu geraten;
als ein τέλειον σκάνδαλον aber mußte ihm ein solches Ereignis vorkommen, das ihm
die letzte und zugleich höchste Gefahr der Verführung zum Abfall vom
wahren Christentum noch vor dem Eintritt des zu erwartenden Weltgerichts
mit sich zu bringen schien. Daß er nun diese Gefahr sich und seinen christlichen
Zeitgenossen nahe glaubte, besagt der Ausdruck ἤγγικε, zudem seine Mahnung 4, 1,
den Ernst der gegenwärtigen Zeitlage zu bedenken, womit die andere 4, 9: haben
wir acht in den letzten Tagen! vortrefflich stimmt. Nun wissen wir auch, was
er 2, 1 mit der Bemerkung meinte, daß die Tage böse seien und daß derjenige, der
sie bewirke, d. h. der Satan, noch freie Hand habe. Dieser ist ja nach dem Glau=
ben des christlichen Altertums derjenige, der vor dem Kommen des Herrn zum
Weltgericht noch alles versucht, um die Menschen von der Erfassung der rettenden
Wahrheit abzuhalten und die Gläubigen zum Abfall davon zu bewegen, und be=
dient sich dazu insbesondere der irdischen Herrscher als dienender Werkzeuge
(vgl. z. B. Justin apol. II, 1; 6; 7). Wenn nun der Verf. fortfährt: Es
hat nämlich unser Gebieter die Fristen und Tage zu den
Zwecke abgekürzt, damit sein Liebling sein Kommen be=
schleunige, so will er m. E. mit diesen Worten, die wohl eher an Mt. 24 22 als
an Daniel 9 24: ἑβδομήκοντα ἑβδομάδες συνετμήθησαν sich anlehnen, erklären, wa=
rum jenes größte und letzte Aergernis früher eintrete, als
man es eigentlich nach dem Wortlaut der auch unter seinen
Lesern wohlbekannten Henochapokalypse erwarten könnte. Er ist nämlich des Glaubens, daß das 4. Weltalter sich anstatt, wie bei Henoch
zu lesen, mit 12 Hirten oder Herrschern, schon mit 11 solchen vollenden und daß
eben schon mit diesem 11. Herrscher das Maß der Ungebühr und Ausschreitung

gegen den göttlichen Willen voll werden und dadurch das Kommen des Herrn be=
ſchleunigt werden wird.   Dieſer Glaube beruht nun offenbar in erſter Linie auf
ſeiner eigenen Wahrnehmung eines drohenden, nahe bevorſtehenden höchſten Aerger=
niſſes, ſtützt ſich zugleich aber auch auf die Weisſagung des Propheten D a n i e l,
den er vermutlich für einen ſ p ä t e r e n Propheten als Henoch hielt und in deſſen
ſiebentem Kapitel er in der Hauptſache zwar ungefähr dieſelben Prophezeiungen von
den 4 Weltaltern oder Reichen, den heidniſchen Völkerhirten, dem kommenden Straf=
gericht und dem darauf eintretenden meſſianiſchen Reich, wie bei Henoch, zugleich
aber die bedeutſame Abweichung fand, daß das vierte Weltreich n i c h t z w ö l f,
ſondern bloß e l f (10 + 1) H e r r ſ c h e r haben und daß der elfte vor ſeinen Vor=
gängern ſich in ſchlimmem Sinne noch auszeichnen und außerdem drei ſeiner Vor=
gänger e r n i e d r i g e n ſollte.   Es kann nun keinem Zweifel unterliegen, daß
der Verf. ſich unter dieſem elften, von Daniel geweisſagten Herrſcher des vierten
Weltreiches (durch das vierte Tier bei Dan. 7 7 und in 4, 5 unſres Briefes ange=
deutet) d a s v o l l e n d e t e A e r g e r n i s ſich vollziehend denkt und daß er unter
jenem 4. Weltreich ſich das römiſche Kaiſerreich, unter jenem nach z e h n K ö n i g s=
h e r r ſ c h a f t e n erſtehenden elften König e i n e n r ö m i ſ c h e n K a i ſ e r vor=
ſ t e l l t, d e r z u r Z e i t d e r A b f a ſ ſ u n g ſ e i n e s B r i e f e s b e r e i t s d e n
T h r o n b e ſ t i e g e n u n d i r g e n d w i e i n d e n A u g e n d e s V e r f. nach
e i n e r ſ c h l i m m e n S e i t e h i n v o n ſ e i n e n V o r g ä n g e r n ſich u n t e r=
ſ c h i e d e n u n d d r e i ſ e i n e r V o r g ä n g e r e r n i e d r i g t h a t t e. Denn
der Verf. hätte die Leſer nicht 4, 1 zum Nachdenken über die g e g e n w ä r t i g e
Zeitlage aufgefordert und könnte ihnen 4, 6 nicht die Zumutung machen, ſie ſollen
verſtehen, wer an mit dem König, unter dem das Aergernis ſich vollziehen ſolle,
meine, wenn dieſer Herrſcher nicht ihrer eigenen Zeit angehörte. Was dieſes Aer=
gernis aber ſelbſt anlangt, ſo kann es allerdings, da es erſt n a h e g e k o m m e n iſt,
ſich noch nicht vollzogen haben, aber es muß in Sicht geweſen, d. h. ſchon befürchtet
worden ſein, als der Verf. ſeinen Brief ſchrieb.   Seltſamer Weiſe haben die
bisherigen Verſuche das Rätſel zu löſen, das der Verfaſſer mit ſeinen Andeutungen
über das letzte Aergernis und über den Kaiſer, unter dem es kommen ſollte, ſeinen
Leſern aufgibt, alle a n d e r .f a l ſ c h e n S t e l l e .e i n g e ſ e t z t. Anſtatt nämlich mit
derjenigen Unbekannten die Löſung zu beginnen, für welche der Verf. im Vorher=
gehenden wie im Nachfolgenden gefliſſentlich Anhaltspunkte genug dargeboten hat,
wir meinen d i e F r a g e n a c h d e r A r t u n d B e ſ c h a f f e n h e i t d e s A e r g e r=
n i ſ ſ e s, haben ſie ohne Ausnahme zuerſt und allein die andere Unbekannte, d. h.
die Beſtimmung des Kaiſers, unter dem das Aergernis geſchehen ſollte, in Angriff
genommen, ohne zu bedenken, daß dem Verf., bei der Gefährlichkeit einer feindſeligen
Anſpielung auf die Perſon des regierenden Kaiſers, alles daran liegen mußte, ge=
rade dieſe für den Uneingeweihten möglichſt zu maskiren und zu verſchleiern. Kein
Wunder daher, daß bisher noch keine befriedigende Löſung des Rätſels gefunden
worden iſt.   Verſuchen wir es nun alſo zuerſt mit der Beſtimmung der erſten
Unbekannten, der Beſchaffenheit des vollendeten Aergerniſſes, ſo haben wir ſchon
oben feſtgeſtellt, daß zum Begriff derſelben die Gefährdung des Seelenheils durch
Verführung zu Irrtum und Sünde gehört. Nun hat der Verf. gleich zu Anfang
ſeiner Abhandlung in cc. 2—3 mit aller Deutlichkeit ſchon zu erkennen gegeben, vor
welchem Irrtum er ſeine Leſer warnen möchte, und hat als ſolchen die jüdiſche Art
der Gottesverehrung (vgl. 2, 9) und ihr ganzes durch das neue Geſetz unſres Herrn
Jeſu Chriſti aufgehobenes Geſetzesweſen (2, 6; 3, 6) bezeichnet, hat auch ausdrück=
lich als den Zweck der prophetiſchen Offenbarungen die Abſicht hervorgehoben: die
echten Gottesverehrer vor der Gefahr des Verſinkens in jüdiſche Geſetzlichkeit, die
in Wirklichkeit eine ἀνομία d. h. Geſetzwidrigkeit, Sünde oder Gottloſigkeit (vgl. oben
zu 4, 1—2) iſt, zu behüten. Es kann deshalb kein Zweifel darüber beſtehen, daß
auch die Danielſche Weisſagung, die er in eben dieſem Zuſammenhang vordringt,
dieſem Zweck dienen ſoll, und dies um ſo weniger, als er gleich darnach vor den=
jenigen Chriſten warnt (4, 6), die da ſagen: ihr (der Juden) Bund iſt auch

unser Bund, und seine Leser im Gegensatz zu der äußerlichen, fast heidnischen
Art der jüdischen Gottesverehrung, insbesondere des jüdischen Opfer= und Tempel=
dienstes (4, 11) auffordert: werden wir Geistesmenschen, werden wir
ein vollkommener Tempel für Gott! Nehmen wir noch dazu, daß auch die
weiteren Ausführungen des Verf. bis zu c. 16 alle den fundamentalen Unterschied
der christlichen Religionsauffassung von der jüdischen und den Ungrund der letzteren
dartun und, in c. 16 gipfelnd, noch einmal aufs kräftigste den jüdischen Tempelkult
verurteilen und ihm noch einmal aufs nachdrücklichste die christliche Vorstellung von
dem pneumatischen Tempel entgegenstellen, so darf mit höchster Wahrscheinlichkeit
die Vermutung aufgestellt werden, daß jenes Aergernis, das der uns noch unbe=
kannte römische Kaiser geben sollte, unserem Verf. in irgend einer von ihm er=
warteten, gegen den göttlichen Willen und Ratschluß verstoßenden
Regierungshandlung bestand, welche die Christen in Gefahr bringen
konnte, vom Gesetz Christi, ihrer reinen Gottesverehrung und ihrem
pneumatischen Tempeldienst zu jüdischem Gesetzeswesen und zu jüdi=
schem Ritual= und Tempeldienst abzuirren.

So weit gelangt, werden wir uns aber die Frage vorlegen müssen, ob dieses
unser Ergebnis nicht ad absurdum geführt wird durch die Logik der Tatsachen. Je=
rusalem und sein Tempel lagen doch sicherlich, als unser Brief geschrieben wurde,
in Trümmern, und jüdischer Tempeldienst war nirgendwo auf der Welt mehr zu
finden, da auch der sogenannte Oniastempel in dem ägyptischen Leontopolis auf
Vespasians Befehl (vgl. Josephus, Jüdischer Krieg VII 10) geschlossen worden war.
Freilich die Hoffnung auf Erneuerung eines solchen war unter
den Juden noch nicht gestorben. „Es schien nur eine Frage der Zeit,
wann die Priester ihren Dienst wieder aufnehmen können ... Alle Subtilitäten des
Tempeldienstes, das ganze Ritual des Opferwesens wurde ebenso fleißig und ernst=
haft diskutiert, wie die Reinheitsgesetze, das Sabbathgebot und andere religiösen Pflich=
ten, deren Ausübung tatsächlich möglich war". (Schürer, Gesch. des jüd. Volkes
I³ S. 655 und 657). Aber gewiß! solange die Hoffnungen der Juden auf eine Er=
neuerung ihres Opferkultus und auf den Wiederaufbau des Tempelheiligtums und
der heiligen Stadt Jerusalem sich scheu im Verborgenen halten mußten, konnten sie
christlichem Glauben nicht gefährlich werden. Wie aber, wenn durch einen uner=
hörten Glücksfall die Sachlage sich plötzlich änderte und ein römischer Kaiser selbst
im Gegensatz zu der von Vespasian und seinen nächsten Nachfolgern befolgten Po=
litik der Unterdrückung die Juden durch Milde und freundliches Entgegenkommen
für sich zu gewinnen suchte und ihre Hoffnungen auf die Wiedererstehung Jerusa=
lems und seines Tempels selbst ermutigte? Daß ein solcher Glücksfall tatsächlich
für die Juden eingetreten gewesen sein muß oder, sagen wir vorsichtiger, eingetreten
zu sein schien, als unser Verf. die Feder ergriff, geht aus c. 16,4 hervor, wo er von
den Juden sagt: Weil sie Krieg führten, wurde der Tempel von ihren
Feinden niedergelegt; jetzt aber sollen teils sie selbst, teils die Werk=
leute der Feinde ihn wieder aufbauen. Welche Wirkung die Aussicht auf ein
Wiedererstehen des jüdischen Tempels und, was selbstverständlich damit verbunden
sein mußte, ein Wiedererstehen der Stadt Jerusalem und der sabuccäischen Hierarchie
wie der öffentlichen Geltung des jüdischen Gesetzes auf christliche Gemüter, zumal
im Osten des römischen Reiches, haben mußte, wie bei den meisten Niederge=
schlagenheit und Verwirrung, bei manchen Zweifel an der Berechtigung der Trennung
der Christen vom jüdischen Volkstum, bei einzelnen auch Sympathieen für die neu=
belebten jüdischen Hoffnungen und Bestrebungen zu erregen geeignet war, brauche
ich hier nicht des weiteren auszuführen (vgl. meine Bemerkungen zu c. 16 S. 225 f.).
Unbestreitbar aber scheint es mir zu sein, daß sich kein Ereignis denken läßt, das
für unsern Verf. so sehr den Charakter eines σκάνδαλον oder Aergernisses in der Be=
deutung, die wir oben gezeichnet, an sich getragen hätte, wie diese durch einen rö=
mischen Kaiser den Juden in Aussicht gestellte Wiedererrichtung des auf Gottes Ge=
heiß zerstörten Tempels und Erneuerung ihres von Gott verworfenen Opferkultus.

So gewiß er eher des Himmels Einſturz als eine ſolche Wendung der Dinge er=
wartet hatte, ſo gewiß mußte er von ſeinem chriſtlichen Standpunkt
in der in Frage ſtehenden kaiſerlichen Entſcheidung eine vom
Satan ſelbſt veranſtaltete, auf die Verführung chriſtlicher Ge=
müter berechnete höchſte und letzte Ungebühr und Ausſchreitung
gegen Gottes Ordnung und Ratſchluß erblicken.

3) 4 4–5 Unter welchem römiſchen Kaiſer haben die Adreſ=
ſaten die Verwirklichung des Aergerniſſes zu erwarten?

Ich möchte glauben, daß der Verf. bei ſeinen Leſern ohne weiteres ein Verſtändnis
für die Natur des von ihm als nahe bevorſtehend bezeichneten vollendeten Aerger=
niſſes vorausſetzte; denn er führt die Danielſche Weisſagung erſichtlich weniger zu
ſeiner Erläuterung als zum Beweiſe ſeines nahe bevorſtehenden Eintreffens ein mit den
Worten: Es ſpricht aber auch der Prophet alſo: Zehn Königsherrſchaf=
ten werden auf der Erde regieren und hinter ihnen wird ein kleiner
König erſtehen, der drei von den Königen zumal erniedrigen wird.
Aehnlicher Art iſt, was Daniel über denſelben Gegenſtand (noch) ſagt: „Und ich
ſah das vierte Tier böſe und ſtark und gefährlicher als alle Tiere
der Erde und wie aus ihm zehn Hörner aufſchoſſen und aus ihnen
ein kleines Nebenhorn, und wie es zumal drei der großen Hörner
erniedrigte.“

Fragen wir nunmehr, nachdem wir die erſte Unbekannte, die Natur des voll=
endeten Aergerniſſes, beſtimmt zu haben glauben, nach der zweiten Unbekannten,
der Perſon des durch das Danielcitat angedeuteten römiſchen Kaiſers, ſo kann die
Antwort nur die ſein: gemeint iſt derſelbe Kaiſer, der den Juden die Ausſicht er=
öffnet zu haben ſcheint, ihren Tempel zu Jeruſalem unter Beihilfe ſeiner eigenen
Bauleute oder Beamten wieder aufzurichten. Dies aber kann nach meinen zu c. 16
gegebenen geſchichtlichen Erörterungen nur Kaiſer Hadrian zu Anfang ſeiner
Regierung getan haben. Paßt aber auf ihn der Wortlaut der Daniel'ſchen Weis=
ſagung? Darauf iſt zu antworten: der Wortlaut bei Daniel 7 7. 8 und 7 24 paßt
allerdings durchaus nicht auf Hadrian, wie denn gewiß der Verf. des Danielbuches
entfernt nicht an ihn gedacht hat; wohl aber ergidt eine ſorgfältige Unter=
ſuchung der von unſerem Verf. aus Daniel 7 entnommenen, aber ab=
ſichtsvoll umgeſtellten und künſtlich zurechtgemachten Weisſagung
mit höchſter Wahrſcheinlichkeit das Ergebnis, daß wirklich Hadrian
und kein anderer gemeint iſt. Beginnen wir mit der Löſung derjenigen
Schwierigkeiten, die am leichteſten aus dem Wege geſchafft werden können, nämlich
den Fragen: wieſo konnte von unſerem Verf. Hadrian als kleiner König be=
zeichnet werden, und was ſoll es in Bezug auf Hadrian bedeuten, daß er drei
von ſeinen Vorgängern zumal erniedrigt habe? — Klein, d. h. als ein
unrühmlicher, ſchwächlicher und kleinmütiger Herrſcher konnte Hadrian unſerem Verf.
erſcheinen, weil er gleich zu Anfang ſeiner Regierung die von ſeinem großen Vor=
gänger Trajan im Orient gemachten Eroberungen aufgad; drei ſeiner größeren
Vorgänger aber ſchien er ihm zumal, gleichſam auf einem Schlag (ὑφ' ἕν), ernie=
drigt, d. h. gewiſſermaßen noch nach ihrem Tode herabgewürdigt und entehrt
zu haben, indem er entſprechend ſeiner friedlichen Orientpolitik, aber in ſchnei=
dendem Kontraſte zu der judenfeindlichen Haltung eines Veſpaſian, Domitian und
Trajan, von denen der erſte (durch ſeinen Sohn Titus) Jeruſalem und ſeinen Tempel
zerſtört, der zweite mit unnachſichtiger Strenge von den Juden die früher an den
Tempel zn Jeruſalem bezahlte Steuer für den Jupiter Capitolinus eingefordert,
der dritte mit rückſichtsloſer Energie einen gefährlichen Judenaufſtand im Oſten des
Reiches niedergeworfen hatte, durch die ſofortige Abberufung und Hinrichtung des
von den Juden gefürchteten und gehaßten Statthalters Luſius Quietus eine juden=
freundliche Politik inaugurirt und ſogar allem nach den Juden den Wiederaufbau
ihres Tempels und ihrer Stadt in Ausſicht geſtellt hatte. Aber wie kann Ha=
drian als der elfte Kaiſer von unſerem Verf. in Anſpruch genommen worden

fein? Scheitert nicht an dieser Schwierigkeit unsre ganze Rechnung, da doch fest=
steht, daß unter der Voraussetzung der Reihe Augustus, Tiberius, Caligula, Clau=
dius, Nero, Galba, Otho, Vitellius, Vespasian, Titus, Domitian, Nerva, Trajan,
Hadrian der letztere als der 14. König zu bezeichnen wäre? Mit nichten! Vielmehr
ergibt eine Vergleichung der Weissagung, wie sie unser Verf. in seiner Vorlage bei
Daniel 7 24 und 7 7 vorgefunden, mit dem von ihm mitgeteilten Texte, daß er
mit bewußter Absicht dazu den Urtext umgeformt und umge=
stellt hat, um Hadrian als Gegenstand der Daniel'schen Weis=
sagung erscheinen lassen zu können. Die Vorlage bot nämlich Dan. 7 24
folgendes dar: Zehn Könige werden erstehen, und hinter ihnen
wird ein anderer erstehen, der alle die früheren im Bösen
übertreffen und drei Könige erniedrigen wird. Aus dieser Gestalt der
Weissagung hätte sich, wenn sie der Verf. auf Hadrian beziehen wollte, wirklich der
Anstoß ergeben, daß er schlechtweg als der elfte König bezeichnet worden wäre,
während er doch der vierzehnte war, und daß er als der ruchloseste unter den Kaisern
charakterisirt worden wäre, wofür ihn selbst seine Gegner niemals gehalten haben.
Endlich hätte dieser Text nicht erraten lassen, daß Hadrian durch eine einzige Re=
gierungshandlung, gewissermaßen auf Einen Schlag, drei seiner Vorgänger ernie=
drigen sollte. Darum änderte der Verf. den Text sehr zweckmäßig so um: Zehn
Königsherrschaften werden auf der Erde regieren und hinter ihnen wird
ein kleiner König erstehen, der drei von den Königen zumal erniedrigen wird.
Es ist leicht zu begreifen, daß er die zehn Könige durch zehn Königsherrschaften dar=
um ersetzt hat, weil tatsächlich Rom von August bis zu Hadrian nur zehn eigent=
liche Regierungen gehabt hat, da Galba, Otho, Vitellius alle nicht zu fester Herr=
schaft gelangt waren. Vermöge dieser kleinen Aenderung konnte wirklich Hadrian
als Nachfolger der zehnten Kaiserherrschaft oder auch als elfter
Regent (das Zahlwort ist übrigens nicht gebraucht!) gelten. Das Epitheton klein,
aus Dan. 7 7 gewonnen, ersetzte für Hadrian sehr zweckmäßig das unpassende At=
tribut der echten Weissagung. Besonders wohlberechnet aber muß der kleine Zusatz
zumal (ὑφ' ἕν) genannt werden, weil er den sonst nächstliegenden Gedanken an die
Entthronung dreier Könige ohne weiteres ausschließt, sofern die römische Geschichte
weder im ersten noch im zweiten Jahrhundert ein gleichzeitiges
Nebeneinander dreier Kaiser und also auch nicht die Möglich=
keit darbot, an die Entthronung dreier Kaiser zumal zu denken.
  Daran also, daß die bisherigen Erklärer unsrer Stelle an die Entthro=
nung sei es des Galba, Otho, Vitellius durch Vespasian, wie Weizsäcker (a. a. O.
S. 29), sei es des Vitellius, Vespasian, Titus durch Domitian, wie Wieseler
(ZdTh 1870, S. 610) und Riggenbach (Brief des Barnabas S. 41), sei es
der ganzen Flavischen Dynastie durch den wiederkehrenden Nero, wie Lightfoot
(Clement of Rome ² II 503 ff.), Ramsay (The Church in the Roman Empire
p. 301), oder durch irgend einen andern erwarteten Prätendenden, wie Veldhuizen a. a. O. S. 142, oder durch Nerva, wie u. a. Hilgenfeld (a. a. O.
S. 80) und Funk (Kirchengesch. Abhandlungen und Untersuchungen II (1899), S. 77
—108), sei es der drei Kaiser Nerva, Trajan, Hadrian durch den wiederkehrenden
Nero oder Domitian, wie Volkmar (Ursprung unsrer Evangelien S. 143) gedacht
haben, daran also ist der Verf. des Barnabasbriefes selbst unschuldig. Schon durch
sein: drei von den Königen zumal hätten die meisten der genannten Hypo=
thesen verhütet werden sollen. Beachtenswert ist auch, daß er die Mitteilung der
Daniel'schen Weissagung mit: erniedrigen wird abschließt, weil die bei Da=
niel 7 25 folgenden Worte: und er wird Worte gegen den Höchsten reden
und die Heiligen des Höchsten vernichten auf Hadrian nicht paßten.
  Es bleibt aber noch die Frage übrigens wozu hat der Verf. die in ein
Bild gefaßte Weissagung Dan. 7 7 erst nach der unbildlichen 7 24 gebracht, warum
hat er sie überhaupt noch angeführt? und hat er auch sie umgeformt? Umgestellt
hat er sie, weil sie, an erster Stelle angeführt, durch ihren Wortlaut (zehn

Hörner und aus ihnen heraus ein kleines Nebenhorn) notwendig das Mißverſtändnis erzeugt hätte, das er vermieden ſehen wollte, als ſei nämlich der elfte Träger des Kaiſernamens (Domitian) anſtatt dem Inhaber der elften an= erkannten Regierung (Hadrian) gemeint. An zweiter Stelle angeführt, wurde ſie durch die erſt angeführte vor der ihm unwillkommenen Deutung geſchützt. Daß er aber ſie überhaupt noch anführte, erklärt ſich daraus, daß ſie unter dem Bilde des vierten, bösartigen Tieres einen in chriſtlichen Kreiſen allgemein verſtändlichen Hinweis auf das römiſche Reich (nicht wie Loman, Theol. Tijdſch. 1884 S. 182 ff., meint, auf Nero) und damit einen bedeutſamen Wink für das Ver= ſtändnis der Weiſſagung überhaupt gab. — Daß er aber auch ſie abſichtsvoll umgeändert hat, zeigt die Vergleichung ſeines Textes mit ſeiner Vorlage, die be= deutſam namentlich in den Worten abweicht: Und es hatte zehn Hörner. Ich faßte die Hörner ins Auge und ſieh! ein anderes kleines Horn ſtieg zwiſchen ihnen empor und drei von ſeinen früheren Hörnern wurden ihm ausgeriſſen (ἐξερριζώθη). Denn wenn er ſchreibt: .. „wie aus ihm zehn Hörner aufſchoſſen und aus ihnen (ἐξ αὐτῶν) ein kleines Nebenhorn (κέρας παραφυάδιον), und wie es zumal drei der großen Hörner erniedrigte", ſo iſt erſichtlich, daß er an nicht weniger als fünf Stellen Aende= rungen vorgenommen hat, die alle ihren beſonderen Zweck haben. Die 1. (ἐξ αὐτῶν) läßt deutlicher die zeitliche Nachfolge Hadrians erkennen; die 2. (παραφυάδιον) deutet an, daß er nicht natürlicher Erbe ſeines Vorgängers iſt, ſondern irgendwie künſtlich durch Adoption oder Uſurpation in die Nachfolge eingetreten iſt; die 3. (ὑφ᾽ ἕν) beſteht in dem ſchon oben erklärten Zuſatz, deſſen Wichtigkeit für das richtige Verſtändnis der Weiſſagung eben dadurch hervortritt, daß er ihn auch hier nicht entbehren wollte. Die 4. weiſt auf drei hervorragende Vertreter einer Politik hin, die der Hadrianiſchen entgegengeſetzt war, zeigt alſo, daß nicht gerade an die drei unmittelbaren Vorgänger Hadrians (von denen Nerva nicht zu verwenden war) gedacht werden müſſe. Die 5. Veränderung iſt die bedeutſamſte, ſie beweiſt, daß er das ἐξερριζώθη der Vorlage, das an eine gewaltſame Entthronung dreier ſeiner Vor= gänger zu denken gezwungen hätte, durchaus nicht brauchen konnte und daß er darum auch hier das eine andere Deutung zulaſſende ταπεινοῦν erniedrigen einſetzen mußte.

So hat denn eine genaue Unterſuchung des Wortlautes ergeben, daß nichts da= in der Deutung auf Hadrian widerſtrebt, daß vielmehr ſeine zahlreichen und be= deutenden Abweichungen von dem Danieliſchen Text kaum anders erklärbar ſind als durch die Abſicht, ſo deutlich als möglich auf Hadrian hinzuweiſen. Gibt nun meine nicht aus einem müßigen Einfall, ſondern aus einem eindringenden Studium des Geſamtzuſammenhanges des Barnabasbriefes erwachſene Auslegung unſrer Stelle zum erſtenmal eine befriedigende Löſung des Rätſels, das ſein Verf. mit der Zumutung: Da gilt es denn für euch Verſtändnis zu zeigen ſeinen Leſern aufgegeben und bei Harnack II S. 422 f. noch unlängſt als un= lösbar bezeichnet, ja als ſinnlos verdächtigt hat, ſo hilft ſie eben dadurch, daß ſie eine Löſung von voller Evidenz und ohne Reſt darbietet, auch die Voraus= ſetzungen, worauf ſie ſich aufbaut, ſtützen, und ſo betrachte ich ſie zugleich als eine wertvolle Bürgſchaft dafür, daß meine Geſamtauffaſſung des Briefes und ſeiner Tendenz wie meine damit zuſammenhängende Anſicht über c. 16 der Hauptſache nach richtig ſein werden.

Zu 4 8 ihr Bund wurde zertrümmert, damit der des geliebten Jeſus in unſere Herzen hineinverſiegelt würde durch die Hoffnung des Glaubens an ihn. Was der Hebräerbrief 8 7—13 mit Anlehnung an Jer. 31 33 ausgeführt hat, faßt unſer Verf. hier, ſeiner eigenen ſpäteren Ausführung 14, 5 vorgreifend, kurz und prägnant zuſammen. Er will ſagen: An die Stelle des durch Moſes vermittelten, aber niemals wirklich vollzogenen, immer wirkungslos und äußerlich gebliebenen, nur durch ein äußerliches Kennzeichen, die Beſchneidung, be= ſiegelten (vgl. 9, 6) Bundes der Iſraeliten mit Gott ſollte der durch den Gottes=

sohn Jesus selbst begründete wahre und lebenskräftige Bund treten, der in unsre
Herzen hineingeschrieben und gegründet ist und sein Siegel, d. h. seine Bekräftigung
und Bestätigung, in der zuversichtlichen Hoffnung ewigen Lebens und ewiger Ge=
meinschaft mit Gott findet, wie eine solche aus dem Glauben an die sühnende uns
von Sünde und Tod befreiende Kraft des Opfertodes Jesu (vgl. c. 5) und an seine
uns dem Irrwahn entreißende Lehre (vgl. 14, 5) entspringt. — 9 als euer
unterwürfiger Diener (περίψημα ὑμῶν). Der Ausdruck, der 6, 5 in der Ver=
bindung als unterwürfiger Diener meiner Liebe zu euch wiederkehrt und
in ganz ähnlicher Weise bei Ignatius, Ephes. 8, 1; 18, 1 und Eusebius h. e. VII. 22
gebraucht ist, findet sich im christlichen Sprachgebrauch zuerst bei Paulus 1. Kor. 4 13
πάντων περίψημα, wo er freilich bisher, wie mir scheint, ohne Grund anders erklärt
wurde. Wenn bei Eusebius a. a. O. der alexandrinische Bischof Dionysius den
Christen Alexandrias erzählt, sie haben während einer Pestepidemie furchtlos Pest=
kranke besucht und gepflegt, dabei sich vielfach selbst den Tod zugezogen und so den
allgemein gebrauchten Ausdruck, der immer nur für eine Höflich=
keitsformel galt, wahr gemacht, indem sie als ihrer Mitmenschen aller=
untertänigste Diener (πάντων περίψημα) gestorben seien, so ergibt sich mit
voller Sicherheit, daß περίψημα, abgeleitet von περιψάω abreiben, eine Person,
die viel abgerieben, gleichsam als Abwischlumpen, Schuhputzer, als gefügiges Werk=
zeug zu allem Möglichen oder auch als Prügelknabe und Sündenbock gebraucht wird
oder sich brauchen läßt, ebenso bezeichnete, wie ἄλημα, von ἀλέω mahlen abge=
leitet, einen geriebenen, durchtriebenen Menschen. Was Suidas über den Gebrauch
des Wortes mitteilt, stimmt mit unsrer Erklärung überein. Ich sehe nicht ein, war=
um Paulus an jener Stelle nicht auch von sich hätte sagen sollen: Wie der Aus=
kehricht der Welt sind wir gewesen, bis heute jedermanns
unterwürfiger Diener, (den jedermann in Anspruch nehmen oder den jeder
hudeln und pudeln zu können vermeinte). Denn faßt man bei ihm περίψημα, wie
das bisher geschehen ist, im Sinn von quod abstersum est, purgamentum,
sordes, so erhält man nur einen andern Ausdruck für das, was der Apostel schon
mit Auskehricht der Welt bezeichnet hatte, und hat außerdem Schwierigkeit
mit der Wiedergabe von πάντων (Weizsäcker: allgemeiner Abschaum). Ich
würde demgemäß auch Ignatius an d. Ephes. 8, 1 und 18, 1 nicht wie G. Krüger
übersetzen: Euer Auswurf will ich sein und Mein Geist ist ein Aus=
wurf des Kreuzes, sondern Euer unterwürfiger Diener will ich
sein und Mein Geist ist ein unterwürfiger Diener des Kreuzes,
was unzweifelhaft verständlicher ist. — Was den übrigen Inhalt von 4 9—10 an=
langt, so ist längst bemerkt worden, daß er mit Didache 16, 1—3 auffallende Be=
rührungspunkte aufweist. Ich teile die Ansicht von P. Drews (Apokr. S. 185),
daß hier nicht eine Benutzung des Barnabasbriefes durch den Verfasser der Di=
dache, sondern vielmehr eine freie Verarbeitung einer Stelle der Ur=
schrift der Didache „von den zwei Wegen", deren Schluß eben c. 16 der Didache
gebildet hätte, durch Barnabas wahrscheinlich ist (vgl. unter XVII). Daß unsrem
Verf. jener alte Moralkatechismus hier vor Augen steht, verraten seine Worte:
hassen wir gründlich die Werke des Lasterpfades! — 14 wenn ihr
. . . sehet, daß sie trotzdem verlassen sind ὅταν βλέπετε . . . καὶ οὕτως ἐν=
καταλελεῖφθαι αὐτούς kann sich m. E. auf die Vergangenheit (Zerstörung von Je=
rusalem durch Titus), kann sich aber auch auf die Zukunft beziehen in dem
Sinne: wenn ihr sehen werdet, daß sie trotz allem endgiltig von Gott aufgegeben
sind, vgl. 16, 5.

5 1 durch sein Sühnungsblut ἐν τῷ αἵματι τοῦ ῥαντισμοῦ αὐτοῦ, wört=
lich: durch sein Blut der Besprengung, wie 1. Petr. 1 2 und Hebr. 11 24.

7 den Vätern die Verheißung zu erfüllen. Was H. Holtzmann
zum Hebräerbrief bemerkt hat (Lehrb. d. Neutest. Theol. II S. 282), gilt auch vom
Barnabasbrief: „Wie überhaupt alle neuen Ideen gleichsam in alttestamentlicher
Verkleidung auftreten, so stellen sich auch die Christen als das Volk vor und be=

grüßen in den Patriarchen ihre Väter. . . . Den Erfaß für die abgefallenen Söhne Abrahams nach dem Fleische bilden feine neuen Söhne im Glauben." — 8 Die vielberufene, fchon im chriftlichen Altertum befprochene Aeußerung, daß Jefus feine Apoftel aus Menfchen auserlefen habe, welche die allerärgsten Sünder gewefen feien, verfteht man m. E. am eheften, wenn man Mt. 9 9—13 nachliest, woraus fie gefchöpft fein dürfte. Dann braucht man nicht Lk. 8 1 und noch weniger 1. Tim. 1 15 beizuziehen. Im übrigen find die Worte ein fprechender Beleg dafür, wie weit entfernt der Verf. noch von einer ungefchichtlichen Ueberfchätzung der apoftolifchen Perfönlichkeiten ift und wie nahe er der apoftolifchen Zeit felbft fteht.

6 3 U n d   i c h   h a b e   m i c h   f e f t   w i e   F e l s   g e h a l t e n. Mit der Oxforder Ausgabe Joh. Fell's habe ich mir erlaubt, den alten f i n n w i d r i g e n S c h r e i b = f e h l e r in dem Citat καὶ ἔθηκέ με ὡς στερεὰν πέτραν zu verbeffern und das durch die Vorlage Jef. 50 7 und ihre Benutzung in 5, 14 ebenfo wie durch den ganzen Gedankenzufammenhang (vgl. A p o k r. S. 144) geforderte καὶ ἔθηκά με . . . wiederherzuftellen.

9 Denn „Land" als etwas Leidendes bedeutet einen M e n f c h e n. Diefe Ueberfetzung, die dem Gedankenzufammenhang gewiß beffer entfpricht als die übliche: D e n n   e i n   M e n f c h   i f t   l e i d e n d e   E r d e, habe ich gewonnen, indem ich in dem Satz Ἄνθρωπος γὰρ γῆ ἐστιν πάσχουσα als Subjekt γῆ, dem mit πάσχουσα ein prädikatives Attribut beigegeben ift, und als Prädikat ἄνθρωπος faffe. Wenn der Verf., natürlich mit beabfichtigter Beziehung auf den im Fleifche erfcheinenden und leidenden Jefus, das Land oder die Erde πάσχουσα e t w a s Leidendes nennt, fo teile ich die Anficht von Mazochius, Hefele und Hilgenfeld, die hier den bekannten philofophifchen Begriff von der leidenden Materie (ὕλη) auf die γῆ übertragen finden.

13 Der überlieferte Text ift offenbar verderbt und ergibt keinen rechten Sinn. Ich habe den Verfuch gemacht, durch Einfügung eines nach πῶς leicht ausfallenden) ὡς einen beffern Gedankenzufammenhang herzuftellen, indem ich lefe: πάλιν σοι ἐπιδείξω πῶς, ὡς πρὸς ἡμᾶς λέγει, δευτέραν πλάσιν ἐπ' ἐσχάτων ἐποίησεν. Dabei entfpricht der Zwifchenfatz ὡς πρὸς ἡμᾶς λέγει dem ὡς λέγει τῷ υἱῷ in 6, 17. Freilich ift als Subjekt in 6, 12 Gott, in 6, 13 Chriftus zu denken, wie das gleich nachher angeführte Herrnwort beweist: ἰδοὺ ποιῶ τὰ ἔσχατα ὡς τὰ πρῶτα (vgl. Mt. 20 16 οὕτως ἔσονται οἱ ἔσχατοι πρῶτοι). Allein diefe D u r c h e i n a n d e r w e r = f u n g   v o n   G o t t   u n d   C h r i f t u s gehört, wie fchon in unfrer Einleitung zum Text S. 148 hervorgehoben worden ift, eben zu den Eigentümlichkeiten des Barnabasbriefes und der altkatholifchen Schriftfteller überhaupt.

7 3 E f f i g   u n d   G a l l e vgl. hiezu das zum Petrusevangelium V. 16 S. 82 Bemerkte. Im übrigen tritt in den Ausführungen 7, 3 ff. die G e i f t e s = v e r w a n d t f c h a f t mit dem Hebräerbrief, der bekanntlich Chriftentum und Judentum vorzugsweife vom Gefichtspunkt des vollkommenen Sühneinftituts aus vergleicht, befonders deutlich hervor. Denn wenn es heißt: der Sohn Gottes habe felbft für unfere Sünden das Gefäß des Geiftes, d. h. fein Fleifch oder feinen Leib, als Opfer dargebracht, fo fchwebt, wie auch durch die weiteren Ausführungen beftätigt wird, dem Verf. offenbar dasfelbe Bild vor Augen, das im Hebräerbrief fo lebendig ausgemalt ift, das des vollkommenen H o h e p r i e f t e r s, der wahrhaft das Volk mit Gott verföhnt. Chrifti Opfer ift nach 7, 5 vorgebildet durch das am großen Verföhnungstage dargebrachte, deffen Blut vom Hohepriefter an die Bundeslade im Allerheiligften gefprengt wurde; vgl. Hebr. 5 1 und 9 11—14. Die Aehnlichkeit zwifchen den Ausführungen des Hebräerbriefes und denen unferes Verf. tritt nur darum weniger hervor, weil es diefem in 7, 3—5 zugleich darauf ankam zu zeigen, daß die jüdifche Priefterfchaft und mit ihr das jüdifche Volk durch ihre Mißhandlung und Tötung Chrifti fich felbft um allen Anteil an der durch ihn vollzogenen hohepriefterlichen Sühnung gebracht und fich das Todesurteil gefprochen haben nach dem Gefetz: w e r   a m   F a f t e n t a g (Verföhnungstag) n i c h t   f a f t e t, f o l l d u r c h   T o d e s f t r a f e   a u s g e t i l g t   w e r d e n. Denn das V o l k, das in 7, 5 faftet

und in Sack und Asche trauert, ist nicht das jüdische, sondern ist das neue Volk, die Christenheit, welche das Opfer Christi mit dem Gefühl der Zerknirschung über ihre Sünden begleitet und dadurch der Sühnung teilhaftig wird. Diese Doppel=seitigkeit seiner Typologie tritt noch kräftiger hervor in seinen Ausführungen 7, 6—10 über die zwei einander ähnlichen Böcke, von denen der eine als Gegenstand des Fluches in die Wüste gestoßen, der andere auf dem Altar verbrannt wird. Denn diese stellen beide eben jenes Opfer Christi, aber von zwei verschiedenen Seiten dar. Der verfluchte Bock ist eine Vorausdarstellung der Schmach und des Leidens, das Jesus, um die Menschheit mit Gott versöhnen zu können, von den Juden und ihrer Priesterschaft sich gefallen lassen mußte; der auf dem Altar verbrannte und damit Gott geweihte deutet auf den nach seinem Opfer in den Himmel eingehen=den, im Himmel die Versöhnung zwischen Gott und seinem Volk vollendenden und dereinst vom Himmel den Seinen zum Heil, seinen Feinden (Juden) zum Gericht wiederkommenden Christus, wie ihn der Hebräerbrief 9 24—28 ebenfalls dargestellt hat. Nachträglich sei noch bemerkt, daß der nach 7, 4 am Fastentage für alle Sünden dargebrachte Bock, dessen Eingeweide die Priester essen sollten, der 4. Mos. 29 11 und Joseph. antiqu. III 10, 3 gemeinte und nicht zu verwechseln ist mit den beiden andern am selben Tage nach 3. Mos. 16 5 ff. als Sündopfer darzu=bringenden Böcken, wovon 7, 6—10 die Rede ist.   Ob unser Verf. in seinen An=gaben über die Priestermahlzeit am Versöhnungstage, über die Behandlung des in die Wüste gestoßenen Bockes wie über den in c. 8 erwähnten jüdischen Brauch der Besprengung mit der Asche einer verbrannten Färse eine Unkenntnis des jüdischen Ceremonienwesens, wie unter den Neueren noch G. Krüger S. 19 behauptet, oder eine auffallende Vertrautheit mit dem jüdischen Ritual und Kenntnis jüdischer Targume zum Pentateuch an den Tag lege, wie Braunsberger (a. O. S. 253 —278) und Oberrabbiner Dr. Güdemann (in seinen Religionsgeschichtlichen Stu=dien 1876 de. 104 ff.) nachzuweisen sich bemüht haben, kann ich nicht entscheiden, bin aber geneigt, das Letztere anzunehmen, ohne freilich mich Güdemanns Schlußfolge=rung anzuschließen, der Verf. des Barnabasbriefes verrate durch seine genaue Kennt=nis der jüdischen Gebräuche, daß er selbst ein geborener Jude gewesen. Denn eine solche Kenntnis konnte er sich, sogut wie Justinus, auch ohne das, z. B. aus per=sönlichem Verkehr mit Juden, erworben haben. Wenn er, wie wir jast fast als sicher annehmen (vgl. zu 9, 6), in Aegypten lebte, wird er seine Vertrautheit mit jüdischem Wesen der Bekanntschaft mit dem ägyptischen Judentum ver=danken, das gewiß einzelne Besonderheiten hatte.

8 2 [nunmehr keine Männer mehr! Dahin nunmehr die Herr=lichkeit dieser Sünder!] Diese Worte, an deren Deutung die Ausleger alle bis=her gescheitert sind, sind m. E. wie 1, 6 ursprünglich eine Randglosse gewesen, worin ein gesinnungstüchtiger Leser der nachfolgenden Zeit (aber wohl sicher vor 350 n. Ch.) seiner Genugtuung über den Niedergang des Judentums Ausdruck gab. L hat die Worte nicht. — 5 Weil die Königsherrschaft Jesu auf dem Holze beruht: Es ist, als ob hier schon der Schluß des zu einem christlichen Ge=meindeliede umgestalteten Ps. 95, wie wir ihn bei Justin apol. I 41 finden: Der Herr ist vom Holz weg König geworden! anklänge. Vgl. H. Veil, Justinus Rechtfert. S. 26 und S. 82 f. — 6 durch den Trübsaft des Ysops: διὰ τοῦ ῥύπου τοῦ ὑσσώπου. Ich nehme ῥύπος, das Schmiere bedeutet, hier im Sinne eines schmierigen, dickflüssigen Saftes, wie er aus dem Ysop zu Heilzwecken bereitet wor=den sein mag. Natürlich ist der Ausdruck ἡμέραι ῥυπαραί trübe Tage mit Be=ziehung darauf gewählt. Man könnte das Wortspiel auch durch bittere Tage und Bittersaft des Ysops wiedergeben.

9 6 Aber auch jeder Syrer (Edomiter?) und Araber und alle die (ägyptischen?) Götzenpriester sind beschnitten; gehören sie also auch mit zu ihrem Bunde? [Aber auch die Aegypter haben die Beschneidung.]

Daß der Text verdorben iſt, geht teils aus der bedeutſamen Abweichung des L: sed et Judaeus et Arabs et omnes sacerdotes idolorum et Aegyptii teils aus der Unmöglich= keit der Annahme hervor, daß der Verf. in ſₒ tölpiſcher Weiſe eine Bemerkung über die Beſchneidung der Aegypter nachgetragen haben ſollte, wie ſie der griechiſche Text enthält. Will man eine Heilung des Textes verſuchen, ſₒ muß man ausgehen zuerſt von der un= mittelbar vorher angezogenen Jeremiaſtelle 9 ₂₅. ₂₆, wo der Verf. in ſeinem griechiſchen Bibeltext die Worte geleſen hatte: καὶ ἐπισκέψομαι ἐπὶ πάντας περιτετμημένους ἀκροβυ- στίας αὐτῶν ἐπ' Αἴγυπτον καὶ ἐπὶ Ἰούδαν καὶ ἐπὶ Ἐδώμ καὶ ἐπὶ υἱοὺς Ἀμμὼν καὶ ἐπὶ υἱοὺς Μωάβ..., ſodann von Juſtin dial. 28, wo dieſer neben Jer. 9 ₂₅. ₂₆ auch ſchon unſern Barnabas vor Augen gehabt zu haben ſcheint und die Bemerkung macht: ὁρᾶτε ὡς οὐ ταύτην τὴν περιτομὴν τὴν εἰς σημεῖον δοθεῖσαν ὁ θεὸς θέλει · οὐδὲ γὰρ Αἰγυπτίοις χρή- σιμος οὐδὲ τοῖς υἱοῖς Μωάβ οὐδὲ τοῖς υἱοῖς Ἐδώμ. Am leichteſten ließe ſich dem= nach zunächſt der Text des alten lateiniſchen Ueberſetzers wiederherſtellen, indem das ſinnloſe et Judaeus in et Idumaeus korrigirt und das ſtörende et vor Aegyptii getilgt würde, ſₒ daß er lautete; sed et Idumaeus (vgl. bei Jer. ἐπὶ Ἐδώμ, bei Ju- ſtin τοῖς υἱοῖς Ἐδώμ) et Arabs (vgl. bei Jer. ἐπὶ υἱοὺς Ἀμμὼν καὶ ἐπὶ υἱοὺς Μωάβ, bei Juſtin: τοῖς υἱοῖς Μωάβ) et omnes sacerdotes idolorum Aegyptii (bei Jer. ἐπ' Αἴγυπτον, bei Juſtin: Αἰγυπτίοις). Wenn man nun bedenkt, daß aus einem ur- ſprünglichen ΙΔΟΥΜΑΙΟΣ, ebenſo leicht wie ΙΟΥΔΑΙΟΣ, unter dem Einfluß des nach= folgenden πάντες auch ΠΑΣΣΥΡΟΣ verleſen werden konnte, ſₒ kann man geneigt ſein, auch als urſprüngliche griechiſche Lesart anzunehmen: Ἀλλὰ καὶ Ἰδουμαῖος καὶ Ἄραψ καὶ πάντες οἱ ἱερεῖς τῶν εἰδώλων οἱ Αἰγύπτιοι. Dürfte man ſₒ leſen, ſₒ hätte man den Vorteil, daß alle bei dem überlieferten Texte vorhandenen ſ a c h l i c h e n Schwierigkeiten wegfielen. Denn die Behauptung, daß j e d e r S y r e r beſchnitten ſei, wäre angeſichts der Verſicherung des Joſephus (antiqu. VIII 10, 3), wonach von den bei Herodot II 104 genannten Syrern allein die Juden beſchnitten waren, ebenſo bedenklich wie die, daß alle Götzenprieſter oder daß die Aegypter im allgemeinen beſchnitten ſeien, wogegen an der Beſchneidung der Idumäer ſeit den Makka= bäerzeiten (vgl. Joſephus antiqu. XIII 9, 1; 11, 3) und auch an der mancher a r a - b i ſ c h e n Stämme ſchon lange vor dem Islam (vgl. z. B. S c h l a t t e r a. a. O. S. 7 oben) nicht zu zweifeln ſein wird und endlich die Beſchneidung der ä g y p - t i ſ c h e n P r i e ſ t e r (nicht die der Aegypter überhaupt!) auch noch in der griechiſch- römiſchen Zeit durch alte Nachrichten wie durch neugefundene Urkunden geſichert iſt (vgl. z. B. R e i t z e n ſ t e i n, Zwei religionsgeſchichtliche Fragen 1901 S. 9 ff., S c h ü r e r, Geſch. d. jüd. Volkes I ³ S. 676). Indeſſen führt die Ueberlegung, daß die durch ihre nachträgliche Stellung wie inhaltlich ſₒ verdächtige Bemerkung der grie- chiſchen Handſchriften ἀλλὰ καὶ οἱ Αἰγύπτιοι ἐν περιτομῇ εἰσιν ſehr e i n f a c h und l e i c h t ſich aus einer R a n d g l o ſ ſ e (vgl. zu 1, 6; 8, 2; 16, 4) eines alten Leſers, der die ausdrückliche Erwähnung des Vorkommens der Beſchneidung bei den Aegyp- tern vermißte, e r k l ä r t, zu dem Schluſſe, daß dieſe Randbemerkung, wie die zu 1, 6, in kürzerer Form (et Aegyptii) auch ſchon in dem Text des lat. Ueber- ſetzers ſich befunden hat, und legt uns die Annahme nahe, daß unſer Verf. nur ge- ſchrieben haben wird: Ἀλλὰ καὶ Ἰδουμαῖος καὶ Ἄραψ καὶ πάντες οἱ ἱερεῖς τῶν εἰδώλων· ἄρα οὖν κἀκεῖνοι ἐκ τῆς διαθήκης αὐτῶν εἰσιν. μάθετε οὖν, τέκνα ἀγάπης uſw. So verwunderlich nun dieſes Ergebnis unſerer Textkritik auf den erſten Blick erſcheinen mag, ſofern es uns eine Schwierigkeit, der wir oben bereits entgangen zu ſein ſchienen, wiederbringt, daß nämlich der Verf. allen Götzenprieſtern die Beſchnei= dung zuſchreibt, ſₒ fruchtbar erweiſt es ſich bei genauerer Betrachtung. Denn wenn die Behauptung des Verf.: alle die Götzenprieſter ſeien beſchnitten, Sinn und Be= rechtigung haben ſoll, was wir doch bei einem im übrigen ſₒ ernſthaften und wohl= unterrichteten Manne annehmen müſſen, ſₒ wird ſie wenigſtens auf a l l e d i e ihm u n d ſ e i n e n L e ſ e r n genauer bekannten und vor Augen ſ t e h e n d e n P r i e ſ t e r zutreffen m ü ſ ſ e n. Fragen wir aber, welche Prieſter der alten Welt wirklich alle beſchnitten waren, ſₒ iſt zu antworten: die= jenigen, die einzig im griechiſch-römiſchen Altertum eine Art Kaſte bildeten und ge=

radezu die Priester κατ' ἐξοχήν genannt werden konnten, die ägyptischen (s. oben). Wenn aber der Verf. es nicht nötig findet, ausdrücklich zu sagen, daß er von den ägyptischen Priestern spricht, so kann das nur daraus erklärt werden, daß er in Aegypten und für christliche Leser in Aegypten geschrieben hat.   So bekommen wir durch unsere Stelle ein hochwillkommenes entschei= dendes Indicium für die aus andern Gründen längst vermutete Herkunft unseres Briefes aus Aegypten, die auch J. R. Harris im Journal of the Society for bibli= cal litterat. 1891, S. 60. 70 ausführlicher zu begründen sucht. — 8 Von der be= sonders bei jüdischen Schriftstellern geübten Kunst, Buchstaben in Zahlen oder Zahlen in Buchstaben umzudeuten, die im Talmud Gematria ge= nannt wird, ist ja auch im N. T. Offenb. Joh 13 18 eine Probe zu finden.

10 Daß die Speisegebote und Verbote sinnbildlich zu ver= stehen und von Moses gegeben seien, „um fromme Gedanken zu wecken und den Charakter zu bilden", hatte, wie Hilgenfeld in seiner Ausgabe S. 99 hervor= hebt, schon der von einem alexandrinischen Juden der späteren Ptolemäerzeit ver= faßte und unserem Verf., wie es scheint, bekannte Aristeasbrief gezeigt, der jetzt bequem zu lesen ist in der Uebersetzung von P. Wendland in Kautzsch, Apokr. und Pseudep. des A. T. II S. 1 ff. vgl. bes. S. 17 f.

11 9 Und es war das Land Jakobs gepriesen vor allen Län= dern. Das besagt: er verherrlicht das Gefäß seines Geistes. Ich kann der üblichen Deutung unserer Stelle, wonach das Land Jakobs und das Ge= fäß seines Geistes den Leib Christi bezeichnen soll, der durch Gott verherrlicht werde, nicht beistimmen, weil diese Deutung nicht in den Gedankenzusammenhang paßt. Das Land Jakobs ist zweifellos als das dem Jakob und seinem Samen verheißene gelobte Land im Sinne von 6, 8—16 zu verstehen, bedeutet also (vgl. Apokr. S. 145) den in den Menschenherzen, die durch seinen Kreuzestod und die Wassertaufe mit Gott versöhnt sind, sich offenbarenden und sie zu Gottestempeln umgestaltenden Christus oder mit andern Worten die heiligende, umbildende Kraft, die er vermöge seiner Sühnetat und der Taufe auf Menschenherzen ausübt. Wenn es nun heißt, das Land Jakobs sei gepriesen vor allen Ländern, so bedeutet das m. E.: die von Christus ausgehende heiligende Gotteskraft setze sich sieghaft in der Welt durch, bewähre sich immer weiteren Kreisen als das wahre Heil. Und wenn unser Verf. das (aus Zeph. 3 19 zurecht gemachte) Citat mit den Worten erklärt: er verherrlicht das Gefäß seines Geistes, so meinte er nichts anderes als: Christus, indem er in den Herzen der auf ihn Getauften Wohnung nimmt und sie zu Gefäßen seines Geistes macht, bildet sie herrlich um, d. h. er verwandelt sie in Tempel Gottes. Das schließt sich ganz gut an den vorhergehenden § 8, wo er den Segen dargelegt hat, der von den auf Christus Getauften für viele ihrer Mit= menschen ausgehe, und bereitet ganz gut die nachfolgenden Ausführungen in § 10—11 vor, welche als die letzte Wirkung der Taufe auf Christus das ewige Leben darstellen.

12 1 Im 4. Buch Esra (vgl. H. Gunkels Uebersetzung in Kautzsch, Apokr. und Pseudep. d. A. T. II S. 331 ff.) finden sich nur die Stellen: Bis wann, zu welcher Zeit soll das geschehen? (4 33) und Von Bäumen wird Blut träufeln. Woher unser Verf. den Satz: Es spricht der Herr: wann das Holz (kreuzweise) umgebogen und aufgerichtet sein wird entnommen hat, ob ihm vielleicht ein christlich umgearbeitetes Viertes Esra= buch vorgelegen hat, ist nicht festzustellen.

Der in Aussicht stehende Tempelbau zu Jerusalem.

Nachdem der Verf. schon an zwei früheren Stellen 4, 11 und 6, 15—16 in offen= barem Gegensatz zu dem äußerlichen jüdischen Tempeldienst den paulinischen Ge= danken (vgl. 1. Kor. 3 16 f., 6 19. 2. Kor. 6 16. AG. 17 24) hervorgehoben, daß Gott die Herzen seiner Gläubigen zum Tempel erwählt und daß Christen nur eine pneu=

matiſche Gottesverehrung kennen, kommt er in c. 16 ausführlicher auf den Unter=
ſchied der jüdiſchen und der chriſtlichen Auffaſſung vom Tempel Gottes zu ſprechen.
Er legt dar, wie unwürdig und Gottes eigenem Ausſpruch zuwider die Vorſtellung
einer irdiſchen Behauſung ſei, in der die Juden, wie die Heiden, Gott als in ſeinem
Heiligtum gleichſam verwahrt und aufgehoben (ἀφιέρωσαν = ἀνέθεσαν, nicht ἐθρή-
κευσαν) dachten, wie verfehlt alſo ihre in unſeliger Verblendung einſt (z. B. im jü=
diſchen Krieg 66—70 n. Chr.) und noch jetzt auf den Tempel zu Jeruſalem geſetzten
Hoffnungen ſich erweiſen müßten und noch erweiſen werden. Denn daß der Verf.
hier auch gegen die noch zu ſeiner Zeit unter den Juden vorhandenen, zwar nicht
mehr an den beſtehenden Tempel, wohl aber an die Tempelſtätte geknüpften Hoff=
nungen der Juden und vielleicht auch der chriſtlichen Ebioniten in Paläſtina (vgl.
Irenäus adv. haer. 1, 26) polemiſirt, ergibt ſich aus dem Satz § 2 ἐγνώκατε ὅτι
ματαία ἡ ἐλπὶς αὐτῶν (ſcilicet ἐστιν).   Ueberraſchend kommt dann freilich der
für eine ſolche Polemik ſcheinbar wenig geeignete Satz: πέρας γέ τοι πάλιν λέγει · ἰδοὺ
οἱ καθελόντες τὸν ναὸν τοῦτον αὐτοὶ αὐτὸν οἰκοδομήσουσιν. Die Prophezeiung iſt offen=
bar aus Jeſ. 49 17 entnommen, wo allerdings gar nicht vom Tempel, ſondern von
Zion die Rede iſt und der Text der LXX alſo lautet: καὶ ταχὺ οἰκοδομηθήσῃ ὑφ'
ὧν καθῃρέθης καὶ οἱ ἐρημώσαντές σε ἐξελεύσονται ἐκ σοῦ. Unſerem Verf. iſt an der
gemütvollen Form (οἰκοδομηθήσῃ: Anrede) und an dem tröſtlichen Inhalt der Je=
ſajaſtelle offenbar nichts gelegen geweſen. Er hat ſie in eigenmächtiger Weiſe um=
geformt und ſo ſie ſich angeeignet, nicht um darin die Verkündigung einer durch
Gottes Gnade gewährten Wiederherſtellung Jeruſalems und ſeines Tempels zu fin=
den, ſondern um zu zeigen, daß eine zu ſeiner Zeit in Sicht ſtehende
Wiederherſtellung des jüdiſchen Tempels, wenn auch nicht Gottes
Abſichten entſprechend, ſo doch wenigſtens von ihm vorher gewußt
und vorausgeſagt ſei.   Denn daß es ſich ihm um den Wiederaufbau
des alten Jahwetempels, nicht aber etwa um den eines andern, z. B. eines Jupiter=
tempels, gehandelt hat, zeigt ſchon der Wortlaut ſeiner Weiſſagung 3:
Sieh, die dieſen Tempel niedergelegt haben, eben ſie werden
ihn aufbauen, durch welchen er in ganz klarer und unzweideutiger Weiſe
keinen andern als eben den von den Juden ſo hochgehaltenen Tempel als einen
von Menſchen zerſtörbaren und von Menſchen wiederherſtellbaren dem in § 2 ge=
nannten ewigen Herrſcherſitze Gottes entgegenſtellt. Kommt es doch in dieſem
Zuſammenhang, wie ſonſt in ſeinem Briefe, ihm nur darauf an, den Wahn zurück=
zuweiſen, als ſei der jüdiſche Tempel jemals ein wirkliches Gottesheiligtum und eine
Stätte wahrer Gottesverehrung geweſen oder als ob er es jemals wieder
werden könnte. Wäre er es jemals geweſen, ſo hätte er nicht von den heid=
niſchen Feinden zerſtört werden können, und ſollte er es jemals wieder werden, ſo
könnte er nicht mit Hilfe der Heiden wieder aufgebaut werden. Der jüdiſche Tempel
iſt alſo dem Verderben ausgeſetzt und hinfällig, wie es in
Wahrheit ein mit Händen gebauter Tempel iſt (vgl. 16, 7).
Vollkommen beſtätigt wird dieſe Auffaſſung der Stelle durch die nachfolgende
Ausführung, die in der älteſten Handſchrift S alſo lautet: Διὰ γὰρ τὸ πολεμεῖν αὐτοὺς καθῃρέθη ὑπὸ τῶν ἐχθρῶν · νῦν καὶ αὐτοὶ καὶ οἱ τῶν ἐχθρῶν ὑπηρέται ἀνοικοδο-
μήσωσιν (=ουσιν?) αὐτόν. Weil ſie nämlich Krieg führten, wurde er von
den Feinden niedergelegt; jetzt (aber) ſollen (oder werden) teils ſie
ſelbſt teils die Werkleute der Feinde ihn wieder aufbauen.   Von
dieſer Leſung weichen allerdings die jüngeren Texteszeugen CGL dadurch ab, daß
ſie leſen: νῦν καὶ αὐτοὶ οἱ τῶν ἐχθρῶν ὑπηρέται ἀνοικοδομήσουσιν αὐτόν (nunc et ipsi
inimicorum ministri ab initio aedificant illud) und G und L außerdem noch dadurch,
daß ſie unmittelbar auf die vorhergehende Weiſſagung das Wörtchen γίνεται (fiet)
folgen laſſen, das offenbar beſagen ſoll: das trifft ein. Denn weil ſie
Krieg führten uſw. Ich ſtimme, was dieſe Lesart betrifft, ganz K. Weiz=
ſäcker (a. a. O. S. 22) bei, wenn er ſagt: „Ganz abgeſehen von den inneren
Gründen, die hiebei zur Sprache kommen, gehört ſchon nach allgemeinen kritiſchen

Regeln dem Sinaitischen Texte der Vorzug. Denn γίνεται (das nicht nur in S, sondern auch in C, also in den beiden besten Handschriften, fehlt) trägt ganz den Charakter einer Glosse, welche Weissagung und Anwendung unterscheiden (und das nachfolgende γάρ erklären) sollte. Und der Wegfall des καί an der zweiten Stelle sollte offenbar die Anwendung in genauere Aehnlichkeit mit dem angeführten prophetischen Worte selbst setzen" und, füge ich hinzu, **eine dem Glossator unverständliche geschichtliche Situation durch eine ihm bekannte, nämlich die des Baus des Hadrianischen Jupitertempels, ersetzen.** Denn daß einige Jahrhunderte später christliche Leser des Barnabasbriefes sich nicht mehr einen von Juden und Römern gemeinsam ansgeführten Tempelbau in Jerusalem vorstellen konnten, ist sehr begreiflich; das zeigt schon Epiphanius (de mensuris et pend. c. 14).   Daß die Lesung des S die richtige ist, ergibt sich schon aus ihrer sprachlichen Korrektheit gegenüber der sprachlichen Schwierigkeit, fast möchte ich sagen, Unmöglichkeit der anderen Lesart. Was soll denn das heißen: **jetzt werden auch selbst die Diener der Feinde ihn wieder aufbauen?** Hefele übersetzt allerdings sehr sauber, aber sehr wenig dem Texte entsprechend: „jetzt wird er und zwar von den Dienern der Feinde selbst wieder aufgebaut werden". Er und die übrigen Erklärer, welche diese Lesart billigen, verstehen sie tatsächlich so, als wenn sie lautete: νῦν καὶ οἱ αὐτῶν τῶν ἐχθρῶν ὑπηρέται. So z. B. auch Lipsius (a. a. O. S. 371) „jetzt werden auch die Diener der Feinde selbst ihn wieder aufbauen". Wie sprachrichtig und sinnvoll besagt dagegen der Text des S: infolge des von den Juden begonnenen Krieges ist ihr Tempel von den Feinden (Römern) zerstört worden. Und nun sollen (werden) genau entsprechend der Weissagung sowohl sie, die jene Zerstörung durch ihre Empörung selbst veranlaßt haben, also auch οἱ καθελόντες τὸν ναὸν τοῦτον genannt werden können, als die Werkleute der einstigen Zerstörer ihn wieder aufbauen.

Wie schon angedeutet, sind am natürlichsten unter den ὑπηρέται die Zimmerleute (fabri), Steinmetzen, Maurer und Architekten der Römer zu verstehen, deren es genug bei jeder römischen Legion, also sicher auch bei der auf der Stätte des zerstörten Jerusalems stationirten Zehnten Legion gab, und von denen außerdem ein Kaiser Hadrian (nach Aurelius Victor epit. 14) eine ganze Armee, in Cohorten und Centurien eingeteilt, besaß. Schlatter a. a. O. S. 64 deutet die ὑπηρέται auf den römischen Statthalter in Judäa und seine Beamten.   Schließlich darf nicht übersehen werden, daß es nicht οἰκοδομήσουσιν sondern ἀνοικοδομήσουσιν αὐτόν heißt, was an sich schon dazu mahnt, an einen in Sicht stehenden Wiederaufbau des jüdischen Jahwetempels anstatt an den Neubau irgend eines andern, z. B. eines Jupitertempels, zu denken. Da aber die Weissagung nur οἰκοδομήσουσιν hat, der Verf. also nicht etwa durch den Wortlaut der Weissagung verleitet sein kann, bei deren Erfüllung ein nur halbberechtigtes ἀνοικοδομήσουσιν anzuwenden, so scheint die Möglichkeit, dieses Wort in einem andern Sinn als dem des Wiederaufbaues zu nehmen, geradezu ausgeschlossen.

Bei dieser Erklärung der §§ 3 und 4, die in ähnlicher Weise zuerst von Volkmar (Theol. Jahrb. 1856 S. 317—361), und zwar schon vor der Entdeckung des Cod. Sinait. noch unter Voraussetzung der Lesart καὶ αὐτοὶ οἱ τῶν ἐχθρῶν ὑπηρέται, hernach von J. G. Müller (Erklärung des Barnabasbriefes 1869 S. 334—340), A. Harnad in PA I, 2² 1878 p. LXX—LXXII u. S. 69 vorgetragen worden ist, sehen wir uns gezwungen, ebensowohl die von Lipsius (a. a. O. S. 371) und neuerdings auch von E. Schürer (a. a. O. I S. 672 f.) und A. Harnack (II, 1, 1897 S. 420 f.) vertretene Deutung, die in § 4 einen höhnischen Hinweis des Verf. auf den nächstens erstehenden Jupitertempel in Aelia Capitolina sehen und eben darin das Acumen der Ausführung finden will, als auch die überaus künstliche, m. E. mit dem Wortlaut ebenso wenig wie mit dem Gedankenzusammenhang vereinbare Deutung zurückzuweisen, die von älteren Auslegern wie Menardus, sodann aber auch von Hefele (Sendschreiben des A. B. S. 115 f.), Hilgenfeld (a. a. O. p. 119 ff.), Th. J. Riggenbach (Brief des B. 1873 S. 44), F. X. Funt (neuerdings in feinen Kirchengefch. Abhandlungen II 1899 S. 86 ff.) aufgeftellt worden ift und in § 4 anftatt den künftigen Wiederaufbau eines jüdifchen oder den Neubau eines heidnifchen Tempels den Aufbau eines chriftlichen, d. h. geiftigen Tempels, wie ihn tatfächlich der Verf. erft von § 6 ab im Sinn hat, ausgefprochen findet und unter den ὑπηρέται τῶν ἐχθρῶν die chriftlichen Untertanen des römifchen Reiches verftehen will. Was die letztere Erklärung anlangt, fo wäre es, von der Seltfamkeit, daß von einem Chriften die Chriften als „Diener" der Römer bezeichnet wären, ganz abgefehen, eine mehr als verwunderliche Vorftellung: die Weisfagung, daß die den Tempel der Juden niedergeriffen haben, ihn wiederaufbauen werden, dadurch erfüllt zu fehen, daß die Chriften aus ihren Herzen Tempel Gottes machen. Sind fie denn irgendwie bei der Zerftörung des Judentempels beteiligt gewefen oder kann der Tempel Gottes, den fie in ihren Herzen errichten follen, als Wiederaufbau des Judentempels angefehen werden?

Wenn A. Harnack (II. S. 425) gegen unfere Auffaffung einwendet: An einen Wiederaufbau des jüdifchen Tempels unter Hadrian darf nicht gedacht werden, wenn man nicht das καί des S lieft, fo ift zu entgegnen: was hindert denn, diefe einft (1878) von ihm felbft angenommene Lesart der älteften Handfchrift beizubehalten? Und wenn er ferner meint, mit diefer Annahme wäre das ganze Acumen in den Ausführungen des Verf. dahin, fo ift das ein Gefchmacksurteil, dem wir keclich das unfrige entgegenftellen, wonach in unfrer Erklärung der Stelle der langgefuchte Schlüffel zum ganzen Barnabasbrief zu finden ift, wie fofort gezeigt werden foll[1]. Wenn nämlich Harnack die Anficht ausfpricht: ein zu erwartendes Wiedererftehen des jüdifchen Tempels wäre für den Verf. eine fo peinliche Sache gewefen, daß er gewiß vorgezogen hätte, fie lieber zu unterdrücken als in feinem Briefe zu erwähnen, fo geben wir zwar bereitwillig zu, daß in der Tat eine folche Ausficht für den Verf. und feine chriftlichen Zeitgenoffen zunächft etwas höchft Peinliches, ja Beirrendes haben konnte. Denn fo gewiß die Zerftörung Jerufalems und feines Tempels durch Titus der damaligen Chriftenheit als ein Gottesgericht erfchienen war, das über die Verächter der alten Propheten und die Mörder Jefu gekommen fei und den Streit zwifchen dem alten Gefetz und dem neuen Gefetz Jefu Chrifti (vgl. Gal. 4 21—31, 5 13, 6 2 Barnab. 2, 6), d. h. zwifchen der alten Ritualreligion und der neuen Religion des freien Geiftes zu Gunften der letzteren entfchieden habe, fo gewiß mußte die Kunde von einer bevorftehenden Wiederaufrichtung des jüdifchen Tempels und Wiedereinrichtung des feit 70 n. Chr. unterbrochenen Tempeldienftes, wie fie in jüdifchen Kreifen die ausfchweifendften Hoffnungen erweckte, in chriftlichen ängftliche Erregung, ja Beftürzung verurfachen. Aber eben unter folchen Umftänden, wo viele chriftliche Gemeinden durch den Zweifel umgetrieben wurden, ob ihr bisheriger Glaube an die gänzliche Außerkraftfetzung des jüdifchen Gefetzes und Ritus angefichts der neuen Wendung der Dinge Beftand haben könne, ob nicht vielmehr das klein und kleiner gewordene Häuflein derjenigen Chriften (die fogenannten Ebioniten) im Rechte fei, die auch damals noch (vgl. 4, 6), wie einft Jakobus, der Bruder des Herrn, möglichft enge Fühlung mit altjüdifchem Brauch und Glauben behalten hatten, eben unter folchen Umftänden konnte und durfte ein chriftlicher Lehrer, der, wie der Verf. unferes Briefes, von aufrichtiger Liebe und Sorge für feine Brüder erfüllt und zugleich von dem Bewußt-

---

[1] Ich hatte meine ganze Arbeit über Barnabas in vorliegender Faffung bereits dem Herrn Herausgeber zugefandt, als mir das vorher unbekannte Büchlein A. Schlatters: Die Tage Trajans und Hadrians, in die Hände fiel. Mit Befriedigung erfehe ich daraus, daß er vor mir im wefentlichen zu der gleichen Auffaffung unfrer Stelle und zugleich auch des Zweckes des Barnabasbriefes gekommen ift. Denn gegen Harnack bemerkt er auf S. 62 ganz in meinem Sinn: „Um über die Peinlichkeit der Tatfachen hinwegzuhelfen, fchreibt er (Barnabas) ja feine lange, erregte Widerlegung des Judentums, diefen ausführlichen Nachweis feiner Hohlheit und Unwahrheit".

sein gehoben war, weiter und tiefer zu sehen als die meisten andern, nicht schweigen über das, was alle erregte. War doch Gefahr vorhanden, daß unbefestigte Gemüter unter dem Eindruck jener unerwarteten und überraschenden Möglichkeit der Wiederaufrichtung des jüdischen Tempels und Tempeldienstes auf verhängnisvolle Irrwege gerieten und sich dem wieder aufsteigenden Judentum zuwendeten. Ihm, dem erfahrenen und in Gottes Schule (1, 4) gereiften Lehrer freilich stand sofort fest, daß eine etwaige Wiedererstehung des jüdischen Tempels an dem, was die Christenheit bisher als δικαιώματα κυρίου, d. h. als die von Christus verkündigten göttlichen Willensmeinungen und Forderungen oder religiösen Pflichten verehrt und befolgt hatte, nichts ändern konnte, daß eine solche von dem Herrn zwar vorausgewußt und vorhergesagt, aber nicht von ihm veranlaßt, sondern eine Veranstaltung des Bösen sei, der in den gegenwärtigen bösen Tagen noch Vollmacht zu schalten und zu walten habe (2, 1) und der durch eine solche Veranstaltung dem Irrtum, d. h. den von Christus überwundenen Religionsvorstellungen der Juden, in den Herzen der Christen einen Unterschlupf zu verschaffen und sie so vom ihrem Heile hinwegzustoßen versuche (2, 10). Der Möglichkeit eines solchen Irrtums und Zurücksinkens in eine überlebte und abgetane Religion entgegenzutreten und vorzubeugen mußte er demgemäß für seine Pflicht und Aufgabe betrachten, die er denn auch in den cc. 2—16 zu erfüllen bestrebt ist. Das tritt gleich zu Anfang c. 2 in seiner Ausführung von der Grund- und Haltlosigkeit der jüdischen Opfergebräuche, wie sie im Tempel zu Jerusalem früher geübt worden waren und nun bald wieder geübt werden sollten, kräftig genug hervor. Wenn dort das Prophetenwort angeführt wird: Meinen Vorhof sollt ihr nicht länger betreten, und wenn ihr mir Speiseopfer bringet, es ist umsonst! Räucherwerk ist mir ein Greuel, so baut der Verf. schon dort der Meinung vor, als könnte die Wiedereinrichtung des Tempels und Tempeldienstes ein Gott wohlgefälliges Werk sein. Und wenn es c. 3 heißt: Wozu fastet ihr mir, spricht der Herr, daß heute euer Rufen schreiend klingt? ... selbst wenn ihr eure Nacken zu einem Kreise bieget und einen Sack anziehet und euch auf Asche bettet, sollt ihr es doch kein wohlgefälliges Fasten nennen; so deutet er vielleicht an den seit der Zerstörung Jerusalems aufgekommenen Brauch der Juden, am Jahrestage der Zerstörung auf der Tempelstätte in erbarmungswürdigem Aufzug ihre Wehklagen anzustimmen und ihre Gebete um Wiederaufrichtung des Tempels zu verrichten (vgl. Hieronymus ad Zephan. 1, 15 f.). Und wenn der Verf. 6, 3 sagt: Stützt sich also unsere Hoffnung auf einen Stein? Nimmermehr! so denkt er gewiß schon an den steinernen Tempel, auf den die Juden ihre Hoffnungen gesetzt hatten. Und ebenso hat er schon 4, 11 und noch deutlicher 6, 16 diesem steinernen Tempel den geistlichen gegenübergestellt, in dem Gott wirklich wohnt. Schon Weizsäcker (S. 18) hat ganz richtig gesehen, „daß die Erörterung über den Wert des jüdischen Tempels die Spitze seiner ganzen streitenden Lehrentwicklung bildet, deren letzter Zweck daher in ihr zusammenzugehen scheint". Aber er hat sich durch eine irrige Auslegung des § 4, wo er unter dem zerstörten Tempel nicht den durch Titus, sondern den durch Nebukadnezar zerstörten, und unter dem wiederaufzubauenden nicht den zu des Verf. Zeiten zu errichtenden, sondern den mit Unterstützung der Perser (= οἱ τῶν ἐχθρῶν ὑπηρέται!) durch Serubabel erbauten T. versteht, das Verständnis des wahren Grundes jener Erörterung über den Tempel sehr erschwert, obwohl er selbst sich der Beobachtung nicht verschließen kann, daß Barnabas nicht sowohl gegen judaisirende Christen als vielmehr gegen Juden zu streiten scheine, wozu diese irgendwie durch Angriffe oder Behauptungen Veranlassung gegeben haben müssen. Was aber den sonst so scharfsichtigen Forscher zu jener irrigen Auffassung des § 4 verleitet hat, ist der Umstand gewesen, daß er eine Beziehung auf die Zerstörung des Tempels durch Titus erst in § 5 πάλιν ὡς ἤμελλεν ἡ πόλις καὶ ὁ ναὸς καὶ ὁ λαὸς Ἰσραὴλ παραδίδοσθαι, ἐφανερώθη annehmen zu dürfen glaubte,

weil es kaum möglich ſei, daß der Verf. zuvor ſchon (alſo in § 3 oder 4) eines Um=
ſtandes (d. h. des Wiederaufbaues des T.) gedacht haben ſollte, welcher der in § 5
gemeinten Zerſtörung Jeruſalems durch Titus erſt nachfolgte. 5 Zuzugeben iſt
allerdings, daß das Verhältnis dieſes § zu dem Vorhergehenden der Erklärung be=
darf. Denn wenn mit πάλιν ὡς ἤμελλεν ꝛc. nur eine zweite Belegſtelle dafür, daß
der herodianiſche Tempel ſamt der Stadt Jeruſalem göttlicher Weisſagung ent=
ſprechend wirklich zerſtört worden ſei, gegeben werden ſollte (wie z. B. A. Harnack
meint), ſo würde der § 5 wirtlich jedes Acumens entbehren, dagegen ein ſtarkes
Befremden darüber erregen, daß der Verf., der mit dem Evangelium Matthäus
ſich ſonſt bekannt zeigt, nicht an Stelle der apokryphen, wahrſcheinlich Henoch ent=
nommenen Weisſagung etwa das Herrnwort Mt. 24₂ anführte. Lipſius (a. a.
O. S. 372) freilich, der in § 4 den Gedanken gefunden: „wie der Prophet vorher=
geſagt, iſt der Tempel nicht bloß zerſtört worden, ſondern er wird ſogar von den
Feinden als Götzentempel eingerichtet", findet in § 5 einen ſcheinbar durchaus an=
gemeſſenen, faſt beſtechenden Gedankenfortſchritt durch die Erklärung: „Wiederum
ſagt es ſchon Henoch vorher, daß Stadt, Tempel und Volk den Feinden übergeben
wird. Und auch dies iſt geſchehen, nämlich dadurch, daß Jeruſalem zur römiſchen
Kolonie gemacht iſt". Nur iſt dagegen einzuwenden, daß im Texte ſowenig von Ein=
richtung eines Götzentempels als von der Uebergabe der Stadt, des Tempels und
Volkes an die Römer und von der Errichtung einer römiſchen Kolonie zu leſen iſt
und daß das zweimal gebrauchte παραδίδοσθαι zweifellos das erſte= wie das zweite=
mal im Sinn von παραδίδοσθαι εἰς καταφθοράν (vgl. 5, 1 ; 12, 2 und 5) zu verſtehen
iſt. Auch wäre es ſeltſam, wenn nun durch die Gründung der Stadt Aelia auf der
Stelle des ſeit 70 n. Chr. zerſtörten Jeruſalems die Weisſagung erfüllt ſein ſollte,
daß die Schafe der Weide und ihre Hürde und ihr Turm dem Untergang übergeben
werden ſollten. Es ließe ſich auch kein Grund denken, warum der Verf. nicht ſchlicht
und verſtändlich ſich lieber etwa ſo ausgedrückt hätte: „Wiederum iſt zum voraus
kundgegeben worden, daß die Heiden auf den Trümmern des zerſtörten Jeruſalems
ſich anſiedeln werden; denn es ſteht geſchrieben Hef. 7 ₂₁—₂₅".

Das Richtige ſcheint mir darum zu ſein, Sinn und Bedeutung von §5, wie
es ſchon Volkmar (Urſprung unſrer Evangelien 1866 S. 147) verſucht hat, in
einem gegenſätzlichen Verhältnis zu § 4 zu ſuchen und πάλιν mit „hinwiederum"
oder „hingegen auch" zu überſetzen und dann den Gedankenzuſammenhang etwa ſo
zu faſſen: Wenn durch den in Sicht ſtehenden Tempelbau die alten Hoffnungen der
Juden ſcheinbar eine Stütze erhalten, ſo laßt euch hinwiederum das andere, ſolche
Hoffnungen gründlich zerſtörende Prophetenwort ins Gedächtnis rufen, wonach über=
haupt nicht nur der Tempel und nicht nur Jeruſalem, ſondern das ganze Volk
Iſrael als von Gott aufgegeben und dem Untergang geweiht erſcheinen. An dieſem
von Gott beſchloſſenen Verderben des Judentums kann alſo die augenblickliche Aus=
ſicht auf einen Wiederaufbau des alten Tempels durch die Juden und die Bauleute
des römiſchen Kaiſers nichts ändern. — Dabei iſt zu bemerken, daß ὡς ἤμελλε παραδίδοσθαι ebenſowohl auf die ſchon vollzogene als auf die erſt im Vollzug begrif=
ſene Preisgabe, alſo ebenſowohl auf die Zerſtörung der Stadt und des Tempels
durch Titus und etwa auch auf die furchtbaren Ereigniſſe des 2. Judenaufſtandes
unter Trajan wie auf die noch ausſtehende gänzliche Vernichtung des Volkes und
aller ſeiner Hoffnungen hinzuweiſen ſcheint, daß es alſo etwa = ἤμελλε καὶ μελήσειν
iſt, ähnlich wie in § 1 bei ἤλπισαν gezeigt haben, daß es auch ein καὶ ἐλπίζουσι
enthält. Auch iſt nicht zu überſehen, daß nach der Weisſagung dieſe Preisgabe ἐπ'
ἐσχάτων τῶν ἡμερῶν ſtattfinden ſoll, alſo in der Endzeit, die zwar für die altchriſt=
lichen Schriftſteller manchmal als in der Gegenwart ſchon angebrochen (z. B. 4, 9
und AG. 2₁₇), aber immer als noch nicht abgeſchloſſen erſcheint. Endlich iſt auch
ſonſt in unſerem Briefe zu bemerken, daß der Verf. die Juden zwar als von Gott
verlaſſen (vgl. 4, 14), aber als noch nicht ausreichend beſtraft anſieht, weil ſie
Sünder und Frevler geblieben. Bezeichnend dafür iſt die ausgeſprochener Maßen
auf die Juden gemünzte Stelle 5, 4 Es ſagt aber die Schrift: nicht mit

Unrecht werden für die Vögel Netze ausgespannt. Das heißt: mit Recht wird ein Mensch zu Grunde gehen, der in Kenntnis des Weges der Gerechtigkeit auf dem Wege der Finsternis verbleibt. Man kann kaum umhin, unter dem Netz, worin hienach die Juden gefangen werden sollen, die trügerischen Hoffnungen zu verstehen, die durch die Aussicht auf den Wiederaufbau des Tempels bei ihnen erregt wurden. Denn das Verlangen nach dessen Wiederaufrichtung mußte unserem Verf. als ein bewußter Trotz und Ungehorsam gegen Gottes ausdrückliche und durch die bisherigen geschichtlichen Ereignisse bestätigte Willensäußerungen sowie als ein ruchloser Protest gegen die von Christus gelehrte und geforderte Art der Gottesverehrung erscheinen. Wenn dieses gottwidrige Verlangen jetzt seiner Verwirklichung nahe gerückt schien, so konnte das in Wirklichkeit nur eine Falle für die Juden und den Anfang vom Ende bedeuten. Vom christlichen Standpunkt aus konnte hiegegen kaum anders, als es von unserem Verf. geschehen ist, vorgegangen werden, nämlich durch die Berufung auf göttliche Zeugnisse über den jüdischen und über den wahren Tempeldienst und auf Weissagungen, die entweder, wie die c. 4, 4—5 mitgeteilte, jenen Tempelbau als das letzte Aergernis und als den Anfang vom Ende charakterisiren oder, wie die in unserem § 5 angeführte, den unabwendbaren Untergang der Stadt, des Tempels und des Volkes der Juden aussprechen sollten.   Die letztere Weissagung scheint, worauf A. Hilgenfeld zuerst aufmerksam gemacht hat, dem auch c. 4 citirten Buche Henoch entnommen zu sein, wo c. 89 56—58 nach G. Beers Uebersetzung (Kautzsch, Apokr. und Pseudep. d. A. T. II, S. 294) also gelesen wird: Ich sah, daß er (der Herr der Schafe) jenes ihr Haus und ihren Turm verließ und sie alle den Löwen preisgab, um sie zu verschlingen, allen Raubtieren. Da ließ ich an aus allen meinen Kräften zu schreien und den Herrn der Schafe anzurufen und ihm betreffend der Schafe Vorstellungen zu machen, daß sie von allen Raubtieren verschlungen würden. Als er es sah, blieb er ruhig... B. 66 heißt es dann weiter: Die Löwen und Tiger fraßen und verschlangen den größeren Teil jener Schafe und die Wildschweine fraßen mit ihnen und sie steckten jenen Turm in Brand und zerstörten jenes Haus.   Jedenfalls aber hat der Verf. die unter der Form einer Vision bei Henoch auftretende Weissagung für seine Zwecke erst zurecht gemacht, indem er das einleitende „ich sah, daß" im Sinne von „ich sah voraus, daß" nahm und dann die Form der Vision geradezu in die Form der Weissagung umwandelte mit der feierlichen, vielleicht Hes. 38 16 entnommenen Formel καὶ ἔσται ἐπ' ἐσχάτων τῶν ἡμερῶν. Den Inhalt von B. 66 aber, der die Tötung der Schafe, Verbrennung ihres Turmes (des Tempels) und Zerstörung ihrer Behausung als vollzogene Tatsache darstellt, gab er, indem er aus dem eben angeschlagenen Ton der Weissagung wieder ungeschickt herausfiel, in der ursprünglichen Form der Erzählung summarisch wieder mit den an die Sprache des A. T. anklingenden Worten: καὶ ἐγένετο καθ' ἃ ἐλάλησε κύριος, die wir also als auch zu dem Henochcitat gehörig und nicht als Bemerkung des Verf. betrachten. Zu dieser Auffassung der Worte sehen wir uns nicht nur durch die Vergleichung des eigenmächtig zugestutzten Citats mit seiner Ursprungsstelle, sondern auch durch die Wahrnehmung veranlaßt, daß unser Verf. nach seiner den § 5 einleitenden Bemerkung πάλιν ὡς ... ἤμελλε παραδίδοσθαι, ἐφανερώθη von sich aus überhaupt keine Bemerkung über die Erfüllung der Weissagung mehr zu machen hatte, da er sie eben damit schon gemacht hatte.   Will man diese unsere Auffassung nicht gelten lassen, so hat man zu überlegen, ob nicht die Worte καὶ ἐγένετο ebenso wie das γίνεται in § 4 als eine alte Glosse anzusehen sind. Es würde übrigens auch, wenn man sie, wie dies bisher von allen Herausgebern geschehen ist, unserm Verf. selbst zuschreiben wollte, an unserer Gesamtauffassung nichts geändert. Denn die Worte würden, da nach Ausweis des ganzen Briefes das Volk der Juden doch noch nicht untergegangen, eine volle Erfüllung der Weissagung also noch nicht eingetreten ist, doch nur bedeuten können : daß die Dinge bisher

einen der Weissagung entsprechenden Verlauf genommen
und also auch künftig einen solchen nehmen werden.

Eine weitere Bestätigung unsrer Ueberzeugung, daß ein in Sicht stehender
Wiederaufbau des jüdischen Tempels in Jerusalem für unsern Verf. das er-
regende Moment gebildet hat, das ihn zu seinen Ausführungen überhaupt, im besonderen aber zu den in c. 16 veranlaßt hat, finden wir in dem zweiten Teile dieses
Kapitels § 6—10, wo er die Frage aufwirft und beantwortet, ob es denn überhaupt einen Tempel Gottes gebe. Denn man wird ohne weiteres zugeben müssen, daß die Errichtung eines Jupitertempels ihn kaum zu dieser Fragestellung bringen konnte, wohl aber die eines jüdischen Gottestempels, der wirklich
Anspruch macht, ein ναὸς θεοῦ zu sein. Und wie der Verf. überhaupt von c. 2—16
sich ausschließlich mit jüdischen Religionsvorstellungen auseinandergesetzt hat, so
kann auch nur dem Einwurf eines jüdischen Gegners: „Du willst also überhaupt
von keinem Tempel Gottes wissen, trotzdem es doch Weissagungen über den Wiederaufbau eines solchen gibt?" seine Antwort gelten: Allerdings gibt es einen Tempel
Gottes, glaube doch auch ich an die Weissagung (Daniel 9 27 ff. ?), daß einst, wenn
die Weltwoche sich vollendet, ein Tempel Gottes erstehen wird, aber das wird kein
mit Händen gemachter und zerstörbarer, sondern ein unvergänglicher, kein auf dem
Tempelberg zu Jerusalem, sondern da, wo Gott ihn selbst zu bereiten verspricht,
d. h. in den Herzen der Gläubigen errichteter, kein durch die Gnade eines römischen
Kaisers bewilligter und mit Hilfe seiner Bauleute aufzuführender jüdischer, sondern
ein in Herrlichkeit (ἐνδόξως) auf den Namen Christi erbauter Tempel sein.

Die chronologische Frage.

Wenn wir im Vorstehenden gezeigt zu haben glauben, daß eine unbefangene,
den Textesworten unseres Kapitels gerecht werdende Auslegung zur Wahrnehmung
führt, daß der Verf. einen Wiederaufbau des Jahwetempels durch die Juden unter
Beihilfe römischer Bauleute oder Beamten erwarten zu müssen glaubt, und wenn
diese Wahrnehmung über Veranlassung, Zweck und Ton des Briefes ebenso auch
über das vielberufene Rätsel des c. 4, 3—5 Licht zu verbreiten geeignet ist, so muß
auch die Frage erörtert werden, zu welcher Zeit eine solche Erwartung oder Befürchtung des Verf. denkbar und möglich war. Offenbar nur in der Zeit zwischen
der Zerstörung Jerusalems und des Tempels durch Titus im J. 70 n. Chr., die in
unserem ganzen Brief vorausgesetzt ist, und der Erbauung der römischen Kolonie
Aelia Capitolina mit ihrem Jupitertempel durch Hadrian, die jeden Gedanken
an die Möglichkeit eines Wiedererstehens des Jahwetempels in Jerusalem auf un-
absehbare Zeit verbot. Denn diese hat, wie Gregorovius (Die Gründung d.
röm. Kolonie Aelia Capit. in den Sitzungsber. der phil.-histor. Kl. d. Münchener
Akad. 1883, S. 477) mit Recht bemerkt, das furchtbare Werk des Titus vollendet,
das Ende der Geschichte des Judenvolkes in seinem nationalen Centrum besiegelt
und dieses selbst für immer aufgehoben. Den Entschluß, auf dem Boden des
alten Jerusalem, in dessen Trümmern seit 70 n. Chr. die X. Legio Fretensis ihr
Standquartier aufgeschlagen und seitdem eine aus Heiden, Juden und selbst Christen
(vgl. Euseb. h. e. IV 5) gemischte bürgerliche Bevölkerung sich angesiedelt hatte, eine römische Kolonie und an der Stelle, wo früher der Jahwetempel gestanden, einen
Tempel für Jupiter aufzuführen, soll Hadrian, wie auf Grund der Angabe des
Epitomators des Dio Cassius 69, 12 von den meisten Forschern (z. B. von Mommsen, Röm. Gesch. V S. 544, Gregorovius a. a. O. S. 495, Schürer a. a. O. I S. 679 f.)
angenommen wird, im Jahre 130 n. Chr. bekannt gegeben und betätigt haben, als
ihn seine Rundreise durch das Reich nach Syrien, Palästina und Aegypten führte.
Die begonnene Ausführung dieses Entschlusses habe aber, sobald er diese Gegenden verlassen hatte, den furchtbaren und langwierigen Judenaufstand des Messias
Simon Barkocheba veranlaßt (132—135), in dem Judäa zur Einöde und die junge
Kolonie in Trümmer gelegt wurde, sodaß sie jedenfalls nach Beendigung des Aufstandes neu erbaut werden mußte und von nun ab eine durchaus nichtjüdi-

sche Bevölkerung erhielt (vgl. Eusebius h. e. IV 6). Nach Spartianus (Vita
Hadr. c. 14) soll die Ursache des Aufstandes ein von Hadrian erlassenes Verbot der
Beschneidung gewesen sein. Bemerkenswert ist jedenfalls, daß unser Barnabasbrief,
der c. 9, 6 ausführlich von der Beschneidung redet, noch nichts von einem solchen
Verbot, aber auch nichts von dem jüdischen Messias Simon Barkocheba, noch nichts
von Aelia Capitolina und dem Jupitertempel weiß.   Ist nun der Entschluß
Hadrians, Aelia Capitolina und einen Jupitertempel darin zu bauen, richtig auf
das Jahr 130 n. Chr. angesetzt und ist der Zusammenhang der geschichtlichen Er=
eignisse ein solcher, wie ihn Dio Cassius angibt, so muß unser Verf. zwischen 70
und 130 n. Chr. seinen Brief geschrieben haben. In dieser Zeit aber läßt sich kein
andrer Zeitraum ausfindig machen, in dem ein Wiederaufbau des jüdischen Tempels
von den Juden gehofft, von den Christen befürchtet werden konnte, als etwa wäh=
rend der ersten Hälfte der Regierungszeit Hadrians, d. h. in den Jahren 117—130.
Denn die flavische Dynastie war hart gegen die Juden, von des kurzregierenden
Nerva Verhältnis zu den Juden ist uns nichts bekannt, von Trajan aber wissen
wir (vgl. Dio Cassius 68, 32 und Eusebius h. e. IV 2), daß er, während er selbst
am unteren Euphrat gegen die Parther kämpfte, seine tüchtigsten Feldherrn, Mar=
cius Turbo und Lustus Quietus, aussenden mußte, um einen in seinem Rücken im
Jahre 115 oder 116 ausgebrochenen gefährlichen Aufstand der Juden auf Cypern,
in Aegypten, Mesopotamien und Babylonien zu unterdrücken. — In Palästina
selbst scheint nur die barbarische Strenge und die Raschheit, mit der Lusius
Quietus, von Geburt ein maurischer Fürst, den Aufruhr in Mesopotamien und
Babylonien niederschlug (der Talmud hat noch die Erinnerung an diesen furcht=
baren polemos schel Quietus erhalten, vgl. Derenbourg, Histoire et Géogr. de la
Palestine 1867 I S. 404, Schürer I 667), und seine Ernennung zum Statthalter von
Judäa mit ausgedehnten Vollmachten einen wirklichen Ausbruch der Empörung
hintangehalten zu haben. Trotzdem war, als nach Trajans Tode in Cilicien Aelius
Hadrianus, damals Legat Syriens, zu Antiochia am 11. August 117 von seinen
Truppen zum Kaiser ausgerufen wurde, in Palästina die Gefahr einer Empörung
noch nicht völlig beseitigt; denn Spartianus Hadr. 5 berichtet über die Zeit seines
Regierungsantritts: Lycia denique ac Palaestina rebelles animos efferabant. Wenn
nun gleichwohl Hadrian, noch während er im Orient weilte, nach Spartians An=
gabe den gefürchteten Bändiger der Juden Lusius Quietus seines prokonsularischen
Imperium in Palästina entsetzte und wenn er ihm zugleich sein angestammtes
Fürstentum Mauretanien nahm, so geschah dies zwar gewiß aus persönlichen Grün=
den, nämlich, weil er den Quietus als früheren Nebenbuhler um die Gunst Trajans
und als mutmaßlichen Gegner seiner Herrschaft haßte und fürchtete[1]; aber seine
Absetzung und sein bald darauf erfolgter gewaltsamer Tod[2] durften von den Be=
wohnern der östlichen Reichsländer in Zusammenhang gebracht werden mit der
neuen Friedenspolitik, die Hadrian durch Freigabe der kurz vorher von
Trajan eroberten Provinzen Armenien, Mesopotamien und Assyrien inaugurirt
hatte, und wurden sicherlich von den Juden als gerechte Bestrafung ihres fürchter=
lichen Gegners und als ein Beweis besonderen Wohlwollens Ha=
drians gegen die Judenschaft sowie als eine Bürgschaft dafür aufgefaßt,
daß jetzt bessere Tage für Israel angebrochen seien. — So kann man
es verstehen, daß der jüdische Verfasser von Orac. Sibyll. V, 35—38, wie er Trajans

---

[1] Bei Dio 68, 32 heißt es von Quietus: Καὶ τέλος ἐς τοσοῦτον τῆς τε ἀν-
δραγαθίας ἅμα καὶ τῆς τύχης ἐν τῷδε τῷ πολέμῳ προεχώρησεν ὥστε ἐς τοὺς ἐστρατη-
γηκότας ἐγγραφῆναι καὶ ὑπατεῦσαι, τῆς τε Παλαιστίνης ἄρξαι · ἐξ ὧν που καὶ τὰ μάλιστα
ἐφθονήθη καὶ ἐμισήθη καὶ ἀπώλετο.   Bei Spartian Hadr. 5: Lusium Quietum subla-
tis gentibus Mauris quas regebat, quia suspectus imperio fuerat, exarmavit.
[2] Dio 69, 2: Καὶ οἱ μὲν ἐν τῇ ἀρχῇ φονευθέντες Πάλμας τε καὶ Κέλσος, Νίγρινος
τε καὶ Λούσιος ἦσαν. Spartian Hadr. 6: Quare Palma Terracinae, Celsus Bajis,
Nigrinus Faventiae, Lusius in itinere senatu jubente, invito Hadriano, ut
ipse in vita sua dicit, occisi sunt.

Tod in Selinus als ein verdientes Verhängnis darstellt in den Worten (44—45): „er wird dem schmählichen Geschick nicht entfliehen, sondern erliegen; ihn wird fremder Staub als Leichnam bergen", so von Hadrian voll Dank und Anerkennung singt: Ἔσται καὶ πανάριστος ἀνὴρ καὶ πάντα νοήσει. — Talmudische Schriftsteller behaupten sogar, der Kaiser habe mit dem damals hochberühmten Rabbi Josua den Chananja freundschaftliche Unterredungen gehabt (vgl. Bereschit Rabba c. 28. 78, Midrasch zu Ruth 1₁₇, zu Kohelet 1₇, zu Esther 9₂ und Derenbourga. a. O. S. 361 und 413 f.), ja er habe angeordnet, daß „das Haus der Heiligkeit" בית המקרש d. h. der Tempel samt der Stadt Jerusalem wieder aufgebaut werde. Bereschit Rabba c. 64, vgl. dazu besonders das diese ganze Frage mit besonderer Ausführlichkeit und phantasievoller Lebhaftigkeit erörternde Handbuch der Einleitung in die Apokryphen I 1860 von Volkmar S. 108 ff., ebenso Hausrath, Neutest. Zeitgeschte² IV, S. 327 ff.   Daß die Wiederaufrichtung des Jahwetempels und die Wiederaufnahme des Tempeldienstes zu den sehnlichsten Wünschen der damaligen Judenschaft gehörte, wird allgemein zugegeben. Ebenso unbestreitbar dürfte sein, daß der Kaiser Hadrian, wenn er trotz der Absetzung des energischen Lusius Quietus bei seiner Abreise von Antiochia nach dem Westen Palästina in sicherem Friedenszustand zurücklassen wollte, nichts Angemesseneres tun konnte, als den Juden die Hoffnung zurückzulassen, daß sie unter seiner Regierung bei fortgesetztem Wohlverhalten jenem Ziele ihrer Wünsche näher kommen werden. Der Wiederaufbau des in Trümmern liegenden, mauerlosen Jerusalems kann ihm nach der Aufgabe der Euphratländer sogar als eine militärische Notwendigkeit erschienen sein. Sollte er auch nicht schon im Jahre 117 n. Chr. „47 Jahre nach der Zerstörung Jerusalems", wie der Bischof Epiphanius, ein geborener Jude, in seinem 392 n. Chr. geschriebenen Buche περὶ μέτρων καὶ σταθμῶν (P. de Lagarde, Symmicta II S. 194 ff.) c. 14 berichtet und J. Dürr (Reisen des Kaisers Hadrian 1881, S. 6) annimmt, von Antiochia nach Jerusalem gereist und in eigener Person die Wiederherstellung der Stadt befohlen und zum Aufseher der Bauten Aquila von Sinope, den nachmaligen jüdischen Convertiten und Bibelübersetzer, bestellt haben, so hat er doch ganz gewiß den Osten nicht verlassen, ehe er die Ruhe und den Frieden in Palästina wie in Aegypten und Cyrene durch tatsächliche Erweise seiner Versöhnungs= und Friedenspolitik gesichert hatte.   So bildet also die Lage der Dinge zu Anfang der hadrianischen Regierung zusammengenommen mit der Tatsache, daß Judäa in den ersten 14 Jahren seiner Regierung durchaus ruhig geblieben ist, einen völlig ausreichenden geschichtlichen Untergrund für das Verständnis der Behauptung des Barnabasbriefes, daß zur Zeit seiner Abfassung die Juden sich mit der Hoffnung auf den Wiederaufbau ihres Tempels getragen und sogar alle Aussicht gehabt haben, ihn teils mit eigenen Mitteln, teils mit Unterstützung ihrer alten Feinde, der Römer, wieder erstehen zu sehen.   Da an der Glaubwürdigkeit des Verf. kein Zweifel besteht, so ist seine Angabe als eine willkommene Bereicherung unserer Kenntnis der hadrianischen Zeit gut zu betrachten. Mit Sicherheit kann nun also dem, was wir aus den sonstigen alten Quellen über Hadrian wissen, hinzugefügt werden, daß er im Gegensatz zu seinen Vorgängern Vespasian, Domitian, Trajan (vgl. oben S. 215 zu 4, 3—5) mindestens in der ersten Hälfte seiner Regierungszeit eine judenfreundliche Politik verfolgt und nicht nur im allgemeinen dem jüdischen Lande und und der aus den Trümmern langsam sich wieder erhebenden Stadt Jerusalem seine Milde und wohlwollende Fürsorge zugewendet¹, sondern den Juden im beson-

---

¹ Wenn 16, 5 B. auf das Eingeständnis, daß die Juden alle Aussicht haben, teils aus eigenen Mitteln, teils mit Unterstützung der Römer ihren Tempel wieder aufzubauen, sich und andern Christen zum Troste die Weissagung folgen läßt, daß die Stadt und der Tempel und das Volk Israel dahingegeben werden sollen, so ergibt sich daraus, was übrigens fast selbstverständlich ist, daß die Römer nicht nur dem Bau des Tempels, sondern auch der Wiederherstellung der Stadt und dem Aufschwung des Judentums überhaupt allen Vorschub leisteten. Andrerseits ist zu bemerken, daß, wenn Epiphanius a. a. O. berichtet: διανοεῖται οὖν

deren noch den Wiederaufbau ihres Nationalheiligtums in Jerusalem mit kaiser=
licher Unterstützung in sichere Aussicht gestellt hat.   Die traditionelle Politik der
Unterdrückung des jüdischen Kultus aufzugeben, mochte den Kaiser Hadrian wohl
nicht bloß das zu Anfang seiner Regierung vorliegende Bedürfnis, um jeden Preis
sich eines so verhaßten Gegners wie Lusius Quietus zu entledigen und dabei doch
die Ruhe des Ostens zu sichern, sondern auch die Erwägung veranlaßt haben, daß
die Unterdrückung des Tempeldienstes in Jerusalem seit 70 n. Chr. und die bald
darauf erfolgende Schließung des Heiligtums der ägyptischen Judenschaft, des
Oniastempels bei Memphis (Schürer I, S. 640), zu den Hauptursachen des furcht=
baren Judenaufstandes unter Trajan gehört hatten.   Die Frage ist nur, was
den Kaiser, der in so vielen Stücken und so auch in der Orientpolitik einen neuen
Kurs einzuschlagen die Kühnheit hatte, hernach bewogen haben mag, doch wieder
in die Bahnen seiner Vorgänger einzulenken, ja sie an Judenfeindlichkeit noch bei
weitem zu übertreffen.   Denn als er 130 n. Chr. auf seiner Rundreise durch das
Reich von Antiochia auch nach Jerusalem gekommen war, soll er ja, wie oben be=
merkt, nicht nur dem neu erstehenden Jerusalem seinen alten Namen genommen
und es zu einer römischen Kolonie Aelia Capitolina gemacht, sondern er soll auch
an Stelle des alten Jahweheiligtums einen Jupitertempel gesetzt, ja er soll den
Juden die Beschneidung verboten haben.   Das hieß, an die Stelle der bisherigen
Politik der Milde und Versöhnung gegenüber den Juden die Politik der Ver=
nichtung setzen, wie dies auch H. Schiller in seiner Geschichte der römischen
Kaiserzeit 1 II S. 613 zugibt.   Will man aber, wie Mommsen, in diesen Maßregeln
keine bewußte judenfeindliche Absicht erblicken, während man doch zugeben muß,
daß sie die Juden sie als einen Angriff auf ihren Glauben und ihr Volkstum em=
pfanden, so zeiht man Hadrian, den die Welt als einen der unterrichtetsten, ein=
sichtsvollsten und besonnensten Staatsmänner Roms kennt, einer grenzenlosen Leicht=
fertigkeit oder Gedankenlosigkeit, die das Reich mehr als eine halbe Million Men=
schenleben kostete.   Fällt jene Wandlung der römischen Politik wirklich vor
den jüdischen Aufstand der Jahre 132—135, so kann sie m. E. nur so erklärt wer=
den, daß Hadrian bei seinem persönlichen Besuch in Palästina etwa die Wahr=
nehmung machte, wie weit seine auf den Frieden und die Ruhe des Ostens ge=
richteten Absichten, denen seine bisherige judenfreundliche Politik entsprungen war,
und die dadurch entflammten Hoffnungen, Ansprüche und Pläne der Juden aus=
einandergingen.   Denn hatte er durch sein Entgegenkommen gegen die Juden in
ihnen sich und dem Reich ergebene Untertanen und in dem wiedererstehenden Je=
rusalem einen Stapelplatz des Handels und einen sicheren Stützpunkt der römischen
Herrschaft im Osten zu schaffen gedacht, so dachten die Juden nur an die Wieder=
gewinnung eines Mittelpunktes ihrer nationalen und religiösen Besonderheit und
träumten von der Wiederaufrichtung des Davidischen Reiches, von einer jüdischen
Herrschaft über die Heidenwelt. — Dieser immer sichtbarer werdende Widerstreit
seiner und ihrer Pläne könnte Hadrian, als er 130 nach Jerusalem kam, bestimmt
haben, volle Klarheit über seine Absichten dadurch zu verbreiten, daß er der neuer=
stehenden Stadt zum Beweise, daß sie den römischen Reichsinteressen, nicht aber dem
jüdischen Partikularismus geweiht sein sollte, den Namen Aelia gab und sein Ver=
sprechen, den Jahwetempel wiederaufbauen zu lassen, dessen Verwirklichung vielleicht
eben bis zu seinem persönlichen Erscheinen in Jerusalem hinausgeschoben war, ent=
weder ganz zurückzog oder an Bedingungen knüpfte, die für die jüdischen Religions=
anschauungen unerfüllbar waren (vgl. Schürer a. a. O. S. 671).   Die seitens der
schwerenttäuschten Juden dagegen versuchten Einwendungen müßten dann des reiz=
baren Kaisers Mißtrauen und Zorn gereizt und den Befehl an Stelle des alten

---

ὁ Ἀδριανὸς τὴν πόλιν κτίσαι, οὐ μὴν τὸ ἱερόν, er offenbar die auch ihm als geborenem
Juden zu Ohren gekommene Ueberlieferung, daß Hadrian den Tempel zu erbauen
erlaubt habe, aus seiner Kenntnis des späteren Verlaufes der Dinge, der eine
von Hadrian gegründete Stadt Aelia Capitolina, nicht aber einen von ihm erbauten
Jahwetempel aufwies, korrigiren zu müssen glaubt.

Jahwetempels einen Tempel des Jupiter Capitolinus zu bauen, und am Ende gar
das Verbot der Beſchneidung, wovon Spartian ſpricht, veranlaßt haben.   Ich
geſtehe offen, daß auch, wenn man den Gang der Dinge ſich ſo zurecht zu legen
ſucht, ein ungelöſter Reſt übrig bleibt.   Zum Andenken an den Beſuch Hadrians
in Paläſtina iſt eine Münze geſchlagen worden, auf der Judäa knieend mit
palmentragenden Kindern ihm vor einem Opferaltar ihren Dank entgegenbringt.
Sollte Hadrian, der ſcharfſichtige Menſchenkenner, an deſſen Statuen heute noch
der durchdringende Blick auffällt, jüdiſches Weſen und jüdiſche Denkart ſo verkannt
haben, daß er ſich (ſelbſt wenn man das Verbot der Beſchneidung als erſt nach
132 erlaſſen vorſtellt) einbilden konnte, mit jenen Anordnungen Judäa eine Wohl=
tat erwieſen zu haben? Sollte der Staatsmann und Kriegsherr, zu deſſen Cha=
rakter peinliche Vorſicht, ja Argwohn und Mißtrauen gerechnet wurden, und ſollten
ſeine Beamten und Befehlshaber in Judäa in Bezug auf die vorausſichtlichen Wir=
kungen jener Anordnungen bei der Judenſchaft nicht nur Paläſtinas, ſondern des
ganzen Erdkreiſes (vgl. Dio 69, 13) ſich ſo wenig vorgeſehen haben, daß es her=
nach den aufſtändiſchen Juden gelingen konnte, die Beſatzung Jeruſalems zu ver=
jagen, die Stadt (die offenbar inzwiſchen wenigſtens teilweiſe wieder ummauert worden
war) und etwa andere 50 feſte Plätze zu beſetzen und faſt drei Jahre lang darin
gegen die Römer ſich zu behaupten?   Aus dieſen Gründen verdient m. E. die
von A. S ch l a t t e r aufgeſtellte, auf jüdiſche Quellen ſich ſtützende Behauptung
(Zur Topographie und Geſchichte Paläſtinas 1893 S. 135—151 und Die Tage Tra=
jans und Hadrians 1897 S. 1 ff.) mehr Beachtung, als Schürer S. 673 f. ihr an=
gedeihen läßt. Kaiſer Hadrian habe nicht durch eine Wandlung in ſeiner Juden=
politik, nicht durch judenfeindliche Maßregeln, ſondern durch ſein den Juden unge=
wohntes und von ihnen auf Gottes Walten zurückgeführtes freundliches Entgegen=
kommen, insbeſondere durch die bei ſeinem Beſuche in Jeruſalem 130 n. Chr. er=
folgte Ueberlaſſung des Tempelplatzes an die Juden und durch die Unterſtützung
ihres Tempelbaus das nationale und religiöſe Gefühl der Juden, ohne es zu ahnen,
zu einer ſolchen Höhe der Erregung geſteigert, daß ſie, weil ſie wieder zu ihrem
ſolange erſehnten Heiligtum gekommen, den Anbruch der meſſianiſchen Zeit für ge=
kommen hielten. Auf die Autorität des berühmten greiſen Rabbi Akiba hin, haben ſie in
Simon Barkocheba den gottgeſandten Befreier und König (Meſſias) ihres Volkes
gefunden und begrüßt, ſeinen Befehlen blindlings gehorchend in einem Siegesſturm
132 n. Chr. den römiſchen Beſatzungen die feſten Orte des Landes entriſſen und in
dem befreiten Jeruſalem unter dem Hohepriester Eleaſar die erſte Feſtfeier in dem
durch Hadrians Gunſt neuerbauten, kaum vollendeten Jahwetempel abgehalten (von
Simon geſchlagene Münzen zeigen u. a. den Tempel mit einem Stern darüber).
Erſt dieſe gänzlich unerwartete und nicht vorauszuſehende Wendung der Dinge, die
er als empörende Undankbarkeit und Treuloſigkeit der Juden empfand, habe Ha=
drian ſo tief gegen die Juden erbittert, daß er ſeit 132 n. Chr. ſie als Volk zu ver=
nichten beſchloß, die Feier jüdiſcher Feſte, ſelbſt des Sabbats, das Leſen der heiligen
Schriften, die Beſchneidung verbot, viele Geſetzeslehrer, darunter Akiba, hinrichten
ließ, nach der endlichen Niederwerfung des Aufſtandes Judäa ganz von jüdiſchen
Bewohnern ſäuberte, die Stätte des von neuem zerſtörten Heiligtums umpflügen
ließ, an Stelle des eroberten Jeruſalems die allen Juden verſchloſſene Colonia Aelia
Capitolina und an Stelle des Jahwetempels einen Jupitertempel errichtete.
Man kann nicht leugnen, daß ein ſolcher Verlauf der Dinge einen feſten, in
ſich geſchloſſenen inneren Zuſammenhang ergäbe und daß er mit dem, was unſer V.
erwarten läßt, vollkommen zuſammenſtimmen würde. Denn das Aergernis, von
dem er 4, 3 ſagt, es ſei nahe herbeigekommen, und fürchtet, daß es die damalige
Chriſtenheit, zumal in dem nahgelegenen Aegypten, in arge Verwirrung ſtürzen
könnte, wäre in der Tat durch einen ſolchen Verlauf merkwürdig verwirklicht wor=
den, der Tempel, deſſen Wiederaufbau er 16, 4 vorausſagt, wäre tatſächlich, wenn
auch nur für kurze Zeit erſtanden. Jedenfalls aber haben die Juden wirklich, wie
er fürchtet, eine Zeit des Triumphes ſelbſt über die Chriſten erlebt, die nach Ju=

ſtins Apol. I, 31 in Paläſtina, ſolange Simons Herrſchaft dauerte, entweder Jeſum verleugnen und läſtern oder den Tod erleiden mußten; aber auch ſein Ausſpruch 16, 1 daß die Juden zu ihrem Unglück ihre Hoffnungen auf das Tempelge-
bäude geſetzt haben, hat ſich tatſächlich erfüllt.   Und noch heute werden wir
des Verfaſſers prophetiſche Vorausſicht anerkennen müſſen, wenn wir ſeine Worte 4, 14
leſen: Auch das beherziget, meine Brüder: wenn ihr nach ſo
vielen Zeichen und Wundern, die in Iſrael geſchehen ſind,
ſehen werdet, daß ſie trotzdem verlaſſen ſind, ſo laſſet uns
acht haben, daß nicht auch einmal bei uns es heißt, wie geſchrieben ſteht: Viele berufen, wenige aber auserwählt.

        Es wäre nur zu wünſchen, daß die Talmudſtellen, auf die ſich Schlatter
beruft, wie überhaupt alle diejenigen, die die Zeit Hadrians betreffen, von neuem
einer gründlichen wiſſenſchaftlichen Prüfung unterzogen würden. Ich glaube nicht,
daß die übrigen geſchichtlichen Urkunden, falls Schlatters Auslegung der Angaben
des Talmud in der Hauptſache ſich beſtätigen ſollte, ſeinen Ergebniſſen ernſthaft im
Wege ſtünden. Denn was die Hauptſtelle Dio Caſſius 69, 12 anlangt, ſo ſpiegelt
ſie vielleicht, da ja Dio Caſſius nach ſeiner eigenen Angabe 69, 11 die Selbſtbiogra-
phie Hadrians benützt hat, die Darſtellung der Dinge wieder, welche Hadrian ſelbſt,
um nicht eingeſtehen zu müſſen, daß ſeine Judenpolitik unglücklich und er der durch
die Juden Dupirte war, ſpäter in Umlauf geſetzt hat, wie er ja auch (vgl. Spartian Hadr. 6 in unſrer Anmerkung S. 230) die gewaltſame Beſeitigung des Luſius
Quietus von ſich abzuwälzen verſucht hat. Des Euſebius Bericht (K.G. IV 6), wonach Jeruſalem erſt nach dem Aufſtand, und nachdem gar keine Juden darin mehr
vorhanden waren, den Namen Aelia erhalten hat, beſtätigt eher Schlatters Annahme, ebenſo eine Notiz des Chryſoſtomus (bei Schürer a. a. O. S. 687) und der
Ausdruck des Cedrenus (ed. Bekker I p. 437): στασιασάντων τῶν Ἰουδαίων καὶ τὸν ἐν
Ἱεροσολύμοις ναὸν οἰκοδομῆσαι βουληθέντων ὀργίζεται κατ᾽ αὐτῶν σφόδρα, wornach die
Erbitterung Hadrians gegen die Juden und ſeine ſcharfen Maßnahmen den Aufſtand derſelben zur Vorausſetzung hatten. Und wenn Epiphanius (vgl. oben
S. 231) den Aquila, den angeblichen Schwiegervater Hadrians, den auch jüdiſche Quellen
als Zeitgenoſſen des Rabbi Akiba kennen, vom Jahr 117 n. Chr. als Aufſeher der
durch Hadrian angeordneten Bauten in Jeruſalem weilen, hier die aus Pella zurückkehrenden Chriſten kennen lernen, ſpäter durch Juden ſich beſchneiden, hebräiſch
lernen und das A. T. ins Griechiſche überſetzen und dieſe Ueberſetzung 129 n. Chr.
herausgeben läßt, ſo mag man die Glaubwürdigkeit dieſer Angaben im einzelnen
dahingeſtellt ſein laſſen, aber es geht doch daraus hervor, daß er, vielleicht aus
jüdiſchen Quellen[1], die Ueberlieferung beſaß, daß ſchon lange vor dem Jahre
130 n. Chr., in dem Hadrian Syrien, Paläſtina und Aegypten beſuchte, auf ſeinen
Befehl in Jeruſalem gebaut wurde und längere Zeit ein recht gutes Einvernehmen
zwiſchen der kaiſerlichen Regierung und der paläſtinenſiſchen Judenſchaft beſtand.

        Keinenfalls aber kann ich mich mit Schlatters Anſetzung der Abfaſſungszeit des
Barnabasbriefes auf das Jahr 130 oder 131 n. Chr. einverſtanden erklären. Denn
hat Hadrian 130 n. Chr., ein früher gegebenes Verſprechen brechend, den Bau des
Jahwetempels verweigert oder irgendwie (vgl. z. B. Derenbourg a. a. O. S. 414)
verhindert, ſo muß der Barnabasbrief jedenfalls früher geſchrieben ſein, alſo zwi-

---

[1] Auf ſolche iſt ohne Zweifel auch ſeine ſeltſame Angabe zurückzuführen,
Hadrian ſei eines Ausſchlages oder Ausſatzes wegen nach dem Orient gegangen.
Denn unter den Juden ging (vgl. Hansrath a. a. O. S. 331) die Sage, Hadrian
ſei wegen ſeines Wortbruches in Bezug auf den Tempelbau mit Ausſatz geſchlagen
worden. Vielleicht hat ſich in der Folge dieſe Sage in der Weiſe weiter ausgebildet, daß erzählt wurde: Als er zum erſtenmal nach Paläſtina kam (117) und den
Juden den Wiederaufbau ihrer Stadt erlaubte, ſei er von einem gefährlichen Aus-
ſchlag (gemeint iſt der Judenhaß) wunderbar geheilt worden, als er aber in die
judenfeindliche Politik ſeiner Vorgänger zurückfiel, ſei er mit unheilbarem Ausſatz
geſchlagen worden und daran zugrunde gegangen.

ſchen 117 und 130 n. Chr. Hat aber, wie Schlatter meint, Hadrian im Jahre 130 den Juden den Tempelplatz übergeben und den Bau beginnen laſſen, ſo iſt dadurch keineswegs ausgeſchloſſen, daß er ſchon lange vorher, nämlich gleich nach Antritt ſeiner Regierung, den Juden die Ausſicht auf die Wiederherſtellung ihrer Stadt und ihres Tempels eröffnet hat. Daß gerade das Jahr 117, als er unter recht ſchwie= rigen Umſtänden die Herrſchaft übernahm, der Zeitpunkt geweſen iſt, wo er den Juden, um ihrer ſicher zu ſein, Verſprechungen zu machen veranlaßt ſein konnte, haben wir oben S. 230 f. gezeigt, und ebenſo erhellt, daß damals der neue Kurs, den er in der auswärtigen Politik wie in der Behandlung der Juden einſchlug, der Welt und nicht am wenigſten den Chriſten des Oſtens beſonders auffällig und be= fremdlich ſein mußte, als die Erinnerung an die entſetzlichen Greuel des Judenauf= ſtandes unter Trajan noch friſch und lebendig war und die Entrüſtung darüber be= ſonders in den Herzen der ägyptiſchen Chriſtengemeinden noch nachzitterte. Eben dieſes Nachzittern aber glaubt man in dem harten, faſt verächtlichen Tone gegen die Juden noch zu vernehmen, den, wie Hansrath a. a. O. S. 342 ganz mit Recht bemerkt hat, der Barnabasbrief anſchlägt. Auch war die Beziehung der Daniel= ſchen Weisſagung: **Zehn Königsherrſchaften werden auf Erden re=** **gieren und hinter ihnen wird ein kleiner König erſtehen, der** **drei von den Königen zumal erniedrigen wird,** auf den kürzlich zur Regierung gelangten Hadrian viel deutlicher und ſprechender als auf den ſchon im 14. Regierungsjahre ſtehenden. Daß es ferner ſich noch nicht um den **Beginn** des Tempelbaues, ſondern vorläufig nur um ein **Verſprechen** eines ſolchen han= delte, ergibt ſich nicht nur aus dem Futurum ἀνοικοδομήσουσιν in 16, 4, ſondern auch aus der nicht unfeinen Gegenüberſtellung eines andern Tempels in 16, 6, der von einem Höheren verheißen iſt als von einem römiſchen Kaiſer oder der bereits tat= ſächlich vorhanden iſt. Wenn ferner Hadrian den Juden geſagt hat, daß ſie nicht allein, ſondern daß mit ihnen zuſammen ſeine Diener (ſeien das ſeine Baumeiſter und Werkleute oder ſeine Beamten) den Tempel erbauen ſollen, ſo legt das die Vermutung nahe, daß er zunächſt die Sache noch **dilatoriſch** behandeln, daß er jedenfalls die Juden nicht nach eigenem Gutdünken verfahren laſſen wollte, und auch dieſer Zug macht es wahrſcheinlich, daß die Abfaſſung unſeres Briefes in die erſten Regierungsjahre und nicht erſt in die Zeit 130/131 fällt. Zu beachten dürfte endlich ſein, daß in dieſer letzten Zeit, in der Hadrian im ſicheren, unangefochtenen Beſitze der Herrſchaft war, für ihn überhaupt gar keine irgendwie ernſte Veran= laſſung vorlag, den Juden Gnadenerweiſe zu geben, außer wenn er ſolche ſchon früher verſprochen hatte.   Faſſen wir das Ergebnis vorſtehender Unterſuchungen kurz zuſammen, ſo kann mit Sicherheit behauptet werden: Die Abfaſſung des Briefes fällt in die Jahre 117—132 n. Chr., d. h. zwiſchen Hadrians Regierungsantritt und den Ausbruch des Judenaufſtandes unter Hadrian; doch ſprechen gewichtige Gründe dafür, ſie eher, wie dies auch Volkmar und J. G. Müller getan, in die Anfangs= jahre Hadrians, alſo etwa 117—125, als in die zweite Hälfte des angegebenen Zeitraums zu ſetzen.

Die Schlußkapitel (18—21).

Zu meinen in der Einleitung zu B. (Apokr. S. 147) gegebenen Bemer= tungen über das Verhältnis der cc. 18—21, 1 zu der von B. benützten Vorlage ‚Die beiden Wege‘ will ich nur noch einige kurzgefaßten Ergänzungen fügen.

Zunächſt möchte ich es als ſehr auffallend bezeichnen, daß, wenigſtens ſoviel ich ſehe, bisher kein deutlicher **Hinweis auf die Benutzung einer überlieferten Lehrſchrift** (διδαχή vgl. 18, 1) in den Sätzen 19, 1 ἐστιν οὖν ἡ δοθεῖσα ἡμῖν γνῶσις τοῦ περιπατεῖν ἐν αὐτῇ τοιαύτη und 21, 1 καλὸν οὖν ἐστιν μαθόντα τὰ δικαιώματα τοῦ κυρίου, ὅσα γέγραπται, ἐν τούτοις περιπατεῖν gar nicht beachtet worden iſt, während doch ſchon lange auffiel, daß die cc. 18—20 in ſtiliſtiſcher Beziehung gewiſſermaſſen aus dem Charakter des Ganzen heraustreten und daß B. mit c. 18 zu einem ihm fremden Stoffe übergehe.   Daß nun die von B. hier benützte und angezogene Lehrschrift nicht etwa, wie vielfach schon behauptet worden ist, die von Bryennios 1883 zuerst herausgegebene Didache (vgl. Apokr. S. 182 ff.), sondern eine auch von dieser (in cc. 1, 1; 2, 2—6, 1) benutzte ältere christliche Schrift ,von den beiden Wegen', die allerdings auch schon den Titel ,Lehre der zwölf Apostel' geführt zu haben scheint, gewesen ist, kann m. E. heute keinem Zweifel mehr unterliegen, zumal seitdem Jos. Schlecht eine alte lateinische Uebersetzung dieser Grundschrift in einem Münchner Codex aus dem XL Jahrhundert gefunden und herausgegeben hat (Doctrina XII Apostolorum, Freiburg 1900). Die von E. Hennecke (Die Grundschrift der Didache und ihre Recensionen ZnW 1901 S. 58 ff.) vertretene Annahme, daß B. eine von der Grundschrift der Didache (A) in Einzelheiten abweichende Fassung der ,beiden Wege' (Δ 1) benutzt habe, scheint mir möglich, aber nicht durchaus notwendig. Denn seine Abweichungen von jener Grundschrift, soweit sie uns wenigstens durch den neugefundenen Lateiner erschlossen wird, scheinen mir absichtliche zu sein und auf dem Bestreben zu beruhen, dem, was er aus einer andern, vielleicht auch manchen seiner Leser dem Inhalt nach schon bekannten Quelle entnahm, soweit es anging, den Stempel seines eigenen Geistes aufzudrücken. Wenn die sogenannte Apostolische Kirchenordnung (αἱ διαταγαί αἱ διὰ Κλήμεντος καὶ κανόνες ἐκκλησιαστικοὶ τῶν ἁγίων ἀποστόλων) gewisse Eigentümlichkeiten mit B. 18—21 aufweist, so erklärt sich das bei diesem kompilatorischen Werke hinlänglich daraus, daß sie u. a. auch unser Barnabasbrief verarbeitet hat.   Was nun die Benutzung jener Grundschrift ,von den beiden Wegen' durch B. betrifft, so hat Th. Zahn, Forsch.z.G.d.K. III S. 313, mit vollem Rechte hervorgehoben, daß die in c. 19 (Weg des Lichts) so merkwürdig hervortretenden Abweichungen von der Gedankenordnung seiner mutmaßlichen Vorlage (und der Didache 1, 2; 2, 2—4, 14) nur dadurch bewirkt worden seien, daß B. nicht einfach abschrieb oder paraphrasirte, sondern vor allem auch durch andere Gruppirung seine Selbständigkeit beweisen wollte. Das Princip dieser Gruppirung aber hat Funk (vgl. Kirchengeschichtl. Abhandl. II S. 121) in der Auseinanderhaltung und gesonderten Behandlung der Gebote der Gottesliebe und der Gebote der Nächstenliebe aufgezeigt. Offenbar, meint er, sollte der Gottesliebe nach ihrer Erwähnung sofort eine nähere Erklärung gegeben und ähnlich hernach es mit der Nächstenliebe gehalten werden. Die Ausführung entspreche dem Plane allerdings nicht völlig, sofern die Behandlung der Gottesliebe bereits ein paar Sätzchen enthalte, die streng genommen in die der Nächstenliebe gehören, und ebenso in dieser sich einige Sätze finden, die mit der Nächstenliebe wenig oder nichts zu tun haben. Ich kann mich dieser Auffassung in der Hauptsache nur anschließen. Tatsächlich hat sich m. E. die Ausführung bei B. so gestaltet, daß er den Weg des Lichts in zehn Gruppen von Sätzen darstellt, von denen die 1., 3., 5., 7., 9. Gruppe (d. h. § 2—3 Mte.; § 5 Anf.; § 6 E.; 8 E.; § 11 E.) die Pflichten gegen Gott, zum Teil auch die gegen sich selbst, die 2., 4., 6., 8., 10. (d. h. § 3 Mte.—§ 4; § 5 Mte.—§ 6 Mte.; § 7—§ 8 Mte.; § 9—§ 11 Mte.; § 12) die Pflichten gegen den Nächsten behandeln. Die Absätze, die ich im Text des c. 18 gemacht habe, mögen diese Gruppirung deutlicher hervortreten lassen. Daß B. dadurch die wohlüberlegte Gedankenordnung seiner Vorlage nicht eben gebessert hat, muß freilich zugegeben werden. Beachtenswert aber scheint es mir, daß er nicht nur die sogenannte goldene Regel ausgelassen, sondern auch eine Anzahl von Verboten wie das des Menschenhasses, Diebstahls, Raubs, argen Mords, falschen Zeugnisses, Meineids, der Lüge, Zauberei, Giftmischerei, Sterndeuterei, übler Nachrede, Arglist, Blasphemie, die in seiner Vorlage sich fanden, seinen Lesern nicht in Erinnerung bringen zu müssen geglaubt hat, vielleicht weil eine Erinnerung daran allzuwenig zu dem ihnen 1, 4 gespendeten Lob gepaßt hätte. Bezeichnend finde ich es in dieser Hinsicht, daß er an die Stelle der Verbote der üblen Nachrede, falschen Zeugnisses und der Lästerung das Gebot gesetzt hat: Sei nicht vorlaut, denn Maulfertigkeit ist ein Fallstrick des Todes.   Von den mancherlei eigenen Zusätzen aber, die er dem überlieferten Moralkatechismus eingefügt hat, scheinen mir folgende Aufmerkſamkeit zu verdienen: In c. 18 gibt er der überlieferten Vorſtellung von den zwei Wegen einen tieferen Hintergrund, indem er zugleich mit den zwei möglichen Lebensrichtungen des Menſchen (= zweierlei Wege der Lehre) die zweierlei, dieſe beſtimmenden übermenſchlichen Gewalten oder auf ſie wirkenden Kräfte (Gott und Satan), deren Gegenſatz er auch ſonſt in ſeinem Brief betont hat, hervorhebt in dem Ausdruck: ὁδοὶ δύο εἰσὶν διδαχῆς καὶ ἐξουσίας. Ihm eigentümlich iſt ſodann, daß er nicht nur je einen, ſondern eine Mehrheit von Engeln Gottes oder Satans als zu Wegführern für die Menſchen beſtellt ſich deutt und im Gegen= ſatz zur ewigen Herrſchaft Gottes die zeitlich beſchränkte Macht des „Fürſten dieſer Welt" betont (vgl. 2, 1).   In c. 19 erſcheint mir bedeutſam, daß B. § 2 dem Gebot der Liebe zu Gott, unſerm Schöpfer, das der Ehrfurcht vor dem, der uns (zum Ebenbilde Gottes) gebildet (vgl. 6, 12), und der Verherrlichung deſſen, der uns vom Tode losgekauft (vgl. 14, 5—8), fügt; daß er neben Herzenseinfalt auch Geiſtesreichtum (vgl. 1, 2—3), d. h. religiöſen Enthuſias= mus fordert; daß er § 4 davor warnt, vor Unreinen das Wort Gottes auszukramen oder den Namen des Herrn vergeblich zu führen; daß er auffordert, die Liebe zum Nächſten ſchlechthin über die Liebe zu ſich ſelbſt zu ſtellen, während ſeine Vorlage ſich mit der Forderung begnügt: Du ſollſt keinen Menſchen haſſen, gewiſſe mehr als dein Leben lieben. Beſonders charakte= riſtiſch finde ich den Nachdruck, den er 19, 8 auf die Pflicht der inneren Reinhaltung oder Heiligung legt in dem Gebot: ὅσον δύνασαι, ὑπὲρ τὴν ψυχήν σου (wie ich mit G ſtatt ὑπὲρ τῆς ψυχῆς σου von SC zu leſen vorziehe) ἀγνεύσεις, das ich etwas frei, aber ſinngemäß überſetzt habe: Setze deine ganze Kraft, ja dein Leben daran, rein zu bleiben (oder: zu ſein). Am merkwürdigſten endlich iſt mir die Umgeſtaltung, die er 19, 9—10 mit folgender Stelle ſeiner Vorlage vorgenommen hat: Deſſen, der zu dir das Wort Gottes ſpricht, gedenke Tag und Nacht, ehre ihn wie den Herrn; denn da, von woher des Herrn Weſen verkündigt wird, iſt der Herr. Suche täglich das Angeſicht der Heiligen auf, um dich an ihren Worten zu erquicken. Da er ſelbſt Lehrer des Wortes war und zugleich ſo oft in ſeinem Brief ſeinen Leſern verſichert hatte, daß er nur einer ihresgleichen und ihr unter= würfiger Diener ſei, ſcheut er ſich offenbar ſoviel Ehre für einen Lehrer zu fordern und beanſprucht für ihn nur innige Liebe; wichtiger noch ſcheint ihm, daß ſie des Gerichtstages, als daß ſie ihres Lehrers gedenken. Und den Zweck der täglichen Verkehrs mit den chriſtlichen Brüdern oder Heiligen möchte er anſtatt in die eigene Erquickung lieber mit 1. Petr. 4 7—11 in die Aufgabe legen, mit der Gabe, die ein jeglicher empfangen hat, der Gemeinſchaft zu dienen. So ſchreibt er denn: Liebe wie deinen Augapfel jeden, der dir das Wort des Herrn verkündet. Gedenke bei Nacht und Tag des Gerichtstages und ſuche täglich das Angeſicht der Heiligen auf, ſei es, daß du mit dem Worte arbeiteſt und hingehſt, ſie zu tröſten, oder verſucheſt eine Seele durchs Wort zu retten, ſei es, daß du mit deinen Händen (nämlich durch Liebeswerke) für die Er= löſung von deinen Sünden tätig biſt.   Alle die genannten Veränderungen ſeiner Vorlage, die vielleicht urſprünglich ein Moralkatechismus für jüdiſche Proſelyten geweſen iſt (vgl. Apokr. S. 185), zeigen die Abſicht, ihr mehr ſpecifiſch chriſtlichen Geiſt einzuhauchen, und man wird nicht leugnen können, daß eine ſolche Verarbeitung ſeiner Vorlage (den überlieferten Laſterkatalog der in c. 20 in der Hauptſache wenig verändert wiedergegeben) nicht nur ſeiner ſchrift= ſtelleriſchen Selbſtändigkeit, ſondern auch ſeiner ſeelſorgeriſchen Treue und Weisheit Ehre macht. Eine ſolche ſpricht auch unverkennbar aus den warmempfundenen und eindringlichen Worten, mit denen er in 21, 1 den übernommenen Moralkate= chismus und 21, 2—8 ſeinen ganzen Brief beſchließt. Demgegenüber, wie in Anbe= tracht der unzweifelhaften Reinheit und Innigkeit ſeiner chriſtlichen Geſinnung überhaupt, der Lauterkeit, Feſtigkeit und Entſchiedenheit ſeiner Glaubensüberzeu=

gungen, des redlichen Ernstes und Eifers, womit er sich um das Seelenheil seiner Leser nach Ausweis des ganzen Briefes bemüht, finde ich es ungerecht, wenn Th. Zahn ihm gelegentliche Geschmacklosigkeiten und naive Anwandlungen schrift=stellerischen Selbstgefühls so schwer anrechnet, daß er a. a. O. S. 312 den Barna=basbrief das Werk eines unsäglich selbstgefälligen, mit seiner Gelehrsamkeit und Weisheit prunkenden Schriftstellers nennt, oder wenn G. Krüger (S. 14) nicht nur von der Beschränktheit und Ungebildetheit des Verf. im allgemeinen, sondern auch von der stupiden Art redet, mit der die Vorschriften des Buches von den zwei Wegen den Lesern vorgesetzt werden.

XIV.
Matthiasüberlieferungen.
(E. Hennecke.)

Die Streitfrage, ob die Fragmente Bestandteile des Matthiasevange=liums (s. VI b 2) seien oder nicht, ist schon vor zweihundert Jahren diskutirt. Grabe stimmte dafür, Fabricius dagegen. Heute vertreten Hilgenfeld (N. T. e. c. IV. ² p. 49 f.) und mit ausführlicher Begründung Zahn (G.K. II 753 ff.) jene Meinung, der sich aber Harnack (nicht I 17 f., wohl aber) II 595—598 ener=gisch widersetzt hat, indem er die Gründe Zahns einzeln widerlegt. Auch Ehr=hard ist der Unterscheidung des Evangeliums von den Ueberlieferungen beigetreten (S. 142), während J. Kunze (Glaubensregel, hl. Schrift und Taufbek. S. 371 f. A. 1) in der Nennung des Matthiasevangeliums bei Origenes „nur eine auf Un=kenntnis beruhende Ungenauigkeit" sieht, also umgekehrt wie Zahn die alleinige Existenz der ‚Ueberlieferungen' als Schrift behauptet, in der Matthias seine Lehren vom auferstandenen Herrn empfangen hätte wie in anderen gnostischen (!) Schriften. Abgesehen vom ungnostischen Charakter der erhaltenen Bruchstücke ist aber zu be=denken, daß Clemens sich schwerlich kurzweg auf die ‚Ueberlieferungen des M.' be=rufen haben würde, wenn die höhere Instanz, der Herr selber, so augenscheinlich im Hintergrunde gestanden hätte. Mit der Nachricht des Hippolyt (s. VI b 2) hat es eine besondere Bewandtnis (oben S. 91). Auch Bardenhewer (I S. 400) ge=steht zu: Die „Sätze weisen freilich nicht darauf hin, daß die ‚Ueberlieferungen' den Charakter eines Evangeliums trugen", identificirt aber trotzdem die beiden Schrift=titel (399).

Ueber die Rolle des Nikolaus und der (früheren — cf. Offb. 2 ₁₅ — und späteren) Nikolaiten vgl. Harnack I 156. II 536 A. 1. Liechtenhan, Die Offenb. im Gnosticismus S. 12 f.; hier S. 109 f. das Citat eines apokry=phen Buches im Gebrauche der Vertreter des geschlechtlichen Kommunismus aus Clem. Alex. strom. III 4, 29: Alles war eins; als es aber der Einheit gefiel, nicht mehr allein zu sein, ging aus dem Einen heraus ein Hauch, und er vereinigte sich mit ihm und erzeugte den Geliebten. Von diesem ging wieder ein Hauch aus, mit dem er sich verband und unsichtbare und unhörbare Mächte erzeugte — — — auf den eigenen Namen eines jeden. Vgl. C. Schmidt, TU N. F. V 4, S. 54. Eine Be=ziehung auf Matthias ist mit keinem Worte angedeutet. — Die am Schlusse der Einl. Apokr. S. 167 ausgesprochene Vermutung über Papias geht auf Zahn I 867 f. zurück. Jones I 318 ff. wollte in den ‚Ueberl. des M.' überhaupt kein Buch sehen.

1.

Clemens citirt den Satz nach dem ähnlich lautenden Platons im Theätet, der p. 155 D (im Munde des Sokrates) ausführlich lautet: μάλα γάρ φιλοσόφου τοῦτο τὸ πάθος, τὸ θαυμάζειν · οὐ γὰρ ἄλλη ἀρχὴ φιλοσοφίας ἢ αὕτη, καὶ ἔοικεν ὁ τὴν

Ἴριν Θαύμαντος ἔκγονον φήσας οὐ κακῶς γενεαλογεῖν . ἀλλὰ πότερον μανθάνεις ἤδη δι᾿ ὃ ταῦτα τοιαῦτ᾿ ἐστίν ἐξ ὧν τὸν Πρωταγόραν φαμὲν λέγειν ἢ οὔπω; Nach dem Satze aus den Ueberlief. wird noch ein ähnlicher Spruch aus dem Hebräerevang. (Apokr. S. 21 Nr. 18) angeführt. Der Sinn des letzteren iſt doch ein anderer, denn dort folgt das θαυμάσαι nach dem Suchen und Finden (Mt. 7 7). Das ſtoiſche nil admirari (Horaz) ſteht dieſen platoniſch gehaltenen Aeußerungen diametral gegenüber. Reſch, Agrapha, S. 438 citirt grundlos 2. Theſſ. 1 10.

2.

Ein umgekehrtes poſitives Verhalten mit Rückſicht auf den Bruder wird I. Joh. 5 16 empfohlen. Im Sinne der Abſchreckung vom unlautern Verkehr iſt das bei Pſ.-Cypr. de aleat. 4 (TU V 1, S. 18 f.) zwiſchen 1. Kor. 5 11 und einem Citat aus den ‚Lehren der Apoſtel‘ ſtehende Apokryphon aus Hermas ſim. IV 1, 9 (Funk PA² zur Stelle; Ehrhard S. 283) geſagt.

3.

Das Schillernde des Spruches (ſ. Apokr. S. 13 *) tritt daran hervor, daß er (in ſeinem erſten Gliede) libertiniſtiſch gebraucht werden konnte, während erſt der in den ‚Ueberlieferungen‘ gemachte Zuſatz ausdrücklich die entgegengeſetzte asketiſche Tendenz anzeigte. Zu erſterem Sinne („mißbrauchen“) vgl. Hermas ſim. V 7, 2. Der richtige exegetiſche Zuſammenhang iſt von Zahn G.K. II 754 Anm. gegeben.

XV.
Miſſionspredigt des Petrus.
(E. Hennecke.)

Literatur: Die ausführlichſte Zuſammenſtellung und Behandlung der Frag= mente mit ihren Anhängſeln lieferte v. Dobſchütz, Das Kerygma Petri, TU XI 1, Lpz. 1893; hier S. 6 f. Aufzählung der vorhergehenden Literatur ſeit Grabe (1698); dazu Jones I 427 ff. Unter den Neueren haben die Texte (mit Erklärungen) aufgeführt: Credner, Beiträge zur Einl. in die bibl. Schriften I (1832), 348 ff.; Hilgenfeld, N. T. e. c. IV² (1884) p. 51—65; ferner J. A. Robinson in TSt I (1891) p. 86 ff.; ohne Erklärung: Preuſchen, Antilegomena (Gießen 1901) [handſchriftliche Aufſchlüſſe für Clem. Alex. von O. Stählin], S. 52 ff. (143 ff.), und E. Kloſtermann, Apocrypha I (in: Kleine Texte uſw. herausgegeben von H. Lietzmann), Bonn 1903, S. 13—16 [im folgenden zugrunde gelegt]. — Vgl. außer= dem Zahn, G.K. I (passim) II 820—832; Harnack I 25—28 (gute Quellenüber= ſicht) II 1, S. 472—474 (unter der übrigen Petrusliteratur); Ehrhard S. 135 f.; Bardenhewer I 411—413; O. Pfleiderer, Das Urchriſtentum II² 616—619.

Wie vormals Jones (I 437 A.), ſo nahm auch Credner (S. 359 ff.) unter Zurechnung ſonſtiger Stücke (ſ. Apokr. S. 169 A. 1) an, daß das K(erygma) P(etr.) teils Predigt des Petrus teils des Paulus — dieſe in einem letzten Teile — enthalten habe, wobei die Pſeudoclementinen herangezogen wurden; Jones brachte S. 427 ff. daraus ſogar den Brief des Petrus an Jakobus; indem er alles Differente zuſammenfaßt, wird es ihm leicht, den geſamten Miſchſtoff als apokryh und widerſinnig zu erweiſen. Während aber Credner a. a. O. 359 ff. das Verhält= nis zu der pſeudoclementiniſchen Lit. wenigſtens richtiger dahin beſtimmte, daß bei Abfaſſung der Homilien der Zweck vorgelegen habe, „gewiſſe neue Lehren ohne An= ſtoß einzuführen und jene Predigt des Petrus zu verdrängen“ (S. 364, vgl. 368), ſtellte im Geiſte der Tübinger Schule Hilgenfeld (ſeit 1848, vgl. N. T. e. c. IV² p. 51 ff.) das Verhältnis auf den Kopf, indem er ein judenchriſtliches KP, die

Wurzel der Pseudoclementinen[1], als das ursprünglichere ansah, auf dem sich dann das im paulinischen Geiste verfaßte 'Kerygma Petri (und Pauli)' aufgebaut hätte. Zum Inhalt wird der gemeinsame Kampf der beiden Apostel gegen Simon Magus gerechnet (!) Diese Annahme wird neuerdings kaum von jemand mehr geteilt, wiewohl sie Hilgenfeld ZwTh 1893, S. 518—541, von neuem zu erhärten gesucht hat. Auch Z a h n stellt mit Recht fest, daß, wenn ein Abhängigkeitsverhältnis besteht, das KP als das ursprünglichere anzusehen ist (II 822 vgl. 826). Zahn ist sogar geneigt, es den letzten Jahrzehnten des 1. Jahrhdts. („spätestens um 90—100") zuzuweisen, aus Anlaß von 2. Petr. 1 ₁₅ (unter der Voraussetzung, daß der Brief wirtlich petrinisch ist!) [2] und mit Berufung auf angebliche Benutzung des KP durch den Verf. des unechten Mc.=Schlusses, Ignatius und Hermas (831 f.). Diese Beziehungen sind in Frage zu stellen, schon darum, weil sie zum Teil der 'Lehre Petri' entnommen sind, Berührungen mit der anderweitigen Petrusliteratur (A p o k r. S. 168) — von einem Falle der Abhängigkeit der Petrusakten von KP abgesehen (f. unter a 2) — auch sonst nicht ersichtlich. Unwidersprochen bleibt dagegen die Benutzung des KP durch Aristides (vgl. besonders R. S e e b e r g in Zahns 'Forschungen' V 216—220). Danach bestimmt sich auch die Datirung (A p o k r. S. 169), die man nicht zu früh annehmen darf, weil KP schon stark auf der Uebergangsstufe zu der eigentlichen apologetischen Schriftstellerei steht. Was dagegen R o b i n s o n p. 91—99 unter Annahme einer durchgängigen Benutzung des KP durch A r i s t i d e s durch Erhebung paralleler Wendungen zu dessen Apologie aus den Sibyllinen, dem Diognetbrief und dem 'Wahren Wort' des Celsus (vgl. Seeberg a. a. O. S. 233 ff.) für ersteres zu gewinnen suchte (Dobschütz S. 80 f.), schwebt in der Luft. Selbst der D i o g n e t b r i e f erweist sich allem Anschein nach nur mittelbar, d. h. durch Aristides, dessen Benutzung bei ihm unverkennbar ist (Seeberg S. 223), vom KP abhängig. — Während nun Hilgenfeld bei seiner Theorie in dem KP den τρίτος λόγος zu Lt. und AG. sah, will v. D o b s c h ü t z in ihm einen δεύτερος λόγος zu Mc. erkennen (S. 73 ff.), faßt es also auch als Analogon zur kanonischen AG., B a t i f f o l speciell „als Erweiterung des Gesichtes Petri in Joppe" AG. 10 ₉—₁₆ (Ehrhard S. 136). B a r d e n h e w e r gesteht zu, daß ein greifbares Bild nicht zu gewinnen sei, vermutet aber als Inhalt „eine Reihe von Predigten, welche zu verschiedenen Zeiten und an verschiedenen Orten gehalten worden sein sollten": ein historischer Faden werde die Vorträge zusammengehalten haben mit Bezug auf die Missionsreisen des Petrus, sodaß das Ganze doch in gewisser Analogie zu der kanonischen AG. stände (S. 412).

a) Bruchstücke der Missionspredigt.

Zur Klärung über diese Fragen kommt viel darauf an, wie man die G r u p p i r u n g der vorhandenen Reste, zunächst der sicheren Bestandteile des KP (unter a), vornimmt. Erst dann werden auch über etwaige Ausfälle Vermutungen aufzustellen sein. Die A p o k r. S. 170 f. gewählte Reihenfolge ist nicht diejenige, in der

---

[1] Pfleiderer a. a. O. 617 läßt das Verhältnis unentschieden. In TU N. F. X 4 will H. W a i t z zeigen, daß die wichtige Quelle der Pseudoclementinen, die Κηρύγματα Πέτρου, „nicht viel später als 135 n. Chr. und zwar in Palästina (Caesarea) in dem Bereich einer dem Elkesaitismus verwandten ebionitisch=gnostischen Sekte entstanden sind" (ZnW 1903, S. 340).
[2] Man könnte eher umgekehrt vermuten (vgl. Dobschütz S. 67 A. 1). daß der Verf. von 2. Petr. 1 ₁₅ im Hinblick auf das vorhandene KP, dessen altertümlicher Eindruck sonst nicht zu verkennen ist, schrieb. Am wahrscheinlichsten ist, daß gar keine Beziehung zwischen beiden Schriftwerken vorliegt. Man mußte sonst, im einen wie im andern Falle, annehmen, daß die für die Christen bestimmten paränetischen Ausführungen, etwa im Sinne von 2. Petr. 1 ₁₀. 3 ₁₁. ₁₇ f. und vielleicht auch mit Einschluß einer Rechtfertigung der Parusieverzögerung, ganz anders überwogen hätten, als die bescheidenen Reste des KP erkennen lassen.

die Fragmente bei Clemens Alex., dem Hauptzeugen, auftauchen und die auch in den Textausgaben eingehalten zu werden pflegt. Doch hat schon Hilgenfeld al vorangeſtellt und v. Dobſchütz S. 79, im Anſchluß an ſeine Mc.ſchluß-Hypotheſe, einen Rekonſtruktionsverſuch angedeutet, der mit dem unſrigen zuſammentrifft. Die nähere Begründung für die gewählte Reihenfolge wird in der Einzelerklärung zu geben ſein. Zunächſt mag ein Ueberblick über den ganzen Zuſammenhang bei Clemens hier folgen.

Der Zweck der durch das VI. Buch der stromateis hindurch begegnenden Anführungen aus KP trifft mit der am Eingange des Buches angedeuteten Abſicht des Clem. Alex., nunmehr (im VI. und VII. Buch) die religiöſe Haltung des „Gnoſtikers", dem mehr als ſinnenfällige Erkenntnis eignet, zu ſchildern und demzufolge das Verfahren der Verfolgung durch die Griechen als gottlos hinzuſtellen, auch die von Griechen und Barbaren vorgebrachten Zweifel über die Ankunft des Herrn zu entkräften (c. 1), im allgemeinen recht gut zuſammen. Zuvor (c. 2—4) entledigt ſich Clemens „prooemii loco" im Anſchluß an das V. Buch, mit Rückſicht auf den hergebrachten Gebrauch des „συμβολικὸν εἶδος" bei „unſeren Propheten" wie den „meiſten" Griechen und „nicht wenigen" Barbaren, noch des ſchon bei älteren Apologeten verwendeten Nachweiſes von dem Diebſtahl, den die Griechen ſowohl gegenſeitig in verſchiedenfachen literariſchen Beziehungen, wie gegen die Barbaren und vor allem gegen die von den Chriſten vertretene Wahrheit (bei Moſes und den Propheten) begingen, wobei ihm ſogar bloße Naturereigniſſe ins Gewicht fallen. Scheinbar unvermittelt geht er dann (c. 5 Anfg.) dazu über, zu ſagen: „daß aber die Angeſehenſten der Griechen Gott nicht genau (κατ' ἐπίγνωσιν), ſondern (nur) umſchreibungsweiſe (κατὰ περίφρασιν Lowth, κατὰ περίφασιν cod. — eine ähnliche Gegenüberſtellung in c. 15: κατὰ περίληψιν .., οὐ πρὸς ἀλήθειαν) tennen, ſagt Petrus im Kerygma": (folgt a 3, mit Zwiſchenbemerkungen). — Seiner religiöſen Theorie entſprechend weiſt Clemens den Griechen (Philoſophen) bereits ein gewiſſes Maß von Gotteserkenntnis zu: es iſt im Grunde kein anderer Gott, den die Griechen „heidniſch" (ἐθνικῶς), die Juden „jüdiſch", „wir" (die Chriſten) aber „neu und geiſtlich" tennen; die durch den Sohn vermittelte „Ueberlieferung" hebt jene beiderſeitige Erkenntnis erſt auf die rechte Höhe (vgl. Harnack, Die Miſſion, S. 183 f., Bardenhewer II S. 20 f.). In dieſem Zuſammenhange taucht, bald hinter a 3, „πρὸς τῷ Πέτρου κηρύγματι" (was Credner S. 359 f. von der mündlichen Rede des Pt. verſtand) der Apokr. S. 378 A. 1 gegebene Paulusſpruch auf und gleich nach ihm a 2, als Ausſage des Herrn an die Apoſtel mit den Worten des Petrus (im Kerygma). — c. 6 erweitert Clemens ſeine religionsgeſchichtliche Betrachtung zu einem Ausblick auf die Evangeliſation des Herrn in der Unterwelt, die in ihrer Fortſetzung durch die Apoſtel die Bekehrung der gerechten Griechen zum Glauben bezwecke. „Denn wir erinnern uns, daß der Herr 'Gottes Kraft'[1] iſt, und eine Kraft kann niemals ſchwach ſein." Sie erweiſe ſich überall und immer wirkſam, hier wie dort. „Αὐτίκα ἐν τῷ Πέτρου κηρύγματι ὁ κύριός φησι πρὸς τοὺς μαθητὰς μετὰ τὴν ἀνάστασιν": (folgt a 1). Clemens ſchließt noch einmal die Behauptung der Ausdehnung des (in dieſem Citat mitgeteilten) Verfahrens auf die vor der Ankunft des Herrn abgeſchiedenen Bewohner der Unterwelt an, indem er auf das Unrecht verweiſt, das darin läge, wenn nur die nach jener Ankunft Geborenen „die göttliche Gerechtigkeit genöſſen". „Πάσαις δ' ἄνωθεν ταῖς ψυχαῖς εἴρηται ταῖς λογικαῖς" (folgt a 4, alſo ohne ausdrückliche Quellenangabe). . . .

Erſt nach langem Zwiſchenraum, der durch weitere Ausführungen über das heilsgeſchichtliche Verhältnis von Juden und Griechen und (c. 7) Schilderung der

---

[1] Die Bezeichnung offenbar im Rückblick auf die vorherige Erläuterung von a 3 gebraucht: mit dem Worte ſeiner Kraft, „des gnoſtiſchen Anfanges (ἀρχῆς Kloſtermann, γραφῆς cod.), nämlich des Sohnes", wie Clemens hinzufügt. Das gut konjicirte ἀρχῆς iſt mit Hinblick auf 1. Moſ. 1 1 zu verſtehen, wo ἐν ἀρχῇ auch vom Sohne verſtanden wurde; vgl. unten. Tatian or. 5 (θεὸς ἦν ἐν ἀρχῇ, τὴν δὲ ἀρχὴν λόγου δύναμιν παρειλήφαμεν) u. a. Stellen (Hilgenfeld p. 61, oben).

wahren, durch Christus versicherten Weisheit (Philosophie) — die weder ein Mensch
noch ein Engel, mit zeitlichem Ursprung, lehren konnte, sondern nur „Ein Unge=
zeugtes, der allmächtige Gott" . . . εἰς γάρ . . ἐστιν ὁ θεός, ὃς ἀρχὴν τῶν ἁπάντων
ἐποίησεν, μηνύων τὸν πρωτόγονον υἱόν, ὃ Πέτρος γράφει συνεὶς ἀκριβῶς τὸ: 1. Mos. 1₁
(Wiederholung aus a 3 und zugleich Bestätigung der obigen Konjektur: ἀρχῆς und
der ihr zu Grunde liegenden Auslegung) — gebildet wird — c. 8: „Die Prophetie
ist voller Erkenntnis als vom Herrn gegebene und durch den Herrn wiederum den
Aposteln aufgeschlossene"; in c. 9 die Apostel als Muster leidenschaftslosen, „gno=
stischen" Verhaltens hingestellt; c. 10 f. Einbeziehung profaner Wissenschaften in die
bezeichnete „Erkenntnis" usw. —, folgt in c. 15 nach Vorführung der Hauptregeln
bekenntnisgemäßer Schriftbehandlung und Hinweisung auf τὸ παραβολικὸν εἶδος τῆς
γραφῆς vornehmlich bei den Propheten, die verfolgt und getötet wurden, wie der
Herr selbst und seine Bekannten — (μετ' αὐτὸν τὸ ζῆν παρεβάλοντο. ὅθεν καὶ ὁ Πέτρος ἐν τῷ κηρύγματι περὶ τῶν ἀποστόλων λέγων φησίν): a 5, worauf dann Clemens in
seiner weiteren Ausführung noch Bezug nimmt.

In der nun folgenden Erklärung wird mit den zu Anfang stehenden Seiten=
zahlen auf v. D o b s ch ü tz' ausführlichen Kommentar verwiesen, dessen Ausführungen
im Auge zu behalten sind und die ich meinerseits zu ergänzen suche.

1.

Dobschütz S. 23 f. 54—57. — Es bleibt zunächst die Voranstellung zu begrün=
den. Diese ist auch ohne die Hypothese vom Anschluß des KP an das Mc.=Evang.
plausibel 1) aus der Rücksicht, daß Petrus seine Lehrautorität durch Berufung auf
einen Herrnauftrag am passendsten am Eingange seiner Schrift begründete, mag
man nun dabei eine genauere Darstellung der Erscheinung des Auferstandenen vor
den Jüngern (s. A p o k r. S. 168) annehmen oder nicht. Analog wäre der Eingang
der AG. und der Vorgang in gnostischen und verwandten Evangelien und Apoka=
lypsen (Nr. VI der A p o k r.); 2) das αὐτίκα (s. o.), wenn es auch sonst gelegentlich
in der Rede des Clemens auftaucht, scheint am passendsten mit μετὰ τὴν ἀνάστασιν
zusammengenommen zu werden, was dann allerdings eine wirkliche Beschreibung
der Auferstehungserscheinung des Herrn im KP einschlöße, die eben darum an den
Eingang gehörte; 3) das zu Anfang von a 3 befindliche οὖν scheint mir (gegen Dob=
schütz S. 79) kein Hindernis zu bieten, den Petrus mit a 3 seine eigene Ausführung
einleiten zu lassen, vielmehr könnte der Apostel damit die von dem Auferstandenen zu=
vor (in a 1) mit Nachdruck behauptete Wahrheit, daß E i n G o t t i s t, seinerseits
aufgenommen haben; dabei bliebe allerdings Voraussetzung, daß zwischen a 1 und
a 3 nicht viel ausgefallen ist. — Gerade die nachdrückliche These von dem E i n e n
G o t t (vgl. Aristides apol.; Hermas mand. I 1, 1 u. ö.) mag übrigens der Verbrei=
tung solcher urchristlichen Schriften in späterer Zeit hinderlich gewesen sein und also
auch das baldige Unwirksamwerden des KP (eine andere Erklärung bei Z a h n ,
G.K. II 825) mit erklären. Wie sehr das christliche Kerygma hier Umbildungen aus=
gesetzt war, vgl. z. B. Origenes bei H a r n a ck , Die Mission, S. 68. — Ueber den
Begriff J ü n g e r ebda. S. 286 f.; „Apostel" S. 230 ff. Die letztere Bezeichnung ist
m. E. von Clemens in einem Zwischensatze eingetragen, wenn er zu κρίνας ἀξίους ἐμοῦ hinzufügt: οὓς ὁ κύριος ἠθέλησεν καὶ ἀποστόλους, πιστοὺς ἡγησάμενος, εἶναι,
πέμπων κτλ. Eine andere Interpunktion ist nicht gut verständlich, man müßte
denn mit D o b s ch ü tz (S. 23) und H a r n a ck (a. a. D. S. 236 A. 2) οὓς ὁ
κύριος ἠθέλησεν ausscheiden, was jener als Einschub im Munde des Petrus, d. h.
„als bescheidene Einschränkung des ja auch ihm geltenden Lobes über die Jünger"
faßt, indem er zugleich aus dem Einklang mit Mc. 3₁₃ (bei der Jüngerberufung):
προσκαλεῖται οὓς ἤθελεν αὐτός, einen wichtigen Beweisgrund für seine Mc.=KP=
Hypothese entnimmt (S. 70). Es kommt gerade auf diesem Wege eine Einschachte=
lung der Satzbildung durch gehäufte Participialkonstruktionen heraus, die die Ver=
ständlichkeit dieser Herrnrede unnötig erschwert, abgesehen davon, daß der Einschub
im Munde des Petrus (Uebergang von der ersten in die dritte Person) nicht den

Sinn der Mc.ſtelle trifft. Ich überſetze mit obiger Interpungirung: „dieſe wollte der Herr zu Apoſteln haben, da er ſie für treu (oder: gläubig) hielt" und ſehe in dem Zwiſchenſatz eine Kompilation des Clem. Aler. aus Mc. 3 13 (ſ. o.) und Lk. 6 13 (προσεφώνησεν τοὺς μαθητὰς αὐτοῦ καὶ ἐκλεξάμενος ἀπ' αὐτῶν δώδεκα, οὓς καὶ ἀποστόλους ὠνόμασεν — dieſer Relativſatz von Lk. in אBC* gegen ADL, lat. u. ſyr. Ueberſetzungen, rec. auch in Mc. 3 14 eingedrungen, vgl. H. Holtzmann im 'Hand=Commentar' I, Freib. i. B. 1889, S. 98 f.; doch ſcheint mir nicht nur bei Lk. die Heranziehung der Zwölf durch Auswahl aus einer größeren Jüngerzahl ſtattzufinden, vgl. vorher Mc. 2 23. 3 7), dazu vielleicht 1. Tim. 1 12; ähnlich im Ebionitenevang. ſ. Apokr. S. 26 f., Nr. 2 a (Neſtle, Supplem. p. 75). Die „Apoſtel" werden ſonſt in den Fragmenten nicht erwähnt, außer in den Ueberſchriften (des Clemens Aler.) zu a 2 und 5. — Daß zwölf (ſtatt genauer elf Lk. 24 9. 33, AG. 1 26. 2 14, Mt. 28 16, Mc. 16 14) Jünger nach der Auferſtehung genannt werden, beruht auf Nivellirung der jüngeren Geſchichtsdarſtellung, vgl. Petrusevang. 59; Offenb. Petri 5 u. a., freilich auch ſchon 1. Kor. 15 5. — Die Schlußberichte der Synoptiker über die univerſelle Sendung und den Lehrauftrag des Auferſtandenen, auch der kürzere Mc.ſchluß (wo der Ausdruck κήρυγμα; vgl. Dobſchütz S. 78), enthalten weniger direkte Anklänge an das vorliegende Fragment, in welchem die Bezeichnung ἔθνη — zum Beweiſe der nichtjüdiſchen Orientirtheit des Schriftſtückes — fehlt. Statt der konkreteren Verkündigung vom Kommen des Reichs (1. Clem. 42, 3) findet ſich das farbloſere τὰ μέλλοντα (vgl. a 5: μετ' αὐτὸ νᾶ ἔσται). — durch den Glauben an mich [Chriſtus] (letzteres Einfügung des Clemens), vgl. εἰς τὴν ἐμὴν ἀνάμνησιν Lk. 22 19, 1. Kor. 11 25. „Freilich mußte es heißen διὰ τῆς ἐμῆς πίστεως. Umſtellung wohl eine Folge der Einſchiebung von τοῦ Χρ., oder hieß es vor der Einſchiebung des Citators ἐμοῦ?" (Mitteilung von G. Schimmelpfeng, der auch das vorhergehende οὓς ὁ κ. bis εἶναι als Hinzufügung faßt). — Zur ganzen Haltung des (einfachen) Kerygma vgl. Harnack, Miſſion, S. 65; und die bezüglich der Sendung der Zwölf in alle Welt ebda. S. 52 geſammelten Stellen.

<h2 style="text-align:center">2.</h2>

Dobſch. S. 22. 50—54. — Israel vgl. Mt. 10 6, 15 24; Ebionitenevang. ſ. Apokr. S. 27 Z. 4; AG. 10 36, def. 5 31 (Iſr.—Buße u. Vergebung der Sünden). Mit dieſer Zweckbeziehung hatte die Auswahl der Zwölf eine beſondere Bedeutung Mt. 19 28, Lk. 22 30, Barnabas 8, 3 (daher auch nur vielleicht die „zwölf Jahre" hierunter). — Buße — Sündenvergebung; vgl. ſchon Mc. 1 4. 15 6 12. Wenn auch die Tiefe der pauliniſchen Auffaſſung nicht eingehalten ſein mag (v. Dobſchütz), ſo ſind dieſe Sätze (vgl. a 4) doch im ganzen im gleichen Geiſte gehalten. — Das handſchriftlich bezeugte Zuſammentreffen der beiden Infinitive μετανοῆσαι... πιστεύειν, wobei der zweite den im erſten angelegten Zweck unter die Folge enthielte, dürfte durch Hinweis auf Offbr. 16 9 zu halten ſein, ſo daß Konjekturen wie μετανοήσας (Sylburg u. a.) oder πιστεύων (Hilgenfeld) oder Zwiſchenſetzung eines καὶ (Credner u. a.) unnötig ſind. — Zum Uebergang von der Juden= zur Heidenmiſſion (AG. 13 46, 18 6 f.) vgl. Harnack, Miſſion S. 27 f. 30 ff. — In Jeruſalem wurde der Anfang gemacht (Lk. 24 47, AG. 1 8). „Nach zwölf Jahren" ſollen ſie nun ausgehen εἰς τὸν κόσμον. Dobſchütz S. 56 entnimmt dem μὲ im Gegenſatz zu ἐπὶ in a 1 einen Grund für die Aufeinanderfolge a 1, 2; die Begründung liegt überhaupt ſchon in der Tatſache, daß der ſpeziellere Befehl dem allgemeineren mit ſeiner grundlegenden Motivirung nicht vorhergegangen ſein konnte. Der enge, vielleicht unmittelbare Anſchluß an a 1 wird durch die gleiche Schlußwendung geſtützt. — Die zwölf Jahre (ſ. o.) lehren wieder in den Petrusakten c. 5 (Apokr. S. 396) und bei dem Antimontaniſten Apollonius (Euſeb. h. e. V 18, 14); dieſer weiß ὡς ἐκ παραδόσεως, daß der Heiland ſeinen Apoſteln befohlen habe, ἐπὶ δώδεκα ἔτεσι μὴ χωρισϑῆναι τῆς Ἱερουσαλήμ (der Wortlaut erinnert an AG. 1 4). Zahn (G.K. II 821 f.) und Schmidt (Petrusakten S. 78 f.) ſind der Anſicht, daß an beiden Stellen

Entlehnung aus dem KP stattgefunden (anders Dobschütz S. 53); Harnack hält die merkwürdige Ueberlieferung sogar für historisch (II 1, S 244, 717); Pfleiderer (a. a. O. 619) auf Grund der Tatsache, daß ähnliche Jahreszahlen auch auf gnostischer Seite begegnen, für eine Tradition gnostischen Ursprungs (?).

3.

Dobsch. S. 18—22. 29—50. — also vgl. oben S. 242 zu 1 (unter 3). — Ein Gott f. ebda.; zur Näherbestimmung der Einzigartigkeit Gottes durch verschiedene negative Prädikate vgl. meine Stellensammlung in TU IV 3, S. 52—54 zu θεός. Anfang — Ende f. Dobschütz S. 30 A. 3 (unten); daß mit dem Anfang, den Gott gemacht hat, bereits der Logos gemeint sei (f. o. S. 241), ist nicht anzunehmen, da das darunter stehende mit dem Worte seiner Kraft (Hebr. 1 3 steht ῥήματι) auf unpersönliche Fassung deutet, doch vgl. a 6. — der Unsichtbare; Clemens hat davor ein καί, was auf eine (kleine) Lücke schließen läßt (auffällig ist auch das ὁ vor ἀόρατος). — um deswillen δι' ὅν: schließt die kausale Beziehung nicht aus.

Die Polemik gegen Griechen und Juden (beide öfters bei Paulus) läuft darauf hinaus, daß jene Gott nicht kennen ("wie wir nach der vollkommenen Erkenntnis", fügt Clem. hinzu, von Klostermann nicht als Zusatz kenntlich gemacht) — anders Röm. 1 19 ff.; doch f. die Paraphrase des Clemens —, diese ihn nur zu kennen meinen. Die ἄγνοια (Sir. 23 3, Weish. 14 22, AG. 3 17 und die von Dobschütz S. 58 angegebenen Stellen) ist auf Seite der Griechen, wie in a 4; das Moment der Schuld ist vom Begriff nicht ganz auszuschließen. — Die Zusammensetzung des folgenden Textes ist schwierig. Eine notwendige Konjektur ist gleich im Anfange ὧν vor ἔδωκεν (Potter u. a. statt ἥν cod.). Die Doppelgliederung (ὧν ἔδωκεν κτλ. — καὶ ἃ ἔδωκεν κτλ.) ist unverkennbar, aber nicht rein zur Durchführung gekommen. In beiden Fällen liegt Mißbrauch der von Gott gegebenen Dinge (Holz usw. zum Bauen, Brennen; Tiere aller Naturbereiche — vgl. Röm. 1 23, AG. 10 12 — zur Nahrung) vor; Stein und Holz usw. werden von den Griechen zur Anfertigung von Götzenbildern (μορφώσαντες — ἀναστήσαντες) benutzt und in dieser Form verehrt, die verschiedenen Tiere ebenso: die Wiederergänzung des σέβονται in diesem Gliede ist unvermeidlich, denn wenn sie nur als Speisen beim Opfer hingestellt werden sollten, wäre ihre Einzelaufführung unnötig gewesen, bei der dem Verf. der ägyptische Tierdienst (andere Beispiele TU IV 3, S. 52 sub ζῶα) vorschwebt. Schon im A. T. die Polemik gegen Anfertigung von Götzenbildern aus Holz und Stein, vgl. Weish. 13 10, 14 21, AG. 17 29, 2. Clem. 1, 6 und die Apologeten. Eine derartige Polemik war im 2. Jahrhundert keineswegs überflüssig und wirkungslos (Harnack, Mission S. 17, 210 ff.) — Vor τῆς ὕλης αὐτῶν καὶ χρήσεως wird <τὰ> zu ergänzen am einfachsten sein (Herakleon bei Origenes: τὰ τῆς ὕλης πράγματα); ob sich das folgende τὰ δοῦλα τῆς ὑπάρξεως bloß asyndetisch angeschlossen hat, wie auch die beiden Participien asyndetisch nebeneinander stehen, ist fraglich. Brief an Diognet 2, 3: οὐ φθαρτῆς ὕλης ταῦτα πάντα; andere Stellen bei Hilgenfeld p. 61. — Speisen (zu Opferzwecken); nicht nur die vorhergenannten Tiere. — Sterblichen (βροτοῖς cod.); die Emendation in βρωτοῖς ist mißverständlich und schwächt die Feinheit des Wortspiels (βρώματα βροτοῖς), wiewohl sie fast durchweg acceptirt ist. Die Darbringung von Opfern geschieht den griechischen Göttern und Heroen (die Entstehung jener euhemeristisch gedacht) als tatsächlich Toten (vgl. Martyrium des Karpus usw. 12), wenn man hierbei nicht auf den Totenkult (Weish. 14 15) reflektiren will. — In beiden Fällen liegt Zweckverkennung und mißbräuchliche Ueberschätzung des von Gott Gegebenen vor, was Undankbarkeit gegen Gott (vgl. Röm. 1 23. 28) und seine Leugnung einschließt. Das Urteil über die Gottesverehrung bei den Juden ist ungünstig, wenn es auch nicht die Schärfe der Beurteilung bei Barnabas erreicht (vgl. 9, 4: die Juden mit ihrer Beschneidung von einem bösen Engel berückt). Sachlich steht die Ausführung, aus der der Bericht Herakleon-Origenes nur einen Auszug darstellt, in engster Parallele zu Aristides apol. 14, wo aber anfangs nur die Engel erwähnt ſind (vgl. Orig. gg. Celſ. I 26; nicht auch die Erzengel, eine Erklärung dafür bei S e e b e r g a. a. O. 217) und alles Folgende (Beobachtung von Sabbaten, Neumonden, Ungeſäuerten, großem Faſten — eine Konjektur zugunſten des μεγάλην ἡμέραν im KP, wie Zahn G.K. II 823 A. 2 und Seeberg S. 393 wollen, unnötig, weil ſachlich daſſelbe, vgl. Dob= ſchütz S. 37 A. 2 —, Faſten, Beſchneidung, Reinheit der Speiſen) unter den Ge= ſichtspunkt der Engelverehrung geſtellt wird; dies geſchieht nach Dobſchütz in ſchroffer Aneignung der pauliniſchen Poſition (das Geſetz von Engelu gegeben Gal. 3 19 cf., Vgl. AG. 7 53, Hebr. 2 2), während das KP neben die Engel und Erzengel parataktiſch (ohne innere Verknüpfung) den Monat und Mond ſtellt (anders Celſus bei Orig. V 6) und von dem Erſcheinen des letzteren die Feier des ſogen. erſten Sabbats, Neumonds, Paſſahs (Hütten)feſtes und großen (Verſöhnungs)tages ab= hängig macht, vielleicht in richtiger Kunde paläſtineſiſcher Zuſtände (D o b ſ ch ü tz, der S. 42—45 eine Erklärung des ſchwierigen Paſſus gibt, ſoweit ſie gegenwärtig möglich iſt). Abhängigkeit von den bei Paulus vorliegenden Aeußerungen (def. Gal. 4 10) mag vorliegen, ſie braucht aber nicht exkluſiv genommen zu werden (wie von Z a h n I 823 f., II 823 f., der in der Stelle Kol. 2 18 cf. 23 ἐν ταπει= νοφροσύνῃ καὶ θρησκείᾳ τῶν ἀγγέλων den Genitiv ſubjektiv faßt, vgl. deſſen Einlei= tung I 336 f.), da auch ſonſt in dieſem Zeitalter die Engelverehrung, wenigſtens in niederen jüdiſchen Volksſchichten (B o u f f e t, Die Religion des Judentums, S. 324 f.), als beſtehend anzunehmen iſt und anderſeits z. B. Tertullian adv. Marc. V 4 den Gal. 4 10 erwähnten dies . . et menses et tempora et annos: et sabbata . . et coenas puras et ieiunia et dies magnos frei anſchließt. Vgl. Petrusakten (Actus Vercell.) c. 1 (A p o k r. S. 393 40); Petrus=Paulus=Akten c. 1 (Aa I 118). 5. Esra 1 31 (A p o k r. S. 309). — Im folgenden kann eine Lücke vorliegen (Clem. Alex. ſagt: εἶτα τὸν κολοφῶνα τοῦ ζητουμένου προσεπιφέρει, ſonſt bloß ἐπιφέρει), in der etwas von der ſittlichen Verderbnis infolge der falſchen Gottesverehrung (vgl. Röm. 1 18. 24 ff.) und dem Ideal der rechten Gottesverehrung geſtanden haben könnte. Wenigſtens wird ſo das folgende ὥστε καὶ ὑμεῖς leichter verſtändlich.

h e i l i g u n d g e r e c h t] Ariſt. apol. 15 (m e i n e r Ausg. p. 38) von den Chriſten: τὰ γὰρ προστάγματα αὐτοῦ (Syr.: Und die Befehle ihres Meſſias) ἀσφαλῶς (Syr.: mit großer Sorgfalt) φυλάττουσιν, ὁσίως καὶ δικαίως ζῶντες. Die Ab= hängigkeit iſt wie im Vorhergehenden ſo auch hier deutlich und danach in c. 16 (p. 41) Syr.: „Und ſicherlich: n e u iſt dieſes Volk, und eine göttliche Beimiſchung iſt in ihm.“ KP zweimal: a u f n e u e W e i ſ e; e i n e n n e u e n B u n d (vgl. noch 1. Kor. 11 25, Hebr. 8 13, 9 15, und zum Gegenſatz v e r a l t e t — neu: 2. Kor. 5 17; ſonſtige Stellen ſ. Dobſchütz S. 49). Zur Sache vgl. H a r n a ck, Miſſion S. 177 ff.: „Die Botſchaft von dem neuen Volk und dem dritten Geſchlecht (das geſchichtliche und politiſche Bewußtſein der Chriſtenheit)“ und den Exkurs S. 197—204: „Die Beurteilung der Chriſten als drittes Geſchlecht ſeitens ihrer Gegner.“ — τ ρ ί τ ῳ γ έ ν ε ι] Harnack überſetzt S. 202: „die dritte Weiſe“ (Anm.: „die dritte Art“); es iſt ihm (S. 182) zuzugeben, daß die Chriſten hier nicht ausdrücklich als „d a s dritte Geſchlecht“ bezeichnet werden, gemeint iſt aber doch die Sache, die Spätere unzwei= deutiger ausdrücken, wenn auch nur ſozuſagen anſatzweiſe. Wenn die Chriſten von ihren Gegnern „genus tertium“ genannt werden, ſo bezieht ſich das nach Harnack (S. 201) auch nur auf die Art der Gottesvorſtellung oder =Verehrung; eine andere Richtung hatte ich in ZwTh 1893, S. 68 f., dem Vorwurf zu geben verſucht.

4 (?)

D o b ſ ch. S. 24. 57 f. — Die Unſicherheit der Zugehörigkeit — der Spruch ſteht bei Clem. ohne nähere Quellenangabe (ſ. o. S. 241) hat S e e b e r g a. a. O. 217 A. 1 durch Hinweis auf die parallele Stelle ἐν ἀγνοίᾳ bei Ariſtides apol. 17 (TU IV 3, p. 42 f.) mit Recht zu bekräftigen geſucht. Andere Stellen bezüglich der U n = w i ſ ſ e n h e i t ſ. o. S. 244; dazu Tertull. apol. 39: qui de uno utero ignorantiae eiusdem ad unam lucem expaverint veritatis. Petrusakten c. 2 (Aa I p. 47 4): de-

mittet vobis Jesus deus vibus quae ignorantes egistis (Apokr. S. 394 ₃₄). Pſ.=
Clem. recogn. VI 8: paratis animis accedite quasi filii ad patrem, ut peccata
vestra diluantur et caussa eorum sola ignorantia fuisse probetur apud deum. Nam
si post agnitionem horum permanetis in incredulitate, vobis iam perditionis vestrae
caussa et non ignorantiae reputabitur (Gersdorf p. 151). — Gemeint ſind hier die
Griechen, wie a 2 die Juden.

5.

Dobſch. S. 24 f. 58—64. — Wir; Petrus redet im Namen der Apoſtel;
analoge Fälle Joh. 1 ₁₄, 1. Joh. 1 ₁. Petrusevangelium (Apokr. S. 31 f.); gno=
ſtiſche oder verwandte Evangelien (Apokr. S. 37 f., 39). — Clemens Alex. fügt
ſeinem Citat noch Bemerkungen über den Unterſchied der (alt)prophetiſchen und der
griechiſchen Redeweiſe an, in denen auch Gleichnis, Rätſel uſw. wiederkehren,
und verliert ſich ſodann in allegoriſchen Betrachtungen über den Dekalog. — den
Chriſtus Jeſus nennen; Jeſus am wahrſcheinlichſten Prädikatsakkuſativ; es
muß an die altteſtamentlichen Joſua (Jeſus) gedacht ſein. Daß Chriſtus in a 3
als Eigenname begegnet, hindert nicht angeſichts des vorliegenden Zuſammen=
hangs. — Ueber das Sonſtige vgl. Dobſchütz, deſſen Konjektur κριϑῆναι an Stelle
des überlieferten κτισϑῆναι (bei Jeruſalem) ich mich aber nicht, wie Andere, an=
zuſchließen vermag. Wenn auch zuzugeben iſt, daß man eine Hinweiſung auf das Ge=
richt nach den übrigen, der Glaubensregel analogen Stücken zunächſt vermißt, ſo
bietet der Hinweis auf die Zerſtörung Jeruſalems, der in der altchriſtlichen Litera=
tur überhaupt ſelten iſt, doch keinen entſprechenden Erſatz, und der Anachronismus im
Munde des Petrus (vgl. Dobſchütz S. 25) wäre um ſo auffallender, wenn es für
möglich erachtet wird, daß in a 2 eine chronologiſche Erinnerung von hiſtoriſchem
Wert aufbewahrt ſei. Auch aus Petrusevang. ₂₆ iſt kein Beweis für die Hypo=
theſe zu entnehmen. Gerade die prophetiſchen Bücher boten dem Verf. augenſchein=
lich einen Zukunftsblick vorwiegend freudigen Charakters (vgl. 1. Petr. 1 ₁₁: τὰ εἰς
Χριστὸν παϑήματα καὶ τὰς μετὰ ταῦτα δόξας). So klingt das Jeſajabuch aus, wo in
den letzten Kapiteln, nach dem vielbenutzten Abſchnitte über das Leiden, des Neu=
baus (der Ausdruck κτίζειν bei gleicher hiſtoriſcher Situation 3. Esr. 4 ₅₃!) und der
Verherrlichung Jeruſalems gedacht wird, was in der übertragenen chriſtlichen Be=
deutung auf das neue oder himmliſche Jeruſalem hinauslief (Gal. 4 ₂₆ f., Hebr. 12 ₂₂,
Offenb. 3 ₁₂. 21 ₂. ₁₀). So im weſentlichen ſchon Grabe. Hilgenfeld (ZwTh 1903,
S. 356) ſucht ſich zur Beibehaltung des κτισϑῆναι durch Aenderung der Interpunktion
zu helfen.

6.

Dobſch. S. 18. 27—29. — Der Autor „feiert.. Jeſus als das Geſetz und die Ver=
nunft. Schwerlich hat dieſer Apologet bei dem Wort Geſetz an das jüdiſche Geſetz ge=
dacht. Die Zuſammenſtellung mit Vernunft ſpricht dagegen. Es iſt das Geſetz,
das alle Menſchen kennen und beſitzen, die Summe der ſittlichen Erkenntniſſe, welche
die damalige Welt jedem zugetraut hat. Wenn Jeſus alſo Vernunft und Geſetz
heißt, ſo ſoll er damit als der Höhepunkt aller religiöſen und ſittlichen Erkenntnis
bezeichnet werden" (Wernle, Die Anfänge unſerer Religion, S. 321). Aehnlich
Pfleiderer S. 618. Harnack II 1, S. 473 A. 1 entnimmt daraus, daß das KP
nicht in das 1. Jahrhundert gehört. Wo die Worte im KP geſtanden haben mögen
(etwa in einer Anrede zu Anfang?), iſt nicht feſtzuſtellen.

b) Bruchſtücke der ‚Lehre Petri‘.

Vgl. Apokr. S. 168. Die Identität der διδασκαλία Πέτρου (doctrina Petri)
mit dem KP hielt Zahn (Forſchungen III 285 A. 1) für „ganz ungewiß, um nicht
zu ſagen, unwahrſcheinlich", hat ſie aber nachher (G.K. II 829; vgl. I 199 A. 2)
mit beachtenswerten Gründen zu ſtützen geſucht. Auch Harnack iſt dieſer Meinung
(II 1, S. 472 A. 4 vgl. I 26 zu 15), nimmt aber an, daß die Späteren (Gregor
v. Nazianz uſw.) die Schrift nicht mehr kannten (I 27). Ehrhard S. 135 hält

die Identität für wahrſcheinlich, v. Dobſchütz äußert ſich gegenteilig (S. 13) und behandelt auch die beiderſeitigen Fragmente in ſeiner ausführlichen Erklärung geſondert; S. 82—84 den Spruch (Orig. de princ., praef. 8): Οὐϰ εἰμι δαιμόνιον ἀσώματον (Erörterung des Zeugenverhältniſſes: Ignatius, 'Lehre Petri', Hebräerevangelium; dazu A. Meyer ſ. o. S. 35 ſ. Die Worte müßten, wenn ſie dem KP angehört, vor a 1 geſtanden haben; vgl. noch den Auferſtehungsbericht Apokr. S. 39).

1.

Dobſchütz S. 109. — Seiner Neigung, einer ſingulär auftretenden Hſ.-Variante mit dem Zuſatz 'Αλεξανδρείας zu Πέτρου bei Anführung des Citats b 3 (S. 118, 107 ſ.) Glauben beizumeſſen und die daraus folgende Zuweiſung auch auf die beiden anderen Citate der 'Lehre Petri' auszudehnen, widerſpricht mit Recht Hilgenfeld, ZwTh 1893, S. 523 ff. Auch die Mitteilung des Textes eines Homilienfragments des alexandriniſchen Märtyrerbiſchofs aus dem cod. Vat. gr. 2081 (vgl. Ehrhard S. 355) durch J. M. Heer und ſeine daran geknüpften Schlußfolgerungen (Oriens christ. II, 1902, S. 344—351) haben jene Zuweiſung um nichts einleuchtender gemacht (die angebliche nähere Verwandtſchaft mit b 3 ruht auf einer ſehr ſchmalen Baſis). Anderſeits wird man den Verſuchen, die Sprüche einer beſtimmten Situation im Leben des Apoſtels Petrus einzureihen, bis auf weiteres mit Vorſicht begegnen. — Reſch, Agrapha S. 440 vergleicht noch Hebr. 12 3, Hiob 10 1, Pſ. 34 19 (ſ.).

2.

Dobſch. S. 110—118. — Nachahmung Gottes; vgl. Harnack, Miſſion S. 64 A. 3. — dienen; vgl. Hilgenfeld p. 63 (Diakonie). — Eine herrliche Mahnung, die an den prophetiſch nachdrücklichen Paſſus Jak. 5 1—6 erinnert; vgl. noch Johannesakten c. 34 (Apokr. S. 438); Thomasakten c. 19 ſ. (Apokr. S. 487). Es iſt mir übrigens auffallend und bezeichnend, daß Clemens Alex., der das KP kannte, in ſeiner kleinen Schrift quis div. salv. ſich dieſes Wortes nicht bedient.

3.

Dobſch. S. 118—121. — der Seele Stimme; vgl. Petrusakten c. 39 (Apokr. S. 422). — erſchöpfte (δαπανᾶν) vgl. Valentinfragment (Apokr. S. 142 A. 1). —

Von den ſonſt mit KP in Verbindung gebrachten Stücken (Apokr. S. 169 A. 1) wird der in auffälligem Zuſammenhang mit den echten Beſtandteilen von Clemens Alex. citirte Paulusſpruch nach dem Vorgange Credners (ſ. o. S. 241) und Aelterer noch von Hilgenfeld mit ſehr beachtenswerter Begründung dem KP zugewieſen (p. 63 ſ. ZwTh 1893, S. 529 ſ.), während Harnack und Zahn für Zugehörigkeit zu den Paulusakten ſtimmen; desgl. E. Rolffs ſ. u. zu XXIII unter d, wo auch nähere Nachweiſe der gelehrten Anſichten zu den beiden anderen Fragmenten (aus Pſ.-Cyprian und Lactanz) gegeben werden. (Ein Zuſammenwirken der beiden Apoſtel Petrus und Paulus in Rom ſchildern bekanntlich die jüngeren katholiſchen Petrus- und Paulusakten.) Gegen die Zugehörigkeit jener drei Fragmente zu den Paulusakten äußert ſich neuerdings C. Schmidt, Acta Pauli S. 124 ſ.

Als Entſtehungsort des KP wird von den Meiſten Aegypten angenommen, von Hilgenfeld Griechenland, der es kaum vor Mitte des 2. Jahrhunderts entſtanden ſein läßt, während Zahn die letzten Jahrzehnte des erſten Jahrhdts., alſo einen recht frühen Zeitpunkt, annimmt (II 831 ſ.; S. 830 A. 1 unſichere Vermutungen über weitere Stoffzugehörigkeit). Seine Vermutung, daß Mc. 16 14—19 (20) dem KP entnommen ſei (II 938; dazu Dobſchütz S. 76 A. 1), erinnert an Dobſchütz' Hypotheſe vom KP als δεύτερος λόγος zum Mc.-Evang., deren innere Beweismittel (S. 68 ff. 102—104 jedoch kaum ſtärker ſind als die von Hilgenfeld für ſeine Anſicht (Verhältnis zur AG.) beigebrachten (vgl. deſſen Gegenbemerkungen ZwTh 1893, S. 533—535). Je mehr man die Exiſtenz des größeren (unechten) Mc.ſchluſſes hinaufzurücken vermag, um ſo kürzer wird der Zeitraum, in welchem das KP jene vermutete wichtige Stelle eingenommen haben könnte.

XVI.
Der fogen. 2. Clemensbrief, eine Gemeindepredigt.

(H. v. Schubert.)

Allgemeines: Die beiden (Apokr. S. 172) angeführten Ansichten über den
Ursprung des Stückes werden von den beiden Forschern vertreten, die die besten
Untersuchungen und kommentirten Ausgaben verfaßt haben: A. Harnack in PA²
und ZKG I (1877) S. 264—83. 329—64 und J. B. Lightfoot in Apostolic
fathers I, 2 S. 189—281. 1890. Während sie darin einig waren, daß der cod.
Const. den Charakter des Schriftstückes als einer Homilie über jeden Zweifel gestellt habe, und sie dieselbe aus den gleichen allgemeinen Gründen, der „vorkatho-
lischen Vorstufe“ (Harnack 130—50, spätestens um 160, Lightfoot 120—40) zuwiesen,
gingen sie in der Bestimmung des Ursprungsorts auseinander: Harnack fand
nach dem ausführlichen Nachweise Hagemanns in d. Tüb. Theol. Quartalschr.
1861 S. 521 f. die Verwandtschaft mit Hermas so groß, „daß es nicht allzukühn ist,
zu behaupten, daß beide Schriftstücke aus derselben Gemeinde stammen, d. h. der
römischen“, und erklärte die Hypothese Skworzows, Patrol. Untersuchungen
1875, S. 47 ff., daß wirklich ein Clemens, nämlich der Hermas nahestehende vis. II 4
genannte Clemens der Autor sei, für sehr beachtenswert (ZKG 363 f., vgl. ThLZ 1876,
Sp. 103 ff.); Lightfoot dagegen sah eine ebenso tiefe Differenz wie Aehnlichkeit zwischen
den Anschauungen von 2. Clem. und Herm. (S. 201), bezweifelte die Existenz jenes anderen Clemens (S. 207 f., vgl. I, 1, 359 f.) und fand c. 7 und namentlich den absoluten Gebrauch von καταπλέουσιν ohne Angabe, wohin die „Landung“ sich richtet,
nur bei einem korinthischen Prediger und Publikum erklärlich, dem die Beziehung
auf die isthmischen Spiele selbstverständlich war. Das letztere Argument ist auch
für F. X. Funk (in f. Ausg., zuletzt in d. Aufsatz ‚Der fog. 2. Clemensbrief‘ in
Tüb. Theol. Quartalschr. 1902, S. 356 ff.) entscheidend. Danach konnten die älteren
Annahmen, daß Clemens Romanus (zuletzt noch Bryennios) oder Clemens
Alexandrinus (Hilgenfeld) die Verfasser seien, für abgetan gelten; auch die,
welche Hilgenfeld, N. T. e. c. I 1866, p. XXXIX aufgestellt und danach Harnack in der 1. Auflage seiner Väterausgabe 1 p. XCI aufgenommen hatte, daß in
unserem Schriftstück der Brief zu erkennen sei, den Bischof Soter v. Rom (165/7—173/5)
an B. Dionysius v. Korinth schickte und der letztere in seinem von Euseb. h. e. II,
25. IV, 25 ausgezogenen Römerbrief beantwortete; Harnack selbst bezeichnete sie
als „fürder unmöglich“ (a. a. O. S. 267). Doch hat er sie jetzt in der ‚Altchristl.
Chronologie‘ S. 438 ff. in der Form, daß die ursprünglich in Rom gehaltene Homilie
nach Korinth gesandt sei, wieder aufgenommen, und hält sie „aus überlieferungs-
geschichtlichen Erwägungen für nahezu geboten“. Indessen das Rätsel der Ueberlieferung erklärt sich auch auf anderem Wege, und die Hypothese wird heute von den
gleichen sachlichen Schwierigkeiten nicht nur ge-, sondern erdrückt wie früher; vgl.
H. v. Schubert, GgA 1899, S. 569 ff. A. Ehrhard S. 78 ff., F. X. Funk a. a. O.
S. 349 ff. Vollends verfehlt ist der Versuch A. Stahls (Patrist. Untersuch. 1902,
S. 286 ff.), die alte, auch von Harnack mal gebilligte Annahme Hagemanns (a.
a. O. S. 509 ff.), daß das Herm. vis. II, 4 erwähnte, durch jenen Clemens zu ver-
sendende Cirkularschreiben eben unsere Clemenshomilie selbst sei, mit der Soter-Hypo-
these Harnacks zu verbinden, wodurch auch Hermas in diese späte Zeit rücken würde,
f. dagegen Heunecke in ThLZ 1902, Sp. 205 und Funk a. a. O. S. 362 ff. —
Ueber Christentum und Theologie des Briefes handelte am besten Harnack
in ZKG S. 329—356. — Für die Evangeliencitate vgl. Aegyptevangelium. — Als
die der Predigt vorangehende und in freier Weise zugrunde liegende Anagnose hat
R. Knopf in ZnW III S. 206 ff. die Kapitel Jes. 54—66 zu bestimmen versucht. —
Standort der syrischen Uebersetzung f. Apokr. S. 84 A. 1. Hauptsächlichste Varianten
bei Lightfoot.

Specielles.

1 **1 wie über Gott**, vgl. Brief des Plinius an Trajan: carmenque Christo quasi deo dicere secum invicem. Das Fehlen des Artikels bei ϑεοῦ iſt ſchwerlich bedeutungslos. Der Anfang der Predigt wurde um der Theologie Chriſti willen von den Monophyſiten (Timoth. v. Alex., Severus v. Antiochien) ſpäter beſonders geſchätzt und citirt (Harnack, ZKG a. a. O.) und findet ſich auch in einigen anonymen ſyriſchen Excerpten (Lightfoot). — Richter der L. u. der T., vgl. AG 10 42, 1. Petr. 4 5, 2. Tim. 4 1, Barn. 7, 2, Polyk. 2, 1. — 2 Zuhören, vgl. 15, 2. 19, 1 f. **3 Entgelt**, vgl. Pſ. 116 12 — Gnadenerweiſe, ſo ὅσια nach LXX Jeſ. 55 3 (vgl. AG. 13 34) und 2. Chron. 6 42. Sonſt: wie viel heilige Pflichten ſchulden wir ihm! — **4 Vater** — Söhne angeredet. Bei der Gleichſetzung von Gott und Chriſtus eher im Sinne von Hoſ. 2 1 = Röm. 9 26, 2. Kor. 6 18, 1. Joh. 3 1 zu verſtehen, als etwa auf Stellen wie Mt. 9 2, die Anrede Jeſu (τέκνον) an d. Gichtbrüchigen, zu beziehen — **5 Gegenlohn**, vgl. Hiob 41 3 = Röm. 11 35 — **6 Steine — Holz**. Ein Heidenchriſt ſpricht zu Heidenchriſten, vgl. 2, 1 ff. — Leben — Tod, vgl. 1. Tim. 5 6; Auguſtin conf. I 6 — wieder ſehen, vgl. 9, 2 — abſtreifend uſw. Dieſelbe Wortzuſammenſtellung mit anderem Sinn Hebr. 12 1. Zur Sache 2. Kor. 4 4 — **7 keine Hoffnung**, vgl. Eph. 2 12 — **8 zum Daſein**, vgl. Hoſ. 2 25 (= Röm. 9 25 vgl. 4 17); Herm. vis. I 1, mand. I.

2 **1 ff.** Vgl. Juſtin apol. I 53. — **1 unſere Kirche**, ſ. u. zu 14, 1. — **3 Gott zu haben meinen**, das ſind die Juden, vgl. deſ. Miſſionspred. d. Petr. (Apokr. S. 170 31; oben S. 244 f.); ep. Diogn. 3, 2. — **4 andere Schrift**, alſo die neuteſtam. Evangelienſchrift neben die altteſt. geſtellt. — **6 Stehende — Fallende**, vgl. 1. Kor. 10 12, Röm. 14 4. — **7 ſchon verloren**, Barn. 14, 5.

3 **1 zuerſt**, fehlt „zweitens". — Lebenden, den toten Götzen, vgl. Weish. 15 17 — **Vater der Wahrheit**, ſ. u. 19, 1. Vgl. Joh. 15 26 und den Vater der Lüge Joh. 8 44 — **erkannt haben** Erkenntnis, vgl. Joh. 17 3, ein Vers, der ganz anklingt. — **Chriſtus verleugnen**, vgl. Mt. 10 33, Lk. 12 9 (AG. 3 13 ff.), 2. Tim. 2 12, 2. Petr. 2 1 — **2 Ob** das Herrnwort nur frei nach Mt. (Lk.) citirt iſt oder in anderer Verſion vorgelegen, iſt nach dieſer Stelle allein nicht zu entſcheiden. Lightfoot ſtreicht „vor den Menſchen" nach b. Syrer. — **4 tun was er ſagt**, vgl. Joh. 15 14. 2 5, Lk. 17 10, — von ganzem Herzen und von ganzem Gemüte, vgl. Mc. 12 30 (5. Moſ. 6 5) — **5 der Spruch Gottes** bei Jeſaja als Spruch Chriſti gefaßt. — **4 2 Die Stelle** ſteht wie 3, 2. Juſtin apol. I 16 citirt die Mt.ſtelle genau. Die hier eingeſetzten Begriffe „gerettet werden" ſtatt „ins Himmelreich kommen" und „Gerechtigkeit", bezw. „Ungerechtigkeit" ſtatt „Willen des V. i. H." finden ſich in d. Lukasverſen 13 23. 27; vgl. auch Lk. 6 46 — **3 überreden**, ebenſo Jak. 4 11, Herm. mand. II — gütig, ἀγαϑοὺς wie Tit. 2 5, 1. Petr. 2 18.

4 **Menſchen mehr fürchten als Gott**, vgl. AG. 4 19. 5 29, 1. Petr. 3 14 f. — **5 Das Herrnwort** berührt ſich nahe mit Lk. 13 26 f., alſo der Geſchichte, die ſchon vorher anklang, ohne daß es von hier ſtammen wird. — **5 1 Pilgrimſchaft**, eigentl. Beiſaſſenſchaft, vgl. 1. Petr. 1 17 — aus dieſer Welt herauszugehen, vgl. Offb. Petr. 5 — **2 ff.** Die Stelle berührt ſich wieder eng mit kanon. Stellen, Lk. 10 3. 12 4 f. Mt. 10 16. 28, aber die dort auseinandergeriſſenen Sprüche ſind hier durch die konkrete Situation eines Geſprächs zwiſchen Jeſus und Petrus zuſammengehalten, ein giltiger Beweis, daß hier eine apokryphe Quelle vorliegt — **4 nach ihrem Tode**, würde beſſer fehlen. Der Sinn iſt klar, der Ausdruck ganz ſchief — **5 Ruhe**, vgl. Mt. 11 29 — von kurzer Dauer, vgl. 1. Joh. 2 17, ſ. u. 6, 6.

6 **heilig und gerecht**, d. i. unſere Schuldigkeit gegen Gott und gegen Menſchen, vgl. z. B. 1. Theſſ. 2 10, unten 6, 9. 15, 3 — fremd achten, Herm. ſim. I 3. 11 vgl. 1. Kor. 7 29 ff., Phil. 3 8. — **6 2 Der Spruch** ſtimmt bis auf einen geringen formalen Unterſchied mit Mc. und Mt. überein, während er ſich von Lk. mehr entfernt. Dieſer Tatbeſtand führt hier nicht auf eine apokryphe Quelle — **3 zwei**

Feinde, vgl. Jaf. 4 4, 1. Joh. 5 19 — 4 Schändung, eigentl. Verderben, wie hier mit Hurerei zusammen Barn. 10,7 u. sonst — 5 absagen, vgl. Act. Paul. et Theol. 5, Herm. mand. VI 2,9 Ign. ad Philad. 11 — 6 haffen, nach Mt. 6 24, Lf. 16 13, vgl. Lf. 14 26 — vergänglich, ein Gedankenzusammenhang wie Mt. 6 19 ff. liegt vor. — vergänglich — unvergänglich, wie in 1. Kor. 9 25. 15 52, 1. Petr. 1 23 vgl. 1 4 — 7 Ruhe finden, Mt. 11 29 — 8 f. In der Hesekielstelle, die hier stark ab= gekürzt ist, fehlen die Worte „in der Gefangenschaft". Dagegen stammt das „durch ihre Gerechtigkeit" noch aus Hes. 14 14. 20 — 9 Taufe bewahren, vgl. Act. Pauli et Th. 6. Der ganze Vers zeigt, daß der Verf. die Gnade der Sündenvergebung wesent= lich auf die Taufe beschränkt und den Menschen darauf angewiesen sieht, unter Festhaltung dieses Zustandes der Reinheit mit guten Werken sich den Eingang ins Reich zu verschaffen. — Königreich, ſo βασιλειον besser als mit Königspa= laſt zu übersetzen, wie Sib. III 159, Teft. d. 12 Patr. Jud. 17 22, Gaius bei Eus. h. e. III 28 u. a. Stellen bei Lightfoot. — Fürsprecher, vgl. 1. Joh. 2 1, wo in Christo dieser Anwalt gezeigt wird für den, der durch Sünde „die Taufe befleckt".

7 1 ff. Zum ganzen Kapitel vgl. „Paulus „an die Korinther" vgl. mit Beziehung auf ihre Spiele 1. Kor. 9 24 f., welche Stelle dem Verf. doch wohl im Sinn ist („an echo" Lightfoot) — 1 Kampf zur Hand, vgl. 1. Clem. 7, 1 — viele landen — nicht alle gekrönt, ähnlich Paulus a. a. O.: alle laufen, einer bekommt den Preis — vergängliche Kämpfe, Kämpfe um vergängl. Güter, alfo vielmehr „vergängliche Kränze", wie bei Paulus — anlanden wie 7,3 = überfahren, lan= den im übertragenen Sinn oder mit besonderer Beziehung auf die korinthische Küste, wofür der absolute Gebrauch spricht; dann fällt die Stelle für den Ursprung in Korinth stark ins Gewicht, f. Lightfoot — 3 laufen, θεωμεν, ſo der Syrer gegen die griech. Kodd., die θωμεν haben: laßt uns aufstellen. Vgl. 2. Tim. 4 7, Hebr. 12 1 — rechten Weg, vgl. AG. 13 10, 2. Petr. 2 15 — wenigstens nahe. In Olympia wur= den für Wagenrennen zweite und dritte Preise gegeben, f. Lightfoot. Vgl. Jo= fephus bell. jud. I 21, 8. Die Stelle als vom „heiligen Clemens" frei citirt von Dorotheus (7. Jhdt.), doctr. XXIII. Wie sich der Prediger das dogmatisch gedacht hat, bleibt unklar — 4 Betrüger, eig. einer der verdirbt (φθειρων), nämlich die Spielregeln. Vergl. Epiph. haer. 61, 7. Das Gegenteil 2. Tim. 2 5: gesetz= mäßig (νομιμως) kämpfen. Ueber die Sache die Nachweise bei Lightfoot — 6 Siegel, wie oben 6, 9 und unten 8, 6 die Taufe. So oft, z. B. Herm. sim. VIII 6,3, IX 16; „versiegelt" schon Eph. 1 13. 4 30. Nachweise bei Harnack und Light= foot.

8 2 Ton — Töpfer. Vgl. Jer. 18 4—6 (Röm. 9 21), wo das Bild anders gewendet ist — nicht mehr helfen, scil. weil der Ton im Ofen dann hart ge= worden ist — 3 Bekenntnis ablegen. Wohl Hindeutung auf das Bekennt= nis vor der Gemeinde, wie Apostellehre 14, 1.

4 Fleisch rein bewahren, vgl. Act. Pauli et Theol. 5. 12 — 5 im Evangelium. Das Evangelium alfo bereits eine schriftliche Größe. Der Spruch berührt sich wieder nahe mit Lf. (vgl. Mt. 25 21), aber ist in sich klar und ge= schlossen, während bei Lf. zwei Gedanken sich verschlingen und dadurch die Stelle zur crux interpretum wird. Daß eine apokryphe Quelle vorliegt, ist danach wahrschein= lich. Aehnliches Citat bei Iren. adv. haer. II 34, 3 — 6 Bewahret unbefleckt, vgl. 1. Tim. 6 14, Jak. 1 27.

9 1—5 in denselben fyr. Fragmenten citirt, in denen sich der Anfang des Briefes findet. Die ganze Stelle richtet sich gegen die frühzeitig (vgl. 1. Kor. 15 12) auftauchende, später von den gnostischen Sekten vertretene und auf den heidn. Dualis= mus fußende Bestreitung leiblicher Auferstehung und gegen die damit verbundene antinomistische Moral, daher wäre die verwandte Stellen: 2. Tim. 2 18, Polyf. 7, Herm. sim. V 7, Act. Pauli et Th. 14 u. a. Dieser Gegensatz scheint auch an anderen Stellen durch (c. 14), ohne daß man in ihm geradezu den zweiten Hauptgesichtspunkt neben der Warnung vor Menschen= und Todesfurcht zu sehen hat, wie Hilgen=

feld, Ap.Väter 115, tut — 2 sehen gelernt, f. ob. 1, 6 — 3 Tempel Gottes,
wie 1. Kor. 6 19, Jgn. ad Philad. 7, 2 — 4 hingelangen, nämlich ins Gericht
(Lightfoot) oder ins Reich Gottes (9, 6, Harnack) — 5 Wenn Christus.
Obgleich alle 3 Kodd. und Timoth. v. Alex., der auch diese Stelle (wie 1, 1) citirt,
statt ɛì Xp. ɛìç Xp. lesen, fo ist doch sicher mit dem syr. Fragment, dem Zusammen=
hang allein entsprechend, zu lesen wie oben — zuerst Geist, nach 14, 2 nicht als
heil. Geist, wie bei Herm. sim. V 5, IX 1 zu fassen, sondern = von geistiger, pneu=
matischer Natur, vgl. die Spekulationen über den ἄνϑρωπος ἐπουράνιος 1. Kor. 15 45 ff.
Wohl Präexistenz, aber noch keine Logoslehre.   Harnack, ZKG. 340 f. — Fleisch
wurde, Joh. 1 14.
7 Als wir denn Zeit haben, wie Gal. 6 10 und Jgn. ad Smyrn. 9
— der da heilt, Gott der Arzt ep. Diogn. 9, 6, Christus der eine Arzt Jgn. ad
Eph. 7, 2. — 9 Vorherwisser, der Ausdruck z. B. Justin apol. I 44, dial. 82
die Sache Pf. 94 11, Mt. 6 8, Lk. 16 15, Röm. 8 27 — 10 mit dem Munde, wie
oben 3, 9 — als Söhne, f. oben 1, 4. — 11 Dem Wortlaut nach mit Mt. und Mc.,
dem Satzbau nach mit Lk. sich mehr berührend. Ob frei aus dem Gedächtnis citirt
oder aus einer apokryphen Quelle, ist hier fo wenig zu entscheiden wie 3, 3. Am ähn=
lichsten die Form des Citats bei Clem. Alex. ecl. proph. 20, nur daß dort noch zu=
gefügt ist „und Miterben", vgl. das hier Vorhergehende „uns aufnehme als Söhne",
das auf das Citat hingeführt haben könnte.
10 1 ff. Vgl. Pf. 34 15 (10 ff.) — Bosheit, böse Gesinnung die Wurzel der
Tatsünde vgl. Jak. 1 14 f. — ergreife, dieselbe Wendung Barn. 4, 1 — 3 die
Menschen nicht finden. Es ist dem nachfolgenden Frieden nicht möglich, die
M. zu erreichen. Anders Lightfoot, der durch die Konjektur εὐημερεῖν „gute Tage
haben" statt εὑρεῖν ἄνϑρωπον einen noch genaueren Anschluß an die Pfalmstelle ge=
winnt. Die Annahme einer größeren Lücke (Hilgenfeld² S. XLVIII. 77) wird
von Lightfoot widerlegt S. 233 f. — menschliche Furchtgedanken, oben 4, 4.
— 4 die Verheißung, für die Erfüllung der Verheißung, wie AG. 1 4, Gal. 3 14,
Hebr. 6 15 — 5 böse Lehren geben, geht auf Jrrlehrer, die aber nicht notwen=
dig gnostische Antinomisten zu sein brauchen. Eine sehr verwandte Stelle Jgn. ad
Eph. 16 — sie selbst, eigentl. für sie und für die, die sie hören.
11 Auf die starke Werkgerechtigkeit, die in diesem Kapitel gelehrt wird, wies
A. Ritschl hin in Altkath. Kirche² S. 286 f., vgl. Harnack zur Stelle. Der um=
wandelnde Glaube ist die Aneignung der Verheißung Gottes oder unserer „Be=
rufung" — 2 das prophetische Wort, wie 2. Petr. 1 19. Dasselbe Citat aus
einem unbekannten Apokryphon (Eldab und Modat?) ist auch 1. Clem. 23, 3 f. ci=
tirt, mit leichten Abweichungen und ohne den Schluß, fo daß also 2. Clem. nicht
aus 1. Clem. geschöpft haben kann, selbst wenn man Bekanntschaft mit 1. Clem.
aus diesem Kapitel (Lightfoot) schließen wollte. Aber für die Entstehung bei=
der Stücke in derselben Gemeinde Rom spricht allerdings die gemeinsame Benutzung
einer sonst unbekannten Quelle (Harnack). Zum Inhalt vgl. 2. Petr. 3 4 —
von Tag zu Tag, vgl. 2. Petr. 2 8 — 5 nicht geteilter Seele, Jak. 1 8,
4 8, Herm. vis. II 2, III 2, 3, 4, 7, 10 f., IV 1 f., mand. IX. X, sim. VIII 7, Apostell. 4. —
6 getreu ist er, vgl. Hebr. 10 23 -- einem jeden für seine Werke,
Mt. 16 27, Röm. 2 6, Off. 22 12 — 7 kein Ohr gehöret. Derselbe Vers nur
vollständiger in 1. Clem. 34, 8, ebenso Mart. Polyk., Hegesipp, Jrenäus u. a.
Ueber seinen Ursprung in der Apokal. Eliä, seine Verwertung bei Paulus, seine
Bedeutung für die gnost. Mysterien f. Schürer, Gesch. d. jüd. Volkes³ III, 267 ff.,
dazu Lightfoot zu 1. Clem. 34. An unserer Stelle ist der Anschluß an die bei
Paulus vorliegende Fassung fo eng, daß der Prediger veranlaßt wird, aus der Kon=
struktion zu fallen; er kann aus Paulus, aber auch 1. Clem. schöpfen.
12 1 stündlich, καϑ' ὥραν nach dem Zusammenhang nur fo und nicht „zu
feiner Zeit" oder „bald" zu übersetzen. Daß die Parusie „bald" erfolge, ist die Vor=
aussetzung für den Appell des Verf. — Tag der Erscheinung Gottes, vgl.
Tit. 2 12 f., 1. Tim. 6 14, 2. Tim. 2 10, 4 1. 8. Zur Sache vgl. Mt. 24 42 ff., 25 1 ff. 13,

Lk. 12 35 f. 46. — 2 ff. Der Herrnspruch, der als eine Antwort auf eine Anfrage be=
zeichnet wird, kehrt fast ebenso wieder bei Clem. Alex. strom. III 13, 92 und wird
von diesem als nicht in den uns überlieferten vier Evv., sondern „dem nach den Aegyp=
tern" enthalten bezeichnet. Aus diesen und anderen Stellen bei Clem. Alex. exc. ex
Theod. 67, strom. III 6, 45; 9, 63. 64. 66 läßt sich die Perikope leiblich zusammen=
stellen, die ein Gespräch Jesu mit Salome enthält, und eine Richtung auf strenge
Askese, speciell auf Ehelosigkeit verrät, wie denn auch Clemens die Geschichte im
Munde des „Enkratiten" Cassian vorfindet und sich damit auseinandersetzt. Alles
Weitere s. o. S. 39 ff., Aeg.=Evangelium.   Daß diese Quelle hier benutzt ist, ist troß
Z a h n G.K. II 628 ff. und R e s c h, ZfWL IX 232 ff. höchst wahrscheinlich.   Dann
aber ist auch anzunehmen, daß wenigstens die Citate 4, 5. 5, 2 ff. 8, 5 gleichfalls
daher stammen, und möglicherweise auch 3, 2. 4, 1 (6, 1) und unten 13, 4 —
5 n i c h t a n d a s W e i b i n i h r d e n k t, eig. nichts Weibliches über sie denkt
und sie über ihn nichts Männliches. — 6 Der Saß gehört nicht mehr ins Citat,
„sagt er" = hat er damit sagen wollen. Diese Deutung des Spruches durch den
Prediger, der auch sonst hohe Strenge in Bezug auf das Fleischesleben vertritt c. 8 f.
14. 15 (Enthaltsamkeit), schließt mit der Verwerfung des Geschlechtstriebs aller=
dings die Verwerfung der Ehe in sich und knüpft das Kommen des Endes an die
Erfüllung dieser Bedingung. Die Benußung eines Evangeliums, auf das ein Cassian
sich stüßte, ist wohl verständlich.   Die eschatologische Spiße ist dabei hier viel stärker
herausgekehrt; dort handelt es sich um die Frage, wann der Tod aufhören wird. —
R e i c h m e i n e s V a t e r s, s. Mt. 6 10, 13 43, 26 29.

13 1 n ü c h t e r n s e i n z u m, vgl. 1. Petr. 4 7 — v o l l, Röm. 1 29 u. sonst —
a b t u n, Wendung wie AG. 3 19 — M e n s c h e n g e f ä l l i g, Eph. 6 6, Kol. 3 22
— d e n e n d r a u ß e n, d. i. den Heiden, wie 1. Kor. 5 12 f., Kol. 4 5, 1. Thess. 4 12,
1. Tim. 3 7, 1. Clem. 47, 7 — d e r N a m e, nämlich Gottes, absolut wie Ter=
tullian de idol. 14 — 1 ff. vgl. 1. Petr. 2 12 — 2 u n d w i e d e r u m: W e h e,
u m d e s s e n w i l l e n (καὶ πάλιν · οὐαὶ δι᾽ ὄν), so der Syrer, cod. Const. hat
nur: „und: deswegen" (καὶ · διό), s. darüber L i g h t f o o t. Dieser zweite Teil des
Citats ist nach seiner Herkunft unbekannt, findet sich auch sonst (Jgn. ad. Trall.
8, 2, Polyk. ad. Phil. 10, 2 und a. a. O.) und wird von Lightfoot (vgl. auch
Z a h n in PA II 51) als Verunstaltung aus Jes. 52 5 aufgefaßt, so daß also der
Prediger hier denselben Spruch zweimal, einmal nach der LXX, sodann nach der
landläufigen Citirweise angeführt hätte.   Hält man dies für eine künstliche Erklä=
rung, so wird man umsomehr geneigt sein, auch die folgenden Worte: W a r u m ...
w a s i c h w i l l mit zum Citat aus unbekannter Quelle zu ziehen und nicht anzu=
nehmen, daß der Prediger seine eigenen Worte in Gottes Mund lege, wofür 12, 6
und 14, 3 insofern keine Parallelen bieten, als hier beide Male das „spricht Gott"
hinzugefügt ist. — 4 Der Spruch kann frei nach Lk. 6 32—34 citirt sein, vielleicht
auch der apokryphen Evangelienquelle entstammen, s. zu 12, 2. Vgl. den
Evangelientext Didache 1, 3 τοὺς μισοῦντας ὑμᾶς — G n a d e (χάρις), vgl. 1. Petr. 2 19 f.,
also prägnant für Quelle der Gnade oder des göttlichen Wohlwollens. In der
Lukasstelle vielmehr = Gnadenlohn, inhaltlich (ποία χάρις) — G o t t s a g t. Also
der Herrnspruch ebenso wie das Wort Gottes im A. T. bezeichnet, vgl. 3, 5.

14 1 v o n d e r e r s t e n K i r c h e, d e r g e i s t l i c h e n.   Die Vorstellung
von der präexistenten, auch der Synagoge vorausgehenden Geisteskirche, die schon
oben 2, 1. 3 anklang, sich anlehnend an paulin. Spekulationen, wie sie Röm. 4 9 ff.,
Gal. 4 21 ff., Eph. 1 3 ff. vorliegen, verdichtete sich bei den valentin. Gnostikern zum
Aeon der Ekklesia. Unser Stück ist auf dem Wege dahin, trägt aber diese gnosti=
sirenden Anschauungen noch ganz naiv vor in nächster Verwandtschaft bis zu wörtl.
Anklang mit Herm. vis. I 1, 6. 3, 4 II 4, 1 — S o n n e u n d M o n d, vgl.
Ps. 72 5. 7. 17 — g e m ä ß d e r S c h r i f t, eig. a u s d e r Schrift, d. h. aus der Zahl
derer, von denen die Schrift urteilt — K i r c h e d e s L e b e n s, vgl. 1. Petr. 2 4 f. —
2 K i r c h e d e r L e i b C h r i s t i, vgl. namentlich Eph. 1 23. 4 12, Kol. 1 18. 24, ferner
Stellen wie Röm. 12 5, 1. Kor. 12 12 ff. u. a. — d a s M ä n n l i c h e C h r i s t u s,

das Weibliche die Kirche: das Bild der Ehe zw. Chriſtus und der Kirche Eph.
5 22 f., vgl. Offb. 21 2. 9, aber die Begründung mit 1. Moſ. 1 27 iſt ſingulär. Sie ſchließt
an die Spekulationen vom präexiſtenten pneumatiſchen Chriſtus als dem himmliſchen
Menſchen oder Adam an, die ſchon vorher 9, 5 anklangen, und erinnert an die
gnoſtiſch=valentinianiſche Vorſtellung des Aeonenpaars (der Syzygie) Menſch und Kirche
(ἄνθρωπος καὶ ἐκκλησία). Wieder ſteht der Verf. mitten inne zwiſchen den pauliniſchen
und den gnoſtiſch=häretiſchen Ausſagen, trägt aber ſeine gnoſtiſirende Meinung naiv
vor.   Derartiges, nachdem die gnoſtiſche und ſpeciell valentinianiſche Kriſis über
Rom (u. Korinth, v. S ch u b e r t a. a. O. S. 573 f.) hinweggezogen war, in einem offiziellen
Schreiben des röm. Biſchofs Soter an den ſpezifiſch „katholiſch" gerichteten B. Dionyſius, den eifrigen Bekämpfer der Häreſie, enthalten zu deuten ſcheint unmöglich. —
u n d d a z u d i e B ü ch e r u n d d i e A p o ſ t e l. Die Anknüpfung iſt im griech.
cod. Const. undeutlich, der Syrer hat „und auch" (atque etiam), danach F u n k
für καὶ ὅτι: καὶ ἔτι lieſt. Dagegen iſt der Zuſatz des Syrers zu βίβλια, Bücher: „der
Propheten" ſicher ſpätere Erklärung der für ſeine Zeit befremdlichen Wendung, die
aufs deutlichſte zeigt, daß „die Apoſtel", alſo die neuteſtam. Tradition incl. Evangelien, noch als lebendige und perſönliche Autorität geſchätzt und nicht mit zur
„Bibel" gerechnet wurden, trotz 8, 5 („im Evangelium") und 13,4 („Gott ſagt"). Auch
in der Kanonbildung ſteht unſere Quelle auf der Schwelle kirchlicher Normenbil-
dung, alſo ca. 140. Welche Bücher des A. T. und N. T. die präexiſtente und damit geiſtige Weiſe der Kirche für den Autor lehrten, iſt ſchwer zu ſagen: für jenes
außer 1. Moſ. vielleicht Pſalm 45 (vgl. Juſtin dial. 63) und Hoheſlied (L i g h t f o o t),
für dieſes bis zu 14, 1 citirten Stellen, dazu vielleicht Hebr. 12 22 f., Offb. 21 9 f. —
e r ſ t j e t z t . . v o n A n f a n g, ſo mit L i g h t f o o t das νῦν ἄνωθεν gewiß zu überſetzen (vgl. Lk. 1 3 AG. 26 5 u. ſonſt), wobei denn griechiſchen Ohre das „von oben" mit-
klang — unſer Jeſus, oden 9, 5 — o f f e n b a r w u r d e a m E n d e b. T., vgl.
1. Petr. 1 20, eigentlich „in den letzten Tagen", der Endzeit, in der der Verf. zu leben
überzeugt iſt. — 3 ff. Das Gedankenknäuel, das hier vorliegt, wird ſo zu entwirren
ſein: die eigentlich geiſtliche Kirche iſt ebenſo offenbar geworden, wie der eigentlich
geiſtliche Chriſtus, bei ihrer innigen Verbindung mit ihm iſt ihre Offenbarung nicht
unabhängig von der ſeinigen, ſie iſt i n ſeinem Fleiſche offenbar geworden, ja als
ſein Leib war ſie geradezu ſein Fleiſch. Wie nun Chriſtus (nach Eph. 5 26 f.) dieſen
ſeinen Leib oder ſein Fleiſch, die Kirche, untadelig darſtellt, ihr innerer geiſtlicher
Charakter und ſeine Verbindung mit ihr intakt bleibt, ſo ſollen auch wir an unſerem Teil die Kirche untadelig bewahren und damit auch unſere innere, geiſtliche Verbindung mit der wahren, geiſtlichen Kirche: was wir „im Fleiſche" bewahren, ſollen
wir „im h. Geiſte" empfangen. Dieſer Gegenſatz bringt den Prediger auf eine
doppelte Spekulation, um zu begründen, wie das eine durch das andere bedingt iſt,
1) platoniſch: das Fleiſch iſt Gegenbild des Geiſtes, der das „Original", das
αὐθεντικόν iſt, darum wer jenes verletzt, verliert dieſes; 2) myſtiſch=gnoſtiſirend
14,4: tatſächlich iſt aus der pauliniſchen Faſſung des Verhältniſſes von Chriſtus zur
Kirche als des Hauptes zum Körper die als des Geiſtes zum Fleiſche geworden.
Das wird aufgegriffen (wenn wir aber ſagen 2c.) und in myſtiſcher Parallele auf
uns gewendet: wer ſ e i n Fleiſch verletzt, verletzt die Kirche, und bei der ſo engen
Verbindung zwiſchen Fleiſch und Geiſt, Kirche und Chriſtus, auch Geiſt und Chriſtus.
14,5 ſchließt dann mit dem poſitiven Gedanken des myſtiſchen Realismus ab, daß
andererſeits bei dieſer engen Verbindung auch das Fleiſch zur Unſterblichkeit gelangt, wozu 9, 1 ff. und die ἀφθαρσία als Heilsgut 20, 5 u. ſonſt zu vergleichen iſt.
Das iſt die überſchwängliche Herrlichkeit von der 1. Kor. 2 9 geredet iſt, eine Stelle,
die 11, 7 citirt war und hier wieder anklingt. — Zu bemerken iſt noch, daß der
hl. Geiſt, wie H a r n a ck richtig bemerkt (ZKG. S. 342), als beſondere Hypoſtaſe
überhaupt nicht gefaßt wird, er iſt teils Chriſtus ſelbſt, teils der von ihm ausgehende Lebensgeiſt. — In dem ganzen Kapitel von der „Kirche" erinnert nichts an
die ſich bildende „katholiſche Kirche" mit ihren Heilsvermittlungen.

15 1 E n t h a l t ſ a m k e i t. Die ganze Deduktion hatte alſo zur praktiſchen

Spitze die Aufforderung zur Geschlechtsaskese. Der Ausdruck ἐγκράτεια erinnert an den gnostischen Enkratismus, vgl. Cassian — mich, den Ratgeber, vgl. 19, 1. Das persönliche Moment tritt stärker vor. Die Stelle ist schwerlich ohne Kenntnis von Jak. 5 19 f. geschrieben, mit deren Wortlaut sie sich berührt. Nur ist hier der Begriff der Leistung vor Gott, bezw. der Gegenleistung herausgebildet und dabei ein oft, schon c. 1 und 3, angeschlagener Gedanke wieder aufgenommen. — der da redet und der da hört, vgl. Offb. 1 3. Der Predigtcharakter tritt hier deutlicher heraus, vgl. 1, 2. 17, 3. 19, 1.

3 werde ich sprechen, Jes. 58 9: „wird er sprechen", Vermischung mit Jes. 65 24. Ebenso bei Iren. IV 17, 3 vgl. auch Const. ap. III 7.

16 1 noch Zeit, vgl. 8, 1. 9, 7. — 2 Erbarmen Jesu: Jesus der Richter erbarmt sich nach Maßgabe unseres Tuns. — 3 der Tag kommt, unmittelbare Parusieerwartung, vgl. oben 12, 1 ff. — einige. Harnack erinnert an die geläufige Vorstellung von den vielen Himmeln, Lightfoot hält eine Textverderbnis für wahrscheinlich — Zu den eschatolog. Bildern vgl. 2. Petr. 2 9. 3 5—7. — 4 Almosengeben 2c. Die Klassifikation der guten Werke ist höchst nullar. Mit dem apost. Worte über die sündenbedeckende Liebe (= Spr. 10 12) wird in großem Durcheinander, also wohl freier Erinnerung Tob. 12 8. 9 verbunden und zwar so, daß bezüglich des Gebets und des Almosengebens ein innerer Widerspruch entsteht (während zuerst dieses höher als jenes geschätzt wird, errettet dann jenes vom Tode — in Tob. vielmehr das Almosen — und erleichtert dieses nur die Schuld) und Taten und Gesinnungen auf einer Fläche erscheinen. Aber eben dies ist neben der Hochstellung von Fasten und Almosen und der Beziehung der sündenbedeckenden Macht der Liebe auf die eigenen Sünden das Charakteristische. Auch hier ist Hermas besonders verwandt. Die aus dem Jüdischen stammende Zusammenstellung von Fasten, Gebet und Almosen s. Mt. 6 2 ff. 5 ff. 16 ff., zur Hochstellung des Almosens vgl. Sirach 3 33, Lk. 11 41. — guten Gewissen, vgl. Hebr. 13 18.

17 1 keiner von uns. Das Solidaritätsgefühl des Redners tritt immer deutlicher zu Tage. — daß wir auch dies tun, so der Syrer, während in cod. Const. durch Ausfall des „daß" (ἵνα) der Text verderbt ist. — die Elemente zu lehren (κατηχεῖν), vgl. Lk. 1 4, Gal. 6 6. — 3 „Die noch heute wie in der ältesten Predigt geläufige Warnung vor toter Kirchlichkeit und Mahnung zu fleißigem und rechtem Gebrauche des Gottesdienstes zeigt aufs klarste, daß eine Homilie vorliegt" (Harnack) — von den Presbytern vermahnt, vgl. die Vorsteher der Gemeinde, die vermahnen (προϊστάμενοι νουθετοῦντες), in 1. Thess. 5 12, s. u. 17, 6 — Ob der Prediger selbst sich den Presbytern önrechnet, ist ebensowenig zu bestimmen wie der Umfang des hier genannten Amtes und sein Verhältnis zu anderen. Von Episkopen, bezw. einem Episkopus, und Diakonen ist nicht die Rede. Die Predigt wurde von einer Mehrzahl Presbyter geübt. Ganz ähnlich ist der Sachverhalt in Hermas, z. B. vis. II 4, 3 — weltliche Lüste, vgl. der Ausdruck Tit. 2 12. — einerlei Sinnes, gleiche Wendung Röm. 12 16, vgl. Phil. 2 2. — häufiger kommen, vgl. Ign. ad Eph. 13. Der Syrer hat „beten (προσευχόμενοι)" statt „zum Gottesdienst kommen (προσερχόμενοι)", vielleicht mit Recht. — der Herr, vielleicht Christus, dann wie 3, 5. — erlösen, Eph. 4 30 ist der Tag der Erscheinung der Tag der Erlösung genannt, davon wohl hier ein Nachhall. — nach seinen Werken. Lightfoot sieht darin die Ansicht von verschiedenen Graden der Seligkeit ausgesprochen, was m. E. nicht notwendig ist. Die Erlösung soll jeden nach s. W. treffen, aber die ungläubigen Christen 17, 5 f. nicht.

5 Ungläubigen, wie das Folgende zeigt, die schlechten Christen, die der Verheißung nicht trauten und Gottes und der Presbyter Gebote nicht hielten. — daß du es bist .. wußten nicht .. glaubten nicht, die Worte klingen wie ein Nachhall von Joh. 8 24. 28, 13 19. — Presbytern, so daß die Presbyter doch als die Verkünder des Heils in diesem Zusammenhang von großer Bedeutung werden. — 6 Auf diese Stelle scheint Ps.-Justin in d. Quaest. ad Orthod. 74 hinzuweisen. — falsches Spiel trieben, eig.: die Gebote Christi betrogen,

vgl. Jak. 1 22, Kol. 2 4 — 7 Gotte Ehre geben, vgl. Offb. 11 13 und überhaupt zum ganzen Vers vgl. Offb. Joh. — abgeirrt, vgl. 1. Tim. 1 6, 6 21, 2. Tim. 2 18. — furchtbare Folterqualen in Feuer, f. bef. die Offb. Petr. — unauslöschliches F., Mt. 3 12, Me. 9 43, Lk. 3 17.

18 2 auch ich ſelbſt 2c. Die Stelle erinnert in ihrer stolzen Demut ſehr an Phil. 3 12 f. Harnack: „Ein Bischof hätte ſo kaum gesprochen". Also auch nicht und am wenigſten Bischof Soter um 170 in einer Sendung an die Korinther.

19 1 Brüder und Schwestern, vgl. Barn. 1, 1: Söhne und Töchter. — nach dem der Gott der Wahrheit (vgl. oben 3, 1) gesprochen, genau: hinter oder nach dem Gott b. h. nach der Verlesung aus der hl. Schrift (ſo Bryennios, Lightfoot und ſchließlich auch Harnack). Barden= hewer I 108 A. 1 vermutet jetzt Textverderbnis. Ueber den Brauch f. Juſtin apol. I 67, Orig. c. Cels. III 49, Const. ap. II 57; über den Gang des Gottes= dienſtes z. B. Möller= v. Schubert, Lehrb. der Kirchengeschichte I ² 341 f. — leſe Ansprache vor. Die Annahme Zahns (Epiktet ², 1895, S. 37 A. 4), daß der griech. Ausdruck „Vorlesung" ſo abgeschliffen gewesen sei wie bei uns und ein Ablesen vom Konzept nicht bedeute, iſt zurückgewiesen von J. Bruns im Kieler Progr. 1897 (De Schola Epicteti), p. 3 ff. Wehofer, Unterſ. z. altchr. Epiſtologr. 1901, S. 102 ff., ſchließt aus dem Satz in dem Vorurteil, daß der Verf. ſeine eigene Predigt nicht vorgelesen haben könne (außer aus der Ueberlieferung, wie Harnack), daß die Homilie vielmehr ein zum Vorlesen beſtimmtes Schreiben gewesen ſei; da= gegen mit Recht R. Knopf in ZnW 1902 S. 279. Harnack entnahm, TU II 5 1886, S. 82 ff., mit Unrecht der Stelle, daß es ſich hier um die Arbeit eines Ge= meindelektors handle, und dem wieder, wie alt und bedeutend dies Amt gewesen ſei. Die Soter=Hypotheſe hat für ihn ſelbſt dieſe Schlußfolgerungen antiquirt. — damit ihr aufmerkt auf das, was geschrieben iſt, d. h. in der hl. Schrift, die vorher gelesen war, ſo daß eine inhaltliche Beziehung der Predigt auf die Lektion doch wahrscheinlich iſt. Doch iſt der Text der Lektion nicht mehr zu erschließen (vielleicht Jeſ. 54 ff.?). — ſowohl euch .. als den, der vorlieſt, vgl. oben 15, 1. — Der ganze Vers macht es vollends zweifellos, daß eine Homilie vorliegt. Beachte das immer ſtärkere Vortreten des Persönlichen. — allen den Jüngern, vgl. Const. ap. II 10 — 2 vgl. oben 1, 2. — verfinſtert in der Einſicht, Wendung wie Eph. 4 18. — 3 Frucht der Auferstehung ge= nießen, vgl. zum Bilde Hof. 10 12 f..

20 Das Kapitel wird in den Sacr. Parall. des Joh. Damasc. II 783 citirt. Vgl. dazu Jak. — 2 Des lebendigen Gottes, 1. Theff. 1 9, 1. Tim. 3 15, 4 10 u. ſonſt. Zum Vers vgl. oben c. 7 und Hebr. 12 1. 11. — 4 Geschäft betrei= ben .. nicht Gottseligkeit, vgl. 1. Tim. 6 5. — und um ſolchetwillen 2c. Richtig Lightfoot. Die Fesseln ſind die inneren Ketten und Strafen, die ſchließlich in äußere enden.

5 Die Schlußdoxologie faßt ſchwungvoll zusammen, was wir an Chriſtus haben: den Offenbarer der Wahrheit und den Herzog der Unſterblichkeit. Vgl. 1. Tim. 1 17, AG. 5 31, 3 15.

D.

Kirchenordnungen.

XVII.

Apostellehre (Didache).

(P. Drews.)

Aus der fast unübersehbaren Literatur über die Didache und von den vielen Ausgaben derselben sei hier nur Folgendes erwähnt: Bryennios, Διδαχη των δωδεκα ἀποστολων εκ του ἱεροσολυμιτικου χειρογραφου νυν πρωτον ἐκδιδομενη μετα προλεγομενων και σημειωσεων. Εν Κωνσταντινουπολει 1883, citirt: Bryennios. Harnack, Lehre der zwölf Apostel nebst Untersuchungen zur ältesten Geschichte der Kirchenverfassung und des Kirchenrechts. (TU II, 1. 2.) Leipzig 1884; Neudruck 1893 (sogen. Große Ausgabe; enthält S. 1—70 Text, Uebersetzung und Kommentar; citirt: Harnack. S. 1—294: Prolegomena; citirt: Harnack, Prol.). — Harnack, Die Apostellehre und die jüdischen zwei Wege, Leipzig 1886; 2. Aufl. 1895; citirt: Harnack, Die Apostellehre usw. (hier S. 38 ff. die wichtigste Literatur zusammengestellt). — Sabatier, La didachè ou l'enseignement des douze apôtres. Paris 1885; citirt: Sabatier. — J. Rendel Harris, The Teaching of the Apostles. London 1887; citirt: Harris. — Schaff, The Teaching of the Tw. Ap. New-York 1885, 3. Aufl. 1889. — Taylor, The Teaching of the Tw. Ap. Cambridge 1886; citirt: Taylor. — Funk, Patres Apostolici, vol. I, ed. II. Tübingen 1901 p. 2—37; citirt: Funk. — Schlecht, Doctrina XII Apostolorum. Die Apostellehre in der Liturgie der kath. Kirche. Freiburg i. B. 1901; citirt: Schlecht. — In ZnW 1904, Heft I S. 53 —79 habe ich ,Untersuchungen zur Didache' veröffentlicht; citirt: ,Untersuchungen'. — Schermann, Eine Elfapostelmoral oder die X-Recension der „beiden Wege". München 1903 (konnte nicht mehr benutzt werden).

Abkürzungen: Δ = Urdidache; D = vorliegende Didache (M die Hf.); K = Apost. KO. (canones eccl.); Sch = Vita Schnudi ed. Jselin TU XIII, I ᵇ (1895), S. 6—10; A = Apostolische Konstitutionen; Σ = pf.-athanas. Syntagma ed. Batiffol, Studia patristica (1890) p. 121—128; N = Fides Nicaena, MPG XXVIII, 1637 ff.

Titel. Auffallender Weise trägt unsere Schrift zwei Titel. Ist das ursprünglich? Wenn nicht, welcher Titel darf als der ursprüngliche gelten? Es muß zunächst sehr ins Gewicht fallen, daß die Schrift nach den vorhandenen Zeugnissen nur unter einem Titel, und zwar unter dem der ,Apostellehre' bekannt war: Euseb. hist. eccl. III 25 nennt sie: των ἀποστόλων αἱ λεγόμεναι διδαχαι, Athanasius ep. pasch. 39: διδαχη καλουμένη των ἀποστόλων, Nikephorus stichom: διδαχη ἀποστόλων, Anastasius von Antiochien quaest. et respons.: διδαχαι των ἀποστόλων, Pf.-Cyprian: doctrinae apostolorum und Rufin: doctrina quae dicitur apostolorum. Das würde alſo dem erſten Titel in D entſprechen: Διδαχή τῶν δώδεκα ἀποστόλων. Dieſer Titel iſt kaum der urſprüngliche. Denn nicht eine „Apoſtellehre", ſon= dern eine auf das „Evangelium" ſich gründende und die „Herrngebote" (c. 4, 13) enthaltende Lehre wird geboten, für die der zweite Titel: Διδαχή κυρίου διὰ τῶν δώδεκα ἀποστόλων τοῖς ἔθνεσιν ganz paſſend iſt. Dieſer Titel iſt jedenfalls nach Mt. 28 ₁₉ und ₂₀ gebildet. Denn der erſte Teil (c. 1—6) war als eine Unterweiſung der Taufkandidaten gedacht (c. 7, 1): ſie empfingen die Herrnlehre, wie ſie auf der Ueberlieferung der Ἀπόstel beruhte. Aus der Mt.ſtelle erklärt ſich der Zuſatz τοῖς ἔθνεσιν: an die Völker insgeſamt. Dagegen dürfte das δώδεκα freier, ſpäterer Zuſatz ſein, als ſich die zweite Hälfte der Schrift an die erſte anſchloß. Dort war auch von ἀπόστολοι (c. 11, 3—6) die Rede, worunter aber nicht die zwölf gemeint waren. Um jedes Mißverſtändnis auszuſchalten, fügte der Redaktor oder ein Abſchreiber das δώδεκα dem urſprünglichen Titel bei. Aus dieſem Titel erwuchs nun der erſte: Διδαχή τῶν δώδεκα ἀποστόλων. Nicht als ob ihn ein Redaktor von D geſchaffen haben müßte. Vielmehr wird D unter dem Titel Διδαχή ἀποστόλων bereits umgelaufen ſein, als ein Abſchreiber, um ſein Schrift= ſtück ſofort dem Leſer vorzuſtellen, dem urſprünglichen Titel dieſen erſten voran= ſtellte, indem er aus jenem den Zuſatz δώδεκα herübernahm. Daß ſich D bald unter dem Titel einer „Apoſtellehre" verbreitete, iſt ganz begreiflich. Διδαχή κυρίου war ein zu unbeſtimmter Titel, denn man hatte ja eine Fülle von Lehren und Sprüchen des Herrn in den zahlreichen Evangelien. Dagegen empfahl ſich der Titel „Apoſtellehre" nicht nur durch den urſprünglichen Titel, ſondern auch durch eine Formel, die man AG. 2 ₄₂ las: προσκαρτεροῦντες τῇ διδαχῇ τῶν ἀποστόλων. Außerdem ſtand der Titel des ἀπόστολος als einer unbedingten Autorität hoch in Anſehen. Der zweite Teil legt übrigens das Mißverſtändnis nahe, daß die Schrift apoſtoliſchen Urſprungs ſei; der Bearbeiter von K hat denn auch die einzelnen Vor= ſchriften aus D c. 1—4 den einzelnen Apoſteln zugewieſen.

I. Teil (c. 1—6): Die Taufrede.

Der erſte Teil von D, nämlich c. 1—6, und wahrſcheinlich dazu noch c. 16, bildete urſprünglich eine ſelbſtändige Schrift. Das kann kaum bezweifelt werden (vgl. die Gründe dafür Apokr. S. 184 f.). Fraglich bleibt freilich, wie dieſe Schrift = A entſtanden iſt. Höchſt wahrſcheinlich liegt A ein jüdiſcher Proſelyten= katechismus zu Grunde (rekonſtruirt von Harnack, Die Apoſtellehre uſw., S. 52 ff.); doch hat Hennecke (JnW 1901, S. 58) dagegen die Vermutung geäußert, daß hinter A ſchon eine chriſtliche Urſchrift ruhe. Vielleicht iſt beides richtig, ſo daß wir als Grundlage eine bereits vorchriſtliche jüdiſche Schrift, einen bereits von Paulus be= nutzten jüdiſch=chriſtlichen Katechismus annehmen müſſen (vgl. darüber meine ‚Unter= ſuchungen' S. 53 ff.).

c. 1: Der Weg des Lebens: Chriſtliche Hauptgebote.

1 Das Bild von den beiden Wegen iſt in der geſamten Literatur gebräuch= lich. Weg des Lebens und des Todes: Jer. 21 ₈; vgl. Baruch 4 ₁; Spr. 12 ₂₈; zum Gedanken vgl. Mt. 7 ₁₃ f.; 2. Petr. 2 ₁₅ — L lieſt: Viae duae sunt in saeculo, vitae et mortis, lucis et tenebrarum. In his constituti sunt angeli duo, unus aequitatis, alter iniquitatis; Barn. 18, 1: Ὁδοὶ δύο εἰσὶν διδαχῆς καὶ ἐξουσίας, ἥ τε τοῦ φωτὸς καὶ ἡ τοῦ σκότους · διαφορὰ δὲ πολλὴ τῶν δύο ὁδῶν. ἐφ᾽ ἧς μὲν γάρ εἰσιν τεταγμένοι φωταγωγοὶ ἄγγελοι τοῦ θεοῦ, ἐφ᾽ ἧς δὲ ἄγγελοι τοῦ σατανᾶ. Herm. mand. VI, 2, 1: δύο εἰσὶν ἄγγελοι μετὰ τοῦ ἀνθρώπου, εἷς τῆς δικαιοσύνης καὶ εἷς τῆς πονη= ρίας. K lieſt wie D. Was das Urſprüngliche iſt, läßt ſich nicht entſcheiden. Wahr= ſcheinlich war im jüdiſch=chriſtlichen Katechismus, der zu Grunde liegt, von Licht und Finſternis und von den Engeln die Rede, vgl. Eph. 5 ₈ f. (vgl. meine ‚Unter= ſuchungen' S. 61 f.).

2 Zum Gebot der Gottesliebe vgl. auch 5. Moſ. 30 ₁₆, zu dem der Nächſten=

liebe Röm. 13 9; Gal. 5 14; Jak. 2 8; zum Doppelgebot Sib. VIII 481 ff. — Zu τὸν ποιήσαντά σε vgl. c. 5, 2; Sir. 7 30; 5. Mos. 32 6. — Der Schlußsatz: πάντα δὲ κτλ. findet sich so nur Syr. Didasl. c. 1 (TU N. F. X 2, S. 2). Mt. 7 12; Lk. 6 31 hat der Gedanke die positive Fassung. Vgl. außerdem Tob. 4 15; AG. 15 20. 29 cod. D; acta Phileae et Philoromi c. 1, ed. Ruinart-Gatura (1803) III 160; Pf.-Clemens hom. VII 4; XII 32; XI 4; A I 1; III 15; weitere Stellen bei Funk.

3 ff. Der Passus von Εὐλογεῖτε bis c. 2, 1 fehlt bei Barn., in A, bei L, in Sch, ist also sicher ein Zusatz des späteren Redaktors (vgl. Apokr. S. 185). Dabei hat er in einer Weise benutzt, daß bei stetig wörtlichen Anklängen stetig abweichende Wendungen, Umstellungen und Verschiebungen erscheinen. Es bleibt für uns ein Rätsel, welcher Evangelientext ihm eigentlich vorlag. — Der Abschnitt c. 1, 3—2, 1 disponirt sich so, daß zunächst vom Verhalten gegen den Feind, sodann 1, 5 vom Geben gehandelt wird.

3 Vgl. Mt. 5 44. 46. 47; Lk. 6 32 f.; zum Gedanken Röm. 12 14. — Die Vorschrift, für den Feind zu fasten, ist ohne Parallele in der christl. Literatur. Nur Syr. Didask. c. 21 (TU N. F. X 2, S. 108) wird geboten, für die Juden zu fasten. Das Fasten für den Armen raten an Herrn. sim. V 3, 7. 8; Origenes hom. in Lev. 10; Aristides apol. 15. An diesen Stellen sollen die durch Fasten gemachten Ersparnisse den Armen zu Gute kommen. Aber es fragt sich, ob hier, wo das Fasten dem Feind zu Gute kommen soll, dieselbe Vorstellung vorliegt, oder nicht vielmehr die jüdische, wonach das Fasten, entsprechend der Fürbitte, dem von Gott Gutes brachte, für den es geschah, vgl. 2. Sam. 12 16—23; Esth. 4 16; Syr. Didask. c. 21. Diese Auffassung empfiehlt sich hier um so mehr, als das Fasten in Parallele zum Beten steht, und als es wohl auf alle Fälle Sinn hat, für die Armen zu fasten, um ihnen eine Zuwendung machen zu können, nicht aber für die Verfolger. — χάρις ist, weil eine deutliche Entlehnung aus Lk. 6 32 (vgl. Mt. 5 46 f.) vorliegt, nicht als die eigene, erwiesene Gunst zu verstehen, sondern ist das göttliche Wohlgefallen, die göttliche Gnade, als Lohn gedacht. Zu ergänzen ist nach Lk. 6 32: ὑμῖν ἐστίν. — Für den Gedanken: καὶ οὐχ ἕξετε ἐχθρόν bietet die Syr. Didask. c. 1 (TU N. F. X 2, S. 3) die einzige Parallele. Hier wird dieses Wort ausdrücklich auf „das Evangelium" zurückgeführt. — **4** Bryennios liest für σωματικῶν (leiblich), was die Handschrift bietet, κοσμικῶν (nach A VII 2; E cod. Vat. liest βιωτικῶν, cod. Pal. κοσμ, Oriens christ. 1901, 51, 26). In der Tat ist die Zusammenstellung: σαρκικῶν καὶ σωμ. ἐπιθυμιῶν außergewöhnlich, wenn man von der paulinischen Theologie herkommt. Indessen liegt kein Grund zur Aenderung vor. Offenbar sind dem Verf. σαρκ. κ. σωμ. synonyme Begriffe. Die Wendung ἀπέχεσθαι τῶν σαρκικῶν ἐπιθυμιῶν findet sich auch 1. Petr. 2 11, doch ist deshalb noch nicht eine Bekanntschaft mit diesem Briefe vorauszusetzen. Vgl. auch Tit. 2 12 und 2. Clem. 17,3: κοσμικαὶ ἐπιθυμίαι und 4. Makk. 1 32: τῶν ἐπιθυμιῶν αἱ μέν εἰσιν ψυχικαί, αἱ δὲ σωματικαί. Diese Stelle zeigt, daß auch ἐπι. σωμ. eine ähnliche Phrase war. Harnack sagt: „Um Selbstlosigkeit im Sinne der Weltentsagung handelt es sich". Aber im folgenden, und darauf bezieht sich doch der Satz, ist nicht eigentlich von Weltentsagung die Rede, sondern von der höchsten Selbstüberwindung dem Feind gegenüber, der Zorn, Rache und Widerstand in frechster Weise herausfordert. Diese Empfindungen der Rachsucht, des Zornes und des Pochens auf das eigene gute Recht werden hier mit σαρκικαὶ καὶ σωματικαὶ ἐπιθυμίαι bezeichnet. — Ἐάν τις κτλ. Das Folgende bis 5 hat eine sehr auffallende Parallele in Tatians Diatessaron (Zahn S. 133 f.). — καὶ ἔσῃ τέλειος. Man beachte den Parallelismus in den Nachsätzen: καὶ οὐχ ἕξεις ἐχθρόν (3); καὶ ἔσῃ τέλειος (4). Hier kann das τέλ. nur überhaupt als ein starker Ausdruck genommen werden, während 6, 2 das Wort im vollen Sinne gemeint ist. — οὐδὲ γὰρ δύνασαι. Dieser Zusatz ist entweder so zu verstehen, daß die Christen bei ihrer Rechtlosigkeit in der Welt ihre berechtigten Ansprüche gar nicht durchzusetzen vermögen, oder es liegt eine Textverderbnis vor. Klarheit ist vorläufig nicht zu erreichen, auch durch die Stelle bei Johannes Klimakus († Ende des 6. Jahrh.) nicht, in der auf unsere Stelle angespielt ist (vgl. MPG LXXXVIII 1029). — **5** Dieser Vers ist mehr oder weniger unklar, daher mußte der Bearbeiter in A VII 2 ihn ftark umgeftalten. Die Undeutlichkeit erklärt fich am beften durch die Annahme der Benutzung einer unbekannten Quelle (vgl. meine ‚Unterfuchungen' S. 64 f.). Parallelen finden fich Herm. mand. II 4—6; A IV 3; Didask. c. 17 (TU N. F. X 2, S. 88; Clemens Aler. fragm. ex Nicetae catena in Mt. 5 42; über das Verhältnis diefer Stellen zu einander vgl. meine ‚Unterfuchungen', S. 66 f. — Zu παντί κτλ. vgl. Lk. 6 30; Mt. 5 4. 2. — Zu πᾶσι γάρ θέλει κτλ. vgl. Lk. 6 38; Sib. II, 88 f. = Pf.-Photyl. 29. Diefes Wort fteht in L in c. 4, 8, fehlt aber hier; vgl. darüber meine ‚Unterfuchungen' S. 67. Die Bearbeitung in VII 2 citirt hier Mt. 5 45. — Bei δίκη ift, wie die Parallelen ergeben, an das Endgericht zu denken. — συνοχῇ. Mt. 5 25; Lk. 12 58: εἰς φυλακήν. — Alfo auch damals wurde die Mildtätigkeit vielfach gemißbraucht. — 6 Der hier ausgefprochene Gedanke fteht im Widerfpruch mit dem erften Satz von 5. Das erklärt fich daraus, daß jetzt eine andere unbekannte Quelle herangezogen wird. — Zu εἴρηται vgl. c. 16, 7. Das hier angeführte Wort wird bis ins Mittelalter hinein wiederholt (Auguftin in ps. 102 n. 12; in ps. 146 n. 17; Gregor d. Gr. regula past. III 20; Caffiodor expos. in ps. 40; Bernhard v. Cl. ep. 95; Petrus Comeftor hist. Deut. c. 5), aber fein Urfprung liegt im Dunkeln. Vgl. Sir. 12 1 ff.; Sib. II 77 ff.; vgl. Pf.-Photyl. 23.

e. 2: Der Weg des Lebens: Fortfetzung: Warnung vor groben Sünden.

1 Die δευτέρα ἐντολή τῆς διδαχῆς kann nicht das Gebot der Nächftenliebe fein, das c. 1, 2 angeführt ift und das nun im folgenden näher ansgeführt werden foll, da alfo 1, 3 ff. die Ausführung des 1. Gebotes, des Gebotes der Gottesliebe fei (fo Harnack). Der Satz 1, 3: τούτων δὲ τῶν λόγων ἡ διδαχή ἐστιν αὕτη macht zwifchen beiden Geboten keinen Unterfchied, fondern läßt das Folgende — und das ift das c. 2, 2 ff. Gefagte, da 1, 3—2, 1 Interpolation ift — als die in den beiden Geboten enthaltene Lehre erfcheinen. Indem der Redaktor aber den großen Einfchub macht und unter jene Ueberfchrift 1, 3 ftellt, fieht er fich genötigt, als er mit 2, 2 wieder mit feiner Vorlage fortfährt, eine Ueberleitung zu fchaffen. Er tut das, indem er eine zweite Ueberfchrift den folgenden Mahnungen voranftellt, eine Ueberfchrift, in der das Folgende als zweites Gebot der διδαχή sc. τοῦ κυρίου bezeichnet wird. Wären die Gedanken des Redaktors etwa die gewefen, daß feine Vorlage doch nur eine Ausführung des Gebotes der Nächftenliebe enthalte, aber eine folche der Gottesliebe vermiffen laffe — eine Lücke, die er mit feinem Einfchub hätte ausfüllen wollen — fo hätte er die Ueberfchrift 1, 3 geändert und deutlich heraustreten laffen, daß es fich im folgenden um das Gebot der Gottesliebe handle. Indem er aber jene Ueberfchrift ftehen läßt, läßt er auch den Lefer in dem Glauben, er lefe von 1, 3 an nur eine weitere Ausführung beider Gebote. Trifft der Lefer aber auf die zweite Ueberfchrift 2, 1, fo kann diefe ihm nur fagen, daß die διδαχή noch eine zweite Reihe von Geboten enthalte, die nun 2, 1 ff. folgen. So wenig wie bei der erften Gruppe wird auch hier darüber reflektirt, daß es fich um die Ausführung von einem diefer Gebote handle. So gut wie nun die erfte Gruppe Gottes- und Nächftenliebe umfpannt, ebenfo gut gilt das von der zweiten, die ja zudem eine Reihe von Mahnungen enthält, die offenbar gar nicht zur Nächftenliebe paffen (z. B. 3, 4. 6. 9), und in der fich (vgl. 2, 7) Mahnungen der erften Gruppe wiederholen. Eine fcharfe Scheidung ift alfo nicht durchgeführt.

2 Vgl. zum ganzen Vers Mt. 19 18; Röm. 13 9; Jak. 2 11; Barn. 19, 4—6; Clem. Aler. paed. II 10, 89; III 12, 89; protr. 10, 108; strom. III 4, 36 (an diefen Stellen wahrfcheinlich unfere Stelle benutzt). Zwifchen unferer Stelle und dem Lafterkatalog c. 5, 1 befteht Verwandtfchaft, denn dort werden genannt φόνοι (= φονεύσεις), μοιχείαι (= μοιχεύσεις), ἐπιθυμίαι (= ἐπιθυμήσεις), πορνείαι (= πορνεύσεις), κλοπαί (= κλέψεις), μαγίαι (= μαγεύσεις), φαρμακίαι (= φαρμακεύσεις). Es verdient Beachtung, daß bis auf das Gebot οὐκ ἐπιθυμήσεις auch die Reihenfolge hier wie dort die gleiche ift; allerdings find hier wie dort einige nicht parallele Glieder ein-

geschoben. Zu οὐ φονεύσεις, οὐ μοιχεύσεις, οὐ παιδοφ. vgl. Pf.=Phokyl. 3. Zu οὐ παιδοφορήσεις vgl. 3. Mos. 18 22; 20 13; Röm. 1 27; 1. Kor. 6 9; 1. Tim. 1 10. — Zu οὐ μαγεύσεις vgl. AG. 8 9. 11; 13 6. 8; Pf.=Phokyl. 149. — Zu οὐ φαρμακεύσεις vgl. 2. Mos. 22 18; 5. Mos. 18 10 (LXX); Weish. 12 4; Gal. 5 20; Offb. 9 21; 18 23; 21 8; 22 15; Pf.=Phokyl. 149. — Zu οὐ φονεύσεις κτλ. vgl. Sib. III 762 f.; II 280 f.; Pf.=Phokyl. 184. — Mit Barn. KA ist wahrscheinlich γεννηθέν statt γεννηθέντα der Handschrift zu lesen. — Zu οὐκ ἐπιθυμ. κτλ. vgl. Röm. 7 7; 13 9. — Bei L fehlt das Gebot des Diebstahls. — 3 Zu οὐκ ἐπιορκήσεις vgl. (außer Mt. 5 33) 2. Mos. 20 7; 3. Mos. 19 12; 5. Mos. 5 11: 1. Tim. 1 10; Apoc. Pauli 6; Sib. II 68; Pf.=Phokyl. 16. — Zu οὐ ψευδομαρτ. vgl. c. 5, 1; Spr. 25 18; Sib. II, 64; Pf.=Phokyl. 12. — Zu οὐ κακολογ. vgl. Spr. 20 20 (Mt. 5 22). — Zu οὐ μνησικ. vgl. 1. Clem. 2, 5; 62, 2; Barn. 2, 8; 19, 4. — Zu 4 und 5 vgl. Sib. III 37 ff. — 4 Barn. 19, 7. — Zu δίγλωσσος vgl. Spr. 11 13; Sir. 5 9. 14; 6 1; 28 13. — Zu παγὶς θανάτου vgl. Spr. 13 14; 14 27; 21 6; 22 25; Pf. 18 6. Zum Gedanken vgl. Sir. 28 13—26. Jak. 3 1—12. — L nennt nicht die Doppelzüngigkeit, sondern die Zunge (lingua) einen Fallstrick des Todes.

5 Es verdient Beachtung, nicht allein, daß dieser Vers ganz bei Barn. fehlt, sondern vor allem, daß L ihn folgendermaßen wiedergibt: Non erit verbum tuum vacuum nec mendax, und daß er dem ganz entsprechend in K lautet: οὐκ ἔσται ὁ λόγος σου κενός, οὐδὲ ψευδής; so muß auch der Verfasser von A gelesen haben, denn dort (VII 4) heißt es: οὐκ ἔσται ὁ λόγος σου κενός .... οὐ ψεύση. Diese Texte, und auch Sch, kennen also das Schlußglied nicht. Wahrscheinlich ist also das Schluß= glied: ἀλλὰ μεμεστωμένος πράξει ein Zusatz unsres Redaktors, zumal alle umgeben= den Mahnungen nur negativ gehalten sind und der positiven Entgegenstellung ent= behren. Ob auch die Umstellung von κενός und ψευδής, durch die der Zusatz erst möglich geworden ist, vom Redaktor stammt, muß fraglich bleiben, da in Sch die= selbe Wortstellung (lügenhaft — eitel) vorliegt. — μεμεστ. erfüllt, AG. 2 18, eigent= lich mit dem Genetiv, wie μεστός (Röm. 1 29; 15 14; Jak. 3 17; 1. Clem. 2, 3), hier mit Dativ (πράξει) verbunden. Der Gedanke kann kein anderer sein als der, daß die Rede leer ist, wenn die Bewährung durch die Tat fehlt, sie steht als prahlerisch und verführerisch mit der Lügenrede auf gleicher Stufe; vgl. Eph. 5 6; Kol. 2 8. Die rechte Rede ruht durch und durch auf der praktischen Bewährung und trägt dadurch den Stempel der Wahrhaftigkeit. — Aehnlich 1. Clem. 38, 2; Ignat. ad. Eph. 15, 1. 2; 2. Clem. 4; Justin apol. I 14. 16; I. Joh. 3 18; Jak. 1 22. — 6 Barn. 19, 6 und 3 vgl. auch 1. Clem. 35, 5. — 1. Kor. 5 10 und 11 (vgl. 6, 10) stehen πλεονέκτης und ἅρπαξ ebenfalls nebeneinander. Eine Entlehnung aus dieser Stelle ist deshalb noch nicht anzu= nehmen. — L hat diesen Vers so wiedergegeben: Non eris cupidus nec avarus nec rapax nec adolator nec contentiosus nec mali moris. Für das cupidus fehlt in unseren grie= chischen Texten der entsprechende Ausdruck (ἐπιθυμητής c. 3, 3). Ist es aber Zufall, daß bei Barn. 19, 6 dem Sätzchen: οὐ μὴ γένῃ πλεονέκτης unmittelbar die Warnung vorher= geht: οὐ μὴ γένῃ ἐπιθυμῶν τὰ τοῦ πλησίον σου, die in D im 2. Vers dieses Kapitels steht? Vielleicht hat zu Anfang des 6. Verses in A ein ἐπιθυμητής (oder ἐπιθυμῶν) gestanden, das Barn. in Rücksicht auf 2, 2 und 3, 3, also um Wiederholung zu vermeiden, tilgte, es aber zugleich doch auch zu seinem Rechte kommen ließ, indem er hier 2, 2 einsetzte, während D es gänzlich fallen ließ. — 7 Zur Form des Satzes vgl. Jud. 22 f. — Die Ueberlieferung dieses Verses ist sehr verschieden. L nennt nur den ersten und den letzten Satz (Neminem hominum oderis, quosdam amabis super animam tuam); Sch kennt außerdem noch die Mahnung des Zurechtweisens, unser Text fügt dem die der Fürbitte hinzu, während K zwischen diese beiden Sätze noch das Sätzchen (nach Jud. 23) einschiebt: οὓς δὲ ἐλεήσεις. Man beachte die Steigerung des Ge= dankens! Ob nun L (so Schlecht) oder K (so Harnack, ThLZ 1900, Sp. 639, Funk u. a.) den ursprünglichen Text bietet, die andern Texte aber die Vorlage nach der einen oder anderen Seite hin verändert haben, läßt sich mit Sicherheit nicht entscheiden. Am wahrscheinlichsten ist, daß K den ursprünglichen Text hat. Daß L nicht ursprünglich ist, deutet das quosdam an. — Zu ἐλέγξεις vgl. 4, 3;

15, 3; über die Bedeutung von ἐλέγχειν f. befonders W e i n e l , Die Wirkungen des
Geiftes ufw. S. 183 ff. — Zum letzten Satz vgl. Barn. 19, 5; 1, 4; 4, 6 und Gesta
apud Zenophilum (ed. Ziwfa, Optati libri VII. CSEL XXVI, p. 192, 4—7).

c. 3 : D e r W e g d e s L e b e n s : F o r t f e t z u n g : D i e F o l g e n d e r e i n =
z e l n e n S ü n d e n u n d d i e c h r i f t l i c h e V o l l f o m m e n h e i t.

Das Kapitel zerfällt in zwei Teile. Im erften (1—6) wird gezeigt, wie aus
einer Sünde eine andere entftehen, und darum die Mahnung eingefchärft, fich vor der
Wurzelfünde zu hüten. Es ift ein beftimmtes Doppelfchema, nach dem die Beweis=
führung verfährt: Erft die Warnung vor einer beftimmten Sünde, mit der Formel:
τέκνον μου, μὴ γίνου ...; dann wird die Folge diefer Sünde aufgewiefen, mit der Formel:
ὁδηγεῖ γάρ .... πρός .... Darauf folgt nochmals eine erneute Warnung vor ähn=
lichen Sünden, wie die zuerft genannte, mit der Formel: μηδέ .... μηδέ ....; und
auch daraus wird dasfelbe Schlußfacit gezogen und gezeigt, was die letzte fündliche
Folge aus dem allen ift, mit der Formel: ἐκ γὰρ τούτων ἁπάντων .... γεννῶνται.
5 mal wiederholt fich diefer Rythmus, fo daß die Verfe 2—6 einen ganz gleichartigen,
ftereotypen Bau zeigen. Der Grundgedanke, auf dem die Ausführungen 1—6 be=
ruhen, ift hier nicht urfprünglich. Er lehrt z. B. bei Jamblichus de Pythag. vita
c. 17 wieder; hier heißt es z. B.: τὰς μὲν ὦν ἀκρασίας ἐκβεβλαστάκαντι ἄθεσμοι γάμοι
κτλ. ....; τὰς δὲ πλεονεξίας ἐκπεφύκαντι ἁρπαγαί τε καὶ λῃσταὶ κτλ. Vgl. auch
Teft. d. Patriarch. IV, Judas 19; Clemens Alex. strom. I, 20, 100. Die 5 mal er=
fcheinende Anrede: τέκνον μου (auch c. 4, 1 lehrt fie wieder) ift bei den jüdifchen
Moraliften (vgl. Sprüche, Sirach, Tobias) fehr häufig. Sie war in einer Taufrede
fehr paffend. L bringt die Anrede: fili nur an der Spitze des Kapitels; Sch dagegen
hat die Anrede ‚O mein Sohn‘ noch viel häufiger als der vorliegende Text von D.
— Ueber die Parallelen zwifchen 2—6 und dem Koloffer= und Epheferbrief vgl. meine
‚Unterfuchungen‘, S. 56 f. Der zweite Teil 7—10 wendet wieder die übliche Form
der Mahnung an ohne irgend einen Parallelismus des Aufbaus.

1 L und Sch nehmen das πονηροῦ nicht neutrifch, fondern maskulinifch. L über=
fetzt: ab homine malo, läßt alfo auch das παντός unberückfichtigt. Den Worten
καὶ ἀπὸ παντὸς ὁμοίου αὐτοῦ entfprechen bei L die Worte et homine simulatore.
A VII, 5 faßt das ganze neutrifch. Da nun aber diefe allgemeine Mahnung als
die Einleitung zum folgenden zu gelten hat und in dem ὁμοίου αὐτοῦ der Gedanke
einen allgemeinen Ausdruck findet, der im folgenden im einzelnen ausgeführt wird,
daß nämlich ein Lafter am andern hängt, fo ift wohl die neutrifche Auffaffung die
richtige. Das wird auch beftätigt durch einen Spruch im babyl. Talmud, Tract.
Chullin (fol. 44 b), der höchftwahrfcheinlich die Grundlage unferes Spruches bildet.
Es lautet: „halte dich fern von dem Uebel, und dem, was ihm gleich ift“ (Taylor,
p. 24). Die Redewendung: „und dem ähnliches“ findet fich auch fonft häufig am
Schluffe von Lafteraufzählungen, z. B. Gal. 5 21; griech. Apof. Baruch c. 4; c. 8;
c. 13; Juftin dial. 93, I; Clem. hom. I 18; XI 27; Hermas mand. VIII 5. — Zum
Gedanken vgl. 1. Theff. 5 22; Sib. II 145 f. = Pf.=Phokyl. 76. — 2 L überfetzt φόνοι
mit irae. H a r n a c k (ThLZ 1900, Sp. 639) meint, das entfpreche vielleicht dem urfprüng=
lichen Text. Allein dem widerfpricht, daß es fich in den folgenden Verfen immer
nur je um ein Vergehen handelt. — Zu μὴ γίνου ὀργίλος vgl. Spr. 22 24. 25, 29 22;
Mt. 5 22; Tit. 1 7. — Vgl. zum ganzen Vers Sib. II 126 f., 135 ff., 147; Pf.=Pho=
kyl. 57; 63; 78. — 3 Diefer Vers und ein Teil von 4 fehlen, wahrfcheinlich nur
durch ein Verfehen, bei L. — Zu μὴ γίνου ἐπιθυμ. vgl. Mt. 5 28; vgl. 1. Kor. 10 6.
— Zu αἰσχρολ. vgl. Kol. 3 8. — ὑψηλοφθ., fonft unbekannt, bedeutet den lüfternen
Frechling, der diefe feine Gefinnung fchon durch feine Blicke zu erkennen gibt. AK
VII 6 fteht dafür ῥιφόφθαλμος. Zum Gedanken vgl. 2. Petr. 2 14; Teftam. Benjam. 6;
Iffafch. 7. — 4 Vgl. 3. Mof. 19 26. 31; 5. Mof. 18 10 ff.; Sib. III 224 ff., 234. —
L läßt den Anfang des Verfes (bis ἐπαοιδός incl.) aus, wie H a r n a c k (a. a. O.)
vermutet, weil vielleicht die Vogelfchau nicht mehr üblich war. Indeffen es ift un=
wahrfcheinlich, daß 3 unabfichtlich, 4 aber abfichtlich follte geftrichen fein. War

wirklich die Warnung vor Vogelschau nicht mehr am Platze, so ließ sich wohl leicht ein andrer, zeitgemäßer Begriff dafür einsetzen. Dagegen bietet L in dem Zusatz nec audire zu videre eine auch durch K c. 10 (vgl. auch die „Unterredungen" in Sch) bestätigte Lesart. Daher fügt F u n k seinem Text ein μηδὲ ἀκούειν ein. Da bei den Zaubereien vor allem auch Zauberformeln gebraucht wurden, war das Hören eine Hauptsache. — Zu ἐπαοιδός (AK: ἐπᾴδων) vgl. 2. Mof. 7 11; 3. Mof. 20 6. 27 LXX; Sir. 12 13; Jren. I 25, 4; II 32, 5; Eurip. Hipp. 1038. Bacch. 235; Juftin philos. IX 15; X 29; es ift der Zauberer, sofern er namentlich mit Zauberformeln umgeht, der Beschwörer — μαθηματικός ift der Aftrolog vgl. z. B. Tertullian adv. Marc. I 18; de idol. 9; Juftin apol. I 14 u. ö. — περικαθαίρων ift der, der Leib und Seele reinigt durch Besprizen mit dem Saft einer Zauberpflanze, wobei natürlich Zaubersprüche gesprochen oder gesungen werden (Pf.=Apuleius Herb. 84; Scholion zu A VII 6 und VIII 32). — 5 citirt bei Clemens strom. I 20. — 6 Zu γόγγυσος vgl. Spr. 16 28 (Theod.); Jud. 16; 1. Kor. 10 10; Phil. 2 14; 1. Petr. 4 9. — Zu αὐθάδης vgl. Tit. 1 7; 2. Petr. 2 10; Herm. sim. V 4, 2; IX 22, 1–3; 1. Clem. I, 1; 30, 8; 57, 2. — Zu πονηρόφρων vgl. A VII 7. — 7 vgl. Mt. 5 5; Barn. 19, 4: ἔσῃ πραΰς. — 8 Barn. 19, 4: ἔσῃ ἡσύχιος, ἔσῃ τρέμων τοὺς λόγους, οὓς ἤκουσας; K 11: ἡσύχιος, ἀγαθὸς καὶ φυλάσσων καὶ τρέμων τοὺς λόγους, οὓς ἤκουσας. A VII 8: ἡσύχος, ἀγαθός, τρέμων τοὺς λόγους τοῦ θεοῦ. Σ: Γίνου ταπεινὸς καὶ ἡσύχιος, τρέμων διὰ παντὸς τὰ λόγια τοῦ κυρίου (MPG XXVIII 840 D = Battifol, Studia patr. II (1890), 124) und fast wörtlich ebenso N (MPG XXVIII 1641 D). L: Esto patiens et tui negotii bonus et tremens omnia verba quae audis. Durch Σ und N ift die Lesart διὰ παντός gesichert. Wie aber verhält es sich mit dem Ausdruck ἀγαθός? Er fehlt bei Barn., Σ und N; L bestimmt ihn näher durch tui negotii; Sch gibt die Stelle wieder mit: „rechtschaffen in allem deinem Tun". Wahrscheinlich ift die ursprüngliche Lesart einfach: ἀγαθός. Weil der Begriff farblos erschien, wurde er von den einen getilgt, von den andern mit einem Zusatz versehen. — Zu ἡσύχιος vgl. 1. Thess. 4 11. — Zu ἡσ. καὶ τρέμων κτλ. vgl. Jef. 66 2 LXX; 1. Clem. 2, 1. — 9 In L lautet 9 a: Non altabis te nec honorabis te apud homines nec dabis animae tuae superbiam. Diese zweite Mahnung, an Mt. 6 1 anklingend hat keine sonstige Parallele. Citirt Barn. 19, 3 und 6. Zum Gedanken vgl. Spr. 19 6. 17; Sir. 6 2; Mt. 23 12; Lf. 14 11. 18 14; Röm. 12 16. — 10 Citirt Barn. 19, 6. Zum Gedanken vgl. Sir. 2 4; Mt. 10 29; Röm. 8 28; 1. Petr. 3 13; Hebr. 12 7 ff. u. ö.

c. 4: Weg des Lebens: Fortsetzung: Gebote fürs Leben in der
Gemeinde und mit den Brüdern.

Vgl. zu den vermutlichen Quellen dieses Kapitels meine ‚Untersuchungen', S. 56 ff. 1 Obwohl der Gedanke, dessen, der Gottes Wort verkündigt hat, Nacht und Tag zu gedenken, sehr übertrieben ift und obwohl Barn. (19, 9 und 10: ἀγαπήσεις ὡς κόρην τοῦ ὀφθαλμοῦ σου πάντα τὸν λαλοῦντά σοι τὸν λόγον κυρίου · μνησθήσῃ ἡμέραν κρίσεως νυκτὸς καὶ ἡμέρας) und Sch ihn nicht haben, ift die vorliegende Fassung des Textes wohl als ursprünglich anzusehen, da sie von L und K bestätigt wird. Die Wendung bei Barn.: ἀγαπ. κτλ. findet sich auch in K, eine Anlehnung an Spr. 7 2; zum Ausdruck 5. Mof. 32 10; Pf. 6 8; K ift hierbei wohl von Barn. abhängig. Zu λαλοῦντος κτλ. vgl. Hebr. 12 25 und 13 7. Gedacht ift bei λαλ. an die Propheten, Lehrer, Apostel, Bischöfe und Diakonen (vgl. c. 11, 2. 4; 15, 2). Der strenge Parallelismus (ὡς κύριον, κυριότης, ἐκεῖ κύριος) würde statt λόγου τοῦ θεοῦ λόγου τοῦ κυρίου fordern. So lieft in der Tat Barn., und L hat: domini dei. — Zu ὡς κύριον vgl. c. 4, 11; 11, 2; Mt. 10 40; Gal. 4 14. Zu κυριότης vgl. 2. Petr. 2 10; Jud. 8; Hermas sim. V 6, 1; κυριότης ift die göttliche Herrschergewalt, hier das Göttliche in seiner Herrlichkeit, Uebermacht und Größe überhaupt. Empfänden wir noch, daß in dem Wort Herrlichkeit der Begriff Herr liegt, so würde dieses Wort, ganz dem Griechischen entsprechend, genügen. L übersetzt unde enim dominica procedunt, d. i. das, was des Herrn ift. Erscheint die κυριότης, und sie erscheint im Wort, so muß auch der Herr selbst da sein; vgl. Const. ap. VII 9: ὅπου γὰρ ἡ περὶ θεοῦ διδασκαλία, ἐκεῖ ὁ θεὸς πάρεστιν. — 2 L läßt, vielleicht abſichtlich, das καθ᾽ ἡμέραν aus. — Gemeint ſind nicht die öffentlichen Gottesdienſte, ſondern die privaten Erbauungs= vereinigungen (vgl. c. 16, 2). Die Mahnung iſt jüdiſchen Urſprungs. Vgl. die anonyme (jüdiſche) Apokalypſe, herausg. v. S t e i n d o r f f (TU N. F. II 3, S. 153): „und habe ich mich einen Tag nicht zu den Kindern Israels gewendet, ſo fand ich, daß er mir als Vergehen auf meiner Schriftrolle angeſchrieben war." Es hat manches für ſich anzunehmen, daß die chriſtlichen Zuſammenkünfte bei gemeinſamer Mahlzeit gehalten wurden und daß die Gebete c. 9 und 10 ſich auf dieſe Zuſammen= künfte beziehen (vgl. unten zu dieſer Stelle). Das würde um ſo eher anzunehmen ſein, wenn unter den λόγοι Gebete gemeint ſein ſollten. Daß λόγος Gebet bedeutet hat, erſieht man z. B. aus der Mithrasliturgie, herausgegeben v. A. D i e t e r i ch, Leipzig, 1903, S. 1. 8 u. ö. Zu ἅγιοι im Sinne: Chriſten vgl. c. 10, 6 u. 16, 7. — 3 Die Handſchrift lieſt: οὐ ποθήσεις (habe kein Verlangen nach); dagegen K Barn. A leſen: οὐ ποιήσεις. L beſtätigt dieſe Lesart: non facies. Die Form ποιήσεις wird das Urſprüngliche ſein. — Nach κρινεῖς δικαίως (indica inste) gibt nur L die Begründung: sciens quod tu iudiceris. Daß ſie urſprünglich wäre, läßt ſich nicht erweiſen. Statt des Schlußſatzes ſagt L: Non deprimes quemcunque in casu suo. H a r n a ck meint (ThLZ 1900, Sp. 639), der Ueberſetzer habe den griechiſchen Satz: οὐ λήψῃ κτλ. nicht verſtanden. Jedenfalls hat ihm nicht der Text, der ſich jetzt in D findet, ſondern der von K und Barn. 19, 4 vorgelegen: οὐ λήψῃ (λήμψῃ) πρόσω- πον ἐλέγξαι τινὰ ἐπὶ παραπτώματι, wenigstens die drei letzten Worte hat er ſicher ge= leſen. — Citirt iſt dieſer Vers Barn. 19, 12. II. 4. — Zum Gedanken von 3a vgl. 1. Kor. 1 10; 11 18. — Zu κρινεῖς δικαίως κτλ. vgl. Sib. II 61 f. = Pſ.=Phokyl. 9. — Zu ἐλέγξαι vgl. c. 2, 7; 15, 3. — 4 Der Sinn dieſes Sätzchens bleibt völlig unbe= ſtimmt. Zunächſt ſteht feſt, daß am Text keine Verderbnis vorliegt. L überſetzt zwar: Nec dubitabis, verum orit an non erit, aber auf anderer oder beſſerer Les= art beruht das nicht, ſondern es iſt nur ein ſchwacher Verſuch, die Stelle zu ver= deutlichen. Die Unklarheit erklärt ſich daraus, daß ein nachläſſiges Citat vorliegt (vgl. meine ,Unterſuchungen', S. 59). Bei Hermas vis. III 4, 3 erſcheint die Redewen= dung: διὰ τοὺς διψύχους, τοὺς διαλογιζομένους ἐν ταῖς καρδίαις αὐτῶν, εἰ ἄρα ἔστιν ταῦτα ἢ οὐκ ἔστιν. Daß dieſelbe Phraſe hier vorliegt wie in unſrem Vers, iſt außer Zweifel. Eine Benutzung von D durch Hermas iſt ausgeſchloſſen. Wie freilich unſer Sätz= chen gemeint iſt, wird aus der Parallele bei Hermas auch nicht klar. Denn hier ſteht die Wendung in ganz allgemeinem Sinn: aus dem Folgenden iſt zu ταῦτα ein ἀληθῆ oder ἰσχυρὰ καὶ βέβαια καὶ τεθεμελιωμένα zu ergänzen, und das Subjekt da= zu ſind die ὁράματα. Alſo die Phraſe iſt ſo in den Zuſammenhang hineingear= beitet, daß ſich der urſprüngliche Sinn nicht ermitteln läßt. Auch Barn. gibt keine Deutung des Satzes. K 13 und A VII 11 verſtehen ihn vom Gebet, und nach Hermas mand. IX 1—8 ſcheint die διψυχία geradezu terminus für den Gebetszweifel zu ſein (vgl. auch 1. Clem. 11, 2; Pſ.=Jgn. Her. 7, 1; Sir. 1 28; Jak. 1 8, 4 8; 1. Joh. 5 14, 15). Dieſen älteſten Auslegern ſchließen ſich auch Ausleger von heute an (z. B. Bryennios). Andere dagegen verſtehen den Satz eschatologiſch, vom letzten Gericht (Harnack, Hilgenfeld, Schlecht). S a b a t i e r will ihn zum Vorhergehenden in enge Beziehung ſetzen und verſteht darunter eine Warnung vor der Unentſchloſſenheit des Richters, der in gewiſſen Fällen nicht mit Ja und nicht mit Nein zu entſcheiden wagt, ſondern den Richterſpruch hinausſchiebt. Gegen dieſe Erklärung ſpricht ein= fach der Wortſinn, gegen die beiden erſten ſpricht könnte man den Zuſammenhang geltend machen, denn nicht leicht läßt ſich die Mahnung in einer oder anderen der vorge= ſchlagenen Deutungen unter die Pflichten als Gemeindeglied einreihen, um die es ſich im Vorhergehenden handelt. Eine Vergleichung zwiſchen unſerer Stelle, K 13 u. Kol. 4 1, 2 ergibt, daß ein verſtümmeltes, aufs Gebet bezügliches Citat vorliegt.

5 Citirt bei Barn. 19, 9. — Vgl. Sirach 4 31; AG. 20 35; 1. Clem. 2, I. 6 und 7. Der Text iſt nicht unangefochten geblieben. D lieſt: Ἐὰν ἔχῃς διὰ τῶν χειρῶν σου, δώσεις λύτρωσιν ἁμαρτιῶν σου. Οὐ διστάσεις δοῦναι· οὐδὲ διδοὺς γογγύσεις. Dagegen lieſt L: Si habes per manus tuas redemptionem peccatorum, non dubi-

tabis dare nec dans murmuraveris („Wenn du ein Lösegeld der Sünden in Händen
haft, so zögere nicht, es anzuwenden"). S ch l e ch t (S. 56) hält die Lesart und die
Konstruktion von L für ursprünglich und korrigirt darnach D. Allein dieser Text
ist zunächst durch K gedeckt. Und die Konstruktion, wonach der Nachsatz nicht erst
mit οὐ διστάσεις einsetzt, sondern mit einem δώσεις bezw. δός ist auch durch A (VII 12)
gedeckt (vgl. auch Sch: „So lange du kannst, gib den Armen, auf daß deine vielen
Sünden mögen aufgewogen werden"). Barn. 19, 11 hat den Bedingungssatz ge=
strichen: διὰ τῶν χειρῶν σου ἐργάσῃ εἰς λύτρωσιν ἁμαρτιῶν σου. Fraglich bleibt, wo=
zu das διὰ χειρῶν σου zu ziehen ist. B r y e n n i o s verbindet es mit δώσεις, H a r =
n a ck mit ἔχῃς. Aus den Paralleltexten ist zunächst nichts Bestimmtes zu schließen;
nur Sch scheint das ἐὰν ἔχῃς selbständig genommen zu haben und läßt den Zusatz
überhaupt fallen. Bezieht man δ. τ. χ. σ. zu ἔχῃς, so ist der Sinn: wenn du etwas
durch deine Hände, d. i. durch deiner Hände Arbeit besitzt. Für diese Deutung
scheint zunächst Barn. zu sprechen mit dem Ausdruck ἐργάσῃ, aber es scheint nur so.
Denn offenbar will ἐργ. hier im Sinn von erwerben, sich verdienen genommen sein:
die λύτρωσις wird aber durchs Geben erworben, und so ist der Sinn in Barn. der:
durch deine Hände, d. h. durch das Geben, das du mit den Händen ausführst, er=
wird dir Lösung deiner Sünden. Barn. spricht also gegen die Verbindung von
δ. τ. χ. σ. mit ἔχῃς. Verbindet man es mit δώσεις, so scheint es völlig überflüssig zu
sein. Allein wodurch kommt dieser Zusatz überhaupt in den Text? Von dem
rechten Gebrauch der Hände hatte 5 gehandelt; 6 setzt das einfach fort und
verstärkt den positiven Gedanken von 5 sogar: durch deine Hände kannst du dir
unter Umständen sogar Sündenvergebung verschaffen. So ist's wohl das Sinnge=
mäße, ἐὰν ἔχῃς selbständig zu nehmen („Wenn du kannst", wie Sch), und δ. τ. χ. σ.
zu δώσεις zu ziehen. Das δώσεις λύτρωσιν ἁμαρτιῶν σου (gieb eine Erlösung deiner
Sünden) hat etwas Geschraubtes. Sollte nicht vielleicht ursprünglich gestanden
haben: δὸς εἰς λύτρωσιν ἁμαρτιῶν σου? Die Formel εἰς λύτρ. findet sich bei Barn.
und A.; K liest in cod. Mosq.: δὸς εἰς λύτρον; in cod. Neapol.: δὸς εἰς ἄφεσιν
(Sch „auf daß deine vielen Sünden"). Das verdient sicher Beachtung. Die vorge=
schlagene Lesart würde den Sinn von 6 höchst einfach gestalten: „Wenn du kannst,
so gib mit deinen Händen zu einer Erlösung von deinen Sünden". Indessen bleibt
die Möglichkeit offen, daß die Formel εἰς λ. sich erst einstellte, weil man die Härte
der Worte δ. λ. ἁ. σ. empfand. — Der Gedanke von der sündentilgenden Kraft der
Almosen ist dem Spätjudentum ganz geläufig, vgl. darüber B o u s s e t, Die Reli=
gion des Judentums (1903), S. 119 f. — 7 Citirt Barn. 19, 11. Vgl. Sib. II 78;
80; 91; 274; Pf.=Phokyl. 22; Spr. 3 28; Herm. sim. IX 24, 2; Test. d. Patr. VI 7;
Makarius d. Gr. apocrit. III 43. — 8 πάντα lesen DKL, ἐν πᾶσιν Barn. 19,8;
εἰς πάντα A VII 12. — ADK Iesei ἀδελφῷ σου; L und K cod. Ottob. fratribus tuis;
Barn. πλησίον σου. — L liest: si enim mortalibus socii sumus, quanto magis hinc
initiantes esse debemus? S ch l e ch t schlägt vor, zu lesen: si enim in immortali=
bus. Das ist möglich. Aber es verdient Beachtung, daß Sch die Stelle wiedergibt:
„Und wenn wir in den vergänglichen Dingen Gemeinschaft haben mit denen, welche
entbehren müssen, so werden wir mit ihnen Anteil haben an den bleibenden, ewigen
[Gütern]". Es kann also sein, daß es eine Textgestalt gegeben hat, in der im ersten
Glied die vergänglichen, im zweiten die unvergänglichen Güter genannt waren.
Der Gedanke, der darin zum Ausdruck kam, war der, daß die mit irdischen Gütern
geübte Barmherzigkeit ein Anrecht auf die ewigen verbürgt. Der Nachsatz in L:
quanto magis etc. bleibt dunkel; Schlecht vermutet selbst, daß die Lesart nicht ganz
sicher steht (S. 58 Anm. 2). — L fügt an dieser Stelle den Satz hinzu: Omnibus
enim dominus dare vult de donis suis. Er paßt völlig zu dem ausgeführten Ge=
danken, und sollte dann vielleicht nicht eine Aufforderung zur Barmherzigkeitsübung
enthalten, sondern eine Stärkung des Glaubens an die Wiedervergeltung (vgl. das
Aktiv dare). D hat diesen Satz 1, 5 eingefügt; s. zu dieser Stelle. — Hier bricht
die Parallele in K ab. — Zu οὐκ ἀποστρ. τ. ἐνδ. vgl. c. 5, 3: ἀποστρεφόμενοι τὸν
ἐδεόμενον. Zum Gedanken Sirach 4 5; Spr. 3 27. — Zu ἴδια vgl. AG. 2 44; 4 32.

9 D Barn. 19, 5 und A VII, 12 leſen ἀπὸ τοῦ υἱοῦ σου, ἢ ἀπὸ τῆς θυγατρός σου;
L lieſt a filiis. — D und Barn. leſen διδάξεις; L und A διδάξεις αὐτούς. — Zum
Gedanken vgl. Pſ. 34 12; Eph. 6 4; 1. Clem. 21, 6 ff.; Polyt. ep. 4, 2. — 10 Citirt
Barn. 19, 7. — L gibt den Satz μήποτε κτλ. ſo wieder: ut timeat utrumque, dominum et te; offenbar hat er das Griechiſche nicht verſtanden. Auch A VII 13 ändert gänzlich den urſprünglichen Sinn: μήποτε στενάξωσιν ἐπὶ σοὶ καὶ ἔσται σοι ὀργὴ
παρὰ θεοῦ. Das folgende Sätzchen: οὐ γὰρ ἔρχεται κτλ. iſt in A ganz geſtrichen; L
aber hat es wieder gänzlich mißverſtanden: non enim venit, ut personas invitaret,
sed in quibus spiritum [humilem] invenit. Zum Gedanken vgl. Eph. 6 9; Lactant.
epit. 64, 12. — 11 Zum Gedanken vgl. Eph. 6 5; Kol. 3 22; 1. Petr. 2 18; 1. Tim. 6 1;
Tit. 2 9; Ignat. ad. Polyc. 4, 3. — Citirt Barn. 19, 7.

12—14 abſchließende allgemeine Mahnungen. — 12 D lieſt: . . . πᾶν ὃ μὴ
ἀρεστὸν τῷ κυρίῳ; Barn. 19, 2: πᾶν ὃ οὐκ ἔστιν ἀρεστὸν τῷ θεῷ. A VII 14: καὶ πᾶν,
ὃ ἐὰν ᾖ ἀρεστὸν κυρίῳ, ποιήσεις. L: et quod deo non placet, non facies. — Vgl.
5. Moſ. 6 18; 12 25. 28; 13 19. — 13 Citirt Barn. 19, 2 und 11. — L fügt ein fili als
Anrede ein; dagegen läßt es den Satz: οὐ μὴ ἐγκαταλίπῃς ἐντολὰς κυρίου weg, fügt
aber dafür im folgenden ein contraria hinzu. — Der Satz: φυλάξεις κτλ. kehrt in
K c. 14 und c. 30 wieder; in c. 14 in der Form: φυλάξεις ἅπερ ἔλαβες μήτε προσ-
θεὶς μήτε ὑφαιρῶν, und c. 30: φυλάξαι τὰς ἐντολὰς μηδὲν ἀφαιρούντας ἢ προστιθέν-
τας. — Zum Gedanken vgl. 5. Moſ. 4 2; 13 1; Spr. 30 6; Pred. 3 14; Offb. 22 18. 19;
Euſeb. hist. eccl. V 16, 3; auch 2. Clem. 3, 4; 4, 5; 6, 7; 8, 4; 17, 1. 3. 6. — 14 D lieſt:
Ἐν ἐκκλησίᾳ ἐξομολογήσῃ τὰ παραπτώματά σου; Barn. 19, 2: ἐξομολογήσῃ ἐπὶ ἁμαρ-
τίαις σου; A VII 14: ἐξομολογήσῃ κυρίῳ τῷ θεῷ σου τὰ ἁμαρτήματά σου; L läßt den
ganzen Satz weg. Daß nur D den Zuſatz ἐν ἐκκλησίᾳ hat, iſt beachtenswert. Was
iſt unter dem Sündenbekenntnis gemeint? Die Stelle in A läßt keinen Zweifel:
hier iſt das Sündenbekenntnis vor Gott in Gebetsform gemeint, und zwar das
rein private Gebet im Kämmerlein, mit dem die Bitte um Sündenvergebung natürlich verbunden war. Ganz ſo meint es z. B. Hermas an verſchiedenen Stellen
(vis. I 1, 3. 9; I 2, 1; III 1, 5. 6; mand. X 3, 2 und 3; sim. II 5; IX 23, 4). Dieſer
Sinn iſt aber hier durch das ἐν ἐκκλησίᾳ ausgeſchloſſen. Es kann ſich hier nur um
ein öffentliches Bekennen vor der Gemeinde handeln. Denn eine Ermahnung, ſich
an dem allgemeinen Gemeindebekenntnis im Gottesdienſte zu beteiligen, hat gar
keinen Sinn. Der Gedanke des Verfaſſers iſt der: haſt du ſchwere Sünden — an
an ſolche iſt wohl bei den παραπτώματα zu denken — begangen, ſo wirſt du nicht
eher ein ruhiges Gewiſſen haben und mit gutem Gewiſſen deine προσευχή — dein
Privatgebet im Kämmerlein — tun können, als bis du deine Sünden öffentlich vor
der Gemeinde bekannt haſt. Solch einen öffentlichen Beichtakt der Einzelnen ſetzt
auch Jrenäus III 4, 2; I 13, 7 vgl. 13, 5 voraus und an ihn denkt wohl auch
Jak. 5 16: ἐξομολογεῖσθε ἀλλήλοις τὰς ἁμαρτίας; vielleicht iſt ein ſolcher auch Can.
Hippolyti 2, 9 gemeint. An die allgemeine Exhomologeſe, die ſich'in alten Kirchen-
gebeten, bald in der Mitte, bald am Anfang findet (1. Clem. c. 60 und Gebet 27
des Serapion in TU N. F. II 3 b, S. 19), iſt dabei alſo durchaus nicht zu denken.
Denn dieſe trägt einen allgemeinen Charakter, trägt Gebetsform und entſpricht ſo
durchaus nicht dem, was unſrem Verf. vorſchwebt. Ein Beiſpiel einer ſolchen öffentlichen Privatbeichte aus der älteſten Zeit haben wir nicht. Wir können uns auch
kein deutliches Bild von ihrem Verlauf im Gottesdienſt machen. Darüber gibt auch
c. 14, 1, wo noch einmal von der Exhomologeſe die Rede iſt, keinen Aufſchluß; auch
fragt es ſich, ob dort von derſelben Exhomologeſe die Rede iſt, wie hier (vgl. zur
Stelle). Jedenfalls konnte eine derartige, den einzelnen beſonders in den Vordergrund rückende Sitte nur bei ganz kleinen Gemeinden beſtehen. Es iſt ganz begreiflich, daß ſie ſpäter ſchwand und durch die allgemeine Exhomologeſe erſetzt
wurde. (Ueber die Exhomologeſe im allgem. vgl. v. d. Goltz, das Gebet in der
älteſten Chriſtenheit (1901), S. 147 ff. und 165 ff.) — καὶ οὐ προσελ. κτλ. Das καὶ
iſt als Folgerung aus dem Vorhergehenden zu nehmen. — Die Stelle iſt citirt
Barn. 19, 12; ebenda ſteht im Schlußſatz ſtatt τῆς ζωῆς, entſprechend 19, 1, τοῦ

φωτός. — Bemerkt sei, daß Tertullian diesen 14. Vers in de orat. 11 im Sinne gehabt hat. Er citirt dort Josephs Wort 1. Mos. 24, 45: et ne irascamini in via. Daran anknüpfend fährt er fort: Nos scilicet monuit — alias enim via cognominatur disciplina — dum ne in via orationis constituti ad patrem cum ira incedamus. Schon Harnack hat in ThLZ 1888, Sp. 180 mit Recht darauf aufmerksam gemacht, daß der Zwischensatz eine deutliche Hinweisung auf D enthalte (vgl. außerdem AG. 9 2). Bemerkenswert ist jedenfalls auch, daß zwischen dem Satze Tertullians: dum ne ... ad patrem cum ira incedamus, und L: Non accedas ad orationem cum conscientia mala ein eigentümlicher Parallelismus besteht. Ferner folgt ja auf diesen Satz in der Didache sofort das Schlußsätzchen: Haec est via vitae. — Endlich ist es nicht unwahrscheinlich, daß die beiden ersten Sätze von 14 ein Zusatz sind. Denn offenbar schließt die allgemeine Mahnung des 13. Verses den Abschnitt ab, worauf vielleicht auch die Anrede fili, die L bietet, hindeutet. V. 14 zerbricht ohne Zweifel den Zusammenhang. Aber die Bezeugung ist so gut, daß Harnack diese Sätze schon in der Grundschrift annimmt (S. 57).

c. 5: Der Weg des Todes.

Ueber die vermutlichen Quellen dieses Kap. vgl. meine ‚Untersuchungen‘, S. 54 f. 1 Vergleicht man den Text von D, Barn. 20, 1, L und A VII 18 miteinander, so stehen sich D und A am nächsten, nur daß A, den 22 in D aufgeführten Lastern noch zwei hinzugefügt (ἐπιορκίαι und ἀφοβία), eine ganz geringfügige Umstellung vorgenommen hat, ἐπιθυμίαι παράνομα (statt einfach ἐπιθ.), ὀψηλοφροσύνη (statt ὕψος) und διπλοκαρδίαι (statt διπλοκαρδία) lieft. Barn. 20, 1 läßt 7 Laster von D aus (ἐπιθυμίαι, πορνεῖαι, κλοπαί, ψευδομαρτυρίαι, αἰσχρολογία, ζηλοτυπία, ἀλαζονεία), fügt dafür παράβασις und ἀφοβία θεοῦ hinzu; die Umstellungen sind weit erheblicher als bei K; das ὕψος wird durch den Zusatz δυνάμεως erläutert. L hat die beiden Begriffe διπλοκαρδία und δόλος unübersetzt gelassen, dafür aber den Plural fastidia (Stolz) hinzugefügt; die Umstellungen sind nicht so bedeutend, wie bei Barn., in der zweiten Hälfte ist der Parallelismus zu D fast ganz durchgeführt. Zu desideria (ἐπιθυμίαι) setzt L mala hinzu, wie K παράνομα. Aus dieser Vergleichung ergibt sich, daß D die ἀφοβία (θεοῦ), die durch Barn. und A und durch L, das 2 mit: Deum non timentes beginnt, bezeugt ist, versehentlich ausgelassen hat; ferner daß D nicht wesentliche Umstellungen in seiner Vorlage gemacht haben kann. Für die Ordnung ist augenscheinlich c. 2, 2 maßgebend gewesen, soweit es in Betracht kommen konnte. Beachtung verdient es vielleicht, daß sowohl in A wie in L πορνεῖαι vor ἐπιθυμίαι steht und daß beide (ebenso bei Hermas mand. 8, 5: ἐπ. πονηρά) zu ἐπιθυμίαι einen Zusatz haben. — Auch Hermas mand. VIII 3—5 findet sich ein Katalog von 22 Lastern, der mit D offenbare Verwandtschaft zeigt; folgende Worte hat Hermas mit D gemein: μοιχεία, πορνεία, ὑπερηφανία, ὑπόκρισις, ψευδομαρτυρία, πλεονεξία, ἐπιθυμία (πονηρά), ἀλαζονεία; folgende Worte lehnen sich mit leisen Aenderungen an D an: ὀψηλοφροσύνη (für ὕψος, wie in K), μνησικακία (für κακία), κλέμμα (für κλοπαί). Schon diese Aenderungen zeigen, daß D nicht von Hermas abhängig sein kann. Schwerlich schreibt jemand, der das deutliche und gebräuchliche ὀψηλοφροσύνη vor sich hat, das außergewöhnliche ὕψος, und ebensowenig schwächt ein einigermaßen geschickter Schriftsteller das prägnante μνησικακία (vgl. zu 2, 3) in das allgemeine und blasse κακία ab. Doch ist das umgekehrte Verhältnis deshalb noch nicht anzunehmen (vgl. meine ‚Untersuchungen‘, S. 67). Ueber die Sitten der Juden, am Versöhnungstag ihre Sünden in Form von Lasterkatalogen zu bekennen, vgl. Harris, p. 82. — Lasterkataloge finden sich sonst noch: Weish. 14 25 ff.; Mc. 7 21 f.; Röm. 1 29 f.; 1. Kor. 5 10 f., 6 9 f.; 1. Tim. 1 9 f.; 2. Tim. 3 2 ff.; vgl. Offb. 9 21; 21 8; 22 15; Ps.-Cyprian de aleator. c. 5 (Harnack, TU V 1, S. 86 f. nimmt an, daß dem Verfasser dieser Schrift D c. 5 gegenwärtig war bei der Aufstellung seines Katalogs); Testamentum Jesu Chr. ed. Rahmani II, c. 7, p. 124 (hier auch 22 Laster); griech. Jakobus-Liturgie Brightman, Eastern liturgies, p. 59. — 2 Der Text stimmt in Barn. 19, 2, A VII

18 und L ziemlich vollkommen mit M überein; nur gibt A allem folgenden in Ana=
logie zum vorhergehenden substantivische Form. L setzt für δικαιοσύνης veritatis
und macht den Zusatz: οὐδὲ κρίσει δικαίᾳ selbständig: non habentes indicium iustum. —
Zu μισθὸν δικαιοσύνης vgl. 2. Petr. 2 ₁₅: μισθὸν ἀδικίας. — Die Formel κολλώμενοι
(τῷ) ἀγαθῷ findet sich wieder Röm. 12 ₉. — Zur Formel εἰς τὸ ἀγαθόν, ἀλλ' εἰς τὸ
πονηρόν vgl. Röm. 16 ₁₉. — 3 Der Text von D, Barn. und A stimmt fast völlig
überein. A setzt für ἄνομοι κριταί: ὑπερόπται. Dagegen geht L vielfach seine eignen
Wege. Den ersten Satz gibt L so wieder: Quorum longe est mansuetudo et su-
perbia (für ὑπομονή) proxima; das folgende μάταια ἀγαπῶντες läßt er weg; für
ἀνταπόδομα setzt er remuneratores, in Parallelismus zu den folgenden persönlichen
Objekten; das τὸν ποιήσαντα αὐτούς, das sich auf Gott bezieht (vgl. zu c. 1, 2), versteht er
vom menschlichen Erzeuger und setzt dafür genitorem suum; das φονεῖς τέκνων ver=
steht er völlig falsch, denn er setzt dafür peremptores filiorum snorum; ebenso
blieb ihm das τὸν ἐνδεόμενον dunkel, denn er gibt es mit a bonis operibus wieder;
und völlig in der Luft schwebt der letzte Satz: advocationes iustorum devitantes.
Statt der pluralischen Wendung des Schlußsatzes in M ist in L der Singular ge=
wählt (Abstine te fili ab istis omnibus), in Uebereinstimmung mit allen vorher=
gehenden Anreden (vgl. c. 3 und 4). — Zu οὐ γινωσκ. κτλ. vgl. Weish. 15 ₁₁; φθορεῖς
auch c. 16, 3. — Zu ἀποστρ. τ. ἐνδ. vgl. c. 4, 8. — Zu πλουσίων παρακλ. κτλ. vgl.
Sib. II 64; Pf.=Phokyl. 9. — Zum Schlußsatz vgl. 1. Joh. 5 ₂₁.

c. 6: Schlußmahnungen.

1 S c h l e c h t (S. 63) schlägt vor, den Text von M nach L zu korrigiren, da
er der ursprünglichere sei. Allein ohne allen Grund. L liest: Et vide, ne quis te
ab hac doctrina avocet et si minus extra disciplinam doceberis. Schon das muß
bezweifelt werden, ob ursprünglich ein καὶ die vorliegende Mahnung an die vor=
hergehende angeschlossen hat. Denn die Schlußmahnung von c. 5 ist in der Mehr=
zahl gegeben, die neue Mahnung wendet sich aber im griechischen Text wieder an
den Einzelnen. Ganz irrig aber ist es, wenn für die Lesart von M: πλανήσῃ ἀπὸ
ταύτης τῆς ὁδοῦ τῆς διδαχῆς nach L als ursprünglich vorgeschlagen wird: ἀπὸ ταύτης
τῆς διδαχῆς; die beiden Begriffe: τῆς ὁδοῦ τῆς διδαχῆς könnten so nicht neben=
einandergestellt worden sein, da die Logik verlange ἀπὸ ταύτης τῆς διδαχῆς τῆς ὁδοῦ
(τῆς ζωῆς). Aber das ist schlechterdings nicht einzusehen. Warum soll die Verbin=
dung „Weg der Lehre" unlogisch sein? Der Verfasser hat im vorhergehenden
eine ὁδός beschrieben, die die Lehre betrifft, folglich ist sie eine ὁδὸς τῆς διδαχῆς (wie
auch Barn. 18, 1 ὁδοὶ διδαχῆς steht), von der sich der Christ nicht abführen, πλα=
νᾶν — schon dieses Verbum verbürgt den Ausdruck ὁδοῦ — lassen soll. Daß A VII, 19
statt der Formel in M schreibt: ἀπὸ τῆς εὐσεβείας und N (MPG XXVIII 1639 C):
ἀπατήσει τῆς πίστεως ταύτης fällt nicht ins Gewicht. Es ist keinerlei Grund, an der
Richtigkeit der Lesart von M zu zweifeln. Ebensowenig kann im Nachsatz L vor M
den Vorzug verdienen. Denn er lehrt wörtlich in N a. a. O. wieder. L erklärt
sich entweder wieder daraus, daß er seine Vorlage nicht verstanden hat, oder daß
er einen verkehrten Text vor sich hatte. — Zum ersten Satz vgl. 2. Petr. 2 ₁₅; zum
zweiten Σ 7 (MPG XXVIII 844 C = Batiffol, Studia patrist. II (1890), 127. —
2 und 3 Beide Verse gehörten schwerlich zu Δ (vgl. meine 'Untersuchungen', S. 68 f.).
Nach ₁ (oder 5, 3) stand jedenfalls eine Apokalypse,. wahrscheinlich in der einen Re=
cension eine kürzere, in der anderen eine längere, nämlich c. 16. Wollte der Bear=
beiter von Δ die Schrift fortsetzen, so mußte er hier den apokalyptischen Schluß
fallen lassen. Dafür hatte er nun Raum, etwaige Nachträge zu machen, für das
damalige Gemeindeleben wichtige Dinge zu sagen, die weder im vorhergehenden
gesagt waren, noch im folgenden sich leicht andringen ließen. Diesen Eindruck
machen in der Tat die beiden Verse 2 und 3. Daß es sich hier um wichtige Tages=
fragen handelt, darüber vgl. H a r n a c k zur Stelle und S. 40 ff. Nur ₂, wie
Harnack tut, auszuscheiden, weil er in A fehlt, geht kaum an, denn ₃ hängt, wie
gerade Harnack gezeigt hat, sehr eng an ₂: ₂ gibt den allgemeinen Grundsatz,

und з macht die Anwendung auf die βρῶσις. Oder sollte etwa, wie Weinel, D. Wirkung des Geistes usw. S. 147 Anm. 4 vermutet, з auf die Ehe, bezw. die Ehelosigkeit sich beziehen? Die Vermutung, daß wir es mit Zusätzen von der Hand des Redaktors zu tun haben, der c. 1, 3—2, 1 eingefügt hat, dürfte dadurch einige Stütze finden, daß die Wendung: τέλειος ἔσῃ schon 1, 4 sich fand; auch das: εἰ δ' οὐ δύνασαι erinnert an: οὐ δὲ γάρ δύνασαι 1, 4. — Zum Gedanken з vgl. AG. 15 20. 28; 1. Kor. 10 20; Sib. II 96; Pf.=Phok. 32. Daß die Teilnahme an Opfermahl= zeiten soviel bedeutete wie Abfall vom Christenglauben, ist allgemeine urchristliche Anschauung. — Zu προσεχ. ἀπό vgl. c. 12, 5. — Zu ϑεῶν νεκρῶν vgl. Weish. 15 17; 1. Kor. 8 4, 10 20; 2. Clem. 3, 1. Kerygma Petri 3 (Preuschen, Antilegomena p. 52); Sib. VIII 46 f., 393 f.

II. Teil (c. 7—10): Kultische Vorschriften.

Mit c. 7 beginnt die eigentliche Kirchenordnung. Der Verfasser gibt hier nicht, wie es vorher der Fall ist, allgemeine Vorschriften, sondern ganz bestimmte, auf konkrete Zustände sich beziehende Anweisungen. Seine Tendenz ist eine durch= aus praktische. Ihm liegt alles daran, eine Gemeinde, die offenbar noch eine Reihe jüdischer Bräuche weiterpflegte und auch sonst wohl im Ritus und im Gemeinde= leben den specifisch christlichen Charakter vermissen ließ, auf die christliche Höhe zu heben.

c. 7: Die Taufe.

1 Ταῦτα πάντα προειπόντες. Das Wort προειπ. spricht eher dafür, daß die vor= hergehenden Lehren nur in Form einer Predigt vor der Taufe mitgeteilt wurden, als für einen längeren Unterricht. Daher sehen viele in der c. 1—6 umfassenden Taufhomilie einen Teil der Taufliturgie (Harnack, Funk, Zahn, Schlecht, Schaff). Erst später sei er geschwunden und die abrenuntiatio an ihre Stelle getreten. Das alles ist sehr gut möglich, aber sicher erweisen läßt es sich nicht. — 2—4 Es ver= dient alle Beachtung, einmal daß dem Verf. an der Handlung des Untertauchens offenbar wenig liegt. Bereits die einfache Besprengung genügt ihm. Das zeigt eine außerordentlich rasche Entwicklung von dem ursprünglichen Gebrauche weg. Offen= bar ist dem Verf. die Hauptsache die Recitation der Taufformel. Andererseits ist beachtenswert, daß er kein Weihegebet (Epiklese) über dem Taufwasser kennt. Denn so gut er die Taufformel angibt oder erwähnt, so gut hätte er wohl auch dies Gebet angegeben, wenn er es gekannt hätte. Die ältesten Zeugen für die Weihe des Taufwassers durch die Herabrufung des heiligen Geistes sind Clemens Alex. (excerpt. 82) und Tertullian (de bapt. 4); Justin erwähnt sie noch nicht. Wahrscheinlich hängt die Gleichgültigkeit des Verf. gegen das Untertauchen mit dem Fehlen der Taufepiklese zusammen. Das Element als solches mußte eine ganz an= dere Wichtigkeit erhalten und die möglichst vollständige Berührung des Täuflings damit mußte von religiöser Bedeutung werden von dem Augenblick an, wo man das Wasser durch Gebet zu einer göttlichen Kraft zu machen pflegte. Jetzt hatte man einen guten Grund, an der ursprünglichen Sitte der Untertauchung, oder we= nigstens der Begießung des im Taufwasser stehenden Täuflings festzuhalten. Be= sprengung konnte nur als erlaubt bei Krankheit oder bei Mangel an genügendem Wasser gelten. Daß aber Bedenken dagegen lebendig wurden, beweist Cyprian ep. 69, 12—14. Auf solche Bedenken ist der Verf. von D nicht gefaßt. Jene beiden Fälle faßt auch D ins Auge. In 2 weist das ἐν ϑερμῷ auf den Krankheitsfall hin. In з ist der Fall gesetzt, daß man weder fließendes noch stehendes Wasser in genü= gender Menge zu einer Volltaufe zur Verfügung hat. Ohne jede weitere Begrün= dung wird die dreimalige Besprengung als Ersatz angeordnet. — 4 Zur Sitte des Fastens vor der Taufe vgl. Justin ap. I, 61; Tert. de bapt. 20. Wir können nicht mehr mit Sicherheit sagen, durch welchen Gedanken dieses Fasten bedingt war. War es der Ausdruck der Bußstimmung? oder hoffte man durch den Zustand der Nüchternheit für den Empfang des Geistes besser disponirt zu werden?

c. 8: Das Fasten und Beten.

Die in c. 8 enthaltenen Bestimmungen sind gegen jüdische Bräuche und Ein=
flüsse gerichtet, bekunden damit aber zugleich ihren engen Zusammenhang mit der
jüdischen Sitte. Schon das entspricht jüdischer Grundanschauung, daß Fasten und
Beten mit einander behandelt werden. Das waren, mit dem Almosengeben, „gleich=
sam die Grundpfeiler der jüdischen Religion" (Bousset, Die Religion des Ju=
dentums S. 159). So ist auch Mt. 6 $_1$—$_{18}$ von diesen drei Dingen die Rede. In
D fehlt an dieser Stelle das Almosengeben; der Verf. hatte darüber offenbar keine
besondere Anordnung zu geben. In c. 15, 4 ist neben den εὐχαί und den πράξεις im
allgemeinen auch der Almosen Erwähnung getan (vgl. auch 2. Clem. 16, 4).

1 Die ὑποκριταί (vgl. auch 2) sind nicht, wie Mt. 6 $_{16}$; 23 $_{13. 14. 15. 23. 25. 27. 29}$,
die Pharisäer, sondern die Juden überhaupt. Offenbar gab es eine christliche Fasten=
sitte, die der jüdischen treu blieb und den Montag und Donnerstag als Fasttage
hielt. Dagegen wendet sich der Verf. und betont die christliche Sitte, am Mittwoch
und Freitag zu fasten — eine Sitte, die jüdischen analog gebildet, um sie zu ent=
wurzeln und zu bekämpfen. — Ueber das Fasten bez. die Fasttage in den ersten
christlichen Jahrhunderten vgl. Hermas sim. V, 1; Tert. de ieiun. 2; Clem. Alex.
strom. VII, 12, 75; Origen. hom. X in Lev.; Epiphan. haer. 16, 1; 75, 6; expos.
fid. 22; RE V 770 ff. — 2 und 3 Wie in der Fastensitte, so blieben auch in der
Gebetssitte Christen dem jüdischen Gebrauche treu. Höchst wahrscheinlich ist bei dem
dreimaligen Beten des Vaterunsers am Tage nicht an die späteren christlichen Ge=
betsstunden (3. 6. und 9. Stunde), sondern an die jüdischen Gebetsstunden, Morgens,
Mittags und Abends zu denken, bei welchen das Schmone Esre von den Juden
gebetet wurde. An die Stelle dieses Gebetes soll bei den Christen das Vaterunser
treten. Es ist durchaus möglich, daß auch Judenchristen noch das Schmone Esre
an den Gebetsstunden zu beten pflegten. Das soll ihnen verleidet werden, indem
die so betenden Juden als „Heuchler" bezeichnet werden.

c. 9 und 10: Das Herrnmahl.

Vgl. meine ‚Untersuchungen', S. 74 ff., wo ich den Nachweis versucht habe,
daß in diesen Kapiteln von einem in engeren Kreisen gefeierten, gewissermaßen
inofficiellen Herrnmahl die Rede ist, das noch völlig in der Form des fami=
liären Mahles stattfand, während in c. 14 bereits die unter Leitung des Bischofs
stehende, rituell weiterentwickelte Sonntags=Eucharistie gemeint ist, die mit dem
Wortgottesdienst verbunden die ursprüngliche Form der Mahlzeit bereits abgestreift
hat. Offenbar benutzten die Christen, an die sich der Verfasser wendet, wie sie mit
dem Fasten und Beten sich an jüdischen Brauch hielten, so auch bei ihren Mahlzeiten
noch jüdische Gebete. Der Verfasser gibt sie ihnen in einer verchristlichten Form.

9 1 Εὐχαριστία steht hier im Sinne von Mahl; auch $_5$ heißt es nichts anderes;
doch ist dort ausdrücklich des dabei genossenen gesegneten Brotes und Kelches ge=
dacht. περὶ εὐχ. ist zusammenfassende Bezeichnung für das folgende περὶ τοῦ ποτη-
ρίου — περὶ δὲ τοῦ κλάσματος (v. d. Golz, Das Gebet in der ältesten Christenheit,
S. 214). — 2—4 Daß die Gebete jüdischen Gebeten, wie sie bei den heiligen Mahl=
zeiten gebraucht wurden, nachgebildet sind, kann heute von Niemandem mehr ge=
leugnet werden, ebensowenig, daß das christliche Mahl nur eine Weiterführung
einer jüdischen Sitte war, allerdings mit neuem Sinn erfüllt. Auch beim jüdischen
Mahl wird zunächst ein Kelch gesegnet, darauf Brot, das gebrochen und verteilt
wird; endlich folgt nach dem Mahle noch ein Dankgebet (Sabatier, La Di-
daché p. 100 ff.; RE V 563 ff.; v. d. Golz, Gebet, S. 214 ff.). Zu beachten ist,
daß der Genuß gerade umgekehrt, wie die Segnung stattfand; so geht auch in D
zwar die Segnung des Kelches ($_2$) der des Brotes ($_3$) voraus, aber zuerst wurde
das Brot genossen und am Schluß erst der Kelch getrunken (vgl. 9,5 und 10, 3; vgl.
auch 1. Kor. 10 $_{16}$ und 11 $_{23}$ ff.; Lk. 22 $_{17. 19}$ und $_{20}$; Joh. 6 $_{53}$). — Dem Segens=
gebet $_2$ entspricht das jüdische Segensgebet: „Gelobet seiest du Herr unser Gott, der

du die Frucht des Weinstockes schaffst". Offenbar sind die Worte: ὑπὲρ τῆς ἁγ. ἀμπ. Δαβὶδ τοῦ παιδός σου veranlaßt durch die jüdische Vorlage. Außerdem vgl. zu den Worten: ἧς ἐγνώρισας ἡμῖν die Stelle in dem jüdischen Gebet: „Wir danken dir ... für die Gesetze, die du uns haft kund getan" (Sabatier, p. 101); auch die An= rede πάτερ ἡμῶν findet sich in der jüdischen Vorlage (ebenda). Was aber ist mit dem ‚Weinstock deines Knechtes David' gemeint? Nach den einen (Lipsius) ist darunter die Kirche als des Herrn Weinberg nach Pf. 80 15; Jer. 2 21; 12 10; Justin dial. c. 110 zu verstehen. Allein es ist doch eben hier nicht vom Weinberg, sondern vom Wein= stock die Rede. Andere verstehen darunter (vgl. Joh. 15 1) Christus selbst. Allein dazu paßt nicht der Schlußsatz: „den du uns kund gemacht haft durch deinen Knecht Jesus". Wieder andere (Spitta) denken an den Messias nach syr. Baruchapok. 36 f.; Sir. 24 17 ff.; Jes. 11 1; Pf. 80 8 ff.; Joh. 15 2; Testam. patr. III Levi 2. Endlich hat man auch an das Blut Christi gedacht (Funk) nach Clemens Aler. quis dives salv. 29; Origenes hom. in Jud. VI, 2. Höchst wahrscheinlich liegt der ganzen Stelle keine deutliche, fest umschriebene Vorstellung zu Grunde. Mit dem ursprünglichen Gedanken an den Weinstock und dessen Erträgnis, von dem man zu genießen im Begriffe ist, verknüpft sich die Vorstellung vom Weinstock Davids, dem Messias und dem messianischen Heil, das Jesus kundgemacht hat. Es wird also im wesentlichen nichts anderes gemeint sein, als was 8 (ζωή und γνῶσις) und 10, 2 (γνῶσις, πίστις und ἀθανασία) genannt ist. — 3 Man beachte den völligen Pa= rallelismus der Gebete über Wein und Brot, aber auch der Schlußgebete 10, 2 und 3. κλάσμα heißt in der Aegypt. Kirchenordnung § 47—52 das Brot der Agape. Also auch hierin zeigt sich, wie stark Agape und Eucharistie ursprünglich zusammen= hingen. — Zu ὑπὲρ τῆς ζωῆς καὶ γνώσεως ἧς ἐγνώρισας ἡμῖν vgl. die Stelle im jü= dischen Gebet über dem Brot: „Wir danken dir ... für die Gebote, die du uns kund getan haft; für das Leben, die Beweise deiner Huld und deine Barmherzigkeit, womit du uns begnadet haft". Vielleicht wirkt aber auch hier beim Brot in dem Ausdrucke ζωῆς eine Vorstellung wie Joh. 6 35. 51. — 4 Auch dieses Gebet hat seine Parallele im jüdischen Ritus. Unmittelbar vor der Mahlzeit stand ein Gebet, worin gebetet wurde: „Vereinige uns Zerstreute aus der Mitte der Völker, uns Ver= bannte von allen Orten der Erde und binde uns zusammen in deiner Stadt Zion" (Sabatier p. 107). Zur Bitte um Sammlung der Kirche (so auch c. 10, 5) vgl. 2. Makk. 1 27: ἐπισυνάγαγε τὴν διασποράν ἡμῶν. Zum Gedanken vgl. Tob. 13 4. 13. 3 und 4 findet sich fast wörtlich wieder bei Pf.=Athanasius de virg. 13 (MPG XXVIII 265 C; 4 kehrt wieder im 1. Gebet des Serapion ΧΙΙ VI 4 S. 5. — Die reichere Do= rologie (vorher 2 und 8 nur σοὶ ἡ δόξα εἰς τοὺς αἰῶνας) erklärt sich daraus, daß hier der Hauptgebetsakt zu Ende ist. — 5 Die Warnung, niemanden außer die Getauften an der heiligen Mahlzeit teilnehmen zu lassen, setzt voraus, daß dies tatsächlich ge= schah; vgl. 10, 6: Εἴ τις κτλ. — Ueber εὐχαριστία vgl. oben zu 1

  10 1 μετὰ τὸ ἐμπλησθ. kann nur bedeuten: Nach der Sättigung, so daß an wirkliche Mahlzeit gedacht ist (Joh. 6 12); vgl. meine ‚Untersuchungen', S. 75. — 2 Zu ὑπὲρ τοῦ ἁγίου ὀν. κτλ. vgl. Jer. 7 12; Neh. 1 9; Hef. 43 7; Pf. 74 7; 1. Kön. 9 3; vgl. auch die Worte im jüdischen Gebet über dem Brot: „Sei gnädig .... diesem großen und heiligen Tempel, auf dem dein Name ruhte". Der Name steht für die Person selbst (vgl. Dieterich, Mithrasliturgie 1903, S. 110 ff.). Das κατοικ. ist ganz real gedacht; vgl. zur Formel Lit. Chrysoft.: ἐλθὲ καὶ σκήνωσον ἐν ἡμῖν Brightman, Lit. I, 353. Vielleicht ist, wie Harnack vermutet nach Joh. 17 26, vor κατοικ. ein ἐγνώρισας ἡμῖν ausge= fallen und dann wäre κατασκηνώσας (Partic) zu lesen, da ein transitiver Gebrauch von κατασκ. ganz außergewöhnlich ist. — 2—5 Mit Recht macht v. d. Gottz (S. 211 und 218) darauf aufmerksam, daß diese Schlußgebete genau den Segensgebeten am Eingang entsprechen: jedesmal zwei Dankgebete und daran sich anschließend ein Bittgebet. Der Parallelismus geht aber auch ins Einzelne: alle Dankgebete beginnen mit: Εὐχαριστοῦμέν σοι (9, 2. 3. 10, 2); nur das zweite Dankgebet am Schluß (10, 3) beginnt jetzt mit: Σύ, δέσποτα παντόκρατορ κτλ. Dagegen findet sich am Schluß dieses Gebetes (10, 4) die Formel εὐχαριστοῦμέν σοι. Es ist nun höchst wahrschein=

lich, wie v. d. Goltz vermutet, daß durch ein Versehen diese Anfangsformel an
die unrechte Stelle geraten ist, worauf noch das unverständige σύ, das sich hier
findet, hindeute. v. d. Goltz hat das letzte Gebet folgendermaßen rekonstruirt:
Εὐχαριστοῦμέν σοι, πάτερ ἁπάντων, ὅτι δυνατός εἶ· σὺ δέσποτα παντοκράτορ, ἔκτισας
κτλ..... διὰ <'Ιησοῦ> τοῦ παιδός σου. σοὶ ἡ δόξα εἰς τοὺς αἰῶνας (S. 331). Für die
Richtigkeit dieser Rekonstruktion spricht nicht allein der nun wirklich durchgeführte
Parallelismus, sondern es gewinnt auch das Sätzchen 4, das sich am Schluß be=
fremdlich, weil matt, ansnimmt, seinen verständigen Platz und Sinn. (Wenn bei
v. d. Goltz das Sätzchen: ἵνα σοι εὐχαριστήσωσιν fehlt, so ist das wohl nur ein Ver=
sehen von ihm.) Uebrigens glaubt v. d. Goltz eine noch ältere Fassung dieser bei=
den Schlußdankgebete ermitteln zu können, vgl. S. 220 Anm. 2, worauf wir uns
hier nicht weiter einlassen wollen. Die Möglichkeit, daß die dort gebotene Fassung
die älteste war, ist nicht abzustreiten. Kehren wir zu dem Parallelismus der bei=
den Gebetsgruppen zurück, so ist er auch in den Schlußdoxologien durchgeführt: die
Dankgebete schließen alle mit der Formel: σοὶ ἡ δόξα εἰς τοὺς αἰῶνας (9, 2. 3. 10, 2. 4),
während die Bittgebete, weil abschließend, die vollere Formel haben: ὅτι σοῦ ἐστιν
ἡ δόξα καὶ ἡ δύναμις [διὰ 'Ιησοῦ Χριστοῦ] εἰς τοὺς αἰῶνας (9, 4 und 10, 5). Ferner
haben alle vier Dankgebete die Formel: διὰ 'Ιησοῦ τοῦ παιδός σου (9, 2. 3. 10, 2. 3),
ja die drei ersten dieser Gebete haben sogar das Sätzchen gemeinsam: ἧς ἐγνώρισας
ἡμῖν. Man lese die Gebete in dem geschickten Abdruck bei v. d. Goltz S. 331, um
sich von dem überraschenden Parallelismus in der Form zu überzeugen. Aber auch
der inhaltliche Parallelismus, vor allem auch der der Bittgebete 9, 4 und 10, 5,
verdient alle Beachtung. — Aus dem bisher Gesagten geht schon hervor, daß
wir das, was 10, 6 bringt, nicht als zum vorhergehenden Gebet gehörig, überhaupt
nicht als Gebete ansehen (v. d. Goltz S. 211 ff. folgend). — Die Feier verlief also
so, daß zwei Dankgebete und ein Bittgebet die Mahlzeit einleiteten, und ebensolche
Gebete den Abschluß bildeten; während der Mahlzeit mögen Gespräche und Ge=
sänge stattgefunden haben. — 6 In Bezug auf die vier kurzen Sätzchen, welche sich
nun anreihen, steht folgendes fest: 1. Die Sätze stehen untereinander nicht in Zu=
sammenhang; sie sind vielmehr abgerissen und jeder steht für sich. 2. Sie sind auch
nicht mit dem vorhergehenden Gebet zusammenzunehmen, denn dies ist abge=
schlossen durch eine solenne Doxologie. Wie sind nun diese vier Sätze zu verstehen?
Man kann sie als gebetsartige Rufe verstehen, die der Leiter der Feier in die Ver=
sammlung hineinruft, bezw. hineinrufen soll — eine Sitte, die etwas sonderbar er=
scheint. Oder wir haben es mit Anfängen von Psalmen zu tun, die an dieser
Stelle, also am Schluß der gemeinsamen Mahlzeit gesungen werden sollen. Daß
die Agape mit Psalmen, biblischen und selbstgedichteten, abzuschließen pflegte, wissen
wir aus Tertullian (apolog. c. 39) und den Kanones des Hippolyt (TU VI, 4, S. 106;
vgl. S. 204). Diese Annahme hat viel für sich. Zunächst ist der Satz: Ωσαννὰ τῷ
θεῷ Δαβίδ ein Citat aus Pf. 118 25 ff., eine Stelle, die beim Schlusse der Passah=
mahlzeit gesungen, aber auch am Laubhüttenfest gebraucht wurde, und zwar wurde
das „Hosanna" beim Umzug um den Altar gesungen, so daß der siebente Festtag,
an dem man sieben Mal diesen Umzug wiederholte, das „große Hosanna" hieß.
Dieser Psalm ist auch in die christliche Abendmahlsfeier übergegangen (vgl. RE,
Art. Liturgische Formeln, XI, 552 25 ff.). Ein Hinweis auf ein Lied ist aber auch
in den Schlußworten: μαράναθα ἀμήν zu finden, ein Sätzchen, das in griechischer Form
Offb. 22 20 wiederkehrt: 'Αμήν, ἔρχου κύριε. Die Vermutung, daß sowohl die ara=
mäische, wie die griechische Fassung auf einen Hymnus hinweist, ist dadurch sehr
nahe gelegt, daß es einen alten jüdischen Hymnus gibt, der nach seinen Anfangs=
worten en kelohenu „keiner ist wie unser Gott" heißt. Er trägt akrostische Form,
und die Anfänge ergeben: Amen, bo „Amen, komm", und wahrscheinlich wurde der
Psalm auch mit diesen zwei Worten bezeichnet (vgl. darüber Taylor, p. 77 ff.).
Diese Tatsachen machen es wahrscheinlich, daß auch hinter dem μαράνα θα· ἀμήν
sich ein christlicher, vielleicht ursprünglich jüdischer Hymnus verbirgt. Endlich hat
v. d. Goltz, der überhaupt die Vermutung, daß es sich hier um Anfänge von

Hymnen handelt, allerdings nur in Bezug auf die ersten beiden Sätze, zum ersten
Mal ausgesprochen hat (a. a. O. S. 212), auch den Hymnencharakter des ersten
Satzes: Ἐλθέτω χάρις κτλ. nachzuweisen versucht (vgl. a. a. O.). Daß man bei
drei dieser Sätzchen auf Hymnen, bez. Psalmen geführt wird, muß sehr ins Gewicht
fallen, und ſo erſcheint die Annahme nicht zu gewagt, daß auch der ſchwierige und
viel behandelte Satz: Εἴ τις ἅγιός ἐστιν κτλ. der Anfang eines Hymnus iſt. Gegen
dieſe Annahme ſpricht nicht, daß ſich in ſpäteren Liturgien verwandte Formeln
finden. Es könnte — an Beiſpielen dafür fehlt es nicht in der Geſchichte der
Liturgie — immerhin ein kurzes Lied der Gemeinde ſchließlich zu einem Rufe
eines Klerikers geworden ſein. Die Auffaſſung des 6. Verſes wird vorläufig noch
durchaus ſchwankend bleiben müſſen. Vielleicht ſind alle dieſe Sätze ſpätere Zuſätze
und ſtammen nicht vom Verfaſſer von D. Jedenfalls läßt ihr Fehlen keinerlei Lücke
empfinden. — Zu ἅγιος vgl. zu 4, 2. — Mit μεταν. iſt die Bekehrung zum Chriſtentum
gemeint (vgl. z. B. Kerygma Petri 8 bei Preuſchen, Antilegomena p. 54). 7 ſchließt
ſich vortrefflich unmittelbar an c. 10, 5 an. — Ueber die beizubehaltende Lesart:
τῷ θεῷ Δαβίδ vgl. Harnack zur Stelle. Die Schreibung der Handſchrift μαραναθά
iſt entweder in μαράν ἀθά oder in μαράνα θα aufzulöſen (aramäiſch: אָתָא מָרַן oder
מָרַנָא תָא). Erſteres bedeutet: „(unſer) Herr iſt gekommen", letzteres: „(unſer) Herr,
komm", alſo wie Offb. 22 20: ἔρχου, κύριε. Wie 1. Kor. 16 22 (ſ. Schmiedel im
Hand=Kommentar zu dieſer Stelle) verdient auch hier die letztere Zerlegung den
Vorzug. (Vgl. Zahn, Einleitung in das N. T. I, 215 f.; Dalman, Worte Jeſu
I, 269; die Deutung von Kloſtermann: Mà ragántha: „warum haſt du rebel=
lirt?" NKZ 1901, S. 107 verdient keine Beachtung.)

III. Teil (c. 11—15): Vorſchriften für das Gemeindeleben.
c. 11: Die Apoſtel und Propheten.

11 1 und 2 wird die allgemeine Anweiſung gegeben, wonach fremd Zu=
reiſende zu prüfen und wie ſie aufzunehmen ſind: alles bisher Vorgetragene (ταῦτα
πάντα τὰ προειρημένα) müſſen ſie lehren, dann ſind ſie wie der Herr ſelbſt aufzu=
nehmen. Darauf wird 3 zum Beſonderen, übergeleitet und darauf 4—6 von den Bi=
ſchöfen, 7—12 von den Propheten gehandelt. — 2 στραφείς, nämlich von der oben
vorgetragenen Lehre; ebenſo iſt zu εἰς τὸ καταλῦσαι zu ergänzen πάντα τὰ προειρ.
Zum ganzen Vers vgl. 2. Joh. 10; 2. Petr. 2 1; Ignat. an d. Eph. 9, 1; 5. Moſ. 13 1 ff.
— Zu μὴ αὐτοῦ ἀκούσητε vgl. 12. — Zu δέξασθε κτλ. vgl. c. 4, 1; Mt. 10 40.
3 κατὰ τὸ δόγμα εὐαγγελίου iſt zu οὕτω ποιήσατε, und nicht zum vorhergehenden
(Harnack) zu ziehen. — Wie das Folgende zeigt, denkt der Verf. bei dem δόγμα τοῦ
εὐαγγ. jedenfalls an Stellen wie Mt. 10 40 (vgl. 4), Mt. 10 5—12 (vgl. 6); Mt. 12 31—33
(vgl. 7); Mt. 7 15—23 (8, 10 und 11). — 5 und 6 Offenbar wurde die Gaſtfreundſchaft der
chriſtlichen Gemeinden in ganz außerordentlicher Weiſe durch unlautere Geſellen
mißbraucht. Aber die Sorge, die den Verf. bei ſeinen Ausführungen leitet, iſt nicht
die, daß den Gemeinden zu viel zugemutet, oder daß ein beſtehender Mißbrauch ſich
noch weiter entfalten werde, ſondern daß mit den falſchen Lehrern auch falſche
Lehre in die Gemeinde komme und umgekehrt, daß bei dem Mißtrauen der Gemein=
den mancher echte Lehrer nicht gebührend gewürdigt werde. — Der Ausdruck φευδο=
προφήτης ſtatt φευδοαπόστολος im Sinne von „falſcher Lehrer" iſt offenbar der Stelle
Mt. 7 15 (vgl. 24 11. 24) entnommen, ein weiterer Beweis dafür, daß der Verfaſſer
jenen Abſchnitt auch bei dieſen ſeinen Erörterungen ſtark im Auge hat. — εἰ μὴ κτλ.
Der Apoſtel ſoll ſo viel Nahrung erhalten, als er auf der Reiſe bis zur nächſten
chriſtlichen Gemeinde braucht; natürlich wird er während des einen oder der zwei
Tage, die er bei der Gemeinde verbringt (vgl. c. 12, 2), von dieſer verpflegt (Mt. 10 10;
Lk. 10 7 f.). Der echte Apoſtel verlangt auch nicht mehr; vor allem verlangt er von den
Gemeinden, deren Gaſtfreundſchaft er in Anſpruch genommen hat, kein Geld. Denn
der Apoſtel muß arm ſein (Mt. 10 9; vgl. Euſeb. hiſt. eccl. III 37). Offenbar ſtand
die Gemeinde den Apoſteln ziemlich kritiklos gegenüber, entweder aus beſonderer
Ehrfurcht, oder weil der Apoſtel ſich mit ſeiner Predigt nur an die Unbekehrten

wandte, alſo den Gemeinden zur Kritik wenig Anlaß gab.   Der Verf. will nun auch
zu ſolcher Kritik nicht auffordern, ſondern nur einige Geſichtspunkte geben, nach
denen ſich die Gemeinde richten kann, um ſich vor Schwindlern zu ſchützen (über
ſchwindelnde Propheten vgl. Lukian, Peregrinus 13; 16; Origenes, gg. Celf. VII 9; 11).
Den Propheten gegenüber war dagegen die Gemeinde zur Kritik ſehr wohl ge=
neigt, wie das Folgende zeigt — 7 Wie 4 zunächſt von dem echten Apoſtel und
von dem Verhalten gegen dieſen die Rede iſt, ſo hier zunächſt vom echten, in Ek=
ſtaſe redenden Propheten.   Dieſem gegenüber ſoll jedes Mißtrauen und jede Kritik
ſchweigen.   Darauf beruhte ſchon die Anordnung c. 10, 7. An den Propheten Kritik
zu üben, lag nahe.   Sie waren die wandernden Lehrer, die ſich an die Gemeinden
wandten zu deren Erbauung.   Nach 1. Kor. 12 10; 14 29; 1. Joh. 4 1 unterſtanden
ſie von Anfang an der Beurteilung der Gemeinden.   Aber dieſe Kritik ſcheint oft,
ja wohl regelmäßig eine überſcharfe, ungerechte geweſen zu ſein, ſo daß das An=
ſehen der Propheten litt.   Dem will 7 wehren.   Das πειράσετε bezieht ſich wohl auf
die ſcharfe, prüfende Beobachtung des Verhaltens der Propheten, wovon im folgen=
den näher die Rede iſt, während das διακρινεῖτε (1. Kor. 12 10; 14 29; A VII 28) ſich
auf die prophetiſche Rede bezieht.   Jedes unziemliche Verhalten gegen den ἐν πνεύματι redenden Propheten erſcheint (wie Epiph. haer. 51, 35) als eine Sünde wider
den Geiſt (Mt. 12 31 f.), alſo für unvergebbar, denn aus dem Propheten redet der
Geiſt (zur Sache vgl. W e i n e l , Wirkungen des Geiſtes und der Geiſter 1899,
S. 83 ff.).   Dieſe ſcharfe Warnung erklärt ſich nur, wenn ſich die Kritik der Ge=
meinde den Propheten gegenüber oft über die Grenze des Rechten hinauswagte. —
8 ff.   Das Intereſſe, das den Verf. auch hier leitet, iſt nicht, die Gemeinden gegen
Ausbeutung durch falſche Propheten zu ſchützen, ſondern ſie vor Verſündigung an
den echten Propheten zu bewahren und deren Autorität zu heben.   Da die Gemein=
den offenbar ſehr kritiſch gegen die wandernden Propheten geſtimmt waren, ſo
brachte ſie das in ſchwere Gefahren nach des Verfaſſers Meinung.   Darum gibt er
auch hier einige beſtimmte Geſichtspunkte, um den falſchen Propheten vom echten
ſicher unterſcheiden zu können.   Zunächſt heißt es freilich ziemlich allgemein, daß er
die τρόπους κυρίου haben müßte.   Da im folgenden dies nicht näher ausgeführt
wird, muß man annehmen, daß der Verf. bei ſeinen Leſern eine deutliche Vorſtel=
lung von den τρόποι κυρίου vorausſetzen kann.   Bei Hermas mand. XI 7 ff. wird
näher ausgeführt, wie ὁ ἔχων τὸ πνεῦμα τὸ θεῖον ſich benimmt: er iſt demütig, ſtill
und beſcheiden, er enthält ſich alles Schlechten und aller eitlen, weltlichen Luſt, er
zeigt gegen alle ein ausgeſprochen demütiges Weſen, er redet nur, wenn Gott es
will.   Ganz anders der Pſeudoprophet (mand. XI, 11 ff.): er iſt aufgeblaſen und
vordrängeriſch, unverſchämt und wortreich, vergnügungsſüchtig und lohnſüchtig.
Das mögen auch die Eigenſchaften ſein, die nach dem Verf. von D den echten und
den falſchen Propheten unterſcheiden. — 9 Der Fall, der hier ins Auge gefaßt iſt,
paßt völlig zu dem, was Hermas (mand. XI 12) von den falſchen Propheten ſagt
(vgl. auch Euſeb. h. e. V 18, 2). — ὁρίζων (cod. lieſt: ὁ ῥίζων) τράπεζαν ἐν πνεύματι: der Prophet fordert in der ekſtatiſchen Rede, daß eine Mahlzeit gerichtet
werde.   Es iſt weder geſagt, wer die Mahlzeit richten ſoll, ob die wohlhabenderen
Gemeindeglieder oder ein einzelnes Gemeindeglied, noch, für wen die Mahlzeit be=
ſtimmt ſein ſoll.   Auf beides kam es nicht an.   Mit Recht denkt man meiſt an eine
für die Armen ansgerichtete Mahlzeit.   Wir hätten alſo hier neben den einfachen
Gemeindemahl, wie es c. 9 und 10 beſchrieben war und wobei es lediglich auf die
Pflege der Gemeinſchaft ankam, ein Zeugnis für das Mahl, das wohltätigen Zwecken
diente und wie wir es am beſten aus den Canones Hippolyti kennen lernen.   Hier
iſt von ſolchen Armen=Mahlzeiten wiederholt die Rede, nämlich in can. 32 und 35
(vgl. TU VI 4, S. 105 § 164 und S. 111 § 183; vgl. S. 199; R i e d e l , Kirchen=
rechtsquellen, S. 221 und 223; zu can. 32 vgl. The Journal of theol. Studies IV
(1903), p. 282; Teſtamentum domini noſtri Jeſu Chriſti ed. Rahmani, II 13 p. 134);
vgl. auch Tertullian apolog. c. 39).   Soweit dabei von anweſenden Klerikern die
Rede iſt, erſcheinen dieſe niemals als Tiſchgenoſſen, die vom Mahle miteſſen, ſon=

dern nur als diejenigen, die die Teilnehmer durch Gebet segnen und unter Um=
ständen gesegnetes Brot verteilen. In der vorliegenden Dstelle wird vom Propheten
ebenfalls erwartet, daß er nicht von der Mahlzeit ißt. — 10 Vgl. Mt. 23 ₈; 5 ₁₉;
Ignat. an d. Eph. 15, 1. 2. Der ist sicher ein falscher Prophet, der das, was er
lehrt, selbst nicht tut. Das Gleiche vom Lehrer, doctor, bei Ps.=Clemens de virg. I
11. Daraus folgt aber noch nicht, daß auch der ein falscher Prophet ist, der, was
er tut, doch nicht lehrt als verbindlich für alle. Im Gegenteil, gerade in dieser
Zurückhaltung kann zu Tage treten, daß er ein rechter Prophet ist. Diesen Fall
faßt der nächste Vers ins Auge. — 11 Die Schwierigkeit dieses Verses liegt in den
Worten: ποιῶν εἰς μυστήριον κοσμικὸν ἐκκλησίας. Der Text steht fest. Wenn Z a h n
das εἰς vor μυστ. tilgen und es vor ἐκκλησίας einschieben und H i l g e n f e l d für
ποιῶν μυῶν, für κοσμικόν κοσμικῶν Iesu will („initians in mysterium secularium ec-
clesias"), so sind das Vorschläge, die nichts zum besseren Verständnis helfen und
ins Ungewisse führen. Die betr. Worte sind sehr verschieden erklärt worden. Eine
relativ vollständige Aufzählung der vorgebrachten Ansichten gibt S c h a f f , The ol-
dest church manual etc. (1885) p. 202 f. Vgl. dazu noch R. Seeberg in Gött. gel.
Anzeigen 1898, S. 707 und dagegen Weinel, Wirkungen des Geistes und der Geister
1899, S. 132 Anm. 2. Im wesentlichen kommen zwei Erklärungsversuche in Be=
tracht. Den einen vertritt H a r n a c k (außer in der D=Ausgabe auch in der Ge=
schichte der altchristl. Literatur II 1, S. 433 Anm. 1). Er versteht den dunklen
Ausdruck von der Enthaltung der Ehe. Nach Eph. 5 ₃₂ ist die Ehe ein großes
μυστήριον, sofern sich darin das Verhältnis zwischen Christus und der Gemeinde ab=
bildet. Lebt jemand εἰς μυστήριον ἐκκλησίας, so lebt er so, wie es dem ehelichen
Verhältnis der Kirche zu Christus entspricht. Nach der vulgären Anschauung der
ersten christlichen Jahrhunderte (die Stellen bei Harnack) gilt die Kirche als die
Braut, als das Fleisch Christi, und dem entsprechend enthielten sich ernste Christen
der Ehe, da sie ja als Glieder der Kirche zum Fleische Christi gehören und daher
mit niemandem in Geschlechtsverkehr treten durften. Wer also εἰς μυστ. ἐκκ. lebt,
enthält sich der Ehe. Κοσμικόν aber ist, so fährt Harnack fort, das μυστ. genannt,
„weil es die noch auf Erden lebenden Glieder der Kirche sind, die an ihrem Fleische
(s. 2. Clem. 14) durch geschlechtliche Askese das Mysterium der Kirche als des
eigentlichen Fleisches Christi darstellen". . . . „Das 'irdische' Mysterium ist das in
den Asketen sich darstellende reine Verhältnis der ecclesia in terris peregrinans zu
ihm (Christus)." Auf Grund dieser Erklärung lehnt Harnack es ab, unter den
ἀρχαῖοι προφῆται die alttestamentlichen Propheten zu verstehen; vielmehr seien die
Propheten der ältesten Generation (Agabus, die Töchter des Philippus, Quadratus,
Judas, Silas, die Ammia) gemeint, und er bringt eine Reihe von Stellen bei, die
in der Tat beweisen, wie zeitig schon der Ausdruck ἀρχαῖος mit Rücksicht auf die
ersten christlichen Zeiten angewendet wurde. Für diese seine Deutung führt Har=
nack an, daß sie durchaus dem Zusammenhang entspreche. Es mußten hier Hand=
lungen gemeint sein, die „auf des Messers Schneide stehen", ja die, „müssen sie auch
bei den Propheten ertragen werden, ein schlechtes Vorbild liefern und in dem Mo=
mente der sittlichen Verurteilung verfallen, wo sie dem πλῆθος zur Nachahmung
vorgestellt werden." Das alles führe und führe auf geschlechtliche Dinge, auf die Sitte, mit
einem Weibe „als Schwester" zusammenzuleben, also auf die Askese, in der „der
Heroismus mit der Gefahr des Lasters sich so nahe berührt". Absichtlich sei der
Ausdruck deshalb vom Verf. euphemistisch gewählt, und doch deutlich genug, um
von jedem verstanden zu werden. — Auf Harnacks Auffassung kommt, allerdings
in selbständiger Beweisführung, auch W e i n e l , Die Wirkungen des Geistes und
der Geister (1899), S. 131 ff. hinaus. Die andre Erklärung vertrat zuerst, und
zwar ziemlich unsicher, B r y e n n i o s. Οἱ ἀρχαῖοι προφῆται von den alttestamentlichen
Propheten deutend, versteht er hier eigentümliche symbolische Handlungen (unter
Verweis auf Stellen wie Jes. 20 ₂ f.; Jer. 19; Hes. 4. 5. 12. 24. 37), die der Prophet
zwar vor der Gemeinde zu deren Trost und Vermehrung ausführe, die er aber der
Gemeinde nicht nachzuahmen gebiete. Diesen Gedanken greift Taylor (a. a. O.

p. 88) auf und verſucht ihn näher zu begründen. Iſt im vorliegenden Vers von D vom chriſtlichen Propheten die Rede, der das, was er tut, doch nicht lehrt, ſo ſei im Barnabasbrief c. 12, 6 ff. — eine Stelle, bei der Barnabas vielleicht unſere D-ſtelle im Auge habe — dasſelbe von Moſes geſagt: Moſes richtet als Typus auf Jeſus die eherne Schlange auf, obwohl er ſelbſt 5. Moſ. 27 15 das Bilderverbot ge= geben hat. Was er als Prophet tut, gilt nicht für alle, und was für alle gilt, gilt nicht für ihn, und deshalb kann er auch nicht gerichtet werden. So gilts nun auch vom chriſtlichen Propheten. Er bedient ſich, um ſeiner Lehre Nachdruck zu geben, der Symbole, was anderen nicht erlaubt iſt. Was nun den Ausdruck μυστήριον κοσμικὸν ἐκκλησίας betrifft, ſo verſteht T a y l o r unter einem μυστ. κοσμ. „an idea depicted in the world of sense by emblematic actions or material objects". Der Zuſatz ἐκκλ. ſei im Sinne von „Glaube" oder „Evangelium" zu nehmen. So über= ſetzt er unſre Stelle: And every approved true prophet doing, for an earthly sign of a mystery of the church, but not teaching etc. Faſt gleichzeitig mit Taylor hat H a r r i s (p. 71 ff.), freilich ohne ihn zu nennen, dieſelbe Anſicht ansgeführt. Er zieht Juſtin dial. 94 — eine Stelle, auf die ſchon Taylor kurz eingegangen war — und c. 134, ferner Irenäus adv. haeres. IV 20, 12 heran. An der erſteren Stelle iſt, wie im Barnabasbrief c. 12, von der ehernen Schlange des Moſes, in der zweiten von der Ehe des Jakob, bei Irenäus von der Ehe des Hoſea mit der Hure und der Ehe des Moſes mit der Aegypterin die Rede. Dieſe ungeſetzlichen und an= ſtößigen Taten altteſtamentlicher Propheten, bezw. Patriarchen deuten Juſtin und Irenäus als mysteria auf Chriſtus und die Kirche. Und zwar waren es „kos= miſche Myſterien", ſofern ſie ſich auf dem Boden dieſer Welt abſpielten, aber Ge= heimniſſe einer höheren Welt abbildeten. Die Gabe der Prophetie war aber von den Juden auf die Chriſten (nach Juſtin dial. c. 82) übergegangen und damit auch die Sitte, durch ſymboliſche Handlungen, die oft den Eindruck des Excentriſchen machten, zu wirken; darüber iſt freilich nur wenig auf uns gekommen; man kann nur auf die Bindung des Agabus (AG. 21 11) verweiſen. Ungefähr die gleiche Auf= faſſung vertreten Z a h n (Forſchungen III 301; Theol. Litteraturblatt 1884, Sp. 201 f.), F u n k u. a. — Welche Erklärung verdient den Vorzug? Zur Beantwortung dieſer Frage iſt vor allem nötig, feſt im Auge zu behalten, daß unter dem ποιεῖν εἰς μυστ. ἐκκλ. ein ganz beſtimmtes, den Leſern ſofort verſtändliches Tun gemeint ſein muß, ein Tun, das ſich vielleicht geradezu mit jenem Ausdruck als ein religiöſes Tun charakteriſiren und vor der Allgemeinheit legitimiren wollte. Damit iſt aber ſofort ausgeſchloſſen, daß überhaupt an ſymboliſche Handlungen irgendwelcher Art, etwa wie die Aufrichtung der Schlange durch Moſes (nach der Deutung des Barnabas= brieſes und des Juſtin) oder der Bindung des Agabus, zu denken ſei. Denn weder forderten ſolche Handlungen an ſich die Kritik der Gemeinde heraus, noch konnte jemals ein Prophet auf den Gedanken verfallen, die Wiederholung ſolcher ſymbo= liſcher, ſeine Rede nur verdeutlichender Handlungen allen zur Pflicht zu machen. Ferner geht aus der Stelle an ſich hervor, daß jenes Tun des Propheten es war, woran ſich die Kritik der Gemeinde ſo leicht entzündete. Denn das iſt offenbar nicht die Meinung des Verfaſſers, daß die Gemeinde daran Anſtoß nahm oder nehmen konnte, daß der betreffende Prophet ſein Verhalten nicht allgemein zur Pflicht machte. Vielmehr führt er gerade das zu Gunſten des Propheten an, wenn er „nicht lehrt zu tun alles, was er tut." Mag ſein Tun die Kritik herausfordern —, ſobald er nicht alle zu gleichem Tun verpflichten will, hat die Kritik zu ſchweigen. Alſo H a r n a c k hat ſicher Recht, wenn er ſagt, daß es ſich hier um Handlungen handeln müſſe, die „auf des Meſſers Schneide ſtehen", die ſich nicht für alle ſchicken. Wenn er beſtimmter an geſchlechtliche Dinge denkt, ſo wird das nicht nur durch die Epheſerſtelle (5 32) nahegelegt, es wird geradezu zur Gewißheit dadurch er= hoben, daß die geſchlechtlichen Beziehungen der altteſtamentlichen Propheten damals offenbar allgemein, um ſie ihrer Anſtößigkeit zu entkleiden, als Myſterien, als ge= heimnisvolle Bilder der Beziehung zwiſchen Chriſtus und ſeiner Kirche oder der Ge= ſtaltung der Kirche verſtanden wurden. Auf dieſem Punkt alſo treffen ſich mit

Harnack die Vertreter der zweiten Ansicht. Steht also fest, daß es sich irgendwie um geschlechtliche Dinge bei dem ποιεῖν εἰς μυστ. κοσμ. ἐκκλ. handelt, so fragt es sich weiter, ob sich etwas Genaueres in dieser Beziehung wird angeben lassen. Zunächst liegen zwei Möglichkeiten vor: Der Verfasser denkt entweder an Eheschluß oder an Eheenthaltung. Durch beides ließ sich „das Geheimnis der Kirche" zur Darstellung bringen. Geschah es durch Eheschluß, so folgten die neuen Propheten dem Vorbild der alttestamentlichen. Nun sagt Weinel, daß man sich nur schwer vorstellen könne, wie jemand den Gemeinden hätte vorschreiben wollen, zu handeln wie Moses oder Jakob oder Hosea (a. a. O. S. 136). Deshalb sei es auch unmöglich, an Eheschließungen der neuen Propheten zu denken, die denen der alttestamentlichen ganz analog waren. Das ist richtig. Damit ist aber die Frage, ob nicht doch an Eheschluß zu denken sei, nicht abgetan. Denn Weinel selbst macht auf Irenäus adv. haer. I 23, 1 aufmerksam, wo uns von den Marcianern berichtet wird, daß ein Teil von ihnen ein Brautgemach herrichte und eine Mystagogie mit Weihesprüchen für die vollziehe, welche eingeweiht werden, und daß sie dies eine geistliche Ehe nach dem Bilde der oberen Syzygien nennen. Ferner führt Weinel Irenäus adv. haer. I 6, 4 an, wo uns von den Valentinianern berichtet wird, „daß sie gelehrt hätten, ein jeder müsse durch Geschlechtsgemeinschaft mit einer Frau das Mysterium der Syzygie darstellen." Es wäre möglich, daß es auch in der Großkirche Propheten gegeben hat, die durch ihren Eheschluß und die Formen desselben hätten das Mysterium der Kirche zur Darstellung bringen wollen, und die, wie die Valentinianer, die Ehe, und ebenso die besondere Art der Eheschließung als für jeden Christen notwendig und verpflichtend hinstellten. Dann würden sich diese Propheten insofern dem Vorbild der alten Propheten angeschlossen haben, als sie wie diese durch Eheschluß das Verhältnis zwischen Christus und der Gemeinde abbildeten, von ihrem Vorbild wichen sie aber darin ab und erwiesen sich als falsche Propheten, daß sie ihr Verhalten zur allgemeinen Pflicht machten. — Die andere Möglichkeit, das ποιεῖν εἰς μυστ. κοσμ. ἐκκλ. vom Geschlechtlichen zu deuten, ist die, darunter Eheenthaltung zu verstehen und mit Weibern wie mit „Schwestern" zu leben (Hermas vis. II 2, 3; Ign. an Polyk. 5, 2; Iren. adv. haer. I, 6, 3; Tertullian de monog. 11), also Harnacks Auffassung. Dann soll nicht das Verhältnis zwischen Christus und der Gemeinde abgebildet werden, sondern es soll diesem Verhältnis gemäß gelebt werden, und das führte eben zur völligen Enthaltung des Geschlechtsverkehrs. Welche von beiden Auffassungen verdient den Vorzug? Für die erste spricht, daß sie den Satz: ὡσαύτως γὰρ ἐποίησαν καὶ οἱ ἀρχαῖοι προφῆται mehr zu seinem Rechte kommen läßt. Für die zweite aber fällt ins Gewicht, daß nicht ein Eheschluß und seine Formen, sondern nur die Enthaltsamkeit und ihre Formen auffallend, anstoßerregend und die Kritik herausfordernd sein könnten. Dabei bleibt der Hinweis auf die alttestamentlichen Propheten durchaus in Kraft. Einmal war ihr Tun ebenfalls ein Tun εἰς μυστ. κοσμ. ἐκκλ., wenn es auch in anderer Form in die Erscheinung trat, sodann aber, und das ist die Hauptsache, machten sie ihr Tun niemandem sonst zur Pflicht. Wir folgen also Harnacks Auffassung, nur daß wir seine Erklärung der ἀρχαῖοι προφῆται von den christlichen Propheten der ersten Generation ablehnen und mit der zweiten Gruppe jenen Ausdruck von den alttestamentlichen Propheten verstehen, eine Auffassung, die mit Harnacks Deutung des μυστήριον κοσμικὸν ἐκκλησίας sich völlig verträgt, ja sie nur noch fester begründet und stützt. Zu dem gleichen Ergebnis kommt auch Weinel. Ueber die altchristliche Vorstellung von dem Verhältnis zwischen Christus und der Kirche vgl. seine guten Ausführungen a. a. O. S. 136 f. — 12 Auch der echte Prophet fordert ebenso wie der echte Apostel (6), kein Geld oder Sonstiges. Denn er ist ebenso zur Armut verpflichtet wie dieser nach Mt. 10 8 ff.; Hermas mand. XI, 8; Euseb. hist. eccl. V, 18, 2. 4. 7. 11; vgl. Mich. 3 11; Iren. II 32, 4. — Zu οὐκ ἀκούσεσθε αὐτοῦ vgl. 2. — ἐὰν δὲ κτλ. Aus diesen Worten und aus 9, 10 und 11 kann man schließen, daß die Lehre der Propheten z. T. aus ganz bestimmten Anweisungen zu bestehen pflegte; sie ermahnten z. B. zu ganz bestimmten, ihrem Worte gemäß auszuführenden Barmherzigkeitsübungen. Der Satz: μηδεὶς αὐτὸν κρινέτω zeigt, daß sie damit freilich den Gemeinden oft lästig wurden, und diese suchten sich dem Gehorsam gegen das Prophetenwort dadurch zu entziehen, daß sie den Propheten für einen Pseudopropheten erklärten. Dem will der Verf. mit seiner Mahnung vorbeugen: eine Mahnung zur Barmherzigkeit aus Prophetenmund muß kritiklos erfüllt werden.

c. 12: Die wandernden Brüder.

Bei dem lebhaften Handelsverkehr damaliger Zeit kamen nicht wenige fremde Christen zu den Gemeinden. Daher die Pflicht der Gastfreundschaft (Röm. 12 13; Hebr. 13 2; 1. Petr. 4 9; 1. Tim. 3 2; 5 10; Tit. 1 8: vgl. 1. Clem. 1 2; 10 7; Mt. 10 40—42), die schon die Juden untereinander treulich übten. Die Mahnung des Verf. über das Verhalten gegen die zureisenden Brüder ist zunächst (1) ganz allgemein gehalten, faßt sodann (2) die nur durchreisenden und endlich (3—5) die sich niederlassenden Brüder ins Auge. Auch hier handelt es sich darum, die rechte Mitte zwischen Mißtrauen, zu dem sicher viel Grund war, und falscher Vertrauensseligkeit zu finden.

1 Jedem Zuwandernden, der sich als Christ ausgibt (πᾶς ὁ ἐρχόμενος ἐν ὀνόματι κυρίου), soll zunächst auf sein Wort hin Aufnahme, d. h. die nötigste Verpflegung gewährt werden. Erst dann soll die Prüfung Raum haben, nicht eher. Offenbar ist diese Vorschrift von der Scheu eingegeben, sich an dem, der den Herrnnamen trägt, zu versündigen. Lieber einen Unwürdigen unterstützen, als einen Würdigen abweisen! Worauf bei dieser Prüfung selbst zu achten sei, ist nicht gesagt. Der Satz ἔπειτα δὲ κτλ. kann verschieden konstruirt werden. Entweder man zieht die Worte δεξιὰν καὶ ἀριστερὰν oder zu σύνεσιν. Im ersteren Fall sind die Worte σύνεσιν γὰρ ἕξετε als Zwischensatz zu nehmen (so Harnack). Für die erste Konstruktion kann man anführen, daß sich die Wendung γιγνώσκειν δεξιὰν καὶ ἀριστεράν in Jon. 4 11 LXX findet in dem Sinne: „rechts und links zu unterscheiden wissen" (vgl. auch Const. apol. VII, 28), und daß dadurch die unverkennbare Härte der zweiten Konstruktion vermieden wird. Für diese aber spricht, daß der Einschub „denn ihr sollt Einsicht haben" höchst farblos ist neben der Mahnung: ihr sollt rechts und links von einander zu unterscheiden wissen, während der Zusatz: „denn ihr sollt Einsicht nach rechts und links haben", d. h. ihr sollt ernstlich das Für und Wider erwägen, die vorhergehende Mahnung, den Ankömmling zu prüfen und sich über ihn ein Urteil zu bilden, vortrefflich begründet. — 2 Zu πάροδιος vgl. die ähnlichen Ausdrücke 2. Kön. 12 4 LXX; 1. Kor. 16 7; Ignatius an d. Eph. 9, 1; an d. Röm. 9, 3; 1. Clem. 1, 2; Justin apol. I 67. — Die Mahnung βοηθεῖτε κτλ. setzt voraus, daß die Prüfung günstig ausgefallen ist. — Zu οὐ μενεῖ κτλ. vgl. c. 11, 5. — 3 Das εἰ δὲ entspricht dem εἰ μέν in 2. — καθῆσθαι (so cod.; Bryennios und Harnack lesen καθίσαι) ist das sich dauernd Niederlassen (c. 13, 1). — Es wird als das Normale angenommen, daß der sich Niederlassende ein τεχνίτης, ein Handwerker ist; jeder gelehrte Jude verstand in der Regel ein Handwerk (vgl. Sabatier zur Stelle; Midrasch eccl. 9, 9). — ἐργαζέσθω καὶ φαγέτω 2. Thess. 3 10. In der Regel wird der Betreffende einen Handwerksgenossen aufgesucht, bei und mit ihm gearbeitet und sich so sein Brot verdient haben; so Paulus AG. 18 3. In dem Satze liegt nicht nur eine Mahnung für den wandernden Bruder, sondern zugleich eine solche für die Gemeindeglieder: sie sollen ihm zu seinem Broterwerb behülflich sein und ihm Arbeit gewähren. — 4 Tritt aber der Fall ein, daß der betr. Bruder kein gelernter Handwerker ist, so soll ihn die Gemeinde nicht einfach abweisen, sondern ernstlich sich bemühen, ihm zu Arbeit zu verhelfen, denn Müssiggang verträgt sich nicht mit dem Christenstande. — Zu προνοήσατε vgl. Röm. 12 17; 2. Kor. 8 21; 1. Tim. 5 8. — Zu 3 und 4: τεχνίτης ὢν κτλ. vgl. Pf.-Phokyl. 154 ff. — 5 Wenn der Betreffende nicht arbeiten, sondern sich von der Gemeinde erhalten lassen will, so ist er χριστέμπορος d. i. einer, der aus seinem Christennamen ein Geschäft macht, eigentlich mit Christus Handel treibt; ἔμπορος ist der Großkaufmann (Mt. 13 45; Offb.

18 ₃. ₁₁. ₁₅. ₂₃). Der Ausdruck χριστέμπορος, im bewußten Gegensatz zu χριστιανός ₄ ge=
wählt, ist schwerlich von unserem Verf. gebildet, sondern stammt wohl aus dem Volks=
mund, ein Beweis, wie viele unlautere Elemente sich an die Gemeinden heran=
drängten. Der Ausdruck auch bei Hippolyt in Ruth (opp. edd. Bonwetsch und Achelis
I, 2, S. 120); Pf.-Ignatius ad Trall. 6 (offenbar mit Rücksicht auf unsere Stelle); ad
Magn. 9; Athanasius ad Mt. 7 ₁₅ (MPG XXVII, 1381; Gregor v. Naz. (MPG XXXVI,
372; XXXVII, 1152); χριστεμπορεία bei Alexander v. Alex. ep. I, 1. (MPG XVIII, 549);
Theodoret (MPG LXXXII, 889) u. ö. — προσεχ. ἀπό: sich hüten vor wie c. 6, 3;
Mt. 7 ₁₅; 10 ₁₇; 16 ₆. ₁₁. Der Verf. fürchtet, daß schlechte Einflüsse die Gemeinde
verderben; seine Sorge ist auch hier nicht, daß sie ausgenutzt werde.

c. 13: Die ansässigen Propheten und Lehrer.

Nicht nur wandernde Brüder lassen sich dauernd in der Gemeinde nieder,
auch Propheten. Wie sich die Gemeinde gegen diese und gegen die Lehrer, die in
dieser Beziehung den Propheten gleich sind, zu verhalten hat, davon handelt c. 13,
und zwar geben die ersten zwei Verse den allgemeinen Gesichtspunkt, daß die Ge=
meinde verpflichtet ist, Propheten wie Lehrer zu unterhalten; die Verse ₃—₇ geben
die Einzelanordnungen, wie das zu geschehen hat.

1 und 2 διδάσκαλος (nur noch in D c. 13, 2 und c. 15, 1. 2), der „Lehrer"
(vgl. Harnack zur Stelle u. S. 131 ff.), dient wie der Prophet der Gemeinde
durch die Wortverkündigung und ist deshalb in hohem Ansehen — er gehört zu
den Geehrten in der Gemeinde c. 15, 2 —, doch steht er dem Propheten nach. Auch
er gehört zu den charismatisch Begabten, nur daß er nicht, wie der Prophet, in
Ekstase spricht. Beide, Propheten wie Lehrer, die in einer Gemeinde ansässig sind,
sind nach Mt. 10 ₁₀; Lk. 10 ₇ vgl. 1. Kor. 9 ₁₃ f.; 1. Tim. 5 ₁₈ von der Gemeinde zu
unterhalten, und zwar vor allem durch Naturalleistungen (τροφή), aber auch durch
Geld (₇). Das Gebot der Armut c. 11, 12 galt also nur dem wandernden Pro=
pheten. — 3 Es war alttestamentliches Gebot, die Erstlinge Gott, d. h. den Priestern
zu geben (4. Mof. 18 ₁₂ ff.; 5. Mof. 18 ₃ f.; 2. Mof. 22 ₂₉; 23 ₁₉; 5. Mof. 26 ₁ ff;
Hef. 44 ₃₀; Neh. 10 ₃₅—₃₇; vgl. 2. Chron. 31 ₅). Ebenso war es dort geboten, den
Zehnten den Priestern abzuliefern. Es muß auffallen, daß von keiterem hier nicht
die Rede ist. Daraus muß man schließen, daß es sich nicht um eine einfache Herüber=
nahme eines alttest. Gebotes handelt. Vielmehr hat man sich daran zu erinnern, daß
die Opferung der Erstlinge (nicht aber die Darbringung der Zehnten) auch fester
vulgär-heidnischer Brauch war (für die römische Staatsreligion vgl. Wissowa,
Religion und Kultus der Römer, 1902, S. 345). Vom Heidentum her behielt die
christliche Gemeinde den Brauch der Erstlingsdarbringung bei, weil er sich alttesta=
mentlich delegen ließ (die Worte: αὐτοὶ γάρ εἰσιν οἱ ἀρχιερεῖς ὑμῖν). Denn alles, was
im heidnischen Kultus an alttestamentliche Ordnungen oder auch nur Worte erinnerte,
wurde mittels einer oft sehr kühnen Exegese als gültig für die Christen angesehen. Daß
nicht eine Herübernahme aus dem Judentum, sondern aus dem Heidentum vorliegt, ist
um so eher anzunehmen, als die Diasporajuden die Darbringung der Erstlinge jeden=
falls nur in ganz beschränkten Grenzen zu leisten pflegten und leisten konnten (vgl.
Bousset, Die Religion des Judentums, 1903, S. 93 f.). — Zu den von Harnack
(f. zur Stelle) aus der altkirchlichen Literatur beigebrachten Stellen über die Erst=
lingsdarbringung füge hinzu: Aegypt. KO c. 53; Origenes in Num. hom. XI, 1. —
Zu αὐτοὶ γάρ κτλ. vgl. A II 25, 12. Man sieht, wie hoch die Propheten geschätzt
waren. — 4 Die Erstlinge an Arme zu geben, war weder jüdische noch heidnische
Sitte. Voraussichtlich gab der Prophet, was er nicht selbst zu seinem Unterhalt
brauchte, den Armen. Denn daß man die Armen um der Propheten willen hätte
darben lassen, ist nicht anzunehmen. — 5 Der Teig mußte natürlich gebacken wer=
den (4. Mof. 15 ₂₀—₂₂). — Bei den Worten κατὰ τὴν ἐντολήν (vgl. auch 7) ist we=
der an die alttest. Vorschriften noch an das Gebot Jesu Mt. 10 ₁₀ zu denken, son=
dern an eine unbekannte evangelische Quelle; vgl. meine ‚Untersuchungen', S. 63 ff.
— 6 Vgl. Neh. 10 ₃₇.

c. 14: Die Feier am Herrntag.

Der Zusammenhang dieses Kapitels mit dem Vorhergehenden ist unklar. Vielleicht ist die Verbindung so zu denken, daß die Erwähnung der Erstlingsdarbringung, die im Gottesdienst geschah, auf diesen die Gedanken richtete. Denn vom Gottesdienst am Herrntag ist in c. 14 die Rede. Es kommt dem Verfasser auch hier wieder nur darauf an, den Punkt herauszuheben, in dem eine Versündigung der Gemeindeglieder nahe lag. Weit entfernt also, uns den Sonntagsgottesdienst zu beschreiben oder sagen zu wollen, wie er gehalten werden soll, betont er nur, daß die Gemeindeglieder nur nach einem Sündenbekenntnis und daß nur Versöhnte an dem Abendmahl teilnehmen sollen. Daß von diesem, und nicht von der Agape die Rede ist, steht hier (im Gegensatz zu c. 9 und 10) außer allem Zweifel. — Ueber das Verhältnis der hier beschriebenen Eucharistie zu der in c. 9 und 10 behandelten vgl. meine ‚Untersuchungen‘ S. 74 ff.

1 Ueber κυριακή κυρίου und κλάσατε ἄρτον vgl. Harnack zur Stelle. — Statt προσεξομολ. schlägt Harnack vor zu lesen προεξομολ. (ihm folgend Funk), weil doch wohl das Sündenbekenntnis dem Dankgebet vorausgegangen sei. Allein das Interesse des Verfassers war schwerlich, zu betonen, daß vor dem Danken das Sündenbekenntnis erfolgt sein müsse, als vielmehr, daß es überhaupt bei dieser Feier nicht vergessen werde. Was aber ist unter dieser Exhomologese gemeint? Wir sahen, daß c. 4, 14 ein öffentliches Sündenbekenntnis des einzelnen Gemeindegliedes im Gottesdienst gemeint war (s. z. Stelle). Ist hier an dasselbe zu denken? Das wird sich kaum mit Bestimmtheit entscheiden lassen. Hier kann ebensogut an ein allgemeines Sündenbekenntnis gedacht sein. Reste desselben finden sich freilich in den Liturgien nicht mehr. Daß in dem Händewaschen des Priesters vor der Präfation, das durch Kyrill cat. myst. V, 2 und Const. ap. VIII 11 als „Symbol der Reinheit von Sünden" bezeugt ist, diese Exhomologese fortlebe, ist höchst unwahrscheinlich. So läßt sich Bestimmtes über diese Exhomologese nicht aussagen. Wohl aber setzt dieser Akt eine entwickeltere Abendmahlsliturgie voraus, was gegen die Feier in der ursprünglichen Form einer Mahlzeit (s. zu c. 9 und 10) spricht. Daß die ursprüngliche Form verlassen ist und bereits ein starker kultischer Charakter dem Herrnmahl eignet, liegt auch darin, daß es am bestimmten Tage, am Herrntag gefeiert wird. — Zu ὅπως καθαρά ἡ θυσία ὑμῶν ᾖ vgl. Mal. 1 11. Unter der θυσία ist nicht das Dankgebet beim Abendmahl zu verstehen, sondern, wie die Anspielung auf Mal. 1 11 und die Citation dieses alttest. Wortes in 3 zeigt, die ganze Handlung (vgl. Loofs, Art. Abendmahl, RE I, 45; Kattenbusch, Art. Messe, RE XII, 671). (Uebrigens wird bei Ps.-Cyprian de aleatoribus 4 — vgl. unten zu 3 — das θυσία mit oratio wiedergegeben). Wie sich diese Vorstellung an das Abendmahl anschließen konnte, ist hier nicht zu untersuchen. Aber die Maleachistelle ist der sichere Beweis dafür, daß die urchristliche Vorstellung vom Gebet als dem echten Opfer bereits verlassen ist, denn wo diese solenn gewordene Stelle erscheint, ist eben bereits das Abendmahl als das christliche Opfer gemeint (Justin dial. 28; 116. 117; Iren. IV, 17, 5; 18, 1; Tertullian adv. Jud. 5; adv. Marc. III 22; Clem. strom. V, 14, 136). — Der Ausdruck hostia pura, der sich im Kanon der römischen Messe findet, ist nicht auf diese Maleachistelle zurückzuführen, sondern muß als eine Fortsetzung heidnischen Sprachgebrauches gelten. — 2 Der Gedanke, daß Unversöhnte nicht am Abendmahl teilnehmen dürfen, ruht auf Mt. 5 23 f. Diese Stelle schwebt auch unserm Verf. vor; vgl. hier wie dort den Ausdruck διαλλάσσειν. War das Herrnmahl erst als Opfer aufgefaßt, so war die Anwendung des Wortes des Herrn Mt. 5 23 f., das sich auf das jüdische Opfer bezog, auf das Herrnmahl sehr naheliegend. Also auch hier steht deutlich der Opfergedanke hinter den Worten unseres Verfassers. Im Friedenskuß fand der Gedanke seinen Ausdruck, daß die Gemeinde nur in vollster Eintracht das heilige Mahl genießen dürfe. Ob unser Verf. diesen Brauch kennt, ist nicht zu sagen. — Zu κοινωθῇ vgl. Mt. 15 11—20; Mc. 7 15—23; Hebr. 9 13. — Nimmt ein Unversöhnter am Opfer der Gemeinde teil, so wird damit

das Opfer profanirt, es verliert für die ganze Gemeinde den Wert vor Gott. Alſo
die Gemeinde hat ein lebendiges Intereſſe daran, daß kein Unverſöhnter an ihrem
Opfer teilnehme. — Dieſer Vers und c. 15, 3 finden ſich in einer wunderlichen Ver=
quickung wieder in einem Satz der pſeudocyprianiſchen Schrift de aleatoribus c. 4:
„in doctrinis apostolorum (est): si qui frater delinquit in ecclesia[m?] et non
paret legi, hic non colligatur, donec poenitentiam agat et non recipiatur, ne in-
quinetur et inpediatur oratio vestra". Harnack wirft angeſichts dieſer Stelle
die Fragen auf (Prolegomena zur Didache S. 21): „Hat Pſeudocyprian aus dem
Gedächtnis citirt? gab es eine lateiniſche Bearbeitung der Διδαχή? iſt die Schrift
‚de aleatoribus‘ eine Ueberſetzung aus dem Griechiſchen? ſind die beiden Stellen
vielleicht doch als von einander abhängig anzuſehen — welche Schrift iſt dann aber
unter dem Titel ‚doctrinae apostolorum‘ gemeint?" Antwort auf dieſe Fragen iſt
nicht zu geben. Am wahrſcheinlichſten will es mir erſcheinen, daß der Verfaſſer
aus dem Gedächtnis citirt. Vgl. auch Harnack, Der pſeudocyprian. Traktat de
aleatoribus in TU V 1 (1889), S. 63 f. — 3 Das Citat aus Mal. 1 11 und 14 (ſ. zu 1)
lautet in LXX: (11) ἐν παντὶ τόπῳ θυμίαμα προσάγεται τῷ ὀνόματί μου καὶ θυσία
καθαρά. (14) διότι βασιλεὺς μέγας ἐγώ εἰμι, λέγει κύριος παντοκράτωρ, καὶ τὸ ὄνομά μου
ἐπιφανὲς ἐν τοῖς ἔθνεσιν. Beachtenswert iſt, daß der Verf. das παντοκράτωρ nach
κύριος weggelaſſen hat. Hat er unter dem κύριος und unter dem βασιλεὺς μέγας
(vgl. Hippolyt philos. IX 15) Chriſtus verſtanden? Das iſt kaum denkbar. Sonſt
müßte ja auch das altteſt. Wort als von Chriſtus geſprochen gelten. Er hätte auch
die ganz außergewöhnliche Vorſtellung gehabt, daß die Chriſten ihre θυσία dem
Chriſtus darbringen. Allein κύριος iſt hier, wie in dem Gebet c. 10, 5 Gott. Be=
achtenswert iſt es auch, daß er zu dem τόπος im Texte auch noch das Wort χρόνος
hinzufügt. Hier ſchlägt gewiſſermaßen das semper et ubique des Präfationsgebetes
der römiſchen Meſſe vor. In Const. ap. VII 30 iſt das κύριος in 8 durch θεός er=
ſetzt und im Citat das παντακράτωρ wieder aufgenommen, dagegen das καὶ χρόνῳ
getilgt.

c. 15: Die Biſchöfe und Diakonen. Gemeindedisziplin.

Der Zuſammenhang dieſes Kapitels mit dem Vorhergehenden liegt nicht ohne
weiteres klar auf der Hand. Aber jedenfalls geht man nicht fehl, wenn man an=
nimmt, daß die Erwähnung des Abendmahls als kultiſchen Aktes dem Verf. den
Gedanken an die Kultbeamten, an Biſchöfe und Diakonen nahegelegt hat. Darauf
weiſt die Partikel οὖν (1) hin. Damit ein wirklich reines Opfer dargebracht, ein
würdiger Gottesdienſt gehalten werde, bedarf es auch der rechten Kultbeamten.
Daß dieſes Kapitel tatſächlich noch vom 14. Kapitel abhängig und beſtimmt iſt, er=
gibt ſich auch aus dem Verſe 3 und 4. Denn der dritte Vers faßt augenſcheinlich
noch einmal den in c. 14, 2 erwähnten Fall ins Auge. Soll es zwiſchen verfein=
deten Brüdern zu einer Ausſöhnung kommen, ſo ſoll man nicht im Zorn, ſondern
im Frieden miteinander reden. Läßt ſich einer von ſeinem offenbaren Unrecht, das
er ſeinem Bruder getan hat, nicht überzeugen, ſo nimmt ihn die Gemeinde in eine
gewiſſe Zucht, bis er Buße getan, d. h. aber, bis er öffentlich ſein Unrecht bekannt
hat. Dann hat er wieder vollen Anteil an dem Gemeindeleben, auch am Abend=
mahl. Nur unter Annahme dieſes Zuſammenhanges wird es verſtändlich, warum
hier von dem „Ueberführen" des Nächſten nochmals die Rede iſt, obwohl darüber
ſchon zweimal, c. 2, 7 und 4, 3 geſprochen war. Daß dieſe Auffaſſung des Zu=
ſammenhanges wirklich keine willkürliche Konſtruktion iſt, beweiſt auch die oben
mitgeteilte Wiedergabe von c. 14, 2 und 15, 3 in der Schrift de aleatoribus
c. 4. Auch der Verfaſſer dieſer Schrift verknüpft dieſe beiden Stellen miteinander.
Ferner paßt auch c. 15, 2 völlig in dieſen Zuſammenhang; auch hier iſt von den
kultiſchen Handlungen — ſo iſt πράξεις zu verſtehen — die Rede, die abſchließend
in ihrer Allgemeinheit noch ins Auge gefaßt werden. Wenn man nicht darauf ver=
zichten will, überhaupt einen Zuſammenhang zwiſchen c. 15 mit dem Vorhergehenden
anzunehmen, ſo iſt der dargelegte wohl der einzig mögliche. Aber die Schrift zeigt

im ganzen einen guten Gedankenfortſchritt und hat nicht die Art einer Sammlung willkürlich zuſammengewürfelter Dikta.

Auffallenderweiſe erwähnt D niemals Presbyter. Daraus hat H a u ſ ch i l d t (ZnW 1903, S. 235 ff.) den Schluß gezogen, daß D n i ch t in Aegypten verfaßt ſein könne. Er wird damit Recht haben.

1 Χειροτον. 2. Kor. 8 19; AG. 14 23; Jgn. an d. Philad. 10, 1; an d. Smyrn. 11, 2; an Polyk. 7, 2 vollzieht ebenfalls die ganze Gemeinde die Wahl. Der Ausdruck wird ſpäter auch für die Ordination gebraucht (A VI 17; VIII 27. 28. 46). Von Handauflegung iſt hier nicht die Rede. — ἑαυτοῖς, weil die Biſchöfe und Diakonen nur Beamte der Einzelgemeinde, nicht Diener der Geſamtkirche waren. — ἐπίσκοποι καὶ διάκονοι (ohne πρεσβύτεροι!) auch Phil. 1, 1; 1. Tim. 3 2—13; 1. Clem. 42, 4 und 5; Hermas vis. III 5, 1: ἀπόστολοι καὶ ἐπίσκοποι καὶ διδάσκαλοι καὶ διάκονοι; Juſtin apol. I 65. — ἀξίους τοῦ κυρίου κτλ. Längere Verzeichniſſe der Eigenſchaften eines rechten Biſchofs bezw. deſſen, der zu dieſem Amt fähig iſt: 1. Tim. 3 2—7; Tit. 1 7—9; A II 1—6; Testam. Jesu Christi (ed. Rahmani 1899) I c. 20, p. 26 (vgl. auch Renaudat, Liturg. collectio I 441 = Denzinger, Ritus orient. II, p. 18 f.). Verzeichniſſe der Eigenſchaften des Diakonen, bezw. deſſen, der zu dieſem Amte tauglich iſt: 1. Tim. 3 8—13; Polyk. 5, 2; Testam. Jesu Christi I, c. 33, p. 78. — ἀξίους τοῦ κυρίου ähnlich Jgn. an d. Eph. 2, 1; 4, 1; an d. Röm. 10, 2: ἄξιος τοῦ θεοῦ. — πραεῖς; dies auch Const. ap. II 1, 2 vom Biſchofskandidaten gefordert (vgl. auch Testam. Jesu Christi c. 20). — ἀφιλαργύρους: 2. Tim. 3 3 und daher auch A II 2, 1 und Polyk. an d. Phil. 5, 2; Test. Jesu Christi I c. 20. — ἀληθεῖς καὶ δεδοκ. von den Propheten, bezw. Lehrern gefordert c. 11, 11; 13, 1. 2. Aus dieſen vom Biſchof und von Diakonen geforderten Eigenſchaften läßt ſich nicht auf ihre amtliche Tätigkeit ſchließen, denn geldliebend kann auch ein Prophet ſein (vgl. c. 11, 12) und die vier anderen angeführten Eigenſchaften ſind auch gänzlich farblos. Dagegen iſt ſehr wichtig, was das folgende Sätzchen bringt: ὑμῖν γὰρ λειτουργ. κτλ. Der Dienſt der Propheten und Lehrer beſtand vorwiegend in der Lehre; wir dürfen alſo annehmen, daß im Wortgottesdienſt, wie bei Juſtin apol. I 65 und 67, der ἐπίσκοπος das Wort geführt hat. Wenn aber der Prophet nach c. 9, 7 auch das Recht des liturgiſchen Gebetes hatte, ſo muß man auch für den Biſchof dieſe Tätigkeit annehmen. Ja, ohne eine ſchon ziemlich ſtark entwickelte Liturgie iſt dieſer Satz nicht zu verſtehen. Denn bei dem λειτουργεῖν τὴν λειτουργίαν τ. πρ. κ. διδ. iſt jedenfalls an kultiſchen Dienſt gedacht. Schon in 4. Moſ. 8 22; 16 9; 18 6 f. LXX findet ſich dieſe Formel (bezw. λειτουργεῖν τὰς λειτουργίας) vom Kultus. Λειτουργία im Sinne von kultiſchem Gottesdienſt ſteht Lk. 1 23; Hebr. 8 6; 9 21; 1. Clem. 40, 2; vgl. Hebr. 10 11; AG. 13 2. Es wäre alſo zu überſetzen: denn auch ſie leiſten euch denſelben kultiſchen Dienſt, halten auch denſelben Gottesdienſt wie die Propheten und die Lehrer. Die Apoſtel ſind nicht erwähnt, weil dieſe eben keinen Kultus abhielten. Fehlt es an Propheten und Lehrern in der Gemeinde, ſo treten die Biſchöfe und die Diakonen an ihre Stelle. Wir ſehen alſo deutlich, wie das Amt anfängt ſich zu befeſtigen gegenüber den Charismatikern und auch der Gemeinde. Daß aber die Stimmung in den Gemeinden ihm nicht günſtig war, geht aus 2 hervor. — 2 οἱ τετιμημένοι ὑμῶν: Unmöglich kann ergänzt werden: von euch, denn dann wäre die Mahnung, ſie nicht zu verachten, völlig gegenſtandslos; vielmehr iſt zu ergänzen: von Gott, bezw. von dem κύριος. Gemeint iſt alſo: denn ſie, die Biſchöfe und Diakonen, ſind die von Gott (oder von Chriſtus) unter euch (ὑμῶν) Geehrten, Ausgezeichneten. Die Gemeinde hat das Pneuma; die durch die Gemeinde Gewählten ſind alſo von Gott (oder dem Herrn) eingeſetzt, und dadurch ausgezeichnet. Derſelbe Ausdruck (τετιμ.) von den Amtsträgern gebraucht Clem. Alex. strom. VI 14, 107; von den Apoſteln Petrus, Jakobus, Johannes Euſeb. hist. eccl. II, 1; von den Propheten Hippol. de Christo et Antichr. 2.

3 Hier wird der c. 14, 2 angeführte Fall wieder aufgenommen und fortgeführt. Gibt es eine ſolche Zwiſtigkeit und gilt es, ſie auszugleichen durch gegenſeitige Ausſprache und den Bruder von ſeinem Unrecht zu überführen (zu ἐλέγχειν vgl.

c. 2, 7; c. 4, 3), so soll das nicht im Zorn, sondern in Frieden geschehen. Aehn= lich Sir. 10 6; 2. Tim. 4 2; Polyk. 6, 1. — ὡς ἔχετε ἐν τῷ εὐαγγελίῳ; gedacht ist dabei wohl an Mt. 18 15 ff. — Zu ἀστοχοῦντι vgl. 1. Tim. 1 6, 6 21; 2. Tim. 2 18; 2. Clem. 17, 7. — μηδεὶς λαλείτω κτλ. Das Zuchtverfahren soll natürlich erst dann eintreten, wenn der Versuch, den Betreffenden von seiner Schuld zu überzeugen und Frieden zu schließen, gescheitert ist. Der Schuldige, der den Gemeingeist verletzt hat, soll auch als nicht zur Gemeinschaft gehörig betrachtet werden, d. h. er ist sowohl vom Abendmahl wie vom Gemeindeverkehr auszuschließen, und zwar solange, ἕως οὗ μετανοήσῃ, bis er sein Unrecht reuig eingesteht (μετ. in anderem Sinne c. 10, 6). — 4 Bei den πράξεις ist nicht an das sittliche Verhalten in der gesamten Lebensführung (nach Kol. 3 17) oder an „den Wandel unter den Menschen" (Harnack) zu denken, son= dern, da εὐχαί und ἐλεημοσύναι vorangehen, an die sonstigen kultischen Handlungen gedacht; vgl. c. 8. Gebet und Almosen sind auch zusammengestellt als die wich= tigsten kultischen Bräuche AG. 10 4; 2. Clem. 16, 4; vgl. Tob. 12 8. Daß sich der Verf. hier kurz faßt und nur auf das Evangelium verweist, erklärt sich daraus, daß er das Wichtigste über diese kultischen Handlungen bereits früher (vgl. c. 8) gesagt hat.

(IV.) c. 16: Schlußmahnungen unter Hinweis auf die Parusie.

Das Schlußkapitel gliedert sich so, daß zunächst zur Wachsamkeit ermahnt wird (1 und 2); darauf folgt die Schilderung der Endkatastrophe (3—8). Diese ver= läuft in zwei Stadien: die Erscheinung des „Weltverführers", des Antichrists, vor= bereitet durch das Auftreten falscher Propheten und begleitet von schweren Ver= suchungen und Greueln (3—5) und sodann die Erscheinung des „Herrn", vorbereitet durch besondere Zeichen (6—8). (Ueber die wahrscheinliche Zugehörigkeit dieses Ka= pitels zu Δ und über seine Verwandtschaft mit Mt. u. Mc. vgl. meine ‚Untersuch= ungen' S. 68 ff.).

1 Der Zusatz: ὑπὲρ τῆς ζωῆς zu γρηγορεῖτε ist am besten zu deuten als eine deutliche Rückbeziehung auf den ganzen Grundgedanken der Schrift von den beiden Wegen. Auf Hebr. 13 17 ist also, wie Harnack tut, nicht zu verweisen. — Zu οἱ λύχνοι κτλ. vgl. Lk. 12 35; zu ὀσφύες vgl. Eph. 6 14; 1. Petr. 1 13; zu ἐκλυέσθωσαν vgl. Mt. 15 32; Mc. 8 3; Gal. 6 9; Hebr. 12 3. 5; Spr. 3 11 LXX. — 2 Πυκνῶς kann sowohl „häufig", als auch „zahlreich" bedeuten. Dem Zusammenhang entspricht es am besten, es hier im Sinne von „häufig" zu nehmen. Denn alles kommt darauf an, daß der einzelne bis zum Ende treu bleibe; das kann er nur erreichen durch festen Anschluß an die Gemeinde und diese kann nur wachend bleiben, wenn sie häufig zusammenkommt, auch außer den regelmäßigen Gottesdiensten am Herrntag. Πυκνῶς im Sinne von „zahlreich" hier zu nehmen, wäre eine Abschwächung. Hätte der Verf. an die Zahl der Teilnehmer gedacht, so hätte er nicht πυκνῶς, sondern πάντες geschrieben. Vgl. zur Sache c. 4, 2 und c. 9 und 10 und das oben da= zu Bemerkte. Mahnungen zu häufiger Versammlung auch bei Ignatius, a. d. Eph. 13, 1; Polyk. 4, 2; vgl. auch Justin apol. I 67. Mahnungen zu fleißigem und zahlreichem Besuch der Versammlungen: Hebr. 10 25; Ignatius a. d. Eph. 20, 2; 2. Clem. 17, 3. — Zu ζητοῦντες κτλ. vgl. Barn. 4, 10: ἐπὶ τὸ αὐτὸ συνερχόμενοι συνζητεῖτε περὶ τὸ κοινῇ συμ= φέροντος; vgl. auch 4, 1; 1. Clem. 48, 6. — Der Satz: οὐ γὰρ ὠφελήσει κτλ. muß schon in Δ gestanden haben, denn Barn. 4, 9 ist zu lesen: οὐδὲν γὰρ ὠφελήσει ἡμᾶς ὁ πᾶς χρόνος τῆς πίστεως ἡμῶν, ἐὰν μὴ νῦν ἐν τῷ ἀνόμῳ καιρῷ καὶ τοῖς μέλλουσιν σκανδάλοις ἀντιστῶμεν. Ist aber hier unverkennbar Δ benutzt, so höchstwahrschein= lich auch in Barn. c. 4, 10. Zum Gedanken vgl. Mt. 10 22, 24 13; Mc. 13 13; 1. Clem. 35, 4; 2. Clem. 19, 3. (Zum Ganzen vgl. auch Harnack, Die Mission und Aus= breitung des Christentums in den ersten drei Jahrhunderten 1902, S. 312; v. Dob= schütz, urchristl. Gemeinden S. 205.) — 3 Beginn der Schilderung der Endzeit. 3 und 4 a schildern die Zustände, die dem Erscheinen des Antichrists vorher= gehen. Zu ἐν· ταῖς ἐσχάταις ἡμέραις vgl. 2. Ptr. 3 3 f.; Jud. 18; Barn. 4, 9: διὸ προσέχωμεν ἐν ταῖς ἐσχάταις ἡμέραις; darauf folgen die zu 2 mitgeteilten Worte: οὐδὲν γὰρ κτλ. Offenbar ist der Ausdruck ἐν ταῖς ἐσχάταις ἡμ. bei Barn. der Quelle

Δ entlehnt. — Die ψευδοπροφῆται ſind hier in einem anderen Sinne gemeint, als in c. 11. An unſerer Stelle ſind ſie Verführer, die nicht als von der chriſtlichen Ge= meinde ausgehend gedacht ſind; dort ſind ſie chriſtliche Irrlehrer. Vgl. oben S. 272. Vielleicht darf man auch darauf hinweiſen zum Beweiſe dafür, daß c. 16 nicht aus derſelben Feder gefloſſen iſt, wie die vorhergehenden Kapitel. Vgl. zur Stelle Offenb. Petri (Bruchſtück von Akhmîm) c. 1, 1; Himmelfahrt Jeſ. 3 27 ff.: Sib. II 165 ff.; Apok. des Elias 21, 14 ff. (ed. S t e i n d o r f f in TU, N. F. II 3ᵃ, S. 71). — Das Wort φθορεῖς auch c. 5, 3. — Zu καὶ στραφήσονται κτλ. vgl. Mt. 7 16, wo das Bild in umgekehrter Weiſe verwendet iſt; vgl. auch Mt. 10 16. — Das Cha= rakteriſtiſche dieſer Zeit iſt alſo, daß die Liebe ſich in Haß verkehrt und damit alles gegenſeitige Vertrauen weicht, ſo daß ein Zuſtand der ἀνομία (4; Mt. 24 12; 2. Theſſ. 2 3; Apok. Petri 1 3), der Geſetzloſigkeit eintritt. Mitten in dieſe aufge= löſten Verhältniſſe tritt der Antichriſt. — 4 Bryennios, Harnack und Sabatier leſen κοσμοπλάνος; Funk und Schlecht leſen: κοσμοπλανής. Daß unter dem „Weltver= führer" der Antichriſt gemeint iſt, geht nicht nur aus dem Zuſatz hervor, daß er kommt ὡς υἱὸς θεοῦ, ſondern auch aus Stellen wie 2. Joh. 7: ὁ πλάνος καὶ ἀντίχρι= στος; Himmelfahrt Jeſ. 4, 6 f.; Sib. V 33 f.. Das Mittel, wodurch er die Welt ſich untertan macht, ſind „Zeichen und Wunder": Außer bei Mc. 13 22 und Mt. 24 24 auch 2. Theſſ. 2 9; Sib. II 167; III 66 f.: καὶ σήματα πολλὰ ποιήσει ἀνθρώποις; Himmel= fahrt Jeſ. 4 10: „Und die Kraft ſeiner Wunder wird ſich in Städten und Ländern zeigen". Die Formel σημεῖα καὶ τέρατα iſt in der bibliſchen und außerbibliſchen Literatur ſehr häufig. — Die erlangte Macht benutzt der Antichriſt zu unerhört frevelhaften Taten. Zu ἀθέμιτα vgl. 1. Petr. 4 2; AG. 10, 28 — Zu ἃ οὐδέποτε κτλ. vgl. außer Mc. 13 19 und Mt. 24 21 auch Ascens. Mosis 8: „Da wird . . . Rache und Zorn über ſie hereinbrechen, wie ſie unter ihnen nicht dageweſen ſind von Ewigkeit" uſw. — 5 Zu πύρωσις vgl. 1. Petr. 4 12 vgl. 1 6 f. und Sach. 13 9 LXX: καὶ πυρώσω αὐτοὺς κτλ.; Juſtin apol. II 7. — δοκιμασία auch Hebr. 3 9; Sir. 6 21. Der Ausdruck iſt durch πύρωσις nahegelegt. Es iſt eine gebräuchliche Wendung: δοκιμάζειν διὰ πυρός (z. B. 1. Petr. 1 7). — Zu ἀπολοῦνται vgl. Offenb. Petri 1 1—3; Sib. II 254. — Zu ὑπομείναντες vgl. außer Mt. 10 22 und 24 13 1. Clem. 35, 4; 2. Clem. 17, 7; Jak. 5 11. — Auffallend ſind die Worte: σωθήσονται ὑπ' αὐτοῦ τοῦ καταθέματος. Κατάθεμα (= κατανάθεμα und ἀνάθεμα) iſt der Fluch (Offb. 22 3; Pſ.=Juſtin quaest. 121; Mt. 26 74: καταθεματίζειν). Sonach könnte man über= ſetzen: „ſie werden aus dieſem Fluche, d. h. aus der ἀπώλεια (vgl. ἀπολοῦνται) (S a = b a t i e r : seiont sauvés de cette malediction) oder vor dieſem Verfluchten, d. h. dem Antichriſten errettet werden". Allerdings will dazu das ὑπό nicht recht paſſen; es muß dann in dem räumlichen Sinne: unter — weg, von genommen werden; σώζειν mit ὑπό in dieſem Sinne zu verbinden iſt aber ganz außergewöhnlich; in der Regel ſieht ἀπό oder ἐκ. So hat man (H i l g e n f e l d , Z a h n) auch hier ſtatt ὑπό die Lesart ἀπό vorgeſchlagen. Möglich iſt es durchaus, daß dies das richtige iſt. Läßt man aber das ὑπό ſtehen und nimmt man es in dem geläufigen Sinne von „von", „durch", ſo muß unter dem κατάθεμα eine Perſon gemeint ſein. Dann wäre an Chriſtus zu denken, als den, der verflucht wird von den Ungläubigen, der ihnen ein Fluch iſt (vgl. 1. Kor. 12 3: ἀνάθεμα Ἰησοῦς). So faßt H a r n a c k (ſ. zur Stelle) die Worte. Er überſetzt daher: „ſie werden gerettet werden von dem Ver= fluchten ſelbſt." Eine ſichere Entſcheidung iſt nicht zu treffen. (Vgl. H a r r i s p. 62 ff.) — 6 Τὰ σημεῖα τῆς ἀληθείας: Sicher iſt Chriſtus gemeint mit τ. ἀ. Vgl. Harnack zur Stelle. An Joh. 14 6 iſt hier kaum zu denken. — Ἐκπέτασις iſt die Aus= breitung, d. i. die Oeffnung des Himmels. — Zu σάλπιγγος vgl. 1. Theſſ. 4 16; 1. Kor. 15 52. — In der anonymen (jüdiſchen) Apokal. in TU (N. F. II 3 S. 154 f.) dient der Trompetenſtoß dazu, den Himmel oder die Erde zu öffnen, je nachdem er zum Himmel hinauf oder zur Erde herab gerichtet iſt. — 7 Vgl. Sib. II 242 f.

XVIII.
Syrische Didaskalia.

(E. Hennecke.)

‚Die syrische Didaskalia übersetzt und erklärt von Hans A ch e l i s und Johs. F l e m m i n g‘ (vgl. Apokr. S. 194) ist inzwischen in den TU N. F. X 2, Lpz. 1904 erschienen und eine zweite Ausgabe in der Berliner Kirchenväter-Sammlung noch vorgesehen (S. V f.).

E.

Apokalypsen.

XIX.
Die Offenbarung des Petrus.

(H. Weinel.)

Die folgenden Literaturangaben wie die Anmerkungen beabsichtigen nicht, der Forschung zu dienen. Ihr Zweck ist, dem Nichttheologen und dem Studenten bei der ersten Lektüre das sachliche Verständnis zu erleichtern, sie in den Staub der Fragen einzuführen und sie zu einer Wertbeurteilung anzuleiten. Diese Vorbemer=kung bitte ich auf alle von mir bearbeiteten Stücke beziehen zu wollen.

Die **Ausgaben** stehen oben S. 72 (nur H. v. Schubert dietet die Offenbarung Petri nicht). Die Offbg. allein enthält D i e t e r i c h s Nekyia — vgl. Apokr. S. 212.

1. G e s c h i c h t e d e r k i r c h l i c h e n B e n u t z u n g, vgl. noch A. H i l g e n = f e l d, N. T. e. c. IV, 2. Aufl. 1884, S. 71—74; Th. Z a h n, G.K. II 2, S. 810—820; H a r n a c k I S. 29—33 und TU XIII 1893, S. 71 ff., Die Petrusapokalypse in der abendländischen Kirche. — Der Versuch von Z a h n, zuletzt wieder im Grund= riß der Gesch. des neutest. Kanons 1901 S. 21 gemacht, im Kanon Muratori für die Offb. Petr. die beiden Briefe einzusetzen, ist einer der kühnsten Gewaltstreiche, die je von Exegeten unternommen worden sind.

2. D a s F r a g m e n t v o n A k h m i m. D i e t e r i c h macht für seine An= sicht, daß dies Fragment nicht ein Stück der Petrusapokalypse, sondern einer evan= gelischen Erzählung entnommen sei, vor allem geltend, daß nur ein einziges der sonst von der Petrusapokalypse überlieferten Stücke, nämlich Bruchstück a 3, in dem Bruchstück von Akhmim wiederzufinden sei, und selbst dieses nicht ganz wörtlich. Außerdem, meint er, ließe sich keine Stelle ausfindig machen, an der die andern Citate der Apokalypse (Bruchstück a 1 2 4) in der Schrift gestanden haben könnten, von der das Bruchstück von Akhmim ein Teil ist. Denn im Anfang dieses Fragments befinden wir uns noch auf der Erde mit ihren falschen Propheten, an seinem Ende aber schon nach dem Weltgericht bei der Schilderung der Höllenstrafen. Wo soll also, meint D i e t e r i c h, der Inhalt jener drei Citate, die Schilderung eben des Weltgerichts und der Weltkatastrophe untergebracht werden? Sie paßt weder vor noch hinter das Bruchstück von Akhmim. Und dieses selbst ist so deutlich eine fort= laufende und geschlossene Einheit, daß man auch nicht annehmen kann, es fehle ihm in der Mitte irgendwo ein Stück. Ferner, meint Dieterich, lege in dem Bruchstück die Zahl der 14 Sündertypen als Verdoppelung der heiligen Siebenzahl die An= nahme am nächsten, daß am Schlusse jedenfalls nicht mehr viel fehlen könne. Und der Eingang, 4, verrate deutlich eine Erzählung nach Art der Evangelien, wenn es da heiße: „Und der Herr fuhr fort und sprach: ›Kommt, laßt uns auf den Berg

gehen, beten‹". So soll denn das Bruchstück von Akhmim zum Petrusevangelium gehören und erst aus dieser Apokalypse im Evangelium die eigentliche Offenbarung des Petrus herausgesponnen worden sein auf Grund des Befehles an Petrus, der in 6 enthalten ist (a. a. O. S. 13—18).

Diese Ansicht hat in der Abweichung des Bruchstückes a 3 von 26 seine stärkste Stütze; denn jenes Stück sieht ganz wie ein wörtliches Citat aus und findet sich doch in 26 nicht wörtlich wieder. Alle andern Gründe dagegen sind nicht durchschlagend. Denn auch die Apokalypse kann eine evangelienartige Einkleidung gehabt haben. Oder sie kann wie andere Schriften ihrer Gattung die Form eines Gespräches des auferstandenen Herrn mit seinen Jüngern gehabt haben (Harnack S. 30 gegen Dieterich S. 16). Bei dieser Form braucht aber eine chronologische Reihenfolge der Stoffe nicht notwendig vorausgesetzt zu werden und die Weltkatastrophe kann ganz gut vor oder hinter unserm Fragment behandelt worden sein. In einer andern Apokalypse, der des „Elias", die nicht einmal aus Fragen und Antworten besteht, sondern eine Reise in Hölle und Himmel enthält, ist gleichfalls erst nach der Beschreibung der jenseitigen Welt die Ankündigung des Weltgerichts gegeben. Und da sich die Abweichungen des Bruchstückes a 3 von 26 auch durch die Annahme nur einer anderen Textgestalt erklären läßt, so läßt sich etwas Sicheres über diese Frage nicht ausmachen.

3. Quellen, vgl. außer Dieterich: E. Rohde, Psyche. Seelenkult und Unsterblichkeitsglaube der Griechen, 3. Aufl. 1902. F. Schwally, Das Leben nach dem Tode nach den Vorstellungen des alten Israels und des Judentums, 1892. M. Gaster, Hebrew Visions of Hell and Paradise, Journal of the Royal Asiatic Society of Gr. Br. a. J., 1893, S. 571 ff. H. Gunkel, Schöpfung und Chaos, 1895. E. Hennecke, Altchristliche Malerei und altkirchliche Literatur, 1896, S. 183—201. E. Stave, Ueber den Einfluß des Parsismus auf das Judentum, 1898. A. Jeremias, Hölle und Paradies bei den Babyloniern, 1899. A. Bertholet, Die israelitischen Vorstellungen vom Zustand nach dem Tode, 1899; Die Gefilde der Seligen, 1903. L. Radermacher, Das Jenseits im Mythos der Hellenen, 1903.

Bemerkungen.

a) Zum Teil aus Citaten bekannte Bruchstücke.

1.

Aus Makarius Magnes apocriticus IV 6; 16. — die gerichtet werden sollen] (κρινομένους, Diet. κρινουμένους) steht in IV 16, fehlt in IV 6. — Die Erde....hinstellen] indem sie die Leiber der Toten aus ihrem Schoße hervorkommen läßt.

2.

Der Heide, der die Offenbarung bekämpft, nennt die Ansicht der Christen gottlos, weil in ihr das Ende der „unsterblichen" Götter und ihrer Welt ausgesagt wird. Die Verachtung der gegenwärtigen Welt und der Wunsch nach ihrem Untergang, die aus den ersten Christen so glühend hervorbrechen, empfanden die Heiden als „Haß gegen das Menschengeschlecht" und die Götter, als anarchistische Gesinnung. Dies eine Wurzel der Verfolgungen. — Das ganze Citat fällt mit geringfügigen Abweichungen, wie sie bei verschiedenen LXX-Texten gewöhnlich sind, mit Jes. 34 4 zusammen; daher ist es fraglich, ob es als Teil des Textes oder als alttestamentliches Citat in der Apokalypse gestanden hat. Außer in 2. Petr. 3 10 ff. ist Jes. 34 4 auch in Offbg. Joh. 6 13 f. benutzt. — Kraft des Himmels] dafür in 2. Petr. „Elemente", vielleicht ist in beiden Schriften an Engelwesen und ihre Körper, die Sterne, gedacht.

3.

Aus Clem. Alex. eclog. 41. Vgl. Apokr. S. 211. Vor diesem Fragment

ſteht der Satz: „Die Schrift ſagt, die ausgeſetzten Kinder würden einem Schutz=
engel übergeben, durch den ſie aufgezogen würden und heranwüchſen. ›Und
ſie werden ſein‹, heißt es, ›wie die hundertjährigen Gläubigen hier.‹“ Pren=
ſchen liest ὡσεἱ für ὡς οἱ: „Und es werden dort die Gläubigen ungefähr hun=
dert Jahre alt werden“. Das aber gibt keinen Zuſammenhang der Gedan=
ken und iſt auffallend in der Form, man ſagt in ſolchen Fällen nicht unge=
fähr hundert Jahre, ſondern direkt hundert Jahre. Die grammatiſche Konſtruktion
des überlieferten Satzes (ἔσονται — τὰ βρέφη) macht für dies ſpäte Griechiſch keine
Schwierigkeit. Er ergibt den guten Sinn: Die kleinen Kinder, die hier ausgeſetzt
worden und geſtorben ſind, werden dort wie ganz alte, erfahrene und bewährte
Chriſten weiterleben. — Gehört das Stück zur Offbg. Petr.? Gegen Zugehörigkeit
ſpricht die Fortſetzung „deshalb ſagt a u ch Petrus in der Offenbarung“; für die=
ſelbe die Verwandtſchaft mit dem 4. Fragment. Hält man um ihretwillen das
Stück für einen Teil der Petrusſchrift, ſo muß man doch wohl annehmen, daß der
Satz „Und — Gläubigen hier“ aus einer anderen Schrift ſtammt, während mit den
Worten „die Schrift ſagt“ die Offenbarung gemeint wäre. Dieſe Annahme wird
aber einem, der den Wortlaut der Stelle ohne Voreingenommenheit auf ſich wirken
läßt, ſehr ſchwer.

4 a.

Aus Clemens Alex. eclog. 48. S ch i ck ſ a l] ſtatt πεἱρας lies mit Grabe
und allen Herausgebern (vgl. def. Dieterich 11) μοἱρας; Diels (bei Harnack) σπεἱρας:
würde in die beſſere Abteilung (der Seligen) kommen. — S ch u tz e n g e l]
wörtlich: fürſorgender Engel, vgl. zu Hermas vis. V 3 und Mt. 18 10 „die
Engel der Kleinen“, die ſonſt keinen Schutz haben. — W o h n u n g] vgl.
Joh. 14 2 und die Vorſtellung von den Wohnungen im Himmel im Judentum,
bei Henoch und 4. Esr. — A p o k r. S. 215 4] Der Antrieb, ſich mit dem Schickſal
dieſer „unſchuldigen Kindlein“ zu beſchäftigen, kommt aus der Theodicee. Sie
leiden — und haben doch keine Schuld. Wie läßt ſich das mit Gottes Güte ver=
einen? Die Antwort gibt die Zukunftshoffnung: die einen werden alles noch erleben
in einem zweiten Daſein, die andern (ausgeſetzten, abgetriebenen?) werden nicht
ins Gericht kommen, ſondern Gnade bei Gott finden. — Doch iſt der zweite Satz
ziemlich dunkel, auch nur ungefähr wiedergegeben. — S. 215 4—7] Die Theodicee wird
hier und im folgenden ſo ſtreng auf das Vergeltungsrecht gebaut, daß jedesmal
aus der beſonderen Sünde die beſondere Strafe erwächſt, hier die Würmer aus der
Milch, in 3 die Strahlen von den Kindern uſw. — S. 215 8 d a s V o l k v e r k a u f t]
Undeutlich, worauf angeſpielt wird. J ü l i ch e r bei Dieterich: Jeſ. 52 3. Dann
fehlt aber die Pointe, die im folgenden Satz da iſt, denn Chriſtus bedeutet die eherne
Schlange. Der Unglaube an die „Schlange“ erzeugt die Schlangenbiſſe. Vielleicht
iſt an Amos 2 8 zu deuten als an „die Sünde“, die gemeint iſt. — S. 215 6] Was
von Z. 6 „indem er lehrt“ an bis Z. 10 noch Petr. gehört, iſt zweifelhaft.

4 b.

Aus Methodius sympos. II 6. — S. 215 11 i n ſ p i r i r t e n S ch r i f t e n] vgl.
Apokr. S. 211. — S. 215 17 D e r H e r r] iſt im Citat Gott, erſt Method. hat „den
Chriſtus“ unter ihm verſtanden (Zahn). — z u m S t e r b e n a u s g e ſ e tz t] Diete=
rich nimmt dieſen Ausdruck als gleichbedeutend mit „abgetrieben“ an; aber weshalb
die umſtändliche Umſchreibung für getötet? Vielmehr iſt hier wörtliches, oben um=
ſchreibendes Citat! Der letzte Satz paßt zu Bruchſtück 1. — S. 215 11—19] Wieviel aus
der Apok. Petri ſtammt, iſt wieder unſicher. Dem Methodius gehören die Sätze
von „denn wenn“ bis „dürfen“; aber ihre Elemente ſtammen aus der Offbg. Z a h n
will den letzten Satz aus einer Apok. jüdiſchen Urſprungs oder altteſt. Namens her=
leiten, weil der Herr = Gott iſt. Unbegründet.

b) Das Bruchſtück von Akhmim.

1 v o n i h n e n] war von Chriſten im allgemeinen die Rede, oder von her=

vorragenden Christen, wie Apostel, Propheten, Lehrer usw.? Sie waren jedenfalls
für die Zukunft verheißen. Aehnliche Weissagungen Jesu auf spätere Gläubige f.
Joh. 17 20 ff., falsche Propheten Mc. 13 6 u. ö. — Jene] können nach hellenistischem
Sprachgebrauch mit den „vielen" oder mit den „sie" (ihnen) identisch sein. —
2 Kinder des Verderbens werden] dem Verderben verfallen, Hebraismus
vgl. zu 22. Nah verwandt 2. Petr. 2 1 ff. — 3 Getreuen] πιστοί, hier nicht
= Gläubige; im Gegensatz zu den Irrlehrern. — meinen] Jesus spricht. Vgl.
Offbg. 2 10. 13. — ihre Seelen erproben] vgl. 2. Petr. 2 8. — Ungerech-
tigkeit] eig. Gesetzlosigkeit. — 4 Beachte die Aehnlichkeit mit der Verklärungs-
geschichte Mc. 9 2 ff., die auch in 2. Petr. (1 16—18) als wichtiger Bestandteil der
Petruslegende angeführt wird. — 5 Zum Gedanken 2. Petr. 3 11, aber auch etwa
1. Joh. 3 1 f. — 7 nie ein Menschenauge sah] Anklang an das auch von
Paulus (1. Kor. 2 9) und sonst oft citirte Wort aus der Eliasapokalypse, vgl. Apokr.
S. 206. — sah. Auch kein] ergänzt von Lods. — He<rz zu er-
denkt>en Lods, He<rz fass>en Wilamowitz.
      10 wie ein Kranz] Die Handschrift liest vielleicht (ὥσπερ εἷς): „ein ein-
ziger Kranz". Das hält Klostermann fest mit Verweisung auf die nachher citirte
Stelle aus dem Brief v. Lyon. Blaß korrigirt ὥσπερεἷ: „wie ein". — aus bunten
Blumen] Harnack vergleicht den Brief der Gemeinde von Lyon und Vienne (Eusebius, KG. V 1, 36): „Aus verschiedenen Farben und mancherlei Blüten flochten
sie einen einzigen Kranz und brachten ihn dem Vater dar." — prächtiger An-
blick] „Die äußere Erscheinung der Seligen . . ., erinnert in allen Einzelheiten an
die Art, wie der Grieche Lichtgottheiten sich denkt und abbildet" (Dieterich S. 38).
Von Einzelheiten nennt er: den Gesang S. 36 f., „weiß und rot" S. 38, das
Strahlen des Angesichts S. 38, Strahlenkranz (später Heiligenschein) S. 39—44. Indessen sind die Züge doch sehr allgemein. Die Beschreibung himmlischer Gestalten als
Lichtgestalten ist selbstverständlich, der Strahlenkranz fehlt unseren Gerechten, bloß
ihre Haare sehen ähnlich aus. Und zu der Farbe vgl. die Schilderung, die Henoch
(106 10 f.) von dem neugeborenen Noah gibt: „Seine Farbe ist weißer als Schnee
und röter als Rosenblüte, das Haar seines Hauptes ist weißer als weiße Wolle,
und seine Augen wie Strahlen der Sonne, und als er seine Augen aufschlug, er-
hellten sie das ganze Haus." Die Berührung ist fast wörtlich. Auch hier wird versichert, das Kind sah aus wie einer der Engel (106 4, Ausgabe von Flemming und
Radermacher, Leipzig 1901). — 12 unsere gerechten Brüder] liest hier (anders 20) die Handschrift; vielleicht echt, es ist altertümlich, Jesus als Bruder zu bezeichnen Röm. 8 29, vielleicht nach 20 zu korrigiren, wie Harnack und die meisten
wollen. — 15 mit unverwelklichen Blumen] vgl. 1. Petr. 1 4; auch da
ist eine Anspielung auf den Paradisesgarten. — gepriesene Früchte] oder
„gesegnete", wie Harnack übersetzt, wobei er an die Schilderung üppiger Fruchtbarkeit im Himmelreich denkt, wie sie Papias nach der Apok. Baruch gegeben hat. —
16 ihr Duft] Ergänzung von Usener. — Gewand der Lichtengel] Wiederholung des vorher ausführlich Geschilderten. Herkunft der Vorstellung: Analogie
der Lichtengel, nicht Lichtgötter; auch das weist darauf hin, daß hier polytheist.
Vorstellungen ihren Weg erst durch das Judentum genommen haben. — 20 Vor-
gänger] die Handschrift bietet einen Fehler: αρχιερων, was Harnack in ἀρχιερέων
(Hohepriester) korrigiren will. Allein die Berufung auf Did. 13, 3 wie die Begründung: „weil sie für euch beten", reicht nicht aus. Denn hier kann nicht wie in der
Didache an christliche „Beamte", sondern nur an alttestamentliche Gerechte gedacht sein
und für sie wäre der Name Hohepriester ganz einzigartig. Piccolomini, Klostermann
lesen ἀδελφῶν Brüder nach 5 und 13; allein woher die Verschreibung, wenn das in der
Vorlage der Handschrift stand? ἀρχηγῶν (Wilamowitz) Vorgänger, Führer, trifft schon
eher. — Die Schilderung des Ortes der Seligkeit ist die Schilderung des Para-
dieses. Aus griechischen Quellen die Analogien bei Dieterich S. 19—34. Zu der
Wiese voll Blumen S. 21. Aehnliches auch sonst, vgl. etwa Slavisches Henochbuch 8. — 21 finster] Hf. αυχμηροντων unverständlich, die übersetzte Korr. von

Blaß; Harnack lieſt: αὐχμηρόν finſter, Diels einen Ort finſterer Leute (αὐχμηρῶν τινῶν), Piccolomini αὐχμηρόν, τὸν τῶν ἀδίκων, einen finſteren Platz, den der Unge= rechten. — die ſtrafenden Engel] von ihnen wiſſen nicht nur jüdiſche Quellen (Henoch 73 ₁₂. 74 ₂₉. 83 ₄. 85 ₁₇) und chriſtliche (z. B. Hermas, Gl. VI), ſondern auch griechiſche, bei Dieterich S. 60 f. — dunkles Gewand] Hſ.: αυτων ενδε= δυμενα unverſtändlich, die überſ. Korrektur (αὐτῶν τὸ ἔνδυμα) von Blaß und James; Wilamowitz lieſt <τὸ ἔνδυμα> αὐτῶν, ἐνδεδυμένοι: „bekleidet ſo wie die Luft". — 22 Vor Gericht mußten Chriſten, die ableugneten, ihren Herrn und ihre Religion (z. Ausdruck vgl. Mc. 12 ₁₄; AG. 19 ₉; 2. Petr. 2 ₂. ₂₁) läſtern und verfluchen, vgl. Hermas Vis. II 2, 2 u. ö. und ben oben angef. Brief bei Euſeb. V 1, 48: durch ihren Wandel läſterten ſie den Weg der Gerechtigkeit, die Söhne des Verderbens. — 23 Die Feuerhölle iſt in Iſrael in ebenſo früher Zeit nachweisbar (Jeſ. 66 ₂₄) wie in Griechenland (Dieterich S. 196 ff., 211), in beiden Ländern wohl nicht urſprüng= lich, vgl. Apokr. S. 213. — Zur Schlammhölle vgl. Dieterich S. 71, 72 ff., 81, 83, 140. — welche die Wahrheit verlehrten] Gnoſtiker. — 24 andere, Weiber] nach Dieterich, der ἄλλαι lieſt; die Handſchrift bietet ἄλλοι, was Kloſter= mann mit einer ſtarken Interpunktion danach beibehält, andere: Weiber . . . Männer; möglich. Die Frauen ſtehen voran, als die Hauptſchuldigen. Hier ſpielt noch die älteſte Anſchauung der Polygamie herein, wonach der Mann nur eine fremde Ehe, nicht ſeine eigene brechen kann; denn es handelt ſich nur um Ehebruch mit der Ehefrau eines andern Mannes, nicht mit Unverheirateten. — <waren aufgehängt und> die Lücke der Handſchrift hat James ansgefüllt. — Hinter im Schlamme] iſt eine Lücke, die Sudhaus mit „verborgen" (im Schl.), v. Gebhardt mit: (ſie ſprachen) „mit lauter Stimme" ausfüllen will. — Zu dieſer Strafe Analogien bei Dieterich S. 201, 211. — 25 Analogien bei Dieterich S. 53 f., 71, 196. Aber dies „Gewürm" hat ſeine nächſte Analogie doch in Jeſ. 66 ₂₄. — wie dunkle Wolken] Harnack findet das Bild ſeltſam. Die Würmer ſind „zu ſcheußlichen Klumpen geballt." — Daß die Seelen der Gemordeten] hier ſind, weiſt auf eine ältere Vorſtellung hin, wonach das Land der Seligen in der Unterwelt, nicht wie in unſerer Schrift, „außerhalb der Welt" iſt, Harnack, Dieterich. — gerecht] Für den Gedanken der genauen Vergeltung (ſ. o.), auf dem das Ganze aufgebaut iſt, führt Dieterich auch griech. Parallelen an S. 208. Der Gedanke Auge um Auge, Zahn um Zahn, iſt überhaupt antik. — 26 <der> ergänzt von Harnack. — welche . . . ς, die überſetzte Korr. οιτινες nach James; οἱ αὐταις die ihnen Diels.] <ſtrahl>en ergänzt von Diels: ἀκτῖνες; James, v. Gebhardt φλόγες (Flammen). — un<ehelich empfang>en, ergänzt von Dieterich; „die unehelich die Kinder geboren" v. Gebhardt. — 27 ausgepeitſcht] vgl. Euſeb. KG. V 28, 11 f.: Natalius wurde „von heiligen Engeln die ganze Nacht hindurch unter großen Qualen gegeißelt". Hermas Gl. VI 2, 5 ff. Der Strafengel hat eine große Geißel in der Hand, mit der er die „Schafe" ſchlägt und im Dorngeſtrüpp hin und her treibt, einen Abhang hinauf und hinunter. — 28 Die Sünde dieſer Klaſſe iſt deswegen von der erſten zu unterſcheiden. Harnack legt den Nachdruck auf die Verleumdungen, die ſie gegen die chriſtl. Religion ausgeſtoßen haben. Solche liefen im Volk um. Menſchenfreſſerei, widernatürliche Unzucht, Blutriten u. ä. warf man den Chriſten vor. Dieterich glaubt, um der Zahl 14 willen ſei eine Klaſſe verdoppelt. Aber es iſt nicht ſicher, ob mit dem Bruchſtück, das wir haben, auch die Aufzählung der Sünder zu Ende war. — 29 Aehnlich wie hier ſtehen in Hermas Geb. VIII 5 hinter den falſchen Zeugen die Habgierigen. — 30 Kieſelſteine] bei Hermas (a. a. O.) ſind es Dornen, ebenſo an den von Dieterich angeführten Stellen (S. 115) aus Plato. — 31 Zinſ= nach: „Die älteſte Stelle gegen das Zinsnehmen in der chriſtl. Kirche (aber ſ. die ältere jüdiſche Literatur)" — und Jeſus, Lk. 6 ₃₄, Juſtin ap. I 15. — 32 Die Ana= logie mit Siſyphus (Dieterich) iſt zu gering. Näher ſteht Hermas Gl. VI 2 vgl. oben, zumal dieſe Pein auch bei Herm. Strafe für „Schwelgerei" iſt. — befleckt hatten] Harnack vergleicht Röm. 1 ₂₆ ff. u. Jud. ₈. — welche . . .] Dieterich ergänzt die Lücke der Handſchrift nach der Analogie und dem Hadesmythus des Plutarch

(De sera num. vind. 567 ᵇ) ſo: das waren die Streitſüchtigen. — 34 **auf Pfannen
geröſtet]** Harnack und Dieterich erkennen hier eine Einwirkung der auch gegen
verfolgte Chriſten üblichen Folterſtrafen auf das Bild der Hölle. Die Märtyrer in
Lyon wurden z. B. auf Pfannen geröſtet (Euſeb. KG. V 1 56). Anderes bei Diete=
rich S. 205. — **verlaſſen hatten]** Handſchrift ſinnlos; Korrektur von v. Geb=
hardt.

XX.

Der Hirt des Hermas.

(H. Weinel.)

Die äußerſt zahlreiche Literatur findet man am beſten in der großen Ausgabe
von **Gebhardt=Harnack** (PA, den Text haben G. und H. zuſammen gearbeitet,
den Kommentar H.) und von **Funk** (Fu). Weiter ſind zu vgl. **Harnack** I S. 49
—58 II 1, S. 257—267, 437 f. **Krüger** S. 24—29, Nachträge S. 12. Für alle
Fragen kommen außer den kommentirten Ausgaben in Betracht: **Ad. Hilgen=
feld**, Die apoſtoliſchen Väter 1853; **Th. Zahn**, Der Hirt des Hermas 1868,
das jetzt noch grundlegende, wenn auch ſtark tendenziöſe Buch (Za).

(2.) Während **Heyne** (Quo tempore H. P. scriptus sit, 1872), **Behm** (Ueber
den Verfaſſer der Schrift, welche den Titel ‚Hirt‘ führt, 1876), **Harnack**, **Funk**
u. a. in den Apokr. S. 221 zuſammengeſtellten Angaben über die Verfolgung ſichere
Zeichen für die Abfaſſung des Buches nach Trajan (98—117) ſehen, will **Zahn**
(S. 118—136) ſie alle auf die Verfolgung unter Domitian deuten. Dieſe ſei in die
Jahre 95 und 96 zu ſetzen und das Buch müſſe alſo kurz nach dem Jahre 96
geſchrieben ſein. Allein von all den angegebenen Zügen paßt auf die Verfolgung
Domitians nur der eine, daß eine häufige Strafe die Konfiskation der Güter war.
Doch war das auch in allen ſpäteren Verfolgungen ſo. Und alle anderen Angaben
des Hirten paſſen für die domitianiſche Verfolgung gerade nicht. Denn die Chriſten
wurden in dieſe Verfolgung nur ganz zufällig hineingezogen; die Strafe des Staates
richtete ſich damals eigentlich gegen Juden, die ſich auf irgend einem Wege der Entrich=
tung der jüdiſchen Kopfſteuer entziehen wollten, und gegen ſolche Nichtjuden, die zur
jüdiſchen Miſſion gehörten und „jüdiſche Lebenshaltung angenommen hatten“ (Sueton,
Domitian. 12). Zu dieſer letzteren Gruppe konnte man doch nur ſehr ſchwer die
Chriſten rechnen, jedenfalls müßte ſich eine Spur von dem eigenartigen Gerichts=
verfahren, das ſich dabei ergab, im Hirten finden laſſen. Es wurden doch ſogar
Leute daraufhin unterſucht, ob ſie beſchnitten waren oder nicht! Wenn dann ſpäter
einige Anklagen auf „Atheismus“ gleichfalls erhoben und Chriſten dadurch getroffen
wurden, ſo war das nur etwas Nebenhergehendes. Bei H. aber ſteht von jener
Steuerſache kein Wort, ſondern nach ihm hat es ſich um eine wirkliche Chriſtenver=
folgung gehandelt, in der Chriſten angehalten wurden, ihren Herrn zu verleugnen,
zu ſchmähen und den Göttern zu opfern. Ganz unmöglich iſt ſchließlich **Zahns**
Annahme, daß H. unter der Regierung Nervas geſchrieben und von dieſem einen
Acker an der campaniſchen Straße angewieſen bekommen habe — denn woher,
meint Za, ſollte der ſeiner Güter Beraubte ſonſt einen Acker haben? —, als Nerva,
um die Grauſamkeit ſeines Vorgängers wieder gut zu machen, Aecker verteilte. Das
ſoll auf den H. paſſen, der das erſte Gleichnis geſchrieben hat und nächſtens ein
neues Ausbrechen der Verfolgung erwartet, vielleicht ſogar im Anfang derſelben
lebt! (Gl. VIII 10, 4). Unmöglich kann Nerva der Kaiſer ſein, der im Hintergrund
des Buches als der Verfolgung drohende ſteht, unmöglich kann des H. Acker ein
kaiſerliches Geſchenk ſein.

Das ſtärkſte Argument, das Zahn ins Feld führen konnte, iſt dies, daß wir
über Chriſtenverfolgungen aus der erſten Hälfte des zweiten Jahrhunderts in Rom

keine ausdrückliche Nachricht haben. Aber wir erfahren überhaupt wenig von Verfolgungen außer den Angaben der neutestamentlichen Briefe. An Bedrängungen und Prozessen hat es nach ihnen eigentlich nie gefehlt. Und gerade von Rom wissen wir zufällig, daß dort etwa in den dreißiger Jahren des zweiten Jahrhunderts ein bedeutender Mann der Gemeinde, Telesphorus, den Märtyrertod gestorben ist. Daß er nicht das einzige Opfer aus dieser Zeit war, dürfen wir wohl annehmen.

(4.) Vgl. E. Hückstädt, Der Lehrbegriff des H. 1889, A. Brüll, Der H. des H. 1882. Ueber das Verhältnis des Hirten zum Montanismus ist viel gestritten worden, vgl. noch besonders Dorner, Entwicklungsgesch. der Lehre von der Person Christi ² 1845 I S. 190—205; A. Ritschl, Die Entstehung der altkathol. Kirche 1857; R. A. Lipsius, Der H. des H. und der Montanismus in Rom ZwTh 1865; N. Bouwetsch, Die Geschichte des Montanismus 1881 und Stahl, Patristische Studien 1901, S. 246—267, der den H. viel zu viel systematisirt und das zu Tage liegende bestreitet, um aus H. einen Antimontanisten machen zu können.

Zur Christologie. Den Versuch Zahns (a. a. O. S. 253—282), dem H. eine gut kirchl. Trinitätslehre aufzubürden, hat Seeberg (Lehrbuch der Dogmengeschichte I 1895, S. 22) gebilligt, während Links (Christi Person und Werk im Hirten des H., Marburg 1886) Unternehmen, das nach einer andern Seite sich wendet, mehr Zustimmung fand. Daß die Frage nicht durch Systematisirung gelöst werden kann, beweist auch die gegensätzliche Beurteilung derselben bei Harnack (Dogmengeschichte I ³, S. 182 f.) und Weizsäcker (GgA 1886, Nr. 21, S. 830). — Vgl. noch dazu und zur Engellehre W. Lüken, Michael, Gött. 1898 S. 87 f. und 148—154.

(5.) Die Hypothese über den zweiten Clemensbrief vertritt Stahl (a. a. O. S. 286—292).

(6.) Zu der Frage nach der Benutzung der Tabula des Kebes vgl. C. Taylor nach J. M. Coterill in The Journal of Philology XXVII 1901, S. 276—319, und dagegen Funk (S. CXXXIV).

7. Der Text. Ueber die einzelnen Handschriften, ihre Schicksale und die Grundsätze, nach denen der Text herzustellen ist, sind die Ausgaben einzusehen. Hier sei nur eine kurze Erklärung des Notwendigsten angefügt. Der Text des H. kann jetzt auf Grund folgender Handschriften und Uebersetzungen ziemlich genau festgestellt werden:

1) Griechische Handschriften: a) Die Bibelhandschrift, die Tischendorf auf dem Sinai gefunden hat (1844 und 1859), jetzt in Petersburg, bezeichnet mit ℵ, aus dem 5. Jahrhundert, geht bis Geb. IV 3, 6; b) eine Handschrift vom Berge Athos (G) aus dem 14. oder Anfang des 15. Jahrhunderts, davon 3 Blätter in Leipzig, 6 in dem Gregoriuskloster auf dem Athos. Der Schluß, von Gl. IX 30, 3 an, fehlt; c) ein Fajjumer Papyrusblatt, das zwei kleine Bruchstücke (Gl. II 7—10, IV 2—5) enthält, jetzt in Berlin, ungefähr aus dem Jahre 400; d) ein Citat aus Geb. XI 9 f., auf einem von Grenfell und Hunt publicirten Papyrusblatt (vgl. Harnack in SBA 1899).

2) Lateinische Uebersetzungen. a) Die in vielen Handschriften erhaltene, etwa aus dem 2. Jahrhundert stammende fog. Vulgata, höchst wertvoll für die Herstellung des Textes (L¹); b) die fog. Palatina, in einer Handschrift aus dem 14. Jahrh. erhalten, aber vor dem 5. Jahrh. verfaßt. Ueber ihr Alter herrscht noch Streit; wahrscheinlich stammt sie aus dem 4. Jahrh. (L²).

3) Eine äthiopische Uebersetzung, die aus der alten Kirche stammt, aber nur in einer jungen Abschrift nach Europa gekommen ist, mit ziemlich bedeutenden Lücken (A).

4) Eine sahidische Uebersetzung ist in Bruchstücken (Geb. XII 3, 4—4, 4, Gl. II 7—III 3, IX 5, 1—6, 1) nachgewiesen von J. Leipoldt in SBA 1903.

Alle diese Quellen in der uns jetzt zugänglichen Gestalt sind zuerst von Harmer, dann von Funk benutzt. Noch zu benutzen sind daneben die PA und **Hilgenfelds** Ausgabe (Hermae Pastor. Graece integrum ambitu primum ed. A. Hilgenfeld, bezeichnet mit Hi), von der im Jahre 1887 eine dritte Auflage erschien, die auch den Schluß des H. in griechischer Sprache bot nach einer Ausgabe des= selben Simonides, der 1856 die erwähnten drei Blätter nach Leipzig gebracht hatte. Ich habe die abweichenden Lesarten von PA und Fu, wo sie für die Uebersetzung in Betracht kommen, in den Anmerkungen angegeben und die Textzeugen daureben gestellt, auch Emendationen von Hi, die mir wichtig schienen, dort erwähnt.

8. Deutsche Uebersetzungen

sind seit der Zeit der Reformation mehrere erschienen. Die älteste hat den Titel: Ein prophetisch gsatzbuch mit 5 gsichten, mit 12 gbotten, und 10 gleichnissen, Des Pastors oder hirten, der da gewest ist, eyn Englischer bot, oder verkünder der buß. Welches ist uberreicht worden dem Hermae, eynem Junger des heyligen Apostels Pauli. Volateranus schreibt das diser Hermas eyn bischoff zu Philippen gewest sei. Hagenauw, Val. Kobian, 1539.

Die zweite Uebersetzung findet sich wohl (das Werk ist mir nicht zugänglich) in J. H. Reitz (?), Novi Testamenti Apocrypha oder: Etlicher Lehr=Jünger des Herrn und Apostolischer Männer Send=Briefe, Schiffbeck bei Hamburg 1760 und in der neuen Gesamtausgabe von 1717 „Apokrypha Neuen Testaments; oder Gesam= lete Denk=Male der Apostol. Zeit.

Die dritte ist 1718 separat erschienen unter dem Titel: Des heiligen Hermae des Jüngers Pauli und Bischoffs zu Philippopolis Sämtliche Geistreiche Schrifften wegen ihrer Erbaulichkeit zum erstenmahl nebst einem Vorbericht in teutscher Sprache herausgegeben und mit einigen nöthigen Anmerkungen erläutert von Johann Christian **Nehringen**. Halle im Magdeburgischen, 1718.

Von da ab ist der Hirt nur noch in Uebersetzungen aller Ap. Väter erschienen.

Der Berlenburgische Bibel Achter und Letzter Theil, bestehend in einem Zu= satz von „Apocryphischen Schrifften des Alten und Neuen Testaments" usw., 1742, enthält „des Hermae Schrifften" ganz am Schluß, „gleichwie das Buch der Offen= barung das N. T. beschliesset, weil es von gleicher Art und Eigenschafft, und auch aus einem prophetischen Geist geflossen ist".

9. Compilations= und Ueberarbeitungshypothesen.

Bei der auf den ersten Blick sich zeigenden Verschiedenheit des Inhaltes der Visionen und der Gebote und Gleichnisse (mit Ausnahme des neunten, das eine Wie= derholung sein will), lag es nahe, die römische Ueberlieferung mit der Annahme des Origenes über den Ursprung des Hirten (Apokr. S. 222) so auszugleichen, daß man den einen Teil, die Visionen, von jenem apostolischen Hermas, den anderen von dem Bruder des Pius verfaßt sein ließ. Diese Vermutung wurde zuerst von H. W. **Thiersch** (Die Kirche im apostolischen Zeitalter, Frankfurt und Erlangen ²1858, S. 358 ff.) und unabhängig von ihm von de **Champagny** ausgesprochen (Les Antonins, Paris ²1863) und nach diesem von D. **Guéranger** (St. Cécile et la société Romaine aux deux premiers siècles, Paris ²1874) weiter ausgeführt. Die erste, durch eine ausführliche Begründung gestützte Teilungshypothese hat **Hilgen= feld** in der zweiten Auflage seiner Ausgabe 1881 aufgestellt. Danach zerfällt H. in drei Bestandteile: 1) Die Grundschrift, der eigentliche Hirt des Gebote und Gleichnisse Vis. V — Gl. VII, freilich nicht ohne einige Zutaten, Aenderungen und Umstellungen erhalten, eine Schrift des römischen Judenchristentums unter Kaiser Domitian, spätestens in der ersten Zeit des Kaisers Trajan verfaßt. 2) Eine ent= schieden antipaulinische Schrift des römischen Judenchristentums: Vis. I—IV, ge= schrieben nach Trajans Verfügung gegen die Christen, also nicht vor 113, etwa unter Kaiser Hadrianus 117—138. 3) Ein das entschiedene Judenchristentum von Vis. I—III mäßigender Zusatz: Gl. VIII—X, Vis. V 5 und einiges andere, das erst hat um 140 dem Ganzen seine gegenwärtige Gestalt gegeben. (Die Formulirung nach Hi in ZwTh 1882, S. 268 ff.) Darnach hat **Haußleiter** (De versionibus

pastoris Hermae latinis, Erlangen 1884) die These de Champagnys wieder aufge=
nommen und mit Hi.s Anſicht von dem relativen Alter der beiden Teile f_0 verknüpft,
daß Vis. V—Gl. X von dem Bruder des Pius vor 150, Vis. I—IV dagegen von
einem andern Schriftſteller gegen Ende des zweiten Jahrh.s auf den Namen des
apoſtoliſchen Hermas geſchrieben ſei.

Gegen dieſe Teilungsverſuche hat zuerſt Ad. Link (Die Einheit des Paſtor
Hermae, Marburg 1888) entſcheidende Gründe von dem Inhalt wie von dem Sprach=
gebrauch des Buches aus geltend gemacht, aber die Behauptung der Einheitlichkeit
des Buches wohl etwas überſpannt, wenn er glaubte, nicht bloß einen Verf. für
das Ganze, ſondern auch einen einheitlichen, auf e i n m a l koncipirten und ſtreng
durchgeführten Plan der Schrift annehmen zu müſſen. Dagegen hat P. B a u m =
g ä r t n e r (Die Einheit des Hermas=Buchs, Freiburg 1889), obwohl ſich auch ihm
die Hauptthese Links, ganz unabhängig von dieſem, als richtig erwieſen hatte, doch
gezeigt, daß die Einheitlichkeit des Buches nicht f_0 feſtſteht wie die Einheit des
Verf., vielmehr ſind deutliche Spuren einer Entſtehung des Buches in einzelnen
Stücken und ihrer nachherigen Zuſammenfaſſung zu einem Ganzen aufzuweiſen; Gl. X
nimmt auch B. als einen Zuſatz von ſpäterer Hand. Wenn er dabei auch etwas zu
ſehr die Verſchiedenheit betont hat, f_0 iſt ſeine Anſicht doch die der Wirklichkeit
wohl am nächſten kommende (trotz Hi.s Antikritik in ZwTh 1889, S. 363); denn
ſie ſchließt die berechtigten Momente in Hi.s Kritik in ſich ein. Mehr oder weniger
eng haben ſich ihm darum auch G. K r ü g e r und Ad. H a r n a c k (Chronologie I,
S. 257—267) angeſchloſſen. H. hat zum erſten Mal genau alle Andeutungen, welche
die Schrift ſelbſt an die Hand gibt, benutzt und aus ihnen auf folgende allmäh=
liche Entſtehung des Ganzen geſchloſſen: 1) a) der Kern der 2. Viſion oder das
fliegende Blatt beim Herannahen der großen Trübſal, b) Viſ. I—III, c) Viſ. I—IV,
IV ein Nachtrag zu dem erſten; 2) der „Hirt“, enthaltend Viſ. V—Gl. VIII; 3) das
Buch der Viſionen in Verbindung mit dem Hirten und mit Hinzufügung des
Gl. IX; 4) das vorige Werk, bereichert durch Gl. X.

Eine ganz neue Wendung nahm die Kritik des H. durch Fr. S p i t t a (Zur Ge=
ſchichte und Literatur des Urchriſtentums II, Göttingen 1896, S. 244—437 = Sp). Nach
ihm ſoll das Buch unvollſtändig erhalten — es fehle der Anfang (S. 246 ff.) — und
aus ſeiner urſprünglichen Anordnung gebracht ſein. Dieſe war bei den Geboten und
Gleichniſſen nach Sp die folgende: 1) Prolog: Vis. I—5, Geb. IV 2 f. Vis. V 6. 7;
2) die zwölf Gebote: I, II, III, IV 1 u. 4, V—IX, X 1, 1 f., 2 u. 3, Gl. I Geb. XII 1, 1—3;
3) Epilog: Geb. XII 3, 2—6, 5, Gl. VIII 11, 1—5; 4) Gl. IX, X; 5) die 7 Gleichniſſe in
folgender Ordnung: Gl. V, II, III u. IV, VIII, Geb. XI, Gl. VI u. VII, verloren gegangenes
Stück und Gl. IX 31, 4—33, 1. Außerdem aber — und das war das Ueberraſchende
an Sp.s Theſe — ſollte das Hermasbuch im großen und ganzen eine j ü d i ſ ch e
Schrift ſein, die nur durch eine ziemlich leicht wieder loszulöſende Ueberarbeitung
chriſtlich gemacht worden ſei. Die einzelnen ausgeſchiedenen Stellen ſind von mir
im folgenden in den Anmerkungen namhaft gemacht und meiſt beſprochen worden.
Das Mittel, mit dem Spitta arbeitet, iſt eine ſchneidige Logik, die unbewußt von
dem Beſtreben geleitet iſt, alles deutlich Chriſtliche, wie die Erwähnung der Taufe
u. ä. als nicht in den jedesmaligen Zuſammenhang paſſend nachzuweiſen. Spitta
hat freilich hier, wie auch bei ähnlichen Nachweiſen ſonſt, das Hauptmittel aller
literariſchen Kritik, den Aufweis eines verſchiedenartigen Sprachcharakters der
Quellen gänzlich vernachläſſigt. Ja, er hat nichts getan, den Sprachbeweis, den
Link und Baumgärtner für die Einheit des Buches geführt haben, zu erſchüttern.
Dieſem Beweiſe gegenüber iſt eine Arbeit mit logiſchen Bedürfniſſen und Kategorien
zum Zweck der Quellenſcheidung ein ſehr wenig bedeutſames Mittel. Und zumal
einen Schriftſteller wie Hermas mit dem Sezirinſtrument u n ſ r e r Logik und
u n ſ r e r äſthetiſchen Bedürfniſſe unterſuchen, heißt die Sache am verkehrten Ende
anfaſſen. Ich habe das in den Anm. an vielen Stellen im einzelnen nachgewieſen,
an Stellen, die Spitta keine Steine des Anſtoßes geweſen ſind, weil ſie nichts
„Chriſtliches“ enthielten. Die Epoche einer derartigen Literarkritik iſt in Deutſch-

land darum auch bereits im Verschwinden. Wertvoll bleiben aber in Spittas Buch
die Hinweise auf jüdische Parallelen und auf Mängel in der Schriftstellerei und
der Logik des Hermas. Zwei Anhänger hat Sp. allerdings in H o l l a n d gefunden,
den durch seine haarspaltende Literarkritik bekannten D. V ö l t e r (Die Visionen des
Hermas, die Sibylle und Clemens von Rom, Berlin 1900) und seinen Schüler H. A.
v a n B a k e l (De Compositie van den Pastor Hermae, Amsterdam 1900 = v. B.).
V ö l t e r s Versuch, die gesäuberten Visionen für das Produkt einer Kultgenossenschaft
der cumäischen Sibylle zu erklären, ist weiter nichts als ein Einfall. van Bakels
um wenig Neues vermehrte mit echt holländischer Breite geschriebene Addition seiner
Vorgänger habe ich hier und da in den Anm. citirt (v. B.) und knapp zu widerlegen
gesucht; denn der Zweck dieser Anmerkungen verbietet eine ausführliche Widerlegung
auch Sp.s, die zu einem Band anschwellen würde.

H a r n a c k hat Sp.s Buch in der Chronologie (noch?) nicht berücksichtigt,
R é v i l l e ihm einen widerlegenden Artikel gewidmet in der Revue de l'histoire
des religious 1897, S. 117—122, F u n k einen gleichen in Theol. Quartalschr. 1899
S. 321—360, K r ü g e r eine ablehnende Recension über drei Bücher geschrieben in ThLZ
1900, S. 553. Schließlich hat S t a h l in seinen Patristischen Studien (Leipzig 1901,
S. 299—356) eine ausführliche Widerlegung Sp.s gegeben.

Anmerkungen.

Erste Vision.

1 3 C u m ä]; ſο mit L[1], hier und in Vis. II 1, 1, während hier אGA „in
Dörfer“ (εἰς κώμας) und L[2] „in die Stadt der Ostier“, in Vis. II 1, 1 אA „in
Dörfer“, G[.] „in ein Dorf“ lesen. Was gemeint war, ist nicht sicher. Für „Cumä“
spricht die Erinnerung an die Sibylle Vis. II 4, 1, die Erwähnung der kampanischen
Straße Vis. IV 1, 2, der Gebrauch des Wortes πορεύεσθαι (wandern, reisen) nicht
ἔρχεσθαι, ὑπάγειν (kommen, gehen Vis. III 1, 2 IV 1, 2) vgl. PA. Za wollte „in Dörfer“
= „aufs Land“ nehmen, was aber sonst nicht vorkommt, „in ein Dorf“ G ist Er=
leichterung. — e i n G e i s t ... t r u g m i c h] Vis. II 1, 1 Gl. IX 1, 4, ähnlich wie
Heſ. 8 3 u. ö.; ſo schildert der Geisteträger das Gefühl des Fliegens in der Ekstase,
weitere Beispiele vgl. W e i n e l, Die Wirkungen des Geistes usw. Freiburg 1899
S. 201 ff. — 5 Der schlechte Zusammenhang mit dem Folgenden (betont von PA) ist
nicht literarkritisch, sondern psychologisch aufzulösen: an einem bestimmten peinigenden
Gedanken setzt die Vision an und schlägt erst dann ins allgemeine um; dennoch
mischt sich immer wieder Persönliches ein. — 6 W o r t e G o t t e s, indirekt wiederge=
geben, voll feierlichen, liturgischen Klangs. Die Stelle citirt Origenes in Joann. I
c. 18. ed. de la Rue t. IV p. 19. — 7 G ö t t i n]: אL[1], das in einer christlichen
Schrift auffällige Wort hat bereits G in θυγατέρα „eine Tochter“, A in „meine
Herrin“ und zuletzt wieder Hi in „eine Tante“ [!], θείαν, verändert. H. gebraucht
aber auch θεῖος „göttlich“ in auffallender Weise, Vis. IV 1, 6, in ungewöhnlicher
auch Vis III 8, 7, Geb. XI 2, 5, 7, 8, 9, 12, 21, ebenso θεότης „Gottheit“ in Geb.
X und XI. — 8 d i e b ö s e L u ſ t ſ t e i g t i n s H e r z] eine bei H. außerordent=
liche häufige, von mir nicht immer gleich übersetzte auch biblische (Jeſ. 65 17, Jer.
3 16, AG. 7 23, 1. Kor. 2 9 u. ö.) Redensart für das Auftauchen eines Gedankens,
eines Gefühls oder einer Willensregung im Bewußtsein oder für ihr Wiederauf=
treten in der Erinnerung. — g e r e c h t e r M a n n] braucht nicht jüdisch, kann gut
christlich sein (Vis. I 4, 2 II 2, 5). — T o d u n d G e f a n g e n s c h a f t] wohl nicht
innerlich nach Joh. 8 34, Hebr. 2 15 zu deuten (PA), sondern von den „Geistern im
Gefängniß“ 1. Petr. 3 19, andere Stellen bei S p i t t a, Die Predigt Christi an die
Geister, 1893. — 9 H e i l i g e n] = Christen, religiös gedacht: die Gott Angehörigen,
nicht = sittlich Vollkommenen.

2 1 H. unterscheidet gewöhnliche Sünden und vollkommene = durch Taten voll=
endete Sünden, katholisch-populär, demgegenüber macht die himmlische Stimme,
wenigstens für die ausgezeichneten Christen Jesu Beurteilung Mt. 5 27 f. geltend,
augenscheinlich ein Nebenzweck der ganzen Erzählung. — 2 Wechsel der Tempora

eine Eigentümlichkeit des (schlechten) Stils des H. — 4 schon bewährten
Geist] in der Verfolgung: Vis. II 3, 2, Za. — ohne Bosheit] Das naive Selbstlob hier und Vis. II 3, 2, auch sonst, ist echt, manchmal gibt H. auch kleine Schwach-
heitssünden zu: Vis. I 3, 1, manchmal konstatirt er auch seine Demut so, daß ein
naiver Stolz durchbricht, Vis. III 4, 3, oder er läßt sich ob seines Uebereifers schelten
Vis. III 3, 1 Gl. V 5, 1 u. ö., aber sein Selbstbewußtsein ist doch so stark, daß Aus-
brüche wie Geb. III, 3 nicht ganz echt anmuten.

3 2 Barmherzigkeit] πολυσπλαγχνία, Za führt die Häufigkeit der Verwendung dieses Wortes und seiner Verwandten auf Benutzung des Jak. zurück, unmöglich. — Bücher des Lebens] Vgl. Geb. VIII, 6, Gl. V 3, 2, Gl. II, 9: in
den B. d. L. stehen die, welche das ewige Leben bekommen; aus dem Bilderkreis
vom himmlischen Gericht, sehr häufig in jüd. und christl. Literatur. — 3 Ich
hörte... war es] wörtlich: groß und wunderbar (Adv.) hörte ich; schlechter Stil.
— zu ertragen vermag] 4. Esra 6 17 war nicht Vorbild, vielmehr liegt hier
ein Erlebnis vor, bei dem ein allgemeiner, mit hohem Affekt verbundener Eindruck
des Hörens vorhanden ist, ohne daß der Inhalt des Gehörten deutlich wäre, so die
„Engelsstimmen", die Paulus unsagbare Worte hat aussprechen hören 2. Kor. 12 8,
vgl. Weinel, Wirkungen des Geistes usw. S 161 ff. — 4 Beachte den liturgischen
Klang des Stückes, auch hier viel alttestamentl. Reminiscenzen. — unsichtbaren]
Text unsicher, „unsichtbare Kraft" nach Vis III, 3, 5. — auf den Wassern ge-
gründet] Ps. 135 6 nicht nach LXX, sondern nach einer Textgestalt, die auch
Theoph. ad. Aut. I 7 auftritt (Ju). — Auserwählte] nur in den Visionen auf-
tretender Christenname vgl. II 1, 3, 2, 5, 4, 2, III 5, 1, 8, 3, 9, 10, IV 2, 5, 3, 5. —
halten die Gebote Gottes] braucht nicht jüdisch zu sein (Sp) vgl. z. B. 1. Clem.
1, 3; 3, 4; 40, 9; es ist „katholisch", wie die bezeichnende Nebeneinanderstellung von
„Gesetz" und Glauben beweist.

4 1 nach Osten] nicht weil „ex oriente salus" (Ju) und als Hinweis auf
„die morgenländische Geburtsstätte der Kirche" (Za), sondern weil „nach der Annahme der Menschen der Osten vor allen andern Teilen der Schöpfung zu ehren
ist". Ps.-Justin ad orthod. 118 (Otto p. 184) (PA). Man betet auch, nach Osten
gewendet. Unverstandene Reste von Sonnenverehrung. — 3 zwei Männer]
Diese zwei und die vier in 4, 1 zusammen 6 Engel, wie nachher oft. — Vorbild
4. Esra 10 88? Kaum, ein biblisches häufiges Wort, auch Mart. Polyc. 9, 1 sagt die
Himmelsstimme: Sei stark, Polykarp, sei ein Mann.

Zweite Vision.

1 1 vgl. Vis. I 1, 3. Die Vision knüpft diesmal nicht an einen starken inneren
Spannungszustand an, sondern an das Erinnerungsbild einer anderen Vision. — 2 gehalten und] Volkssprache für: kund zu tun. — 4 Die Schrift ist, wie alle antike, fort-
laufend mit großen Buchstaben geschrieben: DEINENACHKOMMENHERMAS usw.
Für einen, der überhaupt lesen konnte, war derartiges einfach zu lesen. Ist, was H.
schreibt, erlebt, so hat er, aus der Ekstase erwachend, das Blatt beschrieben vorgefunden und es lesen können, aber in der Erinnerung gehabt, daß er während der Ekstase
ohne Verständnis des Inhalts geschrieben hatte. Derartiges kommt vor: vgl. meine
Geistwirkungen, S. 101 ff. — Auf die Stelle spielt an Clem. Alex. strom. VI 15, 131. —

2 2 nur auf Christen verfolgungen, nicht auf Juden paßt diese Beschreibung,
vgl. Apokr. S. 221. — keinen Gewinn] nicht deutlich, da nicht einmal der Text
feststeht. — schlimme Gemeinschaft] wohl auf geschlechtliche Sünden zu
deuten. — 3 Schwester werden soll] Drei Auffassungen nach dem Wortlaut möglich: 1) Die Frau ist Heidin, soll Christin werden. Diese Deutung ist
ausgeschlossen, weil „die Eltern" von den Kindern als Christen verraten worden sind,
nicht bloß der Vater; 2) Die Frau soll „dereinst, nämlich im künftigen Aeon, wo
man nicht frei noch sich freien läßt, seine Schwester sein", Za 179; unwahrscheinlich,
das betonte dereinst = im Himmel liegt nicht in dem einfachen „sollen", auch heißt
die Frau bereits 3 1 Schwester; 3) in der Ehe soll er seine Frau als „Schwester"

anfehen, vgl. Gl. I 11,3. Die Sitte ist uns von alten Christen häufig bezeugt. Dagegen spricht auch nicht Geb. IV 1, da der Gedanke an seine Frau ja nicht sinnlich zu sein braucht. So deuten Hi, Fu u. a. — 4 Tag] Was für ein Tag, ist unklar, selbst die Ausdrucksweise ist nicht sicher zu übersetzen. Deutlich ist, daß eine kurze Zeit der Gegenwart, innerhalb der der Bußruf verkündigt wird, abgegrenzt sein soll, im Gegensatz zum „jüngsten Tag". Man darf diese Angaben nicht mit denen in Vis. III (2,2 usw.) über die Vollendung des Turmes unmittelbar zusammenbringen. Propheten können auch warten. — 6 Vorstehern] Dies Wort ist ein seltener Ausdruck für die christlichen „Beamten", vor allem Lehrer, nicht jüdisch, sondern römisch, steht im Hebr. (13 7. 17. 24), der von einem auswärts weilenden Römer nach Rom geschrieben ist, im 1. Clem. (1, 3 und bef. 21, 6) und hier. Es ist kein Titel und Name, sondern ein Bild und heißt fo viel als unser „Offiziere" „Beamte". Daher auch das Schwanken in seinem Gebrauch. Das Wort darf in der Geschichte des Amtes nur mit großer Vorsicht verwandt werden, es ist ein poetischer, rhetorischer Ausdruck. Vgl. noch Vis. II 4, 3; III 9, 7. — 7 Engelu] vgl. Gl. IX 25, 2; 27, 3. — die große Drangsal] die letzte Zeit vor dem jüngsten Tage, Mt. 24 21 u. ö. auch in jüdischen Apokryphen. Die Verfolgung wird in einen Trost umgewandelt durch den Gedanken, daß man an ihr die Nähe des Endes erkennt: 1. Petr. 4 17, seit Daniel. — „Groß" heißen die apokal.=messianischen, auch die himmlischen Dinge: die große Not Lk. 21 23, der große Tag Offb. 6 17, 16 14, Jud. 6, AG. 2 20 = Joel 3 4, das große Zeichen Mt. 24 24 u. ö. — 8 bei seinem Sohn] ist nach Sp. ein christlicher Zusatz, ohne guten Grund; im Gegenteil „schwören bei" sagt Hermas auch 2, 5, v. B. liest „bei sich selbst", reine Willkür. — früher] Die Stelle kann nicht vor Trajans Zeit geschrieben sein (PA).

3 1 Schwester] vgl. zu 2, 3. — 2 Nicht jüdisch, wie die Hebr.stelle zeigt. Za S. 472 vergleicht 1. Joh. 2 17, es liegt aber nur eine allgemeine Aehnlichkeit vor. — 3 Maximus] gänzlich unbekannt. — 4 Eldad und Modat] Diese pseudepigraph. Apokalypse, jetzt verloren, war noch Jahrhunderte lang bekannt und wird von späteren Verzeichnissen der heiligen Schriften (Syn. Ath., Stichom. Niceph.) unter die Apokryphen des A. T.s gezählt. H. hat sie als heilige Schrift gewertet, wie die Einführungsformel „wie geschrieben steht" beweist.

4 1 die Sibylle] vgl. Apokr. S. 318—322. H. ist der erste christl. Schriftsteller, der sie erwähnt. — Zur Lehre von der Kirche vgl. Apokr. S. 225. 227. — 2 die „Aeltesten" kommen noch vor Vis. III 1,8; vgl. die Vorsteher in 2, 6. — 3 Clemens] vgl. Apokr. S. 222. — Grapte] unbekannt. Sie hat eine leitende Stellung bei den Witwen und Waisen, die in der Gemeinde besondere Fürsorge erfuhren vgl. Geb. VIII, 10, Gl. I, 8, V 3,7, IX 26, 2, 27, 2 und viele andere Stellen der altchristl. Lit. Die Anfänge der Witwen= und Waisenpflege f. AG. 6. Grapte war vielleicht Diakonissin. — die auswärtigen Städte] Das Buch ist also an alle Christen gerichtet, mithin denkt H. die Lage der andern ähnlich. Auch wirkt ja sein Bußruf auf die ganze „Kirche" ein. Nicht zu übersehen! — Städte] Das Christentum ist noch „städtische" Religion. Erst später drang diese damals „moderne" Bewegung in die Dörfer. — Presbytern] es ist nicht deutlich, wie H. selbst zu den Presbytern steht, doch scheint er nicht zu ihnen zu gehören.

Dritte Vision.

1 2 Fasten und Beten gehört für diese Zeit, wie früher in gew. jüdischen Kreisen zusammen. Es ist aber auch die spezifische Vorbereitung auf eine Vision Vis. III 10, 6. Unmittelbare Nachahmung von 4. Esr. 6 31. 35 nicht anzunehmen, vielmehr Erfahrungen und Gewohnheiten der Pneumatiker vgl. meine Geistwirkungen S. 224 f. — auf den Acker] vgl. Vis. IV 1, 2, auch hier nicht Nachahmung von 4. Esra 9 26: Esra geht auf „das Gefilde Ardaf" (?), H. auf einen ganz gewöhnlichen Acker, den er besitzt. — die fünfte Stunde] „Die bestimmte Zeit=

angabe oft in Apokalypfen" PA, kann aber auch auf Erlebnis beruhen. Die Ekftafe ftellt fich, wie wir fagen, durch Autofuggeftion zu der Stunde ein, für die fie von der Himmelsftimme verkündet ift. Ich habe das felbft an einem Manne, der an folchen Zuftänden litt, beobachten können. — Die 5. Stunde] = gegen Mittag. Die Mittagsftunde, zumal in der heißen Zeit, wie Mitternacht eine Gefpenfterftunde, auch phyfiologifch begründet. Vgl. meine Geiftwirkungen S. 172. — 3 wohin du willft] auch das ift pfychologifch leicht begreiflich; foll den Eindruck des Wunderbaren er-höhen. — 5 Ausgezeichnete Schilderungen des anfcheinend grundlofen Erfchreckens im pneumatifchen Schlafzuftand, das eben nur in dem Zuftand begründet ift. — zu mir kam] wörtlich „in mich kam" im Gegenfatz zu dem „Außer fich fein" der Ekftafe, die als ein Verlaffen des Körpers von Seiten der Seele gedeutet wird. — vorher] Vis. I 1, 3. — 6 H. wendet fich hier und oft gegen ein tränenfeliges, trübes, nur rückwärts fchauendes Chriftentum. — 9 Wir fehen hier in den Beginn des Kampfes zwifchen Amt und Märtyrern hinein. Der Prophet fteht auf der Seite der Märtyrer. Auch diefer Kampf weift uns ins Chriftentum und zwar ins zweite Jahrh. In dem Kampfe hat fchließlich das Amt feinen Rang auch über der neuen Art von Geiftesträgern, über „denen, die gelitten haben", behauptet. Vgl. noch Vis. II 2, 2. 7, III 2, 1, 5, 2, 6, 5, Gl. VIII 3, 6. 7, 10, 4, IX 28, 2—6.

2 1 Heiligtums] Altteftamentl. Sprachgebrauch; ob fchon auf chriftliche Verfammlungshäufer oder Räume und auf befondere Plätze in ihnen angefpielt ift? — Die Vorftellung von verfchiedenen Stufen der Seligkeit geht durch das ganze Buch; vgl. z. B. Vis. III 3, 5, Gl. VIII 6 und 8 ufw. — 4 Der Zauberftab gehört wohl zum Bild der Sibylle. — Beachte den Stil, der den Eindruck des geheimnisvoll Ueberrafchenden treffend andeutet. — 6 cit. von Origenes in Oseam (Opp. III p. 439) von „daß" an. — 8 Die letzten Worte cit. von Didymus caten. ad Job. 8 17. 18 p. 202 ed. Lond. 1637; MPG Bd. 39, 1141. — 9 Sp (276) ftreicht § 9 von „wieder andere" an, v. B. 33 ff. den ganzen § 9. Vgl. die Anm. 7, 1—3.

3 2 mache... Mühe] Zufälliges Zufammentreffen mit Gal. 6 17, eine all-gemein übliche Phrafe; ebenfo zufällig ift meift bei H. das Zufammentreffen mit chriftl. Ausdrücken, die entweder vom N. T. in den allgemeinchriftl. Sprachfchatz übergegangen, oder fchon ihm entnommen find. Derartiges beweift nicht literarifche Abhängigkeit. — unverfchämt] Dasfelbe Wort wie Lk. 11 8: um feines unverfchämten Geilens willen, vielleicht abfichtlich. — 4 Was... wer-den] cit. von Clemens Alex. ftrom. II 1, 3. — 5 An diefer merkwürdigen Doppel-erklärung des Waffers fetzt Sp.s Kritik ein, um alle Stellen von der Taufe aus Vis. III zu entfernen (S. 272, v. B. ebenfo). Mit Unrecht, vgl. Funk, Einheit S. 339 f. — Indeffen die Doppelerklärung ift nur fcheinbar. Die Zurückweifung auf Vis. I 3, 4 hat den Sinn: angedeutet („gefagt") habe ich es vorher, nun, durch die genaueren Fragen veranlaßt, will ich dir genauer erklären, weshalb der Turm auf dem Waffer fteht. In Vis. I 3, 4 ift nur die Weltfchöpfung und die Schöpfung der Kirche erwähnt, hier, warum die Kirche „auf Waffer" gefchaffen ift, wie die Erde: weil die Taufe ihre Grundlage ift. Daß H. einen und denfelben Zug des Bildes mehrmals deutet, kommt oft vor. Als urfprüngliche (jüdifche) Textes-worte will Sp. gelten laffen: Ich habe es dir gefagt ... und du fragft noch? Gegründet ift der Turm durch das Wort ... Das ift gar keine Antwort auf die Frage: weshalb ift der Turm auf den Waffern gebaut? Und auch diefes Trümmerftück des Textes fteht noch in Widerfpruch mit Vis. I 3, 4! Denn auch fo würde hier gefagt, der Turm, d. h. die Kirche fei auf dem Waffer gegründet, in Vis. I dagegen, die Erde. Die Verweifung auf Vis. I hat auch bei Sp. nur einen ungefähren, widerfprechenden Sinn! — Damit fallen auch Sp.s Folgerungen für die anderen von der Taufe handelnden Stücke zum Teil weg. — Uebrigens find Leiden der Märtyrer nach der Meinung der alten Kirche ihre „Bluttaufe", alfo liegen die Bilder nicht fehr weit von einander ab (Stahl). — des... herrlichen Na-mens] d. h. Gottes. Der Name gilt dem Antiken als geheimnisvolles Symbol des Wefens. So wird mit dem Namen gezaubert, geflucht ufw.; faft wie ein per-

sönliches Wesen sieht der Name für die Person. — durch Wasser gerettet] Das Zusammentreffen mit 1. Petr. 3 20 ist zufällig; es fehlt jeder Stelle das Charakteristische der andern.

4 1 Die „Erzengel" = herrschende Engel, sonst 7, Hermas rechnet den Sohn Gottes = den heiligen Geist = die Kirche zu ihnen, sodaß auch am Turm die 7 höchsten Geister versammelt sind. Vgl. Apokr. S. 227. Was höher im Rang ist, ist nach den Kategorien jener Zeit auch früher geschaffen, vgl. z. B. Joh. 1 15. Die Engel beherrschen und bewegen die Völker zum Eintritt in den Turm der Kirche; in andern Büchern werden die Engel und Hüter der Völker für abgefallene (Teufels=) Engel (= Heidengötter) angesehen. — 3 Citat aus dem „Katechismus" der zwei Wege, vgl. „die Lehre der zwölf Apostel" 4, 4, Barn. 19, 5. — wegen... nicht] cit. von Clemens Aler. strom. I 29, 181.

5 1 Schon PA machen darauf aufmerksam, daß Bild und Deutung sich nicht decken. Sp. und v. B. gründen darauf ihre Ueberarbeitungshypothesen, die aber auch nicht die Schwierigkeiten lösen. Diese sind nur psychologisch aus der Eigenart des Schriftstellers zu erklären, den man nicht mit dem Maßstab der formellen Logik messen kann, sondern der jeden neuen Gedanken, der ihm bei der Deutung einfällt, anfügt, ohne zu fragen, ob er auch ganz genau zum Bild paßt oder im Bild vorbereitet ist. — die Apostel] sind nicht die zwölf, sondern alle Missionare vgl. Lehre der zwölf Ap. 11. — 2 Anders als im Bild 2, 6 unterscheidet Hermas hier „viereckige" und „aus der Tiefe" gezogene Steine. Sp. streicht „und in ihren Fugen übereinstimmenden" und von „sie sind" bis „die Steine, die" in § 2. Dadurch entsteht eine Gruppe und die christl. „Beamten" fallen fort. Da aber die Worte „mit den bereits eingebauten" in § 2 auf eine bereits erwähnte Gruppe hinweisen, was Sp übersehen hat, so streicht v. B. auch diese Worte, ebenso den Anfang von § 1. Es bleiben also bei ihnen als erste Gruppe dem Abgrund nur die Märtyrer. Man weise aber eine jüdische Parallele nach, in der jüdische Märtyrer in Gegensatz zu allen andern Juden gestellt wären! — Namens willen] Diese Formel ist für Juden unmöglich. — Beachte, daß hier die Märtyrer hinter Aposteln usw. stehen, in Vis. III 1, 8. 9. vor den Presbytern. — 3 Vom Trocknen im Bild 2, 7 drei Gruppen, hier vier, und zwar 2 Gruppen guter Christen, von denen Spitta (279) (v. B. 31) gerade die in 2, 7 erwähnten ausscheiden will (5, 4). Der Widerspruch zum Bild liegt in § 3 vgl. mit 2, 7! Vgl. noch gegen Sp. Stahl S. 322. — 4 So mit GL¹A (Fu), dagegen אL² (PA) „weil an ihnen Sünde gef. w." Der Sinn ist: es sind gute Christen, aber noch junge, nicht gefestigte, also eine sowohl von 5, 3 als 5, 5 geschiedene Klasse (gegen Sp.). — 5 Von „wenn" an streicht Sp. 283, v. B. von „nur" an S. 33; damit streicht man das Wichtigste, wie mit Recht schon PA sagen, „den Angelpunkt der ganzen Predigt".

6 1 Ein Beispiel des außerordentlich schlechten Stils, den H. schreibt. Unbeholfen, weitschweifig und kümmerlich im Wortvorrat. — 2 die Wahrheit erkannt] Anklang an johanneische Ausdrucksweise, vgl. Za 472. — Verkehr mit den Heiligen nicht pflegten] vgl. 1. Clem. 47, 2, häufiger Vorwurf an untreue Gemeindeglieder, die aus Feigheit oder aus Hochmut den Verkehr mit den Christen wieder abbrachen, nachdem sie eine Zeitlang auch dieser neuen Kultgemeinschaft, wie so vielen anderen, für die sie sich „interessirten", angehört hatten. — 5 Zu dem Tadel vgl. zu Vis. I 2, 4. — Drangsal] deutlich = Verfolgung, gegen Stahl. — Herrn] beachte den Ausdruck, christlich, gegen Sp. — 7 H. ist einer von diesen Steinen.

7 1 Der wahre Weg, vgl. 2. Petr. 2 15 und den Sprachgebrauch von Hebr., AG. und Joh. — besseren Weg finden] entweder bei christlichen Gnostikern oder in heidnischen religiösen Vereinen. Wenn das letzte gemeint, so ist gedacht, daß sie nicht „für immer" sich entfernt haben. Vgl. das Folgende. — 3 Taufe auf den Namen des Herrn älter als auf die drei Namen, vgl. 1. Kor. 1 12 f., AG. 19 5, 10 48, 2 38, dagegen Did. 7. — Wahrheit] = Christentum, johann. Sprachgebrauch. — Die drei genannten Gruppen gehören zu einander, im Gegensatz

zu den in c. 6 Genannten. Dort sind es kirchlichgläubige Sünder, hier solche die den
Kirchenglauben verlassen oder noch nicht angenommen haben: 1) Häretiker oder
Synkretisten, 2) Abgefallene, 3) interessirte Ungetaufte. Sp.s (276) und v. B.s (35)
Gründe gegen das Ganze oder einen Teil dieses Stückes sind deshalb unzutreffend.
— 6 7, 5 und 6 streicht Sp. (283), weil sie den Angaben in 7, 2 („für immer")
widersprechen. Auch werde hier eine Peinigung in der Unterwelt gelehrt (die eigenartige Unterweltvorstellung Gl. IX 16, 5 soll auch interpolirt sein). Das Letzte ist
nicht sicher. Der Widerspruch über das Schicksal Abgefallener findet sich, von Sp
unbeanstandet, auch bei den Kindern des Hermas! v. B. streicht von „Und sie" bis
„teil hatten" (37).

8 2 lächelte leise] über seinen großen Eifer. Weder Sp. noch v. B.
lassen hier den Interpol. eintreten, obwohl hier ein ganz neues, mit dem vorigen
unverträgliches Bild auftritt. Man lerne, wie H. seine Bilder weiterführt. Literar-
kritische Operationen sind da unangebracht! Es ist vielmehr echt visionäre Art,
dieses Anreihen neuer Bilder und Züge, di e ch wohl nach der Logik, aber nicht im
visionären Traume stören. — Von hier an cit. Clem. Alex. strom. II 12, 55 mehreres.
— 3 Glaube] im Griechischen weibl. Geschlechts. — 4 ewiges Leben ererbe]
Vgl. Mc. 10 17 Mt. 19 29 Lk. 10 25, 18 18. An Benützung von 2. Petr. 1 5 (Za 434) ist hier
nicht zu denken. Tugendreihen, die mit „Glauben" anfangen und mit „Liebe" endigen
auch sonst; vgl. Act. Pauli et Theclae 17, Ign. Eph. 14, 1, Polyk. 3, 3, Baru. 1, 6 (PA)
— 5 ihrer Mutter] = des Glaubens. — 8 Heiligen Gottes] der Christen.
— 9 Diese Kernfrage aller Apokalypsen muß auch im Hirten erörtert werden, sie
tritt sonst ganz hinter den Bußruf und den Trost zurück: „Es genüge dir"... Es
folgt dann nur noch der Befehl, das Geoffenbarte tund zu machen.

9 1 Die Christen als „Kinder" der „Frau", der Kirche, wie in 2. Joh. 1. —
träufeln lassen] vgl. Jer. 42 18, 44 6. — Der Gebrauch von gerechtfertigt werden hier unpaulinisch = gerecht gemacht werden. — 2 Die nicht
übersetzten Worte ἐκ καταχύματος heißen vielleicht „im Ueberfluß". — 6 Die Verwandtschaft mit Joh. 5 4 sehr allgemein; näher stehen Psalmstellen (Sp.). —
9 meine Kinder] die Leiter der Gemeinde. — 10 „Allein die Kirche und der
Sohn Gottes (Gl. V 6) nennen Gott den Vater" PA

10 3 Auf diese Stelle spielt an Hieron. in Oseam 7 9 (Werke VI, 75). —
7 deinem Körper schadest] Aehnliches auch in 4. Esra. Nicht Nachahmung,
sondern die Erfahrung des Pneumatikers von der aufreibenden Wirkung des Betens,
des Fastens und der Ekstase.

12 3 stark im Glauben] vgl. 2. Tim. 2 1, ein Lieblingsausdruck des H.

13 4 Von 10, 2 an streichen Sp. (287 ff.) und v. B. alles bis zu dieser Stelle.
Nun sind ohne Zweifel Widersprüche zum Vorhergehenden vorhanden. 1) Die
Deutung des alten Aussehens der Kirche ist in Vis. II 4, 1 eine ganz andere als
in III 11; 2) nie vorher hat H. etwas von den 3 Gestalten der Kirche gesagt, ja
nach Vis. I 2, 2, II 1, 3, 4, 2, III 1, 2, 1, 4 ff. bleibt sie f0 ziemlich gleichaussehend.
3) Die Kirche ist in 11—13 die empirische, vorher die ideale K. 4) Die Deutung des
Sessels in 11, 4 ist anders als in I 2, 2, ebenso ist die der Bank in 13, 3 etwas
absolut Neues, nicht Ursprüngliches — nebenbei eine schlimme Allegorie! Trotzdem
ist es nicht erlaubt, daraus mehr zu folgern, als daß 11—13 ein nachträglich hinzu-
gefügter Schluß sind, der den Erfolg des Bußrufs entweder schildert oder prophetisch andeutet. Dabei sind Elemente des alten Bildes in neuer Weise verwertet.
Das hält H. für besonders geistreich. Die Sprache des Ganzen verrät zu deutlich
die Einheit des Schriftstellers. Die Art, wie diese Kapitel angeknüpft sind, spricht
gerade für die Echtheit der Niederschrift, die den Traumgedanken des Visionärs
einigermaßen folgt. Logische Korrektheit ist da nicht stets zu verlangen, gerade dieses
stets neue Anknüpfen und das Schwinden des alten Bildes ist charakteristisch. Aehnlich in der Offbg. Johannis.

Vierte Vision.

1 2 auf der campanischen Straße] vielleicht „auf der Feldstraße" [Via campana südlich vom Janiculus?]; ebenso ist unsicher, was mit der öffentlichen (viell. Staats)=Straße nachher gemeint ist. — **4** Man beachte hier und im folgenden die große Treue in der Schilderung des visionären Erlebnisses. Die Himmelsstimme ist die starke, den Glauben vertretende Seite des Innenlebens. Der Visionär hört meist eine „Stimme", nicht eine Person reden. Undeutlich — wie beim Erleben — ist, ob hier oder erst in 6 die Ekstase beginnt. Es scheint jetzt noch mehr Halbschlaf. — **6 einen Meerdrachen**] der Drache, die Schlange als Bild der gottfeindlichen Macht uralt, vgl. Gunkel, Schöpfung und Chaos, 1895, S. 29—90. — **Heuschrecken**] beim Gericht vgl. Joel 2 1 ff., Offbg. 9 3 f.; überall ist das Bild selbständig weiter=geführt. — **wie ein Faß**] des H. Phantasie ist recht kümmerlich verglichen mit der des Verf.s der Offbg. Joh. Man hat ihr aufhelfen wollen durch Beseitigung des Fasses, indem Hi anders las als die Handschriften (ὡς κεράστου): wie der einer Hornschlange, Za übersetzte: sein Kopf sieht wie gebrannter Ton aus. Allein es handelt sich nicht um Farbe und Form, sondern um Größe (100 Fuß). Des Hermas Bilder bewegen sich in der Sphäre des kleinen Mannes; vgl. Apokr. S. 223. — **10 streichen** Sp, v. B. ganz, vgl. zu 3, 1—5.

2 1 Wenn die große Drangsal vorüber ist, erscheint die Kirche in ihrer Voll=endung, der Tag ihrer Vereinigung mit dem Bräutigam ist da. Das Bild von der Ehe, der Syzygie des Christus und der Kirche, ist alt (im N. T.: vielleicht im Hintergrund von Mc. 2 19 f., dann Eph. 5 22—32, Offbg. 21 2) und häufig gebraucht, bef. bei Gnostikern, aber auch in der Kirche. H. naheftehend bef. 2. Clem. 14 f. dort. — **4 durch keinen andern das Heil**] Zufälliger Anklang an AG. 4 12. — **Thegri**] Engel verwalten die Teile der Schöpfung nach jüdischem und christl. Glauben, Engel des Reifes, Hagels, Schnees, des Wassers Offbg. 16 5, des Feuers Offbg. 14 18; es gibt „Hüter der Völker" und fo auch „Hüter der Tiere". Der Name Thegri unbekannt, Hieronymus las „Tyri" (in Hab. 1 14, Werke VI, 604). Versuche der Erklärung siehe in PA und bei Funk. — **5 fo werdet... flecken=los wird**] cit. von Clem. Alex. strom. II 9, 76. — Das Citat ist aus Pf. 54 23 und nicht aus 1. Petr. 5 7 (3a) gefloffen; denn nur jene Stelle nimmt wie H. den Imperativ als einen konditionalen. Der Nachsatz ist bei H. etwas verändert. — **6 Beffer... nicht geboren**] Sprichwörtliche Redensart, die in mancherlei Formen sehr häufig vorkommt, nicht Citat.

3 4 dieser Welt entflohen] vgl. 2. Petr. 2 20, ähnlich, doch nicht be=nutzt (3a); der Wortlaut ist nicht gleich, sondern nur ähnlich und das Bild gehört dem H. an. — **Gold geläutert**] häufiges Bild im A. und N. T. — **unter ihnen**] nach אL¹ (L²); in ihr (der Welt) GA (PA), das Letzte falsch, eine Erleich=terung, wie das Folgende beweist. — **5** 3, 1—5 wie 2, 10 nach Sp. (292, v. B.) Interpolation. Mit Unrecht. Daß erst in 2, 10 von den Farben erzählt wird, hat darin seinen Grund, daß H. erst im Vorbeigehen (1, 9; 2, 1) diese Farben sehen kann. Daß die Farbenallegorie „sinnlos" ist — das ist sie nicht, nur schlecht —, kann gegen Echtheit nicht sprechen. Sind nur Interpolationen sinnlos? — **6** Das „auch" streicht Sp. ebenfalls, indem er es fälschlich auf 3, 1—5 bezieht; es gilt na=türlich Vis. I—III. Vgl. das „vollenden" in Vis. IV 1, 3. — **das vorher Ge=schriebene**] es scheint fast, als sei dieses schon veröffentlicht, vgl. S. 293. Oder ist an das A. T. gedacht? — **das Tier komme**] das ist logisch ebenso „sinnlos" wie § 5, aber psychologisch begreiflich und H. will sagen: macht euch bereit! — Visionäre Gestalten verschwinden, wie sie kommen: irgendwohin, ins Nichts.

Fünfte Offenbarung.

1 11 Offenbarung] א; dagegen angleichend an die anderen: 5. Vision GAL¹ (+ Anfang des Hirten); L²: Es beginnen die 12 Gebote des Hirten; vgl.

Apokr. S. 217. Der Anfang cit. von Tertullian de orat. 16. — Die Aehnlichkeit der Szene mit 4. Esra 3 ı: .. „verweilte ich .. in Babel und als ich einmal auf meinem Bette lag, geriet ich in Bestürzung", ... ift doch wohl zufällig, fie ift die zwischen Bett und Sopha. Ins Gewicht fällt, daß es hier wie dort der Anfang des Buches ist. — w e i ß e s F e l l] אL (PA), ein Ziegenfell A, ein weißes Ziegenfell G wie in Gl. VI 2, 5. — 2 Vgl. Apokr. S. 227. — 3 Beachte, wie H. fchon weiß, worauf fich der Fremde berufen wird: auf die Uebergabe! Das fcheint unecht, ift aber echt vifionär. Das Bewußtfein zerlegt fich in zwei Perfonen, die von einander getrennt find, ohne daß a l l e Verbindung zer= fchnitten wäre; Analogie: Traum. — Entweder Anfpielung auf ein von Anfang fehlendes Stück (Sp. 247) oder auf ein inneres Erlebnis, das vor Abfaffung des Buches liegt und nicht erzählt war (Baumgärtner S. 23). Der Bußengel ist nicht identifch mit dem „Jüngling" Vis. II 4, 1, III 10, 7 (Hefele, Ju). — 4 Engel und himmlifche Wefen können fich wandeln, Gott im feurigen Bufch, vgl. Hebr. 1 7, der präexiftente Chriftus als Fels 1. Kor. 10 4. Aber auch in den Geftalten des Traumes und der Vifion ift die Wandlungsfähigkeit charakteriftifch. — G e b o t e u n d G l e i c h n i f f e] vgl. Apokr. S. 217. — d a s a n d e r e] = Gl. IX. — u n t e r d e r H a n d] von hier an citirt die Stelle Clem. Alex. strom. I 1, 1, doch fehlt der Anfang des strom., fo daß wir nicht wiffen, wie groß das Stück war, das Clemens im Eingang feines Buches wörtlich aus dem H. citirt hatte. — 7 Vgl. Henoch 40 9: „Der vierte (Erzengel), der über die Buße und die Hoffnung derer gefetzt ift, die das ewige Leben ererben, heißt Phanuel". Er wird bei H. als Himmels=„Hirt" dargeftellt. Der Himmelshirte ift eine beftimmte Geftalt, mit der auch der Chriftus identificirt worden ift: der große (vgl. Anm. zu Vis. I 2,7) Hirt der Schafe Hebr. 13 20; 1. Petr. 2 25; die Herde hat im H i m m e l einen Erzhirten, Oberhirten 1. Petr. 5 4, der offenbar werden foll. In der Aberkiosinfchrift (2./3. Jahrh.) heißt es: „Ich .. Aberkios, der Jünger eines heiligen Hirten, der Herden von Schafen auf Bergen und Fluren weidet, der große alles überfchauende Augen hat.." Wie H. zu feinem Hirten kommt, ob er ihn als diefe himmlifche Figur meint, ift fraglich. „Hirten" heißen auch die Engel der Völker, die Heidengötter bei Henoch, vgl. 89 59 und Beer z. d. St. — Daß die Hirtengeftalt Jefu im alten Chriftentum eine große Rolle gefpielt hat, befonders in der Darftellung der Katakomben, ift bekannt. Vgl. über folche Dar= ftellungen E. H e n n e c k e, Altchriftl. Malerei und altkirchl. Literatur, 1896. S. 85 —96 u. ö. Vgl. außerdem den Nachtrag S. 322 f.

Erftes Gebot.

1 Za verweift (S. 23) auf alle möglichen neuteft. Stellen, die nächftftehende ift Mc. 12 28, Sp. macht richtig darauf aufmerkfam, daß fchon das jüdifche Hauptgebet (Schema Jisrael) denfelben Gedanken ausfpricht (S. 427), trotzdem ift das Gebot weder jüdifch, noch judenchriftlich (im Parteifinn), fondern katholifch, wie die Zu= fammenftellung von Glauben, Furcht und Enthaltfamkeit beweift. Das wird be= ftätigt durch den großen Beifall, den diefe Worte des Buches in der ganzen Kirche gefunden haben. Sie werden citirt von Jrenäus, Origenes, Athanafius u. a. Auch die Arianer haben fich auf fie berufen. Und fchon Theophilus fcheint von ihnen abhängig. Vgl. PA und Ju z. d. St. Das große Citat bei Pfeud.=Athan. praecept. ad Ant. ift für die Textkritik befonders wertvoll. — m i t — G e r e c h t i g k e i t b e = k l e i d e n] Hebraismus Pf. 131 9, Hiob 29 14, Eph. 6 14 u. ö. — G o t t l e b e n] diefe Redensart (auch bei den Apologeten, vgl. Tatian PA) ift ftehende Schlußver= heißung der Gebote; fie fcheint fowohl „gottgefälliges" als „ewiges" Leben aus= drücken zu follen. Das erfte entfpricht dem Kafus (Dativ = für Gott), das zweite dem logifchen Gegenfatz in Geb. II, 1 „das Leben ins Verderben ftürzen". — Be= achte den fchlechten Stil des letzten Satzes; tautologifch.

Zweites Gebot.

1 Eine Redensart, die H. öfter gebraucht, wie fie in der Chriftenheit feit Jefus gerne gehört wurde; kein Citat etwa aus Mt. 18 3 oder 1. Petr. 2 2. —

3 Die Sünden werden in dem Gebot als teuflische Geister dargestellt. Ob es Bild=
rede ist oder H. wirklich an persönliche Geister als Träger der Sünde glaubt, ist
nicht sicher zu entscheiden. Wahrscheinlich ist das Letztere. Es ist alte jüdische Vor=
stellung, besonders häufig in den 12 Testamenten. — 4 In diesem ganzen Gebot ist
die Lehre der 12 Ap. benutzt, oder vielmehr die Schrift ‚Zwei Wege‘ (vgl. Apokr.
S. 185) in irgend einer Gestalt. Did. 1, 5 ist in den bezeichneten Worten fast wört=
lich wiedergegeben, es klingen aber weiter an: in § 1 Barn. 19, 2, § 4 Barn. 19, 10 f.
(PA) und in § 3 Did. 1, 3 (Fu). — 5 Interessant für die Zeitverhältnisse; bereits
wird die unbegrenzte Liebestätigkeit der Christen von Betrügern ausgebeutet, trotz=
dem soll sie nicht eingeschränkt werden: der Empfänger ist verantwortlich. Rein
religiös, nicht sozial gedacht. Almosengeben ist eine Pflicht, ein „Dienst“ der Chri=
sten. (Vgl. Stahl, 279 ff.) — 7 Anklang an Jak., ferner noch das „verleumde niemand“
§ 2 Jak. 4 11 und „unruhig“ § 3 Jak. 1 8, 3, 8 alles beweist nur Gedanken= und
Wortverwandtschaft, nicht Abhängigkeit.

Drittes Gebot.

1 Teilweise cit. bei Pf.=Athan. a. a. O. c. 3 und Antioch. hom. 66 MPG Bd. 89,
1630. — der Geist, den Gott ... hat wohnen lassen] der heilige Geist,
der nicht ganz scharf von dem „Geiste“, dem Innenleben des Menschen unterschie=
den wird. — und keine Lüge ... bei ihm] 1. Joh. 2 27 ist doch nur ein sehr
entfernter Anklang. — 2 die Mitgabe] vgl. 1. Tim. 6 20, 2. Tim. 1 14. — 3 Zu
dieser übertriebenen Selbstanklage vgl. das Selbstlob Vis. I 2, 4. Der Widerspruch löst
sich durch psycholog. Verstehen, erleichtert durch den Hinweis auf § 5 (PA). — mit allen
gesprochen] G (PA), geledt LA (Fu). — 4 Geist der Wahrheit] Berührung
mit einem johanneischen Ausdruck, aber anders gemeint als bei Joh., wo es der
Geist ist, der in Bezug auf die Religion die Wahrheit offenbart. — in Be=
trübnis versetzt] vgl. Eph. 4 30; überhaupt klingt das ganze Mandat an
Eph. 4 25—30 an. — Niemals ... genau gehört] Undenkbar! Was H. sagen
will, ist, daß er noch nie gehört hat, daß man es auch im Geschäftsleben so absolut
ernst mit der Wahrheit zu nehmen hat. Das Problem, das auch in diesem Punkt
das Leben in der Welt der alten Christenheit stellte, empfinden wir heute noch
ebenso stark. — 5 auch jenes glaubwürdig werden] Wie ist das möglich?
Der folgende Satz begründet nur formell. Wahrscheinlich denkt H. nur an einen
Ersatz durch das gute Werk der Wahrheitsrede, die vor Gott im Gericht die Lüge
aufwiegt.

Viertes Gebot.

1 1—3 cit. bei Pf.=Athan. a. a. O. c. 4. — 1 eine große Sünde] in=
haltlich auf der Höhe des Evangeliums: Mt. 5 28. — Deine eigne Frau ...
vor Augen] Mittel für den Durchschnittsmenschen, dem die Sünde gegen seine
Frau, „die er sieht“, schwerer wird als die gegen „Gott, den er nicht sieht“. Bei=
spiel urchristlicher Pädagogik. — 4 Eine im N. T. nicht behandelte Frage, die aufkom=
men mußte, als mit der weiteren Verbreitung des Christentums solche Fälle vor=
kamen. — 5 Der Reuige wird sofort Vergebung! — 6 b Solcher Rigorismus ist nur
erklärlich aus einer Zeit, wo die Monogamie, als die einzige Form der Ehe, noch
um ihr Existenzrecht zu kämpfen hatte; denn die Möglichkeit der leichten Eheschei=
dung und Wiederverheiratung ist ebenso wie der Brauch der Kebsweiber ver=
schleierte Polygamie. — 8 Der Versuch, einen Ausgleich zu finden zwischen dem Ge=
bot des Vergebens und seinem Mißbrauch durch Schlechtigkeit, die sich auf stets
neue Vergebung verläßt. Analogie zu der einen Buße, die H. aus dem ähnlichen
Motiv verkündet. — Wegen der Buße] Dies das bewußte Motiv des Ver=
botes des Wiederheiratens, in § 6 das unbewußte. — 9 begeht Ehebruch] der
in den Götterkult rückfällige Ehegatte. — Das Ganze ein Nachtrag. Weshalb denkt
Sp. hier nicht an Interpolation? — 11 H. fühlt, daß seine Ansicht, vielmehr des
Engels Kunde, zu einer laxeren Auffassung führen kann; dagegen verwahrt er sich,

was Tertullian, den Montaniften, nicht gehindert hat, ihn heftig anzufahren als Freund der Ehebrecher, de pudic. 10. — Auch liegt hier die richtige Erkenntnis vor, daß die Luft am Gefetz lebendig wird, ähnlich wie es Paulus an fich erlebt hat Röm. 7 9.

2 2 Von hier an bis c. 3 Ende dem Inhalt nach cit. bei Clem. Alex. strom. II 12, 55—13, 56.

3 1 Vgl. Apokr. S. 225. — 3 keinen Anlaß zum Sündigen] diesmal verwahrt er fich von vornherein, trotzdem fteht er auch hier auf der mildern Seite, die zum Katholicismus führt. — 5 Gemächte] ποιησις, nach Geb. IX, 3, ähnlich ποίημα Eph. 2 10; vgl. Spitta S. 429 f. unrichtig. — 6 Mitten im Worte „fchloß“ (φησι) hört die Handfchrift vom Sinai auf, vgl. S. 291. — Berufung] die erfte, zum Chriften, nicht der Bußruf des Engels (gegen PA und Fu). — 7 Leben gefchenkt] fo fehr hat ihn und andere die rigoriftifche Forderung jener Lehrer bekümmert!

4 1 Beachte wieder den fchlechten Stil. Beffer: darf ein Witwer oder eine Witwe wieder heiraten? — 2 H. kennt Stufen der Seligkeit für Märtyer und für (halbe) Asketen! Unevangelifch, vgl. Mt. 20 1—16 (Arbeiter im Weinberg). — 4 In diefem Gebot ftreicht Sp. in 3, 1 die Worte: „von einigen Lehrern“ und „als jene ... empfingen“, S. 337. Unmöglich, weil man nach „keine andere“ noch etwas erwartet; ferner paßt die ganze Frageftellung wohl in die Gefchichte des Chriftentums, nicht in die des Judentums, wie das ganze Gebot. Deshalb ftreicht v. Bakel alles von 1, 4—4, 2. Das allgemeine Gebot der Keufchheit, das dann noch bleibt, kann wohl jüdifch fein. Aber die Gewaltfamkeit der Operation zeugt gegen die Gefchicklichkeit des Schneidenden. Vgl. Funk.

Fünftes Gebot.

Größtenteils cit. bei Pf.-Athan., a. a. O. c.5 und Antioch. hom. 110, MPG Bd. 89, 1771.

1 2 Gefäß] Leid, vgl. Barn. 7, 3 und Geb. XI, 13. — großer] Fu, fehlt in PA, Handfchriften? — 4 Geifter ... wohnen] Die pfychologifche Grundlage diefer maffiven Bilder ift deutlich. Beachte die Anfchauung vom hl. Geift als einem zarten, weichen Hauche; ift feine ftürmifche Art unbekannt? dazu vgl. Geb. XI. — 5 verdorben?] Falfch (wegen και ουκετι) fetzen PA und Fu das Fragezeichen erft hinter „verdorben ift“. — 6 Cit. von Clem. Alex. eclog. 45. — Gebet unannehmbar] vgl. Gl. II. — 7 gerecht gemacht] nicht gerechtfertigt, hier unpaulinifch, vgl. Vis. III 9, 1. — heiligften Engel] Vis. V 2.

2 2 die Frau oder der Mann G (PA), umgekehrt LA (Fu). — 7 gezogen von den böfen Geiftern] doch anders als Mt. 12 45, Lk. 11 26, wenn auch im Bilde ähnlich. An diefen Stellen die Erfahrung des Rückfalls eines Dämonifchen (oder Sünders?), hier bei H. die Schilderung des Seelenzuftandes des Zweiflers und Cholerikers. — Zahn (S. 398) will das Wort ακαταστατει (hat keine Ruhe mehr) auf Jak. 1 8, 3 8 zurückführen, aber vgl. auch 1. Kor. 14 33, 1. Clem. 3, 2, 14, 1: gemeinchriftlich. — 8 böfen und argen] ich gebe fo den Superlativ wieder; eig. „fehr böfen“, was nicht klingt.

Sechftes Gebot.

Zum Teil citirt von Pf.-Athan. a. a. O., c. 6. Antioch. hom. 61, MPG Bd. 89, 1615.

1 1 den Glauben] Geb. VI, die Furcht: VII, die Enthaltfamkeit: VIII, drei eng zufammengehörende Stücke. — 2 krumme Straße] anders als Mt. 7 14.

2 1 Zu den zwei Engeln und den zwei Wegen vgl. Barn. 18—20, Did. 1 ff. und das dort Bemerkte. H. benutzt das Material ziemlich felbftändig. — 3 Selbftbeherrfchung] ein Wort (αυταρχεια) aus der ftoifchen Ethik. — 4 an feinen Werken] Anklang an Mt. 7 16, Lk. 6 44. — 9 entfagen] das feierliche, fpäter bei dem Taufritus gebrauchte Wort. — 10 Wie kümmerlich ift der „Glaube“ in

Verbindung gesetzt mit den zwei Wegen und Engeln! Auch ist der „Glaube" etwas anderes als in Geb. I. — An Ueberarbeitung ist trotzdem nicht zu denken, auch von Sp. nicht gedacht.

Siebentes Gebot.

Zum großen Teil citirt bei Pf.=Athan. a. a. O. c. 7. Antioch. hom. 127, MPG Bd. 89, 1830. — 2 Auf 1 und 2 und einen Teil von 4 spielt Clem. Alex. strom. II 12, 55 an.

5 Aehnliche Gedanken Jak. 2 19. — Die Teufelsfurcht war unter den alten Christen weit verbreitet, weil im Glauben der Christen die alten Götter, deren Dasein sie nicht leugneten, zu Teufeln (Dämonen) geworden waren, deren Macht sie an mancherlei Erlebnissen und Erfahrungen zu fühlen glaubten.

Achtes Gebot.

Größtenteils citirt bei Pf.=Athan. a. a. O. und Antioch. hom. 79, MPG Bd. 89, 1670.

1 3 maßloses Trinken] wörtlich: Trank der Gesetzlosigkeit. — 9 befleißigen] eig. tun, Wahrheit tun „echt johanneisch" nach Zahn (472). Aber H. hat ja auch und zuvor: Liebe „tun", Glaube „tun", warum sagt Z. da nichts? — 10 was ihnen folgt] Man hat gemeint, es handele sich im folgenden um bloße consilia evangelica; PA ist der Unterschied zwischen dem Vorhergehenden und „dem Folgenden" unverständlich, Ju: „Der Hirt beschreibt jetzt, das was derjenige tut, welcher bis in § 9 genannten Tugenden besitzt". Das Letzte richtig; dennoch wäre wohl kaum die Trennung so erfolgt, wenn es nicht Stil der Tugend= und Lasterkataloge wäre, so zu scheiden, vgl. Did. 3 (γεννᾶσθαι) auch Geb. VI 2, 5 u. a.

Neuntes Gebot.

Fast ganz bei Pf.=Athan. a. a. O. c. 9; Antioch. hom. 85, MPG Bd. 89, 1691 bietet § 1—8, eine griech. Catene zu den kathol. Briefen § 1—3 (vgl. Grabe, Spicilegium S.S. Patrum ed. sec. I, 303 f.), § 9 citirt Athan. de decret. Nic. syn. 4. — 9 ja auch] GA Ath[1]; denn auch dieser, der Zweifel L Ath[2] (PA Ju). — Sohn] im Text „Tochter", weil im Griech. der Zweifel Fem. ist. — mißglücken alle Dinge] Beachte die richtige psychologische Beobachtung, die der Hirt hier ausspricht. — 11 von oben her] Geb. XI. 5. 8. 20. — 13 Im ganzen Gebot klingt der Jakobusbrief stark an. § 1 an Jak. 1 5—8. In § 6 das „Vollkommen" an Jak. 1 4 und 3 2, in § 11 das „von oben her" an Jak. 1 17, 3 15. 17, und „irdisch" an 3 15. Aber keine Stelle beweist direkte Abhängigkeit. Die erste nimmt Bezug auf Zweifel an der Erhörung der Gebete, gegen den schon Jesus seine Worte Mt. 7 7. 11, 21 22, Lk. 11 8, 18 1—8 gerichtet hat. Die Aehnlichkeit zwischen Jak. und H. ist nicht stark genug, um auf literarische Abhängigkeit schließen zu lassen (vgl. auch Gl. II). Noch weniger ist es mit andern Stellen der Fall, für „vollkommen" stehen im Jak. andere Wörter als bei H., „von oben her" und „irdisch" gehören ebenso dem eigensten Vorstellungs= und Sprachkreis des H. an wie sie auch sonst vorkommen.

Zehntes Gebot.

Größtenteils citirt von Pf.=Athan. a. a. O. c. 11; Antioch. hom. 25, MPG Bd. 89, 1511 cit. 3 1—3 und einiges wenige.

1 2 Beachte wieder den unlogischen Stil. — 4 Forschungen angestellt] vermeintlich „philosophische" Ausdrucksweise, während H. doch wahrlich kein Philosoph ist. Im jungen Christentum, das zumeist in den unteren Schichten des Volkes zu Hause war, äußerten sich die Nöte und Tendenzen des Proletariats nicht nur in einem großen Hilfsbedürfnis und einer brüderlichen Armenpflege, sondern auch in einem besonderen Bildungsstreben. Die Griechen „verlangten nach Weisheit", und selbst Paulus mußte sein Evangelium des Geistes und der Kraft als eine Philosophie (Weisheit) für die Vollkommenen empfehlen. Die religiöse und die soziale

Frage, die letztere auch im Sinne einer Bildungsfrage, gehen ſtets zuſammen. — o b e n h i n ... a n g e n o m m e n h a b e n] wörtlich: die nur gläubig geworden ſind, ein Glaubensbegriff, wie er ſich auch Jat. 2 14—26 findet; H. kennt aber auch den pauliniſchen, viel tieferen Begriff. — 5 e r ſ t i c k t w e r d e n] erinnert oberflächlich an Mt. 13 22. — G e r e c h t i g k e i t] GL² (A) (Ju): Gottheit (L⁴) (PA). — 6 vgl. Pſ. 11 10, Spr. Sal. 1 17 u. a. St.

2 4 Hier wie in 1, 2 kann die eigentümliche Erſcheinung, daß H. von der Traurigkeit auch Gutes ausſagt, am beſten darauf zurückgeführt werden, daß er an 2. Kor. 7 10 denkt, auch die Zuſammenſtellung Traurigkeit und Rettung findet ſich hier wie dort. Sp. ſucht dieſem Schluß ſich zu entziehen, S. 432.

3 1 F r ö h l i c h k e i t] vgl. Sir. 26 4, Röm. 12 8, Phil. 3 1, 4 4 uſw. Aber H. iſt hier durchaus originell, ſeine Fröhlichkeit hat etwas Naives, Kindlich=Gemüt= liches, das ſeinem Weſen eigentümlich iſt. — 2 w e n n e r b e t r ü b t] mit GLA²: fernerhin Ant. (L¹); λυπῶν und λοιπόν iſt für die ſpätere Ausſprache gleich. — a u f d e n A l t a r G o t t e s] vgl. zu der Vorſtellung Offbg. 8 3 und Spitta S. 418. — 3 n i c h t d i e ſ e l b e G e b e t s k r a f t] beachte den völlig verun= glückten Ausdruck, ſoll heißen: ſo hat auch der heilige Geiſt, wenn er mit Trauer vermiſcht iſt, nicht mehr dieſelbe Gebetskraft. — Die pſychol. Erfahrung iſt wieder ſehr gut, wenn auch maſſiv geſchildert. Die „Trauer" iſt jene müde Reſignation der gottfernen, zweifelsvollen Stunden.

Elftes Gebot.

1 Vgl. zu dem Ganzen Apokr. S. 224. — 2 Die beiden Begriffe des „Gläubig= ſeins" unmittelbar neben einander, zuerſt = Chriſt ſein, dann = von Herzen gläubig ſein. — M a g i e r] G (Ju); Wahrſager L³ (A), ähnlich L¹ (PA). Alſo ſie wollen Prophezeiungen über ihr irdiſches Ergehen, über die Zukunft, vgl. § 4, über den Erfolg irgend eines geſchäftlichen Unternehmens uſw., Fragen, wie ſie die Wahr= ſager aller Zeiten beantwortet haben. Auch der Prophet hat dieſe Gabe mitunter. So traut man in Iſrael dem Samuel zu, daß er weiß, wo Sauls durchgegangene Eſelinnen zu finden ſind, und bietet ihm für ſeine Auskunft Geld: 1. Sam. 9 6—9. — 3 citirt bei Clem. Aler. ſtrom. I 17, 85. — L e e r e s] die Terte; in leerer (eitler) Weiſe, em. Tiſchendorf (PA). — Beachte das offene Zugeſtändnis, daß ſolche Prophezeiungen manchmal eintreffen und eingetroffen ſind, nur werden ſie auf ſchlechte Abſichten des Teufels zurückgeführt. — 4 i h r e n S i n n ä n d e r n] hier darf μετανοοῦσι nicht „Buße tun", überſetzt werden. Es iſt an haltlos fahrige Menſchen gedacht, die zu keinem feſten Entſchluſſe kommen können, ſondern ihre Entſchlußloſigkeit durch die Prophezeiungen zu überwinden ſuchen. — 5 v o n o b e n] Jak. 1 17, 3 15 und das zu Geb. IX 11 bemerkte. Sp verweiſt auf 2. Petr. 1 21 (S. 404); aber es ſind nur verwandte, in der Kirche oft betonte Gedanken, nicht auffallend übereinſtimmende Worte zu bemerken. Fragen könnte man nur, ob Iren. I 13, 3 nicht H. kennt: .... „das Prophezeien wird nicht von dem Magier Marcus den Menſchen eingeflößt, ſondern diejenigen, welchen Gott v o n o b e n h e r ſeine Gnade zuſendet, haben die Prophetengabe von Gott gegeben, und d a n n ſ p r e c h e n ſie, w o u n d w a n n G o t t e s w i l l", vgl. § 8. — 8 gibt zuerſt das ſittliche Kriterium wahrer Prophetie, dann formellen (pſychologiſchen) Maßſtab für ſie („wenn er gefragt wird" — „wann Gott will") endlich den k i r c h l i c h e n („nicht im Geheimen"). — 9 g e r e c h t e r M ä n n e r] = Chriſten, hier mit der Nebenbedeutung guter Chriſten. — E n g e l d e s p r o p h e t i ſ c h e n G e i ſ t e s] vgl. Apok. Baruch 55 3: „Und als ich dies und ähnliches bedachte, ſiehe, da ward zu mir geſandt der Engel Ramael, der den wahren Geſichten vorſteht, und er ſprach zu mir." Bei H. iſt die Vorſtellung etwas anders, ähnlich wie 1. Kor. 14 32: Die Geiſter der Propheten ſind den Propheten untertan. — Pſychologiſch heißt das: die prophetiſche Gabe, die Anlage als ſolche, wird dargeſtellt als ein ſtändig den Propheten weilender Engel. Der einzelne prophetiſche „Anfall", der mit der Ekſtaſe jedenfalls ſehr ver= wandt, wenn nicht identiſch gedacht iſt, wird vorgeſtellt als ein plötzliches An=

gefüllt werden des Menschen durch den Engel. Ausgelöst wird der Zustand, in dem der Mensch die Herrschaft über sich verliert, durch das gemeinsame Gebet mit seiner hohen Stimmungsanspannung. — 12 vgl. Apokr. S. 224. — 14 Der „Pseudoprophet" behauptet natürlich seinerseits, er rede zu diesen Psychikern nicht, weil sie ihn doch nicht verständen. — 18 Himmel] Die antike Vorstellung eines festen Gewölbes, welches Himmel und Erde von einander trennt, liegt hier und im folgenden deutlich vor. — 19 Zwei unmögliche Dinge haft du genannt] GL² (Ju); Beides ist unmöglich, was du genannt haft L¹ (PA). — Wortspiel zwischen „unmöglich" und „unmächtig", es steht beide Male dasselbe Wort: ἀδύνατος.

Zwölftes Gebot.

Teilweise citirt bei Pf.-Athan. a. a. O. c. 10. 12. 13. 21, und Antioch. hom. 74, MPG Bd. 89, 1650 und 77, MPG Bd. 89, 1663.

1 1 Vgl. Jak. 1 26, 3 2, Polykarp Phil. 5, 3. — 2 Gewand] vgl. Geb. IX 13, 2 f., von dem hebräischen Ausdruck her: (eine Gesinnung) anziehen, urspr. weil Gesinnungen für das primitive Denken Geistwesen sind, die den Menschen umgeben, „in denen" der Mensch ist. — liefert sie dem Tode aus] vgl. Jak. 1 15.

2 2 Tochter des Teufels] vgl. Geb. IX 9. — 4 wappne dich] vgl. Eph. 6 13. — so flieht sie] ein häufig vorkommender Trost für sittlichen Kleinmut, vgl. 4, 7; 5, 2, Geb. VI, Jak. 4 7 als die am nächsten stehenden Stellen. — 5 der zweite Satz ist verworren: der Christ hat ja die bösen Begierden bereits „besiegt", ehe er den guten diente. Psychologisch genommen, wird der Satz verständlich: der einmalige Sieg ist die erste, entscheidende, prinzipielle Abkehr vom bösen Triebleben. Aber auch später noch gilt es, gegen seine neuen Anstürme immer wieder zu kämpfen.

3 3 Hier wird die Vorstellung, daß die Gesinnungen der Menschen durch sie begleitende Engel hervorgerufen werden, ganz deterministisch. Sonst ist die Determination gemildert durch die Annahme der Möglichkeit eines „Widerstands" gegen engelische und dämonische Beeinflussung. — 5 Gut beobachtet; auch unsere Prediger sollten sich mehr hüten, die paulinische Lehre vom Gesetz und Luthers Erfahrungen zur Grundlage aller Sittenpredigt zu machen, Röm. 3 23 kann auch, zu einem Gemeinplatz gemacht, verwirrend wirken. — Trotzdem ist hier nicht Mt. 11 30 anzuziehen.

4 1 Dem Visionär wandeln sich leicht die Gestalten seines Schauens je nach den Gemütsbewegungen, denen er unterliegt. — 2 freundlicher] G (PA); freundlicher und fröhlicher L¹ (A) (Ju). — die Welt geschaffen] Vis. I 3, 4. — untertan gemacht] Vgl. Pf. 8 7. — herrschen über alles] 1. Mof. 1 24. — 4 Vgl. Jes. 29 13, Mt. 15 8. — 6 ausschweifend] Ju; die „in den schweren und bittern und wilden Ausschweifungen" PA nach einer Konj. von Hi, die jetzt überflüssig geworden ist.

5 2 Der Ringkampf wie in Eph. 6 12, Abhängigkeit nicht anzunehmen. — 4 Beachte wieder das völlig mißglückte Gleichnis. Der Weinbesitzer kommt in freundlicher Absicht, Schaden zu verhüten, der Satan in feindlicher, zu sehen, ob er Schaden stiften kann. Wollte man das als Zeichen eines echten Gleichnisses nehmen, daß bloß das tertium comp. paffend ist, so wäre das etwas sehr schmal: der Herr „prüft", wie der Satan „prüft". — Die Stelle cit. Origenes (in Mt. 24 44, ed. Bened. III, 877, Lomm. IV 341). — 4 geht er] 1. Petr. 5 8 zu vergleichen (Za, Sp), geht nicht an. Daß der Teufel „geht", „kommt", braucht H. nicht aus 1. Petr. zu lernen!

6 1 euch — und sie] schlechter Stil. — 2 Beachte die Stimmung, welche bekämpft wird. Daher die Betonung der Fröhlichkeit gegenüber der Traurigkeit, der melancholischen Resignation, die verzweifelt, weil das große Ideal der Sündlosigkeit, welches die erste Christenheit hatte, so kläglich Schiffbruch gelitten hat an der Wirklichkeit.

Erstes Gleichnis.

Größtenteils citirt bei Antioch. hom. 15, MPG Bd. 89, 1474. — 1 dieser Stadt] wahrscheinlich nicht Rom, sondern die Welt; wenn Rom gemeint wäre,

ſo müßte die Verbannung (§ 4) wirklich genommen werden, durch eine Verbannung
aus Rom iſt man noch nicht gezwungen, in die Himmel=Heimat zu wandern, wohl
aber durch eine Verbannung aus der Welt = Hinrichtung. So PA und Ju; anders
Za S. 121—125). — 2 e i g n e S t a d t] die himmliſche Stadt, Offbg. 21, das „obere
Jeruſalem", Gal. 4 26. Sp falſch: Jeruſalem in Paläſtina, weil das Ganze jüdiſch.
Selbſt wenn es jüdiſch wäre, ſo wäre die Deutung falſch. — 3 Entweder: die Geſetze
des Kaiſers oder wahrſcheinlicher: die des Teufels. Der Teufel iſt der Herr „dieſer
Welt", vgl. z. B. Lk. 4 6 und Barn. 2, 1; 4, 1 und 9 f. Aber Kaiſer und Teufel ver=
halten ſich für die eine Seite der urchriſtlichen Anſchauungen wie Wirkung und
Urſache: vgl. 1. Kor. 2 6—8 und Offbg. 13 4 der dem Tiere (Rom) die Macht ge=
geben hat, es iſt der Teufel. Deshalb fließen hier und im folgenden die Bilder
des Kaiſers und des Teufels in einander über. — Neben dieſer Anſchauung geht
im Urchriſtentum die andere her, nach der Gott alle Obrigkeit verordnet hat, Röm. 13
— wie bei H., ſo oft bei demſelben Schriftſteller —, beſonders deutlich in dem
röm. Gebet 1. Clem. 61, 1. — 7 Stark „jüdiſche" Auffaſſung des Chriſtentums. Aber
es iſt jetzt alles verlegt h i n t e r den Akt des Glaubens und der Taufe, und darum
nicht jüdiſch, ſondern katholiſch. — 9 Aehnlich: Sammelt euch Schätze im Himmel
Mt. 6 20, Lk. 12 33 f. und Lk. 16 9. — 10 Gleichfalls ein Anklang an Mt. 6, näm=
lich 6 31. — 11 Die Gedanken dieſes Gleichniſſes geben in klaſſiſcher Weiſe eine
Grundempfindung des alten Chriſtentums wieder, jene freudige Gewißheit, einer
andern Welt anzugehören, die zwar aus einer peſſimiſtiſchen Betrachtung des
Dieſſeits erwächſt, aber doch weit entfernt iſt von müder Weltflucht und Sehn=
ſucht nach Leidensloſigkeit, wie ſie ſich im Buddhismus ausſpricht. Der „Tod
iſt verſchlungen in den Sieg" der Gewißheit, daß man eine Heimat und ein
Vaterherz im Himmel hat. So wird dieſer Glaube eine Quelle höchſter Freude
und Kraftentfaltung, wie er auch hier in eine Ermahnung zu ſittlich=ſozialer Arbeit
und zum Martyrium hinausläuft. Vgl. m e i n e Geiſtwirkungen S. 45—48. Freilich iſt
der ſittliche Gedanke, der ſich in der Kirche der Reformation entwickelt hat, noch höher,
nämlich das Ziel, die Welt umzugeſtalten in eine Werkſtätte, in der und durch die
Gottes Arbeit getan wird.

Z w e i t e s G l e i c h n i s.

§ 3 u. 4 cit. Origenes in Jos. hom. 10 c. 1 (ed. Bened. II, 423). — 3 u n=
f r u c h t b a r e r B a u m] d. h. ein Baum ohne genießbare Frucht. — 5 K r a f t
n a c h o b e n z u ſ t e i g e n] vgl. Geb. X 3, 3. — o h n e z u ſ c h w a n k e n] vgl.
Geb. II, 4, Did. 4, 7. — Zum Ganzen vgl. Clem. Alex. quis div. salv. c. 31. —
10 Der Hauptgedanke des Gleichniſſes iſt unevangeliſch, trotz Lk. 16 9, ein Wort,
das übrigens auch nicht von Jeſus ſtammt, ſondern ein „ebjonitiſcher" Zuſatz iſt.
Die werdende Kirche lehrt anders als Jeſus: Almoſen iſt ſo viel wert wie
Gebet, Geben wie Herzensfrömmigkeit. Vgl. 2. Clem. 16: Beſſer iſt Faſten als
Gebet, Almoſen beſſer als beides! Das iſt der Anfang der katholiſchen Ethik,
die deshalb auch das Bild von Weinſtock und Ulme geliebt und beſonders oft citirt
hat. — Das Bild iſt übrigens wieder einmal verunglückt (ohne von Spitta bean=
ſtandet zu werden!). Zuerſt mußte der Weinſtock den Armen darſtellen, weil der
Arme „Frucht bringt". Dann aber werden wir von § 8 an in ein ganz neues
Bild geworfen, der S a f t der Ulme ſteht jetzt im Vordergrund. Sobald eben H.
ein neuer deutbarer, effektvoll ſcheinender Zug einfällt, fügt er ihn an, ohne Sorge,
ob er zu dem Vorhergehenden paßt. Das iſt für die Literarkritik ſehr zu beachten!
— Eine Abhängigkeit von Jak. 1 9—11, 5 1 ff. (Za S. 402) kann hier nicht nachge=
wieſen werden; eher könnte man aus der Tatſache, daß das „Faul werden" in
H. einen guten Sinn hat, in Jak. plötzlich und unmotivirt auftritt, auf die Ab=
hängigkeit des Jak. von H. ſchließen. Vgl. Sp 389. In Wirklichkeit liegen hier
Gedanken derſelben chriſtlichen Richtung vor, und eine Stelle wie 1. Clem. 38, 2
kommt unſerem Gleichnis beſonders nahe. Vgl. G r a f e, Die Stellung und Be=
deutung des Jakobusbriefes in der Entwicklung des Urchriſtentums 1904.

Drittes Gleichnis.

Einiges aus diesem und dem folgenden Gl. citirt Origenes in Mt. 24 32 (ed.
Bened. III 872, Lomm. IV 324. — 2 sichtbar werden] das Wort kann auch „scheinen"
= „leuchten" gedeutet werden, vgl. Dan. 12 3, Mt. 24 27, Phil. 2 15. — 3 Der Grundgedanke des Ganzen ist derselbe wie im Gleichnis vom Unkraut vgl. Mt. 13 29 f. —
H. konstatirt diese Wahrheit als eine trübe Erfahrung, über die nur die Hoffnung auf
die Zukunft hinweghelfen kann, weshalb Gl. III nur ein Vorwort zu IV ist, Jesus nimmt
aus dieser Erfahrung den Antrieb, nichts „machen" und nicht voreilig richten zu
wollen, sondern in Geduld zu warten. Bei ihm ist die Sittlichkeit und zwar die
höchste stets unmittelbar mit der Religion verknüpft. H. denkt auch sittlich, aber
nur so, daß er den Lohn für die Guten, die Strafe für die Bösen wünscht.

Viertes Gleichnis.

2 aufleuchtet] so spricht man von dem messianischen Tage, zumal in
den Kreisen der Schüler des Paulus (in Kleinasien?) Vgl. Lk. 1 79, 2. Thess. 2 8,
1. Tim. 6 14, 2. Tim. 1 10. 4 1. 8, Tit. 2 11. 13. 3 4 usw.; aber nicht nur unter Christen,
sondern auch unter Heiden. Antiochus, der Syrerkönig, nennt sich bereits θεός ἐπι-
φανής, und von der „Erscheinung", dem Aufleuchten des Kaisers spricht so die Ka-
lenderinschrift von Priene vom Jahre 23 v. Chr. Vgl. Mitteilungen des d. arch. Instit.
Athen 1899 S. 283 ff. und Harnack: Als die Zeit erfüllet war, Christl. Welt. 1899,
S. 1202 ff. — 4 PA und Ju teilen anders ab, so daß die Uebersetzung lauten müßte:
die Sünder werden wie Holz verbrannt und offenbar werden; denn ihr Tun ist
schlecht gewesen. Aber der Satz, der so entsteht, ist viel weniger zutreffend. — die
Sünder werden verbrannt werden] auch hier wie öfters wird, dadurch daß das
Verbrennen nun auf das Gerichtsfeuer bezogen wird, aus dem Gleichnis eine schlechte
Allegorie. Man darf sich bei Hermas über solches nicht wundern. — ihren
Schöpfer nicht erkannt haben] Beachte den Anhang zur Theodicee. Man
empfindet das Problem wohl, das in dem Satze liegt, daß außerhalb des Christen-
tums kein Heil zu erlangen sei, und man findet sich ab mit Gedanken, die an
Röm. 1 21 ff. anschließen. — 6 Denn] mit L¹ (PA), om. G (Ju).

Fünftes Gleichnis.

1 2 Eine wirkliche Erklärung ist das nicht. Daß die Sitte dieses Fastens
erst kurz eingeführt worden war, kann man vielleicht mit PA aus diesen Worten
schließen; indessen wird augenscheinlich vorausgesetzt, daß der Leser Näheres weiß.
Aus Tertullians Werken (ca. 200 n. Chr.) wissen wir, daß man die heiligen Fasttage als die besonderen Tage des christlichen Kriegsdienstes und Kampfeslebens
„Wachdienst" benannte (de jejun. 13, de orat. 19, de fug. 1, ad uxor. II 4). Bilder
aus dem Soldatenleben sind ja seit dem kriegerischen Apostel Paulus in der Kirche
sehr beliebt gewesen (2. Kor. 2 14. 10 4, Eph. 6 10 ff., 1. Tim. 1 18, 2. Tim. 2 4 ff. usw.).
Schon in der Did. 8, 1 wird Fasten am Mittwoch und Freitag verlangt, später sind
das auch „Stations"=(Wachdienst=)Fasttage. — 5 Halte seine Gebote]. Zufälliger Anklang an Mt. 19 17. — Hier wieder die drei Grundtugenden: Glaube,
Gottesfurcht, Enthaltsamkeit vgl. Geb. I und IV—VIII. Die hier vertretene Auffassung des Fastens ist durchaus evangelisch (vgl. sonst noch Vis. II 2, 1, III 1, 2,
10, 6 f.). Auch sonst ist sie, wie bei H., neben der katholisch=asketischen festgehalten
worden: Barn. 3, 1 f., Justin (ca. 150) dial. c. Tryph. 15. 40, Tertullian de jejun.
3, auch von Gnostikern, vgl. den Brief des Gnostikers Ptolemäus an die Flora
(Epiph. haer. 33, 3): „Und fasten sollen wir, will (der Herr), nicht das leibliche
Fasten sondern das geistliche (symbolische), welches Enthaltung von allem Bösen
ist". Freilich wurde trotzdem auch im wörtlichen Sinne gefastet, bei Katholiken und
Häretikern, und nicht bloß, wie Ptolemäus weiter sagt, „zur Erinnerung an das
wahre Fasten", sondern aus Gesichtspunkten, wie sie H. nachher vorträgt und
2. Clem. 16 sie bietet.

2 2 Geſucht iſt die Parallele aus Hebr. 3 2, die Zahn anführt, eher kann nachher („wohlgefiel") eine Reminiscenz an die Taufgeſchichte Mt. 3 17 vorliegen, aber es muß nicht ſo ſein. — Nimm den Weinberg da] Sprache des gemeinen Mannes, ich habe ſie in — 3 anders wiederzugeben verſucht („kam her und"). — 11 Motive zur Ausgeſtaltung dieſes Gleichniſſes ſind: das alte Bild vom Weinberge Gottes (Jeſ. 5 1 ff., Jer. 2 21), der auch im N. T. verwendet wird (Mc. 12 1—12, Mt. 21 33—46, Lk. 20 9—19), das Gleichnis vom Unkraut (Mt. 13 24—36) und der Zug des Verreiſens des Herrn aus dem Gleichnis von den anvertrauten Pfunden (Mt. 25 14—30, Lk. 19 11—27). — Freilich iſt damit nicht geſagt, ob dem H. nicht bereits das ſo gebildete Gleichnis vorlag und ob er wirklich die neuteſtamentlichen Gleichniſſe gekannt hat; ſ. u.

3 1 An Mc. 4 34 braucht man ſich bei dieſen Worten nicht zu erinnern (wie Zahn S. 458), „Gleichniſſe auflöſen" iſt ein Sprachgebrauch, der doch wahrlich nicht bloß chriſtlich iſt. — 3 Deutlich wird hier die katholiſche Lehre von der doppelten Sittlichkeit vorgetragen. Der niedern Stufe entſprechen die Gebote des Herrn, der höheren die evangeliſchen Ratſchläge in weſentlich asketiſchen Forderungen, hier Faſten und durch Faſten ermöglichtes Almoſengeben. — Das iſt ganz gegen den Sinn Jeſu, der von der Vorausſetzung ausgeht: Wenn ihr alles getan habt, was euch aufgetragen iſt, ſo ſagt: „Wir ſind unnütze Knechte, was wir ſchuldig ſind zu tun, das haben wir getan!" Lk. 17 10. Dagegen kann man (Ju) ſich von katholiſcher Seite auch nicht durch Berufung auf Mt. 19 17 ff. helfen; denn der reiche Jüngling ſoll etwas ganz Einzigartiges, nur in der damaligen Situation Erforderliches tun: alles verkaufen, um mit Jeſus ziehen zu können und zu ſterben. Von andern hat Jeſus das Gleiche nicht verlangt. — 4 dieſen G(L¹)(Ju): ſolchen L¹(PA). — 7 das Geſchriebene] deuten PA und Ju auf die heilige Schrift, Ja als ſprichwörtliche Redensart für „das unabhängig von der Willkür geſetzte Maß der Pflicht"; beides ſcheint mir nicht gut möglich. Zahns Deutung iſt zu künſtlich und abliegend; daß die Gebote in der Schrift zu ſuchen ſind, ſteht nirgends ſonſt. Man kann auch an die Gebote des Hirten denken. Vielleicht iſt es ganz einfach das im vorhergehenden Geſchriebene, § 6; bei der umſtändlichen Schreibart des H. iſt dieſe Deutung die nächſtliegende. — ſeine Seele fülle] vgl. z. B. 2. Moſ. 15 9, Pſ. 107 9, Spr. Sal. 6 30. — 8 Der ſchöne hier beſchriebene Brauch, der auch dem Armen Wohltaten zu erweiſen ermöglichte und ihm ſo das ſchönſte Gefühl der Freude gab, helfen zu können, wird in der alten Kirche noch mehrfach erwähnt; er iſt in unſerer Zeit von der Heilsarmee in ihrer „Selbſtverleugnungswoche" wieder aufgenommen worden.

4 2 Wie mühſam und pedantiſch wird hier der Grundſatz von Geb. XI 5 aufrecht erhalten, daß der Geiſt Gottes ſich nicht fragen läßt. — 3 bittet um Einſicht] nach Zahn ſoll das aus Joh. 1 6 f. ſtammen, warum aber nicht aus 1. Kön. 3 11? Der Gedanke iſt hier ganz anders als in Joh. 1 5, viel ſpecieller. — 4 dem heiligen Engel] nach PA und Ju Chriſtus, nach Zahn ein namenloſer, „erhabener" Engel (S. 264 f., 273).

5 3 unrechten Taten] αἱ ἀνομίαι, eig. die „Geſetzloſigkeiten". — Ankunft] Die Paruſie, eigentlich die „Gegenwart" Gottes oder Jeſu am jüngſten Tage, gewöhnlich ſpricht man von der Paruſie Jeſu (nicht von ſeiner Wiederkunft), weil älterer jüdiſcher Sprachgebrauch hier noch nachwirkt.

6 1 Nicht als Sklave] nur äußerlich als Sklave; ſieht man tiefer, ſo hat auch dieſer „Sklave" eine große Macht — Macht über die Engel und das Volk Gottes. H. beſeitigt ſo einen Anſtoß, den man an der unwürdigen Lage Jeſu im Gleichnis nehmen könnte. — 2 Vorſtellung vom Schutzengel, vgl. Vis. V. — gereinigt] vgl. Hebr. 1 3, verwandter Gedanke. — 3 von ſeinem Vater empfangen hatte] das nahe Zuſammentreffen im Wortlaut mit Joh. 10 18 iſt doch ein reiner Zufall, beide Male durch ganz andere Vorausſetzungen bedingt. — 4 Schwer zu entſcheiden iſt, ob H. die beſchriebene Tätigkeit des Sohnes Gottes d. h. Jeſu Chriſti auf die hiſtoriſche Tätigkeit Jeſu einſchränkt oder auf die gegenwärtige überweltliche bezieht oder mitbezieht. Für das letzte ſpricht, daß anſcheinend eine

chronologische Ordnung der Werke angedeutet ist und gleich mit den Einzelheiten angefangen wird. Trotzdem erfordert die Pointe dieses Abschnittes (5, 5—6, 3) mit Notwendigkeit die Beziehung auf den historischen Jesus. Die Werke sind also nicht chronologisch geordnet. Bei der Mühsal ist an die Armut und das Leiden (den Tod?) Jesu zu denken, was sollte der Erhöhte für Mühsal haben? — Das Werk des historischen Jesus ist also 1) Er gibt seinen Gläubigen Schutzengel: vgl. Mt. 18 10 (eine Gemeindeordnung, die unter „Kleinen" nicht Kinder, sondern Christen versteht), 2) die Reinigung von Sünden durch sein Leiden, 3) die Mitteilung des neuen Gesetzes vom Vater her. Alles das hat der Irdische getan. — In diesem Abschnitt ist der „Sohn Gottes" = Jesus, und es wird nicht reflektirt auf sein Verhältnis zum Geist, dem „Sohne des Hausherrn" im Bild. — Der folgende Abschnitt (6, 4—7, 4) bringt eine neue (dritte) nachträgliche Deutung eines einzelnen Zuges im Gleichnis und zwar zum Zweck einer Polemik gegen (gnostische) Lehrer, welche behaupten, man könne mit seinem „Fleische" machen, was man wolle, auch sündigen, nur der Geist sei zum ewigen Leben bestimmt und Fleisch und Geist hätten nichts miteinander gemein. Deshalb tritt jetzt der historische Jesus als „Fleisch" auf und es wird — ein Zug, der zum Gleichnis nicht paßt — auf das Verhältnis dieses Fleisches zu dem in ihm wohnenden „Geist" reflektirt. Im Bild nämlich treten sie ja stets als getrennt auf, der „Geist" ist im Himmel bei Gott als Ratgeber, das „Fleisch" auf der Erde. So ist das Bild höchst unpassend für den Gedanken. — Engel] Eigentlich wäre zu schreiben gewesen: die Freunde; denn der Sohn und der Sklav (also auch der Herr) sind bildlich gemeint. — 5 Angesichts dieses Satzes, der mit dem Bild gar nichts zu tun hat, sondern eine Wirklichkeit aussagen will, zu leugnen, daß H. hier als das Geistwesen, das in Jesus Wohnung nahm, den heiligen Geist (im gewöhnlichen Sinn) angegeben habe, kann nur bei gewaltsam mit dem Worte „Sohn" Verwirrung stiftender Exegese von Zahn fertig dringen. Wie sich diese Stelle zu andern verhält, ist erst eine zweite Frage, und wenn sie keine klare Beantwortung findet, so ist eben eine Unklarheit bei H. zu konstatiren, nicht mit künstlichen Mitteln ein dogmatisches System in H. einzutragen. — Vom hl. Geist wird hier (vgl. auch Vis. I 3, 4) im Anschluß an Spr. Sal. 8 22 f. dasselbe ausgesagt oder ähnliches wie vom präexistenten Christus in Gl. IX 12, 2. Ob beide identisch sind d. h. ob nur der heilige Geist als vorweltlich neben Gott existirend gedacht ist, ist fraglich und trotz Gl. IX 12, 2 möglich (vgl. dort). Hier reflektirt H. jedenfalls nicht auf den Christus, weil er den Geist für seine Pointe braucht — befleckte] das Stichwort in antignostischer Polemik auch Jud. 6 und Tit. 1 15. — 6 nahm er] Gott. — 7 Hier stoßen Bild und Deutung aufs Unerträglichste zusammen. Der heilige Geist im Fleischesleib Jesu berät sich mit dem „Herrn" als Sohn des Herrn im Himmel, während Jesus noch auf Erden lebt und seinen Mitknechten Speise schickt. Eine gräßliche Allegorie; aber Zweck und Sinn sind deutlich; nur darf man nicht über den Abschnitt hinaus systematisiren wollen. — Beachte, daß in diesem Abschnitt auch nicht von Jesus als einer ganzen, historischen Persönlichkeit, sondern wirklich von seinem Fleisch, seinem Leibe gesprochen wird, während unmittelbar vorher der Sklav der ganze Jesus war. Hier ist an die leibliche Auferstehung und die Aufnahme des Leibes gedacht. Auf die Seele Christi wird hier nicht reflektirt. Ob H. Jesu eine solche zuschreibt, ist fraglich; aber möglich. Nach altchristlicher Anschauung hat der Mensch Seele (und als einen Teil von ihr, den man bei der Aufzählung übergehen kann, Lebensgeist) und Leib, der Christ Seele, Leib und (heiligen) Geist, Jesus Seele, Leib, (heil.) Geist und ein präexistentes Geistwesen, den Christus oder Logos. Das letztere leugneten die strengen Judenchristen (und vielleicht Hermas f. o.).

7 1 freigesprochen] δικαιωθῇ nach Luthers Uebersetzung „gerechtfertigt", echt paulinischer (jüdischer) Sprachgebrauch. — 2 Aehnliche Lehren der Gnostiker sind angedeutet schon Offbg. Joh. 2 14 f., 20 f., Jud. 8 f., 2. Petr. 2 1 ff., ja schon in Korinth zur Zeit des Paulus (1. Kor. 10) glaubte man, die Sakramente und der Geistbesitz garantirten das ewige Leben in magischer Weise, so daß alle Sünden es

dem Getauften nicht wieder nehmen könnten. Es iſt die antike Sakramentsvorſtel=
lung, die hier überall einwirkt. Weitere Stellen ſind 2. Clem. 9, 1, Clem. Alex.
strom. II 20, 118, Iren. V 2, 2. Von Valentinianern berichtet Iren. (I 6, 2): „Wie
Gold, in den Schmutz geworfen, ſeine Schönheit nicht verliere, ſondern ſeine Gold=
Natur bewahre, die kein Schmutz beſchädigen könne, ſo ſagen ſie auch von ſich:
möchten ſie auch noch ſo viele fleiſchliche Handlungen begehen, das ſchade ihnen nicht,
noch könne ihnen ihre Geiſtesart dadurch verloren gehen.“ Das iſt faſt wörtlich
der von H. bekämpfte Satz. — 4 Allmächtige] vgl. Sir. 42 17, 2. Kor. 6 18,
Vis. III 3, 5 und das Taufſymbol dazu. F. Kattenbuſch, Das apoſtol. Symbol, II
1900, S. 517—522.

Dies Gleichnis iſt vor allem benutzt worden, dem H. ein „Syſtem“ von
Chriſtologie abzuzwingen. Alle ſolche Verſuche, ſo ſcharfſinnig ſie ſein mögen
(vgl. beſ. Zahn, a. a. O. S. 245—82, Harnack in PA und Dogmengeſchichte I S. 182
—185 und Link, Chriſti Perſon und Werk im Hirten des Hermas, Marburg 1886)
leiden an der Tendenz dogmatiſcher Kombination, die zu gewaltſamer Exegeſe führt.
Deutlich zerfällt das Gl. in die vier angegebenen Abſchnitte, von denen der erſte
die Deutung des Bildes auf das Faſten gibt, der zweite in den einzelnen Figuren
Allegorien ſucht, der dritte die Frage löſt, wieſo Jeſus als Sklav auftritt, und der
vierte gegen Befleckung des Fleiſches ſich wendet. Bei jeder Deutung paſſen einige
Züge des Bildes nicht — ich habe einzelnes, nicht alles aufgezählt —, wirft man die
Deutungen zuſammen, ſo iſt die Konfuſion unüberwindlich. Das Bild ſcheint dem H.
irgendwie gegeben geweſen zu ſein, er hat es nur mit dreifacher Deutung verſehen
und vielleicht leiſe umgeſtaltet. So hat denn Spitta (266—72) auch hier das Sezir=
meſſer angelegt und c. 1—3 (außer 2, 6—8 und in 2, 11 das „wiederum“ (und „noch
mehr“?)) der jüdiſchen Grundſchrift, das Folgende dem chriſtlichen Ueberarbeiter zu=
gewieſen. Die Widerſprüche braucht man nicht zu leugnen, und doch kann man die
Unrichtigkeit der Hypotheſe einſehen (vgl. Funk, Einheit S. 336 ff.). 1) Es iſt des H.
Art, wie ſchon mehrfach nachgewieſen, wo er kann, Allegorien aufzuſuchen, auch wenn
er die Einheitlichkeit des Bildes ſtört. 2) Es müſſen erſt ſprachliche Verſchieden=
heiten nachgewieſen ſein, ehe Spittas Quellenſcheidung annehmbar wird. Deutlich
ſpricht überall derſelbe Mann. 3) Die Faſtenfrage konnte ſo, wie geſchehen, nicht von
einem Juden behandelt werden. „Wachdienſt“faſten iſt ein chriſtliches Stichwort.
Nach van Bakel iſt das Ganze chriſtlicher Zuſatz, ſpäter als Gl. IX.

Sechſtes Gleichnis.

Größtenteils citirt bei Pf.=Athan. a. a. O. c. 18 f.

1 5 ſafranfarbige Gewänder] luxuriöſer, eleganter Anzug.

2 1 Verwandten Sprachgebrauch und Gedankenvorrat, nicht Abhängigkeit —
dafür ſind die Anklänge zu allgemein — verrät 2. Petr. 2 1. 12. 13. 21 f. (Spitta
S. 405 f.). — 4 den Herrn geläſtert] Vgl. Vis. II 2, 2, Gl. VIII 6, 2 f.

3 2 Engel der Strafe] Vgl. Henoch 20 4: „Raguel [heißt] ein [dritt]er
der heiligen Engel, der Rache übt an der Welt der Geiſter“, d. h. der die Sterne
(Engel) beſtraft, die von Gott abgefallen ſind. Aehnlich Teſtament. Levi 3. Die
Stelle citirt von Origenes, in ps. 37 hom. I 2 (ed. Beved. II p. 681). — von den
gerechten Engeln] alſo kein Dämon, kein Teufel, wie auch Raguel einer von
den Erzengeln iſt. Vgl. die etwas andersartigen Geſtalten der Strafengel in
der Offbg. Petri.

4 4 Die Rechnung iſt ſo: ein Tag = ein Jahr = 360 Tage, alſo eine Stunde
= $1/12$ Tag = $1/12$ Jahr = 30 Tage, der Tag zu 12 Stunden (ohne Nacht) gerechnet.
— Es iſt dabei nicht an Höllenſtrafen zu denken, ſondern an irdiſche; nur rechnet
H. mit der Tatſache, daß der Schmerz viel intenſiver empfunden wird. — Die
Stelle citirt von Origenes in Num. hom. 8 (ed. Bened. II, 294, Lomm. X 71).

5 2 die Zeit erfüllt] hier der urſprüngliche meſſianiſch=apokalyptiſche
Sinn dieſes Ausdrucks, den wir nach Gal. 4 4 mit ſo reichem Inhalt zu erfüllen

gewöhnt sind. Es heißt eigentlich: wenn die von Gott für den jüngsten Tag be=
stimmte, genau datirte Zeit abgelaufen ist. — 3 Diese psychologische Beobachtung
ist nicht ganz richtig, wenigstens nicht allgemein gültig. Besser hätte er auf den
psychischen Rückschlag verwiesen, der auf alle „Schwelgerei" eintritt und dessen
öftere, fast tägliche Wiederkehr sich schließlich zu den spezifischen Dekadenzgefühlen
auswächst, wie sie die Zeit des H. ebenso wie unsere kennt. — 4 So mit G und
nach der Satzteilung von PA; Fu mit LA und anderer Teilung weniger sinngemäß:
„wenn jemand also ein ganzes Jahr gepeinigt und gestraft wird, so erinnert er sich
dann an seine Schwelgerei". Der Sünder wird aber gar nicht ein Jahr gestraft,
sondern er hat ein Jahr lang die Erinnerung an den Tag der Strafe; so meint
es H. — weil sie] schlechter, aber echter Stil; es war doch nicht bloß richtig,
sondern auch einfacher, zu sagen: weil er usw. — 5 mit Lustgefühl tut]
hier ein Ansatz, die Lust überhaupt für Sünde zu erklären; auf das ästhetische
Wohlgefallen reflektirt dieser ganz unkünstlerische Mann gar nicht, Augustin hat es
für Sünde erklärt. Das sittliche Lustgefühl läßt H. gelten, § 7.

Siebentes Gleichnis.

1 Der herrliche Engel] Wer dieser Engel ist, darüber vgl. Apokr. S. 227.
Vis. V, 2 wird er zuerst genannt, von jetzt ab häufiger. — 2 Eigentlich Gesetzlosig=
keit. — 3 Augenscheinlich hat H. das geschrieben, geleitet von dem persönlichen
Interesse, in seinem trüben Schicksal, das er für unverdient (durch eigene Sünde)
hält, Gottes Hand zu erkennen. So hat er es in Vis. I 3 erklären lassen als Strafe
für seine allzu weichliche und darum zum Bösen wirkende Liebe zu seinen Kindern,
hier erscheint es bloß als notwendiges Mittel, durch das die Strafe an Frau und
Kindern vollzogen wird. Nebenbei werden solche Lehren ihn auch in den Augen
seiner Mitchristen haben rechtfertigen sollen, die vielleicht den Verlust seines Ver=
mögens offen oder versteckt als eine Strafe Gottes bezeichneten. — 4 Hier tritt
augenscheinlich das zweite Interesse zu Tage, um deswillen dies Gleichnis geschrie=
ben ist. PA erklären für den Sinn des Ganzen: „Sünden werden nicht vergeben, wenn
nicht Strafe mit der Buße verbunden ist. Hier die Anfänge jener verkehrten kirch=
lichen Disciplin, die nachher die Römischen so weit ausgebildet haben." Allein von
einer Bußdisciplin und kirchlichen Strafe ist hier nicht die Rede, nur von göttlicher
Strafe in irdischen Leiden, mehr jüdisch als römisch. Die Bußübungen haben frei=
lich in diesem Gedanken ihre Wurzel.

Achtes Gleichnis.

1 1 Das verrät deutlich Christen; denn Juden werden nicht mit dem
Namen ihres Herrn genannt, wohl aber Christen nach Christus. —
2 ein herrlicher Engel] dieser muß nicht notwendig „der herrliche Engel"
aus Vis. V, 2. Gl. VII fein. — 5 Stil!
2 1 „der" Turm] kommt hier ganz unerwartet, falscher Zug im Bild. —
4 entließ er] Sie dürfen in den Turm gehen. — 5 Sollte... prüfen] Stil!
— Zu dem Altar im Himmel vgl. Geb. X 3, 2.3, Gl. II. — 7 „leben" ist überall
gesagt um des Bildes willen für „ausschlagen, grün werden, sprossen".
3 2 Gesucht ist die Beziehung zu Hebr. 13 20, wo „groß" messianischer Kunst=
ausdruck ist, vgl. zu Vis. II 2, 7, hier ist es ganz harmlose Beschreibung des Aus=
sehens des Engels, vgl. 1, 2. — 3 das Gesetz ihnen G (F): sein Gesetz A (PA), die
Stelle fehlt in L. — 4 Diese Erklärung ist nachgeholt, H. hatte die Erklärung der
Zweige vergessen, sie sind das „Gesetz", sofern es Besitz jedes einzelnen geworden
ist. — 5 Hier ist doch wohl das Gesetz wieder persönlich als der Sohn Gottes vor=
gestellt. — 6 Von den Kränzen der Märtyrer (als der Sieger) sprechen viele alt=
christliche Stellen: (1. Kor. 9 25) Offbg. Joh. 2 10 u. ö., Jak. 1 12, 1. Petr. 5 4, Kränze
der Seligen überhaupt (1. Kor. 9 25) 2. Tim. 4 8, 2. Clem. 7, 3. Vgl. Spitta S. 418.
— 8 Die drei ersten Gruppen sind die aus 2 1-4, die Gerechten, welche keine Buße
nötig haben: 1) die Märtyrer, 2) die „Bekenner", deren Sünden durch ihre Leiden

aufgehoben find, 3) die Gerechten, die keine (schweren) Sünden getan haben.

4 3 feinen Stab] wörtlich: feine Stäbe, Stil! — 4 Nach der auf zwei Handschriften des L beruhenden Lesart ὡσαύτως von PA: ὡς αὗται G (Fu): und wie diese vertrocknet und verstümmelt erfunden wurden, fo befahl er, fie follten.... — 6 Hier ift wieder eine Probe schlechten Stils: weil er geschrieben hatte οἱ τὰς ἡμιξήρους καὶ σχισμὰς ἐχούσας, vergaß Hermas das notwendige ἔχοντες (trugen)!

5 6 über die Maßen] L¹A L² (PA): über die Maßen fehr G (Fu).

6 2 Entweder fieht H. diefen Mißerfolg bei einem Teil der Lefer voraus oder diefes Stück ift geschrieben, als bereits eine Zeit nach Herausgabe der Vifionen verftrichen war und die Wirkung des Bußrufes fich zeigte. — In ziemlich oberfläch= licher Weife find hier wieder einmal Determination durch Gott (Engel) und Frei= heit des Menfchen vereint. Das Problem wird eben gefühlt, aber durch eine ein= fache Formel abgeschoben. — 3 das Siegel] ift hier die Taufe, wie (2. Kor. 1 22), Eph. 1 13, 4 30 und fehr häufig im alten Chriftentum, auch die Befchneidung wird fo bezeichnet Röm. 4 11, Barn. 9, 6. Ein „Siegel" ift eigentlich ein beftimmtes Er= kennungszeichen, das nur der Vernichtung durch die Engelmächte in der Endkata= ftrophe rettet, vgl. Offb. Joh. 7. Befonders feltfame und verfchiedene „Verfiegelungen" hatten die Gnoftiker. — von dir ein Siegel] fie haben die Taufgnade, welche Vergebung aller früherer Sünden gibt, verfcherzt und erhalten in der von H. ge= predigten und bewirkten Buße gleichfam die Taufe zum zweiten Mal. Das ift die zweite Bedeutung, die das Siegel bei H. hat. — ihre Geifter.. erneuern] „der Zweck des ganzen Buches liegt in diefem § zu Tage" (PA). Vgl. Vis. III 10—12, deren Echtheit von hier aus beftätigt wird. — 4 Die Verwandtfchaft mit Jak. 2 ift fehr ftark. Leider bezieht fie fich auf die formelhaften Beftandteile des Satzes, die ficherlich in ähnlicher, fefter Geftalt in den Gemeinden umliefen, alfo nicht für litera= rifche Abhängigkeit beweifend find. — Gott verloren gegangen] Gegenfatz zu „Gott leben" (im Schluß der Gebote), ebenfo wie diefe Redensart halb fittlich, halb efchatologifch (vom „ewigen" Tode) zu verftehen. Nachher dagegen deutlich efcha= tologifch. — folche Leute] bilden die erfte Sündergruppe, den Märtyrern gegen= überftehend, die in Verfolgung Abgefallenen, ohne Buße. Doch vgl. Vis. II 3, 1, des H. Kinder find abgefallen und follen doch gerettet werden, ebenfo Maximus 3, 4. Es fcheint, als feien hier feit Vis. II trübe Erfahrungen eingetreten. Doch vgl. fchon Vis. III 7, 2, und jetzt noch Gl. VIII 8, 4. 5. — 6 Stufen der Seligkeit. — Die falfchen Lehrer ftehen in Vis. III 7, 1 vor den Abgefallenen, weil dort die umgekehrte Folge herrfcht. Diefe Lehrer find entweder mit jenen gleich, die die Buße verhindern durch die Lehre, daß es keine Möglichkeit der zweiten Buße gebe (Geb. IV 3), oder jene Gnoftiker, die lehren, eine Befleckung des Geiftes habe nichts auf fich (Gl. V 7). Die milde Beurteilung fcheint mehr für die erfte Annahme zu fprechen.

7 1 leben weder, noch find fie tot] vgl. Offbg. 3 1. 15 f. — 2 Und noch... Buße] faft wörtlich Ignatius Eph. 10, 1. — 6 PA denken hier an die Worte Jefu, die H. wie Papias (Eufeb. III 39, 3) „Gebote" fchlechthin nenne, ähn= lich def. Joh. Aber wahrfcheinlich ift an die Gebote des Herrn durch den Buß= engel zu denken, vgl. den Inhalt, den H. angibt und 8, 1 „meine Gebote". Vgl. Vis. III 9, 7—10 und Apokr. S. 224.

8 1—3 Diefelbe Gruppe Vis. III 6, 2. 5. — 5 Es befteht alfo ein Unterfchied zwifchen einfacher Verleugnung des Herrn in mannigfacher Art und wirklichem Ab= fall. Man kann leugnen, Chrift zu fein, im Gefchäftsleben (darauf ift mehr in 8, 1 ff. hingedeutet), aber auch im Verkehr mit andern aus Scham, aus Furcht, weil man nicht als „abergläubifch" daftehen will, um lieben Angehörigen nicht wehe zu tun, ufw. Hundert Gelegenheiten Tags über, fo zu verleugnen, wie Petrus vor der Magd des Hohenpriefters leugnete. Anders gewertet wird das feierliche Abfchwören vor der Behörde.

9 1 Anfehen bei den Heiden] fteht in einem feinen Gegenfatz zu 10, 1. — mit den Heiden] LA (PA): nach Weife der Heiden zufammengelebt haben

(geſchlechtlich?) G (Fu). Aber vgl. § 3. — war] GA (Fu): ſchien ihnen der ange=
nehmere L (PA). — 3 die Schandtaten der Heiden vollbracht] GA(Fu):
dienten den Schandtaten und Werken der Heiden L (PA). — Sie ſind] G (Fu):
ſie ſind daher L (PA), aber A. — zu den Heiden gerechnet] vgl. Mt. 18 17.
— 4 Dieſe Gruppe iſt nahe verwandt mit den beiden vorausgehenden, vgl.
Vis. III 6, 5.

10 2 Vgl. zu dieſen Gruppen Vis. III 6,4. — 3 Geſetzloſigkeit] ἀνομία
habe ich ſonſt mit „Ungerechtigkeit" u. ä. wiedergegeben. — 4 gerne Leiden er=
tragen] ſo nach der Herſtellung in PA mit Benutzung von L ¹ ². G: καὶ φοβοῦνται
(und ſie fürchten ſich), was Hilgenfeld in καὶ παϑεῖν οὐ φοβοῦνται: einige aber von
ihnen fürchten ſich ſogar nicht vor den Leiden, verwandeln will. Ihm ſchließt ſich
Fu an. Trotz des Präſens iſt nicht ſicher, ob die Verfolgung ſchon angefangen hat.
11 1 Zum Gedanken vgl. 2. Petr. 3 9 Zahn S. 432. — 3 Zum Gedanken vgl.
2. Petr. 1 9. Beide Stellen beweiſen nichts für ſchriftſtelleriſche Abhängigkeit. Es
ſind weit verbreitete chriſtliche Gedanken, bei H. ganz in ſeiner Sprache ausge=
drückt. Daß Spitta in dieſem Gl. viel ſtreichen muß, um glatte Logik hineinzu=
bringen und das Chriſtliche zu entfernen, iſt deutlich, nämlich 3, 2 von „Dieſes Geſetz
— gekommen ſind"; 4, 6 ſoll lauten: er befahl ihnen, ſich zu ihren Abteilungen ge=
ſondert zu ſtellen; in 6, 4 ſoll fehlen „wie ich dir geboten hatte"; 6, 5 Schluß und 6,6
ſoll gelautet haben: dieſe nun haben ihr Leben verloren uſw. Alles dazwiſchen=
ſtehende fehlte; in 7, 2 ſoll gefehlt haben alles von „aber auch für ſie — auf Buße";
in 7, 3 von „diejenigen dagegen — wohnen"; in 7, 5 von „wenn aber noch einmal
— der Tod" in 7, 6; 8, 3 ganz; 8, 5 von „Einige von ihnen" an; 9, 4 ganz; 10, 2
ganz; in 11, 1 „die Erklärung all der Stäbe" und „durch ſeinen Sohn"; in 11, 5
„mir gezeigt und". van Bakel folgt ihm im großen und ganzen. Man merkt
auch hier wieder zu deutlich die Abſicht. Zuzugeben iſt Spitta, daß hier H. wohl
ein älteres Bild verwandt hat. Aber es iſt viel gründlicher verarbeitet als Spitta meint.
Das Motiv der grünenden Stäbe iſt altteſtamentlich: 4. Moſ. 17 17 ff., vgl. 1. Clem.
43; aber auch ſonſt in der Sagengeſchichte häufig. Daß H. den Sohn Gottes „Geſetz"
nennt, iſt nicht auffällig in einer Zeit, die das Chriſtentum als „neues Geſetz" be=
trachtete und von der uns ausdrücklich berichtet wird, daß in dem Kerygma Petri
der Herr das Geſetz genannt werde (Clem. Alex. ſtrom. I 29, 182; II 15, 68).

Neuntes Gleichnis.

1 1 Alſo iſt Vis. V—Gl. VIII eine Einheit. Gl. IX will nur eine genauere
Wiederholung des vor Vis. IV Geſchauten, Gl. X ein Nachwort ſein. — Augen=
ſcheinlich ſind hier, nach Lipſius, Ha, Hi, Fu, trotz Zahns (S. 278) künſtlichen
Umdeutungsverſuchen der heilige Geiſt und der Sohn Gottes ein und dieſelbe
himmliſche Geſtalt, und dieſe war als Kirche lediglich verkleidet. An andern Orten
werden die drei auseinander gehalten. Vgl. Apokr. S. 227. — Spitta ſtreicht
die letzten Worte; aber es iſt derſelbe nachholende Stil wie Gl. VIII 3, 4 „die Stäbe
nämlich ſind das Geſetz"; warum ſtreicht Sp da nicht? Vgl. S. 321. — 2 Beachte wieder
den entſetzlich verworrenen Stil, der zu den kühnſten Auslegungen Anlaß gegeben hat,
während die Sache ſehr einfach iſt. — Iſt der Engel mit dem Sohn Gottes identiſch?
— 4 Arkadien] nach Zahn und PA ſoll auffallen, daß dieſe griechiſche Landſchaft
hier genannt iſt. Als ob nicht der Pneumatiker „fliegen" könne, ſoweit ihn der
Geiſt „trägt", wie Heſekiel von Babylonien nach Jeruſalem! Man hat nicht nötig,
mit Zahn (211—218 und GgA 1878 Nr. 2) bei Rom eine Landſchaft ähnlichen
Namens („Aricia") zu ſuchen, noch die zwölf Berge in Natur nachzuweiſen. Das
gilt auch gegen die Verſuche, die Berge in Arkadien zu finden, die Rendel Harris
(Journal of the Society of Biblical Literature etc. 1887, S. 69—83) und Robin=
ſon (Collation of the Athos Codex etc. S. 30—36) gemacht haben. Daß H. in Arkadien
aufgewachſen ſei, iſt aus dieſer Stelle geſchloſſen worden. Aber die zwölf Berge ſind
Phantaſieberge. Vgl. noch S. 323. — 6 Deutliche Erinnerung an das Gleichnis vom Säe=
mann (Mt. 13 5. 6, Mc. 4 6), wie im Schluß von § 5 denn auch wahrſcheinlich Mt. 13 7,

Mc. 4 7, Lc. 8 7 nachklingt. — 9 <Tiere und> G (Ju), fehlt in L (PA). — der Bäume L²A fehlt in L¹; in seinem Schatten G(Ju). — viele G (Ju); fehlt in L. — daß] hier steht ein ἵνα (nach Art von ut?) im Sinne von „so daß".

2 1 der Felsen] ein Bild des „Himmels", der so vorgestellt werden kann nach dem naiven Horizontbild als ebenso lang wie breit wie hoch, vgl. z. B. Offb. 21 16 die würfelförmige Stadt; hier die Anschauung vom Himmel auf die „Welt" übertragen, und der Sohn Gottes mit ihr verglichen. — 2 neu] nach Zahn S. 446 ist hier und in Gl. IX 12, 6 Einfluß von Hebr. 10 19 ff. zu spüren. Unnötige Annahme. — 3 Das Bild ist recht undeutlich. Woher hat das Tor 4 Seiten? Höchstens doch der Fels, sollte man meinen. Die Stelle ist häufig citirt bei Kirchenvätern, zuerst Orig. in Ez. (28 18) hom. 13 c. 3 (ed. Bened. III S. 404). — 6 Diese Verwunderung findet Hi für den Verf. des 3. Gesichts auffallend. Es ist doch nicht lediglich Manier, die zwölf Jungfrauen spielen doch eine etwas andere Rolle als dort die sieben. — Anders als in Vis. III 2, 4; 3, 5, auch die Klasse der Steine sind zum Teil andere.

3 1 und über dem Tore] L (Ju) fehlt in GA (PA). — 3 nicht] ergänzen mit Recht alle Herausgeber nach 5, 3, 16, 7; es fehlt in GL¹A.

4 6 Diese Steine sind nachher nicht gedeutet. Also auch hier mangelnde Präzision des Bildes.

5 1 Pause] neu gegenüber Vis. III; ebenso die Prüfung des Turmbaus. Dadurch wird das ganze Bild verschoben. Während in Vis. III in den Turm nur gute Steine gebaut werden, kommen hier alle hinein, die schlechten werden wieder entfernt. Ohne Bild: in Vis. III wird die reine, ideale „Kirche" geschildert, hier die Christenheit, wie sie ist, voll von Sündern, aber durch Christus werden diese entfernt.

6 1 Der riesengroße Mann ist der Sohn Gottes nach 12, 8. Auch sonst wird Christus als unendlich groß vorgestellt. Vgl. Evangelium des Petrus 40, (Apokr. S. 31), Akten d. Perpet. u. Felic. 4, und 5. Ezra 2 43. Ein genaues Maß gab der „Prophet Elksai", ein Zeitgenosse des Hermas an: 96 Meilen (je 1000 Schritt) lang und 24 Meilen breit (bei Hippol. ref. IX 13, Epiphanius haer. 30, 3). Bei Elksai ist der Christus als Engel gedacht, so wahrscheinlich auch hier, wo er neben sechs Erzengeln (Männern) auftritt. Man zählt nämlich sonst sieben Erzengel; danach ist anzunehmen, daß Christus der siebente und höchste Engel ist, vgl. Apokr. S. 227.

7 1 entfernt] eine der gewöhnlichen Ungenauigkeiten. Ein Teil der Steine (6, 8; 9, 1—4) war noch gar nicht in den Turm eingesetzt. — 5 Entweder ist hier an den Unterschied von Außen- und Innenmauern gedacht oder an eine Mauerarbeit (emplecton), bei der die beiden äußern Seiten der Mauer aus behauenen Quadersteinen gebildet, und der Zwischenraum zwischen ihnen mit kleineren Steinen, Geröll und Mörtel ausgefüllt ist, so daß schließlich eine einzige sehr dicke Mauer von großer Festigkeit entsteht.

8 2 die inneren Teile] Der vorsichtige Ausdruck aus den in der vor. Anm. angegebenen Gründen, nach LA (PA); G (Ju): legten sie als Mittelstücke in den Bau. — 3 brauchbarer] wörtlich: gesunder. — 5 stark] wörtlich: gesund.

9 4 Der Grund dafür steht in 31, 2. — 7 nicht eine einzige Fuge] so mit L¹A (L²) (PA); G (Ju): und eine einzige Fuge (wohl = aus einem Guß?) — Die Stelle citirt Origenes in Oseam, ed. Bened. III, 439, Lomm. XIII 304.

10 1 Um den Turm her liegen die beim Behauen abgefallenen kleinen Stücke, die jetzt verwandt werden sollen. Zugleich wird dadurch der Platz gesäubert. — 5 Ranzen] die Hirtentasche vgl. Vis. V 1.

11 3 wie ein Bruder] Vis. I 1, 1, II 2, 3, 3, 1. — 4 umarmen] fehlt in PA nach A, GL (Ju) lesen es. — 7 die zweite Stunde] ungefähr 8 Uhr. — 8 Worte des Herrn essen] Lt. 4 4 = Mt. 4 4, 5. Mos. 8 3, Joh. 4 34, die letzte Stelle steht nicht näher — Die ganze Scene (10, 6—11, 8) enthält wahrscheinlich eine Verteidigung des von Propheten und christlichen Asketen geübten

Brauches, mit Jungfrauen in einem geschlechtlich reinen Verhältnis zusammenzu=
leben, was man als eine besondere Uebung in der Heiligkeit und einen besonderen
Beweis für die Kräftigkeit des sittlichen Lebens hoch schätzte. Während man früher-
Belege für diese Sitte erst von Tertullian an hatte (de jejun. 19, de virg. vel. 14),
weshalb Za und Hi nicht an eine Anspielung an diese Sitte hier glauben wollten,
ist jetzt aus einer Stelle der Didache deutlich, daß es bereits im 2. Jahrhundert
diesen Brauch gab (vgl. Did. 11, 11 und Harnack z. d. St., sowie meine ‚Geist=
wirkungen‘ S. 131—137). Ja Grafe hat wohl mit Recht gemeint, auf diese Sitte
bereits die Worte des Paulus in 1. Kor. 7 36 ff. beziehen zu müssen (Geistliche Ver=
löbnisse bei Paulus in ‚Theologische Arbeiten aus dem Rheinisch. wissensch. Pre=
diger=Verein‘, N. F. 3 S. 57—69). — H. verteidigt hier wohl diese Sitte der Pro=
pheten — er ist selbst einer — als eine reine und keusche Sache gegen die Angriffe
bedenklicher verständiger Männer, welche die Gefahr dieser schwärmerischen Sittlich=
keitsprobe einsahen und davor warnten, wie die Kirche das später tat, bis sie den
Brauch schließlich ganz verbot, weil allerlei Schlimmes daraus erwuchs. Vgl. H.
Achelis, Virgines subintroductae, 1902.

12 1 Christus als Fels auch in 1. Kor. 10 4, doch anders. Hier ist, wie ge=
sagt, das Weltbild auf den Christus gedeutet. Verwandt ist auch Barn. 11, 5.
Man beachte, daß auch Mithras mit dem „Felsen“ und einer Grotte in Beziehung
gebracht ist. In altchristlichen Gemälden und Skulpturen spielt das Bild eine weit
größere Rolle als in der Literatur. — Das Tor ist ein noch häufigeres Bild für
Christus: Joh. 10 7. 9: beachte die Betonung der Ausschließlichkeit Jesu, wie
Ich bin die Tür. Vgl. auch Jgn. Phil. 9, 1 und 1. Clem. 48, 4. Keine Stelle
verrät (trotz Zahn S. 475) literar. Abhängigkeit von der andern und die letzte
Stelle zeigt, daß schon vor H. der Sprachgebrauch in Rom bekannt war. Beachte
ferner, daß gnostische Engelwesen „Türen“ heißen. — H. benützt hier deutlich ein
älteres Bild der Stadt Gottes, deren Tor Christus sein soll. Das Bild ist ver=
wischt dadurch, daß auch der Fels = Christus ist. Noch in einer dritten Stelle tritt
Christus in dem Gleichnis auf: als „Herr“ des Turmes, das ist des H. eigene
Schöpfung, christlich von Anfang gedacht. Beachte das Durcheinander der Vorstel=
lungen. — 2 vor der ganzen Schöpfung geworden] häufige altchristliche
Aussage seit Paulus, ähnlich formulirt in Kol. 1 15, auch Joh. 1 1 f., schon jüdisch
vgl. Henoch 48 2. — vgl. Spr. Sal. 8 27—30 zum Ganzen — 3 in den letzten Ta=
gen der Endzeit] ähnliche Formulirung des gleichen, weitverbreiteten Gedan=
kens Hebr. 1 1 f., 9 26, 1. Petr. 1 20, 2. Clem. 14, 2 Jgn. Mgn. 6, 1, Jren. I 10, 3.
— in das Reich Gottes kommen] aus dem Sprachgebrauch Jesu, der sonst
selten anklingt, vgl. Mt. 9 47 u. a. St. — 4 den Namen ... empfängt] in der
Taufe. — 5 Ob H. hier gegen Leute polemisirt, die den Sohn Gottes nicht für das
einzige Tor halten und andere Autoritäten nennen, die in das Reich Gottes
führen, ist fraglich; es könnte auch einfach eine Missionsaussage an Heiden gerichtet
vorliegen, oder an Leute, die sich nicht taufen lassen wollen, vgl. Vis. III 7, 3. Allein
auch Joh. 10, verglichen mit Joh. 14 6 ist derselbe Gedanke polemisch gegen andere
„Türen“ und „Wege“ gemeint in einem viel weiteren Sinne. Auch hier fällt auf: „nur
ein Tor“. Vielleicht ist bei H. eine ähnliche Polemik im Hintergrund, wie das
folgende zeigt mit die nochmalige Wiederholung in 6 hinter einer Angabe über die
Engel. — Sohn ... geliebt] diese häufige Bezeichnung des Christus steht im
N. T. genau so in Eph. 1 8, in der Taufgeschichte (Mc. 1 11) steht „geliebter“ Sohn.
Vgl. die Anm. zu Barn. 3, 6. — 6 Wieder ist alles Vorhergehende zerstört durch
diese neue Wendung des Bildes. Jetzt führt mit einem Male das „Tor“ nicht zur
Kirche, sondern zu Gott. Christus ist nicht der Fels sondern die „Mauer“. Warum
setzt Spitta mit seiner Kritik z. B. hier nicht ein? Weil das ganze Kapitel zu deut=
lich christlich ist und deshalb nach seiner Theorie ganz entfernt werden muß! Vgl.
unten. — 8 umgeben] eigentlich: stützend, helfend umgeben. — Hier ist augen=
scheinlich gegen Engelverehrung polemisirt und ihr gegenüber konstatirt, daß selbst
von den höchsten Geistern ohne Christus keiner zu Gott komme, also auch keiner

Objekt des Gebetes ſein könne. Es war eine ſtarke Strömung im alten Chriſtentum, welche die Vermittlung von Engeln (oder Aeonen) in Anſpruch nehmen zu müſſen glaubte. Sie wird im Kol. und Hebr. auch in der Offb. Joh. beſonders deutlich bekämpft. Vgl. W. Lueken, Michael 1898, S. 62—91.

13 2 Spitta hält dieſe Stelle für jüdiſch. Aber ein Jude konnte gar nicht ſo ſprechen. — 7 Hier erfahren wir zuerſt, daß die Jungfrauen „Geiſtweſen" ſind. H. ſetzt voraus, daß man es aus Vis. III noch wiſſe. — So ſehr dieſe und die oben angegebenen Stellen an Eph. 4 erinnern, ſie weichen doch auch charakteriſtiſch ab. — 8 das Kleid und die Kraft] (Fu Hi); das Gewand L¹ (PA); die Kraft G L². — 9 Die Kirche als das Haus Gottes: 1. Tim. 3 15 (Hebr. 10 21), die Chriſtenheit 1. Petr. 4 17 (2 5), „Tempel" Gottes 1. Kor. 3 16 f., Eph. 2 21.

14 3 Der Verf. dieſes Stückes kennt ſchon Vis. III 10—12. Auf dieſe Stelle wird wohl in 2. Clem. 2, 7 und 1, 6 angeſpielt. — 5 trägt die ganze Welt] vgl. Hebr. 1 3.

15 2 Citirt von Orig. in Ezech. hom. 13, c. 3 (ed. Bened. III 404), ferner Opus imperf. in Mt. 19 28 (Chryſoſt. opp. ed. Paris. 1836 VI 880, Fabricius III 759) und nach L² im Leben der hl. Genovefa 4, 15 (Acta SS. Jan. I 139) (Fu). — 3 Zu den aufgezählten Tugenden und Laſtern, die ſich übrigens nicht ganz entſprechen, hier und in Vis. III 8 vgl. Apokr. S. 225. Tugend- und Laſterkataloge ſind in der griech. Literatur häufig, vgl. Dieterich, Nekyia S. 163—195. Der unſerer Stelle am nächſten kommende und von manchen für die Quelle derſelben gehaltene (vgl. Apokr. S. 229, Handbuch S. 291) ſteht in der Tabula des Kebes 20, 3 (ed. Praechter 1893, S. 18). Er gibt als Tugenden, die gleichfalls als Schweſtern dargeſtellt werden: Wiſſen (Vis. III 8, 5), Tapferkeit, Gerechtigkeit, edle Güte (καλοκαγαθία), Mäßigung, Anſtand, Freiheit, Enthaltſamkeit, Sanftmut; ihre Mutter iſt (21, 1) Glückſeligkeit. Laſter ſind (9, 1): Ausſchweifung, Liederlichkeit, Unerſättlichkeit, Schmeichelei (23, 2), Geiz (Geldliebe) und jede Bosheit. In 10, 2 f. werden erwähnt in anderem Zuſammenhang: Strafe, Traurigkeit, Klage, Weinen, Mutloſigkeit. Trotz mancher Uebereinſtimmung, von denen mir die auffallendſte die im Worte Wiſſen (ἐπιστήμη) für den Chriſten zu ſein ſcheint, ſind deutlich des Kebes Angaben griechiſch-ſtoiſche, die des H. chriſtliche, direkte Beeinfluſſung wohl nicht anzunehmen. Vgl. noch S. 323. — 3 das Reich Gottes ſehen uſw.] Die am ſtärkſten johanneiſch klingende Stelle im Buch; trotzdem beweiſt auch ſie nicht die Bekanntſchaft mit dem Evang., da „das Reich Gottes ſehen" bei Joh. gerade ſo viel iſt wie „in es hineinkommen", hier dagegen iſt das Reich Gottes ſehen = in den Turm kommen und wieder aus ihm entfernt werden. — 4 Aehnlich Hebr. 12 23. Angeſpielt wird auf dieſe Stelle bei Clem. Alex. ſtrom. II 9, 43. Die 10 erſten ſind wohl die 10 Patriarchen, die 25 Gerechten die Frommen von Noah (1. Moſ. 6 9 „ein gerechter Mann") bis auf David. So hat auch Lk. 3 23—38 gerechnet. Bis auf Jeſus hat h. dann 35, Lk. 42 Generationen. Ob H. die Zahl 70 (10 + 25 + 35) erreichen wollte? Daß die 40 Apoſtel und Lehrer hier als tot angeſehen werden, iſt nicht in Gegenſatz zu Vis. III 5, 1 zu ſetzen — die Lebenden ſtehen in c. 25 —; ſondern nach 16, 5 konnte hier nur an die Toten gedacht werden, weil nur ſie in die Tiefe geſtiegen waren, die, ſofern ſie die Tiefe der Erde iſt, den Tod (ſo richtig Hi), ſofern ſie Waſſer enthält, die Taufe bedeutet. Man hat das Durcheinandergehen der Vorſtellungen zu beachten. In Vis. III 2, 5; 5, 2 bedeutet das Waſſer auch nicht bloß das Martyrium (den Tod), ſondern auch die Taufe 2, 9; 7, 3. Woher die Steine 5, 1, die den 40 Steinen entſprechen, ſind, wird 2, 4 gar nicht geſagt, H. findet ſie ſchon eingebaut. — Genannt ſind nur Apoſtel und Lehrer, weil nur ſie den altteſtl. Gerechten predigen und ſie taufen konnten.

16 2 Sterblichkeit] vgl. Röm. 6 8 f., 2. Kor. 4 10 und 2. Clem. 1, 6. Das Leben iſt „Tod", wenn es nicht „gerettet" iſt, d. h. wenn man nicht durch die Taufe die Gewißheit des ewigen Lebens hat, beſſer: in einen unvergänglichen Menſchen verwandelt worden iſt, denn es iſt an eine reale, myſtiſche Wirkung des Sakraments hier gedacht. Ein „Siegel" iſt ein magiſch wirkendes Zeichen, das in

der Not der letzten Tage bewahrt und rettet, an ihm erkennt man die Gott zugehörigen, durch das Sakrament geschützten Menschen vgl. z. B. Offbg. Joh. 7. Die
nicht versiegelten gehen in den Stürmen der Endkatastrophe oder im Weltgericht
unter. — 4 Die Taufe wird in dieser Zeit noch regelmäßig durch Hinabsteigen in
den Fluß (und völliges Untertauchen) vollzogen. Vgl. Barn. 11, 11 und Did. 7 (hier
schon Ausnahmen). — Wie hoch bereits die Schätzung der Taufe gestiegen ist, sieht
man daran, daß man nun auch glaubt, die alttestamentl. Frommen seien im Totenreich unter der Erde von den Aposteln getauft worden. Ohne Taufe gibt es
keine Zugehörigkeit zu Gott mehr. Auch das ist katholisch=kirchlich. Die Sakramentsreligion hat die Religion Jesu, die nur nach Reinheit des Herzens fragt, erdrückt. Schon in Joh. 3 5 ist dazu der Anfang gemacht, neben dem Geistempfang
wird „das Wasser" als das absolut Notwendige gestellt. Das Sakrament in diesem
Sinne stammt aus den heidnischen Mischreligionen und wurde vor dem Christentum im Mithraskult und anderen Religionen geübt. — Einem andern Interesse,
dem Interesse an dem Seelenheil der vor Jesus Verstorbenen oder der Frage der
Theodicee — warum ist der Christus so spät erst in die Welt gekommen, wenn außer
ihm kein Heil ist? — entsprang der Gedanke einer Predigt des Evangeliums
an die Verstorbenen und die gefallenen Geister in der Unterwelt, der in dem alten
Christentum weit verbreitet war, auch hier tritt er neben den Gedanken der Taufe.
Gewöhnlich (außer an dieser Stelle und bei dem von H. abhängigen Clem. Alex.
strom. II 9, 44, VI 6, 46) wird von Jesus, nicht von den Aposteln, erzählt, daß
er in die Unterwelt hinabgestiegen sei (1. Petr. 3 19, 4 6 und viele späteren Stellen).
— 6 Ob die Apostel getauft waren, bekümmert den H. nicht, wohl aber hat man
sich ganz bald danach sehr in der Kirche darum gesorgt und darüber gestritten, weil
die Sakramentsreligion immer stärker eindrang. Galt es: ohne die Taufe kein
ewiges Leben, so mußten auch die Jünger Jesu getauft sein, ja selbst von Maria
wird später das Gleiche erzählt (vgl. Hi z. d. St.). — Schon in Joh. 13 (vgl.
oben zu Joh. 3 5) ist wahrscheinlich dasselbe Problem so gelöst, daß die Fußwasch-
ung als Antwort dienen soll auf die Frage: waren die Apostel getauft? Joh. antwortet: Ja! Denn „der Gewaschene hat nicht nötig, (noch an andern Körperteilen)
gewaschen zu werden, sondern er ist ganz rein". Und andrerseits: „Wenn ich dich
nicht wasche, hast du keinen Teil an mir!" Joh. 13 10. 8. Die Waschung ist unumgänglich nötig.

17 1 Zugesetzt nach L (A) mit PA, Fu. — 2 Beachte wieder den schlechten
Stil! Das ganze Bild ist so absolut verunglückt, daß man sich aus dem Wirrwar
nicht herausfinden kann, wenn man sich nicht auf die wenigen von dem „Engel"
gedeuteten Züge beschränkt. Alles weitere Fragen führt zu Unsinn und gibt nur
Stoff für gelehrte Streitigkeiten von gänzlicher Unfruchtbarkeit. H. hätte selbst auf
alle hier aufzuwerfenden Fragen nicht antworten können. Deutlich ist, daß die
Steine von den zwölf Bergen zwölf Arten von Christen vorstellen und daß dem H.
dabei der Gedanke vorgeschwebt hat, die Berge sollten die natürliche Beanlagung
der Menschen vor dem Christwerden andeuten; nur ist der Gedanke nicht durchgeführt. Dazu kommt, daß hier schon die Charaktertypen 1) als zwölf Völker und
2) als die „zwölf Stämme" bezeichnet werden. Die Baursche Schule (vgl. Hi z. d.
St.) findet um dieses Namens willen hier die 12 Stämme Israels und, weil 30, 1
die Heidenchristen als die Wurzeln des weißen Berges angedeutet würden, im H. judenchristliche Tendenz. Davon ist gar keine Rede, denn weder sind die 12 „Stämme"
Juden, noch jene „Wurzeln" Heidenchristen, sondern reiche, aber gute Christen, wie
deutlich dasteht. Weshalb H. die Menschen in 12 Klassen einteilt, wissen wir nicht.
Za.s Erklärung, daß die christliche Kirche „Israel" sei, der PA zustimmen, ist hier
nicht angedeutet. Wir wissen keine Erklärung, aber wissen wir etwa, weshalb H.
in Vis. III acht Klassen gibt? Auffallend bleibt nur der Ausdruck „Stämme", aber
wohl nur für uns, die wir nur ihren jüdischen Klang hören, während er auch sonst
bekannt genug war. — 4 einerlei Geist] vgl. 13, 5. 7; 18, 4, Eph. 4 3—6. Jgn.
Magn. 7, 1, 1. Clem. 46, 6; literarische Abhängigkeit (Za) ist bei einer so be-

liebten, die Einheit der Kirche betonenden Formel nicht anzunehmen. — 5 Vgl.
zu dem Gedanken 2. Petr. 2 20, Mt. 12 45, Benutzung nicht nachweisbar (gegen Za
433).

18 2 **großen Taten**] vgl. Lk. 1 49, AG. 2 11, Vis. IV 1, 8. — 3 Beachte wieder
die Schwerfälligkeit des Stils. — 4 Die Quinteſſenz des ganzen Gleichniſſes. H. iſt neben
den Bußpredigern ein Kirchenmann, der nicht bloß die Einzelnen, ſondern ſtets auch
ſein Ideal der organiſirten Geſamtheit im Auge hat. — 5 Was Za (S. 234 ff.) und
nach ihm PA und Fu über eine Aenderung des Bildes von jetzt an ſagen, iſt ungenau. H. wechſelt nicht, ſondern er ſpricht jetzt von dem ausgebeſſerten
Turm, und der iſt von Anfang an die Kirche, wie ſie werden ſoll. Daß er ſich
jetzt ſo ausdrückt: „die Steine, ... ſind der Art", das iſt nur abgekürzte Redeweiſe für: die Chriſten, die derart waren, kamen von Bergen, die ein Menſchen-
geſchlecht der Art darſtellen oder „hervorbringen", daß dieſelben als Chriſten gerade ſo werden mußten, wie ſie ſind.

19 1 **ruchlos**] wörtlich: geſetzlos. — 2 Die Vorwürfe, die hier gegen die
Irrlehrer erhoben werden, ſind in der chriſtlichen Literatur der Zeit ſtets faſt wörtlich die gleichen. Kirchlicher Sprachgebrauch. Vgl. Ign. Eph. 7, 1, Polyk. Phil. 7, 3,
2. Petr. 2 3, Jud. 16, 2. Tim. 4 3 und Geb. XL Ueber dieſe (gnoſtiſchen) Irrlehrer ſelbſt vgl. Gl. V 7.

20 3 Ganz verunglückt iſt das Bilderknäuel dieſes Kapitels: die Steine allein
können doch nur die reichen Menſchen ſein nach dem Bild, hier erſcheinen ſie als
Diſteln, ſchließlich ſollen die Diſteln ein Bild für Schwierigkeiten des Gehens ſein!
Ein ſchlimmes Durcheinander, aber echt H.!

21 3 **opfern den Götzen**] Beachte dieſen wichtigen für die Entſtehungszeit
des Buches charakteriſtiſchen Zug, den Za vergeblich hinweginterpretiren will (S. 120).
Vgl. Apokr. S. 221.

22 1 **ſchwer zu belehren**] vielleicht: ſchwer zu lernen = ſchwer verſtändlich (PA). — Daß dieſe Irrlehrer **ſelbſtgefällig** genannt werden, braucht nicht
auf literariſcher Abhängigkeit von 2. Petr. 2 10 (oder umgekehrt) zu beruhen; auch
dieſes Wort iſt eins aus dem Wörterſchatz der Ketzerbeſtreiter. — **wiſſen**] eigentlich „erkennen" ginóskein, weil dieſe Leute ſich Gnoſtiker (Erkennende, Wiſſende)
nannten. Z. verſucht dieſe Pointe des Satzes vergeblich abzuleugnen, um ſein frühes
Datum der Abfaſſung glaubhafter zu machen. Beachte, daß in dem IX. Gl. die
Gnoſtiker viel häufiger und nachdrücklicher bekämpft werden als vorher; Gl. IX iſt
ſpäter verfaßt. — 2 Der Kampf des Lehrer **ſtands** in der Kirche gegen die wandernden gnoſtiſchen Lehrer! — 3 **leer**] Vgl. Geb. XI. — **ſich ſelbſt erhöhen**]
Vgl. Mt. 23 12, Lk. 14 11, 18 14. — **Teufel**] Wörtlich ‚Dämon', vgl. die Ausdrucksweiſe in den Geb. (z. B. II 2). — **zum Glauben gekommen**] = Chriſten
geworden. — **welche Einſicht haben**] die Lehrer, Propheten und Presbyter
in der Kirche. — **wiſſend werden**] wieder ein Wortſpiel mit ginóskein.

23 4 **unſer Gott und Herr**] nach korrektem griechiſchem Sprachgebrauch
müßte überſetzt werden: wenn Gott und unſer Herr (= der Sohn Gottes); aber
der Fortgang zeigt, daß die gewählte Ueberſetzung (mit Hi) den beabſichtigten
Sinn des Satzes trifft. — **verdammen oder retten**] vgl. Jak. 4 12 und den
Herrnſpruch Mt. 10 28, Lk. 12 4 f., der wohl in verſchiedenen Formen umlief.

24 1 **Vögel des Himmels**] Bibelſprache, paßt aber hier ſchlecht. —
2 **ſchwanken**] vgl. Geb. II 4—6, Did. 4, 6 f., Barn. 19, 10. (Sir. 20 18, 41 22).
— 4 **euer Same**] Bibelſprache. — **unſre Zahl**] der Engel ſpricht. Zum Gedanken vgl. 27, 3, 25, 2, Vis. II 2, 7. — **von ſeinem Geiſt empfangen**]
klingt an joh. Sprachgebrauch an 1. Joh. 3 24, 4 13; Joh. 17 24, 14 31, beweiſt aber
nicht literariſche Abhängigkeit.

25 **unterſchlagen**] Das iſt eine Spitze gegen die Gnoſtiker, die ſich auf
Geheimtradition von den Apoſteln her beriefen. Ihnen gegenüber betont die Kirche,
daß ihre Lehrer ſtets die **ganze** Lehre der Apoſtel und des Herrn wiedergegeben

hätten, daß also für eine Geheimtradition kein Platz sei. Vgl. AG. 20 27. Mit
Geldunterschlagung (PA, Hi, Ju) hat diese Stelle nichts zu tun. — gehen zu den
Engeln ein] vgl. Vis. II 2, 7, Gl. IX 24, 4.

26 3 verleugnet] in der Verfolgung vor der Obrigkeit. — Gute psycho=
logische Beobachtung und kirchliche Tendenz treffen hier zusammen. Vgl. Hebr. 10 25
Barn. 4, 10. — 5 H. denkt an leichtere Fälle der Verleugnung etwa im gesellschaft=
lichen Leben, oder an solche, die durch Foltern erzwungen sind (Hefele, Ju, Hi) —
Auch den schweren Fällen gegenüber kein unbedingtes Verdammungsurteil. —
Wieder ist das Bild verfehlt. Die Steine sind ja die Menschen.

27 1 Bischöfe und Gastfreie] Man beachte, wie wenig fest das Amt
ist, wenn solche Ausdrucksweise möglich. — schon] vgl. Offbg. 2 1. 8. 12 usw., wo
vielleicht der „Bischof" der Engel der Gemeinde heißt. Zu dem besondern Platz im
Himmel, der schon in den jüdischen Apokalypsen seine Rolle spielt, besonders im Buch
Henoch, vgl. aus christlichen Schriften 1. Clem. 5, 4. 7, Barn. 19, 1, Joh. 14 2, auch
die Unterscheidung von äußerer und innerer „Mauer", von Mauer und „Turm"
bei H.

28 3 Das Martyrium tilgt die Sünde. Katholische Auffassung. Die evan=
gelische bei Paulus 1. Kor. 13 3. Bei H. findet sich denn auch konsequent wieder
die Lehre von den Stufen der Seligkeit, je nach der Größe des Martyriums. —
5 Das Kapitel ist wichtig für die Abfassungszeit. Vgl. Apokr. S. 225. Freilich
ist nicht ganz sicher, ob das in AG. 9 16, 1. Petr. 4 13. 15 f. wie hier angedeutete
Gerichtsverfahren, wie es uns zuerst datirbar aus dem Pliniusbrief (um 110) be=
kannt ist, nicht schon früher geübt worden ist. — Beachte die Hochschätzung des
Martyriums, ähnlich außer 1. Petr. 4 15 f. in derselben Zeit AG. 5 41, Polyk. Phil.
8 2; am meisten katholisch in H. — Denen die im Leiden an Gott irre werden, sagt
H.: Seid nicht befremdet über die Verfolgung! Sie ist Gnade Gottes, weil Möglich=
keit, Sündenvergebung und in ihr Leben zu erlangen. Daß die Verfolgung als eine
Versuchung zum Zweifel empfunden wurde, ist natürlich und oft bezeugt. —
6 drückten schwer] der intransitive Gebrauch des Wortes, wie bei manch anderm
Transitiv im hellenistischen Griechisch. — 7 Doch wohl nicht das Staatsgefängnis,
sondern der Aufenthaltsort der Sünder im Jenseits.

29 3 wie die Kinder] vgl. Geb. II 1. — stehen oben an] vgl. Mt.
18 10, daß der „kinderliebende" H., der seine eigenen Kinder „verwöhnt" hat, auch
die Kinder überhaupt liebt und darum gerade diesen evangelischen Gedanken häufig
heranzieht, ist natürlich und gibt seinem Bilde eine besondere Liebenswürdigkeit.

31 3 Hier werden Steine geschildert, die von den Wurzeln — für die antike
und die naive Naturansicht haben die Berge Wurzeln — des weißen Berges sind,
d. h. „unschuldig wie die Kinder". Sie dienen dazu, die noch vorhandenen Lücken
auszufüllen. Bis hierher ist alles klar, diese Gruppe könnte sich lediglich aus dem
Bild erklären und der Erwartung des H., daß die jetzt in die Kirche eintretenden
neuen Mitglieder sich rein halten. Denn diese Steine werden erst nach der Prü=
fung durch den Herrn in den Turm eingesetzt, Gl. IX 6, 5 ff. Schwierigkeit macht
erst die zweite Gruppe derer, die glänzend und rund, d. h. unschuldig und reich sind.
Hier scheint doch an Leute gedacht zu sein, die schon leben und die H. für ganz
rein hält, die aber die Taufe, das „Siegel" nicht angenommen haben, weil sie
für ihren Reichtum fürchten (31, 1 f.). Und wahrscheinlich hat H. solche Leute
im Auge und will sie, die sein Buch etwa vorlesen hören, wenn sie am
Gottesdienst teilnehmen, auf diese Weise zu dem Entschluß bringen, sich taufen zu
lassen. — Heidenchristen im Gegensatz zu etwaigen Judenchristen von den 12 Bergen
sind hier mit keinem Wort angedeutet. Jedes Wort spricht vielmehr dagegen. —
4 Die Stelle citirt bei Antioch. hom. 94 MPG Bd. 89, 1719. — 5 Ein neues Bild. Die
Hirten sind die Aeltesten (Bischöfe und Diakonen?). H. spielt auch hier auf die
Streitigkeiten unter ihnen an. — in die Irre geführt worden] = werden
die Parteihäupter, die nach dem Vorsitze streben, auf die Leute, die sie zu ihren
Führern erheben, die Schuld abwälzen können? — Auf die ganze Stelle von 4 an

angeſpielt bei Antioch. hom. 122 MPG Bd. 89, 1815, faſt wörtlich citirt von „Wehe" bis „gelogen hat" in Pfeudo=Cyprian De aleatoribus 2.

32 4 verborben haft] umſchrieben citirt bei Ant. hom. 94 MPG Bd. 89, 1719.

33 1 das Vorſtehenbe] die Gebote und Gleichniſſe.

Zehntes Gleichnis.

1 1 jener Engel] Wahrſcheinlich „der Sohn Gottes" ſelbſt. — Die Scene iſt dieſelbe wie in Vis. V. — **2 Drangfal]** Hier nach Gl. VI 3, 6 zu verſtehen. — **3 So hoch ſchätzt** H. ſein Werk und ſeine Berufung zum prophetiſchen Wirken.

2 2 Beachte die Stufen zum Thron Gottes: Menſch, Engel, der Sohn Gottes, Gott. Man ſieht, wie die Engel immer mehr ihre Mittlerrolle antreten, auch in der Kirche, nicht bloß bei Gnoſtikern und Engelverehrern, trotz aller Gegenwehr und Betonung des **einen** Mittlers. — **4** Der Einſatz mit L² (A) (Fu).

3 1 Jungfrauen] Vgl. IX 10; 11; 15.

Daß dieſes Gleichnis „chriſtlicher" iſt als das vorausgehende Buch, daß es ſich von dieſem in Sprache und Anſchauungswelt in leichten Nuancen abhebt, kann nicht geleugnet werden. Das hat Hi auf ſeine Hypotheſe gebracht, daß ein ſpäterer Nacharbeiter hier am Werke ſei. Dagegen ſpricht aber die auffallende Ueberein= ſtimmung, die den Unterſchied viel hundertmal überwiegt, und da ſie ſich auf das Kleinſte und Unwillkürlichſte erſtreckt, nicht gemacht ſein kann, ſondern aus der Identität der Perſon zu erklären iſt. Spittas Verſuch (S. 293—323), dieſen Tat= beſtand aus einer ſtrichweiſen Ueberarbeitung der jüdiſchen Vorlage zu erklären, findet an den Widerſprüchen und falſchen Ausbeutungen der Vorlage ſeine ſtärkſte Unterlage, hält aber vor genauerer Betrachtung nicht ſtand, da Sp. dieſelben Un= ebenheiten und noch größere ruhig ſtehen läßt, wenn ſich in ihnen keine deutlich chriſtlichen Ausſagen finden. Alſo Tendenzkritik (vgl. Funk, Einheit, S. 345—356). Der Kürze halber ſeien Spittas Ausſcheidungen nur genannt:

1, 1 „und Gleichniſſe", „jener Geiſt iſt nämlich der Sohn Gottes".

4, 3 von „nach dieſen" bis „Fundament des Turmes". 4, 6 und 7 ganz.

5, 3—5.

6, 8 „und wurden behauen", (alles **ein** Satz).

12 ganz (denn es iſt ganz chriſtlich).

13, 2 von „denn dieſe Jungfrauen" an, 3 von „wer den Namen" an, 5 von „mit dem Felſen" an, 7 von „allen" bis „Jungfrauen", „nun", von „und weilten" — „Geſinnung",

14, 4—6,

15, 2 „und der Name des Sohnes Gottes", 4 von „die 40 — Gottes", 5 ganz,

16 ganz,

17 ganz von „Ihnen ward" an,

18 ganz,

20, 1 „die Diſteln — Verwickelte", 2 „Solche und — 3 „zukommen",

23, 2 „es haben — die übrigen," 4 möglicherweiſe „und nnſer Herr, der über alle Dinge herrſcht und",

24, 4 „und all euer Same" — „empfangen",

25, 2 „Apoſtel und", „in der ganzen Welt geprebigt und" (Lehrer haben auch die Juden),

26, 2 „die Fleckigen",

26, 3—8,

27, 2 „Biſchöfe und", „die Biſchöfe haben dazu" — „Wandel" (Biſchöfe haben die Juden nicht, wohl aber „Diener", wie das griechiſche Wort für Dia= konen wörtlich heißt. Darum ſtreicht Spitta nur die Biſchöfe, nicht die „Diener". Es iſt aber wunderliche Kritik, den Diakon dadurch, daß man den „Biſchof" wegſtreicht, in einen harmloſen Diener zu verwandeln.

Und wie sollten die Diener gerade an Witwen und Waisen sich vergehen?
Diener haben gewöhnlich andere Sünden. Es sind Diakonensünden hier!)
28, 2 „des Sohnes" (als ob Juden je um Gottes „Namen" gelitten hätten!)
3 von „und alle ihre Sünden — haben",
29, 4—31, 3, 33, 2 f.

Das X. Gl. gehört ganz zur jüdischen Grundschrift.

Schon van B a k e l hat gemerkt, daß es nicht möglich sei, den christlichen
Charakter des Stückes auf diese Weise hinwegzuschneiden, und deshalb das Ganze
für christlich mit späteren Zusätzen erklärt (S. 130—182).

Christlicher als das Vorhergehende, wurde gesagt, ist das Stück. In welchem
Sinne? Es finden sich m e h r A n k l ä n g e a n a n d e r e c h r i s t l i c h e S c h r i f -
t e n u n d g e m e i n c h r i s t l i c h e n S p r a c h g e b r a u c h. Wahrscheinlich aus dem
Grunde, weil immer mehr christliche Literatur dem H. und in Rom überhaupt bekannt wurde. Dies die einfache Lösung des Rätsels. An Spittas These mag nicht
nur insofern etwas Richtiges sein, als die logischen Ungenauigkeiten, die er aufweist, meist wirklich existiren (es existiren noch mehr, nur Interpolationen beweisen
sie nicht), sondern auch insofern, als H. ältere, ihm literarisch oder durch Tradition
bekannte Bilder verwertet. So die Bilder vom Felsen, vom Tor, von den zwölf
Bergen als zwölf Völkern der Erde, von den Wurzeln des zwölften Berges und den
Steinen der Ebene, von dem Abgrund und dem Wasser usw. Aber wenn er auch
mehrere Vorbilder gehabt hat, so läßt sich eine Vorlage nicht mehr rekonstruiren.
Und im visionären Schauen ist ihm wohl vieles aufgestiegen, dessen er sich nur noch
verschwommen und undeutlich erinnerte.

Nachtrag.

In seinem soeben erschienenen Buche „Poimandres. Studien zur griechisch-ägyp-
tischen u. frühchristl. Literatur", Leipzig 1904, hat R. R e i t z e n s t e i n auf mehrere wichtige
Parallelen zwischen Hermas und jener merkwürdigen Literatur hingewiesen, die,
aus der Zeit des Synkretismus stammend, unter dem Namen des H e r m e s T r i s -
m e g i s t o s in den ersten nachchristlichen Jahrhunderten umgelaufen und im Zeitalter des Humanismus in einer Handschrift wieder entdeckt worden ist.

Nicht bloß der Titel Poimandres (= Menschenhirt), sondern auch gleich der
Eingang zeigt eine gewisse Verwandtschaft mit dem Anfang des zweiten Teils des
„Hirten" (Vis. V). Es heißt im Poimandres: Als ich einst nachdachte über die
Welt und mein Bewußtsein in höchster Spannung war, meine leiblichen Empfindungen dagegen völlig niedergehalten waren wie bei denen, die im tiefen Schlafe
liegen an Uebersättigung oder Uebermüdung, kam es mir vor, als ob ein Mann
von gewaltiger Größe und unendlicher Höhe mich beim Namen rufe und zu mir
sage: „Was willst du hören und schauen und, wenn du es vernommen, begreifen
und erkennen?" Da antwortete ich: „D u , w e r b i s t d u d e n n ?" D a r a u f
e r : „I c h b i n d e r Menschenhirte, die (im Himmel) herrschende Vernunft. Ich
weiß, was du willst, u n d i c h b i n b e i d i r ü b e r a l l." Da sprach ich: Begreifen
möchte ich die Welt und ihre Natur verstehen und Gott erkennen. Das will ich
hören." Da sprach er wiederum zu mir: „Behalte im Sinn, was du erfahren willst,
und ich will dich lehren." Nach diesen Worten w a n d e l t e s i c h s e i n A u s -
s e h e n und sogleich wurde mir mit einem Schlage alles eröffnet und ich sehe ein
unendliches Gesicht... (R. S. 12 f.) Das Stück schildert eine Vision: beim Nachdenken über
die Welträtsel verfällt der Prophet in Ekstase, und er schaut dabei den Menschen-
hirten, der zugleich die himmlische Vernunft, der oberste Gott ist. Die Aufklärung
über die Welträtsel geschieht nun so, daß diese Weltvernunft sich wieder in das
anfängliche Licht w a n d e l t und den ganzen Prozeß des Weltwerdens vor dem
Auge des Sehers noch einmal abrollen läßt. Die Aehnlichkeit in einigen Zügen, ja einmal allerdings in einer Nebensache wörtliche Gleichheit, ist nicht zu verkennen. Daß Hermas direkt von dem Poimandres abhängig sei, will R. durch drei

Gedanken beweisen: 1) daß der Engel der Buße als Hirte bei H. auftritt, ist selt=
sam; denn dieser Engel ist nicht Christus, vielmehr stellt er neben Christus, „den
guten Hirten", störend einen Engelhirten. 2) Die Wandlung des Hirten ist bei H.
eine „sinnlose Maskerade", bei dem Heiden ist sie für die folgende Vision nötig
und also an ihrem Platze. 3) Die ganze Gestalt des Hirten ist bei H. unklar und
verschwommen: bald ist er ein rein persönlich dem H. beigegebener Geist, bald der
Bußengel für alle, bald sogar Spender der Offenbarung und Hüter der Kirche
(Gl. IX 7). Dazu kommen nun noch allerlei andere Züge aus der hermetischen Literatur.
So heißt es 4) in einem Gebet, das in einem Zauberpapyrus überliefert ist: „Gehe
ein in meinen Sinn und in mein Inneres für die ganze Zeit meines Lebens", was
an Vis. V, 2 stark erinnert, weniger stark ist der Anklang an die Worte „ich weiß,
wem ich übergeben worden bin" in einem andern Gebet, wo es heißt: „Ich
weiß (kenne) dich, Hermes, und du kennst mich; ich bin du und du ich." Wichtiger
aber ist 5), daß sich der Flug des H. gerade nach Arkadien richtet, was uns rein
unerklärlich war (vgl. Anm. zu IX 1, 4); nun ist aber Hermes, der Gott der Poi=
mandres=Literatur, in Arkadien zu Hause. Endlich 6) sind im Poimandres Laster=
kataloge mit 7 und mit 12 unheiligen Geistern vorhanden und zwar in der volks=
tümlichen mythologischen Form, daß diese Geister durch die 7 Planetengötter und
die 12 Tierkreisgeister angedeutet sind, deren „Charakter" die Sünden entsprechen.
So z. B. bei den Planeten: Mars der unheilige Zorn, Venus die sinnliche Begierde,
Jupiter die Herrschsucht, Merkur Begier nach Reichtum (vgl. Reitzenstein S. 53 und
231 ff.). Die 12 Laster sind bei H. (Sim. IX 15): Unglaube, Ausschweifung, Un=
folgsamkeit, Betrügerei, Traurigkeit, Bosheit, Unkeuschheit, Jähzorn, Lüge, Unver=
nunft, Verleumdung, Haß; bei Poimandres (XIII [XIV], 7): Unwissenheit, Trau=
rigkeit, Ausschweifung, Begierde, Ungerechtigkeit, Habsucht, Betrügerei,
Neid, List, Zorn, Frechheit, Bosheit. Gerade die Uebereinstimmung in der Traurig=
keit ist auffallend, weil H. mit ihr doch auf den ganz besonderen Zustand in der
Gemeinde anzuspielen scheint.

So viel nun auch in beiden Schriften übereinzustimmen scheint — und neben
diesen Einzelheiten noch besonders die ganze dialogische Form mit manchen
Aehnlichkeiten in Betracht —, zwingend ist doch das ganze nicht. Sicherlich hat H.
die Hirtengestalt übernommen: er kann sie aber auch wie die Sibylle (Vis. II 4, 1)
aus volkstümlicher, nicht literarischer Ueberlieferung haben. Immerhin mag H.
auch derartige Bücher gelesen haben. Denn darin hat R. sicher recht, daß aus der
geringen Bildung des H. nicht seine volle Unabhängigkeit von literarischen Vor=
bildern folgt, sondern zunächst nur, „daß wir die Vorbilder in den niedern Schichten
der Literatur suchen" müssen. So wage ich denn noch weniger als R., der doch
sehr geneigt ist, sie zu bejahen, die Frage zu entscheiden, ob im H. das Zurücktreten
Christi und die Unklarheit in der Auffassung desselben etwa dadurch zu erklären
ist, daß sein heidnisches Gegenbild noch mit übernommen ist.

XXI a.

Himmelfahrt des Jesaja.

(J. Flemming.)

Zur Ueberlieferungsgeschichte vgl. Schürer, Gesch. des jüd. Volkes III³ 1898,
S. 280—285. Harnack I 854—856. G. Beer in Kautzschs Alttest. Apokr. und
Pseudepigr. II 1900, S. 119 f. Charles, Ascension of Jsaiah, London 1900,
p. XLIV ff.

Zuerst wurde die äthiopische Version des Buches bekannt. Der Engländer

Richard L a u r e n c e edirte dieselbe 1819 mit lateinischer und englischer Ueber=
setzung aus einer guten alten Handschrift der Bodleiana (a, Nr. 7 in Dillmanns
Katalog, 15. Jahrh.) (Ascensio Jsaiae, opusculum pseudepigraphum, cum versione
latina anglicanaque publ. jur. fact. a Ricardo Laurence. Oxoniae 1819); 1877 folgte
Aug. D i l l m a n n mit einer zweiten äthiop. Textausgabe auf 3 Handschriften be=
ruhend (a und b c, Brit. Mus. Nr. 501 u. 503, beide aus dem 18. Jahrh.) nebst
lateinischer Uebersetzung (Ascensio Jsaiae aethiopice et latine ed. ab Aug. Dillmann, Lipsiae 1877), endlich hat 1900 R. H. C h a r l e s, der um die Erforschung
der jüdisch=christlichen Apokryphen hochverdiente englische Gelehrte, seine Ausgabe
geliefert (The Ascension of Jsaiah translat. from the Ethiopic version, which,
together with the new Greek fragment, the Latin versions and the Latin translation of the Slavonic, is here publ. in full, London 1900. Vgl. ThLZ 1901 Nr. 6.)

Etwas später als die äthiopische waren die beiden l a t e i n i s c h e n Ver=
sionen bekannt geworden: 1828 veröffentlichte A. M a i zwei Bruchstücke einer alt=
lateinischen Uebersetzung, c. 2, 14—3, 13 und 7, 1—19 umfassend, aus einer vatika=
nischen Handschrift des 5. oder 6. Jahrhunderts (Nova Collectio scriptor. veterum
III, 2 (1828) p. 238/9), und 1832 entdeckte G i e s e l e r eine 1522 in Venedig erschienene
lateinische Ausgabe der Visio nach einer unbekannten Hf. (c. 6—11) und ließ sie in
einem Göttinger Programm wieder abdrucken (Vetus translatio latina visionis
Jesaiae. Göttinger Pfingstprogr. 1832). Beide Lateiner finden wir auch in der
Ausgabe von D i l l m a n n (S. 76—85) und in verbesserter Gestalt bei C h a r l e s
(p. XXVIII und 87—139).

Der g r i e c h i s c h e Text, für die christlichen Partien unserer Schrift das
Original, schien verloren zu sein, denn die 1878 von O. v. G e b h a r d t (ZwTh
1878 S. 330—353, wieder abgedruckt bei C h a r l e s S. 141—148) aus einer Hf.
des 12. Jahrhunderts publicirte griechische Bearbeitung in Form einer christlichen
Heiligenlegende konnte, so wichtig sie ist, nur einen schwachen Ersatz bieten, — da
fanden die beiden rühmlichst bekannten Papyrusforscher B. P. G r e n f e l l und A.
S. H u n t in der Sammlung des Lord Amherst of Hackney in Didlington Hall,
Norfolk, ein größeres Bruchstück unserer Schrift c. 2, 4—4, 4 umfassend in einem
Papyrus des 5. oder 6. Jahrhunderts, das für das Verständnis des Werkes von
höchster Wichtigkeit ist (G r e n f e l l a n d H u n t: The Amherst Papyri being a
account of the Greek Papyri in the collection of Lord Amherst Part. I. London
1900. Text auch bei C h a r l e s). Endlich existirt auch noch eine s l a v i s c h e Ver=
sion. N. B o n w e t s c h hat (bei Harnack I 916) darüber berichtet und dann in
Charles' Ausgabe eine lateinische Uebersetzung derselben geliefert. —

Das folgende Schema möge eine Uebersicht über die uns zur Verfügung stehen=
den Texte geben (Abkürzungen s. unten):

c. 1 1—2 3 Ä	c. 6 Ä L² S	
c. 2 4—14ᵃ Ä G	c. 7 1—19 Ä L¹ L² S	
c. 2 14ᵇ—3 13 Ä G L¹ ⎱ gr. B.	c. 7 20—11 1 Ä L² S ⎱ gr. B,	
c. 3 14—4 4 Ä G	c. 11 2—22 Ä	
c. 4 5—5 16 Ä	c. 11 23—40 Ä L² S	
	c. 11 41—43 Ä	

Was das Verhältnis dieser Texte zu einander betrifft, so hat C h a r l e s
folgendes festgestellt: im zweiten Teile, der sogenannten Visio gehen Ä, L¹ u. gr. B.
zusammen gegen L² und S, beide repräsentiren eine verschiedene Recension des grie=
chischen Textes, aber auch für die erste Hälfte kann man die Beobachtung machen, daß
A und L¹ gegen G übereinstimmen; daraus läßt sich vielleicht schließen, daß G in der
ersten Hälfte derselben Recension angehört, wie die Vorlage von L²S in der zweiten.

Ueber Ursprung und Zeitalter unseres Buches haben seit L a u r e n c e
die Gelehrten d i e v e r s c h i e d e n s t e n Ansichten geäußert. (Eine gedrängte Ueber=
sicht liefert C l e m e n: „Die Himmelfahrt des Jesaja ein ältestes Zeugnis für das
römische Martyrium des Petrus" in ZwTh 1896, S. 388 ff. C l e m e n verwirft alle

bisherigen Ansichten, hat aber seine eigene in allzu großer Vorsicht nicht klar formulirt. Vgl. H a r n a ck II 714. Fortsetzung des Aufsatzes von C l e m e n in ZwTh 1897, S. 455 ff.) In der letzten Zeit haben aber D i l l m a n n s Aufstellungen die weiteste Verbreitung gewonnen; darnach sind zwei von einander unabhängige Bestandteile zu unterscheiden: 1) das Martyrium, jüdischen Ursprungs, c. 2 1—3 12 und c. 5 2—14 und 2) die Vision des Jesaja, christlicher Herkunft, c. 6—11 mit Ausschluß von c. 11 2—22. Diese beiden Bestandteile hat ein Christ zusammengefügt und c. 1 (außer 3. 4 a) als Einleitung vorangestellt und c. 11 42—43 als Schluß angefügt. Später hat noch ein anderer Christ die beiden Abschnitte c. 3 13—5 1 und c. 11 2—22 sowie 1 3. 4 a und 5 15. 16 eingeschaltet. Dieser Ansicht haben sich, um nur einige zu nennen, H a r n a ck, S ch ü r e r und B e e r angeschlossen und auch C h a r l e s hat sie adoptirt, jedoch mit einigen Aenderungen, deren Richtigkeit mir nicht zweifelhaft zu sein scheint. Nach D i l l m a n n beginnt das sogenannte Martyrium mit 2 1, C h a r l e s rechnet noch c. 1 1—2, 6 b—13 a dazu, indem er den Rest für Zutaten des Redaktors erklärt. Dem Inhalt nach gehören diese Verse zum Martyrium und bilden die Voraussetzung von c. 2 1 ff. Wenn aber S ch ü r e r (ThLZ 1901 Nr. 6) meint, die Voranstellung einer solchen Einleitung wäre recht überflüssig und unwahrscheinlich bei einer Erzählung, die einfach berichten will, wie Manasse von Gott abgefallen ist und den Jesaja zum Märtyrer gemacht hat, so ist zu erwidern, daß wir eine Legende vor uns haben, die etwa siebenhundert Jahre nach dem Tode ihres Helden entstanden ist, und an die wir somit nicht dieselben Forderungen wie an eine streng historische Darstellung stellen können; sie ist ein Produkt der freien Phantasie und fragt nicht danach, ob etwas überflüssig oder unwahrscheinlich erscheinen könnte. Ferner hatte D i l l m a n n das Stück c. 11 2—22 als eine spätere Zutat ausgeschieden, weil es dem Zusammenhang unterdreche und dem Lateiner (sowie auch dem Slaven) unbekannt sei; als weiteren Grund hatte S ch ü r e r hinzugefügt, daß auch die griechische Bearbeitung aus dem 12. Jahrh. davon keine Notiz nähme. Diese letzte Behauptung hat sich als irrig erwiesen, denn C h a r l e s zeigt unwiderleglich, daß c. 2 89 d. gr. B. auf c. 11 19, 20 zurückgeht. Der Hauptgrund für die ursprüngliche Zugehörigkeit zu der Visio ist aber der, daß es, statt den Zusammenhang zu unterbrechen, vielmehr geradezu von demselben gefordert wird: wir erwarten doch nach c. 9 12—17 eine Schilderung des Erdenwandels Christi und vor allem seiner Kreuzigung, als des Kern- und Schlußpunktes der Erlösung. Doch warum fehlt dieser durchaus nötige Paffus bei L² S, den Vertretern der einen griechischen Recension? Die Antwort kann nur lauten: wegen der sehr sonderbaren von den kanonischen Evangelien abweichenden Geburtsgeschichte mußte dieser ganze Abschnitt fallen. Auch das Stück c. 3 13—4 18, wegen seiner Beziehung auf Nero und die Neronische Verfolgung vielleicht noch dem Ende des ersten Jahrhunderts angehörig, hält C h a r l e s für den Bestandteil einer ursprünglich selbständigen Schrift, die er das Testament des Hiszia nennt und mit der von Kedrenus I, 120/1 citirten διαθήκη Ἐζεκίου identificirt. Als Zusätze des Redaktors, der die drei Bestandteile vereinigte, sieht er c. 1 9 b—6 a, 2 9, 3 13 a, 4 19—5 1 a, 5 15. 16, 11 41—43 an. In den Vorbemerkungen zur Uebersetzung bin ich im ganzen seinen Aufstellungen gefolgt.

Abkürzungen.

Ä, ä. T. = Aethiope, äthiop. Text.

a, b, c = die drei Handschriften desselben.

G = griechischer Text aus den Amherst Papyri.

gr. B. = griechische Bearbeitung von Gebhardt hrsg.

L¹ = die erste lateinische Version, von Mai publicirt.

L² = die zweite von Gieseler veröffentlichte lateinische Version.

S = Slavischer Text.

Anmerkungen.

1 1 „25. Jahre" gr. B. — 2 nicht unmöglich, sogar näherliegend ist die Ueber=
setzung: „Jesaja, des Sohnes des Propheten Amoz", vgl. c. 4 22. — „die der König
gesehen hatte", vgl. auch 4 und 5, und in der gr. B. τοὺς λόγους οὓς αὐτὸς ὁ βασιλεὺς Ἐζεκίας εἶδεν; also ein Gesicht des Hiskia. Georgius Kedrenus (ed. Bonn. I,
120—121) erwähnt eine διαθήκη Ἐζεκίου βασιλέως Ἰούδα. — 3 „Gerichte dieser Welt"
b c. — „Fürsten dieser Welt" = wa-za-makuannena ze-'âlam verb. Dillmann.
za-mekuěnân za-la-'âlam = „welches der ewige Strafort ist" a, wa-za-mekuěnâna-ze
'âlam = „und des Strafortes dieser Welt" b c. — 4 „der Geliebte" messian.
Bezeichnung. — Zu der Zeitbestimmung vgl. 2. Kön. 20 1—6. Jef. 38 1—20. — 5 zu
Sebna, äth. Sâmnâs (Sâmênâs), gr. B. Σωμνάς f. 2. Kön. 18 18. 26. Jes. 22 15. 36 3.
11. 22. 37 2. — „was ihm Jesaja ... und die Propheten" a. — „was der König
allein ... gesehen hatte" a; für re'eja liest b: râ'jě „Gesicht", etwa: „das Gesicht,
welches im Hanse des Königs stattgefunden hatte". — Der Ä liest: „über die
Kleider der Gerechten (lebsatômû la-qedûsân und über ihren Ausgang (za'atômû) und
über ihre Verwandlung (tawalletôtômu) und die Verfolgung und Himmelfahrt des
Geliebten". Wie wir aus c. 3 13 und c. 9—11 ersehen können, ist vom Ausgang
und der Verwandelung des Geliebten die Rede, die durch lebsatômû veranlaßten
Pluralsuffixe von za'atômû und tawalletôtômu sind also falsch, es ist vielmehr zu
lesen: ba'enta lebsatômû la-qedûsan wa-ba'enta za'at wa-tawalletô wa-sedat usw
8 Sammael מָאֵל Bezeichnung des Satan, vgl. F. Webers jüd. Theologie² 1897
S. 219, 253 und die Bemerkungen von Charles und Beer. Malkira, מלכירע
Beiname Sammaels. — Βελιάρ, lat. b. Hff. Beliac, statt des richtigen Beltar, äth.
Beljâr daneben auch Berjâl (a b), Bezeichnung Satans vgl. Charles S. 6. 7;
gr. B. liest für Sammael und Beliar ὁ σατανᾶς. Beliar und Sammael sind in ihren
Funktionen meistens identisch, nur manchmal erscheinen sie von einander unter=
schieden und Beliar der größere zu sein, ſ₀ c. 2 8. 4 2, 16 f. Charles S. 7. — 12 an
jenem Tage] „bei jenen Worten" a, „und" vor „erwog Hiskia" in den Hff. ist zu
tilgen. — Der Inhalt von c. 1 ist wiedergegeben in dem Opus imperfectum in
Matthaeum hom. I. p. 20. 21, gedr. in Chrysostomi Opera ed. Montfaucon t. VI
und daraus wiederholt von Fabricius Cod. pseudep. V. T. I 1094, Dillmann
S. 65. Charles S. 8. 9. — 13 „Erbe meines Geliebten" b.

2 1 Zu c. 2, 3, 5 vgl. die Bemerkungen von Beer. — 3 „von den Worten"
em-qâlâta ist mit Charles zu lesen nach gr. B. 3 3 καὶ ἐξέκλινε πάντα τὸν οἶκον
τοῦ πατρὸς αὐτοῦ ἀπὸ τῆς τοῦ θεοῦ λατρείας. — 4 „Matanbûkûs" bezw. „Matanbakas"
(b) und „Mekêmbêkûs" (c. 5 3) seiner Bedeutung nach unklar. — „bestärkte ihn im
Abfall" G; „bestärkte" κατεδυνάμου, also äth. jâhějelô, ſo schon Dillmann. —
5 „der Ehebruch" Zusatz b. Ä. — „Belchira" b. Ä ist zu tilgen. — „Zadok" erg. nach
G (Σαδδούκ), zaliq (zaliqâ b c) newâj b. Ä ist verderbt aus zadôq liqa newâj. —
11 „Propheten" <G. — 12 „Belchira" gr. Βελχειάρ, Βελχειρά, Μελχειρά und Βεχειρά;
äth. Balkîrâ, Belkirâ, Belakîrâ, Melâkîrâ, Milkirâs, Abkîrâ und Jbkîrâ; lat. Bechira.
— Zu Zedekia vgl. 1. Kön. 22 11. 24; 12 b—16 sind eine Parenthese, sie schildern uns,
welch gottlosem Geschlechte der ruchlose Belchi ra entstammte. Erst mit c. 3 1 nimmt die
Erzählung wieder ihren Fortgang. — Einen Pseudopropheten Hiskia (Ἐζεκίας)
kennt auch b. Chronicon paschale S. 98 vgl. Dillmann S. 66. G hat Zedekias
statt Ἐζεκίας. — Μιχαίαν υἱὸν Ἰεμαδά G „Sohn Amâdâ's" Ä. — 13 „und er war"
erg. nach G. — „Propheten 3." Ä. — G und Ä sind in 13 b ziemlich korrupt. Ä
liest „Ahasja der Sohn des Alamerem Balalâ'aw (balaaw b), G: μετὰ Ὀχοζείου
υἱοῦ Ἀλάμ (= Ἀχαάβ) ἐν Σεμμωμα...; Alamerem ist mit Charles für eine Kor=
ruptel von Ἀλάμ ἐν Σαμαρίᾳ zu halten, aber seiner Konjektur balalâ'aw = basa-
lâ'aw = βασιλέως kann ich nicht zustimmen, denn es wäre doch rein sinnlos gewesen,
das allbekannte βασιλέως zu transskribiren statt zu übersetzen. Ich glaube vielmehr,
daß in der griech. Vorlage des Ä ein aus dem semitischen Original herübergenom=

mener unverſtandener Ausdruck ſtand, der in G ganz weggelaſſen iſt. 15 iſt von
„Lügenpropheten, die ſich bei Aḥaſja befanden", die Rede, dieſelben werden auch
hier gemeint ſein, der Zuſammenhang führt wenigſtens darauf. Ich möchte daher
vermuten, daß in dem äthiop. balalâ'aw (בלּלאשׁ) ein ḥebr. בְּעֵלִי אוֹב „Nekromanten"
ſteckt. — 14 ἐκ Θεσ<βῶν> G, em-Têbôn a, em-Zebôn b c, urſpr. Têzbôn? — „der
Prophet" <a. — Salmanaſſar) Ἀλνασάρ G, Leba Nâser (Leba Neser b c) Ä. —
15 „Propheten" G, „Lügenp." Ä, L. — Jjâleriâs Ä, Gamarias L. — Joel] Ἰσλαλ G
= Ἰσραήλ? (Charles), Efrem L. — 16 „Belchira" <L und ſcheint trotz G Ä nur
Einſchub zu ſein. — „überredete er . . . . tötete" Sing. L. — „Gomorrha" verächt-
liche Bezeichnung von Samarien. — „töteten" erg. nach GL[1].

3 1 Ä verbindet Belchira mit dem Vorhergehenden: „den Micha und den
Belchira". — „der Gegend von" <L[1], der Reſt des Verſes ſtark verkürzt und unverſtändlich. — 2 Salmanaſſar L[1], Ἀλγασάρ G, Alagar Zagâr Ä. — „und ein halb"
erg. nach GL[1]. — „Länder der Meder" Ä, nach Charles infolge einer Verwechslung
von ὅρια und ὅρη. — et ad flumen Gozan L, εἰς . . . καὶ ποταμῶν (I. ποταμὸν) [καὶ] Γω-
ζαν G, „die Ströme Tazôn" Ä. — 3 οὐκ ἐπάτει εἰς Σαμαρίαν ἐν ὁδῷ τοῦ πατρὸς αὐτοῦ
G, non ambulabat in via Samariae patris sui L[1]. — 5 klagten an] „und es warfen
ihn ins Feuer" (wa-westa esât wadajewô für wa-astawâdajewô) b c, ebenſo 3. 37;
et spretus est a pueris Ezeciae L[1], nach Charles infolge einer Verwechslung von
κατεφρονήθη und κατηγορήθη. — „und er überredete" Ä, <L[1]. Grenfell u. Hunt
vermuten: ſie (die Lügenpropheten) überredeten den Belchira. — 6 klagte an] et
contempsit L[1]. — „die bei ihm waren" <G. — „und gegen — Judas" erg. nach
L[1]; G ſtark verkürzt. — 7 und Juda] + „und Jeruſalem" L[1]. Bei G lautet 7: „Sie
weiſſagen Lügenworte und haſſen Iſrael, Juda und Benjamin, und ihre Rede iſt
ſchlimm gegen Juda und Benjamin". — 8 Auf 7 u. 9 bezieht ſich Origenes hom. in
Jes. 1 5. (Lommatzſch 13, 245/47.) cit. Dillmann S. 67. Charles S. 17. —
10 „daß ſie Lügenpropheten ſind" Ä. — „Jeſaja" <G. — 12 „gar ſehr" <GL[1] und
ſcheint überflüſſig zu ſein.

13 [ ] <G und ſcheint Einſchub des Äthiop. zu ſein. — 14 „die Wächter,
welche das Grab bewachen" Ä, durch Aenderung von 'aqabt „Wächter in 'eqabta
„Wache" (Charles) ſtimmt Ä mit G überein. — 16 καὶ * * * ὁ ἄγγελος τοῦ πνεύ-
ματος τοῦ ἁγίου. Grenfell und Hunt ergänzen Γαβριήλ. — 17 „Schultern der
Seraphim" a. — „zwölf" <G. — 21 „ſeiner zwölf Apoſtel" G. — 22 G nur: ἐν τῷ
ἐγγίζειν αὐτόν. — 24 fanden] das unverſtändliche ba-î-wakîbôtômû des äthiop.
Textes iſt mit Charles in ba-î-rakîbôtômû = διὰ τὸ μὴ ἔχειν zu ändern, b hatte
emendirt: „ſie werden zu Räubern der Herde der Heiligen werden". — 28 Irrtums
(sehtat)] „Lüge" (hasat) a. — 30 dieſer Vers zeigt Spuren der Bekämpfung von
Irrlehrern, die Gnoſtiker ſein müſſen, weil ſie gegen das alte Teſt. auftreten. —
„dieſe meine Geſichte" mit Verbeſſerung von ella „welche" in ellâ „dieſe".

4 1 dieſelbe Verbeſſerung: „das ſind". — Vollendung] der äthiopiſche Text
(sewa'â) iſt korrupt, G las wahrſcheinlich πληρ<ώσεω>ς. — 2 und 3 gehen auf den
hiſtoriſchen Nero und die neroniſche Verfolgung. Unter den 12 Apoſteln, die c. 3 17. 18
vor der Himmelfahrt ausgeſandt werden, iſt Paulus nicht mit indegriffen, der „eine" kann
ſomit nur Petrus ſein. Der Antichriſt iſt als Nero redivivus gezeichnet. — ὅστις αὐτὸς
ὁ βασιλεὺς οὗτος, Ä korrupt: „welcher iſt der König dieſer Welt" (aus der erſten
Hälfte des Verſes). — 6 „in der Welt tun, er wird ſich dem Geliebten gleichmachen
und ſagen" b. — 12 dieſe Zeitangabe ſtammt aus der apokalyptiſchen Tradition,
es ſind die 1335 (reſp. 1332) Tage aus Dan. 12 12, vgl. dazu Charles S. 28/29
und Clemen in ZwTh 1896 S. 404. — 14 „eintauſend" ergänzt nach c. 4 12, vgl.
das oben Bemerkte. Dillmann vermutet, daß die 2 in 32 eine Corruptel von 5,
oder die überflüſſige Korrektur eines Schreibers ſei. — 16 „Bild der Heiligen" mesla
qedûsân. Dillmann und Charles haben mesla als Präp. „mit" gefaßt und
überſetzten: „er wird ſtärken die, welche im Leibe angetroffen werden zuſammen
mit den Heiligen in den Kleidern der Heiligen". Aber Charles hat kein rechtes

Zutrauen zu dieser Uebersetzung, er möchte mesla = „mit" streichen und „er wird
stärken" (gr. etwa ἐνισχύσει) in „er wird bekleiden" (ἐνδύσει oder ἐπενδύσει) ändern.
— 18 „das, was im Himmel ist" c. — 22 es liegt hier wohl eine Verwechselung
des Vaters des Jesaja (אמוץ) mit dem Propheten שמעי vor.   Reden Josephs des
Ger.] Dillmann denkt an ein Pseudepigr. betitelt προσευχὴ τοῦ Ἰωσήφ (bei Fabricius, Cod. pseud. V. T. I p. 761—769) vgl. auch Charles.

5 3 „auf Veranlassung" äth. ba, Dillmann emendirt wa „und M."
Mekembekus ist Matanbukus c. 2 5. — 4 „da sagte Beliar" a c. Die Stelle citirt
Ambrosius zu Ps. 118 vgl. Dillmann S. 70. — 7 statt wa-jerê'ejômû ist î-jerê'-
ejômû zu lesen, vgl. c. 6 10. — 8 statt „Belchira" hat a Milkîrâs. — 9 Belchira gilt
hier dem Jesaja als Personifikation Beliars. — „Soweit es von mir abhängt, ver-
wünscht so zu sagen seist du" a.

6 1 „im 20. J. Juda" ist von ÄL² zur Ueberschr. gezogen. — „Jasub, b.
S. b. Jes." <L². — „von Gilgal" <L²S, aber in gr. B 1 s. — 2 < > erg. nach
L²S gr. B 2 1. — „und obwohl — niederlassen" <L²S, aber in gr. B 1 5. —
3 „Und als J. anfing" a b. — „Da fing J. an — reden" <L²S. — „vierzig" nur
Ä. „Und es kamen aus allen Dörfern, von den Äckern und Bergen, Propheten und
Prophetensöhne, nachdem sie vernommen, daß Jesaja aus Galgatha zu Hiskia gekommen wäre, um ihn zu begrüßen und ihm das Künftige anzukündigen" so 3—5
bei L² und S in starker Verkürzung. — 5 „daß er weissage und sie seine Weissagung
hören möchten" b. — 6 Dann (c L²)] „als J. redete" a b. — 6 lautet bei L²:
„Dann redete er Worte der Wahrheit, der heilige Geist kam über ihn und alle
sahen und hörten Worte des heiligen Geistes". Aehnlich S. — 7 bei L²S bezieht
sich das Beiwort der „Alte" auch auf Micha. — „Jasub" <L²S. — < > ergänzt
nach L²S. — 8 „der Gerechtigkeit" <L²S. — „den Höchsten, der unter den Heiligen
ruht" L²S, b. üb. <. — 9 „und sie gaben Ehre" <L²S. — „solche Vortrefflichkeit der Rede"
nach L²S, der äthiop. Text ist korrupt: „der so eine Tür in der fremden Welt geschenkt
hat, den Menschen geschenkt hat" hôhta „Tür" ist mit Charles S. 100 in hîrûta (virtutem)
und nakîr „fremd" in nagar (verborum) so Dillmann S. 63 zu ändern, ein sagawa ist
zu tilgen, also: la-za kama-ze hîrûta nagar ba'âlam sagawa la-be'esî. — 10 „und sein
Bewußtsein — genommen" <L²S, ebenso 11 aber in gr. B 2 1 vorhanden. — 12 „denn
er sah — gekommen" <L²S. — 14 < > erg. nach L²S. — 15 „seinem Fleisch" Ä
l. šegâ kuĕllû statt šegâhu, b emend.: „während er in seinem Fleische war". —
16 „und den übr. Proph. — Jasub" c. 7 1 <L²S. — 17 zu Jojakim und Asaph vgl.
Jes. 36 s. — Rechtschaffenheit] b. äthiop. Text scheint hier seine Vorlage mißverstanden zu haben, er dietet ma'azâ „Wohlgeruch" = εὐωδία, vermutlich stand εὐωδία
(= εὐπραξία) da, Charles möchte lieber an εὐδοξία denken. — „ihm wie einem
Toten genommen war" a.

7 2 statt wa-kônat = „und dies war" b. Hss. ist ba-kûnat zu lesen; in eo,
in quo profetiam meam audistis L¹. Charles Konjektur ba-sa'ât „in (dieser)
Stunde" ist sehr willkürlich. — „Würde" eigentl. Stellung, L²S haben „Licht". —
„die ich nicht beschr. kann" L²S. — 3 wa-re'ikû „und ich sah" des äthiop. Textes
ist nach L²S (ducit me in altum) in wa-'araggû zu ändern. — 4 „stufenweis" <L¹L²S.
— 5 „denn dazu bin ich gesandt worden" <L²S. — 8 statt „Vater" hat L¹: eminen-
tiorem, S: majorem, L²<. Charles Uebers. ist falsch. — 9 Heerscharen] + „wider-
stehend der Herrlichkeit Gottes" L²S. — Engel] L¹: angeli satanae; Ä liest naga-
râta und hat somit λογοι und αγοι verwechselt f. Charles. — 11 < > ergänzt
nach L¹L²S. — 12 „so geht — bis jetzt" <L²S. — „dieses ist der Kampf des Teufels" L²S. — 13 < > erg. nach L²S. — 14 Thron] + „und darauf saß ein Engel in
großer Herrlichkeit" L²S. — 15 „aber die Engel — sondern" <L²S. — < > erg.
nach L¹. — 17 < > ergänzt nach L¹L². — b. ä. T. ist hier in Unordnung: „unter
den Heiligen der Ewigkeit (resp. Welt)" b, „in der heiligen Welt" a, eigentl. unüber-
setzbar aber am besten c (qedûsan <la> 'âlam); qui est perpetui saeculi L¹, <L²S.
— 17 [ ] nur Ä. — 18 [ ] scheint Zusatz zu sein, <L²S. — 19 < > erg. n. L¹L²S.

„und einen Thron — alle andern" <L²S. — 21 Gegen die Engelanbetung ſ. Offbg. 22 8—9. Vgl. auch Juſtin apol. I, 6 und L ü k e n, Michael, Götting. 1898 S. 62 ff. „Thron dieſes Himmels" L², ähnlich auch S. — weshalb] ä. T.: „woher". — „ſondern nur den, den ich dir ſagen werde" L²S. — 24 „darin ein Thron und einer, der darauf ſaß" a c. — Beachtenswert iſt hier die Vorſtellung, daß im 3. Himmel das Gedächtnis dieſer Welt aufhört, ſie erinnert an die Lethe der Griechen. — 25 „Und ich — mir war" <L²S. — „Eitles" <L²S. — 27 „Und ich begehrte — Engeln" < L²S. — In 27—36 iſt S und beſonders L² viel kürzer als Ä zum Teil wegen Ho= möotel. — 34 am Schluß dieſes Verſes hat Ä die Gloſſe „vom dritten zum vier= ten". — 37 lautet bei L²: „Und ich wunderte mich, als ich dieſe große Menge von Engeln ſah mit verſchiedenen Vortrefflichkeiten ausgerüſtet, und die einzelnen, im Beſitz der Herrlichkeit, prieſen den, der in der Höhe iſt, deſſen Name verborgen iſt allem Fleiſche, weil er den Engeln ſolche Herrlichkeit über alle Himmel hin gibt. Und der Engel antwortete und ſprach zu mir: Warum wunderſt du dich darüber, daß ſie nicht von einer Art ſind? Du haſt ja nicht die unübertrefflichen Tugenden und die tauſendmal tauſend Engel geſehen". Aehnlich auch S. — 8 2 Herrlichkeit] + „und die tugendſamen Werke waren preiswürdig und vortrefflich, ihr Lobgeſang heilig" uſw. L²S. — 6 <L²S. — 7 empfangen ſie ihre Ordnung] erg. nach L²S, ſonſt aber ſind L² und S in 7b korrupt. — 8 „ich bin ermächtigt" <L²S. — 9 lautet bei L²S: „und den Herrn aller Himmel und ſeine Engel und Mächte". — 10 < L²S. — 11 b. ä. T. „geſehen hat und aufgeſtiegen iſt" iſt mit C h a r l e s beſſer um= zuſtellen. — 12 [ ] Stoffen. — 14 „Höre — Genoſſen" <L²S. — Willen Gottes] L²S: per voluntatem patris; der äthiop. Text nakîr amlâk (em-mal'aka a c) man= fas iſt korrupt und mit Charles zu emendiren: ba-mekra amlâk manfas. C h a r l e s ſtreicht manfas „als Geiſt". — „dein Kleid empfangen". L² auch S; der Reſt des Verſes <L²S. — 16 „zur Rechten noch zur Linken" L²S. — 17 ihrige] + „und ihr Lobgeſang war einer" L²S. — 18 „den erſten" <c. — L²S weichen hier ſtark ab und ſcheinen einen beſſeren Text zu haben: „und ſie prieſen den Vater aller und ſeinen lieben Sohn und den heil. Geiſt. Sie ſangen, aber nicht mit ſolcher Stimme wie im fünften Himmel". — „den Geliebten" d c. — 19 „und nicht wie ihre Rede" <L²S. — 24 „Hiskia — Micha" <L²S. — 26 „für die, welche — wunderbar" <L²S. — 28 „er aber — traurig" <L².

9 1 „im Fleiſche wohnt" L²S und gr. B, beſſer als Ä. — 2 vor „als ich zitterte" ſchiebt Ä noch „er ſprach zu mir" ein. — von da] gr. B: „von oben", < L²S. — aufzuſteigen] „denn er iſt würdig der Herrlichkeit Gottes" L² auch S. — 4 „über die Lobgeſänge" mit Aenderung von za-dibêhû in za-dîba, C h a r l e s. — 5 dein Herr — werden ſoll] „der Sohn Gottes" L²S. — 6 wunderbares] + „unaus= ſprechliches" L²S. — 7—9 „und ich ſah auch Gerechte entkleidet" uſw. L²S. — 13 der Paſſus „aber dennoch — Kronen gehören werden" ſteht im äthiop. Text hinter „empfangen" 12, C h a r l e s ſtellt ihn nach S um; L² iſt bis zur Unverſtändlichkeit verkürzt, S iſt etwas ausführlicher. — 14 die Hand gegen ſeinen Sohn] der äthiop. Text iſt mit D i l l m a n n S. 63, C h a r l e s S. 121 in edô dîba waldû zu ändern. Wir haben hier eine faſt gnoſtiſche Verwendung von dem Gedanken des Gottes dieſer Welt (2. Kor. 4 4). Eine andere Stelle dieſer Art iſt c. 11 23. Der „Gott dieſer Welt" nähert ſich dem gnoſtiſchen Demiurgen. Der Gedanke findet ſich viel= leicht ſchon bei Paulus 1. Kor. 2 6—8. — „ausſtrecken und er wird ihn kreuzigen, und er wird ihn töten, ohne zu wiſſen" uſw. L² auch S. — 15—17 lauten bei L²S: Er wird in die Unterwelt hinabſteigen und ſie öde machen und alle Erſcheinungen der Unterwelt. (16) Und den Fürſten des Todes wird er ergreifen und ihm ſeine Beute nehmen und alle ſeine Mächte zermalmen und am dritten Tage auferſtehen, (17) indem er einige Gerechte um ſich hat, und er wird ſeine Prediger in alle Welt ſchicken und wird zu den Himmeln auffahren". — 18 „ihre Kleider" iſt zu tilgen, denn es ſoll ja hier der Zeitpunkt angegeben werden, wann ſie Throne und Kronen em= pfangen vgl. 12. — 20 zeige mir] L²S: oſtende mihi, das wa-jebêlanî kuêllû des äthiop. Textes iſt in ar'ejanî eſô zu ändern. — 21 heraufgebracht hatte] + „und als

alle Engel" L²S. — 22 b. Kinder Israel] „Jerusalems" L²S. — der äthiop. Text za-
tâ'amer „die du kennst", ist zu emendiren nach S (quos ego non scivi): za-îjâ'amer.
Charles S. 123. — „Und die Taten aller Menschen waren daselbst, zu denen
auch ich gehörte" L². — „solcher, die ich nicht kenne" ist Anspielung auf Heiden=
christen als einen zweiten Kreis wie Offbg. 7 9—17. — 23 Erden geschieht] + „Und ich
fragte den Engel: Wer ist jener, der über alle Engel in seiner Herrlichkeit her=
vorragt? Und er antwortete und sprach zu mir: Jener große Engel ist Michael,
der immer Fürbitte einlegt für die Menschheit und Niedrigkeit" L² auch S. —
25 „der mich führte" <b c. — 26 „jenes von dem ich zu dir geredet" L²S scheint
ursprünglicher zu sein. Der Rest von 26 <L²S. — 27 „Und mich umwendend sah
ich den Herrn in großer Herrlichkeit und ich erschrak sehr". L²S. — 28 „Und nach=
dem — hatte", und „Adam — heran" <L²S. — 29 „Und Michael trat heran und
betete an und mit ihm alle Engel" L²S. — 30 transfiguravi me iterum L²S; der
äthiop. Text hat „er wandelte sich und wurde", es ist mit Charles wa-tawallatkû
wa-kônkû zu lesen. — 33 „ich noch redete" äthiop. Text, mit Charles zu ver=
bessern nach S (illo dicente) in jetnâgar. — „seine Herrlichkeit" ÄL²S ist mit
Charles S. 67 „meine Herrlichkeit" zu ändern, da die Verwandlung Jesaja,
aber nicht den Engel betrifft. — 35—36 wird citirt von dem Häretiker Hierakas
vgl. Epiphanius haer. 67, 3 f. Dillmann S. 69, Charles S. 67. — 37 „Und
darnach wurde eine andere unbeschreibliche Herrlichkeit mir enthüllt, die ich mit
den geöffneten Augen meines Geistes nicht sehen konnte, noch der Engel, der mich
führte, noch alle Engel, die ich den Herrn anbeten sah". L²S. — 39 und 40 sind in
L²S stark verkürzt. — 42 „Michael und die Engel" L²S.

10 1 der äthiop. Text dieses Verses ist corrupt, es ist mit Hülfe von S² zu
emendiren: baba-samâj za-sedestû samâjât enza ja'areg <wa-jessamâ'> heja.
Aehnlich Charles S. 127. — 3 und 5 <L²S. — „sah den Lobgesang", „die Lob=
gesänge waren sichtbar", entweder eine Vorstellung ähnlich wie Offb. 5 8, oder ähn=
lich der von der Stimme Abels Jubil. 4 3. Henoch 22 5 und von den 7 Stimmen
im 2. Buch Jeu. S. (45) 59, (56) 70 bei Schmidt TU VIII 1/2 S. 198, 208. —
6 „das ist der Lebendige, Eine, Ewige, der in der erhabenen Ewigkeit lebt" L²S. —
ruht] + „dessen Namen und Erscheinung wir nicht ertragen können, der vom hei=
ligen Geiste durch den Mund der Gerechten gepriesen wird" L²S. — 7 „wie er
sprach zu dem Herrn, dem Sohne" L²S. — 8 „zum Firmament und" <L²S. — „aber=
gehen" <L²S. — 10 <L²S. — 12 Der äthiop. Text dieses Verses ist verderbt; ich
habe, um einen erträglichen Sinn zu gewinnen, das erste sôba in eska, das zweite
in qâla geändert, ähnlich Charles S. 70 und 129. — 11 und 12 lauten bei L²S:
„Und es werden dich weder die Engel noch die Fürsten jener Welt erkennen, und
du wirst den Fürsten und seine Engel und die Lenker der Welt (die von ihnen re=
gierte Welt S) richten". — 12 statt makuânentû „seine Fürsten" ist makuanenu zu
lesen. — 14 „Engeln des Todes" = malâ'ekta môt, so Charles statt amâlekta
„Göttern des Todes" a c, „nach deinem Tode und deiner Auferstehung" b. — „und
dann — aufsteigen" <L². — 15 „dann werden dich alle Fürsten und Mächte und alle
Engel und alle Herrschaften der Himmel, der Erde und der Unterwelt anbeten"
L²S, ähnlich auch gr. B. 2 40. — 17 „darnach" = emze, tunc L²S, der äthiop. Text
hat kamaze = „so". — führte] „gebracht hatte" a. — 23—29 sind bei L²S stark
verkürzt: „Er kam aber in den dritten und den zweiten und ersten Himmel, indem
er sich in die einzelnen (Gestalten) derselben verwandelte. Darum lobsangen sie
ihm nicht und beteten ihn nicht an, denn er erschien ihnen gleich; denn er zeigte
durch die einzelnen Himmel den Torwächtern das Kennzeichen. Er stieg aber hinab
zum Firmament und gab daselbst die Kennzeichen, und seine Gestalt war wie die
jener, und sie verherrlichten ihn nicht und lobsangen ihm nicht." — 25 „Losungs=
wort" vgl. dazu das ganze 2. Buch Jeu (TU VIII 1/2) und den Naassener Hymnus
bei Hippolyt philosophumena V 10 (s. Apokr. S. 18*). — 28 Eine Apologie für
die Echtheit seiner Apokalyptik. Er erklärt, wie er ohne Losungswort dahinge=
kommen. — 31 „denn einer — den andern" <L²S.

11 1 „Und darnach ſprach der Engel zu mir" L²S. — geſandt] + „dir alles zu zeigen. Denn· vor dir hat keiner geſehen noch wird er nach dir ſehen, was du geſehen und gehört haſt· Und ich ſah ihn wie eines Menſchen Sohn und mit den Menſchen wohnen [und] in der Welt. Aber ſie erkannten ihn nicht." L²S, dann folgt gleich ₂₃. Zu dem Nichterkennen vgl. was Ignatius an d. Epheſ. 19, 1 vorbringt (Apokr. S. 118). — 2 Maria erſcheint hier als Davidibin, das iſt erſt ſpätere kirchl. Tradition, bei Lukas iſt ſie eine Verwandte der Eliſabeth, alſo aus Aarons Geſchlecht. — 3 vgl. „kam in ſein Eigentum" Joh. 1 ₁₁. — 4 „des heiligen Geiſtes" b. — in dieſer Welt] „ihm" b. — 7 „im Hanſe" b c. — „ſeine Verlobte" d, in a Raſur. — 9 wörtl. „nachdem ſie beſtürzt geweſen war". — „ſaud ſie ihren M." b c. — 10 „ihr Mann" <b, in a Raſur. — 23 „alle Engel ſahen ihn" vgl. 1. Timoth. 3 ₁₆: „er erſchien den Engeln" und Ignatius a. d. Eph. 19. — „und Satan" <L²S. — 24 „Und es erhob — indem" <L²S. — 27—30 „ſo ſtieg er auf zum zweiten, dritten, vierten, fünften und ſechſten Himmel" L²S. — 31 iſt bei L² korrupt und ₃₂ᵇ unvollſtändig. — 34 „es iſt genug für dich" = akalaka (ſufficit tibi L²), ſo iſt mit Charles ſtatt âdhenaka zu leſen. — geſchaut hat] + „was kein Auge geſehen hat" uſw. (1. Kor. 2 ₉) L²S. — 35 „dieſes ſah Jeſaia und erzählte es" L²S. — 40 <> erg. nach S mit Charles. — 40 ſchließt bei L²: „Er hörte aber auf zu reden und ging fort von Hiſtia". 41—43 <L²S.

XXI b.

Das fünfte Buch Esra.

(H. Weinel.)

Literatur.

Ueber das fünfte Buch Esra allein exiſtirt, ſo viel ich weiß, überhaupt keine Literatur, das 5. und das 6. Buch ſind ſtets im Zuſammenhang mit dem 4. behandelt worden. Dieſes findet man von Gunkel überſetzt und mit einer Einleitung verſehen in „Die Apokr. und Pſeudepigraphen des A. T.s". Tübingen (Mohr) 1900. II S. 331—401. Die Literatur dazu bei E. Schürer, Geſch. des jüd. Volkes im Zeitalter Jeſu, III ³ 1898, S. 246—50. Von den dort angeführten Schriften kommen beſonders in Betracht: A. v. Gutſchmid, Die Apokalypſe des Esra und ihre ſpäteren Bearbeitungen, ZwTh III 1860 S. 1—33; G. Volkmar, Handbuch der Einleitung in die Apokryphen, II das vierte Buch Esra, Tübingen 1863; A. Hilgenfeld, Messias Judaeorum, Lips. 1869 (= Hi); die Einleitung von James in der Ausgabe von Bensly (ſ. u.), S. XXXVIII—LXXX.

Zur Einleitung.

(1.) a) Eine wirkliche Textausgabe exiſtirt zur Zeit noch nicht. Hoffentlich bringt ſie die von der Berliner Akademie durch H. Dr. Violet vorbereitete Ausgabe des 4. Esrabuches. Bis jetzt muß man ſich genügen laſſen an dem Abdruck der 4 Haupthandſchriften, den wir der Ausgabe von Bensly verdanken (The fomth book of Ezra, the latin version edited from the mss. by the late R. L. B. with an introduction by Montague Rhodes James, Cambridge 1895).

Die vier wiedergegebenen Handſchriften ſind:

S, Codex Sangermanensis (früher in der Benediktiner=Abtei St. Germain des Prés in Paris) aus dem Jahre 822.

A, Codex Ambianensis in der Bibliothèque communale in Amiens, aus dem 9. Jahrhundert.

C, Codex Complutensis, früher in Komplutum, Alcalá de Heñares, jetzt in der Universitätsbibliothek von Madrid, 9.—10. Jahrh.

M, Codex Mazarinaeus, Bibliothèque Mazarine in Paris, 11. Jahrh.

Eine fünfte Handschrift von großer Bedeutung ist L, Codex Legionensis in der Bibliothek von San Isidoro in Leon, aus dem Jahre 1162, von Violet ver= glichen, noch nicht gedruckt.

Die Handschriften zerfallen in zwei Gruppen, eine französische (SA) und eine spanische (CM), die auf weite Strecken hin so stark differiren, daß man annehmen möchte, es liege einer jeden eine besondere Uebersetzung zu Grunde. Das Nähere darüber bei James (S. XLIV—LXXVIII). Der Uebersetzer mußte hier einen Mittelweg suchen. Im allgemeinen ist der französische Text zu Grunde gelegt; wo in der Uebersetzung eine Variante des spanischen von selbst wegfiel oder fast keinen Einfluß auf den Sinn ergab, ist sie mit Stillschweigen übergangen, wo sie von ir= gend welcher Bedeutung war, wurde sie in den Anmerkungen wiedergegeben, wo sie endlich dem französischen Text überlegen erschien, wurde sie in den Text ein= gesetzt.

b) Die Beziehungen auf das Buch in der altkirchlichen Literatur hat James S. XXXVIII ff. zusammengestellt. Beachtenswert erscheint nur eine bei Justin (Dial. 72) (als ein von den Juden aus Jer. entferntes Wort) und Iren. III 20, 4, IV 22, 1, 33, 12, VI 31, 1 citirte Parallele zu 2, 16, 31; aber auch sie beweist nichts für Bekanntschaft oder Benutzung.

(3. Einheit.) Die Herausschälung eines jüdischen Kernes könnte man etwa nach folgenden Gesichtspunkten versuchen.

Die Drohrede scheint ein völlig jüdisches Stück, durchaus in alttestamentlicher Sprache gehalten und selbst in 1 24: „Ich werde zu andern Völkern wandern und ihnen meinen Namen geben, auf daß sie meine Satzungen halten", als jüdisch zu be= greifen, obgleich das Verständnis leichter wird, wenn ein Heidenchrist die Stelle geschrieben hat. Deutlich christlich ist erst 1 35—40, die Verheißung eines „kommen= den" Volkes; aber sie fällt auf, da sie der eben gezeichneten Fortwanderung Gottes nicht entspricht. Ebenso auffallend schließt die zweite deutlich christliche Stelle 2 5 —7 an die Scene zwischen Mutter und Söhnen, Zion und den Juden, an ein ganz gänzlich asyndetisches Jesuswort, das noch dazu ganz gegen die Tendenz von 4 b ist: „Bittet den Herrn um Erbarmen!" Ebenso seltsam ist der Fortgang in 2 8 ff. Ferner ist höchst auffallend, daß die Christen mit einem Male in 2 10 mit „mein Volk" angeredet werden, als ob sich nicht seither diese Anrede stets an die Juden gerichtet hätte. Im weiteren Fortgang geht nun dazu die Anrede (14) wieder an die Juden. Und die Verheißung an die Mutter sagt nicht, daß ihr neue Söhne gegeben werden, sondern spricht ganz so, als ob es sich um dieselben Söhne handele wie in 2 1—4. Das Stück 2 8—32 könnte ganz gut die Gnadenverheißung der jüdischen Apokalypse enthalten haben, wie denn auch der ethische Kern (2 20 —24) der jüdischen Ethik durchaus entspricht. Erst von 2 33—47 ist deutlich alles christlich, und christlicher Sprachgebrauch zeigt seine Einwirkung; selbst nachpauli= nische und johanneische Ausdrücke wie „die Finsternis dieser Welt" finden sich, und den Schluß bildet die Krönung der Märtyrer.

Das jüdische Flugblatt hätte demnach etwa enthalten: Die Drohrede 1 1—27 (vielleicht mit Aenderungen in 1 24, vielleicht auch noch 1 28—34 mit Aenderungen in 1 31 u. 32) 2 1—4. Zion rät zur Buße und zum Gebet — vielleicht fehlt jetzt das Gebet der reuigen Söhne, von dem Christen weggelassen — und die Gnadenver= heißung an die Mutter 2 8—32 mit dem Schluß: „Meine Brunnen strömen über, und meine Gnade wird nimmer aufhören".

Ich gebe diese Quellenscheidung mehr als eine Probe dafür, wie leicht es in unserem literarkritischen Zeitalter ist, Ueberarbeitungen herauszuschälen, als daß sie mir wirklich der Rätsel Lösung zu sein scheinen.

(4.) Andere Datirungen: L ü c k e (Verſuch einer vollſtändigen Einleitung in die Offenbarung des Johannes, I ²1852, S. 186), iſt das Buch ſpäter als die Joh.-Apokalypſe, die es „nachahmt" (vgl. 2 ₁₂ mit Offbg. 22 ₂, 2 ₄₀ mit 7 ₉ ff., 2 ₄₂ mit 14 ₁ ff. 2 ₁₅ ff. mit 22 ₁, aber es handelt ſich nicht um Nachahmung, ſondern um gemeinſamen apokalyptiſchen Stoff). V o l t m a r (a. a. O. S. 277): „Ein altchriſtliches Nach= wort zu der erſten Esdra-Prophetie, aus der chriſtlichen Kriſis oder unter den Antoninen, um 160 n. Chr." G u t ſ ch m i d (a. a. O. S. 27—33): aus der Verfol= gungszeit unter Decius im Jahre 251, das genaue Datum wird erſchloſſen aus der Angabe in 1 ₁₁ und Aſſur als Zufluchtsort der Juden (2 ₈), eine uner= laubte Benutzung und Zurechtlegung ganz allgemeiner oder halbverſtändlicher Angaben, ohne jede Beweiskraft. H i l g e n f e l d (a. a. O. S. XLVII) nimmt das Buch mit dem ſechſten als eine Einheit und ſetzt beide ins Jahr 268 nach Rom.

Aegypten als Abfaſſungsort nehmen mit Unrecht L ü c k e (a. a. O. S. 212) und G u t ſ ch m i d (a. a. O. S. 24) an. Die verſuchten Begründungen aus 1 ₁₁ und 1 ₃₈ ſind gar nicht ſtichhaltig; die beiden Stellen erklären ſich, wenn über= haupt eine geographiſche Erklärung für 1 ₃₈ geſucht werden darf, leichter bei einem abendländiſchen Schriftſteller. In 1 ₁₁ iſt der Text dazu unſicher, der ſpaniſche Text, der beſſere, ſchließt Aegypten geradezu aus. Vor allem aber ſpricht die Ueber= lieferungsgeſchichte zu deutlich für abendländiſche, beſſer italiſche (römiſche?) Ab= faſſung.

Erklärungen.

1 1 nach CM; das zweite Buch des Propheten Esra, des Sohnes Serajas, des Sohnes Aſarjas, des Sohnes Hilkias, des Sohnes Sallums, des Sohnes Zadoks, des Sohnes Ahitobs, des Sohnes Achias, des Sohnes Pinehas', des Sohnes Elis, des Sohnes Amarjas, des Sohnes Aſarjas (Aziei), des Sohnes Merajoths (Marimoth), des Sohnes Serahjahs (Arna), des Sohnes Uſſis (Oziae), des Sohnes Bukkis (Borith), des Sohnes Abiſuas (Abiſſei), des Sohnes Pinehas', des Sohnes Eleaſars, des Sohnes Aarons aus dem Stamme Levi, welcher gefangen war im Lande der Me= der unter der Herrſchaft des Perſerkönigs Artaxerxes SA; das letztere deutlich eine Korrektur nach Esra 7 ₁—₅ mit Hinzufügung von Achia, Pinehas und Eli nach 1. Sam. 14 ₃. Auch die Zeitangabe: unter Artaxerxes iſt nach Esra 7 ₁ geändert. — Auffallend iſt, daß in SM(L) der Prophet ein Sohn Chuſis heißt. Z e p h a n j a iſt ein Sohn Chuſis und lebte unter Joſua (Zeph. 1 ₁). — 7 S i e a b e r h a b e n] SA; weshalb haben ſie . . CM. — 8 D u j e d o ch ſ ch ü t t l e] SA; So ſpricht der Herr: ſchüttle CM. — 10 z e r ſ ch m e t t e r t] SA; ins Meer geſtürzt CM. — 11 ſo der ſchwierigere, ja ſelbſt durch Berufung auf Mt. 11 ₂₁ (James) nicht ganz erklär= liche Text von CM; Alle Völker habe ich vor ihrem Angeſicht ausgerottet, und im Morgenlande habe ich das Volk zweier Provinzen, von Tyrus und Sidon, zerſtreut und alle ihre Feinde getötet SA. — 13 i n u n w e g ſ a m e r W ü ſ t e . . . d a r g e= b o t e n] SA; und zur Rechten und zur Linken euch Mauern gebaut CM, welche auch hier noch an den Durchzug durchs rote Meer deuken (2. Moſ. 14 ₂₂). — 14 W o l k e n ſ ä u l e] CM; Feuerſäule SA, verſtändige Korrektur. — 19 d a s B r o t d e r E n g e l] fehlt in CM. Es ſteht in ſpätern Schilderungen des Auszugs wie Pſ. 78 ₂₅, Weisheit Sal. 16 ₂₀. — 21 P h i l i ſ t e r] SA, Kanaaniter, Hethiter und Phe= reſiter CM. — 23 h a b e i ch n i ch t F e u e r . . . r e g n e n l a ſ ſ e n] SA, bin ich nicht unwillig geworden CM. — 24 z u a n d e r n V ö l k e r n] SA, es iſt daran gedacht, daß die Kirche aus viel Völkern zuſammengeſetzt iſt; zu einem andern Volke CM, wobei die Chriſtenheit als das neue Volk Gottes gedacht iſt. — h a l t e n] CM haben die verſtärkte, bibliſch-hebraiſtiſche Konſtruktion custodientes custodient. — 26 i h r h a b t . . . b e f l e ck t] SA; denn ſie haben ihre Seelen befleckt und haben blutbefleckte Hände CM. Der Text von SA iſt vielleicht durch Jeſ. 1 ₁₅ beeinflußt, das

letzte Citat aus Jes. 59 7 (Spr. Sal. 1 16) (Röm. 3 15?). — 28 A m m e] Vgl. 1. Theff. 2 7. — 30 Mt. 23 37, Lf. 13 34. — 31 n i c h t g e b o t e n] CM, mag ich nicht SA nach Jes. 1 13 u. ö. — 32 SA, und die Körper der Apostel habt ihr zerfleischt CM. Die letztere Lesart zieht James vor, SA hätten korrigirt, um die Pseudonymität des „Esra" nicht so deutlich verraten zu lassen. — Das Ganze nach Lf. 11 49 (Mt. 23 34). — 35 k o m m e n w i r d] = in der Zukunft. — 37 35—37 nach SA, nach CM: „Ich werde eure Wohnungen einem Volke geben, das von ferne kommt. Und die dich (Gott) nicht gekannt haben, werden dir glauben, und denen ich keine Wunderzeichen gebe, sie werden tun, was ich gesagt habe. Die Propheten haben sie nicht gesehen und sie werden doch ihre Geschichte im Gedächtnis behalten. Es zeugen die Apostel von einem Volk, das mit Freuden kommen soll. Obwohl sie mich mit leiblichen Augen nicht sehen, glauben sie im Geist, und was ich gesagt habe, haben sie vernommen". — 38 Höchst auffallend ist die plötzliche Anrede (nach S* CM) an Gott. Das Ich, welches Subjekt derselben ist, kann nur Christus, der „Sohn", sein. Man hat dann anzunehmen, daß Christus auf die Schar hinweist, die er selbst dem Vater gewonnen hat. Man könnte auch mit A partem cum gloria lesen und übersetzen: Schau nach der Lichtseite (ἐνδοξος) und sieh das Volk, das ... Hi liest statt Vater nach S** „Bruder" und vergleicht dazu Mt. 28 10, Joh. 20 17, Röm. 8 29, Hebr. 2 11 f. Wenig wahrscheinlich. — Weshalb das Volk „von Osten" kommt, ist unerklärlich; denn daß der Verf. im Abendland gewohnt hat, würde auch nicht erklären, warum die Abendländer fehlen. Vielmehr möchte ich an eine tradirte Anschauung von einem im Osten wohnenden frommen Volke denken, vielleicht auch an die Bezeichnung „Kinder des Lichts". — 40 nach CM; die Herrschaft des Abraham, Isaak und Jakob und Hosea und Amos und Micha und Joel und Obadja und Jona und Nahum und Habakuk, Zephanja, Haggai, Sacharja und Maleachi, der auch Engel des Herrn genannt ist SA. Während SA einfach die Namen der Erzväter und der zwölf kleinen Propheten in der Reihenfolge der griechischen Ueberfetzung bietet, zeigt CM eine viel originalere Reihe: die Erzväter, die beiden in den Himmel Entrückten, Propheten und den Makkabäer Mattathias. Augenscheinlich sind aber auch hier schon Prophetennamen hinzugesetzt worden, vgl. die Stellung von Habakuk. Wahrscheinlich waren ursprünglich nur Märtyrer genannt. Was die 12 Blumenengel sollen, ist unerklärbar. J. vergleicht (S. LIII) eine Stelle aus der griechischen Baruchapokalypse (12), in der Engel auftreten, „tragend Körbchen, voll von Blumen".

2 1 Die Mutter ist Israel oder Zion, wahrscheinlich ist hier von Einfluß Bar. 4 11 ff., vgl. 4. Esra. 10 7 ff. — 2 v e r l a f f e n] SA, + von meinen Söhnen CM. — 3 h a b e v e r l o r e n] SA; werde verlieren CM. — 5 Auch dieses Ich ist rätselhaft; auch hier liegt es wegen des Ausdrucks „mein Bund", der in 6 allerdings bloß durch SA, in 7 aber auch durch CM bezeugt ist, und wegen der Anrede Vater am nächsten, an Christus als redende Person zu denken. — 5 super = ὑπέρ? (Hi ἐπί) Möglich wäre selbst das Gegenteil κατά (= gegen). — 8 B ö f e S t a d t] CM; Böses Volk SA, wohl erleichternde Korrektur. Was mit Assur gemeint ist, ist dunkel. Gutschmid (S. 28) denkt an Syrien, Hi an Affyrien = Babylonien. Es scheint mehr an eine Stadt gedacht zu sein; vielleicht an das irdische Jerusalem, wie hernach 10 an das himmlische? Eine Nachahmung von Zeph. 2 9. 13 (James) liegt kaum vor. — 9 i n P e c h k l u m p e n . . . l i e g t] SA; deren Land zur Unterwelt hinabgestiegen ist CM, wohl Korrektur nach Mt. 11 23, Lf. 10 15. — 10 d a ß i c h i h n e n] SA, zu Essen bereitet habe und ihnen CM. — 11 Vgl. Lf. 16 9 (Joh. 14 2); aber auch häufig in jüdischen Apokalypsen. — 12 Vielleicht ist hier nicht wie in Offbg. Joh. 22 2 ff. an ein Essen vom Lebensbaum gedacht, sondern an eine Salbung mit dem Oel aus feinen Früchten, welches die wunderbare Wirkung hat, ewig frisch und kräftig zu erhalten. — B i t t e t . . . e m p f a n g e n] vgl. Mt. 7 7, Lf. 11 9. — 13 f i e v e r k ü r z t w e r d e n] SA; eure Tage verkürzt werden CM, der Sinn ist: daß die Drangsal der letzten Zeit verkürzt werde und die Herrlichkeit rasch komme. — S c h o n b e r e i t e t SA; schon ist mein Reich bereit, zu kommen CM. — 16 I c h r u f e a n]

CM; rufe zu Z. an! SA. — 14 Gute Mutter] CM; Mutter SA. — 15 CM; ziehe ſie mit
Freuden auf, wie eine Taube; ſtärke ihre Füße SA. — 16 Die „in dem Herrn ſterben", die
den Namen des Herrn an ſich tragen, das Weſen Gottes in ſich haben, ſie werden auf=
erſtehen. — 18 SA, Jeremia, Jeſaja und Daniel CM. — ich geheiligt und dir
bereitet habe] SA; ich dich geheiligt habe CM; und bereite dir C, und ich werde dir
bereiten M. Die Bäume ſind nicht die zwölf Apoſtel (James), ſondern zwölf Paradieſes=
bäume; Henoch 24 und Offbg. 22 2 ſteht bloß der eine Baum des Lebens. Die ſieben
Berge weiſen auf Bekanntſchaft mit Henoch 24 hin. — 22 CM, deine Kinder
... leben] laſſen SA aus. — Deine Toten werde ich auferwecken CM, wo ich ſie
finde C, nach ihrer Zahl M. Zeichen werde ich geben oder: ich werde hinblicken
auf die Zeichen und ... CM. Den Text von M zieht James vor; mir ſcheint er
eine allgemeine chriſtliche Korrektur des viel konkreteren und ſelteneren Gedankens
von SA. — 23 Die ethiſchen Anforderungen und Maßſtäbe, nach denen der himm=
liſche Lohn gegeben wird, ſind höchſt intereſſant. Sie ſchließen ſich an Jeſ. 1 7,
andere Prophetenſtellen und Mt. 25 35 ff. deutlich an, die letzte Vorſchrift erinnert
an Tob. 1 20; doch vgl. Ariſtides ap. 15. Reiche Häuſer mit Sklaven= und Klienten=
ſcharen, ja vielleicht ganze chriſtliche Städte ſtehen den Mahnenden vor Augen. Ein
ſtarker Einſchlag des Jüdiſchen, über das Urchriſtliche hinaus tritt uns hier wie
in anderen Gedanken und Einrichtungen der Kirche entgegen. Naturgemäß, denn
je größer die Gemeinden wurden, je mehr ſie mit der bürgerlichen Gemeinde zu=
ſammenfielen, deſto mehr brauchte man Vorſchriften für das bürgerliche Leben. Da
hatte das Judentum am beſten vorgearbeitet, von ihm übernahm man alles Brauch=
bare; jüdiſche Abfaſſung des Stückes anzunehmen, iſt man darum noch nicht ge=
zwungen. — 24 vgl. Hebr. 4 9. — 26 Kinder] servos SA (quos CM), hier wohl
eine falſche Ueberſetzung von παιδας. — verloren gehen] vgl. Joh. 17 12. —
Zahl, die du hatteſt] Iſt der Text richtig, ſo will er ſagen, daß das himmliſche
Zion ſoviel Kinder = Chriſten haben ſoll als das jüdiſche Volk Seelen zählt. Nach
anderer Ueberlieferung ſollen die Chriſten auch wohl die Zahl der gefallenen
Engel ausfüllen. — 29 auf daß ... ſchauen] SA; mich fürchten alle; meine
Augen ſehen die Geenna CM, d. h. die Völker werden aus Furcht den Söhnen
nichts zu tun wagen, weil ſie wiſſen, Gott iſt allgegenwärtig und ſieht alles wie
in der Unterwelt ſo auch auf Erden. SA meinen: die Söhne werden nicht der
Hölle verfallen, ſondern in das Paradies kommen: — 31 Der Text von CM iſt hier
verderbt, die Konjektur, die James auf ſie gründet: ich will ſie herholen von den
Vögeln (volatilibus) der Erde und den Fiſchen des Meeres (ſtatt et confirma mare
C και ιχθύων θαλάσσης) iſt unwahrſcheinlich. — 32 Schließe in die Arme] SA;
ſtärke d. K. CM, abgeblaßt. — 33 Gebot des Herrn] SA; dies Gebot CM. —
34 Weisſagung auf Jeſus. — denn nahe iſt ... kommt] SA; nahe iſt das
Ende der Welt und die Verminderung der Menſchen (nämlich durch die Drangſal
des Endes) CM. — 36 Der Text nach SA, die Ueberſetzung des letzten Satzteils un=
ſicher, man kann auch überſetzen: ich rufe meinen Heiland zum Zeugen an. CM
lauten: Fliehet die Finſternis dieſer Welt, welche eure Herrlichkeit gefangen hält.
Ich bezeuge, daß mein Heiland von Gott beauftragt iſt (nämlich: zu kommen).
Empfangt und danket dem, der euch .... Reich. James zieht dieſe Faſſung
vor. — 37 Die Gabe des Herrn] commendatum domini SA (CM: Ich bezeuge,
daß mein H. von Gott beauftragt iſt), nach Roenſch = τὴν παραθήκην τοῦ κυρίου
2. Tim. 1 12. 14. Hi will es auf Jeſus beziehen: τὸν κεχαρισμένον oder ἀγαπητὸν
τοῦ κυρίου (S. XLVIII) den Geliebten des Herrn. — 37 berufen in ſein h.
Reich] vgl. 1. Theſſ. 2 12, 1. Petr. 2 9, 2. Tim. 4 18. — 38 Verſiegelt] vgl.
Offbg. 7 1—8 14. — Mahl des Herrn] vgl. Mt. 26 29, Lk. 14 12. 16, Offbg. 19 1. 7.
— 39 Finſternis der Welt] vgl. 1. Petr. 2 9, Eph. 6 12. — Gewand] vgl.
Offbg. 7 9. — 40 Weißgekleidet] vgl. Offbg. 7 9. — Geſetz ... erfüllt
haben] vgl. Hermas, Gl. VIII und IX 16 und 17, die dem Verf. neben der Offbg.
hier vorgeſchwebt zu haben ſcheinen. — 41 CM ändern nach Offbg. Joh. 7 9: die
niemand zählen konnte. Vgl. die Anm. zu Hermas, Gl. IX 6, 1. — 43 wuchs noch

mehr empor] entweder soll das heißen: durch die Krönung der Märtyrer ward Jesus immer mehr erhöht, oder es ist exultabatur zu lesen: er frohlockte mehr (und mehr).

———

XXI c.
Das sechste Buch Esra.
(H. Weinel.)

Literatur.
Vgl. das zum fünften Esrabuch Gesagte, das auch hier gilt.

Zur Einleitung.

(1.) Der Text ist aus denselben Handschriften zu erheben wie der des fünften Buches. Die Ueberlieferungsgeschichte ist dieselbe wie die des fünften und lateinischen vierten Esrabuches.

(3.) Datirungen: Lücke (a. a. O. S. 185 f., 212): „Da man nicht weiß, was an den historischen Andeutungen für den Apokalyptiker vergangen, und was für ihn noch zukünftig war, so ist bei der Dunkelheit der Schilderung 15 28—33 am geratensten, bei der allgemeinen Bestimmung, daß das apokalypt. Bruchstück zwischen der Mitte des dritten und dem Anfange des vierten Jahrhunderts geschrieben zu sein scheine, stehen zu bleiben". Volkmar (a. a. O. S. 271): „Ein apokalyptisches Zeitblatt der Märtyrerzeit des Decius und Aurelian um 260 nach Chr." v. Gutschmid hat die Datirung des Buches ins Jahr 263 n. Chr. ausführlich zu begründen versucht (a. a. O. S. 1—24) mit einem großen Aufwand von gelehrtem Material. Trotzdem scheint mir die Hypothese unhaltbar. Selbst wenn man sich über die höchst auffallende Lesart von SA* (exient nationes draconum Arabum in curris multis), die mir ganz nach einer Glossirung durch „Arabum" aussieht, wegsetzen oder die (sicher erleichterte) Lesart von C: exient nationes Arabum in curros multos (M exient nationes et arabunt in currus multos) annehmen wollte und bei den Carmaniern die Lesart von AM (carmine) einfach als „stupid guess" (James) behandeln mag, bleibt immer noch des Unsicheren und Unpassenden so viel, daß eine genaue Fixirung überhaupt als ein Unternehmen von sehr zweifelhafter Berechtigung erscheint. Im Jahr 263 war Macrianus, der Usurpator, der, so viel wir wissen, allein während der Regierung des Gallienus Christen bedrückt hat (Dionysius von Alexandrien bei Euseb. KG. VII 22 4) längst beseitigt. Die genaue Datirung v. G.s beruht auf zwei Voraussetzungen, die nicht richtig sind; es sind 1) die Annahme, als ob unsere Kenntnis der Verhältnisse ausreichend sei für solche seinen Versuche, 2) der Glaube, als ob alles in den Apokalypsen Beschreibung geschehener Ereignisse sei, soweit man nicht ganz deutlich die Weissagung erkennt. Dabei wird vergessen, daß es sich sehr oft um Verarbeitung tradirter Stoffe, stets um ein Arbeiten mit tradirten Ausdrucksmitteln handelt. Das Gleiche gilt gegen die Ansätze von Hilgenfeld (a. a. O. S. 208 ff.) und James (a. a. O. LXIV u. LXXVIII), die das Buch im Abendland im Jahre 268 entstanden sein lassen.

Für das Bruchstück einer größeren in Aegypten verfaßten jüdischen Schrift hat Ewald (Geschichte des Volkes Israel VII 1859 S. 76) das Buch gehalten, sicher mit Unrecht.

Erklärungen.

15 4 sterben] SA; und wer gläubig ist, wird durch seinen Glauben gerettet werden CM. — 6 ihre] der Widersacher. — 10 Aegypten SA] Als

Frembling CM. — 11 wie einft] beweift, daß Aegypten nicht bildlich, fondern wirtlich gemeint, die Apokalypfe alfo wohl in Aegypten gefchrieben ift. — 13 Brand] SA uredine, C...gine, M aurugine, wohl aerugine (James), gemeint ift der Brand oder Roft am Getreide. — Sturm] sidus, das Wort ift rätfelhaft, sidus fteht im Text (vgl. 35. 39. 40) völlig indeklinabel. Gutfchmid S. 3 nimmt es als Mißverftändnis eines ἀστραπή als ἄστρον. Aber „Blitz" paßt nicht überall, fondern nur „Sturm" und „Unwetter". — 14 Die Drohrede erweitert fich, alfo ift das Schickfal des „Volkes" nicht nur in Aegypten Bedrückung durch die Ungläubigen. — 16 Der Kaifer als Führer (princeps) aller anderen kleinen Könige und Statthalter. Diefe find in gegenfeitiger Fehde und im Aufruhr gedacht in der ganzen Welt. — 18 Alfo ift auch diefe Stelle nicht auf Aegypten und Alexandrien im befonderen zu deuten, und fie ift ficher nicht vaticinium ex eventu, fondern eine echte Weisfagung (gegen Gutfchmid). — 19 Ueberfetzung zweifelhaft, weil der Text heillos verderbt. — 20 Norden] lies nach A a borea, oriente (SCM) ift geraten. — Text fraglich: libano SAM, libie C, nach Gutfchmid und James = libe, λιβός eig. Südweften. Gutfchmid: „im Often und im Süden, im Südoften und im Südweften" nach S und A. — 21 Soll nach dem Folgenden heißen: fie werden fich unter einander ebenfo Schlimmes antun, wie fie den Chriften getan haben. Und das ift Gottes Vergeltung. Nicht ift mit Gutfchmid zu überfetzen: „daß fie fich unter einander zufammentun und zurückverlangen, was fie ihnen (den Römern) einft gegeben haben". In jeder Weife falfch, fowie die daraus für die Abfaffungszeit gezogenen Schlüffe. — 23 SA, wie wenn Stroh angezündet wird CM. Der Satz ift futurifch in CM und bei Gildas, perfektifch in SA, hier aber ift der futurifche Sinn wohl vorzu= ziehen, das Perfektum wird innerlateinifche Verfchreibung fein (James). — 24 a b= trünnige Söhne] nimmt Hilgenfeld für filii apostatae = οἱ υἱοὶ τοῦ ἀποστάτου = Söhne des Teufels. — 26 Derfelbe Wechfel von Perfekt (S) und Futurum (A Gildas C M) wie in 23. Hier ift wohl das Perfekt vorzuziehen, weil 24 ff. erklärt werden foll, warum auch unter den Gläubigen viele dem Verderben verfallen, und fie gewarnt werden müffen. — 28 von Often] SAM, ging nach Often C. — 29 die Völkerfchaften der (in der Ueberfetzung Druckfehler: des Drachen) Drachen der Araber] fo oder „Völkerfchaften arabifcher Drachen" (Gutfchmid, obwohl arabs eigentlich ein Adjektiv ift) nach SA*; es werden (die) Völkerfchaften der Araber (oder von Arabern) auf viele Wagen fteigen C; es werden Nationen ausziehen und pflügen (et arabunt, Schreibfehler) auf vielen Wagen M. James lieft: „Es werden (die) Völkerfchaften (der) Araber auf viele Wagen fteigen" (in curros multos, nach S und CM). Mir fcheint Arabum zwar ficher zum überlieferten Text (SA*CM) zu gehören, aber doch eine alte Gloffe zu draconum zu fein. — ihr Zifchen] AM; und ihr Blafen (wird) fo S, und dort (wird) ihr Klagen C. Vgl. Apokr. S. 312. — 31 e i n= gedent feines Urfprungs] „weil nämlich der Drache ftärker ift als der Eber" Gutfchmid, Verlegenheitsauskunft. Wir müßten wiffen, um wen es fich handelte, und die Verhältniffe genauer tennen, um den Satz zu verftehen. — 32 ver= ftummen vor ihrer Kraft] SA; ihre Kraft fürchten CM. — ihre Füße zur Flucht wenden] SA; + und ihr Angeficht nach Norden C, werden ihr Angeficht nach Norden wenden M. — 33 auflauert] subsessor SA, ein Be= lagerer (obsessor) fie belagern CM. — 34 Often] SA; und Weften CM. — Ueber= fetzung von 34 fraglich, Gutfchmid überfetzt ähnlich. Angenommen ift dabei, daß nubes Plural und illorum Schreibfehler für illarum ift; facies ähnlich wie 28 ge= deutet. Man kann auch überfetzen: „Siehe — eine Wolke von Often und Norden bis hin nach Süden! Und ihr (der Carmanier) Antlitz ward ganz ftarr, voll Zorn und Sturm", aber das ift noch fchwieriger. Gutfchmid deutet die Wolten auf Gotenfcharen, die in das Reich einfallen. Wie unficher jede Deutung ift, wird dem Lefer wohl klar fein. — 35 Unwetter] wieder das rätfelhafte sidus. Gutfchmid: „reichlicher Blitz". — 36 Hinterbug] SA; die Kniekehlen CM. — 39 Wer hier gemeint ift, kann niemand fagen. — einfchließen] recludent SA, repellent „zurücktreiben" CM, nach dieser Lesart vermutet James in SA Verderbnis aus retrudent „zurückstoßen" — die er ... aufsteigen lassen] nach SA, wo sich der Satz auf 34 zu beziehen scheint; und ihn zurücktreiben und er wird im Zorn eine Wolke aufsteigen lassen CM. — entstanden war] natum SCM, nach A* noto, also von Osten, Süden und Westen; in 34 war allerdings der Norden und nur in CM außer dem Osten der Westen genannt. — wird ver= letzt werden] so in allen Handschriften, vielleicht ein Uebersetzungsfehler. — 40 Unwetter] (sidus) SA; Finsternis CM. — jeden Hohen und Erha= benen] SA; alles Hohe und Erhabene CM. — Die Bachtäler] weisen nicht nach Aegypten, höchstens nach dem äußersten Süden. — 42 Mauern] Burgen? muri=τειχη? — Bäume] ligna: wörtliche Uebersetzung von ξύλα. — ihr Getreide] SA, wo= bei „ihr" auf die Bewohner der Städte und Burgen geht; die Kräuter der Felder und ihren (der Felder) Weizen CM. — 43 Babylon] bildlich für Rom. — 44 bei ihm (Rom)] SA; an einem Platz CM. — bis sie ... zerstören] Zusatz nach CM. — 45 Hier ist deutlich, daß die Wolken und Wasserbäche nur Bilder für Menschen sind. — 46 Asien] Kleinasien, seine „Töchter" sind wohl bildlich die Städte, Ba= bylon = Rom; das Ganze nach Offb. Joh. 17 5 und 18 10 ff. — 47 Schandge= werde CM, zur Hurerei SA, wohl verdeutlicht. — 48 Listen] SA; um ihren Mäch= tigen und Fürsten (Kaisern) zu gefallen und damit du berühmt würdest und ge= fielest durch ihre Hurerei CM. Ob diese Worte per homöoteleuton in SA ausgefallen sind, ist mir nicht so sicher wie James. — 49 sollen ... töten] SA; fehlt in CM. — 50 deiner Macht] SA, deines Antlitzes CM. — 51 a nach SA, CM verderbt. — deine Mächtigen und Liebhaber] SA; deine mächtigen Liebhaber CM. — 52 SA, hätte ich so ... geeifert CM; sprechend über SA, Schreibfehler. — 55 in deinen Schoß] CM, SA lassen es aus. — 56 tust] CM; tun wirst SA, wohl Schreibfehler; denn nirgends sonst liegen die Schandtaten in der Zukunft. Der Verf. gibt sich keine Mühe, die Rolle Esras zu spielen. — 58 Die Berge als letzte Zufluchtsstätte Mc. 13 14, Mt. 25 16, Lk. 21 21. — 59 Infelix primaria venies SC (M), A propter priorem miseriam; A hat hier bis 16 32 oft abweichenden Text. James vermutet propter priora miserrima = ἐν πρώτοις ἐλεεινός. — 60 verhaßte] oditam A, odiosam C, vielleicht ein Schreibfehler für otiosam. SM = die müßige, üppige. — Die Stadt] ist vielleicht Ephesus. Wer . die Zerstörer sind, ist auch nicht deutlich. Wenn sie auf dem Rückweg von Babel=Rom nach Asien kommen, scheinen sie als Orientalen gedacht. Der Text steht in diesem Satze freilich keineswegs fest, wenn auch das Uebersetzte nach A und CM im ganzen das Richtige sein mag. S bietet: wenn sie nach dem zerstörten Babylonien wieder zurückkehren. — 61 Stroh] A, Stoppeln SCM.

16 1 härenem Tuch] fehlt in AC. — 6 wenn Stroh ... worden ist] A, Gildas, in Stoppeln, die eben Feuer gefangen haben SCM. — 14 f. und wer wird ... die Erde] SCM; und wer wird sich nicht fürchten? Vor seinem Angesicht ist die Erde ... A, Gildas. — 15 die Fundamente] SCM, das Ge= treide der Erde (oder des Landes) A. — 22 emporsproßen] SCM; emporblühen A, Gutschmid konj. „sich verdoppeln" (geminabuntur für germinabunt). Er meint, hier für die Zeitbestimmung Daten gewinnen zu können: „Es liegt auf der Hand, daß der Verf. während der guten Zeit schrieb, die den Glauben erweckte, es hätten die Uebel ein Ende" (S. 20). Das ist richtig; aber was er dann vor Aehnlichkeit unserer Stelle mit den Briefen des Dionysius von Alexandrien aufzählt, ist entweder zu wenig oder zu allgemein oder Stil der Bußpredigt wie der Gedanke, daß die Menschen sich trotz der Plage nicht belehren. — 24 Die Hss. bieten consoletur „trö= sten". — 25 Keiner] SM, kein Bauer AC. — 27 SCM, A: die Traube wird sich neigen zur Lese; aber wer wird sie anbinden? — 30 an den einzelnen Bäumen] fehlt in A. — 31 sorgfältig] C leistet sich den Scherz, ein „zu wenig" dazuzusetzen. — 36 Es beginnt jetzt die Mahnung an die Christenheit, nach= dem die Drohrede an ihre Bedrücker zu Ende ist. — 37 SA, weichet nicht von dem Herrn und seid nicht ungläubig dem ... CM. — 40 Die Stelle ist sowohl in SA wie

in CM nicht ganz deutlich. Die Ueberfetzung mag ungefähr den Sinn treffen. — 41 Fremdlinge] Diefen altchriftlichen Gedanken (vgl. 1. Petr. 2 11, 1 1. 17, Eph. 2 19, Hebr. 13 14, 12 22 ff., Hermas Gl. I, 2. Clem. 5, 1) bieten SA, CM dagegen: feid bereit zum Krieg, paffet euch dem Leiden an, feid fo als wäret ihr Bewohner der Erde! Ein Gedanke, den in Röm. 12 11 Rec. und Luther haben und dem der andere zu Grunde liegt, nur für das entgegengefetzte Verhalten ausgenutzt. SA bieten wohl das Richtige, wie aus dem Folgenden zu fchließen, wo der Gedanke und wohl auch der Wortlaut von 1. Kor. 7 29 ff. eingewirkt zu haben fcheint. — 47 Darum follen ... wiffen] in SA ausgefallen. — 48 Beute macht. Dem] CM, Beute macht, fo lange fie ... fchmücken. Umfo mehr ... SA. — 50 Buhlerin] nach SA zu vermuten und nach dem Zufammenhang zu lefen, CM wie eine Buh= lerin eifert wider ... — 51 welcher ... heimfucht] CM; welcher die (=Gerech= tigkeit) (oder den) verteidigt, die (oder der) jede Sünde .. auffucht (aufdeckt, ftraft) SA. —52 Werken] SA; und ihren böfen Gedanken CM. — 54 noch ... gehandelt] CM; fehlt in SA. — Feuerkohlen] Spr. Sal. 25 21 f., Röm. 12 20, hier mit ganz origineller Wendung. — 56 Es werde die Erde] SA; es werde der Himmel und er ward, es werde die Erde ... CM. — 57 gegründet wurden] SA; ge= fchaffen wurden CM. — 58 feinen Inhalt] SA; feine Fundamente CM. — 59 die Welt] CM; das Meer SA. SA haben die fchwierigere Lesart, die aber vielleicht bloß Schreibfehler ift. — 62 ihm Atem ... erforfcht] SA; ihm Atem und Verftand des Lebens gegeben hat. Und den Atem kennt der allmächtige Herr, der alles gemacht hat und das Verborgene erforfcht, und im Verborgenen das Ge= wiffe (findet) CM. — 65 wahrhaftig ... erforfchen] SA, scrutinando scruti- nabit Nachahmung einer hebräifchen Konftruktion mit abfol. Infinitiv, Biblicismus. — zur Schau vorüberführen] Ueberfetzung nicht ficher: traducet vos omnes SA, in illa (facta) CM, nach dem Folgenden fehr wahrfcheinlich. — 66 Tage] am Gerichtstage. — 67 und feiner Engel] SA; des Herrn und feiner Herr= lichkeit CM; educabit SA. — 69 Nach CM, SA haben mißverftanden. Diefe Verfol= gung ift nach allem bereits da und wird in der befchriebenen Weife ausgeübt. — 71 Die Stelle ift unüberfetzbar, der Text unerkennbar: erit enim locis locus et in vicinas civitates S, erit enim in (zugefügt) locis (orig. —cus) et in vicinis civi- tatibus (orig. —tis) A, erit enim (+ in M) locis per vicinas civitates CM. — 74 Probehaltigkeit meiner Auserwählten] SA; + und ihr treues Dul= den CM. — Vgl. 1. Petr. 1 7. — 75 Hier ift der Hauptzweck, um deffen willen das Ganze gefchrieben ift, deutlich ausgefprochen. — 78 eingefchnürt] SA; einge= fchloffen CM. — Ganz deutlich ift weder diefer Text von S, noch der von ACM, die ftatt „feine Saat" „fein Pfad" lefen (ftatt semina semita); noch andere Textfchwie= rigkeiten find damit verbunden, fo daß die Ueberfetzung nicht ficher ift.

XXII.

Chriftliche Sibyllinen.

(J. Geffcken.)

VI.

Das Gedicht ift ein häretifcher Hymnus, über den ich das Nötige in ZU N. F. VIII 1 S. 31 f. gefagt zu haben glaube, eine Arbeit wahrfcheinlich des 2. Jahrhunderts n. Chr.

6 Daß Chriftus unter einer Feuererfcheinung getauft wurde, ift eine alte häretifche Anfchauung, worüber der Kommentar meiner Ausgabe (Leipzig 1900)

22*

S. 130 zu vergleichen iſt. — 11 das ungehorſame Voll (Jeſ. 65 ₂) iſt ein ſtehen=
der Ausdruck der Sibyllen. — 15 aus einem Stanzen] ſo (πήρης) las Lattanz
und ähnlich (σπείρης) die eine m. E. beſſere Handſchriftenklaſſe, die andern haben
ῥίζης: aus einer Wurzel. v. Wilamowitz zieht dieſes vor, ich bin mehr für jenes;
es iſt ja die ganze Zeit nur von den Wundern des Herrn die Rede. Vgl. ſonſt
meine Bemerkungen in TU N. F. S. 31. — 18 f. Adam und Eva ſahen den Herrn
in ſeiner Präexiſtenz. — 19 iſt greulich gefaßt; von einer Gegenſeitigkeit iſt doch
keine Rede. Der Sibylliſt will ſagen: beide, Adam und Eva, von denen die eine
aus der Seite des andern ſtammte, ſahen ihn; er ſpart ſich aber ein ſingulariſches
Unterſcheiden und ſetzt den einfachen Plural mit ἀπ’ ἀλλήλων. — 20 die Erde]
d. h. nicht die Menſchheit, ſondern jenes belebte, faſt perſönliche Weſen im heidniſch=
griechiſchen Sinn, wir würden ſagen: die Natur, die da πᾶσα γέλασσε, wenn die
ſeligen Götter die „heilige Hochzeit“ begehen, oder ein Götterkind geboren wird.
Dieſelbe rein heidniſche Anſchauung hat beſonders auch die VIII. Sibylle 475 f.
Ebenſo zeigt die poetiſche Schilderung des Protevangelium des Jakobus 18 (ſiehe
Apokr. S. 61) die ganze Natur in wacher Stille der Geburt des Herrn ent=
gegenharrend.

25 In den Hff. ſteht εἰς ὕβριν καὶ πνεῦμα. Mendelsſohn vermutet εἰς ὕβριν
καὶ πῶμα.

27 Das Kreuz kommt in den Himmel: ſo will es das Petrusevangelium V. 39
(Apokr. S. 31 ₃₅), und andere Nachrichten halten daran feſt.

VII.

Das VII. Buch iſt von allen Sibyllenbüchern durch ſein oft myſtiſches Weſen
verſchieden. Bei den anderen Sängen ruft der ſchlecht erhaltene Text die meiſten
Unverſtändlichkeiten hervor, hier iſt es auch der abſichtlich dunkle Inhalt. Glück=
licherweiſe ſind wir wenigſtens ſo weit, daß wir den gnoſtiſchen Einſchlag (vgl.
72. 76—91, beſonders 139 ff. und dazu meine Bemerkungen in TU S. 34 f.) mit Deut=
lichkeit erkennen. Es iſt alſo eine häretiſche Schrift, deren Stellung im ein=
zelnen die Theologen beſtimmen mögen und werden.

4 Delos’ Irrfahrt auf den Wellen war eine alte Sage, auch das Orakel
bei Herodot VI 98 ſpielt darauf an. — 6 das gegen dich flammende
Feuer] eigentlich falſch das κατὰ σοῦ überſetzt; es heißt im Grunde: das von dir
herab (vom Aetna) brennende Feuer.

7—12 ſind Reſte einer Erinnerung an Noah. Wilamowitz ſieht darin nur
Randnotizen, die aus dem erſten Buche (183. 125. 193—195) ſtammen ſollen. Ich
habe darüber in TU S. 35 gehandelt und will hier nur noch einmal daran er=
innern, daß m. E. einer ſolchen Anſchauung u. a. das einführende und eine weitere
Erzählung vorbereitende τις in 8 widerſpräche.

16 über die Leſung vgl. meine Ausgabe S. 134.

24—28 iſt eine ganz ſeltſame, ſonſt durchaus nicht belegte Vorſtellung. —
24 ὁ γεννηθείς iſt überliefert, Bleek las γεννητής, das ich hier überſetze. — viel
durch Sterne] ἄστρ’ ὃς πολλά (ὃς ἄστρα π.) überliefert, ich leſe ἄστράσι πολλά. —
27 meſſend] d. h. der ganzen Länge nach ſie mit Feuer bedeckend. Die Vorſtel=
lung iſt, wie angedeutet, durchaus ungewöhnlich. — 34 Flüſſe ausgießen] πο-
ταμοὺς (ποταμοῖς) φαίνουσιν (ἐμφαίνουσιν) πστ. προχέουσιν Bureſch.

38—50 Es iſt hier dunkel, wie oft in dieſem Buch, aber m. E. doch noch erkennbar
eine Erinnerung an die Kämpfe der Römer mit den Parthern vorhanden. Zuerſt
wird von dem Trieb aus der neuen Wurzel, die einſtmals allen Nahrung gab, ge=
ſprochen. Der neue Trieb, das ſind die Parther, die aus perſiſcher Wurzel kamen.
An die Wurzel Jeſſe iſt nicht zu denken, darum habe ich auch 38 „Schößlingen“
(ich vermute κλήμασιν, Hff.: τὴν κτίσιν) geſetzt. Dann kommt eine Lücke. Nun
wird fortgefahren: wenn ander über das ſtreitbare Perſergeſchlecht (vgl. unten im
einzelnen) herrſchen, d. h. wenn neue Könige kommen. Damit wird dann die alte
Tradition von aſiatiſcher Blutſchande verbunden (vgl. meine Ausgabe S. 135). Nun

erwartet man: dann wird die Strafe kommen, aber jetzt iſt die Rede von dem Römerkriege, und gerade dann ſollen die Römer unterliegen, deren Feldzeichen in ganz dunklen Verſen geſchildert wird. So werden Parther reſp. Perſer und Römer geſcholten. — 40 **um die Fülle der Zeit**] ἀμφὶ χρόνοις ἔσται πλέον Hſſ., ἀμφὶ χρόνον ἔ. π. leſe ich. — 41 **über der ſtreitbaren Perſer Geſchlecht**: Πέρσαι μαχίμων (μάχιμον) φύλον die Hſſ., Περσῶν φύλου μαχίμων leſe ich. — Zu 43—45 habe ich in meiner Ausgabe S. 135 die Belegſtellen angeführt und gezeigt, wie dies Motiv in der Apokalypſenliteratur verallgemeinert wird. — 50 überliefert: ἐκπρομολόντα φέρον γε ἀεὶ (φέρους᾽ αἰεί) σημεῖον ἀνάγκης; Mendelsſohn und ich fanden unabhängig von einander ἐκπρομολὸν τὸ φέρον γ᾽ αἰεὶ σημεῖον ἀνάγον. Das Heiligtum der Legion, der Adler, iſt dem Chriſten m. E. als Götzenbild anſtößig. Doch wandeln wir hier auf unſicherem Boden. — 52 Vom Austrinken des Grabes zu ſprechen, ſcheint ſehr albern, aber der Sibylliſt hat urſprünglich das Bild nur von der Hochzeit brauchen wollen, eine allenfalls in ſolcher Literatur noch zuläſſige Verbindung. — 54 **und Klappern**] καὶ κρότοις τ᾽ die Hſſ., κροτάλοισιν τ᾽ Bureſch.

55 **Kolophon**, d. h. Klaros, das im 2. Jahrhundert n. Chr. noch große Verehrung genoß. Der Sibylliſt ſpricht mit dem Neide des Konkurrenten. — 58 Ἄργος Wilamowitz, αὐτοῖς Hſſ. — 59 **den Hunden und Vögeln, unter den Schwertern**] καὶ κυσὶ καὶ πτανοῖς ὑπὸ ῥομφαίαισι vorzüglich Wilamowitz, ὦ κυσὶ καὶ ποταμοῖς καὶ ῥ. Hſſ.

64 **letztes Land**] ὕστατον Meineke ὕπατον Hſſ. — 69 **Urheber, Logos dem Vater geworden war**] αὐθέντης γεγένητο λόγος πατρὶ Alexandre αὐθ. (ἐ)γένετο λόγῳ πατρός Hſſ. — 71. 72 vgl. die (gnoſtiſchen) Parallelſtellen in meiner Ausgabe S. 137. — 76—91 iſt ein gnoſtiſches Myſterium, wie ich in den TU S. 34 f. ausgeführt habe. Der Hausherr läßt vor ſeinen Angehörigen eine wilde Taube unter Gebet fliegen und gießt Waſſer ins Feuer, um die Jordantaufe (vgl. VI 6) nachzuahmen; ähnlich myſtiſch verfährt er bei der Aufnahme eines Armen.

79 **wilde Taube**] ἄγρηνα πετεινά die Hſſ., ἄγρην συ πέλειαν leſe ich. Die wilde Taube iſt nötig, weil ihr ſchnelles Verſchwinden am eheſten das πνεῦμα nachahmt. — 82 ff. iſt ſchwer zu verſtehen. Ueberliefert iſt ὥς σε λόγον (λόγος) γέννησε πατήρ, πάτερ ὄρνιν ἀφῆκα | ὀξὺν ἀπαγγελτῆρα λόγων λόγος ὕδασιν ἁγνοῖς | ῥαίνων σὸν βάπτισμα... Wer wird angeredet? Was iſt der Sinn des Myſteriums? Die Taube iſt das Sinnbild des gotterzeugten λόγος, iſt Logos ſelbſt; ſie ſoll die Gebetsworte des Hausherrn, der die Feuertaufe nachahmt, zu Gott dringen. Alſo ſchreibe ich ὥς σ. λ. γ. π., ὡς ὄρνιν ἀφῆκα. Vgl. meine Ausgabe S. 137. — 90 **Gib beides**] d. h. Geld und Nahrung. — 91 Danach iſt eine Lücke, in der ſtand, daß der Mann den Gegenſtand ſeiner Bitte mit ſich nahm (oder mit ihm davonzog, wenn wir ἀπήγαγεν intranſitiv faſſen).

93 lückenhaft, entweder fehlt etwas vor ἁγνόν oder nach ἀδούλωτον, weniger wahrſcheinlich nach ἐλεγχθέν. Was ich geſchrieben: **die durch Feuer ſich in ihrem Sproß erwies**, iſt Vermutung; überliefert iſt περὶ γένναν ἐλεγχθέν. An die Gehenna und ihre Prüfung iſt m. E. nicht zu denken, was ſollte die hier? Ich ſchreibe daher, auf die Feuertaufe im Jordan Bezug nehmend: πυρὶ γένναν ἐλεγχθέν = die Majeſtät (σέβας), die durch Feuer in ihrem Abkömmling d. i. dem Logos ſich erwieſen hat.

97 **Der „zehnte Zeitraum"**, die „zehnte γενεά" iſt ſibylliniſche Rechnung, vgl. meine Ausgabe S. 27 zu II 15.

100 **Mygdonien** wird Verderben gedroht wegen der dort ſprudelnden heißen Quellen, das iſt echt ſibylliniſch: vgl. III 461. V 118. 124.

112 **Die du einſt glanzvoll ſtrahlteſt**] überliefert λαμπρόν ποτε καὶ μαρμάραν σε (μαρμαῖρον); ich leſe λ. π. μαρμαίρουσα.

125 **nicht mit Sternen erleuchtet, ſondern im Feuer erliegt**] ſo verſuche ich, mit einem ſehr flauen Wortſpiel und etwas fehlerhafter Konſtruktion die Ausdrucksweiſe des Sibylliſten wiederzugeben: οὐκ ἄστροις, ἀλλ᾽ ἐν πυρὶ κεκμηῶτα, die Wilamowitz S. 139 meiner Ausgabe treffend erklärt. — 126 f. vgl.

Wilamowitz' Emendation und Interpretation ebenda. — 131 zum dunkeln Rauch ... fich verwandelte] ἀλγηθέντα oder ἄλγεα θέντα Hff., ἀχλυνθέντα Wilamowitz. — 137 nicht ihr Leben ändern] οἳ βίον ἀλλάξουσι Hff., ich habe οὐ βίον ἀ. emendirt.

139 f. Anteil ... Achtzahl (κλῆρος ... ὀγδοάς) ſind gnoſtiſche Begriffe, wie ich S. 140 meiner Ausgabe zeige. — 141 Wie man das hübſche „unerbittlich" (ἀπειθής) in ein plattes „lichtlos" (ἀφεγγής) umändern konnte, iſt mir unerfindlich. 145 dein Geſchlecht] dieſe Anrede iſt ebenſo wie 150 dich belehren (ὅστε διδάξει, ὥστε δ. Hff.) ganz allgemein zu faſſen, gemünzt auf den Angeredeten, den Hörer. — 151—163 ſind z. Tl. verzweifelt unklar. Was ich darüber habe ermitteln können, ſehr verbeſſerungsbedürftige Theſen, findet ſich in den TU S. 37. Die Sibylle als große Hure iſt jedenfalls merkwürdig genug. Es wird hier ganz von dem halbwegs heiligen Charakter der Sibylle abgeſehen und mit Nachdruck betont, daß ſie als Heidin eigentlich auch nichts tauge und daher Strafe zu erwarten habe.

III 1—45.

Das Proömium des ſogen. III. Buches enthält zwar keineswegs direkte An=zeichen für chriſtliche Herkunft, da es aber eine nicht geringe Aehnlichkeit mit den in „Fragmenten" 1 und 3 vertretenen Predigten an die Heiden beſitzt, dieſe Fragmente aber aus chriſtlichen Trugſchriften des 2. Jahrhunderts (vgl. meine Unter=ſuchung darüber in den TU S. 69 ff.) zu ſtammen ſcheinen, ſo möchte ich auch hier einen in das ſonſt jüdiſche III. Buch eingedichteten oder vielmehr ihm angedichteten Paſſus erblicken. Die Wunder der Schöpfung, wie ſie von 20 ab geprieſen werden, gehen wohl auf jüdiſch=ſtoiſche Einwirkung zurück; vgl. meine Ausgabe S. 47.

1—7 iſt traditionelle Formel in der Sibylliſtik. Die Prophetin, die da ſingt, weil ſie muß, weil Gott es ihr befiehlt, leidet ſchwer unter dem Zwange des über=irdiſchen Geiſtes. Sie weiß ſelbſt ja nicht, was ſie ſagt, ſie iſt nur das Gefäß der Gottheit, und der müde Menſch in ihr lehnt ſich auf gegen den Willen des Höchſten. So hat es auch ſchon die alte Sibylle des Heidentums getan, damit gewann ſie, zuerſt abſichtslos, dann freilich ſehr bewußt, das Herz der Menſchen. Auch wir ſtimmen wohl, wenn wir dieſe endloſen, oft auch wenig intereſſanten Prophetien leſeu, mit der Sängerin ein in den Ruf: genug!

1 Der Text iſt korrupt: Ὑφιβρεμέτα, μάκαρ, οὐράνιε, ὃς ἔχεις τὰ Χερουβίμ; ich leſe Οὐράνιε, ὑφιβρεμέτα, ὃς ἔ. τ. χ.

11—32 vgl. die vielen Belegſtellen aus patriſtiſcher, weſentlich apologetiſcher Literatur in meiner Ausgabe. — 25 Adam heißt bei der Sibylle τετραγράμματος, weil ſein Name, wie ſie gleich ſelbſt kommentirt (26), die ἀντολίη, die δύσις, die μεσημβρίη und den ἄρκτος bedeutet. Derſelbe jüdiſche Einfall iſt im ſlaviſchen Henochbuch 30 S. 29 Bonwetſch zu finden: Und ich ſetzte ihm einen Namen von vier Beſtandteilen, vom Oſten, vom Weſten, vom Süden, vom Norden. Das über=nahmen dann die Chriſten; vgl. die Stellen in meiner Ausgabe S. 48. — 33 und bangt nicht] τηρεῖτε Hff., οὐ τρεῖτε oder οὐ τρέμετε ich, ληρεῖτ' ἐς Mendels=ſohn und Wilamowitz. — 41 der reich iſt und beſitzt] πλουτῶν καὶ ἔχων Hff., πλοῦτον κατέχων. — 45 die Witwen buhlen mit andern Männern und haben keine Richtſchnur des Lebens: ſoweit iſt der Text in Ordnung. Dann folgt in den Hff. ἀνδρῶν αἳ λαχοῦσαι, woraus Meineke machte ἀ. λελαχοῦσαι. Ich über=ſetze demnach: wenn ſie Männer bekommen haben, d. h. nachdem ſie einmal ſo lie=berlich geworden, halten ſie ſich auch in der Ehe nicht. Man könnte auch ändern: ἀνδρῶν λελαθοῦσαι: ihrer Männer vergeſſend.

III 63—96.

Die Schilderung der letzten Dinge iſt in dieſer Zuſammenſtellung nicht un=intereſſant; mannigfach begegnet ſich die Ausführung mit dem 8. Buch (75—80 vgl. VIII 194. 200, 82 vgl. VIII 233. 413, 86 vgl. VIII 339, 89 f. vgl. VIII 423 f. Auch mit dem II. (jüdiſchen) Buche ſind einzelne Berührungen zu konſtatiren, worüber meine Ausgabe das Nötige bringt.

63 Beliar kommt aus Sebaſte, d. h. aus Samaria. Das iſt eine Widerſpiegelung Simons des Zauberers, wie ich in den Preußiſchen Jahrbüchern 1900 S. 391 f. ausgeführt habe. Er hat (66) die Macht, Tote aufzuwecken, wogegen ſich ſonſt viele chriſtliche Zeugen auflehnen. — 69 f. wird er auch die gläubigen Iſraeliten verführen. In II 169 wird man nicht ganz klar, ob die ὅσιοι, die ἐκλεκτοί und πιστοί bloß unterworfen werden oder auch verführt. Das δεινὸς δ'αὐτοῖς χόλος ἥξει (170) würde die letztere Annahme nahe legen, wenn dieſe ganze Poeſie in ihrer Zerfahrenheit überhaupt der Anwendung der gewöhnlichen Methode zuließe. Jedenfalls herrſchen 175 wieder die ἐκλεκτοί. Hier an unſerer Stelle iſt aber kein Zweifel, daß die Auserwählten verführt werden. Die ganze ſonſtige Tradition zieht dies mit einem, „wenn es möglich iſt" in Zweifel; ſ. meine Ausgabe S. 50. — 75 ff. Das apolalyptiſche Weib (vgl. auch VIII 194. 200) ſcheint mir, wie ich zu 77. 78 in meiner Ausgabe unter Hinweis auf 179 bemerkt habe, Rom zu ſein. Warum ſie eine Witwe heißt, weiß ich nicht; an Kleopatra zu denken, überlaſſe ich anderen, ebenſogut könnte man auf Neros Mutter Agrippina verfallen. — 82 Das Aufrollen des Himmels gleich einem Buche iſt nach Jeſ. 34 4 zum Inventar der prophetiſchen Schriften geworden (vgl. VIII 233. 413). — 84 f. Der Feuerſtrom hat ſeine letzte Quelle in der ſtoiſchen Ekpyroſis. — 92 auch der große Aeon iſt ſtoiſch: Zeller, Die Philoſophie der Griechen³ III 154 ff., dann haben wir ihn im ſlaviſchen Henoch 65 S. 52 Bonw.

Daß dem Freunde wirklicher Poeſie die Augen ob der dichteriſchen Schönheit der Sibyllen nicht mehr gleich Ewald aufleuchten, wird wohl niemand beſtreiten. Aber eine Stelle wie 93—96 möchte ich einmal anſehmen. Der Jubelruf über das Wiedererſcheinen Chriſti verdient in ſeiner Form Lob. Und 96 iſt ſogar nicht ohne Tiefſinn. Freilich könnte man, wie ich vorgeſchlagen habe, um dieſem Dichter nicht zuviel zuzutrauen, ändern: τηνίκ' ἄρ αὐτὸν πρῶτον ἐπέγνων κ. κ. α. „und da erkannten ſie erſt ſeine ganze Macht". Vielleicht wäre das dem ſonſtigen Geiſte dieſer Poeſie angemeſſener, aber poetiſcher iſt unſtreitig die Lesart der Hſſ.

VIII.

Das VIII. Buch iſt eine wahre Muſtertafel der Sibylliſtik; denn alles iſt darin vertreten, Haß gegen Rom, ein Stück Kaiſergeſchichte, Neroſage, Eschatologie, heilige Geſchichte uſw. Von großem Intereſſe iſt hier jedenfalls der Haß des Chriſtentums auf das üppige Rom, der in der Heftigkeit ſeines Ausdruckes gelegentlich (84) faſt an gracchiſche Leidenſchaft erinnert (vgl. S. 143 meiner Ausgabe).

6—11 Die Aufzählung der einzelnen Reiche iſt ein häufiges Motiv in der ſibylliniſchen Poeſie, vgl. III 159—161. IV 49 ff. XI 19—314. Nach 13 iſt natürlich eine Lücke anzunehmen. — 19 Größeres] hier ein ziemlich überſchüſſiger Komparativ.

46 f. ſteht da: πάντων ὧν ἐσεβάσθης δαίμονας ἀψύχους, νεκύων εἴδωλα καμόντων. Man darf hier nicht den Genetiv πάντων von δαίμονας abhängig machen: „die Geiſter derer, die du verehrteſt", ſondern muß vielmehr ein Anakoluth annehmen, ſo zwar, daß das nur durch Attraktion verdunkelte Objekt von ἐσεβάσθης: ὧν hier wieder frei wird und als Akkuſativ hervortritt. — 49 Nach Emendation von Wilamowitz. Dieſe Gottheiten werden feierlich auf ſeinen Thron geſetzt.

50 f. 15 Kaiſer regieren über Rom von J. Cäſar bis auf Hadrian incl. — 52 iſt in den Hſſ. verderbt aus einer Form, wie ſie XII 163 zeigt. — 59 Der Verfaſſer verſucht ein plattes Wortſpiel: αἴλινος, ſagt er, iſt die Zeit, wenn der αἴλινος (Anſpielung auf Aelius) zu Grunde geht.

65 ff. Hier ſah Wilamowitz eine Verwechſelung mit den drei Kaiſern nach Neros Tode vorliegen. Das glaube ich nicht; wir haben vielmehr in den dreien, die Gottes Namen erfüllen, die Antoninen Ant. Pius, M. Aurel, Ael. Verus zu erkennen. Wieſo ſie Gottes Namen erfüllen, d. h. ihre Namen dem Zahlenwerte des

Namens Gottes gleichkommen, ift unklar. Der πρέσβυς ἀνήρ braucht natürlich kein
alter Mann zu fein, fondern ift nach dem fonftigen Sprachgebrauch der Sibyllen
ein ehrwürdiger Mann. Ueber die Erwartung vom kommenden Nero 70 ff. habe ich
in den Gött. gel. Nachrichten 1899 S. 456 ff. gefprochen. — 72 Die Rückgabe des geraubten Geldes an Afien ift fibyllinifch, vgl. III 350—55 (heidnifch!). IV 145—48.
— 73 Das Feldherrngewand mit dem breiten Purpurftreifen: ich lefe: πλατυπόρ-
φυρον ἡγεμονήων ζῶσμ', wo die Hff. φῶς bieten. — 84 Dies ift ein altes apokalyp-
tifches Motiv, wie ich auf S. 146 meiner Ausgabe vermerke. — 88 Der rötliche
Drache ift wohl Nero; die Aehnlichkeit mit der Apokalypfe des Johannes δράκων
μέγας πυρρός ift unverkennbar. Das nächfte: ὁπόταν ἐπὶ κύμασιν ἔλθῃ | γαστέρι πλῆθος
ἔχων muß doch wohl davon verftanden werden, daß der Drache oder die Schlange
irgend etwas Greuliches gebiert; baß fie zu den Wogen des Meeres kommen foll,
ift mir bei diefer Zufammenftellung undenkbar. — 89 „ernährt" (θρέψει) halte ich,
θλίψῃ Alexandre. — 99 lückenhaft.

Das Eschatologifche der Verfe 107 ff. ift, wie der Kommentar meiner
Ausgabe S. 147 zu 110—121 vermerkt, wefentlich in ftoifcher Anfchauung begründet.
Die Ausmalung der Seligkeit, fo felten und dürftig gegenüber den grimmigen, faft
lüfternen Phantafien über die Höllenqualen, ftammt aus heidnifchem Denken. Die
Einzelausführung ift freilich von der chriftlichen Sibylle fo fchlecht wie möglich ge-
arbeitet worden. — 113 ftört mit einem hier unzuläffigen Schilderungsmoment, desgleichen 118 und 119 (die Lift). — 120 Schwerlich richtig bemerkt Wilamowitz:
Der Jammerpoet wollte μάχη, nicht μάχαιρα fagen. — 121 Der gemeinfame
Aeon erinnert an die Stelle III 92. — Nach 121 fehlt ein Stück. Unmittelbar
vor 122 ift zu ergänzen: und alle famt und fonders fchleppt.... —
Vor 123 fehlt etwas wie III 57: vor kurzem noch wurdet ihr, Städte,
gegründet und fchmücktet euch alle aus. — 127 der Barbar oder
ein anderes Volk] fehr gedankenlos.

131—138 laffe ich hier aus, da fie eine Art Hymnus auf die Antoninen enthalten, alfo ein eingefprengtes Stück aus anderer, vielleicht heidnifcher Literatur
bedeuten.

139 ift wieder eine Lücke, in der das Subjekt zu „herannaht" (139) ftand und
von Nero die Rede war, der hier abfolut antichriftliche Züge trägt. Darüber f.
meinen oben genannten Auffatz. — 141 der Ares den Ares ausfaugen]
der eine Ares ift das Heer Neros, der andere Ares find feine Feinde. — 148—150
eine Gematria: 948 (im Zahlenwerte = der Querfumme von Ῥώμη) Jahre foll
Rom bis zu diefem feinem Ende durch den Nero redivivus geftanden haben, alfo
ungefähr im Jahre 194 würde der Sibyllift den Untergang der Stadt kommen
fehen, wenn folchen Leuten überhaupt ein richtiges Rechnen zugetraut werden könnte.
— 151—159 enthalten ein viel älteres heidnifches Orakel, wie ich S. 444 f. meiner
genannten Abhandlung gezeigt habe. Ich unterdrücke indes weder diefes noch 160—168,
um hier einmal einen deutlichen Begriff diefes Gemengfels zu geben. — Daß der
Kaifer, wie der Sibyllift dunkel fagt, aus dem afiatifchen Lande auf den troifchen
Wagen fteigt, heißt, daß er als Römer ein Trojaner war und das Imperium führt,
wie mich Diels befcheidet. Die „verborgene Herkunft" (153) wird erklärt durch eine
ebenfalls heidnifche Stelle des V. Buches (140), wo der Kaifer der angebliche Sohn
des Zeus und der Hera heißt. — 158 Der Hund ift Galba. — 160—166 (168) find
ältere griechifche Orakel, die nicht hieher gehören (vgl. meine Ausgabe S. 150);
in diefe Stelle find wieder 164. 165 eingefchwärzt. — 166 von Saud muß....
nämlich: es erfüllt werden, wie ich des Wortfpiels halber ergänze.

169 ff. der heilige Herrfcher (169) ift Elias; vgl. meine oben genannte
Abhandlung S. 458. Interpretation findet die gefamte Stelle durch Commodian,
wie ich dort ausgeführt habe. — 176 der unfelige Herrfcher von früher ift Nero, der
einft als wirklicher Menfch, nun als Antichrift regiert. — 177 verderbe] danach
eine größere Lücke, in der Elias ftand.

181 Giftpflanzen] fo überfetze ich σπορίμων ἰῶν.

182—189 ein verfprengtes Fragment über die Schlechtigkeit der Menschen.

191 viele Sterne nach der Reihe] πολλὰ μὲν ἑξῆς ἄστρα korrupt die Hff., ἀλλὰ δ' ἐπέξεισ' ἄστρα Wilamowitz; ich denke eher an den apokalyptifchen Vergleich von den Blättern des Feigenbaumes (Jef. 34 4 und dann fehr häufig in apokalyptifcher Literatur) und vermute: φύλλα μὲν ὡς συκῆς.

194 Die „Abfcheuliche" ift das aus der Offenbarung des Johannes 18 bekannte apokalyptifche Weib (vgl. 200), über die ich keine religionsgefchichtlichen Vermutungen weiter fpinnen will, ebenfowenig wie über den heiligen Knaben (196), noch gar über das hölzerne Haus (198). — 196 Hauptübeltäter] Hff. δολοφῶν (.. φῶν) .... ὀλοόφρονα, ich lefe κολοφῶνα .... ὁ.

199 Das zehnte Gefchlecht ift fteter fibyllinifcher Ausdruck; vgl. darüber meine Ausgabe S. 27 zu II 15. — 212—217 zahlreiche Lücken.

214—216 folches häufig in der Apokalyptik: vgl. auch meine Ausgabe S. 34 zu II 157.

Die Akroftichis.

Die akroftichifche Form ift das Kennzeichen für die „Echtheit" fibyllinifcher Sprüche; vgl. darüber Dionyfius arch. IV 62, 6 (aus Varro) und auch Cicero de divin. II 54, 111. 112. Das Material darüber bei Diels: Sibyllinifche Blätter S. 111 ff. Unfere Akroftichis ift, wie man fieht, eine doppelte, die Worte Ἰησοῦς Χριστὸς θεοῦ υἱὸς σωτήρ, die man aus den erften Buchftaben der Verfe zufammenfetzt, bilden wieder in fich die Akroftichis Ἰχθύς. Die Verfe 244—250, die akroftichifch das Wort σταυρός bilden, find natürlich Zutat, wenn auch fchon eine recht frühe, wie Eufebius (S. 153 meiner Ausgabe) zeigt. Weshalb nun die Chriften darauf kamen, eine Sibylle akroftichifch reden zu laffen, fcheint klar. Die Sibylle hatte bisher ohne Regel gefungen. Die Heiden glaubten ihr bekanntlich nicht, fie hielten fie mit mehr oder weniger Recht für eine Fälfcherin (Origenes gg. Celfus VII 53. Eufeb. Conftantins Rede vor d. h. Verf. 19). Da griffen denn auch die Chriften zu dem alten Mittel, ihre Orakel mit dem Siegel der Echtheit zu ftempeln, und führten für die Efchatologie, diefe wichtigfte Verkündigung ihrer Prophetin, die Akroftichis ein. Gewirkt hat fie ungeheuer auf die Gläubigen. Eufebius citirt fie (vgl. meine Ausgabe S. 153), Auguftin erzählt, er habe fie in fchlechter lateinifcher Ueberfetzung gelefen, und er fährt fort, fein Freund Flavianus habe fie ihm fpäter einmal in beffere Form übertragen (de civ. dei XVIII 23). Aus Auguftin fchöpfte man dann im Mittelalter, die Verfe finden fich bei der tiburtinifchen Sibylle (S. 187 Sackur) und auch in den Carmina Burana (p. 81 Schm.); das Dies irae, dies illa Solvet saeclum in favilla Teste David cum Sibylla hat Auguftins lateinifche Verfe vor Augen. — Daß wir hier keine Akroftichis zurechtgekünftelt haben, wird uns wohl niemand übelnehmen, denn in diefem Falle hätten wir überhaupt keine Verfe bauen müffen. — 224 Daß die Menfchen ihre Götzen wegwerfen follen, ift Tradition und findet fich fchon III 606. — 228 foltern] eine andere Handfchriftenklaffe lieft anftatt ἐλέγξει: ἑλίξει, aber 229 beweift die Richtigkeit der erften Lesart. — 234—238 vgl. meine Anmerkung über den zweifelhaften Urfprung diefes efchatologifchen Schilderungsmomentes auf S. 156 meiner Ausgabe. — 239 Die Trompete] das ift die tuba mirum spargens sonum bei Thomas de Celano, „wenn die letzt Drommet erklingt, die auch durch die Gräber bringt", wie wir fingen. — 240 der einzige wirklich ftimmungsvolle Vers der Stelle. — 242 des Königs] lefe ich mit Laktanz (βασιλῆος), nicht wie die fonftige Ueberlieferung will: die Könige (βασιλῆες); denn fie haben hier gar keine Verwendung. — 243 der Feuerftrom ftammt aus der jüdifchen Sibylle III 54. II 196. — 244—245 die Gläubigen tragen als Siegel, als σφραγίς (Offb. 7 2) ein Kreuz auf der Stirn. — Das „füße" Horn: fo überfetze ich τὸ κέρας τὸ ποθούμενον. — 247 die zwölf Quellen find die zwölf Apoftel. — tauft] eigentlich falfch überfetzt, es fteht φωτίζον da; dies ift aber feit der 2. Hälfte des 2. Jahrh. der ftehende Ausdruck für die Taufe (S. 156 meiner Ausgabe).

251 alte Symbolik, wie die von mir citirten Stellen zeigen. 264 ähnlich VI 3. VII 68 f. von der Präexiſtenz. Der Logos als Berater des höchſten Gottes iſt altchriſtlich, vgl. S. 158 meiner Ausgabe zu 264 ff. — 268 unſere] b. h. die von uns gebildete Geſtalt. — 272 πάντα λόγῳ πράσσων, hier natürlich nicht mit dem Logos. — 274 ποσὶν εἰρήνης πίστει τε πατήσας Laktanz, π. εἰρήνη πίστει τ. π. eine Handſchriftenklaſſe (die anderen korrupt) und danach die Vulgata. — 278 zur Hoffnung der Völker] hieher könnte man beziehen, was die ſogen. Tübinger Theoſophie S. 122 Z. 16 ff. von der Gleichzahl der Körbe und der Jünger ſagt. — 282 iſt alte Formel, wie ich S. 160 meiner Ausgabe vermerkt habe. — 291 interpolirt, von der beſſeren Ueberlieferung ignorirt. Die heilige Jungfrau iſt die Gemeinde: 2. Kor. 11 2. — 294 ff. Hier beginnt eine wüſte Symbolik. — 296 mit dem Rohre] apokryph, vgl. das Petrusevangelium V. 9 (Apokr. S. 30 18). 297. 298 ſind dunkel; ich leſe καλάμων ἄλλων .... ψυχή. Dem Sibylliſten, der alle= goriſch nur zu ſtammeln vermag, traue ich zu, daß er zu dem Rohre, mit dem der Herr geſchlagen wird, eine Parallele in dem Rohre Johannes des Täufers (Mt. 11 7) erkennt, das die Seelen der Menſchen auf das Gericht hinwies. Vgl. meine Ausgabe S. 161. — 302 Das Umfaſſen der Welt, durch die Kreuzigung verſinnbild= licht, iſt bekannt: Jrenäus adv. haer. II 372 Harv. Laktanz div. inst. IV 26, 36. — 303 I 367 f. VI 24 f. und die Anmerkung in meiner Ausgabe. Beachte auch das Tempus der Vergangenheit! — 305 ff. vgl. I 376 ff. — 308 Die Interpretation und Ueber= ſetzung von Wilamowitz. — 310 Zur Hadesfahrt vgl. PA III 232 sq. — 312 drei Tage lang ſchlafend] natürlich nicht doketiſch zu interpretiren, dagegen ſpricht der ganze Zuſammenhang. — 320 Die Wunden=Symbolik findet eine Art Parallele in der von mir in meiner Ausgabe angeführten Stelle des Jrenäus III 11, 11.

324 ergänze ich κακὰ vor πολλά. — 326 Ich leſe, wo die Hſſ. entweder Un= ſinn bieten: πραῢν πρᾷος ἕξει ἵνα τὸν ζυγὸν ἡμῶν, oder ſelbſt konjiciren: πρᾷος πᾶσι φανεὶς ἵνα τοι ζυγὸν ὄνπερ ὑπῆμεν (vgl. auch Laktanz): αὐτὸς πραῢς ἰδοὺ ἥξει, ἵνα τὸν ζυγὸν ἡμῶν. — 335 leſe ich: ἀλλ' ὕμνον στόματος συνετοῦ τότε ἐκπροφέροντος, wo die Hſſ. haben: ἀλλ' ὕμνον στομάτων συνετῶν τότε ἐκπροφέροντες oder ἀλλ' ἁγίου στόματος θυμῷ προφέροντες ἴασιν. — 339 für ἤματα πάντα lieſt Wilamowitz ἀήματα πάντα. Aber zur Nacht ge= hört der Tag, und die Abſicht des Dichters iſt doch, das graue Einerlei des allge= meinen Chaos darzuſtellen. — 340 geſtaltloſe Maſſe: Friedlieb. — 342—348 iſt Reproduktion alter jüdiſcher Vorſtellungen: vgl. meinen Kommentar S. 164. Ebenda f. auch die weiteren Parallelen. — 345 erſprießlichen Laut (χρήσιμον ἦχον): Friedlieb. — 349—351 vgl. Wilamowitz' Vorſchlag in meiner Ausgabe; ich halte meinerſeits 351 für unecht; daſſelbe gilt vielleicht von 352. — 353 häufigeres apokalyptiſches Motiv, wie meine Ausgabe lehrt. — 357 f. Die Vor= ſtellung iſt jüdiſch: 4. Esra 7 101 und auch chriſtlich, wie mein Kommentar zeigt.

359—428 iſt ſchwerlich einheitlich; doch läßt ſich kaum mit voller Sicherheit ſondern. Soviel aber ſcheint mir gewiß, daß die Handſchriftenklaſſe (Ω genannt), die die albernen Verſe 371. 372. 378 nicht hat, auch mit Recht 384—386 ausläßt. Auch die Wiederholung von 384 in 393 f. ſcheint mir ein Zeugnis von mehrfacher Behand= lung deſſelben Stoffes. Hineingearbeitet iſt ferner in den erſten Teil ein auch bei Herodot erhaltenes delphiſches Selbſtzeugnis des Apoll (Herod. I 47 vgl. 361. 373). Welcher von beiden Sprüchen beſſer klingt, der kurze, helltönende helleniſche oder der bombaſtiſch überladene des Chriſten, iſt wohl klar. — 371. 372 ſind in den Hſſ. verdorben, ich leſe im 2. Verſe: ἐλθοῦσίν τ' ἐπὶ βῆμα. — 382 πάντες δ'αὐτοῦ ἔχοντες: πάντ' ἐν ἐμαυτῷ ἔ. ſchlage ich vor. — 383 Καὶ ὡς ἐμὰς τιμάς oder καὶ ὡς (χὼς) αὐτοῦ τιμάς die Hſſ., Rzach ſucht zu beſſern: χὼς ἐς ἐμὰς τιμάς. — 387 Lichter] dazu vgl. auch den ſlaviſchen Henoch 45, 3 S. 40 Bonwetſch. — 390 vgl. 333 ff. II 82. — 397 κωφοὶ καὶ ἄναυδοι leſen die Hſſ. und Ausgaben, ich halte meine Le= ſung κωφοῖς καὶ ἀναύδοις für nötig. — 398 kennen ſie nicht als Ziel des Guten: ἀγαθὸν τέλος ἀγνοιοῦσιν vortrefflich Wilamowitz; ἀγαθὸν ὅλως ἀγνοοῦσιν die beſte

Handſchriftengruppe. — 399—401 Hier haben wir es mit den berühmten „zwei Wegen" zu tun, einer jüdiſchen Schrift, die von den Chriſten recipirt ward; vgl. die Didache 1, 1. Barnabasbrief 18. — 403 vgl. Sib. II 96. — 406 eigner An= ſtrengung Erwerb] ſo Friedlieb richtig; vgl. auch Sib. II 272. — 409 Ich habe die von der beſſeren Klaſſe gebotene Lesart σπείρων νῦν ἐς ὕδωρ gewählt, wo= gegen die zweite Serie das farbloſe σπεῖρον ἐπ' εὐσεβίη hat. — 412 vgl. Sib. II 213. III 87. — 413 vgl. 288. III 82. — 423 überliefert iſt καὶ δόκιμοι παρ' ἐμοὶ τότε χωρήσουσιν ἅπαντες. Ich halte energiſch daran feſt, daß vor dieſem Verſe eine Lücke iſt, in der das Schickſal der Guten, deren ſorgenloſes Daſein die nächſten Verſe nicht ohne eine gewiſſe Kraft der Empfindung ſchildern, behandelt war. — 424— 427 vgl. II 325—327. III 89 ff.

Ueber die Schilderung Gottes in 429 habe ich in meiner Ausgabe S. 169 das Nötige geſagt. Mir ſcheint dieſe Form im letzten Grunde heidniſch zu ſein. 430 ff. Dieſe bei den Apologeten häufige Schilderung der Gotteswerke (vgl. III 20 ff.) iſt wohl ebenfalls zuletzt auf ſtoiſches Vorbild zurückzuführen. — 430 überliefert iſt οὐρανοῦχος ἰσχύι μετρῶν, ich leſe οὐρανοῦ ἰσχύει μετρεῖν: Gott mißt den Feuerhauch des Himmels, d. h. er mäßigt ihn, wie ähnliches die folgenden Verſe ſagen. — 433 nach ῥοιζήματα ergänzt Wilamowitz τ' ἄγρια πόντου. — 436 Leſung von Wilamowitz, wie meine Ausgabe zeigt. — 437 fehlt ein Wort über die Engel, die Verwalter der göttlichen Kräfte; mit αὐτοί (437) können m. E. nur dieſe gemeint ſein. — 439 Leſung von Wilamowitz: πρὸ κτίσεως πάσης σοῖσι στέρνοισι πεφυκώς, die Hſſ. bieten σῷ παιδὶ πρὸ κτίσεως πάσης (πᾶσι) στέρνοις ἴσοισι πεφυκώς. Dann aber wäre der Vater σύμβουλος, was nicht geht. Vor 439 iſt dann natürlich Lücke. — 450 Nach ἄστρων haben die Hſſ. οὔρεα, danach Lücke. Ich glaube, meine Leſung οὐρανο= φοίτων trifft das richtige. — Nach 449 ff., die die ewige Schöpfung und ihre Er= ſcheinungen und die daran ſich anſchließenden Abſtrakta als dem Menſchen dienſt= bar zuſammenfaſſen, fallen 453—455 mit der Aufzählung der Tiere, die doch nim= mer zur κτίσις ἀΐδιος gehören, völlig aus der Rolle und dürften interpolirt heißen.

456—479 gehören zu den Glanzſtellen dieſer dürftigen Dichtung. Die Verſe haben volkstümlichſten Charakter, Gabriel heißt θεός, wie ähnliches auch ſonſt vor= kommt (vgl. meinen Kommentar S. 171), die Beſchreibung der zagenden, dann ſich faſſenden und lächelnden Maria ſtammt vielleicht aus apokrypher Quelle (vgl. meinen Kommentar zu 467) und iſt wirklich hübſch gelungen; es iſt faſt noch ein ſchwaches Leuchten helleniſcher Anmut wahrnehmbar. Die Schilderung wenigſtens, wie Erde und Himmel ſich freut, iſt ſicher heidniſche Kunſt, wie ich zu VI 20 aus= geführt habe. Aehnlich ſchildert auch Theognis 5—10 die Geburt des Apollon. So etwas iſt ſehr wichtig. — 478. 479 von den Hſſ. in umgekehrter Reihenfolge über= liefert; die Umſtellung iſt richtig von Rzach vorgenommen.

480—500 enthalten wieder Moraliſches wie 330 ff. — 483 f. hält Wilamo= witz für ſchwer verderbt und erkennt eine Erweiterung eines anfänglichen τοὔνεκα καὶ Χριστοῖο ἐπικλεώμεσθα σύναιμοι. — 490 unheilbar verderbt: ἀτὰρ οὐδ' ἄρα τοὺς ἀνα= θήμασι κοσμεῖν, Rzach ſetzt das auch von mir wiederholte ἀργοῖς ein. — 492 Schwache Chriſten ſchickten alſo zum Opferfeſte der Taurobolien Schafblut, um die Strafe abzuwehren. — 500 Nach πινυτόφρονα bricht der Geſang ab.

I 319—400.

326—327 iſt chriſtliche Nachbildung einer jüdiſchen Stelle deſſelben Buches 141—145. S. darüber meine Ausgabe S. 12 f. — 339 daß in den Waſſern Licht empfange aus VIII 247. — 351—355 aus VIII 205—207. — 357—359 aus VIII 275—278.

360—380 z. Tl. aus VIII 287—320. — 385 von Wilamowitz als Inter= polation getilgt. — 389 der König von Rom iſt natürlich der Kaiſer, der bei den Griechen und daher auch bei den Sibyllen nur βασιλεύς heißt.

II 34—153.

Die Vorstellung vom sittlichen Kampfe ist stoisch-jüdisch, wie Philo de agric. 24 f. p. 317 M. zeigt. Dann übernahm sie das Christentum: 1. Kor. 9 24. Hebr. 12 1. 2. Tim. 4 7 u. a. Vgl. darüber meine Ausgabe S. 28.

Die Mahnverse 56—148 fehlen in der einen Klasse unserer Handschriften. Sie decken sich größtenteils mit Versen des sogenannten Pseudo-Phokylides, ein Lehr-gedicht, das Bernays, nachdem man es lange verkannt hatte, als jüdisch erwies, (Ueber das Phokylideische Gedicht. Ein Beitrag zur hellenistischen Literatur. Berlin 1856). Heute ist man eher geneigt, das Poem für christlich zu halten, und in der Tat beweist der Gebrauch, den die Sibylle von ihm macht, wenigstens seine große Beliebtheit bei den Christen. Es ist von der Sibylle vielfach interpolirt worden (die Zusätze deuten meine Klammern an); die Eindichtungen sind, wie so oft in dieser Poesie, die keine ist, stupide nach Form und Inhalt, doch fehlen auch ein-zelne bessere Stellen (vgl. z. B. 79) nicht. Im übrigen vgl. meine Ausgabe.

71 Sämereien hat keinen Sinn; für σπέρματα setzt Bernays τέρματα mit Berufung auf 5. Mos. 27 17 ein. — 73 Das Laster der Knabenliebe perhorrescirt der Jude und nach ihm der Christ mit gleicher Energie des Abscheus. Der Aristeasbrief 152 macht es namhaft, die jüdische Sibylle III 185 rügt es an den Römern, dann haben wir die bekannte Stelle 1. Kor. 6 9 (1. Tim. 1 10) und andere Stellen christlicher Literatur (vgl. S. 30 meiner Ausgabe). — 79 Die Vorschrift findet sich zuerst, wie es scheint, in der Didache 1, 6: ἱδρωσάτω ἡ ἐλεημοσύνη εἰς τὰς χεῖράς σου μέχρις ἂν γνῷς, τίνι δῷς. Vgl. sonst meine Ausgabe. — 96 vgl. auch Pseudo-Heraklit, Brief 7. — 105 steht so bei Pseudo-Phokylides: πάντες γὰρ πενίης (ξενίης Bernays aus den Sib.) πειρώμεθα τῆς πολυμόχθου; was die Sibylle daraus macht: πάντες γὰρ ξενίης πειρήσονται (so R z a ch, πειρήσσονται Hss.) πολυμόχθου vollends der Zusatz in 106 Anf. scheint Unsinn. — Die Lehre, daß alle Menschen auf der Erde eines Blutes sind, ist der Stoa verwandt; vgl. meine Ausgabe S. 32. — 109 f. ist einem Spruche des Theognis (1155) nachgebildet. Theognis oder wenigstens eine Sammlung der Theognidea genießt Beliebtheit bei den Christen. — 135 Eine Begierde, die leise beginnt: das ist Unsinn. Der Sibyllist las das treffliche ὑπερχόμενος (die aufsteigt) als ὑπαρχόμενος. Aendern darf man so etwas aber nicht — 136 habe ich versucht, das flaue Wortspiel ὀργὴ δ'ἐστιν ὄρεξις flau wiederzugeben. — 140 Ein Lüstling ἡδὺς ἀγανόφρων Sib., Pf.-Phok.; ich habe daraus gemacht: ἡδυπαθῶν ἄφρων. — 145 Anständiges Wesen so gebe ich den Begriff σωφροσύνη wieder, der im Laufe der Zeit für die Griechen zum Inbegriffe des Mannes comme il faut geworden ist, was wir heute einen anständigen Menschen nennen, und was im 18. Jahrhundert bei uns honnête hieß.

II 238—347.

Die Verse über das Weltgericht schließen an eine jüdische Schilderung an, die sich vielfach mit anderen apokalyptischen Schriften der Israeliten berührt; die einzelnen Stellen habe ich in meiner Ausgabe namhaft gemacht. Auch dieser jüdische Passus kann schon von den Christen bearbeitet worden sein; sichere Anzeichen da-für aber fehlen, und so wird man gut tun, erst von 238 an die christliche, juden-feindliche (vgl. 248) Dichtung beginnen zu lassen. Die Sündenkataloge, die hier ent-rollt werden, sind sehr häufig in der christlichen Literatur (vgl. dazu meine Aus-gabe S. 40); von Interesse ist, daß der Dichter, ebenso wie die Apoc. Pauli 58, auch Presbyter und Diakonen in der Hölle mit harten Strafen bedenkt; ähnlich zeigen mittelalterliche Gemälde in der Hölle Bischöfe und Priester. Wichtiger ist, daß 331 ff. im Sinne des Origenes die Ewigkeit der Höllenstrafen geleugnet und daß den Frommen im Himmel Macht gegeben wird, die Verdammten loszubitten. Diese Auffassung hat dem Sibyllisten freilich eine wütende Invektive eines alten Ab-schreibers eingetragen, die sich in der einen Gruppe unserer Handschriften erhalten hat. Im übrigen ist die Sibylle in diesem ganzen Abschnitte wenig selbständig, fo ftammen 305—312 aus VIII 350—358, 318—321 aus VIII 208—212, 322—324 aus VIII 110 f. 121, 325—327. 329 aus VIII 424—427; 340—344 ift in Anlehnung an VIII 151—155 entftanden.

240 habe ich für die g r o ß e S ä u l e nirgends ein Analogon gefunden. Es wird der Gerichtspfahl fein. — Nach 264 fällt Lücke, ich ergänze: (anfehen) die Perfon und ungerecht richtend, den Reichtum (265 fcheuend). — 265 verderbt in unferen Hff., vgl. meine Ausgabe; der Sinn ift aber an diefer wenig tieffinnigen Stelle ziemlich klar. — 266 Lücke. — 267 Lücke. — 268 die Wucherer erfchienen auch in S t e i n d o r f f s Eliasapokalypfe (S. 61, 15, 14) wie in der Offenbarung des Petrus V. 31 in der Hölle. — 273 a b e r d a b e i f c h e l t e n] ähnlich der Barnabas= brief 19, 11 οὐδὲ διδοὺς γογγύζεις = Didache 4 vgl. Hermas sim. IX 24, 2. — 295 Das feurige Rad kenne ich nur aus den Thomasakten 55 A p o k r. S. 503. — 333 u n d e r w i r d d i e s t u n] törichtes Füllfel. — 337. 338 der Acherufifche See ift beim Elyfium; diefelbe Topographie des Jenfeits haben wir auch in der Apoc. Pauli p. 51.

III 372.

Ein elender Vers, den ich nur aus Konjektur gewonnen habe, in den Hff. fteht: μακάρων κενήφατος ὅσσον ἄγραυλος. Ich denke mir μακάρων κεν ἔη φάτις ὡς ἐν ἀγραύλοις.

III 776.

Eingefchwärzt von chriftlicher Hand. Chriftus wird felbft (Joh. 2 21) als Tempel gedeutet. Auch Laktanz hat fchon 776 mit frommem Truge etwas umge= ftaltet und auf Chriftus bezogen.

V 256—259.

Die Verfe verraten fich fchon durch ihre elende Profodie als interpolirt; ge= meint ift natürlich nicht, wie einige wollten, Jofua, fondern Jefus.

XII 28—34.

Erfcheint innerhalb einer jüdifchen Schrift; vgl. darüber das zu meiner Aus= gabe gehörige Heft der ,Texte und Unterfuchungen‘.

XIII 87 f. 100—102.

Durch W i l a m o w i t z' vortreffliche Befferung in 87 (πίπτων Hff. πιστῶν Wil.) erkennt man, daß es fich um Decius' Verfolgung handelt.

D i e ,F r a g m e n t e‘.

Die mitgeteilten Fragmente find uns bei anderen Schriftftellern, und zwar ganz nur bei Theophilus ad Autol. II 36. 3, 2 erhalten, doch fehlen Citate daraus auch bei fonftigen Kirchenvätern nicht. Ich habe in den TU S. 69 ff. den Be= weis zu führen gefucht, daß diefe „Fragmente" nie Teile eines Sibyllenkorpus ge= wefen feien, obwohl Frgt. 1 den Anfpruch erhebt, im Eingange des Ganzen ge= ftanden zu haben, fondern ad hoc fabricirt in einer chriftlichen Trugfchrift, wie deren im 2. Jahrhundert n. Chr. entftanden, ihren Platz gehabt haben. Ich habe den Beweis aus der Tendenz und der Form der Fragmente wie nach ihrer Fund= ftelle innerhalb recht verdächtiger anderer Literatur zu erbringen verfucht, und will ohne mich hier irgendwie auf die Sache näher einzulaffen, nur ganz kurz darauf hinweifen, daß eine folche Argumentation, wie fie Fr. 2 und 3 zu Anfang zeigen, allem fonftigen Stile der Sibyllen fernfteht, daß ferner die Fragmente 1 und 3 einerfeits fich untereinander nachahmen wie auch andererfeits nur eine weitere, kunftvollere Ausführung des Buches III 8—35 enthalten. Obwohl nun diefe ,Frag= mente‘ ihren chriftlichen Charakter durch III 47 (e r l o f e n d a s L e b e n: Mt. 19 29. Mc. 10 17) aufs deutlichfte verraten, hat fie Blaß trotzdem (in Kautzfch'

Apokryphen und Pſeudepigraphen II 184 ff.) unter die jüdiſchen Sibyllen mitaufgenommen. Die anderen Fragmente (in meiner Ausgabe 4—8), die mir, nebendei geſagt, ebenfalls verdächtig ſind, laſſe ich wegen ihrer gänzlichen Unwichtigkeit aus.

1.

10—13 Der Vergleich ſtammt aus griechiſcher Literatur und ſcheint zuerſt bei Xenophon memor. IV 3, 14 aufzutauchen, erſcheint aber auch dann in ſpätjüdiſchen Schriften: Chullin 60 a. Unſere Stelle iſt eine rein helleniſtiſche Weiterbildung des einfachen Satzes III 17. — 14 die Adern und Fleiſch im Knochengefüge ſind: ἐν ὀστείοισιν φλέβες καὶ σάρκες ἐόντες Nauck; der cod. des Theophilus lieſt: ἑνοσ τηεσσι φλ. κ. σ. ἐ. — 34 Vielleicht iſt zu leſen νιφετοῦ (νιφετοὺς Hf.) κρύσταλλα: und des Schnees Kälte.

2.

2 da würde es wohl der Götter uſw. ἂν θεοί Rzach, οἱ δὲ θεοί (korrigirt in εἰ δὲ θ.) der cod. des Theophilus.

3.

Frgt. 3 ſetzt 2 gewiſſermaſſen fort. — 8 mit Leben nährt er die Kriechtiere: ἑρπετά.... ψυχοτροφεῖται Groerer, ἑ... ψυχοτροφεῖτε der cod. des Theophilus. — 10 die die Luft erregen: ταράσσοντ' ἀέρα Caſtalio, ταράσσοντα ἀ. cod. τ' ἐρέσσοντ' ἀ. Struve. — 13. 14 will Wilamowitz tilgen, aber 15 bezieht ſich doch zu deutlich auf beide vorhergehende Verſe, beſonders auf die „nicht zu erfaſſenden" Dinge. Nur in 14 iſt das und dem Manne..... untergeordnet aus Dittographie von 12 entſtanden. — 23. 24 nimmt nicht...... allen Verſtand, wenn: αἴσθησιν ἀφαιρεῖ εἰ Alexandre, καὶ ἐστησιαφαιρηει cod. — 25 anſtatt das....unendliche Himmelsgewölbe zu bewohnen: κατ' ἀπείρονα ναίειν Wilamowitz, κατὰ πιον μαναίειν cod., κατὰ πίονα ναίειν Fell und Wolf. — 32 Verführet: δόλῳ ἡγητῆρες Wilamowitz, δολοήτορες cod. — 35 ſüßer: fehlt im cod., ergänzt von Opſopoeus. — 36 ausgießt: danach Lücke. — 37 leute deinen Pfad: τρίβον... ἀνακλίνοις Rzach, τρ.ἀνακλινοῖ cod., τρ. ἀνακλῖναι Alexandre. — 39 ſo recht ungemiſcht: μάλ' ἄκρητον Auratus, μαλά κρατῶν cod. — 45 mit lügenhaften: ψευδέσιν Bureſch, ψεύδεσιν cod. und die Ausgaben.

F.

Apostelgeschichten (Legenden).

Zur Einleitung.

(E. Hennecke.)

Beachte für den ganzen Abschnitt als **Abkürzungen** nach der gewählten Reihen=
folge der Apostelakten: A. P., A. Th., Mart. P.; A. Pe.. Mart. Pe.; A. J.;
A. An.; A. Tho. — sowie die zur Abkürzung gewählten Buchstaben der Autoren=
namen in den Lit.angaben vor den einzelnen Akten!

Zur Literatur (Apokr. S. 346 A. 1) ist inzwischen getreten die (Apokr. S. VI.
358 angedeutete) Ausgabe der A. P. durch C. Schmidt: Acta Pauli aus der Hei=
delberger koptischen Papyrushandschrift Nr. 1 herausgegeb., Uebersetzung, Unter=
suchungen und koptischer Text, Leipz. 1904 [1]. Jedoch beschränkt sich der von der Ver=
öffentlichung erhoffte Aufschluß wesentlich auf die A. P. selbst; die Ergebnisse des
trefflichen Zeugenverhörs, das Schmidt in seiner Schrift ‚Die alten Petrusakten‘
(Leipz. 1903) — diese Schrift (=Sch) im folgenden überall gemeint, wo keine ausdrückliche
Buchangabe! — über die apokryphen Apostelgeschichten und ihre Abfassung an=
stellte, werden dabei vorausgesetzt, aber auch die anzuzweifelnde These von dem ka=
tholischen Charakter dieser Literaturgruppe [vgl. Apokr. S. 13* f. A. 2] festgehalten.

---

[1] S. 55* f. 236—240 findet sich als **Anhang** das **Bruchstück eines
apokryphen Evangeliums** aus derselben Hf., „das am Schluß auf den übrig geblie=
benen Blättern vom Schreiber hinzugefügt war" [umgekehrt gehen in der Hf. Apokr.
S. 42—44 Evangelien vorher und folgt eine Apostelgeschichte]; nur ein Blatt er=
halten (Uebersetzung S. 237 f.). Der Herr fordert hier seine Jünger (mit Bezug
auf Mc. 11 29) zum Glauben an seine Wunder auf, die er summarisch aufzählt
[vgl. oben S. 152]. Nach einem bekräftigenden Zuruf des Simon „unterscheidet der
Herr die Wundertaten, die er selbst .. verrichtet, von jenen, die nur aus dem Mo=
tive der augenblicklichen Heilung zwecks Erweckung des Glaubens an den, der ihn
gesandt hat (Joh. 5 24), entspringen. Wiederum ergreift Simon das Wort und bittet
um Erlaubnis zum Reden. Er erhält auch diese, aber plötzlich wird aus dem bis=
herigen Simon der uns geläufige Petrus, und wird vom Verfasser auch diese auf=
fallende Tatsache in einer Bemerkung dahin aufgeklärt, daß der Herr sie von jenem
Tage an mit Namen genannt habe.... Die Frage des Petrus betrifft den Ge=
danken, ob es noch größere Wundertaten gebe als die Totenauferweckung und die
Speisung der Menge. Der Herr bejaht dies und preist diejenigen selig, die von
ganzem Herzen glauben. Da erhebt Philippus seine Stimme und fährt in unmuti=
gen Zorn den Herrn an ob der Dinge, die er sie lehren" will (Schmidt a. a. O.
239, sieht das Ganze „als tertiäres Produkt" an, „das ohne jeden Wert ist";
S. 240: „Nicht zu erkennen ist, ob es sich um ein apokryph=kirchliches, oder um ein
häretisches Machwerk handelt" — vgl. Apokr. S. 37 f.).

B o n n e t hat Aa II 2 (1903) zu einzelnen Apostelgeschichten noch Hss. angemerkt, die er Aa II 1 nicht berücksichtigen konnte (p. XXXIII, vgl. Ehrhard S. 168), und p. XXXIV ff. Lesarten und Verbesserungen nachträglich angefügt. Ueber die ein= zelnen Apostelakten hat sich von seinem Standpunkte aus noch verbreitet O. Pflei= derer, Das Urchristentum ² (1902) II 120 ff., und eine Uebersicht über den Stand der Forschung gegeben B a r d e n h e w e r I 414 ff. So wenig wie früher H. Lietz, Der gnostisch=christliche Charakter der apokr. Apostel=Geschichten und =Legenden (ZwTh 1894, S. 34—57), sind neuerdings C o u a r d s Referate über einzelne Apostelsagen (NkZ 1903) als wissenschaftlich selbständig zu erachten. H a r n a c k II 2 (1904) S. 169 ff. bringt nichts Neues.

(2.) Aeltere S p u r e n e i n e r V e r w e n d u n g v o n S ä t z e n d e r k a= n o n i s c h e n AG. notirt Holtzmann, Lehrb. der hist.=krit. Einl. in b. N. T., ² (1886) S. 419, Belegstellen seit Irenäus (bis etwa 200) Zahn G.K. I 194 f. A. 4. — Z. 37—39 des M u r a t o r i s c h e n F r a g m e n t i s t e n bezieht nach Zahn mit der Lesung semota auch Schmidt (S. 105) auf die Actus Vercellenses, während James p. XI dazu auf die Namensähnlichkeit Lukas=Leucius verwies und semote = „an besonderer Stelle, in einem besonderen Buch" faßte (dagg. Zahn, Forsch. VI 202 A.).

Ueber „die Apostel" als kanonische Autorität s. J ü l i c h e r, Einl. in das N. T., S. 373 ff.; die Bedeutung der Zwölf für den Gedanken der universalen Mission vgl. H a r n a c k, Lehrb. der Dogmengesch. I ³ 153 ff. A. 1 und dessen ‚Mission' (H. schließt die Missionslegende, die „bis ins 16. Jahrhundert gedauert" hat, also die apokr. AGG. als Quellen für seine Darstellung aus). Einzelne Stellen bei Zahn G.K. I 264 A. 3 f. Den Nachrichtenbestand dieser apokryphen Literatur nach ihren verschiedenen Quellenschichten unter Einschluß sonstiger patristischer Ueberlieferungen behandelt übersichtlich D u c h e s n e, Les anciens recueils de lé- gendes apostoliques, im Compte rendu du III° Congrès scientifique international des Catholiques tenu à Bruxelles, V° Section (Sciences historiques), Brux. 1895, p. 67—79 (p. 74 die von Gelzer und v. Dobschütz zu erwartende Ausgabe des Ka= talogs der Propheten, Apostel und 70 Jünger erwähnt, vgl. Diekamp, Hippolytos von Theben, S. LXI A. 1). Zum Begriff „Legende" überhaupt s. v. D o b s c h ü t z in RE XI (1902), S. 345 ff. — A. H i l g e n f e l d hat in seinen Acta Apostolorum (Berol. 1899, p. 197—227: Actus apostolorum extra canonem receptum) eine knappe Zusammenstellung altchristlicher Zeugnisse, insbesondere auch der Pf.=Clementinen, zu einzelnen Haupttatsachen und =ereignissen der kanonischen AG. geliefert, aus der ich die topographische Nachricht bei Joh. Malalas chronogr. X hervorhebe: Μετὰ δὲ ἔτη τέσσαρα τῆς ἀναστάσεως κτλ. μετὰ τὸ ἐξελθεῖν τὸν ἅγιον Παῦλον ἀπὸ Ἀντιοχείας τῆς μεγάλης (κηρύξαντα ἐκεῖ πρῶτον τὸν λόγον ἐν τῇ ῥύμῃ τῇ πλησίον τοῦ Πανθέου τῇ καλουμένῃ τοῦ Σίγγωνος ἅμα Βαρνάβᾳ) καὶ ἐπὶ τὴν Κιλικίαν ἐξελθεῖν ὁ Πέτρος ἀπὸ Ἱεροσολύμων ἐν τῇ αὐτῇ Ἀντιοχείᾳ παρεγένετο κτλ. (folgt der Streit Gal. 2 11; p. 219, vgl. Zahn, Forschungen III 57 f.). ‚Ueber die Auffassung des Streits des Paulus mit Petrus in Antiochien (Gal. 2 11 ff.) bei den Kirchenvätern' handelte F. O v e r= b e c k: Programm zur Rektoratsfeier der Univ. Basel 1887.

(3.) Die altkirchlichen Zeugnisse über die apokryphen AGG. sind übersichtlich zusammengestellt von Z a h n am Ende seiner ‚Acta Joannis' (1880). Die beste zu= sammenhängende Besprechung hat seitdem C. S c h m i d t (1903), S. 27—77, geliefert und dabei zugleich das L e u c i u s problem einer eindringenden Behandlung unter= zogen, seine Ergebnisse dann ‚Acta Pauli' S. 112 f. noch einmal kurz zusammenge= faßt: „1) Die Manichäer haben ein fünfteiliges Korpus von πράξεις ἀποστό- λων zusammengestellt, nicht selbst die einzelnen πράξεις verfaßt, und dieses Korpus an die Stelle der von ihnen verworfenen kanonischen Apostelgeschichte zu setzen ver= sucht, während die Priscillianisten seinen kanonischen Gebrauch neben den Acta durchsetzen wollten. 2) In diesem Kampfe mit der Großkirche sind die ge= nannten Akten mit dem Charakter des Häretischen resp. der häretischen Verfälschung durch einen gewissen Leucius belegt worden. 3) Der Name des Leucius resp. Leucius Charinus (Photius) ist den Johannesakten entnommen, in denen er sich als Begleiter und Augenzeuge der Taten des Apoftels einführt, und ift von dort irrtümlicherweife auf die ganze Sammlung übertragen.   4) Aus diefem Grunde find auch die Paulusakten, welche nach Philaftrius (lib. de haer. c. 88) und Photius (Bibliotheca cod. 114) an letzter Stelle dem Korpns hinzugefügt waren, mit dem Verdikt des Häretifchen verfehen worden.   5) Auf Grund der in der Kirche ausgebildeten Thefe (Leo I, Turibius von Aftorga, Johannes von Theffa= lonich), daß die Wundertaten der Apoftel echt, diefen aber zur Täufchung der Gläu= bigen häretifche Doktrinen in den Reden beigemifcht wären, find auch die Paulus= aften nach diefem Rezept bearbeitet, fo daß von ihnen als letzter Reft die an dem jedesmaligen Todestage vorgelefene Paffio (und die Theklaakten) übrig geblieben ift.   6) Gnoftifche Paulusakten neben den von Origenes, Hippolyt, Eufebius citirten katholifchen Akten haben zu keiner Zeit exiftirt, wie Lipfius, Apokr. Apoftelgefch. II 75 f., zu ftatuiren vermeinte".

Während ich, wie meine Ausführungen Apokr. S. 350 ff. zeigen, diefen Thefen faft durchweg zuzuftimmen vermag, habe ich doch, zumal mit Rückficht auf Schmidts oben erwähnte Hauptthefe von dem katholifchen Charakter der älteften apokryphen Apoftelgefchichten, noch einige Bemerkungen anzufchließen: (zu 1) Erft Photius nennt die 5 apokryphen AGG. vollftändig zufammen und fchreibt fie einem beftimmten Verfaffer zu (Apokr. S. 352).   Es fragt fich, wie die älteren Zeugniffe auszulegen find, in denen nur einige diefer AGG. zufammen genannt werden, bezw. wann die Sammlung, welche Photius vorlag, angeftellt fein wird. Während Zahn (Acta Joannis, p. LXXV) nur die A. J., A. An., A. Tho. als Be= ftandteile „der Sammlung, welche dem Photius vorlag und welche gelegentlich noch in größerer Vollftändigkeit vorkam", anfah und diefes 3teilige Werk dem Lencius zufchrieb (p. LXXXI), hat fchon Lipfius den älteren Urfprung der fünf teiligen Sammlung nachgewiefen (I 77 ff.) und nur die Möglichkeit offen gelaffen, daß die einzelnen ihr zngehörigen Akten „bei den älteren gnoftifchen Parteien nur als ein= zelne Schriften im Umlaufe waren und erft von den Manichäern zu einer Art von Gegenkanon vereinigt wurden" (S. 83; vgl. S. 117 über Leucius Charinus, „den wirklichen oder angeblichen Verfaffer der πράξεις Ἰωάννου.., auf deffen Konto fpä= teftens im 4. Jahrhundert, vielleicht aber fchon bald nach Zufammenftellung der περίοδοι τῶν ἀποστόλων, die ganze Sammlung gefetzt wurde").   Dabei kann Lipfius' Behauptung von dem Vorhandengewefenfein älterer, gnoftifcher A. P. (f. Schmidts Thefe 6) und feine zu frühe Datirung der Philippusakten als inzwifchen überwun= den bei Seite gelaffen werden. Ebenfo braucht den Ausführungen A. Dufourcqs, die für die Frage der apokryphen Schriftftellerei auf katholifcher Seite (feit Leo) großes Intereffe verdienen (De Manichaeismo apud Latinos quinto sextoque saeculo atque de latinis apocryphis libris, Thesis, Paris 1900, feinem Lehrer Duchesne — f. oben S. 352 — gewidmet, in diefem Zufammenhange darum nicht nach= gegangen zu werden, weil er die eigentliche Frage nach der Entftehung der älteften AGG. von dem rückwärts gerichteten Standpunkt feiner fpeciellen Behandlung jüngerer Quellen aus nur mehr ftreift und dabei übrigens die Entftehung jener katholifchen Surrogate mir allzu einfeitig auf antimanichäifches Intereffe zurückzu= führen fcheint (p. 53 ff. über die Verbreitung des Manichäismus, der um 400 die Anhänger anderer Kulte in fich vereinigte). Schmidt weift nun ausdrücklich die Zufammenftellung des Korpus den Manichäern zu, was aber wieder in Frage ge= ftellt würde, wenn fich fein Hinweis (S. 130 A. 1) auf Orig. comm in Gen. III (bei Eufeb. h. e. I 1) als Zeugnis der 5teiligen Sammlung beftätigte. Jedenfalls ift der Manichäer Fauftus Kenner des vollftändigen Korpns (S. 46 f.; vgl. Bruckner, Fauftus von Mileve, Bafel 1901, S. 64, und S. 40 Gründe für die Verwerfung der kanonifchen AG.). Für die Benutzung diefer Apokryphen durch die Priscilla= niften, deren „Annahme und Behandlungsweife des neuteft. Kanons" fie nach Döl= linger (Gefch. der gnoftifch=manichäifchen Sekten im früheren Mittelalter, München 1890, S. 55) als „Vorgänger oder Stammväter der Katharer" hinftellt (vgl. noch Keßler in RE XII, 1903, S. 226), liefern die von Schepß 1889 (CSEL XVIII)

herausgegebenen Traktate Priscillians (III: 1. de fide de apocryphis) keine unmittel=
bare Ausbeute.   (zu 2) Der Fälschung durch Häretiker gedenken sowohl
Philastrius (Sch 43 f. Apokr. S. 351; Marx CSEL XXVIII, cf. p. VIII, schreibt
Filastrius), bei dem man auch bereits Kenntnis des vollständigen Korpus annehmen
darf, wie Priscillian (Sch 138 f.; vgl. oben S. 2), letzterer aber mit Bezug auf
andere apokryphe Schriften. Vielleicht ist seine Nichterwähnung der AGG. ein An=
zeichen dafür, daß er für seine Person doch nicht wagte, sie gleich anderen Apo=
kryphen neben den kanonischen Büchern ausdrücklich zu empfehlen. Philastrius übt,
an den jüngeren abendländischen Zeugen gemessen, noch verhältnismäßig weitgehende
Konnivenz, wenn er nur die non intelligentes von der Lektüre ausschließen möchte,
da ihre Lesung unwillkürlich im Sinne der manichäischen Lehrweise (f. Sch 132,
gegen Lipsius) verlief (das addere und ferre wird nicht von Veränderung des Urtextes
im Sinne von Offb. 22 18 f., sondern von der naiven Auslegung der non intelligentes
zu verstehen sein, die der freilich gleichfalls naiven Lektüre des Philastrius nicht
zusagte). Das Urteil klingt noch auffallend günstig und verrät die Nachwirkung
der unbefangenen Hinnahme solcher Stoffe durch ältere Vertreter des Abendlandes
wie Commodian, über dessen Zeit und Bildungsmittel wir noch nicht genügend
unterrichtet sind. Später haben dann, nach dem Vorgange des Turribius[1] von
Astorga, armselige katholische Bearbeiter apokryphen Legendenstoffes wie die Verf.
des sogen. Mellitus=Prologs und (von diesem wiederum abhängig) des sogen. Melito=
Prologs den Wunderstoff und die Lehre ausdrücklich unterschieden und jenen für
zulässig erklärt, diese (spec. die manichäische Lehre von dem doppelten Princip) aber
als häretisch verurteilt (Sch 61 f.). Um jenes willen hielt sogar noch Turribius die
Möglichkeit der apostolischen Abfassung (er meint Apostelschüler, vgl. Philastrius)
offen, während Augustin im Hinblick auf die Nichtannahme der Schriften durch die
Kirche sie andauernd bestritt. Schmidt folgert mit Recht aus dem verstärkten Auf=
treten der Gegenzeugnisse vor und nach 400, daß die kanonischen Ansprüche, welche
die Manichäer (und Priscillianisten) in Bezug auf diese Literatur erhoben, den
Vertretern der Großkirche Anlaß zu ihren abweichenden Äußerungen wurden, deren
schärfste bei Leo begegnen. Es ist mir aber sehr fraglich, ob eine Verstattung der
Privatlektüre auch im Sinne Augustins gelegen hätte, der übrigens doch nur Aus=
schnitte aus der Literatur kennt (Eingangsabschnitt der A. Tho.; Hymnus der A.
J. und Schlußabschnitt aus diesen, vgl. Apokr. S. 352. 424. 430). Und es erscheint
mir als das Gegenteil von einem reaktionären Standpunkt (Sch 119) in der Be=
urteilung der Sachlage, wenn die milde Ansicht des Philastrius, welche ich aus den
verhältnismäßig noch wenig ausgebildeten und abgeklärten theologischen Anschau=
ungen des Abendlandes erklären möchte, auf die ganze vorherige Zeit ausgedehnt
und sogar die Aussage des Eusebius h. e. III 25, 6 f. in dieser Richtung verwendet
wird (Sch 119 f.). Bei den maßgebenden Vertretern griechischer Theologie seit etwa
200 (zu welcher Zeit man sich über die Grenzen des dogmatisch Zulässigen allerdings noch
nicht einig war: Clemens Alex.; monarchianische Evangelienprologe usw.), soweit
jene überhaupt von den Stoffen Kenntnis genommen, begegnen wir, von den Urteilen
über die A. P. abgesehen, nur mehr oder weniger schroffen Verurteilungen der apo=
kryphen Akten, der schroffsten bei Amphilochius von Ikonium. Es genügt, auf
Epiphanius zu verweisen, der die einzelnen Akten nur im Gebrauch verschiedener
Sekten kennt (Apokr. S. 459). Aber auch das überaus ungünstige Urteil des Euse=
bius (a. a. O.: ἥ τε γνώμη κτλ. πλεῖστον ὅσον τῆς ἀληθοῦς ὀρθοδοξίας ἀπᾴδουσα,
ὅτι δὴ αἱρετικῶν ἀνδρῶν ἀναπλάσματα τυγχάνει σαφῶς παρίστησιν · ὅθεν
οὐδ' ἐν νόθοις αὐτὰ κατακτατέον, ἀλλ' ὡς ἄτοπα πάντη καὶ δυσσεβῆ παραιτητέον)
kann seiner Beweiskraft nicht beraubt werden (vgl. v. Dobschütz in ThLZ 1903,
Sp. 353, trotz der Entgegnung ‚Acta Pauli' S. 184, denn mit dem Kerygma Petri
liegt es anders; hier kennen wir den Inhalt als gut katholischen, was aber min=

---

[1] Diese Schreibweise ist nach Prof. Wissowas Ansicht, wie mir Prof.
G. Ficker freundlichst mitteilt, die bessere gegenüder Turibius.

beftens auf die A. J. und A. An. nicht zutrifft; mit den A. Pe. mag es im 4. Jahrh.,
auch bei Eufebius, etwas anders ftehen; die eigentümlich komplicirte Abzweckung
des Schreibens, vgl. A p o k r. S. 350 f., erfchwert hier die Beurteilung). Man kann
auch nicht fagen, daß jenes Urteil nach Maßgabe des Nicänums gebildet fei, fondern es verrät das volle Bewußtfein des inneren Wertunterfchiedes zwifchen diefen
und den kanonifchen Schriften, und die Schärfe der Verurteilung durch Eufebius
fteht zu der an Papias geübten doch in keinerlei innerem Verhältnis. Daß nach
Eufebius „kein kirchlicher Schriftfteller die Johannes= wie die Petrusakten erwähnt"
und „keine direkten Citate unter folenner Einführungsformel wie bei den Paulus=
akten fich nachweifen laffen" (Sch 131), trifft doch in der Tat, von den wenigen
Ausnahmefällen um 200 (f. o.) und etwa Commodian abgefehen, für die Zeit des
Eufebius, ja bis gegen das letzte Viertel des 4. Jahrh. zu und darf für die Frage
nach der Verbreitung der apokryphen Produkte keinesfalls ignorirt werden! Den
Satz: „Wie Waffer vom dürren Boden mit Begierde aufgefogen wird, fo nahmen
die Zeitgenoffen die Romane mit glühender Verehrung auf" (Sch 155), vermag ich
felbft für die Anfangszeit nur bedingt zuzugeben, er kommt erft in umfaffenderem
Sinne zur Geltung, als man auf Hintertreppen, d. h. dem Wege der Kürzungen
und Bearbeitungen, die Stoffe in die Kirche einzuführen begann (5. Jahrh.). Auch
die Entlehnung der literarifchen Form von der kanonifchen AG (worin ich Schmidt,
S. 154 und ‚Acta Pauli‘ S. 185, gegen v. Dobfchütz beipflichte), kann doch, ernfthaft
genommen, nichts gegen den gnoftifchen oder doch häretifchen Urfprung diefer Literatur befagen. Man darf nur gnoftifch nicht in dem Umfange nehmen, in welchem
Lipfius die Einordnung diefer Stoffe vollzog, noch überhaupt im Sinne einer einheitlichen fyftematifchen Ausprägung faffen — darin ift Schmidt, dem verdienft-
vollen Entdecker und Bearbeiter genuin gnoftifcher Literatur, (S. 126) unbedingt
recht zu geben (nicht aber in dem Rekurs auf den Apoftel Paulus S. 129, da liegen
doch zweifellos Stufenunterfchiede vor) —, fondern nur in dem abgeblaßten Sinne,
in welchem das „Gnoftifche" den Hintergrund für die Abfaffung bildet, auf dem
fich alles Mögliche, Myfterienreligion, Magie, ausgeprägtefter Doketismus und Enkratismus und fonftige Mißbildungen, die fich mit dem „Katholifchen" höchftens auf
den Grenzlinien berühren, in feltfamem Beieinander finden. Die Entfcheidung
über die fpecielle Zugehörigkeit diefes oder jenes Verfaffers der Apoftelakten liegt
fchließlich in der Frage nach dem Nebeneinander der großen religionsphilofophifchen
Syfteme und Bräuche des 2. und 3. Jahrh. befchloffen. Nur die forgfältige innere
Beurteilung jedes Stückes, wie fie durch Einzelinterpretation und Vergleichungen
im Fortgange der Forfchung, wenn auch durch gegenfätzliche Auffaffungen hindurch
gewonnen werden kann, kann hier weiter helfen. „Gnoftifch" im eigent=
lichen Sinne find diefe Schriften nicht, aber noch weniger
katholifch, wenn anders man dabei beharrt, als Normen des Katholifchen im
2. Jahrh. einen Polykarp und Irenäus und im Vollfinne nicht einmal einen Clemens Alex. zu betrachten. (zu 3) Im engen Zufammenhang mit den zu 2
erörterten Fragen fteht die Frage nach dem Verfaffer diefer Literatur, den nicht
erft Photius kennt (oder den Verfaffern). Als folcher gilt bei den abendländifchen
Zeugen feit etwa 400 n. Chr. Leucius (Photius: Leucius Charinus[1]), fei es in
unbeftimmter Beziehung auf irgendwelche Apoftelakten (Aug. de actis c. Felice
Manich. — v. J. 404 n. Chr. — II 6, opp. VIII 347, und Euodius de fide ctr.
Manichaeos 4, l. c. append. col. 25), fei es bei der Aufzählung einzelner Apoftel=
akten (Innocenz an Exfuperius i. J. 405 n. Chr.; Turribius ep. 5; Pf.=Mellitus

---

[1] Vgl. den Doppelnamen Karinus et Leucius in den lat. Recenfionen des
fogen. Descensus ad inferos Sch S. 63, was v. Dobfchütz ThLZ 1903 Sp. 354 auf
die alte Grundfchrift des Descensus zurückführt. Dufourcq p. 35 meint, Leucius
habe nie Charinus geheißen, fondern der Zunahme fei von Photius irrtümlich aus
den Acta Pil. beigefügt. Das wird er fchwer aufrecht erhalten können. Ueber Leucius handelt auch Zahn, Forfchungen VI 194 ff.

23*

Sch S. 60), sei es endlich mit Bezug auf das ganze 5teilige Korpus (Photius; vgl.
Decret. Gelas. nach Aufzählung einzelner Apostelakten, verschiedener Evangelien und
des Hirten: Libri omnes quos fecit Leucius discipulus diaboli, darauf 2 manichäische
Schriften genannt; über sonstige Kenntnis dieses Korpus f. o. S. 353, dazu Jo=
hannes von Theff. um 680 Sch S. 65 f.). Die bei dem mittleren Fall aufgeführten
Belege lassen Leucius als (wirklichen oder angeblichen) Verfasser der A. J. erscheinen,
wie Schmidt von neuem nachweist (der von Dobschütz ThLZ 1903, Sp. 354 f., gel=
tend gemachte handschriftliche Beleg kommt dagegen nicht auf), während Euodius
von Uzala[1] a. a. O. 38 (l. c. append. col. 33: CSEL XXV 968 f.) Leucius als Ver=
fasser der A. An. belegt (f. dort; anders Innocenz). Daß mehrere der apokryphen
AGG. schwerlich von der Hand desselben Verfassers stammen können — Zahn hat
es unter nachdrücklicher Berufung auf Innocenz[2] von den A. Pe. und A. J. be=
hauptet, desgl. James, f. dagegen Sch S. 77—99 —, ist aus inneren Gründen
sicher. Augustin redet ctr. adversarium legis et proph. — 420 n. Chr. — c. 20 (§ 39),
ed. tertia Veneta, Bassani 1797, t. X 684: MPL XLII 626, allgemein von „Fabel=
schustern“. Der Nachweis Schmidts von der literarischen Abhängigkeit der A. Pe.
von den A. J. ist mir persönlich fehr einleuchtend, das Gleiche wird man in Bezug
auf das Verhältnis der A. Tho. zu den A. Jo. behaupten können (anders Ficker
Apokr. S. 386; die A. Tho. nehmen übrigens eine Sonderstellung ein, weil fie,
wie nunmehr auch Raabe zugibt, ursprünglich syrisch verfaßt sind, vgl. James II
p. X über die Verschiedenheit ihres Stils von dem der A. J., und umfassender H.
Reinhold in der Apokr. S. 12* A. 1 citirten Differtation). Fraglicher erscheinen
mir die von Schmidt S. 50. 53 f. angestellten Erwägungen über die doppelte Be=
zeugung des Fragments Apokr. S. 464 A. 1 durch Augustin=Euodius (f. u. zu
A. An.), wodurch die Tatsache der Zuweisung der A. An. an Leucius seitens des
Euodius (c. 38) doch nicht aus der Welt geschafft wird. Als indirekte Zeugnisse
wären der Erwähnung des Namens in dem Descensus ad inferos (f. o.) außer zwei
von Trechsel, Ueber den Kanon . . . der Manichäer, S. 61 verzeichneten Fällen, die
ich im Augenblick nicht verificiren kann, anzuschließen: Acta Pil. 40 (Aa II 2, p. 19 s
cf. 93 12): ein Λεύκιος in Azotus; jüngere A. Tho. bei James II, f. p. XLIII.
XXXVI f. Noch entlegener ist es, wenn Leucius als dem Schüler des Manes (vgl.
Turribius) von Pf.=Hieron. Sch S. 62 die Herausgabe einer Schrift de ortu Mariae
et nativitate atque infantia Salvatoris zugewiesen oder er als Verfälscher einer

---

[1] † 16. Okt. 424. — Die Form des Ortsnamens ist noch unsicher. Bardenhewer,
Patrologie, S. 453 schrieb Uzalis, ebenso v. Dobschütz, Christusbilder (TU N. F.
III), S. 117* und Monceaux, Hist. litt. de l'Afrique chrét. II, p. 380 (Geistlicher von
U. gegen 420 Verfasser des Traktats de miraculis sancti Stephani, Euodius gewid=
met); Bardenhewer I dagegen Uzalum [?]; Stéph. Gsell, Les monuments antiques de
l'Algérie II 274 A. 1 erwähnt Uzali bei Karthago (Reliquien des hl. Stephan in
einer memoria an der Kirche; auf dem Konzil v. J. 484 unter Hunerich begegnet
ein Bischof Sacconius Uzalensis [oder Uzialensis], CSEL VII 117), dagegen I 172
A. 1 U elis (Oudjel) 37 km westlich von Constantine (Cirta). Nach Mitteilung von
M. Jhm (an G. Ficker) kann die Form Uzelitani im Corp. Inscr. lat. VIII p. 589
auf Uzelis hindeuten, aber ebensogut auf Uzel, Uzela (es handelt sich um den Ort
bei Cirta; vgl. noch Gsell II 47 A. 6).

[2] „Cetera autem quae vel sub nomine Matthiae sive Jacobi minoris vel sub
nomine Petri et Johannis quae a quodam Leucio scripta sunt [vel sub nomine Andreae quae a Nexocharide (oder Xenocharide) et Leonida philosophis] vel sub nomine
Thomae, et si qua sunt talia (oder alia), non solum repudianda verum etiam noveris
esse damnanda“ (Zahn G.R. II 245 f.). Ich möchte eine Stelle aus Epiphanius
haer. 30, 23 (ed. Dindorf II 117) daneben stellen, wo es von den Ebioniten heißt:
Τῶν δὲ ἀποστόλων τὰ ὀνόματα εἰς τὴν τῶν ἠπατημένων ὑπ' αὐτῶν πειθὼ προσποιητῶς
δέχονται, βίβλους τε ἐξ ὀνόματος αὐτῶν πλασάμενοι ἀνεγράψαντο, δῆθεν ἀπὸ προσώπου
Ἰακώβου καὶ Ματθαίου καὶ ἄλλων μαθητῶν. ἐν οἷς ὀνόμασι καὶ τὸ ὄνομα Ἰωάννου τοῦ ἀποστόλου ἐγκαταλέγουσιν, ἵνα πανταχόθεν φωρατὴ γένηται ἡ αὐτῶν ἄνοια.
Epiphanius war 382 in Rom.

anderen de transitu Mariae von Pſ.-Melito Sch S. 61 bezeichnet wird. Die frühere Erwähnung ſeiner Perſon in unverdächtigem Zuſammenhange bei Epiphanius oder in weniger verdächtigem bei Pacian hat Schmidt (S. 31—41) als auf dunkler Kunde von Leucius reſp. ſeiner Hauptſchrift, den A. J., beruhend nach- und die von Zahn an dieſe Erwähnung geknüpften Folgerungen einer in katholiſchen Kreiſen als klein-aſiatiſchen Johannesſchülers in hohem Anſehen ſtehenden Perſönlichkeit des Namens (S. 76 f.) noch einmal abgewieſen. Auffällig bleibt das ſpäte Auftreten des Na-mens (ſeit dem letzten Viertel des 4. Jahrh.) auf jeden Fall, auffällig die Tatſache, daß im Zuſammenhang mit apokryphen Apoſtelakten der Name zuerſt (und haupt-ſächlich) bei den Lateinern auftaucht, auffällig endlich (trotz Schmidts Erklärung, vgl. übrigens Zahn G.K. II 857 ff.) der Umſtand, daß Photius das ganze Sammel-werk dem Leucius (den er allein mit Doppel-Namen nennt) zuwies, während die A. J. bei ihm doch nicht an erſter Stelle genannt ſind! Man möchte hiernach faſt vermuten, daß der Name Leucius erſt bei den Lateinern aufgekommen (und L. erſt ein Mann des 4. Jahrh., cf. Jones I 303 f.) ſei, zumal da er ſich ſchon um 250 in Nordafrika belegen läßt (folgende Stellen ſind mir aufgeſtoßen: Concil. Karthag. = Sententiae episcoporum vom 1. Sept. 256, Nr. 31: Leucius a Thebeste, f. Hartel Cypriani opp. I 448; Acta Montani etc. 11, ed. Franchi de' Cavalieri Röm. Quar-talſchr., Suppl. 8, 1898, p. 77 14: „in quo nobis occurrerunt Cyprianus et Leucius"; Wieland, Ein Ausflug ins altchriſtl. Afrika 1900, S. 157 erwähnt einen Martyr Leucius zu Timgad i. J. 305, der mit verſchiedenen anderen zu Boſa geſtorben, wozu G. Ficker in einer Notiz an mich vermutet, daß die Nachricht auf die Passio S. Mammarii martyris in Afrika, bei Mabillon, Vetera Analecta, Paris 1723, p. 178—180 zurückgehe, wo wirklich p. 178 ein Leucius genannt wird als Chriſt wohl in civitate Vagensi [b. h. zu Vaga]). Aber „Leucius" iſt gräciſirte Form von „Lucius" (Lipſius I 84, mit den Belegen A. 2), wie M. Jhm (durch freundliche Vermittlung Fickers) beſtätigt: „Den detr. Namen (Lucius) gaben die Griechen re-gulär mit Λεύκιος wieder: ſo maſſenhaft bei Schriftſtellern und auf Inſchriften (daneben nicht minder häufig Λούκιος). Wenn alſo Leucius in lat. Hſſ. ſteht, dürfte das immer ein Beweis für Ueberſetzung aus dem Griechiſchen ſein; lat. Leucius iſt mir unbekannt, auf Inſchriften, ſoviel ich ſehe, nicht nachweisbar. Stamm leuc-iſt ſonſt im Keltiſchen bekannt (Leucetios, Leucimara [cf. Leusiboram? Hieron. ep. 75, 3 = baſilidianiſche Ketzer in Spanien] etc.), aber auch hier kein Leucius". Die von mir beigebrachten lateiniſchen Belege werden alſo ſo zu erklären ſein, daß die betreffenden Perſonen griechiſcher Abkunft waren oder aus irgend welchem anderen Grunde die der griechiſchen Schreibweiſe entlehnte Namensform bevorzugten. Die Annahme, daß mindeſtens die (griechiſch geſchriebenen) A. J. ſchon im 2. Jahrh. auf Leucius zurückzuführen ſeien, wird dadurch nicht ins Unrecht geſetzt und übri-gens indirekt auch durch Epiphanius (ſ. o.) beſtätigt. Weitere Vermutungen über das geſchichtliche Verhältnis des Leucius zu Johannes anzuſtellen, erſcheint ange-ſichts des Mangels ſonſtiger Nachrichten für die Anfangszeit müßig. Im N. T. wird AG. 13 1 ein Lucius von Kyrene neben andern Propheten und Lehrern zu Antiochia, Röm. 16 21 ein Lucius neben Timotheus u. a. Mitarbeitern des Paulus genannt. Beide haben mit Johannes nichts zu tun.

(4.) Zu Apokr. S. 355 A. 1 vgl. noch N. Müller in RE IV (1898), S. 63 ff. (Art. ‚Chriſtusbilder'). J. E. Weis-Liebersdorf (kath.), Chriſtus- und Apoſtelbilder, Einfluß der Apokryphen auf die älteſten Kunſttypen, Freiburg i. B. 1902, S. 30—40: Der jugendliche Chriſtus in den gnoſtiſchen Apoſtelgeſchichten [die Bezeichnung im Anſchluß an den veralteten Standpunkt von Lipſius; W. führt ältere und jüngere AGG. zuſammen an und verweiſt S. 40 auf das Fehlen des jugendlichen Chriſtus in den A. P.]: „Die Geſtalt eines zarten Jünglings oder Knaben dürfte nach gnoſtiſchen Begriffen die beſtmögliche Verflüchtigung der Kör-perlichkeit des Herrn und Veranſchaulichung ſeiner göttlichen Natur geweſen ſein" (S. 40) [?]. Wichtig und dankenswert iſt ſein Hinweis auf die Stelle Orig. in Matth. comm. 100 (MPG XIII 1750), die in Ueberſetzung gegeben wird (vor Citaten aus den Acta Perpet. et Felic. und Cyprian). Es handelt sich um den Kuß bei der Gefangennahme Jesu (Mt. 26 47 ff.); Orig. vergleicht zu 55 Joh. 18 20 und fährt dann fort: „Venit ergo traditio talis ad nos de eo", daß nicht nur zwei Formen von ihm, eine, wonach ihn alle sahen, eine andere, wonach er bei seinen Jüngern auf dem Berge verwandelt wurde, „sed etiam unicuique apparebat secundum quod fuerat dignus. Et cum fuisset ipse, quasi non ipse omnibus videbatur". Anführung des Manna-Vorganges. „Et non mihi videtur incredibilis esse traditio haec, sive corporaliter propter ipsum Jesum, ut alio et alio modo videretur hominibus, sive propter ipsam Verbi naturam, quod non similiter cunctis apparet." Sie kannten ihn nicht, trotzdem sie ihn öfter gesehen hatten, „propter transfigurationes ipsius". Diese gnostisirende Auffassung erinnert entschieden an die A. J. (und A. Pe.), wiewohl wir keinen Beleg ihrer Kenntnisnahme durch Origenes besitzen. Auch Clemens Alex. bedient sich bei seiner ausdrücklichen Bezugnahme auf einen Passus der A. J. (Apokr. S. 423) des Ausdrucks „Ueberlieferungen": Fertur ergo in traditionibus etc. Die Origenes-Stelle auch schon bei Thilo (Halle 1847) p. 27.

(5.) Jüngere Formen apostelgeschichtlicher Literatur in orientalischen Sprachen: J. Vetter beabsichtigt, „nach und nach die reichhaltige Sammlung apokrypher Apostelgeschichten, welche das mittelalterliche Armenien gekannt hat, zu veröffentlichen"; er gibt im Oriens christianus I 220 ff. zunächst das gnostische Mart. Pe. aus Pariser Hff. und im Jahrgange 1903 die ‚Akten Petri und Pauli‘. Vgl. A. Baumstark, Die Petrus- und Paulusakten in der lit. Ueberlieferung der syrischen Kirche, Lpz. 1902, u. a. Die arabische Hf. 539 der Bibliothek des Katharinenklosters auf dem Sinai (Studia Sin. III, London 1894) ist ein Sammelband von allerhand AGG. Was Tichonrawow russisch veröffentlicht hat, war mir nicht zugänglich. Die Proben, die Franko als „Beiträge aus den Kirchenslavischen zu den Apokryphen des N. T.s", nämlich I zu den Ps.-Clementinen und II zu den gnostischen Πράξεις Πέτρου, in ZnW III (1902) gegeben hat, mindern die Hoffnung, auf diesen Wegen zu weiteren Aufschlüssen über die ältesten AGG. zu gelangen, eher ab. — Zu der Stelle aus Porphyrius über Petrus in Rom (Apokr. S. 357 A. 1) vgl. noch Sch S. 167—171.

XXIII.

Paulusakten.

(E. Rolffs.)

a. Literatur.

Ueber Titel, Umfang und Geschichte des Gesamtwerkes orientiren Preuschen bei Harnack I 128—31 u. Harnack II 1, 491—93; besonders eingehend und zuverlässig Zahn, G.K. II 2, S. 865—92, vgl. auch Bardenhewer I (1902) S. 424—28. Die Bestätigung der von Zahn aufgestellten Hypothesen in den wichtigsten Punkten bringt C. Schmidt, Die Paulusakten. Eine wiedergefundene altchristliche Schrift in koptischer Sprache (Neue Heidelberger Jahrb. 1897, S. 217 ff.); Zahn berichtet darüber NkZ VIII (1897) S. 933—40: Die wiedergefundenen Akten des Paulus. Als Ergänzung dazu dient Harnacks Anzeige: Die Entdeckung bezw. Identificirung der Πράξεις Παύλου (ThLZ 1897 Nr. 24). Derselbe handelt über ein weiteres Fragment der A. P. in dem Aufsatz: Drei wenig beachtete Cyprianische Schriften und die ‚Acta Pauli‘ (TU N. F. IV 3, 1899), worin er zugleich eine interessante Hypothese über die kanonische Geltung der A. P. in Gallien (um 400) vorträgt. In den Patristischen Miscellen (TU N. F. V 3, S. 100—106) versucht er dann den Nachweis, daß große Stücke der Actus Petri cum Simone ursprünglich zu den A. P. gehört haben müssen. Er stützt sich dabei auf ähnliche Beobachtungen, wie

sie Z a h n, Die Wanderungen des Apostels Johannes (NkZ X 3, S. 215—18) ge=
macht hat, ohne weiter gehende Schlüsse daraus zu ziehen. Dazu sind zu vergleichen
die Bemerkungen von C. S c h m i d t, Die alten Petrusakten im Zusammenhang
der apokryphen Apostelliteratur (TU N. F. IX 1). Eine Reihe von Fragmenten
der A. P. hat J a m e s, Apocrypha anecdocta (TSt II 3, 1893, p. 47. 54—57) aus
kirchlichen Schriftstellern verschiedener Zeiten zu ermitteln versucht. Einzelne Stücke,
die man den A. P. mit einiger Wahrscheinlichkeit zurechnen kann f. b. D o b s c h ü t z,
Das Kerygma Petri (TU XI 1, 1893, S. 124—135). Unmittelbar vor Drucklegung
dieser Anmerkungen ist erschienen C. S c h m i d t, Acta Pauli aus der Heidelberger
Koptischen Papyrushandschrift Nr. 1 herausgeg. (Leipzig, Hinrichs 1904), ein Buch,
das mehr durch Beseitigung irriger Hypothesen als durch Beschaffung neuen Ma=
terials über den Charakter der A. P. wertvollen Aufschluß bringt.

Ueder die Acta Pauli et Theclae, gedruckt Aa I 235—272, f. Z a h n G.K. II 2,
S. 892—910. H a r n a c k I 136 f. II 491—508. Für die Textkritik ist neuerdings un=
entbehrlich v. G e b h a r d t, Die lateinischen Uebersetzungen der Acta Pauli et
Theclae nebst Fragmenten, Auszügen und Beilagen (TU N. F. VII 2). Bei ihm
(S. LXI) findet man ein griech. Fragment (enthaltend c. 9), das B. P. G r e n f e l l
and A. S. H u n t, The Oxyrhynchus Papyri P. I, London 1898 p. 91 mitgeteilt haben.
Auf das von Gebhardt S. 128—136 aus dem Codex A VI 4 der Bibliotheca civica Queri=
niana zu Brescia mitgeteilte Fragment der A. Th. (c. 1—18) gründet C o r ß e n (Die
Urgestalt der Paulusakten, ZnW 1903, S. 22—47) die Hypothese, daß der vor=
liegende griechische Text eine tendenziöse Ueberarbeitung der ursprünglichen A. P.
sei. Kaum erwähnt zu werden braucht W o h l e n b e r g, Die Bedeutung der
Thekla=Akten für die neutestamentliche Forschung (ZkWL Bd. IX. 1888, S. 363
—82), dessen Aufstellungen sich durch die neueren Forschungen durchweg als
unhaltbar erwiesen haben. Einen syrischen Text hat W. W r i g h t, Apocryphal
Acts of the Apostles, London 1871, vol. I p. 127—69 publicirt. Die englische Ueber=
setzung gibt er vol. II p. 116—145. Ueber die Thekla=Akten in syrischer Uebersetzung
berichtet A. B a u m s t a r k, Die Petrus und Paulus=Akten in der literar. Ueber=
lieferung der syrischen Kirche, Leipz. 1902, S. 31 f. Grundlegend für die neueren
Forschungen über dieses Bruchstück ist die Monographie von S c h l a u, Die Akten
des Paulus und der Thekla und die ältere Theklalegende, Leipzig 1877. (Angezeigt
von Th. Z a h n, GgA 1877 Bd. II, S. 1292—1338). In seinem Urteil über die
theologische Haltung und die kirchengeschichtliche Bedeutung der Schrift schließt er
sich im wesentlichen an das an, was R i t s c h l, Die Entstehung der altkatholischen
Kirche ² 1857, S. 292—94 darüber anführt; das ist sehr viel richtiger als die Cha=
rakteristik von L i p s i u s II 1, S. 488 ff., der unter dem Vorurteil steht, daß die
A. Th. gnostischen Ursprungs seien. Ueber den Inhalt und die Verbreitung der
Legende ist zu vergleichen Joh. S t i l t i n g in den Acta Sanctorum Sept. VI,
p. 536 ff., sowie H. A c h e l i s, Die Martyrologien, ihre Geschichte und ihr Wert
(1900), S. 182 und J. Gwynn im DchB IV (1887), p. 882—896. Historische Remi=
niscenzen hat zuerst G u t s c h m i d, Die Königsnamen in den apokryphen Apostel=
geschichten (Rhein. Mus. f. Philol. XIX 1864, S. 177—79) darin entdeckt. In der
von ihm eingeschlagenen Richtung geht R a m s a y, The Church in the Roman
Empire 1893 S. 375 ff. weiter, indem er aus den Akten einen ursprünglichen Kern
von geschichtlichem Wert auszuscheiden sucht; ihm sekundirt C o n y b e a r e, The
Apology and Acts of Apollonius and other Monuments of Early Christianity (1894),
p. 49—60, der für die Schwierigkeiten, die der gegenwärtige Text der historischen Kritik
bereitet, durch den von ihm entdeckten armenischen Text zu heben hofft (f. dazu L ü d e=
m a n n ThJB XIV (1894) S. 171. 188—190). Skeptischer über den geschichtlichen
Wert urteilt R e y, Etude sur les Acta Pauli et Theclae 1890. F. C a b r o l, La
légende de sainte Thècle, Paris 1895 war mir nicht zugänglich. Zu vergleichen sind
die Bearbeitungen der Akten von Basilius und Simeon Metaphrastes, herausge=
geben von Pantinus: Basilii Seleuciae in Isauria episcopi de vita ac miraculis D.
Theclae virginis martyris Iconiensis libri duo. Simeonis Methaphrastae Logothetae

de eadem martyre tractatus singularis. Antwerpen 1608 (MPG tom. 85, 477. tom.
115, 841) sowie der Λόγος ἐγκωμιαστικός das Niketas v. Paphlagonien (MPG 105, 320).
Für den apokryphen Briefwechsel des Paulus mit den Korinthern ist einzu=
sehen: F a b r i c i u s II 791—796. III 667—685. Grundlegend ist R i n c k , Das
Sendschreiben der Korinther an den Apostel Paulus und das dritte Sendschreiben
Pauli an die Korinther, Heidelberg 1823; er bietet den armenischen Text in einer
äußerst zuverlässigen deutschen Uebersetzung. Daß er den Briefwechsel für authentisch
hielt, war eine Marotte, die von U l l m a n n (Heidelberger Jahrbb. der Literatur
1823 Nr. 34. 35) bündig und schlagend abgetan wurde. In ein neues Stadium
traten die Untersuchungen, als C a r r i è r e und B e r g e r , La correspondance apo=
cryphe de Saint Paul et des Corinthiens (1891) eine von ihnen in Mailand aufgefun=
dene lateinische Uebersetzung herausgaben, abgedruckt von Harnack, ThLZ 1892 Nr. 1,
der sehr bald der von B r a t k e besorgte Abdruck einer zweiten, in Laon entdeckten
lateinischen Uebersetzung folgte ThLZ 1892 Nr. 24. Das geschah in demselben
Moment, als Z a h n G.K. II 2, S. 592—611, den Kommentar Ephraems zu dem
Briefwechsel in einer von K a n a j a n z besorgten deutschen Uebersetzung veröffent=
licht und die von La Croze (Thes. epist. III 237) erstmalig aufgestellte Hypothese
erneuert hatte, daß der Briefwechsel ein Stück der A. P. sei. Kurz vorher hatte
V e t t e r , Der apokryphe dritte Korintherbrief, neu übersetzt und nach seiner Ent=
stehung untersucht (Theol. Quartalschr. 1890, S. 610 ff.) die Untersuchung aufge=
nommen, um in dem Programm: Der apokryphe dritte Korintherbrief (1894) sämt=
liche bekannten Texte abzudrucken und die Ergebnisse der Kritik zusammenzufassen;
eine Ergänzung dazu bildet die Abhandlung: Eine rabbinische Quelle des apokry=
phen dritten Korintherbriefs (Theol. Quartalschr. 1895, S. 622—633). Die Frage
nach der dogmengeschichtlichen Bedeutung dieses Fragments wird von B e r e n d t s ,
Zur Christologie des apokryphen 3. Korintherbriefs (in den ‚Abhandlungen Al. v.
Oettingen zum 70. Geburtstag gewidmet' München 1898) gestellt und durch den
Nachweis einer nahen Verwandtschaft der durch dasselbe vertretenen Anschauungen
mit 2. Clem. und Hermas beantwortet.
      Das Martyrium Pauli, abgedruckt Aa I 104—117 und in einer erweiterten
Recension Aa I 23—44, ist von L i p s i u s II 1, S. 270 f. als gnostisch angesprochen,
von Z a h n , G.K. II 2, S. 872 ff. nach seinem Zusammenhang und Charakter richtig
gewürdigt. Was L i p s i u s über die römische Pauluslegende und ihr Verhältnis
zur Petrussage ausführt (II 1, sowie ‚Die Quellen der römischen Petrussage' 1872),
ist orientirt an der Anschauung der Pseudo=Clementinen und daher veraltet. Nach=
richten über Paulus s. bei H i l g e n f e l d , Acta apostolorum graece et latine (1899)
S. 197 ff. (Actus apostolorum extra canonem receptum); aus früherer Zeit K u n z e ,
Praecipua patr. ecclesiast. testimonia, quae ad mortem Pauli spectant (1848). Der
geschichtliche Tatbestand seines Martyriums ist vom E r b e s , Die Todestage der
Apostel Paulus uud Petrus und ihre römischen Denkmäler (TU N. F. IV 1, 1899)
eingehend untersucht; vgl. von dems., Die Gräber und Kirchen Pauli und Petri in
Rom (ZKG VII 1, 1884); eine abweichende Auffassung bei H a r n a c k , II 1, 233—
243 und R. S t e i n m e t z , Die zweite römische Gefangenschaft des Apostels Pau=
lus (1897).

b. Die A. P. in den Kanonverzeichnissen.

Eusebius (h. e. III 25, 4) beobachtet bei der zweiten Gruppe seiner Antilego=
menen (νόθοι) die Reihenfolge: A. P., Hermas, Offenb. Petri, Barnabas, Didache,
Offenb. Joh., welch letztere er übrigens vorher schon unter den Homologumenen auf=
geführt hat. Einen ähnlichen Rang nehmen die A. P. schon früher ein im Kanon=
verzeichnis des Codex Claromontanus (wahrscheinlich aus dem 3. Jahrh.): Barna=
bas, Offeub. Joh., AG., Hermas, A. P., Offenb. Petri. Im ‚Verzeichnis der 60
kanonischen Schriften' aus dem 6. Jahrh. hat sich die Sachlage bedeutend zu ihren
Ungunsten verschoben; sie stehen unter 25 Apokryphen an 19. Stelle, in der Nach=
barschaft von Offenb. Petri, Barnabas, Offenb. Pauli u. a.; die Wertschätzung ist

hier etwa die gleiche wie in der Stichometrie des Nikephorus, wo unter den neu=
testamentlichen Apokryphen außer den ‚Wanderungen' des Petrus, des Johannes,
des Thomas, dem Thomasevang., der Didache, den Briefen des Clemens, Ignatius,
Polykarp, dem Hirten an erster Stelle ‚die Wanderungen des Paulus' erscheinen,
deren Identität mit den A. P. durch die Stichenzahl 3600, die der im Clarom. an=
gegebenen nahezu 3560 gleichkommt, sicher gestellt ist.

Die abendländischen Kanonverzeichnisse, das Muratorische Fragment ebenso
wie das Decretum Gelasianum kennen die A. P. nicht; beachtenswert ist, daß das
letztere statt dessen die Actus Pauli et Theclae aufführt. Unter abendländischem
Einfluß steht zweifellos Athanasius, der in seinem 39. Festbrief ebenfalls die A. P.
nicht erwähnt. Eusebius h. e. III 3, 5. 6, bietet Anhaltspunkte dafür, daß der
Widerstand des Abendlandes gegen die A. P. von Rom aus genährt wurde. Er
kann den Hebräerbrief nicht unter die echten Paulusbriefe setzen, weil er nicht ver=
schweigen darf, daß von seiten der römischen Gemeinde Widerspruch dagegen er=
hoben wird. Dann fährt er fort: „Aber auch nicht einmal seine <des Paulus>
sogenannten Akten habe ich unter die unbestrittenen aufgenommen", — um zum
Schluß auf die vielfach erhobenen Zweifel an den ‚Hirten' des Hermas zu kommen,
der gerade in der römischen Gemeinde besonders geschätzt wurde. Darnach ist es
nicht unwahrscheinlich, daß er sich in genanntem Zusammenhang mit einer römi=
schen Tradition auseinandersetzt und also auch die A. P. einem römischen Urteil
preisgibt. Interessant ist die Feststellung von C. Schmidt (Die alten Petrus=
atten S. 52), daß bei den Manichäern in Nordafrika und bei den Priscillianisten
in Spanien ein Korpus von Apostelakten, umfassend die Akten des Petrus, Andreas,
Thomas, Johannes und Paulus, vorhanden war, dessen Aufnahme in den neu=
testamentlichen Kanon unter Verdrängung der kanonischen Apostelgeschichte von den
Häretikern erstrebt wurde.

c. Die in der koptischen Uebersetzung erhaltenen Fragmente der A. P.

Nach siebenjähriger, mühsamer Arbeit ist es Schmidt (Acta Pauli, Leipz.
1904) gelungen, die Papyrusfetzen der koptischen Hf. soweit zu ordnen, daß sich
übersehen läßt, was die neuentdeckte Uebersetzung für unsere Kenntnis der A. P.
anträgt. Leider erscheint die Ausbeute recht gering; es sind zwar eine Reihe bis=
her unbekannter Scenen zu Tage gefördert; aber nicht eine einzige Perikope ist
völlig intakt. Trotzdem ist genug neues Material herbeigeschafft, um unser Urteil
über die verlorene Schrift in wesentlichen Punkten zu berichtigen und zu klären.
Abgesehen von den bekannten drei Stücken: der Theklageschichte, dem Briefwechsel
mit den Korinthern und dem Martyrium des Paulus, bietet der Kopte 7 Frag=
mente, die umfangreich genug sind, um den Zusammenhang der Erzählung wenig=
stens erraten zu lassen, während eine Anzahl anderer Fragmente nicht mehr als
einzelne unzusammenhängende Worte enthalten. 1. Der bekannte Anfang der A. Th. findet sich auf S. 6 der koptischen Hf.
Auf den vorhergehenden Seiten wird erzählt, wie Paulus in Antiochien —
Schmidt hat mit sehr beachtenswerten Gründen wahrscheinlich zu machen gesucht,
daß hier das syrische Antiochien gemeint sei — den Sohn eines offenbar
jüdischen Elternpaares Anchares und Phila vom Tode erweckt.
Von Anchares daraufhin in sein Haus aufgenommen, bleibt
er acht Tage bei ihm, bis die Juden von seinem Gastfreund
verlangen, daß er ihn aus der Stadt vertreiben solle. Aber
Paulus scheint sich schon freiwillig entfernt zu haben. Als
Anchares sich nun zu Jesus bekennt, wird der Apostel von den
Juden zurückgeholt und unter argen Mißhandlungen aus der
Stadt gestoßen. Am Abend kehrt er dann noch einmal zurück,
um von Anchares, der sich fastend in sein Haus eingeschlossen
hatte, Abschied zu nehmen und nach Ikonium zu wandern.
2. Die Scene in Myra (Apokr. S. 377) bringt der Kopte in ziemlicher

Ausführlichkeit. Darnach wirft sich Hermokrates, der Hydropiker, Paulus zu Füßen und fleht ihn um Heilung an. Paulus heilt ihn „nicht auf Lohn hin, sondern durch den Namen Jesu Christi", worauf Hermokrates mit seiner Frau sich taufen läßt. Darauf tut sich sein Sohn Hermippus, der schon auf die Erbschaft gerechnet hatte, zusammen mit seinen Altersgenossen zu einem Anschlag auf das Leben des Paulus. Dieser hat inzwischen den zweiten Sohn des Hermokrates Dion, der sich (wie, wird nicht klar) zu Tode gestürzt hat, ins Leben zurückgerufen. Durch ein Traumgesicht vor der ihm drohenden Gefahr gewarnt, empfängt er den mit gezücktem Schwert auf ihn einstürmenden Hermippus mit denselben Worten wie Jesus seine Häscher im Garten Gethsemane. Der Erfolg seines Gebetes um Schutz ist, daß Hermippus erblindet und dadurch sofort zur Erkenntnis seiner Freveltat kommt, um nun seinerseits seine Genossen von ihrem verbrecherischen Vorhaben zurückzuhalten. Paulus steht ergriffen und geht dann fort — wohin läßt sich nicht ermitteln. Hermippus aber wird von den Jünglingen vor das Haus getragen, in dem Paulus lehrt. Dort berührt er die Füße aller Hineingehenden und bittet um ihre Fürsprache bei Paulus. Unter ihnen sind seine Eltern Hermokrates und Nympha, die für Dions Rettung Getreide und Geld zur Verteilung an die Witwen herbeibringen. Sie sind bestürzt, als sie den Sohn sehen in seiner elenden Lage. Wie es scheint, verlaufen sie ihre Güter und verteilen den Erlös unter die Witwen. Darauf betet Paulus mit ihnen um die Genesung des Hermippus. Wirklich wird dieser geheilt und ist der Meinung, daß Paulus ihm seine Hand aufgelegt habe. Der Schluß ist verstümmelt.

3. Von Myra zieht Paulus hinauf nach Sidon und zwar auf dem Landwege, wobei einige Brüder aus Perge sich ihm anschließen. Unterwegs rasten sie unter einem Baum (?), wo sich ein Götzenaltar befindet. Paulus scheint bei der Gelegenheit vor der Befleckung durch Götzendienst zu warnen. Dagegen tritt ein Greis auf und sucht die Zuhörer bei dem alten Glauben festzuhalten, indem er mehrere Fälle anführt, wo der Uebertritt zum Christentum den Tod der Konvertiten zur Folge gehabt habe. Ueber den Ausgang der Auseinandersetzung berichtet die Hf. leider nichts. Nach einer größeren Lücke finden wir Paulus in Sidon wieder, wie er den Einwohnern in einer ernsten Bußpredigt das Schicksal von Sodom und Gomorrha als warnendes Beispiel vorhält und sie auffordert, um seiner Wunder willen zu glauben. Dafür wird er mit den Brüdern Thrasymachus und Kleon in den Tempel des Apollo (d. h. des phönikischen Melkart) eingesperrt und mit kostbaren Speisen versehen, in welcher Absicht, wird nicht gesagt. Paulus aber fastet drei Tage lang und betet in der Nacht inbrünstig um den Schutz Gottes gegen die Widersacher. Da stürzt die eine Hälfte des Tempels ein; als das die Tempeldiener und Strategen gesehen haben, verkündigen sie es in der ganzen Stadt, sodaß alle Bewohner zum Tempel zusammenströmen und sehen, wie Paulus mit den Seinen weint „über diese Versuchung, daß sie sein würden ein Schauspiel für alle". Auf das Verlangen der Menge werden sie dann ins Theater geführt. Was sich dort ereignet hat, läßt sich leider nicht mehr ermitteln. Es scheinen zur Rettung des Paulus Wunder geschehen zu sein, durch die das Volk umgestimmt ist. Denn zum Schluß wird der Gott gepriesen, welcher Paulus gesandt hat, und ein ge-

wiffer Theudes läßt fich taufen. Paulus aber begibt fich von Sidon nach Tyrus.

4. Der Abschnitt über den Aufenthalt des Apostels in Tyrus weist in der Hf. starke Lücken auf. Paulus tritt darin als Exorcist auf und hat mit zwei Männern Amphion und Chrysippus zu tun. In den folgenden Partien macht die Uebersetzung den Eindruck eines großen Trümmerfeldes. Paulus scheint fich darin mit den Juden über den Wert des Gesetzes auseinanderzusetzen; mehrmals wird Moses genannt; an einer Stelle läßt fich der Satz entziffern: „daß der Mensch nicht gerechtfertigt werde durch das Gesetz, sondern daß er gerechtfertigt werde durch die Werke der Gerechtigkeit". Wo wir uns die Scene zu denken haben, deuten die Worte an: „Du befindest dich im Angesichte von Jerusalem." Darnach muß Paulus auf dem Wege nach Jerusalem sein. Da im folgenden der Name des Petrus erscheint, so wird man anzunehmen haben, daß er mit diesem in Jerusalem zusammengeführt ist; die Situation müßte etwa dem Apostelkonzil entsprechen.

5. Das nächste umfangreichere Bruchstück zeigt Paulus als Gefangenen in einem Metallbergwerk, — wo, läßt fich nicht erraten. Es tritt ein gewisser Longinus auf, dessen Tochter Phrontina verurteilt ist, vom Felsen herabgestürzt zu werden. Da er Paulus die Schuld an ihrem Geschick zuschiebt, so will er ihn mit ihr zugleich herabstürzen lassen. Paulus ist durch eine Offenbarung darüber unterrichtet; trotzdem arbeitet er zusammen mit den anderen Gefangenen in großer Freudigkeit. Am dritten Tage wird Phrontina unter dem Wehklagen ihrer Eltern und der Soldaten auf einer Bahre von den Gefangenen hinausgetragen, um vom Felsen gestürzt zu werden. Was weiter geschieht, ist nicht zu ermitteln. Vielleicht sind Phrontina und Paulus zusammen hinabgestürzt, wobei die Jungfrau den Tod findet, während der Apostel am Leben bleibt. Es wird dann erzählt, wie Paulus die tote Phrontina auf seine Arme nimmt und niederkniet in den Schmutz, um für fie zu beten. Da steht fie wieder auf zum Entsetzen der Menge, und Paulus führt fie durch die Stadt zum Hause ihres Vaters. Der Erfolg ist, daß der Gott, der der Phrontina das Leben wiedergegeben hat, von der Menge als der alleinige Gott, der Schöpfer des Himmels und der Erde, anerkannt wird. Der Apostel aber bricht auf nach Philippi.

6. Der Bericht über seinen dortigen Aufenthalt ist wieder arg verstümmelt. Nur soviel läßt fich erkennen, daß er in Philippi schon Christen vorfindet. Es muß also von einer zweiten Anwesenheit daselbst die Rede sein. Wie es scheint, ist er nicht lange vorher in Korinth gewesen; vielleicht hat man fich dort die Phrontinageschichte zu denken. In Philippi muß er verhaftet sein; doch ist aus der Hf. über die Veranlassung dazu nichts zu entnehmen. Ziemlich gut dagegen ist der Eingang zu dem Briefwechsel mit den Korinthern erhalten:

„Es waren nämlich in großer Betrübnis die Korinther wegen Paulus, daß er würde aus der Welt gehen, ohne daß es Zeit ist. Denn es waren Männer hinaufgegangen nach Korinth, Simon und Kleobius, indem fie sagten: ,Es gebe keine Auferstehung des Fleisches, sondern die des Geistes, und daß der Körper des Menschen nicht sei das Gebilde Gottes, und auch von der Welt, daß Gott fie nicht geschaffen habe, und daß Gott nicht kenne die Welt, und daß Jesus Christus nicht gekreuzigt sei, sondern Schein gewesen sei, und daß er nicht geboren sei aus der Maria noch aus dem Samen Davids'. Mit einem Wort vieles war es, was fie haben verkündet (?) in Korinth, indem fie betrogen [viele andere und betrogen] fich selber. Deswegen als die Korinther gehört hatten, daß Paulus in Philippi wäre, schickten fie einen Brief an Paulus nach Macedonien durch Threptus und Eutychus, die Diakonen. Der Brief aber war von dieser Gestalt:" Das Weitere f. Apokr. S. 378.

7. Unter den neuentdeckten Fragmenten dürfte das wichtigste eine Abschieds-

fcene fein, die etwa dem Abſchied des Apoſtels von den Vorſtehern der Epheſi=
niſchen Gemeinde in Milet analog iſt. Sie gibt wertvolle Auffchlüſſe über den
weiteren Verlauf der Erzählung. Paulus ſpricht: „Die Gnade des Herrn wird
wandeln mit mir, damit ich vollende alle Verwaltung, die kommen wird über mich, in
Geduld.“ Sie aber waren betrübt und faſteten. Kleobius aber wurde im Geiſte und
ſprach zu ihnen: ‚Brüder, der . . . . läßt vollenden Paulus alle Verwaltung, und
darnach läßt er ihn gehen hinauf [nach Jerufalem?]; von hier aber ſoll er . . . .
in großer Unterweiſung und Erkenntnis und Ausſaat des Wortes, daß man ihn be=
neidet, damit er gehe aus dieſer Welt‘. Als aber hörten die Brüder und Paulus dieſes
da erhoben ſie ihre Stimme, indem ſie ſagten: (Lücke) . . . .
Aber es kam auf Myrte der Geiſt, ſodaß ſie ihnen ſagte: ‚Brüder, ... und ſchaut
auf dieſes Zeichen, indem ihr (?) . . . Paulus nämlich, der Diener des Herrn, wird er=
retten viele in Rom, und er wird nähren viele durch das Wort, ſodaß nicht iſt Zahl
an ihnen, und er ſich offenbart mehr als alle Gläubigen. Darauf wird . . . . des Herrn
Jeſu Chriſti kommen . . . . . . eine große Gnade iſt . . . . . in Rom‘. Und dies iſt die
Weiſe, wie der Geiſt redete zu Myrte“.

Schmidt hat (S. 199) die in dieſen Fragmenten erhaltenen Eigennamen
zuſammengeſtellt; es treten im ganzen 65 Perſonen auf, darunter 16 Frauen:

1. In Antiochien: Anchares und ſein Weib Phila. Wie deren geſtorbener
und auferweckter Sohn hieß, erfahren wir nicht mehr.

2. In Ikonium: Demas und Hermogenes, Titus als Vorläufer des
Apoſtels, Oneſiphorus mit ſeinem Weide Lektra und ſeinen beiden Söhnen
Simmias und Zenon, Thekla nebſt ihrer Mutter Theoklia und ihrem Ver=
lobten Thamyris; der Statthalter Caſtellius.

3. In Antiochien: Alexander, die Königin Tryphäna mit ihrer Tochter
Falkonilla; der Name des Prokonſuls wird nicht genannt.

4. In Myra: Hermokrates und Nympha mit ihren Söhnen Hermip=
pus und Dion; Paulus Gaſtfreund Hermias.

5. Aus Perge: Die Ehepaare Thraſymachus und Aline, Kleon und
Chryſa; außerdem Charinus und Xanthus (?).

6. In Sidon: Theudes.

7. In Tyrus: Amphion, Chryſippus und —. . .rimus.

8. In einer unbekannten Stadt: Lix (?).

9. In einer unbekannten Stadt: Kleanthes.

10. In Jeruſalem (?): Petrus.

11. In einer unbekannten Stadt: Longinus und Phirmilla mit ihrer
Tochter Phrontina.

12. In Ephefus: der Archon Hieronymus und die vornehmen Frauen:
Eubula und Artemilla.

13. In Korinth: Die Häretiker Simon und Kleobius; die geiſtbegabte
Theonoe, Stephanus und ſeine Mitpresbyter Daphnus, Eudulus, Theo=
philus und Zenon; die Diakonen Thereptus und Tychus.

14. In Philippi: Stratonike, die Frau des Apollophanes.

15. In einer unbekannten Stadt: Kleobius und Myrte.

16. In Rom: Lukas und Titus; Nero; Patroklus, ſein Mundſchenk;
Barſabas, Juſtus, Orion und Feſtus, kaiſerliche Sklaven; der Präfekt Lon=
ginus und der Centurio Ceſtus; Parthenius und Pheretas.

Intereſſant iſt dabei die Beobachtung von Schmidt, daß ein großer Teil dieſer
Namen ſich auf Inſchriften von Smyrna nachweiſen läßt. Allerdings ſind es doch
noch zu wenige, um die Vermutung ausreichend zu begründen, daß der Verf. der
Gemeinde in Smyrna angehört habe.

d. Bruchſtücke der A. P. von zweifelhafter Authentie.

Zahn hat (G.K. II 2, S. 879) unter Harnacks bedingter Zuſtimmung (I S. 129) das von Clemens Aler. strom. VI 5, 42. 43 als Pauluswort eingeführte Citat (Apokr. S. 378 A. 1) den A. P. zugewiesen. Die Einführungsworte bei Clemens lauten (Zahn, G.K. II 827 A. 2): „Denn, daß Gott, wie er das Heil der Juden durch Sendung der Propheten bezweckte, ſo auch unter den Hellenen die Tüchtigſten vor dem gemeinen Haufen auszeichnete, indem er ſie der Sprache nach als ein=heimiſche Propheten auftreten ließ, ſo wie ſie imſtande waren, die göttliche Wohl=tat aufzunehmen: das wird außer der Predigt des Petrus der Apoſtel Paulus klar machen, indem er ſpricht:" . . . . Nach Beendigung des Hauptcitats fährt Clemens fort: „Darauf fragt er uns mit einem Wort": (folgt der Schluß=ſatz).

Das Citat wird von Clemens zweifellos als ein Pauluswort von unanfecht=barer Auktorität behandelt, es muß alſo aus einer Schrift ſtammen, deren Glaub=würdigkeit für ihn geſichert war. Durch ſeinen Inhalt kennzeichnet es ſich als Fragment einer Miſſionspredigt, als deren Zuhörer offenbar Griechen gedacht ſind, da ſie von griechiſchen Schriften aus argumentirt. Sie ſcheint eine antignoſtiſche Tendenz zu haben, da die Einheit Gottes ausdrücklich hervorgehoben wird und daß die ganze Welt ſein Eigentum iſt. Dieſe Tendenz ſteht mit der Richtung der A. P. jedenfalls nicht in Widerſpruch. Da ferner, ſoweit ſich das aus den vorhandenen Bruchſtücken erkennen läßt, die Erzählung der A. P. ſich dem Geſchichtsverlauf der kanoniſchen AG. anſchmiegt, ſo darf als gewiß angenommen werden, daß in ihnen von der Miſſionswirkſamkeit des Apoſtels in Griechenland berichtet iſt. Endlich entſpricht die Wertſchätzung, die Clemens der Quelle für ſein Pauluswort ange=deihen läßt, durchaus der Auszeichnung, mit der Origenes die A. P. behandelt; wir kennen keine Schrift über Paulus, der eine ähnliche Auktorität zuerkannt wäre. [Dazu oben S. 247.]

Ueber eine Rede des Paulus in Athen berichtet Johann von Salis=bury (um 1156) in ſeinem Policraticus IV 3 (nach James I 55): Nachdem er von den Pflichten des Königs geſprochen und Kodrus und Lykurg als Beiſpiele ange=führt hat, fährt er wörtlich fort:

„auf dieſe Beiſpiele berufe ich mich um ſo lieber, weil ich finde, daß der Apoſtel Paulus ganz dieſelben gebraucht hat, als er den Athenern predigte. Es bemühte ſich der ausgezeichnete Prediger, Jeſus Chriſtus und zwar als dem Gekreuzigten auf die Weiſe Eingang in die Gemüter zu ſchaffen, daß er an dem Beiſpiel der Heiden lehrte, wie aus der Schmach des Kreuzes die Befreiung vieler hervorgegangen ſei. Aber auch jenes — ſo argumentirte er — pflege nur vollbracht zu werden durch das Blut der Gerechten und derer, welche die Würden des Volkes beklei=deten. Alſo konnte zur Befreiung aller, nämlich der Juden und der Heiden, niemand als fähig erfunden werden ausgenommen der, dem die Völker zum Erbteil gegeben ſind und die ganze Erde zum Beſitz beſtimmt iſt. Dieſer aber könne kein anderer ſein als der Sohn des allmächtigen Gottes, behauptete er, da außer Gott niemand Gewalt habe über die Völker und Länder. Während er alſo die Schmach des Kreuzes predigte, daß er allmählich die Torheit der Heiden zunichte machte, ſie unter der Hand an das Wort Gottes und an die Weisheit Gottes und an den Thron der göttlichen Majeſtät ſelbſt heranführte, richtete er das Wort des Glaubens und die Sprache des Predigers auf. Und damit nicht die Kraft des Evangeliums unter der Schwachheit des Fleiſches kraftlos werden möchte —, ſo ſetzte er die Taten des Gekreuzigten, die auch durch das Zeugnis der Fama bekäftigt wurden, auseinander, da doch bei allen feſt=ſtand, daß ſie nur Gott vollbringen könnte. Aber weil nach beiden Seiten hin das Gerücht lügt, ſo unterſtützte es eben die Fama, daß ſeine Jünger Größeres vollbrachten, da am Schatten eines Jün=gers die Kranken geheilt wurden von aller Schwäche. Was ſonſt

noch viel? Die Schlauheit des Aristoteles, den Scharffinn des
Chrysippus, und die Fallstricke aller Philosophen widerlegte der
Gestorbene durch seine Auferstehung."

Paulus hat hiernach den Opfertod des Kodrus und die freiwillige Verban=
nung Lykurgs herangezogen zur Erklärung der erlösenden Wirkung des Todes
Christi und also von Voraussetzungen aus, die den Griechen verständlich sein
mußten, die Wahrheit des christlichen Glaubens zu beweisen versucht. Schon
James hat gesehen, daß in diesen Gedankengang das von Clemens citirte Paulus=
wort vortrefflich hineinpassen würde. Haben die A. P. von einer Missionswirksam=
keit des Apostels in Griechenland erzählt, wie es im höchsten Grade wahrscheinlich
ist, so wird der Verfasser sich kaum die Gelegenheit haben entgehen lassen, seinen
Helden in Athen den Vertretern der hellenistischen Bildung gegenüberzustellen. Es
ist also durchaus nicht unwahrscheinlich, daß Johann von Salisbury die oben mit=
geteilte Rede in irgend einer Bearbeitung der A. P. gelesen hat und daß das Citat
des Clemens ein Bruchstück desselben ist. Da der Verf. die Methode befolgt, die
Lücken in der Erzählung der kanonischen AG. durch eigene Dichtung auszufüllen,
so hat er die Rede in Athen vielleicht in den dreimonatlichen Aufenthalt des Pau=
lus in Hellas (AG. 20 2) verlegt, über den sonst nichts berichtet wird. Im Zusam=
menhang seines Werkes würde dieser Abschnitt also seinen Platz finden zwischen
dem Tierkampf in Ephesus und dem Briefwechsel mit den Korinthern. Freilich
finden diese Vermutungen durch den Kopten keine Bestätigung. In dem koptischen
Text läßt sich nicht die leiseste Hindeutung auf eine Situation erkennen, wie sie
Clemens und Joh. v. Salisbury voraussetzen. Aber der Kopte umfaßt nur etwa
ein Drittel der A. P.; er bietet auch keinen Anhaltspunkt dafür, wo der Tierkampf
zu Ephesus einzufügen wäre, der doch jedenfalls in die A. P. hineingehört. Der
negative Befund wäre daher noch nicht entscheidend, — um so weniger als man
aus den Spuren einer principiellen Auseinandersetzung mit dem jüdischen Gesetz
mit ziemlicher Sicherheit schließen darf, daß in den A. P. auch eine principielle Aus=
einandersetzung mit der griechischen Philosophie enthalten gewesen ist. Nur scheint
das geistige Niveau der A. P. bedeutend tiefer zu liegen als der Charakter der bei=
den Citate annehmen läßt; die in ihnen entwickelten theologischen Gedankengänge
dürften dem Verf. der A. P. unerschwinglich gewesen sein. Aber zu einem ab=
schließenden Urteil führt auch diese Erwägung nicht; möglich wäre es immerhin,
daß der asiatische Presbyter vereinzelte theologische Lichtblicke gehabt hat. Irgend
etwas müssen die A. P. doch zum Schluß enthalten haben, wodurch sie das Interesse
und die Anerkennung eines Origenes und Hippolyt gewannen.

Es ist Apokr. S. 364 unter e behauptet, daß das Citat des Origenes
aus den A. P.: hic est verbum, animal vivens sich ihrem bis jetzt bekannten Zu=
sammenhang nicht eingliedern lasse. Auch der Kopte gibt darüber keinen Aufschluß.
Anderer Ansicht ist Harnack (TU N. F. V 3 S. 102). Er zweifelt zunächst daran,
ob das Wort von Rufin richtig übersetzt sei, und zwar aus sprachlichen wie aus
sachlichen Gründen. Bei einer Rückübersetzung in das Griechische würde man auf
den sehr schwerfälligen Ausdruck geführt: ὁ λόγος ζῶον ζῶν, der außerdem im Zu=
sammenhange des Origenes völlig nichtssagend sei. Origenes schreibt nämlich:
„Wie wir aber eingesehen haben, daß die Weisheit der Anfang der Wege Gottes
sei und wie sie geschaffen sein soll, nämlich die Arten d. h. natürlich auch die An=
fänge der gesamten Schöpfung vorbildend und einschließend, geradeso ist es auch zu
verstehen, daß sie das Wort Gottes sei: in dem Sinne nämlich, daß sie selbst für
alles übrige d. i. die gesamte Schöpfung den Sinn der Geheimnisse und Rätsel er=
schließt, die in der Weisheit Gottes enthalten sind, und daher heißt es von dem
Wort, daß es gleichsam der Interpret des Sinnes des Verborgenen sei. Daher
scheint mir auch jenes Wort treffend zu sein, das in den ‚Taten des Paulus‘ ge=
schrieben steht: ‚Dieser ist das Wort, ein lebendiges Wesen‘. Johannes aber sagt
noch erhabener und prächtiger im Anfange seines Evangeliums": usw. Harnack

findet, daß in dieſem Zuſammenhang das Citat erſt einen Sinn bekommt,
wenn man ſtatt animal lieſt anima in der Bedeutung „Hauch, Schall", ſo=
daß allerdings ſtärker als bei der gegenwärtigen Lesart zum Ausdruck käme,
daß das Wort nicht bloßer Schall, ſondern etwas Lebendiges und Subſtan=
tielles iſt. Der griechiſche Urtext ſoll darnach etwa gelautet haben: οὗτός ἐστιν ὁ
λόγος ἦχος ζῶν. Darin will Harnack ein Wort aus dem Mart. Petri wiedererkennen
(Aa I 96₆): ὅστις ἐστιν τεταμένος λόγος, εἷς καὶ μόνος, περὶ οὗ τὸ πνεῦμα λέγει · Τί γάρ
ἐστιν Χριστός ἀλλ᾽ ὁ λόγος, ἦχος τοῦ θεοῦ. Origenes hätte also auch dieſes Wort
aus dem Mart. Pe. in den A. P. geleſen, wodurch ziemlich außer Frage geſtellt
wäre, daß in dem Mart. Pe. ein Bruchſtück der A. P. erhalten iſt. Aber abgeſehen
davon, daß die Korrektur animal in anima durch den Zuſammenhang nicht unbe=
dingt gefordert iſt, — es bleibt doch ſehr auffallend, worauf auch Harnack aufmerk=
ſam macht, daß Rufin ἦχος mit anima und nicht mit sonum überſetzt haben ſollte,
und ſelbſt wenn er ἦχος geleſen hätte, ſo wäre die Uebereinſtimmung zwiſchen den
beiden fraglichen Citaten doch nicht ſo ſtark, daß man ſie ohne weiteres identifici=
ren dürfte (ſ. dazu H e n n e c k e, Dtſch. Litt.ztg. 1901, S. 1867). Trotzdem hatte ich
es in der Einleitung A p o k r. S. 364 als wahrſcheinlich bezeichnet, daß das Mart.
Pe. ſich als ein Bruchſtück der A. P. ausweiſen werde, zumal es ſich in vielen ein=
zelnen Zügen mit den A. P. berührt. Aber dieſe Berührungspunkte laſſen ſich durch
die ganzen Vercellenſer Petrusakten verfolgen. Man findet ſich ganz von ſelbſt vor
die Frage geſtellt, ob nicht in die Actus Petri cum Simone Stücke der A. P. verar=
beitet ſind. Harnack glaubt wenigſtens die cc. 1—3 (Aa I 45—48 Apokr. S. 393 ff.)
als aus den A. P. entlehnt anſehen zu müſſen. Dieſes Stück iſt zu lang und zu
ſelbſtändig, um als Ouvertüre zu den Kämpfen zwiſchen Petrus und Simon Ma=
gus gelten zu können; beſonders bemerkenswert iſt, daß eine der Deviſen der Caena
„perministravit Paulus" durch die Beziehung auf Actus Pe. c. Sim. 1 (Aa I 46₇):
Paulus dei minister electus est in ministerium tempus vitae snae eine gute und
ungezwungene Erklärung finden würde. Aber der Abſchnitt läßt ſich nicht von der
folgenden Erzählung trennen, im Gegenteil, er bildet mit c. 4 gewiſſermaßen die
Expoſition des Ganzen; hat er zu den A. P. gehört, ſo muß auch der Kampf des
Petrus mit Simon darin erzählt ſein, der cc. 30—32 (Aa I 79—84) ſeinen Abſchluß
findet.

Eine Beſtätigung dieſer Vermutung könnte man aus Commodian carmen apologeticum 623—630 (ed. Dombart p. 155 f.) entnehmen:

> Et deus est, hominem totidemque se fecit,
> Et quid quid voluerit, faciet: ut muta loquantur.
> 625 Balaam sedenti asinam suam conloqui fecit
> Et canem, ut Simoni diceret: Clamaris a Petro!
> Paulo praedicanti dicerent ut multi de illo, (James: lieſt muli)
> Leonem populo fecit loqui nostra natura,
> Deinde, quod ipsa non patitur nostra natura,
> 630 Infantem fecit quinto mense proloqui vulgo.

James und mit ihm Harnack (II 1, 55 1 A. 2) ſieht in den Verſen 627/28 An=
ſpielung auf ein reſp. zwei in den A. P. berichtete Wunder: von redenden Maul=
tieren und einem redenden Löwen. Sicher iſt die Annahme nicht, aber ſie liegt
jedenfalls ſehr nahe und ſie wird beſtätigt durch die Beobachtung, daß Commodian
ſeine Quelle an Glaubwürdigkeit der Bibel völlig gleich ſtellt, da er den redenden
Löwen als genau ſo geſchichtlich anſieht wie Bileams Eſelin. Das entſpricht voll=
kommen der Schätzung, die Hippolyt den A. P. zu teil werden läßt. Nun iſt es eine
ſehr probable Vermutung, daß er dieſe Geſchichten aus demſelben Buche ſchöpft, in
dem er von dem redenden Hunde und dem redenden Säugling geleſen hat, — Er=
zählungen, die ſich in den A. Pe. finden (A p o k r. S. 402. 405). Dieſe Schrift wäre
alſo für ihn mit den A. P. identiſch geweſen. Aber zwingend iſt die Folgerung
allerdings nicht. Man kann bei dem heutigen Stande der Forſchung die unleugbar
vorhandenen Beziehungen zwiſchen den beiden Schriften auch mit C. Schmidt (Die

alten Petrusakten S. 82 ff.) durch die Annahme erklären, daß der Verf. der A. Pe. die A. P. stark benutzt hat, ohne sie geradezu auszuschreiben.

Ja, diese Möglichkeit scheint mir zur Notwendigkeit zu werden durch folgende Erwägung. Harnack will es unentschieden lassen, ob in den A. P. die spanische Reise des Apostels erzählt ist, obgleich er es im Hinblick auf die bekannte Notiz im Kan. Mur. (38. 39.) für wahrscheinlich hält. M. E. dürfte er dabei nicht stehen bleiben, solange er daran festhält, daß der Abschnitt A. Pe. 1—3 zu den A. P. zu rechnen ist. Denn es wäre an sich schon schwer verständlich, daß in einem Werke über die ‚Wan- derungen‘ des Paulus zwar seine Abreise nach Spanien, aber nichts von seinen dor- tigen Erlebnissen berichtet sein sollte. Dazu kommen zwei weitere Beobachtungen. Wenn das Mart. Pe. mit der Bemerkung schließt: „Marcellus . . . . war bei den von Petrus im Glauben an Christus Gestärkten, indem auch er sie noch mehr stärkte bis zur Rückkehr des Paulus nach Rom“, so kann sich das Martyrium des Paulus nicht unmittelbar daran angeschlossen haben; es scheint vielmehr ein Wechsel des Schau- platzes angedeutet zu werden, indem zusammenfassend erwähnt wird, wie sich in der Zwischenzeit die Verhältnisse in Rom gestaltet haben. Damit korrespondirt aufs genaueste der Eingang des Mart. Pauli: „Es waren aber Paulus erwartend in Rom Lukas, der von Gallien und Titus, der von Dalmatien gekommen war. Als die Paulus sah, freute er sich“ . . . . Daraus geht unzweideutig hervor, daß der Schau- platz der unmittelbar vorhergehenden Erzählung nicht Rom gewesen sein kann. Die Phantasie des Erzählers hat vielmehr Paulus auf seinen Wanderungen begleitet und malt nun die Situation aus, die er bei seiner Rückkehr nach Rom vorfindet. Gehört das Mart. Pe. zu den A. P., so muß zwischen dem Tode des Petrus und der Ankunft des Paulus in Rom noch von Taten und Schicksalen desselben in anderen Gegenden berichtet sein. Unter der Voraussetzung, daß A. Pe. 1—3 ein Stück der A. P. ist, kann das nur in Spanien gewesen sein; denn dort mußte sich Paulus nach der Meinung des Verf. von A. Pe. 1—3 während der Zwischenzeit aufgehalten haben. Harnack ist also zu dem Schluß gezwungen, daß die A. P. die spanische Reise enthalten haben.

Diese Reise wird aber durch den Kopten bestimmt ausgeschlossen. Als Myrte die Brüder trösten will über die dem Apostel in Jerusalem drohende Gefangen- nahme, da weissagte sie (s. o. S. 364): „Paulus nämlich, der Diener des Herrn, wird erretten viele in Rom, und er wird nähren viele durch das Wort, so daß nicht ist Zahl an ihnen, und er sich offenbart mehr als alle Gläubigen“. Würde an dieser Stelle ein Hinweis darauf fehlen, daß Paulus bis an die Säulen des Herkules kommen würde, wenn der Verf. die Absicht gehabt hätte, darüber zu berichten? Wer jene Weissagung der Myrte in den Mund legte, kann an eine Reise des Paulus nach Spanien gerade so wenig gedacht haben wie Origenes, als er schrieb (in Gen. tom. III. Euf. h. e. III 1): „Was ist es nötig über Paulus zu reden, der von Jerusalem bis Illyrien die Verkündigung des Evangeliums erfüllt und später in Rom unter Nero den Märtyrertod erlitten hat?“ Es liegt hier eine genaue Parallele zu AG. 20 25 vor, wodurch ebenfalls die spanische Reise bestimmt ausgeschlossen wird.

In den A. P. kann also nichts über die spanische Reise berichtet sein, die in A. Pe. 1—3 vorausgesetzt wird; folglich kann dieses Stück nicht aus den A. P. stam- men. Da aber das Mart. Pe. mit seiner Bemerkung „bis zur Rückkehr des Paulus“ offenbar auf dieses Stück zurückblickt, so dürfte es in seiner jetzigen Form schwerlich zu den A. P. gehört haben. Glaubt man auch den Origenes-Citat schließen zu müssen, daß sich in den A. P. ein Bericht über den Tod des Petrus gefunden hat, so liegt er im Mart. P. jedenfalls in einer überarbeiteten Gestalt vor. Damit würde man aber schon bei der Annahme von Schmidt angekommen sein, daß der Verf. der Petrusakten die Paulusakten nur benutzt habe. Seine Benutzung derselben könnte allerdings noch immer eine recht intensive gewesen sein. Aber selbst dagegen er- heben sich Bedenken, daß ihm die A. P. das Motiv für die Erzählung vom Tode des Petrus geboten hätten. Alles deutet nämlich darauf hin, wie Schmidt richtig hervorgehoben hat, daß im Eingang des Mart. P. die erste Ankunft des Apostels in

Rom geſchildert werden ſoll. Nichts läßt darauf ſchließen, daß der Verf. von einer
früheren Anweſenheit desſelben in Rom etwas gewußt habe. Er würde alſo den
Tod des Petrus vor die Ankunft des Paulus in Rom verlegt haben. Dadurch hätte
er ſich aber mit der allgemein anerkannten Tradition in Widerſpruch geſetzt, die
mit großer Zähigkeit die Tatſache feſtgehalten hat, daß Paulus vor Petrus nach
Rom gekommen iſt. Das wäre zwar nicht ganz unmöglich; aber es iſt doch ſehr
unwahrſcheinlich; denn wie hätten bei einem derartigen groben Verſtoß gegen eine
allgemein bekannte geſchichtliche Tatſache die A. P. in ihren Ruf unbedingter Glaub=
würdigkeit kommen können?

Nach dem allem ſehe ich mich genötigt, meine bisherige Deutung des Orige=
nes=Citates aufzugeben und zu überſetzen: Von oben her bin ich im Begriff mich
kreuzigen zu laſſen. Damit würde ich allerdings auf jedes Verſtändnis des Wortes
verzichten und mich in derſelben Lage befinden wie der Verf. des Mart. Pe., der wie
ich einer brieflichen Andeutung v. Dobſchütz' folgend, annehmen möchte, aus dem
unverſtandenen Ausſpruch zwei Geſchichten herausgeſponnen hat: einmal die Be=
gegnung zwiſchen Petrus und Jeſus unter dem Tore von Rom und ſodann die
Kreuzigung mit dem Kopf nach unten.

Iſt alſo in den A. P. von dem Auftreten und der Hinrichtung des Paulus
in Rom nichts berichtet, ſo ſcheiden für die Rekonſtruktion der A. P. zwei Stücke
aus, die ihnen Zahn, unter Preuſchens und Harnacks vorſichtiger Zuſtimmung (I 129.
II 1, 493), mit großer Beſtimmtheit zuweiſen möchte. Das erſte iſt ein Citat, das
ſich in der pſeudo=cyprianiſchen Schrift de rebaptismate c. 17 (Hartel
App. 90) findet. Es iſt dort von Häretikern die Rede, die unter Berufung auf
Mt 3 11 und Lk 3 16 die bloße Waſſertaufe verſchmähen und durch irgend welche
Gauklerkünſte ein Feuerſchein über dem Waſſer aufleuchten laſſen. Der Verfaſſer,
ein unbekannter afrikaniſcher Biſchof, nimmt an, daß ſie ſich dafür auf ein Buch
mit dem Ittel Paulli praedicatio berufen, und berichtet darüber (vergl. Dobſchütz,
das Kerygma Petri, S. 127): „Es iſt aber für dieſe ketzeriſche, ja mörderiſche Taufe,
abgeſehen von andern, Auktorität jedenfalls auch ein von eben dieſen Häretikern
ſelbſt gerade wegen dieſes Irrtums erdichtetes Buch, das den Titel führt ‚Predigt
des Paulus'; in dieſem findeſt du, wie Chriſtus, der doch überhaupt der einzige
war, der nicht geſündigt hat, gegen alle Schriften auch ein Bekenntnis ſei=
ner eignen Sünde abgelegt, und daß er zur Taufe des Johannes
faſt wider ſeinen Willen von ſeiner Mutter gedrängt worden
ſei, ferner daß während er getauft wurde Fener über dem Waſſer
erſchienen ſei, was in keinem Evangelium geſchrieben ſteht, und daß nach ſo
langer Zeit Petrus und Paulus, nachdem ſie ihr Evangelium in Jeruſalem
verglichen und ihre Gedanken ausgetauſcht und geſtritten und über die Art ihres
Vorgehens Beſtimmungen getroffen hatten, zuletzt in Rom, als ob damals zuerſt,
ſich gegenſeitig kennen gelernt hätten, und anderes derart unſinnig und
ſchändlich Zuſammengefabelte mehr, was man alles in jenem Buch zuſammenge=
tragen findet."

Da die koptiſchen Fragmente höchſt wahrſcheinlich über ein Zuſammentreffen
des Paulus mit Petrus in Jeruſalem berichten, während nach der ganzen Anlage
der A. P. für eine gemeinſame Anweſenheit beider in Rom darin kein Raum iſt, ſo
läßt ſich Zahns Vermutung, daß mit der in de rebaptismate citierten Schrift die
A. P. gemeint ſeien, nicht halten. Damit ſcheidet aber zugleich das andere Stück
aus, das Lactanz inſt. div. IV 21 aus einer praedicatio Petri und Pauli citirt
haben ſoll und das nach Dobſchütz (S. 132) lautet: „Außer vielen anderen Wunder=
baren predigten Petrus und Paulus in Rom: Gott werde nach karzer Zeit einen
König ſenden, welcher die Juden mit Vernichtungskrieg überziehen, ihre Städte dem
Erdboden gleichmachen, und ſie ſelbſt belagern würde, indem er ſie durch Hunger
und Durſt aufreibe. Dann würden ſie ſich von den Leibern der Ihrigen nähren
und ſich unter einander aufzehren; endlich würden ſie gefangen in der Feinde Hände
kommen und ſehen müſſen, wie vor ihren Augen ihre Weiber auf das bitterſte miß=

handelt, ihre Jungfrauen verletzt und geschändet, die Knaben zerfleischt, die Säug= linge (an Felsen) zerschellt würden; endlich würde alles mit Feuer und Schwert verwüstet und sie als Gefangene auf ewig aus ihrem Lande verbannt werden, dar= um daß sie (höhnisch) frohlockt hätten über den (geschmähten) geliebtesten Sohn Gottes, an welchem er Wohlgefallen hat".

Zahn selbst gibt zu, daß Lactanz nicht den Titel eines Buches nennt, wenn er das Citat mit den Worten einleitet: „Alles Zukünftige hat er durch das offen= bart, was Petrus und Paulus zu Rom gepredigt haben, und diese Predigt ist zum Gedächtnis aufgeschrieben und erhalten geblieben". Er läßt sich aber durch den Ausdruck praedicatio an Pseudo=Cyprian erinnern und vermutet daraufhin, daß Lactanz das von ihm als Praedicatio Pauli bezeichnete Buch kennt, das er ohne weiteres mit den A. P. identificirt hat. Hat sich die erstere Behauptung als unbegründet erwiesen, so ist damit selbstverständlich auch die darauf basirte Hy= pothese hinfällig geworden. Dobschütz hat einen durchaus richtigen Blick gehabt, wenn er Zahns Vermutungen von vornherein als unhaltbar ansah (S. 132 ff.).

e. Die Thekla=Legende.

Thekla gehört zu den bekanntesten Heiligen der griechischen wie der römischen Kirche. Der Ausgangspunkt und das Centrum ihres Kultus war Seleukia in Isaurien. Basilius von Seleukia (MPG 85, 477 ff.) berichtet, daß Thekla sich einen im Süden der Stadt aufsteigenden Berg als Wohnstätte erkoren habe „wie Elias den Karmel und Johannes die Wüste". An der Stelle, wo sie lebendig im Berge verschwunden sei, sei „ein göttlicher und heiliger Tisch für den Gottesdienst errichtet, ringsum mit Säulen und funkelndem Silber eingeschlossen und ausgestattet". Dann fährt er fort: „Daher findet man ihren Tempel oder vielmehr die Stadt — denn in die Form, das Wesen und die Schönheit einer Stadt ist er übergegangen — niemals ohne Bürger und Wallfahrer, da alle von allen Seiten dahin zusammenströmen; die einen eilen herbei allein um die Stätte zu verehren und dort Gelübde darzubringen und irgend etwas von ihrem Gut der Göttin selbst (divae!) zu schenken und zu weihen, die andern aber um dazu noch für die Krankheiten und die Schmerzen und die Dä= monen, von denen sie vielleicht gebunden sind, Heilung und Hülfe zu erlangen". Nach Evagrius (h. e. III 8) hat der Kaiser Zeno, dem die heil. Thekla im Traum erschienen war und ihm Hilfe in seinem Kampf gegen Basiliscus versprochen hatte, nach dessen Sturz (478) ihr in Seleukia einen herrlichen Tempel errichtet und ihn mit vielen kaiserlichen Weihgeschenken ausgestattet.

Von den griechischen Kirchenvätern wird auf die Taten und Schicksale der heil. Thekla häufig angespielt und ihr Name mit Auszeichnung genannt. Metho= dius v. Olympos (3. Jhrh.) läßt sie in seinem ‚Gastmahl der zehn Jungfrauen oder über die Enthaltsamkeit‘ an hervorragender Stelle auftreten. Die Vita Theclae von Athanasius und eine Rede Theodors v. Mopsueste an ihrem Gedenktage sind ver= loren. Gregor von Nazianz erwähnt ihre Befreiung aus den Händen „ihres tyran= nischen Bräutigams und ihrer noch tyrannischeren Mutter" in seiner orat. I adv. Julian., ihre Rettung aus dem Feuer und von den wilden Tieren in den praecepta ad virgines (opp. Paris 1840, tom. II p. 348 v. 190). Gregor von Nyssa rechnet sie in seiner Vita S. Macrinae sororis (opp. Paris 1638, tom. II p. 178) zu den be= rühmtesten Märtyrerinnen; homil. 14 in cant. cantic. (opp. Paris 1615, tom. I p. 676) erinnert er daran, wie sie die Rede des Paulus in sich aufgenommen und dadurch den äußeren Menschen dem Tode übergeben und alle fleischliche Gesinnung und Be= gierde ausgelöscht habe. Epiphanius (haer. 79, 5) nennt sie neben Elias, Johannes dem Täufer und der Mutter Jesu und rühmt sie (haer. 78, 16), weil sie ihre glän= zende Verlobung auf die Predigt des Paulus hin aufgelöst habe. Chrysostomus sagt hom. 25. in acta apost. (opp. Paris 1731, tom. IX 207): „Höre von der hei= ligen Thekla; sie gab, um Paulus sehen zu dürfen, ihre Goldsachen hin, du aber gibst, um Christus zu schauen, nicht einmal einen Obolus". Isidor von Pelusium (5. Jahrh.) gibt ihr (lib. I ep. 87) das Prädikat „überall berühmte ewige Säule

der Enthaltſamkeit, das Haupt aller weiblichen Siege und Trophäen". Auf ihr Gebet
für Falkonilla kommt Johannes Damascenus (750) in ſeiner Rede über die, welche
im Glauben entſchlafen ſind (opp. ed. Le Quien Paris 1712 tom. I p. 585) zu ſpre=
chen: „Hat nicht die Protomärtyrerin die Falkonilla nach dem Tode gerettet?" Der
Patriarch Photius feiert ſie in einem Panegyrikus, den Gebhardt a. a. O. (S. 173
—182) publicirt hat. Im 5. und 6. Jahrh. gibt es in Konſtantinopel drei Kirchen
der heil. Thekla; wahrſcheinlich hat Zeno der Iſaurier ſeit 478 ihren Kult dort ein=
geführt; ihr Gedenktag iſt hier und im ganzen Orient der 24. September.

Im Abendlande hat ſich ihr Kultus mehr ſtrichweiſe verbreitet. In Nord=
Afrika hat Thekla nie irgend welche Bedeutung gewonnen. Nur der Manichäer
Fauſtus beruft ſich auf ſie (Auguſtin c. Fauſt. XXX 4), und Auguſtin erwähnt ſie
in de sancta virginitate c. 45 neben der Criſpina. Das ſcharfe Urteil Tertullians
über ihre Legende bei ihrem erſten Auftauchen ſcheint hier nachgewirkt zu haben.
Auch in Rom finden ſich nur ſchwache Spuren von einem Thekla=Kultus; erſt Cle=
mens VIII ſoll ihr eine Kirche gebaut haben; bei Johann XIX und Benedict IX iſt
von einem Kloſter der Thekla die Rede (ſ. Acta Sanctorum Sept. VI 565). Wahr=
ſcheinlich hat die Antipathie gegen die A. P., die in Rom ſehr ſtark und hartnäckig
war, dem Anſehen der Heiligen, die in jenen Akten eine Hauptrolle ſpielt, geſchadet.
Dagegen ſcheint ſie in Oberitalien große Verehrung genoſſen zu haben. Zeno von
Verona (4. Jahrh.) kennt ihr Martyrium bis in alle Einzelheiten. Ambroſius in
de lapsu virginis consecratae c. 3. 10 (opp. Paris 1690, tom. II p. 307) rechnet
Thekla mit Maria und Agnes unter die größten Heiligen der Kirche: immaculatus
chorus puritatis; in de virginitate lib. II § 21 (opp. II 166 ſ.) erkennt er den Gruud
für Theklas Kraft zu einem teuſchen Leben in dem mündlichen Unterricht des Paulus;
in derſelben Schrift (tom. II 223) heißt es: At certe Theclam non senectus, sed
virtus probavit. Ambroſius hat den Theklakult wie ſo manches andere unmittelbar
aus dem Orient übernommen; in Mailand feiert man daher wie in der griechiſchen
Kirche den 24. Sept. als Gedenktag der heil. Thekla. Auf die Aeußerung des Hie=
ronymus im Brief an Euſtochium (ep. 22 ed. Vallarsi tom. I p. 123 D) iſt ſchon
hingewieſen (Apokr. S. 360). In Mailand war eine alte Kirche, in der das Haupt
der Thekla aufbewahrt ſein ſollte; ſie wurde niedergeriſſen und die Reliquien in
eine neue prächtigere Kirche überführt. Nach einem alten Mailänder Missale von
1522 wird eine eigene Meſſe der heil. Thekla gehalten, mit einer Präfation, in der
ihre Taten kurz dargeſtellt werden.

Die höchſte Verehrung ſcheint man ihr in Gallien entgegengebracht zu haben.
Es iſt hier daran zu erinnern, daß ſie in der Caena Cyprians, die im 5. Jahrh. in
Süd=Gallien entſtanden iſt, mit den bibliſchen Perſonen auf eine Linie geſtellt wird
(ſ. Apokr. S. 361 ſ.). In ſeinen beiden Orationes beruft Cyprian ſich auf Thekla;
or. I (Hartel App. 145) heißt es: „Stehe uns bei, wie den Apoſteln im Gefängnis,
der Thekla im Feuer, dem Paulus in Verfolgungen!" In der or. II (p. 149) lieſt
man: „So befreie auch mich aus dieſer Welt, wie du Thekla befreit haſt mitten aus
dem Amphitheater!" Nach Sulpicius Severus iſt dem Martin von Tours Thekla
mit Maria und Agnes zuſammen erſchienen. Acherius in ſeinem Spicilegium (tom. 12,
p. 262) berichtet von einer Erſcheinung der Thekla mit Maria zuſammen, die Be=
rengar von Verdun gehabt haben ſoll. In Rheims, Carnuti, Vernon, ſowie in der
Camalarienſer Kollegiat=Kirche in der Auvergne will man Reliquien von ihr be=
ſitzen. Die Martyrologien von Beda, Rhabanus Maurus, Ado v. Vienne dringen
z. T. ausführliche Nachrichten über ihr Leben. Ihr Gedenktag iſt hier allgemein
der 23. September (vgl. Acta Sanctorum a. a. O.).

Was ihr dieſe hervorragende Stellung unter den Heiligen verſchafft hat, iſt
in dem Titel πρωτόμαρτυς καὶ ἀπόστολος ausgedrückt. Niketas v. Paphlagonien ſagt
von ihr (MPG 105, 329): „Sie iſt die erſte geweſen, die, wie der große Stephanus
bei den Männern, ſo ihrerſeits die Ringbahn durch ihren überſchwänglichen Glauben
für die Frauen eröffnet hat. Deswegen hat ſie auch von Chriſtus mehr Hilfe em=
pfangen als alle andern, weil ſie allen Frauen als das glänzendſte Urbild (ἀρχέτυπος)

des Martyriums sich zeigen sollte". Schlau dagegen sieht die Ursache für ihre über=
ragende Stellung vor allem in ihrer Würde als ἀπόστολος; man suchte sie so hoch
als möglich über alle andern Frauen emporzuheben, damit man aus der Tatsache,
daß sie gelehrt und getauft hat, nicht für ein allgemeines Recht der Frauen zu lehren
und zu taufen argumentiren könnte. In Wirklichkeit werden verschiedene Umstände
zusammengewirkt haben, um ihr zu ihrem einzigartigen Range zu verhelfen. Ist
es richtig, daß sie ein Alter von 90 Jahren erreicht hat — und es liegt keine Ver=
anlassung vor, daran zu zweifeln —, so werden ihre persönlichen Beziehungen zu
Paulus zu einer Zeit, wo keiner mehr am Leben war von denen, die ihn ge=
kannt hatten, ihr eine große Verehrung verschafft haben, die sich nach ihrem Tode
entsprechend gesteigert hat. Ob vielleicht auch mythologische Motive mit im Spiel
gewesen sind, daß die Heilige in die Stellung einer besonders mächtigen Lokalgott=
heit eingerückt wäre, muß dahingestellt bleiben.

Wo man Thekla verehrte, wird man auch ihre Akten gelesen haben. Schmidt
(Acta Pauli S. 206 f.) verwechselt Ursache und Wirkung, wenn er die große Ver=
breitung des Thekla=Kultus aus der hohen Wertschätzung der Gesamtpaulusakten
erklären will. Das ist allerdings richtig: wo man wie in Rom die A. P. ablehnte,
fand auch der Theklakult nur sehr schwer Eingang. Aber daraus folgt nicht, daß
überall, wo man die A. P. schätzte, auch der Theklakult sich etablirt haben müßte.
Bei der Einführung eines solchen Kultus waren nicht ideale Faktoren allein aus=
schlaggebend; es waren vielmehr starke materielle Interessen im Spiel. In Seleukia
hat der Theklakult offenbar für die wirtschaftlichen Verhältnisse der Stadt die gleiche
Bedeutung gehabt wie etwa für Wiesbaden die Thermalquellen. Nicht die Literaten,
die die A. P. abschrieben, sorgten für die Verbreitung des Theklakultus, sondern die
kirchlichen Geschäftsleute, die in dem Theklakultus eine Einnahmequelle zu erschließen
suchten, sorgten für die Verbreitung der A. P. Gerade die Wertschätzung der letz=
teren in Gallien, die doch im 4. Jahrh. eine ganz singuläre Erscheinung ist, läßt
sich nur erklären aus der Bedeutung, die der Theklakult für das kirchliche und wirt=
schaftliche Leben dort gewonnen hatte. Uebrigens gibt es doch zu denken, daß trotz
der Verbreitung des Theklakultus eine ausdrückliche Bezugnahme auf die A. Th.
bei den Kirchenvätern äußerst selten ist. Abgesehen von Tertullian, Hieronymus,
der Caena Cyprians und dem Decretum Gelasianum, ist es nur der Ambrosiaster
zu 2 Tim. 1 15, 2 18, 4 10. 14, der eine wirkliche Kenntnis der Akten verrät — er nimmt
Bezug auf A. Th. 1, 12. 14 — und die drei Bearbeiter derselben Basilius, Simeon
und Niketas. Im übrigen las man die Akten und schrieb sie ab, aber für kirch=
liche Theologen gehörte es zum guten Ton, nicht davon zu reden.

Wo man sich die Geschichte der Heiligen erzählte, konnte man kaum schweigen
von ihrem wunderbaren Lebensende. Die Hff. A B C sowie G M c d haben diesem
Bedürfnis Rechnung getragen, am ausführlichsten M; Grabe hat in seiner Ausgabe
nach G die Legende über den Abschluß ihres Lebens edirt (vgl. Aa I 269, 271): —
— — „siehe, ich stehe an deiner Seite. Dies und noch vieles andere bezeugte sie
ihr und redete ihr zu. Ihre Mutter Theoklia aber glaubte nicht, was ihr von der
Märtyrerin Thekla gesagt wurde. Als Thekla aber sah, daß es nichts nützte, ver=
siegelte sie ihren ganzen Leib (?), ging zum Tore hinaus und kam nach Daphne und
sie trat ein in die Grabhöhle, wo Paulus mit Onesiphorus gefunden war, fiel auf
ihr Angesicht und weinte dort vor Gott. Dann trat sie wieder heraus und kam
nach Seleukia, und eine lichte Wolke wies ihr den Weg. Und als sie in Seleukia
gewesen war, ging sie aus der Stadt hinaus etwa ein Stabium weit. Vor jenen
aber graute ihr, weil sie den Götzenbildern dienten und ihre Führerin ließ sich nieder
auf dem Berge, der nach Kalaman oder vielmehr nach Rhodeon heißt. Dort fand
sie eine Höhle und ging hinein und war dort eine ganze Reihe von Jahren und viele
schwere Versuchungen hatte sie zu bestehen vom Teufel, und sie hielt wacker stand mit
der Hilfe Christi. Als aber einige von den adligen Frauen von der Jungfrau Thekla
gehört hatten, gingen sie zu ihr und ließen sich unterweisen in den Worten Gottes
und viele von ihnen entsagten dem Leben und trieben mit ihr Askese. Und ein gutes

Gerücht verbreitete sich überall von ihr und es geschahen von ihr Heilwunder. Als das nun in der ganzen Stadt und der Umgegend bekannt geworden war, brachte man die Kranken aus derselben auf den Berg, und ehe sie noch der Tür sich genähert hatten, über Erwarten rasch wurden sie befreit, von was für einer Krankheit sie auch befallen sein mochten, und die unreinen Geister fuhren schreiend aus und alle erhielten die Ihrigen gesund zurück und priesen Gott, der solche Gnade der Jungfrau Thekla gegeben hatte. Die Aerzte der Stadt Seleukia nun wurden gering geschätzt, nachdem sie ihre Praxis verloren hatten, und niemand wollte hinfort noch etwas von ihnen wissen. Voll Neid und Eifersucht konspirirten sie gegen die Dienerin Christi, was sie ihr wohl tun könnten. Es gab ihnen nun der Teufel einen schändlichen Plan ein. An einem bestimmten Tage kamen sie zusammen und hielten einen Rat, wobei sie mit einander folgende Erwägung aufstellten: diese heilige Jungfrau hat Einfluß auf die große Göttin Artemis, und wenn sie etwas von ihr erbittet, so hört sie darauf, da sie selbst eine Jungfrau ist, und es lieben sie alle Götter. Kommt her, wir wollen zuchtlose Männer nehmen und sie betrunken machen mit vielem Wein und wollen ihnen viel Geld geben und ihnen sagen: Wenn ihr sie vergewaltigen und schänden könnt, so geben wir euch noch andere Schätze. Es dachten nämlich die Aerzte bei sich: wenn sie stark genug sind, sie zu schänden, so erhören die Götter oder Artemis sie nicht von wegen der Kranken. Sie handelten nun demgemäß, und die schändlichen Kerle gingen auf den Berg, stürzten sich wie Löwen auf die Höhle und traten gegen die Tür; es öffnete aber die heilige Märtyrerin Thekla, mutig durch den Gott, dem sie vertraute; sie hatte nämlich ihren Anschlag von vornherein erkannt, und sie sprach zu ihnen: Was wollt ihr, Kinder? Die aber antworteten: Wer ist hier die Person namens Thekla? Sie aber sagte: Was wollt ihr denn von ihr? Jene erwiderten: Wir wollen mit ihr zusammenschlafen. Da sagte die selige Thekla zu ihnen: Ich bin eine arme alte Frau, eine Dienerin meines Herrn Jesu Christi und wenn ihr etwas Ungehöriges gegen mich tun wollt, ihr könnt es nicht. Sprachen jene zu ihr: Unter allen Umständen werden wir an dir tun, was wir wollen, und mit den Worten ergriffen sie sie heftig und wollten sie vergewaltigen. Sie aber sprach zu ihnen mit Milde: Wartet, Kinder, damit ihr die Herrlichkeit des Herrn sehet, und als sie von ihnen angefaßt wurde, blickte sie auf zum Himmel und sprach: Gott, du furchtbarer und unvergleichlicher und herrlicher gegenüber deinen Widersachern, der du mich aus dem Feuer gerettet, der du mich nicht dem Thamyris überlassen, der du mich nicht dem Alexander ausgeliefert, der du mich den wilden Tieren entrissen, der du mich im tiefen Wasser gerettet, der du überall mit mir zusammengewirkt und deinen Namen an mir verherrlicht hast, entreiße mich auch jetzt diesen ungerechten Menschen und laß sie mich nicht vergewaltigen und meine Jungfrauschaft zerstören, die ich um deines Namens willen bis jetzt bewahrt habe, weil ich dich liebe und nach dir verlange und dich anbete, den Vater und den Sohn und den heiligen Geist in Ewigkeit. Amen. Und es geschah eine Stimme vom Himmel, die sprach: Fürchte dich nicht, Thekla, meine wahrhaftige Dienerin; denn ich bin mit dir. Blicke hin und siehe, wo sich's vor dir aufgetan hat; denn dort wird dir ein ewiges Haus sein, dort wirst du deine Würdigung finden. Und als die selige Thekla aufmerkte, sah sie den Felsen geöffnet, so weit, daß ein Mensch hineingehen konnte, und sie tat wie ihr geheißen war, und sie entfloh getrosten Mutes den Verbrechern und ging in den Felsen. Und alsbald schloß sich der Felsen, sodaß nicht einmal eine Fuge zu sehen war. Als jene aber das unerwartete Wunder schauten, gerieten sie außer sich und hatten nicht die Kraft, die Dienerin Gottes zu halten, sondern sie faßten allein ihr Gewand und vermochten ein Stück davon abzureißen. Und das geschah dem Eingreifen Gottes gemäß für den Glauben derer, welche die heilige Stätte sahen, und zum Segen für die späteren Geschlechter, die da glauben an unsern Herrn Jesum Christum aus reinem Herzen.   Es mußte leiden Gottes Protomärtyrerin und Apostelin und Jungfrau Thekla aus Ikonium im Alter von 18 Jahren. Mit ihrer Wanderung und der Reise und dem asketischen Leben auf dem Berge aber lebte sie noch weitere 72 Jahre. Als aber der Herr sie zu sich nahm,

war sie 90 Jahre alt, und so geschieht ihre Vollendung. Ihr frommes Gedächtnis
aber wird am 24. September gefeiert zur Ehre des Vaters und des Sohnes und
des heil. Geistes jetzt immer und in alle Ewigkeit. Amen".

Was hier in dreiter Ausführlichkeit berichtet ist, findet sich in kürzerer Fassung
in den von Tischendorf bevorzugten Handschriften ABC, vermehrt durch das Mirakel
einer unterirdischen Reise nach Rom:

— — „ging sie nach Seleukia und wohnte in einer Höhle 72 Jahre, indem
sie Gemüse aß und Wasser trank. Einige aus der Stadt aber, die ihrer Religion
nach Hellenen, ihres Gewerbes Aerzte waren, sandten zu ihr gewalttätige junge
Männer, um sie zu verderben. Sie meinten nämlich, daß sie eine Dienerin der Artemis sei, da sie Jungfrau war, und daraus die Kraft zu den Heilungen gewänne.
Durch die Vorsehung Gottes aber ging sie lebendig in den Fels und verschwand
unter der Erde und sie ging nach Rom, um Paulus zu sehen, und fand ihn entschlafen. Nachdem sie aber dort nicht lange Zeit geblieben war, entschlief sie eines
sanften Todes und sie wurde begraben etwa zwei oder drei Stadien von dem Grabmal ihres Lehrers Paulus.

Ins Feuer nun war sie geworfen im Alter von 17 Jahren und vor die Tiere
im Alter von 18 Jahren, und sie führte ein asketisches Leben in der Höhle, wie es
heißt, 72 Jahre, so daß ihr gesamtes Lebensalter sich auf 90 Jahre belief. Nachdem sie aber sehr viele Heilungen gewirkt hat, ruht sie aus an dem Ort der Heiligen, entschlafen am 24. September in Jesu Christo unserm Herrn, welchem sei
Ehre und Macht in alle Ewigkeit. Amen".

Es leidet keinen Zweifel, daß die Erweiterung der Legende durch die unterirdische Romreise, durch welche Theklas Grab in die Nähe des Grabmals Pauli
an die Straße nach Ostia verlegt wird, in Rom entstanden ist. Wenn als Todestag das orientalische Datum (24. Sept. statt 23.) angegeben wird, so läßt das noch
einen weiteren Schluß zu auf die Urheber jener Erweiterung. Nahe bei dem Grabmal des Paulus lag ein Kloster der heil. Thekla, das von orientalischen Mönchen
bewohnt wurde; um das Ansehen ihres Klosters zu erhöhen, mußten sie das Grab
der Heiligen in ihrer Nähe haben; sie erfanden daher die unterirdische Romreise
und behaupteten, Thekla sei nahe bei dem Grabe ihres großen Lehrers beigesetzt;
auf sie hat man also den Anhang der Hss. ABC zurückzuführen; daraus erklärt es
sich, daß derselbe, trotzdem er in Rom entstanden ist, das orientalische Datum des
Todestages beibehält.

Es kann hier nicht die weitere Entwicklung der Legende verfolgt werden; wir
wollen nur konstatiren, daß die Phantasie der Theklaverehrer sich vorwiegend darauf gelegt hat, die 72 Jahre ihres Aufenthaltes bei Seleukia mit Wundern auszufüllen und besonders fruchtbar gewesen ist in der Erfindung von Taten und Erscheinungen, durch die Thekla nach ihrem Tode ihre Würde und Macht bewiesen
haben soll, dagegen die in den Akten erzählte Geschichte ihres Lebens und Leidens
unberührt gelassen hat. Nur auf die eigenartige Umgestaltung der Legende in den
Acta Xanthippae et Polyxenae soll hier noch aufmerksam gemacht werden. James
hat sich von der Voraussetzung aus, daß in den A. P. die spanische Reise erzählt sei,
allerdings mit aller gebotenen Vorsicht für die Möglichkeit ausgesprochen, daß wir
in ihnen ein mehr oder weniger stark überarbeitetes Bruchstück der A. P. vor uns
hätten. Diese Vermutung ist nach unsern Feststellungen über die spanische Reise
hinfällig geworden. Die Akten sind vielmehr eine kümmerliche Dublette der A. Th.,
die c. 36 ausdrücklich erwähnt werden. Die Thekla-Legende ist im wesentlichen auf
spanischen Boden verpflanzt und hat ein Nachspiel in Griechenland bekommen; die
beiden Teile stehen in ähnlichem Verhältnis zu einander wie das Martyrium in
Jkonium zu dem in Antiochien. Bis auf den Wortlaut ist die Abhängigkeit von
den A. Th. nachzuweisen. In c. 7. 8 wird die Erscheinung des Paulus beschrieben
ähnlich wie A. Th. 3 (Apokr. S. 369); c. 15 bringt eine Christophanie in der Gestalt des
Paulus wie A. Th. 21 (A. 372); ebenda finden sich die Worte aus A. Th. 42 (A. 376):
sie warf sich auf den Fußboden. An A. Th. 40 (A. 376) erinnert c. 33: „sie aber

sprach zu Polyxena: nimm die Haltung eines Mannes an, damit nicht wegen deiner Schönheit jemand dich mir entreiße" an A. Th. 26 (A. 373) in demselben Kap. die Worte: „und siehe es zog ein Gewalthaber vorüber, der auf dem Wege nach Hellas war; als der die Jungfrauen gesehen hatte, befahl er Polyxena mit Gewalt auf seinen Wagen zu bringen". c. 37 wird bis aufs Wort getreu die Scene A. Th. 33 (A. 375) geschildert.

Für die Tendenz dieser Nachdichtung gewinnt man einen Anhaltspunkt durch die Beobachtung, daß in mehreren Martyrologien z. B. dem Basilianum und dem Romanum wie auch in griechischen Menologien der 23. September, der Tag der hl. Thekla, zugleich als der Tag der Xanthippe und Polyxena aufgeführt wird. Das ist um so auffallender, als nach Joh. Stilting (Acta Sanctorum Sept. VI 536) Baronius keine spanische Stadt zu nennen weiß, wo ein wirklicher Kultus der Xanthippe und Polyxena geübt worden wäre. Es handelt sich also höchst wahrscheinlich um einen erfolglosen Versuch, den Theklakult in Spanien durch die Verehrung zweier spanischer Märtyrerinnen zu verdrängen.

In der Einl. Apokr. S. 359 ff. ist schon die Frage nach der Entstehung der Legende behandelt. Ich halte an der dort gegebenen Darlegung auch Schmidt gegenüber fest, der die Ansicht vertritt, daß der Verf. der A. P. den Stoff der Thekla-legende lediglich aus seiner eignen Phantasie geschöpft habe. Damit ist das religions-geschichtliche Problem, das die Entstehung des Theklakultes dietet, entschieden zu leicht genommen. Ein solcher Kult, wie er in Seleukia gepflegt wurde, ist sicher nicht in die Erscheinung getreten durch den Entschluß einiger Persönlichkeiten, die die A. P. gelesen hatten; er muß irgendwie in lokalen Traditionen wurzeln, seien sie nun historischer oder mythologischer Art. Entweder hat man in Seleukia früher irgend eine heidnische Diva verehrt, der man später die christliche Märtyrerin unterschob, oder man hat dort das Gedächtnis der christlichen Märtyrerin gepflegt und sie mit der Zeit zur Heiligen gemacht. Weder in dem einen noch in dem andern Falle kann die entscheidende Umwandlung auf Anlaß der A. P. erfolgt sein, da man ihren Verfasser ja sehr bald als „Fabelschuster" entlarvt hatte. Vielmehr muß man die Sache umkehren. Weil man Thekla als Heilige verehrte, darum las man, was er von ihr erzählte, trotzdem man ihn selbst aufgegeben hatte. Er hat eben nur schriftlich fixiert und dichterisch abgerundet, was man sich an ihrem Grabe erzählte. Eine andere Frage ist es, ob er der erste gewesen ist, der diesen Stoff aufzeichnete oder ob er, wie Ramsay will, eine ältere Aufzeichnung überarbeitete. Auf diese Frage müssen wir noch kurz eingehen. Ramsay behauptet Folgendes: 1. Die A. Th. gehen zurück auf eine Schrift aus dem 1. Jahrh. 2. Diese Grundschrift erwähnt geschichtliche Tatsachen, deren Kenntnis vor dem Ende des 1. Jahrh. erloschen sein mußte. 3. Da sie keinen kanonischen Charakter trug und kein populäres Ansehen genoß, so war sie allerlei Veränderungen unterworfen, wodurch die Legende bereichert und ihr Ansehen gerechtfertigt werden sollte. 4. Die Handlung ist „Dichtung und Wahrheit", sie findet statt in Ikonium und dem pisidischen Antiochien während der ersten Anwesenheit des Paulus. 5. Das syrische Antiochien ist schon vor Basilius an die Stelle des pisidischen getreten.

Daß man z. Zt. des Basilius die Handlung in das syrische Antiochien verlegte, allerdings nicht ohne Widerspruch von seiten der Pisidier, — ist schon Apokr. S. 359 hervorgehoben. Nach dem vorliegenden Text hatte man ein gewisses Recht dazu; aber es sind doch bei Lichte besehen nur zwei Züge, die auf das syrische Antiochien deuten; einmal die Bezeichnung des Alexander als συριάρχης (A. Th. 26 Aa I 253₁₂) und die Lesart c. 23 (Aa I 251₄ f.): ἐν ὁδῷ, ἐν ᾗ ἀπὸ Ἰκονίου εἰς Δάφνην πορεύονται. Hätte der Vf. wirklich Alexander als syrischen Oberpriester sich vorgestellt, so müßte er notwendig das syrische Antiochien als Schauplatz des Martyriums gedacht haben. Aber die Lesart συριάρχης ist sehr schlecht bezeugt, nämlich nur durch die von Tischendorf stark überschätzte Hf. C, während ABEFGm — E ist nach Lipsius, G nach Zahn die beste Hf. — Σύρος τις lesen; man braucht also gar nicht einmal Conybeares Armenier heranzuziehen, um mit Zahn und v. Gebhardt die

letztere Lesart für die allein richtige zu halten; es bleibt vielmehr ganz unbegreif=
lich, wie Lipsius seinen eigenen textkritischen Grundsätzen entgegen Tischendorfs Les=
art festhalten konnte. Es liegt allerdings nahe, das c. 23 genannte Daphne für das
berühmte Daphne nahe bei dem syrischen Antiochien zu halten. Das müßte in der
Tat dem Verf. vorgeschwebt haben, wenn Schmidt richtig gesehen hat, daß er das
syrische Antiochien als die Station im Auge hat, von der aus Paulus seine Wan=
derung nach Ikonium angetreten habe. Aber abgesehen davon, daß eine lateinische,
die syrische und armenische Version das Wort nicht haben, — es ist nicht ausge=
schlossen, daß es außer dem berühmten Daphne bei Antiochien ein unbekanntes in
der Nähe von Ikonium — denn dort denkt es sich offenbar der Verf. — gegeben hat.
Schlimmstenfalls wäre es immer noch richter, mit Zahn Δάφνην in Δέρβην zu korri=
gieren, als dem in Kleinasien lebenden Verf., der im übrigen eine gute Lokalkenntnis
verrät, eine geographische Ungeheuerlichkeit aufzubürden, wie sie die Verlegung des
Martyriums nach Syrien würde, oder mit Ramsay aus diesem Zuge zu schließen,
daß eine Grundschrift durch einen ortsunkundigen Schriftsteller überarbeitet sei.

Allerdings glaubt er noch tiefer greifende Veränderungen nachweisen zu können.
Er hält das Verhör der Thekla in Ikonium in der vorliegenden Form für eine
Dublette des Verhörs in Antiochien. Der eine Anklagepunkt, daß Paulus ein Christ
sei, ist ein Anachronismus; es kann sich nur um eine Anklage auf Zauberei gehan=
delt haben. Wäre sie wirklich vor dem Provinzialgouverneur erhoben, so wäre
Paulus nicht mit einfacher Ausstoßung aus der Stadt davongekommen. Thekla
konnte nicht zum Feuertode verurteilt, sondern mußte ihrer Familie zur Bestrafung
übergeben werden. Ihr Verhör vor dem Richter kann nur eine Drohung gewesen
sein. Einen ganz andern Eindruck machen die Ereignisse in Antiochien. Es wird
damals dort eine Tierhetze veranstaltet sein, wozu Alexander der Galatarch, — das
muß er nach Ramsay gewesen sein — ebenso wie der römische Gouverneur und die
Königin Tryphäna herübergekommen waren. Alexander hielt Thekla — die nach
dem ursprünglichen Text Paulus nicht bei sich gehabt haben soll — für eine Hiero=
dule; seine Umarmung war keine Schaube, sondern eine Ehre für sie; ihr tätlicher
Widerstand gegen ihn als Oberpriester war Religionsfrevel. Bewogen durch die
Sympathie der Menge für Thekla, gestattet der Gouverneur der Tryphäna, sie in
freier Haft zu behalten, anstatt sie dem öffentlichen Gefängnis zu überweisen. Der
Tierkampf ist in seinen Grundzügen nicht durchaus unmöglich; einzelne Momente
wie der Sprung in das Bassin mit den Robben charakterisiren sich als spätere
Zusätze.

So plausibel diese ganze Konstruktion erscheinen mag, — sie ist trotz aller
archäologischen Gelehrsamkeit nichts als Willkür, geleitet von dem Bestreben, einen
möglichst großen historischen Kern aus den A. Th. herauszuschälen. Nur in einem
Punkt ruht sie auf einer haltbaren Grundlage: das Martyrium in Ikonium gehört
wahrscheinlich der Legende in ihrer frühesten Gestalt nicht an (Apokr. S. 361).
Der Abschnitt aus der Homilie Laudatio S. Protomartyris Apostolae Theclae unter
dem Namen des Chrysostomus (opp. omn. ed. Montfaucon Paris 1718, hom. II p. 749
—51) lautet: „Zu dem allen noch die Gefahren der seligen Märtyrerin! Denn sie sahe
die Schönheit des Verlobten, und ließ sich nicht vom Anschauen abziehen. Ihre
Mutter lag ihr in den Ohren, indem sie zur Hochzeit drängte, sie aber schrie zu
dem Bräutigam im Himmel: Zu dir habe ich meine Augen erhoben, der du im
Himmel wohnst. Es überlief sie ihr Bräutigam, mit Gesprächen von der Hochzeit
sie kitzelnd, sie aber schlug sich bei sich selbst auf die Seite Christi, indem sie sprach:
Meine Seele hat sich an dich gehängt. Es kamen ihre Verwandten zusammen und
schmeichelten, sie aber ließ Paulus vor ihr Auge treten, der bezeugte: Ich habe
dich angerichtet für einen Mann: als keusche Jungfrau dich Christus darzustellen.
Es baten sie die Dienerinnen unter Tränen, sie aber sang dem Bräutigam das
Liebeslied: Wer will uns scheiden von der Liebe Christi? Es drohten die Richter
mit den Strafen, sie aber trat alle zu Boden in einer Gesinnung, die da schrie: die
Gewaltigen sind nicht den guten Werken, sondern den bösen zu fürchten. Aber als

ob auch an den Wegen Denkmäler der Jungfräulichkeit der Märtyrerin erstehen sollten[1], ereignete sich etwas derartiges, was dem Mädchen zur Versuchung werden mußte. Von dem Gerichte freigelassen, ging sie der Fährte des Paulus nach, und von den gerüchtweisen Nachrichten geleitet war sie gutes Mutes, da auch die Wege zu Paulus führten. Es beobachtete aber der Teufel das Mädchen, und als er sie auf der Wanderschaft erspäht hatte, führte er ihren Verlobten gegen sie ins Feld, wie einen Räuber ihrer Jungfräulichkeit in der Wüste. Und da die Edle nun ihren Weg vollendet, erspäht sie zu Pferde nachsetzend von hinten ihr Verlobter, und jauchzt auf, daß er sie ergriffen hat. Sie ist ratlos: Bedrängnis von allen Seiten. Der Kämpfer stark, die Bekämpfte gebrechlich. Wo war in der Wüste die Zuflucht eines Schlupfwinkels? Sich zum Himmel wendend, zu dem, der allen, die ihn anrufen, überall gegenwärtig ist, brach die Jungfrau schluchzend in das Gebet aus: Herr mein Gott, auf dich habe ich gehofft — — —"

Mit Zahn (G.K. II 2 S. 899 A.) diese Darstellung auf ungenaue Reminiscenzen aus den A. Th. zurückführen zu wollen, heißt dem Verf. Gewalt antun. Man muß anerkennen, daß hier eine Relation vorliegt, in der von einem Martyrium in Ikonium zweifellos keine Rede war. Aber damit ist noch keine schriftliche Quelle für die Erzählung statuirt; es kann sich lediglich um eine abweichende mündliche Ueberlieferung handeln.

Was Ramsay zu der Annahme einer Grundschrift aus dem 1. Jahrh. führt, ist der Umstand, daß in den A. Th. geschichtliche Tatsachen erwähnt sind, die im 2. Jahrh. nicht mehr bekannt sein konnten. Dagegen ist zunächst zu bemerken, daß sich nichts Sicheres darüber ansmachen läßt, wie zäh und wie treu historische Reminiscenzen sich durch die mündliche Ueberlieferung fortpflanzen können. Man kann es oft genug beobachten, daß sich eine stereotype Form derselben bildet, in der gewisse Einzelzüge auf lange Zeit hinaus sich konserviren. Für Ramsay kommen vor allen Dingen zwei Punkte in Frage: die „Königliche Straße" und die „Königin Tryphäna". Ueber die „Königliche Straße" (Ramsay p. 30) ist Apokr. S. 360 das Nötigfte gesagt. Mag dieselbe auch seit 74 n. Chr. eingegangen sein, — daß Onesiphorus Paulus entgegengegangen sei bis an den Kreuzungspunkt, wo der Weg nach Ikonium abzweigte, das kann sehr gut gedankenlos weitererzählt sein; gerade wer keine selbständige Lokalkenntnis besaß, wird derartige Nachrichten besonders treu und ängstlich weitergegeben haben, um so mehr als er vielleicht bei der Wiedergabe der übrigen Ereignisse seiner ausschmückenden Phantasie größere Freiheiten gewährte; durch die Ueberlieferung solcher Einzelzüge sucht man den Anschein historischer Treue zu wahren. Sind aber gar die geschichtlichen Reminiscenzen bedeutungsvoll für den Pragmatismus der Erzählung, so kann keine schriftliche Aufzeichnung sie treuer bewahren als die mündliche Ueberlieferung. So ist es mit der „Königin" Tryphäna, die keineswegs „mit unverfänglicher Beiläufigkeit", wie Gutschmidt meint, als eine Verwandte des Kaisers Claudins bezeichnet wird (A. Th. 36), — im Gegenteil, dieser Umstand ist entscheidend für den Fortschritt der Handlung. Tryphäna ist als historische Persönlichkeit nachgewiesen durch eine Münze (bei Visconti, Iconographie grecque tom. II tab. IX 3), deren Avers den jugendlichen Kopf Polemons II., mit einem Diadem und der Umschrift ΒΑΣΙΛΕΩΣ ΠΟΛΕΜΩΝος zeigt, während der Revers in einem Diadem die Inschrift ΒΑΣΙΛΙССΗC ΤΡΥΦΑΙΝΗC trägt. Gutschmidt hat angenommen, daß hiernach Tryphäna als die zweite Ehefrau Polemons II. zu gelten habe. Aber das ist aus chronologischen Gründen unmöglich. Polemon II. war im J. 37 noch ein Kind, kann also im Jahre 49/50, wo Tryphäna als Witwe erscheint, kaum verheiratet gewesen sein. Tryphäna war vielmehr die Tochter Polemons, Königs von Pontus, die Gattin Kotys', Königs von Thracien, und die Mutter der Könige von Thracien, Pontus und Armenien. Ein Recht hatte sie nur auf die pontische Königswürde, und sie erscheint daher nicht

---

[1] Der griech. Text lautet: ὡς δὲ ἔδει κἂν ταῖς ὁδοῖς παρθενίας ἀνδριάντας ἀναστῆναι τῇ μάρτυρι.

auf thracischen Münzen. Der Polemon, dessen Bild die fragliche Münze zeigt, ist nicht ihr Gemahl, sondern ihr Sohn. Wahrscheinlich hat sie für ihn während seiner Minderjährigkeit die Regierung geführt und ist von ihm bei Seite geschoben, nach=dem er großjährig geworden war. Sie wird sich dann auf ihre Privatbesitzungen in der Nähe von Ikonium zurückgezogen haben. Ihr Verwandtschaftsverhältnis zu dem Kaiser Claudius wird durch folgende Stammtafel veranschaulicht:

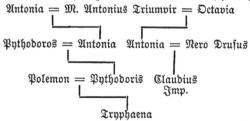

Antonia = M. Antonius Triumvir = Octavia

Pythodoros = Antonia   Antonia = Nero Drusus

Polemon = Pythodoris   Claudius
Imp.

Tryphaena

    Darnach ist ihre Mutter Pythodoris die rechte Cousine des Kaisers Claudius, Tryphäna also eine Nichte zweiten Grades von ihm. Caligula als der Enkel des Antonius hatte dessen Familie auf alle mögliche Weise ausgezeichnet; Claudius setzte diese Politik fort. Tryphäna wird daher auch als verwitwete Königin seine Gunst und seinen Schutz genossen haben. Es entspricht nach Ramsay daher durch=aus der historischen Situation, wenn Alexander den Zorn des Kaisers fürchtet, als er glaubt, Tryphäna sei gestorben. Mit Nero (54 n. Chr.) wurden die Verhält=nisse total andere; der suchte seinen Vorgänger lächerlich zu machen, indem er ge=rade das Gegenteil von dem tat, was Claudius getan hatte. Damals verlor Po=lemon sein Königreich Pontus; für Tryphäna wurde eine Rolle, wie sie die A. Th. ihr zuweisen, gänzlich unmöglich. Man konnte daher — meint Ramsay — im 2. Jahrh. gar nicht mehr auf den Gedanken kommen, daß ihr Tod der Stadt den Zorn des Kaisers zuziehen würde. Er schließt daraus auf eine schriftliche Quelle aus dem 1. Jahrh. Dagegen ist zu sagen: Wenn dem Verf. der A. Th. dieser Zug nicht als historische Reminiscenz durch die mündliche Ueberlieferung geboten wäre, so würde er nicht die geringsten Bedenken getragen haben, etwas Aehnliches zu er=finden. Man braucht sich nur daran zu erinnern, was er im Mart. P. an freier dichterischer Erfindung leistet. Was Ramsay als die Urgestalt der Theklasage aus den Akten ausscheidet: Paulus ohne die Begleitung des Demas und Hermogenes wird von Onesiphorus in sein Haus aufgenommen; er fascinirt Thekla durch seine Predigt und wird da=her der Zauberei angeklagt, verurteilt, gegeißelt und aus der Stadt hinausgestoßen; Thekla wird von ihrer Familie mit Bitten und Drohungen bestürmt, daß sie Thamy=rus heiraten soll; um sie einzuschüchtern, stellt man sie vor Gericht, muß sie aber freilassen; in Antiochien, wo sie ohne Paulus ist, wird sie von Alexander geküßt, worauf sie ihm sein Gewand zerreißt und wegen Schändung des Oberpriesters zum Tierkampf verurteilt wird; Tryphäna nimmt sie auf; vor dem Kampf wird sie auf dem Käfig einer Löwin ausgestellt; von den Tieren wird sie nicht beschädigt und auf Tryphänas Einfluß hin freigegeben, — das mag durchweg richtig sein, obgleich mehr als ein Bedenken dabei übrig bleibt. „Aber was zwingt zu der Annahme, daß diese ‚Original tale of Thecla‘ schriftlich aufgezeichnet war? Die Gründe, die Ramsay hierfür anführt, — sind völlig unzureichend. Die Annahme genügt durch=weg, daß der Verfasser nicht alles frei erfunden hat, vielmehr auf einer mündlichen Ueberlieferung fußt, die sich ein Jahrhundert hindurch fortgesponnen, und auch einige kleine Züge bewahrt hat" (Harnack II 1, 505).

f. Die römische Paulussage.

    Lipsius konstatirt (Quellen der röm. Petrussage S. 132): Zwischen dem gno=stischen Martyrium des Paulus und den katholischen Akten des Petrus und Paulus fehlt es an allen Berührungspunkten — abgeſehen von der Geſchichte der Plautilla. Er denkt bei dem „gnoſtiſchen Martyrium des Paulus" an den ſogen. Linustext (Aa I 23—44), der eine erweiternde Ueberarbeitung des Schlußabſchnittes der A. P. (Aa I 104—117 Apokr. S. 380—383) darſtellt. Da in dieſer kürzeren und urſprünglichen Recenſion die Geſchichte vom Schleier der Plautilla fehlt, ſo gibt es überhaupt keinen Berührungspunkt zwiſchen dem Martyrium Pauli und den Akten des Petrus und Paulus (von Lipſius abgedruckt unter dem Titel ‚μαρτύριον τῶν ἁγίων ἀποστόλων Πέτρου καὶ Παύλου' Aa I 118—177 und ‚πράξεις τῶν ἁγίων ἀποστόλων Πέτρου καὶ Παύλου' Aa I 178—222), den ſog. Marcellustexten. Die letzteren behandeln im weſentlichen die Kämpfe des Petrus mit dem Magier Simon und führen Paulus dabei als den Sekundanten des erſteren ein, der eigentlich nur zu beſtätigen hat, was Petrus behauptet. Es iſt in ihnen alſo derſelbe Stoff verarbeitet, wie in den Actus Petri cum Simone, aber unter ganz anderen Geſichtspunkten. Nach den Petrusakten, die jedenfalls in hohem Maße von den A. P. abhängig ſind, beſorgt Petrus in ſeinen Kämpfen mit Simon die Geſchäfte des Paulus, in den Akten des Petrus und Paulus iſt Paulus nur zur Unterſtützung des Petrus da. Lipſius nimmt an: Urſprünglich habe eine ebionitiſche Grundſchrift von Kämpfen zwiſchen Petrus und Paulus erzählt; als man daran Anſtoß nahm, habe eine ſpätere Zeit Paulus in den Magier Simon verwandelt; endlich habe man das Bedürfnis gefühlt, beide Apoſtel in völlige Harmonie zu ſetzen und die Figur des Paulus nachträglich in das Bild der Kämpfe zwiſchen Petrus und Simon hineingezeichnet. Wir brauchen hier nicht zu prüfen, ob er mit dieſer Annahme im einzelnen recht hat. Es genügt uns, zu konſtatiren, daß weder die A. P. noch die Petrusakten als Entwicklungsſtufen der in den Marcellustexten vorliegenden Geſtalt der Sage aufzufaſſen ſind. Es handelt ſich vielmehr um zwei disparate Traditionen: um eine petriniſche, in der Paulus als Nebenfigur auftritt, und eine pauliniſche, in der Petrus eine untergeordnete Rolle ſpielt.

Die pauliniſche Tradition, wie ſie durch die A. P. und die von ihnen abhängigen Petrusakten repräſentirt wird, iſt jedenfalls nicht die Tradition der römiſchen Gemeinde; das beweiſt die hartnäckige Ablehnung, welche die A. P. in Rom erfahren haben. Den römiſchen Anſchauungen und Tendenzen entſpricht vielmehr die petriniſche Tradition, in der Paulus hinter Petrus zurücktritt. Damit iſt aber nicht geſagt, daß dieſe letztere der erſteren an hiſtoriſchem Wert überlegen ſei. In allen Einzelheiten ſind vielmehr beide gleich wertlos. Es kann ſich nur darum handeln, ob etwa die geſchichtlichen Vorausſetzungen bei der einen haltbarer ſind als bei der anderen. Die petriniſche Legende ſetzt voraus, daß Paulus und Petrus zu gleicher Zeit in Rom miſſionirt haben und Märtyrer geworden ſind. Dagegen verlegt die pauliniſche Tradition in ihrer älteren Geſtalt, wie ſie in den A. P. vorliegt, die Wirkſamkeit des Petrus, wenn ſie überhaupt von einer ſolchen weiß, hinter den Tod des Paulus, während ſie in ihrer jüngeren Form nach den Petrusakten die beiden um einander herumführt: als Petrus in Rom eintrifft, iſt Paulus nach Spanien abgereiſt, und als Paulus zurückkehrt, iſt Petrus tot. Es fragt ſich, welche Vorſtellung den geſchichtlichen Verhältniſſen am eheſten entſpricht. Harnack (II 1, S. 243 Anm. 1) betont „die Einſtimmigkeit und Widerſpruchsloſigkeit der Tradition, Petrus und Paulus ſeien zugleich Märtyrer geworden und zwar in Rom unter Nero". Einſtimmigkeit herrſcht aber nur darüber, daß ſowohl Paulus wie Petrus in Rom geweſen iſt und beide unter Nero das Martyrium erlitten haben. Dagegen daß dies gleichzeitig geſchehen ſei, läßt ſich nicht ohne weiteres aus den Zeugniſſen entnehmen. Dafür läßt ſich außer den völlig unzuverläſſigen Citaten aus der ‚Praedicatio Pauli' bei Pſ.-Cyprian de rebaptismate 17 (ſ. o. S. 369) und aus der problematiſchen ‚Praedicatio Petri et Pauli' bei Laetanz (inst. div. IV 21 ſ. oben S. 369) nur Dionyſius v. Korinth als Zeuge aufführen (Euſ. h. e. II 25, 8 ſ. Apokr. S. 365): „Denn auch haben die beiden (Petrus und Paulus), nachdem ſie in unſerm Korinth gepflanzt hatten, uns in gleicher Weiſe gelehrt. Ebenſo aber haben ſie auch, nachdem ſie in Italien gleichzeitig gelehrt hatten, zu gleicher Zeit das Martyrium erlitten". Versteht man von dieser Stelle aus sämtliche Nachrichten, die Paulus und Petrus als Lehrer und Märtyrer in Rom zusammenstellen, so gewinnt man allerdings eine einstimmige und widerspruchslose Tradition dafür, daß sie gleichzeitig in Rom gewirkt und gelitten haben. Dann fällt vor allem ins Gewicht der bekannte Abschnitt 1. Clem. 5 f. (pa 36 1 ff. vgl. Apokr. S. 365), der für sich allein genommen, wie Harnack selbst zugibt, noch nicht beweist, daß Petrus und Paulus zu gleicher Zeit mit einer Menge anderer Christen in der Neronischen Verfolgung untergegangen sind. Man kann sich ferner auf Ignatius berufen (Röm. 4 pa 96): „Nicht wie Petrus und Paulus gebe ich euch Vorschriften". Weiterhin kommt in Betracht Irenäus (adv. haer. III 1, 1): „Matthäus breitete unter den Hebräern das Evangelium in ihrer eigenen Sprache auch schriftlich aus, während Petrus und Paulus in Rom evangelisirten und die Gemeinde gründeten", sowie Tertullian (adv. Marc. IV 5): „Laßt uns sehen, was auch die Römer aus erster Hand verkündigen, denen sowohl Petrus als Paulus das Evangelium mit ihrem Blut versiegelt hinterlassen haben" (vgl. de praescr. haer. 36: „Wie glücklich jene Gemeinde, für die die Apostel die ganze Lehre mit ihrem Blute ausgeströmt haben, wo Petrus dem Leiden des Herrn gleichgestellt, wo Paulus mit dem Tode des Johannes gekrönt wird"). Aehnliche Aeußerungen bei Commodian (carm. apol. 820) und Petrus v. Alexandrien haben neben den älteren Zeugnissen keinen selbständigen Wert. Man kann alle angeführten Stellen im Sinne des Dionysius v. Korinth von einer gleichzeitigen Wirksamkeit und einem gleichzeitigen Martyrium des Petrus und Paulus in Rom verstehen, aber an sich ist man durch ihren Wortlaut nicht dazu genötigt. Es ist schon Apokr. S. 365 darauf hingewiesen worden, daß man den Ausdruck κατὰ τὸν αὐτὸν καιρόν bei Dionysius nicht pressen darf. Wie wir heute sagen könnten: Herder und Schiller wirkten gleichzeitig in Weimar und starben um dieselbe Zeit, so konnte Dionysius von dem Wirken und Leiden des Petrus und Paulus in Rom ein Jahrh. später sagen: es fiel in dieselbe Zeit, selbst wenn der eine im J. 62 oder 63 und der andere 64 gestorben wäre und sie nicht gleichzeitig in buchstäblichem Sinne, sondern nur etwa in denselben Jahren dort gepredigt hätten.

Selbstverständlich ist das nur eine Möglichkeit, mit der man erst rechnen wird, wenn sich das buchstäbliche Verständnis als unmöglich erweist. Unmöglich aber würde es sein, wenn nachgewiesen würde, daß Paulus nicht in der Neronischen Verfolgung, sondern schon früher unter dem Richtschwert gefallen sei. Dafür sprechen in der Tat mehrere Umstände (vgl. Apokr. S. 365): 1. Die Todesart, die von den Martern der Verfolgung bestimmt unterschieden wird. 2. Die Richtstätte, die ausdrücklich an die Straße nach Ostia und nicht in die Gärten des Nero verlegt wird. 3. Das Schweigen der kanonischen Apostelgeschichte, das auf einen ungünstigen Ausgang des Prozesses zu deuten scheint. Allerdings könnte hinsichtlich dieses letzteren Punktes eine merkwürdige Koincidenz vorliegen: Das Urteil in dem Prozeß des Apostels, das nach AG. 28 90 zwei Jahre nach seiner Ankunft in Rom gesprochen sein soll, könnte eben im J. 64 gefällt und vollstreckt sein. Das würde voraussetzen, daß Paulus im J. 62 in Rom eingetroffen wäre. Da Paulus von Festus gleich nach dessen Amtsantritt nach Rom gesandt wurde, so ist die Frage, wann Festus den Felix auf seinem Posten in Jerusalem abgelöst hat? Ueber diesen Zeitpunkt herrscht keine Einstimmigkeit. Harnack hat dafür, wie schon O. Holtzmann und Blaß, das Jahr 55/56 ausgerechnet. Er stützt sich dabei auf die Chronik des Eusebius. Sie bemerkt zum 10. oder 11. Jahr des Claudius (10. nach Hieron., 11. nach den codd. APF) = Jan. 50/51 oder Jan. 51/52 n. Chr.: Claudius sandte Felix als Statthalter von Judäa aus. Zum 2. Jahr des Nero (Armen. 14. des Claudius) = Okt. 55/56 n. Chr. heißt es: „Festus folgt dem Felix, unter dem der Apostel Paulus, der in Gegenwart des Königs Agrippa Rechenschaft von seiner Religion ablegte, als Gefangener nach Rom geschickt wird". Da Eusebius die Daten für den Amtsantritt der beiden Vorgänger des Felix, Cumanus und Florus, sowie des Nachfolgers des Festus, Albinus, richtig angibt, so hält Harnack es für unzu-

läſſig, wenn Schürer die Daten für Felix und Feſtus für willkürlich erklärt. Er
findet die Beſtätigung für die Angabe des Euſebius bei Joſephus (antiq. XX 8, 9),
der berichtet, Felix ſei nach ſeiner Abberufung von den Juden verklagt worden,
ſein Bruder Pallas aber habe ihm Verzeihung bei Nero erwirkt. Nach Tacitus
(annal. XIII, 14. 15) iſt aber Pallas zu derſelben Zeit, als Brittanicus die toga
virilis empfing d. h. an deſſen 14. Geburtstage, in Ungnade gefallen; da Brittanicus
41 geboren iſt, ſo würde man dadurch auf Febr. 55 geführt. Felix müßte alſo
ſpäteſtens Ende 54 abberufen ſein, da von ſeinem Abgang bis zur Erhebung der
Anklage und ihrer Erledigung durch Pallas immerhin einige Wochen verſtrichen
ſein dürften. Demnach hätte Feſtus im Spätſommer 54 ſein Amt angetreten, da
Paulus nach AG 27 9 Ende September oder Anfang Oktober ſchon längere Zeit
auf See iſt. Paulus wäre alſo im Frühjahr 55 nach Rom gekommen und die
2 Jahre ſeines dortigen Aufenthaltes nach AG. 28 30 wären im Frühjahr 57 ab=
gelaufen. Dann könnte allerdings ſein Prozeß unmöglich mit ſeiner Verurteilung
geendet haben; er müßte vielmehr wieder freigekommen ſein und ſeine Wirkſamkeit
als Miſſionar wieder aufgenommen haben, um dann nach einer zweiten Gefangen=
ſchaft in der Neroniſchen Verfolgung zu enden. Sonſt könnte unmöglich die Tradition, die Dionyſius wiedergibt, ihn mit Petrus zu gleicher Zeit ſterben laſſen.

Aber dieſe Chronologie leidet unter den größten Schwierigkeiten. 1. Nach
Joſephus iſt Felix von Nero beſtätigt und hat noch viele ſeiner Amtshandlungen
unter deſſen Regierung vollzogen; da Nero aber erſt Oktober 54 Kaiſer wurde, ſo
kann Feſtus nicht im Sommer 54 die Nachfolge des Felix angetreten haben. Harnack
möchte daher den Sturz des Pallas auf Febr. 56 verlegen, indem er einen Irrtum
des Tacitus annimmt. Pallas ſei nicht, wie dieſer berichtet, wenige Tage vor dem
14., ſondern dem 15. Geburtstag des Brittanicus geſtürzt. Aber es iſt ſehr prekär, die
Chronologie des Tacitus anzuzweifeln, die das Sicherſte von allem iſt. 2. Selbſt
wenn Feſtus nicht im Spätſommer 54, ſondern erſt 55 Prokurator geworden wäre,
bliebe eine andere Schwierigkeit ungelöſt. Nach AG. 26 27 iſt Paulus beim Amts=
antritt des Feſtus bereits 2 Jahre in Haft geweſen; ſeine Verhaftung wäre alſo
im J. 53 erfolgt; nach AG. 24 10 iſt Felix aber damals ſchon „ſeit vielen Jahren"
im Amt, während er nach Euſebius erſt 51 Prokurator geworden iſt, alſo erſt zwei
Jahre hinter ſich hat. Man mag den Ausdruck „viele Jahre" noch ſo wenig preſſen,
jedenfalls müſſen mehr als 2 Jahre damit gemeint ſein. 4 Jahre dürften es min=
deſtens geweſen ſein, ſodaß Paulus früheſtens 55 verhaftet und 57 nach Rom über=
führt wäre. 3. Nach Euſebius' Chronik iſt im 7. Jahre des Nero, 61 n. Chr.,
Albinus der Nachfolger des Feſtus geworden. Feſtus hätte ſeinen Poſten demnach
mindeſtens 4 Jahre, nach Harnack aber ſogar 5—6 Jahre verwaltet. Dazu ſteht
in ſeltſamem Widerſpruch, daß Joſephus (ant. XX 8) über ſeine Regierungszeit
nur in einem Satz berichtet, während er von Felix ſehr breit erzählt. Die Verwaltung des Feſtus kann darnach kaum ſo lange gedauert haben. 4. Wäre Paulus
im J. 59 oder gar 60 wieder auf freien Fuß geſetzt, ſo hätte er bis 64 noch
eine 5—6jährige Wirkſamkeit vor ſich gehabt. Wo hat er ſich in dieſem immerhin
doch nicht ganz verſchwindenden Zeitraum aufgehalten? Es iſt doch im höchſten
Grade auffallend, daß ſich uns keinerlei Nachricht darüber erhalten hat. Denn für
die ſpaniſche Reiſe gibt es kein unzweideutiges Zeugnis, — Clemens mit ſeinem τέρμα
τῆς δύσεως kann für ſich genommen nicht dafür gelten, ſchon wegen der ſtark rhe-
toriſchen Färbung der Stelle nicht, — abgeſehen von der Nachricht im Muratoriſchen
Fragment, die aber, wie Schmidt richtig hervorhebt, ihre Quelle in den Petrusakten
haben dürfte (wäre Harnacks Hypotheſe richtig, das c. 1—8 derſelben zu den A.
P. gehört haben, ſo müßte ſie auf dieſe zurückgehen) und daher nicht mehr Glau=
ben verdient als dieſe. Nimmt man dazu, daß Origenes, der die A. P. geleſen und
geſchätzt hat und alſo durch ſie auch die ſpaniſche Reiſe kennen müßte, über ſie
ſchweigt an einer Stelle, wo er ſie notwendig hätte erwähnen müſſen, ſo kann man
mit ihr als mit einem hiſtoriſch auch nur einigermaßen ſichergeſtellten Ereignis
durchaus nicht rechnen. Aber ſelbſt wenn man es könnte, — ſollte ein ſo frucht=

barer Schriftsteller wie Paulus in den letzten Jahren seines Lebens so steril gewor=
den sein, daß nichts aus dieser Zeit konservirt worden wäre als einzelne Fragmente,
die in die Pastoralbriefe verarbeitet sind?

Diesen Schwierigkeiten gegenüber verdient Erbes' Kritik an dem Datum
des Eusebius für den Amtsantrit des Festus ernste Beachtung. Nach Hieronymus
batirt Eusebius denselben auf das 2. Jahr des Nero, nach dem Armenier auf das
14. des Claudius; wahrscheinlich war er ursprünglich bei dem 1. Jahr des Nero
bemerkt, so daß er in der einen Handschrift sich auf das Jahr vorher, in der an=
dern sich auf das Jahr nachher verschoben hätte. Dafür spräche die Nachricht h. e.
II 22: Als dieses (des Felix) Nachfolger wird Festus von Nero entsandt, vor dem
Paulus sich verautwortete. Darnach wäre also Festus 55 Prokurator von Judäa
geworden. Aber ursprünglich waren die Angaben des Eusebius wahrscheinlich nicht
nach Kaiserjahren, sondern nach den Jahren der judäischen Könige berechnet und
der Amtsantritt des Festus zu dem 10. oder 11. Jahr des Agrippa notirt. Irr=
tümlich setzte Eusebius bei seiner Umrechnung in Kaiserjahre Agrippa 10 = Clau=
bius 14, Agrippa 11 = Nero 1, weil er den Regierungsantritt des Agrippa auf
das 5. Jahr des Claudius = 45 n. Chr. batirt hatte in der Annahme, daß
Agrippa II. unmittelbar auf Agrippa I. gefolgt und also Agrippa 1 = Claudius 5,
sei. In Wirklichkeit ließ ihn Claudius erst auf den Tod seines Oheims Herodes
v. Chalcis warten, der 48 n. Chr. erfolgte und setzte ihn erst 50 n. Chr. als König
ein, sodaß Agrippa 1 = Claudius 10, Nero 1 also = Agrippa 5 und Agrippa 11
= Nero 6 = 60 n. Chr. wäre. Demnach hätte Festus sein Amt im Sommer 60
angetreten und Paulus wäre Frühjahr 61 nach Rom gekommen. Dagegen spricht
nicht, daß Pallas, der schon 55 gestürzt ist, sich noch nach dem Rücktritt des Felix,
der dann erst 60 von den Juden verklagt sein konnte, erfolgreich für diesen ver=
wenden konnte. Auch Harnack nimmt an, daß er auch nach der Enthebung aus
seiner offiziellen Stellung noch längere Zeit auf Nero Einfluß gehabt haben könnte,
der ihn erst 62 völlig verstieß und um seines Geldes willen ermorden ließ. Dar=
nach ist Paulus von 61—63 in Rom gewesen. Ist er, wie Erbes will, in seinem
Prozeß verurteilt und hingerichtet und starb Petrus im folgenden Jahr in der
Neronischen Verfolgung, so konnte ein späteres Jahrhundert den Tod der beiden
als gleichzeitig ansehen. Dann haben Paulus und Petrus sich höchst wahrscheinlich
in Rom nicht getroffen; denn als Paulus dort eintritt, ist Petrus noch nicht an=
wesend, — das zeigt der Bericht von AG.; sollte ihr Verf. es wirklich keiner Er=
wähnung für wert gehalten haben, wenn er innerhalb der 2 Jahre in Rom auf=
getreten wäre? Es scheint demnach die Darstellung der A. P., wonach Paulus das
Martyrium erlitten hätte, ohne mit Petrus in Rom zusammengetroffen zu sein, auf
einer guten geschichtlichen Erinnerung zu beruhen. Dieselbe Ueberlieferung wollen
offenbar die Petrusakten respektiren, wenn sie Paulus aus Rom entfernen, um
Raum zu gewinnen für das Auftreten des Petrus. Das ist sehr ungeschickt, da auf
die Weise entgegen dem geschichtlichen Tatbestand der Tod des Petrus vor die Ent=
hauptung des Paulus gelegt wird. Es erklärt sich wohl nur aus der Rücksicht auf
die A. P., die den Tod des Petrus fälschlich in die Neronische Verfolgung verlegen.
Ihre Auktorität scheint für den Verf. der Petrusakten so groß gewesen zu sein, daß
er es nicht gewagt hat, Petrus anstatt Paulus in der Neronischen Verfolgung
sterben zu lassen. Andererseits hat er sich auch nicht entschließen können, im Wider=
spruch zum Schweigen der AG. ausdrücklich von einer Freisprechung des Paulus
zu berichten, er läßt ihn vielmehr mit Hülfe eines belehrten Schließers entfliehen.
So hat man doch wohl die Situation in A. Pe. 1 zu verstehen; diese Auffassung
wird bestätigt durch Chrysostomus (in 2. epist. ad. Tim hom X. Montf. XI 722):
er stand schon vor Nero und entfloh; als er aber seinen Weinschenken unterrichtete,
da wurde er enthauptet. Wie die A. P. dem überlieferten Tatbestande gerecht zu
werden suchen, wonach Paulus in einem gesonderten Prozeßverfahren verurteilt ist,
und ihm doch den Ruhm zuerkennen wollen, in der weltgeschichtlichen Katastrophe
der Neronischen Verfolgung untergegangen zu sein, und welche Verwirrung sie da=

bei anrichten, ift A p o k r. S. 365 gezeigt.

Sonft laffen fich kaum irgend welche hiftorifche Reminiscenzen in der römi=
fchen Paulusfage der A. P. entdecken. Daß er Nero perfönlich gegenübergeftanden
haben foll, kann ebenfo gut freie dichterifche Erfindung fein wie es die gefchichtliche
Wahrfcheinlichkeit für fich hat nach 1. Clem. 5 μαρυρήσας ἐπὶ τῶν ἡγουμένων vgl.
mit AG. 27 ₂₄. Dagegen ift der Verf. von jeder römifchen Lokaltradition völlig
verlaffen; er kennt weder den Todestag des Paulus — nach Erbes (S. 37 ff.) der
23. Februar — noch feine Richtftätte an der Straße nach Oftia. Nur das fcheint
er richtig zu wiffen, daß Paulus urfprünglich am Orte feiner Hinrichtung be=
graben war.

g. Die Ueberfetzung.

1.

‚Die Taten des Paulus und der Thekla.‘

Ueber die Hff. f. Lipfius Aa I Prol. C ff. Preufchen bei Harnack I 137. Lipfius
kennt 11 griech. Hff. (A—M) aus dem 10.—14. Jahrh., die fich in drei Familien
gruppiren: die erfte EIKL, die zweite FGHM, die dritte ABC. Die erfte Familie
hat den urfprünglichen Text am reinften erhalten, wie das Fehlen aller Anhänge
beweift. Die zweite berichtet ausführlich von der Wirkfamkeit und den Schickfalen
Theklas auf dem Berge bei Seleukia,, am ausführlichften M, demnächft G, die Grabe
feiner edit. princ. zu Grunde legte. Die dritte erweitert den Anhang von G und
M unter Zufammenziehung feines Inhalts in ein kurzes Referat um eine unter=
irdifche Reife nach Rom. Es ift nicht verftändlich, wie Tifchendorf und Schlau
dazu gekommen find, C allen übrigen Hff. vorzuziehen. Nach L i p f i u s ift E die
befte Hf., ihr zunächft.kommen F und G; erft an dritter Stelle kann etwa noch A
in Frage kommen.

Neben den griech. codd. benutzt er eine flavifche, eine in 4 Hff. erhaltene
fyrifche (sᵃ⁻ᵈ) und drei lateinifche Verfionen (c. d. m.). Ein feftes Prinzip läßt er
in ihrer Verwertung für die Textkritik nicht erkennen. Die Grundlagen für eine
folche hat erft in Bezug auf die lat. Ueberfetzungen v. G e b h a r d t gefchaffen. Er
hat in 24 von ihm verglichenen Hff. 3 felbftändige Ueberfetzungen entdeckt. Die
von ihm mit A bezeichnete Ueberfetzung ift nur in 2 Hff. (A. B.) erhalten; dagegen
haben die Ueberfetzungen B und C weite Verbreitung gefunden; man hat fich nicht
damit begnügt, fie durch Abfchreiben zu vervielfältigen, fondern hat fie durch mannig=
fache Aenderungen dem jeweiligen Gefchmack anzupaffen fich bemüht, fo daß im
Laufe der Zeit fich verfchiedene Typen herausgebildet haben — Gebhardt verwendet
für fie den Terminus „Verfionen“ —; B ift durch 3 Verfionen (Ba, Bb, Bc), C
durch 4 Verfionen (Ca—Cd) vertreten. Von den von Lipfius benutzten Hff. reprä=
fentirt er die Verfion Bc, c (nach Gebhardt 7) Cc h d (Gebhardt: Z) Cd. Lipfius
kannte alfo nur 2 Ueberfetzungen B und C in 1 bezw. 2 Vertretern und zwar die
beiden am wenigften zuverläffigen. Durchaus korrekt gibt freilich auch A die grie=
chifche Vorlage nicht wieder; aber fie läßt foviel erkennen, daß der ihr vorliegende
Text aus einer Zeit ftammt, wo „der Strom der Ueberlieferung fich noch nicht in
die verfchiedenen Arme geteilt hatte, in denen er feit dem 10. Jahrh. fließt.“ Außer
diefen annähernd vollftändigen Ueberfetzungen, zu denen noch ein kleines Bruchftück
E kommt, kennt Gebhardt noch umfangreiche Fragmente von einer vierten (D), die
fog. Fragmenta Brixiana, in denen C o r f f e n (Die Urgeftalt der Paulusakten ZnW
1903, S. 48 ff.) die urfprüngliche Geftalt der A. P. erkennen will. In der Tat fin=
den fich darin fo tiefgreifende Abweichungen von dem griech. Text, daß man diefe
Fragmente als eine felbftändige Redaktion der Thekla=Legende anfprechen muß.
Aber was Corffen beibringt, genügt nicht, um zu beweifen, daß fie urfprünglicher
ift als unfer griechifcher Text. Nachdem S c h m i d t (A. P. S. 217 ff.) die Corffenfche
Hypothefe einer ebenfo gründlichen wie vernichtenden Kritik unterzogen hat, kann
ich mir alle weiteren Bemerkungen dazu fparen. Gebhardt behält mit feiner Be=

urteilung der Fragmente Corßen gegenüber in allen Punkten recht; darnach begegnet man in diesem Text auf Schritt und Tritt willkürlichen Aenderungen und Zusätzen, so daß das ganze eher den Namen einer Paraphrase als den einer Uebersetzung verdient. Angesichts dieses Tatbestandes dürfte es kaum zu bedauern sein, daß der größte Teil der Uebersetzung verloren gegangen ist. Von geringerem textkritischem Wert sind verschiedene kürzere Fassungen des Inhalts, von denen die eine, Epitome IV, sich ziemlich eng an den Urtext anschließt und die Quelle für die Version Bb abgegeben hat. Eine kritische Vergleichung der Uebersetzungen mit dem bisher bekannten griechischen Text zeigt, daß der letztere in hohem Grade ergänzungsbedürftig ist, zugleich aber ergibt sich daraus, daß keine der Versionen zuverlässig genug ist, um auf ihre Auktorität hin den Urtext emendiren zu können.

Eine gewisse Kontrolle gestattet neuerdings die koptische Ueberfetzung. Leider hat S ch m i d t die Aufgabe, das Verhältnis des Kopten zu den Griechen und Lateinern zu bestimmen, dem künftigen Herausgeber der A. P. zugeschoben und sich auf gelegentliche Andeutungen in seinen textkritischen Anmerkungen beschränkt. Er hält den Kopten für einen vorzüglichen Textzeugen. Damit dürfte er ihn vielleicht etwas zu hoch eingeschätzt haben. Aber soviel ist sicher, daß er in einer Reihe von Lesarten einen Text bietet, der ursprünglicher ist als der griechische Text bei Lipsius. Wo er mit den Lateinern gegen die Griechen übereinstimmt, wird man ihm folgen müssen. Von den Verbesserungen, die v. Gebhardt auf Grund der Latt. vorgenommen hat, werden 10 durch den Kopten bestätigt:

1. c. 7 (A p o k r. S. 370 18) sind die Worte „vor dem Angesicht des Paulus zu stehen und" zu streichen;

2. c. 8 (A. 370 22) wird der Zusatz „daß ich sie sehe" von sämtlichen Uebersetzungen einschließlich des Kopten bezeugt.

3. c. 10 (A. 370 39) haben die Latt. statt τί τοιαύτη κάθησαι: quid talis es? und   e talis es?, was der Kopte bestätigt: „Thekla, die mir verlobt ist, warum also nuar

4. c. 15 (A. 371 29) haben die Latt. τῷ Παύλῳ nicht gelesen; ebenso liest der Kopte.

5. c. 16 (A. 371 37) sind die Worte „und sofort wirfst du ihn verderben" nach den Lateinern „et celerius peribit" und dem Kopten „und er wird sterben in Eile" zu ändern etwa in „und sofort wird er sterben".

6. c. 24 (A. 373 23) ist nach Lat. C und Ko statt „deines geliebten Sohnes", zu lesen „deines heiligen Sohnes", da es wohl zu verstehen ist, daß ἁγίου in das gebräuchlichere ἀγαπητοῦ umgewandelt wurde, nicht aber das Umgekehrte.

7. c. 27 (A. 374 10) haben die Lateiner übereinstimmend hinter damnavit (eam) ad bestias die Worte „Alexandro munus edente". Gebhardt hat daraufhin vermutet, daß in der griech. Vorlage hinter θηρία etwa die Worte gehabt habe: Ἀλεξάνδρου τὰ κυνήγια δόντος. Der Kopte bestätigt diese Vermutung, da er an der entsprechenden Stelle den Zusatz bietet: „indem Alexander es war, der sie gefangen", was offenbar eine wahrscheinlich durch den Charakter der koptischen Sprache gebotene oder durch die Unbeholfenheit des Uebersetzers verursachte Umschreibung des lateinischen Ausdrucks Alexandro munus edente ist. Im unmittelbaren Anschluß daran (A. 374 10 f.) ist mit dem Lateiner A und Ko zu lesen: „Die Weiber aber d e r S t a d t schrieen v o r d e m R i c h t e r s t u h l". Die letzten drei Worte werden durch Ko und die andern Latt. gegen A geschützt, während sie A fortläßt.

8. c. 28 (A. 374 21) gibt der Kopte den Latt. recht mit ihrer Lesart: iniusta fiunt in hac civitate gegenüber den Griechen: ἀνόσια κρίσις γίνεται ἐν τῇ πόλει ταύτῃ. 374 22 fordert er mit ihnen die Auslassung des Namens „Falkonilla", sowie die Aenderung von ἣν τεθνεῶσα καί in ἡ τεθνεῶσα.

9. c. 29 (A. 374 31) muß man jetzt auf Grund der Uebereinstimmung von Ko und den Latt. lesen: „Du Gott der Himmel, Sohn des Höchsten".

10. c. 39 (A. 376 22) hat Gebhardt vermutet, daß die Lesart von E κατηχήσασα αὐτὴν τῷ λόγῳ die ursprüngliche sei. Ko gibt ihm Recht, da er liest: „indem

ſie lehrte ſie das Wort".

Die meiſten dieſer Lesarten hat die Ueberſetzung bereits berückſichtigt. Mehr läßt ſich vorläufig kaum aus dem Kopten und den Latt. zur Korrektur des Lipſius= ſchen Textes gewinnen. Auf die Auktorität des Kopten allein kann man ebenſowenig wie auf Grund der Latt. allein den griechiſchen Text emendiren. Die Ueberſetzung hält ſich daher durchgehends an den von Lipſius gebotenen Text. Wenn A. 370 44 „Thekla" ſtatt „Theoklia" ſteht, ſo bitte ich das als Druckfehler zu entſchuldigen. Dagegen wage ich kaum um Nachſicht zu bitten für das mir nachträglich ſelbſt un= begreifliche Verſehen A. 373 81, wo ich überſetzt habe „Ich komme ganz von Sinnen" ſtatt „Ich werde mich ſcheren". Selbſtverſtändlich habe ich Lipſius' Text an der Hand des von ihm gebotenen Materials einer eingehenden Nachprüfung unterzogen und vor allen Dingen überall da korrigirt, wo Lipſius ſeine eigenen textkritiſchen Grundſätze verleugnet, wie c. 26 (A. 373 40), wo er gegen ABEFGm die Lesart συριάρχης feſthält (ſ. o. S. 375) und den Zuſatz 'Αντιοχίων πρῶτος, der durch ABE cms, ſowie Ko („der der Große war von Antiochien") bezeugt wird, fallen läßt. Ein ähnlicher Fall liegt c. 37 (A. 376 8) vor, wo er mit ABC ms Tiſch. σωτηρίας ὄρος lieſt, lediglich um des Vorurteils willen, daß die A. Th. gnoſtiſchen Charakter tragen, anſtatt mit E σωτηρίας ὁδός zu leſen, was durch FG σωτ. αἰωνίου ὁδός beſtätigt und durch die beiden Latt. AC Gebh. wenigſtens nicht widerlegt wird. Daß er hier E gänzlich beiſeite ſetzt, iſt jedenfalls eine Inkonſequenz gegenüber der Tatſache, daß er c. 1 (A. 369 9) mit ABE ein ganz widerſinniges αὐτοὺς feſthält gegen CFGHIKL, wo ſich das allein ſinngemäße αὐτοῖς findet. Ebenſo iſt es etwa zu beurteilen, wenn er c. 27 (A. 374 13) lediglich auf die Auktorität von s hin βασίλισσα, obſchon in Klammern, aufnimmt, anſtatt mit BEFHcm γυνὴ πλουσία zu leſen oder in c. 19 (A. 372 22) gegen EFG und 2 Latt. das notwendige Objekt zu ἐνεφάνισαν: τὸ γεγονός fallen läßt, das auch durch Ko bezeugt wird, oder in c. 25 (A. 373 27) lediglich auf die Auktorität von s hin [καὶ ἅλας] zuſetzt. Ein durchaus unberechtigter Radikalis= mus zeigt ſich bei ihm, wenn er c. 7 (A. 370 13) gegen ſämtliche Griechen allein auf Grund ſeiner lateiniſchen Ueberſetzung dc lieſt τὸν τῆς ἁγνείας λόγον, während ſich in ſämtlichen griechiſchen Hſſ. mindeſtens der Zuſatz τῆς προσευχῆς findet und auch die übrigen Latt. verraten, daß ſie das Wort προσευχή in ihrer Vorlage gefunden haben. Nach EGIK müßte es heißen: „das Wort von Gott, wie es von Paulus verkündigt wurde und von der Enthaltſamkeit (G: von der Liebe) und dem Glauben an Jeſus Chriſtus und dem Gebet". Das ſieht allerdings aus wie eine Erweite= rung; die Ueberſetzung folgt daher der von Tiſch. recipirten Lesart von C τὸν τῆς παρθενίας λόγον καὶ προσευχῆς.

Ueber eine Reihe von Lesarten kann man zweifelhaft ſein. c. 1 (A. 369 8) hält ſich die Ueberſetzung an den durch 5 von einander unabhängige Verſionen be= zeugten lateiniſchen Text: nihil mali suspicabatur in eis. Der griech. Text: οὐδὲν φαῦλον ἐποίει αὐτοῖς ſcheint der Tendenz entſprungen zu ſein, Paulus von dem Odium zu entlaſten, daß er ſich in Demas und Hermogenes getäuſcht haben ſoll. Das er= kennt man aus der Umſchreibung der Stelle bei Baſilius (MPG 85, 492): „Dieſe beiden aber waren keine guten Männer, indem ſie das aber vorzuſtellen ſuchten. Sie waren aber bei Paulus, nicht als ob ſie unerkannt geweſen wären; vielmehr genießend des Apoſtels große Menſchenfreundlichkeit, damit ſie entweder infolge ſolches Umganges beſſer werden oder ſich ſelbſt ſchließlich ihrer Torheit anklagen möchten als ſolche, die in der Bosheit gediehen wären". Er betont alſo ausdrück= lich, daß Paulus ſie durchſchaut habe und ſucht zu erklären, warum er ſie trotzdem bei ſich behielt. Von hier aus verſteht man die griechiſche Lesart: „Paulus tat ihnen nichts Böſes" scil. obgleich er ihre böſe Geſinnung kannte. Urſprünglich hatte man ganz naiv erzählt, daß Paulus ſich in ihnen getäuſcht habe, ſpäter ſcheint man in gewiſſen Kreiſen Anſtoß daran genommen und es als eine Herabſetzung des Apoſtels empfunden zu haben. Allerdings iſt der griechiſche Text durch die ſyriſche und koptiſche Ueberſ. geſtützt, ſodaß v. Gebhardt (p. LXXXVII) nicht mehr wagt, die von ihm Acta martyrum selecta (p. 214 7) vorgeſchlagene Lesart ὑπενόει ἐν αὐτοῖς zu behaupten, sondern sich bei einem non liquet bescheidet. Im übrigen sind Varianten, die nicht nur die Form berühren, sondern zugleich den Inhalt alteriren, recht selten. Kaum dahin zu rechnen ist es, wenn Lipsius liest c. 1 (Aa I 326 ₁): πάντα τὰ λόγια κυρίου [καὶ τῆς διδασκαλίας καὶ τῆς ἑρμηνείας τοῦ εὐαγγελίου] καὶ τῆς γεννήσεως καὶ τῆς ἀναστάσεως τοῦ ἠγαπημένου, was nicht gerade sehr viel erträglicher wird, wenn Harnack die eingeklammerten Worte fortläßt und mit τὰ λόγια den gen. subj. κυρίου sowie den gen. obj. τῆς γεννήσεως als völlig koordinirte Attribute verbindet, während zu lesen ist nach EIKLM: τὰ λόγια τῆς τοῦ κυρίου διδασκαλίας, worauf man ohne Schwierigkeit mit CFGHs fortfahren kann: καὶ τῆς (fehlt bei EIKL, die sonst ebenso lesen) ἑρμηνείας τοῦ εὐαγγελίου καὶ τῆς γεννήσεως καὶ τῆς ἀναστάσεως. Die Verwirrung ist lediglich dadurch entstanden, daß man in Anlehnung an den geläufigen Terminus λόγια κυρίου das κυρίου von διδασκαλίας trennte und mit λόγια verband. Vgl. A. 369 ₉ f. Die von Gebhardt mit A bezeich= nete lat. Uebersetzung verwandelt die Genitive in Akkusative und stellt damit einen leiblichen Text her: ita ut omnia verba domini et doctrinam et interpretationes [scripturarum] et nativitatem Christi. Ebenso der Kopte, wodurch die Lesart eine starke Stütze empfängt f. Schmidt S. 27. Wichtiger ist die Frage, ob nicht auf die Auktorität sämtlicher lateinischer (ausgenommen eine Version) sowie der syrischen Uebersetzung hin in c. 14 (Aa I 245 ₆) die Worte καὶ ἀνιστάμεθα θεὸν ἐπεγνωκότες ἀληθῆ, die Lipsius als zweifelhaft einklammert, zu streichen sind. Es ist allerdings auffallend, daß hier eine mehr jüdische Umdeutung des Auferstehungsglaubens zu= sammengekoppelt ist mit der spezifisch griechischen Auffassung desselben. Aber man darf dem Verf. ruhig eine derartigen amplexus oppositorum zutrauen, ohne ihm als Theologen unrecht zu tun. Da Ko mit den Griechen übereinstimmt, so wird man diesen folgen müssen. Ich kann allerdings die Bemerkung nicht unterdrücken, daß mir das Zeugnis des Kopten schwerer ins Gewicht zu fallen scheint, wenn er mit den Latt. gegen die Griechen, als wenn er mit den Griechen gegen die Latt. zeugt. Seine Vorlage repräsentirt allerdings eine frühere Entwicklungsstufe des Textes als die vorhandenen griech. Hff., scheint aber nicht so alt und ursprünglich zu sein wie die von den Latt., besonders A benutzte Textgestalt. Doch vermag ich diese Ueberzeugung gegenwärtig nicht im einzelnen zu begründen. — Ob Lipsius im Recht war, wenn er c. 36 (A. 375 ₄₁) die allein von E gebotene Lesart παρὰ τὴν ἀρήναν ἐπὶ τοὺς ἄβακας der bei ABC παρὰ τὴν ἀρήναν, bei FG παρὰ τοὺς ἄβακας gegenübersteht, — eine Spaltung der Ueberlieferung, die sich auch in den Ueber= setzungen wiederspiegelt — bevorzugt, mag eine offene Frage bleiben; dagegen ist es ziemlich sicher, daß A. 375 ₄₇ ἡ βασίλισσα nicht ursprünglich ist, da es nicht nur in sämtlichen Uebersetzungen, sondern auch in der Epitome IV und der von Tischen= dorf hochgeschätzten Hf. C fehlt.

Der Verf. schreibt einen leidlich gewandten und durchsichtigen Stil. Wo die Uebersetzung auf ernstliche Schwierigkeiten stößt, darf man daher in der Regel auf Textverderbnisse schließen. Wenigstens nicht ganz unverdächtig ist c. 21 (A. 372 ₃₇) der griech. Text ἐπὶ τὴν ἀνάγκην τῆς θεωρίας; man könnte darin die Spannung und Beklemmung ausgedrückt finden, die durch das grausame Schauspiel erzeugt wird; aber immerhin bleibt der Ausdruck eigentümlich; der Art des Verfassers scheint die einfache Form zweier Latt. ad crudele spectaculum bei weitem besser zu entsprechen; doch wird der griech. Text durch die beste lat. Uebersetzung bestätigt: et omnis turba exivit ad necessitatem spectaculi. Anfechtbar ist ebenfalls die Lesart c. 24 (Aa I 252 ₈): ὡς δὲ ἐπέστη ἐπὶ τὸ μνημεῖον Παύλῳ κεκλικότι τὰ γόνατα καὶ προσευχομένῳ nach ABE; der Dativ Παύλ. κεκλικ. durchbricht neben ἐπὶ τ. μνημ. die Konstruktion, sodaß sie im Deutschen nicht wiederzugeben ist; die Uebersetzung müßte sich etwa der von Tischendorf nach C aufgenommenen Lesart anschließen: ὅπου ἦν Παῦλος κεκλικὼς προσευχόμενος καὶ λέγων. Aber auch dann bleibt der Satzbau auffallend schwer= fällig wegen des langen Vordersatzes. Die Lateiner haben eine bedeutend einfachere Konstruktion; die erste Gruppe liest: Et cum venissent ad monumentum, Paulus genibus positis orabat dicens; die zweite: Cum itaque ad monumentum cum puero pervenisset, repperit Paulum orantem atque haec dicentem; die dritte ist freier. Da κλίνω auch intransitiv gebraucht wird, so könnte die Vorlage für die erste etwa gelautet haben: ὡς δὲ ἐπέστη ἐπὶ τὸ μνημεῖον Παῦλος κεκλικὸσι γόνασι προσηύχετο. — Auffallend ist c. 25 (252 11) der auch durch den Kopten bezeugte Ausdruck: καὶ ἦν ἔσω ἐν τῷ μνημείῳ ἀγάπη πολλή. Er gäbe keinen üblen Sinn, wenn man unter ἀγάπη Liebesmahl verstehen dürfte; aber das bedeutet es nur im Plural. Die von einzelnen Lateinern gebotene Lesart gaudium bezw. gaudium magnum verdient keine Beachtung, da die betr. Hss. den am wenigsten zuverlässigen Typus der Uebersetzung repräsentiren (sie gehören zu der von Gebhardt mit C bezeichneten Gruppe). Es scheint also ein ungeschickter Ausdruck des Verfassers vorzuliegen, für den sich aber eine Parallele in den A. J. (Aa II 1, 181 21) c. 63 findet: καὶ πολλῆς ἀγάπης οὔσης καὶ χαρᾶς ἀνυπερβλήτου ἐν τοῖς ἀδελφοῖς. Kaum zu übersetzen ist der von Lipsius c. 29 (Aa I 256 6) recipirte Text, der auch durch den Kopten bezeugt ist: ἅμα μὲν ἐπένθει ὅτι ἔμελλεν εἰς τὴν αὔριον θηριομαχεῖν, ἅμα δὲ καὶ στέργουσα ἐμπόνως ὡς τὴν θυγατέρα Φαλκονίλλαν εἶπεν. Durch die lateinischen Uebersetzungen werden zwei Mög= lichkeiten zur Korrektur des griech. Textes nahegelegt. Die Versionen des Typus B lesen: Postquam igitur transacta pompa Trifena Theclam ad domum reduxit, lugebat eam simulque illum diem quo erat ad bestias pugnatura. Amabat enim et diligebat eam ac si propriam filiam Falconillam. Tunc itaque ait ad illam. Darnach hätte man das ἅμα δὲ καὶ etwa durch ein γάρ zu ersetzen. Aber abgesehen davon, daß bei dieser Lesart der Satz ἅμα μὲν bis θηριομαχεῖν offenbar sehr frei übersetzt ist, versteht man bei dieser Uebersetzung nicht, wie der Satz als Motiv für die Bitte der Tryphäna angeführt werden kann. Einen zuverlässigeren Anhalts= punkt bietet die von Gebhardt mit A bezeichnete Uebersetzung: Cum autem ab ex= pugnatione bestiarum recepisset eam, simul lugebat quod in crastina die depugna= tura esset cum bestiis, simul autem lugebat filiam suam Falconillam in dolore et dixit. Hiernach wäre ὡς zu tilgen, wie es auch von CFH mit ἐμπόνως zusammen (was aber der Lat. durch in dolore wiedergibt) ausgelassen ist, und στέργουσα in πενθοῦσα zu verbessern, wodurch ein unanfechtbarer Zusammenhang entstehen würde. Als Textverderbnis wird man endlich die Lesart ὑστέρᾳ ἡμέρᾳ c. 34 (Aa I 260 7) ansehen müssen, obwohl dieselbe durch ABEFG bezeugt ist; der Ausdruck könnte nur nach C ὑστεραίᾳ ἡμέρᾳ mit „tags darauf" übersetzt werden. Das ist aber sinn= los. Die Lateiner schreiben übereinstimmend „novissimo die", was eine Aenderung des ὑστέρᾳ in ὑστάτῃ voraussetzen würde.

Einzelne Ausdrücke und Wendungen des Erzählers sind singulär und daher schwierig zu übersetzen. Ganz unverständlich wird er z. B., wenn er c. 1 schreibt καὶ ἐξελιπάρουν τὸν Παῦλον, was wörtlich übersetzt heißen würde „sie suchten Paulus durch Bitten zu bewegen"; da das im Zusammenhang völlig nichtssagend ist, so hat die Vermutung viel Schlau viel Ansprechendes, wonach durch das ἐξ nur die Bedeutung des Simplex λιπαρεῖν = perseverare verstärkt werden soll, sodaß es den Sinn des lateinischen obsequebantur bekäme, wie die von Gebhardt mit B bezeichnete Uebersetzung wirklich schreibt, dann wäre aber das τὸν Παῦλον wohl in τῷ Παύλῳ zu ändern, wofür keine Hs. einen Anhaltpunkt bietet. Der im Deutschen nicht wiederzugebende Ausdruck μικρῶς ἐπίρρινον c. 3 (A. 369 22), der von den Lateinern übereinstimmend mit naso aquilino wiedergegeben wird, soll zweifellos besagen, daß die Nase auffiel, ohne jedoch durch ihre Länge das Gesicht zu verunzieren, wobei allerdings zu berücksichtigen ist, daß μικρῶς bei C und G fehlt und auch der Meta= phrast einfach γρυπόν schreibt; das an Joh. 1 14 erinnernde Attribut πλήρης χάριτος „voll von Gnade" erklärt sich durch die folgenden Worte als die in Augen und Gesichtsausdruck sich offenbarende Herzensgüte. Unter diese Kategorie gehört das Wort δειλανδρέω c. 25, von uns mit „mannstoll werden" übersetzt; wörtlich würde es heißen „feig vor Männern sein" oder „Männern gegenüber schwach sein"; die Uebersetzung ist also zu stark, aber eine andere Wortbildung steht im Deutschen nicht zur Verfügung. Da übrigens die sämtlichen Latt. übereinstimmend mit dem Syrer das Wort auslassen und EFG δειλιάσεις (bezw. -σης) lesen, so ist es vielleicht zu streichen. Hier und da drückt er sich reichlich kurz aus, sodaß die Situation nicht ganz klar wird. Ein solcher Fall liegt c. 7 vor „ἐπὶ τῆς σύνεγγυς θυρίδος τοῦ οἴκου", wo FGs dem Sinne nach richtig αὐτῆς hinzufügen und cd die Umschreibung bieten: assedit supra fenestram iunctam domui Onesifori (d iuxta domum), so daß Thekla am Fenster ihres eigenen Hauses gesessen hätte, das unmittelbar an das Haus des Onesiphorus stoßen soll. Wenn c. 10 (A. 670 48) Es οἱ μὲν ἐν τῷ οἴκῳ lesen statt des einfachen οἱ μέν des von Lipsius recipirten Textes, so ist das dem Sinn durchaus entsprechend und eine willkommene Abrundung des Stiles; aber der Verf. kann sehr wohl darauf verzichtet haben. Dagegen ist eine Konstruktion, wie sie Tischendorf und Lipsius c. 11 (A. 371 5) durch Aufnahme der Lesart von CGs πλανῶν ψυχὰς νέων καὶ παρθένους ἀπατῶν ihm zutrauen, schwerlich seinem Stile gemäß; es wird mit AB πλάνος oder mit E πλανῶν ἄνθρωπος zu lesen sein, was m mit seductor übersetzt. Ob man die überflüssige Wiederholung ἀλλὰ τηρήσητε ἁγνήν c. 12 (A. 371 11) mit FG und sämtlichen Versionen gegen ABE als Glosse streichen darf, wie ich es getan habe, ist mir zweifelhaft geworden, nachdem ich gesehen habe, daß sie durch den Kopten aufgenommen worden. c. 18 verrät der Erzähler seine Ungeschicklichkeit, indem er wesentliche Züge ausläßt und unwesentliche (περιελομένη) berichtet. Die Vorlage von cdmsᵈ hat den Mangel empfunden und ergänzt: ἡ δὲ Θέκλα ἀκούσασα ταῦτα, wozu bei cd noch ein surrexit = ἀνέστη tritt; zu τὰ ψέλια wird man mit E αὐτῆς hinzuzufügen haben. So deutet auch von Gebhardt S. XCIV den handschriftlichen Befund. Die Uebersetzungen haben an einzelnen Stellen die etwas unklare Schilderung des Verf. offenbar richtig interpretirt und Anstöße zu beseitigen gesucht. c. 22 (A. 373 2) werden die Worte ἡ δὲ τύπον τοῦ σταυροῦ ποιησαμένη von m umschrieben: extensis manibus similitudinem crucis faciens ac signans se, während Gebhardts A an ein Kreuzeszeichen auf der Stirn denkt. c. 28 (A. 374 16 f.) beseitigen die lat. Verf. das Unwahrscheinliche der Situation nach dem griech. Text, wonach Thekla auf eine Löwin gebunden sein soll; c schreibt: imposita Thecla super cavea in qua erat leaena saevissima valde; intravit in arenam expectantium, d: in amphitheatro posita estˈin cavea in qua erat leaenae saevissima et introivit in arenam pompa spectaculi. m: statuerunt eam super caveam leaena ferocissimae atque ingentis formae; A weiß dagegen nichts von einem Käfig. Das rätselhafte Wort ἄμωμον (c. 35, A. 375 32) geben die lat. Verf. nicht wieder.

　　Da dem Verf. eine kräftige und volkstümliche Ausdrucksweise an einzelnen Stellen ganz gut gelingt, so folgt die Uebersetzung c. 10 (370 47) nicht dem von Tischendorf und Lipsius nach AB gebotenen Text ἀλλ' ἦν ἀτενίζουσα τῷ λόγῳ Παύλου, der durch die beste lateinische Uebersetzung gestützt wird, sondern sucht die eindrucksvollere Fassung von E wiederzugeben: ἀλλ' ἦν ὅλη πρὸς τὸν λόγον Παύλου προσέχουσα; der Sinn wird dadurch nicht geändert. Dagegen scheint c. 15 (371 30) die von Tischendorf und Lipsius auf Grund von ABs gebotene Lesart „ἵνα μὴ θελήσῃ με" („daß sie mich nicht will") den populären Ton besser zu treffen als die Lesart von EFG, die ein γαμηθῆναι bezw. γῆμαι hinzufügen; wenn die sämtlichen Lateiner dem entsprechend nähere hinzufügen, so beweist das nichts für den ursprünglichen Text, da es im Lat. nicht zu entbehren ist.

4.

Der apokryphe Briefwechsel des Paulus mit den Korinthern.

　　Der Text der Uebersetzung dieses Bruchstückes ist auf Grund von 4 verschiedenen Recensionen hergestellt, zu denen sich nachträglich noch der Kopte gesellt hat:　　1) Die altarmenische Uebersetzung, die von Rink mit Hilfe des Mechitaristen Pascal Awker auf Grund der Ausgabe von Johannes Zohrab 1823 äußerſt ſorgfältig ins Deutſche übertragen iſt.   Der Ausgabe Zohrabs von 1805 dient eine undatirte venetianiſche Hſ. als Grunblage, mit der er 7 andere venetia=niſche Hſſ. verglichen hat.   Sie bietet den Briefwechſel im Anhang.   Wir bezeichnen den Rinckſchen Text mit A.   2) Die lateiniſche Ueberſetzung der Mai=länder Hſ., herausgeg. von Carrière und Berger 1891 und abgedruckt von Harnack ThLZ 1892 Nr. 1 (Sp. 7—9).   Sie findet ſich in einem lateiniſchen Bibelkodex, der ſich durch eine ſehr merkwürdige Reihenfolge der bibliſchen Bücher auszeichnet, am Schluß unmittelbar nach dem Paulusbriefen (Hebräerbrief) und vor dem apokryphen Laodicenerbrief.   Die Ueberſetzung ſetzt, wie Vetter, D. apokr. 3 Kor.=Br. S. 9, ge=zeigt hat, eine ſyriſche Vorlage voraus; daran haben mich auch Schmidts Gegen=argumente nicht irre machen können.   Der Ueberſetzer iſt nicht ein Lateiner, der des Syriſchen kundig war, ſondern ein Syrer, der Lateiniſch verſtand (ſ. Zahn G.K. II 1018).   Leider weiſt der Text an zwei Stellen empfindliche Lücken auf. Sigl.: L₁.

3) Die lateiniſche Ueberſetzung der Hſ. von Laon, von Bratke ThLZ 1882 Nr. 24 abgedruckt.   Der Kodex enthält den Briefwechſel ganz am Schluß der bibli=ſchen Bücher hinter den katholiſchen Briefen, denen die Paulusbriefe und die Apo=kalypſe voranſtehen.   Auch dieſe Ueberſetzung weiſt zurück auf eine ſyriſche Vorlage. Der Ueberſetzer iſt kein Lateiner, aber wahrſcheinlich auch kein Syrer, ſondern ein des Syriſchen und Lateiniſchen kundiger Grieche oder etwa auch ein mit dem Grie=chiſchen mehr als mit dem Lateiniſchen vertrauter Syrer (ſ. Vetter a. a. O. 36). Leider iſt die Handſchrift ſehr defekt und an vielen Stellen unleſerlich. Sigl.: L₂.

4) Der Kommentar Ephraems, überſetzt aus der 1836 in Venedig erſchie=neuen Geſamtausgabe ſeiner armeniſch erhaltenen Werke vom Armenier Stephan Kanajanz und von Prof. Hübſchmann revidirt, iſt bei Zahn G.K. II S. 595—606 abgedruckt.   Vetter (a. a. O. S. 70 ff.) bringt eine eigene Ueberſetzung. In Ephraems Kommentar ſteht der Briefwechſel mitten unter den echten Paulusbriefen hinter 2. Kor. und vor Gal. Sigl.: E.   5) (Schmidt S. 74—82) Der Kopte iſt leider auch in dieſem Stück nicht völlig intakt, aber trotzdem als Textzeuge von höchſtem Wert, da er allein eine griechiſche Vorlage vorausſetzt, während alle andern 4 Ver=ſionen höchſt wahrſcheinlich aus einer ſyriſchen Verſion übertragen ſind. Infolge deſſen bildet er einen unerſetzlichen Wertmaßſtab für die übrigen Texte. Auf Grund des Kopten (Sigl.: Ko) können wir feſtſtellen, daß L₂ den urſprünglichen Text am reinſten erhalten hat.

Da L₂ aber leider ſehr mangelhaft konſerviert iſt, ſo hält ſich die Ueber=ſetzung in ihren Grundzügen an L₁, obgleich er den urſprünglichen Text nicht intakt überliefert hat, ſondern wenigſtens an einer entſcheidenden Stelle eine Korrektur auf=weiſt, die ſich allerdings auch bei A findet, aber durch L₂ und E, ſowie durch Ko übereinſtimmend als tendenziöſe Entſtellung dargetan wird. AL₁ leſen nämlich 3₂₄: „Wenn ſie euch aber ſagen, es gäde keine Auferſtehung des Fleiſches, für die wird es keine Auferſtehung zum Leben, ſondern zu ſeinem Gericht geben, da ſie gegen=über dem, der von den Toten auferſtanden iſt, ungläubig ſind“.   So korrekt die Drohung an die Auferſtehungsleugner im Sinne der gemeinkirchlichen Lehre ſein mag, ſo wenig beſteht zwiſchen ihr und dem Vorderſatz eine innere Logik. Wie viel konciſer iſt der Zuſammenhang in L₂: „und wenn ſie ſagen, es gäde keine Aufer=ſtehung des Fleiſches, ſo ſprechen ſie ſich ſelbſt das Urteil; denn ſie werden nicht auferſtehen, weil ſie nicht geglaubt haben, daß der tote König auferſtanden iſt.“ Vetter hat die Lesart von L₂ quia mortuus rex surrexerit korrigiert in quia mor-tuus resurrexerit.   Ko gibt ihm nachträglich recht.   Ich hatte die Korrektur nicht aufgenommen, weil mir dadurch die Pointe verwiſcht zu werden ſchien.   Darin liegt wirklich eine tiefe und ernſte Konſequenz: was ſie behaupten, — für ſie ſelbſt hat es ſeine Richtigkeit.   Das wäre an ſich allerdings noch kein Beweis da=für, daß die Lesart von L₂ die urſprüngliche iſt, wenn ſie nicht durch E beſtätigt würde: „Und diejenigen, welche ſagen, es gäde doch keine Auferſtehung des Leibes, denen ſoll keine Auferſtehung zu teil werden <nicht deshalb, weil ſie die Aufer=ſtehung leugneten, ſondern> weil ſie erfunden werden als Leugner eines ſolchen

Auferstandenen". Dieselbe Anschauung spricht der Verf. der A. P. in A. Th. c. 34
aus: „Kurz, wer nicht an ihn glaubt, der wird nicht leben, sondern tot bleiben in
Ewigkeit." Sie ist übrigens keineswegs sein Eigentum, sondern wahrscheinlich jü=
dischen Ursprungs; es heißt nämlich Sanhedrin 90 a: Das aber sind die, welchen
kein Anteil ist an der zukünftigen Welt, nämlich wer sagt: die Wiederbelebung der
Toten ist nicht aus der Thora zu erweisen. Er hat die Wiederbelebung der Toten
geleugnet, deshalb soll ihm kein Anteil sein an der Wiederbelebung der Toten (vgl.
Vetter Theol. Quartalschr. 1895, S. 625 ff.).

Wie L₂E in diesem Fall gegenüber AL₁ den besseren Text bieten, so läßt sich
das Gleiche 3 ₃₃ nachweisen. Der Vers lautet bei L₁, womit A bis auf die einge=
klammerten Worte übereinstimmt: „In ähnlicher Weise hat Elias der Prophet den
Sohn der Witwe vom Tode auferweckt. Wie viel mehr wird auch der Herr Jesus
<beim Schall der Posaune in einem Augenblick> vom Tode auferwecken, wie er
selbst von den Toten auferstanden ist. <Denn ein Urbild hat er uns in seinem
Leibe dargestellt.>" Schon durch die Art seiner Einführung („in ähnlicher Weise"),
die auf eine feste logische Verbindung mit dem Vorhergehenden verzichtet, noch mehr
aber dadurch, daß hier eigentlich nur wiederholt wird, was schon 3, 6 b. 7 a. 31 ge=
sagt war, weist sich dieses Stück als nachträgliches Einschiebsel aus. Daß es bei
EL₂ fehlt, stört den Zusammenhang nicht im geringsten, im Gegenteil, derselbe er=
scheint hier nur straffer und korrekter. Man darf daraus schließen, daß A und L₁
eine erweiternde Bearbeitung erfahren haben, durch die etwaige Anstöße beseitigt
werden sollten. Wo ihnen gegenüber EL₂ in einer abweichenden Lesart überein=
stimmen, darf man in der Regel bei den letzteren den ursprünglichen Text erkennen.
L₁ ist daher nach L₂ zu korrigiren, wenn dieser mit E übereinstimmt; er hat da=
gegen das Richtige, wenn er A zur Seite hat und durch E nicht widerlegt wird.

Nach diesen Grundsätzen geben wir im folgenden eine Rechtfertigung des von
uns in der Uebersetzung befolgten Textes:

1 1 „Mitpresbyter" E nach Kanajanz. L₁ ₂ lesen maiores natu; das ist die
unbeholfene Uebersetzung eines syrischen Wortes, das an die Stelle des griechischen
πρεσβύτεροι getreten ist; hier verrät sich der des Lateinischen wenig kundige Ueber=
setzer. „Den Bruder im Herrn" nach L₁A, was durch E „den Bruder und Herrn"
bestätigt wird; L₂ dagegen zieht in domino zu salutem, wo L₁ gegen alle Zeugen
den Zusatz aeternam hat.

2 L₁ schreibt Simon quidam, während nach L₂AE quidam zu duo gehört.
„Durch verderbliche Worte" E wird bestätigt durch L₂ „corruptis verbis", während
L₁ verbis adulteris liest. A „trügerische und verderbliche Reden" scheint beides zu
vereinigen. „über die du selbst erkennen sollst" nach L₁ quod tu proba, womit E
und L₂ (quae tu proba et examina) stimmen, während A liest: „Von welchen Re=
den du Kunde erhalten mußt." — 4 b—7 fehlen in L₁, da 4 Zeilen abgerissen sind.
Die Uebersetzung folgt L₂. — 5 „aber" wird von AE richtig umschrieben: „So=
viel wissen wir, daß . . .". — 7 haben AE „Aber darin hat sich der Herr unser gar
sehr erbarmt, daß während du körperlich bei uns bist, wir es noch einmal hören".
Nun, entweder schreib du uns oder komme selbst bald zu uns". — 8 Aus dem kop=
tischen Text ergibt sich, daß der Name Theonas AL₁ oder Atheonas L₂ oder Etheonas
E ursprünglich eine Frau „Theonoe" bezeichnet hat. AE haben: Wir vertrauen auf
den Herrn, daß entweder Christus sich dem Etheon geoffenbart und dich aus den
Händen des Ungerechten errettet <und zu uns gesandt> habe oder aber schreibe
du uns einen Brief. L₁ hat aus der Aufforderung wiederzuschreiben einen selbstän=
digen Satz gemacht, der einigermaßen abrupt dasteht, da er nicht als die andere
Seite einer Alternative charakterisirt ist, deren eine Seite der Gedanke bildet: du
bist befreit und kannst zu uns kommen. Die Uebersetzung sucht das logische Ver=
hältnis durch·ein hinzugefügtes „sonst" auszudrücken. Schmidt (S. 75) hält die
Worte „aut scribe nobis" in L₂ für später eingeschoben und findet den ursprüng=
lichen Text bei dem Kopten: „Wie nun der Herr sich unser erbarmt hat, daß wir,
während du dich noch in deinem Fleische befindest, wiederum hören von dir, wenn

es möglich ist, daß du kommst zu uns. Denn wir glauben, wie offenbart ist der Theonoë, daß der Herr dich gerettet hat aus der Hand der Gesetzlosen". — 9 „aber" nach L₂ ist gefälliger als L₁ „nämlich". — 10 „man dürfe sich nicht auf die Propheten berufen" nach L₂ negant prophetis oportere uti. Damit stimmen AE, wogegen L₁ höchst mißverständlich schreibt: non debere inquiunt vatibus credi, was auch heißen kann: man dürfe nicht, sagen sie, Wahrsagern glauben. — 11 L₂ hat für „allmächtig" die sonderbare Umschreibung „nec communium rerum esse deum potentem", wobei die syrische Vorlage durchschimmert. — 13 „der Mensch sei nicht von Gott geschaffen" L₂AE, L₁ gebraucht die Wendung figmentum dei. — 14 „sed neque in carne venisse (L₂ descendisse) Christum" habe ich übersetzt: „Christus sei nicht in das Fleisch gekommen", unter der Annahme, daß ein bekannter Gräcismus vorliegt. Der Sinn bleibt derselbe wie bei Schmidt: „und daß der Herr nicht ist gekommen im Fleische".

2 fehlt bei L₁ und L₂, woraus hervorgeht, daß sie ihren Text aus einer Sammlung paulinischer Briefe bezogen haben. Die Ueberfetzung gibt mit geringen Abweichungen den Text von A wieder.

3 1 L₁ fügt zu salutem wieder in domino hinzu. AE verbinden damit das folgende: „aus vielem Mißgeschick dahier — Gruß".

2 „des Bösen" nach L₁AE, während L₂ disciplina malitiae hat. „Erfolg haben" nach L₁ ₂, AE „in die Welt dringen". Der Kopte zeugt mit L₂AE gegen den von mir bevorzugten L₁: „Nicht wundere ich mich, daß laufen (eindringen), also in Eile die Meinungen des Bösen"; darnach handelt es sich also um die Vorbereitung häretischer Lehren, die als Dogmen des Teufels bezeichnet werden, während L₁ mehr an die Absichten des Bösen denkt, für die jene Lehren als Mittel dienen. — 3 „Denn" lesen L₁ ₂, damit wird der Grund für das Nicht-Wundern angegeben. Wenn man mit AE „aber" liest, so wird die Wiederkunft Christi als die Gegenwirkung gegen die Anschläge des Bösen aufgefaßt. Beides ist möglich. Das „wegen derer" bei AE wird von L₂ richtig umschrieben: iniuriam non ferens ultra adulterantium doctrinam, wogegen L₁ decipiens eos, qui adulterant verbum eius keinen ungezwungenen Sinn gibt. — 4 L₂ „was ich von unsern Vorgängern, den hl. Aposteln empfangen habe, die allezeit mit dem Herrn J. Chr. zusammen gewesen waren", womit AE im wesentlichen stimmen, wird von L₁ erweitert durch „von dem Herrn". — 5 AL₁ fügen gegen EL₂ zu „Maria" „der Jungfrau" hinzu. EL₁ Ko verbindet die folgenden Worte „ex semine David", die A und L₂ durch quae est auf Maria beziehen mit Christus, und L₁ fügt secundum carnem hinzu; durch den Hinzutritt von Ko zu E und L₁ ist deren Lesart gegenüber der von der Ueberfetzung befolgten als die bessere erwiesen. Ebenso wird man die von AE, über L₁ ₂ hinaus gebotenen Worte „gemäß der Verheißung", tilgen und nach L₂Ko übersetzen müssen: indem geschickt ist zu ihr vom Vater himmlischer (Ko heiliger) Geist". Damit würde L₁ übereinstimmen, wenn man de vor spir. sct. streicht, nur daß er in der von ihm beliebten Manier die Worte per angelum Gabriel hinzugefügt hat. — 6 A liest: „Daß Jesus in die Welt eintrete und alles Fleisch durch sein Fleisch erlöse" und bestätigt damit die Lesart von L₂, die auch Ko voraussetzt, „et liberaret". Die Ueberfetzung folgt L₁, mit dem E im Wesentlichen stimmt, nur daß sich bei diesem kein Satz findet, der den Worten korrespondirt: ut in hunc mundum prodiret Jesus in carne. — 7 Nach AE ist bei L₁ zu lesen „sicut et ipse se typum nobis ostendit" und 7 a mit 6 b zu verbinden. Darauf deutet auch der schwer lesbare Text von L₂, sowie Ko. Vor quia homo a patre fictus est ist dann bei L₁ nach L₂ ein et eingefügt, so daß 7 b als zweiter Explikativsatz zu quae accepi dem Satz „quoniam dominus noster etc." koordinirt ist. Nach Ko würde es sich aber wohl mehr empfehlen, wenn man 7 b als Begründung zu 8 faßte: „Weil der Mensch von seinem Vater geschaffen ist, deswegen nun ist er aufgesucht in seinem Verderben". — 8 Während L₁ mit propter quod den sachgemäßen Anschluß dietet, hat er das syrische Wort für υἱοθεσία durch per filii creationem wiedergegeben, was nach L₂AE in „adoptionem" zu korrigiren ist. — 9. 10 omnia tenens L₁ ist eine ungeschickte, buchstäb=

liche Ueberſetzung des ſyriſchen Wortes für παντοκράτωρ. Im übrigen deckt ſich L₁
ziemlich genau mit AE — für consolatus iſt consiliatus zu leſeu —, während L₂
wahrſcheinlich geleſen hat: Denn Gott der allmächtige, der Schöpfer Himmels und
der Erden, da er die Juden ihren Sünden entreißen wollte, weil er beſchloſſen hatte,
daß das Haus Iſrael ſelig ſein ſollte, goß er einen Teil vom Geiſte Chriſti geſammelt (?) aus und ſandte Propheten zuerſt zu den Juden, die (ihnen) lange Zeit,
ſo lange ſie Gott in Irrtum verehrten, predigten. — 11 Bei L₁ iſt nach AE ſtatt
non quia zu leſen: nam quia, der ſtehende Ausdruck für „denn". Negabat iſt in
necabat zu korrigiren. Ad suam voluntatem L₁ haben AE nicht, dagegen iſt nach
AEL₂ voluptatibus zu ergänzen, das einzige Wort, worin der ſehr ſchwer lesbare
Text von L₂ mit AE deutlich ſtimmt. — 12 Durch die Paraphraſe von E „aber der
durch ſeine Gerechtigkeit alles beherrſchende Gott" wird die Lesart L₁ beſtätigt:
Deus — potens cum sit sit iustus. Es iſt zwar ein eigenartiger Gedanke, daß
Gottes Allmacht auf ſeine Gerechtigkeit gegründet wird, aber er fällt doch nicht
aus dem Kreis der theologiſchen Anſchauungen des Verf.s heraus, wogegen A „da
er rechtfertigen wollte und nicht verachten wollte ſein Geſchöpf" ihm einen Gedanken
zumutet, der jenſeits ſeines theologiſchen Horizontes liegt. Nimmt man an der auf
die Gerechtigkeit gegründeten Allmacht Gottes Anſtoß, ſo muß man die Worte „cum
sit iustus" als Begründung zu nolens abicere oder zu misertus est ziehen, was aber
ebenſo ſchwierig iſt. — 13 A: ſandte am Ende der Zeiten. L₂ ſchreibt suum
ſtatt sanctum. Die Ueberſetzung folgt L₁. A „zuvor beſchrieben durch die Propheten"
iſt deutlich eine auf 10 zurückweiſende Gloſſe.

14 „Die von ganzem Herzen glaubte" läßt L₂ aus, desgleichen E; A umſchreibt dieſen im Zuſammenhange nicht ganz durchſichtigen Zuſatz: „welche, weil
ſie von ganzem Herzen glaubte, würdig war, zu empfangen und zu gebären unſern
Herrn Jeſus Chriſtus". — 15 „gebunden" vinctus fehlt L₁ ₈, wo der Satz ſchon
einmal irrtümlich abgeſchrieben war. „Das Fleiſch, durch das er ſein Weſen trieb"
iſt Ueberſetzung des „conversatus est" bei L₁; L₂ hat mortem contraxerat. Man
erwartet etwa „mittels deſſen er ſeine Herrſchaft ausübte". A „worüber hochfah-
reud ſich der Böſe gebrüſtet hatte", iſt ein ſehr geſchrobener Ausdruck, der durch
die Paraphraſe von E nicht durchaus gedeckt wird; es ſoll wohl damit geſagt ſein,
daß der Böſe, der ſehr wohl wußte, daß er nicht Gott ſei, ſich einbildete, durch
die Macht, die er über das Fleiſch ausübte, zum Gott zu werden. — 16 Bei L₁ ſind
hier wieder 4 Zeiten abgeriſſen. L₂ lieſt: Sic enim in corpore (suo) Jesus omnem
carnem servavit, was A nach ſeiner Weiſe erweitert zu „berufen und erlöſt das vergängliche Fleiſch und zum ewigen Leben geführt durch den Glauben". E dietet nichts
Entſprechendes. — 17 A: „Daß er einen heiligen Tempel der Gerechtigkeit in jenem
ſeinem Fleiſche bereite den künftigen Zeiten. An welchen auch wir geglaubt haben
und erlöſt worden ſind." E hat ſtatt „bereite" geleſen „aufweiſe"; ferner fehlt bei
ihm „den künftigen Zeiten", endlich findet ſich keine Erwähnung des Glaubens:
„und wir ſelbſt wurden durch eben denſelben Leib von dem geheimen und offenen
Tode errettet". Darin ſtimmt er mit L₂, der allerdings ſchreibt: iustitiam et ex-
emplum in suo corpore ostendens, per quod liberati sumus, wofür nach Streichung von m und ex zu leſeu iſt: iustitiae templum in suo etc. L₂ weicht ab von
A und E, indem er ſtatt des Finalſatzes einen Inſtrumentalſatz bringt, was allein
einen brauchbaren Sinn gibt. Denn es handelt ſich keineswegs etwa um die chriſtliche Gemeinde, die Chriſtus zu einem Tempel der Gerechtigkeit bereiten ſollte, ſondern um ſeinen irdiſchen Leib, der als Mittel dient, uns zu befreien. 19 Die
Ueberſetzung folgt L₂: Qui ergo istis consentiunt, non sunt filii iustitiae. AE (und
Ko?) faſſen die Irrlehrer ſelbſt ins Auge: „Wiſſet alſo, daß jene nicht Söhne" uſw.
Sie werfen ihnen vor, daß ſie „die Erbarmung der Barmherzigkeit Gottes ver-
kürzen", wogegen L₁ ₂ prudentia = providentia Vorſehung ſchreiben. In der Tat
wer Gott nicht als Schöpfer aller Dinge gelten laſſen will, verkürzt nicht ſein Erbarmen, ſondern ſeine Vorſehung. — 20 „Sie ſelbſt ſind alſo Kinder des Zorns"
hat L₁ gegen AEL₂ Ko. A ſetzt „Lehre" ſtatt „Glauben" L₁E, welch letzterer

schreibt: „Aber sie hatten den Glauben der verfluchten Schlange". L₂ zeigt eine Lücke: maledicti enim qui serpentis ... sententiam secuntur; Bratke will ergänzen sunt, eius: „Denn verflucht sind, welche der Schlange gehören, ihrer Ansicht folgen". Damit ist nichts anzufangen; ohne die Ergänzung gibt der Satz einen weit besseren Sinn. — 21 L₁ ₂ übereinstimmend: „Diese stoßet ab von euch und vor ihrer Lehre fliehet!" AE fügen hinzu „in der Kraft Gottes" resp. „kräftiglich" und schreiben statt „fliehen" „wegstoßen" mit einer andern Wendung des Bildes. — 22. 23 fehlen bei L₂E Ko und sind bei L₁A überflüssig.

Ueber 24. 25 vgl. o. S. 389. — 26 L₁.₂ haben „Ja, ihr Korinther, s i e wissen nicht Bescheid — —", wogegen A (ähnlich E) liest: „Ihr wisset ja, ihr Männer v. K., von den Samen" usw. Im folgenden scheint L₂ den korrektesten Text zu bieten. „In dem nämlichen Leibe und bekleidet" nach A, dem E in den Worten „mit dem nämlichen Leibe" zustimmt, während L₂ et fiunt unum corpus wohl auf einen ähnlichen Gedanken hinweist. L₁ corporata et vestimenta widerspricht dem wenigstens nicht. Dieser ganze Gedankenkreis ist jüdischen Ursprungs. Vgl. Wünsche, Der babylonische Talmud 1886 II S. 76, III S. 147. Kethubohu fol. 111 b heißt es: „R. Chija Bar Joseph hat ferner gesagt: Einst werden die Gerechten bekleidet (mit Kleidern angetan) auferstehen. Der Beweis ist vom Weizen zu entnehmen. Wenn schon der Weizen, welcher nackt begraben (in die Erde gelegt) wird, bekleidet hervorsproßt, um wie viel mehr die Gerechten, welche mit Kleidern begraben werden." Dazu vgl. Sanhedrin fol. 90 b: „Die Königin Kleopatra fragte den R. Meïr, sie sprach: Ich weiß, daß die Lebenden sterben müssen; denn es stehet geschrieben: ‚und sie werden blühen aus der Stadt wie das Kraut der Erde'; aber wenn sie schon aufstehen, stehen sie nackt oder mit ihren Kleidern auf? Er antwortet ihr: ‚Wir können es nach der Schlußfolge des Leichten auf das Schwere vom Weizen(-korn) lernen. Wenn schon ein Weizen(-korn), das nackt (in die Erde) begraben wird, mit vielen Kleidern hervorkommt, um wie viel mehr die Gerechten (Frommen), die mit ihren Kleidern begraben werden'." Frz. Delitzsch (ZlThK 1877, S. 214) weist hin auf c. 33 der Pirke de Elieser: „Alle Toten werden bei der Totenauferstehung nicht nackt, sondern bekleidet auferstehen. Woraus entnimmst du das? Von dem Samen, der in die Erde gestreut wird; ich argumentire aus dem Weizenkorn: wie dieses, obwohl nackt eingescharrt, in mannigfacher Gewandung hervorgeht, so werden um so viel mehr die Gerechten in den ihnen zukommenden Gewändern hervorgehen." Vetter (Theol. Quartalschr. 1895, S. 625 ff.) gründet hierauf die Vermutung, daß bei dem apokryphen Briefwechsel ein jüdischer Traktat über die Auferstehung benutzt sei, da weder die Verfasser des Talmud den 3. Kor.brief noch dieser den Talmud gekannt haben könnte. Diese Vermutung ist nicht von der Hand zu weisen, entbehrt aber vorerst noch einer völlig ausreichenden Begründung. Es ist ebenso wohl möglich, daß dem Verf. der A. P. derartige jüdische Vorstellungen im persönlichen Verkehr mit Juden bekannt geworden sind. — 27 „Und nicht" nach AL₂ (E „aber"). Die asyndetische Anknüpfung bei L₁ ist zu hart. „ihn vielfältig segnend" L₁ ähnlich AE; L₂ hat nur „multiplex". — 28 „sondern von edleren Leibern" läßt L₂ aus. — 30 L₁ liest: quanto magis vos pusilli fidei et eos qui crediderunt in Christum Jesum excitabit, sicut ipse surrexit. Was ist aber für ein Unterschied zwischen den angeredeten pusilli fidei und denen, die an Christus glauben? Man hat nach A die Worte quanto—fidei als elliptischen Ausrufsatz zu fassen und das et zu streichen, sodaß die Worte eos — surrexit die allgemein geltende Wahrheit ausdrücken, die von den pusilli fidei noch fester geglaubt werden müßte. L₂ hat in verkürzter Form den Sinn richtig bewahrt: Um wie viel mehr wird er euch, die ihr an Christus Jesus geglaubt habt, auferwecken, wie er selbst auferstanden ist! — 32 Die Uebersetzung gibt den Text von L₂, der sich wieder am nächsten mit E berührt: und wenn die Gebeine des Elisa die Toten lebendig machten, welche auf sie fielen, um wie viel mehr werdet ihr, die ihr durch euren Glauben auf Blut und Leib und den Geist Christi gestützt seid — — — an dem Tage auferweckt werden mit unversehrten Leibern! E scheint hier gekürzt zu haben. A hat den Sachverhalt umgekehrt, indem er die Gebeine des Elisa auf den Toten fallen läßt. L₁ hat offenbar Teile des Nachsatzes in den Vordersatz gebracht und den ersteren ₃₁ konformirt. Denn wie auf die Gebeine des Propheten Elisa von den Kindern Israel ein Toter geworfen wurde und auferstand Leib und Seele und Gebeine und Geist, wie viel mehr werdet ihr Kleingläubigen an jenem Tage von den Toten auferstehen mit einem gesunden Leibe, wie auch Christus auferstanden ist.

34 „so soll mir niemand beschwerlich fallen" nach L₁, der aber vorher noch den in AEL₂ fehlenden Zusatz hat: ‚so wird Gott als Zeuge wider euch auftreten'. L₂ schreibt dem Sinne nach richtig: molesti esse nolite. Mit den Worten ego stigmata Christi in manibus habeo nimmt L₁ ₃₅ vorweg und kommt dadurch zu einer sehr störenden Wiederholung. Leider ist L₂ ego enim arca völlig unverständlich, sodaß die Uebersetzung lediglich auf AE angewiesen bleibt: „Denn ich trage diese Bande an mir." — 35 Zu „daß ich Christum gewinne" fügt L₂ ein sinnwidriges in me und fährt mit et ideo fort, was bei L₁ fehlt, im übrigen mit AE stimmend: stigma eius in corpore meo porto. L₁ schreibt, mit Zurückbeziehung auf habeo ₃₄: et stigmata crucis eius in corpore meo, um eine nackte Wiederholung zu umgehen. Dagegen hat er in den Worten ut veniam in resurrectionem ex mortuis, die durch AE gestützt werden, wohl das Richtige gegenüber L₂: ut in resurrectione mortuorum et ipse inveniar, was als Interpretation aufzufassen sein wird. — 36 Die erste Hälfte des Verses nach L₂, der hier offenbar den richtigen Text bietet und von E gestützt wird, während L₁ (ähnlich A) eine schwer wiederzugebende Konstruktion hat: et si quisquam regulam accepit per felices prophetas et sanctum evangelium, manet, mercedem accipiet. Dagegen hat L₂ den Schluß von ₃₆ gestrichen, der nach E wenigstens die Worte „bei der Auferstehung der Toten" enthalten haben muß, von AL₁ allerdings — aber durchaus sinngemäß — erweitert sein wird. Die Uebersetzung folgt L₁. — 37—39 wird der Text von L₁ wiedergegeben. E scheint ₃₇ allerdings anders gelesen zu haben; aber da L₂ versagt, und A offensichtlich falsch übersetzt, so läßt sich sein Text nicht ermitteln. So viel ist aber aus den Worten „welche auf diese Weise schon früher ohne Gott auf der Welt umherirrten" zu entnehmen, daß man bei L₁ praecurrerunt statt praecurrunt zu lesen hat.

6.

Das Martyrium Pauli.

Der Text bietet nur geringe Schwierigkeiten. Lipsius legt seiner Ausgabe den Patmiensis zu Grunde (P), weil dem die slavische Uebersetzung annähernd wörtlich stimmt und die auch durch den Kopten als die bessere erwiesen wird; in zweiter Linie kommt die von Ph. Meyer entdeckte Athoshandschrift in Betracht (A). Die 3 Münchener Hff., die den lateinischen Text bieten, bezeichnet Lipsius mit M₁ M₂ M₃.

A hat den Text von P an mehreren Stellen korrigirt, um Anstöße oder Unklarheiten zu beseitigen. c. 3 (Apokr. S. 381 ₄₃) heißt es bei P: auf ihn aber richteten sich die Augen aller Mitgefangenen, sodaß der Kaiser merkte, daß dieser der Befehlshaber des Kriegslagers sei. M läßt diesen Zug aus, der in dieser Kürze in der Tat nicht ganz durchsichtig ist. A umschreibt die Stelle dem Sinne nach durchaus zutreffend: „Auf ihn achteten mit aufmerksamen Blicken alle Gefangenen, was er wohl dem Kaiser antworten würde, sodaß der Kaiser, der sah, wie alle auf ihn das Auge richteten, merkte, er selbst sei der Heerführer des sogenannten Königs." Etwas Aehnliches kann man am Schluß des Kapitels beobachten, wo sich die Erzählung in arge Widersprüche verwickelt durch Verquickung zwei disparater Traditionen (A. 365 f.). A ist bemüht, die klaffenden Fugen sorgfältiger zu verdecken: „Es wurde nun das schreckliche und grausamste Ungeheuer, Nero, in Rom durch die große Energie des Bösen getrieben, sehr viele Christen ohne Gericht und Urteil durch ſeine Edikte zu töten, ſodaß übrigens wegen ſeiner großen Grauſamkeit die ganze Maſſe der Römer ſich verſammelte und auf dem Palatinus zuſammenſtrö= mend mit wüſter Stimme ſchrie: Es iſt genug und übergenug, du haſt die Maſſe des Stadtvolks ausgerottet und alle Kraft der Römer vernichtet. Und da befahl Nero eine Verfügung zu erlaſſen, daß kein Chriſt getötet werden ſollte, bis man unterſucht hätte, was es mit ihm auf ſich habe. Da wurde nun wiederum dieſem Editt gemäß Paulus als Gefangener vor Nero geführt, indem man ihn bat, daß ihm Strafloſigkeit gewährt werde; (aber) Nero hielt nicht an ſich und blieb bei ſeinem früheren Richterſpruch: Dieſer wird der Strafe des Schwertes überantwortet."

Leider wird durch dieſe Umſchreibung die Dunkelheit des Textes von P nicht gelichtet: ἦν οὖν ἐν τῇ Ῥώμῃ ὁ Νέρων ἐνεργείᾳ τοῦ πονηροῦ πολλῶν χριστιανῶν ἀναιρου- μένων ἀκρίτως, ſodaß kaum etwas anderes übrig bleibt als mit Uſener zu ἦν ein Participium wie μαινόμενος zu ergänzen. Die Vorſtellung von der Zahl und Be- deutung der Chriſten in Rom, die ſich in dieſer Darſtellung der A. P. ausſpricht, berührt ſich auffallend mit dem, was Tertullian apol. 37 ſeinen Gegnern vorhält: „Wird ſind von geſtern, und wir haben alle eure Stätten bevölkert: Städte, Inſeln, Kaſtelle . . . . . ; die Tempel allein haben wir euch überlaſſen . . . . . Wenn wir, eine ſolche Menſchenmenge, nach irgend einem Winkel eines entlegenen Gebietes hin uns von euch losriſſen, ſo hätte der Verluſt ſo vieler und ſo tüchtiger Bürger eure Herrſchaft untergraben. Ohne Zweifel würdet ihr ſelbſt bei eurer Einſamkeit bange werden."

In c. 3 (Aa I 112 1) hat Lipſius nach A die Lesart von P πολεμῖν in πολε- μεῖν korrigirt. Da M vastare hat, ſo iſt es nicht unwahrſcheinlich, daß πολεμεῖν aus ἀπολλύειν entſtanden iſt; es iſt daher πολεμεῖν „vernichten" überſetzt. Am Schluß von c. 3 (112 9 f.) hat Lipſius den Text von P durch καὶ ἐκέλευσε ergänzt; die Ueber- ſetzung folgt der Lesart von A κελεύσας τεθῆναι δόγματα ὥστε, die dem Kontext beſſer entſprechen dürfte. Wo A und P gleichmäßig verſagen c. 3 (111 16): „Wenn das auch dich gut dünkt, bei ihm Kriegsdienſte zu nehmen, — nicht der Reichtum — — wird dich retten", greift die Ueberſetzung auf M hinüber: quod si et tibi utile vi- sum fuerit credere in illum, non te paenitebit. ceterum noli putare, quia divitiae huius saeculi etc. In einem untergeordneten Punkte hat die Ueberſetzung A und M gegen P berückſichtigt c. 1 (106 6), wo P lieſt ὁ δὲ Παῦλος συνιδὼν τῷ πνεύματι ἔλεγεν, während A ſchreibt γνοὺς τ. πν. (M übereinſtimmend damit überſetzt: cum cognovisset per spir. s. sibi nuntiantem quid nam contigisset) und hinzufügt πρὸς τοὺς σὺν αὐτῷ (M ad plebem circumstantium). Sehr hübſch zum Stile der A. Th. paßt die Lesart von A c. 4 (Aa I 114 13). ὁ δὲ Παῦλος (σ)μειδιῶν τῷ προσώπῳ εἶπεν πρὸς αὐτούς vgl. A. Th. 4 (p. 238 1). Es iſt ein ſehr feiner und anſprechender Zug, daß Paulus lächelnden Angeſichts erklärt: „Ich bin nicht ein Ausreißer Chriſti".

XXIV.
Petrusakten.
(G. Ficker.)

Lit.: Lipſius II 1 (1887); Ergh. (1890): Aa I (1891), Prolegomena p. XXXIII —LV. Zahn, G.K. II 2 (1892); NkZ VIII (1897). X (1899). Harnack I (1893). II 1 (1897). 2 (1904); Patriſtiſche Miscellen TU N. F. V 3 (1900). C. Schmidt, Die Paulusakten: Neue Heidelberger Jahrbücher VII (1897); Die alten Petrusakten, TU N. F. IX 1 (1903); (GgA 1903 Nr. 5; Acta Pauli (1904). G. Ficker, Die Petrusakten. Beiträge zu ihrem Verſtändnis (1903). A. Hilgenfeld, Die alten Actus Petri: ZwTh N. F. XI (1903). Bonnet, Aa II 1 (1898); 2 (1903). H.

Waitz, Die Pseudoklementinen. Homilien und Rekognitionen. TU N. F. X 4 (1904).

Abkürzungen: A. V. = Actus Vercellenses; Li = Lipsius, Za = Zahn, Ha = Harnack, Sch = Schmidt (Petrusakten), Hi = Hilgenfeld, Bo = Bonnet. —

Dem vorstehenden Texte hat zuerst R. A. Lipsius eine eingehende Unter=
suchung zuteil werden lassen II, 1, 1887, S. 96 ff. 113 ff. 174 ff. 346 ff. u. ö.; Ergh.
S. 35 f. 41 f. u. ö.; vgl. das Register unter den lateinischen Handschriften, S. 122.
Es lag ihm zunächst eine Abschrift Stubemunds vor, der eine Ausgabe der
A. V. vorbereitete (vgl. II, 1, S. 97, Anm.). Da Stubemund ihm nicht mehr den
vollständigen Text zur Verfügung stellte, so mußte Li für eine neue Abschrift sorgen;
er erlangte sie durch G. Gundermann. Dieser hat im Sommer 1888 den Text
teils abgeschrieben, teils kollationirt. Li hat diesen Text 1891 Aa I p. 45—103
herausgegeben zusammen mit dem griechischen Texte des von ihm gebotenen Mart.
Pe. nach zwei griechischen Handschriften (cod. Patmius 48, 9. Jahrh., von Krum=
bacher 1885 abgeschrieben; cod. Batopedianus 79 auf dem Athos, 10./11. Jahrh.,
von Ph. Meyer entdeckt und abgeschrieben. Vgl. Aa I prol. p. LII—LIV; über die
slavische, koptische und äthiopische Uebersetzung, deren Abweichungen er im kritischen
Apparat verzeichnet hat, s. p. LIV. LV). In den Prolegomena hat Li (nach Gun=
dermann) eine sehr genaue Beschreibung der Handschrift gegeben (p. XXXIV—
XXXVII) und sehr ausführlich über die Orthographie, die sprachlichen und gram=
matischen Eigentümlichkeiten des Textes gehandelt (p. XXXVII—LII); wie er
auch schon vorher in den ‚Apokryphen Apostelgeschichten‘ eine Reihe Bemerkungen
darüber veröffentlicht hatte. Bei der Untersuchung der A. V. kam er zu dem Re=
sultate, daß wir es mit einem Stücke der gnostischen Petrusakten zu tun hätten.
Der Text des Vercellensis sei eine Uebertragung einer verkürzenden Redaktion des
Originals. (Vgl. Ha I S. 133.) Dem gegenüber hat Zahn, der unseren Akten die
zweite eindringende Untersuchung gewidmet hat, nachgewiesen, daß unser Text eine
Uebertragung, allerdings eine ungelenke, aus dem griechischen Originale sei (G.K.
II 832—855, vgl. aber auch Li Ergh. S. 41). Er bestätigte den gnostischen Cha=
rakter der Schrift und kam zu dem Resultate, daß sie schwerlich nach 170, und
wahrscheinlich in Kleinasien geschrieben sei (S. 841). Dagegen hat Harnack II 1,
S. 549—560 nachgewiesen, daß von einem gnostischen Charakter der Schrift nicht
geredet werden könne, daß sie vielmehr katholisch sei. Es unterliege keinem Be=
denken, in den A. V. die im wesentlichen treue, sachlich wenig veränderte Ueber=
setzung der von Eusebius genannten πράξεις Πέτρου (h. e. III 3, 2) zu erkennen
(S. 551). Höchst wahrscheinlich seien sie nicht im 2., sondern erst im 3. Jahrh. (vor
ca. 250) verfaßt (S. 553. 559). Rom als Ort der Abfassung sei nicht absolut aus=
geschlossen (S. 559). (Ha II 2 S. 170—173: Abfassungszeit 200—220, und jetzt etwas
weniger skeptisch gegen Rom als Abfassungsort.)

Eine neue Wendung in der Untersuchung der A. V. bedeutet die Entdeckung
der Paulusakten in koptischer Sprache durch C. Schmidt; er gab Kunde davon
in den Neuen Heidelberger Jahrbüchern VII, 1897, S. 217—224 (Die Paulusakten.
Eine wiedergefundene altchristliche Schrift des zweiten Jahrhunderts in koptischer
Sprache). Er zeigte, daß zu den Paulusakten das Mart. P. (Aa I, S. 104—117)
gehöre; daß aber auch der apokryphe Briefwechsel zwischen Paulus und den Ko=
rinthern und die A. P. et Th. (Aa I, S. 235—269) sich darin fänden. Zahn hat
diesen Fund verwertet in Aufsätzen der NkZ VIII, 1897, S. 933—940 (Die wieder=
gefundenen Akten des Paulus) und X 1899, S. 141—218 (Die Wanderungen des
Apostels Johannes). Hier hält er an dem gnostischen Charakter unserer A. V. fest
und bringt sie in noch näheren Zusammenhang mit den A. J. resp. mit den Leu=
cianischen Legenden. Der katholische Verfasser der Paulusakten habe sich vielfach
Materialien und Motive aus den Akten des Petrus und des Johannes angeeignet.
Neuerdings hat Harnack in den Patristischen Miscellen (TU N. F. V 3, 1900,
S. 100—106 V: Zu den A. P.), gestützt auf zwei Aussprüche, die Origenes aus den
πράξεις Παύλου citirt, die sich aber in unseren A. V. finden, es wahrscheinlich ge=
macht, daß die Actus Petri cum Simone das Martyrium des Petrus aus den Pau=

lusakten entlehnt (c. 33—40) und dabei etwas gemodelt haben; es läge dann auch fehr nahe, daß c. 1—3 jener Petrusakten (Aa I p. 45—48, 18) aus den Paulusakten ge= flossen find (S. 105). Wäre dies richtig, fo ist nicht recht einzusehen, warum nicht auch wenigstens der Grundstock der Schilderung des Kampfes zwischen Petrus und Simon in den Paulusakten gestanden haben sollte: war einmal das Martyrium Petri in Rom in ihnen erzählt, fo war notwendig auch der Grund anzugeben, der Petrus nach Rom geführt hat; denn auch in dem Martyrium Petri findet fich kein anderer Grund dafür, als die Zerstörung der römischen Christengemeinde durch Simon den Magier. [Vgl. oben R o l f f s S. 367.] Die gründlichste Untersuchung über die Petrusakten verdanken wir C. S ch m i d t (Die alten Petrusakten im Zu= fammenhang der apokryphen Apostelliteratur nebst einem neuentdeckten Fragment unterfucht). Die einschlägigen Fragen über Zeit und Ort der Abfassung, über den Charakter, den gefchichtlichen Wert der Petrusakten find hier mit großer Sorgfalt unterfucht worden, und meine Arbeit wird, denke ich, Zenguis dafür ablegen, daß wir in vielen Punkten zusammenstimmen und daß fie diefen Unterfuchungen manches verdankt. An einigen Punkten habe ich feiner Auffassung Widerspruch entgegen= gefeßt und kann diefen Widerspruch troß der Entgegnung von Sch in GgA 1903 Nr. 5 nur aufrecht erhalten[1]. Eine der hauptfächlichsten Differenzen dreht fich um die Frage nach der Komposition der alten Petrusakten. Sch läßt diefe aus zwei Teilen bestehen: der erste Teil spielt in Jerusalem; ein Stück davon stellt die von ihm aufgefundene und publicirte koptische Erzählung dar. Der zweite Teil spielt in Rom; er ist uns erhalten; und zwar in dem unter dem Namen der A. V. bekannten Stücke. Nach meiner Auffassung kann die koptische Erzählung nicht, oder genauer: wenigstens nicht urfprünglich, in diefem Zufammenhange mit den A. V. gestanden haben. Es ist vielleicht wahrfcheinlich, aber längst nicht ficher, daß die koptische Erzählung in Jerusalem spielt. Wäre dies aber auch ficher, fo würde man doch nicht glauben wollen, daß die Bezeichnung πραξις Πετρου allein genüge, fie als ein Stück der alten Petrusakten anzusehen, von denen die A. V. nur ein Teil find. Auch diefe feßen einen folchen in Jerusalem spielenden Teil nicht voraus. Was für diefe Annahme angeführt wird, hält nicht Stich. · Ihrer ganzen Komposition nach zeigen fie, daß fie als einen ersten Teil weiter nichts vorausfeßen, als die kanonifche AG. Sie find urfprünglich gedacht und entworfen als eine unmittel= bare Fortfeßung der kanonifchen AG[2]. Ich freue mich, in diefer Auffassung zu= fammenzutreffen mit A. H i l g e n f e l d, der von ganz anderen Erwägungen aus zu dem gleichen Refultate gekommen ist (a. a. O. S. 325). Daß die A. V. gerade dort einfeßen, wo die kanonifche Apostelgeschichte aufhört, ist fchon eine starke Stüße für diefe Annahme. Noch wichtiger ist der erste Paulus' Abfchied von Rom er= zählende Abfchnitt (c. 1—3). Er hätte gar keinen Sinn, wenn fich die A. V. an=

---

[1] Ich muß bekennen, daß mir manche Ausführung C. S ch m i d t s gegen meine Aufstellungen bis heute noch unverständlich geblieben ist. Wenn z. B. gegen das 1. Kap. meiner ‚Petrusakten‘ eingewendet wird, daß die A. J. ähnliche oder gleiche Gedanken zeigen, fo kann ich nicht finden, daß damit ir= gend etwas gegen mich bewiefen werde. Ich glaube, wenn ich die kurzen Bemer= kungen, die ich zur Charakterifirung einer im 2. Jahrh. verbreiteten Stimmung ge= macht habe, breit ausgeführt hätte, würde Sch etwas geneigter gewefen fein, meinen Gedankengängen entgegenzukommen. Ich muß auch die Punkte eingehen, die er mir entgegengehalten hat; denn ich glaube auch jeßt noch, daß die Einwen= dungen gegen feine Auffassung zu recht bestehen und daß er mit feinem Widerspruch gegen mich in der Hauptfache nicht das Richtige getroffen hat; ich habe aus Raum= rückfichten nur auf einige Punkte aufmerkfam gemacht.

[2] Ha II 2 S. 173 Anm. 1: „Diefe Thefe . . . ist nicht nur unerweislich, fon= dern entstellt auch die wahren Abfichten des Verfassers.“ Was das zweite betrifft, fo find die wahren Abfichten des Verfassers mindestens mehrdeutig; was das erste angeht, fo wird dabei die paulinische Einleitung (c. 1—3) nicht berückfichtigt, für die eine andere Erklärung als die oben gegebene unmöglich ist.

schließen sollten an einen von Petri Schicksalen in Jerusalem handelnden Abschnitt.
Man könnte sagen, Paulus war von Rom fortzubringen, um die folgende Erzäh=
lung von Simon und Petrus möglich zu machen. Wenn dies allein der Grund der
Einführung Pauli war, so wird man nicht glauben wollen, daß der Verfasser in
einer Weise von ihm berichtete, die deutlich zeigt, daß er Petrus und Paulus gleich
berücksichtigte. (Ich gehe sogar noch einen Schritt weiter und schließe aus den
Andeutungen der A. V., daß sie als Schlußstück ein Mart. P. verlangen. Ich ver=
mute, daß dieses Martyrium identisch ist mit der griechischen Vorlage des fog. Linns=
martyriums des Paulus; und stammt diese aus den Paulusakten, so hat sie der
Verfasser der Petrusakten aus ihnen entnommen.) Ein direkter Beweis gegen die
Annahme eines ersten in Jerusalem spielenden Teiles ist die Erzählung des Petrus
von der Eubula (c. 17). Petrus erzählt in Rom die in Jerusalem spielenden Vor=
gänge. Was müßte das für ein ungeschickter Schriftsteller gewesen sein, der im 2.
Teile mit großer Ausführlichkeit noch einmal das erzählt, was er im ersten Teile
bereits erzählt hatte. Wo der Autor wieder auf die Eubulageschichte zu sprechen
kommt (c. 23), berichtet er darüber nur ganz kurz. Zudem macht die Art der Ein=
führung der Eubulageschichte in c. 17 den Eindruck, als handle es sich um ein aus
irgend einer anderen Schrift herübergenommenes Stück. Aber gerade diese Beob=
achtung führt uns weiter: der Verfasser der A. V. hat Vorlagen vor sich gehabt,
die er in seiner Schrift verarbeitete. Daraus erklären sich auch die Abweichungen,
die sich in seinen Angaben gegenüber den Angaben anderer Schriften z. B. der ka=
nonischen Apostelgeschichte finden. C. Schmidt legt auf diese Abweichungen
(GgA S. 366) so viel Gewicht, daß er sagt, meine Anschauung von den A. V. ließe
sich mit den wirklichen Tatsachen absolut nicht vereinigen (Acta Pauli S. 171 Anm.).
Dem ist aber entgegenzuhalten, daß wir uns den Verf. der A. V. nicht als ein
Musterbild für historische Akribie denken dürfen. Welches diese Quellen waren,
können wir nicht mehr genau angeben[1]. Sch hat selber hervorgehoben, daß der
Verfasser das Kerygma Petri benutzt hat; und dieser Annahme steht auch nichts
entgegen. Daß dies nicht die einzige Quelle sein kann, liegt auf der Hand. Auch
meiner Auffassung nach können die Paulusakten — in einem etwas anderu Sinne
als Sch es meinte — als Vorlage für die Petrusakten angesehen werden. Mehr
über die Quellen wird sich aber nicht sagen lassen. Der Grund dafür ist der, daß
uns die sozusagen petrinische Literatur nur ganz trümmerhaft erhalten geblieben ist.
Man kann aber auch an Papias, wenn man will auch an Hegesipp denken. In
irgend einer hierher gehörigen Schrift mag auch von der Petrustochter die Rede
gewesen sein, und von da sich die Kunde von ihr erhalten haben. Ueber Vermu=
tungen kommen wir aber hier nicht hinaus.

Meine Auffassung geht also dahin, daß die Komposition der A. V. es ver=
biete, die koptische Erzählung mit ihnen in den von Sch vorgeschlagenen Zusammen=
hang zu bringen[2]. Gegen die aus der Natur des Schriftstückes selbst genommen

---

[1] Daß es eine Schrift gegeben haben könne, die von Petrus handelnd im
ersten Teile in Jerusalem, im zweiten Teile in Rom spielt, habe ich niemals ge=
leugnet. Aber ich vermisse bis jetzt allen sicheren Boden. Es ist lediglich eine Ver=
mutung, daß die koptische Erzählung nach Jerusalem weise. Klarer würden wir
vielleicht sehen, wenn die pseudo=clementinischen Schriften uns durchsichtiger wären.
Ich enthalte mich über sie eines Urteils, da ich zu einer festen Anschauung noch
nicht gelangt bin.

[2] Ich freue mich für diese Auffassung bei v. Dobschütz Zustimmung gefun=
den zu haben. Er kleidet sie freilich in eine merkwürdige Form. Er sagt (ThLZ 1903,
Nr. 21): „F. hätte sich auch fragen sollen, ob wirklich die paulinische Einleitung
zum Kern gehört, ehe er von ihr aus die (übrigens schon von Hilgenfeld ver=
tretene) These, daß die Schrift als Fortsetzung der lukanischen Apostelgeschichte ge=
meint sei, zur Basis der Behauptung machte, das neue koptische Bruchstück könne
ihr nicht angehören". Mit andern Worten: um das koptische Bruchstück mit den
Petrusakten in Zusammenhang zu bringen, muß man die A. V. beschneiden; also,

Beobachtungen können andere Zeugniſſe nicht aufkommen, ſie. müßten denn ſo un=
zweideutig wie möglich ſein. Und hier wird niemand behaupten wollen, daß Au=
guſtins Zeugnis, auf das es im weſentlichen ankommt, imſtande wäre, jene Beob=
achtungen umzuſtoßen. Zudem iſt die Möglichkeit nicht ausgeſchloſſen, daß der ur=
ſprüngliche Beſtand der A. V. bei dem Gebrauche durch die Häretiker Erweiterungen
erfahren hatte.

Die Treue der lateiniſchen Ueberſetzung ziehe ich im allgemeinen nicht in
Zweifel. Allerdings lehrt eine Vergleichung des lateiniſchen Textes mit dem grie=
chiſchen, ſoweit er erhalten geblieben iſt, daß der Ueberſetzer manches verändert,
vieles mißverſtanden hat, worauf ich in den Anmerkungen aufmerkſam gemacht
habe. Vorſicht iſt alſo geboten; aber erhebliche Aenderungen hat er ſich nicht er=
laubt, und von erheblichen Zuſätzen kann nicht die Rede ſein. Auf ein Wortſpiel,
das doch nur von einem Lateiner herrühren kann, iſt zu c. 23 Z. 32. 33 aufmerkſam
gemacht. Und ſo mag noch mancher kleine Zug in dem nur lateiniſch erhaltenen
Stücke auf den Lateiner zurückzuführen ſein, ohne daß wir die Möglichkeit hätten,
ihm ſein Eigentum zurückzugeben. Ich habe an verſchiedenen Stellen verſucht, durch
Rücküberſetzung in das Griechiſche dem Sinne des Originales näher zu kommen;
es aber leider aufgeben müſſen, eine vollſtändige Rücküberſetzung anzufertigen. Das
iſt ein Umſtand, der meiner Ueberſetzung entſchieden nicht vorteilhaft geweſen iſt;
und ich kann nur wünſchen, daß eine kundige Hand dieſem Mangel bald abhilft.
Denn die Beſchäftigung mit der apokryphen Apoſtelliteratur verlohnt ſich. Mag
man erſchrecken über das ſuperſtitiöſe Chriſtentum, das ſie im allgemeinen und die
A. V. im beſonderen uns bezeugen[1]; mag man ſich verwundern über die Leichtigkeit,
mit der pauliniſche Gedanken, wie der Glaube an den Gott, der da lebendig macht
die Toten (Röm. 4 17), oder der Satz, 1. Kor. 4 20: „nicht in Worten ſteht das Reich
Gottes, ſondern in Kraft" von ihrer geiſtigen Höhe herabgezerrt worden ſind in
die Tiefe des Heidentums; mag auch der Gottesbegriff, den unſer Autor hat, man=
chen antiken Zug aufweiſen, eins iſt es doch, was ihnen hervorragenden Wert ver=
leiht: auch ſie haben den Gott Chriſti dem Volke nahe gebracht und ihre Rolle ge=
ſpielt in den verſchiedenartigen Kämpfen um die Frage, ob der Gott Chriſti oder
ein anderer Gott zum Siege kommen ſollte.

Inbetreff meiner Anmerkungen ſei noch auf Folgendes hingewieſen: wer
ein literariſches Produkt in vollem Maße zum Verſtändnis bringen will, hat die
Zeit, in der es entſtanden iſt, im weiteſten Umfange zu charakteriſiren. Das zu
tun, konnte ſelbſtverſtändlich nicht meine Aufgabe ſein; aber ich hoffe, bei der Aus=

---

die A. V. in der vorliegenden Form (denn ſo hat ſie S. Schmidt im Auge gehabt)
und die koptiſche Erzählung gehören nicht zuſammen. Das iſt gerade das, was ich
in meinen Petrusakten behauptet hatte. Uebrigens ſagt auch Ha, daß die A. V.
nicht die primäre Geſtalt eines Teiles der Petrusakten darböten (II 2, S. 170).
Hilgenfelds Anſchauung habe ich leider erſt aus ZwTh N. F. XI kennen ge=
lernt; nach v. D. muß er ſie ſchon früher ausgeſprochen haben; aber auch C.
Schmidt hat davon nichts gewußt; denn ſonſt hätte er nicht ſchreiben können (GgA
1903, S. 366): eine derartige Hypotheſe hat bisher noch (außer mir)
aufzuſtellen gewagt. Jetzt heißt es plötzlich (Acta Pauli, S. 171 Anm.), ich wollte
„nach dem Vorgange von Hilgenfeld" meine Anſchauung glaublich machen.
   [1] v. Dobſchütz a. a. O. belehrt mich: „Wir machen noch immer zu ſehr den
Fehler, in antiken Dokumenten unſere modernen Gedanken zu ſuchen (F. moderni=
ſirt mehrfach ſehr ſtark) und dann, wenn wir dieſe nicht finden, den Abſtand der
antiken Anſchauung von der unſrigen abzumeſſen, ſtatt uns ſo auf jenen Stand=
punkt zu verſetzen, daß uns auffällt, was den Leuten damals auffiel: und das war
gewiß nicht das Mirakulöſe, ſondern eher das Zurücktreten desſelben, die geiſtigen
Ideen daneben, der ſittliche Zug darin". Es iſt nur ſchade, daß in den A. V. von
der Wirkung der ſittlichen Ideen viel weniger die Rede iſt, als von der Wirkung
der Mirakel. Den Vorwurf des Moderniſirens will ich g   über mich ergehen
laſſen; denn es hat bisher noch niemand in jedem Falle wirklich unterſcheiden
können, was antik und was modern ſei.

wahl aus dem zu einem vollständigen Kommentare gehörigen Stoffe nicht zu viel und nicht zu wenig gegeben zu haben. Ich habe mich auch bemüht, mich ein wenig in die allegorisirende Denkweise der Alten zu versetzen[1]. Dagegen habe ich es nicht für meine Aufgabe gehalten, alles zu registriren oder zu wiederholen, was über die A. V. im ganzen oder über einzelne ihrer Teile gesagt worden ist, so dankbar ich die Arbeiten meiner Vorgänger benutzt habe. Ich denke natürlich nicht daran, etwas Abschließendes geliefert zu haben, hoffe aber, daß meine Arbeit als Stoff- und Problemsammlung einige Dienste leisten wird. Mit der Anwendung des Begriffs „gnostisch" bin ich sehr vorsichtig gewesen. Ich habe einige Zeit daran gedacht, aus Gründen, die ich zu c. 39 (10) Z. 19. 20 angedeutet habe, wenigstens einige Teile der A. V. zurückzuführen auf Basilides, den Schüler des Glaukias, des angeblichen Dolmetschers des Petrus. Aber ich habe nicht zu einem sicheren Resultate kommen können, weil zu viel Stützen auf unsicherem Grunde zu errichten gewesen wären, die die Brücke von dem einen zu dem andern Punkte hätten tragen sollen. Ich habe mich darum bemüht nachzuweisen, daß es nicht nötig ist, die Stellen, die für gnostisch in Anspruch genommen worden sind, gnostisch zu interpretiren. Es findet sich in den A. V. nicht mehr „Gnostisches" als in den Briefen des Ignatius und den Schriften Justins des Märtyrers.

Anmerkungen.

1.

<Die Praxis des Petrus.>

Diese ‚Tat des Petrus' stelle ich wegen ihres Inhaltes mit den A. V. zusammen, obgleich kein ausdrückliches Zeugnis dafür angeführt werden kann, daß sie mit ihnen zusammengehöre. Denn auf das Zeugnis des Hieronymus wird sich niemand berufen wollen. Er schreibt in adv. Jovinianum I 26 (t. II 278 ed. Vallarsi): possumus autem de Petro dicere quod habuerit socrum eo tempore quo credidit et uxorem iam non habuerit; quamquam legatur in περιόδοις et uxor eius et filia. Es ließe sich mit diesen Worten rechnen, wenn wir genau wüßten, daß hier unter περίοδοι die πράξεις zu verstehen seien (vgl. Preuschen bei Ha I 223 f.). Man kann auf diesen Gedanken kommen, weil in den pf.-clem. Hom. XIII 1. 11 (MPG Bd. 2, 329 A, 338 B) und Rekognitionen VII, 25. 36. IX, 38 (MPG Bd. 1, 1365 A. 1369 B. 1420 B) zwar die Frau des Petrus genannt wird, nicht aber die Tochter. Doch sind die Pseudoclementinen nicht in solchem Zustande uns überliefert, daß man unbedingt annehmen müßte, es hätte in ihnen nicht gestanden, was wir heute nicht mehr darin lesen. — Die älteste Erwähnung der paralytischen Tochter des Petrus lesen wir in den Acta Philippi c. 142 (Aa II, 2, p. 81) und zwar in zwei Fassungen. Philippus sagt, am Kreuze hängend, wegen des Herrnwortes Mt. 5 28 habe Petrus jeden Ort geflohen, an dem sich eine Frau aufhielt; ἔτι δὲ καὶ σκάνδαλον εἶχεν διὰ τὴν ἰδίαν θυγατέρα, καὶ ηὔξατο πρὸς κύριον, καὶ ἐγένετο ἐν παραλύσει τῆς πλευρᾶς αὐτῆς διὰ τὸ μὴ ἀπατηθῆναι αὐτήν. In der zweiten Fassung heißt es: Καὶ ὁ κορυφαῖος δὲ Πέτρος ἔφυγεν ἀπὸ προσώπου γυναικός · τὴν γὰρ θυγατέρα αὐτοῦ εὔοπτον οὖσαν καὶ ἤδη γεγενῆσθαι ἐπὶ τῇ εὐμορφίᾳ αὐτὸς ηὔξατο, καὶ ἐγένετο ἐν παραλύσει ἡ θυγάτηρ αὐτοῦ. Sch a. a. O. S. 16 führt diese Angaben auf die Petrusakten, d. h. auf die koptische Erzählung zurück. Es ist richtig, daß die Acta Philippi die Petrusakten benutzt haben; nicht nur das Citat in c. 140 findet sich auch in ihnen, c. 38; auch der Vergleich des gefallenen ersten Menschen mit dem umgekehrt Gekreuzigten ist beiden Alten gemeinsam (dort c. 140; hier c. 38). Totenerweckungen werden in beiden

---

[1] Denn ohne wenigstens den Versuch dazu zu machen, sind die Schriftwerke der Alten unverständlich. Ich bezweifle auch, ob es richtig ist, zu sagen, daß man darin zu weit gehen könne, zusammenzustellen, was innerlich nicht zusammengehört (v. Dobschütz, ThLZ 1903, Nr. 21). Die Apologeten des 2. Jahrh. z. B. haben nie danach gefragt, ob das, was sie zusammenstellten, innerlich zusammengehöre.

ähnlich beſchrieben (dort c. 28 f. 80—85; hier c. 28). Aber die Verſchiedenheit zwiſchen der Notiz der Acta Philippi über die Petrustochter und der koptiſchen Er- zählung iſt ſo ſtark, daß mir die Abhängigkeit jener von dieſer ſchwierig erſcheint. Daß die Bitte des Petrus in der koptiſchen Erzählung gerade fehlt, iſt ein unglück- licher Zufall; aber die Begründung der Bitte iſt uns erhalten. Hier wird vielen durch das Mädchen Aergernis bereitet; d. h. ſie verlieben ſich in ſie wegen ihrer Schönheit. Dort heißt es von Petrus, daß der eigentliche Grund für das σκάνδα- λον ἔχειν wegen ſeiner Tochter ſeine Abneigung gegen das weibliche Geſchlecht, d. h. die Abneigung gegen die Ehe war. Er glaubt, daß ſie noch getäuſcht werden könne; daß ſie, wie aus dem Folgenden hervorgeht, noch Gefallen daran finden könne, wie Eva nach einer Frucht, die ihr nicht zuträglich ſei, die Hand auszuſtrecken. Um dies unmöglich zu machen, betet er zu Gott. In der koptiſchen Erzählung aber ge- ſchieht dies, um die der Keuſchheit geweihte Jungfrau vor Befleckung zu. bewahren. Man kann kaum annehmen, daß der Verfaſſer der Acta Philippi ſich in ſeiner Weiſe ausgedrückt haben würde, wenn er unſere Erzählung in dieſer Form gekannt hätte. Dagegen läßt ſich die koptiſche Erzählung als eine phantaſtiſche Ausſchmück- ung der Worte der Acta Philippi begreifen. Dieſer Annahme ſteht Auguſtins Zeugnis keineswegs entgegen. Er ſchreibt in der um 394 verfaßten Schrift Contra Adiman- tum Manichaei discipulum 17, 5 (opera, ed. tertia Veneta, Bassani 1797, 10, 166 f.) im Hinblick auf die Manichäer, für die einer der Gründe zur Verwerfung der ka- noniſchen Apoſtelgeſchichte der auf Wunſch des Petrus herbeigeführte Tod des Ananias und der Sapphira geweſen war (AG. 5), daß ſie daran doch keinen Anſtoß nehmen dürften, da ſie doch auch in apokryphen Büchern, die ſie benutzten, als ein großes Werk läſen . . . . . et ipsius Petri filiam paralyticam factam precibus patris, et hortulani filiam ad precem ipsius Petri esse mortuam, et respondent, quod hoc eis expediebat, ut et illa solveretur paralysi et illa moreretur, tamen ad preces apostoli factum esse non negant. Die Löwener Theologen haben in ihrer Ausgabe der Werke Auguſtins den Sinn nicht verſtanden, indem ſie die Worte auf die Hei- lung der Petrustochter deuteten und vor factam: sanam einfügten. Vgl. Sch S. 14. (solvi paralysi heißt nicht von der Paralyſe befreit werden, ſondern von der Para- lyſe ergriffen werden; nach einem Bilde, das wir im Deutſchen nicht kennen; wie man auch ſagt solvi morte.) Die Geſchichte von der Gärtnerstochter hat ſich bisher noch nicht gefunden. Auguſtin nennt Petrusakten nicht; das iſt gewiß nur ein Zufall; aber es verwehrt uns doch, auf ihn geſtützt, die Zugehörigkeit der kopt. Erzählung zu den A. V. mit Sicherheit zu behaupten.

Etwas weiter ſcheinen uns die Akten des Nereus und Achilleus zu führen. Dort heißt es in dem Briefe des Marcellus über die Schickſale des Magiers Simon in Rom c. 15 (Acta SS. Boll. Mai III, p. 10, lateiniſcher Text; ed. Achelis, TU XI 2, p. 14 f.): „Was aber Petronilla die Tochter meines Herrn des Apoſtels Petrus betrifft, ſo will ich, da ihr mich gefragt habt, welcher Art der Ausgang ihres Le- bens geweſen iſt, forglich und kurz es euch kund tun. Petronilla alſo war, wie ihr wohl wißt, nach dem Willen des Petrus paralytiſch geworden; denn ich erinnere mich, daß ihr zugegen waret, als wir, ſehr viele ſeiner Schüler, bei ihm uns erquickten, und da traf es ſich, daß Titus zu dem Apoſtel ſagte: Während die Kranken insge- ſamt von dir geheilt werden, warum läßt du es zu,· daß Petronilla paralytiſch da- liege? Der Apoſtel ſagte: So iſt es ihr zuträglich. Damit man aber nicht glaube, daß durch meine (des Marcellus) Worte die Unmöglichkeit, ihr die Geſundheit wie- derzugeben entſchuldigt würde, ſagte er zu ihr: Stehe auf, Petronilla, und diene uns. Und ſogleich ſtand ſie geſund auf. Nachdem aber ihr Dienſt erfüllt war, ließ er ſie wieder auf ihr Krankenbett zurückkehren. Aber ſobald ſie in der Furcht Gottes vollkommen zu ſein begonnen hatte, wurde ſie nicht nur ſelbſt geheilt, ſon- dern erwarb auch für ſehr viele zum Vorteil durch ihre Gebete die Geſundheit. Und da ſie überaus ſchön war, kam zu ihr der Comes Flaccus mit Soldaten, um ſie für ſich zum Weibe zu nehmen. Zu ihm ſagte Petronilla: Zu einem waffenloſen Mädchen biſt du mit bewaffneten Soldaten gekommen: wenn du mich zur Gattin

haben willſt, ſo laß edle Matronen und Jungfrauen nach drei Tagen zu mir kom=
men, damit ich mit ihnen in dein Haus komme. Es geſchah aber, daß in dem er=
langten Zeitraum von drei Tagen die Jungfrau ſich mit heiligen Faſten und Ge=
beten beſchäftigte, indem ſie bei ſich hatte die heilige Jungfrau Felicula, ihre Milch=
ſchweſter, die in der Gottesfurcht vollkommen war. Am dritten Tage nun kam der
heilige Nicomedes, der Presbyter, zu ihr und feierte die Geheimniſſe Chriſti. So=
bald aber die heilige Jungfrau Chriſti Sakramente empfangen hatte, lehnte ſie ſich
auf das Bett zurück (und) gab den Geiſt auf. Und es geſchah, daß der ganze Hanſe
von Matronen und Jungfrauen, die von Flaccus herbeigeführt worden waren, das
Leichenbegängnis der heiligen Jungfrau feierten". Die Berührungen mit der kop=
tiſchen Erzählung ſind deutlich, aber ebenſo deutlich die Unterſchiede. Man wird
nicht glauben wollen, daß der Verfaſſer der Nereusakten ſeine Vorlage in ſo durch=
greifender Weiſe ändern mußte; denn es lag für ihn doch gar kein Grund vor, den
Ptolemäus in einen Flacens zu verwandeln, aus dem Motiv für die Bitte des
Vaters um die Krankheit ſeiner Tochter eine erbauliche Anpreiſung der Virginität
zu machen, und deswegen auch die Petrustochter zuletzt völlig geheilt werden zu
laſſen, wofür die koptiſche Erzählung nicht den geringſten Anhalt dietet. Daß er
neue Namen einſetzte, wie Titus und Petronilla, war ihm wohl durch den Zweck,
für den er ſeine Erzählung ſchrieb, an die Hand gegeben. Das läßt ſich wenigſtens
für den Namen Petronilla begreiflich machen. Für die Petronilla, die in Rom ver=
ehrt wurde, brauchte er eine Geſchichte, und er fand ſie, indem er das, was ihm
irgendwie von der namenloſen Petrustochter bekannt worden war, auf jene über=
trug und auf dieſe den Namen. Es paſſirte ihm nur das Unglück, einer falſchen
Etymologie zu folgen und Petronilla von Petrus ſtatt von Petro oder Petronius
abzuleiten. Der Name Petro kam in der flaviſchen Familie als cognomen vor
(vgl. H. Achelis a. a. D. S. 41 f.; A. Dufourcq, Étude sur les gesta martyrum Romains, p. 251 ff., def. 254). Darauf gründet ſich die Vermutung, die ur=
ſprüngliche Petronilla ſei eine Verwandte des flaviſchen Kaiſerhauſes geweſen.
Wir wiſſen nicht, wann ſie gelebt hat; daß ſie in dem Cömeterium der Domitilla,
das mit den chriſtlichen Flaviern in Beziehung ſtand, begraben war, wird dadurch
mehr als wahrſcheinlich gemacht, daß unter Siricius (384—398) zwiſchen 390 und
395 in der Katakombe der Domitilla zu Ehren der Petronilla eine Baſilika errichtet
wurde. Doch iſt die Begründung, die de Roſſi im Bullettino di archeologia cri-
ſtiana 1874, p. 26—28 für dieſe Anſetzung gibt, ſehr anfechtbar. (Dieſes Gebäude
iſt die Urſache, warum in den Nereusakten ed. Achelis, p. 17 30 das Grabmal, in
das Petronilla gelegt wurde, erwähnt wird; es liegt ſehr nahe an der Krypta der
Domitilla, an der Via Ardeatina, anderthalb Meilen von den Mauern Roms ent=
fernt.) Es iſt doch wohl zu vermuten, daß man ſchon damals in ihr die Petrus=
tochter ſah. Wann freilich die Kombination der Petronilla mit der Petrustochter
und die Uebertragung des Namens auf dieſe ſtattgefunden hat, wiſſen wir nicht.
Es iſt aber beachtenswert, daß Auguſtin berichtet, die Erzählung von der paraly=
tiſchen Petrustochter ſtehe in Apokryphen, und die Apokryphen, die die Manichäer
gebrauchten, ſeien vom katholiſchen Kanon ausgeſchloſſen (de actis cum Felice Ma-
nichaeo II, 6). Am Ende des 4. Jahrh. hat man in Rom viel mit Manichäern
zu tun gehabt. Darf man die Errichtung der Baſilika der Petronilla damit in Zu=
ſammenhang bringen? Dann würde man auch vermuten dürfen, daß die Verſchie=
denheiten, die die Angaben der Nereusakten im Hinblick auf die koptiſche Erzählung
zeigen, ſich daraus erklären, daß die katholiſche Faſſung mit Abſicht anders gebildet
wurde als die von Manichäern gebrauchte Erzählung. Damit iſt aber noch nicht
erwieſen, daß dieſe zu den alten Petrusakten gehörte, von denen die A. V. nur ein
Teil ſind. Allerdings ſcheint es (vgl. unten Anm. zu c. 28 Z. 38), als hätte der
Verfaſſer der Nereusakten für einige Angaben keine andere Quelle haben können,
als die A. V.; aber an anderen Stellen können wir nachweiſen, daß er nicht
ſie, ſondern das Linus=Martyrium benützt hat. Darum ſcheint mir Sch.s Hypotheſe,
die koptiſche Erzählung ſei ein Stück aus dem verlorenen erſten Teile der alten

Petrusakten, der in Jerusalem spielte (der zweite Teil sind unsere A. V.) nur eine Möglichkeit; wahrscheinlich finde ich sie nicht. Bestände sie zu recht, so wäre die wertvollste Beobachtung, die wir machen könnten, die, daß ein in Jerusalem spielender Vorgang nach Rom übertragen worden ist, und es liegt die Frage nahe, ob nicht auch in unseren A. V. eine solche Uebertragung an andern Stellen stattgefunden habe. Dann würde sich das von der Handschrift gebotene rätselhafte domi (c. 7, p. 53 15; vgl. unten zu c. 7 Z. 19) erklären lassen. Aber es fehlt uns bis jetzt an der Möglichkeit, diese Hypothese sicher zu begründen. (Origenes, der die von den Petrusakten erzählte umgekehrte Kreuzigung Petri kennt, scheint doch nichts von einer Petrustochter zu wissen, wenn er schreibt: Εἰκὸς δὲ καὶ μὴ δίκτυα μόνον αὐτὸν (Petrus) καταλελοιπέναι, ἀλλὰ καὶ οἶκον, καὶ γυναῖκα, ἧς ἡ μήτηρ ἐπιστάντος τοῦ Ἰησοῦ ἀπήλλακται τοῦ πυρετοῦ· στοχάσαιτο δ' ἄν τις, ὅτι δυνατὸν καὶ τέκνα αὐτὸν καταλελοιπέναι, οὐκ ἀδύνατον δὲ καὶ κτῆσίν τινα βραχεῖαν comm. in Matth. tom. XV MPG Bd. 13, 1316 A.)

S. 391 Z. 4: vgl. c. 30 (1) Aa p. 78. Sch S. 23. — Z. 5: vgl. c. 29 p. 78.

Z. 14: „Lächeln" kommt auch in den A. V. vor; c. 6, p. 52 5, vgl. unten Anm. und den Index graecus in Aa II 2, s. v. μειδιάω. — Z. 16: Sch S. 14 Anm. 2 vergleicht die Thomasakten c. 41, wo Thomas gebeten wird, ein totes Füllen wieder zu beleben; er antwortet, er vermöge das wohl durch den Namen Jefu Christi; aber es sei nicht zuträglich. Aehnlich c. 26 der A. V. p. 73 25 ff. — S. 392 Z. 10 dienlich: Sch S. 14 Anm. 2 beruft sich auf die eben angeführte Stelle der Thomasakten und meint, daß diese die Anschauung aus der koptischen Erzählung übernommen haben. Bei dieser Annahme scheint mir zu wenig beachtet zu sein, daß derartige Anschauungen sich keineswegs durch schriftliche Ueberlieferungen allein fortpflanzen. Vgl. A. V. c. 1: Paulus petens a domino, quod aptum sibi esset.

Z. 14: das visionäre Element spielt in den Actus eine große Rolle. Stellensammlung bei Sch S. 25. — Z. 16: hier merkt man deutlich die enkratitische Haltung.

Z. 24: hier hat das koptische Manuskript eine Lücke von 2 Seiten. Hier müßte die von den Acta Philippi und Augustin berichtete Bitte des Petrus, die Tochter vor Befleckung zu bewahren, gestanden haben; zugleich auch, daß Ptolemäus das Mädchen rauben und in sein Haus bringen läßt. Als er sieht, daß es unmöglich ist, sein Verlangen zu befriedigen, schickt er es wieder zurück. Vgl. Sch S. 11. Es kann darin aber auch gestanden haben, daß Ptolemäus durch das Mädchen gläubig geworden ist; vgl. die Erzählung weiter unten.

Z. 27 f. Sch S. 24 f. vergleicht das Schicksal der Rufina in A. V. c. 2 p. 46. Diese wird aber zur Strafe von der Lähmung befallen.

Z. 35: das Schicksal des Judas ist wohl nicht ohne Absicht nachgeahmt. — Z. 37: das große Licht zur Bezeichnung des Göttlichen öfter in den A. V., aber durchaus nicht bloß in diesen. [Vgl. die Stellensammlung Apokr. S. 550.] — Z. 38 Gefäße: A. V. c. 2 p. 47 29. — Z. 41: Diese Ausführungen passen sehr gut zu der Tatsache, daß die Petrusakten in den Kreisen der Enkratiten und Apotaktiten geschätzt worden sind. Zu „Schwester" vgl. 1. Tim. 5 2. — Z. 43: Die Geschichte vom Blindwerden und von der Heilung hat in c. 21 der A. V. p. 68 f. und Acta Pauli Sch S. 57 f. (Hermippus) treffende Analogien.

Z. 46: Hier nimmt Sch S. 21 f. eine Lücke an und ergänzt: [Da legte ich meine Hände auf seine Augen und sprach: Werde sehend] in der Kraft Jesu Christi usw. Z. 47: Die Augen des Fleisches und die Augen der Seele werden häufig unterschieden. Vgl. unten Anm. zu c. 21 Z. 25 ff.

S. 393 Z. 8: Hier ist wohl auch etwas zu ergänzen: weder ich noch meine Tochter haben von dem Erlöse des Ackers etwas unterschlagen. — Z. 10: Geld für die Armen z. B. in c. 1 des griech. Textes der A. V. p. 80.

Z. 11: Das ist der Eine aus der Menge, der Petrus interpellirt hatte.

26 *

3. 16: Vgl. A. V. c. 5 p. 51 s: accepit panem Petrus (Sch S. 25). — 3. 17: Vgl. A. V. c. 7 p. 53 ₁₅ (dazu die Anm. unten).

2.

[Der Handel des Petrus mit Simon.]
(Actus Vercellenses.)

Der Titel ‚Actus Petri cum Simone‘ findet sich in der Handschrift von Vercelli als Ueberschrift zu unserem Stücke nicht vor. (Falsch Bardenhewer, I 415: in einer alten und recht ungelenken und ungeschlachten lateinischen Ueber= setzung mit der Aufschrift Actus Petri cum Simone.) Die Handschrift hat am Ende Aa I p. 103; vgl. unten zu c. 41 (12) 3. 15—18 actus Petri apostoli ex= plicuerunt cum pace et Simonis. amen. Darunter hat der Schreiber gesetzt: expl. epistula sci petri cum simone mago. Li hat hieraus seinen Titel (actus Petri cum Simone) hergestellt, den wir beibehalten haben, obgleich er nicht richtig ist; denn das Stück enthält außer dem Kampfe des Petrus gegen Simon noch den Abschied des nach Spanien reisenden Paulus von der römischen Christengemeinde und das Martyrium des Petrus. Es kann auch nicht der ursprüngliche Titel gewesen sein. Vielmehr scheint es nach der unrichtigen Stellung von „et Simonis", daß dem Ueber= setzer actus Petri apostoli der richtige Titel war. Dies ist die Ueberseßung von: Πράξεις Πέτρου τοῦ ἀποστόλου. Es liegt kein Grund vor, diesen Titel nicht für den ursprünglichen zu halten. (Actus nomine Petri apostoli auch in dem Decretum Gelasii; dort ist Πράξεις Παύλου καὶ Θέκλης mit actus Pauli et Theclae übersetzt.) Darum wäre der Titel: ‚Taten des Apostels Petrus‘ richtiger. In der wissenschaft= lichen Literatur ist unser Stück unter dem Namen ‚Actus Vercellenses‘ bekannt.

1 3. 23 f.: traf es sich auch contigit etiam. Aus „etiam" ist zu schließen, daß unser Stück sich anfügt an eine andere Erzählung. Ich finde es wahrscheinlich, daß diese nichts anderes ist als die kanonische Apostelgeschichte. In c. 1 wird ja deut= lich Bezug genommen auf die römische Gefangenschaft Pauli. Von Totenerweckungen und Heilungen Pauli in Rom ist allerdings in c. 4 die Rede (Aa p. 48 ₂₄ f.). Vielleicht auch hat Paulus in Rom von Petrus erzählt, c. 6 (p. 51 ₃₀) und Unterweisungen gegeben über das Christentum, c. 10 (p. 57 ₁₉). Aber diese Hindeutungen sind nicht der Art, daß man annehmen müßte, in einem verlorenen Teile der A. V. sei davon die Rede gewesen. — 3. 24. cod.: Candidum. — 3. 24. cod.: Quartus a praeclusioni= bus. Der Name stammt vielleicht aus Röm. 16 ₂₃, obgleich dort Quartus nicht als in Rom befindlich erscheint. Der Ausdruck: a praeclusionibus ist noch nicht genü= gend aufgeklärt. Auch eine Rückübersetzung ins Griechische führt zu keinem Resul= tate (= ὁ ἐπὶ [vielleicht in ἀπὸ verschrieben] τῶν εἱρκτῶν Zahn G. K. II, S. 855 Anm. 2) Vielleicht ist praeclusio besser mit ἀπόκλεισμα zu übersetzen und Quartus als „Be= schließer" aufzufassen. Die Vorstellung von der Gefangenschaft Pauli in Rom liegt zu Grunde; denn Paulus hat doch AG. 28 ₁₆ einen ihn bewachenden Soldaten bei sich, wenn er sich auch in einer Mietswohnung aufhält (AG. 28 ₃₀). Als Amts= titel ist der Ausdruck bisher nirgends nachgewiesen, vgl. TU N. F. V 3, S. 106 Anm. 1. — 3u vergleichen ist der von Origenes bei Besprechung von Mt. 22 ₁₂ ge= brauchte Ausdruck: ὑπὸ τῶν διακόνων τοῦ βασιλέως τῶν πρὸς τοῖς δεσμοῖς τεταγμένων comm. in Matth., tom. XVII, MPG Bd. 13, 1528 C). -- 3. 25: Beachtung schenkte: cod.: intueri; vom geistigen Betrachten, erwägen, beachten; vgl. ἀτενίζειν τινί. Eine Aenderung etwa moneri oder auch teneri erscheint nicht notwendig. ἀτενίζουσα τῷ λόγῳ Παύλου wird von Thekla gesagt Aa I 243 ₅, vgl. 249 ₅. 250 ₄. — 3. 27: über= redete: cod: permansit. Das ist unmöglich. Vielleicht ist zu vermuten: permisit (so Zahn G.K. II 855 Anm. 2). Aber Quartus hat nichts zu erlauben. Freilich wäre der Phantasie unseres Romanschreibers wohl auch eine derartige Extravaganz zuzutrauen. Doch ist er ein Mann, der in den Verhältnissen des römischen Reichs

Beſcheid weiß. Darum empfiehlt ſich Li.s Aenderung in persuasit eher; ſie wird außerdem dem Beſtand der Handſchrift mehr gerecht. In den Akten des Prozeſſus und Martinianus bitten (rogamos) Pr. und M. die Apoſtel Petrus und Paulus, ſie möchten hingehen, wohin ſie wollten. Nero habe ſie doch vergeſſen, da ſie ſchon den 9. Monat im Gefängnis (dem carcer Mamertinus) ſeien. (2. Juli; Acta Sanctorum Boll. Juli, I [Antwerpen, 1719], p. 304). Die Akten ſind rein legendariſch und gehören wohl erſt dem 6. Jahrh. an. Der angegebene Zug kann (?) aus den A. V. ſtammen; hier ſoll er die Freilaſſung des Paulus aus der erſten römiſchen Gefangenſchaft erklären; in den Akten des Proc. und Mart. ſoll er die Begegnung des Petrus mit Chriſtus ad portam Appiam ermöglichen. Von den Schickſalen des Paulus iſt nicht weiter die Rede. (Ueber die Akten vgl. A. Dufourcq, Étude sur les gesta martyrum romains p. 60. 170. 171; eine abweichende Recenſion der Akten ebda. S. 328. 329 Anm.). In dem Martyrium b. Petri ap. a Lino episcopo conscriptum c. 5 fordern (postulabant) Proceſſus und Martinianus von Petrus, er möge hingehen, wohin er wolle (Aa I p. 6 21). Hier iſt aber nur von Petrus die Rede; vgl. über dieſe wertloſe Legende H. Griſar, Geſchichte Roms und der Päpſte im Mittelalter I, Nr. 170 (S. 198—202). — Z. 29: Das Faſien ſpielt in unſerm Stücke eine große Rolle als Vorbereitung und Stärkung zu wichtigen Handlungen; Petrus faſtet auf dem Schiffe p. 50 8; er fordert die Brüder zum Faſten auf, p. 65 26; er genießt nichts vor ſeinem Kampf mit Simon, ſondern faſtet ſtreng p. 69 29 (dies ſtrenge Faſten gibt Grund zu der Annahme, daß Chriſtus ihm beiſtehen und Petrus den Feind beſiegen werde; c. 22, p. 69 28 ff.) Petrus faſtet drei Tage, als er den an Eubula verübten Frevel heransbringen will c. 17, p. 63 11). [Vgl. Murat. Fragm. Z. 11: Johannes faſtet mit den übrigen Jüngern drei Tage vor Abfaſſung ſeines Evangeliums.] 3tägiges Faſten (diatritos) ſpielt auch als Heilmittel eine Rolle bei dem Mediziner Theſſalos (unter Nero) vgl. Maur. Albert, Les médecins grecs à Rome, Paris 1894 p. 218'f. Ich entnehme dieſe Notiz G. Grupp, Kulturgeſchichte der römiſchen Kaiſerzeit I, 1903, S. 102 Anm. 3. Dieſe Vorſtellung von der kräftigenden Wirkung des Faſtens — zugrunde liegt wohl auch der Gedanke von der Einwirkung auf Gott — tritt in der zweiten Hälfte unſeres Stückes nicht mehr hervor, dafür die Enthaltung von Geſchlechtsgenuß. Beides paßt zu der Wahrnehmung, daß die πράξεις Πέτρου im Kreiſe von „Enkratiten" geleſen wurden (vgl. unten). Die Zahl drei iſt geheiligt und wird oft bei entſcheidenden Vorgängen verwertet. Polykarp ſieht drei Tage vor ſeinem Tode ein Geſicht, das ihm das Kommende verkündigt (Mart. Polyc. 5, 2); vgl. A. P. et Th. 8 Aa p. 241 11 und ähnliches. — Z. 31: Viſionen ſind in unſerm Stücke ſehr häufig; auch dem Petrus wird c. 5 im Geſicht angekündigt, was er tun ſoll. — Z. 32: cod.: corpori tuo (lies: corpore tuo) das müßte heißen: gehe perſönlich nach Spanien. Das iſt wohl nicht unmöglich, aber ſehr hart. Es wäre gemeint im Gegenſatz zur Wirkſamkeit Pauli durch Briefe uſw. (Zu vergleichen iſt A. P. et Th. 2 Aa I p. 237 2. 3: οὐ γὰρ εἶδόν αὐτὸν σαρχὶ ἀλλὰ μόνον πνεύματι.) Der apokryphe Briefwechſel zwiſchen Paulus und den Korinthern enthält auch die Worte: „während du körperlich bei uns biſt" Zahn G.K. II 597. Sch Acta Pauli, S. 75. Li ſchlägt vor, ſtatt corpori tuo zu leſen: comparitūrus: um dich den Spaniern zu zeigen. Das iſt aber eben fo hart. — Arzt; James I S. 51 findet hier eine Berührung mit den Acta Xanthippae et Polyxenae c. 1 und 2, wo ebenfalls von Paulus als Arzt geſprochen wird. Die Vorſtellung von Chriſtus als Arzt Leibes und der Seele, von den Miſſionaren als Aerzten ſind ſehr verbreitet; vgl. [unten zu A. J. 22;] die Abgarſage; jüngere A. Tho. c. 29 (James II) p. 34; 37 p. 36 24: ἡ δὲ ἰατριχή μου (des Thomas) ἐστιν ἡ δύναμις τοῦ Χριστοῦ ἡ θεραπεύουσα πᾶσαν νόσον καὶ πᾶσαν μαλαχίαν; Test. Domini n. Jesu Christi I 24 ed. Rahmani, p. 49: Christe . . . qui sanator es cuiusvis morbi et passioni; auch in den pſeudoclementiniſchen Homilien erſcheint Peirus überall als Arzt der Leiber vgl. VII 5 (MPG Bd. 2, 220 C) ebenſo wie in unſern A. V. c. 29 (p. 78 6); wie dort (VII 6 MPG Bd. 2, 221C), will auch hier Petrus ſeine Leiſtungen nicht ſeinem Verdienſte zugeſchrieben wiſſen, ſondern Chriſtus (A. V. 28 p. 75 1 f.). Es war eine lohnende Aufgabe, darzulegen, wie die religiösen Gedanken von der Vorstellung: Christus der Arzt auch des Leibes beeinflußt worden sind, wie sie insbesondere auch auf die Sakramentspraxis einge=wirkt hat, vgl. Harnack, Die Mission, S. 72 ff. — Auch Petrus berichtet den Brüdern in Jerusalem sofort, was ihm im Traume befohlen worden war c. 5 p. 49 32. — 3. 33: „Nihil dubitans" kommt ziemlich häufig vor, um die Bereitwilligkeit gegen göttliche Führung auszudrücken, welcher Art sie sei: hier erfolgt sie durch ein Gesicht. Es müssen doch schon arge Zweifel an der Möglichkeit der Erfüllung christ=licher Verheißungen in den Gemeinden laut geworden sein. Daher ist öfter von Zweifeln die Rede p. 52 13: Ariston glaubt „sine mora" dem ihm im Gesicht er=scheinenden Paulus. Marcellus p. 59 19 zweifelt nicht an den Worten des Petrus, daß das geweihte Wasser die zerbrochene Statue wiederherstellen werde, und Petrus lobt Gott deswegen, weil er nicht gezweifelt hätte (p. 59 28); p. 46 30 hören wir so=gar von Zweifeln an der Vergebung der früheren Sünden, d. h. der vor der Taufe begangenen Sünden. Paulus muß deswegen beruhigen. Merkwürdigerweise ist, soviel ich sehe, von etwa p. 60 an von derartigen Zweifeln nicht mehr die Rede; das wird zufällig sein. Eine bestimmte historische Situation, für die derartige Zweifel paßten, läßt sich nicht ausfindig machen. Man kann an 2. Petr. denken. — 3. 35: ähnlich in Acta Pauli, Sch S. 58 11 f.: da war eine große Trauer den Brüdern; cc. 1 und 3 haben auch sonst noch Berührungspunkte mit den Acta Pauli. — 3. 36 Fraternitas = ἀδελφότης. 1 Petr. 5 9 vgl. etwa Clemensbrief 2 pa 34 11 f. und Anm. dazu. Tertullian de praescr. haeret. 20: appellatio fraternitatis et contesseratio hospitalitatis. Sarapion von Antiochien bei Euseb. h. e. V 19, 2: παρὰ πάσῃ τῇ ἐν κόσμῳ ἀδελφότητι; Testam. D. n. Jesu Christi I 8 ed. Rahmani, p. 11: odium fraternitatis. Zu der Vorstellung vgl. A. Harnack, Lehrbuch der Dogmengeschichte I³, S. 142 Anm.; die Mission, S. 291. — 3. 38 zusammengeraten war: cod.: conmisisset. committo = συμβάλλω. Die Aenderung in conquisisset (Bo) scheint mir unnötig. Die Erinnerung an die Kämpfe des Paulus mit den Juden stammt wohl auch aus der AG. In unserem Stücke wird davon weiter kein Gebrauch ge=macht. In dem Mart. Pe. et P. Aa I 118 bitten die Juden den aus Spanien zu=rückkehrenden Paulus, ihren Glauben gegen Petrus zu verteidigen. (Zur Sache vgl. Harnack, Lehrbuch der Dogmengesch. I³, S. 168—170.) — 3. 39 abgeführt hatte: convincere = ἐλέγχειν. Das Wort spielt in unserem Stücke eine gewisse Rolle. Auch Petrus widerlegt den Simon in jeder seiner Handlungen. Es wird auch von Christus gebraucht z. B. Justin dial. 102: ἤλεγχε τοὺς συζητοῦντας αὐτῷ Φαρισαίους (ed. Otto, Corpus apol. II³, p. 364 C). — 3. 39 f.: Der Wechsel: patres uestri sabbatu eorum der Handschrift ist sicherlich dem Uebersetzer zur Last zu legen; er erklärt sich aus dem Griechischen ganz leicht. — 3. 40 f.: Vgl. Jes. 1 13 (Vulg.) (Barn. 2, pa 10 17): Neomeniam et sabbatum et festivitates alias non feram. Justin, dial. 10, ed. Otto p. 38 C. cf. 18 p. 66 A von den Christen: ἐν τῷ μήτε τὰς ἑορτάς, μήτε τὰ σάββατα τηρεῖν, μήτε τὴν περιτομὴν ἔχειν. Aristides apol. 14, 4 bei See=berg in Zahns Forschungen V 393): (die Juden sind abgeirrt) indem sie beobach=teten die Sabbate und die Neumonde und die ungesäuerten Brote und den großen <Tag> und das Fasten und die Beschneidung und die Reinheit der Speisen. — Merkwürdig ist diese Reminiscenz an die Auflösung der jüdischen ieiunia in einem Stücke, das so viel von Fasten redet: vgl. oben S. 405. Der Widerspruch ist dadurch gehoben worden, daß die Kirche das wahre Fasten für sich in Anspruch nahm. Schön ist der Ausspruch über das wahre Fasten in dem Briefe des Ptolemäus an Flora (MPG Bd. 7, 1288). — 3. 42 beschworen: cod.: lucebant. Das ist ganz un=möglich. Am einfachsten wäre die Aenderung in rogabant; aber man sieht nicht ein, wie das deutliche rogabant so verderbt werden konnte. Li: urgebant. Usener: uolebant. Gundermann: vincebant. Bo: lugebant autem fratres <et adiurabant> Paulum. Am besten ist die Vermutung von G. Götz: der lateinische Uebersetzer habe das griechische ἐλιπάρουν schlecht wiedergegeben [illiciebant? lacessebant?]. — An=kunft. Die zweite Parusie des Herrn ist gemeint. Daraus geht hervor, daß die Schrift in eine Zeit gehört, in der der Glaube an die Wiederkunft Christi (und zwar an die baldige: Paulus ſoll ja nicht länger als ein Jahr bleiben) in den Gemeinden noch lebendig war. Als hiſtoriſche Reminiscenz kann die Erwähnung der Wieder=kunft Chriſti nicht aufgefaßt werden. Wenn auch aus mehr als einer Stelle her=vorgeht, daß unſer Verfaſſer hiſtoriſche Kenntniſſe hatte, ſo wäre eine hiſtoriſche Erinnerung an die Stimmung in altchriſtlicher Zeit doch geradezu unmöglich. Wie ſtark der Glaube an die Wiederkunft Chriſti im 2. Jahrh. war, möge man etwa aus Juſtins Schriften erſehen; vgl. die Dogmengeſchichten. Harnack, Lehrbuch der Dogmengeſchichte, I³ 142 f. 158 ff. — S. 394 Z. 2 laß uns nicht allein: cod.: inquipias (incipias) abrelinquere = μέλλης (Rönſch, Itala und Vulgata², S. 369) ἀπολιπεῖν iſt unüberſetzbar. In dieſen Worten der römiſchen Gemeinde iſt doch ſchon ausgedrückt, daß nach dem Weggange des Paulus ihr Glaube ins Wanken werde gebracht werden. Der Verfaſſer weiſt auf ſeine folgende Erzählung hin und be=reitet ſchon vor auf die umſtürzleriſche Tätigkeit Simons. — Ob er den allgemeineren Gedanken, daß die Gemeinden ohne ihre Leiter den verderblichen Einflüſſen frem=der Elemente preisgegeben wären, hat zum Ausdruck bringen wollen, ſteht dahin. Die Geſchichte der Kirche des 2. Jahrh. könnte das nahe legen, und nicht umſonſt hat Ignatius zum engen Anſchluß an den Biſchof gemahnt. Beſonders in Aſien waren die centrifugalen Elemente reichlich vertreten, weil dort das ſtärkſte und ſelbſtändigſte religiöſe Leben herrſchte. Daß auf die Geringwertigkeit des von Paulus verkündigten Chriſtentums hingewieſen werden ſolle, iſt nicht erſichtlich; und ebenſowenig, daß Paulus auf Koſten des Petrus zurückgeſetzt werden ſolle. — Z. 3 f. Stimmen vom Himmel kommen nicht nur in der apokryphen Literatur häufig vor. Die Erzählungen davon gehen bei unſerem Autor zurück auf die Schriften des Neuen Teſtamentes. Da er die Petrusbriefe gern gebraucht und die Apoſtelgeſchichte nachahmt, ſo wäre hier etwa zu vergleichen 2. Petr. 1 18 (Stimme Gottes bei der Verklärung); AG. 11 9 ꝛc. — Z. 5 Dienſt: d. h. zum Dienſt für Gott. Harnack iſt der Meinung, daß die in der Caena Cypriani befindliche Deviſe: perministravit Paulus auf die obige Stelle zurückgehe (TU N. F. V 3, S. 106; N. F. IV 3, S. 18 Anm.) und daß die Perikope aus den Paulusakten ſtamme. Doch habe ſie der Verfaſſer der Petrusakten verändert. — Z. 7 vollendet: d. h. wird er getötet werden. Consummatio = Lebensende vgl. Rönſch, Itala und Vulgata², 310 vgl. 2. Tim. 4 7: cursum consummavi (Vulg.). — Das Ende des Paulus wird in un=ſerem Stücke nicht erzählt; und es iſt auch kein direkter Hinweis darauf vorhanden, daß unſer Autor es (im Anſchluſſe an das Martyrium Petri) habe erzählen wollen. Nur ſoviel iſt deutlich, daß er keine Ahnung davon bekundet, das Martyrium des Paulus habe gleichzeitig mit dem des Petrus ſtattgefunden. Gleichwohl wird man die obigen Worte als Vorbereitung für eine Erzählung von Pauli Martyrium in Rom auffaſſen dürfen. Was hätte der Hinweis auf die Wiederankunft des Paulus in Rom in c. 40 (11); Apokr. S. 423 8 für einen Zweck, wenn nicht auch davon hätte die Rede ſein ſollen. Und wenn dieſe erwähnt war, ſo mußte auch das Mar=tyrium Pauli erzählt werden, auf das ſo ausdrücklich oben hingewieſen iſt. Faßt man die Petrusakten als eine Ergänzung zu der kanoniſchen AG. und zwar ge=dacht in unmittelbarem Anſchluſſe an ſie, ſo erfordern ſie als Schluß die Erzäh=lung der Wiederankunft des Paulus in Rom und ſeines Martyriums. Es iſt ſehr merkwürdig, daß nicht nur eine interpolirte Ueberſetzung resp. Bearbeitung des Martyriums Petri der A. V. bezeichnet wird als das Mart. Pe. a Lino episcopo conscriptum, ſondern daß auch die lateiniſche Ueberſetzung des Paulusmartyriums, das nach Sch zu den Paulusakten gehört, (abgedruckt bei Li Aa I p. 23—44) den Namen des Biſchofs Linus trägt. Für dieſe Tatſache ſcheint mir die Erklärung nicht genügend, daß der Name des Linus gewählt worden ſei, um anzudeuten, daß Linus als erſter römiſcher Biſchof nach Petrus Augenzeuge der Martyrien des Pe=trus und Paulus geweſen ſei und ſo darüber am beſten habe berichten können. Als ein äußeres Zeichen für die Zuſammengehörigkeit der beiden Martyrien wird man den gemeinſamen Verfaſſernamen immerhin gelten laſſen müſſen. (Was Li II 1 S. 89 gegen eine ſolche Auffaſſung bemerkt, hat doch keine entſcheidende Bedeutung;

bedeutsam ist Acta Nerei et Achillei c. 14.)

2 3. 10. Um jedes Mißverständnis auszuschließen, übersetze ich, als ob für die Worte des Textes: sacrificium Paulo pane et aqua stünde: ad sacrificium Paulo panem et aquam. Daß das Abendmahl gemeint ist, geht aus dem Worte sacrificium hervor. Auffällig, aber nicht unerhört, ist die Feier mit Brot und Wasser. Man hüte sich, diese Auffälligkeit für ein Zeichen des Gnosticismus zu nehmen. Vgl. Harnack, Brod und Wasser, die eucharistischen Elemente bei Justin (TU VII 2). In enkratitischen Kreisen, die auch den Weingenuß verpönten, wird der Genuß von Wasser im Abendmahl verständlich. Zahn (Art. Agape in RE I, S. 234 64 ff.) findet in unserer Stelle eine Bestätigung für die endgültige Scheidung von Eucharistie und Agape und vergleicht: Acta Joannis ed. Zahn p. 243 CL = Aa II 1 c. 109, p. 207 (hier ist aber nur von Brot die Rede) und A. Tho. p. 22. 35. 82. — 3. 12 befand sich: zu contigit ist zu ergänzen: esse. — Rufina: Nach der Art, wie der Verfasser historische Personen für seinen Roman verwendet, könnte man auch hier denken, daß es sich um eine historische Person handle. Eine Konkubine des Augustus heißt Rufilla (Sueton Augustus 69). Die Geliebte des Cocceius Cassianus heißt Rufina (Papinianus digesta 34 9. 16 1). Aber die letztere kann wohl nicht gemeint sein, weil sie erst im 3. Jahrh. gelebt hat. Auch der Verfasser der A. P. et Th. und der A. Tho. hat historische Personen in ähnlicher Weise verwertet, wie v. Gutschmid gezeigt hat. — 3. 15. Die Erzählung ist die dramatische Illustration zu 1. Kor. 11 27. 29. [Ein ähnlicher Vorgang A. Tho. 51.] Vgl. Dionysius von Alexandrien in der epistola canonica: εἰς δὲ τὰ ἅγια καὶ τὰ ἅγια τῶν ἁγίων, ὃ μὴ πάντη καθαρὸς καὶ ψυχῇ καὶ σώματι, προσιέναι κωλυθήσεται (bei Routh Reliquiae sacrae II, p. 392). „Omnis inmundus non tangat sacrificii sancti" lautet ein an 3. Mos. 7 19 angeschlossenes Citat im Traktat adv. aleatores 8, 6 (vgl. dazu Miodoński). Der Vorwurf des Celsus, daß „wir Christen παντοδαπὰ ἐπισπώμεθα ἢ συμπλάσσομεν δείματα" (Origenes, contra Cels. III 16) bezieht sich vielleicht auf derartige Geschichten. — 3. 21. 1. Joh. 1 9. Die Vulgata übersetzt: Si confiteamur peccata nostra; fidelis est, et iustus, ut remittat nobis peccata nostra, et emundet nos ab omni iniquitate. Daß der Uebersetzer die Vulgata nicht benutzt hat, wird durch die Vergleichung dieser und anderer Stellen deutlich. Die Frage, ob er eine vorhieronymianische Uebersetzung benutzt habe, läßt sich nicht aufwerfen. Die Unterschiede gegenüber der Vulgata erklären sich daraus, daß der Uebersetzer die Bibelstellen selbständig nach dem griechischen Texte übersetzt hat. — 3. 23 das verzehrende Feuer (ignis inextinguibilis etc.) und die äußere Finsternis, überhaupt die Schrecken des Gerichts spielen in der Literatur des zweiten Jahrh. eine sehr große Rolle. Es wäre müssig, einzelne Stellen auszuschreiben, da die Phantasie der Gläubigen ganz von derartigen Vorstellungen angefüllt war; viel mehr, als wir gewöhnlich annehmen. Daß diese Stimmung zum größten Teile auf die Schriften des Neuen Testaments zurückgeht, bedarf keines Beweises. Es ist immerhin beachtenswert, daß die angegebenen Strafen die Sünderin noch bei Lebzeiten treffen sollen, ein Beweis, daß diese Bilder doch auch als Bilder und nicht immer nur als Realitäten gefaßt worden sind. — 3. 25 gelähmt: cod.: contorminata. tormina von torqueo bedeutet das Leibschneiden, vgl. den Index lat. Aa I p. 312; der Sinn kann nicht zweifelhaft sein. — 3. 26 cod.: et credentes in fidem et neofiti. fides kann hier nicht gut etwas anderes bedeuten, als das fixierte Glaubensbekenntnis. Diese Bedeutung kommt in unserm Stücke sonst nicht vor. Die Unterscheidung von 2 Klassen von Gläubigen ist deutlich, vorausgesetzt, daß neophyti nicht Neu=Getaufte, sondern Neu=Bekehrte sein sollen. Nach c. 7 p. 54 16 scheint es, als hielte der Verfasser die ganze römische Gemeinde für neophyti; und darum wären sie der Verführung so leicht zugänglich gewesen. — 3. 28 f. Der Zweifel an der Vergebung der früheren Sünden (auch S. 395 7) ist auffällig. Es handelt sich doch offenbar um Getaufte. Doch kann es auch die Sorge der Neubekehrten bezeichnen. Die allgemeine Vorstellung war, daß durch die Taufe die früheren Sünden vergeben würden, wie das besonders deutlich von Tertul=

lian ausgesprochen worden ist (de bapt. 1): Felix sacraméntum aquae nostrae quia ablutis delictis pristinae caecitatis in vitam aeternam liberamur. Aristides apol. 17,4 (Seeberg a. a. D. S. 406): „und er reinigt sein Herz und seine Sünden werden ihm vergeben, weil er in Unwissenheit sie getan hat in der früheren Zeit". Vgl. Hermas mand. IV 1, 11: προτέρα ἁμαρτία ; 2, 2 : praecedentia peccata (lat. Ueberf.) u. öfter; Justin dial. 116 (p 414 A): ἀπὸ τῶν ἁμαρτῶν τῶν προτέρων, καθαρισθέντες. (πρότερα ἁμαρτήματα auch A. J. 54 Aa II I, p. 178 18.) Ganz ähnlich wie oben, hat sich Justin ausgedrückt dial. 95 (p. 346 B): εἰ μὲν οὖν μετανοοῦντες ἐπὶ τοῖς ἡμαρτημένοις, καὶ ἐπιγνόντες τοῦτον εἶναι τὸν Χριστὸν καὶ φυλάσσοντες αὐτοῦ τὰς ἐντολὰς ταῦτα φήσετε — ἄφεσις ὑμῶν τῶν ἁμαρτιῶν ὅτι ἔσται, προεῖπον. Die „früheren Sünden" sind in der „Unwissenheit" (des Heidentums) getan; vgl. S. 47 4. 53 24. 27. Doch sprechen nicht nur die Christen von den in Unwissenheit begangenen früheren Sünden: vgl. z. B. Buch der Jubiläen 22 14: reinige dich von aller Ungerechtigkeit und Unreinheit, daß du Verzeihung erlangest von allen Sünden, die du in Un= kenntnis verschuldet haft. Ueber die Bedeutung dieser Vorstellung f. Harnack, Lehrb. d. Dogmeng. I³, S. 161 Anm. 1. A. J. c. 107 Aa II 1 p. 206, 2 f. Die Reden in A. Tho. 37 f. p. 154 ff. sind den obigen sehr ähnlich; auch c. 58 f. p. 175 ff. — Z. 31 f. Clemens Alex. coh. 10 (MPG Bd. 8, 201 ff.) lehrt sich gegen den Vorwurf, als sei es schlimm, ἐκ πατέρων — παραδεδομένον ἡμῖν ἔθος ἀνατρέπειν. Lucian der Märtyrer sagt von den Christen : nec indiscussa, ut alii, parentum traditione de= cipimur (bei Routh, Reliq. sacrae III 285 21). — Z. 32 ff. Das Lasterverzeichnis geht wohl durchweg auf die paulinischen Briefe zurück. Aehnliche Verzeichnisse in der Weish. Sal. 14 25 f.; in der griechischen Baruchapok. 4 Ende, 8 Ende, 13; in Pf.= Clemens, de virginitate I 8 (ed. Beelen p. 35); Constit. Apost. VII 18 (MPG Bd. 1, 1009 B); andere Stellen bei Ha SBA 1891, S. 369 Anm. 1. Verschieden und doch auch wieder verwandt sind die 8 Hauptsünden der Mönche (Möller= v. Schubert, Lehrbuch der KG. I ², S. 797.) — Z. 34. Der Ausdruck deus vivus von Christus (vgl. dazu Sch S. 91) könnte auffällig erscheinen; aber im Unterschiede von dem deus numinis inenarrabilis zur Bezeichnung Gottes brauchte man einen sichtbaren Gott. Dazu kam, daß die Vorstellungen von Gott im Imperium Romanum in den ersten christlichen Jahrh. sehr verworren waren. Jüdische, christliche und hellenische Vorstellungen gingen nebeneinander her, oft aber auch durcheinander. Es war ein ungeheurer Gährungsprozeß, der sein Ende er= reichte in der Trinitätslehre. Der Ausdruck Christus unfer Gott (deus noster p. 53 26) ist nicht nur im 2. Jahrh. gut katholisch; man vergleiche Ignatius und Justin; auch in späterer Zeit, z. B. bei Athanasius ist er noch ganz gebräuchlich. Daß er naiven Modalismus bezeichnet, ist ersichtlich; doch war dieser um 200 noch nicht häretisch. Vgl. über unsere Akten Harnack II, 1 S. 556, 557 und über die Vorstellung von Christus als Gott überhaupt die Dogmengeschichten. deus vivus von Gott p. 57 3. „Unfer Gott" von Christus gebraucht ist auch ein den Johannesakten geläufiger Ausdruck. In den Thomasakten heißt es νέος θεός. (In der syrischen Didaskalia V 1 Bunsen, Analecta antenicaena II S. 300 heißt es von dem Mär= tyrer: ἄγγελος τοῦ κυρίου, ἢ θεὸς ἐπίγειος λογιζέσθω ὑμῖν). — nachlassen cod.: demittit, für dimittet. — Z. 35 in Unwissenheit: „ignorantes". Das ist eine besonders bei den Apologeten sehr häufige Vorstellung; sie geht auf die neutestamentlichen Schriften zurück und hat den Anspruch der Christen, infolge der ihnen zuteil gewordenen Aufklärung über Gott und die Welt höher zu stehen als die Heidenwelt, zur Voraussetzung. — Z. 36 inwendigen Menschen, vgl. die schönen Worte des Gnostikers Marcus bei Jrenäus adv. haer. I 13, 2 (MPG Bd. 7, 581 A): ἡ πρὸ τῶν ὅλων, ἡ ἀνεννόητος καὶ ἄρρητος χάρις πληρώσαι σου τὸν ἔσω ἄν= θρωπον, καὶ πληθύναι ἐν σοὶ τὴν γνῶσιν αὐτῆς, ἐγκαταπείρουσα τὸν κόκκον τοῦ σινάπεως εἰς τὴν ἀγαθὴν γῆν. — Z. 36 ff. Das Tugendverzeichnis ist durchgehends biblisch, d. h. neutestamentlich, oder noch besser gesagt paulinisch. Es stimmt vortrefflich zu= sammen mit der Aufzählung der „Farben der Seele" in den A. J. p. 166 22 ff. (Apokr. S. 436). — Z. 39 ducem uestrum. ἀρχηγόν τῆς σωτηρίας Hebr. 2 10. Von

Justin dial. 34. 61 (p. 112 D. 212 B) wird Christus als ἀρχιστράτηγος bezeichnet. Bei Justin geht die Bezeichnung auf das Alte Testament zurück; bei unserem Autor sicher auf das Neue. — Z. 39 f. uirtutem in pace cum dominum nostrum. Diese Kombination weiß ich nicht zu belegen. — Z. 42 cod.: deus numinis inenarrabilis. Die Aenderung in luminis ist wohl unnötig. inenarrabilis auch p. 57 s. Die Unbegreiflichkeit und Unaussprechlichkeit Gottes ist in der altchristlichen Literatur oft berührt; vgl. etwa Aristides apol. 1, 2: „nicht begreiflich ist er in seiner Natur" (Seeberg a. a. O. 319); 1, 5: einen Namen hat er nicht; denn alles, was einen Namen hat, ist Genosse der Kreatur (S. 322). ἄρρητος von Gott Justin dial. 126. 127 (p. 452 C. 456 D), vgl. auch die schöne Stelle bei Theophilus ad Autol. I 3. — ἀκατονόμαστος von Gott gebraucht ist ein platonischer Ausdruck. — Die Aenderung von numinis in luminis könnte sich empfehlen, wenn man sich an Bezeichnungen Gottes erinnert wie im Evang. Mariae (s. Apokr. S. 42 f.; geschrieben vor 180); dort wird der Vater des Alls bezeichnet als der „Unsichtbare, als das reine Licht, in das Niemand mit seinen Augen sehen kann, als der Geist, den Niemand denken kann wie er beschaffen ist, der Ewige, der Unaussprechliche, der Unbenannte, weil niemand vor ihm existirt, um ihm einen Namen zu geben". Sch in SBA 1896, S. 843. Von dem unerträglichen Lichte Gottes ist in unseren Akten noch viel die Rede, besonders in c. 21 (vgl. die Anm.). Es ist merkwürdig, daß in dem Gebete des Paulus sowenig von der Barmherzigkeit Gottes die Rede ist, während doch unsere Actus geradezu die Tendenz haben, die schrankenlose Barmherzigkeit Gottes gegen die Abgefallenen zu verkünden. Es ist das wohl ein Beweis dafür, daß unserem Autor die Barmherzigkeit nicht in seinen Gottesbegriff gehörte; er begnügte sich mit den Aussagen der hellenischen Philosophie, um das Wesen Gottes zu bestimmen. Nur wo er auf die Sendung Christi zu reden kommt, spricht er von Gottes Barmherzigkeit, oder spricht auch von Christi Barmherzigkeit. So ist es auch in A. J. 107 p. 204 11 ff. — Z. 43 cod.: confirmasti. Ps. 32 6: Verbo domini coeli firmati sunt (Vulg.) Es handelt sich um die gut katholische, antignostische Ueberzeugung, daß der Schöpfergott der Gott der Christen sei. — Z. 43 f. cod.: qui uinculum inligatum omni saeculo induxisti gratiae tuae. Oden ist ganz wörtlich übersetzt; die Uebersetzung gibt zur Not einen Sinn; aber eine analoge Vorstellung habe ich nicht finden können. Der Gedanke klingt gnostisch. Aber man braucht ihn nur zu vergleichen mit Worten wie Irenäus I 29, 2 (MPG Bd. 7, 692 B): et Charin quidem magno et primo luminari adiunctam, um zu sehen, daß hier eine ganz andere Vorstellung zugrunde liegt. Das Wort αἰών ist auch in der kirchlichen Literatur gebräuchlich, und zwar in verschiedenen Bedeutungen. Gratiae tuae kann auch falsche Uebersetzung des Dativs: τῇ χάριτί σου = gratiä tuä sein; der Sinn wird dadurch nicht deutlicher. Man spricht gewöhnlicher von den Banden des Todes oder von den Banden des Teufels und schreibt Christus oder Gott das Lösen davon zu; vgl. z. B. die Worte in den altchristlichen liturgischen Stücken, die Wobbermin herausgegeben hat (TU XVII 3 b, S. 15 25 ff.): ὁ διὰ τοῦ μονογενοῦς καταργήσας τὸν σατανᾶν καὶ λύσας αὐτοῦ τὰ τεχνάσματα· καὶ ἀπολύσας τοὺς ὑπ' αὐτοῦ δεδεμένους. Derartige Vorstellungen haben sich erhalten. In dem Liede der Geißler aus dem 14. Jahrh. heißt es: De leyde Duvel hat se gebunden, Maria hat lost unsen bant. (Gieseler, KG. II 3², S. 315 Anm. 7.) Man sollte die in der altchristlichen Literatur vorkommenden Belegstellen für „Binden und Lösen" einmal sammeln und sie auf die zugrundeliegenden Vorstellungen hin untersuchen; hierbei wäre gewiß auch der Faden der Moiren, an dem der Mensch hängt, mit in Betracht zu ziehen. (Einen analogen Gedanken bildet, was Augustinus de haer. 70 Corpus haereseol. I p. 217, von den Priscillianisten sagt: astruunt fatalibus stellis homines colligatos; vgl. CSEL XVIII, p. 153 11 ff. — S. 395, Z. 3 ff. 1. Tim. 1 13: τὸ πρότερον ὄντα με βλάσφημον καὶ διώκτην καὶ ὑβριστήν. Die obige Stelle ist bezeichnend für die Art, wie unser Autor Bibelstellen verwertet und wie er es versteht, hübsche Antithesen herauszubringen. Trefflich ist ihm das gelungen in der Zusammenreihung der einander widersprechenden Bezeichnungen Christi in

c. 20. — Z. 10 Li hat das: credentibus in eam (l. eum) des Textes mit dem Vorausgehenden verbunden; Gundermann ſchlägt die Verbindung vor, der wir folgen. Bo nimmt vor den Worten eine Lücke an, was mir nicht notwendig er= ſcheint. — Z. 13 Vgl. die Grabſchrift des Abertios von Hieropolis, Z. 12: πίστις (?) πάντη δὲ προῆγε; auch Mt. 2 9: ὁ ἀστὴρ ... προῆγεν αὐτούς. — Z. 18 Das muß der Sinn der unüberſetzbaren Worte des Textes ſein: in pleno nobis eum constitue; vgl. S. 403 10 in pleno confortasti. Die Brüder wollen ihn ja auch nur ein Jahr fortlaſſen, weil ſie ſich ohne ihn ganz verlaſſen fühlen, vgl. c. 1 a. Ende; die Ueberſetzung: Bringe ihn wieder in unſere Mitte, iſt wohl ausgeſchloſſen. Der Ueberſetzer hat vielleicht für μέσος μεστός geleſen.

3 Z. 20 kniefällig: geniculare = γονυπετεῖν. — Z. 21. Nach Paulus iſt etwa zu ergänzen: „ihn begleiten zu dürfen". — führten hinab: Der Ver= faſſer zeigt hier ſeine Unkenntnis in römiſchen Verhältniſſen. Wäre er in Rom be= kannt, ſo hätte er ſich deutlicher ausdrücken müſſen. So können wir nicht entſcheiden, ob er den Hafen am Tiber, oder ob er Oſtia meint. Der Ausdruck deducere deutet darauf hin, daß er ſich Rom hochgelegen denkt; „nach Jeruſalem hinaufgehen" war eine bekannte Redeweiſe; auch Petrus ſteigt nach Rom hinauf (ἀναβάς) Aa I p. 88 13 vgl. das Folgende: fratres ascenderunt in urbem p. 48 10 f. und meine Beiträge S. 32 ff. — Z. 22. Es iſt den Legendenſchreibern eigentümlich, ihre Helden ſoviel wie möglich mit der vornehmen Geſellſchaft zuſammenkommen zu laſſen. Die folgenden Erzählungen geben genügend Beiſpiele dafür. Die Königin Tryphaena in den Theklaakten kann hier erwähnt werden. Daß die Chriſten des 2. Jahrhunderts die Verbindung mit reichen und vornehmen Leuten geſucht haben, unterliegt keinem Zweifel. Das gleich folgende de domo Caesaris deutet auch darauf hin (vgl. Dufourcq, Étude sur les Gesta martyrum romains, p. 130. 132. 145. 174. 191. Ha, Miſſion S. 382, A. 3). Sch macht S. 100 Anm. aufmerkſam auf Clem. Aleg. adumbra= tiones in 1. Petri, p. 1007 Potter: Marcus Petri sectator praedicante Petro evan= gelium palam Romae coram quibusdam Caesareanis equitibus et multa Christi testimonia proferente, petitus ab eis ut possent quae dicebantur memoriae com= mendare, scripsit ex his quae Petro dicta sunt evangelium quod secundum Marcum vocitatur. In der Tat kommen zur Predigt des Petrus viele Senatoren und Ritter und reiche Frauen und Matronen (c. 30, p. 78). (c. 23, p. 70 ſogar senatores, praefecti et officia.) Die Konkubinen des Präfekten Agrippa halten ſich zu Petrus (c. 33, p. 84), Xanthippe iſt die Frau des Albinus, des Freundes des Kaiſers (c. 34, p. 86). Eine Hauptrolle ſpielt in den Actus der reiche Senator Marcellus (c. 8 ff., p. 54 ff.). Auch Eubula c. 17, p. 62 ff. iſt honesta nimis in saeculo hoc. Daß das Chriſtentum um 200 auch unter den Vornehmen und Reichen Anhänger hatte, und nicht nur in Rom, iſt bekannt; vgl. Harnack, Miſſion, S. 376 ff. — Z. 25 de domo Caesaris, ἐκ τῆς καίσαρος οἰκίας auch in dem Mart. P. der Paulus= akten Aa I p. 104 8. 106 15 (vgl. 24 4. 27 9). — Z. 27. Der Name Narciſſus ſtammt vielleicht aus Röm. 16 11: ἀσπάσασθε τοὺς ἐκ τῶν Ναρκίσσου τοὺς ὄντας ἐν κυρίῳ. Der ſogenannte Ambroſiaſter bemerkt zu dieſer Stelle, daß Narciſſus zu jener Zeit Presbyter geweſen ſei, wie man „in aliis codicibus" leſe. Wahrſchein= lich ſind mit den alii codices unſere Petrusakten gemeint und nicht Handſchriften des Römerbriefs, in deren Text das Wort presbyter gedrungen wäre. Vgl. Sch Petrusakten S. 141 f. Es fällt dem Ambroſiaſter auf, daß Paulus den Narciſſus nicht grüßen laſſe, obgleich er doch als Presbyter bezeichnet würde. Die Erklärung ſicht er darin, daß er abweſend war, und fügt hinzu: hic autem Narcissus pres= byter officio (presbyteri) peregrini fungebatur, exhortatione firmans credentes. Davon ſteht in den Petrusakten ſtrenggenommen nichts (vgl. Harnack II 1, S. 552 Anm.). Auch aus den Worten (p. 53 13), nach denen Petrus zuerſt in die Wohnung des Presbyters Narciſſus kommt, läßt ſich das nicht ſchließen. Aber die Petrus= akten konnten dem Ambroſiaſter wohl den Anhalt bieten, ſich etwas zuſammenzu= phantaſiren. Jedenfalls hat weder er noch unſer Autor den Narciſſus des Römer= briefs mit dem berühmten Narciſſus, dem Freigelaſſenen des Kaiſers Claudius,

identifizirt. Daß er aus den vielen Namen in Röm. 16 sich gerade Narcissus her=
ausgesucht hat, daran ist wohl die Erwähnung der Lente des Narcissus schuld.
„Domus Narcissi christiani" kommt in der Passio S. Laurentii vor nach Duchesne,
Liber pontificalis II 41 Anm. 61 (Acta SS. Boll. 10. August II p. 518). Ein Bischof
Narcissus begegneten in den Erzählungen der griechischen Menäen über Philippus:
Li II 2, S. 37. Der Name Narcissus ist häufig; die bekannteste christliche Persön=
lichkeit ist wohl der Bischof Narcissus von Jerusalem. Woher die andern Namen
stammen, weiß ich nicht. Historische Persönlichkeiten sind sie nicht. Es hat unter
Claudius einen Prokonsul L. Minbius Balbus gegeben; auch a. 129 einen procon-
sul Asiae L. Julius Balbus (Prosopogr. II S. 375. 170). — Z. 28 geleitet:
deduxerunt. — Z. 29 schickte er: Hier ist natürlich Paulus Subjekt. — Z. 33
„in iumentis". iumenta sind freilich ganz im allgemeinen Zugtiere; es können unter
dem Ausdrucke wohl auch Wagen mit einbegriffen werden. — Z. 33 f.: kamen
zum Hafen hinab: descenderunt in portum; auch in den Rekognitionen des
Clemens I 11 (MPG Bd. 1, 1213 A): descendi usque ad portum. — Z. 36. cod.: „obla-
tione offerentes" (l. oblationem). An die Eucharistie ist hier schwerlich zu denken,
wie man etwa nach dem optulerunt am Anfange des 2. Kapitels (p. 46 12) vermuten
könnte. Oblatio auch in c. 5, p. 50 7, wo sicher nicht an die Eucharistie zu denken
ist. — Z. 38. Auch hier fällt wieder die Verwandtschaft mit AG. 20 auf; nur ist
alles viel breiter ausgemalt wie dort. Die AG. ist für unser Stück das unmittel=
bare Vorbild gewesen; zunächst der Komposition nach, dann aber auch inhaltlich.
Ein prinzipieller Unterschied zwischen der AG. und Stücken von der Art des unsrigen
findet nicht statt. Nur ist ersichtlich, daß das geistige Niveau des Autors tiefer
liegt als das des Verfassers der AG. Sowohl die Reden wie die Wundererzäh=
lungen tragen einen gröberen Charakter. Wir befinden uns im Zeitalter der Epi=
gonen. Die selbständige Erfassung des christlichen Gedankens und die religiöse
Produktivität hat Platz gemacht der Aneignung eines fixirten Stoffes und der Nach=
ahmung. Eine Ausnahme machen die Kreuzreden Petri; sie zeigen eine große Ori=
ginalität in der Auffassung der Heilstatsachen; darüber weiter unten.

4 Jetzt kommt nun, der Oekonomie des Novellisten entsprechend, die Erklä=
rung, warum die Brüder Grund hatten, sich zu fürchten, von Paulus verlassen zu
werden; vgl. c. 1 (die Situation ist die gleiche, wie sie der apokryphe Briefwechsel
zwischen Paulus und den Korinthern zur Voraussetzung hat. Auch dort kommen,
nachdem Paulus Korinth verlassen hat, die Irrlehrer Simon und Kleobius und ziehen
viele der Gläubigen zu sich herüber, Zahn G.K. II, 596 Sch Acta Pauli S. 74f.). Schon
aus diesem Grunde ist es nicht möglich, die ersten drei Kapitel, die von dem Abschiede
handeln, von den folgenden Kapiteln zu trennen. Rechnen wir noch dazu, daß der
Pauli Charakter der Reden in c. 1—3 derselbe ist wie in c. 4—32, so erscheint diese
Trennung erst recht unmöglich. Harnack hat angenommen (s. o. S. 396), daß das
Mart. Pe. in Rom in den Paulusakten gestanden hat; wäre das richtig, dann dürfte
auch die Angabe der Ursache, die Petrus nach Rom geführt hat, in den Paulus=
akten nicht gefehlt haben. Als Grund wird in unseren Akten die Verwüstung der
von Paulus einst geleiteten römischen Gemeinde durch Simon den Magier ange=
geben. Nach der Oekonomie des Verfassers der Paulusakten, die wir jetzt durch
den apokryphen Briefwechsel zwischen Paulus und den Korinthern, den Akten des
Paulus und der Thekla, dem Martyrium Pauli zur Genüge kennen, wäre es durch=
aus nicht unwahrscheinlich, daß auch der Kampf des Petrus mit Simon in den
Paulusakten gestanden habe. Doch erheben sich verschiedene Bedenken gegen die
Zusammenstellung der Paulusakten mit den A. V. Freilich wird die Untersuchung
dadurch erschwert, daß wir den größten Teil der A. V. nur in einer unvollkommenen
lateinischen Uebersetzung besitzen. Soviel läßt sich erkennen, daß die Paulusakten

eine bedeutende Ueberarbeitung erfahren haben müßten, als sie für unsere A. V. benutzt wurden. Wer will aber dann entscheiden, was dem Original, was der Ueberarbeitung angehört. Die Paulusakten in koptischer Sprache, die C. Schmidt nunmehr herausgegeben hat (Acta Pauli, Leipz. 1904), enthalten keine Spur von c. 1—3 unserer A. V., dem Abschiede Pauli von der römischen Gemeinde (ebenso= wenig wie von der spanischen Reise). Dann können auch die c. 4—32 nicht wohl ihre Grundlage an den Paulusakten haben. Daß diese aber in dem Mart. Pe. (c. 33— 41) benutzt worden sind, geht daraus hervor, daß sich hier zwei Aussprüche finden, die ausdrücklich auf sie zurückgeführt werden (vgl. zu c. 35 Z. 20—27 und c. 38 Z. 3) und damit ist ein terminus a quo für die A. V. gegeben: sie sind n a ch den Paulusakten verfaßt. Merkwürdigerweise sind die Beziehungen der bisher unbe= kannten Stücke der A. P. zu Teilen der A. V. enger als die der bekannten. Es hat jetzt fast den Anschein, als wenn in den A. V. eine petrinische Grundschrift mit Be= nützung der A. P. petro=paulinisch überarbeitet worden sei. Ich habe mich jetzt davon überzeugt, daß die Annahme einer nicht direkten Benutzung (Apokr. S. 386) das Verhältnis der Akten zu einander nicht zur Genüge erklärt.

Ueber die Quellen, aus denen der Verfasser der Petrusakten seine Angaben von S i m o n schöpfte, läßt sich nichts Bestimmtes sagen. Daß er die AG c. 8 be= nutzt, ist sicher. Vielleicht hat er auch die Angaben über Elymas c. 13 benutzt (vgl. A. V. c. 23, p. 70 f.). Man könnte denken, daß er für die Bezeichnung Simons ἑστώς, c. 2 des griechischen Textes p. 80 37. 82 1, eine Vorlage benutzt habe; die ganze Abschiedsrede könnte Simons „echtes" Material darstellen. Auf Schriften Simons wird nicht Bezug genommen; von einer Benutzung der ἀπόφασις μεγάλη findet sich keine deutliche Spur. Hätte der Autor der A. V. in Rom geschrieben, so wäre dies ein Zeichen des hohen Alters unserer Schrift. Hätte er nach Hippo= lyts Philosophumena geschrieben, würde er sich die höhnische Ausdeutung des ἑστώς bei Hippolyt in στὰς ἑστώς στησόμενος wohl nicht haben entgehen lassen, vgl. c. 31 Z. 31. Die AG. hat er nicht treu benutzt. Abgesehen davon, daß in der AG. seine Anhänger von ihm sagen: οὗτός ἐστιν ἡ δύναμις τοῦ θεοῦ ἡ καλουμένη μεγάλη, — was doch gewiß einen großen Unterschied darstellt zu der Selbstaussage Simons von sich, er sei die große Kraft Gottes, — hat unser Autor von den Worten Simons AG. 8 24: Betet ihr für mich zum Herrn, daß nichts über mich komme von dem, was ihr gesagt, keinen Gebrauch gemacht. Denn wenn Petrus auch für Simon immer noch die Möglichkeit der Umkehr offen halten will (vgl. c. 28 p. 77 2: si enim et hic potest paeniteri, melius) — der Tendenz des Stückes entsprechend, Gottes Barmherzigkeit als eine schrankenlose darzustellen (vgl. Harnack II 1, S. 553), — so erscheint doch Simon durchaus als Gegenbild Christi; er will von der Gottheit Christi nichts wissen, vgl. c. 23: Christus ist ein Mensch. Freilich sagt Simon nicht von sich, er wäre Gott oder ähnliches; aber seine Anhänger verehren ihn als Gott wegen seiner Wundertaten (vgl. auch c. 17 p. 63 10 f.). Er hat Züge von dem Anti= christ, wie ihn Paulus schildert 2. Thess. 2 1—11 (dazu sind zu vergleichen die Aus= führungen des Celsus und Origenes bei Orig. contra Cels. VI 42—46). Auch dies hat v. D o b s c h ü t z (ThLZ 1903 Nr. 23) bemängelt. Er sagt: Ficker hat den Kampf zwischen Petrus und Simon als Illustration zu 2. Thess. 2 Christus und Antichrist auf: da gehörte mindestens als Mittelglied die johanneische Umbiegung des Antichristbegriffs hinzu. Hätte ich diese eingefügt, so würde v. D. sicherlich so= fort darauf aufmerksam gemacht haben, daß zwischen Simon, der Christus als Menschen bezeichnet, und dem Antichrist, der nicht bekennt, daß Jesus im Fleische gekommen sei, eine Verwandtschaft nicht bestehen könne. v. D. hätte sich immerhin die Frage vorlegen dürfen, warum ich den johanneischen Antichristbegriff mit er= wähnt hatte. Man kann nicht sagen, Simon wäre der Verkörperung des Ebionitismus oder des Gnostizismus; dazu sind die Angaben über ihn viel zu allgemein gehalten. Von den kirchlichen Schriftstellern ist er für die Wurzel der Häresie gehalten wor= den (z. B. Iren. I 27, MPG Bd. 7, 689 c. 4; vgl. Harnack, Lehrbuch der Dogmen= geschichte I 3, S. 232); davon findet sich in unsern Actus nichts; er ist der Gegner

des Christentums, freilich eines Christentums, das sich Christus nicht anders denken
konnte denn als Gott. Als Christ erscheint er nirgends, wohl aber nennt er Gott
den Vater und sich seinen Sohn (c. 31 Ende; p. 82₁ S. 418 ₃₂ f.). Darum ist es
auch unmöglich, ihn etwa nur als Gegenbild zu Petrus aufzufassen. Die Anschauung, daß Simon Züge von Paulus überkommen habe und daß die Sage vom Kampf
zwischen Simon und Petrus zurückzuführen sei auf den Gegensatz zwischen Petrus
und Paulus, findet in unseren Akten jedenfalls keinen Anhalt; ja sie ist, wenn man
die Ökonomie unseres Autors ins Auge faßt, für unsere Akten geradezu ausgeschlossen. Man könnte vermuten, daß Marcion Züge für Simon hergegeben habe;
dagegen spricht die Christologie; und an dynamistische Monarchianer darf man
ebenfalls kaum denken, weil diese doch Christen sein wollten. Das ist gewiß ein
Zeugnis für das hohe Alter unseres Stückes. Da sich unser Autor im wesentlichen
nur an die Apostelgeschichte angeschlossen hat, so erklärt es sich auch, daß er Simons Begleiterin, die Helena, nicht erwähnt hat, obgleich er doch gerade seiner
asketischen Tendenz entsprechend, von den Erzählungen, die sich an sie knüpfen, hätte
guten Gebrauch machen können. (Man vergleiche Justin apol. I 26 p. 80 E; Iren.
I 23, 2—4 MPG Bd. 7, 671—673; Tertullian de anima 34; Hippolyt philosophumena VI 19.) Ob die Erzählung von der Eubula in unseren Akten c. 17 eine Reminiscenz an die Erzählungen bedeutet, die von den kirchlichen Schriftstellern über
das Verhältnis Simons zu Helena geboten werden, muß dahin gestellt bleiben.
Jedenfalls scheint mir die Nichterwähnung der Helena eher für als gegen ein hohes
Alter unserer Actus zu sprechen. — Was den römischen Aufenthalt Simons betrifft,
so läßt Sch S. 89 dafür unseren Autor abhängig sein von Justins Apologie I 26
und 56. Darüber vgl. unten zu c. 10 Z. 31. — Zu dem Auftreten Simons bezw.
auch des Petrus vgl. Origenes c. Cels. III 50. 52. VII 9. — Ein zusammenfassender
gründlicher Artikel über Simon Magus ist von Schmiedel geliefert worden in
der Encyclopaedia biblica IV 4536—4560. H. Waitz' Artikel: Simon Magus in
der altchristlichen Literatur (ZnW V 2) konnte ich nicht mehr benutzen.
   Z. 39. cod. „in media ecclesia". Das Wort ecclesia ist in der apokryphen
Literatur, die sich mit unseren Actus in Zusammenhang bringen läßt, verhältnismäßig selten. In diesen kommt es nur noch vor p. 56₆; wo es wohl noch allgemeinere Bedeutung hat als hier. p. 56₂₃ ist synagoga gebraucht, was doch wohl
nur „Versammlung" heißen soll. A. P. et Th. 7, p. 240₆: ἐν μέσῳ τῆς ἐκκλησίας.
A. J. p. 159₂₀: ὁ Ἰωάννης ἐκράτυνεν τὸ τῆς ἐκκλησίας διδασκαλεῖον. — Z. 41.
Warum Simon gerade in Aricia lokalisirt ist, wird nicht gesagt; wahrscheinlich
wird er heranreisend gedacht; Aricia, an der Via Appia gelegen und 16 Milien
von Rom entfernt, war die letzte Station für die auf der Via Appia nach Rom
Reisenden. Lokale Reminiscenzen an Simon Magus in Aricia erwähnt P. Lugano
in seinem Aufsatz: Le memorie leggendarie di Simon Mago e della sua volata
(Nuovo Bullettino di archeologia cristiana VI, 1900, p. 56, Anm. 2). Daß ein alter
Kult in Aricia von unserem Autor mit Simon in Zusammenhang gebracht worden
sei, ist unwahrscheinlich, da die A. V. allem Anscheine nach nicht in Rom geschrieben
worden sind. Auch Apollonius von Tyana hält sich im Hain von Aricia auf (vita
des Philostrat IV 36 vgl. V 43). — Z. 42 fügten hinzu: cod. „adicit qui."
Ich nehme die in der Anm. vorgeschlagene Konjektur auf: adicerunt quia. —
Kraft Gottes vgl. die Kommentare zu AG. 8₁₀ und die dort angeführte Literatur. Wie oft muß im 2. Jahrh. von der δύναμις τοῦ θεοῦ die Rede gewesen sein;
und viel mehr, als von dieser wir Kunde haben, werden von sich ausgesagt haben,
entweder diese Kraft zu sein oder wenigstens sie zu haben. Auch Marens bei Iren.
I 13,1 (MPG Bd. 7, 577 B) sagt, er habe δύναμιν τὴν μεγίστην ἀπὸ τῶν ἀοράτων καὶ
ἀκατονομάστων τόπων. Zu vergleichen sind auch die Worte Jesu am Kreuz, Petrusevang. V. 19 (vgl. dazu ZU IX 2, S. 58 f.; oben S. 82 f.). Auch Christus
wird ja oft die Kraft Gottes genannt, vgl. Origenes contra Cels. II 9: Jesum
ὑπὸ τῶν προφητῶν πολλαχοῦ μεμαρτυρημένον ὡς μεγάλην ὄντα δύναμιν. Kötschau in
der Ausgabe der griechischen christlichen Schriftsteller weist hin auf Joel 2 ₂₅. 2. Sam.

7 ₁₄ (Hebr. 1 ₅) vgl. auch II 9 Ende: οὗτος δή ἐπεδείξατο ἐν Ἰουδαίοις „θεοῦ δύναμις" ὢν τὸ τοιοῦτον δι᾽ ὧν παραδόξων ἐποίησεν. Die Passio Pauli, die zu den Paulusakten gehört, hat wenigſtens im lateiniſchen Texte Aa I p. 109 ₈: de nomine virtutis; p. 28 ₁: de nomine virtutis dei. Da auch Gott die unbegreiflich große Kraft ge= nannt wird (Leben Adams und Evas 28; vgl. Hegeſipp bei Euſeb., h. e. II 23, 13: Chriſtus ſitzt ἐκ δεξιῶν τῆς μεγάλης δυνάμεως cf. Mt. 26 ₆₄), ſo konnte von böswil= ligen Gegnern leicht verkündet werden, Simon identificire ſich mit der Gottheit ſelbſt. (Iren. I 23, 1 MPG Bd. 7, 671 A: Hic igitur a multis quasi Deus glorifi- catus est, et docuit semetipsum esse, qui inter Judaeos quidem quasi Filius appa- ruerit, in Samaria autem quasi Pater descenderit, in reliquis vero gentibus quasi Spiritus sanctus adventaverit. Esse autem se sublimissimam virtutem, hoc est, eum qui sit super omnia Pater, et sustinere vocari se quodcunque eum vocant homines.) Weniger deutlich tritt dieſe Identificirung hervor bei Hippolyt X 12. — Z. 43. Iſt er Chriſtus: Simon iſt als Meſſias aufgetreten und ſo erklärt ſich auch dieſe Frage. Daß er wirklich als Chriſtus aufgefaßt worden iſt, lehrt auch Hippolyt VI 9 (p. 236 ₆₃ edd. Duncker und Schneidewin): ὅτι Χριστὸς οὐκ ἦν Σίμων VI 20; p. 258 ₂₈: οὐ γὰρ ἦν ὁ Χριστός. Als „Chriſtus" zeigt er ſich durch ſeine „Wunder". Bei Hippolyt VI 20 (p. 258 ₂₉) verſpricht er ſogar, er werde am 3. Tage aufersteben, wenn er lebend (das iſt wohl Irouie Hippolyts) begraben werde. Seinen Trugwundern gegenüber zeigt Petrus, daß er wahre Wunder, aber in der Kraft Chriſti tue (c. 28, p. 75, 1 f.) Nach unſeren und auch anderen Akten könnte es ſcheinen, als ſei für beſtimmte Kreiſe nur die Vorſtellung: „Chriſtus der Wunder= täter" das ganze Chriſtentum geweſen (vgl. z. B. die Thomasakten). — Z. 44 Tote: cod.: morem nos. Die in der Anm. vorgeſchlagene Aenderung in mortuos iſt durch= aus notwendig. Der Satz kann ſich dem Zuſammenhange nach nur auf Paulus beziehen. Aber von den Totenerweckungen und Heilungen Pauli in Rom iſt uns in unſerem Stücke nichts berichtet. Es iſt wohl nicht notwendig, deswegen anzu= nehmen, ein Teil unſerer Actus wäre verloren gegangen. — Z. 45 f. Dieſe ſucht Kämpfe: Bo ſchlägt vor: haec autem quae sit dimicatio nescimus; non enim minima notio facta est. Was das aber für eine Anfechtung ſein ſoll, wiſſen wir nicht; denn es iſt uns nicht die geringſte Kunde davon geworden. Der Text hat: haec autem quaerit dimicationes; scimus: non enim minima motio nobis facta est. Es läßt ſich das durchaus erklären: vgl. Hegeſipp bei Euſeb. IV 22, 4: deswegen nannten ſie die Kirche eine Jungfrau; denn noch nicht war ſie verderbt durch falſche Pre= digten. 5: (Thebuthis führt die Häreſie ein) ſie haben jeder in eigentümlicher Weiſe und jeder anders die eigene Meinung eingeführt. 6: Von dieſen kommen die Pſeudo=Chriſti, die Pſeudopropheten, die Pſeudoapoſtel, die die Einheit der Kirche durch verderbliche Worte gegen Gott und ſeinen Chriſtus zerteilt haben. — Das kleine Labyrinth berichtet von den Artemoniten (Euſeb. KG. V 28, 3): ſie ſagen, daß alle Früheren und ſelbſt die Apoſtel das, was ſie jetzt ſagen, empfangen und gelehrt haben, und daß die Wahrheit der Verkündigung bis zu Victors Zeit feſtge= halten worden ſei; von ſeinem Nachfolger Zephyrin an ſei aber die Wahrheit ver= fälſcht worden. — Im Kampf mit der Gnoſis iſt die Frage oft geſtellt worden, wann die Häreſie zuerſt in die Gemeinden eingedrungen ſei. — S. 396, Z. 2. Viel= leicht aber: Ich vertauſche das hier befindliche enim mit dem autem des fol= genden Satzes, und umgekehrt. — Z. 4 Es wäre immerhin möglich, daß hier eine, allerdings verworrene Bezugnahme auf den Kaiſerkult vorläge. Hier hatte man vergötterte Menſchen; freilich nicht nur Kaiſer wurden göttlich verehrt. Er= leichtert wurde dieſe Vorſtellung durch Joh. 10 ₃₄ vgl. Pſ. 81 ₆ vgl. Hippolyt X 38 (p. 544, 39): γέγονας γὰρ θεός. Man vergleiche, was von Iſidor, dem Sohne des Karpokrates berichtet wird: ἐν Σάμῳ ὡς θεὸς ἔτι καὶ εἰς δεῦρο τιμᾶται, Epiphan. haer. 32, 3 ed. Oehler I a p. 390. (Vgl. Harnack, Lehrbuch der Dogmenge= ſchichte I ³, S. 114 f. Anm.) Und wie man Götter, Fürſten und Könige σωτῆρας nannte, ſo iſt auch für den Kaiſer der Name Romanorum salvator nichts Unge= heuerliches. Hier iſt die Bezeichnung beſonders angezeigt, wenn man beachtet,

welche Furcht Nero in der zu den Paulusakten gehörigen Passio Pauli hat, sein
Reich an Christus zu verlieren; vgl. Aa I, p. 108 28 f. — Man wird wohl sagen
dürfen, daß hier die Vorstellung zu Grunde liegt, das Christentum sei dem Be-
stande des römischen Reiches gefährlich, — eine Vorstellung die sehr alt und sehr
begründet war. — Wie freilich gerade die Bewohner von Aricia — denn diese sind
doch oben gemeint — dazu kommen, sich als die Anwälte des römischen Reichs auf-
zuspielen, ist leider nicht gesagt. Für Simon paßt vor allen Dingen gut, daß auch
der Antichrist als Gott verehrt wird, vgl. Hippolyt, de antichristo 53 f. vgl. unten
zu c. 10 Z. 31. — Z. 5 mit dünner Stimme. Der Ausdruck stammt vielleicht
aus 2. Mos. 4 10 und ist zu erklären, wie ihn Origenes erklärt in der hom. III in
Exodum MPG Bd. 12, 310. — Z. 7 Die Stadt ist natürlich Rom. Aus dieser Bezeichnung ist aber keineswegs zu schließen, daß der Verfasser in Rom seine Erzählung niedergeschrieben habe; sonst würde er so allgemeine Ausdrücke wie „das Tor"
nicht gebraucht haben. — In unseren Akten kommt ein doppelter Flug Simons vor;
hier über das Tor der Stadt und 31 f. (2 f.) p. 80—83 in Gegenwart des Petrus,
der ihn um den Erfolg seiner Wundertat bringt. Soviel ich weiß, kommt der
doppelte Flug bei keinem anderen Autor vor (abgesehen von den pseudo-clementi-
nischen Recognitionen III 47 MPG Bd. 1, 1303 AB, wo Simon von sich rühmt:
ego per aerem volavi ... de monte in montem volavi, transmeavi, manibus ange-
lorum sustentatus ad terras descendi. Das ist aber nur eine Ausschmückung. In
der syrischen Didaskalia VI 9 (Bunsen, Analecta Antenicaena II, 325) wird das
Fliegen als gewöhnliches Kunststück Simons erwähnt; ebenso Aa I p. 130 5 f. (Mar-
cellustext). Es handelt sich sonst immer nur um den Flug in Gegenwart des Petrus. Justin, Jrenäus, Tertullian, Hippolyt berichten aber auch davon nichts.
Arnobius ist der erste auf abendländischem Boden, der von ihm in phantastischen
Ausdrücken berichtet (adv. gentes II 12 ed. Reifferscheid CSEL IV 57). Woher die
Sage stammt, ist nicht ausgemacht. Lugano in dem oben S. 414 genannten Aufsatze p. 59 findet es wahrscheinlich, daß die Erzählung Suetons Nero 12 (ed. Roth,
p. 175) von dem verunglückten Flug-Versuche eines Jkarus der Ursprung der Legende sei. Das ist nicht eben sehr wahrscheinlich. Ich halte es für wahrscheinlicher,
daß der Ursprung der Legende in der Himmelfahrt Christi zu sehen ist. Zu
dem Gott Simon (vgl. Justin apol. I 26: p. 78 c.: auch nach dem Aufstieg Christi
in den Himmel haben die Dämonen einige Menschen hervorgebracht, die von sich
sagten, sie seien Götter) gehört auch die Himmelfahrt. Daß sie nicht glückt, ist eben
ein Beweis dafür, daß er nicht Gott sei. Darum kann die Erzählung vom Fluge
Simons uralt sein. Eine andere Hypothese über die Entstehung der Sage vom
Fluge Simons werden wir unten vortragen. Wie aber unser Autor dazu kommt,
einen doppelten Flug Simons uns vorzuführen, kann ich nicht erklären. Es ist
auch sonst seine Art, dieselben Motive mehrmals anzuwenden, vgl. die Totenerweckungen. Das „Fliegen durch die Luft" als Zeugnis übermenschlicher
Fähigkeiten hat die Sage reichlich beschäftigt; man denke an Alexanders Greifen-
fahrt. Auch im Buddhismus findet es sich (R. O. Franke in der Deutschen
Litteraturzeitung 1901, S. 2762. 2766). Die Möglichkeit eines Fluges durch die
Luft zuzugeben, war den Christen nahe gelegt durch 1. Thess. 4 17. Derartige Sätze
forderten die Kritik des Heiden Porphyrius heraus; vgl. Makarius Magnes ed.
Blondel p. 159 f. Man darf aber auch darauf hinweisen, daß im zweiten Jahrhundert von Menschenflug viel gefabelt worden ist, wie man aus Lucians Schriften
erkennt. (Einige Angaben darüber in meinen ‚Beiträgen' S. 98 f.) In diesen antiken Fabeleien hat der mittelalterliche Aberglaube vom Hexenflug seine stärkste
Wurzel (vgl. dazu Jos. Hansen, Zauberwahn, Inquisition und Hexenprozeß im
Mittelalter und die Entstehung der großen Hexenverfolgung, Historische Bibliothek
12, München und Leipzig. 1900, bes. S. 15. 18. Hansen will Simons Flug auf
jüdische Vorstellungen zurückführen. Das halte ich für weniger wahrscheinlich. Gewiß hat freilich die Himmelfahrt des Elias kräftig mitgewirkt). — Z. 10 Tor
cod.: portum, corr.: portam. — Z. 11 f. Im Texte der Handschrift finden sich zum

Teil sinnlose Verderbnisse; aus Li.s Anmerkungen habe ich die Konjekturen über=
nommen. Auch Hermas sieht Staub usw., und dann erscheint ein Tier (vis. IV 1,
5 ff.). — Z. 14 staunten cod.: adornantes; lies: adorantes. — Z. 14 f. sie
erkannten: d. h. doch wohl die, die den Bericht über die wunderbaren Vor=
gänge in Aricia, vgl. den Anfang des Kap., gegeben haben. Das „universi" scheint
dem aber entgegen zu stehen. — Z. 17 f.: Hat der Verfasser AG. 19 21 f. vor Augen
gehabt? Eine Umwandlung des unbekannten Erastus in den bekannteren Barnabas
will mir wahrscheinlicher vorkommen als die Hinzudichtung des Barnabas. Wer
aber will hier eine Entscheidung treffen! — Z. 19 „nos". Der Verfasser fällt
hier aus der Rolle. Es ist aber gewagt zu schließen, daß er sich hier gleich=
zeitig und der römischen Christengemeinde angehörend dächte. Die erste Person
auch c. 21, p. 69 2. 6. 8. Hier kann überall ein Versehen des Uebersetzers vorliegen;
so auch Harnack II 1, S. 559 Anm. 2. Zahn G.K. II, S. 860 Anm. 4. — Z. 21 cod.:
cottidianis diebus. H. Usener cottidianis sermonibus. — Z. 22 Zauberer:
Gaukler: Es wird also hier den Christen der Vorwurf zurückgegeben, den sie
selber gegen Simon erhoben haben. μαγεύων von Simon steht schon AG. 8 9. Justin
dial. c. 250 A und die Anm. dazu): οἱ δὲ καὶ ταῦτα (die Wunder Christi) ὁρῶντες
γινόμενα φαντασίαν μαγικὴν γίνεσθαι ἔλεγον. καὶ γὰρ μάγον εἶναι αὐτὸν (Jesus) ἐτόλμων
λέγειν καὶ λαοπλάνον. Derselbe Autor hält es apol. I 30 (p. 90 A und die Anm.
dazu) durchaus für nötig, denen entgegenzutreten, die sagen, Christus wäre wegen
seiner magischen Künste als Sohn Gottes erschienen. Pf.=Clemens homil. IV 2
(MPG Bd. 2, 160 B: Μάγος τε γὰρ αὐτὸς ὤν (Simon), μάγον ἐκεῖνον (Petrus) ἀπο-
καλεῖ καὶ πλάνος αὐτὸς ὤν πλάνον ἐκεῖνον ἀποκηρύσσει κτλ. An der Möglichkeit, daß
Magier Wunder tun und Zauberei verüben können, hat im römischen Reiche wohl
niemand (doch vgl. Lucian) gezweifelt; die Christen erst recht nicht; unser Stück
bringt dafür lehrreiche Beispiele. Zauberei und Magie ist im römischen Reiche
außerordentlich verbreitet gewesen. Man vergleiche etwa das Buch von Th. Trede,
Der Wunderglaube im Heidentum und in der alten Kirche, S. 158 ff. — Z. 24 cod.:
Nacissum vgl. oben zu c. 3 Z. 27. — Von einem hospitium Bytinorum in Rom ist
nichts bekannt. Eine Erklärung werde ich weiter unten versuchen (zu c. 11 Z. 35 ff.).
Wie der Presbyter Narcissus dazu kommt, als standhafter Christ zu erscheinen,
wissen wir nicht. Wären unsere Akten ein Stück der Paulusakten, so könnte man
schließen, daß der Verfasser, der ein Presbyter war, eben deshalb aus seinem Stande
einen Vertreter der Standhaftigkeit auftreten lassen wollte. — Z. 24 f. vier an=
dere: Unter diesen sind wohl Männer gemeint. — Z. 27 so schnell wie
möglich: cod.: celerius. „schneller"; d. h. vor Ablauf des Jahres; die Brüder
hatten Paulus ja gebeten, nicht länger als ein Jahr fernzubleiben c. 1 p. 46 3. Auch
dieser Satz ist ein Beweis für die Annahme, daß von einer schroff antipaulinischen
Haltung unserer Actus (Möller=v. Schubert, Lehrbuch der Kirchengeschichte I² S. 168)
nicht die Rede sein kann. — Z. 28 f.: Man könnte vermuten, daß diese rührende
Geschichte von der Leichtigkeit, mit der die Arbeit des Paulus vernichtet werden
konnte, dazu dienen sollte, das Ansehen des Petrus in das hellste Licht zu rücken.
Es wird ja auch in unseren Akten erwähnt, daß der Herr Petrus in besonderer
Ehre hielt, c. 7 p. 54 18 f. vgl. c. 23 p. 71 20, 49 30 f.? 50 17 f., freilich in Verbin=
dung mit der Verleugnung Petri. Aber eine solche Tendenz scheint doch dem Autor
fernzuliegen; nicht nur wird des Paulus Erwähnung getan auch während Petrus
in Rom ist (man vergleiche übrigens die Erwähnung Pauli in 2. Petr. 3 15; von
diesem Brief macht unser Autor an mehr als einer Stelle Gebrauch), sondern man
wünscht ja, daß Paulus wiederkehren möge (p. 49 18) und erwartet seine Wiederankunft
(p. 100 13). Die Leichtigkeit des Abfalls soll nur die Größe der gegnerischen Wir=
kung illustriren. Wie mag es auch in Kleinasien, — wo, wie ich glaube, unser
Verfasser geschrieben hat, — in manchen Gemeinden ausgesehen haben. Von man=
chen Gemeinden der Großkirche, wie Celsus sagte, sind von der Häresie wohl nicht
mehr verschont geblieben, als so wenige, wie unser Text angibt.

5 Z. 30. Die Heiligen tun nichts ohne Gottes Willen (vgl. oben c. 1), wie

auch von Simon gesagt wird, daß er nichts ohne Gott tue (c. 4, p. 48 22). — Z. 31
Wie die Zahl 12 überhaupt eine große Bedeutung hat, so spielen die 12 Jahre, die
Jesus seinen Jüngern in Jerusalem zu bleiben befohlen hat, auch eine Rolle. Vgl.
oben S. 243 f. Auch in der gnostischen Literatur spielen die 12 Jahre eine Rolle
(Sch in TU VIII 1, S. 439 Anm.). Es ist möglich, daß diese zwölfjährige Warte-
zeit noch das Zugeständnis enthält, daß Paulus der Gründer der Heidenkirche κατ'
ἐξοχήν ist. — Z. 32 ff. Diese Erzählung ist benutzt in den Acta Xanthippae et Polyxenae c. 24 TSt II 3, 1893, p. 75: „… siehe auch der große Apostel des Herrn Petrus
war unterwegs auf der Seereise, da er von einem Traumgesicht gezwungen worden
war, nach Rom zu reisen, weil Paulus nach Spanien gegangen und nach Rom ein
Betrüger und Magier mit Namen Simon gekommen war und die Gemeinde (ἐκ-
κλησίαν), die Paulus gegründet, zerstört hatte". — Z. 33 Judäa: Ebenso c. 9
p. 56 26; c. 17 p. 63 1; c. 23 p. 71 10; (c. 6 p. 51 27 S. 398 10 wird Simon ein
Jude genannt). Das Ereignis, das zur Flucht Simons geführt hat, erzählt Petrus
selbst c. 17. Es wird nach Jerusalem verlegt. Die Apostelgeschichte weiß von
einem Aufenthalte Simons in Jerusalem nichts; ebensowenig Justin der Märtyrer.
Dagegen erzählt Iren. I 23, 1 (MPG Bd. 7, 671 A), Simon habe gelehrt, er sei derjenige, der als der Sohn unter den Juden erschienen sei, in Samaria aber als der
Vater herabgestiegen sei; zu den übrigen Völkern aber als heiliger Geist gekommen
sei. I 23, 3 (Bd. 7, 672 B): … er erschien unter den Menschen als Mensch, obgleich
er nicht Mensch war; man habe aber auch geglaubt, daß er in Judäa gelitten habe,
obgleich er nicht gelitten habe. Irenäus' Aussagen dürfen wohl nur als Anschauung der Simonianer gelten; deutlich ist in ihnen das Bestreben erkenntlich, christliche Züge auf Simon zu übertragen; daher auch der Glaube, er habe in Judäa
gelitten. Wir können nicht entscheiden, ob nur dies die Ursache gewesen ist, ihn
nach Judäa zu versetzen. Hippolyt berichtet dasselbe wie Irenäus im Anschluß an
ihn. Nicht von Justin und Irenäus abhängig ist Euseb, wenn er K.G. II 14, 4
schreibt: αὐτίκα ὁ δηλωθεὶς γόης ὥσπερ ὑπὸ θείας καὶ παραδόξου μαρμαρυγῆς τὰ τῆς
διανοίας πληγεὶς ὄμματα, ὅτε πρότερον ἐπὶ τῆς Ἰουδαίας ἐφ' οἷς ἐπονηρεύσατο πρὸς τοῦ
ἀποστόλου Πέτρου κατεφωράθη, μεγίστην καὶ ὑπερπόντιον ἀπάρας πορείαν τὴν ἀπ' ἀνα-
τολῶν ἐπὶ δυσμὰς ᾤχετο φεύγων, μόνως ταύτῃ βιωτὸν αὐτῷ κατὰ γνώμην εἶναι οἰόμενος.
Das dürfte zurückgehen auf die ‚πράξεις Πέτρου'; auch die folgenden Sätze bis 15, 1
zeigen, daß Euseb sie benutzt hat. II 1, 10—12 erzählt er im Anschluß an die AG.
über die Begegnung des Philippus mit Simon in Samarien und fügt zuletzt hinzu:
die Anhänger Simons wurden ausgestoßen …. ὥσπερ οὖν καὶ ὁ Σίμων αὐτὸς πρὸς
τοῦ Πέτρου κατεφωράθη ὅς ἦν τὴν προσήκουσαν ἔτισε τιμωρίαν. Davon ist in der
AG. nicht die Rede. Daß es sich in Samarien zugetragen habe, wie die AG. verlangt, ist von Euseb nicht angedeutet; es scheint fast, als ob er es im Hinblicke
auf das II 14 Berichtete erzählt. — Epiphanius haer. 21 hat keine selbständige
Kunde. — Z. 34 f. „Iterum praeoccupavit uos Romae". Das „erste Mal" ist Simon den Aposteln zuvorgekommen in Judäa resp. in Jerusalem, bei Cubula. Man
könnte denken, das iterum bezöge sich auf die Erzählungen der pseudo-clementini-
schen Rekognitionen und Homilien. Hier kommt ja auch Simon immer vor Petrus
in die Städte und zerstört die christlichen Gemeinden, gerade wie er in unseren
Actus die römische Christengemeinde zerstört. Aber diese Auskunft ist nicht nötig,
wie denn überhaupt unsere Actus in einem engeren Zusammenhange mit den pseudoclementinischen Rekognitionen nicht zu stehen scheinen. Unserem Autor handelt es
sich nur um die Städte Jerusalem und Rom; ob dies auf die Unterscheidung der
ecclesia e circumcisione und der ecclesia e gentibus zurückzuführen ist, wage ich nicht
zu entscheiden. Sch in GgA 1903, S. 366 nimmt diese Worte als Stütze für seine
Hypothese, daß die A. V. einen in Jerusalem spielenden ersten Teil der Petrusakten
voraussetzten. Aber es läßt sich aus den Worten höchstens schließen, daß dem Autor
der A. V. noch anderes Material zur Verarbeitung vorlag, als die AG. Sch nimmt
ja selber an, daß in diesem Kap. das Kerygma Petri benutzt worden sei (Petrus-
alten S. 79). Die Hypothese, daß der Verfasser an einer früheren Stelle der Akten

das Gebot Chriſti, Jeruſalem erſt nach Verlauf von 12 Jahren zu verlaſſen, berührt haben müſſe, kann ich nicht teilen. Wie umfangreich ſollen nur die Petrusakten geweſen ſein, wenn ſie alles das enthalten haben, was Sch als ihren Inhalt
ſupponirt. Auch Nikephorus hätte dann nur ein Stück vor ſich gehabt (vgl. auch
Hilgenfeld a. a. O. S. 334). — 3. 37 K r a f t : cod.: virtute. Korr.: virtutem. —
Dies iſt natürlich geſagt im Gegenſatz zu Simon, der behauptet, er wäre die große
Kraft Gottes. Vgl. c. 4 Anfg. Hier ſieht man deutlich, daß dem Novelliſten der
große Gegenſatz: Gott—Teufel die Hauptſache war. — 3. 38. Das bereitſtehende
S ch i f f auch in den A. An. et Matthiae 4 (Aa II 1, p. 69 10): καὶ εὑρήσεις πλοῖον ἐπὶ
τὸν αἰγιαλόν. — 3. 40 a u s z e i ch n e n : quae habet invidiam nullam. Das iſt
wohl eine ſprichwörtliche Redeweiſe, um die Größe der Gnade anzudeuten. In den
Acta Pauli Sch S. 82 9 ff. heißt es von Paulus, daß er das Wort ausſäen werde,
„daß man ihn beneidet". — 3. 41. 43 ascendere und descendere, wie oben c. 3
(vgl. zu c. 3 3. 21). — 3. 45 L e b e n s m i t t e l : Es iſt doch wohl angängig,
epimenia (cod.: epsimenia) in allgemeinem Sinne zu faſſen, als die Lebensmittel,
die Petrus mit auf das Schiff hätte bringen ſollen. Darin beſteht ja eben das
Wunderbare, daß er keine Lebensmittel braucht. Auch in den A. J. c. 6 p. 154
wird es hoch gerühmt, daß Johannes lange Zeit faſten kann. — 3. 46 b l i ck t e
a u f P e t r u s : vgl. A. P. et Th. 20 p. 249 5. 21 p. 250 4. — 3. 47 vgl. Lk. 6 32:
quae vobis est gratia? (Vulg.). Didache 1, 3, pa 1 11 [dazu oben S. 258]. — 3. 47 ff.
Mit dieſen Worten ſoll ſich Theon als ſchon für das Chriſtentum prädeſtinirt zeigen;
er erwartet freilich auch etwas für ſeine Frömmigkeit. — S. 397, 3. 5 D t e u e r
wie oben von Paulus geſagt wird, c. 1 p. 46 7 f. — 3. 9 vgl. Acta Xanth. et
Polyx. 8 (l. c. 62 31): Probus ſagt zu Paulus: Ἄνϑρωπε, ὅστις εἶ οὐκ οἶδα, aber
trotzdem fordert er ihn auf, in ſein Haus zu kommen: Ἴσως γένη μοι πρόφασις σωτηρίας. Und Xanthippe ſieht auf die Stirn des Paulus: ὥσπερ σφραγῖδας χρυσᾶς · Παῦλος ὁ τοῦ ϑεοῦ κῆρυξ. — 3. 13 honorificentior τιμώτερος kann hier nur in paſſiver
Bedeutung genommen werden; vgl. Forcellini, Lexicon s. v. — 3. 14 f. Variation
des apologetiſchen Gedankens, daß die Welt oder das römiſche Reich nur der Chriſten wegen beſtehe. — 3. 15 f. Damit harmonirt aber nicht, daß Theon getauft
wird, während die andern trunken ſchlafen (p. 50 29). — 3. 17 Der Ausdruck μεγαλεῖα ϑεοῦ auch A. P. et Th. 18 p. 247 12. — 3. 19 R e d e n G o t t e s : sermones
dei. — 3. 22 W i n d ſ t i l l e : cod.: malacia habita in naui; es muß eine Verderbnis vorliegen; der Sinn kann nicht zweifelhaft ſein; ich überſetze, als ſtünde
im Texte: malacia haberetur navis. — 3. 24 Der Ausdruck intingere in signo domini ſtellt eine merkwürdige Gedankenverbindung dar. intingere = taufen (ἐμβαπ-
τίζω, ἐμβάπτω) kommt bei Tertullian! vor (de paenit. 6; de bapt. 4). Aber „ein-
tauchen in das Zeichen des Herrn", iſt nicht üblich. Der Ausdruck signum domini
dagegen iſt außerordentlich häufig. Es iſt darunter das Kreuz gemeint. Eine abſchließende Unterſuchung über ſeine Anwendung fehlt noch; ſie dürfte zu intereſſanten
Reſultaten führen. Auch Theons Worte ſind nachgeahmt in den Acta Xanth. et
Polyx. c. 21 (l. c. 73 6): Probus ſagt zu Paulus: εἰ ἄρα ἄξιός εἰμι . . . λαβεῖν τὸ
βάπτισμα, ἰδοὺ ἡ ὥρα. — 3. 31 Durch den ſtrahlenden Glanz gibt ſich die Erſcheinung als
göttlich zu erkennen. Alles was vom Himmel kommt, iſt ſtrahlend. Es braucht
hier nur an die Erſcheinungen des N. T.s erinnert zu werden. Aber auch ſonſt
ſind leuchtende Erſcheinungen ſehr häufig; vgl. Evang. Petri 36 (Harnack, TU IX 2,
S. 11. 15). Chriſtus erſcheint ὡς νεανίσκος A. J. 87 p. 193 25. In den A. An. et
Matthiae (Aa II 1) kommt er als Steuermann vor; dann wieder, und zwar ſehr
häufig, als kleiner ſchöner Knabe; vgl. unten. Eine Parallele zu der Erzählung
unſerer Actus in den A. Tho. 27 p. 142 f. (vgl. auch die lat. A. Tho. ed. B o 1883,
p. 104). Die Erzählung von der leuchtenden Erſcheinung nach der Taufe iſt vielleicht eine weitere Vergröberung der Auffaſſung des Spruches Mt. 3 11. Eine erſte
Vergröberung liegt vor in dem pſeudo-cyprianiſchen Traktat de rebaptismate c. 14
(bei Routh, Reliq. sacr. V 2 P. 325): quod taliter dicuntur adsignare, ut quam
mox in aquam descenderunt, statim super aquam ignis appareat. — 3. 32 lectina

kann nach dem Zusammenhange nichts weiter bedeuten als „Kajüte" (so auch Stude=
mund im Archiv für lateinische Lexicographie 1, S. 117), vielleicht eben der Raum,
in dem die „Betten" stehen. lettino für Bett ist auch heute noch im Italienischen
gebräuchlich. — 3. 33 Danach scheint zur Eucharistie nur Brot zu gehören, wie
c. 2 am Anfang nur Brot und Wasser. Der Ausdruck ist aber wohl nur als pars
pro toto gemeint. „Brotbrechen" ist ja ein gewöhnlicher Ausdruck für die heilige
Handlung. Vgl. auch A. J. 109 p. 207 7, A. Tho. 29 Ende u. andere Stellen; Acta Xanth.
et Polyx. 14 (p. 67 8): εἶτα καὶ ἄρτον λαβὼν εὐχαριστίας ἐδίδου αὐτῇ (vgl. 73 14). Pf.=
Clemens hom. XIV 1 (MPG Bd. 2, 345 B): ... ὁ Πέτρος ... τὸν ἄρτον ἐπ' εὐχαριστίᾳ
κλάσας καὶ ἐπιθεὶς ἅλας, τῇ μητρὶ πρῶτον ἐπέδωκεν ... (nach der Taufe). Daß den
Getauften nach der Taufe die Eucharistie gereicht wurde, ist bekannt. — 3. 36
habe ich eben gesprochen: cod.: mox locutus. Das ist sehr schwierig; viel=
leicht muß man ändern in mox lautus = eben gebadet, d. h. eben getauft. Am
einfachsten ist es wohl, „sum" zu ergänzen. — 3. 37 heiligen Zeichen, das ist
das Kreuzeszeichen. — 3. 42 Die AG. ist gewiß auch hier das Vorbild gewesen.
Wer von Osten kam und nach Rom wollte, nahm öfter die Route über Puteoli.
6 3. 1 „propter nomen" das ist der Name „Christ". Absolut gebraucht,
kommt es in den altchristlichen Schriften sehr häufig vor. Stellen auszuschreiben
ist überflüssig. — 3. 9 „refrigerare". ἀναψύχειν oder auch ἀναπαύεσθαι. Der Aus=
druck ist sehr häufig und kommt in unserem Stücke öfter vor. Vgl. Rönsch, Itala
und Vulgata, ² S. 378. Wie auch refrigerium (Rönsch, S. 321 f.) so wird es von
leiblicher, weniger häufig von geistlicher Erquickung gebraucht [für das Jenseits
vgl. Hennede, Altchristl. Malerei, S. 189 ff.]. Ein gutes Zeugnis für die Nach=
haltigkeit von Pauli Wirksamkeit in Rom legt auch Ariston nicht ab. Vgl. oben
zu c. 4 3. 28 f. A. J. 58 p. 179 10 — 3. 10 Stadt: Rom, wie oben S. 415. —
3. 11 Anders als aus Zauberei und aus Schlechtigkeit läßt sich der Abfall eben
nicht erklären; Simon ist der große Zauberer; freilich die Zaubereien, die Petrus
verübt, gelten als „Wunder". Die Zauberei galt in der Antike als Wissenschaft.
Vgl. Clemens Alex. strom. II 1 (MPG Bd. 8, 932 C. 933 A): περὶ τε ἀστρολογικῆς,
καὶ μαθηματικῆς, καὶ μαγικῆς, γοητείας τε ... αὐχοῦσι γὰρ δὴ καὶ ἐπὶ ταῖσδε οἱ
Πανέλληνες, ὡς μεγίσταις ἐπιστήμαις. — von Grund aus: „hinc inde"; eigentlich
„von beiden Seiten". Die Häufung starker Ausdrücke gehört auch zu den Eigen=
tümlichkeiten unseres Autors. — 3. 13 berichtet: In unserm Stücke steht davon
nichts; man kann denken, daß in den bis jetzt nicht bekannten Partien der Petrus=
akten davon die Rede gewesen sei. Notwendig ist diese Annahme freilich nicht.
— 3. 16 ausgerottet: d. h. weggenommen werden wird; die Knechte Christi
sollen jetzt, nachdem Petrus ihren Glauben neu gegründet hat, überhaupt nicht mehr
die Fähigkeit haben, verführt zu werden. Man könnte daran denken, unser Ver=
fasser wolle sagen, daß erst Petrus imstande sei, das Christentum in Rom fest zu
gründen. Aber die Tendenz, Petrus dem Paulus unterzuordnen, scheint ihm doch
ganz fern zu liegen. — 3. 17 ernenere: restaurare nostras mentes. — 3. 18 Zu=
versicht: spiritus. — 3. 19 bestärkt: Die Motivirung ist dem Novellisten
etwas dürftig geraten; verständlicher wäre, wenn Theon durch die Nachricht von
der Zerstörung des paulinischen Christentums in seinem Glauben wankend gewor=
den wäre. Ein solcher Gedanke liegt aber dem Verfasser ganz fern. Er will sagen:
dadurch, daß Gott immer die geeigneten Männer schickt, seine Gemeinden zu leiten,
auch wenn einmal eine Störung eingetreten ist, erweist er sich als der lebendige
und als der wahre. Da er aber die Bedeutung der leitenden Persönlichkeiten für
die Gemeinden an mehr als einer Stelle hervortreten läßt, so ist es auffällig, daß
er Bischöfe überhaupt nicht erwähnt, ausgenommen an einer Stelle c. 27 p. 74 12;
vgl. unten. Die Gemeinden werden ja eben erst gegründet. Ginge unser Stück auf die
Paulusakten zurück, deren Verfasser ein Presbyter war, so könnte man vermuten,
daß auch hier der Presbyter zum Vorschein käme vgl. oben zu c. 3 3. 27. — 3. 21
vom Geist erfüllt: das will sagen, daß Petrus sofort den Ariston erkennt
und seine Gesinnung. — 3. 21 Auch Paulus lächelt, wie er den Onesiphorus er=

blickt; A. P. et Th. 4 p. 238 ₁. — Z. 23 mitteilſt: Im Texte ſteht communis; das iſt die Ueberſetzung des Griechiſchen: κοινωνός (Li). Als Prieſter, der den Schlüſſel zu den „heiligen Geheimniſſen" hat, erweiſt ſich Petrus ſpäter, als er die Schrift auslegt c. 20. Aus dem Ausdruck, der formelhaft gebraucht zu ſein ſcheint, läßt ſich ein Schluß auf die Abfaſſungszeit unſeres Stückes nicht ziehen. Prof. Loofs macht mich darauf aufmerkſam, daß κοινωνοί ein Grad der Hierarchie bei den Mon= taniſten geweſen ſind (Hilgenfeld, Die Ketzergeſchichte des Urchriſtentums, S. 578. 598). — Z. 24 Die Bezeichnung Chriſti als unſer Gott iſt auch in unſeren Alten häufig; hier ſoll ſie dienen zum Gegenſatze gegen die Bezeichnung Simons als Gott; vgl. oben c. 4 p. 48 ₂₉. Es iſt auch hier darauf aufmerkſam zu machen, daß die Bezeichnung Chriſti als „unſer Gott" geboten und hervorgerufen war durch die Oppoſition gegen den Kaiſerkult. Eine direkte Bezugnahme darauf findet ſich in unſerer Stelle natürlich nicht. Ein Schluß auf das Alter unſeres Stückes läßt ſich aber daraus nicht ziehen. — Ankunft: Ariſton will ſagen, daß Jeſus jetzt wiederkommt, nachdem er die Gemeinde infolge der Wirkung Simons verlaſſen hat. Es iſt bildlich geſprochen. Es iſt nicht auffällig, die Apoſtel als Repräſentanten Chriſti bezeichnet zu ſehen. Daß der Autor ſo ſpricht, als wäre die Tätigkeit des Paulus faſt ganz verſchwunden, iſt ſchon aus dem Vorausgehenden erklärlich. — Z. 26 eingebüßt: cod.: remisimus. Li: amisimus. Doch läßt ſich auch remisi= mus von der Vorſtellung aus erklären, daß die Menſchheit vor Chriſtus in der Ge= walt des Teufels war. Vgl. c. 7 p. 55 ₂₆. — Z. 27 Boten: cod.: qui te nuntio suo misso aduentare nobis iussit. Man könnte erwarten: nuntium suum missum (Li); danach iſt oben überſetzt. Aber auch der Ablativus abſol. ließe ſich halten und der Satz ſich ſo wiedergeben: der dir durch ſeinen Boten (oder beſſer: durch ſeine Botſchaft; denn Chriſtus erſcheint ja dem Petrus ſelbſt, vgl. c. 5 Anfg.), den er ſandte uſw. Daß Ariſton eine Kunde von dem Befehl Chriſti an Petrus hat, kann nach der Oekonomie unſeres Novelliſten nicht auffallen; er ſagt ja, daß er im Geſicht vieles geſehen habe. Die von Li vorgeſchlagene Aenderung gibt aber doch einen einfacheren Sinn. — Z. 29: Daß hier Ariſton nun noch einmal dem Petrus erzählt, was er vorher dem Theon erzählt hatte, zeigt, daß der Verfaſſer an einer behaglichen Breite Gefallen fand. Es iſt nicht nötig, darin ein Anzeichen einer Kompilation zu ſehen. — Z. 32 zwei Monate: Warum der Autor dieſe be= ſtimmte Zeitangabe macht, iſt nicht recht erſichtlich. Es mag ſein, daß man die durchſchnittliche Dauer der Reiſe von Rom nach Jeruſalem auf zwei Monate be= rechnete. Beſtimmtes darüber finde ich nicht. Angaben über die Dauer von See= reiſen verzeichnet Friedländer, Darſtellungen aus der Sittengeſchichte Roms II⁶, S. 31 f. — Z. 35 ohne Bedenken: „sine mora". Es iſt gewiß nicht ohne Abſicht erzählt, daß er dem Befehle Pauli, aus der Stadt zu fliehen, ſofort ge= horchte. Man denkt ohne weiteres an die „Flucht in der Verfolgung". Hier iſts aber doch anders gemeint; denn von Verfolgung iſt nicht die Rede in unſerm Stücke, ausgenommen im letzten Kap. (41). Auch davon findet ſich keine Spur, daß Petrus einer Chriſtenverfolgung zum Opfer gefallen ſei. — Z. 43 Der, welcher...verſucht: d. i. der Teufel. — S. 399 Z. 1 Das Hafentor von Puteoli iſt gemeint. — Z. 5 Die römiſchen Straßen waren berühmt. Der Verfaſſer der Petrusakten kann die appiſche Straße nicht gezogen ſein; ſonſt hätte er ſie nicht via asperrima nennen können. Denn ihr Pflaſter war damals gewiß ebenſo tabellos, wie ſeine Reſte, die bis auf unſere Tage gekommen ſind. Uebrigens kann man von ihr auch nicht ſagen: silice strato; das Pflaſter beſteht aus großen Baſaltblöcken. — Z. 8 Das Citat iſt un= genau; lapidem molarem iſt nicht zu ändern; aber in dem Satze si quis de fratribus scandalizasset iſt hinter si quis einzuſchieben: aliquem. (Der Spruch auch) angeführt Clemens an d. Kor. 46, 8, vgl. dazu die Anm. in PA). Das Wort scandalizare iſt techniſch. Von σκάνδαλον ſagt Origenes contra Cels. V 64: ὅπερ εἰώθαμεν λέγειν περὶ τῶν διαστρεφόντων ἀπὸ τῆς ὑγιοῦς διδασκαλίας τοὺς ἁπλουστέρους καὶ εὐεξαπατή- τους. — Z. 10 cod.: fiet autem non tantum lapis molaris, sed quod deterius est, contrarium longe ab eis qui in dominum Jesum Christum crediderunt, in hunc per-

secutorem seruorum snorum consummari. Einen andern Sinn als wie im Texte
angegeben ist, kann ich diesem offenbar verderbten Satze nicht abgewinnen; ich ver-
binde das contrarium mit in hunc persecutorem, und ergänze dazu me. contrarius
Widersacher kommt auch p. 62 27 vor; consummari im Sinne von sterben p. 46 9.
Die erste Hälfte des Satzes ergänze ich, wie oben im Texte angegeben ist. Freilich
auch fo ist der Gedanke noch nicht durchweg deutlich.

    Z. 14 Paulus freilich AG. 28 14 bleibt 7 Tage in Puteoli; erklärt ist der
schnelle Aufbruch des Petrus durchaus. — Z. 16 cod.: quanti sua interesse (lies:
interesset). — Z. 17 geleitete: Man sollte denken, Ariston führe den Petrus
nach Rom in das Haus des Presbyters Narcissus. Aber im Texte steht wirklich
das, was oben übersetzt ist. Will man diese Inkoncinnität nicht aus der Unbeholfenheit
des lateinischen Uebersetzers erklären, fo kann man vielleicht die Absicht des Autors
darin finden, Petrus als den allein Handelnden erscheinen zu lassen. Wie er freilich
dazu kommt, die Wohnung des Presbyters Narcissus schon zu kennen, ist nicht gesagt.

    7. Z. 18: Acta Xanth. et Polyx. 10 p. 64 19 f.: Διέδρχμεν δὲ ἡ φήμη τῆς παρ-
ουσίας αὐτοῦ ἐν ὅλῃ τῇ πόλει καὶ τῇ περιχώρῳ ἐκείνῃ. — Z. 19 nach Rom: Im
Texte steht domi. Damit weiß ich nichts anzufangen. Li, dem ich gefolgt bin,
vermutet dafür Romae. Aber diese Konjektur will mir nicht einleuchten. Domi
für domum vgl. Rönsch, Itala und Vulgata 2, S. 408. Nähme man das domi
auf (Petrus sei nach Hanse gekommen), fo könnte man sich auch erklären, warum
Petrus das Haus des Presbyters Narcissus kannte (vgl. die vorige Anm.) Dann
hätten wir schon einen früheren Aufenthalt Petri in Rom anzunehmen. Aber in
welches Unmaß von Schwierigkeiten und Dunkelheiten würde uns die Beibehaltung
von domi führen. Oder hat die Vorlage, der unser Autor gefolgt ist, den Kampf
des Petrus mit Simon nach Jerusalem verlegt? Hat er Vorgänge, die in seiner
Vorlage in Jerusalem spielten, nach Rom übertragen? „Ging in sein Haus"
auch in der koptischen Erzählung: Apokr. S. 393 17. — Z. 22 auf Christus gründe: cod. fundari in Christum. Li fundare. Einen leiblichen Sinn gibt
es fo noch. Auffällig ist das Interesse, das die Menge an den Christen nimmt.
In den A. P. et Th. ist es gerade fo. — Z. 23 Für die Art des Auftretens Petri
und auch für die ganze Oekonomie seiner Reden hat die AG. das Vorbild abgegeben. In den Reden selbst aber zeigt sich ein Grundunterschied: die alttestamentliche Färbung der AG. ist nicht vorhanden; sie erinnern an die Schriften der griechischen Apologeten des 2. Jahrh. und mehr noch an die fog. kleinasiatische Theologie. — Z. 25 Von der Versuchung ist auch im vorigen Kap. die Rede; und
darum ist die Konjektur, für passi passuri (Li) zu schreiben, nicht zu billigen. —
Z. 26 Petrus tut ganz, als müßte er das Christentum in Rom erst bekannt machen;
das erklärt sich aber auch daraus, daß das Christentum ebensogut wie ganz verschwunden gedacht wird. Zu den Worten über den Zweck der Sendung Christi
möchte ich vergleichen 2. Clem. 1 und noch besser A. P. et Th. 17 p. 246 f.
Freilich ist Pauli Rede viel kürzer und hat auch einen andern Angelpunkt:
nämlich die Predigt von der Keuschheit. Aber das erklärt sich aus der veränderten
Situation. Im Mittelpunkte der Verkündigung des Petrus an unserer Stelle steht
die schrankenlose Barmherzigkeit Gottes. (Man vergleiche übrigens, daß auch im
Eingange von 1. Petr. 1 s von der reichlichen Barmherzigkeit Gottes die Rede ist.)
Petrus will sagen, daß trotz des Abfalls die Römer zu Christus zurückkehren können
und sollen. Christus sei in die Welt gekommen, um die Anschläge des Teufels zu
nichte zu machen; das werde er zeigen, indem er im Namen Christi durch seine
Wundertaten den Gekreuzigten als wahren Christus erweise. Für die von dem
Verfasser gezeichnete Situation ist die Rede des Petrus gar nicht ungeschickt
komponirt und gibt sich als ein einheitliches, wohl durchdachtes Ganze. — Z. 27
per virginem Mariam protulit. Das protulit ist mit „hervorgebracht" vielleicht noch
zu schwach übersetzt. Man hüte sich, diesen Ausdruck im 2. Jahrh. als ein Zeichen
des Gnosticismus anzusehen. Der Valentinianer Marinus sagt: καὶ ἡμεῖς ὁμολο-
γοῦμεν, ὅτι διὰ Μαρίας, ἀλλ' οὐκ ἐκ Μαρίας, ὥσπερ γὰρ ὕδωρ διὰ σωλῆνος διέρχεται (Ada-

mantius de recta in deum fide ed. Bakhuyzen p. 190, vgl. auch Jren. I 7, 2. III
11, 3, MPG Bd. 7, 513 A. 881 C). Aber γεννηθεὶς διὰ Μαρίας ist eine ſich bei Juſtin
dem Märtyrer ganz häufig findende Redeweiſe (vgl. die Belege bei H a r n a ck,
Lehrbuch der Dogmengeſchichte, I³ S. 195 in der Anm. 2, S. 750 Anm.) Aber
nicht nur dies: Juſtin nennt Chriſtus auch (dial. 62 p. 220 D): τὸ τῷ ὄντι ἀπὸ
τοῦ πατρὸς προβληθὲν γέννημα, c. 76 (p. 270 B) οὐκ ἔστιν ἀνθρώπινον ἔργον, ἀλλὰ τῆς
βουλῆς τοῦ προϊάλλοντος αὐτὸν πατρὸς τῶν ὅλων θεοῦ. Erſt der Gegenſatz gegen Mar=
cionitismus und Gnoſticismus brachte dieſe Formel in Verruf als Anzeichen einer
doketiſchen Chriſtologie; vgl. auch Pamphilus pro Origene, in Routh, Reliq. ſacr.
IV 317: quod dicunt per prolationem, secundum Valentini fabulas, in subsistentiam
venisse filium dei dicere; p. 319: .. πατὴρ οὐ προβαλὼν αὐτόν. — Z. 28 V o r ſ o r g u n g:
procuratio = οἰκονομία (οἰκονόμος c. 39 p. 98₄ überſetzt der Lateiner mit procurans;
das Wort iſt ein Stichwort der ſog. kleinaſiatiſchen Theologie vgl. L o o f s, Leit=
faden zum Studium der Dogmengeſch. ³, § 15, 2. 18, 5 b, 21, 2. 22, 4. 33, 2 (vgl. O t t o
in ſeiner Anm. 12 zu Juſtins dial. c. 103, p. 369 f.). Beſonders deutlich iſt die
Parallele mit Jguatins an d. Eph. Nur tritt die ἀφθαρσία nicht ſo hervor; aber
die Ueberwindung des Todes fehlt doch auch hier nicht, und daß auf den Kreuzes=
tod Chriſti Wert gelegt wird, zeigt der Schluß das Kap., wie auch andere Stellen
in unſeren Actus. Der Hauptgedanke iſt: trotz der Verleugnung haben die römiſchen
Abgefallenen keinen Grund, dem Gott der Chriſten fernzubleiben. Denn durch die
Sendung ſeines Sohnes hat er ſich als den Barmherzigen erwieſen, der die An=
ſchläge des Teufels zu nichte machen wird. Trotzdem neue Anſchläge des Teufels
eingetreten ſind (auch nachdem Chriſtus in die Welt gekommen war), ſo iſt doch
kein Grund vorhanden, daran zu zweifeln, daß der Gott und der Chriſtus, den
Petrus verkündet, der wahre Gott und der wahre Erlöſer ſei. Es ſcheint, als ob
dieſe Ausführungen ſich gegen eine Anſchauung richteten, nach der eine Wirkung
des Teufels nach ſeiner Ueberwindung durch Chriſtus nicht mehr möglich wäre.
Demgegenüber weiſt Petrus nach, daß Anfechtungen des Teufels auch den Gläubigen
nicht erſpart bleiben. Das lehre ſein eigenes Beiſpiel, ſeiner Verleugnung gegen=
über ſei doch der Abfall der Römer nicht eben ſehr hoch zu taxiren. Freilich daß
Petrus den Abfall gewiſſermaßen entſchuldigt, iſt ſehr merkwürdig. Die Vorſtellung,
daß die Gemeinde die Gemeinde der Heiligen ſei oder wenigſtens ſein ſolle, iſt hier
nicht mehr vorhanden. Auch der Abfall ſchließe nicht mehr unbedingt von der
Chriſtenheit aus (vgl. auch die Rede des Marcellus c. 10; deſ. p. 58₄: Petrum
hic Simon infidelem dixit, in aquas dubitantem). Der reißende Abfall zum Gno=
ſticismus, oder auch der Rückfall ins Heidentum mag den Männern, die ſich als
die ausſchließlich kirchlichen fühlten, derartige Gedanken nahe gelegt haben. An
der Geſchichte der römiſchen Gemeinde von der Mitte des 2. bis zur Mitte des
3. Jahrh. iſt es für uns möglich, zu erkennen, wie ſich der Kampf der anklagenden
und entſchuldigenden Gedanken vollzogen hat, bis die entſchuldigenden die Oberhand
gewannen. Aber Rom iſt nicht die einzige Stätte geweſen, wo ſich dieſer Kampf abge=
ſpielt hat; wir können annehmen, daß an anderen Orten früher oder ſpäter ähnliche
Probleme geſtellt und gelöſt worden ſind. Sicher in Kleinaſien früher als in Rom. Hier=
für gibt unſere Erzählung uns ein lehrreiches Beiſpiel. — Z. 29 ignorantia vgl. o. S. 245 f.
409; 1. Clem. 59 pa 65₁₃ ff.; Ignatius Eph. 19, 3 pa 86₂₇ u. a. Stellen. — Z. 30.
a u ß e r K r a f t ſ e t z e n: cod.: infirmes. Entweder iſt dies in infirmare zu ändern
oder es iſt ein Verbum zu ergänzen. Li ergänzt dissolvere, vielleicht eher reddere.
infirmis, Nebenform für infirmus wie auch p. 54₇, iſt ſpät. — Z. 31. d i e O d e r=
h a u b h a t t e: cod.: quibus proualebat olim. Es iſt eine im chriſtlichen Alter=
tum ziemlich häufig anzutreffende Vorſtellung, daß der Teufel der Herr der Welt
war, ehe Chriſtus kam. Der Ausdruck kann an marcionitiſche und gnoſtiſche Vor=
ſtellungen erinnern; doch iſt es nicht notwendig, ihn in dieſem Sinne aufzufaſſen.
Vgl. Test. D. n. Jesu Christi ed. Rahmani I 28 p. 59: dirupta sunt eiusdem (mortis) vincula (durch Chriſti Kreuzestod) per quae olim diabolus contra nos praeva-
luit. Das ‚Testamentum' iſt auch hier von unſeren Actus oder von ihren Vorlagen

abhängig (vgl. etwa auch Barn. 16,7 bei Clemens Aler. Strom. II 20 MPG Bd. 8, 1060 C und die Bemerkungen des Clemens dazu; aber auch Mt. 16 18: et portae inferi non praevalebunt adversus eam Vulg. Ps.-Cyprian de spectac c. 10). — unser Gott: Christus, wie oben. — aufleuchtete: Dieser feierliche Ausdruck geht wohl zurück auf das A. T. oder besser auf 2. Petr. 1 19. Vgl. Justin dial. 106 p. 380 A: ὡς ἄστρον ἔμελλεν ἀνατέλλειν. 4. Mos. 24 17: Orietur stella ex Jacob. Bei Justin ist auch die Stelle angeführt: ἰδοὺ ἀνὴρ ἀνατολὴ ὄνομα αὐτοῦ (Sach. 6 12). In dem Buch vom großen λόγος κατὰ μυστήριον (S ch, TU VIII 1 f., S. 184 vgl. 188) sagt Jesus: „Ich strahlte in dieser kleinen Idee auf"; das Wort „aufstrahlen" wird dort überhaupt oft gebraucht; vgl. auch Clemens Aler. coh. 1. 10 (MPG Bd. 8, 61 C 228 A); strom. V 5 (MPG Bd. 9, 52 B); die Epist. canonica des Dionysius Aler. bei Routh, Reliq. sacr. II 387). — Z. 34 wobei ich zugegen gewesen bin: Der Ausdruck ist in allgemeinerem Sinne gemeint als 2. Petr.; er dient zur Beglaubigung des Apostels; zur Begründung, daß er den wahren Christus ver= kündige Simon gegenüber. Aus derartigen Worten läßt sich sogar eine antignostische Tendenz erschließen, die in dem apokryphen Briefwechsel zwischen Paulus und den Korinthern ganz offen zu Tage liegt. (Iren. III 12,5 MPG Bd. 7, 897 C führt aus, daß bei der Ausgießung des heiligen Geistes wohl die Apostel zugegen gewesen wären, aber nicht Valentin, Marcion usw.) Zum Ausdruck und auch zum Gedanken vergleiche man den Kanon Muratori Z. 1: quibus tamen interfuit. — wandelte: Mir scheint die Aenderung des ambulaui des Textes in ambulauit (Li) doch not= wendig zu sein wegen des darauffolgenden cuius testis ego permaneo, trotz Zahn, G.K. II 851 Anm. 3. Auffällig bleibt, daß das Wandeln über den Wassern gerade hier erwähnt wird. Es läßt sich nicht entscheiden, ob es als Zeichen der Wunderkraft des Erlösers erwähnt wird, oder weil Petrus an seine Kleingläubigkeit erinnern wollte. Jenes ist wegen der Stellung des Satzes wahrscheinlicher, dieses wegen der Ge= danken, die Petrus ausspricht. Dies paßt auch besser zu dem gleich folgenden: Ich gestehe, daß ich zugegen gewesen bin, und zu der Erwähnung der Verleugnung. In den A. Tho. 47 (Ende) gilt das Wandeln über den Wogen als Beweis für die Gottheit Christi. (Nach R. O. Franke in der Deutschen Literaturzeitung 1901, Sp. 2762 gehört das Schweben über den Wassern auch zur Buddhalegende.) — Z. 38 Die Erwähnung der Verleugnung soll dazu dienen, den Römern den Beweis für die schrankenlose Erbarmung Gottes zu liefern. Wir dürfen es nicht so auffassen, als wollte sich der Autor etwa gegen die Lehren, die der römischen Gemeinde die Verleugnung Petri zum Vorwurfe gemacht haben. (Ebensowenig will er sich mit der wiederholten Versicherung Petri, er sei zugegen gewesen, gegen die Lehren, die das Wandeln auf dem Wasser und die Wunderwirksamkeit des Herrn überhaupt etwa geleugnet hätten.) Die ostentative Erwähnung der Verleugnung (auch in den Const. apost. V 7 MPG Bd. 1, 873 BC erzählt Petrus selbst, daß der Herr ihm seine Verleugnung angekündigt habe) ist vielleicht eine Stütze für die Beobachtung, der Autor sei nicht in Rom zu suchen. Ein römischer Verfasser hätte schwerlich von der Verleugnung Petri so reichlich Gebrauch gemacht. Die höhere Wertung der Apostel gegenüber den Gemeindemitgliedern ist ersichtlich. Die Verleugnung Petri wird von Pf.=Athanasius sermo c. 10 angeführt, um die Novatianer zu widerlegen MPG Bd. 28, 520 AB: καὶ διὰ τῶν δακρύων ἀπενίψατο (Petrus) τὴν ἄρνησιν ἐν αὐτῇ τῇ μετανοίᾳ (vgl. auch Eulogius Aler. bei Photius Biblioth. cod. 280 MPG Bd. 104, 329 C). In derartigen Gedanken ist wohl auch der Grund zu suchen für die häufige Darstellung der Verleugnung Petri auf altchristlichen Sarkophagen. Parallelen der A. J.: c. 88 Anf.; c. 97 p. 199 10. Als man die Apostel immer mehr als die christlichen Idealgestalten anzusehen sich gewöhnt hatte, mochten solche Züge lästig erscheinen. Ein Analogon zu dieser Schätzung der Apostel bietet das Bekenntnis des Petrus, sie hätten die christ= lichen Gedanken nur soweit niederschreiben können, soweit sie sie erfaßt hätten (c. 20 p. 67,2 ff. vgl. zu c. 20 Z. 29 f.). Für gnostisch, oder besser für häretisch konnte eine solche Vorstellung erst angesehen werden, nachdem man zu der Ueberzeugung von der abso= luten Sufficienz der heiligen Schriften (N. T.s) gekommen war. Wäre diese in der

2. Hälfte des 2. Jahrh. in Kleinaſien überall verbreitet geweſen, würde ſich eine Er=
ſcheinung wie der Montanismus überhaupt nicht erklären laſſen. — Z. 39 In der
evangeliſchen Geſchichte iſt davon nichts bekannt. Iſt es zu kühn, zu vermuten, daß
derartige kleine Züge auf das Petrus=Evangelium zurückgehen? Sie würden ſich
allerdings auch zur Genüge erklären, wenn man beachtet, daß der Verfaſſer ſich
oft nur loſe an die Schriften des N. T.s angeſchloſſen hat. Er verſteht es auch
ſonſt, die Schuld auf andere zu ſchieben; Marcellus ſchiebt die Schuld für ſeinen
Abfall auf Simon c. 10 p. 57, die römiſchen Chriſten die Schuld für ihren Abfall
auf Marcellus c. 8 p. 55; ſie ſagen: wenn er nicht ſeinen Sinn geändert hätte,
hätten auch wir uns nicht von dem Glauben an Gott unſern Herrn entfernt. —
Z. 44 nicht vor Augen hatte: „non habens in mente“. — S. 400 Z. 2 Be=
trüger: inplanator vgl. Did. 16, 4 pa 8 17 f. (Mt. 24 24) (inplanator nicht vom
Teufel gebraucht in Pſ.=Cyprian de singularitate clericorum 3, Hartel III 175 29).
Offb. 12 9: ὁ πλανῶν τὴν οἰκουμένην ὅλην. — Z. 3 Pfeile: Daß hier Eph. 6 16 das
Vorbild geweſen ſei, iſt wohl nicht zweifelhaft; die Vulgata hat aber andere Worte:
in quo possitis omnia tela nequissimi ignea extinguere. — Z. 7 f. als ob ich
an einen Menſchen glaubte: Auch dieſe Begründung iſt lehrreich; ſie paßt
vortrefflich zu der in unſeren Akten üblichen Bezeichnung Chriſti als Gott und ent=
hüllt ein Hauptintereſſe des Autors, nämlich die Gottheit Chriſti nachzuweiſen. Das paßt
zu dem großkirchlichen Charakter der Schrift; ein ſolches Intereſſe, die Gottheit Chriſti
nachzuweiſen, haben wohl die Gnoſtiker niemals gehabt. — Z. 9 vgl. Const. Apost. VIII
13 (MPG Bd. 1, 1108 B): ὑπὲρ τῶν νεωφωτίστων δεηθῶμεν, ὅπως βεβαιωθῶσιν ἐν τῇ πίστει.
— Z. 10 in nouissimo errore. Der ärgſte Irrtum iſt die Verkennung Chriſti als Gott
und die Anerkennung des Magiers Simon resp. ſeiner Lehre (doctrina), daß Chri=
ſtus nur ein Menſch ſei. — Z. 12 Kind des Verderbens: υἱοὶ τῆς ἀπω=
λείας auch in der Petrusapokal. 2 vgl. TU IX 2, S. 17. — Z. 15 f. Die Verbindung:
Gott ſieht nur, wer an ihn glaubt, kann ich nur mit Joh. 11 40 belegen. Sie paßt zu
den Vorſtellungen, die unſer Autor vom Weſen Gottes hat; oben zu 2 Z. 34 (vgl. die
ſchöne, aber etwas anders gewendete Ausführung des Iren. IV 20). — Z. 19
Taten: cod.: tactis, zu verbeſſern in factis. — Z. 20 ff. Dieſe letzten Sätze über
Chriſtus laſſen ſich gut aus Juſtins Schriften belegen. (Vgl. aber auch Const.
Apost. V 6; MPG Bd. 7, 837 C.) Die „Kleinaſiatiſche Theologie“ hat beſonderen
Wert auf das Leiden Chriſti gelegt, vgl. die Dogmengeſchichten und oben c. 7 Z. 28
aber auch c. 20. Wir wiſſen nichts davon, daß ein Gnoſtiker ſich in dieſer Weiſe
über das Leiden Chriſti ausgedrückt habe; und gerade dieſe Ausdrücke deuten auf
hohes Alter; die Vorſtellung von dem πεπονθὼς θεός wird dadurch vortrefflich illuſtrirt.
8 Z. 23 cod.: paenitentes. Stärker als ſo möchte ich das Wort nicht überſetzen.
Die Umkehr geht reichlich ſchnell vor ſich. Aber das entſpricht der Schnelligkeit des
Abfalls. Nehmen wir an, daß der Verf. im allgemeinen Rückſicht nimmt auf Zu=
ſtände ſeiner Zeit, ſo ſtellt das für das Chriſtentum des 2. Jahrh. nicht gerade ein
gutes Zeugnis aus. Der Abfall zum Montanismus iſt in Aſien ein reißender ge=
weſen. „Es handelte ſich (im urſprünglichen Montanismus) um eine radikale Neu=
bildung der chriſtlichen Geſellſchaft“. „Die Tatſache, daß ganze Gemeinden den
neuen Propheten, die ſich doch an keine alte Ordnung banden, zufielen, muß vor
allem erwogen werden“ (Harnack, Lehrbuch der Dogmengeſch. 1 3, S. 392 und
Anm. 2). — Z. 24 Vgl. oben zu c. 4 Z. 39. — Z. 25 Ich vermute, daß die Er=
innerung an Granius Marcellus den Senator Marcellus erzeugt hat. Vgl.
zu c. 11 Z. 35 ff. Wie freilich gerade dieſer Marcellus mit Simon in Verbindung
kommt, verrät uns der Autor nicht. Auf alle Seitenſprünge ſeiner Phantaſie können
wir ihm leider nicht folgen. Da wir uns aber auf kleinaſiatiſchem Boden befinden,
in der Nähe des Montanismus, ſo gewinnt es Bedeutung, daß der antimontani=
ſtiſche Schriftſteller, von deſſen Schrift Euſeb. KG. V 16 f. Bruchſtücke mitteilt,
ſeine Schrift einem gewiſſen Abirkius Marcellus gewidmet hat. — Z. 26 Es iſt un=
gefähr zu erkennen, warum der Novelliſt den Marcellus gleich von Anfang an ent=
ſchuldigt. Marcellus iſt ein Bild der römiſchen Gemeinde; auch er hat ſich von

Simon umgarnen laffen; aber Petrus bringt ihn wieder zurück. Judem die Römer ihn vor Petrus entschuldigen, wollen fie fich entschuldigen, oder auch die Schuld von fich abwälzen. Vgl. unten p. 55 12 ff: Wenn jener nicht umgewandelt worden wäre, fo hätten auch wir uns nicht entfernt. — weife: σώφρων; von der rechten chriftlichen Lebensweife gebraucht, wie σωφροσύνη, vgl. meine ‚Beiträge‘ S. 77 Anm. 5. Dazu Sokrates hist. eccles. I 11. Die philofophifche Haltung der Petrus= akten wird schon durch die Anwendung diefes Wortes deutlich. Die Stimmung ift wie bei Clemens von Alexandrien; vgl. Luthardt, Geschichte der chriftlichen Ethik I 115. — Z. 27 f. Zu den Witwen und Waifen vgl. Petrusapok. 80 (Harnack, TU IX 2, S. 19. 22. 51). Aus diefem Gedanken erklärt fich auch, warum Marcellus jetzt keine Wohltaten mehr spendet. Wohlzutun ift das Privilegium der Kirche. Vgl. etwa Juftin apol. I 67, 186. 188. — Z. 29 Die Beschreibung des Marcellus ähnelt frappant den Worten, die der Apoftel Thomas A. Tho. 19 (am Ende) von Chriftus gebraucht. Es ift schwer anzunehmen, die beiden Sätze feien unabhängig von einander geschrieben; allerdings mag die kirchliche Wohltätigkeit in diefer oder ähnlicher Weife oft charakterifirt worden fein. Herübergenommen ift die Beschreibung des Marcellus in die Acta Archelai c. 3 (Routh, Reliq. sacr. V², p. 41). Auch fonft find die A. V. in den Acta Archelai nachgeahmt. Vgl. meine ‚Beiträge‘ S. 47—51, wo auch einige Notizen über das weitere literarifche Leben des Marcellus zufammengeftellt find. — Z. 31 f. Vgl. unten zu c. 11·Z. 35 ff. Nötig ift es wohl nicht, anzunehmen, daß derartige Zuftände, wie fie die obige Er= zählung vorausfetzt, erft etwa am Anfange des 4. Jahrh. vorhanden waren (vgl. etwa Eufeb. h. e. VIII 1, 2: τεκμήρια δ᾽ ἂν γένοιτο τῶν κρατούντων (Diokletian ufw.) αἱ περὶ τοὺς ἡμετέρους δεξιώσεις, οἷς καὶ τὰς τῶν ἐθνῶν ἐνεχείριζον ἡγεμονίας, τῆς περὶ τὸ θύειν ἀγωνίας κατὰ πολλήν, ἣν ἀπέσωζον περὶ τὸ δόγμα, φιλίαν αὐτοὺς ἀπαλλάτ- τοντες). Wären fie am Ende des 2. Jahrh. nicht möglich gewefen, fo hätte fie die chriftliche Phantafie fich doch zu bilden vermocht, wie fie das Gefpräch zwifchen Marcellus und dem Cäfar erfunden hat. — Z. 35 fchenkft du es: cod.: dona. Die Aenderung in donas (Li) ift notwendig. — Z. 38 Es mag vorgekommen fein, daß reiche Männer, die fich der Härefie zuwandten, ihren Anhang nach fich zogen. — Z. 40 cod.: paenitetur in benefaciendo. Die Verbindung mit in finde ich aller= dings nicht bezeugt. — Z. 41 f. Die Begründung ift feltfam. Oben hieß es: Gott fieht nur, wer an ihn glaubt; hier: Gott erkennt, wer wohltut. In den Gedanken= kreis des 2. Jahrh. paßt das ausgezeichnet. Von dem Gedanken ausgehend, daß Gott nicht erkannt werden könne (vgl. oben p. 47 13: deus numinis inenarrabilis), legt der Verfaffer den Nachdruck auf die Taten des Chriften. Eine genaue Parallele zu diefen Worten kenne ich nicht. Jedenfalls find fie nicht gnoftifch. — Z. 44 f. Es ift ein alter Vorwurf gegen die Lehrer der Chriften, Betrüger zu fein. Nicht immer ift er in fo draftifcher Weife erhoben worden, wie in Lucians Peregrinus Proteus. — S. 401, Z. 1 unferes Herrn: Es ift Chriftus gemeint (wie aus den praecepta eius hervorgeht) und nicht zu überfetzen: wenn du mit unferm Herrn etwas Erbarmen haft, fo daß hier die Diener des Marcellus fprächen. — Z. 4 von großem Schmerze: cod.: dolore malo. H. Ufener: dolore magno; vgl. p. 56 19. — Z. 5 ff. Sehr verwandt ift diefe Rede über den Teufel mit A. Tho. 44 und 32. — Z. 6 von Böfen: d. h. der Teufel. — Z. 7 Von dem (großen) Feuer ift oft in der Schrift und in der altkirchlichen Literatur die Rede, fo daß es fich nicht verlohnt einzelne Stellen anzuführen. Aber wo findet fich die Rede: „der Teufel nährt fich das große Feuer“? Der Teufel als der Anftifter alles Böfen z. B. der Verfolgung gegen die Chriften in dem Schreiben der Gemeinden von Lyon und Vienne bei Eufeb., K.G. V 1. — Z. 7 f. Die Epitheta, die dem Teufel gegeben werden, können nicht durchweg aus der Schrift ftammen, fie geben die vulgäre Anschauung vom Teufel wieder. — Z. 8 den erften Menschen: priorem hominem. — Z. 10 ein körperliches Band: Hier kann die menfch= liche Sinnlichkeit gemeint fein (vgl. zu dem Ausdrucke vinculum oben c. 2 p. 47 14; Iren. V 21, 3 MPG Bd. 7, 1182 A: per hominem ipsum iterum oportebat victum eum contrario colligari iisdem vinculis, quibus alligavit hominem ...; Sch in TU VIII 1, S. 207: „und bis zur Auflösung des Bandes des Fleisches". Richtiger ist es doch wohl an die Bande des Todes zu deuten; vgl. Testam. D. n. Jesu Christi I, 28 (ed. Rahmani, p. 59): Sub ipso occubuit mors, quae per crucem devicta fuit; dirupta sunt eiusdem vincula... Iren. III 22, 4 MPG Bd. 7, 959 B und dazu Harnack, Lehrb. der DG. I³ 550, Anm. 1. — Z. 10 f. Frucht, die ganz bitter ist: Woher dies genommen ist, weiß ich nicht; die ῥίζα πικρίας in den oben angeführten Schriftstellen erklärt es doch nur halb. Vgl. A. Tho. 44, p. 161 ₁₆ f. Das Süße ist das Bild des Guten, das Bittere des Bösen. So war die Frucht, die den Stammeltern den Tod brachte, bitter. In diesen Gedankengang gehört das Herrnwort des Aegypterevang. an Salome (Apokr. S. 23 ₄ f.). Auch Ch. Taylor, The Oxyrynchus Logia and the apocryphal Gospels, Oxford 1899 hat das Wort S. 103 f. mit dem Sündenfall in Zusammenhang gebracht. Es sei noch hingewiesen auf fragm. 16 des Melito (ed. Otto, Corpus Apol. IX, p. 422): Amari fuerunt clavi tui (= Israels) et acuti; amara lingua tua, quam acueras; amarus fuit Judas, quem corrupeimis; amari fuerunt falsi testes tui, quos produxeras; amara bilis tua, quam condieras; amarum acetum tuum, quod paraveras; amarae manus tuae, quae plenae sanguinis erant. Das Bild vom Süßen als dem Guten, Göttlichen, dem Bitteren als dem Schlechten, Teuflischen muß sehr geschätzt gewesen sein. So sagt auch das Muratorische Fragment, Z. 67 f.: fel enim cum melle misceri non congruit, von häretischen Schriften, die nicht mit kirchlichen zusammengestellt werden dürfen. Epiph. haer. 34 c. 23: τῶν καρπῶν τὴν πικρίαν (= Irrlehren); 26 c. 1 ⸗ ὥσπερ ἀπὸ πικρίας καρποὶ (= Irrlehrer) ed. Oehler I a p. 478. 168. Merkwürdig sind die Worte bei Prokop von Gaza comm. in Leviticum MPG Bd. 87, 1, 741 f.: Exemplo sit Simon Magus, qui adhuc detinebatur felle amaritudinis, et in colligatione iniustitiae. — Z. 14 verstockt: tu Herodis cor indurasti. Es muß hier ein Irrtum vorliegen; denn sonst heißt es: cor Pharaonis indurabat, Iren. IV 29, 2 (MPG Bd. 7, 1064 B). Aber in den Schriftstellen ist nicht der Teufel das Subjekt, sondern Gott. Wenn nicht jener Irrtum vorläge, wäre die Stelle bedeutsam. Denn sie würde uns zeigen, daß auch unser Autor sich den Vorstellungen derer genähert hat, die den Gott des Alten Testaments für einen bösen hielten. Als ein Anzeichen für Gnosticismus hat den Ausdruck auch James genommen (TSt V 1, 1899, p. XVIII). In der Tat haben die Marcioniten (Iren. IV 29, MPG Bd. 7, 1063 f.) sich auf die Verstockung Pharaos und seiner Diener berufen, um nachzuweisen, daß der Gott der Verstockung nicht der Gott Christi sein könne. Das Versehen, das unserem Autor passirt ist, für Pharao Herodes einzusetzen, läßt es richtiger erscheinen, sich auf unsere Stelle nicht zu berufen, um den gnostischen Charakter unserer Schrift zu erhärten. (Gegen die marcionitische Deutung auch Origenes περὶ ἀρχῶν III 9 MPG Bd. 11, 264; übrigens sagt auch das Buch der Jubiläen 48 ₁₇, daß der Fürst Mastema (= der Teufel) die Herzen der Aegypter verstockte und verhärtete.) — Z. 16 Mit dem evangelischen Bericht stimmt das nicht zusammen; aber vgl. Joh. 18 ₃₆. Auch auf das Petrusevang. geht dieser Satz nicht zurück. Die Erwähnung des Herodes in der Nähe des Kaiphas führt Zahn G.K. II, S. 851 Anm. 2 zurück auf Lk. 23 ₇. AG. 4 ₂₇. — Z. 20 Feuerbrand: zu titio vgl. die neuentdeckten Tractatus Origenis ed. Batiffol, p. 204. Der Verfasser (Novatian?) kämpft gegen die Anschauung der simpliciores, die in titio den Teufel sehen. — Z. 22 Der Teufel wird sehr häufig schwarz vorgestellt; vgl. das schwarze tanzende Weib in c. 22 p. 70. Ein schwarzzottiger Teufel kommt auch in dem äthiopischen Certamen apostolorum vor (Li I 619 f.). ὁ μέλας für den Teufel findet sich im Barnabasbriefe 4, 10; vgl. 20, 1 [vgl. Athan. vita Antonii 6]. Auch der τόπος κολάσεως ist ganz finster, wie das Gewand der dort Befindlichen (Petrusapok. ₂₁ bei Dieterich, Nekyia, S. 4). Visio Pauli 39 (TSt III 3, p. 31 ₂₄: schwarze Gewänder kennzeichnen die Jungfrauen, die ihre Jungfräulichkeit verletzt haben. Man denke auch an den Gegensatz der τέκνα φωτός und der τέκνα ἀπωλείας. Herakleon bei Origenes in Joh. XXI (MPG Bd. 7, 1320 B) nennt die Teufel: γεέννης τέκνα καὶ σκότους, καὶ ἀνομίας καὶ ὄφεων καὶ ἐχιδνῶν γεννήματα.

Auch Origenes' Vorstellungen, von den Dämonen gehören hierher. Im Hirten des Hermas erscheinen die Laster im schwarzen Gewande (similit. IX, 9. 5; 13, 8; 15, 3). — Z. 25 Anfang der Schlechtigkeit: Der Gedanke ist freilich 1. Joh. 3 s anders gewendet. — Z. 29 Kleider der Finsternis: Vgl. die Vorstellung von den dunklen Gewändern in der Petrusapok. in der zu Z. 22 ange= führten Stelle. — Z. 29 fremde Türen: Const. apost. VIII 11 (MPG Bd. 1, 1089 D): μήτε ἀνοιχθῇ ἡ θύρα, κἂν πιστός τις ᾖ. — Z. 30 f. Von Rhodon (Euseb. h. e. V 13, 4) wird Marcion ὁ Ποντικὸς λύκος genannt. — Z. 31 Die Bezeichnung der Christen als der Schafe, der Gemeinde als der Hürde (μάνδρα) braucht nicht erst belegt zu werden. Sehr häufig ist sie z. B. in adv. aleatores (vgl. Anm. von Miodoński zu 2, 6). Dafür liefern auch die monumentalen Quellen reichliche Be= lege, freilich meist erst für eine spätere Zeit. — Z. 32 Den Anstoß zu dieser Rede über den Teufel hat vielleicht AG. 13 10 gegeben. Für die Vorstellungen vom Teufel ist sie noch nicht genügend ausgenutzt. Woher die einzelnen Züge kommen, bedarf noch der Untersuchung. Sie ähnelt am meisten einem Stücke, das Li II 1, S. 233 f. aus einer Hf. der Bibliotheca Angelicana in Rom in Uebersetzung mit= teilt. Der Oberste der Dämonen sagt: „Ich bin der Teufel des Trugs, der Drache, der durch die Scheidewand ins Paradies eindrang und die Eva verführte. Ich bins, der den Kain anstiftete, seinen Bruder Abel zu töten, der das Ohr des Pharao verstockte, der die Israeliten in Knechtschaft schlug, der den Judas verleitete, Chri= stum zu verraten. Ich bins, der die Buße haffet und die Sünde liebt. Ich bin der Gehilfe der Hellenen und der Feind der Christen. Ich habe die Juden verleitet, Christum zu kreuzigen und den Barrabas freizugeben. Durch mich haben sie die Propheten getötet. Denn ich bin aus eigenem Antriebe böse (αὐτεξούσιος γάρ τῇ κακίᾳ μου), denn ich bin der Oberste der sechshundert Engel, die das Gebot Gottes übertreten haben und aus dem Himmel gefallen sind. Denn ich habe auch den Heiland, da er Hunger litt, in der Wüste versucht; ich habe den Brüdern des Joseph den Neid eingepflanzt. Durch mich kommt die Lüge und die Heuchelei und die Verläumdung und der Hochmut, durch mit Selbstüberhebung und eitles Rühmen. Denn ich bin der Fall (?) in meiner Bosheit (ἐγὼ γάρ εἰμι πτῶσις ἐν τῇ κακίᾳ μου)". Dies Stück sieht aus wie eine Dublette zu dem Abschnitte unserer Actus. (Zu der Rede vgl. auch A. J. 84 Aa II 1 p. 192.) Was es mit ihm verbindet, ist ebenso interessant, wie das, was es von ihm trennt. Auffällig ist und wird noch der Er= klärung bedürfen, warum unser Autor von der Vorstellung, die den Teufel eine Schlange oder einen Drachen nennt, keinen Gebrauch gemacht hat. Hierüber wird sich aber erst etwas sagen lassen, wenn die Vorstellungen vom Teufel im christlichen Altertum einmal ganz genau untersucht sein werden. In anderen ähnlichen Stücken ist die Schlange nicht vergessen; so in der Acta Archelai c. 33 (Routh, Reliq. sacr. V 2, 122—126) und in den A. Tho. 32. Hier waltet aber der Unterschied, daß nicht der Oberste der Teufel spricht, sondern sein Sohn. Die in den A. V. genannten, vom Teufel verführten Personen werden auch hier sämtlich genannt: prior homo (Eva), Judas, Herodes, Pharao, Caiphas, wenn auch in anderer Reihenfolge. Eine wörtliche Entlehnung ist nicht erfolgt; daß beide Schilderungen nicht unabhängig von einander sind, lehrt der Ausdruck πυρώσας (Aa II 2, p. 149 s vgl. hier p. 56 2: inflammasti). Daß die A. V. die A. Tho. (oder ihre Vorlage) benutzt haben und das Verhältnis nicht umgekehrt ist, beweist das oben zu c. 8 Z. 14 bemerkte Ver= sehen, das die A. Tho. nicht haben. Etwas Sicheres über die Abfassungszeit unserer Actus läßt sich aus fo nicht gewinnen, weil uns nur vorliegenden Texte der A. Tho. und der A. V. nicht die ursprüngliche Gestalt der Akten geben; nur soviel läßt sich schließen, daß der Verf. der A. V. nicht derselbe Mann sein kann, der die A. Tho. geschrieben hat. — Z. 34 Die Vulgata hat AG. 2 47 dominus autem augebat, qui salvi fierent. — Z. 35 Es ist als ob der Novellist vergessen hätte, daß Petrus gar nicht schnell genug nach Rom kommen konnte, um die Verhältnisse ins rechte Gleis zu bringen; vgl. oben c. 6 gegen Ende. Freilich war es ja wohl geboten, den Petrus erst einmal mit den Römern zusammenkommen zu lassen. — Z. 37 exiliens

de synagoga. exilire ſoll wohl das Eilige andeuten. Von einer Synagoge iſt vor=
her nicht die Rede; und darum iſt es wahrſcheinlich, daß synagoga als Verſamm=
lung aufzufaſſen iſt. Der lateiniſche Ueberſetzer ſcheint aber an eine Synagoge gedacht
zu haben. Ueder Synagoge als Verſammlung und Verſammlungshaus in chriſt=
lichem Sprachgebrauch vgl. H a r n a c k in ZwTh Bd. 19, 1876, S. 104—108; Die
Miſſion, S. 292. — Z. 42 f. Hier weiß der Pförtner nun auf einmal, daß Petrus
vor ihm ſteht, obgleich er vorher geſagt hat, er müßte nicht, ob der vor ihm ſtehende
Petrus ſei. Derartige Widerſprüche gehören ebenſo zur Oekonomie des Novelliſten,
wie die großen Volkshaufen, die Petrus folgen. Dieſer Zug iſt unſeren A. V. mit
den A. P. et Th. gemeinſam. Man hat nur immer Grund, ſich zu wundern, daß
es überhaupt noch Heiden in Rom gibt. Wie Simon erkannt hat, daß Petrus nach
Rom gekommen ſei, wird nicht geſagt; es ſoll damit doch angedeutet werden, daß
der Verfaſſer auch Simon im Beſitze wunderbarer Kräfte, alſo hier der Hellſeherei,
glaubt. Aehnlich auch in den Pſ.=Clementinen rec. I 74 (MPG Bd. 1, 1248 A):
et inter haec, nescio unde cognito adventu meo, ipse mandat ad me (Petrus) Simon.
— Z. 402, Z. 5 w u n d e r b a r e s Z e i c h e n : cod.: mirabilem nostrum Li: mi-
rabile monstrum. — Z. 8: Redende Tiere kommen auch ſonſt vor, und nicht nur in
der apokryphen Literatur (vgl. den Index bei Li im Ergh. unter ‚Tiere‘). Wer die
redende Eſelin Bileams vertrug 4. Moſ. 22 28, brauchte an andern redenden Tieren
keinen Anſtoß zu nehmen. Unſerem Autor mochte zu Hilfe kommen, daß die Cy=
niter wirklich auch als Hunde bezeichnet wurden (z. B. Philoſtrat vita Apollon.
VI 31). Man muß aber im 2. Jahrh. viel von redenden Tieren gefabelt haben;
Lucian verſpottet derartige Sagen in ſeinem ὄνειρος ἢ ἀλεκτρυών c. 2 f. (ed. Sommer=
brodt II 2 p. 121 f.). Die redende Eſelin (und nicht die redende Schlange) iſt wohl
die Stammmutter der redenden Tiere; das redende Fohlen in den A. Tho. 40 kennt
auch ſeine Herkunft genau. Es iſt zu beachten, daß auch 2. Petr. Bileams Eſelin
erwähnt (2 16 f.). Da unſer Autor auch ſonſt die Petrusbriefe berückſichtigt, ſo hat
er wohl auch aus 2. Petr. und nicht aus dem A. T. ſich das Vorbild für den re=
denden Hund geholt. Trotz der redenden Pferde bei Homer und trotz der redenden
Sphinx (auch in A. An. et Matthiae Aa II 1, p. 80 f.) iſt die Vorſtellung wohl
nicht griechiſch, ſondern ſemitiſch. Uebrigens hat der „redende Hund“ großen Ein=
druck gemacht; ein klaſſiſcher Zeuge dafür und überhaupt für die Wichtigkeit, die man
dem Wunder der redenden Tiere beimaß, iſt Commodian (um 250? vgl. § a II 2, S. 442)
in ſeinem carmen apol. (ed. Dombart CSEL XV) 623 ff. ſ. o. S. 367; vgl. auch
TSt II 3, p. 54 f.). Die Zuſammenordnung der redenden Eſelin und des redenden Hundes
in dieſen Verſen iſt lehrreich. Daß der redende Hund aus keiner andern Schrift,
als aus der unſern genommen iſt, geht aus den Worten: „Du wirſt von Petrus
gerufen“ hervor. Der redende Säugling geht ebenfalls auf unſere Akten zurück c. 15;
hier iſt er freilich 7 Monate alt und bei Commodian ſpricht er im fünften. Es
läßt ſich dieſer Irrtum wohl auf einen Schreib= oder Gedächtnisfehler zurückführen
(vgl. auch Harnack II 1, S. 551). [Fälle, wo bei der prophetiſchen Begeiſterung in
den Cevennen um 1700 Kinder von etwa 15 Monaten reden, bei Th. F l i e d n e r ,
Buch der Märtyrer III 560. Man wird auch an Cyprian epiſt. 16, 4 erinnert.]
Dagegen iſt der ſprechende Löwe noch nicht gefunden. Denn die Theklaakten, in
denen man ihn wieder erkennen zu können geglaubt hat, berichten doch nicht davon
(Aa I 255. 259). Den V. 627: Paulo praedicanti diceret ut multi de illo verſtehe ich
nicht; iſt etwa muli zu leſen? Sprechende Eſel kommen auch in den A. Tho. c. 38, Bo
p. 30, und p. 52 ff. vor. Ueder den ſprechenden Löwen und über dieſen Vers Commodians
vgl. S ch Acta Pauli S. 163 f.; Krüger in ZnW V 2. (Ein redender Leopard und ein
redender Bock in den Acta Philippi c. 94—101 Aa II, 2, p. 36—39. Eine redende
Löwin in den Acta Xanth. et Polyx. c. 30 TSt. II, 3 p. 79 20 ff., ein redendes Ka=
mel in der Narratio Zosimi c. 17 l. c. 106 29.) Philaſtrius von Breſcia ſchreibt in
ſeinem diversarum haereseon liber 60 (88) CSEL Bd. 38, ed. Marx p. 48 [Apokr.
S. 351]): ... unde et habent Manichei et alii tales Andreae beati et Johannis
Actus evangelistae beati, et Petri similiter beatissimi apostoli, et Pauli pariter

beati apostoli: in quibus quia signa fecerunt magna et prodigia, ut et pecudes et canes et bestiae loquerentur, etiam et animas hominum tales uelut canum et pecudum similes inputauerunt esse heretici perditi. Man wird behaupten können, daß Philastrius unter den Schriften, die er erwähnt, auch an unsere A. V. gedacht hat. Freilich findet sich in ihnen die Vorstellung nicht, daß die Seelen der Menschen ähnlich oder gleich seien den Seelen von Hunden und Schafen. Es geht aber nicht an, wie es neuerdings A. Dufourcq versucht hat, diese Stelle zum Beweis dafür zu nehmen, daß die A. V. manichäischen Ursprungs wären (De Manichaeismo apud Latinos quinto sextoque saeculo atque de latinis apocryphis libris, Paris 1900, p. 38—41; Étude sur les gesta martyrum romains, Bibliothèque des écoles françaises, fasc. 83, Paris 1900, p. 324. 327. 328. 331. 334). Nur so viel läßt sich feststellen, daß sie bei den Manichäern gelesen worden sind. Manichäisch ist in den Petrusakten nichts; aber der „gnostische Schein" kann allerdings für einen Autor, der derartige literarische Produktionen möglichst spät anzusetzen versucht, die Ursache werden, sie den Manichäern zuzuweisen. Schließlich sei noch darauf aufmerksam gemacht, daß der „redende Hund" auch seine bildnerische Verkörperung gefunden hat: auf dem Deckel des Sarkophages in der Kathedrale zu Mantua (Garrucci, Storia dell' arte cristiana tav. 320, 2); in Verona in der Krypta von S. Giovanni in Valle (Garrucci tav. 333, 1), beide Male in Verbindung mit der Darstellung Daniels, der dem Drachen das tötende Brot reicht (Dan. 14 26 LXX). Die Sarkophage gehören wohl dem 4./5. Jahrh. an. Endlich ist noch eine Darstellung, aber nur in Zeichnung erhalten aus Nimes, bei Le Blant, Les sarcophages chrétiens de la Gaule, Nr. 136, p. 114. Daß diese Darstellungen in Oberitalien und in Südfrankreich erhalten geblieben sind, ist höchst bezeichnend. Dies entspricht fast genau der Art, der Erhaltung der A. V., des falschen Briefwechsels zwischen Paulus und den Korinthern in lateinischer Sprache, der Theklaakten in lateinischer Sprache (vgl. Harnack, Drei wenig beachtete cyprianische Schriften und die Acta Pauli, TU N. F. IV 3 b, S. 20. 22; was hier durch den Befund der literarischen Quellen erwiesen ist, gilt mutatis mutandis auch von den monumentalen). Auf römischen Sarkophagen ist mir eine derartige Darstellung nicht bekannt. — Z. 9 unausfprechlich: inenarrabilis; wie oben (p. 47 18). — Z. 10 cod.: in medio conventu suo. — Z. 12 Von der Verführung „einfacher Seelen" ist immer die Rede gewesen, wenn die Kirche ihren Gegnern nicht so recht mehr etwas zu erwidern wußte. Besonders oft hört man darüber in der antiarianischen Literatur klagen, aber auch schon früher. — Z. 13 stürzte sich: cod.: impetum faciens. — Z. 17 Der Hund leistet sich den Superlativ inprouissime, während Petrus nur inprobe gesagt hatte (p. 57 11). Ebenso setzt der Hund für sollicitator seductor ein. — aber: cod.: enim. — Z. 18 den unglaublichen Vorgang, cod.: visum. Es soll damit angedeutet werden, daß Simon hier eine Kraft zum Wundertun bemerkt, die größer ist als die seine.

10 Z. 20 ff. Den Glauben durch die tollsten Wunder hervorzubringen, ist den Legendenschreibern eigentümlich. Die Kraft Christi besteht darin, größere Wunder zu tun, als die Magier. Je toller das Wunder, desto besser. Eine Steigerung in den Wundererzählungen ist augenscheinlich: erst der redende Hund, dann der wieder zum Leben gebrachte geräucherte Thunfisch, — dann die verschiedensten Totenerweckungen. Unser Autor verlangt auch nur den Glauben an die Wunder. Es ist dies doch wohl eine Konsequenz aus seiner Anschauung von der Unbegreiflichkeit Gottes. Alles was göttlich ist, ist unbegreiflich; aber er dachte auch: alles was unbegreiflich ist, ist göttlich. Wir haben keinen Grund, wegen seiner tollen Wundergeschichten unser Stück möglichst spät anzusetzen; ja ich glaube, sie sind ein Grund für möglichst hohes Alter. Die religiöse Phantasie ist im 3. Jahrh. nicht mehr so angeregt gewesen, wie im 2. Auf dem Boden Kleinasiens herrschte im 2. Jahrh. das selbständigste, aber auch verworrenste religiöse Leben. Und erst wenn man zu den Erscheinungen des Marcionitismus und Montanismus die Vorstellungen hinzufügt, wie sie in unserem Buche sich finden, erhalten wir ein nahezu vollständiges Bild des religiösen Lebens. — Darauf braucht nur im Vorübergehen auf-

merksam gemacht zu werden, daß Petrus auftritt wie ein Magier der Kaiserzeit. Aber er überbietet in der Kraft Christi den Magier. Die Erzählungen Lucians von Peregrinus Proteus und von Alexander von Abunoteichus und der Apollonius von Tyana des Philostrat bilden zubem die genauen Parallelen zu der Schriftgattung der Acta apostolorum. Einige Bemerkungen darüber finden sich in meinen ‚Beiträgen' S. 17 ff. — 23 Im Munde des Marcellus nimmt sich die Berufung auf den „wahren" Glauben gut aus. Ob der Autor mit solchen Worten eine Tendenz verfolgt hat, kann ich nicht erraten. Der Ausdruck uera fides klingt ein wenig verdächtig. Die Berufung auf die Güte und Barmherzigkeit Christi wie oben c. 8, p. 55 20 f. — 3. 24 f. Es schwebt wohl ein Wort vor, wie Mt. 5 44 oder 1. Joh. 2 9. 11 oder ein ähnliches. In der obigen Fassung kenne ich kein Herrnwort. Vielleicht hat der Novellist absichtlich die unbestimmte Fassung gewählt. Aehnliche Aeußerungen finden sich als der „kurze Inhalt des Christentums" öfter in den Schriften des 1. und 2. Jahrh. Interessant ist hier die Berufung auf Paulus. Derartige Worte, die sich aus dem Zusammenhange nicht loslösen lassen, zeigen deutlich, daß eine Trennung der drei ersten Kap. unseres Stückes von den folgenden nicht angängig ist. — 3. 25 Wenn Simon eine Maske für Paulus wäre, oder unser Stück eine antipaulinische Tendenz hätte, würde der Verfasser nicht so haben schreiben können. — 3. 27 ne in animo inducas delictorum meorum; nämlich vor den Herrn. Vgl. das Folgende. — Auch das gehört zu den Eigentümlichkeiten des Novellisten, daß er möglichst starke Ausdrücke liebt. Bettelnde Pilger von der Tür weisen (p. 55) kann man doch nicht Verfolgung nennen. Aber im Munde des reumütigen Marcellus erklären sich die starken Ausdrücke. — 3. 28 procurator = οἰκονόμος, c. 39 p. 98 4 (der Lateiner übersetzt procurans). — 3. 29 übergeben: cod.: tradidi ließ: tradi. — 3. 31 Simoni iuueni deo; das ist übersetzt aus νέῳ θεῷ. (Eine interessante Parallele dazu bieten die A. Tho., indem sie Christus den νέος θεός nennen z. B. p. 186 8 u. ö.) „Questa frase è la traduzione d'una formola nota nella greca epigrafia e numismatica: che si adoperava appunto nel rappresentare gli imperatori sotto le sembianze di qualche divinità" (de Rossi, im Bullettino di archeologia cristiana 4. Serie, I, 1882, p. 107 f.). Eine Zusammenstellung der hierhergehörigen epigraphischen Formeln und eine Darlegung ihrer Bedeutung wäre erwünscht. Zuletzt hat über die dem Simon gesetzte Statue geschrieben: P. Lugano in Nuovo Bullettino di archeologia cristiana VI, 1900, p. 29—66, in seinem Aufsatze Le memorie leggendarie di Simon Mago e della sua volata, doch ohne daß er der Ueberlieferung hätte neue Gesichtspunkte abgewinnen können. Der erste, der von einer dem Simon Magus in Rom errichteten Bildsäule etwas weiß, ist Justin der Märtyrer apol. I 26. 56 (p. 76 ff. 154 und die Anmerkungen dazu). Er berichtet in c. 26, daß Simon unter Kaiser Claudius (41—54) wegen der wunderbaren Taten, die er in Rom verrichtete, als Gott angesehen und von den Römern durch eine Statue geehrt wurde. Sie sei errichtet worden auf der Tiberinsel (zwischen den zwei Brücken) und habe die lateinische Inschrift getragen: Σίμωνι θεῷ σάγκτῳ. c. 56 kommt er noch einmal darauf zurück und sagt, daß Senat und Volk von seinen Wundertaten ergriffen worden wären, so daß sie ihn als Gott angesehen und ihm eine Statue gewidmet hätten, wie den andern Göttern, die bei ihnen verehrt würden. Daß sich Justin hier geirrt hat, unterliegt keinem Zweifel; es fragt sich nur, inwieweit er geirrt hat. Im Jahre 1574 wurde auf der Tiberinsel in Rom eine steinerne Basis ausgegraben mit einer lateinischen Inschrift, die beginnt: SEMONI SANCO DEO FIDIO SACRVM. Sie befindet sich in der Galleria lapidaria des Vatikan nicht weit von dem Gitter zum Museum Chiaramonti (Corpus Inscriptionum Latinarum VI 1, Nr. 567). Sofort tauchte die Meinung auf — man lese darüber Lugano l. c. 39 f. — Justin, des Lateinischen unkundig, hätte die dem Semo Sancus geweihte Basis und Statue gesehen und daraus seine Erzählung von der dem Simon errichteten Statue fabricirt. Unmöglich, erklärten die andern; Justin der Heilige kann sich nicht geirrt haben; zumal in einer dem Kaiser eingereichten Apologie wäre das ausgeschlossen. Daß Justin sich aber wirklich durch die dem Semo

Sancus gesetzte Basis hat täuschen lassen, beweist eben die Inschrift, die er anführt;
eine andere Frage ist es, ob seine Nachricht, die Römer hätten dem Simon eine
Statue errichtet, ganz und gar in das Reich der Fabel zu verweisen sei. Obgleich
gewichtige Gründe dagegen sprechen, so kann ich es für so sehr unwahrscheinlich
nicht halten, daß von seinem Berichte doch soviel übrig bleibt, daß dem Simon eine
Statue errichtet worden sei. Hält man aufrecht, daß Simon eine ·historische Person
und nach Rom gekommen sei, so hat die Errichtung einer Statue gar nichts Auf=
fälliges. Dem ersten römischen Gegenbischof Hippolytus ist in der ersten Hälfte des
3. Jahrh. eine Statue gesetzt worden, die noch vorhanden ist. Tertullian apol. 46
sagt, daß die Philosophen: facilius statuis et salariis remunerantur quam ad bestias pronuntiantur. Sed merito. Philosophi enim, non Christiani cognominantur.
Auch der Geschichtsschreiber Josephus soll nach Euseb. KG. III 9, 2 von den Römern
durch eine Statue geehrt worden sein. Auch dem Peregrinus Proteus soll in seiner
Vaterstadt eine Bildsäule errichtet worden sein, sie erteilte Orakel (Athenagoras
leg. 26; zur Vergleichung dienen Stellen, wie Lneian Nigrinus 29; Timon 51: περὶ
τοῦ μὴ ῥᾳδίως πιστεύειν διαβολῇ c. 17 usw.). Also ist es gar nicht ungewöhnlich ge=
wesen, Schulhäuptern wie Simon Statuen zu errichten. Das Zeugnis in unsern
Actus kommt hinzu. Der Autor, der ein leidlich gelehrter Mann war, kann seine
Erzählung nicht aus Justin entnommen haben; denn dann würde er nicht die In=
schrift anders anführen als Justin; ob er aus einer durch Justin beeinflußten münd=
lichen Ueberlieferung geschöpft und einzelne Züge hinzugedichtet hat, entzieht sich
durchaus der Berechnung. Iren. I 23, 1 (MPG Bd. 8, 671 A) und Tertullian
apol. 13 gehen auf Justin zurück. Eine neue Notiz bringt Iren. dazu (I 23, 4 MPG
Bd. 7, 673 A), indem er erzählt, daß die Anhänger Simons imaginem quoque Simonis habent factam ad figuram Jovis et Helenae in figuram Minervae et has ad-
orant. Davon weiß unser Autor nichts. (Bei Ps.=Clem. rec. II 9 MPG Bd. 1, 1253 A
sagt Simon von sich: Adorabor ut Deus, publice divinis donabor honoribus ita
ut simulacrum mihi statuentes tanquam Deum colant et adorent.) Das ist auch
nicht wunderbar; denn alle diese Autoren Justin, Irenäus, Tertullian — dazu kommt
noch Hippolyt, der eine in vieler Beziehung abweichende Erzählung von Simon
gibt — geben die römische Tradition wieder, während unser Autor die kleinasiatische
Tradition wiedergibt. Daß freilich Irenäus und Hippolyt nichts von der dem
Simon gesetzten Statue berichten, ist ein schwerwiegendes Argument gegen die Hi=
storicität der Statue. Daß die Menschen im römischen Reiche des 2. Jahrh· keinen
Anstoß daran zu nehmen brauchten, daß vergötterten Menschen Statuen gesetzt
wurden, lehrt auch das Beispiel des Antinous (vgl. Justin apol. I 29, p. 90 A).
Aber eben deshalb beabsichtigt wohl der Autor, es als etwas Schimpfliches hinzu=
stellen, daß dem Simon von seinem Anhänger Marcellus eine Statue errichtet
worden sei, wie ja auch Tertullian darüber höhnt, daß Philosophen derartige Aus=
zeichnungen erhielten. — Die Oekonomie unseres Novellisten findet es nicht weiter
schwierig, anzunehmen, daß diese von ihm berichteten Vorgänge erst seit dem Weg=
gange des Paulus von Rom möglich waren. Vielleicht aber meint der Verfasser,
daß die 2 Monate, von denen Ariston spricht (oben c. 6 p. 52 15 f.) die Zeit be=
deuten sollen, in der Simon seine Wirksamkeit in Rom ausübte. — Z. 32. Im Texte
ist te zu ergänzen. Der Satz nimmt wahrscheinlich Bezug auf AG. 8 20. Gering=
schätzung des Geldes geziemet dem Philosophen, wie man aus Philostrats Leben des
Apollonius von Tyana ersehen kann. Sonst erscheint Petrus in unseren Actus
nicht gerade unempfänglich gegen Geld; vgl. c. 29, wo er 6000 Goldstücke erhält
und c. 10, wo er lachend das Geld einer berüchtigten Hure einstreicht. Vgl. A. Tho.
62. Daß Thomas seine Heilungen und Verrichtungen umsonst tut, wird besonders
hervorgehoben. — Z. 34 Der Gedanke deckt sich freilich mit Mt. 16 26 nicht völlig;
aber es ist öfters ersichtlich, daß unser Autor an biblische Sprüche nur anknüpft.
Er hatte sie eben im Gedächtnis; daher kommt die biblische Färbung seiner Sprache.
Unserem Stücke ist sie mit den A. P. et Th. gemeinsam. — Z. 37 Auch hier wird
wieder deutlich, daß es sich nicht in erster Linie handelt um den Kampf über christ=

liche Sondermeinungen; es ſteht Meſſias gegen Meſſias. Vgl. oben. — Z. 38 f. Man
beachte wiederum das üble Zeugnis, das der Nachhaltigkeit der Wirkung von Pauli
Predigt ausgeſtellt wird. Im Munde des Marcellus, der durch Petrus die Ver=
zeihung für ſeinen Abfall erlangen will, iſt dieſe Redeweiſe allerdings erklärlich.
— Z. 39 oder beſſer: „in dem Gottesglauben, der in dem Glauben an Chriſtus be=
ſteht"? cod.: in fide dei, quae est in Christo. — Z. 40 w a n k e n d g e m a ch t:
cod.: scandalizatus sum. — Z. 40 f. Dieſe Entſchuldigung war nicht nötig, da ja
Petrus ſelber ſeine Verleugnung erwähnt hatte, um zu zeigen, daß Gott auch mit
der abgefallenen römiſchen Gemeinde Mitleid haben würde (c. 7). Marcellus hatte
freilich dieſe Rede nicht mit angehört. — Z. 41 f. Man könnte die Worte ſo auf=
faſſen, als wollte Marcellus ſagen: Paulus hat Chriſtus nicht in Wahrheit ver=
kündigt. Daran iſt aber doch nicht zu denken. — Z. 42 ff. Die Vulgata ſtimmt in
keiner der angegebenen Stellen mit dem Wortlaute des Textes überein. Z a h n
meint, daß an eine Bezugnahme auf Lk. 17 s nicht zu deuten wäre, wegen der
Worte: coapostolis tuis coram te dicens. Das heißt aber der Akribie des Ver=
faſſers in Benutzung der neuteſtamentlichen Schriften zuviel zugetraut. — Z. 44
U n g l ä u b i g e n: vgl. A. J. 92 p. 196 16 f. — Z. 45 Modicae fidei, quare dubitasti
Vulg. Merkwürdig iſt, daß Marcellus nicht an die Verleugnung Chriſti durch
Petrus erinnert. Aber das erklärt ſich wohl aus der Dekonomie des Novelliſten.
Er will doch dem Petrus nicht allzuviel ſchlimme Dinge ſagen; für ſeinen Zweck
genügte ſchon die Erinnerung an die Zweifel. Der Sinn iſt nicht zweifelhaft: einen
Funken von Glauben (vgl. Senfkorn) traut ſich Marcellus noch zu; und da auch
Petrus zweifelte und doch Vergebung erlangte, ſo wird Petrus auch ihm zur Ver=
gebung verhelfen. — S. 403 Z. 1 Nach den Regeln der Grammatik könnte es
ſcheinen, als ob Simon dieſes Wort von ſich ausgeſagt habe. Aber das Subjekt in
eum dixisse kann doch nur Chriſtus, nicht Simon (vgl. auch Harnack II 1, S. 555
und Anm. 1) ſein, und es ſcheint ſich als ſicher zu ergeben, daß die Worte: d i e
m i t m i r ſ i n d, h a b e n m i ch n i ch t v e r ſ t a n d e n, ein Wort Chriſti ſein
ſollen. Woher der Verfaſſer ſie hat, weiß ich nicht; man könnte an Jeſ. 1 s denken,
„populus meus non intellexit" (oder auch an Joh. 1 10 f.). Jeſ. 1 s iſt angeführt
von Juſtin apol. I 37. 63 (p. 108 A. 172 C). Zahn G.K. II 852 iſt der Meinung, daß
das Wort „geradezu das Fundament der gnoſtiſchen Anſicht von der notwendigen
Ergänzung der Schrift durch die Geheimtradition enthülle" (ſ. dagegen Harnack II 1,
S. 555). Der Sinn iſt aber der: Simon hat das Anſehen des Petrus zu unter=
graben geſucht, indem er ihn einen Ungläubigen nannte, weil er auf den Waſſern
in Zweifel geriet (p. 58 4; erzählt iſt das freilich in unſeren Akten nicht), und zum
weiteren Beweiſe für die Möglichkeit ſeines Zweifels führt Marcellus als Wort des
Herrn an, ſeine Jünger hätten ihn nicht verſtanden — es wird nicht geſagt, ob
Marcellus das Wort von Paulus oder von Simon habe — oder mit anderen
Worten: die Apoſtel hätten noch nicht den wahren Chriſtus verkündigt. Aehnlich
haben ſich gewiß die Führer des Gnosticismus ausgeſprochen, nur daß ſie ſich da=
mit begnügten, zu ſagen, ſie brächten erſt die wahre Anſchauung von Chriſtus. So
muß ſich Marcion das Verhältnis Pauli zu den Urapoſteln gedacht haben (vgl.
Harnack, Lehrb. der Dogmengeſch. I 3, S. 265 Anm. 1). Man kann auch auf die
montaniſtiſchen Propheten mit ihrer Anſchauung von der notwendigen Ergänzung
der Offenbarung im Parakleten hinweiſen (Sch S. 86 f. faßt die Worte hic Simon
als eine in den Text eingedrungene Gloſſe. Dieſe Annahme iſt unnötig). Vgl. noch
oben S. 16, Nr. 14. — Z. 2 d i e H ä n d e a u f g e l e g t: Davon wiſſen unſere
Evangelien nichts. Es iſt die Uebertragung der verbreiteten Anſchauung, daß die
Apoſtel durch Handauflegung Biſchöfe eingeſetzt hätten; um die Tradition zu wahren,
mußte auch Chriſtus den Apoſteln die Hand aufgelegt haben. — Z. 4 f l i e h e:
Vgl. A. P. et Th. 31, p. 258 s. — Z. 8 R u h m u n d P r e i s: gloria et claritudo.
— Z. 9 Die Verbindung von ἔπαινος δόξα τιμή finde ich nur 1. Petr. 1 7; ein Be=
weis dafür, daß unſer Verfaſſer gern die Petrusbriefe benutzt. Wann die obige
Form der Doxologie aufgekommen iſt, weiß ich nicht; neuteſtamentlich iſt ſie nicht;

auch z. B. in dem 1. Clemensbrief an die Korinther findet sie sich nicht. Die Ent=
wicklung der Doxologie bedarf einer Untersuchung. — Z. 10 Sehr viel Grund zu
dieser enthusiastischen Aeußerung hat Petrus freilich noch nicht; er muß ja gleich
im folgenden Kap. Marcellus daran erinnern, daß er versprochen habe, im Glauben
fest zu sein. Doch kann das u n s auch auf Petrus und die Apostel bezogen wer=
den, die erst nach Versuchungen standhaft geworden sind. — Z. 13 cod.: errat. Die
Umänderung, die in der Anm. vorgeschlagen ist: peccat ist nicht notwendig. errat
ist wohl gesagt im Hinblick auf die Schafe, von denen gleich die Rede ist. Das
Bild von dem irrenden Schafe ist häufig gebraucht: Simon hat nach Iren. I 24, 2
(MPG Bd. 7, 675 A) und Tertullian de anima 14 seine Begleiterin Helena mit der
ovis perdita identificirt. Auch bei Iren. I 16, 1 (MPG Bd. 7, 629 B) reflektiren die
Marcosier auf die ovis perdita, ebenso wie auf die drachma perdita. — Z. 14
r i c h t i g l e i t e n: cod.: conuertere. — Z. 15 Const. apost. II 43: διασκορπίζειν
τὰ τοῦ κυρίου ἀρνία (MPG Bd. 1, 704 A; vgl. auch Const. apost. II 56; MPG Bd. 1,
724 A und VIII 8, Bd. 1, 1084 AB). — Z. 18 j a: cod.: etiam.

    11 Z. 23 Die Heiligen des Herrn sind gegen Lachen sehr empfindlich; Ver=
anlassung, Satire zu üben, haben sie ja reichlich gegeben, und lucianische Stimmung
war in der alten Welt sehr verbreitet. Dem gebildeten Römer erschienen die
Apostel der Christen als komische Figuren. Die Apologeten haben oft gegen die
Anschauung aufzutreten gehabt, daß die Anschauungen der Christen lächerlich wären.
Origenis tractatus ed. Batiffol, p. 26 14: Das Lachen der Sarah bedeutet, quod
populus christianorum … risum in hoc seculo ab incredulis esset passurus. —
Die hier erzählte Geschichte von dem dämonischen Jüngling hat eine frappante
Aehnlichkeit mit einer von Philostrat vita Apollonii IV 20 berichteten. Auch hier
lacht der Jüngling bei ernsten Sachen; das wird auf einen Dämon, der ihn in
Besitz hat, zurückgeführt; der Dämon schreit wie ein Gebrannter oder Gefolterter;
Apollonius befiehlt ihm, sichtbar auszufahren. Da schreit er: das Standbild dort
will ich umwerfen, und weist auf eine Statue bei der Königshalle. Sie stürzt auch
wirklich um. Der Jüngling selber benimmt sich nun wie ein Erwachsener. Es ist
schwer, einen Zusammenhang zwischen beiden Erzählungen nicht anzunehmen. Aber
welcher gebührt die Priorität? Statt der Annahme, die Vita Apollonii hätte die
A. V. benutzt, empfiehlt sich die andere mehr, beide gingen auf eine gemeinsame
Quelle zurück. Es ist nicht nötig, anzunehmen, daß diese gemeinsame Quelle schrift=
lich fixirt war. Es werden eine ganze Reihe ähnlicher Erzählungen im Umlauf ge=
wesen sein; einer erzählte sie dem andern und niemand wußte, woher sie kamen.
— Bei Lucian Φιλοψευδής 16 (ed. Sommerbrodt III, p. 93) wird als bekannter
Dämonenaustreiber „der Syrer aus Palästina" genannt. Ion erzählt dort, daß er
einst einen schwarzen und rauchfarbenen Dämon habe ausfahren sehen. — Z. 24
s t ü r z t e h e f t i g: cod.: „impetum fecit in atrio domus". Die Wut des Dämo=
nischen ist wohl AG. 19 16 nachgebildet. — Z. 26 S t r e i t: cod.: contio. Li con=
tentio. — Z. 29 mysterium, d. h. das Wunder, das Petrus durch den Hund hat
tun können. mysterium hat in dem Sprachgebrauch des 2. Jahrh. eine mannig-
fache Anwendung erfahren. Man kommt wohl am nächsten, wenn man in dem
Worte das „Geheimnisvolle" findet. So kann auch ein Wunder, wie hier, als mysterium bezeichnet werden. Einige Bemerkungen über Sinn und Gebrauch des
Wortes werden weiter unten zu geben sein. — Z. 29 f. Warum hier der Dämon,
der in dem Jüngling ist, weissagt, wird nicht ersichtlich; gewiß in Anlehnung an
neutest. Erzählungen, die Aehnliches berichten. Dämonen weissagen und tun auch
Wunder. Sie erweisen sich dadurch als übernatürliche Wesen. Aber es ist doch
nichts Richtiges. Anders als durch die Wirkung von Dämonen könnte man sich ja
die Wirkung der Magier nicht erklären. Offenbar soll hier gezeigt werden, daß die
in Petrus wirkende Kraft der dämonischen über ist; vgl. Justin dial. 85, p. 306 B:
durch Christus wird jeder Dämon, der beschworen wird, besiegt und unterworfen.
— Der Tod des Hundes trifft auch wirklich ein. Vgl. c. 12 p. 60 20 und zu c. 22 Z. 36 f. —
Z. 33 s t ü r z t e e r v o r: cod: expulit se. Vielleicht ist extulit se zu lesen. — Z. 34

Durch diese Bemerkung soll die übernatürliche Kraft des Dämon angezeigt werden. Es scheint, als ob der Dämon sich als Dämon der „Zerstörung" erweisen sollte. Mit dieser Tat ist er aber aus dem Jünglinge ausgefahren. — Es sind auch auf ganz natürlichem Wege eine große Menge antiker Marmorstatuen zerschlagen worden und in die Kalköfen gewandert. — Z. 35 aber: cod.: enim. Umstellen wird man den Satz nicht wollen. — Z. 36 Eine bloße Erinnerung an die römische Kaiserzeit kann das nicht sein; vielmehr versetzt uns die Erzählung in eine Zeit, in der die Verehrung des Kaisers noch lebendig war. Zu einer genaueren Datirung unsres Stückes reicht freilich dieses Argument nicht aus. — Z. 37 Spionen cod.: de curiosis. Vgl. Sueton Augustus 27. Cod. Theodos. 12, tit. 27. — Z. 35 ff. In meinen ‚Beiträgen' S. 38 ff. habe ich es, gestützt auf die vorliegende Erzählung und auf Tacitus annales I 74, wahrscheinlich zu machen gesucht, daß der Senator Marcellus einer vagen Erinnerung an den bithynischen Prätor Granius Marcellus seine Entstehung verdankt, und daß darum der Verfasser der Petrusakten ein Kleinasiat, genauer gesprochen ein Bithynier, war. Ueber seine Arbeitsweise erhalten wir dadurch eine interessante Auskunft. Ueber Inschriften, in denen Granius Marcellus genannt wird, vgl. M. Ihm im Hermes Bd. 37, 1902, S. 159 f. v. Dobschütz (ThLZ 1903 Nr. 21), an der römischen Auffassung der A. V. festhaltend, meint: die Auffassung des Marcellus der tiberianischen Zeit als Christ erklärt sich offenbar (!) aus dem Christsein eines Nachkommen. Das ist eine Verlegenheitsauskunft, und nicht einmal eine gute. Er hat mich weiter dahin mißverstanden, daß ich nur die römisch=papalen Tendenzen der A. V. zurückgewiesen hätte. Aber auch aus meinen Ausführungen geht zur Genüge hervor, daß ein Mann nicht in Rom geschrieben haben könne, der, so oft er Rom erwähnt, stets beweist, daß er Rom nur dem Namen nach gekannt hat. Ich habe aber über die nichtrömische Abfassung so kurz wie möglich gesprochen, weil ich die Kenntnis von Zahns resp. auch Harnacks Anschauungen bei dem Leser voraussetzte. Wenn ich v. Dobschütz recht verstehe, so wird er meine Auffassung unter den „Versuch rechnen, das Zeugnis für römisches Martyrium des Petrus zu entkräften" (ThLZ a. a. O.). Es gehört in der Tat ein starker Schwung der Phantasie dazu, die sicherste Tatsache, die wir aus den A. V. entnehmen können, nämlich die, daß ihr Verf. Rom nur dem Namen nach kennt, im Interesse einer eingebildeten „Unbefangenheit" zu eliminiren. Es wird mir immer rätselhaft bleiben, daß Harnack II 2 S. 172 f. Anm. 3 v. D.' Einfall unbesehen übernommen hat. Muß man etwa daraus, daß der Boden, für den sich der Verf. allein interessirt, Rom ist, schließen, daß er auch dort geschrieben hat? — Nehmen wir zu der Annahme, der Verf. der Petrusakten sei ein Kleinasiat, die Beobachtung hinzu, daß sich zwischen den Petrusakten und den Theklaakten zahlreiche Aehnlichkeiten finden, so können wir auch für unsere Akten Nutzen ziehen aus dem, was Tertullian de bapt. V 7 (Apokr. S. 366. Harnack II 1, S. 496. 504. Zahn G.K. II 892 ff.) über den Verf. der A. P. sagt. Dadurch läßt sich die historische Stellung der Petrusakten deutlich machen. Nicht als ob der Verfasser ein Häretiker gewesen wäre, aber seine Schrift balancirte doch auf der Grenze dessen, was die Großkirche zuzulassen gesonnen war. Dadurch würde sich der „gnostische Schein" erklären. Aus der Umgebung des Gnosticismus, Marcionitismus, Montanismus würde sich diese Schriftstellerei erklären lassen. Auch die Stellung des Petrus, der doch nicht in erster Linie als der alle anderen überragende Apostel auftritt, sondern nur ein von Paulus zeitweilig verlassenes Arbeitsfeld wieder zu bebauen hat, empfinge durch Tertullians Worte Licht. Daß freilich jene Absetzung des Presbyters die Benutzung der Paulusakten auch in kirchlichen Kreisen nicht gehindert hat, zeigt Origenes; vgl. weiter unten, ebenso steht es mit den A. V.; aber es gehörte der helle, hinter den Erscheinungen der geistigen Gestalt suchende Geist des Origenes oder der krasse Aberglaube dazu, diese Schriften nicht häretisch zu finden; dem christlichen Durchschnitte war jenes Niveau zu hoch, dieses zu tief. — Z. 39 f. alles was du hast: Vgl. oben p. 57 26. „omnem substantiam tuam" kann nicht bloß vom Vermögen verstanden werden; wie οὐσία bedeutet es auch das Wesen, die Existenz. — Z. 41 Der Ausdruck ἐξ ὕλης τῆς καρδίας καὶ ἐξ

ὅλης τῆς ἰσχύος, wird ziemlich oft in der altchristlichen Literatur gebraucht; vgl.
p. 59 19. 30 ex totis praecordiis credens. p. 69 20 dominum ex totis praecordiis in-
tellegere. — S. 404, Z. 2 geprüft: cod.: arguor. — Z. 2 Das ist eine merkwürdige Art der Prüfung der Stärke des Glaubens; gewiß sind derartige Mißverständnisse hervorgegangen aus dem Mißverständnis des Bildes, das Christus in
dem Spruche von der Stärke des Glaubens gebraucht, vgl. p. 58 2 f. — Z. 6 am
Leben bleibe: cod.: esse me in corpore. — Z. 9 Auffällig oft ist hier vom
Zweifel die Rede; aber je sonderbarer die Wunder, umsomehr wird ein Zweifel an
ihrer Wirklichkeit zu beseitigen gesucht. — Z. 11 als erstes: Diese Zwischenbemerkung ist lehrreich; wer glaubt, tut Wunder Joh. 14 12. Aber von späteren Wundern des Marcellus wird in unsern Actus nichts erzählt. Es ist kein Grund zu
der Annahme vorhanden, sie hätten etwa in einem verlorenen Teile der Akten gestanden. — Z. 12 von ganzem Herzen: cod.: ex totis praecordiis. — Z. 13
Das ist die richtige Devise für Wundererzähler von dem Schlage des unsrigen. Es
ist gar keine Frage, daß die Menschen zu solchen Abstrusitäten gekommen sind durch
Bibelworte, wie die oben angeführten. Man hat sich eben an die Worte gehalten
und nicht an den Sinn. Ueber die Kraft des geweihten Wassers, die hier in einer
sonst nicht üblichen Weise zum Ausdruck kommt, vgl. zu 19 Z. 4.

12 Z. 15 Es ist nicht erzählt, wie Marcellus plötzlich in das Innere des
Hauses kommt; denn alles was bisher berichtet wurde, ist an der Tür des Hauses
(oder im Vorhof) vor sich gegangen. „coram Marcello" ist vielleicht aus Versehen
hier eingeschoben; denn nach c. 11 ist Marcellus bei Petrus, während der Hund
mehr zu Simon sagt, als ihm Petrus aufgetragen hatte. Solche Stellen sind der
deutlichste Beweis dafür, daß wir es in unseren Actus mit einem kompilirten oder
wenigstens überarbeiteten Stücke zu tun haben. Es läßt sich leider nicht ansmachen,
was dem Uebersetzer, was dem übersetzten Text und was dem Originale angehört.
— Z. 16 ff. Auch Bileams Eselin hält eine Strafrede. — Z. 17 f. Vgl. Commodian
oben zu c. 9 Z. 8. — Z. 21 Die „schwache" Stimme auch oben p. 48 30 (gracilis).
An das Schamgefühl der Gegner hat die Kirche sehr häufig appellirt. — Z. 25
2. Petr. 2 2: ἡ ὁδὸς τῆς ἀληθείας βλασφημηθήσεται. Auf Parallelen des 2. Petrus-
briefes in dem Fragmente der Petrusapok. hat Harnack aufmerksam gemacht (TU
IX 2, S. 54 f. Anm.). Mir scheinen solche Parallelen auch für unsere A. V. zu
gelten; denn 2. Petr. hat der Verf. augenscheinlich sehr gut gekannt. — Z. 28
Haufe: Das ist der conventus, in dem Simon sich befand p. 57 4. — Z. 32
„angelo et apostolo". — Z. 36 f. Auch in den A. Tho. c. 41 fällt der redende Esel,
nachdem er dem Thomas seinen Dienst geleistet, tot zu Boden (Li I, S. 257). Dort
verlangt das Volk von Thomas, er möchte das Tier wieder lebendig machen; Thomas lehnt dies ab, obwohl er es vermöchte. Warum dieser Tod eintritt, wird nicht
gesagt. Es wird eine Vorstellung von der verzehrenden Kraft des Göttlichen zu
Grunde liegen. — Z. 41 Davon ist in unseren A. V. nichts oder so gut wie nichts
erzählt. Die „Wunder" Simons, von denen sie berichten, erfolgen erst nach der
Ankunft des Petrus; vor seine Ankunft fällt nur Simons Flug über die Mauer
der Stadt. — Z. 41 f. Besser kann man die Stellung eines Teiles der antiken Welt
zum Christentum gar nicht ausdrücken als es hier geschehen ist. Wer die größten
Wunder zu tun versprach, oder auch tat, dem folgte man. Die Kirche war die Anstalt,
in der officiell Wunder geschahen oder wenigstens geschehen waren. Was außerhalb
der Kirche „Wunderbares" geschah, galt nicht als richtig oder es mußte von ihr überboten werden. Das geschah denn auch mit leichter Mühe. Man vergleiche das lesens-
werte Buch von Th. Trede, Der Wunderglaube im Heidentum und in der alten Kirche.

13 Z. 45 Es ist dies die Ausmalung des Wortes des Herrn Joh. 4 48:
Wenn ihr nicht Zeichen und Wunder sehet, so glaubet ihr nicht. Christus war
freilich anders gesinnt, als hier Petrus: der wundersüchtigen Menge gab er nicht
nach. Das Wunder der Wiederbelebung des gedörrten Fisches leitet über zu den
Totenerweckungen. Das Wunder kommt auch im lateinischen Thomasevangelium
vor (Ea p. 164 f.). Dort läßt der dreijährige Jesus vor den spielenden Knaben

einen getrockneten Fiſch ſchwimmen. Ob eine Verbindung zwiſchen der Erzählung des Thomasevangeliums und der unſerigen herzuſtellen iſt, erſcheint mir zweifelhaft. Sehr weit von der Geſchmackloſigkeit, gebratene Tauben wieder lebendig zu machen und durch die Luft davonfliegen zu laſſen, iſt unſer Autor nicht entfernt. — S. 405, Z. 2 cod.: tunc piscinae adiacenti natatoriae dixit. H. Uſener konſtatirt einen gen. abs. und emendirt adiacentis. — Z. 2 f. piscina natatoria (vgl. Joh. 5 2 u. a. St. Rönſch, Itala und Vulgata 2, S. 101). Es iſt unmöglich, zu eruiren, welcher Schwimmteich oder welches Schwimmbaſſin Roms hiermit gemeint ſei. Es hat keins in Rom gegeben, das den Namen piscina natatoria abſolut führte. Der No- velliſt brauchte einen Teich, in dem der Fiſch lebendig ſchwimmen konnte, und ſo nahm er die ganz allgemeine Bezeichnung. Ein in Rom lebender Schriftſteller hätte ſich nicht ſo ausgedrückt. — Z. 3 f. cod.: quousque adhuc. Zu verbeſſern in cuiusque adhuc. Oder iſt es beſſer tibi zu ergänzen und zu überſetzen: ſoweit dir bis jetzt noch nicht geglaubt wird? — Z. 9 Doch wohl Petrus. — Z. 14 han- delte: tractare = ὁμιλεῖν (Zahn G.K. II, S. 849, Anm. 1). — Prophetiſche Schriften ſind auch erwähnt p. 72 14. Es iſt das A. T. gemeint. — Z. 15 = τὰ ὑπὸ τοῦ Χριστοῦ ἢ λεχθέντα ἢ πραχθέντα (Euſ. K.G. III 39, 15. Vgl. AG. 1 1; auch Zahn a. a. D.). Die Ausdrucksweiſe iſt ſehr altertümlich.

14 Z. 19 cod.: quem illi tribuerat. quem = quam; d. h. gratiam; das Sub- jekt iſt Chriſtus; oder auch quem zu ändern in quae und auf signa zu beziehen. — Zu Z. 25 iſt Mt. 26 67 und Par. nachzutragen. — Z. 27 cod.: lapidem. — Z. 28 entlaufen: cod.: effuderant. Die Aenderung in effugerant iſt doch wohl not- wendig. — Z. 29 cod.: ligati fuerant. — Z. 31 f. Auch hier will der Novelliſt hin- weiſen auf die Abhängigkeit der Gemeindeglieder von dem reichen Marcellus. Wie die römiſche Gemeinde nur deswegen vom Chriſtentum abgefallen iſt, weil Mar- cellus ſich Simon angeſchloſſen hat, (oben c. 8 p. 55 12 f.), ſo haben auch Marcellus' Diener Simon nur ihres Herrn wegen geduldet. Einige ſind ja auch Simons wegen fortgelaufen. — Z. 35 f. Das iſt die gewöhnliche Anſchauung bei denen, die die Gottheit Chriſti nicht anerkennen wollten (auch c. 23, p. 71 24 f.) vgl. Tertullian de spect. 30: hic est ille dicam fabri aut quaestuariae filius, sabbati destructor, Samarites, et daemonium habens (Joh. 8 48) vgl. auch A. N. et Matthiae 12 (Aa II 1, p. 8 15) und c. 23, a. Ende (p. 71). Simon hat immer nur den einen Vorwurf gegen Petrus' Lehre von Chriſtus. Man hüte ſich aber, dieſe ſeine Anſchauung mit dem Ebionitismus in Zuſammenhang zu bringen. Daß Simon nicht als Jude er- ſcheinen will, iſt aus ſeinen Worten erſichtlich (trotz c. 6, p. 51 27 und c. 22, p. 70 1).

15 Z. 42 f. Der redende Säugling auch von Commodian erwähnt; vgl. oben zu c. 9 Z. 8. Er hat allerdings ſchon aus den 7 Monaten 5 gemacht. Bei Pſ.-Athan. doctrina ad Antiochum muß ein 40tägiges Kind mit lauter Stimme die Unſchuld des Antiochus bezeugen (MPG Bd. 28, 577). Der infans lactans hat ſeinen Ur- ſprung in dem Herrnworte Mt. 11 25. Lk. 10 21, und zwar in der Form deſſelben, wie ſie die pſeudoclementiniſchen Homilien und zwar dieſe allein (im Anſchluſſe an Pſ. 8 3) bieten: ἀπεκάλυψας αὐτὰ νηπίοις θηλάζουσιν VIII 6. XVIII 15 (MPG Bd. 2, 229 A; 416 C; vgl. Reſch, Außerkanoniſche Paralleltexte zu den Evangelien 3. Heft, TU X 2, S. 196—199). Manchmal gilt dies „Wunder" als Vorzeichen für die An- kunft des Antichriſt: Testam. Dom. n. Jesu Chr. I, 7 ed. Rahmani, p. 9: puellae recenter viris nubentes parient infantes loquentes verba perfecta, nunciantesque tempora novissima et rogabunt, ut interficiantur. ‚Jakobsleiter‘ bei Bratke, Das ſogen. Religionsgeſpräch am Hof der Saſaniden TU N. F. IV 3 1899, S. 104: Kinder im Alter von drei Monaten werden mit Verſtand ſprechen. Daß dieſer Spruch auch die Oppoſition der Heiden herausforderte, lehrt Makarius Magnes, ed. Blondel, p. 167. Die draſtiſche Materialiſirung des in dem Spruche Chriſti gebrauchten Ausdrucks darf nicht Wunder nehmen. Es verlohnte ſich, die Legenden zuſammenzuſtellen, die die konkrete Auffaſſung bibliſcher Bilder erzeugt hat. So iſt auch aus den Aeußerungen Lk. 9 62 und Mt. 11 29 f. die Erzählung hervorgegangen, Chriſtus hätte als Zimmermann Pflüge und Joche verfertigt (vgl. Juſtin dial. 88,

p. 324 C u. Anm. 18). Ein Spruch wie Mc. 16 18 forderte geradezu die Legendenfabri=
kation heraus. (φάρμακον θανάσιμον A. J. 9, p. 156 14 ff.) In den A. Pe. et An. c. 17
Aa II 1, p. 124 läßt Petrus ein Kameel durch ein Nadelöhr gehen. — Z. 44 Zer=
störer: cod.: exterminium. (Offb. 9 11.) — Verderbnis: cod.: corruptio omnis.
Dafür Li corruptionis. — Z. 45 f. cod.: in dreui et in minimo adparens. Damit
harmoniren freilich die furchtbaren Ausdrücke, die eben gebraucht sind, nicht. „in
minimo": die Tendenz, den Gegner f_0 unbedeutend wie möglich darzustellen, zeigt
sich auch darin, daß unser Simons Stimme gracilis und infirmis nennt
(p. 48 30. 60 5 vgl. zu c. 12 Z. 31). — Z. 47 Vaters: des Teufels. Vgl. Lneifer
Calaritanus, lib. I pro S. Athanasio, p. 142 31 ed. Hartel: Non despicis revera
conviperinos tuos Arianos, natos videlicet de impuderato patre vestro diabolo.
— S. 406, Z. 1 ungläubiges Geschlecht: Wohl dasselbe wie Mt. 17 18:
o generatio incredula; vgl. Rönsch, Itala und Vulgata², S. 332. — Z. 4 Auch
diese topographische Angabe berechtigt nicht zu sagen, unser Verfasser hätte in Rom
geschrieben. Es ist nur merkwürdig, daß er aus den fora Caesarum gerade das
älteste wählte. Es ist das vielleicht ein Beweis für seine historische Bildung; er
hat wohl auch gar kein anderes Forum in Rom gekannt. Der Name Forum
Julium kommt bei den veteres auctores nur im Monumentum Ancyranum vor
(IV 12; vgl. Kiepert und Hülfen, Formae urbis Romae antiquae; Nomenclator
p. 34). Erbes in ZKG Bd. 22, S. 172 weist darauf hin, daß das Julische Fo=
rum zur Ausfechtung von Streitfragen bestimmt war und begründet dies mit
Appian historia Romana, ed. L. Mendelssohn 2, 102 (Vol. II p. 786): καὶ τέμενος
τῷ νεῷ (der Venus) περιέθηκεν, ὃ ʽΡωμαίοις ἔταξεν ἀγορὰν εἶναι, οὐ τῶν ὠνίων,
ἀλλ' ἐπὶ πράξεσι συνιόντων ἐς ἀλλήλους. Vgl. Jordan, Topographie der Stadt
Rom im Altertum I 2, S. 436 ff. Aber gehört der Handel des Simon mit Petrus
wirklich zu diesen Streitsachen? Und sand nicht vielmehr ein derartiges Schauspiel
in Rom in einem der Theater statt? In Rom war jedenfalls Ende des 2. Jahrh.
die Zeit längst vorbei, wo für Schauspiele auf einem der Fora Bänke aufgeschlagen
wurden. In Provinzialstädten dagegen wurde das Forum für Schauspiele zum
Theater umgestaltet. — Die Erinnerung an Joh. 21 18: et alius te cinget, et ducet,
quo tu non vis (Vulg.) scheint durch das „alter" des Textes geboten und ebenso
durch das te nolente hier und das equidem nolentem c. 18 (p. 65 30), wo ebenfalls
die Rede davon ist, daß Simon (hier allerdings von dem Herrn selbst) auf das
Julische Forum geführt werden wird. Es ist jedenfalls sehr auffällig, daß die
Worte, die bei Joh. vom Tode Petri (von seiner Kreuzigung?) gebraucht sind,
hier dem Petrus in den Mund gelegt werden, um Simon die Stätte seiner
Niederlage anzukündigen. Wie unser Autor dazu kommt, errate ich nicht. —
Z. 6 Fußsohlen: Diesen feierlichen Ausdruck vestigia sanctorum weiß ich nicht
zu belegen. Jes. 52, 7 (Röm. 10 15)? — Ob der Autor an die Worte des Petrus
zu Sapphira AG. 5 9 gedacht hat, muß dahingestellt bleiben. — Z. 7 f. irre
machtest: cod.: „contristabas in Christo". — Z. 10 Petrus erzählt in den
Const. Apost. VI 8 (MPG Bd. 1, 929 A) von der Disputation in Cäsarea Stratonis:
ἡττήσας αὐτὸν (Simon) δυνάμει κυρίου, καὶ εἰς ἀφωνίαν καταβαλὼν φυγάδα κατέστησα
εἰς τὴν Ἰταλίαν. — Z. 13 Warum Simon in einem Stall wohnen muß, ist nicht
gesagt; er soll wohl möglichst als Tier geschildert werden. Es wird in unseren
Akten nicht erzählt, wie Simon seinen Stall wieder verläßt. Notwendig ist freilich
die Uebersetzung „Stall" nicht; in den Erklärungen des Gleichnisses vom barm=
herzigen Samariter wird stabulum als ecclesia aufgefaßt z. B.: Tractatus Origenis,
ed. Batiffol, p. 179: adduxit ad stabulum Ecclesiae, stabulario id est Angelo Ecclesiae consignavit .... — Z. 14 Kind: cod. hat nur in; die Ergänzung zu infans rührt von Li her.

16 Z. 16 Die Erinnerung an AG. 18 9 f., wo Christus dem Paulus erscheint
und ihm Mut zuspricht, hat doch wohl die obige Erzählung hervorgebracht. Aehn=
lich ist auch in vielen Stücken Acta Pauli Sch S. 54 3 ff. — Z. 17 „habentem
uestem claritatis": Das leuchtende oder wenigstens helle Gewand gehört zu

den notwendigen Requiſiten der Erſcheinungen Chriſti (vgl. übrigens ſchon die
bibliſchen Schriften). Teufel ſind an der Schwärze kenntlich. Der Teufel, der den
heiligen Martin täuſchen will, legt ſich auch ein leuchtendes Gewand zu. Wie das
Licht zu Gott, ſo gehört die Finſternis zum Teufel (vgl. oben zu c. 5 Z. 31 und
c. 8 Z. 22). — lächelnd: Das Lächeln finde ich ſonſt bei Chriſtus nicht erwähnt
[f. Apokr. S. 70 84 f., vgl. 66] (bei Petrus oben p. 52 6). Die Vorſtellung von
Chriſtus, wie ſie aus den altchriſtlichen Moſaiken bekannt iſt, iſt eine ganz andere.
Freilich deuten ſich die Moſaiken Chriſtus meiſt als Richter; hier wird er als der
Ermunternde und ſich über Petri Erfolg Freuende eingeführt. Unſere Actus
haben es auch mehr mit der Barmherzigkeit Gottes gegen die Guten (vgl. p. 53 16)
d. h. die Chriſten zu tun als mit ihrer Einſchüchterung durch die Vorſtellungen vom
Gericht. Nur bei den Böſen, d. h. den Häretikern werden die furchtbarſten Worte
nicht geſpart. — Z. 17 wach: cod: „vigilans". Li „vigilanti". Das wird beſonders erwähnt, um jeden Zweifel an der Wirklichkeit der Erſcheinung auszuſchließen. Daß die moderne Myſtik auch ſolche „wache Träume" liebt, iſt ein Beweis dafür, daß derartige Stimmungen unausrottbar ſind. — Z. 18 der größte
Teil: „plurima turba". — Bruderſchaft: „fraternitatis" vgl. oben zu c. 1
Z. 36. — Z. 19 Daß hier Gott Vater und Gott Sohn unterſchieden werden, iſt
nicht weiter auffällig. Wenn auch Chriſtus in unſeren Akten mit Vorliebe als
„unſer Gott" bezeichnet wird, ſo war der Gottesbegriff doch elaſtiſch genug, um
auch jene Unterſcheiduung zuzulaſſen; vgl. zu c. 2 Z. 34. Die Unterſcheidung des
deus invisibilis und des deus visibilis iſt in der Literatur des zweiten Jahrhunderts
nicht ſelten. — Z. 23 zeigen: praestabo. Vgl. A. J. 72 (S. 447 2). — Z. 25
Vaters: Des Teufels. Joh. 8 44: vos ex patre diabolo estis ... loquitur menda-
cium ... et pater eius (Vulg.) p. 77, 4. — Z. 25 f. Zur Illuſtration dieſes Gedankens
dient etwa Tertullian de cultu fem. II 5: Quod nascitur, opus dei est. Ergo quod
infingitur, diaboli negotium est. — Z. 28 wie oben c. 5 p. 49 32.

17 Z. 30. Hier iſt offenbar eine Lücke, ſie läßt ſich etwa folgendermaßen
ausfüllen. „Nachdem er ihnen das erzählt hatte, fuhr er fort" .. Petrus mag auch
geſagt haben, daß er ganz gut mit Simon fertig werden würde, das beweiſe die
nachfolgende Geſchichte. Freilich etwas Angſt ſcheint er und ſcheinen die Gläubigen
doch gehabt zu haben; ſonſt wäre auch die Aufmunterung durch Chriſtus (c. 16,
p. 62) unnötig. Es deutet das auf die Stärke der Häreſie, die der Autor um ſich hatte
(vgl. c. 18 p. 65 27 f. und zu 18 Z. 38). Vielleicht iſt dieſe Erzählung herübergenommen
aus einem Stücke, das von Petri Erlebniſſen in Jeruſalem berichtete: dann müßte man
ſchließen, daß unſer Autor in den etwa verlorenen Partien der Actus nichts über Jeruſalem berichtet hätte. Gegen Simon wird hier genau ſo vorgegangen, wie gegen den So-
phiſten Timarchus in Lucians Ψευδολογιστής; auch dieſer hat ſich durch ſeine Sitten und
Taten überall unmöglich gemacht, und um ihn überhaupt nun kalt zu ſtellen, wird an
ſein früheres Leben erinnert. — Z. 31 vgl. oben zu c. 5 Z. 33.— Z. 32 Was hier über
Simon erzählt wird, ſteht wohl in Zuſammenhang mit dem AG. 8 Berichteten, kann
aber nicht gänzlich daraus erklärt oder hergeleitet werden. Das iſt der deutlichſte Beweis dafür, daß der Autor auch eine Quelle verarbeitet hat, die von Petrus handelte
und mit der kanoniſchen AG. nicht völlig übereinſtimmte. Da er die kanoniſche AG.
gekannt, benutzt und nachgeahmt hat, ſo empfiehlt ſich dieſe Annahme mehr als ein Rekurs auf ſein ſchlechtes Gedächtnis. Wie dieſe Quelle beſchaffen war und welchen Titel
ſie führte, wiſſen wir nicht. Ich hatte mich in meinen ‚Beiträgen' S. 8 ſehr vorſichtig
ausgedrückt und geſchrieben, man müßte annehmen, es hätte noch von den A. V. geſon-
derte πράξεις Πέτρου gegeben und es habe an einigen Stellen den Anſchein, als benutzten
ſie Erzählungen, die auf einen ſolchen Titel Anſpruch erheben könnten. Dieſe Annahme
iſt von C. Schmidt GgA 1903, S. 366 f. kategoriſch abgelehnt worden, weil er in den
Petrusakten, deren erſter (ſupponierter) Teil in Jeruſalem ſpielen, deren zweiter Teil
von den A. V. gebildet ſein ſoll, eine direkte Parallelerzählung zu der kanoniſchen AG.
ſieht. Wie ſoll man ſich aber dann die Benützung und Nachahmung der kanoniſchen
AG. erklären? Wie ſoll man es ſich erklären, daß die A. V. gerade dort einſetzen, wo

die AG. aufhört? Wie soll man sich den einleitenden, von Paulus handelnden Ab=
schnitt erklären? Wie soll man sich erklären, daß in der Großkirche neben der AG.
eine Schrift existirte, die eine Parallelerzählung zu ihr darstellte, da doch nach
Sch auch seine Petrusakten aus groß=kirchlichen Kreisen stammen? Dagegen liegt
die Sache ganz einfach, wenn man annimmt, daß der Verf. der A. V. Material
verarbeitete, das die kanonische AG. ergänzte, auch in einigen Zügen von ihr ab=
wich. Wo er es fand, können wir nicht wissen. Es gibt in der altchristlichen Li=
teratur noch unbekannte Größen genug, in denen es gestanden haben kann. Und
jede von Petrus handelnde Erzählung konnte als πρᾶξις Πέτρου bezeichnet werden.
Sch hat weiter getadelt, daß ich in den Titel meiner Schrift statt A. V. „Petrus=
akten" gesetzt hätte. Er mag seinen Tadel richten gegen den Autor oder den Ueber=
setzer der A. V., die eben auch keinen andern Titel gekannt haben. — Eubula ist
Εὐβούλη. Ich hätte im Texte wohl besser Eubule oder Eubula drucken lassen sollen.
— Das Verhalten Simons zu Eubula ähnelt frappant dem Verhalten des Gno=
stikers und Magiers Marcus zu den Frauen. Von ihm erzählt Irenäus I 13, 3
(MPG Bd. 7, 581 B): „Denn am meisten macht er sich zu schaffen mit Weibern,
und zwar mit vornehmen (eigentl. vornehm gekleideten; vgl: „honesta" Aa I p. 63 2
und auch 28 f.: et sume uestem conuenientem tibi) und mit Purpur gekleideten
(mit der Toga praetexta bekleideten) und sehr reichen (vgl. 3 f.: adiacente ei auro
copioso et margaritis non minimo praetio), welche er oft zu verführen versucht und
ihnen schmeichelnd sagt: ich will dir teil geben an meiner Gnade" usw. 584 B 585 A:
sie dankt dem Marcus, der ihr von seiner eigenen Gnade gegeben hat und versucht
es ihm zu vergelten nicht allein durch die Gabe von Gütern, woher er auch eine
große Menge von Schätzen sich erworben hat, sondern auch durch die Gemeinschaft
des Körpers, da sie in Allem mit ihm vereinigt zu werden begehrt, damit sie mit
ihm hinabsteige in das Eine. (Vgl. Aa I 64 25 ff.: illum quidem tamquam dei mi=
nistrum susceperam, et quidquid me petit in administratione pauperorum, dedi
multa per manu illius et illi extrinsecus multa tribui.) Marcus wird als Magier
von Irenäus fast genau so geschildert, wie Simon in unseren Akten. Auch die
beiden Anhänger Simons, die niemand im Hause der Eubula sieht (vgl. p. 63 5.
64 16), haben ihre Parallele in den Schülern des Marcus, die sagen, sie wären
wegen der ἀπολύτρωσις (Loskaufung) für den Richter nicht zu überwältigen, und un=
sichtbar (Irenäus I 13, 6 p. 588 B 589 A). Vgl. auch 2. Tim. 3 6. — Die Art, wie
Petrus mit Eubula anknüpft, mag typisch sein für die Art, wie noch im 3. Jahr=
hundert Christen mit vornehmen und reichen Frauen in Verbindung traten. Vgl.
Orig. contra Cels. III 9: νῦν ὅτε καὶ πλούσιοι καί τινες τῶν ἐν ἀξιώμασι καὶ γύναια
τὰ ἁβρὰ καὶ εὐγενῆ ἀποδέχονται τοὺς ἀπὸ τοῦ λόγου (die wandernden Prediger) und über
die Verbreitung des Christentums unter den Frauen überhaupt Harnack, Mission,
S. 395 ff. — Zu vergleichen ist Lk. 8 3. — Z. 33. Daß die Dame reich ist, bedeutet
natürlich viel. Auch Petrus ist gegen Reichtum nicht unempfänglich. Vgl. c. 30
und zu c. 10 Z. 32. — Z. 38 f. cod.: sub occansionem hominis deifici. Zu dei=
ficus vgl. den Index latinus bei Li. — Z. 41 Name des Herrn: Ich glaube
nicht, daß hier im Texte etwas ausgefallen ist, wie G. Gundermann angenommen
hat und Li für richtig hält. Eubula will nur sagen, daß sie in Simon den Herrn
sehe: d. h. daß sie glaube, er wäre Christus. Das paßt ausgezeichnet zu der Vor=
stellung, die unsere Akten von Simon haben. Er ist durchweg „das Gegenbild
Christi" vgl. oben c. 4 (S. 395 48). Simon hat sich auch wirklich als Gegenbild
gegeben. — Vgl. Did. 4, 1. — Ob nomen Domini eine griechische Etymologie des he=
bräischen Simon sein soll, wage ich nicht zu entscheiden. Das 2. Jahrh. hat in
dieser Beziehung ja manches geleistet. Bei Origenes in Matth. comm. series 126
MPG Bd. 13, 1777 B heißt es: Simon interpretatur obedientia. — fastete vgl.
oben zu c. 1 Z. 29. — Wie Petrus hier Diebe entdeckt, so läßt auch Alexander
von Abonuteichos, wie Lucian erzählt, von seinem Orakel rühmen, daß es entlau=
fene Sklaven, Diebe und Räuber entdecken und verborgene Schätze aufzeigen könne
(ed. Sommerbrodt II 1, S. 113). — Z. 43 f. cod.: puerum nudum vinctum, dantem

mihi siligineum. Für dieſen nackten gefeſſelten Knaben weiß ich keine Analogie. Der nackte gefeſſelte Amor kann ſich nicht in einen chriſtlichen Propheten verwandelt haben. Und warum reicht der Knabe dem Petrus ein Weizenbrot? Man kann dieſen Zug nicht gut anders erklären, als dadurch, daß der Knabe damit Petrus eine höhere Kenntnis vermitteln will; an den Biſſen, den Chriſtus dem Judas reicht (Joh. 13 26 f. 28) iſt doch gewiß nicht zu denken. Daß Petrus, d. h. der Antor in dieſem nackten gefeſſelten Knaben Chriſtus geſehen hat, unterliegt keinem Zweifel, vgl. p. 63 33. Die Vorſtellung von Chriſtus als einem Knaben iſt in den Erſchei= nungen der apokryphen Apoſtelgeſchichten ſehr häufig (vgl. Li im Ergb. unter „Chriſtus"). In den A. An. et Matthiae erſcheint Chriſtus als μικρὸν παιδίον ὡραιότατον εὐειδές Aa II, 1 p. 87 11. In den A. Pe. et An., Aa II, 1 p. 117 19 als παιδίον; 12jährig 124 10 ff. Im lateiniſchen Mart. Matthaei, Aa II, 1 p. 238 16: infans rubeus pulcerrimus, totus effulgens tamquam iubenis speciosus, u. ö. (Man vergleiche auch, was A. Meyer in Apokr. S. 64 über die Kindheitserzählung des Thomas anführt.) Aber damit iſt die Nacktheit, die Feſſelung und das Weizen= brot noch nicht erklärt. Das Weizenbrot erinnert an Myſterienkulte, wie auch die beiden andern Prädikate durch Myſterienvorſtellungen erklärt werden könnten. Aber was bedeuten dieſe Züge? In gnoſtiſchen Vorſtellungskreiſen iſt mir etwas der= artiges nicht bekannt. Eine Vermutung auszuſprechen wird erlaubt ſein: Daß Chriſtus ſo häufig als Knabe geſehen wird, hat vielleicht ſeinen Grund in der ur= alten Bezeichnung Chriſti als παῖς θεοῦ. Die Nacktheit und die Feſſelung könnte auf die Kreuzigung gehen; und das Weizenbrot eine Anſpielung auf das Brot des Abendmahls ſein. Aber es bleiben auch ſo noch genug Rätſel. Nach der gewöhn= lichen Vorſtellung ſind die Hände Chriſti am Kreuz angenagelt; wie kann er das Brot reichen? Aber in unſerem Stücke werden die Nägel Chriſti bei der Kreuzi= gung nicht erwähnt, und es hat auch eine Kreuzigung gegeben ohne Nägel (vgl. übrigens Pſ.=Cyprian de montibus Sina et Sion, ed. Hartel III, p. 118 10 f.: uinea ..., quae custoditur iusso Dei patris a puero Christo in ligni speculum exaltatum). Es ſeien noch einige Bemerkungen hinzugefügt, die dieſe Hypotheſe ſtützen ſollen. Daß man auch den gekreuzigten Chriſtus als den ἠγαπημένος παῖς θεοῦ bezeichnen könnte und bezeichnet hat, iſt ſicher nicht auffällig. Nach dem Frag= mente des Papias bei Maximus Confessor (Routh, Reliq. sacr. I p. 8) nannten die erſten Chriſten τοὺς κατὰ θεὸν ἀκακίαν ἀσκοῦντας παῖδας (Mt. 18 3 f.). Hier zeigt ſich, wie die Bezeichnung ſchon losgelöſt iſt von ihrer urſprünglichen Bedeutung und zu einem terminus technicus geworden iſt. Wandte man dieſen terminus von Chriſtus an, ſo kam man leicht zu der Vorſtellung von ihm als einem Knaben. Man vergleiche das 14. Fragment Melitos (Otto, Corpus Apol. IX p. 420): „puer apparens, et aeternitatem naturae suae non fallens". Eine gute Illuſtration gibt das Scholion zu Auguſtins de haeresibus (Harnack I 200): Der Philumene erſcheint ein phantasma pueri habitu, qui puer apparens Christum se aliquando, aliquando esse assereret Paulum, a quo phantasmate sciscitans ea soleret respondere quae se audientibus diceret. Die Nacktheit Jeſu am Kreuze war durch die Evangelien nahe gelegt (γυμνοὶ σταυροῦνται Artemidor 2, 53 bei Mommſen Strafrecht S. 919 Anm. 4). Daß aber auch Wert auf die Nacktheit gelegt wurde, zeigt das 16. Frag= ment Melitos (l. c. 422): dominus deditus est nudo corpore, expositus nudo cor= pore .. deum qui nudus erat in cruce, et vinctus propter genus Adami quod in vinculis erat. Hier haben wir auch die Feſſelung. Eine verwandte Vorſtellung haben wir bei Apollinaris von Hierapolis (Routh, Reliq. sacr. I, p. 150): ὁ ἀντὶ τοῦ ἀμνοῦ παῖς θεοῦ ὁ δεθείς, ὁ δήσας τὸν ἰσχυρόν. Iſt unſere Deutung des puer nudus vinctus auf den gekreuzigten Chriſtus richtig (das Weizenbrot weiß ich nicht zu belegen), ſo läßt ſich vielleicht mit dieſer Vorſtellung in Zuſammenhang bringen die Erzählung Simons, er riefe die Seele eines unverdorbenen und gewaltſam ge= töteten Knaben durch unausſprechliche Beſchwörungen heraus und bediente ſich ihrer bei ſeinen magiſchen Künſten (Pſ.=Clem. recogn. II 13 MPG Bd. 1, 1254 C und die Anm. Coteliers dazu; III 44 p. 1302 A). Aber hieran iſt wohl eher der magiſche

Brauch, aus den Eingeweiden von Kindern die Zukunft zu erforschen, zu vergleichen. Ueber dem gekreuzigten Petrus erscheint Christus in der Gestalt eines Kindes, mit göttlicher Glorie, in den kirchenslavischen περιοδοι Πέτρου, deren Uebersetzung J. Franko in ZnW III 315 ff. veröffentlicht hat. Hier geht die Bezeichnung Christi als Kind aber wohl nicht zurück auf jene urchristliche Bezeichnung als παις θεου, sondern auf die Vorstellungen von Maria mit dem Kinde; wohl auch im opus imperf. in Matth. MPG Bd. 56, 638: stella ... habens in se formam quasi pueri parvuli et super se similitudinem crucis. Die Art der Kreuzigung ist hier anders als die bei der Kreuzigung Petri gemeinte c. (8) 37 ff.; denn diese findet nach c. (10) 39 durch Nagelung statt. Da sie dort ausdrücklich mit der Kreuzigung Christi parallelisirt wird, ſo können diese Kapitel nicht auf dieselben Quellen zurückgehen, wie das vorliegende c. 17, vorausgesetzt, daß die Deutung des puer vinctus richtig ist. Eine ähnliche Vorstellung wie von dem Knaben, der das Weizenbrot reicht, liegt doch wohl auch zu Grunde dem schönen Knaben, der die Schale reicht, in Goethes Gedicht „Der Schatzgräber". Ich weiß nicht, woher Goethe diese Vorstellung genommen hat. — S. 407, Z. 4. Neapolis ist wohl gewählt in Erinnerung an den Bericht der AG., daß Simon aus Samaria stammte. Wie der Autor dazu kommt, die Erzählung, deren Mittelpunkt Eubula ist, in Jerusalem spielen zu laſſen, ist nicht recht ersichtlich. Vielleicht ist ihm auch dies durch die Vorstellung, Simon sei das Gegenbild Christi, geboten worden. Daß der Verfasser nicht in Jerusalem geschrieben hat, geht aus dieser ungenauen Bezeichnung des Tores hervor. — cod.: Neapoli, zu verbeſſern in Neapolim. Daß der Verfaſſer Neapolis erwähnt (doch offenbar als die vornehmste Stadt in Samarien) könnte zur Zeitbestimmung unserer Actus dienen. Aber wir wissen doch wohl nicht genau, seit wann Samaria (Sebaste) hinter Neapolis zurückgetreten ist (vgl. übrigens Schürer, Geschichte des jüdischen Volkes II³, S. 153). — Z. 6 Satyriscus (kleiner Satyr), wohl eine goldene Statuette gemeint: Statuetten von Satyrn kommen oft vor. Die Angabe, daß sie einen kostbaren Stein in sich trüge, widerspricht dem folgenden: p. 64₄ und ₃₄ heißt der Satyriscus lapillis inclusus „in Steine eingeschlossen". Wie soll man sich das erklären? — Z. 7 Diese Vorstellung vom Beflecktwerden geht wohl darauf zurück, daß der Autor in dem Satyriscus ein Götzenbild sieht; vielleicht ist der satyriscus identisch mit dem idolum p. 64₁₄. — Z. 11 mit ſich: cod.: sepe. Das ist nicht recht deutlich; vielleicht ist zu leſeu secum. — Z. 14 steh auf: cod.: „surge a luctu". — Z. 18 f. Vgl. oben p. 47₂₁ f. Das Gepräge dieser Rede ist dasselbe, wie das der früheren. Auch hier kommt es wieder auf die Buße an; aber es wird den Menschen außerordentlich leicht gemacht, Buße zu tun. — Z. 20 f. Vgl. oben zu c. 17 Z. 44 f. — Z. 22: abrenuntiare huic praesenti saeculo; vgl. p. 65₂₁ f abrenuntians huic saeculo (Lk. 14₃₃). A. P. et Th. 5 (p. 238₁₅): μακάριοι οι αποταξάμενοι τω κόσμω τούτω. — Die asketische Tendenz des Stückes tritt hier deutlich hervor. — Erquickung: zu refrigerium ſ. Rönſch, Itala und Vulgata², 321 f. (378 f.). A. Dieterich, Nekyia, S. 96 ff. vgl. zu c. 6 Z. 9. — Z. 26 cod.: lapillis inclusum, das widerspricht der oben gegebenen Beschreibung p. 63₂₀ vgl. zu c. 17 Z. 6. Die Verschiedenartigkeit der Ausdrucksweise ist wohl auf den Uebersetzer zurückzuführen. — Z. 30. cod.: instabili daemonio. instabilis ist gesagt jedenfalls im Hinblick auf die Bezeichnung Simons als εστώς stans. p. 80₃₇ (constans deus p. 69₁₇). — Z. 32 Schmeichelworten: cod.: blandi eloquio, sermone tantum seducebat. Bo verbeſſert blandiloquo sermone. — Z. 35 ſchmückte: uelabas. — Z. 40 in der Hölle: in gehenna. — Z. 44 f. Die merkwürdige Gedankenverbindung, die den Geist des Christentums verkehrt, war gewiß volkstümlich. Es entzieht sich natürlich der Berechnung, wie viele Leute durch ähnliche Vorgänge — abgesehen von der wunderlichen Atmosphäre, in der sie ſich hier befinden — zum Christentum getrieben worden sind. Christus wird als Hoffnung (1. Tim. 1₁) bezeichnet in Worten, die wie liturgische Ausdrücke klingen im Mart. Theodoti Ancyrani (4. Jahrhundert; ed. P. Franchi de' Cavalieri, Testi e studi, Bd. 6, p. 80₁ ff.: η των απελπισμένων ελπίς, η των αβοηθήτων βοήθεια; 80₂₃: ο μη εγκαταλιμπάνων τους επί σοι πε ποιϑότας; vgl. 74 s. — S. 408, Z. 2. Man beachte die ähnlichen Worte bei der Schilderung des Marcellus c. 8 p. 55. Auch ſonſt laſſen ſich Parallelen ziehen zwiſchen Marcellus und Eubula. Dieſe wird freilich nicht als Apoſtatin vom Chriſtentum gedacht. — Z. 3 vgl A. Tho. 128 (S. 530 3 ff.) — Z. 4 Hier vergißt der Erzähler, daß der Redner Petrus iſt und darum in der erſten Perſon ſprechen muß. Erklären läßt ſich die Einführung des Namens Petrus dadurch (, daß der Erzähler oder der Ueberſetzer die Worte des Petrus deutlich von der direkten Rede der Eubula unterſcheiden wollte; oder auch dadurch, daß die Erzählung einem Stücke entnommen iſt, das bei dieſer Epiſode von Petrus in der 3. Perſon ſprach. Vgl. zu c. 17 Anfg., Z. 30. — Z. 5 Das iſt gleichſam das Motto für das wunderſüchtige Chriſtentum unſerer Akten. Es iſt eine Verkehrung eines pauliniſchen Ausſpruches: 1. Kor. 4 20. — Z. 6 D a r u m : cod.: sed. — Z. 9 lapillis inclusum vgl. oben zu c. 17 Z. 26. — Z. 11 Für dieſe mehr als kluge Art von Petri Auftreten weiß ich keine Erklärung. — Z. 16 Warum dieſe Sinnesverwirrung eintritt, iſt nicht recht erſichtlich. Nach den Worten Petri hat die Matrone doch überhaupt keinen Grund mehr, unruhig zu ſein. — Z. 17 Es hat wirklich im Jahre 86 n. Chr. in Judäa einen Legaten Pompeius gegeben. (Cn. Pompeius Longinus; 14. Militärdiplom, Corp. Inscr. Lat. III p. 857.) An dieſen hat der Verfaſſer aber doch wohl nicht gedacht, ſondern den großen Pompeius im Auge gehabt. Wie lebhaft das Gedächtnis an dieſen war, kann man aus Tertullian erſehen. Der Name des Pompeius iſt ja auch mit der Provinz Pontus-Bithynia eng verbunden, vgl. R a m ſ a y , histor. Geogr. of Asia minor p. 15. — Z. 19 f i e : „eos" die Uebeltäter. — Z. 20 g e ſ t a n d e n : cod.: passi. Li : fassi. — Z. 28 f. Wenn nicht Petrus redete, würde man denken, der Erzähler wolle ſich hier als gleichzeitigen Berichterſtatter kundgeben. Petrus braucht der Angabe, Simon ſei ganz aus Judäa verſchwunden, um ſeine Zuhörer davon zu überzeugen, daß er ihn auch in Rom beſiegen werde. — Z. 30 Almoſen geben gehört für den Verfaſſer durchaus zum Weſen des Chriſtentums. Vgl. die Angaben über Marcellus. Dieſelbe Beurteilung des Reichtums, als wäre er nur dazu da, den Armen gegeben zu werden, iſt in der alten Kirche gebräuchlich; im Anſchluſſe an das Gebot Chriſti an den reichen Jüngling Mt. 19 21 vgl. etwa Hermas vis. III 7. — Hierauf nimmt Bezug die einzige Erwähnung der Eubula, die ich in der Literatur gefunden habe. In dem sermo des rätſelhaften Erzbiſchofs von Alexandrien Euſebius werden die reichen wohltätigen Frauen aufgezählt. Dabei heißt es c. 21: ὡσαύτως καὶ ἡ Εὐβούλα πλουσία ἦν, ἀλλὰ καὶ ἐλεημοσύνην πολλὴν εἶχε, καὶ τῷ κορυφαίῳ Πέτρῳ διακονοῦσα. (Mai, Nova patrum Bibliotheca II 1844, p. 519 f. = MPG Bd. 86, 1 449 A.) Intereſſant ſind auch die Worte, die Mai in ſeiner Anmerkung hinzufügt: Profecto Eubula, cuius Petrum alimentarium fuisse apparet, R o m a n o r u m praesertim benivolentia et obsequio, cum Pudentiana et Praxede, digna censebitur. — Z. 32 Eine genaue Parallele zu dieſen Worten gibt es wohl im N. T. nicht. Zu der Zuſammenſtellung: Witwen, Waiſen, Arme vgl. oben c. 8, p. 55. — Z. 33 n a c h   l a n g e r   Z e i t : cod.: per multum tempus. Gundermann will post für per ſchreiben. Li : διὰ πολλοῦ χρόνου. — cod.: „accepit dormitionem" 2. Makk. 12 45: qui cum pietate dormitionem acceperant (Vulg.). Aber auch der Cod. Claromontanus hat 1. Kor. 7 39: quod si dormitionem vir eius acceperit, wo die gedruckte Vulgata hat: quodsi dormierit vir eius. Vgl. Rönſch, Itala und Vulgata 2, 73. 312. Auch die lateiniſche Ueberſetzung der A. P. et Th. im Cod. Casinens. 142, saec. XI überſetzt die Schlußworte μετὰ καλοῦ ὕπνου ἐκοιμήϑη (p. 269 6 f.) mit dormitionem accepit (a domino) p. 270 19 (vgl. auch p. 240 5 : ἀνάπαυσιν ἕξουσιν εἰς αἰῶνα αἰῶνος). Es liegt die Vorſtellung zu Grunde, daß die ewige Seligkeit ein Geſchenk des Herrn ſei.

18 Z. 38 Hier wird der Grund für die Erzählung des Petrus genannt, der oben vor c. 17 ausgefallen iſt. — Z. 40 Vgl. oben c. 15 (p. 62 8) Z. 4— Z. 41 Wie oben c. 15 p. 62 8 der redende Säugling (im Auftrage Chriſti) dem Simon mitgeteilt hatte, vgl. c. 16, p. 62 24. — Z. 42 Von dem Gebet als notwendiger kirchlicher Leiſtung des Chriſten weiß der Autor augenſcheinlich nichts. Man

kann die obigen Worte wohl auf das laute Gebet, überhaupt auf das Gebet mit den Lippen beziehen; und wie der Autor es meint, ersehen wir aus dem Gebete des Petrus in c. 39, p. 96. — Z. 43 „est qui uideat nos, etsi non uidetur istis oculis". Vgl. zu dieser Vorstellung die Rede des Petrus über das Sehen mit leiblichen und geistigen Augen c. 21. Es kommt hier eine Grundanschauung unsers Verfassers zutage. Von Gott heißt es in der altchristlichen Literatur oft, daß er unsichtbar ist und doch alles sieht; vgl. Aristides apol. 4, 1 (Seeberg, in Zahns Forschungen V, S. 339): Gott = ἄφθαρτός τε καὶ ἀναλλοίωτος καὶ ἀόρατος, αὐτὸς δὲ πάντα ὁρᾷ καὶ ἄλλοιοῖ καὶ μεταβάλλει. (Orpheus bei Clemens Alex. coh. 7, MPG Bd. 8, 184 A: οὐδέ τις αὐτὸν Εἰςοράα θνητῶν, αὐτὸς δέ γε πάντας ὁρᾶται.) Man kann die Worte unseres Textes auch auf Gott beziehen; aber die Uebertragung der Vorstellung von Gott auf Christus erscheint doch möglich. — Z. 44 Zu diesen wirklich schönen Worten kann ich keine Parallele beibringen. [Vgl. A. J. 58 gg. Ende.] — Z. 45 1. Joh. 1 9: et emundet nos ab omni iniquitate (Vulg.). Freilich wird in unserem Text die Reinigung in die Hand der Menschen gelegt. — Z. 46 f. Auch dieses Wort stellt ein Goldkorn dar unter der vielen Spreu, die unsere Actus bieten. Die Meinung erscheint freilich gerechtfertigt, als lägen derartige Sentenzen auf der Grenze des kirchlich Erlaubten. In der biblischen Literatur finde ich keine Parallele. (Vgl. Pf.=Clemens recogn. II 22, MPG Bd. 1, 1260 B: Adest [der verus propheta] enim nobis omnibus diebus et si quando necesse est apparet et corrigit nos, ut obtemperantes sibi ad vitam perducat aeternam.)

19 Z. 3 cod.: „et scelesti pulueris ipsius perstirpaui". Irgend etwas muß hier ergänzt werden; vgl. die Anmerkung bei Li. — Z. 4 Die Kraft des geweihten Wassers ist eine sehr große, besonders zur Vertreibung alles Teuflischen, zunächst zur Vertreibung im Sinne des Altertums geistig gefaßten Teuflischen, wie hier; vgl. Const. apost. VIII, 29: ... διὰ Χριστοῦ ἁγίασον τὸ ὕδωρ τοῦτο καὶ ἔλαιον ἐπ' ὀνόματι τοῦ προσκομίσαντος ἢ τῆς προσκομισάσης καὶ δὸς δύναμιν ὑγιείας ἐμποιητικήν νόσων ἀπελαστικήν, ὃ αἱμόνων φυγαδευτικήν, πάσης ἐπιβουλῆς διωκτικήν διὰ Χριστοῦ, τῆς ἐλπίδος ἡμῶν. Kraus, Real-Encyclopädie s. v. Weihwasser. Die christliche Kirche unterschied sich vom Heidentum inbetreff der Anwendung des Weih= wassers wohl nur durch die größere Häufigkeit der Anwendung. Unsere Stelle ist sehr deutlich. Vgl. Ovid, Fasten VI 155 ff.:

Protinus arbutea postes ter in ordine tangit ·
Fronde, ter arbutea limina fronde notat.
Spargit aquis aditus et aquae medicamen habebant ...

Unserer Stelle ähnelt sehr die Erzählung in Lucians Ψευδολογιστής c. 21: ἀλλὰ ἐδήλωσε τὴν γνώμην αὐτίκα ἐξελάσας τῆς οἰκίας (den Sophisten) καὶ καθάρσιόν γε, ὥς φασι, περιενεγκὼν ἐπὶ τῇ σῇ ἐξόδῳ (ed. Jacobitz III, 1839, p. 295). Subjekt ist ein vornehmer Bürger in Rom. Eine solche Reinigung in großem Stile hat Flavianus Nicomachus an Rom noch am Ende des 4. Jahrh. vollzogen. Vgl. Grisar, Geschichte Roms und der Päpste im Mittelalter I S. 4 und die in der Anm. angeführte Literatur (Mommsen im Hermes Bd. 4 [1870] 350—363). Einige Bemerkungen über Weihwasser bei R. Wünsch, Sethianische Verfluchungstafeln aus Rom, S. 75. Viel Material hat zusammengestellt Th. Trede, in seinem nach seinem Tode herausgegebenen Buche: Wunderglaube im Heidentum und in der alten Kirche; S. 60 ff. 221. Daß die Anwendung des geweihten Wassers in unserm Texte ein Anzeichen einer späteren Zeit sei (Harnack, II 1, S. 559) möchte ich nicht behaupten. Tertullian u. a. haben eine ganz exorbitante Vorstellung von der Kraft des über die Wasser gesprochenen Segens; die Leute aus dem Volke hatten gewiß noch gröbere Anschauungen. — Zwei markante Erzählungen über die Kraft des geweihten Wassers teilt Epiphanius mit haer. 30 c. 10. 12 (Oehler Ia p. 256. 260). An der letzten Stelle bietet er sogar eine Beschwörungsformel. — Z. 9 ge= reinigtes Haus: cod.: communem. Li: commundatam. Es ließe sich aber auch das „gemeinsame Haus" erklären. — Z. 11 ministerium wie oben c. 1, p. 46 8. — Die Auffassung ist jedenfalls originell. Ich weiß nicht, wo sie sonst noch vorkommt. Christus bezahlt seine Diener mit Geld, wie der Arbeitgeber seine Arbeiter, oder besser, wie der Kriegsherr seine Soldaten, denn das Bild vom Kriegsdienste Christi kommt gerade auch in unsern Akten sehr häufig vor. Die singuli aurei werden p. 70 28 als Eintrittsgeld für das Schauspiel des Kampfes zwischen Petrus und Simon verwendet. Aber war in Rom nicht der Eintritt in die Theater frei? (Li, Ergh., S. 99, sagt, daß die aurei vielleicht nicht Goldstücke, sondern Goldringe seien, zum Zeichen des Dienstverhältnisses.) Daß man von den Christen bezahlte Leute ins Theater geschickt hat, um gegen die heidnischen Schauspiele zu protestiren, ist aus Alexandrien bekannt. Wir haben darüber aber erst Nachrichten aus einer späteren Zeit, als sie für unser Stück in Betracht kommen könnte. Zum Gedanken ist wohl zu vgl. Abamantius, de recta in deum fide, ed. Bakhuyzen, p. 52, wo der Marcionit Megethius Gal. 3 13 Χριστὸς ἡμᾶς ἐξηγόρασε wirklich vom Käufer verstanden hat (vgl. auch das Verständnis der ἀπολύτρωσις, das die Schüler des Gnostikers Marcus gehabt haben bei Jrenäus I 13, 6, oben zu c. 17 Z. 32; auch die Vorstellungen, nach denen der Kreuzestod Christi als der Preis aufgefaßt wird, um den die Menschen erkauft sind). — Z. 12 Diener: serui. Ueber die Ausdrücke servus, famulus Dei (Christi) vgl. Le Blant, Inscriptions chrétiennes de la Gaule I, 1859, p. 117 ff. conservus, conserva auf Inschriften bei Pelka, Altchristliche Ehedenkmäler S. 22 f. — Z. 14 besiegeln: cod.: consignare praecibus eorum. Li: consignare praeces eorum. consignare wohl = σφραγίζειν oder ἐπισφραγίζειν.

20 Z. 22 Jes. 41 13: dominus Deus tuus apprehendens manum tuam. — Z. 26 f.: blätterte: „inuolues eum" (l. involvens eum). Besser ist vielleicht zu übersetzen: „er rollte es zu." — Z. 28 erklärt: „pronuntiari". Wie Petrus gerade hier dazu kommt, die Rede über die wahre Erklärung der Bibel zu halten, ist nicht recht ersichtlich. Man könnte daran denken, daß sein Benehmen in Zusammenhang zu setzen sei mit der Blindenheilung, die er eben vollbracht hat. Dann würde das Wunder in derselben Weise symbolische Bedeutung haben, wie etwa die Wunder im Johannesevangelium. Aber deutlich ist diese Bezugnahme nicht. (Dagegen spricht auch Z. 25: Die Witwe sieht, wie Petrus ihr die Hand auflegt.) Man könnte auch daran denken, daß Petrus den Witwen und Aeltesten, die Marcellus in seinem Hause versammelt hat, die Anfangsgründe des Christentums nach dem durch Simon verursachten Abfall beizubringen für gut hält. Jedenfalls ist die Erzählungsart des Autors lehrreich. Denn er gibt uns dadurch eine volle Darstellung seines Christentums. — Z. 29 f.: cod.: quae gratia ipsius quod coepimus scribsimus, etsi adhuc uobis infirma uidentur, capaciter tamen quae perferuntur in humana carne inferre. Ich habe zum Teil die von Li und anderen vorgeschlagenen Aenderungen aufgenommen. quae gratia ipsius, quoad cepimus, scribsimus, etsi adhuc nobis infirma uidentur, capacia tamen (erg. sunt), quae proferuntur, in humanam carnem inferri. Mit inferre weiß ich nichts anzufangen; ich lese dafür wie Li inferri. Zahn G.K. II 849 Anm. 2 faßt es etwas anders, wenn er es ins Griechische zurücküberssetzt: ὅτι τῇ αὐτοῦ χάριτι ἃ ἐχωρήσαμεν ἐγράψαμεν κἂν ἔτι ἀσθενῇ, χωρητικῶς μέντοι δοκεῖ ὑμῖν τὰ προφερόμενα εἰς ἀνθρωπίνην σάρκα εἰσενέγκαι. Diese Fassung ist bedingt durch die Worte Isidors von Pelusium, ep. 99 ad Aphrodisium: οἱ μὲν οὖν ἀπόστολοι, ἃ ἐχώρησαν, ἔγραψαν, καθὼς Πέτρος ὁ κορυφαῖος τοῦ χοροῦ ἐν ταῖς ἑαυτοῦ πράξεσι σαφῶς ἀπεφήνατο· ‚ἃ ἐχωρήσαμεν ἐγράψαμεν‘, ὁ δὲ κόσμος οὐδὲ τὰ γραφέντα ἐχώρησεν. Darnach wären die Apostel der Ueberzeugung gewesen, sie hätten die der Hoheit ihres Gegenstandes entsprechenden Worte nicht finden können. Es ist wohl sicher, daß Isidor seine Worte aus unserer Schrift genommen hat. Zahn verweist auf 1. Joh. 1 1—4. Dort ist aber der Gedanke anders gewendet. Das Wort χωρεῖν stammt vielleicht aus Joh. 21 25: — so würde die Welt selbst, meine ich, die Bücher nicht fassen, die da geschrieben würden (vgl. Zahn in NKZ X 200 f.). Deutlicher erscheint mir die Beziehung auf das Wort des Herrn Mt. 19 12 nach der Rede von den Verschnittenen: ὁ δυνάμενος χωρεῖν χωρείτω. Zu vergleichen sind weiter Stellen wie: Justin apol. I 15 p. 46 A: πλὴν οὐ πάντες τοῦτο

χωροῦσιν, oder Irenäus, praef. 12: ... μυστήρια, ἃ οὐ πάντες χωροῦσιν (MPG Bd. 7 441 A; so sagen die Valentinianer); IV 38,2: καὶ διὰ τοῦτο συνενηπίαζεν υἱὸς τοῦ, θεοῦ, τέλειος ὤν, τῷ ἀνθρώπῳ, οὐ δι' ἑαυτόν, ἀλλὰ διὰ τὸ τοῦ ἀνθρώπου νήπιον οὕτω χωρούμενος, ὡς ἄνθρωπος αὐτὸν χωρεῖν ἠδύνατο (p.1107 AB). Aber auch ein Satz wie 2. Petr. 3 15 ist herbeizuziehen: „wie auch unser geliebter Bruder Paulus nach der ihm verliehenen Weisheit an euch geschrieben hat". Zahn NkZ X 200 vergleicht A. J. 88 p. 194 und Sch S. 96 f. läßt diesen Gedanken aus den Johannes= alten entlehnt sein. Gnostisch ist in diesen Worten aber auch so nichts, wie ja auch Isidor von Pelusium sie nicht für häretisch gehalten hat. Unkirchlich konnten sie nur dann erscheinen, als die Apostel durchaus als die Träger des heiligen Geistes und zwar als die einzigen angesehen wurden. Solange die Selbständigkeit der religiösen Erkenntnis noch nicht in der Kirche proscribirt war, wahrte man sich auch die An= schauung von der Relativität der Erkenntnis bei den Aposteln. Dafür ist die Rede des Petrus ein vorzügliches Zeugnis. Man wird gut tun, sie nicht in zu späte Zeit zu setzen. — Eine gute Illustration zu den hier vorliegenden Gedanken gibt Hip= polyt contra Noëtum 14: Ἰουδαῖοι μὲν γὰρ ἐδόξασαν πατέρα, ἀλλ' οὐκ ηὐχαρίστησαν. υἱὸν γὰρ οὐκ ἐπέγνωσαν. μαθηταὶ ἐπέγνωσαν υἱόν, ἀλλ' οὐκ ἐν πνεύματι ἁγίῳ· δι' ὃ καὶ ἠρνήσαντο. — Mag Isidor von Pelusium unsere Stelle meinen oder nicht — wir werden besser tun, zu versuchen, eine von seinen Worten unabhängige Deutung zu geben. Festzuhalten ist, daß Petrus der Gegner Simons ist, der Jesum als bloßen Menschen verkündet (vgl. p. 71 24 ff. u. ö.); daß er Leute vor sich hat, die früher Simons Anhänger waren. Darum weist er hin auf die Gottheit Christi. c. 20 hat den Hauptzweck nachzuweisen, daß in Christus sich die Gottheit gezeigt habe. Aber die Gottheit konnten die Menschen nicht sehen. Das weist er an seinem eigenen Beispiele nach; darum haben die Apostel auch in ihren Schriften diese „höhere" Christologie nicht niederlegen können. (quae gratia ipsius quod coepimus, scribsimus; es ist mir immerhin noch zweifelhaft, ob quod in quoad zu verbessern ist; man könnte es auch dem Latein des Uebersetzers entsprechend für quam nehmen und auf gratia beziehen.) Diese Ausdrücke über Christus in den apostolischen Schriften erschienen den Römern so schwach, daß sie nicht glaubten, sie könnten überhaupt von einem „Erlöser" gebraucht sein, und darum ließen sie sich von Simon verführen, von Christus ab= und ihm zuzufallen. Demgegenüber will aber Petrus zeigen, daß diese Ausdrücke „umfassend" genug seien, um die Menschheit und Gottheit Christi zu enthalten und sie der Allgemeinheit der Menschen nahe zu bringen. capaciter kann unmöglich für „verständlich" genommen werden; humana caro muß dann auf die Allgemeinheit der Menschen gehen. Danach ist in der Uebersetzung zu kor= rigiren. Die menschliche Erscheinung sei das einzige Mittel gewesen für die Offen= barung Gottes. Denn die Anschauung der Gottheit könnten sie nicht ertragen; oder doch nur soweit, als es ihnen ihrer Anlage nach gegeben wäre. So haben die Apostel auf dem Berge der Verklärung die Herrlichkeit Christi gesehen (so sehen auch die um Petrus im Hause des Marcellus Versammelten das unaussprechliche Licht, c 21). Aber das Ausschlaggebende in der menschlichen Erscheinung Christi ist doch die Gottheit; und darum müssen von diesem Gedanken aus: Christus die Verkörperung der Güte Gottes die heiligen Schriften verstanden werden. Daß man schon begann Gottheit und Menschheit in Christus scharf zu scheiden, lehrt das 6. Fragment Melitos, in dem er von den δύο οὐσίαι Christi spricht (Otto IX 416). Auf die Bestrebungen unseres Verfassers paßt das Wort des kleinen Labyrinths (bei Euseb. KG. V, 28, 5): τὰ γὰρ Εἰρηναίου τε καὶ Μελίτωνος καὶ τῶν λοιπῶν τίς ἀγνοεῖ βιβλία, θεὸν καὶ ἄνθρωπον καταγγέλλοντα τὸν Χριστόν. (Vgl. dazu Harnack, Lehrbuch der Dogmengeschichte I ³, S. 520.) Fast wie eine Dublette zu unserem c. 20 erscheinen Aeußerungen des Origenes über die Bedeutung der Verklärung ctr. Cels. II 64 f. 67. IV 16. V 53. VI 68. 77; vgl. z. B. die Worte VI 77: τὸ βού= λημα τῶν διαφόρων τοῦ Ἰησοῦ μορφῶν· ἐγὼ δὲ λέγω καὶ ἡλικιῶν ... comm. in Matth. tom. XII. 36 MPG Bd. 13, 1068 B und viele andere Stellen. Origenes' Sätze sind eine starke Stütze für die oben gegebene Auslegung. Ueberall erscheint bei Origenes die Verklärung als Beweis für die Gottheit Chriſti. So auch an unſerer Stelle. Auch hier wird der Nachdruck auf die Gottheit Chriſti gelegt. Die Menſchheit er= ſcheint nur als Mittel zum Zweck. — Z. 32 mit anderen Worten: „der Wille Gottes (die Menſchen zu retten) oder ſeine Güte, wie ſie ſich in der Offenbarung in Chriſtus zeigt, iſt der Schlüſſel zum Verſtändnis der Schrift". Mir ſcheinen dieſe Worte her= vorragend ſchön zu ſein. Ich erinnere mich nicht, den Gedanken in einer analogen Faſſung irgendwo geleſen zu haben. Wie weit iſt er entfernt von dem Gedanken, daß die regula fidei der Maßſtab zum Verſtändnis der Schrift ſei. Marcion könnte ihn ausgeſprochen haben, wenn nicht unter der sancta scriptura (p. 67,1) doch auch das A. T. mit verſtanden werden müßte. Jedenfalls paßt dieſer Gedanke vortreff= lich zu der Tendenz unſeres Stückes, Gottes Barmherzigkeit als ſchrankenloſe er= kennen zu laſſen [vgl. A. An. 1. 7. 16. 17], paßt auch hervorragend gut zu dem, was wir von „kleinaſiatiſcher Theologie" wiſſen. Man braucht nur etwa die melitoni= ſchen Fragmente zu leſen oder die Schrift Hippolyts ctr. Noëtum, um überall Paral= lelen zu den obigen Gedanken zu finden. Auch die „heiligen Antitheſen" am Schluſſe unſeres Kapitels paſſen ganz und gar zu der „kleinaſiatiſchen Theologie". — Z. 33 B e t r u g : inplanatio= πλάνη. Betrug iſt doch wohl hier der Betrug des Teufels, der in der Einführung falſcher Götter beſteht, wie inplanator p. 54₁₀ der Teufel. Es kann aber auch der Tod als Folge der Verführung durch den Teufel gemeint ſein. Die Anſchauung von Gottes Güte entſpricht genau der in c. 7 gegebenen. — Z. 35 „ἐν ἄλλῃ ἰδέᾳ". Der Ausdruck iſt doch wohl nur eine Vorbereitung auf den folgenden: effigie hominis uideri; vgl. Juſtin dial. 56. 58 (p. 190 C. 206 E) Chriſtus erſcheint dem Abraham ἐν ἰδέᾳ ἀνδρός. Ein modaliſtiſcher Schein iſt un= verkennbar; doch handelt es ſich nicht um ausgeſprochenen Modalismus. Für die vulgäre Anſchauung, ſobald ſie in Chriſtus „unſern Gott" ſah, war ein unreflek= tirter Modalismus das Geweſene; man vergleiche wieder die „kleinaſiatiſche Theo= logie". — Z. 37 a n ſ ch a u e n : „inluminari", doch wohl zu leſen inluminare. Li p. 314: = conspicere. Das ſcheint allerdings die am beſten zu dem Folgenden paſſende Erklärung zu ſein. Aber auch die Ueberſetzung „verherrlichen" gibt einen guten Sinn. Frappant gleichen dieſen Worten die Worte Hippolyts contra Noëtum 14 (angeführt oben c. 20 Z. 29 f.) — Z. 37 f. Zu dieſer „gnoſtiſchen" Anſchauung vergleicht Zahn Irenäus III 1, 1; 2, 1 f. MPG Bd. 7, 844—847 unter dem Eindrucke ſeiner Erklärung der oben zu c. 20 Z. 29 f. beſprochenen Worte. „Gnoſtiſches" iſt in den Worten nichts. So konnten auch Männer von der „Großkirche" reden und haben ſie geredet, indem ſie ſich auf Philippus oder Petrus oder Johannes beriefen. Die Anſchauung, daß die Apoſtel überall dasſelbe verkündigt hätten, beginnt ſich am Ende des 2. Jahrh. eben erſt zu konſolidiren. Auch das wird Petrus ſagen wollen, daß ſeine Hörer bisher Chriſtus nicht richtig erkannt hätten, und er ihnen nun die rechte Erkenntnis geben würde genau ſo, wie er ſelber einſt eine unvollkom= mene Anſchauung von Chriſtus hatte, aber indem er ſeine Herrlichkeit ſah, ihn als Gott kennen lernte. Und das iſt die Anſchauung von Chriſtus, die nicht etwa nur einigen „Eingeweihten" gelten ſoll; ſondern ſie wird als die einzig chriſtliche hin= geſtellt. — Daß aber nicht bloß im Hinblicke auf die obige Situation, ſondern auch im allgemeinen unſere Deutung gelten könne, lehren Schriftſteller wie Cle= mens Alex., der allerdings in gewiſſer Weiſe einen Gegenſatz zu Irenäus darſtellt. — Z. 39 f. Daß hier eine Beziehung auf 2. Petr. vorliegt, iſt deutlich und ver= ſtärkt den Eindruck, den wir ſchon früher gehabt haben, daß nämlich unſer Autor geradezu mit Vorliebe die Petrusbriefe benutzt. 2. Petr. erzählt Petrus auch von der Ver= klärung; nur weniger phantaſtiſch als hier. Dieſe Beobachtung läßt es wieder etwas fraglich erſcheinen, ob der Verfaſſer dieſe Geſchichte mit beſonderer Abſicht gewählt hat. Die Verklärungsgeſchichte auch in den A. J. 90 (p. 195). Die Erzählung hat auch hier den Zweck, die Göttlichkeit Chriſti zu zeigen, die es eben unmöglich war, zu ertragen. Darum ſtellt Petrus eben auch gleich daneben die irdiſche Erſcheinung Chriſti als eines Leidenden. — Der h e i l i g e B e r g iſt übrigens alttestamentlich und wird auch in anderem Sinne gebraucht als hier; vgl. Juſtin dial. c. 97 p. 346 B.

— Acta Archelai 44 (Routh, Rel. sacrae, V ^{2} 162): et hic Jesus Christus Dominus resplenduit, sicut sol, et Discipuli eius non poterant aspicere in faciem eius propter
gloriam vultus ipsius et immensum luminis splendorem. Auch im Testamentum Dom.
n. Jesu Christi I, prooem. (ed. Rahmani, S. 4) erzählen die Apostel bei der Erscheinung
des Auferstandenen: Maximo perculsi timore permansimus prostrati tamquam infantes absque loquela .. — Z. 43 beraubt: cod.: „exorbare". = excaecare, vgl.
Li p. 313; vgl. AG. 22 11: Paulus verliert auch von dem Glanze des Lichtes das
Gesicht. — S. 410, Z. 5 geplagt: cod.: „teneri". Die Vulg. hat Jes. 53 4 andere
Worte. — Z. 8 Es ist dies eine häufig vorkommende Redeweise, die absolut nichts
Gnostisches an sich zu haben braucht. Der Ausdruck „Christus unser Gott" erklärt
sie zur Genüge. Die Worte „drücken die populäre Vorstellung aus" (Harnack II, 1,
S. 557). Daß ein derartiger Doketismus auch in kirchlichen Kreisen vorhanden sein
konnte, bezweifelt niemand. Vgl. Harnack, Lehrb. der Dogmengesch. I ^{3}, 247 ff. Anm.
Sehr bezeichnend ist Origenes, ctr. Cels. VII 13: ἵνα γάρ καὶ δόξῃ ὅτι ἤσθιεν ὡς σῶμα
φορῶν ὁ Ἰησοῦς ἤσθιεν. — Z. 11 Hier zeigt sich, daß der Zweck der Rede des Petrus derselbe ist, wie oben in c. 7. Auch hier wieder soll das Beispiel des Petrus
die Abgefallenen mahnen, an Gottes Barmherzigkeit nicht zu zweifeln; und ihnen zugleich zeigen, daß das Christus, das er verkündet, gekreuzigt ist. — Z. 15 Ob sich dies auf
die Elemente des Abendmahls beziehen soll, weiß ich nicht. — Z. 16 das gehörte
Wort: obauditum verbum ist gerade auch im Gegensatz zu den folgenden Worten
rätselhaft. Ist es gleich dem τεταμένος λόγος p. 96 6? Dann hätte es Beziehung
zur Kreuzigung und stimmte mit dem Folgenden vortrefflich überein. — Z. 16 f. cod.
„et nunc est tamquam nosset passionem exterum" I.: exteram. H. Usener verbessert:
et nunc est tamquam nos passionem expertus. Diesem bin ich in der Uebersetzung gefolgt; aber sehr mit Unrecht. Die Worte stehen durchaus im Zusammenhang mit dem
was Petrus c. 37 über das Leiden sagt. Es soll darauf hingewiesen werden, daß
Christus als Gott nicht leiden kann; aber als Mensch hat er das Leiden verstehen gelernt. Die Ausdrucksweise ist ganz und gar doketisch; Stellen, wie diese, zwingen geradezu einen häretischen Charakter des Stückes anzunehmen. — Z. 17 gezüchtigt: Das
bezieht sich auch auf die Leidensgeschichte. — Z. 18 Herrschaft: cod.: principio.
Das kann hier wohl nur „Herrschaft" heißen; sonst käme der Gegensatz zu dem folgenden
principibus nicht heraus. — Das Wortspiel: principio .. principibus hat der Uebersetzer aus dem Griechischen beibehalten (ἀρχή). — Z. 19 Fürsten: „principibus".
= den Fürsten dieser Welt? AG. 4 26? — Z. 19 f. häßlich, aber vorsorg-
lich: cod.: fedum uisum sed prouidum. Das gibt keinen rechten Sinn; Li
will lesen: fidum visum, sed proditum: treu erschienen, aber verraten. Doch
scheint mir das auch nicht recht zu passen. fedum = foedum verbietet sich wohl,
weil der Ausdruck oben p. 68 2 schon gebraucht ist; zu providus: „Der Herr sorgt
(providet) überall für die Seinen" cf. c. 22 p. 70 24 f. Hält man foedus fest, so
könnte man für providus auch prodigus vermuten. Die „schwungvollen heiligen
Antithesen" (Harnack II 1, S. 557 Anm. 1) sind zu erklären aus der Vorstellung
von Christus dem Menschen und Christus dem Gott; am meisten Schwierigkeit hat
der Kreuzestod Christi verursacht. Der Gegensatz zwischen dem ἄδοξος der ersten
und dem ἔνδοξος der zweiten Parusie (vgl. Justin dial. 49. 110. 121) hat gewiß derartige Gegenüberstellungen zunächst hervorgebracht. In unserm Stücke ist eine
Wirkung der Vorstellung von der zweiten Parusie allerdings nicht ersichtlich. Vgl.
übrigens 2. Kor. 6 8—10. Auf dem Boden Kleinasiens scheinen derartige Zusammenstellungen beliebt gewesen zu sein: vgl. etwa das 13. und 14. Fragment Melitos
(Otto IX, 419 f.), Apollinaris von Hierapolis bei Routh, Reliq. sacr. I 150 f.;
Irenäus III 16, 6 (MPG Bd. 7, 925 C); (die Noëtianer bei Hippolyt philos. IX 10
p. 448; X, 27, p. 528). Aber auch Ignatius an Polyk. 3, 2; Const. Apost.
VIII 12 (MPG Bd. 1, 1101 D); Testam. D. n. Jesu Christi I, 28 (p. 61); auch A. J.
101, p. 201. Acta Xanth. et Polyx. 14 (TSt II 3, p. 68 7 ff.). Noch bei Alexander
von Alexandrien treten sie uns entgegen (Mai, Nova Bibliotheca Patrum II, 1844,
p. 536). — Z. 20 ff. Eine ganz ähnliche Zusammenstellung der Worte wie in unserm

Texte in den A. J. 98, p. 200; dort ſind die Namen aber von dem Lichtkreuz ge=
braucht; und auch die Zuſammenſtellung c. 109, p. 207 f. iſt anders gewendet.
p. 200 wird das Kreuz auch πίστις und χάρις genannt. Sch S. 94f. nimmt an, daß hier
die Johannesakten benutzt ſeien. — Z. 22 Sattheit: cod.: „saturitas“. Der
Ausdruck iſt ſchwierig. Da die Bezeichnungen Chriſti, die den Ausdruck saturitas
umgeben, aus den Gleichniſſen Mt. 13 ſtammen, ſo iſt wohl die Vermutung er=
laubt, der Ueberſetzer hätte ein den übrigen bei Mt. 13 vorliegenden Gleichniſſen
entnommenes Wort (ζύμη V. 33, σαγήνη V. 47) nicht richtig überſetzt. — Z. 22 f.
Soviel ich weiß, wird Chriſtus niemals im N. T. χάρις und πίστις genannt. —
Z. 23 f. Zahn, NkZ X 206 Anm. ſagt zu dieſen Worten: „daß damit auch ein über
Jeſus erhabener Gott Vater ausgeſchloſſen ſein ſoll, zeigt der Anfang dieſes Rede=
abſchnittes p. 67 24 f.“. Das halte ich nicht für richtig. Denn über Chriſtus ſteht
trotz der höchſten Prädikate, die ihm gegeben werden, der deus inenarrabilis. Das
geht aus dem ganzen Tenor unſerer Actus hervor. — Z. 24 Will man die Namen,
die Chriſtus in unſerm Stücke gegeben werden, recht würdigen, ſo vergleiche man
etwa die Namen, die Juſtin der Märtyrer von Chriſtus gebraucht (dial. c. 34. 59.
61. 100. 113. 126. 128). Bei Juſtin ſind ſie ſämtlich dem A. T. entnommen. Die
Situation iſt eben eine ganz andere. Unſer Autor befindet ſich in einer Umgebung,
in der das N. T. als urkundliche Sammlung für die Erkenntnis des Chriſtentums
durchaus in Geltung war. Das A. T. tritt für ihn zurück; wenn es auch benutzt
wird und wenn er auch von prophetiſchen Schriften ſpricht, ſo iſt doch ſeine ganze
Diktion nicht altteſtamentlich, ſondern neuteſtamentlich gefärbt. Aus dieſem Tat=
beſtande dürfte man ſchließen, daß der Autor einem Kreiſe angehört, in dem das
A. T. gegen das N. T. zurücktrat. Auf dem Boden Kleinaſiens dürfte dies am
eheſten der Fall geweſen ſein. — Eine Unterſuchung über die Namen, mit denen
man Chriſtus bezeichnet hat, wäre dankenswert; ſie würde zeigen, wie die in den
bibliſchen Schriften gebrauchten Bilder ſehr bald nicht mehr verſtanden wurden.

21 Z. 25 ff. Die folgende Erzählung von der Heilung blinder Witwen iſt,
wie es ſcheint, eine Dublette zu der Erzählung Petri von der Verklärung Chriſti.
Wie es Petrus dabei ergangen iſt, ſo ergeht es jetzt den Anweſenden. Wie Petrus
einſt den Herrn verleugnet, aber doch die Herrlichkeit des Herrn geſehen hat, ſo iſt
es auch mit der römiſchen Gemeinde. Der Gegenſatz zwiſchen leiblichem und gei=
ſtigem Sehen wird von Petrus durchgeführt; doch iſt es ſchwer im einzelnen zu
erkennen, was dieſem und was jenem angehören ſolle. Petrus ſelbſt (c. 21 a. E.)
faßt die hier erzählten Vorgänge auf als Illuſtration zu dem Satze, daß der „be=
ſtändige Gott größer iſt als unſere Gedanken“. — Ueber leibliches und geiſtiges
Sehen im Anſchluß an Joh. 9 39 handelt auch Origenes contra Celsum VII, 39,
vgl. 44; aber auch II, 48. 72. 77. Worte des Celſus bei Origenes contra Celsum
VII, 36: ἐὰν αἰσθήσει μύσαντες ἀναβλέψητε νῷ καὶ σαρκὸς ἀναστραφέντες ψυχῆς ὀφθαλμοὺς ἐγείρητε, μόνως οὕτως τὸν θεὸν ὄψεσθε. — Z. 32 f. Vielleicht iſt der Gedanke nahe
gelegt worden durch Eph. 1 18; beſſer erklärt er ſich hier durch Anknüpfung an
2. Petr. 1 19. Vgl. Clemens Alex. coh. 12 (MPG Bd. 8, 240 CD): Ἰδού σοι τὸ ξύλον
ἐπερείδεσθαι δίδωμι · σπεῦσον Τειρεσία, πίστευσον, ὄψει. Χριστὸς ἐπιλάμπει φαιδρότερον
ἡλίου, δι’ ὃν ὀφθαλμοὶ τυφλῶν ἀναβλέπουσιν · νύξ σε φεύξεται, πῦρ φοβηθήσεται, θάνατος
οἰχήσεται · ὄψει τοὺς οὐρανούς, ὦ γέρον, ὁ Θῆβας μὴ βλέπων. Vgl. auch das Folgende.
— Z. 33 verſchloſſen: Es kann ſich darauf beziehen, daß die Witwen noch
ungläubig ſind (vgl. c. 21 am Anfang). Beſſer aber faßt man es doch von den
„leibhaftigen“ Ohren. Petrus will ſagen: darauf kommt es nicht an, daß einer
körperlich blind oder taub iſt. Und doch beſeitigt er dieſe Leiden. Die Heilung
eines Tauben wird allerdings nicht vorgeführt (vgl. die Worte des Antonius zu
Didymus dem Blinden, Sokrates h. e. IV,25, MPG Bd. 67, 528 AB: Μηδὲν, ὦ Δίδυμε,
ταραττέτω σε ἡ τῶν αἰσθητῶν ὀφθαλμῶν ἀποβολή. Τοιοῦτοι γάρ σοι λείπουσιν ὀφθαλμοί,
οἷς καὶ μυῖαι καὶ κώνωπες βλέπειν ἰσχύουσιν · χαῖρε δέ, ὅτι ἔχεις ὀφθαλμούς, οἷς καὶ ἄγγελοι
βλέπουσι, δι’ ὧν καὶ ὁ θεὸς θεωρεῖται, καὶ τὸ αὐτοῦ φῶς καταλαμβάνεται. — A. J. 106,
p. 204 2. 3: die Wunder und Zeichen, μὴ φαινόμενα ὀφθαλμοῖς τούτοις μηδὲ ἀκοαῖς

ταύταις ἀκουόμενα). — Z. 34 offen stehen: cod.: pareant. Usener pateant. —
Hier sind sicher die leibhaftigen Augen gemeint. — An sich ist diese Bildersprache
nicht unsympathisch; sie ist nur zu verurteilen, wenn man das Sehen als
leibliches auffaßt. Dieser Gefahr ist unser Autor nicht entgangen; er verwischt
die Grenzen zwischen leiblichem und geistigem Sehen (vgl. die folgende Erzählung);
das liegt aber in der Tendenz der antiken Weltanschauung. Eine interessante Parallele
zu der Anschauung unserer Actus bei Pf.-Clem. hom. XVII, 16 (MPG Bd. 2, 400 A):
Ὁ γὰρ ἰδὼν ζῆν οὐ δύναται. Ἡ γὰρ ὑπερβολὴ τοῦ φωτὸς τὴν τοῦ ὁρῶντος ἐκλύει σάρκα,
ἐκτὸς εἰ μὴ θεοῦ ἀπορρήτῳ δυνάμει ἡ σάρξ εἰς φύσιν τραπῇ φωτός, ἵνα φῶς ἰδεῖν δυνηθῇ,
ἢ ἡ τοῦ φωτὸς οὐσία εἰς σάρκα τραπῇ, ἵνα ὑπὸ σαρκὸς ὁραθῆναι δυνηθῇ. — Die zu er-
gänzende Antithese zu den Worten Petri: hi oculi iterum cludentur, stellen die
Worte Christi dar zu Petrus in der Vita Schnudi: Wahrlich dein Auge wird in
Ewigkeit nie geschlossen werden für das Licht dieser Welt (vgl. Ropes, Die
Sprüche Jesu S. 116 Nr. 118, TU XIV 2, 1896). — A. Tho. 53 p. 169 19 ff.
ὁ οὐχ ὁρώμενος παρὰ τοῖς σωματικοῖς ὀφθαλμοῖς, τοῖς δὲ τῆς ψυχῆς ἡμῶν οὐδ' ὅλως
ἀποκρυπτόμενος vgl. p. 182 6 ff. — Z. 37 Die wirksame Kraft des Namens Jesu, d. h.
die Kraft, die schon in der bloßen Nennung des Namens Jesu lag, ist uns schon bei
dem geweihten Wasser (oben c. 19) entgegengetreten. Abergläubische und magische
Vorstellungen spielen hierbei eine große Rolle. Ueber die Anwendung des Namens
Jesu vgl. jetzt Heitmüller, „Im Namen Jesu' (Gött. 1903). — Z. 40 f. Der Verf.
will hinweisen auf Lichterscheinungen wie etwa Abend- und Morgenrot, oder Nord-
licht. Lichterscheinungen sind in der Literatur von der Art der unseren sehr
häufig; zu Grunde liegt der Gedanke, daß Gott Licht ist. Aber es muß natürlich
ein anderes Licht sein als das sichtbare (vgl. Irenäus II 13, 4 MPG Bd. 7, 744 B:
et lumen rectissime dicetur, sed nihil simile ei, quod est secundum nos, lumini).
Daß man das göttliche Licht von dem irdischen (wie hier) nur graduell verschieden
dachte, ist ein Grundfehler der apokryphen Literatur, liegt aber begründet in der
antiken Weltanschauung, der das Göttliche mehr oder weniger etwas Materielles
war. Aber es muß doch dann wenigstens für menschliche Augen unerträg-
lich sein, wie hier (p. 69 5). Auch in der Petrusapokalypse findet sich dieselbe
Vorstellung B. 6 f. (bei Dieterich, Nekyia, S. 3): „erscheinen plötzlich zwei Männer.
Auf die vermochten wir nicht geradeaus zu sehen. Denn es ging von ihrem Antlitz
aus ein Strahl wie von der Sonne, und leuchtend war ihr Gewand, wie es niemals eines Menschen Auge sah und kein Mund kann erzählen oder ein Herz er-
denken den Glanz“. Lichterscheinungen sind besonders häufig auch in der gnostischen Literatur (vgl. etwa Sch in TU VIII, 1. und 2. Heft, S. 193, 337). Sie haben
ja reichliche Anknüpfungspunkte in dem Neuen Testamente. Darum hat man auch
keinen Grund, derartige Erzählungen für außerkirchlich zu halten. — Z. 42 un-
faßbar: cod.: inuisibilis. — Z. 43 f. Der Wechsel in der Person ist sehr auffällig; Petrus kann nicht unter dem „Wir" verstanden werden; es gibt sich der
Autor als einen, der die Dinge aus Augenschein kannte. Die Einführung des
„Wir" für einen Fehler des Uebersetzers zu halten, geht nicht an; dazu kommt es
in den Zeilen 2—8 zu oft, nämlich 3 resp. 4mal vor. Erklären würde sich das
„Wir" hier auch lassen, wenn wir annähmen, es läge in unserer Erzählung ein
versprengtes Stück einer andern von Petrus handelnden Schrift vor, in der Petrus
in der ersten Person redet. Aber was soll das für eine Schrift sein? — Unser
Kapitel hat manche Eigentümlichkeiten, die es aus seiner Umgebung herausheben.
Darum ist die Hypothese am einfachsten, daß es übernommen und von dem Verfasser der A. V. eingearbeitet sei. — Z. 44 um unsere Sinne kamen:
cod.: ut exentiaremur aboratione; Li: exensaremur aporiatione. Es ist die Parallel-
erscheinung zu der Erzählung von der Verklärung. — S. 411 Z. 1 f. A. J. 90, p. 195 10 f.
φῶς τοιοῦτον ὁποῖον οὐκ ἔστιν δυνατὸν ἀνθρώπῳ χρωμένῳ λόγῳ ἀφθάρτῳ ἐκφέρειν,
οἷον ἦν. — Passio An. 14, Aa II 1, p. 34 6. 11: ein göttliches Licht, in das menschliche Augen nicht blicken können. — Z. 5 ff. Die verschiedenen Erscheinungsformen Christi
erklären sich in unsern Actus aus dem Satze: unusquisque enim nostrum sicut

capiebat uidere, prout poterat uidebat, p. 67 9 f. (vgl. Origenes comm. in Matth. tom. XII, 36 MPG Bd. 13, 1068 B: διαφόρους γάρ ἔχει ὁ λόγος μορφάς, φαινόμενος ἑκάστῳ ὡς συμφέρει τῷ βλέποντι, καὶ μηθενὶ ὑπὲρ ὃ χωρεῖ ὁ βλέπων, φανερούμενος. — Origenes in Matth. comment. series 100, MPG Bd. 13, 1750 B: Venit ergo traditio talis ad nos de eo, quoniam non solum duae formae in eo fuerunt, una quidem secundum quam omnes eum videbant, altera autem secundum quam transfiguratus est coram discipulis suis in monte, quando et resplenduit facies eius tanquam sol, sed etiam unicuique apparebat secundum quod fuerat dignus etc. Vgl. auch MPG Bd. 13, 1908 B Fragment aus dem Lukaskommentar: φαίνεται γάρ ὁ λόγος διαφόρους ἔχων μορφάς, ἑκάστῳ ὡς χωρεῖ ... τοῖς μὲν ... ἁπλούστερον νοεῖται καὶ κατὰ σάρκα γινώσκεται · τοῖς δὲ τελείοις θεολογεῖται καὶ ἐν τῇ τοῦ θεοῦ μορφῇ κατὰ τὴν γνῶσιν αὐτῶν θεωρεῖται. Diese Tradition, von der ich nicht weiß, woher sie Origenes zuge= kommen ist, ist nur ganz leise von der in unserem Texte gegebenen verschieden. W e i ß , Christus= und Apostelbilder S. 40 Anm. 3 nennt die zuletzt angeführten Worte bezeichnend „für die Art und Weise, wie Origenes gnostisches Gedankengut übernahm"). Wir haben es zu tun mit der massiven Ausbeutung dieses Satzes, der im 2. Jahrh. eine ziemlich große Rolle gespielt haben muß. Der Ursprung dieser Vorstellung überhaupt liegt wohl in dem Gedanken, daß Christus alle Menschen= alter durchmachen mußte, um allen alles zu sein resp. um alle zu retten, wie er noch vorliegt bei Irenäus II 22, 4 (MPG Bd. 7, 784 A): Ideo (Christus) per omnem venit aetatem, et infantibus infans. . . . in iuvenibus iuvenis . . senior in senioribus (daß dieser Gedanke mit der Vorstellung von der ἀνακεφαλαίωσις zusammenhängt, bedarf keines Beweises). Es wäre nicht wunderbar, wenn Frauen sich Christus in weiblicher Gestalt vorgestellt hätten, und wirklich hat sich die Montanistin Prisca Christus so vorgestellt (ἐν ἰδέᾳ . . . γυναικὸς ἐσχηματισμένος ἐν στολῇ λαμπρᾷ ἦλθε πρός με Χριστός, H a r n a c k , Lehrbuch der Dogmengeschichte I ³, S. 393 Anm. 1. Epiphan. haer. 49 c. 1, Oehler I b p. 40 — vgl. auch das 15. Fragment Melitos Otto IX, S. 420: ipse est qui in omnibus omnia erat: ipse est, qui in patriarchis patriarcha erat, in lege lex etc. Pf.Clem. hom. III, 20 MPG Bd. 2, 124 C: der verus propheta, ὃς ἀπ᾽ ἀρχῆς αἰῶνος ἅμα τοῖς ὀνόμασι μορφὰς ἀλλάσσων τὸν αἰῶνα τρέχει; vgl. Acta Archelai 50, Routh, Reliquiae sacrae V ², S. 179: sed totus ille ipse (Christus) descendens, semetipsum in quocunque voluit transformavit in hominem; bei dieser Vorstellung ist der Gedanke zwischen eingekommen, daß Christus in jedem Menschen Gestalt gewinnen könne. Simon sagt bei Pf.-Clem. recogn. II 14, MPG Bd. 1, 1256 A, daß es in seiner Macht stände, bald klein, bald groß zu erscheinen. In der Apokalypse des Esra, T i s c h e n d o r f , Apocal. Apocr. p. 28, in den TSt II, 3, S. 156, heißt es vom Antichrist: καὶ παιδίον γίνεται καὶ γέρων. — Weiter aber ist aufmerksam zu machen auf die Erscheinungsformen Gottes im Alten Testamente; vgl. Justin apol. I, c. 62, ed. Otto, p. 170 B: ἐν ἰδέᾳ πυρὸς ἐκ βάτου προσωμίλησεν αὐτῷ ὁ ἡμέτερος κύριος oder: Irenäus I, 10, 3 MPG Bd. 7, 556 A: ἐφάνη τοῖς προφήταις ὁ θεὸς οὐκ ἐν μιᾷ ἰδέᾳ, ἀλλὰ ἄλλως ἄλλοις. — Meiner Meinung nach geht aus dem Vorstehenden hervor, daß wir keinen Grund haben, in dieser Erzählung von den verschiedenen Erscheinungsformen Christi etwas Gnostisches zu sehen, um so weniger, als das specifisch Phantastische hier fehlt, was doch auch etwa den Jo= hannesakten eigentümlich ist: vgl. A. J., c. 89 f. Aa II 1, p. 194 f. Hier er= scheint z. B. Christus „ein und demselben Johannes als ein Riese, dessen Haupt den Himmel berührt, und im nächsten Augenblick, da er sich umdreht, als ein kleiner Mensch". (Zahn, MJ3 X 20; vgl. ˙A. J. 82, p. 191 27: ὁ ἐμφυσήσας μοι ἑαυτὸν τῇ πολυμόρφῳ σου ὄψει.) Diese Ungereimtheiten der Johannesakten sind auch dem Photius aufgefallen (Bibliotheca, cod. 114). Von der Vorstel= lung unserer A. V. sind sie grundverschieden; und auch aus diesem Grunde erscheint es mir als ein Ding der Unmöglichkeit, jene demselben Verfasser zu= zuschreiben wie diese. In den A. V. handelt es sich doch im Grunde um einen geistigen resp. psychologischen Prozeß; freilich hat der Verfasser die Formen seiner Zeit benützen müssen, um ihn uns zu beschreiben. Natürlich soll damit nicht ge=

leugnet werden, daß der Gnostizismus derartige Vorstellungen mehr liebte als die
Großkirche, wenn es auch schwer halten mag, einen genauen Begriff von ihrer ver=
schiedenartigen Stärke zu gewinnen. — Z. 8 Ob der Verfasser uns damit sagen will,
daß die Blinden nun auch wirklich ihr Augenlicht erhalten haben, muß dahin ge=
stellt bleiben. Er kann hier auch die Augen des Geistes meinen. — Z. 13 er=
fahren haben: cod.: tredecim. Das ist ganz unmöglich. Li: didicimus. —
Z. 14 Offenbar steht constans deus (Li p. 69, 17) und der Satz quomodo alias et
alias dominum viderint im Gegensatz. Eine Analogie zu der zu Grunde liegenden
Vorstellung kenne ich nicht. Aber auch zu dem instabilis oben zu c. 17 Z. 30 von
Simon gesagt, kann es im Gegensatz stehen und zu der Bezeichnung Simons als
ἑστώς (p. 80, 37). Vgl. die interessante Parallele bei Irenäus II, 9, 2 (MPGBd. 7,
734 A): Constante igitur hoc deo . . . . ille sine dubio, qui secundum eos adinveni-
tur Pater, inconstans et sine teste est, Simone mago primo dicente, semetipsum
esse super omnia Deum.

   22 Z. 15 f. „dominum ex totis praecordiis intelligant". Hier ist das Prinzip
des Gnostizismus in der unzweideutigsten Weise ausgesprochen. Man muß damit
zusammenstellen, was in unseren Akten von der Unwissenheit und der Befreiung
daraus gesagt wird. Solche Anschauungen sind aber nicht bloß „gnostisch". —
Z. 17 Es entspricht der asketischen Tendenz unseres Romans, daß den Jungfrauen
besondere Verehrung gewidmet wird. Die Jungfräulichkeit ist auch in den A. P.
et Th. die höchste Tugend. Zu den sanctae inviolatae virgines vergleiche man die
συνείσακτοι. Das „Dienen" (vgl. p. 79 6) stammt jedenfalls aus Mt. 25 44. Eine
analoge Vorstellung habe ich nicht auffinden können (vgl. unten c. 29 die Witwen).
Man könnte höchstens vergleichen Basilius ep. 199 c. 24: die Witwe τὴν διακονου-
μένην ὑπὸ τῆς ἐκκλησίας (nach Zscharnack, Der Dienst der Frau in den ersten
Jahrhunderten der christlichen Kirche, Göttingen 1902 S. 117). Aber der Sinn ist
hier doch ganz anders. Aus Zscharnacks Buch entnehme ich, daß eine Vor=
stellung, wie sie die A. V. hier bringen, für die Großkirche ganz unerhört ist. Da=
gegen kann auf die Stellung aufmerksam gemacht werden, die die Frauen bei Hä=
retikern hatten (z. B. bei den Montanisten resp. Quintillianern. Epiph. haer. 49,
c. 2 Oehler I b p. 40. Vgl. Zscharnack S. 156 ff.). — Zu verweisen ist auf
1. Tim. 5 16; es findet sich auch die Lesart: εἴ τις πιστὸς ἢ πιστὴ ἔχει χήρας, und es
ist möglich, daß die obige Erzählung aus dieser Schriftstelle herausgesponnen ist.
Hier zeigt sich die wirkliche Schwierigkeit für den Kommentator der Petrusakten:
wir können nie sicher sagen, inwieweit der Verf. wirkliche Zustände seiner Zeit
schildert, inwieweit er seiner Phantasie Raum verstattet hat. — Z. 17 Pf.=Clem.
recogn. I, 74 (MPG Bd. 1, 1248 C) heißt es von Petrus vor der Disputation mit
Simon: cibo sumpto quiescere nos iussit sibique ipse quietem dedit. — Z. 20
Vgl. A. P. et Th. 39 p. 265 4: καὶ τὰ ἐμὰ πάντα σοι καταγράψω. — Z. 24
streng gefastet: „superponens", d. h. das gewöhnliche Fasten überbietend.
Vgl. Ducange, s. v. superpositio. Funk Theol. Quartalschr. 1891, S. 677. Art.
„Fasten in der Kirche' in der RE V. J. Wordsworth, The Ministry of Grace, p. 329,
Anm. 25. (Sehr deutlich ist Passio SS. Mariani et Jacobi 8: continuatis in
carcere gemina superpositione ieiuniis et orationibus saepe repetitis.) — Z. 24
Diese Art, sich auf einen Kampf vorzubereiten, ist gebräuchlich. Vgl. oben zu c. 1 Z. 29.
— Z. 26 nämlich „enim". Das bedeutet, daß Marcellus von dem bevorstehen=
den Kampfe bis dahin noch nichts gewußt hat. Marcellus ist ja auch nicht dabei
gewesen, als Petrus in c. 18 von der ihm in c. 16 zu teil gewordenen Offenbarung
berichtet, daß er mit Simon einen Kampf haben werde. — Z. 27 Nach dem Früheren
ist das Julische Forum gemeint; wie Marcellus dazu kommt, es das Forum schlecht=
hin zu nennen, ist nicht ersichtlich. Der Autor wird gedacht haben, es gäbe in
Rom nur ein Forum: ein weiteres Zeichen dafür, daß er nicht in Rom schrieb.
— Z. 27 „anabatras". Pulte ist wohl weniger richtig als Bänke; es handelt sich frei=
lich um eine Disputation. — Z. 28 f. Dies ist sehr unvermittelt. Im Vorausgehen=
den ist nicht davon die Rede, daß irgend jemand den Kampf zwischen Simon und

Petrus angeordnet habe. In c. 16 kündigt Chriſtus den Kampf doch nur an. Möglich iſt es, daß unſerem Novelliſten dies genügte, um die Anordnungen zum Kampfe zu erklären. In der gewöhnlichen Petruslegende heißt es, daß dieſer Kampf von Nero angeordnet ſei; vgl. Aa I, p. 149 1: Cum ergo dixisset Nero: Crastinus dies uos probabit. Das iſt aber noch phantaſtiſcher. — Z. 29 Unterredung: „de conlocutione dei". Das iſt ſinnlos. Da es ſich im folgenden um den Streit um die Gottheit Chriſti handelt, ſo iſt vielleicht gemeint: über die Bezeichnung (Chriſti) als Gott. conlocutio die fehlerhafte Ueberſetzung von ἐπονομασία oder προσηγορία? vgl. Epiphanius haer. 51, 18 (Oehler I b, p. 80; vgl. II a, p. 629), wo es, unter Benutzung von Hippolyts Syntagma, von den Alogern heißt: νομίζοντες υἱὸν θεοῦ, καὶ εἶναι μὲν πρότερον ψιλὸν ἄνθρωπον, κατὰ προκοπὴν δὲ εἰληφέναι τὴν τοῦ υἱοῦ τοῦ θεοῦ προσηγορίαν. — Z. 35 Häßlichkeit gehört zu den Eigenſchaften des Teufels, wie Schönheit zu denen Gottes. Es hat die antike Empfindung nichts ſo ſehr beleidigt als die Vorſtellung von der Häßlichkeit Chriſti, die durch die alt= teſtamentlichen Schriften geboten war. „Die Geiſter, welche ſich gegen Gott ent= ſchieden haben, haben (nach Origenes) unbeſchreiblich häßliche, wenn auch noch ſichtbare, tiefdunkle Körper erhalten". Harnack, Lehrbuch der Dogmengeſchichte I 3, S. 631. — Z. 36 cod.: Ethiopissimam. Uſener: Aethiopissam. Aethiopier werden oft als Bilder des Teufels benutzt: auch dies geht auf antike Vorſtellungen zurück. Einige Angaben über Vorſtellungen vom Teufel finden ſich bei Kraus, Real=Encyklopädie s. v. Teufel. Die Sache bedarf einer gründlichen Unterſuchung. Acta Xanth. et Polyx. c. 17 TSt II, 3, S. 70 wird ein βασιλεὺς αἰθίοψ in einen Ra= ben verwandelt und dann als der Teufel bezeichnet. Von Petrus Alexandr. (bei Routh, Reliquiae sacrae III, S. 324 15 f.) werden die Unbußfertigen bezeichnet als δέρμα Αἰθίοπος κεκτημένοι; Methodius von Olympus, Vom Igel 4 (ed. Bon= wetſch I, S. 333 19 f.): denn doch wohl durch die Aethiopen zeigt er die durch (in) Bosheit Verſenkten an. Nach Irenäus IV, 20, 12 (MPG Bd. 7, 1042 C) bedeutet Moſes' äthiopiſches Weib die Kirche aus den Heiden. Die Vorſtellung vom Teufel als Aethiopier iſt (in Aegypten?) weit verbreitet. In der arabiſchen Vita Schnudi heißt es: Puis il prit (der Teufel) la forme d'un nègre abyssinien, d'une haute taille et d'une horrible figure (Mission archéologique française au Caire IV, 1, S. 444). In der Vie de Paul de Tamoueh (ebendort, IV, 2, S. 766): il se transfigura, il devint un grand Éthiopien: ses yeux étaient pleins de sang, tout son corps plein d'épines et il sentait mauvais comme un bouc. Das Mittelalter hat ſich auch dieſen Zug nicht entgehen laſſen. Von franzöſiſchen Manichäern des 11. Jahrhunderts wird berichtet: Adorabant Diabolum, qui primo eis in Aethiopis, deinde Angeli lucis figuratione apparet (bei Gieſeler, KG., II, 1 4, S. 410, Anm. 3). Petrus Da= miani erzählt von einem Trupp von Teufeln, die in der Geſtalt von Aethiopiern Saumroſſe einherführten (Joſ. Hanſen, Zauberwahn S. 124). Man ſieht, wie alt die Vorſtellung iſt und wie zäh ſie ihr Leben behauptet hat. — Z. 36 keine Aegypterin: Dieſer Zuſatz hat wohl darin ſeinen Grund, daß das häßliche Weib als ganz ſchwarz bezeichnet werden ſoll. Die ganz ſchwarze Hautfarbe war bei den Römern ſprichwörtlich; ſchwarz = böſe. (Clemens Alex. paed. III, 4; MPG Bd. 8, 596 C: ἐς κόρακας ἡ πορνεία.) In den Acta Perpetuae et Felicitatis c. 10 (Acta martyrum sincera, ed. Ruinart, Verona 1732, p. 84) ſteht Perpetua einen Aegyptius foedus specie, der mit ihr kämpfen will. Dieſer Aegypter iſt der Teufel. Darum wird der Zuſatz neque Aegyptiam eine tiefere Bedeutung haben. Iſt es ein in Aegypten gemachter Zuſatz? Von dem Test. dom. n. Jesu Christi, das die Kreuz= gebete (vgl. unten c. 38 ff.) zum Teil aufgenommen hat, iſt es wahrſcheinlich, daß es in Aegypten entſtanden iſt. Vgl. P. Drews in ſeiner Anzeige von Rahmanis Publikation ThStK 1901, S. 146. Vielleicht laſſen ſich hiermit auch die Einſetzung des Barnabas (oben zu c. 4 Z. 17 f.) und die mannigfachen Berührungen mit Ge= danken des Origenes in Zuſammenhang bringen. — Z. 36 f. cod.: sed totam nigram sordibus, pannis inuolutam" = aber ganz ſchwarz von Schmutz, in Lumpen einge= hüllt. Bo, dem ich hier gefolgt bin, ändert sordibus in sordidis und zieht

es zu pannis. Das scheint mir empfehlenswerter. — Z. 38 Warum sie tanzt, ob=
gleich sie in Ketten ist, wird nicht gesagt; vielleicht ist die Tochter der Herodias
Mt. 14 ₆. Mc. 6 ₂₂ das Vorbild gewesen. Die Kette stammt vielleicht aus Offb. 20 ₁ ff.
Das Tanzen könnte zur Bezeichnung der Leichtigkeit des Sieges dienen, den Petrus
über Simon davontragen soll. — Ein Gegenstück dazu ist die tanzende Gnade A.
J. 95 Aa II, 1, p. 198 ₈: Ἡ χάρις χορεύει. — Z. 39 die ganze Kraft: cod.:
„omnes niri Simoni." Li.s ingeniöse Konjektur: omnis virtus Simonis ist oben auf=
genommen. — Z. 39 f. feines Gottes: d. h. des Teufels. — Z. 41 aus
vornehmem Geschlechte: cod.: generis magi, corr.: magni. — Z. 43 Also
wodurch sich Marcellus beflecken würde, dazu soll nun Christus selbst helfen. Der
Widerspruch ist offenbar, geht aber doch wohl darauf zurück, daß der Romanschreiber
Marcellus nicht für fähig hält, den Dämon zu vernichten, und darum dies Petrus
resp. Christus überlassen will. — Z. 45 f. „in tua militia probaui". Das Bild
vom Kriegsdienst der Christen ist alt und geht auf die neutestamentlichen Schriften
zurück; vgl. besonders Eph. 6 ₁₄ ff. Besonders häufig ist es, und das dürfte nicht
zufällig sein, in dem zu den Paulusakten gehörigen Mart. Pauli (Aa I, p. 108
₁₁. 110 ₁. ₄. ₅. ₈. ₁₃. ₁₄. ₁₅. 114 ₇. ₁₄. 116 ₇ (28 ₆. ₁₃. 29 ₃. ₁₀. ₁₄. ₁₇. 30 ₁. ₁₃. ₁₄. 37 ₈. ₁₂.
40 ₉. 42 ₁₆). Auch in unfern A. V. kommt es öfter vor: p. 90 ₁₁ f. — Das Bild
hat zu manchen Mißverständnissen Anlaß gegeben; wenn es der Anlaß zu der zu
c. 19 Z. 11 besprochenen Anschauung gewesen ist, so ist dieses Mißverständnis nicht
das schlechteste. — Vgl. Harnack, Die Mission, S. 297 f. — Z. 46 ähn=
licher Mann: ganz analog ist die Erzählung A. Tho. 57 Aa II 2, p. 174. —
Z. 47 So: cod.: „usque adeo ut". — Z. 1 f. ganz ähnlich: Es ist das eine
Illustration zu dem Satze, daß Christus in den Gläubigen wirkt; ein Satz, der in
der altchristlichen Literatur ziemlich häufig illustrirt wird. Auch Thekla sieht τὸν
κύριον καθήμενον ὡς Παῦλον; A. P. et Th. 21 (Aa I, p. 250 ₂). — Z. 3 Zu diesem
Traumgesicht möchte ich die Erscheinungen im Pastor Hermae, Visio III etc. ver=
gleichen. — Z. 6 forum Julium, wie oben zu c. 22 Z. 27.

23 Z. 7 so wörtlich; nach dem Zusammenhange sollte es scheinen, als ob
nur die Christen gemeint seien; denn nur von ihnen wird erzählt, daß sie „aurei"
empfangen hätten. Die Meinung des Autors ist mir nicht ganz deutlich geworden.
— Z. 8 vgl. oben zu c. 19, p. 66 ₁₄ ff. Hier erfahren wir also, wozu das Geld
dienen sollte. Freilich konnte Marcellus, als er das Geld austeilte, noch nichts
davon wissen, wozu es verwendet werden sollte. Darum ist auch oben nur ganz
allgemein der Dienst Christi genannt. — Z. 9 Daß hier Senatoren, Präfekten, Be=
amte zusammenkommen, um an einer Untersuchung über den wahren Gott teil=
zunehmen, ist sehr auffällig und könnte auf den Gedanken bringen, diese Worte
seien erst in einer Zeit geschrieben, als das imperium christlich geworden war. Und
auch die hervorragende Rolle, die Petrus im folgenden spielt, — er tritt fast auf, wie
ein römischer Papst im 6. Jahrhundert in Rom, — könnte diesen Gedanken nahe
legen. Dem ist aber zu erwidern, daß in Kleinasien das öffentliche Interesse sich
schon sehr früh den Christen zugewendet hat; und wenn auch eine Situation, wie
die von unserm Autor gezeichnete, für das zweite Jahrhundert in den Bereich der
Unmöglichkeiten gehört, so kann man sie doch dadurch erklären, daß der Autor die
Zustände so gewünscht hätte, wie er sie schildert. — Z. 12 Dieser Gedanke kommt
auch sonst vor. Vgl. A. J. 55, Aa II 1, p. 178 ₁₇. 179 ₁ f., wo die Smyrnenser
sagen: Ἀκούομεν ὃν κηρύσσεις θεόν · ἄφθονός ἐστι καὶ διετάξατό σοι μὴ ἐμφιλοχωρεῖν
ἐν ἑνὶ τόπῳ. — Vgl. unten c. 28, p. 74 ₂₈. Vgl. das 10. Fragment Melitos (Otto
IX, S. 429): non invidet cognitionem sui quaerentibus eum, ita ut valeant eum
cognoscere. — Neid ist eine Eigenschaft des Teufels; aus Neid hat der Teufel die
Eva verführt. — Z. 14 wir wollen haben: cod.: „habemus". H. Usener:
habeamus. — Z. 13 Proben Simons: Von diesen ist freilich bisher nichts er=
zählt, abgesehen von dem Fluge über die Mauer, vgl. oben. — Z. 14 f. Auch in
späterer Zeit ist der Vorschlag gemacht worden, durch Disputationen zu ergründen,
wer der wahre Gott sei. Die Arianer haben sogar einmal gewünscht, der, zum

Teil noch heidnische, Senat möchte das Schiedsrichteramt über ihre Streitigkeiten mit den Orthodoxen übernehmen, und zwar sollte er aus der Bibel die Entscheidung fällen. — Z. 15 Bestürzt: Es gehört zur Oekonomie der Legendenschreiber, an den Gegnern des wahren Glaubens immer gleich von Anfang an die Unsicherheit ihrer Position hervortreten zu laffen. — Man könnte das conturbatus aber auch anders erklären: im Hinblick auf das folgende imprimis respiciebat eum (respicere = ἀτενίζειν wie oben p. 50 s. 52 ₄) und die angeschlossene Erzählung. Es sieht aus, als ob Simon Petrus hier erst erkennt (doch vgl. oben c. 9) und erschrocken darüber ist, daß der, der ihn besiegt hatte, ihm nun auch nach Rom gefolgt sei. Man könnte darum an Interpolationen denken, wie ja auch sofort auf eine offenbare Interpolation aufmerksam gemacht werden wird (vgl. zu c. 23 Z. 32 f.). Ich wider-stehe der Versuchung Interpolationen auszuscheiden und fasse unsere A. V. als ein im wesentlichen einheitliches Werk. Zudem kommt man hier auch ohne Annahme einer Interpolation aus. — Z. 21 f. cod.: hunc se repraehensum esse modi tacen-tem; zu lesen ist wohl.. modo tacentem et.. und die lateinischen accusativi cum infinitivo sind aus der fehlerhaften Uebersetzung des griechischen ὅτι zu erklären. Nach dieser Konjektur ist oben übersetzt. — reprehendere im Sinne von widerlegen hat nichts Auffälliges (ἐλέγχειν). — Z. 22. 23 Hier erfahren wir nun auch den Grund, warum Petrus Simons Vergangenheit geflissentlich erwähnt. Er will seine Schlechtigkeit enthüllen und glaubt ihn damit schon besiegt zu haben. Vgl. oben zu c. 17. Das „Vorleben" der Sektenstifter hat die Kirchenmänner lebhaft beschäftigt; man vergleiche etwa Marcion, oder auch die Schilderung, die Hippolyt von Callist gibt. Daß Petrus hier noch einmal an die Geschichte der Eubula erinnert, hat darin seinen Grund, daß er ein anderes Publikum vor sich hat, als früher. — Petrus und Simon sehen einander seit ihrer Affäre in Judäa (!) zum ersten Male; der Romanschreiber hat den Eindruck, den der Anblick des Siegers auf den Besiegten macht, gar nicht so übel geschildert. — Z. 26 Nach der Erzählung der Apostelge-schichte findet der Vorgang statt „in civitate Samariae". Die πόλις τῆς Σαμαρίας kann nur die Hauptstadt des Landes sein; das alte Samaria, von Herodes Sebaste genannt. Schürer, Geschichte des jüdischen Volkes II³, S. 149—153. — Auch die Erzählung c. 17 hat unser Autor nach Jerusalem verlegt. — Vielleicht hat er seine Erzählung aus einem Stücke entlehnt, das über Petri Tätigkeit in Jerusalem berichtete. Auch die syrische Didaskalia verlegt den Vorgang nach Je-rusalem VI, 7 (Bunsen, Analecta Antenicaena II, p. 325). Paulus wird hier nicht er-wähnt. — Aus Sch a. a. O., S. 172 entnehme ich, daß Philastrius Brixiensis haer. 29, ed. Marx, p. 15, Simon auf der Flucht vor Petrus von Jerusalem nach Rom kommen läßt. Philastrius hat dies wohl auch aus den Petrusakten. — Z. 27 Die Erwähnung des Paulus ist hier besonders lehrreich; nach dem Be-richte der Apostelgeschichte ist Paulus noch gar nicht belehrt, als Petrus (und Jo-hannes) mit Simon zusammengeraten. Der Romanschreiber wollte eben Paulus nicht ganz vergessen; aber sein Gedächtnis hat ihm einen Streich gespielt. Auch die Nennung des Paulus zeigt, daß unser Stück keine antipaulinische Tendenz hat. Wer die paulinische Einleitung (c. 1—3) nicht zum „Kern" der A. V. rechnet, wird auch hier den Paulus streichen müssen. — Z. 28 ff. 30 f. Die Uebersetzung stimmt nicht mit der Vulgata zusammen, ist aber auch nicht eine direkte Uebersetzung aus dem griechischen Urtexte der AG.; vielmehr hat der Romanschreiber die Stellen frei angeführt. — Z. 32 f. „paratum esse in omni re". Das Wortspiel Petrus und paratus läßt sich im Deutschen nicht wiedergeben. Aber es ist ganz offenbar, daß unsere Stelle meint, die Worte Petrus und paratus gehörten zusammen und hätten dieselbe Bedeutung. Ein solches Wortspiel ist aber nur im Lateinischen möglich; darum kann der es enthaltende Satz nicht in dem Originaltexte der A. V. gestanden haben. Er ist Zugabe des Uebersetzers. — Derartige Wortspiele, die als Etymolo-gien dienen sollen, gehören der spätesten Zeit des christlichen Altertums an und sind im Mittelalter sehr häufig geworden. — Z. 36 cod.: irrtümlich nolite. — Z. 37 f. Zahn G.K. II, S. 854 meint, daß zu dieser Ausdrucksweise die Erzählung des an-

gedlichen Thomas den Anstoß gegeben habe. (Evangelium Tho. 13; Ea p. 152.)
Sie findet sich auch bei Justin dial. c. 88 (Otto p. 324 C und Anm. 18); vgl.
auch oben p. 61 29. — Als τέκτων τὴν τέχνην bezeichnet auch Celsus Christus
(Origenes c. Cels. VI, 34); Origenes dagegen sagt (c. 36), daß dieser Ausdruck
nirgends in den Evangelien von Christus angewendet würde. Er scheint Mc. 6 3
übersehen zu haben. — 3. 41 vgl. oben c. 14 am Ende. — Der Satz: Wer einen
Herrn hat, ist kein Gott — erscheint sehr unvermittelt. Es ist merkwürdig, daß
derartige Aeußerungen auch im arianischen Streite eine Rolle spielen. — Man
wird unwillkürlich an den älteren Theodot in Rom erinnert, der als „dynamischer
Monarchianer" von der Gottheit Christi nichts wissen wollte (πρῶτον εἰπόντα ψιλὸν
ἄνθρωπον τὸν Χριστὸν, ‚Kleines Labyrinth' bei Euseb. h. e. V, 28, 6). Aber auf
ihn würde das folgende Kapitel mit seinen Beweisen für die Geburt aus der Jung=
frau nicht passen. Denn soviel wir wissen, hat Theodot die Geburt aus der Jung=
frau nicht geleugnet (Harnack, Lehrb. der Dogmengeschichte I ³, S. 667, Anm. 1).
    24 3. 43 cod.: „anatema in tuis uerbis in Christo". — 3. 45 Vulg.: gene=
rationem eius quis enarrabit. Um die Gottheit Christi resp. die jungfräuliche Ge=
burt zu beweisen, ist dieser Spruch ungeheuer oft angewendet worden. — ein
anderer Prophet: Es ist freilich derselbe Jesaia. Vulg.: non est species ei
neque decor: et vidimus eum. — S. 413 3. 2 f. Li vergleicht Orac. Sibyll. VIII, 457 ff.
Es könnte sich aber hier nur um eine Erinnerung des Romanschreibers handeln.
Vielleicht hat er sich in ungenauem Anschlusse an Lk. 1 34 f. und Jes. 8 4 das Prophe=
tenwort gebildet (? ?). — 3. 4 „Zusatz zu Ezechiel". Harnack II, 1, S. 558 und 560 f.
Der Spruch ist bezeugt von Clemens Alex. strom. VII, 16 (MPG Bd. 9, 532 A), von
Tertullian de carne Christi c. 23, und zwar nennt Tertullian Ezechiel als den Ver=
fasser; dann bei Epiphanius haer. 30, 30. — 3. 4 f. Li hat die Worte „non mini=
mum praestare uobis agonem", die sich im Texte hier finden, von hier weggenommen,
und an den Schluß des Kapitels gestellt; sie gehören aber zum Citat. Nach der
Vulgata ist das freilich nicht zu erkennen; aber die griechische Bibel hat Jes. 7 13:
μὴ μικρὸν ὑμῖν ἀγῶνα παρέχειν ἀνθρώποις (Vulg.: Numquid parum vobis est mole-
stos esse hominibus?) (Die Worte z. B. auch angeführt von Justin dial. 43, Otto p. 144 A;
auch Irenäus III, 21, 4, MPG Bd. 7, 951 A.) Es ist also weder mit Lipsius zu
ändern praestare in praestabo, noch mit Usener zu ergänzen: paratus sum; —
sondern nur zu minimum ist zu ergänzen est. Der lateinische Ueberßetzer hat den
Zusammenhang nicht durchschaut. Es ist möglich, daß der hier erwähnte „Kampf"
die Phantasie unseres Autors befruchtet hat. — 3. 6 Das kann sich nur auf Gott
Vater beziehen. Die wunderbare Geburt Christi mußte ohne alle die Begleiterschei=
nungen vor sich gehen, die den Geburten der Menschen eigen sind; darin zeigt sich
die Gottheit Christi und die Macht des Vaters. Denn die Worte auf Joseph
zu beziehen, liegt in der Ascensio Jesaiae kein Anlaß vor. — 3. 6 f. Ascensio
Jesaiae 11, 14. ed. Dillmann p. 57: „non parturiit, nec ascendit obstetrix, nec clamo-
rem dolorum audivimus." Eine auffällige Parallele zu dem letzten Teil des obigen Spru=
ches findet sich Irenäus II, 30, 4 (MPG Bd. 7, 817 B): non enim obstetrices eam obste-
tricaverunt. Es sehen diese Worte aus wie ein Citat; sie beziehen sich auf die
„Mutter" der Valentinianer, sind also nicht auf die Geburt Christi zu deuten. —
Die „Hebamme" ist in den apokryphen Evangelien und in den bildlichen Darstel=
lungen häufig bei der Geburt Christi zu finden. Hieronymus contra Helvidium
c. 8 (MPL Bd. 23, 192) spricht sich gegen ihre Anwesenheit aus: Nulla ibi obstetrix.
Aber schon Clemens Alex. strom. VII, 16 (MPG Bd. 9, 529 B) hatte geschrieben:
καὶ γὰρ μετὰ τὸ τεκεῖν αὐτὴν μαιωθεῖσαν (von der Hebamme untersucht) φασί τινες
παρθένον εὑρεθῆναι. Wie die Geschichte von der Salome, der wegen dieser Unter=
suchung die Hand verdorrt, entstanden ist, wissen wir nicht. Ueber die Darstel=
lungen der Hebamme ꝛc. vgl. J. Liell, Die Darstellungen der allerseligsten Jung=
frau und Gottesgebärerin Maria, S. 50 ff. M. Schmid, Die Darstellung der
Geburt Christi in der bildenden Kunst, S. 46 ff. — 3. 8 f. woher? Die Stelle klingt
sehr doketisch, braucht aber darum noch nicht von einem Häretiker geschrieben zu

fein. Zu vergleichen wären Stellen wie Joh. 3 13; Apologie des Ariſtides II, 6 (Seeberg bei Zahn, Forſchungen V, S. 329): er iſt vom Himmel herniedergeſtiegen und von einer hebräiſchen Jungfrau geboren worden. Eine ſchlagende Parallele bieten die Acta Archelai 47 (R o u t h , Reliquiae sacrae V ², p. 169), wo Manes ſagt: Absit, ut Dominum nostrum Jesum Christum per naturalia pudenda mulieris descendisse confitear; ipse enim testimonium dat, quia de sinibus Patris descendit. — Z. 9 f. Dan. 2 34 iſt aber nur dem Sinne nach citirt. Dieſer Spruch iſt oft verwendet worden zur Bezeichnung der jungfräulichen Geburt (z. B. Irenäus III, 21, 7 MPG Bd. 7, 953 AB). Auch die Myſten des Mithras haben ihn nach Juſtin dial. 70 (Otto p. 252 B) gebraucht, um daraus zu entnehmen, daß Mithras ἐκ πέτρας γεγεννῆσθαι Es war Juſtin offenbar ſehr unangenehm, daß auch andere Kultusgemeinſchaften etwas ähnliches wie die jungfräuliche Geburt kannten. Juſtin ſagt allerdings auch, daß Daniel dieſen Spruch ἐν μυστηρίῳ κέκραγε. — Auch andere der von unſerm Autor angeführten Stellen ſind von Juſtin (apol. I c. 33 u. öfter) zum Beweiſe der jungfräulichen Geburt angeführt worden; leider gerade die intereſſanteſten nicht. — Z. 15 Das iſt ein ähnlicher Gedanke, wie er oben p. 67 ausgeſprochen worden iſt. — Z. 15 i m G e h e i m n i ſ ſ e „per mysterium"; nach dieſen Worten ſcheint etwas ausgefallen zu ſein. Der Schreiber hat natürlich auch das Gefühl für die Wunderlichkeit ſeiner Exegeſe gehabt. Dieſe iſt ja auch nicht ſein Eigentum; ſondern war geboten, ſolange die Chriſten das Alte Teſtament als ſpezifiſch chriſtliche Urkunde betrachteten und aus ihr ihre Glaubensvorſtellungen zu beweiſen ſuchten. Man braucht nur einmal Juſtins dialogus zu leſen, um zu erkennen, welcher Scharfſinn und welche Phantaſie nötig war, um zu den gewünſchten Zielen zu kommen. — Z. 16 Der Gedanke kommt bei den Apologeten und auch ſonſt häufig, wenn auch in etwas anderer Faſſung, vor: was im Alten Teſtamente im Geheimniſſe geredet wird, iſt im Chriſtentum erfüllt: Joh. 19 28: quia iam omnia consummata sunt, ut consummaretur scriptura (R ö n ſ ch , Itala und Vulgata ² S. 355 f. consummari an unſerer Stelle wohl die Ueberſetzung von πληροῦσθαι). — Z. 16 f. Das iſt aber nicht geſchehen; es müßte denn ſein, daß Petrus die von ihm zu vollbringenden Wundertaten meinte, oder ſeine Kreuzesreden vgl. unten. — Z. 19 zu n i ch t e m a ch e n : „dissoluam" = im Inneren Nichtigkeit aufzeigen. Es iſt dies die Tendenz des Romanſchreibers und hängt mit der ſchon mehrfach erwähnten Vorſtellung zuſammen, daß die Werke des Teufels, der in Simon wirkt, nur ein ſcheinbares Daſein haben. Im Grunde geht das doch wohl auf die antike Anſchauung zurück, daß das Böſe das Nicht=Exiſtirende iſt. Petrus weiß freilich zunächſt kein anderes Mittel, als Simon zu überbieten, oder Werke zu tun, die dieſer nicht tun kann. — Z. 20 Ueber die von Li hier eingereihten Worte non minimum praestare uobis agonem vgl. zu c. 24 Z. 4. f.

25 Z. 21 b e i d e n : cod.: ab his. Li: ambis. — Z. 23 H a u s ſ k l a v e n : cod.: alumnis. Das iſt = θρεπτοῖς (Hausſklaven). Beſſer wäre θρεπτός mit verna zu überſetzen. — Z. 23 f. Der Präfekt will alſo auch von Diſputationen nichts wiſſen, ſondern handelt nach dem Grundſatze, den Petrus c. 17 (p. 64, 28 f.) ausgeſprochen hat gegen Eubula: non est in verbis habenda fides, sed in operibus et factis. Es zieht ſich dieſer Grundſatz durch das ganze Stück hindurch und darf wohl als ein Zeichen dafür genommen werden, daß die Chriſten zu der Zeit, als unſer Autor ſchrieb, den Heiden gegenüber mehr Gewicht auf ihre Werke als auf ihre Lehren legten. Zu Grunde liegt auch hier der Glaube an den Gott, der die Toten lebendig macht (Röm. 4 17). Auch hier finden wir wieder ein Stück der pauliniſchen Predigt, deren Geiſt in den Gedanken der Epigonen materialiſirt worden iſt (Röm. 4 17 iſt zu Apokr. S. 413 26 nachzutragen). — Der Präfekt hat die Probe nicht übel und auch für Simon ganz wohlwollend angelegt. — Man vergleiche die quaestio 110 in den pſeudo=athanaſianiſchen quaestiones ad Antiochum (MPG Bd. 28, 665): Frage: Es ſagen einige, daß der Antichriſt einen toten Menſchen nicht aufwecken kann, wenn er auch alle die übrigen Zeichen tun kann. Antwort: Da der Apoſtel ſagt über den Antichriſt, daß er in allen Zeichen und Wundertaten ein Betrüger ist, so ist es offenbar, daß er auch zeigen kann, wie ein Toter erweckt wird, aber nicht in Wahrheit, sondern nur zum Schein (οὐκ ἐν ἀληθείᾳ, ἀλλ' ἐν φαντασίᾳ). — Petrus ist freilich weniger wohlwollend als der Präfekt; denn c. 28 soll auch Simon einen Toten auferwecken. — Eine ähnliche Geschichte, wie die in c. 25 erzählte, hat der Geschichtschreiber Artapanus in seiner Schrift περὶ Ἰουδαίων erzählt, nur daß er sie nicht auf zwei Personen verteilt. Moses wird vom König Nechephres gefangen gesetzt; durch Gott befreit geht er in den Königspalast, stellt sich an das Bett des schlafenden Königs und weckt ihn auf. „Da habe er, durch das Ereignis erschüttert, Moses befohlen, den Namen des Gottes, der ihn gesandt hätte, zu nennen. Und er habe sich geneigt und ihn ins Ohr gesagt. Als aber der König ihn hörte, sei er sprachlos (ἄφωνον) niedergefallen; von Moses aber aufgerichtet, sei er wieder zum Leben zurückgekehrt" (Clemens Alex. strom. I, 23, MPG Bd. 8, 901 A). Derartige Erzählungen mögen von den christlichen Legendenschreibern übernommen und für ihre Zwecke zurechtgestutzt worden sein. Eine eingehende Untersuchung über die Herübernahme des Erzählungs= und Unterhaltungsstoffes fehlt noch. — Z. 26 Es wird hier ein Gedanke zum Ausdrucke kommen, der viele Menschen im Altertum zum Christentum gebracht hat. Die Auferweckung Christi von den Toten ist die Grundlage; und die körperliche Auffassung von dem Gotte, der Leben gibt, hat die Totenerweckungen zu einem beständig wiederkehrenden Teile der Erzählungen von den Wundern der Heiligen gemacht. An den Totenerweckungen sollte sich eben eine nur im Christentum vorhandene Kraft zeigen. — Z. 27 ohne laut zu sprechen: cod.: sine uoce. — Z. 29 ff. Die Häufung der Wundertaten ist jedenfalls auffällig. Hier wird schon die zweite Totenerweckung, die Petrus vollziehen soll, vorbereitet. Ich sehe aber kein Mittel, zu entscheiden, ob hier eine Erweiterung des ursprünglichen Textes stattgefunden hat; ob etwa der Uebersetzer aus seinem eigenen Vorrate von Wundern einiges eingefügt hat. — Z. 29 verpflegt wurde: „refrigerabat". Ganz stimmt das nicht zu den Klagen der Witwe; aber der Romanschreiber will es recht rührend machen. — Z. 33 Die Nachbildung der evangelischen Erzählung vom Jüngling zu Nain ist deutlich. — „hic umeris suis alimentum mihi praestabat"; vgl. 1. Mos. 49 15. Wir haben dieses Bild im Deutschen nicht. alimentum = τροφεῖον. — Z. 35 vgl. c. 20 p. 66 25: „dir gibt Jesus vom heutigen Tage an seine Rechte". — gehe: „duc te" = ὕπαγε; vgl. Rönsch, Itala und Vulgata², S. 361. — Z. 37 jener: Hier ist doch wohl Simon gemeint. Bo will statt ille illa lesen und darunter die Witwe verstehen. In der Tat legt Z. 13: uidua uix reuersa ad se diese Deutung nahe. Aber was soll dann Z. 9: hoc uidens bedeuten? Der Jüngling stirbt ja gar nicht in Gegenwart der Witwe. — Z. 37 verderbe: cod.: „cecidit"; das ist doch wohl in cadat oder ähnlich zu verbessern. — Z. 38 Ob hier der Autor an die νεώτεροι (νεανίσκοι) in der Erzählung der Apostelgeschichte von Ananias und Sapphira gedacht hat, muß dahingestellt bleiben. Auch in den Acta Pauli Sch S. 54 28 f. schickt Paulus Jünglinge, um den toten Dion holen zu lassen. — Z. 40 und „siue": cod.: eam = die Witwe. Man erwartet hier die Angabe, daß die Jünglinge in das Haus der Witwe gegangen wären, den toten Knaben zu holen. Vielleicht soll das in dem folgenden venerant (Z. 15) liegen. Eine Textverderbnis ist wohl nicht anzunehmen, nur eine ungeschickte Wiedergabe des griechischen Originals. — Z. 43 f. Der Pragmatismus dieser übermäßigen Trauer ist nicht ganz deutlich; zumal da die Witwe doch eine Ahnung davon zu haben scheint, daß Petrus den Toten auferwecken will, wie aus ihren Worten hervorgeht: Ecce, fili, misit Christi seruus ad te.

26 S. 414 Z. 5 Hier kehrt die Erzählung zu dem Knaben zurück, den Simon im Auftrage des Präfekten getötet hat. — Z. 6 Diese Bemerkung ist nicht ganz deutlich. Damit allein, daß die Legendenschreiber es liebten, auf die Beziehungen zum Kaiser Wert zu legen, ist sie nicht genügend motivirt. — Z. 10 herabgesetzt: cod.: „extimatus". Das Wort ist von extimus herzuleiten; es ist hier nicht = existimare zu nehmen, wie es Li tut im Index latinus, p. 313. Vgl. Archiv für la=

teiniſche Lexicographie, II, S. 362. — Z. 12 Man beachte den Gegenſatz zwiſchen Gott, der nicht verſucht wird, und Chriſtus, der verſucht wird, aber ebenſo die Be= zeichnung mein Gott für Chriſtus. Hier wird beſonders deutlich, daß Z a h n mit Unrecht von einem in unſerm Stücke vorhandenen Panchriſtismus ſpricht (Zahn, G.K. II; vgl. H a r n a c k II, 1, S. 555; vgl. auch NkZ X, S. 206, Anm. 1 und oben zu c. 20 Z. 23). Die Verſuchung Jeſu durch den Teufel (Mt. 4) hat auch für unſere Stelle die Gedanken geliefert. Welchen Wert man ihr in der kleinaſiatiſchen Theo= logie beigelegt hat, möge man aus Irenäus erſehen (V, 21, 2 MPG Bd. 7, 1180, 1181) H a r n a c k, Lehrbuch der Dogmengeſchichte I³, S. 564. — Z. 13 b e k e h r e n: cod.: „in conuersatione peccatorum snorum". conuersatio iſt die Ueberſetzung von ἀναστροφή; darum iſt die im Text gegebene Auffaſſung gerechtfertigt. Vgl. übrigens R ö n ſ ch, Itala und Vulgata², S. 310. 356. — Z. 18 Hier erfahren wir zuerſt den Namen des Präfekten, obgleich „praefectus" im Vorausgehenden ſchon öfter vor= kommt. Daß die Erinnerung an M. Vipſanius Agrippa den Namen geliefert hat, iſt nicht unwahrſcheinlich. — Z. 19 f. Vgl. in c. 27, p. 74 14 f.: Tu, deus saluatur, tu Petri deus, deus inuisibilis et saluatur. A. P. et Th. Aa I, p. 264, 11 f.: Εἷς θεὸς ὁ Θέκλαν σώσας (die Weiber ſchreien ſo nach der Errettung der Thekla); A. J. 42 (Aa II, 1, p. 172 12): Εἷς θεὸς Ἰωάννου, εἷς θεὸς, ὁ ἐλεῶν ἡμᾶς . . . . (nach der Zertrümmerung des Altars der Artemis ſchreien ſo die Epheſer). Const. apost. VI, 6 (MPG Bd. 1, 932 A): Nach Simons Sturz ſchreit das Volk: Εἷς ὁ θεὸς, ὃν Πέτρος δικαίως καταγγέλλει τῇ ἀληθείᾳ μόνῃ.

27 Z. 24 Die Bezugnahme auf das Johannesevangelium iſt wohl deutlich. (Z a h n). — Z. 27 Dieſer ſchöne Gedanke läßt ſich in dieſe Form gebracht in den bibliſchen Schriften nicht nachweiſen. — Z. 28 Solche Worte für die Erſchei= nung Chriſti können nach den vorausgehenden Erzählungen nicht auffällig erſcheinen. — Z. 29 d a s W o r t: cod.: „uocem". „Petrus ſagt ausdrücklich, daß er ein Wort Chriſti ſich aneigne" (Z a h n). Der Sinn iſt: Petrus ſpricht im Namen oder an Stelle Chriſti. Der Gedanke liegt zu Grunde, daß Chriſtus in ſeinen Apoſteln Geſtalt gewonnen hat, wie oben vgl. zu c. 22 Z. 1 f. — Z. 31 f. cod. „postea autem mihi uagauis (= vacabis) altiis (= altius; oder vielleicht beſſer, wie H. U ſ e n e r ver= mutet: altariis) ministrans, diaconi ac episcopi <sor>te". Chriſtus ſpricht durch den Mund Petri, wie aus dem mihi hervorgeht. Die hier zu Grunde liegende An= ſchauungsweiſe hat im 2. Jahrh. in Kleinaſien nichts Auffälliges. — Z. 34 Simon war gerade ſo angeredet worden c. 4, p. 48 29: Tu es in Italia deus, tu Roma= norum saluator.

28 Z. 38 Nun ſoll gezeigt werden, welchen Eindruck die Wunder des Petrus auf die vornehmen Römer machen. Wie aber dieſe drei Totenerweckungen an einem Tage genügend Zeit fanden, wird nicht geſagt. Daß ſie als an einem Tage vor ſich gehend gedacht werden, erhellt aus der Anweſenheit des Präfekten auch bei dieſer dritten Totenerweckung (p. 76 18 ff.). Auffällig iſt auch, daß p. 76 22 der Cäſar anweſend erſcheint: der Cäſar wird vom Volk aufgefordert, Simon verbrennen zu laſſen. Es iſt doch unmöglich anzunehmen, daß der Autor unter dem Cäſar den Präfekten Agrippa verſtanden wiſſen will. Doch möchte ich auf dieſe Beobach= tungen allein nicht den Satz gründen, daß hier eine Erzählung eingeſchoben ſei. Sie hat mit anderen Stücken der A. V. zu große Verwandtſchaft. Einzelne Züge dieſer Totenerweckung finden ſich wieder in Acta Philippi 28 und 29 Aa II, 2, p. 14. 15. Noch deutlicher iſt die Nachahmung in c. 80—85, p. 32—34. — Auf unſere Er= zählung bezieht S ch a. a. O., S. 149 die Notiz im Kommentar des Andreas von Caesarea in Kappadozien zur Apokalypſe (gegen Ende des 5. Jahrh.) c. 37 ed. Syl= burg p. 58 (MPG Bd. 106, col. 340): ὥσπερ [καὶ] Σίμων ὁ μάγος ἔδειξε Ῥωμαίοις νεκρὸν κινούμενον κατὰ παρουσίαν τοῦ μεγάλου Πέτρου, εἰ καὶ τὴν πλάνην ὁ ἀπόστολος ἐξή= λεγξε, δείξας δι' ὧν ἀνέστησεν αὐτός, πῶς νεκροὶ ἐγείρονται. Er verweiſt beſonders auf Petri Worte an das Volk: Viri Romani, sic mortui resuscitantur. Sie ſtimmen allerdings mit jenen ganz auffällig überein. Die Erzählung von dem Toten, den Simon nur bis zur Bewegung, Petrus aber zum Leben bringt, iſt in verſchiedenen

Schriften überliefert. Der erste deutlich erkennbare Zeuge ist Ps.-Hegesipp de bello Iudaico III, 2 (ed. Weber et Caesar, p. 170—173). Daß der Tote ein propinquus Caesaris ist, wie Ps.-Hegesipp will, wissen die A. V. nicht. Sie nennen ihn Nicostratus und bezeichnen ihn als senator. Sonst ist der Charakter der Erzählung derselbe, der Vorgang soll die Probe dafür sein, ob Petrus den wahren Gott verkündige oder Simon. Auch die Römer benehmen sich in beiden Erzählungen in gleicher Weise: sie wollen zuletzt Simon ans Leben, Petrus hindert sie daran, ihn zu töten. Mit der Passio apostolorum Petri et Pauli, die Li Aa I, p. 223—234 abgedruckt hat, stimmt Hegesipp fast in allem überein. Die A. V. lassen Simon nach seinem Falle nach Aricia gebracht werden und in Terracina sterben; Ps.-Hegesipp läßt ihn in Aricia sterben; ebenso die Passio (Li, p. 232 8). In den A. V. ist Paulus von Rom während Petri Anwesenheit abwesend; die Passio und Ps.-Hegesipp lassen sie zu gleicher Zeit dort sein und den Märtyrertod erleiden. Li hat sich die Verwandtschaft so erklärt, daß die Passio aus Hegesipp geschöpft habe. Mir scheint das unmöglich zu sein; das ganze Gefüge der Passio zeigt, daß Hegesipp die Passio benutzt hat. Andererseits hat Hegesipp wenigstens einen Satz gemein mit dem sog. Linus-Martyrium, der freien lateinischen Uebersetzung des Martyrium Petri der A. V. Dort heißt es (Aa I, p. 8 6 ff.) nach seiner Begegnung mit dem Herrn: (Petrus) intellexit de sua dictum passione, quod in eo dominus esset passurus, qui patitur in electis misericordiae compassione et glorificationis celebritate. Bei Ps.-Hegesipp (p. 173) heißt es: intellexit Petrus de sua dictum passione, quod in eo Christus passurus videretur qui patitur in singulis, non utique corporis dolore sed quadam misericordiae conpassione aut gloriae celebritate. Der lateinische Text der A. V. hat gerade an dieser Stelle eine Lücke: dafür zeigt der griechische Text, daß Hegesipp nicht auf ihn zurückgehen könne: dieser kann aber auch nicht auf die Passio zurückgehn; denn da heißt es (Li p. 233 4 ff.): Intellexit ergo Petrus pro sua hoc dictum passione quod in eo Christus passurus videretur, qui in omnibus martyribus suis pati cognoscitur. Die Annahme, Ps.-Hegesipp habe aus den A. V. geschöpft, scheint somit hinfällig zu sein. Sch, die Petrusakten S. 142 f. nimmt Abhängigkeit von den A. V. und zugleich von der „römischen Tradition" an. — Die syrische Lehre des Simon Kephas in Rom bringt ebenfalls diese Totenerweckung (W. Cureton, Ancient Syriac documents, p. 39 f.). Aber auch hier läßt sich nicht deutlich sagen, ob sie auf die A. V. direkt zurückgeht. Wie hier, so soll auch in der Passio und bei Ps.-Hegesipp Simon, nachdem er seine Ohnmacht gezeigt, gesteinigt werden; in den A. V. soll er verbrannt werden. Das deutet wohl darauf hin, daß diese nicht die Quelle für die „Lehre" sind. (Das Gegenteil nimmt an P. Peeters, Notes sur la légende des apôtres S. Pierre et S. Paul dans la littérature syrienne, in den Analecta Bollandiana, XXI, p. 132.) — In der ‚Lehre' wird der Vater des Toten Cuprinus (= Cyprianus, Cureton, a. a. O., S. 176) genannt: in den A. V. wird nur von seiner Mutter gesprochen. — Auch in den Acta Nerei et Achillei berichtet Marcellus von dieser Totenerweckung. (Der griechische Text herausgeg. von H. Achelis in TU, XI, 2; der lateinische Text in den Acta Sanctorum Boll., Mai III, p. 6—13; nach F. Schäfer in der Römischen Quartalschrift, VIII, 1894, S. 89—119 ist er der Originaltext.) Dieser Bericht (c. 12) kann, wie es scheint, nur auf die A. V. zurückgehen. Aber es erheben sich gegen diese Annahme, auch abgesehen von der Verschiedenheit der Erzählungen im einzelnen selbst, verschiedene Bedenken. Der Verfasser der Acta erzählt, daß Linus in griechischer Sprache das Martyrium der Apostel Petrus und Paulus erzählt habe. Er hat auch wirklich das sog. Linus-Martyrium des Petrus benutzt (Aa I, p. 1 ff.). Woher sollte er sonst seine Angabe haben, daß Marcellus der Sohn des Marcus des Eparchen der Stadt Rom wäre (Achelis, a. a. O., S. 9 29 f. vgl. mit Li p. 4 20 f.). In den A. V. findet sie sich nicht. Auch der Ausdruck, den Marcellus von sich gebraucht (c. 12 Acta SS. a. a. O., p. 9) adhaesi Domino meo S. Petro Apostolo (Achelis, p. 11 15: προσεκολλήθην τῷ κυρίῳ μου Πέτρῳ .. ἀποστόλῳ) stammt aus dem Apostolo fideliter … adhaeserat des Linus-Martyriums (Aa I p. 4 22). Die Geschichte von dem redenden Hund (c. 13, Achelis, p. 12 f.) ſcheint der Verfaſſer zu kennen: aber er erzählt ſie doch ganz anders als die A. V. Merkwürdigerweiſe erzählt Malala in der Chronographia (im 10. Buche MPG Bd. 97 col. 384) einen Teil der Geſchichte mit dem Hunde ganz ähnlich, wie die acta Nerei et Achillei. Er bringt col. 388, noch die Geſchichte von dem großen Stier, den Simon tötet, indem er ihm ein Wort ins Ohr ſagt, Petrus aber lebendig macht, was von den Zuſchauern als das größere Wunder angeſehen wird. In den A. V. kommt eine ähnliche Geſchichte vor (c. 15 f., Aa I p. 72 f.). Hier wird aber ein puor von Simon getötet und auf das Geheiß des Petrus von Agrippa lebendig gemacht. (P. Peeters in den Analecta Bollandiana, XXI, S. 132 Anm. 1 erklärt die Umwandlung der Geſchichte dadurch, daß man ſtatt iuvenis iuvencus geleſen habe; in den A. V. iſt aber nur von puer die Rede.). Woher Malala dieſe Geſchichte bezogen hat, errate ich nicht. Daß Simon ſich nach dem Beweiſe ſeiner Ohnmacht in einen Hundskopf verwandelt (c. 12, Achelis p. 12), daß er vor der Menge fliehen will, daß er von ihr feſtgenommen, aber von Petrus befreit wird, erzählen die A. V. nicht. In den Acta Nerei berichtet Marcellus, daß er zu Petrus gelaufen, ſich ihm zu Füßen geworfen, in ſein Haus aufgenommen und den Simon daraus vertrieben habe, nachdem er das Wunder des ſprechenden Hundes geſehen habe. Dieſe Züge finden ſich nur in den A. V. wieder. Man kann der dichtenden Phantaſie des Autors des 5. Jahrhunderts viel zuſchreiben; aber iſt es nicht richtiger, anzunehmen, daß die Erzählungen, die ihm vorlagen, anders geſtaltet waren als die uns vorliegenden A. V? Daß ihm die Petrusakten vollſtändiger vorlagen, als wir ſie beſitzen, würde ja erwieſen ſein, wenn die Petronilla=Geſchichte einer ihrer urſprünglichen Beſtandteile gebildet hätte (vgl. vorn). Aber auch der uns erhaltene Teil müßte ſeinem Texte gegenüber verſchieden geweſen ſein. Es iſt ſehr leicht möglich, daß der uns lateiniſch erhaltene Teil der A. V. mehr eine Ueberarbeitung des griechiſchen Originals darſtellt, als eine Ueberſetzung. Bisher iſt es unmöglich, eine ſichere Anſchauung zu gewinnen. (Ueder die Abhängigkeit des Pſ.=Hegeſipp von den A. V. vgl. Zahn G.K. II S. 845 Anm. 2. Sch a. a. O., S. 142 f.) — Z. 43 das Licht: Man erwartet hier, „das Leben", Das Licht iſt die Gnade, die ſich in der Wiedererweckung des Toten zeigen ſoll. — vgl. oben c. 23 p. 71 1 zu c. 23 Z. 12. — S. 415, Z. 4: cod.: et ego ex nobis cum unus. Ich laſſe das cum beiſeite; man könnte allerdings die Sätze auch in folgender Weiſe faſſen: Da auch ich einer von euch bin, menſchliches Fleiſch tragend, und (sed iſt korrupt und in et zu verbeſſern) ein Sünder, — aber ich habe Barmherzigkeit erlangt (dieſer Satz wäre als Parentheſe zu faſſen) — ſo ſeht mich darum nicht ſo an ꝛc. — Die Rede des Petrus iſt etwas unvermittelt; denn von dem über das Wunder erſtaunten Volke iſt hier nicht, wie AG. 3 11 die Rede. Aber aus den vorausgehenden Worten des Volkes: „Schenke der Mutter ihren Sohn" läßt ſie ſich ſchon erklären. Vgl. A. Tho. 66 Aa II 2 p. 183 9—11: οὖτε γὰρ ἐγώ (Thomas) ἀφ' ἑαυτοῦ οἶδα λέγειν τι οὖτε αὐτός, ἀλλ' ὁ Ἰησοῦς. καὶ γὰρ κἀγὼ ἄνθρωπός εἰμι σάρκα φορῶν ὡς καὶ ὑμεῖς ... In Pſ.=Clem. recogn. (X, 70; MPG Bd. 1, 1452 D) ſagt Petrus in ähnlicher Situation: Similem vobis hominem me esse videntes, nolite putare, quod a me possitis recuperare salutem vestram. — Z. 14 f. „in der Regel trugen den Toten ſeine Söhne, Verwandten und Erben, auch wohl die in ſeinem Teſtamente freigelaſſenen Sklaven, welche immer, den geſchorenen Kopf mit dem pilleus, dem Zeichen der gewonnenen Freiheit bedeckt, als Bedienung des Verſtorbenen, vor oder neben der Bahre gehend, oder, wenn ein Leichenwagen gebraucht wurde, auf der Bahre ſtehend, ihrem Herrn den letzten Dienſt erwieſen". J. Marquardt, das Privatleben der Römer², S. 355. — Z. 19: „uidentes dei mirabilia". Aber wohl beſſer zu überſetzen: „Die ſehen ſollten". — Z. 20: liberalis magis (et) carissimus (clarissimus?) in senato. Hier kommt wohl die Naivität des Autors zutage; der Tote wird p. 76 26. 27 uſw. als Knabe bezeichnet. — Z. 26 f. Die Nachbildung der Schriften des Neuen Teſtaments iſt hier wieder beſonders deutlich. — Z. 37 ff. So glauben wir am beſten die verderbten Textesworte wiedergeben zu können: „et inclinans se, per ter erige se ostendit populo eleuasse caput et agitare, et oculos

aperiente et inclinante se Simonem molli." — Zu Simons Verhalten ist zu vgl.
die Totenerweckung, die Apuleius in den Metamorphosen erzählt (II 28; ed. v. d.
Vliet p. 43). — Z. 45 weil: „tamquam". — S. 416, Z. 1: Ich weiß nicht, ob
solche, doch wohl ironische Aeußerungen, in der altchristlichen Literatur sonst noch
vorkommen. Daß die Christen sich im Besitze größerer Kräfte und tieferer, vor
allem wahrerer Erkenntnisse fühlten, geht aus vielen Aeußerungen hervor. — Z. 5
lösen: cod.: soluit. Li: soluat. — Z. 9 herangebracht: cod.: adtultum
Particip von attollere; vgl. Li im Index latinus s. v. tultus. p. 319. Petrus sagt:
Simons Wundertat hat nichts genützt; der Tote ist geradeso, wie er herangebracht
worden ist, also so tot wie vorher. — Z. 10: Auch dieser Zug gehört zur Oekonomie
des Romanschreibers: die Behörde nimmt sich der Christen an. Möglich ist aber
auch, daß der Autor sich denkt, daß die in c. 26 erzählte Totenerweckung auf Ag=
rippa Eindruck gemacht habe. Daß Agrippa später (c. 33 ff.) doch wieder als ein
Feind des Petrus erscheint, ließe sich hiermit schon in Einklang bringen. — Z. 12
cod.: „in furia conuersus a magia Simonis", zu lesen: in furiam? — Z. 13 vgl.
oben zu c. 28 (S. 414) Z. 38. — Z. 16 cod.: „iam pacienciam praebete".
non fehlt in der Handschrift, von H. Usener ergänzt. — Z. 17 f. Es ist ein merk=
würdiges Phantasiegebilde, das uns der Romanschreiber von der Macht des Pe=
trus über das römische Volk vorführt; vorbereitet hat er es im Vorausgehenden
durch seine Abmachung mit ihm; den römischen Verhältnissen des 2. Jahrh. entspricht
diese Situation entschieden nicht; aber in Kleinasien ist sie in der zweiten Hälfte
des 2. Jahrh. schon denkbar. Der Wunsch des Verfassers, das Volk in dieser Weise
für die wahre Lehre gegen die Irrlehre eintreten zu sehen, mag seine Schilderung
beeinflußt haben. — Z. 20 f. vergelten: Die Vulgata hat reddere für retri=
buere. — Ganz analog ist: Acta Pauli, hrsg. von C. Schmidt, S. 26 19—21: An=
chares war nicht imstande, zu vergelten Böses mit Bösem. A. J. 81 Aa II 1 p. 191 11 f.
— Z. 22 Hier offenbart sich die Tendenz des Stückes; es soll zur Umkehr von der
„Ketzerei" gerufen und diese Umkehr erleichtert werden. — Z. 24 Teil seines
Vaters: d. h. die Hölle. Zu vergleichen ist doch wohl Offb. 21 8. partem = μερίδα.
Der Ausdruck ist ziemlich häufig: Const. Apost. V 4 (MPG Bd. 1, 833 AB): μερίδα
λαβὼν οὐκέτι μετὰ τῶν ἁγίων, ἀλλὰ μετὰ τῶν κατηραμένων. Acta Carpi, Papyli et Aga=
thonices 41 (XII III, 3. 4. S. 451): κατηξίωσας καὶ ἐμὲ τὸν ἁμαρτωλὸν ταύτης σου τῆς
μερίδος. Unserer Stelle entsprechen ziemlich genau die Worte, die Eleutherius zu Ha=
drian sagt: ἀπόλαμβανε τὴν μερίδα μετὰ τοῦ πατρός σου τοῦ σατανᾶ (Martyrium Eleu=
therii c. 5; ed. Pio Franchi de' Cavalieri, Testi e Studi VI, p. 153). Origenes in
Matthaeum tom. XI MPG Bd. 14, 933 A: τὴν μερίδα ἑαυτῷ τιθείη μετὰ τοῦ ταῦτα πρά=
ξαντος Ἰούδα. — Z. 37 Was unter diesem „Uebrigen" zu verstehen ist, weiß ich nicht;
vielleicht das, was übrig bleibt, nachdem für den Lebensunterhalt der ehemaligen
Sklaven gesorgt ist. Auch in den Acta Pauli Sch S. 57 16. 2 finden sich Gaben an
die Witwen. — Z. 41 f. ut hii seruire possint. Es ist nicht nötig, hii in huic zu
korrigiren und dies zu beziehen auf Nicostratus (nach dem obsequium praestare,
p. 77 8); sondern es ist tibi zu ergänzen = Christo. Die Auferweckung des Nicostratus
bringt sie zum Glauben an Christus. — Z. 43 des Knaben: cod. „pueris"; corr.
pueri. — S. 417, Z. 1 Bringe: cod.: adhuc. Li: adduc. – Ganz verwandt ist
die Erzählung A. Tho. 54 Aa II 2, p. 171 7 ff. Dort spricht eine auferweckte Tote
zu Thomas: Ich bitte dich, Herr, wo ist jener andere, der bei dir war ... der mich
dir übergeben hat — vgl. 174 7 ff. — Z. 3 Die Handschrift hat hier noch einmal Pe=
trus eingefügt. — Z. 8 ff. Der Text hat hier verschiedene Lücken; die Ergänzungen
rühren von Li her, vgl. die Anmerkungen bei Li p. 78.

   29 Z. 11 Es geschieht also mit Petrus dasselbe, was Marcellus vorher
mit Simon gemacht hatte, vgl. c. 10 p. 57. — adorare = προσκυνεῖν. — Z. 13 zu den
Heilungen durch die Christen vgl. etwa Justin apol. II, c. 6 (p. 216 A B und die
Anmerkungen dazu): καὶ ἐν τῇ ὑμετέρᾳ πόλει, πολλοὶ τῶν ἡμετέρων ἀνθρώπων τῶν
Χριστιανῶν, ἐπορκίζοντες κατὰ τοῦ ὀνόματος Ἰησοῦ Χριστοῦ ... ὑπὸ τῶν ἄλλων πάντων
ἐπορκιστῶν καὶ ἐπαστῶν καὶ φαρμακευτῶν μὴ ἰαθέντας ἰάσαντο καὶ ἔτι νῦν ἰῶνται κατ-

αργοῦντες καὶ ἐκδιώκοντες τοὺς κατέχοντας τοὺς ἀνθρώπους δαίμονας. Der Glaube an das Vermögen der Chriſten, Heilungen hervorzubringen, war allgemein. — Orige= nes c. Cels. III, 24 a. E.: Einige vollbringen Krankenheilungen, οὐδὲν ἄλλο καλοῦν- τες ἐπὶ τοὺς δεομένους θεραπείας ἢ τὸν ἐπὶ πᾶσι θεὸν καὶ τὸ τοῦ Ἰησοῦ ὄνομα μετὰ τῆς περὶ αὐτοῦ ἱστορίας vgl. Harnack, Die Miſſion S. 72 ff. — Z. 14 anhing: „ad Petrum adtendentem", attendere = προσέχειν vgl. A. P. et Th. p. 22 Aa I p. 250 3): προσεῖχεν αὐτῷ ἀτενίζουσα; das Wort iſt auch im Neuen Teſtament üblich. — befahl: „adnuebat" = ἐπένευσεν; er winkte ihm zu. — Da der Präfekt hier noch erwähnt wird, ſo erhellt, daß auch die Krankenheilungen, die Petrus tut, noch an demſelben Tage vor ſich gegangen ſind, an dem Petrus den Simon beſiegt hat. Wie das freilich möglich war, wird nicht geſagt. — Z. 15 Es iſt doch wohl die „Mutter des Senators" gemeint, von der c. 28 erzählt. Denn von der Mutter eines andern von Petrus auferweckten Knaben wird ausdrücklich berichtet, daß ſie arm war; und dieſe Mutter hier iſt, wie aus dem Kapitel hervorgeht, ſehr reich. — Z. 17 „constituerat die dominico id Marcellum" vgl. die Beſſerungsvorſchläge in der Anmerkung bei Li p. 79. — Z. 18 f.: Wie oben c. 22 p. 69 22 die virgines. Die Witwen und Jungfrauen erfreuen ſich einer beſonderen Hochſchätzung als Aſke= tinnen. Dies harmonirt mit der aſketiſchen Tendenz unſeres Stückes. — Z. 20 Ebenſo A. P. et Th. 23, Aa I p. 251 7 f.: κατέλιπεν γὰρ τὰ τοῦ κόσμου ὁ Ὀνησίφορος καὶ ἠκολούθει Παύλῳ πανοικί. A. J. 54 Aa II, 1 p. 178 14 f. 180 9 f. — Z. 21 „alia die post sabbatum" = an dem dem Sabbat folgenden Tage. alia die = τῇ ἐπιούσῃ, wie auch c. 3, des griechiſchen (p. 82 4) und c. 32 des lateiniſchen Textes (p. 83 4) „An dem Tage nach dem Sabbat" auch in der koptiſchen πρᾶξις Πέτρου bei Sch S. 7. Dort werden auch zu Petrus viele Kranke gebracht, daß er ſie heile. — Z. 25 geſehen: Das iſt etwas ſeltſam ausgedrückt; geht aber wohl auf den Ueberſetzer zurück, = als er gemerkt hatte. — Z. 26 ff. Von den reichen Gaben, die Petrus erhält, iſt wohl nicht ohne Abſicht erzählt. Auch von Tryphäna wird in den A. P. et Th. erzählt, (41, Aa I p. 267 6 ff.): πολὺν ἱματισμὸν καὶ χρυ- σὸν ἔπεμψεν αὐτῇ (der Thekla) ὥστε καταλιπεῖν τῷ Παύλῳ εἰς διακονίαν τῶν πτωχῶν vgl. auch A. J. 59 Aa II, 1 p. 180 2 und das folgende Kapitel unſerer Actus.

(1) 30 Z. 30 Hier beginnt der griech. Text unter der Ueberſchrift: Μαρτύριον τοῦ ἁγίου ἀποστόλου Πέτρου. Der griech. Text iſt geboten von einer Handſchrift in Patmos (Nr. 48: 9. Jahrh., von c. 33 an) und einer Handſchrift des Kloſters Batopedi auf dem Athos (Nr. 79; 10./11. Jahrh.) von c. 30 an. Danach iſt er von Li in Aa I edirt worden. Vgl. über die Handſchriften Li's Prolegomena, pp. LII—LIV (und LIV f. über die ſlaviſche, koptiſche und äthiopiſche Ueberſetzung des Martyrium Petri). Die Handſchrift des Athos hat die Ueberſchrift: μηνὶ ἰουνίῳ κϑ μαρτύριον τοῦ ἁγίου ἀπο- στόλου πέτρου. ἐκ τῶν ἱστορικῶν κλήμεντος ρώμης ἐπισκόπου. ἐν τῷ ἐσχάτῳ λόγῳ ἱστο- ροῦντος οὕτως. κύριε εὐλόγησον. Dieſe Ueberſchrift hat nur hiſtoriſchen Wert, wenn wir genau wüßten, was unter den ἱστορικοί (sc. λόγοι) des Clemens zu verſtehen wäre. Sind es die clementiniſchen Homilien oder Rekognitionen, ſo wäre erwieſen, daß wenigſtens in dieſer Handſchrift das Martyrium Petri den (natürlichen) Schluß dieſes Werkes bieten ſollie. Auch unſere A. V. ſtehen in der Handſchrift von Ver= celli direkt hinter den pſeudo=clementiniſchen Homilien und zwar ohne jede Ueber= ſchrift (vgl. Li Aa I p. XXXIV). Hier ſind ſie doch jedenfalls als Schluß der clem. hom. oder recogn. gedacht. — Wir überſetzen von nun an nach dem griechiſchen Texte, weil er meiſt näher ſteht als der lateiniſche; notiren aber die wichtigeren Abweichungen des lateiniſchen Textes. Eine vollſtändige Gegenüber= ſtellung der Ueberſetzungen des griechiſchen und lateiniſchen Textes iſt nicht von nöten. — Z. 30 Der Tag iſt ſchon im vorigen Kapitel genannt; Petrus hatte ihn mit Marcellus verabredet. — ſprach: ὁμιλοῦντος . . . τοῖς ἀδελφοῖς. Lateiner hat richtig adloquente Petro fratribus. Es iſt dasſelbe wie c. 13, p. 61 8: tractabat eis Petrus de profeticas scribturas. — Z. 31 Lat.: bat, ſie möchten be= harren (orante, ut perseuerarent) im Glauben an unſern Herrn Jeſus Chriſtus. — waren dabei: παρόντων. Lat.: ſie kamen dazu (adueniebant). — Z. 33

e i n e f e h r r e i c h e F r a u : Der Grieche hat: μία τις ἔνθα οὖσα γυνή πάνυ πλουσία. Der Lateiner hat übersetzt, als stünde μαῖα da und hat daraus eine vornehme (honesta) Hebamme (obsetrix = obstetrix) gemacht (G u n d e r m a n n). — Z. 33 C h r y f e : d. h. die Goldene. Der Lateiner hat Crysis. — E r b e s in ZKG 22, S. 168 macht darauf aufmerksam, daß nach einem alten Gesetze niemand Privates in Rom goldene Gefäße haben durfte. Aber F r i e d l ä n d e r, dem er die Notiz entnimmt (Darstellungen aus der Sittengeschichte Roms, III⁶ 117 f.; vgl. I⁶, 169) fügt doch hinzu, daß Tiberius' Bestimmung nicht streng aufrecht erhalten worden zu sein schiene. Bei Lucian z B. werden goldene Becher ganz allgemein als Zeichen des Reichtums genannt. — Z. 35 G e b u r t : γεννηθεῖσα ; der Lateiner hat das Wort ausgelassen. — Z. 36 Das Wort Petrus läßt der Lateiner weg. — i m T r a u m : εἰς ὄναρ ; hat der Lateiner weggelassen. — Z. 37 Der Lateiner hat nur: dein Gott. — Das Wort Chryse läßt der Lat. aus. — Z. 38 ἀποκόμισον. Lat.: da = schenke. — Z. 39 ἐκόμισα läßt der Lat. aus. — Z. 40 Für diese beiden Re= lativsätze hat der Lat. nur: „den ich vom Himmel herabblicken fah" (respicientem). — Die Furcht vor der geheimnisvollen Kraft Christi, die im christlichen Altertum viele bewegte, ist hier vortrefflich zum Ausdruck gekommen. — Z. 42 ἰδών, läßt der Lat. aus. — οἱ θλιβόμενοι. Lat.: pauperes = die Armen. — Z. 43 n u n : οὖν. Lat. autem; wie oben Z. 1. — τῶν παρόντων. Lat.: de fratribus. — Z. 44 f. Lat.: Siehe zu, Bruder, daß du nicht zu deinem Schaden (? non bene) das Gold genommen haft. — Z. 45 „in ganz Rom" läßt der Lateiner weg. — Der Lateiner hat den Satz zu schwach übersetzt: dicitur enim fornicatam illam esse; Grieche: διαβέβληται. — Z. 46 οὐ προσέχει ἑνὶ ἀνδρί : der Lat. hat es wohl zu drastisch übersetzt: neque ullum uirum relinquisse: daß sie keinen Mann zurück (in Ruhe) gelassen habe. — Es war für die heidnische Frau ein Lob, nur einem Manne anzugehören; vgl. den Ausdruck univira auf Inschriften; dazu P e l l a, alt= christliche Ehedenkmäler, 1901, S. 19. — Z. 46 f. Lat.: usque et de seruis suis non parcit; auch (manche) von ihren Sklaven schont sie nicht. Vgl. die Erzählung in Justin apol. II 2 (Otto, p. 198 B) von der angeklagten Frau: ἃ πάλαι μετὰ τῶν ὑπη= ρετῶν καὶ τῶν μισθοφόρων εὐχερῶς ἔπραττε, μέθαις χαίρουσα καὶ κακίᾳ πάσῃ . . . Die Liebe der Herrinnen zu den Sklaven kann fo selten nicht gewesen sein, da fich auch die Astrologie damit beschäftigt hat: Pf.=Clem. recogn. IX, 32 (MPG Bd. 1, 1417 B): Habuit enim Martem cum Venere super centrum, Lunam vero in occasu in domibus Martis et finibus Saturni, quod schema adulteras facit et servos proprios amare . . . — S. 418 Z. 1 d a r u m : Der Lat. fügt ein: Wenn es dir aber gut scheint. — Z. 1 f. Der Lat. hat zwei Mißverständnisse fich zu schulden kommen lassen; statt τῇ χρυσῇ τρα= πέζῃ lieft er: τῇ τοῦ Χριστοῦ τραπέζῃ (G u n d e r m a n n) und statt τὸ παρ' αὐτῆς: τὸ πῦρ αὐτῆς (L i) und übersetzt darum: teile ihr nichts mit von dem Tische unseres Herrn Jesu Christi, sondern es möge sein Feuer auf sie gesandt werden. Diese Beispiele mahnen uns, feiner Uebersetzung nicht allzusehr zu trauen. — Z. 3 Sonst lachen die Heiligen auch, wenn sie sich ihren Gegnern überlegen fühlen, da sie fich im Besitze der Wahrheit glauben; fo Pf.=Clem. recog. II, 52 MPG Bd. 1, 1273 A. B. — τοῖς ἀδελφοῖς läßt der Lateiner weg. — Z. 3 f. τὸν ἄλλον βίον, läßt der Lat. aus. — Z. 4 f. Diese zwei Sätze läßt der Lat. aus. — Z. 5 f. Für diesen Satz hat der Lat.: ich habe dieses Geld von einer Schuldnerin Christi empfangen. — Z. 6 Lat. hat statt δίδωσιν do = ich schenke. — Z. 7 αὐτῶν illis = die Diener Christi. — c. 22 p. 70 ₂₄ f.: quoniam dominus ubique suis prouidet. — H a r n a c k, II, 1, S. 554: „Die Stelle fieht übrigens wie eine Antithese aus zu dem Spruche Jesu, den Jakob aus Kephar Sekhanja von Jesus gehört haben will: „Vom Hurenlohne hat fie es gesammelt und zum Hurenlohne soll es wieder werden, vom Ort des Unrats ist es gekommen, zum Ort des Unrats soll es gehen". Harnack meint, fo, wie in unfern A. V., habe man in der Kirche vor der Mitte des 3. Jahrh. schwer= lich einen Apostel schreiben laffen dürfen. Zu vergleichen ist auch Const. Apost. III, 8 (MPG Bd. 1, 780 D 781 A): οὔτε γὰρ οἱ ἱερεῖς τοιαύτης ἐκουσιασμὸν δέξονταί ποτε οἷον ἅρ= παγος ἢ πόρνης. Γέγραπται γὰρ . . . οὐ προσοίσεις μίσθωμα πόρνης κυρίῳ τῷ θεῷ (5. Mof.

23 18). — In den Acta Petri et Andreae ſtiftet die Hure, die erſt die Apoſtel ver=
führen ſoll, zuletzt alle ihre Habe den Armen und ihr Haus zu einem μοναστήριον
παρθένων (Aa II, 1, p. 126, c. 22; p. 122, c. 9—11.) — Unwillkürlich deult man
bei unſerer Erzählung an Marcia, die φιλόθεος παλλακή Κομόδου (Hippolyt philosophumena IX, 12; edd. Duncker u. Schneidewin, 454 56), die, ſelbſt eine Chriſtin,
unter Biſchof Victor von Rom (189—199) den nach Sardinien verbannten Chriſten
die Begnadigung erwirkte (vgl. K. J. Neumann, Der römiſche Staat und die
allgemeine Kirche bis auf Diokletian I, S. 84 ff.) Aber die ehrenvolle Stellung
einer ſolchen Konkubine in der antiken Welt — auch die Kirche hat am monoga-
miſchen Konkubinat keinen Anſtoß genommen vgl. Loofs, Artikel Auguſtinus, RE II,
S. 261 41 ff., — läßt die Parallele nicht als zutreffend erſcheinen (vgl. K. J. Neu=
mann, Hippolytus, S. 126. 128).

(2) 31 Z. 8 δεόμενοι läßt der Lat. aus. — Z. 9 ἀνασφάλωσιν τῶν νόσων = ſie
möchten ſich erholen von ihren Krankheiten; Lat.: er möchte ſie heilen von ihren
Krankheiten; Lat. fügt hinzu: und alle wurden geheilt. — Z. 9 πολλοί; läßt der
Lat. aus. — Z. 10 ἡμιτριταῖοι (febris semitertiana) läßt der Lat. aus. — Lat.
hat nur: podagrici et ciragrici et quartanari. — Z. 11 σωματικῆς läßt der Lat. aus.
— Z. 12 πάνπολλοι läßt der Lat. aus. — Z. 13 προσετίθεντο. Der Lat. adpone-
bantur; er fügt am Schluſſe des Satzes ein credentes ein. — Man ſieht eigentlich
nicht recht ein, warum hier trotz c. 29 am Anfang noch einmal von den Heilungen
des Petrus die Rede iſt. Man kann ſich das ſo erklären, daß dort von dem augen=
blicklichen Eindruck des Sieges Petri über Simon die Rede ſein ſoll und hier von
ſeiner dauernden Wirkung. Die einfachere Erklärung iſt aber doch die, daß hier
ein urſprünglicher Text Veränderungen erfahren hat. — Z. 13 ff. Den Zuſammen=
ſtoß des Magiers mit Petrus ſetzt dieſe Erzählung wohl voraus; einige Schwierig=
keiten erheben ſich aber doch; die wenigen Tage p. 80 20 wollen nicht ſo recht zu
den vielen Heilungen des Petrus paſſen uſw. Daß wir nicht erfahren haben,
was nach ſeiner Niederlage aus Simon geworden iſt, hat wohl ſeinen Grund
darin, daß am Ende des 28. Kapitels nach dem Worte credentes (p. 78 3) in der
Handſchrift einige Zeilen des Textes nicht mehr lesbar oder ansgefallen ſind (vgl.
Li in der Anm.). Darum darf man ſich aber auch nicht allzuſehr wundern, daß
Simon hier ziemlich unvermittelt wieder auftritt. Eine ähnliche Situation, wie
die oben geſchilderte, zeigen die pſ.=clem. Rekogn. III, 12 ff. (MPG Bd. 1, 1288 ff.). —
Z. 14 Lat. se dicebat Petrum uincere tamquam d. h. er ſagte, er (könne) Petrus be=
ſiegen. — Z. 15 ἠπατημένῳ. Lat.: persuasioni uane. (Er ſcheint ἀπάτῃ κενῇ ge=
leſeu zu haben (Li). Li vergleicht Kol. 2 8. ἠπατημένος = fictus, ficticius vgl. Li
im Index graecus p. 305. — er: Das kann nach dem griechiſchen Texte nur
Simon ſein; der Lateiner hat überſetzt: et fantasmata omnia facere und hat dies auf
Petrus bezogen und zu dem, was Simon über ihn ſagt, hinzugenommen, als wolle
er von Petrus ſagen, daß alles, was er tue, Blendwerk ſei. Das wäre auch ſinn=
entſprechend. Auch in den pſ.=clem. Homilien VII 9, MPG Bd. 2, 224 A ſchreit Simon
gegen Petrus: „Fliehet dieſen Mann; μάγος ἐστί, er tue Wunder ὡς αὐτὸς ὢν θεός.
Dagegen verteidigt ſich Petrus in c. 11 MPG Bd. 2, 224 D. — Z. 16 οἱ ἤδη ἑδραῖοι
τῶν μαθητῶν. Der Lateiner hat überſetzt: qui autem iam constabiliti erant in deo
et Christo...; ſtatt κατεγέλων αὐτοῦ hat er: verführte er nicht. — Die Jünger ſind
natürlich die Jünger Chriſti. Zu ἑδραῖος vergleiche etwa Kol. 1 23. Iguatins ad
Ephesios 10, 2 2c. — Z. 16 f. ἐν τρικλίνοις, der Lat. „in triclinio“; er hat offenbar
an ein beſtimmtes Speiſezimmer gedacht, an das in der Wohnung des Simon; der
Grieche denkt Simon wohl herumwandernd wie einen Gaukler, der zu den Gelagen
Kunſtſtücke verübte. Freilich gab es auch mehrere Triclinia in einem Hanſe. — Z. 19
Dieſen Satz hat der Lat. ausgelaſſen. — Z. 22 Der Lateiner überſetzt die Stelle (von:
„In den Speiſezimmern“ Z. 16 bis „Stratonikus“): ‚Denn Simon ließ im Speiſe=
zimmer (zu ergänzen: Tote erſcheinen), aber nichts (war daran) wahr: et<anima>
tos iam traductos faciebat (iſt mir unverſtändlich); und Lahme ließ er aufrecht
gehen, aber nur kurze Zeit, Blinde ſehen, aber nicht in Wirklichkeit (non norum),

weil er es nur zum Schein machte, damit es zur Stunde (ad hora = ad horam) von den Menschen gesehen würde; denn sie kehrten wiederum in ihren alten Zu=stand (in eam ualetudinem) zurück. Nichts jedoch (war) beständig, (zu ergänzen etwa: wie es bei den Christen war,) wie auch Petrus den Nicostratus und die Uebrigen gesund gemacht hatte". Den Namen Nicostratus finden wir bei dem Lateiner oben in c. 28, p. 75 16. Wie der Grieche dazu kommt, ihn Stratonikus zu nennen, oder vielmehr, warum der Lateiner den Namen geändert hat, ist nicht ersichtlich. Daß der Grieche denselben Toten meint, den der Lateiner Nicostratus nennt, geht aus dem hervor, was er von ihm und seiner Behandlung durch Simon erzählt. Simon zählt seine Wundertaten auf in den pf.=clem. Rekogn. II, 9 (MPG Bd. 1, 1252 C 1253 A), in den Hom. IV, 4 (MPG Bd. 2, 160 C) und an andern Stellen. Es sind ungefähr dieselben, die auch in unserm Text angeführt werden. (Vgl. auch die Wundertaten des Manes in den Acta Archelai 36, Routh, Reliquiae sacrae V², 133). Der Verf. der Rekogn. läßt sich aber von ihnen nicht imponiren; wenn er sie auch für wahr hält, so sagt er doch (III, 59, MPG Bd. 1, 1308 A): Ille qui a malo est, signa quae facit, nulli prosunt; illa vero quae facit bonus, hominibus prosunt. Er hätte dieses Urteil freilich nicht durchführen können. Andere kirchliche Schrift=steller wollten die Wirklichkeit der magischen Wunder wohl leugnen oder führten sie wenigstens auf den Teufel zurück. Während Quadratus schreibt (Euseb. KG IV, 3, 2): τοῦ δὲ σωτῆρος ἡμῶν τὰ ἔργα ἀεὶ παρῆν, ἀληθῆ γὰρ ἦν, οἱ θεραπευθέντες, οἱ ἀναστάντες ἐκ νεκρῶν, οἳ οὐκ ὤφθησαν μόνον θεραπευόμενοι καὶ ἀνιστάμενοι, ἀλλὰ καὶ ἀεὶ παρόντες ..., lautet das Urteil über die Wunder der Magier ganz anders: Super haec arguentur qui sunt a Simone, et Carpoerate, et si qui alii virtutes operari dicuntur: non in virtute Dei, neque in veritate neque ut benefici hominibus facientes ea quae faciunt; sed in perniciem et errorem, per magicas elusiones, et universa fraude, plus laedentes quam utilitatem praestantes his, qui credunt eis, in eo quod seducantur und so weiter. Auch Tote können sie nicht auferwecken. (Jrenäus II, 31, 2 MPG Bd. 7, 824 f.). Es ist für die Kirche sehr verhängnisvoll gewesen, daß sie nur den Unterschied zwischen wahren und falschen Wundern zuließ. Auf Simon Magus läßt sich, im Sinne des Verfassers unserer Akten, die Charakteristik anwenden, die der Presbyter bei Jrenäus I, 15, 6 (MPG Bd. 7, 628 A) von dem Gnostiker Marcus gibt. Sie trifft fast Zug für Zug zu:

Εἰδωλοποιὲ Μάρκε καὶ τερατοσκόπε,
Ἀστρολογικῆς ἔμπειρε καὶ μαγικῆς τέχνης,
Δι' ὧν κρατύνεις τῆς πλάνης τὰ διδάγματα,
Σημεῖα δεικνὺς τοῖς ὑπὸ σοῦ πλανωμένοις,
Ἀποστατικῆς δυνάμεως ἐγχειρήματα,
"Α σὺ χορηγεῖς ὡς πατὴρ Σατανᾶ, εἰ (? Hilgenfeld, Ketzergeschichte des Urchristentums S. 369: "Α σοι χορηγεῖ σὸς πατὴρ Σατᾶν ἀεί,)
Δι' ἀγγελικῆς δυνάμεως (ἐγχειρήματα) Ἀζαζὴλ ποιεῖν
Ἔχων σε πρόδρομον ἀντιθέου πανουργίας.

Da diese Worte von einem Kleinasiaten verfaßt sind, sind sie für uns besonders wertvoll. — Z. 22 „In allem diesen" läßt der Lat. aus. Statt „aber" hat er nam. — ihm: dafür Lat.: magum Simonem. — Z. 23 πρὸς τοὺς ὁρῶντας läßt der Lat. aus. — eine schlechte Figur spielte: „ἀσχημονοῦντος"· — Z. 26 ἐν τούτῳ τοῦτον πάντα εἰπεῖν αὐτοῖς: πάντα müßte, wenn es Sinn haben sollte sich auf die folgende Rede beziehen; diese sollte alles, was Simon noch zu sagen hatte, ent=halten. Diese Erklärung ist aber so künstlich, daß es sich mehr empfiehlt, πάντα (nach Li) zu tilgen. Mit dem Worte Simons, das Hieronymus im Kommentar ad Matth. 24, 5 überliefert: Ego sum sermo dei, ego sum speciosus, ego paracletus, ego omnipotens, ego omnia Dei, hat das πάντα doch nichts zu tun. Oder könnte man πάντα εἰπεῖν fassen als Abschied nehmen? — Der Lat. hat den Satz: Und als er ... sagte fol=gendermaßen wiedergegeben: denn von allen wurde er in Verlegenheit gebracht (aporiabatur vgl. Rönsch, Jtala und Vulgata², S. 252) und niemand glaubte ihm mehr etwas. Zuletzt (nouissime) aber sagt Simon. — Z. 27 νῦν läßt der Lat.

aus. — Z. 28 Lat.: fortior me. — Der Lateiner fügt hier ein tamquam potentiorem me, als wäre er mächtiger als ich. — Z. 28 f. Lat.: er hat euch nämlich verführt; statt Ἠπάτησθε des Griechen hat er gelesen ἠπάτησεν (ὑμᾶς). — Z. 29 καταλιπὼν ὑμᾶς ἀθεστάτους καὶ ἀσεβεστάτους läßt der Lat. aus. — Er verläßt die Römer, um zu feinem Vater zu gehen, und fich frische Kraft zu holen. Daß er fich töten will, ift nicht gefagt. Es heißt allerdings, er habe fich aus Scham zuletzt von einem Felfen herabgeftürzt. — Z. 30 ἀναπτήξομαι πρὸς τὸν θεόν. Lat.: volabo ad dominum. Der Lat. hat ἀναπτήσομαι gelefen; aber ἀναπτήξομαι kann nicht von ἀναπέτομαι kommen; es kommt von ἀναπτήσσω und kann dann nur oben erflärt werden (πτήσσειν = fich niederbruden) vgl. zu (2) 31 Z. 33 f. — Z. 31 f ch w a ch geworden; ἀσθενήσασα. Der Lateiner hat den Relativsatz wiedergegeben: deffen Kraft ich kenne. Es ift wohl ein me ausgefallen, fo daß es heißen würde: als deffen Kraft ich mich kenne, vgl. oben c. 4 und AG. 8 10. Das ἀσθενήσασα fcheint mir fehr merkwürdig; in der Apoftelgefchichte heißt es: δύναμις ἡ καλουμένη. Aus der Abficht des Schriftftellers, auch hier Simon nicht mehr als feiner Sache gewiß erfcheinen zu laffen, kann man es nicht gut erklären. Es kann dann nur den Sinn haben: Simon fieht ein, daß er keine Gewalt mehr über die Menfchen ausüben kann. Wäre er noch in feiner Kraft, oder vielmehr wäre die Kraft Gottes noch fo mächtig in ihm wie früher, fo würde Petrus nicht ftärker erfcheinen als er. Statt ἀσθενήσασα fcheint der Lateiner gelefen zu haben: αἰσθομένη. — Statt diefes Satzes: εἰ οὖν ὑμεῖς πεπτώκατε, ἰδὲ ἐγώ εἰμι ὁ ἑστώς hat der Lateiner nur: quia uos caecidistis me = weil ihr mich zu Falle gebracht habt (caedere, tranfit. zu cadere). Es ift merkwürdig, daß der Lateiner von ἑστώς keine Notiz genommen zu haben fcheint; darum vermutet G u n d e rm a n n auch, es fei nach me ausgefallen stante, und deutt fich den Sinn wohl fo: weil ihr gefallen feid, während ich ftand = (ftehen blieb); aber auch das folgende ἑστῶτα p. 82 1 hat der Lateiner nicht beachtet, fondern bietet etwas ganz anderes dafür; vgl. die folg. Anm. In meinen ‚Beiträgen' S. 92 ff. habe ich die Vermutung ausgefprochen, daß der Ausdruck ἑστώς zunächft in Simons Gottesbegriff hineingehöre, daß er von da auf Simon felbft übertragen, und daß diefe Uebertragung durch die bildliche Redeweife, wie fie oben vorliegt, ermöglicht worden fei. Denn im .technifchen Sinne angewendet, finden wir ihn erft bei Hippolyt (und in den pf.=clem Refogn. und Hom.). Sch in GgA Nr. 5 S. 376 kehrt das Verhältniß um und findet ihn fchon in der Quelle, die der Verfaffer der A. V. benutzt hat. Das ift natürlich auch möglich, will mir aber weniger wahrfcheinlich vorfommen als meine Deutung. Denn es ift wohl die Art des Verfaffers der A. V., Bilder fonfret auszudeuten, nicht aber fonfrete Vorftellungen in Bilder umzuwandeln. Und anders als bildlich kann ich den Ausdruck hier nicht faffen; er ift im Gegenfatz zu den ungetreuen Schülern angewendet, die von Simon abgefallen find; es macht allerdings den Eindruck, als wäre er als gewöhnliche Bezeichnung des Simon unferm Autor bekannt. — Man könnte auf den Gedanken kommen, daß aus den innerfirchlichen Kämpfen über die Behandlung der lapsi (im Gegenfatze zu den stantes) Licht auf unfere Stelle fallen könnte. Bei näherer Erwägung erfcheint diefe Ausfunft unmöglich. — In den A. Tho. 32, Aa II 2 p. 148 17 ff. fpricht der Drache: υἱός εἰμι ἐκείνου τοῦ βλάψαντος καὶ πλήξαντος τοὺς τέσσαρας ἀδελφοὺς τοὺς ἑστῶτας. — Z. 32 Der Lateiner hat: „und ich gehe zu dem Vater A l l e r und fage zu ihm". Die Einfchiebung von „Aller" ift gewiß von dem Ueberfetzer nicht ohne Abficht gemacht worden; er will auch den Schein vermeiden, als gäbe fich Simon Recht, wenn er fich als Gottes Sohn bezeichnete. Der Ueberfetzer ift firchlicher als feine Vorlage; auch das wird uns vorfichtig gegen feine Ueberfetzung machen müffen. — Z. 32 f. Κἀμὲ τὸν ἑστῶτα υἱόν σου κατακλῖναι ἠθέλησαν ift wohl nicht fo gut zu überfetzen mit: auch mich den Stehenden deinen Sohn haben fie zu Falle bringen wollen; nämlich wie fie felbft zu Falle gefommen find. Simon bekennt fich als den einzig treu gebliebenen Anhänger des Gottes, den er verkündigte. — Der Lat. hat für diefen Satz: „Deine Söhne haben mir Unrecht getan". Wie er dazu kommt, eine folche Aenderung vorzunehmen, ift nicht erfichtlich. Auch in dem Zufammenhange der Worte, die er gebraucht, hat der Satz keinen rechten Sinn. Darum vermutet auch Li, daß der Lat. statt υἱόν σου gelesen habe υἱοί σου oder daß filio tuo (deinem Sohne haben sie Unrecht getan) zu lesen sei. Damit ist die Schwierigkeit aber nicht gehoben. Der Lateiner hat vielleicht daran gedacht, daß die Gegner Simons die Söhne Gottes wären (als die Christen) und darum hat er filii tui geschrieben, was doch Simon unmöglich von seinen Gegnern hätte sagen können. Außerdem würden die folgenden Worte des Lat. nicht passen. — Wie er zu dem iniuriam mihi fecerunt kommt, ist nicht ersichtlich; hat er statt ἠθέλησαν des Griechen ἠθέτησαν gelesen? und ist damit die Stelle aus Jesaia (1 ₂) die nach Hippolyt (Philosophuma VI, 13; ed. Duncker und Schneidewin, p. 242) Simon gebraucht hat, in Zusammenhang zu bringen: υἱοὺς ἐγέννησα καὶ ὕψωσα, αὐτοὶ δέ με ἠθέτησαν? Ich sehe hier noch keine Lösung. — 3. 33 f. ἀλλὰ μὴ συνθέμενος αὐτοῖς εἰς ἐμαυτὸν ἀνέδραμον. Der Lat. hat dafür nur: ich bin zu Dir zurückgekehrt; Li erklärt es so, daß der Lateiner εἰς σεαυτὸν statt εἰς ἐμαυτόν gelesen hat. εἰς ἐμαυτόν ist wohl schwierig; läßt sich aber doch halten: ich habe mich in mich selbst zurückgezogen. Daß dieser Ausdruck bildlich aufzu-fassen ist, und nicht im Sinne einer Identifikation Simons mit dem höchsten Wesen verstanden werden darf, geht deutlich daraus hervor, daß Simon sich vorher als Sohn von dem Vater unterscheidet. Ich halte es für unmöglich, daß der Verf. der A. V. diese Rede Simons komponirt hat. Denn wenn er den Gnostiker Simon im Sinne der ketzerbestreitenden Väter vorführen wollte, so ist nicht einzusehen, warum er ihn nur „durchschimmern" lassen wollte. Seiner ganzen Anlage nach war er gar nicht fähig, sich von ihren materialisirten Vorstellungen loszulösen und sie durch geistigere zu ersetzen, wie wir es hier annehmen müßten, wenn er der Verfasser der Rede Simons wäre. Wohl aber ist es verständlich, daß eine böswillige Exegese aus Worten Simons, wie sie hier vorliegen und ähnlichen all' den Unsinn heraus-lesen konnte, der seit der Mitte des 2. Jahrh. Simon nachgesagt worden ist. Wir haben hier denselben Prozeß vor uns, der gerade aus den A. V. so deutlich illu-strirt wird und sie zu einem bedeutungsvollen Dokumente macht. Daß unser Autor in den Worten Simons von dieser Exegese keinen Gebrauch macht, ist ein deutlicher Beweis dafür, daß er sie wiedergegeben hat, so wie er sie fand. Die philologischen Gründe, die Sch in GgA 1903, S. 375 gegen meine Deutung des ἀναπτήσομαι vor-gebracht hat, vermag ich nicht zu würdigen. Eine Verderbnis des Textes, wie sie Sch für möglich hält, anzunehmen, ist eine mißliche Sache. Aber auch ἀναπτήσομαι kann als Bild aufgefaßt werden; und auch durch diese Lesart würde die Deutung, die ich in meinen Beiträgen S. 92 ff gegeben habe, nicht alterirt. — Zu der Rede Simons sind noch zu vergleichen, die Worte, die Irenäus von den Markosiern be-richtet (Irenäus I, 21, 5 MPG Bd. 7, 668 A B). Die gestorbene Seele spricht zu den ἀρχαι und ἐξουσίαι: ἐγὼ υἱὸς ἀπὸ πατρός, πατρὸς προόντος, υἱὸς δὲ ἐν τῷ παρόντι. ἦλθον πάντα ἰδεῖν ... καὶ πορεύομαι πάλιν εἰς τὰ ἴδια, ὅθεν ἐλήλυθα. σκεῦός εἰμι ἔντιμον ... ἐγὼ οἶδα ἐμαυτόν, καὶ γινώσκω ὅθεν εἰμί, καὶ ἐπικαλοῦμαι τὴν ἄφθαρτον Σοφίαν, ἥτις ἐστὶν ἐν τῷ πατρί ... Ueber das Verhältnis des griechischen zu dem lateinischen Texte vgl. oben. Der Uebersetzer hat das altertümliche Gepräge der Rede Simons vollständig verwischt.

(3) 32 3. 35 Lat.: ein großer Volkshaufe. — 3. 36 Lat.: ad platea (l. plateam): quae dicitur sacra uia. Im Corpus glossariorum latinorum wird platea glossirt mit via spaciosa, viae latae a porta in portam. — Der Ausdruck ist zu ungenau, als daß er von einem Römer geschrieben sein könnte. Andererseits konnte jeder einiger-maßen gebildete Untertan des römischen Reiches die sacra via kennen. Es braucht hier noch nicht einmal angenommen zu werden, daß unserem Autor eine mündliche Tradition zu gebote stand. Ueber den Ort, an dem der Flug stattfand vgl. Li II, S. 324 ff und andere Literatur, die weiter hinten angegeben werden soll. — 3. 37 Der Lateiner hat für diesen Satz nur: Und Petrus kam, um auch dabei zu sein. Li vermutet, daß θεασόμενος für θεασάμενος gelesen hat. Ich schließe mich ihm an. — 3. 38—41 Die beiden Sätze: Denn als er nach Rom kam ... gedacht wurden, hat der Lateiner nicht. Man könnte sie wohl als Interpolation beurteilen, aber

ſie laſſen ſich doch auch hinreichend erklären. Auch daß ſie der Lateiner ausgelaſſen
hat, iſt erklärlich. — Z. 41 Auch dieſe topographiſche Angabe iſt zu allgemein, als
daß ſie von einem Römer geſchrieben ſein könnte; der Lateiner hat ſie nicht. An
irgend eine Tradition, die unſerm Autor vorgelegen haben könnte, iſt nicht zu denken.
Himmelfahrten finden immer von einem hohen Orte aus ſtatt. Nach der Passio
Petri et Pauli 51, vgl. 30 (Aa I, p. 162₁₀ vgl. p. 144₈) läßt Nero auf dem Campus
Martius einen Turm bauen und von dieſem fliegt Simon. Hier iſt die Nachahmung
von Sueton Nero c. 12 deutlich (Li II, 324), freilich nur für die Einzelheiten. —
In einer andern Passio app. Petri et Pauli (c. 10; Aa I p. 230₁₃) iſt aus dem
hohen Ort der „mons Capitolinus" geworden. Simon bittet, daß ihm dort ein
hölzerner Turm errichtet werde. — Es ſcheint dies alles nur weitere Ausſchmückung
der (von unſern Akten gebotenen?) allgemeinen Angaben zu ſein, ohne irgendwelche
hiſtoriſche Unterlage. — Z. 41 f. Lat. hat nur: Und Simon kam und ſprach mit
lauter Stimme zu Petrus. — Z. 42 f.: Der Lat. hat daraus gemacht: Paß auf,
Petrus, daß ich jetzt zu dem Herrn gehe, vor dem Volke, das auf mich ſchaut. Ich
ſage Dir Petrus . . . — Z. 43 Lat.: wenn dein Gott etwas kann. Im Griechen findet
ſich das quid (= τι) nicht. — Z. 44 die von ihm Auserwählten: Lat.:
„qui sub illo eratis collecti". — Z. 44 f. Lat.: „ſo möge ſich zeigen, was dein
Glaube ſei" (für πιστις αυτου hat er πιστις σαυτου geleſen: Gundermann). —
Z. 45 f.: Dieſen Satz hat der Lateiner ausgelaſſen. „an dieſem Vorkommnis":
im Griechiſchen ſteht ἐπὶ τούτῳ. Simon will ſagen: durch meine Himmelfahrt zeigt
mein Gott, daß er der wahre iſt, und daß der Glaube an den Gott Jeſu Gottes
unwürdig iſt. — Z. 46 f. Der Lat. hat nur: denn ich gehe zu ihm (ad eum; corr.
ad deum L i). — Z. 47 Lat.: Siehe plötzlich wurde er in der Höhe geſehen. — S. 419 Z.
1 über ganz Rom: Lat.: in tota urbe. — Z. 2 erhoben: ἠρμένον fehlt im
Lateiner. — Z. 2 Dieſen Satz hat der Lat. ausgelaſſen. — Z. 3 τὸ παράδοξον τοῦ
θεάματος. Lat.: Petrus aber ſah es und wunderte ſich ſelbſt über einen ſolchen Anblick. — Z. 4 „jetzt" läßt der Lat. aus. — Z. 5 Lat.: scandalizantur. — Z. ei-
chen und Wunder: Lat. hat für die beiden Ausdrücke nur signa. — Z. 6
ἄπιστα. Lat.: fincta. — Z. 7 Nach Gnade fügt der Lat. hinzu: und zeige allen,
die an mir hängen (adtendunt, wie oben c. 29, p. 79₁) deine Kraft. — er-
ſchlafft bleibe: ἐκλυθεὶς συστῇ. — Z. 8 Lat.: „Aber ich bitte nicht, daß er
ſterbe, ſondern daß er an ſeinen Gliedern etwas Schaden leide." — Der Grieche
wie der Lateiner halten alſo an der Tendenz des Stückes, Gottes Barmherzigkeit
als ſchrankenloſe zu zeigen, feſt und wollen Simon immer noch die Möglichkeit der
Umkehr offen halten vgl. c. 28, p. 77₂. [In der ſyr. Didaskalia 23 vgl.
Didascalia Apostolorum ed. Hauler p. 61 kommt Simon nach des Petrus eigenem
Berichte durch den Fall nicht zu Tode, ſondern verſtaucht ſich nur den Fußſchenkel;
der Fall geſchieht auf Anrufung des Petrus, der ihn eines ſchönen Tages beim
Ausgange durch die Luft fliegen ſieht: „In der Kraft des hl. Namens Jeſu ſchneide
ich dir deine Kräfte ab!" Simon lebt danach weiter zur Ausbreitung ſeiner Häreſie;
kurz zuvor iſt Kleobios als ſein Parteigänger erwähnt.] — Z. 9 Lat. fügt „ſofort" und „zur Erde" ein; und läßt „von oben" weg. — Z. 10 f. Lat. „da ſtei-
nigten ſie ihn, alle glaubend und den Herrn lobend". — Ganz ähnlich wie Petrus
hier hat ſich Aſtyrius gegen ein heidniſches Wunder benommen. Euſeb. KG VII, 17.
In Cäſarea Philippi wurde an einem Feſttage ein Opfertier in den See geworfen;
es verſchwand auf wunderbare Weiſe und das wurde als großes Wunder angeſehen. Als Aſtyrius das ſah, hatte er Mitleid mit dem Volke, „hob ſein Angeſicht
zum Himmel und hat durch Chriſtus den allmächtigen Gott, den volksverführeriſchen
Dämon zu überführen (ἐλέγξαι) und ihn endgültig zu hindern an dem Betrug den
er an den Menſchen verübte". — Man hat es wahrſcheinlich gefunden, daß die
Sage von dem unglücklichen Flugverſuche Simons ſich herleite von der Erzählung
von einem unglücklich ausgefallenen Flugverſuche eines Gauklers unter Nero (vgl.
oben zu c. 4 Z. 7; zu c. (3) 32 Z. 41; ſo z. B. Möller in RE XIV², S. 252, Anm.,
neuerdings wieder Lugano in dem zu c. 4 Z. 41 genannten Aufſatze S. 59). Ich

kann nicht finden, daß diese Hypothese gut wäre. Vorstellungen von Auffahrten in den Himmel, zuerst bildlich gemeint und dann konkret gedeutet, müssen unter den Christen überaus häufig gewesen sein. Sie ließen sich ja immer anknüpfen an neutestamentliche Stellen. In merkwürdiger Mischung findet sich das Bild und seine konkrete Deutung bei Euseb KG. V, 16, 14. Der anonyme Antimontanist, aus dessen Werke Euseb Bruchstücke mitteilt, berichtet von den Todesarten der montanistischen Propheten. Von Theodotos schreibt er: „In gleicher Weise erzählt man sich auch häufig von jenem wundervollen ersten Verwalter ihrer sogenannten Prophetie, einem gewissen Theodotos, daß er einmal wie erhoben und emporgetragen zum Himmel außer sich geraten sei und sich anvertraut habe dem Geiste des Truges, aber herabgeschleudert elend geendet habe". Wenn etwas, so versetzt uns diese Erzählung in die Atmosphäre, der unsere Actus entstammen. (Einige Sagen von fliegenden Menschen habe ich zusammengestellt in meinen ‚Beiträgen' S. 99. Es scheint im 2. Jahrh. als ein Beweis für den Besitz göttlicher Kräfte angesehen worden zu sein, wenn ein Mensch die Fähigkeit hatte, fliegen zu können.) — Z. 12 Die Handschrift liest γέμελος. Ebenso ist der Name geschrieben in einem noch unbenutzten Traktat einer Handschrift des Escorial (T I 17), dessen hiehergehörigen Abschnitt ich in meinen ‚Beiträgen' S. 56 ff. veröffentlicht habe. Hier wird gesagt, daß in den von den Apotaktiten gelesenen Πέτρου Πράξεις berichtet würde, daß Gemellus nach Kleinasien gekommen sei, nachdem ihm in Rom die Möglichkeit genommen worden sei, jemanden zu schädigen oder zu täuschen. Diese Angabe steht im Widerspruch mit unseren Petrusakten. Ich habe dies als ein Zeugnis dafür angeführt, daß wir die Form, in der die Petrusakten bei den Apotaktiten gelesen wurden, noch nicht besitzen. (‚Beiträge' S. 90.) Merkwürdigerweise leugnet Sch die Richtigkeit der Angabe des Anonymus (GgA 1903, S. 373. 374). Es ist ja möglich, daß der Autor gelogen hat; aber solange wir nur die Möglichkeit behaupten können, so lange haben wir kein Recht, seine Glaubwürdigkeit in Zweifel zu ziehen. — Z. 13 „Ἑλληνίδα τινὰ γυναῖκα ἐσχηκώς"; diesen Satz läßt der Lateiner aus; der Autor deukt wohl, das hellenische Weib sei eine Landsmännin Simons. Ἑλληνίς ist wohl besser mit heidnisch zu übersetzen. — eilig: διὰ τάχους läßt der Lateiner aus. — Z. 14 nach sagte fügt der Lateiner hinzu: „lachend zu ihm". — Z. 16 τυφλωθήσεται läßt der Lateiner weg. Er hat den Satz anders gewendet; denn er übersetzt: „Du bist Gottes Kraft? Wer hat dir den Schenkel zerbrochen? Doch nicht der Gott selbst, dessen Kraft zu sein du sagst?" — folgte: ἠκολούθει findet sich nicht beim Lateiner. — Z. 17 Auch ich: Lat.: Ecce ego. — Z. 18 τίς οὖν ὁ φθόνος; Lat.: Quae inuidia hic est? — Z. 18 f. Lat. hat nur frater. — Z. 19 bleibe bei uns: παρέδρευε. Lat.: fac cousuetudinem = verkehre (mit uns). — ἐν τῇ συμφορᾷ γενόμενος; der Ausdruck hat den Sinn von „Niederlage". Lat.: male tractatus. — Z. 20 νυκτός fehlt beim Lateiner. — Z. 21 Der Lat. fügt hinzu: „paucos dies" wenige Tage. — Z. 22 ἐπ' αἰτίᾳ μαγικῇ läßt der Lat. aus. — Z. 22 vertrieben: Lat.: „et inde tultus est quasi exiliaticum ab urbe nomine Castorem Terracina". tultus von tollere; vgl. Li im Index latinus, p. 319; wie oben adtultus p. 76 18 quasi exiliaticum ist unrichtig; der Lat. hat offenbar im griechischen Texte gelesen: ὡς τινα Ῥώμης ἐξορισθέντα (Li). — Z. 23 f. Der Lateiner läßt ihn von zwei Aerzten operirt werden, die seinen Tod veranlassen: „Et ibi duo medici concidebant eum, extremum autem die (ließ diem) angelum Satanae fecerunt ut expiraret". — Daß Simon nach Aricia zurückgeschafft wird, möchte ich nicht mit Li II S. 274 damit erklären, daß „nach einer Notiz des Scholiasten zu Juvenal Aricia die Bettlerstadt, der Aufenthaltsort der aus Rom vertriebenen Juden war". Denn davon, daß die Juden Simons Freunde waren, ist in den A. V. nichts gesagt. Offenbar soll Simon nach dem Orient zurückgeschafft werden; darauf deutet auch die Erwähnung von Terracina. Warum sein Tod hier lokalisirt wird, dafür gibt es keine Erklärung. — Ueber die Sacra Via und den Ort des Sturzes Simons vgl. de Rossi, Della memoria topografica del sito ove cadde Simone il mago sulla via sacra im Bullettino di archeologia cristiana, V, 1867, pp. 70 f. Li II, S. 325 ff. P. Lugano, Le memorie leggendarie di Simon mago e della suo volata, Nuovo Bullettino di archeologia cristiana VI, 1900, S. 60 ff. Bei Lugano finden sich auch Angaben über den Stein, resp. die Steine, auf denen die beiden Apostel Petrus und Paulus nach der katholischen (römischen) Legende um den Sturz Simons gebetet und ihre Spuren hinterlassen haben sollen. Wer an dem Spiele der Phantasie der mittelalterlichen Menschen Freude hat, möge sich auch die Frage vorlegen, ob es sich um 4 oder 2 oder einen Stein handelt. In der Kirche Sa. Francesca Romana werden zwei Steine gezeigt (vgl. auch Erbes in der ZKG XXII, 175 Anm. — Ueber die alte ecclesia S. Petri am Forum, errichtet zur Erinnerung an den Sturz Simons, vgl. Grisar, Geschichte Roms und der Päpste im Mittelalter I, S. 179 ff. Nr. 161. Die Stelle, an der Simon vom Himmel gestürzt sein soll, wird noch in der Biographie des Jab—allâhâ III = Bericht des nestorianischen Priesters Bar—Saumâ über Rom vom Jahre 1287 erwähnt, Oriens Christianus I, S. 385.) — Der Sturz Simons ist schon im 8. Jahrh. auch bildlich verkörpert worden; in dem Oratorium „Praesepe sanctae Mariae" in der vatikanischen Basilica, das von Johannes VII (705—707) erbaut und mit Mosaiken ausgeschmückt wurde. Zeichnungen haben sich von den Mosaiken erhalten: vgl. Garrucci, Storia dell' arte cristiana IV tav. 282, Nr. 1. Doch sind die Darstellungen aus der Simonslegende nicht unfern A. V. entnommen, sondern den gewöhnlichen katholischen (römischen) Akten. — Auf die Entwickelung der Simonlegende näher einzugehen, ist unmöglich, da sie einer ganz neuen Untersuchung bedarf trotz Joh. Kreyenbühl, Das Evangelium der Wahrheit S. 174 ff.

---

(4) 33 Z. 25 Hier setzt die zweite Handschrift ein, die den griechischen Text des Martyriums Petri erhalten hat (Codex Patmius 48). — Hier beginnt auch eine paraphrasirende lateinische Uebersetzung des Martyriums Petri, die unter dem Titel: Martyrium beati Petri apostoli a Lino episcopo conscriptum bekannt und gedruckt ist (Aa I, 1—22). Die Uebersetzung ist von der Uebersetzung der A. V. unabhängig (vgl. Zahn, G.K. II, 832—839; Harnack II 1, S. 551). Sie stellt sich, eben weil sie eine Paraphrase ist, dar als die erste Erklärung des ursprünglichen Textes und wir werden sehen, daß sie in manchen Fällen sich zur Korrektur des griechischen Textes gebrauchen läßt. Sie hat aber manche Eigentümlichkeit des Urtextes verwischt. Sie zeigt auch Interpolationen; und zwar beziehen sich diese auf die römische Lokallegende (vgl. Sch, Petrusakten, S. 144). — Hier beginnt auch die armenische Uebersetzung, die P. Vetter mit Rückübersetzung ins Griechische, resp. Lateinische im Oriens Christianus ed. Baumstark I, 1901, S. 217—239 veröffentlicht hat. Die Varianten sind sehr unbedeutend; ich verzichte darauf, sie anzuführen. — Hier beginnt das Stück, dessen Grundlage nach Harnack, TU N. F. V, 3. Heft, S. 104 ff.) ein umfangreiches Stück der Paulusakten bildet. [Auch der äthiopische Bericht bei Malan, The Conflicts of the holy Apostles, London 1871, p. 1 ff. nimmt hier seinen Anfang.] — Das Linusmartyrium hat, um eine Einleitung zu gewinnen, die ersten Sätze weit umschrieben. — Z. 25 Der Ausdruck ἀγαλλιᾶσθαι ist in den A. P. et Th. gebräuchlich; z. B. 25 (Aa I, p. 252 11 und 253 1), wie überhaupt die Beziehungen zu den Theklaakten in die Augen fallen (vgl. Harnack, TU N. F. V, 3. Heft. S. 105). Jedenfalls steht die Ausdrucksweise in den c. 33 ff. der Theklaakten näher, als die der vorausgehenden Kapitel. — Z. 26 „täglich" läßt der Lat. aus. weg. — Z. 27 Lateiner hat bloß in nomine Christi und läßt auch „durch die Gnade des Herrn" weg. Der „heilige Name Christi" findet sich oben auch p. 68 28. In den neutestamentlichen Schriften ist viel von dem Namen Christi die Rede; aber heilig wird er m. W. nicht genannt. — Z. 28 Den Namen Agrippas läßt der Lat. hier weg. — Ich habe nicht den Eindruck, als ob die Geschichte vom Präfekten Agrippas hier so beginne, als wäre vorher von ihm noch gar nicht die Rede gewesen (Harnack TU N. F. V, 3. Heft. S. 105). Es wird

nur ein neues Element in die Handlung eingeführt; und dies geschieht, um die Ursache des Märtyrertodes des Apostels Petrus abzugeben. Während vorher die Ursache für des Petrus Reise nach Rom angegeben war, — die Reise mußte doch unter allen Umständen begründet werden, — wird hier die Ursache für den Tod des Apostels geboten. Und daß der Präfekt hier sofort eingeführt wird, geht darauf zurück, daß er die Gewalt hat, Petrus zum Tode zu verurteilen. Er muß freilich dazu noch besonders von Albinus angestachelt werden. — 3. 28 τέσσαρες οὖσαι und die 4 Namen hat der Lat. ausgelassen; das Linusmartyrium (p. 2 16 f.) hat die Namen bewahrt, aber für Nikaria: Eucharia und für Doris: Dionis. — 3. 29 f. ἀκούουσαι τὸν τῆς ἁγνείας λόγον (wie A. P. et Th., p. 240 9 f.) hat der Lateiner übersetzt: sie hörten, daß die Keuschheit bewahrt werden müßte. Die Worte: πάντα τὰ τοῦ κυρίου λόγια (wie A. P. et Th. p. 236 1) ἐπλήγησαν τὰς ψυχάς läßt der Lateiner aus. Das Linusmartyrium (p. 2 17 ff.) hat die Worte im ganzen treu beibehalten. — Weil die ἁγνεία so hoch geachtet erscheint, ist es erklärlich, daß unsere Actus in enkratitischen Kreisen gelesen wurden. — 3. 30 f. Lat.: sie besprachen sich unter einander und enthielten sich von dem geschlechtlichen Verkehr mit dem Präfekten Agrippa. — 3. 31 f. Lat.: „und da er ihnen lästig war, kamen sie (ihm) mit Entschuldigungen und brachten ihn (so) in Verlegenheit" (excusationibus adueniendo (Usener: adiuueniendo) aporiabant eum. — 3. 32 Lat.: „cumque ille bilem pateretur". „als er zornig wurde". Das Linusmartyrium hat die Worte des Griechen viel besser beachtet. — 3. 33. 34 ἐπετηρεῖτο καὶ ὑποπέμψας; dafür hat der Lateiner nur exposuit; fügt aber hinzu: curiosos (= Kundschafter), ut sciret. — 3. 34 erfuhr: μανθάνει. Lat.: scierunt (d. h. die Kundschafter). — 3. 35 gingen: Lat. fügt hinzu: conueniunt. Der Linustext ist dreiter. — kamen: ἐλθούσαις hat der Lateiner weggelassen; der Linustext macht daraus, daß er sie hätte zurückführen lassen. — 3. 36 jener Christ: Dafür hat der Lat. nur Petrus. Lat.: „Petrus hat euch verboten, mit mir Gemeinschaft zu haben; jener hat euch dies gelehrt." Der Linustext hat die Worte des Griechen besser bewahrt. — 3. 37 ζῶντα καύσω läßt der Lat. weg und hat nur: „wisset, daß ich euch und ihn verderben werde". Der Linustext hat diese Sätze ganz dreit umschrieben. — 3. 37 f. ὑπέμειναν ... παθεῖν. Lat.: paratae erant ... pati. — 3. 38 f. μόνον ἵνα μηκέτι οἰστρηλατῶνται. Lat.: quam se committere cum eo. Bei dem Lateiner ist vorher „potius" zu ergänzen.

(5) 34 3. 40 Lat: confortante domino: da der Herr (sie) stärkte. — Das Motiv der Keuschheit spielt in den Theklaakten eine große Rolle. Man vergleiche die Seligpreisungen des Paulus in c. 5. Nur ist in den Theklaakten nicht von Konkubinen die Rede. — 3. 41 In Albinus mag eine Erinnerung stecken an D. Clodius Septimius Albinus Caesar, ... der Bithynicos exercitus eo tempore, quo Avidius rebellabat (a. 175) fideliter tenuit (Vita 6, 2); Prosopographia Imperii Romani I, p. 421, Nr. 937. — 3. 41 nach Freundes fügt der Lat. hinzu clarissimi uiri. — 3. 41 Das Linus-Martyrium hat Xandips. Eine andere Xanthippe, die Gattin des Probus, eine Spanierin, von Paulus belehrt, in den Acta Xanth. et Polyx., hrsg. von James in TSt II, 3, S. 58—85 (vgl. dazu James' Einleitung S. 43 ff.). — 3. 42 nach Petrus fügt der Lat. hinzu: de castitate servanda. Es muß hier im griechischen Texte etwas ausgefallen sein; denn auch das Linus-Martyrium hat: a quo uerbum percipiens castae uitae: von dem sie die Predigt vom keuschen Leben vernehmend... — 3. 43 Jener nun: Lat.: ipse autem. — 3. 45 Tier: Lat.: besteus = bestius. Vgl. Index Latinus bei Li, p. 310. — Lat.: „quaerens, quomodo Petrum perderet". „suchte, wie er Petrus verderben möchte". — 3. 45 f. Diesen Satz läßt der Lateiner aus; der Linustext hat die Erzählung sehr frei behandelt. — S. 420 3. 1 zu Frauen fügt der Lat. hinzu honestae = vornehm. — gewannen lieb: ἐρασθεῖσαι; Lat. hat nur: audientes = hörend. — 3. 2 Lat. hat für: καὶ ἄνδρες τῶν ἰδίων γυναικῶν τὰς κοίτας ἐχώριζον nur: et uiri a mulieribus (d. h. trennten sich). — 3. 3 f. „in Rom" läßt der Lat. aus. — 3. 3—5 Der Lat. hat dies anders gewendet: „Als aber ein großer (non

minimo) Tumult von Albinus erregt worden war, erzählte er dem Präfekten von ſeiner Gemahlin. Er ſagte zu ihm:" ... — Z. 5 räche: Lat.: defende (verteidige). — Z. 5 f. Lat. hat für dieſen Relativſatz: „der dieſe da überredet hat, Chriſten zu werden". — Z. 7 Lat. hat dies falſch überſetzt: „und der Präfekt, der dies er= duldet hatte, erzählte (es) dem Albinus". — Z. 7 f. der ... gemacht hat: Dieſen Satz hat der Lat. ausgelaſſen. — Z. 8 ihm: Lat.: „zu dem Präfekten". — Z. 8 f. Lat.: „quid ergo taces?" Was ſchweigſt du alſo? — Z. 9 vorwitzig: Griech. περίεργος iſt oben zu ſchwach überſetzt; denn das Wort hat geradezu den Sinn von „Magier" angenommen; vgl. Sophocles, Lexicon s. v. Der böſe Zauber durch anſtößigen Sakralakt und zu ſchlimmem Zweck (hier die Verführung der Franen zur Enthaltſamkeit) wird mit dem Tode beſtraft. Mommſen, Strafrecht S. 639 ff. Zur Anklage gegen die Chriſten auf Magie vgl. Edm. Le Blant, Les persé- cuteurs et les martyrs Paris 1893, p. 73 ff. — Z. 9—11 Lat. hat von „wir wollen ihn ergreifen" an: „Warum ſchützeſt (defendes; lies: defendis) du dich nicht und alle? Wir wollen ihn darum töten, damit wir unſere Franen (wieder) beſitzen können". — Zu der Erzählung iſt etwa zu vergleichen: A. P. et Th., c. 15 (Aa, I, p. 245 12 f.): Und das ganze Volk ſagte: Führe den Magier hinweg; denn er hat alle unſere Franen verderbt, oder c. 5 (p. 238 16. 239 1): Selig diejenigen, die Franen haben, als hätten ſie ſie nicht, und andere Stellen.

(6) 35 Z. 12—15 Lat.: „Es wurde daher eine Unterredung von Sanctippe (sic!) veranſtaltet. Sie erzählte es nämlich dem Petrus und bat ihn, er möge Rom verlaſſen, damit zur Stunde (ad hora, lies ad horam) der Böſe keinen Raum habe. Das ſagten ihm auch alle Brüder". Dann hat der Lateiner nur noch quibus. Es folgt eine größere Lücke bis gegen Ende des c. (7) 36. In der Handſchrift iſt ein Blatt ausgefallen; es fehlte ſchon im 7. Jahrh. (vgl. Anm. bei Lipsius auf p. 87). — Das Linus=Martyrium hat auch hier wieder ſeiner Art nach die Erzählung ganz frei wiedergegeben und mehrere Züge ſeinem Romane eingefügt, für die in dem griechiſchen Texte kein Anhalt geboten war; z. B. (p. 5) wird dort im Senate da= von geſprochen, daß Petrus wegen ſeiner Einwirkung auf die Trennung der Franen von ihren Männern die ewige Stadt verderbe ꝛc. — Z. 19 ἐξέρχομαι. — Petrus geht hinweg, wie Polykarp von Smyrna, Dionyſius und Petrus von Alexandrien, Cyprian von Karthago ihre Gemeinden verlaſſen haben. Aber dieſe entwichen angeſichts der drohenden Chriſtenverfolgung. Origenes c. Cels. VIII, 44: κἂν φεύγῃ δέ τις Χριστιανός, οὐ διὰ δειλίαν φεύγει, ἀλλὰ τηρῶν ἐντολὴν τοῦ διδασκάλου καὶ ἑαυτὸν φυλάττων καθαρὸν ἑτέρων ὠφεληθησομένων σωτηρίᾳ. (Die Worte des Celſus in c. 41.) Der römiſche Klerus hat ganz anders wie hier die Römer über die Flucht in der Verfolgung geurteilt, als Cyprian aus Karthago gefloben war; vgl. den 8. unter den Briefen Cyprians, Hartel III, p. 485 ff. — Z. 14—20 Aus dieſen wenigen Worten der A. V. hat das Linus=Martyrium eine lange Erzählung gemacht (p. 5 ff.) von der Weigerung des Petrus, die Stadt zu verlaſſen und den flehent= lichen Bitten der römiſchen Chriſten, er möge ſein Leben ſchonen. Dort leſen wir z. B. p. 6: O wahrhaftigſter Vater, wo ſind die Worte, mit denen du eben ſagteſt, daß du bereit wäreſt, für unſer Leben den Tod zu erleiden? Und jetzt können wir nicht erreichen, daß du für unſer Heil, bis wir geſtärkt werden, eine kleine Weile das Leben duldeſt? (ut pro nostra salute, donec corroboremur, patiaris aliquantulum uiuere!) uſw. Der Grund für dieſe Ausmalung iſt ja deutlich genug. Die Flucht des Petrus aus Rom erſchien dem Ueberſetzer als Verleugnung und ſo mußte er mit allen Mitteln den Eindruck zu beſeitigen ſuchen, als wäre Petrus ſelbſt ſchuld an der Verleugnung. Für römiſche Ohren — und ſchon daß in den Titel der Name Linus gekommen iſt, beweiſt, daß die Ueberſetzung auch in Rom gebraucht wurde, — war es nicht angenehm zu hören, daß Petrus nur auf die Kunde hin, ſein Leben wäre bedroht, die Stadt verlaſſen habe. — Warum Petrus darauf bringt, daß niemand von den Brüdern mit ihm die Stadt verlaſſe, iſt nicht erſichtlich; auch nicht, warum er ſein Gewand wechſelt. — Z. 21 f. ποῦ ὧδε; die koptiſche Ueberſetzung fügt hinzu: ϫⲁⲓ ⲡⲉ ⲟⲇⲉⲩⲉⲓⲥ; und wohin geht dein Weg? Linus=Martyrium, Lipsius, p. 7 97:

Domine quo uadis? Auch die Akten des Processus und Martinianus haben diese
Episode (vgl. oben zu c. 1 Z. 27). — Z. 22 f. Linus-Martyrium: Li p. 7 28: Romam
uenio iterum crucifigi. Der erste der diese Geschichte für fabulos erklärt hat, war
Folmar von Triefenstein (Hauck, K.G. Deutschlands, IV S. 444 Anm. 3). — Wie
diese Worte schließlich doch in das Gefüge päpstlicher Machtansprüche passen müssen,
hat Innocenz III. gezeigt in der Dekretale „Per venerabilem" von 1202 (bei Mirbt,
Quellen² S. 129 22 ff.). — Z. 20 ff. Wenn ich es recht verstehe, so sind hier zwei
Auffassungen schon ineinander geschoben. Die eine, die in der Erscheinung des
Herrn und seinen Worten eine Beschämung des Petrus sieht; die andere, der die
Ankündigung der Passion Petri die Hauptsache war. Der Herr teilt ihm mit, daß
er gekreuzigt werden sollte; zugrunde liegt der Gedanke, daß alles Leiden der Erwählten ein Leiden Christi in ihnen sei; vgl. Li II, S. 338, Harnack, Lehrbuch
der Dogmengeschichte I³ S. 746 und Anm. 1: „doch ist auch nach Tertullian (de
pud. 22) der Märtyrer, der tut was Christus getan hat und in dem Christus lebt,
Christus". Besonders deutlich ist diese Vorstellung in dem Schreiben der Gemeinden
von Lugdunum und Vienna: Euseb. K.G. V, 1, 23: ἐν ᾧ πάσχων Χριστὸς μεγάλας
ἐπετέλει δόξας; 41: in der am Kreuze hängenden Blandina sehen die Gläubigen
Christus. In der Passio apostolorum Petri et Pauli (Aa I, p. 233 5) heißt es:
Christus in omnibus martyribus suis pati cognoscitur. Christus leidet in dem Märtyrer
ist der leitende Gedanke in Ps.-Cyprian (= Novatian) de laude martyrii (vgl. Harnack, Eine bisher nicht erkannte Schrift Novatians, TU XIII, 4b, S. 13). Origenes
contra Celsum II, 44: Καὶ ἀεὶ δ᾽ ἐν τοῖς γνησίοις μαθηταῖς καὶ μαρτυροῦσι τῇ ἀληθείᾳ
ὁ Ἰησοῦς συσταυροῦται λῃσταῖς καὶ τὴν αὐτὴν αὐτοῖς παρὰ ἀνθρώποις καταδίκην πάσχει.
Damit ist freilich noch keineswegs erklärt, wie Petrus dazu kommt, sich verkehrt
kreuzigen zu lassen. Die von dem Schriftsteller betonte Auffassung ist doch wohl die
erste; darauf deutet das ἐλθὼν εἰς ἑαυτόν, er kam zu sich; darauf deutet auch wohl
das Präsens σταυροῦμαι. Die Kreuzigung Christi besteht in der Verleugnung Petri.
Es ist das Wort σταυροῦμαι also bildlich gemeint, wie es ja auch in dem Neuen
Testamente vorkommt: vgl. Hebr. 6 6 (vgl. Origenes in Matth. comm. series 129
MPG Bd. 13, 1778: ... verbum veritatis ... crucifigunt falsis expositionibus
suis). Diesen Sinn habe, sagt Zahn G.K. II, S. 853. 879 das Wort in den Paulusakten wahrscheinlich gehabt: „es ist nicht eine an Petrus gerichtete Weissagung seiner
Kreuzigung in Rom, sondern ein Satz von allgemeiner Wahrheit". Unser Stück hat ja
öfter von dem Kleinglauben Petri Gebrauch gemacht und ihn einen Beweis dafür sein
lassen, daß Gott (Christus) ihn trotzdem immer wieder zu Gnaden angenommen
hat (vgl. oben). Und so könnte man denn auch erklären, warum unser Autor auch
jene zweite Auffassung der ersteren hinzugefügt hat (vgl. auch unten c. (7) 36· zu
Z. 5); denn daß sie vorhanden ist, sagt der Satz: ἀγαλλιώμενος καὶ δοξάζων τὸν
κύριον, ὅτι αὐτὸς εἶπεν Σταυροῦμαι· ὃ εἰς τὸν Πέτρον ἤμελλεν γίνεσθαι. Die Freude des
Petrus kann doch nicht anders erklärt werden, als daß er jetzt einsieht, daß er für
seine Verleugnung Verzeihung erhalten hat und Christus auch dadurch ähnlich werden soll, daß er dasselbe Martyrium erleidet wie er. Schließlich mußte der Autor
auch einen Grund haben, Petrus nach Rom zurückkehren zu lassen. Wenn er einmal die Flucht des Petrus erwähnte, mußte er ihn auch wieder zurückbringen. An
sich lag gar kein Grund vor, die Flucht zu erwähnen. Der Autor erwähnte sie,
um dem Bilde des Petrus, das er entworfen hatte, getreu zu bleiben. Gehörte unser
Stück wirklich zu den Paulusakten, so könnte man von dem Presbyter, der sie „aus
Liebe zu Paulus" geschrieben, annehmen, er hätte den wankelmütigen und wieder
zu Gnaden angenommenen Petrus dem immer beständigen Paulus gegenüberstellen
wollen. — In dieser Weise läßt sich, glaube ich, die bei unserm Autor ersichtliche
Differenz am besten erklären. Daß Petrus am Kreuze gestorben sei, hat er nicht
erfunden; denn bereits im Johannes-Evangelium 21 18 f. findet sich die Bezugnahme
auf Petri Kreuzestod. Auch meine ich nicht, daß er die Worte, die er Christus in
den Mund legt, einfach erfunden hat. Es wird ein Wort Christi im Umlauf gewesen sein, in ähnlicher Fassung, wie es Origenes (als aus den Paulusakten stam-

meub) citirt hat (vgl. unten). Davon hat er Gebrauch gemacht. Wie die Sage von
der Flucht des Petrus entſtanden iſt, läßt ſich mit den Mitteln, die uns zu Gebote
ſtehen, nicht mehr ausmachen; vielleicht iſt ſie doch nur eine Dublette ſeiner Ver=
leugnung; vielleicht war ſie ihm das Mittel, um eine Begegnung und Ankündigung
Chriſti herbeizuführen, eine Illuſtration zu dem Satze 2. Petri 1 ₁₄: „in dem Be=
wußtſein, daß es bald zur Ablegung meiner Hülle kommt, wie es mir auch unſer
Herr Jeſus Chriſtus tund getan hat (ἐδήλωσέν μοι)". Oder iſt die Flucht Petri auch
nur eine braſtiſche Illuſtration von Joh. 21 ₁₈? Aber wenn dem ſo wäre, ſo hat der
Schriftſteller die Widerſpenſtigkeit des Petrus in merkwürdiger Weiſe umgedeutet.
In den A. V. iſt doch ſchließlich die Bereitwilligkeit des Petrus, den Märtyrertod
zu leiden, das in die Augen fallende Moment; ſeine Flucht erfolgt ja auch nur auf
Bitten der Römer. Bei Johannes tritt am deutlichſten das Nichtwollen hervor.
Es ſcheint faſt, als wäre Petrus auch im Tode ſeiner wankelmütigen Natur getreu
geblieben. Origenes comm. in ev. Joh. XX, 12 (opp. IV, p. 332 de la Rue; II 222
Lommatzſch) ſchreibt: Εἰ τῷ δὲ φίλον παραδέξασθαι τὸ ἐν ταῖς Παύλου Πράξεσιν ἀνα-
γεγραμμένον ὡς ὑπὸ τοῦ σωτῆρος εἰρημένον · Ἄνωθεν μέλλω σταυροῦσθαι. Harnack,
(TU N. F. V, Heft 3, S. 102 f.) bezieht dies Citat auf unſere Actus und nimmt
daher den Beweis, daß in den Actus Stücke der alten Paulusakten vorliegen. Ori=
genes habe lediglich etwas frei citirt. Das iſt nun aber ſehr merkwürdig; denn
die ſinguläre Phraſe ſind doch die Worte des Origenes; es lag gewiß für Origenes
gar kein Grund vor, ſtatt des einfacheren πάλιν σταυροῦμαι unſerer Akten das
ſchwierigere ἄνωθεν μέλλω σταυροῦσθαι einzuſetzen. Denn ἄνωθεν = πάλιν iſt ſo häufig
nicht (Joh. 3 ₈). Origenes mag ein Herrnwort in ſeiner Faſſung im Gedächtnis ge=
habt haben, und dies ſaud er in den πράξεις Παύλου bezeugt. Aber auch dieſe An=
nahme iſt ſchwierig. Bei Origenes ſteht nichts davon, daß das Wort von Chriſtus
zu Petrus geſagt worden iſt; das iſt freilich kein Beweis dafür, daß es in den
Paulusakten nicht auf die Kreuzigung Petri bezogen worden ſei, und alſo das Mar=
tyrium Petri nicht in den Paulusakten geſtanden habe. Es hat aber den Anſchein,
als ob das Wort von Origenes auf die Kreuzigung Chriſti bezogen worden ſei, als
ob er in der Kreuzigung Chriſti auf Erden ſeine z w e i t e Kreuzigung geſehen habe.
Origenes kennt freilich auch die Kreuzigung Petri mit dem Kopfe nach unten (vgl.
zu c. (9) 38 Z. 30 ff.). Abſolut genommen, könnte das Wort auch bedeuten: „ich ſoll
oben gekreuzigt werden". Bringt man es in Zuſammenhang mit der Redeweiſe nach
Jeruſalem h i n a u f gehen, ſo ließe es ſich als ein Wort des nach Jeruſalem ziehenden
Herrn auffaſſen, der Petrus (?) ankündigte, er (Chriſtus) ſolle oben d. h. in Jeruſalem
gekreuzigt werden (etwa als Parallele zu Mt. 20 ₁₇—₁₉). ἄνωθεν kann aber auch bedeu=
ten: „wiederum" und „von oben her". Aus jener Bedeutung kann ſich die bildende
Phantaſie zurechtgemacht haben, daß Chriſtus Petrus die Art ſeines Todes ankündigen
wollte; aus dieſer, daß Petrus mit dem Kopfe nach unten gekreuzigt worden iſt. Das
ſind gewiß nur Möglichkeiten. Wer ſich aber vergegenwärtigt, welche Früchte die antike
Methode der Erklärung heiliger Schriften oder Worte gezeitigt hat, wird die Be=
rechtigung, an ſolche Möglichkeiten zu deuken, nicht ableugnen. Wir haben keinen
Grund anzunehmen, der Verfaſſer der Petrusakten ſei der erſte geweſen, der das
im 2. Jahrh. kurſirende Herrnwort ἄνωθεν μέλλω σταυροῦσθαι in dieſem mannig=
fachen Sinne ausgedeutet habe. — Sch, Die Petrusakten S. 84, findet hier eine
Benutzung der Paulusakten: unter Veränderung des ungewöhnlichen ἄνωθεν in
πάλιν hat der Verfaſſer der Petrusakten den Spruch der Paulusakten (ἄνωθεν μέλλω
σταυροῦσθαι), der dort einen allgemeinen Gedanken ausſprach, ... verwertet. —
Auch die koptiſchen Paulusakten haben keine genügende Klarheit gebracht.

(7) 36 Z. 38 Das Linus=Martyrium nennt Hieros cum quatuor apparitori-
bus (= Dienern) et aliis decem niris. Das iſt natürlich ganz ſagenhaft. — Das
Wachkommando beſtand gewöhnlich aus 4 Soldaten; vgl. die Kommentare zu
Joh. 19 ₂₃. — Z. 39 K r a u k h e i t: Darunter kann doch nur ſeine Liebe zu den
Kebsweibern gemeint ſein. Linus=Martyrium p. 10 ₁₀: mordo incontinentiae suae.
— Z. 39 G o t t l o ſ i g k e i t: Vorbereitet iſt dieſer Grund jedenfalls nicht; in

unferm Zusammenhang ist ἐπ' αἰτίᾳ ἀθεότητος rätselhaft. Aber es ist höchst inter=
essant, diesen Vorwand und den wahren Grund des Agrippa gegen einander zu
halten. — Im Linus=Martyrium folgt noch eine längere Unterredung zwischen
Petrus und Agrippa über die Art des Todes. Petrus sagt u. a. (p. 10 7 f.): ich
bin nicht würdig, durch ein aufrecht stehendes Kreuz die Welt zur Zengin meiner
Passion zu machen. — Z. 42 Auch zu dem zum Tode verurteilten Paulus sagen die
Römer (Aa I, p. 114 12) „wir befreien dich" (ἀπολύομέν σε). — Die Menge will den
gefangen gesetzten Andreas aus dem Gefängnis befreien, Andreas ermahnt sie,
ruhig zu sein und sein Martyrium nicht zu hindern Aa II 1, p. 16—18 vgl. c. 10 p. 24.
— A. Tho. 165, p. 278 19 f.: οἱ δὲ ἄνθρωποι … θέλοντες αὐτὸν (Thomas) λυτρώσασθαι
τοῦ θανάτου. — Z. 43 f. Vielleicht ist das ein Anklang an die Erzählung vom guten
Schächer; vgl. das Petrusevangelium 13.(TU IX, 2. Heft, S. 9 22): τί ἠδίκησεν ὑμᾶς;
auch dort ist das Volk sehr unzufrieden mit Christi Tod; nur die Aeltesten wünschen ihn.
— In dem Martyrium Pauli (Aa I, p. 112 7 ff.) veranlassen die Römer Nero, dem
Töten der Christen Einhalt zu tun (vgl. Aa I, p. 31 2 f.). Auch in den Thekla=
akten kommt ähnliches vor: in Antiochien sagen die Weiber zu dem ἡγεμών, der
Thekla zum Tierkampf verurteilt hat: κακὴ κρίσις, ἀνοσία κρίσις (A. P. et Th. 27,
Aa I, p. 254 12 vgl. 255 1. 10. 258 8 ff.). Auch in den Acta Carpi, Papyli et Agathonices
43. 45 heißt es vom Urteil über die Christen: δεινὴ κρίσις καὶ ἄδικα προστάγματα
(vgl. Harnacks Anm. in der TU III, 3. 4, S. 452). — Passio Andreae 12 Aa II 1,
p. 28 22 f.: τί ἠδίκησεν ὁ ἀνήρ; τί κακὸν ἔπραξεν; ἡ πόλις τεθορύβηται. — Z. 44 f.
Auch in den Theklaakten 30 (Aa I, p. 263 1 ff.) bittet Alexander den ἡγεμών um
die Befreiung der Thekla, „damit nicht die Stadt zu Grunde gehe". (Die Furcht
vor Schaden auch bei Chryse oben c. 30 p. 80 1.) — Das Linus=Martyrium hat
auch diese Szene nach seiner Art drei ausgemalt cc. 9. 10, Aa I, p. 10—13. —
Z. 46 Ihr Männer: Hier beginnt der koptische Text des Martyriums Petri,
den D. v. Lemm im Bulletin de l'Académie impériale des sciences de St. Péters-
bourg, Nouvelle série III (XXXV), 1894, S. 240—284 veröffentlicht hat. Er reicht
bis Li, p. 102 6: ἀπηλλάγη; er hat die griechische Vorlage treu bewahrt. Wir
bezeichnen ihn mit C² und notiren die bemerkenswertesten Abweichungen. — Auch
Lemms Anmerkungen wollen beachtet sein. — Z. 47 Das Bild vom Kriegsdienst;
vgl. oben p. 70 18 f.; zu c. 22 Z. 45 f. — S. 421, Z. 2 Gottes: C²: Christi. — Z. 3
Natürlich ist die zweite Ankunft gemeint, wie oben c. 1, p. 46 2. — Hier beginnt
der lateinische Text wieder mit <ma> nete itaque adueniente eum … — Z. 4
nach nicht fügt C² hinzu: meinetwegen. — Z. 4 Vaters: d. h. des Teufels,
wie auch sonst. — Mit dem Gedanken kommt überein die Bitte des Petrus, Simon
möge nicht sterben, vgl. c. 3 (32) p. 82 24 f.; vgl. p. 77 1 ff.). Der Lat. fügt hinzu: „et traditionis illius". — C²: er dient dem Werke seines Vaters. — Z. 5 und
ganz geschieht dies: C²: Und dies ist notwendig, daß dieses durchaus mit
mir geschehe. — Hier ist deutlich, daß der Verfasser die Worte Christi bei
seiner Begegnung mit Petrus in c. (6) 35 als Ankündigung des Martyriums aufgefaßt hat. — Der Lateiner hat die Struktur falsch aufgefaßt, wenn er übersetzt:
„Dies aber, was geschehen ist an mir, hat mein Herr mir vorher gezeigt". —
Die hier sprechende Vorstellung ist die grundlegende der alten Kirche: Christus hat
gelitten, weil es im alten Testamente fo geoffenbart war. Die Vorstellung gilt auch
noch in allgemeinerem Sinne. — Z. 6 was: Lat.: quia (corr.: quid.) — Die
Märtyrer können zeitig und zeitig genug zum Martyrium kommen: vgl. Martyrium Polycarpi bei Euseb. K.G. IV, 15, 24: ἀλλὰ τί βραδύνεις; Acta Carpi, Papyli et Agathonices 36; ἔσπευδον (TU III, 3. 4. S. 449 und Anm. dazu). Martyrium Andreae
14 (Aa II, 1, p. 55 19: ἀλλὰ μέχρι πόσου λέγω ταῦτα καὶ οὐ περιπλέκομαι τῷ σταυρῷ;
Petrus Alex. bei Routh, Reliquiae sacrae III, 336 15 vgl. 329 16: μάρτυρας σπεύ-
δοντας ἐπὶ τὸ βραβεῖον τῆς κλήσεως.

(8) 37 Z. 7 f. Als … sprechen: Der Lat. hat diesen Satz ausgelassen. Das
Linus=Martyrium hat ihn am Anfange von c. 11 ziemlich genau (Aa I, p. 13 4);
dazu hat es am Anfange von c. 10 eine topographische Bestimmung gegeben, die

ſich auf eine römiſche Tradition zurückführen wird, aber · nicht ſehr deutlich iſt: Peruenit ... populus infinitus ad locum qui uocatur Naumachiae iuxta obeliscum Neronis in montem (p. 11 16. 12 1). Vgl. Lipſius, II, 400 ff. — Z. 8 Lat.: „Alles Geheimnis des Kreuzes iſt dunkel". Statt ſeines „omne" iſt zu leſen o nomen (L i); μυστήριον iſt häufig im Neuen Teſtamente; vom Kreuze gebraucht, geht der Aus= druck zurück auf die Vorſtellung, daß das Leiden und der Kreuzestod des Sohnes Gottes etwas Unerklärliches hat. Der Ausdruck μυστήριον, vom Kreuze angewendet, war gegeben, ſobald man die Vorſtellung von der Gottheit Chriſti hatte. (Zu ver= gleichen iſt der häufige Ausdruck: πεπονθὼς θεός. H a r n a c k, Lehrbuch der Dogmen= geſchichte I³, 177 ff. Anm. 489, Anm. 1.) Es läßt ſich dieſer Gedanke reichlich be= legen: vgl. Ignatius ad Ephesios 19, 1 und die Bemerkung dazu in PA. — Juſtin dial. 74 ed. Otto, p. 264 A: τὸ σωτήριον τοῦτο μυστήριον τουτέστι τὸ πάθος τοῦ Χρι-στοῦ und viele andere Stellen, c. 106 (p. 378 C): διὰ τοῦ μυστηρίου τοῦ σταυρωθέ-ντος. c. 138 (486 D): ξύλου τοῦ τὸ μυστήριον τοῦ σταυροῦ ἔχοντος. — A. J. 101 Aa II, 1 p. 201 14 f.: καὶ τὸ πάθος ἐκεῖνο ὃ ἐδειξά σοι καὶ τοῖς λοιποῖς χορεύων μυστή-ριον. βούλομαι καλεῖσθαι. Doch iſt hier der Gedanke ganz anders gewendet, als in unſerm Texte. Vgl. noch: Passio An. 3 f., Aa II 1, p. 5 17. 25. 8 17. 28; A. Tho. 47, Aa II 2, p. 163 21 f.; Test. Dom. n. J. Christi I, 28 ed. Rahmani p. 63. — Z. 8 f. Lat.: o unvergleichliche Gnade, die im Namen des Kreuzes genannt iſt (gratia inconparabilis in nomen crucis dicta). Das Linus=Martyrium hat ſtatt εἰρημένη geleſen εἰρήνη und überſetzt demgemäß: „Im Namen des Kreuzes iſt Friede". Der Sinn der Worte iſt der: „Wenn der Name Kreuz nur ausgeſprochen wird, offenbart ſich ſchon unausſprechliche Gnade". C²: welche verkündigt wird im Namen des Kreuzes. — Z. 10 M e n ſ c h e n n a t u r: A. J. 100, p. 201 4 f.: ὅταν δὲ ἀναληφθῇ ἀνθρώπου φύσις καὶ γένος προσχωροῦν ἐπ' ἐμὲ φωνῇ τῇ ἐμῇ πειθόμενον . .; nur zum Teil dem obigen Gedanken entſpre= chend. — Zu Grunde liegt der Gedanke: 1. Petr. 2 24: Der unſere Sünden mit ſeinem Leibe hinauftrug auf das Holz, damit wir der Sünde entworden, der Gerechtigkeit leben mögen (Polycarpi epistula ad Phil. 8, 1). Bei Jrenäus finden ſich die paſſendſten Parallelen (vgl. H a r n a c k, Lehrbuch der Dogmengeſchichte I³, 563 ff.). — Natürlich iſt der Satz nicht möglich ohne die Vorſtellung von der Ver= einigung von Gottheit und Menſchheit. Der Lat. hat den Satz nicht verſtanden (oder einen andern Text vor ſich gehabt?); er überſetzt: „O Natur der Menſchen, die nicht ſich ſcheiden von ihm (dem Kreuze) und ſich nicht von ihm losſagen (o na-tura hominum qui non discedunt ab ea et qui non recedunt ab ea)". — Das Linus= Martyrium hat hier ſehr erweitert. — Vgl. p. 96 9 und zu c. (9) 38, Z. 5. — ἄρρητε läßt der Lat. weg. — Z. 11 ἀχώριστε. Lat.: inrecessibilis, vgl. Ducange, s. v. — g e z e i g t: ἐκφαίνεσθαι. Lat. „nominari" = genannt werden. — C² läßt dieſen Satz von: „o unſagbare" an weg. — nach jetzt fügt C² hinzu: mit Gewalt. — Z. 12 Das muß der Sinn ſein, wenn auch die griechiſchen Worte nicht ſo lauten: τῆς ἐνθάδε λύσεως. So hat auch das Linus=Martyrium ge= leſen; denn es überſetzt: (p. 13 17) in finitima absolutione existens. H. U ſ e n e r vermutet: τῆς ἐνθάδ' ἐλεύσεως. Der Lat. hat die Worte jedenfalls nicht verſtanden, wenn er überſetzt, ad consummationem huius loci; wörtlich: an der Vollendung dieſes Ortes. Er hat aber auch die Worte ſo geleſen, wie der Grieche ſie bietet. — C²: wo ich mich in der letzten Zeit an dieſem Orte befinde, damit ich mich auflöſe. (Er hat alſo auch ſchon λύσεως geleſen.) Es iſt darum λύσεως beizubehalten und etwa zu überſetzen: am Ende meiner Loslöſung von hier. (Für ἐνθάδε iſt vielleicht ἐν-θένδε zu leſen; vgl. A. J. 36, p. 169 13.) — Z. 12 f. Dieſen Satz läßt der Lat. aus; auch das Linus=Martyrium hat ihn in dieſer Form nicht verwertet. — Z. 13 f. v e r= ſ c h l o ſ ſ e n e u n d v e r b o r g e n e G e h e i m n i s: Ob ſich dies auf die verſchiedenen Verleugnungen des Petrus beziehen ſoll, ſteht dahin. — Z. 14 n i c h t v e r ſ c h w e i= g e n: Der Lat. hat die Worte nicht verſtanden; er überſetzt: „ich verhehle nicht, daß ich einſt wünſchte, das Geheimnis des Kreuzes zu genießen". Vielleicht iſt vor op-tabam ein non ausgefallen. L i will ſtatt optabam occultabam leſen und frui tilgen.

— Das Linus=Martyrium hat übersetzt: „Nicht werde ich ruhen, vom Kreuze das ver=
borgene Geheimnis Gottes zu offenbaren, das einst meine Seele gerufen hat". Hier
ist aber gerade der springende Punkt außer Acht gelassen. Es kommt die Scheu des
Petrus vor dem Leiden zum Ausdruck. Mir scheint es, als ob die folgenden Aus=
führungen über das nur s ch e i n b a r e Leiden aufgefaßt werden könnten als eine
Illustration zu dem paulinischen Worte Röm. 8 18: Denn ich achte, daß die Leiden
der Gegenwart nichts wert sind gegen die Herrlichkeit, die sich künftig an uns offen=
baren soll, oder als Illustration zu Gedanken, wie sie im ersten Petrusbriefe vor=
liegen. Allerdings wird auch diese Auffassung von Schwierigkeiten gedrückt. —
A. J. 101, Aa II, 1, p. 201 14 f.: τὸ πάθος ἐκεῖνο ὃ ἔδειξά σοι καὶ τοῖς λοιποῖς χορεύων μυστήριον βούλομαι χαλεῖσθαι. Vielleicht liegt hier auch der Gedanke zugrunde,
daß das Leiden ein Gut sei. — C²: Mysterium des Kreuzes, welches verborgen ist
in meiner Seele von Anbeginn. — Z. 15 f. d. h. doch mit anderen Worten: die
Anschauung der Welt sieht in dem Kreuze oder der Kreuzigung etwas Schimpfliches,
Unerträgliches; die Christen sehen das Gegenteil darin. — Eine solche Anschauung
konnte sich sehr leicht aus Worten wie 2. Kor. 4 18 bilden. (Clem. Alex. paed. III, 2
MPG Bd. 8, 572 B: ὁ λόγος παραινεῖ μὴ σκοπεῖν τὰ βλεπόμενα, ἀλλὰ τὰ μὴ βλεπόμενα · τὰ γὰρ βλεπόμενα πρόσκαιρα· τὰ δὲ μὴ βλεπόμενα αἰώνια.) Aehnlich drücken sich
die Alexandriner oft aus. Von einer Verflüchtigung der Realität des Kreuzestodes
Jesu ist nicht die leichteste Spur in unserem Abschnitt zu finden. Allerdings ist der
Verfasser einer Vorstellung nahe, die H a r n a c k folgendermaßen präcisirt hat:
„Wie in den Melchisedekspekulationen der Theodotianer hervortrat, daß sie, wie Ori=
genes, von dem gekreuzigten Jesus zu dem ewigen, gottgleichen Sohne aufsteigen
wollten, (so haben auch diese Modalisten die Vorstellung, daß in Jesus der Vater
selbst zu erkennen sei, für eine solche gehalten, die nur für die, welche sie fassen
können, bestimmt sei)", Lehrbuch der Dogmengeschichte I ³, S. 704 Anm. 3, vgl. S. 612
Anm. 2. 634 ff. 671 ff. — Anders wie oben ist der Gedanke gewendet in den A. J.
99 Aa II 1 p. 209 10 f.: οὐχ οὗτος δέ ἐστιν ὁ σταυρὸς ὃν μέλλεις ὁρᾶν ξύλινον κατ-
ελθὼν ἐντεῦθεν· — Eine Parallele zu den obigen Gedanken, die aber doch eine
Verflachung darstellt Passio Andreae 11, Aa II 1, p. 27 17 ff.: πάντα τὸν βίον τοῦτον ἀπολείπεσθε . . . καὶ σπεύσατε καταλαβεῖν τὴν ἐμὴν ψυχὴν ἐπειγομένην πρὸς τὰ οὐράνια, καὶ πάντων ἁπαξαπλῶς τῶν προσκαίρων καταφρονήσατε. — Z. 17 τοῦτο κατὰ
<τὸ> τοῦ Χριστοῦ πάθος. Der Lateiner übersetzt: Es ist aber etwas anderes (das
sichtbare Kreuz) als dieses duulle und große Geheimnis (aliud est autem praeter
hoc obscurum et magnum mysterium). Das Linus=Martyrium hat die Worte auch
nicht verstanden; es übersetzt: aliud enim quiddam est mysticum in hoc quod apparet uobis: etwas anderes, etwas Mystisches ist in dem, was euch erscheint. Der
Lateiner sowohl, wie das Linus=Mart. (und die Athoshandschrift des griechischen
Textes) haben κατὰ <τὸ> τοῦ Χριστοῦ πάθος nicht gelesen. Gemeint ist das Leiden
um Christi willen 1. Petr. 4 18. — Die Ausdrucksweise unserer Actus erinnert an
manchen gnostischen Ausspruch, vgl. etwa S ch in TU VIII, 1. und 2. Heft, S. 287;
Brief des Ptolemäus an die Flora, MPG 7, 1288; aber specifisch Gnostisches
ist doch nichts darin; nur ist die selbständige Auffassung neutestamentlicher Ge=
danken zu konstatiren. — Für diesen Satz von: „Ihr, die ihr auf Christus hofft"
an hat C²: Lasset das Kreuz euch nicht sein nur das als was es erscheint. — Z. 17 ff.
Lat. hat dafür nur: Jetzt zumal höret auf mich an meinem letzten Tage (nunc ma-
ximum mihi in nouissimo die meo audite). — Z. 19 s i n n l i c h W a h r n e h m =
b a r e n : αἰσθητηρίου. Li: αἰσθητοῦ. A. J. 100, Aa II, 1 p. 201 10 f.: τῶν οὖν πολλῶν, ἀμέλει καὶ τῶν ἔξω τοῦ μυστηρίου, καταφρονεῖ. Einige Sätze aus Origenes contra
Celsum illustriren besonders gut diese Worte und zeigen, daß man sie nicht als
gnostisch aufzufassen braucht: III, 34: τὸν Ἰησοῦν τὸν νοῦν ἡμῶν μεταθέντα ἀπὸ παντὸς αἰσθητοῦ, ὡς οὐ μόνον φθαρτοῦ ἀλλὰ καὶ φθαρησομένου . . . 56: τῶν αἰσθητῶν
καὶ προσκαίρων καὶ βλεπομένων πάντων καταφρονεῖν . . . τυχεῖν . . . τῆς τῶν νοητῶν
καὶ ἀοράτων θεωρίας. 81: . . . διδασκαλίᾳ, παντὸς μὲν ἀφιστάσῃ γενητοῦ, προσαγούσῃ
δὲ δι' ἐμψύχου καὶ ζῶντος λόγου, ὅς ἐστι καὶ σοφία ζῶσα καὶ υἱὸς θεοῦ, τῷ ἐπὶ πᾶσι

Θεφ. — Z. 20 Lat.: „wollet nicht dies, was ihr mit menſchlichen Augen ſeht". nolite haec quae oculis uidetis humanis. μὴ ὄντος ἀληθοῦς hat weder der Lateiner noch das Linus=Martyrium; vielleicht iſt es Gloſſem. — Z. 21 verſchließet: die griechiſchen Handſchriften haben πληρώσατε; das gibt keinen Sinn; H. Uſener und M. Bonnet emendiren: πηρώσατε. — haltet euch fern: χωρίσατε er=gänzt von Li nach der koptiſchen Ueberſetzung. C³: trennet euch von den Hand=lungen des Leibes. — C² hat für die Worte von :„von allem ſinnlich Wahr=nehmbaren" an: Mögen eure Seelen über jedes Gefühl erhaben ſein, machet euch los von dem, was erſcheint (ſichtbar iſt), denn es iſt nicht vorhanden, noch iſt es eine Wahrheit. Mögen eure äußeren (leiblichen) Augen blind ſein. — Ohren: C²: Die Ohren eures Fleiſches. — Z. 21 f. Lat. „Verſchließt eure Augen und Ohren vor dieſen Leiden, die ihr öffentlich ſehet" excaecare (l. excaecate) oculos et aures uestras ab istis passionibus quae (l. quas) palam uidetis. Das Linus=Mart. hat überſetzt: Sondert alle Sinne und eure Seelen von allem was erſcheint (und kehrt ſie) zu dem, was unſichtbar iſt. (Zu den Gedanken vgl. c. 21 am Anfang.) — Z. 22 f. Es iſt hier nichts anderes gemeint, als die oben berührte Anſchauung, daß das Leiden nur ſcheinbar etwas Schlimmes iſt. Daran, daß der Autor an der Wirklichkeit des Leidens Chriſti gezweifelt hat, iſt nicht von ferne zu denken. — Mir erſcheinen die Worte hervorragend ſchön und gut chriſtlich. — Der Lat. hat: sed in notitiam uestri sit permanere totum mysterium uitae aeternae. — Das Linus=Mart. über=ſetzt: und ihr werdet wiſſen, daß in Chriſtus durch das Kreuz das Geheimnis des Heiles vollzogen worden iſt. — C²: und wiſſet, was mit Chriſtus geſchehen iſt und erkennet das ganze Myſterium eures Heils. — Origenes contra Celsum III, 18: ὅτι καὶ τὰ δοκοῦντα κατ᾽ ἄνθρωπον αὐτῷ (Christus) συμβεβηκέναι χρησίμως γέγονεν [ἐν] τῷ παντὶ καὶ σωτηρίως τῷ ὅλῳ κόσμῳ. — Z. 24 Dieſen Satz hat ſowohl der Lateiner und das Linus=Martyrium, als auch die Athoshandſchrift des griechiſchen Textes und die koptiſche Ueberſetzung (auch C³) ausgelaſſen. Er könnte darum als Gloſſem beurteilt werden, wenn er nicht gerade ſehr ſchwierig wäre. Es klingt, als wollte Petrus die Verbreitung der von ihm eben ausgeſprochenen Worte verhindern; aber richtiger iſt es doch wohl den Satz in Zuſammenhang zu bringen mit dem in c. (10) 39 über das „Schweigen" Ausgeführten; und dann wäre der Gedanke des Petrus: „nicht wie bloße Worte iſt das aufzufaſſen, was ich geſagt habe, ſondern es ſoll euch in das Innerſte bringen und euch zu einem Beſtandteile eures inneren Lebens werden". Das iſt wohl ſehr künſtlich erklärt, ich weiß aber keine beſſere Erklärung. — Z. 25 Der Lat. hat die Selbſtanrede Petri nicht, ſondern nur: „Die Stunde iſt da, meinen Leib zu übergeben". Das Linus=Mart. hat ſie bewahrt, aber ſonſt manches verändert. — Man beachte, wie hier die Leidensgeſchichte Chriſti nachgeahmt worden iſt. — Es fehlen uns die Mittel, feſtzuſtellen, ob die Selbſtan=rede Petri etwa auf eine Vorlage hinweiſt, in der nicht Petrus die obige Rede hielt, ſondern ein anderer (etwa der erſchienene Chriſtus) zu Petrus ſprach. — Z. 26 Lat.: Und er wandte ſich zu denen, die ihn aufhängen ſollten, und ſagte zu ihnen. Das Linus=Mart. hat die Worte des Griechen beſſer bewahrt: quibus est corpus occidere proprium — „οἷς ἐστιν ἴδιον" sc. τὸ ἀπολαβεῖν, ganz derſelbe Ausdruck wie gleich im folgenden Kapitel 37; p. 94 2: οἷς ἐστιν ἴδιον τὸ ἀκούειν. Ἀκούειν iſt hier ſehr oft gebraucht: οἱ ἀκούοντες = diejenigen, zu denen Petrus ſpricht p. 92 16. 19; οἱ δυνάμενοι ἀκοῦσαι p. 92 9; καὶ οἱ νῦν ἀκούοντες καὶ οἱ μέλλοντες ἀκούειν p. 96 4; und an andern Stellen. Es iſt mit keinem Worte angedeutet, daß unter ihnen eine be=ſondere Klaſſe von Chriſten verſtanden werden ſoll; wie es ſcheint, hat Petrus auch heidniſche Zuhörer (jedenfalls die Häſcher). Nur dann, wenn man ἀκούοντες als „Verſtehende" auffaſſen könnte, hätten wir es mit einer gnoſtiſchen Geheimlehre zu tun. — Aufmerkſam zu machen iſt auf die manichäiſchen auditores. — Man könnte viel=leicht an die Pythagoreer denken. Bei ihnen ſpielt das „Schweigen" (vgl. c. 39, p. 96. 98) eine große Rolle und ihre Novizen werden, wenigſtens nach Gellius, als ἀκουστικοί be=zeichnet (vgl. Zeller, die Philoſophie der Griechen, I⁵, S. 315. 316 Anm.). Die Chriſten, die Petrus vor ſich hat, ſind ja als neophyti gedacht. — C³: So nehmt

euch nun, was euch gehört. — Z. 27 ἀξιῶ οὖν ὑμᾶς τοὺς δημίους, der Lat. hat diese
Worte ausgelassen; das Linus=Martyrium hat mehrere Sätze eingeschoben. — Das
Wort ἀξιόω von Petrus gebraucht findet sich auch bei Euseb. KG. III, 1, 2: ἐπὶ τέ-
λει ἐν Ῥώμῃ γενόμενος ἀνεσκολοπίσθη κατὰ κεφαλῆς, οὕτως αὐτὸς ἀξιώσας παθεῖν. Die Worte gehen jedenfalls auf den 3. Teil der Exegetica des Origenes zur
Genesis zurück. Ich wüßte keinen andern griechischen Text, auf den dies zurück=
gehen könnte, als unsere Actus. Vielleicht hat aber Origenes hier nicht auf Grund
einer Schrift berichtet. Auch die syrische Uebersetzung der KG des Euseb. hat den
Ausdruck übernommen (übersetzt von Nestle ZU XXI, 2, p. 72). — Z. 27 fo: οὕτως
hat der Lat. ausgelassen. — Z. 27 f. ἐπὶ τὴν κεφαλήν. Lat.: Capite deorsum. —
Z. 28 καὶ μὴ ἄλλως hat der Lat. ausgelassen. — Lat.: „et propter quam cau-
sam sic peto figi, audientibus dicam". — C² fügt hinzu : wenn man mich kreuzigen
wird.

(9) 38 Z. 30 wieder: πάλιν; läßt der Lateiner aus. — Z. 30 ff. Die fol=
gende Rede des Petrus ist nur verständlich, wenn man im Auge behält, daß er die
Erklärung dazu geben will, warum er sich verkehrt kreuzigen lasse. Daß diese Er=
klärung nicht gerade leicht verständlich ist, zeigt das Linus=Martyrium. Der Ueber=
setzer erklärt am Anfang seiner Uebersetzung der betreffenden Stücke der A. V. das
Verhältnis von Petri Kreuzigung zu der Christi folgendermaßen (p. 14 5 ff., vgl.
p. 10): „Ich bitte euch, ihr guten Diener meines Heils, wenn ihr mich kreuzigt, so
stellt mein Haupt nach unten und die Füße nach oben. Denn es ziemt sich für mich,
den letzten Diener, nicht, so gekreuzigt zu werden, wie der Herr der Gesamtheit für
das Heil der ganzen Welt geruhte zu leiden, den ich, wie ihr wißt, durch mein
Leiden verherrliche. Auch der Grund (bestimmt mich dazu), daß ich das Geheimnis
des Kreuzes mit gespanntem Blick (intento uultu) : doch ist das wohl noch zu schwach
übersetzt) erblicken kann, damit um fo leichter von den Umstehenden gehört werden
könne, was ich von da sagen werde". — Der griechische Text hat davon nichts; bei
ihm ist davon keine Rede, daß Petrus sich für unwürdig erklärt, ebenso wie sein
Herr gekreuzigt zu werden; Petrus will durch die Art seiner Kreuzigung nur den
Zustand der Sünder andeuten im Gegensatze zu Christus. — Woher die Sage von
der Kreuzigung des Petrus mit dem Kopfe nach unten gekommen ist, läßt sich nicht
ausmachen. Es ist möglich, daß unser Autor sie bereits vorgefunden hat; es ist
aber auch möglich, daß er sie im Interesse der lehrhaften Bemerkungen, zu denen
ihm der Tod Petri den Anlaß gegeben hat, erfunden hat (vgl. zu Z. 37 f.). Es ist
möglich, daß auch sie ihm geboten worden ist durch das apokryphe Herrnwort:
ἄνωθεν μέλλω σταυροῦσθαι; vorausgesetzt, daß es in dieser Fassung ihm schon vorge=
legen hat und nicht erst von Origenes in Anlehnung an unsere Actus fabricirt
worden ist (vgl. Li II 1, S. 337 f.). Daß Origenes die Kreuzigung mit dem Kopfe
nach unten gekannt hat, zeigt die Stelle bei Euseb. KG III, 2 (opp. II, 24 de la
Rue; VIII, 48 Lommatzsch; bei Li II, 1, p. 22 Anm. 1). Vielleicht läßt sich über
die Entstehung der Sage überhaupt nicht weiter nichts sagen. Vereinzelt steht die Kreu=
zigung mit dem Kopfe nach unten nicht. Euseb. KG VIII, 8 berichtet von der dio=
kletianischen Verfolgung: „Die einen wurden wie die Uebeltäter gewöhnlich, die
andern auch schlimmer umgekehrt mit dem Kopfe unten angenagelt und lebend be=
wahrt, bis sie an den Balken selbst vor Hunger umkamen (vgl. auch c. 9 und 12).
In der Zeit bis zur diocletianischen Verfolgung konnte die umgekehrte Kreuzigung
für Petrus erfunden werden, um ihn auszuzeichnen. Diese Vorstellung hat sonder=
bare Blüten getrieben. In den von James veröffentlichten A. Tho. wird ein Dä=
monischer, der die Christen mit Steinen wirft, zur Strafe erhöht εἰς τὸν ἀέρα —
κατὰ κεφαλῆς und bleibt dort hängen, bis ihn Thomas bei der Hand faßt
(c. 63. 64; TSt V 1, S. 43 28. 36). — Z. 30 ἴδιον. Lat.: uoluntas. Das Linus=
Mart. hat diesen Passus erst in c. 14 am Anfang, nachdem es in c. 12 und
13 noch eine Erscheinung der consolatio uitae aeternae und eine Erklärung der
umgekehrten Kreuzigung vorausgeschickt hat, die sich in den A. V. nicht findet. —
Z. 30 f. C²: o ihr Männer, die ihr das Gehör habt, schenket Gehör — Z. 32 f. C²:

der Erſchaffung des Alls. — Der Lateiner hat ganz unverſtändlich: intellegitis omnes mysterium principatus quod factum est: „ihr erkennet alle das Geheimnis der Herrſchaft, das gemacht worden iſt". — Z. 33 f. οὗ γένος ἐν εἴδει ἔχω ἐγώ. Lat.: cuius ego effigiem sumpsi, „deſſen Bild ich angenommen habe". Das Linus-Mart. hat wörtlicher: cuius genus in specie ego habeo. Γένος iſt das Allgemeine, εἶδος das Spezielle; vgl. Methodius von Olympus de autexusio 13; ed. Bonwetſch, I S. 39. Beſonders lehrreich iſt Origenes' Ausführung in Rom. V c. 2. MPG Bd. 14, 1022. Es ſind platoniſche Ausdrücke: Gattung — Art; doch habe ich mich geſcheut, dieſe uns geläufigen Ausdrücke in den Text einzuſetzen, weil ſie als der philoſophiſchen Sprache angehörig von unſerem Autor erkannt und deswegen von ihm herübergenommen, aber nicht in ihrem wahren philoſophiſchen Sinne verwendet worden ſind. Dasſelbe gilt von den gleich folgenden Ausdrücken συνιστάναι, διακόσμησις, κίνησις. Der Verfaſſer war Platoniker und hat ſeine philoſophiſche Bildung in den Dienſt der chriſtlichen Gedanken geſtellt. Am deutlichſten iſt dies auf kleinaſiatiſchem Boden zum Ausdruck gekommen in Methodius von Olympus. Aber auch ſchon im 2. Jahrh. haben nicht nur Gnoſtiker die Bildungselemente der Zeit zur Darſtellung ihres Chriſtentums verwendet (vgl. vor allen andern Juſtin) zu (9) 38, Z. 37 — C² : nach deſſen Vorbild ich entſtanden bin. — Z. 34 κατὰ κεφαλὴν ἐνεχθείς. Lat.: capite deorsum missus. Linus-Mart.: misso deorsum capite. Es kann dies doch nur bedeuten: mit dem Kopfe nach unten geſtürzt (auf den Kopf geſtürzt); und kann ſich nur auf den Sündenfall beziehen. Denn damit hat er eine ganz neue Entwicklungsreihe begonnen, die vorher nicht vorhanden war. Das geht daraus hervor, daß Chriſtus dort anknüpfte, wo Adam mit dem Sündenfalle die Entwickelungsgeſchichte des Menſchengeſchlechts abgebrochen hatte. Man vergleiche die Rekapitulationstheorie des Jrenäus, die den Schlüſſel bietet zu dieſer Rede des Petrus. (Harnack, Lehrbuch der Dogmengeſchichte I³, S. 561 ff.). Dort iſt die Parallele zwiſchen Adam und Chriſtus bis zu dem Kreuzestode durchgeführt. Wie Adam ſich nach dem Sündenfall zeigte, reſp. der Menſch, das will Petrus durch ſeine verkehrte Kreuzigung den Menſchen dartun. (Zu der Parallele Adam—Chriſtus, lignum crucis, lignum concupiscentiae, vgl. passio Andr. 5, Aa II, 1, p. 12. Lipſius I, p. 595 und viele andere Stellen; beſonders bei Jrenäus.) Doch verlangt der Ausdruck κατὰ κεφαλὴν ἐνεχθείς noch eine beſondere Erklärung. Wenn er auch als konkrete Faſſung des Bildes vom Falle Adams (eine beſonders prägnante Verwendung des Bildes vom Fallen bei Epiphan. haer. 42 c. 5, Dehler I a p. 558: πᾶν γὰρ τὸ πίπτον ἀναστάσεως δεῖται) zur Genüge verſtanden werden könnte, ſo ſcheint es doch, als hätte ſich dieſes Verſtändnis auf verſchiedenen Stufen bewegt. Methodius de resurrectione 55, 5 (ed. Bonwetſch I, S. 168) kämpft gegen eine Anſchauung (des Origenes), nach der die ungehorſamen Seelen aus dem dritten Himmel herausgeworfen worden ſeien. τὸν δὲ θεὸν ... ἄνωθεν ἐκ τοῦ τρίτου ἐκβάλλοντα οὐρανοῦ ... vgl. S. 169: ὑπὸ τῶν ψυχῶν εἴρηται τὰς εἰς τὴν παγίδα τὸ σῶμα, ὡς εἰς ἀγώνισμα, κατενεχθεισῶν ἐκ τοῦ τρίτου οὐρανοῦ, ἔνθα ὁ παράδεισος. Ob die Vorſtellung, daß das Paradies im 3. Himmel zu ſuchen iſt, auf Origenes zurückgeht, weiß ich nicht (vgl. Epiph. haer. 64 c. 46, Dehler I b p. 314). Die Jdentifikation war durch pauliniſche Stellen nahe gelegt (vgl. E. Noeldechen, Die Lehre vom erſten Menſchen bei den chriſtlichen Lehrern des zweiten Jahrhunderts, ZwTh 28, 1885, S. 487 ff.). Jedenfalls finden wir die Vorſtellung, daß das Paradies, in dem Adam verweilte, nicht auf der Erde zu ſuchen ſei. Die Valentinianer ſagten: ὡς καὶ τὸν παράδεισον ὑπὲρ τρίτον οὐρανὸν ὄντα, τέταρτον ἄγγελον λέγουσι δυνάμει ὑπάρχειν, καὶ ἀπὸ τούτου τι εἰληφέναι τὸν Ἀδὰμ διατετριφότα ἐν αὐτῷ (Jren. I, 5, 2. MPG Bd. 7, 496 A). Daraus ergibt ſich, daß die Anſchauung ſich bilden konnte, Adam wäre, nachdem er geſündigt, von dem Himmel auf die Erde geſtürzt. Jn dieſer Richtung bewegen ſich die Verſe, die Methodius anführt (de resurrectione 37, ed. Bonwetſch I, S. 132):

καὶ τὸν ἐξ ἀκηράτων

πεσεῖν αἰώνων πρωτόπλαστον εἰς χθόνα

ὑμεῖς ἐπεκτήνασθε· (Vgl. dazu auch) Stephanus Gobarus bei
Photius Bibl. cod. 232, MPG. Bd. 103, 1096 A. Auch der Sturz des Teufels aus dem
Himmel ist zu vergleichen. Lk. 10 18; Origenes in Matth. comm. ser. MPG Bd. 13,
1669 D. 1672 D.) Wie mir scheint, erhält ſo der Ausdruck κατὰ κεφαλὴν ἐνεχθείς
seine wahre Bedeutung. Ob Vorstellungen aus der antiken Mythologie (Sturz des
Hephästus aus dem Himmel) für solche Anschauungen von Einfluß gewesen sind,
entzieht sich meiner Berechnung. — Adam ist auf Golgotha begraben; ſo bei Ori=
genes in Matth. comm. series 126, MPG Bd. 13, 1777 C, Epiphanius, panarion
haer. 46, 5. — Ueber die Parallele Adam—Christus, lignum vitae—Kreuz wäre
noch viel zu sagen; wir müssen dies aber einer gesonderten Darstellung vorbehalten.
— Z. 35 C²: offenbarte zuerst die Geburt, welche nicht Bestand hatte. — Z. 35 f.
Bewegung: Dies bezieht sich darauf, daß durch den Sündenfall die Macht des
Bösen begann, die die ganze Schöpfung verkehrte. — Ein ähnlicher Ausdruck von
der Entstehung des Bösen ist von Valentin gebraucht: τίς δὲ καὶ ἡ τῆς κινήσεως
ἀρχή; καὶ τίς ὁ τοσαῦτα κατ' ἀνθρώπων μηχανησάμενος; Adamantius de recta in deum
fide, ed. Bakhuyzen, S. 140, 2. 5 f. — Z. 36 herabgezogen: κατασυρεὶς ist
von Lipsius mit Recht eingesetzt; es ist dem Sinne nach dasselbe wie κατὰ κεφαλὴν
ἐνεχθείς. — Das Stück von ἔδειξεν γένεσιν — κατασυρεὶς οὖν ἐκεῖνος hat der Lat.
ausgelassen. — Das Linus=Mart. hat diese Sätze auf Christus bezogen und sonst
verschiedene Mißverständnisse sich zuschulden kommen lassen, die man bei ihm nach=
lesen möge. — C¹: als jener nun nach unten gebracht war. — Z. 36 f. ὁ καὶ τὴν
ἀρχὴν τὴν ἑαυτοῦ εἰς γῆν ῥίψας. Lat.: „und sein ganzes Geschlecht auf die Erde
warf" et totum genus suum in terra proiciens. Es bezieht sich auch das auf den
Sündenfall und bedeutet weiter nichts als: „er warf seine ursprüngliche Anlage
weg". Man kann es so naturgemäß auch auf den Tod beziehen und Tertullians
Worte vergleichen (adversus Marcionem V, 9. ed. minor Oehler p. 798): Cadere
ergo dicimus corpus in terram per mortem. — Fast genau entspricht Clemens
Alex. coh. 1 (MPG Bd. 8, 56 B): αὖθις εἰς οὐρανοὺς ἀνακαλεῖται τοὺς εἰς γῆν ἐρριμ-
μένους. — C²: indem er seine eigene Herrschaft auf die Erde geworfen hatte. —
Z. 37 τὸ πᾶν τοῦτο τῆς διακοσμήσεως συνεστήσατο hat der Lat. ausgelassen und auch
das Linus=Mart. hat die Worte wenigstens nicht an dieser Stelle. Es hat, um den
Worten einen Sinn abzugewinnen, mancherlei geändert. — C²: ließ er alles das, was
wir in der Schöpfung sehen, sich umkehren. — διακόσμησις und συνιστάναι (σύστασις)
sind termini technici, von der Schöpfung im 2. Jahrh. sehr häufig angewendet,
ebenso wie κίνησις. Es sind platonische Ausdrücke. Vgl. A. Jahn, Methodius
platonizans (S. Methodii opera et S. Methodius platonizans, pars II, Halle 1865)
Note 137. 362. 577. 734. Auch sonst bietet Methodius vortreffliche Parallelen. —
Z. 37 f. εἶδος ἀποκρεμασθεὶς ⟨τῆς⟩ κλήσεως. κλῆσις mag zurückgehen auf 1. Kor. 1 26
(Phil. 3 14). Es wird mit dem Martyrium in Zusammenhang gebracht von Cle=
mens Alex. strom. VII, 11, 6 3: φασὶ γοῦν τὸν μακάριον Πέτρον θεασάμενον τὴν αὐτοῦ
γυναῖκα ἀγομένην τὴν ἐπὶ θάνατον ἡσθῆναι μὲν τῆς κλήσεως χάριν καὶ τῆς εἰς οἶκον
ἀνακομιδῆς. Vgl. oben zu (7) 36 Z. 5 die Worte des Petrus von Alexandrien.
εἶδος ist zu fassen = ἐν εἴδει (Lipsius). ἀποκρεμασθεὶς bezieht sich direkt auf Adam,
indirekt auf Petrus. Das Wort ist wohl eben durch die verkehrte Kreuzigung Petri
veranlaßt worden; sonst würde der Autor wohl auch hier gebraucht haben κατὰ
κεφαλὴν ἐνεχθεὶς oder κατασυρείς. Ich kann darin nur folgenden Sinn sehen: die
Art der Berufung zeigt das Rechte als das Linke usw. Das beweist der Ausspruch,
der sofort als Herrnwort angeführt wird. Durch Adams Fall ist alles verkehrt
worden: das Rechte war das Linke ꝛc. Soll nun das Verkehrte wieder zurechtge=
rückt werden, ſo muß ebenfalls wieder eine Verkehrung stattfinden; und das ist es
eben, was der geheimnisvolle Herrnspruch bedeutet. So wird auf der einen Seite
klar, warum Petrus, um das gefallene Menschengeschlecht zu repräsentiren, sich
umgekehrt kreuzigen läßt, auf der andern Seite, wie unser Autor den Herrnspruch

für ſeinen Zweck verwenden konnte. — Ob dieſer Gedanke von der Verkehrung der Schöpfung, wie ſie durch Adams Fall eintrat und in Adam ſich repräſentirt (das iſt die πρώτη πλάνη S. 96₄ f.) die Sage von der umgekehrten Kreuzigung Petri hervorgebracht hat, oder dieſe der Anlaß geworden iſt, obige Ausſagen von Adam zu machen, muß dahingeſtellt bleiben. Der Lat. hat die Worte von εἶδος ἀποκρεμασθείς — τὰ ὄντως κακά ganz unverſtändlich überſetzt: ipsam ergo effigiem suspensam (suspensus: Li) tamquam et homo (Li: humo) susum adtendens Christus partem, quem honorificauit et communicauit, dextram in sinistram demutans sic, ut <bona> tamquam mala uiderentur et mala tamquam bona. Das Linus-Mart. hat ganz frei überſetzt, iſt aber dem Sinne des griechiſchen Textes auch nicht mehr gerecht geworden als der Lateiner. Um zu verdeutlichen, hat es in c. 13 (Aa I, p. 16) den Fall Adams mit der Art der menſchlichen Geburt paralleliſirt, bei der ja auch der Kopf zuerſt erſcheint und das Rechte als Linkes ꝛc. ſich zeigt. Es iſt das freilich nur ein Einfall des Ueberſetzers, vgl. zu c. (9) 38 Z. 44 f. — C²: entſprechend der Geſtalt, wie er mit dem Kopfe nach unten hing. (Er hat alſo κλήσεως nicht geleſen, oder unterdrückt.) — Z. 40 C²: ſo daß er das Böſe für gut hielt. — Z. 38—40 Derartige Gedanken ſind in der alten Kirche ziemlich häufig vertreten geweſen; man braucht ſich doch nur an Röm. 1₂₇ ff. zu erinnern: Sondern was der Welt für töricht gilt, hat Gott auserwählt, die Weiſen zu beſchämen ꝛc.; oder Juſtin apol. II 9 (ed. Otto, S. 224 A): παρ᾽ ἄλλοις δὲ τὰ παρ᾽ ἐκείνοις αἰσχρὰ καλὰ καὶ τὰ καλὰ αἰσχρὰ νομίζεται κτλ. (Auch das iſt ein platoniſcher Gedanke, vgl. Anm. 7 bei Otto.) — Z. 41 Der Lateiner hat nur: „et dominus ipse dixit". Das Linus-Mart. hat die Worte treuer erhalten. „In mysterio" von einer unverſtändlichen oder allegoriſch auszudeutenden Schriftſtelle wird ſehr häufig gebraucht; ich habe nur etwa an Juſtin dial. zu erinnern (vgl. die Anwendung des Wortes αἰνίττεσθαι bei Origenes). In dem Ausdrucke liegt durchaus nichts Gnoſtiſches, als wolle Petrus etwa ſagen, er habe eine weit über das geſchriebene Evangelium hinausgehende myſtiſche Gnoſis verkündigen können (vgl. H a r n a c k II 1, S. 556). Die Worte ſind doch auch wirklich geheimnisvoll. Bei einem Griechen — unſer Verfaſſer iſt ein Grieche — darf man die Vorausſetzungen zum Verſtändnis der hebräiſchen Bilderſprache nicht erwarten.—Li ſagt, daß dieſe Stelle dem Aegypter-Evangelium entnommen ſei. Das iſt nicht ſicher (Harnack I, S. 13). Sie findet ſich außer in unſerm Stücke noch im Linus-Mart. (Aa I p. 17₁₄ f.), hier offenbar auf keine andere Ueberlieferung als die unſeres Stückes zurückgehend. Weiter findet ſie ſich in den Acta Philippi c. 140 und zwar in den verſchiedenen Rezenſionen in verſchiedener Faſſung (Aa II 2, p. 74 f.; vgl. Li II 2, S. 19): „Wenn ihr nicht das Unten (bei euch) zum Oben macht (und das Oben zum Unten) und (das Rechte zum Linken und) das Linke zum Rechten, werdet ihr nicht in mein Reich (oder: in das Reich Gottes) kommen." Der Lat. hat den letzten Satz ähnlich: werdet ihr nicht in das Himmelreich eintreten (intrauit; l. intrabitis; Mt. 18₃ vgl. 7₂₁). Die äußere Form des Spruches iſt wohl entlehnt aus Joh. 3₃.₅. Vgl. Reſch, Agrapha TU V 4, 1889, S. 416 f. R o p e s, Die Sprüche Jeſu, TU XV 2, 1896, S. 103. Der Gedanke bewegt ſich auf einer Linie, wenn nicht mit 2. Clem. 12,2 (ſ. Apokr. S. 176), ſo doch mit Barnabas 6,13: Es ſagt aber der Herr: „Siehe ich mache das Letzte wie das Erſte". (R o p e s a. a. O., S. 43 f. vgl. dazu auch Clemens Alex. strom. IV 25, MPG Bd. 8, 1365 B: Κύκλος γὰρ ὁ αὐτὸς πασῶν τῶν δυνάμεων εἰς ἓν εἰλουμένων καὶ ἑνουμένων · διὰ τοῦτο Α καὶ Ω ὁ λόγος εἴρηται · οὗ μόνου τὸ τέλος ἀρχὴ γίνεται, καὶ τελευτᾷ πάλιν ἐπὶ τὴν ἄνωθεν ἀρχὴν οὐδαμοῦ διάστασιν λαβών. Pſ.= Clem. hom. III, 14, MPG Bd. 2, 120 C.) Noch allgemeiner ausgedrückt iſt der Gedanke: Offb. 21₅: Siehe, ich mache alles neu. Doch hat er hier die Farbe verloren. — Z. 42 f. C²: und das Untere zum Oberen und das Vordere zum Hinteren. — Z. 43 Lat.: intrauit (corr.: intrabitis). Das Linus-Mart. iſt dem griechiſchen Texte gefolgt; fügt aber zu βασιλείαν hinzu: dei. — C²: werdet ihr nicht in das Reich Gottes kommen. — V e r ſ t ä n d n i s: Lat.: „prouidentia domini", durch die Vorſehung des Herrn (habe ich dies zu euch gebracht). — Petrus will nicht ſagen, daß er ein neues Verſtändnis des Chriſtentums gebracht habe, ſondern nur ein

Verständnis der Art seines Todes. — Z. 44 f. Lat.: et signum quem in me conspicitis illius corpus est primi hominis generatio. Li will generati leseu; aber auch so ist der Lat. nicht von dem Vorwurf befreit, die Stelle mißverstanden zu haben. — Im Griech.: καὶ τὸ σχῆμα ἐν ᾧ ὁρᾶτε ἀποκρεμάμενόν με, ἐκείνου διατύπωσίς ἐστιν τοῦ πρώτως εἰς γένεσιν χωρήσαντος ἀνθρώπου· διατύπωσις ist = die Realisirung des τύπος. Der Typus war der gefallene b. h. hier der mit dem Kopf nach unten geschleuderte Adam. Ich sehe keine Möglichkeit, die Worte auf den Geburtsvorgang zu beziehen, wie es das Linus=Mart. getan hat (vgl. oben zu c. (9) 38 Z. 37 f.). Die ungeheuerliche Vorstellung, daß Adam von der als Weib gedachten Erde geboren worden sei, mag vorhanden gewesen sein; aber sie spricht bei unserm Autor nicht mit (doch vgl. Epiph. haer. 66 c. 45, Dehler Ia, p. 474). — Adam als Typus für Petrus aufzufassen, ist allerdings schwierig. Wenn wir aber hören, daß in der Chronik des Phlegon was von Christus gilt auf Petrus übertragen sei, ließe sich auch das erklären (Origenes contra Celsum II, 14 MPG Bd. 11, 825 A. Harnack, Lehrbuch der Dogmengeschichte I³, S. 155 Anm.) — C²: Dieser Gedanke, welchen ich euch offenbart habe und die Gestalt, in welcher ihr mich hängen seht, ist das Urbild des ersten Menschen, in welchem das Menschengeschlecht erscheint. Wenn das wirklich der Gedanke des Kopten ist, so sehe ich keine Möglichkeit, ihn zu verstehen. — Z. 46 Auch im Testamentum Domini n. J. Chr. I, 2 (ed. Rahmani, S. 5) heißt es: nobis (= den Jüngern Jesu) et illis qui audituri sunt. Passio Andreae 11, Aa II, 27, 13 ff.: οἱ παρεστῶτές μοι . . . . καὶ ὅσοι μέλλετε ἀκούειν. Ganz anders ist der Gedanke in den A. J. (Aa II, 1 p. 200 8 f.), wo die Stimme des Herrn über dem Lichtkreuze sagt: Ἰωάννη, ἕνα δεῖ παρ' ἐμοῦ ταῦτα ἀκοῦσαι · ἑνὸς γὰρ χρῄζω τοῦ μέλλοντος ἀκούειν. — C² fügt hinzu: nachher. — S. 422 Z. 1 etwa „zur Wahrheit" oder besser „zum Anfang", den der erste Mensch weggeworfen hatte. Der „erste Irrtum" ist doch die Sünde des ersten Menschen (an eine Erinnerung an Mt. 27 64 ist wohl nicht zu denken). πλάνη zur Bezeichnung des sündigen Zustandes vor Christi Ankunft ist ziemlich häufig. — Auch Paulus sagt vor seinem Tode: ἄνδρες οἱ ὄντες ἐν τῇ ἀγνωσίᾳ καὶ τῇ πλάνῃ ταύτῃ, μεταβάλησθε (Li Aa I p. 114 4 f.). Man könnte auch daran denken, daß die Verführung durch die Schlange gemeint wäre wie bei Justin dial. 88 (Otto, p. 320 A): τοῦ γένους τοῦ τῶν ἀνθρώπων, ὃ ἀπὸ τοῦ Ἀδάμ ὑπὸ θάνατον καὶ πλάνην τὴν τοῦ ὄφεως ἐπεπτώκει. Vgl. Acta Carpi, Papyli et Agathonices 5 und die Anm. von Harnack dazu (TU III, 3. 4, S. 442). — Der Lat. hat sehr frei übersetzt: Ihr aber geliebteste Brüder, die ihr jetzt zum ersten Male hört, die ihr hören werdet (incipere = μέλλειν), ich habe euch den ersten Irrtum auch gezeigt, damit ihr ihn im Auge behalten könnt (obseruare). — Das Linus=Martyrium hat wieder bedeutend erweitert. — C²: euch geziemt es, nachdem ihr euren ersten Irrtum verlassen habt, daß ihr umkehrt zu eurer Herrschaft. — Z. 1 f. προσῆκεν γὰρ ἐπιβαίνειν τῷ τοῦ Χριστοῦ σταυρῷ. Lat.: Sie unterwerfen mich darum dem Kreuze meines Herrn Jesu Christi. So ist es aber nicht gemeint, daß Petrus nur von sich spricht; er spricht eine ganz allgemeine Wahrheit aus, wie auch das Linus=Mart. den Sinne nach richtig προσῆκεν übersetzt hat mit oportet. — Zur Sache vergleiche außer paulinischen Stellen etwa: Ps.=Cyprian de montibus Sina et Sion, Cypriani opera ed. Hartel III, p. 115: lex christianorum crux est sancta Christi filii Dei uiui. — Z. 2 τεταμένος λόγος. Lat.: extensum uerbum. Das Linus=Mart. hat τεταγμένος gelesen und übersetzt qui est constitutus nobis sermo. An dem Ausdruck ist nicht zu rütteln; er bezieht sich zunächst auf die Ausbreitung der Arme Christi am Kreuze: die Ausbreitung der Arme des Moses zum Gebete im Kampfe gegen Amalek war ein gebräuchlicher Typus des Kreuzes Christi (Justin dial. c. 91. 111 f. und öfter). Dann aber bezieht sich der Ausdruck auch auf die Ausbreitung des Wortes Christi, wie man τείνειν τὸν λόγον sagt: das Wort ertönen lassen. Ist obauditum verbum oben p. 68 6 eine Uebersetzung von τεταμένος λόγος? Und von Röm. 10 21 (Jes. 65 2) aus hat man weitere Gedanken daran gesponnen: Iren. V, 17, 4 (MPG Bd. 7, 1171 C. 1172 A): ὡς ἔφη τις τῶν προβεβηκότων, διὰ τῆς θείας ἐκτάσεως τῶν χειρῶν, τοὺς δύο λαοὺς εἰς ἕνα θεὸν συνάγων. Δύο μὲν γὰρ αἱ χεῖρες, ὅτι καὶ δύο λαοὶ διεσπαρμένοι εἰς τὰ πέρατα τῆς γῆς · μία δὲ μέση κεφαλή, ὅτι εἷς ὁ θεός ... Man vergleiche auch die eigenen Worte des Jrenäus. Sie ſind von der obigen Deutung des Kreuzes nicht mehr ſehr fern. — Die doppelte Bedeutung iſt erſichtlich; aber ebenſo deutlich iſt auch, wie man nun Kreuz und Chriſtus identificiren konnte. Derartige Spie= lereien ſind uralt, auch bei den Chriſten, und haben abſolut nichts Gnoſtiſches. Wir ſind gewohnt, ſolche Ausdeutungen in möglichſt ſpäte Zeit zu ſetzen; richtig iſt das nicht. — Vgl. noch Tertullian de oratione 14: Nos vero non attollimus tantum, sed etiam expandimus (sc. manus) et de dominica passione modulati et orantes confitemur Christo. — Origenes contra Celsum VIII, 42: τὸ κατατεινόμενον καὶ κολαζόμενον σῶμα τοῦ Ἰησοῦ. — dilectus puer ... extendit manus cum patere= tur, ut a passione liberaret eos, qui in te crediderunt. Didascalia apostolorum, ed. Hauler, p. 106₁₀—₁₂. Hängt damit zuſammen das σημεῖον ἐκπετάσεως ἐν οὐρανῷ Didache 16,6? — Z. 3 Geiſt: Lat.: spiritus sanctus. — Woher das „apo= kryphe Prophetenwort" (Zahn, G.K. II, 850, Anm. 3) ſtammt, iſt unbekannt; ob es von dem Griechen richtig überliefert iſt, wiſſen wir nicht; man erwartet — und die Ausdeutung, die ſofort folgt, beſtätigt es — ſtatt Χριστὸς σταυρός. Die kop= tiſche Ueberſetzung (in der Anm. bei Li, p. 96) hat auch: „Die Jnterpretation des Kreuzes iſt das Wort, die Stimme Gottes". Für einen, der in den neuteſtament= lichen Schriften ſo gut Beſcheid weiß wie unſer Autor (der auch das Johannes= evangelium ſehr gut kennt), hätte es doch wohl der feierlichen Einführung des πνεῦμα nicht bedurft, um zu ſagen: Chriſtus wäre das Wort und der Schall Gottes. Aber wenn das vom „Kreuze" ausgeſagt werden ſollte, ſo bedurfte es einer be= ſonderen Garantie. Doch haben ſchon der Grieche und das Linus=Mart. Chriſtus geleſen. — Der Lateiner hat hier Verderbniſſe: Quid enim est (Li ergänzt: Christus nisi uerbum et uox dei? quid enim est) uerbum nisi hoc lignum, in quo crucifixus sum? clauum autem de plagio hominis figura est (Li verbeſſert: crucifixus sum clauo. uox autem plagium est, hominis figura); clauus autem qui continet [et] in directo ligno ligno plagio in medio (Li: lignum plagium), conuersio et pa<e>- nitentiam (l. paenitentia) hominis est. — Das Linus=Mart. hat wieder drei umſchrie= ben; beſonders um den Ausdruck ἀνθρώπου φύσις zu erklären. — Schall: Zu ἦχος vgl. etwa Herakleon bei Origenes in Joh. tom. VII, 112 f. (MPG Bd. 7, 1296 A B). Das Wort iſt bei den Gnoſtikern viel gebraucht, vgl. Jrenäus I, 14, 2. 5 (MPG Bd. 7, 600 A. 604 B). ἦχος iſt der Schall, durch den das Wort, der λόγος zu Gehör kommt. Er iſt für die Menſchen beſtimmt (wie der Strahl, der das Licht den Menſchen bringt). — Die Buße vereinigt den Menſchen mit Gott. So bleibt der Verfaſſer auch hier ſeinen früheren Ausſagen getreu, die zur Buße riefen und die auf das Hören (ἀκούειν) der Menſchen den Ton legten. — λόγος, φωνή, ἦχος ſind oft zuſammengeſtellt (merkwürdigerweiſe auch Hebr. 12₁₉). Tertullian ſchreibt gegen Pra= xeas 7: quid est enim, dices, sermo nisi vox et sonus oris et sicut grammatici tradunt, aer offensus, intelligibilis auditu, ceterum vacuum nescio quid et inane et incor- porale. Es iſt ſehr beachtenswert, daß Praxeas ein Kleinaſiat war. Wir ſpüren auch in dem obigen Vergleich das Ringen um das Verſtändnis der Logoschriſto= logie (vgl. hierzu Harnack, Lehrbuch der Dogmengeſchichte I³ 697 Anm., 706). — Harnack hat es in TU, N. F. V, 1901 3. Heft S. 103 f. wahrſcheinlich zu machen gewußt, daß Origenes auf unſere Stelle Bezug nehme, wenn er ſchreibt (De princ. I, 2, 3, p. 47 ed. Lommatzſch T. XXI): Quali autem modo intelleximus sapientiam initium viarum dei esse et quomodo creata esse dicitur, species scilicet in se et initia totius praeformans et continens creaturae, hoc etiam modo verbum dei eam esse intelligendum est, per hoc quod ipsa ceteris omnibus id est universae crea- turae mysteriorum et arcanorum rationem, quae utique intra dei sapientiam con- tinentur, aperiat: et per hoc verbum dicitur, quia sit tanquam arcanorum mentis interpres; unde et recte mihi dictus videtur sermo ille, qui in Actibus Pauli scriptus est, quia: „Hic est verbum animal vivens". Joannes vero excelsius et praeclarius in initio evangelii sui dicit" etc. Da Anſin hier keine wörtliche Ueber= ſetzung des Stückes unſerer Akten bietet und die griechiſchen Worte des Origenes nicht erhalten sind, so wird natürlich eine endgültige Entscheidung, ob Origenes unser Wort vor Augen gehabt hat, nicht zu geben sein. Hat er es aber vor Augen gehabt, so folgt daraus, daß das Stück, in dem es sich befindet, den Paulusakten angehört. Man könnte daran denken, daß der Verfasser der A. V. nur ein Wort der Paulusakten habe citiren wollen und dies unter der Formel: τὸ πνεῦμα λέγει citirt habe. Aber diese Annahme ist weniger wahrscheinlich als jene. — Sch, Die Petrusakten, S. 82 f. erklärt sich gegen Harnacks Annahme und findet nur eine entfernte Verwandtschaft zwischen dem Citat in den Petrusakten und dem von Origenes gegebenen Citat aus den Paulusakten. „Aus welcher Schrift der Verfasser der A. V. sein Citat geschöpft hat, bleibt in Dunkel gehüllt." — Z. 4 Das aufrechtstehende Krenz hat zu mancherlei Erwägungen und Gedankenverbindungen Anlaß gegeben. Vgl. etwa: Justin apol. I c. 55 (Otto, p. 150 C): τὸ δὲ ἀνθρώπειον σχῆμα οὐδενὶ ἄλλῳ τῶν ἀλόγων ζώων διαφέρει, ἢ τῷ ὀρθόν τε εἶναι, καὶ ἔκτασιν χειρῶν ἔχειν, καὶ ἐν τῷ προσώπῳ ἀπὸ τοῦ μετωπίου τεταμένον τὸν λεγόμενον μυξωτῆρα φέρειν, δι' οὗ ἥ τε ἀναπνοή ἐστι τῷ ζώῳ, καὶ οὐδὲν ἄλλο δείκνυσιν ἢ τὸ σχῆμα τοῦ σταυροῦ. Justin ist reich an Aeußerungen über das Kreuz, weil er energisch bemüht ist, dem Geheimnisse des Kreuzes d. h. des Kreuzestodes Christi auf die Spur zu kommen. Und da ergaben sich Anspielungen und Analogien von selbst nach der Art der antiken Welt, die zur allegorischen Exegese erzogen war. Ebenso bietet Jrenäus eine reiche Auswahl von interessanten, mitunter geistvollen Bemerkungen über das Kreuz, seine Bedeutung, und die Bilder, die es vorbilden. Eine erschöpfende Behandlung des interessanten Gegenstandes fehlt noch. Im allgemeinen vgl. Zöckler, Das Kreuz Christi 1875, S. 119 ff. — Welchen Wert man dem „ὀρθόν" beilegte, zeigt besonders deutlich Ps.-Cyprian de montibus Sina et Sion, c. 9 (Cypriani opp., ed. Hartel III, p. 114 1—5 f.): omnis passio hominis in terra cadet, haec sola passio crucis stantem demonstrat. — (Ob von hier aus die Bezeichnung Simons als ἑστώς Licht empfangen kann, wage ich nicht zu entscheiden.) — Z. 5 wie oben p. 92 1. Gemeint ist nichts anderes, als daß am Kreuze die Vereinigung von Gottheit und Menschheit stattfand; der Menschheit ist das Leiden eigen; und da am Krenze Gott litt, so ist diese Einigung endgültig vollzogen. — Z. 6 Der Autor hat die Form der crux immissa vor Augen (+), wie auch Jrenäus II, 24, 4 (MPG Bd. 7, 794 B). — Z. 6 f. d. h. durch Umkehr und Reue kommt der Mensch wieder zu Gott zurück; oder mehr im Sinne des 2. Jahrh., durch Umkehr und Reue kommt der Mensch wieder in die Lage, göttlich zu werden. — In der apokryphen Literatur finden wir ähnliche Anschauungen vom Kreuze, wie sie unser Autor gegeben hat. Auf das „nachfolgende (wandelnde) Krenz" in dem Petrusevangelium (Harnack, TU IX, 2. Heft, S. 11. 61 f.) von dem her eine Stimme gehört wurde, will ich nur hinweisen. (Es hat sein Vorbild in dem „mitgehenden geistlichen Felsen", 1. Kor. 10 4.) Eine Ausdeutung des sichtbaren Krenzes findet sich in der Passio An. (Aa II, 1 p. 24 f. Li I 596 f.). Sie bedeutet wohl gegenüber der obigen schon einen Fortschritt der Entwickelung. Einige auffällige Berührungspunkte mit den obigen Ausführungen finden sich in den A. J. 98 ff. (Aa II, 1 p. 199 ff.). Es sind aber nur Berührungspunkte; in den Johannesakten weht ein ganz anderer Geist; in ihnen treten wirklich gnostische Vorstellungen zu tage. — C² hat etwas erweitert. Von „denn es ziemte sich" an hat er: dies kommt euch zu, euch, die ihr hoffet auf das Kreuz Christi. Das Krenz ist das Symbol des rechten Wortes, dies allein erfüllt das All, von welchem der Geist sagt: „Die Bedeutung des Krenzes ist das Wort (Logos), die Stimme Gottes", damit das Wort ähnlich werde dem aufrecht stehenden Holze, welches von oben nach unten geht, und an welchem wir gekreuzigt werden sollen. Die Stimme aber ist das Holz, welches in der Mitte ist und auf beiden Seiten durchbohrt ist, welches die Natur der Menschheit ist. Der Nagel aber, welcher in der Mitte ist und welcher das Holz auf beiden Seiten befestigt mit dem aufrecht stehenden Holze, ist die Umkehr und die Buße des Menschen.

　　(10) 39 Z. 8 nach nun schiebt der Lat. ein: „o Herr". — Z. 8 f. Lat.: „reuelasti quod est uerbum uitae" du hast mir offenbart, daß es ist Wort des Le-

bens. Darnach iſt wohl quod und est zu ergänzen. — Z. 9 Der Lateiner hat es
verſtanden: o Wort des Lebens, das von mir jetzt Holz genannt worden iſt, auch
Z a h n NKZ 10, S. 214, Anm. 3. Die Athoshandſchrift dietet: O Wort des Lebens,
o jetzt Lebensholz von mir genannt; die koptiſche Ueberſetzung ſchiebt in Erinnerung
an das vorige Kapitel p. 96,₈ „ὀρθόν" „aufrechtſtehend" ein. Man muß interpun=
giren: λόγε, ζωῆς ξύλον und überſetzen wie oben. Lebensholz = 1. Moſ. 2,₉. Mit dem
Vorausgehenden läßt ſich dieſe Erklärung gut in Einklang bringen. Denn dort
iſt nicht der λόγος ζωῆς genannt worden ξύλον, ſondern der λόγος ξύλον ὀρθόν.
Welche Rolle das ξύλον ζωῆς in der chriſtlichen Literatur geſpielt hat, kann hier
nicht dargelegt werden, vgl. etwa Origenes contra Celsum VI, 34. 36. — Das
Linus=Mart. hat geändert. — C²: o du Wort des Lebens, o Holz, von dem ich
jetzt rede. — Z. 11 Lüge Lat.: mendum; vgl. Li in Index latinus, p. 315. —
Z. 11 f. Lat. gibt dieſen Satz ſo wieder: neque uerbo hoc qui partes (= partes
= per artes: Li) narias hominen (hominis: Li), qui per humorem <e> ius pro-
ducitur. — Z. 13 βκαλεῦ läßt der Lat. aus. — C²: welche verſtanden wird durch
Stillſchweigen. — Z. 13 f. d i e — g e h ö r t w i r d: Dieſen Satz hat der Lateiner
ausgelaſſen. — C²: welche nicht gehört wird durch das, was ſichtbar iſt. — Z. 14
Lat.: qui <non> per organum corporali (l. corporale) exigit (exit oder exiit Li;
exigitur B o). Er fügt hinzu: sed illa uoce. — C²: welche nicht hervor=
geht aus den Gliedern des Leibes, der zu Grunde geht. — Z. 15 Lat. in carne ad
aures. Li: in carnales aures. — Lat.: „sed illa quae est incorrupta". — C²:
welche nicht gehört wird durch die Natur, welche ſich auflöſt. — Z. 16 e r t ö n t:
ἀφιεμένη Lat.: uadit (Linus=Mart.: dimittitur). — C²: welche nicht bleibt in der
Welt, welche man nicht zurückläßt auf Erden. — Z. 17 μηδὲ τινὶ μὲν οὔσῃ, τινὶ δὲ
οὐκ οὔσῃ. Der Lat. hat dieſe Worte ausgelaſſen. Linus=Mart.: neque quemquam
materialiter patitur moueri, neque materialiter existit. Das liegt aber in den griechi=
ſchen Worten nicht. Sie wollen nur ſagen, daß das innerſte Vermögen der Seele jedem
gegeben iſt. — C²: welche bei dem einen nicht iſt, und welche auch bei einem andern nicht
iſt. — Z. 18 Lat. „hac uoce". Linus=Mart.: illo inquam spiritu. — Lat.: Herr Jeſu
Chriſte". — Lat.: „gratulor"; von dem Danke gegen Gottheiten gebräuchlich. — Z. 18 f.
Lat. „mit dem Schweigen d e i n e r Stimme". Das liegt aber eigentlich in den
Worten des Autors nicht. — Eine ganz frappante Analogie zu den obigen Aus=
führungen über das Schweigen findet ſich in dem Geſpräch Auguſtins mit Monnica
vor ihrem Tode: Auguſtin, confessiones IX 25. — Z. 19 f. ἤ . . . ἐντυγχάνει; vielleicht iſt aber beſſer σοί zu ergänzen und zu überſetzen: mit der .. der Geiſt zu dir
ſpricht. (In dieſer Bedeutung iſt ἐντυγχάνειν τινι gebräuchlich.) Der Sinn kann
nicht zweifelhaft ſein, und es wird jeder, der ſich in dieſe Gedanken hineinzufinden
bemüht, ſie hervorragend ſchön finden. Die vollſtändige Abſtreifung alles Körper=
lichen in dem Verkehr mit Chriſtus tritt deutlich zu tage. Der Autor, der die obigen
Worte ſchrieb, hatte ein Bewußtſein dafür, daß Gott Geiſt iſt und daß er nur im
Geiſt und in der Wahrheit anzubeten ſei. Da das Reden auch etwas Körperliches
iſt, ſo muß eben der Verkehr im Geiſte ſchweigend ſtattfinden. Die Gnoſtiker haben
viel mit dem Begriffe des Schweigens operirt; was ſie damit haben bezeichnen wollen,
kommt wohl am beſten in folgenden Worten zum Ausdruck: „Bis in ſein Inneres
zu dem Schatze des Innern, zu den Topoi des Innern der Innern d. h. zu dem
Schweigen (σιγαί) und der Ruhe gelangen" (vgl. S ch, TU VIII, 1. und 2. Heft,
S. 198. 206. 211. 279 f. und öfter). Da nun im zweiten Jahrhundert ein ſolcher Be=
griff ſehr häufig gebraucht worden iſt, ſo iſt auch bei einem kirchlichen Schriftſteller
eine Auffaſſung wie die obige nicht wunderbar. (Auch Ignatius ad Magnesios 8,2
hat den Ausdruck: Χριστοῦ . . . ὅς ἐστιν αὐτοῦ λόγος ἀπὸ σιγῆς προελθών.) Bezeich=
nenderweiſe hat das Linus=Mart. das „silentium" ganz ausgelaſſen. (Daß ſich mit
einer ſolchen geiſtigen Auffaſſung aber auch die tollſten Wundergeſchichten vertragen
konnten, weiß jeder, der mit den Anſchauungen des Altertums vertraut iſt.) — Eine auf=
fällige Parallele zu der Anſchauung unſeres Autors findet ſich in dem opus imperfectum
in Matth. hom. II (bei H a r n a c k I, S. 168 f.): dicebantur autem magi lingua eo-

rum, quia in silentio et voce tacita deum glorificabant ... laudabant in silentio deum tribus diebus. Diese Worte sollen aus der Scriptura Seth stammen. — Man vergleiche auch die ἄρρητα ῥήματα des Paulus 2. Kor. 12₄. — C² hat von „sonderen" an: aber ich daufe dir, Christus Jesus, durch Stillschweigen, welches deine Stimme ist, welche der Geist ist, der in mir ist; dieser liebt dich und redet mit dir und siehet dich und erscheint vor dir. Dem Gedanken, der oben in schwungvollen, poetischen Worten seine Verkörperung gefunden hat, hat Euseb. KG. I, 3, 20 eine etwas andere Wendung gegeben, wenn er schreibt: „Was aber von Allem das Wunderbarste ist, ist dies, daß wir, die wir ihm geheiligt sind, nicht nur mit unserer Stimme und dem Schall unserer Worte ihn ehren, sondern auch mit aller Veranlagung unserer Seele, so daß wir das Zeugnis für ihn höher achten, als selbst unser eigenes Leben". A. J. 103, Aa II, 1 p. 202₁₁ ff.: προσκυνοῦμεν ... μὴ δακτύλοις, μηδὲ στόμασιν, μηδὲ γλώσσῃ, μηδ᾽ ἑνὶ ὅλως σωματικῷ ὀργάνῳ ἀλλὰ τῆς ψυχῆς τῇ διαθέσει ... Das Testamentum Domini nostri Jesu Christi hat die obigen Worte aufgenommen (vgl. dazu Zahn in der NKZ 11, 1900, S. 441—443); aber es schreibt sie zum Teil Christus zu, der sie an seinen Vater richtet. (Sie finden sich in der Mystagogia quae profertur ad fideles ante oblationem, I, 18. ed. Rahmani, S. 65.) Doch zeigt sich auch sonst zu den Worten des Petrus (von εὐχαριστῶ Li, p. 96,₁₃ an bis ἀνέβη p. 98₉) manche Verschiedenheit. Nach εὐχαριστῶ σοι ist Pater mi eingeschoben; τῇ διὰ σιγῆς νοουμένῃ Z. 17, μηδὲ ἐν βίβλοις γραφομένη Z. 20 bis οὐκ οὔσῃ Z. 21 ist weggelassen; S. 98₁ von εὐχαριστῶ σοι bis Z. 4 οἰκονόμος ist manches geändert, einige Ausdrücke sind beseitigt. Für καὶ τὸ ὄν σὺ καὶ οὐκ ἔστιν ἄλλο ὃ ἐστιν εἰ μὴ μόνος σύ hat das Testamentum: omnia quae sunt, tua sunt neque alterius, tu enim es in saecula saeculorum. Amen, und schiebt danach ein: Sciat igitur pastor mysteria cuiusvis naturae. Postquam oraverim, ait Jesus, uti scitis et videtis, ascendam ad patrem. Darauf folgt eine Instruktion für den ministrirenden Priester und die Worte p. 98₅ ἐπὶ τούτου bis ₉ ἀνέβη (mit Aenderungen und Zusätzen vgl. oben). Der Verfasser der „Mystagogia" des Testamentum scheint vergessen zu haben, daß er den Tod, den er redend einführt (Rahmani, S. 63) erzählen läßt, der auferstandene Christus spreche diese Worte. Aber damit sind die Berührungen zwischen dem Testamentum und den Kreuzgebeten der A. V. nicht erschöpft. Auch das Herrnwort p. 94₁₃—₁₅ ist in die Rede des Todes eingearbeitet, direkt vor den Worten Jesu. Und die Worte p. 90₂₀—92₁₆ finden sich zum größten Teile auf S. 63 wieder. (Statt καὶ ταῦτα ὑμῖν εἱρήσθω τοῖς ἀκούουσιν ὡς μὴ εἱρημένα hat das Testamentum: Viri et mulieres sancti, quorum proprium est gloriari in Domino, audite hominem, qui intus est.) Von den Worten des Petrus, p. 94, hat er nur den Grundgedanken, nämlich die Parallelisirung Adams und Christi, und hat sie in der Weise durchgeführt, daß Christus den Tod durch das Kreuz besiegt, und die incorruptibilitas in carne hergestellt habe. In diesem Stücke finden sich deutliche Analogien zu den Namen Christi und zu den „heiligen Antithesen" (p. 68) wie überhaupt diese Sätze zu den Worten des Petrus über den Zweck der Sendung Christi und seinen Tod (p. 53 f. 67 f.) in Parallele stehen. — Es ist schwer, anzunehmen, der Verfasser der „Mystagogia" des Testamentum hätte Worte des Petrus Christus in den Mund gelegt und sie für ein eucharistisches Gebet verwendet. Das Einfachste dürfte es sein zu schließen, diese Kreuzgebete hätten eine Sonderexistenz geführt und wären ursprünglich von Christus gesprochen gewesen; der Verfasser der A. V. hätte sie übernommen und auf Petrus geschrieben. Daß eine solche Uebertragung möglich war, beweist das, was Origenes über die Chronif Phlegons sagt (oben zu (9) 38 Z. 44 f.). — Noch auf etwas anderes sei aufmerksam gemacht. In seiner Bibliotheca cod. 114 berichtet Photius über die sogenannten περίοδοι der Apostel (s. Apofr. S. 352). Manche von den Zügen, die Photius anführt, finden sich in den Apostelgeschichten, die auch wir noch besitzen. In den A. V. wird Christus als der gute beschrieben, und ein unaufmerksamer Leser konnte aus ihnen herauslesen, daß sie Vater und Sohn nicht unterschieden. Freilich die Unterscheidung des guten Gottes (der Christen) und des bösen Gottes der Juden ist ihnen fern; und so viel fie von Simon dem Magier berichten, ſo nennen ſie ihn doch nicht den Diener des böſen Judengottes. (Eine in dieſer Richtung ſich bewegende Aeußerung bieten die A. J. 94 Aa II, 1 p. 11 f.: πρὶν δὲ συλληφϑῆναι αὐτὸν ὑπὸ τῶν ἀνόμων καὶ ὑπὸ ἀνό-μου ὄφεως νομοϑετουμένων Ἰουδαίων; vgl. J a m e s in TSt. V, 1, 1899, S. XVII ff. über die Beziehungen der Angaben des Photius zu den A. V. und A. J.) Erſchei-nungen Chriſti in verſchiedener Geſtalt begegnen uns wiederholt in den Apoſtelge-ſchichten. Aber andere Aeußerungen des Photius laſſen ſich bisher nicht belegen: daß Chriſtus auch nicht in Wirklichkeit Menſch geworden ſei, ſondern es nur ſo ge-ſchienen habe; daß er nicht gekreuzigt ſei, ſondern ein anderer ſtatt ſeiner und daß er deswegen die Kreuzigenden verlachte. (Allerdings erſcheint der Herr, während er in Jeruſalem gekreuzigt wird, dem Johannes auf dem Oelberge in einer Höhle c. 97, Aa II, 1 p. 199 13 ff. und Johannes verlacht danu das Volk, das ihn ge-kreuzigt hat c. 102, p. 202 5; dazu das Wort aus dem Hymnus: λόγον (I. λόγῳ) ἄπαξ ἔπαιξα πάντα καὶ οὐκ ἐπαισχύνϑην ὅλως c. 96. p. 194. Aber dieſe Parallelen ſind doch nicht durchſchlagend.) Zu dieſen Sätzen bietet die Schilderung die voll-kommenſte Analogie, die Jrenäus von Baſilides gibt: Et gentibus ipsorum autem apparuisse (Epiphanius, haer. 24, 3, MPG Bd. 41, 312 B: ὡς δοκήσει πεφηνότος) eum in terra hominem, et virtutem perfecisse. Quapropter neque passum eum, sed Simonem quemdam Cyrenaeum angariatum portasse crucem eius pro eo: et hunc secundum ignorantiam et errorem crucifixum, transfiguratum ab eo, uti pu-taretur ipse esse Jesus; et ipsum autem Jesum Simonis accepisse formam, et stantem irrissise eos. (Jrenäus I, 24, 4, MPG Bd. 7, 677 A.) In der Verflu-chungsformel, die die von den Manichäern zur Kirche Uebertretenden zu unterſchreiben hatten, finden ſich die Worte: Ἀναϑεματίζω τοὺς λέγοντας δοκήσει παϑεῖν τὸν κύριον ἡμῶν Ἰησοῦν Χριστὸν, καὶ ἄλλον μὲν εἶναι τὸν ἐν σταυρῷ, ἕτερον δὲ τὸν πόρρωϑεν ἑστῶτα καὶ γελῶντα, ὡς ἄλλου ἀντ' αὐτοῦ παϑόντος (MPG Bd. 1, 1464 D. K e ſ ſ l e r, Mani I, S. 404). Dieſe Anſchauung iſt ſo ſingulär und trifft mit Photius' Worten ſo genau zu-ſammen, daß der Schluß unausweichlich iſt, die von Photius geleſenen Apoſtelgeſchichten hätten über die Kreuzigung Chriſti die Anſchauung des Baſilides wiedergegeben (wenig-ſtens diejenige, die Jrenäus für baſilidianiſch hielt.) Andererſeits geht hieraus hervor, daß die Form der Apoſtelgeſchichten, die Photius in den Händen hatte, uns noch nicht, wenigſtens nur zum Teile, bekannt geworden iſt (anders S ch Petrusakten. S. 69—71). Ob danu weiter die Einſetzung des Petrus für Chriſtus, die Einſetzung Simons von Ky-rene für Chriſtus für die Apoſtelakten von Bedeutung iſt, muß ich dahingeſtellt ſein laſ-ſen. Die Kreuzgebete laſſen ſich aus der Anſchauung des Baſilides und der Baſilidianer erklären (vgl. Jrenäus a. a. O. MPG Bd. 7, 677 B), und auch was Clem. Alex. (strom. IV, 12, MPG Bd. 8, 1289 ff.) uns über Baſilides' Gedanken vom Leiden zum Teil mit deſſen eignen Worten mitteilt, würde ſich damit in Einklang bringen laſſen. — Was die Andreasakten mit den obigen Kreuzgebeten gemeinſam haben, c. 10 ff. (Aa II, 1 p. 23 ff.) erklärt ſich aus ihrer Abhängigkeit von den A. V., aber was ſie bieten, hat die Originalität und den Schwung verloren. In Zuſammen-hang mit den A. V. ſtehen auch die Acta Philippi 140, Aa II 2, p. 74 f. — S ch, S. 97 f. findet in den Kreuzgebeten der Petrusakten Entlehnungen aus den Johannes-akten. — Zu den Kreuzgebeten iſt, worauf mich E. H e n n e c k e aufmerkſam macht, die Mithrasliturgie zu vergleichen, die A. D i e t e r i ch herausgegeben hat, Leipzig 1903; an vielen Stellen S. 4. 6. 42 f. u. ö. Die Kreuzgebete ſind jetzt auch beachtet worden von R. R e i t z e n ſ t e i n, Poinandres, Leipzig 1904, S. 242 ff. 304. Er bringt ſie in Zuſam-menhang mit Gedanken der hellenistiſchen Myſtik. Ich hatte in meinen ‚Petrusakten' verſucht, ſie zu zergliedern und auf ihre Urſprunge zurückzuführen. Es iſt na-türlich leicht, einen direkten Einfluß Platos zurückzuweiſen; aber den hatte ich gar nicht behauptet. Es würde zu weit führen, andere Parallelen zu den A. V., die ich bei Reitzenſtein gefunden habe, anzugeben. — Z. 20 Der Lat. hat die Stelle nicht richtig überſetzt: silentio uocis tuae, quod est in me, Christum te diligens, tibi loquens et te nidens, tibi referens, qui solutus (Li: solus) spiritus. omnia tibi cognita sunt. — C² : Und er allein iſt der Geiſt, in welchem man dich be-

greift. — Zu dem Gedanken vgl. oben c. 21. — Z. 20 f. Wer möchte hier nicht an
die berühmten Worte der Andromache denken, die sie zu Hektor spricht: Du bist
mir Vater und Mutter und Bruder und Gatte. Ilias VI, 429 f. Näher liegt die
Erinnerung an neutestamentliche Worte (vgl. Mt. 19 29. Mc. 29 30. Mt. 10 38. 16 24.
Mc. 8 34. Lk. 9 23. 14 27). In dem zweiten koptischen gnostischen Werk, das Sch
veröffentlicht hat, ist dem Gedanken folgender Ausdruck gegeben: Wer Vater und
Mutter, Bruder und Schwester, Weib und Kind und Güter verlassen und sein
Kreuz tragen und mir nachfolgen wird ... (TU VIII, 1. u. 2. Heft, S. 302). —
Z. 21 C²: (offenbar ummodelnd): du bist mein Herr, ich dein Knecht. — Haus=
halter: οἰκονόμος. Dazu vgl. Zahn, NkZ 10, 203 Anm. 1. 205 Anm. 1. 3.
Acta Phil. 18, Aa II 2, p. 10 4 f. ὁ ἡμέτερος καλὸς οἰκονόμος, Ἰησοῦ. οἰκονόμος von
Gott gebraucht in den Altchristl. liturg. Stücken, die Wobbermin herausgegeben
hat, TU 17, 3 b, S. 16 11. — C²: Hausherr. — Z. 22 Lat. hat nur: et omnia in
te, et quidquid tu, et non est alius nisi tu. — Vgl. oben c. 20 am Ende. — Z. 23
A. P. et. Th. 31 (Aa I p. 258 3): ἐφ᾽ ὃν ἐγὼ κατέφυγα; 37 p. 264 2: χειμαζομένοις ...
καταφυγή. A. J. 109, Aa II, 1 p. 208 5: δοξάζομεν ... τὴν εἰς σὲ καταφυγήν; A.
Tho. 27 Aa II, 2 p. 137 13 f. und öfter: ἤρχοντο εἰς τὸ καταφύγιον τοῦ σωτῆρος. —
Z. 24 f. Lat. hat hier: „und auf ihn in allem hoffend; das möge bei euch (uos
statt nobis) feststehen, dass das, was ihr gelernt habt, bei euch bleiben kann, damit
ihr zu dem gelangen könnt, was er zu geben versprochen hat". — Z. 25 f. Ueber
dieses Wort vgl. Ropes, Die Sprüche Jesu (TU XIV, 2, 1896) Nr. 9, S. 19—22.
Im Testamentum D. N. J. Chr. I, 28 (ed. Rahmani, S. 67) heißt es im Anschluß
an unseren griechischen Text, aber mit einigen Abweichungen: Cum igitur et nos
ad ipsum confugientes didicimus ipsi soli proprium esse dare (im griech. Text:
καταφυγόντες καὶ ἐν αὐτῷ μόνῳ τὸ ὑπάρχειν ὑμᾶς μαθόντες; αἰτοῦμεν folgt erst später)
petamus ab eo ea, quae ipse dixit se daturum esse nobis, quae neque oculus
uidit, neque auris audivit, neque in cor hominis ascendit, quae parauit diligentibus se, uti Moyses aliique sancti homines dixerunt. Da das Testamentum den
Spruch als ein Herrnwort anführt und auch an dieser Stelle von den A. V. ab=
hängig erscheint, da die A. V. aber den Spruch nur bis ascendit geben, so ist es nicht
ganz unwahrscheinlich, daß der letzte Satz: uti Moyses etc. sich nur auf quae parauit
diligentibus se beziehen soll. — C²: Ihr aber, geliebte Brüder, die ihr eure Zuflucht
zu Ihm genommen habt, und die ihr wisset, daß ihr in ihm allein bleibt, ihr werdet
ergreifen diese Güter, die Er gesagt hat, euch zu geben und versprochen, was kein
Auge gesehen und kein Ohr gehört, noch was über das menschliche Herz gekommen.
— Z. 26 Menschenherz: Lat. fügt pecca <toris> hinzu, wie die slavische
Uebersetzung. — Lat. eum. — Z. 27 uns ἡμῖν läßt der Lat. weg. — ἀμίαντε Ἰησοῦ
läßt der Lat. weg; auch C². — Z. 27 f. Lat. hat: Wir bitten dich, Herr Jesu und
rufen dich an, preisend und betend (die Hs. hat: de do praecantes; vgl. die Anm.
bei Li, p. 99) bekennen wir dir. — C²: beinen Namen. — Z. 29 Lat.: honor,
claritas et potestas. — Das Linus=Martyrium hat auch hier wieder viel ge=
äubert.

(11) 40 Z. 31 Schalle: ἤχει. Lat.: uoce. — Nach rief fügt C² hinzu:
mit Petrus zusammen. — Z. 32 Lat. hat diesen Satz von „da übergab ..." ausge=
lassen. — C²: gab er den Geist in die Hand des Herrn. — Z. 33 Marcellus er=
scheint als die Hauptperson der römischen Gemeinde; darum ist es nicht auffällig,
daß er nun hier wieder sofort hervortritt. — Z. 34 ohne: im Lat. fehlt hier
neque. — was — wäre: C²: und obgleich es ihm nicht gestattet war. — Z. 35
Lat.: deponens corpus illins. — Z. 36 χίας μνᾶς ἑπτά, über χία = mastiche, f. den
Index graecus bei Li, s. v. p. 308. — C²: fünfzig Minen Mastix. — Z. 37 Ge=
würz: C²: [indischen] Blattes. — Z. 36 f. Lat. hat für diesen Satz von „Und er
zerschlug"... nur: et murra paeue pondo quinquaginta. Das Linus=Martyrium
macht die Sache noch kostbarer. — Z. 38 Lat. hat nur: sarchofagum. — C²: eine
große Kiste. — Z. 39 Daß wir hier eine Nachahmung der evangelischen Geschichte
vor uns haben, bedarf keines Beweises. — Die Erscheinung des Märtyrers (Christi

in der Geſtalt des Philippus) nicht lange nach ſeinem Tode auch in den Acta Philippi 42, Aa II 2, p 89. Auch ſie hat ihre Parallele in den bibliſchen Schriften;
vgl. das Marcusevangelium. — Auch Apollonius erſcheint nach ſeinem Tode
einem Jüngling (Philoſtrats Vita, VIII, 31). Die Erſcheinung ſoll die Unſterblich-
teit der Seele beweiſen. Vgl. auch Potamiäna bei Euſeb. h. e. VI, 5, 7. — Z. 40 f. Lat.
„quomodo audisti uerbum": <Sine inui> cem mortuos sepelire? — Z. 41 Lat.
„Marcello recogitante". — nach ſ a g t e fügt der Lat. hinzu: iterum ... in <som-
nio>. — Z. 42 C²: Die Dinge, die du auf den toten Leib gelegt haſt, haſt du ver-
derbet. — Z. 42 f. Der Lat. läßt dieſen Satz aus. — Zu vgl. iſt die Erzählung A. J.
c. 26—29 (Aa II, 1, p. 164—167); ſie ſchließt mit den Worten: ἔγραψας νεκρὸς νε-
κρὰν εἰκόνα. — S. 423 Z. 1—3 Dieſen letzten Satz von „und befand ſich" an läßt der Lat.
aus. Er iſt aber ſehr wichtig. Er knüpft an an das in den erſten Kapiteln Erzählte und ſoll wohl darauf hinweiſen, daß die Erzählung wieder zu Paulus zurück-
tehrt. Jedenfalls geht ſo viel hervor, daß von einer gemeinſamen Wirkſamkeit des
Petrus und Paulus in Rom nicht die Rede ſein konnte und ebenſowenig von einem
gemeinſamen Martyrium. — Die übrigen Zeugen, abgeſehen vom LinusMart., erwähnen alle Paulus und Rom an dieſer Stelle. — C²: bis Paulus nach Rom kam.
(12) 41 Z. 4 Lat. imperator: doch wird Nero auch bei ihm ſofort genannt.
— ſ p ä t e r : C²: zuletzt. — Z. 5 g e t ö t e t : Lat. hat fecisset. — Z. 6 f. Lat. hat
nur: uariis cruciatibus perdere. — Z. 7 f. τῶν πρὸς χεῖρα αὐτοῦ. Lat. gibt den Satz
wieder: Denn Nero hatte Leute zur Hand, die an Chriſtus gläubig geworden waren,
die von Neros Seite gewichen waren. — In dieſem Schlußabſchnitt (12) 41 konſtatirt Sch, Die Petrusakten S. 84 f., direkte Abhängigkeit von den Paulus-
alten; doch ſind die Parallelen nicht durchſchlagend. — Z. 8 f. Dafür hat der Lat.
nur: et ualde furiebatur Nero. — Z. 10 Lat. hat nur „alle" ſtatt: „alle Brüder,
die von Petrus unterrichtet worden waren". ἀπολέσαι gibt er wieder mit male perdere. — Z. 11 U n d : Lat.: et dum hoc cogitat. — „dei Nacht" läßt Lat. aus. —
e i n e n : Lat. „angelum". — Von dem Konfeſſor Natalius, der ſich hatte bereden
laſſen, Biſchof bei den dynamiſtiſchen Monarchianern in Rom zu werden, heißt es
(Euſeb. KG. V, 28, 12), daß er die ganze Nacht ὑπὸ ἁγίων ἀγγέλων ἐμαστιγώθη und
daraufhin ſein Vorhaben aufgegeben habe. — Ein geißelnder Engel in den pſ.-
clem. Rekogn. X, 61. 66 MPG Bd. 1, 1449 B. 1451 D. — Bei Euſeb werden die Verfolger der Chriſten θεοῦ μάστιγι geſchlagen (vgl. KG. IX, 10, 13 f.). — Vgl. Tertullian
de idol. 15 ed. Oehler I, p. 94 ₈. — In Lucians Φιλοψευδής 20 (ed. Sommerbrodt III,
p. 96) wird erzählt, daß ein Libyer, der das einer Statue geſchenkte Geld geſtohlen,
(von dieſer) jede Nacht geſchlagen wurde, ſo daß man auch die Striemen ſah. Man
kann aber auch ſchon Mt. 27 ₁₉ vergleichen. — Nach N e r o fügt der Lat. hinzu:
„höre". — Z. 11 f. Lat. hat nur: Du kannſt nicht die Diener Chriſti verfolgen. —
C²: nicht töten, indem du ſie verfolgſt. — Ganz ähnlich erzählt Hegeſipp von
Domitian, Euſeb h. e. III 20, 5. — Z. 12 f. Lat.: „Laß darum deine Hände
von meinen Dienern, wenn du nicht fühlen willſt, daß du mich verachtet haſt"
(minus ne senties [l. sentias] si me contempseris). — Z. 13 ἐκ τῆς τοιαύτης ὀπτα-
σίας läßt Lat. aus; auch C². — Z. 14 Lat.: a discentibus dei et Christi. — Z. 15
v e r l a ſ ſ e n h a t t e : Lat. accersitus est = (vom Herrn) gerufen wurde. — C²
fügt hinzu: im Frieden Gottes. Amen. — C² endet hier. — Z. 17 Dieſe Ausdrucksweiſe iſt ſehr auffällig. Entweder nennt man Gott σωτήρ oder Chriſtus σωτήρ,
aber nicht Gott den σωτήρ Chriſti. — Z. 15—18 Statt der Sätze: „Und es waren"
2c. bis zu Ende hat der Lat.: „Friede (ſei) mit allen Brüdern, ſowohl denen, die
(es) leſeu, als denen, die (es) hören. Der Handel des Apoſtels Petrus iſt zu Ende
mit Frieden (und des Simon) Amen". Die Worte „und des Simon" ſind vom Ko-
piſten beigeſetzt. Hierzu fügt die Handſchrift von Vercelli noch: „Es iſt zu Ende
der Brief des heiligen Petrus mit dem Magier Simon. Wie dem Schiffer der Hafen, ſo
iſt dem Schreiber die letzte Zeile". Dieſer Stoßſeufzer iſt in den lateiniſchen Handſchriften nicht gerade ſelten: er klingt auch an in den Verſen, die von W. W a t t e n -
b a c h , Das Schriftweſen im Mittelalter, Leipzig, 1871, S. 379 mitgeteilt ſind.

XXV.

Johannesakten.

Handschriften, Ausgaben und Literatur.
(G. Schimmelpfeng.)

Handschriften (vgl. Aa II 1, p. XXVI ff.): 1) c. 18—55 p. 160 ₅—179 ₅
R. Patmensis 198 s. XIV; dazu c. 27 p. 165 ₁₇ — c. 28 p. 166 ₁₂. Die Hand=
schriften mit den Akten des zweiten Nicänischen Konzils (Aa II 1, p. XXIX. XXXI):
Σ [= T. O. X. Y. Z]. Von c. 30—54 gibt Bonnet unter dem Texte „brevissimum quod-
dam quasi summarium" (p. XXIX) aus cod. Q Paris. gr. 1468 s. XI. Dieser Ausdruck paßt
nicht genau. Denn von der Heilung im Theater c. 30—37 sagt Q kein Wort, die Er=
zählung von der Tempelzerstörung c. 38—45 ist bei Q eine völlig andere als bei
R, ähnlich dagegen — nur mit manchen Abweichungen — die Geschichte der Auf=
erweckung des Priesters c. 46—47 und im wesentlichen übereinstimmend die vom
Vatermörder, bei der der Text von Q für einige Stellen von Nutzen ist. Nach dieser
bietet Q und zwar allein die Anekdote vom Rebhuhn c. 56. 57. — 2) c. 58—86
p. 179 ₆—193 ₂₂ R; dazu c. 58—76 p. 179 ₆—189 ₁₃ und c. 78—80 p. 190 ₁—191 ₂
M. Venet. Marc. gr. 363 s. XII. Wichtig für die Drusianageschichte c. 62—86
p. 181 ₁₅—193 ₂₂ ist des Pf.=Abdias lateinische — man darf so sagen für diesen
Teil der Akten — Uebersetzung herausgegeben von Fabricius (vol. II). Bonnet gibt
seine Exzerpte aus Abdias in den Anmerkungen unter dem Texte nach eigener Re=
cension „e codicibus Parisiacis et Wizanburgensi" (p. XXX). — 3) c. 87—105 p. 193 ₂₃
— 203 ₇ C. Vindobon. hist. gr. 63 (a. 1324) (Aa II 1, p. XXX—XXXII). Dazu
c. 93 p. 196 ₁₉ ποτὲ βουλόμενος — c. 95 p. 198 ₄ κόψασθε πάντες. Ἀμήν. und
c. 97 p. 199 ₇—c. 98 p. 200 ₉ Σ (f. o.). Einige Stücke des Hymnus sind erhalten
bei Augustin ep. 237 ad Ceretium (Opera T. II col. 644 sq.). — 4) Das Schlußstück,
die Metastasis oder consummatio, 203 ₈—215 ₄ gibt Bonnet (vgl. p. XXXII) mit Be=
nutzung neun griechischer Handschriften (PWA) = Γ, (VRBU) = A, M, Q (vgl. dazu
Aa II 2 p. XXXIII: cod. Barberinianus V 12 s. XIV aut XV cf. V), ferner des
Kommentars des Symeon Metaphrastes de Joanne, Abdias (A), einer armenischen
(a), einer syrischen (f), einer koptischen (c) und einer äthiopischen (ä) Uebersetzung.
Ausgaben und Literatur: Ueber M. Neander u. a. f. oben S. 6 ff.
Den eigentlichen Anfang für unsere Texte (vgl. Apokr. S. 425) macht Thilo
... fragmenta actuum S. Joannis a Leucio Charino conscriptorum Part. I (II ist
nicht gefolgt). Univ.=Progr. Halis 1847. Er bot vor allem die durch die Verhand=
lungen der II. Nic. Syn. erhaltenen Stücke. Ausgaben: Hardouin Coll. Concil. IV.
296 sqq. Mansi Ampliss. Concil. Coll. XIII p. 169 sq. — Ich habe die große Pariser
Ausgabe Acta conciliorum Tom. XIX. Paris 1644 zur Verfügung gehabt. Dem
griechischen Texte ist die lateinische Uebersetzung des Anastasius beigefügt. Statt
dieser gibt Thilo eine andere Uebertragung bei, die des Longolius, dem andere
griechische Handschriften zu Grunde lagen als die für die Herausgabe der Koncilien=
akten benutzten. Vgl. Thilo p. 13—19. — Bonnet: e = Acta concilii edita a Ph. Labbe
et G. Cossart t. VII. Paris 1671; l = eadem in latinum conversa ab Anastasio
bibliothecario; Σ + e + l = Σ¹ (Aa II 1, p. XXXI). — Während Tischendorf
‚Acta apostolorum apocrypha', Lips. 1851 für die Johannesakten aus den beiden
Handschriften P und W Aa II 1, p. XXVI. XXXII schöpfte, verwertete Th. Zahn
für seine ‚Acta Joannis' (1880) Thilos Untersuchungen und bot weiteres Material,
das er den schon genannten Handschriften M und Q entnahm. Vgl. Aa II 1,
p. XXIX. XXX. Zahn suchte alle möglichen apokryphen, auch kirchlichen Nachrichten,
die auf Johannes Bezug haben, dem Leucius zuzuweisen, den er hier noch geneigt

ist als wirklichen Schüler des Johannes anzusehen. In spätern Schriften hat er seine Ansichten modificirt; es kommen namentlich in Betracht: G.K. II 2 (1892), S. 856—865; Die Wanderungen des Apostels Johannes, NkZ X (1899), S. 191— 218; Forschungen VI (1900), S. 14 ff. u. ö. Alles vorhandene Material sammelte, stellte zusammen und behandelte eingehend gründlich Lipsius I 348—542 (Nach= träge (II 2, 425 ff.). Er versuchte den Inhalt des Leucianischen Werkes zu rekon= struiren, ging aber in seinem Optimismus auch zu weit bei der Zuerteilung von Aktenstücken. Dem Begriff „gnostisch" eine unstatthafte Weite gegeben zu haben, wirft ihm Preuschen das Harnack I 124—127 mit Recht vor. Die von Harnack selbst (II 1, S. 541—543) schon angekündigte Schrift P. Corßens, Monarchianische Prologe zu den vier Evangelien. Ein Beitrag zur Geschichte des Kanons, TU XV 1 (1896), lieferte nunmehr den genauen Beweis für den schon von Lipsius aufgestellten Satz, daß der monarchianische Prolog zum Evangelium Johannis die Akten des Leucius benutzt hat, und erörterte das Verhältnis dieser zu den ‚historiae ecclesia sticae' des Hieronymus u. a. [Seine Rekonstruktion einer wirklichen ‚De Johanne apostolo et evangelista historia ecclesiastica' ist nicht einwandsfrei.] Daß die Metastasis im wesentlichen echt leucianisch ist, nur der Schluß in der Ueberliefe rung meist jüngere Zusätze erhalten hat, ergab sich für Corßen, ein Ergebnis, das durch die wichtige Veröffentlichung des Engländers Montague Rhodes James (Apocrypha anecdota II, TSt V 1 Cambr. 1897) nur bestätigt worden ist. Dieser gab aus einem Wiener Kodex (C, vgl. oben Aa II 1, p. XXVI. XXX) ein unzweifel haft echtes großes Stück der alten Akten, ein gnostisches Evangelium, wie es der Apostel Johannes verkündet haben soll. Und dieses enthielt auch das aus zwei Teilen bestehende zweite Stück, das aus den alten Akten auf der II. Synode zu Nicäa zur Verlesung kam: ποτε βουλόμενος κτλ. (s. oben). So wurde durch James der Zusammenhang für jenes längst bekannte Stück wiederhergestellt, ein Zusammenhang, der indirekt seine Bestätigung erfuhr durch das, was Augustin uns von dem gno stischen Hymnus erhalten hatte. Im folgenden Jahre 1898 erschien der (von Harnack) sehnlichst erwartete Band Aa II 1 ed. M. Bonnet (nachgetragene Lesarten in Aa II 2, 1903, p. XXXVI). Da finden wir in den Johannesakten James' kostbaren Fund, erkennen einen wesentlichen Fortschritt in der Herstellung des Textes der Metastasis. Neu aber ist die Verwertung einer Handschrift aus Patmos, eines Prochoroskodex, dem Partien aus den alten Akten beigefügt sind: R (vgl. oben; Aa II 1, p. XXVII). Durch R ist auch für das erste i. J. 787 verlesene Stück der Akten ὁ οὖν ζωγράφος κτλ. der Zusammenhang gegeben, durch R ist die Drusiange= schichte ergänzt und wie bei Abbias abgeschlossen, R bietet einige noch ganz unbe= kannte Erzählungen, andere gemeinsam mit Q oder M. Vgl. zu der Ausgabe Th. Zahn, NkZ a. a. O., und E. Hennecke, ThLZ 1900, Sp. 271 ff. Den Anfang der Akten c. 1—14 (iter Romanum cum exilio Patmensi) spricht H. ebenso wie c. 15—17 (Rückkehr von Patmos, bei Bonnet unter dem Texte gegeben) den alten Akten ab (vgl. Apokr. S. 428 f. 431). Zuvor hatte sich A. Hilgenfeld, ZwTh 1897, S. 469 ff.; 1899, S. 624—627 (Das Johannesbild des Lykomedes); 1900, S. 1—61 (Der gno stische und der kanonische Johannes über das Leben Jesu) zu den Stoffen eingehen= der geäußert und an letzterer Stelle, wie zuvor Corßen S. 118 ff. [und ihnen nach Pfleiderer, Urchristentum ² II 135. 439], die irrige Ansicht vertreten, der „gnostische Johannes" habe den kanonischen nicht gekannt. Nach dem haben Ehrhard S. 158 —160 und Bardenhewer I S. 437—442 über den Tatbestand der Forschung re= ferirt, um dessen Bereicherung sich außer R. Liechtenhan, Die Offenbarung im Gnosticismus, Gött. 1901, und in ZnW 1902, S. 229 f. 293 f., besonders noch C. Schmidt, Die alten Petrusakten im Zusammenhang der apokr. Apostellite ratur, TU N. F. IX 1, 1903, verdient gemacht hat.

Abkürzungen: Thi = Thilo, Li = Lipsius, Bo = Bonnet, Za = Zahn, Ha = Harnack, Ja = James, Hi = Hilgenfeld, Co = Cor= ßen, Lie = Liechtenhan, Sch = Schmidt (Petrusakten).

Anmerkungen.
(G. Schimmelpfeng.)

1.

18 p. 160₆ R Δαιμόνικος, Bo Δαμόνικος cf. p. 165₁. — p. 161₂ ὑπὸ βαϑὺν ὄρϑρον 175₈. Vgl. Lf. 24₁. Joh. 8₂. AG. 5₂₁. — ₃ μίλια τέσσαρα hier wie Mc. 5₄₁ wohl die römische Meile (milliarium) = 1000 Schritt gemeint. Ueber die Wege= maße vgl. Hultſch, Metrologie, S. 81 f. 613. 700 f. — ₄ ἡμῶν. Bericht in der erſten Perſon wie 10 f. p. 180₁₁ ff. 181₁₅. 186₁₂. 210₈. 215₈. — ₅ R ἤδη Bo εἴδη. Aller= dings iſt die ſpäter übliche Form εἰδήσω (Blaß, Gramm. des neut. Griech., S. 53 cf. 49), ſo überall N. T. Doch hat Lukas AG. 26₄ die attiſche Form ἴσασι, vgl. Norden, Kunſtproſa II, 485, Thumb, Griech. Sprache im Zeitalter des Hellenismus S. 184 A. 6. — ₇ διὰ σοῦ πιστεύειν ähnlich Joh. 17₂₀. — ₉ R γενέσϑαι, Bo γενέσϑω.

Anmerkungen.
(E. Hennecke.)

1.

18 S. 432] Die altkirchliche Tradition von dem Aufenthalt des Apoſtels Johannes in Epheſus (Zahn, Forſchungen VI 175 ff.), neuerdings nur von We= nigen beſtritten, erhält durch die A. J. ihre Beſtätigung. Die Ankunft daſelbſt wird hier als etwas Außerordentliches ſogar feierlich eingeleitet. Was ihr vorherge= gangen iſt, läßt ſich mit den gegenwärtigen Textmitteln nicht einmal erraten. So iſt auch nicht zu ermitteln, ob vor Milet (dem Schlußpunkt der kleinaſiatiſchen Wirkſamkeit Pauli AG. 20₁₇) ein Land= oder Seeweg gelegen hat. Der von Bo (Aa II 1) vor c. 18 eingeſetzte Parallelbericht aus cod. V (Rückfahrt von Patmos über Milet nach Epheſus) ſteht am Schluß der betr. Prochorusgeſchichte (Li I 473 f.), hat alſo mit der hier vorliegenden Erzählung nichts zu tun (vgl. Apokr. S. 429). Zur Begründung des Textanfanges mit Aa II 1, p. 160₅ f. meine Be= merkungen ThLZ 1900, Sp. 274, und (ohne Begründung) Sch S. 74. — Geſichte ſpielen in den A. J. eine große Rolle, ſo gleich hierauf die Stimme vom Himmel, die Joh. nach Epheſus treibt (S. 433₃ f. vgl. 434₉), was er nach c. 41 gar nicht im Sinne hatte. Zur Stimme vgl. AG. 10₁₃. ₁₅; Licht vom Himmel und Stimme AG. 9₃ f. 22₆ f. 26₁₃ f.; Andere Fälle c. 19 (Erſcheinung an Lykomedes), c. 73. 76 (desgl. im Grabe), 87 f. verſchiedene Erſcheinungen Jeſu; c. 30 handelt Joh. auf eine Eingebung, c. 48 auf einen Traum hin. Vgl. Gal. 2₂. 1₁₂. ₁₆; Kanon Muratori Z. 11 ff. (Joh. und Andreas vor Abfaſſung des Joh.=Evang.); A. An. 8; A. Pe. cf. Sch S. 25; Dionyſius Alex. bei Euſeb. h. e. VII 7, 2 f.; ‚Cy= prian als Enthuſiaſt' vgl. Harnack in ZnW 1902, S. 177–191; ſonſtige Belege bei Weinel, Die Wirkungen des Geiſtes und der Geiſter (1899); aus ſpäterer Zeit f. z. B. Arnold, Cäſarius v. Arel., S. 87 f. — Ariſtodemus iſt auch Name eines ephe= ſiniſchen Oberprieſters bei Pſ.=Abbias (Apokr. S. 430), Marcellus S. 433] des Senators in den A. Pe. Die hier genannten Mileſier (vgl. c. 25), insbeſondere Kleobius (c. 19. 25. 59; andere Perſonen dieſes Namens f. Sch S. 34 ff., dazu ‚Acta Pauli' S. 82. 105. 204), begleiten den Apoſtel auch weiterhin. — Wir rede f. Apokr. S. 431. — Dem Auftrage folgt freudige Bereiterklärung; vgl. noch Mt. 6₁₀. 26₄₂ u. Par. AG. 21₁₄; Mart. Polyc. 7; A. Pe. 36 (Apokr. S. 420₃₁ ff.). Anders ſtellt ſich der Held der A. Tho. (c. 1).

19. 10 ὁ στρατηγὸς Ἐφ. Λυκ. anders p. 167 29. Ἀνδρόνικός τις στρατηγός. Der Artikel an dieſer Stelle läßt vermuten, daß Lyk. die erſte Stelle unter den S t r a t e g e n einnahm. Die oberſten Beamten der Stadt Epheſus waren der γραμματεὺς τοῦ δήμου und die 10 στρατηγοί. Vgl. T h. M o m m ſ e n über den Volksbeſchluß der Epheſier zu Ehren des Kaiſers Antoninus Pius, Oeſtr. Arch. Inſt. III (1900). 11 R ἄνθρωπος τῶν δαιμόνων, ein Mann im Banne der böſen Geiſter. Damit ſcheint zu ſtimmen 18. Doch iſt beſſer mit Ja und Bo zu ändern in εὐδαιμόνων, das ſo ge= braucht iſt wie etwa 167 29. 186 21 πρῶτος τῶν Ἐφ. — 12 παρεκάλει λέγων bibliſch Mc. 5 23. Mt. 8 31. — 13 Bo ὄνομα; beſſer: ὄνομα· — 14 R πραπλήγου γεγονότος. Bo παραπλήγος γεγονυίας. Vgl. 162 5. — 17 R σκεπτομένῳ ἐμαυτόν. Bo ἐμαυτῷ, möglich auch: πρὸς ἐμαυτόν, häufige Konſtruktion, z. B. bei Plato. — R λογισμὸν δοῦναι τοῦ= τον. Bo τούτων. λογισμὸς hier nicht Ueberlegung, Rechnung, ſondern Entſchluß, Plan im feindlichen Sinne, ähnlich wie 2. Kor. 10 6 (Luther: Anſchläge). Welcher Art dieſer Entſchluß ſein mag, ergibt wohl das Folgende. Wider ihn ſtreitet ſein böſer Sinn ἐννοίας χαλεπῆς οὔσης. Vgl. 178 6 f. Lykomedes will nicht ohne ſein Weib leben. Vgl. Apollinar. metaphr. 63, wo σκέπτεσθαι mit dem Infinitiv zur Bezeich= nung ſolch eines feindlichen Planes, Anſchlages geſetzt iſt. Vgl. 164 19. — R Λυκό= μηδε, Bo Λυκόμηδες. — 19 R σεαυτὸν ταύτην, Ja ταύτῃ. — 16. 19 σπλαγχνισθεὶς ἐπὶ τὴν häufig N. T. ἐπί τινι und ἐπί τινα z. Mt. 15 32 p. 189 22. 191 16 vgl. 164 13. — 22 R σαυτὸν behalte ich dei. Vgl. 162 19. — 25 R Λυκομήδης, Bo Λυκομήδει. — 26 νεανίσκος wie AG. 5 10 = junger Diener. Vgl. 210 2. — 27 R ἀρετήν, Bo ἀρεστήν. — **20.** 31 μαραίνεσθαι verwelken. Vgl. Jak. 1 11. — 32 ἐφ᾽ ᾧ . . . ἐξεστήκει vgl. Lk. 2 47. — 33 ἐφθονήθην trotz φθονεῖν τινι vgl. βοηθεῖσθαι 173 4 βοηθηθῆναι 172 14. (13 R βοηθῆσαι αὐτήν). — 35 προορώμενος μή . . . φυλασσόμενος. Vgl. 2. Petr. 3 17. μή hängt von φυλ. ab. προορᾶσθαι im ſpätern Griechiſch = (ſtets) vor Augen haben. Die Zuſammen= ſtellung προορ. und φυλάττεσθαι findet ſich auch (Pf.)Demoſth. XXV 11. — p. 162 1 R τύχῃ ταύτην, Bo τύχην τοιαύτην. τί ὄφελος. Vgl. Jak. 2 14. 16. 1. Kor. 15 32. — 2 R Κλεοπάτρα εὐλαβούμενόν με, Bo Κλεοπάτραν (?) εὐλαβουμένῳ μοι? Aber εὐλαβεῖσθαι mit Akkuſ. ſich hüten vor τὴν κύνα. Ariſtoph. Lys. 1215. πενίαν ἢ πόλεμον Plat. rep. II 372. τὰς διαβολὰς Iſokr. 1, 17. τὰς μυίας Ariſtot. hist. An. 9, 5 oder gleich σέβεσθαι ſcheuen, verehren. Plat. leg. IX 879 e. Sonſt heißt εὐλ. vorſichtig, bedächtig ſein. Darum iſt zu leſen entweder Κλεοπάτρᾳ εὐλαβουμένου μου, da die Konſtruktion ὄφελός τινι τινος nicht ſelten angewandt iſt, oder Κλεοπάτρᾳ εὐλαβουμένῳ μοι, alſo der Vokativ wie 5, ſo auch 4 herzuſtellen aus Κλεοπάτρᾳ (Bo). — χρηματίζειν genannt werden, heißen (Polyb. Plut.). Vgl. AG. 11 26. Röm. 7 3. — 5 R σοῦ μηκέτι προσομιλοῦντος, muß grammatiſch richtig heißen προσομιλούσης oder σοί μηκέτι προσομιλοῦντα. προσομιλεῖν findet ſich nicht im N. T., ὁμιλεῖν ohne Dativ Lk. 24 15. AG. 20 11. Zu ergänzen iſt die Perſon, mit welcher . . Auch προσομιλεῖν wird ſonſt ſo gebraucht. Leſen wir προσομιλούσης, müſſen wir uns ἐμοί ergänzen. Bedeutung: reden, verkehren mit jem., überhaupt bei jem. ſein. — 6 ἑαυτόν pron. refl. 3. Perſ. für erſte. p. 169 18. 176 6. 195 4 (?). 202 7, für zweite p. 162 17. 191 27. 201 7. 211 2. 5. 7. 212 7. Im N. T. de= ruht dieſer Gebrauch auf zweifelhafter Autorität, wie F. Blaß, Grammatik des Neuteſtamentlichen Griechiſch, S. 163 A. 2 zeigt. — 7 R μοι, Bo μου. — 8 R πρό, Bo

---

19 Die Kompoſition der Geſchichte erinnert ſtark an die Corneliuserzählung AG. 10. Das Auftreten iſt beidemale durch eine doppelte Viſion vorbereitet. Hier wie dort fällt der angeſehene Mann dem Apoſtel zu Füßen uſw. — **20** Z. 31 ff. Solches Gemiſch von Selbſtrechtfertigung und Furcht undrechenbaren Schickſals= ſällen gegenüber iſt ſtets das Kennzeichen innerlich unſelbſtändiger religiöſer Naturen geweſen. Charakteriſtiſch iſt die Erwähnung der Δίκη (G ö t t i n d e s R e c h t s) in dieſer durchaus das antike Seelenleben wiederſpiegelnden Rede und der Anſpruch der Rache an ihr durch Selbſtmord. Zur Stellung dieſer Göttin (πάρεδρος des Zeus, mit den Moiren in Sage und Kunſt verbunden, Pförtnerin der Sonnentore; Münz= bilder ſeit Beginn der Kaiſerzeit) vgl. Dieterich, Abraxas, S. 96. 101. 109; auch

πρός. — 10 Σύ μου τὸ φῶς ἐβιάσω, Bo με τ. φ. ἐβιάσω ⟨καταλιπεῖν⟩. In der Tat muß ein Infinitiv nach βιάζεσθαι ausgefallen sein. Vgl. 12. ἐβιάσω ἐνυβρίσαι. — 12 ἐκκόψασά μου τὴν παρρησίαν. Die π. Freimut, Zuversicht, „Freudigkeit" (Luther). Vgl. 2. Kor. 7 4. Phil. 1 20. p. 163 7. 18. 167 19. ἐκκόπτειν im eigentl. Sinne Mt. 5 30 übertragen 1. Petr. 3 7 προσευχάς Gebete stören, „verhindern" (Luther). Vgl. p. 167 2. 213 7. — 21. 17 R ἀπεισθῆναι, Bo ἀπειθῆσαι ungläubig sein absolut wie AG. 19 9. — R θεομένῳ, Bo θεωμένῳ. Vgl. 19. ὃν εἶδες und p. 161 16. — R ἴστη? oder ἴστι? Bo ἴσθι oder ἔση. Denn wisse, daß ... Vgl. Xen. anab. I 10 16 ἴσθι ἀνόητος ὤν. oder: du wirst wieder erhalten. — R αὐτοῦ, Bo ἑαυτοῦ. pron. refl. 3. Perf. für 2. Vgl. 6. — 19 R σε. Ich lese με vgl. 161 22. Gott hat im Traumgesichte dem Lyk. des Joh. Ankunft verkündet (c. 19). Bo ändert an beiden Stellen, liest dort ἑαυτὸν, hier σοι ⟨ἑαυτόν⟩. — 20 διυπνίζεσθαι vgl. 181 4. A. An. 45, 28. — 23 R ἀναστήσῃ, Bo ἀναστήσει (sc. αὐτήν). — 23 R ὀλοφυχῶν, Ja ὀλιγοφυχῶν. Vgl. 1. Theff. 5 14 τοὺς ὀλιγο-φύχους. — Daß Lykomedes wirtlich stirbt, wird nirgends erzählt, ebensowenig wie (im vorigen Kapitel) das Eintreten des Todes bei Kleopatra berichtet ist. Die Erzählung leidet an großer Undeutlichkeit. — 25 R ἐμοῦ, Bo ἐμοὶ oder κατ' ἐμοῦ vgl. 26 163 3. — 26 Bo will als Objekt zu τεχνασαμένου ⟨τοιαῦτα⟩ ergänzen. — ἡ ἀπ' οὐρανοῦ φωνὴ ἐνεχθεῖσά μοι vgl. 161 3. 1. Petr. 1 17. — 27 ἐπραγματεύσατο vgl. 202 7. — 28 R παραδιδούς, Bo παραδιδοῖς. — 30 ἐάσει, scil. ὄχλος. — 31 χρηστὸν wie 168 14. 177 8. 200 3. Vgl. 1. Petr. 2 3. Röm. 2 4. Gl. 6 35. χρηστότης 189 24. 191 30 usw. — 32 ἀποκλείειν τινί τι oder τινά τινος N. T. nur einmal Lk. 13 25 ohne Dativ der Person τὴν θύραν. — p. 163 2 R καταγγέλοντι, Bo Ja καταγελῶντι.

22. 7 καιρὸς ἀναψύξεως AG. 3 19. παρρησίας vgl. 162 12 zu πρὸς σὲ (18 τὴν σὴν π.) 1. Joh. 3 21. — 9 R ἰωμένῳ, Ja Bo ἰωμένε vgl. 206 10. — ἀκαταγέλαστον vgl. 26 ἀγέλαστος. — Zu τὴν ἐνταῦθα εἴσοδον vergleicht Za 1. Theff. 2 1. — 10 ἐπαμύνω, Bo ἐπαίνουμεν. — 11 Ἰδε .. Ἰδε vgl. 161 31. 164 15 f. dreimaliges ὁρᾷς. — 12 κατάρτισον Vgl. 210 6. 213 10. ἐντεῦθεν kausal. — 13 σκεύη ἅγια. Wir denken an σκεύος ἐκλογῆς AG. 9 15. — 15 οὐ χρυσόν, οὐκ ἄργυρον. Vgl. AG. 20 30 (1. Kor. 3 12). — 17 R μέλλοντας, Bo μέλλεις πάντας, Ja μέλλ⟨εις τοὺς παρ⟩όντας. Letztere Konjektur billigt auch Bo. Sie paßt am besten. — ἐπιστρέφειν wird wie im N. T. meist intransitiv gebraucht z. B. 172 1. 190 23. A. An. 40, 13, hier transitiv wie Lk. 1 16. 17. — 19 R

bei Philo, f. Bousset, Religion des Judentums, S. 345. — Vorsehung: stoischer Begriff. — 21 S. 434] dem Sehenden: Visionsempfänger (c. 19), oder proleptisch zu fassen (was in den A. J. nicht auffällig wäre). — weinte kleinmütig] besser ὀλοφύχως (Aa II 2, p. XXXVI): „aus tiefster Seele". — Jetzt gerät selbst der Apostel in die größte Anfechtung, so daß er in dem ihm zu teil gewordenen Gesicht (ὅραμα, cf. c. 18) eine Teufelslist sieht (τέχνης vgl. c. 108 und sachlich Eph. 6 11). — frohlocken (χορεύειν) .... tanzen (ὀρχεῖσθαι) vgl. c. 95 (p. 198 8). — Der Name (Jesu) angerufen z. B. auch A. Pe. 19. 21; Mitleid (ἔλεος) vgl. c. 41. 52. 81 (hier recht ausgedehnt). 108; auch A. An. 22 „die Stadt Ephesus" (vgl. Z. 45; pleonastisch) nimmt an, daß Lykomedes tot ist, Johannes hat ihn schon vorher als ἄπνους bezeichnet, nachher (c. 24, cf. 23 Ende) wird er wirklich erweckt. — Christus (=Gott) als Arzt, auch c. 108, f. o. 251 (zu 2. Clem. 9, 7); ferner Jesusspruch f. Apokr. S. 10 28 (rechts). A. Tho. 37. 143. Acta Phil. 41. Acta SS. Maximae etc. 5 (Anal. Bolland IX, 1890, p. 114 29); vgl. oben S. 405 zu A. Pe. 1. — Jesus ... Herrn des Alls; bezeichnend für den Modalismus des Verf. — Z. 27 f. Charakteristisch die Einführung des Citats; autoritative Bücher kennt der Verf. nicht. — Der folgende Satz kehrt A. Tho. 50 wieder, sowie in späten (koptischen) A. An. (Guidi im Giornale della Soc. asiatica ital. II, 1888, p. 24 f.). — Wege: Inbegriff der religiösen und moralischen Anforderungen, vgl. Didache 6, 1. — Zur Auferweckungsformel vgl. AG. 9 40. 3 6. Verwendung des Namens Jesu zu allerhand Wunderzwecken vgl. W. Heit-

ἄριστον, Bo gibt verſchiedene Verbeſſerungsverſuche, ἄψευστον nehme ich an. — 23. ₂₅ ff. Zur Anrede an die Kleopatra vgl. Röm. 8 ₃₈ f. — ₂₈ κοσμοκράτορος vgl. Eph. 6 ₁₂. Joh. 12 ₃₁. — ₂₉ ὑπερηφανία Mc. 7 ₂₂ Uebermut, Hochmut, Hoffart; vom Satan hier gebraucht, während der Herr ἀνυπερήφανος genannt wird 206 ₁₁ oder 164 ₁₄ und 177 ₉ τὰ ἀνυπερήφανα σπλάγχνα. — ₃₀ R θλίψεις ψυχὰς δυναμένας, Bo θλίψις ψυχαῖς δυναμέναις. — ₃₃ R ἀναστήσεις δέ μου δι' ἡμερῶν ἑπτά, ἡ πόλις ... Die ohne Zweifel vorhandene Lücke ſucht Ja auszufüllen durch Einſchiebung hinter μου: τὸν ἄνδρα · 'Αναστάσης δὲ αὐτῆς ... Dieſe Erklärung paßt nicht. Denn Kleopatra weiß gar nichts vom Ausgange des Lykomedes (vgl. c. 20, 21), kann alſo nicht ſagen: ἀναστήσεις. Dann fragt ſie nach ihm und iſt über das, was ſie vernimmt, ganz beſtürzt. Die Worte δι ἡμερῶν ἑπτά gehören, wie auch R interpungirt, zum Vorhergehenden, ſie weiſen hin auf c. 19 p. 161 ₁₄. Der Sinn muß der ſein: „Als ſie aufſtand, die da 7 Tage gelähmt geweſen war, geriet die Stadt E. in Aufregung über ..." Die Stelle iſt etwa ſo zu verbeſſern: ἀναστάσης δὲ αὐτῆς κατακειμένης ἀθεραπεύτου δι' ἡ. ἑ. ... — ₃₄ παραδόξῳ Lk. 5 ₂₆ ähnlich A. An. p. 44 ₃₀. — p. 164 ₃ R παρεστῶσα, Bo παρεστῶτα. — 24. ₉ R αὐτὴ ἔνεκα Bo αὐτῆς. — ₁₁ τοῖς ὀδοῦσιν ἔτριζε vgl. Mc. 9 ₁₈ τρίζει τοὺς ὀδόντας. — ₁₁ τοὺς ὀφθαλμοὺς καμμύουσα. Vgl. Mc. 13 ₁₅. AG. 28 ₂₇. — ₁₁ σπλάγχνα ἀνυπερήφανα p. 177 ₉, ἀν. auch 206 ₁₁. Gegenteil 163 ₂₉. εὔσπλαγχνος 168 ₁₄. ἀνυπερήφανος Ephraem Syr. adv. Basil. epist. 26 (III 414 A. vgl. 425 D). — ₁₄ ἐκστάσαν vgl. 161 ₃₃. — ₁₆ R Κλεοπάτραν ἐκβοῶσα τὴν ψυχήν, Ja Κλεοπάτρας ἐκβοῶσαν τ. ψ. — ₁₇ μανία jede heftige, leidenſchaftliche Gemütsbewegung, hier Seelenſchmerz. — R ὅτι, Bo del. — ₂₀ κλινίδιον kleines Bett, Tragbett, ſo Lk. 5 ₁₉. ₂₄, ſonſt dafür κλίνη, κράββατος (vgl. 168 ₃). — ₂₂ διὰ τὸν παρεστῶτα ὄχλον ... εἶπον Za vergleicht Joh. 11 ₄₂ (περιεστῶτα). —

25. ₃₃ τῶν ποδῶν ἁπτομένη 161 ₃₀. — ₂ μένειν πρός τινα. Vgl. ἐμμένειν εἴς τι 202 ₂₇—203 ₁. — ἀσκανδάλιστοι 191 ₁. A. An. p. 41 ₂₆. Vgl. 178 ₃₅. 182 ₁₄. — 26. ₄ Συνῆλθον, Bo συνῆλθεν. — ₇ ἐσκυλμένον .. σκύλλειν N. T. (plagen) bemühen Mc. 5 ₂₅. Lk. 8 ₄₉. med. ſich bemühen Lk. 7 ₆. Vgl. Thumb a. a. O. 219. —

müller, Im Namen Jeſu, S. 225 f. 242 ff. — 23 Eine ähnliche Anrufung in c. 79. cf. 112. 114. — πᾶς ἄρχων vgl. c. 79: πᾶσα δύναμις ἀρχοντική, c. 114: ἄρχοντες, dagegen Z. 40 τοῦ ἄρχοντα (entſprechend vorangehenden τὸ κοσμοκράτορος) vgl. Phil.-Evang. (Apokr. S. 41 ₃). — ἄβυσσος (im Tartarus A. Tho. 52) vgl. Röm. 10 ₇. (Lk. 8 ₃₁.) Offb. 9 ₁ u. ö. L Clem. 20, 5. 59, 3. Brf. an Diognet 7, 2. — der Toten Auferſtehung und das Sehen der Blinden paßt ſchlecht in den Zuſammenhang, mit erſterem iſt vielleicht noch an den Ort gedacht, doch ſind derartige inkoncinne Häufungen bei dieſem Autor gängig. — Der Anrufung, die mit der Auferweckungsformel abſchließt, geht (in c. 22) ein Gebet mit Selbſtgeſpräch am Schluß vorher, das jene Formel ſchon enthält. Das ganze Schematiſche des Vorgangs tritt an der Antwort der Auferweckten (Z. 43 cf. c. 52) hervor. Gebet und Anrufung der Verſtorbenen vor der Auferweckung auch c. 51 f. (einfacher) 79 f. 82 f. (Gebet ohne die Anrufung c. 75, nur die letztere 24. 47). — S. 435] in ein anderes Gemach; wie Lykomedes dahin gekommen iſt, iſt vorher nicht geſagt. — 24 knirſchte m. d. Z.; Mc. 9 ₁₈ Zeichen der Beſeſſenheit, Evang. Nicod. 5 des Zornes. — das vollkommene ... Erbarmen, vgl. A. Tho. 48. — preiſe Gottes Namen, vgl. c. 79. Offb. 15 ₄. — Toten Tote, vgl. c. 29 Ende. Mt. 8 ₂₂. Lk. 9 ₆₀. A. Pe. 40 (Apokr. S. 422 ₄₃). — Z. 23 f. vgl. c. 19. A. Pe. 10.

25 Die Gegenwart des Apoſtels (und ſeiner Begleiter) ſichert die faktiſche Bekehrung der Neugewonnenen, vgl. noch c. 45. 58. A. An. 12. Wie not ſie im vorliegenden Falle tat, zeigt gleich die folgende Geſchichte (c. 27). — 26 predigte (ὁμιλεῖν), cf. c. 93 (Apokr. S. 452 ₃₇). 107. 111; A. An. 2; AG. 20 ₁₁ (₇ u. ö. διαλέγεσθαι, A. J. 70: λόγους ποιουμένου); ὁμιλία Ign. an Polyk. 5, 1. A. J. 46. — Maler; vgl. meine Altchriſtl. Malerei S. 287 A. 4. — Apoſtel Chriſti; die

12 ἐγγίσας. Häufiger intranſ. wie immer N. T., hier tranſ., zu ergänzen αὐτόν (scil.
τὸν ζωγράφον). Das Hauptverbum fehlt, es ſei denn daß 14 hinter ἀπόστολος die
Interpunktion, hinter συνῆν die Worte δὲ ὁ Λυκομήδης als verſehentlich wiederholt
geſtrichen würden. — συνῆν.. εὐωχούμενος vgl. 203 8. — 15 ἐπὶ πλεῖον, Bo ἔτι? Aber
ἐπὶ πλεῖον ſteht adverbial oft z. B. AG. 4 17. 20 9. 24 4. 2. Tim. 2 16 uſw. —
27. 17 'Ο οὖν ζωγράφος bis 166 12 .. ἡ εἰκών .. vorgeleſen auf der II. Nic.
Synode Act. Conc. XIX. Paris 1644, p. 378 f. — 24 Σ ἢ ἡμᾶς κρύπτεις; Thi supple
τι an nos celas aliquid? R τί τοίνυν αὐτὸ κρύπτεις; dieſe Lesart habe ich mit Hi
aufgenommen. Auch im folgenden ſcheint R die beſſere zu bieten. Σ καὶ ταῦτα λέγων καὶ παίζων μετ' αὐτοῦ εἰσεισιν εἰς τ. κ. R Ταῦτα δὲ λέγων αὐτῷ συνεισῆλθεν αὐτῷ
εἰς τ. κ. Man verſteht den Ausdruck παίζων bei dieſer ernſten Angelegenheit nicht.
— 26 Σ παρακειμένους, R παρακειμένην. Die Zugehörigkeit zu λύχνους iſt notwendig.
Dagegen hatte ſchon Thi ſtatt βωμοὺς vorgeſchlagen βωμόν, was R bietet. — Heidniſcher,
helleniſcher Brauch iſt es, wie hier Lykomedes den Johannes verehrt, dem er, trotzdem er durch ihn zum einigen Gotte geführt iſt, göttliche Verehrung erweiſt (vgl.
166 2 ff.). Der Altar — es iſt hier an einen beweglichen, tragbaren Hausaltar
zu denken — war in der Regel ſo aufgeſtellt, daß das Bild der Gottheit, der auf
ihm geopfert werden ſollte, auf ihn hinblicken konnte. Auf oder neben dem Altare
ſtanden unter anderem koſtbaren Geräte Leuchter. Nie fehlte es an Blumen-
oder Laubſchmuck. „Zweig und Kranz erſcheint als ein Zeichen der heiligen Weihe
des Gegenſtandes, an welchem er ſich befindet." Bekränzt wurden Altar, Geräte,
Götterbild p. 172 16; ſo trug auch des Phidias Zeus in Olympia auf dem Haupte
den Olivenkranz. Auch als Schmuck und Auszeichnung des Mannes, z. B. des Siegers in den Wettkämpfen vgl. p. 183 19., diente der Kranz bei heiteren und ernſten
Veranlaſſungen. Vgl. u. die Worte des Johannes Monachus ὥσπερ καὶ οἱ Ἕλληνες
τὰ εἴδωλα. Vgl. Bötticher, Baumkultus der Hellenen. Guhl und Koner,
Leben der Griechen und Römer p. 43, 58, 64, 228, 372. Baumeiſter, Denkmäler des klaſſ. Altertums I 55 ff. unter „Altar" II 795 unter „Kränze" 816 f.
unter „Leuchter". — p. 166 2 ὁ θεός .. Wegen des falſchen Artikels beim Prädikatsnomen ſchlägt Bo vor: ὅτι Θεός. Am beſten ſcheint ὁ zu ſtreichen, was hinter
ἀπεκρίνατο leicht Eingang finden konnte. — 3 εἰ γε si quidem wenn denn, vorausgeſetzt daß, da ja, wenn anders (Luther). Vgl. Eph. 3 2. 4 21. Kol. 1 23. — 6 ὁδηγόν
das Bild vom Wegweiſer, Führer = Lehrer iſt bibliſch: ὁδηγὸς τῶν τυφλῶν Röm.
2 19. Mt. 15 14. 23 16. 24. Johannes iſt hier ein ἀγαθὸς ὅ. — 28 8 παίζεις με . παίζειν
(1. Kor. 10 7) ſpielen, hier = ἐμπαίζειν τινί 167 17 verſpotten, im ſpätern Griechiſch
findet ſich τινα und τι. — 9 τὸν κύριόν σου Σ, ὑπὲρ τὸν κ. σ. Y, l (Anaſtaſius) super.
So ſchreiben Thi, Za, Li. Za: Man möchte lieber μου. Er verweiſt auf Jeſ. 53 2,
wo der Meſſias als häßlich hingeſtellt wird. Aber in der Druſianageſchichte iſt er
ein ſchöner Jüngling 186 14 vgl. 193 25. Bo verweiſt dieſe Konjektur, ebenſo die
Lesart R προσηνής (mild, freundlich, wohlwollend), die Hi vorzieht, nimmt an, daß
etwas ansgefallen iſt, oder ſchlägt, ſelbſt bedenklich (??), Umſtellung vor τὸν κύριόν
σου hinter τέκνον 8 als Appoſition zu με. Aber Johannes iſt gar nicht des Lyko-

Bezeichnung nur hier und c. 57. — S. 436] Glückſeligen (τῷ μακαρίῳ), vom
Apoſtel, vgl. 57. 74. 81. 111. A. An. 12 (μακαριώτατε, zweimal ſ. dort), dazu Apokr.
S. 471—473. A. Tho. 167 (Aa II 2, p. 281 17); von Biſchöfen z. B. Mart.
Polyc. 1. Vgl. auch für den Gebrauch in der Anrede die Stellen bei Za G.K. I
31 Anm.

27 Bild; man erinnert ſich der Aufſtellung von Bildern Chriſti und griechiſcher Weiſen durch die Karpokratianer ſowie den Kaiſer Alexander Severus (✝ 235)
in ſeinem Betgemach. — eines alten Mannes (πρεσβύτου); in dieſem Lebensalter wurde alſo Johannes vorgeſtellt, der als „Vater" angeredet wird und ſeiner-
ſeits mit „Kind" anredet (c. 27 f.; andere Fälle ſ. Za NKZ 1899, S. 198 A. 4.
Forſchungen VI 200 A. 4). — Menſchen ... Götter; helleniſch. Vgl. auch
Joh. 10 34 f. AG. 14 11. — 28 Z. 23 Dieſe Reminiscenz an den altteſtam. Sprach-

medes κύριος. In der Ueberſetzung des Longolius fehlen die Worte. — πῶς με πεί-
θεις . . ., R πῶς τοίνυν πείσεις με ὅτι ὁμοία μου ὑπάρχει ἡ εἰκὼν αὕτη; Hi vgl. 165 24.
— 11 ἀτενίσας vgl. A. Au. p. 25 27. — 12 Hinter εἰκὼν ſchließt Σ mit den Worten
κακῶς δὲ τοῦτο διεπράξω. Vgl. 167 6. — 13 με Bo ἐμέ. — 15 ἀπορῆσαι, Bo ergänzt
μὴ νομίσῃς, beſſer aber: ἀπορήσει αὐτὸς oder ἀπορῆσαι ἂν αὐτός er wird in Verlegenheit ſein mit den dir verliehenen F. Aehnlich Hi ἀπορῆσαι ἄν.. — 16 σανίδων —
σανίς Brett, Plur. Tafeln. Hi γραφίδων (Pinſel). — καὶ τόπου καὶ πόλις die richtige
Erklärung iſt noch nicht geglückt. Unter Hinweis auf 21 ändert Bo nicht übel τόπου in τύπου, muß dann das in κόλλης (Leim) geänderte π. voranſtellen, hat ſelbſt Bedenken (? ?) Hi ſchreibt τύπου καὶ πάλης (Kohlenſtaub). Ich behielt τόπου bei, änderte πόλις in πύλης, ohne zu glauben, damit ſicher das Rechte getroffen zu haben.
c. 26 verſchaffte Lykomedes dem Maler τόπον καὶ πύλην Gelegenheit und Zugang,
ſodaß er den Apoſtel malen konnte. Das wirkliche Seelenbild des Johannes aber
zu malen, dazu fehlt ihm τόπος καὶ πύλη. — Zwiſchen σχήματος und μορφῆς ergänze
ich mit Bo καὶ entſprechend 20. μορφή Geſtalt, σχῆμα Haltung, Geberde vgl. Phil. 2 7. —
29. 20 εἶδη. εἶδος Anſehn, Ausſehn, Form. διαθέσεις. διάθεσις Darſtellung, Anordnung, dann paſſiviſch Zuſtand, Verfaſſung, beſonders Gemütszuſtand, Geſinnung
Plat. Phil. VII d (καὶ ἕξις ψυχῆς). leg. VII 791 a. 202 13. A. An. p. 42 1. 43 28 (δια-
τεθῆναι vom Seelenzuſtande des Stratokles). τύπος Eindruck, Form, Abbild. οὐ
γὰρ τοῖς πίναξι τὰ σαρκικὰ πρόσωπα τῶν ἁγίων διὰ χρωμάτων ἐπιμελὲς ἡμῖν ἐντυ-
ποῦν, ὅτι οὐ χρήζομεν τούτων, ἀλλὰ τὴν πολιτείαν αὐτῶν δι' ἀρετῆς ἐκμιμεῖσθαι. Dieſer
Satz des Amphilochius von Ikonium bildete ein Argument auf der bilder-
feindlichen Synode zu Konſtantinopel im J. 754. Vollſtändige Akten
derſelben haben wir nicht; aber in der 6. Sitzung des 7. allgemeinen Konzils (II.
Nicän.) gelangte ihr ſehr umfangreicher ὅρος (Beſchluß), mit einer ausführlichen
Widerlegung zu einer Schrift in 6 Tomis vereinigt, zur Verleſung. Die Sätze des
ὅρος las Biſchof Gregor von Neocäſarea vor. Act. Conc. Paris 1644 tom XIX.
Dem eben angeführten Citate p. 508. füge ich noch einige hinzu, die für unſere
Stelle von Bedeutung ſind: Actio VI tom. V. p. 503. Γρηγόριος ἐπίσκοπος ἀνέγνω.
Ὁμοίως δὲ καὶ Γρηγόριος ὁ Θεολόγος ἐν τοῖς αὐτοῦ ἔπεσι λέγει. ὕβρις πίστιν ἔχει ἐν
χρώμασι καὶ μὴ ἐν καρδίᾳ. ἡ μὲν γὰρ ἐν χρώμασι εὐχερῶς ἐκπλύνεται. ἡ δὲ ἐν τῷ βάθει
τοῦ νοὸς ἐκείνη ἐμοὶ προσφιλής. Ἐπιφάνιος διάκονος ἀνέγνω.

> Ὕβρις πίστιν ἔχειν ἐν χρώμασι, μὴ κραδίῃ.
> Ῥειά κεν ἔκπλυτ' ἔοι. βένθος ἔμοιγε φίλον.

p. 505. Γρ. ἐ. ἀ. Ἰωάννης δὲ Χρυσόστομος διδάσκει οὕτως · ἡμεῖς διὰ τῶν
γραφῶν τῆς τῶν ἁγίων ἀπολαύομεν παρουσίας, οὐχὶ τῶν σωμάτων αὐτῶν, ἀλλὰ τῶν ψυχῶν τὰς εἰκόνας ἔχοντας. τὰ γὰρ παρ' αὐτῶν εἰρημένα τῶν ψυχῶν αὐτῶν εἰκόνες εἰσί.
p. 516. Γρ. ἐ. ἀ. Συνῳδὰ δὲ τούτοις καὶ Θεόδοτος Ἀγκύρας... διδάσκει οὕτως. τὰς τῶν ἁγίων
ἰδέας οὐκ ἐν εἰκόσιν ἐξ ὑλικῶν χρωμάτων ἀναμορφοῦν παρειλήφαμεν, ἀλλὰ τὰς τούτων ἀρε-
τάς...... Beſonders an Theodots Worte ſchließt ſich eng an das 8. Anathema des ὅρος:
Actio VI tom. VI. Γρ. ἐπ. ἀ. Εἴ τις τὰς τῶν ἁπάντων ἁγίων ἰδέας ἐν εἰκόσιν ἀφύχοις καὶ ἀναύδοις ἐξ ὑλικῶν χρωμάτων ἀναζηλοῦν ἐπιτηδεύει, μηδεμίαν ὄνησιν φερούσας — ματαία
γάρ ἐστιν ἡ ἐπίνοια καὶ διαβολικῆς μεθοδείας εὕρεσις — καὶ οὐχὶ δὲ μᾶλλον τὰς τούτων
ἀρετὰς διὰ τῶν ἐν γραφαῖς περὶ αὐτῶν δηλουμένων οἷόν τινας ἐμψύχους εἰκόνας
ἐν ἑαυτῷ ἀναζωγραφεῖ καὶ πρὸς τὸν ὅμοιον αὐτοῖς ἐκ τούτου διεγείρεται ζῆλον, καθὼς
οἱ ἔνθεοι ἡμῶν ἔφησαν πατέρες, ἀνάθεμα. Das iſt genau dasſelbe Urteil, wie es

---

gebraucht, von dem ſonſt in den Akten nichts durchblickt, ſtammt aus der gemein-
chriſtlichen Redeweiſe (vgl. 1. Clem. 58, 2 pa 64 81). — Z. 24 meines Leibes;
deſſen Minderwertigkeit in dieſer Gegenüberſtellung („nicht mir") gemäß der vom
Verf. vertretenen asketiſchen Richtung gebührend durchblickt. Deutlicher A. An. 7
Ende: dem Böſen verwandt. — Jeſus alſo eigentlich der Maler (im übertragenen
Sinne). Die von ihm verliehenen Farben ſind die etwa nach Analogie von Gal.
5 22 f. aufgeführten religiöſen Tugenden, deren ſelbſtändige Verwendung zu gleichem
Zwecke dem Lykomedes (durch Vermittlung des Apoſtels) freiſteht. Durch die ent-

hier Johannes dem Lykomedes gegenüber fällt. Bekanntlich wurde es ja von der II. Nic. Synode verworfen, die Belegstellen teils als unecht erklärt teils anders aufgefaßt. Vgl. Apotr. S. 424 f. Es erscheint angebracht, an dieser Stelle die be= treffenden Verhandlungen im Zusammenhange zu geben. Nach Erledigung dreier anderer Stellen werden die beiden Fragmente unserer Akten vom Diakonen Epi= phanius verlesen XIX, 378: ἐκ τῶν ψευδεπιγράφων περιόδων τῶν ἁγίων ἀποστόλων. ὁ οὖν ζωγράφος ... und (ἔτι ὁ αὐτὸς ἀνέγνω ἐκ τῆς αὐτῆς βίβλου) XIX. 379 ff. ποτὲ βουλόμενος ... Dann heißt es weiter p. 382. Ταράσιος ὁ ἁγιώτατος πατριάρχης εἶπε. θεωρήσωμεθα ὅλον τὸ σύγγραμμα τοῦτο, ἐναντίον ἐστὶ τῷ εὐαγγελίῳ. Ἡ ἁγία σύνοδος εἶπε · ναὶ δέσποτα · καὶ δόκησιν τὴν ἐνανθρώπησιν λέγει. Ταράσιος ὁ ἁ. π. εἶπεν. ἐν ταῖς περιόδοις ταύταις ἐγράφη, ὅτι οὔτε ἤσθιεν (c. 93?) οὔτε ἔπινεν (?) οὔτε ποσὶ τὴν γῆν ἐπάτει (c. 93. p. 197 5 ff.), τὰ παρόμοια τῶν φαντασιαστῶν. ἀλλ' ἐν τῷ εὐαγγελίῳ γέγραπται περὶ τοῦ Χριστοῦ, ὅτι καὶ ἔφαγε καὶ ἔπιε καὶ Ἰουδαῖοι περὶ αὐτοῦ ἔλεγον · ἰδοὺ ἀνὴρ φάγος καὶ οἰνοπότης (Mt. 11 19). Καὶ εἰ καθὼς ἐμυθεύσαντο, ὅτι τὴν γῆν οὐκ ἐπάτει, πῶς γέγραπται ἐν τῷ εὐαγγελίῳ, ὁ Ἰησοῦς κεκοπιακὼς ἐκ τῆς ὁδοιπορίας ἐκάθισε παρὰ τὸ φρέαρ (Joh. 4 6); Κωνσταντῖ= νος ὁ ὁσιώτατος ἐπίσκοπος Κωνσταντίας τῆς Κύπρου εἶπεν · αὕτη ἡ βίβλος ἐστὶν ἡ συνι= στῶσα τὸν ψευδοσύλλογον ἐκεῖνον. Ταράσιος ὁ ἁ. π. εἶπε · γέλωτος ἄξιά εἰσι ταῦτα. Θεό= δωρος ὁ θεοφιλέστατος ἐπίσκοπος Κατάνης εἶπεν · ἰδὲ ἡ βίβλος ἡ καταστρέψασα τὸν στολισμὸν τῆς ἁγίας τοῦ θεοῦ ἐκκλησίας. Εὐθύμιος ὁ ὁσ. ἐπ. Σάρδεων εἶπεν · ἔπρεπε τῇ παρασυναγωγῇ ἐκείνῃ ἔχειν τὴν βίβλον ταύτην εἰς μαρτυρίαν. Κωνσταντῖνος ὁ. ὁσ. ἐ. Κ. τ. Κ. εἶπεν · ὢ τῆς βλασφημίας, ὅτι ἐνταῦθα (p. 199 10 ff.) τὸν Ἰωάννην τὸν ἀπόστολον ἐν τῷ ὄρει τῶν ἐλαιῶν λέγει πεφυγέναι εἰς τὸ σπήλαιον κατὰ τὸν καιρὸν τοῦ σταυροῦ. τὸ δὲ εὐαγγέλιον (Joh. 18 19) μαρτυρεῖ, ὅτι συνεισῆλθεν αὐτῷ εἰς τὴν αὐλὴν τοῦ Καϊάφα, καὶ ὅτι (p. 383) παρειστήκει τῷ σταυρῷ τοῦ Χριστοῦ μετὰ τῆς ἁγίας αὐτοῦ μητρός. Ἡ ἁγία σύνοδος εἶπε · πᾶσα αἵρεσις ἐν τῇ βίβλῳ ταύτῃ ἀπο= κρέμαται. Ταράσιος ὁ ἁ. π. εἶπεν · αἱ αἱ ἀπὸ ποίων βίβλων αἱρετικῶν τὴν αἵρεσιν αὐτῶν συνιστάνουσιν. Γρηγόριος ὁ ὁσ. ἐ. Νεοκαισαρείας εἶπε · τοῦτο τὸ βιβλίον παντὸς μιασμοῦ καὶ ἀτιμίας ἐστὶν ἄξιον. καὶ προσήνεγκαν ἐξ αὐτοῦ μαρτυρίαν κατὰ τῶν εἰκόνων τὰ περὶ τοῦ Λυκομήδους γεγραμμένα. Ἰωάννης δὲ εὐλαβέστατος μοναχὸς καὶ τοποτηρητὴς τῶν ἀνατολικῶν ἀρχιερέων εἶπεν · εἰσφέρει (c. 27) τὸν Λυκομήδην στεφανοῦντα τὴν εἰ= κόνα τοῦ ἀποστόλου, ὥσπερ καὶ οἱ Ἕλληνες τὰ εἴδωλα. Βασίλειος ὁ ὁσ. ἐπ. Ἀγ= κύρας εἶπε · μὴ γένοιτο, ὅτι ὁ ἅγιος Ἰωάννης ὁ θεολόγος ἐναντίον τῷ εὐαγγελίῳ αὐτοῦ ἐφθέγξατο. Ταράσιος ὁ ἁγ. π. εἶπεν · αἱ προαναγνωσθεῖσαι ἔννοιαί εἰσι τοῦ εὐαγγελίου; Ἡ ἁγία σύνοδος εἶπε · μὴ γένοιτο. οὔτε τὰ προαναγνωσθέντα δεχόμεθα οὔτε τὰ ἔσχατα τοῦ Λυκομήδους. Ταράσιος ὁ ἁ. π. εἶπεν · ὁ δεχόμενος τὰ δεύτερα τὰ περὶ τοῦ Λυκο= μήδους δέχεται καὶ τὰ πρῶτα, καθ' ὃν τρόπον καὶ τὸ ψευδοσύλλογον ἐκεῖνο. Ἡ ἁ σ. εἶπεν · ἀνάθεμα αὐτῷ ἐκ τοῦ πρώτου γράμματος ἕως τοῦ ἐσχάτου. Ἰωάννης ὁ εὐλ. μ., πρεσβύτερος καὶ τ. τ. ἁ. πατριαρχῶν καὶ τ. (p. 384.) προστάται τῆς χριστιανοκατηγορικῆς αἱρέσεως ἀληθῶς κοινωνοὶ καὶ μέτοχοί εἰσι Ναβουχοδονόσορ, ἔτι μὴν καὶ τῶν Σαμαρειτῶν, ἔτι λοιπὸν Ἰουδαίων καὶ Ἑλλήνων, πρός τε τούτοις καὶ τῶν ἀθέων καὶ ἐπαράτων Μανιχαίων, ὧν τὴν μαρτυρίαν προήγαγον. τὴν γὰρ φαντασίαν δοκούντων τὴν ἔνσαρκον οἰκονομίαν τοῦ θεοῦ λόγου εἰσὶ ταῦτα. ἀλλ' εἴη αὐτοῖς ἀνάθεμα σὺν τοῖς γράμμασιν αὐτῶν. Ἡ. ἁ. σ. εἶπεν · ἀνάθεμα. Πετρωνᾶς ὁ μεγαλοπρεπέστατος πατρίκιος εἶπεν · εἰ κελεύεις δέσποτα ἐρωτήσωμεν τὸν τοῦ Ἀμορίου καὶ τὸν Νεοκαισαρείας, καὶ ἀνεγνώσθησαν τὰ βιβλία εἰς τὸν ψευδοσύλλογον ἐκεῖνον. Γρη= γόριος ὁ Νεοκαισαρείας καὶ Θεοδόσιος τοῦ Ἀμορίου ἐρωτηθέντες εἶπον· μὴ ὁ θεός. ἐκεῖ βίβλος οὐκ ἐφάνη, ἀλλὰ διὰ ψευδοπιττακίων ἐξηπάτων ἡμᾶς. Ταράσιος ὁ ἁ. ἐ. εἶπε· τῷ οἰκείῳ λογισμῷ πειθόμενοι ἐξέθεντο, ἃ ἐβούλοντο. Πετρωνᾶς ὁ μ. π. εἶπε· ἀλλὰ καὶ κατὰ βασιλικὴν ἐπικουρίαν πάντα ἐποίουν. Γρ. ὁ ὁσ. ἐ. Ν. εἶπε· πολλάκις δέσποτα εἶπον,

---

sprechende Ausübung wird zugleich eine Aufrichtung und Läuterung des ganzen Menschen (sachlich vgl. Phil. 3 19) bewirkt. — Die von dem Patriarchen Nikephorus (Anfg. des 9. Jahrh.) aufbewahrte Nachricht eines gewissen Leontius: Καλῶς οἱ

καὶ πάλιν λέγω ὅτι βίβλος ἐν μέσῳ ἡμῶν ἢ σύγγραμμα πατρικὸν οὐκ ἐφάνη, εἰ μὴ τὰ ψευδο-
πιττάκια προεκόμιζον. τοῦτο δὲ τὸ τοῦ Λυκομήδους καὶ τὰς ἀκοὰς ἡμῶν ἐμίανεν. Ἰωάννης
ὁ θεοφιλέστατος πρεσβύτερος μ. καὶ τ. τ. ἀ. ἀ. εἶπεν· εἰ παρίσταται τῇ ἁγίᾳ ταύτῃ καὶ
οἰκουμενικῇ συνόδῳ, (p. 385.) γένοιτο ἀπόφασις τοῦ μηκέτι ἀπογράφεσθαί τινας τὸ μιαρὸν
τοῦτο βιβλίον. Ἡ ἁ. σ. εἶπεν· μηδεὶς ἀπογραφέσθω· μὴ τοῦτο δὲ μόνον, ἀλλὰ καὶ πυρὶ
αὐτὸ ἄξιον κρίνομεν ἀποδίδοσθαι. Πέτρος ὁ εὐλαβέστατος ἀναγνώστης ἀνέγνω. Τοῦ ἁγίου
Ἀμφιλοχίου ἐπισκόπου Ἰκονίου περὶ τῶν ψευδεπιγράφων τῶν παρὰ αἱρετικοῖς. οὗ ἡ
ἀρχή. Δίκαιον δὲ ἡγησάμεθα πᾶσαν αὐτῶν γυμνῶσαι τὴν ἀσέβειαν καὶ δημοσιεῦσαι
αὐτῶν τὴν πλάνην. ἐπειδὴ καὶ βιβλία τινὰ προβάλλονται ἐπιγραφὰς ἔχοντα τῶν ἀποστόλων, δι᾽ ὧν ἁπλουστέρους ἐξαπατῶσι. Καὶ μετ᾽ ὀλίγα. δείξομεν γὰρ τὰ βιβλία
ταῦτα, ἃ προφέρουσιν ἡμῖν οἱ ἀποστάται τῆς ἐκκλησίας, οὐχὶ τῶν ἀποστόλων πράξεις, ἀλλὰ δαιμόνων συγγράμματα. καὶ μεθ᾽ ἕτερα· ταῦτα μὲν ὁ ἀπόστολος Ἰωάννης
οὐκ ἂν εἶπεν ὁ γράψας ἐν τῷ εὐαγγελίῳ (Joh. 19 26), ὅτι ὁ κύριος ἀπὸ τοῦ σταυροῦ
λέγει· ἰδοὺ ὁ υἱός σου ὡς καὶ ἀπὸ τῆς ἡμέρας ἐκείνης λαβεῖν τὸν ἅγιον Ἰωάννην τὴν
Μαρίαν εἰς τὰ ἴδια. πῶς ἐνταῦθα (vgl. p. 199 10 ff.) λέγει μὴ παρεῖναι; ἀλλ᾽ οὐδὲν
ξένον. ὥσπερ γὰρ ὁ κύριος ἀλήθειά ἐστιν, οὕτως ὁ διάβολος ψεύστης τυγχάνει. ἐκεῖνος
γὰρ ψεύστης ἐστὶ καὶ πατὴρ αὐτοῦ. καὶ ὅταν λαλῇ τὸ ψεῦδος, ἐκ τῶν ἰδίων λαλεῖ. καὶ
ταῦτα μὲν περὶ τοῦ ψεύδους. Ταράσιος ὁ ἁ. π. εἶπεν· ὁ πατὴρ ἡμῶν ὁ ἅγιος Ἀμφιλό-
χιος μέγας ἐστί, καὶ ἀκούσωμεν, τί λέγει περὶ τῶν περιόδων τούτων τῶν ψευδωνύμων.
διὸ οὐ δεῖ πείθεσθαι ἡμᾶς τῇ ἐπιγραφῇ αὐτῶν. (p. 386.) Βασίλειος ὁ. ὁσ. ε Ἀ. εἶπε·
πλεῖον τούτου τοῦ ἀσεβοῦς συγγράμματος ἄλλο τι τῷ ἁγίῳ εὐαγγελίῳ οὐ μάχεται. εἰκό-
τως οὖν καὶ περὶ τῶν εἰκόνων τὴν ἐναντίαν δόξαν ἔχει. Ὁ ἁγ. π. εἶπε· σαφῶς ὁ πατὴρ
θριαμβεύει τὴν αἰσχύνην καὶ τὴν φλυαρίαν τῆσδε τῆς βίβλου. Ἡ ἁ. σ. εἶπε· ναὶ δέσποτα. Καὶ τὰ λοιπά . . . . . . Vgl. Apokr. S. 351. — 22 ff. Die Tugenden als τῶν
χρωμάτων χορός: πίστις εἰς θεὸν vgl. Kol. 2 5. ἀγάπη vgl. 1. Kor. 12 8. εὐλάβεια Ehrfurcht, Gottesfurcht Hebr. 12 28 (Adjektivum εὐλαβής Lk. 2 25 und AG. öfter). φιλία
gemeint die neuteſtamentliche ἀγάπη Eph. 4 15. κοινωνία Gemeinſchaft 1. Joh. 1 3.
πραότης Sanftmut 1. Kor. 4 21 (Adj. Mt. 5 5). χρηστότης Güte. Röm. 3 12. φιλαδελ-
φία „brüderliche Liebe" (Luther) der chriſtlichen Glaubensgenoſſen Röm. 12 10 und
öfter. ἁγνεία Keuſchheit 1. Tim. 4 12, 5 2. εἰλικρίνεια Reinheit, Lauterkeit 1. Kor. 5 8,
2. Kor. 1 12, 2 17. Vgl. A. An. p. 41 24. ἀταραξία iſt kein neuteſt. Ausdruck; Leiden=
ſchaftsloſigkeit, Unerſchütterlichkeit vgl. A. An. p. 44 29. Von ἀφοβία und ἀλυπία
finden ſich im N. T. die Adj. ἄφοβος z. B. Phil. 1 14, ἄλυπος Phil. 2 28. σεμνότης
Ernſt, Würde, Ehrbarkeit 1. Tim. 2 2. 3 4. Tit. 2 7. — 27 ὁμαλίζειν gleich — eben
machen, beruhigen. Vgl. 183 24. — πληγάς auch gebraucht von den Schickſalsſchlägen
Offb. 9 20. 11 6 u. öfter. — 28 πειρωμένας, Hi κειρομένας Bo σπειρομένας? διασπειρομέ-
νας? σπειρομένας τρίχας die zerſtreuten = die wirren Haare. — p. 167 1 Für παιδεύων macht Bo andre Vorſchläge: ἐπιδεύων benetzend, φαιδρύνων erhellend, reinigend.
Doch iſt, wie auch Hi meint, παιδεύων haltbar: bildend, erziehend, daß die Augen
recht ſehen. — 2 ἐκκόπτων ausſchneidend im chirurgiſchen Sinne, vernichtend, hier ver=
ſtümmelnd. Vgl. 162 12. 213 7, zur Sache auch noch 212 9, in beiden letzteren Stellen
iſt von der Impotenz des Johannes die Rede. Dagegen tadelt dieſer 178 5 f. die
Selbſtverſtümmelung. — 3 καὶ ἁπλῶς, zuſammenfaſſend wie 201 22, 202 18. — Vor
καὶ μίξις iſt ein Subſtantivum ausgefallen, nach Bo ἄθροισις, nach Hi εὐπορία, viel=
leicht συναγωγή vgl. 165 4 συνῆλθεν — συναγωγή. — 4 ἄξεστον ungeglättet, rauh.
Das gibt keinen rechten Sinn. Bo ἄτρεστον, Hi ἄσειστον. Beide Ausdrücke ſind
paſſend, faſt gleichbedeutend. στερεόμορφος findet ſich ſonſt nicht, στερεός 173 14. —
5 καθιστάναι, geleiten wie AG. 17 15. — 30. 8 f. Καὶ κελεύσας — ἡτοιμάζετο δὲ. Ent=
weder fehlt ein Verbum hinter πρεσβυτέρας oder δὲ iſt zu ſtreichen nebſt (165 14)
dem Komma hinter πρ.; ἑτοιμάζεσθαι iſt medial. κελεύειν τινί bei ſpätern 197 14.

ζώγραφοι μίαν εἰκόνα τοῦ κυρίου γράφειν οὐ μεμαθήκασι entſtammt nicht den A. J.
(Sch S. 41 f.), erinnert aber in ihrer Begründung an die oben S. 358. 451 ange=
führte „traditio" bei Origenes.

30 Die alten Weiber (πρεσβυτέρας, πρεσβυτίδων, γραίας, c. 32 πρεσβυτίδας),

Mt. 15 ₃₅ (cod. Sin. παραγγείλας) Diod. Sic. XIX 17. — διακονεῖν τινι jemandem dienen wie Phil. 13. — ₁₁ Bo ⟨πρὸς⟩ τὸν 'Ι' richtig ergänzt. — ₁₃ Dem τινὰς δὲ muß ein τινὰς μὲν... voraufgehen, wegen ₁₅ denkt Bo an ἀτονούσας, oder man denkt an ἀσθενούσας vgl. ₁₆. Lk. 4 ₄₀. παραλυτικός (an einer Seite) gelähmt Mt. 4 ₂₄. — ₁₅ ἡσυχάσας.. ein ähn= licher Vorgang 183 ₇. — ἀποτρίβων wohl den Schweiß. — ₁₅ f. ἀτονία A: An. p. 38 ₁ = ἀσθένεια Lucian Nig. 36. Letzteres auch von sittlicher Schwäche Röm. 8 ₂₆, 2. Kor. 12 ₅, Hebr. 4 ₁₅. 7 ₂₈. — ἐκλύεσθαι N. T. pass. matt, verzagt werden. — ₁₇ χρόνῳ entweder = ἐν χρόνῳ vor Zeiten, ehemals oder wie hier = σὺν χρόνῳ mit der Zeit, allmählich vgl. Lobeck Soph. Ai. 305. — ₁₈ διδοὺς 2 Objekte: 1) χάριν 2) δω= ρεὰν ἔχειν με τῆς... Acc. c. Inf. nach δίδωμι AG. 2 ₂₇. 10 ₄₀. — ₁₈ f. ἔχειν ἐν αὐτῷ (Χριστῷ) παρρησίαν Phil. 8. — ₁₉ λέγει σιγῶν schweigend d. i. in meinem Innern, leise — von der Stimme des Herrn im Herzen des Johannes. — ₂₂ f. εἴ τι χρή= σιμον γενόμενος ändere ich in εἰς τι χρησίμους γενομένους vgl. 2. Tim. 2 ₁₄. Bo εἰς τι χρησίμων γενομένων durch solche Heilungen, die einen guten Zweck haben.

31. ₂₆ Hinter βούλεσθε fehlt Infinitiv, Bo θεάσθαι oder ἰδεῖν. — ₂₇ ἐκ νύκτωρ. Ich folge Bo ἔτι νύκτωρ. — ἀνθύπατον. Ephesus war die Hauptstadt der Pro= vinz Asien. Mommsen, Röm. Gesch. V 303. Oestr. Arch. Inst. III (1900) vgl. c. 33. — ₂₉ πρῶτος = sehr vornehm 186 ₂₁. — ₃₁ τῷ Ἰωάννῃ ὑπεσχνεῖσθαι, ich stimme Bo.s zweitem Vorschlage zu τὸν Ἰωάννην ὑπισχνεῖσθαι. — ₃₂ ἔχειν Bo richtig ἔχει. — τὸ δημόσιον θέατρον das öffentliche, das Staatstheater. Wir übersetzen d. lieber gar nicht; denn unter Th. können wir kein anderes verstehen, Staatstheater aber gibt einen zweideutigen Sinn. Wohl sagen wir „städtisches Th.". Das am Bergabhange gebaute mächtige T h e a t e r , das für 24 500 Zuschauer Platz hatte (Wood p. 68 ff.), öffnete sich nach Westen gegen den großen Hafen hin. Wichtige Entdeckungen ver= zeichnet Oestr. Arch. Inst. 1899 II. Beiblatt p. 71 ff. III. Beiblatt 37 ff. [Abbildun= gen von Trümmern, auch des Tempels usw., f. Illustrierte Zeitung vom 14. Mai 1903, S. 744 ff. Bericht von Hübner]. — γυμνός = 1) nackt, unbekleidet, 2) ohne Uebergewand, im Untergewande, 3) ohne Waffen. — ₃₃ κρατεῖν gewöhnlich τινός,

---

vgl. A. Pe. 20. 21; Achelis in ZnW 1900, S. 88. 93 ff. — V e r u s , der Diakonen= stelle versieht, auch c. 61 und im Schlußabschnitt c. 111. Die Identität mit Burrhus (Birrhus?) der Ignatiusbriefe (Apokr. S. 432) behauptete 3a (A. J. p. CLII f. Forschungen VI 204 A. 2); in einer koptisch erhaltenen Mariengeschichte (F. Robin= son, Coptic apocr. Gospels, p. 37) stößt man auch auf den Namen Birrus. In einem Prochoruskodex (V) wird für die A. J. 113 p. 212 ₈ erwähnte Begebenheit auf das Zeugnis des Βῆρος ὁ καὶ Εὔτυχής als Johannesschülers verwiesen (Aa II 1, p. XXVIII), woraus Li (I 473) folgerte, „daß der Verf. der Hf. die gnostischen περίοδοι unter dem Namen des Beros-Eutyches — also nicht des Leucius kannte", oder doch „daß irgend eine Bearbeitung der περίοδοι unter jenem Namen im Um= laufe war"; auch cod. Barb. V 12 nennt „einen Βῆρος = Verus als den Augenzeugen und Gewährsmann" (v. Dobschütz in ThLZ 1903, Sp. 354). Daraus darf man aber nichts gegen die primäre Augenzeugenschaft des Leucius folgern, denn A. J. c. 61 wird Verus neben dem Augenzeugen (Leucius) genannt! In einem anderen Prochoruskodex (Q) wird Eutyches = Verus (oder zwei Personen?) zum Hirten eingesetzt (Aa II 1, p. 209 f.). Eutyches in den griech. Menäen f. Li I 518 f. — S. 437] i n d e r S t i l l e (σιγῶν): gnostischer= und Mysterienausdruck. 31 G o t t e s [nicht: des Herrn] M a c h t , vgl. Mt. 22 ₂₉ u. ö. und die Be= nennung Simons AG. 8 ₁₀. — d e r S t a t t h a l t e r ; Name nicht genannt. Ohne hochgestellte Personen kommen die Verfasser dieser apokr. AGG. nicht aus. — F e l d h e r r (Strateg, f. o. zu c. 19); nach A. P. ed. Schmidt (1904) S. 61 werden zu Sidon Paulus u. a. vom Strategen ins Theater geführt. — A n d r o n i k o s , nach Li I 518 Sklavenname (Drusiana, Name seiner Gattin f. c. 63 ff., von Drusus; vgl. Drusilla AG. 24 ₂₄). — Z a u b e r n a m e n ; eine Ausführung c. 41. Es han= delt sich um den Namen Jesu; vgl. v. d. Goltz, Das Gebet in d. ält. Christenheit,

hier ἐπί τινος, ſobaß der Begriff der Gewalt oder Herrſchaft über . . doppelt aus=
gedrückt iſt. So faßte ich die Stelle auf, gebe jedoch den Vorzug der Erklärung
Henneckes: ohne etwas in ſeinen Händen zu halten. Vgl. Offb. 2 1.

32. p. 168 1 f. ὑπὸ τῶν ῥημάτων τούτων κινηθείς. ὑπό auch bei ſachlichen Sub=
ſtantiven abhängig von paſſiven Verben (2. Petr. 1 17) ſtatt des üblicheren dat.
inſtr. vgl. p. 170 9. — 3 πᾶσαι, αἱ μὲν . αἱ δὲ . . Aber die zweiten liegen doch auch
in Betten! Darum leſe ich πᾶσαι μὲν . αἱ δὲ . . — 4 νυσταγμός das Nicken, Schlafen.
Vgl. Mt. 25 5. Vielleicht gehört vor νυσταγμῷ das καί, welches vor τῆς πόλεως ſteht
und hier jedenfalls zu tilgen iſt.

33. 8 ἐπιδημῶ komme als Fremder irgendwohin und halte mich dort auf.
AG. 2 10. 17 21. ἐπιδ. Ἀθήναις Athenäus IV, 138 d. — 9 R πᾶσιν ἡμῖν καταδήλου Bo ⟨καί⟩
πᾶσιν ὑμῖν κατάδηλον richtig, nur iſt καί fortzulaſſen. Wer iſt das κοινὸν τοῦτο βου-
λευτήριον? Entweder ihr alle oder: der ἀνθύπατος, die 10 στρατηγοί (Andronikos,
Lykomedos ſind als στρ. genannt) und andere πρῶτοι? Nun nennt das Reſkript
des Antoninus Pius an den aſiatiſchen Provinziallandtag [betreffs des Chriſtentums,
vgl. das vorherige des Hadrian an den Statthalter Minucius Fundanus, ſ. Preu=
ſchen, Analecta S. 17 f. 20 ff.] dieſen τὸ κοινὸν τῆς Ἀσίας, und dieſer fand in Ephe=
ſus ſtatt; darum nennt der Verfaſſer hier alle Anweſenden mit dem Prokonſul (c. 31)
an der Spitze „Staatsverſammlung“. — 10 ἀπέσταλμαι οὖν ἀποστολήν A. An. p. 44 4. 11 f.
ἀντιπράσεις findet ſich ſonſt nicht, ἀντικαταλλαγάς 189 17. Plut. mor. p. 49 d. —
12 ἐπιστρέφειν tranſ. wie p. 163 17. 169 17. — 13 ἀπιστίᾳ κεκρατημένους vgl. A. An.
p. 40 2 und Anm. — 14 ὃν κηρύσσω p. 161 13. — εὔσπλαγχνος ὢν vgl. p. 202 22. —
15 ὑμᾶς zu ſtreichen iſt nicht nötig, das erſte ὑμᾶς 12 wird wieder aufgenommen. Bo
vergleicht p. 162 30 f. Sehr ähnlich Jak. 5 20. ἐπιστρέψας. ἐκ πλάνης . . σώσει . . —
17 ἐν οἷῳ δή wir erwarten in dem νόσος entſprechendes Hauptwort. Bo εἴδει. —
18 Mit Bo zu ändern ἐν ποίαις νόσοις ὑπάρχουσιν (ὑπάρχετε entſtanden durch ὁρᾶτε)
— 18 f. Der letzte Satz des Kap. verderbt überliefert. Ich ändere ὀλυσμένων in
ὀλλυμένων, συναιρεθήσονται in συναρθήσονται. „Und das (nämlich τὴν τ. στρ. ἀπιστίαν
ἐλέγχειν 16) iſt mir jetzt nicht möglich, wenn ſie zu Grunde gehen, und (darum)
werden ſie durch Heilungen alle (συν.) aufgerichtet werden“. — **34.** 20 ἐγκατασπεῖραι
206 9. — 21 R τῷ, Ja τό. — 22 αἰών nicht im Sinne des οὗτος (ὁ) αἰών (gegenwärtiger
Lauf der Welt), hier = Ewigkeit, τοῦτον gehört zu χρόνον. 23 R ὅς ἐστι ζυγοῦ Ja
ζυγοῦ ῥοπή. Neigung, Wendepunkt der Wage (Offb. 6 5). Sonſt N. T. ζυγοῦ = Joch,
auch im übertragenen Sinne z. B. Mt. 11 29 f. Ich behalte die überlieferte Lesart
bei, beziehe ὅς auf das Subjekt des acc. c. inf. τοῦτον τὸν χρόνον „welche (vielmehr)
eine Zeit des Joches iſt“. — 24 μαραίνονται wir erwarten μαραίνεται Aa II 2, p. XXXVI.
Zur Sache vgl. außer Mt. 6 19 noch Jak. 1 11. — μηδὲ ἡγεῖσθε Uebergang zum di=
rekten Gebot (bez. Verbot), ähnlich wohl A. An. p. 44 c. 16. — 25 R ἀναπεπαῦσθαι,
Bo ἀναπεπαῦσθαι. ἀναπαύεσθαι (ἀνάπαυσις) N. T. Erquickung, Ruhe Mt. 11 28. Lieb=
lingsausdruck der Aften: 33 10 41 28 42 33 43 2 44 27 45 15. 173 10 190 6 192 7
200 24 214 1. — ἀποστερεῖν abſolut wie Mc. 10 19 — ἀπ. καὶ πλεονεκτεῖν 1. Kor. 5 9—11.
6 11. — 26 R λυπῇσθε, Bo λυπεῖσθε. — R ἔχητε. Nach εἰ erwarten wir ἔχετε (Bo).
Vor μακαρίζουσι ergänzt Bo ⟨ὑμᾶς⟩. — 31 R παρόντες μή τις πείθεται, Bo παρόντων μή
τις ἐπίθηται, παρόντων zu αὐτῶν nämlich χρημάτων. — **35.** 33 R ἐν εὐμορφίᾳ beſſer
ἐπ' εὐμορφίᾳ vgl. Xen. mem. I 2, 25. ἐπαίρεσθαι ἐπί τινι. Wer denkt bei dieſer
Stelle nicht an Hauffs ‚Reiters Morgenlied‘ (2—3)? — 33 ἐπαγγελίας 186 16, ἐπάγ-
γελμα 162 31. 186 14. — Zum τέλος τῆς ἐπ. vgl. Röm. 6 21 f. — 34 ὁ δὲ μοιχείᾳ

S. 129. 295 f.

32 die ganze Stadt, vgl. c. 22. 23.

33 kein Kaufmann, vgl. Did. 12, 5 χριστέμπορος. — euern Feld=
herrn: Andronikus, wegen ſeiner ungläubigen Aeußerung c. 31. — **34** Joches;
den Sterblichen von der Moira, deren Sinnbild es iſt, aufgelegt (Dieterich, Abraxas
S. 109). An das Joch Jeſu (Mt. 11 29 f.) iſt nicht gedacht. — Kinder, vgl. 68,
ausführlicher A. Tho. 12. — **35** S. 438] Z. 11 ff. Eine andere Beziehung auf das

χαίρων 1. Kor. 6 ₉. — R νόμῳ Bo νόμος. — p. 169 ₁ R τετιμώρηται, Bo σὲ τιμωρεῖται. — ₂ R αὐτάρκις οὖσα ändere ich in ἀνταρκήσασα (oder ἀνταρκοῦσα?), ἀνταρκεῖν τινι jeman= dem widerstehen Plat. ep. III 317 c. — ὅπου wohin nach Verben der Bewegung wie 12. Joh. 8 ₂₁ und oft. R καντατήσεις, Bo καταντήσεις vgl. ₁₃.—₃ R ἀπόθεται, Bo ἀπό= θετα. χρ. ἀπ. bei Seite gesetzte, aufbewahrte Schätze. Vgl. Plut. Caes. 35. — ₅ πυρὶ φλεγόμενος A. An. 41 ₁₆. πῦρ bezeichnet das höllische Feuer vgl. c. 36, im N. T. und sonst (Hennecke, Altchristl. Malerei S. 184 A. 2). — R ἕξει Bo mit Recht ἕξεις, im ganzen Kap. 2. Person. — ὀργίλος Tit. 1 ₇ vgl. A. An. laud. (Anal. Boll. XIII) p. 348 ₁₉. narr. 371 ₃. — ₆ μανιώδης A. An. p. 42 ₂₇. — ἔμοια ... πολιτεύῃ vgl. ebenda p. 35 ₁₈ laud. 348 ₁₉. — ₇ μέθυσος 1. Kor. 5 ₁₁. 6 ₁₀. — αἱρετικός Tit. 3 ₁₀ Ketzer. Der schien Bo nicht zum μέθυσος zu passen, so schlug er vor ἐμετικός = vomitor Brecher, Schlemmer Plut. Pomp. 51. Mit Hennecke halte ich an αἱρετικός fest = Zänker. Denn der Ketzer sucht Zank mit den Gläubigen, vgl. den Zusammenhang im Titusbriefe 3 ₈—₁₀. Trunkenbold und Zänker aber gehören zu einander. — ₇ R ἐξίσταται, Bo ἐξίστασαι. ἐξίστασθαι τῶν φρενῶν von Simon geraten, Besinnung ver= lieren. Eurip. Or. 1021. Iph. Aul. 136 (aktiv Bacch. 848). Isokr. V 18 u. oft ähnlich. Vgl. Pind. Ol. 7, 47. ἔξω φρενῶν; Gegensatz σύνεσις φρενῶν Nem. 7 ₆₀ vgl. 161 ₃₃. 164 ₁₄. Lk. 2 ₄₇. δ ῥυπαρῷ vgl. 185 ₄. 192 ₁₈. 213 ₅. A. An. p. 40 ₁. — 36. ₉ R ἐλεφαντίνων, Bo ἐλεφαντίνῳ? Aber ἐλεφάντινος ist nur adjektivisch. ἐλέφαντι, wo= hinter möglicherweise ein Particip auf ων weggefallen ist — entsprechend dem χ. und τ. — ₁₀ θεᾶσαι zur Form vgl. Lk. 16 ₂₅ ὀδυνᾶσαι. Winer, Gramm. S. 273. — ὁ δὲ μαλακαῖς .. vgl. außer Mt. 11 ₈ [A. Tho. 36 ausdrücklich citirt], Lk. 7 ₂₅ noch 1. Kor. 6 ₉ μαλακοί. — ₁₂ R ὀφλῆσαι Ja ὠφελήσει besser als Bo ὠφελεῖ — in der Zukunft, im Jenseits. Zum Gedanken vgl. Mc. 8 ₃₆. Lk. 12 ₂₀ f. — R γινωσκέτω, Bo γίνωσκέσου? Wegen 18 καταντήσατε — ἐπιστρέψατε muß Imp. 2. Perf. stehen. Ich lese γίνωσκε τό .. vgl. 168 ₂₁. — ₁₃ ἀποκεῖσθαι aufgespart sein Kol. 1 ₅. 2. Tim. 4 ₈. Hebr. 9 ₂₇. — ₁₄ φάρμακος Offb. 22 ₁₅ (φαρμακεύς 21 ₈) φαρμακεία p. 172 ₁₇. — περίεργος AG. 19 ₁₉. 1. Tim. 5 ₁₃. A. An. p. 42 ₂₅ (in anderm Sinne p. 195 ₂₃). — ἅρπαξ 1. Kor. 5 ₁₀ f. — ἅρπαξ, ἀποστερητής, ἀρσενοκοίτης, κλέπτης 1. Kor. 6 ₉ f. — ₁₅ R ὑπάρχοντες. Nach ὁπόσοι ist zu erwarten ὑπάρχετε. Vgl. ähnlichen Fehler p. 168 ₁₃. Oder ὑπάρχοντές <ἐστε>? — ₁₆ πῦρ ἄσβεστον Mc. 9 ₄₃. ₄₅. Mt. 3 ₁₂. Lk. 3 ₁₇. — 16 f. Nebeneinander= stellung von πῦρ und σκότος vgl. p. 214 ₄. A. An. p. 42 ₂₈. — ₁₇ R βυθὸς κολαστή= ρίων, Bo βυθὸν κολαστήριον? Ich schlage vor: βυθοῦ κολαστήριον vgl. Plut. de Alex. fort. 2 ₁₂ βάρβαρα κολαστήρια θαλάσσης. τὸ κολαστήριον der Züchtigungsort. ὁ βυθός die Tiefe (des Meeres 2. Kor. 11 ₂₅). — 19 f. οἱ τύραννοι, οἱ ἀλαζόνες (Röm. 1 ₃₀. 2. Tim. 3 ₂) ebenso A. An. 42 ₂₆. ἀλαζονεία 183 ₂₇. 190 ₁₈. — ₂₀ R πολέμους, Bo πο= λεμίους. Unnötige Aenderung. Akkusativ des innern Objekts wie νικᾶν νίκην, μάχην, Ὀλύμπια usw. — τῶν ἐνθένδε ἀπαλλασσόμενοι Attraktion für τῶν ἐνθάδε ἐν= θένδε ἀ. Vgl. Plat. Phaed. 107 e. apol. 40 c. Xen. Cyr. II 4 ₁₈. — ₂₁. ἐν κακοῖς .. συγγίνεσθαι. Bo schwankt, ob er es streichen soll. Konstruktion wohl wie γίγνεσθαι ἐν geraten in Lk. 22 ₄₄. AG. 22 ₁₇. σὺν zusammen d. i. alle die vorher Genannten. — ὀδυνῶνται vgl. p. 214 ₁₁. Lk. 2 ₄₈ und öfter. —

37. ₂₃ Wenn auch Bo über eine Lücke im cod. keine Angabe macht, so muß doch hinter νόσους ein Stück ausgefallen sein. Wir vermissen Bericht über die Folge der Heilungen, insbesondere über die Bekehrung des Andronikus, der von nun an

Gleichnis Lk. 16 ₁₉ ff. s. Apokr. S. 430. — unvernünftigen Tieren; be= liebte Verbindung, vgl. z. B. Aristid. apol. 12 (S. 28 ₁₂. 29 ₁₀ meiner Ausg.). A. Tho. 39. 83. 87. — 36 Gold ... Edelsteine; auch hiezu vgl. Apokr. S. 430. — Z. 23 f. Lasterkatalog vgl. oben S. 266 (zu Did. 5).

37 Daß hier eine Lücke anzunehmen ist, da gleich darauf Andronikus bereits als Gläubiger auftritt, habe ich — im Einklang mit Za — ThLZ 1900, Sp. 274 und A. 1 gezeigt. Wenn ferner c. 39 viele Wundertaten vom Apostel er= wähnt werden, so könnte man, falls dies nicht eine bloße Uebertreibung ist, auch vermuten, daß in der Lücke deren noch mehrere gestanden hätten. — Die Brü=

3. 26 als Jünger des Johannes erſcheint. — 26 Σμύρνην ion. Form wie 173 7; da=
gegen Σμύρναν 179 8. — 26 f. τὰ μεγαλεῖα vgl. außer AG. 2 11 noch Lt. 1 49. — 26 κἀκεῖ
nach Verbum der Bewegung (28) wie ὅπου 2. 12. — 29 εὑρεθήσονται ſie werden ſich
finden laſſen, ſich herausſtellen als. Vgl. Röm. 10 20. — 30 R οἱ δοῦλοι Bo
del. οἱ? ? cf. 173 8. Beſſer iſt οἱ zu ſtreichen; 173 8 iſt δοῦλοι prädikativ „als
Sklaven". —

38. p. 170 1 ἡ γενέθλιος (d. i. ἡμέρα): der Geburtstag der Griechen wie
Römer wurde jedes Jahr gefeiert (vgl. auch des Herodes Geburtstagsfeier Mt. 14 6.
Mc. 6 21). Zum Gedächtnis an die Errichtung eines Tempels wurde deſſen Ge=
burtstag jährlich gefeiert. Beim Artemistempel in Epheſus haben wir an den
erſten Bau zu denken, nicht an die Wiederherſtellung nach dem Brande 356 v. Chr.
Ovid faſt. III 811. 835 ff. ſpricht vom Geburtstage der Minerva, d. i. von dem
Tage, da ſie zum erſten Male einen Tempel erhielt. — εἰδώλειον, abgeleitet von
εἴδωλον = Götzenbild N. T., der Götzentempel vgl. 1. Kor. 8 10. — 2 f. Die grie=
chiſchen Kleider zeigten in der Regel weiße, helle, auch bunte Farben, bei Toten=
beſtattungen trugen die Männer ſchwarze oder graue, jedenfalls dunkle Gewänder
zum Zeichen der Trauer. Eur. Iph. Aul. 1439. Bei den Römern war die übliche
Farbe die weiße, für die Toga ſogar geſetzlich vorgeſchrieben; auch bei ihnen galt
ſchwarz als Trauerfarbe. Die Trauernden und auch die Angeklagten erſchienen in
ſchwarzen oder wenigſtens dunkelfarbigen Gewändern. Hier hat Johannes, während
alle in hellen Gewändern der Gottheit Feſt feiern wollen, aus Trauer über den
Götzendienſt der Epheſer dunkle Trauerkleider angezogen. Vgl. Guhl und Koner,
Leben der Griechen und Römer, S. 214. 381. 655. 802. — 3 μέλανα Neutr. plur. —
ἀνῆγε 14 Stufen (Wood p. 255 ff.) führten hinauf zu dem Artemiſium, welches
nordoſtwärts von der Stadt auf dem Weſtfuße eines Hügels lag. Wood, Discoveries
at Ephesus, London 1877. p. 264. Oeſtr. Arch. Inſt. II (1899) S. 53 ff. — 5 R
δοῦλοι, gut Bo δούλῳ. Dagegen laſſe ich ἄνδρες ohne Ἐφέσιοι ſtehen wie 173 6;
gerade aus dem ἄνδρες ohne Zuſatz iſt die Umwandlung in δοῦλοι zu verſtehen. —

der aus Milet (vgl. c. 18. 25) müſſen ſich von vorneherein auf eine längere
Mitreiſe eingerichtet haben, wie auch Johannes die Weiterreiſe ins Auge faßte
(c. 45). — Lange Zeit; ähnliche Angaben in c. 58. 62. — Smyrna, vgl.
c. 45. 55. — Diener des Herrn; proleptiſch (vgl. Apokr. S. 432).

38 Feſt der Artemis uſw.; ähnlicher Beginn der Prochoruserzählung (c. 4),
die aber dann bis zum Sturze des Tempels anders verläuft (Li I 371 f.); die Er=
zählung vom Zuſammenſturz des Tempels bei Pſ.=Abdias (Apokr. S. 430; Li I
425 f.) weiſt in anderen Beziehungen Berührungspunkte auf. Der Prochoruskodex
Q (ſ. oben S. 492) hat eine zweimalige Tempelzerſtörung durch Johannes; vgl.
über die Berichte Li I 430 f. 466 ff. Auch im ganzen folgenden Paſſus (bis A. J.
56 f.) ſtellt Q eine kürzere Bearbeitung des vorliegenden älteſten Berichtes dar,
in welchem bezeichnenderweiſe des Paulus und ſeiner Kolliſionen bezüglich der Ar=
temis von Epheſus (AG. 19) gar nicht gedacht wird. Doch hat Q mitten zwiſchen
der Geſchichte von der Tempelzerſtörung und der Erweckung des Artemisprieſters
(vgl. unten zu c. 47) einen ſmyrnäiſchen Aufenthalt in aller Kürze eingeflochten und
bei der Gelegenheit die Einſetzung der Johannesſchüler Bukolos und Polykarp (!),
vgl. im Sonderbericht der Hſſ.=Gruppe Γ, Aa II 1, p. 160 3, ſowie des Andronikus
zu Vorſitzenden (πρόεδρον) an jenem Küſtenſtrich erwähnt; die hiſtoriſche Einreihung
dieſer Notiz bei Za, Forſchungen VI 198 A. (cf. 101 f. A. 1) iſt mir unannehm=
bar. — ſchwarzes (Kleid); die Farbe, ſonſt zur Kennzeichnung des Böſen verwandt
(Barn. 4, 10. 20, 1. A. Pe. 22. A. Tho. 55. 64. Maruta, Ketzerkatalog, über die Daizaniten,
bei Harnack TU N. F. IV 1ᵇ, 1899, S. 11), hier als Zeichen der Trauer oder Buße; vgl.
die Erwiderung des Veteranen Typaſius in Nordafrika (Zeit Diocletians) auf die
Frage des Comes, warum er ſchwarz angezogen erſcheine: „Ista vestis non est
nigra, sed alba. Nam Christiani saccis induuntur ut remissionem peccatorum
consequi mereantur. Scriptum est enim" : Mt. 5 4 (Anal. Bolland. IX). — auf

Knecht Gottes vgl. Tit. 1 ₁. Phil. 1 ₁. Röm. 1 ₁. Jak. 1 ₁. 2. Petr. 1 ₁. — 39. ₇ ἐπέ-
χειν τι festhalten an wie Phil. 2 ₁₆. — ₈ R ὄμβρον, Bo ὄμβροι. ὄμβρος Lk. 12 ₅₄. — ₉ κλύ-
δων Lk. 8 ₂₄. Jak. 1 ₆. — ₉ χειμάρροι (Joh. 18 ₁) πετρώδεις (Mt. 13 ₅ und oft):
„Hier ist des Stromes Mutterhaus,
Ich trink ihn frisch vom Stein heraus,
Er braust vom Fels in wildem Lauf"
(Uhland ‚Der Knabe vom Berge'). — ₁₀ ἐπαγγελίας συνεξαλμυροῦνται — συνεξαλ-
μυρέω ἐξαλμυρέω ἁλμυρέω finden sich sonst nicht. ἁλμυρός salzig. So muß es heißen.
werden mitgesalzen. Wovon? Bo ὑποστάθμης exspectes, Unterlage, Bodensatz. Ich
meine: ἁλμης oder ἁλμαίας (= ἅλμης). oder ἁλμυρίας (Salzboden). — ₁₁ ὄντως attri-
butiv vgl. 1. Tim. 5 ₃. ₁₆. 6 ₁₉. — ₁₃ R νόσων, Bo πόσας nach p. 203 ₁₂, wo sich derselbe Chiasmus findet: πόσα τέρατα, ἰάσεις πόσας vgl. auch A. An. p. 44 ₂₁ f. — ₁₃ f.
πεπήρωσθε τὰς καρδίας. Fast möchte man nach neutestamentlichem Sprachgebrauche
πεπώρωσθε τὰς κ. erwarten. Vgl. Mc. 6 ₅₂. 8 ₁₇. 3 ₅. Joh. 12 ₄₀. Röm. 11 ₇. 2. Kor
3 ₁₄. Ihr seid im Herzen verstockt. Denselben Sinn gibt auch das unbiblische
πεπήρωσθε. πηρόω lähme, verletze, verstümmele z. B. das Auge = blende. A. An.
p. 42 ₆; übertragen πεπηρωμένος πρὸς ἀρετήν Arist. eth. Nic. I 9 ₄. πεπήρωται πρὸς
γνῶσιν, S. Emp. adv. log. I, 55. — ₁₄ ἀναβλέψαι wie Mt. 14 ₁₉ εἰς τὸν οὐρανόν. —
₁₆ διελέγξω — διελέγχειν ganz widerlegen Plut. Gorg. 457 c. — ₁₆ f. R νεκροὺς τῶν
ἀνθρωπίνων λογισμῶν, Bo τῷ ἀνθρωπίνῳ λογισμῷ vgl. p. 183 ₂₅. Eph. 2 ₁ ff. Kol. 2 ₁₃.
Offb. 3 ₁. — ₁₇ f. θεὰν εἶναι λέγετε ἔχειν τ. Ἄ., Bo del. εἶναι? an ἔχειν corruptum?
Ich verbessere δύναμιν λ. ἔ. τ. Ἄ. — ₁₈ εὔξασθ᾽ ἐν ἐκείνῃ; aber εὔχεσθαί τινι; darum
Ja Bo: οὖν.

40. ₂₂ πεπείραμαι ich kenne (durch Erproben, aus Erfahrung). — ₂₄ R οὖν, Bo
γοῦν. — ₂₆ R ἐλέγχετε, Ja ἐλέγχεται. Zu ἐλέγχ. vgl. 192 ₂₁ f. 193 ₆ f. A. An. p. 38 ₁ f.
ἐφ᾽ ᾧ in welcher Absicht, zu welchem Zwecke, weswegen. Zwischen ἐλέγχεται und
ὅπως eine Ellipse, die wir in der deutschen Uebersetzung gleichfalls beibehalten. —
₂₇ R ἀποστήσησθε, Bo ἀποστήσεσθε. — μάλιστα am liebsten ist nur zum ersten Gliede
der Doppelfrage zu beziehen.

41. ₃₁ f. vgl. 202 ₂₅ f. — ₃₃ ἀθετούμενος vgl. Lk. 10 ₁₆. — R ὑπερβαλὼν, Bo
mit Recht ὑποβαλὼν. — p. 171 ₁ θεοσέβειαν 1. Tim. 2 ₁₀ Gottesfurcht, hier Verehrung
von Göttern. — R διὰ τῆς σῆς ἐπιστροφῆς. Bo ἐπισκοπῆς?? Vgl. 207 ₅. Die überlieferte Lesart gibt guten Sinn: durch Bekehrung zu dir. Im N. T. Pron. poss.
für Gen. obi. Lk. 22 ₁₉. 1. Kor. 11 ₂₄. εἰς τὴν ἐμὴν ἀνάμνησιν. Zu ἐπιστροφῆς vgl.
p. 202 ₈. — ₂ εἴδωλον Götzenbild, aber auch der Götze selbst. Vgl. AG. 15 ₂₀. Röm.
2 ₂₂. 1. Kor. 8 ₄. — Bo will mit Recht πᾶς δαίμων τε καὶ δύναμις πᾶσα stellen. —
₃ ἀκάθαρτος vgl. πνεύματα ἀκάθαρτα unsaubere Geister. Mt. 10 ₁. Mc. 1 ₂₃.
Lk. 4 ₃₃. AG. 5 ₁₆. — φεύγων τῷ, Bo φεύγοντος. — ₄ ὅστις πλανᾷ. Vgl. 2. Tim. 3 ₁₃.
2. Petr. 2 ₁₅. —

42. ₉ τὸ ξόανον, eigentl. das aus Holz Geschnitzte, dann insbesondere das
Götterbild. Diese Bedeutung blieb haften, auch als die Götterbilder aus Stein angefertigt wurden. — ₁₀ ναός der innere Tempel (das ganze ἱερόν). — ₁₁ R στυμόνος, Ja
στήμονος Aufzug am Webstuhl. Nicht recht verständlich. Die rechte Lösung fehlt

---

ein hohes Gestell; cod. Q: ἐφ᾽ ὑψηλοῦ τόπου, vgl. Mart. An. 10 (Aa II 1,
p. 52 ₉). — S. 439] 39 ganz ohne Gott] (ἀθεωτάτους) vgl. Eph. 2 ₁₂; der Vorwurf wurde sonst gegen die Christen geschleudert. — ₁ τ (νεκρούς); vgl. Za (NKZ 1899,
S. 193 A. 1) liest κενούς. — anrufen, vgl. die Eliasgeschichte 1. Kön. 18 ₂₄ (und
das Gebet ₃₆ f. zu A. J. 41); ähnliche Vorgänge im Kampf des Petrus mit Simon
(A. Pe.)

42 Zerbrechen der Götterbilder, vgl. 1. Sam. 5 ₃ f. (Sturz des Dagonbildes).
Ps.-Mt.evang. 23. — In den koptisch erhaltenen A. P. stürzt ein Teil des Tempels
von Sidon, in welchem sich Paulus und die anderen Gefangenen befinden, ein (Sch,
A. P., S. 60 f.; f. o. S. 362). An anderen Stellen wird dort (S. 71. 69 f. cf. 26)
ähnlich wie hier (c. 42. 44) von dem Volk der Ephesier, anerkannt, daß es nur

noch. Ich las στέγους. — μονόπληγα vgl. 185 26. 188 12. —

43. p. 172 6 ἐπαίρεσθαι hier in gutem Sinne, anders 168 32, wo ſich wie hier auch (ἐπ)ανατείνειν findet. — 12 R ὁρωμένην, Bo ὁρμωμένην?? Er vergleicht p. 178 9. Aber πρόεισιν paßt dort als Verbum der Bewegung zum Subjekt κίνησις. Zu εἰς τὸ φανερὸν (ἐλθεῖν Mc. 4 22. Lk. 8 17), allerdings würde ein Verbum der Bewegung ὁρμωμένην ἐρχομένην am Platze ſein. Indeſſen läßt ſich ὁρωμένην verteidigen; auch in dem ſichtbar werden liegt eine Bewegung; daher εἰς τὸ φανερόν. Zum Sinne der Stelle vgl. p. 204 2. — 13 R αὐτήν, Bo ἑαυτῇ? Vielleicht αὐτὴν ἑαυτῇ? Auch αὐτὴν läßt ſich rechtfertigen: Artemis ſelbſt. Dann ſteht βοηθῆσαι abſolut, was nicht ſelten vorkommt und der urſprünglichen Bedeutung des Verbums entſpricht: auf ein Hülfegeſchrei herzulaufen. — 13 f. R τὸν δοῦλον βοηθηθῆναι ... τῷ δούλῳ? Vgl. 173 3 f. — 15 R γενέθλιαι, Bo γενέθλιαι. —

44 18 δρομαῖοι p. 181 8 165 6. δρομαίως p. 175 18 A. An. p. 39 8. — 23 ματαίοις, Bo μτταίως??? vergleicht p. 173 1. Oder μ. prädikativ zu ἀπολλυμένοις. μ. ohne Kraft und Wirkung, nichtig, eitel, zwecklos vgl. Jak. 1 26. 1. Kor. 15 17. Sie kommen zwecklos um; denn zwecklos iſt ihre θεοσέβεια 171 1. — 24 f. ἀποκρεμαμένων ἐλπίδι. Dativ. instr. Die Hoffnung iſt das Mittel des Herabhangens, ohne ſie wären ſie ſchon gefallen. Ueberſetzung: ſich an die Hoffnung anklammern. — p. 173 1 ἀπολέσαντες „als wir (ihn) verloren hatten“. Aenderung iſt nicht nötig. — R ἱδρα-μένους, Ja ἱδρυμένους. — 4 ἀκωλύτως vgl. AG. 28 31. — ἐν ἀπορίᾳ in Angſt vgl. Lk. 21 25.

45. 9 R ἀνισταμένην, Bo ἀνιστάμην. ἀνίστασθαι ſich erheben, um zu reiſen, ſich auf den Weg machen vgl. 174 6 f. oft N. T. — 12 R γεγονώς, Bo γεγονός. — 13 R γινόμενος, Bo γινόμενον. — 14 Zu στερεάν π. vgl. noch 2. Tim. 2 19. 1. Petr. 5 9. Die στερεά τροφή Hebr. 5 12 f. iſt in Gegenſatz geſtellt zur Milch, wie hier die Ammen-milch des Unmündigen zu dem feſten Grunde (Felſen), auf den der Gläubige durch Gott geſtellt iſt. —

46. 17 Das erſte τοῖς ſtreicht Bo mit Recht unter Verweiſung auf 181 17. — 17 f. καὶ will Bo vor τις rücken, es kann auch ganz wegfallen. ἐν οἷς gehört zu συνε-δρευόντων. — 18 τοῦ ἱεροῦ beruht auf Verſehen, iſt zu ſtreichen. Es fehlt 174 1. Ge-meint iſt das Tor des Hauſes des Andronikus, wo Johannes weilt und empfängt. Bo vergleicht Chryſoſt. ed. Montf. t. X. p. 773 πρὸς τὴν θύραν τοῦ Ἰωάννου. — 19 ἀναπαύειν hier zur Ruhe — d. i. niederlegen. — 21 f. Euchariſtie: Die mit dem Brotbrechen in der Regel verbundene Dankſagung, vgl. 208 11—13. Nur vom Dank-ſagen p. 197 21 f. A. An. p. 34 15. — 23 ἐν τῷ πνεύματι im Geiſte, auf Antrieb, unter dem Beiſtande des (heiligen) Geiſtes, vom Geiſte erfüllt. Mt. 22 43. Eph. 6 18. Offb. 1 10. Vgl. 1. Kor. 7 40, wo Paulus — wie hier Johannes — den Geiſt hat. — R ἐπὶ ταύτης, Bo Ἔστιν τις? 24 ἀγόμενος <ὅς>? Ich verbeſſere ἐνταῦθά τις, laſſe 24 zwiſchen ἀγόμενος τὸν Komma fort. ἐνταῦθα (p. 179 20) zu ἀγόμενος (Verbum der

einen Gott gibt.

43 ſtreckte.. ſeine Hände empor: die altchriſtliche Gebetshaltung, vgl. meine ‚Altchriſtliche Malerei‘ S. 277 A. 3. — S. 440] Wo iſt uſw.; ähnlich apoſtrophirt Antonius (Vita Ant. 78 f.) einige heidniſche Philoſophen.

44 Um den Anachronismus (vgl. Apokr. S. 432) zu vollenden, läßt der Verf. das Volk nunmehr den ganzen Tempel zerſtören.

46 Im Hauſe des Andronikus geht ein förmlicher Gottesdienſt vor ſich. Jo-hannes hält 1) Anſprache an die Brüder (Homilie), 2) Gebet, 3) Euchariſtie (Dank-ſagung), 4) Handauflegung. Das iſt im weſentlichen der Verlauf des Sonntags-gottesdienſtes, wie er bei Juſtin apol. I 67 und im Schlußabſchnitt der A. J. ſelbſt (c. 106 ff.) geſchildert wird, freilich ohne ausdrückliche Erwähnung der Handauf-legung, die aber von der Aegypt. Kirchenordnung nach Empfang der Euchariſtie berichtet wird (Achelis in TU VI 4, S. 59) und in einem Gebete Serapions von Thmuis ed. Wobbermin TU N. F. II 3b, S. 7 Nr. III in gleichem Zuſammen-hange auftaucht. Sonſt kam ſie außer bei Amtsweihen nach der Taufe (Tert. de

Bewegung): hergetrieben. Der Sinn ist bei beiden Aenderungen derselbe. — p. 174
1 τῆς φ. τ. ἐ. Gen. subi. — 2 R πρότερον, Bo προτέραν. — Hinter ποιούμενος ist καὶ
einzuschieben; der zweite einfachere Vorschlag Bo. 8. Dann fällt Z. 1 vor τῷ das
Komma. Der Verfasser liebt Häufung von Participien: ἀγόμενος — ἀναπαύσας —
ποιούμενος. Solche Häufungen z. B. 161 35—162 1. 162 7—8. 12—13. 190 22—24.
197 14 ff. 202 8 ff. 18 ff. — 3 Ich ändere nicht mit Bo ἐμὲ in ἐμοῦ. Unter τοῦ ζῶντος
kann und soll man sowohl den Sprechenden als den zum Leben zu erweckenden
Verwandten verstehen. οἶδα γ ὰ ρ ὅτι . μου . . . . . . καὶ τὸν νεκρὸν ἀναστῆσαι. So
ist absichtlich τοῦ ζῶντος unbestimmt gelassen. — 6 R τοῦ τόπου, Bo τοῦ <ἰδίου>??
Besser τοῦ ἑαυτοῦ τόπου. — 10 R Κἀκείνῳ, Bo Κἀκεῖνος. — φρίκη eig. Schauder,
Fieberschauer von φρίττειν 190 17. Soph. Ac. 693 ἔφριξ᾽ ἔρωτι. — 11 ὁ κύριος Artikel
beim Prädikatsnomen mit scharfer Betonung d e r (einzige) vgl. p. 201 1. 208 6. N.
T. hält an dem alten Gebrauch fest. Vgl. Blaß, Gramm. S. 143, 165. — 13 R ὁ
ἀναστήσας, Bo del. ὁ? Ihm stimme ich zu. — 47. 15 R μέγας, Bo μέγα. R κρατούντων,
Bo gut κρατοῦντι. Vgl. A. An. p. 31 24. — 16 κατατρίβεσθαι sich zerreiben, verbrauchen,
abmühen.— 17 νόσοις streicht Bo mit Recht. νόσους ἀπαλλάττεσθαι AG. 19 12. Zur
Frage vgl. Mt. 9 5. Mc. 2 9. Lk. 5 23. — 22 εἰς τὸν 'I. Bo wünscht πρὸς und weist
auf p. 178 34 hin. — p. 175 2 f. κοινωνὸς καὶ κληρονόμος vgl. p. 203 11. — Hinter
κληρονόμος ergänzt Bo ὑπάρχεις, ich schreibe 2 οὐδ᾽ εἴ. — 5 προσκαρτερῶν (τινι jemandem anhangend) p. 178 13. AG. 8 13. 10 7. —

Bei cod. Q (vgl. oben zu c. 38) ereignet sich die Geschichte von der A u f -
e r w e c k u n g d e s P r i e s t e r s (c. 46 f.) in Smyrna. Der συγγενής ist leiblicher
Bruder des Toten und wie dieser auch Priester der Artemis (!). Sonst stimmt Q
mit R überein, Johannes offenbart die Gedanken den einen und erweckt den andern
mit den Worten: Stehe auf, du schläfst (Eph. 5 14). Es folgt die Bekehrung. Nach
4jährigem Aufenthalte Rückkehr nach Ephesus, vor dessen Toren die Begegnung
mit dem Vatermörder (c. 48—54) stattfindet. Der Bericht bei Q ist erheblich kürzer,
stimmt aber im wesentlichen mit R überein.

48. 7 μίλια vgl. Anm. zu p. 161 3. — 8 περιπατῆσαι vgl. p. 203 4. ὄρθρου p. 161 2.
— 11 R ἑαυτῷ, Bo ἑαυτόν. Ich meine αὐτόν (den Sohn). — σφάξαι eigentlich von
Schlachtvieh, aber auch töten 1. Joh. 3 12. Offb. 5 9 (Xen. anab. IV 5 16). — 12 λακ-
τίσας vgl. AG. 9 5. 26 19. — 13 R ἄφωνον ἔθηκεν. Bo verbessert nach Q ἄφνω ἔθηκε
<νεκρο>ν. — 49 σπασάμενος med. vgl. Mt. 14 47. AG. 16 27. — 13 ἔπαυλις Landgut,
Wohnung AG. 1 20. — δρομαίως wie p. 39 8 Adjekt. 165 6. 172 19. — p. 176 1 δαῖμον
ἀναιδέστατε vgl. A. An. p. 31 24. 44 35. — 3 τὸ σίδηρον seltenere Form für τὸν σ. —
5 R τό, Bo τι. πράττειν τινὰ τι viel seltener als ποιεῖν τ. τ. — 6 R ἑαυτόν, Bo ἐμαυτόν??
Außer an dieser Stelle steht Pron. refl. 3. Pers. für erste 162 6. 169 18. 195 4 (?)
202 7; für zweite 162 17. 191 27. 201 7. 211 2. 5. 7. 212 7. — ἅπαξ ein für allemal
Hebr. 10 2. Jud. 3. — τοῦ πατρός . . . 7 αὐτὸν . . inkorrekter Gen. absol. vgl. 162 8.
182 17. 188 12. 13. 197 15 (?) 202 3. 5. 203 9. 205 5. A. An. p. 41 17. 43 31. Vgl. Blaß,
Gramm. N. T. S. 246. — σωφρονίζειν τινά jem. zur Besonnenheit bringen, ernst
mahnen. 189 24. Vgl. Tit. 2 4.

50. 14 τῷ ἐν σοὶ θέλοντι γ. Κ. π. Vgl. p. 193 18. 213 8 A. An. c. 10, wo vom
Bösen ἐν σοὶ und vorher von Gott ἐν σοὶ die Rede ist; letzteres wie p. 179 26. — παριδὼν
— παρορᾶν vorbeisehen, nicht beachten, sich nicht kümmern. — 16 f. R ἀποστήσω, Bo entw.
ἀποστήσω σε (σ᾽ ἔτι) oder ἀποστήσει. Vgl. 19 f. Die erste Aenderung ist einfacher. — 18

bapt. 8) und bei der Wiederaufnahme von Büßenden vor. — 47 S. 441] Johannes
ist H e r r über das Kreuzes- oder Leidens - M y s t e r i u m (c. 96. 100 f.). — Totenerweckung auf Geheiß des Apostels durch einen Andern vgl. c. 24. 82 f. A. Tho. 54.
— Z. 12 f. vgl. Joh. 11 25 f. — Die Auferweckten selbst werden sofort gläubige
Anhänger. Dieser Zug fehlt noch im N. T.
48 Z. 22 f. Frage an den H e r r n , vgl. c. 21 (S. 434 13 f.). — 49 Z. 33 ff.
In den A. Tho. 51 tötet ein Jüngling wirklich das Weib, das er geliebt, aus ähnlichen Beweggründen.

ἀναστήσῃς, Bo παραστήσῃς?? Wegen 16 iſt die überlieferte Lesart vorzuziehen. Vgl. auch Q
33. 19 Ebenſo möchte ich διαλεγόμενον gegen διαιτώμενον (wandeln) feſthalten. „Ich werde
ihn ganz am Leben ſehen, wie er ſich unterhält". διαλέγεσθαι ſteht nicht ſelten abſolut. — 51. 21 Bo bezweifelt die Richtigkeit von λέγοντες. — 22 παροδιτῶν 198 13. — 24 R
τὸ γῆρας, Bo τοῦ γήρως (nach ἐφείσω). — 25 κατατιλλόμενος medial, ſich zerzupfend — zer-
zauſend (die Haare), Bo κατατεινόμενος?? (niedergedrückt, gefoltert). — p. 177 2 R
μηδέ, Bo μηδέν. — 3 R ὅπως ἄν, Bo ὁ πᾶσαν. — 4 R ὁρῶν, Bo ὁρᾶν. Ich laſſe ὁρῶν
ſtehen. R φονέαν, Bo φονέα. Ueberſetzung nach Bo: Und jetzt gib, daß der Alte
lebe und ſehe uſw. Meine Ueberſetzung: lebe, da du ſiehſt uſw. — 6 ἀφειδήσαν τῶ
Bo ἀφειδήσαντος τοῦ. Vor συμβουλεύεσθαι fehlt etwas, Bo ergänzt διὰ τὸ σ. — 52 8
ἀτονήσει vgl. 214 6. A. An. p. 38 2. 167 15 (ἀτονία). — 9 ἀνυπ. σπλάγχα 164 14. 206 11.
— ἁπλῶσαι verbreiten, ausdehnen p. 54 25 (A. An.). — 10 R ἐπιχείρου, Bo num sanum?
Ich leſe ἐπίχειρος (zur Hand ſeiend, vorliegend). — 11 ἀνακαθίζειν ſich aufrichten p. 181 5
Lf. 7 15. AG. 7 40. — 12 R ἐπιφέροντα, Bo ὑποφέροντα vgl. 176 11. — 13 R φιλοστορ-
γίαν, Bo ἀφιλοστοργίαν (φιλόστοργος Röm. 12 10). μεταχαλεῖν zurückrufen Thuk. VIII 11.—
14 ἐπὶ τίνι; zu welchem Zwecke? Vgl. 170 26. ἐπὶ τοῖς κρείττοσι vgl. p. 184 19. 192 18.
Dahinter ergänzt Bo treffend: <Ὁ δὲ Ἰωάννης ἀπεκρίνατο αὐτῷ · Εἰ> ἐπὶ τ. οὐδ.
53. 20 R δρέπανον Bo <τὸ> δρ. Vgl. Q und 175 17. — 21 ἀφείλατο wie 182 3.
Q ἀφείλετο. — 23 ὑμῶν τῶν δύο καὶ ἐμ. Q ἡμῶν τῶν δύο. Aber vgl. 176 10. Mörder
wurde er ſeines Vaters, wollte aber noch die Buhlerin, deren Mann und ſich ſelbſt
töten. — 24 ἔχεις da haſt du — vgl. p. 193 22. R τούτῳ, Q τούτων. ὅμοια adv. in
gleicher Weiſe p. 169 6. ὅμοια καὶ vgl. Mt. 22 26. 26 35. Lf. 17 28. — 54 p. 178 5
ἄκαιρα ἐποίησεν halte ich feſt gegen Bo ἀκραία ἐνεποίησεν. ἄκαιρος unzeitig, läſtig,
zudringlich, unmäßig. Vgl. 188 13. — 6 ἀφανίζειν vgl. Mt. 6 19 f. — 7 χαλεπαίνουσα
vgl. 161 18. — τῷ ἀνθρώπῳ halte ich feſt gegen τῶν ἀνθρώπων (?? Bo). — 9 εἰς τὸ φανερὸν προϊέναι vgl. Mc. 4 22. Lf. 8 17 (εἰς τὸ φ. ἐλθεῖν). — 12 R ἐγχειρίζοντα, Bo ἐγχρή-
ζοντα (der Bedarf) gute Konjektur. — 12 ἡσυχάζειν ein ſtilles Leben führen 1. Theſſ.
4 11. 13 προσκαρτερεῖ vgl. p. 175 5. — **55** p. 179 1 ὃν κηρύσσεις 161 13. 168 14. —
Hinter θεὸν ergänzt Bo <ὅτι>. — 2 κῆρυξ Prediger, vgl. 1. Tim. 2 7. 2. Tim. 1 11.
2. Petr. 2 5. —
56. p. 178 32 κονίζεσθαι (nicht κονιάζεσθαι 37 = κονιᾶσθαι mit Staub beſtreut
werden) ſich im Staube, Sande wälzen. — 35 σκανδαλισθείς vgl. 192 1. 182 14.
ἀσκανδάλιστος 165 2. 192 1. A. An. p. 41 26. — p. 179 20 ἐνταῦθά σε ἤγαγεν vgl.
p. 173 28 f. — **57** 26 f. ἐν σοί vgl. A. An. c. 10. — 176 14. 193 16. 213 8. — 27 f. πειράζειν τὸν ἀπείραστον 196 2. Jak. 1 13. — 29 κανών Regel, Geſetz. κανόνες Glaubens-
und Sittenregeln, Vorſchriften. Gal. 6 16. Phil. 3 16. — 30 R δοξάζων, Za δοξά-
ζοντα.
Die Anekdote vom Rebhuhn bei Caſſian collat. XXIV, 21 f. Bibl. Patr.

50 lachen und ſpotten will, vgl. c. 21 (gegen Ende). — 52 Ich
ſtehe auf, Herr; Antwortruf des Auferweckten wie c. 23.
53 Zur Gewalttat der Selbſtentmannung vgl. den bekannten Fall des Origenes u. a. (Redepenning, Origenes I 202 ff. 444 ff.). Das Weitere zeugt von überaus häßlicher Phantaſie. — 54 Satans Liſten; dieſe Zurückführung jener Tat
im Munde eines enkratitiſchen Schriftſtellers immerhin kräftig.
55 ein neidloſer Gott (vgl. A. An. ἀφθόνῳ κοινωνίᾳ), Gegenſatz iſt die
klaſſiſche Vorſtellung vom Neide der Götter. — Was die Smyrnäer hier an-
tragen, hatte Johannes ſchon vordem im Sinn (45, cf. 37). Eine Reiſe auch zu
den übrigen Städten ſehen jene mit vor, wie vordem Johannes (c. 45).
Leider iſt uns nichts mehr davon erhalten, bis auf den Bericht der Rückreiſe von
Laodicea nach Epheſus c. 58 ff., und zwar dieſer in zwei Kodices (M und R), während bis c. 55 R den größeren Zuſammenhang erhalten hat (ob dieſer cod. c. 58
direkt an 55 anſchließt, iſt aus Bo.s Ausgabe cf. p. XXIX nicht ganz deutlich);
cod. Q ſchließt an ſeinen Parallelbericht zu c. 38—54 (ſ. o. zu c. 38) die Reb-
huhngeſchichte c. 56 f. an, deren Parallele bei Joh. Caſſian coll. XXIV 21

Max. VII 246. Fabricius II 774 f. Thi p. 8 Li I 471: „Es wird erzählt: Der glück=
seligste (beatissimus = μακαριώτατος) Evangelist Johannes sah, als er ein Rebhuhn
mit den Händen sanft streichelte, plötzlich einen Mann in Jägerkleidung auf sich
zukommen. Dieser war erstaunt, daß ein Mann von solchem Ansehen und Rufe
sich zu so kleinlichem, niedrigem Zeitvertreibe herablasse und sprach: „Bist du nicht
jener Johannes, dessen ausgezeichneter und weit verbreiteter Ruf auch mich gelockt
hat, daß ich größte Sehnsucht empfand, dich kennen zu lernen? Warum also findest
du Gefallen an so unbedeutender Beschäftigung?" Ihm erwiderte der glückselige
Johannes: „Was ist das, was du in deiner Hand trägst?" Jener antwortete:
„Ein Bogen." „Und warum", sprach er, „trägst du ihn nicht überall und zu jeder
Zeit gespannt herum?" Ihm antwortete jener: „Das ist nicht zweckdienlich, damit
nicht durch die Krümmung des Bogenjochs die Stärke der Spannkraft nachlasse,
erschlaffe und zu Ende gehe, und wenn stärkere Pfeile auf irgend ein Wild gerichtet
werden sollen, durch die allzustarke, stetige Anspannung die Spannkraft verloren
gegangen ist und nun nicht mit größerer Kraft abgeschossen werden kann. Möge auch
bei dir, Jüngling, entgegnete der glückselige Johannes, diese so kleine und kurze
Ausspannung unserer Seele keinen Anstoß erregen. Denn wenn nicht durch ein ge=
wisses Nachlassen ihre Spannkraft bisweilen gemildert und erleichtert wird, so wird
sie, durch die ununterbrochene Spannung erschlafft, der Kraft des Geistes, wenn es
die Notwendigkeit erfordert, nicht zu Willen sein können." Das ist ein feiner, geist=
voller Vergleich; aber den ursprünglicheren Eindruck macht entschieden die Erzäh=
lung bei Q, bietet auch Berührungspunkte mit den Alten, besonders 179 26—28.

2.

58. p. 179 3 ff. Es ist Zeit, daß ich nach Ephesus gelange, daß ihr aber alle

---

(vgl. Thi p. 8—10) Za (Forschungen VI 190 A.) noch für ursprünglicher ansieht,
trotz der von Li (I 472) erhobenen durchaus gerechtfertigten Einwände, denen ich
noch die folgenden Berührungen beifüge: 56 S. 443] (3. 5 f. cf. das Talmudstück
oben S. 68, Nr. 19 —) 3. 7 vgl. c. 46. — Das umherlaufende Rebhuhn =
Seele, vgl. etwa c. 69. — 56 Christi Apostel, vgl. e. 26 — glückseliger,
f. o. c. 26. — 3. 16 f. vgl. c. 90 Ende. — unterrichtete (κατηχήσας, wie Q
c. 45 p. 173 29) wie das folgende δοὺς κανόνας (Vorschriften), kirchliche Ka=
nones, moralische oder gar liturgische wie sonst in späteren literarischen Fiktionen?
f. auch Acta Phil. 86, Aa II 2, p. 34 9) dagegen wohl Specialeigentum des Be=
arbeiters (Q). —

2.

cod. M beginnt diesen Abschnitt mit der Ueberschrift ἀπὸ λαοδικίας ἐν ἐφέσῳ
τὸ δεύτερον (das δεύτερον auf Ephesus zu beziehen, gegen Za A. J. p. LXXXIV f. Li
I 457), was er aus dem Vorhergehenden, das er noch las, erschlossen haben muß
(nach Za a. a. O. hätte er es aus der Vorlage abgeschrieben; dafür ließe sich das
zahlreichere Auftreten solcher Ueberschriften in den jüngst wiederentdeckten koptischen A.
P. anführen. Ist es übrigens zufällig, daß Mellitus, der die c. 62 ff. berichtete Drusiana=
geschichte wiedergibt, sich als episcopus Laudociae, Sch S. 60, bezeichnet und sein
Nachtreter Pf.=Melito seinen Brief an die fratres Laodiceae constituti Sch S. 61 ge=
richtet sein läßt?). Damit kennen wir den Endpunkt der Zwischenreise, auf der auch
jene Rebhuhngeschichte sich ereignet haben mag. Der Anfangspunkt ist (nach Ephe=
sus) Smyrna, beides geradeso Offb. 2 f. Daraus hat Za (Forsch. VI 197 ff.) mit
gutem Grunde erschlossen, daß die Offb. 2 f. dazwischen erwähnten Städte die Reise=
stationen abgegeben hätten, wobei für Sardes auf ein Zeugnis des Joh. von Thessa=
lonich, für Pergamum auf den Bericht von Pf.=Abbias [Apokr. S. 430] verwiesen
wird. Za.s Einordnung der Geschichte vom geretteten Jüngling (Clem. Alex.) in
diesem Zwischenabschnitt (Forsch. VI 16 ff. 198 A., gegen Za, A. J. p. CXL f.) ist
jedoch nicht zu halten (vgl. Sch S. 122), wie der nähere Vergleich der Diktion und

auf Gott euern Sinn richtet. Die dazwiſchen liegenden Worte συντίθεμαι bis αὐτούς gelten nach Bo.s Interpunktion als Parentheſe, und Li S. 455 überſetzt: denn ich muß Acht haben, daß nicht. . . . Aber dieſe Bedeutung hat συντίθεμαι nicht, es heißt erſtens (vgl. 42 23) ich verabrede mich; dann iſt aber der Finalſatz μήπως in Ab= hängigkeit von καιρὸς τὴν ’Ε. καταλαβεῖν zu bringen. Ich rechne alſo als Parentheſe nur die Worte συντίθεμαι — μένουσι, den bei R fehlenden Satz, faſſe σ. als praes. hist.: denn ich verabredete mich, es iſt meine Verabredung mit den . ., nämlich τ. ’Ε. κ. Die zweite Bedeutung iſt: ich ſtimme zu . . . Bei dieſer kann ſich die Parentheſe auch bis αὐτούς erſtrecken. — 8 καταλαβεῖν E. Li a. a. O.: ſich nach G. begeben. Die Bedeutung hat κ. nicht. In der ſpätern Gräcität bedeutet es ge= langen nach, erreichen z. B. ’Αθήνας — Τύρον. Βυζάντιον. — 9 ῥᾳθυμεῖν ſorglos, leichtſinnig ſein 181 13. 183 27. 185 4. — 9 f. πολλῷ χρόνῳ entweder durch die lange Zeit, dann gehört es zum vorigen, oder ſeit langer Zeit (Lk. 8 29), dann gehört es zum folgenden. Für die Ueberſetzung „daß ſie ja nicht durch die lange Zeit leicht= ſinnig werden, wenn ſie entbehren“, darf ich ſagen: „daß ſie ja nicht mit der Zeit (167 17) . . ., wenn ſie lange entbehren.“ — 10 ἄνθρωπον ſtreicht Uſener, es ſtört in der Tat. — τὸν ἐπιστηρίζοντα (173 12) αὐτοὺς ihren Seelſorger. Vgl. AG. 14 22 u. öfter. — 13 ἐπένθουν. Vgl. den Abſchied des Apoſtels Paulus von Epheſus AG. 20 18 ff. beſonders 32. 37 f. — 15 καθαρῶς 208 9. 212 6. 213 11. 214 14. Vgl. Mt. 5 8. — τὴν ἀπ’ αὐτοῦ κ. Die von ihm ausgehende Gemeinſchaft d. i. den Segen ſeiner Gemeinſchaft.

59. p. 180 1 συνταξάμενος, R ἀποταξάμενος was ich vorziehe. Vgl. 167 25. Me. 6 46. Lk. 9 61 u. öfter. In derſelben Bedeutung kommt auch συντάττεσθαι bei Spätern vor. Vgl. Li. — 5 οἱ περί τινα: 1) jemandes Umgebung Mc. 4 10. 2) je= mand und ſeine Umgebung AG. 13 13. 3) jemand ſelbſt Joh. 11 19, Martha und Maria. Hier wohl 2. — 8 ἡ σώφρων πόρνη die züchtige Dirne. The honest whore iſt der Titel eines Dramas von Decker (Zeitgenoſſe Shakeſpeares). Vgl. Jak. 2 25.

60. 17 κορίων wie 181 1, in κορέων zu ändern Bo. — διοχλεῖν (ὀχληρός) be= läſtigen A. An. p. 42 23. — 19 M κόραι, R κόριδες, Za Bo κόρεις vgl. 181 8. — 20 εὐγνω= μήσατε Li: ſeid wohlgeſinnt in demſelben Sinne wie A. An. 39 15 τὸ τῆς ψυχῆς. εὐγνωμον. Und doch lehrt 181 6, daß εὐγνωμεῖν an beiden Stellen klug ſein (im Sinne der klugen Jungfrauen) heißt. Denn wenn ſie ſich vor des Apoſtels Strafe in Acht nahmen, zeigten ſie ſich nicht wohlgeſinnt, ſondern klug. — 24 Li: hielten uns leiſe, um ihn nicht zu ſtören. Aber das Adj. verb. auf -τος hat die Bedeutung eines Part. perf. pass. oder die der paſſiven Möglichkeit. Vgl. ferner 17 ὑπὸ τῶν κ. διωχλεῖτο. Alſo: wir wurden nicht beläſtigt (d. i. von den Wanzen). αὐτῷ ent= weder dat. comm. ihm zu Gefallen oder beſſer dat. des Urhebers wie beim Paſſ.

der ganze Charakter der Erzählung ergibt. — 58 Der Satzbau am Anfang (Zeit= angabe . . . . μηδενὸς . . λυπηθέντος . . . ἐλυπήθησαν) erinnert an Joh. 13 1 (Zeit= angabe . . . . ἀγαπήσας; . . ἠγάπησεν). — Die Verabredung müßte, wenn ſie vorher überhaupt erwähnt war, gleich hinter c. 55 geſtanden haben. — Im übrigen vgl. c. 25, auch Prochorus c. 45 (Li I 393) (Rückreiſe nach Epheſus und Abſchied in Patmos).

59 Geld zur Verteilung; Genaueres A. Pe. 29 f. A. Tho. 19. 59. — Die zunächſt genannten Begleiter ſtammen aus Epheſus (hier auch ſchon Dru= ſiana, cf. 63 ff., genannt, ob auch ſchon in der Lücke c. 37?) und Milet (c. 18 f. 25). Von den übrigen wird in dem verlorenen Zwiſchenabſchnitt vor c. 58 die Rede geweſen ſein (ein Xenophon f. auch A. Tho. 65 f.; die züchtige Dirne nach Analogie der Rahab?), zuſammen eine anſehnliche Reiſegeſellſchaft, die in einer Herberge (c. 60) gewiß ſchwer Platz fanden.

60 Der leichtfertigen Art des Erzählers entſpricht auch der Scherz (vgl. c. 90) mit den Wanzen S. 444], dem er doch eine ernſte Moral zu entnehmen weiß. Das tertium comp. iſt das εὐγνωμονήσατε . . . . ἡσυχάσατε (60, vgl. ἡσυχάζων

für ὑπό mit Gen. Von ihm wurden wir zu Unbeläſtigten gemacht = durch ihn wurden wir Unbeläſtigte. — 61. p. 181 ι οἰκήματος οὖ Attraktion, wir erwarten ὅ. οἰκ. Zimmer AG. 12 ₇. — ₄ R αὐτὸν ἅ, Bo richtig αὐτῷ ἅ (M hat die Worte ἐνεφ. — αὐτὸς δὲ nicht). — διυπνίζεσθαι 162 ₂₀. A. An. p. 45 ₂₈. — ₅ ἀνακαθίσας p. 177 ₁₁. Hinter ἄν. ergänzt Bo ἐπὶ oder ἐπάνω (186 ₃). Erſteres iſt vorzuziehen. — ₆ φυλάττειν ſchon bei Eur. und Plato, namentlich bei Spätern oft = φυλάττεσθαι. ₈ δρομάτοι p. 172 ₁₉. 165 ₆. δρομαίως 178 ₁₈. A. An. p. 39 ₈. — ₁₂ μὴ παραβάν nämlich τὴν ἐντολὴν ἀνθρώπου. Vgl. Mt. 15 ₃. — ₁₄ μέχρι πότε; 55 ₁₃. μ. πόσου. Vgl. ἕως πότε Mt. 17 ₁₇. Mte. 9 ₁₉. Joh. 10 ₂₄.

62. Von nun an bildet des Abbias Bericht nicht ſelten eine gute Stüße. ₁₆ Li; welche ſeit einiger Zeit von der bevorſtehenden Ankunft des Johannes vernommen hatten. Aber das part. aor. kann nicht bedeuten „von der b e v o r ſ t e h e n d e n Ankunft" διά c. gen. wie Mc. 2 ₁. AG. 24 ₁₇. Gal. 2 ₁ nach Verlauf von, nach. ἱκανοῦ χρόνου wie 179 ₆ lange Zeit Lk. 8 ₂₇. 20 ₉ u. oft. — ₁₇ κατήγετο Imperf. der Gewohnheit. Vgl. 173 ₁₆; dagegen 180 ₁₁ von einmaliger Einkehr der Aoriſt. — ₁₈ f. Vgl. 161 ₃₀. A. An. 39 ₂₉. — ₁₉ φιλεῖν hier küſſen Mt. 26 ₄₈ f. Mc. 14 ₄₄ f. Lk. 22 ₄₇. — ὡς ὅτι als ob, vgl. 2. Kor. 11 ₂₁. 2. Theſſ. 2 ₂. ₁₉ f. Die Worte ὡς ὅτι . . . ἐνδυμάτων, die R gar nicht hat, ſind unverſtändlich: als würden ſie auch jenes Kleidung berührt haben. Mit Recht nahm Li eine Lücke an. Wie dieſe auszufüllen iſt, können wir u n g e f ä h r aus Abbias erkennen. (Bo vera ut vid.) Vgl. Mt. 9 ₂₀ f. 14 ₃₆ AG. 9 ₁₂.

---

c. 54), ἠρεμῆσαν καὶ μὴ παραβάν (61). — 61 m i t   m i r   V e r u s uſw., ſ. o. zu c. 30. — Eine andere Schlaffcene c. 92. — w i e   l a n g e (μέχρι πότε), vgl. ἕως πότε Pſ. 4 ₃. 6 ₄ u. ö. —.

62 H a u ſ e   b e s   A n d r o n i k u s, vgl. 46. 86. — Pſ.-A b b i a s, der hier einſeßt, hat die beginnende Erzählung folgendermaßen ſeiner Kompilation über Joh. (V) eingefügt: Nach einigen bibliſchen Reminiscenzen wird berichtet, daß Johannes nach dem Tode des Timotheus die Leitung der Kirche in Epheſus übernommen habe (vgl. Acta s. Timothei ed. Uſener, Bonn 1877), wo ſich die Geſchichte mit dem Oelfaß ereignete (vgl. Apokr. S. 429), auf die die Verbannung des Apoſtels nach Patmos erfolgte. Nach dem Tode Domitians sanctus Joannes Ephesum rediit, ubi et hospitiolum et multos amicos habebat . . . . ., ita ut tactu vestimenti eius languescentes sanarentur etc. Die Geſchichte vom geretteten Jüngling (aus Clem. Alex.) wird hier angeſchloſſen und dann wieder Rückkehr nach Epheſus berichtet, d. h. in die Situation von c. 62 verſeßt: Apud Ephesum vero in tanta gratia hominum exinde apostolus semper extitit, ut alius manus eius gauderet contingere, alius applicare eas oculis suis et pectori admovere, si ita usus exposcere. Plerique etiam tactu vestis exhilarati, quia tetigerant amictum eius, sanabantur. Folgt die Druſianageſchichte, welche Mellitus (ſ. Fabricius III ² 604—623) unmittelbar an das Patmoseril anſchließt, im Wortlaut weitgehend mit Pſ.-Abbias (Fabr. II ² 557 ff.) übereinſtimmend (vgl. 3 a, A. J. p. LXXXVIII ff.). Dabei ſind dieſe lateiniſchen Bearbeiter gelegentlich (z. B. c. 67 Ende) etwas ausführlicher und führen hier und da bibliſche Wendungen (z. B. zu c. 84 p. 192 ₁₉ f. Mt. 7 ₁₇) ein. — b e r ü h r t e n   ſ e i n e   F ü ß e, wie Kleopatra c. 25. — l e g t e n   ſ e i n e   H ä n d e i n   i h r   A n t l i ß, wie Maximilla A. An. 5 p. 39 ₂₉.

Gegen Overbecks Beſtreitung der Zugehörigkeit der nun folgenden D r u ſ i a n a g e ſ c h i c h t e zu den A. J. (ThLZ 1881 Nr. 2) ſ. Li ₁ 463 ff. II 2, 427 ff. Ihre künſtleriſche Verwendung ſ. Apokr. S. 357. Die Gandersheimer Nonne H r o t ſ u i t h (10. Jahrh.) hat die Geſchichte zu ihrem Drama Calimachus verwandt, dem lebensvollſten, das wir von ihr haben (opp. ed. Barack 1858, S. XXXV; vgl. noch Hauck, K.G. Deutſchlands III, 307 ff., der den Urſprung nicht anmerkt), unter geſchickter, ziemlich freier Verwendung ihrer Vorlage (wohl Pſ.-Abbias). Sie hat auch ſonſt apokryphe Stoffe (z. B. in Maria Historia nativitatis etc., hier aber nicht, wie Barack S. XX A. 1 meint, das Protevang. Jakobi) verwendet, worüber ſie in der Vorrede (S. 2) ſagt: „Si autem obicitur, quod quaedam hujus operis

63. ₂₆ θεοσέβεια hier anders als 171 ₁ wie 1. Tim. 2 ₁₀. — Vor οὐ μόνος hat R ἤ, das in folchen Fragen fehr gebräuchlich ift. Vgl. Röm. 6 ₃. 7. 2 ₄. (ἤ ἀγνοεῖτε). — πρίν vgl. 167 ₂₉ ff. — p. 182 ₃ τὸ μύσος vgl. 189 ₆. A. An. p. 39 ₃₃. — ₆ Μ αὐτῇ, R αὐτῆς, was Z a fchon mit Recht vermutet hatte. — ₇ μὴ ἐχούσης ἀνάπαυσιν vgl. Offb. 4 ₈.

64. ₁₀ ἀναίδειαν, Z a ἀναιδείᾳ mit Recht zu χρησάμενος. ἀναιδής als Attribut des διάβολος oder feiner Kreaturen p. 176 ₁. A. An. p. 31 ₂₄. — ₁₁ f. Μ καὶ γνοὺς τὰς παρ' ἐκείνης ἀτιμίας καὶ ὕβρεις ἐν ἀθυμίᾳ διῆγεν αὐτοῦ τὸν βίον. Abbias: sepqne potiendi deiectus. Trotzdem (R gibt ganz verkehrte Lesart) folge ich Ufener, der γνοῦσα τὰς παρ' ἐκείνου fchreibt, αὐτοῦ tilgt. Des Satzes Subjekt kann nur Druſiana fein. Vgl. ₁₃. ἀπὸ τῆς ἀθυμίας. — ₁₄ εἰσεληλύθειν von Smyrna und Laodicea nach Hanfe. — σκάνδαλον vgl. 1. Kor. 1 ₂₃. Anm. zu p. 178 ₃₅. — ₁₅ f. Μ ὑπὸ λόγων πεπληγώς von den Worten getroffen. ὑπὸ λ. ift nicht ganz ungewöhnlich, vgl. p. 168 ₁. R πεπληρωμένος. So hat auch Abbias überſetzt repletus verbo dei. Bo empfiehlt θεοῦ λόγῳ, ich nehme die Lesart R dazu. Vgl. 2. Kor. 7 ₄. — ₁₆ Bo recht ἐληλύθει. — ₁₇ ἰδιωτίζειν in die gemeine Volfssprache umwandeln. Euſtath. 145 ₁₀. Das paßt hier nicht. Bei Plato ἰδιώτης im Gegenſatz zum Kenner (δημιοργός), einer, der aus Unkenntnis eine Kunſt nicht übt, alfo unerfahren (unfer „Laie"). Hier alfo einer nicht kennenden (näml. Gottes Wort), alfo unerfahrenen Seele. — ₁₈ τοῦ δεσμοῦ τούτου vgl. A. An. p. 41 ₂₂ f. — ἐπὶ δὲ σὲ μετέστησεν Kol. 1 ₁₃. ₁₉ τάχιον (für θᾶσσον immer im N. T.) oft ohne ἤ. p. 193 ₁₈. Joh. 13 ₂₇. Hebr. 13 ₁₉. 1. Tim. 3 ₁₄. Das Verglichene ift in Gedanken zu ergänzen, hier fchneller als nach menfchlicher Berechnung zu erwarten wäre. So fällt zuweilen die Bedeutung des Komparativs geradezu mit der des Superlativs zuſammen. „fehr fchnell" Luther „bald". Vgl. Blaß, Gramm. S. 34, 138. — μηδενὸς ὅλως ἐγνωκότος ähnlich p. 210 ₈ f. — **65.** ₂₄ ἐπιστομίζειν Bild vom Pferde mit dem Gebiß bändigen, Maul ſtopfen, zum Schweigen bringen. Tit. 1 ₁₁. — ἐπὶ βελτίονι ἐλπίδι . . . vgl. 177 ₁₅. ἐπ' ἐλπίδι 1. Kor. 9 ₁₀ u. öfter. — μετέρχεσθαι den Ort (τὸν βίον) verändern und zu einem andern (ἐπ' ἐ.) übergehen. Polyb. XXVII 14, 5. — p. 183 ₂ πέπεισμαι Röm. 8 ₃₈. 14 ₁₄. Ich bin gewiß (Luther). — ₄ κρατύνω 202 ₇. Li: Es dient mir zur Stärkung. καθαρῶς Sie hatte fich fogar ihrem Manne entzogen 181 ₂₅ („Schweſter" 187 ₄). Vgl. auch 212 ₆. — τοῦ βίου ἀνέλυσεν A. An. p. 29 ₂₈. 41 ₂₉. Vgl. Phil. 1 ₂₃.

66. ₅ ἐκκομίζειν = efferre (aus der Stadt) Lf. 7 ₁₂ (ἐκφέρειν AG. 5 ₆. ₉ f.). — ἐπιλαβόμενος Ufener vermutet wie 190 ₁ προσλαβόμενος (τὸν Ἀνδρόνικον f₀ leſen wir bei M). Er nahm ihn bei Seite, um unter 4 Augen nach der Urfache zu forfchen. — ₆ Der Bericht macht einen lückenhaften und unklaren Eindruck an dieſer Stelle, etwas ausführlicher ift Abbias. Doch gewinnen wir keine völlige Klarheit. Unter τὴν αἰτίαν kann nicht die Todesurfache verſtanden fein, da es 182 ₁₉ heißt μηδενὸς ἐγνωκότος . . Anderſeits er-

juxta quorundam aestimationem sumpta sint ex apocryphis, non est crimen praesumptionis iniquae, sed error ignorantiae, quia, quando hujns stamen seriei cooperam ordiri, ignoravi, dubia esse, in quibus disposui laborare. At ubi recognovi, pessumdare detrectavi, quia, quod videtur falsitas, forsan probabitur esse veritas".

63 ₅ Z. 30 vgl. A. P. 25 (oben S. 387). — **Satansbote** (ἐπίπεμπτος τοῦ Σατανᾶ), dem Dualismus des Erzählers entſprechend; A. Pe. 32 Ende: ὁ τοῦ διαβόλου ἄγγελος . . Σίμων. — aus **Gottesverehrung** (διὰ θεοσέβειαν, zweimal, f. auch c. 64), vgl. A. Pe. 34 (p. 86 ₁₁. Apokr. S. 420 ₃): διὰ τὸ σεμνῶς καὶ ἁγνῶς θέλειν αὐτοὺς θεοσεβεῖν. Andronikus nennt feine Gattin c. 74 „Schweſter". Eine folche Trennung von Mann und Frau nach bereits erfolgter Ehe wurde in der mönchiſchen Epoche um 400 n. Chr. wieder Mode. Im 2. Jahrh. fchrieb Ariſtides von Athen eine Apologie περὶ θεοσεβείας, worin er die rechte Gott, eslehre fchildert, und dann am Schluß das dieſer entſprechende (chriſtliche) Leben auseinanderſetzt. — **64** S. 445] Gefängniffe: dem Leide. — **65** Z. 17 f. Die Aeußerung ift bezeichnend für die enkratitiſche Haltung der ganzen Erzählung.

gibt sich aus 187 s. 9 f., daß Andronikus um die Anschläge des Kallimachus gewußt haben muß, also ihm eigentlich auch der Grund ihrer Erkrankung nicht unbekannt fein kounte. Dieser Widerspruch läßt sich durch unsern Text nicht lösen. Wohl aber mag sichs bei τὴν αἰτίαν hier handeln um den Grund seines Schmerzes. Als solchen erfuhr Johannes, daß des Andronikus „Schwester" an einem verdorgenen Kummer gestorben fei, dessen Ursache dieser von ihr nicht erfahren habe. Und doch wußte er nachher von den häufigen Anträgen des Kallimachus! — 7 Der Apostel faßt den verdorgenen Kummer, an dem Drusiana starb, als Drohung des ἀλλότριος, des bösen Feindes. Dieser findet sich auch A. An. p. 42 23. 45 2. 17. 22. — ἡσύχαζεν ebenso 167 15. — 9 ὑπὲρ statt des häufigeren περί. — πρός τι in Bezug auf, oft N. T. Mt. 19 8. usw.

67. Die nun folgende Predigt bietet manche Anklänge an jene längere Ansprache des Apostels c. 33—36. Der Satz c. 35 p. 168 33 f. τὸ τέλος τῆς ἐπαγγελίας ἐπὶ τοῦ μνήματος θεάσῃ ist das Thema dieser Grabrede. Auch die Hindernisse für den Glauben werden dort wie hier besprochen. — 12 ἀχείμαστος übertragen A. An. p. 41 26. — 15 ἔχεται Usener, Za gut ἐχέτω wie vorher φασκέτω, nachher ἀγαλλέσθω usw. Dieselbe Korrektur 161 9. — 17 δρόμον ὑπισχνούμενος = δραμεῖσθαι z. — 18 τὸ βραβεῖον der Kampfpreis. 1. Kor. 9 24 finden wir denselben Vergleich mit dem Wettrennen. ἀπογράφεσθαι sich in eine Liste einschreiben z. B. vom Soldaten πρὸς τὸν πόλεμον Diodor Sic. XVII 62. Daher ist mit Bo πρός vor πυκτικήν zuzufügen.(oder ἐπὶ Bo). — 19 Gleich 16, 17, 20, 21 möchte Bo für ὅταν auch hier ὁπόταν setzen. — τοὺς στεφάνους vgl. 2. Tim. 2 5. Bei den Hellenen bestand der Kampfpreis aus einem Kranze. Vgl. Anm. zu 165 25. Baumcister, Denkmäler II 795. Jüthner, Siegerkranz und Siegerbinde, Oestr. Arch. Inst. I (1898) S. 42. — 19 ff. Der letzte Satz ist wie er hier steht, unverständlich. Entweder ist eine Lücke anzunehmen und mit einigen Aenderungen der Satz etwa fo herzustellen: καὶ τ. ξ. ά. ά. καὶ τέχνας οἱ ἐπαγγελλόμενοι τότε ἀγαλλέσθων, ὁπόταν ἑ. τ. τ. μὴ ἐρήμους ἴωσιν, ἀλλὰ δεικνύωνται ἐκεῖνοι ὥσπερ ἐπηγγέλλοντο. Und fo ist es mit allen Wettkämpfen und Künsten der Reihe nach, wer feine Beteiligung zusagt (sich zu Leistungen in ihnen anheischig macht), jene sollen sich dann erst freuen, wenn fie am Ziele sich ihnen (den Wettkämpfen und Künsten) nicht entziehen, sondern sich zeigen, wie fie versprachen. Oder einfacher ist nur zu ändern ἐκείνων ὥσπερ. Dann ist ἐπηγγέλλοντο Passiv. — 68. 24 ὁμαλίζειν gleich machen, eben machen. Vgl. 166 27. — 25 τῷ ἀνθρ. λογ. vgl. 170 17. — 27 ἀλαζονεία vgl. 169 20. — ἐπιθυμία, πλοῦτος. Mit Recht korrigirt Za nach Lazius ἐπιθυμία πλούτου. p. 184 1 M πλοῦτος, fehlt bei R Abd. Vgl. 183 27. Usener πάθος. — δόλος, A servi, Usener δοῦλοι. — 5 εὐδίας vgl. Mt. 16 2. — 6 τὸ παρὰ μικρὸν Beinahe am Ziele — da fallen fie noch, werden überholt, unterliegen. Bo bezweifelt die Richtigkeit der Worte, denn τὸ παρὰ μικρὸν ist eigentlich kein ἐμπόδιον, bezeichnet nur die noch kurz vor dem τέλος erfolgte Niederlage. Man möchte an ὁ ταράξιππος denken, das ist jener Altar auf der Rennbahn zu Olympia, um den die ἀγωνισταί umlenken mußten und der gar manchem zum Verhängniß wurde. Pauf. 6, 20. 10, 37 4. Vgl. Guhl und Koner, Leben der Griechen und Römer S. 148. 295 f. — 7 τέχνην μετιέναι einer Kunst nachgehen, fie betreiben. Plat. Phaedr. 263 b. — 69 9 καταμανθάνειν genau kennen lernen, forgfältig betrachten. Mt. 6 28. — 10 ἆρα διεργής? Abb. utrumnam vigilantem. Bo διεργής??. Usener ἆρ' ἐνεργής. — νηφαλέα 1. Tim. 2 2. 11. Tit. 2 2. — 11 τὰ ὧδε die hiefigen Dinge Kol. 4 9. — 11 f. καταδ. ἐπιθυμίαις vgl. 168 13. — 12 ἔστι es ist möglich (168 18) auch mit dem Accuss. c. Inf. — χωρέω (διά τινος) gehe hindurch — habe Fortgang — impers. es gelingt mir etwas. Vgl. Joh. 8 33 (ἐν ὑμῖν). — 16 πίστεως καὶ θεοῦ δεξιάν plenam fidei animam et templo dei dignam. Daher πίστεως πλήρη καὶ θ. ἀξίαν

(ἀξίαν Ʒa). — τὸ τῆς ἐπαγγελίας, Bo vermutet aus 14 τὸ κατόρθωμα τῇ ἐπαγγελίᾳ (abhängig von ἴσον). — 17 ἀρξαμένην abſolut geſetzt; Infinitiv zu ergänzen πιστεύειν. Vgl. Lf. 3 23. AG. 11 4. — 17 ὑπολυθεῖσαν εἰς τὰ τοῦ βίου πάντα, Uſener ὑπολισθοῦσαν εἰς τὰς τοῦ βίου ἀπάτας (vel πάγας). — 18 ἐκπίπτειν hinfällig werden Röm. 9 6. — ναρκῶσαν, Uſener μαργῶσαν [βιαζομένην]. Die überlieferte Lesart paßt gut. Die ge= lähmte, erſtarrte Seele nahm nur aus Zwang einen höheren Flug; als ſie ſich oben überlaſſen blieb, ſank ſie wieder hinab. — 19 πρὸς τοῖς κρείττοσιν vgl. 177 15. 192 18. A. An. p. 38 11. — 19 f. πρόσκαιρος zeitlich, vergänglich. 213 3. A. An. p. 44 7. Oft N. T. Mt. 13 21. — 21 Bo fügt nach A hinter τ. καταλλασσομένην ⟨τὰ μένοντα πρὸς⟩ hinzu. Vgl. auch 213 4. A. An. p. 38 18. — 21 f. οὐδὲ τὴν τιμήσασαν τὰ ἄτιμια ἔργα ὕβρεως ἄξια. Abb. neque honoraverit quae honorificanda non sunt neque amaverit plena opera contumeliis. Danach müßte man die Stelle etwa fo ergänzen: οὐδὲ τὴν τ. τὰ ἀτι= μίας ἄξια ⟨οὐδὲ τὴν φιλήσασαν⟩ ἔργα ὕβρεως. — p. 185 1 τὸν ὄφιν bezeichnend für die A. J. und An. der ὄφις als Urheber alles Böſen p. 197 12. 41 32. 42 27. — μὴ tilgt Bo mit Recht 1. Petr. 4 14. 16. — 3 ἑαυτῇ οὐ δεικνύουσα, Bo ἑαυτὴν οὐκ ἐπιδεικ= νύουσα. — ῥυπαρᾶς vgl. p. 169 8. 213 5. A. An. p. 40 1. Jak. 2 2. Offb. 22 11. 4 ἐκλυθῆναι, A exuratur, Bo ἐκκαυθῆναι. — 5 μηδὲ δελεασθῆναι, Bo μὴ δελεασθῆναι. — Norden, Griech. Kunſtproſa II 851 Anm. weiſt auf das ὁμοιοτέλευτον dieſes Satzes hin: ὑπὸ .. μὴ ἐκκαυθῆναι, ὑπὸ . μὴ ἡττηθῆναι uſw.

70. 7 Als zu ἕνεκεν ausgefallener Genetiv ergibt ſich aus 183 19. τῶν κρειττόνων (τῶν αἰωνίων) Bo. — 10 τοῦ πολυμόρφου Σατανᾶ, eben noch als ὄφις bezeichnet. — 13 ἐπιτυγχάνων muß heißen ἐπιτυχὼν temp. der Vergangenheit. Vgl. 187 5 Bo. — 14 f. ἀπεκρίνατο nahm das Wort, hub an zu ſprechen. Vgl. Lf. 14 8. AG. 3 12. 5 8. Vgl. A. An. p. 27 14. — 15 ἠκολούθεις, A noluisti, Bo ἠβουλήθης vgl. 187 16. — κοινωνεῖν τινι von der geſchlechtlichen Vereinigung. Lufian dial. Deorum 1, 2. 10, 2. — 15 f. μετὰ θά= νατον vielleicht verſehentlich aus 14 hier eingefügt. — 16 ἐνθυμεῖσθαι eigentl. erwägen, erſinnen (mit dieſem Gedanken, Vorſatze) heißt hier in aufgeregter Gemütsſtimmung ſein. Hippokr. — 18 ἀσέβεια nicht allein die gottloſe Geſinnung, ſondern auch deren Betätigung Röm. 11 26. — εἰσπηδάω vom haſtigen Eintreten, Eindringen 173 19. — 71. 23 ὃ ſύνηθεν nämlich (ἥν). — 23 f. ὡς λοιπὸν περιέμενε περὶ τὴν, R γύμνωσιν αὐτῆς τὸ διακρούσιον μόνον, A cum solum genitalis partis superesset velamen. καρκάλιον (Bo καρακάλλιον?) eine Hülle oder ein Tuch. διακρούσιον vgl. 187 3 ἐν μόνῳ τῷ

Die Seele und ihre Irrwege geſchildert. Manches erinnert an A. An. 1, fo auch die gelähmte (ναρκῶσαν) cf. A. An. 5 p. 40 9 und die Pfänder (ἐνέχυρα) vom Satan cf. A. An. 15 (von ihrer Irrfahrt) und A. J. 107 Apokr. S. 456 44 (unſeres Gottes). — in ihrem Hauſe die Schlange (cf. 94) aufnahm; ob hier an ein Märchen gedacht iſt, wie das von dem Bauer, der die Schlange vom Felde mitleidig aufnimmt, während ſie ihn dafür tötlich verwundet? A. Tho. 52 wird der fleiſchliche Verkehr als Schlangenwerk bezeichnet, c. 167 die Schlange und Drachenbrut als feindliche Macht der Unterwelt (vgl. A. J. 114) hingeſtellt. Von eigentlichem Schlangenkultus (vgl. Dieterich, Abraxas S. 113 f. cf. 150 A. 2) reden die viel jüngeren Acta Phil. — geſchmäht ward (ὀνειδιζομένην, vgl. Mt. 5 11: Lf. 6 22. 1. Petr. 4 14) und dann ſich ſchämte; an Abfall in der Verfolgung gedacht. — Ʒ. 18 f. vgl. Mt. 21 30. — ſich fangen zu laſſen (δελεασθῆναι) cf. Jak. 1 16.

70 des vielgeſtaltigen Satans, vgl. A. Tho. 44 (mit erflärendem Ʒuſatz), ſachlich auch 2. Kor. 11 14; daſſelbe von Jeſus A. J. 82 (dazu die Erſchei= nungen c. 87 ff., vgl. def. 91: πολυπρόσωπον ἑνότητα). A. Tho. 48 (p. 164 15). 153 (Anfg.). — die Gruft (τάφον, cf. 73 zweimal. 74. 76. 79. 80) .... das Grab (μνῆμα, cf. 72. 73. 83. 85. 86. 87, μνημεῖον 76. 111 vgl. A. P. et Th. 23—25), ver= ſchließbar (Schlüſſel c. 72), mit Tür (Türen c. 72. 73) verſehen. Dieſes der Grab= raum, ſei es Felſenkammer oder freiſtehender Bau, jenes das darin befindliche Einzelgrab, ſei es Arcoſolium oder Sarkophag. Ueder (chriſtliche) Grabſtätten in Kleinaſien f. N. Müllers Artikel ‚Koimeterien' in RE X 844 ff. 847 30 ff.

33*

δικρουσίῳ (R wieder διακρουσίῳ), 190 27 (R), 210 11 ἐν μόνῳ τῷ δικροσσίῳ (R διακρου-σίῳ). δικροσσον ist ein περιβόλαιον (Umwurf, Umhang) mit doppeltem Saume. Je-denfalls haben wir es hier mit dem untersten, die Scham verhüllenden Kleidungs-stücke zu tun. Li: Hemb. — 24 f. ξένον θέαμα vgl. A. An. p. 44 30, auch p. 163 34. — 4 μονόπληγα τίθησιν vgl. 171 11. 188 11. A. Tho. c. 80. πλήσσειν wie τύπτειν (186 1) vom Schlangenbiß gesagt, z. B. Soph. Phil. 267. **72.** p. 186 6 κλάσωμεν, M κλάσωσιν. — 9 Usener fügt hinter Δρουσιάνη μὴ ein: Liegt sie denn nicht im Grabe? Vgl. zur Frage μὴ οὐ Röm. 10 18. 1. Kor. 9 4 ff. Die überlieferte Lesart gibt einen Sinn: Mit Recht sind sie verloren gegangen, denn D. liegt nicht im Grabe, b. i. im Grabgebäude. In dem liegen ja die beiden Männer, sie liegt im τάφος, das freilich auch im Innern des μνῆμα sich befindet. Die Schließung der Grabtür hatte der Drusiana keinen Schutz gewährt, den brachte der Herr, und der brauchte keine Schlüssel. Diese Vorgänge kannte nun allerdings der Apostel nicht; aber der Verfasser wollte ihm ein dunkles, prophetisches Wort in den Mund legen, dessen Bedeutung bald klar werden sollte. — 10 ῥᾳθυμεῖν hier = nachlässig sein. — 11 ἄλλα πολλὰ παρέσχεν ἡμῖν, Bo II 2, p. XXXVI vgl. 203 12. **73.** 14 νεανίσκον vgl. 193 25. — 15 ὁ καλὸς hier im ethischen Sinne (schön in εὔμορ-φος 14) der Edle (Gute, A bonus), ebenso 19; 187 11; A. An. p. 38 12. — 16 ἀκούει, audivimus Lazius, audivit Abb. Es bleibt bei ἀκούει. Das hindert ja nicht, daß auch andere die Stimme gehört haben, wie Andronikus p. 187 13. — 17 ἤμην εὑρών, Bo ὑβρισμένην (187 11 f.) εὗρον. Ein besserer Verbesserungsversuch ist noch nicht ge-macht. — 18 τὸ. ἀπονεύσαντος, Bo τοῦ ἀποπνεύσαντος, A propter illum, qui ... exani-matus .. — 20 βλεπόντων π. ἡ. im Gegensatz zu 202 4, wo niemand außer Johannes der Himmelfahrt zusieht. — 22 M τοῦτο γὰρ ἐκαλεῖτο (fehlt bei R), Bo del. ?? οὕτω γὰρ ἐκ. — 25 τί βούλεται, fo fragt Johannes auch 165 27. 188 6. — 27 μηδέ-ποτέ μου ἀμελήσαντος M (fehlt bei R). A qui nunquam me dedignari solet. Za Bo ἀμελήσας. — **74.** p. 187 Wie schnell legt sich jetzt Andronikus den Sach-verhalt zurecht! Vgl. Anm. zu c. 66. — 2 ἐν μόνῳ τ. δ. Li: im bloßen Hemde 190 27. 210 11. Vgl. Anm. zu 185 24. — 4 τῆς ἀδελφῆς vgl. 181 25. 182 6 f. 183 4. (καθαρῶς). — 5 καὶ μὴ ἐπιτυχών ... 185 13. — 6 vgl. 185 11. — 7 ἴσως erscheint Usener verdächtig. Li: offenbar. Das ist zu viel gesagt; vielleicht, wohl. Aber den Ge-danken, die Absicht hatte er sicher. Darum setze ich das Komma nach ἴσως. Er hat wohl den Verwalter bestochen i. d. A. ... — 8 M ἐκπληροῦν, R Z α ἐκπληροῦν. — δραματουργίας, Verfertigung eines Schauspiels. — 9 ὁμολογεῖν (τοῦτο) ὅτι bekennen, eingestehen. Vgl. Joh. 1 20. AG. 24 14. — 9 f. κἂν μὴ ... 185 15 f. — 10 συνθέσθαι μοι 182 4 (179 9). — 11 τάχα vielleicht, wohl. Röm. 5 7. Phil. 15. — τὸ λείφανον Ueber-bleibsel, oft von Toten z. B. Soph. El. 1113. — 13 f. καὶ μήτοιγε ... προεδήλου ; μὴ nur in Fragen, wo die Antwort „nein" erwartet wird. Hier aber erwarten wir bejahende Antwort. So wird M ohne μὴ das Richtige geben. — 14 f. vgl. 182 20 f. —

---

72 bei Tagesanbruch ... am dritten Tage; man erinnert sich der Weiber Mc. 16 u. Par. Ueber den 3. Tag vgl. sonst N. Müller a. a. O. 831 20 ff., und über das **Brotbrechen** oder die Eucharistie (c. 85) am (im?) Grabe (nicht mit Totenmahlzeiten zu verwechseln) ebenda S. 831 f. 834 f. und Drews in RE V 571 f. Eine Rechtfertigung der Eucharistiefeier in den Koemeterien liefert die syrische Didaskalie c. 26 (edd. Achelis u. Flemming S. 143, lat. ed. Hauler p. 85; doch braucht die Feier keineswegs bloß am Sonntag gedacht zu sein). — **73** S. 447] **Jüngling**, nach c. 87 wohl Christus selbst (vgl. Apokr. S. 355), oder ein Engel (c. 76)? Schönheit von Engeln im Jenseits vgl. Offb. des Petrus 6 ff. (Apokr. S. 215). — Z. 8 f. Die Mitbevorzugung des Verbrechers Kallimachus schon in dieser „Stimme" ist so unbegreiflich wie die dementsprechende Behandlung. K. wird (c. 74) nur als Verführter angesehen, wiewohl er tatsächlich der Verführer ist. (Doch vgl. c. 76.) Wurde die Geldgier des Verwalters à tout prix als das schlimmere Laster angesehen? — **stieg ... zum Himmel auf** (εἰς οὐρανοὺς ἀνῄει), vgl. 102 ἀνελήφθη. — Joh. **ratlos** fragend, vgl. oben zu c. 48. — **74 Schwester**, s. zu

16 M οὗτος ὑπάρχει ἀνθρώπων, R οὐ. ὁ. σωτήρ. Letzteres paßt nicht wegen des folgenden αὐτόν. οὗτος kann gar nicht Jeſus ſein, entſpricht dem folgenden ἐκεῖνος (ὁ ἕτερος): οὗτος Kallimachus, ἐκεῖνος Fortunatus. ὑπάρχειν τινός gehören zu. — 18 ἀνάξιος nicht ſelten paſſiviſch = unverdient. Soph. Phil. 997. Plat. apol. 38 e.

75. 21 ἀφορᾶν hinbliđen auf εἰς (Hebr. 12 2) πρός; mit dem Dativ ſonſt nicht gebräuchlich. — 24 ἀξίως Luther „wie ſich's gebührt" Eph. 4 1, würdiglich. — M κακωτικήν (ſchädlich), fehlt bei R. Jch ändere κατωτικήν vgl. 200 15. 201 1. Die ἐνέργεια vom Satan 200 14. 2. Theſſ. 2 9. 11. — 25 τελειοῦται 188 1. 205 10. (Gewiſſe Anklänge an dies Gebet bietet der Choral „Gott des Himmels und der Erden".) — ὑπακούων oft verwechſelt mit ἐπακούων vgl. Bo Anm. Hier paßt letzteres beſſer: erhörend 2. Kor. 6 2. — p. 188 2 οἰκονομία 202 8 (190 20) 212 9 (213 14) A. An. p. 45 25. Vgl. Eph. 1 10. 3 2. 1. Tim. 1 4 [vgl. Za, NtZ 1899, S. 204 A. 1]. — 76. 9 τέλους, R Za τέλος 182 8. ἐνυβρίσαι τινί bei ſpäteren Schriftſtellern, daher λειψάνῳ; anders (τινά) die Konſtruktion 187 10. — 12 f. 185 26. — 13 ἀκαίρου vgl. 178 5. — 14 ἐμὲ δὲ τῷ φόβῳ ἔστησε, ich ändere in ἔπλησε. Konſtr. meiſt mit Gen., oft auch mit Dativ. — 15 περὶ τοῦ, Bo πρὸ τοῦ. — 15 f. 195 2. — 16 ἀνελὼν 185 26. — 17 παρὰ μικρόν 184 6. — 17 παρεῖχεν ἔννοια, Bo παρεῖχεν vel παρεκινεῖτο ἀνοίᾳ, A animi quadam dementia correptus. Jch leſe παρεκίνει ἀνοίᾳ, häufig iſt παρακινεῖν intranſitiv außer bei geraten z. B. Plat. rep. VII 540 A. — 18 διώχλει tranſitiv 180 17, auch τινί; vielleicht 17 μοι ſtatt μου. — 20 ἀποτρόπαιος wovon man ſich abwendet, abſcheulich. — 22 f. Vgl. Mt. 24 27. — p. 189 1 f. M σοῦ δὲ ὀφθέντος . . . . . θεοῦ. Das iſt verſtändlich, ſtimmt mit A über= ein. — 3 τοῦτο πέπεισμαι vgl. 183 2. — 5 f. παραστῆσαι τῷ θεῷ Gott näher bringen, zu= führen. Vgl. 1. Kor. 8 8. — 6 μυσαρᾷ A. An. p. 39 33. μύσυς 182 3. — 7 ἅπτομαι . . . 161 30. — 12 Wie dem ἄπιστος der πιστός, dem ἄθεος der θεοσεβής, ſo muß dem ἄτακ= τος der <εὔτακτος> entſprechen Bo. Hinter μέλλων fehlt εἶναι. 12 ἀληθείας . ὃν Bo ἀληθείας., ἥν . .

77. 15 θεωρίαν Schauſpiel Lk. 23 48. — 16 *Ω τί Plat. Prot. 309 d. u. oft. — 17 εὐσπλαγχνίᾳ 202 22. Adjekt. 168 14 (Eph. 4 32. 1. Petr. 3 8) Verbum 189 22. 161 19. 191 16. τὰ σπλάγχα 164 14. 177 9 ſtets von der göttlichen Barmherzigkeit. — 17 μακρο= θυμίᾳ 25. Vgl. 1. Kor. 13 4. — 19 δόξα ἡμῶν Gen. obi. 1. Kor. 2 7. — 20 καθαιμάσσειν eig. mit Blut beſudeln, im übertragenen Sinne z. B. Eur. Andr. 588. Plat. Phaedr. 251 E. — 21 λυτρωτής Erlöſer AG. 7 35. — 21 f. Hinter σώματα fehlt jedenfalls das Ob= jekt zu σωφρονίζων, Bo τὴν ψυχήν. Er will zu τοῦ τ. φθ. σ. μιαίνοντος hinzufügen, man könnte aus dem vorigen καθαιμάξαντος ergänzen. — 22 σωφρονύειν 176 6. Tit. 2 4. — 24 εὐχαριστεῖν τι 2. Kor. 1 11. — 25 ὅτι σὺ μόνος θεός 172 1. 193 10. — 26 R ὁ, Bo οὐ. — ἀνεπιβούλευτον (Polyb. 7, 8) 204 8. A. An. p. 44 19. — 78. p. 190 2 ἀσπάζεσθαι neben „begrüßen" auch „küſſen". 2. Kor. 13 12. 1. Petr. 5 14. — 4 μεθόδῳ durch kluges Erſinnen (regelrechtes Verfahren) Plut. mor. 176 A. — παρὰ σοῦ. Jch ändere

---

c. 63. — Erwecke . . den Kallimachus; daß er wirklich geſtorben war, iſt vorher nicht berichtet.

75 dienen ſoll, proleptiſch wie in anderen Fällen. — Heilsveranſtal= tung (οἰκονομία), vgl. 79 (102 οἰκονομικῶς). Gnoſtiſche Schrift f. Apokr. S. 43, Nr. 3. Der Begriff öfter bei Ignatius (vgl. Apokr. S. 114) und die von Schwartz in TU IV 1, p. 86 ff. geſammelten Fälle. Der Begriff hat auch ſpäter in der Entwicklung der Chriſtologie eine wichtige Rolle geſpielt. — 76 S. 448] Ein anderes, größeres Wunder uſw., vgl. c. 93 Anfg., 89 (p. 194 26. Apokr. S. 451 30); ſolche Uebereinſtimmungen beſtätigen die Zuſammengehörigkeit in verſchiedenen Hſſ. enthaltenen Stücke der A. J. — Die Schilderung der Ausführung der Tat iſt hier ausführlicher als in c. 71. — geſtorben iſt . . . ich bin auferweckt; pauliniſcher Gegenſatz.

77 ſtieg . . herab (κατῆλθεν), vgl. c. 100 (p. 201 3). A. An. 17 (p. 45 2). Entfernter Phil. 2 7. — Ein tiefempfundenes Dankgebet ſtark modaliſtiſcher Färbung.

παράνου. — 5 μεταστῆναι, M μεταστήσαντι μεθιστάναι im Sinne von ἀπαλλάσσειν vgl. 182 18. So ist der Satz am einfachsten nach M herzustellen; noch kommt in Weg= fall das zweite καταξιώσαντι 4. — Nach R würde der Satz lauten: „Ehre sei u. G., der .. Mitleid hatte und mich für wert hielt, seine Macht zu preisen, und auch dich für wert hielt, durch Unges Ersinnen von jenem deinem leidenschaftlichen Wahne und Rausche befreit zu werden, der dich" usw. — ἀνάπαυσις vgl. Anm. 168 25. — 6 ἀνακαίνισιν vgl. Hebr. 6 6 (ἀνακαινίζειν). — 79 7 νεκρόν, Bo ἐκ νεκρῶν vgl. 192 10. — 8 δέομαι ὅπως Mt. 9 38. Lf. 10 2. AG. 8 24. Vgl. Blaß, Gramm. S. 221. — 10 τὸ βραχὺ <τοῦ βίου>, Bo vgl. dessen Anm. — 10 f. vgl. c. 64. — 12 παραλήψεται Joh. 14 3. — 15 f. ᾧ πᾶσα δύναμις ἀρχοντικὴ ὑποτέτακται Röm. 13 1. — 16 ἔκλινε reflexiv (Lf. 9 12. 24 29). ἀλαζόνεια 1. Joh. 2 16. 183 27. 169 20. A. An. p. 42 26. — 17 προπεσοῦσα, Bo (161 12) schlägt vor προσπεσοῦσα. Doch ist die Aenderung nicht notwendig. Zur ἀλαζονεία paßt sogar gut das πρό. — Aehnlich diesem Gebete ist c. 23. 163 25 ff. z. B. ὃν ἐφοβήθη πᾶς ἄρχων usw. Hier ὃν δαίμονες ἀ. φρίττουσιν. Vgl. Jak. 2 19. φρίκη 174 10. — 18 μετριάζειν fich mäßi= gen, leidenschaftslos, ruhig werden. — 20 Bo <σοι> οἰκ. — Vgl. 188 2. — 22 ἴδῃ ὅπως ἤ, Bo am besten ἤδη ἀποβῇ (26). — 24 ἐπιγενομένη. Ich folge Bo.s Vorschlag ἐπειγο- μένη (205 9. A. An. p. 30 16). — 80. 27 αὐτὴν besser ἑαυτήν Bo. — 81. p. 191 7 ἀκήκοα besser ἀκήκοεν 186 16. — 8 ἰδὼν nämlich ἐγηγερμένην (192 11). — 10 ἐπέσχετο οὖν .. κακῶς τεθνάναι. Er (hielt an fich) entschied fich also nicht dafür, daß der Mann zu seinem Unglück tot ist. Er wußte also, daß es gut ist .... A dignum morte indicavit, quem dignum resurrectione non prodidit. — 13 ἡμᾶς, Bo ἡμῶν. — ἀντιμωθίαν vgl. Röm. 1 27. 2. Kor. 6 13. — 14 μετάνοιαν (Gelegenheit zur) Buße, vgl. AG. 5 31. — 16 εὐσπλαγχνίσθη, Bo ἐσπλαγχνίσθη, vgl. 161 19. 189 22 σπλαγχνισθείς. — 17 διωξάντων τοὺς ἀ. Vgl. 1. Kor. 15 9. — 21 παρέστησαν — παρέστησεν 189 6 als feinen Knecht dargestellt, zu feinem K. gemacht hat. ἐπιτροῦντα zu ἐλέει ἐπιτροῦντι 196 13. — εἰ <ἐμοί>, Bo, A si mihi. — 22 ἀναστῆναι, besser ἀναστῆσαι (Bo).

82. 23 αἰώνων 202 27. 208 7. — 25 f. παρασχόμενος .. τέρατα καὶ σημεῖα 203 13. Vgl. Mt. 24 24. — 27 ἐμφυσήσας μοι ἑαυτόν Joh. 20 22. Doch f. u. Za. — 31 ὁ φύλαξας με καθαράν 183 4. Vgl. 212 6. — 32 τελευτῆσαι, Bo τελευτήσασαν. — p. 192 1 ἐγηγερμένην με, Bo ἐγηγερμένη μοι. — ἀσκ. σκανθ. 165 2. 178 35. 182 14. A. An. p. 41 26. — 2 τελείως völlig, vollkommen, ganz und gar 1. Petr. 1 13. — 3 ἀπ. μανίας c. 64. — ὃν ἐφίλησα A. An. p. 32 23. — 5 ἀναστῆναι. A iube resurgere. Bo ἀναστῆσαι?? Vgl. 191 22. — 5 f. εἰ καὶ μάλιστα .... 191 5. — 83. 11 πεπιστευμένον, A credidisse. Bo πεπιστευκότα. — 12 μέχρι ποῦ, ähnlich μέχρι πότε; 181 14. — 84. In der langen, schier endlosen, eintönigen Aufzählung 25 ff., deren jedes Glied — und es sind 25! — mit ἀπό beginnt, hat dies Kapitel große Aehnlichkeit mit A. An. 10, in deffen zweitem Teile 37 kleine Glieder alle mit μή anheben. — 16 ἀμετάθετον vgl. Hebr. 6 17 f. — 17 Ὦ φύσις A. An. p. 40 24. Aber dort handelt es fich um eine σῳζομένη, hier um eine μὴ καταβαλλομένη πρὸς τὸ 18 κρεῖττον. vgl. 23. 184 19. 177 15. A. An. p. 38 11. — καταβαλλομένη, Bo würde vorziehen μεταβαλλομένη; nun aber wird gerade κατα-

---

79 obrigkeitliche Macht (δύναμις ἀρχοντική), f. zu c. 23. — S. 449] die Dämonen erschrecken, vgl. noch Syr. Didask. 20 (a. a. O. S. 102 16 f.). — Z. 5 f. vgl. Lk. 1 37. — 81 Dieser Widerspruch des Kallimachus auf Drusianas Ansuchen setzt seinen Charakter wiederum in das schlimmste Licht. Das in der Antwort des Johannes verwandte Motiv ist den apokryphen Apostelgeschichten ge= läufig, vgl. A. Pe. 28 (Apokr. S. 416 20, von Sch S. 172 auf Benutzung eben der A. J. zurückgeführt; S. 463 und A. An.).

82 bliesest mir deinen Hauch ein (ἐμφυσήσας μοι cod.); entschieden vorzuziehen Z a-s. Konjektur (NkZ 1899, S. 201 A. 1) ἐμφανίσας μοι: „du offenbartest dich mir". Vgl. z. B. p. 178 26. — mit deinem vielgestaltigen Antlitz (f. o. zu c. 70); ob Drusiana hier an die Grabeserscheinungen (c. 87!) denkt, oder der Ausdruck allgemein zu fassen ist, wird nicht klar. — zum Bruder, vgl. c. 74 „Schwester" und die Vorgeschichte c. 63. — 84 S. 450] zum Höheren (κρεῖττον)

βάλλεσθαι gebraucht im Sinne „ſich umwenden zum Beſſeren" ἐπὶ τὸ βέλτιον Plat. rep. II 381 b. — ἐν ῥύπῳ vgl. Anm. 169 8 A. An. p. 40 1 vgl. 1. Petr. 3 21. — 20 γέμον, Bo φέρον. — Wir erwarten τὸν ἄνθρακα καρπόν. — 21 Eigentlich: „O Wald in einem Hanfe mit dem zu ſehr ins Holz ſchießenden Triebe". — 21 f. ἤλεγξας — ἐλέγχῃ 193 7. 170 25 f. A. An. p. 38, 145 1 f. und öfter. — 24 ἡ ὁδός, Bo exspectes ὁ καρπός. Ich leſe ἔξοδος. — 25 καταργήθητι ſei ausgetan von, laß ab, mache dich los Gal. 5 4. — 27 ἀναστροφή Lebenswandel Jak. 3 13. 2. Petr. 3 1. — ἀπωλείας (Verderben), paßt nicht. Bo ἀσχολίας?? Beſchäftigung, Tätigkeit. — 28 ἀναστάσεως, Bo ſähe lieber ἀναπαύσεως, das zu den vorigen Worten beſſer zu paſſen ſcheint und, wie wir ſahen, ein Lieblingswort des Verfaſſers iſt. Anderſeits gibt gerade ἀναστάσεως zum vorliegenden Falle (Fortunatus — Druſiana und Kallimachus) eine beſonders treffende Beziehung. — 29 ἀπὸ νηστειῶν ἄ. δ. 1. Kor. 7 5. — 30 ἀπὸ λουτροῦ ἁγίου Eph. 5 26 (Tit. 3 5). — ἀπὸ εὐχαριστίας vgl. c. 85 f. Es wurde ſofort die Euchariſtie gemeinſam gefeiert. Von ihr ſoll ausgetan ſein Fortunatus! — 31 ἀκηδία Sorgloſigkeit, hier im guten Sinne „Erholung, Ruhe". — 34 Man vermißt ein dem ὁ θεός entſprechendes Attribut Jeſu vor τῶν ὁμοίων. Bo ſchlägt κύριος?? oder κριτής? vor. Beide ſind am Platze. Oder δεσπότης? 163 11.

85. p. 193 Nun folgt die Euchariſtie: Dankgebet, Brotbrechen, Speiſung. Vgl. c. 109 f. — 6 πλάνη 170 27. 171 5. — 4 ἀπάτη Betrug, Betörung, Sinnenluſt. Vgl. 184 13 (?). — 4 f. παρ' ὀφθαλμοῖς — ἃ εἴδομεν 204 3 f. — 5 ποικίλαις φανίσιν, Bo ποικίλως φανείσῃ. — 6 Lücke. Bo ὄνομα ⟨εὐχαριστοῦ μέν σοι⟩. — 6 f. ἐλέγξαντι — ἐλεγχομένους 192 21 f. A. An. p. 38 1 f. — 7 σε, Bo mit Recht σοι. εὐχαριστεῖν τινι jemandem (auch τι 2. Kor. 1 11, nicht aber τινα). — 8 Lücke. Bo πεπεισμέθα ⟨σου τὴν χάριν⟩ . . — σου, Bo σοι. χρήσαντι (194 10) hält Bo für verderbt. Mit Unrecht. Der Herr bedarf der geretteten Menſchennatur, daß er ihm eins wird. Vgl. z. B. c. 100. — 9 φύσιν zu ſtreichen Bo. φύσις σωζομένη vgl. 201 4. A. An. p. 40 24. 45 16 (38 14). — ἀπαραίτητος unerbittlich, unvermeidlich, alſo ſicher. 206 1. — 10 Lücke. Bo ταύτην ⟨πίστιν⟩. Ich füge hinter μόνος ⟨θεὸς⟩ ein. Vgl. 172 1. 189 25. — 12 ἀναλεγόμενοι von Bo angezweifelt. Ich ſchreibe ἀναγόμενοι, ἀνάγειν emporführen aus dem Reiche der Toten Röm. 10 7. Hebr. 13 20. Wir deine Diener danken dir, die wir mit (gutem) Grunde uns verſammelten (um das Brot zu brechen 186 6 im Andenken an Druſiana, und die Auferſtandenen (nämlich Druſiana und Kallimachus).

86. 16 πνεῦμά τι ἐν ἐμοί. Vgl. 176 14. 170 26 f. 213 8. A. An. c. 10. — 17 μελανία Schwärze, ſchwarzer Fleck, entſtanden durch Blutvergiftung. — μέλλοντι, Bo μέλλοντα. — 18 τάχιον 182 19. — 19 εὗρον, Bo εὗρεν. — λοιπόν fortan; hier = ſchon. AG. 27 20. — 20 ἁψαμένης, Bo ἁψαμένην. — 22 ἀπέχει, A habes, Bo ἀπέχεις. ἀπέχειν weg haben, dahin haben, Mt. 6 2. 5. Lf. 6 24. Phil. 4 18. Philm. 15. Da haſt du . . . ähnlich ἔχεις

---

3. 15 („das Höhere zu preiſen"); Anm. oben zu p. 184 19. — in Schmutz . . Seele, vgl. c. 69 (gg. Ende). — Tod, vgl. c. 23; tanzend, vom Satan c. 21. — Baum ohne Frucht, vgl. Jud. 12 (2. Petr. 1 8). Mt. 3 10. 21 19 u. ö.; A. Tho. 10 iſt Chriſtus Pflanzer des guten Baumes. — Kindern (des Teufels), vgl. c. 86. 114. A. An. 8. 17 uſw. — Wurzel und Natur (des Satans), vgl. „Wurzel" c. 114 (des Archon ſ. Fragm. des Phil.-Evang., Apokr. S. 41), „untere Wurzel" c. 98 Ende, „untere Macht" c. 75, „untere Natur" c. 100 cf. 84 Anfg. „Natur" ſonſt von der (höheren) Menſchennatur c. 85. 100. A. An. 6. 9. 15. 18 Ende. — Auferſtehung zu Gott; die geiſtige während des Lebens gemeint (desgl. 109, vgl. Lie ZnW 1902, S. 294), vgl. 2. Tim. 2 18. Tertullian de resurr. 19. — Wohlgeruch, vgl. 2. Kor. 2 15.

85 Brotbrechung ſ. zu c. 72. Ein anderes Dankgebet (Euchariſtie) ſ. c. 109. — 86 Das Gebet findet alſo im Grabmal, die Austeilung vor demſelben ſtatt.

ein Geiſt uſw.; mit derſelben Begründung wird das Wiſſen des Apoſtels um etwas nicht in ſeiner Gegenwart Vorgefallenes c. 46 begründet, vgl. im übrigen zu c. 18. Man wird auch an Joh. 4 50 ff. erinnert. — dein Kind, Teufel, vgl. zu c. 84. AG. 13 10.

177 24. — Die abscheuliche Erzählung von der Drusiana enthält Motive, die den erotischen Erzählungen der Griechen eigentümlich sind, freilich f_0 häßliche Züge, wie sie sich kaum sonst in den griechischen Romanen oder Novellen finden. Schändung weiblicher Leichen kam nach Herodot II 89 in Ägypten beim Einbalsamieren vor, und der berühmte Tyrann Periander von Korinth soll sein Brot in einen kalten Ofen geschoben, seines eigenen Weibes Leichnam beschlafen haben Herob. V 92. Bekannt ist Petrons (Satyricon CXI f.) auch von Lessing (Cottasche Ausgabe in 20 B. V, S. 102 ff.) bearbeitete Erzählung ‚Die Matrone von Ephesus‘: Untröstlich geberdet sich die junge schöne Ephesierin beim Tode ihres Gatten, nimmt keine Nahrung zu sich und will das Grabgewölbe nicht verlassen. Ein gemeiner Soldat, in der Nähe auf Posten bei den Leichen einiger gekreuzigter Verbrecher, sieht das Licht im Grabgewölbe, geht hinein, beredet die junge Witwe zu essen und zu trinken und endlich sogar, sich ihm im Grabe ihres Gatten zu ergeben. Inzwischen ist der Leichnam eines der Verbrecher von seinen Verwandten fortgeschafft worden. Die leichtsinnige Matrone nimmt dem neuen Liebhaber seine Furcht vor Strafe, läßt ihn den Leichnam ihres Gatten an Stelle des geraubten ans Kreuz schlagen. Auch eine Grabscene zu Ephesus! Daß gerade diese Stadt ein Pfuhl erschreckender Sittenlosigkeit und Liederlichkeit war, lag an dem asiatisch-semitischen sinnlichen Artemiskultus. Vgl. Zimmermann, „Ephesus im ersten christlichen Jahrhundert", Leipz. 1874, S. 79 ff. 86 ff. Vgl. auch Xenophons „Ephesische Geschichten von Antheia und Habrokomes". Erwin Rohde „Der griechische Rhman" S. 384. Um dem H. treu zu bleiben, bittet A. einen Arzt um Gift, erhält Schlafpulver, wird begraben, wieder erwacht von Räubern aus dem Grabe geraubt.

3.

87. 24 f. Die Eingangsworte beweisen, daß dies Stück unmittelbar auf die Geschichte von der Drusiana folgt, freilich auch, daß die vorhergehende Erzählung

3. 47 Der Satz ist nach cod. R, dem einzigen griechischen Zeugen für die letzten Kapitel (81 ff.), hier sogleich angeschlossen. Auch Pf.-Abdias fügt hinter diabole unmittelbar den Satz an: „Et illam diem cum fratribus laetum exegit. Altera vero die" etc. (folgt die Kratongeschichte usw., f. Apokr. S. 430), während R die Schlußerzählung vom Ende des Apostels sogleich an obigen Satz anschließt. Es fragt sich aber, ob es gerechtfertigt ist, ihn auch am Anfang der Schlußerzählung einzusetzen (vgl. bereits ThLZ 1900, Sp. 274 gegen Bo p. 203 8 f.). Zwar hat ihn dort cod. U mit geringer Veränderung in Wortlaut (Li Ergh. S. 27) sowie die armenische Ueberfetzung (Malan, The Conflicts etc., p. 244) und der Prochoruskodex V (an Bo p. 160 38 anschließend — vgl. Li I 474 —, stärker verändert), und selbst beim Aethiopen (Malan p. 139) scheint er auf den dann Bo p. 203 9 f. folgenden Satz abgefärbt zu haben, wie bei Q auf den von diesem gebildeten Eingangssatz (p. 203 15 ff.), aber von den übrigen für den Schlußabschnitt zur Verfügung stehenden griechischen Hff. haben P, A und B den Satz nicht, so daß das Doppelzeugnis der zwei an sich sehr differenten Zeugen cod. R und Pf.-Abdias schwer ins Gewicht fällt und man die Vermutung aussprechen darf, er sei in jenen anderen Fällen aus anderem Zusammenhange (c. 86) an den Anfang der ebendaselbst isolirt überlieferten Schlußerzählung versetzt (über den Zusammenhang bei Q f. Li I 466). — Auf alle Fälle folgt nunmehr eine Lücke, wegen der Aussage der Drusiana c. 87, die vorher (f. auch zu c. 82) nicht vorkommt, also in der (durch den Satz Z. 46 bezeugten) Versammlung der Brüder gefallen sein wird. Denn mit Li e (JnW 1902, S. 294) eine frühere Gestalt der Drusianageschichte anzunehmen, „die mit den gnostischen Erzählungen aus dem Leben Jesu aufs engste verbunden war", während aus der jetzigen Redaktion die c. 87 behauptete Doppelerscheinung „um ihres häretischen Giftes willen getilgt" sei, ist angesichts des Doppelzeugnisses von M und R für den Text bis c. 80 und der oben nachgewiesenen Berührungen der erwähnten Geschichte mit anderen Partien der A. J. nicht aufrechtzuerhalten.

3.

S. 451] Es folgt nun der für die Sonderart der A. J. bezeichnendste Abschnitt

nicht vollständig ist. Diese enthält nicht die hier berichtete Doppelerscheinung des Herrn, der der Drusiana im Grade in der Gestalt des Johannes und in der eines Jünglings erschien. Wohl sah Kallimachus einen schönen Jüngling im Grabe, der die Drusiana mit seinem Gewande bedeckte. Aber sie selbst hat uns nichts von solcher Erscheinung erzählt, deren sie z. B. in dem Gebete p. 191 24 ff. keine Er= wähnung tut. Eine Lücke ist demnach festzustellen zwischen ἀγαλλιώμενος und ἐξή-τασαν, und diese enthielt das jetzt fehlende Bindeglied zwischen der Geschichte der Drusiana und dem Berichte des Johannes· über Jesus. Während des Zusam= menseins mit den Brüdern wird Drusiana von jener Doppelerscheinung erzählt haben und gab dadurch die Veranlassung zu dem Berichte des Johannes. p. 193 24. 202 21. 203 4 zu lesen wie im vorigen: Δρουσιανῆς (Δρουσιανή). — 25 Ἰωάννη cod., Ἰωάννης ändern gut Ja, Bo [auch Lie, ZnW 1902, S. 229]. — 27 βεβαίως φέρων cod. verteidigt Hilgenfeld ZwTh 1897, S. 469 mit Recht, gegen βαρέως Bo· φέρειν Ja.

      88. p. 194 1 „nichts Frembartiges". Vgl. 1. Petr. 4 12. A. An. p. 44 29. — 2 εἰς τὸν <κύριον> Bo, Ja, εἰς αὐτὸν Hi. — 3 ἐπειράσθημεν Ja, Bo. — 4 οὔτε προσομιλεῖν οὔτε γράψαι Ja. p. 150. Zum Sinn vgl. p. 197 8 f. χωρῶ mit Infinitiv = bin in der Lage, kann; seltene Konstruktion: οὔτε ἱκανῶς ἢ θεῖα νοῆσαι χωροῦ= μεν Dionys. Areop. Phokyl. 83. — , was ich sah und hörte". Vgl. 1. Joh. 1 1. A. An. p. 44 25 f. 5 μὴ cod., μὲν Ja, μὴν ἀndere ich. καὶ μὴν = und doch. ἐγὼ μὲν . . οὔτε . οὔτε . χωρῶ . . . καὶ νῦν μὴν δεῖ . . . — 6 χωρεῖ = begreift. Vgl. Mt. 19 11 f. ἐκείνω cod., ἐκεῖνα Ja, ἐκείνων Bo.

aus der von James entdeckten Wiener Hf. (C) mit starken Textkorruptionen, der auch beim Photius besonders auffiel (s. Apokr. S. 352 f.)

      87 Zum Ausspruch der Drusiana s. zu c. 86. — wie Johannes und wie ein Jüngling, also: alt (vgl. c. 27) und jung; desgl. c. 88 f. A. Pe. 21, und der unzüchtige Dämon A. Tho. 43; Apokr. S. 355 und oben S. 357 f. — ge= festigt (ἐστηριγμένων), vgl. 45 (58); im Glauben, vgl. 93. Sie sollen dahin gelangen, des Herrn „vielgestaltige Einheit" usw. (91) zu ermessen.

      88 Männer, Brüder, vgl. AG. 2 29. 23 1. — zu Aposteln er= wählte, s. o. 242 f. — versucht: wie er im folgenden zeigen will, durch die Mannigfaltigkeit der Christuserscheinungen; anderseits versucht Johannes, durch seine allzu skeptische Nachprüfung, den Herrn (c. 90 Ende; vgl. noch c. 57 und A. Pe. 26)· — weder sagen noch schreiben; seine mystagogische Auskunft (vgl. die Ausdrücke „hörte" .... „Hörer", auch c. 97 und A. An. 21 Apokr. S. 471 35) ist über dem Ausdrucksmittel des menschlichen Wortes — einschließlich der Evan= gelien! — erhaben, vgl. c. 90 Apokr. S. 451 40. c. 93 Ende (und dagegen etwa Iren. adv. haer. II 27, 2). An das Johannesevangelium speciell zu deuten (Lie, ZnW 1902, S. 229), wird durch nichts nahegelegt; vgl. A. Pe. 20. — die da war, nämlich als er mit seinen Jüngern auf Erden verkehrte, in gleichem Maße wie „jetzt und in Ewigkeit", nicht etwa bloß auf dem Berge (der Verklärung) und nicht erst nach der Auferstehung (Apokr. S. 426 f.).

      Im folgenden spitzt nun Johannes einige Erzählungen aus den Evangelien, die er für seine Zwecke auswählt, auf diese zu, die eigentlichen Wunder beiseite lassend (93 Ende). Es werden nach einander. abgehandelt und durch eingesprengte Berichte von einzelnen Privaterlebnissen vervollständigt die Erwählung der ersten Jünger, eine doppelte Scene auf dem Berge (der Verklärung), ein Mahl bei einem Pharisäer, der Lobgesang am Vorabend des Leidens und die Leidensscene selbst, letztere mit breitester doketischer und mystischer Ausdeutung; wobei vorwiegend an die bei den Synoptikern erhaltene Darstellung angeknüpft wird, doch durchgehends starke Reminiscenzen an das Joh.=Evang. auftauchen. In c. 97 blickt auch das Petrus=Evang. unverkennbar durch, das vielleicht noch umfangreicher benutzt ist als sich bei dem Zustande seiner gegenwärtigen Erhaltung erkennen läßt; die doketische Richtung wird ja von beiden Schriftstücken vertreten. — erwählt, s. einige Zeilen

8—10 Die Reihenfolge der Berufung der Apostel ist dieselbe wie bei den Sy=
noptikern Mt. 4 18. 21. Mc. 1 16. 19. (Lk. 5 4 ff. ohne Andreas), verschieden von der
bei Johannes 1 35 f. — 14 ἀγρυπνία vgl. 2. Kor. 6 5. 11 27. — οὐ σὺ ὁρᾷς cod., Bo macht
verschiedene Vorschläge, z. B. ὄψιν ὁ., Hi οὐ συνορᾷς, ich lese οὐκ εὖ ὁρᾷς. — 16 ἱλαρο-
πρόσωπος findet sich sonst nirgends. — 17 τοῦτον, ἐξέλθωμεν von Ja aus τούτου,
ἐξέλθωμε hergestellt. — τὸ τί βούλεται vgl. 202 2. τὸ τί πέπονθεν.

89. 19 σιγῇ τὸ πλοῖον ἀγαγόντες Bo, dem Hi folgt, ἀναγαγόντες; aber ἀνάγειν
bez. ἀνάγεσθαι wird gebraucht vom Fahren auf die hohe See, nicht vom Fahren
ans Land. Lk. 5 4. 8 22. AG. 21 1. 2. Vgl. auch Lk. 5 11 usw. Auch σιγῇ paßt nicht
recht. So ändert Ja εἰς γῆν... Ihm schließe ich mich an. — 21 ὁπεσθαι cod.,
ἑπεσθαι cod. — 22 (τὴν μὲν κεφαλὴν) ὑπόψιλον ἔχων Bo, Ja. — δασίν cod., δασύ Ja. —
23 ἀρχιγένειος stellt her Bo, ἠπορούμεν Ja (ὑποροῦν μέν), schon 193 24 u. 25 η statt υ.
25 Beim zweiten ἠπορούμεν vermißt Ja mit Recht einen Komparativ wie σφοδρότερον.
— 26 τότε cod. habe ich mit Hi beibehalten, τόδε Bo, Ja. — 27 ἐπονεύοντας cod.,
ἐπινεύοντας Ja, ἀπονεύοντας Hi „sich seitwärts richten". Aber der Gegensatz ist
„offen". Bo: ἐπιμύοντας oder ἀπομύοντας, beide finden sich mit τὰ ὄμματα, τοὺς
ὀφθαλμούς, freilich ἀπομύειν in dem Sinne „die Augen schließen = sterben". An=
fangs glaubte ich ändern zu müssen τοὺς ὀφθαλμοὺς ἐπιμύοντα „wie sah ich ihn bei
Augen schließen". Vgl. 164 11. Doch kommen μύειν wie ἐπιμύειν auch intransitiv
vor, so lese ich ἐπιμύοντας — als Gegensatz zu ἀνεῳγότας. Vgl. auch 164 11 καμμύουσα τ. ὁ. — p. 195 1. 3 ἐμφαίνεται, ἐδέχεται cod. ἐμφαίνεται, ἐνδέχεται Hi, ἐφαί-
νετο, ἐδέχετο Bo vgl. 194 26. 195 2. 5. — 2 τὸ πᾶν cod. Hi „gänzlich zum Himmel
blickend" im Gegensatz zu den (nach Hi) „sich niemals seitwärts richtenden Augen".
Aber hier ist etwas Neues: „Oft erschien er mir wie ein kleiner, ungestalter
Mensch". Dazu gewinnt Ja den Gegensatz durch seine treffliche Konjektur τότε
πάλιν vgl. 196 21. ποτε πάλιν, „und dann wieder gen Himmel blickend". In diesem
Ausdrucke wird bezeichnet erstens im Gegensatz zu μικρός körperliche Größe, zweitens
im Gegensatz zu δύσμορφος die aufrechte Haltung seiner wohlgebildeten Gestalt.
Darum übersetze ich „gen Himmel ragend". Vgl. 195 20. 21. A. Pe. 20 p. 68 2. Hnno
magnum et minimum, formosum et foedum etc. — 3 κἀγὼ συνεῖχον ἑαυτῷ Eine Aen=
derung wie Bo.s συνεχῶς προσεῖχον αὐτῷ ist nicht nötig. Zu ergänzen ist αὐτὸν
„ihn". Hi: „Johannes schloß (ihn) zusammen mit sich selbst". Das pron. refl.
der 3. Person für die erste: 162 6. 169 18. 176 5. 202 7; für die zweite: 162 17. 191 27.
201 7. 211 2. 5. 6. 7. 212 7; vgl. A. An. für die 1. Person p. 38 2. 3. 5.; für die 2. Per=
son p. 41 2. 27. — 5 σκληράν cod., σκληρά Ja, σκληρὰ καὶ Bo, Hi. Zur Sache vgl.
196 21. — 6 ὡς διαπορεῖν με ἐν ἐμαυτῷ vgl. AG. 10 17. — λέγει cod., λέγειν richtig Ja. —
τί ἐστιν τοῦτο οὗτός μοι; cod., οὕτως Ja; Hi: οὗτος additum, quia τοῦτο de domino

vorher. Die Berufung des ersten Brüderpaares wird nur kurz berührt; Johannes
eilt zu dem Selbsterlebten, stellt auch seine Person voran. Die Scene ist zu einer
doppelten ausgesponnen; das Erste ereignet sich auf dem Wasser (ἐν τῷ πλοίῳ mit
ihrem Vater Zebedäus, Mt. 4 21 u. Par.), während Jesus vom Ufer aus ruft, das
Weitere nach ihrer Ankunft am Lande. — Ich bedarf euer, vgl. die Selbster=
innerung des Johannes in dem Schlußstück c. 113: „Ich bedarf deiner" (s. dort).
— Jesus erscheint vom See aus dem Jakobus als Knäblein, dem Johannes als
ansehnlicher Mann, sodann am Lande (89) Ersterem als Jüngling, Letzterem als
älterer Mann, mit immer offenen Augen (vgl. Aberkiusfragment Z. 5: ὀφθαλμοὺς
ὃς ἔχει μεγάλους πάντα καθορόωντας, bei Ja, Forsch. V 69. A. Dieterich, Die
Grabschrift des Aberkios, Leipz. 1896, S. 8. 12; vgl. 21 von Attis = Helios: παν-
δερκὲς ἔχων αἰώνιον ὄμμα. Wie der Hüter Israels Pf. 121 3 f., wird hier Jesus=
Gott in stets wachem Zustande vorgestellt), dann klein und ungestalt, dann
gen Himmel ragend (vgl. c. 90 und oben S. 85 zu Petr.=Evang. 40 und
S. 315 zu Hermas sim. IX 6, 1, auch das Fragm. des Eva=Evang. Apokr. S. 42).
— Brust; die Situation Joh. 13 23. 25. 21 20 ist hier verallgemeinert (Za, Forsch. VI
195 A. 2). Der Befund des Apostels ist wesentlich der gleiche wie c. 93 (s. dort).

dictum displicebat. Auch ich lefe: τί ἐστιν τοῦτό μοι; — 7 Hinter αὐτὸς cod. kleine Lücke.
90. 10 Vor αὐτῷ Ja mit Recht ἐν: εἴδομεν ἐν αὐτῷ. — 11 χρώμενον cod., χρωμένῳ Ja, alfo ἀνθρώπῳ χρωμένῳ λόγῳ φθαρτῷ .. ἀνθρώπων χρωμένῳ λόγῳ φθαρτῶν
Hi. Vgl. Röm. 1 23. φθαρτοῦ ἀνθρώπου im Gegenfatz zu ἀφθάρτου θεοῦ. Der Sinn
beider Lesarten ist derfelbe. — Hinter οἷον ἦν ist eine Lücke wahrfcheinlich. —9. 12. 14
Vgl. Hi S. 23 über den Berg des Betens, außer Lk. 9 28. Mt. 17 1. 2. Mc. 9 2. 3 be=
fonders Mc. 6 46. Lk. 6 12. Mt. 5 1 ufw. Bei Joh. 6 3. 15 ist der Berg aber nicht nur
ein „Berg der Speifung". Vgl. Offb. Petr. 4. — ἡμᾶς τοὺς τρεῖς „die drei" bei den
Synoptikern an der Spitze ftehenden Jünger. Zu b e i d e n Stellen 195 8—11 und
11—20 ist heranzuziehen die Gefchichte der Verklärung des Herrn Mt. 17 1 ff. Mc. 9 2 ff.
(Lk. 9 28. 29). 14 ἐφίλει bei Joh. nur 20 2; an den andern drei Stellen heißt es
ἠγάπα. Daß Johannes noch vor Petrus und Jakobus vom Herrn bevorzugt wird,
ftimmt überein mit dem Evang. Joh., nur daß in den Akten diefe Bevorzugung
eine viel größere ist und Johannes fchließlich, während die andern beiden ganz
zurücktreten, allein im Vordergrunde ftebt als Vertrauter des Herrn. — ὁρῶντος
ftellt Ja richtig her aus ὁρῶντες. — 15 αὐτὸς αὐτοῦ . αὐτῷ ... αὐτὸν ... αὐτοῦ! αὐτὸς
ftreicht Ja, auch αὐτὸν will Bo befeitigen, beides ist entbehrlich; ἀφορῶν αὐτῷ, in
der nächsten Zeile ftebt wieder ὁρῶ αὐτόν, auch darum ist αὐτὸν zu tilgen hinter
ἀφορῶν; ἀφορᾶν εἴς τι eine fehr gebräuchliche Konstruktion. — 17 τοῦτον ὁρώμενον
cod., τούτων Ja, τούτων τῶν ὁρωμένων Bo. — 18 ποίας ftreicht Bo mit Recht. —
20 „Sein Haupt lehnt fich an den Himmel". Vgl. zu p. 195 2. — 22 κρατήσαντος
cod., κρατήσαντα ändert mit Recht Ja. — 23 Hi befeitigt die Worte: ἄπιστος ἀλλὰ πιστὸς
καὶ μή, liest nur: ʼΙωάννη, μὴ γίνου περίεργος. Das ist eine Gewaltmaßregel, die feine
Anficht, der Verfaffer der Akten habe das vierte Ev. (Joh. 20 27) nicht gekannt, halten
foll. Gekannt hat der Verf. das Joh.=Ev. ohne Zweifel, wenn er auch in vollem Gegenfatz
dazu ftebt. Hier richtet der Herr an Johannes eine doppelte Mahnung: 1) werde nicht
ungläubig, fondern gläubig! Der Ausgangspunkt war ja, daß die an=
wefenden Ephefier, noch nicht im Glauben geftärkt, die Mitteilung von der Doppel=
erfcheinung des Herrn nicht faffen konnten. Ihnen erzählt Johannes, was ihm
begegnet fei und wie der Herr felbst ihn zum Glauben an feine Uebermenfchlichkeit
gemacht habe. 2) werde nicht vorwitzig (περίεργος vgl. 1. Tim. 5 13)!
Durch feinen Vorwitz hat Johannes, noch ehe ihm der Herr fein ganzes Vertrauen
fchenkte, von deffen Uebermenfchlichkeit einen glänzenden Beweis erhalten. Da ist
nach und mit der Mahnung zum Glauben auch diefe wohl am Platz. Eine
Strafe erhält er für feinen Vorwitz, und die Mahnung wird wiederholt: Verfuche
nicht den Unverfuchbaren! Freilich hatte diefe Warnung nicht den rechten Erfolg.
— 27 τὸ τί . αμα cod. τὸ τίλμα Bo. — p. 196 1 μοι cod., με Ja. — ῥαπίσμασίν με ἔλαβες.

—Der Ausfall am Schluß des Kap. kann, da er fich nur auf 5—6 Buchftaben erftreckte
(J a; ftand vielleicht ἐσιῶπα hinter dem noch vorhandenen αὐτὸς?), nichts für dieReflexion
des Apostels Ausreichendes enthalten haben. — 90 L i c h t, vgl. die Fälle Apokr. S. 550
sub voce. — Auch hier ist die Scene in eine doppelte auseinandergelegt. Die zweite er=
füllt wiederum den Zweck, zu fchildern, wie Johannes kraft feiner bevorzugten Stellung
zumHerrn eingehend den Erfcheinungen nachforfcht; 2. Petr. 1 18 und A. Pe. 20 mißt fich
freilich Petrus aus gleichem Anlaß eine ähnliche Sonderftellung zu. — unbekleidet;
das entfprach dem antiken Gefchmack der Verf. (vgl. c. 69), die im jüdifchen Geifte
entworfne Offb. Joh. 1 13 ftellt den Menfchenfohn als bekleidet dar. Dort find
(14) die Haare, in der Verklärungsfcene Mt. 17 2 u. Par. die Gewänder, hier
S. 452] die Füße weiß und geben von ihrem Glanze fogar dem Erdboden ab,
wo im übrigen feine Fußfpuren nicht zu erblicken find (c. 93). Diefer Heiland
wandelt ja nicht wirklich auf der Erde. — Z. 4 Die Authentie des Citats Joh. 20 27
beftreitet Hi ZwTh 1900, S. 9. 24 ff. ohne Grund, erkennt fie aber S. 61 an der
Stelle Acta Phil. 140 p. 75 5 als urfprünglich an. Das ist willkürlich und trotz
der Nachfolge, die Hi bei Co gefunden hat, nicht zu halten. — Selbst in er=
habener Situation fügt der Verf. einen S c h e r z (vgl. c. 60) bei. — Z. 10 f. f. o.

Bo ἔβαλες. Ich behalte ἔλαβες bei. Vgl. Mc. 14 65. ῥαπίσμασιν αὐτὸν ἔβαλλον (cod. Sin. ἔλαβον). — σὸν λοιπὸν εἰ τὸν cod., ἔστω Ja. Vgl. A. An. p. 41 23. — 2 πειράζειν τὸν ἀπείραστον. Vgl. 179 28; auch Jak. 1 13. — 91 3 Πέτρου καὶ ᾿Ιακώβου cod., Πέτρος καὶ ᾿Ιάκωβος Ja. — 6 μόνῳ τῷ κυρίῳ cod., μόνον τὸν κύριον Ja. — 6 ῾Ο τῷ κυρίῳ προσομιλῶν γένου ἐπὶ τοῦ ὕψους τίς εἴ; anfangs sah ich in der Frage nur einen weiteren Ausdruck des Unwillens der beiden Apostel, wollte γένου in μόνος ändern: „Wer bist du, daß du allein...?" Aber die Aufzählung wunderbarer Erschei-nungen, der folgende Ausdruck πολυπρόσωπον ἑνότητα, der Vergleich mit Mt. 17. Mc. 9 lassen nur die Erklärung zu, daß es sich hier noch um ein anderes Gespräch als das eben angeführte mit Johannes handelt. Hi schreibt γέρων.... εἴη; Ja, dem ich mich anschließe: μένοντι.... ἦν; — 7 σὺ νοήσας cod., συννοήσας Bo. Ja. — 9 ἀποβλέπουσα cod., ἀποβλέπουσαν. — 10 αὐτῷ cod., αὐτό Ja. — 92 12 καθεύδων τῷ cod., καθευδόντων Ja. — ἀπὸ cod., einfachste Korrektur ὑπὸ vorgeschlagen schon von Bo, aufgenommen von Hi. — 15 Nach Bo und Hi lese ich statt αὐτὸν αὐτῷ, tilge mit ersterem das zweite καθεύδοντα (Ja κατελθόντα). — 16 οὐκηκροασάμην cod., οὐ καὶ ἠκροασάμην Ja. — 18 ἄνθρωπος cod., ἄνθρωποι Ja. — 93 19 ὁρῶ cod., ἐρῶ Ja. Zum cod. C tritt von 196 19 ποτὲ βουλόμενος bis 198 4 πάντες. ἀμήν sowie von 199 7 Ταῦτα bis 200 9 χάρις der durch die Verhandlungen der II. Nicänischen Synode er-haltene Text. Ueber die Handschriften vgl. Aa II 1, p. XXXI. Außer der dort erwähnten lateinischen Uebersetzung des Anastasius, die in der großen Pariser Aus-gabe (Acta conciliorum, tom. XIX. Paris 1644) dem griechischen Text hinzugefügt ist, gibt es eine andere Uebertragung des Longolius, die Thi dem Griechischen zur Seite stellte, vgl. darüber Thi p. 13. — 20 Hinter κρατῆσαι fährt der Nicän. Text fort: καὶ μεθ᾿ ἕτερα et post alia. Diese Worte sind wie schon Thi p. 19 erkannte, hier nicht am Platze, fehlen auch bei Longolius. — 20 ff. Vgl. 195 4 f. ψηλαφᾶν Lk. 24 39. 1. Joh. 1 1. Clemens Alex. adumbrat. in ep. I. Joan. ed. Potter, tom. II. p. 1009: „Fertur ergo in traditionibus Joannes, ipsum corpus quod erat extrinsecus tangens, manum suam in profunda misisse et ei duritiam carnis nullo modo reluctatam esse, sed locum manui praebuisse discipuli." Somit wird diese Leucianische Erzählung als eine Tradition gegen Ende des 2. Jahrhunderts bezeugt.

zu c. 88. — 91 Hier wird auf Kosten der anderen beiden Hauptjünger die Souder-stellung des Johannes eigentümlich behauptet.

92 Gennesaret, der Landstrich am nordwestlichen Teile des Sees; die Ortsangabe ist also unbestimmt. — einen andern ihm Aehnlichen; hier tritt einmal der sonst einheitliche Jesus-Gott der A. J. in zwei Gestalten aus-einander. Schlafen Jesu im Schiff vgl. Mc. 4 38 u. Par. Pf.-Mt., Evang. c. 42 (Ea p. 111): Et quando Jesus dormiebat, sive in die sive in nocte, claritas dei splendebat super eum (davor wird berichtet, daß Jesus bei den Zusammenkünften von Maria, Joseph und ihren Kindern zum Mahl sanctificabat et benedicebat illos et ipse prior incipiebat manducare et bibere. Nemo enim illorum audebat manducare vel bibere nec sedere ad mensam aut panem frangere, donec ipse sanctificans eos prius hoc fecisset).

93 Z. 25 vgl. c. 76 Apokr. S. 448 4. — Das nun berichtete Erlebnis steht dem c. 89 Ende mitgeteilten sehr nahe; dort „Brust", hier „Körper", beidemal ψηλαφᾶν seitens des Johannes vgl. Lk. 24 39. 1. Joh. 1 1 (vgl. sachlich Joh. 20 24 ff. und das Evangelienfragment Apokr. S. 39), der Gegensatz — denn in Gegensätzen bewegen sich hier überall die Aufschlüsse (alt — jung, klein — übergroß) — hier insofern noch krasser, als das ὑποκείμενον geradezu als „immateriell und unkörper-lich und überhaupt wie nichts" bezeichnet wird. Die viel behandelte Frage, ob Clem. v. Alex., der in seinen Hypotyposen aus Anlaß von 1. Joh. 1 1 auf eine Tra-dition zu sprechen kommt (Z a, Forsch. III 87. 97 Apokr. S. 423, vgl. oben S. 358), sich damit auf die vorliegende Stelle der A. J. bezieht oder auf irgend eine Ueber-lieferung sonst, ist nicht mit völliger Sicherheit zu entscheiden. Thi, der die beste Untersuchung und Erklärung der beiden Sätze geliefert hat (p. 20 ff.), fand die An-

34 Eine andere Lesart gibt der Nicän. Text: καὶ ἕκαστος ἡμῶν ἐλάμβανε ταχτὸν ἄρτον ἕνα ὑπό.. „Und jeder von uns erhielt ein ihm zugewiesenes Brot von ...“ p. 197. Zu dem Speiſungswunder vgl. Mc. 8 7—8. Mt. 14 20. 15 37 uſw. Joh. 6 7. — 5—7 ἴχνος αὐτοῦ ἐπὶ τῆς γῆς ...... οὐδέποτε εἶδον. Vgl. den Nicän. Text (a. a. O. 382): οὔτε ποσὶ τὴν γῆν ἐπάτει. — 8 τὰ μεγαλεῖα AG. 2 11 (Lk. 1 49). — 9 f. ἄρρητα κτλ. vgl. 2. Kor. 12 4 — 94. 12 νομοθετουμένων vgl. Hebr. 7 11. — 13 Lk.

ſicht, daß bei Clemens ein eigentliches Citat aus den A. J. vorliege, zwar kühn, trat aber für Uebereinſtimmung der beiderſeitigen Sätze ein. Wäre ſeine Auslegung beſſer beachtet, ſo wäre eine Auffaſſung wie die von Co S. 124 A. 2 ausgeſpro= chene, „daß Clemens aus dem Johannesbrief die Tradition, daß der Körper des Herrn etwas Immaterielles geweſen ſei, widerlegt“, unmöglich geweſen (ſ. dagg. auch Hi ZwTh 1900, S. 27 A. 1. Sch S. 121). Das ergo bei Clemens — einige Genauigkeit in der Wiedergabe des Urtextes immerhin vorausgeſetzt — zeigt vielmehr daß Clem. den bei ſeiner Leſung von 1. Joh. 1 1 (περὶ τοῦ λόγου τῆς ζωῆς mit dem Vorhergehenden unmittelbar zuſammengenommen) verſtandenen Fortſchritt in der Betaſtung (erſt des äußeren Körpers, dann von deſſen innewohnenden Lebenskräften, derzufolge jener wieder immateriell erſcheint), in ſeiner „Ueberlieferung“ wieder= findet, wobei allerdings offen bleibt, ob die traditiones, denen er dieſe entnahm, ſchriftlich oder mündlich ihm vorlagen. Ha ſpricht ſich (II 1, 542 A. 1) ziemlich beſtimmt gegen die Entnahme aus einer ſchriftlichen Quelle (den A. J.) aus und erweitert danach den möglichen Zeitraum der Entſtehung der A. J. bis ca. 200 (II 2, S. 174 f.). Die hier S. 174 A. 6 gelieferte Begründung iſt aber nichts weniger als ſchlagend. Führt man die offenkundige Uebereinſtimmung nicht auf ausdrück= liche Citirung zurück, was allerdings nicht angeht, ſondern erklärt ſie auf dem von mir Apokr. S. 423 angedeuteten Wege, ſo iſt eine Entlehnung aus den A. J. doch in der Tat das Wahrſcheinlichſte (ſo auch Li I 512; Sch S. 121). Allerdings hat Clemens den dort geſchilderten Wechſel in der Erfahrung des Apoſtels bei ſeiner Nachprüfung des Herrnleibes (vgl. Li I 521 f.) gemäß ſeiner Auffaſſung von 1. Joh. 1 1 zu einem **Fortſchritt** umgebogen. Es iſt aber eben der ungenaue Stand der Ueberlieferung des Citats in Rechnung zu ziehen.

Z. 29 ff. „Ein wiederholtes Speiſungswunder (vgl. Mt. 14 15 f. 15 32 f. u. Par.), angeknüpft an Gaſtmahlzeiten lukaniſcher Art“ (Hi, ZwTh 1900, S. 28). — ſegnend (εὐλογῶν); der Ausdruck an jener Stelle auch in den Evangelien. Ori= genes in Matth. t. XI 2 (Thi p. 25): τῷ λόγῳ καὶ τῇ εὐλογίᾳ αὔξων καὶ πληθύνων (über ſakramentale Verwendung des Begriffs „Eulogia“ ſ. Ph. Meyer in RE V 593 f.; dazu das Fresko einer inzwiſchen verſchwundenen Katakombe zu Alexandrien mit der Darſtellung der Brotvermehrungs= und Mahlscene und der Aufſchrift .... τας ευλογιας του χυ εσθιοντες, de Rossi, Bull. di archeol. cristiana 1865, p. 57 ff.). Ein Hauptnachdruck liegt aber hier darauf, zu zeigen, daß die Jünger mit **dem Wenigen** (ἐκ τοῦ βραχέος, vgl. Joh. 6 7) auskamen (vgl. Thomas in den A. Tho., und andere Apoſtel in jüngeren Apoſtelakten) und der Herr gar nichts aß (vgl. Clem. Alex. und Valentin bei Thi p. 21 f.) „noch trank“, wie Taraſius (ſ. Apokr. S. 425) wohl de suo hinzufügt. Vgl. Pſ.=Mt. 42 (oben zu c. 92).

Fußſpur, vgl. die patriſtiſchen Ausführungen zu Lk. 4 30 bei Thi p. 26 f. Nach c. 90 erleuchteten die Füße den Erdboden. — **ſeine großartigen und wunderbaren (Taten)** (τὰ .. μεγαλεῖα αὐτοῦ καὶ θαυμάσια), vgl. A. Pe. 6 (Aa I 52 12, Apokr. S. 398 28)): magnalia et mirabilia sua (ebenſo Aug. ctr. Faust. XXVI 3 Thi p. 28). — **weder erzählt noch gehört**, vgl. oben c. 88.

94 **von den geſetzwidrigen Juden** (ὑπὸ τῶν ἀνόμων Ἰουδαίων cod. C); „Juden“ vgl. Joh. 18 12, Petrusevang. u. a. Hier macht ſich der entferntere hei= denchriſtliche Standpunkt bemerkbar (vgl. z. B. Ariſtid. apol. 2 ZU IV 3, S.10 1 f.: ὑπὸ τῶν Ἰουδαίων προσηλώθη). Daß ſie als „geſetzwidrig“ bezeichnet werden, ſtellt ihre eigenen Anſprüche geradezu auf den Kopf. Wichtiger iſt noch der durch die Ver=

(22 ₃₉) und Joh. (18 ₁) erwähnen nichts von einem Hymnus. — ₁₄ ἐπὶ τὸ προκείμενον Hebr. 12 ₁₂. — ₁₅ ὥσπερ C, fehlt im Nicänischen Texte. — κελεύειν τινι ποιεῖν τι vgl. 167 ₈. Die seltene Konstruktion kommt auch sonst im späteren Griechisch ab und zu vor Diod. Sic. XIX 17. — ἀποκρατούντων Nicänischer Text. Cum ergo iussisset nobis gyrum facere tenentibus invicem manus Anastasius. Thi p. 29 vermutet, daß dieser ἀποκρατοῦσι gelesen habe. ἀπὸ κρατόντας C, ἀπο κρατοῦν-τας Ja. Der inkorrekte Gen. abs. würde nicht auffällig sein, da er in den Akten häufig sich findet: 162 ₈. (μου) 176 ₆. 182 ₁₇. 188 ₁₂ ₁₃. 202 ₃. ₅. 203 ₉. 205 ₅. A. An. p. 41 ₁₇. 43 ₃₁. — ₁₆ τὸ ἀμὴν ἐπακούετε Nic. Text. Schon Thi p. 29 vermutete ὑπα-κούετε, ὑπακούειν in der Bedeutung (subaudire), succinere, respondere belegend. Seine Vermutung ward bestätigt durch C ὑπακούεται. Mit Recht liest Ja ὑπακούετε. Auch ₁₈ wollte Thi ἐπηκούομεν in ὑπηκούομεν geändert sehen. An dieser Stelle C ἐλέγωμεν, verderbt aus ἐλέγομεν, was Ja aufnimmt.

95. ₂₂ εὐχαριστεῖν ἐπί τινι. Vgl. 1. Kor. 1 ₄. — p. 198 ₂ λούσασθαι Nie. Text,

handlungen des zweiten Nicänums (hinter ἀνόμων) aufbewahrte Zusatz καὶ ὑπὸ ἀνόμου ὄφεως νομοθετουμένων ('Ιουδαίων), den Beausobre (ohne Kenntnis der Aus-lassung des cod. C!) als Zusatz der Konzilsväter betrachten wollte; s. dagegen Thi p. 28 f., der auf die These gewisser Christen über das Gesetz bei Ptolemäus ep. ad Floram verweist: ὑπὸ τοῦ ἀντικειμένου φθοροποιοῦ διαβόλου τεθεῖσθαι τοῦτον ἰσχυρίζον-ται, ὡς καὶ τὴν τοῦ κόσμου προσάπτουσιν αὐτῷ δημιουργίαν, πατέρα καὶ ποιητὴν τοῦτον λέγοντες εἶναι (Stieren, S. Irenaei opp. I, 922). Diese sahen also als Urheber des Gesetzes den Teufel, zugleich Weltschöpfer, an. Zu dieser oder einer ähnlichen (gno-stischen) Auffassung (Li I 527; (Pfleiderer, Urchristentum ² II 123 A. *: ophitisch) zwingt aber nicht der Wortlaut der Stelle, der nur besagen soll, daß die gesetzlose Schlange (vgl. c. 69) die Juden zur Gefangennahme und Kreuzigung treibt (Ja p. XVIII, ebenso Sch S. 70). Ha erklärte noch II 1, S. 541: „Daß die Johannes-akten gnostischen Ursprungs sind, ist bereits durch den Satz..... gewährleistet; denn dieser Satz überschreitet die Grenzposition, welche der Verfasser des Barnabas-briefes eingenommen hat", äußert sich dagegen II 2, S. 173 A. 3 aus Anlaß von Schmidts These (s. o. 353. 354 f.): „Wir müssen selbst zugeben, daß ein solcher Satz .... sich in den Köpfen nicht-häretischer Christen mit der Anerkennung des A. T.s vereinigen ließ". Tatsächlich haben wir c. 112 Anfg. einen Beleg („der du dich durch das Gesetz und die Propheten gezeigt hast") relativer Wertschätzung des Gesetzes durch den Verf., mag er auch sonst das A. T. in seinen Schilderungen zurücktreten lassen (Apokr. S. 432). Vielleicht hat er sich dessen Ursprung ähnlich wie Ptole-mäus önrecht gelegt. — Zu dem Lobgesang (auch von Pfleiderer, Urchristentum ² II 123 f. übersetzt) s. Apokr. S. 427 f. (Justin dial. 106 sieht bereits in Ps. 22 ₂₂ eine Andeutung von Mt. 26 ₃₀.) Hi gebührt das Verdienst, die Erklärung dieser ganzen durch Ja ausführlicher bekannt gewordenen Partie energisch in Angriff ge-nommen zu haben (ZwTh 1900, S. 30 ff.). — S. 453] Z. 1 Amen; Thi p. 29 vergleicht die Stellen Ps. 106 ₄₈. 1. Kor. 14 ₁₆. A. Tho. 29. Justin apol. 65. Euseb. h. e. VI 43. VII 9. Kyrill catech. myst. V 18. Weitere Belege in der Verwen-dung bei der Eucharistie s. bei Drews in RE V 568; s. auch noch Apokr. S. 36 zu Nr. 2.

Dem eigentlichen Hymnus geht voran und folgt als Einleitung und Schluß eine Doxologie, speciell das Ehre sei Dir, Vater! Dieses wird vor dem Schluß trinitarisch auseinandergelegt (Vater — Wort — heiliger Geist), während hier am Eingange mehrfache Wendungen nachgebracht werden (Wort — Gnade; Geist — Heiliger — Ehre), die nicht gut anders denn als Attri-bute des „Vaters" gefaßt werden können (vgl. die Nebeneinanderreihung der Epi-theta für das Lichtkreuz c. 98; dazu Sch S. 90. Anders Li I 527). Der Ausdruck „Logos" (Wort) schlägt überall durch, auch in der nachfolgenden Auslegung des Lobgesanges, während er in den Gebeten der übrigen erzählenden Partien der A. J. nicht zu beobachten ist. Nach c. 96 ist der Logos vom Vater gesandt. Dies und

C. Anaſtaſius: lavari. T h i p. 31 ſchlägt vor λούεσθαι, was auch Bo billigt, H i mit Recht aufnimmt. Gedacht iſt an die Taufe des Herrn Mt. 3 13 ff. — ὁ Τῷ δὲ ὅλων ᾧ χορεύειν ὑπάρχει cod., τὸ δὲ ὅλον ᾧ χορεύειν ὑπάρχει Ja. Und welches Prä= dikat ſoll man ſich zu τὸ ὅλον denken? H i p. 12. 32 τῷ δὲ ὅλῳ ΑΩ χορεύειν ὑπάρ= χει. Er weiſt hin auf Offb. 1 8. 21 6. 22 13 und will hier unter dem ΑΩ das gno= ſtiſche Pleroma verſtanden wiſſen. Aber die Bezeichnung ΑΩ als der Anfang und das Ende, und zwar bezogen auf Chriſtus, findet ſich nur in der Offb. [vgl. N. Müller in RE I 1], iſt auch keine ſprichwörtliche (vgl. den Thesaurus Graecae linguae ed. H. S t e p h a n u s, neueſte Ausgabe Paris 1836—1865). Der H i.ſche Erklärungsverſuch iſt ſomit ein ganz verfehlter, zu willkürlich. Freilich eine be= friedigende Löſung wird ſich ſchwer finden. Dunkel bleibt wie manche Stelle echter Gnoſis auch dieſe. Ich habe gedacht an τῷ δὲ ὄρῳ ἄνω oder μόνῳ vgl. 200 11 (διορισμός), an τῶν δὲ ὅλων αἰώνων τὸ χορεύειν ὑπάρχει vgl. 202 27, an τῷ δὲ ὅλων τὸ χ. ὁ. „dem Allvater gilt der Tanz". Am meiſten ſagt mir noch zu Bo.s Vor= ſchlag: τῷ δὲ ὅλῳ ἄνω χορεύειν ἄνω vgl. 5. Wer t a u z t? Die Charis, Ogdoas, Dodekas — das iſt eine Abſtufung dem Range nach nach unten im gno= ſtiſchen Syſteme, z. B. im Valentiniſchen. Die Dodekas, deren letztes Glied gefallen

anderes klingt durchaus johanneiſch und beweiſt mit anderem, daß die von Einigen (ſ. o. S. 493. 523, und dagegen J a p. 144—154 S ch S. 122. L i e in ZnW 1902, S. 230, ſowie Z a und L i I 515) verſuchte Umkehrung des literariſchen Verhältniſſes zwiſchen den kanoniſchen Schriften unter dem Namen des Johannes und den A. J. untun= lich iſt. Eine Sonderung (Nebeneinanderſtellung) der beiden Hauptperſonen (Vater, Chriſtus) tritt freilich, entgegen der ſonſtigen Tendenz des Verfaſſers, auch darin hervor, daß Chriſtus zum Lobe des Vaters auffordert, ſie wird aber auch wieder dadurch wettgemacht, daß der Redende (Chriſtus) und der Gläubige (Pneumatiker) in myſtiſcher Einheit des Ich s gefaßt werden (c. 96 Aufg.; vgl. L i e, Offenb. im Gnoſt., S. 127 f. Apokr. S. 427 f.). „Auf keinen Fall geht der leucianiſche Jo= hannes darauf aus, als der Evangeliſt Johannes zu erſcheinen"; darin iſt H i (S. 35) durchaus recht zu geben. Vom Seelenkampf Jeſu, den die Synoptiker (Mt. 26 39 f. und Par., vgl. Hebr. 5 7) berichten und Joh. 12 27 bereits paralyſirt (vgl. H i S. 33. 43), iſt vollends keine Rede. Die Polemik des Juſtin bei ſeiner alle= goriſchen Ausdeutung von Pſ. 22 dial. 103 p. 331 D: μὴ λέγωμεν ὅτι ἐκεῖνος, τοῦ θεοῦ υἱὸς ὤν, οὐκ ἀντελαμβάνετο τῶν γινομένων καὶ συμβαινόντων αὐτῷ begreift ſich aus dem Gegenſatze gegen eine doketiſche Richtung, deren kraſſer Vertreter ja auch unſer Verfaſſer iſt (T h i p. 30 dachte ſpeciell an Sabellianismus). — Auf eine ſichere Erklärung der einzelnen Antitheſen muß verzichtet werden. — Z. 10 H i bezieht das σωθῆναι „auf die Gottverlaſſenheit des am Kreuze Sterbenden" (S. 30 f.), ſchwerlich mit Recht. — Z. 11 vgl. das Valentinfragment Apokr. S. 142 M. 1. — Z. 12 vgl. c. 101 (λόγου τραῦμα). — Z. 13 Zeugung Jeſu, vgl. Pſ. 2 7. AG. 13 33, ander= ſeits Joh. 1 13 u. ähnl. Stellen. — Z. 14 vgl. Joh. 4 31. 6 27. 50 ff. — Z. 15 vgl. zu c. 88. — Z. 16 g a n z Gedanke, Nus als Epitheton des Lichtkreuzes oder wahren Heilandes c. 98; vgl. Ariſtid. apol. 1 (TU IV 3, S. 6 1): ὅτι ὅλως ... νοῦς ἐστι (von Gott). Nach Baſilides iſt Nus die erſte Emanation des Vaters (Jren. adv. haer. I 24, 3). — Z. 17 vgl. Offb. 1 6: τῷ ... λούσαντι (ſekundäre Leſung ſtatt λύσαντι — vgl. oben Z. 11) ἡμᾶς ἐκ τῶν ἁμαρτιῶν ἡμῶν ἐν τῷ αἵματι αὐτοῦ.

D i e G n a d e (vgl. oben Z. 5 und beim Gnoſtiſchen Marcus: Jren. adv. haer. I 13) t a n z t; perſonificirt oder gar als Aeon gedacht, ebenſo wie Z. 21 die A c h t= z a h l (Ogdoas). Schwierig iſt die Frage und von ihrer Entſcheidung das Urteil über den gnoſtiſchen Charakter der A. J. zu einem guten Teile abhängig (vgl. Apokr. S. 423), wie man die Acht= und Z w ö l f z a h l zu faſſen hat. S ch S. 127 f. ſetzt, indem er die Beziehung von J a auf die valentinianiſchen Aeonen des Ple= roma (ebenſo H i S. 31 A 3 f. und Z a) beſtreitet, für die Zwölfzahl den Zodia= kalkreis, für die Achtzahl „die ſieben Planeten reſp. Himmel mit dem Kosmokrator reſp. Satan an der Spitze" ein. Letzteres iſt aber durchaus unſicher, da, wie J a

war, aber wiederhergestellt ist: die σοφία (vgl. 200 13), tauzt oben. Ja „dem All" — denn der Stauros=Logos stellt die Harmonie des Alls her vgl. 200 13. 17. — „wird zu Teil oben zu tauzen", d. i. ihm ist die Möglichkeit gegeben, an dem großen Feste der geistigen Vereinigung teilzunehmen. „Wer nicht tauzt, erkennt das Bevorstehende nicht," d. i. den Tod des Herrn und die wahre Bedeutung des Stauros. Wer also diese rechte Gnosis nicht hat, scheidet auch von den nach oben (ἄνω) Em= porgehobenen (ἀναγωγή 200 12), er gehört zum κάτω ὄχλος (199 14). — 9 φυγεῖν cod. φεύγειν Bo Ja vgl. 2. — 8 κοσμάς cod., κοσμεῖσθαι Ja. — 9 νῶσαι cod., ἐνῶσαι Ja. — 9 f. οἶκον, τόπον vgl. Joh. 14 2 f.

96. 14 ὑπακούω cod., ὑπακούων Bo (ὑπάκουε Ja). — 11 πράσσων cod., πράσσω in einer Besprechung von Sch.s Buch (JthSt V Jan. 1904, p. 295 f.) mit Recht erklärt, es unzulässig ist „„to suppose that the Kosmokrator joined in the exul- tation of the Redeemer who was just about to overthrow his power. Ja nimmt das Vorhandensein gnostischer Terminologie als feststehend an (p. 296). Daß eine solche auch sonst im Hintergrunde der Ausführungen steht, meine auch ich Apokr. S. 13* f. A. und S. 428 gezeigt zu haben. Auch Ha muß bei aller Neigung, Sch.s weitgreifender These (f. o. 354 f.) zuzustimmen, zugestehen (II 2, S. 173 A. 3): „Na= türlich liegen die Akten auf der Grenze des Vulgär=christlichen und des Gnostischen; man kann sich aber diesen Streifen nicht breit genug denken". Sieben und Zwölf (wo also Sch.s Deutung berechtigt ist) begegnen wirklich A. Tho. 7 (f. u.); Ketzerkatalog des Bisch. Maruta bezüglich der Manichäer (TU N. F. IV 1 b, S. 9). Leo ep. ad. Turrib., prol. und § 12 erwähnt, daß die Priscillianisten den mensch= lichen Körper nach den zwölf Himmelszeichen einteilen. Eine Acht= und Zehnzahl führten die Doketen des Hippolyt (ref. VIII 10 p. 424 1), dessen Schilderung (VIII 8—10) im übrigen unsere Akten nicht erklärt (der Doketismus kein bestimmtes Sy= stem, sondern eine Richtung, wie der Enkratismus; vgl. die Artikel von Krüger in RE V 392 f. IV 764 f.). Heilige Götterogdoas der Aegypter f. Dieterich, Abraxas S. 33 (8. Buch Mosis erwähnt). Die Achtzahl spielte im basilidianischen System eine große Rolle. Ogdoas als Zwischenreich vgl. Reitzenstein, Poimandres, S. 53 f.

Z. 25 Hi S. 32 A. 3 bezieht das Fliehen auf das bevorstehende Leiden nach der Lehrmeinung Kerinths. — Z. 27 mystische Einigung vgl. Evangelienfragmente Apokr. S. 41 unter 3, S. 42 unter 7. — Z. 30 vgl. 1. Kön. 8 27, Joh. 4 21 f., Offb. 21 22 und andererseits 1. Kor. 3 16 f. 6 19. 2. Kor. 6 16. — Z. 32 vgl. 1. Kor. 13 12; A. An. 15 p. 44 15: δι' αὐτῶν (scil. τῶν κεκηρυγμένων λόγων) μυστήρια ὀπτριζομένους περὶ τὴν ἰδίαν φύσιν. — Für das Apokr. S. 453 in der Anm. mitgeteilte Citat aus Ps.=Cypr. de montibus Sina et Sion 13, wo der hl. Geist mit Bezug auf Weish. Sal. 7 26 spe- culus immaculatus genannt wird, vermutet Ha TU N. F. V 3, S. 106 f. A. 4 als Quelle die Paulusakten (nach einigen Hff. ist der betr. Johannesbrief ad Paulum gerichtet, nach anderu ad populum — so Hartel —, wieder andere lassen den Zu= satz ganz fort), Za (G.K. I 218 A.; Forschungen VI 196 f. A. 1) die A. J. Eine Entscheidung zwischen diesen und anderen Möglichkeiten kann vorderhand nicht ge= troffen werden. Doch ist die stark betonte Einheit zwischen Christus und seinen Gläubigen Za.s Vermutung günstiger. So jetzt auch Ha II 2, S. 384. — Z. 33 f. Tür, Weg vgl. c. 98. 109.

96 Z. 36 vgl. Basilides bei Jrenäus adv. haer. I 24, 6: et non oportere om- nino ipsorum mysteria effari, sed in abscondito continere per silentium. Ueber Geheimhaltung des Offenbarungsinhalts f. Apokr. S. 34. — Christi Leiden bezweckt, das allgemeine Menschenleiden deutlich zu machen, zum Bewußtsein zu bringen und ebendamit aufzuheben (vgl. A. An. 9); jenes wird also dadurch wie durch die do= ketische Fassung der Tat selbst (c. 97 f. 101; vgl. den polemischen Satz gegen Simon und Kleobius in den A. P. im Eingang zum Briefwechsel mit den Korinthern, oben S. 363) depotenzirt. Die enge Wechselbeziehung zwischen dem beiderseitigen Leiden kommt denen zugute, die wirklich durch Erkennen des Leidens sein eigen geworden und eben dadurch über die niederen Funktionen und feindlichen Mächte erhaben sind. Sie vollendet sich dadurch, daß auch Christus, der obere, der vice versa mit

Bo Ja. — 10 f. κινηθεὶς σοφίζειν, Bo hält die Stelle für verderbt; ich lefe κινηθεὶς σε bez. σεαυτὸν σοφίζειν oder σοφίζεσθαι. Vgl. 2. Tim. 3 16. σοφίζειν ift tranfitiv, ohne σε (σεαυτὸν) müßte man ergänzen ἄλλους (andere zu unterweifen) und etwa überfetzen „Weisheit zu lehren". Aber um das Lehren handelt es fich hier nicht, um das Erkennen (21, 23), und das wird der Herr felbft lehren (24). Das pron. pers. ftatt des reflex. Mt. 6 19, in den Akten p. 182 13 (189 6) 192 2, allerdings nur nach Präpositionen oder bei poffeffivem Genitive. — ἐπαναπαύεσθαί τινι vgl. Röm. 2 17, 21. — γνῶ cod., γνώσῃ Ja. 22 σύγγνωθι cod., σὺ γνῶθι Ja. — p. 199 1 ῥυθμίζεσθαι θέλω ψυχαῖς ἁγίαις überfetzt nach Lie, Die Offenbarung im Gnofticismus, S. 128. ψυχαῖς ἁγίαις lat. coaptare f. Iren. adv. haer. V 5, 1 ed. Stieren p. 727]; Bo denkt daran, ἐλπιζούσαις einzufügen, und verweift auf 189 8. 192 25. 207 2. Ja ändert ἐπ' ἐμοὶ und bezieht diefe Worte zum folgenden τὸν λόγον γνῶθι, während Lie a. a. O. A. 3 die Interpunktion nicht ändert, aber angibt, ἐπ' ἐμὲ könnten auch zum folgenden Satz gehören. Ich lefe mit Ja ἁγίαις · ἐπ' ἐμοὶ κτλ. — 2 ἐμοὶ die Einfchaltung von σὺν (Bo ?? Ja) ift nicht nötig. — 3 ἠθελησώμην cod., εἰ θέλεις ὃ ἤμην von Bo vorgefchlagen, von Hi aufgenommen. — 4 λόγον cod., verbo Auguftin. λόγῳ Bo, Ja. ἅπαξ ἔπαιξα mit Recht tilgt Bo ἅπαξ vgl. Auguftin. ἐπαισχύνθην cod., ἐπησχόνθην Ja, ἐπαίχθην Bo, Hi. So lefe auch ich. Vgl. Auguftin „sum illusus". — Diefen Hymnus fand Auguftin im Gebrauche der Priscillianiften vor und befpricht ihn epist. 237 ad Ceretium (Opp. t. II. col. 644 ff. Ed. Maur. II, 850 ff. Paris 1688). [Gams, Die KG. von Spanien II 1, S. 403 erinnert an einen füd= gallifchen Bifchof diefes Namens um 441]. Die bei ihm erhaltenen Stücke find folgende:

> Salvare volo et salvari volo.
> Solvere volo et solvi volo.
> Generari volo . . .
> Cantare volo, saltate cuncti.
> 5 Plangere volo, tundite vos omnes.
> Ornare volo et ornari volo.
> Lucerna sum tibi, ille qui me vides.
> Janua sum tibi, quicumque me pulsas.
> Qui vides, quod ago, tace opera mea.
> 10 Verbo illusi cuncta, et non sum illusus in totum.

Diefe 10 Reihen gibt alfo Auguftin in derfelben Reihenfolge, in der fie im griechi= fchen Hymnus ftehen. Zwar beginnt er die Befprechung mit der zweiten Reihe, beim Uebergange zur erften Reihe aber nennt er diefe die vorausgehenden Worte diefes Hymnus; von Reihe 3 führt er nur die Hälfte an. In den Reihen 1 und 2 ift das Aktiv der Antithefe, im griechifchen Hymnus das Paffiv vorangeftellt. „Der Lobgefang freilich", fagt Auguftin § 2, „der wie fie behaupten, von unferm Herrn Jefus Chriftus herrühre, pflegt fich in den apokryphen Schriften zu finden. Aber diefe find den Priscillianiften nicht eigentümlich, fondern auch andere Häretiker einiger Selten benutzen fie in in eitlem Frevelmute." An den angeführten Stellen des Hymnus, der als „Geheimnis des Königs" (Tod. 12 7) nicht in den kanonifchen Schriften angeführt fei, weift Auguftin nach, daß die Häretiker in die Worte des Lobge= fanges ihre geheimen Irrlehren hineingelegt haben (f. Apokr. S. 424). Alfo, folgert Auguftin, gehören die kanonifchen Schriften nach der Meinung jener Irrlehrer nicht zum „Geheimniffe des Königs" und find nur für die Fleifchlichen gefchrieben. Denn wenn etwa die kanonifchen Schriften von den Geiftigen geiftig, von den Fleifchlichen fleifchlich verftanden wurden, warum ftehe dann diefer Hymnus nicht in ihnen, den ja die Geiftigen geiftig und die Fleifchlichen fleifchlich verftehen würden? Und doch verfuchen fie den Hymnus, dem fie göttlichen Urfprung zuerkennen und den fie höher als die kanonifchen Schriften ftellen, aus diefen zu erklären. Und nun zeigt Auguftin an einzelnen Teilen des Hymnus, daß, was in diefem mit abfichtlich dunkeln Worten gefagt oder vielmehr verhüllt wird, in jenen in hellftem Lichte er=

uns leidet (c. 103), wird, was er vor dem Herabkommen war, wenn fo „jedes Glied" von ihm „zufammengefaßt", „aufgenommen" ift (c. 100). — S. 454] 3. 3 f. Anklänge

strahlt und somit durch jene erst die Dunkelheiten dieses ihre Erklärung finden. Wenn z. B. es im Hymnus heißt: „Ich will lösen und ich will gelöst werden", so erklären sie diese Worte selbst: „Christus erlöst uns vom irdischen Wandel, so daß wir nicht wieder von diesem gefesselt werden." Diese Wahrheit finden wir aber in den kanonischen Schriften mit voller Deutlichkeit klar ausgesprochen, wie zu lesen ist Pf. 115 17. 145 8. Gal. 5 1. 2. Petr. 2 20 und an vielen andern Stellen. Um dieser Wahrheit aber den rechten Ausdruck zu verleihen, hätte man schreiben sollen: „Ich will lösen und will nicht, daß die von mir Gelösten gebunden werden"; oder, wenn der Herr wie Mt. 25 35 f. als das Haupt seine Glieder d. i. die Gläubigen in seiner Person darstellt, hätte man etwa so sagen sollen: „Ich will lösen und nicht gefesselt werden". Ebenso dunkel ist die Ausdrucksweise in den Worten: „Ich will retten und ich will gerettet werden." Legen sie doch diese Worte so aus, daß der Herr uns durch die Taufe rettet und auch wir retten, d. i. den durch die Taufe empfangenen Geist bewahren. Wie kräftig aber wird dieser Gedanke in den kanonischen Büchern ausgesprochen: Tit. 3 5. 1. Theff. 5 19. Das Gleiche gilt von den übrigen Stellen. Also was sie bei der Erklärung des Hymnus Gutes sagen, das lesen wir auch in den kanonischen Büchern. Eine Ausflucht, keine Begründung ist es somit, wenn sie behaupten, man habe, um das Geheimnis des Königs den fleischlichen Menschen zu verbergen, den Hymnus aus den kanonischen Büchern weggelassen. Darum ist an= zunehmen, daß sie durch ihre Erklärungen eben nicht erklären, sondern nur ihre wahren Gedanken verstecken wollen. Was Wunder also, daß sie vom Herrn selbst glauben, er verspotte die Wahrheit. Diesen läßt der unbekannte Verfasser des Hymnus die Worte sagen: „Durch das Wort habe ich alles getäuscht und bin durchaus nicht getäuscht worden". (Folgt noch der Apokr. S. 424 in der Ueber= setzung der Kemptener Ausgabe der Kirchenväter citirte Satz.)

Jetzt, wo wir den ganzen Hymnus besitzen, sind wir über sein gnostisches Gepräge außer allem Zweifel, und wenn auch nicht alle Stellen verständlich ge= worden sind, so hat doch die Erzählung, in deren Zusammenhang er sich befindet, zu seiner Deutung wesentlich beigetragen. — Der Hymnus besteht meist aus Anti= thesen. Jamben und Trochäen wechseln ab, selten finden sich Anapäste wie bei dem Abschluß p. 198 13. Eine systematische genauere metrische Gliederung ist nicht gegeben — nur rhythmischer Wohlklang.

97. 9 ἀλλαχοῦ φεύγωμεν C, ἀλλαχόσε πεφεύγαμεν (Σ außer O) T. L. (fugimus Longolius ebenso) ist schon in den Text der Ausg. der Konzilien aufgenommen. Vgl. 13 ἐγεγόνει. — 10 τὸ πάθος Σ, τῷ πάθει C, προσμένειν τινί ausharren bei, τι etwas abwarten. Beide Konstruktionen sind gleich gebräuchlich. C hat πάσχοντα nicht dagegen πά= σχοντος αὐτοῦ τῷ πάθει. — 10 „Ich harrte nicht bei ihm im Leide aus". Das ist völlig widersprechend der Stelle Joh. 19, 26 f., was schon von Amphilochius von Ikonium (Thi p. 12) bemerkt wurde [aber von Za NkZ 1899, S. 202 f. bestritten wird]. Dort steht der Lieblingsjünger unterm Kreuze, und Christus spricht zu ihm

an die Abschiedsreden bei Joh.; vgl. ferner Reitzenstein, Poimandres, S. 340 19 Anm. — Z. 7 Dualismus; Gott ... des Verräters (Judas), vgl. A. Pe. 8. A. Tho. 32.

Z. 12 Dieser Satz ist schon durch seine Stellung (als eine Art Endaufschluß der Herrnrede) hervorgehoben und als besonders charakteristisch auch durch den Ge= währsmann des Augustin bezw. Ceretius aufbewahrt worden. Es kann damit nicht gut an etwas anderes als an die Hinweisungen Christi auf sein Leiden in den kanonischen Evangelien einschließlich der Schilderungen des Seelenkampfes (s. o.) und des wirklichen Todesvollzuges gedacht sein.

97 Hier setzen die Reminiscenzen an die geschichtliche Darstellung der Evan= gelien wieder ein, die im folgenden zugleich neutralisirt wird. Auch Kenntnisnahme vom Petrusevangelium macht sich (wie in c. 102) bemerkbar, was bei der gleich= falls doketischen Haltung desselben nicht auffällt (Za, NkZ 1899, S. 213 stellt Pf.= Petrus „tief unter Leucius" und konstatirt völlige Unvereinbarkeit beider). — Z. 18 weinte; nach Lk. (23 27 f.) weinen die den kreuztragenden Herrn begleitenden

und Maria. Hier aber ist Johannes auf den Oelberg geflohen und hat fern vom
Kreuze die Begegnung mit dem Herrn, der nur ihm sich in seinem wahren Wesen
offenbart, ihm allein das Licht der Gnosis gibt. Die Gnosis des Stauros, des
Lichtkreuzes, des Horos im gnostischen Systeme (p. 200 11) legt der Herr dem Jo=
hannes dar, und dieser erfährt nun auch von dem Schauspiele der Kreuzigung unten
beim Volke, erfährt, daß der wirkliche Christus gar nicht leidet, nicht leiden kann. —
12 τῇ ἀροῦσα C, τὸ ἀρον ἐβοᾶτο ist die Lesart, die im Texte (Paris 1644) der Acta
conciliorum XIX 381, ebenso ed. Labbe et Cossart t. VII Paris 1671 aufgenommen
ward, nach Bo coniectura speciosa sed falsa. Anastasius: tolle chamabatur. Joh 19 15.
τῷ σταυρῷ Σ (O), cruci (affixus) Longolius. Die Lesart C verteidigt Hi: τῇ ἀροῦσᾳ
= עֲרוּבָא oder עֲרוּבְתָּא am Freitage. „Wohl aus dem alten Hebräerevangelium" sei
die vespera sabbati, der dies Veneris übernommen (ZwTh 1897, S. 470. 1900, S. 14.
34). Aber für d i e s e Uebertragung aus dem Hebräischen ins Griechische findet sich
sonst kein Beleg. Ja hält für ursprünglich τη στρουβάτω und liest τῇ σταυροῦ βάτῳ,
sich auf die Ausbeutung der mosaischen βάτος bei den Doketen des Hippolytus (VIII 9)
stützend (p. XXIII sq.). Dagegen wendet Hi ein, daß selbst diese Doketen mit dem
Kreuze den feurigen Dornbusch 2. Mos. 3, 2 f. nicht in Verbindung gebracht haben.
βάτος immer = Dornbusch, Dornstrauch, auch der Dorn, auch der Brombeerstrauch.
Also kann ich mich nur für die Lesart τῷ σταυρῷ entscheiden, die dem Sinne nach
gut paßt, wenn ich auch zugeben muß, daß es schwer zu erklären ist, wie aus τῷ
σταυρῷ: τῇ ἀροῦσᾳ oder τὸ ἀρον ἐβοᾶτο entstehen konnte. — ἐκρεμάσθη C, ἀπεκρεμάσθη
Σ'. — 13 ἐγένετο C, ἐγεγόνει Σ'. — 13 ἡμῶν C, μου Σ' vgl. p. 196 16. 17. — ἐν μέσῳ
τοῦ σπηλαίου. Der Bericht ist hier sehr knapp zusammengedrängt, von einer Höhle
war noch nicht die Rede, nur von der Flucht des Johannes auf den Oelberg, der
sich also in einer Höhle des Berges verborgen hat. [Man erinnert sich der Höhle
der Geburt im Protevangelium Jakobi 18 ff.] — 14 αὐτῷ C, με Σ', αὐτὸ Bo. — 15 f.
„mit Lanzen und Rohren gestoßen und mit Essig und Galle getränkt". Das καὶ
hinter καλάμοις brachte erst C. So wurde auf einen Vorschlag T h i s p. 32 unter
Hinweis auf Mt. 27 48 von Z a interpungirt hinter νύσσομαι und καλάμοις zum
folgenden gezogen, von L i S. 452 übersetzt: „und am Rohr mit Essig und Galle
getränkt" vgl. Mc. 15 36. Mit Recht hatte sich schon So, noch ohne Kenntnis von
C, gegen diese Interpunktion gewandt S. 127 f. Er berief sich auf Ev. Petr. 9,
wo es in der Verhöhnungsszene vor der Kreuzigung heißt: ἕτεροι καλάμῳ ἔνυσσον
αὐτόν. Und dasselbe lesen wir nur mit anderem Verbum Mc. 15 19 ἔτυπτον αὐτοῦ
τὴν κεφαλὴν καλάμῳ. Somit ist in den Akten ein Stoßen oder Schlagen mit Lanzen
und Rohrstäben gemeint. Wird hier der noch lebende Christus geschlagen, so finden
wir denselben Ausdruck λόγχη ἔνυξε (scil. αὐτοῦ τὴν πλευράν) bezogen auf den schon
gestorbenen Herrn Joh. 19 34. Da hat natürlich das Stoßen mit d e r Lanze einen
andern Zweck; darum auch im Johannesevangelium der Singular, in den Akten
der Plural. So macht noch darauf aufmerksam, daß von einer Mißhandlung
w ä h r e n d der Kreuzigung weder in den kanonischen Schriften noch in anderen die
Rede ist außer in unsern Akten und in der pseudocyprianischen Schrift de montibus
Sina et Sion [vgl. oben S. 528] c. 8 „in ipsa passione ... Judaei inridentes de
harundine caput ei quassabant." [Vgl. auch ZnW 1900, S. 341.] Daß der Ver=
fasser bei diesen Worten die ebenerwähnte Stelle Mc. 15 19 als Vorlage gehabt hat,
steht mir außer Zweifel, zumal das inridere 17 f. vorangeht. Jener hat dann Vor=
gänge, die bei Mc. als v o r der Kreuzigung geschehen erzählt werden, ungenau
übertragen als Vorgänge w ä h r e n d der Kreuzigung. Oder sollten sich gar die

Weiber von Jerusalem, nach Petrusevang. 27. 59 die Jünger nach der Kreuzigung
(vgl. Mc. 16 10, auch Joh. 16 20), 52 Maria Magdalena (vgl. Joh. 20 11. 15) mit den
Freundinnen am Grabe des Auferstandenen. — Z. 21 e r l e u c h t e t e (die Höhle),
vgl. c. (76) 90. (Licht im Speisezimmer A. Pe. 21) — u n t e n, von So 126 A. 1
rein örtlich gefaßt; die übertragene Bedeutung (L i) ist aber durch den Anklang
(κάτω — κατωτικὴ ῥίζα c. 98 Ende, κ. φύσις c. 100 Anfg., κατωτέρω c. 99 Anfg.)

Worte in ipsa passione auf die g a n z e Leidenszeit, nicht nur auf die Kreuzigung
beziehen können? Dieselbe Ungenauigkeit liegt, meine ich, in den Akten vor. Der
Verfasser gibt ja nur einen ganz kurzen, dürftigen Bericht über Christi Leiden und
Sterben, für alle diese Vorgänge hat er kein Interesse, nur das Interesse, diese
Vorgänge als keine wirklichen hinzustellen. Auch die Tränkung mit Essig und
G a l l e (Wein mit Galle gemischt) erzählt Mt. 27 34 von der Zeit v o r der Kreu=
zigung. Diese Mischung lesen wir noch Ev. Petr. 16. ποτίσατε αὐτὸν χολὴν μετὰ
ὄξους. Der gekreuzigte Jesus wird im Neuen Testament nur mit Essig getränkt.Mt. 27 48
Mc. 15 36 Lc. 23 36 Joh. 19 29. [Genaueres s. o. S. 82.] — 98. 20—22 μορφή vgl. Phil.
2 6 f., ἰδέα vgl. Mt. 28 3 σχῆμα (200 1) vgl. 1. Kor. 7 31. Vgl. o. S. 499. — In scharfsinniger
Weise wollte J a den Widerspruch dieser Zeilen mit p. 201 1 f. beseitigen: Duorum
ὄχλων fit mentio, quorum alter μονοειδής est, alter μίαν μορφήν οὐκ ἔχει et ille
quidem περὶ τὸν σταυρόν. Darum will er durch Versetzung lesen an dieser Stelle:
ὄχλον πολύν, καὶ ἐν αὐτῷ ἦν μορφή μία καὶ ἰδέα μία. ⟨καὶ ἐν τῷ σταυρῷ ἄλλον τινὰ
ὄχλον,⟩ μίαν μορφήν μὴ ἔχοντα· αὐτὸν δὲ κτλ. — Eine solche Lücke im Text, den die
Acta conciliorum in gleicher Weise wie C überliefern, nur daß diese statt ἰδέα ὁμοία
ἰδέα μία gibt, erkennt mit Recht H i nicht an (ZwTh 1897, S. 470), berichtigt aber
ZwTh 1900, S. 15 f. sich selbst, insofern als er die durchaus notwendige Einschie=
bung von μὴ vor μονοειδής 201 1 vornimmt. Nun bleibt noch e i n e Schwierigkeit
bestehn: p. 199 22 καὶ ἐν αὐτῷ ἦν μ ο ρ φ ή μία, p. 201 2 f. καὶ οὓς ὁρᾷς ἐν τῷ σταυρῷ,
εἰ. — καὶ μ ί α ν μ ο ρ φ ή ν οὐκ ἔχουσιν. [Rösch bei Li II 2, S. 427 versuchte aus
p. 199 22 die Stelle von der Substitution aus dem Bericht des Photius — f. Apokr.
S. 352 — zu erklären.] Am liebsten striche ich — zumal im Koncessivsatze — οὐκ.
Aber das erscheint zu kühn. Auch mit οὐκ ist die Erklärung möglich: Wenn sie
auch (noch) nicht eine Gestalt haben, so heißt das, daß eben noch nicht jedes Glied
. . . H i „wohl Gleichgestaltigkeit, aber an den Zugehörigen noch nicht durchgeführt".
Und dazu paßt das folgende: „Wenn aber . . . aufgenommen ist . . ." — p. 200 3
gütige χρηστήν vgl. p. 162 31. — 6 Eines bedarf ich χρῄζω vgl. p. 194 10 212 6. —

mit gewährleistet. — Z. 23 f. h ö r e . . . h ö r e ſt, vgl. c. 98 Z. 31 f., 100 Z. 11. 14
und oben zu c. 88. — Z. 24 B e r g als Ort besonderer Offenbarung vgl. c. 90 f.
— 98 H e r r n . . . a u f d e m (Licht=) K r e u z e : das visionäre, aber eben darum
doch reale Gegenbild der irdischen Kreuzigung, nach dem sonst in den A. J. ver=
wendeten dualistischen (griechischen) Schema von Leib und Geist resp. dem eigentlich
Personbildenden im Menschen, unter vorwiegender Schätzung des letzteren (vgl. oben
zu c. 27 Z. 24), verständlich. Wie weit die Kreuzigung des Menschen Jesus noch
als realer Vorgang gedacht ist (Pfleiderer S. 127 A. *, mit unerlaubter Entgegen=
setzung der Namen Jesus und Christus), darüber hatte der Verf. kein Interesse
eine Näherbestimmung zu treffen. Im Petrusevang. 19 (vgl. Stülcken oben S. 82 f.
und Völter, Petrusevang. oder Aegypterevang.? S. 21 f. 28) erscheinen beide Seiten
noch in dem Gekreuzigten selbst sozusagen zusammengenommen, während A. J. c. 102
am Ende der Sonderaufschlüsse an Johannes die „Aufnahme" erst nach des Offenba=
renden erfolgt. — Ueber den gnostischen Untergrund der ganzen Schilderung f.
Apokr. S. 428; das mystische Kreuz im Unterschied von dem hölzernen taucht auch
noch in späteren Apostelberichten auf (Li I 523, H i ZnW 1900, S. 45). Man darf
auch die A. An. hieher rechnen (Apokr. S. 470 f.). — Z. 30 unkörperliche S t i m m e,
vgl. 99 A. Pe. 39 A. Tho. 34 Ende; f ü ß e, vgl. A. Pe. 21: „füßer . . Name".
— Z. 33 W o r t (Logos), vgl. c. 96. 101). — V e r n u n f t (Nus) f. o. zu c. 95. —
b a l d J e s u s, b a l d C h r i ſ t u s ; in der Tat wechseln in den übrigen, erzählenden
Partien der A. J. die Namensbezeichnungen, am häufigsten ist „Herr"; „Herr Je=
fus" c. 47. 109, „Herr Jesus Christus" c. 24. 28. 29. 46. 77. 83. 85, „Jesus" c. 22.
29. 30. 43. 108, „Jesus Christus" c. 33. 75. 82 und in der Formel „im Namen Jesu
Chr.", Christus c. 22, vgl. 26 und 57, „Gott Jesus" c. 112, „Gott J. Chr." c. 107
usw. Dort liegen die populären Nennungen vor, hier der höhere Aufschluß. — Zu
den übrigen Epitheta (Z. 34 f.) und ihrer Entlehnung f. C o S. 122 f. und Z a

ται cod., καὶ ταῦτα Ja. Und dies (ſind feine Namen καλεῖται) wie für Menſchen be=
rechnet, nach menſchlicher Faſſungkraft berechnet. Vgl. p. 207 ₁₃. — 208 ₂ τὸν δι᾽
ἡμᾶς λεχθέντα υἱὸν ἀνθρώπου.
₁₁ αὐτὸν cod., αὐτὸν Ja. — εἰς ἡμᾶς cod., ὑμᾶς Ja. Aber es handelt hier um
den Gegenſaß zu 6 δι ὑμᾶς und zu 10 ἀνθρώπους, alſo in unſerer d. i. in göttlicher
Ausdrucksweiſe, eigentlich zu uns (Gottheiten) geſprochen. — διορισμός vgl. Clem. Alex.
excerpta ex scr. Theodoti § 42: ὁ σταυρὸς τοῦ ἐν πληρώματι ὅρου σημεῖόν ἐστιν.
Vgl. 26 Jren. adv. haer. I, 2 ₂—₄. 3 ₁. ₅. 4 ₁. [Vgl. Za in NKZ 1899, S. 214 f.] —
₁₂ f ἐστίν· καὶ τὸν νοῦν πεπιγμένον ἐξ ἀνεθράστων ἀνάγγη βίαβα καὶ ἁρμονία σοφίας· σοφία
δὲ οὖσα ἐν ἁρμονίᾳ ὑπάρχουσιν . . . cod. Am beſten iſt H i die Herſtellung gelungen,
ihm ſchließe ich mich völlig an. ἐστιν καὶ τῶν πεπηγμένων ἐξ ἀνεθράστων ἀναγωγή
βριαρὰ καὶ ἁρμονία σοφίας, σοφία δὲ οὖσα ἐν ἁρμονίᾳ. ὑπάρχουσιν δὲ . . . Statt βριαρὰ
würde ich vorziehn das in der Bedeutung nicht weſentlich verſchiedene, von Za ver=
mutete βεβαία. — ₁₃ f. „rechte und linke (Stätten)" ein recht gnoſtiſcher Ausdruck. Vgl.
p. 214 ₇ f. δεξιοὶ τόποι στηκέτωσαν, ἀριστεροὶ μὴ μενέτωσαν. Auch hier möchte ich
mit Bo τόποι ergänzen. Die im folgenden aufgezählten Mächte und Gewalten ge=
hören alle zu den ἀριστεροί, den böſen, feindlichen, hyliſchen, nicht zu den δεξιοὶ
den pſychiſchen, göttlichen, guten. Zu letzteren k ö n u t e man rechnen δυνάμεις ἐξουσίαι wie Lk. 9 ₁ (Lk. 10 ₁₉), ἀρχαὶ oft als die von Gott übertragenen Herrſchaften wie
Röm. 8 ₃₈. Eph. 1 ₂₁, auch ἐνέργειαι, das in gutem Sinne Eph. 1 ₁₉ von Gottes Wirk=
ſamkeit, von des Satans Wirkſamkeit 2. Theſſ. 2 ₉·₁₁ gebraucht wird. Aber wenn
man p. 214 ₆ f. vergleicht, erkennt man, daß hier nur ἀριστεροὶ (τόποι) aufgezählt
werden. Vgl. A. An. p. 41 ₁. — Der κατωτικὴ ῥίζα entſpricht 201 ₁ ἡ κατωτικὴ φύσις. Vgl.
187 ₂₄ und τὰ κάτω im Gegenſaß zum οὐρανός ἄνω AG. 2 ₁₉. — Zur Scheidung nach rechts
und links vgl. Mt. 25 ₃₃. — ₁₆ ἄφεστιν C, ἀφ᾽ ἧς vgl. Tür Ja. — 99. ₁₈ f. τὰ πάντα πηγάσας
C, εἰς ἓν πάντα πήξας Ja. Einfach und treffend ändert H i nur εἰς in εἰς. — ₂₀ οὖσα C,
οὐδὲ Bo, H i. — ₂₃ ὁ τόπος τῆς ἀναπαύσεως. Die ἀνάπαυσις ein Lieblingswort der
Akten wie ἀναπαύεσθαι, gebraucht von der erlöſenden, erquickenden Ruhe. Vgl.
z. B. Mt. 11 ₂₉. Offb. 14 ₁₃. A. An. p. 45 ₁₆. 42 ₃₃. 43 ₂ 33 ₁₀. 44 ₂₇. 41 ₂₈. 168 ₂₅. 190 ₆.
214 ₁. 173 ₁₀. — ₂₄ οὔτε ὀφθήσομαι C. Wie in der vorigen Zeile dem οὔτε ὁρᾶται das
οὔτε λέγεται folgt, muß hier folgen οὔτε λεχθήσομαι. So Ja, Bo, H i. — 100. p. 201 ₄
ἄνθρωποι C, ἀνθρώπον B o, beſſer wegen 7 αὐτῶν H i: ἀνθρώπων. — Vor φύσις will
Ja ἄνω einſchieben wegen ₁ f. ἡ κατωτικὴ φύσις. Aber der Gegenſaß zum Vorhergehenden
liegt ſchon in ἀναλημφθῇ. Vgl. 202 ₄. — ₅ f. ὃν νῦν ἀκούω με οὐ τοῦτο γενήσεται cod., οὐ

<hr>

NKZ 1899, S. 199 A. 2. Zu vgl. c. 109 (A. Pe. 20 oben S. 449); Brf. an Diognet 9, 6:
αὐτὸν (soil. τὸν σωτῆρα) ἡγεῖσθαι τροφέα, πατέρα, διδάσκαλον, σύμβουλον, ἰατρόν, νοῦν,
φῶς, τιμήν, δόξαν, ἰσχύν, ζωήν. Marcell von Ankyra (+ um 374) erklärte von den Na=
mensbezeichnungen („nach der Fleiſcheſannahme") Chriſtus und Jeſus, Leben und
Weg, Tag, Auferſtehung, Tür, Brot „καὶ εἴ τι ἕτερον ὑπὸ τῶν θείων ὀνομάζοντο γραφῶν", abſehen zu wollen, da zur αἰότης des Logos kein anderer Name als eben
dieſer paſſe (Chr. H. G. Rettberg, Marcelliana, Gott. 1794, s. 32 Nr. 37; Seeberg,
Lehrb. der Dogmengeſch. I, 175).

Z. 38 f. W e i s h e i t; an den weibl. Aeon (Z a , H i) iſt hier ſchwerlich ge=
dacht. Baſilides ſpricht von σοφίας φιλοκρινητικῆς κτλ., ſ. Krüger in RE II 433 f.;
Pfleiderer, Urchriſtentum ²II 127 erinnert daran, „daß ſchon Philo dem Logos die=
ſelben zwei Funktionen des Scheidens und Verbindens zugeſchrieben hatte". — Z. 39
r e c h t e u n d l i n k e (S t ä t t e n), vgl. im 2. koptiſchen Werke ed. Schmidt (1893),
S. 306: Ort zur Rechten und zur Linken, dort Leben, Licht uſw., hier das Gegen=
teil. Die Valentinianer des Jren. (adv. haer. I 6,1) nannten das Seeliſche (Mit=
tlere) Rechtes, das Materielle Linkes. — Zur Aufzählung vgl. oben c. 23. 79. —
Z. 41 W u r z e l, vgl. c. 114 (des Satans). Fragm. des Phil.=Ev. ſ. Apokr. S. 41
(Wurzeln des Archon). — 99 S. 455] Z. 4 S t ä t t e d e r R u h e, hier nicht in es=
chatologiſchem Sinne (wie ſpäter locus refrigerii ſ. meine ‚Altchriſtl. Malerei‘ S. 191).
— 100 Z. 6 <n i c h t>, ſ. o. zu c. 98 Anfg. — 8 f. des H e r a b g e k o m m e n e n

νῦν ἀκούων με ὡς σύ . . Ja, beſſer H i: ὁ νῦν ἀκούων με σὺν τούτῳ . . — ἔστιν· ἀλλ' cod. B o, der eine Lücke vor ἀλλ' annimmt. ἔστιν, ἀλλ' ändert H i gut. — 7 ἑαυτὸν cod. Ja, B o bagegen möchte ändern in σεαυτόν. Aber vgl. oben zu p. 195 4. — 8 οὐκ εἰμὶ ὃ εἰμι cod., ὃ ἤμην Bo vgl. 9. Dem Sinne nach muß es ἤμην heißen. Vgl. auch 3. — ἀκούειν wie Mc. 4 33 im Sinne: verſtehen. — 8 f. καὶ σὺ μένέ cod., καὶ σὺ μένε H i, B o folgend, würde aber vorziehn μενεῖς. Beſſer gefällt auch B o, wie Ja äudert: σὺ μὲν ἔσῃ. — 9 f. ὅταν σε ὡς ἐγὼ παρ' ἐμαυτῷ cod., ἐὰν σὺ ὡς ἐγώ . . H i, ὅταν σε εἰσαγάγω παρ' ἐμαυτόν ? ? B o, ὅταν σε ἔχω . . Ja, ὅταν σε σχῶ . . ſchlage ich vor. — 10 παρὰ γάρ τοῦ τοῦτο εἶ cod. παρὰ γάρ τούτου εἶ Ja, παρὰ γάρ μου τοῦτο εἶ H i. Aber ungewöhn= lich iſt nach παρά das enklitiſche μου (im Text ſchreibt H i μοῦ, in der kritiſchen An= merkung richtig μου); alſo παρὰ γάρ ἐμοῦ τοῦτο εἶ . . zu ergänzen iſt, wie auch B o meint, daß etwas fehle, ὃ εἰμι zu παρά vgl. Joh. 17 7 f. — τὸν νοῦν c od. τῶν οὖν Ja. 101. 16 εἰ σὺ cod., σὺ Ja εἰ σὺ H i. — 17 ἑαι με cod. ἔα με Ja. — 17 f. ὁρᾶν cod. ὅρα Ja. — ὁρᾶν, οὗ ἔφην ὑπάρχειν ἀλλ' ὃ σὺ δὲ νυ γνωρίζειν συγγενεῖς ὄν. ἀκούεις με . . cod. ὁρᾶν, οὗ ἔφην ὑπάρχειν, ἄλλο. σοῦ δὲ νῦν γνωρίζειν συγγενὲς ὃ ἀκούεις με . . H i. „Mich aber wirklich zu ſehn, wo ich, wie ich ſagte, bin (in dem Orte der Ruhe), iſt etwas anderes. Dein aber iſt es jetzt anzuerkennen als verwandt, was du von mir hörſt, daß . ." Folgenden Text ſtellt Ja her, dem ich folge: ὅρα, οὐχ ὃ ἔφην ὑπάρχειν, ἀλλ' ὃ σὺ δύνῃ γνωρίζειν συγγενὴς ὤν. ἀκούεις με . . Beide Lesarten geben einen in den Zuſammenhang paſſenden Gedanken. Einfacher und verſtänd= licher erſcheint die letztere „als Verwandter", als zuſammengehörig, öngehörig. Vgl. 4—6. σ υ γ γ ε ν ή ς — σ ὺ ν τούτῳ τῷ γένει γ ε ν ή σ ε τ α ι. — 20. Daß ich ge= ſtochen ward vgl. p. 199 15. — 21 ῥεύσαντα cod., B o ῥεῦσαν — 23 f. ἐν ὅσσωμεσην cod. ‚αἰ= νίσσομαί σοι Ja — με cod. wird mit Recht von Bo und H i gegen μοι Ja gehalten. — αἴνεσιν cod. „Denke mich als des Logos Lob". Das paßt nicht in den Zuſammen= hang. ἄνεσιν H i Ausſpannung, Ruhe wie 2. Kor. 7 5. Vgl. p. 200 24. Da möchte man ἀνάπαυσιν leſeu; aber ἄνεσιν iſt ſo viel leichter herzuſtellen; und der Sinn iſt derſelbe. — Denke mich als des Logos Ruhe! Und nun folgt, was der Logos auf Erden — freilich nur zum Schein — durchgemacht hat biß zum Tode. — 26 νύξι cod., νύξιν Ja. — 28 χωρήσας cod., beibehalten von H i: ἀνθρώπων: „Und ſo ſage ich, ge= ſchieden von Menſchen". χωρίσας ἄνθρωπον Ja, B o. So iſt der Zuſammenhang feſter: „Denke mich als des Logos . . . Und ſo halte ich den Menſchen in meiner Rede getrennt" nämlich von all den Leiden νύξις uſw. bis zum θάνατος und zur

(τοῦ κατελθόντος) vgl. oben zu c. 77. — G l i e d . . . z u ſ a m m e n g e f a ß t iſt, vgl. Phil.=Ev. (Apokr. S. 41), desgl. zu ἀναληφθῇ p. 201 4 (oben S. 92); Chriſtus ſelbſt wird „aufgenommen" (c. 102). — Z. 17 Verachtung der Menge, vgl. c. 102 (und auch ſchon 91); Apokr. S. 34.

101 Der Hauptzweck der ganzen Ausführungen iſt, das Aergernis des Kreuzes (vgl. die Belege bei U l l m a n n, Was ſetzt die Stiftung der chriſtlichen Kirche durch einen Gekreuzigten voraus? Bd. I von Renters theol. Klaſſikerbibliothek, Brſchwg.= Lpz. 1896, S. 83) zu beſeitigen. Soweit nun das höhere Leiden, deſſen Zweck und Bedeutung der Reigentanz (c. 95 f.) vorgeführt hat, ein Myſterium iſt, wird der Erkennende über ſein eigenes Weſen klar, während er i h n ſ e l b ſt nicht völlig durchſchaut (zu Z. 22 vergleicht H i Offb. 19 12), aber als V e r w a n d t e r doch immerhin erkennt; zu dieſem echt gnoſtiſchen Ausdruck (noch häufiger in den A. An., von der innerlichen Geiſtes= und Herzensverwandtſchaft) vgl. 2. koptiſches Werk ed. Schmidt (1893), S. 285: „Denn ein jegliches Ding folgt ſeiner Wurzel, weil näm= lich ein Verwandter (συγγενής) des Myſteriums der Menſch iſt, deshalb hat er das Myſterium vernommen". Hippolyt ref. VIII 10 p. 422 82 (Doketen). Epiph. haer. 38, 1 p. 271 20 (Kainiten). — Z. 30 ff. Die Bezeichnung L o g o s taucht c. 98. 109 auch unter verſchiedenen Epitheta des Lichtkreuzes (oberen Chriſtus), c. 98 an erſter Stelle, auf; hier ſoll durch ihre Verknüpfung mit den einzelnen Merkmalen der Kreuzigung dieſe als irdiſches Ereignis überhaupt unwirkſam gemacht, der Menſch Chriſtus als Leidender „getrennt" gehalten, d. h. ausgeſchieden werden. Z. 33—35

ἄνεσις, die ich dem Logos zuwies. „Alſo denke zuerſt den Logos .." — p. 202 ₁ τὸν cod. Ja, Ƕ i, τὸ Bo. — εἶτα κύριον eigentlich: danu wirft du (den Logos) als den Herrn erkennen. — 2 „und was er gelitten hat" nämlich nichts; denn er war nur ein Schein= menſch.

102. 8 εἰρηκότος 5 ἐλθόντος inkorrekte genit. abs. vgl. Anm. zu 197 ₁₅. — ἀνε= λήφθη (vgl. p. 201 ₄), von der Himmelfahrt vor den Augen der Jünger AG. 1 ₂. ₁₁ Mc. 16 ₁₉. — 5 καὶ ἐλθόντος cod., κατελθόντος Ƕ i, καὶ κατελθόντος Ja. — 6 εἰρηκότος cod. Ja ⟨αὑτοῦ⟩ εἰρηκότος ?? Bo, Ƕ i. — 7 κρατείνων cod., κρατύνων Ja, Bo. vgl. p. 183 ₄ — 8 ἀνθρώπους cod. Am beſten Bo, Ƕ i: ἀνθρώπου. — ἐπιστροφή vgl. p. 171 ₁ AG. 15 8. — οἰκονομικῶς zu p. 188 ₂.

103. ₁₁ αὐτοῦ cod., αὐτῷ Ja αὐτὸν Bo vgl. p. 172 ₂₀. προσκυνεῖν τινι z. B. Joh. 4 ₂₁. ₂₃. — ₁₂ „nicht mit Mund und Zunge" vgl. 1. Joh. 3 ₁₈. μὴ ἀγαπῶμεν λόγῳ μηδὲ γλώσσῃ. — μήδ᾽ ἑνί cod. Ƕ i, μηδενί Ja, Bo. — ₁₃ ὁλωσωματικῷ cod., ὅλως σωμα= τικῷ Ja. — τῇ ψυχῇ cod., τῆς ψυχῆς Ja vgl. p. 166 ₂₁. — ₁₃ f. αὐτῷ τοῦ ἀνθρώπου γινομέ= νου τούτου τοῦ σώματος· cod., αὐτῷ τῷ ἀνθρώπῳ γινομένῳ (ἐκτὸς vel simile aliquid) τούτου τοῦ σώματος. Ja. Vielleicht ſtatt ἐκτὸς ἄνευ? Jedenfalls hat Ja richtig er= kannt, daß hier etwas ausgefallen ſein muß. Denn der Verfaſſer leugnet ja gerade, daß der Logos Fleiſch ward. Nach ihm hatte der Herr nur einen Scheinleib. — ₁₄ γρη= γορίσωμον cod. im Text (am Rand ... ὁρήσωμεν oder ... ὑρήσωμεν), γρηγορήσωμεν Bo, Ja. μαρτυρήσωμεν Ƕ i. Letztere Lesart gibt einen guten Sinn wegen der im folgenden Nebenſatze geſchilderten Zeitumſtände. Trotzdem iſt γρηγορήσωμεν wahr= ſcheinlicher, durch die Ƕf. geboten. Laſſet uns wachen, weil er mit uns iſt in allen Nöten. Vgl. A. An. p. 45 ₂₈; Mt. 24 ₄₂ u. ö. im N. T. — ₁₇ καταδίκοις cod. καταδί= καις Ja, Bo. Vgl. AG. 25 ₁₅. — ₁₈ ἡμῶν cod., ἡμῖν Bo. — 20 παντὶ ὧν cod., πάντῃ ὤν Ja vgl. AG. 24 8. — ₂₁ „als Gott der Eingeſchloſſenen" Ƕ i will vor θεός inter= pungieren. Das gibt eine ſchiefe Beziehung zum Vorhergehenden. Und der Herr zeigt ſich gerade in dieſer Zeit der Verfolgungen als „Gott der Eingeſchloſſenen", ſo auch in dem beſondern Falle der Druſiana (Ƕ i.s Anmerkung S. 19 enthält einen Irrtum), die zuvor, wie Johannes ſelbſt, durch Gebet auf deſſen Geheiß Tote ins Leben zu rufen vermochte. — Welche Chriſtenverfolgungen (des 2. Jahrh.) gemeint ſind, iſt aus den gegebenen Andeutungen nicht zu ergründen. Ƕ i macht noch darauf aufmerkſam. daß der Glaube an einen Schein=Chriſtus auf Erden hier noch nicht den Märtyrereifer wie bei ſpätern Gnoſtikern z. B. Baſilibianern abgeſchwächt hat. Vgl. auch A. An.! — 104. ₂₄ καταγγέλλων cod., καταγγέλλομεν Ja καταγγέλλω Bo. — σέβει cod., σέβειν Ja. — 25 ἀκράτειστον cod., ἀκράτητον Ja. — ἐξουσίας vgl. p. 200 ₁₄. — 26 Hinter λεγομένων möchte Bo hinzufügen ἤ νοουμένων nach p. 205 3 —27 αἰώνων p. 191 ₂₅. 208 ₇. — 27 f. εἰς τούτω cod., εἰς τοῦτον Ja vgl. μένειν πρός τινα p. 165 ₂. Ungewöhnlich iſt bei ἐμμένειν εἰς, ſonſt ἐν oder τινι; doch tritt im ſpäteren

wird eine dreifache Erkenntnisſtufe angegeben, deren erſte („Logos", mit der ange= deuteten Einſchränkung) der Verf. in dieſem Abſchnitt ſeiner Akten, deren mittlere („Herrn", vgl. oben zu c. 98) er in den erzählenden Partien vertritt, während die untere („Menſch") ſonſt abgewieſen wird. Daß die dreifache Art in Geſtalt einer Reihenfolge auftritt, ſchließt ein, daß der umgekehrte Weg nicht zum Ziele führt.

102 nicht ... zu ſagen weiß, vgl. c. 88. 90 Anfg. — aufgenommen, vgl. zu c. 98. Daß Johannes (im Gegenſatz zum Volke) die Aufnahme (in den Himmel) geſehen hätte, wird durch c. 98 (Joh. vernimmt nur eine Stimme) ausge= ſchloſſen. — Iachte; nach Baſilides (ſ. Apokr. S. 428) verlachte Jeſus ſeine Kreu= ziger. Lachen in den Apoſtelakten: c. 60. A. Pe. 30; vgl. den Jesusknaben in der Kindheitserzählung des Thomas (A. Meyer ſ. Apokr. S. 66). — ſymboliſch und heilsordnend, vgl. Za NkZ 1899, S. 203 A. 1; Ƕa I p. XLIV (A. 2).

103 Hier ſchlägt ein wärmerer Ton durch (Gnade .. Liebe ... Mitleid), der auch den A. An. charakteriſtiſch iſt. — Z. 44 f. vgl. A. Pe. 39. — S. 456] 104 nicht . . einen Menſchen. ., ſondern Gott, vgl. die Gegenüberſtel= lung c. 97 Ende.

Griechisch oft εἰς für ἐν ein. Vgl. Long. 3 10 Lucian asin. 1. οἰκοῦντι εἰς τὰ Ὕπατα
Ael. N. H. 7 8 εἰς Ἐκβάτανα ἀπέθανεν. Hel. 1 10 εἰς τὸ πρυτανεῖον ἐσιτεῖτο. — p. 203. **105**.
5 ποσίν cod. ⟨τοῖς ἀδελφοῖς⟩ πᾶσιν Ja, B o, πᾶσιν H i, dem ich mich anschließe. —
6 γενομένας cod., γινομέναις B o, H i. — θεωροῦσιν — ἀκούουσιν cod., θεωρῶσιν — ἀκούω-
σιν Ja. — 7 Hinter ἐν κυρίῳ späterer Zusatz cod. νῦν καὶ ἀεὶ καὶ εἰς τοὺς αἰῶνας τῶν
αἰώνων. ἀμήν.

Mit Recht hat H i darauf hingewiesen, daß sich Gedanken Nietzsches mit
Ausführungen unserer Akten berühren. Vgl. Ernst Horneffer, Vorträge über
Nietzsche, Berlin 1903. Ich füge einige Sätze aus Nietzsches Werken an a. a. O.
S. 83: Ihr leidet mir noch nicht genug! Denn ihr leidet an euch, ihr littet noch
nicht am Menschen. Ihr würdet lügen, wenn ihr's anders sagtet! Ihr leidet alle
nicht, woran ich litt. S. 84. Aufwärts geht unser Weg, von der Art hinüber zur
Ueberart. Aber ein Grauen ist uns der entartende Sinn, welcher spricht: Alles für
mich. S. 85. Der Mensch ist etwas, das überwunden werden muß. — Ich liebe den,
welcher lebt, damit er erkenne, und welcher erkennen will, damit einst der Ueber-
mensch lebe. Und so will er seinen Untergang. S. 89. Die Menschen sind nicht
gleich. Und sie sollen es auch nicht werden. Was wäre denn meine Liebe zum
Uebermenschen, wenn ich anders spräche? S. 94. O meine Brüder, ich hörte ein
Lachen, das keines Menschen Lachen war, — — und nun frißt ein Durst in mir,
eine Sehnsucht, die nimmer stille wird. — Seit es Menschen gibt, hat sich der Mensch
zu wenig gefreut: Das allein, meine Brüder, ist unsere Erbsünde. Jetzt bin ich
leicht, jetzt fliege ich, jetzt sehe ich mich unter mir, jetzt tanzt ein Gott durch mich.
S. 95. Ihr höheren Menschen, euer Schlimmstes ist: ihr lernet alle nicht tanzen!
— Verloren sei uns der Tag, wo nicht einmal getanzt wurde! Nur im Tanze weiß
ich der höchsten Dinge Gleichnis zu reden. Ich würde nur an einen Gott glauben,
der zu tanzen verstünde. Erhebt eure Herzen ihr guten Tänzer, hoch, höher! Und
vergeßt mir auch das gute Lachen nicht. — Von Widerwillen ist Nietzsche gegen alle
Genußmenschen erfüllt (S. 85). Das widrigste Tier von Mensch, das ich fand, das
taufte ich Schmarotzer: Das wollte nicht lieben und doch von Liebe leben. — Man
soll nicht genießen wollen, wo man nicht genießen gibt. Und — man soll nicht genießen w o l l e n! — Also Enthaltsamkeit predigt auch Nietzsche, er sieht die höchste,
jauchzende Freude im Tanzen, wie es die Hellenen übten und lehrten. —

105 z u w a n d e l n (εἰς περίπατον): wissenschaftliche Unterhaltung im Gehen
(„Peripatetiker"). —

Gehört der Apokr. S. 450 an den Schluß von c. 86 verstellte Satz (vgl. die
dortige Begründung) — nach Bo.s Textwiedergabe (p. 203 8 f.) — wirklich an den
Anfang des folgenden Stückes, so gebietet sich, schon wegen der gleichen Satzabschlüsse
S. 456 18. 450 46, hier eine L ü c k e anzunehmen, die geringer oder umfangreicher gewesen sein kann, je nachdem man geneigt ist, in anderen Quellen aufbewahrte Apostel-
traditionen (f. Apokr. S. 428 f.) an dieser Stelle einzuordnen; denn der Uebergang
vor c. 87 bietet hierzu kaum einen Raum und der vor c. 58 nur in bestimmten
Grenzen. So sucht Z a Nt3 1899, S. 198 A. 2 am vorliegenden Uebergange das
Patmoszitil einzusetzen, was Sch S. 122 f. mit Recht bestreitet. Noch viel unwahr-
scheinlicher ist, daß die A. J. einen Bericht über die Abfassung des 4. Evangeliums
(vgl. darüber Co S. 80 f. 88 f. Li I 439 f.) enthalten haben sollten, wie Za gleichfalls unter Heranziehung auch der Nachricht des Kanon Muratori (Z. 9 ff.) behauptet hat (f. dagegen Li I 510. 405. Co S. 102 f. Sch S. 122. A p o k r. S. 428).
Za.s relative Hochschätzung des Leucius hat ihn überhaupt verführt, anderweitige
Traditionen über den Apostel überreichlich den A. J. zuzuweisen. Auch das Delmar-
tyrium, von Tertullian de praescr. haer. 36 u. a. berichtet (Co S. 79 f. 86 f. 90,
Za, A. J. p. CXX ff., Li I 412 ff. 419 ff. 432. 485 ff.; vgl. noch die Polemik zwischen
Mosheim, in deffen dissertationum ad hist. eccl. pertinentium vol. I, 2. Ausg. 1743,
und dem Göttinger Professor Heumann, der 1719 eine Widerlegung der Anekdote
geschrieben hatte, a. a. O. p. 497 ff. und 535 ff.), muß von diesen ausgeschlossen

4.

Um die Herſtellung des Textes der μετάστασις oder consummatio oder assumptio (in einigen Hſſ. mit Ueberſchrift) hatten ſich Tiſchendorf und Zahn große
Verdienſte erworben. Einen weiteren weſentlichen Fortſchritt bedeutet Bo.s Ausgabe, faſt überall bin ich ihm gefolgt. Ich merke daher, ohne mich auf alle die
verſchiedenen Lesarten einzulaſſen, hier nur an, wenn ich irgendwie von ihm abge-
wichen bin.

Der Erzählung vom Grabe, Abſchied und Ende des Johannes geht voraus
der Bericht über einen oder vielmehr den letzten S o n n t a g s g o t t e s d i e n ſt,
den Johannes gehalten haben ſoll. Die einzelnen Beſtandteile ſind (vgl. c. 46):
1) Predigt c. 106 f., 2) Gebet nach der Predigt c. 108, 3) Euchariſtie und zwar
Dankſagung mit Doxologie c. 109 [vgl. c. 85 f.] und Brechen des Brotes und Mahlzeit ſowie 4) Segen: „Friede mit euch, Geliebte!“ [vgl. c. 115] (110). Dieſem Se-
gensgruße entſpricht c. 46 das Handauflegen [ſ. dort].

106. p. 203 10 Mitknechte vgl. Kol. 1 7. 4 7. Offb. 6 1. 19 10. 11 Miterben
vgl. außer Eph. 3 6 noch Röm. 8 17. — 13 Wunder, Heilungen 170 13. 14 Lehren vgl.

---

bleiben (S ch S. 124 A. 1 und die Begründung A p o k r. S. 429). Schließ-
lich liefert die Stellung des Parallelberichts V über eine Reiſe (von Patmos) nach
Epheſus über Milet (Apokr. S. 429, vgl. oben S. 494) einen Beweis gegen die Zu-
gehörigkeit der davor ſtehenden Geſchichte vom Gifttrank und der Romreiſe (Text
B o p. 151 ff., vgl. L i I 428 f. 484 ff.) zu den A. J., von denen ſie auch in der Dik-
tion abſticht; hier iſt L i zu weit gegangen, der auch noch andere Zeugen, z. B.
Theodorus Studites (I 442), für ſeine Zuſammenſetzung der „gnoſtiſchen“ Akten
(I 505 ff.) verwerten wollte. Am eheſten wird man noch vermuten dürfen, daß die
Geſchichte vom Philoſophen K r a t o n (Kopie des Diogenesſchülers Krates von
Theben, ſ. Fabricius II 557 f. A., L i I 97 f. 422 f. A. 1) und was ſich daran ſchloß
(Apokr. S. 430 f.), Beſtandteil der A. J. geweſen ſein könnte (ThLZ 1900, S. 274,
nach Z a.s Vorgange. — Verſteckt ſich vielleicht unter dieſem Namen der angebliche
Apoſtelſchüler Cratho, Gewährsmann der Abdiasſammlung — ſ. H a I 123 — ?)

4.

Für dieſen Schlußabſchnitt exiſtiren Verſionen und Hſſ. in größerer Zahl,
die mehr oder weniger ſtark untereinander abweichen. „Rein gnoſtiſch, darum urſprünglich iſt keiner dieſer Texte, vielmehr ſetzen ſie alle Eingriffe katholiſcher Bearbeiter voraus“ (Preuſchen bei H a I 126; vgl. vorher Overbeck ſ. L i I 501). H a
II 1, S. 542 A. 3 erklärt geradezu: „Die Metaſtaſe des Johannes iſt ſchwerlich
gnoſtiſch“. In der Tat laſſen ſich auch innerhalb des ſeitdem neu fixirten Textes
(Bo) Wendungen ausfindig machen, die in den übrigen erhaltenen Stücken der A. J.
nicht angetroffen werden (z. B. βασιλείας p. 203 12 cf. nur cod. M. 190 5 f., ἁμαρτάνω
und ἄγνοια p. 206 2, „Geſetz und die Propheten“ c. 112 Anfg.), dagegen finden auch
hier zahlreiche innere Bezüge mit den ſonſtigen Teilen, wie zwiſchen jenen, ſtatt,
was die Anmerkungen nachweiſen (desgl. die Verbindungen mit den A. An.). Ich
erinnere nur an die οἰκονομία p. 204 5 f. zu p. 188 2 und die Brotbrechung vgl. c. 72.
85 f. Zu „Geſetz und Propheten“ ſ. o. zu c. 94; ἁμάρτημα c. 54 p. 178 13.

Der Abſchnitt zerfällt in zwei Hauptteile, deren erſter einen Sonntagsgottes-
dienſt — im Hanſe (des Andronikus), vgl. c. 111 (bei Pſ.-Abdias wirklich in der
Kirche ſ. L i I 503), — den letzten des Johannes (c. 106—110), der zweite das Be-
gräbnisende des Apoſtels (c. 111—115) ſchildert.

106 A m f o l g e n d e n T a g e (vgl. c. 72); liegt im Vorhergehenden keine
Lücke vor, ſo müßte man annehmen, daß die Auferweckung der Druſiana ſich an
einem Sonnabend ereignet hätte. — S o n n t a g; auch der Apoſtel der A. Pe. redet
am Sonntag zu den Brüdern (c. 30). — Z. 21 ff. überſetzt auch bei L i I 535 f. —
M i t e r b e n uſw., vgl. den Eingang der Syriſchen Didaskalia (Apokr. S. 195 f.;
TU N. F. X 2, S. 1). — W u n d e r uſw.; ſchon c. 39 hebt der Apoſtel die Menge

Mt. 7 ₂₈. AG. 2 ₄₂. Plural Hebr. 13 ₉. Dienstleistungen vgl. Röm. 12 ₇ (Luther „Amt"). p. 204 ₁ Erkenntnis, Herrlichkeit vgl. 2. Kor. 4 ₆. τῆς γνώσεως τῆς δόξης .. Gnade, Geschenke vgl. Eph. 3 ₇. δωρεάν τῆς χάριτος ... Glauben — der Plural πίστεις kommt im N. T. nicht vor. — κοινωνία vgl. AG. 2 ₄₂ (διδαχῇ καὶ κοινωνίᾳ). — ₂ παρ' ὀφθαλμοῖς vgl. p. 172 ₁₂. 193 ₄. — ₃ ἀκοή Ohr im Plural Lk. 7 ₁. AG. 17 ₂₀. Hebr. 5 ₁₁. Vgl. p. 194 ₅. — ₅ f. τῆς οἰκονομίας μυστήριον ἐπραγματεύσατο vgl. p. 202 ₇ f. A. An. p. 45 ₁₄ (₂₅). — ₈ ἀνεπιβούλευτος 189 ₂₆. A. An. p. 44 ₁₉. — **107.** p. 205 ₂ ἄυλος A. An. p. 40 ₃₂. — εἰλικρινής A. An. p. 41 ₂₄. — ₃ f. Vgl. p. 202 ₂₅ f., wo Bo hinter λεγομένων ergänzt: ἢ νοουμένων. Vgl. p. 200 ₁₁. A. An. p. 40 ₂₈. — ₅ πολιτεύεσθαι vgl. Phil. 1 ₂₇. AG. 23 ₁. A. An. p. 30 ₁₄. — ₈ κοινωνίαν ἔχειν. Vgl. p. 204 ₁. AG. 2 ₄₂. — ₁₀ πρὸς τὸ προκείμενον vgl. p. 107 ₁₄. Hebr. 12 ₁. — ₁₂ τελειούμενον ὑ. τ. κ. Vgl. Joh. 17 ₄. — ₁₂ ἀρραβών (hebr. עֵרָבוֹן zum Pfand setzen). Vgl. 2. Kor. 1 ₂₂. 5 ₅. Eph. 1 ₁₄; an allen 3 Stellen vom Πνεῦμα. — p. 206 ₁ τὴν ἀπαραίτητον (vgl. p. 193 ₉) αὐτοῦ παρουσίαν Ꝫ a, indeprecabilem syr., inevitabilem armen. — ₃ Wenn ihr, nachdem ihr ihn erkannt usw. Vgl. 1. Joh. 2 ₄.

108. ₈ ἀδιάπνευστος 1) nicht ausdünstend, 2) ohne dazwischen Atem zu holen, ununterbrochen. — ₉ hineingefät haft. Vgl. p. 168 ₂₀, zu ergänzen ist μοι = μου τῇ ψυχῇ. — ₁₀ Arzt usw. Vgl. p. 163 ₉, umsonst vgl. Mt. 10 ₈. 2. Kor. 11 ₇. — ₁₁ ὑπερήφανος Vgl. p. 177 ₉. ὑπερήφανος auch im N. T. Lk. 1 ₅₁. Röm. 1 ₃₀. — ₁₂ σωτήρ die gewöhnliche Lesart, vgl. p. 211 ₄ salvator (Abdias) armen. πατήρ V. Li I 537. — **109.** p. 207 ₈ προσφορά Darbringung, Opfer. Vgl. AG. 21 ₂₆. 24 ₁₇. Röm. 15 ₁₆.

---

seiner Wundertaten hervor. Ungeordnete Häufung von Begriffen, auch sonst am Verf. bekannt. — Ꝫ. 26 euch von ihm gegeben wurden; hier schlägt der urchristliche Charakter der Ausführungen vernehmlich durch. — Ꝫ. 27 f. werdet fest (στηρίζεσθε) vgl. c. 45. 87. A. An. 2 p. 39 ₁. 16 p. 44 ₂₀. — Ꝫ. 30 ff. ohne Leid bleiben möchte; Christus leidet mit uns (c. 103). Es ist eine Betrübung **(107)** des guten Gottes (Christus), dessen Eigenschaften hier aufgezählt werden, (zu ἀάργητος vgl. 1. Clem. 19, 3. Brief an Diognet 8,8. Aristid. apol. 1 TU IV 3, S. 5 ₃), wenn wir seine Gebote übertreten, eine Erfreuung, wenn wir rechtschaffen und enthaltsam leben! — Ꝫ. 44 Bürgschaft (ἐνέχυρα), vgl. c. 69 p. 184 ₂₂. A. An. 15 p. 44 ₁₃. — (S. 457] Unkenntnis, vgl. oben S. 245 f. 409.

108 Schlußgebet nach der Predigt, auch von Li I 537 übersetzt. Eine μετὰ τὸ ἀναστῆναι ἀπὸ τῆς ὁμιλίας εὐχή das Serapion von Thmuis f. TU N. F. II 3 b ed. Wobbermin S. 15; die Gebete berühren sich nur in dem Hauptgedanken einer Fürbitte für das Volk (A. J.: „deine Knechte"); fo gilt, auch von dem vorliegenden Gebete, was Li I 521 von dem folgenden sagt: daß es schon feine „ftiliftischen Eigentümlichkeiten .. deutlich als literarisches Produkt des Verfassers der περίοδοι, also nicht als ein recipiertes Stück des Gemeindegottesdienstes kennzeichnen." — Ꝫ. 15 Widersacher (ἀντίδικος), vgl. 1. Petr. 5 ₈. A. J. 112 p. 211 ₁₀. A. An. 10 p. 42 ₂₄; 31 ₂₆ (Apokr. S. 473 ₈). — Ꝫ. 17 Ja Herr! (ναὶ κύριε) vgl. Mc. 7 ₂₈ und Par.

109 Brot (vgl. 110) allein genannt, fo auch 72. 85. A. Pe. 5. A. Tho. 27 133, dagegen A. Pe. 2 und A. Tho. 121 Brot und Wasser (vgl. zu diesen Stellen). Eine Erklärung für das alleinige Vorkommen des Brotes in den A. J. versucht Ꝫ a NᵏꝪ 1899, S. 208. Man vergleiche Lk. 24 ₃₀. ₃₅; AG. 2 ₄₂. ₄₆: κλῶντές τε κατ' οἶκον ἄρτον 20 ₇. ₁₁ (an dieser Stelle daneben auch γευσάμενος, wie A. J. 111). 27 ₃₅. — Das Dankgebet (εὐχαριστία, zugleich Ausdruck für die Handlung c. 110), auch von Li I 533 übersetzt. Eine Danksagung für die Naturgaben (Brot usw.), welche sonst die eucharistischen Gebete auszeichnet, fehlt. Nach Lie (Offenb. im Gnost. S. 159; ꝪnꝪ 1902, S. 294) wären darin — wie in dem Gebet c. 112 — gnostische Gedanken enthalten; das kann nicht ohne weiteres behauptet werden. Gegen die gnostische Ausdeutung bei Li I 535 f. Co S. 120 f. Wohl aber blickt die eigentümliche dogmatische Stellung des Verf. darin durch, daß die schon c. 98 gegebenen Epitheta des Lichtkreuzes (= Christus-Gott) hier in der Gebetsanrede

Eph. 5 2. Hebr. 10 5. 8. 10. 14. 18. — 9 Zur Konstruktion ἀλλ' ἤ vgl. A. An. p. 38 19. — Zur Doxologie vgl. die schon besprochene p. 197 17 ff. Und völlig mit unserer Stelle stimmen überein die Benennungen 200 5 ff.: Vater, Sohn, Tür, Auferstehung, Weg, Samen, Wort, Gnade, Glaube, (Wahrheit). Vgl. auch Co S. 120. Neu hinzu= gekommen sind hier: Salz, Perle, Schatz, Pflug, Netz, Größe, Diadem, Menschen= sohn (im N. T. fehlt der Artikel vor ἀνθρώπου nur Joh. 5 27). — 10 f. δ. σου τὸ λεχ-θὲν ὑπὸ τοῦ πατρὸς ὄνομα. δοξάζομέν σου τὸ λεχθὲν διὰ υἱοῦ ὄνομα. Li übersetzt I 533: „Wir verherrlichen deinen vom Vater genannten Namen; wir verherrlichen deinen durch den Sohn genannten Namen". Dazu bemerkt er S. 535 „Es ist klar, daß Christus vom Vater und vom Sohn hier unterschieden wird usw." Mit Recht wendet sich Corßen S. 121 gegen diese Auffassung. Ohne Zweifel soll es heißen: „der Name Vater" wie „der Name Sohn", beides Benen= nungen des einen (μόνος) Herrn Jesus Christus. Darum will Corßen „der durch Sohn bezeichnete Name" erklären und weiter oben statt ὑπὸ lesen ἀπὸ τοῦ πατρὸς = „der nach dem Vater genannte Name". Statt dessen möchte ich mit zwei kleinen Aenderungen lesen: δοξάζομέν σου τὸ λεχθὲν ὑπὸ σοῦ πατρὸς ὄνομα. δοξάζομέν σου τὸ λεχθὲν διὰ σοῦ υἱοῦ ὄνομα. Für die Hinzufügung von σοῦ verweise ich auf das Folgende: δοξάζομέν σου τὴν δειχθεῖσαν ἡμῖν διὰ σοῦ ἀνάστασιν, während im ersten Gliede der Doxologie der armenische Text (patris a te manifestatum) ὑπὸ σοῦ vor= aussetzt. Vgl. p. 200 6 ὑπ' ἐμοῦ 8 ποτὲ υἱός, ποτὲ πατήρ ... — p. 208 6 „Wurzel der Un= sterblichkeit" im Gegensatze zur „unteren Wurzel" p. 200 15, zur Wurzel des Satans p. 214 12. — Zum Bilde von der Quelle vgl. Offb. 7 17. 21 6. ἀφθαρσία 2. Tim. 1 10. Vgl. Röm. 2 7. 1. Kor. 15 42. 50. Dort ist sie wie hier zusammengestellt mit der Unsterblichkeit ἀθανασία: V. 53—54. — 7 Aeonen vgl. 191 25. 202 27. — Mit allen diesen Namen wird der Herr benannt „um unsertwillen" 7 wie 2 δι' ἡμᾶς und ganz ebenso „um euretwillen" p. 200 6 von den für menschliche Ausdrucksweise 200 10 bestimmten Benennungen des Lichtkreuzes. — 110. 11 Dem Brechen und Verteilen des Brotes ist die Danksagung vorausge= gangen p. 207 7 τίνα εὐχαριστίαν κτλ. Zu derselben Feier rüstet sich Johannes mit den Brüdern c. 72, sie findet statt c. 85 f., wo gleichfalls das Dankgebet mit einer Doxologie beginnt. Zum Brechen des Brotes vgl. bei den Synoptikern die wun= derbaren Speisungen und die Einsetzung des heiligen Abendmahles (auch 1. Kor. 11 24). — 12 „würdig werden möge" Vgl. 1. Kor. 11 27—29.

111. p. 209 3 Verus vgl. zu p. 167 8. 9 μακάριος vgl. zu c. 26. — 7 vor die Tore, nämlich der Stadt. — p. 210 8 ἐπικεῖσθαί τινι vgl. Lk. 5 1. — 7 „die Größe

---

mit einigen Variationen wieder auftauchen, und zwar die ersten („Vater", „Sohn") in eigentümlicher Satzumkleidung, für die eine Stelle des monarchianischen Prologs zu Mt. verglichen werden darf: „Qui (nämlich Deus Christus) ... omnia in cruce fixit, ut ... et patris nomen in patribus filio et filii nomen patri restitueret in fi= liis (ed. Co S. 5, vgl. 25). — Auferstehung, f. zu c. 84. — Z. 32 f. allein in dem Abbilde des dir zugehörigen Menschen (ἐν τῷ μόνῳ σου ἀν-θρώπῳ εἰκονιζόμενον); im N. T. Christus die εἰκὼν θεοῦ Kol. 1 15. 2. Kor. 4 4, der Mensch 1. Kor. 11 7. Hier der Geistesmensch („Gnostiker") gemeint, wie Li I 534 richtig erklärte, nicht Christus (Co S. 122 Anm.). Da die Größe des Gott=Christus nur in diesem Abbilde erscheint, ist die Erkenntnis freilich unvollkommen. Rein= heit (als Vorbedingung des Erkennens) im Sinne von c. 113 Anfg.

110 Es folgt die Brotbrechung und =austeilung, von der Fürbitte für die Teilnehmer begleitet; vgl. das Gebet Serapions TU N. F. II 3 b, S. 6 Nr. II: Μετὰ τὴν εὐχὴν ἡ κλάσις καὶ ἐν τῇ κλάσει εὐχή · Καταξίωσον ἡμᾶς κτλ. Ueber den ganzen Verlauf vgl. P. Drews (Artikel ‚Eucharistie' in RE V 564 ff, — kostete, f. o. zu c. 109. — Teil mit euch! vgl. „Gebet des Volkes nach der Austeilung" bei Serapion Nr. IV, a. a. D. 7: ποίησον ἡμᾶς μέρος ἔχειν μετὰ τοῦ σώματος κτλ.

111 vor das Haus (vgl. Z. 46), nämlich des Andronikus (vgl. c. 46. 62. 86), wo der Gottesdienst stattfand. — vor die Tore, vgl. c. 48; das Grabmal des Johannes bezw. die später darüber gebaute Kirche (μαρτύριον des Joh.), in

Gottes" vgl. p. 189 18. 208 1. A. An. p. 82 9. 8 wir vgl. zu p. 161 4 f. — 11 „nur im Unterkleide" vgl. p. 187 8. Li I 491 und 460 „im bloßen Hemde" δίκροσσιον (δίκροσσον) ein unmittelbar auf dem Leibe getragenes, doppelt gesäumtes Gewand = περιβόλαιον. — 112. p. 211 1 f. Apostelamt vgl. A. An. p. 44 4. — 4 „von Erschaffung der Welt an" ἀπὸ καταβολῆς κόσμου häufiger biblischer Ausdruck Mt. 13 35. 25 34. Lk. 11 50. πρὸ κ. κ. Joh. 17 24. — 5 μέχρι ζώων vom Grabe wie μέχρι δεσμῶν selbst in Banden 2. Tim. 2 9. — 6 „verwilderte Seele" ἀγριωθεῖσαν vgl. A. An. p. 42 20. — 8 βυθίζειν in übertragener Bedeutung wie hier 1. Tim. 6 9. — 9 „als sie in Gesetzlosigkeit versank, als Gesetz erschienest" vgl. A. An. p. 30 14. — 11 „als sie zu dir ihre Zuflucht nahm" vgl. p. 208 5. — 12 „nicht im Körper wohnen ließest" vgl. A. An. p. 40 32 ἄυλος. — 13 „den eigenen Feind zeigtest" das ist der Satanas, dem die Seele unterlegen war, ehe der Herr sich offenbarte 9 f. Vgl. A. An. p. 45 10 38 10 ff. In beiden Akten derselbe Gedanke: Satan herrschte, weil der Mensch ihn nicht als seinen Feind erkannte. Als solchen aber zeigte ihn der Herr, dadurch, daß er die wahre reine γνῶσις (p. 213 11) über sich mitteilte: τὴν ἐπὶ σὲ γνῶσιν. Zur Konstruktion vgl. Mc. 9 12. 1. Tim. 1 18. Hebr. 7 13. — p. 212 1. 3 τῶν ὑπερουρανίων ... τῶν ἐπιγείων A. An. p. 38 17. — 2. 3 ἐπουρανίων ... ἐπιγείων vgl. Joh. 3 12. — 4 δέξαι καὶ τοῦ σοῦ Ἰωάννου τὴν ψυχήν vgl. [Stephanus AG. 7 59: κύριε Ἰησοῦ, δέξαι τὸ πνεῦμά μου. Mart. Pionii 21 ed. Gebh. S. 113 81: κύριε, δέξαι μου τὴν ψυχήν.] A. An. p. 32 23: δέξαι με δέσποτα. — 113. 6 „bis zur gegenwärtigen Stunde" vgl. 1. Kor. 4 11. — ὁ φυλάξας με καθαρὰν ἕως τοῦ νῦν betet p. 191 31 genau in demselben Sinne Drusiana. Und A. An. p. 41 23. 24 richtet Andreas die Mahnung an Maximilla sich „rein zu bewahren". — 8 „Ich bedarf" usw. so spricht der Herr schon p. 194 10 (ὑμῶν Joh. und Jakobus) und 200 5 (ἑνός). 10 ἐμποδίσας μοι B με. Das ist die gewöhnliche Konstruktion, auch Bo zieht με vor. Diese Stelle gibt Bo nach der zweiten Gruppe der Kodices, vollständiger als der Text bei Za 247 f. Vgl. Li I 539. Auch Co S. 92 ff. benutzte noch nicht

welche Abbias sowohl die assumptio wie den vorhergehenden Gottesdienst verlegt (Li I 503 f.), lag vor der Stadt (a. a. O. 502). Dem steht die Angabe des Polykrates von Ephesus (um 200), daß Joh. in Ephesus begraben sei (Eus. h. e. III 31, 3. V 24, 3), nicht entgegen. Dionysius v. Alex. († 264) mußte von zwei μνήματα in Ephesus, die mit dem Namen des Joh. verknüpft waren; er erkannte darin die zwei bei Papias (2. Jahrh.) genannten Johannes, den Apostel und den Presbyter, wieder (Eus. h. e. VII 25, 16. III 39, 6), die man neuerdings wiederholt auf eine Person zu reduciren versucht hat. Sollte sich das Zeugnis von dem Doppelgrabe vielleicht auf unsre Stelle zurückführen, wonach Johannes sich beim Grabmale eines der Brüder beerdigen läßt?

S. 458] 112 Es folgt das große Schlußgebet (c. 112—114), auch bei Li I 537 f. 539 f. übersetzt, dreiteilig: Preis Gottes a) im Hinblick auf seine großen heilsgeschichtlichen Wirkungen (c. 112; der gnostischen Ausdeutung bei Li I 538 f. ist nicht beizupflichten), b) mit Bezug auf die besondere, ausgezeichnete Lebensführung des Johannes (c. 113) beide Teile mit der Bitte um Aufnahme der Seele abschließend; c) Bitte um günstige Vollendung des Weges zu Gott durch die entgegenstehenden Mächte (c. 114). Den Teilen b und c ist das große Gebet A. Tho. 144—148 vgl. 167 analog. — 3. 5 f. vgl. auch Kerygma Petri (Apokr. S. 170 3 f.). — Gesetz und die Propheten: außer dem alttestamentlichen Anklang in c. 28 ist keine Entlehnung zu verzeichnen (Za, NKZ 1899, S. 211 verweist auf p. 206 12) und im Vergleich mit c. 94 Anfg. eher ein Gegensatz zu konstatieren. — 3. 12 f. als Gesetz erschienest, vgl. Ker. Petri (Apokr. S. 171 19). Hermas sim. VIII 3, 2; auch zu A. An. 23. — 113 3. 22 rein, vgl. (63) 65 Ende. 82 p. 191 31. 113 p. 213 11. 114 Ende. Der hier berichtete Vorgang findet sich auch in dem Prochoruskodex V in einer kompilierten Biographie des Johannes am Eingange (Li I 472 f.), auf das Zeugnis des Verus-Eutyches hin (s. o. zu c. 30) mit der Hinzufügung, daß der Vater Zebedäus ihn zur Heirat veranlassen wollte. Da V den Vorgang auch im vorliegenden Zusammenhange hat, wird man annehmen dürfen, daß er ihn schon an

den vollſtändigen Text. Doch gebe ich ihm recht, wenn er τρίτον „drittens", nicht „zum dritten Male" überſetzt. So hatte, während es beim Syrer undeutlich heißt cum ter non oboediens uxorem ducere vellem, Abbias mit voller Beſtimmtheit von einer dreimaligen Heiratsabſicht, von drei verſchiedenen Heiratsplänen des Apoſtels berichtet. Dafür gibt in der Tat der griechiſche Text keinen Anhalt, und im mo= narchianiſchen Prolog zum Evangelium Johannis heißt es: quem de nuptiis vo- lentem nubere vocavit Deus. Daß dieſer Prolog aus den Akten des Leucins ge= ſchöpft hat, erkennt Li I S. 65. 445 an und weiſt Co genauer nach. Um eine ein= malige Heiratsabſicht handelt es ſich hier. Dieſer hat der Herr drei Hinderniſſe in den Weg gelegt: 1) Erſcheinung des Herrn und Berufung des Johannes, 2) Bereitung der körperlichen Schwäche, die wohl ſchon vor der Berufung vorhau= ben, aber dem Johannes nicht bekannt war, 3) das ausdrückliche Verbot zu heiraten, das der Herr danu begründet: „Wenn du nicht mein wäreſt, hätte ich dich heiraten laſſen". Wenn Abbias von der „Bruuſt" ardor iuventutis redet, ſo findet ſich von einer ſolchen keine Spur in den Texten. — 12 πηρώσας vgl. p. 170 13. A. An. p. 42 5. — p. 213 1 τοὺς φαινομένους ὀφθαλμούς die ſichtbaren Augen, Li: „die ſinnlichen A." im Gegenſatz zu den Augen τοῦ μὴ φαινομένου νοῦ (νοός) A. An. p. 41 38. Vgl. auch das dritte Fragment (Euodius) der A. An.: coactio visibilium und Hebr. 11 3. — „Du ſchenkteſt mir die ſichtbaren Augen . . ." Erklärung gibt das Folgende: näm= lich indem du ſie von dem Anblicke des Weibes ablenkteſt, von irdiſcher Anſchau= ung auf den rechten Weg leiteteſt. — 2 διαβλέπειν ſcharf zuſehen Mc. 8 25 (vom ge= heilten Blinden). — ἀτενίζειν τινί Lk. 4 20 u. ö. A. An. p. 25 27. — 2—4 Vgl. das eben angeführte Fragment speciosa figmenta et ostentatio simulata, ſowie A. An. p. 44 7 f. ἐν κακοῖς τοῖς προσκαίρους. τερπόμενοι ταῖς ἐπιβλαβέσιν αὐτῶν φαντασίαις und p. 45 8. An letzter Stelle, wo ſich gleichfalls der Ausdruck διαγράφειν findet, ſchlägt der Satanas das entgegengeſetzte Verfahren wie hier der Herr ein. — 4 μένουσαν, hinzufügt R ζωήν, das Li I 539 ſchon aus der armen. Verſion übernommen hatte. Da ſich auf die φαντασία, die nicht auf das Epitheton ἀεὶ μένουσα Anſpruch machen kann, dies nicht beziehen läßt, muß in den andern Handſchriften in der Tat ein Subſtantivum ausgefallen ſein. Alſo leſe ich ζωήν mit R. Vgl. A. A. p. 44 9 ἐπὶ τὰ μόνιμα. — 5 ῥυπαρὰ μανία, p. 169 4 f. ἐπιθυμία, p. 185 3 ἡδονή f., 192 18 ἐν ῥύπῳ, A. An. p. 40 1.. ῥυπαροῦ βίου χωρίζεσθαι. — 5 στερεῖν, namentlich ἀποστερεῖν, τινός τι entreißen. Soph. Phil. 1283. — 6 ἐπὶ δὲ σὲ καταστήσας με μόνον. Mit RU laſſe ich με weg. Oder man müßte mit A μόνον με vor καταστήσας ſtellen. καθιστάναι ge= leiten vom Orte wie AG. 17 15. — 7 φιμοῦν p. 214 8. Vgl. Mt. 22 34. 1. Petr. 2 15. ἐκκόπτειν 2. Kor. 11 12. Vgl. p. 162 12. 167 2. — 8 θλίβειν τινὰ 2. Theſſ. 1 6. — „den Aufrührer in mir" vgl. A. An. p. 42 23 ff. ἀλλότριος μου ἔσω uſw. im Gegenſatz zu dem ἴδιός μου ἐν σοὶ p. 42 15 ff. — ἄσπιλος Jak. 1 27. 2. Petr. 3 14. 1. Tim. 6 14. 8 f. ἄσπιλος, ἄθραυστος vgl. A. An. p. 41 24 f. — 10 „herrichteteſt" καταρτίσας vgl. 210 6. — ἀνενδοίαστος unbezweifelt Lueian Hermot. 67. — 11 vgl. p. 211 13. — p. 214 2 ἄρρητος

---

einer früheren Stelle bei Leucius vorfand. Zur Sache vgl. außer dem monarchia= niſchen Prolog zu Joh. uſw. (Co S. 6. 78 f. 92 ff.) beſonders Tertullian de monog. 17: „Joannes aliquis Christi spado" (dazu Co 94 f. Sch 124 A. 1), auch Fauſtins (Aug. ctr. Faust. Manich. XXX 4, Sch S. 47): „mitto enim ceteros eiusdem do- mini nostri apostolos, Petrum et Andream, Thomam et illum inexpertum Veneris inter ceteros beatum Johannem, qui per diversa possessionem boni istius inter vir- gines ac pueros divino praeconio cecinerunt formam nobis atque adeo vobis ipsis faciundarum virginum relinquentes". Vgl. deſſen Bemerkung (l. c. XIV 1), „Jeſus habe die verheirateten Jünger von ihren Frauen getrennt und den ledigen ver= boten ſich zu verheiraten" (Bruckner, Fanſins von Mileve, S. 65. 27 A. 2). Epi= phanius haer. 78, 13 berichtet ein Gleiches wie von den Söhnen des Zebedäus von Jakobus dem Herrnbruder, der als παρθένος geſtorben ſei. Und in dem monarchia= niſchen Prologe zu Lk. heißt es von dieſem Apoſtelſchüler: „neque uxorem unquam

p. 197 9 vgl. 2. Kor. 12 4. — **114.** 5 „machtlos werde die Kluft" ἀτονεῖν p. 177 8. Vgl. A. An. p. 38 1. χάος vgl. Lk. 16 26 χάσμα. κάμινος Ofen, Glut Mt. 13 42. 50. Offb. 1 15. 9 2. — 6 „hinter mich treten". Diese Uebersetzung nach Li I 540 A. 5 (auders II 2, S. 430 Nöldeke) V ἐντραπήτωσαν „scheuen mögen fich". Zu ἄγγελοι fügt B ἀπόστατται hinzu; gemeint find jedenfalls die bösen Engel. Wie diese find die Dä=monen, Herrscher, Mächte hier böse Gewalten der Finsternis, gehören zu den (7) linken Orten" vgl. p. 200 14 f., dort auch (8) διάβολοι, (9) Σατανᾶς καὶ ἡ κατωτικὴ ῥίζα (12). — 8 φιμωθήτω p. 213 7. — 9 „erlösche" ἐκκαυθήτω, hier wörtlich = brenne aus. — 10 „feine Rache stelle fich ungeberdig" (vgl. 1. Kor. 13 5), weil ohne Erfolg. — 11 „Sein Angriff erleide Trübfal", weil nicht gelungen. non valeat arm., als ob Vor=lage fei ἀδυνάσθω, aber ἀδύναμαι = ἀδυνατῶ kommt zwar bei Hippokr. vor ἀδύναται λύεσθαι (de victu in morbo acuto), ist aber eine vox barbara (Lobeck, Phryn. 566). ὀδυνῶμαι p. 169 21 vgl. Lk. 2 48. 16 24 f. AG. 20 38. — 11 „Seine Kinder" p. 192 22. A. An. p. 44 35. — 12 „feine Wurzel soll ausgerottet werden" ἀπορρηθήτω, aus dem Syrer stellt Z a her ἀπορρηχθήτω, seltener Aorist vom Simplex Tryphiod. 11, von διαρ=ρήγνυμι Hipp. 549. ἀπορριζωθήτω W, ἐκριζωθήτω B. Wie zu lesen ist, läßt fich taum entscheiden. Der Sinn ist klar. 13 ἀνύβριστος wie p. 204 7. — ἀνεπηρέαστος Memn. Exc. p. 4 ed. Orelli Joseph. ἐπήρεια p. 183 7. 207 4. — καθαρῶς vgl. c. 113 p. 208 9.

115. p. 215 1 σφραγίζειν und σφραγίζεσθαι häufig im N. T. verfiegeln, im un=eigentlichen Sinne kenntlich machen als Christi Eigentum. Eph. 1 13. 4 30. Vgl. auch Clem. Alex. protr. p. 92. 4 de nobis laetantibus simulque plangentibus commendavit animam suam beatus Johannes in manus domini nostri . . . . . . — Co, dem Bo geneigt ist zuzustimmen, erkennt S. 99 noch zwei Sätze als ursprünglich leucianisch an: 1) Vor καὶ σφραγισάμενος: ἀτενίσας πρὸς ἀνατολὰς ἐδόξασεν τὸν θεὸν A (PW εἰς τὸν οὐρανόν) et conversus est ad orientem et glorificavit f Er blickte (213 2) gen Osten und pries Gott. 2) Dann fährt f fort stans totus in lumine. Entsprechend A: lux tanta apparuit super apostolum, per unam fere horam, ut nullus eam sufferret aspectus. Li I 492 Ein so glänzendes Licht umstrahlte eine Stunde lang den Apostel, daß kein Auge es vertragen konnte. — In der syrischen und armenischen Uebersetzung erkannte Z a Acta Jo. 250—252 mit Recht den Schluß der Akten. Vgl. Co S. 98, welcher zeigt, daß der monarchianische Prolog zu Joh. mit diesem Schluß übereinstimmt S. 96 ff. S. 102. Diese schließen ab mit dem Tode des Apostels, in

habens neque filios . . obiit" 2c. (Co S. 8), — Z. 31 vgl. Mt. 5 28. — Z. 41 Be=fitz; die Befitzlofigkeit spielt fouft in den erhaltenen Fragmenten der A. J. keine Rolle, bis auf die allgemeine Mahnung c. 34 und den Paffus aus Pf.=Abbdias f. Apokr. S. 430. Vgl. aber namentlich A. Tho. — Z. 42 Amt (οἰκονομίαν) vgl. A. P. ed. Schmidt S. 82, Z. 9 f.: „läßt vollenden Paulus alle Verwaltung (οἰκονομία)". — **114** S. 459] Z. 3 verspottet (καταγελασθήτω), vgl. 102 (Joh. verlacht das unwissende Volk). — Z. 5 Kinder, Wurzel; vgl. Frgm. des Phil.=Evang. (Apokr. S. 41 4.) Auch hier ein Seelenaufstieg, stark an das Gnostische streifend, wenn auch derartige Vorstellungen dem Vulgärchriftentum überhaupt zufagten; vgl. Justin dial. 105 p. 332 D (bei einer Erklärung von Pf. 22 LXX 21, speziell 21 f.) Καὶ ἀπὸ ῥομφαίας καὶ στόματος λέοντος καὶ ἐκ χειρὸς κυνὸς αἰτεῖν αὐτὸν τὴν ψυχὴν σωθῆναι, ἵνα μηδεὶς κυριεύσῃ τῆς ψυχῆς αὐτοῦ αἴτησις ἦν, ἵνα, ἡνίκα ἡμεῖς πρὸς τῇ ἐξόδῳ τοῦ βίου γινόμεθα, τὰ αὐτὰ αἰτῶμεν τὸν θεόν, τὸν δυνάμενον ἀποστρέψαι πάντα ἀναιδῆ καὶ πονηρὸν ἄγγελον μὴ λαβέσθαι ἡμῶν τῆς ψυχῆς. (Dazu vgl. die altchriftlichen Dar=stellungen, welche die Errettung aus Löwenrachen verfinnbildlichen; f. meine ,Altchriftl. Malerei' S. 221 A. 2.) Eine altchriftliche Inschrift (z. B. bei Kirsch, Die Akklamationen und Gebete der altchriftl. Grabschriften, Köln 1897, S. 28) lautet: Solus Deus animam tuam defendat Alexandre.

115 verfiegelt, vgl. unten zu A. Tho. 26 f.; Mart. S. Cononis 6, 5 ed. Gebhardt S. 132 f.: καὶ ταῦτα εὐξάμενος καὶ σφραγίσας ἑαυτὸν ἀπέδωκεν τὸ πνεῦμα. — Friede mit euch, vgl. 110, auch A. Pe. p. 57. A. Tho. 70. Joh. 20 19. 21. 26.

ihnen wird die Metaſtaſis bis zum letzten Satze in der erſten Perſon Pluralis er=
zählt als von einem Augenzeugen. Die griechiſchen Handſchriften fallen, ſobald ſie
von den orientaliſchen Berichten abweichen, von der erſten in die dritte Perſon.
Sie erzählen, der Apoſtel habe die Brüder entlaſſen und dieſe hätten ihn am fol=
genden Tage (V: nach drei Tagen) nicht mehr gefunden, ſondern nur ſeine San=
dalen und die Erde aufquellend, dann den Herrn eingedenk ſeiner Worte zu Petrus
Joh. 21 ₂₂ geprieſen für das Geſchehene. Damit werden zwei verſchiedene, mit ein=
ander unvereinbare Sagen angedeutet 1) die vom leeren Grabe, nach der Johannes
ſelbſt lebendig in den Himmel aufgenommen iſt, 2) die von ſeinem Grabesſchlum=
mer, nach der ſein Atem den Staub über der Gruft in Bewegung ſetze: das heilige,
Wunder wirkende Manna. Auch Abbias fügt, nachdem er ähnlich wie a die Ge=
fühle der Brüder beim Tode des Apoſtels geſchildert hat: qui interfuimus, alii gaudebamus, alii plorabamus, gaudebamus, quod . . . . ., die Sage vom Manna hinzu, nicht
die vom leeren Grabe. „Er verrät", ſagt Co, „deutlich genug den Eintritt der fremden
Quelle". Auf die Leucianiſchen Akten geht weder dieſe noch die vom leeren Grabe
zurück, wenngleich Li I 498 jenen die letztere zuweiſen will. Vgl. Co S. 98. Be=
ſonders wichtig iſt Auguſtins Zeugnis in der 124. Homilie zu Joh. 21 ₁₉ ff. Apokr.
S. 430; vgl. Za, A. J. S. XCVIII. Li I 494 ff. Co 100—102. Sch S. 136 f. und
— bezüglich des ſich mit Auguſtins Ausführungen berührenden Zeugniſſes des
Ephraim von Antiochien 6. Jahrh. — S. 148 ff.): „Man berichtet, daß Johannes
— was ſich in einigen, wenn auch apokryphen Schriften findet — als er ſich das
Grab machen ließ, lebend zugegen geweſen ſei und, nachdem es ausgegraben und
aufs ſorgfältigſte hergerichtet war, ſich wie in ein Bett hineingelegt habe, und ſo=
gleich ſei er geſtorben". Das iſt die in unſern Akten gegebene Darſtellung, wie
ſie auch Auguſtin glaubt, der freilich auch die widerſprechende Meinung ſchonen
möchte. Wegen der Worte Jeſu Joh. 21 ₂₂ glauben nämlich einige, Johannes
ſchlafe lebendig unter der Erde und bleibe ſo, bis Chriſtus komme, und zeige ſein
Leben durch das Auffprudeln des Staubes an, dieſer werde durch das Atmen des
Ruhenden getrieben, daß er von der Tiefe des Grabes zur Oberfläche aufſteige.
Gegen dieſe Meinung anzukämpfen hält Auguſtin für überflüſſig. „Denn, die den
Ort kennen, mögen zuſehen, ob dort die Erde das tue oder leide, was man ſagt,
weil wir auch wirklich nicht von leichtſinnigen Menſchen dies gehört haben". Je=
denfalls alſo kann Auguſtins „apokryphe" Vorlage, die deutlich meldet, daß der
Apoſtel geſtorben ſei, auch die Sage vom leeren Grabe und des Johannes Ent=
rückung nicht enthalten haben. In Binders Gedicht (ſ. Apokr. S. 357):

> „Nicht tot iſt er, nein, er ſchlummert bloß
> Und harrt auf den Meiſter, der Erd im Schoß.
> Sich ſelbſt grub er lebensmüde ſein Grab
> Und legte zum Schlummer ſich dann hinab.
> Das Atmen der Bruſt hört das lauſchende Ohr,
> Aus dem Boden quillt heilendes Manna hervor."

Nach Za Forſch. VI 205 wäre dieſer Lebensſchluß in den Hauptzügen durch=
aus geſchichtlich (vgl. 147 ff. gegen die bei Philippus von Side aufbewahrte Nach=
richt aus Papias, daß die Brüder Johannes und Jakobus von Juden umgebracht
wurden). Im übrigen hält Za dafür (S. 402), daß „die leucianiſchen Akten ein
Gedicht ſind, in welchem Ueberlieferung und freie Erfindung ohne äußerlich erlenu=
dare Grenze verſchmolzen ſind". Aehnlich äußert ſich Bardenhewer I 441, ungünſtiger
Sch S. 123, der „echte und ſelbſtändige Traditionen über den Apoſtel und ſein
Wirken in Aſien" nicht anerkennt; übrigens wie Za (S. 16) eine literariſche Ab=
hängigkeit der A. P. von den A. J. annimmt (S. 99; mit Einſchränkung Acta Pauli
S. 177 f.).

XXVI.
Andreasakten.

Zur Einleitung (Quellenkritik).
(E. Hennecke.)

Literatur: Vor den Textveröffentlichungen Aa II, 1 (1898), p. 1 ff. (cf. p. XI ff.) zu vgl. F a b r i c i u s II 757 f. L i p s i u s I 543 ff. P r e u s c h e n bei Harnack I 127 f. H a r n a c k II 1, S. 544. Ferner B a r d e n h e w e r I 432 ff. Trotz seiner weitgehenden Würdigung des Lencius hat Z a h n (Forschungen VI 220) vielleicht noch unter dem Eindrucke des mageren Quellenbefundes, den L i p s i u s feststellte, geäußert: „Leider ist unter den legendarischen Nachrichten über die Wanderungen und Schicksale des Andreas nichts, was sich an Alter und Ursprünglichkeit den echten leucianischen Johannes= und Petrusakten vergleichen ließe", während J a m e s (II p. XXIX ff.) die A. An. mit den A. J. und A. Pe. einem und demselben Verfasser zuzuweisen geneigt war und E h r h a r d (S. 162 f.) es für die Aufgabe einer be= sonnenen Kritik erklärte, „die Ausscheidung der gnostischen Ueberreste aus der ganzen Reihe von Andreasakten, die nunmehr vorliegen, zu versuchen. Bonnet hat dafür schon vorgearbeitet durch die Zusammenstellung jener Partien in den verschiedenen Texten, welche inhaltlich identisch sind". Diese Vorarbeit B o n n e t s liegt Aa II 1, p. XVII—XIX vor, der p. XIV auf das hervorragende Alter des Stückes Nr. 2 aus dem cod. Vatic. gr. 808 verwies, zu welchem bereits L i e c h t e n h a n (Die Offenbg. im Gnosticismus S. 50. 73 f. 92 f. 112. 115 f., und ZnW 1902, S. 295) einige An= deutungen und exegetische Versuche geliefert hat. James sah als unsere beste Auto= rität für die Kenntnis der Akten Gregors von Tours liber de miraculis b. Andreae apostoli (ed. Bonnet 1885 in den Mon. Germ. hist., ser. rer. Merov. I 2, p. 827 ff. cf. 821 ff., Vorrede v. J. 1884) an (vgl. A p o k r. S. 462), damit Lipsius'sche Andeutungen (I 550. 563) überbietend. Das erweist sich aber so wenig als stichhaltig, wie die Annahme von Lipsius, daß in den griechischen Acta Andreae et Matthiae (I 546 ff. 550 ff. 598 ff. 615; Text Aa II 1, p. 65 ff.), sowie in den davon wiederum ab= hängigen Acta Petri et Andreae (I 553 ff. 601 f. 615; Text Aa II 1, p. 117 ff.) ur= sprünglicher Stoff der älteren („gnostischen") A. An. in größerem Umfange verar= beitet sei, eine Annahme, die Lipsius bis zu der ungeheuerlichen Ausmerzung des griechischen Achaia als Stätte der Wirksamkeit (des Endes) des Apostels aus einer zweifellos deutlichen Tradition getrieben hat. (S. 609 f. cf. 614 f. Auch Liechtenhan, Die Offenb. S. 52 A. 1, möchte im Hinblick auf die Vorstellung von den Menschen= fressern [?] gnostischen Ursprung der Andreas=Matthiasakten annehmen.) Die literar= historische Kritik, die sich von dem Stücke des cod. Vat. gr. 808 aus aufrollt, ergibt ein ganz anderes Bild. (Einzuziehen sind die wichtigen Textveröffentlichungen Bonnets im Supplementum Codicis apocryphi II: Acta Andreae cum Laudatione contexta, et Martyrium Andreae graece, Passio Andreae latine a se primum edita ex Analectis Bollandianis [XIII 1894, p. 309—378] repetiit praefatus est indices adjecit, Paris 1895, und seine Untersuchung in der Byzant. Zeitschr. III 1894, p. 458—469: La Passion de l'apôtre André en quelle langue a-t-elle écrite? Erst von hier aus ist eine erneute Inangriffnahme des Problems überhaupt möglich ge= worden. Ob S p e r a n s k i j s Veröffentlichung über A. An. in altrussischen Texten (1894, russisch, vgl. Ehrhard S. 161 A. 4) mehr Licht bringt, wird abzuwarten sein; die Proben, die F r a n k o in ZnW 1902, S. 146 ff. 315 ff. zu der Geschichte eines anderen Apostels aus ähnlichen Quellen geliefert hat, stimmen die Erwartung nicht sehr hoch· Die koptischen Texte haben die Erdichtungen auf ihre Weise weiter ge= trieben (vgl. Lipsius I 617 ff. G u i d i im Giornale della società asiatica italiana II 1888, p. 24 f., wo auch Reminiscenz an A. J. p. 163 15 f.). Möglich, daß aus unver= öffentlichten griechischen Kodices weiteres zu erschließen ist (A. An., A. J., A. Tho. im cod. Hieros. Sabb. 30, saec. X/XI, vgl. Ehrhard S. 168). Einige Hff. der Passio Andreae ohne nähere Kenntnis der Form, in welcher ſie ſie bieten, erwähnt Bonnet noch Aa II 2, p. XXXIII. —

Abkürzungen: Li = Lipſius, Za = Zahn, Ja = James, Bo = Bonnet, Lie = Liechtenhan.

Die Quellen: V = cod. Vatic. gr. 808 (vgl. Aa II 1, p. XIV, dazu meine Mitteilung ThLZ 1900, Sp. 275 f.: Aa II 1, p. 38—45 (Apokr. S. 464—470 sub 2);

N = „Narratio" Bo (vgl. Apokr. S. 462 f.; inc. Ὁ ἁγιώτατος καὶ μακαριώτατος): Suppl. Cod. apocr. II 46 ff. (Anal. Boll. 1894, p. 359 ff.);

B = Brief der Presb. und Diak. der Kirchen Achaias (vgl. Apokr. S. 460, dazu noch bei Li I 563 ff.): Aa II 1, p. 1 ff. (3 Verſionen, eine lateiniſche: l, eine dieſer entſprechende griechiſche: Γ [beide: B₁], und eine ausführlichere griechiſche, mit eingeſprengtem älterem Texte: B₂, von Bo wiederum in 2 Recenſionen geſchieden: Φ und Θ;

L = ſogen. Laudatio, Li: Enkomiaſt, ſehr ſchwülſtig geſchrieben, inc. Τὸν πρωτόκλητον = Suppl. II 3—44, im Gange der Erzählung der eigentlichen περίοδοι in der Hauptſache mit

E = Epiphanius Monachus, um 800 — hat als Bilderverehrer die heiligen Orte am ſchwarzen Meere ſelbſt beſucht —, ed. Dreſſel 1843, p. 45 ff. inc. Ἐπελθήπερ πολλοὶ ἀνεγράψαντο) übereinſtimmend (gemeinſame Inhaltsangabe bei Li I 576 ff. vgl. 570 ff.¹, wiewohl dieſer kürzer als L (und — wenigſtens in der Ausgabe von Dreſſel — die Kreuzigungsſcene p. 74 ₁₀ ff. Διεδόθη τοίνυν κτλ. vielmehr mit N c. 23 ff. gemeinſam hat, doch iſt das vielleicht nur ſinguläre Textbezeugung des in der gen. Ausgabe benutzten cod., vgl. Bo, Suppl. p. X f.); Bo ſpricht p. XI, wie Li I 574, von einem beiden gemeinſamen Autor.

Auch das ὑπόμνημα der griechiſchen Menäen zum 30. Nov. (von **Symeon Metaphr.**) inc. Ἄρτι τοῦ παιδὸς wird von Li (I 570. 585. cf. 548. 584 f.) als Auszug aus L angeſehen (wogegen Bo, Suppl. p. IX die Oertlichkeiten geltend macht), während

die **Gregor** und **Pſ. = Abbias** zu Grunde liegenden Virtutes Andr. durch weitere Häufung von Wundertaten des Apoſtels in den verſchiedenen Städten, zuletzt auch in Paträ ſelbſt, von L abweichen. Doch iſt ihnen anderes gemeinſam, z. B. der Prokonſul Lesbios, Aegeates' Vorgänger (ſ. Apokr. S. 463), den auch

M₁ (Martyrium) = Aa II 1, p. 46 ff. in kürzerem Zuſammenhange — unter gefliſſentlicher Tilgung der Maximillageſchichte — dietet.

M₂ (Martyrium) = Aa II 1, p. 58 ff. weiſt, wie die Vergleichung mit N uſw. ergibt, ſtärkere Anzeichen einer urſprünglichen Faſſung der Schlußgeſchichte auf, von welcher Bo ſchließlich noch

P (Passio, inc.: Conversante et docente) = eine kurze lateiniſche Sonderrecenſion Suppl. p. 66—70 veröffentlicht hat. Unter den ſonſtigen Berichten verdient noch

des **Niketas** David in Paphlagonien († um 890) or. IV in laudem S. Andreae (MPG Bd. 105, col. 53 ff.) beſondere Hervorhebung.

Andere Erwähnungen ſ. bei Li I 608 f.

Unter allen Stücken ſteht N der urſprünglichen Beſchreibung (V, vgl. Apokr. S. 460) am nächſten (Apokr. S. 462 f.). Ganze Satzpartien ſtimmen z. T. wörtlich mit dem Hauptſtücke (Nr. 2 = V) überein. Dabei ergibt der Vergleich unwider-

---

¹ F. Diekamp, Hippolytos von Theben, S. 144 tritt gegen Li 574 für die Möglichkeit ein, „daß der Enkomiaſt neben der gemeinſamen Quelle auch noch die Andreasvita von Epiphanios vor ſich gehabt hat", und ſchlägt S. 145 A. 1 Unterſuchung einer ähnlich betitelten Schrift im cod. Patmens. 162 saec. XI vor.

sprechlich, daß N eine ausführlichere Vorlage excerpirt hat. Letztere aber nicht in dem glücklich erhaltenen Stücke, Aa II 1, p. 38 ff. zu sehen, hieße das Problem unnötig komplicieren. Einzelberührungen dieses ausführlichen Stückes mit dem A. J. (s. die Anmerkungen) und auch der ganzen darin niedergelegten Lebensanschauung scheinen im Verein mit dem Zusammenauftreten gerade der A. An. und A. J. in der äußeren Bezeugung (vgl. Apokr. S. 424 A. 1) auf Identität der Verfasserschaft zu führen. Doch hatte v. Gutschmid (an Li II 2, S. 430) die von Innocenz bezeugte Abfassung ersterer durch die Philosophen Xenocharides und Leonidas (Apokr. S. 353) für annehmbar erklärt, während C. Schmidt (Die alten Petrusakten, S. 55 A. 1) darin den „Einschub eines Pseudogelehrten" erblicken möchte, „der in der Aufzählung die Akten des Andreas vermißte". Nach Philaster (Apokr. S. 351) wollten diese von begleitenden Apostelschülern verfaßt sein, d. h. der Verfasser wird, wie die Verf. der A. J. und der kanonischen AG., darin die erste Person Plur. angewandt haben.

Entsprechend der Gewohnheit späterer Zeiten (vgl. Apokr. S. 357), von den größeren Zusammenhängen die Schlußabschnitte mit der Passion des Helden (Apostels) loszutrennen und vorwiegend zu konserviren, ist die Bezeugung über Aufenthalt und Tod des Andreas in Paträ am reichsten. Bei der Mannigfaltigkeit und Freiheit der Wiedergabe oder Bearbeitung des Stoffes divergiren die Berichte gerade für diese Akten überaus stark. Außer M1, dem die Apokr. S. 470 33—471 15 eingefügte vollständigere Anrede an das Kreuz entstammt, hat L die Präsumption für sich, in demselben Schlußstück (Nr. 3) manches noch wörtlich erhalten zu haben (s. u. die Anmerkungen). EL liefern außer den Virtutes, mit denen sie sich nur oberflächlich (z. B. in den vorangehenden Vorgängen zu Paträ) berühren, die ausführlichste Schilderung der gesamten Handlung von den Anfängen der Mission des Apostels bis zu dessen Ende. Wenn jene darin von den ursprünglichen Akten abhängig sein sollten, so beruht mindestens die von ihnen behauptete mehrmalige Reise nach Jerusalem von den nördlichen Gegenden Kleinasiens auf selbständiger Eintragung. Nach ursprünglichem Zusammengehen mit Petrus (vgl. 1. Petr. 1 1) trennen sich die Brüder, dieser erhält den Westen, Andreas den Osten. Allerhand kirchliche und liturgische Einrichtungen werden an die Reisetätigkeit des Apostels in unverschämter Unbefangenheit geknüpft. Sinope bildet einen oftmals berührten Punkt der Wirksamkeit des Andreas. N fügt c. 5 ff. einen kurzen Auszug aus den Andreas-Matthiasakten (vgl. Apokr. S. 462. 351; von Thilo in einem Hallenser Osterprogramm 1846 behandelt, schwerlich vor dem 4. Jahrhundert entstanden) ein, deren Bericht die Virtutes gleich am Anfange haben. Ueber den angeblichen Zusammenhang dieser Akten mit den alten Andreasakten s. oben S. 544. Die Form weicht auf beiden Seiten stark von einander ab. Die jugendliche Erscheinung Christi (vgl. oben S. 521), der als Fährmann auftritt, beweist nichts für Identität der Verfasserschaft. Derartige Züge sind gemeinsames Eigentum des vulgären Christentums gewesen. Vielleicht beruht ihre Wiederholung auch auf einer Lektüre und Kenntnis der älteren Vorlagen, wie z. B. der Bericht von L über die Heilung der Maximilla im Beisein ihres Gatten offenbar auf der Lykomedes-Kleopatra-Geschichte der A. J.

Längere oder kürzere Einleitungen über das Vorleben des Apostels, die aus den biblischen Nachrichten herausgesponnen sind, gehen den verschiedenen Berichten vorher — bei M1 eine ausführliche Apostelteilung — und beweisen ihren durchaus kompilatorischen Charakter. Daß die Virtutes nicht, wi Ja meinte (s. oben S. 544), den Anspruch erheben können, auf größere Partien hin Ursprüngliches erhalten zu haben, ergibt sich 1) aus dem Umstande, daß sie fast nur Wunder enthalten, und zwar in außerordentlicher, widerwärtiger Häufung. Dies und 2) die Unkenntnis und merkwürdige Zusammenziehung der Oertlichkeiten (Li I 558) erinnert an einen Fabelschuster wie Prochorus, der auch nur Weniges aus den älteren Quellen zu übernehmen für gut befand. 3) Der enkratitische Grundzug, in dem Hauptstück Nr. 2 so besonders deutlich, tritt gar nicht hervor, oder doch nur, wo es ganz selbstverſtändlich iſt, nämlich gegenüber groben Unzuchtsfällen. 4) Wenn Ja auf eine ſchon vor der Ankunft im Peloponnes liegende viſionäre Ankündigung der Kreuzi= gung des Andreas in den Virtutes (Li I 559 f.), bei welcher Johannes und Petrus auftreten, im angeführten Sinne verweiſt, ſo könnte das höchſtens beweiſen, daß dem Verfaſſer auch die Akten jener beiden Apoſtel dunkel vorſchwebten; eine andere Vorausverkündigung findet ſich z. B. bei M₁ c. 8 in Paträ (vor dem Antritt des Aegeaten), während Andreas nach unſerem Hauptſtück (Nr. 2) erſt in c. 13 dieſe Ankündigung gibt. Auch die Ereigniſſe mit dem Vorgänger im Prokonſulat Les= bius (ſ. Apokr. S. 463) ſind bei M₁, EL und Virtutes verſchieden eingeordnet. M₁ läßt die Maximillageſchichte ganz weg und motivirt die Verurteilung des Andreas lediglich mit der antiheidniſchen Wirkung ſeiner Predigt, die Niketas (col. 69 ff.) in folgender Weiſe bringt: Der Apoſtel fordert die achäiſchen Männer zuerſt auf, ihre Augen zum Himmel zu erheben (vgl. M₁ p. 56 ₁₄ — zum Prokonſul am Kreuze ἀνάβλεψον τοῖς ὀφϑαλμοῖς) und die geiſtige und immaterielle, ſodann die vergängliche und körperliche Welt zu erkennen. Der Menſch im Paradieſe, nach Gottes Bilde gemacht, übertrat durch Neid des Teufels und eigene Unenthaltſamkeit; dadurch verfiel ſein Verſtand auf den Götzendienſt. Aus dem Grunde iſt Gott Menſch ge= worden uſw. (vom göttlichen Kreuz die Rede). Zur Rechten Gottes befindlich goß er ſeinen Geiſt aus, „durch deſſen Kraft und Anrufung, wie ihr ſeht, Dämonen von den menſchlichen Leibern ausgetrieben werden, Krankheiten entſchwinden, Blinde wiederſehen, Stumme hören und Lahme Kraft gewinnen, Tote auferſtehen und alle unheilbaren Leiden von Seele und Leib allein durch den Namen Chriſti beſeitigt werden". Das alles ſoll zum Glauben wie zur Furcht und zur Annahme der Taufe auffordern. — Der katholiſche Einſchlag, falls überhaupt hier eine ältere Grundlage anzunehmen iſt, iſt überall erſichtlich; er wird auch bei N in den Reden des Hauptfragments Nr. 2 durch reichliche Veränderungen des Wort= lauts und weitgehende Einführung bibliſcher Wendungen hergeſtellt.

Aus alle dem ergibt ſich, daß wir nicht darauf rechnen können mit den gegen= wärtigen Mitteln, über das, was vorhergegangen iſt, etwa durch Vereinigung der verſchiedenen Berichte irgend etwas Gewiſſes zu erfahren. Am eheſten liefert noch N einige Anhaltspunkte (Apokr. S. 462 f.). Aus dieſem Grunde iſt auch über die ganze Reiſeroute des Apoſtels (Zuſammenſtellung der Nachrichten bei Li I 767 ff.) mit den bisherigen Mitteln vor der Hand nichts Genaues auszumachen. Feſtſteht das „veniens de Ponto in Graeciam" des Philaſtrius (Apokr. S. 351). M₁ und N laſſen die Wirkſamkeit mit Bithynien beginnen (vgl. die ſyriſche Doctrina Apokr. S. 459), wohin Andreas nach EL erſt auf einer zweiten Reiſe (von Jeruſa= lem aus, ſ. o.) geht, und zwar auf einer ihm in Epheſus, wo er mit Johannes zu= ſammen iſt (vgl. Apokr. S. 459), zu teil gewordene Erſcheinung Jeſu hin. Von Bithynien (Nicäa) aus, wohin er über Laodicea ¹ gelangt, geht der Weg an der Südküſte des ſchwarzen Meeres in öſtlicher Richtung entlang und (nach abermaliger Unterbrechung durch eine Jeruſalemreiſe) weiter nördlich bis zum tauriſchen Cher= ſones, ſodann nach Sinope zurück und über Byzanz und Thracien nach Paträ, während N die ſkythiſche Reiſe gleich an Nicäa anſchließt (an Thracien vorbei) und die Virtutes den Apoſtel überhaupt nur (auf demſelben Wege über Byzanz uſw.) von Pontus nach Paträ wandern laſſen.

Von der Häufung der Berichte über den Kreuzigungsvorgang und deſſen Vorereigniſſe gibt B allein ſchon eine Vorſtellung. Hier ſind dem Martyrium förm=

---

¹ Die Nachricht der Doctrina Addaei, daß, wie die übrigen Größen der An= fangszeit von ihrem Standorte aus, ſo Andreas aus Phrygien ſchrieb, beweiſt nicht, daß dem Verfaſſer wirtlich derartige Briefe vorlagen (vgl. Neſtle, Ein Andreasbrief im Neuen Teſtament? InW 1903, S. 270). Wenigſtens werden die apokryphen Apoſtelakten (der älteren Periode) taum Anlaß zur Wiedergabe dieſer Nachricht geboten haben, da ſich auch in den vollſtändigen Judas=Thomas=Akten kein Brief dieſes Apoſtels aus Indien vorfindet.

liche Acta proconsularia vorgesetzt (vgl. P). Bo hat die stark verzweigten Ueber=
lieferungsverhältnisse in der oben S. 544 angeführten Untersuchung Byz. Zeitschr.
1894 zu entwirren gesucht. Man werfe einen Blick auf Aa II 1, p. 1! Obenan
steht 1 inc.: Passionem sancti Andreae schon seit Mombritius bekannt und in zahl=
reichen Hff. überliefert; darunter zunächst Γ inc.: Ἀ τοῖς ὀφθαλμοῖς, 1749 durch
Woog heraus g. (der den Brief in das apostolische Zeitalter versetzen wollte!);
untenan B₂ inc.: Ἅπερ τοῖς ὀφθαλμοῖς, das in den späteren Kapiteln die für unsere
Uebersetzung Nr. 3 vorwiegend benützten Textüberschüsse enthält. Θ ist nach Bo
(a. a. O. 464. 468) lediglich Umarbeitung von Φ. Bo stellt fest: 1) 1 bietet die
Grundlage der Textüberlieferung (Li nahm dagegen griechischen Ursprung an); die
dagegen vorgebrachten Einwände (Formel vom Ausgehen des Geistes; Hellenismen
der Sprachfärbung; außervulgatische Bibelcitatenform) sind nicht stichhaltig (S. 459 f.
465. 466). Während 1 in den ersten Kapiteln einfach erfand oder eine Nachahmung
von Märtyrerakten lieferte, hat er in den Schlußkapiteln sich an eine alte Tradition
der Akten gehalten. Hier sind sogar die Hff. in verschiedenem Umfange aus Pa=
rallelberichten von ungleichem Werte interpolirt (468 f.); 2) Γ ist eine Uebertragung
von 1 oder von einer am Ende abgekürzten Textgestalt desselben. Auch den abge=
kürzten Namen Aegeas hat er mit 1 gemein; 3) Φ (hier besonders in Frage kom=
mend) stellt eine wortgetreue Uebersetzung dar, die aber von c. 11 an durch Ein=
mischung von Fragmenten einer älteren Schrift (der alten Akten selbst?) stark unter=
brochen ist. Die Einfügung ist so ungeschickt geschehen, daß der Bericht „überladen
und verwirrt erscheint" (467). — In c. 13 f. begegnen nämlich, wie ich nach Ver=
gleichung mit den sonstigen Parallelberichten hinzufüge, zweierlei Textüberschüsse:
a) solche, die mit N, L, M₁, M₂ in näherer Beziehung stehen und den Anspruch er=
heben können, auf die alten Akten zurückzuleiten (hierzu gehört auch der p. 33 in
den Anmerkungen zu dixit wiedergegebene Passus aus der lateinischen Hff.gruppe
DNauV; vgl. meine Notiz ThLZ 1900, Sp. 273, dazu noch den Bericht P!);
b) solche, die durch die lat. Hff. XS gedeckt werden (Aa II 1, p. 30 ₂₇—31 ₁₅. 32 ₁₃
—₂₂. ₂₃—₂₆. 33 ₁₄) und daher entweder auf eine ältere oder jedenfalls auf eine
Sonderform der Passio hinweisen, die jedoch mit den alten Akten nichts zu tun
hatte. Doch war sie dem Verf. des l. de vera et falsa poenitentia 32 (Tischendorf,
Acta ap. apocr., p. XLIV; vgl. Harnack II 1, S. 545 A. 1 gegen Li I 592)¹ nicht
unbekannt. Man wird füglich die Frage erheben dürfen, ob nicht diese Sonderform
von B an den angeführten Stellen dessen ursprünglichen, vollständigeren Wortlaut
aufbewahrt habe. — Das Kreuzesgebet ist in seinem Anfange noch bei mehreren
Berichterstattern erhalten, am ausführlichsten allem Anscheine nach bei M₁. Bei L
erscheint es kirchlich umgeprägt, während dieser Zeuge im weiteren Verlauf noch
manche Spuren des Ursprünglichen bietet. Der so durch kritische Vereinigung mehrerer
Zeugen unter Nr. 3 zustande gekommene Text weist inhaltlich unverkennbare Be=
rührungen mit demjenigen unter Nr. 2 auf (vgl. ἀναπαύεσθαι c. 19. 24 mit 8. 11.
16 cf. 18 — εὖγε 19 vgl. 6 — ἀνιᾶσαι 20 vgl. 4 — Stratokles „Kind" 21 vgl. 10
13 — „von ihm erkannt" 21. 23 vgl. 1. 17 — Verachtung des Irdischen und Festi=
gung der Herzen 21 vgl. 15 f. — epitheta ornantia wie λυμεών u. a. für Aegeates
23 vgl. 10 p. 42 ₂₄ f. — ἀναιδὴς διάβολος 24 vgl. 17 — ὃν ἔχω 24 vgl. 10 — da=
zu die auch in diesem Stücke auftauchenden Ansätze zu asyndetischen Satzhäufungen).
Doch soll nicht behauptet sein, daß er in allen seinen Bestandteilen den Anspruch,
den alten Akten zu entstammen, wirklich erheben dürfte (vgl. Apotr. S. 470 A. 1).
Verdacht erregen z. B. die 20 000 (c. 23; vgl. Xanthippe= und Polyxenaakten c. 38).
　　　Bei L sind noch einige Schlußkapitel (50—54, p. 42 f.) angefügt über die
Translatio der Gebeine des Andreas von Achaia nach Konstantinopel auf Befehl

---

¹ Daß Harnack II 2, S. 175 A. 1 seine richtige Aufstellung von der Nichtzu=
gehörigkeit dieses Fragments zu den ältesten A. An. wieder zurückzieht, beruht auf
unbedenklicher Anlehnung an Schmidts These (s. o. 354 f.) und Nichtbeachtung der
soweit erkennbaren Textverschiedenheiten.

des Kaisers Constantius i. J. 357 durch Artemius, der zugleich die Gebeine des Lukas aus Thebais (Böotien, vgl. Li II 2 S. 358 f.), des Timotheus aus Ephesus (vgl. Acta sancti Timothei ed. H. Usener, Bonn. Progr. 1877) holte und danu ben Ukat über Aegypten erhielt, unter Julian aber Märtyrer wurde (Martyrium S. Artemii des Symeon Metaphr., MPG Bd. 115, col. 1159 ff.; vgl. Nilles, Kalendarium manuale I², p. 304. Seeck in Paulys Realencykl. II² 1444 f.). Wunder am Grabe zu Paträ erwähnt Gregor von Tours l. in gloria martyrum 30. cf. l. de miraculis b. Andreae ap. 37. Im Jahre 1216 sollen die Gebeine von Konstantinopel durch den Kardinal Peter von Capua nach Amalfi (Translatio cf. Potthast, Bibl. hist. medii aevi ² II 1164), sein Haupt unter Pius II. nach Rom (Gsell-Fels, Rom und die Campagna 1895, Sp. 1013 f.) gebracht sein. Wer sich für derartigen Bodensatz einer ursprünglich einigermaßen lebensvollen Legende interessirt, mag den Folioband des Touler Bischofs Andr. de Saussay, Paris 1656, oder im Kath. Kirchenlexikon I (1882) Sp. 828 nachschlagen. — Historisches über die Verwaltung der Provinz Achaia und über Paträ (Apokr. S. 464) s. bei Marquardt, Röm. Staatsverwaltung I² (1881) S. 331 f. 121. Mommsen, Röm. Gesch. V 239. J. Weiß in RE VII 161. 163 ss ff.

Anmerkungen zur Uebersetzung.
(G. Schimmelpfeng.)
1.

Zu den beiden Fragmenten vgl. Li I 590—592. Harnack II 1, S. 543.

a. Nach Nr. 2 (Aa II 1, p. 38 ff.) hat Andreas selbst die Maximilla veranlaßt, ihrem Ehemanne die eheliche Pflicht zu verweigern (vgl. die Rede im Gefängnisse). Und des Apostels Einfluß auf Maximilla hat wohl in erster Linie den Aegeates bestimmt, jenen gefangen zu setzen.

b. Iphidamia (Euodius) = Ἰφιδάμεια, N: Ἡφαιδαμία? (vgl. Bo p. 51 zu c. 10 Z. 5) dagegen VL: Ἰφιδάμα, Epiph. Mom. sowohl Ἐφιδάμα (Virtutes: Ephidama) wie Ἐφιδαμία (p. 69 not. 1).

Anmerkungen zur Uebersetzung.
(E. Hennecke.)
1.

Zum Doppelfragment bei Euodius vgl. Apokr. S. 459. 463 (auch oben S. 356). C. Schmidt, Petrusakten S. 53 f., ist der Ansicht, die Fragmente seien „aus dem heutigen Text als anstößig ausgemerzt". Ihr Inhalt findet sich in der Tat in den verschiedenen Berichten, die über die Vorgänge in Paträ vor der Gefangensetzung des Apostels berichten (s. o. S. 545 ff.), nicht und läßt sich auch in dem Hauptstück Nr. 2 unserer Uebersetzung nicht ohne weiteres einordnen (s. Apokr. S. 463).

a. Euodius schreibt Egetes — aus Αἰγεάτης (so sämtliche griechische Versionen, außer Γ, die aus l. übersetzt ist); die anderen Lateiner l P Abbias haben Aegeas. — Man wird von fern an den Vorgang 1. Mos. 16 erinnert; doch begegnet in Nr. 2 kein Zug in dem Charakter der Maximilla, der diese Handlungsweise nachträglich ins Licht setzte. Sollte sie gar auf Supponirung oder ungenauer Erinnerung des Euodius beruhen? Dagegen sprechen freilich die konkreten Namen und der Vergleich mit c. 14.

b. Das Auftreten eines glänzenden Knaben (Jünglings) fällt in diesen Apostelgeschichten nicht auf; der Verfasser wird Christus darunter verstanden haben, nach Euodius Gott oder einen Engel (dieser Schluß ist vielleicht aus einer hier ausgefallenen Gebetsanrede gezogen). Die unwürdige Täuschung steht mit der unter a im Einklang. In c. 3 f. trifft Aegeates seine Gattin doch im Prätorium. Vielleicht ist dies Fragment Nr. 2 unmittelbar vorangegangen.

Fragment der Anm. Lateinischer Wortlaut s. Harnack I 117 f. 119;
die Abweichungen sind von keinem Belang. — Speciosa figmenta durch den Schein blen-
dende Erdichtungen, Gebilde [A. Pe. 28 p. 76 11 in figmentis huius mundi] Apul. Met. 4:
figmenta somniorum; ostentatio täuschende Vorspiegelung doloris Seneca ep. 99.
Petron. satyr. 17, Gegensatz veritas Cicero de fin. II, 24; ostentatio simulata zur
Schau getragene (äußere) Verstellung = Heuchelei; coactio visibilium der Zwang,
den die sichtbaren (irdischen) Dinge ansüben; visibilia τὰ φαινόμενα Hebr. 11 3 Gegensatz τὰ μὴ φαινόμενα, z. B. νοῦς Aa II 1, p. 41 37. per se ipsum, d. i. sua sponte,
sua voluntate, libero arbitrio. per seductionem, nämlich diaboli. Augustin spricht
an der citirten Stelle vom liberum arbitrium der Menschen und von dem pecca-
tum sine necessitate gentis tenebrarum. Homo non natura peccator, sed prior
voluntate peccator — erat in hominis potestate seductori non consentire — diabolus non oppressor inviti, sed tentator volentis. Evodius spricht von der cupi-
ditas naturalis, sed voluntaria. Heranziehen kann man vielleicht die Stelle Aa II 1,
p. 41 4 τὰ πάντα διαρρήξας δεσμὰ κτλ. — Es folgt sub 2 ein größeres Stück aus V;
über die sehr verderbte Textüberlieferung vgl. Bo Aa II 1 p. XIV. In der Tat
bieten „obscurissimi illi sermones" der Schwierigkeiten genug und übergenug, jedenfalls aber auch einen wertvollen Beitrag zur „gnostischen" Literatur.

Fragment der Anmerkung. Die geringen Abweichungen des Wortlauts
zwischen Augustin und Evodius rechtfertigen nicht etwa die Annahme, daß beide den Satz
selbständig aus dem griechischen Urtexte übersetzt hätten. Evodius (CSEL XXV 952)
könnte das ·Citat dem Augustin entnommen haben (Thilo, Fragmenta Actuum S.
Joannis, p. 7 f.), doch erklärt Schmidt, der auch (S. 53, vgl. 50) diese Annahme
vertritt, nicht, wie jener zu seiner selbständigen Kenntnis des Doppelfragments aus
den A. An. (mit dieser Zuweisung, vgl. oben S. 356, und zwar mit doppelter
Namennennung Sch S. 54) gekommen ist. Augenscheinlich kannte Evodius (durch
die Manichäer) mehr von den apokryphen Apostelakten (vgl. auch Apokr. S. 431
oben) als Augustin. — Der Inhalt des Fragments berührt sich auch mit Sätzen
aus den A. An. (Hauptstück Nr. 2, vgl. Apokr. S. 461) näher als mit solchen der
A. J. (Sch S. 50, der es auf diese zurückführen würde) und verstärkt also die Annahme, daß es jenen wirtlich entnommen ist: „ex propria natura" vgl. A. An. 15
p. 44 16 περὶ τὴν ἰδίαν φύσιν. Die Menschennatur als höhere gedacht (ebda. Z. 12 f.
und c. 9 p. 42 3 „deine wahre Natur" — entgegengesetzt die wahre Natur des
Teufels c. 18 p. 45 26 f., vgl. A. Tho. 29. 31 u. ö. —), wenn auch andererseits als
gerettete, mit Schwäche behaftete (6 p. 40 24), wofür die Erklärung 15 p. 44 12 f. gegeben wird: διὰ τὴν ἀπαίδευτον ψυχὴν τὴν εἰς φύσιν πλανηθεῖσαν καὶ κατὰ τῆς πλάνης
ἐνέχυρα κατέχουσαν (eine unzweifelhaft gnostische Erklärung). Vgl. ebenda Z. 8
ταῖς ἐπιβλαβέσιν αὐτῶν φαντασίαις und die Zurückführung auf den Teufel 17 p. 45 8 f.:
ὑποβάλλων γὰρ αὐτῷ τὰ ἴδια πολλάκις διέγραψεν ἐνήδονα ὄντα καὶ ἀπατηλά, δι᾽ ὧν
αὐτοῦ περικρατεῖν ἐδόκει, dazu unser Fragment: „lügnerisches Blendwerk und äußere
Verstellung und der sichtbaren Dinge Zwang"; von letzterem Thilo p. 8 Anm. wohl
mit Recht: „Portasse tamen ,coactio visibilium' non est vis et dominatio, quam
visibilia habent in animum hominis, sed vehementissimum rerum visibilium desi-
derium, quod graece dici potuit ὁ βιασμὸς τῶν ὁρατῶν, quoniam qui cupide rei
imminent, ei quasi vim adhibent", d. h. subjektiv zu verstehen. Der höheren Natur,
zu der solches nicht stimmt, wird der Mensch entgegengesetzt, „der mit seinem
Willen (per se ipsum) schlechter geworden ist durch Verführung". Die Beziehung
auf den Sündenfall scheint unwiderleglich und würde durch c. 5. 7 der A. An. eine
gewisse Bestätigung erhalten. Doch weiß man nicht, wie weit am Urtexte gemodelt
ist. Im Sinne einer realen Fortleitung des einmal eingetretenen Abfalls ist die
Stelle jedenfalls nicht zu fassen. Zu per se ipsum vgl. αὐτεξούσιον bei Tatian or.
7 u. a. Apologeten. Eine generelle Beziehung (jeder Mensch per se ipsum schlechter
geworden) legt sich nahe.

2.

— — 1 p. 38 ₁ Schluß einer im Gefängnis gehaltenen Rede des Apostels. Für den Zuſammenhang und den Juhalt der ganzen Rede gibt uns die in N (c. 12) aufbe= wahrte Rede nur geringe Anhaltspunkte, da dieſe im weſentlichen katholiſches Ge= präge zeigt. Doch vgl. τὸ μυστήριον τῆς οἰκονομίας mit Aa II 1, p. 45 ₁₄. ₂₅; „ſeinen Vater den Teufel" mit p. 41 ₂₂. ₃₂. — J. 4 f. τῇ ἐκείνου .. κοινωνίᾳ vgl. 1. Joh. 1 ₃. ₆. f. — ₅ Μακάριον, vgl. p. 44 ₁₄. Mt. 5. — ₉ γενέσεως αἰτία von B o beanſtandet. Ich leſe: ἐπιγείου; vgl. 17 τὰ ἐπίγεια.. Oder γενέσεως τέκνα? [Ein anderer Verbeſſerungs= vorſchlag bei L i e Offenb. S. 116.] — ₁₀ ἐπίβουλοι, οἳ ἐσμὲν ἴδιοι . . . — ₁₆ f. ὑπερου- ρανίου . . . ἐπίγεια vgl. A. J. p. 212 ₁. ₃. — ₁₈ Wegen des Gegenſatzes iſt erforderlich τὰ μὴ μένοντα, vgl. A. J. p. 184 ₂₁. 213 ₄. — ἄξιον . . . die offenbare Lücke fülle ich nach dem Sprachgebrauch von ἀλλ᾽ ἤ etwa durch οὐδὲν (μᾶλλον) καυχώμεθα aus. Der Sinn der Stelle iſt jedenfalls: „Nichts verdient mehr an Gott gerühmt zu werden, als daß wir . . ." Zum Sprachgebrauch von ἀλλ᾽ ἤ vgl. K r ü g e r , Sprach= lehre § 69 A. 6. ἀλλ᾽ ἤ = a u ß e r , a l s ſteht nach vorangehender Negation, und dieſe fehlt hier im Text. Vgl. Lk. 12 ₅₁. 1. Kor. 3 ₅. 2. Kor. 1 ₁₃. —

2. ₂₅ μεσιτεία Vermittlung, Mittlerſchaft. μεσίτης 1. Tim. 2 ₅. Gal. 3 ₁₉ f. Hebr. 8 ₆. 9 ₁₅. 12 ₂₄. μεσιτεύειν Hebr. 6 ₁₇. — ₂₅ f. καὶ ἦν ἡ τοιαύτη ἀγαλλίασις vgl. N. p. 52 ₂₆ :: καὶ οὕτως χαίροντες καὶ ἀγαλλιώμενοι ἀνεχώρουν ἕκαστος οἴκαδε. [Weiterhin M p. 58 ₆:: ἀγαλλιώντων καὶ στηριζομένων, vgl. p. 39 ₁ ἐστηρίζοντο.] — ₂₇ ἐπεξελθεῖν τὴν αἰτίαν zur Konſtruktion mit dem Akkuſativ vgl. Plat. leg. 9, 866. — p. 39 ₄. ἔχουσιν auf= fallend das Tempus; man ſollte erwarten etwa ἦσαν περισκεπόμενοι N. iſt an dieſer Stelle etwas ausführlicher.

3. ₈ τὸ πραιτώριον der Palaſt der römiſchen Prokuratoren, Prokonſuln in den Provinzen, ihre Amtswohnung, alſo Regierungsgebäude. — ₃₂ ἐμβράσσειν aufbrauſen, inaestuare vgl. 1. Moſ. 40 ₆ Aquila. Vgl. N. p. 53 ὡς κολακεύσων καὶ θωπεύσων κτλ. Auch hier iſt die N. ausführlicher. — 4. ₁₃ κατηγγύησαν N. p. 53 ₁₁ f. σε πρὸς γάμον. — ₁₅ ἵνα <παρῶ> πολλά B o. — ₁₆ πάσχειν Gutes erfahren, vgl. Gal. 3 ₄. — ₁₈ τὸ δι- καστήριον <καταλιπών· εἰπέ μοι οὖν> συνετῶς· B o. Vgl. N. p. 53 ₂₁. — ₂₀ συντεκνόω (Ar. Thesm. 15) = συντεκνοποιέω Xen. Mem. II 2. 5 (auch vom Weibe).

2.

— — 1 ſ c h l a f f (τῆς ἀνοίας), vgl. A. J. 30 p. 167 ₁₅ c. 52 p. 177 ₈. — G ü t e (χρηστότης, vgl. 18 p. 45 ₁₉. Jgn. ad Magn. 10 ₁. ad Sm. 7, 1. 2. Clem. 15, 5. 19, 1. Brief an Diognet 9, 2. 10, 4; pauliniſch) und Erbarmen Gottes ſpielen in dieſem Stück eine bemerkenswerte Rolle. — f o r e i c h e (ἀφθόνῳ), vgl. zu A. J. 55. — G e ſ c h l e c h t (γένος) der Chriſten, vgl. Kerygma Petri (Apokr. S. 171 ₂). Sibyll. VIII 483. — S. 465] J. ₇ G r ö ß e , vgl. A. J. 109 Ende. — d e m B e ſ ſ e r e n , vgl. A. J. 52. 69. 84; d e m S c h l e c h t e r e n vgl. c. 9. Für 'die ganze Ausführung bietet die Rede A. J. 69 Berührungspunkte, z. B. d a s N i c h t b l e i b e n d e (ähn= lich hierunter c. 15). — ₁₇ f. v o n i h m e r k a n n t w o r d e n ſ i n d (γνωρισθῆναι ὑπ᾽ αὐτοῦ), vgl. c. 17 p. 45 ₄; 1. Kor. 13 ₁₂ (ἐπιγνώσομαι, ἐπεγνώσθην). — L i e, Offenb. S. 50. 112. JnW 1902 S. 295, hebt mit Recht die Vorzüge der Rede hervor. 2 g e r e d e t h a t t e (ὁμιλήσας), vgl. zu A. J. 26. — ₂₁ v e r l a ſ ſ e n; beim vorübergehenden Abſchied des Johannes A. J. 58 wird auf die immerwährende Gegenwart Chriſti verwieſen. — ₂₃ F r e u d e, vgl. A. J. 86 p. 203 ₈ f. A. P. 5. 25. — ₂₆ g e f e ſ t i g t, vgl. zu A. J. 106. — Für das Zuſammenſtrömen der Brüder= ſchaft im Gefängnis ließen ſich zahlreiche Belege aus altchriſtlicher Zeit geben. Frauenbeſuch bei den gefangenen Apoſteln, vgl. A. P., A. Tho.

3 J. ₃₂ ff. vgl. A. Tho. 100. 114 ff. — 4 J. ₃₄ ff. vgl. über römiſche Ehe= ſchließung Marquardt, Das Privatleben der Römer, S. 30 ff.

5. 29 καὶ τὰς χεῖρας αὐτοῦ εἰς τὰς ἰδίας ὄψεις θεῖσα vgl. A. J. p. 181 18. — 33 μυ‑
σαροῦ vgl. A. J. p. 189 6 μύσος p. 182 3. — p. 40 1 ῥυπαροῦ vgl. 7. Offb. 22 11 A. J.
p. 169 8. 185 3. 192 18. 213 5. — 1 f. καὶ τοῦτό μοι ἐκ πολλοῦ κεκράτηντο, zu leſen:
σοι κεκράτητο und ſtatt τῆς ἐννοίας: τῇ ἐννοίᾳ. Zur Form κεκράτητο vgl.
Schol. Ar. Plut. 153. κεκράτητο παρὰ τοῖς παλαιοῖς ἡ τιμωρία..., zur paſſiven Be‑
deutung neben dieſer Stelle auch Ariſtoph. Aves 755. κρατούμενα νόμῳ. A. J. p. 168 18.
σοι .. τῇ ἐννοίᾳ scil. σου Gegenſatz τὴν ἐμήν. In der Tat hatte ſich Maximilla ſeit
einiger Zeit von dem ehelichen Verkehre mit Aegeates abgewandt; und dieſe Tren‑
nung war ihr geboten durch ihre — freilich durch Andreas beeinflußte — ἔννοια
d. i. vernünftige Ueberlegung, Anſchauung, Anſicht. [Auch gnoſtiſcher Terminus,
vgl. z. B. Iren. adv. haer. I 1 1, 23 2 II 13 1.] Nunmehr aber — in dem ſchweren
Konflikte ihres Herzens — ſoll des Apoſtels Anſicht ihr zu Hilfe kommen.
— 3 ἐπιμαρτυρεῖν 1) Zeuge ſein. Du willſt, daß meine Meinung Zeuge iſt, Zeugnis
ablegt zur Beſtätigung ... 2) obtestari. ἐπιμαρτυρῶ ich bin Zeuge für die Richtig‑
keit ... ich beſtätige ... ich beſchwöre dich: Thu's nicht, handle auch ferner, wie
bir beine ἔννοια gebietet! — 4 μὴ νικηθῇς ὑπὸ τῆς .. barum 6 μὴ κινηθῇς τοῖς .. Bo. —
9 Hinter μαραινόμενον ſchlägt Bo vor zu ergänzen καὶ ἀπολλαττόμενον. Vgl. umgekehrt
des Andreas Worte, die er zu Aegeates ſpricht, p. 30 26. ἀπαλλάσσομαί σου. Beſſer
hier ohne Aenderung ἀπό τε σοῦ καὶ fern von dir und .., d. i ohne bir etwas an‑
haben zu können. Vgl. ἀπὸ τοῦ ἀνδρὸς εἶναι vom Manne getrennt leben Plut. C.
Gracch. 4. — 10 συγγενής verwandt, häufig in den A. An. innerlich verwandt je‑
mandem, ſeinesgleichen; f. zu A. J. 101. — 14 πρὸς ἧς .. ψυχήν leſe ich nach Bo.s Vor‑
ſchlag. — 21 f. τὸ γὰρ διορθῶσαι δίς τέτακται. Wörtliche Ueberſetzung: „Denn daß
ein jeder ſeinen Fall wieder gut macht, das wiederherzuſtellen iſt beſtimmt". — 6.
23 ὡς εἶπον = ἐν ἐμαυτῷ (ἑαυτῷ) εἶπον z. B. Lk. 16 8 „wie ich meinte". Vgl. τὴν
ἐμὴν γνώμην .. — 24 φύσις σῳζομένη vgl. p. 45 16. 38 14. A. J. p. 193 9. 201 4. — 24. f.
cod. μὴ ἰσχύσασα ἑαυτὴν μηδὲ ἀποκρύψασα· ἰσχύω iſt intranſitiv, hat ſich in tranſi‑
tivem Sinne = ἰσχυρὸν ποιῶ nur an einer fehlerhaft überlieferten Stelle gefunden;
dagegen verlangt ἀποκρύψασα einen Akkuſativ. Darum iſt zu leſen ἰσχύσασα μηδ'
ἑαυτὴν ἀποκρύψασα oder noch beſſer ἰσχύσασα αὐτὴ μηδ' ἑαυτὴν ἀποκρύψασα. μὴ ἰσ‑
χύσασα αὐτὴ konceſſiv „trotz deiner eigenen Schwäche" („nicht aus eigner Kraft").

S. 466] 5 Z. 14 e r l a h m t (ναρκῶντα), vgl. A. J. 69 p. 184 18. — 17 ff. Die Be‑
ziehung auf den Sündenfall iſt hier (vgl. oben zum Fragment aus Auguſtin-Euo‑
dius) zweifellos, wenn auch eine ſehr loſe. Im Einklang etwa mit der Haggada
(in der die Verführung Evas als geſchlechtliche Verführung durch den Teufel er‑
ſcheint! vgl. Bouffet, Religion des Judentums, S. 390 f.) und Tertullian (vgl. meine
‚Altchriſtliche Malerei' uſw. S. 181 A. 5) wird von der Buße der Stammeltern
geredet, aber weder die Natur des Abfalls ſelbſt oder deſſen Folgen noch Chriſtus
als Wiederherſteller berückſichtigt; die Darſtellung iſt alſo ſo unpauliniſch wie nur
möglich und auch von derjenigen gleichzeitiger kirchlicher Schriftſteller abweichend.
Eva und Adam kommen lediglich als primitive Typen für die Möglichkeit oder Wirk‑
lichkeit der Buße und der in dieſer Richtung erfolgenden wechſelſeitigen Beeinfluſ‑
ſung zwiſchen Mann und Weib in Betracht. Bei ihnen Hinabziehung des Geiſtes
(νοῦς) und die Folgeſcheinungen — die Unwiſſenheit entſpricht der ἄγνοια der Nicht‑
chriſten vor ihrer Belehrung —, bei ihren Gegenbildern feſte ſittliche, d. h. dem Ge‑
ſchlechtsverkehr auch in der Ehe abgeneigte, Haltung als Ausdruck wahrer Buße,
ſo daß dieſen ſelbſt eine wiederherſtellende Bedeutung typiſcher Art beigelegt wird!
— 22 e m p o r g e z o g e n (ἀναγομένην), vgl. 18 p. 45 31 ἐπεωρούμενοι. A. J. 100 ἀνα‑
ληφθῇ, scil. zu Chriſtus; vgl. Hippolyt in cantic. cantic. ed. Bonwetſch (1897),
S. 352 12 ff. (als Tat Chriſti). — 6 unterbricht die dargelegte Rückbeziehung, die in
c. 7 fortgeſetzt wird. Der Uebergang Z. 26 f. zeugt von der ungeſchickten Willkür
dieſes Schriftſtellers. — M e n ſ c h e n n a t u r ... g e r e t t e t (φύσις σῳζομένη); c. 18
p. 45 16 τὸ σῳζόμενον γένος. Lie, Offenb. S. 93. 96, vergleicht dazu Baſilides und
Valentin. — o h n e d i c h z u v e r b e r g e n; ſollte hier nicht auch noch an 1. Moſ. 3 8

μηδ' ἑαυτὴν ἀποκρύψασα kauſal „ohne dich zu verbergen" nämlich vor dem rettenden Gotte. — 28 νοουμένων ἢ λεγομένων Bo. Vgl. A. J. p. 200 11. 205 3 (202 26). — 29 καταδυναστεύειν σου Jak. 2 6. — 30 καταβαλόντων ſtatt καταβαλλόντων Bo; vgl. ἀπαγαγόντων. — 33 διαυγής vgl. Offb. 21 21. — p. 41 1 ὅτι ὑπὲρ ἀρχάς ... vgl. Röm. 8 38 Kol. 1 16 ἐφ' ὧν Röm. 9 5. — 4 f. οὐ λέγω τὰ περὶ γενέσεως. Bo ergänzt μόνον wegen des folgenden ἀλλὰ καί. Die Ergänzung iſt nicht nötig: „Ich meine nicht ..., ſondern gerade". τὰ δεσμὰ τὰ περὶ γενέσεως die Feſſeln, die in der menſchlichen Geburt, in der eigenen Entſtehung liegen: σάρξ p. 41 1 τὰ δεσμὰ τὰ ὑπὲρ γένεσιν die Feſſeln, die über die menſchliche Geburt, über die eigene Entſtehung hinausgehen, alſo außerhalb der eigenen Natur liegen: κόσμος, ἀρχαί, ἐξουσίαι, mit denen uns feſſelt ὁ πάντα ἀναιδὴς διάβολος, wenn er p. 44 35 die eigenen Kinder gegen uns losläßt. — 7 γνωρίσει iſt zu ändern in γνωρίσεις. — Zu θαρρεῖν vgl. 2. Kor. 5 6. 8. Hebr. 13 6. — 8 ἐπὶ σοῦ an deinem Beiſpiel, in Anſehung deiner. Vgl. Gal. 3 16. — 7. 13 ἐκπατεῖν iſt hier gegen den ſonſtigen Sprachgebrauch tranſitiv wie πατεῖν gebraucht, dies iſt urſprünglich tranſitiv, „mit Füßen treten, niedertreten". — 16 παραβαλλέτω iſt entſprechend dem φλεξάτω und ῥιψάτω in παραβαλέτω zu ändern, wie Bo vorſchlägt. — πυρὶ φλεξάτω vgl. A. J. p. 169 6. — 17 καὶ τί γάρ; Ellipſe; ἑνὸς ὄντος τούτου ... Inkorrekte Genetivi absoluti finden ſich nicht ſetten in den A. An. und A. J. z. B. p. 43 31—34. 162 8. 182 17. 188 12. 18. 197 15. 202 3. 5. — 8. 22 f. Aus c. 13 geht hervor, daß A. unter der „Erlöſung" aus dem Gefängnis ſeinen bald erfolgenden Tod verſtanden hat vgl. A. J. p. 182 18. — 23 Σὸν οὖν ἔστω λοιπὸν .. Vgl. A. J. p. 196 1. 23 f. — φυλάξαι ... καθαράν vgl. A. J. p. 191 31. 212 6. — 24 ἄσπιλον vgl. z. B. Jak. 1 27. A. J. p. 213 8. — εἰλικρινῆ Phil. 1 10. 2. Petr. 3 1. vgl. A. J. p. 166 24. — ἀσυνδιάθετος ταῖς ὁμιλίαις „ohne den Ü. zuzuſtimmen". Vgl. oben p. 40 4. ἀσυνδιάθετος kommt ſonſt nicht vor, ebenſo nicht συνδιάθετος, wohl συνδιάθεσις. — Statt ἄκλαυστον lieſt Bo richtig ἄκλαυστον. — 25 ἄθραυστον vgl. A. J. p. 213 9. — ἀμέριστον ungeteilt d. i. nur dem Einen zugewandt. — 26 ἀχείμαστον Bild von der Seefahrt. Vgl. A. J. p. 183 12. — ἀσκανδάλιστον A. J. 165 2 vgl. 182 14. 178 35. 192 1. — 32 πεισθείης iſt nach Bo.s Vorſchlag wegen des vorhergehenden ἀπελαθείην zu leſeu. — 9. 37 νοῦς Vernunft: das Organ des ſittlichen Denkens; verſchieden zu übergedacht ſein? — 37 immateriell (ἄϋλος), vgl. A. J. 93. — 33 f. In einem valentinianiſchen Fragment bei Epiph. haer. 31,5 heißt es: μυστηρίων .. οὔτε ἀρχαῖς οὔτε ἐξουσίαις οὔτε ὑποταγαῖς οὔτε πάσῃ συγχύσει περινοηθῆναι δυναμένων, μόνῃ δὲ τῇ τοῦ ἀτρέπτου ἐννοίᾳ πεφανερωμένων. — 44 f. jenen zu ſchauen uſw.; vgl. c. 15 Ende (die Geheimniſſe der eigenen Natur). — 45 der nicht geworden iſt (οὐ γενόμενον), vgl. vorher p. 40 32 f. τοῦ ἀγεννήτου. — 7 Fortſetzung der durch den allgemeinen Appell in c. 6 unterbrochenen Vergleichung der beiden Hauptperſonen mit Adam und Eva. Formell wird man durch den Aufbau des Gedankenfortſchritts an Röm. 5 12 ff. erinnert. Hier tritt zu der Idee der nun erſt wirklich vollzogenen Buße die des geiſtigen Miterlebens hinzu (vgl. c. 9). — S. 467 des Herrn Gebot; ob hier die Erinnerung an Mt. 19 12 ausreicht oder an ein enkratitiſches Evangelium zu deuten iſt? — 5 den wilden Tieren, vgl. (1. Kor. 15 32). Ignat. an b. Römer 4 f. A. P. et Th. 27 ff. koptiſch ed. Sch p. 24 12. 67 2. Brief an Diognet 7, 7 u. ö.; verſchiedene Todesarten vgl. z. B. Tatian or. 6. Clem. Alex. strom. IV 8,57. Mart. S. Cononis 5 (ed. v. Gebhardt S. 131 f.). — 7 f. Leib .. ihm verwandt; vgl. c. 6: Feſſeln .. der eigenen Entſtehung. — 8 8 f vgl. ähnliche ſchriftſtelleriſche Floskel wie am Anfg. der Kap. 6. 7. 10. — 9 ff. vgl. c. 5. — Des Aegeates Vater, vgl. c. 8 gg. Ende. A. J. 86 Ende. A. Pe. 15. 16 (vgl. dazu die Anm., oben S. 438 f.). 28. 36 — aus dieſem Gefängniſſe, Lie ZnW 1902 S. 295 verſteht es vom Leide. — 16 Kains Werken, vgl. 1. Joh. 3 12. — Ueberredungskünſten (ὁμιλίαις), vgl. ſchon 5 p. 40 6. — f. Teufel = Schlange, vgl. c. 10 gg. Ende. (A. J. 94.) 1. Moſ. 3 1. 2. Kor. 11 3. — 23 f., d. h.: ſterben werde ich doch, alſo eigentlich eine Abſchwächung, aber mit tragiſchem Accent.

9 nicht ſichtbaren (μὴ φαινομένου), d. h. höheren, geiſtigen (Sinn); ent-

setzen: Denken, Sinn, Gemüt, Herz. — εὔοψις = εὐπρόσωπος. — Wegen des ἀνήρ φρόνιμος, und weil der Uebergang zum Stratokles c. 10 unvermittelt erfolgt, schwankte ich einige Zeit, ob nicht schon in c. 9 der Apostel zu diesem redete und eine Lücke zwischen c. 8 und c. 9 anzunehmen wäre. Aber schon vor Beginn unseres Bruch=stückes wird von Stratokles, dem Bruder des Aegeates, die Rede gewesen sein. Vgl. N. p. 55 5. Ferner paßt der Inhalt von c. 9 auf Maximilla: μὴ ἡττηθῇς .. Und im Anfange des nächsten Kap. erfahren wir sofort den Grund, weshalb der Apostel sich jetzt an Stratokles wendet. ἀνήρ tritt zum Abjektivum, es zu substantiviren, vgl. Aa II 1, p. 28 24—26 und Mt. 7 24. — p. 42. 1 παρακαλῶ σε, τὸν ’Ι. lese ich auf Bo.s Vorschlag. — 4 ὃ πάσχω, καί ... ist zu lesen. — 4 f. φεύγειν τινός ist selten z. B. Soph. Phil. 1033 τῆς νόσου. — 5 Mit geringer Textänderung lese ich: ἴδε ἃ αὐτὸς ὁρῶ καὶ ἃ σὺ ὁρᾷς πηρώσεις σε. Diese ganze Stelle bietet wesentliche Berührungs=punkte mit den A. J., besonders vgl. c. 96 p. 198, auch c. 101 p. 201 49 πηρώσει, vgl. p. 212 12, 170 13.

10. 7 f. εἰ ἄρα „wenn etwa, falls“. Der Konjunktiv in guter Prosa selten. — συνέχῃ — συνέχεσθαι pass. sich bedrängt fühlen, behaftet sein mit (einem Uebel), leiden an f. Mt. 4 24 (νόσοις). Lk. 4 38 (πυρετῷ) AG. 28 8. — 9 στένεις εἰς ἐξάκουστον. Bo vergleicht Act. Phil. Aa II 2, p. 17 11 ἐβόησεν εἰς ἐπήκοον πάντων. — ἄνια lieſt Bo mit Recht statt ἄνοια vgl. p. 43 9. — 11 f. διατεθῇς ist mit Bo zu lesen. Vgl. p. 43 28. An beiden Stellen steht διατίθεσθαι ohne Adverbium in dem Sinne zur Besinnung kommen, sich beruhigen“, wie es p. 43 28 heißen muß. — 13 f. ἐχόμενον τὸν τόν .. Die verderbte Stelle ist zu lesen etwa ἔχω μὲν οὖν σὲ τὸν. Vgl. p. 42 33. 32 28. — 15 ὁμιλήσας und ἀγαπᾷ τὸν schlägt Bo mit Recht vor. — 28 f. ἀλλότριος vgl. A. J. p. 183 7. Gegensatz zu p. 42 14 f. (vgl. A. J. p. 179 26 f.); also ἔσω = in dir, nicht in ihm. Vgl. 28 μή τις ἐν σοί ... (A. J. p. 176 14. 213 8). 28 Hinter diesem ἐν σοί muß es heißen ὃς οὐκ (Bo). — Eine Reihe von Ausdrücken, mit denen An=dreas hier seinen Gegner belegt, kehren wieder in L und zwar in der Schlußrede des Apostels am Kreuze (unten c. 23): ἐχθρός — λυμεών — μανιώδης — περίεργος — γόης, dort auch ἀσυμπαθής vgl. p. 41 27. — γόης vgl. 2. Tim. 3 13. περίεργος vgl. 1. Tim. 5 13. AG. 19 19. στρεβλός vgl. 2. Petr. 3 16. δόλιος vgl. 2. Kor. 11 13. ἀλαζών vgl. Röm. 1 30. 2. Tim. 3 2 A. J. p. 169 20. ἀλαζονεία p. 183 27. 190 16. ἐπηρμένος (ἐπαίρεσθαι) vgl. 2. Kor. 10 5. 11 20. — 29 Στρατοκλῆ zweimal, mit Recht vermutet Bo eine in gutem Griechisch ungewöhnliche Vokativbildung, als ginge das Wort nach der 1. Deklination: Στρατόκλη vgl. p. 59 25. 61 17. N. p. 58 20. — 11. 32 Στρα=τοκλέος, Bo Στρατοκλέους. — 33 ἀναπαύεσθαι ἐπί τινα vgl. 1. Petr. 4 14. — 33 ἀνα=παύεσθαι (ἀνάπαυσις) Lieblingswort der Akten p. 33 10 41 28. 42 33. 43 2. 44 27. 45 16 und A. J. p. 168 25. 173 10 190 6. 192 1. 200 24. 214 1. — p. 43 1. σύμβολόν μοι mit Recht Bo statt με. — 3 τοὺς συγγενεῖς μου λόγους die mir innerlich verwandten Worte, die mir zukommenden, entsprechenden, meine Worte; vgl. zu p. 40 10.

12. 4 f. μακαριώτατε in der Anrede an Andreas nur hier und z. 14 desf. Kap. In dem folgenden großen Bruchstücke dagegen p. 23 ff. heißt es neunmal — kein=mal in der Anrede — vom Apostel ὁ μακάριος oder μακαριώτατος ’Ανδρέας — p. 31 21 ἅγιος (vgl. Eph. 3 15) — und so in allen späteren Akten durchgehends. Vgl. oben zu A. J. 26 und Euseb. h. e. VI 11 5 f., dazu Reiske ad Constantin p. 773: Scio Alexandrum Episcopum apud Euseb. Clementem Alexandrinum adhuc vivum τὸν

---

gegengesetzt τὰ φαινόμενα, was in die Erscheinung fällt, vgl. Aristib. apol. 1 Ende (von Opfern usw.). A. Pe. 37 (hier der Gegensatz). — den Herrn Jesus, vgl. c. 7: des Herrn Gebot; Jesus sonst nicht im Fragment ausdrücklich genannt. — 29 ff., vgl. die Auseinandersetzung über das Herrn= und Menschenleiden in den A. J.; hier in der Wechselbeziehung zwischen den höheren Menschen.

10 Zuhörer, vgl. zu A. J. 97. — 33 Kind; ebenso c. 13. A. J. 28 (Lyko=medes). — 42 mein eigen, vgl. A. J. 100.

12 Z. 21 ff. vgl. Lneian Lucius 6 (in völlig anderer Situation). — 27 Samen=

μακάριον πρεσβύτερον appellare et in universum beatos, felices homines adhuc vivos olim μακαρίους, vita functos autem μακαρίτας fuisse dictos. — ϛ ἀκοντιζόμενον mit Bo zu ändern in ἀκοντιζομένῳ vgl. N. p. 55 17. — 8 με· καὶ iſt hinzuzufügen, 9 μαντευόμενον zu leſeu mit Bo. — 8 f. τὴν μετὰ τούτων ἀνίαν μ., den mit dieſem (d. i. dem Gehörten, dem Inhalte des Gehörten) in Zuſammenhang ſtehenden, alſo bald folgenden Kummer ahnend. —

13. 21 οὐκ ἐχενεμβάτησεν äubert Bo richtig. — ἀλλ' οἶδα leſe ich. — 22 Zu der Verkündigung vgl. c. 8 p. 41 22.

14. 30 f. τῷ παντὶ βίῳ ἅμα τῆς σαρκὸς χαίρειν φράσασα, iſt mit dem Vorhergehenden zu verbinden, alſo hinter φράσασα ein Punkt zu ſetzen, hinter πραιτώριον ein Komma: εἰς τὸ πραιτώριον, καὶ τῷ . . . φράσασα. So bietet die Stelle keine Schwierigkeit mehr, von dem inkorrekten Gen. absol. war ſchon die Rede. Vgl. noch Valerius Herbergers Choral: „Valet will ich dir geben, du arge, falſche Welt". — καὶ ἅμα „und zugleich" mit dem Participium. Ich habe das letztere vorausgenommen und danu mit „ſogleich" fortgefahren. Vgl. Plat. Protag. 335 c. — 33 εἰ ἄρα ob nicht, vgl. Krüger Xen. An. III 2 22. — ἀπειπαμένης vgl. 2. Kor. 4 2.

15. p. 44 4 Auch Johannes beruft ſich A. J. auf ſeinen Apoſtolat p. 168 10. 211 1. — 8 φαντ. vgl. p. 45 8. A. J. p. 213 2. — 9 ἐπείγεσθαι ἐπί oder πρός c. acc. „ſich ſehnen nach, hinweilen zu" häufig in unſern Akten p. 44 9. 27 20. 30 16. 24. A. J. p. 205 9. 190 24 (Bo.s gute Konjektur). — προέτρεψα gut Bo. — 10 πάντων τῶν (was Bo ergänzt) ῥευστῶν. Wer denkt nicht hier an Heraklits πάντα ῥεῖ. Vgl. Plat. Crat 411 c. 439 e. — 11 μέχρις ἠθῶν lieſt mit Recht Bo. Vgl. 41 34. — 13 ἐνέχυρα Satanspfänder vgl. A. J. p. 184 22, wo auch von der ψυχὴ εἰς φύσιν πλανηθεῖσα die Rede iſt. — 15 ὀπτριζομένους. Weil das simplex ſich ſonſt nicht findet, vermutet Bo etwa κατοπτριζομένους, eine Aenderung, die ich nicht für nötig halte. Der Sinn iſt klar. Vgl. 1. Kor. 13 12. δι' ἐσόπτρου. — 16. 17 ἐποικοδομεῖσθε Bo richtig τέκνα ἐποικοδομεῖσθαι. Vgl. N. p. 56 28. — 18 ἐπὶ τῷ θεμελίῳ καταβεβλημένῳ vgl. Hebr. 6 1. — ἀσαλεύτῳ vgl. Hebr. 12 28. — 19 ἀνεπιβουλεύτῳ vgl. A. J. p. 189 26. 204 8. — 20 ὧν ὅσα τε . . die Lücke hinter ὧν will Bo mit ἐθεάσασθε oder ἠκούσατε ausgefüllt ſehn. Ich möchte beides ergänzen wegen der folgenden Zeilen, namentlich 25 στηρίζεσθε . . . . οἷς εἴδετε, οἷς ἠκούσατε, οἷς ἐκοινωνήσατε; alſo leſe ich: ὧν καὶ εἴδετε καὶ ἠκούσατε in dem Sinne „was ihr erlebt hadt". — 17. 29 ταράσσειν von ſeeliſchen Erſchütterungen = betrüben, vgl. 1. Moſ. 40 6 LXX Joh. 12 27. Die ἀταραξία als Tugend A. J. p. 166 24. — 30 θαῦμα beſſer θέαμα Bo ξένον θ. A. J. p. 185 24 f. — 34 ἠγαπηκότας . . αὐτὸν ergänzt Bo. — 35 ὅ. ἀναιδὴς διάβολος p. 31 24 A. J. p. 176 1. — Satanskinder p. 192 22. 214 11. — p. 45 1 ἤδη Bo gut: εἰ δεῖ. — 2 ἀπωθῆσαι verderbt. Ich leſe ἀπωθεῖ καὶ = vertreibt auch, treibt auch ab, nämlich von Gott, dem ewigen Anfangloſen (ἄναρχος)

---

körner der Heilsworte, vgl. Mc. 4 15 und Par.; „Same" A. J. 98. 109.

13 Magd (δούλη), vgl. A. J. 19 u. ö. A. Tho. 121. 159.

14 S. 469] der Herr in der Geſtalt des Apoſtels, vgl. A. Tho. 11.

15 Dieſe Rede zieht auch der katholiſche Bearbeiter P p. 66 f. mit reichlicherer Einführung bibliſcher Wendungen zuſammen. — 10 f., vergl. oben S. 550. — 12 f., vgl. c. 1. — 15 f. gnoſtiſirende Vorſtellung. — wie in einem Spiegel . . . erblicken, vgl. o. zu A. J. 95. — alle Dinge geſchaffen um der höheren Menſchennatur willen; andere altchriſtliche Vorſtellungen: um der Menſchen willen überhaupt, vgl. die Belege zu Ariſtid. apol. 1. 5 TU IV 3, S. 54; um der Kirche willen, vgl. Hermas vis. II 4 1 (und dazu Funk PA 430 f.). — 16 Z. 19 f. vgl. noch A. Pe. 2 p. 47 (Paulus beim Abſchiede). 36 p. 88 17 f. (Petrus vor ſeinem Ende). — 24 Zeichen, vgl. A. J. 106. A. Pe. 36. — 29 Ein ähnlicher Ausklang 2. Clem. 19 Ende.

17 Z. 36 wird er nicht erreichen (οὐχ ἕξει), vgl. Joh. 14 30. — 38 der An-

macht ihm abspenstig. — 3 f. καὶ περιφανῇ καὶ μηδέπω δυνάμενον γ. Auch hinter dem ersten καὶ muß μηδέπω gesetzt werden. Zu περιφανῆς vgl. διαυγῆς p. 40 33 „aber nur jemanden von den Schwächern, der noch nicht zu völliger Klarheit gelangte und noch nicht erkannt werden kounte" nämlich von Gott; vgl. c. 1. Oder könnte man γνωρίζεσθαι medial fassen „sich erkennen" der noch nicht zur Erkenntnis seines We= sens gelangt ist"? — 7 παραπλησίαν Bo. — 10 ἐχθρὸς μὲν οὖν οὐκ ἐδείκνυτο lese ich auf Bo.s Vorschlag; vgl. p. 211 13. — 11 τὴν ἑαυτοῦ ἀξίαν ist zu leseu ebenso im nächsten Kap. Z. 23. — 18. 13 f. τοῦτ' ἔστιν οὗτος διὰ τὰ ἑαυτοῦ δῶρα die Lücke er= gänze ich οὐκ ἠλέγχετο ἐχθρός vgl. p. 45 18. 18. oder οὐκ ἐδείκνυτο ἐχθρός p. 45 10. — 14 ff. ἀλλ' ὅτε (vgl. Tit. 3 4) ... ἠλέγχθη ... τὸν ἀλλότριον αὐτὸν καταφρονούμενος, ἑαυτὸν ... διαγελώμενον ist ein Anakoluth. Man sollte erwarten entweder ὁ δ' ἀλ= λότριος αὐτὸς καταφρονούμενος, αὐτὸς ... διαγελώμενος oder εἴδομεν δὲ τὸν ἀλλότριον αὐτὸν καταφρονούμενον, αὐτὸν ... διαγελώμενον. — 16 τὸ σωζόμενον γένος vgl. p. 40 24 — 17 ὁ ἀλλότριος p. 42 23. 45 2 A. J. p. 167 15. 183 7. — 26 οὐ λέγω ἰσχυροτέραν der zweite Teil des Satzes fehlt, Bo ergänzt: ἀλλ' ἐμφανεστέραν ἀπέδειξεν αὐτοῦ τὴν ἔχ= θραν, ich ziehe vor ἐμφανῆ. Vorher blieb seine Feindschaft verborgen, jetzt tritt sie offenkundig hervor. — 28 διυπνίζεσθαι vgl. A. J. p. 162 20. 181 4. — 31 ἐπεωρούμενοι findet sich sonst nicht, ist gebildet wie μετεωρούμενοι vom simplex αἰωρέω. αἰωρεῖσ= θαι sich geistig erheben, ermutigen.

3.

Zur Rechtfertigung der Textzusammensetzung vgl. Apokr. S. 461 ff. sub 4; dazu oben S. 546 ff. Die Quellen (f. o. S. 545) find hiernach: in der Hauptsache der überschüssige Text von B₂, unter Mitbenutzung von M₁ (für die Kreuzesanrede in c. 19) sowie durchgehends von N (E) und L, auch M₂ und M₁. Die zur Her=

---

fangslose, vgl. Tatian or. 4 (ed. Schwartz p. 4 f.): θεὸς ὁ καθ' ἡμᾶς ἡμᾶς οὐκ ἔχει σύστασιν ἐν χρόνῳ, μόνος ἄναρχος ὢν καὶ αὐτὸς ὑπάρχων τῶν ὅλων ἀρχή. Plato leg. 4 (bei Hippolyt ref. I 19 p. 32 10 ff.; auch Pf.=Justin coh. vgl. Gaul, Die Abfassungs= verhältnisse der pf.=just. Coh., S. 64): Ὁ μὲν δὴ θεός, ὥσπερ καὶ ὁ παλαιὸς λόγος, ἀρχήν τε καὶ τελευτὴν καὶ μέσα τῶν ὄντων ἁπάντων ἔχει. — herabgestiegen ist (κατῆλθεν), vgl. A. J. 77 p. 189 13 von Christus = Gott. Am wahrscheinlichsten wird man an unserer Stelle — wegen der auch sonst erkennbaren Beziehungen auf den Sündenfall in A. An. und im Vergleich mit c. 18, wo eine Stufenfolge der göttlichen Gnadenmitteilung zu tage tritt — an 1. Mof. 3 deuken dürfen, doch ist eine un= präzise Auffassung des heilsgeschichtlichen Verlaufs (vgl. A. J. 112) und modalistische Fassung der Gottheit nach Art der A. J. nicht ausgeschlossen. — 46 f. vgl. oben S. 550. — S. 470] Z. 2 f.; c. 18 (Mitte) wiederholt. — 18. Z. 6 f. offenbar an die Erscheinung Christi gedacht, die also hier eine neue Stufe gegenüber der im vorigen Kap. ge= schilderten Gottesoffenbarung darstellt; vgl. Justin bei Jren. adv. haer. V 26, 2: Satan wagte vor der Ankunft des Herrn niemals Gott zu schmähen, da er seine Verurteilung noch nicht kannte usw. Ebenso die Sethianer nach Epiph. haer. 39, 9. Andererseits Brief an Diognet 9. — 10 verlacht wurde (διαγελώμενον), vgl. A. J. 114 καταγελασθῆτω. — 17 Heilsordnung, vgl. zu A. J. 75. — 23 in feinen Spuren, vgl. auf der anderen Seite 1. Petr. 2 21. — 25 f. Leider bricht das Frag= ment mitten im Satze ab. Der Ton liegt auf λοιπόν. Auch in Zukunft, ist der Wunsch des Apostels, soll der Teufel als der Feind des Menschengeschlechts er= kannt werden, der unsere Natur gegen das Unsrige (aufhetzt oder auf= bringt??). —

3.

Das Motiv der Tötung des Apostels, Abwendigmachung der Weiber hochge= stellter Männer von ihren Gatten, ist dasselbe wie in anderen Apostelakten; zur vorherigen Einschließung im Gefängnis und der Wirksamkeit daselbst vgl. nament=

ftellung des Zufammenhangs nötigen Ergänzungen aus ben Parallelberichten find
burch < > kenntlich gemacht. —
— — (19) Ὁ δὲ Aa II 1 p. 23 28 bis φωνῆς (p. 24 19), χαίροις p. 25 28 bis με 26.
Parallel p. 54 18—21. — — <ἧκον p. 54 21 bis σωτῆρι p. 55 19> aus M1: p. 54 21. 22
lefe ich (nach L) ἥκω ftatt ἧκον. — 25 τὸν ἄνθρωπον λόγον, vielmehr τὸν ἄνω λόγον
(Bo), vgl. τὸν οὐράνιον λόγον, τὴν κεφαλὴν πάντων L p. 38 (346) 19 — ἥπλωτο,

lich A. Tho. In ber Todesart (vgl. Apokr. S. 461 sub 4; bazu ben von Pf.=
Abbias III 23 erzählten Vorgang f. Li I 559) wie im ganzen Verlauf ber Schilde=
rung berühren fich bie A. An. am meiften mit ben A. Pe., wobei auf bie Unficher=
heit ber Zugehörigkeit biefes Schlußftückes zu ben alten A. An. in ber unferer
Ueberfetzung zu Grunbe liegenben Textzufammenfetzung immerhin noch
einmal (f. Apokr. S. 470 A. 1) hingewiefen fein mag. Doch enthält biefer Text im ganzen
zweifellos alte Beftanbteile — bie älteften aus bem Kontexte ber gerabe für biefen
Abfchnitt zahlreich vorhanbenen Verfionen unb Bearbeitungen (f. o. S. 546 ff.) —,
was burch Berührungen mit bem Hauptftücke (Nr. 2, wie auch mit ben A. J.) hier=
unter erwiefen wirb. Auch Berührungen mit Martyrien bes 2. Jahrhunberts finb
offenfichtlich. Für bas nahe Verhältnis zu bem Enbftück ber A. Pe.
fei an Folgenbes erinnert: „Geheimnis (Kreuz) S. 470 35, „Kreuzesname" S. 471 2,
„Gnabe" S. 473 7 cf. A. Pe. 37, S. 470 33 „zur Rechten unb zur Linken" cf. A. Pe. 38,
S. 471 9 f. cf. A. Pe. 36 Enbe (als Schluß einer kurzen Rebe an bas Volk, ber
beffen entrüftete Ausrufe an ben Präfekten vorhergehen, vgl. bie Rebe A. An. S. 471
c. 21 unb bie Ausrufe S. 472 c. 22, bazu Apokr. S. 349, auch A. P. et Th. 27. 28
unb Mart. Carpi etc. 45: οἱ δὲ ἰδόντες ἐφρήνησαν λέγοντες · Δεινὴ κρίσις καὶ ἄδικα
προστάγματα). Auch bie Selbftaufforberung bes Apoftels an bie Henker A. An.
(19 Enbe) ift ben A. Pe. (37 Enbe) analog; bort fteht fie am Schluß ber Anrebe
an bas Krenz, hier am Schluß ber Preifung bes Krenzes, in beiben Fällen folgt
barauf bie Kreuzigung, beren befonberer Mobus hervorgehoben wirb, in ben A. Pe.
aber banu erft (c. 38) bie eigentliche Erklärung bes Kreuzesgeheimniffes (cf. A. An.
19) unb ber Dank ber inneren Stimme (c. 39, cf. bie „Dankfagung" A. An. 24
Enbe) fowie bas Amen bes Volkes; in ben A. An. finb bafür noch bie Vorgänge
mit bem Aegeaten eingefügt. Es folgt fchließlich bas Begräbnis burch Maxi=
milla, wie in ben A. Pe. burch Marcellus. Vgl. noch hierunter zu c. 21. Aus
biefen ftarken Beziehungen folgt, baß ber eine ber beiben Verfaffer ben anbern ge=
kannt hat. Welchem bie Priorität gebührt, ift bei bem zufammengefetzten Charafter
beiber Berichte fchwer zu fagen. —
— — (19) Zur Vorgefchichte f. Apokr. S. 463 (nach N). Eigentümlich ift bie
Anrebe bes Krenzes (in ber 2. Perfon); es wirb gewiffermaßen als perfönlich vorge=
ftellt. Das erweift ben fekunbären Charakter biefes Berichts gegenüber ähnlichen.
Die verfchiebenen Relationen bes Schlußftückes ber A. An. (einige bei Li I 595 f.
A. 1 zufammengeftellt; bazu N p. 59: 367 c. 27, ftark katholifirt) laffen bas ἥκω
ἐπί σὲ (M2 p. 60 11 ἦλθον ἐπί σέ) noch erkennen, welches bie unferer Ueberfetzung
S. 470 33—471 15 beigefügte Darftellung aus M1 p 54 f. einleitet. Auch ftimmt ber
Inhalt bes Satzes S. 470 33 f. burchaus zu bem Vorhergehenben, unb bie weit=
gehenbe Uebereinftimmung von L p. 38 (346) f. mit M1 an biefem Abfchnitt nebft
ben barin enthaltenen „gnoftifchen" (Lie ZnW 1902, S. 295) Zügen ufw. zeigt,
baß bie Einfügung biefer vollftänbigeren Kreuzesanrebe in bie Ueberfetzung mit
Recht gefchehen fein wirb. Die Uebereinftimmung zwifchen L unb M1 ift fehr weit=
gehenb, boch hat L burch gelegentliche Zufammenziehungen unb bereichernbe Um=
fchreibungen geänbert (M1 p. 55 7—11 Mitte fehlt ganz), fo baß wir uns in ber
Hauptfache an M1 zu halten haben (von Lie, Offenb., S. 73 f. fchon überfetzt),
währenb L für einige Ausbrücke herangezogen werben kounte. — 34 mein eigen,
vgl. c. 10. A. J. 100, verbürgt bie höhere, geiftige Art. — 35 bein Geheimnis,
vgl. A. J. im Abfchnitt über bie Kreuzigung; A. Pe. 37. — 35 ff. Ausbeutung ber
Kreuzesteile; anbers, aber boch mit übereinftimmenben Zügen, A. Pe. 38; „zur

beſſer ἥπλωται (Bo) vgl. ἥπλωνται L. — p. 55 ₂ τὸν κόσμον, wohl urſprünglicher τὰ διεσκορπισμένα L [gnoſtiſch, vgl. im Fragm. des Phil.=Evang. Apokr. S. 41 und oben S. 92]. — ₈ τὰ εἰς γῆν κτλ., τοὺς ὑπὸ γῆν κειμένους καὶ τοὺς ἐν τοῖς καταχθονίοις κατεχομένους ἀνελκύσας συνάψῃς L p. 38 (346) ₂₃ f. — ₆ f. πρᾶγμα ἀνάμεστον ὅλων Ding voll des Ganzen = der du das Weltall trägſt. — ₇ ff. Das wiederholte εὖ γε (vgl. p. 54 ₁₉) erinnert an c. 6 p. 40 ₂₄ ff. [Auch ſonſt in gnoſtiſchen Büchern häufig]. — περιφέρειν, Bo περιφέρειαν. — ₈ εὖ γε ὦ σταυρὲ μορφὴν συνέσεως τὴν ἄμορφον τὴν σὴν μορφώσας. τὴν ἀμ., scil. μορφήν. Solche paradoxen Gegenſätze liebt der Verfaſſer der Andreas= wie der Johannesakten. — ₉ Neben ἀφανὴς κόλασις κολάζουσα erwarten wir καὶ . . . ἐκδιώκουσα (ſtatt ἐκδιώκων). — ₁₁ ἐκδυσ(ά)μενος cod. V, Bo ἐνδυσάμενος. Daß es ſo heißen muß, lehrt der Zu= ſammenhang, vgl. auch cod. C ἐνδεδυμένος und L p. 38 (346) ₂₉ f.: ὁ τὸν δεσπότην ὡς βότρυν βαστάσας. — ₁₄ στ(αυρῷ) bei L vollſtändig. — ₁₅ ἐξέλθω in ἐξελθών (Bo) zu ändern, fordert der Zuſammenhang — ₁₈ δημιουργῷ, d. i. Schöpfer, Urheber; Hebr. 11 ₁₀ von Gott, hier in gnoſtiſchem Sinne.

(20) Aa p. 25 ₂₆ ff. — ₂₇ ἀτενὲς ὁρῶν, vgl. A. J. p. 213 ₂ ἀτενίσαι — <g i n g e r b a r a u f z u> ἀνῆλθεν ἐπʼ αὐτὸν N p. 59 (367) ₂₈, ἦλθεν ἐν αὐτῷ M₂ p. 60 ₁₂, an= ders B. — ₂₉ τοῦ ἥκειν τοὺς δημίους, vgl. p. 29 ₁₆ τοῦ ἀναχωρεῖν αὐτούς. Gen. infin. zur Bezeichnung der beabſichtigten Folge, des Zwecks (vgl. Krüger, Griech. Sprach= lehre I § 47 ₂₂ Anm. 2. Kägi, Griech. Schulgramm. § 215 ₂). — p. 26 Da traten uſw., aus N p. 59 (367) ₂₅—₂₈ ergänzt οἵτινες ἐλθόντες μόνον ἐπέθησαν αὐτοῦ· τοὺς πόδας καὶ τὰς μασχάλας, μὴ διατρήσαντες αὐτοῦ μήτε χεῖρας μήτε πόδας, μήτε μὴν τὰς ἀγκύλας ὑποτεμόντες αὐτοῦ (ὑποτεμόντες ſtatt ἀποτεμόντες B₂ auch in M₂ p. 60 ₁₈). — In Folge dieſer notwendigen Ergänzung (μήτε — μήτε) verſtehen wir die Situation. Andreas wurde nur mit Stricken feſtge= bunden, unten an den Füßen und oben an den Achſelhöhlen nicht angenagelt, auch nicht an den oder unter den Knien durch Einſchneiden der Stricke in die Kniekehlen gefeſſelt. In der Regel wurden die zum Kreuzestode Verurteilten angenagelt, wohl meiſt nur die Hände, während die Füße feſtgebunden wurden. Vgl. H. Fulda ,Das Kreuz und die Kreuzigung. Eine antiquariſche Unterſuchung', der ſogar zu dem

Rechten und zur Linken" uſw. vgl. auch A. J. 98 f. — ₃₉ vereinſt (συναγάγῃς εἰς ἕν), vgl. kleinaſiatiſche Presbyter bei Iren. adv. haer. V 17, 4 (PA² I 2, p. 111 sub VIII): διὰ τῆς (θείας) ἐκτάσεως τῶν χειρῶν τοὺς δύο λαοὺς εἰς ἕνα θεὸν συνάγων. — ₄₁ mit dem, was im Himmel iſt (τοῖς ἐπουρανίοις) vgl. S. 471 ₂ „im Himmel Frucht tragend", ₄₃ c. 21 „dem Himmliſchen zueilt" πρὸς τὰ οὐράνια, S. 465 ₁₃ c. 1 „dem Himmliſchen" τοῦ ὑπερουρανίου — ₄₁ Heilswerkzeug (μηχάνημα σωτηρίας), vgl. oben S. 194 zu Ignat. an d. Eph. 9, 1 — S. 471] ₁ Höchſten (ὑψίστου), vgl. AG. 7 ₄₈ (nämlich Gottes Mc. 5 ₇: Lk. 8 ₂₈. AG. 16 ₁₇. Hebr. 7 ₁) und A. Tho. (f. Bo.s Index) — ₆ Vielgötterlehre, Polytheismus (τῆς πολυθέου γνώσεως); der Ausdruck verdächtig, vgl. ſchon M₁ c. 6 p. 49 ₁₉; ſteht in einem Zuſammenhange, der durch L nicht geſtützt wird (p. 55 ₇—₁₁ Mitte) — ₇ f. Auch dieſe Häufung bib= liſcher Reminiscenzen erregt, an dem ſonſtigen Verlauf der Erzählung gemeſſen und im Vergleich mit dem Hauptſtück Nr. 2 Verdacht; L hat „den Apoſtel" ausgelaſſen — ₁₃—₁₅ bindet das Lamm uſw. προσδεσμεῖτε τὸν ἀμνὸν τῷ πάθει, τὸν ἄνθρω- πον τῷ δημιουργῷ, τὴν ψυχὴν τῷ σωτῆρι. Die Gegenüberſtellung des „Demiurgen" und des „Heilands" iſt ohne Frage gnoſtiſch, wiewohl ſie ſonſt nicht ſo in den A. An. und A. J., ſoweit erhalten, begegnet (δημιουργός noch A. Tho. 6 p. 109 ₁₁). Dann iſt in dem Gegenſatz ἄνθρωπον und ψυχήν mit einbegriffen (vor denen man alſo ein μέν — δέ erwarten würde, jener in niederem, dieſe in höherem Sinne zu verſtehen, und im ganzen Satzgefüge logiſch keine Drei= (vgl. A. J. 101 Ende), ſon- dern eine Zweiteilung anzunehmen, indem das erſte Glied (τὸν ἀμνὸν τῷ πάθει) nur die Tatſache des Kreuzleidens vorwegnimmt; L hat abgeſchwächt: προσδ. τ. ἀ. τῷ ξύλῳ, τῷ δημ. τὸ πλαστούργημα καὶ τὴν ψ. τῷ δοτῆρι προσφέροντες.

(20) Z. ₂₀ ff. bauden ihn nur feſt uſw., vgl. Mart. Polyc. 14 Οἱ δὲ οὐ

Schluß kommt, daß das Kreuz Jeſu vielleicht nur ein Pfahl geweſen ſei [dagegen
V. Schultze in RE XI 91]. Hier will Aegeates ben A. länger am Kreuze quälen
und erteilt darum in ſeiner Wut den Befehl, jenen am Kreuze nur feſtzubinden.
Später entſtanden weitere Legenden von der Kreuzigung des A., die bekannteſte iſt
die von dem nach ihm benannten Andreaskreuze, daß eben ſein Kreuz nicht die ge=
wöhnliche Form, ſondern die eines X gehabt habe. — 18 ἠνιᾶσαι, lies ἀνιᾶσαι cod.
A X Bo. — <Und ſ ; e ließ en uſw.> καὶ ἀφέντες αὐτὸν κρεμάμενον ἀπέστησαν ἀπ᾽
αὐτοῦ N p. 60 (368) 2 f.

(21) N fährt darauf fort: Ἰδόντες δὲ οἱ περιεστῶτες ὄχλοι... ὅτι οὐδὲν τῶν
ἀνασκολοπιζομένων ἐποίησαν αὐτῷ, vgl. M2 p. 60 19: Οἱ δὲ ἀδελφοὶ οἱ περιεστῶτες ἦν
ὄχλος πολὺς θεασάμενος κτλ. und B2 : Παραστάντος δὲ ὄχλου. πολλοῦ τῶν ἀδελφῶν (mit
Zahlangabe, vgl. c. 23 p. 29 18) — 22 f. ὧν οἱ ἀνακρεμάμενοι πάσχουσιν, nämlich zur
Verkürzung der Qual die Annagelung, das Einſchneiden der Kniekehlen durch die
Stricke. — p. 27 10 f. οὐκ ἔχει τὸ ἀκούειν, ähnlich A. J. p. 198 22 f. — 12 γνωρισθείς,
vgl. c. 1 p. 38 7. — 13 ἀπεκρίνατο begann zu ſprechen, nahm das Wort; wie Lk. 14 3.
Joh. 2 18. AG. 3 13, auch A. J. p. 185 14. — 15 f. vgl. N p. 60 (368) 14 f.: Ἄνδρες
οἱ ἐνταῦθα παρεστῶτες, γυναῖκές τε καὶ παῖδες, πρεσβῦται καὶ νέοι
δοῦλοί τε καὶ ἐλεύθεροι. Doch iſt im Griechiſchen die Zuſammenſtellung
von ἄνδρες — παῖδες — πρεσβῦται durchaus geläufig. Vgl. z. B. Plato leg. III 687 a.

(22) p. 28 11 τε<κ>μήρασθαι <τῇ πίστει στηρίζεσθαι> ergänzt Bo, dafür
ſpricht die Stelle M2 p. 61 12. — 12 αὐτοῖς <ἦν> ὁμιλῶν die Ergänzung zur Beſei=
tigung des Anakoluths. — 24 ἄνδρα δίκαιον. Wie der Artikel ſteht ἀνήρ ein Adjektiv
ſubſtantivirend, vgl. AG. 3 14. A. An. 9 p. 41 36. — p. 29 12 ἐλεηθήσεται, vgl. p. 62 1.
N hat δι᾽ αὐτοῦ ἐλευθερωθήσεται.

(23) 16 τοῦ ἀναχωρεῖν αὐτούς, vgl. zu p. 25 29 — 22 τινες τοῦτο αὐτὸ τ. ἀ. δη=
καθήλωσαν μέν, προσέδησαν δὲ αὐτόν.

(21) Z. 26 Menge Brüder, vgl. A. Pe. 36 p. 90 4 — 29 lächelte (μειδιῶν),
vgl. Mart. SS. Carpi etc. 38 f. (ed. v. Gebhardt S. 16): καὶ μετὰ τοῦτον προσηλωθεὶς
ὁ Κάρπος προσεμειδίασεν. οἱ δὲ παρεστῶτες ἐκπλησσόμενοι ἔλεγον αὐτῷ· Τί ἐστιν ὅτι
ἐγέλασας; Mart. S. Pionii 7 (ebda. S. 102): μειδιώσης δὲ τῆς Σαβίνης ὁ νεωκόρος καὶ
οἱ μετ᾽ αὐτοῦ εἶπον· Γελᾷς; ἡ δὲ εἶπεν· Ἐὰν ὁ θεὸς θέλῃ, ναί· Χριστιανοὶ γάρ ἐσμεν·
ὅσοι γὰρ εἰς Χριστὸν πιστεύσομεν ἀδιστάκτως γελάσουσιν ἐν χαρᾷ ἀιδίῳ. (A. J. 73 p. 186 14.
c. 107 p. 205 8. A. P. et Th. 4 Anfg. A. Pe. ſopt., ſ. Apokr. S. 391 14; 6 S. 398 21.)
— 31 Leib tragen und weinen (πενθεῖν καὶ κλαίειν), vgl. A. Pe. 36 (in glei=
chem Zuſammenhang) und ſonſt Mc. 16 10. Lk. 6 25. Jak. 4 9. Offb. 18 15. 19; Stra=
tolkes weinte bereits c. 10 — 35 Hören, vgl. 41. A. Pe. 37 f. (Apokr. S. 421 18 f.
28. 31. 46) und zu A. J. 88 — 36 ein Menſch, der Jeſu eigen iſt (τοῦ Ἰησοῦ
ἄνθρωπος), vgl. ὁ τοῦ θεοῦ ἄ. 2. Tim. 3 17. 1. Tim. 6 11 — 38 Zuſammenſtrömen der
Heiden, vgl. z. B. Mart. Polye. 12. 13. Mart. Pionii 3 — 39 f. Männer...,
Weiber uſw.; eine ähnliche Aufzählung A. Pe. 36 p. 90 4 f.; Sklaven und
Freie vgl. z. B. Gal. 3 28 — 42 f. meine Seele zu ergreifen, vgl. c. 10
S. 467 41: „Finde ich mich in dir?" Seele vgl. c. 19 Ende — zueilt (ἐπειγομένην),
vgl. zu c. 15.

(22) S. 472] 4 ff. Zur Konſtruktion vgl. c. 4 p. 39 15: τὸ τῆς ψυχῆς μου
εὔγνωμον — 8 ff. Bei M1 p. 54 13 ff. gehen die Rufe des Volks (f. o. S. 557) der
Kreuzigung vorher (vgl. A. Pe. 36) — 16 der Weisheit innewerden (φιλο=
σοφήσομεν): Chriſten gingen in Philoſophentracht; den Kirchengeſchichtsſchreiber
Euſebius z. B. iſt das Chriſtentum die (vollkommene) Philoſophie. Darin liegt eine
Aenderung im Verhältnis zur Anfangszeit (Kol. 2 8). Zu der Sachlage vgl. Har=
nack, Die Miſſion, S. 187 ff. 213 f.

(23) Z. 20 Die Zahl 20 000 zeigt den hybriden Charakter der Darſtellung; ſie
findet ſich bei B2 auch ſchon vorher p. 26 20 f., N p. 62 (370) 1 macht an unſerer
Stelle daraus διςχίλιοι — 21 Raſerei (τρόπον τινὰ ἐμμανεῖς γεγενημένους), vgl.
c. 3 p. 39 6 vom Aegeaten ſelbſt: ὥσπερ τις ἐμμανὴς γενόμενος. An unſerer Stelle

λοῦντες cf. Bo, vgl. M₂ p. 62 ₉. — ₉₈ Ἁ δεῖ με πρὸς αὐτὸν εἰπόντα ἀναλῦσαι ὃ δεῖ ταῦτα ἐρῶ, d. i. ἃ πρὸς αὐτὸν εἰπεῖν με δεῖ καὶ ἀναλῦσαι. Zu ἀναλῦσαι vgl. p. 41 ₂₉. 183 ₄. Phil. 1 ₂₃. — Hinter diesen einleitenden Worten muß noch eine Ansprache an die Brüder ermutigenden und tröstenden Inhalts gefolgt sein, ehe sich der Apostel an Aegeates gewandt hat. Vgl. N p. 62 (370) c. 33; c. 34 heißt es dann weiter: Καὶ στραφεὶς ἔφη πρὸς τὸν Αἰγεάτην· κτλ. — p. 30 ₁₁ συνθήσομαι. In L, womit der Text im vorliegenden Abschnitt ziemlich wörtlich übereinkommt, findet sich hiernach p. 40 (348) ₁₀ f. noch der folgende Satz: οὐδ' ἂν τὰ σὰ πάντα ὑπισχνῇ ἀφίσταμαι ἐμαυτοῦ (ähnlich auch N p. 62: 370 ₂₄ f.). — ₁₂ λύεις δὲ, δὲ nimmt das Z. 10 vor-hergehende λῦσαι wieder auf: also. — ₁₃ πεφευγότα entkommen, befreit, erlöst. — ₁₄ Die Lücke zwischen ἐλευθερωθέντα; und νόμον; wird ausgefüllt von L p. 40 (348) ₁₂—₁₄: λύεις τὸν γνωρισθέντα ὑπὸ τοῦ συγγενοῦς; τὸν ἐλεηθέντα, τὸν φιληθέντα ὑπ' αὐτοῦ; τὸν ἀλλότριόν σου; τὸν ξένον; τὸν ἐπιφανέντα σοι μόνον (ließ νόμον) ἔχω κτλ. Zu νόμον vgl. A. J. p. 211 ₉. Wie dort Christus der zur Gesetzlosigkeit herabge-sunkenen Seele als Gesetz erschienen ist, so heißt es an unserer Stelle: Andreas ist als νόμος erschienen der Aegeates; von dessen ἀνομία ist in den Akten die Rede p. 35 ₁₉, und an dieser selben Stelle heißt der einige Zeilen weiter (bei L) ἐργάτης πάσης ἀνομίας [dieser Satz: ἀπόστηθι τοίνυν ἀπ' ἐμοῦ, ἐργάτα π. α. wohl nur Zutat von L nach Lk. 13 ₂₇. Mt. 7 ₂₃]. — ₁₄ f. συμπολιτεύσομαι vgl. AG. 23 ₁. Phil. 1 ₂₇. A. J. p. 205 ₆. — ₁₇ εἰρηκότα μοι, nach L einzuschalten: κατάμαθε τὸν Αἰγεάτην καὶ τὰ τούτου δῶρα [genau so in M₂ p. 62 ₁₉], wie hinter ἐχθρός σού ἐστιν Z. ₁₈: λυμεὼν ὑπάρχει, ἀπατεών, φθορεύς, μανιώδης, περίεργος, γόης, φονεύς, ὀργίλος, ἀσυμπαθής (ähnlich N p. 63: 371 ₃ f.; bei L folgt der Satz ἀπόστηθι κτλ., f. zu ₁₄). Aehnlich lautet auch die Rede bei N, wo freilich auch spätere Zutaten erscheinen. Die Aus-drücke ἐχθρός, λυμεών, μανιώδης, περίεργος, γόης schon in weitläufigerer Zusam-menstellung c. 10; ἀσυμπαθής vgl. c. 8, hier absolut = ohne Mitgefühl.

(24) p. 31 ₂₀ ὥστε λῦσαι, hier final — vom beabsichtigten Erfolge: „um zu", vgl. Mt. 27 ₁. — ₂₄ ἐπὶ τοῦ σοῦ μυστηρίου ὄντα, vgl. 1. Kor. 4 ₁. A. J. p. 174 ₁₅; μυστήριον sonst p. 45 ₁₄. 198 ₁₅. 201 ₁₁. ₁₅. 204 ₅. — ἀναιδεῖ διαβόλῳ, vgl. p. 44 ₃₅. A. J. p. 176 ₁. — ₂₅ τὸν ἐπὶ τῆς σῆς χάριτος κρεμασθέντα auf Veranlassung, durch Ver-mittlung deiner Gnade, vgl. p. 63 ₁₇ τὸν διὰ σὲ κρεμασθέντα. — p. 32 ₂₃ ὃν οἶδα κτλ. N p. 63 (371) ₂₃ f.: Ἰησοῦ Χριστέ, ὃν εἶδον, ὃν ἔχω, ὃν φιλῶ, ἐν ᾧ εἰμι καὶ ἔσομαι, δέξαι με ἐν εἰρήνῃ κτλ. — ὃν ἔχω, vgl. p. 42 ₁₃. ₃₃. — ὃν φιλῶ, vgl. c. 9 p. 42 ₁ (c. 25 S. 473 ₂₁.) A. J. p. 192 ₃. — Die Worte δέξαι με δέσποτα, von Bo nicht mehr durch Sperrdruck hervorgehoben, gehören mit zum überschüssigen Text, also hinter οὗ εἰμι noch vor Schluß der Klammer. Vgl. A. J. p. 212 ₄. — ₂₆ ἐξόδου Hingang, Abschied, vgl. 2. Petr. 1 ₁₅ — p. 33 ₁₀ ἐν τῇ σῇ μεγαλειότητι, vgl. Lk. 9 ₄₃. AG. 9 ₂₇.

von M₂ p. 62 ₆ singularisch auch auf den Aegeaten bezogen — ₂₈ f. Formelhafte Wendung wie zu Anfg. der Kapp. 6. 7. 8. 10 — ₂₉ ff. Li, der I 597 A. 1 die An-rede aus L mitteilt, konstatirt „stilistische Verwandtschaft ... mit dem Schlußgebete der gnostischen Johannesakten". Der Bericht M₁ enthält p. 56 f. eine Anrede, die Anklänge an die unsrige bringt und stellenweise auch altertümlich klingt, aber doch nichts „Gnostisches" dietet — ₃₇ Verwandten (συγγενοῦς), der Ausdruck auch sonst in diesem Schlußstücke, vgl. zu c. 5 p. 40 ₁₀ — ₄₂ offenbarte, vgl. c. 8 und zu A. J. 18 — Erkenne den Aeg. und feine Geschenke! vgl. M₂ p. 58 ₁₂: τοιγαροῦν ἀπόλαβε τῶν ἐμῶν δωρεῶν. δῶρα des Teufels sind c. 18 erwähnt. Man erinnert sich auch des bekannten Verses Vergil Aen. II 49: ... timeo Danaos et dona ferentis.

S. 473] (24) Z. ₅ der heilige A., wohl Hinzufügung des Bearbeiters. Denn das Prädikat findet sich sonst in den A. An. und A. J. für den Apostelhelden nicht — laut (μετὰ φωνῆς), wie c. 19 Anfg. — ₆ f. Mysterium . . . . Gnade, vgl. A. Pe. 37 Anfg. — ₈ Widersacher, vgl. zu A. J. 108 — Größe (μέγεθος), vgl. c. 1 — ₁₀ nimm mich auf, Herr; vgl. A. J. 112 Ende. AG. 7 ₅₉ — ₁₂ ausruhen, f. zu c. 11 p. 42 ₃₃.

2. Petr. 1 16. — p. 34 15 σὺν τῇ εὐχαριστίᾳ αὐτοῦ, d. i. τοῦ κυρίου. Das davor Stehende nach Mι p. 57 3 f. ergänzt: Καὶ εἰπὼν ταῦτα καὶ δοξάσας ἐπὶ πλεῖον τὸν κύριον παρέδωκεν τὸ πνεῦμα σὺν τ. ε.

(25) Die Ergänzungen zwischen p. 35 8 f. 12 f. 14 nach N p. 64 (372) 2 f. . . . ἡ Μαξιμίλλα . . . . προσελθοῦσα . . ἔλυσεν τὸ λείφανον κτλ. vgl. L p. 40 (348) 26 f. Στρατοκλῆς ἅμα τῇ σώφρονι Μαξιμίλλῃ προσελθὼν ἐξέλυσεν ἀπὸ τοῦ σταυροῦ κτλ. Auch nach P p. 70 begräbt Maximilla („senatrix"). — 20 τὴν τοῦ Χριστοῦ ἀγάπην κεχορ ρηγημένη. Zu lesen ist τῇ . . ἀγάπῃ Dat. instr. bei χορηγεῖν gebräuchlich. — 23 Das hinter πεῖσαι Eingesetzte nach Mι p. 57 14 f. ergänzt: δηχθεὶς τὴν ψυχὴν καὶ τὸ συνειδὸς κεκακωμένος, vgl. L p. 40 (348) f.: ἐν ἀπονοίᾳ μανιώδει γενόμενος ἀπογνώσει τε παντελεῖ περιπεσών, N p. 64 (372) 12 hat bloß μανείς. — 11 Das nach κατενεχθεὶς Eingefügte aus Mι p. 57 16 f. καὶ συντριβεὶς διερράγη καὶ διαρρηχθεὶς κατέστρεψεν τὸν βίον, vgl. L p. 41 (349) 2 f. Das Folgende, das die Versionen in ziemlicher Uebereinstimmung, wenn auch ausführlicher, geben, nach N p. 64 (372) 16—18. 19 f.: Ὁ δὲ Στρατοκλῆς ὁ τούτου ἀδελφὸς οὐκ ἐβουλήθη τι τῶν ὑπαρχόντων τοῦ Αἰγεάτου ἐπᾶραι· καὶ γὰρ ἄτεκνος ἐτελεύτησεν ὁ δείλαιος · ἀλλ᾿ εἶπεν· τὰ σὰ Αἰγεάτα σὺν σοὶ πορευέσθωσαν · . . . . . . ἐμοὶ δὲ ὁ Χριστὸς καὶ σωτὴρ εἴη φίλος κἀγὼ αὐτοῦ δοῦλος. Nach Mι p. 57 soll Stratokles seines Bruders Habe verlauft und unter die Armen verteilt haben.

Allgemein wird in den Martyrien als Datum des Todes des Apostels der 30. November angegeben.

Später ist in deutschen Landen [— merkwürdige Jronie der Ueberlieferung —] der heilige Andreas der Schutzpatron der Männer suchenden Mädchen geworden; im nördlichen Deutschland, im Harz, in Thüringen gilt die Andreasnacht als günstig für die Bräutigamsschau, im Süden (Bayern, Schwaben) die Thomasnacht.

Goethe Faust I. 525
Sie ließ mich zwar in Sankt Andreas' Nacht
Den künftgen Liebsten sehn·
Vgl. Loepers Anm. (Ausgabe Hempel).
Auf diesen Volksglauben hin dichtete J. W. v. Beust (Vermischte Gedichte 1. Aufl. Jena 1765, 2. Aufl. Gotha 1772) sein Lied
„Andreas, lieber Schutzpatron,
Gib mir doch nur einen Manu."
Dies wurde durch fliegende Blätter weiter verbreitet und fand Aufnahme im ‚Wunderhorn‘ I. S. 369 (Hempel). Dazu gibt Vorberger in einer Anmerkung feine Erklärung, man habe den Namen Andreas mit dem griechischen ἀνήρ, ἀνδρός zusammengebracht· Es gibt noch ältere Belege:
1) Picander Gedichte III. Leipzig 1732 S. 507
„Andreas, du gepreisener Mann".
2) J. F. Rothmann „Luftiger Poeta" 1711 S. 349. Gebet einer betagten Jungfrau an den heiligen Andreas.
„Andreas, Mann=Bescherer,
Du treuer Jungfernlehrer."
3) Christian Weise behandelte den Stoff schon 1668, zuerst erschienen als Manuskript in einer Sammlung, gedruckt dann 1677: Weise „Der grünenden Jugend überflüffige Gedanken" Leipzig 1677.
„Ach heiliger Andreas, erbarme dich
und gib mir einen Mann . . ." —
Vgl. Hoffmann von Fallersleben „Unsere volkstümlichen Lieder" IV. Auflage, Leipzig 1900 S. 17 (auch S. 6).
Hinzuzufügen ist noch
4) Herrn von Hoffmannswaldau und anderer Deutschen auserlesener

---

(25) Christus Freund, vgl. „Freunde Christi" Harnack, Die Miffion, S. 302.

und bisher ungedruckter Gedichte IV. Teil Frkft. und Leipzig 1725 S. 181 S. E. R.
Gespräch der alten Jungfern und jungen Fraun vom Heiraten. Alte Jungfern:
Was hilft uns doch das ängstliche Gebete,
Womit Andreas wird verehrt?
S. 282. E. H. Klagen der betagten Jungfrauen über ihren einsamen Zustand. Da
heißt es S. 286:
„Was hilft uns das Gebete,
Womit der Mann=Patron Andreas wird beschwert?
Ich glaub, er äfft uns nur . . .
S. 287:   Mein Rat, ihr Schwester, wär, ihr ließet alle nun
Zum heiligen Andres dies Stoßgebet erschallen,
Ich weiß er würd uns bald was angenehmes tun.
Nun folgen 5 Strophen Gebet:
„Ach heiliger Andres! Ach mach uns doch zu Weibern! . . .“
Dies Stoßgebet hat ohne Zweifel Beust gekannt. —
Bis in die Mitte des 17. Jahrhunderts können wir also die Volkstümlichkeit
des heiligen Andreas als Schutzpatron der heiratslustigen Mädchen zurückverfolgen.
Vielleicht finden sich noch ältere Spuren. Wie der Apostel aber zu diesem Rufe ge=
kommen ist, wird schwer zu erklären sein, die alte Ueberlieferung will ihm ja zu
dem entgegengesetzten Rufe verhelfen.

———

XXVII.

Thomasakten.

Zur Einleitung.
(E. Preuschen.)

Literatur: Ausgabe von E. Thilo mit Kommentar, in dem die ersten
grundlegenden Untersuchungen gegeben sind, Lips. 1823 (das textkritische Material
ist nicht ausreichend). Lipsius I, 225—347. II, 2, 422 f. R. Macke, Theol.
Quartalschr. 1874, S. 1 ff. (unzureichende) Uebersetzung der Hymnen mit Erläute=
terungen zum syr. Text. Die Uebersetzung ist wiederholt in ‚Hymnen aus dem
Zweistromland‘ Mainz 1882. F. C. Burkitt in JThSt I (1900), p. 280 ff. II (1901),
p. 429. IV (1903), p. 125 ff. für die Priorität des Syrers und zur Erläuterung
einzelner Punkte. Ausgabe des großen Hymnus von Bevan, The hymn of
the Soul, TSt V, 3, Cambr. 1897. Text und Uebersetzung der beiden Hymnen
von G. Hoffmann ZnW 1903, S. 273—309 mit gelehrtem Kommentar und Be=
merkungen zu Einzelfragen. E. Preuschen, Zwei gnostische Hymnen ausgelegt.
Gießen 1904. Hilgenfeld, Der Königssohn und die Perle. Ein morgenländisches
Gedicht, ZwTh 1904, 229—241.
1. Die Thomaslegenden. Zu den von Lipsius I, S. 227 ff. genannten Zeugen
für die indische Wirksamkeit des Thomas kommt noch die ‚Geschichte der Maria‘
(englische Ueberf. von Budge p. 105 f. Nestle in Cheynes Diction. of the
Bible IV, p. 5059), wonach aber seine Wirksamkeit sich bis nach China, zu den Ku=
schiten und auf alle Inseln nah und fern erstreckt haben soll. Offenbar sind dem
Verfasser dieser Legende die geographischen Begriffe völlig in Verwirrung geraten.
Nach der ‚Biene‘ des Salomon von Basra soll Thomas in Mahuph (Mailapur)
begraben liegen: Lipsius Ergh. S. 25.
Ueber den Namen Judas=Thomas, d. h. Judas der Zwilling, f. die Doctrina

Addai (p. 5 ed. Phillips), Barhebraeus, chronicon eccles. III 2. Die ſyriſche Ueber=
ſetzung von Euſebs K.G. I, 13, 11 gibt daher das griechiſche Ἰούδας ὁ καὶ Θωμᾶς
wieder durch יהודא תאומא, was man ſyriſch (nach neſtorianiſcher Ausſprache) nicht
anders als Judas der Zwillingsbruder verſtanden haben wird.

(2.) Die armeniſche Ueberſetzung iſt erhalten im Cod. Paris. Bibl. Nation.
Fonds arménien 46, III. P. Vetter in Tübingen war ſo freundlich, mich Einſicht
von ſeiner Abſchrift nehmen zu laſſen. Soweit ich ſehe, weicht der Text nicht ſelten
erheblich von der anderweitigen Ueberlieferung ab, doch hatte ich nirgends den
Eindruck größerer Urſprünglichkeit. Das Nähere muß feſtgeſtellt werden, wenn
Vetter den Text im Oriens christianus veröffentlicht haben wird.

(3.) Zum Inhalt der Akten. Daß der Verfaſſer der Akten einige Kennt=
nis von hiſtoriſchen Perſonen ‧hatte, die er in ſeinem Romane auftreten läßt, hat
v. Gutſchmid (Kl. Schr. II, 332 ff.) ſo eingehend bewieſen, daß man ſich mit dem
Hinweis auf ſeine Bemerkungen begnügen kann. Was v. Sallet, Die Nachfolger
Alexanders d. Gr. in Baktrien und Indien (Berlin 1879), S. 157 ff. darüber hinaus
beigebracht hat, iſt verhältnismäßig bedeutungslos. Der König Gundaphoros iſt
aus der Geſchichte bekannt. Auf den Münzen heißt er in griechiſcher Legende
Γνδοφέρης und nach Spiegel iſt ſein Name gleich dem altperſiſchen Vindafrā
(D. altperſ. Keilinſchrift S. 217). Seine Regierungszeit wird ‧verſchieden beſtimmt;
v. Gutſchmid ſetzt ſie in den Anfang des erſten nachchriſtlichen Jahrhunderts,
v. Sallet an deſſen Ende. Den Namen Gad hat v. Gutſchmid mit dem per=
ſiſchen Gvad verglichen, ein Name, der als Ὀάδα für einen indiſch=baktriſchen
König vorkommt. Daher wäre nicht unmöglich, daß ſich in der Familie des Gun=
daphoros der Name ebenfalls fand, wenn davon auch nichts mehr bekannt iſt. Das
Reich des Gundaphoros erſtreckte ſich über Areia, Drangiana und Arachoſien;
letzteres wurde „das weiße Indien" genannt. In dieſe Gegend verſetzt demnach der
Verfaſſer den Roman.

Die in dem ſog. Hymnus an die Seele vorkommenden Namen hat G. Hoff=
mann ZnW 1903, S. 289 ff. eingehend beſprochen. Da jedoch das Lied nicht von
dem Verfaſſer der Akten herrührt, tragen ſeine Vorſtellungen zur Geſamtauffaſſung
nichts aus.

Texterläuterungen.

(R. Raabe.)

Abkürzungen : G = griechiſcher, S = ſyriſcher Text (S¹ der Berliner Hſ.); U
und P Hſſ. von G ; Bo = Bonnet, H = G. Hoffmann.

Berichtigung zur „Vorbemerkung des Ueberſetzers". Die Apokr. S. 480
zum Ausdruck gekommene Anſicht, ‧daß der griechiſche Text der Thomasakten zwar
auf urſprünglichem ſyriſchen beruhe, aber wohl nicht auf dem uns allein bekannten,
von Wright herausgegebenen (ſondern auf einem älteren, ſpäter wieder verloren
gegangenen), hat ſich nicht als haltbar erwieſen. Vielmehr ſpricht alles dafür, daß
der griechiſche Text aus dem von Wright edirten ſyriſchen hervorgegangen iſt, daß
aber der Grieche ſeine Vorlage bald verkürzt, bald erweitert, bald ſonſt nach eige=
nen Theorien umgeſtaltet, vieles auch aus Mißverſtändnis des ſyriſchen Ausdrucks
oder infolge von Verleſung unrichtig wiedergegeben hat. Daraus ſind m. E. alle
Divergenzen des Griechen zu erklären. Wenn dieſer z. B. das aus der Präpoſ.
ב (mit) und dem Subſt. סליקי (Silphium) beſtehende בסליקון mit בסיליקון βασιλικόν
identificirt, ſo iſt das eine Verleſung und falſche Auffaſſung, für die man kein Ur=
bild in einem älteren Syrer zu ſuchen braucht. Wenn er סברא ἐλπίς und ܐܪܬܐ
εὐαγγέλιον verwechſelt, ſo gehört das eben dahin. Wenn er ſtatt שׁלדוא πράξεις ſetzte,
ſo geſchah das, weil er nicht verſtand, was der Syrer ſagen wollte oder die
Worte für irrtümlich hielt. Wenn er aber die ſyriſchen Worte והי לעם (er ſelbſt aß)
durch αὐτὸς δὲ παρέμεινεν τῇ ἑαυτοῦ νηστείᾳ (er ſelbſt beharrte in ſeinem Faſten) er=
ſetzte, ſo trug er dadurch eine ihm (und ſeiner Richtung) eigene, von der kirchlichen
abweichende Faſtentheorie in die Akten ein. —

36 *

1 S. 480 13 d e r a u ch Z w i l l i n g] Es sollte heißen: „Thomas b. h. Zwil=
ling". S nur: „der Apostel Judas Thomas". 　　　　2 S. 481 6 M i t t a g s z e i t,
M a r k t] fehlen bei S. — d r e i P f u n d e] S: 20 Silberlinge, S¹: 30 אֵין (Drach=
men). — 13 K a u f] Nach S besser: „der Kaufbrief". 　　　　3 Z. 24 M ö g e z u=
g l e i ch . .] Der ganze Satz fehlt bei S. — 26 (p. 103 5) ἴσως ist zu tilgen. — 29 A r=
b e i t] S: „Welches ist die Kunst, die du auszuüben imstande bist? Spricht Judas zu
ihm: Zimmermanns= und Architektenkunst". — 30 W a g e n] S: stimuli zum An=
treiben der Zugtiere. — S ch i f f e und R o l l e n fehlen bei S. — 35 A n d r a p o=
l i s] vielleicht verstümmelt aus syr. Sandruch (Sanadruch), wie die mehrfach über=
lieferte Lesart Ἐναδρώχ vermuten läßt. S: „bis sie sich der kleinen Stadt Sandruch
näherten". 　　　4 Z. 37 F l ö t e n] st. αὐλητῶν l. αὐλῶν. S: „hörten sie den Klang
von Sackpfeifen (Doppelflöten) und Wasserorgeln und vielen Gesang". T r o m=

Erläuterungen.
(E. Preuschen.)

1 S. 480 6 ff. Das Apostelverzeichnis ist aus Mt. 10 2 ff. ohne wesentliche
Varianten entnommen. Nach Ἰάκωβος ist daher wohl gegen Bo mit der Mehrzahl
der Hss. ὁ τοῦ hinzuzufügen, wie auch bei Mt. steht. Statt Thaddäus (oder Lebbaeus,
wie D Jt bieten) ist Ἰούδας Ἰακώβου gesetzt (vgl. et Judas Zelotes in einigen Hff.
der Jt) und dieser ans Ende gestellt, wo sonst stets Judas Ischariot steht. Paar=
weise Anordnung der Jünger entsprechend dem δύο δύο Mc. 6 7 findet sich auch
hier. — 10 V e r t e i l u n g d e r E r d e unter die zwölf Jünger ist ein stehender, aus
Mt. 28 19 (μαθητεύσατε πάντα τὰ ἔθνη) erschlossener Zug in den Apostelsagen. Schon
Origenes weiß darum (comm. in Genes. t. III bei Euseb. h. e. III 1). Vgl. Sokrates
h. e. I 19. Rufin h. e. I 9. Theod. in ps. 116 1. Hieron. comm. in Is. 54 (IV 445
Vallarsi) u. a.; Lipsius I 11 ff. — 13 Z w i l l i n g Ueber den Beinamen Didymus
wie überhaupt zu der Person des Judas vgl. Zahn, Forsch. VI 346 ff. — 15 Die
Berufung zum Apostelamt ist zunächst mit der Weigerung verbunden, die Berufung
anzunehmen, wie die Berufung bei den alttestamentlichen Propheten ebenfalls zu=
nächst auf Widerspruch stößt. Jes. 6 5 ff. Jer. 1 4 ff. Jona 1 3 f. 　　　2 S. 481 5
Der Name lautet im Syrischen תום. Wie Burkitt nachgewiesen hat (l. c. II 429),
findet er sich auch auf einem lateinischen Papyrus v. J. 166 n. Chr., nach dem ein
röm. Offizier in Mesopotamien einen Sklaven Abban, „quem Eutychen, siue quo
alio nomine uocatur", für 200 Denare kauft. — 6 Den König Gundaphor
(Γουνδαφόρος, Γουνταφόρος, syr. גונדנפר) hat Cunningham mit dem indisch=parthischen
König Hyndopherres (Viñdafrâ) identifizirt. Vgl. dazu v. Gutschmid, Kl. Schriften
II, 332 ff. — 8 a u f d e m M a r k t e findet der Sklavenhandel statt. Als Arbeiterbörse
begegnet der Marktplatz auch im Gleichnis Mt. 20 1 f. — 12 Nach S werden 20 (oder
30) Silberstücke für Thomas bezahlt. Dieser Preis ist natürlich im Zusammenhang
mit dem Judaslohn angenommen. Für einen tüchtigen Handwerker zahlte man in
Rom 100 000, ja bis zu 700 000 Sesterzen (Jung, Leben und Sitten d. Römer i.
b. Kaiserzeit I 31). In der Provinz war er wohl billiger zu haben. — 18 Der
Doppelsinn der Frage ist erst aus dem Syr. ganz verständlich; δεσπότης ist der
Sklavenbesitzer, aber מר kann dieses und zugleich Ehrentitel des Lehrers sein.
3 22 Der Jünger betet, wie's ihn Jesus gelehrt zu Mt. 6 10. — 29 Aehnlich schil=
dern Justin dial. 88 (vgl. meine „Antilegomena" S. 26 12) und das arab. Ev. inf.
38 die Tätigkeit Jesu und seines Vaters. — 35 Statt A n d r a p o l i s hat S סנדרוך.
Eine Identifizirung wird man nicht versuchen wollen. v. Gutschmid (Kl. Schriften
II 363) weist auf die in Südindien ansässige Dynastie und das Volk der Andhra
hin, deren größte Macht in die ersten nachchristlichen Jahrhunderte falle. Zur Zeit
ihrer größten Machtentfaltung herrschten sie bis in die Gegend von Bombay. (Vgl.
auch Plinius hist. nat. VI 19, 22. 67). 　　　4 37 W a s s e r o r g e l n, deren Bau
Vitruv (de archit. X 13) eingehend beschreibt, sind schwerlich je als Musikinstrumente
in allgemeinem Gebrauch gewesen. Dazu waren sie viel zu komplicirt und zu teuer,

peten fehlen bei S. — ₃₈ Feft] S: „Freude, die in b. St. herrfcht". — ₄₇ ver=
antwortlich] S: „baß jeber fich bes Tabels (ber Anklage) fchulbig mache". —
S. 482 ₂ Gehen wir] nicht bei S. — ₃ Hochzeit] S: „gingen fie, fich beim Mahle
niederzulaffen". — ₄ Da.. fah... hatten] fehlt bei S. — ₆ und wie auf
einen] fehlt bei S. — ₇ wie als Herr] S: „Habban, fein Herr".   5
3. ₉ hierher gekommen] S fährt fort: „und auch wegen ber Ruhe (Erquif=
tung) bes Königs und damit ich feinen Willen..." — ₁₃ Wer nicht auf die He=
rolde] S: „baß jeber, ber es hören und nicht kommen werbe, Strafe empfangen
werbe". — ₁₅ Kränze und w. S.] S: „Oel und getrocknete Frächte (Mölbefe:
Backwerf)". Da es fich hier nicht um etwas Eßbares handelt, ift vielleicht בסמא
ft· כסם zu lefeu. — ₁₉ Zähne] fehlt bei S — ₂₀ forgfältig] fehlt bei S — 21
und andern Blumen] fehlt bei S. — ₂₂ Die Flötenfpielerin] S: „eine
Flötenfpielerin, die inmitten ber Tifchgefellfchaft war". — ₂₃ Die Flöten i. i. H.]
fehlt bei S.   6 3. ₂₉ Mein Gott wird] S: „.. möge.. und möge ich
fehen". Wahrfcheinlich wollte auch G burch bas Futurum ben Wunfch ausbrücken.
Vgl. c. 13 ἔσται (ἡ χάρις) = ἔστω ober ἤτω. — Saitenfpiel] bei S nicht vor=
hauben.

Das Mädchen] S: „meine Kirche" — Aenderung eines fpäteren, vom Ver=
faffer ber Akten wohl zu unterfcheibenben Syrers, aus ber mehrere andere ge=
floffen find. S¹: „die Kirche". Für bas Urfprüngliche hält H: „Meine Braut"
(b. i. die Braut, die ich meine) כלתי, inbem er κόρη = Braut faßt. (Man könnte ba=
nach auch ἡ κόρη μου φωτὸς θυγάτηρ für die anfängliche Lesart von G anfehen).
Unter ber Braut ift nach ihm die Seele gemeint. Er überfchreibt bas Lieb baher:

auch nur fchwer zu handhaben. Hier handelt fich₃ um ein königliches Feft, dabei
dürfen auch feltene Genüffe nicht fehlen. Vgl. Friebländer, Sittengefch. Roms
⁵ III 298. 311, 8. — S. 482 ₆ Thomas findet feinen Platz unter ben Sklaven, wie
fich bas gehört, Abban bei ben Freien. Die Gruppen find natürlich getrennt.
5 ₈ Als rechter Jube und als Enthaltfamer genoß ber Apoftel nichts. — ₁₅ Wohl=
riechende Salben pflegten bei folchen Gelegenheiten bargeboten zu werben Pf. 23 ₅.
Am. 6 ₆. Lf. 7 ₃₈. Joh· 12 ₃. Die Sitte, die im Orient wohl noch heute geübt wirb,
war auch im Abenbland bekannt geworben, wo reiche Protzen mit berartigen
Dingen großen Luxus zu treiben pflegten (vgl. Petron. fatir. 65. JnW 1902, S. 252.
Friebländer, Sitteng. ⁵ III, 77). Auch bas Ueberreichen von Blumenkränzen ift bei
ben feierlichen Mahlzeiten im Orient und Occibent ftehenbe Sitte Jef. 28 ₁. Weish.
2 ₆ f. Ariftophanes aves 460. Horaz od. II 7, 23. fat. II 3, 256 u. a. Die eigen=
tümliche Art, wie fich ber Apoftel falbte, erklärt fich vielleicht burch beftimmte
Riten, die bei ber Taufe geübt wurben: Scheitel, Nafe, Ohren, Mund und Herz
fcheinen auch babei befonbers bebacht worben zu fein. Cyrill. v. Jer. catech. myst.
II 3 fagt, baß fich ber Täufling entkleibet habe und barauf gefalbt worben fei
ἀπ᾽ ἄκρων τριχῶν κορυφῆς ἕως τῶν κάτω. Genauere Anweifungen finben fich weber
hier noch an ben andern Stellen, die ben Brauch erwähnen. (Vgl. bazu Bingham-
Grifchovius, Antiquitat. eccl. III 303 ff.) Da aber Kyrill bas Salböl ein ἔλαιον
ἐπορκιστόν nennt, ift beutlich, baß man diefer Salbung eine die Dämonen abweh=
reube Kraft zufchrieb. Das wird wohl auch bei Thomas bas Motiv fein. Er falbt
fich, um die Teufel, bie bei ber Gafterei ihr Wefen treiben, fern zu halten. — ₂₃
Syrifche Flötenfpielerinnen, ambubaiae, waren zur Kaiferzeit auch in Rom allge=
mein bekannt. (Horaz ep. I 2. Sneton Nero 27). Sie bildeten Trupps, wie heute
die Tiroler Sängergefellfchaften, und fanben fich ein, wo es etwas zu verbienen
gab. Friebländer, Sitteng. Roms III ⁵, 303 f.
6 ₃₄ Das Lieb, wohl fyrifchen Brautgefängen nachgebilbet, ift die Schil=
berung ber Erwartung bes Bräutigams, ber eine Schilberung ber Schönheiten
ber Braut vorausfchickt ift. Der Bräutigam ift ohne Zweifel ber himm=
lifche Chriftus, ben die Sophia erwartet. Ueber die Einzelheiten ber Deutung
f· meine Schrift ‚Zwei gnoftifche Hymnen, ausgelegt' (Gießen 1904), wo die

Die Hochzeit der Seele. — 35 τὸ γαῦρον (stolzer)] gehört nach S zum Fol=
genden: γαῦρον καὶ ἐπιτ. — 37 κάλλει] Das Ursprüngliche vielleicht bei S[1]:
ומצבת בכל שופרין = καὶ κεκοσμημένον παντὶ κάλλει (unter Streichung von יאב, für
welches H אאפ (schön) gesetzt hat. Statt καταυγάζουσα hätte G καταυγάζον (sc. θέ=
αμα) setzen sollen. — 38 ἐαρινοῖς] scheint von G frei zugesetzt zu sein. H faßt ἄνθη
ἐαρινά = Knospen. Nach ihm will der Verf. sagen: „die Kleider der Braut haben
Blumenmuster, und diese Blumen duften wie lebende, weil das Kleid parfümiert ist".
— 40 κορυφῇ] wörtlich: „auf ihrem Scheitel ruht der König". H: mit „König"
sei hier das Salböl gemeint als Vertreter des Pneuma bei der Königskrönung des
Christus, dann desselben bei seiner Taufe im Jordan. — 41 ἐπ᾿ αὐτόν] l. ὑπ᾿ αὐτόν. Nach H liegt hier die falsche Auffassung eines falschen syr. Textes vor. Statt
עמורודי sei wohl עמורה zu lesen: „nährt ihre Säule d. h. den ganzen übrigen Körper".
Der Syrer, welcher zum Subjekt des Liedes die Kirche machte, habe vielleicht
עמורהי („seine Getauften") aus עמורה gemacht. — 41 ἀμβροσίᾳ] Einschub von G,
dem bei S nichts entspricht. Vielleicht auch war es die Randglosse eines Lesers. —
42 ἔγκειται] G hat das Partic. als passives aufgefaßt, was nicht angängig, da
das Subst. mask. ist. H: „sie setzt Wahrhaftigkeit auf ihr Haupt (wie einen Kranz)
und wirbelt die Freude auf in ihren Füßen". G frei: ἐμφαίνει, S[1] רפתא: „Freude
zuckt in ihren F.". — 44 πρεπόντως] S nach H: „ihr Mund ist geöffnet und das
steht ihr wohl an, da sie lauter Loblieder mit ihm spricht". Die Uebersetzung faßte
das Partic. als Stellvertreter des Imperf. — 46 τριάκοντα κ. δ.] Der überlieferte
Text von S: die 12 Apostel des Sohnes und (die) 72 (st. 70 Jünger) donnern
(lassen laut ihre Stimme erschallen) in ihr (der Kirche). H, durch die Zahl 32
gleich Thilo an die Zähne erinnert, denkt an folgende Restitution: „in ihren Zähnen
ertönen 32 reine Aeonen (die bei den Valentinianern vorkommenden 30 Aeonen des
Pleroma, zu denen noch Christus und Hagion Pneuma kommen) und liest:
בשניה עלמא זהיא תלתין ותרין רעמין Statt בה רעמין hat S[1] לה משבחין. — S. 483₁ εἰσ-
ιοῦσιν] S: „den der Priester aufhebt und eintritt". Vielleicht ist daher bei G
ἱερεῦσιν st. εἰσιοῦσιν zu lesen. — 8 ὢν ὁ πρῶτος] l. ὤν. Bei S zeigt das Verbal-
suffix einen Sing. an, während man nach „Stufen" בנא אנון erwarten sollte. H:
„der Sing. im Syr. geht auf die Treppe κατὰ σύνεσιν". Doch möchte man eher an
den als Stufenbau bezeichneten Nacken denken. — 4 f. χεῖρες, χορός, δάκτυλοι]

Belege gegeben sind. — 34 Das Mädchen: S hat dafür „meine Kirche"
(oder „die Kirche"). Die Korrektur liegt auf der Hand. — „Tochter des Lichtes",
weil die Sophia aus dem Lichtreiche stammt. — 35 Die Könige sind die
Herrscher des oberen Lichtreiches. — 37 in strahlender Schönheit: weil
die Sophia aus dem Lichtreiche stammt, besitzt auch sie den Lichtglanz, wenn auch
in vermindertem Maße. — 38 f. Bunte Gewänder und der Duft der Salben sind
bei einer Hochzeit unumgänglich. Süßer Duft ist aber auch den Himmlischen eigen;
wo der hl. Geist wirksam ist, verbreitet sich süßer Duft. Daher auch um die himm=
lische Sophia. — 40 Der König, der Götterspeise zugeben hat, ist der höchste
Gott. Auch hier liegt wohl ein Doppelsinn vor. Bräutigam und Braut werden
in der Hochzeitswoche, die daher die Königswoche heißt, von den Hochzeitsleuten
als König und Königin geehrt. Möglich, daß der Verfasser des Liedes das im
Auge hatte. Dann würde der Bräutigam als Gastgeber gefeiert sein, was freilich
nicht genau stimmt. — 46 Bei den Zweiunddreißig hat Thilo an die Zähne
gedacht. Aber es ist doch merkwürdig, daß die Braut ihre eigene Schönheit be=
singen sollte, widerspricht auch durchaus dem Brauch Näher liegt es, an irgend
eine Aeonenspekulation zu denken (Lipsius I 306). — 47 Der Türvorhang ist
nach G wohl als Zeltvorhang gedacht; S macht den Vorhang zum Allerheiligsten
daraus, den der Priester zurückschlägt. Der Sinn des Vergleiches ist nicht ganz
deutlich. — S. 783₈ Der erste Weltbaumeister ist der oberste Gott, daher
πρῶτος δημιουργός genannt. Er kann freilich nach gnostischer Anschauung nur un=
eigentlich Demiurg genannt werden. Denn die Welt der Materie stammt nicht von

Der „Chor oder Reigentanz der glücklichen Aeonen" iſt wohl von G eingetragen. Doch kann in χορόν eine Verſtümmelung von χῶρον (S) liegen. S: „verkünden den Ort der Lebendigen, ihre Finger deuten nach den Toren der Stadt (τῆς ἄνω Ἰε-ρουσαλήμ)". Ҫ erklärt: „die Hände ſprechen aus, was ſie bedeuten . . . nämlich = die guten Werke beider Hände bedeuten das ewige Leben der Chriſtin . . Alſo die Hände erwerben den Himmel wie die Finger B. 21". Verſtändlicher wäre יבכל ſt· ירבכן· Man hätte danu den Parallelismus: „ihre Hände (die Werke ihrer Hände) führen ein an den Ort der Lebendigen, ihre Finger öffnen das Tor des Himmels". — ז ἀπὸ β α λ σ ά μ ο υ] Ҫ empfiehlt ὀπ oβαλσάμου (Saft des Balſambaums). S: „vom Duft der Erlöſung erfüllt". Auch Myrrhe, Würzkraut, Myrtenzweige (nicht „Myrrhen= zweige" Ueberſ.) und Rohr ſind nach Ҫ ungeſchickte Zuſügungen von G. S fährt fort: „Weihrauch iſt in ſeiner Mitte aufgeſtellt, (nämlich) Liebe, Glaube und Ҫoff= nung, und erfüllt alles mit Wohlgeruch. Drinnen iſt Wahrheit in ihm ausgeſtreut, ſeine Türen ſind mit Wahrhaftigkeit geſchmückt (Ҫ)". — ᵍ ἀ ν ϑ έ ω ν l. ἄνϑη und mit T h i l o χλισιάδες ſt· κλειστάδες. 7 Ʒ· ₁₁ ν υ μ φ ι ο ι] l. παράνυμφοι. S Ҫ „ihre Brautführer umgeben ſie, a l l e, die ſie geladen hat, und ihre Brautjungfrauen [mit ihnen] ſingen vor ihr Lobpreis". Der Reigentanz und die Siebenzahl ſind Zu= gaben von G, wie auch gleich darauf die Zwölfzahl. Denn S fährt fort: „Vor ihr dienen Lebendige und ſchauen aus, daß ihr Bräutigam komme". — ₁₈ ϑ ε ά μ α τ ο ς] Nach S ſollte man δόξης erwarten. — ₂₀ μ ε γ ι σ τ ά ν ε ς (vgl. c. 109)] S: „alle Ge= rechten". — ₂₁ ο ἱ α ἰ ῶ ν ι ο ι] S: singuli. — ₁₈ ff. ἵ ν α . . . φ ω τ ι σ ϑ ῶ σ ι ν bis ἐπι- ϑ υ μ ί α ν] S nach Ҫ: „damit ſie durch ſeine Ҫ e r r l i ch k e i t erleuchtet werden und in ſein Königreich mit ihm gelangen, das niemals vergeht, und zu dem Feſte gelangen, wohin alle Gerechten zuſammenkommen werden, und in die Wonne gelangen, in welche ſie e i n z e l n eintreten werden, und (damit ſie) Lichtanzüge anziehen und die Herrlichkeit ihres Herrn umlegen (und) den lebendigen Vater preiſen, w e i l ſie das prächtige Licht empfangen haben und erleuchtet worden ſind durch den Abglanz ihres Herrn und empfangen haben ſeine Nahrung, die niemals einen Abgang hat; und (weil ſie) vom lebendigen Waſſer getrunken haben, das ſie nicht lechzen und dürſten macht". Nach der Interpunktion ἵνα φωτισϑῶσιν καὶ . . ἔσονται . . . ſchien es, als hätte G die Satzſtruktur aufgelöſt. Daher die Ueberſetzung: „und w e r d e n in Ewigkeit bei ihm ſein" u. ſ. ſ. Dieſe Annahme iſt aber nicht nötig· Vielmehr hangen die Futura ἔσονται, παραμενοῦσιν, ἐνδύσονται, ἀμφιάσονται, ἔσονται, δοξάσουσιν, von

ihm. — ₄ v e r k ü n d e n d: was ſie verkünden, iſt zunächſt nicht deutlich; gemeint iſt die durch die Sophia erfolgende Offenbarung, durch die ſich die Geheimniſſe der Aeonen erſchließen. — ₅ D i e T o r e d e r S t a d t: gemeint iſt wohl die ἄνω Ἰε-ρουσαλήμ, das Ziel der Frommen. — ₆ l i ch t wie die Tochter des Lichtes iſt auch das B r a u t g e m a ch, blumendurchduftet, wie ihr Gewand. — ₁₀ Der ſeltſame Schmuck der E i n g ä n g e iſt dunkel. Vielleicht verwandte man Schilfbüſchel zum Schmuck der Pfoſten. S weicht ab. 7 ₁₁ Die 7 Brautführer und ebenſoviele Braut= führerinnen ſind ohne Zweifel Aeonen, jene vielleicht mit den 7 Archonten, dieſe mit den 7 Planeten identiſch, wobei nur das Feminin auffiele. Doch kann man auch irgend eine andere heilige Heptas hier genannt finden· Ausmachen läßt ſich nichts. — ₁₃ Die 12, die vor der Braut dienen, wird man am leichteſten mit den Tierkreisbildern, die wieder als Aeonen gefaßt ſind, identificiren. S denkt, gemäß ſeiner ganzen Umdeutung des Liedes an die 12 Apoſtel. — ₁₀ Auch die Aeonen ſehnen ſich nach dem Licht, das ſie mehr oder weniger verloren haben. Darum blicken ſie dem himmliſchen Chriſtus als dem Lichtbringer entgegen. — ₁₉ Chriſtus erlöſt nicht nur die Sophia, ſondern mit ihr auch die unter dem Pleroma herrſchen= den Aeonen. Sie erhalten nun den Zugang zu dem Lichtreich und bleiben in dem Reiche in Ewigkeit. — ₂₀ Das Bild von der Ҫ o ch z eit, dem Freudenmahle, zu dem ſich die Erlöſten ſammeln, iſt ſchon aus dem N. T. bekannt (Mt. 22 ₁ ff. u. Par.; 25 ₁ ff. vgl. auch 20 ₂₁). Babyloniſche Vorſtellungen mögen eingewirkt haben. — Die V o r= n e h m e n, Edlen, die an dem Mahle teilnehmen, ſind alle, die ein Recht haben, zum Licht=

wie φωτισϑῶσι, noch von ἵνα ab, was bei G öfter vorkommt. Vgl. den analogen Fall c. 25: ἵνα βεβαιωϑῶσι . . καὶ δέξονται . . καὶ ἀνϑήσουσι . . καὶ τελεσφορήσουσιν. — 25 οὗ τὸ φῶς] Das Relativ ist im Sinne einer Begründung gefaßt: „weil sie sein prächtiges Licht empfangen haben . . · und durch den Anblick ihres Herrn erleuchtet wurden und seine Nahrung („ambrosische" ist Zugabe von G) empfangen haben und von dem (st. seinem) Wein getrunken haben . ." — 31 ἐδόξασαν, ὕμνησαν] Man fühlt sofort, daß die erzählenden Tempora nicht richtig sein können. Und doch hat auch S: „und priesen". Man kann aber den S durch Streichung des verbindenden ו = „und" den Satz sofort zu einer Aufforderung umgestalten. Dies hat H getan, und man muß ihm darin folgen und demnach lesen: „Preiset den Vater, den Herrn, und den eingeborenen Sohn und dankt dem heiligen Geiste (als) seiner Weisheit". — 31 σὺν τῷ ζῶντι πν.] = „in Gemeinschaft mit dem hl. Geiste". 8 Z. 40 l. ὅτε ἐτέλ. ἡ αὐλήτρια πάντα. — 45 ἐnfällig anwesend] S¹: „ein Löwe sprang" (שור st. אשתורי). 9 S. 484 10 sprach zum Apostel] S: „zu Judas", S¹: „zum Heiligen", wie oft. Sonst wird der Apostel bei S¹ auch mehrfach Mâr (dominus) Thoma genannt. 10 Bei S hat das Gebet größeren Umfang. So heißt es an Stelle von Z. 26—28: „Jesu, vollkommener Sohn der vollkommenen Barmherzigkeit, du bist Messias geworden und hast den ersten Menschen (st.: die menschliche Natur) angezogen, du bist die Kraft und Weisheit, Verstand, Wille und Ruhe des Vaters, durch den du verborgen bist in Herrlichkeit und durch den du geoffenbart bist durch dein Tun. Und ihr seid einer in zwei Namen. Und du erscheinst wie ein Schwacher, und die dich sahen, glaubten von dir, daß du ein Mensch seiest, der der Hilfe bedarf, und du hast die Herrlichkeit deiner Gottheit durch deine Langmut mit unsrer Menschheit gezeigt, indem du den Bösen von

reiche einzugehen. — 21 Königliche, glänzende Gewänder, wie sie die Gäste erhalten (Mt. 22 11 ff.). Wer am Freudenmahl der Himmlischen teilnimmt, erhält einen verklärten Lichtleib. — 24 Der Vater des Alls ist der höchste Gott, der letzte Weltgrund, in dem alles Licht gesammelt ist. — 27 Nektar und Ambrosia: Götterspeise und Göttertrank, wie es die Unsterblichen genießen. — 31 f. Eine sichere Deutung der genannten Trinität ist nicht mehr möglich. Man wäre zunächst geneigt, an das in der syrischen Gnosis statuirte dreifache Prinzip zu deuten: Gott = Vater der Wahrheit, (der weibl. gedachte: רוחא) Geist = Mutter der Weisheit, Christus = lebendiger Geist, wenn nicht die letztere Jdentificirung Schwierigkeiten bereitete. Man weiß auch nicht, ob nicht auch bei dem Griechen hier der ursprüngliche Text alterirt worden ist. Daß die ganze Vorstellung in „gnostischen" Gedanken wurzelt, ist klar und es ist darum auch nur ein geringes Interesse, das System zu ermitteln, denen die Ausdrücke entnommen sind. 8 44 Das Motiv von der unmittelbar auf die Beleidigung folgenden Strafe, ist von v. Gutschmid als buddhistisch in Anspruch genommen worden. Dazu liegt kein Grund vor, da alle Apostelgeschichten derartige Züge aufweisen. Schon die Geschichte von Ananias und Sapphira (AG. 5 1 ff.), bei der allerdings das Motiv der Strafe etwas anders ist, läßt sich als Parallele verwerten. Ebenso zerreißen Bären die 42 Knaben von Bethel, die Elisa „Glatzkopf" gespottet hatten (2. Kön. 2 23 ff.). — 47 Hunde als Vollzieher des Strafgerichtes auch in der Eliageschichte 1. Kön. 21 19. 23 f. 22 38. 2. Kön. 9 10. 36. 9 S. 484 3 Die Flötenspielerin zerbricht ihre Flöten zum Zeichen, daß sie nun ihr Gewerbe aufgibt. So verbrannte auch der Pfeifer von Niclashausen seine Musikinstrumente, als er ein Prediger seines Volkes wurde. 10 16 Begleiter seiner Knechte wird Gott oft genannt. Man denke an Ps. 23 4. Vgl. auch das συνοδίτης auf der Aberkiusinschrift Z. 11 (meine ‚Analecta' S. 26 5). — 30 ff. Höllenfahrt und Aufstieg hängen enge zusammen mit der gnostischen Vorstellung von der Erlösung der Seele, die noch deutlich anklingt. Vgl. Kattenbusch, Das apostol. Symbol II 895 ff. Bousset, Die Himmelsreise d. Seele (Archiv f. Religionswissensch. 1901, S. 136 ff. 229 ff.). 11 40 Christuserscheinungen in verschiedenen Metamorphosen ge-

ſeiner Macht herabgeſtürzt und mit deiner Stimme die Toten gerufen haſt, daß ſie lebten, und denen, welche leben und auf dich hoffen, ein Erbe in deinem Reiche verheißen haſt. Du biſt Bote geworden und von den oberen Höhen geſandt, weil du den lebendigen und vollkommenen Willen deines Senders tun kannſt. Geprieſen biſt du, Herr, in deiner Kraft, und deine Regierung wirkt erneuernd in allen deinen Geſchöpfen und in allen Werken, die deine Gottheit hergerichtet hat, und kein an= derer kann den Willen deiner Majeſtät unwirkſam machen (l. למבטלי), und niemand iſt, der wider dein Weſen aufſtehe, wie du biſt. Du biſt zur Hölle .." 12 S. 485 11 m o n d ſ ü ch t i g] S hat hier an erſter Stelle die augenſcheinlich falſche Lesart: „Entweder fällt der König über ſie her . . ." Vermutlich muß ſt. מלכא (König) שׁאדא (Dämon) ſtehen. — 21 a l s B r a u t f ü h r e r] S: „als Rühmende", S¹: „als Gerühmte oder Rühmende". — 22 v o l l] ſt. πλήρης l. πλήρη.　　　13 3. 24 ſ ch m u t z i g e n B e g i e r d e] S nur „Begierde", S¹ nur „Schmut". 14 3. 37 g e w i n n e] Vor αἰτήσομαι, ſtatt deſſen ich κτήσομαι: einſetze, ergänze ἵνα. — 37 w a h r g e n o m m e n] S: „der mir in dieſer Nacht erſchien". — Daß . . v e r h ü l l e] ſt. Διὸ δὴ οὐκέτι σκεπάσομαι l. Ὅτι δὲ οὐ σκεπάζομαι. — 38 S p i e g e l] ſt. ἔσοπτρον dürfte κάλυπτρον (S) zu leſeu ſein. — 46 d e ſ ſ e n E n d e] ſt. μετά

---

hören zu dem Grundſtock dieſer Erzählungen. Man braucht dafür nicht nach Unter= lagen in der gnoſtiſchen Theologie zu ſuchen. Das war eben naiver Volksglauben, wie in den deutſchen Märchen die alten Götter ebenfalls in jeder Geſtalt erſcheinen, die ihnen beliebt. Parallelen dazu bietet die Religionsgeſchichte ſo reichlich, daß man ſie nicht aufzuführen braucht. 　12 S. 485 3 Geſchlechtsverkehr verun= reinigt; das iſt nicht nur orientaliſcher Glaube (vgl. S t a d e, Geſch. des Volkes Iſrael I 484). Darin hat die Askeſe eine ihrer Hauptwurzeln gehabt. — 6 Daß die Ehe Sorgen macht und darum von dem Reiche Gottes abzieht, war auch für Paulus ein Motiv, die Eheloſigkeit zu empfehlen 1. Kor. 7 28 ff. — 7 ff. Entgegen dem Gedanken, daß die Leibesfrucht ein Geſchenk Gottes iſt (Pſ. 127 3) und dem aus dieſem Grundſatz folgenden Kinderſegen in Iſrael, ſieht der Verf. in den Kin= dern nur einen Anlaß zur Habſucht. Da der Kinderreiche Brot nötig hat, nimmt er es von Witwen und Waiſen, und wer die plagt, verfällt harten Strafen. Die Logik des Gedankens iſt wohl nur dem deutlich geweſen, dem das tägliche Leben Beiſpiele gab und der ſich dieſe Beiſpiele nach ſeinem Geſchmack zurechtlegte. — 9 Der Gedanke, daß die K i n d e r zumeiſt ſpäter Spitzbuben werden, und daß es darum zweckmäßiger ſei, keine zu haben, wird auch ſonſt ausgeſponnen. Natürlich iſt es dem Verf. damit vollkommen ernſt. — 11 Krankheiten ſind von Dämonen ge= wirkt. Da die Kinder beſtimmte Krankheiten durchzumachen pflegen, ſo iſt klar, daß ſie von früher Jugend an den b ö ſ e n G e i ſ t e r n anheimgegeben ſind. — 17 Kinder des Lebens oder l e b e n d i g e K. ſind die zum Glauben bekehrten Menſchen. In dieſem Sinne redet Paulus von den durch ihn bekehrten als von ſeinen Kindern. 1. Kor. 4 15. Gal. 4 19 u. a. — 20 Das Bild von der H o ch z e i t iſt wohl hervorgerufen durch das Gleichnis von den 10 Jungfrauen Mt. 25 1 ff. und von der königl. Hoch= zeit Mt. 22 1 ff. Unſterblichkeit und Lichtglanz ſind die charakteriſtiſchen Merkmale der oberen Welt; zu der die Menſchen den Zugang finden, wenn ſie ent= haltſam nur ihres Glaubens leben. 13 27 Das Hochzeitsfeſt nimmt am zweiten Tage ſeinen Fortgang. Der König läßt zunächſt den neuvermählten Paare einen beſetzten Tiſch in die Brautkammer tragen und kommt dann ſelbſt, nach ihm zu ſehen. — 29 Die gute Sitte verlangt Verſchleierung der Braut. Das Gegenteil gilt für ſchamlos. Vgl. 1. Moſ. 24 65. 　14 38 Der Spiegel, in dem ſie ſich in weltlicher Eitelkeit beſchaut, um ihrem Manne zu gefallen, heißt ein S p i e g e l d e r S ch a n d e, da ſie ſich jetzt ſeiner ſchämt. Parallel ſteht das W e r k d e r S ch a m, die Ausübung der ehelichen Pflichten. Verſchleierung iſt nur nötig, weil der Schleier nur die unkeuſchen Gedanken verdecken ſoll. Da dieſe überwunden ſind, darf ſich die Braut unverſchleiert zeigen. — 45 Die a n d e r e Ehe iſt die gei= ſtige Ehe mit Chriſtus, dem Seelenbräutigam. — S. 846 1 Jeſus iſt der „Manu"

λαγνείας καὶ πικρίας l. nach S: μετάνοια καὶ πικρία. — S. 486 ₁ ft. ἀνδρὶ ἀληθινῷ l. τῷ ἀληθινῷ ἀνδρί. 15 ₄ vom Verderben] S¹: „von diesem Feuer, das in Ewigkeit bleibt". — ₁₉ er klagt mich nicht an] Bei S muß m. E. ft. לא אשלם gelesen werden: לא אלם לי „er zürnt mir nicht". Vgl. den ähnlichen Aus=
druck in ‏דרב: אנא אמר סניאא חובה דממל‎ .‏דממל חובה סניאא אנא אמר דאמר אנא עלוהי‎ : ‏הו דלא אלם לי במא דאמר‎. 16 ₃. ₂₈
verlangen mag] l. πᾶν ὅτι ἂν αἰτήσηταί με.
17 Die Ueberschrift] l. πρᾶξις β᾽ Θωμᾶ ἀποστόλου. 19 S. 487 ₃₀

κατ᾽ ἐξοχήν, der Idealmensch. Das Weib, das ihn gewonnen hat, bedarf keines menschlichen Mannes mehr. 15 ₃ ff. Der Grundgedanke des Gebetes ist: Dank für die Befreiung von der φθορά und für die Verleihung der ἀφθαρσία. 16 ₂₂ Zerreißen des Gewandes vorn an der Brustfalte ist allgemeines Zeichen der Trauer nicht nur im Orient. Außer den Bibelstellen wie 1. Mof. 37 ₂₉. 44 ₁₃ u. a. vgl. Herodot III 66. VIII 99. Lucian de luctu 12. Sueton Caesar 33 u. ö. — ₂₄ Als Magier wird auch Paulus angesehen und verfolgt A. P. 11 ff. Hier wird der Apostel als Giftmischer bezeichnet, weil der König nicht anders denkt, als daß Thomas den beiden einen Zaubertrank eingegeben habe, durch den sie so vollständig umgewandelt worden sind. Von Liebestränken, mit denen arabische Hexen haustiren, spricht Josephus antiq. XVII 4, 1. Verwandtes bei anderen Völkern ist in dem reichhaltigen Artikel von Georgii ‚Magia‘ in Paulys Real=Encyklop. III 1377 ff. angeführt. — ₃₆ Woher die vielen Brüder auf einmal kommen, ist nicht deutlich. Der Verf. fällt aus seiner Rolle.
17 ₄₈ Zimmermannshandwerk war in alter Zeit auch gleichbedeutend mit Architektberuf. Da die Häuser, von den Palästen abgesehen, Fachwerkbauten waren, hatte freilich der Zimmermann das beste dazu zu tun. So nennt sich auch Thomas Zimmermann und Architekt. Daß in Israel die Zimmerleute auch gleich= zeitig Tischler waren und daher in der Tat die aufgezählten Werkzeuge anfertigten, geht aus der Mischna hervor (Mischna, Baba lama IX 3). — S. 487 ₁ Bei den von Thomas genannten Wagen hat man natürlich an die ursprünglich aus Holz gefertigten Wagbalken zu denken, bei denen das Wort selbst noch Zeuge für das ursprünglich verwendete Material ist. Abbildungen altägypt. Wagen bei Riehm, Bibl. Handwörterb. II 1722. Baumeister, Denkmäler III 2078 — ₃ Statt Säulen hat S Mausoleen. G hat wohl dasselbe gemeint. Einfache Denksteine zu errichten ist eine Arbeit des Steinmetzen, nicht des Zimmermanns. Gemeint sind natürlich die kunstvollen Grabmäler, wie sie bei Vornehmen üblich waren. 18 ₇ ff. Die Beschreibung ist durchaus fachgemäß. Zunächst nimmt der König mit dem an= geblichen Baumeister eine Ortsbesichtigung vor. Auf dem Wege unterrichtet er ihn über seine Wünsche bezüglich der Ausführung und Anordnung des Baues. Nach der Besichtigung des Platzes liefert der Baumeister die Skizze eines Grundrisses. — ₁₁ Der Platz ist geeignet, weil er baumreich ist, sodaß man zugleich Bauholz vorfindet und auch den üblichen Park nicht erst anzulegen braucht. Ferner ist Wasser genug vorhanden sowohl für den Bau als auch späterhin für den Bedarf. — ₁₄ Die Monatsangaben stimmen nicht. Die eine griechische Recension setzt den Beginn des Baues in den Dius, wofür S thisri bietet. Die zweite Recension hat dafür den Hyperberetäus, was in einer Handschrift am Rand in Februar umge= rechnet ist. Jene folgt der macedonischen Zeitrechnung der Dius = thisri II = November ist. Diese der ephesischen Rechnung. Dabei muß man freilich an= nehmen, daß der Glossenschreiber mit seiner Randbemerkung von einem späteren Abschreiber mißverstanden wurde, wodurch die beiden Randnoten vertauscht worden sind. Denn in der Monatsrechnung der Ephesier beginnt der Hyperberetäus am 24. August und der Xanthikus am 22. Februar. Vertauscht man die beiden Rand= noten, so hat man dasselbe. Der Umstand ist nicht unwichtig, weil er uns einen Anhaltspunkt dafür gibt, wo wir die Redaktion dieser Recension zu suchen haben werden. Der Xanthikus ist von S mit dem Nisan identificirt worden. Der mace= donische Xanthikus ist = syr. Nisan = röm. April. Der Bau sollte demnach in

zuteilte] S¹ fügt als Objekt hinzu: „den Reichtum des Königs", wie er auch c. 20 gibt: „ſchicke deinen Reichtum den Armen". — ₃₁ Der König weiß] ft. deſſen S und einige griech. codd.: „Was des Königs iſt, wird dem Könige gegeben werden" d. h. er erhält ſeinen Palaſt.   20 S. 488 ₁ Tilge ἕνα nach διδ. θεὸν νέον — ₂ tut viele andere Wunder] S: „tat vieles", S¹: „tut viele Zeichen und ſagt, daß einer Gott iſt, der Allmächtige, der durch ſeine Kraft und ſeine Weisheit alle Geſchöpfe gemacht hat, der Vater des Herrn Jeſus Chriſtus, der ,in die Welt gekommen iſt wegen des Lebens der Menſchen, und wir glauben, daß er entweder ein Gott iſt, der vom Himmel herabgeſtiegen, oder ein Apoſtel des neuen Gottes, den er predigt".   ₁₂ ſchüttelte] ft. des unſichern ‏סמך‎ bei S bietet S¹ ‏מניד‎

einem halben Jahre fertiggeſtellt werden, was freilich eine erſtaunliche Leiſtung geweſen wäre. — ₁₆ Der König hat mit ſeinem Einwurf nicht unrecht. Wie in der Regenzeit ein ſolcher Bau ausgeführt werden könnte, iſt nicht abzuſehen. Aber es ſoll ja eben alles recht wunderbar zugehen. — ₂₀ ff. Die Orientirung des Baues nach den vier Himmelsrichtungen entſpricht wohl ungefähr dem Brauch. Die Tür nach Oſten, dem Licht entgegen, war urſprünglich Brauch auch bei den chriſtlichen Kirchen, ehe man die umgekehrte Orientirung vorzog (Euſeb. h. e. X 4, 38. Conſtit. apoſt. II 57, 3). Vielleicht hat man es bei den heidniſchen Tempeln ebenſo gehalten, wo der Raum keine Schranken zog. Aber auch beim Palaſte des Sanherib liegt der Eingang ebenfalls ziemlich im Oſten (vgl. d. Abbildung bei Riehm, Bibl. Handwörterb. II 1364). Daß die Fenſter an die Wetterſeite gelegt wurden, war praktiſch, da die kleinen Lichtöffnungen leicht zu verſchließen waren. Die Küche (ἀρτοποιεῖον) kommt nach Süden; warum iſt nicht ganz klar. Der Brunnen nach Norden, damit er im Schatten liege und kühles Waſſer liefern könne. Bei dem ganzen iſt nicht an einen einzigen Bau, ſondern an einen Komplex von Bauten zu denken, wie das im Altertum ſelbſtverſtändlich war.   19 ₃₀ Almoſen: εὐσεβείας, eigentlich Beweiſe der Frömmigkeit; der Ausdruck iſt bezeichnend für die Anſchauung, die ihm zu Grunde liegt.   20 ₄₈ ff. Die Tätigkeit des Thomas wird im weſentlichen nach Mt. 10 ₁. Lk. 9 ₁ f. beſchrieben. Kennzeichen des rechten Apoſtels ſind 1) Predigt, 2) Krankenheilungen und Dämonenaustreibungen, 3) Wundertaten. Dieſe Anſchauung lehrt in allen Akten f₀ regelmäßig wieder, daß man ſie für typiſch anſehen darf. — S. 488 ₄ Thomas nimmt kein Geld für ſeine Kuren entſprechend der Weiſung Jeſu Mt. 10 ₈. Vgl. auch 2. Kor. 11 ₇. — ₇ ff. Die Schilderung von der Lebensweiſe des Thomas iſt intereſſant. Seine Speiſe iſt Brot und Salz. Das ſind die primitivſten, die für den Menſchen unumgänglichen Nahrungsmittel. Bei Brot und Salz ſchließt man den unverbrüchlichen Bund (4. Moſ. 18 ₁₉. 2. Chron. 13 ₅), denn dieſe beiden, zum Opfer tauglich, fanden ſich in jedem Haus und an jedem Ort und zu jeder Zeit vor. So iſt auch heute bei den Beduinen derjenige ein Freund, der Brot und Salz in ihrem Zelt gegeſſen hat (Roſenmüller, Altes und Neues Morgenl. II 150 ff.). Darum iſt Brot und Salz hier Bezeichnung deſſen, was zum Leben unumgänglich erſchien. Brot und Waſſer iſt die Speiſe des Elias in der Wüſte 2. Kön. 19 ₆, deſſen Perſon in vielen Stücken vorbildlich geweſen iſt für die ſpäteren Asketen. Alle Züge, die hier von Thomas erzählt werden: Faſten, Beten, Einfachheit der Speiſe und des Trankes, der Kleidung, Barmherzigkeitsübungen gegenüber den andern Menſchen ſind die Charakteriſtika auch des ſpäteren Einſiedlertums, wie es uns in dem ägyptiſchen Antonius und vielen ſeiner Gleichgeſinnten entgegentritt. Den buddhiſtiſchen bikshu braucht man dabei nicht als das Vorbild anzuſehen. — Solche Ideale ſind im Orient überhaupt lebendig geweſen, wofür die Geſchichte der Prophetie in Iſrael genügend Beiſpiele liefert.   21 ₁₇ Der König ſieht die Antwort des Thomas natürlich als Hohn an und wird infolgedeſſen erſt recht zornig. Für den Aufſchub der Strafe iſt ein doppeltes Motiv angegeben: 1) er will herausbringen, wohin das Geld gekommen iſt, und 2) er will eine möglichſt grauſame Strafe ausdenken. — ₂₅ ff. In der Erſinnung der Strafe beweiſt der Verf., als echter Orientale, eine

— 21 ₂₇ G a b] st. dieses Namens hat S¹ immer הו דענר „der Gestorbene". — ₃₂ f. Leben jenes Magiers] S¹ fügt hinzu: „der beinen Besitz zerstreut hat". — ₃₃ meine Seele] st. ‎נר ‎ ‎ I. bei S ‎נר ‎ — ₃₆ H a u t a b z i e h e n] So wurde Mani, da er nicht widerrufen wollte, lebend geschunden, seine Haut ausgestopft und zum Schrecken für seine Anhänger vor den Toren der Stadt aufgehängt.   23 S. 489₁₅ v e r k a u f e s t, w o r u m i c h . b i t t e] S: „womit bu keine (füge ‎לא‎ ein) Mühe gehabt hast." — ₁₈ I. τῶν ὑπαρ-χόντων ὃ ἂν αἰτήσῃ.   24 Z. ₃₀ I. τῶν οἰκητόρων αὐτοῦ εἶναι. — ₄₃ Nach κληρωθῶ bürfte ἄξιος γενέσθαι zu tilgen sein. — st. ὀφθέντων I. nach S δειχθέντων. 25 Z. ₄₄ I. χαρᾷ ληφθείς ... und S. 490₁ εὐσπλαγχνίαν καὶ φειδὼ ποιούμ · τῶν ἀνθρώπων. — ₁ f. w e l c h e r . . B a r m h e r z i g k e i t e r w e i s t] S: „der bu gewollt und fie gemacht hast". Soll wohl heißen: der bu die Menschen durch einen Willensakt ge-schaffen hast. Vgl. c. 70 bei S von Jesus gesagt: „den bu gewollt und gebildet hast".

abscheuliche Phantasie. Aber es ist doch auch daran zu benten, baß solche Strafen, wie die Märtyrerakten ausweisen, wirklich vorgekommen sind. — ₂₇ Gab: den Namen hat v. Gutschmid zurückgeführt auf einen als Neffen des Königs Hyn-dopherrês durch eine Münzlegende bezugten Oad, das nach v. Gutschmid = persisch G v ab sein könnte. Doch ist die Münzlegende nicht sicher festgestellt. v. Sallet, D. Nachfolger Alexanders b. Gr. in Baktrien u. Indien, S. 169 liest statt βασιλευαοαδα vielmehr βασιλευαβαδα, sodaß bie Identificirung fraglich bleibt. — ₃₀ Gab behauptet, baß sein Tod durch die Unverschämtheit des Magiers ver-schuldet sei. Da dieser also gewissermaßen der Mörder Gads ist, findet dessen Seele in der Unterwelt keine Ruhe, bis die Schuld des Magiers burch seinen Tod gesühnt ist. So verlangt es das Gesetz der Blutrache.   22 ₄₁ Es ist orientalischer Glaube, baß die Seele der Abgeschiedenen zunächst von Engeln in Empfang genommen und einige Zeit umhergeleitet wird, ehe sie definitiv in den Himmel (ober die Unterwelt) kommt. Stellen hat Böklen, D. Verwandtschaft b. jüb.-christl. mit der persischen Eschatologie, S. 44 ff. gesammelt. Bei den Parsen findet sich der Gedanke in der späteren abstrakten Form, baß die Tugenden die Seele geleiten. Ursprünglich waren das natürlich auch Geister. — S. 489 ₂ ff. Eine Rückkehr der Seele zu dem Leibe bachten sich die Orientalen innerhalb dreier Tage als möglich. Nach Moëd Katon III, 5 schwebt nach rabbinischer Lehre die Seele drei Tage über dem Leib und erst wenn sie sieht, wie das Gesicht verfällt, verläßt sie ihn endgültig. Aehnliches findet sich bei den Parsen. Vgl. Böklen a. a. O. S. 27 ff. Das ist auch hier vorausgesetzt.   23 ₆ Es wird nicht gesagt, wann Gad wieder zu sich kam. Da die Bestattung gewöhnlich sehr bald vorgenommen wurde — wegen des Klimas kounte die Leiche nicht längere Zeit liegen bleiben —, so wird man wohl noch an denselben oder den barauffolgenden Tag zu denken haben. — ₁₃ Die Hälfte des Reiches, wie Herodes Mc. 6 ₂₃. Auch das folgende, der Schwur des Königs, die noch gar nicht ausgesprochene Bitte erfüllen zu wollen, ist dieser Geschichte nachgebildet. 24 ₃₄ ff. Die Bekehrung des Königs geht wunderbar schnell vor sich. Kaum hatte eben der König ben Magier dazu ver-bammt, bei lebendigem Leibe geschunden und verbrannt zu werden, so nennt er sich nun in den bevotesten Ausdrücken einen Bittsteller, bezeugt sofort seinen Glauben und bittet um Vergebung der Sünden. Aber gerade diese Schnelligkeit der Be-kehrung wird dem Geschmacke der Leser besonders zugesagt haben. Wo es so wun-berbar zuging, wie hierbei, kounte der rasche Erfolg nicht ausbleiben. Vgl. übrigens Lt. 16 ₂₇ ff. — ₄₁ Daß auch der Bruder des Königs sich belehrt, ist nicht wunder-bar. Ihm ist im Himmel von ben Engeln so viel Herrlichkeit gezeigt worden, baß sein Wunsch, auch baran teilzunehmen, verständlich ist. 25 ₄₄ f. Das Gebet ist lehrreich für die Theologie des Bearbeiters, nicht aber für die des Verfassers. Dieser wird schwerlich Jesus als ben „allein wahren Gott" (μόνος θεὸς τῆς ἀλη-θείας) bezeichnet haben. Der Versuch, aus ben Formeln dieses Gebetes etwa zu Grunde liegende ältere zu entwickeln, ist aussichtslos. Nur soviel wird man ver-muten dürfen, baß der Abreffat des Gebetes ursprünglich Gott war und nicht

— 14 f. Erlöſung] Nach σωτηρίας αὐτῶν dürfte λάβωσι einzufügen ſein.
26 3. 21 f. Siegel des Wortes] Vgl. Hermas ſim. IX 16₃ den ähnlichen Ausdruck „Siegel der Predigt" und ebenda unmittelbar vorher die Erklärung: „das
Siegel iſt das Waſſer (die Taufe)". — 22 f. Seelen Ruhe haben] S: „während
unſre Seelen zu Gott gewendet ſind". S¹: „ſo lange wir leben". — 26 dieſes
Siegel zu nehmen und] Dieſe Worte fehlen aus Verſehen bei S. — Zwiſchen
der Bitte um das Siegel und der Siegelung läßt der Apoſtel bei S eine Woche
verſtreichen, während deren das Bad geſchloſſen wird, „daß niemand ſich darin
bade". 27 3. 33 und ſiegelte ſie] leitet nur den Bericht über die Siegelung ein. Verſtändlicher wäre: „ſtand auf, ſie zu ſiegeln". — 35 ſie hatten noch
nicht die Verſiegelung] S: „ſie waren noch nicht getauft worden".
42 Komm, barmh. Mutter] fehlt bei S — 43 Gemeinſchaft mit
dem Männlichen] S: „Gemeinſchaft des Segens". — 45 daß dir . . Ruhe

---

Jeſus. — S. 490₆ Bad und Salbung gehören enge zuſammen. Beide vereinigt
ſtellen erſt den Sühneritus der Taufe dar. — 7 Wölfe als die Feinde des Menſchen
entſprechend dem Bild von der Herde und der Weide, ſind ein der Bibel geläufiges
Bild; vgl. Mt. 10 16. Lk. 10 3. Joh. 10 12. Wer hier darunter verſtanden iſt, wird
nicht weiter ausgeführt. Man hat aber, entſprechend dem Zuſammenhange an die
böſen Geiſter zu denken, die den Menſchen zur Sünde verführen. — 8 Die ambro-
ſiſche Quelle entſpricht der „Quelle lebendigen Waſſers" Joh. 4 14; vgl.
Jer. 2 13. 17 13. Pſ. 36 10. Spr. 14 27. u. a. Stellen. Daß die Quelle als „ambro-
ſiſche" bezeichnet wird, entſpricht dem Geſchmack des griechiſchen Bearbeiters. —
10 Der Verf. fällt aus der Rolle, oder er hat ein liturgiſches Stück gedankenlos benutzt. Die Erwartung, daß die zu Tauſenden Gefahren wegen ihres Glaubens erleiden müſſen, ja vielleicht gar dem Tode entgegengehen, konnte in der altchriſtlichen
Taufliturgie wohl eine Stelle haben. Hier, wo es ſich um den Fürſten und ſeinen
Bruder handelt, iſt der Paſſus ſinnlos. 26 18 ff. Die Annahme einer ent-
haltſamen Lebensweiſe gilt dem Verf. als ſelbſtverſtändliche Folge der Bekehrung.
Faſt ſcheint es aber, als ob hier eine Art von mönchiſchem Noviziat vorgebildet
wäre, wie es bereits in den pachomianiſchen Klöſtern der Aufnahme in den Verband voransging. Da man aber nicht weiß, wie tief an ſolchen Stellen die Umbildung in den urſprünglichen Beſtand eingegriffen hat, muß man im Urteil vorſichtig
ſein. — 21 Das Siegel gibt erſt die wirkliche Weihe; ohne σφραγίς ſind die Gläubigen für Gott nicht kenntlich. Zu dem Wort und der ihm zu Grunde liegenden
Idee vgl. Anrich, D. antile Myſterienweſen S. 120 ff. — 24 Die Schafe wurden
im Altertum, wie noch heute, ſtigmatiſirt. Früher wohl durch eingebrannte Zeichen,
jetzt durch ſolche, die mit Farbe aufgetragen werden. Vgl. Anrich a. a. D. S. 121.
— 26 Ohne die σφραγίς darf niemand am Abendmahl teilnehmen, durch das der
Chriſt erſt τέλειος wird. — 30 f. Es iſt nur die Rede von einem Oelzeichen. Die
zweite griechiſche Recenſion erwähnt ebenſo wie die Syrer ausdrücklich die Taufe.
Da ſie unten c. 121. 131. 157 ausdrücklich genannt wird, iſt ſie wohl auch hier
vorauszuſetzen, nicht auf einen abweichenden Brauch ohne Taufe zu ſchließen. —
31 Die σφραγίς beſteht in Oelzeichen, die in Kreuzesform an verſchiedenen Teilen
des Körpers angebracht werden. Vgl. oben die Anm. zu S. 482 18. — 32 Kerzen
gehören unumgänglich zur Feier. Vgl. dazu Höfling, Das Sakrament der Taufe
u. d. übrigen Alte der Jnitation I 543. Das ſtammt aus den Myſterienbräuchen
vgl. Anrich, Antit. Myſterienweſen S. 214 ff. Noch jetzt iſt das Anzünden von
Lichtern bei der Taufe und der katholiſche Brauch, daß die Kinder bei der Konfir-
mation Kerzen tragen, der letzte Reſt dieſer altkirchlichen Sitte. 27 33 Wer
das Siegel hat, wird dadurch viſionär. So macht auch die Bluttaufe die Märtyrer
zu Viſionären.
39 ff. Das Weihegebet iſt ſehr wertvoll, weil es einen deutlichen Schluß auf
den Charakter der Weihe ermöglicht. Hier tauchen nun ſofort gnoſtiſche Termini

werde] S: „die du geruht haft". — S. 491: Alter der fünf Gl.} S: „Bote der Versöhnung". Macke a. a. O. sucht zwischen πρεσβύτερος unter Betonung der kompa= rativen Bedeutung dieses Wortes (älter als die 5 Glieder) und „Bote" von S zu vermitteln: „Der du den 5 Gliedern vorhergehst, also Gesandter derselben bist". —

in Menge auf. 1) Der Name Jesu ist das Schutzmittel gegen böse Geister. Wer Jesu Namen kennt, vermag ihn zu Schutz und Angriff herbeizurufen. Vgl. die Aus= führungen von A. Dieterich, e. Mithrasliturgie S. 110 ff. 2) Die Kraft des Höchsten ist wohl die Fähigkeit, in das Pleroma einzugehen. 3) Das höchste χάρισμα ist nicht sicher zu erklären. Vielleicht ist die Vollkommenheit darunter gemeint. 4) Die barmherzige Mutter ist die רוחא דקודשא, der hl. Geist im Sinne der Gno= stiker, das weibliche Komplement zu dem männlich gedachten höchsten Gott. 5) Die Gemeinschaft mit dem ἄρρην, wohl dem höchsten Gotte. 6) Die die Mysterien offen= barende wird wohl mit der „Mutter" identisch sein. Dann ist freilich anzunehmen, daß die einzelnen Glieder in Verwirrung geraten sind. 7) Wer unter der „Mutter der sieben Wohnungen" zu verstehen ist, darf man kaum sicher zu entscheiden wagen. Die sieben Wohnungen sind ohne Zweifel die aus dem ophitischen System und sonst bekannten sieben Aeonen, Himmel oder Sphären, durch die die Seele der Ab= geschiedenen hindurchwandern muß. Dann darf man vielleicht vermuten, daß als Mutter der sieben Aeonen die Sophia anzusehen ist, die in dem ophitischen System den Himmel und die untere Welt bildet. 8) Der „Alte der fünf Glieder" weist uns an das basilidianische System, dessen Aeonen ähnliche Personifikationen sind. Clemens Alex. strom. IV 25, 164 nennt freilich eine Heptas, die philosoph. V 12 f. eine dreifache Syzygie und Irenäus I 29, 1 wiederum eine vierfache der Barbe= lioten. Ich stelle sie zusammen, Acta voran, dann die andern in der angegebenen Reihenfolge

νοῦς	νοῦς	νοῦς	ἔννοια
ἔννοια	λόγος	ἔννοια	λόγος
φρόνησις	φρόνησις	φωνή	ἀφθαρσία
ἐνθύμησις	σοφία	ὄνομα	χριστός
λογισμός	δύναμις	λογισμός	ζωή αἰώνιος
	δικαιοσύνη	ἐνθύμησις	θέλημα
	εἰρήνη		πρόγνωσις
			νοῦς

Aus dieser Tabelle ergibt sich, wie verschiedenartig im einzelnen die Syzygien ge= ordnet wurden, wenn man einmal begann, solche Abstrakta als Personifikationen einzuführen. Dann aber würde man in dem „Alten" wohl den Demiurgen zu sehen haben, wenn nicht der Belus priscus, der Herrscher der Vorzeit noch hindurchschim= mert (Servius zu Vergil Aen. I 642. Cicero de finib. IV 20. Ovid metamorph. IV 213). 9) Der heilige Geist ist am Schlusse etwas unvermittelt eingefügt, offenbar von der Bearbeitung, die sonderbarer Weise die vorstehende liturgische Formel, deren Sinn man wohl nicht mehr verstand, schließlich auf die trinitarische Formel ausmünden lassen wollte. — Betrachtet man das Gebet im ganzen, so gruppirt sich der Inhalt noch deutlich in dieser Weise: a) 1—3 Anrufung des höchsten Gottes, des Lichtgottes, der als Zaubername und Lebenskraft auf den Einzuweihenden herabgerufen wurde. Dann aber ist deutlich, daß die Worte τοῦ Χριστοῦ eine Inter= polation darstellen und zu streichen sind. Sie verdanken dem Bearbeiter ihr Dasein. b) 4—6 Anrufung der „Mutter", des hl. Geistes (im gnostischen Sinne). c) 7 An= rufung der Sophia. d) 8 Anrufung des „Alten". Der erste Teil enthält drei, der zweite ebensoviel Epiklesen, dann zum Schluß je eine Epiklese, sodaß im ganzen die Achtzahl, die im basilidianischen System eine solche Rolle spielt, herauskommt. In dieser Form darf man das Gebet wohl als ein ziemlich rein erhaltenes Stück gnostischer Liturgik ansehen, womit freilich noch nicht gesagt ist, daß wir ein sicheres Verständnis der Formel besitzen.

Des Vollzugs der Taufe geschieht keine ausdrückliche Erwähnung, doch ist diese nach c. 121. 132—33. 157—58 als geschehen vorauszusetzen. S hat den letzten Satz des Gebetes gar nicht, sondern fährt nach „Herz" fort: „Und er taufte sie im Namen . ." Wie aus der Mehrzahl der beschriebenen Fälle hervorgeht, gehörte zur Siegelung außer der Oelsalbung als ihre Ergänzung die Taufe. — Macke hat den Versuch gemacht, in den beiden Weihegebeten beim Syrer ursprüngliche Metrik nachzuweisen, ist sich aber bewußt, daß sich gegen seine Vermutungen viel einwenden läßt.

₉ Und er ging hinaus] Hiernach ist bei S פסנ ft. יקסנ zu lesen. 28 ₂₅ ἡ ἀποδιδοῦσα] l. μὴ ἀπο... αἰσχυνθῇ, — ₂₆ Völlerei] Statt deren hat S „Dienst der Dämonen", doch redet er in der weiteren Ausführung ebenfalls von der Völlerei. — ₂₇ l. τ. μεριμνῶσαν, μὴ ἄρα ἐνδεής γένηται καὶ ἐπὶ τῶν πόρρωθεν αὐτῆς ὄντων ἐκταθεῖσαν — ₃₇ l. μέλλων παρ' αὐτῷ κρίνεσθαι. — ₃₈ f. als wenn er nicht gehört hätte] Vgl. noch 2. Clemensbr. 17, 5: „Wehe uns, daß du es bist, und wir wußten es nicht und glaubten nicht". — ₄₁ Dieses erwerdt] S nur: „erwerbt", S¹: „erwerbt Leben". 29 3. ₄₅ Nach dem Zusammenhange muß χρεώστης hier = Gläubiger genommen werden, obwohl es c. 146 sicher = Schuldner ist. Vgl. Suidas, der χρεώστης durch δανειστής erklärt. Der Körper ist als Gläubiger gedacht, dem der Mensch in der Gestalt der täglichen Nahrung eine Schuld abzahlt. — S. 492 ₃ f. Brot ... Salz] So auch S¹. Dagegen hat S nur Brot und Oliven. — ₄ f. beharrte in feinem Faften] S: „er selbst aß". — ₁₃ etwas ausführen] l. bei S: מדם צבא רנסעיר ft. מדם דצבא. 30 3. ₃₁ ft. μιάσμασιν l. σώμασιν. — ₃₅ Die Lesart προσβάλη ist wohl nicht richtig. — ft. ἄλλο εἶδος l. ἄλλῳ εἴδει, wie gleich nachher φωνῇ μεγάλῃ steht. — ₃₁ tomm in dieser Stunde] S fährt fort: „wegen des Staubes, den deine heiligen Hände gebildet haben; blicke vom Himmel..." 31 ₃₇ ft. μέγας war vielл. μέλας (S) ursprünglich. — ₄₃ ft. δι' ἐμοῦ ist vielleicht δι' ἐμοῦ τόπου zu lesen. — S. 493 ₂ Zwillingsbruder] ft. תהומא l. תאמא bei S. S¹ hat dafür: „Apoftel des Messias". 32

S. 491 ₇ Fackeltragende Figuren find bei den Mysteriendarstellungen häufig abgebildet worden, vgl. Anrich, Antikes Mysterienwesen S. 215. — ₁₃ Auf die Initiation folgt das Gemeinschaftsmahl, durchaus der sakralen Anschauung entsprechend. Vgl. Dieterich, e. Mithrasliturgie, S. 100 ff. 28 ₁₆ ff. Die drei Hauptgedanken der Rede: Warnung vor Hurerei b. h. Geschlechtsverkehr überhaupt, vor Habgier und vor dem Bauchdienst, b. h. der nichtasketischen Lebensweise, zieht sich durch diese, wie die anderen alten Akten hindurch. Das ist nicht gnostisch, sondern kirchlich. 29 S. 492 ₆ Das Motiv, die Weisung zum weiteren Tun des Apostels durch eine Christusvision erteilen zu laffen, stammt aus dem Leben des Paulus, der sich auf feine ἀποκαλύψεις in diesem felben Sinne berufen hat. Gal. 2 ₂. AG. 16 ₉. — ₁₈ Ob die Formel einer gnostischen Liturgie entnommen ist, was nicht unwahrscheinlich ist, oder vom Verf. frei erfunden, läßt sich nicht bestimmt sagen. 30 ₂₆ Als eine Verfuchung faßt Thomas das Begegnis, weil an einem Ort, wo Tote liegen, auch die Dämonen haufen. Wie das folgende ausweist, fieht Thomas in dem, was geschehen ist, eine Tat des Teufels. Daher er denn die dämonische Verfuchung fofort bekämpft. 31 ₃₇ Vom Drachen hat das Altertum viel gefabelt und dunkle naturgeschichtliche Kunde mit viel freier Phantasie gemischt. Vgl. was Bochart Hierozoicon III 222 sqq. darüber gesammelt hat. In der Apokalypfe ist der Drache schreckhafte Verkleidung des Teufels (12. 13) und fo hat ihn fich die Kunst im Mittelalter vorgestellt. Babylonisches teilt Zimmern die Schrader, Keilinschr. u. A.T.³, S. 502 ff. mit. Vgl. auch Gunkel, Schöpfung und Chaos, S. 29 ff. — ₄₂ ff. Die Erzählung hat den Zweck, eine Illustration zu der c. 28 ausgesprochenen Warnung vor Hurerei zu liefern, daher denn der Teufel felbst die unfaubere Geschichte erzählen muß. Bei der Rede des Teufels ist die Devotion vor dem Abgesandten Christi bezeichnend. Sogar zum Wächter über die Heiligkeit des

Z. 9 d i e v i e r s t e h e n d e n B r ü d e r], sonst nicht bekannt, werden von S nicht erwähnt. Dagegen hat er: „ich bin der Sohn dessen, der Gott ähnlich ist für die (in den Augen derer), die ihm gehorchen". — 10 T h r o n] Nach ϑρόνου dürfte zu lesen sein: καὶ ἐν τῇ ὑπ' οὐρανὸν κτίσει δυναστεύοντος. — 13 W e l t k u g e l] Unter der die Weltkugel umgürtenden, das Meer rings umgebenden, kreisförmig in sich zurückkehrenden S ch l a n g e versteht L i p f i u s I 297. 321 den hylischen Geist Ophio= morphos, die böse Weltseele, die dem Menschengeschlecht allzeit feindlich gesinnt ist. „Diese Schlange umgürtet nach bekannter gnostischer (ophitischer) Anschauung die untere Welt samt dem sie umgebenden Ocean." — 14 a u ß e r h a l b d e s O c e a n s] S: „der außerhalb des Oceans ist und dessen Mund versiegelt ist (S¹: dessen Mund geöffnet ist)". Das Folgende: „dessen Schwanz . . ." fehlt bei S S¹ — 15 Z a u n] Der φραγμός ist nach L i p f i u s I 324 der φραγμός κακίας der Ophiten, die Scheide= wand, welche das Herrschaftsgebiet des Drachen oder der bösen Weltseele von den Reichen der 7 (psychischen) Archonten, des Jaldabaoth und seiner Genossen trennt, Eine andere, und zwar feurige Scheidewand (vgl. c. 124 „Durchgang durchs Feuer") trennte das obere Lichtreich von dem Reiche der Mitte. Oberhalb des φραγμός κα= κίας und unterhalb jener feurigen Scheidewand sei das Paradies zu suchen. — 19 f. d i e E n g e l (S: die Gerechten) g e b u n d e n] So auch S¹ (אסרת) Dagegen S: peccare feci (אסרחת). — 30 d e r v o n O s t e n k o m m e n s o l l] L i p f i u s I 324 A.: „Diese Worte beziehen sich auf den Antichrist, der auf Grund des Gerüchts von dem wiederkehrenden Nero (Sueton Nero 57) von Osten her d. h. aus dem Parther= reiche kommen sollte". 33 33 λοιπόν ist wohl = τὸ λοιπόν gefaßt; oder man lese mit P τοῦ λοιποῦ. — S. 494 8 ff. βάλετε l. ἀγάγετε ἐργάτας — Der Anfang des c. lautet bei S: „Als die Schlange dies sagte, weil Judas den Herrn gebeten hatte, daß ihr Rede gegeben würde, damit sie gezwungen würde, über ihr Wesen auszusagen, und als sie, während die Menge alles hörte, geendet hatte, und mit Furcht mit Glauben in allen dort Anwesenden wohnte, da sie diese Wunder sahen und hörten, riefen alle mit e i n e r Stimme in gleicher Weise: Einer ist (Gott), der Gott dieses Mannes, der uns über seinen Gott belehrt und durch sein Wort dieser furchtbaren Bestie be= fohlen hat, Mitteilung über ihr Wesen zu machen. Und sie baten ihn, daß er, wie er ihr durch sein Wort befohlen hatte, wie ein Mensch zu reden, sie auch durch sein Wort töten solle. Da winkte ihnen Judas mit der Hand, erhob seine Stimme · ·" — 34 D e n n d e i n E n d e] S bietet mehreres Unverständliche durch folgende Les= art: לא הוא דתאמר גומרך דין דמטא. Hier hilft wohl S¹: גומרך דין מטא „dein Ende aber ist gekommen". Doch hat auch er לא הוא, statt dessen man nach dem Grie= chischen erwarten sollte לא תמרת דתאמר unter Wegfall des letzten Gedankens („und hast nicht gefürchtet, daß dein Ende gekommen ist"). — 39 v o n i h m z u n e h m e n] S fährt fort: „weil mein Gott mich gesandt hat, dich zu töten und ihn (den Jüng= ling) lebend vor diese Menge zu stellen, damit sie an ihn glauben, daß er der wahre Gott ist, und kein anderer ist". 34 S. 494 13 ff. ὡς παρεστηκά σοι dürfte zu lesen sein: ὡς παρειστήκει σοι. — 34 st. ἀπραγία würde nach S ἀναίδεια zu er= warten sein. — An Stelle der ersten 5 Zeiten dieses Kap. hat S das Folgende:

Sonntags wirft er sich auf, wenn die Schlußworte nicht Zusatz sind.   32 S. 493 8 ff. Die Rede des Teufels ist dunkel. Daß der Demiurg gemeint ist, wird wohl sicher sein; aber im einzelnen bleibt das meiste unsicher. — 9 Die vier Brüder sind die vier Elemente oder auch die vier Himmelsrichtungen; in beiden Fällen ließe sich dem ἑστῶτας ein Sinn abgewinnen. Der Demiurg sitzt auf einem Throne unter dem Himmel; denn er beherrscht die gesamte untergöttliche Welt. — 13 Die Kugel, die er umgürtet hat, ist das Himmelsgewölbe; der Ocean ist vorgestellt nach geläufiger Vorstellung als eine um die Erdscheibe gelagerte Schlange, die sich in den Schwanz beißt. Vgl. ‚Oleanos' in Roschers Lexikon der Mythologie. — 30 f. Der aus dem Osten Kommende ist der Antichrist. 33 36 Der Apostel be= nützt die Zauberkraft des Namens Jesu. — S. 494 9 Die Stelle, wo der Drache verschlungen wurde, soll eine Fremdenherberge werden. An den Ort des Hasses

„Der Jüngling aber pries Gott, durch deſſen Gnade er durch den Apoſtel Thomas lebte, wurde von allen ſeinen früheren Werken befreit und bat den Apoſtel, ihn durch Gebet beim Herrn zu unterſtützen, indem er von ſeinem eigenen Gewiſſen an= geklagt wurde. Und er ſprach: Dir ſei Preis, barmherziger, großer und geprieſener Gott, Schöpfer und Gründer aller Geſchöpfe, der du Grenze und Maß geſetzt haſt allen deinen Geſchöpfen, die du geſchaffen haſt, und ihnen Veränderungen (Wechſel) geſetzt haſt, die ihre Naturen unterſtützen. Du biſt es, der du durch die Kunſt deiner Hände den Menſchen gemacht haſt, wie deine Gottheit es wollte, daß er über alles Macht habe. Und du haſt ihm ein anderes Geſchöpf geſchaffen, daß er mit ihm kämpfte in der Freiheit, die du ihm gegeben haſt. Und der Menſch ver= gaß die Natur des Freien und wurde ſeinem Genoſſen untertan. Und er wurde ihm feind, weil er fand, daß er ſeine Freiheit vergeſſen hatte. Und der Feind freute ſich, daß er einen Zugang zu ſeinem Genoſſen gefunden hatte, und er meinte, daß er Herr über alle Knechte ſein würde. Aber du, Barmherziger, haſt in deinem großen Erbarmen deine Gnade über uns ausgebreitet und haſt über das Geſchlecht unſerer Menſchheit durch deinen geprieſenen Sohn dein Wort geſandt, den Ordner aller Geſchöpfe. Und in ſeiner Freiheit, die du ihm gegeben haſt, und mit Unter= ſtützung deiner Gnade kam er und fand uns bei den Werken, die unſre Menſchheit vom erſten Tage an getan hat. Und du rechneteſt uns unſere Sünden nicht an, ſondern machteſt uns durch deine Gnade lebendig. Und du haſt mir meine Schlaff= heit gezeigt und deine himmliſche Liebe in mich gepflanzt. Und haſt meinen Mund, der geſchloſſen war, geöffnet, daß ich von meinem Unterjocher redete und von deiner überfließenden Gnade, — der du mir nicht wegen deſſen zürnſt, was ich über dich ſage — ich rede ja aus großer Liebe zu dir. Und Judas ſtreckte ſeine Hand zu ihm aus, richtete ihn auf, umarmte ihn und ſprach zu ihm: Die Gnade des Herrn ſei mit dir und mit allen, die an ihn glauben! Da ſprach der Jüngling: Preis ſei dir, Gott, der ſein Erbarmen nicht von mir Verlorenem zurückgehalten, ſondern mir gezeigt hat, meine Seele (oder: mich ſelbſt) zu ſuchen. Und über dich hat er mir eröffnet, daß du ſein Apoſtel biſt. Und er ſprach zu dir: Vieles habe ich ..“ Auch im unmittelbar Folgenden bietet S mehr: „Du nun erwecke dieſen Jüngling, der von ſeinem Feinde geſchlagen wurde, **weil du zu jeder Zeit deinen Herrn ſiehſt.** Ja, mein Herr, Apoſtel Gottes, du haſt wohl daran getan, daß du hier= her gekommen biſt und viele zu ihm gezogen haſt. Und auch er läßt dich nicht im Stich. Ich aber wurde frei von Sorge und Leiden wegen ſeiner Gnade, die er durch dich mir erzeigt hat. Und ſeine Gabe wurde reichlich über meine Schwach= heit ausgegoſſen, und ich ward von den böſen Gedanken und Taten des Ver= derbens befreit. Ich ward von dem befreit, der mich überredet und angetrieben hat, die Dinge zu tun, in denen du mich gefunden haſt. Ich verging mich (I. nach S¹ : אסכלת בהו) gegen den, der mir das Entgegengeſetzte davon ſagte, und ich zer= ſtörte den, der durch die Finſternis, ſeine Verwandte, mich durch ſeine eigenen Taten ſündigen machte. Und ich fand das Licht, den Herrn des Tages, das noch nicht von mir geſehen worden war, und ich ſah es. Und ich zerſtörte den, der alle ver= finſterte und verdunkelte, die ihm anhangen und ihm gehorchen, daß ſie nicht er= kennen, was ſie tun, und ſich ihrer Taten ſchämen und von ihnen ablaſſen, und ſein Werk aufhöre. Ich fand aber den, deſſen Werk das iſt, daß die, ſo ſeinen Willen tun, niemals zu bereuen brauchen. Ich bin von dem befreit, den die Lüge aufrecht erhält, vor dem ein Schleier geht und hinter dem die Schande kommt, kühn in Unverſchämtheit. Ich habe aber den Enthüller des Böſen gefunden, den Herrn des Friedens und den Befeſtiger der Wahrheit, der den Feind an denen vorübergehen macht, die reuig zu ihm zurückkehren, der ihre Leiden heilt und den herabſtürzt, der ſie verwirrt. Aber ich bitte dich, Apoſtel Gottes, pflanze in mich dein Wort des Lebens, daß ich wieder vollkommen die liebliche Stimme deſſen höre, der mich dir übergeben und zu dir geſprochen hat: Dieſer ge=

ſoll eine Stätte der Barmherzigkeit treten. In den Sühnekapellen und Marterln

hört zu denen, die durch dich leben, und soll von jetzt an mit dir fein". 35
S. 495 8 st. διαλάθης l. διαλάθη σε. 36 13 l. τοῦτο ὁρώμενόν τί ἐστιν. — 14 f.
w i r l e g e n i h m e i n e n N a m e n b e i] Dem Verf. schwebt wohl der Gedanke
vor, dem in der Aristides-Apologie (vgl. meine Ueberseßung TU IX 1 b S. 2) Aus=
bruck gegeben ist: „Alles, was einen Namen hat, gehört zur Kreatur und ist damit
als ein Ding dieser Welt erwiesen". — 14 st. ὅς ἐστιν] l. οὗτος ἐστιν... — 19 Hinter πολυ-
τελῆ lese ich: λέγομεν ἃ ἔστιν und tilge später λέγων ἃ ἔστιν — 21 st. βαρηθῆναι l.
βαρηθῶμεν. — 25 l. τοῦ ἄνω κόσμου. — 28 W ä ch t e r] Vgl. Dan. 4 10. 19. 20. Henoch
c. 12. In leßterem werden die Engel auch häufig „Heilige" genannt. Vgl. D i l l =
m a n n , das Buch Henoch Anm. zu c. 12. — 26 a m b r o s i s ch e S p e i s e] Nach S¹
ist bei S zu lesen: „über die Speise, von der nichts verloren geht (excernitur),
welche vom Baum des Lebens ist, und über den Trank des Lebens". — 37 l. ἀποστρα-
φῆναι αὐτοῦ. 37 Z. 41 R a t s v e r s a m m l u n g] Vgl. Ignatius an d. Trall.
3, wo die Presbyter „Ratsversammlung Gottes" genannt werden. — S. 496 3 l.
κτήσεως τῆς ἐκ τῆς γῆς οὔσης καὶ παλ. — 11 f. ü b e r s t r ö m e n d e Q u e l l e] S:
„Quelle lebendigen Wassers". — 12 g e f ü l l t e s H a u s] st. σηκός l. οἶκος. S: „ge=
füllter Korb".

39 Bei S lautet der Anfang des Kap. fo: „Als der Apostel an seinem Orte
auf der Straße stand und mit jenen Volksmengen über das Reich Gottes und über
ihre Bekehrung und Rückkehr zum Herrn redete, kam ein Eselsfüllen und stand vor
ihm. Und Judas sprach: Nicht ohne Lenkung Gottes ist dieses Füllen hierher ge=
kommen. Aber ich sage dir, Füllen, daß dir durch die Gnade des Herrn vor diesen
Volksmengen, welche hier stehen, Sprache gegeben werde, und sprich, was du willst,
damit sie an den wahrhaftigen Gott glauben, den wir predigen. Und jenes Füllen
— sein Mund ward geöffnet, und es redete durch die Kraft des Herrn wie ein Mensch
und sprach zu ihm . ." — 40 S o h n] st. νοερέ l. nach S υἱέ — S. 497 5 M u t t e r
a l l e r G e s ch ö p f e] heißt der heilige Geist (— im Syrischen Femininum —) wohl,
insofern er bei der Schöpfung brütend über den Wassern schwebte (1. Mos. 1 2) S
gibt: „den heiligen Geist, der über allen Geschöpfen schwebt". H a. a. O. S. 283
sagt, daß sich die Vorstellung vom hl. Geist als einer Mutter leicht entwickelt habe
aus der Zeugung Jesu im Leibe der Maria. 40 8 l. ὡς ἔκπληκτος γεγονώς — 9
τίς εἰ st. τίνος εἶ nach S — 10 ἄτινα καὶ .., 15 καὶ ἵνα λάβωσιν οὗτοι πίστιν. — 16 ἐξυπηρετή-
σομαι, καὶ ὅταν σοι μὴ διακονήσω nach S¹ — st. ἐπορκούμενος l. ἐποχούμενου. — 10 f. w a s
a u ch d e n M e i s t e n v e r b o r g e n] So auch S¹ (vor vielen verb.) dagegen S:
„Großtaten, welche für die Menge zu groß waren", nämlich, um sie begreifen zu
können. — 17 w e n n i ch d i r n i ch t d i e n e] Die Negation fehlt, wie im Griechi=
schen, auch bei S, ist aber vorhanden bei S¹. — 18 D e r , w e l ch e r d i r] S: „Ich
vertraue zu Gott, der .." l. מהימן אנא באלהא. — 27 w o d u w a r st] l. nach S¹ איבא
st. איבנא bei S. 41 31 l. πάντως οὐ συμφέρει. —
43 S. 498 10 l. ἀπήντησέ μοι ἄνθρωπός τις ..— 22 Tilge εἰς vor ὑποψίαν. —
32 l. ἵνα γένωμαι — φύσις wohl = „Sippe", wie c. 48. — st. τοῖς συγγενεῦσι wäre nach
S τοῖς μετανοοῦσι zu überseßen. 44 Z. 36 s e i n W e s e n k a n n a b e r] S:

---

haben wir noch den Nachklang dieser Vorstellung. 36 S. 495 8 ff. Die Rede
des Apostels ist fast vollständig aus biblischen Reminiscenzen zusammengewoben.
Der Tenor ist aber wieder dasselbe Lied, wie früher: Die Enthaltsamkeit.
39 S. 496 28ff. Zu den wunderbaren Taten an Menschen kommen wunderbare
Taten mit Tieren. Das ist ein Geseß der Legende, das sich auch durch das Mittel=
alter hindurch verfolgen läßt (vgl. Franz v. Assisi u. a. Heilige). — 30 ff. Die Rede
des Esels, für den Bileams Eselin (4. Mos. 22 21 ff.) das Vorbild abgegeben hat,
ist eine Ausspinnung des Wortes von der seufzenden Kreatur Röm. 8 20—22.
42 S. 497 43 Die Dämonen kennen Jesus und reden ihn sofort richtig an
Mt. 8 29. Mk. 3 11. 5 7. Lk. 4 41. Ebenso kennen sie dementsprechend seine Jünger
AG. 16 17. So redet den Thomas auch sofort die Dämonische als „Apostel des
neuen Gottes" an. 43 S. 498 31 Daß bei dem Geschlechtsverkehr der Men=

„Deine ſchwarze Farbe ändert ſich nicht, weil ſie bein Weſen iſt". — 39 über den Betrug] S: „o Irrtum, der, während er ſich auf ſein Haupt zurückkrümmt, ſich mit Unverſchämtheit erhebt und kühn gegen die iſt, die beſſer ſind als er!" — 40 dieſer verwandt iſt] S fährt fort: „Doch wie lange ſoll ich dies ſagen? Zeige dich ſofort, Feind der Knechte des Meſſias, damit dieſe Volksmengen ſehen, daß wir ſie zum wahrhaftigen Gott rufen. Als der Apoſtel dies geſagt hatte, kam der Feind..." — 40 l. καὶ τούτου συγγενοῦς ὑπαρχούσης. 45 3. 45 Berater] S: „Teilnehmer an den heiligen Geheimniſſen Gottes (S¹: des Sohnes Gottes)." — S. 499 5 Weshalb ſtellſt du dich] S: „Weshalb gleichſt du deinem Herrn Gott, der ſeine Majeſtät verbarg und in einem Körper erſchien? Und wir glaubten von ihm, daß er ſterblich ſei.." — 11 ein mit Fleiſch umkleideter Mann ἀνὴρ σαρκοφόρος] Lipſius I 324 f. erkennt hierin Doketismus. „Die Täuſchung des Teufels iſt dadurch herbeigeführt, daß Chriſtus die μορφή eines ἀνὴρ σαρκοφόρος annimmt, obwohl er in Wahrheit kein ἀνὴρ σαρκοφόρος iſt. Chriſtus iſt alſo in einem Scheinleib erſchienen, den die finſtern Mächte irrtümlich für einen Fleiſchesleib hielten, über welchen ſie Gewalt beſäßen." 46 S. 499 17 l. πρὸ πολλοῦ χρόνου. — 23 Bleibe in Frieden] S: „Bleibe ohne Frieden. — 27 wenn er aber..] l. bei S: משנא דין הו. Ebenſo kurz vorher אכותב ft. אכות 47 34 τὴν φύσιν αὐτοῦ] αὐτοῦ bürfte zu tilgen ſein. — 39 drei Worte] S nur: „Worte". — 42 l. ὥσπερ πένης. — ſt. σῴζων erwartet man πλουτίζων. — 44 l. nach S: ἀπὸ τοῦ τῆς ὁδοιπ. καμάτου. — 40 Menſch] l. bei S בר אנשא (Nöldeke). Doch hat auch S¹ אנשא — 41 die Toten lebendig] l. bei S: מחיא דמיתא ומאסינא דכריהא — 44 alle ſättigſt] S: „viele Tauſende", S¹; „viele Mengen". 48 S. 500 7 l. πρόφασις ζωῆς πάσῃ τῇ ἀνθρωπίνῃ γενεᾷ — 11 (hier) ſtehen] Oder ἑστῶτες iſt ohne Ergänzung von „hier" bildlich zu nehmen = die feſt in der Lehre, im Glauben Stehenden. — 13 Tilge σοῦ nach καταφύγιον. — 2 rechte Hand des Lichts] S: „Jeſus, rechte Hand des Vaters, die den Böſen zur unterſten Grenze hinabgeſtürzt hat, und der ſein Eigentum an einen geſegneten Verſammlungsort verſammelt; Jeſus, König über alles und der alles unterwirft; Jeſus, der du im Vater biſt, und der Vater in dir; und ihr ſeid einer in Macht, Willen, Herrlichkeit und Weſen, und um unſertwillen biſt du mit Namen genannt worden und biſt der Sohn und haſt einen Körper angezogen; Jeſus, der du ein Naſiräer geworden biſt, und deine Güte lenkt alles wie Gott; Sohn des höchſten Gottes, der du ein verachteter..."

49 3. 21 f. zu mir wende] Hiernach fährt S fort: „Und er ging zu einem Fluſſe, der jenem Orte nahe war, und taufte ſie im Namen.." — 30 beinen heiligen Namen] S fährt fort: „der durch die Propheten gepredigt worden iſt, wie deine Gottheit gewollt hat, und wirſt durch deine Apoſtel in aller Welt nach deiner Gnade verkündigt und biſt durch deine Barmherzigkeit den Gerechten geoffenbart".. — 31 Gemeinſchaft] S fährt fort: „zur Hilfe und zum Leben und zur Bekehrung deiner Knechte zu dir, daß ſie unter dein liebliches Joch und deine ſiegreiche Kraft treten, und es ihnen zur Geſundheit ihrer Seelen und zum Leben ihrer Körper in deiner lebendigen Welt gereiche".

ſchen böſe Dämonen ihr Weſen treiben, iſt weitverbreiteter Aberglaube, daher denn das erſte Beilager mit allen möglichen Schutzmaßregeln davor geſichert wird, daß die unzüchtigen Geiſter kein Unheil anrichten können. Vgl. auch den Asmodi in Tobit 3 8. 17. 6 13 f. 8 1 ff. und die unzüchtigen Götterſöhne 1. Moſ. 6 1 ff. 45 43 ff. Die Rede des Dämons iſt Mc. 5 7 nachgebildet. 46 S. 499 16 Der Dämon fürchtet den Namen Jeſu, weil der ſtärker iſt als ſeine eigene Kraft; ſ. o. Anm. zu S, 493 30. 47 S. 500 2 ff. Das Gebet an Jeſus iſt offenbar ſtark überarbeitet und bietet nur wenig Anklänge an die beſonderen Anſchauungen der Gnoſtiker. So wenn er als „Rechte des Lichtes" bezeichnet wird. Das Ganze iſt durchaus den Anſchauungen der ſpäteren Zeit konform, wenn man auch nicht erwarten darf, die dogmatiſchen Formeln dieſer Zeit hier zu finden. 49 23 Die Verſiegelung mit der trinitariſchen Formel iſt ebenfalls ſpät. — 29 Verſiegelung und Eucharistie ſind auch hier verbunden.

50 34 ff. κοινωνία ist vielleicht κοινωνός „Genossin" zu lesen. — Abweichungen
bei S sind: Z. 34 fehlt; 36 heißt es: „des Auserwählten unter den Propheten";
37: „komm, die du durch deine Apostel die Kämpfe unsers siegreichen Kämpfers
verkündigst"; 44 ff. fehlen; 46 f.: „komm, die du in deiner Verborgenheit Leben gibst
und durch deine Taten offenbar bist"; nach S. 501 Z. 3 folgt: „komm, Kraft des
Vaters und Weisheit des Sohnes, die ihr in allem einer seid"; 4—7: „nimm mit
uns teil an dieser Eucharistie, die wir veranstalten, und an diesem Opfer, das wir
darbringen, und an dieser Gedächtnisfeier, die wir halten".
    Im Schlußsatz des Kap. heißt es statt e w i g e n V e r g e h u n g e n: „zur
ewigen Auferstehung (bei S¹ zum ewigen Leben)".
    51 Das erste τῷ ἰδίῳ στόματι tilge ich, ebenso εἰς vor πολλοὺς διερχόμενον und
lese nach ἐνόμιζον nicht γάρ, sondern δέ. — 35 t ö t e t e f i e] S: „schläferte sie ein und
tötete sie".   52 39 l. (nach S) ἐπαίρῃ ft. ὀργίζῃ. — 42 e w i g e] l. τὰ ὄντα τὰ ἀπὸ τῶν
ὄντων ἀποσταλέντα ἡμῖν — 39 S c h l a n g e n w e r k] S: „Werk des Irrtums" —
46 w o h n e i n d i e f e n W a s s e r n] S: „in diesem Wasser, über dem ich deinen
Namen, Jesus, unser Lebendigmacher, verkündet habe. Und er sprach: Die Gabe
des heiligen Geistes möge in euch vollendet werden!" Mit dem Worte בכם (in euch)
kann der Syrer das Wasser — im Syrischen Plural — gemeint haben, wie G den
Satz darauf bezogen hat. Indessen fällt auf, daß S nach der Anrede an das
Wasser fortfährt: „und er sprach", als wollte er den letzten Segenswunsch von den
anwesenden Personen verstanden wissen.   53 S. 502 18 l. παρ' ἡμῶν τοῖς σωματικοῖς ὀφθαλμοῖς, τοὺς δὲ .. — 28 εἰς τὴν σὴν δόξαν — 11 v o n f c h ö n e r G e-
ft a l t] S: „jung".   54 33 l. ἔπευξαι ὑπὲρ ἐμοῦ ft. μοί — Bei S lautet der Anfang: „Und er sprach zu dem Jüngling: Strecke deinen Sinn zum Herrn aus!"
— 32 m i t m e i n e n H ä n d e n e r w e c k e] S: „Jesus richtet dich in feiner Gnade
um meines Glaubens willen auf. Und der Jüngling ging, stand über ihr und

---

    50 32 ff. Das eucharistische Gebet ist wieder gnostisch und daher im einzelnen
vielfach unverständlich. Die κοινωνία τοῦ ἄρρενος ist schon in der Epiklese bei der
Versiegelung genannt (s. o. Anm. zu Kap. 27). Es scheint nach dieser Stelle, als ob
damit der höchste Gott gemeint sei. Doch darf man ebensowenig ein sicheres Urteil abgeben wollen wie oben. Die Anordnung ist im wesentlichen identisch mit
jener Epiklese: auf die Anrufung eines männlichen Princips folgt diejenige eines
weiblichen, der „Mutter", d. h. des Geistes der רוח, die alle Geheimnisse des oberen
Pleroma kennt und die diese Kenntnis vermittelt. Bezeichnend ist für das Gebet
daß eigentlich christliche Elemente völlig fehlen. Inwiefern der Geist „Taube, die
die Zwillingsjungen gebiert" (Sophia und Christus?) genannt wird, läßt sich ebenfalls
nicht mehr bestimmt fagen. Doch ist daran zu erinnern, daß die Taube das Symbol
der Astarte war.
    51 S. 500 16 f. Daß der Genuß der Eucharistie eine Art Gottesgericht für
den Sünder darstellt, weil nur der Reine am Kultmahle teilnehmen darf, liegt in
der Anschauung von dem sakralen Charakter der Mahlzeit begründet. Wer diesen
verletzt, hat Strafe zu gewärtigen. Daher nach späterem Brauch die Beichte und
Absolution vor dem Abendmahl. — 27 f. Der Jüngling schlägt dem Mädchen, das
wohl als öffentliche Dirne zu denken ist, die er in einem Vordell — das wird hier
„Herberge" (πανδοχεῖον) bedeuten — kennen gelernt hat, vor, mit ihm in geistiger
Ehe, als virgo subintroducta zu leben. Natürlich gefällt jener der Vorschlag nicht, da sie
nicht auf die Freuden der Liebe verzichten will. Ueber die virgines subintroductae
vgl. die gleichnamige Schrift von H. A c h e l i s, Lpzg. 1902.   52 41 ff. Das Gebet ist zur Wasserweihe gesprochen und erinnert an das Weihegebet für das Oel
c. 26. Es scheint, daß es ein Taufgebet ist, das man an dieser Stelle verwertet
hat. — 46 Der Ritus des Händewaschens zum Zeichen der Unschuld nach 5. Mos.
21 6 vgl. Mt. 27 24. Da es sich hier um einen Mord handelt, wird das Blut und
damit die Schuld, die an der Hand klebt, durch die Waschung symbolisch beseitigt.
    54 34 Die Auferweckung kann nicht geschehen ohne Anrufung des Namens

fprach: Ich habe in Wahrheit an dich geglaubt, Herr Jefus Chriftus, Gabe deines Vaters, daß auf dir alle unfere Hilfen, auf dir alle unfere Erhaltung (S¹: Er= löfung), auf dir alle Heilungen und in dir das Leben beruht für die Reuigen, welche in Wahrheit von ihrem ganzen Herzen vor dir bereuen. Ja, Herr, ich bitte deine Barmherzigkeit, komm zu meiner Hilfe und zu meiner Bekehrung und gib diefer durch meine Hände Leben, indem ich mich erkühne, dies auszurichten". — 44 **damit fie vollendet]** S: „damit fie in ihrer Liebe durch den Glauben(S¹: Liebe zum Meffias) vollendet und dann an meinen Ort verfammelt werde". **55** S. 503 3 **hierhin]** Vielleicht ift ὧδε καὶ ἐκεῖος zu lefeu, oder ἐκεῖος ift = „dort", wie auch anderswo. — Der Abfchnitt von den βρέφη fcheint an unrichtiger Stelle zu ftehen. Vielleicht ift er die Fortfetzung des folgenden von den Ehebrechern. — 14 l. καὶ ἀλλήλοις ἐπικείμενα. — Bei S ift die Schilderung der „Hölle" kürzer und anders als bei G. Vielleicht hat der letztere noch eine zweite Quelle gehabt. **56** 33 l. καὶ (ft. ἀλλὰ) τοῦτο ἐποίουν — 35 ἐν ὁδοῖς .. **57** 44 Nach καταναλισκόμεναι fetze τινὲς δὲ .. — 46 f. **damit wir fie zu den andern]** S: „damit wir fie an ihren Ort ein= fchließen, bis fie in ihre Qual geht". — S. 504 5 **die bitter gequält wurden]** fehlt bei S. Es heißt da nur: „an dem Ort, an dem die Menfchen find. S¹: auf diefe Welt, in der Menfchen find". **59** 34 l. πάσαις αὐταῖς. — 37 ἐκήρυξαν ὡς .. S fährt fort: „und deffen Typen, Geheimniffe und Bilder Gefetz und Propheten gezeigt haben, der als ein Bund dem Volke (Ifrael) gegeben wurde, damit fie um feinetwillen von der Anbetung der Götzen abgehalten würden, und den Heiden als ein Licht, durch das die Güte Gottes über ihnen aufgegangen ift, und daß in feinem Reiche alle, die feine Gebote halten, ausruhen und herrlich geehrt werden, und daß er kam, gekreuzigt wurde..." — 39 Nach ὑπεδείκνυεν dürfte δεύτερον zu tilgen fein. — S. 505 5 ft. τὰ πρῶτα (σφάλματα) l. τὰ πρότερα — **60** 14 l. βοηθείᾳ χαρισθείσῃ. — Der Anfang des Gebetes lautet bei S: „Dir fei Preis, Lebendiger vom Lebendigen; dir fei Preis, Unterftützung und Helfer derer, die zu deinem Zu= fluchtsorte kommen; dir fei Preis, Wächter von Ewigkeit und Wecker der Menfchen, Lebendiger und Lebendigmacher; du bift Gott, der Sohn Gottes.." **61** l. οὓς οὐδεὶς ἀφελέσθαι .. —

62 33 Der Name des Königs lautet bei S **Masbai**, und ſo hätte auch G fchreiben follen. **63** S. 506 5 l. ἐνστάντος ft. ἐστάντος, 11 φασίν ft. φησίν — 18 l. ἰδόντες ft. εἰδότες. **64** 27 l. (nach S und S¹): τὴν κεφαλὴν αὐτοῦ ἐπ' ἐμὲ ὑπο-

---

Jefu. Die Epiklefe wird daher mehrfach wiederholt; ja Jefus muß felbft erfcheinen, um das Werk zu vollbringen. „Komm, Herr Jefu Chrifte" ift der wirkungskräftige Zauberfpruch. **55** S. 503 1 Die böfen Dämonen, Strafengel und anderes Gelichter derart werden fchwarzgefichtig vorgeftellt. [Einige Fälle f. o. A. J. 38.] So erwifcht der Einfiedler Apollo den Dämon des Hochmuts, der ihm in Geftalt eines kleinen Aethiopen im Nacken fitzt (vgl. meinen Palladius und Rufin S. 33 22). Daran ift aber weniger zu denken, als an den weiblichen Strafengel Ariûth, der über dem zweiten Strafort herrfcht, mit dem Beinamen äthiopifch ausgezeichnet und „ganz fchwarz" genannt ift; vgl. Pistis Sophia p. 367 Schwartze. Daß es im Gegenfatz zur Pistis Sophia hier ein männlicher Engel ift, macht keinen Unterfchied. Uebrigens find m. W. die Dämonen im Orient ftets männlich gedacht worden. — 4 ff. Die Höllenfchilderung operirt mit volkstümlichem Material vgl. Dieterich, Ne= kyia. Geftank und Schlamm, fowie loderndes Feuer find dabei unumgänglich. Auch von dem Strafort, den Pistis Sophia a. a. O. fchildert, wird gefagt, daß die Seelen dort durch finftern Rauch und Feuersglut geplagt werden. Aehnliches findet fich auch in der Petrusapokalypfe, Apokr. S. 216 f. Vgl. die Anmerkungen zu dem Abfchnitt. **58** S. 504 11 ff. Der Apoftel redet nach Eph. 4 29 ff. **60** S. 505 7 ff. Das Schlußgebet ift wieder ganz aus biblifchen Reminiscenzen zufammengewoben. **62** 33 Der König trägt einen gut perfifchen Namen, in dem man leicht den Gott Mazdâo entdeckt. Daß der Name wirklich vorkam, beweift die Exiftenz eines 328 v. Chr. geftorbenen babylonifchen Satrapen gleichen Namens. **64** S. 506

κινοῦντα,—31 ἀναλυσασῶν (bei dem seltenen Vorkommen des absoluten Nominativs in den A. Tho. kann man zweifeln, ob derselbe hier ursprünglich war, oder durch Nachlässigkeit eines Abschreibers entstanden ist) καὶ . . . καὶ ἔγγιστα, οἱ δὲ παῖδες οἱ μεθ᾽ ἡμῶν ὄντες καὶ αὐτοὶ ἔφυγον · οἱ δὲ κρούσαντες . . Vgl. das folgende πάλιν. — 29 diese zwei häßlichen Männer, deren] S ähnlich wie in c. 43: „Und meine Tochter sprach: Ich habe einen Jüngling gesehen, dessen . . ." — 39 in dem einen oder dem andern Hanfe] Bei S muß hier אוֹ „oder" eingeschoben wer= den.   65 3. 47 daß Jesus sie heilt] S fährt fort: „Als er dies gehört hatte, sprach der Kriegsoberste, weil er von ihm glaubte, daß er Jesus sei, zu ihm: Ich glaube, daß du sie heilen kannst. Der Apostel sprach zu ihm: Ich bin nicht Jesus, sondern sein Knecht und Apostel. Befiehl dich . . . Spricht der Kriegsoberste: Zeige mir, wie ich ihn bitten und an ihn glauben soll. Der Apostel spricht zu ihm: Strecke, so sehr du kannst, deinen Sinn nach oben! Denn er erscheint jetzt nicht diesen Augen des Körpers, sondern durch den Glauben wird er erkannt und durch seine Werte und Heilungen gefunden. Da erhod der Kriegsoberste seine Stimme und sprach: Ich glaube an dich, Jesus Christus, Gott, daß du der lebendige Sohn des Lebendigen bist und Mensch geworden und als Arzt, Lebendigmacher und Er= löser allen erschienen bist, die in Wahrheit vor dir bereuen. Ja, Herr, ich bitte dich und flehe fußfällig vor dir: Hilf meinem Kleinglauben und meiner Furcht, der ich zu dir Zuflucht genommen habe." — S. 507 6 Xenophon] Bei S und S¹: Xanthippus.   66 I. ἀπιόντος τοῦ ποιμένος πρὸς ὥρας καιρόν — ft. καὶ κατα= λιμπ. I. ἄτε καταλιμπ. — I. συναποφέρονται — ft. οὐ γὰρ τὸ κάλλος I. ἀλλ᾽ οὐδὲ τὸ κάλλος nach cod. V — 3. 32 f. Nach ἡμεῖς γὰρ lese ich αὐτοὶ und übersetze, indem ich Apokr. S. 507 3. 32 berichtige: „berichtige: „Da auch wir selbst (Thomas und Xenophon) sind, wenn wir nicht die Last der Gebote tragen (φορέσωμεν ft. τελέσωμε), nicht würdig . . . ." Auf sie also kann sich die Hoffnung der Gläubigen nicht gründen, sondern, wie vorher ausgeführt worden, allein auf Jesus. Der Text ist m. E. im Griechischen infolge unrichtiger Uebersetzung der ursprünglichen syrischen Vorlage, insbesondere der Verbindungen שֵׁקֵל טְמַנָא operam dedit und סַם בְּרִישָׁא poena affecit, und durch Einschiebung von τῶν ἐντολῶν getrübt worden. Nach S sollte er lauten: ἡμεῖς γὰρ αὐτοί, ἐὰν μὴ ἐπιμελώμεθα, ὅπως τοῦ ὀνόματος τούτου ἄξιοι ἐσόμεθα, τιμω= ρίαν ἀποτίσομεν.
          68 S. 508 I. ἐπιλανθάνεσθαι αὐτῶν — 8 unter seinen Füßen] S: „unter den Füßen des Sohnes Gottes, Jesu Christi" — 9 auf diesem Wege] S hat mehr: „den viele kennen".   69 I. δύνασθαι ft. δυνάμενα, εἰ πιστεύεις ft. ἐπί= στευσας. Will man, einem auch sonst nachweisbaren Sprachgebrauch des Verf. fol= gend, den Aorist beibehalten, so muß man übersetzen: „wenn du (wirklich) zum Glauben gekommen bist". — I. ὧν χρείαν ἔχομεν — 17 f. andere Zugtiere] S fährt fort: „oder Pferde, weil seine Zeit kurz bemessen war". — 20 Wunder sehen] S fährt fort: „Spricht der Kriegsoberste: Ich glaube an ihn, daß er alles

26 f. Ueber die Farbe der beiden Dämonen s. o. Anm. zu S. 503 1. Sie stehen bei dem Brunnen, weil nach verbreiteter Vorstellung die Dämonen feuchte Stellen lieben; das widerspricht nicht dem Gedanken, wonach der Aufenthaltsort der Dämonen das öde Land, jede Stelle, „wo der Beduine nicht zeltet", die Trümmerstätten ver= lassener Städte und Aehnliches ist. Der Gedanke, daß die Dämonen z. T. im Feuchten hausen erklärt sich wohl aus der Uebertragung auf die Schlange. — 41 Die Frauen lassen die Kleider nicht am Leibe wie der Besessene Mc. 5 1 ff. bef. 15, aus welchem V. sich ergibt, daß er vorher die Kleider von sich gerissen habe, wie Lk. 8 27 richtig gefolgert hat.   67 S. 507 42 Heilung durch Handauflegung wie Mt. 9 18. Mc. 5 23. 6 5. 7. 32. 8 23, 25 u. ö.   68 S. 508 7 Der Treiber, der als Kutscher dient, hockt auf dem Wagen, dem auf diesem Sitzenden zwischen die Füße geklemmt, unmittelbar hinter dem Gespann. So noch heute in Italien, Griechenland und im Orient.   69 23 Wiederum muß der Name genannt werden, damit das Wunder geschehe. Hier ist es der

dem, der ihn bittet, tun kann". **70** l. ἰσχυρότεροι τῶν ἄλλων — ft. τοὺς πώλους l. αὐτούς — l. διετρίβετε — so **fielen auf die Knie]** Hier folgt bei S folgender „Hymnus" des Apostels: „Gepriesen seist du, Gott der Wahrheit und Herr aller Wesen, daß du in deinem Willen gewollt und alle deine Werke gemacht und alle deine Geschöpfe vollendet und sie zur Ordnung ihrer Natur gebracht und auf sie alle deine Furcht gelegt haft, daß sie sich deinem Befehle unterwerfen! Und dein Wille hat den Weg gebahnt von deiner Verborgenheit zum Offenbaren und hat jede Seele, die du gemacht haft, versorgt. Und er wurde verkündigt durch den Mund aller Propheten in allen Gesichten, Stimmen und Gesängen. Aber Israel gehorchte nicht wegen seiner bösen Neigung. Und weil du Herr von allem bist, trägst du auch Sorge für deine Geschöpfe, daß du über uns deine Barmherzigkeit ausbreitetest in dem, der durch deinen Willen gekommen ist und den Körper, dein Geschöpf, angezogen hat; er, den du gewollt und gebildet haft nach deiner gepriesenen Weisheit; den du in deiner Verborgenheit verordnet und in deiner Offenbarung aufgerichtet haft; dem du den Namen „Sohn" beigelegt haft; der dein Wille (und) die Kraft deines Gedankens ist; die ihr in verschiedenen Namen, Vater, Sohn und Geist, seid wegen der Leitung deiner Geschöpfe, zur Ernährung aller Naturen, während ihr einer seid in Herrlichkeit, Macht und Willen. Und ihr seid geteilt, ohne getrennt zu sein, und einer, obgleich geteilt, und alles besteht in dir und ist dir untertan, weil alles dir gehört. Und ich vertraue auf dich, Herr, und durch deinen Befehl habe ich dieses sprachlose Tier unterworfen, daß du uns und sie (die Tiere) regiertest, weil es notwendig ist (S¹: daß du uns und sie versorgtest mit dem, was notwendig ist), und damit dein Name an uns und dem sprachlosen Tiere verherrlicht werde." — si **Friede sei mit euch]** S fährt fort: „Weil ihr dem Wort, dem Herrn von allem, gehorcht habt, so sollen vier . . ." **71** l. καθεζομένων (S) ft. ἀπερχομένου — 45 **Ausgang abwarten]** S: „aber es möge ein anderes Wunder geschehen .." S¹: „aber möge ich ein anderes Wunder sehen .." **72** S. 509 l. nach S¹: οὗ ἡ ἐπίγνωσις ἐξουδενίζεται (רטלימא אידעתה) — 9 **deiner Würdigen]** nach der Lesart οἱ σοῦ ἄξιοι. Dagegen wäre: οἱ σοὶ ἄξιοι = die in deinen Augen Würdigen. — Statt ὃ γὰρ θέλομεν .. ist vielleicht ursprünglich: ὃ γὰρ ἔχομεν, ἐκεῖνο ἡμῖν δέδωκας' ἀλλ' οὐκ ἀπαιτεῖς ἡμᾶς τι εἰ μὴ τοῦτο .. (S) — **aufnimmft]** S: „nach jeder Stadt vorangehst".

74 Statt αἱ ὑμέτεραι πράξεις ist wegen des Neutr. μείζονα und wegen der größeren Verständlichkeit vermutungsweise τὰ ὑμέτερα παραπτώματα gesetzt worden. S scheint folgendes zu bieten: „wie zahlreich auch immer eure Toten sein werden, sie sind kleiner als eure Strafen d. h. sie entsprechen (durch ihre Zahl) noch nicht den euch gebührenden Strafen." Unter „Toten", „Leichen" könnte man vielleicht solche Dämonen verstehen, die als Einzelwesen nicht mehr existieren. Möglicherweise liegt eine Textverderbnis vor, da שלבי gewöhnlich fem. ist, hier dagegen das Verb. im masc. steht. ἀπὸ scheint Wiedergabe des komparativischen מן zu sein. — l. Ἰησοῦ τοῦ Χριστοῦ — ss **Feinde Jesu]** S: „Feinde der Menschheit" — 40 **anraten]** S: „erzählen" — l. λόγους ποιοῦμαι περὶ τῆς ὑμῶν .. **75** S. 510

Name des Apostels. Denn ihnen hat Jesus Macht gegeben, Wunder zu tun (Mc. 6 7. 13 u. a.). Die Dämonen weichen nur vor dem Namen Jesu, die Tiere aber gehorchen auch dem Apostel. Der Wildesel, der in Persien, den Euphratländern, der syrisch-arabischen Wüste häufig ist (asinus onager), ist ungemein scheu. Herdenweise streift er, wie Furrer, in Schenkels Bibellexikon V, 636 bemerkt, in menschenarmen Gegenden umher, und ist so wachsam und flüchtig, daß nur sehr geschickte Jäger ihn zu fangen vermögen. Die Jagd auf ihn war ein Hauptsport der affyrischen Könige (Rawlinson, The five great monarchies of the eastern world p. 222 ff. 515 ff.) Abbildungen nach Layard bei Riehm, Handwörterb. II 1758 f. Vgl. noch Hommel, b. Namen der Säugetiere b. d. südsemit. Völkern S. 126 ff. Wetztein bei Delitzsch, Hiob S. 507 Anm. **75** S. 510 5 Im Namen Jesu weicht erst der Dämon. Nach dem vorhergehenden könnte es scheinen, als ob schon der Name des Apostels

I. ὡς νενεκρωμέναι, οὐδὲ γὰρ ὁμεῖς — I. nach S τὰ ἴχνη ft· τέχνην. 76 ft· εὐαγγελίσασθαι I. nach S und wegen des Gegensaßes ἐνεργῆσαι oder etwa auch ἐνεργῆσασθαι. S¹ gibt εὐαγγελίσασθαι wieder. — I. τοὺς ἀξίους τῆς ἑαυτοῦ οἰκήσεως, κἀγὼ ἐπιστρέφω ft· ἀποστρέφω — 29 guten Werken] S fährt fort: „an der Euchariftie, an Hymnen, Pfalmen und Oden auf ihn" — Weinopfern] Außer diefen hat S noch „Schlachtopfer". — I. τοὺς ἰδίους μισθούς.. 77 I. εἰσέλθητε ft· εἰσέλθῃς — ft· ἀπηνῶς dürfte nach S ἄπιμεν ὡς zu lefeu fein. — Tilge πάντα vor ξόανα. — μᾶλλον σοῦ ift wohl unrichtig. — Tilge πολλούς nach πολλοί — I. ἐν σπονδαῖς ταῖς διὰ οἴνου καὶ ὕδατος καὶ προσφέροντες ἀναθήματα — ft· πράξεσι hat S „famt ihren Verehrern". — 43 f. werden jeßt vernichtet] S: „werden am Ende verzehrt". 78 S. 511 Χριστοῦ vor τοῦ ὑψίστου tilge ich. ἀφορῶντος] ft· deffen S: „fiehe, der Paraklet fteht bei dir und blickt (auf dich), daß du von ihm forderft und er dir gebe" — διδάσκαλος] S hat 2mal: „dein Lehrer". — 9 f. wird keine Seele verlaffen] S: „er verläßt dich nicht, und feine Gottheit läßt deine Menfchheit nicht Schmerz leiden". — I. μικρά.. ἃ διὰ σοῦ (S) — ὑφηγήσῃ = ἀφηγήσῃ gebraucht. — ft· ἄτινα ἐνεργεῖται I. wegen des Gegensaßes ἄτ. καταργεῖται (S) — I. παράμονον ἦν τῇ ἰδίᾳ κτίσει (S) παρέχει. 79 I. ὃς καὶ νήπιος ἐγένετο καὶ ἀνετράφη, ἵνα ἡ τῆς ἀνθρωπότητος τελειότης δι᾽ αὐτοῦ.. — 24 Menfchheit] S: „vollkommene Erziehung" — I. διδασκάλους ft· μαθητὰς und vgl. dazu Apokr. S. 67 ff. — I. δι᾽ αὐτοῦ ἁγιάζεσθαι (S), ἀπολλύουσιν, ἀρκούμενοι, χρειώδη, αὐτοί.. διαπράττονται (ft· ἐν αὐτοῖς πολιτεύονται) — 36 Strafe erleiden] Hierauf folgt bei S: „die betrübt find wegen des Wohlergehens der andern, fich aber über ihre Bedrängnis freuen". 80 I. ἐκφάντος ft· ἐκφάναντος, ἐπιχυθείσῃ ft· ἐπικυηθείσῃ, σὺν σοὶ κρῖναι ft· συγκρῖναι (nach S) — 44 deine Schönheit] S: „über dein Werk". Doch S¹: „Schönheit". — S. 512 8 weifes Wort] S: „lebendiges Wort; Preis fei dir, der in vielen Geftalten verborgen ift!" 81 I. λαθεῖσαι αἱ γυναῖκες αὗται (S) ft· αἱ ψυχαί — ft· καὶ εἰπόντος αὐτοί.. I. καὶ εἴποντο αὐτῷ (S) — hineinführen] S: „und ihnen Nahrung geben. Denn fie hatten viele Tage lang nichts gegeffen." —

82 I. nach S: τὸ νέον δρᾶμα τὸ τοῦ νέου θεοῦ τοῦ καταγγελλομένου und ἦλθον δὲ καὶ προῆλθον αὐτῆς. 83 S. 513 I. νῦν ὑμῖν αὐτοῖς συνέβη — ft· καὶ αὐτῆς κελεύσει I. οἱ αὐτῆς κελ. — ft· παραφερόμενα ift etwa προσφερόμενοι (S: ἀγόμενοι) zu lefeu. — I. οὐ γὰρ εἰλήφαμεν.. οὐδὲ φορτία.. ferner ἐπιχειρῶν τοιαύτην ἐπέθηκεν ἡμῖν und ἄλλῳ τινὶ μὴ ποιῶμεν — 14 wir haben kein Gebot] Aehnlich Bardefanes (Philippus) „über das Schickfal" (Cureton, Spicileg.) 5: „Denn den Menfchen ift nur zu tun geboten, was fie tun können... Denn uns ift nicht geboten, daß wir schwere Laften von Steinen oder von Holz oder von etwas anderem tragen, was allein Lente von ftarkem Körper vermögen. Auch follen wir keine Feftungen bauen oder Städte gründen, was nur Könige können, noch auch ein Schiff lenken, was nur Seeleute verftehen, noch das Land vermeffen und verteilen, wozu nur die Meßkünftler imftande find, oder eine von den Künften ausüben, die einige Menfchen befißen, während fie den übrigen fehlen; fondern nach Gottes Güte find uns Gebote... gegeben worden, die jeder Menfch, der eine Seele hat, freudig tun kann". — 20 keinem andern zufügen] vgl. Apoftellehre 1; Ariftides apol. 15. Bei S fehlt diefe Beftimmung. 84 I. ὅσοι γὰρ τῇ πλεονεξίᾳ παρέχουσιν ἑαυτούς — Zu den Ermahnungen vgl. Apoftellehre 2 f. 85 τούτων φείδεται ὁ θεός und πᾶσι τοῖς ἀγαθοῖς ἐπακολουθεῖ scheinen nicht hierher zu gehören. — I. χρηστότητι

das Wunder bewirke; allein der Dämon weicht erft auf die Befchwörung des Apoftels. 76 so Mord, Ehebruch, Gößenopfer als die dämonifchen Werke nach AG. 15 29. 77 36 Außerhalb der Menfchenwohnungen in der Wüfte ift die Wohnung der Dämonen; dort können fie keinen weiteren Schaden ftiften. Vgl. den Art. ‚Feldgeifter‘ v. Baudiffin RE VI 1 ff. 80 S. 512 11 ff. Am Schluffe der Dorologie tauchen wieder gnoftifche Phrafen auf, wenn Jefus das verborgene Licht des λογισμός genannt wird; doch braucht das nicht gnoftifch gemeint zu fein.

ſt· ἡσυχίᾳ — ἐν τῷ τὴν χεῖρα ὀρέγειν τοῖς πένησι καὶ πληροῦν .. κομίζοντες καὶ μεταδιδόντες — l. nach S: μάλιστα δὲ ἐν ἁγιωσύνῃ πολιτεύεσθε — αὕτη γὰρ ἐπίλεκτος bis ζωήν habe ich getilgt. οἱ μὴ ἀγωνιζόμενοι ... ſcheint ebenfalls nicht an dieſe Stelle zu gehören. — S hat einige Beſtimmungen mehr. So heißt es von der Sanftmut: „ſie wurde mit allem gewogen und war ſchwer, ſiegte ...“ und weiter unten von der Heiligkeit: „Die Heiligkeit iſt unerſchütterliche Wahrheit .. iſt der Turm, der nicht fällt .. iſt Gotte würdig geweſen, ſeine Freundin zu werden“.	86 S.514 Tilge τοῖς πολλοῖς vor ἐναντιοῦται und l. οἰκητῆρα αὐτόν.	87 ſt· καταλλαγῶ leſe ich nach S: μετάσχω ὑμῖν τῆς εὐχῆς ... ſt· οἰκητήριον l. nach S: οἰκέτις — 26 am Glauben] S: „Bekenntnis“.	88 ἀλλ’ οὔτε] Tilge ἀλλά — δεσποτεία παρέρχ.] Nach S wäre etwa zu leſen: μετὰ τοῦ καὶ ὑπόδικον εἶναι ἕκαστον καθ᾽ ἐν αὐτῇ ἐπολιτεύσαντο — κατάγνωσις] vgl. Polyb. V 27, 6 καταγιγνώσκεσθαι = verachtet werden (S: „mit vieler Verachtung“). — 47 f. betete ihn an] S fügt hinzu: „weil ſie glaubte, daß er Jeſus ſei“.	90 S. 515 15 ſie herbeizuführen] S: „(die Speiſen) herzubringen, damit er vor ihr ſpeiſete“.	91 ſt· καρδίαν l. καλιάν, ſt· ἀφεθῆναι l. ἐνεχθῆναι (S).	92 ſt· ἡ τούτου πρᾶξις l. ἡ πρᾶξις αὕτη 93 Nach σύνοικος l. ὁ δὲ στρατηλάτης εἶπε — S. 516 4 f. Alles nun, worüber uſw.] iſt nach dem vorher über die gewonnene Erkenntnis Geſagten wohl nicht am richtigen Orte. Doch findet ſie ſich auch bei S — καὶ γὰρ πολλάκις] Tilge γάρ.	94 Nach καρπούς l. τῷ τοιούτῳ σπόρῳ, nach εὐχαριστοῦσιν· αἱ ψυχαὶ αὗται, αἵ σοι ὑπάρχουσιν, ferner οἱ ἅγιοι ὧν αἱ ψυχαὶ ... αὐτῶν κατέγνωσαν, στέφανον τὸν τοῦ ... ἀγῶνος, χαίροντες καὶ ἀγαλλιῶντες, οἱ ἡσύχιοι οἱ καταξιωθέντες τῆς ἁμαρτίας ἀπαλλαγῆναι — Die Worte καὶ τῆς ἀμοιβῆς bis ἀκαθάρτων ſind zu

---

87 S. 514 26 f. Zur Wohnung Gottes wird ſie, wenn ſie das Siegel empfängt. Die Brücke, die von hier zu der volkstümlichen Vorſtellung von der Beſeſſenheit hinüberführt, iſt deutlich zu erkennen. Wie hiernach Gott von dem Menſchen Beſitz ergreift und nun in ihm wohnt, ſo ergreift der Dämon von dem Menſchen Beſitz und wohnt in ihm.	88 32 Zu dem von Mygdonia verlangten Verzicht gehört vor allem Verzicht auf jeden Schmuck. Denn der dient, wie die Schönheit, nur dazu die ſinnliche Begierde des Menſchen zu reizen und ſo von der geiſtigen Gemeinſchaft mit Chriſtus fernzuhalten.	89 S. 515 2 Die allgemeine Sitte im Orient und Occident verlangt ein Bad vor dem Mahl, oder, wo das nicht möglich war, doch eine ſorgfältige Reinigung, die freilich von den Phariſäern auf ein Händewaſchen beſchränkt wurde (Mc. 7 21, Mt. 15 2, Lk. 11 38); für den heutigen Orient vgl. Niebuhr, Beſchreib. von Arabien 54. Jung, Leben und Sitten der Römer I 126. Friedländer, Sittengeſch. Roms³ I 374. Blümner, Leben und Sitten der Griechen II, 21. — 4 Mygdonia ſagt ihrem Manne jede eheliche Gemeinſchaft auf; zunächſt weigert ſie ſich mit ihm zu ſpeiſen. Charifius kann ſich das veränderte Benehmen, ihre Unpäßlichkeit nicht anders erklären, als durch Behexung. Die „eitlen Worte“ (λόγοι μάταιοι) ſind Zauberſprüche, und die „Zaubereien“ (ἔργα μαγικά) ſind der mit den Worten verbundene Hokuspokus.	91 24 Träume haben Vorbedeutung; jeder einzelne Gegenſtand hat ſeinen beſtimmten Sinn. Aus den Dingen, von denen man geträumt hat, ergibt ſich für den Traumkundigen, was die Gottheit durch den Traum hat ſagen wollen. Die Träume auszulegen iſt aber nicht jedermanns Sache. Nur die Kundigen vermögen es. So meinte man im Altertum und ſo glauben es die Menſchen noch heute, ſelbſt bei uns.	92 38 Verwechslung der Sandalen am Morgen iſt ebenſo vorbedeutend, wie bei uns das Aufſtehen mit dem linken Fuß zuerſt. Alles von lints kommende iſt unheilvoll; darum iſt Charifius ſo beſtürzt. — 43 Als Freund des Königs hat Charifius die Pflicht, dieſem am Morgen ſeine Aufwartung zu machen und nach dem Befinden zu fragen: „Zur Begrüßung des Königs“ heißt geradezu „zur Audienz“.	93 45 Wie der Gemahl zum König, ſo geht Mygdonia zum Apoſtel zur Audienz. Die Parallelifierung von König und Apoſtel iſt fein berechnet.	94 S. 516 16 ff. Eine Seligpreiſung, wie ſie nach der Meinung des Verf. Jeſus eigentlich hätte

tilgen.   95 Bei S beginnt das Kap.: „Und während sie sich den ganzen
Tag an Hymnen auf den Herrn und an seiner Größe ergötzten, kam Charis.."
— 42 Seelenarzt] S: „er ist ein Arzt und ist von allen Aerzten verschieden.
Denn.."   96 S. 517 l. ὡς δὲ ἀκούω, περὶ τούτου φημίζεται .. — τὸ δὲ μὴ
λαμβάνειν .. τοῦτο ποιεῖ συγγιγνώσκων ἑαυτῷ ἔτι οὐδενὶ πάντως δι' αὐτοῦ ἐδόθη ἡ
ὑγίεια   97 Tilge δέσποτα hinter θεέ.   98 ff. ὥστε μή ist wohl ὅπως
μή zu lesen. — 86 Ich rufe dich an] S: „Zu Hilfe, neuer Gott, der durch den
fremden Mann nach Indien gekommen ist! Zu Hilfe, Herr Jesu ..." — 42 schlug
ihre Hände] Nach τύφασα ἑαυτῆς τὰς χεῖρας dürfte κατὰ τῆς ὄψεως zu ergänzen
sein. S: „band seine Hände". Danach ginge die βία, von der im Folgenden die
Rede, nicht vom Apostel, sondern von der Frau aus.   99 S. 518 ff. ἡ ἐμὴ
κακηγορία l. εἰ μὴ κακηγορία — l. ὅστις τυραννίδι, ἧς οὐδείς .. κατέγνω ἀσχημοσύνην
(S), οὐδὲ γάρ τι ... ἀλλ᾽ ἢ ἐκεῖνος.   100 l. πλήρη ἐνιαυτόν — ὡς εἴθε] Tilge
ὡς — l. συνεψήφισα ἐμαυτόν, πρόφασις ἀπωλείας γέγονεν αὐτῇ (S) — 28 diese
Nacht an ihm gerächt habe] S: „und mich an ihm gerächt habe. Diese Nacht
will ich nicht vor dem König Masdai erscheinen".   101 ff. ἐννυχεύσας ist
vielleicht νυχεύσας zu lesen. — l. σκυθρωπῶς — verließ mich] S: „stand in der Nacht
auf und floh aus meiner Nähe, sie, die es (früher) fern von mir nicht eine Stunde
anshielt und ohne mich nicht sein konnte."   102 S. 519 l. εἰ γάρ ἄλλους ..
ἐκδικῶ, σὲ μάλιστα ἐκδικήσω (S) — 16 weil der König feindlich] S: „weil der
König von ihm gehört hatte, daß er mit dem Apostel Judas bekannt war".
103 l. συνοδοιπόρος γενήσεται.   104 Z. 88 versteckt hältst] S: „der bir
nachstellt". — S. 520 l. καὶ πολλὴν εὐχὴν ποιεῖται.   106 l. στάντος δὲ τοῦ

---

sprechen sollen, mit dem Lob der Enthaltsamkeit als Mittelpunkt.   95 45 Myg=
donia hat mehr Geld und mehr Einsicht als Charisius, darum wagt er ihr nichts
zu sagen. Ein ganz moderner Zug in den Akten, wie so mancher andere.
96 S. 517 7 Charisius sieht in der Taufhandlung eine magische Besprechung, bei der
ein völlig verändertes Wesen sich als Folge zeigt.   99 S. 518 9 Charisius spricht
hier seinen Verdacht offen aus. Er meint, Thomas habe seine Frau verhext. An=
ders kann er sich ihr Verhalten nicht erklären. Der Umstand, daß sie im Hemd
aus seinem Hause geflohen ist — für eine Frau, die etwas auf sich hält, eine un=
erhörte Sache — nur den Bettvorhang um sich schlagend, scheint seine Vermutung
auch zu bestätigen. Und zwar deutet er an, daß sie einen Liebestrank erhalten
haben müsse, weil sie jetzt nichts Liebenswertes mehr kenne als den Apostel, dem sie
nachlaufe.   101 37 Schlechte Kleidung ist Zeichen der Trauer. Der Jude
trauert im Sack, dem groben Ueberwurf, der seine Arbeitsbluse war, bis er als
Trauergewand wieder eine eximirte Stellung bekam. Die alte Bedeutung des Ge=
wandes scheint noch darin durchzuschimmern, daß es auch die Propheten trugen
(Jes. 20 2. Mt. 3 4). Doch wird man das eher als symbolische Tracht aufzufassen
haben.   102 S. 519 21 Der Apostel verläßt sich auf die Verheißung Mt. 10 19,
daß die Märtyrer nicht um ihre Verteidigung sorgen sollen, da ihnen der Geist die
Worte eingeben wird. Das ist hier etwas anders gewendet; Christus selbst ver=
teidigt sie. Daß man die Märtyrer als Geistbegabte in besonderem Sinne ansah,
ist aus zahllosen Stellen bekannt. Vgl. Weinel, D. Wirkungen d. Geistes u. d.
Geister im apost. Zeitalter.   103 33 Der Geschlechtstrieb wird als ein πάθος auf=
gefaßt. So redet der Grieche. Doch scheint die Fassung der Pariser Hf. hier ur=
sprünglicher. — 34 Die „furchtbare Straße" ist der Weg, der zum Gottesreich führt,
und auf dem die einzelnen Stationen die verschiedenen Aeonenreiche sind. Nur wer
die Formel kennt, vermag die einzelnen Archonten zu beschwichtigen, daß sie die
Seele passiren lassen.   106 S. 520 26 „Die Zauberei auf sein Haupt bringen"
bedeutet so viel wie sie unwirksam machen. Daß die Berührung des Hauptes ma=
gischen Zwecken diente, geht noch aus dem Ritus des Handauflegens beim Segnen
und bei der Weihe hervor. In beiden Fällen wird eine Kraft übertragen. So er=
klärt sich auch der eigentümliche Ausdruck 1. Kor. 11 11, daß die Frau eine Macht

ἀποστόλου ἔμπροσθεν — der abſolute Nominativ beruht wohl auf falſcher Ueber=
lieferung. — ₈₇ Geißelhiebe] S: 120, S¹: 128.   107 S. 521 l. δέξωμαι
ſt. πρόσδεξαί με.

108 Nach Nöldeke (Ztſchr. d. deutſch. morgenl. Geſellſch. XXV 676 ff.) iſt
der Hymnus in der ſyriſchen Originalgeſtalt wegen der in ihm enthaltenen alter=
tümlichen Züge wohl noch im 2. Jahrh. n. Chr. entſtanden. Der Text iſt im
Griechiſchen aus Mißverſtändnis von S und infolge von Kürzung ziemlich fehler=
haft, er wird daher hier in durchgehende Vergleichung mit S — nach dem korri=
girten Text von G. Hoffmann (H) — geſtellt. — ₉ im Reiche] vollſtändig: „im
Reiche meines Vaterhauſes". — ₁₀ Ueberfluß] eig. „Ueppigkeit". S: „Pracht".
— ₁₄ ihrer Schatzkammern] l. αὐτῶν ſt. τούτων. S: „unſrer". — ₁₈ Elläer]
G: „die Oberen", Ueberſ. von כְּלָיָא, wenn man dies nicht als Orts= oder Landes=
namen auffaßt. Statt ‚Elläer‘ hat Nöldeke „Giläer" (von Gilan) vorgeſchlagen.
— ₁₉ Gafat] ſt· גְּזַר gibt G כְּנָא „von den großen Schatzkammern" wieder. Er hat
alſo auch in dieſem Worte keine geographiſche Beſtimmung geſehen. Gafak in
Adherbaidſchân. — ₂₁ Perlen] S H: „Schillernde (Opale?)" — Kuſchäer] aus
Kuſchân am Oxus. — ₂₃ zermalmt] H: „ritzt". — ₂₄ zogen aus] l. ἐξέδυσαν. —
edelſteinbeſetzte] S H: „das Strahlenkleid .. und meinen Purpurrock". Unter

auf dem Haupte tragen ſoll wegen der Engel. — ₃₆ Der Apoſtel ſchweigt, wie Je=
ſus vor ſeinen Richtern. Mc. 14 ₆₁. 15 ₅. — ₃₇ Warum der Apoſtel gerade 128
Schläge bekommt, iſt nicht zu ſagen. S hat dafür 150. Wären es 156, ſo könnte
man an 4 × 39 denken, d. h. an die jüdiſche Sitte, 39 Schläge auf einmal verab=
folgen zu laſſen 2. Kor. 11 ₂₄. Paulus hat 3 × 39 empfangen, das wird überboten
und Thomas erhält 4 × 39. Aber an eine Korruptel des Textes zu denken zwingt
nichts, und man ſieht nicht, warum aus νϛ′ gerade ϰη′ werden ſollte.   108
S. 521 ₈ ff. Der Hymnus, der hier eingeſchoben iſt und der ſich nur bei dem Syrer
und in einer griechiſchen Handſchrift findet, iſt fälſchlich als Lied von der Seele"
bezeichnet worden. Er ſchildert vielmehr die Herabkunft des Erlöſers auf die Erde
(= Aegypten), ſeine Befreiung der dort in der Gefangenſchaft des Böſen (= der
Materie) ſchmachtenden Seele und ſeine Rückkehr in das himmliſche Lichtreich. Man
kann das Ganze als eine gnoſtiſche Ausſchmückung und Erweiterung von Phil. 2 ₅—₁₁
bezeichnen. Vgl. für das Einzelne meine Schrift: Zwei gnoſtiſche Hymnen, ausge=
legt Gießen 1904.

Das Lied zerfällt in vier deutlich erkennbare Abſchnitte: 1) die Vorbereitungen
zur Reiſe S. 521 ₇—₃₇ 2) Die Reiſe S. 521 ₃₈—₄₇. 3) Der Aufenthalt in Aegypten
S. 522 ₁—523 ₃₀. 4) Die Heimkehr S. 523 ₃₁—525 ₁₆. Die Elemente der Deutung
ſind: Königskind = himmliſcher Chriſtus; König = höchſter Gott; Königin = hl.
Geiſt (als Femininum gefaßt); Aegypten = Kosmos, Welt, Materie; Perle = Licht=
funken, Seele; Schlange = Demiurg, Schlangenarchon der Ophiten. Mit dieſen
Elementen läßt ſich eine befriedigendere Deutung des Liedes durchführen, als mit
der von Nöldeke angegebenen, wonach das Königskind die vom Lichtreich ausgehende
Seele iſt. — ₁₂ Im „Oſten" iſt die Heimat; denn dort wohnt das Licht. — ₁₄ Die
Schatzkammern ſind von einem Königshofe nicht zu trennen, zumal für das
Denken des Orientalen. Man mag ſich an die ϑησαυροὶ luminis der Piſtis Sophia
erinnern. — ₁₈ ff. Was unter den Schätzen zu verſtehen iſt, läßt ſich nicht mehr aus=
machen. Ob ſie die „Reiſezehrung" vorſtellen ſollen"? Vielleicht denkt auch
der Verf. an den Durchgangszoll, den er den Archonten der dazwiſchen liegen=
den Reiche zu zahlen hat. Statt Elläer iſt ſicher mit Nöldeke zu leſen גְּלָיָא =
Gilân. Allerdings hat auch G. ſchon עֲלָיָא vorgefunden und ſich daraus etwas
nach ſeinem Geſchmack znrecht gemacht. — ₁₉ Gazak. Nach Nöldeke's wahrſchein=
licher Vermutung iſt Ganzaka in Adherbaidſchân gemeint (Lipſius I 293 A. 2). —
₂₁ Das Land der Kuſchäer iſt, wie Nöldeke gezeigt hat (Lipſius I 293 A. 3)
am Oxus, nach der dort gelegenen Stadt Kûſchân. — ₂₄ Das edelſteinbeſetzte
daher ſchimmernde, glitzernde Gewand iſt das himmliſche Lichtleib. Ihn muß

dem Gewand oder Strahlenkleid versteht H den Körper, unter dem Mantel oder
Rock die anima naturaliter divina christiana. — 29 nicht vergäße] I. ἕνεκα τοῦ
μὴ ἐπιλαθ. με — welches umgibt] S H: „in der Umgebung der (gift=)schnaubenden
Schlange". G: „verschlingenden". — 34 Sollst . . anziehen] Tilge ὅπως nach ἐνδύσῃ.
— 35 Deffen . . erfreut] G hat wohl ἐφ᾽ ᾗ ἐπαναπέπαυσαι gehabt, wie er c. 100 ראתתניח
durch ἵνα ἐπ᾽ αὐτοῖς ἐπαναπαύωμαι gibt. Dagegen SH: „Rock, der auf ihm (dem Strahlen=
kleide) ruht". — 36 τοῦ εὐμνήστου] ft. dessen ist aus S „unsers zweiten" einge=
setzt. — 37 Erbe] ברויא כῆρυξ ft. ירותא κληρονόμος klingt wie Verhörung.
109 Z. 40 Führer] S פרוקא „Retter", wofür Nöldeke פרונקא „Kouriere"
(H: Postboten) gesetzt hat, „welche in den Mandäerschriften öfter als Bezeichnung
höherer Wesen vorkommen, die zur Erlösung der in niedere Sphären geratenen
Seelen verwendet werden". — 42 ging vorüber] S H: „ging hinaus über . ." —
Mesene] am Nordende des persischen Meerbusens. — 45 Sarbug] H vermutet,
daß damit die Stadt Babel, gegenüber dem vorher bezeichneten Land Babel, ge=
meint sei. G hat dafür weiterhin „Labyrinth". Wie dies aus Sarbug entstanden?
H hält für möglich, daß G Sarbug mit Serug verwechselt, dies von סרג texuit,
intexuit, plexit, implexit abgeleitet, als „Verflechtung, Verwickelung" gedeutet und
Babel als Straßenlabyrinth bezeichnet habe. In einem längeren Exkurs leitet er
Sarbug etymologisch aus dem persischen srub oder srûf, usrub, usruf = Blei mit
der Endung ûq, ûg ab. Sarbuk war danach Bleihyperoxyd d. h. unechter Zinnober
(a. a. O. S. 294). — S. 522 2 Höhle] H: Auch die Schlange ist als Gast vorge=
stellt, als Reisende im Nachtquartier, als schweifender Teufel (Hiob), und H über=

Christus ablegen, weil er ihn verraten und sein Werk vereitelt haben würde. Statt
ἐνέδυσαν ist bei G natürlich ἐξέδυσαν zu lesen. 26 Der Mantel ist wohl nichts
anderes. Beide bilden das ἔνδυμα, die Kleidung. — 30 Aegypten ist hier wie
bei Philo, Clemens, Origenes u. s. o. Bild des Kosmos, der materiellen Welt.
Wenn das Lichtreich im Osten gedacht wird, so muß nach dieser religiösen Geo=
graphie das dem Lichtreich entgegengesetzte Reich der lichtfeindlichen Materie im
Westen liegen. — 31 Als Perle ist der Lichtfunke anzusehen, der nach „gnostischer"
Vorstellung in die Materie herabgesunken ist. Die Befreiung daraus ist ihr nicht
möglich, denn die Materie hängt sich ihr an. — 33 Statt „verschlingende" Schlange
ist mit S „fauchende" Schlange zu lesen. Das καταπότην von G. nach dem o. über=
setzt ist, wird wohl Mißverständnis des Uebersetzers sein. Gemeint ist der Schlangen=
dämon, der den Lichtfunken ängstlich bewacht. — 36 Der Bruder, der „zweithöchste"
ist nach Jrenäus I 30 1 als der „Menschensohn", der δεύτερος ἄνθρωπος anzusehen,
der mit dem Urlicht und dem (weibl.) Geist zusammen die erste Trias bildet.
Christus ist nach dieser abenteuerlichen Spekulation erst die zweite Emanation.
109 40 Die zwei Führer sind Schutzengel (Gabriel und Michael), die als ψυχοπομ=
ποί auch sonst auftreten. — 42 Maisân ist mit Recht als Stapelplatz des Handels be=
zeichnet. Es ist der nach der gleichnamigen Stadt benannte Distrikt, der vom per=
fischen Golf nach Norden zieht und der den Handel zwischen Indien und dem
Westen vermittelte. — 45 Die Deutung von Sarbûg ist noch nicht gelungen. Bur=
kitt (JthSt II 429) dachte — nach dem Vorgange von G. Hoffmann in Kiel
— an das mythische Suruppak der Babylonier. Letzterer hat diese Vermutung
aufgegeben und wohl mit Recht. Welche Stadt gemeint ist, läßt sich vorläufig nicht
sicher ausmachen; aber soviel wird sicher sein, daß es ein wirklicher Name ist, keine
mythologische Erfindung. — 47 Die Schutzengel gehen nur bis an die Grenze der
materiellen Welt mit. Die drei bisher passirten Gebiete waren Himmel, deren Ar=
chonten mit dem Lichtreiche in einem, wenn auch loserem Verhältnisse stehen. Die
materielle Welt ist lichtfeindlich. Daher können die Lichtengel nur bis an die Grenze
mitgehen. Christus hat seinen Lichtglanz abgelegt, reist also gleichsam inkognito.
— S. 522 2 Der Drache haust in einer Höhle, wie im Märchen. Er hütet die Perle,
wie er in der Sage die unermeßlichen Schätze hütet. Die Sage hat uralte religiöse
Züge bewahrt, hier wie sonst. — 4 ff. Das Lied schildert nun vortrefflich das all=

fetzt: „um ihr Gafthaus". — 4 meine Perle] S H: „die Perle". — 8 Den
Freien] H: „einen Edelmann". — 9 Sohn der Vornehmen] S nach Nöldeke:
filium unguentorum b. h. einen Gefalbten, Geweihten (ein Wefen pneumatifchen
Urfprungs)." H: filium unctorum (משׁיחא) mit der Anmerk.: = „Königsfohn =
Christianus (oder Christus? Vgl. Schluß)". — 11 Handels] l. ἐμπορεία ft. πορεία.
— 12 Ich warnte ihn] H in Parenthefe: „er warnte mich?" Dies wäre freilich
bei feiner Deutung vorzuziehen. — 15 als ein Fremder erfchiene] G hat offen=
bar an נכרי gedacht. Nöldeke vermutete נכרוני „damit fie mich nicht erkenneten",
was jedoch nicht zum Metrum paßt. H: נסברוני „damit fie mich nicht beargwöh=
neten". — 18 Als einer, der] l. ὡς ἔξωθεν ἐλθών. — 21 Lift und Kunft] Die
Ueberf. nahm als Lesart an: δόλῳ δὲ καὶ τέχνῃ συνέμειξάν μοι = „durch Hinterlift
und Betrug trafen fie mit mir zufammen", machten fich an mich". G kann aber
auch gemeint haben: „durch Hinterlift mifchten fie mir einen Betrug zufammen".
S H: „teilten (mifchten) mir mit ihren Liften mit". — 24 diente ihrem Könige]
H: „dem Teufel, der Sünde, der Materie". — 25 Vergaß] l. ἐπελαθόμην (ft. ἦλθον)
δὲ καὶ τοῦ μαργ. **110 Z.** 29 als ich dies litt] Nach S müßte man ταῦτα
πάντα = „dies alles" erwarten. Tilge das folg. καὶ wie auch τότε — 32 zu un=
fern Toren] l. μὴ λειφθῶ ft. μὴ ἔλθω und ἔγραψαν δέ μοι. — 37 die Machthaber]
S: „jeder Große". — 39 dem König der Könige] l. βασιλέων βασιλέως. — 41
deinem Bruder] l. τοῦ ἀδελφοῦ σου τοῦ δευτέρου. — 46 ein Sklavenjoch] S:
„fieh, wem du gedient haft". — 49 goldgewirktes] Bei S nur: „glänzend, ftrah=
lend". — S. 523, Den du anziehen] beffer: „die du..", auf beide Stücke be=
züglich (H). — 3 Dein Name ward] H verändert das Perf. Paff. in das Partic.
P. (des Metrums wegen) und erklärt: „auf daß dein Name im Buche der Helden
gelefen werde und du Erbe feieft". „Erbe" durch Korrektur. — im Buche] l.
ἐν τῷ βιβλίῳ ft. βιβλίον. — des Lebens] S: der Tapfern, der Helden. — 4 Und..

mähliche Heimifchwerden des Christus auf der Erde. Zunächst nimmt er ihre Klei=
dung an, d. h. einen irdifchen Leib. Das gefchieht jedoch nicht fofort, fondern erft,
nachdem er fich mit einem aus dem Often ftammenden Freien verbunden. Es ift
keine Andeutung gemacht, wer das fein foll. Aber man wird fchwerlich fehlgehen,
wenn man ben von der Jungfrau geborenen, fchuldlofen Jefus darin erblickt, mit
dem fich der Christus nun zur gemeinfamen Handlung verbündet. Ueber die Art
der Verbindung des Aeon Christus mit dem Menfchen Jefus haben fich die Gno=
ftiker wohl fchwerlich allzufehr den Kopf zerbrochen. Was Jren. I 30 11 ff. davon
berichtet, läßt auf keine allzutiefen Spekulationen fchließen. — 19 ff. Die Bewohner
der Welt — vielleicht find die Dämonen gemeint — erfinnen nun Liften und das
Refultat ift, daß der Himmlifche von menfchlicher Speife ißt, durch die er Urfprung,
Heimat und Auftrag vergißt. Vielleicht haben wir darin eine Ausfpinnung der
Verfuchungsgefchichte: als Jefus hungert, kommt der Verfucher, um ihn zu veran=
laffen, daß er etwas ißt. So etwas mag auch dem Verf. des Liedes vorgefchwebt
haben. **110** Die Vorgänge auf Erden find den Himmlifchen bekannt. Sie
treffen danach ihre Maßregeln, indem fie einen Reichstag ausfchreiben, zu dem fie
alle Archonten verfammeln. — 33 Die „Würdenträger" und „Könige", die „Großen"
oder Edlen find die verfchiedenen Herrfcher und Engelwefen der Zwifchenreiche.
Diefe Reiche denkt fich die Phantafie wie irdifche Reiche organifirt. An der Spitze
ein Herrfcher, Archon, der wie ein König von einem Hofftaat in verfchiedenen
Rängen abgeftufter Würdenträger umgeben ift. Der Großkönig ift der oberfte Gott.
Wie der perfifche Großkönig feine Vafallenkönige verfammelt, fo der oberfte Gott
feine Archonten. — 37 Den Brief laffen demnach die Vafallen ausgehen, nicht der
König. Das Ceremoniell wird derartiges wohl verlangt haben, daß der König
nicht felbft den Brief abgehen läßt, fondern die zum Reichstag Verfammelten, wäh=
rend der König nur unterfiegelt. — 39 König — Königin — Bruder und Erbe:
Diefe Trinität wie oben; f. zu 521 36. — S. 523 3 Das „Buch des Lebens" (G) ift

f o l l st] l. καὶ μετὰ τοῦ ἀδελφοῦ σου .. ἔση. — <Stellvertreter>] So ver=
mutungsweise. Doch hat H (bei Greßmann, Studien zu Eusebius, S. 70) פצעריב
aus עריב und פצא abgeleitet = cui haereditas (sc. regni) sponsa est und daher =
Thronfolger. G hat st. „Thronfolger" οὗ παρείληφας = „den du empfangen hast",
womit nichts anzufangen ist. — 6 Mein Brief] H wegen des Metrums: „der
Brief". 111 7 der König versiegelt] G: ὡς πρεσβευτής = „wie ein
Bote". Hier hat G איגרא und איגרתא verwechselt. — 9 tyrannischen] S: „re=
bellisch". — 14 vernehmlichen Tone] wörtlich: „und bei seiner Wahrneh=
mung". S H: „bei seiner Stimme und der Stimme seines Klanges". — 15 Fuhr
ich auf] st. ἀνερμησάμην stand vielleicht ὡρμησάμην im Sinne von ἀνώρουσα. Vgl.
ἀνόρμητος = ὁ μὴ δυνάμενος ἀνορούσαι Schol. — 18 stimmte überein mit
dem] Nach S wurde gelesen: ἐγέγραπτο δὲ κατ' ἐκεῖνο τὸ ... ἐγγεγραμμένον. — 21
ihrer Art] l. ἐπεζήτει τὸ γένος αὐτῆς. — 24 zu bezaubern] l. ἐπάσμασιν st.
ἐφ' ἅρμασιν. — 26 schläferte .. ein] st. κατεπόνησα „überwältigte" ist nach S
κατεκοίμισα gesetzt worden. — 34 fogleich richtete] l. ηὔθυνον δὲ αὐτίκα und
εὗρον δὲ καθ' ὁδὸν τὴν ἐπιστολήν μου τὴν διεγείρασάν με. — 40 das königliche
Schreiben] Nicht ἐσθής, sondern ἐπιστολή ist gemeint. Ferner ist ἐφώτιζε zu er=
gänzen. „Königlich" ist durch Verlesung entstanden. G identificirte irrtümlich
בסליקין = „mit Silphium, Rötel" mit בסיליקין und las: βασιλικόν. Dieß verstand
er vom königlichen Gewande, von dem hier jedoch noch nicht die Rede sein konnte.
Ziemlich richtig hätte G so geschrieben: ἡ γὰρ ἐπὶ σηρικῶν ἐπιστολὴ σιλφίῳ γεγραμ-
μένη ἔστιν ὅτε ἐφώτιζε πρὸ τῶν ἐμῶν ὀφθαλμῶν. Denn S H dietet: „auf serisches
(chinesisches) Papier mit Rötel (geschrieben) vor mir mit seinem Aussehen glänzend".
Von Papier, nicht von seidenem Gewebe ist nach H die Rede. — 42 <Stimme
und .. Führung>] So die überlieferte Lesart. H korrigirt wegen des Me=
trums: „Stimme feiner Führerschaft". — 43 <meine Eile>] H gibt רהיבותא
durch „Angst" wieder, was zu „ermutigen" besser paßt. — 44 indem die Liebe]
S: „indem feine Liebe mich zog". — 45 Ging ... vorüber] S H: „kam durch

ebenso wie das „Buch der Helden" (S) verständlich; ob חיא ספר = G, oder ספר
חליצא = S ursprünglich ist, soll nicht entschieden werden. Die geläufigere Bezeich=
nung ist das erstere, Gott läßt Buch führen über die einzelnen Menschen; wer zum
Leben bestimmt ist, kommt in ein besonderes Buch, aus dem dem Gericht die
Namen vorgelesen werden. Vgl. Bousset, Relg. d. Judent., 147. 111
8 Ueber das, was der König des Himmels tut, haben die Dämonen keine Macht.
Was das Königszeichen trägt, ist ihren Angriffen nicht ausgesetzt; vgl. S. 524 17.
— 10 Der Brief, der wie ein Adler fliegt, ist eine Vorstellung, die sich auch in der
syrischen Apokalypse des Baruch c. 77 findet. — 13 Der Brief redet selbst und weckt
dadurch den Schlafenden auf. Es liegt am nächsten, dies Aufwachen mit der Ver=
klärungsgeschichte Jefu in Zusammenhang zu bringen (Mt. 17 1 ff. u. Par.). Die
Erzählung ist durchaus umgestaltet worden, nur der Kern, die Himmelsstimme ist
geblieben. — 14 ff. Die Folgen zeigen sich sofort. Der Inhalt der in das Herz ein=
gegrabenen Schrift wird wieder deutlich: er erinnert sich 1) seines Ursprungs und
2) seines Auftrages. Daraus ergiebt sich sofort die Notwendigkeit, das Versäumte
nachzuholen. — 24 Die Schlange muß eingeschläfert werden. Das geschieht durch
das Besprechen mit Zaubersprüchen, wie im Märchen. Der Spruch hat seine Kraft
im Namen. Wer den Namen kennt, kann alle Dämonen bezwingen. Beispiele da=
für bieten gerade unsere Akten in Fülle. Vgl. 27, wonach hier der Name des
obersten Gottes diese Zauberkraft ausübt. — 33 Das Schmutzgewand ist der sterb=
liche Leib. Ueber die Geschicke des Menschen Jefus macht sich der Verf. weiter
keine Gedanken, sie sind ihm gleichgültig, da sie den Christus nicht berühren. —
36 ff. Die Vorstellung scheint die zu sein, daß der Brief den Weg nach Osten zeigt,
indem er mit seinem Lichtglanze vorangeht. — 40 „serisches Gewebe" = Seide:
aus Ser, Σήρ, im nordwestlichen China erhielten die Alten ihre Seidenstoffe. Pli=
nius h. n. VI 17 (20), 54 f. 22 (24), 88. XXXVI, 14 (41). Ammian. XXIII, 6 67 f.

Sarbug". — ₄₉ g e l e g e n] nämlich der Hafen. — S. 524 ₂ m i t d e m i ch b e = k l e i d e t g e w e f e n w a r] nach der Aenderung אתכםפה. H behält das Partic. bei: „mein Rock, mit welchem es umlegt war". — ₃ <W a r l a n>] nach B e v a n. — ₅ f i e f i e... a n v e r t r a u t e n] H: „die damit (nämlich: dem Kleide) betraut waren".   112 Z. ₆ f e i n e r P r a ch t] l. τῆς λαμπρότητος αὐτῆς sc. τῆς ἐσθῆτος. S H: „feines Ranges". — ₇ j u n g e r K n a b e] H korrigirt des Metrums wegen: „weil meine Kindheit es in meinem Vaterhause gelaffen hatte". — ₈ f a h i ch] l. εἶδον (ft. ἰδόντος μου) τὴν ἐσθῆτα ὡσεὶ ἐσόπτρῳ μου ὁμοιωθεῖσαν καὶ ὅλην αὐτὴν ἐν ἐμαυτῷ ἐθεασάμην. Das Folgende lautete viell. bei G: ὅτι κατὰ δύο μέρη διῃρημένοι πάλιν ἓν ἐσμεν διὰ μιᾶς μορφῆς. — ₁₇ E i n K ö n i g s z e i ch e n] „ein" = „dasselbe" ist zu unterstreichen. — ₁₉ w a s m i r z u k a m] ft. τιμήν fchien τὸ ἐμόν das Richtige zu fein. H nimmt dagegen τιμήν in den Text auf und überfetzt unter mehrfachen Korrekturen: „der mir durch fie die Ehre, (nämlich) das Pfand meines Reichtums zurückgab". — ₁₈ S ch a ß] l. χρήματα ft. χρῆμα? S: depositum, commissum, das zur Bewahrung Anvertraute, παρακαταθήκη 2. Tim. 1 ₁₄. Nichts davon bei G. H: „Das Pfand meines Reichtums". — ₂₂ e d l e S t e i n e] S: „BeryUe". H: „mit Gold und Beryllen, mit Chalcedonen und fchillernden (Opalen?) und verfchiedenfarbigen Sardonen". — ₂₄ o b e n b e f e ft i g t] ἵδρυντο ἐν ὕψει ift offenbar irrige Lesart. S H faßt „Höhe" = „Erhabenheit": „Auch war es gemäß feiner (himmlifchen) Erhabenheit angefertigt" — ₂₇ g a n z a u f] S H: „war ihm vollftändig überall aufgemalt und es (rein) wie Saphirftein wiederum in feinen Höhen bunt gewirkt". — ₂₈ S a p h i r ft e i n e] l. λίθοι σαπφείρινοι. — <f ch i l l e r n f e i n e F a r b e n>] Nach der Konjektur בגווניה wörtlich: „es fchillert in feinen Farben", danu dafür: „feine Farben fchillern". —   113 Z. ₃₁ d e r G n o f i s R e g u n g e n] S H: „ich fah ferner überall an ihm die Bewegungen meiner (Korrektur wegen des Metrums) Gnofis wimmeln und daß es bereit war zu reden". — ₃₄ D i e e s g e b r a ch t h a t t e n] nach מְהִתְנָא. H liest עם מהתנה: „bei feiner Herabkunft". — ₃₃ f. w i e e s .. f p r a ch] S H: „den Klang feiner Melodien vernahm ich". — ₃₅ I ch ft a m m e] Beffer wäre: „ich gehöre dem Tapferften aller Menfchen an". G fetzt offenbar נברא voraus. Mir fchien וַרִי עֲבְרָא möglich. H mit dem überlieferten עבדא: „ich gehöre dem hurtigften Diener an, für den man mich vor meinem Vater aufzog". Bei G l. ἀνετράφην ft. ἐνεγράφην. — ₃₉ E n e r g i e] S H: „wie meine Statur mit feinen Werten (wie feine Werke) wuchs". Die Ueberf. beruht auf πρὸς τὴν τούτου ὁρμήν = „Anlauf, Eifer". ὁρμαί = „Anläufe". Bei G müßte überdies gefchrieben werden: ᾐσθόμην τῆς ἐμαυτοῦ ἡλικίας αὐξανούσης πρὸς τὰς τούτου ὁρμάς. Ταῖς δὲ κινήσεσι ταῖς βασιλικαῖς πᾶσα ἐπ' ἐμὲ ἐπεχύθη. — ₄₁ A u s i h r e r H a n d] Bei ἐκ χειρὸς αὐτῶν (ft. αὐτοῦ) möchte man an die Ueberbringer denken, bei S ift aber von „Gedern" die Rede, und diefe find die Eltern.   על אידא

Seneca ep. 90. Strabo XV p. 693. — ₄₅ ff. Der Rückweg führt an denfelben Orten vorüber, wie der Hinweg; f. o. zu S. 521 ₄₂ ff. — S. 524 ₁ ff. Das Lichtgewand erhält Chriftus wieder, fobald er die Grenze des Materiellen überfchritten hat. — ₄ Die S ch a ß m e i ft e r find Engelwefen; wahrfcheinlich ift an Erzengel zu denken. Es find nach Z. ₁₄ zwei. Man denkt dabei leicht an die beiden Begleiter, die nach dem Petrusev. Jefus aus dem Grabe führen (A p o k r. S. 31 ₃₀ ff.)   112 ₉ ff. Das Gewand und Chriftus find eigentlich eines, es ift feiner Geftalt fo treu angepaßt, daß es ihm wie ein Spiegel erfcheint: zwei und doch eins. — ₂₀ ff. Das Gewand wird gefchildert, wie das Prachtgewand eines orientalifchen Großen. Eine Deutung der einzelnen Züge wird unmöglich fein, da fchwerlich dem Verf. überall etwas Beftimmtes vorgefchwebt hat.   113 ₃₁ D i e R e g u n g e n d e r E r k e n n t n i s oder „des Wiffens" follen wohl nur die folgende Rede vorbereiten. An irgend welche „Gnofis" wird man kaum zu deuken haben. — ₃₆ f. Der Text ift hier nicht ficher: G und S weichen ftark ab. Was gemeint war, ift darum nicht klar. — ₄₁ ff. Das Gewand und fein ehemaliger Eigentümer werden zu einander hingetrieben, bis fie fich wieder vereinigt haben. Chriftus zieht feinen Lichtleib wieder an, fobald

ist nach H = „im Auftrage". — ₄₅ entgegen zu eilen] l. εἰς ὑπάντ. αὐτῆς. ἐκ-
ταϑεὶς δὲ ἐδεξάμην καὶ τῷ τῶν χρωμάτων αὐτῆς κάλλει ἐκοσμήϑην. — ₄₈ eines
Königs übertraf] l. τὴν βασιλικῆς ὑπερέχουσαν. Davon nichts bei S, sondern
nur: „meine glänzendfarbige Toga". — S. 525 ₁ emporgehoben] l. εἰς ϑύραν
(st· χώραν) εἰρήνης καὶ σεβάσματος. — ₄ Glanz] Nach Lipsius II 2 S. 422 will
Nöldeke den „Glanz" als persönliches Wesen fassen, indem er daran erinnert, daß
זיוא (Glanz) im Mandäischen ein ganz gewöhnliches Wort für eine bestimmte Art
Lichtwesen sei. H versteht unter dem Glanz Christus als ἀπαύγασμα τοῦ πατρός. —
₆ tat auch er] Nach H bei S kein selbständiger Satz, sondern an das vorige anzuschließen: „und der seinerseits getan, was er verheißen: am Tore seiner Prinzen
(eig. Haussöhne) verkehrte ich mit seinen Großen; der mich freudig aufnahm..
den alle seine Diener preisen: dafür daß er versprochen hatte..." Der griech.
Text ist zu lesen: καὶ αὐτὸς ὁμοίως ἐποίησε.. καὶ ἐν ταῖς ϑύραις τῶν βασιλείων
αὐτοῦ τοῖς ἐξάρχοις αὐτοῦ κατ... Nach εἰσεδέξατό με füge ein: καὶ ἤμην. — mit
fröhlichem Zuruf] SH: „mit der Stimme der Wasserorgeln". קלא דהידרוסא =
קלא דהידרולא nach Fränkel (Zeitschr. für Assyr. XVII 86). — ₁₀ zu erscheinen]
l. φαίνωμαι.

Nach c. 113 folgt bei S (bei S¹ nur Anfang und Ende) ein „Lobgesang des
Apostels Thomas". Er lautet:

Sei gepriesen, Vater, Herr des Alls, unaussprechliches Wesen, das im Glanze
seines Ruhmes vor allen Welten verborgen ist! ⁂ Gelobt seist du, Sohn, Erstgeborener des Lebens, der vom hohen Vater (kommt) und das Wort des Lebens (ist)!
⁂ Sei gepriesen, einziger Vater, der in Weisheit sich in allen Geschöpfen und in
allen Welten abbildet! ⁂ Sei gelobt, Sohn des Lichts, Weisheit, Kraft und Einsicht,
der du in allen Welten (Ewigkeiten)¹ bist! ⁂ Sei gepriesen, hoher Vater, der von
seiner Verborgenheit zum Offenbaren aufgegangen ist durch alle seine Propheten! ⁂
Gelobt seist du, Sohn der Barmherzigkeit, durch den alles vollendet wurde in Weisheit und in Schweigen! ⁂ Gepriesen seist du, erhabener Vater, Erstgeborener von dir
im Schweigen und in der Ruhe des Denkens! ⁂ Gelobt seist du, angebeteter Sohn,
der vom Vater aufgegangen ist in seinem Aussehen in Ruhe und in Glorie! ⁂ ⁂
Gepriesen seist du, guter Vater, der das Geheimnis seines Erstgebornen seinen Propheten durch den heiligen Geist geoffenbart hat! ⁂ Gelobt seist du, bewährter Sohn,
der den Ruhm des Vaters durch² seine Apostel unter allen Völkern geoffenbart hat!
⁂ Gepriesen seist du, schöner (ruhmreicher) Vater, der seine Majestät auf ewig in
seinem Erstgeborenen, dem Lebendigmacher seines Geschöpfs³ heiligt! ⁂ Gelobt seist
du, schöner Sohn, der vom Glanze des Vaters aufgegangen ist und durch sein reines
Blut unsre Seelen erlöst hat! ⁂ Sei gepriesen, allmächtiger Vater, der in seinem
prächtigen Lichte wohnt, der in seiner Herrlichkeit verborgen und durch seine Gnade
allem offenbar ist! ⁂ ⁂ Gelobt seist du, vollkommener Sohn, der in die lebendige
Erde gesät ist, und vor den Welten bist du in deinem heiligen Orte! ⁂ Gepriesen
seist du, Vater, der alles nährt, der du in allen Welten in der Höhe und in der Tiefe
bist, und kein Ort ist von dir leer! ⁂ Gelobt seist du, Sohn, angebetete Frucht, der
über allem in Barmherzigkeit aufgegangen ist, unsre Menschheit angezogen und unsern
Feind getötet hat! ⁂ Gepriesen seist du, unbegrenzter Vater, der seine Engel von den
Ausgießungen seines Geistes gemacht hat und zu seinen Dienern sein brennendes
Feuer!¹ ⁴ ⁂ Gelobt seist du, Sohn des Lichts, der auf dem Winde einherfährt und in
das Licht des Vaters gehüllt ist auf heiligen Wolken! ⁂ ⁂ Gepriesen seist du, Vater,

er zum Lichtreich zurückkehrt. — S. 525 ₂ Das „Tor der Begrüßung" ist der Raum
der Audienzen. — ₆ Das kann nur heißen, daß Christus mit dem älteren Sohne zusammen erdberechtigt wird. — ₁₈ ff. Der Schluß ist mir unverständlich. Der Vater
Christi wird hier von dem König der Könige unterschieden. Das widerstreitet aber

---

¹ „Welten" und „Ewigkeiten" werden im Syrischen durch dasselbe Wort ausgedrückt. ² Ich lese ב st. ל. ³ l. ד st. ר. ⁴ Ps. 104 ₄. vgl. Hebr. 1 ₇.

der allem Leben gibt, der Welten zu ſeinem Ruhme verſammelt durch ſeinen Geliebten, daß ſie zu ihm Lob aufſteigen laſſen! ✕ Gelobt ſeiſt du, Sohn des Lebens, mit deſſen Gabe der Vater die Heiligen ſättigt; und ſie ſind durch ſie[1] gegangen und auf den Weg des Friedens gekommen. ✕ Geprieſen ſeiſt du, Vater, der allem Leben gibt, der die Geheimniſſe ſeines Sohnes durch den Geiſt ſeinen Heiligen geoffenbart hat in Frieden und Ruhe! ✕ Gelobſt ſeiſt du, Sohn, Frucht des Vaters, der ſeine Auser⸗ wählten unter ſeinen Flügeln verbirgt und den Willen ſeines Vaters vollbracht und ſeine Geliebten erlöſt hat! ✕ Geprieſen ſeiſt du, guter Vater, der allen Geſchöpfen durch ſeinen Geliebten Leben gibt in Barmherzigkeit und Gnade durch ſeinen Kreuzi⸗ gungstod! ✕ Gelobt ſeiſt du, erſtgeborner Sohn, der die Welten[2] mit ſeinem Körper nährt und unſre Sünden auslöſcht durch das Zeichen ſeiner Narben und durch unſre Beſprengung mit ſeinem Blute! ✕ Geprieſen ſeiſt du, guter Vater, der in reinem Herzen ſich niedergelaſſen hat, im Sinne ſeiner Anbeter, und ſeinem Ausſehen nach vor allem verborgen iſt, uns aber geoffenbart durch ſeinen Meſſias! ✕ Gelobſt ſeiſt du, Sohn, Logos, der[3] ſein Kommen in Ruhe predigt und unſre Menſchheit angezogen und uns durch ſein lebendiges und unſchuldiges Blut erlöſt hat! ✕ Geprieſen ſeiſt du, lebendiger Vater, der du unſre Sterblichkeit lebendig gemacht haſt, die wir von deinem Wege abgeirrt und Tote und Verlorene waren; aber deine Barmherzigkeit war über uns! ✕ Gelobt ſeiſt du, geliebter Sohn, der du unſre Sterblichkeit lebendig ge⸗ macht und unſern Irrtum gewendet haſt und uns Arzenei des Lebens geworden biſt durch deinen lebendig machenden Körper und durch die Beſprengung mit deinem leben⸗ digen Blute! ✕ ✕ Geprieſen ſeiſt du, hoher Vater, von allen Lippen und von allen Zungen, der du mit uns verſöhnt biſt durch deinen Meſſias, und wir haben dich ge⸗ koſtet durch deine Frucht und ſind Söhne deines Friedens geworden! ✕ Gelobt ſeiſt du, Sohn, Friedenmacher, der du unſre Wunden geheilt, unſre Härte überredet und uns aus der Irre geſammelt haſt und uns in deiner Wahrheit gehen ließeſt, daß wir durch dich deinen Vater erkannt haben! ✕ ✕ Geprieſen ſeiſt du, allmächtiger Vater, der du uns deine lebendige und lebendigmachende Frucht geſandt und durch das Blut deines Gekreuzigten deine Gnade mit deinen Geſchöpfen verſöhnt haſt! ✕ ✕ Gelobt ſeiſt du, Sohn, Wort des Lichts, der du von der Höhe aufgingſt und uns mit deiner Erkenntnis geſättigt, unſre Unreinheit gereinigt und unſre Sterblichkeit lebendig ge⸗ macht haſt durch dein Zeichen, das Kreuz des Lichts! ✕ Geprieſen ſeiſt du, Vater aller Lobpreiſungen, und erhöht ſei dein großer Name in allen Welten, der du uns unſre Vergehungen nicht angerechnet und uns durch deinen Meſſias lebendig gemacht haſt, der das Leben deines Willens iſt! ✕ Gelobt ſeiſt du, Sohn, Stimme, welche Einſicht (Gnoſis) gebiert, unſer heiliger Prieſter, der du uns durch dein reines und heiliges Opfer verſöhnt und dein lebendiges Blut für die Sünder vergoſſen haſt! ✕ ✕ Geprieſen ſeiſt du, hoher Vater, der du vor allenWelten verborgen, aber nach deinem Willen allen deinen Anbetern geoffenbart biſt! ✕ Gelobt ſeiſt du, Sohn des Lebens, der den Willen des Vaters vollbringt, der deine Geſchöpfe verſöhnt haſt, daß ſie in dir deinen Sender anbeten[4] und Teilhaber deiner Geheimniſſe werden ſollten! ✕ ✕ ✕ Geprieſen ſeiſt du, hoher Vater, durch jedes Knie, das ſich dir beugen ſoll ſowohl im Himmel als auf der Erde durch[5] deinen Geliebten! ✕ Gelobt ſeiſt du, an⸗ gebeteter Sohn der vollkommenen Barmherzigkeit, durch den Friede geworden und Hoffnung über die Geſchöpfe gekommen iſt, daß ſie den Schöpfer erkenneten! ✕ Ge⸗ prieſen ſeiſt du, alles belebender Vater, deſſen Gnadenreichtum durch[6] die reiche Fülle deiner Gaben nicht abnimmt, und der du jederzeit das Bedürfnis haſt, uns zu geben! ✕ ✕ Gelobt ſeiſt du, Sohn, Frucht, der du die Tür des Lichts und der Weg der

---

S. 522 39, wo der Vater König der Könige genannt wird. Wahrſcheinlich ſind die letzten 4 Zeilen ſpäterer Zuſatz. Nach der Aufnahme im Königspalaſt und den Freudengeſängen der Untertanen darüber erwartet man nichts weiteres.

---

[1] l. מנה ft. מנה.   [2] Oder: geſchaffenen Weſen.   [3] Füge ך ein.
[4] l. נסברן.   [5] d. h. im Namen deines Geliebten.   [6] l. ב ſt. ל.

Wahrheit bift und uns in deinen Fußtapfen gehen ließeft, damit wir ins Haus deines
hohen Vaters gelangten! ✕ Gepriesen seift du, gütiger Vater, der du uns durch unsern
Lebendigmacher verföhnt und uns deine gepriesenen und heiligen Geheimnisse durch das
Hören seiner Lehre geoffenbart haft! ✕ Gelobt seift du, eingeborener Sohn des Vaters,
deffen Erbarmen über uns gewesen ift, und der du uns durch dein lebendiges und
lebendigmachendes Kreuz gezeichnet haft! ✕ ✕ Es preisen den Vater und beten den
Sohn an und loben den heiligen Geift alle Lippen und alle Zungen, Welten und Geschöpfe, die verborgenen und die offenbaren. ✕ Es preisen dich in der Höhe deine
Engel durch deinen Meffias, welcher Friede und Hoffnung in der Unterwelt (im Scheol)
geworden ift für die Toten, die lebten und auferweckt wurden. ✕ Wir bitten dich,
unfer Herr und Lebendigmacher, daß du alles uns gebeft (füge ein: לב תתן), was du
gefagt und verfprochen haft. Vollende an uns deine Güte und führe uns ein an den
Ort deines Friedens. Denn du bift unfer Lebendigmacher, du bift unfer Paraklet, du
bift die Arzenei unfers Lebens. ✕ Du bift unfer siegreiches Zeichen. ✕ Selig find
wir, Herr, die wir dich erkannt haben. ✕ ✕ Selig find wir, die wir an dich geglaubt haben. ✕ Selig find wir durch deine Narben und durch dein für uns (ver-
goffenes) Blut. ✕ Selig find wir, weil du unfre große Hoffnung bift. ✕ Selig find
wir, weil du unfer Gott bift (jetzt) und in Ewigkeit. Amen. ✕

114 I. γενήσεσθαι ft. γεγενῆσθαι und κεκαρμένας (S¹) — 20 durch r i f f e n e m] S
fährt fort: „und sie glich einer Wahnsinnigen — wegen des Judas". **115**
I. ἀνεδίδου τὴν λύπην — ἠδίκησα ὅτι] man erwartet ὥστε — I. γαμέτης ft. γαμετός,
ἀναστραφῶ ft. ἀναστρέφω. — Nach dem Zusammenhange I. τὸν σὸν ἀγαθὸν τρόπον
ἀφαιρούμενος. Das folgende τί γάρ ἐμοί; tilge ich. — I. βαπτίζεται ft. βαδίζεται (nach
S), βλεπέτω ft. βλέπετε, προσευξαίμην ἄν, ἐξετήσασα δέ με — εἶθε] Vielleicht ift zu
lesen: εἶθε δέ τις τοὺς ὀφθαλμούς μου ἐξέκοπτε σοῦ μοι προσεχούσης τοὺς ὀφθαλμοὺς
συνήθως. — S hat einiges mehr, was jedoch nicht von Belang ift. **116** S. 526
I. πασῶν ft. πάντων, ἑτέρας καλλίονας — ft. οὐκ ἂν ἔσται I. οὐκ ἔστιν oder ἔξεστιν —
I. ὕβριζέ με und λόγου, ὅτι πολλῷ κρείττων καὶ καλλίων (S), πλοῦτος δέ μοι καὶ τιμή
ἐστιν, τοιοῦτο τὸ γένος· πλοῦτος δέ μοι καὶ τιμὴ σὺ εἶ. . — 12 M i ß h a n d l e]
S: „schmähe". Verwandle בֶא in רֵא. **117** I. Ἐκεῖνος ὅν . ., μένεις ft. γυμνός, τὰς ἐπ' ἐμοὶ πράξεις — Tilge σοῦ nach αἰσχρῶν — I. οἷαπερ ἦσθα πρὶν τὸν φαρ-
μακὸν ἰδεῖν (S), κἂν ἀρέσῃ σοι διὰ τὴν διάθεσιν τὴν πρὸς αὐτόν . . συνέβη· ἀλλὰ . .
118 I. συνέτυχε δὲ αὐτῇ Ἰούδας ἐρχόμενος πρὸς αὐτήν, ἀπόστολος τοῦ θεοῦ
τοῦ ζῶντος, ἁλίσκεσθαι ft. ἀναλίσκεσθαι — Ein Denar = 67 Pf.
119 S. 527 13 K ö n i g e u n d F ü r s t e n] S fährt fort: „Er hat die
Türen geöffnet und die Wächter eingeschläfert". **120** I. δέξωμαι ft. δέξομαι.
— 22 M a r c i a] S: Narkia, und so sollte auch bei G geschrieben sein — I. τιμάς ἅς

---

114 22. 25. Charifius hält noch immer an dem Gedanken feft, daß Mygdonia
verzaubert ift. Daher spricht er wieder von ihrer „Krankheit" und ihrem „Wahnsinn".
118 S. 526 41 Der Denar hatte einen Münzwert von ca. 70 Pf., während
fein Silberwert bis Nero etwa 67½ Pf. war; später sank er infolge der fortschreitenden
Münzverschlechterung immer tiefer. Im Kurswert entsprach er etwa dem Fr. der
fränkischen Münz-Konvention. — 42 ff. Mygdonia sieht wieder Jesus in der Gestalt
des Judas. Er ift kenntlich an dem Lichtglanz, der von ihm ausgeht. Da er aus
dem Lichtreiche kommt, ift dieser Glanz unumgänglich bei ihm: Das Urbild des Heis
ligenscheines. Doch erkennt ihn Mygdonia nicht, sondern hält ihn für einen der
Archonten, der Beherrscher der unteren Reiche des Himmels.
119 S. 527 7 ff. Die Sache ift etwas undeutlich geworden, indem jetzt Judas
selbft redet und den auffallenden Lichtglanz damit erklärt, daß Jesus der stille Begleiter seiner Jünger sei. Die Worte der Mygdonia: „Wer hat dich aus dem Gefängnis geführt, um die Sonne zu sehen?" find im Augenblick deplacirt, da es Nacht
ift. Es mag hier manches geändert worden sein, sodaß der urfprüngliche Zusammenhang nicht mehr klar ift. **120** 22 Den Namen der Amme erfahren wir
erft hier. G hat Μαρκία, während der Syrer und Lateiner Narkia (Narchia) bieten.

πρότερον. — ₃₂ e i n M ä ß c h e n W a f f e r] S: „ein Mäßchen Wein". So hat S auch c. 133 und c. 152 Wein ftatt des Waffers und in c. 158 einen Becher Mifch= trant. — Ein Metrêt war das 144fache des Mäßchens (der κοτύλη) = 39,39 Liter. — ₃₇ O e l] S: „ein wenig Oel, felbft wenn es in einer Lampe ift". — Durch (ὕδα- τος) κρασίν fcheint ein kleines Gemäß bezeichnet zu werden, entfprechend אתכסמ = κοτύλη bei S. Vielleicht liegt in κρασίν der Verfuch einer Ueberfetzung von אתכסמ (כסמ = miscuit). 121 Z. ₄₀ f. G e h e i m n i s , i n w e l c h e m u n s d a s K r e u z g e z e i g t w u r d e] Vgl. Lipfius I 338 : „Das Kreuzesholz Chrifti heißt nicht felten ξύλον ζωῆς. Wie der Baum der Erkenntnis fein Gegenbild ift, fo ift fein Vorbild der Lebensbaum im Paradies, von welchem das „Oel der Barmherzigkeit" oder die weiße Salbe genommen ift, welche den Zugang ins obere Lichtreich eröffnet". — S: „Geheimnis des Kreuzes, welches in ihm fichtbar wurde".— l. ἁπλωτὴς τῶν κε- καμμένων μελῶν. Das Oel wurde vielfach als äußeres Heilmittel verwendet. Vgl. Jef. 1 ₆. Mc. 6 ₁₃. Lk. 10 ₃₄. Jak. 5 ₁₄. — ₄₂ D e m ü t i g e r d e r h a r t e n W e r k e] Woran denkt der Verf.? Man könnte ἔργον auch mit „Ding" überfetzen und an das Schmeidigen fpröder Dinge denken. Aber dazu würde eher μαλακτήρ als ταπεινω- τής paffen. Bei S fehlen diefe und die beiden folgenden Beftimmungen, an deren Stelle es heißt: „Du, unfer Herr Jefus, Leben und Gefundheit und Sündenerlaß, möge deine Kraft kommen und fich auf diefes Oel niederlaffen, und möge deine Hei= ligkeit in ihm wohnen! Und er goß .." Auch lautet der Anfang der Anrede bei S anders, nämlich: „Heil. Oel, das uns zur S a l b u n g gegeben ift". — v e r b o r = g e n e n S c h ä t z e] Gedacht ift wohl an den Gebrauch des Oels (der Oellampen) in Bergwerken zur Auffuchung wertvoller Metalle. — ₄₂ S p r o ß d e r G ü t e] Der Verf. dachte vielleicht an die attifche Sage, nach welcher der Oelbaum ein Gefchenk der Athener war. — ₄₄ O e l f a l b u n g] l. ἐλαιοχριστίας ft. ἐλευθερίας, κοινωνὸν τοῦ σώματος, καὶ ἐκτήσω ft. κτίσαι σεαυτῇ, περὶ τοὺς ἄλλους oder τὰς ἄλλας. — ₄₆ W a f = f e r q u e l l e] S: „Teich ihrer Wafferleitung". 122 S. 528 l. ὅμοιος .. εὐ- σπλαγχνίᾳ ft. εὔσπλαγχος, κτίσματα ft. κτήματα — Zu ἐγκατακλείστους ergänze ἔνδον ὄντας — Bei S lautet der Schluß: „Wir haben diefe Türen vergeffen und fie nicht gefchloffen. Denn wenn dies durch einen Feind (S¹: durch einen von den Gefan- genen) gefchehen wäre, fo wäre kein Menfch hier geblieben". — W e r i ft d i r g l e i c h] S: „Wer ift dir gleich an Barmherzigkeit und Gnade außer dem Vater, der feine Welten von der Bedrängnis und vom Irrtum befreit hat? Liebe, welche die Be- gierde befiegt hat, Wahrheit, welche die Lüge vernichtet, Schöner, an dem Häßliches

---

Das wird wohl das urfprünglichere gewefen fein, wenn ich auch keine fichere Deu= tung zu geben weiß. 121 ₃₈ Bis dahin trug fie den Schleier, ohne den keine Orientalin die Straße betritt; da fie die Oelfalbung auf dem Kopfe empfangen muß, ift fie genötigt, den Schleier abzulegen. — ₄₄ ff. Der Ritus wird hier ent- fprechend der bereits früher gegebenen Schilderung befchrieben. Das Oel wird über das Haupt gefchüttet und dazu ein Weihegebet gefprochen. Eines diefer Gebete ift bereits oben mitgeteilt c. 27. Bedeutung der Salbung fündentilgend und die Myfterien enthüllend, wie oben. — ₄₈ Nach der Salbung folgt die Taufe. Das ift morgenländifcher Brauch, während im Abendlande die Salbung auf die Taufe folgte vgl. H ö f l i n g , D. Sakrament der Taufe I 427. — Sie wird im Linnen- gewande vollzogen und zwar mit der trinitarifchen Taufformel. Hier ift jedenfalls alles nach dem zur Zeit des Bearbeiters geltenden Ritus geftaltet. — S. 528 ₁ Auf die Taufe folgt wieder die Euchariftie, die mit Waffer und Brot vollzogen worden zu fein fcheint. Freilich wird Mygdonia 120 beauftragt außer Oel und Brot κρα- σίν ὕδατος zu holen und das könnte eine Weinmifchung bedeuten. Aber Narkia ver- fteht jedenfalls nur Waffer, da fie ftatt des Waffers „Maßkrüge mit Wein" bringen will. So hat wohl Bo recht mit feiner Konjektur κρασίν ftatt κρασίν. Zum ganzen Brauch vgl. H a r n a c k, Brot und Waffer, die euchariftifchen Elemente bei Juftin, TU VII 2. — ₄ Die Himmelsftimme (לוק תב) wie Mc. 1 ₁₁. Mt. 3 ₁₇. Lk. 3 ₂₂. Pe- truffev. ₄₁ u. ö. 122 ₈ Die wunderbare Oeffnung der Türen ift aus AG.

nicht gesehen wird, Demütiger, der die Höhe herabgestürzt hat, Lebendiger, der den Tod vernichtet, Ruhe, welche· die Mühe beendet hat, — Preis sei .." **123** l. ἐναπόκρυφε τῆς τῶν .. γενεᾶς — ₃₀ hättest nicht angerufen] S: „Hättest nicht die Zauberei jenes Mannes wider mich angerufen". **124** l. τὴν πρώτην ft. ἐν πρώτοις, πότερον ἐγὼ καλλίων, παρελθόντα καὶ ὧδε μένοντα. — S. 529 ₁ steht auf der Erde] Die überlieferte Lesart ἐπὶ γῆς ἵστησιν φιλανθρωπίαν δροσίζων (Menschenfreundlichkeit betauend) ist unverständlich. Daher ist der entsprechende Satz aus S eingefügt worden, nach welchem G ἔστηχε ft. ἵστησιν hätte wiedergeben sollen. — l. φάρεσιν ft. πάρεσιν. — ₂ Durchgang durchs Feuer] vgl. das zu c. 32 Angeführte. — Aufhebung der Gegensätze, wovon hier und cc. 129. 130. 142 die Rede] vgl. das apokryphe Herrnwort im 2. Clemensbr. 12, 2 (Apokr. S. 176). **125** Stelle φοβήσας πεῖσον. **126** l. οὐδὲν ἔχουσαν χρήσιμον — l. nach S: οὐ δυνατὸν τοὺς ἀνθρώπους ζῆν παρὰ τῷ θεῷ, ἐὰν μὴ καθαροὺς τηρήσωσιν ἑαυτοὺς τῷ θεῷ, σχήματι ft. πράγματι, ἁγνείας ft. ἀσφαλείας (nach S). **127** Z. ₄₁ f. Theria] Arzenei gegen Gift, aus vielen Stoffen, auch aus Vipernfleisch zusammengesetzt. — l. ἀπὸ ταύτης τῆς ἐπιποθ., μειοῖς τὰ σά, ft. der letzteren Lesart (von P) hat S: „du weißt es besser als ich". **128** S. 530 l. ἀπὸ τοῦ βασιλέως, ὑπεξαιρῶ ft. ὑπεξαίρω, μετὰ τὴν τῆς ἐνταῦθα ζωῆς ἀπαλλαγήν, δίκην εἰσπράξεας κατὰ σοῦ, οἵός τέ εἰμι ἀμύνασθαί σε ὅσων. — ₂₃ Zwang antut] Wenn die Lesart αὐτόν ursprünglich ist, fo könnte man zur Erklärung auf Mt. 11₁₂ (βιάζεται ἡ βασιλεία), Lk. 11₁₈ (ἀναίδεια) 18₅ (κόπον παρέχειν, ὑπωπιάζῃ) hinweisen. S hat: „es würde nichts sein, was ihnen entgegen wäre". — ₂₁ Glaube mir] Vorher bei S: „Und Judas ging lachend mit ihm und sprach .." **129** l. ὑποβεβλημένην τῇ Μυγδονίας παρειᾷ τὴν χεῖρα. **130** l. οὐκ ἐξειπεῖν ἠδυνήθης. — Vor ἐμὲ ὑπομένειν füge πῶς ein. — Tilge οὐκ nach χρησιμαία. — l. θεάσεται. — Nach dem Zusammenhang l. διαλειπόμενον ft. καταλαμβανόμενον. S: „Licht, bei welchem keine Nacht ift". — Nach φοβούμενος füge ταῦτα λέγεις (S) ein. — S. 531 ₃ l. σὲ δὲ ft. οὔτε. **131** l. διδάξει ft. διδάσκει. **132** l. τοῦτό ἐστι φῶς ft. ἀναγεννᾷ und statt des zweiten ἀναγεννᾷ l. γεννᾷ. — ₁₇ auf dreifache Weise] Vgl. Lipsius I 335 A. 2: „Gemeint sind drei verschiedene Momente im Erlösungsbegriff, etwa wie die Basilidianer im Hinblick auf die erlösende Wirksamkeit der σοφία eine διακριτική, τελεωτική und ἀποκαταστατική σοφία scheiden". S hat: „in der Dreieinigkeit".

5 ₁₇ kombinirt mit 16 ₂₇ entnommen. **127** S. 529 ₄₀ Auch der König meint, wie Charisius, daß der Apostel der Mygdonia einen Zaubertrank eingegeben habe. Da nun ein Gift durch das ingehörige Gegengift unschädlich gemacht werde, fo verlangt er ein Gegengift, das bei Mygdonia den früheren Zustand wiederherstelle.

131 S. 531 ₉ Lehre beim Mahl war bei den Orientalen ebenso üblich, wie bei den Griechen und Römern. (Friedländer, Sittengesch. Roms⁵ I 377 ff.). Bei letzterem ist in der Kaiserzeit die Sache freilich zum Spott geworden, soferne man Sophisten einlud, die als halb freiwillige halb unfreiwillige Spaßmacher die Gäste mit ihrer Weisheit traktirten. Daß man auch sonst auf ein gebildetes Gespräch Wert legte, zeigt die derbe Karikatur, die Petronius in seiner Cena Trimaichionis geliefert hat. **132** ₁₅ ff. Die Unterweisung, die Thomas über die Taufe gibt, ist in beiden Hff. stark verdorben, doch ist der vatikanische Text offenbar der ursprünglichere. Die Ausdrücke sind aber ihrem Sinn nach noch verständlich und entsprechen der gnostischen Anschauung vom Wesen der Taufe. Sie erzeugt das Licht, schafft danach den neuen Menschen, gibt den neuen Geist, bringt Sündenvergebung. Das „Unsagbare" ἀπόρρητον ist aus den gnostischen Schriften bekannt als der ineffabilis, der unaussprechliche höchste Gott, dessen verborgenes Wesen erst durch Christus offenbart wird. Die verborgene Kraft ist damit vielleicht identisch, wenn darunter nicht das weibliche Prinzip der Gottheit zu verstehen ist. Dann hätten wir die gnostisch trinitarische Formel: der ineffabilis, die μήτηρ (= ארוח); Christus. — ₂₂ Auf das Weihegebet folgt wieder die Salbung und auf diese die Taufe. Der Ritus ist derselbe wie oben vgl. Anm. zu S. 527 ₄₄ ff. **133** ₂₇

133 l. ἄρτος ζωῆς ft· ἄρτον, καταξιωθείς ft· καταξιώσας, ἐπιφημίζομέν σοι τὸ ὄνομα Ἰη-σοῦ, ἐνιδρυέσθω τῷ ἄρτῳ, ἀπολύωνται ft· ἀπολούσονται. — 27 l e g t e e r B r o t] S: „brachte er Brot und Wein". — 31 d e n N a m e n d e r M u t t e r] S: „den Namen des Vaters nennen wir über dir, den Namen des Sohnes nennen wir über dir, den Namen des Geistes nennen wir über dir, den erhabenen Namen, der vor allem ver= borgen ift".

134 l. δειπνήσων ft· δειπνήσας (nach S), ἀνδρὶ κάλλιον, ἐφ' ᾗ ἐπαναπαύεται ft· ἀναπέπαυται, ἀπορεῖ τί πράξειεν. **135** S. 532 τίς ἐστιν αὕτη ἡ χείρ tilge ich. **136** l. καὶ γὰρ οὗτος ft· αὐτός und füge nach πρόφασις ein: τῆς ζωῆς. — l. λῆγον. Doch hat S: „geraubt wird". — 39 Z a h l f e i n e r D t e u e r] S: „Zu= flucht nehmen und unter der Zahl feiner Schafe find". — 42 d e s h e i l i g e n K ö n i g s] S: „des himmlifchen K." — l. δέξεσθαι — Tilge πρότερον (obwohl „er= ftens" auch bei S vorhanden), da kein „zweitens" u. f. f. folgt. **137** S. 533 l. ἀνάριστον ὄντα αὐτὴν μένοντα, τὸν τοῦ καινοῦ θεοῦ ἀπόστολον. — Tilge καὶ παραινέ-σεως. Ferner dürfte ἀγαθῇ παραινέσει zu lefen fein. — 5 f ü r F r e i e] S: „für Frauen". **138** l. μαγείᾳ ft· ἁμαρτίᾳ, διεμάχετο Χαρισίῳ (S) ft· τὸ πᾶν εἴχετο X. — m e i n H a u s] S: „meine Frau".

139 ft· B a z a n (fprich z wie franz. z) hat S Bizan, was die Form Οὐιζάνης ergeben müßte. — S. 534 l. τοῦ αἰωνίου βασ., ἄνθρωποι, ἐὰν σύ τε . . . διδῶτε (S) — Wenn πανταπασι richtig ift, fo muß es in der Bedeutung von perpetuo genommen fein. — ft· δεόμενος l. διαμένουσαν, γιγνώσκοντα ft· γιγνώσκοντος, δείξεις ft· δείξας, ἐλ-πίδι ft· εὐαγγελίῳ, ἀκεραιότητι ft· ἑνότητι, καθαρᾶς ἀναστροφῆς, ἔπειτα δὲ τῇ . .

140 ft· ἐφίκετο l. ἀφίκετο — S c h u h e l o s b a n d e n] S fährt fort: „lachte er und fprach". **141** S. 535 3 b e n M ü d e n] S: „für alle meine Mühen"] — 5 E l e m e n t] S: „Flut". — 8 ξηρός ὁ τόπος γενόμενος] Der abfolute Nomin. dürfte auf einen Irrtum der Abfchreiber zurückzuführen fein. Vgl. Bo p. 248 zu 11 die Lesart von U: καὶ ὁ τόπος ἐκεῖνος εἰς τὴν ἀρχαίαν ἀποκαθίστατο φύσιν ξηρὸς γινόμενος und S, welcher, ins Griechifche überfetzt, lauten würde: ἀλλ' ἐγένετο ὁ τόπος ἐκεῖνος, ὡς (πρότερον) ἦν, ξηρός. **142** ft· θάλλω, l. nach S ἀγαλλιῶ. — Vor χρόνων füge ὑπεράνω ein. — Nach διδόντος l. διὰ τὸ ἐξαρκεῖν . . . ταῖς δωρεαῖς. — ft· τοῖς συγγενέσι habe ich nach S τῇ χαρᾷ αὐτῶν eingefetzt. — 38 i h n e n e n t r o n n e n b i n] S: „der ich größer als fie geworden bin". — a l l e e n t g e g e n g e h e n] S: „zu wel=

Mit der Taufe wird auch hier die Eucharistie verbunden. Das Gedet ift im ein= zelnen teilweife finnlos, offenbar infolge ftarker Korrekturen, die es erlitten hatten. Doch find einzelne Spuren des Urfprünglichen noch zu erkennen. Der Name der „Mutter" taucht wieder auf, das unfagbare Geheimnis der ἀρχαί und ἐξουσίαι. Das ift gnoftifch.

135 S. 532 6 f. Mygdonia trauert in jüdifcher Weife im Sack und Afche, warum ift im Grunde nicht recht einzufehen, da fie ja das Siegel empfangen und mit der Eucharistie die Vergebung der Sünden erlangt hat. **137** S. 533 6 Der Königin geziemt es nicht, zu Fuß zu gehen. Die verweichlichte, zumeift an das Haus gefeffelte und dort ihre Zeit in üppigem Nichtstun vertröbelnde vornehme orientalifche Frau ift zu bequem, um zu Fuß zu gehen. Sie läßt fich auf einem Polfterbett tragen, das je nach Rang und Stand mehr oder minder koftbar ausge= fchmückt zu fein pflegt, und ein Troß von Dteuern und Dienerinnen voraus= geht und folgt. Vgl. die Abbildung bei R i e h m, bibl. Handwörterbuch II 1325. F r i e d l ä n d e r, Sittengefchichte Roms 5 I 437 f. **138** 26 f. Der König ift überzeugt, daß auch feine Gemahlin einem Liebeszauber des Apoftels erlegen ift.

139 44 Der Name des Königsfohnes Bazanes führt auf den perfifchen Namen Bezân (Justi, altiranifches Namenbuch 367 a). — S. 534 1 Der Königsfohn hat Intereffe für Magie und wünfcht von Thomas Auskunft über feine Zauberkunft, wie Simon der Magier. — 6 ff. Die Rede des Thomas wiederholt wieder den alten Gedanken: alles Irdifche ift vergänglich, nur Gott bleibt ewig. **140** 31 Zur Frage des Königs vgl. oben c. 106. — 41 Einfallender Regen, der die Scheiterhaufen

chem die Großen sich verſammeln". 143 l. κατ᾽ ἐκείνην τὴν ὥραν und μετα-
στήσεσθαι — πάντων ἰατρῷ] S: „aller Krankheiten, der ſichtbaren und der unſicht-
baren". — ſt. σωτηρίαν l. καὶ σωτῆρι — I. κτισμάτων ſt. κτημάτων (nach S). — 43 ſt.
ὕψιστος hat S: „er iſt von der Höhe gekommen". — 44 υἱὸς βάθους] Iſt dies richtig?
Bei S fehlt es. — Hinter ὀφθαλμοῖς füge ἐθεασάμεθα ein. — S. 536 l. εἴδομεν τὴν
ἐνηλλοιωμένην — ſt. οὕτινος l. οὗτος ὅν .. — ſt. ἐμαρτύρει gibt S: „fragte". — ſt. οὐκ
ἔγνω l. nach S: οὐκ ἐγνώρισεν αὐτῷ. — 1 menſchlichen Leib] S: „heiligen Leib".
— 3 himmliſche Geſtalt] S: „göttliche Geſtalt". — Nach ταῦτα πάντα füge
ἀπέχει ein und l. προτρέπει. 144 Z. 15 wie wir vergeben haben] S:
„damit auch wir unſern Schuldnern vergeben". — 17 Ermutiger] = ὁ θάρσος
ἔνθεις des Paralleltextes aus cod. P, welcher S hier und im Folgenden mehrfach
genauer wiedergibt. 145 l. τῆς περὶ ἐμὲ σπουδῆς — I. ὅτε πλουτῆσαι ἐβουλόμην
(S P) und tilge die folgenden Worte καὶ ἔργῳ μοι δείξας. P gibt „durch dein Geſicht" von S wieder. — I. πολλοῖς ſt. πολύς (nach S), weiter τοὺς σοῦ ἀξίους, auch
ἕως οὗ σύ .. (S) und ἁρπαζέτω .. ἐκ τῆς γῆς. — Der Schluß von c. 145, ſowie
c. 146. 147. 148 und der Anfang von 149 ſind ganz aus S wiedergegeben, weil der
Haupttext U hier ſtark verkürzt iſt. 146 Z. 44 auf den Tiſch] S hat irrig:
„auf deinen Tiſch". — S. 537 10 infolge Oelmangels] So nach ἐλαίου σπάνει
des Haupttextes. S hat irrig: „infolge ihres Oels". — 14 Wachſamkeit] aus P
eingefügt. 147 Z. 27 f. Den Gefangenen .. den Gelöſten] Nach Lipſius I 330
iſt der Gefangene der dem Geiſtesmenſchen untertänig gemachte materielle Leib,
deſſen Lüſte und Begierden er ertötet hat, der Erlöſte die durch die Gnoſis erlöſte
Seele. — 33 f. Den Toten .. Lebenden .. Bedürftigen] Dieſer Satz erſcheint in mehreren Formen. Im griechiſchen Text (P) hat keiner der drei Teile
eine Negation, im ſyriſchen haben die erſten beiden (vom Toten und vom Lebenden)
die Negation, der dritte (vom Bedürfenden) nicht. Endlich in der lateiniſchen Bearbeitung de miraculis B. Thomae (ed. Bonnet 1883, p. 129) hat auch die Ausſage
vom Bedürftigen negative Form. Wenn, wie Lipſius I 330 ſagt, unter dem Toten
(und Bedürfenden) der materielle Leib, unter dem Lebenden die pneumatiſche Seele
zu verſtehen iſt, ſo müſſen alle drei Teile des Satzes die Negation haben, es muß
heißen: Den Toten habe ich nicht lebendig gemacht, den Lebenden habe ich nicht getötet, den Bedürfenden habe ich nicht angefüllt (befriedigt). 148 Vgl. Lip-

ausl öſcht, findet ſich auch ſonſt. Vgl. Apokr. S. 373. 143 S. 535 4
„Ein Freier von Königen ſtammend" iſt Chriſtus vgl. den Hymnus auf ihn. —
42 ff. Im folgenden klingen überall bibliſche Phraſen und Wendungen an; aber der
Gedankenkreis im Ganzen iſt nicht bibliſch. Als πατὴρ ὕψους erwartet man Gott
bezeichnet zu ſehen; aber für den Gnoſtiker iſt auch Chriſtus πατήρ. Der ἄρχων,
der vor Chriſtus mit ſeinen Dämonen erſchrickt, iſt der Teufel, der von Jeſus überwunden iſt. 144. S. 536 14 In dem Vater-Unſer-Text des Griechen fehlt
die vierte Bitte, die der Syrer eingefügt hat. Sollte da asketiſche Tendenz zur
Streichung geführt haben? — Die Gebete im folgenden ſind ſtark abweichend überliefert. Auf die Einzelheiten der Abweichungen braucht hier nicht näher eingegangen werden. — 23 Enthaltſamkeit im Geſchlechtsgenuß iſt neben der Armut dem
Apoſtel der Kern des Chriſtentums. 145 31 Ueberall klingen Reminiscenzen
an die Evangelien durch, aber alles iſt einſeitig im Sinne der Geſamttendenz aus-
gewählt. 147 S. 537 21 Mit einem altgewordenen Kleid wird nach einem
häufig angewandten Bilde der Leib verglichen (Sir. 14 18). — 22 Drei Nacht-
wachen ſind ſchon vorüber, in der letzten ſteht er: bald kommt der Morgen, d. h.
der Tod, wo er Gottes Angeſicht ſieht und vor Gottes lichtglänzender Majeſtät an-
betet. — 24 Die irdiſchen Vorratshäuſer hat er zerſtört, weil er nur noch himmliſche Schätze kennt, entſprechend Mt. 6 20. — 27 Der „Gebundene", Unfreie iſt der
Leib, der „Gelöſte" die Seele. Durch alles zieht ſich der gnoſtiſche, ebenſo aus dem
Platonismus, wie aus dem Parſismus, wie aus Paulus zu erklärende Dualismus
hindurch. 148 87 Die „Mächte" ſind die Dämonen, die über den unſelig

fiuß I 330: „Den Schluß macht die so häufig in den Gebeten der scheidenden Seele enthaltene Bitte, daß die bösen Geister sie auf dem Wege zum oberen Lichtreich nicht bedrängen noch ihr den Weg versperren mögen... Alle feindseligen Mächte sollen vielmehr fliehen und sich verbergen". — S. 538 1 f. Ein (der) Teil der Kinder] Die Stelle ist durchaus unsicher. U hat: „der Teil dieser bösen Kinder schreit und zeigt an (verrät); deshalb kann niemand vor ihnen verborgen bleiben". P: „der Teil aber der Kinder des Bösen schreit selbst und überführt sie; aber nie= mand (l. οὐδείς st. οὔτε) von ihnen bleibt verborgen, denn ihre Natur gibt sich zu erkennen". Bei S sind wahrscheinlich drei Textfehler vorhanden. Statt בְּנֵי „meine Kinder" wird man בְּנֵי בִישָׁא „Kinder des Bösen", statt מברקא „leuchtet" aber nach P מבדקא (oder nach Stud. Sinait. IX S. 44 מבדקא „zeigt an, verrät") und ריח st. ידיע lesen müssen. Der Uebersetzer hat den nach P korrigirten Text von S wiedergegeben, doch ist ihm der Sinn der Worte dunkel geblieben. Nach der Stellung טשא מנהון würde S wohl eher durch (κρύπτεται) αὐτούς, als durch (οὐδείς) ἐξ αὐτῶν wiederge= geben. — l. ἀποχωρίζονται und ἐν ᾧ κατεσκήνωσα.   149 Z. 13 Erlöser] S: „Geber von Ruhe". — ἀγαλλιᾷ st. τέθηλε (nach S), ὁ ὢν st. νοῶν. — 17 das Licht] S: „der Bereicherer".

        150 Z. 22 Mensch] S: „heiliger Mann".   151 Ein Stater = 1 Tetra= drachmon = 3,13 Mt. S hat, wie c. 118 für Denar (= 67 Pf.), so hier für Stater זוזא, was in der syr. Uebersetzung des N. T. für „Drachme" (= 78 Pf.), steht (vgl. Mt. 17 24). Im griech. Text ist also der Wert der hier genannten Summe viermal so groß, als im syrischen.   152 S. 539 16 Oel, Wasser, Brot] S: „Oel, Wasser, Brot und Wein". — 18 jenen aber vernichten] S hat nur: „gehorche mir.., damit ich dich nicht bis zur Vernichtung quäle". — 23 in einem Zimmer] S: „unter seinem Speisezimmer in einem finstern Raume". — Mygdonia] S: „Mygdonia und Narkia". — und schloß sie ein] Hierauf folgt bei S: „Und Licht schied nicht von uns, und du brachtest uns heraus". — ὅτι ἐάν] l. ὅτι ἐφ' ὅσον . . ἐπέδωκεν.   153 Z. 30 unsere Schwachheit stärkst] S: „unsere Schwach= heit stärkst und unsre Furcht ermutigst. Als er dies gesagt hatte, wurden die Ge= fangenen ermutigt, und die Wächter .." — 34 Eile nötig, Jesu] S fährt fort: „unser Erleuchter". — st. χάριν ποιῶν l. χαίρειν ποιῶν (S) — st. καθιοῦσι l. καθιζουσιν ἡμᾶς

Verstorbenen Beschluß zu fassen haben. Sie fordern die Steuer guter Werke; wer sie nicht vorzeigen kann, verfällt ihrer Strafe.

        150 S. 538 28 Demnach hat Vazan bereits mit 14 Jahren geheiratet. Das ist nichts Ungewöhnliches. Der Orientale ist früher geschlechtsreif. Doch ist das Alter von 14 Jahren der früheste Termin für die Eheschließung gewesen. Nach Pirkê Abôth V 21 ist das gewöhnliche Alter 18 Jahre; s. Winer, Realwörterb. I 297.   151 42 Die Zahl 363 ist natürlich nicht ohne Bedeutung. Es sind die — ungenau gerechneten — Tage des Jahres. Nun berichtet Iren. (adv. haer. I 24, 7) von den Basilidianern, daß sie entsprechend den Tagen des Jahres 365 Himmel gezählt und als Fürsten dieser Himmel Abraxas bezeichnet hätten, weil die Zahlwerte der Buchstaben dieses Namens summirt 365 ergaben. An etwas ähn= liches wird man auch wohl hier zu deuten haben. Für jeden Archonten ist dann eine Münze bestimmt. Doch ist nicht deutlich, warum nicht 363 und nicht 365 ge= nannt sind. An eine Verschiedenheit der Jahresrechnung ist nicht zu denken. Da wo man nicht das Sonnenjahr hatte, rechnete man — wie meist bei den Semiten — nach dem Mondjahr von 353 oder 354 (oder 383/384) Tage. An eine Korrup= tion der Zahl ist bei der Einhelligkeit der Ueberlieferung auch nicht zu denken. Die Bezeichnung Stater ist in späterer Zeit (s. Mt. 17 27) auf das Tetradrachmon (etwa = 3 M. 13 Pf.) angewandt worden; ursprünglich haftete sie am Goldstück, dem Didrachmon. Legt man erstere Berechnung zu Grund, so hätte der Wächter eine recht anständige Bestechungssumme erhalten.   152 S. 539 16 Salbung, Taufe und Eucharistie sind nach des Königs Meinung die Zaubermittel, durch die der Apostel die Menschen behext.   153 27 Jesus heißt vielgestaltig (πολύμορφος),

μᾶς (S) — 35 durch das Licht] l. nach S: τῷ φωτὶ τῆς φύσεώς σου und tilge ὤν. 154 Z. 42 geöffnet] S: „geöffnet und sich in ihren Angeln drehend (auf ihren A. stehend)". — 48 f. und richtete mich auf] S statt dessen: „und ich ward gesund". 155 S. 540 l. ἤρχετο πρὸ αὐτῶν (S). 156 l. φωνὴ ἡ ἐξῆλθεν ἐξ ὕφους oder ἡ ἐξελθοῦσα — l. παρήγ. ὃ ἐν μέσῳ ἡμῶν? S hat statt dessen: „Beherrscher der Herzen seiner Gläubigen". — l. διόντων διὰ σκοτεινῶν χωρῶν (S). — 21 gekreuzigt wardest] S fährt fort: „und für den niemand ge= kreuzigt wurde". — 27 Vaterlande] st. πατρίδος hätte G πατρότητος setzen sollen, denn S hat: „Der von der hohen und vollendeten Vaterschaft gesandt wurde". — l. ὁ κύριος ἀμιάντων (nach S), συνάγαγε αὐτούς, ἁγίασον .. ἐν μιαρᾷ χώρᾳ. 157 Z. 44 Gegner besiegen] S fährt fort: „wann sie von ihren frü= heren Werken gereinigt waren"; Gegner im Ringkampfe. — die Sieger be= kränzest] bei den olympischen Spielen. — 45 frohe Botschaft] zur Zeit der Sintflut durch die Taube mit dem Oelzweige. — Die Bestimmungen von „Merk= zeichen" an bis „Kraft trägst" fehlen bei S — l. τὸν δὲ καρπὸν γλυκύς — Die Worte ταῦτα εἴπων περιωχείμας sind zu tilgen. — l. ἐλθέτω ἡ νικητική σου δύναμις und ἐνι= δρύεσθω τῷ ἐλαίῳ τούτῳ, ὡς τότε ἱδρύνθη ἐν τῷ συγγενεῖ αὐτοῦ ξύλῳ und tilge die Worte ἡ .. αὐτοῦ δύναμις. — l. τοῖς σεαυτοῦ ἐχθροῖς und ἐπιδημησάτω. — S. 541 11 f. zur Rettung ihrer Seelen] S: „zur Heilung ihrer Seelen und ihrer Kör= per". 158 Z. 16 Brot und Becher] S: „Brot und einen Becher Misch= trank". — l. καὶ ἀντὶ τοῦ καλάμου. — 29 Erneuerung der Seele und des Leibes] S: „Verkehr mit dir im Himmel". — Der Schluß des Kap. lautet bei S: „Und sie sprachen: Amen. Und es wurde eine Stimme gehört, welche sprach: Ja und Amen. Und als sie diese Stimme hörten, fielen sie auf ihr Angesicht. Und wieder wurde eine Stimme gehört, welche sprach: Fürchtet euch nicht .." 159 l. ἡμέρᾳ ᾖ. — 48 hinaufgehoben] Mit S stimmt hier mehrfach P ge= nauer überein: παραδίδωμι, πωλήσαντα, ἀληθείᾳ καὶ βεβαιότητι. — S. 542 st. ἀπαλ= λαγῆς τῆς ἐνταῦθα möchte man erwarten: ἀπ. τῆς ἐνταῦθα ζωῆς — θαρρῶν] l. θ. ὅτι τὸ κτῆμα αὐτοῦ ἀνενδεές ἐστιν. — 2 f. meinen Lohn] Vgl. 1. Clemensbr. 5,4: „Petrus, der ... zu dem ihm gebührenden Orte der Herrlichkeit wanderte". 160 l. εἰ ἀποθανεῖν μὴ θελήσαιμι. — st. ἴσως l. ἴστε ὅτι (S) — 13 f. Lösung vom Körper] S: „von der Welt". 161 l. εἰς τὸν σκοτεινῶν οἶκον. — Gemeint ist das Haus, in dem die Frauen eingeschlossen waren. — st. σεμναὶ ἔσθωσαν l. σῶαι γενέσθωσαν αἱ σφραγῖδες αὐτῶν. 162 st. ἀπελθὼν l. ἐπανελθών. — Nach μήν· τῷ βασιλεῖ füge ein: εἴπωμεν δὲ καὶ .. — l. δὶς γάρ .. st. οὓς γάρ .. — μετὰ τῶν λ.] Tilge ἐκείνων. 163 l. δικαστήριον st. δεσμωτήριον (nach S), ἐλθόντα st. ἐλθών oder ἐλθόντος δὲ αὐτοῦ, εἰμι δοῦλος, σὺ δὲ .. οὐχ ὅλως. — Tilge λέγω δέ σοι und l. τὸ δὲ .. — S. 543 l. ἀλλὰ νῦν οὕτω πράξω σοι ὥστε .. συναπελθεῖν καὶ αὐ= τῶν καθαρεύειν — Ταῦτα ἃ λέγεις] Bei der Unsicherheit des Textes lese ich: ταῦτα ἃ λέγεις φάρμακα ἐντεῦθεν οὐδέποτε ἀποστήσονται. In εὔεσθαί μοι steckt vielleicht συν=

weil er in allen Gestalten erscheinen kann. 157 S. 540 37 ff. Der Täufling wird vor dem Taufakt entkleidet und nach der Taufe mit einem neuen Gewande bekleidet. Die Frauen wurden dabei später von den Diakonissen bedient. Bingham, Orig. I, p. 361. — 40 ff. Das Weihegebet über das Salböl ist wohl auch irgend einem Ritual nachgebildet. — S. 541 14 Auch hier die trinitarische Taufformel, wie o. Anm. z. c. 27.

158 16 ff. Das Weihegebet für die Eucharistie, das wohl auch nicht reine Erfindung ist, zeigt wie die andern Gebete eine eigentümliche Mischung kirchlicher Gedanken mit gnostischen Klängen. Letztere sind hier allerdings ziemlich schwach. Bei dem „vollkommenen Haus" mag man an das πλήρωμα denken, doch kann auch Joh. 14 2 angezogen werden. Die Zusammenhänge der einzelnen Gedanken sind nicht überall deutlich. — 35 Die Himmelsstimme tritt auch hier ein, um gleichsam die göttliche Bestätigung zu der menschlichen Rede zu geben.

159 38 ff. In dem Schlußstück der Akten scheint die das Ganze der Akten um= formende Hand des Redaktors am stärksten eingegriffen zu haben. 163 S. 543 6

ἀπέρχεσθαί μοι. — Seinen wirklichen Namen] Nach Lipſius I 325 iſt unter
dem wahren Namen wahrſcheinlich „Sohn des Lebendigen" zu verſtehen.
164 l. οἱ δὲ ὄχλοι und tilge λοιποί. — 20 drei Stadien] S: „eine halbe Meile".
165 Tilge πρὸς τιμήν. — Nach μυστήρια l. ἄτινα ſt. ὅτι, nach συγχωρεῖ l.
ἡμᾶς αἰσθάνεσθαι τῶν κατὰ σῶμα παθῶν, nach πρὸς ὃν ἄπειμι ſind πάντοτε ἀοράτως
zu tilgen. Ebenſo tilge die folgenden Worte: πρὸς ὃν ἄπειμι τὸν καὶ συμπαρόντα μοι
πάντοτε ἀοράτως. — 30 vier Elementen] Vgl. Hermas vis. III 13, 3. — 39 Leis
den fühlen] S fährt fort: „Wie umgeben ſie mich mit Waffen und kämpfen mit
mir bis zum Tode!" Dagegen fehlt hier die Gegenüberſtellung der Soldaten
und der vier Elemente, wie denn auch vorher nicht erzählt war, daß vier Sols
daten Thomas zum Tode führten. **166** Tilge ἐξ ὧν εἰπεῖν. **167** l.
ὑπ' αὐτῶν ἀφεθείς. — 45 in allen Ländern] S fährt fort: „durch welche ich in
deinem Namen gegangen bin". Dagegen fehlen die beiden Sätze von den Zöllnern
und S. 544 von der Schlange. **168** l. πρόσταγμα ſt. πρᾶγμα — ſt. ἐθάπτοντο
erwartet man τεθαμμένοι ἦσαν. **169** l. ἀναστάντες ἄπιτε. — 21 Verſamms
lungen ab] S fährt fort: „und beteten und brachten Opfer dar und brachen
(das Brot der Eucharistie)".
   170 l. συνέβη ſt. συμβαίνει, λαβὼν ὀστέον τῶν τοῦ ἀποστόλου τοῦ θεοῦ προσ-
άψω. — 38 Gegenden des Weſtens] Nach der Tradition: nach Edeſſa. — l.
ἵνα μὴ βλέψωσι τὸ φῶς σου.

Den Namen Gottes erfahren nur diejenigen, die durch die Taufe geweiht ſind. Weil
die Kenntnis des Namens Kraft verleiht, Wunder zu tun, iſt der Name als Ges
heimnis bewahrt worden. Nur die Jünger haben ein Anrecht auf dieſes Privis
legium. **165** 28 Man wird nicht unmittelbar an chriſtliche Brüder zu denken
brauchen. Als zur Zeit des Decius Timotheus abgeführt wurde, kamen zu einer Hoch=
zeit verſammelte Bauern hervor und trieben die Soldaten zurück (Euſeb. VI 39, 6).
Aehnlich kann man ſich den Vorgang auch hier denken. Verbrecher ſogt wie Uns
ſchuldige haben meiſt die Sympathie der Maſſe auf ihrer Seite, wenn es ihnen an
den Kragen geht. — 33 Das klingt doketiſch, der Herr iſt aus einem, aus Gott, oder
aus göttlicher Subſtanz; daher wird er von einem Soldaten durchbohrt. Für die
Menſchheit Jeſu iſt dann kein Platz. [Der Menſch beſteht aus vier Elementen
und aus Seele und Geiſt nach Ariſtides apol. 7, ſyriſche Relation, TU IV 3 S. 16.]
   167 44 Thomas betet, wie Joh. 20 28. — 46 Da er als Märtyrer ſtirbt,
geht er unmittelbar in das Paradies ein. — 47 Die Dämonen werden, wie o. zu
S. 537 39, als Steuererheber bezeichnet, weil ſie jeden Verſtorbenen nach der Legitis
mation fragen. — S. 544 1 Der Teufel als Schlange, die den anziſcht, der in ſein
Bereich kommt. — 4 „als Zweifelnder", wie Joh. 20 24 ff. **168** 10 als Bruder
Jeſu aus königlichem Geſchlechte ſtammend wird er auch in einem alten Königs=
grade beigeſetzt. **169** 22 f. Die Weihe, die Sifor und Vazan erhalten haben,
iſt die einfältige Erfindung eines Superklugen, der ſich Verſammlungen ohne Ges
meindebeamten nicht denken kann.
   170 29 ff. Die Wunderheilung mit den Reliquien des Apoſtels wird wohl
ſpät zugeſetzt ſein. — 36 „nach Weſten": damit iſt wohl die Translation nach Edeſſa
gemeint.

Register.

Mitgeteilte Texte.

Lightning Source UK Ltd.
Milton Keynes UK
UKHW010620170119
335514UK00003B/263/P

9 780364 126431